3e édition

CODE DE LA JUSTICE PÉNALE DES MINEURS

Annoté & commenté

LES CODES DALLOZ

Lefebvre Dalloz

DALLOZ

3e édition

Commentaires et annotations rédigés par

Philippe BONFILS

Professeur à Aix-Marseille Université
Avocat

Coordination éditoriale par

Maud LÉNA

Rédactrice en chef de l'AJ Pénal

avec le concours de

Céline VIVIEN

Éditrice aux Codes Dalloz

Lefebvre Dalloz

DALLOZ

ÉDITIONS DALLOZ
Tour Lefebvre Dalloz - 10, place des Vosges
92072 Paris La Défense Cedex - CS 90358

ISBN 978-2-247-22278-0

AVANT-PROPOS

Le Code de la justice pénale des mineurs est l'outil indispensable pour appréhender la nouvelle législation applicable aux mineurs délinquants.

Comme les autres volumes de la collection des Codes Dalloz, créée en 1902, le Code de la justice pénale des mineurs Dalloz est un ouvrage hautement élaboré. Loin de se borner à reproduire purement et simplement la ***codification officielle****, il donne de celle-ci une version* ***mise à jour*** *de ses nombreuses modifications, enrichie de* ***notes de rédaction, d'annotations de jurisprudence*** *et de* ***bibliographie****, augmentée de* ***textes d'application*** *indispensables. Un* ***commentaire explicatif très riche*** *complète l'ensemble.*

*Composé de quatre rubriques (Régime antérieur, Codification, Prise en charge éducative et Textes internationaux), l'****appendice*** *du Code regroupe les principales conventions internationales ainsi que des textes législatifs et réglementaires de la justice pénale des mineurs.*

Enfin, quatre ***tables*** *complètent le Code (sur pages roses) :*

En début d'ouvrage :

— une table des matières reproduit le plan du Code de la justice pénale des mineurs ;

En fin d'ouvrage :

— une table de concordance entre les anciennes et les nouvelles dispositions ;

— une table chronologique générale qui recense les textes qui ont modifié le code et les textes complémentaires ;

— une table alphabétique générale analyse les textes et constitue un outil de recherche privilégié.

NOTA : *Dans toutes les dispositions législatives et réglementaires en vigueur, les références à l'ordonnance n° 45-174 du 2 février 1945 relative à l'enfance délinquante s'entendent comme faisant référence au code de la justice pénale des mineurs (Ord. n° 2019-950 du 11 sept. 2019, art. 6 ; Décr. n° 2021-682 du 27 mai 2021, art. 6).*

Les pictogrammes (jurisprudence), (doctrine des revues Dalloz) et (législation) signalent que les textes intégraux correspondants sont accessibles en hyperliens sur les portails et sur les applications mobiles Dalloz. Par ailleurs, le Code de la justice pénale des mineurs est enrichi, annoté et actualisé en continu sur smartphone, tablette et internet.

LISTE DES ABRÉVIATIONS

🏛	Hyperlien vers la décision intégrale accessible sur le Code en ligne
✎	Hyperlien vers l'article de revue accessible sur le Code en ligne
🏛	Hyperlien vers un texte complémentaire accessible sur le Code en ligne
Actu.	Actualité jurisprudentielle du Recueil Dalloz
Adde	Ajouter
AGRASC	Agence de gestion et de recouvrement des avoirs saisis et confisqués
AJDA	Actualité juridique Droit administratif (Dalloz)
AJ pénal	Actualité juridique pénal (Dalloz)
Al.	Alinéa
ALD	Actualité législative Dalloz (années 1983-1995)
anc.	Ancien
APJ	Agent de police judiciaire
App.	Appendice
Arch. pol. crim.	Archives de politique criminelle
Arr.	Arrêté
Art.	Article
Ass. plén.	Assemblée plénière de la Cour de cassation
Aut. conc.	Autorité de la concurrence
BIBL.	Bibliographie
BIBL. GÉN.	Bibliographie générale
BICC	Bulletin d'information de la Cour de cassation
BLD	Bulletin législatif Dalloz (jusqu'à 1982)
BOMJ	Bulletin officiel du ministère de la Justice
Bull. civ.	Bulletin des arrêts des chambres civiles de la Cour de cassation
Bull. crim.	Bulletin des arrêts de la chambre criminelle de la Cour de cassation
C.	Code
c/	Contre
Cah. dr. eur.	Cahiers de droit européen
Cah. just.	Les Cahiers de la justice
CASF	Code de l'action sociale et des familles Dalloz
CCH	Code de la construction et de l'habitation Dalloz
C. civ.	Code civil Dalloz
C. com.	Code de commerce Dalloz
C. consom.	Code de la consommation Dalloz
C. défense	Code de la défense

C. douanes	Code des douanes Dalloz
CE	Conseil d'État
CEDH	Cour européenne des droits de l'homme
C. éduc.	Code de l'éducation Dalloz
C. élect.	Code électoral Dalloz
C. envir.	Code de l'environnement Dalloz
Cep.	Cependant
CESEDA	Code de l'entrée et du séjour des étrangers et du droit d'asile Dalloz
C. for.	Code forestier
CGCT	Code général des collectivités territoriales Dalloz
CGI	Code général des impôts Dalloz
chap.	Chapitre
CHAP	Chambre de l'application des peines
Ch. mixte	Chambre mixte de la Cour de cassation
Ch. réun.	Chambres réunies de la Cour de cassation
Chron.	Chronique
CIJ	Cour internationale de justice
C. instr. crim.	Code de l'instruction criminelle
Circ.	Circulaire
Civ.	Chambre civile de la Cour de cassation
CIVI	Commission d'indemnisation des victimes d'infractions
CJA	Code de justice administrative Dalloz
CJCE	Cour de justice des Communautés européennes (1957 à nov. 2009)
CJM	Code de justice militaire
CJPM	Code de justice pénale des mineurs Dalloz
CJUE	Cour de justice de l'Union européenne (à partir de déc. 2009)
C. mon. fin.	Code monétaire et financier Dalloz
CNR détentions	Commission nationale de réparation des détentions
COJ	Code de l'organisation judiciaire
Com.	Chambre commerciale de la Cour de cassation
Comm. EDH	Commission européenne des droits de l'homme
Comm. révis.	Commission de révision (années antérieures à 2014)
Comp.	Comparer
concl.	Conclusions
conf.	Solution conforme
Cons. conc.	Conseil de la concurrence
Cons. const.	Conseil constitutionnel
Contra	Solution contraire
Conv.	Convention
Conv. EDH	Convention européenne de sauvegarde des droits de l'homme et des libertés fondamentales
C. patr.	Code du patrimoine Dalloz
C. pén.	Code pénal Dalloz
C. pénit.	Code pénitentiaire Dalloz
C. pr. civ.	Code de procédure civile Dalloz
C. pr. fisc.	Code de procédure fiscale Dalloz
C. pr. pén.	Code de procédure pénale Dalloz

CRD pén.	Commission de réexamen des décisions pénales (années 2000 à 2014)
Crim.	Chambre criminelle de la Cour de cassation
Crim. révis.	Cour de révision et de réexamen des condamnations pénales
C. route	Code de la route Dalloz
CRPA	Code des relations entre le public et l'administration Dalloz
C. rur.	Code rural et de la pêche maritime Dalloz
C. rur. et for.	Code rural et Code forestier Dalloz *(jusqu'en 2010)*
CSA	Conseil supérieur de l'Audiovisuel
CSI	Code de la sécurité intérieure Dalloz
CSP	Code de la santé publique Dalloz
C. sport	Code du sport Dalloz
CSS	Code de la sécurité sociale Dalloz
C. transp.	Code des transports Dalloz
C. trav.	Code du travail Dalloz
D.	Recueil Dalloz
D. actu.	Dalloz actualité
DA	Recueil analytique de jurisprudence et de législation Dalloz *(années 1941 à 1944)*
DC	Recueil critique de jurisprudence et de législation Dalloz *(années 1941 à 1944)*
DDH	Déclaration des droits de l'homme et du citoyen de 1789
Décr.	Décret
Décr.-L.	Décret-Loi
Doctr.	Doctrine
Dr. fam.	Droit de la famille
Dr. pénal	Droit pénal
Dr. soc.	Droit social
ecqc	En ce qui concerne
Err.	Erratum
esp.	Espèce
FGTI	Fonds de garantie des victimes des actes de terrorisme et d'autres infractions
FIJAIS	Fichier judiciaire automatisé des auteurs d'infractions sexuelles et violentes
Gaz. Pal.	Gazette du Palais
Gr. ch.	Grande chambre
Hte C. just.	Haute Cour de justice
ibid.	Au même endroit
infra	Ci-dessous
Instr.	Instruction

IR	Informations rapides du Recueil Dalloz
J.	Jurisprudence
JAP	Juge de l'application des peines
JCP	Juris-Classeur périodique (Semaine juridique), édition générale
JDI	Journal de droit international (Clunet)
JLD	Juge des libertés et de la détention
JNLC	Juridiction nationale de la libération conditionnelle
JNRS	Juridiction nationale de la rétention de sûreté
JO	Journal officiel
JONC	Journal officiel, numéro complémentaire
JRLC	Juridiction régionale de la libération conditionnelle
JRRS	Juridiction régionale de la rétention de sûreté
L.	Loi
Lebon	Recueil des arrêts du Conseil d'État (Dalloz)
Liv.	Livre
LPA	Les Petites Affiches
LPF	Livre des procédures fiscales
mod.	Modifié
n°	Numéro
NCPC	Nouveau code de procédure civile (devenu Code de procédure civile - L. n° 2007-1787 du 20 déc. 2007, art. 26-III)
Nouv.	Nouveau
obs.	Observations
OPJ	Officier de police judiciaire
Ord.	Ordonnance
ORTC	Ordonnance de renvoi devant le tribunal correctionnel
P	Arrêt publié au bulletin civil ou au bulletin criminel de la Cour de cassation
p.	Page
Pan.	Panorama
préc.	Précité
Prot. add.	Protocole additionnel
Pr. pén. C.	Code de procédure pénale, 5e partie : instruction générale
QPC	Question prioritaire de constitutionnalité
R.	Répertoire alphabétique de législation, de doctrine et de jurisprudence Dalloz (1845-1870)
rapp.	Rapport
Rappr.	Rapprocher
RD pén. crim.	Revue de droit pénal et de criminologie

Rec. dr. pén.	Recueil de droit pénal
Rec. gén. lois	Recueil général des lois et de jurisprudence
Rect.	Rectificatif
Règl.	Règlement
RÉP. PÉN.	Répertoire de droit pénal et de procédure pénale Dalloz
Req.	Chambre des requêtes de la Cour de cassation
req.	Requête
réquis.	Réquisitions
Rev. adm.	Revue administrative
Rev. dr. homme	Revue des droits de l'homme
Rev. dr. int. dr. comp.	Revue de droit international et de droit comparé
Rev. pénit.	Revue pénitentiaire
Rev. pol. nat.	Revue de la police nationale
RFDA	Revue française de droit administratif (Dalloz)
RGDA	Revue générale du droit des assurances (depuis 1996)
RG proc.	Revue générale des procédures
RI crim. et pol. techn.	Revue internationale de criminologie et de police technique
RID comp.	Revue internationale de droit comparé
RID pén.	Revue internationale de droit pénal
RID pénit.	Revue internationale de droit pénitentiaire
RJ com.	Revue de jurisprudence commerciale
RPDP	Revue pénitentiaire et de droit pénal
RSC	Revue de science criminelle et de droit pénal comparé (Dalloz)
RTD civ.	Revue trimestrielle de droit civil (Dalloz)
RTD com.	Revue trimestrielle de droit commercial (Dalloz)
RTD eur.	Revue trimestrielle de droit européen (Dalloz)
RTDH	Revue trimestrielle des droits de l'homme
RUDH	Revue universelle des droits de l'homme

S.	Recueil Sirey
s.	Et suivants
Sect.	Section
Soc.	Chambre sociale de la Cour de cassation
sol. impl.	Solution implicite
Somm.	Sommaires
ss.	Sous
supra	Ci-dessus

TA	Tribunal administratif
TAP	Tribunal de l'application des peines
T. civ.	Tribunal, chambre civile
T. com.	Tribunal de commerce
T. confl.	Tribunal des conflits
T. corr.	Tribunal, chambre correctionnelle
TGI	Tribunal de grande instance
TI	Tribunal d'instance
TJ	Tribunal judiciaire
Tit.	Titre
TOM	Territoires d'outre-mer

TPICE	Tribunal de première instance des Communautés européennes
T. pol.	Tribunal de police
Trib. UE	Tribunal de première instance de l'Union européenne

V.	Voir
v° ou v^{is}	Mot ou mots

TABLE DES MATIÈRES

CODE DE LA JUSTICE PÉNALE DES MINEURS

LIVRE PREMIER

DES MESURES ÉDUCATIVES ET DES PEINES

LIVRE DEUXIÈME

DE LA SPÉCIALISATION DES ACTEURS

LIVRE QUATRIÈME

DE LA PROCÉDURE PRÉALABLE AU JUGEMENT

LIVRE CINQUIÈME
DU JUGEMENT

LIVRE SIXIÈME

L'APPLICATION ET L'EXÉCUTION DES MESURES ÉDUCATIVES ET DES PEINES

LIVRE SEPTIÈME

DISPOSITIONS RELATIVES À L'OUTRE-MER

APPENDICE

CODE DE LA JUSTICE PÉNALE DES MINEURS

PREMIÈRE PARTIE : LÉGISLATIVE

(*Ord. n° 2019-950 du 11 sept. 2019*)

RÉP. PÉN. v^is *Enfance,* par Gouttenoire et Guérin ; *Enfance délinquante,* par Bonfils et Bourgeois-Itier.

BIBL. GÉN. ▶ **Ouvrages :** Bonfils et Gouttenoire, Droit des mineurs, *Dalloz, Coll. Précis, 3e éd., 2021.* – Favier et Ferrand (dir.), La justice des mineurs en Europe, *Stämpfli Editions, Berne (Suisse), 2011.* – C. Gauthier, M. Gauthier et Gouttenoire (dir.), Mineurs et droits européens, *Pedone, 2012, p. 63 s.* – Gallardo, Le statut du mineur détenu, *L'Harmattan, 2008,* préf. Bonfils. – Gebler et Guitz, Le traitement judiciaire de la délinquance des mineurs, *ASH éd., 3e éd., 2012.* – Le Breton et Marcelli (dir.), Dictionnaire de l'adolescence et de la jeunesse, *PUF, 2010.* – Nérac-Croisier (dir.), Le mineur et le droit pénal, *L'Harmattan, 1997, p. 205.* – Pédron, Guide de la protection judiciaire de la jeunesse, *Gualino, 4e éd., 2016.* – Renucci, Droit pénal des mineurs, *Masson, 1994, p. 10.* – Renucci et Courtin, Le droit pénal des mineurs, *coll. « Que sais-je ? », PUF, 4e éd., 2001.* – Robert, Traité de droit des mineurs, *Cujas, 1969.* – Le référentiel des pratiques éducatives, *Dir. Protection judiciaire de la jeunesse, 2021.*

▶ **Thèses :** Jacopin, Contribution à l'évolution de la responsabilité pénale du mineur, *thèse Paris I, 1999, 2 tomes.* – Ghevontian, Constitution et justice pénale des mineurs (recherche sur l'identification d'un cadre commun aux systèmes français, espagnol et nord-américain), *Thèse Aix-en-Provence, 2017.* – Margaine, La capacité pénale, *thèse Bordeaux, 2011.* – Michel, L'autonomie du droit pénal des mineurs, *thèse Aix-en-Provence, 1999.* – Petereau-Mahrach, Le discernement des mineurs (Étude de droit civil et de droit pénal), *thèse Poitiers, 2004.*

▶ **Rapports :** Adapter la justice pénale des mineurs, entre modifications raisonnables et innovations fondamentales, Rapport de la Commission Varinard, *Doc. fr., 2009.* – Lazerges et Balduick, Réponses à la délinquance des mineurs, Rapport parlementaire, *Doc. fr., 1998.* – Ruffin, Protection de la jeunesse et délinquance juvénile, Rapport remis au Premier ministre, *Doc. fr., 1996, p. 13.* – Schosteck et Carle, La République en quête de respect, *Rapp. Sénat n° 340, 2001-2002, p. 67.* – Terlier et Untermaïer, Rapport d'information sur la justice des mineurs, *Rapp. Ass. nat. n° 1702, 20 février 2019.*

▶ **Articles :**

▶ **Sur le droit pénal des mineurs en général :** Bonfils, Le droit pénal substantiel des mineurs, *AJ pénal 2005. 45* ; Le discernement en droit pénal, *in* Mél. R. Gassin, *PUAM, 2007, p. 97 s.* ; L'autonomie du droit pénal des mineurs, entre consécration et affaiblissement, *AJ pénal 2012. 312* s. ; Pour un article préliminaire en droit pénal des mineurs, *in* Mél. Lazerges, *Dalloz, 2014, p. 469 à 475* ; La nouvelle primauté de l'éducation sur la répression, *Dr. pén. 2018, étude n° 20* ; L'intérêt de l'enfant en droit pénal, *in* L'intérêt de l'enfant, Mythes ou réalité, Dir. de A.-C. Reglier et C. Siffrein-Blanc, *LGDJ-Lextenso, 2018, p. 127 s.* – Castagnède, La justice pénale des mineurs à la lumière du droit européen, *in* C. Gauthier, M. Gauthier et A. Gouttenoire (dir.), Mineurs et droits européens, *Pedone, 2012, p. 63 s.* – Chazal, La protection judiciaire des mineurs en France et le mouvement de la Défense sociale nouvelle, *RSC 1979. 405 s.* – Céré, La spécificité de la détention des mineurs, *in* Nérac-Croisier (dir.), Le mineur et le droit pénal, *L'Harmattan, 1997, p. 205.* – Cimamonti, Les orientations récentes du droit pénal français des mineurs, *Pb. act. sc. crim. 2007, p. 90 s.* – Dalloz, Les orientations européennes en matière de justice pénale des mineurs, *RPDP 2006, p. 47 s.* – P.-J. Delage, Le droit des petites âmes, *in* La minorité à contresens, enfants en danger enfants délinquants (dir. G. Giudicelli-Delage et Ch. Lazerges), *Dalloz, 2014, p. 33 s.* – A. Laingui, Histoire du droit pénal des mineurs, *in* Enfance et délinquance, *Économica, 1993, p. 7 s.* – Lazerges, De l'irresponsabilité à la respon-

sabilité pénale des mineurs délinquants, *RSC 1995. 149* s. ; Seuils d'âge et responsabilité pénale en Europe, *RSC 1991. 414* ; La mutation du modèle protectionniste de justice des mineurs, *RSC 2008. 200 s.* ; Typologie des modèles : la mosaïque du droit, *in* La minorité à contresens, enfants en danger enfants délinquants (dir. Giudicelli-Delage et Lazerges), *Dalloz, 2014, p. 63 s.* – Legeais, Remarque sur la distinction des mineurs délinquants et des jeunes en danger, *in* Mél. J. Vincent, *Dalloz, 1981, p. 203 s.* – Mayaud, La nouvelle délinquance juvénile et l'ordonnance de 1945, *in* D'Onorio (dir.), La violence et le droit, *Pierre Téqui éd., 2003, p. 49 s.* – Nérac-Croisier, Irresponsabilité ou responsabilité des mineurs ?, *in* Nérac-Croisier (dir.), Le mineur et le droit pénal, *L'Harmattan, 1997, p. 133 s.* – X. Pin, Les âges du mineur : réflexions sur l'imputabilité et la capacité pénale du mineur, *Gaz. Pal. 11-12 juill. 2012, p. 5.* – Renucci, La justice pénale des mineurs, *Justices 1998, p. 120* ; Le droit pénal des mineurs entre son passé et son avenir, *RSC 2000. 79*. – Saint-Pau, La capacité pénale de l'enfant, *in* Le droit et les droits de l'enfant, *revue Champs libres (n° 6), L'Harmattan, 2007, p. 87 s.*

▸ **Sur le droit pénal des mineurs comparé :** Bailleau et Cartuyvels (dir.), La justice pénale des mineurs en Europe (entre modèle Welfare et inflexions néo-libérales), *L'Harmattan, 2007.* – Favier et Ferrand (dir.), La justice des mineurs en Europe, *Stämpfli Editions, Berne (Suisse), 2011.* – Giudicelli-Delage et Lazerges (dir.), La minorité à contresens, *Dalloz, 2014.* – Cimamonti, di Marino et Zappala (édit.), Où va la justice pénale des mineurs ? (Allemagne, Espagne, France, Italie, Russie), *éd. G. Giappichelli Editore-Torino, Catania, 2010, p. 296.* – Courtin, La responsabilité pénale des mineurs dans l'ordre interne et international, *RIDP 2004, 1-2.* – Nérac-Croisier et Castaignède (dir.), La protection judiciaire du mineur en danger, *L'Harmattan, 2000.*

▸ **Sur l'ordonnance du 2 février 1945 :** Autesserre, Le casier judiciaire des mineurs modifié par les lois Perben du 9 septembre 2002 et du 9 mars 2004, *RAJS (revue d'action juridique et sociale), févr. 2005, p. 25 s.* – Beddiar (dir.), 70 ans de justice pénale des mineurs (entre spécialisation et déspécialisation), Préf. Bonfils, *L'Harmattan, 2017.* – Bonfils, La réforme du droit pénal des mineurs par la loi du 9 septembre 2002, *RJPF juin 2003, p. 6* (1re partie) ; *ibid. juill.-août 2003, p. 6* (2e partie) ; Les dispositions relatives aux mineurs de la loi 2004-204 du 9 mars 2004 dite Perben II, *JCP 2004. I. 140* ; Les dispositions relatives au droit pénal des mineurs dans la loi Prévention de la délinquance, *D. 2007. 1027* s. ; La réforme de l'ordonnance de 1945 par la loi Prévention de la délinquance, *AJ pénal 2007. 209* s. ; La réforme de l'ordonnance de 1945 par la loi du 10 août 2007 renforçant la lutte contre la récidive des majeurs et des mineurs, *AJ pénal 2007. 363* s. ; La loi LOPPSI 2 et le droit pénal des mineurs, *D. 2011. Chron. 1162* s. ; La réforme du droit pénal des mineurs par la loi du 10 août 2011, *D. 2011. Chron. 2286* s. – Castaignède, La loi n° 2002-1138 du 9 septembre 2002 : un nouveau regard porté sur le droit pénal des mineurs, *D. 2003. 779*. – Castella et Sanchez, La réforme de la justice pénale des mineurs par la loi du 9 septembre 2002, *Dr. fam. 2002, chron. n° 28.* – Gassin, Faut-il réviser l'ordonnance du 2 février 1945 ?, *Pb. act. sc. crim. 2003, p. 43.* – Giacopelli, Les dispositions procédurales de la loi n° 2002-1138 du 9 septembre 2002 applicables aux mineurs et majeurs délinquants. Continuité ou rupture ?, *JCP 2003. I. 139.* – Herzog-Evans, Prévenir la récidive : les limites de la répression pénale. À propos de la loi récidive II, *AJ pénal 2007. 357* s. – Lazerges, Fallait-il modifier l'ordonnance n° 45-174 du 2 février 1945 ?, *RSC 2003. 172* ; La sanction des mineurs : la fuite en avant ?, ou de la loi du 9 septembre 2002 à son application, *in* Mél. Lombois, *PULIM, 2004, p. 527 s.* – Le Gunehec, La loi d'orientation et de programmation pour la justice réformant la justice pénale des mineurs, Aperçu rapide, *JCP 2002. act. 450.* – Lobé Lobas, Les dispositions relatives à la prévention de la délinquance des mineurs de la loi n° 2007-297 du 5 mars 2007, *RJPF juin 2007, p. 8 s.* – Michard, Les fondements doctrinaux de l'ordonnance de 1945. De la justice distributive à la justice résolutive, Vaucresson, *CRIV, 1985, p. 18 s.* – Pouyanne, Le nouveau droit pénal intéressant les mineurs ou la difficulté d'être entre protection et répression, *Dr. pénal 2003, chron. n° 14.* – Pradel, Enfin des lignes directrices pour sanctionner les délinquants récidivistes (commentaire de la loi du 10 août 2007 sur les « peines plancher »), *D. 2007. 2247* s. – Robert, Le plancher et le thérapeute (commentaire de la loi n° 2007-1198 du 10 août 2007 renforçant la lutte contre la récidive des majeurs et des mineurs), *Dr. pénal 2007, Étude 20.* – Rosenczweig, La loi d'orientation et de programmation sur la justice : une promesse tenue ? pas évident, *D. 2002. Point de vue 2339*. – Sultan, La réforme de l'ordonnance de 1945 a-t-elle eu lieu ?, *AJ pénal 2007. 215 s*. – Évolution de l'ordonnance du 2 février 1945 et de la jurisprudence, colloque consacré au 60e anniversaire de la justice des mineurs, *Paris, 12-13 sept. 2005, actes du colloque, Direction de la PJJ, Ministère de la Justice, mars 2006.*

▸ **Sur le code de la justice pénale des mineurs :** Bonfils, Interview sur la codification du droit pénal des mineurs, *Lexbase pénal, 20 déc. 2018* ; Ratification de l'ordonnance portant création de la partie législative du Code de la justice pénale des mineurs, *JCP éd. G. 2021, p. 391.* – Lazerges, Cohérence et incohérences dans l'ordonnance n° 2019-950 du 11 septembre 2019 por-

tant partie législative du code de la justice pénale des mineurs, *RSC 2020. 175* . – Vergès, Le nouveau parcours pénal des mineurs, *RSC 2020. 129* .

▸ **Dossiers :** L'ordonnance n° 2019-950 portant partie législative du code de la justice pénale des mineurs, *AJ pénal 2019. 475* . – Vers un nouveau droit pénal des mineurs, *Dr. fam. mars 2021. Dossier 7 s.* – S. Jacopin (dir.), Un Code de la justice pénale des mineurs, quelle(s) spécificité(s) ?, *Dalloz, coll. Thèmes et commentaires, 2021.*

COMMENTAIRE

Le code de la justice pénale des mineurs a été adopté par l'ordonnance n° 2019-950 du 11 septembre 2019 (V. App., v° *Codification*). Ce texte, dont l'entrée en vigueur fixée initialement au 1er octobre 2020 a été repoussée au 30 septembre 2021, est venu abroger, à compter de cette date, l'ordonnance n° 45-174 du 2 février 1945, qui, jusqu'alors, fixait les règles applicables aux mineurs délinquants. Le code de la justice pénale des mineurs est un texte volumineux, qui ne se contente pas de rassembler et d'organiser dans un code thématique des dispositions existantes. Bien évidemment, il reprend des règles posées par l'ordonnance de 1945 et la jurisprudence antérieure, mais il fait aussi œuvre créatrice, et les réformes qu'il contient sont d'importance. Pour ces raisons, il est essentiel de présenter la genèse de la réforme, son processus d'adoption, l'application dans le temps de ses dispositions, la philosophie et l'architecture du code.

La genèse de la réforme du droit pénal des mineurs. L'ordonnance n° 45-174 du 2 février 1945 relative à l'enfance délinquante avait été adoptée dans un contexte très particulier, par le Gouvernement provisoire de la République française, sous l'impulsion du ministre de la Justice François de Menthon (Ph. Bonfils et A. Gouttenoire, Droit des mineurs, *Précis Dalloz, 3e éd., 2021, n° 1991, p. 1133*). Il s'agissait de remplacer les lois de 1942 et 1943 qui avaient réformé le droit pénal des mineurs et créé le juge des enfants. Il s'agissait aussi et surtout d'accorder à l'enfance délinquante une attention particulière, après la terrible période de l'Occupation et de la guerre. Une des phrases de l'exposé des motifs de l'ordonnance de 1945, qui traduit bien cette préoccupation, est restée célèbre : « La France n'est pas assez riche d'enfants pour pouvoir négliger tout ce qui peut en faire des êtres sains ». L'ordonnance de 1945 affichait donc une philosophie humaniste et proposait un corpus de règles offrant une réponse à la délinquance juvénile entre prévention, éducation et répression. Mais, peut-être en raison de l'urgence dans laquelle elle avait été adoptée (toute la France n'était pas encore libérée le 2 février 1945), l'ordonnance de 1945 comportait dès l'origine un certain nombre d'imperfections. Le plan adopté n'était pas satisfaisant en ce qu'il distinguait des dispositions générales, la procédure, le tribunal pour enfants, la liberté surveillée, et des dispositions diverses. Le juge des enfants, pivot du système pénal applicable aux mineurs, était envisagé dans un chapitre consacré au tribunal pour enfants, et seule la liberté surveillée faisait l'objet d'un chapitre, qui au demeurant ne traitait pas que de cette mesure. Plus encore, l'ordonnance ne disait pas si les mineurs délinquants étaient ou non responsables pénalement, ce qui a nourri une controverse doctrinale importante, et une incertitude sur une question pourtant centrale. Surtout, l'ordonnance de 1945 a connu près de soixante modifications depuis son adoption, et cette frénésie législative a contribué à rendre ce texte moins lisible et plus complexe et à perdre de vue sa philosophie originelle. On peut enfin ajouter le fait que l'ordonnance de 1945 faisait fréquemment des renvois au droit commun (C. pén. et C. pr. pén.) qui connaissait lui-même une évolution considérable…

Une profonde réforme du droit pénal des mineurs était ainsi attendue depuis longtemps. Sous la présidence de Nicolas Sarkozy, la ministre de la Justice, Rachida Dati, avait mis en place une commission chargée de réfléchir à des propositions de réforme. Placée sous l'autorité d'André Varinard, professeur de droit et ancien recteur, cette commission était composée d'universitaires, de juges (juges des enfants, conseillers délégués à la protection de l'enfance), de procureurs (et substituts généraux de cour d'appel), d'avocats, de membres de la protection judiciaire de la jeunesse, d'un commissaire de police, d'un officier de gendarmerie et de dix parlementaires, de droite et de gauche. Au terme d'une année de travail, la commission Varinard rendit à la ministre de la Justice en décembre 2008 un rapport contenant soixante-dix propositions, dont la création d'un code de la justice pénale des mineurs (Adapter la justice pénale des mineurs, entre modifications raisonnables et innovations fondamentales, Rapport de la Commission Varinard, *Doc. fr., 2009*). Le présent code se situe indéniablement dans la lignée des préconisations de cette commission.

Deux avant-projets de code furent préparés par les services du ministère de la Justice, mais les aléas de la vie politique ne leur ont pas permis de voir le jour. Les travaux de la commission Varinard furent partiellement repris dans plusieurs réformes (par ex. la loi n° 2011-939 du 10 août 2011), mais la codification de la matière semblait difficile en raison de l'attachement souvent affectif (et parfois irrationnel) que les praticiens avaient à l'ordonnance de 1945. C'est dans ce contexte que la codification par ordonnance de l'article 38 de la Constitution a été décidée.

Le processus d'adoption du code de la justice pénale des mineurs. Le processus d'adoption du code de la justice pénale des mineurs est assez inédit, puisqu'il a été procédé par ordonnance, sans débat parlementaire. Durant les discussions sur la loi n° 2019-222 du 23 mars 2019 de programmation 2018-2022 et de réforme pour la justice, la ministre de la Justice fit un amendement tendant à habiliter le Gouvernement à procéder à la codification du droit pénal des mineurs par ordonnance. L'article 93 de la loi n° 2019-2022 du 23 mars 2019 autorise ainsi le Gouvernement à adopter par ordonnance le code de la justice pénale des mineurs en ces termes : « dans les conditions prévues à l'article 38 de la Constitution, le Gouvernement est autorisé à prendre par voie d'ordonnance les mesures relevant du domaine de la loi nécessaires pour :

1° modifier et compléter les dispositions relatives à la justice pénale des mineurs, dans le respect des principes constitutionnels qui lui sont applicables et des conventions internationales, afin de :

a) simplifier la procédure pénale applicable aux mineurs délinquants ;

b) accélérer leur jugement pour qu'il soit statué rapidement sur leur culpabilité ;

c) renforcer leur prise en charge par des mesures probatoires adaptées et efficaces avant le prononcé de leur peine, notamment pour les mineurs récidivistes ou en état de réitération ;

d) améliorer la prise en compte de leurs victimes ;

2° regrouper et organiser ces dispositions dans un code de la justice pénale des mineurs ». Le texte précise encore que « l'ordonnance est prise dans un délai de six mois à compter de la publication de la loi » et qu'un projet de loi de ratification doit être « déposé devant le Parlement dans un délai de deux mois à compter de la publication de l'ordonnance ». Quelques mois plus tard, le 11 septembre 2019, l'ordonnance n° 2019-950 est présentée en Conseil des ministres et adoptée.

Ce n'est pas le premier code à avoir été pris par ordonnance de l'article 38 de la Constitution, permettant au Gouvernement d'intervenir dans le domaine de la loi, après en avoir été habilité par le Parlement. A dire vrai, c'est même le code pénal qui est le dernier code à avoir été adopté au terme d'un véritable processus parlementaire, les autres codes (code de commerce, code de la route, code de la sécurité intérieure, code de l'environnement...) ayant, eux aussi, été adoptés par le moyen des ordonnances de l'article 38. Mais à la différence de ces autres codes adoptés par ordonnance, le code de la justice pénale des mineurs ne se contente pas de rassembler et de classer dans un code thématique des dispositions existantes, ayant donc déjà été soumises au débat démocratique. En effet, le code comporte même d'importantes innovations, comme la présomption de non-discernement en dessous de l'âge de treize ans, ou encore l'abandon presque total de l'instruction préparatoire en droit pénal des mineurs. Il est particulièrement gênant que le débat démocratique ait été ainsi contourné lors de l'adoption du code. Cela étant, à l'occasion de l'examen du projet de loi de ratification, le Parlement a pu retrouver partiellement le pouvoir législatif qu'il avait délégué au gouvernement. En effet, sous l'influence des rapporteurs du texte à l'Assemblée nationale et au Sénat, le vote de la loi de ratification n° 2021-218 du 26 février 2021 a permis au Parlement d'apporter au code des précisions, des modifications, voire des corrections (cf. Ph. Bonfils, Ratification de l'ordonnance portant création de la partie législative du Code de la justice pénale des mineurs, *JCP éd. G 2021, p. 391* s.). Là encore le processus d'adoption est assez inédit, car il est rare qu'une loi de ratification donne lieu à l'adoption de dispositions substantielles. Quoi qu'il en soit, la loi de ratification du 26 février 2021 est donc l'aboutissement du processus d'adoption du code de la justice pénale des mineurs, du moins pour sa partie législative (cf. A. Louis, Le processus d'adoption du nouveau code de la justice pénale des mineurs, *Dr. fam mars 2021. Dossier 3*), processus qui avait en réalité commencé dès les premières réflexions de la commission Varinard (cf. A. Varinard, Les fondements du nouveau code de la justice pénale des mineurs, *Dr. fam. mars 2021. Dossier 2*).

L'entrée en vigueur du code de la justice pénale des mineurs. Initialement, l'entrée en vigueur du code – et donc l'abrogation de l'ordonnance du 2 février 1945 – était fixée au 1er octobre 2020 par l'ordonnance n° 2019-950 du 11 septembre 2019. Mais, en raison de l'épidémie de covid-19, il est apparu nécessaire de repousser l'entrée en vigueur du code, d'abord au 31 mars 2021 par la loi n° 2020-734 du 17 juin 2020, puis au 30 septembre 2021 par la loi n° 2021-218 du 26 février 2021. L'entrée en vigueur du code de la justice pénale des mineurs est donc intervenue au 30 septembre 2021. La partie réglementaire a été adoptée par deux décrets du 27 mai 2021 (n° 2021-682, partie R ; et n° 2021-683, partie D), qui sont entrés en vigueur à la même date.

L'application dans le temps du code de la justice pénale des mineurs. L'entrée en vigueur d'un nouveau texte pénal pose, nécessairement, la question de son application dans le temps. Elle se pose ici avec une acuité particulière compte tenu de l'ampleur et de la diversité des dispositions contenues dans le code.

L'article 10 de l'ordonnance du 11 septembre 2019 (V. App., v° *Codification*), légèrement modifié par la loi de ratification du 26 février 2021, donne des indications importantes. Il prévoit que « Les dispositions du code de la justice pénale des mineurs annexé à la présente ordonnance, relatives à la procédure pénale, sont applicables aux poursuites engagées à compter de son entrée en vigueur. Les poursuites engagées avant cette date se poursuivent jusqu'à leur terme conformément aux dispositions du code de procédure pénale et de l'ordonnance n° 45-174 du 2 février 1945 relative à l'enfance délinquante dans leur version applicable avant cette date. Toutefois, s'appliquent immédiatement les dispositions du code de la justice pénale des mineurs relatives aux mesures éducatives ainsi que, lorsqu'elles sont plus favorables aux mineurs à l'encontre desquels ces poursuites sont engagées, aux mesures de sûreté ». Cette disposition ne règle pas toutes les questions, et il convient de distinguer en fonction de la nature des dispositions en question.

S'agissant de la procédure, le dispositif prévu est assez clair, et finalement assez opérant. Si les poursuites ont été exercées sous l'empire de l'ordonnance de 1945, on restera sur ce texte ; si les poursuites ont commencé après l'entrée en vigueur du code, on appliquera le nouveau code. Mais cela appelle néanmoins une précision. Le texte indique que si les poursuites ont été engagées avant l'entrée en vigueur du code, les poursuites se poursuivront jusqu'à leur terme sous l'empire de l'ordonnance. Quel est le « terme » d'un procès ? On peut sans doute considérer que le terme du procès est le moment où la décision (sur l'action publique et/ou sur l'action civile) est définitive et non susceptible de recours. Donc, on peut penser que si un contentieux en matière d'application des peines intervient après l'entrée en vigueur du code, il se déroulera selon le code, et non selon l'ordonnance de 1945, même si les poursuites ayant conduit à la condamnation ont été engagées avant le code.

S'agissant des mesures de sûreté, l'ordonnance précise que les dispositions du code s'appliquent immédiatement, lorsqu'elles sont plus favorables aux mineurs à l'encontre desquels ces poursuites sont engagées. Pour les mesures de sûreté, il est donc prévu une application immédiate *in mitius*. Mais que sont les « mesures de sûreté » mentionnées par l'ordonnance ? L'expression est connue des pénalistes, depuis le mouvement positiviste de la fin du XIXe siècle, mais ni le code pénal, ni le code de procédure pénale, ni le présent code de la justice pénale des mineurs n'en donnent de définition. Pour autant, le code consacre aux mesures de sûreté un titre (Livre III, Titre III), dans lequel il traite du contrôle judiciaire, de l'assignation à résidence avec surveillance électronique et de la détention provisoire. Il paraît donc logique de considérer que ces trois mesures sont les mesures de sûreté prévues par le code de la justice pénale des mineurs, soumises au principe d'application immédiate *in mitius*.

L'application dans le temps des mesures éducatives a été précisée par la loi de ratification du 26 février 2021, qui a modifié l'article 10 de l'ordonnance du 11 septembre 2019, et précisé que les mesures éducatives s'appliquent immédiatement. On relèvera que les mesures éducatives s'appliquent immédiatement dans tous les cas, c'est-à-dire indépendamment de la douceur ou de la sévérité du code. Mais, à dire vrai, le dispositif prévu par le code en matière de mesures éducatives ne paraît ni plus sévère ni plus doux que celui de l'ordonnance de 1945, mais témoigne surtout d'une réorganisation. Quoi qu'il en

soit, les mesures éducatives du code s'appliquent donc immédiatement, même à des faits commis avant l'entrée en vigueur du code.

Il reste que l'ordonnance du 11 septembre 2019 ne règle pas toutes les questions d'application dans le temps : rien n'est dit sur les autres dispositions, et spécialement les dispositions de fond. Que faire, par exemple, concernant les règles de responsabilité pénale des mineurs ? La question est d'importance, car le code apporte ici des changements considérables, en présumant le discernement à l'âge de treize ans (et donc le non-discernement en dessous de cet âge), de sorte que le seuil de la responsabilité pénale est nettement élevé par rapport à l'ordonnance de 1945. Faute de disposition spécifique régissant l'application dans le temps, il convient de se reporter aux règles prévues par le code pénal, aux articles 112-1 et suivants, et donc de distinguer selon que la disposition de fond nouvelle est plus sévère (elle ne rétroagira pas) ou plus douce (elle rétroagira). La mise en place de la présomption de non-discernement en dessous de treize ans est logiquement une disposition nouvelle appelée à rétroagir *in mitius* (et donc à s'appliquer à des faits antérieurs à l'entrée en vigueur du code). Mais certaines modifications sont plus complexes, et leur application dans le temps est plus délicate. Tel est le cas du sort réservé aux sanctions éducatives. La catégorie disparaît – ce qui, au passage est certainement une bonne chose, dans la mesure où elles manquaient d'originalité et de cohérence. Mais la plupart d'entre elles se retrouvent dans la mesure éducative judiciaire, définie à l'article L. 112-2 du code. La modification apportée à l'article 10 de l'ordonnance du 11 septembre 2019 par la loi de ratification paraît désormais donner la réponse : les mesures éducatives s'appliquent immédiatement, qu'elles soient plus favorables ou non.

Pour autant, l'entrée en vigueur du code s'accompagne de nombreuses questions d'application de la loi pénale dans le temps, et il conviendra de se montrer vigilant sur la jurisprudence qui sera rendue en la matière.

La philosophie générale du code de la justice pénale des mineurs. L'ordonnance de 1945, on le sait, reposait sur une philosophie humaniste inspirée du mouvement de la Défense sociale nouvelle, et – du moins à l'origine – proposait une réponse combinant prévention, éducation et répression. Tel était le sens de son fameux préambule, qui, sans avoir de valeur normative, éclairait le texte et informait sur sa *ratio legis*. En contrepoint, on peine à trouver la philosophie du code de la justice pénale des mineurs (Ph. Bonfils, La philosophie du Code de la justice pénale des mineurs, *Dr. fam. mars 2021. Dossier 4*), faute d'exposé des motifs de la réforme, passée par voie d'ordonnance de l'article 38 de la Constitution. On peut cependant la percevoir dans son environnement, à savoir le rapport adressé au président de la République le 11 septembre 2019 (il est reproduit ci-après, App., v° *Codification*), le rapport Varinard, les débats parlementaires relatifs à la loi de ratification, ou même l'ordonnance de 1945 du moins lorsque le code en reprend les dispositions. On peut aussi, et surtout, rechercher la philosophie générale du texte dans son contenu, et spécialement dans son article préliminaire.

L'idée d'un article préliminaire en tête du code de la justice pénale des mineurs sur le modèle de l'article préliminaire du code de procédure pénale figure dans le rapport Varinard (Adapter la justice pénale des mineurs, Rapport Varinard, *La documentation française, 2009, p. 60*). Plusieurs propositions de rédaction avaient été émises, qui ont peut-être inspiré les rédacteurs du code (V. notre proposition, Ph. Bonfils, « Pour un article préliminaire en droit pénal des mineurs », *in* Mél. Lazerges, *Dalloz, 2014, p. 469 à 475*). Quoi qu'il en soit, dès sa publication en annexe de l'ordonnance du 11 septembre 2019, le code de la justice pénale des mineurs comportait un article préliminaire qui disposait que « le présent code régit les conditions dans lesquelles la responsabilité pénale des mineurs est mise en œuvre, en prenant en compte l'atténuation de cette responsabilité en fonction de leur âge et la nécessité de rechercher leur relèvement éducatif et moral par des mesures adaptées à leur âge et à leur personnalité, prononcées par des juridictions spécialisées ou selon des procédures appropriées ». La parenté avec le principe fondamental reconnu par les lois de la République, dégagé par le Conseil constitutionnel dans sa décision du 29 août 2002 (Cons. const. 29 août 2002, *DC, JO 10 sept. 2002, p. 14953*), était évidente. Mais s'il était nécessaire de s'inscrire ainsi dans la lignée de la consécration constitutionnelle du principe d'autonomie du droit pénal des mineurs, il était dommage que l'intérêt supérieur de l'enfant – ou du mineur – ne figure

pas lui aussi en exergue du code. Le Parlement est cependant venu combler cette lacune, à l'occasion de la loi de ratification du 26 février 2021 (cf. Ph. Bonfils, Ratification de l'ordonnance portant création de la partie législative du code de la justice pénale des mineurs, *JCP 2021, p. 391*). Ainsi, l'article préliminaire dispose désormais que « le présent code régit les conditions dans lesquelles la responsabilité pénale des mineurs est mise en œuvre, en prenant en compte, dans leur intérêt supérieur, l'atténuation de cette responsabilité… ». C'est une consécration importante pour la notion d'intérêt de l'enfant, jusque-là assez discrète en droit pénal. C'est aussi et surtout une consécration utile, même si l'article 3.1 de la Convention internationale des droits de l'enfant (App. v° Textes internationaux) était directement applicable en droit interne. Placé en tête du code, l'intérêt du mineur est ainsi susceptible de jouer le rôle d'une boussole, en cas de difficulté d'application ou d'interprétation d'une règle technique. Plus encore, l'intérêt du mineur pourrait bien devenir le principe matriciel du code, d'autant que le Conseil constitutionnel lui a donné valeur constitutionnelle dans sa décision du 21 mars 2019 relative à la fixation de l'âge par examen osseux (Cons. const. 21 mars 2019, n° 2018-768 QPC : *Dr. fam. 2019, n° 135, obs. Ph. Bonfils*).

De manière générale, le code met donc en exergue l'autonomie du droit pénal des mineurs, ce dont il faut se féliciter. Mais cette philosophie reste bien fragile, si l'on examine le contenu du code, et spécialement la montée en puissance du parquet au détriment du juge des enfants, la possibilité pour le juge des enfants de prononcer seul certaines peines, ou encore la possibilité pour le parquet de contourner la procédure de mise à l'épreuve éducative avec une audience unique, dans un délai court (dix jours à trois mois). De fait, le code semble hésiter entre une philosophie protectrice des mineurs et une vision gestionnaire de la réponse pénale.

Le code ne tranche pas non plus une autre question fondamentale. Faut-il parler de mineur ou d'enfant ? L'ordonnance de 1945 évoquait historiquement les enfants (ordonnance relative à l'enfance délinquante, juge des enfants, tribunal pour enfants), mais, dès 1951, le terme « mineur » était apparu (cour d'assises des mineurs, chambre spéciale des mineurs…). La Commission Varinard avait proposé de ne retenir qu'un seul terme, celui de mineur. Certes, le terme d'enfant comporte une dimension plus affective, et peut-être plus protectrice que celui – plus neutre – de mineur, mais les mots ont un sens technique précis, et juridiquement, enfant et mineur ne sont pas synonymes (Ph. Bonfils et A. Gouttenoire, Droit des mineurs, *op. cit., n° 6, p. 2 s.*). Le mot « mineur » signifie « âgé de moins de tel âge », et sans précision, le mineur est donc une personne âgée de moins de dix-huit ans. Le terme « enfant » renvoie quant à lui au fils ou à la fille de quelqu'un, sans considération de son âge (le code civil parle ainsi d'enfant en droit des successions, alors qu'il s'agit le plus souvent de majeurs…). L'adoption du code de la justice pénale des mineurs était l'occasion de clarifier les choses, en suivant la préconisation de la Commission Varinard. Mais si le code est bien consacré à la justice des mineurs et s'il évoque dans ses dispositions les mineurs, il fait encore référence au juge des enfants et au tribunal pour enfants.

L'architecture générale du code de la justice pénale des mineurs. Le plan de l'ordonnance de 1945 manquait singulièrement de cohérence, et l'imperfection originelle s'était aggravée avec le temps et les différentes réformes législatives. Le code de la justice pénale des mineurs présente, en comparaison, une architecture bien plus cohérente et satisfaisante. Il s'ouvre sur un article préliminaire, suivi par un titre préliminaire, puis par sept livres, consacrés respectivement aux mesures encourues (mesures éducatives et peines), aux acteurs, aux différentes phases de la procédure (dispositions communes, phase préalable au jugement, jugement, application et exécution des mesures éducatives et des peines), puis aux dispositions spécifiques à l'outre-mer. La consécration des principes directeurs de la procédure dans le titre préliminaire est tout particulièrement à saluer. Le code reprend ici l'une des préconisions les plus importantes de la Commission Varinard. Certes, qu'il s'agisse du droit pénal de fond ou de la procédure, aucun principe consacré n'est véritablement nouveau, mais leur affirmation en tête du code renforcera sans nul doute leur visibilité, leur force et leur effectivité. On peut penser que ces dispositions connaîtront le même succès que l'article préliminaire du code de procédure pénale.

La numérotation du code suit les principes que l'on retrouve dans la plupart des codes récents depuis le code pénal. Les articles des livres I à VII sont numérotés avec la lettre L pour la partie législative puis un nombre de trois chiffres pour le livre, le titre et le cha-

pitre, suivi d'un tiret puis du chiffre correspondant à l'article (par ex. L. 122-1). Mais s'agissant du titre préliminaire, les articles n'ont que deux chiffres (un pour le titre et l'autre pour le chapitre) suivis d'un tiret et d'un autre chiffre (par ex. L. 11-1). Cette différence formelle entre les articles d'un même code est inédite, mais elle s'explique, et n'a, finalement aucune incidence.

Évolution du code de la justice pénale des mineurs. A peine entré en vigueur, le code de la justice pénale des mineurs a déjà été modifié par le législateur, par la loi n° 2021-1729 du 22 décembre 2021 pour la confiance dans l'institution judiciaire et la loi n° 2022-52 du 24 janvier 2022 relative à la responsabilité pénale et à la sécurité intérieure, ou encore pour l'adapter à l'entrée en vigueur du code pénitentiaire (Ord. n° 2022-478 et Décr. n° 2022-479 du 30 mars 2022). Il était évident que le code ne serait pas gravé dans le marbre pour l'éternité mais que, au contraire, il serait amené à évoluer au gré des décisions du Conseil constitutionnel et des interventions du législateur. L'évolution du code ne fait donc que commencer, mais c'est aussi le signe d'un texte vivant. ❑

Art. préliminaire Le présent code régit les conditions dans lesquelles la responsabilité pénale des mineurs est mise en œuvre, en prenant en compte *(L. n° 2021-218 du 26 févr. 2021, art. 3)* **« , dans leur intérêt supérieur, » l'atténuation de cette responsabilité en fonction de leur âge et la nécessité de rechercher leur relèvement éducatif et moral par des mesures adaptées à leur âge et leur personnalité, prononcées par une juridiction spécialisée ou selon des procédures appropriées.**

BIBL. ▶ Bonfils, Pour un article préliminaire en droit pénal des mineurs, *in* Mél. Lazerges, *Dalloz, 2014, p. 469 à 475* ; Ratification de l'ordonnance portant création de la partie législative du Code de la justice pénale des mineurs, *JCP 2021. 391*. – Gallardo, *JCP 2019. 1132* (les grands axes de la réforme du droit pénal des mineurs). – Leborgne, Putman et Egéa (dir.), La Convention de New York sur les droits de l'enfant, Vingt ans d'incidences théoriques et pratiques, *PUAM, 2012*. – Rapport de la Commission présidée par A. Varinard et remis au ministre de la Justice, Adapter la justice pénale des mineurs : entre modifications raisonnables et innovations fondamentales, *Doc. fr., 2009*. – Rongé, *Dr. pénal 2019. Étude 27* (enfance délinquante : de l'ordonnance de 1945 à l'ordonnance de 2019).

COMMENTAIRE

Le code de la justice pénale des mineurs s'ouvre sur un article préliminaire, qui intervient avant même le titre préliminaire, énonçant les principes directeurs du droit pénal des mineurs, de fond comme de forme (art. L. 11-1 s.).

Initialement, c'est-à-dire lors de sa création par l'ordonnance du 11 septembre 2019, cet article préliminaire reprenait seulement le principe fondamental reconnu par les lois de la République que le Conseil constitutionnel avait dégagé, dans sa décision du 29 août 2002 (Cons. const. 29 août 2002, *DC : JO 10 sept. 2002, p. 14953*). Mais on pouvait regretter l'absence de référence à l'intérêt de l'enfant (ou du mineur), au sens de l'article 3.1 de la Convention internationale des droits de l'enfant du 20 novembre 1989 (V. notre proposition : Bonfils, Pour un article préliminaire en droit pénal des mineurs, *in* Mél. Lazerges, *Dalloz, 2014, p. 469 à 475*). La loi de ratification du 26 février 2021 est venue réparer cet oubli, et modifier légèrement l'article préliminaire (cf. Ph. Bonfils, Ratification de l'ordonnance portant création de la partie législative du Code de la justice pénale des mineurs, *JCP 2021. 391*). Celui-ci dispose désormais que « Le présent code régit les conditions dans lesquelles la responsabilité pénale des mineurs est mise en œuvre, en prenant en compte, dans leur intérêt supérieur, l'atténuation de cette responsabilité en fonction de leur âge et la nécessité de rechercher leur relèvement éducatif et moral par des mesures adaptées à leur âge et leur personnalité, prononcées par une juridiction spécialisée ou selon des procédures appropriées ».

La parenté avec le principe constitutionnel d'autonomie du droit pénal des mineurs dégagé par le Conseil constitutionnel en 2002 est manifeste. On rappellera que le Conseil constitutionnel avait révélé l'existence d'un Principe fondamental reconnu par les lois de la République composé de deux règles : « la responsabilité pénale des mineurs doit être atténuée en raison de leur âge » et « la réponse des pouvoirs publics aux infractions que commettent les mineurs doit rechercher, autant que faire se peut, leur relèvement éducatif et moral par des mesures appropriées prononcées, en fonction de leur âge et de

leur personnalité, par des juridictions spécialisée ou selon des procédures adaptées » (Cons. const. 29 août 2002 : *JO 10 sept. 2002, p. 14953*).

La référence à l'intérêt supérieur de l'enfant, énoncée par l'article 3.1 de la Convention internationale des droits de l'enfant, résulte de l'ajout, par la loi de ratification, de la précision « dans leur intérêt supérieur » dans l'article préliminaire. On retrouve en effet la stipulation de l'article 3.1 de la Convention internationale selon laquelle « dans toutes les décisions qui concernent les enfants, qu'elles soient le fait des institutions publiques ou privées de protection sociale, des tribunaux, des autorités administratives ou des organes législatifs, l'intérêt supérieur de l'enfant doit être une considération primordiale » (App v° Texte internationaux). Cela étant, le Conseil constitutionnel s'est lui aussi approprié la notion d'intérêt supérieur de l'enfant en affirmant qu'il se déduisait des dixième (« La Nation assure à l'individu et à la famille les conditions nécessaires à leur développement ») et onzième (« Elle garantit à tous, notamment à l'enfant, à la mère et aux vieux travailleurs, la protection de la santé, la sécurité matérielle, le repos et les loisirs ») alinéas du Préambule de la Constitution de 1946 une exigence de protection de l'intérêt supérieur de l'enfant (Cons. const. 21 mars 2019, n° 2018-768 QPC : *Dr. fam. 2019, Comm. n° 135, obs. Ph. Bonfils*). La référence à l'intérêt supérieur de l'enfant dans l'article préliminaire évoque donc non seulement la Convention internationale des droits de l'enfant mais aussi la dimension constitutionnelle de cette notion.

Quoi qu'il en soit, l'article préliminaire reprend donc des principes constitutionnels et internationaux d'une valeur normative supérieure à la sienne, puisque l'article préliminaire n'a qu'une valeur légale. Pour autant, la reprise solennelle de ces principes en exergue du code donne une visibilité et une vigueur plus grandes aux principes fondamentaux qu'il contient. C'est précisément ce qui s'est passé avec l'article préliminaire du code de procédure pénale, issu de la loi n° 2000-516 du 15 juin 2000, même s'il est fortement inspiré de l'article 6, § 1e, de la Convention européenne des droits de l'homme (D.-N. Commaret, L'article préliminaire du Code de procédure pénale, simple rappel des principes directeurs du procès pénal, disposition créatrice de droit ou moyen de contrôle de la légalité de la loi ? *in* Le droit pénal à l'aube du troisième millénaire, Mél. J. Pradel, *Cujas, 2006, p. 71 s.* ; Lazerges, De l'écriture à l'usage de l'article préliminaire du Code de procédure pénale, *in* Le Champ pénal, Mél. R. Ottenhof, *Dalloz, 2006* ; Vergès, L'effet normatif de l'article préliminaire du Code de procédure pénale, *in* Mél. Gassin, *PUAM, 2007, p. 327*).

Prolongeant le parallélisme avec l'article préliminaire du code de procédure pénale, on peut penser que l'article préliminaire du code de la justice pénale des mineurs sera fréquemment invoqué et utilisé dans les juridictions, en ce qu'il énonce la philosophie du code, sa *ratio legis*. L'article préliminaire, spécialement enrichi de la référence à l'intérêt supérieur de l'enfant, est à même de constituer la boussole du code, permettant de diriger l'application d'une règle technique ou de proposer une solution dans le silence des textes. On pourra, par exemple, se référer utilement à l'article préliminaire pour justifier que l'on retienne l'âge le plus bas lorsqu'une expertise réalisée en application de l'article 388 du code civil proposera une fourchette d'âge à cheval sur un seuil. On peut donc prédire, sans trop de risque, un certain succès à l'article préliminaire du code de la justice pénale des mineurs. ❑

1. Principes constitutionnels. Considérant que l'atténuation de la responsabilité pénale des mineurs en fonction de l'âge, comme la nécessité de rechercher le relèvement éducatif et moral des enfants délinquants par des mesures adaptées à leur âge et à leur personnalité, prononcées par une juridiction spécialisée ou selon des procédures appropriées, ont été constamment reconnues par les lois de la République depuis le début du XXe siècle ; que ces principes trouvent notamment leur expression dans la loi du 12 avr. 1906 sur la majorité pénale des mineurs, la loi du 22 juill. 1912 sur les tribunaux pour enfants et l'ordonnance du 2 févr. 1945 sur l'enfance délinquante ; que toutefois, la législation républicaine antérieure à l'entrée en vigueur de la Constitution de 1946 ne consacre pas de règle selon laquelle les mesures contraignantes ou les sanctions devraient toujours être évitées au profit de mesures purement éducatives ; qu'en particulier, les dispositions originelles de l'ordonnance du 2 févr. 1945 n'écartaient pas la responsabilité pénale des mineurs et n'excluaient pas, en cas de nécessité, que fussent prononcées à leur égard des mesures telles que le placement, la surveillance, la retenue ou, pour les mineurs de plus de 13 ans, la détention ; que telle est la portée du principe fondamental reconnu par les lois de la République en matière de justice des mineurs. • Cons. const. 29 août 2002, n° 2002-461 DC : *D. 2003. 1127, obs. Domingo et Nicot ; AJDI 2002. 708 ; RSC 2003. 606 et 612, obs. Bück ; RDP 2002. 1731,*

note Roux ; LPA, 6 janv. 2003, p. 10, comm. Mathieu ; JCP G. 2003. I. 139, étude Giacopelli ; Gaz. Pal. 4-5 sept. 2002, p. 3, note Schoettl.

2. Droit commun et droit spécifique. Il résulte de l'art. 20, al. 10, de l'Ord. n° 45-174 du 2 févr. 1945 qu'il est procédé pour les mineurs âgés de seize ans au moins, poursuivis pour crime, conformément aux dispositions de l'art. 270 C. pr. pén, lequel prévoit que, lorsque l'accusé est en fuite, il peut être jugé par défaut selon les dispositions des art. 379-2 à 379-6. Les mineurs âgés de seize ans au moins, poursuivis pour crime, peuvent en conséquence être jugés selon la procédure de défaut criminel. • Crim. 21 mars 2007, n° 06-87.767 P : *D. 2008. Pan. 1858, obs. Bonfils ; AJ pénal 2007. 322, note Molins ; Dr. pénal 2007. Chron. 5, obs. Angevin.*

3. Portée de la CIDE en droit pénal. Les stipulations des articles 3-1 et 37 de la convention relative aux droits de l'enfant font obligation d'adapter le régime carcéral des mineurs dans tous ses aspects pour tenir compte de leur âge et imposent à l'autorité administrative d'accorder une attention primordiale à l'intérêt supérieur des enfants pour toutes les décisions qui les concernent ; il en résulte, compte tenu des fortes contraintes qu'il comporte, qu'un régime d'isolement ne peut être rendu applicable aux mineurs sans que des modalités spécifiques soient édictées pour adapter en fonction de l'âge le régime de détention, sa durée, les conditions de sa prolongation et, notamment le moment où interviennent les avis médicaux. • CE 31 oct. 2008, n° 293785 : *D. 2009. Jur. 134, note M. Herzog-Evans ; ibid. 1918. Pan. Droits de l'enfant, obs. Bonfils ; AJ pénal 2008. 500, obs. E. Péchillon ; AJDA 2008. 2389, obs. E. Geffray et S.-J. Liéber ; RFDA 2009. 73, concl. M. Guyomar .*

4. Valeur constitutionnelle de l'intérêt supérieur de l'enfant. Aux termes des dixième et onzième alinéas Préamb. Const. 1946 : « La Nation assure à l'individu et à la famille les conditions nécessaires à leur développement. – Elle garantie à tous, notamment à l'enfant, à la mère et aux vieux travailleurs, la protection de la santé, la sécurité matérielle, le repos et les loisirs ». Il en résulte une exigence de protection de l'intérêt supérieur de l'enfant. Cette exigence impose que les mineurs présents sur le territoire national bénéficient de la protection légale attachée à leur âge. Il s'ensuit que les règles relatives à la détermination de l'âge d'un individu doivent être entourées des garanties nécessaires afin que des personnes mineures ne soient pas indûment considérées comme majeures. • Cons. const. 21 mars 2019, n° 2018-768 QPC : *Dr. Fam. 2019, comm., n° 135, obs. Bonfils.*

TITRE PRÉLIMINAIRE DES PRINCIPES GÉNÉRAUX DE LA JUSTICE PÉNALE DES MINEURS

COMMENTAIRE

La justice pénale s'accompagne, depuis longtemps, de principes directeurs (Vergès, La catégorie juridique des principes directeurs du procès judiciaire, *thèse Aix-en-Provence, 2000*), mais leur formalisation dans le code de procédure pénale est récente, puisqu'elle remonte à la loi du 15 juin 2000 renforçant la protection de la présomption d'innocence et les droits des victimes. En toute logique, en 1945, l'ordonnance relative à l'enfance délinquante ne s'ouvrait pas sur une présentation des principes directeurs du droit pénal des mineurs et, parmi les nombreuses réformes dont l'ordonnance de 1945 a fait l'objet, aucune ne l'a fait.

Pourtant, les principes directeurs de la procédure pénale connaissent, en droit pénal des mineurs délinquants, des aménagements importants (Ph. Bonfils et A. Gouttenoire, Droit des mineurs, *op. cit., n°s 2107 s., p. 1253 s.*), dictés par la nécessité d'apporter aux mineurs une protection particulière induite par leur jeune âge. Ainsi, la publicité des débats laisse place devant les juridictions pour mineurs à la publicité restreinte et l'assistance d'un avocat devant les juridictions pour mineurs n'est pas un droit mais une obligation. Plus encore, il existe des principes spécifiques à la justice pénale des mineurs, comme la spécialisation des juridictions. Mais ces principes applicables au droit pénal des mineurs n'avaient jamais été formalisés à l'instar de ceux de la procédure pénale de droit commun. La Commission Varinard avait bien proposé une consécration de certains principes directeurs (Rapport de la commission présidée par A. Varinard et remis au ministre de la Justice, Adapter la justice pénale des mineurs : entre modifications raisonnables et innovations fondamentales, *Doc. fr., 2009, p. 60 s.*), mais le législateur n'avait pas repris cette suggestion, et la consécration de ces principes résultait donc pour l'essentiel de l'ordonnance de 1945, ou, surtout, de la jurisprudence.

Sous l'empire de l'ordonnance de 1945, les principes directeurs de la justice pénale des mineurs souffraient d'insuffisances variées et paradoxales. D'un côté, leur identification

était incertaine, et d'un autre, à les supposer reconnus, ils demeuraient fragiles, exposés aux aléas des évolutions législatives ou jurisprudentielles. S'agissait-il seulement d'aménagements de principes de droit commun (la publicité restreinte en lieu et place de la publicité, l'impartialité assouplie, le droit à l'assistance d'un avocat renforcé...) ou existait-il des principes directeurs spécifiques (spécialisation des juridictions, primauté de l'éducation sur la répression...) ? Pouvait-on en dresser une liste ? Y avait-il des degrés dans les principes ? Ces questions ne trouvaient pas véritablement de réponses claires. Plus encore, si certains principes ne faisaient guère de doute, comme la spécialisation des juridictions pour mineurs ou la publicité restreinte, d'autres n'avaient pas la même évidence... Existait-il un principe d'implication des parents au cours de la procédure ? La connaissance de la personnalité du mineur pouvait-elle être érigée en principe ? Dans le même sens, l'obligation de prendre en considération – sauf de rares exceptions – l'âge au moment des faits pouvait-elle s'analyser comme un principe directeur ? On le voit aisément, la détermination des principes directeurs de la justice pénale des mineurs était loin d'être évidente.

Par ailleurs, à supposer leur existence, quelle était leur valeur et leur force ? Sur cette question, existait là encore un flou assez gênant... Certains avaient une valeur légale (en ce qu'ils se trouvaient au sein de l'Ord. du 2 févr. 1945), d'autres une portée supralégale, car consacrés par la Cour européenne des droits de l'homme, le Conseil constitutionnel ou encore la Convention internationale des droits de l'enfant. Mais, même lorsqu'ils faisaient l'objet d'une consécration à une échelle internationale, les incertitudes demeuraient. Tel était le cas, notamment, des articles 37 et 40 de la Convention internationale des droits de l'enfant (V. App., v° *Textes internationaux*) qui consacrent des règles de protection du mineur délinquant, puisque le caractère auto-exécutoire de ces textes n'est pas général et absolu (sur cette question, Bonfils et Gouttenoire, Droit des mineurs, *op. cit., n°s 62 s., p. 35 s.* ; Leborgne, Putman, et Egéa (dir.), La Convention de New York sur les droits de l'enfant, Vingt ans d'incidences théoriques et pratiques, *PUAM, 2012*). Dans le même sens, la question pourtant centrale de savoir si le droit commun s'appliquait dans le silence du droit spécial des mineurs n'était pas réglée avec clarté. D'un côté, l'application classique de l'adage *specialia generalibus derogant* conduisait à revenir au droit commun, lorsque le droit spécifique n'existe pas ; c'est ce qui avait justifié, par exemple, l'application au mineur de la procédure de défaut criminel (Crim. 21 mars 2007 : *AJ pénal 2007. 322, note Molins*). Mais, d'un autre côté, le Conseil d'État avait annulé l'application au mineur de la mesure d'isolement pénitentiaire en considérant que l'article 40-3 de la Convention internationale des droits de l'enfant imposait un traitement spécifique en détention (CE 31 oct. 2008 : *D. 2009, Pan. Droits de l'enfant, p. 1924, obs. Bonfils*).

La consécration formelle des principes directeurs de la justice pénale des mineurs était donc attendue, pour ce qu'elle pourrait notamment offrir d'opportunités intéressantes. Il était d'abord espéré qu'elle permette de préciser la philosophie générale du droit pénal des mineurs, ce qui apparaissait d'autant plus important que l'esprit de la matière, profondément marqué par l'ordonnance du 2 février 1945, s'était émoussé avec le temps, sous l'effet des évolutions législatives que ce texte a connues. La création d'un article préliminaire aurait, notamment, pu être l'occasion de préciser la politique criminelle applicable, entre éducation, prévention et répression... De manière plus technique, la consécration des principes directeurs de la justice pénale des mineurs était l'occasion de les reconnaître et de leur donner une nouvelle vigueur. Certes, en donner une liste créait le risque d'en exclure ceux qui ne s'y trouveraient pas, mais ce risque peut être minimisé si l'on en juge par rapport à l'article préliminaire du code de procédure pénale, qui n'a pas restreint la portée des principes qui lui sont extérieurs, comme, par exemple, l'autorité du criminel sur le civil ou la liberté de la preuve. Surtout, en consacrant formellement les principes directeurs, on leur confère une visibilité plus grande, notamment pour les praticiens, ce qui renforce leur application concrète et effective. Là encore, l'exemple donné par l'article préliminaire du code de procédure pénale est très prégnant ; cet article, qui reprend pour l'essentiel des principes existants, leur a donné une vigueur nouvelle, comme en attestent ses occurrences dans les décisions postérieures à 2000 (Vergès, L'effet normatif de l'article préliminaire du code de procédure pénale, *in* Mél. Gassin, *PUAM, 2007, p. 327*). Enfin, on pouvait espérer que la consécration des principes directeurs permettrait aussi d'apporter des réponses aux questions évoquées précédemment, comme sur le rapport entre droit spécifique et droit commun.

Le code de la justice pénale des mineurs consacre – enfin – les principes directeurs de la justice pénale des mineurs. Après un article préliminaire qui rappelle les principes fondamentaux reconnus par les lois de la République en matière de justice pénale des mineurs, tels que consacrés par le Conseil constitutionnel, et place en exergue du code la notion d'intérêt supérieur du mineur, un titre préliminaire énonce les principes généraux de la justice pénale des mineurs, qui comprend trois chapitres : le premier consacré aux principes généraux du droit pénal applicables aux mineurs (les principes substantiels), le deuxième aux principes généraux de la procédure pénale applicables aux mineurs (les principes procéduraux), et le troisième aux dispositions communes au droit pénal général et à la procédure pénale (les principes communs).

Cette consécration formelle et solennelle des principes directeurs de la justice pénale des mineurs peut et doit être saluée. Certes, les principes ne sont pas nouveaux et on retrouve dans le titre préliminaire des dispositions de l'ordonnance de 1945 ou des solutions dégagées par la jurisprudence. Mais tous les grands principes de la matière sont énoncés et leur formulation est limpide. Avocats et magistrats trouveront désormais facilement des textes sur lesquels s'appuyer pour développer leur argumentation et étayer leur motivation. Le rapport au président de la République du 11 septembre 2019 (V. App., v° *Codification*) indique ainsi que « l'inscription dans le texte de principes constitutionnels favorisera leur appropriation par tous, magistrats, éducateurs, avocats et parents et contribuera à leur affirmation claire et intelligible ». ❑

CHAPITRE PREMIER **DES PRINCIPES GÉNÉRAUX DU DROIT PÉNAL APPLICABLE AUX MINEURS**

Art. L. 11-1 Lorsqu'ils sont capables de discernement, les mineurs, au sens de l'article 388 du code civil, sont pénalement responsables des crimes, délits ou contraventions dont ils sont reconnus coupables.

Les mineurs de moins de treize ans sont présumés ne pas être capables de discernement. Les mineurs âgés d'au moins treize ans sont présumés être capables de discernement.

(L. n° 2021-218 du 26 févr. 2021, art. 4) **« Est capable de discernement le mineur qui a compris et voulu son acte et qui est apte à comprendre le sens de la procédure pénale dont il fait l'objet. »**

BIBL. ▶ Bonfils, Le droit pénal substantiel des mineurs, *AJ pénal 2005. 45* ⊘ *s.* ; Le discernement en droit pénal, *in* Mél. R. Gassin, *PUAM, 2007, p. 97 s.* ; L'autonomie du droit pénal des mineurs, entre consécration et affaiblissement, *AJ pénal 2012. 312* ⊘ *s* ; Ratification de l'ordonnance portant création de la partie législative du Code de la justice pénale des mineurs, *JCP 2021. 391.* – Jacopin, Présomption(s) et minorité en droit pénal. Entre fiction(s) et réalité(s), quels repères ?, *RSC 2020. 27* ⊘ ; La nouvelle responsabilité pénale des mineurs : quels enjeux pour quelles conséquences ?, *Dr. fam. mars 2021. Dossier 5.* – Lazerges, De l'irresponsabilité à la responsabilité pénale des mineurs délinquants, *RSC 1995. 149* ⊘ *s.* ; Seuils d'âge et responsabilité pénale en Europe, *RSC 1991. 414* ⊘. – Le Dévédec, *Dr. Pénal 2022, Étude 13* (Sexe, droit et minorité : l'impensable discernement). – Nérac-Croisier, Irresponsabilité ou responsabilité des mineurs ?, *in* Nérac-Croisier (dir.), Le mineur et le droit pénal, *L'Harmattan, 1997, p. 133 s.* – Pin, Les âges du mineur : réflexions sur l'imputabilité et la capacité pénale du mineur, *Gaz. Pal. 11-12 juill. 2012, p. 5.* – Rousseau, La capacité pénale du mineur après l'adoption du CJPM, *in* Jacopin (dir.), Un code de la justice pénale des mineurs, quelle(s) spécificité(s) ?, *Dalloz, coll. Thèmes et commentaires, 2021, p. 107 s.* – Saint-Pau, La capacité pénale de l'enfant, *in* Le droit et les droits de l'enfant, *revue Champs libres (n° 6), L'Harmattan, 2007, p. 87 s.*

COMMENTAIRE

L'article L. 11-1 envisage le critère et l'âge de la responsabilité pénale. Il affirme d'un côté (al. 1er) que la responsabilité pénale d'un mineur ne peut être engagée que s'il est capable de discernement et pose, d'un autre côté (al. 2e), une présomption de non-discernement à l'égard des mineurs de moins de treize ans, dans un souci de protection des mineurs les plus jeunes, tout en maintenant la possibilité d'en apporter la preuve contraire, qui sera soumise à l'appréciation des magistrats. La loi de ratification du 26 février 2021 a complété ce dispositif par un troisième alinéa venant définir le discernement comme la capacité pour le mineur de comprendre et de vouloir son acte et l'aptitude à comprendre le sens de la procédure pénale dont il fait l'objet.

Dans son alinéa premier, l'article L. 11-1 fait du discernement le critère de la responsabilité pénale : « lorsqu'ils sont capables de discernement, les mineurs, au sens de l'article 388 du code civil, sont pénalement responsables des crimes, délits ou contraventions dont ils sont reconnus coupables ». Cette disposition rejoint celle de l'article 122-8 du code pénal (tel que modifié par l'Ord. du 11 sept. 2019) qui affirme que « Les mineurs capables de discernement sont pénalement responsables des crimes, délits ou contraventions dont ils ont été reconnus coupables, en tenant compte de l'atténuation de responsabilité dont ils bénéficient en raison de leur âge, dans des conditions fixées par le code de la justice pénale des mineurs ».

Le lien entre la responsabilité pénale et le discernement n'est pas nouveau. Dans le silence de l'ordonnance de 1945, il avait été dégagé par la chambre criminelle dans le célèbre arrêt *Laboube* en 1956 (Crim. 13 déc. 1956, n° 55-05772 : *D. 1957. 349, note Patin, Pradel et Varinard* ; Les grands arrêts du droit pénal général, *Dalloz, 11e éd., 2018, n° 43, p. 710 s.*) et avait été repris par la loi du 9 septembre 2002 modifiant l'article 122-8 du code pénal. Du reste, on trouve également ce lien entre discernement et responsabilité pénale à l'article 122-1 du code pénal, qui prévoit l'irresponsabilité pénale des personnes atteintes de trouble psychique ou neuropsychique ayant aboli leur discernement ou empêché le contrôle de leurs actes. Dans notre système pénal qui suppose le libre arbitre, il est logique de considérer que le discernement est la condition de la responsabilité pénale : c'est parce que l'on est libre d'agir ou non (ce qui suppose la capacité de distinguer le bien du mal, de comprendre et de vouloir, c'est-à-dire le discernement) que l'on est responsable. Sous l'empire de l'ordonnance de 1945, la Cour de cassation rappelait au demeurant parfois que la responsabilité pénale d'un mineur (en l'occurrence âgé de cinq ans) ne pouvait être retenue sans que son discernement soit retenu et établi (Crim. 14 nov. 2017, n° 17-80.893 : *Dr. fam. 2018, Comm. n° 48, obs. Bonfils ; D. 2018. 399, note M. Bouchet ; AJ pénal 2018. 38, obs. E. Gallardo ; D. 2018. 1669 ; Pan. Droits des mineurs*).

Le code semble donc reprendre les solutions dégagées avant lui, en faisant du discernement la condition et la mesure de la responsabilité pénale des mineurs (Ph. Bonfils, Le discernement en droit pénal, *in* Mél. Gassin, *PUAM, 2007, p. 97 s.*). A cet égard, on rappellera que le discernement était – jusqu'à présent – un seuil souple, que le juge appréciait au regard des expertises psychologiques et parfois psychiatriques réalisées sur le mineur, et qu'en pratique, il était généralement retenu aux alentours de l'âge de sept-huit ans (dans l'arrêt *Laboube*, le mineur avait précisément sept ans, et cet âge ne doit rien au hasard, puisqu'en droit romain, étaient irresponsables pénalement les *infans*, c'est-à-dire ceux qui avaient moins de sept ans).

Mais l'alinéa 2 vient brouiller les pistes, en affirmant que « les mineurs de moins de treize ans sont présumés ne pas être capables de discernement. Les mineurs âgés d'au moins treize ans sont présumés être capables de discernement ». Dans la mesure où jusqu'à présent on admettait que le discernement était fixé, au cas par cas, aux environs de l'âge de sept ans (« l'âge de raison »), le seuil de la responsabilité pénale a-t-il été modifié ? Toute la difficulté vient du fait que le code fait du discernement le critère de la responsabilité pénale et, en même temps, fixe (même si c'est avec une présomption simple) le discernement à l'âge de treize ans.

L'article L. 11-1 semble donc trahir une hésitation entre deux systèmes parfaitement cohérents, mais dont la conciliation manque, elle, de cohérence et de clarté. Soit on retient le seuil souple du discernement comme condition de la responsabilité, soit on fixe un âge précis, qui constitue un seuil de responsabilité pénale. Quoi qu'il en soit, la combinaison de ces deux alinéas permet de penser que même si la responsabilité pénale repose bien sur le discernement (et donc sur le libre arbitre), c'est l'âge de treize ans qui, en pratique, va constituer le seuil basique de responsabilité pénale.

La loi de ratification du 26 février 2021 a affiné la notion de discernement, en insérant un alinéa 3 à l'article L. 11-1 qui dispose que « est capable de discernement le mineur qui a compris et voulu son acte et qui est apte à comprendre le sens de la procédure pénale dont il fait l'objet ». Cette précision n'est pas inutile, même si la définition du discernement qui se trouve ici adoptée n'est pas nouvelle, et s'inspire de celle qui figure dans l'arrêt *Laboube* (*précité*) pour la compréhension et la volonté de l'acte, et dans l'arrêt *V. c/ Royaume-Uni* de la Cour européenne des droits de l'homme (16 déc. 1999,

n° 24888/94, n°s 86 s.) pour l'aptitude à comprendre le sens de la procédure pénale dont le mineur fait l'objet.

Malgré cette précision, la combinaison des deux premiers alinéas manque de clarté, et cela risque de nourrir des discussions autour de la question de la responsabilité ou de l'irresponsabilité pénale des mineurs. En effet, l'article L. 11-1 met en place une présomption simple, qui admet donc la preuve contraire. Du reste, le code de la justice pénale des mineurs permet l'application à un mineur discernant de moins de treize ans de mesures éducatives, mais non de peines (art. L. 11-3 et L. 11-4). La question du discernement chez un mineur de moins de treize ans risque donc d'être discutée, et, bien que plus rarement, la question du discernement d'un mineur de plus treize ans pourra se poser aussi. L'article L. 11-1 pourrait donc être la source d'un nouveau contentieux, avant que la jurisprudence ne donne des indications générales.

Par ailleurs, l'irresponsabilité pénale des mineurs de moins de treize ans pose la question de la réponse pouvant leur être apportée. Sous l'empire de l'ordonnance de 1945, il était rare que cette question se pose à l'égard d'un mineur non discernant dans la mesure où, en pratique, le discernement était considéré comme acquis aux alentours de l'âge de sept ans. Mais si l'on retient effectivement un seuil de responsabilité proche de l'âge de treize ans, la situation des mineurs non discernants se présentera de façon différente. Faute de réponse pénale, c'est vers l'assistance éducative qu'il faudra éventuellement se tourner, et, au besoin, le mineur sera alors confié à l'Aide sociale à l'enfance.

En outre, l'article L. 11-1 envisage les mineurs « au sens de l'article 388 du code civil ». Même si la référence à la définition de mineur n'est qu'incidente, elle mérite d'être précisée, puisqu'elle détermine le domaine d'application du code de la justice pénale des mineurs. L'article 388 du code civil, auquel renvoie l'article L. 11-1, définit le mineur comme « l'individu de l'un ou l'autre sexe qui n'a point encore l'âge de dix-huit ans accomplis » (*V. infra*). A cet égard, on peut rappeler que l'âge de dix-huit ans est le seuil de la majorité, sur un plan pénal comme sur un plan civil. Partant, le code de la justice pénale des mineurs s'applique à toutes les personnes qui ont moins de dix-huit ans (l'émancipation étant sans effet sur la situation pénale d'un mineur).

On comprend l'importance que peut revêtir la détermination de la minorité, et même la détermination précise de l'âge, puisqu'en dessous de la majorité il existe des seuils de responsabilité pénale. La Cour de cassation avait ainsi précisé que l'âge d'une personne est déterminé par le temps écoulé depuis sa naissance, calculé d'heure à heure (Crim. 3 sept. 1985 : *Bull. crim., n° 283 ; RSC 1986. 355, obs. Vitu*).

Mais la définition de la minorité donnée par le code civil ne résout pas toutes les difficultés, et il peut parfois être difficile de déterminer l'âge d'un individu, notamment lorsque celui-ci ne fournit aucun document d'identité satisfaisant. L'article 388 du code civil poursuit en précisant que « les examens radiologiques osseux aux fins de détermination de l'âge, en l'absence de documents d'identité valables et lorsque l'âge allégué n'est pas vraisemblable, ne peuvent être réalisés que sur décision de l'autorité judiciaire et après recueil de l'accord de l'intéressé. Les conclusions de ces examens, qui doivent préciser la marge d'erreur, ne peuvent à elles seules permettre de déterminer si l'intéressé est mineur. Le doute profite à l'intéressé. En cas de doute sur la minorité de l'intéressé, il ne peut être procédé à une évaluation de son âge à partir d'un examen du développement pubertaire des caractères sexuels primaires et secondaires ».

En matière pénale, on admet depuis longtemps que la preuve de l'âge réel d'un mis en examen, d'un prévenu ou d'un accusé de nationalité étrangère peut être rapportée par tous moyens, notamment par expertise médicale (Crim. 13 oct. 1986 : *Bull. crim., n° 282, RSC 1987, p. 863, obs. Vitu* ; Crim. 17 juill. 1991, *Bull. crim., n° 299*). On recourt alors à des médecins experts afin de pratiquer un examen osseux, conformément aux dispositions de l'article 388 du code civil. La question de la constitutionnalité de cet examen osseux a été posée, mais le Conseil constitutionnel, dans une décision du 21 mars 2019, a déclaré l'article 388 conforme à la Constitution (Cons. const. 21 mars 2019 ; n° 2018-768 QPC : *Dr. fam. 2021, Comm. n° 135, obs. Ph. Bonfils*). En pratique, c'est généralement une fourchette d'âge qui est communiquée, et, en cas de doute, on choisit l'âge le plus favorable au mineur. L'article R. 11-1, issu du décret n° 2021-682 du 27 mai 2021, a apporté une intéressante précision. Selon cette disposition, « la capacité de discernement du mineur âgé de moins de treize ans et l'absence de capacité

de discernement du mineur âgé d'au moins treize ans peuvent être établies notamment par leurs déclarations, celles de leur entourage familial et scolaire, les éléments de l'enquête, les circonstances dans lesquelles les faits ont été commis, une expertise ou un examen psychiatrique ou psychologique ». Le code fournit ici une sorte de méthodologie de l'évaluation du discernement. Cela étant, même si tous ces critères semblent mis sur le même plan, il est évident que l'expertise ou l'examen psychiatrique ou psychologique aura un rôle déterminant. Mais on pourra aussi se référer avec intérêt à d'autres éléments, comme les bulletins scolaires, non pour les notes mais pour les observations relatives à la maturité ou à l'absence de maturité de l'élève que les enseignants peuvent parfois y porter (ces éléments peuvent être d'autant plus intéressants qu'ils seront contemporains des faits, alors que par définition l'expertise portera après coup un regard sur des faits antérieurs). En outre, la capacité de discernement qui est prise en compte est évidemment celle au moment des faits, et le jugement déclarant coupable un mineur de moins de treize ans doit être spécialement motivé au regard du renversement de la présomption d'absence de capacité de discernement de l'article L. 11-1. C'est ce qu'indique l'article R. 521-1 du code qui énonce que « le jugement déclarant un mineur âgé de moins de treize ans coupable d'une infraction pénale est motivé au regard de la présomption d'absence de capacité de discernement prévue à l'article L. 11-1. La motivation se fonde sur tout élément du dossier établissant qu'il était capable de discernement au moment des faits ».

Il convient encore de préciser que la présomption d'absence de discernement des mineurs âgés de moins de treize ans n'empêche pas leur audition au cours de l'enquête ou sur commission rogatoire, dans le cadre d'une audition libre ou d'une retenue. C'est ce que prévoit expressément l'article D. 411-1, issu du décret n° 2021-683 du 27 mai 2021. Il est vrai que même irresponsable, un mineur de moins de treize ans peut apporter un témoignage intéressant, et qu'en outre, le discernement ou l'absence de discernement du mineur de moins de treize ans sera peut-être établi ultérieurement. Pour autant, cette audition d'un mineur présumé non discernant, dans le cadre de l'enquête, même sous le régime de l'audition libre, est assez déroutante. Quoi qu'il en soit, s'il est établi que le mineur n'était pas capable de discernement, la procédure sera classée sans suite (au moins à son égard) par le procureur de la République, qui pourra néanmoins saisir, s'il y a lieu, les autorités compétentes en matière de protection administrative ou judiciaire (art. D. 422-1). Mais l'action civile contre un mineur non discernant reste possible, même devant les juridictions pénales pour mineurs. C'est ce que prévoit désormais l'article D. 512-1 du code, qui dispose que « la juridiction de jugement qui, après avoir déclaré que le mineur poursuivi a commis les faits qui lui sont reprochés, constate qu'il n'est pas pénalement responsable en raison de son absence de capacité de discernement, statue sur l'action civile conformément aux articles 1240 et 1242 du code civil » et que « la juridiction peut décider de faire application des dispositions de l'article L. 512-3 du présent code » (cette disposition revient sur une jurisprudence contraire que la Cour de cassation avait rendue sous l'empire de l'ordonnance de 1945 : Crim. 8 juin 2017, n° 16-83.345 P : *D. 2018. Pan. 1664, obs. Bonfils*). ❑

1. *Exigence du discernement.* Si les art. 1er et 2 de l'Ord. du 2 févr. 1945, modifiés par la loi du 24 mai 1951, posent le principe de l'irresponsabilité pénale du mineur, abstraction faite du discernement, et déterminent les juridictions compétentes pour statuer lorsqu'un fait qualifié crime ou délit est imputé à des mineurs de dix-huit ans et pour prendre à l'égard de ces mineurs des mesures de redressements appropriées, sauf la faculté, quand il s'agit de mineurs âgés de plus de 13 ans, de prononcer une condamnation pénale si les circonstances et la personnalité du mineur paraissent l'exiger, encore faut-il, conformément aux principes généraux du droit, que le mineur dont la participation à l'acte à lui reproché est établie, ait compris et voulu cet acte ; toute infraction, même non intentionnelle, suppose en effet que son auteur ait agi avec intelligence et volonté. • Crim. 13 déc. 1956, n° 55-05.772 : *D. 1957. 349, note Patin.*

2. Le juge de la répression doit, à l'égard d'un prévenu âgé de moins de 18 ans, examiner et résoudre, avant toute condamnation, et à peine de nullité, la question du discernement. • Crim. 5 févr. 1931 : *Bull. crim. n° 35* • Crim. 26 juin 1949 : *Bull. crim. n° 172.*

3. Doit être cassé pour défaut de motifs le jugement d'une juridiction de proximité qui retient la responsabilité pénale d'un mineur de cinq ans pour des contraventions routières sans rechercher et établir son discernement. • Crim. 14 nov. 2017, n° 17-80.893 P : *Dr. fam. 2018, comm. n° 48, obs. Bonfils ; D. 2018. 399, note Bouchet ; AJ pénal 2018. 38, obs. Gallardo ; D. 2018. 1664, Pan. Droits des mineurs* .

4. Discernement et responsabilité civile. Les juges du fond, qui ne sont pas tenus de vérifier si le mineur était capable de discerner les conséquences de son acte, peuvent estimer sur le fondement de l'art. 1382 (devenu 1240) du C. civ. que l'enfant victime a commis une faute qui a concouru, avec celle du défendeur, à la réalisation du dommage dans une proportion souverainement appréciée. • Cass., ass. plén., 9 mai 1984, n° 82-82.834 P : *D. 1984. 525, concl. Cabannes, note Chabas ; JCP 1984. II. 20255, note Dejean de la Bâtie ; ibid. 20256, note Jourdain ; ibid. 20291, rapp. Fedou ; JCP 1985. I. 3189, obs. Viney ; D. 1984. Chron. 237, obs. Legeais ; D. 1985. Chron. 13, obs. Mazeaud ; RTD civ. 1984. 508, obs. Huet ; Defrénois 1985, p. 557, obs. Legeais.*

5. La faute d'un mineur peut être retenue à son encontre même s'il n'est pas capable de discerner les conséquences de son acte. • Civ. 2e, 28 févr. 1996, n° 94-13.084 P : *D. 1996. 602, note Duquesne.*

6. Discernement et CIVI. Le fait pour un enfant de quatre ans de pousser son camarade de jeu pour lui prendre la voiturette qu'il tenait dans la main ne constituait pas, compte tenu de son âge, une maladresse ou une imprudence pouvant revêtir le caractère matériel de l'infraction de blessures involontaires. • Civ. 2e, 13 juin 2019, n° 18-15.541 : *D. 2019. Pan. 1732, obs. Bonfils.*

7. Calcul de l'âge. L'âge d'une personne est déterminé par le temps écoulé depuis sa naissance, calculé d'heure en heure. • Crim. 3 sept. 1985, n° 85-93.591 P : *Gaz. Pal. 1986. 1. 20, note Doucet ; RSC 1986. 355, obs. Vitu ; RSC 1986. 647, obs. Braunschweig.* ♦ L'âge peut être établi par une expertise osseuse. • Cons. const. 21 mars 2019, n° 2018-768 QPC : *AJDA 2019. 662 ; ibid. 1448, note Escach-Dubourg ; D. 2019. 742, et les obs., note Parinet ; ibid. 709, point de vue Fulchiron ; ibid. 1732, obs. Bonfils et Gouttenoire ; AJ fam. 2019. 222, obs. Bouix ; RDSS 2019. 453, note Caire ; Constitutions 2019. 152, Décision.*

8. Preuve de l'âge. Devant les juridictions répressives, la preuve de l'âge réel d'un inculpé, d'un prévenu ou d'un accusé de nationalité étrangère peut être rapportée par tout moyen, et aucune force probante irréfragable ne s'attache aux actes de l'état civil des pays étrangers. • Crim. 17 juill. 1991, n° 91-82.771 P. ♦ ... Sur le contrôle de l'autorité desquels la France n'a aucune compétence. • Crim. 13 oct. 1986, n° 86-94.023 P : *RSC 1987. 863, obs. Vitu.* ♦ Justifie, en conséquence, sa décision la chambre d'accusation qui motive la compétence de la juridiction de renvoi par le résultat d'expertises et de contre-expertises judiciaires, alors que l'inculpé faisait état d'un acte de naissance délivré dans son pays d'origine. • Crim. 13 oct. 1986 : *préc.* ♦ ... Ou encore se fonde sur divers documents, alors que l'inculpé faisait état des mentions portées sur le livret de famille de ses parents. • Crim. 17 juill. 1991 : *préc.*

9. Devant les juridictions répressives, la preuve de l'âge réel d'un prévenu ou d'un accusé peut être rapportée par tout moyen. Ainsi, une cour d'assises apprécie souverainement, au vu des éléments de preuve contradictoirement débattus, si, contrairement à la date de naissance figurant dans un acte d'état civil dont la mention, sur ce point, reprise d'un acte d'état civil étranger, ne valait pas jusqu'à inscription de faux, l'accusé était âgé de plus de seize ans au moment des faits qui lui sont reprochés. • Crim. 1er déc. 1999, n° 98-87.158 P : *RSC 2000. 602, obs. Bouloc.* ♦ Devant les juridictions répressives, la preuve de l'âge réel d'un inculpé, d'un prévenu ou d'un accusé de nationalité étrangère peut être rapportée par tout moyen, et aucune force probante irréfragable ne s'attache aux actes de l'état civil des pays étrangers. Justifie, en conséquence, sa décision la chambre d'accusation qui, pour renvoyer un ressortissant étranger devant la cour d'assises des mineurs à raison d'un crime de viol, au motif qu'il avait 16 ans au moment de la perpétration des faits, se fonde sur divers documents, alors que l'inculpé faisait état des mentions portées sur le livret de famille de ses parents, lesquelles lui attribuaient moins de 16 ans à la date du crime. • Crim. 17 mai 1991, n° 91-82.771 P.

10. Usurpation de l'identité d'un majeur. Aux termes de l'art. 1er de l'Ord. n° 45-174 du 2 févr. 1945, le mineur de dix-huit ans auquel est imputé un délit ne peut être déféré aux juridictions pénales de droit commun et n'est justiciable que du tribunal pour enfants. Si un prévenu, poursuivi pour des faits commis alors qu'il était mineur, usurpe l'identité d'un majeur et est condamné comme tel, méconnaît l'art. 1er de l'Ord. du 2 févr. 1945 la cour d'appel qui, sur l'appel de ce prévenu, limité aux dispositions pénales, et sur celui du ministère public, confirme le jugement sur la déclaration de culpabilité, et le réforme partiellement sur la peine ; en effet, en l'état de la véritable identité du prévenu révélée depuis lors, il apparaît que celui-ci étant mineur au moment des faits, les juridictions correctionnelles ne pouvaient statuer sur la poursuite sans méconnaître le texte susvisé ; la cassation est ainsi encourue dans l'intérêt de la loi et de la personne condamnée, sans toutefois pouvoir préjudicier aux droits acquis par les parties civiles. • Crim. 30 mars 1999, n° 98-86.238 P. ♦ Mais dans le cas où les autorités chargées de l'enquête et de l'instruction n'avaient pu mettre en œuvre que le régime juridique applicable aux majeurs, le suspect, mineur, ayant affirmé être majeur, ayant été interpellé au volant d'un véhicule, ayant fourni une fausse identité et justifié celle-ci par la production d'un permis de conduire falsifié, puis ayant réitéré ses fausses déclarations devant le juge d'instruction et devant le juge des libertés et de la détention, encourt la cassation l'arrêt par lequel une chambre de l'instruction avait annulé l'intégralité d'une

procédure pour violation des dispositions de l'Ord. du 2 févr. 1945. • Crim. 19 déc. 2017, n° 17-86.113 P : *D. actu. 2 févr. 2018, obs. Fonteix ; D. 2018. Pan. 1664, note Bonfils et Gouttenoire*.

Code civil

Art. 388 *(L. n° 74-631 du 5 juill. 1974)* Le mineur est l'individu de l'un ou l'autre sexe qui n'a point encore l'âge de dix-huit ans accomplis.

(L. n° 2016-297 du 14 mars 2016, art. 43) « Les examens radiologiques osseux aux fins de détermination de l'âge, en l'absence de documents d'identité valables et lorsque l'âge allégué n'est pas vraisemblable, ne peuvent être réalisés que sur décision de l'autorité judiciaire et après recueil de l'accord de l'intéressé.

« Les conclusions de ces examens, qui doivent préciser la marge d'erreur, ne peuvent à elles seules permettre de déterminer si l'intéressé est mineur. Le doute profite à l'intéressé.

« En cas de doute sur la minorité de l'intéressé, il ne peut être procédé à une évaluation de son âge à partir d'un examen du développement pubertaire des caractères sexuels primaires et secondaires. »

Art. L. 11-2 Les décisions prises à l'égard des mineurs tendent à leur relèvement éducatif et moral ainsi qu'à la prévention de la récidive et à la protection de l'intérêt des victimes.

BIBL. ▶ Bonfils, La primauté de l'éducation sur la répression, *in* Mél. J.-H. Robert, *Lexis-Nexis, 2012, p. 55 s.* ; La nouvelle primauté de l'éducation sur la répression, *Dr. pén. 2018, Étude n° 20.*

COMMENTAIRE

L'article L. 11-2 est l'énoncé des objectifs de la réponse pénale à l'égard d'un mineur : assurer son relèvement éducatif et moral, prévenir la récidive et protéger l'intérêt des victimes. Il n'existait pas de disposition similaire dans l'ordonnance de 1945, même si le Conseil constitutionnel a, dans sa décision du 29 août 2002, fait référence au « relèvement éducatif et moral » des mineurs : « la réponse des pouvoirs publics, aux infractions que commettent les mineurs délinquants, doit rechercher, autant que faire se peut, leur relèvement éducatif et moral par des mesures appropriées, adaptées à leur âge et à leur personnalité prononcées, en fonction de leur âge et de leur personnalité, par des juridictions spécialisées ou selon des procédures adaptées » (Cons. const. 29 août 2002, n° 2002-461 DC : *JO 10 sept. 2002, p. 14953*). Le code reprend donc l'idée d'un objectif de relèvement éducatif et moral, ce qui constitue une forme de consécration de la primauté d'une réponse éducative sur une réponse répressive.

Mais la formule retenue par le code est sensiblement différente de celle utilisée par le Conseil constitutionnel, dans la mesure où elle intègre aussi, aux côtés de la nécessité de rechercher le relèvement éducatif et moral du mineur, la prévention de la récidive et la protection de l'intérêt des victimes. Cet article L. 11-2 se rapproche ainsi de l'article 130-1 du code pénal, qui désigne les fonctions de la peine : « afin d'assurer la protection de la société, de prévenir la commission de nouvelles infractions et de restaurer l'équilibre social, dans le respect des intérêts de la victime, la peine a pour fonctions :

« 1° De sanctionner l'auteur de l'infraction ;

« 2° De favoriser son amendement, son insertion ou sa réinsertion ».

La lecture de l'article L. 11-2 peut conduire à se demander s'il existe une hiérarchie entre les objectifs visés : le relèvement éducatif et moral des mineurs, la prévention de la récidive et la protection de l'intérêt des victimes. De prime abord, aucune hiérarchie n'est indiquée par le code. Mais le relèvement éducatif et moral est d'une portée différente, car il est également intégré dans le principe fondamental reconnu par les lois de la République dégagé par le Conseil constitutionnel en 2002 (décision préc.). En outre, le code affirme à l'article suivant la primauté de la réponse éducative sur la réponse répressive. On pourrait donc dire que les décisions prises à l'égard des mineurs tendent d'abord et principalement à leur relèvement éducatif et moral, ensuite et dans un second temps à la prévention de la récidive et à la protection de l'intérêt des victimes. ❑

Considérant que l'atténuation de la responsabilité pénale des mineurs en fonction de l'âge comme la nécessité de rechercher le relèvement éducatif et moral des enfants délinquants par des

mesures adaptées à leur âge et à leur personnalité, prononcées par une juridiction spécialisée ou selon des procédures appropriées, ont été constamment reconnues par les lois de la République depuis le début du XXe siècle ; que ces principes trouvent notamment leur expression dans la loi du 12 avr. 1906 sur la majorité pénale des mineurs, la loi du 22 juill. 1912 sur les tribunaux pour enfants et l'ordonnance du 2 févr. 1945 sur l'enfance délinquante ; que toutefois, la législation républicaine antérieure à l'entrée en vigueur de la Constitution de 1946 ne consacre pas de règle selon laquelle les mesures contraignantes ou les sanctions devraient toujours être évitées au profit de mesures purement éducatives ; qu'en particulier, les dispositions originelles de l'ordonnance du 2 févr. 1945 n'écartaient pas la responsabilité pénale des mineurs et n'excluaient pas, en cas de nécessité, que fussent prononcées à leur égard des mesures telles que le placement, la surveillance, la retenue ou, pour les mineurs de plus de 13 ans, la détention ; que telle est la portée du principe fondamental reconnu par les lois de la République en matière de justice des mineurs. • Cons. const. 29 août 2002, n° 2002-461 DC : *D. 2003. 1127, obs. Domingo et Nicot ; AJDI 2002. 708 ; RSC 2003. 606 et 612, obs. Bück ; RDP 2002. 1731, note Roux ; LPA, 6 janv. 2003, p. 10, comm. Mathieu ; JCP G. 2003. I. 139, étude Giacopelli ; Gaz. Pal. 4-5 sept. 2002, p. 3, note Schoettl.*

Art. L. 11-3 Les mineurs déclarés coupables d'une infraction pénale peuvent faire l'objet de mesures éducatives et, si les circonstances et leur personnalité l'exigent, de peines. — *[Ord. n° 45-174 du 2 févr. 1945, art. 2, al. 1er et 2, ecqc les sanctions éducatives et peines.]*

BIBL. ▶ BONFILS, La primauté de l'éducation sur la répression, *in* Mél. J.-H. Robert, *Lexis-Nexis, 2012, p. 55 s.* ; La nouvelle primauté de l'éducation sur la répression, *Dr. pén. 2018. Étude 20.* - GUÉRIN, La nouvelle réponse pénale faite au délinquant mineur : du répressif vers l'éducatif ?, *Dr. fam. mars 2021. Dossier 6.* - La continuité du primat de l'éducatif sur le répressif, *in* JACOPIN (dir.), Un code de la justice pénale des mineurs, quelle(s) spécificité(s) ?, *Dalloz, coll. Thèmes et commentaires, 2021, p. 41.*

COMMENTAIRE

L'article L. 11-3 s'inspire de l'article 2 de l'ordonnance de 1945, qui prévoyait que les mineurs encouraient des mesures éducatives (1er al.) et, lorsque les circonstances et la personnalité des mineurs l'exigeaient, des sanctions éducatives ou des peines (2e al.). Comme on le faisait pour l'article 2 de l'ordonnance de 1945, on peut déduire de l'article L. 11-3 le principe de la primauté de l'éducation sur la répression. Du reste, le rapport publié le 11 septembre 2019 (V. App., v° *Codification*) indique que le chapitre Ier du titre préliminaire rappelle la primauté de la réponse éducative.

La primauté de l'éducation sur la répression peut en effet se déduire de l'article L. 11-3 car cette disposition fait des mesures éducatives la réponse normale et première à la délinquance des mineurs et n'envisage les peines que de manière conditionnée, « si les circonstances et leur personnalité l'exigent ». Il convient de rappeler que la primauté de l'éducation sur la répression est dotée d'une force normative supérieure car elle figure, en filigranes, dans le principe d'autonomie du droit pénal des mineurs dégagé par le Conseil constitutionnel en 2002 (Cons. const. 29 août 2002, n° 2002-461 DC, consid. n° 26). Le Conseil en effet y affirme que « la réponse des pouvoirs publics aux infractions que commettent les mineurs doit rechercher autant que faire se peut leur relèvement éducatif et moral, par des mesures appropriées, adaptées à leur âge et à leur personnalité »... Le principe de la primauté de la réponse éducative n'est donc pas nouveau (Ph. Bonfils, La primauté de l'éducation sur la répression, *in* Mél. J.-H. Robert, *Lexis-Nexis, 2012, p. 55 s.*), même s'il est essentiel que le code en fasse un des principes directeurs les plus importants.

A cet égard, le code parachève une évolution qui avait commencé depuis longtemps. Initialement, on considérait que la primauté de l'éducation sur la répression recouvrait deux règles complémentaires : d'une part, une option entre la voie éducative et la voie répressive, les combinaisons entre les deux n'étant normalement pas possibles ; d'autre part une subsidiarité de la voie répressive par rapport à la voie éducative. Mais, sous l'effet des nombreuses réformes de l'ordonnance de 1945, la primauté de l'éducation sur la répression s'est transformée.

Originellement, il n'existait qu'une seule possibilité de combinaison entre mesures éducatives et mesures répressives, à savoir la liberté surveillée, qui pouvait, lorsqu'elle était prononcée au stade du jugement, être accompagnée d'une peine. Mais par la suite, le

législateur a imaginé d'autres cas de combinaison entre mesures éducatives et mesures répressives : la peine d'emprisonnement sous le régime du sursis avec mise à l'épreuve pouvait comprendre, parmi ses modalités d'épreuve, celle de respecter le placement dans un centre éducatif fermé, et une combinaison similaire concernait le sursis assorti d'un travail d'intérêt général. En outre, la création des sanctions éducatives – qui se voulaient des intermédiaires entre mesures éducatives et peines – avait pu sensiblement modifier la conception classique de la primauté, même si le législateur les avait classées du côté de la réponse répressive. Enfin, à la recherche de nouvelles solutions, le législateur avait parfois favorisé une certaine confusion des genres, avec des peines à vocation éducative (peine de sanction-réparation, peine de stage de citoyenneté) ou des mesures éducatives à dimension répressive (placement dans un centre éducatif fermé par exemple).

La question des rapports entre les voies éducative et répressive se posait, et, il y a quelques années, la Commission Varinard avait proposé de revenir à un système binaire (éducatif et répressif) autorisant largement les combinaisons entre ces deux voies (Adapter la justice pénale des mineurs, Rapport de la commission présidée par A. Varinard, *Doc. fr., 2009, proposition n° 6*). C'est en partie, mais en partie seulement, cette solution qui avait été adoptée par la loi n° 2016-1547 du 18 novembre 2016 de modernisation de la justice du XXIe siècle (Ph. Bonfils, La nouvelle primauté de l'éducation sur la répression, *Dr. pén. 2018. Étude n° 20*). L'article 2 de l'ordonnance du 2 février 1945 avait en alors été complété par deux alinéas ainsi rédigés : « Lorsqu'il prononce une condamnation pénale, le tribunal pour enfants peut, en outre, si la personnalité du mineur le justifie, prononcer l'une des mesures éducatives mentionnées aux articles 12-1, 16, 16 *bis* et 16 *ter* et au chapitre IV en conformité avec les modalités d'application définies aux mêmes articles ; dans les mêmes conditions, la cour d'assises des mineurs peut prononcer une condamnation pénale et des mesures éducatives selon les modalités prévues au dernier alinéa de l'article 20.

Dans tous les cas, lorsqu'une juridiction spécialisée pour mineurs prononce l'une des mesures mentionnées aux articles 15, 16 et 28, elle peut, en outre, placer le mineur, jusqu'à un âge qui ne peut excéder celui de la majorité, sous le régime de la liberté surveillée. »

Le code de la justice pénale des mineurs parachève cette évolution. D'abord, il revient à un système binaire, en supprimant les sanctions éducatives. Ensuite, il affirme de manière générale la possibilité de cumuler mesure éducative et peine (du moins à partir de l'âge de treize ans). L'article L. 11-3 dit en effet que les mineurs déclarés coupables d'une infraction pénale peuvent faire l'objet de mesures éducatives et, le cas échéant, si les circonstances et la personnalité du mineur l'exigent, de peines. Plus encore, la loi de ratification du 26 février 2021 a modifié légèrement l'article L. 111-3 du code, pour supprimer l'exception au cumul des mesures éducatives et des peines que celui-ci contenait. L'article L. 111-3 dispose ainsi désormais que « pour les contraventions de la cinquième classe, les délits et les crimes, une mesure éducative peut être prononcée cumulativement avec une peine ». Le cumul entre mesures éducatives et peines est donc possible sans limitation, sous réserve de la faisabilité (par exemple un mineur ne peut évidemment être en même temps détenu en établissement pénitentiaire et placé dans un centre éducatif).

La combinaison des voies éducative et répressive a donc remplacé le principe de l'option. L'idée est ainsi de donner aux juridictions pour mineurs le plus large choix possible entre les mesures et peines prévues par le code, mais l'objectif de la réponse à la délinquance des mineurs reste prioritairement éducatif, la réponse pénale conservant une vocation subsidiaire.

Cette conception de la primauté de l'éducation sur la répression est, comme on l'a dit, l'aboutissement d'une évolution qui avait commencé il y a de nombreuses années déjà. Elle pourrait même donner à la primauté de la réponse éducative un souffle nouveau, si l'on considère que la combinaison entre condamnation pénale et mesure éducative permet de préserver une dimension éducative, même dans les situations dans lesquelles une réponse pénale s'impose. ❑

1. Considérant que l'atténuation de la responsabilité pénale des mineurs en fonction de l'âge, comme la nécessité de rechercher le relèvement éducatif et moral des enfants délinquants par des mesures adaptées à leur âge et à leur personnalité, prononcées par une juridiction spécialisée ou

selon des procédures appropriées, ont été constamment reconnues par les lois de la République depuis le début du XXe siècle ; que ces principes trouvent notamment leur expression dans la loi du 12 avr. 1906 sur la majorité pénale des mineurs, la loi du 22 juill. 1912 sur les tribunaux pour enfants et l'ordonnance du 2 févr. 1945 sur l'enfance délinquante ; que toutefois, la législation républicaine antérieure à l'entrée en vigueur de la Constitution de 1946 ne consacre pas de règle selon laquelle les mesures contraignantes ou les sanctions devraient toujours être évitées au profit de mesures purement éducatives ; qu'en particulier, les dispositions originelles de l'ordonnance du 2 févr. 1945 n'écartaient pas la responsabilité pénale des mineurs et n'excluaient pas, en cas de nécessité, que fussent prononcées à leur égard des mesures telles que le placement, la surveillance, la retenue ou, pour les mineurs de plus de 13 ans, la détention ; que telle est la portée du principe fondamental reconnu par les lois de la République en matière de justice des mineurs. • Cons. const. 29 août 2002, n° 2002-461 DC : *V. note ss. art. L. 11-2.*

2. V. aussi pour une autre prise en compte de la primauté des mesures éducatives : le législateur n'a pas entendu écarter les dispositions des art. 2 et 20 de l'Ord. du 2 févr. 1945 en vertu desquelles la juridiction compétente à l'égard d'un mineur prononce une mesure de protection, d'assistance, de surveillance et d'éducation et peut cependant appliquer une sanction pénale si elle l'estime nécessaire. • Cons. const. 9 août 2007, n° 2007-554 DC : *JO 11 août 2007, p. 13478.*

Art. L. 11-4 **Aucune peine ne peut être prononcée à l'encontre d'un mineur de moins de treize ans.** – *[Ord. n° 45-174 du 2 févr. 1945, art. 2, al. 2, ecqc le mineur de treize ans ; art. 18.]*

COMMENTAIRE

L'article L. 11-4 énonce le principe de l'exclusion des peines à l'égard des mineurs de moins de treize ans. Il reprend donc l'exemption légale de peines pour les moins de treize ans qui existait dans l'ordonnance de 1945, aux articles 2, 18 et 21.

Si la règle posée par cette disposition n'est pas nouvelle, elle fait écho désormais à l'article L. 11-1 qui vise le même seuil de treize ans pour déterminer le discernement et donc la responsabilité pénale. Cela étant, l'article L. 11-4 n'est pas superflu, dans la mesure où la capacité de discernement à l'âge de treize ans résulte d'une présomption, susceptible d'être renversée. En d'autres termes, il est parfaitement possible à la juridiction de descendre en dessous de l'âge de treize ans si le mineur est discernant. Dans ce cas, seules des mesures éducatives seront envisageables, puisque l'article L. 11-4 exclut expressément toute peine.

L'article L. 11-4 est rédigé en des termes généraux et son domaine d'application est donc très étendu. Sont donc visées toutes les infractions, qu'il s'agisse de crimes, de délits et même de contraventions. Sous l'empire de l'ordonnance de 1945, la chambre criminelle avait été amenée à rappeler que l'exemption de peine concernait toutes les infractions, quelle que soit leur nature. En l'espèce, un mineur âgé de cinq ans avait été condamné à des peines d'amende contraventionnelle par une juridiction de proximité pour stationnements irrégulier et gênant (la carte grise du véhicule conduit par son père ayant été mise à son nom) ; mais, logiquement, la chambre criminelle avait cassé le jugement, au motif qu'en vertu de l'article 21, alinéa 2, de l'ordonnance de 1945, si le mineur a moins de treize ans, seule l'admonestation est encourue (Crim. 14 nov. 2017 : n° 17-80.893). ❑

Portée de l'exemption légale de peine. Aucune peine – même une amende contraventionnelle – ne peut être prononcée en dessous de l'âge de 13 ans. • Crim. 14 nov. 2017, n° 17-80.893 P : *Dr. fam. 2018, comm. n° 48, obs. Bonfils ; D. 2018, p. 399, note Bouchet ; AJ pénal 2018. 38, obs. Gallardo ; D. 2018. Pan. 1664 .*

Art. L. 11-5 **Les peines encourues par les mineurs sont diminuées conformément aux dispositions du présent code.** – *V. art. L. 121-5 s.* – *[Ord. n° 45-174 du 2 févr. 1945, art. 2, al. 2, ecqc l'atténuation de responsabilité.]*

COMMENTAIRE

L'article L. 11-5 reprend le principe de l'atténuation des peines, qui avait été consacré par le Conseil constitutionnel dans sa décision du 29 août 2002 (Cons. const. 29 août 2002, n° 2002-461 DC, consid. n° 26). Le Conseil avait en effet constitutionnalisé l'autonomie du droit pénal des mineurs, en affirmant que « l'atténuation de la

responsabilité pénale des mineurs en fonction de l'âge comme la nécessité de rechercher le relèvement éducatif et moral des enfants délinquants par des mesures adaptées à leur âge et à leur personnalité, prononcées par une juridiction spécialisée ou selon des procédures appropriées, ont été constamment reconnues par les lois de la République depuis le début du XXe siècle ».

Cette atténuation de peine découle du fondement même de la responsabilité pénale. Le discernement est, conformément à l'article L. 11-1, la condition de la responsabilité pénale. Il en est aussi la mesure (Bonfils, Le discernement en droit pénal, *in* Mél. R. Gassin, *PUAM, 2007, p. 97 s.*). Or, le discernement est une donnée psychologique, qui s'acquiert et se développe progressivement jusqu'à l'âge adulte. C'est ce qui explique les seuils de responsabilité pénale, entre treize et seize ans, puis entre seize et dix-huit ans. On retrouve la même idée concernant les personnes atteintes de troubles psychiques ou neuropsychiques, dont le discernement peut être soit aboli, ce qui justifie une irresponsabilité pénale totale, soit altéré, ce qui implique une responsabilité pénale atténuée, avec une diminution légale des peines.

L'article L. 11-5 énonce le principe de l'atténuation de responsabilité, mais ne définit pas les modalités de la diminution de peines, qui sont prévues par le livre Ier du code. L'article L. 121-5 prévoit ainsi que « le tribunal pour enfants et la cour d'assises des mineurs ne peuvent prononcer une peine privative de liberté supérieure à la moitié de la peine encourue » et que « si la peine encourue est la réclusion criminelle ou la détention criminelle à perpétuité, elle ne peut être supérieure à vingt ans de réclusion criminelle ou de détention criminelle ». Ce principe de diminution de peine peut cependant être écarté, à titre exceptionnel et seulement pour les mineurs âgés de seize à dix-huit ans, au regard des circonstances de l'espèce et de la personnalité du mineur et de sa situation. C'est ce que prévoit l'article L. 121-7 : « si le mineur est âgé de plus de seize ans, le tribunal de police, le tribunal pour enfants et la cour d'assises des mineurs peuvent, à titre exceptionnel et compte tenu des circonstances de l'espèce et de la personnalité du mineur ainsi que de sa situation, décider qu'il n'y a pas lieu de faire application des règles d'atténuation des peines mentionnées aux articles L. 121-5 et L. 121-6. Cette décision ne peut être prise que par une disposition spécialement motivée. Lorsqu'il est décidé de faire application du premier alinéa et que la peine encourue est la réclusion ou la détention criminelle à perpétuité, la peine maximale pouvant être prononcée est la peine de trente ans de réclusion criminelle ou de détention criminelle ».

On peut préciser que la diminution légale de peine s'applique aussi aux peines d'amende, comme le dit l'article L. 121-6 : « il ne peut être prononcé à l'encontre d'un mineur une peine d'amende supérieure à la moitié de la peine encourue ni une peine d'amende excédant 7 500 euros ». ❑

1. En prononçant une condamnation pénale contre un mineur de 16 ans, prévenu de violences volontaires, au motif qu'« au vu des renseignements fournis », le tribunal estime devoir prononcer une telle condamnation, les juges ont suffisamment motivé leur décision sur ce point. • Crim. 26 juill. 1960 : *Bull. crim. n° 397.*

2. Le fait que la cour d'appel a prononcé une peine d'amende avec sursis contre un mineur implique que les circonstances et la personnalité dudit mineur exigeaient à son encontre l'application de l'art. 2, al. 2, de l'Ord. du 2 févr. 1945. • Crim. 9 mai 1961 : *Bull. crim. n° 243.* ♦ Contrairement à ce qui est allégué, la cour d'appel pouvait, en application des art. 2, al. 2, et 20-3 de l'Ord. du 2 févr. 1945, prononcer à l'encontre du prévenu, mineur âgé de plus de 13 ans, une peine d'amende. • Crim. 9 janv. 2002, n° 01-84.693.

CHAPITRE II **DES PRINCIPES GÉNÉRAUX DE LA PROCÉDURE PÉNALE APPLICABLE AUX MINEURS**

Art. L. 12-1 **Les crimes, délits et contraventions de la cinquième classe reprochés à un mineur sont instruits et jugés par des juridictions et chambres spécialisées ou spécialement désignées ou composées, devant lesquelles les procédures sont adaptées.**

Ces juridictions et chambres sont :

1° Le juge des enfants ;

2° Le tribunal pour enfants ;

3° Le juge d'instruction chargé spécialement des affaires concernant les mineurs ;

(L. n° 2021-218 du 26 févr. 2021, art. 5) **« 3° *bis* Le juge des libertés et de la détention chargé spécialement des affaires concernant les mineurs ; »**

4° La cour d'assises des mineurs ;

5° La chambre spéciale des mineurs de la cour d'appel ;

6° La chambre de l'instruction spécialement composée en matière d'affaires concernant les mineurs.

Le conseiller de la cour d'appel délégué à la protection de l'enfance fait partie des chambres mentionnées aux 5° et 6°. – *[Ord. n° 45-174 du 2 févr. 1945, art. 1er.]*

BIBL. ▶ Allaix, La spécialisation des magistrats de la jeunesse : une garantie pour les mineurs, *in* Garapon et Salas (dir.), La justice des mineurs, Évolution d'un modèle, *LGDJ, 1995, p. 73 s.* – Bonfils, Les juridictions répressives pour mineurs, *Dr. fam. 2006. Étude 35* ; Les juridictions répressives pour mineurs, *in* Donier et Lapérou-Scheneider (dir.), L'accès à la justice de la personne vulnérable en droit interne, *Lextenso, coll. L'unité du droit, 2015, p. 103 s.* ; Ratification de l'ordonnance portant création de la partie législative du Code de la justice pénale des mineurs, *JCP 2021. 391* – R. Ottenhof, La spécialisation des fonctions des juridictions en droit pénal des mineurs, *in* Mél. A. Vitu, *Cujas, 1989, p. 405 s.* – Rosenczveig, *Dr. pénal 2019. Étude 6* (juge des enfants, juge partial ?). – A. Vitu, Réflexions sur les juridictions pour mineurs délinquants, *in* Mél. L. Hugueney, *Sirey 1964, p. 239 s.*

COMMENTAIRE

Comme le dit le rapport du 11 septembre 2019 présenté au président de la République (V. App., v° *Codification*), « le chapitre II énonce les principes généraux de la procédure pénale applicable aux mineurs, qui forment le cœur de l'organisation de la justice des mineurs et contribuent à sa spécialisation ». L'article L. 12-1 énonce, plus précisément, la spécialisation des juridictions pour mineurs qu'il désigne.

Depuis longtemps déjà, le souci d'assurer une prise en compte effective du particularisme du droit pénal des mineurs se traduit par une spécialisation des juridictions répressives chargées de juger les mineurs délinquants. Ainsi, la spécialisation des juridictions pour mineurs est apparue, en France, avec la loi du 22 juillet 1912, qui avait créé les tribunaux pour enfants et adolescents (sur ce texte, V. not. le numéro spécial de la *Gazette du Palais*, Justice pénale des mineurs, 100 ans après la loi du 22 juillet 1912 sur les tribunaux pour enfants, *11-12 juill. 2012, p. 3 s.*). Aujourd'hui, la spécialisation des juridictions pour mineurs constitue même une garantie fondamentale de la justice pénale des mineurs, comme l'ont souligné le Conseil constitutionnel dans une décision du 11 août 1993 (Cons. const. 11 août 1993, n° 93-326 DC, Loi modifiant la loi du 4 janvier 1993 portant réforme du code de procédure pénale, *JO 15 août 1993, p. 11599*) et la Cour européenne des droits de l'homme dans un arrêt *SC c/ Royaume-Uni* du 15 juin 2004 (n° 60958/00). Mais, dans sa décision du 29 août 2002, le Conseil constitutionnel a considéré que le principe fondamental reconnu par les lois de la République s'entendait d'une spécialisation des juridictions ou d'une adaptation de la procédure (Cons. const. 29 août 2002, n° 2002-461 DC, consid. n° 26 : *JO 10 sept. 2002, p. 14953*). C'est cette alternative qui explique que la spécialisation des juridictions pour mineurs puisse souffrir de quelques exceptions (not. tribunal de police, chambre criminelle de la Cour de cassation).

L'article L. 12-1 reprend cette distinction, puisqu'il prévoit que « les infractions reprochées à un mineur relèvent de juridictions et chambres spécialisées ou spécialement désignées ou composées, devant lesquelles les procédures sont adaptées ». Cela étant, la place des juridictions non spécialisées semble en recul, si l'on considère la disparition des tribunaux correctionnels pour mineurs (composé de trois magistrats professionnels et présidé par un juge des enfants) qui avaient été créés par la loi n° 2011-939 du 10 août 2011 sur la participation des citoyens au fonctionnement de la justice pénale et le jugement des mineurs et qui ont disparu, quelques années plus tard, avec la loi n° 2016-1547 du 18 novembre 2016 de modernisation de la justice du XXIe siècle, dite Loi Justice XXI. La spécialisation est donc un principe cardinal du droit pénal des mineurs, qui constitue le vecteur ou la garantie de l'autonomie de la matière. Elle apparaît même comme le prolongement et la condition de la primauté de l'action éducative, en ce qu'elle permet une connaissance de la personnalité du mineur, dans le cadre d'une relation personnelle et suivie entre le juge et le mineur et sa famille.

L'article L. 12-1, comme l'ordonnance de 1945 avant lui, instaure finalement un privilège de juridiction au profit des mineurs. Il s'agit d'une règle impérative, qui s'applique à tous ceux qui ont commis une infraction avant l'âge de dix-huit ans. C'est en effet l'âge

au moment des faits qui est retenu pour déterminer la juridiction compétente. S'il s'agit d'un mineur, il ne peut relever que des juridictions pour mineurs ; s'il s'agit d'un majeur, seules les juridictions pour majeurs sont compétentes.

Plus précisément, l'article L. 12-1 donne une liste des juridictions spécialisées ou spécialement désignées ou composées :

1° Le juge des enfants ;

2° Le tribunal pour enfants ;

3° Le juge d'instruction chargé spécialement des affaires concernant les mineurs ;

3° *bis* Le juge des libertés et de la détention chargé spécialement des affaires concernant les mineurs (l'ajout du JLD dans cette liste résulte de la L. de ratification du 26 févr. 2021) ;

4° La cour d'assises des mineurs ;

5° La chambre spéciale des mineurs de la cour d'appel ;

6° La chambre de l'instruction spécialement composée en matière d'affaires concernant les mineurs.

Le code de la justice pénale des mineurs reprend ici pour l'essentiel les juridictions de l'ordonnance de 1945. Il est à noter que les cours d'assises des mineurs sont seules compétentes à l'égard des mineurs, à l'exclusion donc des cours criminelles départementales qui ne sont (pour encore combien de temps ?) compétentes qu'à l'endroit des majeurs. Mais la loi de ratification du 26 février 2021 a inséré un alinéa 3 *bis* qui mentionne « le juge des libertés et de la détention chargé spécialement des affaires concernant les mineurs » (cf. Ph. Bonfils, Ratification de l'ordonnance portant création de la partie législative du code de la justice pénale des mineurs, *JCP 2021. 391*). Jusqu'alors, le juge des libertés et de la détention pouvait connaître des mineurs, mais il n'était absolument pas spécialisé (c'était une des rares exceptions, avec le tribunal de police et la chambre criminelle de la Cour de cassation). Mais lors de l'examen de la loi de ratification, il fut discuté de la juridiction compétente pour ordonner une détention provisoire dans le cadre de la procédure de mise à l'épreuve éducative (en matière correctionnelle) avant la première audience d'examen de la culpabilité. Originairement, le code avait confié cette compétence au juge des enfants, mais les exigences du principe d'impartialité fonctionnelle avaient conduit les parlementaires à remplacer le juge des enfants, bien que spécialisé, par le juge des libertés et de la détention. Il est alors apparu nécessaire d'exiger que ce magistrat soit « chargé spécialement des affaires de mineurs ». Le principe de spécialisation des juridictions est ainsi renforcé (et l'art. D. 231-1 rappelle l'institution de ce JLD spécialisé), même si la spécialisation de ce magistrat est dans la pratique très relative (les juges des libertés ayant été systématiquement « habilités mineurs »).

Les juridictions non spécialisées susceptibles de juger des mineurs sont donc le tribunal de police (pour les contraventions des quatre premières classes) et la chambre criminelle de la Cour de cassation. Mais, devant ces juridictions non spécialisées, la procédure sera néanmoins aménagée, en fonction des principes directeurs qui figurent précisément après cette disposition (publicité restreinte, assistance obligatoire par un avocat...).

L'article L. 12-1 précise aussi que le conseiller de la cour d'appel délégué à la protection de l'enfance fait partie des chambres mentionnées aux 5° (chambre spéciale des mineurs) et 6° (chambre de l'instruction). Là encore, le code reprend la règle posée par l'ordonnance de 1945 (art. 23). ❑

1. Affirmation du principe de spécialisation. Si le législateur peut prévoir une procédure appropriée permettant de retenir au-dessus d'un âge minimal les enfants de moins de 13 ans pour les nécessités d'une enquête, il ne peut être recouru à une telle mesure que dans des cas exceptionnels et s'agissant d'infractions graves ; la mise en œuvre de cette procédure qui doit être subordonnée à la décision et soumise au contrôle d'un magistrat spécialisé dans la protection de l'enfance nécessite des garanties particulières ; que le régime de la garde à vue du mineur de 13 ans, même assorti de modalités spécifiques, ne répond pas à ces conditions. • Cons. const. 11 août 1993, n° 93-326 DC (Loi modifiant la loi du 4 janvier 1993 portant réforme du code de procédure pénale) : *JO 15 août 1993.* ♦ Considérant que l'atténuation de la responsabilité pénale des mineurs en fonction de l'âge comme la nécessité de rechercher le relèvement éducatif et moral des enfants délinquants par des mesures adaptées à leur âge et à leur personnalité, prononcées par une juridiction spécialisée ou selon des procédures appropriées, ont été constamment reconnues par les lois de la République depuis le début du XXe siècle. • Cons. const. 29 août 2002, n° 2002-461 DC : *D. 2003. 1127, obs. Domingo et Nicot* ; *AJDI 2002. 708* ; *RSC 2003. 606* et

612, obs. Bück ; RDP 2002. 1731, note Roux ; LPA, 6 janv. 2003, p. 10, comm. Mathieu ; JCP G. 2003. I. 139, étude Giacopelli ; Gaz. Pal. 4-5 sept. 2002, p. 3, note Schoettl.

2. La Cour estime que, lorsqu'il est décidé de régler la situation d'un enfant tel que le requérant (âgé de 11 ans) – qui risque de ne pas pouvoir participer réellement à la procédure en raison de son jeune âge et de capacités intellectuelles limitées – par le biais d'une procédure pénale plutôt que d'opter pour une autre solution visant avant tout à déterminer quels sont ses intérêts supérieurs et ceux de la communauté, il est essentiel que l'enfant soit jugé par une juridiction spécialisée capable de se montrer pleinement attentive aux handicaps dont il souffre, d'en tenir compte et d'adapter la procédure en conséquence. • CEDH 15 juin 2004, *SC c/ Royaume-Uni,* n° 60958/00 : *Dr. fam. 2004. Alerte n° 30.*

3. Poursuite d'un mineur devant la juridiction des majeurs. Lorsque en violation de l'art. 1er de l'Ord. du 2 févr. 1945, un mineur de 18 ans a été poursuivi devant la juridiction correctionnelle de droit commun, après information préalable, il y a lieu, sur le pourvoi formé dans l'intérêt de la loi et du condamné, d'annuler, non seulement la décision de condamnation, mais encore l'ordonnance de mise en prévention, et de renvoyer la cause devant le juge d'instruction des mineurs pour être procédé conformément aux prescriptions de l'ord. susvisée. • Crim. 12 janv. 1955 : *Bull. crim. n° 28* • 3 déc. 1957 : *Bull. crim. n° 793* • 22 janv. 1974, n° 73-93.109 P. ♦ Encourt la cassation le jugement du tribunal correctionnel qui statue sur des poursuites exercées par voie de citation directe contre un mineur de 18 ans en violation de l'art. 1er de l'Ord. du 2 févr. 1945 (alors même que la justice eût été trompée sur l'âge réel des prévenus) ; la Cour de cassation ordonne alors le renvoi des pièces de la procédure au procureur de la République compétent aux fins qu'il appartiendra. • Crim. 24 mai 1951 : *Bull. crim. n° 142* • 5 déc. 1956 : *Bull. crim. n° 810* • 11 juin 1969, n° 68-90.760 P : *Gaz. Pal. 1969. 2. 140* • 25 avr. 1978, n° 77-92.987 P.

4. Poursuite d'un majeur devant la juridiction des mineurs. Encourt la cassation le jugement du tribunal pour enfants qui statue sur des poursuites relatives à des faits commis par un prévenu alors qu'il était majeur pénal. • Crim. 12 juin 1976, n° 76-90.908 P. ♦ La procédure antérieure à cette décision, diligentée non par un juge d'instruction mais par le juge des enfants, est annulée, à l'exclusion de l'enquête préliminaire. • Crim. 12 juin 1976 : *préc.*

5. Privilège de juridiction. Aux termes de l'art. 1er de l'Ord. du 2 févr. 1945, le mineur de 18 ans auquel est imputée une infraction qualifiée délit ne peut être déféré aux juridictions pénales de droit commun et n'est justiciable que du tribunal pour enfants ; cette disposition, édictée dans l'intérêt du mineur, est impérative et substantielle. • Crim. 24 juin 1953 : *Bull. crim. n° 223* • 12 janv. 1955 : *ibid. n° 28* • 3 déc. 1957 : *ibid. n° 793* • 11 juin 1969 : *ibid. n° 195 ; Gaz. Pal. 1969. 2. 140* • 3 nov. 1972 : *Bull. crim. n° 319* • 22 janv. 1974 : *ibid. n° 33* • 25 avr. 1978 : *ibid. n° 129.* ♦ V aussi : • Crim. 9 nov. 1988, n° 88-82.635.

6. Spécialisation des juridictions d'appel. L'appel des décisions du tribunal pour enfants est jugé par la cour d'appel lors d'une audience spéciale dans les mêmes conditions qu'en première instance et par une formation comprenant le conseiller délégué à la protection de l'enfance. • Crim. 4 oct. 2006, n° 08-86.002 : *Rev. pénit. 2007. 214, obs. Gouttenoire.* ♦ Il se déduit de la combinaison de l'art. 1er de l'Ord. n° 45-174 du 2 févr. 1945 relative à l'enfance délinquante, de l'art. 380-5 C. pr. pén. et de l'art. L. 312-6 COJ que l'appel formé contre le seul arrêt rendu sur l'action civile, par la cour d'assises des mineurs, est porté devant la chambre spéciale des mineurs de la cour d'appel. • Crim. 28 mars 2012, n° 11-80.011 P : *D. actu. 10 avr. 2012, obs. Bombled ; D. 2012. Actu. 948 ; RSC 2012. 893, obs. Boccon-Gibod ; AJ pénal 2012. 485, obs. Lasserre Capdeville ; Rev. pénit. 2012. 687, obs. Guérin.*

7. Exception à la spécialisation : compétence des juridictions militaires. Aux termes de l'art. 3 de la loi du 15 sept. 1948, les mineurs de 18 ans sont justiciables du tribunal militaire, nonobstant les dispositions de l'art. 1er de l'Ord. du 2 févr. 1945. • Crim. 3 août 1950 : *Bull. crim. n° 227.*

Code de l'organisation judiciaire

1re PARTIE : **LÉGISLATIVE**

TITRE V. LES JURIDICTIONS DES MINEURS

CHAPITRE Ier. *LE TRIBUNAL POUR ENFANTS*

SECTION I. *Institution et compétence*

Art. L. 251-1 Le tribunal pour enfants connaît, dans les conditions définies par le code de la justice pénale des mineurs, des contraventions et des délits commis par les mineurs et des crimes commis par les mineurs de seize ans.

Art. L. 251-2 Il y a au moins un tribunal pour enfants dans le ressort de chaque cour d'appel.

SECTION II. *Organisation et fonctionnement*

Art. L. 251-3 *(L. n° 2011-1940 du 26 déc. 2011, art. 5-I)* Le tribunal pour enfants est composé d'un juge des enfants, président, et de plusieurs assesseurs.

Le juge des enfants qui *(L. n° 2022-52 du 24 janv. 2022, art. 27)* « a été chargé de l'instruction ou qui » a renvoyé l'affaire devant le tribunal pour enfants ne peut présider cette juridiction.

Lorsque l'incompatibilité prévue au deuxième alinéa et le nombre de juges des enfants dans le tribunal *(L. n° 2019-222 du 23 mars 2019, art. 95-I-43°, en vigueur le 1er janv. 2020)* « judiciaire *[ancienne rédaction : de grande instance]* » le justifient, la présidence du tribunal pour enfants peut être assurée par un juge des enfants d'un tribunal pour enfants sis dans le ressort de la cour d'appel et désigné par ordonnance du premier président.

Le 2e al. de l'art. L. 251-3 COJ, dans sa rédaction résultant de la L. n° 2019-222 du 23 mars 2019 de programmation 2018-2022 et de réforme pour la justice, a été déclaré contraire à la Constitution ; la date de l'abrogation est reportée au 31 déc. 2022 mais, jusqu'à l'entrée en vigueur d'une nouvelle loi et au plus tard jusqu'au 31 déc. 2022, dans les instances où le mineur a fait l'objet d'une ordonnance de renvoi postérieure à la présente décision, le juge des enfants qui a instruit l'affaire ne peut présider le tribunal pour enfants (Cons. const. 26 mars 2021, n° 2021-893 QPC).

Art. L. 251-4 Les assesseurs titulaires et suppléants sont choisis parmi les personnes âgées de plus de trente ans, de nationalité française et qui se sont signalées par l'intérêt qu'elles portent aux questions de l'enfance et par leurs compétences.

Les assesseurs sont nommés pour quatre ans par le garde des sceaux, ministre de la justice. Leur renouvellement s'opère par moitié. Toutefois, en cas de création d'un tribunal pour enfants, d'augmentation ou de réduction du nombre des assesseurs dans ces juridictions, ou de remplacement d'un ou de plusieurs de ces assesseurs à une date autre que celle qui est prévue pour leur renouvellement, la désignation des intéressés peut intervenir pour une période inférieure à quatre années dans la limite de la durée requise pour permettre leur renouvellement par moitié.

Art. L. 251-5 Avant d'entrer en fonctions, les assesseurs titulaires et suppléants prêtent serment devant le tribunal *(L. n° 2019-222 du 23 mars 2019, art. 95-I-43°, en vigueur le 1er janv. 2020)* « judiciaire *[ancienne rédaction : de grande instance]* » de bien et fidèlement remplir leurs fonctions et de garder *(Abrogé par L. n° 2016-1547 du 18 nov. 2016, art. 19)* « *religieusement* » le secret des délibérations.

Art. L. 251-6 Les assesseurs titulaires ou suppléants qui, sans motif légitime, se sont abstenus de déférer à plusieurs convocations successives peuvent, à la demande du juge des enfants ou du ministère public, être déclarés démissionnaires, par décision de la cour d'appel.

En cas de faute grave entachant l'honneur ou la probité, leur déchéance est prononcée dans les mêmes formes.

CHAPITRE II. *LE JUGE DES ENFANTS*

Art. L. 252-1 Il y a au moins un juge des enfants au siège de chaque tribunal pour enfants. — *[Anc. art. L. 531-1.]*

(L. n° 2011-525 du 17 mai 2011, art. 85) « Le juge des enfants peut être suppléé, en cas d'absence ou d'empêchement, ou remplacé provisoirement par un magistrat du siège désigné par le président du tribunal *(L. n° 2019-222 du 23 mars 2019, art. 95-I-43°, en vigueur le 1er janv. 2020)* « judiciaire *[ancienne rédaction : de grande instance]* ». »

Art. L. 252-2 Le juge des enfants est compétent en matière d'assistance éducative. — *[Anc. art. L. 531-3.]*

Art. L. 252-3 Le juge des enfants est compétent en matière d'organisation ou de prolongation d'une action de protection judiciaire à l'égard des mineurs émancipés ou des majeurs âgés de vingt et un ans ou moins.

Art. L. 252-4 Le juge des enfants connaît *(Abrogé par L. n° 2007-308 du 5 mars 2007, art. 29, à compter du 1er janv. 2009)* « *, sous réserve de la compétence du juge des tutelles,* » de la *(L. n° 2009-526 du 12 mai 2009, art. 116-I)* « mesure judiciaire d'aide à la gestion du budget familial ».

Art. L. 252-5 En matière pénale, le juge des enfants connaît, dans les conditions définies par le code de la justice pénale des mineurs, des délits et des contraventions de cinquième classe commis par les mineurs.

....

CHAPITRE IV. *LA COUR D'ASSISES DES MINEURS*

Art. L. 254-1 Les règles concernant la compétence, l'organisation et le fonctionnement de la cour d'assises des mineurs sont fixées par le code de la justice pénale des mineurs et, en matière de terrorisme, par l'article 706-17 du code de procédure pénale.

....

2e PARTIE : **RÉGLEMENTAIRE**

TITRE I. LE TRIBUNAL JUDICIAIRE

CHAPITRE III. *FONCTIONS PARTICULIÈRES*

SECTION II. *Fonctions particulières exercées en matière pénale*

Art. R. 213-13 Au sein de chaque *(Décr. nº 2019-912 du 30 août 2019, art. 23, en vigueur le 1er janv. 2020)* « tribunal judiciaire *[ancienne rédaction : tribunal de grande instance]* » dans le ressort duquel un tribunal pour enfant*[s]* a son siège, un ou plusieurs juges d'instruction désignés par le premier président sont chargés spécialement des affaires concernant les mineurs. – *[Anc. art. L. 522-6, ecqc juge d'instruction.]*

Art. R. 213-14 *(Décr. nº 2021-682 du 27 mai 2021, art. 3-III, en vigueur le 30 sept. 2021)* Au sein de chaque tribunal judiciaire dans le ressort duquel un tribunal pour enfant*[s]* a son siège, un ou plusieurs juges des libertés et de la détention désignés par le premier président sont chargés spécialement des affaires concernant les mineurs.

Le Décr. nº 2021-682 du 27 mai 2021 est applicable en Nouvelle-Calédonie, en Polynésie française et à Wallis-et-Futuna (Décr. préc., art. 7-I).

....

TITRE V. LES JURIDICTIONS DES MINEURS

CHAPITRE Ier. *LE TRIBUNAL POUR ENFANTS*

SECTION I. *Institution et compétence*

Art. D. 251-1 Le siège et le ressort des tribunaux pour enfants sont fixés conformément au tableau XIV annexé au présent code.

SECTION II. *Organisation et fonctionnement*

Art. D. 251-2 Les tribunaux pour enfants dans lesquels les fonctions de président et, le cas échéant, celles de vice-président peuvent être confiées à un vice-président du *(Décr. nº 2019-912 du 30 août 2019, art. 23, en vigueur le 1er janv. 2020)* « tribunal judiciaire *[ancienne rédaction : tribunal de grande instance]* » chargé des fonctions de juge des enfants sont déterminés conformément au tableau XV annexé au présent code.

Art. R. 251-3 Lorsque dans un *(Décr. nº 2019-912 du 30 août 2019, art. 23, en vigueur le 1er janv. 2020)* « tribunal judiciaire *[ancienne rédaction : tribunal de grande instance]* » plusieurs magistrats du siège sont chargés des fonctions de juge des enfants, le président du tribunal, après avis de l'assemblée générale des magistrats du siège, désigne l'un d'entre eux pour organiser le service de la juridiction des mineurs et coordonner les relations de cette juridiction avec les services chargés de la mise en œuvre des mesures prises par celle-ci.

Le juge des enfants désigné adresse, au moins une fois par an, un rapport sur l'activité du tribunal pour enfants au président du *(Décr. nº 2019-912 du 30 août 2019, art. 23, en vigueur le 1er janv. 2020)* « tribunal judiciaire *[ancienne rédaction : tribunal de grande instance]* », qui le transmet au premier président de la cour d'appel.

Les attributions mentionnées au premier alinéa sont exercées sous l'autorité du président du *(Décr. nº 2019-912 du 30 août 2019, art. 23, en vigueur le 1er janv. 2020)* « tribunal judiciaire *[ancienne rédaction : tribunal de grande instance]* ».

En cas d'absence ou d'empêchement du magistrat désigné, le juge des enfants dont le rang est le plus élevé exerce ces attributions.

Art. R. 251-4 Dans les tribunaux mentionnés à l'article D. 251-2, le magistrat chargé des fonctions de président du tribunal pour enfants exerce les attributions prévues aux deux premiers alinéas de l'article R. 251-3.

En cas d'absence ou d'empêchement, ces attributions sont exercées par le vice-président du tribunal pour enfants ou, à défaut, par le juge des enfants dont le rang est le plus élevé.

Art. R. 251-5 Les assesseurs de la formation de jugement du tribunal pour enfants sont au nombre de deux.

Art. R. 251-6 L'effectif des assesseurs des tribunaux pour enfants est fixé, dans chaque juridiction, à raison de deux assesseurs titulaires et quatre assesseurs suppléants par juge des enfants.

Toutefois, cet effectif est fixé à deux assesseurs titulaires et à deux assesseurs suppléants par juge des enfants, dans les juridictions pour enfants comprenant au moins cinq magistrats, qui sont désignées par arrêté du garde des Sceaux, ministre de la justice.

Art. R. 251-7 Les assesseurs titulaires et les assesseurs suppléants sont choisis sur une liste de candidats présentée par le premier président de la cour d'appel.

Figurent sur cette liste, classées par ordre de présentation, les personnes qui ont fait acte de candidature auprès du président du *(Décr. n° 2019-912 du 30 août 2019, art. 23, en vigueur le 1er janv. 2020)* « tribunal judiciaire *[ancienne rédaction : tribunal de grande instance]* » ou qui sont proposées par ce magistrat.

Les assesseurs du tribunal pour enfants doivent résider dans le ressort de ce tribunal.

Afin de permettre le renouvellement par moitié des assesseurs conformément au deuxième alinéa de l'article L. 251-4 et sous réserve des dispositions des articles R. 251-8 à R. 251-11, les intéressés sont répartis en deux listes d'égale importance pour chaque tribunal pour enfants.

Art. R. 251-8 En cas de cessation des fonctions d'un assesseur titulaire ou suppléant, par suite de décès, démission, déchéance ou pour toute autre cause, il peut être procédé à son remplacement dans les conditions prévues aux deux premiers alinéas de l'article R. 251-7.

Dans ce cas, les fonctions du nouvel assesseur désigné expirent à l'époque où auraient cessé celles de l'assesseur qu'il remplace.

Art. R. 251-9 Lorsque, pour quelque cause que ce soit, le remplacement d'assesseurs titulaires ou suppléants n'a pas été assuré à l'époque prévue pour un renouvellement, il peut y être procédé ultérieurement dans les conditions et suivant les modalités fixées à l'article R. 251-8.

Les fonctions des assesseurs ainsi désignés expirent comme s'ils avaient été nommés lors du renouvellement prévu au premier alinéa.

Art. R. 251-10 En cas de création d'un tribunal pour enfants, il est procédé sans délai à la désignation des assesseurs titulaires et suppléants qui entrent en fonctions à compter de la date de leur désignation, après avoir prêté serment.

Ces assesseurs sont répartis dans les conditions prévues par le quatrième alinéa de l'article R. 251-7 en deux listes dont le renouvellement intervient à la date du renouvellement général des listes correspondantes dressées dans les autres juridictions pour enfants.

Art. R. 251-11 Les dispositions de l'article précédent sont applicables en cas d'augmentation de l'effectif des assesseurs d'un tribunal pour enfants.

Art. R. 251-12 En cas de diminution de l'effectif des assesseurs d'un tribunal pour enfants, les assesseurs restent en fonctions jusqu'à l'expiration de leur mandat respectif. La réduction correspondante du nombre de ces assesseurs intervient par moitié dans l'ordre inverse de leur inscription sur chacune des deux listes prévues au quatrième alinéa de l'article R. 251-7.

Art. R. 251-13 Dans la limite des crédits ouverts à cet effet au budget du ministère de la justice, il est attribué aux assesseurs titulaires et suppléants, les jours où ils assurent le service de l'audience, une indemnité calculée sur le traitement budgétaire moyen, net de tout prélèvement, des juges du *(Décr. n° 2019-912 du 30 août 2019, art. 23, en vigueur le 1er janv. 2020)* « tribunal judiciaire *[ancienne rédaction : tribunal de grande instance]* » dans le ressort duquel le tribunal pour enfants a son siège.

Les assesseurs titulaires et suppléants perçoivent en outre, s'il y a lieu, les frais et indemnités prévus par les articles R. 141 et R. 142 du code de procédure pénale.

CHAPITRE II. *LE JUGE DES ENFANTS*

....

SECTION I. Institution et compétence

Art. R. 252-1 En matière d'assistance éducative, le juge des enfants peut tenir audience au siège de *(Décr. nº 2019-912 du 30 août 2019, art. 32-I, en vigueur le 1er janv. 2020)* « chacune des chambres de proximité situées *[ancienne rédaction : chacun des tribunaux d'instance situés]* » dans le ressort du tribunal pour enfants.

Art. R. 252-2 La compétence territoriale du juge des enfants est la même que celle du tribunal pour enfants auprès duquel il exerce ses fonctions.

SECTION II. Organisation et fonctionnement

La présente section ne comprend pas de dispositions réglementaires.

CHAPITRE III. *DISPOSITIONS COMMUNES AU TRIBUNAL POUR ENFANT[S] ET AU JUGE DES ENFANTS*

Art. R. 253-1 Le greffe du tribunal pour enfants et du juge des enfants est le greffe du *(Décr. nº 2019-912 du 30 août 2019, art. 23, en vigueur le 1er janv. 2020)* « tribunal judiciaire *[ancienne rédaction : tribunal de grande instance]* » dans le ressort duquel le tribunal pour enfants a son siège.

Art. L. 12-2 L'action publique relative à des crimes, délits ou contraventions de la cinquième classe reprochés à un mineur est exercée par des magistrats désignés chargés spécialement des affaires concernant les mineurs.

Les fonctions du ministère public sont remplies par le procureur général ou un magistrat du ministère public spécialement chargé des affaires concernant les mineurs. – *[Ord. nº 45-174 du 2 févr. 1945, art. 20, al. 3.]*

BIBL. ▶ Borricand, Le rôle du parquet dans la lutte contre la délinquance juvénile, *RPDP 2001, p. 439 s.* – Donnette, Les rapports PJJ/Parquet, *AJ pénal 2019. 486*. – Le Brishoual, Le rôle des parquets (des mineurs), *in* Enfance et délinquance, *Economica, 1993, p. 125 s.* – Castaignède, Le Ministère public et le mineur, au-delà de la répression et de la prévention : la protection et la socialisation, *in* Nérac-Croisier et Castaignède (dir.), La protection judiciaire du mineur en danger, *L'Harmattan, 2000, nº 77 s., p. 81 s.* – Garcia, Le procureur de la République et le Code de la justice, *Dr. fam. mars 2021. Dossier 7.* – Sottet, La mutation du parquet des mineurs entre 1984 et 2008, *Arch. pol. crim. 2008, Pedone, p. 111 s.*

COMMENTAIRE

Dans le prolongement de la spécialisation des juridictions pour mineurs prévue à l'article L. 12-1, l'article L. 12-2 est relatif à la désignation de magistrats du parquet spécialement chargés des affaires concernant les mineurs.

L'ordonnance de 1945 avait une version plus restreinte de la règle, ne visant que la matière criminelle : « les fonctions du ministère public auprès de la cour d'assises des mineurs seront remplies par le procureur général ou un magistrat du ministère public spécialement chargé des affaires de mineurs » (art. 23 de l'Ord. 1945). Le code de la justice pénale des mineurs généralise la règle à toutes les juridictions.

Cela étant, le parquet connaît depuis longtemps une spécialisation en matière de justice des mineurs. Il y a en effet, dans chaque tribunal, un substitut en charge des mineurs, et au sein de chaque cour d'appel, un substitut général en charge des mineurs. La règle posée par l'article L. 12-2 n'est donc pas véritablement nouvelle, mais elle est bienvenue, par sa généralité et compte tenu de l'importance des attributions du parquet.

Il reste que l'organisation du parquet est dominée par le principe de l'indivisibilité, qui implique que tout membre du ministère public peut représenter le procureur de la République. Dans ces conditions, s'il arrivait que les fonctions du ministère public ne soient pas remplies à une audience par un magistrat du ministère public spécialement chargé des affaires de mineurs, la nullité ne serait certainement pas encourue. Sous l'empire de l'ordonnance de 1945, la jurisprudence s'y était refusée (Crim. 29 oct. 1957 : *Bull. crim. nº 680*). Dans cette perspective, la spécialisation du parquet n'est pas de même nature et de même portée que celle des juridictions. ❑

1. La disposition de l'art. 20 de l'Ord. du 2 févr. 1945, mod. par la L. du 24 mai 1951, d'après laquelle les fonctions du ministère public auprès de la cour d'assises des mineurs sont remplies par le procureur général ou un magistrat du ministère public spécialement chargé des affaires de mineurs, n'est pas prescrite à peine de nullité. • Crim. 29 oct. 1957 : *Bull. crim. n° 680.* ♦ Comp. : Le magistrat du ministère public prenant des réquisitions à l'occasion de l'incarcération d'un mineur en détention provisoire doit avoir été désigné préalablement pour être spécialement chargé des affaires concernant les mineurs, à défaut de quoi le mineur doit être remis en liberté, le cas échéant sous contrôle judiciaire. • Crim. 13 avr. 2023, n° 23-80.470 B.

2. Si le procès-verbal des débats et l'arrêt attaqué ne précisent pas que le magistrat qui occupait les fonctions de ministère public à la cour d'assises des mineurs était, comme le prescrit l'art. 20, al. 3, de l'Ord. du 2 févr. 1945, un magistrat spécialement chargé des affaires de mineurs, il doit cependant, en l'absence de toute réclamation formulée par l'accusé ou son défenseur au cours des débats, être présumé avoir été appelé à siéger conformément aux prescriptions légales. • Crim. 19 févr. 1969, n° 68-92.817 P : *JCP 1970. II. 16272* • 22 avr. 1977, n° 76-93.309 P • 22 nov. 1995 : *Gaz. Pal. 1996. 1. Chron. 33.* ♦ Devant la cour d'assises des mineurs, le ministère public est présumé, en l'absence de preuve contraire, avoir été appelé à siéger conformément aux prescriptions de l'art. 20, al. 3, de l'Ord. du 2 févr. 1945. • Crim. 8 nov. 2000, n° 00-80.434 P.

3. Dès lors qu'en application du 3e al. de l'art. 20 de l'Ord. du 2 févr. 1945, il lui appartient de désigner le magistrat du ministère public auprès de la cour d'assises des mineurs, un procureur général satisfait aux prescriptions de ce texte en chargeant son substitut de remplacer ledit magistrat empêché. • Crim. 4 août 1984, n° 83-94.962 P : *D. 1985. IR 61.*

Art. L. 12-3 La publicité des audiences des juridictions statuant à l'égard des mineurs est restreinte dans les conditions déterminées par le présent code. — *[Ord. n° 45-174 du 2 févr. 1945, art. 8, al. 10 ; art. 14, al. 1er et 2 ; art. 20, al. 8 ; art. 21, al. 1er.]*

COMMENTAIRE

L'article L. 12-3 énonce le principe de la publicité restreinte des audiences des juridictions pour mineurs. Il s'inscrit dans la continuité du principe qu'affirmait l'ordonnance de 1945, principalement à l'article 14. Cet article constitue l'affirmation générale du principe, dont les modalités sont ensuite déclinées dans d'autres dispositions du code, et spécialement aux articles L. 513-1 à L. 513-4, relatifs à la publicité des audiences.

La publicité restreinte est un principe classique du droit pénal des mineurs, parce la publicité de l'audience pourrait entraver les possibilités de réinsertion du mineur. De fait, la publicité restreinte des audiences relatives aux mineurs est consacrée par la Cour européenne des droits de l'homme (CEDH 16 déc. 1999, *T. et V. c/ Royaume-Uni*) comme par la Cour de cassation (Crim. 8 nov. 1967 : *Bull. crim. n° 287* ; 24 juin 1998 : *Bull. crim., n° 205* ; 6 déc. 2000 ; n° 00-82.660).

La publicité restreinte ne doit pas être confondue avec le huis clos [du reste, il peut arriver que les deux mesures se cumulent (Crim. 2 mars 1955 : *JCP 1955. II. 8760, note J. Pierron* ; Crim. 28 févr. 1973 : *Bull. crim., n° 103* ; Crim. 24 sept. 1997, n° 96-84.763 : *inédit*]. Le huis clos a pour fonction de garantir l'ordre public et les bonnes mœurs, alors que la publicité restreinte a pour objet la protection du mineur et de sa famille.

La publicité restreinte concerne, comme le dit expressément l'article L. 12-3, les audiences, c'est-à-dire les débats, et non le délibéré. Mais elle concerne à la fois les débats sur l'action publique et ceux sur l'action civile (Crim. 6 déc. 2000, n° 00-82.660 : *inédit*), et la publicité restreinte vaut aussi devant la chambre spéciale des mineurs de la cour d'appel, lorsqu'elle est saisie de la seule action civile, suite à la relaxe du mineur (Crim. 1er sept. 2015 ; n° 14-85.503). Par ailleurs, elle concerne toutes les juridictions appelées à juger des mineurs, qu'il s'agisse de juridictions spécialisées comme le juge des enfants ou le tribunal pour enfants, ou de juridictions non spécialisées, comme le tribunal de police.

Enfin, la publicité restreinte est un principe essentiel, dont la violation est susceptible d'entraîner la nullité. Mais le code admet – comme les articles 306 et 400 du code de procédure pénale avant lui – une exception concernant le jugement d'un mineur devenu majeur. En ce cas, le mineur (au moment des faits) devenu majeur (au moment de l'audience) peut demander à ce que l'audience soit publique devant le tribunal de police, le tribunal pour enfants ou la cour d'assises des mineurs (art. L. 513-2), sauf s'il existe un

autre prévenu ou accusé qui est toujours mineur, si un autre mineur devenu majeur s'y oppose, ou (mais seulement en matière criminelle) si la cour estime que la personnalité du mineur devenu majeur rend indispensable le maintien de la publicité restreinte.

Classiquement, l'exigence de publicité restreinte était considérée comme une condition essentielle de la validité de la procédure (Crim. 20 mars 1958 : *Bull. crim. n° 279* ; 7 janv. 1964 : *Bull. crim. n° 11 ; D. 1964. 282, note Chapar* ; 11 mai 1988, n° 87-94.337 ; 24 juin 1998, n° 97-84.657 P : *D. 1998. IR 228* ; *Dr. pénal 1999, n° 15, obs. Maron*) et la jurisprudence avait même précisé qu'il s'agissait là d'une règle d'ordre public à laquelle il ne saurait, en aucun cas, être dérogé (Crim. 6 janv. 1993, n° 92-81.840 ; Crim. 24 juin 1998, n° 97-84.657 P : *D. 1998. IR 228* ; *Dr. pénal 1999, n° 15, obs. Maron*). Mais la question de la portée de la publicité restreinte a récemment été relancée par un arrêt de la Cour de cassation du 21 janvier 2020 (Crim. 21 janvier 2020, n° 19-86.957 : *AJ pénal 2020. 308, note Ph. Bonfils*). Dans cette décision, la chambre criminelle a jugé, à propos d'un débat qui s'était tenu devant un juge des libertés et de la détention en audience publique, que l'intéressé, pourtant mineur au moment des faits, ne pouvait reprocher à la chambre de l'instruction d'avoir confirmé la validité de la décision du juge des libertés, « dès lors que, d'une part, il était majeur au moment du débat, d'autre part, ni lui ni son avocat n'ont soulevé devant le juge des libertés et de la détention de contestation sur la publicité de l'audience ». A lire cette décision, dont la portée reste à confirmer, il semblerait que la Cour de cassation ait abandonné le caractère d'ordre public de la publicité restreinte, pour en faire une règle d'ordre privé, et dans le silence du code sur la portée de la règle, cette solution rendue sous l'ordonnance de 1945 pourrait donc être appelée à se maintenir sous le présent code.

1. Importance du principe. Si, aux termes de l'art. 14 de l'Ord. du 2 févr. 1945, seules les personnes désignées dans ce texte peuvent assister aux audiences des tribunaux pour enfants, la publicité ainsi limitée n'en constitue pas moins une condition essentielle à la validité des débats, et doit, par suite, être constatée. • Crim. 13 févr. 1946 : *Bull. crim. n° 53 ; S. 1946. 1. 52.* ♦ La publicité restreinte imposée à la cour d'assises des mineurs par les art. 14 et 20, al. 8, de l'Ord. du 2 févr. 1945 est une condition essentielle de la validité des débats devant cette juridiction. Aucune dérogation ne peut être apportée à cette règle d'ordre public. • Crim. 24 juin 1998, n° 97-84.657 P. ♦ La publicité de l'audience consacrée à l'instruction d'une affaire doit, à peine de nullité, être constatée dans la décision ; lorsqu'il n'est pas constaté que les débats devant les juges du premier degré ont eu lieu publiquement, la cour d'appel doit, à peine de nullité de son propre arrêt, annuler ce jugement qui lui est déféré, évoquer et statuer à nouveau sur le fond. • Crim. 22 nov. 1955 : *Bull. crim. n° 504.* ♦ La publicité restreinte imposée à la cour d'assises des mineurs par les art. 14 et 20, al. 8, de l'Ord. du 2 févr. 1945 est une condition essentielle de la validité des débats devant cette juridiction ; les débats commencent dès que le président, en application de l'art. 305 C. pr. pén., a déclaré le jury définitivement constitué ; à ce moment et jusqu'à la clôture des débats, l'audience doit être tenue à publicité restreinte, hormis pour le prononcé des arrêts incidents ayant un caractère contentieux. • Crim. 11 mai 1988, n° 87-84.337 P • 1er févr. 1989, n° 88-83.730 P. ♦ V. aussi note 12.

2. Règle d'ordre public. La publicité restreinte imposée à la cour d'assises des mineurs (comme aux autres juridictions pour enfants) par les art. 14 et 20, al. 8, de l'Ord. du 2 févr. 1945 est une condition essentielle de la validité des débats devant cette juridiction. • Crim. 20 mars 1958 : *Bull. crim. n° 279* • 7 janv. 1964 : *Bull. crim. n° 11 ; D. 1964. 282, note Chapar* • 12 mai 1965, n° 65-90.048 P : *JCP 1965. II. 14306* • 7 févr. 1967, n° 66-92.713 P : *D. 1967. 250* • 8 nov. 1967, n° 67-91.599 P : *D. 1968. 195, note Ph. Robert* • 19 mars 1969, n° 68-93.114 P : *D. 1969. 384 ; JCP 1970. II. 16327, note Ph. Robert* • 3 juill. 1974, n° 74-90.362 P • 11 mai 1988, n° 87-94.337 P • 1er févr. 1989, n° 88-83.730 P • 24 juin 1998, n° 97-84.657 P : *D. 1998. IR 228 ; Dr. pénal 1999, n° 15, obs. Maron.* ♦ Il s'agit là d'une règle d'ordre public à laquelle il ne saurait, en aucun cas, être dérogé. • Crim. 6 janv. 1993, n° 92-81.840 P • 24 juin 1998 : *préc.*

3. Limitation du caractère d'ordre public de la règle. S'agissant d'un débat qui s'était tenu devant le juge des libertés en audience publique, l'intéressé, pourtant mineur au moment des faits, ne peut reprocher à la chambre de l'instruction d'avoir confirmé la validité de la décision du juge des libertés, dès lors que, d'une part, il était majeur au moment du débat, d'autre part, ni lui ni son avocat n'ont soulevé devant le juge des libertés et de la détention de contestation sur la publicité de l'audience. • Crim. 21 janv. 2020, n° 19-86.957 P : *AJ pén. 2020. 308, note Bonfils.*

4. Portée du principe. Le régime de publicité restreinte prévu par les art. 14 et 20 de l'Ord. du 2 févr. 1945 doit être observé à l'égard de tous les accusés, même majeurs. • Crim. 4 juill. 1989, n° 88-86.649 P. ♦ Les règles de la publicité restreinte contenues dans l'art. 14 de l'Ord. du 2 févr. 1945 s'appliquent aux débats sur l'action civile aussi bien qu'à ceux sur l'action publique. • Crim.

23 juin 1982, n° 82-90.091 P • Crim. 6 déc. 2000, n° 00-82660 : *inédit.* ♦ La publicité restreinte vaut aussi devant la chambre spéciale des mineurs de la cour d'appel, lorsqu'elle est saisie de la seule action civile, à la suite de la relaxe du mineur. • Crim. 1er sept. 2015, n° 14-85.503 P.

5. Différence avec le huis clos. Les règles de la publicité restreinte sont différentes de celles relatives au huis clos édictées par l'art. 306 C. pr. pén. Les dispositions des art. 14 et 20 de l'Ord. du 2 févr. 1945, modifiée, sont donc exactement observées si, les portes de l'auditoire étant ouvertes afin de permettre le libre passage des personnes énumérées à l'art. 14 préc., les gardes chargés du service d'ordre empêchent toute autre personne de pénétrer dans la salle d'audience. • Crim. 31 mai 1978, n° 77-93.786 P.

6. Application en cause d'appel. Devant la chambre spéciale des mineurs de la cour d'appel, les débats doivent se dérouler dans les conditions de la publicité restreinte prévues par l'art. 14 de l'Ord. du 2 févr. 1945 relative à l'enfance délinquante, sous réserve, le cas échéant, de l'application du dernier al. de l'art. 400 C. pr. pén. • Crim. 11 juill. 2017, n° 15-84.572 P : *D. actu. 21 sept. 2017, obs. Goetz.* ♦ L'examen d'une demande de renvoi présentée devant la chambre spéciale des mineurs, statuant en matière criminelle par la défense, après l'interrogatoire d'identité de l'accusé et l'appel des témoins et experts doit être réalisé sous le régime de la publicité restreinte. • Crim. 20 févr. 2019, n° 18-85.465 P : *D. actu. 8 mars 2019, obs. Goetz.*

7. Limites du principe. Publicité restreinte. La limitation de la publicité des débats telle qu'elle résulte des dispositions des art. 14 et 20 de l'Ord. du 2 févr. 1945 ne concerne pas les magistrats. Aucune nullité ne saurait dès lors résulter de leur présence aux débats. • Crim. 22 juin 1994, n° 93-84.889 P.

8. Les règles de publicité restreinte, que l'art. 14 de l'Ord. du 2 févr. 1945 impose devant la cour d'assises des mineurs, ne s'appliquent pas aux personnes qui ont la qualité de partie au procès pénal ; tel est le cas d'une partie civile déjà constituée. • Crim. 22 nov. 1995 : *Gaz. Pal. 27-28 mars 1996.*

9. Les règles de publicité restreinte, imposées devant la cour d'assises des mineurs par l'art. 14 de l'Ord. du 2 févr. 1945, ne s'appliquent pas aux personnes qui participent régulièrement aux débats (au sujet de la présence d'un expert dans la salle d'audience avant son audition). • Crim. 8 nov. 2000, n° 00-81.706 P. ♦ V. également ss. art. L. 513-3.

10. La victime d'un crime ou d'un délit soumis à la juridiction des mineurs, qu'elle soit ou non constituée partie civile, est nécessairement témoin au sens des art. 14 et 20 de l'Ord. du 2 févr. 1945 ; son assistance aux débats ne saurait, dès lors, constituer une infraction aux règles de la publicité restreinte. • Crim. 15 déc. 1993, n° 93-82.899 P. ♦ Les dispositions de l'art. 14, al. 2, de l'Ord. du 2 févr. 1945, relatives à la publicité restreinte, ne sont pas méconnues lorsque le tuteur ou le curateur de la partie civile, majeure protégée, assiste aux débats. • Crim. 8 mars 2000, n° 99-82.597 P.

11. L'art. 14 de l'Ord. du 2 févr. 1945 est relatif aux règles de publicité applicables au jugement d'un mineur par le tribunal pour enfants ; il ne peut recevoir application dans le cas où un mineur, fût-il co-auteur ou complice des accusés majeurs et jugés séparément, est entendu en qualité de témoin lors du jugement de ces derniers par la cour d'assises. • Crim. 23 juin 1993, n° 92-86.512 P.

12. Les règles spéciales de publicité prescrites pour la cour d'assises des mineurs par les art. 14 et 20 de l'Ord. du 2 févr. 1945 ne concernent que les débats et ne s'appliquent pas aux arrêts sur les incidents qui doivent être rendus en audience publique, sauf si le huis clos a été ordonné en vertu de l'art. 306 C. pr. pén. • Crim. 12 févr. 1986, n° 85-93.897 P.

Art. L. 12-4 **Le mineur poursuivi ou condamné est assisté d'un avocat.**

Le mineur participe au choix de son avocat ou *(L. n° 2021-218 du 26 févr. 2021, art. 6)* **« effectue ce choix » dans les conditions prévues par le présent code.**

Lorsqu'un avocat a été désigné d'office, dans la mesure du possible, le mineur est assisté par le même avocat à chaque étape de la procédure. — *[Ord. n° 45-174 du 2 févr. 1945, art. 4-1.]*

BIBL. ▸ BENEC'H-LE ROUX, Les rôles de l'avocat au tribunal pour enfants, *Dév. et soc. 2006, p. 155 s.* – BONFILS, L'avocat (pénaliste) des mineurs, *Dr. pén. 2021, n° 5, p. 17.* – GARDE-LEBRETON (interview), L'accès au droit des mineurs : l'exemple du Barreau de Lyon, *AJ fam. 2003. 380*. – GLON, L'avocat des mineurs, *in* Enfance et délinquance, *Economica, 1993, p. 133 s.* – PANETIER, L'assistance de l'avocat dans la justice pénale des mineurs : quels changements ?, *in* JACOPIN (dir.), Un code de la justice pénale des mineurs, quelle(s) spécificité(s) ?, *Dalloz, coll. Thèmes et commentaires, 2021, p. 85.* – PICOT, L'avocat de l'enfant, *Dr. fam. 2006. Étude n° 37.* – SAMET, Le rôle de l'avocat devant les juridictions pour mineurs, *in* C. SAMET (dir.), Violence et délinquance des jeunes, *Doc. fr., déc. 2000, p. 135.* – TAXIL, L'avocat de l'enfant et le Code de la justice pénale des mineurs : un acteur oublié ?, *Dr. fam. mars 2021. Dossier 9.*

COMMENTAIRE

L'assistance obligatoire du mineur par un avocat était déjà, sous l'ordonnance de 1945, un des grands principes directeurs de la justice pénale des mineurs (art. 4-1), dont la jurisprudence assurait le respect (Crim. 28 juin 2000 : *Bull. crim. n° 254*). Il n'est donc guère étonnant que le code de la justice pénale des mineurs reprenne ce principe, qui figure désormais à l'article L. 12-4.

Cela étant, le code adopte une formulation différente et plus juste. Le texte affirme en effet que « le mineur poursuivi ou condamné est assisté d'un avocat », alors que l'ordonnance de 1945 ne visait que le mineur poursuivi. Le code invite donc à considérer que l'assistance d'un avocat est obligatoire non seulement durant la phase des poursuites et jusqu'au jugement de condamnation, mais aussi après, lors de la phase d'exécution des peines. Mais, comme l'article 4-1 de l'ordonnance de 1945, l'article L. 12-4 du code de la justice pénale des mineurs ne mentionne pas l'enquête. Néanmoins, l'assistance par un avocat est, à cette phase aussi, largement obligatoire. C'est ce qui résultait de l'article 4-IV de l'ordonnance de 1945 (sur la garde à vue) et qui figure désormais aux articles L. 413-5 (retenue judiciaire) et L. 413-8 (garde à vue) du code. L'assistance d'un avocat est également obligatoire lors de l'audition libre, la loi de ratification ayant même supprimé la restriction qui avait initialement été prévue par le code (art. L. 412-2).

L'article précise ensuite que « le mineur participe au choix de son avocat ou effectue ce choix dans les conditions prévues par le présent code ». Les modalités de désignation de l'avocat sont ainsi envisagées dans des dispositions ultérieures du code, dans le cadre de l'enquête (et spécialement, pour la garde à vue, V. art. L. 413-8) ou de l'instruction. Il est ainsi prévu que lorsque le mineur n'a pas sollicité l'assistance d'un avocat, cette demande peut également être faite par ses représentants légaux qui sont alors avisés de ce droit, ou par le bâtonnier, saisi par le procureur de la République, le juge d'instruction ou l'officier de police judiciaire. En outre, afin de faciliter l'effectivité de l'assistance obligatoire par un avocat, il existe un système d'aide juridictionnelle permettant, lorsque le mineur et surtout ses représentants légaux ont des ressources insuffisantes, de financer au moins en partie cette assistance.

La seule véritable nouveauté de l'article L. 12-4 est l'affirmation que, lorsqu'un avocat a été désigné d'office, dans la mesure du possible, le mineur est assisté par ce même avocat à chaque étape de la procédure. Le suivi par le même avocat est évidemment souhaitable, et, du reste, les commissions de « droit des mineurs » des barreaux s'efforcent de permettre ce suivi. Mais le code ne peut aller plus loin que cette pétition de principe. ❑

1. Obligation d'assistance d'un avocat. Aux termes de l'art. 4-1 de l'Ord. du 2 févr. 1945, le mineur poursuivi doit être assisté d'un avocat. Méconnaît le sens et la portée de ce texte la cour d'appel qui, alors qu'il lui appartenait de commettre d'office un avocat pour assister un prévenu mineur à l'audience, énonce, pour justifier du défaut d'assistance de ce mineur par un avocat, que, selon leurs déclarations, ni le prévenu, ni son père n'ont pris contact avec l'avocat commis d'office. • Crim. 28 juin 2000, n° 00-80.253 P. En privant l'un des avocats de l'accusé mineur de la possibilité de plaider au motif que les quatre avocats l'ayant précédé n'avaient pas respecté le temps de parole convenu avec la cour, la chambre spéciale des mineurs a méconnu le sens et la portée des art. 6, § 3, Conv. EDH, préliminaire du C. pr. pén. et 4-1 de l'Ord. du 2 févr. 1945 relative à l'enfance délinquante. • Crim. 20 févr. 2019, n° 18-85.465 P : *D. actu. 8 mars 2019, obs. Goetz.*

2. Diligences en vue de la désignation d'un avocat. Il résulte des art. 4-IV de l'Ord. du 2 févr. 1945, relative à l'enfance délinquante, et 64 C. pr. pén. que doivent être mentionnées par procès-verbal les diligences accomplies par l'officier de police judiciaire, dès la demande à s'entretenir avec un avocat, formulée par un mineur de 16 ans, gardé à vue. Méconnaît le sens et la portée de ces textes la chambre d'accusation qui, pour rejeter le moyen de nullité des actes de la garde à vue, faisant valoir que l'entretien avec l'avocat ne s'était déroulé que près de sept heures après le début de la mesure, énonce que l'art. 4 de l'Ord. du 2 févr. 1945 impose seulement à l'OPJ de notifier au mineur de 16 ans, gardé à vue, son droit à s'entretenir avec un avocat dès le début de la mesure et d'aviser l'avocat, si le mineur entend exercer ce droit, que ce fonctionnaire ne saurait être rendu comptable de l'impossibilité de l'avocat de se déplacer ou de son retard éventuel, ajoute que ce dernier n'a formulé aucune observation écrite de sorte qu'il doit être présumé que son intervention a été effectuée dans le respect des dispositions légales, alors qu'aucun élément de la procédure n'établit les diligences accomplies par l'OPJ à la suite de la demande faite par le mineur pour s'entretenir avec un avocat commis d'office, dès le début de sa garde à vue. • Crim. 8 mars

2000, n° 99-87.319 P : *D. 2000. IR 165*. ♦ Justifie des diligences accomplies par l'OPJ en application de l'art. 4-IV de l'Ord. du 2 févr. 1945, en vue de satisfaire la demande du mineur de 16 ans d'entretien avec un avocat pendant sa garde à vue, le procès-verbal qui mentionne que le bâtonnier de l'ordre a été immédiatement informé par télécopie de la demande du mineur d'entretien avec un avocat commis d'office. • Crim. 17 mai 2000, n° 00-81.133 P. ♦ N'encourt pas la censure l'arrêt qui, pour rejeter le moyen de nullité tiré du défaut d'entretien avec un avocat pendant sa garde à vue, retient que les pièces de la procédure établissent que l'OPJ, dès la demande formulée par le mineur, a appelé le numéro de téléphone de la messagerie des avocats de permanence, puis, à défaut de réponse, a renouvelé vainement cet appel trois heures plus tard. En l'état de ces énonciations, qui établissent que l'OPJ a accompli les diligences imposées par l'art. 4-IV de l'Ord. du 2 févr. 1945, la chambre d'accusation a justifié sa décision. • Crim. 25 oct. 2000, n° 00-84.875.

3. Mineur devenu majeur. Le majeur, qui comparaît devant le tribunal pour enfants pour une infraction commise alors qu'il était mineur, doit être assisté d'un avocat, lequel sera rémunéré, soit par des honoraires, soit par l'aide juridictionnelle dans les conditions prévues pour les mineurs par les art. 2 à 6 de la loi du 10 juill. 1991. • Cass., avis, 29 févr. 2016, n° 16002 : *D. actu. 7 mars 2016, obs. Portmann.* ♦ ... Y compris lorsque la juridiction pénale statue sur les intérêts civils. • Cass., avis, 27 mai 2017, n° 17-009 : *AJ pénal 2017. 402, obs. Porteron*.

Art. L. 12-5 Dans les conditions fixées par le présent code, les responsables légaux reçoivent les mêmes informations que celles qui doivent être communiquées au mineur au cours de la procédure. Le mineur en est informé.

Le mineur suspecté ou poursuivi a le droit d'être accompagné par ses représentants légaux conformément aux dispositions du présent code. – *[Ord. n° 45-174 du 2 févr. 1945, art. 6-2, I, al. 1er à 3.]*

COMMENTAIRE

Dans le sillage des préconisations de la Commission Varinard, la loi du 23 mars 2019 avait entrepris de renforcer l'implication des parents du mineur délinquant. Le législateur avait alors inséré dans l'ordonnance de 1945 un article 6-2 nouveau qui affirmait un droit à l'information des représentants légaux et à l'accompagnement du mineur par ces derniers. Ce dispositif est repris par le code de la justice pénale des mineurs comme principe directeur dans le titre préliminaire (art. L. 12-5) et plus loin au sein du livre III relatif aux dispositions communes aux différentes phases de la procédure pénale (art. L. 311-1 s.).

Le principe général d'implication des responsables légaux est envisagé dans les deux sens, c'est-à-dire du côté des représentants légaux eux-mêmes (ils reçoivent les mêmes informations que le mineur) et du côté du mineur (le mineur suspecté ou poursuivi a le droit d'être accompagné par ses représentants légaux). A ce principe font écho plusieurs dispositions techniques, prévues aux articles L. 311-1 et suivants. On indiquera aussi que l'article D. 12-2 issu du décret n° 2021-683 du 27 mai 2021 dispose que « la notification de ses droits à un mineur, en application des dispositions du présent code, est réalisée dans des termes simples et accessibles ». ❑

Art. L. 12-6 Le droit d'opposition, d'appel ou de recours en cassation est exercé soit par le mineur, soit par son représentant légal. – *[Ord. n° 45-174 du 2 févr. 1945, art. 24, al. 4.]*

COMMENTAIRE

L'article L. 12-6 est la reprise, au mot près, de l'article 24, alinéa 4, de l'ordonnance de 1945. Le code n'apporte donc, ici, aucune nouveauté, ni dans l'affirmation du droit à l'exercice des voies de recours, ni dans la désignation de ses titulaires.

Pour autant, l'insertion de cette disposition dans le titre préliminaire mérite d'être saluée. Elle souligne l'importance de cette règle et lui donne une visibilité plus grande, d'autant plus bienvenue que la règle posée pourrait surprendre, puisqu'elle donne au mineur le droit d'exercer lui-même les voies de recours au côté de son représentant légal.

Il convient par ailleurs de préciser que l'article L. 12-6 n'énonce que le principe, sans traiter des modalités des voies de recours. Ces dernières sont abordées dans le livre V, au sein d'un titre consacré expressément aux voies de recours (art. L. 531-1 s.). On renverra donc à ces dispositions pour les modalités de l'appel, de l'opposition et du pourvoi en cassation. On peut aussi mentionner que l'article D. 12-1, issu du décret n° 2021-683 du

27 mai 2021, dispose que « lorsqu'une disposition prise à l'égard d'un mineur peut faire l'objet d'un des recours mentionnés à l'article L. 12-6, le mineur et ses représentants légaux sont informés de l'existence de ce recours et du délai dans lequel il peut être exercé ».

1. Qualité à agir. Le recours formé devant le juge des enfants par un lieu de vie, contre une décision de placement provisoire d'un mineur rendue sur le fondement de l'art. 10 de l'Ord. du 2 févr. 1945 sur l'enfance délinquante, est irrecevable, dès lors que la procédure de tierce opposition n'est ouverte qu'en matière civile, et que par ailleurs, la voie de l'appel contre cette décision est limitativement encadrée par les art. 24 de ladite ord. et 185 et 186 C. pr. pén. qui ne font aucune référence au lieu de placement du mineur. • TGI Caen, j. enfants, 5 févr. 1999 : *BICC 1999. 1225.*

2. Compétence. Le placement d'un mineur de seize ans dans un centre éducatif fermé ne constituant qu'une modalité du contrôle judiciaire, l'appel de l'ordonnance du juge des enfants du placement dans un tel établissement, même s'il ne vise pas l'ordonnance de placement sous contrôle judiciaire, relève de la compétence de la chambre de l'instruction et non de la chambre spéciale des mineurs de la cour d'appel. • Crim. 10 oct. 2007, n° 07-84.830 P : *D. 2007. AJ 3007 ; ibid. 2008. Pan. 1858, obs. Bonfils ; AJ pénal 2007. 543 ; AJ fam. 2008. 39.*

CHAPITRE III DISPOSITIONS COMMUNES

COMMENTAIRE

Le chapitre III traite des dispositions communes au droit pénal et à la procédure pénale. Il pose ainsi un certain nombre de grands principes d'application du code, comme le principe de l'application subsidiaire des règles de droit commun en matière pénale et de procédure pénale aux mineurs, ou encore l'indication que, sauf dispositions contraires, l'âge à prendre en compte est celui à la date des faits. Les principes relevant de ces dispositions communes n'avaient pas d'équivalent dans l'ordonnance de 1945.

Art. L. 13-1 Les dispositions législatives et réglementaires *(L. n° 2021-218 du 26 févr. 2021, art. 6)* **« en matière » de droit pénal et de procédure pénale, notamment celles du code pénal** *(Ord. n° 2022-478 du 30 mars 2022, art. 4, en vigueur le 1er mai 2022)* **« , du code de procédure pénale et du code pénitentiaire », sont applicables aux mineurs, sauf lorsqu'il en est disposé autrement par les dispositions du présent code.**

Pour l'application aux mineurs des dispositions du code pénal *(Ord. n° 2022-478 du 30 mars 2022, art. 4, en vigueur le 1er mai 2022)* **« , du code de procédure pénale et du code pénitentiaire », les références aux juridictions compétentes à l'égard des majeurs s'entendent comme des références aux juridictions compétentes à l'égard des mineurs, telles qu'elles sont définies par le présent code.**

COMMENTAIRE

La question des rapports entre le droit commun et le droit spécial est une question classique, qui se pose avec une particulière acuité en droit pénal des mineurs. Le principe est bien connu, il remonte même au droit romain : *specialia generalibus derogant* (les lois spéciales dérogent aux lois générales). Ainsi, dans le silence du droit pénal des mineurs, on fera application, au besoin, du droit commun. Avant l'adoption du code de la justice pénale des mineurs, il arrivait parfois que la jurisprudence soit amenée à constater le silence de l'ordonnance de 1945 pour appliquer le droit commun prévu par le code pénal ou le code de procédure pénale. Par exemple, la chambre criminelle de la Cour de cassation a affirmé que le défaut criminel était applicable aux mineurs auteurs de crimes et âgés entre seize et dix-huit ans, dans le silence de l'ordonnance de 1945 sur ce point (Crim. 21 mars 2007, n° 06-87.767).

Sous l'effet du principe fondamental reconnu par les lois de la République dégagé par le Conseil constitutionnel en 2002 (Cons. const. 29 août 2002, n° 2002-461 DC, consid. n° 26) et de la codification, le droit pénal des mineurs est devenu un droit autonome, l'autonomie désignant ici « le particularisme d'un corpus de règles applicables aux mineurs délinquants, dérogatoires au droit commun, et surtout formant un système juridique original » (Ph. Bonfils et A. Gouttenoire, Droit des mineurs, *Précis Dalloz, 3e éd., 2021, n° 1989, p. 1126*). Mais autonomie n'est pas indépendance, et nécessairement, les juridictions pour mineurs font application de concepts et de règles de droit commun, qu'il s'agisse du droit de fond (notions d'infraction, de tentative, de complicité…) ou de la

procédure (notions d'action publique, d'action civile, d'enquête, d'instruction...). Le droit pénal des mineurs n'existe, en réalité, qu'autant qu'il est dérogatoire au droit commun.

Ces considérations, aussi évidentes qu'essentielles, ne figuraient pas dans l'ordonnance de 1945 et ce silence a pu nourrir quelques incertitudes sur les liens entre droit commun et droit spécial. Aussi l'article L. 13-1 est-il particulièrement bienvenu, en ce qu'il affirme de manière simple et claire le principe de l'application subsidiaire des règles de droit commun en matière pénale et de procédure pénale aux mineurs, le code de la justice pénale des mineurs regroupant les dispositions spécifiques aux mineurs. L'alinéa 1er de l'article L. 13-1 dispose ainsi que « les dispositions législatives et réglementaires en matière de droit pénal et de procédure pénale, notamment celles du code pénal, du code de procédure pénale et du code pénitentiaire, sont applicables aux mineurs, sauf lorsqu'il en est disposé autrement par les dispositions du présent code » (on notera au passage que cette disposition a été modifiée pour intégrer l'adoption du code pénitentiaire, issu de l'Ord. n° 2022-478 du 30 mars 2022 et entré en vigueur le 1er mai 2022).

La Commission Varinard avait, sur cette question, fait une proposition légèrement différente. Elle avait en effet préconisé que, « dès lors qu'une disposition est réglementée dans le code des mineurs, si une modification législative intervient, elle ne concernera les mineurs que si elle le prévoit expressément », l'idée étant que « le nouveau code expose de manière exhaustive, sans renvoi au code pénal et au code de procédure pénale, les dispositions relatives, notamment, aux peines et sanctions applicables aux mineurs, aux obligations du contrôle judiciaire et du sursis avec mise à l'épreuve... » (Rapport de la Commission Varinard, *Doc. fr., 2009, proposition n° 4, p. 16*). Cette préconisation n'a pas été reprise par le code de la justice pénale des mineurs, qui a adopté une conception moins « autonomiste » et plus classique des rapports entre droit commun et droit spécial. Sans doute la méthode proposée par la Commission Varinard aurait permis une meilleure lisibilité du droit pénal des mineurs, mais elle aurait aussi alourdi le travail législatif. La solution retenue par le code est, finalement, réaliste.

Par ailleurs, le code précise aussi que « pour l'application aux mineurs des dispositions du code pénal, du code de procédure pénale et du code pénitentiaire, les références aux juridictions compétentes à l'égard des majeurs s'entendent comme des références aux juridictions compétentes à l'égard des mineurs, telles qu'elles sont définies par le présent code ». Là encore, la solution donnée par le code est pragmatique, et devrait permettre de résoudre d'éventuelles difficultés pratiques. ❑

1. Qualification. Conformément aux dispositions de l'art. 1er de l'Ord. du 2 févr. 1945, les actes délictueux commis par des mineurs de moins de 18 ans, quel que soit leur âge, ne perdent pas leur caractère de crime, de délit ou de contravention. • Aix-en-Provence, 11 juill. 1968 : *Gaz. Pal. 1968. 2. 316.*

2. Caractère subsidiaire du droit commun. Le défaut criminel est applicable aux mineurs auteurs de crimes et âgés entre seize et dix-huit ans, dans le silence de l'Ord. de 1945 sur ce point ; • Crim. 21 mars 2007, n° 06-87.767 : *AJ pénal 2007, p. 322, note Molins.*

Art. L. 13-2 A moins que le présent code n'en dispose autrement, la juridiction compétente, la procédure applicable ainsi que les mesures et peines encourues sont déterminées selon l'âge du mineur à la date des faits.

BIBL. ▶ Bonfils, Libres propos sur la situation du mineur délinquant devenu majeur, *Dr. pénal 2007. Étude 25.*

COMMENTAIRE

L'article L. 13-2 prévoit que, sauf dispositions contraires, l'âge à prendre en compte est celui à la date des faits, ce qui permet d'éviter toute difficulté d'interprétation sur ce point. C'est, là encore, une disposition bienvenue, qui devrait permettre de résoudre une difficulté qui survenait parfois sur la question de l'âge à prendre en considération.

Dans le silence de l'ordonnance de 1945 sur ce point, c'est la jurisprudence qui avait finalement apporté une réponse à cette question, en annulant par exemple le jugement rendu par un tribunal correctionnel qui avait jugé par erreur un mineur qui avait usurpé l'identité d'un majeur (Crim. 30 mars 1999 : *Bull. crim. n° 62*). De même, c'est par l'âge du prévenu ou de l'accusé au jour, non des poursuites, mais de la perpétration des crimes ou délits que se détermine la compétence des tribunaux pour enfants (Crim.

21 mars 1947 : *Bull. crim. n° 88* ; Crim. 22 avr. 1948 : *Bull. crim. n° 116*). Cette solution est, du reste, parfaitement conforme au principe de la légalité criminelle. La responsabilité de l'auteur d'une infraction doit en effet s'apprécier en fonction de la loi applicable au moment de la commission de l'infraction (sauf rétroactivité *in mitius*), et dans le cas d'un mineur, la loi applicable au moment de l'infraction est celle qui prend en considération la minorité.

L'article L. 13-2 réserve tout de même l'hypothèse où le code pourrait en disposer autrement. Cette réserve est tout aussi logique que le principe, et du reste elle existait sous l'empire de l'ordonnance de 1945. En effet, il est des situations dans lesquelles la prise en compte de l'âge au jour de l'infraction peut se révéler compliquée, voire totalement absurde, lorsque l'auteur des faits est jugé longtemps après les faits, une fois devenu majeur (Cf. Bonfils, Libres propos sur la situation du mineur délinquant devenu majeur, *Dr. pénal 2007. Étude n° 25*). Par exemple, l'allongement considérable de la prescription des infractions sexuelles commises contre les mineurs permet à une victime de déposer plainte en matière criminelle jusqu'à l'âge de quarante-huit ans (trente ans après la majorité) ; si l'auteur des faits était par exemple dans la même classe que la victime, et avait donc le même âge, il peut être alors poursuivi à l'âge de quarante-huit ans, et dans ce cas, on imagine mal l'application à son égard de l'ensemble des règles du droit des mineurs… Pourrait-on incarcérer une personne âgée de près de cinquante ans dans un établissement pénitentiaire pour mineurs ? Ou lui appliquer des mesures éducatives ? On comprend évidemment que, déjà sous l'empire de l'ordonnance de 1945, le principe d'une prise en considération de l'âge de l'intéressé au moment des faits connaissait des exceptions.

C'est au cas par cas que la jurisprudence avait dégagé ces exceptions. Ainsi, la Cour de cassation avait précisé que le rapport prévu par l'article 12 de l'ordonnance du 2 février 1945, qui avait pour finalité d'imposer qu'une proposition éducative soit formulée par le service de la protection judiciaire de la jeunesse pour tout mineur à l'encontre duquel une mesure de placement en détention ou de prolongation de celle-ci est envisagée, n'était plus exigé s'agissant d'une personne devenue majeure au moment où le magistrat statuait sur sa détention (Crim. 21 juin 2006, n° 06-82.516). De même, en matière de garde à vue, la chambre criminelle avait jugé que « les règles énoncées par l'article 4 de l'ordonnance du 2 février 1945 visent à protéger le mineur placé en garde à vue, non en raison de son manque de discernement au jour des faits mais en raison de sa vulnérabilité supposée au jour de son audition » (Crim. 25 oct. 2000, n° 00-83.253 : *Bull. crim. n° 316*). Ces solutions sont conservées par le nouveau code. En effet, la détermination des cas dans lesquels l'âge pris en compte devra être celui de l'auteur au moment de la mesure est plus précise, puisqu'elle est fixée par le code. Ainsi, l'article L. 411-1 dispose que « pour l'application du présent titre (relatif à l'audition du mineur suspect), l'âge pris en compte est l'âge du mineur au jour de la mesure dont il fait l'objet ». De même, l'article L. 612-4 prévoit que « les dispositions du présent chapitre (relatif aux audiences d'application des peines) ne sont pas applicables au condamné devenu majeur au jour du débat contradictoire ». ❑

1. Principe de prise en compte de l'âge au moment des faits. Doit être annulé le jugement rendu par le tribunal correctionnel qui avait jugé par erreur un mineur qui avait usurpé l'identité d'un majeur. • Crim. 30 mars 1999, n° 98-86.238 P : *D. 1999. IR 130 ; Gaz. Pal. 20-22 juin 1999. Chron. 4, note Doucet.*

2. C'est par l'âge du prévenu ou de l'accusé au jour, non des poursuites, mais de la perpétration des crimes ou délits que se détermine la compétence des tribunaux pour enfants. • Crim. 21 mars 1947 : *Bull. crim. n° 88* • 22 avr. 1948 : *ibid. n° 116 ; S. 1948.1.130.*

3. Exception de prise en compte de l'âge au moment de la mesure. Les règles énoncées par l'art. 4 de l'Ord. du 2 févr. 1945 visent à protéger le mineur placé en garde à vue, non en raison de son manque de discernement au jour des faits mais en raison de sa vulnérabilité supposée au jour de son audition • Crim. 25 oct. 2000, n° 00-83.253 P.

4. Le rapport prévu par l'art. 12 de l'Ord. du 2 févr. 1945, qui a pour finalité d'imposer qu'une proposition éducative soit formulée par le service de la protection judiciaire de la jeunesse pour tout mineur à l'encontre duquel une mesure de placement en détention ou de prolongation de celle-ci est envisagée, n'est plus exigé s'agissant d'une personne devenue majeure au moment où le magistrat statue sur sa détention. • Crim. 21 juin 2006, n° 06-82.516 P : *D. 2006. IR 1989 ; AJ pénal 2006. 412, obs. Saas.*

5. Détermination de l'âge. Il ne relève pas de l'office du juge pénal d'analyser comme le juge civil les documents d'état civil au regard de l'ordre

public international et de la législation civile du pays d'origine du prévenu et l'examen osseux n'a pas à être pris en considération lorsque la juridiction pénale retient que les documents argués de faux sont authentiques et établissent la minorité. • Crim. 5 janv. 2022, n° 21-80.516 P : *AJ pénal 2022. 84, obs. Gallardo*.

Art. L. 13-3 **En aucune circonstance, l'identité ou l'image d'un mineur mis en cause dans une procédure pénale ne peuvent être, directement ou indirectement, rendues publiques.**

COMMENTAIRE

L'article L. 13-3 énonce le principe de la protection de l'identité des mineurs mis en cause dans une procédure pénale. Cette disposition, qui a pour objet de préserver l'anonymat et la réinsertion future du mineur délinquant, reprend partiellement l'article 14 de l'ordonnance de 1945, dont l'alinéa 3 affirmait que « la publication du compte rendu des débats des tribunaux pour enfants dans le livre, la presse, la radiophonie, le cinématographe ou de quelque manière que ce soit est interdite. La publication, par les mêmes procédés, de tout texte ou de toute illustration concernant l'identité et la personnalité des mineurs délinquants est également interdite. Les infractions à ces dispositions sont punies d'une amende de 15 000 € ».

1. *Ministère public.* Le ministère public, en faisant état d'une condamnation antérieurement prononcée contre l'accusé par une cour d'assises des mineurs, ne méconnaît pas les prescriptions de l'Ord. du 2 févr. 1945, dès lors que les réquisitions prises à l'audience ne s'analysent pas en une « publication », au sens de l'art. 14, al. 4, de ce texte. • Crim. 3 juin 1977 : *Bull. crim. n° 201.*

2. *Action civile des parents.* Si les dispositions de l'art. 14 de l'Ord. du 2 févr. 1945, dans sa rédaction issue de la loi du 24 mai 1951, interdisant, de façon générale et absolue, la publication de l'identité d'un mineur délinquant, ont pour objet la protection de l'enfant, elles sont aussi édictées dans l'intérêt de ses parents ; dès lors, ceux-ci sont recevables à exercer, à titre personnel, l'action civile devant les juridictions répressives, dans les conditions prévues aux art. 2 et 3 C. pr. pén. • Crim. 9 oct. 1995, n° 94-83.171 P. ♦ V. aussi • Crim. 6 juin 2001, n° 00-85.564.

3. *Portée de l'interdiction.* L'art. 14 de l'Ord. du 2 févr. 1945 interdit la publication de toute information relative à l'identité et à la personnalité des mineurs délinquants. Cette interdiction est générale et absolue et, en conséquence, elle s'applique aussi dans le cas où le mineur délinquant est décédé. • Crim. 24 sept. 2002, n° 01-85.890 P : *JCP 2002. IV. 2965 ; Dr. pénal 2003. Comm. 5, obs. Véron.*

Art. L. 13-4 **Il peut être proposé à la victime et à l'auteur de l'infraction de recourir à la justice restaurative, conformément à l'article 10-1 du code de procédure pénale, à l'occasion de toute procédure concernant un mineur et à tous les stades de celle-ci, y compris lors de l'exécution de la peine, sous réserve que les faits aient été reconnus.**

La justice restaurative ne peut être mise en œuvre que si le degré de maturité et la capacité de discernement du mineur le permettent, et après avoir recueilli le consentement des représentants légaux.

BIBL. ▶ Cario, La justice restaurative : vers un nouveau modèle de justice pénale ?, *AJ pénal 2007. 373*. – Filippi, Droit pénal des mineurs et justice restaurative, *éd. Septentrion, 2021* ; Le parcours de la justice restaurative en droit pénal des mineurs, *in* Jacopin (dir.), Un code de la justice pénale des mineurs, quelle(s) spécificité(s) ?, *Dalloz, coll. Thèmes et commentaires, 2021, p. 57 s.* – Mazaud, Scuccimarra et Seguin-Jourdan, Lyon impulse et expérimente la justice restaurative : un partenariat inédit entre avocats et magistrats, *JCP 13 juin 2016. 702.* – Rabut-Bonaldi, La mesure de justice restaurative, ou les mystères d'une voie procédurale parallèle, *RSC 2015. 97*. – Robert, La honte réintégrative, moteur de la justice restaurative, *JCP n° 9, 2 mars 2015, Doctr. 273.* – Sayous et Cario, La justice restaurative dans la réforme pénale : de nouveaux droits pour les victimes et les auteurs d'infractions pénales, *AJ pénal 2014. 461*.

COMMENTAIRE

L'article L. 13-4 est une création dont l'objet est de proposer aux mineurs le recours de la justice restaurative affirmée jusqu'alors dans le code de procédure pénale.

La loi du 15 août 2014 a inséré un article 10-1 dans le code de procédure pénale, consacré à la justice restaurative. Le code de procédure pénale affirme ainsi que « constitue une mesure de justice restaurative toute mesure permettant à une victime ainsi qu'à l'auteur d'une infraction de participer activement à la résolution des difficultés résul-

tant de l'infraction, et notamment à la réparation des préjudices de toute nature résultant de sa commission ». De manière générale, la justice restaurative suit un certain nombre de règles (Ambroise-Castérot et Bonfils, Procédure pénale, *PUF, coll. Thémis, 3e éd., nos 114 s., p. 86 s.*). L'exercice de l'action publique est indépendant de la mesure de justice restaurative ; cette mesure peut être proposée parallèlement à une mesure alternative aux poursuites, mais en aucun cas comme mesure alternative ; elle peut également accompagner une décision de classement sans suite. Pour que cette mesure puisse être choisie, il faut, d'une part, que la victime et l'auteur de l'infraction aient reçu une information complète à son sujet, et, d'autre part, qu'ils aient expressément consenti à y participer.

La justice restaurative a manifestement les faveurs de la politique criminelle contemporaine. C'est sans doute en ce sens qu'il faut comprendre son insertion dans le code de la justice pénale des mineurs, plus symbolique qu'efficiente. En effet, dès lors que le droit commun a vocation à s'appliquer au droit des mineurs, à défaut de disposition contraire, la justice restaurative du code de procédure pénale était déjà applicable aux mineurs délinquants. Le rôle de l'article L. 13-4 est donc moins de permettre le recours à la justice restaurative en droit des mineurs que de rendre visible cette possibilité.

Dans les faits, comment des mesures de justice restaurative peuvent-elles être mises en œuvre à l'égard des mineurs ? Elles sont réalisées par un tiers indépendant, formé à cet effet, sous le contrôle de l'autorité judiciaire, ou à la demande de celle-ci, de l'administration pénitentiaire. Le recours à la justice restaurative est possible à tous les stades de la procédure, y compris lors de l'exécution de la peine. Un projet est élaboré entre les partenaires (autorité judiciaire, barreau, PJJ...), puis finalisé par une convention définissant la méthodologie employée, les étapes du projet, son financement, le fonctionnement du dispositif et le rôle de chacun des acteurs (Circ. d'application du 15 mars 2017, n° JUST1708302C, p. 8). Aucun formalisme n'est prévu pour la mesure, qui, en outre, n'est pas encadrée temporellement : elle peut être proposée ou choisie à l'occasion de toute procédure pénale, pour toutes infractions (crimes, délits, contraventions) et à tous les stades de la procédure, y compris lors de l'exécution de la peine, sous réserve que les faits aient été reconnus par l'auteur de l'infraction.

L'article L. 13-4 apporte ici une précision spécifique aux mineurs. La justice restaurative ne peut être mise en œuvre que si le degré de maturité et la capacité de discernement du mineur le permettent, et après avoir recueilli le consentement des représentants légaux.

S'agissant du contenu précis de la justice restaurative, on peut reprendre les exemples donnés par la circulaire du 15 mars 2017 (Circ. n° JUST1708302C du 15 mars 2017) : rencontres condamnés-victimes ou détenus-victimes ; cercles de soutien et de responsabilité ; cercles d'accompagnement ; médiation restaurative ou médiation auteur/victime ; conférences restauratives ou conférences de groupes familiaux. Il reste que la justice restaurative est en pratique peu usitée (pour une illustration, Mazaud, Scuccimarra et Seguin-Jourdan, Lyon impulse et expérimente la justice restaurative : un partenariat inédit entre avocats et magistrats, *JCP 13 juin 2016. 702*), et qu'il est probable qu'il en sera de même à l'égard des mineurs. Mais des expérimentations sont réalisées en France (V. J. Filippi, Droit pénal des mineurs et justice restaurative, *éd. Septentrion, 2021, p. 328 s.*), donnant lieu à des conventions entre plusieurs partenaires (PJJ, Éducation nationale, administration pénitentiaire, service d'aide aux victimes, barreaux). ❑

Code de procédure pénale

SOUS-TITRE II. DE LA JUSTICE RESTAURATIVE

(L. n° 2014-896 du 15 août 2014, art. 18, en vigueur le 1er oct. 2014)

Art. 10-1 A l'occasion de toute procédure pénale et à tous les stades de la procédure, y compris lors de l'exécution de la peine, la victime et l'auteur d'une infraction, sous réserve que les faits aient été reconnus, peuvent se voir proposer une mesure de justice restaurative.

Constitue une mesure de justice restaurative toute mesure permettant à une victime ainsi qu'à l'auteur d'une infraction de participer activement à la résolution des difficultés résultant de l'infraction, et notamment à la réparation des préjudices de toute nature résultant de sa

commission. Cette mesure ne peut intervenir qu'après que la victime et l'auteur de l'infraction ont reçu une information complète à son sujet et ont consenti expressément à y participer. Elle est mise en œuvre par un tiers indépendant formé à cet effet, sous le contrôle de l'autorité judiciaire ou, à la demande de celle-ci, de l'administration pénitentiaire. Elle est confidentielle, sauf accord contraire des parties et excepté les cas où un intérêt supérieur lié à la nécessité de prévenir ou de réprimer des infractions justifie que des informations relatives au déroulement de la mesure soient portées à la connaissance du procureur de la République.

LIVRE PREMIER DES MESURES ÉDUCATIVES ET DES PEINES

TITRE PREMIER DES MESURES ÉDUCATIVES

BIBL. ▸ COUVRAT, Les mesures de protection judiciaire, *in* Enfance et délinquance, *Économica, 1993, p. 147 s.* – JACOPIN (dir.), Un code de la justice pénale des mineurs, quelle(s) spécificité(s) ?, *Dalloz, coll. Thèmes et commentaires, 2021.*

▸ **Dossiers :** *Gaz. Pal.*, 11-12 juill. 2012 (numéro spécial sur le centenaire de la loi du 22 juillet 1912). – *Dr. fam. mars 2021* (Vers un nouveau droit pénal des mineurs).

COMMENTAIRE

Les « mesures éducatives » du code de la justice pénale des mineurs sont clairement les héritières des « mesures d'éducation, de surveillance, d'assistance et de protection » qui existaient sous l'ordonnance de 1945. De ce point de vue, la terminologie du code est plus claire et plus simple. Mais les mesures éducatives contemporaines s'inscrivent aussi dans la lignée de la liberté surveillée, première mesure éducative apparue dans la loi du 22 juillet 1912.

Fondamentalement, les mesures éducatives sont des mesures de sûreté, même si le code ne les range pas dans le titre consacré aux mesures de sûreté. Il n'est, du reste, pas innocent que la liberté surveillée soit apparue en 1912, dans le prolongement de l'influence du positivisme juridique de la fin du XIXe siècle et du début du XXe siècle. Surtout, les mesures éducatives sont davantage tournées vers l'avenir que vers le passé, elles ont pour objet d'éduquer ou de rééduquer le mineur afin d'éviter la commission de nouvelles infractions et un ancrage dans la délinquance. Plus encore, elles sont en principe largement révisables, et certaines d'entre elles sont applicables avant la condamnation. On rappellera qu'elles sont encourues à partir du discernement, lequel est désormais présumé à l'âge de 13 ans, et qu'elles peuvent être prononcées, outre par le tribunal pour enfants et la cour d'assises des mineurs, par le juge des enfants seul, en audience de cabinet.

Quoi qu'il en soit, les mesures éducatives constituent la réponse première, et souvent unique, à la délinquance d'un mineur. Cela correspond aussi au principe de la primauté de l'éducation sur la répression, affirmé par les articles L. 11-2 et L. 11-3. Ce faisant, il n'est pas étonnant que les mesures éducatives soient davantage prononcées que les peines ; les derniers chiffres disponibles (Les chiffres clés de la justice, *2021, p. 23*) font état d'environ 37 000 mesures éducatives (dont 12 000 mesures provisoires) prononcées en 2020, contre environ 18 000 peines prononcées la même année (à noter que les chiffres de l'année 2020 sont marqués par le covid-19 et le confinement qui ont affecté l'activité des tribunaux). Il devrait en aller de même à l'avenir, d'autant que les mesures éducatives ont absorbé certaines sanctions éducatives dont la catégorie a disparu. A cet égard, le retour à une réponse dualiste est certainement une bonne chose, tant les sanctions éducatives manquaient finalement d'originalité et de cohérence (moins de 2 000 étaient prononcées en 2020). En effet, la plupart des sanctions éducatives de l'article 15-1 de l'ordonnance de 1945 ressemblaient soit à des mesures éducatives (avertissement solennel, mesure d'aide ou de réparation, placement éducatif…), soit à des peines ou des modalités de peines (confiscation, interdiction de rencontrer les coauteurs ou complices, interdiction de rencontrer la victime, stage de formation civique…). Plus encore, on peinait à trouver une graduation cohérente de la réponse pénale, dès lors que le non-respect d'une sanction éducative donnait lieu à une… mesure éducative. Dans un tel contexte, il était logique que la catégorie des sanctions éducatives disparaisse, quitte à ce que certaines sanctions éducatives intègrent la catégorie des mesures éducatives.

De manière générale, la codification réalisée par l'ordonnance du 11 septembre 2019 a modifié profondément la physionomie des mesures éducatives. L'article L. 111-1 du code en énonce deux, alors que dans son dernier état l'ordonnance de 1945 en comptait dix. Mais l'examen attentif du titre premier du livre premier qui leur est consacré permet de relativiser cette impression. En la matière, la codification a davantage opéré un toilettage qu'une révolution. ❑

CHAPITRE PREMIER **DISPOSITIONS COMMUNES**

Art. L. 111-1 **Les mesures éducatives encourues par un** *(L. n° 2021-218 du 26 févr. 2021, art. 7)* **« enfant ou un adolescent » à titre de sanction sont :**

1° L'avertissement judiciaire ;

2° La mesure éducative judiciaire. – *[Ord. n° 45-174 du 2 févr. 1945, art. 8, al. 13 à 15 ; art. 16 ; art. 16 bis, al. 1er.]*

BIBL. ▸ GUÉRIN, La nouvelle réponse pénale faite au délinquant mineur : du répressif vers l'éducatif ?, *Dr. fam. mars 2021. Dossier 6* ; La continuité du primat de l'éducatif sur le répressif, *in* JACOPIN (dir.), Un code de la justice pénale des mineurs, quelle(s) spécificité(s) ?, *Dalloz, coll. Thèmes et commentaires, 2021, p. 41.*

COMMENTAIRE

L'article L. 111-1 prévoit que les mesures éducatives encourues par un enfant ou un adolescent à titre de sanction sont : 1° l'avertissement judiciaire ; 2° la mesure éducative judiciaire. La première remarque que l'on peut formuler est que cette disposition mentionne, suite à la modification apportée par la loi de ratification du 26 février 2021, non plus le « mineur » mais « l'enfant et adolescent ». Cette modification est pour le moins déroutante, pour ne pas dire inutile et malheureuse, car le code est intitulé code de la justice pénale des « mineurs », et évoque, tout au long de ses dispositions, les « mineurs » et non « les enfants et les adolescents ». Il est à craindre que cette référence aux enfants et adolescents n'ait d'autre raison que démagogique, pour dissimuler le fait que les mineurs sont « sanctionnés » par des mesures éducatives. Précisément, dans le sillage de cette observation, on peut remarquer ensuite l'usage du mot « sanction » pour qualifier la fonction des mesures éducatives. Dans la mesure où, comme on l'a dit, la catégorie des sanctions éducatives a disparu, l'utilisation du mot « sanction » pourrait surprendre, sinon choquer (d'où la volonté d'adoucir le propos en parlant désormais d'enfant). Mais en réalité il n'en est rien, et la précision pourrait bien au contraire être bienvenue. D'abord, il n'est pas faux de dire qu'une mesure éducative vient « sanctionner » une infraction, même si le but de la mesure est évidemment éducatif. Ensuite et surtout, cela permet d'induire la dimension particulière de la réponse pénale et de la distinguer des mesures prononcées dans le cadre de l'assistance éducative. C'est justement dans cette perspective que la Commission Varinard avait envisagé de distinguer les peines et les sanctions éducatives. Même si le code retient quant à lui l'expression de mesures éducatives, il s'inscrit sans doute dans la lignée des préconisations de la Commission Varinard.

Par ailleurs, le code n'envisage que deux mesures éducatives : l'avertissement judiciaire et la mesure éducative judiciaire. Le changement est notable par rapport à l'ordonnance de 1945 qui comptait pas moins de dix mesures éducatives. Mais l'examen du contenu et des modalités de ces deux mesures éducatives permet de penser que, en définitive, le code a surtout procédé à un réagencement de la matière.

Bien que le code ait profondément remanié la phase du jugement en généralisant la césure du procès entre une audience sur la culpabilité et une audience sur la sanction, les mesures éducatives peuvent encore être prononcées à titre provisoire (art. L. 323-1 pour l'audience sur la culpabilité et L. 334-3 pour l'instruction) ou définitif (art. L. 521-24). ❑

Lorsque la prévention est établie à l'égard d'un mineur de 13 ans, le tribunal pour enfants peut seulement prononcer par décision motivée une des mesures de protection, d'assistance, de surveillance ou d'éducation prévues à l'article 15 de l'ordonnance de 1945. • Crim. 20 nov. 1957 : *Bull. crim. n° 755.*

Art. L. 111-2 **Le juge des enfants, le tribunal pour enfants et la cour d'assises des mineurs peuvent prononcer un avertissement judiciaire et une mesure éducative judiciaire. Un avertissement judiciaire peut être prononcé cumulativement avec une mesure éducative judiciaire qui ne peut comporter que le module de réparation. Si un avertissement judiciaire a déjà été prononcé à l'égard du mineur pour une infraction identique ou assimilée au regard des règles de la récidive commise moins d'un an avant la commission de la nouvelle infraction, il ne peut être prononcé seul.**

Le tribunal de police peut prononcer un avertissement judiciaire. – *[Ord. n° 45-174 du 2 févr. 1945, art. 8, al. 18 ; art. 21, al. 2 et 3.]*

COMMENTAIRE

L'article L. 111-2 est relatif à l'avertissement judiciaire. L'expression « avertissement judiciaire » évoque « l'avertissement solennel » que connaissait l'ordonnance de 1945 et qui pouvait être prononcé soit à titre de mesure éducative, soit à titre de sanction éducative. Elle évoque aussi certainement l'admonestation que connaissait l'ordonnance de 1945 depuis l'origine, qui constituait la première réponse éducative, la plus légère et la moins formaliste. Il était au demeurant bien difficile de distinguer l'admonestation de l'avertissement solennel, et on avait justement proposé de réunir ces deux mesures sous l'expression « d'avertissement judiciaire » (L. Gebler et Y. Guitz, Le traitement judiciaire de la délinquance des mineurs, *ASH éd., 2012, p. 52*). La codification a donc suivi la suggestion d'une telle simplification.

Le code précise ensuite les juridictions susceptibles de prononcer un avertissement judiciaire et les conditions dans lesquelles elles peuvent le faire. L'avertissement judiciaire est (en première instance) de la compétence du juge des enfants, du tribunal pour enfants, de la cour d'assises des mineurs et du tribunal de police. Toutes les juridictions peuvent donc prononcer cette mesure, dès lors que le mineur concerné est doté de discernement. Le code précise que l'avertissement judiciaire peut être prononcé cumulativement avec une autre mesure éducative judiciaire, qui dans ce cas ne comportera que le module de réparation.

Par ailleurs, le code reprend une règle qui avait été dégagée sous l'empire de l'ordonnance de 1945 (art. 8), interdisant le prononcé de plusieurs avertissements judiciaires à l'égard du même mineur, dans un délai d'un an, pour des infractions identiques ou assimilées au regard des règles de la récidive. L'idée – manifestement reprise par le code – est d'empêcher un laxisme réel ou supposé des juges enfants qui seraient ainsi tentés de prononcer plusieurs avertissements judiciaires successifs.

Enfin, on notera que, pas plus que l'ordonnance de 1945, le code ne donne d'indication sur le contenu de la mesure d'avertissement judiciaire. Sans doute le nom de la mesure a-t-il été considéré comme suffisamment explicite : il s'agit d'un avertissement, donné par un juge (et non par le parquet ou un policier). On peut cependant préciser que l'avertissement judiciaire est donné au terme d'une déclaration de culpabilité, et qu'il figure au casier judiciaire (en réalité au Bulletin n° 1 seulement). La forme est assez libre, spécialement lorsque la mesure est prononcée par le juge des enfants, en audience en cabinet.

En ce qui concerne la définition et le contenu des mesures éducatives, voir les articles L. 112-1 et suivants. ❑

Art. L. 111-3 Pour les contraventions de la cinquième classe, les délits et les crimes, une mesure éducative peut être prononcée cumulativement avec une peine. *(Abrogé par L. n° 2021-218 du 26 févr. 2021, art. 7)* ***« sous les réserves suivantes :***

« 1° Lorsque le juge des enfants ou le tribunal pour enfants prononce une mesure éducative judiciaire cumulativement avec une peine autre qu'une peine d'amende, de travail d'intérêt général ou d'emprisonnement avec sursis, il ne peut assortir la mesure éducative judiciaire que des modules prévus au 1° à 4° de l'article L. 112-2 ;

« 2° Lorsque la cour d'assises des mineurs prononce une mesure éducative judiciaire cumulativement avec une peine, elle ne peut assortir la mesure éducative judiciaire que des modules prévus au 1° à 4° de l'article L. 112-2. » – *[Ord. n° 45-174 du 2 févr. 1945, art. 2, al. 2, dern. phrase ; art. 2, al. 4.]*

BIBL. ▶ Bonfils, La primauté de l'éducation sur la répression, *Mél. J.-H. Robert, Litec 2012, p. 43 s.* ; La nouvelle primauté de l'éducation sur la répression, *Dr. pénal 2018. Étude 20* ; Ratification de l'ordonnance portant création de la partie législative du Code de la justice pénale des mineurs, *JCP 2021. 391.* – Guérin, La nouvelle réponse pénale faite au délinquant mineur : du répressif vers l'éducatif ?, *Dr. fam. mars 2021. Dossier 6* ; La continuité du primat de l'éducatif sur le répressif, *in* Jacopin (dir.), Un code de la justice pénale des mineurs, quelle(s) spécificité(s) ?, *Dalloz, coll. Thèmes et commentaires, 2021, p. 41.*

COMMENTAIRE

Le principe de la primauté de l'éducation sur la répression, affirmé par les articles L. 11-2 et L. 11-3 du code, signifie que la réponse pénale doit rechercher prioritairement le relèvement éducatif et moral du mineur par des mesures éducatives, les peines n'ayant

qu'une vocation subsidiaire. Mais le code de la justice pénale des mineurs a abandonné l'option entre les voies éducative et répressive, qui a longtemps prévalu sous l'empire de l'ordonnance de 1945. Ainsi, l'article L. 11-3 affirme dans le titre préliminaire consacré aux principes directeurs du droit pénal général des mineurs que « les mineurs déclarés coupables d'une infraction pénale peuvent faire l'objet de mesures éducatives et, si les circonstances et leur personnalité l'exigent, de peines ».

Initialement, l'article L. 111-3 précisait les modalités du cumul entre les mesures éducatives et les peines, en prévoyant certaines limites : concrètement, les interdictions et obligations pouvant accompagner la mesure éducative judiciaire ne pouvaient être prononcées en même temps que les peines, sauf amende, travail d'intérêt général et emprisonnement avec sursis. Mais la loi de ratification du 26 février 2021 a supprimé cette exception au cumul. L'article L. 111-3 dispose désormais que « pour les contraventions de la cinquième classe, les délits et les crimes, une mesure éducative peut être prononcée cumulativement avec une peine ». Le cumul entre mesures éducatives et peines est donc possible sans limitation, sous réserve de la faisabilité (par exemple, un mineur ne peut être en même temps détenu en établissement pénitentiaire et placé dans un centre éducatif). Ce faisant, la loi de ratification constitue l'aboutissement prévisible d'une évolution du principe de primauté de l'éducation sur la répression (Ph. Bonfils, La primauté de l'éducation sur la répression, *Mél. J.-H. Robert, Litec, 2012, p. 43 s.* ; La nouvelle primauté de l'éducation sur la répression, *Dr. pénal 2018. Étude 20*). ❑

L'article 19 de l'Ord. 2 févr. 1945 autorise les juridictions pour mineurs à placer les mineurs sous le régime de la liberté surveillée, même si une sanction pénale a été prononcée contre eux ; mais il ne leur permet pas, dans cette dernière hypothèse, d'ordonner une mesure de garde ou de placement concernant le mineur concerné. • Crim. 4 déc. 1952 : *Bull. crim. n° 295.*

Art. L. 111-4 Les décisions prononçant une mesure éducative sont exécutoires par provision. — *[Ord. n° 45-174 du 2 févr. 1945, art. 22, al. 1er.]*

COMMENTAIRE

Classiquement, les mesures prononcées par les juridictions pénales des mineurs sont dotées de l'exécution provisoire. Cette règle, *a priori* surprenante au regard de la procédure pénale de droit commun, s'explique par le fait que la délinquance juvénile nécessite une réponse rapide, que l'exercice des voies de recours pourrait paralyser. C'est la raison pour laquelle l'ordonnance de 1945 prévoyait à l'origine, en son article 22, l'exécution provisoire des décisions prononcées par les juridictions pour mineurs. Mais il était apparu que cette disposition protectrice pouvait se révéler plus dure que le droit commun, lorsqu'elle s'appliquait aux peines. Une question prioritaire de constitutionnalité avait été posée en ce sens, et le Conseil constitutionnel avait abrogé l'article 22 de l'ordonnance de 1945, tout en laissant au législateur un délai pour intervenir (Cons. const. 9 déc. 2016, n° 2016-601 QPC, *JO 14 déc.*). La loi n° 2017-258 du 28 février 2017 relative à la sécurité publique est alors intervenue, permettant au législateur de rétablir l'article 22 de l'ordonnance de 1945, tout en excluant de l'exécution provisoire les peines privatives de liberté.

L'article L. 111-4 du code de la justice pénale des mineurs s'inscrit dans le prolongement de cette évolution, en ce qu'il dispose que « Les décisions prononçant une mesure éducative sont exécutoires par provision ». La règle est claire et simple, et logiquement limitée ici aux mesures éducatives. Elle est aussi logique, en ce qu'elle correspond à la nature de mesure de sûreté des mesures éducatives. Un peu plus loin dans le code, l'article L. 123-3, précise s'agissant des peines, que l'exécution provisoire peut être prononcée, à la condition qu'il s'agisse d'une peine autre que l'emprisonnement. ❑

QPC. L'exécution provisoire d'une peine d'emprisonnement sans sursis prononcée à l'encontre d'un mineur, alors que celui-ci comparaît libre devant le tribunal pour enfants, entraîne son incarcération immédiate à l'issue de l'audience, y compris en cas d'appel. Elle le prive ainsi du caractère suspensif du recours et de la possibilité d'obtenir, avant le début d'exécution de sa condamnation, diverses mesures d'aménagement de sa peine, en application de l'art. 723-15 C. pr. pén. ; en conséquence, en permettant l'exécution provisoire de toute condamnation à une peine d'emprisonnement prononcée par un tribunal pour enfants, quel que soit son quantum et alors même que le mineur ne fait pas déjà l'objet au moment de sa condamnation d'une mesure de détention dans le cadre de l'affaire pour laquelle il est jugé ou pour une autre cause, les dispositions de

l'art. 22 de l'Ord. n° 45-174 du 2 févr. 1945 méconnaissent les exigences constitutionnelles en matière de justice pénale des mineurs (report de l'abrogation au 1er janv. 2018). • Cons. const. 9 déc. 2016, n° 2016-601 QPC : *JO 14 déc.*

Art. L. 111-5 Les mesures éducatives prononcées à l'égard d'un mineur ne peuvent constituer le premier terme de récidive. – *[Ord. n° 45-174 du 2 févr. 1945, art. 20-2, al. 3.]*

COMMENTAIRE

On peut définir la récidive comme la commission d'une nouvelle infraction – que l'on appelle le second terme de la récidive – dans un délai déterminé après une première condamnation – que l'on appelle le premier terme de la récidive. La récidive est lourde de conséquences, tant substantielles que procédurales. Mais l'application de la récidive aux mineurs délinquants suppose de préciser la nature du premier terme.

A cet égard, l'article L. 111-5 dispose que « Les mesures éducatives prononcées à l'égard d'un mineur ne peuvent constituer le premier terme de récidive ». Le code reprend ici une disposition de l'ordonnance de 1945 (art. 20-2, al. 3), qui affirmait en effet que « les mesures ou sanctions éducatives prononcées contre un mineur ne peuvent constituer le premier terme de l'état de récidive ». Le texte ne mentionne plus que les mesures éducatives, puisque la catégorie des sanctions éducatives n'a pas été reprise par le code. Dans la même perspective, l'article L. 111-6 prévoit qu'une dispense de mesure éducative et qu'une déclaration de réussite éducative ne peuvent constituer le premier terme d'une récidive. Il en va de même, bien que le code ne le précise pas, des alternatives aux poursuites. La Cour de cassation l'a clairement énoncé dans un avis, à propos d'une amende de composition pénale exécutée (Cass., avis, 18 janv. 2010, n° 09-00.005 : *Dr. pénal 2011. Chron. 2, obs. V. Peltier, n° 6*).

Le premier terme de la récidive ne peut être constitué que par une condamnation pénale définitive prononcée par une juridiction française, ou par une juridiction pénale émanant d'un État membre de l'Union européenne. Dans ce sens, une condamnation d'un mineur à une peine constituera le premier terme de la récidive. ❑

Définition. Le premier terme de la récidive peut être constitué par une condamnation prononcée par une juridiction pour mineurs lorsque la seconde infraction est commise une fois la personne devenue majeure. Seules des mesures ou sanctions éducatives prononcées contre un mineur ne peuvent constituer le premier terme de la récidive. • Crim. 16 nov. 2010, n° 09-87.691 : *D. 2011. 428, obs. Detraz ; ibid. Pan. 2827, obs. Potaszkin.*

Art. L. 111-6 En matière contraventionnelle ou correctionnelle, une dispense de mesure éducative peut être accordée lorsqu'il apparaît que le reclassement du mineur est acquis, que le dommage causé est réparé et que le trouble résultant de l'infraction a cessé.

Le juge des enfants ou le tribunal pour enfants peut prononcer une déclaration de réussite éducative à l'égard du mineur qui, dans le cadre d'une mise à l'épreuve éducative, a pleinement respecté les obligations qui lui étaient alors imposées.

Ces décisions ne peuvent constituer le premier terme d'une récidive.

La juridiction qui prononce une dispense de mesure éducative ou une déclaration de réussite éducative peut décider que sa décision ne sera pas mentionnée au casier judiciaire. – *[Ord. n° 45-174 du 2 févr. 1945, art. 8, al. 12.]*

BIBL. ▶ BONFILS, La réforme du droit pénal des mineurs par la loi du 10 août 2011, *D. 2011. Chron. 2286* s.

COMMENTAIRE

Sous l'ordonnance de 1945, l'application aux mineurs des mécanismes de la dispense de peine et de l'ajournement de peine était possible, même en l'absence de disposition spécifique. Mais, sans doute parce que l'ordonnance de 1945 ne l'évoquait pas, les dispenses et ajournements de peine étaient rarissimes, alors même que ces dispositifs pouvaient sembler particulièrement bien adaptés aux mineurs. C'est la raison pour laquelle, dans le prolongement des préconisations de la Commission Varinard, la loi n° 2011-939 du 10 août 2011 avait inséré dans l'ordonnance de 1945 (art. 24-5 s.) un chapitre nouveau consacré à la césure du procès pénal, qui reprenait et aménageait légèrement les

mécanismes de la dispense et de l'ajournement, en l'appliquant aux peines, aux sanctions éducatives et aux mesures éducatives (Ph. Bonfils, La réforme du droit pénal des mineurs par la loi du 10 août 2011, *D. 2011. Chron. 2286* s.).

Le code de la justice pénale des mineurs reprend ces mécanismes, en les appliquant aux mesures éducatives et aux peines, mais dans des dispositions différentes.

S'agissant des mesures éducatives, c'est donc l'article L. 111-6 qui prévoit que « En matière contraventionnelle ou correctionnelle, une dispense de mesure éducative peut être accordée lorsqu'il apparaît que le reclassement du mineur est acquis, que le dommage causé est réparé et que le trouble résultant de l'infraction a cessé ». On retrouve ici les trois conditions de la dispense telles qu'elles figurent dans l'article 132-59 du code pénal (relatif aux peines) et telles qu'elles étaient envisagées dans l'ordonnance de 1945 à l'article 24-5. L'article L. 111-6 précise aussi que « Le juge des enfants ou le tribunal pour enfants peut prononcer une déclaration de réussite éducative à l'égard du mineur qui, dans le cadre d'une mise à l'épreuve éducative, a pleinement respecté les obligations qui lui étaient alors imposées ». Enfin, très logiquement, « ces décisions ne peuvent constituer le premier terme d'une récidive », et « la juridiction qui prononce une dispense de mesure éducative ou une déclaration de réussite éducative peut décider que sa décision ne sera pas mentionnée au casier judiciaire ». ❑

CHAPITRE II **DE LA MESURE ÉDUCATIVE JUDICIAIRE**

BIBL. ▶ Bonfils, La primauté de l'éducation sur la répression, *Mél. J.-H. Robert, Litec, 2012, p. 43 s.* ; La nouvelle primauté de l'éducation sur la répression, *Dr. pén. 2018. Étude 20.* – Guérin, La nouvelle réponse pénale faite au délinquant mineur : du répressif vers l'éducatif ?, *Dr. fam. mars 2021. Dossier 6* ; La continuité du primat de l'éducatif sur le répressif, *in* Jacopin (dir.), Un code de la justice pénale des mineurs, quelle(s) spécificité(s) ?, *Dalloz, coll. Thèmes et commentaires, 2021, p. 41.*

SECTION PREMIÈRE **DISPOSITIONS GÉNÉRALES**

Art. L. 112-1 La mesure éducative judiciaire vise la protection du mineur, son assistance, son éducation, son insertion et son accès aux soins. – *[Ord. nº 45-174 du 2 févr. 1945, art. 16 bis, al. 2.]*

Concernant la mesure éducative judiciaire provisoire, V. art. L. 323-1 s.

COMMENTAIRE

L'article L. 112-1 définit l'objet de la mesure éducative judiciaire. Cette mesure « vise la protection du mineur, son assistance, son éducation, son insertion et son accès aux soins ». Cette disposition est une création, qui n'avait pas d'équivalent dans l'ordonnance de 1945. Néanmoins, l'article L. 112-1 n'est pas sans évoquer le nom des anciennes mesures éducatives : mesures de protection, d'assistance, de surveillance et d'éducation (Ord. du 2 févr. 1945, art. 2). On retrouve en effet les mêmes trois objectifs essentiels : « éducation », « assistance » et « protection ». Mais les mesures éducatives judiciaires poursuivent aussi deux autres fonctions : « insertion » et « santé ».

A dire vrai, la portée normative de cette disposition paraît très limitée. Elle figure en tête du chapitre, pour annoncer les articles suivants, qui définissent quant à eux les modalités des mesures éducatives judiciaires.

On peut néanmoins indiquer ici que la partie réglementaire du code, et plus précisément les articles D. 112-1 et suivants, issus du décret nº 2021-683 du 27 mai 2021, précisent de nombreuses modalités de la mesure éducative judiciaire. ❑

Art. L. 112-2 La mesure éducative judiciaire consiste en un accompagnement individualisé du mineur construit à partir d'une évaluation de sa situation personnelle, familiale, sanitaire et sociale. La juridiction peut également prononcer *(Abrogé par L. nº 2021-218 du 26 févr. 2021, art. 7)* **« l' » un ou plusieurs des modules, interdictions ou obligations suivants :**

1º Un module d'insertion ;

2º Un module de réparation ;

3º Un module de santé ;

4° Un module de placement ;

5° Une interdiction de paraître pour une durée qui ne saurait excéder un an, dans le ou les lieux dans lesquels l'infraction a été commise et qui sont désignés par la juridiction, à l'exception des lieux dans lesquels le mineur réside habituellement ;

6° Une interdiction d'entrer en contact avec la victime ou les coauteurs ou complices, désignés par la juridiction, pour une durée d'un an maximum ;

7° Une interdiction d'aller et venir sur la voie publique entre *(L. nº 2021-218 du 26 févr. 2021, art. 7)* **« 22 » heures et** *(L. nº 2021-218 du 26 févr. 2021, art. 7)* **« 6 » heures sans être accompagné de l'un de ses représentants légaux, pour une durée de six mois maximum ;**

8° L'obligation de remettre un objet détenu ou appartenant au mineur et ayant servi à la commission de l'infraction ou qui en est le produit ;

9° L'obligation de suivre un stage de formation civique, d'une durée qui ne peut excéder un mois, ayant pour objet de rappeler au mineur les obligations résultant de la loi. *(L. nº 2022-299 du 2 mars 2022, art. 15)* **« Ce stage peut comporter un volet spécifique de sensibilisation aux risques liés au harcèlement scolaire. »** – *[Ord. nº 45-174 du 2 févr. 1945, art. 15-1.]*

COMMENTAIRE

L'article L. 112-2 définit la mesure éducative judiciaire comme « un accompagnement individualisé du mineur construit à partir d'une évaluation de sa situation personnelle, familiale, sanitaire et sociale ». L'article précise que « la juridiction peut également prononcer un ou plusieurs des modules, interdictions ou obligations » qui se trouvent ensuite listés.

La mesure éducative judiciaire apparaît comme une sorte de boîte à outil à l'intérieur de laquelle le juge pourrait puiser librement, et combiner autant que de besoin l'un ou l'autre des modules, interdictions ou obligations. Plus précisément, cette mesure ressemble à l'ancienne liberté surveillée (dans l'idée d'accompagnement), à laquelle on pourrait adjoindre la plupart des anciennes mesures éducatives et même quelques sanctions éducatives. Le parallélisme avec la liberté surveillée de l'ordonnance de 1945 est d'autant plus grand que, comme elle, la mesure éducative judiciaire peut être prononcée à titre provisoire ou à titre définitif, et qu'elle est modulable tout au long du suivi, pour adapter la prise en charge éducative à l'évolution de la situation du mineur.

Le socle de la mesure éducative judiciaire est l'accompagnement individualisé du mineur, par des éducateurs. Le code précise que cet accompagnement individualisé doit être « construit à partir d'une évaluation de sa situation personnelle, familiale, sanitaire et sociale ». Cela est parfaitement logique. Avant de savoir quel travail il convient de réaliser avec un mineur, il est indispensable de faire un état des lieux de sa situation personnelle, familiale, sanitaire et sociale. Le remède doit être précédé d'un diagnostic. La démarche affichée dans cette disposition est cohérente, et adaptée à la situation d'un mineur qui dérive vers la délinquance. Mais encore faut-il que la justice dispose des moyens pour cela. La mise en œuvre d'une mesure éducative judiciaire – qui constitue la réponse prioritaire à une infraction commise par un mineur – implique *a minima* l'intervention d'un éducateur au moment de l'évaluation de la situation du mineur et dans l'accompagnement de celui-ci. Le manque de moyens de la justice – et spécialement de la justice pénale des mineurs – est régulièrement dénoncé. La démarche éducative adoptée par le code paraît pleinement satisfaisante… à la condition que les moyens soient à la hauteur des ambitions.

Puisque la mesure éducative judiciaire a pour socle l'accompagnement construit et personnalisé du mineur, elle peut comprendre un ou plusieurs modules, interdictions ou obligations. L'article L. 112-2 en donne la liste :

1° Un module d'insertion ;

2° Un module de réparation ;

3° Un module de santé ;

4° Un module de placement ;

5° Une interdiction de paraître pour une durée qui ne saurait excéder un an, dans le ou les lieux dans lesquels l'infraction a été commise et qui sont désignés par la juridiction, à l'exception des lieux dans lesquels le mineur réside habituellement ;

6° Une interdiction d'entrer en contact avec la victime ou les coauteurs ou complices, désignés par la juridiction, pour une durée d'un an maximum ;

7° Une interdiction d'aller et venir sur la voie publique entre 22 et 6 heures sans être accompagné de l'un de ses représentants légaux, pour une durée de six mois maximum ;

8° L'obligation de remettre un objet détenu ou appartenant au mineur et ayant servi à la commission de l'infraction ou qui en est le produit ;

9° L'obligation de suivre un stage de formation civique, d'une durée qui ne peut excéder un mois, ayant pour objet de rappeler au mineur les obligations résultant de la loi.

Quatre modules sont donc possibles (insertion, réparation, placement, santé), qui sont ensuite détaillés dans la section II de ce chapitre (V. art. L. 112-5 s.). On peut néanmoins ici relever que le nom de ces modules évoque certaines mesures éducatives qui existaient sous l'empire de l'ordonnance de 1945 : le module « réparation », la mesure d'aide ou de réparation ; le placement, les divers placements ; la santé, les différentes hospitalisations. Par ailleurs, l'article L. 112-2 énonce cinq interdictions ou obligations qui existaient également sous l'ordonnance de 1945, en tant que sanctions éducatives (art. 15-1) :

– l'interdiction de paraître pour une durée qui ne saurait excéder un an, dans le ou les lieux dans lesquels l'infraction a été commise et qui sont désignés par la juridiction, à l'exception des lieux dans lesquels le mineur réside habituellement ;

– l'interdiction d'entrer en contact avec la victime ou les coauteurs ou complices, désignés par la juridiction, pour une durée d'un an maximum ;

– l'interdiction d'aller et venir sur la voie publique entre 22 heures et 6 heures sans être accompagné de l'un de ses représentants légaux, pour une durée de six mois maximum (à noter que le texte fixait initialement à 23 heures le début du couvre-feu, cette heure ayant été abaissée à 22 heures par la L. de ratification du 26 févr. 2021) ;

– l'obligation de remettre un objet détenu ou appartenant au mineur et ayant servi à la commission de l'infraction ou qui en est le produit ;

– l'obligation de suivre un stage de formation civique, d'une durée qui ne peut excéder un mois, ayant pour objet de rappeler au mineur les obligations résultant de la loi ; la loi n° 2022-299 du 2 mars 2022 visant à combattre le harcèlement scolaire a précisé que ce stage peut comporter un volet spécifique de sensibilisation aux risque liés au harcèlement scolaire.

Le dispositif prévu par l'article L. 112-2 se prolonge au niveau réglementaire, dans les dispositions introduites par le décret n° 2021-683 du 27 mai 2021. Ainsi, l'article D. 112-1 du code prévoit que « la juridiction qui prononce une mesure éducative judiciaire désigne le service éducatif de milieu ouvert de la protection judiciaire de la jeunesse auquel l'exécution et la coordination de cette mesure sont confiées ». Ce texte précise aussi que « ce service :

1) adresse au juge des enfants, tous les six mois et au moins quinze jours avant l'échéance de la mesure, un rapport sur son exécution et sur l'évolution du mineur ;

2) établit un rapport actualisé en vue de chaque audience concernant le mineur ;

3) Informe sans délai le juge des enfants de tout événement de nature à justifier une modification ou la cessation du ou des modules, interdictions ou obligations prononcés, ou la mainlevée de la mesure ».

L'évaluation de la situation du mineur est donc continue ou du moins régulière.

Dans le même ordre d'idées, l'article D. 112-2 précise que « l'évaluation prévue à l'article L. 112-2 a pour objectifs la compréhension de la situation du mineur, la prise en compte de ses besoins fondamentaux et la construction d'un projet éducatif » et qu' « elle est réalisée dans un cadre pluridisciplinaire » et « permet de recueillir les éléments relatifs au parcours éducatif et judiciaire du mineur, à sa situation familiale, à ses conditions d'hébergement, à son environnement et à ses réseaux de socialisation, à sa santé, à sa situation sociale, à son insertion scolaire et professionnelle ».

Enfin, on peut mentionner l'article D. 112-3, qui dispose que « l'accompagnement individualisé du mineur consiste à soutenir son insertion sociale, scolaire et professionnelle, à prendre en compte ses besoins en matière de santé, à s'assurer de sa compréhension des décisions judiciaires qui le concernent et à engager un travail sur la responsabilisation et sur la prise en compte de la victime » et que « cet accompagnement associe les repré-

sentants légaux, soutient l'exercice de l'autorité parentale et aide au renforcement des liens familiaux ».

S'agissant des interdictions et obligations prévues par l'article L. 112-2 du code, le décret n° 2021-683 du 27 mai 2021 indique leurs modalités pratiques, aux articles D. 112-6 et suivants. Ces dispositions précisent notamment le stage de formation civique (art. D. 112-8 à D. 112-17), en en donnant les objectifs (faire prendre conscience au mineur de sa responsabilité pénale et civile, ainsi que des devoirs qu'implique la vie en société ; art. D. 112-8), sa durée (qui doit tenir compte des obligations scolaires du mineur et de sa situation familiale, et ne pas dépasser six heures par jour ; art. D. 112-9), son organisation (sessions collectives, continues ou discontinues, composées de différents modules de formation adaptés à l'âge et à la personnalité des stagiaires ; art. D. 112-10), son élaboration (art. D. 112-11).

Signalons enfin que l'article D. 112-18 apporte une précision importante pour les frais de mise en œuvre de la mesure éducative judiciaire. Ce texte dispose que « sans préjudice des dispositions de l'article L. 113-2, les frais de toute nature qui résultent de la mise en œuvre de la mesure éducative judiciaire sont imputés sur le budget du ministère de la justice ». C'est une indication importante, si l'on songe par exemple à certains modules, ou à certaines modalités de modules (comme le placement en internat scolaire). ❑

Art. L. 112-3 Les modules mentionnés aux 1° à 4° de l'article L. 112-2 *(L. n° 2021-218 du 26 févr. 2021, art. 7)* **« et les obligations et interdictions mentionnées aux 5° à 9° du même article L. 112-2 » peuvent être prononcés alternativement ou cumulativement.** *(Abrogé par L. n° 2021-218 du 26 févr. 2021, art. 7)* ***« Toutefois, lorsqu'il consiste en un accueil de jour, le module d'insertion ne peut être prononcé cumulativement avec le module de placement.***

« Les obligations et interdictions mentionnées au 5° à 9° de l'article L. 112-2 peuvent être prononcées, alternativement ou cumulativement, entre elles et avec les modules mentionnés aux 1°, 2° et 4° de l'article L. 112-2. »

Toutefois, seuls les mineurs de plus de dix ans encourent une mesure éducative judiciaire comportant l'une ou plusieurs des interdictions et obligations mentionnées aux 5° à 9° de l'article L. 112-2.

COMMENTAIRE

La conception de la primauté de l'éducation sur la répression retenue autorise largement le cumul entre mesures éducatives et peines, *a fortiori* entre mesures éducatives. C'est cette idée que reprend l'article L. 112-3, qui prévoit ainsi que « les modules mentionnés aux 1° à 4° de l'article L. 112-2 et les obligations et interdictions mentionnées aux 5 à 9 du même article L. 112-2 peuvent être prononcés alternativement ou cumulativement ». Le principe est donc celui d'un large cumul, spécialement depuis que la loi de ratification du 26 février 2021 a supprimé les restrictions que contenait initialement cet article.

Il reste cependant une réserve. En effet, il est précisé *in fine* que « seuls les mineurs de plus de dix ans encourent une mesure éducative judiciaire comportant l'une ou plusieurs des interdictions et obligations mentionnées aux 5° à 9° de l'article L. 112-2 ». Comme on l'a relevé, ces interdictions et obligations reprennent des sanctions éducatives prévues jusqu'au code à l'article 15-1 de l'ordonnance de 1945 (et dont la catégorie même n'a pas été reprise), qui n'étaient donc encourues qu'à partir de l'âge de dix ans. Il eût été gênant que, à la faveur de la codification, des sanctions éducatives deviennent des mesures éducatives judiciaires et puissent ainsi s'appliquer à des mineurs âgés de moins de dix ans, si l'on considère qu'ils sont dotés du discernement. En outre, en interdisant l'application de ces mesures éducatives d'interdictions et d'obligations en dessous de l'âge de dix ans, cette disposition en facilite l'application dans le temps (V. aussi, sur cette question de l'application dans le temps des mesures éducatives judiciaire, le comm. introductif au code). ❑

Art. L. 112-4 La mesure éducative judiciaire est prononcée pour une durée n'excédant pas cinq années, sans préjudice de l'application des dispositions des articles L. 112-6, deuxième alinéa, L. 112-9 et L. 112-15, troisième et quatrième alinéas.

Elle peut être prononcée même si l'intéressé est devenu majeur au jour de la décision mais prend fin au plus tard lorsqu'il atteint vingt et un ans, sans préjudice de

l'application des dispositions des articles L. 112-6, deuxième alinéa, et L. 112-15, dernier alinéa. – *[Ord. n° 45-174 du 2 févr. 1945, art. 16 bis, al. 1er.]*

COMMENTAIRE

L'article L. 112-4 prévoit que, sauf exceptions, la durée de la mesure éducative judiciaire est de cinq ans maximum. Il s'agit d'une généralisation de la durée qui existait sous l'ordonnance de 1945 pour la mesure éducative de mise sous protection judiciaire. Le parallélisme avec cette dernière se retrouve aussi dans le fait que, sauf exceptions, les mesures éducatives judiciaires peuvent être prononcées après la majorité de l'intéressé et se poursuivre jusqu'à ce que ce dernier ait atteint l'âge de vingt et un ans (la mise sous protection judiciaire pouvait quant-à-elle aller jusqu'à l'âge de vingt-trois ans).

Le choix d'adopter comme principe général une durée de cinq ans pour les mesures éducatives judiciaires est intéressant, car on sait que l'accompagnement d'un mineur suppose nécessairement du temps. En outre, en fixant une durée maximale de cinq ans et un seuil de vingt et un ans, le code encadre davantage les mesures éducatives que ne le faisait l'ordonnance de 1945. Même si, fondamentalement, les mesures éducatives judiciaires relèvent de la catégorie des mesures de sûreté, elles sont encadrées dans le temps, ce qui renforcera leur compréhension par les mineurs condamnés.

Cela étant, la temporalité envisagée par le code est de cinq ans maximum. Il revient donc au juge, au cas par cas, de fixer la durée de la mesure éducative judiciaire lorsqu'il en sanctionne un mineur, et, comme en matière de peine, rien n'interdit évidemment de fixer une durée plus courte. En outre, l'article L. 112-4 réserve plusieurs hypothèses, pour lesquelles la durée maximale de cinq ans ne s'applique pas, soit parce que la mesure n'implique pas de durée particulière, soit parce que la mesure est particulièrement lourde, justifiant une durée moindre. Il s'agit de l'accueil de jour (art. L. 112-6, al. 2) dont la durée est d'un an maximum (renouvelable), du module de réparation (art. L. 112-9) et du placement (art. L. 112-15) qui ne peuvent non plus excéder un an (renouvelable).

On retrouve sensiblement les mêmes réserves s'agissant de la question du prolongement des mesures éducatives judiciaires après la majorité du condamné. En effet, si ces mesures peuvent aller jusqu'aux vingt et un ans de l'intéressé, ce prolongement n'est possible en matière d'accueil de jour (art. L. 112-6, al. 2) ou de placement (art. L. 112-15, dernier alinéa) qu'avec son accord. Le code a ici repris la règle que la loi n° 2019-222 du 23 mars 2019 avait posée pour la mesure d'accueil de jour qu'elle a créée, à titre expérimental, pour une durée de trois ans (V. art. 64 de ladite loi et ord. 2 févr. 1945, art. 33, *infra*, ss. art. L. 112-5). ❑

SECTION II DES MODULES DE LA MESURE ÉDUCATIVE JUDICIAIRE

SOUS-SECTION 1 DU MODULE D'INSERTION

Art. L. 112-5 Le module d'insertion consiste en une orientation du mineur vers une prise en charge scolaire ou visant à son insertion sociale, scolaire ou professionnelle, adaptée à ses besoins. Il peut également consister en :

1° Un accueil de jour ;

2° Un placement dans un internat scolaire ;

3° Un placement dans une institution ou un établissement public ou privé d'enseignement ou de formation professionnelle, habilité. – *[Ord. n° 45-174 du 2 févr. 1945, art. 8, al. 17 ; art. 15, al. 6 et 7 ; art. 15-1, al. 11 ; art. 16, al. 3 ; art. 16, al. 7.]*

V. art. L. 112-14.

COMMENTAIRE

L'article L. 112-5 définit le module d'insertion de la mesure éducative judiciaire. Selon ce texte, il constitue d'abord en une « orientation du mineur vers une prise en charge scolaire ou visant à son insertion sociale, scolaire ou professionnelle, adaptée à ses besoins ». Le module d'insertion vise à (re)mobiliser des ressources spécifiques afin de répondre à des besoins identifiés et évalués en matière d'insertion ; il s'agit globalement de favoriser et de préparer l'insertion de l'intéressé.

Le code précise aussi que le module d'insertion « peut également consister en : 1° Un accueil de jour ; 2° Un placement dans un internat scolaire ; 3° Un placement dans une

institution ou un établissement public ou privé d'enseignement ou de formation professionnelle, habilité ». On retrouve ici des mesures ou sanctions éducatives qui existaient sous l'ordonnance de 1945. Ces modalités du module d'insertion sont ensuite détaillées dans la partie réglementaire, issue du décret n° 2021-683 du 27 mai 2021 (art. D. 112-19 s.). Le module d'insertion peut ainsi être exercé : par le service du milieu ouvert lorsqu'il est prononcé seul ; par un établissement ou service du secteur public de la PJJ ou du secteur associatif habilité en accueil de jour ; par un établissement public local d'enseignement ou un établissement privé sous contrat auquel l'internat scolaire est rattaché pour un placement en internat scolaire ; par une institution ou un établissement public ou privé d'enseignement ou de formation professionnelle habilité pour ce type de placement.

L'accueil de jour a été créé par la loi n° 2019-222 du 23 mars 2019 et cette mesure éducative se trouve reprise par le code, qui en précise le régime à l'article suivant. Le placement dans un internat scolaire était quant-à-lui une sanction éducative, prévue à l'article 15-1 de l'ordonnance de 1945. C'était sans doute la sanction la plus originale et la plus intéressante, et il aurait été dommage que le code ne la reprenne pas. Enfin, le code mentionne le « placement dans une institution ou un établissement public ou privé d'enseignement ou de formation professionnelle », qui constitue une variation du placement scolaire.

Le module insertion est donc tourné vers la scolarisation et la formation professionnelle. ❑

Art. L. 112-6 L'accueil de jour du mineur consiste en une prise en charge continue en journée aux fins d'insertion sociale, professionnelle ou scolaire. Il est mis en œuvre par un établissement ou service du secteur public de la protection judiciaire de la jeunesse ou une structure habilitée.

La décision fixe la durée de la mesure, qui ne peut excéder un an, ainsi que ses modalités d'exercice. Cette mesure ne peut être prononcée, poursuivie ou renouvelée après la majorité de l'intéressé qu'avec son accord.

A l'échéance fixée, la personne ou le service auquel la mesure d'accueil de jour a été confiée informe par écrit la juridiction compétente et le service de la protection judiciaire de la jeunesse de l'exécution de la prise en charge. — *[Ord. n° 45-174 du 2 févr. 1945, art. 16 ter.]*

COMMENTAIRE

L'accueil de jour a été créé par la loi n° 2019-222 du 23 mars 2019 de programmation 2018-2022 et de réforme pour la justice à titre expérimental pour une durée de trois ans (L. préc., art. 94). Sans attendre les résultats de cette expérimentation, la mesure d'accueil de jour se trouve reprise par le code de la justice pénale des mineurs. La mesure éducative d'accueil de jour est définie comme « une prise en charge continue en journée aux fins d'insertion sociale, professionnelle ou scolaire ». Elle est mise en œuvre par un établissement ou service du secteur public de la protection judiciaire de la jeunesse ou une structure habilitée.

Une circulaire du 25 mars 2019 (JUSF1908798C) de la Direction de la protection judiciaire de la jeunesse en a précisé le contenu. Selon ce texte, cette mesure vise à assurer l'accueil de mineurs en journée dans un objectif d'insertion sociale, scolaire et professionnelle, et constitue un intermédiaire entre le suivi en milieu ouvert et le placement. Elle est notamment préconisée pour accompagner les fins de placement, les retours au domicile, les sorties de détention… La prise en charge proposée doit être globale, pluridisciplinaire, intensive et contenante et comporter une dimension collective, non exclusive de temps individualisés. L'article R. 112-21, issu du décret n° 2021-682 du 27 mai 2021, a précisé que « l'accueil de jour est organisé dans le respect des obligations légales d'instruction et de formation définies par le code de l'éducation ». La dimension collective de cet accueil a vocation à travailler les notions d'altérité (y compris de genre) et de sociabilité (découverte, apprentissage, attention, plaisir, prise en compte des droits de l'autre, de ses émotions, de ses ressentis, de ses besoins, de citoyenneté, de laïcité et de respect des droits et libertés. Un arrêté du 11 septembre 2019 (JUSF1924621A) est venu fixer la liste des services retenus et des juridictions correspondantes.

Le texte précise encore que « la décision fixe la durée de la mesure, qui ne peut excéder un an, ainsi que ses modalités d'exercice » et que « cette mesure ne peut être prononcée, poursuivie ou renouvelée après la majorité de l'intéressé qu'avec son accord ». On notera incidemment que par rapport à la version originale de cette mesure adoptée en mars 2019, il n'est plus prévu qu'elle soit fixée pour six mois renouvelables deux fois mais pour une durée d'un an maximum.

Enfin, on notera qu'il est prévu une évaluation à la fin de la mesure d'accueil de jour, destinée à éclairer le juge et la protection judiciaire de la jeunesse. L'article L. 112-6 dispose en effet que « à l'échéance fixée, la personne ou le service auquel la mesure d'accueil de jour a été confiée informe par écrit la juridiction compétente et le service de la protection judiciaire de la jeunesse de l'exécution de la prise en charge ».

La mesure d'accueil de jour est particulièrement précisée dans les articles D. 112-19 et suivants du code. Il est ainsi indiqué que « la décision ordonnant l'accueil de jour prévu à l'article L. 112-6 désigne le service ou établissement de la protection judiciaire de la jeunesse ou la structure habilitée chargé de le mettre en œuvre » (art. D. 112-19). L'article D. 112-20 précise encore que « le service, l'établissement ou la structure chargé de l'accueil de jour vérifie que les responsables légaux du mineur ont souscrit une assurance garantissant leur responsabilité civile du fait des agissements de leur enfant mineur ou que le majeur a souscrit une assurance garantissant sa responsabilité civile » et que « à défaut, le service, l'établissement ou la structure souscrit une assurance au nom du mineur ou du majeur garantissant cette responsabilité ». En vertu de l'article D. 112-22, « le service, l'établissement ou la structure chargé de l'accueil de jour adresse au juge des enfants et au service chargé de la mesure éducative judiciaire un rapport intermédiaire sur son déroulement » ; « il les informe sans délai de tout événement de nature à en justifier la modification ». Il est également précisé que « avant l'échéance de l'accueil de jour, le service, l'établissement ou la structure qui en est chargé dresse un bilan avec le mineur et ses représentants légaux » et que « au moins quinze jours avant l'échéance, il ou elle adresse un rapport au juge des enfants et au service chargé de la mesure éducative judiciaire » (art. D. 112-23). ❑

Art. L. 112-7 Les dispositions prévues à l'article L. 112-15 sont applicables au prononcé des placements mentionnés aux 2° et 3° de l'article L. 112-5.

COMMENTAIRE

Au sein du module insertion, le placement est possible, soit dans un internat scolaire (art. L. 112-5-2°) soit dans un établissement ou une institution privé ou public d'insertion professionnelle (art. L. 112-5-3°). Mais le régime de ces placements n'est pas indiqué dans la sous-section du code relative au module insertion ; il faut se reporter aux dispositions de l'article L. 112-15 du code, qui figure dans la sous-section relative au module placement. L'objet de l'article L. 112-7 du code est donc d'inviter à consulter les dispositions relatives au module placement pour connaître les modalités des « placements-insertion ».

Le placement-insertion est ainsi décidé par la juridiction après audition du mineur et de ses représentants légaux lors d'une audience, sauf en cas d'urgence (mais on imagine mal une telle urgence en matière de placement-insertion). Le placement est prononcé par ordonnance, qui détermine le lieu de placement, en fixe la durée, qui ne peut excéder un an, et les modalités du droit de visite et d'hébergement des parents. Le placement peut être renouvelé selon les mêmes modalités. Enfin, lorsqu'il a été prononcé à l'égard d'un mineur, le placement ne peut se poursuivre après la majorité de l'intéressé qu'avec son accord.

S'agissant du placement en internat scolaire, la partie réglementaire du CJPM, issue du décret n° 2021-683 du 27 mai 2021, comprend plusieurs dispositions intéressantes, qui viennent en préciser les modalités. L'article D. 112-24 dispose ainsi que « la décision de placement en internat scolaire prévue au 2° de l'article L. 112-5 confie le mineur à l'établissement public local d'enseignement ou à l'établissement privé sous contrat auquel l'internat est rattaché, en accord avec l'autorité de l'État compétente en matière d'éducation dans le département » et qu' « un mineur ne peut être confié à un établissement que durant les périodes d'ouverture de l'internat et sans excéder la durée de l'année scolaire en cours ». Il est également précisé que « le chef de l'établissement public

local d'enseignement ou de l'établissement privé sous contrat adresse au juge des enfants et au service chargé de la mesure éducative judiciaire un rapport après les quinze premiers jours de placement et un rapport intermédiaire sur le déroulement du placement » et qu' « il les informe sans délai de tout événement, notamment une exclusion temporaire de l'établissement ou de l'un de ses services annexes, de nature à justifier une modification du placement » (art. D. 112-25). L'article D. 112-26 indique que « si le conseil de discipline de l'établissement auquel est rattaché l'internat scolaire prononce l'exclusion définitive du mineur, cette décision est transmise au juge des enfants qui en tire sans délai les conséquences sur la décision de placement du mineur ». Enfin, l'article D. 112-27 complète ce dispositif en indiquant que « au moins quinze jours avant l'échéance du placement, le chef d'établissement auquel est rattaché l'internat scolaire adresse un rapport sur son déroulement au juge des enfants et au service chargé de la mesure éducative judiciaire ». ❑

SOUS-SECTION 2 DU MODULE DE RÉPARATION

Art. L. 112-8 Le module de réparation peut consister en :

1° Une activité d'aide ou de réparation à l'égard de la victime ou dans l'intérêt de la collectivité ;

2° Une médiation entre le mineur et la victime. – *[Ord. nº 45-174 du 2 févr. 1945, art. 12-1.]*

BIBL. ▶ Blanc, La médiation pénale, *JCP 1994. I. 3760.* - Giacopelli, La médiation en matière pénale en France : l'exemple de la médiation-réparation, *RPDP 2006-1, p. 41.* - Lazerges, Typologie des procédures de médiation pénale, *in* Mél. Colomer, *Litec, 1993, p. 217.* - Milburn, La réparation : de la théorie à la pratique, *PUF, 2005, not. p. 24 s.* - Vaillant, La réparation. De la délinquance à la découverte de la responsabilité, *Gallimard, 1999, spéc. p. 17 s.*

COMMENTAIRE

Les articles L. 112-8 et suivants régissent le module de réparation. L'article L. 112-8 présente les deux formes que peut prendre le module de réparation : une activité d'aide ou de réparation ou une médiation entre le mineur et la victime.

S'agissant de l'activité d'aide ou de réparation, on retrouve une mesure éducative bien connue de l'ordonnance de 1945 (art. 12-1), créée par la loi du 4 janvier 1993. Mais, sous l'ordonnance de 1945, la mesure d'aide ou de réparation était prononcée au terme d'une médiation-réparation (l'équivalent, en droit pénal des mineurs, de la médiation pénale applicable aux majeurs). Or, l'article 112-8 prévoit que « le module de réparation peut consister en : 1° Une activité d'aide ou de réparation (...) ; 2° Une médiation entre le mineur et la victime ». En d'autres termes, le code envisage la médiation au même titre que l'activité d'aide ou de réparation. Il y a là quelque chose de troublant, car jusqu'à présent la médiation était le vecteur de la mesure d'aide ou de réparation.

Le contenu de l'activité d'aide ou de réparation n'est pas précisé par le code mais on retrouve sensiblement les mêmes modalités que pour la mesure d'aide ou de réparation prévue par l'article 12-1 de l'ordonnance de 1945. Concrètement, il pourra s'agir ici d'une véritable réparation, au profit direct de la victime (indemnisation, effacement d'un tag sur un mur, courses pour une personne âgée...), d'une réparation plus symbolique (rédaction d'une lettre d'excuses) ou d'une réparation indirecte au profit de la collectivité (travaux d'entretien des espaces verts, par exemple, ou encore participation à l'activité d'une association caritative comme les Restos du cœur, Emmaüs ou la Croix Rouge). L'article D. 112-28 du code, issu du décret nº 2021-683 du 27 mai 2021, indique les objectifs généraux de la mesure d'aide ou de réparation :

1° accompagner l'auteur dans la compréhension des causes et des conséquences de son acte ;

2° favoriser son processus de responsabilisation ;

3° envisager et mettre en œuvre les modalités de réparation des dommages commis ;

4° prendre en considération la victime.

On peut noter que le code envisage l'activité d'aide ou de réparation au sein du module réparation, qui est une modalité de la mesure éducative judiciaire. Cela implique que, du

moins à ce stade, l'activité d'aide ou de réparation est entendue comme résultant d'une décision prononcée par une juridiction de jugement (comme mesure éducative judiciaire provisoire ou définitive), et non comme une mesure alternative aux poursuites.

S'agissant de la médiation entre l'auteur et la victime, on peut se montrer plus circonspect sur l'autonomie de cette forme du module de réparation. Initialement, on pouvait penser que la médiation entre le mineur et la victime avait vocation à intégrer la justice restaurative, consacrée par ailleurs au sein du titre préliminaire à l'article L. 13-4. La partie réglementaire du code, issue du décret n° 2021-683 du décret du 27 mai 2021, est venue donner des précisions intéressantes, permettant de mieux cerner la modalité de médiation. L'article D. 112-29 dispose que « la médiation prévue au 2° de l'article L. 112-8 vise à l'apaisement des relations entre l'auteur et la victime, ainsi qu'à l'ouverture ou à la restauration d'un dialogue » et qu' « elle consiste à rechercher, avec l'aide d'un tiers, une résolution amiable par les parties d'un différend né de la commission d'une infraction ». Dans une certaine mesure, la médiation n'est ainsi pas très éloignée de la justice restaurative, mais il existe entre les deux une différence importante, tenant au fait que la justice restaurative est une mesure extra-judiciaire.

De manière plus précise, l'article D. 112-30 indique que « le service désigné construit le projet de médiation en tenant compte de la personnalité du mineur et de sa capacité à respecter les conditions de sa mise en œuvre » et qu' « à toutes les étapes de la médiation, le service chargé du module informe le juge des enfants des difficultés constatées et peut solliciter la modification du module ou sa suppression ». La mise en œuvre de la médiation, et même plus largement du module de réparation, est confiée à la PJJ ou au secteur associatif habilité (art. D. 112-31 et D. 112-32), et le service qui à la charge de cette mesure doit, au moins quinze jours avant l'échéance de la mesure, adresser au juge des enfants et au service de la PJJ chargé de la mesure éducative judiciaire un rapport rendant compte de son déroulement (art. D. 112-33). ❑

Art. L. 112-9 La juridiction recueille les observations du mineur et, dans la mesure du possible, de ses représentants légaux avant de prononcer un module de réparation. Elle fixe, dans sa décision, la durée de ce module qui ne peut excéder un an. — *[Ord. n° 45-174 du 2 févr. 1945, art. 12-1.]*

COMMENTAIRE

Le module réparation suppose, plus que d'autres, le consentement du mineur, et, dans une moindre mesure, celui de ses représentants légaux. Du reste, sous l'ordonnance de 1945 (art. 12-1), il en allait de même pour la médiation-réparation, du moins lorsqu'elle était prononcée avant le jugement, ce qui permettait de préserver la présomption d'innocence (en revanche, au stade du jugement, le consentement du mineur n'était pas requis, le terme de médiation pouvant alors apparaître un peu trompeur). Le module réparation est également susceptible de requérir le consentement de la victime, lorsqu'il s'agit d'une réparation directe réalisée à son profit, et cela est prévu par l'article suivant (art. L. 112-10).

L'article L. 112-9 précise également que la durée de ce module ne peut excéder un an et que cette durée doit être fixée dans la décision. La fixation d'un délai pour mettre en œuvre le module de réparation est indispensable, et on notera que le code a fait le choix d'un délai assez raisonnable. C'est une précision bienvenue, d'autant que l'ordonnance de 1945 ne donnait aucune indication sur le délai dans lequel devait être réalisée la mesure d'aide ou de réparation (même si, en pratique, un tel délai était évidemment déterminé). ❑

Art. L. 112-10 La mise en œuvre du module de réparation peut être confiée à la protection judiciaire de la jeunesse ou à un service ou une personne habilité dans des conditions fixées par décret en *(L. n° 2021-218 du 26 févr. 2021, art. 7)* **« Conseil » d'État.**

L'activité d'aide ou de réparation ne peut être mise en œuvre à l'égard de la victime qu'avec l'accord de celle-ci.

La médiation est mise en œuvre à la demande ou avec l'accord de la victime.

Au terme du délai fixé par la décision, le service ou la personne chargé de sa mise en œuvre informe par écrit la juridiction de l'exécution du module. — *[Ord. n° 45-174 du 2 févr. 1945, art. 12-1.]*

COMMENTAIRE

L'article L. 112-10 complète le dispositif du module réparation, précisant ses modalités. La mise en œuvre peut être confiée « à la protection judiciaire de la jeunesse ou à un service ou une personne habilité ». Il en allait de même sous l'ordonnance de 1945, en vertu de l'article 12-1, alinéa 5. Concrètement, la mise en œuvre de la réparation est donc confiée soit au service territorial éducatif de milieu ouvert (STEMO), soit au secteur associatif habilité. Dans les deux cas, la mesure se déroule de la même manière. Le directeur de l'unité attribue la mise en œuvre de la réparation à un éducateur référent, qui va d'abord recevoir le jeune et ses représentants légaux, leur présenter les objectifs de la mesure et les modalités de mise en œuvre, accompagner ensuite le jeune dans la réalisation de l'activité de réparation, et qui fera enfin un bilan de l'exécution de la mesure. Un rapport sera adressé au magistrat, sous la responsabilité du responsable d'unité éducative (PJJ, Référentiel des pratiques éducatives, 2021, p. 168 s.).

Par ailleurs, le code prévoit que les deux formes que peut revêtir le module réparation exigent l'accord de la victime, qui se comprend parfaitement pour une réparation effectuée directement au profit de la victime. Par exemple, si l'activité consiste à venir effacer un tag, il est indispensable de s'assurer, préalablement, que le propriétaire de la maison autorise la venue de l'auteur des faits sur place (il est également nécessaire de s'assurer de l'existence d'une police d'assurance au titre de la responsabilité civile souscrite par les représentants légaux pour le compte du mineur). La nécessité de l'accord de la victime est également indispensable concernant la médiation, qui suppose un lien entre l'auteur et la victime. De fait, c'est précisément la présence de la victime qui donne au module de réparation tout son intérêt, même si, du moins sous l'empire de l'ordonnance de 1945, le succès de la médiation-réparation est resté relativement limité, notamment parce que dans la pratique cette mesure s'adressait essentiellement à des primo-délinquants et pour des infractions de gravité faible ou moyenne.

Enfin, le code prévoit que, « au terme du délai fixé par la décision, le service ou la personne chargé de sa mise en œuvre informe par écrit la juridiction de l'exécution du module ». On retrouve ici une précision qui figurait dans l'article 12-1, *in fine*, de l'ordonnance de 1945. ❑

SOUS-SECTION 3 DU MODULE DE SANTÉ

Art. L. 112-11 Le module de santé peut consister en :

1° Une orientation du mineur vers une prise en charge sanitaire adaptée à ses besoins ;

2° Un placement dans un établissement de santé, à l'exclusion des services de psychiatrie ;

3° Un placement dans un établissement médico-social. – *[Ord. nº 45-174 du 2 févr. 1945, art. 15, al. 4 ; art. 16, al. 4.]*

COMMENTAIRE

Il arrive qu'un mineur délinquant présente des troubles psychologiques, sanitaires, ou médicaux justifiant une prise en charge adaptée. C'est ainsi qu'il faut comprendre le module de santé, régi par les articles L. 112-11 et suivants. Le module de santé peut s'appliquer à des situations très diverses : conduites addictives nécessitant un sevrage, pathologies somatiques mettant en jeu le pronostic vital du jeune ou susceptibles d'avoir de lourdes conséquences sur sa santé (diabète, maladie infectieuse, formes graves d'anorexie), troubles du neurodéveloppement (troubles du spectre autistique, déficit de l'attention, hyperactivité), troubles du comportement majeurs et récidivants, opposition des parents aux soins nécessaires à leur enfant…

Le module peut d'abord prendre la forme d'une prise en charge sanitaire adaptée. Il s'agit ici d'apporter une aide au mineur sans aller jusqu'au placement de celui-ci. On peut penser, par exemple, à la mise en place de consultations régulières d'un psychologue, d'un psychiatre, d'un addictologue… Mais, lorsque la situation du mineur le justifie, le module de santé peut prendre une forme plus contraignante, consistant dans le placement du mineur dans un établissement médico-social ou un établissement de santé (à l'exclusion des services de psychiatrie). Les articles suivants précisent les modalités de ces placements un peu particuliers.

La partie réglementaire du code a apporté deux précisions sur le module de santé. L'article R. 112-34 dispose ainsi que « l'orientation du mineur vers une prise en charge sanitaire prévue au 1° de l'article L. 112-11 « répond à un besoin de santé identifié », et que « le juge des enfants oriente le mineur vers les soins de santé adaptés à ses besoins et à sa situation ». L'article R. 112-35 dispose quant à lui que « les établissements mentionnés aux 2° et 3° de l'article L. 112-11 adressent au juge des enfants, avant l'échéance du placement, dans le respect du secret médical, un rapport sur le déroulement du placement, et en transmettent copie au service de la protection judiciaire de la jeunesse chargé de la mesure éducative judiciaire ».

Il est à noter que le module de santé ne peut donner lieu à la mise en œuvre d'une obligation et/ou d'une injonction de soins, de sorte que le non-respect du module de santé n'emporte pas de conséquences pénales. ❑

Code de la santé publique

Art. L. 1112-4 Les établissements de santé, publics ou privés, et les établissements médico-sociaux mettent en œuvre les moyens propres à prendre en charge la douleur des patients qu'ils accueillent et à assurer les soins palliatifs que leur état requiert, quelles que soient l'unité et la structure de soins dans laquelle ils sont accueillis. Pour les établissements de santé publics, ces moyens sont définis par le projet d'établissement mentionné à l'article L. 6143-2. Pour les établissements de santé privés, ces moyens sont pris en compte par le contrat d'objectifs et de moyens mentionné aux articles L. 6114-1, L. 6114-2 et L. 6114-3.

Les centres hospitaliers et universitaires assurent, à cet égard, la formation initiale et continue des professionnels de santé et diffusent, en liaison avec les autres établissements de santé publics ou privés *(Abrogé par Ord. n° 2010-177 du 23 févr. 2010, art. 1er-2°)* *« participant au service public hospitalier »*, les connaissances acquises, y compris aux équipes soignantes, en vue de permettre la réalisation de ces objectifs en ville comme dans les établissements. Ils favorisent le développement de la recherche.

Les établissements de santé et les établissements et services sociaux et médico-sociaux peuvent passer convention entre eux pour assurer ces missions.

Les obligations prévues pour les établissements mentionnés au présent article s'appliquent notamment lorsqu'ils accueillent des mineurs, des majeurs protégés par la loi ou des personnes âgées.

....

Art. L. 2321-3 *(Ord. n° 2003-850 du 4 sept. 2003, art. 10)* Ne peuvent être admis dans les maisons d'enfants à caractère sanitaire les enfants relevant d'établissements recevant habituellement pour leur éducation des mineurs délinquants ou en danger ou présentant des troubles sensoriels, moteurs, intellectuels, du caractère ou du comportement.

Art. L. 112-12 Le placement dans un établissement de santé mentionné au 2° de l'article L. 112-11 est prononcé dans les conditions prévues à l'article L. 112-15 au vu d'un avis médical circonstancié d'un médecin extérieur à cet établissement. Lorsque le médecin de l'établissement d'accueil certifie que l'hospitalisation n'est plus nécessaire, le juge des enfants statue sans délai sur la mesure de placement.

Art. L. 112-13 Le placement dans un établissement médico-social mentionné au 3° de l'article L. 112-11 est prononcé dans les conditions prévues à l'article L. 112-15 au vu d'une décision d'orientation de la commission des droits et de l'autonomie des personnes handicapées prise dans les conditions prévues à l'article L. 241-6 du code de l'action sociale et des familles.

COMMENTAIRE

Les articles L. 112-12 et L. 112-13 précisent les modalités du placement d'un mineur dans un établissement de santé ou un établissement médico-social. Ils indiquent d'abord que le placement d'un mineur dans un tel établissement doit respecter les conditions génériques relatives à tout placement d'un mineur posées par l'article L. 112-15 (exigence d'une audience sauf en cas d'urgence, décision fixant le lieu et la durée du placement, les conditions du droit de visite et d'hébergement des parents, absence de prolongement après la majorité sans accord du mineur). L'article L. 112-13 précise aussi, plus spéci-

fiquement, qu'un tel placement ne peut être prononcé qu'au vu d'une décision d'orientation de la commission des droits et de l'autonomie des personnes handicapées, prise dans les conditions prévues à l'article L. 241-6 du code de l'action sociale et des familles (pour la composition de cette commission et son fonctionnement, V. CASF, art. L. 241-5, ci-dessous). ❑

Code de l'action sociale et des familles

Art. L. 241-5 La commission des droits et de l'autonomie des personnes handicapées comprend notamment des représentants du département *(Ord. n° 2016-1562 du 21 nov. 2016, art. 23-II, en vigueur le 1er janv. 2018)* « , ou, en Corse, de la collectivité de Corse », *(Ord. n° 2010-177 du 23 févr. 2010, art. 18-I-4°)* « des services et des établissements publics de l'État », des organismes de protection sociale, des organisations syndicales, des associations de parents d'élèves et, pour au moins un tiers de ses membres, des représentants des personnes handicapées et de leurs familles désignés par les associations représentatives, et un membre du conseil départemental consultatif *(Ord. n° 2016-1562 du 21 nov. 2016, art. 23-II, en vigueur le 1er janv. 2018)* « ou du conseil consultatif de la collectivité de Corse » des personnes handicapées. Des représentants des organismes gestionnaires d'établissements ou de services siègent à la commission avec voix consultative.

Le président de la commission est désigné tous les deux ans par les membres de la commission en son sein.

La commission des droits et de l'autonomie des personnes handicapées siège en formation plénière et peut être organisée en sections locales ou spécialisées.

Lorsque des sections sont constituées, elles comportent obligatoirement parmi leurs membres un tiers de représentants des personnes handicapées et de leurs familles.

Les décisions de la commission sont prises après vote des membres de la commission *(L. n° 2011-901 du 28 juill. 2011, art. 6-I-1°)* « ou, le cas échéant, de la section locale ou de la section spécialisée ». Les modalités et règles de majorité de vote, qui peuvent être spécifiques à chaque décision en fonction de sa nature, sont fixées par décret en Conseil d'État. Lorsque la décision porte sur l'attribution de la prestation de compensation, la majorité des voix est détenue par les représentants du conseil départemental.

(L. n° 2011-901 du 28 juill. 2011, art. 6-I-2°) « Sauf opposition de la personne handicapée concernée ou de son représentant légal, la commission des droits et de l'autonomie des personnes handicapées peut, dans des conditions fixées par décret en Conseil d'État, siéger en formation restreinte et adopter une procédure simplifiée de prise de décision. Lorsqu'elles sont constituées, les formations restreintes comportent obligatoirement parmi leurs membres un tiers de représentants des personnes handicapées et de leurs familles désignés par les associations représentatives. »

Art. L. 241-6 I. — La commission des droits et de l'autonomie des personnes handicapées est compétente pour :

1° Se prononcer sur l'orientation de la personne handicapée et les mesures propres à assurer son insertion scolaire ou professionnelle et sociale ;

2° Désigner les établissements *(L. n° 2016-41 du 26 janv. 2016, art. 89-I-4°)* « , les services mentionnés à l'article L. 312-1 ou les dispositifs au sens de l'article L. 312-7-1 » correspondant aux besoins de l'enfant ou de l'adolescent ou concourant à la rééducation, à l'éducation, au reclassement et à l'accueil de l'adulte handicapé et en mesure de l'accueillir ;

(L. n° 2016-41 du 26 janv. 2016, art. 89-I-4°) « 2° *bis* Lorsqu'elle a défini un plan d'accompagnement global, désigner nominativement les établissements, services de toute nature ou dispositifs qui se sont engagés à accompagner sans délai la personne ; »

3° Apprécier :

a) Si l'état ou le taux d'incapacité de la personne handicapée justifie l'attribution, pour l'enfant ou l'adolescent, de l'allocation et, éventuellement, de son complément mentionnés à l'article L. 541-1 du code de la sécurité sociale, de la majoration mentionnée à l'article L. 541-4 du même code, ainsi que de *(L. n° 2016-1321 du 7 oct. 2016, art. 107-I, en vigueur le 1er janv. 2017)* « la carte "mobilité inclusion" mentionnée à l'article L. 241-3 » du présent code et, pour l'adulte, de l'allocation prévue aux articles L. 821-1 et L. 821-2 du code de la sécurité sociale *(Abrogé par L. n° 2018-1317 du 28 déc. 2018, art. 266, à compter du 1er déc. 2019)* « *et du complément de ressources prévu à l'article L. 821-1-1 du même code,* » ainsi que de *(L. n° 2016-1321 du 7 oct. 2016, art. 107-I, en vigueur le 1er janv. 2017)* « la carte "mobilité inclusion" mentionnée à l'article L. 241-3 » du présent code ;

b) Si les besoins de compensation de l'enfant ou de l'adulte handicapé justifient l'attribution de la prestation de compensation dans les conditions prévues à l'article L. 245-1 ;

c) Si la capacité de travail de la personne handicapée justifie l'attribution du complément de ressources mentionné à l'article L. 821-1-1 du code de la sécurité sociale ;

4° Reconnaître, s'il y a lieu, la qualité de travailleur handicapé aux personnes répondant aux conditions définies par l'article L. 323-10 *[L. 5213-1 s. nouv.]* du code du travail ;

5° Statuer sur l'accompagnement des personnes handicapées âgées de plus de soixante ans hébergées dans les structures pour personnes handicapées adultes.

II. — Les décisions de la commission sont, dans tous les cas, motivées et font l'objet d'une révision périodique. La périodicité de cette révision et ses modalités, notamment au regard du caractère réversible ou non du handicap, sont fixées par décret.

III. — Lorsqu'elle se prononce sur l'orientation de la personne handicapée et lorsqu'elle désigne les établissements ou services susceptibles de l'accueillir, la commission des droits et de l'autonomie des personnes handicapées est tenue de proposer à la personne handicapée ou, le cas échéant, à ses parents *(Ord. n° 2020-232 du 11 mars 2020, art. 35-1°)* « , s'il s'agit d'un mineur ou, s'il s'agit d'un majeur faisant l'objet d'une mesure de protection juridique avec représentation relative à la personne qui n'est pas apte à exprimer sa volonté, à la personne chargée de cette mesure, » un choix entre plusieurs solutions adaptées.

(L. n° 2016-41 du 26 janv. 2016, art. 89-I-4°) « La décision de la commission prise au titre du 2° du I s'impose à tout établissement ou service dans la limite de la spécialité au titre de laquelle il a été autorisé. Dans le cas des décisions mentionnées au 2° *bis* du I, l'autorité ayant délivré l'autorisation peut autoriser son titulaire à y déroger.

« Toute décision de refus d'admission par l'autorité habilitée à la prononcer est adressée à la maison départementale des personnes handicapées, à la personne handicapée ou à son représentant légal *(Ord. n° 2020-232 du 11 mars 2020, art. 35-2°)* « s'il s'agit d'un mineur, à la personne chargée de la mesure de protection juridique s'il s'agit d'un majeur faisant l'objet d'une mesure de protection juridique avec représentation relative à la personne », ainsi qu'à l'autorité qui a délivré l'autorisation. Elle comporte les motifs de refus au regard du deuxième alinéa du présent III. »

Lorsque les parents ou le représentant légal de l'enfant ou de l'adolescent handicapé ou l'adulte handicapé *(Ord. n° 2020-232 du 11 mars 2020, art. 35-3°)* « ou, s'il s'agit d'un majeur faisant l'objet d'une mesure de protection juridique avec représentation relative à la personne qui n'est pas apte à exprimer sa volonté, la personne chargée de cette mesure, en tenant compte de l'avis de la personne protégée, » font connaître leur préférence pour un établissement ou un service entrant dans la catégorie de ceux vers lesquels la commission a décidé de l'orienter et en mesure de l'accueillir, la commission est tenue de faire figurer cet établissement ou ce service au nombre de ceux qu'elle désigne, quelle que soit sa localisation.

A titre exceptionnel, la commission peut désigner un seul établissement ou service.

Lorsque l'évolution de son état ou de sa situation le justifie, l'adulte handicapé *(Ord. n° 2020-232 du 11 mars 2020, art. 35-4°)* « , ou, s'il n'est pas apte à exprimer sa volonté, la personne chargée à son égard d'une mesure de protection juridique avec représentation relative à la personne, en tenant compte de son avis », les parents ou le représentant légal de l'enfant ou de l'adolescent handicapé ou l'établissement ou le service peuvent demander la révision de la décision d'orientation prise par la commission. L'établissement ou le service ne peut mettre fin, de sa propre initiative, à l'accompagnement sans décision préalable de la commission.

Art. L. 241-7 La personne adulte handicapée, le cas échéant son représentant légal, les parents ou le représentant légal de l'enfant ou de l'adolescent handicapé sont consultés par la commission des droits et de l'autonomie des personnes handicapées *(L. n° 2011-901 du 28 juill. 2011, art. 6-II-1°)* « ou, le cas échéant, par la section locale ou la section spécialisée ». Ils peuvent être assistés par une personne de leur choix ou se faire représenter.

La commission *(L. n° 2011-901 du 28 juill. 2011, art. 6-II-2°)* « ou la section » vérifie si le handicap ou l'un des handicaps dont elle est saisie est à faible prévalence et si, dans l'affirmative, l'équipe pluridisciplinaire a consulté autant que de besoin le pôle de compétence spécialisé visé à l'article L. 146-8 et a tenu compte de son avis.

Art. L. 241-8 Sous réserve que soient remplies les conditions d'ouverture du droit aux prestations, les décisions des organismes responsables de la prise en charge des frais exposés dans les établissements et services et celles des organismes chargés du paiement des allocations et de leurs compléments prévus aux articles L. 541-1 et L. 821-1 à L. 821-2 du code de

la sécurité sociale et de la prestation de compensation prévue à l'article L. 245-1 du présent code sont prises conformément à la décision de la commission des droits et de l'autonomie des personnes handicapées.

L'organisme ne peut refuser la prise en charge pour l'établissement ou le service, dès lors que celui-ci figure au nombre de ceux désignés par la commission, pour lequel les parents ou le représentant légal de l'enfant ou de l'adolescent handicapé manifestent leur préférence. Il peut accorder une prise en charge à titre provisoire avant toute décision de la commission.

Art. L. 241-9 Les décisions relevant du 1° du I de l'article L. 241-6 prises à l'égard d'un enfant ou un adolescent handicapé, ainsi que celles relevant des *(L. n° 2011-901 du 28 juill. 2011, art. 10-VI-1°)* « 2°, 3° et 5° » du I du même article peuvent faire l'objet de recours devant *(Ord. n° 2018-358 du 16 mai 2018, art. 2, en vigueur le 1er janv. 2019)* « les tribunaux judiciaires spécialement désignés en application de l'article L. 211-16 du code de l'organisation judiciaire ». Ce recours, ouvert à toute personne et à tout organisme intéressé, est dépourvu d'effet suspensif, sauf lorsqu'il est intenté par la personne handicapée ou son représentant légal à l'encontre des décisions relevant du 2° du I de l'article L. 241-6.

Les décisions relevant *(L. n° 2011-901 du 28 juill. 2011, art. 10-VI-2°)* « des 1° et 2° » du I du même article, prises à l'égard d'un adulte handicapé *(L. n° 2011-901 du 28 juill. 2011, art. 10-VI-2°)* « dans le domaine de la rééducation professionnelle, du travail adapté ou protégé », et du 4° du I dudit article peuvent faire l'objet d'un recours devant la juridiction administrative.

Art. L. 241-10 Les membres de l'équipe pluridisciplinaire et de la commission respectivement mentionnées aux articles L. 146-8 et L. 146-9 sont tenus au secret professionnel dans les conditions prévues aux articles 226-13 et 226-14 du code pénal.

(L. n° 2011-901 du 28 juill. 2011, art. 9) « Par exception à l'article 226-13 du même code, les membres de l'équipe pluridisciplinaire peuvent, dans la limite de leurs attributions, échanger entre eux tous éléments ou informations à caractère secret dès lors que leur transmission est strictement limitée à ceux qui sont nécessaires à l'évaluation de sa situation individuelle et à l'élaboration du plan personnalisé de compensation du handicap visé à l'article L. 114-1-1 du présent code.

« Les membres de l'équipe pluridisciplinaire peuvent communiquer aux membres de la commission mentionnée à l'article L. 146-9 tous éléments ou informations à caractère secret dès lors que leur transmission est strictement limitée à ceux qui sont nécessaires à la prise de décision.

« Afin de permettre un accompagnement sanitaire et médico-social répondant aux objectifs énoncés au 3° de l'article L. 311-3, les membres de l'équipe pluridisciplinaire peuvent échanger avec un ou plusieurs professionnels qui assurent cet accompagnement les informations nécessaires relatives à la situation de la personne handicapée, dès lors que celle-ci ou son représentant légal dûment averti a donné son accord. »

SOUS-SECTION 4 DU MODULE DE PLACEMENT

Art. L. 112-14 Au titre du module de placement, le mineur peut être confié :

1° A un membre de sa famille ou une personne digne de confiance *(Abrogé par L. n° 2021-218 du 26 févr. 2021, art. 7)* ***« ainsi qu'au service de l'aide sociale à l'enfance »*** **;**

2° A un établissement du secteur public de la protection judiciaire de la jeunesse, à l'exclusion des établissements mentionnés à l'article L. 113-7 ;

3° A une institution ou un établissement éducatif privé habilité, à l'exclusion des établissements mentionnés à l'article L. 113-7. – *[Ord. n° 45-174 du 2 févr. 1945, art. 8, al. 16 ; art. 15, al. 1er, 2, 3 et 5.]*

BIBL. ► PÉDRON, Guide de la protection judiciaire de la jeunesse, *4e éd., 2016* ; A propos du décret relatif aux établissements et services du secteur public de la DPJJ, décret n° 2007-1573 du 6 novembre 2007, *JCP 2007. Actu. 589* ; *ASH* 21 nov. 2008, n° 2582, « PJJ : la structuration juridique des établissements et services du secteur publics ».

COMMENTAIRE

On sait qu'il est parfois nécessaire de placer les mineurs délinquants, notamment pour établir une rupture avec leur milieu social, familial, scolaire… Le placement est une mesure éducative classique, qui existait bien sûr sous l'ordonnance de 1945 (art. 8,

al. 10, 6° ; art. 10, al. 5 ; art. 15, 2° s. ; art. 16, 2° s.), et qui se trouve reprise par le code de la justice pénale des mineurs, aux articles L. 112-14 et L. 112-15.

Aux termes de l'article L. 112-14, le mineur placé peut être confié à un membre de sa famille, à une personne digne de confiance, à un établissement de la PJJ, ou à un établissement relevant du secteur associatif habilité. Le texte exclut cependant les centres éducatifs fermés, visés à l'article L. 113-7, dont le régime est particulier. Par ailleurs, on peut indiquer que les articles D. 112-36 et suivants du CJPM, issus du décret n° 2021-683 du 27 mai 2021, sont venus apporter des précisions sur le module de placement. L'article D. 112-36 indique ainsi que « les placements prévus aux 2° et 3° de l'article L. 112-14 sont mis en œuvre dans des établissements de placement de la protection judiciaire de la jeunesse ou du secteur associatif habilité » et que « le suivi éducatif est assuré par le service de la protection judiciaire de la jeunesse chargé de la mesure éducative judiciaire, en lien avec l'établissement de placement désigné ». Le suivi est assuré par le service de la PJJ chargé de la mesure éducative judiciaire, sous le contrôle du juge des enfants, même lorsque le mineur est placé en dehors d'un établissement de la PJJ, par exemple auprès d'un membre de la famille ou d'une personne digne de confiance (art. D. 112-39). Concrètement, le module de placement est exercé par le service de milieu ouvert lorsque le placement se déroule dans la famille du mineur ou chez un tiers digne de confiance ; dans les autres cas, il est exercé par un établissement du secteur public de la PJJ ou du secteur associatif à qui le mineur est confié par ordonnance de placement.

Le code envisage donc ici les diverses structures auxquelles les mineurs peuvent être confiés en les mettant sur le même plan. En pratique, s'est toutefois opérée depuis quelques années une certaine répartition des mineurs placés, entre la protection judiciaire de la jeunesse, le secteur associatif habilité et l'aide sociale à l'enfance. De manière générale en effet, la protection judiciaire de la jeunesse accueille des mineurs délinquants, alors que le secteur privé associatif et l'aide sociale à l'enfance accueillent principalement des mineurs en danger et des mineurs victimes. Ainsi, en 2020, on comptait environ 8 500 mineurs délinquants placés, soit 4 500 auprès de la protection judiciaire de la jeunesse et 3 500 auprès du secteur privé habilité, contre environ 160 000 mineurs en danger placés auprès de l'aide sociale à l'enfance (Les chiffres clés de la justice, *2021, p. 27*).

Plusieurs types d'établissements spécialement habilités à recevoir des mineurs délinquants existent, relevant pour certains du secteur public, et pour d'autres du secteur privé (en ce qui concerne l'habilitation spéciale, V. art. L. 113-6). En 2020, il existait 219 établissements du secteur public et 1 016 établissements du secteur privé (Les chiffres clés de la justice 2018, p. 25 ; les chiffres clés de la justice 2021 ne mentionnent plus cette donnée). Cette diversité de centres de placement permet aux magistrats de déterminer la structure la mieux adaptée au mineur, sous la réserve (importante en pratique) de la disponibilité. Il s'agit en règle générale de petites structures, accueillant une vingtaine de mineurs maximum, ce qui permet une prise en charge éducative plus adaptée et effective.

S'agissant des structures relevant de la protection judiciaire de la jeunesse, il convient de préciser que celles-ci ont été réformées profondément par un décret du 6 novembre 2007 (*JO 8 nov.*). Depuis cette date, il existe deux grandes catégories d'établissements : les établissements de placement éducatifs qui peuvent recouvrir différentes formes (unités éducatives d'hébergement collectif, unités éducatives d'hébergement diversifié et centres éducatifs renforcés) et les centres éducatifs fermés (qui sont traités dans d'autres dispositions du code). ❑

Art. L. 112-15 La décision de placement est prise par la juridiction après avoir procédé à l'audition du mineur et de ses représentants légaux lors d'une audience.

Toutefois, en cas d'urgence, le juge des enfants peut prononcer un placement sans avoir procédé à l'audition des parties. Dans ce cas, il les convoque à une date qui ne peut être fixée au-delà d'un délai de quinze jours à compter de la décision.

Le placement est prononcé par une ordonnance qui détermine le lieu de placement *(L. n° 2021-218 du 26 févr. 2021, art. 7)* **« et » en fixe la durée** *(L. n° 2021-218 du 26 févr. 2021, art. 7)* **« , » qui ne peut excéder un an** *(L. n° 2021-218 du 26 févr. 2021, art. 7)* **« , ainsi que » les modalités du droit de visite et d'hébergement des parents.**

Ce placement peut être renouvelé selon les modalités prévues au présent article.

Lorsqu'il a été prononcé à l'égard d'un mineur, le placement ne peut se poursuivre après la majorité de l'intéressé qu'avec son accord. – *[Ord. n° 45-174 du 2 févr. 1945, art. 16 bis, al. 4.]*

COMMENTAIRE

L'article L. 112-15 est l'article générique qui détermine les conditions du placement des mineurs, sauf texte dérogatoire. Ainsi, plusieurs articles du code y font référence, et notamment l'article L. 112-7 relatif aux placements dans le cadre du module insertion et les articles L. 112-12 et L. 112-13 relatifs aux placements dans le cadre du module de santé.

L'article L. 112-15 prévoit d'abord que « la décision de placement est prise par la juridiction après avoir procédé à l'audition du mineur et de ses représentants légaux lors d'une audience », mais précise que, « toutefois, en cas d'urgence, le juge des enfants peut prononcer un placement sans avoir procédé à l'audition des parties. Dans ce cas, il les convoque à une date qui ne peut être fixée au-delà d'un délai de quinze jours à compter de la décision ». La décision de placement est une décision grave, qui suppose évidemment la tenue d'une audience (et contre laquelle il est possible de faire appel, devant la chambre spéciale des mineurs ; art. L. 531-1 s.), et le code envisage logiquement l'audition du mineur et, le cas échéant, de ses représentants légaux. Toutefois, il réserve l'hypothèse de l'urgence. On notera ici que si le mineur doit en principe être entendu, son accord n'est pas nécessaire.

L'article L. 112-15 poursuit en précisant que « le placement est prononcé par une ordonnance qui détermine le lieu de placement et en fixe la durée qui ne peut excéder un an ainsi que les modalités du droit de visite et d'hébergement des parents » et que « ce placement peut être renouvelé selon les modalités prévues au présent article ». On notera que l'ordonnance de 1945 n'exigeait pas formellement ces précisions dans la décision. Il est sans nul doute préférable que le code l'exige désormais clairement.

Par ailleurs, l'article L. 112-15 prévoit que « lorsqu'il a été prononcé à l'égard d'un mineur, le placement ne peut se poursuivre après la majorité de l'intéressé qu'avec son accord ». Comme sous l'empire de l'ordonnance de 1945, le code limite donc le placement à la minorité.

Enfin, il convient de relever que la présente sous-section relative au module de placement ne détermine pas le régime du placement. Ce dernier est en effet précisé par le chapitre suivant. ❑

CHAPITRE III **DU RÉGIME DU PLACEMENT**

SECTION PREMIÈRE **DISPOSITIONS GÉNÉRALES**

Art. L. 113-1 Les père et mère du mineur bénéficiant d'une mesure de placement au titre du présent code continuent à exercer tous les attributs de l'autorité parentale qui ne sont pas inconciliables avec cette mesure. Toutefois, la personne, le service ou l'établissement auquel l'enfant est confié accomplit tous les actes usuels relatifs à sa surveillance et à son éducation.

Sans préjudice de l'alinéa précédent, le juge compétent pour statuer sur le placement peut exceptionnellement, dans tous les cas où l'intérêt de l'enfant le justifie, autoriser la personne, le service ou l'établissement auquel est confié le mineur à exercer un acte relevant de l'autorité parentale en cas de refus abusif ou injustifié ou en cas de négligence des détenteurs de l'autorité parentale, à charge pour le demandeur de rapporter la preuve de la nécessité de cette mesure. – *[Ord. n° 45-174 du 2 févr. 1945, art. 40, al. 5 et 6.]*

COMMENTAIRE

Les articles L. 113-1 et suivants déterminent le régime du placement des mineurs ou du moins les principaux aspects de celui-ci. A cet égard, ils ne distinguent pas en fonction du module dans lequel il intervient (insertion, santé, placement), de sorte que ces dispositions constituent le régime de droit commun applicable à tous les placements, sauf dérogation expresse. Pour autant, ce ne sont que quelques questions qui sont traitées dans le cadre de cette section, et le code reste – du moins dans sa partie législative – muet sur nombre d'autres. Rien n'est dit, par exemple, sur les modalités concrètes du placement, et notamment sur le point de savoir si le placement peut s'effectuer sous le régime de l'internat ou en « semi-liberté ». Rien n'est dit non plus sur les types d'établissements ou

de structures accueillant les mineurs ou sur les conditions de vie auxquelles les mineurs seront soumis. Sans doute ces questions seront-elles traitées dans les décrets qui accompagneront l'entrée en vigueur du code.

L'article L. 113-1, relatif à l'autorité parentale du mineur placé, reprend au mot près les termes de l'article 40 alinéas 5 et 6 de l'ordonnance de 1945, tels qu'ils avaient été créés par la loi n° 2019-222 du 23 mars 2019 (art. 94). Le principe, affirmé par l'alinéa 1er de cet article, est que « les père et mère du mineur bénéficiant d'une mesure de placement au titre du présent code continuent à exercer tous les attributs de l'autorité parentale qui ne sont pas inconciliables avec cette mesure ». Cette précision est bienvenue, même si elle est classique. Le placement est une mesure qui touche aux conditions d'hébergement du mineur, non à l'autorité parentale, et les parents d'un mineur placé restent titulaires de l'autorité parentale, comme le parent divorcé qui n'a pas la résidence habituelle de l'enfant. Certes, le même alinéa précise que « la personne, le service ou l'établissement auquel l'enfant est confié accomplit tous les actes usuels relatifs à sa surveillance et à son éducation », mais il ne s'agit pas d'une exception ou d'une atteinte à l'autorité parentale des parents. En effet, les actes usuels relatifs à la surveillance et à l'éducation de l'enfant s'inscrivent justement dans le cadre des conditions d'hébergement de l'enfant, et il est logique que ces actes puissent être exercés par les personnes ou les services auprès de qui l'enfant est placé.

En revanche, l'alinéa 2 envisage la possibilité d'une véritable atteinte à l'autorité parentale des parents d'un enfant placé (il reprend l'art. 40, al. 6, de l'Ord. de 1945). Selon cette disposition, « le juge compétent pour statuer sur le placement peut exceptionnellement, dans tous les cas où l'intérêt de l'enfant le justifie, autoriser la personne, le service ou l'établissement auquel est confié le mineur à exercer un acte relevant de l'autorité parentale en cas de refus abusif ou injustifié ou en cas de négligence des détenteurs de l'autorité parentale, à charge pour le demandeur de rapporter la preuve de la nécessité de cette mesure ». Cette disposition a pour objet d'éviter un blocage éventuel des parents, lorsque ce blocage empêche qu'une mesure relevant de l'autorité parentale soit prise dans l'intérêt de l'enfant. L'atteinte à l'autorité parentale est ici bien réelle, puisque, par définition, les parents sont encore titulaires de l'autorité parentale. Néanmoins, cette possibilité est nettement encadrée par le code : la décision est exceptionnelle ; elle est prise par un juge ; elle est prise à la demande de la personne ou du service auprès de qui le mineur est placé et cette demande doit être motivée ; elle ne peut intervenir qu'en cas de blocage injustifié des parents. L'encadrement de ce dispositif permet de considérer qu'il devrait être véritablement exceptionnel. Afin de mettre en œuvre cette dérogation, l'article D. 113-1 indique qu' « en application du deuxième alinéa de l'article L. 113-2, la juridiction informe l'organisme débiteur que la part des allocations familiales, majorations et allocations d'assistance auxquelles le mineur ouvre droit est attribuée à la personne ou à l'établissement qui accueille le mineur ».

On notera incidemment que le code utilise ici davantage le mot « enfant » que celui de « mineur ». Cela est parfaitement cohérent, car il s'agit bien d'une question relative à l'enfant, dans son rapport avec ses parents.

La partie réglementaire, issue du décret n° 2021-683 du 27 mai 2021 (partie D.), a apporté quelques précisions sur le régime du placement. L'article D. 113-2 prévoit ainsi que « dès l'arrivée du mineur dans l'établissement auquel il a été confié, un dossier est ouvert à son nom, au sein duquel est mentionné tout renseignement concernant son évolution, son comportement, son insertion scolaire et professionnelle, y compris son salaire, et ses relations avec sa famille ». Il est aussi prévu que « chaque établissement de placement de la protection judiciaire de la jeunesse et du secteur associatif habilité recevant des mineurs au titre du présent code adresse tous les ans, avant la fin du premier trimestre, au magistrat coordonnateur du tribunal pour enfants de son ressort, un rapport sur le fonctionnement général, moral et financier de l'établissement » (art. D. 113-3). ❑

Art. L. 113-2 Lorsque le mineur est remis à une personne autre que les titulaires de l'autorité parentale ou la personne *(L. n° 2021-218 du 26 févr. 2021, art. 7)* **« à laquelle il était confié », la décision détermine la part des frais d'entretien et de placement restant à leur charge.**

Ces frais sont recouvrés comme frais de justice criminelle au profit du Trésor. Les allocations familiales, majorations et allocations d'assistance auxquelles le mineur ouvre

droit seront versées directement par l'organisme débiteur à la personne ou à l'établissement qui accueille le mineur le temps du placement. Toutefois, le juge des enfants peut maintenir le versement des allocations familiales à la famille lorsque celle-ci participe à la prise en charge morale ou matérielle de l'enfant, ou en vue de faciliter le retour de l'enfant dans son foyer.

Lorsque le mineur est confié à l'aide sociale à l'enfance, la part des frais d'entretien et de placement qui n'incombe pas à la famille est mise à la charge du Trésor *(L. n° 2021-218 du 26 févr. 2021, art. 7)* **« public ».** – *[Ord. n° 45-174 du 2 févr. 1945, art. 34, al. 1er ; art. 40, al. 1er à 4.]*

COMMENTAIRE

L'article L. 113-2 régit le sort des frais d'entretien et de placement et des allocations diverses des mineurs placés. Il reprend les termes de l'article 40, alinéas 1er à 4 de l'ordonnance de 1945, notamment dans leur rédaction issue de la loi n° 2019-222 du 23 mars 2019 (art. 94).

L'article L. 113-2 prévoit, d'abord, que la décision doit déterminer la part des frais d'entretien et de placement restant la charge des titulaires de l'autorité parentale. En fonction d'un certain nombre d'éléments (dont évidemment la situation financière des parents), la juridiction effectue donc une répartition entre les parents et la collectivité, l'idée étant que, dans la mesure du possible, il convient de maintenir une participation financière des parents (le fait d'assumer financièrement son enfant est un élément du lien familial et de l'autorité parentale ; en outre, cela préserve un peu les finances de l'État ou de la collectivité publique...). Il est précisé que ces frais sont recouvrés comme frais de justice criminelle au profit du Trésor public.

L'alinéa suivant prévoit, quant à lui, que « les allocations familiales, majorations et allocations d'assistance auxquelles le mineur ouvre droit seront versées directement par l'organisme débiteur à la personne ou à l'établissement qui accueille le mineur le temps du placement ». On retrouve là encore une règle qui existait dans l'ordonnance de 1945 (art. 40). Mais elle est complétée par une précision qui n'y avait pas d'équivalent, en vertu de laquelle « le juge des enfants peut maintenir le versement des allocations familiales à la famille lorsque celle-ci participe à la prise en charge morale ou matérielle de l'enfant, ou en vue de faciliter le retour de l'enfant dans son foyer ».

Enfin, l'article L. 113-2 précise que « lorsque le mineur est confié à l'aide sociale à l'enfance, la part des frais d'entretien et de placement qui n'incombe pas à la famille est mise à la charge du Trésor public ». C'est la reprise d'une disposition qui figurait dans l'ordonnance de 1945, et qui avait été insérée par la loi n° 51-687 du 24 mai 1951. ❑

Art. L. 113-3 Le magistrat du parquet spécialement désigné et le juge des enfants visitent au moins une fois par an les établissements publics ou privés accueillant des mineurs délinquants situés sur le ressort de la juridiction pour mineurs. – *[Décr. n° 46-734 du 16 avr. 1946, art. 30, al. 2.]*

Art. L. 113-4 Les députés et les sénateurs ainsi que les représentants au Parlement européen élus en France sont autorisés à visiter, à tout moment, les établissements publics ou privés accueillant des mineurs en application des dispositions du présent code. – *[Ord. n° 45-174 du 2 févr. 1945, art. 35.]*

COMMENTAIRE

L'ordonnance de 1945 prévoyait la possibilité pour les parlementaires français de visiter les établissements publics ou privés accueillant les mineurs, mais il n'existait pas de disposition similaire concernant le juge des enfants et le procureur. Le code de la justice pénale des mineurs répare ce qui pouvait apparaître comme un oubli. On notera ici qu'à la différence des parlementaires pour lesquels ces visites sont possibles, elles sont obligatoires pour les juges des enfants et magistrats du ministère public. Mais on remarquera aussi qu'il n'existe pas de sanction à cette obligation...

La possibilité pour les parlementaires de visiter les établissements publics ou privés accueillant des mineurs délinquants de leur département avait été insérée par la loi n° 2002-1138 du 9 septembre 2002 dans l'ordonnance de 1945 (art. 35). Cette possibilité est reprise par l'article L. 113-4. On notera, cependant, une légère extension opérée

à l'occasion de la codification. L'article L. 113-4 a en effet ajouté aux députés et sénateurs les parlementaires européens. ❑

Art. L. 113-5 Les magistrats ou juridictions qui ordonnent ou assurent le suivi du placement d'un mineur en application du présent code ou les magistrats qui sont chargés de l'exécution de cette décision peuvent requérir directement la force publique pour faire exécuter cette décision, durant la minorité de l'intéressé. – *[Ord. n° 45-174 du 2 févr. 1945, art. 43.]*

COMMENTAIRE

Cette disposition de l'article L. 113-5 est la reprise de l'article 43 de l'ordonnance de 1945, issu de la loi n° 2016-1547 du 18 novembre 2016. ❑

Art. L. 113-6 Toute personne souhaitant, à titre habituel, accueillir des mineurs en application du présent code doit solliciter au préalable une habilitation spéciale auprès du représentant de l'État dans le département, selon des modalités fixées par décret en Conseil d'État. – *[Ord. n° 45-174 du 2 févr. 1945, art. 39.]*

COMMENTAIRE

L'exigence d'une habilitation pour accueillir des mineurs existait sous l'empire de l'ordonnance de 1945 (art. 39) et un décret du 16 avril 1946 précisait les conditions d'octroi et de retrait de cette habilitation. Elle se trouve reprise par le code de la justice pénale des mineurs, à une nuance près.

L'article 39 de l'ordonnance de 1945 exigeait une habilitation du préfet pour les personnes, institutions et œuvres accueillant des mineurs à titre habituel. Le code vise ici les « personnes », et non les « œuvres et institutions ». Cela signifie-t-il que pour ces dernières, aucune habilitation n'est désormais requise ? Sans doute pas. On peut considérer que les « personnes » regroupent en fait les personnes physiques et morales, ce qui englobe les associations susceptibles d'accueillir les mineurs.

A cet égard, on rappellera que l'article L. 112-14 du code relatif au module de placement mentionne, au titre des personnes susceptibles de se voir confier un mineur, les institutions et établissements éducatifs privés « habilités ». L'habilitation reste donc évidemment toujours nécessaire, pour les personnes physiques comme pour les institutions, du « secteur privé habilité ». On notera cependant que les centres éducatifs fermés nécessitent une habilitation spécifique (art. L. 113-7).

Les personnes physiques (famille d'accueil par ex.), les associations et les organismes privés ou publics qui accueillent des mineurs doivent donc faire l'objet d'une habilitation. Selon l'article L. 313-10 du code de l'action sociale et des familles, « l'habilitation à recevoir des mineurs confiés habituellement par l'autorité judiciaire, soit au titre de la législation relative à l'enfance délinquante, soit au titre de celle relative à l'assistance éducative, est délivrée par le représentant de l'État dans le département après avis du président du conseil départemental, pour tout ou partie du service ou de l'établissement. L'habilitation au titre de l'enfance délinquante et celle au titre de l'assistance éducative peuvent être délivrées simultanément par une même décision ».

Une autorisation est également nécessaire pour permettre à ces structures d'exercer et pour déterminer l'étendue de leurs missions. Cette autorisation est accordée par l'État pour les mineurs délinquants (art. L. 313-3 du CASF) et par le département et/ou l'État pour les mineurs en danger (même art.). Concernant les procédures d'habilitation et d'autorisation, cf. articles L. 313-1 et suivants du code de l'action sociale et des familles. ❑

Il résulte des dispositions combinées de l'art. 39 de l'Ord. du 2 févr. 1945 relative à l'enfance délinquante et des art. 3, 4 et 5 du Décr. du 16 avr. 1946 (Décr. n° 88-949 du 6 oct. 1988) relatif aux personnes, institutions ou services recevant des mineurs délinquants, que c'est en qualité de représentant de l'État que le préfet retire ou délivre l'habilitation que doivent obtenir les œuvres ou institutions qui s'offrent à recueillir d'une façon habituelle ces mineurs ; il suit de là, qu'à la supposer établie, la faute résultant du refus d'habilitation du préfet opposé à une association ne saurait engager la responsabilité du département. • CE 28 janv. 1991, n° 93904 : *Gaz. Pal. 1991. 2. Pan. adm. 76.*

Décret nº 88-949 du 6 octobre 1988,

Relatif à l'habilitation des personnes physiques, établissements, services ou organismes publics ou privés auxquels l'autorité judiciaire confie habituellement des mineurs ou l'exécution de mesures les concernant.

TITRE Ier. PROCÉDURE D'HABILITATION

Art. 1er *(Décr. nº 2003-180 du 5 mars 2003)* « Les habilitations prévues par l'article L. 313-10 du code de l'action sociale et des familles *(Décr. nº 2021-682 du 27 mai 2021, art. 5, en vigueur le 30 sept. 2021)* « , le 3° de l'article L. 112-5, l'article L. 112-6, l'article L. 112-10, le 3° de l'article L. 112-14 et *[l'article]* L. 113-7 du code de la justice pénale des mineurs *[ancienne rédaction : et les articles 15-1 et 33 de l'ordonnance du 2 février 1945]* » doivent » faire l'objet d'une demande adressée au préfet du département où se trouve le domicile de la personne physique ou le siège de l'établissement, du service ou de l'organisme public ou privé auquel l'autorité judiciaire confie habituellement des mineurs ou l'exécution de mesures d'investigation, *(Décr. nº 2003-180 du 5 mars 2003)* « de placement, d'éducation en milieu ouvert, ou de sanctions éducatives ». — *Les dispositions du Décr. nº 2003-180 sont applicables aux demandes déposées à compter du 6 mars 2003.*

Cette demande est présentée par la personne physique ou par la personne morale gestionnaire de l'établissement, service ou organisme pour lequel l'habilitation est demandée. Elle indique si elle est faite au titre de l'ordonnance du 2 février 1945 relative à l'enfance délinquante, au titre des articles 375 à 375-8 du code civil relatifs à l'assistance éducative ou à ces deux titres à la fois.

Art. 2 La demande prévue à l'article 1er du présent décret est adressée par lettre recommandée avec demande d'avis de réception et en triple exemplaire.

Elle mentionne :

1° Les nom, date et lieu de naissance, nationalité, profession et domicile de la personne physique qui la présente ou des membres des organes de direction de la personne morale au nom de laquelle elle est présentée ;

2° La nature de l'activité pour laquelle l'habilitation est sollicitée.

A la demande sont annexés en triple exemplaire :

1° Si le demandeur est une personne physique gérant ou non un établissement ou un service, le curriculum vitae et les copies des titres universitaires et diplômes scolaires et professionnels possédés ;

2° Si le demandeur est une personne morale de droit privé, le curriculum vitae des dirigeants ainsi que les statuts et la justification des formalités légales ou réglementaires de déclaration ou d'inscription.

3° Dans tous les cas :

a) Le règlement de fonctionnement de l'établissement, du service ou de l'organisme ;

b) La liste des différentes catégories de personnel, le curriculum vitae et la copie des titres universitaires et diplômes professionnels de chacun des membres de ce personnel ;

c) Le budget prévisionnel ;

d) Les plans des locaux avec l'indication des conditions juridiques de leur occupation ;

e) Un procès-verbal de visite de la commission de sécurité datant de moins d'un an et le cas échéant la justification des démarches entreprises pour assurer la mise en conformité des locaux ;

f) Une note indiquant les conditions de fonctionnement pédagogique, administratif et financier de l'établissement, du service ou de l'organisme et mentionnant l'effectif maximum des mineurs et des jeunes majeurs pouvant être pris en charge ;

g) Si la personne physique, l'établissement, le service ou l'organisme dispense sur place un enseignement général ou professionnel et dans tous les cas où il reçoit des mineurs d'âge scolaire, une note relative à l'organisation de l'enseignement dispensé ou précisant les conditions dans lesquelles les mineurs sont scolarisés.

Art. 3 Le préfet, après avoir informé de la demande le président du conseil départemental, fait procéder à l'instruction du dossier par le directeur interrégional de la protection judiciaire de la jeunesse.

L'instruction comporte obligatoirement l'avis du juge des enfants et du procureur de la République. Ces avis sont émis, notamment, au vu du bulletin n° 2 du casier judiciaire de la personne physique ou des membres des organes de direction de la personne morale ou de l'organisme qui sollicite l'habilitation ainsi que de celui des personnels employés par la personne physique ou morale ou l'organisme demandeur. Ce bulletin n'est pas joint au dossier.

Lorsque la demande concerne un centre éducatif fermé, le directeur interrégional de la protection judiciaire de la jeunesse prend en compte les conditions d'éducation et de sécurité du centre ainsi que les modalités permettant d'assurer la continuité du service.

L'avis de l'autorité académique est également recueilli lorsque la personne physique, l'établissement, le service ou l'organisme dispense sur place un enseignement général ou professionnel et dans tous les cas où il reçoit des mineurs d'âge scolaire.

Art. 4 Les autorités consultées au cours de la procédure disposent d'un délai de deux mois pour donner leur avis.

A l'expiration de ce délai, le directeur interrégional de la protection judiciaire de la jeunesse remet le dossier, en l'état, au préfet, accompagné d'un projet de décision.

Le préfet recueille l'avis du président du conseil départemental en lui transmettant une copie de l'ensemble du dossier.

Art. 4-1 S'il n'a pas été statué par le préfet dans le délai de quatre mois suivant le dépôt de la demande d'habilitation, celle-ci est considérée comme rejetée.

Art. 5 L'habilitation est accordée par arrêté du préfet pour une période de cinq ans prenant effet à la date de notification de l'arrêté. Elle est renouvelable pour des périodes d'égale durée, dans les conditions fixées par le titre II du présent décret.

L'arrêté précise les conditions de l'habilitation, et notamment le nombre, l'âge, le sexe et les catégories juridiques des jeunes reçus ainsi que les conditions d'éducation et de séjour.

Il précise également les obligations particulières que le demandeur accepte de remplir dans le cadre du concours qu'il apporte à la protection judiciaire de la jeunesse.

L'habilitation ainsi délivrée vaut pour l'application des dispositions du décret n° 75-96 du 18 février 1975 fixant les modalités de mise en œuvre d'une action de protection judiciaire en faveur des jeunes majeurs.

(Décr. n° 2003-180 du 5 mars 2003) « Par dérogation aux articles R. 15-35 à R. 15-40 et R. 16 du code de procédure pénale, l'habilitation ainsi délivrée vaut pour l'exercice du contrôle des obligations particulières prévues au *(Décr. n° 2021-682 du 27 mai 2021, art. 5, en vigueur le 30 sept. 2021)* « seizième alinéa de l'article L. 331-2 du code de la justice pénale des mineurs *[ancienne rédaction : et les articles 15-1 et 33 de l'ordonnance du 2 février 1945]* ». Elle vaut également habilitation pour l'exercice du contrôle des obligations particulières prévues aux *(Décr. n° 2021-682 du 27 mai 2021, art. 5, en vigueur le 30 sept. 2021)* « 1° à 3° de l'article L. 122-2 du même code *[ancienne rédaction : troisième et quatrième alinéas de l'article 20-9 de ladite ordonnance]* ». »

TITRE II. CONDITIONS DE RENOUVELLEMENT ET DE RETRAIT DE L'HABILITATION

Art. 6 La personne physique ou la personne morale gestionnaire de l'établissement, du service ou de l'organisme habilité doit faire connaître au directeur interrégional de la protection judiciaire de la jeunesse tout projet modifiant la capacité, le régime de fonctionnement de l'établissement, du service ou de l'organisme, les lieux où ils sont implantés, les conditions d'éducation et de séjour des mineurs confiés et, d'une manière générale, tout changement pouvant avoir une incidence sur la nature ou le champ d'application de l'habilitation accordée.

Art. 7 Toute modification dans la composition des organes de direction de la personne morale gestionnaire de l'établissement, du service ou de l'organisme habilité doit être portée à la connaissance du directeur interrégional de la protection judiciaire de la jeunesse par le représentant de la personne morale.

Doit être également notifié dans les mêmes conditions tout recrutement de personnel affecté dans les établissements, services ou organismes habilités, ou employé par la personne physique habilitée.

Art. 8 Le directeur interrégional de la protection judiciaire de la jeunesse informe le préfet des modifications et changements qui ont été portés à sa connaissance, conformément aux dispositions des articles 6 et 7 du présent décret.

Le préfet prend le cas échéant, après avis du juge des enfants, du procureur de la République et du président du conseil départemental, un arrêté modificatif de l'habilitation accordée ou un arrêté mettant fin à celle-ci.

Avant de donner leur avis, le juge des enfants et le procureur de la République demandent le bulletin n° 2 du casier judiciaire des personnes concernées par les modifications ou recrutements mentionnés à l'article 7. Ce bulletin n'est pas joint au dossier.

Art. 9 Au plus tard six mois avant la date d'expiration de l'habilitation, la demande de renouvellement est adressée au préfet.

Art. 10 La demande prévue à l'article 9 est présentée et instruite conformément aux dispositions des articles 1er à 4 et la nouvelle habilitation est, le cas échéant, délivrée dans les conditions prévues à l'article 5 du présent décret.

Art. 11 L'arrêté accordant ou refusant le renouvellement prend effet à la date de sa notification. L'habilitation précédemment accordée continue de produire ses effets jusqu'à cette date, dans les conditions définies par l'arrêté qui l'avait délivrée.

Art. 12 Le préfet peut à tout moment retirer l'habilitation lorsque sont constatés des faits de nature à compromettre la mise en œuvre des mesures éducatives ou à porter atteinte aux intérêts des mineurs confiés.

La décision est prise par arrêté du préfet conformément aux dispositions des articles 3 et 4 du présent décret.

Art. 13 *Modifie l'art. R. 79 (M) du code de procédure pénale.*

TITRE III. DISPOSITIONS DIVERSES ET TRANSITOIRES

Art. 14 Les dispositions du présent décret sont immédiatement applicables aux demandes d'habilitation en cours d'instruction à sa date de publication au *Journal officiel*. Les habilitations délivrées avant cette date restent valables pour une période de trois ans à compter de cette date. Toutefois les dispositions du titre II du présent décret leur sont applicables.

Art. 15 Sont abrogés les articles 1er à 5 et 33 à 35 du décret n° 46-734 du 16 avril 1946, les articles 8 et 9 du décret n° 59-1095 du 21 septembre 1959 et les articles 1er à 8 et 12 à 14 de l'arrêté interministériel du 13 juillet 1960.

Art. 16 Le ministre d'État, ministre de l'éducation nationale, de la jeunesse et des sports, le garde des sceaux, ministre de la justice, le ministre de l'intérieur, le ministre de la solidarité, de la santé et de la protection sociale, porte-parole du Gouvernement, et le secrétaire d'État auprès du ministre de l'intérieur, chargé des collectivités territoriales, sont chargés, chacun en ce qui le concerne, de l'exécution du présent décret, qui sera publié au *Journal officiel* de la République française.

SECTION II **DES CENTRES ÉDUCATIFS FERMÉS**

Art. L. 113-7 **Les centres éducatifs fermés sont des établissements publics ou des établissements privés habilités dans des conditions prévues par décret en Conseil d'État, dans lesquels les mineurs sont placés en application d'un contrôle judiciaire, d'un sursis probatoire, d'un placement à l'extérieur ou à la suite d'une libération conditionnelle. Au sein de ces centres, les mineurs font l'objet des mesures de surveillance et de contrôle permettant d'assurer un suivi éducatif et pédagogique renforcé et adapté à leur personnalité.**

Le magistrat ou la juridiction peut, durant le temps et selon les modalités qu'il détermine, autoriser l'établissement à organiser un accueil temporaire du mineur dans d'autres lieux afin de préparer la fin du placement ou de prévenir un incident grave.

La violation des obligations auxquelles le mineur est astreint en vertu des mesures qui ont entraîné son placement dans le centre, y compris en cas d'accueil temporaire dans un autre lieu, peut entraîner le placement en détention provisoire ou l'emprisonnement du mineur.

L'habilitation prévue au premier alinéa ne peut être délivrée qu'aux établissements offrant une éducation et une sécurité adaptées à la mission des centres ainsi que la continuité du service.

Le juge des enfants prend toute mesure permettant d'assurer la continuité de la prise en charge éducative du mineur en vue de sa réinsertion durable dans la société, à

l'issue du placement en centre éducatif fermé ou en cas de révocation du contrôle judiciaire ou du sursis probatoire.

(L. n° 2021-218 du 26 févr. 2021, art. 8) **« Lorsque la place occupée par un mineur suite à une décision de placement reste vacante pendant une durée excédant sept jours, l'établissement accueillant le mineur concerné saisit d'une demande de mainlevée spécialement motivée le magistrat chargé de l'exécution de cette décision, qui statue sans délai.**

« Des activités culturelles et socioculturelles sont organisées dans les établissements mentionnés au premier alinéa. Elles ont notamment pour objet de développer les moyens d'expression, les connaissances et les aptitudes des mineurs placés dans des centres éducatifs fermés. Les modalités d'application du présent alinéa sont définies par décret. » — *[Ord. n° 45-174 du 2 févr. 1945, art. 33.]*

V. Circ. PJJ n° 2003-02 K du 28 mars 2003 relative à la mise en œuvre du programme des centres éducatifs fermés, cadre juridique, prise en charge éducative et politique pénale (BOMJ 2003, n° 89, p. 156 s.). — V. Arr. du 31 mars 2015 relatif aux règles d'organisation, de fonctionnement et de prise en charge des centres éducatifs fermés du secteur public de la protection judiciaire de la jeunesse (JO 30 avr.) — Circ. d'application de l'arrêté du 31 mars 2015 relatif aux règles d'organisation, de fonctionnement et de prise en charge des centres éducatifs fermés du secteur public de la protection judiciaire de la jeunesse. — V. ces textes ci-desous.

BIBL. ▶ Beuzelin, Les centres éducatifs fermés : le retour à une logique d'enfermement, *in Regards sur l'actualité 2002, n° 284, p. 37 s.* - Castella et Sanchez, La réforme de la justice pénale des mineurs par la loi du 9 septembre 2002, *Dr. fam. 2002. Chron. n° 28, p. 7.* - Fouchard, Les centres éducatifs fermés : la fuite en avant ?, *in* Jacopin (dir.), Un code de la justice pénale des mineurs, quelle(s) spécificité(s) ?, *Dalloz, coll. Thèmes et commentaires, 2021, p. 141 s.* - Mucchielli, Les centre éducatifs fermés : rupture ou continuité ?, *Revue d'Histoire de l'enfance irrégulière, n° 7, déc. 2005, p. 137 s.* - Perdriolle, Centres fermés pour mineurs délinquants : les ambiguïtés d'un projet, *Études, nov. 2003, p. 463 s.* - Roché, Les centres éducatifs fermés : un procès excessif, *in Regards sur l'actualité 2002, n° 284, p. 41 s.* - Rongé, Les centres éducatifs fermés, *Journal du droit des jeunes, 2007, vol. 264, n° 4, p. 39.*

COMMENTAIRE

Dans la perspective d'un renforcement de la réponse pénale à l'égard des mineurs, la loi du 9 septembre 2002 a créé les centres éducatifs fermés (Ord. de 1945, art. 33). Il s'agissait de proposer une solution intermédiaire entre le centre éducatif classique et l'établissement pénitentiaire, afin d'accueillir des mineurs ancrés dans la délinquance âgés de 13 à 18 ans.

Les centres éducatifs fermés sont donc plus contenants que les centres éducatifs renforcés, qui n'ont pas disparu, et qui ont quant à eux vocation à prendre en charge des mineurs délinquants multirécidivistes dans le cadre de programmes d'activités intensifs pendant des sessions de trois à six mois avec un encadrement éducatif permanent (note PJJ 2000-778 du 13 janv. 2000, JUSF0050051N).

Complétée rapidement par la loi du 9 mars 2004 (V. Bonfils, Les dispositions relatives aux mineurs de la loi n° 2004-204 du 9 mars 2004 dite Perben II, *JCP 2004. I. 140, n° 21*), l'ordonnance de 1945 prévoyait que les mineurs étaient placés dans ces centres éducatifs fermés en application d'un contrôle judiciaire, dans le cadre d'une libération conditionnelle, ou au titre d'un sursis avec mise à l'épreuve : avant, après ou à la place de la prison. Bien que vivement critiqués, les centres éducatifs fermés se sont pourtant imposés et semblent permettre une surveillance permettant d'assurer un suivi éducatif et pédagogique renforcé et adapté à la personnalité des mineurs. Il n'est pas étonnant, dans ces conditions, que le code de la justice pénale des mineurs ait fait le choix de les conserver. Mais la singularité de ces centres et le particularisme des cas dans lesquels les mineurs peuvent y être placés ont justifié que le code les traite dans une section différente des autres structures de placement.

L'article L. 113-7 prévoit ainsi que « les centres éducatifs fermés sont des établissements publics ou des établissements privés habilités dans des conditions prévues par décret en Conseil d'État, dans lesquels les mineurs sont placés en application d'un contrôle judiciaire, d'un sursis probatoire, d'un placement à l'extérieur ou à la suite d'une libération conditionnelle ». On retrouve sensiblement les mêmes cas dans lesquels les mineurs peuvent être placés dans un centre éducatif fermé (avant, après ou à la place de la

prison). On notera cependant que le sursis probatoire a remplacé le sursis avec mise à l'épreuve (conformément au droit commun issu de L. du 23 mars 2019) et que le texte vise désormais aussi le placement à l'extérieur (en l'absence de texte contraire, le placement à l'extérieur prévu par l'art. 132-26 du C. pén. est applicable aux mineurs).

L'objectif général reste le même : comme l'ancien article 33 de l'ordonnance de 1945, l'article L. 113-7 affirme que « au sein de ces centres, les mineurs font l'objet des mesures de surveillance et de contrôle permettant d'assurer un suivi éducatif et pédagogique renforcé et adapté à leur personnalité ».

Par ailleurs, l'article L. 113-7 précise que « le magistrat ou la juridiction peut, durant le temps et selon les modalités qu'il détermine, autoriser l'établissement à organiser un accueil temporaire du mineur dans d'autres lieux afin de préparer la fin du placement ou de prévenir un incident grave ». On imagine que cette disposition peut permettre, comme une permission de sortir dans le cadre d'un établissement pénitentiaire, de préparer la sortie pour passer un entretien. Il s'agit là d'une précision nouvelle, qui introduit une certaine souplesse dans le régime des centres éducatifs fermés. Mais, comme le dit l'alinéa suivant, si le mineur est autorisé à quitter temporairement le centre éducatif fermé, il reste tenu des respecter les obligations auxquelles il a été astreint.

A cet égard, l'article L. 113-7 prévoit expressément que « la violation des obligations auxquelles le mineur est astreint en vertu des mesures qui ont entraîné son placement dans le centre, y compris en cas d'accueil temporaire dans un autre lieu, peut entraîner le placement en détention provisoire ou l'emprisonnement du mineur ». Cette précision figurait déjà dans l'ordonnance de 1945 (art. 33), et elle se trouve logiquement reprise par le code. A dire vrai, elle ne s'imposait pas véritablement, dans la mesure où les sanctions – placement en détention provisoire ou emprisonnement – du non-respect du sursis probatoire, du contrôle judiciaire, de la libération conditionnelle ou du placement extérieur sont prévues par les dispositions qui les régissent. Pour autant, ce rappel est bienvenu, les rendant plus claires et plus lisibles. Il est même d'autant plus important que l'intérêt des centres éducatifs fermés est précisément la dimension contraignante. En effet, lors de la création des centres éducatifs fermés, un rapport avait été annexé à la loi du 9 septembre 2002 qui expliquait que le placement au sein de ces centres éducatifs fermés avait pour objectif de répondre à la nécessité d'une meilleure prise en charge de mineurs multirécidivistes et de pallier les inconvénients des centres éducatifs renforcés, au regard de l'absence de moyen de contrainte en cas de non-respect des conditions du placement.

Il existe deux sortes de centres éducatifs fermés : certains relèvent du secteur public (c'est-à-dire qu'ils sont gérés par la protection judiciaire de la jeunesse), d'autres du secteur privé habilité. Dans ce dernier cas, le code exige une habilitation, et même une habilitation particulière, qui « ne peut être délivrée qu'aux établissements offrant une éducation et une sécurité adaptées à la mission des centres ainsi que la continuité du service » (art. L. 113-7). Cette exigence avait été introduite à l'ancien article 33 de l'ordonnance de 1945 par la loi n° 2019-222 du 23 mars 2019. En 2018, il existait 17 CEF relevant du secteur public et 39 CEF relevant du secteur privé habilité (les chiffres clés de la justice, 2019, p. 24).

Enfin, l'article L. 113-7, dernier alinéa, dispose que « le juge des enfants prend toute mesure permettant d'assurer la continuité de la prise en charge éducative du mineur en vue de sa réinsertion durable dans la société, à l'issue du placement en centre éducatif fermé ou en cas de révocation du contrôle judiciaire ou du sursis probatoire ». On notera simplement ici que c'est une précision qui figurait déjà dans l'article 33 de l'ordonnance de 1945.

Pour conclure, on peut constater que les centres éducatifs fermés se sont finalement imposés, malgré les critiques dont ils avaient fait l'objet lors de la création en 2002. En ce temps-là, on avait notamment critiqué l'ambiguïté des centres éducatifs fermés, qui n'étaient pas aussi fermés que les établissements pénitentiaires et n'empêchaient pas quelques fugues (le terme est sans doute plus juste que celui d'évasions). Mais précisément, ces centres ne sont pas des prisons, et ne sont pas gérés par l'administration pénitentiaire. Leur fermeture est en réalité davantage juridique que matérielle, puisque le non-respect du placement dans ces centres éducatifs fermés pourra entraîner l'incarcération du mineur au titre de la détention provisoire ou de l'emprisonnement. Ce faisant, les centres éducatifs fermés ont bien trouvé une place intermédiaire entre les

centres éducatifs « classiques » et les établissements pénitentiaires. On lira à ce sujet le rapport interministériel portant sur l'évaluation du dispositif des CEF, déposé en janvier 2013, et celui de la mission d'évaluation de l'Inspection générale des services judiciaires et de l'inspection générale des services sociaux sur le dispositif des centres éducatifs fermés, remis en juillet 2015. Ce rapport atteste notamment d'un réel investissement de la PJJ (et de la DPJJ) pour améliorer et consolider le fonctionnement des CEF, en participant à l'élaboration d'un cadre normatif commun aux établissements du secteur public et du secteur privé (les deux tiers des CEF appartiennent au secteur associatif habilité), en créant de nouveaux CEF dans des zones qui n'en avaient pas jusqu'alors, et en améliorant la formation des agents et le pilotage des établissements. Ce rapport relève aussi des difficultés structurelles (implantation géographique d'une partie des CEF éloignés des bassins d'emploi, insuffisance de qualification d'expérience d'une partie des cadres et des équipes éducatives, manque d'attractivité des CEF pour les professionnels, déficit d'activités proposées aux mineurs, complexité de la relation entre l'État et le secteur associatif habilité), et propose un certain nombre d'actions à engager (imposer la qualification des professionnels et poursuivre le renforcement des effectifs, optimiser l'action éducative pendant le placement et renforcer l'accompagnement du mineur à la sortie, mieux prévenir les crises et les dysfonctionnements dans les CEF, avec notamment un plan de prévention de la violence, ou encore intensifier le pilotage et clarifier le contrôle du dispositif des CEF). ❑

Le placement d'un mineur de 16 ans dans un centre éducatif fermé ne constituant qu'une modalité du contrôle judiciaire, l'appel de l'ordonnance du juge des enfants du placement dans un tel établissement, même s'il ne vise pas l'ordonnance de placement sous contrôle judiciaire, relève de la compétence de la chambre de l'instruction et non de la chambre spéciale des mineurs de la cour d'appel. • Crim. 10 oct. 2007, n° 07-84.830 P.

Circulaire n° 2003-02 K du 28 mars 2003,

Relative à la mise en œuvre du programme des centres éducatifs fermés, de la direction de la protection judiciaire de la jeunesse.

L'évolution de la délinquance des mineurs et la nécessité d'y apporter des réponses mieux adaptées ont conduit le législateur à modifier l'ordonnance n° 45-174 du 2 février 1945 relative à l'enfance délinquante. La loi n° 2002-1138 du 9 septembre 2002 d'orientation et de programmation pour la justice a ainsi renforcé et diversifié les moyens mis à la disposition des juridictions, de la protection judiciaire de la jeunesse et de l'administration pénitentiaire pour prendre en charge ces mineurs.

L'une des principales innovations de cette loi est l'institution de centres éducatifs fermés, définis par l'article 33 de l'ordonnance du 2 février 1945 comme des établissements publics ou privés dans lesquels les mineurs sont placés en application d'un contrôle judiciaire ou d'un sursis avec mise à l'épreuve et où ils font l'objet de mesures de surveillance et de contrôle permettant d'assurer un suivi éducatif et pédagogique renforcé et adapté à leur personnalité.

Outre leur cadre juridique, ces centres se caractérisent par l'action éducative renforcée qui y est conduite, notamment dans sa dimension de socialisation des mineurs. Ils constituent ainsi un nouvel outil permettant d'éviter l'incarcération et venant compléter le dispositif de placement existant.

Recevant des mineurs dans un cadre juridique contraignant (I), les centres éducatifs fermés mettent en œuvre un suivi éducatif intensif, fortement articulé avec les décisions judiciaires (II). La fin du placement et les incidents qui peuvent survenir pendant son déroulement donnent lieu à un traitement adapté, destiné à garantir la coordination des autorités concernées (III).

I. — LE PLACEMENT EN CENTRE ÉDUCATIF FERMÉ

Le régime juridique des placements en centre éducatif fermé est destiné à permettre une prise en charge efficace des mineurs multirécidivistes ou multiréitérants.

1. Le régime juridique des placements en centre éducatif fermé

Les centres éducatifs fermés reçoivent des mineurs placés dans le cadre d'un contrôle judiciaire ou d'un sursis avec mise à l'épreuve. Cette définition impose ainsi le prononcé de deux mesures distinctes : un contrôle judiciaire ou un emprisonnement assorti d'un sursis avec mise à l'épreuve d'une part, un placement d'autre part.

1.1. La contrainte judiciaire

La contrainte judiciaire résulte de l'ordonnance de contrôle judiciaire ou du jugement de condamnation à une peine d'emprisonnement avec sursis et mise à l'épreuve. Elle a pour objet d'assurer l'effectivité de la mesure éducative de placement en permettant de sanctionner fermement le non-respect de celle-ci.

1.1.1. Le contrôle judiciaire

Les mineurs âgés de 13 à 18 ans peuvent être placés sous contrôle judiciaire dans les conditions prévues de l'article 138 du code de procédure pénale, sous réserve des dispositions de l'article 10-2 de l'ordonnance du 2 février 1945.

En matière correctionnelle, les mineurs âgés de 13 à 16 ans ne peuvent être placés sous contrôle judiciaire qu'avec la seule obligation spécifique de "respecter les conditions du placement" dans un centre éducatif fermé visée à l'article 10-2 II 2° de l'ordonnance du 2 février 1945. Pour mémoire, ces mineurs ne peuvent faire l'objet d'un contrôle judiciaire qu'à la double condition qu'ils soient poursuivis pour un délit puni d'au moins 5 ans d'emprisonnement et qu'ils aient déjà fait l'objet d'une mesure éducative pénale (admonestation, remise à parent, mise sous protection judiciaire, liberté surveillée préjudicielle, liberté surveillée ou placement), d'une sanction éducative ou d'une peine.

En matière criminelle pour tous les mineurs âgés de plus de 13 ans et en matière correctionnelle pour les seuls mineurs âgés de 16 à 18 ans, le contrôle judiciaire peut être assorti de l'une ou plusieurs des obligations spécifiques de l'article 10-2 de l'ordonnance du 2 février 1945 et/ou de l'une ou plusieurs des obligations de l'article 138 du code de procédure pénale dont celle ne pas s'absenter de la résidence fixée par le juge.

La loi n'impose donc pas, pour ces mineurs, le prononcé de l'obligation spécifique de respect des conditions du placement prévue par l'article 10-2 II *[,]* 2° de l'ordonnance du 2 février 1945. Cette dernière apparaît cependant indispensable pour assurer la cohérence d'un placement en centre éducatif fermé. C'est pourquoi, il convient d'exclure le prononcé de la seule obligation de résidence prévue par l'article 138 du code de procédure pénale. Lorsque les magistrats du parquet estiment nécessaire qu'un mineur soit placé sous contrôle judiciaire dans un tel établissement, ils veilleront ainsi à requérir spécifiquement le prononcé de l'obligation "de respecter les conditions du placement" de l'article 10-2 II *[,]* 2° de l'ordonnance du 2 février 1945.

1.1.2. Le sursis avec mise à l'épreuve

La juridiction de jugement peut désormais prononcer, à l'égard des mineurs âgés de 13 à 18 ans, une peine d'emprisonnement avec sursis et mise à l'épreuve en l'assortissant d'une mesure de placement notamment dans un centre éducatif fermé. Outre les obligations générales et de droit de l'article 132-44 du code pénal, elle peut alors astreindre le mineur à l'obligation de "respecter les conditions d'exécution de la mesure" et/ou à une ou plusieurs obligations de l'article 132-45 du code pénal, dont celle d'établir sa résidence dans un centre éducatif fermé.

Pour les mêmes raisons que pour le contrôle judiciaire, les magistrats du parquet veilleront à solliciter systématiquement le prononcé de l'obligation spécifique de "respecter les conditions d'exécution de la mesure" lorsqu'ils requerront, à l'audience, un placement en centre éducatif fermé dans le cadre d'un sursis avec mise à l'épreuve.

Il y a lieu de préciser en outre que l'article 20-9 de l'ordonnance du 2 février 1945 n'offre la possibilité d'assortir le sursis avec mise à l'épreuve de l'obligation de respecter les conditions d'exécuter une mesure de placement dans un centre éducatif fermé qu'à la juridiction de jugement, tribunal pour enfants ou cour d'assises des mineurs. Le juge des enfants intervenant comme juge d'application des peines n'a pas la possibilité d'ajouter l'obligation de respecter les conditions d'exécution d'un placement, lorsque la juridiction de jugement ne l'a pas prévue d'emblée.

Par ailleurs, si le juge des enfants statuant comme juge de l'application des peines peut, postérieurement à son prononcé, modifier les modalités d'exercice d'une mesure ordonnée par le tribunal, il ne peut en modifier la nature. Ainsi, lorsqu'un placement dans une structure autre qu'un centre éducatif fermé aura été ordonné, le juge pourra confier le mineur à un centre éducatif fermé. En revanche, lorsque le tribunal a prononcé une mesure de milieu ouvert, comme par exemple une mesure de liberté surveillée, le juge ne pourra la convertir en placement.

Dès lors que le placement est prononcé dans le cadre de l'audience, il paraît essentiel, dans toute la mesure du possible, que ce placement puisse être préalablement préparé. Cette

préparation permettra à la juridiction de jugement de prononcer le placement simultanément à la mise à l'épreuve, dans des conditions solides et garantissant davantage la réussite de la mesure.

1.1.3. Le suivi de la contrainte judiciaire

Comme l'a rappelé le Conseil constitutionnel dans sa décision du 29 août 2002, le caractère fermé des centres est de nature juridique et réside uniquement dans la sanction du non-respect des obligations auxquelles est astreint le mineur.

Le suivi des obligations du contrôle judiciaire ou de la mise à l'épreuve appartient, en tout ou partie selon la décision judiciaire, au responsable du centre lui-même.

1° Le suivi du contrôle judiciaire.

Dans le cadre du contrôle judiciaire, le soin de veiller à la bonne exécution de l'obligation spécifique de l'article 10-2-II de l'ordonnance du 2 février 1945 appartient, conformément au troisième alinéa de cet article et à l'article 5 du décret du 6 octobre 1988 modifié, au responsable du centre éducatif fermé.

Le contrôle des autres obligations éventuellement mises à la charge du mineur peut également être confié à ce responsable, que celui-ci relève du secteur public de la protection judiciaire de la jeunesse ou du secteur associatif habilité. Dans ce dernier cas toutefois, l'habilitation à veiller au respect des obligations du contrôle judiciaire ne vaut que pendant la durée du placement et ne peut être étendue au-delà de celui-ci. S'il apparaissait nécessaire de maintenir certaines obligations du contrôle judiciaire à la sortie du centre éducatif fermé, le contrôle de celles-ci devrait alors être transféré ou mis à la charge d'une autre personne que le responsable du centre.

2° Le sursis avec mise à l'épreuve.

Dans le cadre du sursis avec mise à l'épreuve, le contrôle de l'obligation spécifique de respecter les conditions d'exécution du placement appartient, conformément à l'article 20-9 de l'ordonnance du 2 février 1945, à l'article 5 du décret du 6 octobre 1988 modifié et, par analogie au régime du contrôle judiciaire, au responsable du centre éducatif fermé.

Le contrôle des autres obligations éventuellement mises à la charge du mineur peut également être confié à ce responsable, que celui-ci relève du secteur public de la protection judiciaire de la jeunesse ou du secteur associatif habilité et sous la même réserve que celle mentionnée pour le contrôle judiciaire.

1.2. La décision de placement et ses contours juridiques

1.2.1. Le contenu de la décision de placement

La décision de placement dans un centre éducatif fermé, qui visera selon les situations les articles 10, 15 ou 16 ainsi que l'article 33 de l'ordonnance du 2 février 1945, doit contenir dans son dispositif les modalités de rencontre entre le mineur et ses parents et les dispositions financières (orientation des allocations familiales).

S'agissant des modalités de rencontre du mineur avec ses parents, il y a lieu d'adapter celle-ci à la mission éducative des centres, qui impose notamment de faire évoluer le mineur vers l'autonomie dans le respect de la règle commune.

Il est donc nécessaire, pour le bon fonctionnement du centre, mais aussi pour une définition rigoureuse des conditions du placement, que les modalités de rencontres du mineur avec ses parents soient précisément traduites dans la décision de placement elle-même. Sans droit de sortie ou d'hébergement prévu dans le dispositif de la décision de placement, le mineur pourra recevoir la visite de ses parents dans les locaux du centre éducatif fermé, sauf suspension de tout droit de visite prévue dans la décision.

J'appelle en outre votre attention sur le fait que la liberté de la correspondance constitue une liberté fondamentale attachée au respect de la vie privée. Elle ne peut être aménagée que par les mesures judiciaires qui définissent le placement :

— dans le cadre du contrôle judiciaire, par ajout d'une interdiction d'entrer en relation de quelque manière que ce soit avec certaines personnes (cette possibilité résultant de l'article 138 du code de procédure pénale n'est pas possible pour les mineurs âgés de moins de 16 ans en matière délictuelle) ;

— dans le cadre de la mise à l'épreuve, par ajout de l'interdiction d'entrer en relation avec certaines personnes.

S'agissant des allocations familiales, l'article 34 de l'ordonnance du 2 février 1945 prévoit un principe de suspension pendant le temps du placement du mineur dans le centre éducatif fermé. Ce même article prévoit néanmoins la possibilité de maintenir le versement desdites allocations à la famille lorsque cette dernière participe à la prise en charge morale ou matérielle de l'enfant ou lorsque l'objectif est de faciliter le retour de l'enfant dans son foyer.

Le Conseil constitutionnel a considéré que ces dispositions aménageaient l'application combinée des articles L. 512-2 du code de la sécurité sociale et 40 de l'ordonnance du 2 février 1945. Dès lors, il est souhaitable, lorsque les parents participent au bon déroulement du placement ou lorsqu'un projet de retour est envisageable avec leur soutien, que les allocations puissent être maintenues à la famille.

1.2.2. La durée du placement

Le placement d'un mineur dans un centre éducatif fermé ne peut se poursuivre lorsque la contrainte judiciaire (contrôle judiciaire ou sursis avec mise à l'épreuve) n'existe plus. S'agissant de l'obligation de respecter les conditions du placement prononcé dans le cadre d'un contrôle judiciaire, je vous rappelle que sa durée ne peut excéder 6 mois, renouvelables une fois.

En matière de sursis avec mise à l'épreuve, le placement peut avoir une durée moindre que celle du temps d'épreuve. Cette solution a l'avantage de permettre une évaluation régulière de la situation du mineur, qui peut, à court ou moyen terme, justifier d'une prise en charge éducative moins contraignante. Elle permet en outre d'instaurer un parallèle avec la gestion des mesures de placement ordonnées dans le cadre d'un contrôle judiciaire.

Il convient enfin de rappeler que les mesures de placement prennent juridiquement fin à la majorité du jeune concerné. La majorité du mineur devra donc être anticipée par l'équipe éducative, en concertation avec l'autorité judiciaire, afin d'éviter les conséquences d'une sortie trop brutale du centre éducatif fermé.

2. Les mineurs placés dans les centres éducatifs fermés

2.1. Des mineurs délinquants

Les centres éducatifs fermés sont destinés à l'accueil des mineurs délinquants âgés de 13 à 18 ans qui font l'objet d'une mesure de placement doublée d'une décision de mise sous contrôle judiciaire ou d'un jugement prononçant une peine d'emprisonnement assorti d'un sursis avec mise à l'épreuve.

Comme le précise la circulaire du 7 novembre 2002, les centres éducatifs fermés constituent un dispositif complémentaire et intermédiaire entre les solutions classiques de placement et l'incarcération. Aussi, paraît-il nécessaire que ces centres accueillent prioritairement les mineurs délinquants multirécidivistes ou multiréitérants pour lesquels les différentes solutions éducatives ont été mises en échec.

A l'opposé, les centres éducatifs fermés, s'ils constituent une alternative forte à l'incarcération, ne sauraient se substituer à celle-ci lorsqu'elle est devenue inévitable en raison de la personnalité du mineur ou de la gravité des faits qu'il a commis.

Les procureurs de la République veilleront, dans leurs réquisitions, à prendre en compte la spécificité des publics accueillis afin que ce nouveau mode de prise en charge puisse bénéficier aux mineurs susceptibles d'en tirer le plus grand profit.

Dans un souci d'assurer une prise en charge éducative au plus près des besoins des mineurs et pour tenir compte de la spécificité liée à l'obligation scolaire des mineurs âgés de moins de 16 ans, chaque centre éducatif fermé privilégiera la prise en charge des mineurs d'une même catégorie d'âge qui correspondra, sauf exception, aux tranches d'âge suivantes : 13-16 ans pour les uns, 16-18 ans pour les autres.

A la différence des centres éducatifs renforcés, les centres éducatifs fermés ne répondent pas au souci de créer un éloignement du mineur d'avec son environnement familial, social ou scolaire ; ils assurent par ailleurs des prises en charge pouvant être relativement longues. Il convient donc de respecter la vocation géographique limitée de ces centres. Lorsque la rupture avec le milieu de vie habituel du mineur est nécessaire, un placement dans un centre éducatif renforcé doit être privilégié.

Afin, notamment, de garantir une bonne coordination entre les responsables des centres éducatifs fermés et les autorités judiciaires, de faciliter la gestion du placement, le traitement des incidents et la préparation de la sortie, et de favoriser la participation de la famille au déroulement du placement, il est souhaitable qu'un centre éducatif fermé accueille principalement des mineurs résidant dans le département où il est implanté ou dans un département limitrophe. A terme, la couverture du territoire national devrait être suffisante pour autoriser une plus grande proximité entre le domicile des mineurs et leur lieu de placement. Dans l'attente de ce déploiement, je vous demande de veiller à ne pas requérir de solution de placement en centre éducatif fermé qui aurait pour conséquence de trop éloigner un mineur de sa résidence et de compliquer inutilement la gestion de la mesure.

Enfin, les centres éducatifs fermés reçoivent les mineurs qui leur sont confiés sans procédure d'admission, dès lors que ceux-ci répondent aux critères d'âge et, le cas échéant, de sexe, et qu'ils font l'objet d'un placement assorti d'un contrôle judiciaire ou d'une mise à

l'épreuve. La seule limite fixée à l'accueil est celle de leur capacité, fixée entre 8 et 10 places, qui doit être scrupuleusement respectée.

2.2. La préparation de la décision de placement

La gestion des places disponibles dans les centres éducatifs fermés sera assurée par leur responsable, sous la coordination des directeurs départementaux de la protection judiciaire de la jeunesse dans le cadre du dispositif d'accueil d'urgence. Les juridictions ayant principalement vocation à leur confier des mineurs seront avisées de l'état des places vacantes dans les centres publics et associatifs.

Le procureur de la République, qui aura sollicité confirmation des places disponibles, s'assurera, avant toute réquisition de placement en centre éducatif fermé, que les conditions en sont réunies, particulièrement lorsque le placement est requis dans le cadre d'un contrôle judiciaire pour un mineur âgé de 13 à 16 ans.

Pour cela, il se fera communiquer les dossiers pénaux précédents du mineur mais également, s'il existe, le dossier d'assistance éducative afin d'extraire les éléments de personnalité qui lui paraissent devoir être joints à la procédure pénale.

Enfin, le procureur de la République du ressort d'implantation du centre doit être informé de l'identité et de la situation des mineurs qui y sont placés. C'est pourquoi, les procureurs de la République de la juridiction ayant prononcé un placement doivent transmettre copie des décisions de placement et, selon les cas, de contrôle judiciaire ou de mise à l'épreuve au parquet sur le ressort duquel le centre est implanté. Cette transmission permettra aux autorités judiciaires locales de connaître l'état d'occupation du centre éducatif fermé ainsi que l'identité et la situation judiciaire des mineurs qui y sont confiés.

II. — LE DÉROULEMENT DU PLACEMENT AU SEIN DES CENTRES ÉDUCATIFS FERMÉS

Le contenu de la prise en charge éducative des mineurs placés en centres éducatifs fermés s'inscrit dans le cadre des dispositions combinées de la loi du 2 janvier 2002 rénovant l'action sociale et médico-sociale et de la loi du 9 septembre 2002.

1. Le cadre juridique découlant de la loi du 9 septembre 2002

La spécificité du placement en centre éducatif fermé tient à la nécessité d'articuler en permanence la situation du mineur, l'action éducative et le cadre judiciaire de celle-ci.

1.1. La notion de conditions du placement

Les mineurs placés en centre éducatif fermé sont soumis à l'obligation de respecter les conditions du placement.

La circulaire du 7 novembre 2002 précise que le respect des conditions du placement implique non seulement le respect du placement lui-même, et donc l'interdiction de quitter le centre sans autorisation ni accompagnement, mais également le respect des modalités d'exécution du placement lui-même (respect des horaires, suivi de l'enseignement ou des activités, absence de violence contre les personnes et les biens).

La notion de conditions du placement englobe à la fois les éléments du dispositif de la décision de placement mais aussi les obligations découlant du règlement de fonctionnement du centre.

Il paraît donc nécessaire, comme le préconise la circulaire du 7 novembre 2002, que le mineur auquel est notifiée l'obligation particulière de respecter les conditions du placement puisse être rapidement informé, non seulement du contenu du dispositif de la décision de placement (qui pourra résulter de sa notification) mais également des obligations résultant du règlement de fonctionnement du centre.

Cette information sur le contenu des obligations et les conséquences de leur non-respect doit être d'autant plus précise que le magistrat en charge du suivi de la mesure de contrainte peut lui-même exposer au mineur les éléments du règlement de fonctionnement auxquels il attache une importance particulière et dont la violation constitue, à ses yeux, un motif de révocation.

Les établissements publics ou associatifs habilités concourant à la protection judiciaire de la jeunesse doivent quant à eux respecter les règles qui leur sont fixées et qui prévoient que le responsable du centre doit aviser l'autorité judiciaire de tout incident significatif survenant au cours du placement, et, notamment, de toute violation des obligations de contrôle judiciaire ou de mise à l'épreuve, comme de toute infraction pénale.

La notion d'incident significatif, qui englobe également la multiplication des incidents bénins, laisse à la structure éducative le soin de gérer au quotidien les violations du règlement de fonctionnement dont il n'apparaît pas, à l'évidence, qu'elles remettent en cause le principe du placement, mais au contraire qu'elles constituent des transgressions auxquelles une réponse peut être apportée sur un plan éducatif sous l'autorité du responsable du centre.

1.2. L'implication des juridictions dans le suivi du placement

La réussite d'un placement en centre éducatif fermé suppose une adéquation permanente entre le cadre judiciaire de la prise en charge et l'évolution du mineur.

J'appelle à cet égard votre attention sur le fait que le placement d'un mineur dans un centre éducatif fermé ne modifie pas sa résidence habituelle, celui-ci n'étant ordonné que pour une durée limitée. Ainsi, s'agissant d'un placement dans un centre éducatif fermé dans le cadre d'une mise à l'épreuve, le juge des enfants de la résidence habituelle du mineur est seul compétent, sur le fondement de l'article 20-9 de l'ordonnance du 2 février 1945, pour exercer les attributions de juge d'application des peines.

En outre, le souci d'assumer la préparation à la sortie du mineur doit conduire à éviter le dessaisissement du juge des enfants de la résidence habituelle de celui-ci au profit du juge des enfants du lieu du placement.

Enfin, dans l'hypothèse où la résidence habituelle du mineur ne relève pas du ressort de la juridiction de condamnation, il revient au parquet de ladite juridiction de transmettre la procédure au parquet de la juridiction de la résidence habituelle du mineur, aux fins de saisine du juge des enfants dans le cadre de l'application des peines.

Les capacités d'évolution du mineur dans son placement doivent trouver une traduction dans l'adaptation de la contrainte qui pèse sur lui. De même, certaines situations nécessitent un renforcement de la contrainte pesant sur le mineur que seul le magistrat est à même d'ordonner.

Les demandes des services peuvent concerner la modification des obligations du contrôle judiciaire ou du sursis avec mise à l'épreuve ou la révision de la décision de placement elle-même, notamment en ce qui concerne les droits de visite et d'hébergement des parents.

Il est indispensable que les magistrats en charge des différents suivis apportent une réponse rapide aux demandes formulées par les responsables des centres éducatifs fermés, afin que ces derniers soient en mesure, le cas échéant, de les mettre en œuvre sans délai.

La tenue d'audiences régulières en cours de placement ainsi que la présence systématique d'un représentant du centre éducatif fermé à ces audiences sont à même de garantir la compréhension par le mineur des enjeux tant judiciaires qu'éducatifs des différentes mesures prononcées à son encontre.

La première audience est à cet égard essentielle puisqu'elle constitue la première confrontation du mineur au cadre de son nouveau placement. Aussi est-il souhaitable, dans toute la mesure du possible, qu'elle puisse se tenir en présence du responsable ou d'un personnel du centre éducatif fermé.

De même, la fin du placement constitue un temps fort du parcours judiciaire d'un mineur et mérite une attention et une disponibilité particulières.

2. Le cadre juridique découlant de la loi du 2 janvier 2002

Établissements mettant en œuvre des mesures éducatives ordonnées par l'autorité judiciaire en application de l'ordonnance n° 45-174 du 2 février 1945, les centres éducatifs fermés sont également régis par les dispositions de la loi n° 2002-2 du 2 janvier 2002 rénovant l'action sociale et médico-sociale, codifiées dans le titre 1er du livre 3e du code de l'action sociale et des familles.

Outre les règles liées aux conditions de création administrative d'évaluation et de contrôle des établissements sociaux et médico-sociaux dont font partie les centres éducatifs fermés, cette loi assure des droits spécifiques aux personnes qui y sont placées.

Les textes réglementaires d'application sont en cours d'élaboration et devraient être publiés prochainement. D'ores et déjà, les directeurs des centres éducatifs fermés et les équipes éducatives doivent veiller au respect des droits et libertés codifiés à l'article L. 311-3 du code de l'action sociale et des familles.

Toutefois, la mise en œuvre des droits ainsi garantis ne fait pas obstacle à l'exécution des prescriptions ordonnées par l'autorité judiciaire. Il s'agit d'assurer que les modalités de prise en charge n'accentuent pas la fragilité du mineur ou ne nuisent pas à son parcours d'intégration. La poursuite de ces mêmes objectifs peut justifier des restrictions aux droits et libertés des mineurs dans le cadre du projet éducatif du centre, dès lors qu'elles sont fondées par les termes de la mesure ordonnée par l'autorité judiciaire (tel est le cas notamment des modalités de rencontre du mineur avec sa famille ou avec des tiers).

3. La prise en charge éducative des mineurs

3.1. Les principes de la prise en charge éducative en centre éducatif fermé

Le placement a pour but, en s'appuyant sur la contrainte posée par la décision judiciaire, de rendre possible le travail éducatif à l'égard de mineurs le plus souvent rétifs à toute intervention éducative.

Une prise en charge éducative intensive et stricte implique, au moins dans les premiers temps du placement, un contrôle permanent du mineur, tant à l'intérieur qu'à l'extérieur de l'établissement.

Sous ces modalités, le placement a pour objectif un travail sur la personnalité du mineur et son évolution personnelle tant sur le plan psychologique que familial et social. La prise en charge éducative intensive a pour objectif une modification de son rapport aux autres et à la société dans une perspective d'insertion durable. A cette fin, la présence permanente d'adultes dans le partage d'activités quotidiennes doit permettre d'instaurer une véritable relation sur laquelle le mineur peut s'appuyer pour évoluer différemment.

Sous réserves des décisions prises par l'autorité judiciaire, les parents des mineurs placés doivent être étroitement associés au déroulement de la mesure. Ils disposent de droits de visite dans des conditions et selon des modalités individualisées. Le droit d'hébergement est en revanche limité par le cadre juridique du placement. Il ne peut donc s'exercer que dans des conditions conformes à la décision de placement et aux obligations du contrôle judiciaire ou de la mise à l'épreuve. Les parents sont par ailleurs associés aux décisions concernant leur enfant et à tout projet d'orientation, conformément aux règles relatives à l'autorité parentale et aux dispositions susvisées de la loi du 2 janvier 2002.

3.2. Les phases de la prise en charge

3.2.1. Une phase d'entrée

Les mineurs sont conduits au centre éducatif fermé à l'issue de l'audience, soit par les personnels du centre, s'ils ont pu assister à l'audience, soit par les services de la protection judiciaire de la jeunesse assurant la permanence éducative.

A son arrivée, le mineur fait l'objet d'un bilan global qui prend en compte les différents aspects de sa personne : bilan de santé, scolaire et professionnel, psychologique. Ce bilan servira de base à l'élaboration d'un projet individuel par l'équipe pluridisciplinaire et sera formalisé dans le document individuel de prise en charge (tel que prévu par l'article L. 311-4 du CASF).

Dans les deux mois au plus tard suivant l'arrivée du mineur, un rapport est adressé au magistrat en charge du respect de la mesure de placement, faisant état de sa situation et des propositions de prise en charge dans le temps du placement. Le document individuel de prise en charge est joint à ce rapport.

3.2.2. Une prise en charge intensive

Au vu du bilan d'accueil, les soins somatiques et le suivi psychologique ainsi que les activités d'enseignement ou de formation professionnelle doivent faire l'objet d'une attention particulière. Chaque fois que l'évaluation en aura fait apparaître la nécessité, des soins médicaux et/ou un accompagnement ou un suivi psychologique seront proposés au mineur, dans le respect des prérogatives de l'autorité parentale.

Les activités d'enseignement et de formation professionnelle ont pour objectif le ré-apprentissage des savoirs fondamentaux. Ainsi, une attention particulière doit être portée à l'acquisition de la lecture et de l'écriture et du calcul. Des méthodes pédagogiques adaptées à ces publics seront mises en œuvre. Les activités de sensibilisation à une formation professionnelle tendront quant à elles à mettre le mineur en mesure d'acquérir des techniques ou des savoirs précis. Les activités sportives font partie intégrante de la prise en charge.

Au vu de l'évolution du mineur, tant dans les apprentissages que dans son comportement, il peut être fait appel, dans son intérêt et pour les besoins de l'action éducative, à des dispositifs extérieurs, tels les classes relais, les dispositifs d'activité de jour ou de droit commun.

Dans tous les cas, le cadre strict du placement impose qu'aucune sortie ne puisse se faire sans l'accompagnement d'un ou de plusieurs personnels du centre. Cet accompagnement peut toutefois prendre des formes différentes selon le degré d'autonomie du mineur. En tout état de cause, l'accord du magistrat mandant doit être sollicité pour assouplir cet accompagnement.

III. — LA FIN DU PLACEMENT ET LES INCIDENTS AU PLACEMENT

Le placement prend fin à son terme ou par la mainlevée de la décision judiciaire. Il peut également intervenir à l'occasion d'incidents.

1. La fin du placement et l'orientation

La réussite de la prise en charge éducative des mineurs placés dans ces centres dépend étroitement des conditions dans lesquelles la sortie est préparée et accompagnée. Elle doit ainsi être suffisamment anticipée pour que la rupture des rythmes de vie qu'elle induit ne soit pas facteur de récidive. L'élaboration de l'orientation du mineur doit ainsi s'effectuer en étroite collaboration avec les établissements ou services assurant la prise en charge à l'exté-

rieur, afin de garantir la continuité de l'action éducative. Elle doit permettre la mise en place des relais nécessaires auprès des organismes de droit commun du lieu de résidence des mineurs, notamment scolaires et médicaux.

A cette fin, les services assurant la prise en charge du mineur sur son lieu d'origine, compte tenu de leur mission principale auprès des mineurs délinquants, doivent nécessairement être associés à cette préparation de la sortie très en amont de celle-ci.

Un rapport retraçant l'évolution du mineur au regard des objectifs fixés dans le projet éducatif individuel et proposant une orientation doit être adressé au magistrat ayant prescrit le placement quelques semaines avant son échéance. Les modalités d'un allègement progressif des obligations découlant du contrôle judiciaire ou du sursis avec mise à l'épreuve peuvent à cette occasion être proposées au magistrat amené à prendre à l'issue du placement "toute mesure permettant d'assurer la continuité de la prise en charge éducative du mineur en vue de sa réinsertion durable dans la société" (art. 33 de l'ordonnance du 2 février 1945).

Le placement dans un centre éducatif fermé ne constitue pas en effet une fin en soi, mais a pour finalité d'inscrire le mineur dans une démarche d'insertion et de permettre son évolution vers des dispositifs locaux d'insertion ou vers les autres dispositifs de la protection judiciaire de la jeunesse dès qu'il est en mesure d'en bénéficier.

2. Les incidents qui peuvent mettre fin au placement

Les responsables des centres éducatifs fermés doivent se conformer strictement au cadre judiciaire du placement et aviser les magistrats de tout incident au déroulement des mesures et de toute infraction commise par les mineurs.

Il convient que les autorités judiciaires apportent de leur côté un soin particulier à la gestion des incidents pouvant conduire à la révocation de la mesure de contrôle judiciaire ou de sursis et à l'incarcération du mineur.

2.1. La gestion des incidents et des délits

Certains incidents ne constituent pas une infraction pénale mais seulement la violation des obligations du contrôle judiciaire ou de la mise à l'épreuve. D'autres, en revanche, sont constitutifs d'une infraction pénale et justifient une coordination renforcée des parquets.

2.1.1. Les incidents qui ne constituent pas une infraction pénale

Lorsqu'un incident ne constitue pas une infraction pénale, le parquet du lieu d'implantation du centre n'en sera pas nécessairement avisé lorsque le mineur est originaire d'un autre ressort.

Ces incidents doivent être traités par la juridiction ayant prononcé la mesure avec toute la célérité que requière la situation de ces mineurs. A cette fin, le responsable du centre doit en faire rapport au juge des enfants ou au juge d'instruction et en adresser copie au procureur de la République.

Cette célérité dans la réponse doit prévenir le développement de tout sentiment d'impunité chez des mineurs auxquels le cadre de la mesure aura été clairement notifié et qui auront été informés de la saisine de l'autorité judiciaire par les responsables du centre.

Il convient de souligner qu'aucun mineur ne peut sortir du centre sans accompagnement. Toutefois, afin de favoriser l'autonomisation des mineurs, cet accompagnement peut être progressivement assoupli, avec l'accord du magistrat mandant.

Une attention particulière doit donc être portée au traitement des absences irrégulières qui s'analysent en une violation des obligations fixées par le magistrat. A cette fin, une note de service prescrivant aux services de police et de gendarmerie les diligences à accomplir dans ce cas doit être établie par les procureurs de la République. Une copie en est adressée aux responsables du centre éducatif fermé concerné.

Ce dernier doit informer sans délai le procureur de la République du ressort du centre, le juge mandant et les services de police ou de gendarmerie de toute absence irrégulière constatée (information complète sur le mineur, nom du magistrat mandant, lieu où le mineur est susceptible de se trouver).

Les procureurs de la République veilleront pour leur part à s'assurer que les services de police et de gendarmerie diligentent toutes les recherches pour localiser et interpeller le mineur et à informer sans délai le juge mandant et le responsable du centre éducatif fermé dans l'hypothèse où il serait retrouvé sur leur ressort.

2.1.2. Les incidents constitutifs d'une infraction pénale

Dans l'hypothèse où un incident au placement est constitutif d'une infraction pénale, l'article 3 de l'ordonnance du 2 février 1945 donne compétence au parquet du lieu de résidence du mineur comme à celui du lieu de commission de l'infraction ou du lieu de placement.

Lorsque le mineur auteur est originaire d'un autre ressort, il est nécessaire que les deux parquets concernés prennent attache pour déterminer la juridiction compétente.

S'il convient, autant que possible, de centraliser les procédures relatives à un mineur au parquet de son lieu de résidence, certains critères peuvent conduire à retenir la compétence du parquet local.

Cette compétence territoriale dépendra des critères suivants :

- nombre de mineurs impliqués et origine de ces mineurs ;
- participation de tiers à la commission de l'infraction ;
- lieu de commission de l'infraction (à l'intérieur du centre ou non) ;
- impact de l'infraction sur l'ordre public local ;
- identité et domiciliation de la victime.

Si le parquet local devait rester compétent, copie de la procédure sera transmise au parquet d'origine pour saisie du magistrat en charge du suivi de la mesure de placement et du contrôle judiciaire ou de la mise à l'épreuve.

2.2. La révocation du contrôle judiciaire ou du sursis avec mise à l'épreuve

En cas d'incident significatif aux obligations du placement, du contrôle judiciaire ou de la mise à l'épreuve, les procureurs de la République requerront la révocation de la mesure et le placement en détention du mineur.

De même, les infractions pénales commises par les mineurs placés en centre éducatif fermé devront donner lieu à une réponse rapide et d'une grande fermeté à laquelle je vous demande de veiller.

Dans l'hypothèse où l'incident conduirait à la révocation du contrôle judiciaire ou du sursis ou à la mainlevée de la mesure de placement, le parquet qui l'aura requis transmettra copie des décisions au parquet du lieu d'implantation du centre afin que ce dernier soit immédiatement avisé de la fin du placement du mineur.

Le développement des centres éducatifs fermés constitue un axe prioritaire de la politique mise en œuvre par le Gouvernement dans le traitement de la délinquance des mineurs.

Les moyens humains et financiers mobilisés pour leur création et leur fonctionnement sont considérables et justifient une forte mobilisation de toutes les autorités concernées par la réalisation de ce programme.

Je vous serais obligé de bien vouloir veiller à la stricte application des directives de cette circulaire et de me rendre compte, sous le double timbre de la direction des affaires criminelles et des grâces et de la direction de la protection judiciaire de la jeunesse, des difficultés susceptibles de résulter de leur mise en œuvre.

Arrêté du 31 mars 2015,

Relatif aux règles d'organisation, de fonctionnement et de prise en charge des centres éducatifs fermés du secteur public de la protection judiciaire de la jeunesse.

TITRE Ier. MISSION ET MODALITÉS D'ORGANISATION DU CENTRE ÉDUCATIF FERMÉ

Art. 1er Le centre éducatif fermé a pour mission d'accueillir de manière permanente les mineurs faisant l'objet d'une mesure de placement judiciaire dans les conditions prévues par *(Arr. du 27 mai 2022, art. 1er)* « L. 113-7 du code de la justice pénale des mineurs » et par le code de procédure pénale et de conduire une action éducative auprès d'eux.

Le centre éducatif fermé est également chargé d'organiser de manière permanente des activités de jour au soutien de l'action éducative. Ces activités utilisent différents supports pédagogiques tels que des ateliers techniques et des chantiers.

Art. 2 Le centre éducatif fermé exerce auprès des mineurs une action éducative structurée et continue. A cette fin, il organise un programme d'activités soutenu au soutien de l'action éducative permettant d'assurer un suivi éducatif et pédagogique renforcé et adapté à la personnalité du mineur. En outre, l'action éducative comprend des mesures de surveillance et de contrôle.

Le contenu de la prise en charge des mineurs placés est construit et mis en œuvre sur la base d'un programme de six mois.

Le centre éducatif fermé accueille des mineurs provenant de l'ensemble du territoire national.

Art. 3 L'activité des agents et les modalités de prise en charge des mineurs placés au sein du centre éducatif fermé sont conduites conformément aux instructions du garde des sceaux, ministre de la justice.

Art. 4 Des instances de pilotage aux échelons territorial, interrégional et national assurent la coordination et le suivi du dispositif des centres éducatifs fermés.

Art. 5 Chaque centre éducatif fermé est doté d'un projet d'établissement. Ce projet doit être adapté aux caractéristiques du public accueilli telles que fixées par l'arrêté portant autorisation de création de l'établissement.

Art. 6 Les mesures de placement judiciaire sont mises en œuvre dans le respect du cadre posé par la décision judiciaire et des droits qui s'attachent à l'exercice de l'autorité parentale.

Art. 7 Le directeur de l'établissement ou, sur délégation, le responsable d'unité éducative garantit la mise en œuvre des dispositions relatives aux droits des usagers prévues par les dispositions du code de l'action sociale et des familles.

Art. 8 Le centre éducatif fermé est doté d'un règlement de fonctionnement qui fixe les droits du mineur placé et les obligations nécessaires au respect des règles de vie collective au sein de l'établissement. Le règlement doit notamment préciser les modalités d'autorisation de sortie du lieu d'hébergement, d'utilisation des moyens de communication écrites et téléphoniques, de l'accès aux locaux en journée, de visite des familles sur les lieux d'hébergement ainsi que les modalités de rencontre du mineur avec son avocat.

Le contenu du règlement de fonctionnement est porté à la connaissance du mineur accueilli et des titulaires de l'autorité parentale.

Le règlement doit préciser les réponses éducatives internes et les procédures applicables en cas de non-respect de celui-ci. Les titulaires de l'autorité parentale et la juridiction sont informés des manquements graves au règlement de fonctionnement et des réponses apportées.

Le directeur de l'établissement ou, sur délégation, le responsable d'unité éducative avise l'autorité judiciaire et rend compte par la voie hiérarchique de toute infraction à la législation et à la réglementation dont il a connaissance.

TITRE II. MODALITÉS DE FONCTIONNEMENT DU CENTRE ÉDUCATIF FERMÉ

Art. 9 Le personnel du centre éducatif fermé est composé de personnels d'encadrement, de personnels éducatifs, techniques, de santé, administratifs et d'un personnel enseignant de l'Le centre éducatif fermé accueille des mineurs provenant de l'ensemble du territoire national. ducation nationale afin de garantir la dimension interdisciplinaire des interventions auprès des mineurs.

Le directeur de l'établissement ou, sur délégation, le responsable d'unité éducative organise le fonctionnement de l'établissement, les emplois du temps des agents ainsi que les astreintes de manière à permettre la continuité de l'action éducative auprès des mineurs.

Art. 10 Le centre éducatif fermé garantit un accueil permanent des mineurs dans les conditions fixées dans l'arrêté portant autorisation de création de l'établissement.

Art. 11 Les bâtiments et locaux du centre éducatif fermé ainsi que les aménagements dont ils font l'objet doivent être conformes aux prescriptions contenues dans un document technique immobilier arrêté par la direction de la protection judiciaire de la jeunesse, tenant compte des spécificités des missions du centre éducatif fermé.

Sur décision de la directrice de la protection judiciaire de la jeunesse, le centre éducatif fermé peut être doté d'un système de vidéoprotection afin d'assurer la sécurité extérieure des bâtiments et de leurs abords, des agents et des mineurs pris en charge. La demande est présentée par le directeur de l'établissement dans les conditions prévues par les articles L. 251-1 et suivants du code de sécurité intérieure auprès de la commission départementale de vidéoprotection territorialement compétente.

L'intérieur des bâtiments et locaux n'est pas filmé.

Art. 12 Le centre éducatif fermé est doté de dispositifs de nature à prévenir les absences non autorisées dont une enceinte à accès unique.

Art. 13 Le centre éducatif fermé procède de façon continue à l'évaluation interne de son activité et de la qualité de ses prestations.

Art. 14 La direction interrégionale de la protection judiciaire de la jeunesse peut procéder à tout moment sur son ressort territorial à un audit de tout ou partie d'un établissement ou service.

Art. 15 Peuvent procéder à tout moment à un contrôle du centre éducatif fermé :

— la direction interrégionale de la protection judiciaire de la jeunesse sur son ressort territorial ;
— l'autorité qui a délivré l'autorisation ;
— l'autorité judiciaire et les services relevant de l'autorité du garde des sceaux, ministre de la justice ;
— les membres de l'inspection générale des affaires sociales ;
— les autorités compétentes en matière de lieux de privation de liberté.

TITRE III. MODALITÉS D'INTERVENTION DES AGENTS DU CENTRE ÉDUCATIF FERMÉ

Art. 16 La composition pluridisciplinaire du centre éducatif fermé est garantie en s'appuyant si nécessaire sur des ressources extérieures.

Il appartient au directeur de l'établissement ou, sur délégation, au responsable d'unité éducative d'organiser le processus interdisciplinaire des interventions au sein du centre éducatif fermé.

Art. 17 Le directeur de l'établissement ou, sur délégation, le responsable d'unité éducative animent les réunions pédagogiques et les réunions de fonctionnement.

Des réunions d'analyse des pratiques sont organisées.

La participation à ces réunions est obligatoire pour les agents désignés par le directeur de l'établissement ou sur délégation par le responsable d'unité éducative.

Art. 18 Les modalités de fonctionnement du centre éducatif fermé reposent sur trois phases ayant pour objectif de favoriser l'évolution du mineur pendant la durée du placement.

Ces trois phases correspondent à l'accueil du mineur, à la consolidation du projet personnalisé du mineur et à la préparation à la sortie du mineur.

Sauf décision contraire du magistrat, les modalités de sorties sont subordonnées aux trois phases qui structurent le placement en centre éducatif fermé.

Le centre éducatif fermé organise la scolarité du mineur et un programme d'activités soutenu. Ces activités sont quotidiennes et encadrées de façon permanente par les agents.

Art. 19 Pour garantir la lisibilité des modalités de l'action éducative, le projet de l'établissement définit les étapes de mise en œuvre de la mesure de placement judiciaire et les conditions d'implication des titulaires de l'autorité parentale.

Le directeur de l'établissement ou, sur délégation, le responsable d'unité éducative désigne le ou les agents référents du mineur.

Art. 20 La coordination entre les différents acteurs intervenant auprès du mineur placé est assurée soit par le service territorial éducatif de milieu ouvert ou le service territorial éducatif de milieu ouvert et d'insertion lorsqu'une mesure de milieu ouvert existe, soit par le centre éducatif fermé en cas d'absence de mesure de milieu ouvert.

Art. 21 Les réponses aux sollicitations des juridictions relèvent de la responsabilité du directeur de l'établissement ou, sur délégation, du responsable de l'unité éducative.

Le directeur de l'établissement ou, sur délégation, le responsable de l'unité éducative garantit la conformité de la conduite de la mesure de placement au projet d'établissement s'inscrivant dans le cadre des orientations définies par la direction de la protection judiciaire de la jeunesse.

Le centre éducatif fermé met en œuvre une procédure spécifique d'accueil des mineurs au cours de laquelle un projet personnalisé de prise en charge est élaboré.

A la fin du placement, un bilan est réalisé par le directeur de l'établissement ou par délégation le responsable d'unité éducative avec le mineur et les titulaires de l'autorité parentale. Ce bilan aborde notamment les perspectives d'orientation du mineur.

Art. 22 Un rapport écrit élaboré de façon interdisciplinaire sur l'évolution du mineur et de sa situation est adressé au magistrat suivant la périodicité qu'il a fixée et aussi souvent que la situation du mineur l'exige.

Les rapports sont adressés à la juridiction par le directeur de l'établissement ou, par délégation par le responsable d'unité éducative.

Art. 23 Chaque fois qu'une convocation à une audience d'un mineur pris en charge par l'établissement est portée à la connaissance du directeur de l'établissement ou du responsable d'unité éducative, celui-ci représente ou fait représenter l'établissement à l'audience.

Art. 24 La directrice de la protection judiciaire de la jeunesse est chargée de l'exécution du présent arrêté, qui sera publié au *Journal officiel* de la République française.

Fait le 31 mars 2015.
Pour la ministre et par délégation :
La directrice de la protection judiciaire de la jeunesse,
C. SULTAN

Circulaire d'application du 10 mars 2016,

De l'arrêté n° JUSF1509326A du 31 mars 2015 relatif aux règles d'organisation, de fonctionnement et de prise en charge des centres éducatifs fermés du secteur public de la protection judiciaire de la jeunesse.

Par arrêté en date du 31 mars 2015, le garde des sceaux, ministre de la justice a approuvé un cahier des charges pour les centres éducatifs fermés (CEF). Ce cahier des charges définit les modalités liées à la spécificité du placement judiciaire dans les CEF. Il fournit un cadre général aux CEF du secteur public (le terme "équipe de direction" comprend dans le secteur public le directeur d'établissement et le RUE. Il convient de se référer aux fiches de poste pour la répartition des fonctions de chacun) et constitue la référence à l'élaboration du projet d'établissement.

La présente circulaire a pour objet de présenter les obligations résultant de ce cahier des charges. Elle comprend également en annexe des fiches techniques auxquelles les professionnels chargés de la mise en œuvre, du suivi et du contrôle du respect de ce cahier des charges se réfèrent.

I — LE CADRE DE L'INTERVENTION ÉDUCATIVE EN CEF

Les missions et les modalités de prise en charge des mineurs sont conduites conformément aux instructions d'orientation de la protection judiciaire de la jeunesse (art. 3 de l'arrêté) et notamment :

- la circulaire d'orientation relative à l'action d'éducation dans le cadre pénal du 2 février 2010 ;
- la note d'orientation de la protection judiciaire de la jeunesse du 30 septembre 2014 ;
- la note relative à la mesure judiciaire d'investigation éducative du 23 mars 2015 ;
- la note relative à l'action éducative en milieu ouvert au sein des services de la PJJ du 22 octobre 2015 ;
- la note relative à l'action éducative dans le cadre du placement judiciaire du 22 octobre 2015 ;
- la note relative à l'action de la protection judiciaire de la jeunesse dans les parcours d'insertion scolaire et professionnelle des jeunes confiés du 24 février 2016.

1.1. Les missions (art. 1 et 2 de l'arrêté)

Dans le cadre d'une action éducative au titre de l'article 33 de l'ordonnance du 2 février 1945 et du code de procédure pénale, les CEF garantissent un accueil permanent de 12 mineurs délinquants, garçons et filles.

Le placement en CEF constitue une alternative à l'incarcération et est destiné à la prise en charge de mineurs multiréitérants, multirécidivistes ou ayant commis des actes d'une particulière gravité.

Les CEF accueillent des mineurs dont la tranche d'âge est celle des 13 à 18 ans (art. 5 de l'arrêté). Les CEF se répartissent en deux tranches d'âge : 13-16 et 15-18 ans.

Les mineurs sont placés exclusivement dans le cadre d'une décision de contrôle judiciaire, de sursis avec mise à l'épreuve, de libération conditionnelle, de placement extérieur.

Les CEF prennent en charge des mineurs venant de l'ensemble du territoire national en accueil immédiat ou préparé, notamment dans le cadre de la mise en œuvre des aménagements de peine (fiche n° 2 : Les aménagements de peine).

Les services territoriaux éducatifs de milieu ouvert (STEMO), les services territoriaux éducatifs de milieu ouvert et d'insertion (STEMOI) ou les services éducatifs auprès du tribunal (SEAT) lorsqu'ils proposent le placement d'un mineur au sein d'un CEF, doivent prendre en compte le maintien des liens avec le milieu familial ou le bassin de vie du mineur.

Les CEF poursuivent un objectif d'insertion et de prévention de la réitération des comportements délinquants.

A cette fin, ils conduisent une action éducative structurée et visant l'évolution positive de la situation du mineur.

Pour garantir la mise en œuvre qualitative des missions, les bâtiments et locaux dans lesquels sont situés les CEF doivent être conformes aux prescriptions contenues dans les arti-

cles 11 et 12 de l'arrêté. Une attention particulière est portée à l'aménagement et la bonne tenue générale des lieux ce qui concourt au respect et à l'appropriation des lieux par les mineurs.

1.2. La structuration juridique des CEF (Circulaire du 2 décembre 2010 précisant les modalités d'application pour les établissements et services de la PJJ de la loi n° 2009-879 du 21 juillet 2009 et ses annexes, notamment la fiche technique " la procédure d'autorisation ").

Les CEF font partie des établissements et services sociaux et médico-sociaux au sens de l'article L 312-1-I du code de l'action sociale et des familles (art. 7 de l'arrêté). À ce titre, leur création est soumise à la procédure d'autorisation de création préfectorale8 et ministérielle.

Le CEF garantit, sous réserve des prérogatives de l'autorité judiciaire, les droits et libertés individuelles énoncés aux articles L. 311-3 et L. 311-5 du même code, et met en place les outils définis par la loi : document individuel de prise en charge (DIPC), charte des droits et des libertés, livret d'accueil, règlement de fonctionnement, projet d'établissement, instances de participation des usagers, recours à une personne qualifiée (art. 5, 7, 8, 13 de l'arrêté).

1.3. Les outils d'organisation internes

Les CEF sont soumis aux articles L 311-7 et L 311-8 du code de l'action sociale et des familles qui déterminent l'élaboration du projet d'établissement et du règlement de fonctionnement (art. 5 et 8 de l'arrêté).

Le CEF est doté d'un projet d'établissement, évalué et réactualisé a minima tous les 5 ans, qui s'inscrit dans les orientations nationales et leurs déclinaisons territoriales. Il garantit une action éducative individualisée et la mise en place d'activités de jour au soutien de l'action éducative auprès du collectif des mineurs placés (art. 19 de l'arrêté).

Conformément à l'article 8 de l'arrêté, le règlement de fonctionnement fixe les règles relatives à l'organisation et au fonctionnement de l'établissement. Il précise les modalités d'exercice des droits des mineurs et les obligations et devoirs nécessaires au respect des règles de vie collective au sein de l'établissement (Note du 4 mai 2015 relative aux lignes directrices relatives à l'élaboration du règlement de fonctionnement des établissements collectifs de placement judiciaire du secteur public et du secteur associatif habilité).

II — LES MODALITÉS DE L'INTERVENTION ÉDUCATIVE

La prise en charge éducative dans un cadre judiciaire repose sur l'aide contrainte. L'adhésion des mineurs ne constitue pas un préalable à la prise en charge. Elle doit être cependant recherchée comme un objectif dans le cadre du suivi éducatif, afin que le mineur devienne acteur de son projet personnalisé.

Les modalités de l'action éducative en CEF sont spécifiées dans les articles 1, 2, 10 et 18 de l'arrêté.

Le placement en CEF repose sur des étapes précises ayant pour objectif l'évolution positive de la situation du mineur. Trois phases correspondant à l'évolution de la situation du mineur structurent l'action éducative. Il s'agit de la phase d'accueil, la phase de consolidation du projet personnalisé du mineur et la phase de préparation à la sortie. Le passage d'une phase à une autre doit être formalisé avec le mineur et sa famille.

2.1. Une action éducative structurée

2.1.1. La contenance éducative

a. Le programme d'activités soutenu

L'équipe de direction du CEF veille à l'organisation d'activités scolaires et plus particulièrement pour les mineurs âgés de 13 à 16 ans soumis à l'obligation scolaire.

Le CEF met en place des activités d'insertion scolaire et professionnelle dont trois ateliers techniques minimum ainsi que des activités d'éducation à la santé, culturelles, sportives (Cf. Guide méthodologique de l'usage des Activités Physiques et Sportives) ou de détente (Liste d'activités non exhaustive. Se référer à la note d'instruction du 26 mars 2015 relative aux séjours et déplacements éducatifs à l'étranger et en Outre-mer pour tous déplacements hors du territoire).

Le directeur du CEF est garant de l'adaptation des activités au public accueilli (Le CEF peut solliciter de la part de l'inspection du travail l'autorisation, pour une durée de trois ans, d'affecter des mineurs aux travaux interdits susceptibles de dérogation énumérés aux articles D 4153-15 et suivants du code du travail sous réserve de satisfaire aux conditions posées par les textes).

Ce programme d'activités soutenu constitue un des outils indispensables pour une relation éducative de qualité et contribue à la structuration de la journée et à l'instauration d'un cadre sécurisant et donc contenant.

L'évaluation de chaque mineur permet de repérer au mieux ses besoins dans ce domaine et d'élaborer des propositions adaptées susceptibles de développer les potentialités de l'adolescent. À cette fin, les activités sont consignées dans l'emploi du temps individuel du mineur.

Ces activités sont quotidiennes et encadrées de façon permanente par les personnels, qui peuvent s'appuyer, le cas échéant, sur des ressources extérieures.

Le programme d'activités soutenu est mis en œuvre durant les trois phases. Il est formalisé dans le projet d'établissement sous forme d'un planning d'activités qui doit être actualisé hebdomadairement, affiché et connu des usagers comme des professionnels.

b. Les mesures de surveillance et de contrôle strict des mineurs (Art. 33 de l'ordonnance du 2/02/1945)

Le contrôle du mineur à l'intérieur et à l'extérieur du CEF est effectué avec attention et tout particulièrement en début de prise en charge et dans les moments de fragilité du mineur ou à l'occasion des crises que celui-ci peut traverser. Ce contrôle est mis en œuvre par un encadrement renforcé et adapté à la situation de chaque mineur.

Les modalités de sorties des mineurs sont strictement encadrées17 et déterminées conformément à la fiche technique n° 1 "Les modalités de sorties du CEF".

2.1.2. La mise en œuvre du projet personnalisé

a. L'enseignement et la formation professionnelle

A partir du bilan d'évaluation des acquis scolaires et professionnels réalisé au cours de la phase d'accueil, une mise à niveau ou une validation de ces acquis est mise en œuvre dans le cadre du projet personnalisé du mineur.

Dans un objectif de retour vers les dispositifs de droit commun, des activités d'enseignement et de formation professionnelle particulièrement orientées vers l'acquisition ou le perfectionnement des savoirs fondamentaux sont proposées.

Une attention particulière est portée aux mineurs de moins de 16 ans relevant de l'obligation scolaire (Art. L. 131-5 du code de l'éducation) en inscrivant dans leur planning hebdomadaire des temps de soutien scolaire et/ou de remédiation scolaire (Cf. Circulaire conjointe du 3 juillet 2015 relative au partenariat entre le ministère de l'éducation nationale, de l'enseignement et de la recherche (DEGESCO) et le ministère de la justice (DPJJ) et note DGESCO/DPJJ du 25 février 2005 organisant la scolarité des mineurs en CEF).

Des personnels enseignants de l'éducation nationale interviennent dans le CEF.

b. L'emploi du temps individualisé

L'emploi du temps individualisé est la déclinaison pratique des objectifs de l'action éducative. Les modalités de son organisation sont formalisées dans le projet d'établissement. L'emploi du temps individualisé garantit un équilibre entre les différentes démarches à accomplir, notamment :

- les démarches scolaires et de formation professionnelle ;
- la participation du mineur aux activités collectives organisées par le CEF ;
- les démarches liées à la situation judiciaire du mineur (audiences, préparation de sa défense avec son avocat) ;
- les entretiens éducatifs (notamment avec le mineur et ses parents) ;
- les démarches liées à sa situation de santé ;
- les temps libres encadrés (Les temps libres encadrés sont à entendre comme des temps utilisés à l'appréciation du mineur dans des conditions qui doivent être définis par le projet d'établissement).

Hebdomadairement, les personnels du CEF construisent avec le mineur son emploi du temps individualisé.

c. L'implication des titulaires de l'autorité parentale (art. 6 et 8 de l'arrêté)

Dans le respect des dispositions du code civil, sous réserve des prescriptions judiciaires et si l'évaluation de la situation du mineur le permet, le CEF veille à impliquer les titulaires de l'autorité parentale dans l'action éducative menée auprès du mineur. Les titulaires de l'autorité parentale sont informés du déroulement de la prise en charge du mineur tant dans ses aspects positifs que lors de difficultés, notamment en cas de survenue d'incidents.

Les titulaires de l'autorité parentale continuent à en exercer tous les attributs dans le cadre et les limites définis par l'ordonnance de placement. En principe, ils conservent un droit de visite sauf restriction décidée par le magistrat. Dès lors, les mineurs peuvent recevoir la visite des membres de leur famille et correspondre avec eux dans des conditions fixées par le règlement de fonctionnement du CEF. Des rencontres plus formalisées entre la famille, le mineur et l'équipe peuvent être organisées au sein du CEF.

d. La prise en compte de la santé physique et psychologique du mineur

En lien avec la démarche PJJ promotrice de santé (Cf. Note DPJJ de lancement de la PJJ promotrice de santé, DPJJ du 1er février 2013 et note DPJJ de cadrage opérationnel PJJ promotrice de santé du 27 décembre 2013), la " santé-bien-être " des mineurs est abordée de manière globale en travaillant sur les déterminants de santé, y compris santé mentale, accessibles pendant la prise en charge.

La prise en compte de la santé est inscrite dans le projet d'établissement. Elle s'appuie sur la mobilisation de l'ensemble des personnels de l'établissement, le développement d'un partenariat avec les dispositifs de santé et inclut la participation des mineurs et des détenteurs de l'autorité parentale.

Un bilan de santé est réalisé avec le mineur dans les délais les plus brefs suivant son arrivée au CEF et en tout état de cause au cours de la phase d'accueil. Il permet de définir les modalités du recours aux soins et à la prévention en fonction des besoins repérés. Les démarches à engager sont formalisées dans le dossier du mineur qui contient un recueil d'informations sur sa santé (Cf. Note DPJJ du 15 février 2008 relative au guide technique en santé 2008 et au " recueil d'information santé " (RIS)).

Ainsi, tout mineur confronté à des conduites addictives en lien avec les produits psychoactifs, se voit proposer un accompagnement adapté.

Des actions d'information, de sensibilisation et d'éducation à la santé, sont proposées aux mineurs.

2.2. Une action éducative renforcée aux moments sensibles de la prise en charge

L'équipe de direction est garante du traitement des demandes d'admission.

Si l'accueil du mineur a lieu dans le cadre d'un placement immédiat, les informations relatives à sa situation personnelle, judiciaire et familiale sont transmises par le SEAT ou par le STEMO ou le STEMOI en charge du suivi, dans les 48 heures qui suivent l'arrivée du mineur au sein du CEF.

Le CEF met en œuvre une procédure spécifique d'accueil des mineurs que celui-ci soit préparé ou immédiat (art. 21 de l'arrêté).

2.2.1. La phase d'accueil

Elle a pour objectif d'accompagner le mineur dans la séparation et les conséquences que le placement entraîne.

Il s'agit d'aider l'adolescent à trouver sa place dans un collectif, de gérer le caractère anxiogène que le placement peut provoquer et de lui montrer l'intérêt que celui-ci peut présenter afin qu'il devienne acteur de son évolution.

La phase d'accueil comprend une période de bilan tenant compte de la spécificité de la situation du mineur au sens de la circulaire du 2 février 2010 relative à l'action d'éducation dans le cadre pénal (AECP) et une période d'observation du mineur permettant d'évaluer sa capacité à intégrer les modalités et règles de fonctionnement du CEF.

a. L'accompagnement des mineurs vers le CEF

La conduite du mineur au CEF fait partie intégrante de son accueil. Sauf circonstances particulières, l'accompagnement du mineur est assuré par le CEF.

En cas de difficulté, il en est référé aux directions territoriales compétentes (lieu d'implantation du CEF et des établissements et services en charge du suivi du mineur).

b. L'évaluation de la situation du mineur

L'évaluation de chaque mineur arrivant, tant sur le plan de sa situation scolaire et professionnelle que de sa situation sanitaire, physique et psychologique, est menée au cours de la phase d'accueil. Un projet personnalisé est élaboré avec le mineur et sa famille et formalisé dans le DIPC prévu à l'article L. 311-4 du code de l'action sociale et des familles.

L'évaluation permet de déterminer des hypothèses de travail qui seront affinées jusqu'à la fin de la phase d'accueil. À cette fin, au cours de cette phase, le mineur est intégré au programme d'activités prévu au sein du CEF et un emploi du temps individualisé est construit avec lui. En fonction des bilans et des observations effectués durant cette première phase de placement, l'emploi du temps pourra être adapté.

En tout état de cause, un rapport de synthèse du bilan réalisé concernant le mineur doit être adressé au magistrat ayant prescrit le placement, au plus tard à l'issue du premier mois de placement du mineur.

2.2.2. La phase de préparation à la sortie

La préparation à la sortie doit être mise en œuvre dès le début de la troisième phase. Cette préparation vise à consolider les effets positifs de l'évolution de la situation du mineur. En effet, il s'agit de prévenir la rupture des rythmes de vie induite par la fin du placement

afin d'éviter qu'elle ne soit source de réitération du comportement délinquant et de préparer précisément le projet du mineur à l'issue de son placement.

La sortie du CEF nécessite le maintien d'une action éducative soutenue auprès du mineur, prévue dans son projet personnalisé.

La coordination entre le CEF et le STEMO ou STEMOI est déterminante dans la construction et la mise en œuvre du projet de sortie.

Une collaboration avec les organismes de droit commun du lieu de résidence envisagé pour le mineur, notamment les organismes scolaires et médicaux, est engagée plusieurs semaines avant la fin du placement.

L'évolution du mineur par rapport aux objectifs fixés dans son projet personnalisé est retracée dans un rapport de fin de placement adressé au magistrat prescripteur.

Chaque fin de placement fait l'objet d'une demande d'audience au magistrat prescripteur. Cette audience permet d'effectuer dans un cadre judiciaire le bilan de l'action éducative menée par le CEF auprès du mineur. Elle permet également au magistrat de recueillir les observations du mineur, des représentants légaux, de l'établissement de placement et du STEMO ou STEMOI.

2.3. Une action éducative articulée avec l'ensemble des acteurs de la prise en charge

2.3.1. Les liens avec le service territorial éducatif de milieu ouvert

Afin de garantir la cohérence et la continuité du parcours du mineur, il est nécessaire que les différentes interventions soient coordonnées et complémentaires. Un protocole conjoint de prise en charge est formalisé entre le CEF et le STEMO ou STEMOI en charge du suivi du mineur. Il a pour objectif de clarifier et formaliser la place et le rôle de chaque établissement et service et de chaque intervenant et de repérer les échéances du parcours du mineur. Conformément à la circulaire du 2 avril 2010, la direction territoriale (DT) pilote la mise en place des articulations institutionnelles.

Le STEMO ou STEMOI désigné pour le suivi du mineur est garant de la cohérence d'ensemble de la prise en charge éducative pendant toute la durée du placement, et en particulier lors de la sortie. Il s'assure notamment de la coordination avec l'ensemble des acteurs concourant au projet personnalisé du mineur (art. 20 de l'arrêté).

A ce titre, il transmet au CEF l'ensemble des informations relatives à la situation du mineur permettant l'élaboration et la mise en œuvre conjointes du projet personnalisé du mineur formalisé dans le DIPC. De la même manière, le CEF tient informé le service de milieu ouvert compétent de l'évolution du mineur.

Enfin, une attention particulière est apportée en cas d'incarcération du mineur durant le placement conformément à la circulaire DAP/DPJJ du 24 mai 2013.

2.3.2. Les relations avec l'autorité judiciaire

a. Les modalités de communication institutionnelle entre le CEF et les magistrats

A l'initiative de l'équipe de direction et en présence de la DT, une rencontre a minima annuelle avec les magistrats du territoire du ressort du CEF est prévue ainsi qu'avec le juge coordonnateur. Elle est l'occasion de présenter le projet d'établissement et les professionnels du CEF. Cette rencontre peut être organisée lors du comité de pilotage territorial auquel les magistrats et le juge coordonnateur sont invités à participer.

b. Les écrits professionnels

Les rapports d'évolution du mineur visent à éclairer la décision du magistrat et faire des propositions éducatives et alternatives. Ils sont élaborés de façon interdisciplinaire et transmis par l'équipe de direction.

Sous réserve de la périodicité fixée par le magistrat, chaque phase de l'intervention éducative fait l'objet d'un écrit adressé au magistrat prescripteur (art. 22 de l'arrêté) :

- un rapport initial est envoyé dans un délai d'un mois. Il précise les conditions d'arrivée du mineur, les premières observations et les hypothèses de travail contenues dans le DIPC ;
- un rapport intermédiaire sur l'évolution du mineur et le projet de sortie envisagé en concertation avec le STEMO ou le STEMOI est transmis à l'issue de la seconde phase de l'intervention ;
- le rapport final propose au magistrat l'orientation du mineur à l'issue du placement en CEF en concertation avec le STEMO ou le STEMOI. Il est transmis au magistrat prescripteur deux semaines avant la fin du placement ;
- un bilan de l'intervention éducative et de l'évolution du mineur est communiqué au STEMO ou STEMOI et à l'établissement qui accueille le mineur à la sortie du CEF le cas échéant.

Par ailleurs, si un changement ou un évènement significatif intervient dans la situation du mineur, un rapport est adressé au magistrat dans les plus brefs délais. L'élaboration des

écrits est garantie par l'accès des personnels à toutes les informations actualisées concernant les mineurs (À ce titre, les éducateurs saisissent l'ensemble des informations relatives à la situation du mineur dans le logiciel GAME 2010).

L'équipe de direction contrôle la qualité des écrits élaborés par les professionnels et valide leur contenu.

c. La présence aux audiences

Chaque fois qu'une convocation à une audience d'un mineur pris en charge par l'établissement est portée à la connaissance de l'équipe de direction, un personnel du CEF représente l'établissement à l'audience (Art. 23 de l'arrêté).

En tout état de cause, le CEF est représenté à toutes les audiences auxquelles il est convoqué.

d. La gestion des incidents

Il convient d'adapter les suites données selon le type d'incident :

— les manquements au règlement de fonctionnement : ce dernier prévoit les réponses éducatives internes adaptées aux manquements (Note du 4 mai 2015 relative aux lignes directrices relatives à l'élaboration du règlement de fonctionnement des établissements collectifs de placement judiciaire du secteur public et du secteur associatif habilité) ;

— les violations des obligations de la mesure judiciaire : le magistrat ayant décidé la mesure est systématiquement avisé dans les plus brefs délais, afin qu'il puisse apprécier de la réponse judiciaire à y apporter ;

— le cas particulier des absences non autorisées (constitutives de fugues ou d'évasion) : il convient de se rapporter aux instructions de la direction de la protection judiciaire de la jeunesse en matière d'absences non autorisées (Note d'instruction du 4 mai 2015 en matière d'absences non autorisées d'un mineur placé dans un établissement du secteur public ou du secteur associatif habilité de la PJJ) ;

— les faits constitutifs d'infractions pénales : ils sont signalés immédiatement au magistrat prescripteur, au parquet du lieu de commission des faits (article 40 du code de procédure pénale), ainsi qu'aux services de police et de gendarmerie. Le parquet du lieu de commission des faits ou du lieu d'arrestation du mineur prend attache avec les parquets du lieu de placement et du lieu de résidence habituelle du mineur. Il détermine alors la juridiction compétente pour le traitement de cette nouvelle infraction (conserve la compétence ou la renvoie à l'une des juridictions citées). S'il conserve sa compétence, il sera chargé de l'information aux juridictions citées des suites données à la procédure.

Un protocole avec les services de police et/ou de gendarmerie dans le ressort duquel le CEF est situé, ainsi qu'avec les juridictions et notamment le parquet compétent du ressort est obligatoirement conclu, si possible avant l'ouverture du CEF.

En cas d'incident, il convient de se rapporter aux instructions de la direction de la protection judiciaire de la jeunesse en matière de prévention et de gestion des situations de violence (Note DPJJ du 24 décembre 2015 relative à la prévention et la gestion des situations de violence au sein des établissements et services de la PJJ) et de remontée des incidents signalés (Note du 13 février 2015 relative à la mise en œuvre et à l'organisation d'une chaîne de permanence au sein des services de la direction de la protection judiciaire de la jeunesse).

2.3.3. Le partenariat du CEF

Afin de garantir la qualité et l'adaptation de l'action éducative, le CEF entretient des partenariats notamment dans les domaines de la santé, de la scolarité, de la formation professionnelle, de la protection de l'enfance.

A cette fin, le directeur du CEF élabore, développe et formalise des protocoles avec les différents partenaires.

Ce partenariat de proximité permet d'adapter et de renouveler les réponses apportées aux problèmes rencontrés par les mineurs en difficulté et leurs familles. Il favorise l'inscription des adolescents dans les dispositifs de droit commun.

III — LES MODALITÉS ET LES GARANTIES DE FONCTIONNEMENT EN CEF

3.1. L'interdisciplinarité

3.1.1. Le processus de l'interdisciplinarité

La pluridisciplinarité (sur les notions de pluridisciplinarité et d'interdisciplinarité : circulaire d'application du décret du 6 novembre 2007 modifié relative aux établissements et services du secteur public de la PJJ) dans chaque établissement ou service constitue un principe. Il appartient au directeur d'impulser le processus interdisciplinaire des interventions au sein du CEF, en s'assurant de l'exercice effectif de chaque profession (art. 9 et 16 de l'arrêté).

Afin d'enrichir cette pluridisciplinarité, l'équipe de direction prend également appui sur les ressources extérieures notamment dans le cadre du partenariat territorial.

Par l'articulation des différentes fonctions, l'interdisciplinarité a vocation à contribuer à la qualité de la prise en charge dont bénéficient les mineurs.

3.1.2. Les réunions (art. 17 de l'arrêté)

Les réunions portent sur :

— des aspects pédagogiques : il s'agit de déterminer pour chaque mineur placé des objectifs de prise en charge, de les évaluer, de déterminer des stratégies éducatives, de coordonner les interventions des différents acteurs concourant à la prise en charge ;

— des aspects de fonctionnement : il s'agit de définir et d'adapter l'organisation, le fonctionnement du CEF (élaboration et actualisation du projet d'établissement) et l'évaluation de la qualité des prises en charge éducatives. Il s'agit également d'accompagner les personnels afin qu'ils soient en capacité de remplir leurs missions au mieux.

Les différents types de réunions sont détaillés dans la *fiche technique n° 3 "Les réunions"*.

3.2. Les garanties de fonctionnement

3.2.1. Les instances de pilotage des CEF

Un pilotage au niveau national, interrégional et territorial est organisé conformément à l'article 4 de l'arrêté.

Le pilotage des CEF a pour objectif d'assurer une prise en charge éducative de qualité qui respecte l'ensemble des recommandations des autorités de contrôle.

Il revêt nécessairement deux niveaux :

- un niveau national chargé d'améliorer le dispositif ;
- un niveau déconcentré chargé de garantir le fonctionnement de chaque établissement.

Il est essentiel d'assurer la coordination des instances mises en place à ces deux niveaux, dont les modalités de mise en œuvre sont détaillées dans *la fiche technique n° 4 " Le pilotage des CEF "*.

Ces dispositions doivent faire l'objet d'une attention particulière dans le cadre des ouvertures de CEF : le suivi de la mise en œuvre du projet à tous les niveaux nécessite la mise en place d'instances spécifiques de pilotage par les échelons interrégionaux et territoriaux.

3.2.2. Le contrôle des CEF (art. 14 et 15 de l'arrêté)

Les CEF sont soumis aux contrôles spécifiques prévus pour les établissements sociaux et médico-sociaux et les lieux de privation de liberté accueillant des mineurs.

A ce titre, ils peuvent être contrôlés notamment par le préfet, l'autorité judiciaire, les services du garde des sceaux et le contrôleur général des lieux de privation de liberté ainsi que par différentes autorités nationales et européennes.

Dès qu'elle en a connaissance, l'équipe de direction informe le directeur territorial de la visite ou de toute sollicitation des autorités de contrôle.

Les modalités de contrôle par les autorités compétentes en matière de droits fondamentaux des mineurs sont détaillées dans la fiche technique n° 5.

La directrice de la protection judiciaire de la jeunesse,

Catherine SULTAN

Art. L. 113-8 *(L. n° 2021-218 du 26 févr. 2021, art. 7)* **A chaque entrée d'un mineur dans un établissement relevant du secteur public ou habilité de la protection judiciaire de la jeunesse, le directeur de l'établissement ou les membres du personnel de l'établissement spécialement désignés par lui peuvent procéder au contrôle visuel des effets personnels du mineur, aux fins de prévenir l'introduction au sein de l'établissement d'objets ou de substances interdits ou constituant une menace pour la sécurité des personnes ou des biens. Au sein de ces établissements, ces mêmes personnels peuvent, aux mêmes fins, procéder à l'inspection des chambres où séjournent ces mineurs. Cette inspection se fait en présence du mineur sauf impossibilité pour celui-ci de se trouver dans l'établissement. Le déroulé de cette inspection doit être consigné dans un registre tenu par l'établissement à cet effet. Ces mesures s'effectuent dans le respect de la dignité des personnes et selon les principes de nécessité et de proportionnalité.**

COMMENTAIRE

Dans la perspective d'un renforcement de la réponse pénale à l'égard des mineurs, la loi du 9 septembre 2002 a créé les centres éducatifs fermés (Ord. de 1945, art. 33). Il s'agissait de proposer une solution intermédiaire entre le centre éducatif classique et

l'établissement pénitentiaire, afin d'accueillir des mineurs ancrés dans la délinquance, âgés de 13 à 18 ans, prévenus ou condamnés.

Les centres éducatifs fermés sont donc plus contenants que les centres éducatifs renforcés, qui n'ont pas disparu, et qui ont quant à eux vocation à prendre en charge des mineurs délinquants multirécidivistes dans le cadre de programmes d'activités intensifs pendant des sessions de trois à six mois avec un encadrement éducatif permanent (note PJJ 2000-778 du 13 janv. 2000, JUSF0050051N). Complétée rapidement par la loi du 9 mars 2004 (V. Bonfils, Les dispositions relatives aux mineurs de la loi n° 2004-204 du 9 mars 2004 dite Perben II, *JCP 2004. I. 140, n° 21*), l'ordonnance de 1945 prévoyait que les mineurs étaient placés dans ces centres éducatifs fermés en application d'un contrôle judiciaire, dans le cadre d'une libération conditionnelle, ou au titre d'un sursis avec mise à l'épreuve : avant, après ou à la place de la prison. Bien que vivement critiqués, les centres éducatifs fermés se sont pourtant imposés et semblent permettre une surveillance permettant d'assurer un suivi éducatif et pédagogique renforcé et adapté à la personnalité des mineurs. Il n'est pas étonnant, dans ces conditions, que le code de la justice pénale des mineurs ait fait le choix de les conserver. Mais la singularité de ces centres et le particularisme des cas dans lesquels les mineurs peuvent y être placés ont justifié que le code les traite dans une section différente des autres structures de placement.

L'article L. 113-7 prévoit ainsi que « les centres éducatifs fermés sont des établissements publics ou des établissements privés habilités dans des conditions prévues par décret en Conseil d'État, dans lesquels les mineurs sont placés en application d'un contrôle judiciaire, d'un sursis probatoire, d'un placement à l'extérieur ou à la suite d'une libération conditionnelle ». On retrouve sensiblement les mêmes cas dans lesquels les mineurs peuvent être placés dans un centre éducatif fermé (avant, après ou à la place de la prison). On notera cependant que le sursis probatoire a remplacé le sursis avec mise à l'épreuve (conformément au droit commun issu de L. du 23 mars 2019) et que le texte vise désormais aussi le placement à l'extérieur (en l'absence de texte contraire, le placement à l'extérieur prévu par l'art. 132-26 du C. pén. est applicable aux mineurs). Les centres éducatifs fermés accueillent ainsi des mineurs ayant déjà un vrai parcours délinquant, ou ayant commis une infraction pénale grave, et cumulant généralement carences éducatives et difficultés familiales, sociales, sanitaires et psychologiques (cf. Fouchard, Les centres éducatifs fermés : la fuite en avant ?, *in* Jacopin (dir.), Un code de la justice pénale des mineurs, quelle(s) spécificité(s) ?, *Dalloz, coll. Thèmes et commentaires, 2021, p. 143*). De fait, les CEF sont de petites structures, accueillant jusqu'à 12 mineurs, et leur offrant un encadrement important et pluridisciplinaire (directeur, chef de service, éducateurs, professeurs techniques, psychologue, infirmier, vacations de psychiatre, ainsi qu'un enseignant spécialisé mis à disposition par l'éducation nationale).

L'objectif général de ces centres reste le même avec le code : comme l'ancien article 33 de l'ordonnance de 1945, l'article L. 113-7 affirme que « au sein de ces centres, les mineurs font l'objet des mesures de surveillance et de contrôle permettant d'assurer un suivi éducatif et pédagogique renforcé et adapté à leur personnalité ».

Par ailleurs, l'article L. 113-7 précise que « le magistrat ou la juridiction peut, durant le temps et selon les modalités qu'il détermine, autoriser l'établissement à organiser un accueil temporaire du mineur dans d'autres lieux afin de préparer la fin du placement ou de prévenir un incident grave ». On imagine que cette disposition peut permettre, comme une permission de sortir dans le cadre d'un établissement pénitentiaire, de préparer la sortie pour passer un entretien. Il s'agit là d'une précision nouvelle, qui introduit une certaine souplesse dans le régime des centres éducatifs fermés. Mais, comme le dit l'alinéa suivant, si le mineur est autorisé à quitter temporairement le centre éducatif fermé, il reste tenu des respecter les obligations auxquelles il a été astreint.

A cet égard, l'article L. 113-7 du code prévoit expressément que « la violation des obligations auxquelles le mineur est astreint en vertu des mesures qui ont entraîné son placement dans le centre, y compris en cas d'accueil temporaire dans un autre lieu, peut entraîner le placement en détention provisoire ou l'emprisonnement du mineur ». Cette précision figurait déjà dans l'ordonnance de 1945 (art. 33), et elle se trouve logiquement reprise par le code. A dire vrai, elle ne s'imposait pas véritablement, dans la mesure où les sanctions – placement en détention provisoire ou emprisonnement – du non-respect du sursis probatoire, du contrôle judiciaire, de la libération conditionnelle ou du placement

extérieur sont prévues par les dispositions qui les régissent. Pour autant, ce rappel est bienvenu, les rendant plus claires et plus lisibles. Il est même d'autant plus important que l'intérêt des centres éducatifs fermés est précisément la dimension contraignante. En effet, lors de la création des centres éducatifs fermés, un rapport avait été annexé à la loi du 9 septembre 2002 qui expliquait que le placement au sein de ces centres éducatifs fermés avait pour objectif de répondre à la nécessité d'une meilleure prise en charge de mineurs multirécidivistes et de pallier les inconvénients des centres éducatifs renforcés, au regard de l'absence de moyen de contrainte en cas de non-respect des conditions du placement.

Il existe deux sortes de centres éducatifs fermés : certains relèvent du secteur public (c'est-à-dire qu'ils sont gérés par la protection judiciaire de la jeunesse), d'autres du secteur privé habilité. Dans ce dernier cas, le code exige une habilitation, et même une habilitation particulière, qui « ne peut être délivrée qu'aux établissements offrant une éducation et une sécurité adaptées à la mission des centres ainsi que la continuité du service » (art. L. 113-7). Cette exigence avait été introduite à l'ancien article 33 de l'ordonnance de 1945 par la loi n° 2019-222 du 23 mars 2019. En 2018, il existait 17 CEF relevant du secteur public et 39 CEF relevant du secteur privé habilité (Les chiffres clés de la justice, *2019, p. 24* ; cette donnée n'est plus disponible dans Les chiffres clés de la justice, *2021*).

L'article L. 113-7 prévoit encore que « le juge des enfants prend toute mesure permettant d'assurer la continuité de la prise en charge éducative du mineur en vue de sa réinsertion durable dans la société, à l'issue du placement en centre éducatif fermé ou en cas de révocation du contrôle judiciaire ou du sursis probatoire ». On notera simplement ici que c'est une précision qui figurait déjà dans l'article 33 de l'ordonnance de 1945.

Enfin, la loi de ratification du 26 février 2021 a complété ce dispositif par deux alinéas. Le premier prévoit que « lorsque la place occupée par un mineur suite à une décision de placement reste vacante pendant une durée excédant sept jours, l'établissement accueillant le mineur concerné saisit d'une demande de mainlevée spécialement motivée le magistrat chargé de l'exécution de cette décision, qui statue sans délai ». Le second précise que des activités culturelles et socioculturelles sont organisées dans les CEF, ayant pour objet de développer les moyens d'expression, les connaissances et les aptitudes des mineurs placés dans ces centres. Par ailleurs, la loi de ratification insère dans la section relative aux CEF un article L. 113-8 sur les contrôles des effets du mineur et les fouilles des chambres. Le texte prévoit en effet qu'à chaque entrée d'un mineur dans un CEF, le directeur de l'établissement ou les membres du personnel de l'établissement spécialement désignés par lui peuvent procéder au contrôle visuel des effets personnels du mineur, aux fins de prévenir l'introduction au sein de l'établissement d'objets ou de substances interdits ou constituant une menace pour la sécurité des personnes ou des biens, et que, de la même manière, ils peuvent, aux mêmes fins, procéder à l'inspection des chambres où séjournent ces mineurs. Le texte précise que cette inspection se fait en présence du mineur sauf impossibilité pour celui-ci de se trouver dans l'établissement et que son déroulé doit être consigné dans un registre tenu par l'établissement. Le texte indique aussi que « ces mesures s'effectuent dans le respect de la dignité des personnes et selon les principes de nécessité et de proportionnalité ».

Pour conclure, on peut constater que les centres éducatifs fermés se sont finalement imposés, malgré les critiques dont ils avaient fait l'objet lors de la création en 2002 (et encore aujourd'hui : cf. Fouchard, art. préc.). En ce temps-là, on avait notamment critiqué l'ambiguïté des centres éducatifs fermés, qui n'étaient pas aussi fermés que les établissements pénitentiaires et n'empêchaient pas quelques fugues (le terme est sans doute plus juste que celui d'évasions). Mais précisément, ces centres ne sont pas des prisons, et ne sont pas gérés par l'administration pénitentiaire. Leur fermeture est en réalité davantage juridique que matérielle, puisque le non-respect du placement dans ces centres éducatifs fermés pourra entraîner l'incarcération du mineur au titre de la détention provisoire ou de l'emprisonnement (même si les CEF connaissent une liberté de circulation réduite, de hauts grillages d'enceintes ainsi que des caméras extérieures). Ce faisant, les centres éducatifs fermés ont bien trouvé une place intermédiaire entre les centres éducatifs « classiques » et les établissements pénitentiaires. On lira à ce sujet le rapport interministériel portant sur l'évaluation du dispositif des CEF, déposé en janvier 2013, et celui de la mission d'évaluation de l'Inspection générale des services judiciaires et de

l'inspection générale des services sociaux sur le dispositif des centres éducatifs fermés, remis en juillet 2015. Ce rapport atteste notamment d'un réel investissement de la PJJ (et de la DPJJ) pour améliorer et consolider le fonctionnement des CEF, en participant à l'élaboration d'un cadre normatif commun aux établissements du secteur public et du secteur privé (les deux tiers des CEF appartiennent au secteur associatif habilité), en créant de nouveaux CEF dans des zones qui n'en avaient pas jusqu'alors, et en améliorant la formation des agents et le pilotage des établissements. Ce rapport relève aussi des difficultés structurelles (implantation géographique d'une partie des CEF éloignés des bassins d'emploi, insuffisance de qualification d'expérience d'une partie des cadres et des équipes éducatives, manque d'attractivité des CEF pour les professionnels, déficit d'activités proposées aux mineurs, complexité de la relation entre l'État et le secteur associatif habilité), et propose un certain nombre d'actions à engager (imposer la qualification des professionnels et poursuivre le renforcement des effectifs, optimiser l'action éducative pendant le placement et renforcer l'accompagnement du mineur à la sortie, mieux prévenir les crises et les dysfonctionnements dans les CEF, avec notamment un plan de prévention de la violence, ou encore intensifier le pilotage et clarifier le contrôle du dispositif des CEF).

Le décret n° 2021-682 du 27 mai 2021 a inséré trois articles venant préciser les modalités de visite des CEF. L'article R. 113-6 dispose ainsi que « lors de la visite des centres éducatifs fermés prévue à l'article 719 du code de procédure pénale, le directeur du centre éducatif fermé ne peut s'opposer à l'entrée des journalistes accompagnant les parlementaires que pour des motifs impératifs liés à la sécurité, au bon ordre, à l'intérêt public ou à la protection des victimes, des mineurs placés et du personnel au sein de l'établissement. Il peut mettre fin, à tout moment, à leur présence pour ces motifs ». Il poursuit à l'alinéa suivant en indiquant que « les parlementaires ne peuvent être accompagnés, au sein d'un centre éducatif fermé, de plus de trois journalistes, titulaires de la carte d'identité professionnelle mentionnée à l'article L. 7111-6 du code du travail, dont un seul utilisant du matériel de prise de vue ou de son. Le nombre maximal de journalistes s'entend par visite, quel que soit le nombre de parlementaires y participant. Leur entrée est concomitante à celles *[celle]* des parlementaires qu'ils accompagnent dans leur parcours. Leur sortie ne peut être postérieure à celle des parlementaires ». L'article R. 113-7 du code assure le maintien de l'anonymat des mineurs, malgré ces visites. Ce texte dispose ainsi que « les écrits, photographies, croquis, prises de vue et de son que les journalistes effectuent sont circonscrits au cadre de la visite du parlementaire dans le centre éducatif fermé. Le directeur du centre éducatif fermé peut interdire les enregistrements d'images et de son dans une zone de l'établissement pour des motifs tenant au bon ordre et à la sécurité. Leur diffusion ou leur utilisation ne peut permettre d'identifier les personnels présents au sein de l'établissement que si ces derniers y ont consenti par écrit ». Il ajoute encore qu' « un mineur ne peut être filmé, enregistré ou photographié qu'avec son accord écrit préalable et l'autorisation conjointe des titulaires de l'exercice de l'autorité parentale. L'accord est donné selon les mêmes modalités qu'il s'agisse de l'utilisation de l'image ou de celle de la voix ainsi captée » et que « dans tous les cas, les journalistes veillent à ce qu'aucun élément concernant l'identité ou la personnalité permettant d'identifier le mineur placé ne soit, de quelque manière que ce soit, révélé. Les obligations relatives à la diffusion des productions des journalistes mentionnées aux trois alinéas précédents s'imposent aux directeurs de publication, éditeurs et distributeurs de ces productions ». Enfin, l'article R. 113-9 précise qu' « en cas d'inspection d'une chambre d'un centre éducatif fermé où séjourne un mineur, sont consignés au registre mentionné à l'article L. 113-8 :

1° La date et l'heure de début et de fin de l'inspection ;

2° Les noms et qualités des personnels ayant procédé à l'inspection ;

3° Le motif de l'inspection ;

4° Le lieu inspecté ;

5° Si le mineur est présent, ses éventuelles observations ;

6° Si le mineur est absent, le motif de son absence et les raisons pour lesquelles l'inspection n'a pu être retardée ;

7° Les objets ou substances interdites ou constituant une menace trouvés au cours de l'inspection et le sort qui leur a été réservé.

Le registre est signé par les personnels et le mineur présents lors de l'inspection ».

Enfin, le décret n° 2021-683 du 27 mai 2021 a inséré dans la partie réglementaire un article D. 113-8 qui dispose que « le directeur du centre éducatif fermé est chargé de l'organisation régulière d'activités socio-culturelles au sein de l'établissement » et que « ces activités, animées par des personnels du centre ou par des personnes extérieures autorisées par le directeur, s'inscrivent dans la continuité des activités d'insertion scolaire et professionnelle ». Le même texte prévoit encore que « les mineurs placés au sein du centre peuvent être associés à l'organisation et à l'animation de ces activités, sous le contrôle du personnel de l'établissement » et que « la diffusion à l'extérieur du centre éducatif fermé de productions audio-visuelles réalisées dans le cadre de ces activités est soumise, d'une part à l'accord écrit préalable du mineur et des titulaires de l'autorité parentale, et d'autre part, à l'autorisation du directeur interrégional territorialement compétent ». ❑

TITRE DEUXIÈME **DES PEINES**

BIBL. ► Bonfils, La réforme du droit pénal des mineurs par la loi du 9 septembre 2002 (1re partie), *RJPF juin 2003, p. 8* ; Les dispositions relatives aux mineurs de la loi n° 2004-204 du 9 mars 2004 dite Perben II, *JCP 2004. I. 140, Spéc. n° 18* ; La réforme de l'ordonnance de 1945 par la loi du 10 août 2007 renforçant la lutte contre la récidive des majeurs et des mineurs, *AJ pénal 2007. 363* s. ; La réforme du droit pénal des mineurs par la loi du 10 août 2011, *D. 2011. Chron. 2286* s. – Bouloc, Aspects pénologiques (du droit pénal des mineurs), *in Enfance et délinquance, Économica, 1993, p. 155 s.* – Céré, La spécificité de la détention des mineurs, *in* R. Nérac-Croisier (dir.), Le mineur et le droit pénal, *L'Harmattan, 1997, p. 205.* – Gallardo, L'aménagement de la peine du mineur : quelle réforme ?, *in* Jacopin (dir.), Un code de la justice pénale des mineurs, quelle(s) spécificité(s) ?, *Dalloz, coll. Thèmes et commentaires, 2021, p. 157 s.* – Giacopelli, L'exécution des mesures, *in* Où va la justice pénale des mineurs, *Giappichelli editore, Torino (Italie), 2010, Spéc. p. 180.* – Herzog-Evans, Prévenir la récidive : les limites de la répression pénale. A propos de la loi récidive II, *AJ pénal 2007. 357*. – Renucci, L'emprisonnement des mineurs, *in* Enfance et délinquance, *Économica, 1993, p. 169 s.*

COMMENTAIRE

Si le principe de la primauté de l'éducation sur la répression implique que les mesures éducatives constituent la première réponse pénale à l'égard des mineurs délinquants, ces derniers encourent aussi des peines, dans une proportion finalement assez importante. Ainsi, les derniers chiffres disponibles (Les chiffres clés de la justice, *2021, p. 22*) font état d'environ 37 000 mesures éducatives prononcées en 2020, pour 18 000 peines environ prononcées la même année.

Mais les peines connaissent, en droit pénal des mineurs, un important particularisme. Tout d'abord, toutes les peines ne sont pas encourues par les mineurs. Plus encore, il existe en droit pénal des mineurs une exemption légale de peine pour les mineurs de treize ans, et une diminution légale de peine entre treize et dix-huit ans. Ce particularisme s'applique aussi au contenu de certaines peines ou à leurs conditions d'application. Il en touche encore le prononcé, avec, par exemple, une exigence de motivation spéciale. Ce sont de toutes ces questions dont traite le présent titre. On signalera cependant qu'il n'aborde pas l'application et l'exécution des peines, qui relèvent du livre VI du code. ❑

CHAPITRE PREMIER **DES PEINES ENCOURUES**

Art. L. 121-1 Les peines suivantes ne sont pas applicables aux mineurs :

1° La peine d'interdiction du territoire français ;

2° La peine de *(L. n° 2021-218 du 26 févr. 2021, art. 9)* **« jours-amende » ;**

3° Les peines d'interdiction des droits civiques, civils et de famille, d'interdiction d'exercer une fonction publique ou une activité professionnelle ou sociale, d'interdiction de séjour, de fermeture d'établissement, d'exclusion des marchés publics ;

4° Les peines d'affichage ou de diffusion de la condamnation.

Aucune interdiction, déchéance ou incapacité ne peut résulter de plein droit d'une condamnation pénale prononcée à l'encontre d'un mineur. – *[Ord. n° 45-174 du 2 févr. 1945, art. 20-4 ; art. 20-6.]*

COMMENTAIRE

Classiquement, dans le but principal de préserver leurs chances de réinsertion, un certain nombre de peines ne sont pas applicables aux mineurs. L'ordonnance de 1945 donnait ainsi, à l'article 20-4, une liste de peines qui n'étaient pas encourues par les mineurs. Le code procède de la même façon. Ne peuvent donc être prononcées contre les mineurs les peines d'interdiction du territoire français, de jours-amende, d'interdiction des droits civiques, civils et de famille, d'interdiction d'exercer une fonction publique ou une activité professionnelle ou sociale, d'interdiction de séjour, de fermeture d'établissement, d'exclusion des marchés publics, d'affichage ou de diffusion de la condamnation. On retrouve sensiblement les mêmes peines que celles qui figuraient sur la liste donnée par l'article 20-4 de l'ordonnance de 1945. La seule différence concerne la contrainte pénale, dont la mention dans le code ne se justifie plus puisqu'elle a été supprimée par la loi du 23 mars 2019. L'article L. 121-1 précise aussi que « aucune interdiction, déchéance ou incapacité ne peut résulter de plein droit d'une condamnation pénale prononcée à l'encontre d'un mineur ».

La jurisprudence avait eu l'occasion de préciser, concernant l'interdiction des droits civiques, civils et de famille, que cette peine ne pouvait être prononcée à l'encontre d'un mineur devenu majeur lors de sa comparution devant la cour d'assises des mineurs. (Crim. 13 déc. 1995, n° 94-86.146 P : *RSC 1996. 649, obs. Bouloc*). Cette solution devrait logiquement être maintenue. Elle vaut même plus largement pour toutes les peines mentionnées puisqu'elle découle de l'application du principe de la légalité criminelle.

L'article L. 121-1, en dressant la liste des peines qui ne sont pas encourues par les mineurs signifie aussi, que, sauf interdiction spéciale, toutes les peines du droit commun sont encourues par les mineurs. C'est aussi l'occasion de rappeler qu'en droit français, il n'existe pas de peine spécifique pour les mineurs. ❑

L'interdiction des droits civiques, civils et de famille, édictée par l'art. 131-26 C. pén., ne peut être prononcée à l'encontre d'un mineur, devenu majeur lors de sa comparution devant la cour d'assises des mineurs. • Crim. 13 déc. 1995, n° 94-86.146 P : *RSC 1996. 649, obs. Bouloc*.

Art. L. 121-2 **Les articles 132-60 à 132-70-3 du code pénal ne sont pas applicables aux mineurs, à l'exception, pour les articles 132-60 à** *(L. n° 2021-218 du 26 févr. 2021, art. 9)* **« 132-62 » du même code, des procédures jugées devant le tribunal de police.** — *[Ord. n° 45-174 du 2 févr. 1945, art. 24-8.]*

COMMENTAIRE

Les articles 132-60 à 132-70-3 du code pénal, auxquels fait référence l'article L. 121-2, sont relatifs aux diverses modalités de l'ajournement de peine (simple, avec mise à l'épreuve, avec injonction, avec rétention judiciaire...). Ces dispositions ne sont pas applicables aux mineurs, en raison du mécanisme dérogatoire et spécifique de la césure du procès pénal. Est cependant prévue une exception devant le tribunal de police, qui peut donc faire application des dispositions de droit commun relatives à l'ajournement simple (C. pén., art. 132-60 à 132-62) et à l'ajournement avec mise à l'épreuve (C. pén., art. 132-63 à 132-65). ❑

Code pénal

Art. 132-60 La juridiction peut ajourner le prononcé de la peine lorsqu'il apparaît que le reclassement du coupable est en voie d'être acquis, que le dommage causé est en voie d'être réparé et que le trouble résultant de l'infraction va cesser.

Dans ce cas, elle fixe dans sa décision la date à laquelle il sera statué sur la peine.

L'ajournement ne peut être ordonné que si la personne physique prévenue ou le représentant de la personne morale prévenue est présent à l'audience.

Art. 132-61 A l'audience de renvoi, la juridiction peut soit dispenser le prévenu de peine, soit prononcer la peine prévue par la loi, soit ajourner une nouvelle fois le prononcé de la peine dans les conditions et selon les modalités prévues à l'article 132-60.

Art. 132-62 La décision sur la peine intervient au plus tard un an après la première décision d'ajournement.

Art. 132-63 Lorsque le prévenu, personne physique, est présent à l'audience, la juridiction peut ajourner le prononcé de la peine dans les conditions et selon les modalités définies à l'article 132-60 en plaçant l'intéressé sous le régime de la *(L. n° 2020-1672 du 24 déc. 2020, art. 26)* « probation » pendant un délai qui ne peut être supérieur à un an. Sa décision est exécutoire par provision.

Art. 132-64 Le régime de la *(L. n° 2020-1672 du 24 déc. 2020, art. 26)* « probation », tel qu'il résulte des articles 132-43 à 132-46, est applicable à l'ajournement avec *(L. n° 2020-1672 du 24 déc. 2020, art. 26)* « probation ».

Art. 132-65 A l'audience de renvoi, la juridiction peut, en tenant compte de la conduite du coupable au cours du délai *(L. n° 2020-1672 du 24 déc. 2020, art. 26)* « de probation », soit le dispenser de peine, soit prononcer la peine prévue par la loi, soit ajourner une nouvelle fois le prononcé de la peine dans les conditions et selon les modalités prévues à l'article 132-63. *(L. n° 2004-204 du 9 mars 2004, art. 180, en vigueur le 1er janv. 2005)* « Avec l'accord du procureur de la République, le juge de l'application des peines peut, trente jours avant l'audience de renvoi, prononcer lui-même la dispense de peine, à l'issue d'un débat contradictoire tenu conformément aux dispositions de l'article 712-6 du code de procédure pénale. »

La décision sur la peine intervient au plus tard un an après la première décision d'ajournement.

Art. L. 121-3 Le tribunal de police qui constate que la contravention imputée à un mineur âgé d'au moins treize ans est établie peut prononcer à son encontre soit :

1° Une dispense de peine ;

2° Une peine d'amende, en faisant application des règles d'atténuation mentionnées à l'article L. 121-6 ;

(L. n° 2021-218 du 26 févr. 2021, art. 9) **« 3° Une des peines complémentaires énumérées à l'article 131-16 du code pénal. »**

(Abrogé par L. n° 2021-218 du 26 févr. 2021, art. 9) ***« Les dispositions de l'article 131-16 du code pénal ne sont pas applicables. »*** — *[Ord. n° 45-174 du 2 févr. 1945, art. 21, al. 2.]*

COMMENTAIRE

Les mineurs qui commettent une contravention peuvent se voir sanctionner par un avertissement judiciaire (CJPM, art. L. 112-1), dès lors qu'ils sont considérés comme responsables. A partir de l'âge de treize ans, ils peuvent voir prononcer une dispense de peine ou une peine d'amende. C'est ce prévoit l'article L. 121-3. On retrouve ici, bien que sous une formulation différente, ce que disait l'article 21 de l'ordonnance de 1945.

Cette disposition précise aussi, comme le faisait l'ordonnance de 1945 avant elle, que la peine d'amende encourue doit tenir compte des règles d'atténuation de peine (mentionnées à l'art. L. 121-6).

Enfin, il est précisé que le tribunal peut prononcer « une des peines complémentaires mentionnées à l'article 131-16 du code pénal », comme la suspension du permis, l'interdiction de porter une arme ou encore l'obligation d'accomplir certains stages. On notera que la possibilité donnée au tribunal de police de prononcer une peine complémentaire (mais une seule) résulte d'une modification apportée par la loi de ratification du 26 février 2021, car initialement le code interdisait précisément le prononcé d'une peine complémentaire en matière contraventionnelle. ❑

1. Amende forfaitaire. Les dispositions de l'art. 21 de l'Ord. du 2 févr. 1945 relative à l'enfance délinquante excluent nécessairement, en raison de leurs exigences particulières, l'application de la procédure de l'amende forfaitaire prévue par les art. 529 et 530 du C. pr. pén. • Crim. 4 févr. 1971, n° 70-91.878 P.

2. Peine non prévue par la loi. En application de l'art. 111-3 C. pén., nul ne peut être puni d'une peine qui n'est pas prévue par la loi, telle étant le cas d'une peine d'amende prononcée contre un mineur de 5 ans. • Crim. 14 nov. 2017, n° 17-80.893 P : *D. actu. 6 déc. 2017, obs. Fonteix ; D. 2018. 399, note Bouchet ; ibid. Pan. 1664, note Bonfils et Gouttenoire ; AJ pénal 2018. 38, obs. Gallardo ; Dr. pénal 2018, n° 9, obs. Robert.*

Code pénal

Art. 131-16 Le règlement qui réprime une contravention peut prévoir, lorsque le coupable est une personne physique, une ou plusieurs des peines complémentaires suivantes :

1° La suspension, pour une durée de trois ans au plus, du permis de conduire, cette suspension pouvant être limitée à la conduite en dehors de l'activité professionnelle *(L. nº 2003-495 du 12 juin 2003, art. 5)* « , sauf si le règlement exclut expressément cette limitation » ;

2° L'interdiction de détenir ou de porter, pour une durée de trois ans au plus, une arme soumise à autorisation ;

3° La confiscation d'une ou de plusieurs armes dont le condamné est propriétaire ou dont il a la libre disposition ;

4° Le retrait du permis de chasser, avec interdiction de solliciter la délivrance d'un nouveau permis pendant trois ans au plus ;

5° La confiscation de la chose qui a servi ou était destinée à commettre l'infraction ou de la chose qui en est le produit ;

(L. nº 2003-495 du 12 juin 2003, art. 6) « 6° L'interdiction de conduire certains véhicules terrestres à moteur, y compris ceux pour la conduite desquels le permis de conduire n'est pas exigé, pour une durée de trois ans au plus ; »

(L. nº 2019-222 du 23 mars 2019, art. 71-VI et 109-XIX, en vigueur le 24 mars 2020) « 7° Les peines de stage prévues à l'article 131-5-1 ;

« 8° La confiscation de l'animal ayant été utilisé pour commettre l'infraction ou à l'encontre duquel l'infraction a été commise ;

« 9° L'interdiction, pour une durée de trois ans au plus, de détenir un animal ;

« 10° Le retrait pour une durée d'un an au plus des titres de conduite en mer des navires de plaisance à moteur et, à l'encontre de toute personne embarquée sur un navire étranger, l'interdiction pour un an au plus de pratiquer la navigation dans les eaux territoriales ou les eaux intérieures maritimes françaises. »

Art. L. 121-4 Le juge des enfants, statuant en chambre du conseil, peut, sur réquisitions du procureur de la République, si les circonstances et la personnalité du mineur le justifient, condamner un mineur âgé d'au moins treize ans aux peines :

1° De confiscation de l'objet ayant servi à commettre l'infraction ;

2° De stage ;

3° De travail d'intérêt général, si le mineur est âgé d'au moins seize ans au moment du prononcé de la peine.

COMMENTAIRE

L'article L. 121-4 marque un changement important par rapport à l'ordonnance de 1945. Il permet en effet au juge des enfants de condamner un mineur âgé d'au moins treize ans à une peine, en audience de cabinet. Jusqu'alors, le juge des enfants ne pouvait prononcer, seul, que des mesures éducatives, et les peines relevaient soit du tribunal pour enfants, soit de la cour d'assises des mineurs. La possibilité offerte au juge des enfants de prononcer seul certaines peines constitue donc sur le plan des principes une réforme considérable.

Cela étant, l'importance pratique de cette réforme doit être relativisée. D'abord, le juge des enfants ne peut prononcer une peine dans ces conditions que sur réquisitions du ministère public, et, surtout, si les circonstances et la personnalité du mineur le justifient (et bien évidemment si le mineur a au moins treize ans). A cet égard, et bien que cela ne soit pas précisé, on suppose qu'il faut une motivation spéciale, susceptible d'être contrôlée en appel. Ensuite, le pouvoir du juge des enfants de prononcer une peine en audience de cabinet est réservé à trois peines seulement : la confiscation de l'objet ayant servi à commettre l'infraction ; un stage ; un travail d'intérêt général, si le mineur est âgé d'au moins seize ans au moment du prononcé de la peine.

Pour autant, on peut émettre quelques réserves sur ce pouvoir nouveau donné au juge des enfants. Certes, les peines susceptibles d'être ainsi prononcées ne sont qu'au nombre de trois et elles apparaissent finalement assez peu coercitives. Mais on connaît cette pratique législative tendant à admettre d'abord de rares exceptions, avant d'en élargir la liste… Il est donc à craindre que le législateur n'en reste pas là, et que, réforme après

réforme, il allonge cette liste. C'est ce qui s'est passé, par exemple, avec les anciennes sanctions éducatives de l'article 15-1 de l'ordonnance de 1945, et la connaissance du passé permet d'être légitimement inquiet sur l'avenir.

En outre, l'alinéa relatif au travail d'intérêt général est inquiétant. Le texte prévoit en effet que le juge des enfants peut prononcer seul une peine de travail d'intérêt général « si le mineur est âgé d'au moins seize ans au moment du prononcé de la peine ». Le code prend donc en compte non pas l'âge au jour des faits, comme le principe de la légalité invite à le faire, mais l'âge au moment du prononcé de la peine. C'est une solution assez choquante qui, elle, avait été introduite par la loi du 23 mars 2019 (art. 20-5 de l'Ord. de 1945), et dont on peut regretter qu'elle soit reprise ici, ainsi qu'à l'article L. 122-1, qui prévoit les modalités de la peine de travail d'intérêt général. ❑

Art. L. 121-5 Le tribunal pour enfants et la cour d'assises des mineurs ne peuvent prononcer une peine privative de liberté supérieure à la moitié de la peine encourue.

La diminution de moitié de la peine encourue s'applique également aux peines minimales prévues par l'article 132-18 du code pénal.

Si la peine encourue est la réclusion criminelle ou la détention criminelle à perpétuité, elle ne peut être supérieure à vingt ans de réclusion criminelle ou de détention criminelle.

Les dispositions de l'article 132-23 du code pénal relatives à la période de sûreté ne sont pas applicables aux mineurs. – *[Ord. n° 45-174 du 2 févr. 1945, art. 20-2, al. 1er et 4.]*

BIBL. ▶ Lapoyade-Deschamps, *D. 1988. Chron. 299* (les petits responsables). – Cassagnabère, *Rev. pénit. 1996. 159* (le mineur et la prison : le service éducatif auprès du tribunal en première ligne). – Sévely-Fournié, *RSC 2009. 793* (répression et motivation. Réflexions sur la motivation des arrêts et jugements des juridictions répressives).

COMMENTAIRE

Comme l'article 20-2 de l'ordonnance de 1945, l'article L. 121-5 prévoit le principe et les modalités de la diminution légale de peine. Selon ce texte, le tribunal pour enfants et la cour d'assises des mineurs ne peuvent prononcer une peine privative de liberté supérieure à la moitié de la peine encourue pour les majeurs, ni une peine supérieure à vingt ans de réclusion criminelle ou de détention criminelle, lorsque la peine encourue est la perpétuité. Cette diminution de peine est obligatoire entre treize et seize ans, mais elle peut être écartée entre seize et dix-huit ans (V. art. L. 121-7).

La diminution légale de peine s'appliquait aussi aux peines planchers, telles qu'elles existaient entre 2007 et 2014. Mais les peines planchers ont quasiment disparu, sauf en matière criminelle, où l'article 132-18 du code pénal prévoit une peine minimale de deux ans en cas de perpétuité et d'un an en cas de peine criminelle à temps. C'est la raison pour laquelle l'article L. 121-5 du code précise désormais que « la diminution de moitié de la peine encourue s'applique également aux peines minimales prévues par l'article 132-18 du code pénal ». Concrètement, si un mineur âgé de quatorze ans commet un crime puni de vingt ans de réclusion criminelle, il encourra une peine de dix ans, et la peine minimale qui pourra être prononcée contre lui si sa culpabilité est retenue est de six mois.

Par ailleurs, l'article L. 121-5 exclut pour les mineurs l'application des règles relatives à la période de sûreté. Cette disposition, qui reprend l'article 20-2, alinéa 6, de l'ordonnance de 1945, avait été rappelée très clairement par la Cour de cassation, même lorsque la diminution légale de peine est écartée, pour la catégorie des mineurs âgés entre seize et dix-huit ans. La chambre criminelle avait ainsi affirmé que « selon l'article 720-3 du code de procédure pénale [alors applicable], les dispositions de l'article 720-2 du même code, instituant en cas de condamnation pour certaines infractions une période de sûreté durant laquelle le condamné ne pourra bénéficier d'aucun aménagement de la peine prononcée à son encontre, ne sont pas applicables aux mineurs » (Crim. 11 mai 1988, *Bull. crim. n° 210*). ❑

1. Mineur de treize ans. Lorsque la prévention est établie à l'égard d'un mineur de 13 ans, le tribunal pour enfants peut seulement prononcer, par décision motivée, une des mesures de protection d'assistance, de surveillance ou d'éducation prévues à l'art. 15 de l'Ord. du 2 févr. 1945, à

l'exclusion de toute peine. • Crim. 20 nov. 1957 : *Bull. crim. n° 755.*

2. Mineur de plus de treize ans. L'excuse de minorité ne doit être prise en compte que lors du prononcé de la peine par la juridiction de jugement. • Crim. 17 juin 1987, n° 87-80.467 P.

3. La durée de la peine d'emprisonnement est de dix ans au plus ; cassation, pour violation de l'art. 131-4 C. pén., de l'arrêt qui, après avoir reconnu une personne coupable de tentatives de meurtres aggravés, commises alors qu'elle était âgée de seize ans, décide qu'il y a lieu de lui appliquer une condamnation pénale mais qu'il n'y a pas lieu de l'exclure du bénéfice de la diminution de peine prévue à l'art. 20-2 de l'Ord. du 2 févr. 1945 et la condamne à douze ans d'emprisonnement, alors que, si la cour et le jury peuvent infliger à l'accusé, en application de ce texte, une peine de réclusion criminelle d'une durée comprise entre dix et vingt ans, ils ne peuvent prononcer à son encontre une peine d'emprisonnement d'une durée supérieure à dix ans. • Crim. 6 oct. 1999, n° 98-87.691 P : *RSC 2000. 387, obs. Bouloc*.

4. Conformément aux dispositions de l'art. 20-2 de l'Ord. du 2 févr. 1945 dont il a été fait application à l'accusé, celui-ci encourait une peine privative de liberté dont la durée ne pouvait, contrairement à ce qui est allégué, être supérieure à 7 ans et six mois d'emprisonnement ; dès lors, en prononçant, à la majorité absolue des votants, une peine inférieure au maximum précité, la cour d'assises a légalement appliqué celle-ci aux faits déclarés constants. • Crim. 1er déc. 1999, n° 98-87.158 P : *JCP 2000. IV. 1366.*

5. Motivation spéciale. Il résulte de la combinaison des art. 66 et 67 C. pén. et de l'art. 2, al. 3, de l'Ord. du 2 févr. 1945 que les juridictions pour enfants, lorsqu'elles décident d'appliquer une condamnation pénale à un mineur de 16 à 18 ans, ne peuvent prononcer une peine supérieure à la moitié de celle à laquelle ce mineur aurait été condamné s'il avait eu 18 ans, qu'à la condition d'écarter l'excuse atténuante de minorité par une disposition spécialement motivée ; doit être cassé l'arrêt d'une cour d'appel qui, sans avoir écarté l'excuse de minorité, condamne le mineur du chef d'homicide involontaire avec concomitance du délit de fuite à une peine de plus de deux ans d'emprisonnement. • Crim. 2 juin 1976, n° 76-91.247 P : *RSC 1977. 803, obs. Larguier.* ♦ Rappr. : • Crim. 15 févr. 1961 : *Bull. crim. n° 94.*

6. Période de sûreté. Selon l'art. 720-3 C. pr. pén. [alors applicable], les dispositions de l'article 720-2 du même code, instituant en cas de condamnation pour certaines infractions une période de sûreté durant laquelle le condamné ne pourra bénéficier d'aucun aménagement de la peine, prononcée à son encontre, ne sont pas applicables aux mineurs. • Crim. 11 mai 1988 : *Bull. crim. n° 210.*

7. Récidive. Les causes d'exemption ou d'atténuation de la peine ne sauraient être prises en compte pour la détermination de la peine d'emprisonnement encourue au sens des art. 132-8 s. C. pén. en cas de récidive. • Crim. 30 juin 2021, n° 20-86.753 B.

Code pénal

Art. 132-18 Lorsqu'une infraction est punie de la réclusion criminelle ou de la détention criminelle à perpétuité, la juridiction peut prononcer une peine de réclusion criminelle ou de détention criminelle à temps, ou une peine d'emprisonnement qui ne peut être inférieure à deux ans.

Lorsqu'une infraction est punie de la réclusion criminelle ou de la détention criminelle à temps, la juridiction peut prononcer une peine de réclusion criminelle ou de détention criminelle pour une durée inférieure à celle qui est encourue, ou une peine d'emprisonnement qui ne peut être inférieure à un an.

Art. L. 121-6 Il ne peut être prononcé à l'encontre d'un mineur une peine d'amende supérieure à la moitié de la peine encourue ni une peine d'amende excédant 7 500 euros. — *[Ord. n° 45-174 du 2 févr. 1945, art. 20-3.]*

BIBL. ▸ BOULOC, Aspects pénologiques (du droit pénal des mineurs), *in* Enfance et délinquance, *Économica, 1993, p. 155 s.*

COMMENTAIRE

Le principe de la diminution légale de peine applicable aux mineurs s'applique aussi aux peines d'amende. Cette règle, déjà prévue sous l'ordonnance de 1945 (art. 20-3), est ici reprise. Comme l'emprisonnement, la peine d'amende fait donc l'objet d'une diminution légale de peine, la peine maximale encourue par un mineur étant égale à la moitié de celle prévue pour un majeur, sauf la possibilité pour la juridiction d'écarter cette diminution pour les mineurs entre seize et dix-huit ans (V. art. L. 121-7). Mais la diminution de peine s'accompagne surtout d'un plafonnement à 7 500 euros, ce montant constituant

finalement le plus souvent la peine d'amende maximale encourue par les mineurs. Il convient ici de préciser que ce montant maximal s'applique dans tous les cas, c'est-à-dire même pour les mineurs âgés au moment des faits de seize à dix-huit ans, même si la juridiction décide d'écarter la diminution de peine. Ce plafonnement s'explique, logiquement, à la fois par l'absence de revenus de la plupart des mineurs, et par le souci de ne pas compromettre l'avenir du mineur et ses chances de réinsertion, avec une peine d'amende trop élevée.

Il convient ici de préciser que, lorsqu'elle est prononcée, l'amende est infligée au mineur lui-même, et non à ses parents. C'est l'application du principe de la personnalité de la responsabilité pénale (C. pén., art. 121-1) et de son corollaire, la personnalité des peines. De fait, la peine d'amende est assez peu prononcée contre les mineurs, sauf en matière de contraventions. ❑

Art. L. 121-7 **Si le mineur est âgé de plus de seize ans, le tribunal de police, le tribunal pour enfants et la cour d'assises des mineurs peuvent, à titre exceptionnel et compte tenu des circonstances de l'espèce et de la personnalité du mineur ainsi que de sa situation, décider qu'il n'y a pas lieu de faire application des règles d'atténuation des peines mentionnées aux articles L. 121-5 et L. 121-6. Cette décision ne peut être prise que par une disposition spécialement motivée.**

Lorsqu'il est décidé de faire application du premier alinéa et que la peine encourue est la réclusion ou la détention criminelle à perpétuité, la peine maximale pouvant être prononcée est la peine de trente ans de réclusion criminelle ou de détention criminelle. — *[Ord. nº 45-174 du 2 févr. 1945, art. 20-2, al. 2 ; art. 20-3.]*

COMMENTAIRE

L'article 121-7 concerne la possibilité d'écarter la diminution légale de peine pour les mineurs âgés de seize à dix-huit ans (au moment des faits). Cette question avait donné lieu, sous l'ordonnance de 1945, à des réformes successives, le législateur ayant modifié à plusieurs reprises les conditions dans lesquelles la diminution légale de peine pouvait être écartée.

L'article L. 121-7 reprend ainsi l'article 20-2, alinéa 2, de l'ordonnance de 1945 dans son dernier état, tel qu'il résultait de la loi du 18 novembre 2016. La diminution légale peut donc être écartée mais seulement « à titre exceptionnel », et si les circonstances de l'espèce, la personnalité ou la situation du mineur le justifient. En outre, le code soumet la possibilité d'écarter la diminution légale à une décision spécialement motivée. Il est donc évident que, même pour les mineurs âgés de seize à dix-huit ans, le principe est la diminution légale.

Enfin, lorsque la diminution légale de peine est écartée, est prévu un plafonnement de la peine encourue à trente ans de réclusion. Ce plafonnement avait été instauré par la loi du 18 novembre 2016 et se trouve logiquement repris par le code. On notera au passage qu'il y a désormais une proximité ou une correspondance entre les peines applicables aux mineurs de seize à dix-huit ans et celles applicables aux personnes atteintes de troubles psychiques ayant altéré leur discernement, puisqu'à leur égard aussi le législateur a également prévu un plafonnement à trente ans (C. pén., art. 122-1, al. 2). Finalement, dans les deux cas, il s'agit de personnes dont le discernement est partiel. ❑

CHAPITRE II DU CONTENU ET DES MODALITÉS D'APPLICATION DE CERTAINES PEINES

Art. L. 122-1 **Les dispositions du code pénal relatives au travail d'intérêt général et au sursis probatoire comportant l'obligation d'effectuer un travail d'intérêt général sont applicables aux mineurs âgés** *(L. nº 2021-218 du 26 févr. 2021, art. 9)* **« d'au moins seize » ans au moment de la décision, lorsqu'ils étaient âgés d'au moins treize ans à la date de commission de l'infraction.** — *V. ces articles du code pénal ci-dessous.*

Lorsque cette peine est prononcée par le juge des enfants, il ne peut être fait application des dispositions du *(L. nº 2021-218 du 26 févr. 2021, art. 9)* **« dernier » alinéa de l'article 131-8 du code pénal relatif au consentement différé ni des dispositions du deuxième alinéa de l'article 131-9 du même code permettant de fixer la durée maximum de l'emprisonnement ou le montant maximum de l'amende encourus en cas d'inexécution par le condamné.**

Pour l'application *(L. nº 2021-218 du 26 févr. 2021, art. 9)* **« du présent article », les travaux d'intérêt général doivent être adaptés aux mineurs et présenter un caractère formateur ou être de nature à favoriser l'insertion sociale des jeunes condamnés. –** *[Ord. nº 45-174 du 2 févr. 1945, art. 20-5, al. 1er, 2 et 3.]*

COMMENTAIRE

Puisqu'elles ne sont pas exclues à l'égard des mineurs, les peines de travail d'intérêt général et de sursis probatoire comprenant l'obligation d'accomplir un travail d'intérêt général (qui a remplacé le « sursis-TIG ») sont applicables aux mineurs. Mais le code de la justice pénale des mineurs prévoit des aménagements, qui figurent à l'article L. 122-1.

Il est d'abord indiqué que « les dispositions du code pénal relatives au travail d'intérêt général et au sursis probatoire comportant l'obligation d'effectuer un travail d'intérêt général sont applicables aux mineurs âgés d'au moins seize ans au moment de la décision, lorsqu'ils étaient âgés d'au moins treize ans à la date de commission de l'infraction ». Classiquement, il était indiqué sous l'ordonnance de 1945 que le travail d'intérêt général ne pouvait être appliqué aux mineurs de moins de seize ans, cette exclusion des mineurs de moins de seize ans s'expliquant vraisemblablement par l'obligation scolaire qui concerne cette catégorie de mineurs. Jusqu'alors, et conformément aux principes généraux du droit pénal des mineurs, on prenait en compte l'âge au moment des faits. Le travail d'intérêt général n'était donc envisageable que pour les mineurs âgés, au moment des faits, de seize à dix-huit ans.

Mais la loi nº 2019-222 du 23 mars 2019 a modifié l'article 20-5 de l'ordonnance de 1945 pour prévoir que le travail d'intérêt général et le sursis probatoire-TIG sont applicables aux mineurs âgés de seize à dix-huit ans au moment de la décision (et non plus au moment des faits). C'est un changement important, et une véritable exception au principe de prise en considération de l'âge au moment des faits. Certes, si comme on peut le penser, l'exclusion du travail d'intérêt général en dessous de seize ans s'explique par le souci de préserver l'obligation scolaire, on peut comprendre que cette peine s'applique dès le moment où le mineur n'est plus soumis à cette obligation, même si au moment des faits il n'avait pas encore atteint l'âge de seize ans. Il n'empêche que cette possibilité offerte au juge heurte finalement le principe de la légalité criminelle, qui constitue pourtant la pierre angulaire de notre droit pénal. Plus encore, il est à craindre que cette porte, entrouverte en matière de travail d'intérêt général, s'ouvre davantage encore à l'avenir pour d'autres peines.

Fort heureusement, le code interdit que l'on puisse appliquer un travail d'intérêt général à des mineurs âgés de seize ans pour des faits commis avant l'âge de treize ans. Le risque d'un contournement de l'exemption légale de peine en dessous de treize ans est donc écarté. Mais la possibilité ainsi offerte au juge reste choquante, d'autant que cette peine peut être prononcée par le juge des enfants seul, en audience de cabinet (art. L. 121-4). A ce propos, l'article L. 122-1, alinéa 2, précise que « lorsque cette peine est prononcée par le juge des enfants, il ne peut être fait application des dispositions du dernier alinéa de l'article 131-8 du code pénal relatif au consentement différé ni des dispositions du deuxième alinéa de l'article 131-9 du même code permettant de fixer la durée maximum de l'emprisonnement ou le montant maximum de l'amende encourus en cas d'inexécution par le condamné ». La peine de travail d'intérêt général peut donc être prononcée par le juge des enfants seul, puisque le code de la justice pénale des mineurs lui a donné le pouvoir de prononcer certaines peines autres que les peines d'emprisonnement, dont le travail d'intérêt général (art. L. 121-4). Mais le code prévoit que le dispositif dérogatoire prévu par le code pénal en vertu duquel la juridiction peut différer le consentement (C. pén., art. 131-8) n'est pas applicable devant le juge des enfants statuant en audience de cabinet. Le travail d'intérêt général suppose le consentement du condamné (sinon il s'agirait d'une condamnation à des travaux forcés). Ce consentement est, en principe, donné directement à la juridiction par le prévenu, mais il peut aussi être formulé en son absence, si celui-ci est représenté par son avocat et a fait connaître son accord par écrit. Enfin, et c'est ce qu'on appelle le consentement différé, si le prévenu n'est pas présent à l'audience et n'a pas fait connaître son accord, le consentement doit être recueilli par le juge d'application des peines, avant la mise à exécution de cette peine. C'est ce consentement différé qui n'est pas applicable devant le juge des enfants statuant en audience de cabinet.

Le code exclut aussi, lorsque le juge des enfants statue en audience de cabinet, l'application des dispositions de l'article 131-9, alinéa 2, du code pénal. L'article 131-9 prévoit la possibilité, pour la juridiction qui prononce une peine de travail d'intérêt général, de fixer le maximum de l'emprisonnement ou de l'amende dont le juge d'application des peines pourra ordonner la mise à exécution en tout ou partie, si le condamné ne respecte pas les obligations ou interdictions résultant de sa condamnation. Cette disposition est donc expressément exclue dans le cas où c'est le juge des enfants qui se prononce seul sur le travail d'intérêt général, ce qui se comprend d'autant mieux que c'est normalement lui qui exerce les fonctions dévolues au juge d'application des peines. On pourrait trouver déjà gênant que le juge des enfants puisse prononcer lui-même et seul des peines, il serait profondément choquant qu'il puisse en contrôler l'exécution, sous la menace d'un emprisonnement, car cela lui donnerait, finalement, le pouvoir de prononcer lui-même et seul des peines d'emprisonnement…

Enfin, l'article L. 122-1 rappelle que « pour l'application du présent article, les travaux d'intérêt général doivent être adaptés aux mineurs et présenter un caractère formateur ou être de nature à favoriser l'insertion sociale des jeunes condamnés ». C'est ce que disait déjà, *in fine*, l'article 20-5 de l'ordonnance de 1945.

La mise en œuvre de la peine de travail d'intérêt général est précisée par le décret n° 2021-682 du 27 mai 2021. L'article R. 122-1 donne des indications sur la procédure d'habilitation des personnes morales de droit privé chargées d'une mission de service public ou des associations demandant à mettre en œuvre des travaux d'intérêt général spécifiquement adaptés aux mineurs. L'article R. 122-2 précise quant-à-lui les conditions dans lesquelles les travaux d'intérêt général sont inscrits sur la liste prévue par l'article 131-36 du code pénal. Par ailleurs, l'article R. 122-3 indique que « le condamné au travail d'intérêt général doit se soumettre aux mesures de contrôle suivantes :

1° Répondre aux convocations du juge des enfants et de l'éducateur ou du service désigné conformément à l'article R. 122-4 ;

2° Se soumettre à l'examen médical prévu par l'article R. 131-28 du code pénal ;

3° Informer le juge des enfants de tout changement d'emploi ou de résidence ou de tout déplacement qui ferait obstacle à l'exécution du travail d'intérêt général selon les modalités fixées ».

Enfin, selon l'article R. 122-4, « Le juge des enfants s'assure de l'exécution du travail d'intérêt général avec le concours d'un service éducatif de milieu ouvert de la protection judiciaire de la jeunesse qu'il désigne ». La même disposition précise que « ce service propose au juge des enfants le poste de travail d'intérêt général adapté à la personnalité et à la situation du mineur » et que « ce service rend compte au juge des enfants du déroulement de la peine en vérifiant notamment si le travail effectué conserve un caractère formateur ou de nature à favoriser l'insertion sociale du condamné et s'il demeure adapté à sa personnalité ». ❑

Code pénal

Art. 131-8 Lorsqu'un délit est puni d'une peine d'emprisonnement, la juridiction peut prescrire *(L. n° 2004-204 du 9 mars 2004, art. 44-VII, en vigueur le 1er oct. 2004)* « , à la place de l'emprisonnement, » que le condamné accomplira, pour une durée de *(L. n° 2009-1436 du 24 nov. 2009, art. 67)* « vingt à *(L. n° 2019-222 du 23 mars 2019, art. 71-IV)* « quatre cents » heures, un travail d'intérêt général non rémunéré au profit *(L. n° 2007-297 du 5 mars 2007, art. 63)* « soit d'une personne morale de droit public, soit d'une personne morale de droit privé chargée d'une mission de service public ou d'une association habilitées » à mettre en œuvre des travaux d'intérêt général.

(L. n° 2019-222 du 23 mars 2019, art. 71-IV) « Lorsque le prévenu est présent à l'audience, la peine de travail d'intérêt général ne peut être prononcée si celui-ci la refuse. Le président du tribunal, avant le prononcé du jugement, informe le prévenu de son droit de refuser l'accomplissement d'un travail d'intérêt général et reçoit sa réponse.

« Lorsque le prévenu n'est pas présent à l'audience mais y est représenté par son avocat, cette peine peut être prononcée s'il a fait connaître par écrit son accord.

« Lorsque le prévenu n'est pas présent à l'audience et n'a pas fait connaître son accord, cette peine ne peut être prononcée que si le tribunal fait application des dispositions du

deuxième alinéa de l'article 131-9. Dans ce cas, avant la mise à exécution de la peine de travail d'intérêt général, le juge de l'application des peines informe le condamné de son droit de refuser l'accomplissement d'un travail et reçoit sa réponse. En cas de refus, tout ou partie de l'emprisonnement ou de l'amende fixée par la juridiction peut être mis à exécution, dans les conditions prévues à l'article 712-6 du code de procédure pénale, sous réserve, s'il y a lieu, des possibilités d'aménagement ou de conversion. »

....

Art. 132-40 La juridiction qui prononce un emprisonnement peut, dans les conditions prévues ci-après, ordonner qu'il sera sursis à son exécution, la personne physique condamnée étant placée sous le régime de la *(L. n° 2019-222 du 23 mars 2019, art. 80-I et 109-XIX, en vigueur le 24 mars 2020)* « probation.

« Après le prononcé de l'emprisonnement assorti du sursis probatoire, le président de la juridiction notifie au condamné, lorsqu'il est présent, les obligations à respecter durant le délai de probation et l'avertit des conséquences qu'entraînerait une condamnation pour une nouvelle infraction commise au cours de ce délai ou un manquement aux mesures de contrôle et aux obligations particulières qui lui sont imposées. » Il l'informe de la possibilité qu'il aura de voir déclarer sa condamnation non avenue s'il observe une conduite satisfaisante.

(L. n° 2003-1119 du 26 nov. 2003, art. 79) « Lorsque la juridiction prononce, à titre de peine complémentaire, la peine d'interdiction du territoire français pour une durée de dix ans au plus, il est sursis à son exécution durant le temps de la *(L. n° 2019-222 du 23 mars 2019, art. 80-I et 109-XIX, en vigueur le 24 mars 2020)* « probation » prévue au premier alinéa. »

....

Art. 132-44 Les mesures de contrôle auxquelles le condamné doit se soumettre sont les suivantes :

1° Répondre aux convocations du juge de l'application des peines ou *(L. n° 2019-222 du 23 mars 2019, art. 80-I et 109-XIX, en vigueur le 24 mars 2020)* « *[du]* service pénitentiaire d'insertion et de probation » désigné ;

2° Recevoir les visites *(L. n° 2019-222 du 23 mars 2019, art. 80-I et 109-XIX, en vigueur le 24 mars 2020)* « *[du]* service pénitentiaire d'insertion et de probation » et lui communiquer les renseignements ou documents de nature à permettre le contrôle de ses moyens d'existence et de l'exécution de ses obligations ;

3° Prévenir *(L. n° 2019-222 du 23 mars 2019, art. 80-I et 109-XIX, en vigueur le 24 mars 2020)* « *[le]* service pénitentiaire d'insertion et de probation » de ses changements d'emploi ;

4° Prévenir *(L. n° 2019-222 du 23 mars 2019, art. 80-I et 109-XIX, en vigueur le 24 mars 2020)* « *[le]* service pénitentiaire d'insertion et de probation » de ses changements de résidence ou de tout déplacement dont la durée excéderait quinze jours et rendre compte de son retour ;

(L. n° 2014-896 du 15 août 2014, art. 9, en vigueur le 1er oct. 2014) « 5° Obtenir l'autorisation préalable du juge de l'application des peines pour tout changement d'emploi ou de résidence, lorsque ce changement est de nature à mettre obstacle à l'exécution de ses obligations ;

« 6° Informer préalablement le juge de l'application des peines de tout déplacement à l'étranger. »

Art. 132-45 La juridiction de condamnation ou le juge de l'application des peines peut imposer spécialement au condamné l'observation de l'une ou de plusieurs des obligations suivantes :

1° Exercer une activité professionnelle ou suivre un enseignement ou une formation professionnelle ;

2° Établir sa résidence en un lieu déterminé ;

3° Se soumettre à des mesures d'examen médical, de traitement ou de soins, même sous le régime de l'hospitalisation. *(L. n° 2007-297 du 5 mars 2007, art. 49)* « Ces mesures peuvent consister en l'injonction thérapeutique prévue par les articles L. 3413-1 à L. 3413-4 du code de la santé publique, lorsqu'il apparaît que le condamné fait usage de stupéfiants ou fait une consommation habituelle et excessive de boissons alcooliques. » *(L. n° 2012-409 du 27 mars 2012, art. 5-II)* « Une copie de la décision ordonnant ces mesures est adressée par le juge de l'application des peines au médecin ou au psychologue qui doit suivre la personne condamnée. Les rapports des expertises réalisées pendant la procédure sont adressés au médecin ou au psychologue, à leur demande ou à l'initiative du juge de l'application des peines. Celui-ci peut également leur adresser toute autre pièce utile du dossier ; »

4° Justifier qu'il contribue aux charges familiales ou acquitte régulièrement les pensions alimentaires dont il est débiteur ;

5° Réparer en tout ou partie, en fonction de ses facultés contributives, les dommages causés par l'infraction, même en l'absence de décision sur l'action civile ;

6° Justifier qu'il acquitte en fonction de ses facultés contributives les sommes dues au Trésor public à la suite de la condamnation ;

7° S'abstenir de conduire certains véhicules déterminés par les catégories de permis prévues par le code de la route *(L. n° 2016-1547 du 18 nov. 2016, art. 34)* « ou de conduire un véhicule qui ne soit pas équipé, par un professionnel agréé ou par construction, d'un dispositif homologué d'antidémarrage par éthylotest électronique » ;

(L. n° 2014-896 du 15 août 2014, art. 9, en vigueur le 1er oct. 2014) « 7° *bis* Sous réserve de son accord, s'inscrire et se présenter aux épreuves du permis de conduire, le cas échéant après avoir suivi des leçons de conduite ; »

8° Ne pas se livrer à l'activité *(L. n° 2010-242 du 10 mars 2010, art. 11-I)* « dans l'exercice ou à l'occasion de l'exercice de laquelle l'infraction a été commise ou ne pas exercer une activité impliquant un contact habituel avec des mineurs » ;

9° *(L. n° 2010-242 du 10 mars 2010, art. 11-I)* « S'abstenir de paraître en tout lieu, toute catégorie de lieux ou toute zone spécialement désignés ; »

10° Ne pas engager de paris, notamment dans les organismes de paris mutuels *(L. n° 2014-896 du 15 août 2014, art. 10, en vigueur le 1er oct. 2014)* « , et ne pas prendre part à des jeux d'argent et de hasard » ;

11° Ne pas fréquenter les débits de boissons ;

12° Ne pas fréquenter certains condamnés, notamment les auteurs ou complices de l'infraction ;

13° *(L. n° 2010-242 du 10 mars 2010, art. 11-I)* « S'abstenir d'entrer en relation avec certaines personnes, dont la victime, ou certaines catégories de personnes, et notamment des mineurs, à l'exception, le cas échéant, de ceux désignés par la juridiction ; »

14° Ne pas détenir ou porter une arme ; — *Pén. 131-36-2 ; Pr. pén. 723-10, 734, 739 ; Just. milit. L. 265-1.*

(L. n° 2019-222 du 23 mars 2019, art. 80-I et 109-XIX, en vigueur le 24 mars 2020) « 15° Accomplir à ses frais un des stages prévus à l'article 131-5-1 du présent code ; »

(L. n° 2004-204 du 9 mars 2004, art. 176, en vigueur le 1er janv. 2005) « 16° S'abstenir de diffuser tout ouvrage ou œuvre audiovisuelle dont il serait l'auteur ou le co-auteur et qui porterait, en tout ou partie, sur l'infraction commise et s'abstenir de toute intervention publique relative à cette infraction ; les dispositions du présent alinéa ne sont applicables qu'en cas de condamnation pour crimes ou délits d'atteintes volontaires à la vie, d'agressions sexuelles ou d'atteintes sexuelles ;

« 17° Remettre ses enfants entre les mains de ceux auxquels la garde a été confiée par décision de justice ; »

(Abrogé par L. n° 2019-222 du 23 mars 2019, art. 80-I et 109-XIX, à compter du 24 mars 2020) (L. n° 2004-204 du 9 mars 2004, art. 44-IV, en vigueur le 1er oct. 2004) « *18° Accomplir un stage de citoyenneté ;* »

(L. n° 2019-222 du 23 mars 2019, art. 80-I et 109-XIX, en vigueur le 24 mars 2020) « 18° » *(L. n° 2006-399 du 4 avr. 2006, art. 12-IV)* « En cas d'infraction commise soit contre son conjoint, son concubin ou son partenaire lié par un pacte civil de solidarité, soit contre ses enfants ou ceux de son conjoint, concubin ou partenaire, résider hors du domicile ou de la résidence du couple et, le cas échéant, s'abstenir de paraître dans ce domicile ou cette résidence ou aux abords immédiats de celui-ci, ainsi que, si nécessaire, faire l'objet d'une prise en charge sanitaire, sociale ou psychologique ; les dispositions du présent 19° *[18°]* sont également applicables lorsque l'infraction est commise par l'ancien conjoint ou concubin de la victime, ou par la personne ayant été liée à elle par un pacte civil de solidarité, le domicile concerné étant alors celui de la victime. » *(L. n° 2014-873 du 4 août 2014, art. 35)* « Pour l'application du présent 19° *[18°]*, l'avis de la victime est recueilli, dans les meilleurs délais et par tous moyens, sur l'opportunité d'imposer au condamné de résider hors du logement du couple. Sauf circonstances particulières, cette mesure est prise lorsque sont en cause des faits de violences susceptibles d'être renouvelés et que la victime la sollicite. La juridiction peut préciser les modalités de prise en charge des frais afférents à ce logement ; »

(L. n° 2019-1480 du 28 déc. 2019, art. 10) « 18° *bis* Respecter l'interdiction de se rapprocher d'une victime de violences commises au sein du couple prévue à l'article 132-45-1 du présent code contrôlée par un dispositif électronique mobile anti-rapprochement ; »

(L. nº 2019-222 du 23 mars 2019, art. 80-I et 109-XIX, en vigueur le 24 mars 2020) « 19° » *(L. nº 2014-896 du 15 août 2014, art. 9, en vigueur le 1er oct. 2014)* « Obtenir l'autorisation préalable du juge de l'application des peines pour tout déplacement à l'étranger ; »

(Abrogé par L. nº 2019-222 du 23 mars 2019, art. 80-I et 109-XIX, à compter du 24 mars 2020) (L. nº 2014-873 du 4 août 2014, art. 50) « 20° Accomplir à ses frais un stage de responsabilisation pour la prévention et la lutte contre les violences au sein du couple et sexistes ; »

(L. nº 2019-222 du 23 mars 2019, art. 80-I et 109-XIX, en vigueur le 24 mars 2020) « 20° » *(L. nº 2016-731 du 3 juin 2016, art. 10)* « Respecter les conditions d'une prise en charge sanitaire, sociale, éducative ou psychologique, destinée à permettre sa réinsertion et l'acquisition des valeurs de la citoyenneté ; cette prise en charge peut, le cas échéant, intervenir au sein d'un établissement d'accueil adapté dans lequel le condamné est tenu de résider. »

(L. nº 2019-222 du 23 mars 2019, art. 80-I et 109-XIX, en vigueur le 24 mars 2020) « 21° L'obligation d'accomplir un travail d'intérêt général, selon les modalités prévues à l'article 131-8 ; *(Abrogé par L. nº 2021-401 du 8 avr. 2021, art. 7, à compter du 8 oct. 2021) « le condamné doit en ce cas se soumettre à l'examen médical prévu au dernier alinéa de l'article 131-22 ; »*

« 22° L'injonction de soins, dans les conditions prévues aux articles L. 3711-1 à L. 3711-5 du code de la santé publique, si la personne a été condamnée pour un délit pour lequel le suivi socio-judiciaire est encouru et qu'une expertise médicale a conclu qu'elle était susceptible de faire l'objet d'un traitement ;

« 23° L'obligation de justifier de la remise d'un bien dont la confiscation a été ordonnée ;

« 24° L'obligation de justifier du paiement régulier des impôts ;

« 25° L'obligation de justifier de la tenue d'une comptabilité régulière certifiée par un commissaire aux comptes. »

Code de procédure pénale

Art. 733-1 Le juge de l'application des peines peut, d'office, à la demande de l'intéressé ou sur réquisitions du procureur de la République, ordonner par décision motivée de substituer au travail d'intérêt général une peine de jours-amende. Cette décision est prise à l'issue d'un débat contradictoire, conformément aux dispositions de l'article 712-6.

(L. nº 2009-1436 du 24 nov. 2009, art. 94-VII) « Cette décision peut également intervenir à la suite de l'exécution partielle du travail d'intérêt général. »

Art. 733-2 En cas d'inexécution d'un travail d'intérêt général, le juge de l'application des peines peut, d'office ou sur réquisitions du procureur de la République, ordonner par décision motivée la mise à exécution de l'emprisonnement et de l'amende prononcés par la juridiction de jugement *(L. nº 2005-1549 du 12 déc. 2005, art. 39)* « en application des dispositions du deuxième alinéa des articles 131-9 et 131-11 du code pénal *[ancienne rédaction : en application du premier alinéa de l'art. 131-22 du code pénal]* ». L'exécution peut porter sur tout ou partie de cette peine.

Cette décision est prise à l'issue d'un débat contradictoire, conformément aux dispositions de l'article 712-6.

En cas d'inexécution du travail d'intérêt général, les dispositions de l'article 712-17 sont applicables.

....

Art. 747-1-1 *(L. nº 2019-222 du 23 mars 2019, art. 85-XIII et 109-XIX, en vigueur le 24 mars 2020)* En cas de modification de la situation du condamné depuis la décision de condamnation qui ne permet pas la mise à exécution de la peine prononcée, le juge de l'application des peines peut d'office, à la demande de l'intéressé ou sur réquisitions du procureur de la République ordonner par décision motivée, prise conformément aux dispositions de l'article 712-6 :

1° De convertir la peine de travail d'intérêt général ou la peine de sursis probatoire comportant l'obligation d'accomplir un travail d'intérêt général en une peine de jours-amende ou une peine de détention à domicile sous surveillance électronique ;

2° De convertir une peine de détention à domicile sous surveillance électronique en une peine de travail d'intérêt général ou une peine de jours-amende ;

3° De convertir une peine de jours-amende en une peine de travail d'intérêt général ou une peine de détention à domicile sous surveillance électronique.

La conversion en peine de travail d'intérêt général n'est possible que si, après avoir été informé du droit de refuser l'accomplissement d'un travail d'intérêt général, le condamné a expressément déclaré renoncer à se prévaloir de ce droit. Dans le cas prévu au 3°, la durée de la détention à domicile sous surveillance électronique ne peut excéder celle qui serait

résultée de l'inexécution de la peine de jours-amende, fixée en application de la première phrase du second alinéa de l'article 131-25 du code pénal. Par dérogation au même second alinéa, la décision de conversion peut également intervenir en cas de défaut total ou partiel du paiement du montant exigible à l'expiration du délai correspondant au nombre de jours-amende prononcé.

Art. 741-2 *(L. nº 2019-222 du 23 mars 2019, art. 81 et 109-XIX, en vigueur le 24 mars 2020) (Abrogé par Ord. nº 2022-478 du 30 mars 2022, art. 6, à compter du 1er mai 2022) « Lorsque le tribunal a fait application de l'article 132-41-1 du code pénal et a prononcé un sursis probatoire avec un suivi renforcé, le service pénitentiaire d'insertion et de probation évalue, de façon pluridisciplinaire, la personnalité et la situation matérielle, familiale et sociale de la personne condamnée.*

« A l'issue de cette évaluation, le service adresse au juge de l'application des peines un rapport comportant des propositions relatives au contenu et aux modalités de mise en œuvre des mesures de contrôle et d'assistance, des obligations et des interdictions mentionnées à l'article 132-45 du même code. »

(Ord. nº 2022-478 du 30 mars 2022, art. 6, en vigueur le 1er mai 2022) « Au vu du rapport établi et remis par le service pénitentiaire d'insertion et de probation en application des dispositions de l'article L. 621-3 du code pénitentiaire, le juge de l'application des peines, lorsqu'il n'a pas été fait application du troisième alinéa de l'article 132-41-1 du code pénal, détermine les obligations et interdictions auxquelles est astreint le condamné ainsi que les mesures d'aide dont il bénéficie. » S'il a été fait application du même troisième alinéa, le juge de l'application des peines peut modifier, supprimer ou compléter les obligations et interdictions décidées par la juridiction ; il détermine les mesures d'aide dont le condamné bénéficie.

Le juge statue, au plus tard dans les quatre mois qui suivent le jugement de condamnation, par ordonnance motivée, après réquisitions écrites du procureur de la République et après avoir entendu les observations du condamné ainsi que, le cas échéant, celles de son avocat. S'il envisage d'astreindre le condamné à l'obligation d'effectuer un travail d'intérêt général, il statue après que le condamné a été informé de son droit de refuser l'accomplissement d'un travail d'intérêt général et après avoir reçu sa réponse. Il lui notifie cette ordonnance et l'avertit des conséquences qu'entraînerait une condamnation pour une nouvelle infraction commise au cours du délai de probation ou un manquement aux mesures de contrôle et aux obligations particulières qui lui sont imposées.

La situation matérielle, familiale et sociale de la personne est réévaluée à chaque fois que nécessaire au cours de l'exécution de la peine, et au moins une fois par an, par le service pénitentiaire d'insertion et de probation et le juge de l'application des peines.

Au vu de chaque nouvelle évaluation, *(Ord. nº 2022-478 du 30 mars 2022, art. 6, en vigueur le 1er mai 2022)* « réalisée par le service pénitentiaire d'insertion et de probation dans les conditions prévues par les dispositions de l'article L. 621-3 du code pénitentiaire, » le juge de l'application des peines peut, selon les modalités prévues à l'article 712-8 du présent code et après avoir entendu les observations du condamné ainsi que, le cas échéant, celles de son avocat *[,]* modifier ou compléter les obligations et interdictions auxquelles la personne condamnée est astreinte ou supprimer certaines d'entre elles ; il peut également, s'il estime que la personnalité et la situation matérielle, familiale et sociale du condamné ne le justifient plus, ordonner la fin du suivi renforcé.

Lorsque le tribunal n'a pas fait application de l'article 132-41-1 du code pénal, le juge de l'application des peines peut, s'il estime que la personnalité du condamné le justifie, décider, à tout moment au cours de l'exécution de la probation, de faire application des cinquième et avant-dernier alinéas du présent article en ordonnant un suivi renforcé.

....

Art. 747-1 *(L. nº 2019-222 du 23 mars 2019, art. 85-XIII et 109-XIX, en vigueur le 24 mars 2020)* En cas de condamnation définitive pour un délit à une peine d'emprisonnement ferme inférieure ou égale à six mois, ou dont la partie ferme est inférieure ou égale à six mois, y compris si cette peine résulte de la révocation d'un sursis, le juge de l'application des peines peut, avant la mise à exécution de l'emprisonnement ou en cours d'exécution de celui-ci, ordonner, d'office ou à la demande du condamné et selon les modalités prévues aux articles 712-6 ou 723-15, la conversion de cette peine en peine de détention à domicile sous surveillance électronique, en peine de travail d'intérêt général, en peine de jours-amende ou en un emprisonnement assorti d'un sursis probatoire renforcé, lorsque cette conversion lui paraît de nature à assurer la réinsertion du condamné et à prévenir sa récidive.

Lorsque la peine est convertie en détention à domicile sous surveillance électronique, la durée de celle-ci est égale à celle de la peine d'emprisonnement prononcée ou du reliquat de cette peine.

Lorsque la peine est convertie en travail d'intérêt général, la durée de la peine d'emprisonnement prononcée ou son reliquat peut être mis à exécution par le juge en l'absence d'accomplissement du travail par le condamné. La conversion en travail d'intérêt général n'est possible que si, après avoir été informé du droit de refuser l'accomplissement d'un travail d'intérêt général, le condamné a expressément déclaré renoncer à se prévaloir de ce droit.

Lorsque la peine est convertie en peine de jours-amende, le nombre de jours est égal à celui de la peine d'emprisonnement prononcée ou du reliquat de cette peine.

Dès sa saisine, le juge de l'application des peines peut ordonner la suspension de l'exécution de la peine jusqu'à sa décision sur le fond.

Art. L. 122-2 **En cas de condamnation du mineur à une peine d'emprisonnement assortie d'un sursis probatoire, outre les mesures de contrôle et les obligations prévues aux articles 132-44 et 132-45 du code pénal, la juridiction de jugement peut imposer au condamné l'observation de l'une ou plusieurs des obligations suivantes :**

1° Se soumettre aux mesures de protection, d'assistance, de surveillance et d'éducation confiées à un service de la protection judiciaire de la jeunesse ou à un service habilité, mandaté à cette fin par le magistrat ;

2° Respecter les conditions d'un placement éducatif prévu aux articles L. 112-14 et L. 112-15 du présent code ; ce placement peut être modifié pendant toute la durée de l'exécution de la peine par le juge des enfants ;

3° Respecter *(L. n° 2021-218 du 26 févr. 2021, art. 9)* **« , » jusqu'à sa majorité, les conditions d'un placement en centre éducatif fermé ; ce placement peut être modifié pendant toute la durée de l'exécution de la peine et jusqu'à la majorité du condamné par le juge des enfants ;**

4° Suivre de façon régulière une scolarité ou une formation professionnelle jusqu'à sa majorité ;

5° Accomplir un contrat de service en établissement public d'insertion de la défense mentionné aux articles L. 130-1 à L. 130-5 du code du service national, lorsque le mineur est âgé d'au moins seize ans. Cette obligation ne peut être prononcée contre le prévenu qui la refuse ou qui n'est pas présent à l'audience. Le président du tribunal, avant le prononcé du jugement, vérifie que le prévenu a reçu l'ensemble des informations utiles à la manifestation de son engagement, l'informe de son droit de refuser l'accomplissement d'un contrat de service en établissement public d'insertion de la défense et reçoit sa réponse. *—V. ces dispositions ci-dessous.*

Toutefois, l'obligation prévue au 3° *(L. n° 2021-218 du 26 févr. 2021, art. 9)* **« du présent article » ne peut être ordonnée que pour une durée de six mois et ne peut être renouvelée par ordonnance motivée qu'une seule fois pour une durée au plus égale à six mois.** *(Abrogé par L. n° 2021-218 du 26 févr. 2021, art. 9)* ***« Lorsque »*** **L'obligation de placement prévue au 2°** *(Abrogé par L. n° 2021-218 du 26 févr. 2021, art. 9)* ***« a été prononcée à l'égard d'un mineur, ce placement »*** **ne peut se poursuivre après la majorité de l'intéressé qu'avec son accord. —** *[Ord. n° 45-174 du 2 févr. 1945, art. 20-10, al. 1er et 2.]*

COMMENTAIRE

Comme le sursis avec mise à l'épreuve qui existait sous l'ordonnance de 1945 (art. 20-10), la peine d'emprisonnement assortie du sursis probatoire est applicable aux mineurs. L'article L. 122-2 le prévoit et précise les mesures spécifiques dont les mineurs peuvent faire l'objet.

Le sursis probatoire est applicable aux mineurs dans les conditions du droit commun. Concrètement, il est donc possible d'assortir une peine de cinq ans au plus du sursis probatoire, ce qui implique que la peine d'emprisonnement est alors suspendue, pendant un délai d'épreuve compris entre dix-huit mois et trois ans, durant lequel le probationnaire doit respecter un certain nombre de mesures légales de contrôle ainsi que des obligations particulières que la juridiction de jugement peut prononcer, le non-respect de ces mesures ou le prononcé d'une nouvelle condamnation à une peine privative de liberté sans sursis au cours du délai d'épreuve pouvant entraîner la révocation du sursis probatoire, et donc l'exécution de la peine.

S'agissant des obligations imposées au mineur en application du sursis probatoire, l'article L. 122-2 permet d'abord aux juridictions pour mineurs de prononcer les mesures de contrôle et les obligations prévues aux articles 132-44 et 132-45 du code pénal. Ainsi, comme les majeurs, les mineurs doivent d'abord se soumettre aux mesures de contrôle de l'article 132-44 du code pénal, prévoyant notamment l'obligation de répondre aux convocations des magistrats ou travailleurs sociaux, celle de recevoir leur visite, et celle de les prévenir des changements d'adresse ou d'emploi. De la même façon, les nombreuses obligations particulières prévues par l'article 132-45 du code pénal sont applicables aux mineurs (à ce jour, près de vingt obligations sont prévues, comme l'interdiction de rencontrer les coauteurs ou complices de l'infraction, ou la victime, ou l'obligation de réparer le préjudice, ou encore de ne pas fréquenter certains lieux...).

De façon plus spécifique, l'article L. 122-2 permet aux juridictions pour mineurs d'assortir leur condamnation à une peine d'emprisonnement assortie du sursis probatoire des obligations spécifiques suivantes :

1° Se soumettre aux mesures de protection, d'assistance, de surveillance et d'éducation confiées à un service de la protection judiciaire de la jeunesse ou à un service habilité, mandaté à cette fin par le magistrat ;

2° Respecter les conditions d'un placement éducatif prévu aux articles L. 112-14 et L. 112-15 du présent code (ce placement peut être modifié pendant toute la durée de l'exécution de la peine par le juge des enfants) ;

3° Respecter, jusqu'à sa majorité, les conditions d'un placement en centre éducatif fermé (ce placement peut être modifié pendant toute la durée de l'exécution de la peine et jusqu'à la majorité du condamné par le juge des enfants) ;

4° Suivre de façon régulière une scolarité ou une formation professionnelle jusqu'à sa majorité ;

5° Accomplir un contrat de service en établissement public d'insertion de la défense mentionné aux articles L. 130-1 à L. 130-5 du code du service national, lorsque le mineur est âgé d'au moins seize ans (cette obligation ne peut être prononcée contre le prévenu qui la refuse ou qui n'est pas présent à l'audience. Le président du tribunal, avant le prononcé du jugement, vérifie que le prévenu a reçu l'ensemble des informations utiles à la manifestation de son engagement, l'informe de son droit de refuser l'accomplissement d'un contrat de service en établissement public d'insertion de la défense et reçoit sa réponse).

On retrouve ici un certain nombre de combinaisons qui existaient déjà dans l'ordonnance de 1945, à l'article 20-10.

Dans le cas de la combinaison du sursis probatoire avec le placement en centre éducatif fermé, le code précise que cette obligation « ne peut être ordonnée que pour une durée de six mois et ne peut être renouvelée par ordonnance motivée qu'une seule fois pour une durée au plus égale à six mois ». Le sursis probatoire peut également être combiné avec un placement éducatif « classique », tel qu'il est prévu par les articles L. 112-14 et L. 112-15 (placement auprès d'un membre de la famille, d'une personne digne de confiance, du service de l'aide sociale à l'enfance, d'un établissement du secteur public de la PJJ, ou d'une institution ou d'un établissement éducatif privé habilité). Dans ce cas, le code prévoit que ce placement « ne peut se poursuivre après la majorité de l'intéressé qu'avec son accord ».

Il convient enfin de mentionner l'article D. 122-6 du code de la justice pénale des mineurs, qui dispose que « le service de la protection judiciaire de la jeunesse mandaté qui veille à la bonne exécution de la peine de sursis probatoire adresse un rapport au procureur de la République ainsi qu'au juge des enfants en cas de non-respect par le mineur des obligations qui lui ont été imposées ». ❑

Code pénal

Art. 132-44 Les mesures de contrôle auxquelles le condamné doit se soumettre sont les suivantes :

1° Répondre aux convocations du juge de l'application des peines ou *(L. n° 2019-222 du 23 mars 2019, art. 80-I et 109-XIX, en vigueur le 24 mars 2020)* « *[du]* service pénitentiaire d'insertion et de probation » désigné ;

2° Recevoir les visites *(L. n° 2019-222 du 23 mars 2019, art. 80-I et 109-XIX, en vigueur le 24 mars 2020)* « *[du]* service pénitentiaire d'insertion et de probation » et lui communiquer

les renseignements ou documents de nature à permettre le contrôle de ses moyens d'existence et de l'exécution de ses obligations ;

3° Prévenir *(L. nº 2019-222 du 23 mars 2019, art. 80-I et 109-XIX, en vigueur le 24 mars 2020)* « *[le]* service pénitentiaire d'insertion et de probation » de ses changements d'emploi ;

4° Prévenir *(L. nº 2019-222 du 23 mars 2019, art. 80-I et 109-XIX, en vigueur le 24 mars 2020)* « *[le]* service pénitentiaire d'insertion et de probation » de ses changements de résidence ou de tout déplacement dont la durée excéderait quinze jours et rendre compte de son retour ;

(L. nº 2014-896 du 15 août 2014, art. 9, en vigueur le 1er oct. 2014) « 5° Obtenir l'autorisation préalable du juge de l'application des peines pour tout changement d'emploi ou de résidence, lorsque ce changement est de nature à mettre obstacle à l'exécution de ses obligations ;

« 6° Informer préalablement le juge de l'application des peines de tout déplacement à l'étranger. »

Art. 132-45 La juridiction de condamnation ou le juge de l'application des peines peut imposer spécialement au condamné l'observation de l'une ou de plusieurs des obligations suivantes :

1° Exercer une activité professionnelle ou suivre un enseignement ou une formation professionnelle ;

2° Établir sa résidence en un lieu déterminé ;

3° Se soumettre à des mesures d'examen médical, de traitement ou de soins, même sous le régime de l'hospitalisation. *(L. nº 2007-297 du 5 mars 2007, art. 49)* « Ces mesures peuvent consister en l'injonction thérapeutique prévue par les articles L. 3413-1 à L. 3413-4 du code de la santé publique, lorsqu'il apparaît que le condamné fait usage de stupéfiants ou fait une consommation habituelle et excessive de boissons alcooliques. » *(L. nº 2012-409 du 27 mars 2012, art. 5-II)* « Une copie de la décision ordonnant ces mesures est adressée par le juge de l'application des peines au médecin ou au psychologue qui doit suivre la personne condamnée. Les rapports des expertises réalisées pendant la procédure sont adressés au médecin ou au psychologue, à leur demande ou à l'initiative du juge de l'application des peines. Celui-ci peut également leur adresser toute autre pièce utile du dossier ; »

4° Justifier qu'il contribue aux charges familiales ou acquitte régulièrement les pensions alimentaires dont il est débiteur ;

5° Réparer en tout ou partie, en fonction de ses facultés contributives, les dommages causés par l'infraction, même en l'absence de décision sur l'action civile ;

6° Justifier qu'il acquitte en fonction de ses facultés contributives les sommes dues au Trésor public à la suite de la condamnation ;

7° S'abstenir de conduire certains véhicules déterminés par les catégories de permis prévues par le code de la route *(L. nº 2016-1547 du 18 nov. 2016, art. 34)* « ou de conduire un véhicule qui ne soit pas équipé, par un professionnel agréé ou par construction, d'un dispositif homologué d'antidémarrage par éthylotest électronique » ;

(L. nº 2014-896 du 15 août 2014, art. 9, en vigueur le 1er oct. 2014) « 7° *bis* Sous réserve de son accord, s'inscrire et se présenter aux épreuves du permis de conduire, le cas échéant après avoir suivi des leçons de conduite ; »

8° Ne pas se livrer à l'activité *(L. nº 2010-242 du 10 mars 2010, art. 11-I)* « dans l'exercice ou à l'occasion de l'exercice de laquelle l'infraction a été commise ou ne pas exercer une activité impliquant un contact habituel avec des mineurs » ;

9° *(L. nº 2010-242 du 10 mars 2010, art. 11-I)* « S'abstenir de paraître en tout lieu, toute catégorie de lieux ou toute zone spécialement désignés ; »

10° Ne pas engager de paris, notamment dans les organismes de paris mutuels *(L. nº 2014-896 du 15 août 2014, art. 10, en vigueur le 1er oct. 2014)* « , et ne pas prendre part à des jeux d'argent et de hasard » ;

11° Ne pas fréquenter les débits de boissons ;

12° Ne pas fréquenter certains condamnés, notamment les auteurs ou complices de l'infraction ;

13° *(L. nº 2010-242 du 10 mars 2010, art. 11-I)* « S'abstenir d'entrer en relation avec certaines personnes, dont la victime, ou certaines catégories de personnes, et notamment des mineurs, à l'exception, le cas échéant, de ceux désignés par la juridiction ; »

14° Ne pas détenir ou porter une arme ; — *Pén. 131-36-2 ; Pr. pén. 723-10, 734, 739 ; Just. milit. L. 265-1.*

(L. nº 2019-222 du 23 mars 2019, art. 80-I et 109-XIX, en vigueur le 24 mars 2020) « 15° Accomplir à ses frais un des stages prévus à l'article 131-5-1 du présent code ; »

(L. nº 2004-204 du 9 mars 2004, art. 176, en vigueur le 1er janv. 2005) « 16° S'abstenir de diffuser tout ouvrage ou œuvre audiovisuelle dont il serait l'auteur ou le co-auteur et qui porterait, en tout ou partie, sur l'infraction commise et s'abstenir de toute intervention publique relative à cette infraction ; les dispositions du présent alinéa ne sont applicables qu'en cas de condamnation pour crimes ou délits d'atteintes volontaires à la vie, d'agressions sexuelles ou d'atteintes sexuelles ;

« 17° Remettre ses enfants entre les mains de ceux auxquels la garde a été confiée par décision de justice ; »

(Abrogé par L. nº 2019-222 du 23 mars 2019, art. 80-I et 109-XIX, à compter du 24 mars 2020) (L. nº 2004-204 du 9 mars 2004, art. 44-IV, en vigueur le 1er oct. 2004) « 18° Accomplir un stage de citoyenneté ; »

(L. nº 2019-222 du 23 mars 2019, art. 80-I et 109-XIX, en vigueur le 24 mars 2020) « 18° » *(L. nº 2006-399 du 4 avr. 2006, art. 12-IV)* « En cas d'infraction commise soit contre son conjoint, son concubin ou son partenaire lié par un pacte civil de solidarité, soit contre ses enfants ou ceux de son conjoint, concubin ou partenaire, résider hors du domicile ou de la résidence du couple et, le cas échéant, s'abstenir de paraître dans ce domicile ou cette résidence ou aux abords immédiats de celui-ci, ainsi que, si nécessaire, faire l'objet d'une prise en charge sanitaire, sociale ou psychologique ; les dispositions du présent 19° *[18°]* sont également applicables lorsque l'infraction est commise par l'ancien conjoint ou concubin de la victime, ou par la personne ayant été liée à elle par un pacte civil de solidarité, le domicile concerné étant alors celui de la victime. » *(L. nº 2014-873 du 4 août 2014, art. 35)* « Pour l'application du présent 19° *[18°]*, l'avis de la victime est recueilli, dans les meilleurs délais et par tous moyens, sur l'opportunité d'imposer au condamné de résider hors du logement du couple. Sauf circonstances particulières, cette mesure est prise lorsque sont en cause des faits de violences susceptibles d'être renouvelés et que la victime la sollicite. La juridiction peut préciser les modalités de prise en charge des frais afférents à ce logement ; »

(L. nº 2019-1480 du 28 déc. 2019, art. 10) « 18° *bis* Respecter l'interdiction de se rapprocher d'une victime de violences commises au sein du couple prévue à l'article 132-45-1 du présent code contrôlée par un dispositif électronique mobile anti-rapprochement ; »

(L. nº 2019-222 du 23 mars 2019, art. 80-I et 109-XIX, en vigueur le 24 mars 2020) « 19° » *(L. nº 2014-896 du 15 août 2014, art. 9, en vigueur le 1er oct. 2014)* « Obtenir l'autorisation préalable du juge de l'application des peines pour tout déplacement à l'étranger ; »

(Abrogé par L. nº 2019-222 du 23 mars 2019, art. 80-I et 109-XIX, à compter du 24 mars 2020) (L. nº 2014-873 du 4 août 2014, art. 50) « 20° Accomplir à ses frais un stage de responsabilisation pour la prévention et la lutte contre les violences au sein du couple et sexistes ; »

(L. nº 2019-222 du 23 mars 2019, art. 80-I et 109-XIX, en vigueur le 24 mars 2020) « 20° » *(L. nº 2016-731 du 3 juin 2016, art. 10)* « Respecter les conditions d'une prise en charge sanitaire, sociale, éducative ou psychologique, destinée à permettre sa réinsertion et l'acquisition des valeurs de la citoyenneté ; cette prise en charge peut, le cas échéant, intervenir au sein d'un établissement d'accueil adapté dans lequel le condamné est tenu de résider. »

(L. nº 2019-222 du 23 mars 2019, art. 80-I et 109-XIX, en vigueur le 24 mars 2020) « 21° L'obligation d'accomplir un travail d'intérêt général, selon les modalités prévues à l'article 131-8 ; *(Abrogé par L. nº 2021-401 du 8 avr. 2021, art. 7, à compter du 8 oct. 2021 au plus tard) « le condamné doit en ce cas se soumettre à l'examen médical prévu au dernier alinéa de l'article 131-22 ; »*

« 22° L'injonction de soins, dans les conditions prévues aux articles L. 3711-1 à L. 3711-5 du code de la santé publique, si la personne a été condamnée pour un délit pour lequel le suivi socio-judiciaire est encouru et qu'une expertise médicale a conclu qu'elle était susceptible de faire l'objet d'un traitement ;

« 23° L'obligation de justifier de la remise d'un bien dont la confiscation a été ordonnée ;

« 24° L'obligation de justifier du paiement régulier des impôts ;

« 25° L'obligation de justifier de la tenue d'une comptabilité régulière certifiée par un commissaire aux comptes. »

Code du service national

Art. L. 130-1 Il est créé un contrat de droit public intitulé : "contrat de volontariat pour l'insertion", qui permet de recevoir une formation générale et professionnelle dispensée par l'établissement public d'insertion de la défense.

Peut faire acte de candidature, en vue de souscrire ce contrat avec l'établissement public d'insertion de la défense, toute personne de *(L. n° 2009-1437 du 24 nov. 2009, art. 15-II)* « seize ans à vingt-cinq » ans révolus, ayant sa résidence habituelle en métropole, dont il apparaît, notamment à l'issue de la journée *(L. n° 2010-241 du 10 mars 2010, art. 2 et 23, en vigueur le 13 mai 2010,* « défense et citoyenneté », qu'elle rencontre des difficultés particulières d'insertion sociale et professionnelle.

Cette formation est délivrée dans les centres de formation gérés et administrés par l'établissement public d'insertion de la défense, dont le régime est l'internat.

Un décret en Conseil d'État fixe les conditions d'application du présent article. — *V. Décr. n° 2005-885 du 2 août 2005 (JO 3 août), mod. par Décr. n° 2012-282 du 29 févr. 2012 (JO 1er mars).*

Art. L. 130-2 Le volontariat est souscrit initialement pour une durée de six mois à un an. Il peut être prolongé sans que la durée totale du volontariat puisse excéder vingt-quatre mois.

Le contrat, qui comprend une période probatoire, peut notamment comporter une ou plusieurs périodes de stage en entreprise ou en administration. *(L. n° 2006-396 du 31 mars 2006, art. 15)* « Il prend fin avant son terme à la date d'effet d'un contrat de travail souscrit par le volontaire. Toutefois, lorsque ce contrat est un contrat de travail mentionné à l'article L. 117-1, L. 124-2 ou L. 981-1 du code du travail, le volontaire peut bénéficier, pendant une période de trois mois au plus, des prestations auxquelles ouvre droit le statut de volontaire pour l'insertion, à l'exception de l'allocation mensuelle et de la prime respectivement mentionnées aux 1° et 2° *(L. n° 2016-1088 du 8 août 2016, art. 48-I-1°)* « du I » de l'article L. 130-3 et du régime de protection sociale prévu à l'article L. 130-4 du présent code. »

Un décret en Conseil d'État fixe les conditions d'application du présent article ainsi que les conditions de conclusion, d'exécution et de résiliation du contrat.

Art. L. 130-3 *(L. n° 2016-1088 du 8 août 2016, art. 48-I-2°-a)* « I. — » L'accomplissement du volontariat pour l'insertion ouvre droit :

1° A une allocation mensuelle, à l'exclusion de toute rémunération ;

2° A une prime calculée au prorata du nombre de mois de volontariat effectivement accomplis.

Les conditions d'attribution et le montant *(L. n° 2016-1088 du 8 août 2016, art. 48-I-2°-b)* « , net des contributions mentionnées au II » de l'allocation mensuelle et de la prime sont fixés par décret. — *V. Décr. n° 2005-888 du 2 août 2005 (JO 3 août), mod. par Décr. n° 2012-283 du 29 févr. 2012 (JO 1er mars).*

(L. n° 2016-1088 du 8 août 2016, art. 48-I-2°-c) « II. — L'allocation et la prime sont soumises aux contributions prévues à l'article L. 136-1 du code de la sécurité sociale et à l'article 14 de l'ordonnance n° 96-50 du 24 janvier 1996 relative au remboursement de la dette sociale.

« Le versement de ces contributions est assuré par l'établissement public d'insertion de la défense mentionné à l'article L. 3414-1 du code de la défense.

« III. — L'allocation et la prime sont exonérées de l'impôt sur le revenu. »

Art. L. 130-4 *(Abrogé par L. n° 2016-1088 du 8 août 2016, art. 48-I-3°-a) « I. — Le volontaire pour l'insertion bénéficie pour lui-même et ses ayants droit des prestations en nature de l'assurance maladie, maternité et invalidité du régime général de sécurité sociale.*

« La couverture de ces risques est assurée moyennant le versement de cotisations forfaitaires à la charge de l'établissement public d'insertion de la défense et dont le montant est fixé par décret. »

II. — *(L. n° 2016-1088 du 8 août 2016, art. 48-I-3°-b)* « Le volontaire pour l'insertion » relève, en cas de maladie ou d'accident survenu par le fait ou à l'occasion du service au titre du volontariat pour l'insertion, des dispositions du livre IV du code de la sécurité sociale *[V. **CSS**]*.

La couverture de ce risque est assurée moyennant le versement de cotisations forfaitaires à la charge de l'établissement public d'insertion de la défense et dont le montant est fixé par décret.

III. — Le bénéfice des dispositions de l'article *(L. n° 2008-493 du 26 mai 2008, art. 8)* « L. 130-3 » est maintenu durant la période de volontariat au profit du volontaire en cas de congé de maladie, de maternité ou d'adoption, ou d'incapacité temporaire de travail liée à un accident ou une maladie survenu par le fait ou à l'occasion du service.

IV. — Les volontaires pour l'insertion ne relèvent pas de l'article *(L. n° 2016-1088 du 8 août 2016, art. 48-I-3°-c)* « L. 5424-1 » du code du travail *[V. **C. trav.**]* et ne peuvent bénéficier de

l'allocation mentionnée à l'article *(L. nº 2016-1088 du 8 août 2016, art. 48-I-3º-c)* « L. 5422-1 » du même code.

Art. L. 130-5 *(L. nº 2011-1940 du 26 déc. 2011, art. 4)* I. — Lorsqu'il est accompli dans les conditions mentionnées *(Ord. nº 2019-950 du 11 sept. 2019, art. 5 et 9, en vigueur le 30 sept. 2021)* « aux articles L. 122-2 et L. 422-3 du code de la justice pénale des mineurs », le contrat de volontariat pour l'insertion est dénommé contrat de service en établissement public d'insertion de la défense.

Le magistrat ou la juridiction qui prescrit l'accomplissement d'un contrat de service en établissement public d'insertion de la défense en fixe la durée, qui ne peut être inférieure à six mois ni supérieure à douze mois.

Toutefois, le mineur peut, à sa demande et sur avis favorable de l'établissement d'accueil, prolonger la durée de son contrat dans les conditions mentionnées à l'article L. 130-2 du présent code.

II. — L'accord du mineur et des titulaires de l'exercice de l'autorité parentale est recueilli en présence d'un avocat choisi ou désigné en application *(Ord. nº 2019-950 du 11 sept. 2019, art. 5 et 9, en vigueur le 30 sept. 2021)* « de l'article L. 12-4 du code de la justice pénale des mineurs ». Le magistrat ou la juridiction qui prescrit l'accomplissement d'un contrat de service en établissement public d'insertion de la défense valide le contenu du projet, sur proposition de la protection judiciaire de la jeunesse, au regard de son caractère formateur.

III. — Le contrat de service en établissement public d'insertion de la défense ouvre droit à la seule prime visée au 2º *(L. nº 2016-1088 du 8 août 2016, art. 48-I-4º)* « du I » de l'article L. 130-3, dans des conditions fixées par décret.

Art. L. 122-3 En cas de condamnation à un suivi socio-judiciaire, outre les mesures de contrôle et les obligations prévues aux articles 132-44 et 132-45 du code pénal, le mineur peut être soumis aux obligations prévues à l'article L. 122-2 du présent code *(L. nº 2021-218 du 26 févr. 2021, art. 9)* **« à l'exception du 3º ».**

Le placement sous surveillance électronique mobile à titre de mesure de sûreté n'est pas applicable aux mineurs. — *[Ord. nº 45-174 du 2 févr. 1945, art. 20-10, al. 3.]*

V. C. pén., art. 132-44 et 132-45, ss. art. L. 122-2.

COMMENTAIRE

Le suivi socio-judiciaire a été créé par la loi du 17 juin 1998 relative à la prévention et à la répression des infractions sexuelles ainsi qu'à la protection des mineurs, pour assurer, pour les auteurs d'infractions sexuelles, un contrôle post-carcéral du condamné, éventuellement avec une dimension médicale (C pén., art. 131-36-1 s.). Cette peine est donc destinée à prévenir la récidive des auteurs d'infractions contre des mineurs. Mais elle peut être appliquée aux mineurs auteurs d'infractions, puisqu'elle n'est pas expressément exclue par le code.

Le suivi socio-judiciaire emporte alors pour le condamné l'obligation de se soumettre, sous le contrôle du juge des enfants et pendant une durée déterminée par la juridiction de jugement, à des mesures de surveillance et d'assistance destinées à prévenir la récidive, le non-respect de la mesure exposant l'intéressé à une peine prévue par la juridiction de jugement, dans les limites fixées par le code. En outre, lorsque le suivi socio-judiciaire comporte la dimension médicale de l'obligation de soins, le consentement du condamné est indispensable, et le choix du médecin traitant chargé d'assurer le suivi de cette mesure est confié aux titulaires de l'autorité parentale ou à défaut au juge des tutelles, l'accord du mineur étant également recherché (CSP, art. R. 3711-12).

L'article L. 122-3 prévoit encore que « en cas de condamnation à un suivi socio-judiciaire, outre les mesures de contrôle et les obligations prévues aux articles 132-44 et 132-45 du code pénal, le mineur peut être soumis aux obligations prévues à l'article L. 122-2 du présent code à l'exception du 3º ». Concrètement, sont donc applicables aux mineurs un grand nombre de mesures et d'obligations, à savoir celles de droit commun, et celles, spécifiques, de l'article L. 122-2 du code de la justice pénale des mineurs :

1º Se soumettre aux mesures de protection, d'assistance, de surveillance et d'éducation confiées à un service de la protection judiciaire de la jeunesse ou à un service habilité, mandaté à cette fin par le magistrat ;

2° Respecter les conditions d'un placement éducatif prévu aux articles L. 112-14 et L. 112-15 du présent code ;

3° non applicable ici (respecter jusqu'à sa majorité, les conditions d'un placement en centre éducatif fermé) ;

4° Suivre de façon régulière une scolarité ou une formation professionnelle jusqu'à sa majorité ;

5° Accomplir un contrat de service en établissement public d'insertion de la défense mentionné aux articles L. 130-1 à L. 130-5 du code du service national, lorsque le mineur est âgé d'au moins seize ans.

Néanmoins, l'article L. 122-3 du code précise que « le placement sous surveillance électronique mobile à titre de mesure de sûreté n'est pas applicable aux mineurs. » ❑

Art. L. 122-4 Lorsqu'une peine de confiscation est prononcée par le juge des enfants, il ne peut être fait application des dispositions du deuxième alinéa de l'article 131-9 du code pénal permettant de fixer la durée maximum de l'emprisonnement ou le montant maximum de l'amende encourus en cas d'inexécution par le condamné.

COMMENTAIRE

La peine de confiscation peut non seulement être prononcée contre un mineur, mais elle peut l'être par le juge des enfants seul, en audience de cabinet (art. L. 121-4). Dans ce cas, le dispositif contraignant prévu par l'article 131-9, alinéa 2, du code pénal n'est pas applicable. Il est déjà exorbitant que le juge des enfants puisse seul prononcer une peine ; il serait profondément choquant qu'il puisse contrôler lui-même l'exécution de la peine qu'il a prononcée, et que, de cette manière, il puisse finalement décider seul de l'emprisonnement d'un mineur. On retrouve dans l'article L. 122-4 une disposition similaire à celle qui encadre le pouvoir du juge des enfants en matière de travail d'intérêt général (art. L. 122-1). ❑

Code pénal

Art. 131-9 L'emprisonnement ne peut être prononcé cumulativement avec une des peines privatives ou restrictives de droits prévues *(L. n° 2020-936 du 30 juill. 2020, art. 16)* « aux 1°, 2°, 3°, 4°, 5°, 5° *bis*, 8°, 9°, 11° et 15° de l'article 131-6 *[ancienne rédaction : à l'article 131-6]* » ni avec *(Abrogé par L. n° 2019-222 du 23 mars 2019, art. 71-V et 109-XIX, à compter du 24 mars 2020) (L. n° 2014-896 du 15 août 2014, art. 19, en vigueur le 1er oct. 2014)* « *la peine de contrainte pénale ou* » la peine de travail d'intérêt général.

(L. n° 2004-204 du 9 mars 2004, art. 44-VIII, en vigueur le 1er oct. 2004) « Lorsqu'elle prononce une ou plusieurs des peines prévues par les articles 131-5-1, 131-6 ou 131-8, la juridiction peut fixer la durée maximum de l'emprisonnement ou le montant maximum de l'amende dont le juge de l'application des peines pourra ordonner la mise à exécution en tout ou partie, dans des conditions prévues par l'article 712-6 du code de procédure pénale, si le condamné ne respecte pas les obligations ou interdictions résultant de la ou des peines prononcées. Le président de la juridiction en avertit le condamné après le prononcé de la décision. L'emprisonnement ou l'amende que fixe la juridiction ne peuvent excéder les peines encourues pour le délit pour lequel la condamnation est prononcée ni celles prévues par l'article 434-41 du présent code. Lorsqu'il est fait application des dispositions du présent alinéa, les dispositions de l'article 434-41 ne sont alors pas applicables. »

La peine de jours-amende ne peut être prononcée cumulativement avec la peine d'amende.

Code de procédure pénale

Art. 707-1 Le ministère public et les parties poursuivent l'exécution de la sentence chacun en ce qui le concerne.

(L. n° 2012-409 du 27 mars 2012, art. 18) « Néanmoins, les poursuites pour le recouvrement des amendes et l'exécution des confiscations en valeur sont faites au nom du procureur de la République par le comptable public compétent ou, dans les cas où la confiscation en valeur s'exécute sur des biens préalablement saisis, par l'Agence de gestion et de recouvrement des avoirs saisis et confisqués.

« L'exécution des autres confiscations est réalisée au nom du procureur de la République par l'Agence de gestion et de recouvrement des avoirs saisis et confisqués lorsqu'elles portent sur des biens meubles ou immeubles mentionnés aux 1° et 2° de l'article 706-160, même s'ils ne lui ont pas été préalablement confiés. *(L. n° 2016-731 du 3 juin 2016, art. 84)* « Sauf cas d'affectation, l'Agence de gestion et de recouvrement des avoirs saisis et confisqués procède à la vente de ces biens, s'il y a lieu, aux formalités de publication et, dans tous les cas, jusqu'à leur vente, aux actes d'administration nécessaires à leur conservation et à leur valorisation. »

(L. n° 2004-204 du 9 mars 2004, art. 159-III, en vigueur le 1er janv. 2005) « Le paiement du montant de l'amende doit toujours être recherché. Toutefois, le défaut total ou partiel du paiement de ce montant peut entraîner l'incarcération du condamné selon les conditions prévues par la loi. »

(L. n° 2012-409 du 27 mars 2012, art. 18) « La prescription de la peine est interrompue par les actes ou décisions du ministère public, des juridictions de l'application des peines et, pour les peines d'amende ou de confiscation relevant de leur compétence, du Trésor ou de l'Agence de gestion et de recouvrement des avoirs saisis et confisqués, qui tendent à son exécution. »

(L. n° 2007-297 du 5 mars 2007, art. 22) « Le procureur de la République poursuit également l'exécution des sanctions pécuniaires prononcées par les autorités compétentes des États membres de l'Union européenne, conformément aux dispositions de la décision-cadre 2005/214/JAI du Conseil, du 24 février 2005, concernant l'application du principe de reconnaissance mutuelle aux sanctions pécuniaires, selon des modalités fixées par décret. Ce décret précise également les modalités d'application à ces sanctions des articles 707-2 et 749 à 762 du présent code, ainsi que les règles applicables à la transmission pour mise à exécution dans un État membre de l'Union européenne des sanctions pécuniaires prononcées par les autorités françaises. »

Art. L. 122-5 Lorsqu'il est fait application d'une peine de stage aux mineurs, le contenu du stage est adapté à l'âge du mineur et la juridiction ne peut ordonner que ce stage soit effectué aux frais du condamné.

(L. n° 2022-299 du 2 mars 2022, art. 15) **« Lorsqu'il est prononcé pour une infraction commise dans le cadre de la scolarité, le stage de citoyenneté prévu au 1° de l'article 131-5-1 du code pénal peut comporter un volet spécifique de sensibilisation aux risques liés au harcèlement scolaire. »**

Lorsque cette peine est prononcée par le juge des enfants, il ne peut être fait application des dispositions du deuxième alinéa de l'article 131-9 du code pénal permettant de fixer la durée maximum de l'emprisonnement ou le montant maximum de l'amende encourus en cas d'inexécution par le condamné. — *[Ord. n° 45-174 du 2 févr. 1945, art. 20-4-1.]*

V. C. pén., art. 131-9, ss. art. L. 122-4.

COMMENTAIRE

La peine de stage a été unifiée par la loi n° 2019-222 du 23 mars 2019 et elle est applicable aux mineurs délinquants. L'article L. 122-5 précise, comme le faisait l'article 20-4-1 de l'ordonnance de 1945, que « lorsqu'il est fait application d'une peine de stage aux mineurs, le contenu du stage est adapté à l'âge du mineur et la juridiction ne peut ordonner que ce stage soit effectué aux frais du condamné ». A cet égard, la loi n° 2022-299 du 2 mars 2022 visant à combattre le harcèlement scolaire a inséré dans l'article L. 122-5 un nouvel alinéa aux termes duquel « lorsqu'il est prononcé pour une infraction commise dans le cadre de la scolarité, le stage de citoyenneté prévu au 1° de l'article 131-5-1 du code pénal peut comporter un volet spécifique de sensibilisation aux risques liés au harcèlement scolaire ».

Par ailleurs, la peine de stage figure désormais parmi les peines que le juge des enfants peut prononcer seul, en audience de cabinet (art. L. 121-4 du code de la justice pénale des mineurs). On retrouve ici la même formule – interdisant l'application de l'article 131-9, alinéa 2, du code pénal – qu'en matière de confiscation ou de travail d'intérêt général. L'idée est, là aussi, d'éviter que le juge des enfants, qui a déjà le pouvoir exorbitant de prononcer seul une peine, puisse en contrôler lui-même l'exécution, et, de cette manière, décider finalement seul de l'emprisonnement d'un mineur.

Les articles R. 122-7 et suivants du code, issus du décret n° 2021-682 du 27 mai 2021, précisent les modalités concrètes de la peine de stage. L'article R. 122-7 prévoit ainsi que « la durée de la peine de stage est fixée par la juridiction en tenant compte des obligations scolaires du mineur et de sa situation familiale » et que « la durée journalière de formation effective ne peut excéder six heures et est adaptée en fonction de l'âge et de la personnalité du mineur ». L'article R. 122-8 indique « le stage est organisé conformément aux dispositions du premier alinéa de l'article R. 131-37 du code pénal et tient compte de l'âge des mineurs ». L'article R. 122-9 précise que « le stage est élaboré et mis en œuvre sous le contrôle du service de milieu ouvert de la protection judiciaire de la jeunesse. Le projet de stage est transmis par le responsable de ce service au directeur territorial de la protection judiciaire de la jeunesse. Pour en autoriser la mise en œuvre, le directeur recueille l'avis du juge des enfants et l'accord du procureur de la République du lieu où se déroulera habituellement le stage ». Selon l'article R. 122-10, « la convention prévue au dernier alinéa de l'article R. 131-38 du code pénal est passée entre les personnes mentionnées à cet article et le service de la protection judiciaire de la jeunesse » et « le directeur territorial de la protection judiciaire de la jeunesse informe le juge des enfants et le procureur de la République de l'identité des services mettant en œuvre des stages pour les mineurs dans le département et du contenu de ces stages ». L'article R. 122-11 indique quant-à-lui que « les formalités prévues à l'article R. 131-39 du code pénal sont accomplies en présence des représentants légaux et du responsable de l'établissement ou de la personne à qui le mineur est confié, ou ceux-ci dûment convoqués ». Il précise aussi dans l'alinéa suivant que « le stage se déroule sous le contrôle et en présence d'un personnel éducatif du service chargé de sa mise en œuvre. En cas de difficulté d'exécution du stage liée notamment au comportement du mineur, le représentant du service peut en suspendre l'exécution. Il en informe alors sans délai le juge des enfants et le procureur de la République et leur adresse un rapport ». Enfin, l'article R. 122-12 donne des indications sur la fin du stage : « En fin de stage, le service en charge de la mesure reçoit le mineur et les représentants légaux afin d'établir un bilan du déroulement du stage et de vérifier que ses objectifs ont été atteints. » et « dans le délai d'un mois suivant la fin du stage, un rapport de synthèse est adressé par le service au juge des enfants et au procureur de la République. » ❑

Code pénal

Art. 131-5-1 *(L. nº 2019-222 du 23 mars 2019, art. 71-III et 109-XIX, en vigueur le 24 mars 2020)* Lorsqu'un délit est puni d'une peine d'emprisonnement, la juridiction peut, à la place ou en même temps que l'emprisonnement, prescrire que le condamné devra accomplir, pendant une durée ne pouvant excéder un mois, un stage dont elle précise la nature, les modalités et le contenu eu égard à la nature du délit et aux circonstances dans lesquelles il a été commis.

Sauf décision contraire de la juridiction, le stage, dont le coût ne peut excéder celui des amendes contraventionnelles de la 3e classe, est effectué aux frais du condamné.

Le stage est exécuté dans un délai de six mois à compter de la date à laquelle la condamnation est définitive, sauf impossibilité résultant du comportement ou de la situation du condamné.

Les stages que peut prononcer la juridiction sont :

1° Le stage de citoyenneté, tendant à l'apprentissage des valeurs de la République et des devoirs du citoyen ;

2° Le stage de sensibilisation à la sécurité routière ;

3° Le stage de sensibilisation aux dangers de l'usage de produits stupéfiants ;

4° Le stage de responsabilisation pour la prévention et la lutte contre les violences au sein du couple et sexistes ;

5° Le stage de sensibilisation à la lutte contre l'achat d'actes sexuels ;

6° Le stage de responsabilité parentale ;

7° Le stage de lutte contre le sexisme et de sensibilisation à l'égalité entre les femmes et les hommes ;

(L. nº 2021-1539 du 30 nov. 2021, art. 31) « 8° Le stage de sensibilisation à la prévention et à la lutte contre la maltraitance animale. »

Art. L. 122-6 Lorsqu'il est fait application d'une peine de détention à domicile sous surveillance électronique prévue à l'article 131-4-1 du code pénal aux mineurs, le tribunal pour enfants et la cour d'assises des mineurs ne peuvent prononcer à son encontre une peine de détention à domicile sous surveillance électronique supérieure à la moitié de la peine d'emprisonnement encourue, sous réserve de l'application de l'article L. 121-7 du présent code.

Cette peine ne peut être prononcée sans l'accord des représentants légaux *(L. nº 2021-218 du 26 févr. 2021, art. 9)* **« chez lesquels le mineur réside », sauf carence de ces derniers ou impossibilité de donner leur consentement.**

Cette peine doit être assortie d'une mesure éducative confiée à la protection judiciaire de la jeunesse. – *[Ord. nº 45-174 du 2 févr. 1945, art. 20-2-1.]*

COMMENTAIRE

L'article 131-4-1 du code pénal, qui abritait le régime de la contrainte pénale (qui n'était pas applicable aux mineurs), a été entièrement réécrit par la loi nº 2019-222 du 23 mars 2019, pour accueillir, à partir du 24 mars 2020, la nouvelle peine de détention à domicile sous surveillance électronique. L'article 131-4-1 du code pénal prévoit que cette peine est une alternative à l'emprisonnement que la juridiction peut prononcer en matière correctionnelle, pendant une durée comprise entre quinze jours et six mois, sans pouvoir excéder la durée de l'emprisonnement encouru. Concrètement, cette peine emporte pour le condamné, l'obligation de demeurer dans son domicile ou tout autre lieu désigné par la juridiction ou le juge de l'application des peines et du port d'un dispositif intégrant un émetteur permettant de vérifier le respect de cette première obligation. Cette peine rappelle ainsi, dans ses modalités, l'assignation à domicile sous surveillance électronique. Le code pénal précise aussi que le condamné n'est autorisé à s'absenter de son domicile pendant des périodes déterminées par la juridiction ou le juge de l'application des peines que pour le temps nécessaire à l'exercice d'une activité professionnelle, au suivi d'un enseignement, d'un stage, d'une formation ou d'un traitement médical, à la recherche d'un emploi, à la participation à la vie de famille ou à tout projet d'insertion ou de réinsertion, et que, en cas de non-respect par le condamné de ses obligations, le juge d'application des peines peut, soit limiter ses autorisations d'absence, soit ordonner son emprisonnement pour la durée de la peine restant à subir.

Cette peine de détention à domicile sous surveillance électronique est applicable aux mineurs, sous réserve de quelques aménagements prévus par l'article L. 122-6 (et avant lui par l'article 20-2-1 de l'Ord. de 1945), notamment l'impossibilité de prononcer une peine de détention à domicile supérieure à la moitié de la peine d'emprisonnement encourue, sous réserve de la possibilité de lever la diminution légale pour les mineurs âgés de seize à dix-huit ans… La peine de détention à domicile sous surveillance électronique est fondamentalement une peine d'emprisonnement et c'est à ce titre que s'y applique la diminution légale de peine, avec la distinction selon la catégorie d'âge (diminution obligatoire entre treize et seize ans ; diminution pouvant être écartée entre seize et dix-huit ans). Cela étant, la durée de la détention à domicile est limitée à six mois, pour les mineurs comme pour les majeurs, selon les dispositions de l'article 131-4-1 du code pénal.

Par ailleurs, puisqu'il s'agit d'une peine qui se déroule à domicile (ou dans tout autre lieu que désignera la juridiction), l'article L. 122-6 précise logiquement que « cette peine ne peut être prononcée sans l'accord des représentants légaux chez lesquels le mineur réside, sauf carence de ces derniers ou impossibilité de donner leur consentement ». En outre, la détention à domicile est souvent paradoxalement ressentie comme une peine très pénible, parfois davantage que l'emprisonnement dans un établissement pénitentiaire. C'est sans doute la raison pour laquelle le législateur a limité à six mois la détention à domicile sous surveillance électronique. C'est certainement aussi pour cette raison que le législateur a précisé que « cette peine doit être assortie d'une mesure éducative confiée à la protection judiciaire de la jeunesse ». L'article R. 122-13 du code, issu du décret nº 2021-682 du 27 mai 2021, prolonge cette disposition en apportant plusieurs précisions. Il indique ainsi que « le service de milieu ouvert de la protection judiciaire de la jeunesse recueille l'accord écrit du propriétaire ou du ou des titulaires du contrat de location des lieux où pourra être installé le récepteur, sauf s'il s'agit d'un lieu public ». Les alinéas suivants précisent encore que « ce service assure le contrôle et le suivi des mesures

ordonnées par le juge des enfants, à l'exception de la mise en œuvre du dispositif technique de surveillance électronique » et que « le condamné et ses représentants légaux sont convoqués devant ce service qui prend attache avec le service pénitentiaire d'insertion et de probation aux fins d'organiser la pose du dispositif de surveillance électronique ».

D'un point de vue procédural, l'article R. 122-13 indique que lors du débat prévu par le premier alinéa de l'article D. 49-85 du code de procédure pénale, le mineur est assisté de son avocat et ses représentants légaux y sont convoqués » et que « les informations et les avis prévus par le dernier alinéa de l'article D. 49-84 du code de procédure pénale et les deuxième et quatrième alinéas de l'article D. 49-85 du même code sont également transmis aux représentants légaux du mineur. Ceux-ci peuvent demander à tout moment qu'un médecin vérifie que la mise en œuvre du procédé décrit à l'article R. 57-11 du code de procédure pénale ne présente pas d'inconvénient pour la santé du mineur ». L'article R. 122-14 indique qu' « en cas d'impossibilité de pose du dispositif dans les délais prévus par les articles D. 49-84 et D. 49-85 du code de procédure pénale, le service pénitentiaire d'insertion et de probation rend compte sans délai au juge des enfants ainsi qu'au service de milieu ouvert de la protection judiciaire de la jeunesse ».

Enfin, on relèvera que la peine de détention à domicile sous surveillance électronique – parce qu'elle s'assimile à une peine d'emprisonnement – ne peut être prononcée seule par le juge des enfants ; elle relève donc du tribunal pour enfants, ou, le cas échéant, de la cour d'assises des mineurs. Mais le juge des enfants est compétent – en qualité de juge en charge de l'application des peines – pour apprécier les difficultés d'exécution de cette peine. ❑

Code pénal

Art. 131-4-1 *(L. nº 2019-222 du 23 mars 2019, art. 71-II et 109-XIX, en vigueur le 24 mars 2020)* Lorsqu'un délit est puni d'une peine d'emprisonnement, la juridiction peut, à la place de l'emprisonnement, prononcer la peine de détention à domicile sous surveillance électronique pendant une durée comprise entre quinze jours et six mois, sans pouvoir excéder la durée de l'emprisonnement encouru.

Cette peine emporte pour le condamné l'obligation de demeurer dans son domicile ou tout autre lieu désigné par la juridiction ou le juge de l'application des peines et du port d'un dispositif intégrant un émetteur permettant de vérifier le respect de cette première obligation.

Le condamné n'est autorisé à s'absenter de son domicile pendant des périodes déterminées par la juridiction ou le juge de l'application des peines que pour le temps nécessaire à l'exercice d'une activité professionnelle, au suivi d'un enseignement, d'un stage, d'une formation ou d'un traitement médical, à la recherche d'un emploi, à la participation à la vie de famille ou à tout projet d'insertion ou de réinsertion.

La juridiction peut décider que le condamné bénéficiera de mesures d'aide ayant pour objet de seconder ses efforts en vue de son reclassement social.

En cas de non-respect par le condamné de ses obligations, le juge de l'application des peines peut, selon des modalités précisées par le code de procédure pénale, soit limiter ses autorisations d'absence, soit ordonner son emprisonnement pour la durée de la peine restant à exécuter. *(L. nº 2019-1480 du 28 déc. 2019, art. 10)* « La juridiction peut également soumettre le condamné à une ou plusieurs des obligations ou interdictions prévues aux articles 132-44 et 132-45. »

CHAPITRE III DU PRONONCÉ DES PEINES

Art. L. 123-1 Une peine d'emprisonnement avec ou sans sursis ne peut être prononcée par le tribunal pour enfants et la cour d'assises des mineurs qu'à la condition que cette peine soit spécialement motivée. – *[Ord. nº 45-174 du 2 févr. 1945, art. 2, al. 3.]*

BIBL. ► CÉRÉ, La spécificité de la détention des mineurs, *in* Nérac-Croisier (dir.), Le mineur et le droit pénal, *L'Harmattan, 1997, p. 205.* - SÉVELY-FOURNIÉ, Répression et motivation. Réflexions sur la motivation des arrêts et jugements des juridictions répressives, *RSC 2009. 783* s.

COMMENTAIRE

L'exigence de motivation spéciale des peines d'emprisonnement prévue par l'article L. 123-1 n'est pas nouvelle. Elle figurait déjà dans l'ordonnance de 1945, à l'article 2, alinéa 3. Elle vaut pour toute peine d'emprisonnement, ferme ou avec sursis. On peut noter ici que le droit commun a finalement rejoint le droit pénal des mineurs, en généralisant de manière prétorienne cette exigence de motivation (not. Crim. 1er févr. 2017, n° 15-83.984 ; Crim. 15 mars 2017, n° 16-83.838 ; Crim., 27 juin 2018, n° 16-87.009). Bien que le code ne le précise pas, cette motivation spéciale doit aussi s'appliquer à la peine de détention à domicile sous surveillance électronique, prévue par l'article L. 122-6, qui s'apparente à une peine d'emprisonnement.

De manière générale, la motivation spéciale des peines d'emprisonnement s'explique par le fait que, plus encore pour les mineurs que pour les majeurs, la prison peut apparaître corruptrice et désocialisante. Dans le même sens, comme on l'a justement relevé, « si la prison n'a jamais été une thérapeutique miracle, dans la majorité des cas le temps très court d'incarcération des mineurs ne laisse guère la perspective d'envisager une intervention personnalisée » (Céré, « La spécificité de la détention des mineurs », *in* Nérac-Croisier (dir.), Le mineur et le droit pénal, *L'Harmattan, 1997, p. 205*). L'emprisonnement – qu'il soit ferme ou avec sursis – est conçu comme le recours ultime, lorsque d'autres réponses pénales ne sont pas envisageables. Le Conseil constitutionnel, dans sa décision du 29 août 2002, a implicitement reconnu le caractère exceptionnel de l'emprisonnement des mineurs, tout en admettant sa possibilité, affirmant que les dispositions de l'ordonnance de 1945 n'excluaient pas, en cas de nécessité, que fussent prononcés à leur égard des mesures telles que le placement, la surveillance, la retenue ou, pour les mineurs de plus de treize ans, la détention. C'est également cette idée que l'on retrouve, et de façon plus nette encore, dans l'article 37 b de la Convention internationale relative aux droits de l'enfant qui stipule que « l'arrestation, la détention ou l'emprisonnement d'un enfant doit être en conformité avec la loi, n'être qu'une mesure de dernier ressort, et être d'une durée aussi brève que possible ».

Cela étant, l'emprisonnement ferme est parfois inévitable et on assiste, depuis quelques années, à un certain durcissement de la réponse pénale. En 2017, ont été prononcées 5 249 peines d'emprisonnement ferme contre des mineurs, 3 526 peines d'emprisonnement sous le régime du sursis avec mise à l'épreuve et 9 484 peines d'emprisonnement avec sursis total (Les chiffres clés de la Justice 2018, p. 22).

Le contenu de la motivation spéciale n'est pas précisé. Le code de la justice pénale des mineurs – comme le code pénal – ne donne aucune indication sur la manière dont les juges doivent motiver spécialement. La jurisprudence n'est guère plus éclairante… Ainsi, dans un arrêt du 26 juillet 1960 (*Bull. crim., n° 397*), la chambre criminelle de la Cour de cassation avait jugé que les juges avaient suffisamment motivé leur condamnation pénale en disant que cette condamnation était apparue indispensable « au vu des renseignements fournis »… On doit sans doute se montrer plus exigeant et souvent le code fait référence aux circonstances de l'infraction et à la personnalité de son auteur. Dans cette perspective, la motivation spéciale requise apparaît comme une motivation circonstanciée (circonstances de l'infraction) et personnalisée (personnalité du mineur, récidive, réitération, âge de l'auteur, comportement durant la procédure…). ❑

1. En prononçant une condamnation pénale contre un mineur de 16 ans, prévenu de violences volontaires, au motif qu'« au vu des renseignements fournis » le tribunal estime devoir prononcer une telle condamnation, les juges ont suffisamment motivé leur décision sur ce point. • Crim. 26 juill. 1960 : *Bull. crim. n° 397.*

2. Le fait que la cour d'appel a prononcé une peine d'amende avec sursis contre un mineur implique que les circonstances et la personnalité dudit mineur exigeaient à son encontre l'application de l'art. 2, al. 2, de l'Ord. du 2 févr. 1945. • Crim. 9 mai 1961 : *Bull. crim. n° 243.* ♦ Contrairement à ce qui est allégué, la cour d'appel pouvait, en application des art. 2, al. 2, et 20-3 de l'Ord. du 2 févr. 1945, prononcer à l'encontre du prévenu, mineur âgé de plus de 13 ans, une peine d'amende. • Crim. 9 janv. 2002, n° 01-84.693.

3. Pour une hypothèse où a été prononcé un emprisonnement avec sursis probatoire, afin de donner au mineur des chances de bénéficier d'une rééducation et d'échapper ainsi à l'application d'une sanction pénale énergique : • T. enfants Saint-Étienne, 6 févr. 1964 : *D. 1964. 192, note Prélot ; RSC 1964. 608, obs. Légal.*

Code de procédure pénale

Art. 716-1 *(L. n° 92-1336 du 16 déc. 1992)* La peine d'un jour d'emprisonnement est de vingt-quatre heures. Celle d'un mois est de trente jours. Celle de plus d'un mois se calcule de quantième en quantième.

Art. 716-2 *(L. n° 92-1336 du 16 déc. 1992, en vigueur le 1er mars 1994)* La durée de toute peine privative de liberté est *(L. n° 2004-204 du 9 mars 2004, art. 164, en vigueur le 1er janv. 2005)* « comptée » du jour où le condamné est détenu en vertu d'une condamnation définitive.

Art. 716-3 *(L. n° 92-1336 du 16 déc. 1992)* Le condamné dont l'incarcération devrait prendre fin un jour de fête légale ou un dimanche sera libéré le jour ouvrable précédent.

Art. 716-4 *(L. n° 92-1336 du 16 déc. 1992)* Quand il y a eu détention provisoire à quelque stade que ce soit de la procédure, cette détention est intégralement déduite de la durée de la peine prononcée ou, s'il y a lieu, de la durée totale de la peine à subir après confusion. *(L. n° 2000-516 du 15 juin 2000, art. 69, en vigueur le 1er janv. 2001)* « Il en est de même, s'agissant d'une détention provisoire ordonnée dans le cadre d'une procédure suivie pour les mêmes faits que ceux ayant donné lieu à condamnation, si cette procédure a été ultérieurement annulée. »

Les dispositions de l'alinéa précédent sont également applicables à la privation de liberté subie en exécution d'un mandat d'amener ou d'arrêt, à l'incarcération subie hors de France *(L. n° 2004-204 du 9 mars 2004, art. 18-III)* « en exécution d'un mandat d'arrêt européen ou » sur la demande d'extradition et à l'incarcération subie en application *(L. n° 2004-204 du 9 mars 2004, art. 183-XIII, en vigueur le 1er janv. 2005)* « du *(L. n° 2007-297 du 5 mars 2007, art. 71)* « septième » alinéa de l'article 712-17 *(L. n° 2005-1549 du 12 déc. 2005, art. 39)* « , de l'article 712-19 » *(L. n° 2013-711 du 5 août 2013, art. 24)* « , de l'article 728-67 » et de l'article 747-3 ».

(L. n° 2016-731 du 3 juin 2016, art. 12) « Quand il y a eu détention provisoire à quelque stade que ce soit de la procédure, cette détention est également intégralement déduite de la durée de la période de sûreté dont la peine est, le cas échéant, accompagnée nonobstant l'exécution simultanée d'autres peines d'emprisonnement. »

Art. 716-5 *(L. n° 2009-1436 du 24 nov. 2009, art. 95-II)* « Afin d'assurer l'exécution d'une peine d'emprisonnement ou de réclusion, le procureur de la République et le procureur général peuvent autoriser les agents de la force publique à pénétrer au domicile de la personne condamnée afin de se saisir de celle-ci. Cependant, les agents ne peuvent s'introduire au domicile de la personne avant 6 heures et après 21 heures. »

(L. n° 2004-204 du 9 mars 2004, art. 189, en vigueur le 1er janv. 2005) Toute personne arrêtée en vertu d'un extrait de jugement ou d'arrêt portant condamnation à une peine d'emprisonnement ou de réclusion peut être retenue vingt-quatre heures dans un local de police ou de gendarmerie, aux fins de vérifications de son identité, de sa situation pénale ou de sa situation personnelle.

Le procureur de la République *(L. n° 2009-1436 du 24 nov. 2009, art. 95-II)* « , ou le procureur général, » en est informé dès le début de la mesure.

La personne arrêtée est immédiatement avisée par l'officier de police judiciaire qu'elle peut exercer les droits prévus par les articles 63-2, 63-3 et 63-4 *(Abrogé par L. n° 2011-392 du 14 avr. 2011, à compter du 1er juin 2011)* « *(premier et deuxième alinéa)* ».

Lorsque, à l'issue de la mesure, le procureur de la République *(L. n° 2009-1436 du 24 nov. 2009, art. 95-II)* « , ou le procureur général, » envisage de ramener la peine à exécution, il peut ordonner que la personne soit conduite devant lui. Après avoir recueilli les observations éventuelles de la personne, le procureur de la République lui notifie s'il y a lieu le titre d'écrou.

Le procureur de la République *(L. n° 2009-1436 du 24 nov. 2009, art. 95-II)* « , ou le procureur général, » peut également demander à un officier ou un agent de police judiciaire d'aviser la personne qu'elle est convoquée devant le juge de l'application des peines, ou ordonner qu'elle soit conduite devant ce magistrat, lorsque celui-ci doit être saisi pour décider des modalités d'exécution de la peine.

Art. 717 *(Abrogé par Ord. n° 2022-478 du 30 mars 2022, art. 6, à compter du 1er mai 2022) (L. n° 2002-1138 du 9 sept. 2002, art. 50)* « *Les condamnés purgent leur peine dans un établissement pour peines.* »

Les condamnés à l'emprisonnement d'une durée inférieure ou égale à (L. n° 2009-1436 du 24 nov. 2009, art. 88) « deux ans » peuvent, cependant, à titre exceptionnel, être maintenus en maison d'arrêt et incarcérés, dans ce cas, dans un quartier distinct, lorsque des conditions tenant à la préparation de leur libération, leur situation familiale ou leur personnalité le justifient. Peuvent également, dans les mêmes conditions, être affectés, à titre exceptionnel, en maison d'arrêt, les condamnés auxquels il reste à subir une peine d'une durée inférieure à un an. (L. n° 2009-1436 du 24 nov. 2009, art. 88) « Toute personne condamnée détenue en maison d'arrêt à laquelle il reste à subir une peine d'une durée supérieure à deux ans peut, à sa demande, obtenir son transfèrement dans un établissement pour peines dans un délai de neuf mois à compter du jour où sa condamnation est devenue définitive. Cependant, elle peut être maintenue en maison d'arrêt lorsqu'elle bénéficie d'un aménagement de peine ou est susceptible d'en bénéficier rapidement. » (L. n° 2019-222 du 23 mars 2019, art. 88) « Les condamnés peuvent également être affectés en maison d'arrêt au sein d'un quartier spécifique dans les conditions prévues à l'article 726-2. » — V. désormais C. pénit. art. L. 211-3.

Art. 717-1 A *(L. n° 2008-174 du 25 févr. 2008, art. 1er-III)* Dans l'année qui suit sa condamnation définitive, la personne condamnée à une peine de réclusion criminelle d'une durée égale ou supérieure à quinze ans pour l'une des infractions visées à l'article 706-53-13 est placée, pour une durée d'au moins six semaines, dans un service spécialisé permettant de déterminer les modalités de la prise en charge sociale et sanitaire au cours de l'exécution de sa peine. Au vu de cette évaluation, le juge de l'application des peines définit un parcours d'exécution de la peine individualisé. Si la personne souffre de troubles psychiatriques, sur indication médicale, elle fait l'objet d'une prise en charge adaptée à ses besoins, le cas échéant en hospitalisation.

Art. 717-1 *(Abrogé par Ord. n° 2022-478 du 30 mars 2022, art. 6, à compter du 1er mai 2022) (L. n° 2009-1436 du 24 nov. 2009, art. 89-I) « Dès leur accueil dans l'établissement pénitentiaire et à l'issue d'une période d'observation pluridisciplinaire, les personnes détenues font l'objet d'un bilan de personnalité. Un parcours d'exécution de la peine est élaboré par le chef d'établissement et le directeur du service pénitentiaire d'insertion et de probation pour les condamnés, en concertation avec ces derniers, dès que leur condamnation est devenue définitive. Le projet initial et ses modifications ultérieures sont portés à la connaissance du juge de l'application des peines. »*

« La répartition des condamnés dans les prisons établies pour peines s'effectue compte tenu de leur catégorie pénale, de leur âge, de leur état de santé et de leur personnalité. (L. n° 2009-1436 du 24 nov. 2009, art. 89-I) « Leur régime de détention est déterminé en prenant en compte leur personnalité, leur santé, leur dangerosité et leurs efforts en matière de réinsertion sociale. Le placement d'une personne détenue sous un régime de détention plus sévère ne saurait porter atteinte aux droits visés à l'article 22 de la loi n° 2009-1436 du 24 novembre 2009 pénitentiaire. »

(L. n° 94-89 du 1er févr. 1994) « Dans des conditions prévues par décret en Conseil d'État, les personnes condamnées *(L. n° 2005-1549 du 12 déc. 2005, art. 8)* « pour une infraction pour laquelle le suivi socio-judiciaire est encouru » exécutent leur peine dans des établissements pénitentiaires permettant d'assurer un suivi médical et psychologique adapté. »

(L. n° 2005-1549 du 12 déc. 2005, art. 8) « Sans préjudice des dispositions de l'article 763-7, le juge de l'application des peines peut proposer à tout condamné relevant des dispositions de l'alinéa précédent de suivre un traitement pendant la durée de sa détention, si un médecin estime que cette personne est susceptible de faire l'objet d'un tel traitement ». *(L. n° 2010-242 du 10 mars 2010, art. 10-I)* « Ce traitement peut être celui prévu par le dernier alinéa de l'article L. 3711-3 du code de la santé publique. »

(L. n° 2012-409 du 27 mars 2012, art. 7) « Le médecin traitant du condamné délivre à ce dernier, au moins une fois par trimestre, des attestations indiquant si le patient suit ou non de façon régulière le traitement proposé par le juge de l'application des peines. Le condamné remet ces attestations au juge de l'application des peines, afin que celui-ci puisse se prononcer, en application des articles 721, *(L. n° 2021-1729 du 22 déc. 2021, art. 11)* « et 729 du présent code, sur l'octroi ou le retrait de réductions de peine ou l'octroi d'une libération conditionnelle *[ancienne rédaction : 721-1 et 729 du présent code, sur le retrait des réductions de peine, l'octroi de réductions de peine supplémentaires ou l'octroi d'une libération conditionnelle]*. »

« Une copie de la décision de condamnation est adressée par le juge de l'application des peines au médecin traitant du condamné. Les rapports des expertises réalisées pendant la procédure sont également adressés au médecin traitant, à sa demande ou à l'initiative du

juge de l'application des peines. Celui-ci peut en outre adresser au médecin traitant toute autre pièce utile du dossier.

« Les *(Ord. n° 2022-478 du 30 mars 2022, art. 6, en vigueur le 1er mai 2022)* « troisième et quatrième alinéas » sont également applicables au psychologue traitant du condamné. »

(L. n° 2008-174 du 25 févr. 2008, art. 1er-V) « Deux ans avant la date prévue pour la libération d'un condamné susceptible de relever des dispositions de l'article 706-53-13, celui-ci est convoqué par le juge de l'application des peines auprès duquel il justifie des suites données au suivi médical et psychologique adapté qui a pu lui être proposé en application des *(Ord. n° 2022-478 du 30 mars 2022, art. 6, en vigueur le 1er mai 2022)* « premier et deuxième alinéas » du présent article. Au vu de ce bilan, le juge de l'application des peines lui propose, le cas échéant, de suivre un traitement dans un établissement pénitentiaire spécialisé.

(Abrogé par Ord. n° 2022-478 du 30 mars 2022, art. 6, à compter du 1er mai 2022) *« Les agents et collaborateurs du service public pénitentiaire transmettent aux personnels de santé chargés de dispenser des soins aux détenus les informations utiles à la mise en œuvre des mesures de protection des personnes. »*

L'art. 717-1, dans sa rédaction résultant de l'art. 11 de la L. n° 2021-1729 du 22 déc. 2021, est applicable aux personnes placées sous écrou à compter du 1er janv. 2023, quelle que soit la date de commission de l'infraction. Les personnes placées sous écrou avant cette date demeurent soumises au régime défini à l'art. 717-1 dans sa rédaction antérieure (L. n° 2021-1729 du 22 déc. 2021, art. 59).

Art. 717-1-1 *(L. n° 2004-204 du 9 mars 2004, art. 162-V, en vigueur le 1er janv. 2005)* Le juge de l'application des peines donne son avis, sauf urgence, sur le transfert des condamnés d'un établissement à l'autre.

Art. 717-2 *(Abrogé par Ord. n° 2022-478 du 30 mars 2022, art. 6, à compter du 1er mai 2022)* *Les condamnés sont soumis dans les (L. n° 87-432 du 22 juin 1987) « maisons d'arrêt » à l'emprisonnement individuel de jour et de nuit, et dans les (L. n° 87-432 du 22 juin 1987) « établissements pour peines », à l'isolement de nuit seulement, après avoir subi éventuellement une période d'observation en cellule.*

(L. n° 2009-1436 du 24 nov. 2009, art. 90) « Il ne peut être dérogé à ce principe que si les intéressés en font la demande ou si leur personnalité justifie que, dans leur intérêt, ils ne soient pas laissés seuls, ou en raison des nécessités d'organisation du travail. » — V. désormais C. pénit., art. L. 213-1 s.

Art. 717-3 *(L. n° 87-432 du 22 juin 1987)* « Les activités de travail et de formation professionnelle *(L. n° 2005-1549 du 12 déc. 2005, art. 9)* « ou générale » sont prises en compte pour l'appréciation des gages de réinsertion et de bonne conduite des condamnés. »

(Ord. n° 2022-478 du 30 mars 2022, art. 6, en vigueur le 1er mai 2022) « Au sein des établissements pénitentiaires, les personnes incarcérées qui en font la demande peuvent exercer une activité professionnelle ou bénéficier d'une formation professionnelle ou générale ou d'une validation des acquis de l'expérience, dans les conditions prévues par les dispositions du code pénitentiaire. »

Ndlr : la loi n° 2021-1729 du 22 déc. 2021 avait créé un nouvel art. 717-3 également en vigueur le 1er mai 2022, qui n'a pas été pris en compte par l'Ord. n° 2022-478 du 30 mars 2022.

Ancien art. 717-3 *(L. n° 87-432 du 22 juin 1987) « Les activités de travail et de formation professionnelle (L. n° 2005-1549 du 12 déc. 2005, art. 9) « ou générale » sont prises en compte pour l'appréciation des gages de réinsertion et de bonne conduite des condamnés. »*

(L. n° 2005-1549 du 12 déc. 2005, art. 9) « Au sein des établissements pénitentiaires, toutes dispositions sont prises pour assurer une activité professionnelle, une formation professionnelle ou générale aux personnes incarcérées qui en font la demande. »

(L. n° 87-432 du 22 juin 1987) « Les relations de travail des personnes incarcérées ne font pas l'objet d'un contrat de travail. » (L. n° 90-9 du 2 janv. 1990) « Il peut être dérogé à cette règle pour les activités exercées à l'extérieur des établissements pénitentiaires. »

(L. n° 75-624 du 11 juill. 1975) « Les règles relatives à la répartition des produits du travail des détenus sont fixées par décret. » (L. n° 2002-1138 du 9 sept. 2002, art. 51) « Le produit du travail des détenus ne peut faire l'objet d'aucun prélèvement pour frais d'entretien en établissement pénitentiaire. » — Ces dispositions prennent effet au 1er janv. 2003.

(L. n° 2009-1436 du 24 nov. 2009, art. 32) « La rémunération du travail des personnes détenues ne peut être inférieure à un taux horaire fixé par décret et indexé sur le salaire minimum de croissance défini à l'article L. 3231-2 du code du travail. Ce taux peut varier en fonction du régime sous lequel les personnes détenues sont employées. »

Art. 718 *(Abrogé par L. n° 2021-1729 du 22 déc. 2021, art. 20, à compter du 1er mai 2022) (L. n° 2002-1138 du 9 sept. 2002, art. 52) Les personnes détenues peuvent travailler pour leur propre compte avec l'autorisation du chef d'établissement.*

Art. 719 *(L. n° 2000-516 du 15 juin 2000, art. 129)* Les députés *(L. n° 2021-1729 du 22 déc. 2021, art. 18)* « , les sénateurs, les représentants au Parlement européen élus en France, les bâtonniers sur leur ressort ou leur délégué spécialement désigné au sein du conseil de l'ordre sont autorisés à visiter à tout moment les locaux de garde à vue, les locaux des retenues douanières définies à l'article 323-1 du code des douanes, les lieux de rétention administrative, les zones d'attente » *(Abrogé par Ord. n° 2020-1733 du 16 déc. 2020, art. 11, à compter du 1er mai 2021)* « *les (L. n° 2016-274 du 7 mars 2016, art. 44)* « *lieux de rétention administrative* », *les zones d'attente,* » *(L. n° 2015-433 du 17 avr. 2015, art. 18-I)* « les établissements pénitentiaires et les centres éducatifs fermés mentionnés *(Ord. n° 2019-950 du 11 sept. 2019, art. 4 et 9, en vigueur le 30 sept. 2021)* « à l'article L. 113-7 du code de la justice pénale des mineurs ».

« A l'exception des locaux de garde à vue, les députés, les sénateurs et les représentants au Parlement européen mentionnés au premier alinéa du présent article peuvent être accompagnés par un ou plusieurs journalistes titulaires de la carte d'identité professionnelle mentionnée à l'article L. 7111-6 du code du travail, dans des conditions fixées par décret en Conseil d'État. »

Art. 719-1 *(Abrogé par Ord. n° 2022-478 du 30 mars 2022, art. 6, à compter du 1er mai 2022) (L. n° 2010-242 du 10 mars 2010, art. 13) Selon des modalités précisées par décret en Conseil d'État, l'identité et l'adresse des personnes condamnées à une peine d'emprisonnement égale ou supérieure à trois ans sont communiquées par l'administration pénitentiaire aux services de police ou aux unités de gendarmerie du lieu de résidence des intéressés lorsque leur incarcération prend fin. — V. désormais C. pénit., art. L. 512-2.*

Art. L. 123-2 **Le juge des enfants et le tribunal pour enfants peuvent ordonner l'exécution provisoire de leur décision prononçant une peine autre qu'une peine d'emprisonnement ferme ou assortie d'un sursis partiel et qui ne** *(L. n° 2021-218 du 26 févr. 2021, art. 9)* **« fait » pas l'objet d'une des mesures d'aménagement prévues aux articles 132-25 à 132-28 du code pénal.**

Lorsque le tribunal pour enfants prononce une peine d'emprisonnement ferme ou assortie d'un sursis partiel, il peut décerner mandat de dépôt ou d'arrêt contre le mineur prévenu dans les conditions prévues à l'article 465 ou à l'article 465-1 du code de procédure pénale.

Le tribunal pour enfants peut également maintenir le mineur en détention dans les conditions prévues à l'article 464-1 du même code.

Lorsque le tribunal pour enfants statue dans les conditions *(L. n° 2021-218 du 26 févr. 2021, art. 9)* **« prévues au troisième alinéa de l'article L. 423-4 » du présent code et qu'il prononce une peine d'emprisonnement sans sursis à l'égard d'un mineur de moins de seize ans placé sous contrôle judiciaire avec obligation de respecter un placement dans un centre éducatif fermé ou d'un mineur âgé d'au moins seize ans placé sous contrôle judiciaire ou sous assignation à résidence avec surveillance électronique, il peut par décision spécialement motivée, après avoir constaté la violation de la mesure de sûreté, décerner mandat de dépôt ou d'arrêt contre le mineur, quelle que soit la durée de la peine prononcée.** — *[Ord. n° 45-174 du 2 févr. 1945, art. 22.]*

COMMENTAIRE

Jusqu'à une période récente, l'ordonnance du 2 février 1945 disposait que « Le juge des enfants et le tribunal pour enfants pourront, dans tous les cas, ordonner l'exécution provisoire de leur décision, nonobstant opposition ou appel ». Cette formule très générale englobait donc les mesures éducatives, les sanctions éducatives et toutes les peines, y compris les peines d'emprisonnement ferme. De fait, l'ordonnance de 1945 était sur ce point plus sévère que le droit commun applicable aux majeurs. Saisi d'une question prioritaire de constitutionnalité, le Conseil constitutionnel a constaté, dans une décision du 9 décembre 2016 (Cons. const. 9 déc. 2016, n° 2016-601 QPC, *JO 14 déc.*) que « l'exécution provisoire d'une peine d'emprisonnement sans sursis prononcée à l'encontre d'un mineur alors que celui-ci comparaît libre devant le tribunal pour enfants, entraîne son incarcération immédiate à l'issue de l'audience, y compris en cas d'appel ». Il a poursuivi en précisant que « elle (l'exécution provisoire) le prive ainsi du caractère suspensif du recours et de la possibilité d'obtenir, avant le début d'exécution de sa condamnation diverses mesures d'aménagement de sa peine en application de l'article 723-15 du code

de procédure pénale ; en conséquence, en permettant l'exécution provisoire de toute condamnation à une peine d'emprisonnement prononcée par un tribunal pour enfants, quel que soit son quantum et alors même que le mineur ne fait pas déjà l'objet au moment de sa condamnation d'une mesure de détention dans le cadre de l'affaire pour laquelle il est jugé ou pour une autre cause, les dispositions de l'article 22 de l'ordonnance de 1945 méconnaissent les exigences constitutionnelles en matière de justice pénale des mineurs » (abrogation reportée au 1er janv. 2018). Le législateur est donc intervenu avec la loi n° 2017-258 du 28 février 2017, pour réécrire l'article 22 précité, et adopter un dispositif spécifique pour la peine privative d'emprisonnement. C'est ce texte qui est repris par le code de la justice pénale des mineurs, à l'article L. 123-2.

L'article L. 123-2 affirme d'abord que « le juge des enfants et le tribunal pour enfants peuvent ordonner l'exécution provisoire de leur décision prononçant une peine autre qu'une peine d'emprisonnement ferme ou assortie d'un sursis partiel et qui ne fait pas l'objet d'une des mesures d'aménagement prévues aux articles 132-25 à 132-28 du code pénal ». Cette disposition fait donc écho au principe affirmé par l'article L. 111-4, relatif aux mesures éducatives (art. L. 111-4 : « les décisions prononçant une mesure éducative sont exécutoires par provision »).

Surtout, s'agissant des peines d'emprisonnement ferme, l'article L. 123-2 dispose que « lorsque le tribunal pour enfants prononce une peine d'emprisonnement ferme ou assortie d'un sursis partiel, il peut décerner mandat de dépôt ou d'arrêt contre le mineur prévenu dans les conditions prévues à l'article 465 ou à l'article 465-1 du code de procédure pénale ». Le droit pénal des mineurs a donc rejoint le droit commun (cependant, le mandat de dépôt à effet différé ne peut être prononcé à l'encontre d'un mineur ; CJPM, art. R. 123-1).

Par ailleurs, le texte prévoit que « le tribunal pour enfants peut également maintenir le mineur en détention dans les conditions prévues à l'article 464-1 du même code ». Comme en droit commun, le mineur peut donc être maintenu en détention provisoire lorsque le tribunal renvoie à une autre audience, mais, dans ce cas, une décision spéciale et motivée doit être prise par le tribunal (pour enfants, si on est en droit pénal des mineurs).

Enfin, même si le schéma procédural privilégié par le code est clairement celui de la césure, la procédure de jugement en audience unique est possible (art. L. 521-26 s.). Dans ce cas, le tribunal pour enfants se prononcera donc à la fois sur la culpabilité et sur la sanction, en une seule fois. L'article L. 123-2 précise alors les conditions dans lesquelles le tribunal pour enfants peut décerner mandat de dépôt contre un mineur qui n'aura pas respecté les obligations du contrôle judiciaire. Selon ce texte, « lorsque le tribunal pour enfants statue dans les conditions de l'article L. 521-26 du présent code et qu'il prononce une peine d'emprisonnement sans sursis à l'égard d'un mineur de moins de seize ans placé sous contrôle judiciaire avec obligation de respecter un placement dans un centre éducatif fermé ou d'un mineur âgé d'au moins seize ans placé sous contrôle judiciaire ou sous assignation à résidence avec surveillance électronique, il peut par décision spécialement motivée, après avoir constaté la violation de la mesure de sûreté, décerner mandat de dépôt ou d'arrêt contre le mineur, quelle que soit la durée de la peine prononcée ». ❑

1. QPC. L'exécution provisoire d'une peine d'emprisonnement sans sursis prononcée à l'encontre d'un mineur, alors que celui-ci comparaît libre devant le tribunal pour enfants, entraîne son incarcération immédiate à l'issue de l'audience, y compris en cas d'appel. Elle le prive ainsi du caractère suspensif du recours et de la possibilité d'obtenir, avant le début d'exécution de sa condamnation, diverses mesures d'aménagement de sa peine, en application de l'art. 723-15 C. pr. pén. ; en conséquence, en permettant l'exécution provisoire de toute condamnation à une peine d'emprisonnement prononcée par un tribunal pour enfants, quel que soit son quantum et alors même que le mineur ne fait pas déjà l'objet au moment de sa condamnation d'une mesure de détention dans le cadre de l'affaire pour laquelle il est jugé ou pour une autre cause, les dispositions de l'art. 22 de l'Ord. n° 45-174 du 2 févr. 1945 méconnaissent les exigences constitutionnelles en matière de justice pénale des mineurs (report de l'abrogation au 1er janv. 2018). • Cons. const. 9 déc. 2016, n° 2016-601 QPC : *JO 14 déc.*

2. Jurisprudence antérieure à la décision du Cons. const. En ce sens que l'exécution provisoire n'est pas limitée aux seules mesures de protection, d'assistance, de surveillance et d'éducation appropriées, et pour une application à une condamnation à dix-huit mois d'emprisonnement dont

six mois avec sursis avec mise à l'épreuve : • Crim. 9 janv. 1986, n° 85-92.938 P.

3. Selon les dispositions de l'art. 22, al. 1er, de l'Ord. n° 45-174 du 2 févr. 1945, le juge des enfants et le tribunal pour enfants peuvent, dans tous les cas, ordonner l'exécution provisoire de leur décision nonobstant appel ; fait l'exacte application de ce texte la cour d'appel qui, pour confirmer l'exécution provisoire de la peine de deux mois d'emprisonnement prononcée par le tribunal pour enfants contre un mineur, énonce que cette modalité d'exécution des décisions du juge des enfants en matière pénale est prévue par l'art. 22 de l'Ord. de 1945, dont la portée est générale. • Crim. 7 mars 2000, n° 99-85.882 P.

4. Selon les dispositions de l'art. 22, al. 1er, de l'Ord. du 2 févr. 1945, le juge des enfants et le tribunal pour enfants peuvent, dans tous les cas, ordonner l'exécution provisoire de leur décision nonobstant appel ; ce texte qui ne prévoit aucune exception peut s'appliquer au prononcé d'une peine d'emprisonnement, le jugement ou l'arrêt constituant, en ce cas, le titre d'incarcération, sans qu'il soit nécessaire de décerner mandat de dépôt ou d'arrêt. • Crim. 31 mai 2000, n° 99-87.610.

Code de procédure pénale

Art. 464-1 *(L. n° 70-643 du 17 juill. 1970)* A l'égard du prévenu détenu, le tribunal peut, en tout état de cause, par décision spéciale et motivée, lorsque les éléments de l'espèce justifient la prolongation d'une mesure particulière de sûreté, maintenir la détention. Pour l'exécution de cette décision, le mandat continue à produire ses effets.

....

Art. 465 *(L. n° 70-643 du 17 juill. 1970)* « Dans le cas visé à l'article 464, premier alinéa, s'il s'agit d'un délit de droit commun *(L. n° 99-929 du 10 nov. 1999)* « ou d'un délit d'ordre militaire prévu par le livre III du code de justice militaire » et si la peine prononcée est au moins d'une année d'emprisonnement *(L. n° 85-1407 du 30 déc. 1985, art. 42)* « sans sursis », le tribunal peut, par décision spéciale et motivée, lorsque les éléments de l'espèce justifient une mesure particulière de sûreté, décerner mandat de dépôt ou d'arrêt contre le prévenu. »

Le mandat d'arrêt continue à produire son effet, même si le tribunal, sur opposition, ou la cour, sur appel, réduit la peine à moins d'une année d'emprisonnement.

Le mandat de dépôt décerné par le tribunal produit également effet lorsque, sur appel, la cour réduit la peine d'emprisonnement à moins d'une année.

Toutefois le tribunal, sur opposition, ou la cour, sur appel, a la faculté, par décision spéciale et motivée, de donner mainlevée de ces mandats.

En toutes circonstances, les mandats décernés dans les cas susvisés continuent à produire leur effet, nonobstant le pourvoi en cassation.

(L. n° 2004-204 du 9 mars 2004, art. 133-VI, en vigueur le 1er oct. 2004) « Si la personne est arrêtée à la suite du mandat d'arrêt et qu'il s'agit d'un jugement rendu par défaut, il est fait application des dispositions de l'article 135-2. »

Art. 465-1 *(L. n° 2005-1549 du 12 déc. 2005, art. 7)* Lorsque les faits sont commis en état de récidive légale, le tribunal peut, par décision spéciale et motivée, décerner mandat de dépôt ou d'arrêt contre le prévenu, quelle que soit la durée de la peine d'emprisonnement prononcée.

(Abrogé par L. n° 2019-222 du 23 mars 2019, art. 74 et 109-XIX, à compter du 24 mars 2020) « S'il s'agit d'une récidive légale au sens des articles 132-16-1 et 132-16-4 du code pénal, le tribunal délivre mandat de dépôt à l'audience, quel que soit le quantum de la peine prononcée, sauf s'il en décide autrement par une décision spécialement motivée. »

CHAPITRE IV DU RÉGIME D'INCARCÉRATION

BIBL. ▶ BASSET, L'enfermement carcéral du mineur, *thèse Aix en Provence, 2003*. – CÉRÉ, La spécificité de la détention des mineurs, *in* Le mineur et le droit pénal, *op. cit., p. 201 s.* – GALLARDO, Le statut du mineur détenu, *L'Harmattan, 2008, préf. Ph. Bonfils, p. 105* ; Les droits fondamentaux aux mineur détenu : entre protection et éducation, *in* Les droits fondamentaux des personnes privées de liberté, *dir. Putman et Giacopelli, Mare et Martin éd., 2015, p. 269 s.* – Grille, La perspective des établissements spécialisés pour mineurs, le pari d'une prison éducative ?, *AJ pénal 2005. 64*. – PANTRAT, L'incarcération des mineurs en France ; état des lieux et perspectives, *in* Actes du colloque de l'ENAP, *Mineurs délinquants, une problématique à dimension européenne, 2007, p. 9*. – YVOREL, Enfance délinquante et enfermement. Flux carcéraux et mouvement des idées (1830-1945), *in* colloque ENAP, *Mineurs délinquants, une problématique à dimension européenne, p. 9*.

Art. L. 124-1 Les mineurs sont détenus, dans les conditions définies par décret en Conseil d'État, soit au sein du quartier pour mineurs d'un établissement pénitentiaire ou d'une unité spéciale pour *(L. n° 2021-218 du 26 févr. 2021, art. 9)* **« mineures » au sein d'une maison d'arrêt, soit dans un établissement pénitentiaire spécialisé pour mineurs, garantissant l'intervention continue d'un service de la protection judiciaire de la jeunesse.** – *[Ord. n° 45-174 du 2 févr. 1945, art. 11, al. 9, sauf encellulement de nuit ; art. 20-2, al. 5.]*

V. la liste des établissements pénitentiaires pouvant recevoir des mineurs, ss. art. R. 124-9.

COMMENTAIRE

L'article L. 124-1 reprend sensiblement les termes de l'article 20-2, dernier alinéa, de l'ordonnance de 1945. Il est cependant plus précis sur les lieux de détention, qui doivent garantir l'intervention continue d'un service de la protection judiciaire de la jeunesse. A cet égard, on peut considérer que l'exigence de l'intervention des services de la PJJ vaut pour tous les lieux de détention des mineurs, et pas seulement pour le dernier cité, l'établissement pénitentiaire spécialisé pour mineurs.

Jusqu'à une période récente, il n'existait pas en France d'établissement pénitentiaire spécialisé pour les mineurs ; ces derniers étaient alors détenus dans des quartiers spécialisés au sein des maisons d'arrêt, ou des unités spéciales pour mineures au sein des maisons d'arrêt. Sans doute, ce retard par rapport à la plupart de ses voisins européens pouvait s'expliquer par le souvenir des anciennes maisons de correction. Quoi qu'il en soit, inspirée par un rapport parlementaire (Rapp. Schosteck-Carle, La République en quête de respect, Rapp. Sén. n° 340, 2001-2002), la loi du 9 septembre 2002 a – enfin – créé les établissements pénitentiaires pour mineurs (EPM), destinés à remplacer progressivement les quartiers spécialisés au sein des maisons d'arrêt. Il existe à ce jour six EPM en France, mais les établissements spécialisés n'ont pas encore totalement remplacé les quartiers spécialisés dans les maisons d'arrêts. Le nombre de mineurs écroués en France était, au 1er janvier 2018, de 783 (Les chiffres clés de la justice, 2018, p. 28), dont plus de la moitié au titre de la détention provisoire. C'est un chiffre globalement stable, et évidemment considérablement plus bas que celui de la détention des majeurs (en comparaison, il y avait à la même date 73 063 majeurs écroués, dont 57 501 en qualité de condamnés).

De manière générale, le régime de l'incarcération des mineurs affiche un particularisme très marqué. Du reste, la Convention internationale sur les droits de l'enfant du 20 novembre 1989 stipule, en son article 37-3, que « tout enfant privé de liberté doit être traité avec humanité et avec le respect dû à la dignité de la personne humaine et d'une manière tenant compte des besoins des personnes de son âge », et cet article ajoute que l'enfant doit notamment être « séparé des adultes et pouvoir rester en contact avec sa famille ». Les effets pervers de la prison – souvent dénoncés – sont certainement à l'égard des mineurs plus grands encore, ce qui explique que l'emprisonnement soit envisagé comme une mesure exceptionnelle, et que les conditions de détention des mineurs soient aménagées.

On peut indiquer ici les grandes lignes du régime de détention des mineurs, tel qu'il résulte des décrets n° 2021-682 (partie R.) et n° 2021-683 (partie D.) du 27 mai 2021. De façon générale, les détenus mineurs sont soumis à un régime particulier et individualisé qui fait une large place à l'éducation et à la formation professionnelle (Gallardo, « Les droits fondamentaux du mineur détenu : entre protection et éducation », *in* Les droits fondamentaux des personnes privées de liberté, dir. Putman et Giacopelli, *Mare et Martin éd., 2015, p. 269* s.).

L'article R. 124-1 dispose que « le régime de détention tient compte de la personnalité du mineur détenu et des perspectives du travail éducatif, par la mise en œuvre de modalités différenciées de prise en charge ». Plus précisément, les mineurs sont séparés des majeurs (nécessairement dans les établissements pénitentiaires pour mineurs, mais aussi dans les quartiers spécialisés des maisons d'arrêt et les unités spéciales pour mineurs dans les maisons d'arrêt), pour éviter la mauvaise influence des adultes. Ils sont également soumis au régime de l'encellulement individuel, sauf exception appréciée au cas par cas (art. R. 124-2). La détention est orientée vers la (re)socialisation. L'article R. 124-4 indique à cet égard qu'au sein de chaque établissement pénitentiaire recevant des mineurs, une

équipe pluridisciplinaire réunit des représentants des différents services intervenant auprès des mineurs incarcérés, chargée d'assurer la collaboration de ces services entre eux et le suivi individuel de chaque mineur détenu. Les mineurs reçoivent des formations professionnelles et des enseignements scolaires, et peuvent en outre participer à des activités sportives, culturelles, éducatives ou de loisirs. L'article R. 124-2 du code affirme ainsi que « les services et établissements de la protection judiciaire de la jeunesse assurent la prise en charge éducative individualisée des mineurs détenus », « assurent la continuité de l'action éducative en collaboration avec le service chargé du suivi du mineur en dehors de l'établissement pénitentiaire » et « exercent, à leur égard, les missions dévolues au service pénitentiaire d'insertion et de probation ». L'article R. 124-13 dispose que « la continuité de l'accès du mineur à l'enseignement ou à la formation est assurée, quel que soit son âge, conformément aux dispositions des livres Ier et III du code de l'éducation ». Enfin, selon l'article R. 124-14 : « les activités d'enseignement et de formation sont mises en œuvre par les services de l'éducation nationale » ; « les services de la protection judiciaire de la jeunesse assurent la mise en œuvre des activités socio-éducatives » ; « les activités sportives sont organisées par les services de l'administration pénitentiaire ». La prise en charge des mineurs au sein des établissements pénitentiaires est donc en quelque sorte partagée entre la protection judiciaire de la jeunesse, l'éducation nationale et l'administration pénitentiaire. ❑

1. Convention internationale des droits de l'enfant. L'art. 37 de la Conv. relative aux droits de l'enfant, signée à New York le 26 janv. 1990, qui dispose, notamment, que la détention d'un enfant doit être d'une durée aussi brève que possible, ne crée d'obligations qu'à la charge des États signataires et ne saurait, dès lors, être invoqué directement par un justiciable devant les juridictions nationales. • Crim. 18 juin 1997, n° 97-82.008 P : *Defrénois 1998. 321, obs. Massip ; Dr. fam. 1998. Comm. 56, obs. Murat.* ♦ V., cependant, avec la prise en compte de l'intérêt supérieur de l'enfant, la reconnaissance d'une applicabilité directe de certaines des dispositions de la Conv. de New York : en vertu de l'art. 3.1 de la Conv. de New York relative aux droits de l'enfant, disposition qui est d'application directe devant la juridiction française, ces circonstances doivent être appréciées en considération primordiale de l'intérêt supérieur de l'enfant. • Civ. 1re, 14 juin 2005, n° 04-16.942 P.

2. Convention européenne des droits de l'homme. La loi du 6 juill. 1989 qui prévoit, en matière criminelle, la possibilité d'incarcération des mineurs âgés de 13 à 16 ans, n'est pas contraire à la Conv. EDH, laquelle n'interdit pas la détention régulière de mineurs de 16 ans. • Crim. 22 mai 1990, n° 90-81.469 P : *D. 1990. 456, note Renucci.*

Règles pénitentiaires européennes, Recommandation Rec(2006)2-rev du Comité des Ministres aux États membres

Sur les Règles pénitentiaires européennes.

(adoptée par le Comité des Ministres le 11 janvier 2006, lors de la 952e réunion des Délégués des Ministres et révisée et modifiée par le Comité des Ministres le 1er juillet 2020, lors de la 1380[e] réunion des Délégués des Ministres)

....

Champ d'application

10.1 Les Règles pénitentiaires européennes s'appliquent aux personnes placées en détention provisoire par une autorité judiciaire ou privées de liberté à la suite d'une condamnation.

10.2 En principe, les personnes placées en détention provisoire par une autorité judiciaire et les personnes privées de liberté à la suite d'une condamnation ne peuvent être détenues que dans des prisons, à savoir des établissements réservés aux détenus relevant des deux catégories précitées.

10.3 Les règles s'appliquent aussi aux personnes :

a. détenues pour toute autre raison dans une prison ; ou

b. placées en détention provisoire par une autorité judiciaire ou privées de liberté à la suite d'une condamnation, mais qui sont, pour une raison quelconque, détenues dans d'autres endroits.

10.4 Toute personne détenue dans une prison ou dans les conditions mentionnées au paragraphe 10.3.*b.* est considérée comme un détenu aux fins des présentes règles.

11.1 Les mineurs de 18 ans ne devraient pas être détenus dans des prisons pour adultes, mais dans des établissements spécialement conçus à cet effet.

11.2 Si des mineurs sont néanmoins exceptionnellement détenus dans ces prisons, leur situation et leurs besoins doivent être régis par des règles spéciales.

12.1 Les personnes souffrant de maladies mentales et dont l'état de santé mentale est incompatible avec la détention en prison devraient être détenues dans un établissement spécialement conçu à cet effet.

12.2 Si ces personnes sont néanmoins exceptionnellement détenues dans une prison, leur situation et leurs besoins doivent être régis par des règles spéciales.

13. Les présentes règles doivent être appliquées avec impartialité, sans discrimination aucune fondée notamment sur le sexe, la race, la couleur, la langue, la religion, les opinions politiques ou toutes autres opinions, l'origine nationale ou sociale, l'appartenance à une minorité nationale, la fortune, la naissance ou toute autre situation.

....

Mineurs détenus

35.1 Lorsque des mineurs de 18 ans sont exceptionnellement détenus dans une prison pour adultes, les autorités doivent veiller à ce qu'ils puissent accéder non seulement aux services offerts à tous les détenus, mais aussi aux services sociaux, psychologiques et éducatifs, à un enseignement religieux et à des programmes récréatifs ou à des activités similaires, tels qu'ils sont accessibles aux mineurs vivant en milieu libre.

35.2 Tout mineur détenu ayant l'âge de la scolarité obligatoire doit avoir accès à un tel enseignement.

35.3 Une aide supplémentaire doit être octroyée aux mineurs libérés de prison.

35.4 Lorsque des mineurs sont détenus en prison, ils doivent résider dans une partie de la prison séparée de celles abritant des adultes, sauf si cela est contraire à l'intérêt de l'enfant.

Enfants en bas âge

36.1 Les enfants en bas âge peuvent rester en prison avec un parent incarcéré, uniquement dans l'intérêt de l'enfant concerné. Ils ne doivent pas être considérés comme des détenus.

36.2 Lorsque des enfants en bas âge sont autorisés à rester en prison avec un parent, des mesures spéciales doivent être prises pour disposer d'une crèche dotée d'un personnel qualifié, où les enfants sont placés quand le parent pratique une activité dont l'accès n'est pas permis aux enfants en bas âge.

36.3 Une infrastructure spéciale doit être réservée afin de protéger le bien être de ces enfants en bas âge.

....

Formation du personnel pénitentiaire

81.1 Avant d'entrer en fonction, le personnel doit suivre un cours de formation générale et spéciale, et réussir des épreuves théoriques et pratiques.

81.2 L'administration doit faire en sorte que, tout au long de sa carrière, le personnel entretienne et améliore ses connaissances et ses compétences professionnelles en suivant des cours de formation continue et de perfectionnement organisés à des intervalles appropriés.

81.3 Le personnel appelé à travailler avec des groupes spécifiques de détenus – ressortissants étrangers, femmes, mineurs, malades mentaux, etc. – doit recevoir une formation particulière adaptée à ses tâches spécialisées.

81.4 La formation de tous les membres du personnel doit comprendre l'étude des instruments internationaux et régionaux de protection des droits de l'homme, notamment la Convention européenne des droits de l'homme (STE n° 5) et la Convention européenne pour la prévention de la torture et des peines ou traitements inhumains ou dégradants (STE n° 126), ainsi que l'application des Règles pénitentiaires européennes.

....

Loi nº 2009-1436 du 24 novembre 2019,

Pénitentiaire.

....

SECTION IX : ***Des mineurs détenus***

Art. 59 *(Abrogé par Ord. nº 2022-478 du 30 mars 2022, art. 7) L'administration pénitentiaire garantit aux mineurs détenus le respect des droits fondamentaux reconnus à l'enfant.*

Art. 60 Les mineurs détenus, lorsqu'ils ne sont pas soumis à l'obligation scolaire, sont tenus de suivre une activité à caractère éducatif.

Art. 61 Les modalités d'application du présent chapitre sont fixées par décret en Conseil d'État.

Règlement intérieur type des établissements pénitentiaires *[ABROGÉ]*

ANNEXÉ À L'ARTICLE R. 57-6-18 DU CODE DE PROCÉDURE PÉNALE

(Abrogée par Décr. nº 2022-479 du 30 mars 2022, art. 8, à compter du 1er mai 2022)

....

Chapitre III *[Abrogé]* Dispositions spécifiques aux personnes mineures détenues en établissements pénitentiaires

(Abrogée par Décr. nº 2022-479 du 30 mars 2022, art. 8, à compter du 1er mai 2022) (Décr. nº 2015-1486 du 16 nov. 2015)

Art. 50 *Champ d'application. Les dispositions du présent chapitre sont applicables aux personnes mineures détenues dans les établissements pénitentiaires spécialisés pour mineurs, dans les quartiers mineurs des maisons d'arrêt ou dans tout autre établissement pénitentiaire.*

Art. 51 *La séparation hommes-femmes. Les personnes détenues mineures de sexe féminin sont hébergées dans les unités prévues à cet effet sous la surveillance des personnels de leur sexe. Toutefois, l'encadrement peut comporter des personnels masculins.*

Les activités organisées dans les établissements pénitentiaires accueillant des personnes détenues mineures peuvent admettre des détenus des deux sexes.

Art. 52 *L'accueil. A son arrivée, la personne détenue mineure est mise en mesure d'informer sa famille de son incarcération dans les meilleurs délais. Si la personne détenue mineure n'a pas informé l'un de ses titulaires de l'autorité parentale ou représentants légaux, le chef d'établissement procède à cette diligence et informe également les services du secteur public de la protection judiciaire de la jeunesse.*

Art. 53 *Les entretiens obligatoires. La personne détenue mineure est reçue, dès que possible, par un agent du secteur public de la protection judiciaire de la jeunesse. Au cours de cet entretien, le mineur est informé du rôle et des modalités d'organisation du service éducatif en détention.*

Art. 54 *L'encellulement. La personne détenue mineure est, la nuit, seule en cellule.*

A titre exceptionnel, sur décision du chef d'établissement, elle peut être placée en cellule avec une personne détenue de son âge soit pour motif médical, soit en raison de sa personnalité.

Dans ce cas, l'hébergement de nuit dans une même cellule ne peut concerner plus de deux personnes mineures.

Art. 55 *Obligation(s) générale(s). Les personnes détenues mineures ont l'interdiction de fumer en tout lieu, y compris dans les espaces non couverts.*

Art. 56 *L'alimentation. Les repas des personnes détenues mineures sont composés conformément aux principes de la diététique et servis dans des conditions permettant leur éducation à une alimentation équilibrée et régulière.*

Art. 57 *Les actions de préparation à la réinsertion. L'enseignement ou la formation constituent la part la plus importante de l'emploi du temps de la personne détenue mineure.*

Un bilan pédagogique est réalisé par le personnel enseignant de l'éducation nationale auprès de chaque personne détenue mineure entrant. A partir des éléments recueillis, un projet indivi-

duel visant une reprise ou une poursuite de l'enseignement ou de la formation est proposé à la personne détenue mineure.

La personne détenue mineure a également accès à des activités socio-éducatives et sportives ou de détente adaptées à son âge. Un temps est consacré aux activités de plein air.

L'emploi du temps de la personne détenue mineure intègre l'ensemble des entretiens utiles avec les personnels et intervenants concourant à son éducation et son insertion sociale.

Les personnes détenues mineures de seize ans et plus suivent une activité à caractère éducatif destinée à contribuer au développement de leur personnalité et à favoriser leur insertion sociale, scolaire et professionnelle.

Les activités proposées à ce titre consistent en des activités d'enseignement, de formation, socio-éducatives et sportives.

A titre exceptionnel, le chef d'établissement, seul ou à l'initiative de l'équipe pluridisciplinaire, peut proposer des activités de travail aux personnes détenues mineures, âgées de seize ans et plus. Ces activités ne doivent pas se substituer aux activités d'enseignement ou de formation.

A titre exceptionnel également, le chef d'établissement peut autoriser la participation d'une personne détenue mineure âgée de seize ans et plus aux activités organisées dans l'établissement pénitentiaire avec des personnes détenues majeures, si l'intérêt du mineur le justifie.

Art. 58 *L'intervention des services de la protection judiciaire de la jeunesse. Les services du secteur public de la protection judiciaire de la jeunesse sont consultés par le chef d'établissement avant toute décision relative aux modalités de prise en charge d'une personne détenue mineure.*

Les activités socio-éducatives mises en œuvre par les services de la protection judiciaire de la jeunesse auprès de la personne détenue mineure sont obligatoires et contribuent à la préparation par la protection judiciaire de la jeunesse du projet de sortie individualisé de la personne détenue mineure.

Art. 59 *L'information des titulaires de l'autorité parentale ou des représentants légaux. Les titulaires de l'autorité parentale ou les représentants légaux de la personne détenue mineure sont destinataires du règlement intérieur de l'établissement pénitentiaire. Ils sont informés de toute demande de permis de visite faite au chef de l'établissement, de toute modification du régime de détention, ainsi que de toute procédure disciplinaire. Ils reçoivent mensuellement un état du compte nominatif de la personne détenue mineure. Ils sont tenus informés du déroulement de sa scolarité, de sa formation ou de ses activités professionnelles. Les emplois du temps scolaires et les livrets d'attestation des parcours leur sont communiqués.*

Art. 60 *Les communications téléphoniques. Les personnes détenues mineures peuvent téléphoner aux membres de leur famille ou à toute personne participant effectivement à leur éducation ou à leur insertion sociale, sous réserve, en ce qui concerne les prévenus, d'y avoir été autorisées par le magistrat saisi du dossier de la procédure.*

Art. 61 *La mesure de protection individuelle. Toute personne détenue mineure peut demander à bénéficier d'une mesure de protection individuelle. Le chef d'établissement peut faire droit à cette demande s'il estime que les circonstances de la détention ou la personnalité de la personne détenue mineure nécessitent la mise en œuvre de mesures de protection particulières. Il s'attache à recueillir préalablement l'avis de l'équipe pluridisciplinaire.*

La personne détenue mineure bénéficiant d'une mesure de protection individuelle fait l'objet d'un suivi éducatif renforcé et peut être momentanément dispensée de tout ou partie de la vie collective.

Cette mesure ne suspend pas l'exercice de ses droits.

La mise sous protection individuelle est d'une durée maximale de six jours, renouvelable une fois. La durée de cette mesure ne peut excéder douze jours par période de détention de quatre mois. Le chef d'établissement peut y mettre fin à tout moment après avoir entendu l'intéressé et recueilli l'avis de l'équipe pluridisciplinaire. Il est tenu d'y mettre fin si l'intéressé le demande.

La décision de mise sous protection individuelle et sa levée sont portées à la connaissance des titulaires de l'autorité parentale ou des représentants légaux de la personne détenue mineure et du magistrat saisi du dossier de l'information ou en charge de l'application des peines.

Art. L. 124-2 **Les établissements ou quartiers mentionnés à l'article L. 124-1 garantissent une stricte séparation des détenus mineurs et majeurs.**

A titre exceptionnel, un mineur détenu qui atteint la majorité en détention peut être maintenu dans ces établissements jusqu'à ses dix-huit ans et six mois. Il ne doit avoir

aucun contact avec les détenus âgés de moins de seize ans. – *[C. pr. pén., art. R. 57-9-11 ; Ord. n° 45-174 du 2 févr. 1945, art. 11, al. 9.]*

COMMENTAIRE

Le régime de la détention des mineurs relève, pour l'essentiel de décrets. Jusqu'à l'entrée en vigueur de la partie réglementaire du code de la justice pénale des mineurs, il s'agissait des décrets n° 2007-748 du 9 mai 2007 (*JO 10 mai 2007, p. 8292*), n° 2007-749 du 9 mai 2007 (*JO 10 mai 2007, p. 8293*) et n° 2007-814 du 11 mai 2007 (*JO 12 mai 2007, p. 8713*). Désormais, le régime de détention des mineurs est précisé par les décrets n° 2021-682 (partie R.) et 2021-683 (partie D.) du 27 mai 2021. Plus précisément, on renverra donc aux articles R. 124-1 et suivants et D. 124-7 et suivants du code et aux textes reproduits sous l'article L. 124-1.

Pour autant, le code dans sa partie législative consacre au régime de la détention des mineurs un article L. 124-2 qui pose pour principe la stricte séparation des mineurs et des majeurs. Cette disposition reprend et généralise les termes de l'article 11, alinéa 3, de l'ordonnance de 1945, qui limitait la séparation absolue entre détenus majeurs et mineurs aux mineurs de treize à seize ans.

Néanmoins, reprenant les termes de l'article R. 57-9-11 du code de procédure pénale, l'alinéa suivant tempère légèrement la force du principe affirmé dans l'alinéa premier, puisqu'il est dit que « à titre exceptionnel, un mineur détenu qui atteint la majorité en détention peut être maintenu dans ces établissements jusqu'à ses dix-huit ans et six mois. Il ne doit avoir aucun contact avec les détenus âgés de moins de seize ans ». Cela étant, cette proximité entre majeurs et mineurs reste exceptionnelle, limitée à six mois après la survenance de la majorité, et interdite entre jeunes majeurs et mineurs de treize à seize ans.

Prolongeant cette disposition, l'article R. 124-2 du code précise que « lorsqu'un mineur détenu ne peut bénéficier d'un encellulement individuel pour l'un des motifs prévus aux articles 716 et 717-2 du code de procédure pénale, apprécié le cas échéant au regard de son état de santé, il ne peut être placé en cellule qu'avec un autre mineur de son âge ».

Le régime disciplinaire applicable aux mineurs détenus est précisé et clarifié par le décret n° 2021-682 du 27 mai 2021, dans les articles R. 124-16 et suivants du code, auxquels on renverra. Néanmoins, on peut donner ici les grandes lignes de ce droit pénitentiaire applicable aux mineurs. La procédure disciplinaire, fixée par les articles R. 124-16 à R. 124-22 du code, tient compte de la minorité du détenu. Ainsi, le mineur poursuivi disciplinaire est obligatoirement assisté d'un avocat (art. R. 124-17), et ses représentants légaux doivent recevoir une copie de la convocation devant la commission de discipline (art. R. 124-18). Les sanctions disciplinaires sont également adaptées (art. R. 124-23 à R. 124-29), et leur détermination est fonction de l'âge du mineur et de la gravité de la faute disciplinaire. A titre d'exemple, le placement en cellule disciplinaire – qui est la sanction la plus sévère – n'emporte aucune restriction à leur faculté de recevoir les visites de leur famille ou de toute autre personne participant à leur éducation et à leur insertion sociale, ni au suivi éducatif par la protection judiciaire de la jeunesse, ni au suivi de l'enseignement et de la formation (art. R. 124-28). Plus encore, les durées sont réduites par rapport aux durées de droit commun, et la sanction de cellule disciplinaire est réservée aux mineurs âgés d'au moins 16 ans. L'article R. 124-29 dispose ainsi que « la durée du placement en cellule disciplinaire des mineurs âgés d'au moins seize ans ne peut excéder :

1° Sept jours lorsqu'est sanctionnée une des fautes du premier degré prévues à l'article R. 57-7-1 du code de procédure pénale ;

2° Cinq jours lorsqu'est sanctionnée une des fautes du deuxième degré prévues à l'article R. 57-7-2 du même code ». ❑

LIVRE DEUXIÈME DE LA SPÉCIALISATION DES ACTEURS

COMMENTAIRE

Le code de la justice pénale des mineurs consacre un livre entier aux acteurs de la justice pénale des mineurs. Cela mérite d'être salué à plusieurs titres. D'abord, les dispositions du livre II constituent le prolongement du principe de spécialisation de la justice pénale des mineurs, consacré par le Conseil constitutionnel en 2002 (Cons. const. 29 août 2002, n° 2002-461 DC, consid. n° 26, *JO 10 sept. 2002, p. 14953*), et affirmé dans le titre préliminaire à l'article L. 12-1. La spécialisation affichée en tête du code n'est donc pas qu'une sorte de proclamation de principe, puisqu'elle se trouve mise en œuvre de manière effective. Ensuite, le livre II du code clarifie le rôle et les modalités d'intervention des différents acteurs et le progrès est ici notable par rapport à l'ordonnance de 1945. Enfin, symboliquement, il est important de consacrer la spécialisation et l'implication des acteurs de la justice pénale des mineurs.

Mais ce livre appelle aussi des réserves, voire des critiques. Il comporte quatre titres, respectivement relatifs au ministère public, au juge d'instruction, aux juridictions de jugement et à la Protection judiciaire de la jeunesse. A l'évidence, le code ne s'intéresse donc qu'à certains acteurs et en omet d'autres… En effet, il n'évoque pas la police, la gendarmerie, les greffiers, le secteur privé habilité, l'aide sociale à l'enfance ou encore les avocats. Cela est d'autant plus fâcheux que le texte n'envisage pas que les juridictions, puisqu'il traite de la Protection judiciaire de la jeunesse. Surtout, le premier acteur cité par le code est le ministère public, et non le juge des enfants, ce qui, en termes de symbole, est loin d'être anodin. On pourrait même s'étonner que le ministère public figure parmi les acteurs spécialisés de la justice pénale des mineurs, parce que le principe de spécialisation n'a pas, à son égard, la même force qu'à l'endroit des juridictions. De fait, et c'est précisément ce qu'affirme le premier article de ce livre (art. L. 211-1), la spécialisation du parquet s'efface en cas d'urgence ou d'empêchement, et, finalement, derrière le principe d'indivisibilité du parquet. Le code traduit donc ici clairement la volonté politique de montée en puissance du parquet, même dans cette matière singulière qu'est le droit pénal des mineurs. ❑

TITRE PREMIER DU MINISTÈRE PUBLIC

CHAPITRE UNIQUE

Art. L. 211-1 Par dérogation à l'article L. 12-2, en cas d'urgence ou d'empêchement, les magistrats du ministère public spécialement désignés peuvent être substitués dans leurs attributions par tout magistrat du parquet au sein duquel ils exercent leurs fonctions.

BIBL. ▸ Borricand, Le rôle du parquet dans la lutte contre la délinquance juvénile, *RPDP 2001. 439 s.* – Donnette, Les rapports PJJ/Parquet, *AJ pénal 2019. 486* ✐ *s.* – Le Brishoual, Le rôle des parquets (des mineurs), *in* Enfance et délinquance, *Économica, 1993, p. 125 s.* – Castaignede, Le Ministère public et le mineur, au-delà de la répression et de la prévention : la protection et la socialisation, *in* Nerac-Croisier et Castaignede (dir.), La protection judiciaire du mineur en danger, *L'Harmattan, 2000, n° 77 s., p. 81 s.* – Garcia, Le procureur de la République et le Code de la justice pénale des mineurs, *Dr. fam. mars 2021. Dossier 7.* – Sottet, La mutation du parquet des mineurs entre 1984 et 2008, *Arch. pol. crim. 2008, Pedone, p. 111 s.*

COMMENTAIRE

Le code de la justice pénale des mineurs énonce, à l'article L. 12-2, un principe de spécialisation du ministère public en charge des affaires de mineurs. L'article D. 211-1 prolonge cette disposition en énonçant que « dans chaque tribunal judiciaire doté d'un pôle de l'instruction et dans le ressort duquel siège un tribunal pour enfants, un ou plusieurs magistrats du parquet spécialement chargé des affaires concernant les mineurs sont désignés par le procureur général près la cour d'appel compétente ». Cela étant, la spécialisation du parquet n'est pas véritablement un principe et, du reste, l'article L. 12-2 trouverait davantage sa place dans le livre II que dans le titre préliminaire… C'est précisément la raison pour laquelle le premier article du livre II a pour objet d'apporter une dérogation à l'article L. 12-2 et à la spécialisation du parquet.

Selon les dispositions de l'article L. 211-1, il est donc possible que le représentant du ministère public ne soit pas spécialisé et cela n'a pas à être motivé. On ne cherchera pas, notamment, s'il y avait réellement empêchement ou urgence. A cet égard, la jurisprudence avait eu l'occasion d'affirmer que « la disposition de l'article 20 de l'ordonnance du 2 février 1945, modifiée par la loi du 24 mai 1951, d'après laquelle les fonctions du ministère public auprès de la cour d'assises des mineurs sont remplies par le procureur général ou un magistrat du ministère public spécialement chargé des affaires de mineurs, n'est pas prescrite à peine de nullité » (Crim. 29 oct. 1957 : *Bull. crim. n° 680*). On peut penser que cette jurisprudence est appelée à se maintenir sous l'empire du code de la justice pénale des mineurs. On remarquera au passage que l'article 20, alinéa 3, de l'ordonnance de 1945 qui affirmait que le représentant du ministère public devait être spécialisé devant la cour d'assises des mineurs figure désormais plus loin, à l'article L. 231-8 du code, dans les dispositions relatives à la cour d'assises. ❑

1. La disposition de l'art. 20 de l'Ord. du 2 févr. 1945, modifiée par la loi du 24 mai 1951, d'après laquelle les fonctions du ministère public auprès de la cour d'assises des mineurs sont remplies par le procureur général ou un magistrat du ministère public spécialement chargé des affaires de mineurs, n'est pas prescrite à peine de nullité. • Crim. 29 oct. 1957 : *Bull. crim. n° 680.* ♦ Comp. : Le magistrat du ministère public prenant des réquisitions à l'occasion de l'incarcération d'un mineur en détention provisoire doit avoir été désigné préalablement pour être spécialement chargé des affaires concernant les mineurs, à défaut de quoi le mineur doit être remis en liberté, le cas échéant sous contrôle judiciaire. • Crim. 13 avr. 2023, n° 23-80.470 B.

2. Si le procès-verbal des débats et l'arrêt attaqué ne précisent pas que le magistrat qui occupait les fonctions de ministère public à la cour d'assises des mineurs était, comme le prescrit l'art. 20, al. 3, de l'Ord. du 2 févr. 1945, un magistrat spécialement chargé des affaires de mineurs, il doit cependant, en l'absence de toute réclamation formulée par l'accusé ou son défenseur au cours des débats, être présumé avoir été appelé à siéger conformément aux prescriptions légales. • Crim. 19 févr. 1969, n° 68-92.817 P : *JCP 1970. II. 16272* • 22 avr. 1977, n° 76-93.309 P • 22 nov. 1995 : *Gaz. Pal. 1996. 1. Chron. 33.* ♦ Devant la cour d'assises des mineurs, le ministère public est présumé, en l'absence de preuve contraire, avoir été appelé à siéger conformément aux prescriptions de l'art. 20, al. 3, de l'Ord. du 2 févr. 1945. • Crim. 8 nov. 2000, n° 00-80.434 P.

3. Dès lors qu'en application du troisième al. de l'art. 20 de l'Ord. du 2 févr. 1945, il lui appartient de désigner le magistrat du ministère public auprès de la cour d'assises des mineurs, un procureur général satisfait aux prescriptions de ce texte en chargeant son substitut de remplacer ledit magistrat empêché. • Crim. 4 août 1984, n° 83-94.962 P : *D. 1985. IR 61.*

Art. L. 211-2 Le procureur de la République près le tribunal judiciaire dans le ressort duquel un tribunal pour enfants a son siège est compétent pour la poursuite des infractions commises par les mineurs, sous réserve des dispositions des articles 628-1, 704 à 705-1, 706-2, 706-17, 706-72-1 et 706-168 du code de procédure pénale.

Toutefois, le procureur de la République compétent en application de l'article 43 du code de procédure pénale peut procéder à tous actes urgents d'enquête et de poursuite, à charge pour lui d'en donner immédiatement avis au procureur de la République mentionné au premier alinéa et de se dessaisir de la procédure dans le plus bref délai.

Lorsqu'un mineur est mis en cause dans une procédure avec un ou plusieurs majeurs, le procureur de la République compétent en application de l'article 43 du code de procédure pénale procède, conformément aux dispositions de l'alinéa précédent, aux actes urgents d'enquête et de poursuite, y compris l'ouverture d'une information judiciaire. Si ce procureur de la République poursuit des majeurs selon les procédures prévues aux articles 393 à 397-1-1 du code de procédure pénale ou par voie de citation directe, il constitue un dossier spécial concernant le mineur et le transmet au procureur de la République près le tribunal du siège du tribunal pour enfants. – *[Ord. n° 45-174 du 2 févr. 1945, art. 7, sauf al. 3, dern. phrase.]*

COMMENTAIRE

L'article L. 211-2 prévoit la compétence territoriale du parquet. Le principe est que « le procureur de la République près le tribunal judiciaire dans le ressort duquel un tribunal pour enfants a son siège est compétent pour la poursuite des infractions commises par les mineurs ». L'article mentionne ensuite certaines exceptions :

– en matière de crimes contre l'humanité et de crimes de guerre (C. pr. pén., art. 628-1) : compétence concurrente du procureur de Paris ;

– en matière économique et financière (C. pr. pén., art. 704 à 705-1) : compétence concurrente des juridictions interrégionales spécialisées (JIRS) ;
– en matière sanitaire et environnementale (C. pr. pén., art. 706-2) : compétence concurrente des juridictions spécialisées en ces matières ;
– en matière de terrorisme (C. pr. pén., art. 706-17) : compétence concurrente du procureur de Paris ;
– en matière d'atteintes aux systèmes de traitement automatisé de données (C. pr. pén., art. 706-72-1) : compétence concurrente du procureur de la République de Paris ;
– en matière d'infractions relatives à la prolifération d'armes de destruction massive (C. pr. pén., art. 706-168) : compétence concurrente du procureur de la République de Paris.

Il est également prévu que le procureur de la République compétent en application de l'article 43 du code de procédure pénale (à raison du lieu de l'infraction, de résidence d'un des suspects, d'arrestation ou de détention) peut procéder à tous actes urgents d'enquête et de poursuite, à charge pour lui d'en donner immédiatement avis au procureur de la République près le tribunal judiciaire dans le ressort duquel le tribunal pour enfants a son siège et de se dessaisir de la procédure dans le plus bref délai.

Par ailleurs, lorsqu'un mineur est mis en cause dans une procédure avec un ou plusieurs majeurs, le procureur de la République compétent en application de l'article 43 du code de procédure pénale (lieu de l'infraction, de résidence d'un des suspects, d'arrestation ou de détention) peut procéder aux actes urgents d'enquête et de poursuite, y compris l'ouverture d'une information judiciaire. Mais dans le cas où ce procureur de la République poursuivrait des majeurs par convocation par procès-verbal, comparution immédiate ou citation directe (procédures non applicables aux mineurs), il constitue un dossier spécial concernant le mineur et le transmet au procureur de la République près le tribunal du siège du tribunal pour enfants. ❑

Code de procédure pénale

Art. 43 Sont compétents le procureur de la République du lieu de l'infraction, celui de la résidence de l'une des personnes soupçonnées d'avoir participé à l'infraction, celui du lieu d'arrestation d'une de ces personnes, même lorsque cette arrestation a été opérée pour une autre cause *(L. nº 2004-204 du 9 mars 2004, art. 111-I et 125)* « et celui du lieu de détention d'une de ces personnes, même lorsque cette détention est effectuée pour une autre cause. *(L. nº 2016-731 du 3 juin 2016, art. 28)* « Pour les infractions mentionnées à l'article 113-2-1 du code pénal, est également compétent le procureur de la République, selon le cas, du lieu de résidence ou du siège des personnes physiques ou morales mentionnées au même article 113-2-1. »

« Lorsque le procureur de la République est saisi de faits mettant en cause, comme auteur ou comme victime, *(L. nº 2005-1549 du 12 déc. 2005, art. 36)* « un magistrat, un avocat, un officier public ou ministériel, un militaire de la gendarmerie nationale, un fonctionnaire de la police nationale, des douanes ou de l'administration pénitentiaire ou toute autre personne dépositaire de l'autorité publique ou chargée d'une mission de service public » qui est habituellement, de par ses fonctions ou sa mission, en relation avec les magistrats ou fonctionnaires de la juridiction, le procureur général peut, d'office, sur proposition du procureur de la République et à la demande de l'intéressé, transmettre la procédure au procureur de la République auprès du tribunal judiciaire le plus proche du ressort de la cour d'appel. *(L. nº 2019-222 du 23 mars 2019, art. 51)* « Si la personne en cause est en relation avec des magistrats ou fonctionnaires de la cour d'appel, le procureur général peut transmettre la procédure au procureur général près la cour d'appel la plus proche, afin que celui-ci la transmette au procureur de la République auprès du tribunal judiciaire le plus proche. » Cette juridiction est alors territorialement compétente pour connaître l'affaire, par dérogation aux dispositions des articles 52, 382 et 522. La décision du procureur général constitue une mesure d'administration judiciaire qui n'est susceptible d'aucun recours. »

....

Art. 393 *(L. nº 83-466 du 10 juin 1983) (L. nº 2014-535 du 27 mai 2014, art. 8, en vigueur le 2 juin 2014)* « En matière correctionnelle, lorsqu'il envisage de poursuivre une personne en application des articles 394 *(L. nº 2019-222 du 23 mars 2019, art. 60)* « , 395 et 397-1-1 », le procureur de la République ordonne qu'elle soit déférée devant lui.

« Après avoir, s'il y a lieu, informé la personne de son droit d'être assistée par un interprète, constaté son identité et lui avoir fait connaître les faits qui lui sont reprochés ainsi que leur qualification juridique, le procureur de la République l'informe qu'elle a le droit à l'assistance d'un avocat de son choix ou commis d'office. L'avocat choisi ou, dans le cas d'une demande de commission d'office, le bâtonnier de l'ordre des avocats en est avisé sans délai.

« L'avocat ou la personne déférée lorsqu'elle n'est pas assistée par un avocat peut consulter sur-le-champ le dossier. L'avocat peut communiquer librement avec le prévenu.

« Le procureur de la République avertit alors la personne de son droit de faire des déclarations, de répondre aux questions qui lui sont posées ou de se taire. Après avoir, le cas échéant, recueilli les observations de la personne ou procédé à son interrogatoire, le procureur de la République entend, s'il y a lieu, les observations de l'avocat, portant notamment sur la régularité de la procédure, sur la qualification retenue, sur le caractère éventuellement insuffisant de l'enquête *(L. n° 2016-731 du 3 juin 2016, art. 56)* « , sur la nécessité de procéder à de nouveaux actes qu'il estime nécessaires à la manifestation de la vérité et sur les modalités d'engagement éventuel des poursuites ou le recours éventuel à la procédure de comparution sur reconnaissance préalable de culpabilité ». Au vu de ces observations, le procureur de la République soit procède comme il est dit aux articles 394 à 396 *(L. n° 2019-222 du 23 mars 2019, art. 60)* « et à l'article 397-1-1 », soit requiert l'ouverture d'une information, soit ordonne la poursuite de l'enquête, soit prend toute autre décision sur l'action publique en application de l'article 40-1. S'il ordonne la poursuite de l'enquête et que la personne est à nouveau entendue, elle a le droit d'être assistée, lors de son audition, par son avocat, en application de l'article 63-4-3. »

(L. n° 2019-222 du 23 mars 2019, art. 60) « Si le procureur de la République procède comme il est dit aux articles 394 à *(L. n° 2020-1672 du 24 déc. 2020, art. 26)* « 397-1-1 », il peut décider de fixer à la même audience, afin qu'elles puissent être jointes à la procédure ou examinées ensemble, de précédentes poursuites dont la personne a fait l'objet pour d'autres délits, à la suite d'une convocation par procès-verbal, par officier de police judiciaire ou en vue d'une comparution sur reconnaissance préalable de culpabilité, d'une citation directe, d'une ordonnance pénale ou d'une ordonnance de renvoi du juge d'instruction. Hors le cas de la comparution immédiate, cette décision doit intervenir au moins dix jours avant la date de l'audience. Le prévenu et son avocat en sont informés sans délai. »

Mention de ces formalités est faite au procès-verbal à peine de nullité de la procédure.

Art. 393-1 *(L. n° 2000-516 du 15 juin 2000, art. 115) (L. n° 2014-535 du 27 mai 2014, art. 8, en vigueur le 2 juin 2014)* « Si le procureur de la République procède comme il est dit aux articles 394 à 396 » *(L. n° 2019-222 du 23 mars 2019, art. 60)* « et à l'article 397-1-1 », la victime doit être avisée par tout moyen de la date de l'audience.

(L. n° 2019-222 du 23 mars 2019, art. 42-IX) « L'article 391 est applicable. »

Art. 394 *(L. n° 83-466 du 10 juin 1983)* Le procureur de la République peut inviter la personne déférée à comparaître devant le tribunal dans un délai qui ne peut être inférieur à dix jours, sauf renonciation expresse de l'intéressé en présence de son avocat, ni supérieur à *(L. n° 2016-731 du 3 juin 2016, art. 95)* « six » mois. Il lui notifie les faits retenus à son encontre ainsi que le lieu, la date et l'heure de l'audience. *(L. n° 2004-204 du 9 mars 2004, art. 197-III, en vigueur le 1er oct. 2004)* « Il informe également le prévenu qu'il doit comparaître à l'audience en possession des justificatifs de ses revenus ainsi que de ses avis d'imposition ou de non-imposition. » Cette notification, mentionnée au procès-verbal dont copie est remise sur le champ au prévenu, vaut citation à personne.

L'avocat choisi ou le bâtonnier est informé, par tout moyen et sans délai, de la date et de l'heure de l'audience ; mention de cet avis est portée au procès-verbal. *(L. n° 93-2 du 4 janv. 1993)* « L'avocat *(L. n° 2014-535 du 27 mai 2014, art. 8, en vigueur le 2 juin 2014)* « ou la personne déférée lorsqu'elle n'est pas assistée d'un avocat » peut, à tout moment, consulter le dossier.

Si le procureur de la République estime nécessaire de soumettre le prévenu jusqu'à sa comparution devant le tribunal à une ou plusieurs obligations du contrôle judiciaire *(L. n° 2009-1436 du 24 nov. 2009, art. 93-XI)* « ou de le placer sous assignation à résidence avec surveillance électronique », il le traduit sur-le-champ devant *(L. n° 2004-204 du 9 mars 2004, art. 128-II)* « le juge des libertés et de la détention *[ancienne rédaction : le président du tribunal ou le juge délégué par lui]* », statuant en chambre du conseil avec l'assistance d'un greffier. *(L. n° 2009-1436 du 24 nov. 2009, art. 93-XI)* « Ce magistrat peut, après audition du prévenu *(L. n° 2021-1729 du 22 déc. 2021, art. 14-10°, en vigueur le 31 déc. 2021)* « préalablement informé de

son droit de se taire sur les faits qui lui sont reprochés », son avocat ayant été avisé et entendu en ses observations, s'il le demande, prononcer l'une de ces mesures dans les conditions et suivant les modalités prévues par les articles 138, 139, 142-5 et 142-6. » Cette décision est notifiée verbalement au prévenu et mentionnée au procès-verbal dont copie lui est remise sur-le-champ. *(L. n° 2006-399 du 4 avr. 2006, art. 12)* « Si le prévenu placé sous contrôle judiciaire *(L. n° 2009-1436 du 24 nov. 2009, art. 93-XI ; L. n° 2010-769 du 9 juill. 2010, art. 5-IV)* « ou sous assignation à résidence avec surveillance électronique » se soustrait aux obligations qui lui sont imposées, les dispositions du deuxième alinéa de l'article 141-2 sont applicables, ainsi que celles de l'article 141-4 ; les attributions confiées au juge d'instruction par cet article sont alors exercées par le procureur de la République. »

Art. 395 *(L. n° 86-1019 du 9 sept. 1986)* « Si le maximum de l'emprisonnement prévu par la loi est au moins égal à deux ans *(Abrogé par L. n° 2002-1138 du 9 sept. 2002, art. 40) « sans excéder (L. n° 95-125 du 8 févr. 1995) « sept ans »*, le procureur de la République, lorsqu'il lui apparaît que les charges réunies sont suffisantes et que l'affaire est en état d'être jugée, peut, s'il estime que les éléments de l'espèce justifient une comparution immédiate, traduire le prévenu sur-le-champ devant le tribunal. » — *Entrée en vigueur le 1er oct. 1986.*

(L. n° 83-466 du 10 juin 1983) En cas de délit flagrant, si le maximum de l'emprisonnement prévu par la loi est *(L. n° 2002-1138 du 9 sept. 2002, art. 40)* « au moins égal à six mois », le procureur de la République, s'il estime que les éléments de l'espèce justifient une comparution immédiate, peut traduire le prévenu sur-le-champ devant le tribunal.

Le prévenu est retenu jusqu'à sa comparution qui doit avoir lieu le jour même ; il est conduit sous escorte devant le tribunal.

Art. 396 *(L. n° 83-466 du 10 juin 1983)* Dans le cas prévu par l'article précédent, si la réunion du tribunal est impossible le jour même et si les éléments de l'espèce lui paraissent exiger une mesure de détention provisoire, le procureur de la République peut traduire le prévenu devant *(L. n° 2000-516 du 15 juin 2000, art. 49-I)* « le juge des libertés et de la détention », statuant en chambre du conseil avec l'assistance d'un greffier.

(L. n° 2000-516 du 15 juin 2000, art. 49-I) « Le juge », *(Abrogé par L. n° 2004-204 du 9 mars 2004, art. 128-III) « après avoir recueilli les déclarations du prévenu, son (L. n° 93-2 du 4 janv. 1993) « avocat » ayant été avisé, et »* après avoir fait procéder, *(L. n° 2004-204 du 9 mars 2004, art. 128-III)* « sauf si elles ont déjà été effectuées », aux *(L. n° 93-2 du 4 janv. 1993)* « vérifications prévues par le *(L. n° 2019-222 du 23 mars 2019, art. 69 et 109-XVIII, en vigueur à compter d'une date fixée par décret le 1er janv. 2020)* « huitième *[ancienne rédaction : septième]* » alinéa de l'article 41 », statue sur les réquisitions du ministère public aux fins de détention provisoire *(L. n° 2021-1729 du 22 déc. 2021, art. 14-11°, en vigueur le 31 déc. 2021)* « Après avoir informé le prévenu de son droit de se taire, il recueille ses observations éventuelles ou celles de son avocat. L'ordonnance rendue n'est pas susceptible d'appel. »

(L. n° 93-2 du 4 janv. 1993) « Il peut placer le prévenu en détention provisoire jusqu'à sa comparution devant le tribunal. L'ordonnance prescrivant la détention est rendue suivant les modalités prévues *(L. n° 2002-1138 du 9 sept. 2002, art. 40)* « par l'article 137-3, premier alinéa », et doit comporter l'énoncé des considérations de droit et de fait qui constituent le fondement de la décision par référence aux dispositions des *(L. n° 96-1235 du 30 déc. 1996)* « 1° » *(L. n° 2007-291 du 5 mars 2007, art. 9-IV, en vigueur le 1er juill. 2007)* « à 6° » de l'article 144. Cette décision énonce les faits retenus et saisit le tribunal ; elle est notifiée verbalement au prévenu et mentionnée au procès-verbal dont copie lui est remise sur-le-champ. Le prévenu doit comparaître devant le tribunal au plus tard le *(L. n° 2004-204 du 9 mars 2004, art. 128-III)* « troisième jour ouvrable » suivant. A défaut, il est mis d'office en liberté. »

(L. n° 2004-204 du 9 mars 2004, art. 128-III) « Si le juge estime que la détention provisoire n'est pas nécessaire, il peut soumettre le prévenu, jusqu'à sa comparution devant le tribunal, à une ou plusieurs obligations du contrôle judiciaire *(L. n° 2009-1436 du 24 nov. 2009, art. 93-XII)* « ou le placer sous assignation à résidence avec surveillance électronique ». *(L. n° 2016-731 du 3 juin 2016, art. 76)* « La date et l'heure de l'audience, fixées dans les délais prévus à l'article 394, sont alors notifiées à l'intéressé soit par le juge ou par son greffier, si ces informations leur ont été préalablement données par le procureur de la République, soit, dans le cas contraire, par le procureur ou son greffier. Toutefois, si les poursuites concernent plusieurs personnes dont certaines sont placées en détention, la personne reste convoquée à l'audience où comparaissent les autres prévenus détenus. L'article 397-4 ne lui est pas applicable. » *(L. n° 2006-399 du 4 avr. 2006, art. 12)* « Si le prévenu placé sous contrôle judiciaire *(L. n° 2009-1436 du 24 nov. 2009, art. 93-XII)* « ou sous assignation à résidence avec sur-

veillance électronique » se soustrait aux obligations qui lui sont imposées, les dispositions du deuxième alinéa de l'article 141-2 sont applicables. »

Art. 397 *(L. n° 83-466 du 10 juin 1983)* Lorsque le tribunal est saisi en application des articles 395 et 396, troisième alinéa, le président constate l'identité du prévenu, son *(L. n° 93-2 du 4 janv. 1993)* « avocat » ayant été avisé. Il avertit le prévenu qu'il ne peut être jugé le jour même qu'avec son accord ; toutefois, cet accord ne peut être recueilli qu'en présence de son avocat ou, si celui-ci n'est pas présent, d'un avocat désigné d'office sur sa demande par le bâtonnier.

Si le prévenu consent à être jugé séance tenante, mention en est faite dans les notes d'audience.

Art. 397-1 *(L. n° 86-1019 du 9 sept. 1986)* Si le prévenu ne consent pas à être jugé séance tenante ou si l'affaire ne paraît pas en état d'être jugée, le tribunal, après avoir recueilli les observations des parties et de leur *(L. n° 93-2 du 4 janv. 1993)* « avocat », renvoie à une prochaine audience qui doit avoir lieu dans un délai qui ne peut être inférieur à deux semaines, sauf renonciation expresse du prévenu, ni supérieur à six semaines.

(L. n° 2002-1138 du 9 sept. 2002, art. 40) « Lorsque la peine encourue est supérieure à sept ans d'emprisonnement, le prévenu, informé de l'étendue de ses droits, peut demander que l'affaire soit renvoyée à une audience qui devra avoir lieu dans un délai qui ne peut être inférieur à deux mois, sans être supérieur à quatre mois. »

(L. n° 2004-204 du 9 mars 2004, art. 128-IV) « Dans les cas prévus par le présent article, le prévenu ou son avocat peut demander au tribunal d'ordonner tout acte d'information qu'il estime nécessaire à la manifestation de la vérité relatif aux faits reprochés ou à la personnalité de l'intéressé. Le tribunal qui refuse de faire droit à cette demande doit rendre un jugement motivé. »

Art. 397-1-1 *(L. n° 2019-222 du 23 mars 2019, art. 60)* Dans les cas prévus à l'article 395, s'il existe contre la personne des charges suffisantes pour la faire comparaître devant le tribunal correctionnel, mais que l'affaire n'est pas en état d'être jugée selon la procédure de comparution immédiate parce que n'ont pas encore été obtenus les résultats de réquisitions, d'examens techniques ou médicaux déjà sollicités, le procureur de la République peut, si le prévenu est assisté par un avocat choisi par lui ou désigné par le bâtonnier, le poursuivre devant le tribunal correctionnel selon la procédure de comparution à délai différé conformément aux dispositions du présent article.

Conformément aux dispositions de l'article 396, le prévenu est présenté devant le juge des libertés et de la détention, qui statue sur les réquisitions du ministère public aux fins de contrôle judiciaire, d'assignation à résidence avec surveillance électronique ou de détention provisoire, après avoir recueilli les observations éventuelles du prévenu ou de son avocat. Les réquisitions du procureur précisent les raisons justifiant le recours à la présente procédure, en indiquant s'il y a lieu les actes en cours dont les résultats sont attendus. La détention provisoire ne peut être ordonnée que si la peine d'emprisonnement encourue est égale ou supérieure à trois ans. L'ordonnance rendue est susceptible d'appel dans un délai de dix jours devant la chambre de l'instruction.

L'ordonnance prescrivant le contrôle judiciaire, l'assignation à résidence avec surveillance électronique ou la détention provisoire, rendue dans les conditions et selon les modalités prévues à l'article 396, énonce les faits retenus et saisit le tribunal ; elle est notifiée verbalement au prévenu et mentionnée au procès-verbal dont copie lui est remise sur-le-champ. Le prévenu doit comparaître devant le tribunal au plus tard dans un délai de deux mois, à défaut de quoi il est mis fin d'office au contrôle judiciaire, à l'assignation à résidence avec surveillance électronique ou à la détention provisoire.

Si le prévenu placé sous contrôle judiciaire ou sous assignation à résidence avec surveillance électronique se soustrait aux obligations qui lui sont imposées, les dispositions du deuxième alinéa de l'article 141-2 et de l'article 141-4 sont applicables ; les attributions confiées au juge d'instruction par les mêmes articles 141-2 et 141-4 sont alors exercées par le procureur de la République.

Les procès-verbaux ou autres pièces résultant des réquisitions, examens techniques ou médicaux mentionnés au premier alinéa du présent article sont versés au dossier de la procédure dès leur accomplissement et mis à la disposition des parties ou de leur avocat.

Jusqu'à l'audience de jugement, le prévenu ou son avocat peuvent demander au président du tribunal la réalisation de tout acte qu'ils estiment nécessaire à la manifestation de la vérité, conformément aux dispositions de l'article 388-5, dont les deuxième à dernier alinéas

sont applicables. Si le prévenu est détenu, la demande peut être faite au moyen d'une déclaration auprès du chef de l'établissement pénitentiaire. Cette déclaration est constatée et datée par le chef de l'établissement pénitentiaire, qui la signe, ainsi que le demandeur. Si celui-ci ne peut signer, il en est fait mention par le chef de l'établissement.

Pour la mise en œuvre de la procédure de comparution à délai différée, la présentation de la personne devant le procureur de la République prévue à l'article 393 ainsi que sa présentation devant le juge des libertés et de la détention prévue au deuxième alinéa du présent article peuvent intervenir dans un lieu autre que le tribunal si l'état de santé de cette personne ne permet pas de l'y transporter.

Lorsqu'il est fait application des dispositions du présent article, la victime en est avisée par tout moyen. Elle peut alors se constituer partie civile et déposer des demandes d'actes conformément à l'article 388-5.

....

Art. 628-1 *(L. nº 2011-1862 du 13 déc. 2011, art. 22-3º)* Pour la poursuite, l'instruction et le jugement des infractions entrant dans le champ d'application de l'article 628, le procureur de la République *(L. nº 2019-222 du 23 mars 2019, art. 69 et 109-XVIII, en vigueur le 1er juill. 2019)* « antiterroriste », le juge d'instruction et la cour d'assises de Paris exercent une compétence concurrente à celle qui résulte de l'application des articles 43 et 52.

En ce qui concerne les mineurs, le procureur de la République *(L. nº 2019-222 du 23 mars 2019, art. 69 et 109-XVIII, en vigueur le 1er juill. 2019)* « antiterroriste », le juge d'instruction, le tribunal pour enfants et la cour d'assises des mineurs de Paris exercent une compétence concurrente à celle qui résulte de l'application de l'ordonnance nº 45-174 du 2 février 1945 relative à l'enfance délinquante.

Lorsqu'ils sont compétents pour la poursuite et l'instruction des infractions entrant dans le champ d'application de l'article 628, le procureur de la République *(L. nº 2019-222 du 23 mars 2019, art. 69 et 109-XVIII, en vigueur le 1er juill. 2019* « antiterroriste » et le juge d'instruction de Paris exercent leurs attributions sur toute l'étendue du territoire national.

(L. nº 2020-1672 du 24 déc. 2020, art. 10) « Par dérogation à l'article 34, le ministère public près la cour d'assises statuant en première instance est représenté, lorsqu'il exerce sa compétence pour la poursuite des infractions entrant dans le champ d'application de l'article 628, par le procureur de la République antiterroriste en personne ou par ses substituts. En appel, le procureur général peut se faire représenter par le procureur de la République antiterroriste ou l'un de ses substituts. »

(L. nº 2016-731 du 3 juin 2016, art. 97) « Par dérogation au second alinéa de l'article 380-1, en cas d'appel d'un arrêt de la cour d'assises de Paris compétente en application du présent article, le premier président de la cour d'appel de Paris ou la chambre criminelle de la Cour de cassation peut désigner cette même cour d'assises, autrement composée, pour connaître de l'appel. »

....

Art. 704 *(L. nº 2013-1117 du 6 déc. 2013, art. 63, en vigueur le 1er févr. 2014)* « Dans les affaires qui sont ou apparaîtraient d'une grande complexité, en raison notamment du grand nombre d'auteurs, de complices ou de victimes ou du ressort géographique sur lequel elles s'étendent, la compétence territoriale d'un tribunal judiciaire peut être étendue au ressort de plusieurs cours d'appel pour l'enquête, la poursuite, l'instruction et, s'il s'agit de délits, le jugement des infractions suivantes : »

(L. nº 2004-204 du 9 mars 2004, art. 21-II) « 1º Délits prévus par les articles 222-38, 223-15-2, 313-1 et 313-2, 313-6, 314-1 et 314-2, 323-1 à *(L. nº 2014-1353 du 13 nov. 2014, art. 17)* « 323-4-1 », 324-1 et 324-2, 432-10 à 432-15, 433-1 et 433-2, 434-9, *(L. nº 2013-1117 du 6 déc. 2013, art. 63, en vigueur le 1er févr. 2014)* « 434-9-1, » *(Abrogé par L. nº 2007-1598 du 13 nov. 2007) « 435-1 et 435-2, »* 442-1 à 442-8 et *(L. nº 2006-64 du 23 janv. 2006, art. 24)* « 321-6-1 » du code pénal ;

« 2º Délits prévus par le code de commerce ;

« 3º Délits prévus par le code monétaire et financier ; »

4º Délits prévus par le code de la construction et de l'habitation ;

5º Délits prévus par le code de la propriété intellectuelle ;

6º Délits prévus par les articles 1741 à 1753 *bis* A du code général des impôts ;

7º Délits prévus par le code des douanes ;

8º Délits prévus par le code de l'urbanisme ;

9º Délits prévus par le code de la consommation ;

(L. nº 2013-1117 du 6 déc. 2013, art. 63, en vigueur le 1er févr. 2014) « 10° Délits prévus aux articles L. 106 à L. 109 du code électoral ; »

11° *Abrogé par L. nº 2003-706 du 1er août 2003, art. 15 ;*

12° Délits prévus par *(Ord. nº 2019-1015 du 2 oct. 2019, art. 34, en vigueur le 1er janv. 2020)* « les articles L. 324-3, L. 324-4, L. 324-13 et L. 324-14 du code de la sécurité intérieure *[ancienne rédaction : la loi nº 83-628 du 12 juillet 1983 relative aux jeux de hasard]* » ; *— V. C. pén., App., vº Jeux. —* ***C. pén.***

13° Délits prévus par la loi du 28 mars 1885 sur les marchés à terme ;

14° *Abrogé par L. nº 2004-204 du 9 mars 2004, art. 21-II ;*

15° Délits prévus par la loi nº 86-897 du 1er août 1986 portant réforme du régime juridique de la presse ; *— V. C. pén., App., vº Presse et communication. —* ***C. pén.***

16° *Abrogé par L. nº 2004-204 du 9 mars 2004, art. 21-II ;*

(L. nº 2004-204 du 9 mars 2004, art. 21-II) « La compétence des juridictions mentionnées au premier alinéa s'étend aux infractions connexes.

« Un décret fixe la liste et le ressort de ces juridictions, qui comprennent une section du parquet et des formations d'instruction et de jugement spécialisées pour connaître de ces infractions. »

(L. nº 2013-1117 du 6 déc. 2013, art. 63, en vigueur le 1er févr. 2014) « Au sein de chaque tribunal judiciaire dont la compétence territoriale est étendue au ressort d'une ou plusieurs cours d'appel, le premier président, après avis du président du tribunal judiciaire donné après consultation de la commission restreinte de l'assemblée des magistrats du siège, désigne un ou plusieurs juges d'instruction et magistrats du siège chargés spécialement de l'instruction et, s'il s'agit de délits, du jugement des infractions entrant dans le champ d'application du présent article. Le procureur général, après avis du procureur de la République, désigne un ou plusieurs magistrats du parquet chargés de l'enquête et de la poursuite des infractions entrant dans le champ d'application du présent article. *(L. nº 2021-1729 du 22 déc. 2021, art. 14)* « Pour siéger au sein du tribunal correctionnel, peuvent être désignés des magistrats honoraires exerçant des fonctions juridictionnelles dans les conditions prévues à la section II du chapitre V *bis* de l'ordonnance nº 58-1270 du 22 décembre 1958 portant loi organique relative au statut de la magistrature. »

« Au sein de chaque cour d'appel dont la compétence territoriale est étendue au ressort d'une ou plusieurs cours d'appel, le premier président, après consultation de la commission restreinte de l'assemblée des magistrats du siège, et le procureur général désignent, respectivement, des magistrats du siège et du parquet général chargés spécialement du jugement des délits et du traitement des affaires entrant dans le champ d'application du présent article. *(L. nº 2021-1729 du 22 déc. 2021, art. 14)* « Pour siéger au sein de la chambre des appels correctionnels, peuvent être désignés des magistrats honoraires exerçant des fonctions juridictionnelles dans les conditions prévues à la section II du chapitre V *bis* de l'ordonnance nº 58-1270 du 22 décembre 1958 précitée. »

« Dans le ressort de certaines cours d'appel, dont la liste est fixée par décret, un tribunal judiciaire est compétent pour l'enquête, la poursuite, l'instruction et, s'il s'agit de délits, le jugement de ces infractions, dans les affaires qui sont ou apparaîtraient d'une grande complexité.

« La compétence de ces juridictions s'étend aux infractions connexes.

« Un décret fixe la liste de ces juridictions, qui comprennent une section du parquet et des formations d'instruction et de jugement spécialisées pour connaître de ces infractions. »

....

Art. 705-1 *(L. nº 2013-1117 du 6 déc. 2013, art. 65, en vigueur le 1er févr. 2014)* Le procureur de la République financier et les juridictions d'instruction et de jugement de Paris ont seuls compétence pour la poursuite, l'instruction et le jugement des délits prévus aux articles L. 465-1 *(L. nº 2016-819 du 21 juin 2016, art. 1er, en vigueur le 3 juill. 2016)* « à L. 465-3-3 » du code monétaire et financier. Cette compétence s'étend aux infractions connexes.

Le procureur de la République financier et le juge d'instruction de Paris exercent leurs attributions sur toute l'étendue du territoire national.

....

Art. 706-2 I. — La compétence territoriale d'un tribunal judiciaire peut être étendue au ressort d'une ou de plusieurs cours d'appel pour *(L. n° 2004-204 du 9 mars 2004, art. 25-II)* « l'enquête, » la poursuite, l'instruction et, s'il s'agit de délits, le jugement des infractions définies ci-après dans les affaires relatives à un produit de santé tel que défini par l'article L. 5311-1 du code de la santé publique ou *(L. n° 2004-204 du 9 mars 2004, art. 25-II)* « à un produit destiné à l'alimentation de l'homme ou de l'animal ou à un produit ou une substance *(L. n° 2016-1547 du 18 nov. 2016, art. 26)* « ou aux pratiques et prestations de service, médicales, paramédicales ou esthétiques » qui sont réglementés en raison de leurs effets ou de leur dangerosité, qui sont ou apparaîtraient d'une grande complexité : »

— atteintes à la personne humaine, au sens du titre II du livre II du code pénal ;

— infractions prévues par le code de la santé publique ;

— infractions prévues par le code rural et de la pêche maritime ou le code de la consommation ;

(L. n° 2004-204 du 9 mars 2004, art. 25-II) « — infractions prévues par le code de l'environnement et le code du travail » ;

(L. n° 2016-1547 du 18 nov. 2016, art. 26) « — infractions prévues par le code du sport. »

(L. n° 2004-204 du 9 mars 2004, art. 25-II) « Cette compétence s'étend aux infractions connexes.

« Un décret fixe la liste et le ressort de ces juridictions, qui comprennent une section du parquet et des formations d'instruction et de jugement spécialisées pour connaître de ces infractions.

« Le procureur de la République, le juge d'instruction et la formation correctionnelle spécialisée de ces tribunaux exercent, dans les conditions et selon les modalités prévues par l'article *(L. n° 2013-1117 du 6 déc. 2013, art. 67, en vigueur le 1er févr. 2014)* « 704-1 », une compétence concurrente à celle qui résulte de l'application des articles 43, 52, 382 et 706-42.

« Le procureur de la République près un tribunal judiciaire autre que ceux visés au présent article peut, pour les infractions énumérées ci-dessus, requérir le juge d'instruction, dans les conditions et selon les modalités prévues par les articles *(L. n° 2013-1117 du 6 déc. 2013, art. 67, en vigueur le 1er févr. 2014)* « 704-2 et 704-3 », de se dessaisir au profit de la juridiction d'instruction du tribunal judiciaire à compétence territoriale étendue par application du présent article.

« II. — Dans les conditions et selon les modalités prévues aux deuxième à dixième alinéas de l'article 706, peuvent exercer des fonctions d'assistant spécialisé en matière sanitaire *(L. n° 2020-1672 du 24 déc. 2020, art. 20)* « ou environnementale » les fonctionnaires de catégorie A ou B relevant des ministres chargés de la santé, de la recherche *(L. n° 2020-1672 du 24 déc. 2020, art. 20)* « , de l'agriculture et de l'environnement » ainsi que les personnes titulaires, dans des matières définies par décret, d'un diplôme national sanctionnant une formation d'une durée au moins égale à quatre années d'études supérieures après le baccalauréat qui remplissent les conditions d'accès à la fonction publique et justifient d'une expérience professionnelle minimale de quatre années. »

....

Art. 706-17 *(L. n° 86-1020 du 9 sept. 1986)* Pour la poursuite, l'instruction et le jugement des infractions entrant dans le champ d'application de l'article 706-16, le procureur de la République *(L. n° 2019-222 du 23 mars 2019, art. 69 et 109-XVIII, en vigueur le 1er juill. 2019)* « antiterroriste », le juge d'instruction, le tribunal correctionnel et la cour d'assises de Paris exercent une compétence concurrente à celle qui résulte de l'application des articles 43, 52 *(L. n° 2004-204 du 9 mars 2004, art. 112-III)* « et 382 ».

En ce qui concerne les mineurs, le procureur de la République *(L. n° 2019-222 du 23 mars 2019, art. 69 et 109-XVIII, en vigueur le 1er juill. 2019)* « antiterroriste », le juge d'instruction, le juge des enfants, le tribunal pour enfants et la cour d'assises des mineurs de Paris exercent une compétence concurrente à celle qui résulte de l'application des dispositions de l'ordonnance n° 45-174 du 2 février 1945 relative à l'enfance délinquante.

Lorsqu'ils sont compétents pour la poursuite et l'instruction des infractions entrant dans le champ d'application de l'article 706-16, le procureur de la République *(L. n° 2019-222 du 23 mars 2019, art. 69 et 109-XVIII, en vigueur le 1er juill. 2019)* « antiterroriste » et le juge d'instruction de Paris exercent leurs attributions sur toute l'étendue du territoire national.

(L. n° 2001-1062 du 15 nov. 2001, art. 33-V ; L. n° 2003-239 du 18 mars 2003, art. 31) « L'instruction des actes de terrorisme définis aux 5° à 7° de l'article 421-1 du code pénal *(L. n° 2004-204 du 9 mars 2004, art. 10)* « et aux articles 421-2-2 et 421-2-3 » du même code peut être confiée, le cas échéant dans les conditions prévues à l'article 83-1, à un magistrat du

tribunal judiciaire de Paris affecté aux formations d'instruction spécialisées en matière économique et financière en application des dispositions du *(L. nº 2013-1117 du 6 déc. 2013, art. 63, en vigueur le 1er févr. 2014)* « vingt et unième » alinéa de l'article 704. »

....

Art. 706-72-1 *(L. nº 2016-731 du 3 juin 2016, art. 28)* Pour la poursuite, l'instruction et le jugement des infractions entrant dans le champ d'application de l'article 706-72, le procureur de la République, le pôle de l'instruction, le tribunal correctionnel et la cour d'assises de Paris exercent une compétence concurrente à celle qui résulte de l'application des articles 43, 52 et 382.

En ce qui concerne les mineurs, le procureur de la République, le pôle de l'instruction, le juge des enfants, le tribunal pour enfants et la cour d'assises des mineurs de Paris exercent une compétence concurrente à celle qui résulte de l'application de l'ordonnance nº 45-174 du 2 février 1945 relative à l'enfance délinquante.

Lorsqu'ils sont compétents pour la poursuite et l'instruction des infractions entrant dans le champ d'application de l'article 706-72, le procureur de la République et le pôle de l'instruction de Paris exercent leurs attributions sur toute l'étendue du territoire national.

....

Art. 706-168 *(L. nº 2011-266 du 14 mars 2011, art. 16)* Pour la poursuite, l'instruction et le jugement des infractions entrant dans le champ d'application de l'article 706-167, le procureur de la République *(L. nº 2019-222 du 23 mars 2019, art. 69 et 109-XVIII, en vigueur le 1er juill. 2019)* « antiterroriste », le juge d'instruction, le tribunal correctionnel et la cour d'assises de Paris exercent une compétence concurrente à celle qui résulte de l'application des articles 43, 52, 382 et 702.

En ce qui concerne les mineurs, le procureur de la République *(L. nº 2019-222 du 23 mars 2019, art. 69 et 109-XVIII, en vigueur le 1er juill. 2019)* « antiterroriste », le juge d'instruction, le juge des enfants, le tribunal pour enfants et la cour d'assises des mineurs de Paris exercent une compétence concurrente à celle qui résulte de l'application de l'ordonnance nº 45-174 du 2 février 1945 relative à l'enfance délinquante.

Lorsqu'ils sont compétents pour la poursuite et l'instruction des infractions entrant dans le champ d'application de l'article 706-167, le procureur de la République *(L. nº 2019-222 du 23 mars 2019, art. 69 et 109-XVIII, en vigueur le 1er juill. 2019)* « antiterroriste » et le juge d'instruction de Paris exercent leurs attributions sur toute l'étendue du territoire national.

L'instruction des actes de financement de la prolifération des armes de destruction massive et de leurs vecteurs définis par les articles L. 1333-13-5, L. 2339-15, L. 2341-2 et L. 2341-4 et le quatrième alinéa de l'article L. 2342-60 du code de la défense peut être confiée, le cas échéant dans les conditions prévues à l'article 83-1 du présent code, à un magistrat du tribunal judiciaire de Paris affecté aux formations d'instruction spécialisées en matière économique et financière en application du *(L. nº 2013-1117 du 6 déc. 2013, art. 63, en vigueur le 1er févr. 2014)* « vingt et unième » alinéa de l'article 704.

Art. L. 211-3 Dans le cas d'infractions pénales dont la poursuite est réservée par la loi à l'administration, le procureur de la République a seul qualité pour exercer la poursuite contre le mineur sur plainte préalable de l'administration intéressée. – *[Ord. nº 45-174 du 2 févr. 1945, art. 37.]*

COMMENTAIRE

L'article L. 211-3 n'appelle guère de commentaires, d'autant que les matières concernées n'intéressent que rarement les mineurs. Notons simplement que dans les matières où la poursuite est réservée par la loi à l'administration (comme la fraude fiscale), celle-ci se trouve finalement dessaisie au profit du procureur de la République dans l'exercice des poursuites. ❑

TITRE DEUXIÈME **DU JUGE D'INSTRUCTION**

CHAPITRE UNIQUE

COMMENTAIRE

Le code de la justice pénale des mineurs supprime la compétence du juge des enfants pour instruire en matière correctionnelle et pour les contraventions de 5e classe. Le rapport adressé au président de la République explique, sur ce point, qu'il s'agit de mettre fin au cumul des fonctions d'instruction et de jugement, qui avait donné lieu à d'importantes difficultés et suscité une abondante jurisprudence avant l'intervention du législateur (sur cette question, V. Ph. Bonfils et A. Gouttenoire, Droit des mineurs, Précis *Dalloz, 3e éd., 2021, no 2117, p. 1262* s.). On ne peut non plus exclure que ce changement important s'inscrive dans la perspective plus large d'une volonté de supprimer l'instruction elle-même.

Quoi qu'il en soit, l'instruction n'est pas encore totalement supprimée et relève désormais en droit des mineurs de la compétence exclusive du juge d'instruction. On rappellera ici qu'il est prévu une spécialisation des juges d'instruction pour les affaires concernant les mineurs (art. L. 12-1 du titre préliminaire et art. D. 221-1). Ce faisant, l'instruction en droit pénal des mineurs devrait être réservée aux crimes (elle est alors obligatoire) et aux délits complexes (ce qui est plutôt rare en droit pénal des mineurs).

Concernant ce titre II du livre II du code, on peut faire une dernière remarque formelle. Il est en effet intitulé « Du juge d'instruction », mais l'un des trois articles est relatif à la chambre de l'instruction. Aussi, il eût sans doute été préférable de l'intituler « Des juridictions d'instruction ». ❑

Art. L. 221-1 *(L. no 2021-218 du 26 févr. 2021, art. 10)* **« Lorsque, » en application des deuxième et troisième alinéas de l'article L. 211-2, le procureur de la République compétent en vertu de l'article 43 du code de procédure pénale ouvre une information judiciaire dans un tribunal judiciaire qui n'est pas le siège d'un tribunal pour enfants, le juge d'instruction peut procéder à tout acte urgent d'information, à charge pour lui de se dessaisir dans le plus bref délai au profit du juge d'instruction du siège du tribunal pour enfants, tant à l'égard du mineur que des majeurs à l'encontre desquels l'information a été ouverte.** — *[Ord. no 45-174 du 2 févr. 1945, art. 7, al. 3, dern. phrase.]*

COMMENTAIRE

En principe, le juge d'instruction compétent à l'égard des mineurs est le juge d'instruction relevant du tribunal judiciaire du siège du tribunal pour enfants. Mais, à titre exceptionnel, une information judiciaire peut être ouverte par le procureur de la République dans un tribunal judiciaire qui n'est pas le siège d'un tribunal pour enfants. Dans ce cas, le juge d'instruction peut procéder à tout acte urgent d'information, à charge pour lui de se dessaisir au profit du juge d'instruction du siège du tribunal pour enfants. C'est ce que prévoit l'article L. 221-1.

Ce même texte prévoit aussi que ce dessaisissement vaut tant à l'égard du mineur qu'à l'égard des majeurs éventuellement poursuivis dans la même affaire. Cette précision est bienvenue. Le juge d'instruction spécialisé en matière de mineurs est compétent pour instruire sur les mineurs et sur les majeurs, ce qui en pratique est très utile (c'est la raison pour laquelle, sous l'ordonnance de 1945, c'est généralement le juge d'instruction qui instruisait lorsqu'étaient présents des mineurs et majeurs). Dans ce cas, le code permet d'éviter une disjonction en prévoyant la transmission de l'entier dossier d'instruction au juge d'instruction spécialisé relevant du tribunal judiciaire dans lequel existe un tribunal pour enfants. ❑

Art. L. 221-2 Lorsqu'une information judiciaire est ouverte dans un tribunal judiciaire autre que celui du lieu de résidence du mineur, le juge d'instruction peut également, après avoir recueilli l'avis du procureur de la République, se dessaisir au profit du juge d'instruction du siège du tribunal pour enfants dans le ressort duquel le mineur a sa résidence. — *[Ord. no 45-174 du 2 févr. 1945, art..]*

COMMENTAIRE

En règle générale, l'information judiciaire est ouverte dans le tribunal judiciaire comportant un tribunal pour enfants dans le ressort duquel l'infraction a été commise. Le cas échéant, le tribunal compétent peut être celui dans le ressort duquel l'un des suspects réside habituellement, a été arrêté ou se trouve détenu. On retrouve ici les critères de détermination de la compétence territoriale de l'article 43 du code de procédure pénale relatif à la compétence du procureur de la République. Il est donc parfaitement possible que l'information judiciaire soit ouverte dans un tribunal judiciaire autre que celui du lieu de résidence du mineur.

Mais cette situation peut soulever quelques difficultés pratiques. C'est la raison pour laquelle l'article L. 221-2 prévoit une dérogation aux règles normales de compétence territoriale en admettant que le juge d'instruction du lieu de l'infraction se dessaisisse au profit du juge d'instruction du siège du tribunal pour enfants dans le ressort duquel le mineur a sa résidence. Il s'agit évidemment d'une possibilité, qui, très vraisemblablement, sera considérée comme constituant une mesure d'administration judiciaire insusceptible de voies de recours. ❑

Art. L. 221-3 Le conseiller délégué à la protection de l'enfance mentionné à l'article L. 312-6 du code de l'organisation judiciaire siège comme membre de la chambre de l'instruction dans les affaires impliquant un mineur. – *[Ord. n° 45-174 du 2 févr. 1945, art. 23.]*

COMMENTAIRE

Les décisions du juge d'instruction et du juge des libertés et de la détention peuvent faire l'objet d'un appel devant la chambre de l'instruction. La spécificité de cette juridiction, lorsqu'elle juge un mineur, est limitée à la présence parmi les membres de la chambre d'un conseiller délégué à la protection de l'enfance. L'article L. 221-3 reprend ainsi une règle édictée par l'ordonnance de 1945 en son article 23.

Le conseiller délégué à la protection de l'enfance est donc susceptible de siéger à la chambre de l'instruction, puis, si un appel est formé au fond, au sein de la chambre spéciale des mineurs. A ce jour, l'irrégularité de ce cumul de fonctions n'a pas été soulevée, mais il paraît discutable comme l'était finalement celui du juge des enfants lorsqu'il instruisait, signait l'ordonnance de renvoi et présidait ensuite le tribunal pour enfants (sur cette question, V. Ph. Bonfils et A. Gouttenoire, Droit des mineurs, Précis *Dalloz, 3e éd., 2021, n° 2117, p. 1262 s.*). Si cette difficulté était soulevée, par exemple à l'occasion d'une question prioritaire de constitutionnalité, il serait sans doute possible d'imaginer comme on l'avait fait pour les juges des enfants, de « croiser » les conseillers délégués à la protection de l'enfance au sein d'une même cour d'appel. Encore faudrait-il qu'il y ait, au sein de la cour, plusieurs conseillers de ce type… ❑

1. Contrôle judiciaire. Le placement d'un mineur de 16 ans dans un centre éducatif fermé ne constituant qu'une modalité du contrôle judiciaire, l'appel de l'ordonnance du juge des enfants du placement dans un tel établissement, même s'il ne vise pas l'ordonnance de placement sous contrôle judiciaire, relève de la compétence de la chambre de l'instruction et non de la chambre spéciale des mineurs de la cour d'appel. • Crim. 10 oct. 2007, n° 07-84.830 P.

2. Conseiller délégué à la protection de l'enfance. Aux termes de l'art. 23 de l'Ord. modifiée du 2 févr. 1945, le conseiller, délégué au sein de chaque cour d'appel à la protection de l'enfance, siège comme membre de la chambre des mises en accusation, lorsque celle-ci connaît d'une affaire dans laquelle un mineur est impliqué, soit seul, soit avec des coauteurs ou complices majeurs. • Crim. 16 févr. 1954 : *Bull. crim. n° 74.* ♦ Doit être annulé l'arrêt qui concerne une affaire dans laquelle se trouve impliqué un mineur, sans constater la présence parmi les membres de la chambre des mises en accusation du conseiller délégué à la protection de l'enfance. • Crim. 24 mars 1953 : *Bull. crim. n° 112.*

3. Si, conformément à l'art. 23 de l'Ord. du 2 févr. 1945, le magistrat délégué à la protection de l'enfance a été régulièrement appelé à composer la chambre d'accusation, aucune disposition n'impose que ce magistrat préside cette juridiction ou fasse rapport. • Crim. 29 janv. 1985, n° 84-95.218 P • 10 mai 2000, n° 00-81.201 P.

Code de l'organisation judiciaire

Art. L. 312-6 Un magistrat qui prend le nom de délégué à la protection de l'enfance est désigné au sein de chaque cour d'appel.

Ce magistrat préside la chambre spéciale des mineurs ou y exerce les fonctions de rapporteur.

Il siège comme membre de la chambre de l'instruction dans les cas mentionnés à l'article *(Ord. n° 2019-950 du 11 sept. 2019, art. 5-IV, en vigueur le 30 sept. 2021)* « L. 221-3 du code de la justice pénale des mineurs *[ancienne rédaction : 23 de l'ordonnance n° 45-174 du 2 février 1945]* ». — *V. CJPM, art. L. 221-3.*

Il siège également dans la formation de la cour d'appel qui statue sur les recours formés contre les décisions rendues en première instance sur le fondement des dispositions des instruments internationaux et communautaires relatives au déplacement illicite international d'enfants. — *[Anc. art. L. 223-2, al. 1er, L. 223-3 et L. 226-1, al. 1er.]*

TITRE TROISIÈME **DES JURIDICTIONS DE JUGEMENT**

BIBL. ▸ Allaix, La spécialisation des magistrats de la jeunesse : une garantie pour les mineurs, *in* Garapon et Salas (dir.), La justice des mineurs. Évolution d'un modèle, *LGDJ, 1995, p. 73 s.* - Bonfils, Les juridictions répressives pour mineurs, *Dr. fam. 2006. Étude n° 35* ; Les juridictions répressives pour mineurs, *in* L'accès à la justice de la personne vulnérable en droit interne, Actes du colloque de Besançon, 27 mars 2015, sous la dir. de V. Donnier et B. Lapérou-Scheneider, *Éd. L'épitoge, Lextenso, 2015, p. 103 s.* - Cusey, La place du juge des enfants dans le Code de la justice pénale des mineurs, *in* Jacopin (dir.), Un Code de la justice pénale des mineurs, quelle(s) spécificité(s) ? *Dalloz, coll. Thèmes et commentaires, 2021, p. 73.* - Gebler, Le juge des enfants et le Code de la justice pénale des mineurs, *Dr. fam. mars 2021. Dossier n° 8.* - Jerez, Le juge des enfants, entre assistance, répression et rééducation, *Sofiac, 2001.* - Mouhana, L'évolution du juge des enfants, *in* Beddiar (dir.), 70 ans de justice pénale des mineurs, Entre spécialisation et déspécialisation, *L'Harmattan, 2017, p. 103 s.* - Ottenhof, La spécialisation des juridictions et des fonctions en droit pénal des mineurs, *in* Mélange A. Vitu, *Cujas, 1989, p. 405 s.* - Vitu, Réflexions sur les juridictions pour mineurs délinquants, *in* Mél. L. Hugueney, *Sirey, 1964, p. 239 s.*

COMMENTAIRE

Le titre III du livre II est consacré aux juridictions de jugement. Composé d'un chapitre unique, il traite en dix articles de la plupart des juridictions de jugement susceptibles de connaître des mineurs : le juge des enfants, le tribunal pour enfants, la chambre spéciale des mineurs et la cour d'assises des mineurs. Certaines juridictions ne sont pas envisagées (comme le tribunal de police, compétent pour les contraventions des quatre premières classes), sans doute parce qu'elles ne présentent pas de spécificité en droit pénal des mineurs. ❑

CHAPITRE UNIQUE

Art. L. 231-1 Sous réserve des dispositions des articles 628-1, 706-17, 706-27, 706-72-1 et 706-168 du code de procédure pénale, sont compétentes les juridictions de jugement pour mineurs :

1° De la résidence du mineur ou de celle de ses *(Abrogé par L. n° 2021-218 du 26 févr. 2021, art. 10)* **« parents ou » représentants légaux ;**

2° Du lieu où *(L. n° 2021-218 du 26 févr. 2021, art. 10)* **« le mineur » a été placé à titre provisoire ou définitif ;**

3° Du lieu de l'infraction ;

4° Du lieu où le mineur a été trouvé. — *[Ord. n° 45-174 du 2 févr. 1945, art. 3.]*

COMMENTAIRE

L'article L. 231-1 détermine les règles générales de compétence territoriale des juridictions pour mineurs. On y retrouve sensiblement les mêmes critères de compétence que pour la compétence territoriale du procureur de la République, en vertu de l'article 43 du code de procédure pénale. Néanmoins, le code vise aussi le lieu où le mineur a été trouvé, ce qui constitue une compétence spécifique au droit des mineurs qui n'existe dans

le code de procédure pénale que pour certaines procédures particulières comme celle du mandat d'arrêt européen décerné par une juridiction étrangère (C. pr. pén., art. 695-27).

Par ailleurs, l'article L. 231-1 réserve les compétences particulières prévues par les articles 628-1 (crimes contre l'humanité et crimes de guerre), 706-17 (terrorisme), 706-27 (trafic de stupéfiants), 706-72-1 (atteintes aux systèmes de traitement automatisé de données) et 706-168 (prolifération d'armes de destruction massive) du code de procédure pénale. Dans toutes ces matières, excepté le trafic de stupéfiants, le code de procédure pénale prévoit une compétence concurrente du procureur de Paris. Pour juger des crimes liés au trafic de stupéfiants, le code de procédure pénale met en place une ou plusieurs cours d'assises spécialement compétente dans chaque cour d'appel. ❑

Code de procédure pénale

Art. 628 *(L. nº 2011-1862 du 13 déc. 2011, art. 22-3º)* Les crimes contre l'humanité et les crimes et délits de guerre *(L. nº 2019-222 du 23 mars 2019, art. 69 et 109-XVIII, en vigueur le 1er juill. 2019)* « , ainsi que les infractions qui leur sont connexes, » sont poursuivis, instruits et jugés selon les règles du présent code sous réserve des dispositions du présent sous-titre.

Art. 628-1 *(L. nº 2011-1862 du 13 déc. 2011, art. 22-3º)* Pour la poursuite, l'instruction et le jugement des infractions entrant dans le champ d'application de l'article 628, le procureur de la République *(L. nº 2019-222 du 23 mars 2019, art. 69 et 109-XVIII, en vigueur le 1er juill. 2019)* « antiterroriste », le juge d'instruction et la cour d'assises de Paris exercent une compétence concurrente à celle qui résulte de l'application des articles 43 et 52.

En ce qui concerne les mineurs, le procureur de la République *(L. nº 2019-222 du 23 mars 2019, art. 69 et 109-XVIII, en vigueur le 1er juill. 2019)* « antiterroriste », le juge d'instruction, le tribunal pour enfants et la cour d'assises des mineurs de Paris exercent une compétence concurrente à celle qui résulte de l'application de l'ordonnance nº 45-174 du 2 février 1945 relative à l'enfance délinquante.

Lorsqu'ils sont compétents pour la poursuite et l'instruction des infractions entrant dans le champ d'application de l'article 628, le procureur de la République *(L. nº 2019-222 du 23 mars 2019, art. 69 et 109-XVIII, en vigueur le 1er juill. 2019)* « antiterroriste » et le juge d'instruction de Paris exercent leurs attributions sur toute l'étendue du territoire national.

(L. nº 2020-1672 du 24 déc. 2020, art. 10) « Par dérogation à l'article 34, le ministère public près la cour d'assises statuant en première instance est représenté, lorsqu'il exerce sa compétence pour la poursuite des infractions entrant dans le champ d'application de l'article 628, par le procureur de la République antiterroriste en personne ou par ses substituts. En appel, le procureur général peut se faire représenter par le procureur de la République antiterroriste ou l'un de ses substituts. »

(L. nº 2016-731 du 3 juin 2016, art. 97) « Par dérogation au second alinéa de l'article 380-1, en cas d'appel d'un arrêt de la cour d'assises de Paris compétente en application du présent article, le premier président de la cour d'appel de Paris ou la chambre criminelle de la Cour de cassation peut désigner cette même cour d'assises, autrement composée, pour connaître de l'appel. »

....

Art. 706-16 *(L. nº 96-647 du 22 juill. 1996)* « Les actes de terrorisme incriminés par les articles 421-1 à *(L. nº 2006-64 du 23 janv. 2006, art. 11)* « 421-6 » du code pénal » *(L. nº 92-1336 du 16 déc. 1992)* ainsi que les infractions connexes sont poursuivis, instruits et jugés selon les règles du présent code sous réserve des dispositions du présent titre.

(L. nº 96-647 du 22 juill. 1996) « Ces dispositions sont également applicables à la poursuite, à l'instruction et au jugement des actes de terrorisme commis à l'étranger lorsque la loi française est applicable en vertu des dispositions de la section II du chapitre III du titre Ier du livre Ier du code pénal. »

(L. nº 2011-1862 du 13 déc. 2011, art. 32-I et 70-II, en vigueur le 1er janv. 2012) « Elles sont également applicables à la poursuite, à l'instruction et au jugement des actes de terrorisme commis hors du territoire de la République par les membres des forces armées françaises ou à l'encontre de celles-ci dans les cas prévus au chapitre Ier du titre II du livre Ier du code de justice militaire. »

(L. nº 2015-912 du 24 juill. 2015, art. 19) « Ces dispositions sont également applicables à la poursuite, à l'instruction et au jugement des infractions prévues à l'article 706-25-7 du présent code. »

(L. n° 2014-1353 du 13 nov. 2014, art. 9) « La section I du présent titre est également applicable à la poursuite, à l'instruction et au jugement des infractions commises en détention par une personne détenue, prévenue, condamnée, recherchée dans le cadre d'un mandat d'arrêt européen ou réclamée dans le cadre d'une extradition pour des actes de terrorisme incriminés par les articles 421-1 à 421-6 du code pénal.

« Ces dispositions sont également applicables à la poursuite, à l'instruction et au jugement des infractions d'évasion incriminées par les articles 434-27 à 434-37 du même code, des infractions d'association de malfaiteurs prévues à l'article 450-1 dudit code lorsqu'elles ont pour objet la préparation de l'une des infractions d'évasion précitées, *(Ord. n° 2020-1733 du 16 déc. 2020, art. 11, en vigueur le 1er mai 2021)* « des infractions prévues aux articles L. 824-4 à L. 824-7 du code de l'entrée et du séjour des étrangers et du droit d'asile » ainsi que des infractions prévues à l'article L. 224-1 du code de *[la]* sécurité intérieure, lorsqu'elles sont commises par une personne détenue, prévenue, condamnée, recherchée dans le cadre d'un mandat d'arrêt européen ou réclamée dans le cadre d'une extradition pour des actes de terrorisme incriminés par les articles 421-1 à 421-6 du code pénal. »

Art. 706-17 *(L. n° 86-1020 du 9 sept. 1986)* Pour la poursuite, l'instruction et le jugement des infractions entrant dans le champ d'application de l'article 706-16, le procureur de la République *(L. n° 2019-222 du 23 mars 2019, art. 69 et 109-XVIII, en vigueur le 1er juill. 2019)* « antiterroriste », le juge d'instruction, le tribunal correctionnel et la cour d'assises de Paris exercent une compétence concurrente à celle qui résulte de l'application des articles 43, 52 *(L. n° 2004-204 du 9 mars 2004, art. 112-III)* « et 382 ».

En ce qui concerne les mineurs, le procureur de la République *(L. n° 2019-222 du 23 mars 2019, art. 69 et 109-XVIII, en vigueur le 1er juill. 2019)* « antiterroriste », le juge d'instruction, le juge des enfants, le tribunal pour enfants et la cour d'assises des mineurs de Paris exercent une compétence concurrente à celle qui résulte de l'application des dispositions de l'ordonnance n° 45-174 du 2 février 1945 relative à l'enfance délinquante.

Lorsqu'ils sont compétents pour la poursuite et l'instruction des infractions entrant dans le champ d'application de l'article 706-16, le procureur de la République *(L. n° 2019-222 du 23 mars 2019, art. 69 et 109-XVIII, en vigueur le 1er juill. 2019)* « antiterroriste » et le juge d'instruction de Paris exercent leurs attributions sur toute l'étendue du territoire national.

(L. n° 2001-1062 du 15 nov. 2001, art. 33-V ; L. n° 2003-239 du 18 mars 2003, art. 31) « L'instruction des actes de terrorisme définis aux 5° à 7° de l'article 421-1 du code pénal *(L. n° 2004-204 du 9 mars 2004, art. 10)* « et aux articles 421-2-2 et 421-2-3 » du même code peut être confiée, le cas échéant dans les conditions prévues à l'article 83-1, à un magistrat du tribunal judiciaire de Paris affecté aux formations d'instruction spécialisées en matière économique et financière en application des dispositions du *(L. n° 2013-1117 du 6 déc. 2013, art. 63, en vigueur le 1er févr. 2014)* « vingt et unième » alinéa de l'article 704. »

....

Art. 706-26 Les infractions prévues par les articles 222-34 à *(L. n° 2004-204 du 9 mars 2004, art. 14-IV, en vigueur le 1er oct. 2004)* « 222-40 » du code pénal, ainsi que le délit de participation à une association de malfaiteurs prévu par l'article 450-1 du même code lorsqu'il a pour objet de préparer l'une de ces infractions, sont poursuivies, instruites et jugées selon les règles du présent code, sous réserve des dispositions du présent titre.

Art. 706-27 Dans le ressort de chaque cour d'appel, une ou plusieurs cours d'assises dont la liste est fixée par décret sont compétentes pour le jugement des crimes visés à l'article 706-26 et des infractions qui leur sont connexes. Pour le jugement des accusés majeurs, les règles relatives à la composition et au fonctionnement de la cour d'assises sont fixées par les dispositions de l'article 698-6.

Pour l'application de l'alinéa précédent, la chambre de l'instruction, lorsqu'elle prononce la mise en accusation conformément au premier alinéa de l'article 214, constate que les faits entrent dans le champ d'application de l'article 706-26.

....

Art. 706-72 *(L. n° 2016-731 du 3 juin 2016, art. 28)* Les infractions mentionnées aux articles 323-1 à 323-4-1 et 411-9 du code pénal, lorsqu'elles sont commises sur un système de traitement automatisé d'informations, sont poursuivies, instruites et jugées selon les règles du présent code sous réserve du présent titre.

Les articles 706-80 à *(L. n° 2019-222 du 23 mars 2019, art. 45-II et 109-XIII, en vigueur le 1er juin 2019)* « 706-87 », 706-95 à 706-103 et 706-105 du présent code sont applicables à

l'enquête, à la poursuite, à l'instruction et au jugement des délits prévus à l'article 323-4-1 du code pénal.

Les mêmes articles 706-80 à *(L. n° 2019-222 du 23 mars 2019, art. 45-II et 109-XIII, en vigueur le 1er juin 2019)* « 706-87 », 706-95 à 706-103 et 706-105 sont également applicables à l'enquête, à la poursuite, à l'instruction et au jugement du blanchiment des mêmes délits ainsi qu'à l'association de malfaiteurs lorsqu'elle a pour objet la préparation de l'un desdits délits.

Art. 706-72-1 *(L. n° 2016-731 du 3 juin 2016, art. 28)* Pour la poursuite, l'instruction et le jugement des infractions entrant dans le champ d'application de l'article 706-72, le procureur de la République, le pôle de l'instruction, le tribunal correctionnel et la cour d'assises de Paris exercent une compétence concurrente à celle qui résulte de l'application des articles 43, 52 et 382.

En ce qui concerne les mineurs, le procureur de la République, le pôle de l'instruction, le juge des enfants, le tribunal pour enfants et la cour d'assises des mineurs de Paris exercent une compétence concurrente à celle qui résulte de l'application de l'ordonnance n° 45-174 du 2 février 1945 relative à l'enfance délinquante.

Lorsqu'ils sont compétents pour la poursuite et l'instruction des infractions entrant dans le champ d'application de l'article 706-72, le procureur de la République et le pôle de l'instruction de Paris exercent leurs attributions sur toute l'étendue du territoire national.

....

Art. 706-167 *(L. n° 2011-266 du 14 mars 2011, art. 16)* La procédure applicable à l'enquête, à la poursuite, à l'instruction et au jugement des crimes et des délits suivants ainsi que des infractions connexes est celle prévue par le présent code, sous réserve des dispositions du présent titre :

1° Les infractions relatives aux matières et aux armes nucléaires et aux biens connexes aux matières nucléaires prévues par les 1° et 2° du I de l'article L. 1333-9 et les articles L. 1333-11, L. 1333-13-1 à L. 1333-13-6 et L. 1333-14 du code de la défense ;

2° Les infractions relatives aux armes biologiques ou à base de toxines prévues par les articles L. 2341-1, L. 2341-2, L. 2341-4 et L. 2341-5 du même code ;

3° Les infractions relatives aux armes et produits chimiques prévues par les articles L. 2342-57 à L. 2342-61 du même code ;

4° Les infractions relatives à la prolifération des vecteurs d'armes de destruction massive prévues par les articles L. 2339-14 à L. 2339-16 du même code ;

5° Les délits de contrebande, d'importation ou d'exportation prévus aux deuxième et dernier alinéas de l'article 414 du code des douanes, lorsqu'ils portent sur des biens à double usage, civil et militaire ;

6° Les infractions de livraison d'informations à une puissance étrangère prévues par les articles 411-6 à 411-8 du code pénal lorsque ces infractions sont en relation avec l'une des infractions mentionnées aux 1° à 5° du présent article ;

7° Le délit de participation à une association de malfaiteurs prévu par l'article 450-1 du code pénal lorsqu'il a pour objet de préparer l'une des infractions susvisées.

Le présent titre est également applicable à la poursuite, à l'instruction et au jugement des infractions susvisées commises à l'étranger lorsque la loi française est applicable en vertu de la section II du chapitre III du titre Ier du livre Ier du code pénal.

Art. 706-168 *(L. n° 2011-266 du 14 mars 2011, art. 16)* Pour la poursuite, l'instruction et le jugement des infractions entrant dans le champ d'application de l'article 706-167, le procureur de la République *(L. n° 2019-222 du 23 mars 2019, art. 69 et 109-XVIII, en vigueur le 1er juill. 2019)* « antiterroriste », le juge d'instruction, le tribunal correctionnel et la cour d'assises de Paris exercent une compétence concurrente à celle qui résulte de l'application des articles 43, 52, 382 et 702.

En ce qui concerne les mineurs, le procureur de la République *(L. n° 2019-222 du 23 mars 2019, art. 69 et 109-XVIII, en vigueur le 1er juill. 2019)* « antiterroriste », le juge d'instruction, le juge des enfants, le tribunal pour enfants et la cour d'assises des mineurs de Paris exercent une compétence concurrente à celle qui résulte de l'application de l'ordonnance n° 45-174 du 2 février 1945 relative à l'enfance délinquante.

Lorsqu'ils sont compétents pour la poursuite et l'instruction des infractions entrant dans le champ d'application de l'article 706-167, le procureur de la République *(L. n° 2019-222 du 23 mars 2019, art. 69 et 109-XVIII, en vigueur le 1er juill. 2019)* « antiterroriste » et le juge d'instruction de Paris exercent leurs attributions sur toute l'étendue du territoire national.

L'instruction des actes de financement de la prolifération des armes de destruction massive et de leurs vecteurs définis par les articles L. 1333-13-5, L. 2339-15, L. 2341-2 et L. 2341-4 et le quatrième alinéa de l'article L. 2342-60 du code de la défense peut être confiée, le cas échéant dans les conditions prévues à l'article 83-1 du présent code, à un magistrat du tribunal judiciaire de Paris affecté aux formations d'instruction spécialisées en matière économique et financière en application du *(L. nº 2013-1117 du 6 déc. 2013, art. 63, en vigueur le 1er févr. 2014)* « vingt et unième » alinéa de l'article 704.

Art. L. 231-2 **Le juge des enfants connaît :**

1° Des contraventions de la cinquième classe et des délits commis par les mineurs ;

2° Des contraventions des quatre premières classes commises par les mineurs, lorsqu'elles sont connexes aux infractions mentionnées au 1°. – *[Ord. nº 45-174 du 2 févr. 1945, art. 1er.]*

COMMENTAIRE

Le juge des enfants est la juridiction principale ou pivot en droit pénal des mineurs. Il avait été créé sous l'Occupation mais, faute de décret d'application, il n'avait pu être véritablement mis en place. C'est donc avec l'ordonnance de 1945 que les juges des enfants ont été réellement créés. Initialement, leur compétence était limitée à la matière pénale, mais, en 1958, le législateur leur a également confié le contentieux de l'assistance éducative. En matière pénale, ils ne disposent plus, dans le code de la justice pénale des mineurs, de fonctions d'instruction, mais conservent les fonctions de jugement et d'application des peines. S'agissant des infractions concernées, le juge des enfants est compétent en matière de délits et de contraventions de la 5e classe (il partage du reste cette compétence avec le tribunal pour enfants).

Sous l'ordonnance de 1945, les contraventions de 5e classe étaient la plupart du temps assimilées aux délits. Elles relevaient ainsi du juge des enfants, ou le cas échéant du tribunal pour enfants, et non du tribunal de police. Cela était lié au fait qu'autrefois les contraventions de 5e classe pouvaient exposer leur auteur à des peines d'emprisonnement en cas de récidive. Mais, lors de la réforme du code pénal par les lois du 22 juillet 1992, le législateur a supprimé ce particularisme, de sorte qu'il n'existe plus depuis lors de peine d'emprisonnement en matière contraventionnelle (C. pén., art. 131-12 et 131-13). Or, le législateur de 1992 n'a pas modifié l'ordonnance de 1945, et cette spécificité des contraventions de 5e classe pour les mineurs s'est donc maintenue dans l'ordonnance de 1945 (art. 1er al. 2).

Elle se trouve aujourd'hui reprise par l'article L. 231-2 de la justice pénale des mineurs alors même qu'elle ne se justifie plus. Quoi qu'il en soit, on peut noter que le code est plus précis que l'article 1er de l'ordonnance de 1945 qui n'envisageait pas la situation des contraventions des quatre premières classes connexes à une contravention de 5e classe.

Le statut du juge des enfants n'est pas précisé par le code de la justice pénale des mineurs, mais par le code de l'organisation judiciaire, auquel il convient de se reporter. A cet égard, l'ancien article L. 532-1 du code de l'organisation judiciaire disposait que « le juge des enfants est choisi compte tenu de l'intérêt qu'il porte aux questions de l'enfance et de ses aptitudes, parmi les juges du tribunal de grande instance dans le ressort duquel le tribunal pour enfants a son siège ». Le nouvel article L. 252-1 prévoit simplement qu'« il y a au moins un juge des enfants au siège de chaque tribunal pour enfants ». Sa spécialisation résulte des enseignements qu'il reçoit à l'École nationale de la magistrature (ENM) et de la formation continue dispensée par l'ENM et le centre de formation de la Protection judiciaire de la jeunesse. Il est nommé par décret, selon la forme exigée pour la nomination des magistrats du siège. On rappellera ici que, depuis une ordonnance du 23 décembre 1958, il est compétent en matière d'assistance éducative (COJ, art. L. 252-2), ce domaine représentant même sa principale activité, et en matière pénale (COJ, art. L. 252-5 : « en matière pénale, le juge des enfants connaît, dans les conditions définies par le code de la justice pénale des mineurs, des délits et des contraventions de cinquième classe commis par les mineurs ».). ❑

Art. L. 231-3 **Le tribunal pour enfants connaît :**

1° Des contraventions de la cinquième classe et des délits commis par les mineurs âgés d'au moins treize ans ;

2° Des crimes commis par les mineurs de moins de seize ans ;

3° Des contraventions des quatre premières classes commises par les mineurs, lorsqu'elles sont connexes aux infractions mentionnées aux 1° et 2°. – *[Ord. n° 45-174 du 2 févr. 1945, art. 8, al. 20 ; art. 20-1.]*

COMMENTAIRE

L'article L. 231-3 prévoit la compétence matérielle du tribunal pour enfants. De prime abord, il semble reprendre les règles de compétence matérielle de l'ordonnance de 1945. Mais, à y regarder de plus près, il existe quelques différences.

Comme le juge des enfants, le tribunal pour enfants est d'abord compétent pour les contraventions de 5e classe et les délits, commis par les mineurs âgés (au moment des faits) d'au moins treize ans. S'agissant des infractions, rien de nouveau. Il en était déjà de même sous l'ordonnance de 1945. Notons au passage que les contraventions de 5e classe restent alignées sur les délits, même si cela ne se justifie plus aujourd'hui (cet alignement provient du temps où, sous l'ancien code pénal, les contraventions de 5e classe pouvaient donner lieu à un emprisonnement en cas de récidive, V. *supra*, ss. art. L. 231-2). Mais le code attribue la compétence au tribunal à partir de l'âge de treize ans, et non plus de dix ans, comme le faisait l'ordonnance de 1945.

En vertu de l'ordonnance de 1945, le tribunal pour enfants connaissait, depuis la loi du 9 septembre 2002, des sanctions éducatives, encourues à partir de l'âge de dix ans. C'est pour cette raison qu'en 2002, sa compétence avait été étendue aux mineurs à partir de l'âge de dix ans, le législateur ayant considéré que les sanctions éducatives ne pouvaient pas relever de la compétence du juge des enfants en audience de cabinet. Dès lors que les sanctions éducatives sont supprimées par le code, il est logique de restaurer le seuil de compétence du tribunal pour enfants à treize ans. Cela est en outre conforme au mécanisme de responsabilité mis en place par l'article L. 11-1, en vertu duquel le discernement qui conditionne la responsabilité est présumé acquis à treize ans, et présumé inexistant en dessous de treize ans. En outre, c'est encore à partir de l'âge de treize ans que sont encourues les peines (art. L. 11-4). Cela étant, puisque la présomption de discernement est une présomption simple, il est possible de descendre en dessous de ce seuil d'âge pour prononcer des mesures éducatives ; dans ce cas, seul le juge des enfants sera donc compétent.

Le tribunal pour enfants est aussi compétent en matière criminelle, pour les mineurs âgés (au moment des faits) de treize à seize ans. On retrouve sensiblement la même compétence matérielle en matière criminelle que sous l'ordonnance de 1945. La cour d'assises des mineurs n'est en effet compétente qu'à partir de l'âge de seize ans. Par ailleurs, le tribunal est ici aussi compétent à partir de l'âge de treize ans, comme pour les délits.

Enfin, le tribunal pour enfants est compétent pour les contraventions des quatre premières classes, lorsqu'elles sont connexes aux autres infractions, c'est-à-dire aux crimes, aux délits ou aux contraventions de 5e classe. Cette compétence accessoire est logique, mais n'était pas énoncée par l'ordonnance de 1945.

On peut aussi signaler que le code de la justice pénale des mineurs maintient la compétence du tribunal pour enfants en matière d'application des peines (art. L. 611-3). ❑

Le mineur de 16 ans est justiciable du seul tribunal pour enfants et ne peut donc être renvoyé devant la cour d'assises des mineurs. • Crim. 17 sept. 1997, n° 97-83.617 P. ♦ Dans le même sens : • Crim. 23 janv. 1989, n° 88-86.469 P.

Art. L. 231-4 **Lorsqu'il siège, le tribunal pour enfants est composé d'un juge des enfants, président, et de deux assesseurs choisis conformément aux dispositions de l'article L. 251-4 du code de l'organisation judiciaire.**

Toutefois, il peut leur être adjoint un ou plusieurs assesseurs supplémentaires, si la durée ou l'importance d'un procès le rend nécessaire. Les assesseurs supplémentaires siègent aux audiences. Les assesseurs supplémentaires ne prennent part au délibéré qu'en cas d'empêchement d'un assesseur constaté par le président du tribunal pour enfants.

BIBL. ▸ Autesserre, L'évolution française de l'échevinage au tribunal pour enfants, *RICPT 2000, p. 183 s.* – Bonfils, Le centenaire mouvementé du tribunal pour enfants, *Gaz. Pal. 11-12 juill. 2012, p. 23.* – Concernant la spécialisation des juridictions pour mineurs, V. Bibl. ss. titre III « Des juridictions de jugement ».

COMMENTAIRE

Le tribunal pour enfants a été créé par l'ordonnance de 1945, dans la lignée du tribunal pour enfants et adolescents, première juridiction spéciale issue de la loi de 1912. Il est repris par le code de la justice pénale des mineurs, qui l'envisage dans des conditions sensiblement identiques à ce qui existait dans l'ordonnance de 1945. L'article L. 231-4 détermine la composition du tribunal pour enfants, dans laquelle on retrouve le système de l'échevinage (V., M. Autesserre, « L'évolution française de l'échevinage au tribunal pour enfants », *RICPT 2000, p. 183* s.), caractéristique de cette juridiction.

Le président est un juge des enfants. Il n'est plus nécessaire de préciser, comme on le faisait sous l'ordonnance de 1945 (art. 24-1) depuis la loi n° 2011-1940 du 26 décembre 2011 visant à instaurer un service citoyen pour les mineurs délinquants, que ce juge ne peut être celui qui a renvoyé le mineur devant le tribunal pour enfants, puisque le juge des enfants n'est plus en charge des fonctions d'instruction. Le tribunal pour enfants comprend ensuite deux assesseurs, qui sont des juges non professionnels nommés pour quatre ans renouvelables par le garde des Sceaux, choisis parmi les personnes âgées de plus de trente ans, de nationalité française, et qui se sont signalées par l'intérêt particulier qu'elles portent aux questions de l'enfance et par leurs compétences (COJ, art. L. 251-4). Les assesseurs prêtent serment devant le tribunal judiciaire de « bien et fidèlement remplir leurs fonctions et de garder religieusement le secret des délibérations » (COJ, art. L. 251-5). Leur déchéance peut être prononcée s'ils se sont abstenus de déférer à plusieurs convocations successives ou en cas de faute grave entachant l'honneur ou la probité (COJ, art. L. 251-6). Ce sont du reste ces garanties qui ont conduit le Conseil constitutionnel, dans sa décision du 8 juillet 2011 (Cons. const. 8 juill. 2011, n° 2011-147 QPC), à affirmer que la présence d'assesseurs non professionnels était conforme à la Constitution. Le système de l'échevinage et le choix comme assesseurs de spécialistes des questions de l'enfance permettent de concilier la collégialité et la spécialisation de la juridiction.

L'article L. 231-4, alinéa 2, prévoit que « toutefois, il peut leur être adjoint un ou plusieurs assesseurs supplémentaires, si la durée ou l'importance d'un procès le rend nécessaire », ces assesseurs siégeant aux audiences mais ne prenant part au délibéré qu'en cas d'empêchement d'un assesseur constaté par le président du tribunal pour enfants. Cette précision est nouvelle et bienvenue. Il peut arriver en effet qu'un procès devant tribunal pour enfants dure plusieurs jours et soit particulièrement éprouvant, notamment en matière criminelle. Dans ce cas, il peut être utile de prévoir un ou plusieurs assesseurs supplémentaires, comme on le fait en cour d'assises pour les jurés.

Le code de la justice pénale des mineurs a donc non seulement conservé le tribunal pour enfants (et même son nom), mais encore pour l'essentiel sa composition et sa compétence. On remarquera donc, qu'il n'est pas revenu sur la suppression de l'éphémère tribunal correctionnel pour mineurs (composé d'un juge des enfants et de deux magistrats correctionnels), créé par la loi n° 2011-939 du 10 août 2011 sur la participation des citoyens au fonctionnement de la justice pénale et le jugement des mineurs et supprimé par celle du 18 novembre 2016 (loi n° 2016-1547 de modernisation de la justice du XXIe siècle ; sur cette juridiction, V. Ph. Bonfils, « La réforme du droit pénal des mineurs par la loi du 10 août 2011 », *D. 2011. Chron. 2286* s.). ❑

Code de l'organisation judiciaire

Art. L. 251-4 Les assesseurs titulaires et suppléants sont choisis parmi les personnes âgées de plus de trente ans, de nationalité française et qui se sont signalées par l'intérêt qu'elles portent aux questions de l'enfance et par leurs compétences.

Les assesseurs sont nommés pour quatre ans par le garde des sceaux, ministre de la justice. Leur renouvellement s'opère par moitié. Toutefois, en cas de création d'un tribunal pour enfants, d'augmentation ou de réduction du nombre des assesseurs dans ces juridictions, ou de remplacement d'un ou de plusieurs de ces assesseurs à une date autre que celle qui est

prévue pour leur renouvellement, la désignation des intéressés peut intervenir pour une période inférieure à quatre années dans la limite de la durée requise pour permettre leur renouvellement par moitié. – *[Anc. art. L. 522-3.]*

Art. L. 231-5 Le nombre et le jour des audiences du tribunal pour enfants, ainsi que la composition prévisionnelle de ces audiences *[,]* **sont fixés conformément aux dispositions de l'article 399 du code de procédure pénale.** – *[Ord. n° 45-174 du 2 févr. 1945, art. 13-1.]*

COMMENTAIRE

L'article L. 231-5 renvoie, pour la fixation du nombre et du jour des audiences du tribunal pour enfants et la composition prévisionnelle de ces audiences aux dispositions de l'article 399 du code de procédure pénale, c'est-à-dire à une décision conjointe du président de la juridiction et du procureur de la République. Cette disposition reprend sensiblement les règles contenues dans l'article 13-1 de l'ordonnance de 1945, qui affirmait que l'article 399 du code de procédure pénale était applicable aux audiences du tribunal pour enfants. ❑

Code de procédure pénale

Art. 399 *(L. n° 2004-204 du 9 mars 2004, art. 131-I)* Le nombre et le jour des audiences correctionnelles sont fixés par décision conjointe du président du tribunal judiciaire et du procureur de la République.

Il en est de même de la composition prévisionnelle de ces audiences, sans préjudice des pouvoirs propres du ministère public en matière d'audiencement.

Les décisions prévues au présent article sont prises, après avis de l'assemblée générale du tribunal, à la fin de l'année judiciaire pour l'année judiciaire suivante, et peuvent, en cas de nécessité, être modifiées en cours d'année dans les mêmes conditions.

En cas d'impossibilité de parvenir à des décisions conjointes, le nombre et le jour des audiences correctionnelles sont fixés par le seul président du tribunal judiciaire, et la composition prévisionnelle de ces audiences est déterminée par le seul procureur de la République, après avis du premier président de la cour d'appel et du procureur général.

Art. L. 231-6 La chambre spéciale des mineurs de la cour d'appel mentionnée à l'article L. 312-6 du code de l'organisation judiciaire connaît des appels formés contre :

1° Les décisions du juge des enfants et du tribunal pour enfants ;

2° Les jugements du tribunal de police rendus à l'égard des mineurs ;

(L. n° 2021-218 du 26 févr. 2021, art. 11) **« 3° Les décisions du juge des libertés et de la détention rendues à l'égard des mineurs en matière de détention provisoire, sauf dans le cadre d'une information judiciaire. »** – *[Ord. n° 45-174 du 2 févr. 1945, art. 21, al. 4.]*

V. COJ, art. L. 312-6, ss. art. L. 221-3.

BIBL. ▶ BONFILS, Ratification de l'ordonnance portant création de la partie législative du code de la justice pénale des mineurs, *JCP 2021. 391.*

COMMENTAIRE

Au stade du jugement, il existe une chambre spéciale de la cour d'appel chargée des affaires de mineurs et compétente en appel contre les décisions rendues par le juge des enfants et le tribunal pour enfants, les jugements du tribunal de police rendus à l'égard des mineurs et les décisions du juge des libertés et de la détention rendues à l'égard des mineurs en matière de détention provisoire, sauf dans le cadre d'une information judiciaire. S'agissant de l'appel des décisions rendues par le juge des enfants, le tribunal pour enfants et le tribunal de police, la compétence de la chambre spéciale des mineurs ne soulève aucune difficulté, et du reste le code pose ici une solution identique à celle que connaissait l'ordonnance de 1945. En revanche, la compétence de la chambre spéciale des mineurs en appel de certaines décisions du juge des libertés et de la détention est plus singulière. Instaurée par la loi de ratification du 26 février 2021, cette compétence correspond à l'attribution, par cette même loi, de la compétence de la détention provi-

soire au juge des libertés et de la détention, hors instruction, dans la procédure de mise à l'épreuve éducative. Concrètement, si la détention est envisagée avant l'audience d'examen de la culpabilité pour les mineurs âgés d'au moins 16 ans, c'est le juge des libertés et de la détention (et même un JLD spécialisé) qui sera donc compétent, et non le juge des enfants comme le prévoyait initialement le code (mais à partir de l'audience de culpabilité, c'est le juge des enfants qui sera compétent et non le JLD). L'instauration de ce JLD spécialisé pour connaître de la détention provisoire hors instruction a posé la question de la détermination de la juridiction d'appel. Puisque, dans cette hypothèse, il n'y a pas d'instruction, c'est logiquement devant la chambre spéciale des mineurs et non devant la chambre de l'instruction que sont portés les appels contre les décisions du JLD. C'est dans ce sens que l'article L. 213-6 a été modifié, pour intégrer « les décisions du juge des libertés et de la détention rendues à l'égard des mineurs en matière de détention provisoire, sauf dans le cadre d'une information judiciaire ». Les modalités concrètes de cet appel sont envisagées plus loin dans le code, à l'article L. 423-13.

Conformément aux dispositions de l'article L. 312-6 du code de l'organisation judiciaire, la chambre spéciale des mineurs comprend le conseiller délégué à la protection de l'enfance, qui occupe les fonctions de président ou de rapporteur, l'arrêt devant constater, sous peine d'encourir la cassation, que ce magistrat faisait effectivement partie de la juridiction.

On notera que ce même magistrat siège aussi dans la chambre de l'instruction (art. L. 221-3), lorsqu'elle est appelée à juger une affaire relative à un mineur, ce qui pourrait soulever une difficulté similaire à celle qui s'était posée pour le juge des enfants en termes d'impartialité objective ou fonctionnelle (V. Ph. Bonfils et A. Gouttenoire, Droit des mineurs, *Précis Dalloz, 3e éd., 2021, n° 2117, p. 1262*).

Surtout, on peut préciser que la chambre spéciale des mineurs est également compétente en matière civile dans le cadre de l'assistance éducative, en appel des décisions du juge des enfants, et qu'elle exerce aussi les fonctions dévolues à la chambre de l'application des peines (art. L. 611-4).

Enfin, on peut signaler qu'un décret du 4 février 2008 (Décr. n° 2008-107 du 4 févr. 2008 modifiant le code de l'organisation judiciaire et relatif à la justice des mineurs, *JO du 6 févr. 2008 p. 2274*) avait donné au conseiller délégué à la protection de l'enfance une nouvelle attribution. Selon l'article R. 223-1 du code de l'organisation judiciaire, inséré par ce décret, « le conseiller délégué à la protection de l'enfance, chaque fois qu'il le juge nécessaire, et au moins une fois par an, établit un rapport sur le fonctionnement des tribunaux pour enfants du ressort de la cour d'appel, qu'il transmet au premier président de celle-ci ainsi qu'aux présidents des tribunaux judiciaires dans lesquels il existe un tribunal pour enfants ». Ce rapport était alors communiqué par le premier président de la cour d'appel au ministre de la Justice. Le texte a été abrogé par le décret n° 2008-522 du 2 juin 2008. ❑

1. Généralités. L'appel des décisions du tribunal pour enfants est jugé par la cour d'appel lors d'une audience spéciale dans les mêmes conditions qu'en première instance et par une formation comprenant le conseiller délégué à la protection de l'enfance. • Crim. 4 oct. 2006 : *Rev. pénit. 2007. 214, obs. Gouttenoire.*

2. Action civile. Il se déduit de la combinaison de l'art. 1er de l'Ord. n° 1945-174 du 2 févr. 1945 relative à l'enfance délinquante, de l'art. 380-5 C. pr. pén. et de l'art. L. 312-6 COJ que l'appel formé contre le seul arrêt rendu sur l'action civile, par la cour d'assises des mineurs, est porté devant la chambre spéciale des mineurs de la cour d'appel. • Crim. 28 mars 2012, n° 11-80.011 P : *D. actu. 10 avr. 2012, obs. Bombled ; D. 2012. Actu. 948 ; RSC 2012. 893, obs. Boccon-Gibod ; AJ pénal 2012. 485, obs. Lasserre Capdeville ; Rev. pénit. 2012. 687, obs. Guérin.*

3. Publicité restreinte. Devant la chambre spéciale des mineurs de la cour d'appel, les débats doivent se dérouler dans les conditions de la publicité restreinte prévues par l'art. 14 de l'Ord. du 2 févr. 1945 relative à l'enfance délinquante, sous réserve, le cas échéant, de l'application du dernier al. de l'art. 400 C. pr. pén. • Crim. 11 juill. 2017, n° 15-84.572 P : *D. actu. 21 sept. 2017, obs. Goetz.* ♦ L'examen d'une demande de renvoi présentée par la défense après l'interrogatoire d'identité de l'accusé et l'appel des témoins et experts doit être réalisé sous le régime de la publicité restreinte. • Crim. 20 févr. 2019, n° 18-85.465 P : *D. actu. 8 mars 2019, obs. Goetz.*

4. Conseiller délégué à la protection de l'enfance. Est régulièrement composée la chambre spéciale des mineurs de la cour d'appel dès lors qu'il est fait mention de ce que le magistrat, conseiller, qui a présidé cette chambre l'a fait en remplacement d'un autre magistrat, empêché, qui

est conseiller délégué à la protection de l'enfance. • Crim. 5 sept. 2001, n° 01-80.349.

5. Le magistrat délégué à la protection de l'enfance préside la chambre spéciale de la cour d'appel ou y exerce les fonctions de rapporteur ; l'arrêt doit constater que les dispositions sur ce point de l'art. 23 de l'Ord. du 2 févr. 1945 ont été observées. • Crim. 9 mai 1961 : *Bull. crim. n° 244* • 15 nov. 1978, n° 78-92.476 P. ♦ Dans le même sens : • Crim. 12 juin 1981, n° 81-90.642 P. ♦ Le magistrat, délégué à la protection de l'enfance à la chambre spéciale de la cour d'appel, préside cette chambre ou y exerce les fonctions de rapporteur. L'arrêt qui méconnaît cette disposition d'ordre public encourt la cassation. • Crim. 18 mars 1990, n° 79-91.439 P.

6. Il ne suffit pas que le conseiller délégué à la protection de l'enfance soit au nombre des magistrats composant la chambre spéciale de la cour d'appel : s'il ne préside pas cette chambre, il doit y exercer les fonctions de rapporteur. • Crim. 17 juin 1975, n° 74-93.365 P. ♦ Le magistrat, délégué à la protection de l'enfance à la chambre spéciale de la cour d'appel, préside cette chambre ou y exerce les fonctions de rapporteur. En cas d'empêchement momentané, il lui sera désigné un remplaçant par le premier président. L'arrêt doit constater que les dispositions de l'art. 23 de l'Ord. du 2 févr. 1945, modifié par les Ord. des 22 et 23 déc. 1958, ont été observées. • Crim. 8 déc. 1970, n° 69-93.004 P.

7. Matière criminelle. La présence du greffier est obligatoire devant la chambre spéciale des mineurs de la cour d'appel statuant en matière criminelle. • Crim. 20 févr. 2019, n° 18-85.465 P : *D. actu. 8 mars 2019, obs. Goetz.*

Art. L. 231-7 Les dispositions du code de procédure pénale relatives à la cour d'assises sont applicables à la cour d'assises des mineurs, sous réserve des dispositions du présent code. — *[Ord. n° 45-174 du 2 févr. 1945, art. 20, al. 2 et 10.]*

V. C. pr. pén., art. 231 s. — ***C. pr. pén.***.

BIBL. ► LAZERGES, La cour d'assises des mineurs et son fonctionnement. Étude sociologique et juridique, *LGDJ, 1973, préf. G. Levasseur.* - OTTENHOF, Le jugement des mineurs, *Mél. Lazerges, Dalloz, 2014, p. 763 s.* - VITU, Réflexions sur les juridictions pour mineurs délinquants, *in* Mél. L. Hugueney, *Sirey, 1964, p. 239 s.*

COMMENTAIRE

En matière criminelle, les mineurs âgés d'au moins seize ans, relèvent de la cour d'assises des mineurs, dont les articles suivants détaillent les modalités de fonctionnement. Les cours d'assises des mineurs sont donc bien maintenues par le code de la justice pénale des mineurs. Cela mérite d'être précisé parce que la loi n° 2019-222 du 23 mars 2019 (qui a en même temps habilité le gouvernement à adopter le présent code) a aussi prévu l'expérimentation des cours criminelles, que le ministère de la justice aimerait bien voir remplacer les actuelles cours d'assises. Mais l'article 63-II de la loi exclut expressément les mineurs, et les cours d'assises des mineurs sont donc – pour l'instant – maintenues. ❑

Art. L. 231-8 La cour d'assises des mineurs se réunit au siège de la cour d'assises et au cours de la session de celle-ci.

Dans le cas où tous les accusés de la session auront été renvoyés devant la cour d'assises des mineurs, il sera procédé par cette juridiction *(Abrogé par L. n° 2021-218 du 26 févr. 2021, art. 10)* **« , » conformément aux dispositions des articles 288 à 292 du code de procédure pénale.**

Dans le cas contraire, le jury de la cour d'assises des mineurs sera formé de jurés pris sur la liste arrêtée par la cour d'assises.

Sous réserve des dispositions de l'alinéa qui précède, le président de la cour d'assises des mineurs et la cour d'assises des mineurs exerceront respectivement les attributions dévolues par les dispositions du code de procédure pénale au président de la cour d'assises et à la cour *(L. n° 2021-218 du 26 févr. 2021, art. 10)* **« d'assises ».**

Les fonctions du ministère public sont remplies par le procureur général ou un magistrat du ministère public spécialement chargé des affaires de mineurs. — *[Ord. n° 45-174 du 2 févr. 1945, art. 20, al. 2, phrase 1 ; art. 20, al. 3 ; art. 20, al. 5 à 7.]*

COMMENTAIRE

De façon générale, le fonctionnement de la cour d'assises des mineurs est assez proche de celui de la cour d'assises de droit commun. Comme cette dernière, la cour d'assises des mineurs n'est pas une juridiction permanente ; elle se réunit par sessions. L'article L. 231-8 détermine les modalités de session de la cour d'assises des mineurs. Il reprend

en ce sens une partie des dispositions de l'article 20 de l'ordonnance de 1945. Il est ainsi prévu que « la cour d'assises des mineurs se réunit au siège de la cour d'assises et au cours de la session de celle-ci » et que « dans le cas où tous les accusés de la session auront été renvoyés devant la cour d'assises des mineurs, il sera procédé par cette juridiction, conformément aux dispositions des articles 288 à 292 du code de procédure pénale » (anc. art. 20, al. 2, Ord. de 1945). Il est dit ensuite que « dans le cas contraire, le jury de la cour d'assises des mineurs sera formé de jurés pris sur la liste arrêtée par la cour d'assises » (anc. art. 20, al. 6, Ord. de 1945). Sous cette réserve, « le président de la cour d'assises des mineurs et la cour d'assises des mineurs exerceront respectivement les attributions dévolues par les dispositions du code de procédure pénale au président de la cour d'assises et à la cour d'assises » (anc. art. 20, al. 7, Ord. de 1945). Enfin, le dernier alinéa affirme que « les fonctions du ministère public sont remplies par le procureur général ou un magistrat du ministère public spécialement chargé des affaires de mineurs » (anc. art. 20, al. 3, Ord. de 1945). ❑

1. Liste de session. Lorsque tous les accusés d'une session d'assises ne sont pas des mineurs, l'art. 20 de l'Ord. du 2 févr. 1945 prévoit que le jury de la cour d'assises des mineurs sera formé de jurés pris sur la liste de la cour d'assises ordinaire. • Crim. 13 mars 1974 : *Bull. crim. n° 108.* ♦ Ce texte, qui renvoie à la procédure prévue par les art. 288 à 292 C. pr. pén., n'interdit pas à la cour d'assises, siégeant dans la formation prévue pour juger les mineurs, d'ouvrir la session et de réviser la liste des jurés qui seront appelés, au cours de cette même session, à juger tant les accusés majeurs que les mineurs. • Crim. 13 févr. 1980, n° 79-92.430 P • 23 mai 1986, n° 85-95.079 P.

2. Jurés. Aucun texte n'interdit à la cour d'assises des mineurs siégeant au cours de la session de la cour d'assises ordinaire, de statuer sur les absences constatées à son audience, de se prononcer sur les excuses et d'accorder des dispenses pour le reste de la durée de la session. • Crim. 13 mars 1974 : *préc. note 1* • 19 juin 1974, n° 74-90.371 P. ♦ L'arrêt rendu en ces matières est un acte d'administration que l'accusé est inhabile à critiquer, dès lors que le tirage au sort du jury de jugement a eu lieu sur un nombre de jurés idoines, à l'égard desquels ledit accusé a pu exercer son droit de récusation. • Crim. 13 mars 1974 : *préc. note 1.*

3. Ministère public. Les dispositions de l'art. 20 de l'Ord. du 2 févr. 1945, modifiée par la loi du 24 mai 1951, d'après lesquelles les fonctions du ministère public auprès de la cour d'assises des mineurs sont remplies par le procureur général ou un magistrat du ministère public spécialement chargé des affaires de mineurs, ne sont pas prescrites à peine de nullité. • Crim. 29 oct. 1957 : *Bull. crim. n° 680.*

4. Si le procès-verbal des débats et l'arrêt attaqué ne précisent pas que le magistrat qui occupait les fonctions de ministère public à la cour d'assises des mineurs était, comme le prescrit l'art. 20, al. 3, de l'Ord. du 2 févr. 1945, un magistrat spécialement chargé des affaires de mineurs, il doit cependant, en l'absence de toute réclamation formulée par l'accusé ou son défenseur au cours des débats, être présumé avoir été appelé à siéger conformément aux prescriptions légales. • Crim. 19 févr. 1969, n° 68-92.817 P : *JCP 1970. II. 16272* • 22 avr. 1977, n° 76-93.309 P • 22 nov. 1995 : *Gaz. Pal. 1996. 1. Chron. 33.* ♦ Devant la cour d'assises des mineurs, le ministère public est présumé, en l'absence de preuve contraire, avoir été appelé à siéger conformément aux prescriptions de l'art. 20, al. 3, de l'Ord. du 2 févr. 1945. • Crim. 8 nov. 2000, n° 00-80.434 P.

5. Dès lors qu'en application du troisième al. de l'art. 20 de l'Ord. du 2 févr. 1945, il lui appartient de désigner le magistrat du ministère public auprès de la cour d'assises des mineurs, un procureur général satisfait aux prescriptions de ce texte en chargeant son substitut de remplacer ledit magistrat empêché. • Crim. 4 août 1984, n° 83-94.962 P : *D. 1985. IR 61.*

Code de procédure pénale

Art. 288 Aux lieu, jour et heure fixés pour l'ouverture de la session, la cour prend séance.

Le greffier procède à l'appel des jurés inscrits sur la liste établie conformément à l'article 266.

La cour statue sur le cas des jurés absents.

(L. n° 2004-204 du 9 mars 2004, art. 148-II) « Tout juré qui, sans motif légitime, n'a pas déféré à la convocation qu'il a reçue peut être condamné par la cour à une amende de 3 750 €.

« Le juré peut, dans les dix jours de la signification de cette condamnation faite à sa personne ou à son domicile, former opposition devant le tribunal correctionnel du siège de la cour d'assises. »

Les peines portées au présent article sont applicables à tout juré qui, même ayant déféré à la *(L. nº 2004-204 du 9 mars 2004, art. 148-II)* « convocation *[ancienne rédaction : citation]* », se retire avant l'expiration de ses fonctions, sans une excuse jugée valable par la cour.

Art. 289 *(L. nº 78-788 du 28 juill. 1978)* Si, parmi les jurés présents, il en est qui ne remplissent pas les conditions d'aptitudes légales exigées par les articles 255, 256 et 257, la cour ordonne que leurs noms soient rayés de la liste et adressés au premier président de la cour d'appel ou au président du tribunal judiciaire, siège de la cour d'assises, aux fins de radiation de la liste annuelle.

Il en est de même en ce qui concerne les noms des jurés décédés.

Sont également rayés de la liste de session, les noms des jurés qui se révéleraient être conjoints, parents ou alliés jusqu'au degré d'oncle ou de neveu inclusivement d'un membre de la cour ou de l'un des jurés présents inscrits avant lui sur ladite liste.

Art. 289-1 *(L. nº 78-788 du 28 juill. 1978)* Si, en raison des absences ou à la suite des radiations par la cour, *(L. nº 2000-516 du 15 juin 2000, art. 136-VI, en vigueur le 1er janv. 2001)* « il reste, sur la liste de session, moins de *(L. nº 2011-939 du 10 août 2011, art. 13-IX, en vigueur le 1er janv. 2012)* « vingt *[ancienne rédaction : vingt-trois]* » jurés ou, lorsqu' *[lorsque]* au cours de la session la cour d'assises doit statuer en appel, moins de *(L. nº 2011-939 du 10 août 2011, art. 13-IX, en vigueur le 1er janv. 2012)* « vingt-trois *[ancienne rédaction : vingt-six]* » jurés, ce nombre est complété par les jurés suppléants, suivant l'ordre de leur inscription ; en cas d'insuffisance, par des jurés tirés au sort, en audience publique, parmi les jurés inscrits sur la liste spéciale, subsidiairement parmi les jurés de la ville inscrits sur la liste annuelle.

Dans le cas où les assises se tiennent dans un lieu autre que celui où elles doivent se tenir habituellement, le nombre des jurés titulaires est complété par un tirage au sort fait, en audience publique, parmi les jurés de la ville inscrits sur la liste annuelle.

Les noms des jurés suppléants, de ceux qui sont inscrits sur la liste spéciale ainsi que les noms des jurés de la ville où se tiennent les assises, qui sont inscrits sur la liste annuelle, sont rayés des listes dans les conditions prévues à l'article précédent.

Art. 290 L'ensemble des décisions de la cour fait l'objet d'un arrêt motivé, le ministère public entendu.

Cet arrêt ne peut être attaqué par la voie du recours en cassation qu'en même temps que l'arrêt sur le fond.

Art. 291 *(L. nº 78-788 du 28 juill. 1978)* Avant le jugement de chaque affaire, la cour procède, s'il y a lieu, aux opérations prévues par les articles 288, 289 et 289-1. La cour ordonne, en outre, que soient provisoirement retirés de la liste, éventuellement modifiée, les noms des conjoints, parents et alliés jusqu'au degré d'oncle ou de neveu inclusivement de l'accusé ou de son *(L. nº 93-2 du 4 janv. 1993)* « avocat », ainsi que les noms de ceux qui, dans l'affaire, sont témoins, interprètes, dénonciateurs, experts, plaignants ou parties civiles ou ont accompli un acte de police judiciaire ou d'instruction.

Art. 292 *(L. nº 78-788 du 28 juill. 1978)* Tout arrêt modifiant la composition de la liste de session établie conformément à l'article 266 est porté, par les soins du greffier, sans formalité, à la connaissance de l'accusé. Celui-ci ou son *(L. nº 93-2 du 4 janv. 1993)* « avocat » peut demander qu'un délai, qui ne pourra excéder une heure, soit observé avant l'ouverture des débats.

Art. L. 231-9 La cour d'assises des mineurs connaît des crimes commis par les mineurs âgés *(L. nº 2021-218 du 26 févr. 2021, art. 10)* « de » seize ans.

Elle connaît également, lorsqu'ils sont connexes ou forment un ensemble indivisible avec des crimes commis par des mineurs âgés d'au moins seize ans :

1° Des crimes et délits commis par les intéressés avant qu'ils n'aient atteint l'âge d'au moins seize ans ;

2° Des crimes et délits commis par les intéressés à compter de leur majorité ;

3° Des crimes et délits commis par leurs coauteurs ou complices majeurs. — *[Ord. nº 45-174 du 2 févr. 1945, art. 9, al. 7 ; art. 20, al. 1er.]*

COMMENTAIRE

L'article L. 231-9 détermine la compétence matérielle des cours d'assises des mineurs, reprenant sensiblement les mêmes règles que l'article 20, alinéa 1er, de l'ordonnance de 1945. La cour d'assises des mineurs est d'abord et principalement compétente pour les crimes commis par les mineurs âgés de seize ans (au moins). Cette compétence existait sous l'ordonnance de 1945 (art. 20, al. 1er), depuis la création de la cour d'assises des mineurs en 1951. On rappellera que pour les crimes commis avant l'âge de seize ans, c'est le tribunal pour enfants qui est compétent (art. L. 231-3 ; Crim. 17 sept. 1997, n° 97-83.617).

La cour d'assises est aussi compétente pour connaître des crimes et délits commis par les intéressés avant qu'ils n'aient atteint l'âge de seize ans, s'ils sont connexes ou forment un ensemble indivisible avec des crimes commis par des mineurs âgés d'au moins seize ans. Le code reprend ici une extension de compétence qui avait été insérée dans l'ordonnance de 1945 par la loi n° 2011-939 du 10 août 2011 (anc. art. 20, al. 1er, Ord. de 1945) et qui a été jugée constitutionnelle (Cons. const. 29 nov. 2013, n° 2013-356 QPC).

Enfin, le code de la justice pénale des mineurs permet la compétence des cours d'assises des mineurs pour les crimes et délits commis par les intéressés à compter de leur majorité et les crimes et délits commis par leurs coauteurs ou complices majeurs, s'ils sont connexes ou forment un ensemble indivisible avec des crimes commis par des mineurs âgés d'au moins seize ans. Cette extension de compétence d'origine prétorienne existait déjà sous l'ordonnance de 1945, qui était pourtant silencieuse sur ce point. Si un mineur ne peut être jugé que devant une cours d'assises des mineurs, rien n'interdit d'y juger des majeurs, lorsque des mineurs sont également présents (V. par ex. Crim. 22 mai 1991 : *Gaz. Pal. 1991, 2, Somm. 478*). Mais encore faut-il que les conditions de ces extensions de compétence soient parfaitement réunies. Ainsi, en l'absence de connexité ou d'indivisibilité, on ne saurait admettre qu'une cour d'assises juge des crimes commis avant l'âge de seize ans, ou après celui de dix-huit ans.

La compétence des cours d'assises des mineurs est étroitement encadrée, et la cour de cassation veille scrupuleusement à son respect. Ainsi, il a été jugé que, la cour d'assises des mineurs ayant une compétence exceptionnelle, édictée dans le seul intérêt des mineurs, elle se déclare à bon droit incompétente lorsque, devant elle, a été renvoyé, en même temps que des majeurs de dix-huit ans, un mineur de seize à dix-huit ans décédé depuis l'arrêt de renvoi de la chambre d'accusation (Crim. 18 déc. 1973 : *Bull. crim. n° 470*). ❑

1. QPC. Les dispositions des art. 9 (dernière proposition de la deuxième phrase de l'avant-dernier al.) et 20 (deuxième phrase du premier al.) sont déclarées conformes à la Constitution, dans la mesure où le législateur a poursuivi un objectif de bonne administration de la justice, et où la décision du juge d'instruction, prise sur le fondement de considérations objectives, est susceptible d'un appel et d'un pourvoi en cassation. • Cons. const. 29 nov. 2013, n° 2013-356 QPC : *D 2013. Actu. 2776 ; Gaz. Pal. 9 févr. 2014, p. 46, note Fourment.* ♦ N'est pas inconstitutionnelle la disposition de l'Ord. de 1945 qui permet qu'un mineur âgé de moins de seize ans soit jugé par une cour d'assises des mineurs s'il est également accusé d'un crime commis après seize ans et qui forme avec les faits antérieurs un tout indivisible. • Même décision.

2. Âge du mineur. Devant les juridictions répressives, la preuve de l'âge réel d'un prévenu ou d'un accusé peut être rapportée par tout moyen. Ainsi, une cour d'assises apprécie souverainement, au vu des éléments de preuve contradictoirement débattus, si, contrairement à la date de naissance figurant dans un acte d'état civil dont la mention, sur ce point, reprise d'un acte d'état civil étranger, ne valait pas jusqu'à inscription de faux, l'accusé était âgé de plus de 16 ans au moment des faits qui lui sont reprochés. • Crim. 1er déc. 1974, n° 98-87.158 P. ♦ V. aussi • Crim. 17 juill. 1991, n° 91-82.771 P.

I. COMPÉTENCE DE LA COUR D'ASSISES DES MINEURS

3. Principe d'une compétence exceptionnelle. Selon les art. 1er et 20 de l'Ord. du 2 févr. 1945, le mineur âgé de seize ans au moins auquel est imputé un crime n'est pas déféré à la cour d'assises de droit commun et n'est justiciable que de celle des mineurs. Encourt la cassation, dans l'intérêt de la loi et du condamné, l'arrêt de la cour d'assises de droit commun qui a statué sur l'accusation portée contre un mineur âgé de seize ans au moins, l'accusé ayant pris une fausse identité de personne majeure. En application de l'art. L. 131-5 COJ, la Cour de cassation annule l'arrêt de

la cour d'assises de droit commun et désigne, pour juger l'accusé, la cour d'assises des mineurs compétente. • Crim. 11 sept. 2002, n° 02-80.906 P : *D. 2002. IR 318* ; *JCP 2002. IV. 2886.* ♦ Un mineur ne peut être déféré que devant la cour d'assises des mineurs. • Même arrêt.

4. Dès lors qu'il n'est pas frappé de pourvoi, l'arrêt de renvoi fixe définitivement la compétence de la cour d'assises. • Crim. 28 janv. 1981, n° 80-82.348 P. ♦ Aux termes de l'art. 594 C. pr. pén., l'arrêt de renvoi de la chambre d'accusation, devenu définitif, fixe la compétence de la cour d'assises ; il est toutefois fait exception à ce principe à l'égard des mineurs, pour lesquels l'art. 20 de l'Ord. modifiée du 2 févr. 1945, qui détermine dans l'intérêt de ceux-ci, des règles impératives ne comportant aucune dérogation, attribue compétence à la cour d'assises des mineurs. • Crim. 22 mai 1991 : *Gaz. Pal. 1991. 2. Somm. 478.* ♦ En se déclarant incompétente pour juger un mineur de 16 à 18 ans, accusé d'un crime, une cour d'assises ne fait que se conformer aux dispositions de l'art. 20, al. 1er, de l'Ord. du 2 févr. 1945, lesquelles réservent à la cour d'assises des mineurs la connaissance des crimes commis par les mineurs âgés de 16 ans au moins. • Crim. 29 juill. 1963, n° 63-91.936 P • 14 mars 1973, n° 73-90.514 P.

5. Lorsque des coaccusés, dont les uns sont majeurs et un autre mineur, ont été renvoyés, pour y répondre de crimes et délits connexes, devant la cour d'assises ordinaire, celle-ci, si elle se déclare à bon droit incompétente à l'égard du mineur, justiciable de la seule cour d'assises des mineurs, est tenue de retenir sa compétence pour juger les accusés majeurs. • Crim. 22 mai 1991 : *Gaz. Pal. 1991. 2. Somm. 478.* ♦ Lorsque l'arrêt de mise en accusation a renvoyé devant la cour d'assises plusieurs accusés, dont un mineur de moins de 18 ans, la cour est tenue, après disjonction du cas du mineur, de retenir sa compétence à l'égard des autres accusés en état d'être jugés. • Crim. 22 mai 1991 : *préc. note 4.*

6. La cour d'assises des mineurs demeure compétente à l'égard d'un accusé majeur en cas de disjonction des poursuites ordonnée en raison de l'absence des accusés mineurs. • Crim. 4 juill. 1989, n° 88-86.649 P.

II. INCOMPÉTENCE DE LA COUR D'ASSISES DES MINEURS

7. Limites de la compétence de la cour d'assises des mineurs. La cour d'assises des mineurs, saisie des seuls faits commis au temps de la minorité de l'accusé, par l'arrêt de renvoi de la chambre d'accusation, ne saurait, sans méconnaître l'art. 594 C. pr. pén., juger également l'intéressé pour les faits perpétrés après sa majorité, et relevant, selon l'arrêt précité, de la cour d'assises de droit commun. • Crim. 25 oct. 2000 : *Bull. crim., n° 312.*

8. Aux termes de l'art. 20, al. 1er, de l'Ord. du 2 févr. 1945, modifié par la loi du 24 mai 1951, la cour d'assises des mineurs connaît seule des crimes commis par les mineurs âgés de plus de 16 ans. Cette compétence exceptionnelle, et édictée dans le seul intérêt des mineurs, ne saurait être étendue. Dès lors, se déclare à bon droit incompétente la cour d'assises des mineurs devant laquelle a été renvoyé, en même temps que des majeurs de 18 ans, un mineur de 16 à 18 ans, lorsque celui-ci est décédé depuis l'arrêt de renvoi de la chambre d'accusation. • Crim. 18 déc. 1973, n° 73-93.210 P. ♦ Le mineur de 16 ans n'est justiciable que du tribunal pour enfants et ne peut donc être renvoyé devant la cour d'assises des mineurs. • Crim. 23 janv. 1989, n° 08-86.469 P • Crim. 17 sept. 1997, n° 97-83.617 P.

Art. L. 231-10 Les deux assesseurs de la cour d'assises des mineurs sont pris, sauf impossibilité, parmi les juges des enfants du ressort de la cour d'appel. – *[Ord. n° 45-174 du 2 févr. 1945, art. 20, al. 1er et 2.]*

COMMENTAIRE

La cour d'assises des mineurs est d'abord une cour d'assises, et, sauf disposition dérogatoire, elle suit les règles applicables aux cours d'assises de droit commun. Ainsi, en première instance, elle comprend un président, deux juges comme assesseurs, six jurés titulaires (et généralement un juré suppléant). La seule spécificité tenant à sa composition réside dans le fait qu'en principe les assesseurs de la cour d'assises sont choisis parmi les juges des enfants du ressort de la cour d'appel. Cette exigence, au demeurant relative, était prévue par l'article 20, alinéa 2, de l'ordonnance de 1945, et figure désormais à l'article L. 231-10 du code de la justice pénale des mineurs.

On a pu critiquer la composition de la cour d'assises des mineurs, en ce qu'elle n'accorderait pas à la spécialisation une importance suffisante (A. Vitu, « Réflexions sur les juridictions pour mineurs », *in* Mél. L. Hugueney, *Sirey, 1964, p. 21945*). Il est vrai que le choix des assesseurs parmi les juges des enfants est prévu « sauf impossibilité ». Mais la chambre criminelle de la Cour de cassation se montre exigeante sur ce point, et, au motif que la composition des juridictions est d'ordre public, elle estime que doit être annulé l'arrêt rendu par une cour d'assises des mineurs lorsqu'il n'est pas constaté que les assesseurs avaient la qualité de juges des enfants ou qu'ils avaient été désignés en raison de

l'impossibilité de les prendre parmi les magistrats du ressort de la cour d'appel ayant cette qualité (Crim. 3 nov. 2016, n° 15-82.430). En toute hypothèse, la proportion des « spécialistes » reste évidemment réduite au sein de la cour d'assises des mineurs.

Enfin, depuis l'instauration d'un appel en matière criminelle par la loi du 15 juin 2000, l'appel des décisions rendues par la cour d'assises des mineurs est porté devant une cour d'assises d'appel, composée de trois magistrats dont deux juges des enfants (sauf impossibilité), et de neuf jurés (outre les jurés suppléants, généralement au nombre de deux dans ce cas). Mais lorsque seul un majeur interjette appel de l'arrêt d'une cour d'assises des mineurs, la cour de renvoi est une cour d'assises ordinaire (Crim. 15 févr. 2001, n° 01-80.751 : *Bull. crim. n° 44*). ❑

1. Président. Le fait qu'une cour d'assises des mineurs ait statué, par arrêt incident, sur des mesures qui relevaient du pouvoir discrétionnaire du président, et alors qu'aucune conclusion n'avait été déposée, implique que le président avait estimé opportun de la saisir conformément aux dispositions de l'art. 310, al. 1er, *in fine*, C. pr. pén. • Crim. 18 déc. 1980, n° 80-92.190 P : *D. 1981. 312, note Chapar.*

2. Il résulte des dispositions de l'art. 310 C. pr. pén. que le président peut toujours, en vertu de son pouvoir discrétionnaire, verser aux débats toute pièce qui lui paraît utile à la manifestation de la vérité : entre dans l'application de ce texte la lecture, sans observation des parties, du jugement du tribunal pour enfants condamnant, pour des infractions connexes à celles faisant l'objet de l'accusation, des coprévenus âgés de moins de 16 ans, sans que cette lecture puisse être considérée, de la part du président, comme une manifestation d'opinion sur la culpabilité des accusés. • Crim. 27 nov. 1985, n° 83-93.222 P.

3. Selon les dispositions de l'art. 20, al. 9, de l'Ord. du 2 févr. 1945, le président de la cour d'assises des mineurs ne peut ordonner que l'accusé mineur se retire pendant tout ou partie des débats qu'après avoir procédé à l'interrogatoire des accusés. • Crim. 13 mai 1998, n° 97-82.431.

4. Constitue de la part du président de la cour d'assises une manifestation prohibée d'opinion et une atteinte aux droits de la défense le fait de donner lecture, à la fin des débats, d'une question comportant l'affirmation de la culpabilité d'un accusé. • Crim. 8 mars 2000, n° 99-82.597 P.

5. Assesseurs. La composition des juridictions est d'ordre public, et doit être annulé l'arrêt rendu par une cour d'assises des mineurs, lorsqu'il n'est pas constaté, comme le prescrit l'art. 20, al. 2 modifié, de l'Ord. du 2 févr. 1945, que les assesseurs avaient la qualité de juges des enfants ou qu'ils avaient été désignés en raison de l'impossibilité de les prendre parmi les magistrats du ressort de la cour d'appel ayant cette qualité. • Crim. 8 déc. 1971, n° 71-92.244 P • 3 nov. 2016, n° 15-82.430 P : *D. actu. 23 nov. 2016, obs. Priou-Alibert.* ♦ Rappr. : • Crim. 5 avr. 1954 : *Bull. crim. n° 142.*

6. Les juges des enfants du ressort de la cour d'appel désignés par le premier président pour remplir les fonctions d'assesseurs à la cour d'assises des mineurs, conformément aux dispositions du deuxième alinéa de l'art. 20 de l'Ord. du 2 févr. 1945, n'ont pas à être préalablement délégués au tribunal de grande instance du lieu de la tenue des assises. • Crim. 27 nov. 1985, n° 83-93.222 P.

7. C'est au président des assises seul qu'il appartient de pourvoir au remplacement de l'assesseur à la cour d'assises des mineurs empêché, dont l'empêchement se produit, ou apparaît, après l'ouverture de la session. • Crim. 20 mars 1958 : *Bull. crim. n° 279.*

8. Greffier. Il n'importe qu'une cour d'assises des mineurs ait été assistée concomitamment de deux greffiers, lesquels ont chacun signé le procès-verbal des débats ; il ne saurait en résulter une quelconque violation de la loi, tant en ce qui concerne la composition de la cour d'assises que les règles de la publicité restreinte. • Crim. 15 déc. 1993, n° 93-82.899 P. ♦ Lorsque plusieurs greffiers se remplacent au cours des débats, il incombe à chacun d'eux d'authentifier, par sa signature, la partie du procès-verbal concernant les actes auxquels il a personnellement assisté. • Crim. 25 oct. 2000, n° 99-85.208 P.

TITRE QUATRIÈME DE LA PROTECTION JUDICIAIRE DE LA JEUNESSE

CHAPITRE UNIQUE

BIBL. ▶ Beddiar, La place de l'éducateur de la Protection judiciaire de la jeunesse au sein du Code de la justice pénale des mineurs, *Dr. fam. mars 2021. Dossier 10.* – Cario, Le renforcement de la spécificité de la protection judiciaire de la jeunesse, *RICPT 1997, p. 276 s.* – Donnette, Les rapports PJJ/parquet, *AJ pénal 2019. 486* s. – Palacio, La Protection judiciaire de la jeunesse : une administration à la croisée des chemins, *Les cahiers de la sécurité, juill. sept. 2007, IHES, p. 52 s.* – Pedron, À propos du décret relatif aux établissements et services du secteur public de la protection judiciaire de la jeunesse, *JCP 2007. Actu. 589* ; Guide de la Protec-

tion judiciaire de la jeunesse, *Gualino 4e éd., 2016.* – Rufin, Protection de la jeunesse et délinquance juvénile, Rapport au Premier ministre, *Doc. fr., 1996.* – Sauvage, Rôle et fonctionnement de la PJJ, *AJ pénal 2005. 52* s. – Le référentiel des pratiques éducatives, *Dir. Protection judiciaire de la jeunesse, 2021.*

COMMENTAIRE

Afin de permettre la mise en œuvre des objectifs éducatifs de l'ordonnance du 2 février 1945, une ordonnance du 1er septembre 1945 avait créé une administration spécialisée dans l'éducation et le traitement des mineurs, l'éducation surveillée. Celle-ci, devenue en 1990 la Protection judiciaire de la jeunesse (PJJ) est aujourd'hui un acteur essentiel de la justice des mineurs.

La Protection judiciaire de la jeunesse est « l'administration du ministère de la Justice dont les agents travaillent sur mandat judiciaire (ordonnance, jugement) des magistrats de la jeunesse en mettant en œuvre des mesures à caractère éducatif (observation, aide, placement) au bénéfice de mineurs en danger ou délinquants opposables aux titulaires de l'autorité parentale » (P. Pédron, Guide de la Protection judiciaire de la jeunesse, *Gualino, 4e éd., 2016, p. 586*). La PJJ s'occupe donc à la fois des mineurs en danger, au titre de l'assistance éducative, et des mineurs délinquants. Dans les deux cas, l'intervention de la Protection judiciaire de la jeunesse est éducative (R. Cario, « Le renforcement de la spécificité de la protection judiciaire de la jeunesse », *RICPT 1997, p. 276 s.*). Un décret du 6 novembre 2007 relatif aux établissements et services du secteur public de la Protection judiciaire de la jeunesse (Décr. n° 2007-1573, JO 8 nov. ; P. Pédron, « À propos du décret relatif aux établissements et services du secteur public de la Protection judiciaire de la jeunesse », *JCP 2007. Actu. 589*) en a clarifié les missions et les modalités d'action. Ce décret a été abrogé par les décrets nos 2021-682 et 2021-683 du 27 mai 2021, qui ont intégré les dispositions relatives à la protection judiciaire de la jeunesse dans la partie réglementaire du code (art. R. 241-1 à R. 241-36 et D. 241-10 à D. 241-20). L'organisation de la PJJ est ainsi précisée par le décret n° 2021-682 du 27 mai 2021, dans les articles R. 241-3 et suivants. Les établissements et les fonctions de la PJJ sont quant à eux détaillés par le décret n° 2021-683 du 27 mai 2021, codifié aux articles D. 241-10 et suivants.

Selon l'article D. 241-10 : « Les établissements et services de la protection judiciaire de la jeunesse du ministère de la justice exercent les missions suivantes :

1° L'aide à la préparation des décisions de l'autorité judiciaire prises en application des législations relatives à l'enfance délinquante ou à l'assistance éducative par l'apport d'éléments d'information et d'analyse relatifs à la situation de mineurs susceptibles de faire l'objet desdites décisions et par la formulation de propositions éducatives.

A ce titre, les établissements et services mettent en œuvre les mesures d'investigation ordonnées par l'autorité judiciaire en application du présent code et du code de procédure civile et concourent à la préparation des décisions de justice à caractère pénal conformément aux dispositions du code de procédure pénale ;

2° La mise en œuvre des décisions de l'autorité judiciaire prises en application du présent code, des législations et réglementations relatives à l'assistance éducative ou à la protection judiciaire des majeurs jusqu'à l'âge de vingt et un ans. A ce titre, les établissements et services assurent :

a) Selon les cas, la mise en œuvre et le suivi des décisions civiles et pénales de mesures d'investigation, mesures éducatives, mesures de sûreté, peines et aménagements de peines prononcées par les juridictions à l'égard des mineurs et des majeurs jusqu'à l'âge de vingt etnun ans en application du présent code, des articles 375 à 375-8 du code civil, du code pénal et du décret du 18 février 1975 fixant les modalités de mise en œuvre d'une action de protection judiciaire en faveur des jeunes majeurs ;

b) Une intervention éducative continue auprès de tous les mineurs détenus ;

c) La mise en œuvre d'actions de préformation, de formation et de préparation à la vie professionnelle et l'organisation permanente, sous la forme d'activités de jour, d'un ensemble structuré d'actions qui ont pour objectifs le développement personnel, la promotion de la santé, l'intégration sociale et l'insertion professionnelle du mineur ou du majeur jusqu'à l'âge de vingt et un ans ;

3° L'accueil et l'information des mineurs et des familles dont les demandes sont susceptibles de relever de la justice des mineurs ;

4° La participation aux politiques publiques visant :

a) La coordination des actions de la direction de la protection judiciaire de la jeunesse avec celles des collectivités publiques en vue d'assurer une meilleure prise en charge des mineurs délinquants ou en danger ;

b) L'organisation et la mise en œuvre d'actions de protection de l'enfance et de prévention de la délinquance. »

L'article D. 241-13 liste les missions des établissements de la protection judiciaire de la jeunesse. « A ce titre, ils :

a) Accueillent en hébergement les mineurs et, le cas échéant, les majeurs jusqu'à l'âge de vingt-et-un ans placés par les juridictions ;

b) Évaluent la situation, notamment familiale et sociale, de chaque personne accueillie, le cas échéant aux fins d'élaborer des propositions d'orientation à l'intention de l'autorité judiciaire ;

c) Organisent la vie quotidienne des personnes accueillies ;

d) Élaborent pour chaque personne accueillie un projet individuel ;

e) Accompagnent chaque personne accueillie dans toutes les démarches d'insertion ;

f) Assurent à l'égard de chaque personne accueillie une mission d'entretien ;

g) Assurent à l'égard des mineurs accueillis une mission de protection et de surveillance ;

h) Exercent, dans le cadre de l'exécution des peines et des mesures de sûreté, le contrôle des obligations imposées aux personnes qui leur sont confiées. »

Il existe trois catégories d'établissements de la protection judiciaire de la jeunesse (art. D. 241-14) :

1° Les établissements de placement éducatif ;

2° Les établissements de placement éducatif et d'insertion ;

3° Les centres éducatifs fermés.

Les deux premiers (établissements de placement éducatif et établissements de placement éducatif et d'insertion) accueillent des mineurs délinquants ou en danger et des majeurs jusqu'à l'âge de vingt et un ans (art. D. 241-15) ; les centres éducatifs fermés accueillent exclusivement des mineurs délinquants conformément à l'article L. 113-7 (art. D. 241-16).

S'agissant cette fois des services de la protection judiciaire de la jeunesse, l'article D. 241-17 indique qu'il s'agit des :

1° services territoriaux éducatifs de milieu ouvert ;

2° services territoriaux éducatifs de milieu ouvert et d'insertion ;

3° services éducatifs auprès des tribunaux ;

4° services territoriaux éducatifs d'insertion ;

5° services éducatifs en établissements pénitentiaires pour mineurs.

Le décret du 27 mai 2021 précise enfin les fonctions de ces différents services. L'article D. 241-18 dispose que « les services territoriaux éducatifs de milieu ouvert et les services territoriaux éducatifs de milieu ouvert et d'insertion assurent :

1° Sans préjudice des attributions dévolues aux services éducatifs auprès des tribunaux, une permanence éducative dans les tribunaux judiciaires pourvus d'un tribunal pour enfants, qui consiste à accueillir et informer les mineurs et leurs familles et à mettre en œuvre les prescriptions de l'autorité judiciaire ordonnées en application des dispositions des articles L. 322-4, L. 322-5, L. 422-4 et L. 423-6 ;

2° L'apport d'éléments d'information et d'analyse susceptibles d'éclairer l'autorité judiciaire dans le cadre de sa prise de décision conformément aux dispositions du 1° de l'article D. 241-10 ;

3° La mise en œuvre jusqu'à l'âge de vingt et un ans, des décisions civiles et pénales, autres que les mesures de placement, mentionnées à l'article D. 241-10, dans l'environnement familial et social des mineurs et des majeurs, en apportant, le cas échéant, aide et conseil à la famille du mineur ;

4° Des interventions éducatives dans les quartiers des établissements pénitentiaires spécialement réservés aux mineurs, mentionnés à l'article L. 124-1 ;

5° L'aide à l'insertion sociale et professionnelle par la mise en œuvre des actions prévues au *c* du 2° de l'article D. 241-10 ».

L'article D. 241-19 indique ensuite les fonctions des services éducatifs auprès des tribunaux : « Les services éducatifs auprès des tribunaux peuvent être institués dans les tribunaux judiciaires pourvus d'un tribunal pour enfants et comportant au moins sept emplois de juges des enfants. Ils assurent la permanence éducative définie au 1° de l'article D. 241-18. En outre, à titre exceptionnel et dans le cadre des orientations fixées par le directeur territorial, ils peuvent mettre en œuvre les mesures mentionnées au 3° de l'article D. 241-18 ».

Enfin, l'article D. 241-20 précise les fonctions des services territoriaux éducatifs d'insertion. Ces derniers « exercent la mission définie au *c* du 2° de l'article D. 241-10 en organisant des activités scolaires, professionnelles, culturelles et sportives adaptées aux mineurs et aux majeurs jusqu'à l'âge de vingt et un ans qui font l'objet d'une décision judiciaire mise en œuvre par un établissement ou un service de la protection judiciaire de la jeunesse. Dans l'exercice de cette mission, ils préparent les personnes qui leur sont confiées à l'accès aux dispositifs de socialisation et de formation de droit commun. Dans les conditions fixées au deuxième alinéa de l'article D. 241-27, les services territoriaux éducatifs d'insertion peuvent également participer à la prise en charge de mineurs et de majeurs jusqu'à l'âge de vingt et un ans :

1° Confiés à un établissement ou suivis par un service relevant du service de l'aide sociale à l'enfance, en application de l'article L. 221-1 du code de l'action sociale et des familles, ou habilité en application de l'article L. 313-10 du code de l'action sociale et des familles ;

2° Ou pris en charge par un organisme concourant à l'insertion sociale et professionnelle des jeunes ».

Enfin, concernant les services éducatifs en établissement pénitentiaire spécialisé pour mineurs, l'article R. 241-21 précise qu'ils « exercent, auprès des personnes incarcérées mineures et, en cas de maintien dans l'établissement après leur majorité, jusqu'à l'expiration du sixième mois suivant leur dix-huitième anniversaire, les missions éducative, de formation et d'intégration sociale et professionnelle prévues aux *b* et *c* du 2° de l'article D. 241-10 » et qu'ils « assurent une prise en charge éducative continue de ces personnes, veillent au maintien de leurs liens familiaux et sociaux et préparent leur libération ».

Au terme des récentes réorganisations qu'elle a connues, la Protection judiciaire de la jeunesse gérait, en 2018, 219 établissements ou services : 17 centres éducatifs fermés (CEF), 34 établissements de placements éducatifs (EPE), 29 établissements de placements éducatifs et d'insertion (EPEI), 94 services territoriaux éducatifs en milieu ouvert (STEMO), 25 services territoriaux éducatifs en milieu ouvert et d'insertion (STEMOI), 1 service éducatif auprès des tribunaux (SEAT), 12 services territoriaux éducatifs d'insertion (STEI), 6 services éducatifs au sein d'établissements pénitentiaires pour mineurs (SEEPM) et 1 service éducatif au centre de jeunes détenus de Fleury-Mérogis (SECJD).

La PJJ gérait encore, à cette même date, 502 unités éducatives : 17 unités éducatives au sein de CEF, 4 unités éducatives au sein de CER, 28 unités éducatives d'hébergement diversifié, 71 unités éducatives d'hébergement collectif, 279 unités éducatives en milieu ouvert, 10 unités éducatives auprès des tribunaux, 84 unités éducatives d'activités de jour, 1 unité rattachée aux services éducatifs auprès des tribunaux et 6 unités rattachées aux services éducatifs au sein d'établissements pénitentiaires (Les chiffres clés de la justice,

2018, p. 24.). La principale structure de la PJJ est désormais le STEMO, qui a vocation à assurer toutes les actions éducatives (civiles ou pénales) autres que les mesures de placement : suivi des mesures éducatives, exercice d'une permanence éducative auprès du tribunal pour enfants (une unité éducative auprès des tribunaux – UEAT – venant en remplacement, en principe, des services éducatifs auprès des tribunaux – SEAT).

La PJJ s'est vu confier des missions diversifiées. Elle est en charge d'abord des différentes mesures d'investigations éducatives, notamment concernant la personnalité des mineurs, pour le compte du parquet (notamment avec le recueil de renseignements socio-éducatifs), du juge des enfants ou éventuellement du juge d'instruction (dans les faits, celles-ci sont confiées soit à des unités éducatives auprès des tribunaux, soit aux services territoriaux éducatifs de milieu ouvert). La connaissance de la personnalité et plus largement de la situation (sociale, familiale, scolaire...) du mineur est indispensable pour pouvoir mettre en œuvre une réponse ayant pour but son « relèvement éducatif et moral », selon les termes du Conseil constitutionnel (Cons. const. 29 août 2002, n° 2002-461 DC, consid. n° 26) et de l'article L. 11-2 du code de la justice pénale des mineurs. La Protection judiciaire de la jeunesse assure également le suivi de différentes mesures éducatives prononcées par les juridictions des mineurs, en milieu ouvert (c'est le rôle des STEMO), ou éventuellement aussi en prison (et spécialement au sein des établissements pénitentiaires pour mineurs). Enfin, la PJJ accueille des mineurs placés dans les différentes structures de placement dont elle a la charge (comme les centres éducatifs fermés).

La Protection judiciaire de la jeunesse est donc un acteur central de la justice pénale des mineurs. Pourtant, l'ordonnance de 1945 ne lui consacrait aucune disposition générique. Du reste, elle ne donnait pas davantage de précision sur les missions du secteur associatif habilité et sur la répartition du travail éducatif entre le secteur privé et le secteur public. Or, le secteur privé recouvre près de 500 associations gérant plus de 1 000 établissements et services, regroupant 35 centres éducatifs fermés, 47 centres éducatifs renforcés, 2 centres de placement immédiat, 614 établissements de placement, 184 services d'action éducative en milieu ouvert, 86 services d'investigation éducative, 38 services de réparation pénale et 10 services d'insertion (Les chiffres clés de la justice *2018, p. 24*).

Le titre IV du livre II que consacre le code de la justice pénale des mineurs à la Protection judiciaire de la jeunesse (et incidemment au secteur associatif habilité) est donc bienvenu, même si le contenu de cette partie législative peut paraître un peu pauvre au regard de l'importance de leurs missions (il est constitué de deux articles seulement) ; la partie réglementaire compense heureusement largement cela (art. R. 241-1 ; D. 241-10 s.). ❑

Art. L. 241-1 La mise en œuvre des décisions prises en application du présent code est confiée, sauf s'il en est disposé autrement, aux services et établissements de la protection judiciaire de la jeunesse.

Les personnels des services et établissements de la protection judiciaire de la jeunesse et du secteur associatif habilité sont, dans l'exercice des missions prévues par le présent code, soumis au secret professionnel.

COMMENTAIRE

Le CJPM affirme – ce que ne faisait pas l'ordonnance de 1945 – une sorte de principe de primauté de la Protection judiciaire de la jeunesse dans la mise en œuvre des mesures prononcées par les juridictions pour mineurs, notamment vis-à-vis du secteur privé habilité. L' alinéa 1er de l'article L. 241-1 constitue l'aboutissement d'une évolution des deux secteurs, public et privé, susceptibles de prendre en charge des mineurs. En effet, si la Protection judiciaire de la jeunesse et le secteur privé habilité peuvent sembler complémentaires, depuis quelques années se dessinait une répartition, selon laquelle le secteur public de la protection de la jeunesse avait une vocation principale ou prioritaire.

Par ailleurs, l'alinéa suivant prévoit que les personnels des services et établissements de la Protection judiciaire de la jeunesse et du secteur associatif habilité sont soumis au secret professionnel. Cette disposition, qui reconnaît presque de manière incidente l'existence du secteur associatif habilité, soumet donc et de la même manière au secret professionnel les membres de la Protection judiciaire de la jeunesse et ceux du secteur privé habilité. Il n'y a là rien de nouveau, même s'il est certainement préférable de le dire clairement. ❑

Art. L. 241-2 **Les personnels des services et établissements de la protection judiciaire de la jeunesse et du secteur associatif habilité saisis concomitamment ou successivement au titre du présent code de mesures concernant un même mineur, peuvent échanger entre eux toutes informations relatives à ce mineur, à condition que ces informations soient strictement nécessaires à sa prise en charge, à son suivi judiciaire ou à la continuité de son parcours. Ils peuvent également échanger dans les mêmes conditions des informations avec les services intervenant au titre de la protection de l'enfance à l'égard des mêmes mineurs.**

Ces personnels peuvent également transmettre à toute personne auprès de laquelle le mineur est placé ou scolarisé des éléments dont la connaissance est indispensable pour assurer la sécurité du mineur ou des personnes avec lesquelles il est en contact.

BIBL. ▶ Alt-Maes, Un exemple de dépénalisation : la liberté de conscience accordée aux personnes tenues au secret professionnel, *RSC 1998. 30* s. – Guery, Le défaut de protection par un professionnel : un nouveau délit ?, *D. 2001. Chron. 3293*.

COMMENTAIRE

Les personnels de la Protection judiciaire de la jeunesse et du secteur privé habilité sont, comme le rappelle l'article L. 241-1, tenus au secret professionnel, et soumis à ce titre aux dispositions de l'article 226-13 du code pénal qui en sanctionne la violation. Mais ce secret professionnel n'est pas absolu, et l'article L. 241-2 prévoit deux séries de limites.

L'alinéa 1er dispose d'abord que « les personnels des services et établissements de la Protection judiciaire de la jeunesse et du secteur associatif habilité saisis concomitamment ou successivement au titre du présent code de mesures concernant un même mineur, peuvent échanger entre eux toutes informations relatives à ce mineur, à condition que ces informations soient strictement nécessaires à sa prise en charge, à son suivi judiciaire ou à la continuité de son parcours » et qu'« ils peuvent également échanger dans les mêmes conditions des informations avec les services intervenant au titre de la protection de l'enfance à l'égard des mêmes mineurs ». C'est ce que l'on appelle le secret partagé. Il est ici parfaitement logique que des professionnels de l'enfance soient autorisés à échanger sur la situation d'un mineur, lorsqu'ils ont tous deux à en connaître.

L'alinéa 2d prévoit une limitation tout aussi légitime. Selon ce texte, « ces personnels peuvent également transmettre à toute personne auprès de laquelle le mineur est placé ou scolarisé des éléments dont la connaissance est indispensable pour assurer la sécurité du mineur ou des personnes avec lesquelles il est en contact ». Lorsque les professionnels de l'enfance découvrent un élément très important pour la sécurité du mineur (physique comme morale), il est important qu'ils soient autorisés à en informer la personne auprès de laquelle le mineur est placé. Par exemple, si un mineur est victime de mauvais traitements de la part de l'un de ses parents, il est indispensable que la personne en charge du mineur en soit informée, soit pour empêcher le cas échéant la visite de ce parent, soit pour s'assurer que cette visite – si elle a lieu – se passe dans les meilleures conditions possibles.

On ajoutera qu'il existe une troisième limitation du secret professionnel des agents de la Protection judiciaire de la jeunesse et des membres du secteur associatif habilité, qui n'est pas mentionnée par le code, sans doute en raison de son évidence. Ces personnels sont logiquement déliés du secret professionnel lorsqu'il s'agit de signaler à l'autorité administrative et/ou judiciaire des faits susceptibles de constituer un mauvais traitement et qu'ils auraient découverts dans le cadre de leur fonction (Ph. Bonfils et A. Gouttenoire, Droit des mineurs, Précis *Dalloz, 3e éd., 2021, no 1585, p. 883*). Intervenant à la demande de l'autorité judiciaire ou administrative ou sociale, ces personnes sont, en quelque sorte, des mandataires (G. Raymond, Droit de l'enfance et de l'adolescence, *Litec, 4e éd., 2007, no 524, p. 267*) et c'est du reste en raisonnant sur la théorie du mandat que les solutions ont été dégagées. Agissant pour le compte et au nom de l'autorité qui l'a investi, le mandataire ne saurait valablement invoquer le secret professionnel ; au contraire, il est tenu de révéler les faits dont il a connaissance, mais seulement à cette autorité (F. Alt-Maes, « Un exemple de dépénalisation : la liberté de conscience accordée aux personnes tenues au secret professionnel », *RSC 1998, p. 30* s.). C'est cette solution qui a été adoptée par la Cour de cassation, à propos des membres d'un service éducatif (Crim. 8 oct. 1997 : *Bull. crim. no 329 ; RSC 1998. 320, obs. Y. Mayaud* ;

Dr. pénal 1998. Comm. n° 50. V. sur ce point, Ch. Guéry, « Le défaut de protection par un professionnel : un nouveau délit ? », *D. 2001. Chron. 3293*). En l'espèce, la chambre criminelle a ainsi affirmé que « le secret professionnel imposé aux membres d'un service éducatif sur la situation d'un mineur confié à celui-ci par un juge des enfants est inopposable à cette autorité judiciaire, à laquelle ils sont tenus de rendre compte de son évolution et notamment de tous mauvais traitements, en vertu des articles 375 et suivants du code civil et de l'article 1199-1 du code de procédure civile, pris pour leur application, tout comme ledit secret est inopposable, selon l'article 80 du code de la famille et de l'aide sociale – invoqué par les demandeurs – au président du conseil général pour les mineurs relevant de sa compétence ». Relative au signalement des enfants en danger, cette solution peut être étendue à tous les cas où des professionnels ayant reçu mandat de l'autorité judiciaire (ou administrative) ont eu dans le cadre de leur mission connaissance d'infractions, et notamment de mauvais traitements infligés à des mineurs. ❑

1. La personne chargée de l'exécution d'une mesure de placement décidée par le juge des enfants dans une procédure d'assistance éducative, a l'obligation de dénoncer à l'autorité judiciaire qui lui a confié un mineur les maltraitances dont elle est informée dans l'exécution de sa mission • Crim. 24 janv. 1995, n° 93-81.631 P : *D. 1996. 384, note Dekeuwer-Défossez et Waxin*.

2. Le secret professionnel imposé aux membres d'un service éducatif sur la situation d'un mineur confié à celui-ci par le juge des enfants est inopposable à cette autorité judiciaire, à laquelle ils sont tenus de rendre compte de son évolution et notamment de tous mauvais traitements, en vertu des art. 375 s. C. civ. et de l'art. 1199-1 NCPC, pris pour leur application, tout comme ledit secret est inopposable, selon l'art. 80 CASF invoqué par les demandeurs au président du conseil général pour les mineurs relevant de sa compétence. • Crim. 8 oct. 1997, n° 94-84.801 P : *RSC 1998. 320, obs. Y. Mayaud* ; *Dr. pénal 1998, Comm. n° 50.*

LIVRE TROISIÈME DISPOSITIONS COMMUNES AUX DIFFÉRENTES PHASES DE LA PROCÉDURE PÉNALE

COMMENTAIRE

Le livre III du code de la justice pénale des mineurs est relatif à la procédure, et plus spécifiquement aux dispositions communes aux différentes phases de la procédure pénale applicable aux mineurs. Il précède ainsi, logiquement, les livres IV, V et VI, respectivement relatifs à la phase préalable au jugement, à la phase de jugement et à la phase d'application et d'exécution des mesures éducatives et des peines.

Le livre III est composé de trois titres, assez hétéroclites. Le premier concerne le droit du mineur à l'accompagnement et à l'information, le deuxième les investigations et la mesure éducative judiciaire provisoire, et le troisième les mesures de sûreté (contrôle judiciaire et détention provisoire). ❑

TITRE PREMIER DU DROIT DU MINEUR À L'ACCOMPAGNEMENT ET À L'INFORMATION

COMMENTAIRE

La délinquance des mineurs est, souvent et au moins partiellement, le symptôme d'une crise familiale profonde. C'est ce constat – largement partagé – qui avait conduit la commission Varinard à considérer que l'implication des parents d'un mineur délinquant dans la procédure était souvent le gage d'une réinsertion réussie. Mais une telle implication est parfois délicate, non seulement sur un plan pratique mais aussi d'un point de vue juridique, au regard du principe de personnalité de la responsabilité pénale. La loi n° 2019-222 du 23 mars 2019 de programmation 2018-2022 et de réforme pour la justice s'était engagée dans cette voie en insérant dans l'ordonnance de 1945 un dispositif d'information et d'accompagnement des représentants légaux du mineur délinquant (art. 6-2 et 11-3), qui se trouve repris par le code de la justice pénale des mineurs.

Celui-ci donne même à l'information et à l'accompagnement des représentants légaux une double dimension. Il en fait d'abord un principe directeur de la justice pénale des mineurs, qui figure dans le titre préliminaire. L'article 12-5 dispose ainsi que « dans les conditions fixées par le présent code, les responsables légaux reçoivent les mêmes informations que celles qui doivent être communiquées au mineur au cours de la procédure » et que « le mineur en est informé ». Le même article précise aussi que « le mineur suspecté ou poursuivi a le droit d'être accompagné par ses représentants légaux conformément aux dispositions du présent code ». Il en fait ensuite un dispositif technique, qui vient mettre en œuvre le principe général affirmé dans le titre préliminaire. C'est dans ce cadre que s'inscrivent les articles L. 311-1 et suivants du code. ❑

CHAPITRE UNIQUE

Art. L. 311-1 **Les représentants légaux sont informés par le ministère public ou, selon le cas, la juridiction d'instruction ou de jugement, des décisions prises à l'égard du mineur.**

Cette information se fait par tout moyen sauf lorsqu'il en est disposé autrement.

Le mineur a le droit d'être accompagné par ses représentants légaux :

1° A chaque audience au cours de la procédure ;

2° Lors de ses auditions ou interrogatoires si l'autorité qui procède à cet acte estime qu'il est dans l'intérêt supérieur de l'enfant d'être accompagné et que la présence de ces personnes ne portera pas préjudice à la procédure ; au cours de l'enquête l'audition ou l'interrogatoire du mineur peut débuter en leur absence à l'issue d'un délai de deux heures à compter du moment où celles-ci ont été avisées.

Les représentants légaux du mineur sont convoqués à toutes les audiences des juridictions pour mineurs et, si nécessaire, lors de ses auditions et interrogatoires.

Lorsque l'information des représentants légaux ou l'accompagnement du mineur par ces derniers n'est pas possible ou n'est pas souhaitable, les informations mentionnées aux alinéas précédents sont communiquées à un adulte approprié et le mineur est

accompagné par cet adulte, dans les cas et selon les modalités prévues par le présent code. – *[Ord. n° 45-174 du 2 févr. 1945, art. 6-1 et 6-2, I, 2° et III, al. 1er ; art. 10-2, I et III, al. 1er à 4 ; art. 10-2, II, al. 1er, phrase 1.]*

BIBL. ▶ GALLARDO, *RSC 2019. 755* (l'intérêt supérieur de l'enfant dans la loi du 23 mars 2019 de programmation 2018-2022 et de réforme pour la justice).

COMMENTAIRE

L'article L. 311-1 envisage deux séries de dispositions, les premières relatives à l'information des représentants légaux, les secondes à l'accompagnement du mineur par ceux-ci.

Le principe tout d'abord posé est que les représentants légaux du mineur sont informés de toutes les décisions pénales prises à son égard. On peut relever que le texte n'est pas d'une très grande clarté lorsqu'il énonce que « l'information se fait par tout moyen, sauf lorsqu'il en est disposé autrement » : l'exception vise-t-elle l'information ou seulement ses modalités ? On pencherait plutôt pour la première solution (puisque l'article suivant prévoit des exceptions à l'information elle-même), mais cela mériterait d'être clarifié. Du reste, l'article D. 311-1 dispose que « chaque fois qu'une information est donnée au mineur en application de l'article L. 311-1, elle est également donnée par tout moyen et dans les meilleurs délais aux représentants légaux ou à l'adulte approprié mentionnés à l'article L. 311-2 ». S'agissant de la portée de l'information, les termes employés par le code sont assez généraux, ce qui permet de viser toutes les étapes de la procédure, du moins s'il s'agit d'une « décision ». Tel est le cas, évidemment, d'un jugement ou d'une ordonnance prise à l'égard d'un mineur. Mais tel ne semble pas être le cas d'une audition au stade de l'enquête, même lorsqu'elle se déroule dans le cadre d'une garde à vue. Dans ce cas, l'article D. 594-18 du code de procédure pénale issu du décret n° 2019-507 du 24 mai 2019, prévoyait que « lorsqu'un mineur est informé qu'il est suspect ou poursuivi, la notification de ses droits réalisée à l'occasion d'une audition libre, d'une retenue, d'une garde à vue ou d'une première comparution en application des articles 61-1, 63-1 ou 116 comprend également l'information dans des termes simples et accessibles des droits suivants : 1° le droit à ce que le titulaire de l'autorité parentale soit informé et le droit d'être accompagné par celui-ci lors de ses auditions ou interrogatoires, sauf circonstances particulières ». Le texte a été abrogé par le décret n° 2021-683 du 27 mai 2021. La question des auditions au cours de l'enquête est donc désormais traitée par l'alinéa 2 du texte et par les dispositions spécifiques aux différentes mesures, par exemple, pour l'audition libre, par l'article L. 412-1.

L'article L. 311-1 envisage ainsi le droit du mineur lors des audiences, auditions ou interrogatoires. Le droit du mineur d'être accompagné par ses représentants légaux ne présente pas la même force selon qu'il s'agit d'une audience, d'une audition ou d'un interrogatoire. S'agissant des audiences, le droit du mineur à l'accompagnement par ses représentants légaux est entendu largement, et il en va de même concernant sa portée, ce qui se comprend compte tenu de l'importance d'une audience (outre le fait que les parents sont généralement susceptibles d'être tenus au titre de l'action civile). En revanche, s'agissant des auditions et interrogatoires durant l'enquête ou l'instruction, le code accorde à ce droit une portée plus limitée, puisque l'accompagnement est conditionné par l'appréciation que fera l'autorité concernée (procureur de la République, éventuellement juge d'instruction) de la conciliation entre l'intérêt supérieur de l'enfant et les nécessités de la procédure. En outre, le texte prévoit qu'au cours de l'enquête, l'audition ou l'interrogatoire du mineur pourra débuter en leur absence à l'issue d'un délai de deux heures à compter du moment où ceux-ci ont été avisés (comme pour l'assistance par un avocat durant la garde à vue, V. C. pr. pén., art. 63-4-2).

L'article L. 311-1 prévoit aussi les modalités de mise en œuvre des droits d'information et d'accompagnement des représentants légaux. Il précise ainsi que « les représentants légaux du mineur sont convoqués à toutes les audiences des juridictions pour mineurs et, si nécessaire, lors de ses auditions et interrogatoires ».

Enfin, l'article L. 311-1 envisage la situation où les représentants légaux ne sont pas en mesure d'accompagner effectivement le mineur, parce qu'un tel accompagnement n'est pas possible ou pas souhaitable. Dans ce cas, les informations sont « communiquées à un adulte approprié et le mineur est accompagné par cet adulte, dans les cas et selon les modalités prévues par le présent code », que l'on retrouve aux articles suivants.

On notera cependant que, pas plus que l'ordonnance de 1945 dans ses dispositions issues de la loi n° 2019-222 du 23 mars 2019, le texte ne donne d'indication quant à la portée de ces prescriptions. L'examen de la jurisprudence sera donc essentiel, notamment pour voir si l'absence des représentants légaux pourra être sanctionnée de la nullité. Dans le cas particulier de la garde à vue, l'obligation d'information des représentants légaux est prévue par un texte spécifique (art. L. 413-7), et la jurisprudence se montre très rigoureuse. Dans une affaire (Crim. 17 juin 2020, n° 20-80.065) où un mineur avait désigné comme représentant légal la personne responsable du foyer dans lequel il était placé, qui n'était autre que sa propre victime, la Cour de cassation a estimé qu'il y avait là une irrégularité qui devait être sanctionnée par la nullité de la garde à vue. Elle a considéré d'abord qu'il n'appartient pas au mineur de désigner lui-même la personne responsable de lui, et qu'en l'espèce la personne responsable du foyer pouvait d'autant moins être désignée comme représentant légal du mineur qu'elle était la victime de ce dernier. Elle a ensuite estimé que l'irrégularité de cette information faisait nécessairement grief au mineur dès lors que la formalité a pour finalité de permettre à la personne désignée d'assister le mineur dans ses choix de personne gardée à vue dans le seul intérêt de sa défense. Mais la rigueur dont fait preuve ici la jurisprudence n'est pas forcément transposable à l'obligation générique d'information, prévue par l'article L. 311-1. ❑

Art. L. 311-2 L'information des droits dont le mineur bénéficie n'est pas délivrée aux titulaires de l'autorité parentale et le mineur n'est pas accompagné par ceux-ci lorsque cela :

1° Serait contraire à l'intérêt supérieur du mineur ;

2° N'est pas possible, parce que, après que des efforts raisonnables ont été déployés, aucun des titulaires de l'autorité parentale ne peut être joint ou que leur identité est inconnue ;

3° Pourrait, sur la base d'éléments objectifs et factuels, compromettre de manière significative la procédure pénale.

Dans les cas visés aux alinéas précédents, le mineur peut désigner un adulte approprié, qui doit être accepté en tant que tel par l'autorité compétente, pour recevoir ces informations et pour l'accompagner au cours de la procédure. Lorsque le mineur n'a désigné aucun adulte ou que l'adulte désigné n'est pas acceptable pour l'autorité compétente, le procureur de la République, le juge des enfants ou le juge d'instruction désigne, en tenant compte de l'intérêt supérieur de l'enfant, une autre personne pour recevoir ces informations et accompagner le mineur.

Cette personne peut également être un représentant d'une autorité ou d'une institution compétente en matière de protection de l'enfance, notamment un représentant *ad hoc* figurant sur la liste dressée en application de l'article 706-51 du code de procédure pénale. — *[Ord. n° 45-174 du 2 févr. 1945, art. 6-2, II et III, al. 1er et 2 ; art. 10-2, II, al. 2 à 8.]*

BIBL. ▶ LEGRAND (dir.), Le traitement judiciaire de la parole des mineurs victimes d'infractions sexuelles (enquête sur la diversité des pratiques d'une nouvelle procédure), *Cah. just. 2006. 279 s.*

COMMENTAIRE

Le principe, posé par l'article L. 311-1, est celui de l'information des titulaires de l'autorité parentale et de leur possibilité d'accompagner le mineur à toutes les phases de la procédure. Mais ce principe souffre de certaines limitations, prévues par l'article L. 311-2, qui reprend lui-même l'article 6-2, II, de l'ordonnance de 1945, issu de la loi n° 2019-222 du 23 mars 2019. L'information et l'accompagnement des titulaires de l'autorité parentale peuvent donc être écartés au regard de la situation du mineur, des parents ou de la procédure pénale. Dans cette hypothèse, un « adulte approprié », selon le terme employé par le texte et reprenant les dispositions de l'article 6-2, III de l'ordonnance de 1945, issu de la loi du 23 mars 2019, prendra le relais. Le cas échéant, il pourra s'agir d'« un représentant d'une autorité ou d'une institution compétente en matière de protection de l'enfance, notamment un représentant *ad hoc* figurant sur la liste dressée en application de l'article 706-51 du code de procédure pénale ». Cette dernière précision est assez originale, en ce qu'elle établit un lien assez rare entre mineur délinquant et mineur victime, dans la mesure où les dispositions du code de procédure pénale relatives à l'administrateur *ad hoc* sont celles qui s'appliquent au mineur victime, et spécialement victime d'infraction sexuelle au sein de la famille (l'article 706-50 du code

de procédure pénale prévoit en effet que l'administrateur *ad hoc* peut intervenir lorsque la protection des intérêts du mineur n'est pas complètement assurée par ses représentants légaux ou par l'un d'eux). L'administrateur *ad hoc* est alors désigné, conformément aux dispositions de l'article 706-51 du code de procédure pénale auxquelles renvoie le code de la justice pénale des mineurs, soit parmi les proches de l'enfant, soit sur une liste de personnalités dont les modalités de constitution sont fixées par décret en Conseil d'État (V. C. pr. pén., art. R. 53 s. issus du Décr. n° 99-818 du 16 sept. 1999). Dans les faits, il s'agira le plus souvent de représentants de personnes morales intervenant dans un cadre associatif ou de personnalités désignées par l'Aide sociale à l'enfance.

Qu'il s'agisse d'un adulte approprié ou *a fortiori* d'un administrateur *ad hoc*, leur information et surtout leur présence aux côtés d'un mineur délinquant peut se révéler relativement lourde et poser, de ce fait, un certain nombre de difficultés pratiques. La détermination de l'adulte approprié n'est en effet pas toujours chose facile (le choix du grand frère, par exemple, peut se révéler hasardeux, spécialement si celui-ci a eu à connaître de la justice pénale). De même, il n'est pas aisé d'expliquer à cet adulte approprié sa mission aux côtés du mineur, d'autant qu'il n'a pas, à la différence des parents, l'autorité parentale sur celui-ci. ❑

Code de procédure pénale

Art. 706-51 L'administrateur *ad hoc* nommé en application de l'article précédent est désigné par le magistrat compétent, soit parmi les proches de l'enfant, soit sur une liste de personnalités dont les modalités de constitution sont fixées par décret en Conseil d'État. Ce décret précise également les conditions de leur indemnisation.

Art. L. 311-3 L'adulte approprié a pour rôle de :

1° Recevoir l'information relative aux différentes mesures prononcées à l'égard du mineur et des droits qui lui sont notifiés ;

2° L'accompagner lors des audiences et le cas échéant, lors de ses auditions ou interrogatoires si l'autorité qui procède à cet acte estime qu'il est dans l'intérêt supérieur de l'enfant d'être accompagné et que la présence de ces personnes ne portera pas préjudice à la procédure. Au cours de l'enquête, l'audition ou l'interrogatoire peut débuter en l'absence de ces personnes à l'issue d'un délai de deux heures à compter du moment où celles-ci ont été avisées.

L'adulte désigné peut demander un examen médical du mineur gardé à vue. Si cet adulte n'a pas pu être joint dès le début de la garde à vue, l'examen médical du mineur est obligatoire. — *[Ord. n° 45-174 du 2 févr. 1945, art. 6-2, III, al. 3 ; art. 10-2, II, al. 1er.]*

COMMENTAIRE

L'article L. 311-3 définit les missions de l'adulte approprié, de manière sensiblement plus complète que ne le faisait l'article 6-2, III, de l'ordonnance de 1945, issu de la loi de programmation et de réforme pour la justice du 23 mars 2019. On y retrouve les missions normalement dévolues aux représentants légaux, qui se trouvent répercutées sur l'adulte approprié. La disposition relative à l'examen médical au cours de la garde à vue – qui reprend *in fine* l'article 6-2, III, de l'ordonnance de 1945 – est importante et introduit une nouveauté. En effet, elle précise que l'adulte approprié peut demander un examen médical du mineur gardé à vue, et prévoit que, si celui-ci n'a pu être joint dès le début de la garde à vue, l'examen médical est obligatoire, mais sans qu'il soit fait référence à l'âge du mineur concerné. Or, classiquement, l'examen médical obligatoire en début de garde à vue ne concernait que les mineurs de treize à seize ans (au moment de la garde à vue), de sorte que la mesure est plus protectrice des mineurs que l'ordonnance de 1945 dans sa version antérieure à la loi du 23 mars 2019.

Le décret n° 2021-683 du 27 mai 2021 a complété ce dispositif par deux dispositions relatives à l'adulte approprié. L'article D. 311-1 dispose que « chaque fois qu'une information est donnée au mineur en application de l'article L. 311-1, elle est également donnée par tout moyen et dans les meilleurs délais aux représentants légaux ou à l'adulte approprié mentionnés à l'article L. 311-2 ». L'article D. 311-2 dispose quant à lui que « lorsque la désignation d'un adulte approprié apparaît nécessaire pour recevoir des infor-

mations ou accompagner le mineur en application de l'article L. 311-2, l'officier de police judiciaire, le procureur de la République, le juge des enfants ou le juge d'instruction sollicite du mineur qu'il désigne cet adulte ». L'article poursuit en indiquant que « si le mineur ne désigne aucun adulte ou que l'adulte qu'il a désigné n'apparaît pas approprié, le procureur de la République, le juge des enfants ou le juge d'instruction, informé le cas échéant par l'officier de police judiciaire, procède à cette désignation ». Surtout, le dernier alinéa précise qui peut être choisi : « L'adulte approprié est choisi en priorité parmi les proches du mineur. Si aucun adulte ne peut être désigné, le procureur de la République, le juge des enfants ou le juge d'instruction désigne un administrateur *ad hoc* sur la liste prévue par les articles R. 53 et R. 53-6 du code de procédure pénale. Les dispositions des 1° à 4° et 6° à 11° de l'article R. 216 du même code sont alors applicables. » ❑

Art. L. 311-4 Si les conditions visées à l'article L. 311-2 ne sont plus réunies, pour la suite de la procédure, les informations sont données aux titulaires de l'autorité parentale et ceux-ci accompagnent le mineur. – *[Ord. n° 45-174 du 2 févr. 1945, art. 6-2, IV ; art. 10-2, II, al. 1er, III, al. 1er, 5, 6 et 7]*

COMMENTAIRE

Reprenant les termes de l'article 6-2, VI, l'article L. 311-4 permet le retour au principe, lorsque les circonstances particulières qui ont justifié que l'information et l'accompagnement des titulaires de l'autorité parentale soient écartés ont disparu. On revient alors au principe, c'est-à-dire à leur information et leur accompagnement. Comme le précise clairement le texte, le retour au principe ne concerne que « la suite de la procédure » et ne saurait évidemment remettre en cause les actes et décisions passées. ❑

Art. L. 311-5 Lorsque les représentants légaux du mineur poursuivi ne déférent pas à la convocation à comparaître devant un magistrat ou une juridiction pour mineurs, ce magistrat ou cette juridiction peut, d'office ou sur réquisition du ministère public, ordonner qu'ils soient immédiatement amenés par la force publique devant lui ou devant elle pour être entendus.

Dans tous les cas, les représentants légaux qui ne déférent pas *(L. n° 2021-218 du 26 févr. 2021, art. 12)* **« à la convocation » peuvent, sur réquisitions du ministère public, être condamnés par le magistrat ou la juridiction** *(L. n° 2021-218 du 26 févr. 2021, art. 12)* **« saisi » à une amende dont le montant ne peut excéder 3 750 euros** *(L. n° 2021-218 du 26 févr. 2021, art. 13)* **« et » à un stage de responsabilité parentale.**

Cette amende peut être rapportée par le magistrat ou la juridiction qui l'a prononcée *(L. n° 2021-218 du 26 févr. 2021, art. 12)* **« si les représentants légaux » déférent aux convocations ultérieures.**

Les personnes condamnées en application du premier *[deuxième]* **alinéa peuvent former opposition de la décision devant le tribunal correctionnel statuant à juge unique dans le ressort duquel la juridiction qui l'a prononcée a son siège, dans les dix jours à compter de sa notification.** – *[Ord. n° 45-174 du 2 févr. 1945, art. 10-1.]*

COMMENTAIRE

L'article L. 311-5 reprend l'article 10-1 de l'ordonnance de 1945, issu de la loi du 9 septembre 2002, et profondément modifié par la loi du 10 août 2011. A l'origine, c'est donc la loi Perben I du 9 septembre 2002 qui avait inséré dans l'ordonnance de 1945 une disposition permettant de sanctionner par une amende civile les représentants légaux du mineur qui ne déféraient pas à une convocation d'un juge (juge des enfants, juge d'instruction, tribunal pour enfants ou cour d'assises des mineurs). La loi du 10 août 2011 avait élargi et durci le texte, en l'appliquant aux convocations à comparaître des magistrats ou des juridictions pour mineurs (ce qui inclut donc le ministère public) et en permettant, outre la condamnation à une amende, le recours à la force publique et une condamnation à un stage parental. C'est ce dispositif qui est repris par le code de la justice pénale des mineurs.

Une légère différence avec le texte qui figure dans l'ordonnance de 1945 est toutefois à noter, puisque le code précise que l'opposition se fait devant le tribunal correctionnel « statuant à juge unique dans le ressort duquel la juridiction qui l'a prononcée a son siège » (la composition et la compétence territoriale n'étaient pas précisées dans l'ordonnance de 1945).

Mais le texte n'a pas corrigé une coquille qui figurait à l'article 10-1 de l'ordonnance de 1945. Dans son dernier alinéa, le texte renvoie en effet à la condamnation à laquelle s'exposent les représentants légaux qui ne défèreraient pas à la convocation, en visant l'alinéa premier, alors qu'il s'agit de l'alinéa 2. Bien que cette erreur n'ait guère de conséquence, il serait bon qu'elle soit rectifiée. ❑

TITRE DEUXIÈME DES INVESTIGATIONS ET DE LA MESURE ÉDUCATIVE JUDICIAIRE PROVISOIRE

COMMENTAIRE

Si, en principe, on ne devrait pas pouvoir juger l'auteur d'une infraction sans une connaissance de sa personnalité, cette exigence revêt en droit pénal des mineurs une importance toute particulière. La connaissance de la personnalité du mineur délinquant est en effet indispensable car elle a pour objet de permettre aux juridictions du fond la mise en œuvre du principe de la primauté de l'éducation sur la répression, et, plus largement, parce qu'elle répond également au souci de prendre en compte la personnalité du mineur dans la recherche d'une réponse judiciaire adaptée et conforme au principe de la personnalisation des peines.

L'ordonnance de 1945 (art. 8) prévoyait que les investigations sur la personnalité du mineur délinquant étaient obligatoires ; les cas dans lesquels on pouvait se passer de telles investigations étaient rares et devaient de surcroît faire l'objet d'une motivation de la part du juge. L'ordonnance de 1945 (art. 5-1) affirmait même que, « avant toute décision prononçant des mesures de surveillance et d'éducation ou le cas échéant, une sanction éducative ou une peine à l'encontre d'un mineur pénalement responsable d'un crime ou d'un délit, doivent être réalisées les investigations nécessaires pour avoir une connaissance suffisante de sa personnalité et de sa situation sociale et assurer la cohérence des décisions pénales dont il fait l'objet ». A cette fin, et suivant les préconisations de la commission Varinard, le législateur avait créé un dossier unique de personnalité (art. 5-2) ayant vocation à accueillir à toutes les informations recueillies l'égard d'un mineur, et pas seulement dans le cadre pénal.

L'importance de ces investigations n'est pas remise en cause par le code de la justice pénale des mineurs. Celui-ci leur consacre même de nombreuses dispositions, qui s'inspirent partiellement du dispositif qui existait sous l'empire de l'ordonnance de 1945.

A cet égard, le présent titre est composé de trois chapitres. Le premier, intitulé « Dispositions générales », évoque les rapports entre la mesure judiciaire d'investigation éducative et la mesure éducative judiciaire provisoire. Le deuxième aborde les « informations relatives à la personnalité du mineur », et le troisième « la mesure éducative judiciaire provisoire ». ❑

CHAPITRE PREMIER DISPOSITIONS GÉNÉRALES

Art. L. 321-1 La mesure judiciaire d'investigation éducative et la mesure éducative judiciaire provisoire prévues par le présent titre peuvent être prononcées cumulativement entre elles et avec les différentes mesures de sûreté applicables aux mineurs.

La mesure judiciaire d'investigation éducative et la mesure éducative judiciaire provisoire déjà prononcées se poursuivent lorsqu'une mesure de sûreté est prononcée à l'encontre d'un mineur.

COMMENTAIRE

Ce chapitre premier, consacré aux « dispositions générales », ne comprend qu'un seul article, dont l'objet principal est d'affirmer la possibilité de cumuler la mesure judiciaire d'investigation éducative (V. art. L. 322-7) et la mesure judiciaire provisoire, entre elles et avec les différentes mesures de sûreté applicables aux mineurs. Ce cumul, qui n'est pas sans rappeler celui entre mesures éducatives et peines au stade du fond, est logique. Des investigations sur la personnalité du mineur sont indispensables, mais elles n'excluent pas que soient prises, en même temps et cumulativement, des mesures éducatives judiciaires provisoires. Du reste, une telle combinaison était fréquente sous l'ordonnance de 1945, la liberté surveillée préjudicielle (mesure éducative) intervenant fréquemment en même temps

que des mesures d'investigation. Le texte précise aussi que ces mesures peuvent également se cumuler avec les mesures de sûreté, prévues dans le titre III du même livre (contrôle judiciaire, détention provisoire). Là encore, si la formulation en ces termes est nouvelle, le principe existait déjà sous l'ordonnance de 1945, qui admettait des combinaisons similaires, spécialement dans le cadre du contrôle judiciaire.

L'alinéa suivant prévoit que « la mesure judiciaire d'investigation éducative et la mesure éducative judiciaire provisoire déjà prononcées se poursuivent lorsqu'une mesure de sûreté est prononcée à l'encontre d'un mineur ». Le cumul entre mesure judiciaire d'investigation et mesure éducative judiciaire provisoire d'une part, et mesure de sûreté d'autre part, est ainsi envisagé largement. Le cumul est en effet possible *ab initio* (ce que dit l'alinéa précédent) ou en cours de route, lorsque ou malgré l'existence d'une mesure éducative intervient une mesure de sûreté. Cette règle est logique, mais il était préférable de l'énoncer clairement. Les mesures de sûreté (au sens où le code les définit) sont des mesures de contraintes, qui s'inscrivent principalement dans une perspective de défense de l'ordre public. Les mesures éducatives (d'investigation comme provisoires) visent le mineur et interviennent dans un registre de compréhension et de protection. Le cumul entre ces différentes mesures est donc parfaitement possible, et si des mesures de sûreté sont prises ultérieurement, elles ne remettent pas en cause les mesures éducatives d'investigation et les mesures judiciaires provisoires déjà prononcées. ❑

CHAPITRE II DES INFORMATIONS RELATIVES À LA PERSONNALITÉ DU MINEUR

SECTION PREMIÈRE DES INVESTIGATIONS SUR LA PERSONNALITÉ ET LA SITUATION DU MINEUR

Art. L. 322-1 Avant toute décision prononçant une mesure éducative ou une peine à l'égard d'un mineur déclaré coupable d'un crime, d'un délit ou d'une contravention de la cinquième classe, des investigations sont réalisées pour acquérir une connaissance suffisante de sa personnalité, de sa situation sociale et familiale et pour assurer la cohérence des décisions dont il fait l'objet. – *[Ord. n° 45-174 du 2 févr. 1945, art. 5-1.]*

COMMENTAIRE

L'article L. 322-1 constitue, à quelques mots près, la reprise de l'ancien article 5-1 de l'ordonnance de 1945, issu de la loi du 10 août 2011. Les modifications apportées par le code sont d'ordre rédactionnel (« mesure éducative » au lieu de « mesure de surveillance et d'éducation » ; mineur « déclaré coupable » au lieu de « pénalement responsable » ; « situation sociale et familiale » au lieu de « situation sociale »), ou liées à la suppression des sanctions éducatives. Le code reprend donc le principe que la loi du 10 août 2011 avait consacré, selon lequel aucune mesure éducative ou aucune peine ne peut être prononcée contre un mineur sans investigations préalables permettant une évaluation « suffisante » de sa personnalité, de sa situation sociale et familiale. ❑

Art. L. 322-2 Outre l'expertise et les autres mesures d'investigation prévues par le code de procédure pénale, les mesures suivantes peuvent être ordonnées en vue de recueillir des éléments sur la personnalité et la situation du mineur :

1° Le recueil de renseignements socio-éducatifs ;

2° La mesure judiciaire d'investigation éducative. – *[Ord. n° 45-174 du 2 févr. 1945, art. 8, al. 4 et 5, phrase 1.]*

COMMENTAIRE

L'article L. 322-2 fait d'abord référence aux mesures d'investigation classiques du droit commun, prévues par le code de procédure pénale, et spécialement à l'expertise. L'expertise est une mesure d'investigation essentielle, à l'égard des majeurs comme à l'égard des mineurs. Concernant spécifiquement ces derniers, on pense particulièrement à l'expertise psychiatrique ou psychologique, dont le rôle pourrait s'accroître avec le code dans le cadre de l'évaluation du discernement (les présomptions de discernement à 13 ans et de non-discernement en dessous de cet âge étant des présomptions simples, laissant donc la place à discussion). Au-delà de l'expertise, toutes les mesures

d'investigation du code de procédure pénale destinées à recueillir des éléments sur la personnalité du mineur et sa situation sont *a priori* applicables (examens médicaux, enquête de personnalité et témoignages principalement).

Mais, en droit pénal des mineurs, il existe deux mesures d'investigation spécifiques, que le code définit et dont il précise les modalités : le recueil de renseignements socio-éducatifs et la mesure judiciaire d'investigation éducative. ❑

Art. L. 322-3 Le recueil de renseignements socio-éducatifs est une évaluation synthétique des éléments relatifs à la personnalité et à la situation du mineur. Il donne lieu à un rapport contenant tous renseignements utiles sur sa situation ainsi qu'une proposition éducative ou une proposition de mesures propres à favoriser son insertion sociale.

Il est ordonné par le procureur de la République, le juge d'instruction et les juridictions de jugement spécialisées. — *[Ord. n° 45-174 du 2 févr. 1945, art. 12, al. 1er.]*

(L. n° 2021-1729 du 22 déc. 2021, art. 14, en vigueur le 31 déc. 2021) **« Le mineur entendu par le service de la protection judiciaire de la jeunesse est informé, préalablement à l'entretien, de son droit de se taire sur les faits qui lui sont reprochés. »**

COMMENTAIRE

Le recueil de renseignements socio-éducatifs (RRSE) est une mesure d'investigation classique en droit pénal des mineurs (elle existait dans l'ordonnance de 1945 à l'art. 12), dont le but est principalement d'aider le magistrat dans sa prise de décision, en lui fournissant des informations succinctes sur la situation du mineur, ainsi qu'une proposition éducative. L'article L. 322-3 en donne une définition qui ne figurait pas dans l'ordonnance de 1945 : « le recueil de renseignements socio-éducatifs est une évaluation synthétique des éléments relatifs à la personnalité et à la situation du mineur ». Réalisé par un professionnel seul (à la différence d'autres mesures d'investigations plus poussées qui font intervenir plusieurs professionnels d'horizons différents), en général dans un délai assez court, cette mesure « donne lieu à un rapport contenant tous renseignements utiles sur sa situation ainsi qu'une proposition éducative ou une proposition de mesures propres à favoriser son insertion sociale ». Les termes sont clairement inspirés de ceux de l'article 12, alinéa 1er, de l'ordonnance de 1945, et, au-delà de cette proximité rédactionnelle, on retrouve l'objet particulier du recueil de renseignements socio-éducatifs : il s'agit d'une aide à la décision, contenant une proposition éducative.

A cet égard, l'article L. 322-3 du code précise que le recueil de renseignements socio-éducatifs « est ordonné par le procureur de la République, le juge d'instruction et les juridictions de jugement spécialisées ». Le recueil de renseignements socio-éducatifs est souvent ordonné par le parquet, en début de procédure, pour l'aider à évaluer et orienter le dossier. Il est aussi ordonné par le juge d'instruction, et par les juridictions de jugement, lorsque ces investigations n'ont pas déjà été réalisées. Du reste, c'est une mesure d'investigation quasi systématique, et même obligatoire avant toute décision en matière de détention provisoire.

Le code ne détaille pas les modalités concrètes de cette mesure d'investigation, mais, puisqu'il s'agit d'une mesure bien connue sous l'ordonnance de 1945, on peut en donner les principales modalités. Le recueil de renseignements socio-éducatifs est généralement réalisé par un éducateur de la Protection judiciaire de la jeunesse, qui prend contact avec la famille du mineur, expose l'objet de ce travail, recueille un certain nombre de renseignements sur le mineur, sa personnalité, sa situation sociale et familiale. L'article D. 322-1 du code précise par qui est établi ce rapport, en distinguant selon que l'intéressé est mineur, ou qu'il est devenu majeur : « le recueil de renseignements socio-éducatifs est établi : 1° Lorsque l'intéressé est mineur, par le service de la protection judiciaire de la jeunesse ; 2° Lorsque l'intéressé est devenu majeur, par le service de la protection judiciaire de la jeunesse ou, en cas de circonstances matérielles insurmontables, par le service pénitentiaire d'insertion et de probation ou par toute personne habilitée conformément au sixième alinéa de l'article 81 du code de procédure pénale. » Pour rédiger ce rapport, son auteur dispose d'une trame, élaborée par la Protection judiciaire de la jeunesse, qui le guide dans la réalisation de cette investigation et assure une certaine uniformisation entre les recueils de renseignements socio-éducatifs. Un rapport écrit est rédigé par le professionnel, qui est ensuite remis au magistrat qui l'avait ordonné. Plus

précisément, conformément à l'article D. 322-2, « Le recueil de renseignements socio-éducatifs comporte les renseignements prévus au premier alinéa de l'article L. 322-3 et permet de préparer le mineur et sa famille à la tenue de l'audience ». Le même article indique que « la proposition éducative comporte les objectifs et les modalités du projet d'accompagnement éducatif » et que, lorsque « l'incarcération du mineur est envisagée, le recueil de renseignements socio-éducatifs propose une alternative et en étudie la faisabilité socio-éducative ». Le « recueil de renseignements socio-éducatifs est adressé au magistrat mandant et à la juridiction de jugement dans des délais permettant le respect des droits de la défense et du principe du contradictoire », et « en cas de déferement, une copie de ce rapport est remise à l'avocat du mineur avant le débat contradictoire » (art. D. 322-3).

L'article L. 322-3 a été complété par un alinéa issu de la loi n° 2021-1729 dite « confiance dans l'institution judiciaire » du 22 décembre 2021, relatif à la notification, par les éducateurs, du droit de se taire. Cette disposition fait suite à une décision n° 2021-894 QPC du 9 avril 2021 du Conseil constitutionnel, qui avait déclaré le premier alinéa de l'article 12 de l'ordonnance de 1945 contraire à la Constitution, en ce qu'il ne prévoyait pas l'information donnée au mineur interrogé par un agent de la PJJ de son droit de se taire lors de l'établissement du RRSE. La loi nouvelle vient donc intégrer cette exigence constitutionnelle.

Si le RRSE est une aide précieuse à la décision des magistrats en droit pénal des mineurs, c'est aussi une mesure d'investigation qui peut, parfois, se retourner contre le mineur lorsque le rapport contient des aveux qu'il a fait en confiance, s'adressant à un éducateur et non à un enquêteur. C'est la raison pour laquelle une QPC avait été posée à propos de l'article 12 de l'ordonnance de 1945, en vertu de laquelle il était reproché au texte de ne pas prévoir la notification du droit au silence et ainsi que la présence d'un avocat lors de l'entretien. Seul le premier argument a été retenu par le Conseil constitutionnel, ce qui, au passage, n'est pas complètement convaincant, dans la mesure où le fait d'imposer la notification du droit au silence est la reconnaissance que cette mesure d'investigation n'est pas un entretien anodin. Quoi qu'il en soit, le texte impose la notification du droit au silence et ne prévoit pas la possibilité d'être assisté par un avocat.

De son côté, la Cour de cassation a imposé le droit au silence en anticipant même la loi nouvelle, sur le fondement de l'article 6, §§ 1er et 3, de la Convention européenne des droits de l'Homme. Dans un arrêt du 10 novembre 2021 (Crim. 10 nov. 2021, n° 20-84.861 : *Dr. fam. 2022, n° 8, obs. Ph. Bonfils*), la chambre criminelle de la Cour de cassation a jugé que l'absence d'assistance, par un avocat, du mineur interrogé par l'agent des services de la PJJ ne saurait entraîner l'annulation du RRSE que ce dernier établit dès lors que ce rapport n'a pas pour objet de recueillir des éléments de preuve portant sur la matérialité des faits mais que, en revanche, l'absence de notification faite au mineur de son droit au silence lors du RRSE constitue une irrégularité justifiant l'annulation partielle du rapport établi par les services éducatifs et la cancellation des passages relatifs aux déclarations et aux réponses faites par le mineur aux questions sur les faits. Ce faisant, elle a cassé un arrêt de la chambre de l'instruction qui avait rejeté une requête en nullité. La Cour de cassation s'inspire évidemment de la décision du Conseil constitutionnel du 9 avril 2021. Mais ce dernier ayant précisé que sa décision ne prenait effet qu'à compter du 30 septembre 2021 et que les mesures prises avant la publication de cette décision ne pouvaient être contestées sur le fondement de cette inconstitutionnalité, la Cour de cassation s'est prononcée en s'appuyant sur les dispositions de la Cour européenne des droits de l'Homme. ❑

1. L'agent compétent du service de la protection judiciaire de la jeunesse chargé de la réalisation du rapport visé par l'art. 12 de l'Ord. du 2 févr. 1945 a la faculté d'interroger le mineur sur les faits qui lui sont reprochés, ce dernier peut ainsi être amené à reconnaître sa culpabilité dans le cadre du recueil de renseignements socio-éducatifs et ce rapport peut être porté à la connaissance de la juridiction de jugement. Dès lors, en ne prévoyant pas que le mineur entendu par le service de la protection judiciaire de la jeunesse doit être informé de son droit de se taire, les dispositions contestées portent atteinte à ce droit (report des effets de l'inconstitutionnalité au 30 sept. 2021). • Cons. const. 9 avr. 2021, n° 2021-894 QPC.

2. Les rapports de renseignements socio-éducatifs établis par les services éducatifs avant le 30 sept. 2021, sans que le droit de se taire ait été notifié au mineur mis en cause, doivent être partiellement annulés par cancellation des passages relatifs aux déclarations et aux réponses faites par le mineur aux questions portant sur les faits. • Crim. 10 nov. 2021, n° 20-84.861 B : *Dr. fam. 2022. Comm. 8, obs. Bonfils.*

Art. L. 322-4 Lorsque le procureur de la République saisit le juge des enfants, le juge d'instruction ou le tribunal pour enfants, il ordonne un recueil de renseignements socio-éducatifs.

Le recueil de renseignements socio-éducatifs est joint à la procédure. – *[Ord. n° 45-174 du 2 févr. 1945, art. 12, al. 3 et 4.]*

COMMENTAIRE

Le recueil de renseignements socio-éducatifs (RRSE) est une aide précieuse à la prise de décision. Il est généralement ordonné par le procureur de la République pour l'aider dans l'orientation de la procédure. Le RRSE est donc normalement la première investigation sur la personnalité du mineur.

L'article L. 322-4 généralise le recours au RRSE, qui doit intervenir lorsque le procureur demande l'ouverture d'une information judiciaire et saisit un juge d'instruction ou lorsqu'il saisit le juge des enfants ou le tribunal pour enfants, aux fins de jugement. Le texte ne vise pas les modes alternatifs, spécialement la composition pénale, mais le recours au RRSE est également nécessaire en ce domaine et prévu par l'article L. 422-4. ❑

Les dispositions des art. L. 322-4, L. 322-5 et L. 322-6, qui imposent au procureur de la République d'ordonner le recueil de renseignements socio-éducatifs avant toute saisine du juge des enfants, du juge d'instruction ou du tribunal pour enfants et avant toute réquisition ou décision de placement en détention provisoire ou de prolongation de la détention provisoire d'un mineur mis en examen ou convoqué devant une juridiction de jugement, s'appliquent même lorsque l'intéressé, mineur au moment des faits, est devenu majeur le jour des poursuites dès lors qu'il n'a pas atteint l'âge de vingt et un ans ; elles sont également applicables lorsque les faits reprochés ont été commis pour partie pendant la minorité de l'intéressé et pour partie pendant sa majorité. • Crim. 11 mai 2023, n° 23-80.986 B.

Art. L. 322-5 Le recueil de renseignements socio-éducatifs est obligatoire avant toute réquisition ou décision de placement en détention provisoire ou de prolongation de la détention provisoire d'un mineur mis en examen ou convoqué devant une juridiction de jugement. – *[Ord. n° 45-174 du 2 févr. 1945, art. 12, al. 2.]*

COMMENTAIRE

L'article L. 322-5 reprend une exigence qui existait sous l'ordonnance de 1945 (art. 12), en l'actualisant pour viser également le mineur « convoqué devant une juridiction de jugement », afin de correspondre aux modifications procédurales que le code de la justice pénale des mineurs introduit.

Le caractère obligatoire du RRSE avant toute décision relative à la détention provisoire est donc classique, et correspond à l'idée que ce n'est que lorsqu'aucune solution éducative n'est envisageable qu'on peut se tourner vers une réponse répressive. Dans cette perspective, le caractère obligatoire des investigations sur la personnalité avant une décision sur la détention provisoire apparaît comme le prolongement, sur le terrain procédural, du principe de la primauté de l'éducation sur la répression.

Quoi qu'il en soit, et puisque le caractère obligatoire du RRSE avant toute décision sur la détention provisoire existait déjà sous l'ordonnance de 1945, la jurisprudence antérieure est vraisemblablement appelée à se maintenir avec le code. Or, la Cour de cassation faisait preuve, en la matière, d'une juste sévérité. Ainsi, dès 1996, la chambre criminelle avait affirmé que « aux termes de l'article 12 de l'ordonnance du 2 février 1945, le service de l'éducation surveillée compétent doit obligatoirement être consulté avant décision de placement en détention provisoire d'un mineur » et que, « à défaut d'exécution de cette formalité essentielle, il y a lieu de constater l'inexistence du titre de détention et de prononcer la mise en liberté » (Crim. 11 juin 1996, n° 96-81.398). Mais si un RRSE avait été ordonné et réalisé au moment de la présentation du mineur au juge d'instruction, une nouvelle consultation du service de la Protection judiciaire de la jeunesse n'est pas obligatoire dans le cas où c'est finalement la chambre de l'instruction qui ordonne le placement en détention provisoire (Crim. 13 avr. 1999, n° 99-80.698), ou lorsque la juridiction rejette une demande de mise en liberté après avoir constaté le caractère insuffisant d'une mesure d'assignation à résidence avec surveillance électronique (Crim. 2 févr. 2011, n° 10-87.868). ❑

1. Intervention préalable de la PJJ. Aux termes de l'art. 12 de l'Ord. du 2 févr. 1945, le service de l'éducation surveillée compétent doit obligatoirement être consulté avant décision de placement en détention provisoire d'un mineur ; à défaut d'exécution de cette formalité essentielle, il y a lieu de constater l'inexistence du titre de détention et de prononcer la mise en liberté. • Crim. 11 juin 1996, n° 96-81.398 P : *D. 1997. Somm. 148, obs. Pradel*.

2. L'exigence de consultation ne saurait être étendue aux cas où le juge est appelé à se prononcer, au cours de cette détention, sur la validité ou l'opportunité du maintien de la mesure. • Crim. 26 sept. 1989, n° 89-84.231 P. ♦ Il en est ainsi lorsque, saisie comme juridiction d'appel, la chambre d'accusation, infirmant l'ordonnance du juge d'instruction remettant en liberté le mineur détenu, rend son plein effet au titre de détention initial. • Crim. 26 sept. 1989 : *préc.* ♦ ... Lorsque le service de la PJJ a été consulté préalablement à la présentation du mineur au juge d'instruction et que la chambre d'accusation infirme l'ordonnance aux fins de liberté surveillée préjudicielle rendue par ce magistrat et ordonne le placement en détention provisoire d'un mineur, l'art. 12 de l'Ord. du 2 févr. 1945 n'imposant pas une nouvelle consultation de ce service. • Crim. 13 avr. 1999, n° 99-80.698 P. ♦ ... Lorsque la juridiction rejette une demande de mise en liberté après avoir constaté le caractère insuffisant d'une mesure d'assignation à résidence avec surveillance électronique. • Crim. 2 févr. 2011, n° 10-87.868 P : *D. actu. 23 mars 2011, obs. Léna ; D. 2011. Actu. 752 ; ibid. Pan. 2002, obs. Bonfils ; AJ pénal 2011. 246, obs. Renaud-Duparc ; Dr. pénal 2012. Chron. 1, obs. Georget.*

3. Lorsque le procureur de la République, après avoir fait déférer un mineur devant lui, le poursuit devant le tribunal pour enfants, selon la procédure exceptionnelle de l'audience unique, il peut saisir le juge des libertés et de la détention en vue de son placement en détention provisoire jusqu'à l'audience, le recueil de renseignements socio-éducatifs, prévu par l'art. L. 322-5, étant obligatoire à ce stade de la procédure, au contraire du rapport prévu par l'art. L. 423-4, 2°. • Crim. 6 avr. 2022, n° 22-80.276 B : *AJ pénal 2022. 324, obs. Gallardo*. ♦ Dans le même sens : • Crim. 22 févr. 2023, n° 22-85.078 B.

Art. L. 322-6 Les dispositions des articles L. 322-4 et L. 322-5 s'appliquent même lorsque l'intéressé est devenu majeur le jour où les poursuites sont exercées dès lors qu'il n'a pas atteint ses vingt et un ans.

COMMENTAIRE

Sous l'ordonnance de 1945, la jurisprudence avait été appelée à se prononcer sur le domaine d'application dans le temps de l'article 12, selon lequel le recueil de renseignements socio-éducatifs avant un placement en détention provisoire était obligatoire. Concrètement, il s'agissait de savoir si le caractère obligatoire du RRSE pouvait s'appliquer aux mineurs (au moment des faits) devenus majeurs (au moment du placement en détention provisoire). La Cour de cassation avait alors dégagé une limite importante au champ d'application de cette exigence d'investigations éducatives, en affirmant que « le rapport prévu par l'article 12 n'est plus exigé lorsque le mineur est devenu majeur au moment où il est statué sur la prolongation de sa détention » (Crim. 21 juin 2006, n° 06-82.516 P : *D. 2006. IR 1989* ; *AJ pénal 2006. 412, obs. Saas*). Elle avait aussi écarté le caractère obligatoire du RRSE lorsque les faits étaient à la fois antérieurs et postérieurs à la majorité de l'intéressé, en considérant que « les règles édictées par les articles 5, 12 et 23 de l'ordonnance du 2 février 1945 ne sont pas applicables à la personne à laquelle sont imputées des infractions qualifiées de crime ou de délit, dont certaines ont été commises alors qu'elle était âgée de plus de dix-huit ans ; tel est le cas lorsque les faits reprochés ont été commis entre deux mois avant et six jours après l'anniversaire de l'intéressé » (Crim. 9 déc. 2003, n° 03-85.587 : *JCP 2004. IV. 1375*).

Cette solution est partiellement abandonnée par le code. L'article L. 322-6 dispose en effet que « les dispositions des articles L. 322-4 et L. 322-5 s'appliquent même lorsque l'intéressé est devenu majeur le jour où les poursuites sont exercées dès lors qu'il n'a pas atteint ses vingt et un ans ». Le RRSE ne disparaît donc plus à la survenance de la majorité de l'intéressé, mais lorsque celui-ci atteint l'âge de vingt et un ans.

C'est une réforme qui semble bienvenue, tant il pouvait paraître choquant qu'un mineur, qui avait commis des infractions justifiant qu'il soit jugé en fonction du droit pénal des mineurs, ne puisse faire l'objet d'un RRSE, au seul motif qu'il était devenu majeur, notamment en raison des lenteurs de la justice. Cela pouvait sembler d'autant plus choquant que le RRSE comporte, outre un volet d'évaluation de la personnalité et de la situation du mineur, une dimension proactive, avec une proposition éducative, et que le « mineur devenu majeur » était donc privé de cette dimension protectrice. C'est

vraisemblablement pour cette raison que le code admet que le RRSE puisse s'appliquer à celui qui est devenu majeur (mais évidemment pour des faits commis avant la majorité).

Le code a néanmoins marqué une limite, à savoir l'âge de vingt et un ans. On pourrait sans doute discuter de ce seuil, mais il est certain qu'il fallait en mettre un, car plus on s'éloigne de la majorité, moins le RRSE a du sens. Dans le cas d'un viol commis par un mineur de quatorze ans sur une autre mineure du même âge, la victime dispose désormais de la possibilité de déposer plainte jusqu'à l'âge de quarante-huit ans (soit trente ans après sa majorité). Ici, l'auteur des faits aurait donc approximativement lui aussi quarante-huit ans, et on comprend aisément que le RRSE n'est plus envisageable. Il fallait donc fixer un seuil à partir duquel le RRSE n'était plus applicable. L'âge de vingt et un ans qui a été retenu paraît globalement satisfaisant (d'autant qu'il a aussi une signification en matière d'application des peines) et surtout plus adapté que le seuil de la majorité. ❑

Jurisprudence antérieure. En application des dispositions de l'art. 12 de l'Ord. du 2 févr. 1945, le service de la protection judiciaire de la jeunesse doit présenter ses propositions au juge des libertés et de la détention dans un rapport écrit joint à la procédure mais ce rapport n'est plus exigé s'agissant d'une personne devenue majeure au moment où le magistrat statue sur la détention. • Crim. 21 juin 2006, n° 06-82.516 P • 14 sept. 2021, n° 21-83.689 B : *AJ pénal 2021. 539, obs. Gallardo*.

Art. L. 322-7 La mesure judiciaire d'investigation éducative consiste en une évaluation approfondie et interdisciplinaire de la personnalité et de la situation du mineur, y compris, le cas échéant, sur le plan médical.

Elle peut être ordonnée par le juge des enfants, le juge d'instruction et les juridictions de jugement pour mineurs à tous les stades de la procédure pénale.

Elle peut être mise en œuvre par les services et établissements de la protection judiciaire de la jeunesse ou du secteur associatif habilité.

Elle donne lieu à un rapport contenant tous renseignements utiles sur sa situation ainsi qu'une proposition éducative ou une proposition de mesures propres à favoriser son insertion sociale.

BIBL. ▶ PÉDRON, Guide de la protection judiciaire de la jeunesse, *Gualino éd., 4e éd., 2016, spéc. n° 1223 s., p. 668 s.*

COMMENTAIRE

Conformément aux dispositions de l'article L. 322-2, il existe deux mesures d'investigation spécifiques aux mineurs délinquants, destinées à recueillir des éléments sur leur personnalité et leur situation : le recueil de renseignements socio-éducatifs et la mesure judiciaire d'investigation éducative. C'est l'article L. 322-7 qui envisage la mesure judiciaire d'investigation éducative.

Héritière de l'enquête sociale (qui figurait dans la version originelle de l'ordonnance de 1945) et de l'investigation-orientation éducative (qui avait été mise en place en 1991 dans le secteur associatif habilité et en 1996 dans le secteur public), la mesure judiciaire d'investigation éducative (MJIE) avait été instaurée par une circulaire d'orientation du 31 décembre 2010, puis modifiée par une note du 23 mars 2015 (sur cette évolution, V. P. Pédron ; et v. la note du 23 mars 2015 ci-dessous). Mais l'ordonnance de 1945, qui l'envisageait dans les articles 8 et 8-1, ne donnait que peu d'indications sur le contenu de cette mesure et sa spécificité par rapport au RRSE. L'article 8 disait en effet simplement que « le juge des enfants (…) recueillera par toute mesure d'investigation, des renseignements relatifs à la personnalité et à l'environnement social et familial du mineur ».

L'article L. 322-7 est, en comparaison, beaucoup plus explicite. Il définit d'abord, à l'alinéa 1er, la MJIE comme « une évaluation approfondie et interdisciplinaire de la personnalité et de la situation du mineur, y compris, le cas échéant, sur le plan médical ». Ainsi, à la différence du RRSE (art. L. 322-3 s.) qui est réalisé par un professionnel seul (un éducateur de la protection judiciaire de la jeunesse) dans un délai rapide, la MJIE implique une démarche interdisciplinaire, permettant de prendre en compte les différentes dimensions du mineur (personnelle, psychique, familiale, sociale, scolaire, médicale) et le caractère interdisciplinaire conduit normalement à l'intervention de différents professionnels (éducateurs, psychologues, psychiatres, pédiatres, assistants sociaux…). L'investigation est donc, comme le dit le code, « approfondie », ce qui suppose évidem-

ment davantage de temps que le RRSE et des techniques d'entretien, d'analyse et de travail différentes.

Cette mesure « peut être ordonnée par le juge des enfants, le juge d'instruction et les juridictions de jugement pour mineurs à tous les stades de la procédure pénale ». Son domaine d'application est donc large, mais on notera qu'elle ne peut être ordonnée par le procureur de la République, ce qui se comprend dans la mesure où le travail que cette mesure d'investigation implique s'inscrit dans une certaine durée (six mois maximum selon la note du 23 mars 2015), qui la rend moins adaptée au parquet qu'aux juridictions. Du reste, et comme le précise la note du 23 mars 2015, cette mesure est particulièrement adaptée à la phase d'instruction.

Le code précise ensuite que cette mesure « peut être mise en œuvre par les services et établissements de la protection judiciaire de la jeunesse ou du secteur associatif habilité ». Le code consacre ici la pratique antérieure, qui s'était formée dans le cadre de la note du 23 mars 2015 (laquelle indiquait clairement que le secteur associatif habilité était également compétent pour réaliser ces mesures, aux côtés du secteur public de la protection judiciaire de la jeunesse).

Enfin, l'article L. 322-7 prévoit que cette mesure « donne lieu à un rapport contenant tous renseignements utiles sur sa situation ainsi qu'une proposition éducative ou une proposition de mesures propres à favoriser son insertion sociale ». La MJIE s'inscrit dans la durée et donne l'occasion aux professionnels d'échanger avec le mineur et sa famille. Les conclusions de la mesure sont exposées au mineur et à sa famille, et sont discutées contradictoirement avec eux, avant que le rapport ne soit adressé au juge. Comme le dit la note du ministère de la Justice, cette dimension contradictoire s'inscrit dans la perspective des dispositions relatives aux droits des usagers tels que définis aux articles L. 311-3 et L. 311-8 du code de l'action sociale et des familles.

La mesure judiciaire d'investigation éducative est finalement assez peu évoquée par la partie législative du code, qui ne lui consacre qu'un seul article. Mais le décret n° 2021-683 du 27 mai 2021 a complété cette disposition par plusieurs dispositions (art. D. 322-4 et suivants). Il est ainsi précisé que « la mesure judiciaire d'investigation éducative est ordonnée pour une durée de six mois » (art. D. 322-4). Il est également indiqué qu'« en cours de réalisation de la mesure judiciaire d'investigation éducative, le juge des enfants peut demander un rapport intermédiaire au service chargé de la mesure » (art. D. 322-5). Le code détaille aussi l'objet de la mesure, et plus précisément les éléments qui se trouvent ainsi recueillis :

1° La situation matérielle et sociale de la famille, les relations en son sein ;

2° Les conditions d'éducation du mineur et d'exercice de l'autorité parentale ;

3° La prise en compte des besoins fondamentaux du mineur ;

4° La personnalité du mineur, son parcours de vie, son histoire familiale, ses réseaux de socialisation ;

5° Ses antécédents judiciaires et éducatifs, son positionnement par rapport aux faits reprochés et à la victime ;

6° Ses compétences psychosociales, son insertion scolaire et professionnelle ;

7° Son bien-être, sa santé physique et psychologique (art. D. 322-6).

Une fois ces éléments recueillis, le service chargé de la mesure judiciaire d'investigation éducative propose une analyse pluridisciplinaire et élabore les hypothèses de suivi (art. D. 322-7), et « au moins quinze jours avant l'échéance de la mesure, un rapport est adressé au juge des enfants » qui « rend compte des éléments d'analyse et des propositions du service prévues à l'article L. 322-7, ainsi que du positionnement du mineur et de la famille sur les orientations proposées (art. D. 322-8). L'article D. 322-9 précise encore qu'« en cas de dégradation de la situation, le service adresse au juge des enfants un rapport circonstancié, formulant des orientations éducatives et proposant le cas échéant la tenue d'une audience ». Enfin, conformément à l'article D. 322-10, « chaque mesure judiciaire d'investigation éducative effectuée en application du présent code par un service du secteur associatif habilité ouvre droit au profit de ce dernier à un paiement versé par le ministère de la justice selon les modalités fixées à la section II du chapitre IV du titre Ier du livre III du code de l'action sociale et des familles ». ❑

Note du 23 mars 2015,

Relative à la mesure judiciaire d'investigation éducative.

NOR : JUSF1507871N

Texte abrogé : DPJJ-SDK K2 N° NOR : JUSF1034029C : Circulaire d'orientation relative à la mesure judiciaire d'investigation éducative du 31 décembre 2010

Date d'application : 23 mars 2015

L'article 8 de l'ordonnance du 2 février 1945 prévoit que le juge des enfants effectue toutes diligences et investigations utiles pour parvenir à la connaissance de la personnalité du mineur ainsi que des moyens appropriés à sa rééducation (situation matérielle et morale de la famille et conditions d'éducation, personnalité et antécédents du mineur, fréquentation scolaire et attitude à l'école, santé, développement psychologique).

L'article 1183 du code de procédure civile prévoit qu'en assistance éducative, le juge peut, soit d'office, soit à la requête des parties ou du ministère public, ordonner toute mesure d'information concernant la personnalité et les conditions de vie du mineur et de ses parents.

Si en matière d'assistance éducative la démarche d'investigation est une possibilité offerte au juge, en matière pénale il s'agit d'une obligation.

L'article 7 du décret du 9 juillet 2008 relatif à l'organisation du ministère de la justice confie à la direction de la protection judiciaire de la jeunesse la responsabilité de garantir, directement ou par son secteur associatif habilité, une aide aux décisions de l'autorité judiciaire.

Dans ce cadre, la présente note précise les modalités de réalisation d'une investigation dans le cadre des procédures civiles et pénales pour mineurs par les services de la protection judiciaire de la jeunesse, secteur public et secteur associatif habilité.

Les services du secteur public et du secteur associatif habilité de la protection judiciaire de la jeunesse réalisent des investigations dans le cadre pénal et en assistance éducative au travers de Mesures Judiciaires d'Investigation Éducative (MJIE).

I. LA MESURE JUDICIAIRE D'INVESTIGATION ÉDUCATIVE (MJIE)

1.1. *Définition*

La mesure judiciaire d'investigation éducative est ordonnée principalement durant la phase d'information (procédure d'assistance éducative) ou durant la phase d'instruction (cadre pénal) ; elle peut l'être à tout moment de la procédure.

A cet effet, quel que soit le fondement civil ou pénal (Résolution du Parlement européen du 21 juin 2007 sur la délinquance juvénile : Journal officiel de l'Union européenne, C146 E/350 § 20 du 12 juin 2008), la mise en œuvre et le déroulement de la mesure doivent être guidés par le principe de l'intérêt supérieur de l'enfant (Convention des Nations unies relative aux droits de l'enfant, du 20 novembre 1989, et notamment ses articles 3, 37 et 40) et le respect du cadre posé par la décision judiciaire.

Son objectif est de recueillir des éléments sur la personnalité du mineur, sur sa situation familiale et sociale et d'analyser les difficultés qu'il rencontre.

En matière pénale, elle vise notamment à proposer des hypothèses sur le sens des actes commis par le mineur afin d'engager un travail avec ce dernier et sa famille.

Dans le cadre d'une procédure d'assistance éducative, les informations et les préconisations contenues dans le rapport écrit doivent permettre au juge de vérifier si les conditions d'une intervention judiciaire sont réunies et de proposer si nécessaire des réponses en termes de protection et d'éducation, adaptées à la situation des intéressés.

La mesure d'investigation constitue par essence une démarche dynamique de recueil d'éléments de compréhension éclairant la situation, de vérification des conditions prévues par la loi pour l'intervention judiciaire, d'observation, d'analyse partagée puis d'élaboration de propositions. Toutefois, sa mise en œuvre produit par elle-même souvent un changement dans les familles et peut contribuer à dénouer une situation de crise ou de blocage et ainsi éviter ou limiter le temps d'une intervention éducative judiciaire.

Elle se distingue de l'expertise, démarche confiée à un ou plusieurs experts pour donner un avis sur les éléments de la situation du mineur et selon des aspects référencés à une discipline.

1.2. *Les contenus de la MJIE*

Les services mettant en œuvre la MJIE rassemblent les éléments permettant d'éclairer la décision du magistrat.

Ces éléments doivent porter :

En assistance éducative sur : la personnalité et les conditions de vie du mineur et de ses parents, l'existence d'un danger pour la santé, la sécurité, la moralité de l'enfant, le caractère gravement compromis de ses conditions d'éducation et de son développement physique, affectif, intellectuel et social (art. 375 du code civil et 1183, 1184 du nouveau code de procédure civile).

En matière pénale sur : la situation matérielle et morale de la famille, la personnalité et les antécédents du mineur, sa fréquentation scolaire, ses aptitudes et son attitude à l'école, les conditions dans lesquelles il a vécu ou a été élevé, sa santé, son développement psychologique, les moyens appropriés à son éducation (art. 8 et art. 8-1de l'ordonnance du 2 février 1945).

L'ensemble de ces informations est à articuler et à mettre en cohérence avec les dispositions de la circulaire d'orientation sur l'action d'éducation dans le cadre pénal (NOR : JUSF1050001C. Circulaire de la DPJJ du 02 février 2010 relative à l'action d'éducation dans le cadre pénal) et la note d'orientation du 30 septembre 2014 (N/Réf : JUSF1423190N : Note d'orientation de la Protection judiciaire de la jeunesse du 30 septembre 2014).

Que ce soit dans le cadre civil ou pénal, l'investigation recueille les éléments du parcours antérieur du mineur et les éventuelles réponses sociales, administratives et judiciaires apportées dans le passé, dans l'objectif de construire des propositions en se fondant sur ce qui a déjà permis ou pas des évolutions de la situation. Elle est un des éléments permettant de garantir la continuité des parcours par l'éclairage sur les situations des jeunes et les hypothèses de travail qui en résultent.

Les professionnels analysent ces éléments et élaborent des hypothèses de réponses éducatives et de protection.

Dans les deux domaines, civil et pénal, à partir du recueil de ces informations, les professionnels doivent tendre, d'une part à l'objectivation de la situation en confrontant leurs analyses des éléments recueillis à l'appui d'un travail interdisciplinaire (le terme interdisciplinaire renvoie au processus de travail, celui de pluridisciplinaire à la constitution des services), d'autre part à rendre compte de la complexité des problématiques et proposer des hypothèses de travail.

Dans ce processus dynamique, l'équipe de direction remet au juge un rapport conclusif et le cas échéant une ou plusieurs propositions éducatives.

1.3. *Les caractéristiques de la MJIE*

Interdisciplinarité :

La diversité des éléments à explorer nécessite l'apport de compétences diversifiées et impose une approche interdisciplinaire de la situation du jeune et de sa famille. Cette approche se réalise à partir notamment de la composition pluridisciplinaire du service : cadres de direction, éducateurs, psychologues, assistants de service social.

Selon les situations, ces ressources internes peuvent être enrichies par des professionnels recrutés par vacation, ou par le biais de conventions : médecin psychiatre, psychologue, pédiatre, pédopsychiatre, services spécialisés (Hôpitaux, Centres médico-psycho-pédagogiques, Protection maternelle et infantile, Centres d'examen de santé...), conseillers d'orientation et/ou d'insertion, ou d'autres spécialités (médiateurs culturels, services de prévention...).

L'approche interdisciplinaire consiste à garantir une analyse dynamique de la situation par ces professionnels en croisant leurs points de vue. Il appartient à l'équipe de direction d'organiser le processus interdisciplinaire des interventions au sein de l'unité éducative de milieu ouvert ou du service. Ces modalités d'intervention sont déterminées dès le début de la mesure, au regard de la situation, dans un cadre pluridisciplinaire et sous la responsabilité de l'équipe de direction ; elles peuvent ensuite être réévaluées en cours de mesure.

Au regard de la diversité des situations, d'éventuelle(s) intervention(s) éducative(s) antérieure(s), l'investigation peut porter sur des domaines plus ou moins étendus. En effet, la MJIE est réalisée à partir du recueil d'informations incontournables pour chaque cadre (civil

ou pénal) sachant que de nombreux items leurs sont communs. Des hypothèses de réponses en termes d'action éducative et/ou de protection sont élaborées à partir de l'analyse de ces informations.

Le cas échéant, le service éducatif prend l'initiative d'explorer une ou plusieurs problématiques spécifiques repérées au cours de l'investigation, au moyen de modules dédiés. Il s'appuie alors sur les ressources dont il dispose à l'interne et/ou sur des partenaires.

Cette approche spécifique vient enrichir le travail conclusif remis au magistrat au terme de la MJIE.

Durée de réalisation de la mesure :

Quelle que soit la situation, le service réalise la MJIE dans un délai de 6 mois maximum suivant sa notification. Ce temps de réalisation prend en compte le délai de réception de la mesure (15 jours) et l'obligation du respect du contradictoire par l'envoi du rapport 15 jours avant l'échéance de la mesure.

Cependant, si le magistrat ordonnateur souhaite obtenir des premières informations, il peut solliciter un bilan d'étape à 15 jours, le cas échéant sur la base d'un échange interdisciplinaire, en vue de l'éclairer sur une situation pour laquelle il ne dispose pas d'éléments lui permettant de prendre une décision dans une situation d'urgence.

Cela peut correspondre notamment au cas particulier des situations d'urgence qui permettent au procureur de la République de confier un mineur à un établissement ou à un tiers, à charge de saisir le juge des enfants compétent dans les 8 jours.

Si, en cours de réalisation de la MJIE, une audience est prévue ou rendue nécessaire, le service communique au juge un rapport intermédiaire.

Lorsque l'hypothèse d'un placement est évoquée en cours de MJIE, le service informe le juge de l'orientation préconisée dans les plus brefs délais. Si le placement est décidé par le magistrat, le service, en concertation avec les services du Conseil général en cas de placement à l'ASE, prépare le placement dans le cadre de la mesure d'investigation initialement décidée et dans le temps de mesure restant.

1.4. *Éléments incontournables de la MJIE*

La conduite de la MJIE répond aux différentes exigences liées au secret professionnel, à l'information partagée et aux droits des usagers.

1.4.1 Une démarche dynamique impliquant les personnes

En assistance éducative, compte tenu des compétences des conseils généraux et des dispositions de l'article L. 226-4 du code d'action sociale et des familles, de l'existence des mesures d'évaluation en protection administrative, le rôle de l'investigation judiciaire porte souvent sur des situations déjà connues des services sociaux et qui présentent une particulière complexité (Hors les cas de saisine directe du magistrat).

En conséquence, les enjeux en termes de libertés individuelles sont d'autant plus importants et renforcent la nécessité d'un positionnement très clair au regard du cadre judiciaire contradictoire.

Ainsi, la manière dont l'investigation est conduite, dont le mineur et la famille sont associés, sont des éléments primordiaux de la qualité de l'investigation et de la compréhension par les intéressés de leur place et de leur rôle dans la procédure judiciaire.

En outre, l'expérience montre qu'une investigation de qualité permet souvent à la famille de s'approprier la manière d'envisager ses propres difficultés et ainsi de s'appuyer sur ses ressources pour trouver ses propres réponses. Ce processus facilite grandement les interventions éducatives ultérieures judiciaires ou administratives (milieu ouvert, placement), et peut rendre parfois celles-ci inutiles (non-lieu).

La dimension contradictoire de la procédure judiciaire conduit les professionnels à intégrer dans leur pratique l'analyse critique des informations obtenues, leur vérification et leur confrontation à l'avis des intéressés.

De même, elle nécessite que les conclusions de l'investigation soient systématiquement exposées aux intéressés et discutées avec eux avant d'être adressées au magistrat.

1.4.2 La définition d'une méthode

1.4.2.1 *Une démarche professionnelle spécifique*

Le recours à une posture professionnelle et à des outils adéquats est nécessaire dans le recueil de ce type d'informations. Ainsi les techniques d'entretiens doivent être adaptées à la recherche d'information et à l'élaboration d'hypothèses.

Dans ce sens, la MJIE peut, en parallèle, s'appuyer sur des activités de jour (exemples : activités collectives, groupes de paroles de parents...), support de mobilisation des ressources du mineur, d'observation et d'évaluation de ses compétences et appétences sociales, cognitives et scolaires.

Les projets de service doivent clairement identifier l'ensemble de ces éléments, les méthodes et les outils utilisés pour conduire la MJIE. De même, les projets de service, en déclinaison des projets territoriaux, précisent les moyens d'actualisation des connaissances en termes de perfectionnement des professionnels (par exemple en matière de maltraitance, de périnatalité, d'agressions à caractère sexuel, en matière de stupéfiants...).

1.4.2.2 *Le traitement des informations recueillies*

Le recueil d'informations doit conduire à l'émergence d'éléments vérifiés et d'hypothèses étayées tendant vers l'objectivité. Toutefois, ces éléments ne se suffisent pas à eux-mêmes pour caractériser la situation du mineur. C'est le croisement de ces informations, leur articulation avec des faits observés et des actes posés ou subis, leur mise en discussion et leur confrontation interdisciplinaire qui permettent d'élaborer des hypothèses valides, accessibles et acceptables.

Un travail d'analyse des éléments recueillis de manière interdisciplinaire est engagé avec les familles et les mineurs dès l'engagement de l'investigation. Ce travail doit être élargi par l'organisation d'une rencontre formalisée avec les partenaires qui ont eu à connaître de la situation.

Le fonctionnement interdisciplinaire garantit la prise en compte des différentes dimensions personnelle, psychique, familiale et sociale des situations individuelles par les différents professionnels mobilisés et participe à l'objectivation de la situation.

Les temps d'élaboration collective constituent ainsi une méthode de travail essentielle dans la conduite de la MJIE qui permettent de mettre en perspective les hypothèses d'analyse et de travail formulées par des professionnels de disciplines différentes.

Un rapport d'écriture conclusive portant sur les différentes hypothèses de travail et d'orientation éducative est alors engagé par les différents professionnels. L'équipe de direction garantit que les hypothèses de travail restituées au magistrat sont le résultat d'un travail interdisciplinaire.

1.4.2.3 *La restitution*

La restitution des conclusions de la MJIE constitue une étape essentielle dans le cadre du contradictoire.

Les conclusions de l'investigation sont systématiquement exposées à la famille et au mineur et discutées avec eux avant d'être adressées au magistrat.

Ce principe réaffirme la nécessité de les associer à l'ensemble de la démarche. La phase de restitution à la famille revêt une grande importance. Elle permet au min eur et à ses parents d'exprimer leurs opinions et de se préparer à l'audience dans une dimension contradictoire.

Elle s'inscrit par ailleurs dans les dispositions relatives aux droits des usagers tels que définis aux articles L. 311-3 et L. 311-8 du code de l'action sociale et des familles (Les services d'investigation sont des ESSMS (Établissements et services sociaux et médico-sociaux) au sens de l'article L. 312-1 du CASF depuis 2005 (Ord. n° 2005-1477 du 1er déc. 2005). Au titre de l'art. L. 312-1. IV du C.A.S.F, les dispositions des articles L. 311-4 à L. 311-7 ne s'appliquent pas à ces services).

1.4.2.4 *La transmission d'informations au service chargé de l'exécution de la mesure éducative*

Dans le cas où le juge ordonne, à la suite d'une MJIE, une mesure de milieu ouvert, un placement ou une mesure judiciaire d'aide à la gestion du budget familial, il y a lieu de garantir le partage de l'information avec le service chargé de la mesure éducative. Celui-ci doit en effet disposer des éléments nécessaires à la conduite de la mesure. Un dispositif formalisé interservices doit garantir cette continuité éducative.

II. LA PROFESSIONNALISATION DES ACTEURS DE L'INVESTIGATION

2.1. *La formation et le renforcement des compétences*

L'investigation est une démarche qui nécessite méthode et technicité pour explorer toutes les dimensions de la vie de l'enfant et de la famille (capacités cognitives, aptitudes profes-

sionnelles, sociales, développement physique et psychologique, qualité des relations familiales et conditions d'éducation, réseaux de socialisation, environnement socio-économique...).

A cet égard, l'École nationale de protection judiciaire de la jeunesse (ENPJJ) est chargée de mettre en œuvre une formation dédiée, dans le cadre des formations statutaire, continue et d'adaptation, portant sur les connaissances théoriques et l'utilisation des outils techniques et les supports méthodologiques existants.

Le secteur associatif habilité pourra, s'il le souhaite, se rapprocher de l'ENPJJ pour participer à ces formations.

D'autre part, divers outils concourent à une professionnalisation sur la MJIE :

— Les professionnels de toutes les disciplines peuvent notamment recourir au « Recueil de documents théoriques et méthodologiques : pratiques professionnelles en investigation et action d'éducation » et au document de travail « Parents, familles et professionnels dans le cadre judiciaire ».

— Par ailleurs, des formations professionnalisantes en ce sens sont dispensées par l'École nationale de protection judiciaire de la jeunesse. A cet égard, un accompagnement vers la professionnalisation de la formation est mis en œuvre.

2.2. Le rôle des échelons déconcentrés

Les directeurs territoriaux veillent à rechercher par voie de protocoles locaux les ressources existantes sur le territoire, susceptibles d'améliorer la qualité de la démarche d'investigation, à partir de la mise en œuvre de compétences spécifiques (santé, santé mentale, périnatalité, scolarité, PMI, insertion professionnelle...).

Les directions interrégionales procèdent par l'audit et le contrôle à l'examen des conditions de mise en œuvre de la présente note.

La présente note entre en vigueur à compter de sa publication.

La circulaire d'orientation N° NOR : JUSF1034029C, relative à la mesure judiciaire d'investigation éducative du 31 décembre 2010 est abrogée à compter de l'entrée en vigueur de la présente note.

SECTION II DU DOSSIER UNIQUE DE PERSONNALITÉ

Art. L. 322-8 Un dossier unique de personnalité est constitué par le juge des enfants qui connaît habituellement le mineur, *(L. n° 2021-218 du 26 févr. 2021, art. 12)* **« lorsque, à » l'occasion de poursuites pénales, ce dernier fait l'objet d'une mesure de sûreté, d'une mesure éducative ou d'une mesure d'investigation autre qu'un recueil de renseignements socio-éducatifs.**

Il est également ouvert, par le juge des enfants, lorsque *(L. n° 2021-218 du 26 févr. 2021, art. 12)* **« celui-ci » est saisi de l'application d'une peine ou d'une mesure éducative prononcée par une juridiction de jugement pour mineur.**

Le juge d'instruction saisi d'une procédure concernant un mineur transmet au juge des enfants les pièces devant être versées au dossier unique de personnalité.

Ce dossier ne peut être utilisé que dans les procédures pénales suivies devant les juridictions pour mineurs.

(L. n° 2021-218 du 26 févr. 2021, art. 12) **« Il est disponible sous format numérique. »**

Les conditions dans lesquelles le dossier unique de personnalité est conservé après la majorité du mineur sont précisées par décret en Conseil d'État. – *[Ord. n° 45-174 du 2 févr. 1945, art. 5-2, al. 1er, 3, 5 et 11.]*

BIBL. ▶ Bonfils, La réforme du droit pénal des mineurs par la loi du 10 août 2011, *D. 2011, Chron. 2286* ✎ s.

COMMENTAIRE

La commission Varinard avait proposé, en 2008, la création d'un dossier unique de personnalité, ayant vocation à recueillir l'ensemble des éléments relatifs à la personnalité d'un mineur au cours des différentes enquêtes dont il peut faire l'objet, aussi bien dans le cadre pénal que civil (assistance éducative). Ce dossier, informatisé et actualisé, avait pour objet de permettre aux acteurs de la procédure, et au juge des enfants en particulier, d'avoir une connaissance rapide et complète des investigations déjà réalisées et de la situation du mineur. Le dossier unique de personnalité avait été introduit par la loi du

10 août 2011 dans l'ordonnance du 2 février 1945 (art. 5-2), et le code de la justice pénale des mineurs le reprend à son tour, aux articles L. 322-8 et suivants.

Le code consacre au dossier unique de personnalité trois articles (un seul pour l'ordonnance de 1945) et, bien qu'il procède à quelques adaptations, ne modifie pas sensiblement le dispositif issu de la loi de 2011. L'article L. 322-8 est relatif à l'ouverture du dossier unique de personnalité, l'article L. 322-9 à son contenu, et l'article L. 322-10 à l'accès au dossier.

L'article L. 322-8 explique, plus clairement que ne le faisait l'ordonnance de 1945, les cas dans lesquels le dossier unique de personnalité est ouvert. Selon l'alinéa 1er de ce texte, un dossier unique de personnalité est donc ouvert à l'occasion d'une procédure pénale, même s'il a également vocation à recueillir des éléments provenant d'une procédure civile d'assistance éducative (C. pr. civ., art. 1183). Plus précisément, il est ouvert dès lors que sont prononcées des mesures de sûreté, des mesures éducatives ou des mesures d'investigation autres que le recueil de renseignements socio-éducatif (examen médical ou médico-psychologique, expertise psychologique ou psychiatrique, MJIE principalement). Le code reprend ici une solution qui avait été dégagée sous l'ordonnance de 1945, aux termes de laquelle il avait été décidé qu'un simple RRSE ne donnait pas lieu à ouverture du dossier unique de personnalité. Malgré cette exclusion, le champ d'application est très large, d'autant que l'alinéa 2 prévoit que le dossier unique de personnalité « est également ouvert, par le juge des enfants, lorsque qu'il est saisi de l'application d'une peine ou d'une mesure éducative prononcée par une juridiction de jugement pour mineur ». Ce faisant, on estimait sous l'ordonnance de 1945 qu'environ « 70 % des saisines des juges des enfants au pénal [entraînaient] l'ouverture d'un dossier unique de personnalité » (P. Pédron, Guide de la protection judiciaire de la jeunesse, *Gualino, 4e éd., 2016, no 1240, p. 674*), et ce chiffre devrait être maintenu voire augmenté avec le code, si l'on considère que le texte ajoute désormais l'application des peines et des mesures éducatives.

Le dossier unique de personnalité est ouvert par le juge des enfants, et, semble-t-il, seulement par lui. L'article L. 322-8, alinéa 3, prévoit que « le juge d'instruction saisi d'une procédure concernant un mineur transmet au juge des enfants les pièces devant être versées au dossier unique de personnalité », et on peut penser que lorsqu'une information judiciaire est ouverte et des mesures d'investigations réalisées dans ce cadre, le juge d'instruction transmette au juge des enfants une demande d'ouverture du dossier unique de personnalité, en même temps qu'il lui adresse les pièces ayant vocation à intégrer ce fichier. On notera aussi que le procureur de la République n'est pas la personne en charge de l'ouverture de ce dossier (et, du reste, le RRSE qu'il peut ordonner est précisément exclu du dossier unique de personnalité).

L'article L. 322-8, alinéa 4, dispose que « ce dossier ne peut être utilisé que dans les procédures pénales suivies devant les juridictions pour mineurs ». Il reprend l'article 5-2 de l'ordonnance de 1945, tout en précisant que ce dossier ne peut être utilisé que dans les procédures « pénales », ce que ne disait pas clairement l'ordonnance de 1945.

La loi de ratification du 26 février 2021 a inséré dans ce dispositif un alinéa aux termes duquel le dossier unique de personnalité « est disponible sous format numérique » (la même loi a également modifié l'article L. 322-10 sur les personnes ayant accès au dossier unique de personnalité).

Enfin, le code de la justice pénale des mineurs énonce que « les conditions dans lesquelles le dossier unique de personnalité est conservé après la majorité du mineur sont précisées par décret en Conseil d'État ». Avant l'entrée en vigueur du CJPM, il s'agissait du décret n° 2014-472 du 9 mai 2014, pris pour l'application de l'article 5-2 de l'ordonnance n° 45-174 du 2 février 1945 relative à l'enfance délinquante, relatif au dossier unique de personnalité. Mais désormais, ces dispositions figurent dans le décret n° 2021-682 du 27 mai 2021, et plus précisément dans les articles R. 322-11 et suivants du code. L'article R. 322-11 précise ainsi que « le dossier unique de personnalité est conservé jusqu'aux dix-huit ans révolus du mineur au greffe de la juridiction qui suit habituellement le mineur ». Cela étant, le dossier unique de personnalité peut être conservé au-delà des 18 ans du mineur. L'article R. 322-12 prévoit en effet que « par dérogation aux dispositions de l'article R. 322-11, le dossier unique de personnalité est conservé après la majorité de l'intéressé :

1° Jusqu'à ce que la juridiction saisie ait statué définitivement par une décision rendue au fond ;

2° Jusqu'au terme du suivi d'une mesure éducative ordonnée en application de l'article L. 112-2 ;

3° Tant que le juge des enfants exerce les fonctions dévolues au juge de l'application des peines en application de l'article L. 611-2 ». Enfin, l'article R. 322-13 indique que « le dossier unique de personnalité est détruit à l'issue des délais de conservation mentionnés aux articles R. 322-11 et R. 322-12 ». ❑

Art. L. 322-9 Le juge des enfants verse au dossier unique de personnalité :

1° Les copies des pièces relatives à la personnalité du mineur recueillies dans les procédures pénales dont *(L. n° 2021-218 du 26 févr. 2021, art. 12)* **« ce dernier » fait ou a fait l'objet, y compris dans le ressort de juridictions différentes ;**

2° Le cas échéant, les copies des pièces utiles relatives à sa personnalité et à son environnement social et familial émanant des procédures d'assistance éducative dont il fait ou a fait l'objet. – *[Ord. n° 45-174 du 2 févr. 1945, art. 5-2, al. 1er, 2 et 4.]*

COMMENTAIRE

Dans la lignée de l'article 5-2 de l'ordonnance de 1945, l'article L. 322-9 précise le contenu du dossier unique de personnalité dans ses dimensions géographique et matérielle. D'un point de vue géographique, le code vise les pièces provenant de procédures relevant de juridictions différentes, ce qui signifie que le dossier unique de personnalité a un domaine d'application national. D'un point de vue matériel, le dossier unique de personnalité recueille toutes les pièces (hors RRSE) relatives à la personnalité et à l'environnement social et familial du mineur, qu'elles proviennent de procédures pénales ou de procédures civiles d'assistance éducative.

Une fois ouvert – et jusqu'à sa suppression – le dossier unique de personnalité a vocation à s'enrichir, au gré des procédures, de toute une série de pièces susceptibles d'être utiles pour la compréhension et le jugement du mineur. ❑

Art. L. 322-10 Outre les magistrats et les juridictions ayant à connaître de la procédure et de la situation du mineur concerné, ont accès au dossier unique de personnalité :

1° Les avocats du mineur et de ses représentants légaux ;

2° Les avocats de la partie civile *(L. n° 2021-218 du 26 févr. 2021, art. 12)* **« ; » toutefois, le juge des enfants peut s'opposer à la communication d'informations recueillies lors des procédures d'assistance éducative dont le mineur a fait l'objet lorsqu'il estime cette communication contraire à l'intérêt du mineur ;**

3° Le mineur, devenu majeur, au jour de l'audience d'une juridiction pour mineur statuant en matière d'application des mesures éducatives et des peines, à moins qu'il ne soit assisté par un avocat ;

4° Les personnels des établissements et services de la protection judiciaire de la jeunesse *(L. n° 2021-218 du 26 févr. 2021, art. 12)* **« et du secteur associatif habilité saisi d'une mesure judiciaire concernant le mineur » ;**

5° Sur autorisation du juge des enfants, le psychologue ou le psychiatre désigné en qualité d'expert *(Abrogé par L. n° 2021-218 du 26 févr. 2021, art. 12)* ***« ainsi que les personnels du service ou de l'établissement du secteur associatif habilité saisi d'une mesure judiciaire concernant le mineur ».***

Il ne peut être délivré copie de tout ou partie des pièces du dossier qu'aux avocats. Ceux-ci ne peuvent transmettre les copies ainsi obtenues ou la reproduction de ces pièces à leur client.

Les informations contenues dans le dossier unique de personnalité sont confidentielles. Le fait, pour une partie à la procédure, de faire état auprès d'un tiers des informations contenues dans le dossier unique de personnalité est puni d'une amende de 3 750 euros. – *[Ord. n° 45-174 du 2 févr. 1945, art. 5-2, al. 6 à 10.]*

COMMENTAIRE

La question de l'accès au dossier unique de personnalité est essentielle et délicate. D'un côté, les principes du contradictoire et de l'égalité des armes impliquent que toutes les parties (et leurs conseils) puissent avoir un même accès à ces pièces dès lors qu'elles

constituent des éléments du dossier. Mais, d'un autre côté, le dossier unique de personnalité recueille des éléments très intimes de la vie et de la situation du mineur qui pourraient justifier un accès limité, ou à géométrie variable en fonction des personnes concernées. C'est cette seconde conception que la loi du 10 août 2011 avait retenue et qui se retrouve aujourd'hui dans le code de la justice pénale des mineurs.

Le dossier unique de personnalité est d'abord accessible sans limitation aux magistrats (juges et membres du ministère public), aux personnels des établissements et services de la Protection judiciaire de la jeunesse et du secteur associatif habilité saisi d'une mesure judiciaire concernant le mineur (la loi de ratification a aligné le secteur privé sur la PJJ), et aux avocats du mineur et de ses représentants légaux. On notera ici que le dossier – qui comprend des informations potentiellement graves et douloureuses – n'est pas directement accessible aux mineurs et à leurs représentants légaux. Il ne l'est que par l'intermédiaire de leur avocat, qui se trouve donc investi de la délicate mission de distinguer ce qui peut et/ou doit être communiqué et ce qui ne le doit pas, ou seulement dans certaines conditions.

Le code envisage ensuite des personnes pour lesquelles l'accès au dossier unique de personnalité est limité. C'est le cas, d'abord, de l'avocat de la partie civile. La partie civile elle-même n'a pas accès au dossier unique de personnalité. Comme le mineur, c'est donc par l'intermédiaire de son avocat qu'elle pourra accéder aux informations contenues dans le dossier. Mais alors que la transmission à l'avocat de la défense est illimitée, celle à l'avocat de la partie civile est susceptible d'être réduite. L'ordonnance de 1945 prévoyait ici que l'avocat de la partie civile ne pouvait avoir accès aux informations issues d'investigations accomplies lors des procédures d'assistance éducative dont le mineur avait fait l'objet. Cette restriction – qui pouvait paraître excessive au regard de l'égalité des armes – a été modifiée et allégée par le code. Désormais, le principe est que la partie civile a bien accès à l'intégralité du dossier unique de personnalité, et même aux éléments provenant de l'assistance éducative, à moins que le juge des enfants ne s'y oppose au nom de l'intérêt du mineur. Bien que le code ne le précise pas, on imagine que la décision du juge est juridictionnelle, susceptible par là-même d'être contestée en exerçant une voie de recours.

Le code envisage aussi de manière spécifique la situation du mineur, devenu majeur, en matière d'application des peines ou des mesures éducatives. En effet, dans cette hypothèse, l'assistance par un avocat n'est plus obligatoire. Dans ce cas, et seulement dans ce cas, le mineur peut accéder directement aux informations du dossier unique de personnalité.

Enfin, le code précise que le juge des enfants pourra autoriser le psychologue ou le psychiatre désigné en qualité d'expert à accéder au dossier unique de personnalité. Il s'agit donc d'un accès réduit, puisque le principe est que précisément un tel accès leur est normalement refusé, sauf décision contraire et expresse du juge des enfants.

« Les informations contenues dans le dossier unique de personnalité sont confidentielles. » Ce principe de confidentialité, énoncé par le dernier alinéa de l'article L. 322-10, justifie qu'il « ne peut être délivré copie de tout ou partie des pièces du dossier qu'aux avocats » et que « ceux-ci ne peuvent transmettre les copies ainsi obtenues ou la reproduction de ces pièces à leur client ». Pour la même raison, le code prévoit que « le fait, pour une partie à la procédure, de faire état auprès d'un tiers des informations contenues dans le dossier unique de personnalité est puni d'une amende de 3 750 euros ». ❑

CHAPITRE III DE LA MESURE ÉDUCATIVE JUDICIAIRE PROVISOIRE

Art. L. 323-1 La mesure éducative judiciaire prévue aux articles L. 112-1 à L. 112-15 peut être prononcée à titre provisoire à tous les stades de la procédure avant le prononcé de la sanction.

Elle ne peut alors comporter que les modules et interdictions prévus aux 1° à 7° de l'article L. 112-2 qui peuvent être prononcés alternativement ou cumulativement.

Dans le cadre de cette mesure, le placement du mineur peut également être ordonné auprès d'un service de l'aide sociale à l'enfance *(L. n° 2021-218 du 26 févr. 2021, art. 12)* **« jusqu'à sa majorité ».** – *[Ord. n° 45-174 du 2 févr. 1945, art. 8, al. 5, ecqc 2e phrase, al. 8 ; art. 11, al. 16 ; art. 19.]*

COMMENTAIRE

Aux termes de l'article L. 112-1, « la mesure éducative judiciaire vise la protection du mineur, son assistance, son éducation, son insertion et son accès aux soins ». L'article L. 112-2 définit quant à lui la mesure éducative judiciaire comme « un accompagnement individualisé du mineur construit à partir d'une évaluation de sa situation personnelle, familiale, sanitaire et sociale », et il précise que « la juridiction peut également prononcer l'un ou plusieurs des modules, interdictions ou obligations » qui se trouvent ensuite listés. La mesure éducative judiciaire apparaît ainsi comme une sorte de boîte à outils à l'intérieur de laquelle le juge peut puiser librement, et combiner autant que de besoin l'un ou l'autre des modules, interdictions ou obligations.

La mesure éducative judiciaire peut être prononcée au stade de la sanction, seule ou avec une peine. Mais elle peut l'être également à titre provisoire à tous les stades de la procédure avant le prononcé de la sanction.

L'article L. 323-1, alinéa 2, précise que la mesure éducative judiciaire « ne peut alors comporter que les modules et interdictions prévus aux 1° à 7° de l'article L. 112-2 qui peuvent être prononcés alternativement ou cumulativement ». Les quatre différents modules prévus par l'article L. 112-2 sont donc applicables : module d'insertion, module de réparation, module de santé et module de placement. Sont également applicables : l'interdiction de paraître pour une durée qui ne saurait excéder un an dans le ou les lieux dans lesquels l'infraction a été commise et qui sont désignés par la juridiction, à l'exception des lieux dans lesquels le mineur réside habituellement ; l'interdiction d'entrer en contact avec la victime ou les coauteurs ou complices, désignés par la juridiction, pour une durée d'un an maximum ; et l'interdiction d'aller et venir sur la voie publique entre vingt-trois heures et six heures sans être accompagné de l'un de ses représentants légaux pour une durée de six mois maximum. Seules la confiscation et l'obligation de suivre un stage de formation civique ne peuvent pas être appliquées en tant que mesures provisoires. C'est dire si le champ d'application des mesures provisoires est large, puisque quasiment toutes les modalités de la mesure éducative judiciaire sont applicables.

Le contenu de la mesure éducative judiciaire étant quasiment le même que cette mesure soit prononcée au fond, ou à titre provisoire, nous renverrons donc aux dispositions du titre Ier du livre Ier. La seule spécificité est que, « dans le cadre de cette mesure, le placement du mineur peut également être ordonné auprès d'un service de l'aide sociale à l'enfance jusqu'à sa majorité ».

Le dispositif prévu par le code n'est, en définitive, pas si éloigné de celui que prévoyait l'ordonnance de 1945, qui admettait un certain nombre de mesures éducatives provisoires avant jugement (liberté surveillée préjudicielle, placement, mesure d'aide ou de réparation notamment). Mais le code est plus complet et offre au juge un éventail beaucoup plus large que l'ordonnance de 1945. ❑

Art. L. 323-2 **Les modalités et le contenu de la mesure éducative judiciaire provisoire sont prononcés après audition du mineur assisté d'un avocat et de ses représentants légaux.**

Si le mineur ou ses représentants légaux régulièrement convoqués à la dernière adresse indiquée ne comparaissent pas, les modalités ou le contenu de la mesure éducative judiciaire provisoire peuvent néanmoins être ordonnés ou modifiés.

Les décisions ordonnant la mesure éducative judiciaire provisoire et les mesures de ses modules sont exécutoires par provision et susceptibles d'appel.

A tout moment, les modalités ou le contenu de la mesure éducative judiciaire provisoire peuvent être modifiées et le juge peut en ordonner la *(L. n° 2021-218 du 26 févr. 2021, art. 12)* **« mainlevée ».**

COMMENTAIRE

L'article L. 323-2 du code envisage, bien davantage que ne le faisait l'ordonnance de 1945, la procédure applicable à la mesure éducative judiciaire provisoire. Il est d'abord précisé que « les modalités et le contenu de la mesure éducative judiciaire provisoire sont prononcés après audition du mineur assisté d'un avocat et de ses représentants légaux ». L'adoption d'une mesure éducative judiciaire intervient donc au terme d'une véritable audience, au cours de laquelle le mineur est entendu, assisté de son avocat et de ses

représentants légaux. Cela étant, ce qui importe d'un point de vue strictement procédural est que le mineur et ses représentants légaux aient été valablement convoqués, de sorte que, même s'ils ne comparaissent pas, les modalités ou le contenu de la mesure éducative judiciaire provisoire peuvent néanmoins être ordonnés ou modifiés. C'est ce que prévoit très clairement l'article L. 323-2.

Par ailleurs, le même article précise que « les décisions ordonnant la mesure éducative judiciaire provisoire et les mesures de ses modules sont exécutoires par provision et susceptibles d'appel ». Cette règle – qui existait déjà sous l'ordonnance de 1945 – répond parfaitement à l'énonciation générale de l'article L. 111-4 du code : « les décisions prononçant une mesure éducative sont exécutoires par provision ». *A fortiori* doit-il en être ainsi s'agissant de mesures provisoires, spécialement lorsqu'elles sont prises en urgence. Mais, bien évidemment, cela n'interdit pas l'exercice d'une voie de recours, même si la mesure est donc mise en œuvre immédiatement.

L'article L. 323-2 du code prévoit enfin qu'« à tout moment, les modalités ou le contenu de la mesure éducative judiciaire provisoire peuvent être modifiés et [que] le juge peut en ordonner la mainlevée ». Là encore, cette règle est classique, et s'appliquait sous l'ordonnance de 1945, dont l'article 27 affirmait que les mesures éducatives ordonnées à l'égard d'un mineur « peuvent être révisées à tout moment ». L'une des caractéristiques des mesures éducatives est précisément leur grande souplesse et leur adaptabilité. Mais, si le juge des enfants envisage de modifier une mesure provisoire ou de la supprimer, une audience est nécessaire, identique à celle qui l'a mise en place.

La partie réglementaire, issue du décret n° 2021-683 du 27 mai 2021, prolonge ces dispositions. Ainsi, l'article D. 323-2 indique que « la juridiction qui prononce une mesure éducative judiciaire provisoire désigne le service éducatif de milieu ouvert de la protection judiciaire de la jeunesse auquel l'exécution et la coordination de cette mesure sont confiées ». Le même article précise également le contenu de ce suivi. Le service éducatif en milieu ouvert : « 1° adresse au juge des enfants, au moins quinze jours avant l'échéance de celle-ci, un rapport sur l'exécution de la mesure et l'évolution du mineur ; 2° établit un rapport actualisé en vue de chaque audience concernant le mineur ; 3° informe sans délai le juge des enfants de tout événement de nature à justifier une modification ou la cessation du ou des modules, interdictions prononcées, ou la mainlevée de la mesure ». ❑

Art. L. 323-3 La mesure éducative judiciaire provisoire peut être ordonnée alors même que l'intéressé est devenu majeur au jour où elle est prononcée. Son exécution ne peut toutefois se poursuivre au-delà de l'âge de vingt et un ans.

COMMENTAIRE

De manière générale, les mesures judiciaires éducatives peuvent être prononcées même si l'intéressé – mineur au moment des faits – est devenu majeur au jour de la décision, mais elles prennent alors nécessairement fin lorsqu'il atteint l'âge de vingt et un ans. Cette règle – qui n'avait pas d'équivalent dans l'ordonnance de 1945 – est particulièrement bienvenue. La situation complexe des « mineurs devenus majeurs » appelle une réponse adaptée, s'efforçant de combiner la nécessaire protection de la minorité au temps de l'infraction et l'absurdité d'appliquer des mesures éducatives à un adulte dont l'éducation est déjà terminée depuis longtemps. A la recherche de la conciliation de ces intérêts opposés, le code a choisi de considérer que les mesures éducatives ne s'arrêtent pas à la majorité, et de repousser à l'âge de vingt et un ans le seuil jusqu'auquel on peut les prononcer. Tel est l'objet de l'article L. 323-3, qui rejoint d'autres dispositions du code, avec lesquelles il est donc en cohérence, comme son article L. 112-4 qui prévoit que la mesure éducative judiciaire « peut être prononcée même si l'intéressé est devenu majeur au jour de la décision mais prend fin au plus tard lorsqu'il atteint vingt et un ans », ou son article L. 322-6 qui prévoit la réalisation d'un RRSE « même lorsque l'intéressé est devenu majeur le jour où les poursuites sont exercées dès lors qu'il n'a pas atteint ses vingt et un ans ». ❑

TITRE TROISIÈME DES MESURES DE SÛRETÉ

BIBL. ▸ Grégoire, Les mesures de sûreté, Essai sur l'autonomie d'une notion, *LGDJ, 2015.*

COMMENTAIRE

Le titre III du livre III du code est consacré aux « mesures de sûreté ». Pour être classique et connue, l'expression est néanmoins réductrice, voire trompeuse, tant le champ d'application des mesures de sûreté est plus large que le contrôle judiciaire, l'assignation sous surveillance électronique, les mandats des juridictions et la détention provisoire.

Quoi qu'il en soit, ces questions sont envisagées par ce livre du code, ce qui constitue un progrès si l'on considère le sort qui leur était réservé dans l'ordonnance de 1945, qui à leur égard soit était muette, soit renvoyait partiellement au droit commun. Cela était particulièrement vrai pour la détention provisoire, dont les conditions et les délais étaient difficiles à comprendre, le dispositif étant partagé entre le code de procédure pénale et l'ordonnance de 1945. Le fait de regrouper et d'énoncer les dispositions relatives à ces « mesures de sûreté » est donc, en soit, une amélioration notable. Il conviendra aussi de se reporter à la partie réglementaire du code, et spécialement aux articles R. 332-1 et suivants, issus du décret n° 2021-682 du 27 mai 2021.

On peut enfin rappeler que l'article 10 de l'ordonnance du 11 septembre 2019, revu par la loi n° 2021-218 du 26 février 2021, prévoit une application dans le temps spécifique pour les mesures de sûreté, telles qu'elles sont envisagées par le livre III. Selon ce texte, « Toutefois, s'appliquent immédiatement les dispositions du code de la justice pénale des mineurs relatives aux mesures éducatives ainsi que, lorsqu'elles sont plus favorables aux mineurs à l'encontre desquels ces poursuites sont engagées, aux mesures de sûreté. ». ❑

CHAPITRE PREMIER DU CONTRÔLE JUDICIAIRE

Art. L. 331-1 **Le mineur d'au moins treize ans peut être placé sous contrôle judiciaire par ordonnance motivée dans les conditions prévues par le code de procédure pénale, sous réserve des dispositions du présent chapitre.**

Le mineur de moins de seize ans peut être placé sous contrôle judiciaire lorsqu'il encourt une peine criminelle. Il ne peut être placé sous contrôle judiciaire en matière correctionnelle, que dans l'un des cas suivants :

1° Si la peine d'emprisonnement encourue est supérieure ou égale à sept ans ;

2° Si la peine d'emprisonnement encourue est supérieure ou égale à cinq ans et si le mineur a déjà fait l'objet d'une mesure éducative, d'une mesure judiciaire d'investigation éducative, d'une mesure de sûreté, d'une déclaration de culpabilité ou d'une peine prononcée dans le cadre d'une autre procédure et ayant donné lieu à un rapport datant de moins d'un an ;

3° Si la peine d'emprisonnement encourue est supérieure ou égale à cinq ans pour un délit de violences volontaires, d'agression sexuelle ou un délit commis avec la circonstance aggravante de violences.

Le mineur d'au moins seize ans peut être placé sous contrôle judiciaire lorsqu'il encourt une peine criminelle ou, en matière correctionnelle, une peine d'emprisonnement conformément aux dispositions du premier alinéa de l'article 138 du code de procédure pénale. – *[Ord. n° 45-174 du 2 févr. 1945, art. 10-2, I et III, al. 1er à 4 ; II, al. 1er, phrase 1.]*

COMMENTAIRE

Le contrôle judiciaire est une mesure de surveillance qui a pour objet d'astreindre la personne concernée à se soumettre, pendant sa durée, à un certain nombre d'obligations ou d'interdictions, sous le contrôle d'un magistrat, et sous la menace d'un placement en détention provisoire. Pendant longtemps, l'ordonnance de 1945 n'évoquait pas le contrôle judiciaire, ce qui ne signifiait pas qu'il n'était pas applicable aux mineurs, mais que l'on faisait application des dispositions du droit commun prévues par le code de procédure pénale. La loi du 9 septembre 2002 avait introduit dans l'ordonnance de 1945 des dispositions spécifiques (art. 10-2), qui ont été modifiées et complétées à de nombreuses reprises, notamment par la loi du 23 mars 2019.

C'est ce dispositif qui est repris par le code, aux articles L. 331-1 et suivants.

L'article L. 331-1 précise les conditions de placement sous contrôle judiciaire, en distinguant en fonction de l'âge du mineur et de la nature de l'infraction reprochée.

S'agissant de l'âge, le code (comme l'ordonnance de 1945) n'envisage le contrôle judiciaire que pour les mineurs âgés d'au moins treize ans. C'est l'âge au moment des faits qui importe (on rappellera que, de manière générale, l'article L. 13-2 du code invite à retenir l'âge au moment des faits, sauf précision contraire expresse : « à moins que le présent code n'en dispose autrement, la juridiction compétente, la procédure applicable ainsi que les mesures et peines encourues sont déterminées selon l'âge du mineur à la date des faits »).

Pour les mineurs entre treize et seize ans, le contrôle judiciaire est possible en matière criminelle et, sous certaines conditions, en matière correctionnelle. Le code prévoit en effet que le mineur « ne peut être placé sous contrôle judiciaire en matière correctionnelle, que dans l'un des cas suivants :

1° Si la peine d'emprisonnement encourue est supérieure ou égale à sept ans ;

2° Si la peine d'emprisonnement encourue est supérieure ou égale à cinq ans et si le mineur a déjà fait l'objet d'une mesure éducative, d'une mesure judiciaire d'investigation éducative, d'une mesure de sûreté, d'une déclaration de culpabilité ou d'une peine prononcée dans le cadre d'une autre procédure et ayant donné lieu à un rapport datant de moins d'un an (ce rapport contient alors des éléments circonstanciés relatifs au suivi éducatif, à la mise en œuvre de la mesure et à l'évolution du mineur, et comprend une proposition éducative ; art. D. 331-1) ;

3° Si la peine d'emprisonnement encourue est supérieure ou égale à cinq ans pour un délit de violences volontaires, d'agression sexuelle ou un délit commis avec la circonstance aggravante de violences ». On retrouve ici sensiblement les mêmes conditions que celles qui figuraient dans l'ordonnance de 1945, pour cette catégorie de mineurs, du moins telle qu'elle avait été modifiée par les lois du 5 mars 2007 et du 10 août 2011 qui avaient étendu le domaine du contrôle judiciaire.

Pour les mineurs âgés de seize à dix-huit ans, leur placement sous contrôle judiciaire est possible en matière criminelle, ou en matière correctionnelle, lorsqu'ils encourent une peine d'emprisonnement, conformément aux dispositions du premier alinéa de l'article 138 du code de procédure pénale selon lesquelles « Le contrôle judiciaire peut être ordonné par le juge d'instruction ou par le juge des libertés et de la détention si la personne mise en examen encourt une peine d'emprisonnement correctionnel ou une peine plus grave ». Là encore, le code reprend les mêmes conditions que celles qui existaient dans l'ordonnance de 1945. ❑

Art. L. 331-2 Le contrôle judiciaire astreint le mineur à se soumettre, selon la décision du juge des enfants, du tribunal pour enfants, du juge d'instruction ou du juge des libertés et de la détention, aux obligations suivantes :

1° Ne pas sortir des limites territoriales déterminées par le juge des enfants, le tribunal pour enfants, le juge d'instruction ou par le juge des libertés et de la détention ;

2° Ne s'absenter de son domicile ou de la résidence fixée par le juge des enfants, le tribunal pour enfants, le juge d'instruction ou par le juge des libertés et de la détention qu'aux conditions et pour les motifs déterminés par ce magistrat ;

3° Ne pas se rendre en certains lieux ou ne se rendre que dans les lieux déterminés par le juge des enfants, le tribunal pour enfants, le juge d'instruction ou par le juge des libertés et de la détention ;

4° Ne pas participer à des manifestations sur la voie publique dans des lieux déterminés par le juge des enfants, le tribunal pour enfants, le juge d'instruction ou le juge des libertés et de la détention ;

5° Informer le juge des enfants ou le juge d'instruction de tout déplacement au-delà de limites déterminées ;

6° Se présenter périodiquement aux services, associations habilitées ou autorités désignés par le juge des enfants, le tribunal pour enfants, le juge d'instruction ou le juge des libertés et de la détention qui sont tenus d'observer la plus stricte discrétion sur les faits reprochés au mineur ;

7° Remettre soit au greffe, soit à un service de police ou à une brigade de gendarmerie tous documents justificatifs de l'identité, et notamment le passeport, en échange d'un récépissé valant justification de l'identité ;

8° S'abstenir de conduire tous les véhicules, certains véhicules ou un véhicule qui ne soit pas équipé, par un professionnel agréé ou par construction, d'un dispositif homologué d'antidémarrage par éthylotest électronique, et, le cas échéant, remettre au greffe son permis de conduire contre récépissé ;

9° S'abstenir de recevoir ou de rencontrer certaines personnes spécialement désignées par le juge des enfants, le tribunal pour enfants, le juge d'instruction ou le juge des libertés et de la détention, ainsi que d'entrer en relation avec elles, de quelque façon que ce soit. Lorsque la personne désignée est la victime ou la partie civile, le juge procède conformément aux dispositions de l'article 138-1 du code de procédure pénale ;

10° Se soumettre à des mesures d'examen, de traitement ou de soins, même sous le régime de l'hospitalisation, notamment aux fins de désintoxication. Une copie de l'ordonnance de placement sous contrôle judiciaire est adressée par le juge des enfants, le tribunal pour enfants ou le juge d'instruction au médecin ou au psychologue qui doit suivre le mineur. Les rapports des expertises réalisées pendant l'enquête, l'instruction ou la mise à l'épreuve éducative sont adressés au médecin ou au psychologue, à leur demande ou à l'initiative du juge des enfants ou du juge d'instruction. Celui-ci peut également leur adresser toute autre pièce utile du dossier ;

11° Ne pas exercer une activité impliquant un contact habituel avec des mineurs lorsqu'il est à redouter qu'une nouvelle infraction soit commise ;

12° Ne pas détenir ou porter une arme et, le cas échéant, remettre au greffe contre récépissé les armes dont il est détenteur ;

13° En cas d'infraction commise soit contre son conjoint ou son concubin, soit contre ses enfants ou ceux de son conjoint ou concubin, résider hors du domicile ou de la résidence du couple et, le cas échéant, s'abstenir de paraître dans ce domicile ou cette résidence ou aux abords immédiats de celui-ci, ainsi que, si nécessaire, faire l'objet d'une prise en charge sanitaire, sociale ou psychologique ; les dispositions du présent alinéa sont également applicables lorsque l'infraction est commise par l'ancien conjoint ou concubin de la victime, le domicile concerné étant alors celui de la victime. Pour l'application du présent alinéa, le juge des enfants, le tribunal pour enfants ou le juge d'instruction recueille ou fait recueillir, dans les meilleurs délais et par tous moyens, l'avis de la victime sur l'opportunité d'astreindre l'auteur des faits à résider hors du logement du couple. Sauf circonstances particulières, cette mesure est prise lorsque sont en cause des faits de violences susceptibles d'être renouvelés et que la victime la sollicite ;

14° Respecter les conditions d'une prise en charge sanitaire, sociale, éducative ou psychologique, destinée à permettre sa réinsertion et l'acquisition des valeurs de la citoyenneté ; cette prise en charge peut, le cas échéant, intervenir au sein d'un établissement d'accueil adapté dans lequel la personne est tenu*[e]* de résider.

La décision peut également imposer spécialement au mineur de respecter jusqu'à sa majorité, les conditions d'un placement éducatif prévu à l'article L. 112-14 ou d'un placement en centre éducatif fermé. La mesure de placement ne peut être ordonnée que pour une durée de six mois, renouvelable une seule fois par ordonnance motivée et pour une durée au plus égale à six mois.

Les manquements du mineur aux obligations qui lui ont été imposées sont signalés sans délai au magistrat mandant par le service chargé de la mise en œuvre de la mesure. Copie de ce rapport est adressée au procureur de la République par le juge. – *[Ord. n° 45-174 du 2 févr. 1945, art. 10-2, II, al. 2 à 8.]*

COMMENTAIRE

L'article L. 331-2 envisage les mesures, interdictions et obligations auxquelles le mineur placé sous contrôle judiciaire peut être astreint. L'ordonnance de 1945 renvoyait, pour l'essentiel, au droit commun, qu'il complétait par quatre modalités particulières. Le code de la justice pénale des mineurs a choisi – à raison – de lister lui-même l'intégralité des modalités possibles du contrôle judiciaire, quitte à reprendre évidemment nombre de dispositions du droit commun (C. pr. pén., art. 138). C'est ce qui explique que l'article

L. 331-2 envisage quatorze obligations auxquelles le mineur peut donc être astreint. Il s'agit : de l'interdiction de sortir des limites territoriales fixées par le juge ; de l'interdiction de s'absenter de son domicile ou de sa résidence ; de l'interdiction de se rendre dans certains lieux ; de l'interdiction de manifester sur la voie publique ; de l'information du juge de tout déplacement au-delà de certaines limites ; de l'obligation de se présenter périodiquement aux services, associations habilitées ou autorités désignés par le juge ; de la remise de ses documents d'identité et notamment de son passeport ; de s'abstenir de conduire (sauf équipé d'un dispositif d'antidémarrage par éthylotest) ; de s'abstenir de rencontrer ou recevoir certaines personnes ; de se soumettre à des mesures d'examen ou un traitement médical ; de ne pas exercer une activité impliquant un contact habituel avec des mineurs ; de pas détenir ou porter une arme ; de l'obligation de résider hors du domicile du couple en cas d'infraction commise soit contre son conjoint ou son concubin ou contre ses enfants ou ceux de son conjoint ou concubin ; de respecter les conditions d'une prise en charge sanitaire, sociale, éducative ou psychologique, destinée à permettre sa réinsertion et l'acquisition des valeurs de la citoyenneté (cette prise en charge peut, le cas échéant, intervenir au sein d'un établissement d'accueil adapté dans lequel la personne est tenue de résider) ; ou encore de respecter le placement dans un centre éducatif fermé, jusqu'à la majorité du mineur.

Le placement en centre éducatif fermé est une modalité particulière du contrôle judiciaire, qui avait été introduite dans l'ordonnance de 1945 par la loi du 9 septembre 2002 (art. 10-2-II), et qui se trouve reprise par le code. L'article L. 331-2 prévoit en effet que « la décision peut également imposer spécialement au mineur de respecter jusqu'à sa majorité les conditions d'un placement éducatif prévu à l'article L. 112-14 ou d'un placement en centre éducatif fermé » et que « la mesure de placement ne peut être ordonnée que pour une durée de six mois, renouvelable une seule fois par ordonnance motivée et pour une durée au plus égale à six mois ».

Les obligations ou interdictions qui sont prononcées dans le cadre du contrôle judiciaire sont notifiées au mineur par le juge, lorsqu'il le prononce. Le juge informe à cette occasion le mineur qu'en cas de non-respect de ces obligations, il pourra être placé en détention provisoire. Aussi le dernier alinéa de l'article L. 331-2 précise-t-il à cet égard que « les manquements du mineur aux obligations qui lui ont été imposées sont signalés sans délai au magistrat mandant par le service chargé de la mise en œuvre de la mesure » et que « copie de ce rapport est adressée au procureur de la République par le juge ». La violation des obligations du contrôle judiciaire est donc susceptible d'entraîner l'incarcération du mineur, au titre de la détention provisoire (sous réserve d'un dispositif spécifique prévu par l'article L. 331-4 pour les mineurs âgés de treize à seize ans en matière correctionnelle). ❑

Code de procédure pénale

Art. 138-1 *(L. n° 2004-204 du 9 mars 2004, art. 92-I, en vigueur le 1er oct. 2004)* Lorsque la personne mise en examen est soumise à l'interdiction de recevoir, ou rencontrer la victime ou d'entrer en relation de quelque façon que ce soit avec elle en application des dispositions du 9° de l'article 138, le juge d'instruction ou le juge des libertés et de la détention adresse à celle-ci un avis l'informant de cette mesure ; si la victime est partie civile, cet avis est également adressé à son avocat.

Cet avis précise les conséquences susceptibles de résulter pour la personne mise en examen du non-respect de cette interdiction.

Art. L. 331-3 Le juge des enfants, le tribunal pour enfants, le juge d'instruction ou le juge des libertés et de la détention notifie oralement au mineur les obligations qui lui sont imposées, en présence de son avocat et de ses représentants légaux, ou ceux-ci dûment convoqués, et l'informe qu'en cas de non-respect de ces obligations, il pourra être placé en détention provisoire. Mention de cette formalité est portée au procès-verbal qui est signé par le magistrat et le mineur, ou, le cas échéant, aux notes d'audience.

Lorsque la décision de placement sous contrôle judiciaire accompagne une mise en liberté, l'avocat du mineur est convoqué par tout moyen et sans délai. – *[Ord. n° 45-174 du 2 févr. 1945, art. 10-2, II, al. 1er.]*

COMMENTAIRE

Le placement sous contrôle judiciaire est pris par ordonnance motivée du juge des enfants, du tribunal pour enfants, du juge d'instruction ou du juge des libertés et de la détention. Cette mesure est donc possible dans le cadre de l'instruction, de manière classique, mais aussi devant les juridictions de jugement, spécialement dans le cadre de la procédure de la mise à l'épreuve éducative, qui implique un délai entre l'audience de culpabilité et l'audience de prononcé de la sanction (art. L. 521-1 s.).

Le placement sous contrôle judiciaire est une mesure grave, qui suit un formalisme précis. Comme le faisait l'ordonnance de 1945, l'article L. 331-3 précise que la juridiction « notifie oralement au mineur les obligations qui lui sont imposées, en présence de son avocat et de ses représentants légaux, ou ceux-ci dûment convoqués, et l'informe qu'en cas de non-respect de ces obligations, il pourra être placé en détention provisoire ». Il doit être porté mention de cette formalité au procès-verbal, qui est signé par le magistrat et le mineur, ou, le cas échéant, aux notes d'audience.

Le respect de ce formalisme est important d'autant que le placement sous contrôle judiciaire est lourd de conséquences et que sa violation peut impliquer le placement en détention provisoire. Mais le contrôle judiciaire peut aussi intervenir après une détention provisoire et accompagner une remise en liberté. Dans ce cas, l'article L. 331-3, dernier alinéa, dispose que, « lorsque la décision de placement sous contrôle judiciaire accompagne une mise en liberté, l'avocat du mineur est convoqué par tout moyen et sans délai ». Cette dernière précision permet d'écarter l'application des dispositions de l'article 114, alinéa 2, du code de procédure pénale, en vertu desquelles l'avocat doit être convoqué au moins cinq jours ouvrables avant l'interrogatoire ou l'audition.

Les décisions relatives au placement sous contrôle judiciaire sont susceptibles d'appel, qui est alors porté, en fonction de la juridiction l'ayant prononcé, soit devant la chambre spéciale des mineurs, soit devant la chambre de l'instruction. La Cour de cassation avait jugé, sous l'ordonnance de 1945 et alors que le juge des enfants menait les informations judiciaires concernant les mineurs, que « le placement d'un mineur de seize ans dans un centre éducatif fermé ne constituant qu'une modalité du contrôle judiciaire, l'appel de l'ordonnance du juge des enfants de placement dans un tel établissement, même s'il ne vise pas l'ordonnance de placement sous contrôle judiciaire, relève de la compétence de la chambre de l'instruction et non de la chambre spéciale des mineurs de la Cour d'appel » (Crim. 10 oct. 2007, n° 07-84.830). Cette solution est certainement encore valable aujourd'hui lorsque le contrôle judiciaire a été prononcé par le juge d'instruction ou le juge des libertés et de la détention, dans le cadre d'une information judiciaire. Mais, si le contrôle judiciaire a été prononcé par le juge des enfants ou le tribunal pour enfants, il paraît logique de considérer que c'est devant la chambre spéciale des mineurs que l'appel sera porté. ❑

Le placement d'un mineur de seize ans dans un centre éducatif fermé ne constituant qu'une modalité du contrôle judiciaire, l'appel de l'ordonnance du juge des enfants du placement dans un tel établissement, même s'il ne vise pas l'ordonnance de placement sous contrôle judiciaire, relève de la compétence de la chambre de l'instruction et non de la chambre spéciale des mineurs de la cour d'appel. • Crim. 10 oct. 2007, n° 07-84.830 P.

Art. L. 331-4 **En matière correctionnelle, le mineur de moins de seize ans ne peut être placé sous contrôle judiciaire qu'après la tenue d'un débat contradictoire au cours duquel le ministère public développe ses réquisitions, et la juridiction entend les observations du mineur ainsi que celles de son avocat. Le juge peut recueillir les observations des représentants légaux et du service qui suit le mineur.**

Par dérogation aux dispositions de l'article L. 331-3, le juge notifie oralement au mineur les obligations qui lui sont imposées, en présence de son avocat et de ses représentants légaux ou ceux-ci dûment convoqués, et l'informe :

1° Qu'en cas de non-respect des obligations mentionnées aux 1° à 14° de l'article L. 331-2 ou de l'obligation de respecter les conditions d'un placement éducatif, le contrôle judiciaire pourra être modifié pour prévoir son placement dans un centre éducatif fermé ;

2° Qu'en cas de non-respect de l'obligation de respecter un placement dans un centre éducatif fermé, il pourra être placé en détention provisoire conformément aux dispositions du 2° de l'article L. 334-4.

Mention de ces formalités est portée au procès-verbal qui est signé par le magistrat et le mineur.

(L. nº 2021-218 du 26 févr. 2021, art. 12) **« En matière correctionnelle, lorsque la juridiction envisage de placer un mineur de plus de seize ans sous contrôle judiciaire, elle sollicite les réquisitions du ministère public. »** – *[Ord. nº 45-174 du 2 févr. 1945, art. 10-2, II, al. 1er, III, al. 1er, 5, 6 et 7.]*

COMMENTAIRE

La situation des mineurs de moins de seize ans en matière correctionnelle fait l'objet de dispositions particulières, plus protectrices, car il s'agit de mineurs relativement jeunes, suspectés d'avoir commis les infractions les moins graves. Dans cette perspective, le code de la justice pénale des mineurs comme avant lui l'ordonnance du 2 février 1945 prévoit un certain nombre de dispositions spécifiques relatives à la détention provisoire et au contrôle judiciaire.

L'article L. 331-4 exige tout d'abord un véritable débat contradictoire avant qu'un mineur de seize ans soit placé sous contrôle judiciaire : la juridiction est tenue d'entendre le parquet, le mineur et son avocat, et elle peut aussi entendre les observations des représentants légaux et du service qui suit le mineur.

Surtout, le même article déroge à la règle selon laquelle la juridiction notifie au mineur qu'en cas de non-respect des obligations du contrôle judiciaire, il pourra être placé en détention provisoire. Dans le cas particulier d'un mineur de treize à seize ans en matière correctionnelle, le code prévoit en effet une sanction progressive en cas de violation du contrôle judiciaire. Le non-respect des modalités du contrôle judiciaire (de toutes sauf du placement en centre éducatif fermé) peut donner lieu à un placement en centre éducatif fermé, et non à un placement en détention provisoire. Ce n'est que si le mineur ne respecte pas le placement en centre éducatif fermé qu'il pourra faire l'objet d'une détention provisoire. En outre, même dans ce cas, l'article L. 334-4 n'admet le placement en détention provisoire qu'en cas de « violation répétée ou d'une particulière gravité de cette obligation ou si cette dernière s'accompagne de la violation d'une autre obligation du contrôle judiciaire, et lorsque le rappel ou l'aggravation de ces obligations n'est pas suffisant pour atteindre les objectifs prévus à l'article 144 du code de procédure pénale ». Ainsi, pour les mineurs de treize à seize ans en matière correctionnelle, la détention provisoire n'est envisagée que de manière exceptionnelle : en cas de violation du contrôle judiciaire, lorsque celui-ci comprenait un placement en centre éducatif fermé, et seulement s'il s'agit d'une violation grave ou répétée du contrôle judiciaire, et si le maintien du contrôle judiciaire n'est pas suffisant. Le dispositif prévu par le code est proche de celui qui figurait aux articles 10-2-III et 11 de l'ordonnance de 1945.

L'article L. 331-4 a été complété par la loi de ratification du 26 février 2021 par un alinéa relatif aux mineurs âgés entre 16 et 18 ans, qui précise qu'en matière correctionnelle la juridiction qui envisage d'ordonner un contrôle judiciaire sollicite les réquisitions du ministère public. ❑

Art. L. 331-5 Le juge des enfants ou le juge d'instruction peut ordonner la modification ou la *(L. nº 2021-218 du 26 févr. 2021, art. 12)* **« mainlevée » du contrôle judiciaire, soit d'office, soit à la demande du mineur, de ses représentants légaux ou de la personne qui en a la garde, soit du procureur de la République.**

COMMENTAIRE

La modification et la suppression du contrôle judiciaire relèvent du juge d'instruction ou du juge des enfants, selon qu'une information judiciaire est ouverte ou non. Le juge peut décider de cette modification ou de cette suppression d'office, ou à la demande du ministère public, du mineur ou même de ses représentants légaux ou des personnes qui en ont la garde.

La modification du contrôle judiciaire permet de s'adapter à l'évolution de la situation. Concrètement, le juge pourra supprimer (ou étendre) certaines interdictions ou obligations, ou jouer sur leur champ d'application, notamment géographique (réduire ou étendre les limites géographiques d'une interdiction de paraître dans certains lieux par exemple). Le juge peut aussi décider, de supprimer le contrôle judiciaire, ou, à l'inverse, et si les conditions sont réunies, de le révoquer pour placer le mineur en détention provisoire. ❑

Art. L. 331-6 Les dispositions de l'article 138-2 du code de procédure pénale relatives au partage d'informations en matière d'infractions sexuelles sont applicables au contrôle judiciaire ordonné à l'égard d'un mineur par le juge d'instruction, le juge des libertés et de la détention, le juge des enfants ou le tribunal pour enfants.

COMMENTAIRE

La loi n° 2012-409 du 27 mars 2012 relative à l'exécution des peines a introduit dans le code de procédure pénale un article 138-2 qui prévoit, en matière d'infractions sexuelles, la possibilité pour le juge qui prononce un placement sous contrôle judiciaire d'informer la personne chez qui l'intéressé réside, ou le chef de l'établissement dans lequel il est scolarisé, du contrôle judiciaire, de ses causes et de ses modalités. L'ordonnance de 1945 ne faisait pas référence à cette disposition, qui se trouvait donc applicable aux mineurs. Mais le code de la justice pénale des mineurs a fait le choix d'énoncer clairement que l'article 138-2 du code de procédure pénale est applicable aux mineurs.

L'article L. 331-6 dispose ainsi que « les dispositions de l'article 138-2 du code de procédure pénale relatives au partage d'informations en matière d'infractions sexuelles sont applicables au contrôle judiciaire ordonné à l'égard d'un mineur par le juge d'instruction, le juge des libertés et de la détention, le juge des enfants ou le tribunal pour enfants ». Concrètement, cela signifie que, dans le cadre des infractions visées par l'article 706-47 du code de procédure pénale (essentiellement infractions de nature sexuelle), la juridiction qui place un mineur sous contrôle judiciaire pourra transmettre aux personnes chez qui le mineur a sa résidence ou au chef de l'établissement dans lequel il est scolarisé une copie de l'ordonnance de placement sous contrôle judiciaire. De ce fait, ces personnes seront informées de l'existence de cette contrainte judiciaire, de sa motivation et de ses modalités.

Mais l'article 138-2 du code de procédure pénale interdit aux destinataires de ces informations de les communiquer à des tiers non autorisés à les partager, sous peine d'une amende de 3 750 €, et, le cas échéant, les auteurs d'une telle divulgation pourraient être poursuivis pour violation des dispositions de l'article 226-13 du code pénal relatives au secret professionnel. ❑

Code de procédure pénale

Art. 138-2 *(L. n° 2012-409 du 27 mars 2012, art. 6-I)* En cas de poursuites pour un crime ou pour une infraction mentionnée à l'article 706-47, le juge d'instruction ou le juge des libertés et de la détention peut, d'office ou sur réquisition du ministère public, décider dans son ordonnance de placement sous contrôle judiciaire qu'une copie de cette ordonnance est transmise à la personne chez qui le mis en examen établit sa résidence si cette transmission apparaît nécessaire pour prévenir le renouvellement de l'infraction.

Lorsque la personne mise en examen pour l'une des infractions mentionnées au premier alinéa du présent article est scolarisée ou a vocation à poursuivre sa scolarité dans un établissement scolaire, public ou privé, copie de l'ordonnance est, dans tous les cas, transmise par le juge d'instruction à l'autorité académique et, le cas échéant, au chef d'établissement concerné ; le juge d'instruction informe également ces autorités des décisions modifiant les obligations du contrôle judiciaire ayant une incidence sur le lieu ou le mode de scolarisation de la personne.

Les personnes à qui des décisions ont été transmises en application du deuxième alinéa ne peuvent faire état des renseignements ainsi obtenus qu'aux personnels qui sont responsables de la sécurité et de l'ordre dans l'établissement et, le cas échéant, dans les structures chargées de l'hébergement des élèves et aux professionnels, soumis au secret professionnel, qui sont chargés du suivi social et sanitaire des élèves. Le partage de ces informations est strictement limité à ce qui est nécessaire à l'exercice de leurs missions.

Sans préjudice des dispositions de l'article 226-13 du code pénal réprimant la violation du secret professionnel, le fait, pour les personnes à qui des décisions ont été transmises en application du présent article ou qui ont eu connaissance des informations qu'elles contiennent en application de l'avant-dernier alinéa, de communiquer ces décisions ou leur contenu à des tiers non autorisés à partager ces informations est puni d'une amende de 3 750 €.

Art. L. 331-7 Le mineur peut être placé en rétention dans les conditions prévues à l'article 141-4 du code de procédure pénale, lorsqu'il existe une ou plusieurs raisons plausibles de soupçonner qu'il a manqué aux obligations qui lui incombent au titre des 1°, 2°, 3°, 8°, 9°, 12° et 13° de l'article L. 331-2 *(L. nº 2021-218 du 26 févr. 2021, art. 12)* **« du présent code » ou à l'obligation de respecter les conditions d'un placement en centre éducatif fermé prévue au même article.**

Le mineur retenu bénéficie des droits prévus à l'article L. 332-1.

COMMENTAIRE

Dans le cas où un individu est suspecté de ne pas avoir respecté les obligations du contrôle judiciaire auquel il est astreint, il peut être placé en rétention par un officier de police judiciaire dans un local de police ou de gendarmerie, afin de vérifier sa situation et qu'il soit entendu sur la violation de ses obligations. C'est ce que prévoit l'article 141-4 du code de procédure pénale. Cette disposition était applicable aux mineurs dans le silence de l'ordonnance de 1945 et le code lui consacre désormais l'article L. 331-7.

Selon ce texte, il est donc possible de placer en rétention dans un local de police ou de gendarmerie un mineur que l'on soupçonnerait de ne pas avoir respecté les obligations de son contrôle judiciaire. Mais toutes les obligations ne permettent pas l'exercice de cette rétention. Le code vise en effet certaines obligations seulement (ce qui exclut donc les autres, non visées) prévues par l'article L. 331-2 qui donne la liste des modalités possibles du contrôle judiciaire. Concrètement, il s'agit des obligations suivantes :

– 1° Ne pas sortir des limites territoriales déterminées par le juge des enfants, le tribunal pour enfants, le juge d'instruction ou le juge des libertés et de la détention ;

– 2° Ne s'absenter de son domicile ou de la résidence fixée par le juge des enfants, le tribunal pour enfants, le juge d'instruction ou le juge des libertés et de la détention qu'aux conditions et pour les motifs déterminés par ce magistrat ;

– 3° Ne pas se rendre en certains lieux ou ne se rendre que dans les lieux déterminés par le juge des enfants, le tribunal pour enfants, le juge d'instruction ou le juge des libertés et de la détention ;

– 8° S'abstenir de conduire tous les véhicules, certains véhicules ou un véhicule qui ne soit pas équipé, par un professionnel agréé ou par construction, d'un dispositif homologué d'antidémarrage par éthylotest électronique, et, le cas échéant, remettre au greffe son permis de conduire contre récépissé ;

– 9° S'abstenir de recevoir ou de rencontrer certaines personnes spécialement désignées par le juge des enfants, le tribunal pour enfants, le juge d'instruction ou le juge des libertés et de la détention, ainsi que d'entrer en relation avec elles, de quelque façon que ce soit. Lorsque la personne désignée est la victime ou la partie civile, le juge procède conformément aux dispositions de l'article 138-1 du code de procédure pénale ;

– 12° Ne pas détenir ou porter une arme et, le cas échéant, remettre au greffe contre récépissé les armes dont il est détenteur ;

– 13° En cas d'infraction commise soit contre son conjoint ou son concubin, soit contre ses enfants ou ceux de son conjoint ou concubin, résider hors du domicile ou de la résidence du couple et, le cas échéant, s'abstenir de paraître dans ce domicile ou cette résidence ou aux abords immédiats de celui-ci, ainsi que, si nécessaire, faire l'objet d'une prise en charge sanitaire, sociale ou psychologique ; les dispositions du présent alinéa sont également applicables lorsque l'infraction est commise par l'ancien conjoint ou concubin de la victime, le domicile concerné étant alors celui de la victime. Pour l'application du présent alinéa, le juge des enfants, le tribunal pour enfants ou le juge d'instruction recueille ou fait recueillir, dans les meilleurs délais et par tous moyens, l'avis de la victime sur l'opportunité d'astreindre l'auteur des faits à résider hors du logement du couple. Sauf circonstances particulières, cette mesure est prise lorsque sont en cause des faits de violences susceptibles d'être renouvelés et que la victime la sollicite ;

– et l'obligation de respecter jusqu'à sa majorité les conditions d'un placement en centre éducatif fermé. La mesure de placement ne peut être ordonnée que pour une durée de six mois, renouvelable une seule fois par ordonnance motivée et pour une durée au plus égale à six mois.

L'article L. 331-7 précise également que « le mineur retenu bénéficie des droits prévus à l'article L. 332-1 ». Concrètement, le mineur a donc droit, dans cette situation, à ce que ses représentants légaux (ou la personne ou le service auquel le mineur est confié, ou

un autre adulte approprié) soient informés de la rétention dès le début de celle-ci. Il a aussi droit à l'assistance d'un avocat, à un examen médical et ses auditions font nécessairement l'objet d'un enregistrement audiovisuel (l'article L. 332-1 renvoie à son tour aux articles L. 413-1 à L. 413-15, et aux garanties qui y figurent). Globalement, le mineur placé en rétention dans ce cadre est dans une situation proche de la garde à vue, et les droits qui lui sont reconnus sont ceux du gardé à vue.

L'article R. 331-2 apporte des précisions supplémentaires concernant les droits du mineur retenu en raison de la violation des obligations du contrôle judiciaire. Selon ce texte, « lorsqu'un mineur est retenu en raison de la violation des obligations d'un contrôle judiciaire, lui sont notifiés, outre les droits prévus par l'article 141-4 du code de procédure pénale, les droits suivants :

1° Le droit à ce que les représentants légaux ou l'adulte approprié mentionné à l'article L. 311-2 soient informés et le droit d'être accompagné par ceux-ci lors de ses auditions ou interrogatoires dans les conditions prévues par l'article L. 311-1, sauf circonstances particulières énoncées au deuxième alinéa de l'article L. 413-3 et au deuxième alinéa de l'article L. 413-7 ;

2° Le droit à la protection de sa vie privée garanti par l'interdiction de diffuser les enregistrements de ses auditions, par la tenue des audiences en publicité restreinte et par l'interdiction de publier le compte rendu des débats d'audience ou tout élément permettant son identification ;

3° Le droit d'être détenu séparément des personnes majeures détenues ;

4° Le droit à la préservation de sa santé, ainsi que le respect du droit à la liberté de religion ou de conviction ». ❑

Code de procédure pénale

Art. 141-4 *(L. nº 2010-769 du 9 juill. 2010, art. 5-II)* Les services de police et les unités de gendarmerie peuvent, d'office ou sur instruction du juge d'instruction, appréhender toute personne placée sous contrôle judiciaire à l'encontre de laquelle il existe une ou plusieurs raisons plausibles de soupçonner qu'elle a manqué aux obligations qui lui incombent au titre des *(L. nº 2014-896 du 15 août 2014, art. 34, en vigueur le 1er oct. 2014)* « 1°, 2°, 3°, 8°, 9°, 14° *[ancienne rédaction : 9°]* » *(L. nº 2019-1480 du 28 déc. 2019, art. 11)* « , 17° et 17° *bis* » de l'article 138. La personne peut alors, sur décision d'un officier de police judiciaire, être retenue vingt-quatre heures au plus dans un local de police ou de gendarmerie afin que soit vérifiée sa situation et qu'elle soit entendue sur la violation de ses obligations.

Dès le début de la mesure, l'officier de police judiciaire informe le juge d'instruction.

(L. nº 2014-896 du 15 août 2014, art. 34, en vigueur le 1er oct. 2014) « La personne retenue est immédiatement informée par l'officier de police judiciaire ou, sous le contrôle de celui-ci, par un agent de police judiciaire, dans une langue qu'elle comprend, de la durée maximale de la mesure, de la nature des obligations qu'elle est soupçonnée d'avoir violées et du fait qu'elle bénéficie :

« 1° Du droit de faire prévenir un proche et son employeur ainsi que, si elle est de nationalité étrangère, les autorités consulaires de l'État dont elle est ressortissante, conformément à l'article 63-2 ;

« 2° Du droit d'être examinée par un médecin, conformément à l'article 63-3 ;

« 3° Du droit d'être assistée par un avocat, conformément aux articles 63-3-1 à 63-4-3 ;

« 4° S'il y a lieu, du droit d'être assistée par un interprète ;

« 5° Du droit, lors des auditions, après avoir décliné son identité, de faire des déclarations, de répondre aux questions qui lui sont posées ou de se taire. »

Les pouvoirs conférés au procureur de la République par les articles 63-2 et 63-3 sont exercés par le juge d'instruction.

(L. nº 2014-896 du 15 août 2014, art. 34, en vigueur le 1er oct. 2014) « La retenue s'exécute dans des conditions assurant le respect de la dignité de la personne. Seules peuvent être imposées à la personne retenue les mesures de sécurité strictement nécessaires.

« La personne retenue ne peut faire l'objet d'investigations corporelles internes au cours de sa rétention par le service de police ou par l'unité de gendarmerie.

« L'article 64 est applicable à la présente mesure de retenue. »

A l'issue de la mesure, le juge d'instruction peut ordonner que la personne soit conduite devant lui, le cas échéant pour qu'il saisisse le juge des libertés et de la détention aux fins de révocation du contrôle judiciaire.

Le juge d'instruction peut également demander à un officier ou un agent de police judiciaire d'aviser la personne qu'elle est convoquée devant lui à une date ultérieure.

(L. n° 2014-896 du 15 août 2014, art. 34, en vigueur le 1er oct. 2014) « Le présent article est également applicable aux personnes placées sous assignation à résidence avec surveillance électronique. »

CHAPITRE II DE L'EXÉCUTION DES MANDATS DES JURIDICTIONS POUR MINEURS

Art. L. 332-1 **Lorsqu'un mineur est retenu dans le cadre d'un mandat** *(Abrogé par L. n° 2021-1729 du 22 déc. 2021, art. 14)* ***« de comparution, »*** **d'amener ou d'arrêt en application de l'article 133-1 du code de procédure pénale ou qu'il est appréhendé en exécution d'un mandat d'arrêt européen en application des articles 695-26 et suivants du même code, l'officier de police judiciaire doit, dès le début de cette rétention, en informer ses représentants légaux, la personne ou le service auquel le mineur est confié ou, dans les cas prévus dans le présent code, un autre adulte approprié.**

Les dispositions des articles L. 413-1 à L. 413-15 du présent code, relatives à l'assistance par un avocat, à l'examen médical et à l'enregistrement audiovisuel des auditions sont applicables. – *[Ord. n° 45-174 du 2 févr. 1945, art. 11-3, al. 1er.]*

COMMENTAIRE

Le code de procédure pénale envisage quatre mandats : d'amener, d'arrêt (y compris le mandat d'arrêt européen), de dépôt et de recherche. Ils permettent aux juridictions, et pour l'un d'entre eux aux magistrats du parquet, de requérir l'aide de la force publique pour rechercher un individu et se le faire présenter, ou pour recevoir un individu envoyé en détention. De manière générale, ces différents mandats s'appliquent aux mineurs, sous réserve des dispositions spécifiques prévues par le code aux articles L. 332-1 et L. 332-2, qui reprennent l'article 11-3 de l'ordonnance de 1945, issu de la loi du 23 mars 2019 (art. 94).

L'article L. 332-1 prévoit d'abord que, « lorsqu'un mineur est retenu dans le cadre d'un mandat d'amener ou d'arrêt en application de l'article 133-1 du code de procédure pénale ou qu'il est appréhendé en exécution d'un mandat d'arrêt européen en application des articles 695-26 et suivants du même code, l'officier de police judiciaire doit, dès le début de cette rétention, en informer ses représentants légaux, la personne ou le service auquel le mineur est confié ou, dans les cas prévus dans le présent code, un autre adulte approprié ». On retrouve ici le principe général d'information des représentants légaux, du service auquel le mineur est confié ou le cas échéant de l'adulte approprié, tel qu'il est envisagé dans le titre Ier du présent livre, aux articles L. 311-1 et suivants.

L'alinéa suivant précise quant à lui que « les dispositions des articles L. 413-1 à L. 413-15 du présent code, relatives à l'assistance par un avocat, à l'examen médical et à l'enregistrement audiovisuel des auditions sont applicables ». Le code renvoie donc ici aux garanties procédurales qui entourent la retenue judiciaire et la garde à vue. Le mineur qui fait l'objet d'un mandat de comparution, d'amener ou d'arrêt, y compris un mandat d'arrêt européen, doit obligatoirement bénéficier de l'assistance d'un avocat, faire l'objet d'un examen médical, et les auditions qui se dérouleront doivent être enregistrées (audio et vidéo).

L'article R. 332-1 indique en complément, concernant les droits du mineur retenu dans le cadre d'un mandat d'amener ou d'arrêt, que « lorsqu'un mineur est retenu dans le cadre d'un mandat d'amener ou d'arrêt, lui sont notifiés, outre les droits prévus par l'article 133-1 du code de procédure pénale, les droits suivants :

1° Le droit à ce que les représentants légaux ou l'adulte approprié mentionné à l'article L. 311-2 soient informés et le droit d'être accompagné par ceux-ci lors de ses auditions ou interrogatoires dans les conditions prévues par l'article L. 311-1, sauf circonstances particulières énoncées au deuxième alinéa de l'article L. 413-3 et au deuxième alinéa de l'article L. 413-7 ;

2° Le droit à la protection de sa vie privée garanti par l'interdiction de diffuser les enregistrements de ses auditions, par la tenue des audiences en publicité restreinte et par l'interdiction de publier le compte rendu des débats d'audience ou tout élément permettant son identification ;

3° Le droit d'être détenu séparément des personnes majeures détenues ;

4° Le droit à la préservation de sa santé, ainsi que le respect du droit à la liberté de religion ou de conviction ».

Lorsqu'un mineur est appréhendé en exécution d'un mandat d'arrêt européen, l'article R. 332-2 donne la liste des droits qui doivent lui être notifiés. Selon ce texte, « lorsqu'un mineur est appréhendé en exécution d'un mandat d'arrêt européen, lui sont notifiés, outre les droits prévus à l'article 695-27 du code de procédure pénale, les droits suivants :

1° Le droit à ce que les représentants légaux ou l'adulte approprié mentionné à l'article L. 311-2 soient informés et le droit d'être accompagné par ceux-ci lors de ses auditions ou interrogatoires dans les conditions prévues par l'article L. 311-1, sauf circonstances particulières énoncées au deuxième alinéa de l'article L. 413-3 et au deuxième alinéa de l'article L. 413-7 ;

2° Le droit à la protection de sa vie privée garanti par l'interdiction de diffuser les enregistrements de ses auditions, par la tenue des audiences en publicité restreinte et par l'interdiction de publier le compte rendu des débats d'audience ou de tout élément permettant son identification ;

3° Le droit d'assister aux audiences ;

4° Le droit d'être accompagné par les représentants légaux ou par l'adulte approprié mentionné à l'article L. 311-2 au cours des audiences ;

5° Le droit à une évaluation éducative personnalisée ;

6° Le droit de bénéficier de l'aide juridictionnelle dans les conditions fixées par la loi n° 91-647 du 10 juillet 1991 relative à l'aide juridique ». ❑

Code de procédure pénale

Art. 133-1 *(L. n° 2004-204 du 9 mars 2004, art. 97-VI, en vigueur le 1er oct. 2004)* Dans les cas prévus par les articles 125, 127 et 133, lorsque la personne est retenue par les services de police ou de gendarmerie avant sa présentation devant un magistrat, le procureur de la République du lieu de l'arrestation est informé dès le début de cette rétention et la personne a le droit de faire prévenir un proche dans les conditions prévues par l'article 63-2 *(L. n° 2016-731 du 3 juin 2016, art. 63, en vigueur le 15 nov. 2016)* « , d'être examinée par un médecin dans les conditions prévues à l'article 63-3 et d'être assistée d'un avocat dans les conditions prévues aux articles 63-3-1 à 63-4-4. »

....

Art. 695-26 Dans le cas où la personne recherchée se trouve en un lieu connu sur le territoire national, le mandat d'arrêt émanant d'un État membre de l'Union européenne *(L. n° 2013-711 du 5 août 2013, art. 17)* « ou d'un État lié à l'Union européenne par un accord mentionné à la section V du présent chapitre » peut être adressé directement, en original ou en copie certifiée conforme, par tout moyen laissant une trace écrite, au procureur général territorialement compétent qui l'exécute après s'être assuré de la régularité de la requête. Dans les autres cas, le mandat d'arrêt européen est exécuté au vu de la transmission effectuée dans les conditions prévues au deuxième alinéa de l'article 695-15.

(L. n° 2009-526 du 12 mai 2009, art. 130-3° ; L. n° 2019-222 du 23 mars 2019, art. 70) « Les articles 74-2 et 230-33 sont applicables à la recherche d'une personne faisant l'objet d'un mandat d'arrêt européen. Les attributions du procureur de la République et du juge des libertés et de la détention sont alors respectivement exercées par le procureur général et le président de la chambre de l'instruction ou le conseiller par lui désigné. »

Si le procureur général auquel un mandat d'arrêt européen a été adressé estime qu'il n'est pas territorialement compétent pour y donner suite, il le transmet au procureur général territorialement compétent et en informe l'autorité judiciaire de l'État membre d'émission.

L'original mentionné au dernier alinéa de l'article 695-15 ou la copie certifiée conforme doit parvenir au plus tard six jours ouvrables après la date de l'arrestation de la personne recherchée.

Dans le cas où la personne recherchée bénéficie d'un privilège ou d'une immunité en France, le procureur général territorialement compétent en demande sans délai la levée aux autorités françaises compétentes. Si les autorités françaises ne sont pas compétentes, la demande de levée est laissée aux soins de l'autorité judiciaire de l'État membre d'émission.

Dans le cas où la personne recherchée a déjà été remise à la France à titre extraditionnel par un autre État sous la protection conférée par le principe de spécialité, le procureur général territorialement compétent prend toutes les mesures nécessaires pour s'assurer du consentement de cet État.

Art. 695-27 Toute personne appréhendée en exécution d'un mandat d'arrêt européen doit être conduite dans les quarante-huit heures devant le procureur général territorialement compétent. Pendant ce délai, les dispositions des articles 63-1 à *(L. n° 2011-392 du 14 avr. 2011, en vigueur le 1er juin 2011)* « 63-7 » sont applicables.

Après avoir vérifié l'identité de cette personne, le procureur général l'informe, dans une langue qu'elle comprend, de l'existence et du contenu du mandat d'arrêt européen dont elle fait l'objet. Il l'avise également qu'elle peut être assistée par un avocat de son choix ou, à défaut, par un avocat commis d'office par le bâtonnier de l'ordre des avocats, informé sans délai et par tout moyen. Il l'avise de même qu'elle peut s'entretenir immédiatement avec l'avocat désigné.

(L. n° 2016-731 du 3 juin 2016, art. 63, en vigueur le 15 nov. 2016) « Le procureur général informe également la personne qu'elle peut demander à être assistée dans l'État membre d'émission du mandat par un avocat de son choix ou par un avocat commis d'office ; si la personne en fait la demande, celle-ci est aussitôt transmise à l'autorité judiciaire compétente de l'État membre d'émission. »

Mention de ces informations est faite, à peine de nullité de la procédure, au procès-verbal.

L'avocat *(L. n° 2016-731 du 3 juin 2016, art. 63, en vigueur le 15 nov. 2016)* « désigné en application du deuxième alinéa » peut consulter sur-le-champ le dossier et communiquer librement avec la personne recherchée.

Le procureur général informe ensuite la personne recherchée de sa faculté de consentir ou de s'opposer à sa remise à l'autorité judiciaire de l'État membre d'émission et des conséquences juridiques résultant de ce consentement. Il l'informe également qu'elle peut renoncer à la règle de la spécialité et des conséquences juridiques de cette renonciation.

(L. n° 2013-711 du 5 août 2013, art. 7) « Lorsque le mandat d'arrêt européen a été émis aux fins d'exécution d'une peine ou d'une mesure de sûreté privative de liberté et que la personne se trouve dans le cas prévu au 4° de l'article 695-22-1 et n'a pas été informée dans les formes légales de l'existence des poursuites pénales ayant abouti à la décision de condamnation, elle peut demander à recevoir copie de celle-ci avant la remise. Le procureur général informe de cette demande l'autorité compétente de l'État membre d'émission. Dès que cette autorité lui a adressé copie de la décision, le procureur général la communique à l'intéressé. Cette communication est faite pour information. Elle ne vaut pas signification de la décision et ne fait courir aucun délai de recours. »

Art. 695-28 *(L. n° 2011-392 du 14 avr. 2011)* « A la suite de la notification du mandat d'arrêt européen, s'il décide de ne pas laisser en liberté la personne recherchée, le procureur général la présente au premier président de la cour d'appel ou au magistrat du siège désigné par lui.

« Le premier président de la cour d'appel ou le magistrat du siège désigné par lui » ordonne l'incarcération de la personne recherchée à la maison d'arrêt du siège de la cour d'appel dans le ressort de laquelle elle a été appréhendée, à moins qu'il n'estime que sa représentation à tous les actes de la procédure est suffisamment garantie.

(L. n° 2009-526 du 12 mai 2009, art. 130-4°) « Dans ce dernier cas, *(L. n° 2011-392 du 14 avr. 2011)* « le premier président de la cour d'appel ou le magistrat du siège désigné par lui » peut soumettre la personne recherchée, jusqu'à sa comparution devant la chambre de l'instruction, à une ou plusieurs des mesures prévues *(L. n° 2011-392 du 14 avr. 2011)* « aux articles 138 et 142-5 ». Cette décision est notifiée verbalement à la personne et mentionnée au procès-verbal dont une copie lui est remise sur-le-champ. Elle est susceptible de recours devant la chambre de l'instruction, qui doit statuer au plus tard lors de la comparution de la personne devant elle en application de l'article 695-29.

« L'article 695-36 est applicable à la personne recherchée laissée en liberté ou placée sous contrôle judiciaire *(L. nº 2011-392 du 14 avr. 2011)* « ou sous assignation à résidence sous surveillance électronique » si elle se soustrait volontairement ou ne respecte pas les obligations du contrôle judiciaire » *(L. nº 2011-392 du 14 avr. 2011)* « ou de l'assignation à résidence sous surveillance électronique.

« Le procureur général » en avise sans délai le ministre de la justice et lui adresse une copie du mandat d'arrêt.

Art. 695-28-1 *(L. nº 2014-1353 du 13 nov. 2014, art. 10)* Pour l'examen des demandes d'exécution d'un mandat d'arrêt européen concernant les auteurs d'actes de terrorisme, le procureur général près la cour d'appel de Paris, le premier président de la cour d'appel de Paris ainsi que la chambre de l'instruction de la cour d'appel de Paris et son président exercent une compétence concurrente à celle qui résulte de l'application des articles 695-26 et 695-27.

Art. L. 332-2 L'audience tenue devant la chambre de l'instruction relative à l'exécution d'un mandat d'arrêt européen en application de l'article 695-30 du code de procédure pénale n'est pas publique.

Lors de cette audience, le mineur est assisté d'un avocat. A défaut de choix d'un avocat par le mineur ou les titulaires de l'autorité parentale, le juge des enfants ou le tribunal pour enfants fait désigner par le bâtonnier un avocat commis d'office. – *[Ord. nº 45-174 du 2 févr. 1945, art. 11-3, al. 1er ; art. 11-3, al. 2.]*

COMMENTAIRE

Parmi les différents mandats que connaît la procédure pénale, le mandat d'arrêt européen est certainement le plus attentatoire aux libertés. Issu d'une décision-cadre du 13 juin 2002 transposée en droit interne par la loi du 9 mars 2004, le mandat d'arrêt européen est défini à l'article 695-11 du code de procédure pénale comme « la décision judiciaire émise par un État-membre de l'Union européenne, appelé État-membre d'émission, en vue de l'arrestation et de la remise par un autre État-membre, appelé État-membre d'exécution, d'une personne recherchée pour l'exercice de poursuites pénales ou pour l'exécution d'une peine ou d'une mesure de sûreté privative de liberté ». Le mandat d'arrêt européen vient donc remplacer, au sein de l'Union européenne, la lourde procédure d'extradition.

Son application aux mineurs est possible, mais suppose le respect d'un formalisme spécifique : non-publicité des débats et assistance obligatoire par un avocat (le cas échéant commis d'office). ❑

Code de procédure pénale

Art. 695-30 Lors de la comparution de la personne recherchée, la chambre de l'instruction constate son identité et recueille ses déclarations, dont il est dressé procès-verbal.

L'audience est publique, sauf si la publicité est de nature à nuire au bon déroulement de la procédure en cours, aux intérêts d'un tiers ou à la dignité de la personne. Dans ce cas, la chambre de l'instruction, à la demande du ministère public, de la personne recherchée ou d'office, statue par un arrêt rendu en chambre du conseil qui n'est susceptible de pourvoi en cassation qu'en même temps que l'arrêt autorise la remise prévue par le quatrième alinéa de l'article 695-31.

Le ministère public et la personne recherchée sont entendus, cette dernière assistée, le cas échéant, de son avocat et, s'il y a lieu, en présence d'un interprète.

La chambre de l'instruction peut, par une décision qui n'est susceptible d'aucun recours, autoriser l'État membre d'émission à intervenir à l'audience par l'intermédiaire d'une personne habilitée par ledit État à cet effet. Lorsque l'État membre d'émission est autorisé à intervenir, il ne devient pas partie à la procédure.

CHAPITRE III DE L'ASSIGNATION À RÉSIDENCE AVEC SURVEILLANCE ÉLECTRONIQUE

Art. L. 333-1 **Le mineur âgé d'au moins seize ans peut être assigné à résidence avec surveillance électronique par le juge des enfants, le tribunal pour enfants, le juge d'instruction ou le juge des libertés et** *[de]* **la détention, dans les conditions et selon les modalités prévues aux articles 137 et 142-5 à 142-13 du code de procédure pénale, lorsqu'il encourt une peine d'emprisonnement égale ou supérieure à trois ans. Ces juridictions statuent après avis du service de la protection judiciaire de la jeunesse ou du service pénitentiaire d'insertion et de probation si l'intéressé est majeur au moment de la décision.**

Il peut en outre être astreint aux obligations prévues aux 1° à 14° de l'article L. 331-2 *(L. n° 2021-218 du 26 févr. 2021, art. 12)* **« du présent code ».**

Les dispositions relatives au placement sous surveillance électronique mobile ne sont pas applicables. — *[Ord. n° 45-174 du 2 févr. 1945, art. 10-3, phrase 1 et 3 ; art. 12, al. 3.]*

COMMENTAIRE

L'assignation à résidence sous surveillance électronique a été créée par la loi pénitentiaire du 24 novembre 2009 et introduite dans l'ordonnance du 2 février 1945 par la loi n° 2011-939 du 10 août 2011, à l'article 10-3. Elle est reprise par le code aux articles L. 333-1 et L. 333-2.

Cette mesure, sorte d'intermédiaire entre une obligation du contrôle judiciaire et la détention provisoire – puisqu'elle s'impute sur la durée de la peine, comme la détention provisoire – est applicable aux mineurs âgés de seize à dix-huit ans, lorsqu'ils encourent une peine d'emprisonnement d'au moins trois ans, dès lors que le mineur y consent (ainsi que ses représentants légaux, lorsque l'assignation a lieu à leur domicile).

L'assignation à résidence sous surveillance électronique ne concerne en effet d'abord que les mineurs à partir de l'âge de seize ans. Sous l'empire de l'ordonnance de 1945, le législateur avait envisagé de faire application de cette mesure aux mineurs de treize à seize ans, mais le Conseil constitutionnel avait censuré cette disposition dans une décision du 4 août 2011 (Cons. const. 4 août 2011, n° 2011-635). La loi du 10 août 2011 s'était donc limitée aux mineurs de seize à dix-huit ans, et le code a logiquement repris cette limitation. Ensuite, le code n'envisage l'assignation à résidence sous surveillance électronique que pour les mineurs qui encourent une peine d'au moins trois ans d'emprisonnement. Il s'agit là d'une restriction relative du champ d'application de la mesure par rapport à l'ordonnance de 1945 qui visait le seuil de deux ans. Mais cette restriction est d'une portée limitée, si l'on considère que le code pénal ne connaît pas le seuil de deux ans et que les délits les plus simples sont punis de trois ans d'emprisonnement (comme le vol simple).

S'agissant de la procédure, le code prévoit que le prononcé de l'assignation à résidence sous surveillance électronique est de la compétence du juge des enfants, du tribunal pour enfants, du juge d'instruction et du juge des libertés et de la détention. Ce sont les mêmes juridictions qu'en matière de contrôle judiciaire, ce qui est logique puisque l'assignation à résidence sous surveillance électronique apparaît comme une sorte d'intermédiaire entre le contrôle judiciaire et la détention provisoire. La mesure est prise par ordonnance, après débat contradictoire.

L'article L. 333-1 précise également que « ces juridictions statuent après avis du service de la protection judiciaire de la jeunesse ou du service pénitentiaire d'insertion et de probation si l'intéressé est majeur au moment de la décision ». Le code exige donc un rapport de la protection judiciaire (recueil de renseignements socio-éducatif) ou du service pénitentiaire d'insertion et de probation similaire à celui qui est classiquement réalisé avant toute décision relative à un placement en détention provisoire (art. L. 322-5 : « le recueil de renseignements socio-éducatifs est obligatoire avant toute réquisition ou décision de placement en détention provisoire ou de prolongation de la détention provisoire d'un mineur mis en examen ou convoqué devant une juridiction de jugement »).

Le code prévoit que le mineur astreint à une assignation à résidence sous surveillance électronique peut également être soumis aux obligations prévues aux 1° à 14° de l'article L. 331-2, c'est-à-dire aux obligations dont le contrôle judiciaire peut être assorti.

Enfin, et comme le disait l'article 10-3 de l'ordonnance de 1945, l'article L. 333-1 dispose que « les dispositions relatives au placement sous surveillance électronique mobile ne sont pas applicables ».

Ce dispositif légal a été complété par le décret n° 2021-683 du 27 mai 2021 qui en a précisé certaines modalités, notamment quant au lieu d'exécution de la mesure. En effet, si l'assignation à résidence peut s'effectuer au domicile du mineur (et de ses parents), elle peut aussi (et surtout) être exécutée dans un établissement de la protection judiciaire de la jeunesse ou dans un établissement du secteur associatif habilité. C'est ce que prévoit l'article D. 333-1. Ce texte dispose ainsi que « lorsque l'assignation à résidence avec surveillance électronique concerne un mineur, elle peut être exécutée dans un établissement de placement éducatif de la protection judiciaire de la jeunesse ou dans un établissement du secteur associatif habilité, à l'exception des centres éducatifs fermés ». Dans ce cas, comme l'indique l'alinéa suivant, « la décision d'assignation à résidence avec surveillance électronique est alors accompagnée d'une décision de placement au sein de l'établissement ». Il est aussi prévu que « les vérifications prévues par les articles D. 32-4 et D. 32-5 du code de procédure pénale sont confiées à un service de la Protection judiciaire de la jeunesse » et que « lorsque la personne mise en examen ou prévenue, mineure au moment des faits, a atteint l'âge de dix-huit ans, ces vérifications peuvent être confiées au service pénitentiaire d'insertion et de probation ». Enfin, le dernier alinéa prévoit que « l'avis prévu à l'article L. 333-1 est donné par écrit dans un rapport qui contient une proposition éducative ainsi que tous éléments utiles sur la mise en œuvre du suivi éducatif dans le cadre de la mesure d'assignation à résidence avec surveillance électronique si celle-ci est prononcée ».

L'article D. 333-2 précise les organes de contrôle et de suivi de la mesure : « Pour l'application des dispositions des articles 142-9, D. 32-17 et D. 32-18 du code de procédure pénale, le directeur interrégional de la protection judiciaire de la jeunesse peut exercer les attributions du directeur du service pénitentiaire d'insertion et de probation. Dans ce cadre, il peut déléguer sa signature et ses pouvoirs à l'un de ses directeurs territoriaux ou l'un de ses directeurs de service. En leur absence ou en cas d'empêchement, le directeur interrégional désigne un fonctionnaire des services déconcentrés pour exercer ces missions. Les services de la protection judiciaire de la jeunesse assurent le contrôle et le suivi de la mesure conformément aux modalités prévues par les dispositions de l'article R. 57-22 du code de procédure pénale ainsi que l'accompagnement éducatif auprès du mineur ». ❑

En permettant l'assignation à résidence avec surveillance électronique des mineurs de 13 à 16 ans comme une alternative au contrôle judiciaire dans des cas où le mineur ne peut pas faire l'objet d'une mesure de détention provisoire, les dispositions contestées ont institué une rigueur qui méconnaît les exigences constitutionnelles. Partant, la deuxième phrase de l'art. 10-3 de l'Ord. du 2 févr. 1945 doit être déclarée contraire à la Constitution. • Cons. const. 4 août 2011, n° 2011-635 DC : *D. 2012. Pan. 1638, obs. Bernaud et Jacquinot ; Dr. pénal 2012. Chron. 2, obs. Garçon et Peltier.*

Code de procédure pénale

Art. 137 *(L. n° 2009-1436 du 24 nov. 2009, art. 71-II)* Toute personne mise en examen, présumée innocente, demeure libre.

Toutefois, en raison des nécessités de l'instruction ou à titre de mesure de sûreté, elle peut être astreinte à une ou plusieurs obligations du contrôle judiciaire ou, si celles-ci se révèlent insuffisantes, être assignée à résidence avec surveillance électronique.

A titre exceptionnel, si les obligations du contrôle judiciaire ou de l'assignation à résidence avec surveillance électronique ne permettent pas d'atteindre ces objectifs, elle peut être placée en détention provisoire.

.....

Art. 142-5 *(L. n° 2009-1436 du 24 nov. 2009, art. 71-III)* L'assignation à résidence avec surveillance électronique peut être ordonnée, *(L. n° 2019-222 du 23 mars 2019, art. 54-V et 109-XIII, en vigueur le 1er juin 2019)* « d'office » ou à la demande de l'intéressé, par le juge d'instruction ou par le juge des libertés et de la détention si la personne mise en examen encourt une peine d'emprisonnement correctionnel d'au moins deux ans ou une peine plus grave.

Cette mesure oblige la personne à demeurer à son domicile ou dans une résidence fixée par le juge d'instruction ou le juge des libertés et de la détention et de ne s'en absenter qu'aux conditions et pour les motifs déterminés par ce magistrat.

Cette obligation est exécutée sous le régime du placement sous surveillance électronique, à l'aide du procédé prévu par l'article 723-8. Elle peut également être exécutée sous le régime du placement sous surveillance électronique mobile, à l'aide du procédé prévu par l'article 763-12, si la personne est mise en examen pour une infraction punie de plus de sept ans d'emprisonnement et pour laquelle le suivi socio-judiciaire est encouru. Les articles 723-9 et 723-12 ainsi que, le cas échéant, les articles 763-12 et 763-13 sont applicables, le juge d'instruction exerçant les compétences attribuées au juge de l'application des peines.

La personne peut être en outre astreinte aux obligations et interdictions prévues par l'article 138.

(L. n° 2019-222 du 23 mars 2019, art. 54-V et 109-XIII, en vigueur le 1er juin 2019) « La personne mise en examen est avisée que l'installation du dispositif prévu à l'article 723-8 ne peut être effectuée sans son consentement mais que le fait de refuser cette installation constitue une violation des obligations qui lui incombent et peut donner lieu à la révocation de l'assignation à résidence avec surveillance électronique et à son placement en détention provisoire. »

Art. 142-6 *(L. n° 2009-1436 du 24 nov. 2009, art. 71-III)* L'assignation à résidence avec surveillance électronique est décidée par ordonnance motivée du juge d'instruction ou du juge des libertés et de la détention, qui statue après un débat contradictoire conformément à l'article 145 *(L. n° 2019-222 du 23 mars 2019, art. 54-VI et 109-XIII, en vigueur le 1er juin 2019)* « ou au vu des réquisitions écrites du procureur de la République, dont il est donné lecture à la personne mise en examen, et après avoir entendu ses observations et celles de son avocat.

« Elle peut également être décidée, sans débat contradictoire ou recueil préalable des observations de la personne et de son avocat, par ordonnance statuant sur une demande de mise en liberté ou décidant d'une mise en liberté d'office.

« Le juge statue après avoir fait vérifier la faisabilité technique de la mesure par le service pénitentiaire d'insertion et de probation, qui peut être saisi à cette fin à tout moment de l'instruction.

(L. n° 2021-1729 du 22 déc. 2021, art. 5) « En matière correctionnelle, cette saisine est obligatoire dans les cas suivants :

« 1° Si elle est demandée par une personne détenue ou son avocat un mois avant la date à laquelle la détention peut être prolongée, sauf décision de refus spécialement motivée du juge d'instruction ;

« 2° Avant la date à laquelle la détention peut être prolongée lorsque la personne encourt une peine d'emprisonnement inférieure ou égale à cinq ans, sauf décision de refus spécialement motivée du juge ;

« 3° Avant la date de la seconde prolongation de la détention lorsque la personne encourt une peine d'emprisonnement inférieure ou égale à cinq ans. Sauf s'il envisage un placement sous contrôle judiciaire, le juge ne peut refuser le placement de la personne sous assignation à résidence sous surveillance électronique qu'en cas d'impossibilité liée à la personnalité ou à la situation matérielle de la personne. »

(Abrogé par L. n° 2021-1729 du 22 déc. 2021, art. 5) « En matière correctionnelle, cette saisine est obligatoire si elle est demandée par la personne détenue ou son avocat un mois avant la date à laquelle la détention peut être prolongée, sauf décision de refus spécialement motivée du juge d'instruction.

« « Cette saisine est également obligatoire avant la date à laquelle la détention peut être prolongée lorsque la personne encourt une peine d'emprisonnement inférieure ou égale à cinq ans, sauf décision de refus spécialement motivée du juge. »

« S'il est interjeté appel d'une ordonnance prolongeant la détention provisoire sans que les dispositions des quatrième *(L. n° 2021-1729 du 22 déc. 2021, art. 5)* « à » avant-dernier alinéas aient été respectées, le service pénitentiaire d'insertion et de probation doit être saisi par le président de la chambre de l'instruction. »

Art. 142-7 *(L. n° 2009-1436 du 24 nov. 2009, art. 71-III)* L'assignation à résidence est ordonnée pour une durée qui ne peut excéder six mois. *(L. n° 2019-222 du 23 mars 2019, art. 54-VII et 109-XIII, en vigueur le 1er juin 2019)* « Au cours de l'instruction, » elle peut être prolongée pour une même durée selon les modalités prévues au premier alinéa de l'article 142-6, sans que la durée totale du placement dépasse deux ans.

(L. n° 2019-222 du 23 mars 2019, art. 54-VII et 109-XIII, en vigueur le 1er juin 2019) « Lorsque la personne renvoyée devant le tribunal correctionnel ou la cour d'assises est maintenue ou demeure sous assignation à résidence conformément aux articles 179 et 181, la durée totale de la mesure, compte tenu de celle exécutée au cours de l'instruction, ne peut excéder deux ans, sans qu'il soit nécessaire d'en ordonner la prolongation tous les six mois et sous réserve de la possibilité pour l'intéressé d'en demander la mainlevée. »

Art. 142-8 *(L. n° 2009-1436 du 24 nov. 2009, art. 71-III)* Le deuxième alinéa de l'article 139 et les articles 140 et 141-3 sont applicables à l'assignation à résidence avec surveillance électronique.

La personne qui ne respecte pas les obligations résultant de l'assignation à résidence avec surveillance électronique peut faire l'objet d'un mandat d'arrêt ou d'amener et être placée en détention provisoire, conformément à l'article 141-2.

Art. 142-9 *(L. n° 2009-1436 du 24 nov. 2009, art. 71-III)* Avec l'accord préalable du juge d'instruction, les horaires de présence au domicile ou dans les lieux d'assignation peuvent, lorsqu'il s'agit de modifications favorables à la personne mise en examen ne touchant pas à l'équilibre de la mesure de contrôle, être modifiés par le chef d'établissement pénitentiaire ou le directeur du service pénitentiaire d'insertion et de probation qui en informe le juge d'instruction.

Art. 142-10 *(L. n° 2009-1436 du 24 nov. 2009, art. 71-III)* En cas de décision de non-lieu, relaxe ou acquittement devenue définitive, la personne placée sous assignation à résidence avec surveillance électronique a droit à la réparation du préjudice subi selon les modalités prévues par les articles 149 à 150.

Art. 142-11 *(L. n° 2009-1436 du 24 nov. 2009, art. 71-III)* L'assignation à résidence avec surveillance électronique est assimilée à une détention provisoire pour l'imputation intégrale de sa durée sur celle d'une peine privative de liberté, conformément à l'article 716-4.

Art. 142-12 *(L. n° 2009-1436 du 24 nov. 2009, art. 71-III)* Les juridictions d'instruction et de jugement peuvent prononcer, comme mesure alternative à la détention provisoire, une assignation à résidence avec surveillance électronique dans les cas prévus par les articles 135-2, 145, 148, 201, 221-3, 272-1, 397-3, 695-34 et 696-19.

Cette mesure peut être levée, maintenue, modifiée ou révoquée par les juridictions d'instruction et de jugement selon les mêmes modalités que le contrôle judiciaire en application des articles 148-2, 148-6, 213, 272-1, 695-35, 695-36, 696-20 et 696-21.

Art. 142-12-1 *(L. n° 2010-769 du 9 juill. 2010, art. 6-I)* Par dérogation aux dispositions de l'article 142-5, l'assignation à résidence exécutée sous le régime du placement sous surveillance électronique mobile peut être ordonnée lorsque la personne est mise en examen pour des violences ou des menaces, punies d'au moins cinq ans d'emprisonnement, commises :

1° Soit contre son conjoint, son concubin ou son partenaire lié par un pacte civil de solidarité ;

2° Soit contre ses enfants ou ceux de son conjoint, concubin ou partenaire.

Le présent article est également applicable lorsque l'infraction est commise par l'ancien conjoint ou concubin de la victime ou par la personne ayant été liée à elle par un pacte civil de solidarité, le domicile concerné étant alors celui de la victime.

Art. 142-13 *(L. n° 2009-1436 du 24 nov. 2009, art. 71-III)* Un décret détermine les modalités d'application de la présente sous-section.

Art. L. 333-2 En cas d'assignation à résidence avec surveillance électronique au domicile des représentants légaux du mineur, l'accord écrit de ces derniers doit être préalablement recueilli par le juge ou la juridiction. – *[Ord. n° 45-174 du 2 févr. 1945, art. 10-3, phrase 2.]*

COMMENTAIRE

L'article L. 333-2 reprend l'article 10-3, alinéa 2, de l'ordonnance de 1945. Il exige que le consentement des représentants légaux du mineur soit recueilli par écrit lorsque l'assignation à résidence du mineur est fixée à leur domicile. L'assignation à résidence

sous surveillance électronique est une mesure contraignante, pour le mineur lui-même évidemment, mais aussi pour ses représentants légaux (généralement ses parents). Il est donc logique que leur consentement soit requis, de manière formelle. ❑

CHAPITRE IV DE LA DÉTENTION PROVISOIRE

COMMENTAIRE

Le placement en détention provisoire d'un mineur est une mesure ultime, à laquelle il ne peut être recouru que lorsque les voies éducatives sont vaines. En outre, comme le stipule l'article 37, b), de la Convention internationale des droits de l'enfant, la détention d'un enfant doit être d'une durée aussi brève que possible. Mais la chambre criminelle de la Cour de cassation a jugé que l'article 37 de la Convention relative aux droits de l'enfant, signée à New York le 26 janvier 1990, qui dispose, notamment, que la détention d'un enfant doit être d'une durée aussi brève que possible, ne crée d'obligations qu'à la charge des États signataires et ne saurait, dès lors, être invoqué directement par un justiciable devant les juridictions nationales (Crim. 18 juin 1997, n° 97-82.008 P : *Defrénois 1998. 321, obs. Massip ; Dr. fam. 1998. Comm. 56, obs. Murat*). De fait, la détention provisoire des mineurs n'est pas si rare, et on constate même que près de 74 % des mineurs détenus le sont en qualité de prévenus (*Chiffres clés de l'administration pénitentiaire 2021, p. 24* ; par comparaison, ce chiffre est d'environ 23 % pour les majeurs). Du reste, sous l'empire de l'ordonnance de 1945, le législateur avait élargi sensiblement les cas dans lesquels un mineur pouvait être placé en détention provisoire.

L'ordonnance de 1945 consacrait à la détention provisoire un très riche article 11, qui envisageait non seulement les conditions du placement en détention provisoire, mais aussi les durées des détentions, leurs modalités pratiques et la procédure applicable à leur prononcé. Le code de la justice pénale adopte une démarche différente. Il envisage en effet les conditions de placement en détention provisoire dans le cadre du présent livre, mais il aborde les durées des détentions plus loin, dans le livre IV (art. 433-1 s.). Cette répartition de la matière entre différents livres du code s'explique sans doute par le fait que le nouveau dispositif procédural ne réserve pas la détention provisoire au seul cadre de l'instruction (la détention provisoire peut en effet intervenir dans le cadre de la procédure de mise à l'épreuve éducative ; art. L. 521-21). Mais elle manque de clarté, spécialement par rapport à l'ordonnance de 1945 dont l'article 11 contenait l'ensemble des règles applicables à la détention provisoire. Il convient encore d'indiquer que le décret n° 2021-682 est venu apporter certaines précisions en matière de détention provisoire, qui figurent aux articles R. 334-1 et suivants du code de la justice pénale des mineurs. Ces dispositions réglementaires précisent notamment les droits devant être notifiés au mineur dans le document qui lui est remis au moment de son incarcération (art. R. 334-1) ou encore la possibilité que la détention provisoire soit effectuée dans les établissements pénitentiaires pour mineurs, et pas seulement dans les maisons d'arrêt (art. R. 334-2). ❑

Art. L. 334-1 Le mineur de moins de treize ans ne peut être placé en détention provisoire. — *[Ord. n° 45-174 du 2 févr. 1945, art. 11, al. 1er, en partie.]*

COMMENTAIRE

L'article L. 334-1 dispose de manière générale que « le mineur de moins de treize ans ne peut être placé en détention provisoire ». Cette règle n'est pas nouvelle et figurait déjà dans l'article 11 de l'ordonnance de 1945. Elle correspond du reste au seuil à partir duquel les peines sont encourues (art. L. 11-4 CJPM). Cette correspondance entre la détention provisoire et les peines est parfaitement logique, car la détention provisoire est en quelque sorte une peine avant la peine, qui vient justement s'imputer sur la durée de la peine lorsque celle-ci est prononcée.

On peut rappeler ici que les règles spécifiques de la détention provisoire des mineurs prennent en compte l'âge au moment des faits. Sous l'ordonnance de 1945, la jurisprudence l'avait clairement affirmé et il en va de même aujourd'hui sous l'empire du code. ❑

Les règles énoncées par les art. 5, 12 et 23 de l'Ord. du 2 févr. 1945 ne sont pas applicables au placement en détention d'une personne à laquelle sont imputées des infractions qualifiées de crimes ou délits, dont certaines ont été commises alors qu'elle était âgée de plus de dix-huit ans. • Crim. 9 déc. 2003, n° 03-85.587 P.

Art. L. 334-2 La détention provisoire d'un mineur ne peut être ordonnée ou prolongée par le juge des enfants, le tribunal pour enfants ou le juge des libertés et de la détention, dans les cas et conditions prévus par le présent chapitre que si cette mesure est indispensable et s'il est démontré, au regard des éléments précis et circonstanciés résultant de la procédure et des éléments de personnalité préalablement recueillis, qu'elle constitue l'unique moyen de parvenir à l'un des objectifs mentionnés à l'article 144 du code de procédure pénale et que ces objectifs ne sauraient être atteints en cas de placement sous contrôle judiciaire ou en cas d'assignation à résidence avec surveillance électronique. – *[Ord. n° 45-174 du 2 févr. 1945, art. 11, al. 1er.]*

COMMENTAIRE

L'article 144 du code de procédure pénale envisage la détention provisoire comme une mesure de dernier recours, lorsque le contrôle judiciaire ou l'assignation à résidence ne sont pas envisageables. Dans ce sens, il dispose de manière générale que « la détention provisoire ne peut être ordonnée ou prolongée que s'il est démontré, au regard des éléments précis et circonstanciés résultat de la procédure, qu'elle constitue l'unique moyen de parvenir à l'un des objectifs suivants et que ceux-ci ne sauraient être atteints en cas de placement sous contrôle judiciaire ou d'assignation à résidence avec surveillance électronique ». L'article L. 334-2 du code de la justice pénale des mineurs s'inscrit très clairement dans la lignée de cette disposition.

Le code de justice pénale des mineurs ne reprend pas le détail des différentes causes de placement en détention et de prolongement de cette mesure, affichées par l'article 144 du code de procédure pénale, mais il y renvoie très expressément. De fait, la détention provisoire d'un mineur n'est possible que si elle constitue l'unique moyen de parvenir à l'un des objectifs suivants :

1) conserver les preuves et indices ;
2) empêcher les pressions sur les témoins, les victimes et leurs familles ;
3) empêcher une concertation frauduleuse entre la personne mise en examen et ses coauteurs ou complices ;
4) protéger la personne mise en examen ;
5) garantir le maintien de la personne mise en examen à la disposition de la justice ;
6) mettre fin à l'infraction ou prévenir son renouvellement ;
7) mettre fin à un trouble exceptionnel et persistant de l'ordre public causé par l'infraction ou à l'importance du préjudice qu'elle a causé (la loi du 5 mars 2007 est venue préciser que ce trouble ne peut résulter du seul retentissement médiatique de l'affaire, mais ce septième motif n'est pas applicable en matière correctionnelle). ❑

Code de procédure pénale

Art. 144 *(L. n° 2007-291 du 5 mars 2007, art. 9-I, en vigueur le 1er juill. 2007)* La détention provisoire ne peut être ordonnée ou prolongée que s'il est démontré, au regard des éléments précis et circonstanciés résultant de la procédure, qu'elle constitue l'unique moyen de parvenir à l'un ou plusieurs des objectifs suivants et que ceux-ci ne sauraient être atteints en cas de placement sous contrôle judiciaire *(L. n° 2009-1436 du 24 nov. 2009, art. 93-IV)* « ou d'assignation à résidence avec surveillance électronique » :

1° Conserver les preuves ou les indices matériels qui sont nécessaires à la manifestation de la vérité ;
2° Empêcher une pression sur les témoins ou les victimes ainsi que sur leur famille ;
3° Empêcher une concertation frauduleuse entre la personne mise en examen et ses coauteurs ou complices ;
4° Protéger la personne mise en examen ;
5° Garantir le maintien de la personne mise en examen à la disposition de la justice ;
6° Mettre fin à l'infraction ou prévenir son renouvellement ;
7° Mettre fin au trouble exceptionnel et persistant à l'ordre public provoqué par la gravité de l'infraction, les circonstances de sa commission ou l'importance du préjudice qu'elle a

causé. Ce trouble ne peut résulter du seul retentissement médiatique de l'affaire. Toutefois, le présent alinéa n'est pas applicable en matière correctionnelle.

Art. L. 334-3 Lorsque le mineur est placé en détention provisoire, le juge des enfants, le tribunal pour enfants ou le juge des libertés et de la détention *(L. n° 2021-218 du 26 févr. 2021, art. 12)* **« prononce » une mesure éducative judiciaire provisoire.**

(Abrogé par L. n° 2021-218 du 26 févr. 2021, art. 12) ***« Lorsque le mineur ayant fait l'objet d'un placement en détention provisoire est remis en liberté au cours de la procédure, il fait l'objet, en vue de sa libération, d'une mesure éducative judiciaire provisoire. »*** — [*Ord. n° 45-174 du 2 févr. 1945, art. 11, al. 10.*]

COMMENTAIRE

Le code prévoit que l'on peut combiner la détention provisoire avec une mesure éducative judiciaire provisoire (art. L. 323-1 s.). Cette précision est bienvenue, d'autant que le code permet la combinaison entre les mesures éducatives et les peines (art. L. 11-3).

Initialement, le code précisait ensuite dans un second alinéa que « lorsque le mineur ayant fait l'objet d'un placement en détention provisoire est remis en liberté au cours de la procédure, il fait l'objet, en vue de sa libération, d'une mesure éducative judiciaire provisoire ». Mais cette disposition manquait singulièrement de clarté, et il est heureux que la loi de ratification du 26 février 2021 l'ait finalement supprimée. ❑

Si l'art. L. 334-3 prévoit que, lorsqu'un mineur est placé en détention provisoire, le juge des enfants, le tribunal pour enfants ou le JLD prononce une mesure judiciaire éducative provisoire, afin de permettre une intervention immédiate des services éducatifs auprès du mineur, pendant son incarcération, pour préparer sa sortie, aucune disposition n'empêche que cette décision fasse l'objet d'une ordonnance distincte de celle qui prescrit le placement en détention. • Crim. 16 févr. 2022, n° 21-87.007 P.

Art. L. 334-4 La détention provisoire du mineur de moins de seize ans ne peut être ordonnée que dans l'un des cas suivants :

1° S'il encourt une peine criminelle ;

2° Lorsqu'il encourt une peine correctionnelle, s'il s'est volontairement soustrait à l'obligation de respecter les conditions d'un placement dans un centre éducatif fermé prononcée dans le cadre d'un contrôle judiciaire. La détention provisoire ne peut être ordonnée qu'en cas de violation répétée ou d'une particulière gravité de cette obligation ou si cette dernière s'accompagne de la violation d'une autre obligation du contrôle judiciaire, et lorsque le rappel ou l'aggravation de ces obligations n'est pas suffisant pour atteindre les objectifs prévus à l'article 144 du code de procédure pénale. — [*Ord. n° 45-174 du 2 févr. 1945, art. 11, al. 6, 7 et 8.*]

V. C. pr. pén., art. 144, ss. art. L. 334-2.

COMMENTAIRE

L'article L. 334-4 envisage les conditions de placement en détention provisoire des mineurs de treize à seize ans (au moment des faits). Reprenant les dispositions de l'article 11 de l'ordonnance de 1945, il distingue deux situations, selon que le mineur est poursuivi pour des faits de nature criminelle ou correctionnelle.

La détention provisoire du mineur de moins de seize ans peut d'abord être ordonnée « s'il encourt une peine criminelle ». Cela n'appelle pas de commentaire particulier, sauf à relever que le texte est parfaitement clair, et adapté au regard de la gravité des faits.

La détention provisoire du mineur de moins de seize ans est également possible « lorsqu'il encourt une peine correctionnelle, s'il s'est volontairement soustrait à l'obligation de respecter les conditions d'un placement dans un centre éducatif fermé prononcée dans le cadre d'un contrôle judiciaire. La détention provisoire ne peut être ordonnée qu'en cas de violation répétée ou d'une particulière gravité de cette obligation ou si cette dernière s'accompagne de la violation d'une autre obligation du contrôle judiciaire, et lorsque le rappel ou l'aggravation de ces obligations n'est pas suffisant pour atteindre les objectifs prévus à l'article 144 du code de procédure pénale ». La détention provisoire des mineurs âgés de treize à seize ans en matière correctionnelle n'est donc envisageable qu'en cas de

non-respect du placement en centre éducatif fermé prononcé dans le cadre d'un contrôle judiciaire. Il est à noter ici que le code est plus restrictif que l'ordonnance de 1945. En effet, alors que l'article 11 permettait le placement en détention du mineur de treize à seize ans en matière correctionnelle en cas de non-respect d'une assignation à résidence sous surveillance électronique, l'article L. 334-4 ne le prévoit pas. La détention provisoire n'est donc possible désormais, dans le cas précis du mineur âgé de moins de seize ans en matière correctionnelle, qu'en cas de non-respect du placement dans un centre éducatif fermé prononcé dans le cadre d'un contrôle judiciaire.

S'agissant des mineurs les plus jeunes (treize à seize ans), pour les infractions les moins graves (délits et non crimes), les conditions dans lesquelles le placement en détention provisoire est possible sont très encadrées. Il faut que le contrôle judiciaire ait été prononcé, qu'il ait comporté l'obligation de respecter un placement en centre éducatif fermé et que le mineur n'ait pas respecté les obligations du contrôle judiciaire. Plus encore, la loi n° 2019-222 du 23 mars 2019 avait modifié l'article 11 de l'ordonnance de 1945 et précisé que dans ce cas « la détention provisoire ne peut cependant être ordonnée qu'en cas de violations répétées ou de violation d'une particulière gravité des obligations imposées au mineur et lorsque le rappel ou l'aggravation de ces obligations ne peut suffire pour atteindre les objectifs prévus à l'article 144 du code de procédure pénale ». Cette formule est reprise par l'article L. 334-4. ❑

La L. du 6 juill. 1989 qui prévoit, en matière criminelle, la possibilité d'incarcération des mineurs âgés de 13 à 16 ans n'est pas contraire à la Conv. EDH, laquelle n'interdit pas la détention régulière de mineurs de 16 ans. • Crim. 22 mai 1990, n° 90-81.469 P.

Art. L. 334-5 **La détention provisoire du mineur âgé d'au moins seize ans ne peut être ordonnée que dans l'un des cas suivants :**

1° S'il encourt une peine criminelle ;

2° S'il encourt une peine d'emprisonnement d'une durée égale ou supérieure à trois ans ;

3° S'il s'est volontairement soustrait aux obligations d'un contrôle judiciaire ou d'une assignation à résidence avec surveillance électronique. La détention provisoire ne peut être ordonnée qu'en cas de violation répétée ou d'une particulière gravité des obligations du contrôle judiciaire ou de l'assignation à résidence avec surveillance électronique et lorsque le rappel ou l'aggravation de ces obligations ne peut suffire pour atteindre les objectifs prévus à l'article 144 du code de procédure pénale. – *[Ord. n° 45-174 du 2 févr. 1945, art. 11, al. 2 à 5.]*

V. C. pr. pén., art. 144, ss. art. L. 334-2.

COMMENTAIRE

L'article L. 334-5 envisage les conditions de placement en détention provisoire des mineurs âgés de seize à dix-huit ans (au moment des faits). Reprenant les dispositions de l'article 11 de l'ordonnance de 1945, il distingue trois situations.

La détention provisoire du mineur âgé d'au moins seize ans est d'abord possible « s'il encourt une peine criminelle ». Cela est classique s'agissant des mineurs les plus âgés (entre seize et dix-huit ans) pour les infractions les plus graves (les crimes).

La détention provisoire du mineur âgé d'au moins seize ans est également possible « s'il encourt une peine d'emprisonnement d'une durée égale ou supérieure à trois ans ». Là encore, le code reprend une disposition qui existait dans l'ordonnance de 1945. On peut néanmoins noter que ce seuil de trois ans avait été fixé par la loi du 9 septembre 2002, pour remplacer celui de sept ans. La loi Perben I avait donc opéré une extension très nette de la détention provisoire pour les mineurs de seize ans et plus en matière correctionnelle, car si les délits punis de sept ans d'emprisonnement sont relativement rares, ceux punis de trois ans au moins constituent l'immense majorité des infractions. Quoi qu'il en soit, le code a repris ce seuil de trois ans.

Enfin, la détention provisoire est possible pour le mineur qui « s'est volontairement soustrait aux obligations d'un contrôle judiciaire ou d'une assignation à résidence avec surveillance électronique ». Le code reprend ici une disposition qui figurait déjà dans l'ordonnance de 1945, mais il la complète d'une précision importante – qui avait été insérée par la loi du 23 mars 2019 dans l'article 11 de l'ordonnance de 1945 –, selon

laquelle « la détention provisoire ne peut être ordonnée qu'en cas de violation répétée ou d'une particulière gravité des obligations du contrôle judiciaire ou de l'assignation à résidence avec surveillance électronique et lorsque le rappel ou l'aggravation de ces obligations ne peut suffire pour atteindre les objectifs prévus à l'article 144 du code de procédure pénale ». En d'autres termes, la seule violation des obligations du contrôle judiciaire ou de l'assignation à résidence sous surveillance électronique ne suffit pas (ou plus) pour justifier du placement en détention provisoire d'un mineur, qu'il s'agisse d'un mineur âgé de treize à seize ans (art. L. 334-4) ou d'un mineur âgé de seize à dix-huit ans (art. L. 334-5).

Ce faisant, même si le code a repris les dispositions de l'ordonnance de 1945 sur les conditions de placement en détention provisoire, il convient de relever que la loi du 23 mars 2019, qui a modifié l'ordonnance de 1945 et habilité le gouvernement à adopter le présent code par ordonnance, a légèrement restreint les conditions de placement des mineurs en détention provisoire. ❑

Art. L. 334-6 *(L. n° 2021-218 du 26 févr. 2021, art. 12)* **Par dérogation à l'article 706-71 du code de procédure pénale, il ne peut pas être recouru à un moyen de télécommunication audiovisuelle pour statuer sur le placement en détention provisoire ou la prolongation de la détention provisoire d'un mineur, sauf si son transport paraît devoir être évité en raison de risques graves de trouble à l'ordre public ou d'évasion.**

COMMENTAIRE

La loi de ratification du 26 février 2021 a ajouté l'article L. 334-6 qui dispose que « par dérogation à l'article 706-71 du code de procédure pénale, il ne peut pas être recouru à un moyen de télécommunication audiovisuelle pour statuer sur le placement en détention provisoire ou la prolongation de la détention provisoire d'un mineur, sauf si son transport paraît devoir être évité en raison de risques graves de trouble à l'ordre public ou d'évasion ». La question du recours à la visioconférence pour les audiences, et spécialement pour les audiences relatives à la détention provisoire, est au centre d'un vif débat, entre une logique managériale et le respect des droits et libertés fondamentaux. La loi du 23 mars 2019 a réécrit l'article 706-71 du code de procédure pénale et admis assez largement le recours à la visioconférence. Mais concernant les mineurs, la visioconférence en matière de détention provisoire est plus gênante encore. C'est la raison pour laquelle le code précise qu'en principe il ne peut être recouru à un moyen de télécommunication audiovisuelle. Mais le même texte prévoit une exception, lorsque le transport du mineur « paraît devoir être évité en raison de risques graves de trouble à l'ordre public ou d'évasion ». Cette réserve est regrettable, notamment car elle n'est finalement guère encadrée. Or la visioconférence pose de véritables problèmes pour les mineurs, pour leurs avocats, et plus largement pour les droits de la défense : l'avocat doit-il privilégier d'être présent dans la salle d'audience avec les juges, ou aux côtés de son client ? Alors que pour les majeurs la présence de l'avocat est certainement plus opérationnelle dans la salle d'audience, on peut considérer que pour les mineurs il est sans doute préférable d'assister le mineur en étant auprès de lui. Il faut donc espérer qu'il ne sera recouru à la visioconférence que de manière exceptionnelle, conformément à l'annonce de l'article L. 334-6. ❑

LIVRE QUATRIÈME DE LA PROCÉDURE PRÉALABLE AU JUGEMENT

COMMENTAIRE

Le livre IV est consacré à la procédure préalable au jugement. Il est constitué de trois titres, relatifs successivement à l'audition du mineur suspect, à l'action publique et à l'information judiciaire. Ce livre aborde donc les phases de l'enquête, des poursuites et de l'instruction. Mais, plus encore que pour les livres précédents, il ne saurait être envisagé de manière autonome, pour deux raisons. D'abord, de manière tout à fait classique, il ne régit que les spécificités du droit pénal des mineurs, le droit commun étant donc très largement applicable. Ensuite, il convient de considérer que le livre III, consacré aux « Dispositions communes aux différentes phases de la procédure pénale », trouve à s'appliquer aux phases de l'enquête, des poursuites et de l'instruction. ❑

TITRE PREMIER DE L'AUDITION DU MINEUR SUSPECT

CHAPITRE PREMIER DISPOSITIONS GÉNÉRALES

BIBL. ▶ Bonfils, Libres propos sur la situation du mineur délinquant devenu majeur, *Dr. pén. 2007, Étude 25.*

Art. L. 411-1 Pour l'application des dispositions du présent titre, l'âge pris en compte est l'âge du mineur au jour de la mesure dont il fait l'objet.

COMMENTAIRE

En droit pénal des mineurs, le principe est que le droit prend en compte l'âge au moment des faits, même si, par la suite, la justice intervient alors que le mineur est devenu majeur. L'article L. 13-2 dispose ainsi que « à moins que le présent code n'en dispose autrement, la juridiction compétente, la procédure applicable ainsi que les mesures et peines encourues sont déterminées selon l'âge du mineur à la date des faits ». Cette règle, qui existait sous l'ordonnance de 1945, s'inscrit dans la lignée du principe de la légalité criminelle. Mais, comme l'annonce le titre préliminaire, le code peut en disposer autrement, et c'est précisément l'objet de l'article L. 411-1.

La règle posée ici n'est pas véritablement nouvelle. En effet, sous l'ordonnance de 1945, la jurisprudence avait dégagé un certain nombre d'exceptions au principe selon lequel on doit prendre en compte l'âge au moment des faits. La Cour de cassation avait ainsi précisé que le rapport prévu par l'article 12 de l'ordonnance du 2 février 1945 – qui avait pour finalité d'imposer qu'une proposition éducative soit formulée par le service de la Protection judiciaire de la jeunesse pour tout mineur à l'encontre duquel une mesure de placement en détention ou de prolongation de celle-ci était envisagée – n'était plus exigé s'agissant d'une personne devenue majeure au moment où le magistrat statuait sur sa détention (Crim. 21 juin 2006). De même, en matière de garde à vue, la chambre criminelle avait jugé que « les règles énoncées par l'article 4 de l'ordonnance du 2 février 1945 visent à protéger le mineur placé en garde à vue, non en raison de son manque de discernement au jour des faits mais en raison de sa vulnérabilité supposée au jour de son audition » (Crim. 25 oct. 2000).

L'article L. 411-1 consacre ces solutions, et va beaucoup plus loin. Il affirme en effet que l'âge pris en compte est l'âge du mineur au jour de la mesure dont il fait l'objet « pour l'application des dispositions du présent titre ». En d'autres termes, la règle posée s'applique à tout le titre Ier du Livre IV, c'est-à-dire à la retenue judiciaire, à la garde à vue, et aux auditions libres. La lecture et l'analyse des dispositions de ce titre doivent donc être réalisées en considération de cette règle dérogatoire.

L'article D. 411-1, issu du décret n° 2021-683 du 27 mai 2021, a apporté une précision importante relative aux mineurs présumés non discernants. Selon ce texte, « la présomption d'absence de capacité de discernement des mineurs âgés de moins de treize ans prévue à l'article L. 11-1 n'interdit pas leur audition au cours de l'enquête ou sur commission rogatoire dans le cadre d'une audition libre ou d'une retenue ». Il est vrai que même irresponsable, un mineur de moins de treize ans peut apporter un témoignage, et

qu'en outre, le discernement ou l'absence de discernement du mineur de moins de treize ans sera peut-être établi ultérieurement. Pour autant, cette audition d'un mineur présumé non discernant, dans le cadre de l'enquête, même sous le régime de l'audition libre, est assez déroutante.

1. Les règles énoncées par l'art. 4 de l'Ord. du 2 févr. 1945 visent à protéger le mineur placé en garde à vue, non en raison de son manque de discernement au jour des faits mais en raison de sa vulnérabilité supposée au jour de son audition. • Crim. 25 oct. 2000, n° 00-83.253 P : *D. 2001. 177 ; RSC 2001. 407, obs. Commaret.*

2. Le rapport prévu par l'art. 12 de l'Ord. du 2 févr. 1945 qui a pour finalité d'imposer qu'une proposition éducative soit formulée par le service de la protection judiciaire de la jeunesse pour tout mineur à l'encontre duquel une mesure de placement en détention ou de prolongation de celle-ci est envisagée, n'est plus exigé s'agissant d'une personne devenue majeure au moment où le magistrat statue sur sa détention. • Crim. 21 juin 2006, n° 06-82.516 P : *D. 2006. 1989 ; AJ pénal 2006. 412, obs. Saas.*

CHAPITRE II **DE L'AUDITION LIBRE**

Art. L. 412-1 Lorsqu'un mineur est entendu librement en application de l'article 61-1 du code de procédure pénale et lorsqu'il est procédé aux opérations prévues à l'article 61-3 du même code, l'officier ou l'agent de police judiciaire en informe par tout moyen ses représentants légaux, la personne ou le service auquel le mineur est confié. – *[Ord. n° 45-174 du 2 févr. 1945, art. 3-1, 1er et 2.]*

COMMENTAIRE

Sous l'impulsion des arrêts de la Cour européenne des droits de l'homme et de la décision du Conseil constitutionnel du 30 juillet 2010 (sur cette évolution et les origines de la réforme, cf. not. C. Ambroise-Castérot et Ph. Bonfils, Procédure pénale, *PUF, 3e éd., 2020, coll. Thémis, spéc. n° 339, p. 254*), la garde à vue a été profondément modifiée par la loi n° 2011-392 du 14 avril 2011. Ce texte a en effet encadré davantage la garde à vue et accordé au suspect le droit à l'assistance effective par un avocat, notamment durant les interrogatoires et les confrontations. Mais la contrainte de la garde à vue n'est pas toujours nécessaire et les enquêteurs ont parfois contourné les garanties mises en place par le législateur en matière de garde à vue en entendant les suspects en « audition libre ». Née de la pratique, l'audition libre a rapidement été à son tour encadrée par la jurisprudence puis le législateur, de sorte que l'on a accordé au suspect entendu dans ce cadre sensiblement les mêmes droits qu'au gardé à vue.

La Cour de cassation a ainsi précisé, dans un arrêt du 6 novembre 2013 (Crim. 6 nov. 2013, n° 13-84.320) que « le mineur, conduit par les policiers auprès d'un officier de police judiciaire pour être entendu sur une infraction qu'il était soupçonné d'avoir commise se trouvait nécessairement dans une situation de contrainte et devait bénéficier des droits attachés au placement en garde à vue et prévus par l'article 4 de l'ordonnance de 1945 ». Certes, la chambre criminelle n'excluait donc pas, par principe, qu'un mineur puisse être entendu sous le régime de l'audition libre, mais elle en limitait considérablement le champ d'application. En effet, dès l'instant que le mineur a été conduit auprès d'un officier de police judiciaire par des gendarmes ou policiers, même s'il n'a pas été fait usage de la force publique et s'il n'a pas été menotté, la Cour considère qu'il y a eu usage de la contrainte, et que l'audition ne peut se faire que sous le régime de la garde à vue, avec les droits qui y sont attachés.

Surtout, plus largement, la loi du 27 mai 2014 relative au suspect a reconnu au suspect libre tout un ensemble de droits, très proches de ceux du gardé à vue : droit à être informé de la date, du lieu et de la qualification de l'infraction ; droit de quitter les locaux à tout moment ; droit d'être assisté par un interprète ; droit au silence ; accès à des conseils juridiques gratuits ; droit d'être assisté au cours de son audition ou de sa confrontation par un avocat (pour les crimes et délits punis d'emprisonnement). En outre, ces droits doivent être notifiés au suspect en début d'audition, ou dans la convocation. Ce faisant, la distinction entre audition libre et audition en garde à vue s'est donc nettement estompée.

Malgré ces garanties, le Conseil constitutionnel a estimé que l'audition libre ne respectait pas le principe fondamental reconnu par les lois de la République d'autonomie du droit pénal des mineurs, en ce que le dispositif ne prévoyait pas de procédures appropriées de

nature à garantir l'effectivité de l'exercice de ses droits par le mineur dans le cadre d'une enquête pénale. Par une décision du 8 février 2019 (Cons. const. 8 févr. 2019, n° 2018-762 QPC), il a ainsi déclaré inconstitutionnelles les dispositions de l'article 61-1 du code de procédure pénale, en reportant les effets de l'abrogation au 1er janvier 2020. A l'occasion de la loi du 23 mars 2019, le législateur a rétabli l'article 61-1 du code de procédure pénale (art. 55 de la loi) et mis en place un dispositif spécifique pour les mineurs, intégré dans l'ordonnance de 1945 à l'article 3-1 (art. 94 de la loi). C'est ce dispositif qui est repris par le code de la justice pénale des mineurs, aux articles L. 412-1 et L. 412-2.

L'article L. 412-1 dispose que « lorsqu'un mineur est entendu librement en application de l'article 61-1 du code de procédure pénale et lorsqu'il est procédé aux opérations prévues à l'article 61-3 du même code, l'officier ou l'agent de police judiciaire en informe par tout moyen ses représentants légaux, la personne ou le service auquel le mineur est confié ».

Le premier enseignement de cette disposition est que l'audition libre est susceptible d'être appliquée aux mineurs (dans les conditions restrictives posées par la Cour de cassation, V. *supra*), et que, sous réserve des dispositions dérogatoires du droit des mineurs, doivent être respectées les exigences du droit commun prévues par l'article 61-1 du code de procédure pénale. Celui-ci prévoit que « sans préjudice des garanties spécifiques applicables aux mineurs, la personne à l'égard de laquelle il existe des raisons plausibles de soupçonner qu'elle a commis ou tenté de commettre une infraction ne peut être entendue librement sur ces faits qu'après avoir été informée :

– 1° De la qualification, de la date et du lieu présumés de l'infraction qu'elle est soupçonnée d'avoir commise ou tenté de commettre ;

– 2° Du droit de quitter à tout moment les locaux où elle est entendue ;

– 3° Le cas échéant, du droit d'être assistée par un interprète ;

– 4° Du droit de faire des déclarations, de répondre aux questions qui lui sont posées ou de se taire ;

– 5° Si l'infraction pour laquelle elle est entendue est un crime ou un délit puni d'une peine d'emprisonnement, du droit d'être assistée au cours de son audition ou de sa confrontation, selon les modalités prévues aux articles 63-4-3 et 63-4-4, par un avocat choisi par elle ou, à sa demande, désigné d'office par le bâtonnier de l'ordre des avocats ; elle est informée que les frais seront à sa charge sauf si elle remplit les conditions d'accès à l'aide juridictionnelle, qui lui sont rappelées par tout moyen ; elle peut accepter expressément de poursuivre l'audition hors la présence de son avocat (sur l'assistance par un avocat, cf. les précisions de l'art. L. 412-2) ;

– 6° De la possibilité de bénéficier, le cas échéant gratuitement, de conseils juridiques dans une structure d'accès au droit ».

Il précise également que « la notification des informations données en application du présent article est mentionnée au procès-verbal », que « si le déroulement de l'enquête le permet, lorsqu'une convocation écrite est adressée à la personne en vue de son audition, cette convocation indique l'infraction dont elle est soupçonnée, son droit d'être assistée par un avocat ainsi que les conditions d'accès à l'aide juridictionnelle, les modalités de désignation d'un avocat d'office et les lieux où elle peut obtenir des conseils juridiques avant cette audition » et que « le présent article n'est pas applicable si la personne a été conduite, sous contrainte, par la force publique devant l'officier de police judiciaire ».

L'article L. 412-1 prévoit aussi, plus spécifiquement, qu'en audition libre (C. pr. pén., art. 61-1) ou lorsqu'il est procédé aux opérations de reconstitution et d'identification (C. pr. pén., art. 61-3), « l'officier ou l'agent de police judiciaire en informe par tout moyen ses représentants légaux, la personne ou le service auquel le mineur est confié ». Cette exigence correspond au principe d'implication des représentants légaux, affirmé de manière générique dans le titre préliminaire du code (art. L. 12-5), et mis en œuvre au sein du livre III (art. L. 311-1 s.).

Ce dispositif a été complété par l'article R. 412-1 du code, issu du décret n° 2021-682 du 27 mai 2021, qui précise que « lors de l'audition libre d'un mineur, lui sont notifiés dans des termes simples et accessibles, outre les droits prévus à l'article 61-1 du code de procédure pénale, les droits suivants :

1° Le droit à ce que les représentants légaux ou l'adulte approprié mentionné à l'article L. 311-2 soient informés et le droit d'être accompagné par ceux-ci lors de ses auditions dans les conditions prévues par l'article L. 311-1 ;

2° Le droit à la protection de sa vie privée garanti par l'interdiction de diffuser les enregistrements de ses auditions, par la tenue des audiences en publicité restreinte et par l'interdiction de publier le compte rendu des débats d'audience ou de tout élément permettant son identification ». ❑

1. Le mineur, conduit par les policiers auprès d'un officier de police judiciaire pour être entendu sur une infraction qu'il est soupçonné d'avoir commise, se trouve nécessairement dans une situation de contrainte et doit bénéficier des droits attachés au placement en garde à vue et prévus par l'art. 4 de l'Ord. de 1945. • Crim. 6 nov. 2013, n° 13-84.320 : *D. 2013. 2646 ; ibid. 2014. 1787, obs. Bonfils et Gouttenoire ; AJ pénal 2014. 89, obs. Belfanti ; RSC 2014. 138, obs. Danet.*

2. L'audition libre se déroule selon ces mêmes modalités lorsque la personne entendue est mineure et ce, quel que soit son âge. Or, les garanties précitées ne suffisent pas à assurer que le mineur consente de façon éclairée à l'audition libre ni à éviter qu'il opère des choix contraires à ses intérêts. Dès lors, en ne prévoyant pas de procédures appropriées de nature à garantir l'effectivité de l'exercice de ses droits par le mineur dans le cadre d'une enquête pénale, le législateur a contrevenu au principe fondamental reconnu par les lois de la République en matière de justice des mineurs. Par conséquent, sans qu'il soit besoin d'examiner l'autre grief, l'art. 61-1 C. pr. pén. doit être déclaré contraire à la Constitution. • Cons. const. 8 févr. 2019, n° 2018-762 QPC : *Dr. fam. 2019-4, obs. Bonfils ; D. 2020. 1324, obs. Debaets et Jacquinot ; AJ pénal 2019. 278, obs. Taleb-Karlsson ; Constitutions 2018. 606.*

Code de procédure pénale

Art. 61-1 *(L. n° 2019-222 du 23 mars 2019, art. 55, en vigueur le 1er juin 2019)* Sans préjudice des garanties spécifiques applicables aux mineurs, la personne à l'égard de laquelle il existe des raisons plausibles de soupçonner qu'elle a commis ou tenté de commettre une infraction ne peut être entendue librement sur ces faits qu'après avoir été informée :

1° De la qualification, de la date et du lieu présumés de l'infraction qu'elle est soupçonnée d'avoir commise ou tenté de commettre ;

2° Du droit de quitter à tout moment les locaux où elle est entendue ;

3° Le cas échéant, du droit d'être assistée par un interprète ;

4° Du droit de faire des déclarations, de répondre aux questions qui lui sont posées ou de se taire ;

5° Si l'infraction pour laquelle elle est entendue est un crime ou un délit puni d'une peine d'emprisonnement, du droit d'être assistée au cours de son audition ou de sa confrontation, selon les modalités prévues aux articles 63-4-3 et 63-4-4, par un avocat choisi par elle ou, à sa demande, désigné d'office par le bâtonnier de l'ordre des avocats ; elle est informée que les frais seront à sa charge sauf si elle remplit les conditions d'accès à l'aide juridictionnelle, qui lui sont rappelées par tout moyen ; elle peut accepter expressément de poursuivre l'audition hors la présence de son avocat ;

6° De la possibilité de bénéficier, le cas échéant gratuitement, de conseils juridiques dans une structure d'accès au droit.

La notification des informations données en application du présent article est mentionnée au procès-verbal.

Si le déroulement de l'enquête le permet, lorsqu'une convocation écrite est adressée à la personne en vue de son audition, cette convocation indique l'infraction dont elle est soupçonnée, son droit d'être assistée par un avocat ainsi que les conditions d'accès *(L. n° 2020-1721 du 29 déc. 2020, art. 234)* « à l'aide à l'intervention de l'avocat dans les procédures non juridictionnelles et » à l'aide juridictionnelle, les modalités de désignation d'un avocat d'office et les lieux où elle peut obtenir des conseils juridiques avant cette audition.

Le présent article n'est pas applicable si la personne a été conduite, sous contrainte, par la force publique devant l'officier de police judiciaire.

Art. 61-2 *(L. n° 2014-535 du 27 mai 2014, art. 2, en vigueur le 1er janv. 2015)* Si la victime est confrontée avec une personne entendue dans les conditions prévues à l'article 61-1 pour un crime ou un délit puni d'une peine d'emprisonnement, elle peut demander à être également assistée, selon les modalités prévues à l'article 63-4-3, par un avocat choisi par elle ou par son représentant légal si elle est mineure, ou, à sa demande, désigné par le bâtonnier.

La victime est informée de ce droit avant qu'il soit procédé à la confrontation. Elle est également informée que les frais seront à sa charge sauf si elle remplit les conditions d'accès à l'aide juridictionnelle.

Art. 61-3 *(L. n° 2016-731 du 3 juin 2016, art. 63, en vigueur le 15 nov. 2016)* Toute personne à l'égard de laquelle existent une ou plusieurs raisons plausibles de soupçonner qu'elle a participé, en tant qu'auteur ou complice, à la commission *(L. n° 2016-1547 du 18 nov. 2016, art. 108)* « d'un crime ou » d'un délit puni d'emprisonnement peut demander qu'un avocat de son choix ou, si elle n'est pas en mesure d'en désigner un, qu'un avocat commis d'office par le bâtonnier :

1° L'assiste lorsqu'elle participe à une opération de reconstitution de l'infraction ;

2° Soit présent lors d'une séance d'identification des suspects dont elle fait partie.

La personne est informée de ce droit avant qu'il soit procédé à ces opérations.

L'avocat désigné peut, à l'issue des opérations, présenter des observations écrites qui sont jointes à la procédure. Il peut directement adresser ces observations ou copie de celles-ci au procureur de la République.

Lorsque la victime ou le plaignant participe à ces opérations, un avocat peut également l'assister dans les conditions prévues à l'article 61-2.

Art. L. 412-2 Lorsque l'enquête concerne un crime ou un délit puni d'une peine d'emprisonnement et que le mineur n'a pas sollicité l'assistance d'un avocat en application des articles 61-1 et 61-3 du code de procédure pénale, cette demande peut également être faite par ses représentants légaux, qui sont alors avisés de ce droit lorsqu'ils sont informés en application de l'article L. 412-1. Lorsque le mineur ou ses représentants légaux n'ont pas sollicité la désignation d'un avocat, le procureur de la République, le juge des enfants, le juge d'instruction ou l'officier ou l'agent de police judiciaire en informe par tout moyen et sans délai le bâtonnier afin qu'il en commette un d'office *(Abrogé par L. n° 2021-218 du 26 févr. 2021, art. 14)* ***« , sauf si le magistrat compétent estime que l'assistance d'un avocat n'apparaît pas proportionnée au regard des circonstances de l'espèce, de la gravité de l'infraction, de la complexité de l'affaire et des mesures susceptibles d'être adoptées en rapport avec celle-ci, étant entendu que l'intérêt supérieur de l'enfant demeure toujours une considération primordiale ».***

La notification des informations données en application du présent chapitre est mentionnée au procès-verbal. — *[Ord. n° 45-174 du 2 févr. 1945, art. 3-1, al. 3.]*

V. C. pr. pén., art. 61-1 à 61-3, ss. art. L. 412-1.

BIBL. ▶ Bonfils, Ratification de l'ordonnance portant création de la partie législative du Code de la justice pénale des mineurs, *JCP 2021. 391.*

COMMENTAIRE

L'audition libre – précisément parce que le suspect est libre de quitter les locaux de police à tout moment – s'est accompagnée de droits moins étendus pour le suspect que la garde à vue. Même après l'adoption de la loi du 27 mai 2014 (L. n° 2014-535 du 27 mai 2014 portant transposition de la directive 2012/13/UE du Parlement européen et du Conseil, du 22 mai 2012, relative au droit à l'information dans le cadre des procédures pénales) reconnaissant au suspect libre un ensemble de droits proches de ceux du gardé à vue, l'audition libre était restée moins protectrice que la garde à vue. Cela était particulièrement vrai pour les mineurs, car si l'assistance par un avocat était obligatoire en garde à vue (art. 4-IV de l'Ord. de 1945), elle ne l'était pas en audition libre.

C'est ainsi que, saisi d'une question prioritaire de constitutionnalité, le Conseil constitutionnel a estimé que l'audition libre ne respectait pas le principe fondamental reconnu par les lois de la République d'autonomie du droit pénal des mineurs, en ce que « le dispositif ne prévoyait pas de procédures appropriées de nature à garantir l'effectivité de l'exercice de ses droits par le mineur dans le cadre d'une enquête pénale » (Cons. const. 8 févr. 2019, n° 2018-762 QPC). La question posée au Conseil constitutionnel relevait notamment que le mineur entendu en audition libre pouvait « accepter expressément de poursuivre l'audition hors la présence de son avocat », et donc, en censurant le dispositif du code de procédure pénale, le Conseil constitutionnel semblait bien imposer l'assistance par un avocat pour les mineurs entendus dans le cadre de l'audition libre. La loi du 23 mars 2019 a partiellement répondu à cette censure, en insérant dans l'ordonnance de 1945 un

article 3-1 prévoyant l'assistance par un avocat du mineur entendu librement, et en rétablissant l'article 61-1 du code de procédure pénale. L'article L. 412-2 du code de la justice pénale des mineurs a repris cet article 3-1.

Mais l'article 3-1, comme l'article L. 412-2 dans sa version initiale, comportait une réserve profondément choquante, dans son principe comme dans ses modalités. Ce texte affirmait en effet que lorsque l'enquête concerne un crime ou un délit puni d'une peine d'emprisonnement et que le mineur n'a pas sollicité l'assistance d'un avocat, cette demande peut être faite par ses représentants légaux, et le bâtonnier peut commettre d'office un avocat, lorsqu'il est informé par le procureur de la République, le juge des enfants, le juge d'instruction ou les enquêteurs, « sauf si le magistrat compétent estime que l'assistance d'un avocat n'apparaît pas proportionnée au regard des circonstances de l'espèce, de la gravité de l'infraction, de la complexité de l'affaire et des mesures susceptibles d'être adoptées en rapport de celle-ci, étant entendu que l'intérêt supérieur de l'enfant demeure toujours une considération primordiale ».

Sur le plan des principes, le législateur contournait en effet les recommandations du Conseil constitutionnel, en admettant que l'assistance d'un mineur en audition libre puisse ne pas être obligatoire (elle restait alors un droit, mais seulement un droit). Dans ses modalités, le texte était plus critiquable encore. D'une part, on concevait mal que l'assistance effective par un avocat pût être « disproportionnée », spécialement lorsqu'il s'agit d'un mineur confronté à des enquêteurs. D'autre part, la décision appartenait au « magistrat compétent », ce qui inclut le parquet, et il est pour le moins choquant que le ministère public, en charge de l'enquête et des poursuites, puisse décider de la défense ou de l'assistance d'une partie ; la référence à « l'intérêt supérieur de l'enfant » ne paraissait pas en mesure de préserver cette disposition d'un éventuel recours, et spécialement d'une question prioritaire de constitutionnalité.

Il est donc heureux que la loi de ratification du 26 février 2021 ait supprimé purement et simplement cette réserve. Désormais, l'article L. 412-2 prévoit l'assistance obligatoire du mineur entendu en audition libre par un avocat, sans limitation.

Pour autant, pour les dossiers dont la procédure reste soumise à l'ordonnance de 1945 (V. art. 10 de l'Ord. du 11 sept. 2019 pour l'application dans le temps du code), les auditions libres de mineur qui ont eu lieu sans avocat pourraient être attaquées, notamment par la voie d'une question prioritaire de constitutionnalité posée au sujet de l'article 3-1 de l'ordonnance de 1945. ❑

CHAPITRE III DE LA RETENUE ET DE LA GARDE À VUE

SECTION PREMIÈRE DE LA RETENUE

Art. L. 413-1 A titre exceptionnel, le mineur âgé de dix à treize ans à l'encontre duquel il existe une ou plusieurs raisons plausibles de soupçonner qu'il a commis ou tenté de commettre un crime ou un délit puni d'au moins cinq ans d'emprisonnement peut, si cette mesure est l'unique moyen de parvenir à l'un au moins des objectifs mentionnés à l'article 62-2 du code de procédure pénale, être retenu à la disposition d'un officier de police judiciaire, avec l'accord préalable et sous le contrôle du procureur de la République ou du juge d'instruction, pour une durée que ce magistrat détermine et qui ne peut excéder douze heures.

La retenue est strictement limitée au temps nécessaire à la déposition du mineur et à sa présentation devant le magistrat compétent ou à sa remise à ses représentants légaux ou à la personne ou au service auquel il est confié.

Les dispositions de l'article 803-6 du code de procédure pénale sont applicables. – *[Ord. n° 45-174 du 2 févr. 1945, art. 4, I, al. 1er, phrases 2 et 4 et al. 2.]*

COMMENTAIRE

La retenue est une mesure coercitive applicable aux mineurs âgés d'au moins dix ans, ayant pour objet de maintenir un mineur sous le contrôle des enquêteurs, le temps nécessaire à sa déposition, à sa présentation au magistrat compétent ou à sa remise aux personnes qui en ont la charge. C'est une mesure qui présente avec la garde à vue une grande proximité, sous réserve de modalités moins rigoureuses. Présente dans

l'ordonnance de 1945 (art. 4, I), la retenue est reprise par le code de la justice pénale des mineurs, qui lui consacre cinq articles. Ce faisant, alors que l'ordonnance de 1945 était peu détaillée sur le régime de la retenue, amenant la doctrine à transposer à la retenue les solutions de la garde à vue, le code est beaucoup plus complet, et en précise davantage le régime.

L'article L. 413-1 détermine les conditions d'application de la retenue. Selon son alinéa 1er, la retenue est donc applicable aux mineurs âgés de dix ans à treize ans, la garde à vue n'étant quant à elle envisageable qu'à partir de l'âge de treize ans. Il convient de rappeler que, conformément à l'article L. 411-1 qui ouvre le présent titre, c'est l'âge au moment de la mesure qui est pris en compte et non l'âge au moment des faits. S'agissant de mineurs âgés de moins de dix ans, la retenue n'est pas applicable, et leur audition ne peut se faire qu'en qualité de témoin.

La retenue n'est possible qu'« à titre exceptionnel », et seulement s'il « existe une ou plusieurs raisons plausibles de soupçonner » que le mineur a « commis ou tenté de commettre un crime ou un délit puni d'au moins cinq ans d'emprisonnement », et « si cette mesure est l'unique moyen de parvenir à l'un au moins des objectifs mentionnés à l'article 62-2 du code de procédure pénale », c'est-à-dire :

1° Permettre l'exécution des investigations impliquant la présence ou la participation de la personne ;

2° Garantir la présentation de la personne devant le procureur de la République afin que ce magistrat puisse apprécier la suite à donner à l'enquête ;

3° Empêcher que la personne ne modifie les preuves ou indices matériels ;

4° Empêcher que la personne ne fasse pression sur les témoins ou les victimes ainsi que sur leur famille ou leurs proches ;

5° Empêcher que la personne ne se concerte avec d'autres personnes susceptibles d'être ses coauteurs ou complices ;

6° Garantir la mise en œuvre des mesures destinées à faire cesser le crime ou le délit.

Les conditions sont donc assez restrictives, même si, avant la loi du 9 septembre 2002 (L. n° 2002-1138 du 9 sept. 2002 d'orientation et de programmation pour la justice), elles l'étaient davantage encore (notamment : le mineur devait être soupçonné d'avoir commis une infraction faisant encourir sept ans d'emprisonnement, contre cinq après ; et la durée maximale a été portée de 10 à 12 heures : cf. Ph. Bonfils, « La réforme du droit pénal des mineurs par la loi du 9 septembre 2002 » (2e partie), *RJPF juill-août 2003, p. 6 s.*). Par ailleurs, cette mesure est ordonnée par un officier de police judiciaire, mais elle suppose l'accord préalable et le contrôle d'un magistrat du ministère public ou d'un juge d'instruction. La mesure devrait être d'autant plus exceptionnelle que le code instaure à l'article L. 11-1 une présomption de non-discernement et donc d'irresponsabilité pénale en dessous de l'âge de 13 ans. Mais, en pratique, la décision sur le discernement sera sans doute postérieure à l'enquête, et donc à une éventuelle retenue judiciaire.

Selon l'alinéa 2, « la retenue est strictement limitée au temps nécessaire à la déposition du mineur et à sa présentation devant le magistrat compétent ou à sa remise à ses représentants légaux ou à la personne ou au service auquel il est confié ». Mais l'alinéa précédent précise que cette durée ne peut dépasser douze heures (soit la moitié de la durée d'une garde à vue, hors prolongation).

Le dernier alinéa précise que « les dispositions de l'article 803-6 du code de procédure pénale sont applicables ». Cela signifie que le mineur placé en retenue se voit notifier par écrit (ou par oral en cas d'impossibilité), dans des termes simples et accessibles et dans une langue qu'il comprend, un certain nombre de droits :

– 1° Le droit d'être informé de la qualification, de la date et du lieu de l'infraction qui lui est reprochée ;

– 2° Le droit, lors des auditions ou interrogatoires, de faire des déclarations, de répondre aux questions qui lui sont posées ou de se taire ;

– 3° Le droit à l'assistance d'un avocat (mais l'assistance par un avocat est obligatoire en vertu de l'article L. 413-5) ;

– 4° Le droit à l'interprétation et à la traduction ;

– 5° Le droit d'accès aux pièces du dossier ;

– 6° Le droit qu'au moins un tiers ainsi que, le cas échéant, les autorités consulaires du pays dont il est ressortissant soient informés de la mesure privative de liberté dont il fait l'objet ;
– 7° Le droit d'être examiné par un médecin ;
– 8° Le nombre maximal d'heures ou de jours pendant lesquels il peut être privé de liberté avant de comparaître devant une autorité judiciaire ;
– 9° Le droit de connaître les modalités de contestation de la légalité de l'arrestation, d'obtenir un réexamen de sa privation de liberté ou de demander sa mise en liberté.

Ce dispositif a été complété par l'article R. 413-1 du code, issu du décret n° 2021-682 du 27 mai 2021, qui dispose que « lors de la retenue ou de la garde à vue d'un mineur, lui sont notifiés dans des termes simples et accessibles, outre les droits prévus aux articles L. 413-8 et L. 413-9 du présent code ainsi qu'à l'article 63-1 du code de procédure pénale, les droits suivants :
1° Le droit à ce que les représentants légaux ou l'adulte approprié mentionné à l'article L. 311-2 soient informés et le droit d'être accompagné par ceux-ci lors de ses auditions ou interrogatoires dans les conditions prévues par l'article L. 311-1, sauf circonstances particulières énoncées au deuxième alinéa de l'article L. 413-3 et au deuxième alinéa de l'article L. 413-7 ;
2° Le droit à la protection de sa vie privée garanti par l'interdiction de diffuser les enregistrements de ses auditions, par la tenue des audiences en publicité restreinte et par l'interdiction de publier le compte rendu des débats d'audience ou de tout élément permettant son identification ;
3° Le droit d'être détenu séparément des personnes majeures détenues ;
4° Le droit à la préservation de sa santé, ainsi que le respect du droit à la liberté de religion ou de conviction ». ❑

Code de procédure pénale

Art. 62-2 *(L. n° 2011-392 du 14 avr. 2011, en vigueur le 1er juin 2011)* La garde à vue est une mesure de contrainte décidée par un officier de police judiciaire, sous le contrôle de l'autorité judiciaire, par laquelle une personne à l'encontre de laquelle il existe une ou plusieurs raisons plausibles de soupçonner qu'elle a commis ou tenté de commettre un crime ou un délit puni d'une peine d'emprisonnement est maintenue à la disposition des enquêteurs.

Cette mesure doit constituer l'unique moyen de parvenir à l'un au moins des objectifs suivants :

1° Permettre l'exécution des investigations impliquant la présence ou la participation de la personne ;
2° Garantir la présentation de la personne devant le procureur de la République afin que ce magistrat puisse apprécier la suite à donner à l'enquête ;
3° Empêcher que la personne ne modifie les preuves ou indices matériels ;
4° Empêcher que la personne ne fasse pression sur les témoins ou les victimes ainsi que sur leur famille ou leurs proches ;
5° Empêcher que la personne ne se concerte avec d'autres personnes susceptibles d'être ses coauteurs ou complices ;
6° Garantir la mise en œuvre des mesures destinées à faire cesser le crime ou le délit.

……………………………………………………………………

Art. 803-6 *(L. n° 2014-535 du 27 mai 2014, art. 5, en vigueur le 2 juin 2014)* Toute personne suspectée ou poursuivie soumise à une mesure privative de liberté en application d'une disposition du présent code se voit remettre, lors de la notification de cette mesure, un document énonçant, dans des termes simples et accessibles et dans une langue qu'elle comprend, les droits suivants, dont elle bénéficie au cours de la procédure en application du présent code :

1° Le droit d'être informée de la qualification, de la date et du lieu de l'infraction qui lui est reprochée ;
2° Le droit, lors des auditions ou interrogatoires, de faire des déclarations, de répondre aux questions qui lui sont posées ou de se taire ;
3° Le droit à l'assistance d'un avocat ;
4° Le droit à l'interprétation et à la traduction ;
5° Le droit d'accès aux pièces du dossier ;

6° Le droit qu'au moins un tiers ainsi que, le cas échéant, les autorités consulaires du pays dont elle est ressortissante soient informés de la mesure privative de liberté dont elle fait l'objet ;

7° Le droit d'être examinée par un médecin ;

8° Le nombre maximal d'heures ou de jours pendant lesquels elle peut être privée de liberté avant de comparaître devant une autorité judiciaire ;

9° Le droit de connaître les modalités de contestation de la légalité de l'arrestation, d'obtenir un réexamen de sa privation de liberté ou de demander sa mise en liberté.

La personne est autorisée à conserver ce document pendant toute la durée de sa privation de liberté.

Si le document n'est pas disponible dans une langue comprise par la personne, celle-ci est informée oralement des droits prévus au présent article dans une langue qu'elle comprend. L'information donnée est mentionnée sur un procès-verbal. Une version du document dans une langue qu'elle comprend est ensuite remise à la personne sans retard.

Art. L. 413-2 **A titre exceptionnel, la retenue mentionnée à l'article L. 413-1 peut être prolongée par décision motivée du procureur de la République ou du juge d'instruction pour une durée qui ne peut excéder douze heures, après présentation devant lui du mineur, sauf si les circonstances rendent cette présentation impossible.** – *[Ord. n° 45-174 du 2 févr. 1945, art. 4, I, al. 1er, phrase 3.]*

COMMENTAIRE

Selon l'article L. 413-1, la retenue ne peut normalement excéder une durée de douze heures. Mais l'article L. 413-2 permet, à titre exceptionnel, de prolonger cette durée de douze heures supplémentaires. Cette prolongation – qui là encore n'est pas sans évoquer la garde à vue – est soumise à des exigences formelles. Elle doit être décidée par un magistrat (procureur de la République ou juge d'instruction), motivée, et intervenir après la présentation devant lui du mineur, sauf si les circonstances rendent cette présentation impossible. Le code n'apporte, ici, aucune modification par rapport à l'ordonnance de 1945. ❑

Art. L. 413-3 **L'officier de police judiciaire informe par tout moyen les représentants légaux du mineur ainsi que la personne ou le service auquel il est confié de la mesure de retenue dont il fait l'objet.**

Il ne peut être dérogé aux dispositions de l'alinéa précédent que pour permettre le recueil ou la conservation des preuves ou pour prévenir une atteinte grave à la vie, à la liberté ou à l'intégrité physique d'une personne, sur décision du procureur de la République ou du juge chargé de l'information prise au regard des circonstances de l'espèce, et pour la durée que le magistrat détermine et qui ne peut excéder douze heures.

Les représentants légaux sont informés que le mineur doit être assisté par un avocat et qu'ils peuvent désigner un avocat ou demander qu'un avocat soit commis d'office. – *[Ord. n° 45-174 du 2 févr. 1945, art. 4, I, al. 2, ecqc II.]*

Art. L. 413-4 **Dès le début de la retenue, le procureur de la République ou le juge d'instruction désigne un médecin qui examine le mineur dans les conditions prévues à l'article 63-3 du code de procédure pénale.** – *[Ord. n° 45-174 du 2 févr. 1945, art. 4, I, al. 2, ecqc III.]*

V. C. pr. pén., art. 63-3 ss. art. L. 413-6.

COMMENTAIRE

Un examen médical est obligatoire au début de la retenue, comme pour la garde à vue des mineurs âgés de treize à seize ans, afin de déterminer si la santé du mineur concerné est compatible avec la mesure de retenue envisagée.

Par ailleurs, l'article L. 413-3 impose à l'OPJ d'informer les représentants légaux du mineur de la retenue. Cette exigence est précisée par l'article R. 413-2 issu du décret n° 2021-682 du 27 mai 2021, qui prévoit que « lorsqu'en application du premier alinéa de l'article L. 413-3 et du premier alinéa de l'article L. 413-7, l'officier de police judiciaire informe du placement en retenue ou en garde à vue d'un mineur, ses représentants

légaux et la personne ou le service auquel il est confié, il leur donne connaissance de la qualification, de la date et du lieu présumés de l'infraction que le mineur est soupçonné avoir commise ou tenté de commettre ainsi que des motifs mentionnés aux 1° à 6° de l'article 62-2 du code de procédure pénale justifiant son placement en retenue ou en garde à vue.

Lorsqu'il est fait application du deuxième alinéa de l'article L. 413-3 et du deuxième alinéa de l'article L. 413-7 du présent code, le procureur de la République ou le juge d'instruction en avise sans retard le juge des enfants territorialement compétent.

Lorsqu'elle n'est pas donnée aux représentants légaux, l'information prévue aux articles L. 413-3 et L. 413-7 est donnée à l'adulte approprié mentionné à l'article L. 311-2 ». ❑

Art. L. 413-5 Le mineur retenu est assisté d'un avocat dans les conditions prévues aux articles 63-3-1 à 63-4-4 du code de procédure pénale.

Lorsque le mineur ou ses représentants légaux n'ont pas désigné d'avocat, le procureur de la République, le juge d'instruction ou l'officier de police judiciaire demande au bâtonnier par tout moyen, dès le début de la retenue, qu'il lui en soit commis un d'office. — *[Ord. n° 45-174 du 2 févr. 1945, art. 4, I, al. 2, ecqc IV.]*

COMMENTAIRE

L'instauration de l'assistance obligatoire par un avocat du mineur en garde à vue par la loi n° 2016-1547 du 18 novembre 2016 s'est *a fortiori* appliquée à la retenue, l'ordonnance de 1945 procédant alors par renvoi au sein de l'article 4. Le code reprend le caractère obligatoire de l'assistance d'un avocat, et le formule en des termes plus clairs que ne l'était l'ordonnance de 1945. Le code raisonne donc comme en matière de garde à vue, ce qui est parfaitement cohérent avec la logique de contrainte identique qui anime les deux mesures. Il en va de même s'agissant de l'enregistrement des interrogatoires, puisque ce sont les mêmes dispositions (art. L. 413-12 s.) qui sont applicables à la fois à la garde à vue et à la retenue. Dans la même perspective, l'article R. 413-3 prévoit, pour la retenue comme pour la garde à vue, que les mineurs doivent être séparés des majeurs, sauf s'il est de l'intérêt de l'enfant de ne pas l'être, ou à titre exceptionnel si cette séparation n'est pas possible, et à la condition que la manière dont les mineurs sont mis en présence des personnes majeures soit compatibles avec l'intérêt supérieur de l'enfant. ❑

Code de procédure pénale

Art. 63-3-1 *(L. n° 2011-392 du 14 avr. 2011, en vigueur le 1er juin 2011)* Dès le début de la garde à vue, la personne peut demander à être assistée par un avocat. Si elle n'est pas en mesure d'en désigner un ou si l'avocat choisi ne peut être contacté, elle peut demander qu'il lui en soit commis un d'office par le bâtonnier.

Le bâtonnier ou l'avocat de permanence commis d'office par le bâtonnier est informé de cette demande par tous moyens et sans délai.

L'avocat peut également être désigné par la ou les personnes prévenues en application du premier alinéa *(L. n° 2016-731 du 3 juin 2016, art. 63, en vigueur le 15 nov. 2016)* « du I » de l'article 63-2. Cette désignation doit toutefois être confirmée par la personne.

L'avocat désigné est informé par l'officier de police judiciaire ou, sous le contrôle de celui-ci, par un agent de police judiciaire *(L. n° 2023-22 du 24 janv. 2023, art. 18)* « ou un assistant d'enquête » de la nature et de la date présumée de l'infraction sur laquelle porte l'enquête.

S'il constate un conflit d'intérêts, l'avocat fait demander la désignation d'un autre avocat. En cas de divergence d'appréciation entre l'avocat et l'officier de police judiciaire ou le procureur de la République sur l'existence d'un conflit d'intérêts, l'officier de police judiciaire ou le procureur de la République saisit le bâtonnier qui peut désigner un autre défenseur.

Le procureur de la République, d'office ou saisi par l'officier de police judiciaire ou l'agent de police judiciaire, peut également saisir le bâtonnier afin qu'il soit désigné plusieurs avocats lorsqu'il est nécessaire de procéder à l'audition simultanée de plusieurs personnes placées en garde à vue.

Art. 63-4 *(L. n° 2011-392 du 14 avr. 2011, en vigueur le 1er juin 2011)* L'avocat désigné dans les conditions prévues à l'article 63-3-1 peut communiquer avec la personne gardée à vue dans des conditions qui garantissent la confidentialité de l'entretien.

La durée de l'entretien ne peut excéder trente minutes.

Lorsque la garde à vue fait l'objet d'une prolongation, la personne peut, à sa demande, s'entretenir à nouveau avec un avocat dès le début de la prolongation, dans les conditions et pour la durée prévues aux deux premiers alinéas.

Art. 63-4-1 *(L. nº 2011-392 du 14 avr. 2011, en vigueur le 1ᵉʳ juin 2011)* A sa demande, l'avocat peut consulter le procès-verbal établi en application *(L. nº 2014-535 du 27 mai 2014, art. 4, en vigueur le 2 juin 2014)* « de l'avant-dernier » alinéa de l'article 63-1 constatant la notification du placement en garde à vue et des droits y étant attachés, le certificat médical établi en application de l'article 63-3, ainsi que les procès-verbaux d'audition de la personne qu'il assiste. Il ne peut en demander ou en réaliser une copie. Il peut toutefois prendre des notes.

(L. nº 2014-535 du 27 mai 2014, art. 4, en vigueur le 2 juin 2014) « La personne gardée à vue peut également consulter les documents mentionnés au premier alinéa du présent article ou une copie de ceux-ci. »

Art. 63-4-2 *(L. nº 2011-392 du 14 avr. 2011, en vigueur le 1ᵉʳ juin 2011)* La personne gardée à vue peut demander que l'avocat assiste à ses auditions et confrontations. Dans ce cas, la première audition, sauf si elle porte uniquement sur les éléments d'identité, ne peut débuter sans la présence de l'avocat choisi ou commis d'office avant l'expiration d'un délai de deux heures suivant l'avis adressé dans les conditions prévues à l'article 63-3-1 de la demande formulée par la personne gardée à vue d'être assistée par un avocat. Au cours des auditions ou confrontations, l'avocat peut prendre des notes.

Si l'avocat se présente après l'expiration du délai prévu au premier alinéa alors qu'une audition ou une confrontation est en cours, celle-ci est interrompue à la demande de la personne gardée à vue afin de lui permettre de s'entretenir avec son avocat dans les conditions prévues à l'article 63-4 et que celui-ci prenne connaissance des documents prévus à l'article 63-4-1. Si la personne gardée à vue ne demande pas à s'entretenir avec son avocat, celui-ci peut assister à l'audition en cours dès son arrivée dans les locaux du service de police judiciaire ou à la confrontation.

Lorsque les nécessités de l'enquête exigent une audition immédiate de la personne, le procureur de la République peut autoriser, par décision écrite et motivée, sur demande de l'officier de police judiciaire, que l'audition débute sans attendre l'expiration du délai prévu au premier alinéa.

A titre exceptionnel, sur demande de l'officier de police judiciaire, le procureur de la République ou le juge des libertés et de la détention, selon les distinctions prévues par l'alinéa suivant, peut autoriser, par décision écrite et motivée, le report de présence de l'avocat lors des auditions ou confrontations, si cette mesure apparaît indispensable pour des raisons impérieuses tenant aux circonstances particulières de l'enquête, soit pour permettre le bon déroulement d'investigations urgentes tendant au recueil ou à la conservation des preuves, soit pour prévenir une atteinte *(L. nº 2016-731 du 3 juin 2016, art. 63, en vigueur le 15 nov. 2016)* « grave et imminente à la vie, à la liberté ou à l'intégrité physique d'une personne. »

Le procureur de la République ne peut différer la présence de l'avocat que pendant une durée maximale de douze heures. Lorsque la personne est gardée à vue pour un crime ou un délit puni d'une peine d'emprisonnement supérieure ou égale à cinq ans, le juge des libertés et de la détention peut, sur requête du procureur de la République, autoriser à différer la présence de l'avocat, au-delà de la douzième heure, jusqu'à la vingt-quatrième heure. Les autorisations du procureur de la République et du juge des libertés et de la détention sont écrites et motivées par référence aux conditions prévues à l'alinéa précédent au regard des éléments précis et circonstanciés résultant des faits de l'espèce.

Lorsque, conformément aux dispositions des deux alinéas qui précèdent, le procureur de la République ou le juge des libertés et de la détention a autorisé à différer la présence de l'avocat lors des auditions ou confrontations, il peut également, dans les conditions et selon les modalités prévues par ces mêmes alinéas, décider que l'avocat ne peut, pour une durée identique, consulter les procès-verbaux d'audition de la personne gardée à vue.

Art. 63-4-3 *(L. nº 2011-392 du 14 avr. 2011, en vigueur le 1ᵉʳ juin 2011)* L'audition ou la confrontation est menée sous la direction de l'officier ou de l'agent de police judiciaire qui peut à tout moment, en cas de difficulté, y mettre un terme et en aviser immédiatement le procureur de la République qui informe, s'il y a lieu, le bâtonnier aux fins de désignation d'un autre avocat.

A l'issue de chaque audition ou confrontation à laquelle il assiste, l'avocat peut poser des questions. L'officier ou l'agent de police judiciaire ne peut s'opposer aux questions que si

celles-ci sont de nature à nuire au bon déroulement de l'enquête. Mention de ce refus est portée au procès-verbal.

A l'issue de chaque entretien avec la personne gardée à vue et de chaque audition ou confrontation à laquelle il a assisté, l'avocat peut présenter des observations écrites dans lesquelles il peut consigner les questions refusées en application du deuxième alinéa. Celles-ci sont jointes à la procédure. L'avocat peut adresser ses observations, ou copie de celles-ci, au procureur de la République pendant la durée de la garde à vue.

Art. 63-4-3-1 *(L. n° 2016-731 du 3 juin 2016, art. 64)* Si la personne gardée à vue est transportée sur un autre lieu *(L. n° 2019-222 du 23 mars 2019, art. 48-III)* « où elle doit être entendue ou faire l'objet d'un des actes prévus à l'article 61-3 », son avocat en est informé sans délai.

Art. 63-4-4 *(L. n° 2011-392 du 14 avr. 2011, en vigueur le 1er juin 2011)* Sans préjudice de l'exercice des droits de la défense, l'avocat ne peut faire état auprès de quiconque pendant la durée de la garde à vue ni des entretiens avec la personne qu'il assiste, ni des informations qu'il a recueillies en consultant les procès-verbaux et en assistant aux auditions et aux confrontations.

SECTION II **DE LA GARDE À VUE**

BIBL. ► DESPREZ, De la garde à vue du mineur de seize ans dans le cadre de l'enquête pour criminalité organisée, *D. 2007. Point de vue 2679*.

Art. L. 413-6 Le mineur âgé d'au moins treize ans peut être placé en garde à vue dans les cas et conditions prévus aux articles 62 à 66 du code de procédure pénale sous réserve des dispositions de la présente section. – *[Ord. n° 45-174 du 2 févr. 1945, art. 4, I, al. 1er, phrase 1.]*

COMMENTAIRE

La garde à vue consiste en une privation de liberté, d'une durée de vingt-quatre heures maximum en principe, permettant aux enquêteurs d'interroger les suspects, de procéder à divers actes urgents comme des perquisitions, ou d'empêcher la fuite d'un suspect. Bien que parfois nécessaire, c'est une mesure attentatoire aux libertés, ce qui justifie qu'elle soit strictement encadrée, spécialement pour les mineurs. La garde à vue des mineurs connaît depuis longtemps des spécificités, parmi lesquelles le fait qu'elle n'est applicable qu'à partir de l'âge de treize ans (au moment de la mesure). En outre, sous les effets combinés de la jurisprudence de la Cour européenne des droits de l'homme et de la décision du Conseil constitutionnel du 31 juillet 2010, la loi n° 2011-392 du 14 avril 2011 relative à la garde à vue a opéré une profonde réforme de la mesure. Le régime de la garde à vue a donc été modifié dans le code de procédure pénale, cette réforme ayant également touché la garde à vue des mineurs.

L'ordonnance de 1945 consacrait à la garde à vue un article 4, qui, malgré sa taille imposante, renvoyait aussi au code de procédure pénale. Le code de la justice pénale des mineurs a rationalisé le régime de la garde à vue des mineurs, tout en conservant les renvois du droit commun. La garde à vue des mineurs suit donc les dispositions génériques du code de procédure pénale, sous réserve des dispositions spécifiques de la présente section. C'est ce que précise l'article L. 413-6 du code.

Conformément au droit commun, la garde à vue est décidée par un officier de police judiciaire, sous le contrôle du procureur de la République ou du magistrat chargé de l'instruction. Bien que le code ne le précise pas (alors que l'art. L. 413-1 le fait pourtant, en matière de retenue), la garde à vue ne concerne que la « personne à l'encontre de laquelle il existe une ou plusieurs raisons plausibles de soupçonner qu'elle a commis ou tenté de commettre un crime ou un délit puni d'emprisonnement » (art. 62-2 C. pr. pén.). En outre, et depuis la réforme de 2011, la garde à vue n'est possible qu'à la condition qu'elle « constitue l'unique moyen de parvenir à l'un au moins des objectifs suivants : permettre l'exécution des investigations impliquant la présence ou la participation de la personne ; garantir la présentation de la personne devant le procureur de la République afin que ce magistrat puisse apprécier la suite à donner à l'enquête ; empêcher que la personne ne modifie les preuves ou indices matériels ; empêcher que la personne ne fasse pression sur les témoins ou les victimes ainsi que sur leur famille ou leurs proches ; empêcher que la personne ne se concerte avec d'autres personnes susceptibles d'être ses

coauteurs ou complices ; garantir la mise en œuvre des mesures destinées à faire cesser le crime ou le délit ». La garde à vue ne peut donc être ordonnée que contre des suspects et non de simples témoins.

Le droit commun prévoit aussi que dès le début de la garde à vue, l'officier de police judiciaire doit informer le suspect des droits suivants : droit d'être informé de son placement en garde à vue, ainsi que de connaître les dispositions relatives à la durée de la garde à vue, renouvellement compris (art. 63-1, 1° C. pr. pén.) ; droit de connaître la nature et la date présumée de l'infraction dont il est suspecté (art. 63-1, 2°) ; la qualification juridique des faits ainsi que leur éventuelle requalification doivent également être portées à la connaissance du suspect (art. 62-2) ; droit de faire prévenir un proche ainsi que son employeur (art. 63-1, 3°) ; droit de se faire examiner par un médecin (droit détaillé à l'art. 63-3) ; droit d'être assisté par un avocat (conformément aux art. 63-3-1 à 63-4-3) ; et droit de se taire (l'art. 63-1, 3°, définit le droit au silence comme le droit, après avoir décliné son identité, de faire des déclarations, de répondre aux questions posées ou de se taire). Ces droits sont applicables aux mineurs, à quelques nuances près, consistant essentiellement à rendre obligatoires des mesures qui ne constituent que des droits pour les majeurs : le droit de faire prévenir un proche est obligatoire à l'égard des représentants légaux (art. L. 413-7) ; le droit de se faire examiner par un médecin est selon l'âge du mineur un droit ou une obligation (cf. art. L. 413-8) ; l'assistance d'un avocat est une obligation et non un droit (art. L. 413-9).

Le droit commun détermine également la durée de la mesure de garde à vue des mineurs. En effet, pas plus que l'ordonnance de 1945, le code ne donne d'indication sur la durée de la garde à vue des mineurs. Dans le silence du droit spécifique, c'est donc le droit commun qui s'applique, c'est-à-dire l'article 63, II du code de procédure pénale. La garde à vue est en principe d'une durée de vingt-quatre heures, renouvelable pour la même durée une fois. On rappellera, à cet égard, que la Convention internationale sur les droits de l'enfant stipule, en son article 37, que les États parties veillent à ce que « l'arrestation, la détention ou l'emprisonnement d'un enfant [soit] en conformité avec la loi, [ne soit] qu'une mesure de dernier ressort, et [soit] d'une durée aussi brève que possible ».

S'agissant du début de la mesure, le code de procédure pénale (art. 63, III) invite à distinguer plusieurs situations. Si l'individu est appréhendé par un officier de police judiciaire, la garde à vue commence dès son interpellation, c'est-à-dire dès la mise en œuvre de la contrainte. Si, en revanche, la personne s'est présentée elle-même dans les locaux de police ou de gendarmerie (par exemple, suite à une convocation), le placement en garde à vue n'est pas nécessairement requis puisque aucune contrainte n'a été mise en œuvre. Mais si au cours de l'audition la mesure de garde à vue est rendue nécessaire (parce que les soupçons s'aggravent), son point de départ sera rétroactivement calculé à partir de l'arrivée de l'individu au poste de police, non à partir de la mise en œuvre effective et notifiée de la mesure. Ainsi, un mineur qui se présente sans contrainte au service de police où il est convoqué peut, au cours d'une enquête préliminaire, être entendu sur les faits qui lui sont imputés, avant d'être placé en garde à vue, et dans ce cas, la durée de la garde à vue est calculée à compter de l'heure de l'arrivée dans le service de police (Crim. 25 oct. 2000, n° 00-83.253).

Malgré ces renvois importants au droit commun, la garde à vue des mineurs comporte un certain nombre de spécificités.

La première d'entre elle, justement prévue par l'article L. 413-6, est que la garde à vue n'est pas applicable en dessous de l'âge de treize ans (au moment de la mesure, et non des faits). Si une contrainte pour un mineur âgé de moins de treize ans s'avère nécessaire, c'est le régime de la retenue qui pourra trouver à s'appliquer, et seulement pour un mineur âgé entre dix et treize ans (sur la retenue, cf. art. L. 413-1 s.). Les autres particularités de la garde à vue des mineurs sont envisagées par les articles suivants.

Il convient cependant de mentionner plusieurs textes de nature réglementaire, issus du décret n° 2021-682 du 27 mai 2021. L'article R. 413-1 dispose ainsi que « lors de la retenue ou de la garde à vue d'un mineur, lui sont notifiés dans des termes simples et accessibles, outre les droits prévus aux articles L. 413-8 et L. 413-9 du présent code ainsi qu'à l'article 63-1 du code de procédure pénale, les droits suivants :

1° Le droit à ce que les représentants légaux ou l'adulte approprié mentionné à l'article L. 311-2 soient informés et le droit d'être accompagné par ceux-ci lors de ses auditions ou interrogatoires dans les conditions prévues par l'article L. 311-1, sauf circonstances particulières énoncées au deuxième alinéa de l'article L. 413-3 et au deuxième alinéa de l'article L. 413-7 ;

2° Le droit à la protection de sa vie privée garanti par l'interdiction de diffuser les enregistrements de ses auditions, par la tenue des audiences en publicité restreinte et par l'interdiction de publier le compte rendu des débats d'audience ou de tout élément permettant son identification ;

3° Le droit d'être détenu séparément des personnes majeures détenues ;

4° Le droit à la préservation de sa santé, ainsi que le respect du droit à la liberté de religion ou de conviction ».

En outre, selon l'article R. 413-3, « les mineurs placés en retenue et en garde à vue sont séparés des personnes majeures sauf :

1° S'il est de l'intérêt supérieur de l'enfant de ne pas en être séparé ;

2° A titre exceptionnel, si cette séparation n'apparaît pas possible, à la condition que la manière dont les mineurs sont mis en présence des personnes majeures soit compatible avec l'intérêt supérieur de l'enfant ». ❑

1. Âge pris en compte. Les règles édictées par l'art. 4 de l'Ord. n° 45-174 du 2 févr. 1945 visent à protéger le mineur, non pas en raison de son manque de discernement au jour des faits, mais en raison de sa vulnérabilité supposée au moment de son audition. • Crim. 25 oct. 2000, n° 00-83.253 P : *RSC 2001. 407, obs. Commaret*.

2. Contrainte et garde à vue. Le mineur, conduit par les policiers auprès d'un OPJ pour être entendu sur une infraction qu'il est soupçonné d'avoir commise, se trouve nécessairement dans une situation de contrainte et doit pouvoir bénéficier des droits attachés au placement en garde à vue, prévus par l'art. 4 de l'Ord. n° 45-174 du 2 févr. 1945. • Crim. 6 nov. 2013, n° 13-84.320 P : *D. actu. 21 nov. 2013, obs. Léna ; D. 2014. Pan. 1787, obs. Bonfils et Gouttenoire ; AJ pénal 2014. 89, obs. Belfanti ; RSC 2014. 138, obs. Danet ; Procédures 2014. 55, note Chavent-Leclère ; Gaz. Pal. 9 févr. 2014, note Fourment.* ♦ Comp. : Il résulte de la combinaison des art. 77 et 78 C. pr. pén., et 4 de l'Ord. n° 45-174 du 2 févr. 1945 que le mineur de 16 ans, qui se présente sans contrainte au service de police où il est convoqué, peut, au cours d'une enquête préliminaire, être entendu sur les faits qui lui sont imputés, avant d'être placé en garde à vue. Aucune irrégularité n'affecte son audition, dès lors que la notification des droits prévus aux art. 63-2, 63-3 et 63-4 C. pr. pén., et 4 de l'Ord. du 2 févr. 1945 est faite dès le placement en garde à vue et que la durée de cette mesure est calculée à compter de l'heure de l'arrivée dans le service de police. Méconnaît le sens et la portée de ces dispositions et de ces principes la cour d'appel qui, pour déclarer irrégulières des mesures de garde à vue, relève que les intéressés ont été présentés aux policiers par leur mère de façon coercitive et qu'étaient réunis à leur arrivée au service de police des indices graves laissant présumer leur participation aux faits reprochés, et retient que la méconnaissance des règles en matière de garde à vue a nécessairement porté atteinte aux intérêts des deux mineurs, alors qu'aucune pièce de la procédure n'établit que les mineurs aient été l'objet d'une mesure de contrainte, exercée par les enquêteurs, avant leur placement en garde à vue, et qu'ils pouvaient dès lors être entendus par l'officier de police judiciaire avant ce placement. • Crim. 25 oct. 2000, n° 00-84.726 P : *RSC 2001. 407, obs. Commaret*.

3. Inconstitutionnalité des dispositions relatives à la garde à vue dans leur version applicable en 1984. Les dispositions des art. 1, 5, 7, 8, 9 et 10 de l'Ord. de 1945 dans leur version applicable en 1984 ne sont pas conformes à la Constitution et au Principe fondamental reconnu par les lois de la République d'autonomie du droit pénal des mineurs. • Cons. const. 16 nov. 2018, n° 2018-744 QPC : *D. 2019. 1248, obs. Debaets et Jacquinot ; AJ pénal 2019. 99, obs. Lasserre Capdeville ; Dr. fam. 2019, comm., n° 39, obs. Bonfils.*

Code de procédure pénale

Art. 62 *(L. n° 2014-535 du 27 mai 2014, art. 1er, en vigueur le 2 juin 2014)* Les personnes à l'encontre desquelles il n'existe aucune raison plausible de soupçonner qu'elles ont commis ou tenté de commettre une infraction sont entendues par les enquêteurs sans faire l'objet d'une mesure de contrainte.

Toutefois, si les nécessités de l'enquête le justifient, ces personnes peuvent être retenues sous contrainte le temps strictement nécessaire à leur audition, sans que cette durée puisse excéder quatre heures.

Si, au cours de l'audition d'une personne entendue librement en application du premier alinéa du présent article, il apparaît qu'il existe des raisons plausibles de soupçonner qu'elle a commis ou tenté de commettre une infraction, cette personne doit être entendue en application de l'article 61-1 et les informations prévues aux 1° à 6° du même article lui sont alors notifiées sans délai, sauf si son placement en garde à vue est nécessité en application de l'article 62-2.

Si, au cours de l'audition d'une personne retenue en application du deuxième alinéa du présent article, il apparaît qu'il existe des raisons plausibles de soupçonner qu'elle a commis ou tenté de commettre un crime ou un délit puni d'une peine d'emprisonnement, elle ne peut être maintenue sous contrainte à la disposition des enquêteurs que sous le régime de la garde à vue. Son placement en garde à vue lui est alors notifié dans les conditions prévues à l'article 63-1.

Art. 62-1 *(L. n° 99-291 du 15 avr. 1999)* « Les personnels visés aux articles 16 à 29 » concourant à la procédure sont autorisés à déclarer comme domicile l'adresse du siège du service dont ils dépendent.

Art. 62-2 *(L. n° 2011-392 du 14 avr. 2011, en vigueur le 1er juin 2011)* La garde à vue est une mesure de contrainte décidée par un officier de police judiciaire, sous le contrôle de l'autorité judiciaire, par laquelle une personne à l'encontre de laquelle il existe une ou plusieurs raisons plausibles de soupçonner qu'elle a commis ou tenté de commettre un crime ou un délit puni d'une peine d'emprisonnement est maintenue à la disposition des enquêteurs.

Cette mesure doit constituer l'unique moyen de parvenir à l'un au moins des objectifs suivants :

1° Permettre l'exécution des investigations impliquant la présence ou la participation de la personne ;

2° Garantir la présentation de la personne devant le procureur de la République afin que ce magistrat puisse apprécier la suite à donner à l'enquête ;

3° Empêcher que la personne ne modifie les preuves ou indices matériels ;

4° Empêcher que la personne ne fasse pression sur les témoins ou les victimes ainsi que sur leur famille ou leurs proches ;

5° Empêcher que la personne ne se concerte avec d'autres personnes susceptibles d'être ses coauteurs ou complices ;

6° Garantir la mise en œuvre des mesures destinées à faire cesser le crime ou le délit.

Art. 62-3 *(L. n° 2011-392 du 14 avr. 2011, en vigueur le 1er juin 2011)* La garde à vue s'exécute sous le contrôle du procureur de la République, sans préjudice des prérogatives du juge des libertés et de la détention prévues aux articles 63-4-2 et 706-88 à 706-88-2 en matière de prolongation de la mesure au-delà de la quarante-huitième heure et de report de l'intervention de l'avocat.

Le procureur de la République apprécie si le maintien de la personne en garde à vue et, le cas échéant, la prolongation de cette mesure sont nécessaires à l'enquête et proportionnés à la gravité des faits que la personne est soupçonnée d'avoir commis ou tenté de commettre.

Il assure la sauvegarde des droits reconnus par la loi à la personne gardée à vue.

Il peut ordonner à tout moment que la personne gardée à vue soit présentée devant lui ou remise en liberté.

Art. 63 *(L. n° 2011-392 du 14 avr. 2011, en vigueur le 1er juin 2011)* I. — Seul un officier de police judiciaire peut, d'office ou sur instruction du procureur de la République, placer une personne en garde à vue.

Dès le début de la mesure, l'officier de police judiciaire informe le procureur de la République, par tout moyen, du placement de la personne en garde à vue. Il lui donne connaissance des motifs justifiant, en application de l'article 62-2, ce placement et l'avise de la qualification des faits qu'il a notifiée à la personne en application du 2° de l'article 63-1. Le procureur de la République peut modifier cette qualification ; dans ce cas, la nouvelle qualification est notifiée à la personne dans les conditions prévues au même article 63-1.

II. — La durée de la garde à vue ne peut excéder vingt-quatre heures.

Toutefois, la garde à vue peut être prolongée pour un nouveau délai de vingt-quatre heures au plus, sur autorisation écrite et motivée du procureur de la République, si l'infraction

que la personne est soupçonnée d'avoir commise ou tenté de commettre est un crime ou un délit puni d'une peine d'emprisonnement supérieure ou égale à un an et si la prolongation de la mesure est l'unique moyen de parvenir à l'un au moins des objectifs mentionnés aux 1° à 6° de l'article 62-2 *(L. n° 2019-222 du 23 mars 2019, art. 48-I)* « ou de permettre, dans les cas où il n'existe pas dans le tribunal de locaux relevant de l'article 803-3, la présentation de la personne devant l'autorité judiciaire.

« Le procureur de la République peut subordonner son autorisation à la présentation de la personne devant lui. » Cette présentation peut être réalisée par l'utilisation d'un moyen de télécommunication audiovisuelle. *(Abrogé par L. n° 2019-222 du 23 mars 2019, art. 48-I)* *« Elle peut cependant, à titre exceptionnel, être accordée par une décision écrite et motivée, sans présentation préalable. »*

(L. n° 2014-535 du 27 mai 2014, art. 1er, en vigueur le 2 juin 2014) « III. — Si, avant d'être placée en garde à vue, la personne a été appréhendée ou a fait l'objet de toute autre mesure de contrainte pour ces mêmes faits, l'heure du début de la garde à vue est fixée, pour le respect des durées prévues au II du présent article, à l'heure à partir de laquelle la personne a été privée de liberté. Si la personne n'a pas fait l'objet d'une mesure de contrainte préalable, mais que son placement en garde à vue est effectué dans le prolongement immédiat d'une audition, cette heure est fixée à celle du début de l'audition. »

Si une personne a déjà été placée en garde à vue pour les mêmes faits, la durée des précédentes périodes de garde à vue s'impute sur la durée de la mesure.

Art. 63-1 *(L. n° 2011-392 du 14 avr. 2011, en vigueur le 1er juin 2011)* La personne placée en garde à vue est immédiatement informée par un officier de police judiciaire ou, sous le contrôle de celui-ci, par un agent de police judiciaire, dans une langue qu'elle comprend, le cas échéant au moyen *(L. n° 2014-535 du 27 mai 2014, art. 4, en vigueur le 2 juin 2014)* « du formulaire prévu au treizième alinéa » :

1° De son placement en garde à vue ainsi que de la durée de la mesure et de la ou des prolongations dont celle-ci peut faire l'objet ;

2° *(L. n° 2014-535 du 27 mai 2014, art. 4, en vigueur le 2 juin 2014)* « De la qualification, de la date et du lieu présumés » de l'infraction qu'elle est soupçonnée d'avoir commise ou tenté de commettre *(L. n° 2014-535 du 27 mai 2014, art. 4, en vigueur le 2 juin 2014)* « ainsi que des motifs mentionnés aux 1° à 6° de l'article 62-2 justifiant son placement en garde à vue » ;

3° Du fait qu'elle bénéficie :

— du droit de faire prévenir un proche et son employeur *(L. n° 2014-535 du 27 mai 2014, art. 4, en vigueur le 2 juin 2014)* « ainsi que, si elle est de nationalité étrangère, les autorités consulaires de l'État dont elle est ressortissante » *(L. n° 2016-731 du 3 juin 2016, art. 63, en vigueur le 15 nov. 2016)* « et, le cas échéant, de communiquer avec ces personnes, » conformément à l'article 63-2 ;

— du droit d'être examinée par un médecin, conformément à l'article 63-3 ;

— du droit d'être assistée par un avocat, conformément aux articles 63-3-1 à 63-4-3 ;

(L. n° 2014-535 du 27 mai 2014, art. 4, en vigueur le 2 juin 2014) « — s'il y a lieu, du droit d'être assistée par un interprète ;

« — du droit de consulter, dans les meilleurs délais et au plus tard avant l'éventuelle prolongation de la garde à vue, les documents mentionnés à l'article 63-4-1 ;

« — du droit de présenter des observations au procureur de la République ou, le cas échéant, au juge des libertés et de la détention, lorsque ce magistrat se prononce sur l'éventuelle prolongation de la garde à vue, tendant à ce qu'il soit mis fin à cette mesure. Si la personne n'est pas présentée devant le magistrat, elle peut faire connaître oralement ses observations dans un procès-verbal d'audition, qui est communiqué à celui-ci avant qu'il ne statue sur la prolongation de la mesure ; »

— du droit, lors des auditions, après avoir décliné son identité, de faire des déclarations, de répondre aux questions qui lui sont posées ou de se taire.

Si la personne est atteinte de surdité et qu'elle ne sait ni lire, ni écrire, elle doit être assistée par un interprète en langue des signes ou par toute personne qualifiée maîtrisant un langage ou une méthode permettant de communiquer avec elle. Il peut également être recouru à tout dispositif technique permettant de communiquer avec une personne atteinte de surdité.

Si la personne ne comprend pas le français, ses droits doivent lui être notifiés par un interprète, le cas échéant après qu'un formulaire lui a été remis pour son information immédiate.

Mention de l'information donnée en application du présent article est portée au procès-verbal de déroulement de la garde à vue et émargée par la personne gardée à vue. En cas de refus d'émargement, il en est fait mention.

(L. n° 2014-535 du 27 mai 2014, art. 4, en vigueur le 2 juin 2014) « En application de l'article 803-6, un document énonçant ces droits est remis à la personne lors de la notification de sa garde à vue. »

Art. 63-2 *(L. n° 93-2 du 4 janv. 1993) (L. n° 2016-731 du 3 juin 2016, art. 63, en vigueur le 15 nov. 2016)* « I. — » Toute personne placée en garde à vue peut, à sa demande, faire prévenir *(Abrogé par L. n° 2011-392 du 14 avr. 2011) « dans le délai prévu au dernier alinéa de l'article 63-1 »*, par téléphone, *(L. n° 93-1013 du 24 août 1993)* « une personne avec laquelle elle vit habituellement ou l'un de ses parents en ligne directe, *(L. n° 2019-222 du 23 mars 2019, art. 48-II et 109-XIII, en vigueur le 1er juin 2019)* « ou l'un de ses frères et sœurs » de la mesure dont elle est l'objet. *(L. n° 2011-392 du 14 avr. 2011)* « Elle peut en outre faire prévenir son employeur. Lorsque la personne gardée à vue est de nationalité étrangère, elle peut faire contacter les autorités consulaires de son pays. »

(Abrogé par L. n° 2016-731 du 3 juin 2016, art. 63, à compter du 15 nov. 2016) « Si l'officier de police judiciaire estime, en raison des nécessités de l'enquête, ne pas devoir faire droit à cette demande, il en réfère sans délai au procureur de la République qui décide, s'il y a lieu, d'y faire droit. »

(L. n° 2011-392 du 14 avr. 2011) « Sauf en cas de circonstance insurmontable, qui doit être mentionnée au procès-verbal, les diligences incombant aux enquêteurs *(L. n° 2023-22 du 24 janv. 2023, art. 18)* « ou, sous leur contrôle, aux assistants d'enquête » en application du premier alinéa doivent intervenir au plus tard dans un délai de trois heures à compter du moment où la personne a formulé la demande. » — *Les dispositions de la L. n° 2011-392 du 14 avr. 2011 sont entrées en vigueur le 1er juin 2011.*

(L. n° 2016-731 du 3 juin 2016, art. 63, en vigueur le 15 nov. 2016) « Le procureur de la République peut, à la demande de l'officier de police judiciaire, décider que l'avis prévu au premier alinéa du présent I sera différé ou ne sera pas délivré si cette décision est, au regard des circonstances, indispensable afin de permettre le recueil ou la conservation des preuves ou de prévenir une atteinte grave à la vie, à la liberté ou à l'intégrité physique d'une personne.

« Si la garde à vue est prolongée au-delà de quarante-huit heures, le report de l'avis peut être maintenu, pour les mêmes raisons, par le juge des libertés et de la détention ou le juge d'instruction, sauf lorsque l'avis concerne les autorités consulaires.

« II. — L'officier de police judiciaire peut autoriser la personne en garde à vue qui en fait la demande à communiquer, par écrit, par téléphone ou lors d'un entretien, avec un des tiers mentionnés au I du présent article, s'il lui apparaît que cette communication n'est pas incompatible avec les objectifs mentionnés à l'article 62-2 et qu'elle ne risque pas de permettre une infraction.

« Afin d'assurer le bon ordre, la sûreté et la sécurité des locaux dans lesquels s'effectue la garde à vue, l'officier ou l'agent de police judiciaire détermine le moment, les modalités et la durée de cette communication, qui ne peut excéder trente minutes et intervient sous son contrôle, le cas échéant en sa présence ou en la présence d'une personne qu'il désigne. Si la demande de communication concerne les autorités consulaires, l'officier de police judiciaire ne peut s'y opposer au-delà de la quarante-huitième heure de la garde à vue.

« Le présent II n'est pas applicable en cas de demande de communication avec un tiers dont il a été décidé en application des deux derniers alinéas du I du présent article qu'il ne pouvait être avisé de la garde à vue. »

Art. 63-3 *(L. n° 93-2 du 4 janv. 1993)* Toute personne placée en garde à vue peut, à sa demande, être examinée par un médecin *(L. n° 93-1013 du 24 août 1993)* « désigné par le procureur de la République ou l'officier de police judiciaire ». En cas de prolongation, elle peut demander à être examinée une seconde fois. *(L. n° 2011-392 du 14 avr. 2011, en vigueur le 1er juin 2011)* « Le médecin se prononce sur l'aptitude au maintien en garde à vue et procède à toutes constatations utiles. Sauf en cas de circonstance insurmontable, les diligences incombant aux enquêteurs *(L. n° 2023-22 du 24 janv. 2023, art. 18)* « ou, sous leur contrôle, aux assistants d'enquête » en application du présent alinéa doivent intervenir au plus tard dans un délai de trois heures à compter du moment où la personne a formulé la demande. Sauf décision contraire du médecin, l'examen médical doit être pratiqué à l'abri du regard et de toute écoute extérieurs afin de permettre le respect de la dignité et du secret professionnel. »

(L. n° 93-1013 du 24 août 1993) « A tout moment, le procureur de la République ou l'officier de police judiciaire peut d'office désigner un médecin pour examiner la personne gardée à vue.

« En l'absence de demande de la personne gardée à vue, du procureur de la République ou de l'officier de police judiciaire, un examen médical est de droit si un membre de sa famille le demande ; le médecin est désigné par le procureur de la République ou l'officier de police judiciaire. »

Le médecin examine sans délai la personne gardée à vue. Le certificat médical *(Abrogé par L. n° 2011-392 du 14 avr. 2011, à compter du 1er juin 2011)* *« par lequel il doit notamment se prononcer sur l'aptitude au maintien en garde à vue »* est versé au dossier.

(L. n° 93-1013 du 24 août 1993) « Les dispositions du présent article ne sont pas applicables lorsqu'il est procédé à un examen médical en application de règles particulières. »

V. aussi l'art. 63-3-1 s. ss. CJPM art. L. 413-5.

Art. 63-4 *(L. n° 2011-392 du 14 avr. 2011, en vigueur le 1er juin 2011)* L'avocat désigné dans les conditions prévues à l'article 63-3-1 peut communiquer avec la personne gardée à vue dans des conditions qui garantissent la confidentialité de l'entretien.

La durée de l'entretien ne peut excéder trente minutes.

Lorsque la garde à vue fait l'objet d'une prolongation, la personne peut, à sa demande, s'entretenir à nouveau avec un avocat dès le début de la prolongation, dans les conditions et pour la durée prévues aux deux premiers alinéas.

Art. 63-4-1 *(L. n° 2011-392 du 14 avr. 2011, en vigueur le 1er juin 2011)* A sa demande, l'avocat peut consulter le procès-verbal établi en application *(L. n° 2014-535 du 27 mai 2014, art. 4, en vigueur le 2 juin 2014)* « de l'avant-dernier » alinéa de l'article 63-1 constatant la notification du placement en garde à vue et des droits y étant attachés, le certificat médical établi en application de l'article 63-3, ainsi que les procès-verbaux d'audition de la personne qu'il assiste. Il ne peut en demander ou en réaliser une copie. Il peut toutefois prendre des notes.

(L. n° 2014-535 du 27 mai 2014, art. 4, en vigueur le 2 juin 2014) « La personne gardée à vue peut également consulter les documents mentionnés au premier alinéa du présent article ou une copie de ceux-ci. »

Art. 63-4-2 *(L. n° 2011-392 du 14 avr. 2011, en vigueur le 1er juin 2011)* La personne gardée à vue peut demander que l'avocat assiste à ses auditions et confrontations. Dans ce cas, la première audition, sauf si elle porte uniquement sur les éléments d'identité, ne peut débuter sans la présence de l'avocat choisi ou commis d'office avant l'expiration d'un délai de deux heures suivant l'avis adressé dans les conditions prévues à l'article 63-3-1 de la demande formulée par la personne gardée à vue d'être assistée par un avocat. Au cours des auditions ou confrontations, l'avocat peut prendre des notes.

Si l'avocat se présente après l'expiration du délai prévu au premier alinéa alors qu'une audition ou une confrontation est en cours, celle-ci est interrompue à la demande de la personne gardée à vue afin de lui permettre de s'entretenir avec son avocat dans les conditions prévues à l'article 63-4 et que celui-ci prenne connaissance des documents prévus à l'article 63-4-1. Si la personne gardée à vue ne demande pas à s'entretenir avec son avocat, celui-ci peut assister à l'audition en cours dès son arrivée dans les locaux du service de police judiciaire ou à la confrontation.

Lorsque les nécessités de l'enquête exigent une audition immédiate de la personne, le procureur de la République peut autoriser, par décision écrite et motivée, sur demande de l'officier de police judiciaire, que l'audition débute sans attendre l'expiration du délai prévu au premier alinéa.

A titre exceptionnel, sur demande de l'officier de police judiciaire, le procureur de la République ou le juge des libertés et de la détention, selon les distinctions prévues par l'alinéa suivant, peut autoriser, par décision écrite et motivée, le report de présence de l'avocat lors des auditions ou confrontations, si cette mesure apparaît indispensable pour des raisons impérieuses tenant aux circonstances particulières de l'enquête, soit pour permettre le bon déroulement d'investigations urgentes tendant au recueil ou à la conservation des preuves, soit pour prévenir une atteinte *(L. n° 2016-731 du 3 juin 2016, art. 63, en vigueur le 15 nov. 2016)* « grave et imminente à la vie, à la liberté ou à l'intégrité physique d'une personne. »

Le procureur de la République ne peut différer la présence de l'avocat que pendant une durée maximale de douze heures. Lorsque la personne est gardée à vue pour un crime ou un délit puni d'une peine d'emprisonnement supérieure ou égale à cinq ans, le juge des

libertés et de la détention peut, sur requête du procureur de la République, autoriser à différer la présence de l'avocat, au-delà de la douzième heure, jusqu'à la vingt-quatrième heure. Les autorisations du procureur de la République et du juge des libertés et de la détention sont écrites et motivées par référence aux conditions prévues à l'alinéa précédent au regard des éléments précis et circonstanciés résultant des faits de l'espèce.

Lorsque, conformément aux dispositions des deux alinéas qui précèdent, le procureur de la République ou le juge des libertés et de la détention a autorisé à différer la présence de l'avocat lors des auditions ou confrontations, il peut également, dans les conditions et selon les modalités prévues par ces mêmes alinéas, décider que l'avocat ne peut, pour une durée identique, consulter les procès-verbaux d'audition de la personne gardée à vue.

Art. 63-4-3 *(L. n° 2011-392 du 14 avr. 2011, en vigueur le 1er juin 2011)* L'audition ou la confrontation est menée sous la direction de l'officier ou de l'agent de police judiciaire qui peut à tout moment, en cas de difficulté, y mettre un terme et en aviser immédiatement le procureur de la République qui informe, s'il y a lieu, le bâtonnier aux fins de désignation d'un autre avocat.

A l'issue de chaque audition ou confrontation à laquelle il assiste, l'avocat peut poser des questions. L'officier ou l'agent de police judiciaire ne peut s'opposer aux questions que si celles-ci sont de nature à nuire au bon déroulement de l'enquête. Mention de ce refus est portée au procès-verbal.

A l'issue de chaque entretien avec la personne gardée à vue et de chaque audition ou confrontation à laquelle il a assisté, l'avocat peut présenter des observations écrites dans lesquelles il peut consigner les questions refusées en application du deuxième alinéa. Celles-ci sont jointes à la procédure. L'avocat peut adresser ses observations, ou copie de celles-ci, au procureur de la République pendant la durée de la garde à vue.

Art. 63-4-3-1 *(L. n° 2016-731 du 3 juin 2016, art. 64)* Si la personne gardée à vue est transportée sur un autre lieu *(L. n° 2019-222 du 23 mars 2019, art. 48-III)* « où elle doit être entendue ou faire l'objet d'un des actes prévus à l'article 61-3 », son avocat en est informé sans délai.

Art. 63-4-4 *(L. n° 2011-392 du 14 avr. 2011, en vigueur le 1er juin 2011)* Sans préjudice de l'exercice des droits de la défense, l'avocat ne peut faire état auprès de quiconque pendant la durée de la garde à vue ni des entretiens avec la personne qu'il assiste, ni des informations qu'il a recueillies en consultant les procès-verbaux et en assistant aux auditions et aux confrontations.

Art. 63-4-5 *(L. n° 2011-392 du 14 avr. 2011, en vigueur le 1er juin 2011)* Si la victime est confrontée avec une personne gardée à vue, elle peut demander à être également assistée par un avocat choisi par elle ou par son représentant légal si elle est mineure ou, à sa demande, désigné par le bâtonnier.

La victime est informée de ce droit avant qu'il soit procédé à la confrontation.

A sa demande, l'avocat peut consulter les procès-verbaux d'audition de la personne qu'il assiste.

L'article 63-4-3 est applicable.

Art. 63-5 *(L. n° 2011-392 du 14 avr. 2011, en vigueur le 1er juin 2011)* La garde à vue doit s'exécuter dans des conditions assurant le respect de la dignité de la personne.

Seules peuvent être imposées à la personne gardée à vue les mesures de sécurité strictement nécessaires.

Art. 63-6 *(L. n° 2011-392 du 14 avr. 2011, en vigueur le 1er juin 2011)* Les mesures de sécurité ayant pour objet de s'assurer que la personne gardée à vue ne détient aucun objet dangereux pour elle-même ou pour autrui sont définies par arrêté de l'autorité ministérielle compétente. Elles ne peuvent consister en une fouille intégrale.

La personne gardée à vue dispose, au cours de son audition, des objets dont le port ou la détention sont nécessaires au respect de sa dignité.

Le présent article est également applicable en cas de retenue intervenant en application des articles 141-4, *(L. n° 2014-896 du 15 août 2014, art. 34, en vigueur le 1er oct. 2014)* « 709-1-1 *[ancienne rédaction : 712-16-3]* », 716-5 et 803-3.

Art. 63-7 *(L. n° 2011-392 du 14 avr. 2011, en vigueur le 1er juin 2011)* Lorsqu'il est indispensable pour les nécessités de l'enquête de procéder à une fouille intégrale d'une personne gardée à vue, celle-ci doit être décidée par un officier de police judiciaire et réalisée dans un espace fermé par une personne de même sexe que la personne faisant l'objet de la

fouille. La fouille intégrale n'est possible que si la fouille par palpation ou l'utilisation des moyens de détection électronique ne peuvent être réalisées.

Lorsqu'il est indispensable pour les nécessités de l'enquête de procéder à des investigations corporelles internes sur une personne gardée à vue, celles-ci ne peuvent être réalisées que par un médecin requis à cet effet.

Art. 63-8 *(L. n° 2011-392 du 14 avr. 2011, en vigueur le 1er juin 2011)* A l'issue de la garde à vue, la personne est, sur instruction du procureur de la République sous la direction duquel l'enquête est menée, soit remise en liberté, soit déférée devant ce magistrat.

Si la personne est remise en liberté à l'issue de la garde à vue sans qu'aucune décision n'ait été prise par le procureur de la République sur l'action publique, les dispositions de l'article 77-2 sont portées à sa connaissance.

Art. 63-9 *(L. n° 2011-392 du 14 avr. 2011, en vigueur le 1er juin 2011)* Le procureur de la République compétent pour être avisé des placements en garde à vue, en contrôler le déroulement, en ordonner la prolongation et décider de l'issue de la mesure est celui sous la direction duquel l'enquête est menée.

Toutefois, le procureur de la République du lieu où est exécutée la garde à vue est également compétent pour la contrôler et en ordonner la prolongation.

Art. 64 *(L. n° 2011-392 du 14 avr. 2011, en vigueur le 1er juin 2011)* I. — L'officier de police judiciaire établit un procès-verbal mentionnant :

1° Les motifs justifiant le placement en garde à vue, conformément aux 1° à 6° de l'article 62-2 ;

2° La durée des auditions de la personne gardée à vue et des repos qui ont séparé ces auditions, les heures auxquelles elle a pu s'alimenter, le jour et l'heure à partir desquels elle a été gardée à vue, ainsi que le jour et l'heure à partir desquels elle a été soit libérée, soit déférée devant le magistrat compétent ;

3° Le cas échéant, les auditions de la personne gardée à vue effectuées dans une autre procédure pendant la durée de la garde à vue ;

4° Les informations données et les demandes faites en application des articles 63-2 à 63-3-1 et les suites qui leur ont été données ;

5° S'il a été procédé à une fouille intégrale ou à des investigations corporelles internes.

Ces mentions doivent être spécialement émargées par la personne gardée à vue. En cas de refus, il en est fait mention.

II. — Les mentions et émargements prévus aux 2° et 5° du I concernant les dates et heures du début et de fin de garde à vue et la durée des auditions et des repos séparant ces auditions ainsi que le recours à des fouilles intégrales ou des investigations corporelles internes figurent également sur un registre spécial, tenu à cet effet dans tout local de police ou de gendarmerie susceptible de recevoir une personne gardée à vue. Ce registre peut être tenu sous forme dématérialisée.

Dans les corps ou services où les officiers de police judiciaire sont astreints à tenir un carnet de déclarations, les mentions et émargements prévus au premier alinéa du présent II sont également portés sur ce carnet. Seules les mentions sont reproduites au procès-verbal qui est transmis à l'autorité judiciaire.

Art. 64-1 *(L. n° 2007-291 du 5 mars 2007, art. 14-I, en vigueur le 1er juin 2008)* Les *(L. n° 2011-392 du 14 avr. 2011)* « auditions » des personnes placées en garde à vue pour crime, *(L. n° 2011-392 du 14 avr. 2011)* « réalisées » dans les locaux d'un service ou d'une unité de police ou de gendarmerie exerçant une mission de police judiciaire *[,]* font l'objet d'un enregistrement audiovisuel.

L'enregistrement ne peut être consulté, au cours de l'instruction ou devant la juridiction de jugement, qu'en cas de contestation du contenu du procès-verbal d'*(L. n° 2011-392 du 14 avr. 2011)* « audition », sur décision du juge d'instruction ou de la juridiction de jugement, à la demande du ministère public ou d'une des parties. Les huit derniers alinéas de l'article 114 ne sont pas applicables. Lorsqu'une partie demande la consultation de l'enregistrement, cette demande est formée et le juge d'instruction statue conformément aux deux premiers alinéas de l'article 82-1.

Le fait, pour toute personne, de diffuser un enregistrement réalisé en application du présent article est puni d'un an d'emprisonnement et de 15 000 € d'amende.

A l'expiration d'un délai de cinq ans à compter de la date de l'extinction de l'action publique, l'enregistrement est détruit dans le délai d'un mois.

Lorsque le nombre de personnes gardées à vue devant être simultanément interrogées, au cours de la même procédure ou de procédures distinctes, fait obstacle à l'enregistrement de *(L. n° 2011-392 du 14 avr. 2011)* « toutes les auditions », l'officier de police judiciaire en réfère sans délai au procureur de la République qui désigne, par décision écrite versée au dossier, au regard des nécessités de l'enquête, la ou les personnes *(L. n° 2011-392 du 14 avr. 2011)* « dont les auditions ne seront pas enregistrées ».

Lorsque l'enregistrement ne peut être effectué en raison d'une impossibilité technique, il en est fait mention dans le procès-verbal d'*(L. n° 2011-392 du 14 avr. 2011)* « audition » qui précise la nature de cette impossibilité. Le procureur de la République en est immédiatement avisé.

(Abrogé par Décis. n° 2012-228/229 QPC du 6 avr. 2012) « *Le présent article n'est pas applicable lorsque la personne est gardée à vue pour un crime mentionné à l'article 706-73 du présent code ou prévu par les titres Ier et II du livre IV du code pénal, sauf si le procureur de la République ordonne l'enregistrement.* »

Un décret précise en tant que de besoin les modalités d'application du présent article.

Art. 65 *(L. n° 2014-535 du 27 mai 2014, art. 4, en vigueur le 2 juin 2014)* Si, au cours de sa garde à vue, la personne est entendue dans le cadre d'une procédure suivie du chef d'une autre infraction et qu'il existe des raisons plausibles de soupçonner qu'elle a commis ou tenté de commettre cette infraction, elle doit faire l'objet des informations prévues aux 1°, 3° et 4° de l'article 61-1 et être avertie qu'elle a le droit d'être assistée par un avocat conformément aux articles 63-3-1 à 63-4-3.

Art. 66 Les procès-verbaux dressés par l'officier de police judiciaire en exécution des articles 54 à 62 sont rédigés sur-le-champ *(L. n° 2019-222 du 23 mars 2019, art. 50)* « ou dès que possible » et signés par lui sur chaque feuillet du procès-verbal.

Art. L. 413-7 Après avoir avisé le procureur de la République ou le juge d'instruction du placement en garde à vue du mineur, l'officier de police judiciaire en informe les représentants légaux et la personne ou le service auquel le mineur est confié.

Il ne peut être dérogé aux dispositions de l'alinéa précédent que pour permettre le recueil ou la conservation des preuves ou pour prévenir une atteinte grave à la vie, à la liberté ou à l'intégrité physique d'une personne, sur décision du procureur de la République ou du juge d'instruction prise au regard des circonstances de l'espèce, et pour la durée que le magistrat détermine et qui ne peut excéder vingt-quatre heures ou, lorsque la garde à vue ne peut faire l'objet d'une prolongation, douze heures.

Les représentants légaux sont informés du droit du mineur à être assisté par un avocat. – *[Ord. n° 45-174 du 2 févr. 1945, art. 4, II.]*

COMMENTAIRE

L'information des représentants légaux est, désormais, un principe directeur de la justice pénale des mineurs, figurant en tant que tel à l'article L. 12-5 du code. C'est aussi une règle dont la mise en œuvre est largement déclinée au sein du livre III du code, aux articles L. 311-1 et suivants. En toute logique, l'information des représentants légaux est également prévue en matière de garde à vue.

Cette information est obligatoire et, en cas d'impossibilité, la procédure doit établir les diligences accomplies à cette fin. L'absence d'information pourrait constituer une cause de nullité de la garde à vue, et la jurisprudence se montre vigilante quant à l'effectivité de cette information. Ainsi, il a été jugé qu'« il y a violation de ce droit à l'information des proches, dès lors qu'aucune pièce de la procédure n'établit que les parents de l'enfant aient été informés par un officier de police judiciaire de la mesure de garde à vue dont le mineur faisait l'objet, le fait que sa belle-mère ait été présente lors d'une perquisition et qu'elle ait été informée de la garde à vue ne pouvant pas pallier l'absence d'information des parents » (Crim. 20 déc. 2000, n° 00-86.499).

Mais il est des cas où cette information n'est pas possible et le code prévoit logiquement une exception au principe d'information des représentants légaux, exception formulée de manière restrictive. L'absence d'information des représentants légaux n'est possible que dans les cas prévus par l'alinéa 2 de l'article L. 413-7 (pour permettre le recueil ou la conservation de preuves ou pour prévenir une atteinte grave à la vie, à la liberté ou à l'intégrité physique d'une personne), pour une durée limitée (douze heures,

voire vingt-quatre pour les infractions permettant une prolongation de garde à vue), et sur décision du procureur de la République ou du juge d'instruction (et non à la discrétion de l'OPJ).

Enfin, l'article 413-7 prévoit que « les représentants légaux sont informés du droit du mineur à être assisté par un avocat », ce qui suppose évidemment d'avoir été préalablement informé de la garde à vue.

Dans un arrêt du 17 juin 2020 (n° 20-80.065), la Cour de cassation a donné d'importantes précisions sur la portée de cette obligation d'information (le code reprenant ici l'art. 4-II de l'Ord. de 1945). En l'espèce, au moment de son placement en garde à vue, le mineur avait désigné comme représentant légal la personne responsable du foyer dans lequel il était placé, qui n'était autre que sa propre victime. La Cour de cassation a considéré qu'il y avait là une irrégularité qui devait être sanctionnée par la nullité de la garde à vue. La Haute Juridiction juge d'abord qu'il n'appartient pas au mineur de désigner la personne responsable de lui-même, et qu'en l'espèce la personne responsable du foyer pouvait d'autant moins être désignée comme son représentant légal qu'elle était sa victime. Elle estime ensuite que l'irrégularité de cette information fait nécessairement grief au mineur dès lors que la formalité a pour finalité de permettre à la personne désignée d'assister le mineur dans ses choix de personne gardée à vue dans le seul intérêt de sa défense. Incidemment, la Cour de cassation donne ici une précision importante sur le sens de l'information donnée aux représentants légaux en début de garde à vue. Il ne s'agit pas seulement d'avertir que le mineur ne rentrera pas en raison d'une garde à vue, pour que les responsables légaux ne s'inquiètent pas, mais aussi et surtout de permettre à ces responsables de conseiller le mineur sur sa stratégie de défense (lui conseiller de parler ou de se taire, choisir un avocat, demander un examen médical s'il n'est pas obligatoire…).

Les modalités d'information des représentants légaux du mineur de la garde à vue ont été précisées par l'article R. 413-2 issu du décret n° 2021-682 du 27 mai 2021. Ce texte prévoit que « lorsqu'en application du premier alinéa de l'article L. 413-3 et du premier alinéa de l'article L. 413-7, l'officier de police judiciaire informe du placement en retenue ou en garde à vue d'un mineur, ses représentants légaux et la personne ou le service auquel il est confié, il leur donne connaissance de la qualification, de la date et du lieu présumés de l'infraction que le mineur est soupçonné avoir commise ou tenté de commettre ainsi que des motifs mentionnés aux 1° à 6° de l'article 62-2 du code de procédure pénale justifiant son placement en retenue ou en garde à vue.

Lorsqu'il est fait application du deuxième alinéa de l'article L. 413-3 et du deuxième alinéa de l'article L. 413-7 du présent code, le procureur de la République ou le juge d'instruction en avise sans retard le juge des enfants territorialement compétent.

Lorsqu'elle n'est pas donnée aux représentants légaux, l'information prévue aux articles L. 413-3 et L. 413-7 est donnée à l'adulte approprié mentionné à l'article L. 311-2 ». ❑

1. Aux termes de l'art. 4, II de l'Ord. du 2 févr. 1945, lorsqu'un mineur est placé en garde à vue, l'officier de police judiciaire doit informer de cette mesure les parents, le tuteur, la personne ou le service auquel est confié le mineur. Il ne peut être dérogé à ces dispositions que sur décision du procureur de la République ou du juge chargé de l'information. Encourt la cassation l'arrêt de la chambre d'accusation qui, pour rejeter le moyen d'annulation tiré de l'inobservation de ces dispositions, retient que les formalités exigées ont été respectées, dès lors que la belle-mère du mineur a été présente au cours de la perquisition pendant laquelle a été notifié à celui-ci son placement en garde à vue. • Crim. 20 déc. 2000, n° 00-86.499 P : *RSC 2001. 407, obs. Commaret*.

2. Lors du placement en garde à vue d'un mineur, l'OPJ doit informer de cette mesure les parents, le tuteur, la personne ou le service auquel est confié le mineur. Mais il n'appartient pas au mineur de désigner la personne responsable du foyer dans lequel il se trouve placé ; la personne responsable du foyer peut d'autant moins être désignée comme représentant légal du mineur qu'elle est la victime présumée de ce dernier ; l'irrégularité de cette information fait nécessairement grief au mineur dès lors que la formalité a pour finalité de permettre à la personne désignée d'assister le mineur dans ses choix de personne gardée à vue dans le seul intérêt de sa défense. • Crim. 17 juin 2020, n° 20-80.065 P.

Art. L. 413-8 Dès le début de la garde à vue d'un mineur de moins de seize ans, le procureur de la République ou le juge d'instruction désigne un médecin qui examine le mineur dans les conditions prévues par l'article 63-3 du code de procédure pénale.

Lorsqu'un mineur d'au moins seize ans est placé en garde à vue, il est informé de son droit de demander un examen médical conformément aux dispositions de l'article 63-3 du code de procédure pénale. Ses représentants légaux sont avisés de leur droit de demander un examen médical lorsqu'ils sont informés de la garde à vue. L'avocat du mineur peut également demander que celui-ci fasse l'objet d'un examen médical. – *[Ord. n° 45-174 du 2 févr. 1945, art. 4, III.]*

V. C. pr. pén., art. 63-3 ss. CJPM, art. L. 413-6.

BIBL. ▶ CAMBROISE-CASTEROT, *RDSS 2008. 66* (personne soupçonnée ou condamnée face aux soins ou vérifications sur sa personne). – CHARIOT, *AJ pénal 2004. 279* (intervention du médecin en garde à vue). – CHARIOT et BORAUD, *ibid. 2008. 265* (intervention du médecin en garde à vue : le chemin sinueux vers une harmonisation des pratiques). – COELHO, *ibid. 2006. 35* (garde à vue, examen médical et confidentialité).

COMMENTAIRE

La contrainte inhérente à la garde à vue n'est pas sans risque pour un individu fragile ou malade, et le code de procédure pénale donne au gardé à vue le droit de demander un examen médical destiné à évaluer l'aptitude au maintien en garde à vue (art. 63-3 C. pr. pén.). Pour les mineurs, des précautions supplémentaires sont nécessaires, compte tenu de la fragilité liée à leur âge. C'est la raison pour laquelle le code prévoit, comme l'ordonnance de 1945 avant lui, un dispositif spécifique relatif à l'examen médical. Le code distingue ici deux situations, en fonction de l'âge du mineur.

Pour les mineurs les plus jeunes, c'est-à-dire entre treize et seize ans (au moment de la mesure, et non des faits), le code prévoit que l'examen médical n'est pas seulement un droit, mais une obligation. Ainsi, l'article L. 413-8, alinéa 1er, du code dispose que « dès le début de la garde à vue d'un mineur de moins de seize ans, le procureur de la République ou le juge d'instruction désigne un médecin qui examine le mineur dans les conditions prévues par l'article 63-3 du code de procédure pénale ».

Pour les mineurs âgés entre seize et dix-huit ans (toujours au moment de la mesure), l'examen médical demeure un droit et non une obligation. Mais alors qu'en droit commun seul le gardé à vue peut demander cet examen médical, cette demande peut, en droit des mineurs, être formulée par le mineur lui-même, ses représentants légaux, et, depuis la loi n° 2019-222 du 23 mars 2019, par l'avocat du mineur. ❑

1. Il résulte de l'art. 63-3 C. pr. pén. que la poursuite de la garde à vue d'une personne dans les conditions qui sont, selon le constat médical, incompatibles avec son état de santé porte nécessairement atteinte à ses intérêts. • Crim. 27 oct. 2009, n° 09-82.505 P : *D. 2009, AJ 2688, note Girault, D. 2010. Étude 245, note Delage, AJ Pénal 2010, p. 37, obs. Girault, Dr. pénal 2010. Chron. 1, obs. Guérin ; ibid. Chron. 2, obs. Peltier ; Procédures 2010, n° 91, obs. Buisson* • Civ. 1re, 10 oct. 2012, n° 39-40 : *D. 2012, p. 2453, obs. Léna ; Gaz. Pal. 2013, p. 41, obs. Fourment.*

2. Il résulte du dernier al. de l'art. 63-1 C. pr. pén., dans sa rédaction antérieure à celle issue de la L. n° 2011-392 du 14 avr. 2011, que, lorsqu'un médecin légalement requis pour examiner une personne gardée à vue fait défaut au terme du délai qu'il avait indiqué, cette carence doit être constatée par l'officier de police judiciaire compétent qui doit alors prendre attache avec un autre médecin pour que celui-ci effectue l'examen médical ; l'absence de renouvellement de cette diligence par l'officier de police judiciaire ne peut être admise, s'agissant d'une mesure dont l'objectif essentiel est de vérifier la compatibilité de l'état de la personne gardée à vue avec la mesure ; l'inexécution de cette nouvelle diligence peut, selon les circonstances, constituer, en application des art. 171 et 802 C. pr. pén., une nullité dès lors que l'intéressé établit que la méconnaissance de cette formalité a porté atteinte à ses intérêts. • Civ. 1re, 10 oct. 2012, n° 11-30.131 : *D. 2012. 2453, obs. Léna ; Gaz. Pal. 2013, n° 39-40, p. 41, obs. Fourment.*

Art. L. 413-9 Dès le début de la garde à vue, le mineur doit être assisté par un avocat, dans les conditions prévues aux articles 63-3-1 à 63-4-3 du code de procédure pénale. Il doit être immédiatement informé de ce droit. Lorsque le mineur n'a pas sollicité l'assistance d'un avocat, cette demande peut également être faite par ses représentants légaux qui sont alors avisés de ce droit lorsqu'ils sont informés de la garde à vue en application de l'article L. 413-7. Lorsque le mineur ou ses représentants légaux n'ont pas désigné d'avocat, le procureur de la République, le juge d'instruction ou l'officier de police judiciaire doit, dès le début de la garde à vue, informer par tout

moyen et sans délai le bâtonnier afin qu'il en commette un d'office. – *[Ord. n° 45-174 du 2 févr. 1945, art. 4, IV.]*

V. C. pr. pén., art. 63-3-1 à 63-4-3, ss. art. L. 413-5.

BIBL. ▶ Bonfils, L'avocat (pénaliste) des mineurs, *Dr. pénal. 2021. Dossier 8.*

COMMENTAIRE

La question de l'intervention d'un avocat au cours de la garde à vue a donné lieu à une évolution des plus remarquables, et pas seulement pour les mineurs. En 1993, le législateur avait d'abord reconnu au gardé à vue le droit à un entretien d'une demi-heure maximum avec son avocat. Mais, sous l'effet combiné de la jurisprudence de la Cour européenne des droits de l'homme et de la décision du Conseil constitutionnel du 30 juillet 2010, la loi n° 2011-392 du 14 avril 2011 a profondément réformé la garde à vue, et autorisé la présence de l'avocat pendant les auditions et la possibilité pour ce dernier de consulter certains procès-verbaux.

Cette évolution s'est évidemment appliquée aux mineurs placés en garde à vue, et l'ordonnance de 1945 (art. 4) renvoyait à ce sujet aux dispositions du code de procédure pénale. Comme les majeurs, les mineurs avaient donc droit à l'assistance d'un avocat. Mais la loi n° 2016-1547 du 18 novembre 2016 a modifié l'ordonnance de 1945, en prévoyant que le mineur devait être assisté par un avocat. Pour les mineurs, l'assistance par un avocat n'est pas un droit, mais une obligation. C'est ce dispositif qui est repris dans le code de la justice pénale des mineurs.

L'assistance par un avocat est donc, pour les mineurs, obligatoire, et la rigueur avec laquelle la jurisprudence examinait avant la réforme de 2016 les diligences accomplies par les enquêteurs en la matière doit se maintenir depuis que la présence de l'avocat en garde à vue est obligatoire (Crim. 8 mars 2000, n° 99-87.319 ; 25 oct. 2000, n° 00-84.875).

En réalité, ce qui importe est que l'avocat ait effectivement été averti de la garde à vue dans des conditions lui permettant d'être présent. C'est en ce sens qu'il faut comprendre le caractère obligatoire de l'assistance de l'avocat. Concrètement, cela signifie que la première audition, sauf si elle porte uniquement sur les éléments d'identité, ne peut débuter sans la présence de l'avocat avant l'expiration d'un délai de deux heures suivant l'avis adressé à l'avocat ou au bâtonnier. Une exception est néanmoins prévue par la loi : lorsque les nécessités de l'enquête exigent une audition immédiate de la personne, le procureur de la République peut autoriser, par décision écrite et motivée, sur demande de l'officier de police judiciaire, que l'audition débute sans attendre l'expiration du délai de deux heures (art. 63-4-2, al. 3, C. pr. pén.). Mais hors ce cas, en principe, les policiers doivent attendre la fin du délai de deux heures avant de pouvoir interroger le suspect, et passé ce délai, l'audition peut commencer, même si l'avocat n'est pas arrivé… quitte à interrompre l'audition si l'avocat arrive au milieu de celle-ci. C'est ce qui a été jugé par la chambre criminelle dans un arrêt du 20 décembre 2017 (n° 17-84.017). En l'espèce, l'avocat du mineur était arrivé plus de deux heures après le début de la garde à vue et les enquêteurs avaient commencé l'interrogatoire ; à son arrivée, l'avocat avait pu s'entretenir une demi-heure avec son client, mais n'avait pu assister à la suite des interrogatoires ; la Cour de cassation a considéré que les PV d'audition antérieurs à l'arrivée de l'avocat étaient valables, mais non les PV postérieurs à l'arrivée de l'avocat, ce dernier n'ayant pas été mis en mesure d'assister effectivement le mineur, faute d'avoir été avisé de l'heure à laquelle la seconde audition devait avoir lieu.

La désignation de l'avocat du mineur peut être le fait du mineur lui-même, de ses représentants légaux, ou encore du bâtonnier, informé par le procureur de la République, le juge d'instruction ou l'officier de police judiciaire. C'est ce que prévoit l'article L. 413-9, reprenant une règle contenue dans l'article 4 de l'ordonnance de 1945. A cet égard, la jurisprudence faisait preuve d'une très grande rigueur dans l'appréciation du respect de cette exigence, spécialement concernant l'information délivrée aux représentants légaux sur l'assistance par un avocat. Dans un arrêt en date du 16 octobre 2019 (n° 19-81.084), la Cour de cassation a en effet jugé que « le défaut d'information des parents sur la possibilité de désigner un avocat pour leur enfant placé en garde à vue est une cause de nullité de la garde à vue dans le cas où le mineur a refusé l'assistance d'un avocat, et s'est trouvé interrogé sans assistance ». En l'espèce, soupçonné d'avoir participé

comme complice à des faits de nature criminelle, un mineur avait été placé en garde à vue. Il avait été informé par les enquêteurs de son droit d'être assisté par un avocat, mais avait refusé d'en bénéficier. Les enquêteurs avaient informé sa mère, représentante légale du mineur, du placement en garde à vue ; cependant, ils ne l'avaient pas informée de ce qu'elle avait le droit de demander à ce que son fils soit assisté d'un avocat. Le mineur avait été entendu sans avocat, puis, après avoir changé d'avis et demandé l'assistance d'un avocat, il avait été entendu avec son assistance. Quelque temps plus tard, il était mis en examen, et son avocat demandait la nullité de la garde à vue. La chambre de l'instruction avait décidé d'annuler le premier interrogatoire, au motif que le mineur avait été entendu sans avocat. En revanche, s'agissant du second interrogatoire, la cour avait refusé de prononcer la nullité en considérant que le mineur avait été assisté et que l'irrégularité consistant à ne pas avoir informé ses parents de leur droit de choisir un avocat était sans incidence devant le choix exprimé par le mineur lui-même, qui l'emporte sur la volonté de ses parents, seulement subsidiaire. C'est cette motivation qui a été cassée par la Cour de cassation qui énonce que l'information des parents vise à garantir l'assistance effective du mineur gardé à vue par un avocat, ainsi que le libre choix de l'avocat qui prodiguera cette assistance, et que cette information, prévue dans l'intérêt du mineur placé en garde à vue, est une formalité dont l'absence entraîne la nullité du placement en garde à vue. La Cour de cassation casse alors l'arrêt de la chambre de l'instruction, au motif que les juges d'appel n'avaient pas annulé la seconde audition du mineur. Cette solution devrait logiquement se maintenir avec le code de la justice pénale des mineurs.

Les modalités de l'assistance en garde à vue par un avocat sont, pour l'essentiel, prévues par le droit commun, c'est-à-dire par les articles 63-4 à 63-4-4 du code de procédure pénale. Deux formes sont envisagées. La première, qui existait avant la loi du 14 avril 2011, consiste dans le droit à un entretien privé avec un avocat, d'une durée de 30 minutes, dans des locaux qui garantissent sa confidentialité. Cet entretien peut avoir lieu dès le début de la garde à vue (art. 63-4), et il se trouve renouvelé lors de la prolongation de la garde à vue. La loi précise aussi que si une audition du suspect est en cours lorsque l'avocat arrive au poste de police, le suspect peut exiger d'interrompre l'audition pour s'entretenir avec son avocat (art. 63-4-2, al. 2). La seconde modalité est issue de la réforme opérée par la loi du 14 avril 2011. Le code de procédure pénale prévoit en effet que le suspect peut demander à ce que son avocat soit présent à toutes ses auditions et confrontations. Mais si l'avocat est bien présent aux côtés de son client, son rôle reste relativement passif. En effet, l'audition ou la confrontation est menée par un OPJ ou APJ (C. pr. pén., art. 63-4-3 al. 1er), et l'avocat n'a que la possibilité de prendre des notes durant la mesure (art. 63-4-2, al. 1er), ou, à l'issue de la mesure, de poser des questions (art. 63-4-3 ; l'OPJ pouvant s'y opposer si les questions sont susceptibles de nuire au bon déroulement de l'enquête, sous réserve d'indication du refus sur le procès-verbal d'audition), de présenter des observations à la fin de l'audition (art. 63-4-3, al. 3) et consulter les procès-verbaux d'audition de son client ainsi que le certificat d'aptitude médicale (art. 63-4-1). L'avocat n'a donc pas accès à l'entier dossier de la procédure. Il faut encore préciser que l'avocat doit respecter le secret de l'enquête et ne divulguer à personne ce qu'il a appris (art. 63-4-4).

La loi du 14 avril 2011 a prévu la possibilité de différer à titre exceptionnel l'assistance du gardé à vue par un avocat (mais pas à l'entretien d'une demi-heure avec lui), pour des durées variables en fonction des circonstances et des infractions, et ces dispositions sont applicables aux mineurs. Le report de l'assistance par un avocat doit être autorisé, par décision écrite et motivée, par le procureur de la République ou le juge des libertés et de la détention, et à la condition d'être indispensable pour des raisons impérieuses tenant aux circonstances particulières de l'enquête, appréciées *in concreto*, c'est-à-dire au regard des particularités tenant aux faits de l'espèce, et de plus, le but poursuivi par le report doit être soit de permettre le bon déroulement d'investigations urgentes tendant au recueil ou à la conservation des preuves, soit de prévenir une atteinte imminente aux personnes (art. 63-4-2, al. 4, C. pr. pén.). Le report est sollicité par l'OPJ, mais le magistrat compétent pour prendre la décision varie en fonction de l'ampleur du report demandé : pour un report de douze heures, c'est le procureur de la République qui est compétent ; pour un report de vingt-quatre heures, c'est le juge des libertés et de la détention qui est compétent (art. 63-4-2, al. 5, C. pr. pén.). S'agissant précisément de la durée de ce report, la loi prévoit deux situations, en fonction de la gravité de l'infraction : un report

de douze heures est toujours possible, sous réserve du respect des conditions énoncées, mais le report de l'intervention de l'avocat au bout de vingt-quatre heures ne peut être décidé que si la personne est gardée à vue pour un crime ou un délit puni d'une peine d'emprisonnement supérieure ou égale à cinq ans. Il convient de noter que le report exceptionnel (de 48 voire de 72 heures) prévu en matière de criminalité organisée n'est pas applicable aux mineurs (art. L. 413-11 CJPM, dérogeant à l'art. 706-88, al. 6 à 8 C. pr. pén.). ❑

1. Entretien avec un avocat. Il résulte des art. 4-IV de l'Ord. du 2 févr. 1945, relative à l'enfance délinquante, et de l'art. 64 C. pr. pén., que doivent être mentionnées par procès-verbal les diligences accomplies par l'officier de police judiciaire, dès la demande à s'entretenir avec un avocat, formulée par un mineur de 16 ans, gardé à vue ; méconnaît le sens et la portée de ces textes la chambre d'accusation qui, pour rejeter le moyen de nullité des actes de la garde à vue, faisant valoir que l'entretien avec l'avocat ne s'était déroulé que près de 7 heures après le début de la mesure, énonce que l'art. 4 de l'Ord. du 2 févr. 1945 impose seulement à l'OPJ de notifier au mineur de 16 ans, gardé à vue, son droit à s'entretenir avec un avocat dès le début de la mesure et d'aviser l'avocat, si le mineur entend exercer ce droit, que ce fonctionnaire ne saurait être rendu comptable de l'impossibilité de l'avocat à se déplacer ou de son retard éventuel, ajoute que ce dernier n'a formulé aucune observation écrite de sorte qu'il doit être présumé que son intervention a été effectuée dans le respect des dispositions légales, alors qu'aucun élément de la procédure n'établit les diligences accomplies par l'OPJ à la suite de la demande faite par le mineur pour s'entretenir avec un avocat commis d'office, dès le début de sa garde à vue. • Crim. 8 mars 2000, n° 99-87.319 P : *D. 2000. IR 165*.

2. Justifie des diligences accomplies par l'OPJ en application de l'art. 4-IV de l'Ord. du 2 févr. 1945, en vue de satisfaire la demande du mineur de 16 ans d'entretien avec un avocat pendant sa garde à vue, le procès-verbal qui mentionne que le bâtonnier de l'ordre a été immédiatement informé par télécopie de la demande du mineur d'entretien avec un avocat commis d'office. • Crim. 17 mai 2000, n° 00-81.133 P.

3. N'encourt pas la censure l'arrêt qui, pour rejeter le moyen de nullité tiré du défaut d'entretien avec un avocat pendant sa garde à vue, retient que les pièces de la procédure établissent que l'OPJ, dès la demande formulée par le mineur, a appelé le numéro de téléphone de la messagerie des avocats de permanence puis, à défaut de réponse, a renouvelé vainement cet appel trois heures plus tard. En l'état de ces énonciations, qui établissent que l'OPJ a accompli les diligences imposées par l'art. 4-IV de l'Ord. du 2 févr. 1945, la chambre d'accusation a justifié sa décision. • Crim. 25 oct. 2000, n° 00-84.875.

4. Si les enquêteurs conservent la faculté de procéder à une première audition du mineur en garde à vue sans l'assistance de l'avocat, deux heures après le début de cette mesure, ce conseil en ayant été avisé, en vertu du renvoi effectué par l'arti. 4-IV de l'Ord. du 2 févr. 1945 à l'art. 63-4-2, al. 1er, C. pr. pén., ils ne peuvent procéder à une seconde audition sans qu'il apparaisse au procès-verbal de garde à vue que l'avocat qui s'était présenté et avait eu un entretien avec le mineur, avait été informé de l'horaire de la seconde audition ; à défaut, les juges doivent constater que cette seconde audition du mineur, ayant eu lieu en l'absence de l'avocat devant l'assister, est irrégulière, l'annuler et, le cas échéant, étendre les effets de cette annulation aux actes dont elle était le support nécessaire. • Crim. 20 déc. 2017, n° 17-84.017 P : *D. 2018. 1664, obs. Bonfils et Gouttenoire*.

5. Information des représentants légaux. Le défaut d'information des parents sur la possibilité de désigner un avocat pour leur enfant placé en garde à vue est une cause de nullité de la garde à vue dans le cas où le mineur a refusé l'assistance d'un avocat, et s'est trouvé interrogé sans assistance. • Crim. 16 oct. 2019, n° 19-81.084 : *AJ pénal 2020. 142, obs. Roussel ; RSC 2019. 852, obs. Valat ; Dr. fam. 2019, comm. n° 255, obs. Bonfils.*

Art. L. 413-10 La garde à vue d'un mineur de moins de seize ans ne peut être prolongée que si l'infraction qu'il est soupçonné d'avoir commise ou tenté de commettre est un crime ou un délit puni d'une peine égale ou supérieure à cinq ans d'emprisonnement.

Aucune mesure de garde à vue ne peut être prolongée sans présentation préalable du mineur au procureur de la République ou au juge d'instruction compétent en application de l'article 63-9 et de l'article 154 du code de procédure pénale.

Cette présentation peut être réalisée par l'utilisation d'un moyen de télécommunication audiovisuelle conformément aux dispositions de l'article 706-71 du code de procédure pénale. — *[Ord. n° 45-174 du 2 févr. 1945, art. 4, V.]*

COMMENTAIRE

Si la durée de la garde à vue des mineurs est la même que celle des majeurs, la prolongation est soumise à des conditions particulières, relatives à l'ensemble des mineurs, ou à certains d'entre eux. Ces modalités sont pour l'essentiel prévues par l'article L. 413-10, et, dans le cas particulier de la criminalité organisée, par l'article L. 413-11.

D'abord, et à l'égard de tous les mineurs (quel que soit leur âge), aucune mesure de garde à vue ne peut être prolongée sans présentation préalable du mineur au procureur de la République ou au juge d'instruction du lieu d'exécution de la mesure, alors que pour les majeurs une autorisation écrite suffit. C'est ce que prévoit l'article L. 413-10, alinéa 2, du code, reprenant en cela l'article 4 de l'ordonnance de 1945. Le même article précise *in fine* que « cette présentation peut être réalisée par l'utilisation d'un moyen de télécommunication audiovisuelle conformément aux dispositions de l'article 706-71 du code de procédure pénale ». Il s'agit là d'une nouveauté par rapport à l'ordonnance de 1945. La présentation est donc toujours nécessaire, mais elle peut être dématérialisée, et réalisée par visioconférence.

Ensuite, pour les mineurs de moins de seize ans (au moment de la mesure), la prolongation de la garde à vue n'est possible qu'en cas de délit puni d'une peine égale ou supérieure à cinq ans d'emprisonnement. L'article L. 413-10, alinéa 1er, du code qui pose cette règle reprend, là aussi, l'article 4 de l'ordonnance de 1945. ❑

1. Présentation obligatoire avant prolongation. Il résulte de l'art. 4, dernier al., de l'Ord. du 2 févr. 1945 modifiée que la garde à vue d'un mineur ne peut être prolongée sans qu'il ait été, au préalable, présenté au magistrat chargé du contrôle de la mesure. L'omission de cette formalité porte nécessairement atteinte aux intérêts du mineur concerné. Doit être cassé, pour méconnaissance du sens et de la portée de ce principe, l'arrêt qui, constatant que le procureur de la République a autorisé la prolongation d'une garde à vue sans se faire présenter le mineur, rejette la demande du juge d'instruction en annulation de la prolongation ainsi que des pièces de procédure subséquentes, en énonçant qu'il se déduit de la division de l'art. 4 de l'Ord. du 2 févr. 1945 en cinq paragraphes et des dispositions du dernier d'entre eux, prises dans leur ensemble, que la présentation préalable à la prolongation de la garde à vue n'est obligatoire que pour les mineurs de 13 à 16 ans, alors que le texte ne distingue pas selon l'âge des mineurs. • Crim. 13 oct. 1998, n° 98-83.152 P : *D. 1999. IR 14* ; *Dr. pénal 1999. Chron. 13, obs. Marsat.* ♦ Sur l'arrêt cassé, V. : • Rouen, 26 févr. 1998 : *BICC 1998. 1088.*

2. Moment de la présentation. Ni l'art. 4-V de l'Ord. du 2 févr. 1945, ni l'art. 154 C. pr. pén., qui prévoient la présentation de la personne gardée à vue au magistrat chargé du contrôle de la mesure avant la prolongation de la garde à vue, n'imposent qu'elle ait lieu à la dernière heure de la période initiale de garde à vue. Dès lors, n'est affectée d'aucune irrégularité la prolongation de la garde à vue, prescrite par écrit par le juge d'instruction à 22 h 40 après présentation du mineur à 22 h, et prenant effet le lendemain à 6 h. • Crim. 20 déc. 2000, n° 00-86.499 P : *RSC 2001. 407, obs. Commaret*.

3. Présentation au juge d'instruction. Ne viole pas l'art. 5, § 3, Conv. EDH l'écoulement d'un délai de 12 heures entre l'issue de la garde à vue et le déférement des intéressés au juge d'instruction, dès lors que, d'une part, la garde à vue n'a pas été prolongée au-delà de sa durée légale et que, d'autre part, à l'issue de cette mesure, la présentation au magistrat a été immédiate. • Crim. 25 oct. 2000, n° 00-83.253 P : *D. 2001. IR 177* ; *RSC 2001. 407, obs. Commaret*.

Code de procédure pénale

Art. 63-9 *(L. n° 2011-392 du 14 avr. 2011, en vigueur le 1er juin 2011)* Le procureur de la République compétent pour être avisé des placements en garde à vue, en contrôler le déroulement, en ordonner la prolongation et décider de l'issue de la mesure est celui sous la direction duquel l'enquête est menée.

Toutefois, le procureur de la République du lieu où est exécutée la garde à vue est également compétent pour la contrôler et en ordonner la prolongation.

....

Art. 154 *(L. n° 2011-392 du 14 avr. 2011, en vigueur le 1er juin 2011)* Les dispositions *(L. n° 2014-535 du 27 mai 2014, art. 3, en vigueur le 2 juin 2014)* « des articles 61-1 et 61-2 relatives à l'audition d'une personne soupçonnée ou d'une victime ainsi que » *(L. n° 2016-731 du 3 juin*

2016, art. 63, en vigueur le 15 nov. 2016) « les articles 61-3 et 62-2 à 64-1 » sont applicables lors de l'exécution des commissions rogatoires.

Les attributions conférées au procureur de la République par ces articles sont alors exercées par le juge d'instruction. Lors de la délivrance de l'information prévue *(L. n° 2014-535 du 27 mai 2014, art. 3, en vigueur le 2 juin 2014)* « aux articles 61-1 et 63-1 », il est précisé que *(L. n° 2014-535 du 27 mai 2014, art. 3, en vigueur le 2 juin 2014)* « l'audition ou » la garde à vue intervient dans le cadre d'une commission rogatoire.

....

Art. 706-71 *(L. n° 2019-222 du 23 mars 2019, art. 54-X et 109-XIII, en vigueur le 1er juin 2019)* « Aux fins d'une bonne administration de la justice, il peut être recouru au cours de la procédure pénale, si le magistrat en charge de la procédure ou le président de la juridiction saisie l'estime justifié, dans les cas et selon les modalités prévus au présent article, à un moyen de télécommunication audiovisuelle. »

Lorsque les nécessités de l'enquête ou de l'instruction le justifient, l'audition ou l'interrogatoire d'une personne ainsi que la confrontation entre plusieurs personnes peuvent être effectués en plusieurs points du territoire de la République *(Ord. n° 2016-1636 du 1er déc. 2016, art. 4 et 5, en vigueur le 22 mai 2017)* « ou entre le territoire de la République et celui d'un État membre de l'Union européenne dans le cadre de l'exécution d'une décision d'enquête européenne et » se trouvant reliés par des moyens de télécommunications garantissant la confidentialité de la transmission. *(L. n° 2002-1138 du 9 sept. 2002, art. 35)* « Dans les mêmes conditions, la présentation aux fins de prolongation de la garde à vue ou de la retenue judiciaire peut être réalisée par l'utilisation de moyens de télécommunication audiovisuelle. » *(L. n° 2023-22 du 24 janv. 2023, art. 12)* « Il est dressé un procès-verbal des opérations qui ont été effectuées. » Ces opérations peuvent faire l'objet d'un enregistrement audiovisuel ou sonore, les dispositions des *(L. n° 2007-291 du 5 mars 2007, art. 28, en vigueur le 1er juill. 2007)* « troisième à huitième » alinéas de l'article 706-52 sont alors applicables.

(L. n° 2004-204 du 9 mars 2004, art. 143) « Les dispositions de l'alinéa précédent prévoyant l'utilisation d'un moyen de télécommunication audiovisuelle sont applicables devant la juridiction de jugement pour l'audition des témoins, des parties civiles et des experts. *(L. n° 2011-267 du 14 mars 2011, art. 100-1°)* « Elles sont également applicables, avec l'accord du procureur de la République et de l'ensemble des parties, pour la comparution du prévenu devant le tribunal correctionnel si celui-ci est détenu. »

« Ces dispositions sont également applicables à l'audition ou à l'interrogatoire par un juge d'instruction d'une personne détenue, au débat contradictoire préalable au placement en détention provisoire d'une personne détenue pour une autre cause, au débat contradictoire prévu pour la prolongation de la détention provisoire *(L. n° 2019-222 du 23 mars 2019, art. 54-X et 109-XIII, en vigueur le 1er juin 2019)* « , y compris l'audience prévue à l'avant-dernier alinéa de l'article 179 », *(L. n° 2007-297 du 5 mars 2007, art. 70)* « aux audiences relatives au contentieux de la détention provisoire devant » *(Abrogé par Cons. const. n° 2020-836 du 30 avr. 2020, à compter du 31 oct. 2020)* « *la chambre de l'instruction* » *(L. n° 2020-1672 du 24 déc. 2020, art. 27)* « la chambre de l'instruction » ou la juridiction de jugement, *(L. n° 2009-1436 du 24 nov. 2009, art. 93-XX)* « à l'interrogatoire de l'accusé par le président de la cour d'assises en application de l'article 272, à la comparution d'une personne à l'audience au cours de laquelle est rendu un jugement ou un arrêt qui avait été mis en délibéré ou au cours de laquelle il est statué sur les seuls intérêts civils, à l'interrogatoire par le procureur ou le procureur général d'une personne arrêtée en vertu d'un mandat d'amener, d'un mandat d'arrêt, » *(L. n° 2011-392 du 14 avr. 2011, en vigueur le 1er juin 2011)* « d'un mandat d'arrêt européen, d'une demande d'arrestation provisoire, d'une demande d'extradition ou d'une demande d'arrestation aux fins de remise, à la présentation au juge des libertés et de la détention, au premier président de la cour d'appel ou au magistrat désigné par lui en application des articles 627-5, 695-28, 696-11 et 696-23 si la personne est détenue pour une autre cause » ou à l'interrogatoire du prévenu devant le tribunal de police *(Abrogé par L. n° 2011-1862 du 13 déc. 2011, art. 2-V et 70-I, à compter du 1er juill. 2017) (L. n° 2005-47 du 26 janv. 2005, art. 9-XXXII, en vigueur 1er avr. 2005)* « *ou devant la juridiction de proximité* » si celui-ci est détenu pour une autre cause. *(L. n° 2011-267 du 14 mars 2011, art. 100-2°)* « Lorsqu'il s'agit d'une audience au cours de laquelle il doit être statué sur le placement en détention provisoire ou la prolongation de la détention provisoire, la personne détenue peut *(L. n° 2016-731 du 3 juin 2016, art. 86)* « , lorsqu'elle est informée de la date de l'audience et du fait que le recours à ce moyen est envisagé, » refuser l'utilisation d'un moyen de télécommunication audiovisuelle, sauf si son transport paraît devoir être évité en raison des risques gra-

ves de trouble à l'ordre public ou d'évasion » *(L. n° 2020-1672 du 24 déc. 2020, art. 27)* « ; il en est de même lorsqu'il doit être statué sur l'appel portant sur une décision de refus de mise en liberté ou sur la saisine directe de la chambre de l'instruction en application du dernier alinéa de l'article 148 ou de l'article 148-4 par une personne détenue en matière criminelle depuis plus de six mois dont la détention n'a pas déjà fait l'objet d'une décision de prolongation et n'ayant pas personnellement comparu, sans recourir à un moyen de communication audiovisuelle, devant la chambre de l'instruction depuis au moins six mois ».

(L. n° 2009-1436 du 24 nov. 2009, art. 93-XX) « Elles sont de même applicables devant la commission d'indemnisation des victimes d'infractions, devant le premier président de la cour d'appel statuant sur les demandes de réparation d'une détention provisoire, devant la Commission nationale de réparation des détentions, devant la commission *(L. n° 2014-640 du 20 juin 2014, art. 4, en vigueur le 1er oct. 2014)* « d'instruction des demandes en révision et en réexamen et devant la cour de révision et de réexamen ».

« Pour l'application des dispositions des *(Abrogé par L. n° 2019-222 du 23 mars 2019, art. 54-X et 109-XIII, à compter du 1er juin 2019)* « *trois* » alinéas précédents, si la personne est assistée par un avocat, *(L. n° 2019-222 du 23 mars 2019, art. 54-X et 109-XIII, en vigueur le 1er juin 2019)* « ou par un interprète, ceux-ci peuvent » se trouver auprès *(L. n° 2009-1436 du 24 nov. 2009, art. 93-XX)* « du magistrat, de la juridiction ou de la commission compétents » ou auprès de l'intéressé. Dans le premier cas, *(L. n° 2019-222 du 23 mars 2019, art. 54-X et 109-XIII, en vigueur le 1er juin 2019)* « l'avocat » doit pouvoir s'entretenir avec ce dernier, de façon confidentielle, en utilisant le moyen de télécommunication audiovisuelle. Dans le second cas, une copie de l'intégralité du dossier doit être mise à sa disposition dans les locaux de détention » *(L. n° 2009-1436 du 24 nov. 2009, art. 93-XX)* « *[,]* sauf si une copie de ce dossier » *(L. n° 2019-222 du 23 mars 2019, art. 54-X et 109-XIII, en vigueur le 1er juin 2019)* « lui a déjà été remise. Si ces dispositions s'appliquent au cours d'une audience, celle-ci doit se tenir dans des conditions qui garantissent le droit de la personne à présenter elle-même ses observations. »

(L. n° 2011-267 du 14 mars 2011, art. 100-3°) « Lorsqu'une personne est détenue, la notification d'une expertise par une juridiction doit se faire par l'utilisation d'un moyen de télécommunication audiovisuelle, sauf décision contraire motivée ou s'il doit être procédé concomitamment à un autre acte. »

En cas de nécessité, résultant de l'impossibilité pour un interprète de se déplacer, l'assistance de l'interprète au cours d'une audition, d'un interrogatoire ou d'une confrontation peut également se faire par l'intermédiaire de moyens de télécommunications.

Al. abrogé par L. n° 2004-204 du 9 mars 2004, art. 17-II.

Un décret en Conseil d'État précise, en tant que de besoin, les modalités d'application du présent article.

Art. L. 413-11 L'article 706-88 du code de procédure pénale, à l'exception de ses sixième à huitième alinéas, est applicable au mineur de plus de seize ans lorsqu'il existe une ou plusieurs raisons plausibles de soupçonner qu'une ou plusieurs personnes majeures ont participé, comme auteurs ou complices, à la commission de l'infraction. – *[Ord. n° 45-174 du 2 févr. 1945, art. 4, VII.]*

BIBL. ▸ GALLARDO, Le CJPM et le mineur auteur d'une infraction terroriste : quelles adaptations ?, *Dr. fam. mars 2021. Dossier 11.*

COMMENTAIRE

Dans le cadre de la lutte contre la criminalité organisée, la loi n° 2004-204 du 9 mars 2004 portant adaptation de la justice aux évolutions de la criminalité, aussi dite loi Perben II, a prévu des modalités de garde à vue particulières, qui sont partiellement applicables aux mineurs de plus de seize ans. Reprenant l'article 4-VII de l'ordonnance de 1945, l'article L. 413-11 du code prévoit en effet que l'article 706-88 du code de procédure pénale, à l'exception de ses sixième à huitième alinéas, est applicable aux mineurs lorsque des majeurs sont également soupçonnés d'avoir participé à la commission de l'infraction (il est à noter que le code n'envisage pas l'hypothèse d'une bande organisée de mineurs ; la criminalité organisée n'est applicable donc que si des majeurs participent aux côtés des mineurs aux actions délictuelles ou criminelles).

La combinaison de ces deux dispositions permet de dresser le régime juridique applicable aux gardes à vue des mineurs en matière de criminalité organisée. Si les nécessités de l'enquête l'exigent, la garde à vue d'un mineur peut faire l'objet de deux prolongations

supplémentaires de vingt-quatre heures chacune (ou, à titre exceptionnel, d'une seule prolongation de quarante-huit heures), portant au total la garde à vue de ces mineurs à quatre-vingt-seize heures, contre quarante-huit heures en droit commun. Ces prolongations supplémentaires sont donc applicables aux mineurs d'au moins seize ans, sous réserve de respecter les conditions de prolongation prévues par l'article L. 413-10 du code de la justice pénale des mineurs (présentation obligatoire au magistrat compétent). Ces prolongations sont autorisées par décision écrite et motivée par le juge des libertés et de la détention, ou par le juge d'instruction. Un examen médical sur l'aptitude au maintien en garde à vue est obligatoire, même pour les mineurs âgés entre seize et dix-huit ans.

L'application aux mineurs de ce dispositif, prévue par la loi du 9 mars 2004, avait été contestée devant le Conseil constitutionnel, mais celui-ci a déclaré ces dispositions constitutionnelles, compte tenu notamment du fait que la prolongation de garde à vue ne concernait que les mineurs âgés d'au moins seize ans, et seulement pour des infractions graves, relevant de la criminalité organisée (Cons. const. 2 mars 2004, n° 2004-492, consid. 35 à 40). ❑

Validation par le Cons. const. Les deux derniers al. du VI de l'art. 14 de la loi déférée complétant l'art. 4 de l'Ord. du 2 févr. 1945 étendent la prolongation de la garde à vue, dans le cadre des enquêtes relatives à des faits entrant dans le champ d'application de l'art. 706-73 nouv. C. pr. pén., aux mineurs de plus de 16 ans « lorsqu'il existe une ou plusieurs raisons plausibles de soupçonner qu'une ou plusieurs personnes majeures ont participé, comme auteurs ou complices, à la commission de l'infraction ». Selon les requérants, les nouvelles dispositions portent atteinte au principe d'égalité devant la loi « dans la mesure où ne pourra être ainsi placée en garde à vue qu'une certaine catégorie de mineurs, celle ayant peut-être un lien avec un majeur délinquant ». Les requérants considèrent, en outre, que « le placement d'un mineur de plus de 16 ans en garde à vue pendant quatre jours constitue une méconnaissance du principe fondamental reconnu par les lois de la République de droit pénal spécial et protecteur des mineurs ». L'atténuation de la responsabilité pénale des mineurs en fonction de l'âge, comme la nécessité de rechercher le relèvement éducatif et moral des enfants délinquants par des mesures adaptées à leur âge et à leur personnalité, prononcées par une juridiction spécialisée ou selon des procédures appropriées, ont été constamment reconnues par les lois de la République depuis le début du XXe siècle. Ces principes trouvent notamment leur expression dans la L. du 12 avr. 1906 sur la majorité pénale des mineurs, la L. du 22 juill. 1912 sur les tribunaux pour enfants et l'Ord. du 2 févr. 1945 sur l'enfance délinquante. Toutefois, la législation républicaine antérieure à l'entrée en vigueur de la Constitution de 1946 ne consacre pas de règle selon laquelle les mesures contraignantes ou les sanctions devraient toujours être évitées au profit de mesures purement éducatives ; en particulier, les dispositions originelles de l'Ord. du 2 févr. 1945 n'écartaient pas la responsabilité pénale des mineurs et n'excluaient pas, en cas de nécessité, que fussent prononcées à leur égard des mesures telles que le placement, la surveillance, la retenue ou, pour les mineurs de plus de 13 ans, la détention. Telle est la portée du principe fondamental reconnu par les lois de la République en matière de justice des mineurs. Les dispositions de l'art. 706-88 nouv. C. pr. pén. concernent des enquêtes portant sur des infractions nécessitant, en raison de leur gravité et de leur complexité, des investigations particulières. Le législateur a subordonné leur application aux mineurs à la double condition qu'ils aient plus de 16 ans et qu'il existe une ou plusieurs raisons plausibles de soupçonner que des adultes sont impliqués dans la commission des faits. Il a ainsi entendu garantir le bon déroulement de ces enquêtes et protéger les mineurs de tout risque de représailles susceptibles d'émaner des adultes impliqués. La différence de traitement ainsi instituée ne procède donc pas d'une discrimination injustifiée. En second lieu ne sont pas remises en cause les dispositions protectrices de l'Ord. du 2 févr. 1945 susvisée. Son art. 4 exclut de la garde à vue les mineurs de moins de 13 ans et subordonne celle des autres mineurs à des conditions particulières. Le mineur placé en garde à vue fait l'objet d'un examen médical a le droit de demander à s'entretenir avec un avocat à la première heure de sa garde à vue et ne peut voir celle-ci prolongée sans présentation préalable au procureur de la République ou au juge chargé de l'instruction. Par ailleurs, ces interrogatoires font l'objet d'un enregistrement audiovisuel. Eu égard à l'ensemble de ces conditions, la mesure critiquée, qui ne concerne que les mineurs de plus de 16 ans impliqués dans des faits graves, ne porte pas atteinte aux exigences constitutionnelles propres à la justice des mineurs. Il résulte de ce qui précède que les dispositions critiquées relatives aux mineurs ne sont contraires à aucune exigence constitutionnelle. • Cons. const. 2 mars 2004, n° 2004-492 DC : *D. 2004. 2756, obs. de Lamy ; ibid. 956, chron. Dobkine ; ibid. 1387, chron. Schoettl ; ibid. 2005. 1125, obs. Ogier-Bernaud et Severino ; RSC 2004. 725, obs. Lazerges ; ibid. 2005. 122, étude Bück.*

Code de procédure pénale

Art. 706-88 Pour l'application des articles 63, 77 et 154, si les nécessités de l'enquête ou de l'instruction relatives à l'une des infractions entrant dans le champ d'application de l'article 706-73 l'exigent, la garde à vue d'une personne peut, à titre exceptionnel, faire l'objet de deux prolongations supplémentaires de vingt-quatre heures chacune.

Ces prolongations sont autorisées, par décision écrite et motivée, soit, à la requête du procureur de la République, par le juge des libertés et de la détention, soit par le juge d'instruction.

La personne gardée à vue doit être présentée au magistrat qui statue sur la prolongation préalablement à cette décision. La seconde prolongation peut toutefois, à titre exceptionnel, être autorisée sans présentation préalable de la personne en raison des nécessités des investigations en cours ou à effectuer.

Lorsque la première prolongation est décidée, la personne gardée à vue est examinée par un médecin désigné par le procureur de la République, le juge d'instruction ou l'officier de police judiciaire. Le médecin délivre un certificat médical par lequel il doit notamment se prononcer sur l'aptitude au maintien en garde à vue, qui est versé au dossier. La personne est avisée par l'officier de police judiciaire du droit de demander un nouvel examen médical. Ces examens médicaux sont de droit. Mention de cet avis est portée au procès-verbal et émargée par la personne intéressée ; en cas de refus d'émargement, il en est fait mention.

Par dérogation aux dispositions du premier alinéa, si la durée prévisible des investigations restant à réaliser à l'issue des premières quarante-huit heures de garde à vue le justifie, le juge des libertés et de la détention ou le juge d'instruction peuvent décider, selon les modalités prévues au deuxième alinéa, que la garde à vue fera l'objet d'une seule prolongation supplémentaire de quarante-huit heures.

(L. n° 2011-392 du 14 avr. 2011, en vigueur le 1er juin 2011) « Par dérogation aux dispositions des articles 63-4 à 63-4-2, lorsque la personne est gardée à vue pour une infraction entrant dans le champ d'application de l'article 706-73, l'intervention de l'avocat peut être différée, en considération de raisons impérieuses tenant aux circonstances particulières de l'enquête ou de l'instruction, soit pour permettre le recueil ou la conservation des preuves, soit pour prévenir une atteinte *(L. n° 2016-731 du 3 juin 2016, art. 63)* « grave à la vie, à la liberté ou à l'intégrité physique d'une personne », pendant une durée maximale de quarante-huit heures ou, s'il s'agit d'une infraction mentionnée aux 3° ou 11° du même article 706-73, pendant une durée maximale de soixante-douze heures.

« Le report de l'intervention de l'avocat jusqu'à la fin de la vingt-quatrième heure est décidé par le procureur de la République, d'office ou à la demande de l'officier de police judiciaire. Le report de l'intervention de l'avocat au-delà de la vingt-quatrième heure est décidé, dans les limites fixées au sixième alinéa, par le juge des libertés et de la détention statuant à la requête du procureur de la République. Lorsque la garde à vue intervient au cours d'une commission rogatoire, le report est décidé par le juge d'instruction. Dans tous les cas, la décision du magistrat, écrite et motivée, précise la durée pour laquelle l'intervention de l'avocat est différée.

« Lorsqu'il est fait application des sixième et septième alinéas du présent article, l'avocat dispose, à partir du moment où il est autorisé à intervenir en garde à vue, des droits prévus aux articles 63-4 et 63-4-1, au premier alinéa de l'article 63-4-2 et à l'article 63-4-3. »

(Abrogé par L. n° 2015-993 du 17 août 2015, art. 11) (L. n° 2014-535 du 27 mai 2014, art. 4, en vigueur le 2 juin 2014) « Le présent article n'est pas applicable au délit prévu au 8° bis de l'article 706-73 ou, lorsqu'elles concernent ce délit, aux infractions mentionnées aux 14° à 16° du même article. Toutefois, à titre exceptionnel, il peut être appliqué si les faits ont été commis dans des conditions portant atteinte à la sécurité, à la dignité ou à la vie des personnes ou aux intérêts fondamentaux de la nation définis à l'article 410-1 du code pénal ou si l'un des faits constitutifs de l'infraction a été commis hors du territoire national, dès lors que la poursuite ou la réalisation des investigations nécessaires à la manifestation de la vérité rend indispensable, en raison de leur complexité, la prolongation de la garde à vue. Les ordonnances prolongeant la garde à vue sont prises par le juge des libertés et de la détention, sur requête du procureur de la République ou du juge d'instruction. Elles sont spécialement motivées et font référence aux éléments de fait justifiant que les conditions prévues au présent alinéa sont réunies. Les sixième et septième alinéas du présent article ne sont pas applicables. »

(L. n° 2014-790 du 10 juill. 2014, art. 13) « Le présent article n'est pas applicable aux délits mentionnés au 20° de l'article 706-73. »

SECTION III DE L'ENREGISTREMENT AUDIOVISUEL DES AUDITIONS

BIBL. ▶ ETRILLARD, *RI crim. et pol. techn. 2004. 43 s.* (enregistrement audiovisuel des auditions de mineur).

Art. L. 413-12 **Les interrogatoires des mineurs placés en garde à vue ou en retenue font l'objet d'un enregistrement audiovisuel.**

Lorsque l'enregistrement ne peut être effectué en raison d'une impossibilité technique, il en est fait mention dans le procès-verbal d'interrogatoire qui précise la nature de cette impossibilité. Le procureur de la République ou le juge d'instruction en est immédiatement avisé. En l'absence d'enregistrement, que cette absence ait fait ou non l'objet d'une mention dans le procès-verbal et d'un avis au magistrat compétent, aucune condamnation ne peut être prononcée sur le seul fondement des déclarations du mineur si celles-ci sont contestées. – *[Ord. n° 45-174 du 2 févr. 1945, art. 4, I, al. 2, ecqc VI et VI, al. 1er et 4.]*

BIBL. ▶ H. MATSOPOULOU, *Dr. pénal 2007. Étude 6* (loi du 5 mars 2007 tendant à renforcer l'équilibre de la procédure pénale).

COMMENTAIRE

Pour garantir la sincérité des procès-verbaux d'interrogatoires, le législateur a imposé l'enregistrement audiovisuel des interrogatoires de mineurs placés en garde à vue. Ce dispositif, qui figurait dans l'article 4, VI de l'ordonnance de 1945 a influencé le droit applicable aux majeurs, puisque la loi du 5 mars 2007 tendant à renforcer l'équilibre de la procédure pénale a mis en place l'enregistrement audiovisuel des interrogatoires des majeurs gardés à vue et mis en examen en matière criminelle (C. pr. pén., art. 64-1 ; Cf. H. Matsopoulou, « Renforcement du caractère contradictoire, célérité de la procédure pénale et justice des mineurs. Commentaire de la loi n° 2007-291 du 5 mars 2007 tendant à renforcer l'équilibre de la procédure pénale », *Dr. pénal 2007. Étude 6*). Le code de la justice pénale des mineurs reprend cette exigence d'un enregistrement audiovisuel des interrogatoires (qui ne remplace pas les procès-verbaux).

Il convient de relever que l'article L. 413-12 vise désormais – ce que ne faisait pas l'ordonnance – la retenue aux côtés de la garde à vue. Certes, logiquement, l'enregistrement obligatoire s'appliquait aussi à la retenue – *a fortiori* même puisqu'elle vise des enfants plus jeunes –, mais l'ordonnance de 1945 ne le disait pas expressément. Désormais, le code le dit très clairement, et fait application du même dispositif, que le mineur soit entendu en garde à vue ou en retenue.

La question de la portée de cette exigence d'enregistrement audiovisuel s'est posée sous l'empire de l'ordonnance de 1945, et les solutions apportées par la jurisprudence paraissent toujours valables.

Après avoir considéré que l'impossibilité de visionner l'enregistrement de l'audition du mineur gardé à vue ne pouvait entraîner l'annulation de la garde à vue, dès lors que l'accomplissement des diligences prévues par la loi a été consigné par procès-verbal et que la contestation concerne le déroulement de la garde à vue sans se référer au contenu du procès-verbal d'interrogatoire (Crim. 23 oct. 2002), la Cour de cassation a adopté une solution plus rigoureuse et renforcé l'effectivité de l'exigence d'enregistrement des interrogatoires. Dans un arrêt du 3 avril 2007, la chambre criminelle a affirmé que « le défaut d'enregistrement audiovisuel des interrogatoires d'un mineur placé en garde à vue, non justifié par un obstacle insurmontable, porte nécessairement atteinte aux intérêts de la personne concernée » (dans le même sens : Crim. 12 juin 2007, n° 07-80.194).

En pratique, seul un obstacle insurmontable (proche de la force majeure) pourrait justifier le défaut d'enregistrement, ce qui n'est pas le cas d'un simple « problème informatique ». Du reste, l'article L. 413-12, alinéa 2, dispose que « lorsque l'enregistrement ne peut être effectué en raison d'une impossibilité technique, il en est fait mention dans le procès-verbal d'interrogatoire qui précise la nature de cette impossibilité », et que « le procureur de la République ou le juge d'instruction en est immédiatement avisé ». La jurisprudence se montre là aussi exigeante, puisque la Cour de cassation a

annulé les interrogatoires de mineurs qui n'avaient pas été enregistrés, dès lors que l'impossibilité technique invoquée n'avait pas été mentionnée dans le procès-verbal d'interrogatoire et que cette impossibilité n'avait pas été portée immédiatement à la connaissance du procureur de la République (Crim. 26 mars 2008, n° 07-88.554).

Enfin, l'article L. 413-12 reprend une précision que l'article 94 de la loi du 23 mars 2019 avait apportée à l'article 4, VI de l'ordonnance de 1945, selon laquelle « en l'absence d'enregistrement, que cette absence ait fait ou non l'objet d'une mention dans le procès-verbal et d'un avis au magistrat compétent, aucune condamnation ne peut être prononcée sur le seul fondement des déclarations du mineur si celles-ci sont contestées ».

Les modalités de conservation et de destruction des enregistrements audiovisuels des interrogatoires sont fixées par l'article D. 413-4 issu du décret n° 2021-683 du 27 mai 2021. Ce texte prévoit ainsi que « pour l'application des dispositions de l'article L. 413-12 relatif à l'enregistrement audiovisuel des interrogatoires des mineurs placés en garde à vue ou en retenue, l'enregistrement original est placé sous scellé fermé et une copie est versée au dossier. Cette copie peut être commune à l'ensemble des enregistrements effectués au cours de la procédure. Sur instruction du procureur de la République ou du procureur général, l'enregistrement original et la copie versée au dossier sont détruits par le greffe de la juridiction dans le délai prévu par l'article L. 413-15. Une copie de l'enregistrement peut être conservée par le service ou l'unité de police judiciaire chargé de la procédure, qui peut la consulter pour les nécessités des investigations. Cette copie est détruite au plus tard dans un délai de cinq ans après le dernier acte de procédure dressé par les enquêteurs. Les modalités techniques de l'enregistrement audiovisuel sont déterminées par arrêté conjoint du garde des sceaux, ministre de la justice, et du ministre de l'intérieur ». ❑

1. Enregistrement audiovisuel lors de la garde à vue. Le défaut d'enregistrement audiovisuel des interrogatoires d'un mineur placé en garde à vue, non justifié par un obstacle insurmontable, porte nécessairement atteinte aux intérêts de ce mineur. Justifie dès lors sa décision la chambre spéciale des mineurs de la cour d'appel qui, pour annuler l'interrogatoire d'un mineur placé en garde à vue, retient que l'impossibilité avancée par les fonctionnaires de police de réaliser l'enregistrement audiovisuel de ce mineur en raison d'un « problème informatique », ne suffit pas, en l'absence de toute autre précision, à caractériser la cause insurmontable qui justifierait l'omission de procéder à un tel enregistrement, prescrit par l'art. 4-VI de l'Ord. du 2 févr. 1945. • Crim. 3 avr. 2007, n° 06-87.264 P : *D. 2007. AJ 1422 ; ibid. 2007. 2141, note Pradel ; ibid. 2008. Pan. 1859, obs. Bonfils ; AJ pénal 2007. 287, obs. Royer ; Dr. pénal 2007, n° 109, obs. Maron ; JCP 2007. II. 10131, note Maréchal* • 12 juin 2007, n° 07-80.194 P : *D. 2007. AJ 1960 ; ibid. 2008. Pan. 1859, obs. Bonfils ; AJ pénal 2007. 388 ; Dr. pénal 2008. Chron. 8, obs. Lesclous.* ♦ Comp., depuis l'entrée en vigueur de la L. n° 2007-297 du 5 mars 2007 : si l'enregistrement audiovisuel des interrogatoires des mineurs placés en garde à vue ne peut être effectué en raison d'une impossibilité technique, il doit en être fait mention dans le procès-verbal d'interrogatoire, qui précise la nature de cette impossibilité, et le procureur de la République ou le juge d'instruction doit en être immédiatement avisé. • Crim. 26 mars 2008, n° 07-88.554 P : *D. 2008. AJ 1416, note Léna ; ibid. 2008. Pan. 1859, obs. Bonfils ; AJ pénal 2008. 286, obs. Royer ; Dr. pénal 2008. Chron. 8, obs. Lesclous ; ibid. 2008. Comm. 119, obs. Maron et Haas ; ibid. 2009. Chron. 1, obs. Guérin.*

2. Antérieurement. Il n'y a pas lieu d'annuler la garde à vue d'un mineur malgré l'absence du CD-ROM permettant le visionnage des interrogatoires de l'intéressé lorsque l'accomplissement des diligences prévues par la loi a été consigné par procès-verbal et que l'impossibilité de visionner l'enregistrement de l'audition du mineur gardé à vue, dont la contestation concerne le déroulement de la mesure sans se référer au contenu du procès-verbal d'interrogatoire, résulte d'un obstacle dont l'origine est inconnue. • Crim. 23 oct. 2002, n° 02-85.147 : *JCP 2003. II. 10070, note Maréchal ; Dr. pénal 2003. Chron. 17, obs. Marsat et Maron.*

Art. L. 413-13 L'enregistrement mentionné à l'article L. 413-12 ne peut être consulté, au cours de l'instruction ou devant la juridiction de jugement, qu'en cas de contestation du contenu du procès-verbal d'interrogatoire, sur décision du juge d'instruction ou de la juridiction de jugement, d'office ou à la demande du procureur de la République ou d'une des parties. Aucune copie de l'enregistrement ne peut être délivrée aux parties ou à leur avocat. – *[Ord. n° 45-174 du 2 févr. 1945, art. 4, VI, al. 2.]*

COMMENTAIRE

Afin d'éviter toute diffusion intempestive de ces enregistrements, qui pourraient évidemment compromettre une réinsertion du mineur, l'article L. 413-13, reprenant l'article 4, VI, de l'ordonnance de 1945, limite au maximum les cas dans lesquels on peut y avoir accès. On ne peut ainsi les consulter qu'en cas de contestation sur le contenu du procès-verbal d'interrogatoire. C'est dans la même perspective que le code incrimine la diffusion de cet enregistrement à l'article L. 413-14. ❑

Art. L. 413-14 Le fait, pour toute personne, de diffuser l'enregistrement audiovisuel réalisé en application de l'article L. 413-12 ou sa copie est puni d'un an d'emprisonnement et de 15 000 euros d'amende. – *[Ord. n° 45-174 du 2 févr. 1945, art. 4, VI, al. 3.]*

Art. L. 413-15 A l'expiration d'un délai de cinq ans à compter de la date de l'extinction de l'action publique, l'enregistrement audiovisuel et sa copie sont détruits dans le délai d'un mois. – *[Ord. n° 45-174 du 2 févr. 1945, art. 4, VI, al. 5.]*

COMMENTAIRE

L'article L. 413-14 renforce l'interdiction de toute diffusion des enregistrements d'interrogatoires de mineurs en garde à vue, car une telle diffusion compromettrait certainement la réinsertion du mineur. On notera que le code reprend ici une incrimination qui existait déjà sous l'ordonnance de 1945, tout comme la disposition de l'article L. 413-15 relative à la destruction des enregistrements. ❑

SECTION IV DES RELEVÉS SIGNALÉTIQUES

(L. n° 2022-52 du 24 janv. 2022, art. 30)

COMMENTAIRE

La loi n° 2022-52 du 24 janvier 2022 relative à la responsabilité pénale et à la sécurité intérieure a inséré dans le code une nouvelle section consacrée aux « relevés signalétiques », c'est-à-dire à la prise d'empreintes digitales ou palmaires et aux photographies. Deux nouveaux articles régissent ainsi le recueil du consentement du mineur à ces opérations (art. L. 413-16) et les cas dans lesquels ces opérations peuvent être effectuées sans l'autorisation du mineur (art. L. 413-17). ❑

Art. L. 413-16 L'officier ou l'agent de police judiciaire qui envisage de procéder ou de faire procéder, en application du deuxième alinéa de l'article 55-1 du code de procédure pénale, à une opération de prise d'empreintes digitales ou palmaires ou de photographies d'un mineur entendu en application des articles L. 412-1 et L. 413-6 du présent code doit s'efforcer d'obtenir le consentement de ce mineur.

Il informe le mineur, en présence de son avocat, des peines prévues au troisième alinéa de l'article 55-1 du code de procédure pénale s'il refuse de se soumettre à cette opération.

Lorsque les conditions prévues à l'article L. 413-17 du présent code sont réunies, il l'informe également, en présence de son avocat, de la possibilité de procéder à cette opération sans son consentement, en application du même article L. 413-17.

V. C. pr. pén., art. 55-1, ss. CJPM, art. L. 423-4.

COMMENTAIRE

La prise d'empreintes digitales ou palmaires et la prise de photographies des suspects sont des opérations classiques, pour ne pas dire systématiques, dans le cadre d'une enquête (à l'occasion d'une audition libre et d'une garde à vue). Le code de procédure pénale prévoit, à l'article 55-1, que ces opérations nécessitent en principe l'accord de l'intéressé, tout en disposant que le refus de se soumettre à ces opérations est constitutif d'une infraction pénale, punie d'un an d'emprisonnement et de 15 000 € d'amende.

Ce dispositif était – faute de texte dérogatoire – applicable aux mineurs. Mais la loi du 24 janvier 2022 relative à la responsabilité pénale et à la sécurité intérieure est venue décliner ce dispositif dans le code de la justice pénale à l'article L. 413-16. Le premier alinéa dispose ainsi que « l'officier ou l'agent de police judiciaire qui envisage de procéder

ou de faire procéder, en application du deuxième alinéa de l'article 55-1 du code de procédure pénale, à une opération de prise d'empreintes digitales ou palmaires ou de photographies d'un mineur entendu en application des articles L. 412-1 et L. 413-6 du présent code doit s'efforcer d'obtenir le consentement de ce mineur ». Le principe est donc toujours celui du consentement, même si ce consentement est tout relatif, puisque l'alinéa suivant indique que le mineur encourt les peines prévues par l'article 55-1 du code de procédure pénale s'il refuse de se soumettre à cette opération (ces peines, d'un an d'emprisonnement et de 15 000 € d'amende, sont diminuées conformément au principe de diminution légale de peine, en fonction de l'âge du mineur). A cet égard, le texte précise que l'OPJ ou l'APJ « informe le mineur, en présence de son avocat, des peines prévues au troisième alinéa de l'article 55-1 du code de procédure pénale s'il refuse de se soumettre à cette opération ». Cette information doit donc être donnée en présence de l'avocat du mineur, qui est en principe présent puisque l'assistance par un avocat est obligatoire en matière d'audition libre ou de garde à vue.

L'alinéa 3 dispose néanmoins que « lorsque les conditions prévues à l'article L. 413-17 du présent code sont réunies », l'OPJ ou l'APJ « l'informe également, en présence de son avocat, de la possibilité de procéder à cette opération sans son consentement, en application du même article L. 413-17 ».

On indiquera encore, avant d'envisager l'article L. 413-17, que le refus de se soumettre à ces opérations peut avoir de très importantes conséquences procédurales, puisqu'il permet au procureur de la République de contourner la procédure de mise à l'épreuve éducative et de saisir le tribunal pour enfants d'une audience unique (art. L. 423-4, al. 3). ❑

Art. L. 413-17 L'opération de prise d'empreintes digitales ou palmaires ou de photographies peut être effectuée sans le consentement du mineur, sur autorisation écrite du procureur de la République saisi par une demande motivée de l'officier de police judiciaire, lorsque les conditions ci-après sont réunies :

1° Cette opération constitue l'unique moyen d'identifier le mineur qui refuse de justifier de son identité ou qui fournit des éléments d'identité manifestement inexacts ;

2° Le mineur apparaît manifestement âgé d'au moins treize ans ;

3° L'infraction dont il est soupçonné constitue un crime ou un délit puni d'au moins cinq ans d'emprisonnement.

L'officier de police judiciaire ou, sous son contrôle, un agent de police judiciaire recourt à la contrainte de manière strictement nécessaire et proportionnée, compte tenu de la situation particulière du mineur.

L'avocat du mineur ainsi que, sauf impossibilité, ses représentants légaux ou, à défaut, l'adulte approprié mentionné à l'article L. 311-1 sont préalablement informés de cette opération.

Cette opération fait l'objet d'un procès-verbal, qui mentionne les raisons pour lesquelles elle constitue l'unique moyen d'identifier la personne ainsi que le jour et l'heure auxquels il y est procédé.

Le procès-verbal est transmis au procureur de la République, copie en ayant été remise à l'intéressé ainsi qu'aux représentants légaux ou à l'adulte approprié.

COMMENTAIRE

L'article 30 de la loi n° 2022-52 du 24 janvier 2022 relative à la responsabilité pénale et à la sécurité intérieure a complété l'article 55-1 du code de procédure pénale pour permettre, sur autorisation écrite du procureur de la République, la possibilité de procéder d'office – par utilisation de la force donc – aux opérations signalétiques (prise d'empreintes digitales ou palmaires, prise de photographies) à l'encontre d'une personne qui refuserait de donner son consentement, malgré la menace de la peine prévue par le texte. Ce nouvel alinéa de l'article 55-1 du code de procédure pénale dispose ainsi que « sans préjudice de l'application du troisième alinéa, lorsque la prise d'empreintes digitales ou palmaires ou d'une photographie constitue l'unique moyen d'identifier une personne qui est entendue en application des articles 61-1 ou 62-2 pour un crime ou un délit puni d'au moins trois ans d'emprisonnement et qui refuse de justifier de son identité ou qui fournit des éléments d'identité manifestement inexacts, cette opération peut être effectuée sans le consentement de cette personne, sur autorisation écrite du procureur de la République saisi d'une demande motivée par l'officier de police judiciaire. L'officier de police

judiciaire ou, sous son contrôle, un agent de police judiciaire recourt à la contrainte dans la mesure strictement nécessaire et de manière proportionnée. Il tient compte, s'il y a lieu, de la vulnérabilité de la personne. Cette opération fait l'objet d'un procès-verbal, qui mentionne les raisons pour lesquelles elle constitue l'unique moyen d'identifier la personne ainsi que le jour et l'heure auxquels il y est procédé. Le procès-verbal est transmis au procureur de la République, copie en ayant été remise à l'intéressé ». Ce dispositif est globalement repris et légèrement adapté pour les mineurs à l'article L. 413-17.

Dans le prolongement de l'article L. 413-16 qui l'annonce, l'article L. 413-17 envisage donc la possibilité et les modalités de la réalisation des opérations de prise d'empreintes digitales et palmaires et de photographies sans le consentement du mineur.

Ce texte prévoit ainsi que « l'opération de prise d'empreintes digitales ou palmaires ou de photographies peut être effectuée sans le consentement du mineur, sur autorisation écrite du procureur de la République saisi par une demande motivée de l'officier de police judiciaire, lorsque les conditions ci-après sont réunies :

1° Cette opération constitue l'unique moyen d'identifier le mineur qui refuse de justifier de son identité ou qui fournit des éléments d'identité manifestement inexacts ;

2° Le mineur apparaît manifestement âgé d'au moins treize ans ;

3° L'infraction dont il est soupçonné constitue un crime ou un délit puni d'au moins cinq ans d'emprisonnement ».

S'agissant des modalités, le texte précise que « l'officier de police judiciaire ou, sous son contrôle, un agent de police judiciaire recourt à la contrainte de manière strictement nécessaire et proportionnée, compte tenu de la situation particulière du mineur » et que « l'avocat du mineur ainsi que, sauf impossibilité, ses représentants légaux ou, à défaut, l'adulte approprié mentionné à l'article L. 311-1 sont préalablement informés de cette opération ». Le texte précise encore que cette opération fait l'objet d'un procès-verbal, qui mentionne les raisons pour lesquelles elle constitue l'unique moyen d'identifier la personne ainsi que le jour et l'heure auxquels il y est procédé » et que « le procès-verbal est transmis au procureur de la République, copie en ayant été remise à l'intéressé ainsi qu'aux représentants légaux ou à l'adulte approprié ».

La prise d'empreintes digitales ou palmaires et la prise de photographies des mineurs suspects qui refuseraient de donner leur consentement à ces opérations, malgré la menace des peines de l'article 55-1 du code de procédure pénale, est donc possible. L'usage de la contrainte est désormais autorisé, et même si il n'est admis qu'à la condition d'être nécessaire et proportionné, l'usage de la force aux fins de prélèvement paraît dérangeant à l'égard d'un suspect qui n'est pas menaçant, spécialement à l'égard d'un mineur. On notera à cet égard que si l'avocat du mineur, les représentants légaux et à défaut l'adulte approprié sont informés du recours à la force, ils ne sont pas présents lors de la réalisation de l'opération. ❑

Les dispositions de l'art. L. 413-17 ne sauraient être interprétées comme s'appliquant aux mineurs entendus sous le régime de l'audition libre ; en effet le respect des droits de la défense dans ce cadre exige que la personne intéressée soit entendue sans contrainte et en droit de quitter à tout moment les locaux où elle est entendue. • Cons. const. 10 févr. 2023, n° 2022-1034 QPC.

TITRE DEUXIÈME DE L'ACTION PUBLIQUE

CHAPITRE PREMIER DISPOSITIONS GÉNÉRALES

Art. L. 421-1 **A l'égard d'un mineur, le procureur de la République apprécie les suites à donner conformément aux dispositions de l'article 40-1 du code de procédure pénale, en tenant compte de la personnalité du mineur et de ses conditions de vie et d'éducation.**

Quelle que soit l'orientation qu'il retient sur l'action publique, le procureur de la République apprécie s'il y a lieu de saisir les autorités compétentes en matière de protection administrative ou judiciaire de l'enfance, cette saisine pouvant être considérée comme une réponse suffisante.

COMMENTAIRE

L'ordonnance de 1945 ne contenait pas de dispositions générales consacrées à l'action publique. Certes, elle précisait les différentes modalités de poursuites, mais, pour le reste, il fallait se reporter au droit commun, c'est-à-dire au code de procédure pénale. Au contraire, le code de la justice pénale des mineurs consacre à l'action publique un titre entier, qui s'ouvre par un chapitre intitulé « Dispositions générales », composé d'un article unique.

L'article L. 421-1, alinéa 1er, est bienvenu en ce qu'il constitue une adaptation en droit pénal des mineurs du principe de l'opportunité des poursuites.

En droit français, le ministère public dispose de la possibilité de poursuivre ou pas, ou encore d'orienter l'affaire vers un mode alternatif de règlement des conflits. C'est ce que l'on appelle l'opportunité des poursuites, dont le principe est prévu aux articles 40 (« Le procureur de la République reçoit les plaintes et dénonciations et apprécie la suite à leur donner conformément aux dispositions de l'article 40-1 ») et, donc, 40-1 du code de procédure pénale, selon lequel « lorsqu'il estime que les faits qui ont été portés à sa connaissance en application des dispositions de l'article 40 constituent une infraction commise par une personne dont l'identité et le domicile sont connus et pour laquelle aucune disposition légale ne fait obstacle à la mise en mouvement de l'action publique, le procureur de la République territorialement compétent décide s'il est opportun : 1° Soit d'engager des poursuites ; 2° Soit de mettre en œuvre une procédure alternative aux poursuites en application des dispositions des articles 41-1, 41-1-2 ou 41-2 ; 3° Soit de classer sans suite la procédure dès lors que les circonstances particulières liées à la commission des faits le justifient ». L'opportunité des poursuites s'applique aux mineurs comme aux majeurs. Mais le code vient compléter les critères en fonction desquels le ministère public apprécie l'opportunité de poursuivre ou non, puisque le parquet est invité à prendre en compte la personnalité du mineur et ses conditions de vie et d'éducation.

Comme en droit commun, lorsqu'il décide de classer sans suite, le procureur de la République doit aviser les plaignants et les victimes, ainsi que toutes les autorités constituées et tous les officiers publics et fonctionnaires qui dans l'exercice de leurs fonctions ont acquis la connaissance d'un crime ou d'un délit, de sa décision de ne pas poursuivre, en indiquant les raisons juridiques ou d'opportunité qui la justifient (art. 40-2, al. 2 C. pr. pén.). Plus encore, l'article 40-3 du code de procédure pénale prévoit que : « toute personne ayant dénoncé des faits au procureur de la République peut former un recours auprès du procureur général contre la décision de classement sans suite prise à la suite de cette dénonciation, et le procureur général peut (...) enjoindre au procureur de la République d'engager des poursuites » ou « s'il estime le recours infondé, il en informe l'intéressé ».

Mais, comme en droit commun, et malgré l'obligation désormais faite au parquet de prendre en considération la personnalité du mineur et ses conditions de vie et d'éducation, la décision du ministère public n'est pas juridictionnelle. Pour cette raison, la décision de classer sans suite est une décision provisoire, de sorte que si, par exemple, de nouveaux éléments étaient établis renforçant les soupçons contre l'intéressé, une poursuite serait quand même possible (sauf prescription).

Par ailleurs, l'article L. 421-1, alinéa 2, du code prévoit que « quelle que soit l'orientation qu'il retient sur l'action publique, le procureur de la République apprécie s'il y a lieu de saisir les autorités compétentes en matière de protection administrative ou judiciaire de l'enfance, cette saisine pouvant être considérée comme une réponse suffisante ». Cette disposition, qui n'avait pas d'équivalent dans l'ordonnance de 1945, constitue une innovation très intéressante. Les informations portées à la connaissance du parquet peuvent en effet l'amener à saisir le juge des enfants d'une procédure d'assistance éducative, ou *a minima* à déclencher une enquête de la part des services sociaux, indépendamment du sort de l'action publique. Bien que les procédures pénale et civile (en assistance éducative) soient pleinement indépendantes, parfois, la situation du mineur peut justifier qu'on l'envisage à la fois comme un mineur délinquant et comme un mineur en danger (du reste, sous l'Ord. de 1945, le juge des enfants, saisi au stade de l'instruction, ouvrait souvent en même temps un dossier d'assistance éducative ; c'était la pratique dite du « double dossier »).

Cela étant, la précision selon laquelle cette saisine peut « être considérée comme une réponse suffisante » paraît assez surprenante, car elle laisse entendre qu'il y aurait entre la procédure pénale et la procédure en assistance éducative une différence de degré, alors qu'il y a plutôt une différence de nature entre ces deux procédures. En d'autres termes, l'assistance éducative est une procédure qui concerne les enfants en danger, et non le premier stade d'une réponse pénale. On peut se demander si, derrière cette précision un peu troublante, il n'y a pas la volonté de répondre à la délinquance d'un mineur âgé de moins de treize ans, dont le discernement est désormais présumé absent en dessous de ce seuil d'âge, et pour lequel l'action publique ne peut pas être mise en œuvre. ❑

Code de procédure pénale

Art. 40-1 *(L. n° 2004-204 du 9 mars 2004, art. 68)* Lorsqu'il estime que les faits qui ont été portés à sa connaissance en application des dispositions de l'article 40 constituent une infraction commise par une personne dont l'identité et le domicile sont connus et pour laquelle aucune disposition légale ne fait obstacle à la mise en mouvement de l'action publique, le procureur de la République territorialement compétent décide s'il est opportun :

1° Soit d'engager des poursuites ;

2° Soit de mettre en œuvre une procédure alternative aux poursuites en application des dispositions des articles 41-1 *(L. n° 2016-1691 du 9 déc. 2016, art. 22)* « , 41-1-2 » ou 41-2 ;

3° Soit de classer sans suite la procédure dès lors que les circonstances particulières liées à la commission des faits le justifient.

CHAPITRE II DES ALTERNATIVES AUX POURSUITES ET DE LA COMPOSITION PÉNALE

SECTION PREMIÈRE DES ALTERNATIVES AUX POURSUITES

Art. L. 422-1 Lorsque le procureur de la République fait application de l'article 41-1 du code de procédure pénale relatif aux alternatives aux poursuites à l'égard d'un mineur, la mesure prévue au 2° de cet article peut également consister en l'accomplissement d'un stage de formation civique ou en une consultation auprès d'un psychiatre ou d'un psychologue.

(L. n° 2022-299 du 2 mars 2022, art. 15) **« Lorsqu'il est prononcé pour une infraction commise dans le cadre de la scolarité, le stage de formation civique peut comporter un volet spécifique de sensibilisation aux risques liés au harcèlement scolaire. »**

Le procureur de la République peut également recourir aux mesures suivantes spécifiques aux mineurs :

1° Demander au mineur *(L. n° 2021-218 du 26 févr. 2021, art. 14)* **« et à ses représentants légaux » de justifier de son assiduité à un enseignement ou une formation professionnelle ;**

2° Proposer au mineur une mesure de réparation à l'égard de la victime ou dans l'intérêt de la collectivité. Avant d'ordonner la mesure, le procureur de la République recueille ou fait recueillir l'accord du mineur et de ses représentants légaux. Le procès-verbal constatant cet accord est joint à la procédure. La mesure ne peut être mise en œuvre à l'égard de la victime qu'avec l'accord de celle-ci. – *[Ord. n° 45-174 du 2 févr. 1945, art. 7-1, al. 2 ; art. 12-1, al. 1er et 2.]*

COMMENTAIRE

Les alternatives aux poursuites sont applicables aux mineurs (discernants et responsables), sous réserve de certaines spécificités. Ce sont des procédures adaptées, qui n'entraînent pas de stigmatisation, en même temps qu'elles permettent une réponse pénale rapide et peu coûteuse, pour les infractions de faible gravité. Du reste, l'article 40-3, b, de la Convention internationale des droits de l'enfant favorise le recours à des mesures alternatives pour les mineurs, à l'exclusion des procédures judiciaires.

Cela étant, le code est plus précis et plus explicite que ne l'était l'ordonnance de 1945, qui n'évoquait quasiment pas les mesures alternatives aux poursuites. Ainsi, l'article L. 422-1 permet ainsi au procureur de la République de faire application aux mineurs de l'article 41-1 du code de procédure pénale relatif aux alternatives aux poursuites à l'égard

d'un mineur. A cet égard, on peut indiquer que les alternatives aux poursuites représentent plus de la moitié des réponses pénales apportées aux affaires poursuivables impliquant au moins un mineur. Plus précisément, sur 100 affaires poursuivables relatives aux mineurs : 9,3 sont classées ; 1,4 fait l'objet de compositions pénales ; 55,7 donnent lieu à des procédures alternatives aux poursuites ; et 33,4 sont poursuivies (Chiffres clés de la justice, *2021, p. 21*). En comparaison, concernant l'ensemble des affaires poursuivables (majeurs et mineurs confondus), les chiffres sont les suivants : 12,3 % de classements sans suite ; 4,9 % de compositions pénales ; 36,3 % de procédures alternatives aux poursuites ; et 46,5 % de poursuites (même source). La part des alternatives aux poursuites est donc beaucoup plus importante pour les mineurs que pour les majeurs. Il est vrai également que le taux de réponse pénale est légèrement plus élevé pour les mineurs (90,6 %) que pour les majeurs (88,6 %).

Selon l'article 41-1 du code de procédure pénale, « s'il lui apparaît qu'une telle mesure est susceptible d'assurer la réparation du dommage causé à la victime, de mettre fin au trouble résultant de l'infraction ou de contribuer au reclassement de l'auteur des faits, le procureur de la République peut, préalablement à sa décision sur l'action publique, directement ou par l'intermédiaire d'un officier de police judiciaire, d'un délégué ou d'un médiateur du procureur de la République », procéder à diverses mesures : rappel auprès de l'auteur des faits des obligations résultant de la loi, orientation de l'auteur des faits vers une structure sanitaire, sociale ou professionnelle, notamment pour y accomplir un stage (en particulier de formation civique), régularisation de la situation de l'auteur des faits, ou encore réparation du dommage causé, ou encore obligation de consulter un psychiatre ou un psychologue. La loi n° 2022-299 du 2 mars 2022 visant à combattre le harcèlement scolaire a ajouté que « lorsqu'il est prononcé pour une infraction commise dans le cadre de la scolarité, le stage de formation civique peut comporter un volet spécifique de sensibilisation aux risques liés au harcèlement scolaire ». Ces mesures, qui ne sont pas spécifiques, sont applicables aux mineurs.

Mais le procureur de la République (ou son délégué) peut également recourir à des mesures prévues spécialement par le code : demander au mineur et à ses représentants légaux de justifier de son assiduité à un enseignement ou une formation professionnelle ou lui proposer une mesure de réparation à l'égard de la victime ou dans l'intérêt de la collectivité. Dans ce dernier cas, qui constitue une variante de la mesure d'aide ou de réparation (l'art. D. 422-3 renvoie du reste à l'art. D. 112-28 sur les modalités), le code précise qu'avant d'ordonner la mesure, le procureur de la République doit recueillir ou faire recueillir l'accord du mineur et de ses représentants légaux (le procès-verbal constatant cet accord devant être joint à la procédure), et que cette mesure ne peut être mise en œuvre à l'égard de la victime qu'avec l'accord de celle-ci. Il peut aussi être proposé, bien que l'article L. 422-1 ne le mentionne pas expressément, une mission de médiation (les art. D. 422-4 et D. 422-5 du code le prévoient).

On ajoutera que, conformément au droit commun, les mesures alternatives aux poursuites ont pour effet de suspendre la prescription de l'action publique. Si la mesure proposée est exécutée, le procureur de la République prendra alors une décision de classement sans suite. Mais, si la mesure n'est pas exécutée, il dispose de la faculté de poursuivre.

Le décret n° 2021-683 du 27 mai 2021 (art. D. 422-1 s.) a apporté quelques précisions utiles sur l'application aux mineurs des alternatives aux poursuites. D'abord, il est rappelé que les mesures alternatives aux poursuites supposent bien évidemment le discernement. Ainsi l'article D. 422-1 dispose que « si, à l'issue de l'enquête, le procureur de la République classe sans suite la procédure au motif que le mineur n'était pas capable de discernement au sens de l'article L. 11-1, il saisit s'il y a lieu les autorités compétentes en matière de protection administrative ou judiciaire de l'enfance ». Dans le même ordre d'idées, l'article D. 422-2 précise aussi que « le procureur de la République ne peut faire application, à l'égard d'un mineur de moins de treize ans, des articles L. 422-1 à L. 422-2 relatifs aux alternatives aux poursuites, que lorsqu'il ressort des éléments de la procédure que le mineur est capable de discernement au sens de l'article L. 11-1 ». ❑

Code de procédure pénale

Art. 41-1 *(L. n° 99-515 du 23 juin 1999)* S'il lui apparaît qu'une telle mesure est susceptible d'assurer la réparation du dommage causé à la victime, de mettre fin au trouble résultant de l'infraction ou de contribuer au reclassement de l'auteur des faits, le procureur de la République peut, préalablement à sa décision sur l'action publique *(L. n° 2004-204 du 9 mars 2004, art. 69)* « directement ou par l'intermédiaire d'un officier de police judiciaire, d'un délégué ou d'un médiateur du procureur de la République *[ancienne rédaction : directement ou par délégation]* » :

(L. n° 2021-1729 du 22 déc. 2021, art. 14-4°, en vigueur le 1er janv. 2023) « 1° Adresser à l'auteur de l'infraction qui a reconnu sa culpabilité un avertissement pénal probatoire lui rappelant les obligations résultant de la loi ou du règlement ainsi que les peines encourues et lui indiquant que cette décision est revue en cas de commission d'une nouvelle infraction dans un délai de deux ans ; ce délai est fixé à un an en matière contraventionnelle. Cet avertissement ne peut être adressé que par le procureur de la République ou son délégué ; il ne peut intervenir à l'égard d'une personne qui a déjà été condamnée ou à la suite d'un délit de violences contre les personnes ou d'un délit commis contre une personne dépositaire de l'autorité publique ou investie d'un mandat électif public. Lorsque l'infraction a causé un préjudice à une personne physique ou morale, l'avertissement ne peut intervenir que si le préjudice a déjà été réparé ou s'il est également fait application de la mesure prévue au 4° *[ancienne rédaction : 1° Procéder au rappel auprès de l'auteur des faits des obligations résultant de la loi]* ; »

2° Orienter l'auteur des faits vers une structure sanitaire, sociale ou professionnelle ; *(L. n° 2004-204 du 9 mars 2004, art. 69)* « cette mesure peut consister dans l'accomplissement par l'auteur des faits, à ses frais, d'un stage ou d'une formation dans un service ou un organisme sanitaire, social ou professionnel, et notamment d'un stage de citoyenneté » *(L. n° 2007-297 du 5 mars 2007, art. 65)* « , d'un stage de responsabilité parentale *(L. n° 2016-444 du 13 avr. 2016, art. 21)* « , d'un stage de sensibilisation à la lutte contre l'achat d'actes sexuels » *(L. n° 2014-873 du 4 août 2014, art. 50)* « , d'un stage de responsabilisation pour la prévention et la lutte contre les violences au sein du couple et sexistes » *(L. n° 2018-703 du 3 août 2018, art. 15)* « , d'un stage de lutte contre le sexisme et de sensibilisation à l'égalité entre les femmes et les hommes » ou d'un stage de sensibilisation aux dangers de l'usage de produits stupéfiants » ; *(L. n° 2003-495 du 12 juin 2003, art. 6)* « en cas d'infraction commise à l'occasion de la conduite d'un véhicule terrestre à moteur, cette mesure peut consister dans l'accomplissement, par l'auteur des faits, à ses frais, d'un stage de sensibilisation à la sécurité routière ; »

3° Demander à l'auteur des faits de régulariser sa situation au regard de la loi ou des règlements. *(L. n° 2021-401 du 8 avr. 2021, art. 1er)* « Cette régularisation peut notamment consister à se dessaisir au profit de l'État de la chose qui a servi ou était destinée à commettre l'infraction ou qui en était le produit. Le dessaisissement peut également être fait au bénéfice d'une personne morale à but non lucratif désignée par le procureur de la République, lorsqu'il s'agit d'une chose dont l'auteur des faits est propriétaire et sur laquelle aucun tiers n'est susceptible d'avoir des droits ; »

4° Demander à l'auteur des faits de réparer le dommage résultant de ceux-ci. *(L. n° 2021-401 du 8 avr. 2021, art. 1er)* « Cette réparation peut notamment consister en une restitution, en une remise en état des lieux ou des choses dégradés ou en un versement pécuniaire au bénéfice de la victime ou de toute personne physique ou morale ayant eu à engager des frais pour remettre en état les lieux ou les choses dégradés *(L. n° 2023-140 du 28 févr. 2023, art. 4-III, en vigueur au plus tard le 28 nov. 2023)* « ainsi qu'en un remboursement du prêt versé à la victime en application de l'article L. 214-9 du code de l'action sociale et des familles, sans que ce remboursement puisse excéder 5 000 euros » ; »

5° Faire procéder, *(L. n° 2010-769 du 9 juill. 2010, art. 30)* « à la demande ou avec l'accord de la victime *[ancienne rédaction : avec l'accord des parties]* », à une mission de médiation entre l'auteur des faits et la victime. *(L. n° 2004-204 du 9 mars 2004, art. 69)* « En cas de réussite de la médiation, le procureur de la République ou le médiateur du procureur de la République en dresse procès-verbal, qui est signé par lui-même et par les parties, et dont une copie leur est remise ; si l'auteur des faits s'est engagé à verser des dommages et intérêts à la victime, celle-ci peut, au vu de ce procès-verbal, en demander le recouvrement suivant la procédure d'injonction de payer, conformément aux règles prévues par le code de procédure civile ».

(L. n° 2020-936 du 30 juill. 2020, art. 6) « En cas de violences au sein du couple relevant de l'article 132-80 du code pénal, il ne peut pas être procédé à une mission de médiation ; »

(L. n° 2006-399 du 4 avr. 2006, art. 12) « 6° En cas d'infraction commise soit contre son conjoint, son concubin ou son partenaire lié par un pacte civil de solidarité, soit contre ses enfants ou ceux de son conjoint, concubin ou partenaire, demander à l'auteur des faits de résider hors du domicile ou de la résidence du couple et, le cas échéant, de s'abstenir de paraître dans ce domicile ou cette résidence ou aux abords immédiats de celui-ci, ainsi que, si nécessaire, de faire l'objet d'une prise en charge sanitaire, sociale ou psychologique ; les dispositions du présent 6° sont également applicables lorsque l'infraction est commise par l'ancien conjoint ou concubin de la victime, ou par la personne ayant été liée à elle par un pacte civil de solidarité, le domicile concerné étant alors celui de la victime. » *(L. n° 2014-873 du 4 août 2014, art. 35)* « Pour l'application du présent 6°, le procureur de la République recueille ou fait recueillir, dans les meilleurs délais et par tous moyens *[,]* l'avis de la victime sur l'opportunité de demander à l'auteur des faits de résider hors du logement du couple. Sauf circonstances particulières, cette mesure est prise lorsque sont en cause des faits de violences susceptibles d'être renouvelés et que la victime la sollicite. Le procureur de la République peut préciser les modalités de prise en charge des frais afférents à ce logement pendant une durée qu'il fixe et qui ne peut excéder six mois ; »

(L. n° 2019-222 du 23 mars 2019, art. 59) « 7° Demander à l'auteur des faits de ne pas paraître, pour une durée qui ne saurait excéder six mois, dans un ou plusieurs lieux déterminés dans lesquels l'infraction a été commise ou dans lesquels réside la victime ; »

La procédure prévue au présent article suspend la prescription de l'action publique.

(L. n° 2021-401 du 8 avr. 2021, art. 1er) « 8° Demander à l'auteur des faits de ne pas rencontrer ou recevoir, pour une durée qui ne peut excéder six mois, la ou les victimes de l'infraction désignées par le procureur de la République, directement ou par l'intermédiaire des personnes mentionnées au premier alinéa, ou ne pas entrer en relation avec cette ou ces victimes ;

« 9° Demander à l'auteur des faits de ne pas rencontrer ou recevoir, pour une durée qui ne peut excéder six mois, le ou les coauteurs ou complices éventuels désignés par le procureur de la République directement ou par l'intermédiaire des personnes mentionnées au même premier alinéa, ou ne pas entrer en relation avec eux ;

« 10° Demander à l'auteur des faits de s'acquitter d'une contribution citoyenne auprès d'une association d'aide aux victimes mentionnée aux articles 10-2 et 41 du présent code du ressort du tribunal judiciaire ou, à défaut, de la cour d'appel. Le montant de cette contribution, qui ne peut excéder le montant prévu au premier alinéa de l'article 131-13 du code pénal, est fixé par le procureur de la République en fonction de la gravité des faits ainsi que des ressources et des charges de l'auteur des faits ;

« 11° Dans les cas prévus à l'article 44-1 du présent code et après avoir recueilli l'avis du maire, demander à l'auteur des faits de répondre à une convocation du maire en vue de conclure une transaction. Si l'auteur des faits ne se présente pas à la convocation ou si aucun accord n'est trouvé, le maire en informe le procureur de la République. »

(L. n° 2004-204 du 9 mars 2004, art. 70) « En cas de non-exécution de la mesure en raison du comportement de l'auteur des faits, le procureur de la République, sauf élément nouveau, met en œuvre une composition pénale ou engage des poursuites. »

Art. 41-2 *(L. n° 2004-204 du 9 mars 2004, art. 71-I)* « Le procureur de la République, tant que l'action publique n'a pas été mise en mouvement, peut proposer, directement ou par l'intermédiaire d'une personne habilitée, une composition pénale à une personne physique qui reconnaît avoir commis un ou plusieurs délits punis à titre de peine principale d'une peine d'amende ou d'une peine d'emprisonnement d'une durée inférieure ou égale à cinq ans, ainsi que, le cas échéant, une ou plusieurs contraventions connexes qui consiste en une ou plusieurs des mesures suivantes :

« 1° Verser une amende de composition au Trésor public. Le montant de cette amende, qui ne peut excéder le montant maximum de l'amende encourue, est fixé en fonction de la gravité des faits ainsi que des ressources et des charges de la personne. Son versement peut être échelonné, selon un échéancier fixé par le procureur de la République, à l'intérieur d'une période qui ne peut être supérieure à un an ;

« 2° Se dessaisir au profit de l'État de la chose qui a servi ou était destinée à commettre l'infraction ou qui en est le produit ;

« 3° Remettre son véhicule, pour une période maximale de six mois, à des fins d'immobilisation ;

« 4° Remettre au greffe du tribunal judiciaire son permis de conduire, pour une période maximale de six mois » ;

(L. n° 2011-267 du 14 mars 2011, art. 72) « 4° *bis* Suivre un programme de réhabilitation et de sensibilisation comportant l'installation à ses frais d'un éthylotest anti-démarreur sur son véhicule, pour une période minimale de six mois et maximale de trois ans ; »

(L. n° 2004-204 du 9 mars 2004, art. 71-I) « 5° Remettre au greffe du tribunal judiciaire son permis de chasser, pour une période maximale de six mois ;

« 6° Accomplir au profit de la collectivité *(L. n° 2007-297 du 5 mars 2007, art. 63)* « , notamment au sein d'une personne morale de droit public ou d'une personne morale de droit privé chargée d'une mission de service public ou d'une association habilitées, » un travail non rémunéré pour une durée maximale de *(L. n° 2021-401 du 8 avr. 2021, art. 3)* « cent » heures, dans un délai qui ne peut être supérieur à six mois ;

« 7° Suivre un stage ou une formation dans un service ou un organisme sanitaire, social ou professionnel pour une durée qui ne peut excéder trois mois dans un délai qui ne peut être supérieur à dix-huit mois ;

« 8° Ne pas émettre, pour une durée de six mois au plus, des chèques autres que ceux qui permettent le retrait de fonds par le tireur auprès du tiré ou ceux qui sont certifiés et ne pas utiliser de cartes de paiement » ;

(L. n° 2019-222 du 23 mars 2019, art. 59) « 9° Ne pas paraître, pour une durée qui ne saurait excéder six mois, dans le ou les lieux désignés par le procureur de la République et dans lesquels l'infraction a été commise ou dans lesquels réside la victime ; »

(L. n° 2004-204 du 9 mars 2004, art. 71-I) « 10° Ne pas rencontrer ou recevoir, pour une durée qui ne saurait excéder six mois, la ou les victimes de l'infraction désignées par le procureur de la République ou ne pas entrer en relation avec elles ;

« 11° Ne pas rencontrer ou recevoir, pour une durée qui ne saurait excéder six mois, le ou les coauteurs ou complices éventuels désignés par le procureur de la République ou ne pas entrer en relation avec eux ;

« 12° Ne pas quitter le territoire national et remettre son passeport pour une durée qui ne saurait excéder six mois ;

« 13° Accomplir, le cas échéant à ses frais, un stage de citoyenneté ; »

(L. n° 2006-399 du 4 avr. 2006, art. 12) « 14° En cas d'infraction commise soit contre son conjoint, son concubin ou son partenaire lié par un pacte civil de solidarité, soit contre ses enfants ou ceux de son conjoint, concubin ou partenaire, résider hors du domicile ou de la résidence du couple et, le cas échéant, s'abstenir de paraître dans ce domicile ou cette résidence ou aux abords immédiats de celui-ci, ainsi que, si nécessaire, faire l'objet d'une prise en charge sanitaire, sociale ou psychologique ; les dispositions du présent 14° sont également applicables lorsque l'infraction est commise par l'ancien conjoint ou concubin de la victime, ou par la personne ayant été liée à elle par un pacte civil de solidarité, le domicile concerné étant alors celui de la victime. » *(L. n° 2014-873 du 4 août 2014, art. 35)* « Pour l'application du présent 14°, le procureur de la République recueille ou fait recueillir, dans les meilleurs délais et par tous moyens, l'avis de la victime sur l'opportunité de demander à l'auteur des faits de résider hors du logement du couple. Sauf circonstances particulières, cette mesure est prise lorsque sont en cause des faits de violences susceptibles d'être renouvelés et que la victime la sollicite. Le procureur de la République peut préciser les modalités de prise en charge des frais afférents à ce logement pendant une durée qu'il fixe et qui ne peut excéder six mois ; »

(L. n° 2007-297 du 5 mars 2007, art. 50) « 15° Accomplir, le cas échéant à ses frais, un stage de sensibilisation aux dangers de l'usage de produits stupéfiants ;

« 16° Se soumettre à une mesure d'activité de jour consistant en la mise en œuvre d'activités d'insertion professionnelle ou de mise à niveau scolaire soit auprès d'une personne morale de droit public, soit auprès d'une personne morale de droit privé chargée d'une mission de service public ou d'une association habilitées à mettre en œuvre une telle mesure ;

« 17° Se soumettre à une mesure d'injonction thérapeutique, selon les modalités définies aux articles L. 3413-1 à L. 3413-4 du code de la santé publique, lorsqu'il apparaît que l'intéressé fait usage de stupéfiants ou fait une consommation habituelle et excessive de boissons alcooliques. » *(L. n° 2011-525 du 17 mai 2011, art. 167)* « La durée de la mesure est de vingt-quatre mois au plus ; »

(L. n° 2016-444 du 13 avr. 2016, art. 21) « 17° *bis* Accomplir, le cas échéant à ses frais, un stage de sensibilisation à la lutte contre l'achat d'actes sexuels ; »

(L. n° 2021-401 du 8 avr. 2021, art. 3) « 17° *ter* Accomplir, le cas échéant à ses frais, un stage de responsabilité parentale ; »

(L. nº 2014-873 du 4 août 2014, art. 50) « 18° Accomplir à ses frais un stage de responsabilisation pour la prévention et la lutte contre les violences au sein du couple et sexistes » ;

(L. nº 2018-703 du 3 août 2018, art. 15) « 19° Accomplir, le cas échéant à ses frais, un stage de lutte contre le sexisme et de sensibilisation à l'égalité entre les femmes et les hommes ; »

(L. nº 2023-140 du 28 févr. 2023, art. 4-IV, en vigueur au plus tard le 28 nov. 2023) « 20° Rembourser le prêt versé à la victime en application de l'article L. 214-9 du code de l'action sociale et des familles, sans que ce remboursement puisse excéder 5 000 euros. »

(L. nº 99-515 du 23 juin 1999) Lorsque la victime est identifiée, et sauf si l'auteur des faits justifie de la réparation du préjudice commis, le procureur de la République doit également proposer à ce dernier de réparer les dommages causés par l'infraction dans un délai qui ne peut être supérieur à six mois. Il informe la victime de cette proposition. *(L. nº 2007-297 du 5 mars 2007, art. 64)* « Cette réparation peut consister, avec l'accord de la victime, en la remise en état d'un bien endommagé par la commission de l'infraction. »

La proposition de composition pénale émanant du procureur de la République peut être portée à la connaissance de l'auteur des faits par l'intermédiaire d'un officier de police judiciaire. Elle fait alors l'objet d'une décision écrite et signée de ce magistrat, qui précise la nature et le quantum des mesures proposées et qui est jointe à la procédure. *(Abrogé par L. nº 2002-1138 du 9 sept. 2002, art. 36)* *« A peine de nullité, cette proposition ne peut intervenir pendant la durée de la garde à vue de l'auteur des faits. »*

La composition pénale peut être proposée dans une maison de justice et du droit.

La personne à qui est proposée une composition pénale est informée qu'elle peut se faire assister par un avocat avant de donner son accord à la proposition du procureur de la République. Ledit accord est recueilli par procès-verbal. Une copie de ce procès-verbal lui est transmise.

Lorsque l'auteur des faits donne son accord aux mesures proposées, le procureur de la République saisit par requête le président du tribunal aux fins de validation de la composition. Le procureur de la République informe de cette saisine l'auteur des faits et, le cas échéant, la victime. Le président du tribunal peut procéder à l'audition de l'auteur des faits et de la victime, assistés, le cas échéant, de leur avocat. *(Abrogé par L. nº 2002-1138 du 9 sept. 2002, art. 36)* *« Les auditions sont de droit si les intéressés le demandent. »* *(L. nº 2019-222 du 23 mars 2019, art. 59)* « Ce magistrat valide la composition pénale lorsque les conditions prévues aux *(L. nº 2021-401 du 8 avr. 2021, art. 3)* « vingt-cinquième à vingt-septième » alinéas sont remplies et qu'il estime les mesures proposées justifiées au regard des circonstances de l'infraction et de la personnalité de son auteur. Il refuse de valider la composition pénale s'il estime que la gravité des faits, au regard des circonstances de l'espèce, ou que la personnalité de l'intéressé, la situation de la victime ou les intérêts de la société justifient le recours à une autre procédure, ou lorsque les déclarations de la victime entendue en application du présent alinéa apportent un éclairage nouveau sur les conditions dans lesquelles l'infraction a été commise ou sur la personnalité de son auteur. » Si ce magistrat rend une ordonnance validant la composition, les mesures décidées sont mises à exécution. Dans le cas contraire, la proposition devient caduque. La décision du président du tribunal, qui est notifiée à l'auteur des faits et, le cas échéant, à la victime, n'est pas susceptible de recours. *(L. nº 2019-222 du 23 mars 2019, art. 59)* « Par dérogation aux huit premières phrases du présent alinéa, la proposition de composition n'est pas soumise à la validation du président du tribunal lorsque, *(L. nº 2021-401 du 8 avr. 2021, art. 3)* « pour une contravention ou » pour un délit puni d'une peine d'emprisonnement d'une durée inférieure ou égale à trois ans, elle porte sur une amende de composition n'excédant pas le montant prévu au premier alinéa de l'article 131-13 du code pénal ou sur la mesure prévue au 2° du présent article, à la condition que la valeur de la chose remise n'excède pas ce montant. »

(L. nº 2004-204 du 9 mars 2004, art. 71-I) « Si la personne n'accepte pas la composition pénale ou si, après avoir donné son accord, elle n'exécute pas intégralement les mesures décidées, le procureur de la République met en mouvement l'action publique, sauf élément nouveau. En cas de poursuites et de condamnation, il est tenu compte, s'il y a lieu, du travail déjà accompli et des sommes déjà versées par la personne.

« Les actes tendant à la mise en œuvre ou à l'exécution de la composition pénale sont interruptifs de la prescription de l'action publique. »

L'exécution de la composition pénale éteint l'action publique. *(L. nº 2019-222 du 23 mars 2019, art. 59)* « La victime peut toutefois demander au procureur de la République de citer l'auteur des faits à une audience devant le tribunal pour lui permettre de se constituer partie civile. » Le tribunal *(L. nº 2004-204 du 9 mars 2004, art. 71-I)* « , composé d'un seul magistrat exerçant les pouvoirs conférés au président, » ne statue alors que sur les seuls intérêts

civils, au vu du dossier de la procédure qui est versé au débat. *(L. nº 2004-204 du 9 mars 2004, art. 71-I)* « La victime a également la possibilité, au vu de l'ordonnance de validation, lorsque l'auteur des faits s'est engagé à lui verser des dommages et intérêts, d'en demander le recouvrement suivant la procédure d'injonction de payer, conformément aux règles prévues par le code de procédure civile. » *(L. nº 2019-222 du 23 mars 2019, art. 59)* « Le procureur de la République informe la victime de ses droits ainsi que, lorsqu'il cite l'auteur des faits devant le tribunal correctionnel, de la date de l'audience. »

(L. nº 2002-1138 du 9 sept. 2002, art. 36) « Les compositions pénales exécutées sont inscrites au bulletin nº 1 du casier judiciaire. »

(L. nº 2007-297 du 5 mars 2007, art. 50) « Les dispositions du présent article ne sont pas applicables en matière de délits de presse, de délits d'homicides involontaires ou de délits politiques. Elles sont applicables aux mineurs âgés d'au moins treize ans, selon les modalités prévues *(Ord. nº 2019-950 du 11 sept. 2019, art. 4 et 9, en vigueur le 30 sept. 2021)* « par l'article L. 422-3 du code de la justice pénale des mineurs ».

(L. nº 2005-47 du 26 janv. 2005, art. 8-I, en vigueur le 1er avr. 2005) « Le président du tribunal peut désigner, aux fins de validation de la composition pénale, tout juge du tribunal ainsi que tout *(L. nº 2016-1547 du 18 nov. 2016, art. 15, en vigueur le 1er juill. 2017)* « magistrat exerçant à titre temporaire » *(L. nº 2021-1729 du 22 déc. 2021, art. 14)* « ou tout magistrat honoraire exerçant des fonctions juridictionnelles dans les conditions prévues à la section II du chapitre V *bis* de l'ordonnance nº 58-1270 du 22 décembre 1958 portant loi organique relative au statut de la magistrature, » exerçant dans le ressort du tribunal. »

Les modalités d'application du présent article sont fixées par décret en Conseil d'État.

...

Art. R. 121-2 *(Abrogé par Décr. nº 2021-524 du 29 avr. 2021, art. 3) Il est alloué aux délégués et aux médiateurs du procureur de la République, personnes physiques habilitées :*

1º Pour une mission tendant à procéder au rappel des obligations résultant de la loi en application des dispositions du 1º de l'article 41-1, à notifier une ordonnance pénale en application des dispositions (Décr. nº 2017-1176 du 18 juill. 2017, art. 2) « des articles 495-3 et 527 », à procéder, dans le cadre d'une réparation pénale, à la notification de la mesure et au recueil de l'accord du mineur et des titulaires de l'exercice de l'autorité parentale, ou à notifier une peine de stage (Abrogé par Décr. nº 2020-128 du 18 févr. 2020, art. 3, à compter du 24 mars 2020) « de citoyenneté, de stage de sensibilisation aux dangers de l'usage des produits stupéfiants, ou de stage de responsabilité parentale » dont le contrôle de la mise en œuvre est confié au service d'insertion ou de probation ou à une autre personne habilitée : IP.[6] ;

2º Pour une mission tendant à favoriser la régularisation d'une situation ou l'orientation vers une structure sanitaire, sociale ou professionnelle n'impliquant pas l'accomplissement d'un stage, en application des dispositions des 2º et 3º de l'article 41-1 et à vérifier le respect par la personne de ses engagements : IP.[7] ;

3º Pour une mission tendant à favoriser la réparation du dommage, l'accomplissement d'un stage ou l'éloignement du domicile, en application des dispositions des 2º, 4º et 6º de l'article 41-1, et à vérifier le respect par la personne de ses engagements, ainsi que pour une mission de contrôle de la mise en œuvre (Décr. nº 2020-128 du 18 févr. 2020, art. 3, en vigueur le 24 mars 2020) « d'une peine de stage » (Décr. nº 2008-150 du 19 févr. 2008, art. 2) « ou de contrôle de l'exécution de la peine de sanction-réparation » : IP.[8] ;

4º Pour une mission de médiation en application des dispositions du 5º de l'article 41-1 : IP.[9] ;

5º Pour une composition pénale :

a) Pour la notification des mesures proposées et le recueil de l'accord de la personne : IP.[10] ;

b) Pour le contrôle de l'exécution des mesures décidées : IP.[11] lorsqu'il s'agit d'une des mesures prévues aux 1º à 5º et 8º à 12º de l'article 41-2 ; IP.[12] lorsque est également décidée une des mesures prévues aux 6º, 7º et 13º à 17º de l'article 41-2 ou la mesure de réparation du préjudice. Le montant cumulé des sommes ainsi allouées ne peut toutefois excéder celui dû pour quatre de ces mesures.

(Décr. nº 2017-1176 du 18 juill. 2017, art. 2) « 6º Pour la notification d'une convocation en justice d'un prévenu dans le cas prévu à l'article 390-1 du code de procédure pénale : IP.[6] ».

Lorsque les mesures prévues aux 1º à 5º ci-dessus concernent un mineur, le délégué ou le médiateur du procureur qui doit procéder à l'audition des responsables légaux du mineur se voit allouer une indemnité supplémentaire de IP.[13].

L'indemnité prévue au 1° pour les rappels des obligations résultant de la loi n'est pas cumulable avec celles prévues aux 2°, 3°, 4° ou 5°.

Lorsque le délégué ou le médiateur n'a pu remplir sa mission en raison de la carence de l'intéressé qui n'a pas répondu aux convocations, l'indemnité est de IP.[14]*.*

.....

Art. R. 121-4 (Abrogé par Décr. n° 2021-524 du 29 avr. 2021, art. 3) *Il est alloué à l'association habilitée ayant passé une convention avec le premier président et le procureur général de la cour d'appel dans le ressort de laquelle est situé son siège :*

1° Pour une mission tendant à procéder au rappel des obligations résultant de la loi en application des dispositions du 1° de l'article 41-1, à notifier une ordonnance pénale en application des dispositions (Décr. n° 2017-1176 du 18 juill. 2017, art. 3) *« des articles 495-3 et 527 », à procéder, dans le cadre d'une réparation pénale, à la notification de la mesure et au recueil de l'accord du mineur et des titulaires de l'exercice de l'autorité parentale, ou à notifier une peine de stage* (Abrogé par Décr. n° 2020-128 du 18 févr. 2020, art. 3, à compter du 24 mars 2020) *« de citoyenneté, de stage de sensibilisation aux dangers de l'usage des produits stupéfiants ou de stage de responsabilité parentale » dont le contrôle de la mise en œuvre est confié au service d'insertion ou de probation ou une autre personne habilitée : IA.*[6] *;*

2° Pour une mission tendant à favoriser la régularisation d'une situation ou l'orientation vers une structure sanitaire, sociale ou professionnelle n'impliquant pas l'accomplissement d'un stage, en application des dispositions des 2° et 3° de l'article 41-1 et à vérifier le respect par la personne de ses engagements : IA.[7] *;*

3° Pour une mission tendant à favoriser la réparation du dommage, l'accomplissement d'un stage ou l'éloignement du domicile en application des dispositions des 2°, 4° et 6° de l'article 41-1 et à vérifier le respect par la personne de ses engagements, ainsi que pour une mission de contrôle de la mise en œuvre (Décr. n° 2020-128 du 18 févr. 2020, art. 3, en vigueur le 24 mars 2020) *« d'une peine de stage »* (Décr. n° 2008-150 du 19 févr. 2008, art. 2) *« ou de contrôle de l'exécution de la peine de sanction-réparation » : IA.*[8] *;*

4° Pour une mission de médiation en application des dispositions du 5° de l'article 41-1 : IA.[9] *;*

5° Pour une composition pénale :

a) Pour la notification des mesures proposées et le recueil de l'accord de la personne : IA.[10] *;*

b) Pour le contrôle de l'exécution des mesures décidées : IA.[11] *lorsqu'il s'agit d'une des mesures prévues aux 1° à 5° et 8° à 12° de l'article 41-2 ; IA.*[12] *lorsqu'est également décidée une des mesures prévues aux 6°, 7° et 13° à 17° de l'article 41-2 ou la mesure de réparation du préjudice. Le montant cumulé des sommes ainsi allouées ne peut toutefois excéder celui dû pour quatre de ces mesures.* (Décr. n° 2015-1272 du 13 oct. 2015) *« Les dispositions du présent alinéa sont applicables au contrôle de l'exécution des mesures de transactions prévues à l'article 41-1-1. »*

(Décr. n° 2017-1176 du 18 juill. 2017, art. 3) *« 6° Pour la notification d'une convocation en justice d'un prévenu dans le cas prévu à l'article 390-1 du code de procédure pénale : IA.*[6] *».*

Lorsque les mesures prévues aux 1° à 5° ci-dessus concernent un mineur, le délégué ou le médiateur du procureur qui doit procéder à l'audition des responsables légaux du mineur se voit allouer une indemnité supplémentaire de IA.[13]*.*

L'indemnité prévue au 1° pour les rappels des obligations résultant de la loi n'est pas cumulable avec celles prévues aux 2°, 3°, 4° ou 5°.

Lorsque le délégué ou le médiateur n'a pu remplir sa mission en raison de la carence de l'intéressé qui n'a pas répondu aux convocations, l'indemnité est de IA.[14]*.*

Dépêche du 15 juin 2021,

Relative au développement de l'offre des alternatives aux poursuites et des mesures de composition pénale applicables aux mineurs dans le cadre de la mise en œuvre de la justice de proximité.

L'investissement du champ des alternatives aux poursuites constitue un enjeu stratégique fort partagé par la direction de la protection judiciaire de la jeunesse et la direction des affaires criminelles et des grâces, particulièrement en perspective de la mise en œuvre du

code de la justice pénale des mineurs (CJPM) et de la justice de proximité, laquelle s'est notamment traduite par un renforcement des moyens alloués aux juridictions *[Une enveloppe budgétaire de 20 M € supplémentaire par rapport à la loi de finances de programmation 2018-2022 a été allouée. Elle est destinée notamment au financement de mesures pénales à destination des mineurs.]* et aux directions interrégionales de la protection judiciaire de la jeunesse (DIR PJJ).

La justice de proximité et la réforme de la justice pénale des mineurs tendent à améliorer, d'une part l'efficience de la réponse pénale, la rapidité de sa mise en œuvre, son adéquation aux faits et à la personnalité du mineur, et d'autre part la prise en compte de la victime.

Pour atteindre ces objectifs, les directions territoriales de la protection judiciaire de la jeunesse (DTPJJ) devront, en articulation avec les procureurs de la République, garantir une offre éducative diversifiée et suffisante dans le cadre de mesures alternatives aux poursuites pénales et de composition pénale. Cette offre, construite en cohérence avec les problématiques identifiées sur le ressort, sera complémentaire à celle déjà proposée et mise en œuvre localement par les délégués du procureur ou le secteur associatif, hors secteur associatif habilité (SAH).

1. PRÉSENTATION DES SPÉCIFICITÉS DE LA JUSTICE DE PROXIMITÉ À L'ÉGARD DES MINEURS

Le premier chapitre de la loi n° 2021-401 du 8 avril 2021 *[L. n° 2021-401 du 8 avr. 2021 améliorant l'efficacité de la justice de proximité et de la réponse pénale.]* est consacré à la justice de proximité, dont les dispositions immédiatement applicables sont présentées dans la dépêche du 8 juin 2021.

Comme l'a indiqué le garde des Sceaux dans la circulaire du 15 décembre 2020 *[Circ. du 15 déc. 2020 relative à la mise en œuvre de la justice de proximité.]* également applicable aux mineurs auteurs, la justice de proximité se décline dans une acception géographique, temporelle et institutionnelle, afin qu'elle soit plus proche du justiciable, de l'infraction et des partenaires locaux.

S'agissant des mineurs, la justice de proximité se traduit notamment par la mise en œuvre de mesures alternatives aux poursuites pénales et de composition pénale à fort contenu éducatif, exercées par les établissements et services du secteur public et du SAH de la PJJ. Elle a pour fondement les articles 41-1 à 41-3 du code de procédure pénale et les articles 7-1, 7-2, 12-1 de l'ordonnance n° 45-174 du 2 février 1945 relative à l'enfance délinquante.

Les articles L. 422-1 du CJPM et 41-1 du code de procédure pénale prévoient les mesures alternatives aux poursuites susceptibles d'être prononcées à l'égard d'un mineur à compter du 30 septembre 2021, date de l'entrée en vigueur du CJPM. Parmi ces mesures, la réparation pénale, la médiation pénale et les stages permettent d'apporter une réponse pénale, dotée d'un contenu éducatif enrichi,à visée pédagogique, qui soit rapide, effective et adaptée aux faits commis par le mineur.

L'association des représentants légaux, dans le cadre des mesures alternatives aux poursuites ou de la composition pénale, participe à l'objectif de rapprochement du justiciable recherché par la justice de proximité en ce qu'elle permet d'inscrire plus concrètement la réponse judiciaire dans l'environnement familial du mineur. Ainsi, la réponse pénale concernant leur enfant est rendue plus accessible et plus compréhensible aux représentants légaux. En outre, le recueil de l'accord de ces derniers est spécialement prévu pour l'exécution de certaines mesures *[Cet accord doit être recueilli pour la mise en œuvre de la mesure de réparation pénale (art. L. 422-1 2° du CJPM), des mesures prévues aux 2° à 5°·de l'article 41-1 du code de procédure pénale (art. L. 422-2, al. 3 du CJPM) et de la composition pénale (art. L. 422-4, al. 2 du CJPM).]*.

Certains parquets ont fait le choix de confier la mise en œuvre des mesures de médiation ou de réparation à des associations financées notamment sur frais de justice. A compter de l'entrée en vigueur du CJPM, les associations devront être autorisées et habilitées ou faire l'objet de conventionnements *ad hoc* pour être mandatées afin de pouvoir assurer la mise en œuvre des mesures de médiation ou de réparation à fort contenu éducatif.

Il sera donc nécessaire de différencier la terminologie employée afin de pouvoir distinguer les mesures financées sur frais de justice des mesures à fort contenu éducatif mises en œuvre par des associations autorisées et habilitées ou faisant l'objet de conventionnements *ad hoc*.

En effet, le dernier alinéa de l' article L. 422-2 du CJPM dispose que "la mise en œuvre des mesures alternatives aux poursuites peut être confiée à un service de la protection judi-

ciaire de la jeunesse ou à une personne habilitée". Il ménage la possibilité de saisir d'autres personnes que ces services. Toutefois, pour la mise en œuvre d'une mesure de réparation ou de médiation, la partie réglementaire prévoit explicitement que le procureur de la République doit désigner un service de la PJJ ou du SAH. L'article D. 422-5 du CJPM dispose ainsi que : "Lorsque le procureur de la République propose au mineur une mesure de réparation prévue au 2° de l'article L. 422 1 ou fait procéder à une mission de médiation prévue au 5° de l'article 41-1 du code de procédure pénale, il désigne le service de la protection judiciaire de la jeunesse ou du secteur associatif habilité chargé de la mettre en œuvre. A l'échéance de la mesure, ce service adresse au procureur de la République un rapport rendant compte de son déroulement".

S'agissant des stages, le CJPM prévoit que lorsqu'ils sont ordonnés à titre de peine, leur élaboration est confiée au secteur public de la PJJ. Pour les stages ordonnés à titre d'alternatives aux poursuites, aucune disposition spécifique ne désigne le service chargé de leur mise en œuvre.

Dans ce cas, il paraît préférable de privilégier les stages mis en place par la direction territoriale de la PJJ ou le SAH. Les associations devront être autorisées et habilitées ou faire l'objet de conventionnements *ad hoc* pour être mandatées afin de pouvoir assurer la mise en œuvre des stages.

S'agissant du travail non rémunéré (TNR), ordonné dans le cadre d'une composition pénale, la partie réglementaire du CJPM (articles R. 422-7 et suivants) définit le régime applicable aux mineurs, notamment la procédure d'habilitation des personnes chargées de sa mise en œuvre. Pour autant, le secteur public et le SAH de la PJJ ont seuls compétence pour mettre en œuvre le TNR, lequel doit présenter un caractère formateur et être de nature à favoriser l'insertion sociale du jeune. La durée et le contenu doivent être adaptés au mineur et tenir compte des contraintes liées à la poursuite ou à la recherche de scolarité et de formation.

Dans l'attente d'une régularisation des associations *[La régularisation doit être recherchée par la voie de la procédure d'appel à projet prévue à l'article L. 313-1-1 du code de l'action sociale et des familles (CASF).]*, une réflexion devra être initiée conjointement par les DTPJJ et les procureurs de la République des juridictions de leur ressort pour déterminer le cadre et les conditions qui permettront d'assurer temporairement la mise en œuvre des mesures de réparation et de médiation ou du travail non rémunéré par des associations non encore autorisées ou habilitées.

Des conventionnements *ad hoc* pourront être établis avec ces associations afin d'assurer l'exécution de ces mesures.

2. ACTIONS À METTRE EN ŒUVRE

2.1. *ARTICULATION AVEC L'AUTORITÉ JUDICIAIRE*

Les DTPJJ, interlocutrices privilégiées des parquets en matière d'alternatives aux poursuites et de composition pénale, devront élaborer et proposer localement une offre diversifiée à fort contenu éducatif, afin que les faits commis puissent trouver une réponse pénale adaptée et efficiente auprès du mineur concerné.

Pour répondre au mieux aux besoins des magistrats du parquet et aux problématiques des mineurs concernés, il conviendra de veiller à mettre en place des réunions régulières entre les DTPJJ ou par délégation les directeurs des services de milieu ouvert et les parquets, afin de s'assurer de l'adéquation entre les besoins des juridictions et les réponses éducatives apportées par les services de la PJJ. Leur fréquence, *a minima* trimestrielle, sera définie selon l'activité des territoires.

Cette articulation étroite des DTPJJ avec les parquets permettra de :

- Établir un état des lieux de l'offre existante en matière de mesures alternatives aux poursuites et de composition pénale sur le ressort du tribunal judiciaire ;
- Identifier les besoins des parquets en lien avec les problématiques des mineurs et évaluer les capacités de prise en charge des services de la PJJ, concernant tant les recueils de renseignements socio-éducatifs (RRSE) qui sont requis préalablement à la proposition de composition pénale, que les mesures qui pourront être mises en œuvre par le secteur public et le SAH de la PJJ ;
- Proposer une nouvelle offre de mesures éducatives en alternatives aux poursuites et de composition pénale adaptée aux besoins des parquets et garantir leur mise en œuvre ;

• Développer l'offre éducative en consolidant les partenariats nécessaires et utiles, notamment avec le SAH pour assurer la mise en œuvre de certaines mesures alternatives aux poursuites ou de composition pénale en complémentarité des mesures assurées par le secteur public de la PJJ ;

• Impulser une dynamique afin de développer une offre de justice restaurative sur le territoire ;

• Assurer la transmission par la DTPJJ au parquet de tableaux mensuels de suivi de l'activité des services de milieu ouvert de la PJJ (secteur public et secteur associatif habilité exclusif État) faisant état de la disponibilité des services de milieu ouvert en matière d'alternatives aux poursuites et de composition pénale, ainsi que des délais de mise en œuvre effective par mesure.

Les DTPJJ veilleront aux délais d'exécution des mesures alternatives aux poursuites et de composition pénale, gage de leur efficience auprès des mineurs concernés, et s'assureront de la visibilité de l'action de la justice de proximité auprès de leurs partenaires.

Par ailleurs, une réflexion concernant plus spécifiquement la mesure de réparation pénale sera engagée afin de proposer des stages se réalisant dans des délais plus rapides que celui prévu par le cadre de référence actuel (4 mois de délai de mise en œuvre).

Les DTPJJ s'assureront de la mise en œuvre effective par les services de milieu ouvert du TNR. Les DTPJJ veilleront à la création et à la diversification des postes en lien avec l'agence du travail d'intérêt général et de l'insertion professionnelle (ATIGIP) chargée de leur déploiement.

Elles s'attacheront à garantir la mise en œuvre des recueils de renseignement socio-éducatifs obligatoires dans le cadre de la composition pénale.

Les DTPJJ et les tribunaux judiciaires prendront en considération, lors de l'élaboration de l'offre de mesures au titre des alternatives aux poursuites ou de la composition pénale, la nécessité de veiller à la solennité du cadre et aux conditions matérielles d'accueil des justiciables dans les lieux de justice de proximité.

2.2. *ARTICULATION AVEC LES PARTENAIRES ASSOCIATIFS ET LES COLLECTIVITÉS TERRITORIALES*

Les DTPJJ et par délégation les directeurs de service de milieu ouvert, seront en contact régulier avec les collectivités locales et les maires dans le cadre de leur participation aux instances relatives aux politiques publiques de prévention de la délinquance (conseil local/intercommunal de sécurité et de prévention de la délinquance), spécialement dans les territoires où les taux de délinquance des mineurs sont les plus significatifs. Ces instances feront l'objet d'une charte de confidentialité et de bonne circulation de l'information dans le respect des dispositions légales du partage de l'information.

Ainsi, la participation de la PJJ à ces instances garantira la prise en compte des mineurs suivis judiciairement dans les dispositifs de droit commun et facilitera leur accueil dans les services municipaux, notamment dans le cadre de la mise en œuvre des mesures de réparation pénale ou du travail non rémunéré.

Une offre éducative diversifiée et disponible devra permettre de garantir la mise en œuvre immédiate des mesures alternatives aux poursuites pénales et de composition pénale. A cette fin, les DTPJJ et les directeurs de service de milieu ouvert établiront ou consolideront les partenariats utiles, institutionnels, locaux et associatifs, en particulier avec les municipalités, les services jeunesse, les maisons de quartier et les associations de prévention spécialisée dans le cadre de la mise en place d'actions locales de citoyenneté et de vivre ensemble (socioéducatives et sportives) et pour toutes les actions concourant au développement de la justice restaurative.

Vous voudrez bien, en conséquence, veiller à l'application de ces instructions et nous rendre compte de toute difficulté rencontrée dans leur mise en œuvre, pour la direction des affaires criminelles et des grâces, sous le timbre du bureau de la politique pénale générale, et pour la direction de la protection judiciaire de la jeunesse, sous le timbre du bureau des partenaires institutionnels et des territoires.

Art. L. 422-2 **Lorsque le procureur de la République fait application** *(L. n° 2021-218 du 26 févr. 2021, art. 14)* **« , à l'égard d'un mineur, de l'article 41-1 du code de procédure pénale relatif aux alternatives aux poursuites »,** *(L. n° 2021-218 du 26 févr. 2021, art. 14)* **« les représentants légaux du mineur » doivent être convoqués.**

Les représentants légaux du mineur qui ne répondent pas à cette convocation sont passibles des sanctions prévues à l'article L. 311-5.

Les mesures prévues aux 2° à 5° de l'article 41-1 du code de procédure pénale requièrent l'accord des représentants légaux du mineur.

Le procureur de la République fixe, le cas échéant, le montant des frais de stage pouvant être mis à la charge des représentants légaux du mineur.

La mise en œuvre des mesures alternatives aux poursuites peut être confiée à un service de la protection judiciaire de la jeunesse ou à une personne habilitée. – *[Ord. n° 45-174 du 2 févr. 1945, art. 7-1.]*

V. C. pr. pén., art. 41-1, ss. art. L. 422-1.

COMMENTAIRE

L'article L. 422-2 précise les modalités spécifiques des alternatives aux poursuites lorsqu'elles s'appliquent aux mineurs, généralisant les exigences relatives à la médiation-réparation qui figuraient dans l'ordonnance de 1945 (art. 7-1, issu de la L. du 5 mars 2007 relative à la prévention de la délinquance).

Ainsi, lorsque le procureur de la République fait application de l'article 41-1 du code de procédure pénale relatif aux alternatives aux poursuites à l'égard d'un mineur, ses représentants légaux doivent être convoqués, et s'ils ne répondent pas à cette convocation, il s'exposent aux sanctions prévues à l'article L. 311-5 (amende de 3 750 euros maximum ou stage de responsabilité parentale).

Le code prévoit aussi que l'accord des représentants légaux du mineur est requis pour les mesures prévues aux 2° à 5° de l'article 41-1 du code de procédure pénale, à savoir l'orientation vers une structure sanitaire, sociale ou professionnelle, la régularisation de la situation à l'égard de la loi ou des règlements, la réparation du dommage causé par l'infraction, la médiation. Dans le cas particulier de la mesure de stage, le code précise que « le procureur de la République fixe, le cas échéant, le montant des frais de stage pouvant être mis à la charge des représentants légaux du mineur » (c'est la reprise d'une solution qui existait dans l'ordonnance de 1945).

Enfin, il est précisé que « la mise en œuvre des mesures alternatives aux poursuites peut être confiée à un service de la protection judiciaire de la jeunesse ou à une personne habilitée ». Là encore, le code s'inspire des modalités qui étaient appliquées sous l'ordonnance de 1945, même si celle-ci ne le précisait pas. ❑

SECTION II DE LA COMPOSITION PÉNALE

Art. L. 422-3 La procédure de composition pénale prévue par les articles 41-2 et 41-3 du code de procédure pénale peut être appliquée aux mineurs âgés d'au moins treize ans lorsqu'elle apparaît adaptée à la personnalité de l'intéressé, dans les conditions prévues à la présente section.

L'accomplissement du travail non rémunéré prévu au 6° de l'article 41-2 du code de procédure pénale ne peut être proposé qu'au mineur âgé d'au moins seize ans.

Outre les mesures de l'article 41-2 précité, le procureur de la République peut également proposer les mesures suivantes spécifiques aux mineurs :

1° Accomplissement d'un stage de formation civique. *(L. n° 2022-299 du 2 mars 2022, art. 15)* **« Lorsqu'il est prononcé pour une infraction commise dans le cadre de la scolarité, ce stage peut comporter un volet spécifique de sensibilisation aux risques liés au harcèlement scolaire ; »**

2° Suivi de façon régulière d'une scolarité ou d'une formation professionnelle ;

3° Respect d'une décision, antérieurement prononcée par le juge, de placement dans une institution ou un établissement public ou privé d'éducation ou de formation professionnelle habilité ;

4° Consultation d'un psychiatre ou d'un psychologue ;

5° Accomplissement, lorsque le mineur est âgé d'au moins seize ans, d'un contrat de service en établissement public d'insertion de la défense mentionné aux articles L. 130-1 à L. 130-5 du code du service national. – *[Ord. n° 45-174 du 2 févr. 1945, art. 7-2, al. 1er et 5 à 11.]*

V. les art. L. 130-1 à L. 130-5 C. serv. nat. ss. art. L. 122-2.

COMMENTAIRE

La composition pénale est une alternative à la poursuite que le législateur a introduite dans le code de procédure pénale par la loi n° 99-515 du 23 juin 1999 renforçant l'efficacité de la procédure pénale (art. 41-2 C. pr. pén.). Ce dispositif permet au procureur de la République – ou à son représentant – de proposer à l'auteur d'une infraction de faible ou moyenne gravité (contravention ou délit puni de cinq ans d'emprisonnement maximum, hors délits de presse, homicide involontaire ou délit politique) une amende ou une mesure de composition, en échange d'un classement sans suite. En 1999, le législateur avait expressément exclu les mineurs, considérant sans doute qu'il ne leur était pas possible de consentir pleinement à une telle procédure, impliquant une reconnaissance de culpabilité. Mais la loi n° 2007-297 du 5 mars 2007 a étendu la composition pénale aux mineurs délinquants, dès lors qu'ils sont âgés d'au moins treize ans, et qu'elle paraît adaptée à la personnalité de l'intéressé. La composition pénale a donc intégré l'ordonnance du 2 février 1945 (art. 7-2) et, pour l'essentiel, c'est ce dispositif qui se trouve repris par le code, aux articles L. 422-3 et L. 422-4 (et D. 122-6 et R. 422-7 s. pour la partie réglementaire).

L'article L. 422-3, alinéa 1er, détermine d'abord le domaine d'application de la composition pénale quant aux mineurs. La composition ne concerne que les mineurs âgés d'au moins treize ans (au moment des faits) et si la mesure paraît adaptée. S'agissant des infractions, le code ne donne aucune indication, de sorte qu'il convient de se reporter au droit commun (contraventions et délits de faible ou moyenne gravité, punis au maximum de cinq ans d'emprisonnement).

L'article L. 422-3 précise ensuite les mesures encourues par les mineurs au titre de la composition pénale. Deux sortes de mesures sont possibles : celles du droit commun prévues par le code de procédure pénale, et des mesures spécifiques.

Les mesures de droit commun n'appellent guère de commentaires, précisément en raison de leur absence de spécificité, à deux réserves près, relatives à l'amende et à l'accomplissement d'un travail non rémunéré. Concernant l'amende, le code de procédure pénale prévoit la possibilité de proposer une « amende de composition », dont le maximum ne saurait excéder le montant maximum de l'amende encourue. Si le code de la justice pénale des mineurs (pas plus que l'Ord. de 1945 avant lui) ne précise pas ici comment calculer le montant de cette amende pour les mineurs, il convient logiquement, de se reporter aux dispositions générales prévues par le code en matière de peines d'amende : il ne peut être prononcé à l'encontre d'un mineur une peine d'amende supérieure à la moitié de la peine encourue ni une peine d'amende excédant 7 500 euros (art. L. 121-6). Concernant l'accomplissement d'un travail non rémunéré, celui-ci ne peut être proposé qu'au mineur âgé d'au moins seize ans (le Décr. n° 2021-682 du 27 mai 2021 en précise les modalités aux art. R. 422-7 s. du code, et indique notamment que ce travail doit avoir un caractère formateur, doit être adapté aux mineurs et tenir compte des contraintes liées à leur scolarité ou leur formation…).

Des mesures spécifiques peuvent aussi être proposées aux mineurs. Il s'agit des mesures suivantes :

– l'accomplissement d'un stage de formation civique (l'art. D. 422-6 renvoie alors aux art. D. 112-8 à D. 112-17 pour le contenu de la mesure et ses modalités ; lorsque le stage de formation civique est proposé dans le cadre d'une composition pénale, c'est le procureur de la République qui est informé de l'exécution ou des difficultés d'exécution). Il convient d'indiquer ici que la loi n° 2022-299 du 2 mars 2022 visant à combattre le harcèlement scolaire a précisé que « lorsqu'il est prononcé pour une infraction commise dans le cadre de la scolarité, ce stage peut comporter un volet spécifique de sensibilisation aux risques liés au harcèlement scolaire » ;

– le suivi de façon régulière d'une scolarité ou d'une formation professionnelle ;

– le respect d'une décision, antérieurement prononcée par le juge, de placement dans une institution ou un établissement public ou privé d'éducation ou de formation professionnelle habilité ;

– la consultation d'un psychiatre ou d'un psychologue ;

– l'accomplissement, lorsque le mineur est âgé d'au moins seize ans, d'un contrat de service en établissement public d'insertion de la défense mentionné aux articles L. 130-1 à L. 130-5 du code du service national.

Ces mesures sont pour l'essentiel reprises de l'ancien article 7-2 de l'ordonnance de 1945 ; le code a cependant remplacé la mesure d'activité de jour par l'accomplissement d'un contrat de service en établissement public d'insertion de la défense. ❑

Code de procédure pénale

Art. 41-2 *(L. nº 2004-204 du 9 mars 2004, art. 71-I)* « Le procureur de la République, tant que l'action publique n'a pas été mise en mouvement, peut proposer, directement ou par l'intermédiaire d'une personne habilitée, une composition pénale à une personne physique qui reconnaît avoir commis un ou plusieurs délits punis à titre de peine principale d'une peine d'amende ou d'une peine d'emprisonnement d'une durée inférieure ou égale à cinq ans, ainsi que, le cas échéant, une ou plusieurs contraventions connexes qui consiste en une ou plusieurs des mesures suivantes :

« 1º Verser une amende de composition au Trésor public. Le montant de cette amende, qui ne peut excéder le montant maximum de l'amende encourue, est fixé en fonction de la gravité des faits ainsi que des ressources et des charges de la personne. Son versement peut être échelonné, selon un échéancier fixé par le procureur de la République, à l'intérieur d'une période qui ne peut être supérieure à un an ;

« 2º Se dessaisir au profit de l'État de la chose qui a servi ou était destinée à commettre l'infraction ou qui en est le produit ;

« 3º Remettre son véhicule, pour une période maximale de six mois, à des fins d'immobilisation ;

« 4º Remettre au greffe du tribunal judiciaire son permis de conduire, pour une période maximale de six mois » ;

(L. nº 2011-267 du 14 mars 2011, art. 72) « 4º *bis* Suivre un programme de réhabilitation et de sensibilisation comportant l'installation à ses frais d'un éthylotest anti-démarreur sur son véhicule, pour une période minimale de six mois et maximale de trois ans ; »

(L. nº 2004-204 du 9 mars 2004, art. 71-I) « 5º Remettre au greffe du tribunal judiciaire son permis de chasser, pour une période maximale de six mois ;

« 6º Accomplir au profit de la collectivité *(L. nº 2007-297 du 5 mars 2007, art. 63)* « , notamment au sein d'une personne morale de droit public ou d'une personne morale de droit privé chargée d'une mission de service public ou d'une association habilitées, » un travail non rémunéré pour une durée maximale de *(L. nº 2021-401 du 8 avr. 2021, art. 3)* « cent » heures, dans un délai qui ne peut être supérieur à six mois ;

« 7º Suivre un stage ou une formation dans un service ou un organisme sanitaire, social ou professionnel pour une durée qui ne peut excéder trois mois dans un délai qui ne peut être supérieur à dix-huit mois ;

« 8º Ne pas émettre, pour une durée de six mois au plus, des chèques autres que ceux qui permettent le retrait de fonds par le tireur auprès du tiré ou ceux qui sont certifiés et ne pas utiliser de cartes de paiement » ;

(L. nº 2019-222 du 23 mars 2019, art. 59) « 9º Ne pas paraître, pour une durée qui ne saurait excéder six mois, dans le ou les lieux désignés par le procureur de la République et dans lesquels l'infraction a été commise ou dans lesquels réside la victime ; »

(L. nº 2004-204 du 9 mars 2004, art. 71-I) « 10º Ne pas rencontrer ou recevoir, pour une durée qui ne saurait excéder six mois, la ou les victimes de l'infraction désignées par le procureur de la République ou ne pas entrer en relation avec elles ;

« 11º Ne pas rencontrer ou recevoir, pour une durée qui ne saurait excéder six mois, le ou les coauteurs ou complices éventuels désignés par le procureur de la République ou ne pas entrer en relation avec eux ;

« 12º Ne pas quitter le territoire national et remettre son passeport pour une durée qui ne saurait excéder six mois ;

« 13º Accomplir, le cas échéant à ses frais, un stage de citoyenneté ; »

(L. nº 2006-399 du 4 avr. 2006, art. 12) « 14º En cas d'infraction commise soit contre son conjoint, son concubin ou son partenaire lié par un pacte civil de solidarité, soit contre ses enfants ou ceux de son conjoint, concubin ou partenaire, résider hors du domicile ou de la résidence du couple et, le cas échéant, s'abstenir de paraître dans ce domicile ou cette résidence ou aux abords immédiats de celui-ci, ainsi que, si nécessaire, faire l'objet d'une prise en charge sanitaire, sociale ou psychologique ; les dispositions du présent 14º sont également applicables lorsque l'infraction est commise par l'ancien conjoint ou concubin de la victime, ou par la personne ayant été liée à elle par un pacte civil de solidarité, le domicile concerné étant alors celui de la victime. » *(L. nº 2014-873 du 4 août 2014, art. 35)* « Pour l'application

du présent 14°, le procureur de la République recueille ou fait recueillir, dans les meilleurs délais et par tous moyens, l'avis de la victime sur l'opportunité de demander à l'auteur des faits de résider hors du logement du couple. Sauf circonstances particulières, cette mesure est prise lorsque sont en cause des faits de violences susceptibles d'être renouvelés et que la victime la sollicite. Le procureur de la République peut préciser les modalités de prise en charge des frais afférents à ce logement pendant une durée qu'il fixe et qui ne peut excéder six mois ; »

(L. n° 2007-297 du 5 mars 2007, art. 50) « 15° Accomplir, le cas échéant à ses frais, un stage de sensibilisation aux dangers de l'usage de produits stupéfiants ;

« 16° Se soumettre à une mesure d'activité de jour consistant en la mise en œuvre d'activités d'insertion professionnelle ou de mise à niveau scolaire soit auprès d'une personne morale de droit public, soit auprès d'une personne morale de droit privé chargée d'une mission de service public ou d'une association habilitées à mettre en œuvre une telle mesure ;

« 17° Se soumettre à une mesure d'injonction thérapeutique, selon les modalités définies aux articles L. 3413-1 à L. 3413-4 du code de la santé publique, lorsqu'il apparaît que l'intéressé fait usage de stupéfiants ou fait une consommation habituelle et excessive de boissons alcooliques. » *(L. n° 2011-525 du 17 mai 2011, art. 167)* « La durée de la mesure est de vingt-quatre mois au plus ; »

(L. n° 2016-444 du 13 avr. 2016, art. 21) « 17° *bis* Accomplir, le cas échéant à ses frais, un stage de sensibilisation à la lutte contre l'achat d'actes sexuels ; »

(L. n° 2021-401 du 8 avr. 2021, art. 3) « 17° *ter* Accomplir, le cas échéant à ses frais, un stage de responsabilité parentale ; »

(L. n° 2014-873 du 4 août 2014, art. 50) « 18° Accomplir à ses frais un stage de responsabilisation pour la prévention et la lutte contre les violences au sein du couple et sexistes » ;

(L. n° 2018-703 du 3 août 2018, art. 15) « 19° Accomplir, le cas échéant à ses frais, un stage de lutte contre le sexisme et de sensibilisation à l'égalité entre les femmes et les hommes ; »

(L. n° 2023-140 du 28 févr. 2023, art. 4-IV, en vigueur au plus tard le 28 nov. 2023) « 20° Rembourser le prêt versé à la victime en application de l'article L. 214-9 du code de l'action sociale et des familles, sans que ce remboursement puisse excéder 5 000 euros. »

(L. n° 99-515 du 23 juin 1999) Lorsque la victime est identifiée, et sauf si l'auteur des faits justifie de la réparation du préjudice commis, le procureur de la République doit également proposer à ce dernier de réparer les dommages causés par l'infraction dans un délai qui ne peut être supérieur à six mois. Il informe la victime de cette proposition. *(L. n° 2007-297 du 5 mars 2007, art. 64)* « Cette réparation peut consister, avec l'accord de la victime, en la remise en état d'un bien endommagé par la commission de l'infraction. »

La proposition de composition pénale émanant du procureur de la République peut être portée à la connaissance de l'auteur des faits par l'intermédiaire d'un officier de police judiciaire. Elle fait alors l'objet d'une décision écrite et signée de ce magistrat, qui précise la nature et le quantum des mesures proposées et qui est jointe à la procédure. *(Abrogé par L. n° 2002-1138 du 9 sept. 2002, art. 36)* *« A peine de nullité, cette proposition ne peut intervenir pendant la durée de la garde à vue de l'auteur des faits. »*

La composition pénale peut être proposée dans une maison de justice et du droit.

La personne à qui est proposée une composition pénale est informée qu'elle peut se faire assister par un avocat avant de donner son accord à la proposition du procureur de la République. Ledit accord est recueilli par procès-verbal. Une copie de ce procès-verbal lui est transmise.

Lorsque l'auteur des faits donne son accord aux mesures proposées, le procureur de la République saisit par requête le président du tribunal aux fins de validation de la composition. Le procureur de la République informe de cette saisine l'auteur des faits et, le cas échéant, la victime. Le président du tribunal peut procéder à l'audition de l'auteur des faits et de la victime, assistés, le cas échéant, de leur avocat. *(Abrogé par L. n° 2002-1138 du 9 sept. 2002, art. 36)* *« Les auditions sont de droit si les intéressés le demandent. »* *(L. n° 2019-222 du 23 mars 2019, art. 59)* « Ce magistrat valide la composition pénale lorsque les conditions prévues aux *(L. n° 2021-401 du 8 avr. 2021, art. 3)* « vingt-cinquième à vingt-septième » alinéas sont remplies et qu'il estime les mesures proposées justifiées au regard des circonstances de l'infraction et de la personnalité de son auteur. Il refuse de valider la composition pénale s'il estime que la gravité des faits, au regard des circonstances de l'espèce, ou que la personnalité de l'intéressé, la situation de la victime ou les intérêts de la société justifient le recours à une autre procédure, ou lorsque les déclarations de la victime entendue en application du présent alinéa apportent un éclairage nouveau sur les conditions dans lesquelles l'infraction a été commise ou sur la personnalité de son auteur. » Si ce magistrat rend une ordonnance

validant la composition, les mesures décidées sont mises à exécution. Dans le cas contraire, la proposition devient caduque. La décision du président du tribunal, qui est notifiée à l'auteur des faits et, le cas échéant, à la victime, n'est pas susceptible de recours. *(L. n° 2019-222 du 23 mars 2019, art. 59)* « Par dérogation aux huit premières phrases du présent alinéa, la proposition de composition n'est pas soumise à la validation du président du tribunal lorsque, *(L. n° 2021-401 du 8 avr. 2021, art. 3)* « pour une contravention ou » pour un délit puni d'une peine d'emprisonnement d'une durée inférieure ou égale à trois ans, elle porte sur une amende de composition n'excédant pas le montant prévu au premier alinéa de l'article 131-13 du code pénal ou sur la mesure prévue au 2° du présent article, à la condition que la valeur de la chose remise n'excède pas ce montant. »

(L. n° 2004-204 du 9 mars 2004, art. 71-I) « Si la personne n'accepte pas la composition pénale ou si, après avoir donné son accord, elle n'exécute pas intégralement les mesures décidées, le procureur de la République met en mouvement l'action publique, sauf élément nouveau. En cas de poursuites et de condamnation, il est tenu compte, s'il y a lieu, du travail déjà accompli et des sommes déjà versées par la personne.

« Les actes tendant à la mise en œuvre ou à l'exécution de la composition pénale sont interruptifs de la prescription de l'action publique. »

L'exécution de la composition pénale éteint l'action publique. *(L. n° 2019-222 du 23 mars 2019, art. 59)* « La victime peut toutefois demander au procureur de la République de citer l'auteur des faits à une audience devant le tribunal pour lui permettre de se constituer partie civile. » Le tribunal *(L. n° 2004-204 du 9 mars 2004, art. 71-I)* « , composé d'un seul magistrat exerçant les pouvoirs conférés au président, » ne statue alors que sur les seuls intérêts civils, au vu du dossier de la procédure qui est versé au débat. *(L. n° 2004-204 du 9 mars 2004, art. 71-I)* « La victime a également la possibilité, au vu de l'ordonnance de validation, lorsque l'auteur des faits s'est engagé à lui verser des dommages et intérêts, d'en demander le recouvrement suivant la procédure d'injonction de payer, conformément aux règles prévues par le code de procédure civile. » *(L. n° 2019-222 du 23 mars 2019, art. 59)* « Le procureur de la République informe la victime de ses droits ainsi que, lorsqu'il cite l'auteur des faits devant le tribunal correctionnel, de la date de l'audience. »

(L. n° 2002-1138 du 9 sept. 2002, art. 36) « Les compositions pénales exécutées sont inscrites au bulletin n° 1 du casier judiciaire. »

(L. n° 2007-297 du 5 mars 2007, art. 50) « Les dispositions du présent article ne sont pas applicables en matière de délits de presse, de délits d'homicides involontaires ou de délits politiques. Elles sont applicables aux mineurs âgés d'au moins treize ans, selon les modalités prévues *(Ord. n° 2019-950 du 11 sept. 2019, art. 4 et 9, en vigueur le 30 sept. 2021)* « par l'article L. 422-3 du code de la justice pénale des mineurs ».

(L. n° 2005-47 du 26 janv. 2005, art. 8-I, en vigueur le 1er avr. 2005) « Le président du tribunal peut désigner, aux fins de validation de la composition pénale, tout juge du tribunal ainsi que tout *(L. n° 2016-1547 du 18 nov. 2016, art. 15, en vigueur le 1er juill. 2017)* « magistrat exerçant à titre temporaire » *(L. n° 2021-1729 du 22 déc. 2021, art. 14)* « ou tout magistrat honoraire exerçant des fonctions juridictionnelles dans les conditions prévues à la section II du chapitre V *bis* de l'ordonnance n° 58-1270 du 22 décembre 1958 portant loi organique relative au statut de la magistrature, » exerçant dans le ressort du tribunal. »

Les modalités d'application du présent article sont fixées par décret en Conseil d'État.

Art. 41-3 *(L. n° 2004-204 du 9 mars 2004, art. 71-II)* « La procédure de composition pénale est également applicable aux contraventions.

« La durée de la privation du permis de conduire ou du permis de chasser ne peut dépasser trois mois, la durée du travail non rémunéré ne peut être supérieure à trente heures, dans un délai maximum de trois mois, et la durée d'interdiction d'émettre des chèques ne peut dépasser elle aussi trois mois. Les mesures prévues par les 9° à 12° de l'article 41-2 ne sont pas applicables. La mesure prévue par le 6° dudit article n'est pas applicable aux contraventions de la première classe à la quatrième classe. Il en est de même des mesures prévues par les 2° à 5° et 8° de cet article, sauf si la contravention est punie des peines complémentaires visées aux 1° à 5° de l'article 131-16 du code pénal. »

(L. n° 2016-1547 du 18 nov. 2016, art. 15, en vigueur le 1er juill. 2017) « La requête en validation est portée devant le juge compétent du tribunal de police. »

Art. L. 422-4 Avant toute proposition du procureur de la République en application de l'article L. 422-3, le service de la protection judiciaire de la jeunesse compétent *(L.*

n° 2021-218 du 26 févr. 2021, art. 14) **« est » saisi en vue d'établir un recueil de renseignements socio-éducatifs, joint à la procédure.**

La proposition du procureur de la République *(L. n° 2021-218 du 26 févr. 2021, art. 14)* **« est » également faite aux représentants légaux du mineur et** *(L. n° 2021-218 du 26 févr. 2021, art. 14)* **« doit recueillir » l'accord de ces derniers.**

L'accord du mineur et de ses représentants légaux *(L. n° 2021-218 du 26 févr. 2021, art. 14)* **« est » recueilli en présence d'un avocat désigné conformément à l'article L. 12-4.**

(L. n° 2021-401 du 8 avr. 2021, art. 3) **« Pour l'exécution des mesures de stages prévues à l'article 41-2 du code de procédure pénale, le procureur de la République fixe, le cas échéant, le montant des frais pouvant être mis à la charge des représentants légaux du mineur. »**

La composition pénale proposée à un mineur doit être validée par le juge des enfants ou, pour les contraventions des quatre premières classes, par le juge compétent du tribunal de police. Les dispositions du *(L. n° 2021-401 du 8 avr. 2021, art. 3)* **« vingt-huitième » alinéa de l'article 41-2 du code de procédure pénale qui permettent, dans certains cas, qu'une proposition de composition pénale ne soit pas validée par le président du tribunal ne sont pas applicables aux mineurs.**

Avant de valider la composition pénale, le juge peut procéder à l'audition du mineur ou de ses représentants légaux, soit d'office, soit à leur demande. Dans ce dernier cas, l'audition est de droit.

La décision est notifiée à l'auteur des faits et à ses représentants légaux et, le cas échéant, à la victime.

La durée d'exécution des mesures proposées aux mineurs ne peut excéder six mois.

Leur exécution peut être confiée à un service de la protection judiciaire de la jeunesse ou à *(L. n° 2021-218 du 26 févr. 2021, art. 14)* **« une » personne habilitée.** – *[Ord. n° 45-174 du 2 févr. 1945, art. 7-2, al. 2, 3, 4 et 12 ; art. 12, al. 3.]*

V. C. pr. pén., art. 41-2, ss. art. L. 422-3.

COMMENTAIRE

L'article L. 422-4 détermine les modalités de mise en œuvre de la procédure de composition pénale.

Classiquement, la procédure commence avec la proposition faite par le procureur de la République à l'auteur de l'infraction. En droit pénal des mineurs, cette étape doit être précédée d'une consultation du service de la protection judiciaire de la jeunesse en vue d'établir un recueil de renseignements socio-éducatifs, joint à la procédure.

Ensuite, la composition pénale suppose l'accord de l'intéressé. Mais, là encore, le code de la justice pénale des mineurs est plus exigeant que le code de procédure pénale. Comme sous l'empire de l'ordonnance de 1945, un double consentement est nécessaire : celui des représentants légaux du mineur et celui du mineur lui-même, lequel doit être recueilli en présence d'un avocat (le code renvoie ici à l'art. L. 12-4 qui proclame l'assistance obligatoire par un avocat de tout mineur poursuivi ou condamné).

Le texte prévoit aussi que, « pour l'exécution des mesures de stage prévues à l'article 41-2 du code de procédure pénale, le procureur de la République fixe, le cas échéant, le montant des frais pouvant être mis à la charge des représentants légaux du mineur ». On notera ici que cette précision, au demeurant logique, ne figurait pas dans l'ordonnance de 1945. Il s'agit des stages de citoyenneté, de sensibilisation aux dangers de l'usage de produits stupéfiants, de sensibilisation à la lutte contre les achats d'actes sexuels, de responsabilisation pour la prévention et la lutte contre les violences au sein du couple et sexistes, de lutte contre le sexisme et de sensibilisation à l'égalité entre les femmes et les hommes, ainsi que de l'injonction thérapeutique lorsqu'il apparaît que l'intéressé fait un usage de stupéfiants ou fait une consommation habituelle et excessive de boissons alcooliques.

La composition pénale doit en outre faire l'objet d'une validation par un magistrat du siège. Le code déroge ici partiellement au droit commun. D'abord – spécificité du droit des mineurs oblige – c'est le juge des enfants qui validera la composition pénale proposée à un mineur en matière de délit (mais, pour les contraventions des quatre premières classes, la validation sera confiée au juge compétent du tribunal de police). Ensuite et sur-

tout, la possibilité introduite par la loi du 23 mars 2019 pour le parquet de valider la composition qu'il a lui-même proposée, faisant qu'il est à la fois juge et partie, n'est donc, fort heureusement, pas étendue au droit pénal des mineurs.

A l'occasion de cette validation, et comme sous l'ordonnance de 1945, le juge a la possibilité de « procéder à l'audition du mineur ou de ses représentants légaux, soit d'office, soit à leur demande », et « dans ce dernier cas, l'audition est de droit ». A ce stade, « la décision est notifiée à l'auteur des faits et à ses représentants légaux et, le cas échéant, à la victime ». On rappellera ici que, conformément au droit commun, la décision de validation de la composition pénale n'est susceptible d'aucun recours.

Enfin, lorsqu'elle a été validée, la proposition faite par le parquet doit être exécutée. Le code précise ici que « la durée d'exécution des mesures proposées aux mineurs ne peut excéder six mois » (contre un an dans l'Ord. de 1945) et que « leur exécution peut être confiée à un service de la protection judiciaire de la jeunesse ou à une personne habilitée ». Si la mesure est exécutée, l'action publique est éteinte. En revanche, l'inexécution de la mesure permet la mise en mouvement de l'action publique. ❑

CHAPITRE III DE LA MISE EN MOUVEMENT DE L'ACTION PUBLIQUE

SECTION PREMIÈRE DES DÉCISIONS SUR LES POURSUITES

Art. L. 423-1 Sous réserve des dispositions relatives à la procédure simplifiée prévue aux articles 524 à 530-1 du code de procédure pénale, les contraventions de police des quatre premières classes commises par les mineurs sont jugées par le tribunal de police. — *[Ord. n° 45-174 du 2 févr. 1945, art. 21, al. 1er.]*

COMMENTAIRE

La spécificité de la justice pénale des mineurs est classiquement réduite pour les contraventions des quatre premières classes, en raison de la faible gravité de ces infractions. Le code s'inscrit ici très clairement dans la continuité des solutions établies en droit pénal des mineurs depuis l'ordonnance de 1945.

On notera également que les contraventions de 5e classe suivent un régime aligné sur celui des délits, là encore dans la lignée des solutions précédemment adoptées. Pourtant, le rapprochement entre les contraventions de 5e classe et les délits ne se justifie plus véritablement, dès lors que, depuis l'entrée en vigueur du code pénal le 1er mars 1994, les contraventions de 5e classe n'exposent plus leur auteur à des peines d'emprisonnement. Mais l'ordonnance de 1945 n'avait pas été modifiée sur ce point, et le code a repris ce particularisme. ❑

Code de procédure pénale

Art. 524 *(L. n° 72-5 du 3 janv. 1972)* Toute contravention de police, même commise en état de récidive, peut être soumise à la procédure simplifiée prévue au présent chapitre.

Cette procédure n'est pas applicable :

(Abrogé par Ord. n° 2016-413 du 7 avr. 2016, art. 8, à compter du 1er juill. 2016) « *1° Si la contravention est prévue par le code du travail ;* »

2° Si le prévenu, *(L. n° 92-1336 du 16 déc. 1992)* « auteur d'une contravention de la cinquième classe », était âgé de moins de dix-huit ans au jour de l'infraction.

Cette procédure ne peut plus être poursuivie lorsque la victime du dommage causé par la contravention a fait citer directement le prévenu avant qu'ait été rendue l'ordonnance prévue à l'article 525.

Art. 525 *(L. n° 72-5 du 3 janv. 1972)* Le ministère public qui choisit la procédure simplifiée communique au *(L. n° 2011-1862 du 13 déc. 2011, art. 2-XIX)* « juge compétent du tribunal de police » le dossier de la poursuite et ses réquisitions.

Le juge statue sans débat préalable par une ordonnance pénale portant soit relaxe, soit condamnation à une amende *(L. n° 99-515 du 23 juin 1999)* « ainsi que, le cas échéant, à une ou plusieurs des peines complémentaires encourues ».

S'il estime qu'un débat contradictoire est utile *(Abrogé par L. n° 99-515 du 23 juin 1999) « ou que des sanctions autres que l'amende devraient être éventuellement prononcées »,* le juge renvoie le dossier au ministère public aux fins de poursuites dans les formes de la procédure ordinaire.

Art. 526 *(L. n° 93-2 du 4 janv. 1993)* L'ordonnance contient les nom, prénoms, date et lieu de naissance et domicile du prévenu, la qualification légale, la date et le lieu du fait imputé, la mention des textes applicables et, en cas de condamnation, le montant de l'amende *ainsi que la durée de (L. n° 2004-204 du 9 mars 2004, art. 198-V, en vigueur le 1er janv. 2005) « la contrainte judiciaire [ancienne rédaction : la contrainte par corps] ».*

Le juge n'est pas tenu de motiver l'ordonnance pénale.

Art. 527 *(L. n° 93-2 du 4 janv. 1993)* Le ministère public peut, dans les dix jours de l'ordonnance, former opposition à son exécution par déclaration au greffe du tribunal.

Si, à l'expiration du délai prévu à l'alinéa précédent, le ministère public n'a pas fait opposition, l'ordonnance pénale est notifiée au prévenu *(L. n° 2016-731 du 3 juin 2016, art. 76)* « selon les modalités prévues au deuxième alinéa de l'article 495-3 » et exécutée suivant les règles prévues par le présent code pour l'exécution des jugements de police.

Le prévenu peut, dans un délai de trente jours à compter de la date d'envoi de la lettre *(L. n° 2016-731 du 3 juin 2016, art. 76)* « ou de la date à laquelle le procureur de la République a porté l'ordonnance à sa connaissance », former opposition à l'exécution de *(L. n° 2016-731 du 3 juin 2016, art. 76)* « celle-ci ».

A défaut de paiement ou d'opposition dans le délai ci-dessus, l'amende et le droit fixe de procédure sont exigibles.

Toutefois, s'il ne résulte pas de l'avis de réception que le prévenu a reçu la lettre de notification, l'opposition reste recevable jusqu'à l'expiration d'un délai de trente jours qui courent de la date à laquelle l'intéressé a eu connaissance, d'une part, de la condamnation, soit par un acte d'exécution, soit par tout autre moyen, d'autre part, du délai et des formes de l'opposition qui lui est ouverte.

Le comptable *(Ord. n° 2010-420 du 27 avr. 2010, art. 115)* « public compétent » arrête le recouvrement dès réception de l'avis d'opposition à l'ordonnance pénale établi par le greffe.

Art. 528 *(L. n° 72-5 du 3 janv. 1972)* En cas d'opposition formée par le ministère public ou par le prévenu, l'affaire est portée à l'audience du tribunal de police *(Abrogé par L. n° 2011-1862 du 13 déc. 2011, art. 2-III et 70-I, à compter du 1er juill. 2017) (L. n° 2005-47 du 26 janv. 2005, art. 9-XIV, en vigueur le 1er avr. 2005) « ou de la juridiction de proximité »* dans les formes de la procédure ordinaire. Le jugement rendu par défaut, sur l'opposition du prévenu, *(L. n° 2011-1862 du 13 déc. 2011, art. 28)* « est susceptible d'opposition dans les conditions prévues aux articles 489 à 494-1 ».

Jusqu'à l'ouverture des débats, le prévenu peut renoncer expressément à son opposition. L'ordonnance pénale reprend alors sa force exécutoire et une nouvelle opposition est irrecevable.

Art. 528-1 *(L. n° 72-5 du 3 janv. 1972)* L'ordonnance pénale à laquelle il n'a pas été formé opposition a les effets d'un jugement passé en force de chose jugée.

Cependant, elle n'a pas l'autorité de la chose jugée à l'égard de l'action civile en réparation des dommages causés par l'infraction.

Art. 528-2 *(L. n° 72-5 du 3 janv. 1972)* Les dispositions du présent chapitre ne font pas échec au droit de la partie lésée de citer directement le contrevenant devant le tribunal de police *(Abrogé par L. n° 2011-1862 du 13 déc. 2011, art. 2-V et 70-I, à compter du 1er juill. 2017) (L. n° 2005-47 du 26 janv. 2005, art. 9-XV, en vigueur le 1er avr. 2005) « ou devant la juridiction de proximité »,* dans les conditions prévues par le présent code.

Lorsque la citation est délivrée après qu'une ordonnance pénale a été rendue sur les mêmes faits, le tribunal de police *(Abrogé par L. n° 2011-1862 du 13 déc. 2011, art. 2-X et 70-I, à compter du 1er janv. 2017) (L. n° 2005-47 du 26 janv. 2005, art. 9-XV, en vigueur le 1er avr. 2005) « ou la juridiction de proximité »* statue :

Sur l'action publique et sur les intérêts civils si l'ordonnance pénale a fait l'objet d'une opposition dans les délais prévus à l'article 527 et au plus tard à l'ouverture des débats ;

Sur les intérêts civils seulement si aucune opposition n'a été formée ou si le prévenu a déclaré expressément, au plus tard à l'ouverture des débats, renoncer à son opposition ou à son droit d'opposition. Il en est de même s'il est établi que l'ordonnance pénale a fait l'objet d'un paiement volontaire.

Art. 529 *(L. n° 99-515 du 23 juin 1999)* « Pour les contraventions *(Abrogé par L. n° 2011-1862 du 13 déc. 2011, art. 29-I)* « *des quatre premières classes* » dont la liste est fixée par décret en Conseil d'État », *(L. n° 85-1407 du 30 déc. 1985)* l'action publique est éteinte par le paiement d'une amende forfaitaire qui est exclusive de l'application des règles de la récidive.

Toutefois, la procédure de l'amende forfaitaire n'est pas applicable si plusieurs infractions, dont l'une au moins ne peut donner lieu à une amende forfaitaire, ont été constatées simultanément *(L. n° 2011-1862 du 13 déc. 2011, art. 29-I)* « ou lorsque la loi prévoit que la récidive de la contravention constitue un délit ».

Art. 529-1 *(L. n° 85-1407 du 30 déc. 1985)* Le montant de l'amende forfaitaire peut être acquitté soit entre les mains de l'agent verbalisateur au moment de la constatation de l'infraction, soit auprès du service indiqué dans l'avis de contravention *(L. n° 2004-204 du 9 mars 2004, art. 56-I)* « dans les quarante-cinq jours *[ancienne rédaction : dans les trente jours]* » qui suivent la constatation de l'infraction ou, si cet avis est ultérieurement envoyé à l'intéressé, *(L. n° 2004-204 du 9 mars 2004, art. 56-I)* « dans les quarante-cinq jours *[ancienne rédaction : dans les trente jours]* » qui suivent cet envoi.

Art. 529-2 *(L. n° 85-1407 du 30 déc. 1985)* Dans le délai prévu par l'article précédent, le contrevenant doit s'acquitter du montant de l'amende forfaitaire, à moins qu'il ne formule dans le même délai une requête tendant à son exonération auprès du service indiqué dans l'avis de contravention. *(L. n° 2003-495 du 12 juin 2003, art. 8)* « Dans les cas prévus par l'article 529-10, cette requête doit être accompagnée de l'un des documents exigés par cet article. » Cette requête est transmise au ministère public.

A défaut de paiement ou d'une requête présentée dans le délai *(L. n° 2004-204 du 9 mars 2004, art. 56-II)* « de quarante-cinq jours *[ancienne rédaction : de trente jours]* », l'amende forfaitaire est majorée de plein droit et recouvrée au profit du Trésor public en vertu d'un titre rendu exécutoire par le ministère public.

Art. 529-2-1 *(L. n° 2021-401 du 8 avr. 2021, art. 9)* Lorsqu'il s'agit d'une contravention de cinquième classe ou lorsque le règlement le prévoit, l'amende forfaitaire est minorée si le contrevenant s'acquitte du montant de l'amende forfaitaire minorée soit entre les mains de l'agent verbalisateur au moment de la constatation de l'infraction, soit dans un délai de quinze jours à compter de la constatation de l'infraction ou, si l'avis de contravention est ultérieurement envoyé à l'intéressé, dans un délai de quinze jours à compter de cet envoi.

En cas de non-paiement de l'amende forfaitaire minorée dans les conditions prévues au premier alinéa, le contrevenant est redevable de l'amende forfaitaire.

Art. 529-3 *(L. n° 85-1407 du 30 déc. 1985)* Pour les contraventions des quatre premières classes à la police des services publics de transports ferroviaires et des services de transports publics de personnes, réguliers et à la demande, constatées par *(Ord. n° 2015-855 du 15 juill. 2015, art. 34)* « les agents mentionnés aux 4° et 5° du I de l'article L. 2241-1 du code des transports », l'action publique est éteinte, par dérogation à l'article 521 du présent code, par une transaction entre l'exploitant et le contrevenant.

Toutefois, les dispositions de l'alinéa précédent ne sont pas applicables si plusieurs infractions dont l'une au moins ne peut donner lieu à transaction ont été constatées simultanément.

Art. 529-4 *(L. n° 85-1407 du 30 déc. 1985)* La transaction est réalisée par le versement à l'exploitant *(Ord. n° 2015-855 du 15 juill. 2015, art. 34)* « au profit duquel la prestation de sûreté est réalisée, » d'une indemnité forfaitaire et, le cas échéant, de la somme due au titre du transport.

I. — Ce versement est effectué :

1. Soit, au moment de la constatation de l'infraction, entre les mains *(Ord. n° 2015-855 du 15 juill. 2015, art. 34)* « d'un agent mentionné au 4° ou au 5° du I de l'article L. 2241-1 du code des transports » ;

2. Soit, *(L. n° 93-2 du 4 janv. 1993)* « dans un délai de *(L. n° 2019-1428 du 24 déc. 2019, art. 115)* « trois » mois » à compter de la constatation de l'infraction, auprès du service de l'exploitant *(Ord. n° 2015-855 du 15 juill. 2015, art. 34)* « mentionné au premier alinéa » indiqué dans la proposition de transaction ; dans ce dernier cas, il y est ajouté aux sommes dues le montant des frais de constitution du dossier.

A défaut de paiement immédiat entre ses mains, *(Ord. n° 2015-855 du 15 juill. 2015, art. 34)* « l'agent mentionné au 4° ou au 5° du I de l'article L. 2241-1 du code des transports » est

habilité à recueillir le nom et l'adresse du contrevenant ; en cas de besoin, il peut requérir l'assistance d'un officier ou d'un agent de police judiciaire.

Le montant de l'indemnité forfaitaire et, le cas échéant, celui des frais de constitution du dossier sont acquis à l'exploitant *(Ord. n° 2015-855 du 15 juill. 2015, art. 34)* « mentionné au premier alinéa ».

(L. n° 99-291 du 15 avr. 1999) « II. — A défaut de paiement immédiat entre leurs mains, *(Ord. n° 2015-855 du 15 juill. 2015, art. 34)* « l'agent mentionné aux 4° et 5° du I de l'article L. 2241-1 du code des transports », s'ils ont été agréés par le procureur de la République et assermentés, *(Abrogé par L. n° 2007-297 du 5 mars 2007, art. 74) « et uniquement lorsqu'ils procèdent au contrôle de l'existence et de la validité des titres de transport des voyageurs, »* sont habilités à relever l'identité et l'adresse du contrevenant.

« Si le contrevenant refuse ou se trouve dans l'impossibilité de justifier de son identité, *(Ord. n° 2015-855 du 15 juill. 2015, art. 34)* « l'agent mentionné au 4° ou au 5° du I de l'article L. 2241-1 du code des transports » en rend compte immédiatement à tout officier de police judiciaire de la police nationale ou de la gendarmerie nationale territorialement compétent, qui peut alors lui ordonner sans délai de lui présenter sur-le-champ le contrevenant. A défaut de cet ordre, *(Ord. n° 2015-855 du 15 juill. 2015, art. 34)* « l'agent mentionné au 4° ou au 5° du I de l'article L. 2241-1 du code des transports » ne peut retenir le contrevenant. Lorsque l'officier de police judiciaire mentionné au présent alinéa décide de procéder à une vérification d'identité, dans les conditions prévues à l'article 78-3, le délai prévu au troisième alinéa de cet article court à compter du relevé d'identité.

« Il est mis fin immédiatement à la procédure prévue à l'alinéa précédent si le contrevenant procède au versement de *(L. n° 2016-339 du 22 mars 2016, art. 19)* « l'ensemble des sommes dues au titre de la transaction ».

« III. — Les conditions d'application du II du présent article sont fixées par décret en Conseil d'État. Ce décret précise notamment les conditions dans lesquelles *(Ord. n° 2015-855 du 15 juill. 2015, art. 34)* « l'agent mentionné aux 4° et 5° du I de l'article L. 2241-1 du code des transports » doivent, *(Ord. n° 2015-855 du 15 juill. 2015, art. 34)* « aux frais de l'entité dont dépend l'agent », suivre une formation spécifique afin de pouvoir obtenir l'agrément délivré par le procureur de la République. Il définit en outre les conditions dans lesquelles le représentant de l'État approuve *(Ord. n° 2015-855 du 15 juill. 2015, art. 34)* « l'organisation que l'entité dont dépend l'agent arrête » aux fins d'assurer les contrôles précités et les modalités de coordination et de transmission d'informations *(Ord. n° 2015-855 du 15 juill. 2015, art. 34)* « entre l'entité dont dépend l'agent et la police » ou la gendarmerie nationales. »

Art. 529-5 *(L. n° 85-1407 du 30 déc. 1985)* Dans le délai prévu par l'article précédent, le contrevenant doit s'acquitter du montant des sommes dues au titre de la transaction, à moins qu'il ne formule *(L. n° 93-2 du 4 janv. 1993)* « dans le délai de *(L. n° 2019-1428 du 24 déc. 2019, art. 115)* « trois » mois » à compter de la constatation de l'infraction une protestation auprès du service de l'exploitant. Cette protestation, accompagnée du procès-verbal d'infraction, est transmise au ministère public.

A défaut de paiement ou de protestation *(L. n° 93-2 du 4 janv. 1993)* « dans le délai de *(L. n° 2019-1428 du 24 déc. 2019, art. 115)* « trois » mois » précité, le procès-verbal d'infraction est adressé par l'exploitant au ministère public et le contrevenant devient redevable de plein droit d'une amende forfaitaire majorée recouvrée par le Trésor public en vertu d'un titre rendu exécutoire par le ministère public.

Art. 529-5-1 *(L. n° 2009-526 du 12 mai 2009, art. 103)* Les officiers du ministère public près *(L. n° 2011-1862 du 13 déc. 2011, en vigueur le 1er juill. 2017)* « d'un ou de plusieurs tribunaux de police » dont la liste et le ressort sont fixés par décret sont compétents pour établir les titres exécutoires des amendes forfaitaires majorées prévus par l'article 529-5 lorsqu'ils concernent des contraventions mentionnées à l'article 529-3 et commises au préjudice de certains exploitants de services de transport public de personnes dont la liste est précisée par décret. *(Abrogé par L. n° 2011-1862 du 13 déc. 2011, art. 2-XIX et 70-I, à compter du 1er juill. 2017) « Cette compétence est concurrente de celle qui résulte de l'application de l'article 522-1. »* En cas de protestation ou de réclamation devant donner lieu à la saisine *(L. n° 2011-1862 du 13 déc. 2011, en vigueur le 1er juill. 2017)* « du tribunal de police », ces officiers du ministère public transmettent le dossier de la procédure au ministère public compétent à raison du domicile du contrevenant.

Art. 529-6 *(L. nº 2010-788 du 12 juill. 2010, art. 58-II)* I. — Pour les contraventions pour non-paiement du péage constatées par les agents assermentés de l'exploitant d'une autoroute ou d'un ouvrage routier ouvert à la circulation publique et soumis à péage, y compris dans le cadre de l'article L. 130-9 du code de la route, l'action publique est éteinte, par dérogation à l'article 521 du présent code, par une transaction entre l'exploitant et le contrevenant.

Toutefois, le premier alinéa n'est pas applicable si plusieurs infractions, dont l'une au moins ne peut donner lieu à transaction, ont été constatées simultanément.

II. — La transaction est réalisée par le versement à l'exploitant d'une indemnité forfaitaire, de la somme due au titre du péage et, le cas échéant, au titre du droit départemental de passage institué en application de l'article L. 321-11 du code de l'environnement.

Ce versement est effectué, dans un délai de deux mois à compter de l'envoi de l'avis de paiement au domicile de l'intéressé, auprès du service de l'exploitant indiqué dans la proposition de transaction. *(L. nº 2019-1428 du 24 déc. 2019, art. 159)* « Pour les contraventions constatées à la suite de l'usage d'un dispositif de péage permettant l'identification des véhicules et la perception du montant du péage sans recours à une barrière physique, faute pour le conducteur d'avoir fait usage de l'une des modalités de paiement mises à sa disposition avant et après le trajet concerné, la transaction est réalisée par le versement à l'exploitant d'une indemnité forfaitaire minorée et de la somme due au titre du péage si ce versement est effectué dans un délai inférieur ou égal à quinze jours à compter de l'envoi de l'avis de paiement au domicile de l'intéressé. »

Le montant de l'indemnité forfaitaire, *(L. nº 2019-1428 du 24 déc. 2019, art. 159)* « de l'indemnité forfaitaire minorée, » de la somme due au titre du péage et, le cas échéant, au titre du droit départemental de passage institué en application du même article L. 321-11 est acquis à l'exploitant.

III. — Dans le délai prévu au deuxième alinéa du II, le contrevenant doit s'acquitter du montant des sommes dues au titre de la transaction, à moins qu'il ne formule dans ce même délai une protestation auprès de l'exploitant. Cette protestation, accompagnée du procès-verbal de contravention, est transmise au ministère public.

A défaut de paiement ou de protestation dans le délai de deux mois précité, le procès-verbal de contravention est adressé par l'exploitant au ministère public et le titulaire du certificat d'immatriculation, ou l'une des personnes visées aux *(L. nº 2011-1862 du 13 déc. 2011, art. 31-I)* « trois derniers *[ancienne rédaction : deuxième et troisième]* » alinéas de l'article L. 121-2 du code de la route, devient redevable de plein droit d'une amende forfaitaire majorée recouvrée par le Trésor public en vertu d'un titre rendu exécutoire par le ministère public. *(L. nº 2019-1428 du 24 déc. 2019, art. 159)* « Si le contrevenant n'a pas payé le montant de cette amende dans un délai de quatre mois à compter de l'envoi à son domicile du titre exécutoire, le Trésor public fait opposition auprès de l'autorité administrative compétente au transfert du certificat d'immatriculation du véhicule du contrevenant en cas de vente d'occasion. »

Art. 529-7 *(L. nº 89-469 du 10 juill. 1989)* Pour les contraventions au code de la route des deuxième, troisième *(L. nº 2016-1547 du 18 nov. 2016, art. 15)* « , quatrième et cinquième » classes *(L. nº 99-515 du 23 juin 1999)* « dont la liste est fixée par décret en Conseil d'État », à l'exception de celles relatives au stationnement, l'amende forfaitaire est minorée si le contrevenant en règle le montant dans les conditions prévues par l'article 529-8.

Art. 529-8 *(L. nº 89-469 du 10 juill. 1989)* Le montant de l'amende forfaitaire minorée peut être acquitté soit entre les mains de l'agent verbalisateur au moment de la constatation de l'infraction, soit dans un délai de *(L. nº 2015-177 du 16 févr. 2015, art. 14)* « quinze » jours à compter de la constatation de l'infraction ou, si *(L. nº 2003-495 du 12 juin 2003, art. 8)* « l'avis de contravention » est ultérieurement envoyé à l'intéressé, *(L. nº 2004-204 du 9 mars 2004, art. 56-III)* « dans le délai de quinze jours à compter de cet envoi *[ancienne rédaction : dans les sept jours qui suivent cet envoi]* ».

En cas de non-paiement de l'amende forfaitaire minorée dans les conditions prévues ci-dessus, le contrevenant est redevable de l'amende forfaitaire.

Art. 529-9 *(L. nº 89-469 du 10 juill. 1989)* L'amende forfaitaire doit être versée *(L. nº 2004-204 du 9 mars 2004, art. 56-IV)* « dans le délai de quarante-cinq jours à compter de *[ancienne rédaction : avant l'expiration de la période de trente jours qui suit]* » la constatation de l'infraction ou l'envoi de l'avis de contravention.

Les dispositions de l'article 529-2 relatives à la requête aux fins d'exonération et à la majoration de plein droit sont applicables.

Art. 529-10 *(L. n° 2003-495 du 12 juin 2003, art. 8)* Lorsque l'avis d'amende forfaitaire concernant une des *(L. n° 2016-1547 du 18 nov. 2016, art. 34)* « infractions » mentionnées à l'article L. 121-3 du code de la route a été adressé au titulaire du certificat d'immatriculation ou aux personnes visées aux *(L. n° 2011-1862 du 13 déc. 2011, art. 31-II)* « trois derniers » alinéas de l'article L. 121-2 de ce code, la requête en exonération prévue par l'article 529-2 ou la réclamation prévue par l'article 530 n'est recevable que si elle est adressée par lettre recommandée avec demande d'avis de réception *(L. n° 2015-177 du 16 févr. 2015, art. 14)* « , en utilisant le formulaire joint à l'avis d'amende forfaitaire, » et si elle est accompagnée :

1° Soit de l'un des documents suivants :

a) Le récépissé du dépôt de plainte pour vol ou destruction du véhicule *(L. n° 2004-204 du 9 mars 2004, art. 61-II)* « ou pour le délit d'usurpation de plaque d'immatriculation prévu par l'article L. 317-4-1 du code de la route », ou une copie de la déclaration de destruction de véhicule établie conformément aux dispositions du code de la route ;

b) Une lettre signée de l'auteur de la requête ou de la réclamation précisant l'identité, l'adresse, ainsi que la référence du permis de conduire de la personne qui était présumée conduire le véhicule lorsque la contravention a été constatée ;

(L. n° 2011-1862 du 13 déc. 2011, art. 31-II) « *c)* Des copies de la déclaration de cession du véhicule et de son accusé d'enregistrement dans le système d'immatriculation des véhicules ; »

(Ord. n° 2021-443 du 14 avr. 2021, art. 3) « *d)* Un document attestant, selon des modalités précisées par arrêté conjoint des ministres chargé des transports, de la sécurité routière et de la justice, qu'un système de délégation de conduite automatisé était activé conformément à ses conditions d'utilisation au moment de l'infraction. »

2° Soit d'un document démontrant qu'il a été acquitté une consignation préalable d'un montant égal à celui de l'amende forfaitaire dans le cas prévu par le premier alinéa de l'article 529-2, ou à celui de l'amende forfaitaire majorée dans le cas prévu par le deuxième alinéa de l'article 530 ; cette consignation n'est pas assimilable au paiement de l'amende forfaitaire et ne donne pas lieu au retrait des points du permis de conduire prévu par le quatrième alinéa de l'article L. 223-1 du code de la route.

L'officier du ministère public vérifie si les conditions de recevabilité de la requête ou de la réclamation prévues par le présent article sont remplies.

(L. n° 2015-177 du 16 févr. 2015, art. 14) « Les requêtes et les réclamations prévues au présent article peuvent également être adressées de façon dématérialisée, selon des modalités précisées par arrêté. »

Art. 529-11 *(L. n° 2003-495 du 12 juin 2003, art. 8)* L'avis de contravention prévu par les articles 529-1 et 529-8 *(L. n° 2010-788 du 12 juill. 2010, art. 58-II)* « ou l'avis de paiement de la transaction prévue par l'article 529-6 » peut être envoyé à la suite de la constatation d'une contravention au code de la route réalisée grâce à un appareil homologué de contrôle automatique. En cas de réclamation portée devant *(L. n° 2011-1862 du 13 juill. 2011, en vigueur le 1er juill. 2017)* « le tribunal de police », le procès-verbal ou le rapport de l'officier ou de l'agent de police judiciaire *(L. n° 2010-788 du 12 juill. 2010, art. 58-II)* « ou de l'agent verbalisateur » faisant état du résultat de ce contrôle est alors dressé. *(L. n° 2004-204 du 9 mars 2004, art. 56-V)* « Ce procès-verbal peut être revêtu d'une signature manuelle numérisée. »

Art. 530 *(L. n° 93-2 du 4 janv. 1993)* Le titre mentionné au second alinéa de l'article 529-2 *(L. n° 2010-788 du 12 juill. 2010, art. 58-II)* « , au second alinéa de l'article 529-5 ou au second alinéa du III de l'article 529-6 » est exécuté suivant les règles prévues par le présent code pour l'exécution des jugements de police. La prescription de la peine commence à courir à compter de la signature par le ministère public du titre exécutoire, qui peut être individuel ou collectif.

Dans les trente jours de l'envoi de l'avis invitant le contrevenant à payer l'amende forfaitaire majorée, l'intéressé peut former auprès du ministère public une réclamation motivée qui a pour effet d'annuler le titre exécutoire en ce qui concerne l'amende contestée. Cette réclamation reste recevable tant que la peine n'est pas prescrite, s'il ne résulte pas d'un acte d'exécution ou de tout autre moyen de preuve que l'intéressé a eu connaissance de l'amende forfaitaire majorée. *(L. n° 2003-495 du 12 juin 2003, art. 8)* « S'il s'agit d'une contravention au code de la route, la réclamation n'est toutefois plus recevable à l'issue d'un délai de trois mois lorsque l'avis d'amende forfaitaire majorée est envoyé par lettre recommandée à l'adresse figurant sur le certificat d'immatriculation du véhicule, sauf si le contrevenant jus-

tifie qu'il a, avant l'expiration de ce délai, déclaré son changement d'adresse au service d'immatriculation des véhicules » *(L. n° 2004-204 du 9 mars 2004, art. 62)* « ; dans ce dernier cas, le contrevenant n'est redevable que d'une somme égale au montant de l'amende forfaitaire s'il s'en acquitte dans un délai de quarante-cinq jours, ce qui a pour effet d'annuler le titre exécutoire pour le montant de la majoration. »

(L. n° 2003-495 du 12 juin 2003, art. 8 ; L. n° 2007-1787 du 20 déc. 2007, art. 5) « La réclamation doit être accompagnée de l'avis d'amende forfaitaire majorée correspondant à l'amende considérée ainsi que, dans le cas prévu par l'article 529-10, de l'un des documents exigés par cet article, à défaut de quoi elle est irrecevable. »

Art. 530-1 *(L. n° 93-2 du 4 janv. 1993)* « Au vu de la requête faite en application du premier alinéa de l'article 529-2, de la protestation formulée en application du premier alinéa de l'article 529-5 *(L. n° 2010-788 du 12 juill. 2010, art. 58-II)* « , de celle prévue par le III de l'article 529-6 » ou de la réclamation faite en application du deuxième alinéa de l'article 530, le ministère public peut, soit renoncer à l'exercice des poursuites, soit procéder conformément aux articles 524 à 528-2 ou aux articles 531 et suivants, soit aviser l'intéressé de l'irrecevabilité de la réclamation non motivée ou non accompagnée de l'avis. »

(L. n° 85-1407 du 30 déc. 1985) En cas de condamnation, l'amende prononcée ne peut être inférieure au montant de l'amende ou de l'indemnité forfaitaire dans les cas prévus par le premier alinéa de l'article 529-2 *(L. n° 2010-788 du 12 juill. 2010, art. 58-II)* « , le premier alinéa de l'article 529-5 ou le premier alinéa du III de l'article 529-6 », ni être inférieure au montant de l'amende forfaitaire majorée dans les cas prévus par le second alinéa de l'article 529-2 *(L. n° 2010-788 du 12 juill. 2010, art. 58-II)* « , le second alinéa de l'article 529-5 et le second alinéa du III de l'article 529-6 ».

(L. n° 2003-495 du 12 juin 2003, art. 8) « Dans les cas prévus par l'article 529-10, en cas de classement sans suite ou de relaxe, s'il a été procédé à la consignation prévue par cet article, le montant de la consignation est reversé *(Abrogé par L. n° 2009-526 du 12 mai 2009, art. 3-1°)* *« , à sa demande, »* à la personne à qui avait été adressé l'avis de paiement de l'amende forfaitaire ou ayant fait l'objet des poursuites. *(L. n° 2009-526 du 12 mai 2009, art. 3-2°)* « Les modalités de ce remboursement sont définies par voie réglementaire. » En cas de condamnation, l'amende prononcée ne peut être inférieure au montant prévu à l'alinéa précédent augmenté d'une somme de 10 %. »

Art. L. 423-2 Lorsqu'un délit ou une contravention de la cinquième classe est imputé à un mineur, le procureur de la République peut :

1° Soit requérir l'ouverture d'une information judiciaire en application de l'article 80 du code de procédure pénale ;

2° Soit saisir une juridiction pour mineurs. – *[Ord. n° 45-174 du 2 févr. 1945, art. 5, al. 2.]*

COMMENTAIRE

En matière de délits et de contraventions de 5e classe, le parquet a le choix entre deux voies : l'ouverture d'une information judiciaire et la saisine d'une juridiction de jugement. Envisagée isolément, cette disposition pourrait laisser penser que les deux termes de l'option sont mis sur le même plan, mais il n'en est en réalité plus rien. Dans le code de justice pénale des mineurs, l'information judiciaire est en effet envisagée de manière extrêmement résiduelle, et, à moins qu'une victime ne dépose une plainte avec constitution de partie civile, l'ouverture d'une information judiciaire pour un délit ou une contravention de 5e classe devrait être rarissime.

C'est ici un changement de paradigme important, dont il est encore trop tôt pour mesurer les effets. En effet, l'instruction était encore, sous l'ordonnance de 1945, un mode normal de poursuite des mineurs, même en matière correctionnelle ou pour les contraventions de 5e classe, notamment en raison des facilités que cette procédure offrait quant au suivi du mineur (liberté surveillé préjudicielle par exemple). Désormais, les poursuites des délits et des contraventions se font sans instruction, en saisissant directement la juridiction de jugement, et c'est le mécanisme de la césure qui est censé jouer le rôle qui était auparavant dévolu à l'information judiciaire. ❑

Art. L. 423-3 Aucune poursuite ne pourra être exercée *(L. n° 2021-218 du 26 févr. 2021, art. 14)* **« contre les mineurs en matière de crime » sans information préalable.** – *[Ord. n° 45-174 du 2 févr. 1945, art. 5, al. 1er.]*

COMMENTAIRE

Le code reprend à l'article L. 423-3 une règle qui figurait en tant que telle dans l'ordonnance de 1945, à l'article 5, alinéa 1er. A l'égard des mineurs comme des majeurs, l'instruction est donc obligatoire en matière criminelle. ❑

Art. L. 423-4 Lorsque le procureur de la République poursuit un délit ou une contravention de la cinquième classe imputé à un mineur devant la juridiction de jugement spécialisée, il saisit le juge des enfants aux fins de jugement selon la procédure de mise à l'épreuve éducative prévue par les articles L. 521-1 et L. 521-7 à L. 521-25.

Toutefois, si le mineur est âgé d'au moins treize ans et qu'il encourt une peine d'emprisonnement supérieure ou égale à trois ans, le procureur de la République peut également, lorsque sa personnalité, ou la gravité, ou la complexité des faits le justifie, saisir le tribunal pour enfants aux fins de jugement selon cette même procédure.

Lorsqu'un mineur est déféré, le procureur de la République peut, à titre exceptionnel, le poursuivre devant le tribunal pour enfants aux fins de jugement en audience unique selon la procédure prévue par les articles L. 521-26 et L. 521-27, si les conditions suivantes sont réunies :

1° Si la peine encourue est supérieure ou égale à cinq ans d'emprisonnement pour le mineur de moins de seize ans, ou si la peine encourue est supérieure ou égale à trois ans d'emprisonnement pour le mineur d'au moins seize ans.

2° Si le mineur :

***a)* A déjà fait l'objet d'une mesure éducative, d'une mesure judiciaire d'investigation éducative, d'une mesure de sûreté, d'une déclaration de culpabilité ou d'une peine prononcée dans le cadre d'une autre procédure et ayant donné lieu à un rapport datant de moins d'un an ; si ce rapport n'a pas déjà été déposé, il peut être requis par le procureur de la République à l'occasion du déferement. Ce rapport doit être versé au dossier de la procédure par le procureur de la République.**

***b)* Ou est également poursuivi pour le délit prévu par le** *(L. n° 2023-22 du 24 janv. 2023, art. 20)* **« quatrième » alinéa de l'article 55-1 du code de procédure pénale. Dans ce cas, le procureur de la République verse au dossier le recueil de renseignements socio-éducatifs établi à l'occasion du déferement.** – *[Ord. n° 45-174 du 2 févr. 1945, art. 5, al. 2 et 3 ; art. 8-1, al. 1er, I ; art. 14-2.]*

BIBL. ▶ MARIE, La procédure de mise à l'épreuve éducative : une nouvelle chance pour la justice pénale des mineurs ?, *in* JACOPIN (dir.), Un code de la justice pénale des mineurs, quelle(s) spécificité(s) ?, *Dalloz, coll. Thèmes et commentaires, 2021, p. 123.* – VERGÈS, *RSC 2020. 129* (le nouveau parcours pénal des mineurs).

COMMENTAIRE

L'article L. 423-4 prévoit le schéma général des poursuites à l'encontre des mineurs en matière de délits et de contraventions de la 5e classe. Le principe est celui de la césure du procès pénal du mineur en deux phases : une première phase au terme de laquelle la juridiction se prononce sur la culpabilité de l'auteur et sur l'action civile, et une seconde phase, quelques mois plus tard, portant sur les mesures éducatives définitives et les peines (les modalités plus précises de ce schéma sont envisagées par les art. L. 521-1 et L. 521-7 à L. 521-25, auxquels cette disposition renvoie). Ainsi, l'article L. 423-4, alinéa 1er, prévoit que le procureur de la République saisit le juge des enfants aux fins de jugement selon la procédure de mise à l'épreuve éducative prévue par les articles L. 521-1 et L. 521-7 à L. 521-25. L'alinéa suivant prévoit la possibilité d'appliquer le même schéma devant le tribunal pour enfants, si le mineur est âgé d'au moins treize ans et la peine encourue est d'au moins trois ans.

Le principe, c'est-à-dire le schéma normal désormais, en matière de délit et de contravention de 5e classe est donc la procédure de mise à l'épreuve éducative, et cela vaut devant le juge des enfants, et même (sous réserve de conditions finalement peu exigeantes) devant le tribunal pour enfants.

L'article L. 423-4, alinéa 3, prévoit cependant une exception, permettant au procureur de la République de saisir le tribunal pour enfants d'une audience unique, c'est-à-dire sans césure. Les conditions sont cependant relativement restrictives, d'autant que le texte précise que cette possibilité est ouverte au procureur de la République « à titre exceptionnel ».

Le texte prévoit deux séries de conditions cumulatives, relatives pour les unes à la peine encourue et à l'âge du mineur, et pour les autres à la situation du mineur.

S'agissant de la peine encourue et de l'âge du mineur, la procédure de jugement unique du tribunal pour enfants est possible dans deux cas :
– si la peine encourue est supérieure ou égale à cinq ans d'emprisonnement pour le mineur de moins de seize ans ;
– ou si la peine encourue est supérieure ou égale à trois ans d'emprisonnement pour le mineur d'au moins seize ans.

S'agissant de la situation du mineur, il faut que le mineur :
– ait déjà fait l'objet d'une mesure éducative, d'une mesure judiciaire d'investigation éducative, d'une mesure de sûreté, d'une déclaration de culpabilité ou d'une peine prononcée dans le cadre d'une autre procédure et ayant donné lieu à un rapport datant de moins d'un an (ce rapport doit également contenir des éléments circonstanciés relatifs au suivi éducatif, à la mise en œuvre de la mesure et à l'évolution du mineur : art. D. 423-3) ; si ce rapport n'a pas déjà été déposé, il peut être requis par le procureur de la République à l'occasion du déferement. Ce rapport doit être versé au dossier de la procédure par le procureur de la République. On peut noter ici que le texte n'exige pas que le mineur ait été déjà condamné, et qu'il se contente de dire qu'il doit avoir « fait l'objet » d'une « mesure éducative, d'une mesure judiciaire d'investigation éducative, d'une mesure de sûreté, d'une déclaration de culpabilité ou d'une peine ». En d'autres termes, le texte ne vise pas les récidivistes, au sens juridique du terme, mais, bien plus largement, ceux qui ont été saisis par le juge pénal, même de manière non définitive ;
– ou est également poursuivi pour le délit prévu par le troisième alinéa de l'article 55-1 du code de procédure pénale, à savoir le refus de se soumettre aux opérations de prélèvement pour les suspects (l'infraction est punissable, selon ce texte, d'un an d'emprisonnement et de 15 000 € d'amende, en principe ramenés à six mois d'emprisonnement et 7 500 euros d'amende pour les mineurs). Dans ce cas, le procureur de la République verse au dossier le recueil de renseignements socio-éducatifs établi à l'occasion du déferement.

La procédure de jugement unique devant le tribunal pour enfants est lourde de conséquences, puisque dans ce cas, le mineur encourt tout l'éventail de la réponse pénale applicable, c'est-à-dire mesures éducatives et peines.

En outre, le choix de cette procédure d'audience unique peut s'accompagner (et en pratique s'accompagne souvent) de la saisine par le procureur de la République du juge des libertés et de la détention aux fins de détention provisoire (art. L. 423-9), l'audience unique intervenant dans ce cas dans un délai compris entre 10 jours et un mois. Ce mécanisme n'est pas sans rappeler celui de la comparution immédiate, par ailleurs exclue pour les mineurs.

Même si cette procédure est envisagée « à titre exceptionnel », les conditions posées par le code ne sont finalement pas très exigeantes. D'une part, tous les mineurs à partir de l'âge de treize ans peuvent être soumis à cette procédure, sous réserve de conditions tenant à la gravité de l'infraction reprochée (5 ans pour les mineurs de 13 à 16 ans, et trois ans pour les mineurs de 16 à 18 ans). D'autre part, s'agissant de la situation du mineur, le code prévoit que le mineur doit avoir fait l'objet d'une précédente mesure (ce qui est très large, puisque la mesure peut n'être qu'éducative, ou provisoire comme une mesure de sûreté), ou s'être refusé à une mesure de prélèvement. Même si cette option du parquet est envisagée par le code « à titre exceptionnel », il semble que la procédure d'audience unique ait vocation à être beaucoup utilisée, spécialement pour les mineurs non accompagnés. Or, les mineurs non accompagnés représentent une part très importante des mineurs poursuivis, surtout dans les grandes villes (entre 30 et 50 %). Les conditions posées pour recourir à l'audience unique sont donc insuffisantes et le texte donne au parquet une marge de manœuvre excessive, au point de transformer un schéma exceptionnel en un schéma commun, dans une perspective de gestion du flux, au détriment de la prise en charge éducative. On constate ici un changement profond de paradigme par rapport à l'ordonnance de 1945 et au principe selon lequel le schéma normal de procédure était l'ouverture d'une information judiciaire. En outre, est à craindre le développement d'une justice pénale des mineurs à deux vitesses : l'une reposant sur la procédure de mise à l'épreuve éducative, combinant une réponse rapide (première audience à délai bref, entre 10 jours et 3 mois) et action éducative dans le temps

(seconde audience, à délai plus long, entre 6 et 9 mois), l'autre consistant en une audience unique, sorte de résurgence de la procédure de présentation immédiate, intervenant dans un délai rapide (entre 10 jours et 3 mois voire entre 10 jours et 1 mois en cas de saisine du juge des libertés et de la détention) sans véritable dimension éducative.

La mise en œuvre effective de la procédure unique, dans les tribunaux, permettra de confirmer ou d'infirmer ces craintes. La vigilance s'impose, et le contrôle de l'application de ce dispositif sera certainement sollicité. Il conviendra en effet de s'assurer que les principes directeurs qui affirment solennellement dans l'article préliminaire et le titre préliminaire l'autonomie du droit pénal des mineurs et la primauté de l'éducation sur la répression ne soient pas contournés, au nom de stratégies managériales permettant l'application aux mineurs de procédures inspirées de celles des majeurs. ❑

1. Le juge des libertés et de la détention est régulièrement saisi par le procureur de la République dans le cadre de la procédure exceptionnelle de l'audience unique, d'une demande de placement d'un mineur en détention provisoire, dès lors que les conditions prévues par l'art. L. 423-9 sont remplies et que figure au dossier le recueil de renseignement éducatif prévu par l'art. L. 322-5, le rapport de l'art. L. 423-4, 2°, a), n'étant pas obligatoire à ce stade de la procédure mais devant seulement être versé au dossier avant l'audience de jugement. • Crim. 6 avr. 2022, n° 22-80.276 B : *AJ pénal 2022. 324, obs. Gallardo* • 22 févr. 2023, n° 22.85.078 B.

2. L'absence de versement à la procédure du rapport prévu à l'art. L. 423-4, 2°, *a)*, par le procureur de la République au stade de l'audience unique interdit de juger le mineur selon cette procédure et impose, soit de constater que l'affaire n'est pas en état d'être jugée et doit être renvoyée pour jugement en audience unique dans le délai d'un mois dans l'attente de l'obtention du rapport avec maintien en détention, soit de statuer selon la procédure de mise à l'épreuve éducative conformément aux dispositions de l'art. L. 526-27. • Aix-en-Provence, 20 mai 2022.

Code de procédure pénale

Art. 55-1 *(L. n° 2003-239 du 18 mars 2003, art. 30)* L'officier de police judiciaire peut procéder, ou faire procéder sous son contrôle, sur toute personne susceptible de fournir des renseignements sur les faits en cause ou sur toute personne à l'encontre de laquelle il existe une ou plusieurs raisons plausibles de soupçonner qu'elle a commis ou tenté de commettre l'infraction, aux opérations de prélèvements externes nécessaires à la réalisation d'examens techniques et scientifiques de comparaison avec les traces et indices prélevés pour les nécessités de l'enquête.

Il procède, ou fait procéder sous son contrôle, aux opérations *(L. n° 2004-204 du 9 mars 2004, art. 109)* « de relevés signalétiques et notamment de prise d'empreintes digitales, palmaires ou de photographies » nécessaires à l'alimentation et à la consultation des fichiers de police selon les règles propres à chacun de ces fichiers.

(L. n° 2023-22 du 24 janv. 2023, art. 20) « L'officier de police judiciaire peut également procéder, ou faire procéder sous son contrôle, aux opérations permettant l'enregistrement, la comparaison et l'identification des traces et des indices ainsi que des résultats des opérations de relevés signalétiques dans les fichiers mentionnés au deuxième alinéa, selon les règles propres à chacun de ces fichiers. »

Le refus *(L. n° 2004-204 du 9 mars 2004, art. 109)* « , par une personne à l'encontre de laquelle il existe une ou plusieurs raisons plausibles de soupçonner qu'elle a commis ou tenté de commettre une infraction, de se soumettre aux opérations de prélèvement, mentionnées aux premier et deuxième alinéas » ordonnées par l'officier de police judiciaire est puni d'un an d'emprisonnement et de 15 000 € d'amende.

(L. n° 2022-52 du 24 janv. 2022, art. 30) « Sans préjudice de l'application *(L. n° 2023-22 du 24 janv. 2023, art. 20)* « de l'avant-dernier » alinéa, lorsque la prise d'empreintes digitales ou palmaires ou d'une photographie constitue l'unique moyen d'identifier une personne qui est entendue en application des articles *[Dispositions déclarées contraires à la Constitution : Cons. const. 10 févr. 2023, n° 2022-1034 QPC] « 61-1 ou »* 62-2 pour un crime ou un délit puni d'au moins trois ans d'emprisonnement et qui refuse de justifier de son identité ou qui fournit des éléments d'identité manifestement inexacts, cette opération peut être effectuée sans le consentement de cette personne, sur autorisation écrite du procureur de la République saisi d'une demande motivée par l'officier de police judiciaire. L'officier de police judiciaire ou, sous son contrôle, un agent de police judiciaire recourt à la contrainte dans la mesure strictement nécessaire et de manière proportionnée. Il tient compte, s'il y a lieu, de la vulnéra-

bilité de la personne. Cette opération fait l'objet d'un procès-verbal, qui mentionne les raisons pour lesquelles elle constitue l'unique moyen d'identifier la personne ainsi que le jour et l'heure auxquels il y est procédé. Le procès-verbal est transmis au procureur de la République, copie en ayant été remise à l'intéressé. »

Art. L. 423-5 **En aucun cas un mineur ne peut être poursuivi par voie de citation directe ou selon les procédures prévues aux articles 393 à 397-7, 495-7 à 495-17 du code de procédure pénale ou, pour les contraventions de cinquième classe, selon la procédure simplifiée prévue par les articles 524 à 530-1 du code de procédure pénale.** – *[Ord. n° 45-174 du 2 févr. 1945, art. 5, al. 7.]*

COMMENTAIRE

L'article L. 423-5 exclut, dans la continuité de l'article 5 de l'ordonnance de 1945, que soient appliquées aux mineurs certaines procédures, considérées comme ne permettant pas de prendre en considération la spécificité des mineurs délinquants. De fait, ces procédures relèvent de la justice d'urgence (comparution immédiate) ou supposent un degré de maturité (CRPC) dont on peut légitimement penser qu'elles ne sont pas adaptées aux mineurs. On rappellera pourtant que la composition pénale, qui suppose elle aussi une reconnaissance de culpabilité, est applicable aux mineurs (V. art. L. 422-3).

Ne sont donc pas applicables aux mineurs :
– la citation directe,
– les procédures de convocation par procès-verbal et de comparution immédiate (art. 393 à 397-7 C. pr. pén.),
– la procédure de comparution sur reconnaissance préalable de culpabilité (art. 495-7 à 495-17 C. pr. pén.),
– et en matière de contraventions de 5e classe la procédure simplifiée et l'amende forfaitaire (art. 524 à 530-1 C. pr. pén.).

L'exclusion de ces procédures n'est pas nouvelle. Elle n'en est pas moins essentielle. En effet, on sait que le législateur n'hésite pas, dans une perspective de gestion des flux et d'économies, à assouplir les garanties fondamentales de procédure, en cas d'urgence, ou lorsque les faits sont relativement simples, ou reconnus, ou peu graves. Mais ces assouplissements – que l'on peut sans doute admettre à l'égard des majeurs – ne sauraient être envisageables à l'égard des mineurs. ❑

En vertu de l'art. 5 de l'Ord. du 2 févr. 1945, le mineur ne peut être poursuivi selon la procédure du flagrant délit (convocation par procès-verbal et comparution immédiate) ou par la voie de la citation directe ; dans ce cas, il y a lieu, après cassation, de renvoyer devant le procureur de la République et, lorsqu'il y a une ordonnance de renvoi rendue par le juge d'instruction de droit commun, de renvoyer devant le juge d'instruction pour enfants. • Crim. 24 juin 1953 : *Bull. crim. n° 223* • 14 déc. 1954 : *Bull. crim. n° 390* • 12 janv. 1955 : *Bull. crim. n° 28* • 5 déc. 1956 : *Bull. crim. n° 810.*

Art. L. 423-6 **Lorsque le procureur de la République ordonne la présentation d'un mineur devant lui, il :**

1° Avise par tout moyen les représentants légaux du mineur, ainsi que la personne ou le service auquel il est confié ;

2° Requiert l'établissement d'un recueil de renseignements socio-éducatifs ;

3° Sollicite du bâtonnier la désignation d'un avocat commis d'office dans le cas où le mineur ou ses représentants légaux n'ont pas désigné d'avocat. L'avocat désigné peut consulter le dossier de la procédure sur le champ et communiquer librement avec le mineur.

Lorsque le procureur de la République se fait présenter un mineur, il l'informe de son droit d'être assisté par un interprète, il constate son identité et lui notifie les faits qui lui sont reprochés et leur qualification juridique en présence de son avocat.

Le procureur de la République avertit alors le mineur de son droit de faire des déclarations, de répondre aux questions qui lui sont posées ou de se taire. Après avoir, le cas échéant, recueilli les observations du mineur ou procédé à son interrogatoire, le procureur de la République entend, s'il y a lieu, les observations de l'avocat, portant notamment sur la régularité de la procédure, sur la qualification retenue, sur le caractère éventuellement insuffisant de l'enquête, sur la nécessité de procéder à de nou-

veaux actes qu'il estime nécessaires à la manifestation de la vérité et sur les modalités d'engagement éventuel des poursuites.

Au vu de ces observations, le procureur de la République peut saisir une juridiction de jugement, requérir l'ouverture d'une information, ordonner la poursuite de l'enquête ou prendre toute autre décision sur l'action publique.

A peine de nullité, mention des formalités prévues *(L. n° 2021-218 du 26 févr. 2021, art. 14)* **« au 3° et aux cinquième et sixième alinéas » du présent article est faite au procès-verbal. Si le procureur de la République saisit la juridiction de jugement, la copie de ce procès-verbal est remise au mineur.**

COMMENTAIRE

Le déférement est une mesure de contrainte par laquelle le procureur de la République peut se faire conduire devant lui l'auteur d'une infraction, pour lui notifier (souvent à l'issue d'une garde à vue) la suite qu'il envisage de donner au dossier, et donc l'exercice des poursuites. La procédure de droit commun du défèrement a été modifiée par les lois des 27 mai et 15 août 2014, et se trouve désormais régie par l'article 393 du code de procédure pénale. Selon ce texte, la personne qui est déférée au parquet a notamment droit à l'assistance d'un avocat, lequel a le droit de consulter le dossier de la procédure (ou la personne déférée directement).

Le défèrement est applicable aux mineurs, et, en pratique, c'est même semble-t-il une procédure de plus en plus fréquente. Mais il n'était pas réglementé par l'ordonnance de 1945, vraisemblablement parce que le juge des enfants y était l'acteur central de la justice des mineurs, et non le parquet. Aussi, et spécialement compte tenu de la place désormais occupée par le ministère public, il est logique que le code précise les modalités du défèrement des mineurs. Tel est l'objet de l'article L. 423-6.

L'information des représentants légaux du mineur (ou des personnes auprès de qui il est placé), l'établissement d'un recueil de renseignements socio-éducatifs et la désignation d'un avocat sont obligatoires, ce qui correspond aux exigences de la spécificité du droit pénal des mineurs. On rappellera, par exemple, que l'article L. 12-4 du code dispose que « le mineur poursuivi ou condamné est assisté par un avocat ». En outre, mais ici comme pour les majeurs, le mineur déféré a le « droit d'être assisté par un interprète ».

La question de la présence des représentants légaux lors du défèrement n'est pas abordée par le texte. Si celui-ci prévoit en effet que leur information est obligatoire, il ne dit rien de leur présence éventuelle. Le mineur étant assisté par un avocat, on peut imaginer que la présence, en sus, de ses représentants ne sera pas requise.

Le défèrement est une étape importante dans la procédure, car c'est le moment où le procureur de la République va notifier les faits reprochés à la personne déférée, et, après avoir éventuellement recueilli ses observations ou celles de son avocat, va décider des suites qu'il donne à la procédure. Cela est vrai en droit commun, comme en droit pénal des mineurs.

Le texte précise encore que la mention de ces formalités (celles prévues aux al. 3, 5 et 6, c'est-à-dire en fait quasiment toutes) doit être faite au procès-verbal à peine de nullité et que « si le procureur de la République saisit la juridiction de jugement, la copie de ce procès-verbal est remise au mineur ».

Il convient de mentionner ici l'article D. 423-5, issu du décret n° 2021-683 du 27 mai 2021, selon lequel « lorsque la juridiction est saisie par procès-verbal du procureur de la République établi lors d'un défèrement en application du 2° de l'article L. 423-7, la victime est avisée par tout moyen de la date d'audience ». ❑

SECTION II DE LA SAISINE DE LA JURIDICTION DE JUGEMENT

SOUS-SECTION 1 DES MODES DE SAISINE

Art. L. 423-7 Le juge des enfants ou le tribunal pour enfants est saisi soit :

1° Par convocation délivrée sur instructions du procureur de la République soit par un greffier, un officier ou agent de police judiciaire, un commissaire de justice, un délégué ou un médiateur du procureur de la République, soit, si le prévenu est détenu,

par le chef de l'établissement pénitentiaire, soit, si le mineur est placé, par le directeur de l'établissement auquel il est confié ;

2° Par procès-verbal du procureur de la République établi lors d'un déferement. Dans ce cas, le procureur de la République procède conformément aux dispositions de l'article L. 423-6 et informe le mineur, en présence de son avocat, qu'il est convoqué devant le juge des enfants ou tribunal pour enfants pour y être jugé, à une audience fixée dans un délai qui ne peut être inférieur à dix jours ni supérieur à trois mois. Il lui notifie les faits qui lui sont reprochés ainsi que le lieu, la date et l'heure de l'audience. Ces formalités sont mentionnées au procès-verbal, dont copie est remise au mineur, à peine de nullité de la procédure. – *[Ord. n° 45-174 du 2 févr. 1945, art. 5, al. 3 ; art. 8-3, al. 1er.]*

COMMENTAIRE

Le code consacre aux modes de saisine des juridictions pour mineurs plusieurs dispositions, de manière beaucoup plus complète et plus cohérente que ne le faisait l'ordonnance de 1945.

L'article L. 423-7 envisage deux modes de saisine du tribunal pour enfants et du juge des enfants :

– la convocation sur instruction du procureur de la République (délivrée par un greffier, un officier ou agent de police judiciaire, un commissaire de justice, un délégué ou un médiateur du procureur, le chef de l'établissement pénitentiaire, ou le directeur de l'établissement auquel il est confié)

– le procès-verbal du procureur de la République établi lors d'un déferement.

A lire cette disposition, on perçoit que le mode normal de saisine de la juridiction est donc, désormais, le déferement, et que le code induit une accélération très nette de la procédure, en fixant une audience dans un délai compris entre dix jours et trois mois. Cette accélération ne concerne du reste pas que le déferement. En effet, si l'exigence d'un délai d'audiencement entre dix jours et trois mois est ici mentionnée pour le déferement, l'article L. 423-8 prévoit aussi qu'en cas de convocation devant le juge des enfants ou le tribunal pour enfants, les délais de l'article 552 du code de procédure pénale sont applicables (délai de 10 jours minimum, et délais spécifiques pour les convocations adressées dans les départements d'outre-mer, territoires d'outre-mer et à l'étranger).

Il convient de mentionner ici l'article D. 423-5, issu du décret n° 2021-683 du 27 mai 2021, qui précise que « lorsque la juridiction est saisie par procès-verbal du procureur de la République établi lors d'un déferement en application du 2° de l'article L. 423-7, la victime est avisée par tout moyen de la date d'audience ». ❑

Art. L. 423-8 La convocation devant le juge des enfants ou le tribunal pour enfants et le procès-verbal établi par le procureur de la République lors du déferement mentionnent :

1° La date, le lieu et l'heure de l'audience, laquelle se tient dans un délai qui ne peut être inférieur à dix jours ni supérieur à trois mois à compter de la notification de la convocation ;

2° Le fait poursuivi ainsi que le texte de loi qui le réprime ;

3° Les dispositions de l'article L. 12-4.

Sont rappelées les dispositions des articles L. 12-5, L. 311-1 et L. 311-2.

Sont également rappelées les dispositions des articles L. 521-1 et L. 521-2, sauf lorsque le tribunal pour enfants est saisi aux fins d'audience unique en application *(L. n° 2021-218 du 26 févr. 2021, art. 14)* **« du troisième alinéa » de l'article L. 423-4.**

La convocation est notifiée dans les meilleurs délais aux représentants légaux et à la personne ou au service auquel le mineur est confié.

Ces mentions sont formalisées par procès-verbal signé par le mineur et, si elles sont présentes, les personnes visées à l'alinéa précédent, qui en recevront copie. Cette convocation vaut citation à personne et entraîne l'application des délais prévus à l'article 552 du code de procédure pénale.

Le juge des enfants ou le tribunal pour enfants en est avisé sans délai. – *[Ord. n° 45-174 du 2 févr. 1945, art. 5, al. 3 à 6.]*

COMMENTAIRE

L'article L. 423-8 détaille le formalisme des deux modes de saisine du tribunal pour enfants et du juge des enfants abordés dans l'article précédent (quitte, parfois, à faire double emploi avec certaines dispositions de cet article, notamment en matière de déferement).

Plus précisément, la convocation et le procès-verbal établi par le procureur lors du déferement doivent mentionner :
– la date, le lieu et l'heure de l'audience, laquelle se tient dans un délai qui ne peut être inférieur à dix jours ni supérieur à trois mois à compter de la notification de la convocation ;
– le fait poursuivi ainsi que le texte de loi qui le réprime ;
– les dispositions de l'article L. 12-4 (c'est-à-dire l'obligation d'assistance par un avocat et les modalités de désignation de celui-ci) ;
– les dispositions des articles L. 12-5, L. 311-1 et L. 311-2 (information et accompagnement des représentants légaux) ;
– les dispositions des articles L. 521-1 et L. 521-2 (sur la procédure de mise à l'épreuve éducative, ou le cas échéant sur l'audience unique).

En d'autres termes, le mineur poursuivi doit être clairement informé de la procédure qui lui est applicable, de ce qui lui est reproché, de l'assistance obligatoire d'un avocat et de ses droits (ou du moins de certains de ses droits), et, bien évidemment, du lieu, de la date et de l'heure de l'audience.

Le texte prévoit aussi que « la convocation est notifiée dans les meilleurs délais aux représentants légaux et à la personne ou au service auquel le mineur est confié ».

Il précise enfin que « ces mentions sont formalisées par procès-verbal signé par le mineur et, si elles sont présentes, les personnes visées à l'alinéa précédent, qui en recevront copie », que « cette convocation vaut citation à personne et entraîne l'application des délais prévus à l'article 552 du code de procédure pénale » et que « le juge des enfants ou le tribunal pour enfants en est avisé sans délai ».

Il résulte de ce dispositif qu'en cas de convocation, comme en cas de procès-verbal du parquet après déferement, l'audience doit se tenir dans un délai compris entre dix jours et trois mois, ce qui constitue une accélération considérable des procédures. En effet, si la prévision d'un délai minimum de dix jours entre la convocation et l'audience est classique (elle figurait déjà à l'art. 552 C. pr. pén.), la prévision d'un délai maximal de trois mois est quant à elle beaucoup plus rare, et montre la volonté d'accélération de la procédure. A cet égard, la référence, pour la convocation, à l'article 552 du code de procédure pénale, qui n'envisage que le délai minimal de dix jours et pas le délai maximal de trois mois, pourrait faire hésiter sur le domaine de ce dispositif. Mais l'article L. 423-8 énonce, dès l'alinéa premier, que « la convocation devant le juge des enfants ou le tribunal pour enfants et le procès-verbal établi par le procureur de la République lors du déferement mentionnent : 1° La date, le lieu et l'heure de l'audience, laquelle se tient dans un délai qui ne peut être inférieur à dix jours ni supérieur à trois mois à compter de la notification de la convocation ». La fourchette de délai s'applique donc aux deux modes de saisine du tribunal pour enfants et du juge des enfants. Pour autant le code est muet sur le non-respect de ces délais. Or, la faiblesse des moyens alloués à la justice et l'engorgement des juridictions qu'elle induit permettent de douter de la réalité de ces délais. Quoi qu'il en soit, la référence aux délais de l'article 552 du code de procédure pénale permet de viser les délais supplémentaires spécifiques en cas de convocation depuis ou vers les départements et territoires d'outre-mer et l'étranger.

Ce dispositif a été prolongé par l'article D. 423-4 issu du décret n° 2021-683 du 27 mai 2021. Ce texte précise ainsi : « Lorsqu'elles sont remises à un mineur, les convocations en justice mentionnées à l'article L. 423-8 contiennent l'information des droits suivants :

1° Le droit à ce que les représentants légaux ou l'adulte approprié mentionné à l'article L. 311-2 soient informés et le droit d'être accompagné par ceux-ci lors de ses auditions ou interrogatoires dans les conditions prévues par l'article L. 311-1, sauf circonstances particulières énoncées au deuxième alinéa de l'article L. 413-3 et au deuxième alinéa de l'article L. 413-7 ;

2° Le droit à la protection de sa vie privée garanti par l'interdiction de diffuser les enregistrements de ses auditions, par la tenue des audiences en publicité restreinte et par l'interdiction de publier le compte rendu des débats d'audience ou de tout élément permettant son identification ;

3° Le droit d'assister aux audiences ;

4° Le droit d'être accompagné par les représentants légaux ou par l'adulte approprié mentionné à l'article L. 311-2 au cours des audiences ;

5° Le droit à une évaluation éducative personnalisée ;

6° Le droit de bénéficier de l'aide juridictionnelle dans les conditions fixées par la loi n° 91-647 du 10 juillet 1991 relative à l'aide juridique. » ❑

Code de procédure pénale

Art. 552 *(L. n° 75-701 du 6 août 1975 ; L. n° 75-1257 du 27 déc. 1975)* « Le délai entre le jour où la citation est délivrée et le jour fixé pour la comparution devant le tribunal correctionnel ou de police est d'au moins dix jours, si la partie citée réside dans un département de la France métropolitaine ou si, résidant dans un département d'outre-mer, elle est citée devant un tribunal de ce département. »

(L. n° 93-2 du 4 janv. 1993) « Ce délai est augmenté d'un mois si la partie citée devant le tribunal d'un département d'outre-mer réside dans un autre département d'outre-mer, dans un territoire d'outre-mer, à Saint-Pierre-et-Miquelon ou Mayotte ou en France métropolitaine, ou si, cité devant un tribunal d'un département de la France métropolitaine, elle réside dans un département ou territoire d'outre-mer, à Saint-Pierre-et-Miquelon ou Mayotte. »

(L. n° 2008-644 du 1er juill. 2008, art. 7) « Si la partie citée réside à l'étranger, ce délai est augmenté d'un mois si elle demeure dans un État membre de l'Union européenne et de deux mois dans les autres cas ».

SOUS-SECTION 2 DES MESURES PRONONCÉES AVANT LA COMPARUTION DU MINEUR DEVANT LA JURIDICTION DE JUGEMENT

Art. L. 423-9 Aussitôt après avoir procédé aux formalités de l'article L. 423-6, le procureur de la République fait comparaître le mineur devant *(Abrogé par L. n° 2021-218 du 26 févr. 2021, art. 14)* ***« le juge des enfants afin qu'il soit statué sur ses réquisitions tendant : »***

(L. n° 2021-218 du 26 févr. 2021, art. 14) **« 1° Le juge des enfants afin qu'il soit statué sur ses réquisitions tendant :**

« *a)* » Soit, quel que soit l'âge du mineur, au prononcé d'une mesure éducative judiciaire provisoire jusqu'à l'audience d'examen de la culpabilité ;

(L. n° 2021-218 du 26 févr. 2021, art. 14) **« *b)* » Soit, pour le mineur âgé d'au moins treize ans, au placement sous contrôle judiciaire, dans les conditions prévues par l'article L. 331-1, jusqu'à l'audience d'examen de la culpabilité ;**

(L. n° 2021-218 du 26 févr. 2021, art. 14) **« *c)* » Soit, pour le mineur âgé d'au moins seize ans, au placement sous assignation à résidence avec surveillance électronique, dans les conditions prévues par l'article L. 333-1, jusqu'à l'audience d'examen de la culpabilité ;**

(L. n° 2021-218 du 26 févr. 2021, art. 14) **« 2° Le juge des libertés et de la détention, pour le mineur âgé d'au moins seize ans et lorsque le tribunal pour enfants est saisi aux fins d'audience unique en application du troisième alinéa de l'article L. 423-4, afin qu'il soit statué sur ses réquisitions tendant au placement en détention provisoire du mineur jusqu'à l'audience, dans les conditions prévues aux articles L. 334-1 à L. 334-5** *[ancienne rédaction : Soit, pour le mineur âgé d'au moins seize ans et lorsque le tribunal pour enfants est saisi aux fins d'audience unique en application de l'alinéa 3 de l'article L. 423-4, à son placement en détention provisoire dans les conditions prévues par les articles L. 334-1 à L. 334-5 jusqu'à l'audience].* **» Dans ce cas, l'audience de jugement doit avoir lieu dans un délai ne pouvant excéder un mois, à défaut de quoi le mineur est remis en liberté d'office.**

(L. n° 2021-1729 du 22 déc. 2021, art. 14) **« Le mineur est informé que la décision ne pourra intervenir qu'à l'issue d'un débat contradictoire et qu'il a le droit de deman-**

der un délai pour préparer sa défense. Si le mineur ou son avocat sollicite un tel délai, le juge des libertés et de la détention statue selon les modalités prévues aux trois derniers alinéas de l'article L. 521-21. »

(L. n° 2021-218 du 26 févr. 2021, art. 14) **« Le procureur de la République avise sans délai le juge des enfants afin qu'il puisse communiquer au juge des libertés et de la détention tout élément utile sur la personnalité du mineur et, le cas échéant, accomplir les diligences prévues à l'article L. 423-10. »**

Le juge des enfants *(L. n° 2021-218 du 26 févr. 2021, art. 14)* **« ou le juge des libertés et de la détention » statue par ordonnance motivée qui doit comporter l'énoncé des considérations de droit et de fait qui constituent le fondement de la décision. Il statue en audience de cabinet, après un débat contradictoire au cours duquel il entend les réquisitions du procureur de la République, puis les observations du mineur et celles de son avocat. Le juge des enfants** *(L. n° 2021-218 du 26 févr. 2021, art. 14)* **« ou le juge des libertés et de la détention » entend le cas échéant au cours de ce débat les** *(L. n° 2021-218 du 26 févr. 2021, art. 14)* **« représentants légaux du mineur » et le représentant du service auquel le mineur est confié ou mandaté dans le cadre d'une précédente mesure.**

La présence du procureur de la République est facultative dans les cas prévus aux *(L. n° 2021-218 du 26 févr. 2021, art. 14)* **« *a)* et *b)* du 1° » s'agissant du placement sous contrôle judiciaire des mineurs d'au moins seize ans.**

Les représentants légaux du mineur sont avisés par tout moyen de la décision du juge des enfants *(L. n° 2021-218 du 26 févr. 2021, art. 14)* **« et du juge des libertés et de la détention ».**

BIBL. ▶ BONFILS, Ratification de l'ordonnance portant création du Code de la justice pénale des mineurs, *JCP 2021. 391.*

COMMENTAIRE

Sous l'ordonnance de 1945, une réponse provisoire pouvait être donnée au mineur par le juge des enfants, dans le cadre de l'information judiciaire dont il pouvait avoir la charge, en matière de délits et de contraventions de 5e classe. Mais la suppression de la fonction d'instruction du juge des enfants et l'abandon quasi systématique de l'instruction en matière de délit ont conduit à opérer une réorganisation complète, lorsqu'il était nécessaire de prononcer des mesures de sûreté avant la juridiction de jugement.

On rappellera que le schéma privilégié par le code est désormais celui de la césure, consistant à distinguer une première audience sur la culpabilité et l'action civile dans un délai de dix jours à trois mois, et une seconde audience, ultérieurement, portant sur la peine et les mesures éducatives définitives. Mais il peut être nécessaire d'apporter une réponse provisoire immédiate, sans attendre la première audience de jugement sur la culpabilité.

Tel est l'objet de la présente sous-section.

En fonction notamment de l'âge du mineur et de la gravité de l'infraction, plusieurs mesures provisoires sont possibles avant l'audience sur la culpabilité : mesure éducative judiciaire provisoire, placement sous contrôle judiciaire, placement sous assignation à résidence avec surveillance électronique, et même placement en détention provisoire (pour le mineur âgé d'au moins seize ans et lorsque le tribunal pour enfants est saisi aux fins d'audience unique). L'article L. 423-9 précise la compétence des juridictions en la matière, et les conditions dans lesquelles ces juridictions se prononcent.

Initialement, le texte donnait au juge des enfants une compétence générale en la matière. C'est lui qui pouvait prononcer, avant la première audience d'examen de la culpabilité, des mesures éducatives judiciaires provisoires et tout l'éventail des mesures de sûreté : contrôle judiciaire, assignation à résidence avec surveillance électronique et même détention provisoire.

Mais cette compétence donnée au juge des enfants en matière de détention provisoire a été vivement discutée lors de l'examen de la loi de ratification, les parlementaires craignant que ce cumul de fonctions entre la détention provisoire et le jugement puisse être sanctionné au titre du principe de l'impartialité objective ou fonctionnelle. Sensible à ces critiques, la loi de ratification du 26 février 2021 a finalement enlevé au juge des enfants

le contentieux de la détention provisoire avant la première audience au fond, pour le confier au juge des libertés et de la détention, et plus précisément à un « juge des libertés et de la détention chargé spécialement des affaires concernant les mineurs », comme le dit l'article L. 12-1 du code, relatif aux juridictions spécialisées ou adaptées compétentes en matière de mineurs. C'est ainsi que l'article L. 423-9 a été réécrit par la loi de ratification. Ce texte invite à distinguer selon la mesure provisoire dont il est question.

S'il est envisagé une mesure éducative judiciaire provisoire ou une mesure de sûreté autre que la détention provisoire (contrôle judiciaire et assignation à résidence sous surveillance électronique), c'est le juge des enfants qui est compétent. Après avoir procédé aux formalités de l'article L. 423-6, le procureur de la République fait comparaître le mineur devant le juge des enfants afin qu'il soit statué sur ses réquisitions tendant :

a) soit, quel que soit l'âge du mineur, au prononcé d'une mesure éducative judiciaire provisoire jusqu'à l'audience d'examen de la culpabilité (sous réserve du discernement évidemment) ;

b) soit, pour le mineur âgé d'au moins treize ans, au placement sous contrôle judiciaire, dans les conditions prévues par l'article L. 331-1, jusqu'à l'audience d'examen de la culpabilité ;

c) soit, pour le mineur âgé d'au moins seize ans, au placement sous assignation à résidence avec surveillance électronique, dans les conditions prévues par l'article L. 333-1, jusqu'à l'audience d'examen de la culpabilité.

Si une détention provisoire est envisagée, et pour le mineur âgé d'au moins 16 ans lorsque le tribunal est saisi aux fins d'audience unique, le procureur de la République fait comparaître le mineur, après avoir procédé aux formalités de l'article L. 423-6, devant le juge des libertés et de la détention afin qu'il soit statué sur ses réquisitions tendant au placement en détention provisoire du mineur jusqu'à l'audience, dans les conditions prévues aux articles L. 334-1 à L. 334-5. Le texte précise alors que dans ce cas, l'audience de jugement doit avoir lieu dans un délai ne pouvant excéder un mois, à défaut de quoi le mineur est remis en liberté d'office. La loi n° 2021-1729 du 22 décembre 2021 pour la confiance dans l'institution judiciaire a inséré un alinéa qui précise que « le mineur est informé que la décision ne pourra intervenir qu'à l'issue d'un débat contradictoire et qu'il a le droit de demander un délai pour préparer sa défense » et que « si le mineur ou son avocat sollicite un tel délai, le juge des libertés et de la détention statue selon les modalités prévues aux trois derniers alinéas de l'article L. 521-21 » (renvoi à un délai de 4 jours maximum notamment).

Afin que le JLD puisse prendre sa décision en toute connaissance de cause, le procureur de la République avise sans délai le juge des enfants afin qu'il communique au juge des libertés et de la détention tout élément utile sur la personnalité du mineur et, le cas échéant, accomplisse les diligences prévues à l'article L. 423-10. L'article D. 423-7 dispose ainsi que « dès qu'il est avisé par le procureur de la République de la mise en œuvre des dispositions du 2° de l'article L. 423-9, le juge des enfants communique au juge des libertés et de la détention tout élément utile relatif à la personnalité et à la situation du mineur ».

Le décret n° 2021-683 du 27 mai 2021 a apporté une précision relative au cas où le juge des libertés et de la détention ne fait pas droit aux réquisitions du parquet aux fins de placement en détention provisoire. Selon l'article D. 423-6, « lorsque le juge des libertés et de la détention ne fait pas droit aux réquisitions du procureur de la République aux fins de placement en détention provisoire du mineur en application du 2° de l'article L. 423-9, le juge des enfants peut modifier, dans le respect des délais prévus à l'article L. 423-8, la date de convocation devant le tribunal pour enfants notifiée préalablement par le procureur de la République.

La nouvelle convocation est notifiée à l'intéressé par le juge des enfants ou par son greffier, et dans les meilleurs délais aux représentants légaux et à la personne ou au service auquel le mineur est confié. La victime est avisée par tout moyen de la nouvelle date d'audience ».

La loi de ratification réorganise donc la compétence des juridictions pouvant prononcer une mesure provisoire avant la première audience au fond et dans la même perspective, cette même loi modifie aussi l'article L. 423-11 du code, relatif aux demandes de mainle-

vée, modification ou révocation des mesures provisoires avant jugement, pour donner compétence au JLD lorsque la révocation du contrôle judiciaire ou de l'assignation à résidence peut donner lieu à détention provisoire.

L'article L. 423-9 précise ensuite les conditions dans lesquelles le juge des enfants et le juge des libertés et de la détention prononcent les mesures provisoires avant l'audience d'examen de la culpabilité.

Le texte prévoit ainsi que « le juge des enfants ou le juge des libertés et de la détention statue par ordonnance motivée », « en audience de cabinet », et « après un débat contradictoire au cours duquel il entend les réquisitions du procureur de la République, puis les observations du mineur et celles de son avocat », voire « les parents du mineur, ses représentants légaux et le représentant du service auquel le mineur est confié ou mandaté dans le cadre d'une précédente mesure ». Le texte précise enfin que la présence du procureur de la République est facultative pour le prononcé d'une mesure éducative judiciaire provisoire, et pour le placement sous contrôle judiciaire pour les mineurs âgés entre treize et seize ans. *A contrario*, la présence du parquet est donc obligatoire dans les autres cas.

En définitive, ce sont donc le juge des enfants (principalement) et le juge des libertés et de la détention (seulement pour la détention provisoire) qui, en l'absence d'instruction, prononceront des mesures provisoires avant la première audience de jugement, portant sur la culpabilité.

Cette nouvelle configuration procédurale induite par la volonté de supprimer l'instruction préparatoire permet donc plus largement le prononcé du contrôle judiciaire, de l'assignation à résidence avec surveillance électronique et de la détention provisoire en dehors de toute instruction. Certes, en droit commun, le tribunal correctionnel peut recourir à ces mesures de sûreté dans le cadre de la procédure de comparution immédiate, lorsque les garanties de représentation du prévenu ne sont pas suffisantes et que l'audience est renvoyée à une date ultérieure. De même, sous l'ordonnance de 1945, le juge des enfants pouvait déjà, dans le cadre de la procédure de présenation immédiate, placer un mineur en détention provisoire dans l'attente de l'audience au fond. Mais l'extension de ce pouvoir peut inquiéter. Du point de vue des principes généraux de la procédure pénale, cette curiosité interroge aussi. En effet, le juge des enfants et le juge des libertés et de la détention interviennent pour prononcer des mesures, selon l'intitulé même de la sous-section dans laquelle figure cette disposition, « avant la comparution du mineur devant la juridiction de jugement ». Mais puisque par définition on se trouve ici hors instruction et qu'en outre le code a précisément enlevé au juge des enfants la fonction d'instruction, ces juridictions ne seraient-elles pas des juridictions de jugement ? L'intitulé de la sous-section est finalement troublant, et le code ne donne guère d'indication, sauf à préciser que l'appel contre ces mesures relève de la chambre spéciale des mineurs ou de son président (et non de la chambre de l'instruction). ❑

Art. L. 423-10 **Lorsqu'un mineur est poursuivi dans le cadre de la procédure prévue au troisième alinéa de l'article L. 423-4, le juge des enfants saisi aux fins de prononcer des mesures prévues à l'article L. 423-9** *(L. n° 2021-218 du 26 févr. 2021, art. 14)* **« ou avisé de la saisine du juge des libertés et de la détention aux mêmes fins », qui constate qu'une mise à l'épreuve éducative est en cours, peut, d'office ou sur réquisitions du procureur de la République, faire remettre au mineur et à ses représentants légaux une convocation à comparaître devant le tribunal pour enfants à la date d'audience notifiée par le procureur de la République, pour voir statuer sur l'ensemble des procédures ayant donné lieu à une déclaration de culpabilité au cours de la période de mise à l'épreuve éducative.**

COMMENTAIRE

Lorsqu'un mineur est poursuivi dans le cadre de la procédure de mise à l'épreuve éducative (art. L. 423-4), et que le juge des enfants est saisi pour prononcer une mesure avant la comparution du mineur devant la juridiction de jugement (mesures de l'art. L. 423-9) ou avisé de la saisine du juge des libertés et de la détention aux fins de placement en détention provisoire dans une autre affaire, le juge des enfants peut constater qu'une mise à l'épreuve éducative est déjà en cours. Dans ce cas, l'article L. 423-10 per-

met de regrouper plusieurs procédures en cours en une seule, dans une perspective de simplification et de rationalisation.

Il convient ici de mentionner la précision apportée par l'article D. 423-9, issu du décret n° 2021-683 du 27 mai 2021, qui dispose que « lorsqu'il est fait application de l'article L. 423-10, les avis et citations des parties à la nouvelle audience de prononcé de la sanction mentionnent l'annulation de la date d'audience initialement prévue. En cas de pluralité d'auteurs dans la procédure dans laquelle une période de mise à l'épreuve éducative est déjà en cours, le dossier est disjoint pour le mineur faisant l'objet de la nouvelle convocation ». ❑

Art. L. 423-11 **Le juge des enfants est compétent, jusqu'à la comparution du mineur devant la juridiction, pour statuer sur la** *(L. n° 2021-218 du 26 févr. 2021, art. 14)* **« mainlevée »,** *(L. n° 2021-218 du 26 févr. 2021, art. 14)* **« ou la modification » des mesures d'investigation, éducative judiciaire provisoire et de sûreté, d'office, à la demande du mineur ou de son avocat, ou sur réquisitions du procureur de la République conformément aux dispositions des titres II et III du livre III.** *(Abrogé par L. n° 2021-218 du 26 févr. 2021, art. 14)* ***« Le mineur placé en détention provisoire ou son avocat peut, à tout moment, demander sa mise en liberté. La demande est adressée au juge des enfants, qui communique immédiatement le dossier au procureur de la République aux fins de réquisitions. Le juge des enfants statue, dans les cinq jours suivant la communication au procureur de la République, en exerçant les attributions confiées au juge des libertés et de la détention par les troisième et quatrième alinéas de l'article 148 du code de procédure pénale. »***

(L. n° 2021-1729 du 22 déc. 2021, art. 14, applicable à compter du 30 sept. 2021) **« Le juge des enfants peut, en cas d'incident, délivrer à l'encontre d'un mineur un mandat de comparution.**

« Lorsque le mineur se soustrait aux obligations et interdictions d'un contrôle judiciaire ou d'une assignation à résidence avec surveillance électronique, le juge des enfants peut également ordonner à l'encontre du mineur un mandat d'amener ou, si le mineur est en fuite ou réside à l'étranger, un mandat d'arrêt. Il est alors procédé dans les conditions prévues aux articles 123 à 134 du code de procédure pénale. Le mineur retenu en exécution d'un mandat bénéficie des droits prévus à l'article L. 332-1 du présent code. »

(L. n° 2021-218 du 26 févr. 2021, art. 14) **« Lorsqu'il constate que le mineur n'a pas respecté les obligations du contrôle judiciaire ou de l'assignation à résidence avec surveillance électronique, le juge des enfants peut, si les conditions prévues aux articles L. 334-4 ou L. 334-5 sont réunies, communiquer le dossier au procureur de la République aux fins de réquisitions et saisir le juge des libertés et de la détention aux fins de révocation de la mesure de contrôle judiciaire ou d'assignation à résidence avec surveillance électronique et de placement du mineur en détention provisoire.**

(L. n° 2021-1729 du 22 déc. 2021, art. 14) **« Le mineur est informé que la décision ne pourra intervenir qu'à l'issue d'un débat contradictoire et qu'il a le droit de demander un délai pour préparer sa défense. Si le mineur ou son avocat sollicite un tel délai, le juge des libertés et de la détention statue selon les modalités prévues aux trois derniers alinéas de l'article L. 521-21. »**

« Le mineur placé en détention provisoire, ou son avocat, peut, à tout moment, demander sa mise en liberté. La demande est adressée au juge des libertés et de la détention, qui communique immédiatement le dossier au procureur de la République aux fins de réquisitions et demande au juge des enfants tout élément utile sur la personnalité et l'évolution de la situation du mineur. Le juge des libertés et de la détention statue dans les cinq jours suivant la communication au procureur de la République dans les conditions prévues aux troisième et avant-dernier alinéas de l'article 148 du code de procédure pénale. »

(L. n° 2021-1729 du 22 déc. 2021, art. 14) **« Faute pour le juge des libertés et de la détention d'avoir statué dans le délai prévu à l'avant-dernier alinéa, le mineur ou son avocat et le procureur de la République peuvent saisir la chambre spéciale des mineurs de la cour d'appel, qui statue selon les modalités prévues au second alinéa de l'article L. 521-23. »**

COMMENTAIRE

Le juge des enfants et le juge des libertés et de la détention peuvent prononcer une mesure provisoire prévue à l'art. L. 423-9 (mesure éducative ou mesure de sûreté), en attendant l'audience au fond devant la juridiction de jugement. Ce sont donc également le juge des enfants et le juge des libertés et de la détention qui sont compétents, jusqu'à la comparution du mineur devant la juridiction, pour statuer sur la mainlevée, la modification ou la révocation des mesures d'investigation, éducative judiciaire provisoire et de sûreté, d'office, à la demande du mineur ou de son avocat, ou sur réquisitions du procureur de la République. L'article L. 423-11 a donc été modifié par la loi de ratification pour intégrer le juge des libertés et de la détention auquel cette même loi a donné compétence en matière de détention provisoire avant l'audience unique au fond du tribunal pour enfants.

Les solutions posées par l'article L. 423-11 sont logiques, et très clairement inspirées de celles qui existent en matière d'instruction préparatoire. Du reste, l'article L. 423-11 du code renvoie explicitement à l'article 148 du code de procédure pénale, qui figure dans le titre III du livre Ier du code, relatif aux juridictions d'instruction. On voit que, là encore, il est difficile de changer totalement de paradigme, malgré la volonté de supprimer l'instruction préparatoire en droit pénal des mineurs (et même aussi à l'égard des majeurs, mais c'est une autre question).

La loi n° 2021-1729 du 22 décembre 2021 pour la confiance dans l'institution judiciaire a complété l'article L. 423-11, pour mentionner la possibilité de recourir aux différents mandats en cas de non-respect des mesures de sûreté (CJ et ARSE). Ainsi, le texte indique que « le juge des enfants peut, en cas d'incident, délivrer à l'encontre d'un mineur un mandat de comparution ». La même loi a également précisé que « lorsque le mineur se soustrait aux obligations et interdictions d'un contrôle judiciaire ou d'une assignation à résidence avec surveillance électronique, le juge des enfants peut également ordonner à l'encontre du mineur un mandat d'amener ou, si le mineur est en fuite ou réside à l'étranger, un mandat d'arrêt. Il est alors procédé dans les conditions prévues aux articles 123 à 134 du code de procédure pénale. Le mineur retenu en exécution d'un mandat bénéficie des droits prévus à l'article L. 332-1 du présent code ». Le nouveau texte prévoit donc la possibilité pour le juge des enfants de recourir aux mandats de comparution, d'amener ou d'arrêt, et l'application des droits prévus de manière générale pour les mandats, énoncés à l'article L. 332-1 auquel il est renvoyé.

Il est aussi possible au juge des enfants de communiquer le dossier au procureur de la République aux fins de réquisitions et de saisir le juge des libertés et de la détention aux fins de révocation de la mesure de contrôle judiciaire ou d'assignation à résidence avec surveillance électronique et de placement du mineur en détention provisoire.

La loi « confiance » précitée a inséré un alinéa qui prévoit ici que « le mineur est informé que la décision ne pourra intervenir qu'à l'issue d'un débat contradictoire et qu'il a le droit de demander un délai pour préparer sa défense » et que « si le mineur ou son avocat sollicite un tel délai, le juge des libertés et de la détention statue selon les modalités prévues aux trois derniers alinéas de l'article L. 521-21 » (délai de 4 jours maximum).

L'alinéa 6 prévoit que « le mineur placé en détention provisoire, ou son avocat, peut, à tout moment, demander sa mise en liberté ». Concrètement, la demande est adressée au juge des libertés et de la détention, qui communique immédiatement le dossier au procureur de la République aux fins de réquisitions et demande au juge des enfants tout élément utile sur la personnalité et l'évolution de la situation du mineur. Le texte précise que « le juge des libertés et de la détention statue dans les cinq jours suivant la communication au procureur de la République dans les conditions prévues aux troisième et avant-dernier alinéas de l'article 148 du code de procédure pénale ». L'article 148, alinéas 3 et 4, du code de procédure pénale, prévoit que « sauf s'il donne une suite favorable à la demande, le juge d'instruction doit, dans les cinq jours suivant la communication au procureur de la République, la transmettre avec son avis motivé au juge des libertés et de la détention. Ce magistrat statue dans un délai de trois jours ouvrables, par une ordonnance comportant l'énoncé des considérations de droit et de fait qui constituent le fondement de cette décision par référence aux dispositions de l'article 144. Toutefois, lorsqu'il n'a pas encore été statué sur l'appel d'une précédente ordonnance de refus de mise en liberté, les délais précités ne commencent à courir qu'à compter de la décision rendue par la juridiction compétente. Lorsqu'il a été adressé plusieurs demandes de mise en

liberté, il peut être répondu à ces différentes demandes dans les délais précités par une décision unique (al. 3). La mise en liberté, lorsqu'elle est accordée, peut être assortie de mesures de contrôle judiciaire » (al. 4).

L'article D. 423-8, issu du décret n° 2021-683 du 27 mai 2021, indique que « lorsque le juge des libertés et de la détention est saisi d'une demande de mise en liberté en application de l'article L. 423-11, le juge des enfants lui communique tout élément utile relatif à l'évolution de la situation du mineur et l'informe notamment des dispositifs de scolarisation, d'insertion ou de placement envisageables pour le mineur en cas de libération ».

Enfin, la loi « confiance » a inséré *in fine* un alinéa qui décline partiellement le dernier alinéa de l'article 148 du code de procédure pénale. Le texte énonce que « faute pour le juge des libertés et de la détention d'avoir statué dans le délai prévu à l'avant-dernier alinéa, le mineur ou son avocat et le procureur de la République peuvent saisir la chambre spéciale des mineurs de la cour d'appel, qui statue selon les modalités prévues au second alinéa de l'article L. 521-23 ». La chambre spéciale des mineurs doit alors se prononcer dans les 5 jours de sa saisine selon le délai prévu par l'article L. 521-23 (et non dans les 20 jours, délai prévu par l'article 148 du code de procédure pénale), faute de quoi le mineur est mis d'office en liberté sauf si des vérifications concernant sa demande ont été ordonnées. ❑

Code de procédure pénale

Art. 148 *(L. n° 2000-516 du 15 juin 2000)* « En toute matière, la personne placée en détention provisoire ou son avocat peut, à tout moment, demander sa mise en liberté, sous les obligations prévues *(L. n° 2016-731 du 3 juin 2016, art. 75)* « à l'article 147. Toutefois, à peine d'irrecevabilité, aucune demande de mise en liberté ne peut être formée tant qu'il n'a pas été statué par le juge des libertés et de la détention, dans les délais prévus au troisième alinéa du présent article, sur une précédente demande. Cette irrecevabilité s'applique de plein droit sans qu'elle soit constatée par ordonnance du juge d'instruction. »

« La demande de mise en liberté est adressée au juge d'instruction, qui communique immédiatement le dossier au procureur de la République aux fins de réquisitions.

« Sauf s'il donne une suite favorable à la demande, le juge d'instruction doit, dans les cinq jours suivant la communication au procureur de la République, la transmettre avec son avis motivé au juge des libertés et de la détention. Ce magistrat statue dans un délai de trois jours ouvrables, par une ordonnance comportant l'énoncé des considérations de droit et de fait qui constituent le fondement de cette décision par référence aux dispositions de l'article 144. Toutefois, lorsqu'il n'a pas encore été statué *(Abrogé par L. n° 2016-731 du 3 juin 2016, art. 75) « sur une précédente demande de mise en liberté ou »* sur l'appel d'une précédente ordonnance de refus de mise en liberté, les délais précités ne commencent à courir qu'à compter de la décision rendue par la juridiction compétente. » *(L. n° 2004-204 du 9 mars 2004, art. 101)* « Lorsqu'il a été adressé plusieurs demandes de mise en liberté, il peut être répondu à ces différentes demandes dans les délais précités par une décision unique. »

(L. n° 70-643 du 17 juill. 1970) La mise en liberté, lorsqu'elle est accordée, peut être assortie de mesures de contrôle judiciaire.

Al. 5 abrogé par L. n° 93-1013 du 24 août 1993.

Faute par *(L. n° 2000-516 du 15 juin 2000)* « le juge des libertés et de la détention » d'avoir statué dans le délai fixé au troisième alinéa, *(L. n° 93-2 du 4 janv. 1993)* « la personne » peut saisir directement de sa demande la *(L. n° 2000-516 du 15 juin 2000)* « chambre de l'instruction » qui, sur les réquisitions écrites et motivées du procureur général, se prononce dans les *(L. n° 85-1407 du 30 déc. 1985)* « vingt jours » de sa saisine faute de quoi *(L. n° 93-2 du 4 janv. 1993)* « la personne est mise d'office » en liberté sauf si des vérifications concernant sa demande ont été ordonnées. Le droit de saisir dans les mêmes conditions la *(L. n° 2000-516 du 15 juin 2000)* « chambre de l'instruction » appartient également au procureur de la République.

Art. L. 423-12 En cas de révocation du contrôle judiciaire ou de l'assignation à résidence avec surveillance électronique et de placement en détention provisoire du mineur, l'audience de jugement *(L. n° 2021-218 du 26 févr. 2021, art. 14)* **« a » lieu devant le tribunal pour enfants dans un délai ne pouvant excéder un mois, à défaut de quoi le mineur est remis en liberté d'office.**

COMMENTAIRE

Il est possible que le mineur ne respecte pas le contrôle judiciaire ou l'assignation à résidence auquel il peut être astreint par le juge des enfants, avant la première audience de la juridiction de jugement. Dans ce cas, conformément à l'article L. 423-11, le juge des enfants communiquera le dossier au procureur de la République qui pourra saisir le juge des libertés et de la détention, qui sera compétent pour se prononcer sur la révocation du contrôle judiciaire ou de l'assignation à résidence.

Une telle révocation du contrôle judiciaire et de l'assignation à résidence peut alors conduire au placement en détention provisoire. Mais le code exige que, dans ce cas, l'audience de jugement intervienne dans un délai d'un mois maximum, faute de quoi le mineur sera remis en liberté d'office. C'est l'objet de l'article L. 423-12. ❑

SOUS-SECTION 3 DES VOIES DE RECOURS CONTRE LES DÉCISIONS RELATIVES AUX MESURES PRONONCÉES AVANT LA COMPARUTION DU MINEUR DEVANT LA JURIDICTION DE JUGEMENT

Art. L. 423-13 *(L. n° 2022-52 du 24 janv. 2022, art. 26)* **« Les décisions relatives à la mesure éducative judiciaire provisoire et aux mesures de sûreté rendues » par le juge des enfants** *(L. n° 2021-218 du 26 févr. 2021, art. 14)* **« ou le juge des libertés et de la détention » en application des dispositions de la sous-section 2 peuvent faire l'objet d'un appel par le mineur** *(L. n° 2022-52 du 24 janv. 2022, art. 26)* **« ou l'un de ses représentants légaux et par le ministère public » dans un délai de dix jours.**

L'appel de *(L. n° 2022-52 du 24 janv. 2022, art. 26)* **« la décision relative à » une mesure éducative judiciaire provisoire, un contrôle judiciaire ou une assignation à résidence avec surveillance électronique est porté devant le président de la chambre spéciale des mineurs qui statue dans le délai d'un mois.**

L'appel de *(L. n° 2022-52 du 24 janv. 2022, art. 26)* **« la décision relative au » placement en détention provisoire est examiné par la chambre spéciale des mineurs dans les délais et selon les modalités prévues devant la chambre de l'instruction par les articles 194 et 199 du code de procédure pénale.**

COMMENTAIRE

En vertu des articles L. 423-9 et suivants du code, le juge des enfants et le juge des libertés et de la détention ont la possibilité de prononcer des mesures provisoires : mesure éducative judiciaire provisoire, contrôle judiciaire, assignation à résidence sous surveillance électronique, détention provisoire (la détention provisoire étant réservée, suite à la L. de ratification du 26 févr. 2021, au juge des libertés et de la détention). La décision par laquelle le juge des enfants ou le juge des libertés et de la détention prononce ces mesures est évidemment juridictionnelle, susceptible à ce titre d'appel, dans un délai de dix jours.

L'article L. 423-13 prévoit ce droit d'appel, et en précise les modalités, qui varient selon la nature de la mesure prononcée.

S'agissant des mesures judiciaires provisoires, du contrôle judiciaire et de l'assignation à résidence avec surveillance électronique, l'appel est porté devant le président de la chambre spéciale des mineurs qui statue dans le délai d'un mois. S'agissant de la décision relative au placement en détention provisoire, l'appel est porté devant la chambre spéciale des mineurs. On peut relever que l'appel est porté non devant la chambre de l'instruction, mais devant la chambre spéciale des mineurs ou son président. Le juge des libertés n'intervient donc pas ici dans le cadre de l'instruction ou de l'enquête, mais bien en tant que juridiction de jugement. Néanmoins, on peut constater que le code s'est inspiré des règles relatives à l'instruction, en donnant compétence tantôt à la chambre spéciale des mineurs en formation collégiale, tantôt à son président. C'est, en droit des mineurs, une solution inédite, car jusqu'alors le président de la chambre spéciale des mineurs n'avait pas de pouvoirs propres. L'article L. 423-13 renvoie aux articles 194 et 199 du code de procédure pénale, relatifs à l'instruction, pour les délais et les modalités de cet appel. Il n'est pas si facile de se défaire de l'instruction... ❑

Code de procédure pénale

Art. 194 Le procureur général met l'affaire en état dans les quarante-huit heures de la réception des pièces en matière de détention provisoire et dans les dix jours en toute autre matière ; il la soumet, avec son réquisitoire, à la chambre de l'instruction.

(L. n° 93-1013 du 24 août 1993) « Dans les cas prévus par les articles 173 et 186-1, ou lorsqu'elle est directement saisie en application des articles 81, neuvième alinéa, 82-1, deuxième alinéa, 156, deuxième alinéa, ou 167, *(L. n° 2022-52 du 24 janv. 2022, art. 9)* « avant-dernier » alinéa, la chambre de l'instruction doit statuer dans les deux mois à compter de la transmission du dossier au procureur général par le président de la chambre de l'instruction. »

(L. n° 2011-1862 du 13 déc. 2011, art. 62-I) « Il en est de même en cas d'appel en matière de contrôle judiciaire ou d'assignation à résidence avec surveillance électronique ; à défaut, en cas d'appel d'une ordonnance de placement sous contrôle judiciaire ou sous assignation à résidence avec surveillance électronique ou de refus de mainlevée d'une de ces deux mesures, la mainlevée de celle-ci est acquise de plein droit, sauf si des vérifications concernant la demande de la personne ont été ordonnées ou si des circonstances imprévisibles et insurmontables mettent obstacle au jugement de l'affaire dans le délai prévu au présent article. »

(L. n° 93-1013 du 24 août 1993) « En matière de détention provisoire, la chambre de l'instruction doit » *(Ord. n° 60-529 du 4 juin 1960)* « se prononcer dans les plus brefs délais et au plus tard *(L. n° 2000-516 du 15 juin 2000, art. 64-II, en vigueur le 1er janv. 2001)* « dans les dix jours de l'appel lorsqu'il s'agit d'une ordonnance de placement en détention et dans les quinze jours dans les autres cas », faute de quoi *(L. n° 93-2 du 4 janv. 1993)* « la personne concernée est mise d'office en liberté », sauf si des vérifications concernant sa demande ont été ordonnées ou si des circonstances imprévisibles et insurmontables mettent obstacle au jugement de l'affaire dans le délai prévu au présent article. »

Dernier al. abrogé par L. n° 93-1013 du 24 août 1993.

....

Art. 199 Les débats se déroulent et l'arrêt est rendu en chambre du conseil. *(L. n° 2000-516 du 15 juin 2000, art. 96-IV)* « Toutefois, si la personne majeure mise en examen ou son avocat le demande dès l'ouverture des débats, ceux-ci se déroulent et l'arrêt est rendu en séance publique, sauf si la publicité est de nature à entraver les investigations spécifiques nécessitées par l'instruction ou à nuire à la dignité de la personne ou aux intérêts d'un tiers. La chambre de l'instruction statue sur cette demande, après avoir recueilli les observations du procureur général et, le cas échéant, des avocats des autres parties, par un arrêt rendu en chambre du conseil qui n'est susceptible de pourvoi en cassation qu'en même temps que l'arrêt portant sur la demande principale. »

(L. n° 2007-291 du 5 mars 2007, art. 12-I) « En matière de détention provisoire, et par dérogation aux dispositions du premier alinéa, si la personne mise en examen est majeure, les débats se déroulent et l'arrêt est rendu en audience publique. Toutefois, le ministère public, la personne mise en examen ou la partie civile ou leurs avocats peuvent, avant l'ouverture des débats, s'opposer à cette publicité si celle-ci est de nature à entraver les investigations spécifiques nécessitées par l'instruction, à porter atteinte à la présomption d'innocence ou à la sérénité des débats ou à nuire à la dignité de la personne ou aux intérêts d'un tiers, ou si l'enquête porte sur des faits *(L. n° 2015-993 du 17 août 2015, art. 11)* « mentionnés aux articles 706-73 et 706-73-1 ». La chambre statue sur cette opposition après avoir recueilli les observations du ministère public et des parties, par un arrêt rendu en chambre du conseil qui n'est susceptible de pourvoi en cassation qu'en même temps que l'arrêt portant sur la demande principale. Si la chambre fait droit à cette opposition ou si la personne mise en examen est mineure, les débats ont lieu et l'arrêt est rendu en chambre du conseil. Il en est de même si la partie civile s'oppose à la publicité, dans les seuls cas où celle-ci est en droit de demander le huis-clos *[huis clos]* lors de l'audience de jugement. »

Après le rapport du conseiller, le procureur général et les *(L. n° 93-2 du 4 janv. 1993)* « avocats » des parties *(L. n° 2007-291 du 5 mars 2007, art. 12-II)* « sont entendus. »

La chambre de l'instruction peut ordonner la comparution personnelle des parties ainsi que l'apport des pièces à conviction. *(L. n° 2021-1729 du 22 déc. 2021, art. 14°-9°, en vigueur le 31 déc. 2021)* « Lorsque la personne mise en examen comparaît devant la chambre, elle ne peut être entendue qu'après avoir été informée de son droit de se taire sur les faits qui lui sont reprochés. »

(L. nº 93-2 du 4 janv. 1993) « Il est donné lecture de l'arrêt par le président ou par l'un des conseillers ; cette lecture peut être faite même en l'absence des autres conseillers. »

(L. nº 89-461 du 6 juill. 1989) « En matière de détention provisoire, la comparution personnelle de *(L. nº 93-2 du 4 janv. 1993)* « la personne concernée » est de droit si *(L. nº 93-2 du 4 janv. 1993)* « celle-ci » ou son *(L. nº 93-2 du 4 janv. 1993)* « avocat » en fait la demande ; cette requête doit, à peine d'irrecevabilité, être présentée en même temps que la déclaration d'appel ou que la demande de mise en liberté adressée à la chambre de l'instruction. *(L. nº 2002-1138 du 9 sept. 2002, art. 38)* « Si la personne a déjà comparu devant la chambre de l'instruction moins de quatre mois auparavant, le président de cette juridiction peut, en cas d'appel d'une ordonnance rejetant une demande de mise en liberté, refuser la comparution personnelle de l'intéressé par une décision motivée qui n'est susceptible d'aucun recours. »

« En cas de comparution personnelle de *(L. nº 93-2 du 4 janv. 1993)* « la personne concernée », le délai maximum prévu au *(L. nº 99-515 du 23 juin 1999 ; L. nº 2011-1862 du 13 déc. 2011, art. 62-II)* « dernier alinéa » de l'article 194 est prolongé de cinq jours » *(L. nº 2016-731 du 3 juin 2016, art. 59, en vigueur le 1er août 2016)* « ou de dix jours si la chambre de l'instruction statue sur renvoi après cassation.

« En cas d'appel du ministère public contre une décision de rejet de placement en détention provisoire ou de remise en liberté, la personne mise en examen est avisée de la date d'audience. Sa comparution personnelle à l'audience est de droit. »

SOUS-SECTION 4 DU RENVOI DU DOSSIER AU PROCUREUR DE LA RÉPUBLIQUE LORSQUE LA PERSONNE EST MAJEURE

(L. nº 2022-52 du 24 janv. 2022, art. 25)

Art. L. 423-14 S'il apparaît au juge des enfants ou au juge des libertés et de la détention saisi en application de l'article L. 423-9 que la personne présentée devant lui est majeure, il renvoie le dossier au procureur de la République.

Le juge des enfants ou le juge des libertés et de la détention statue au préalable, après avoir entendu les réquisitions du procureur de la République et les observations de la personne et de son avocat, sur le placement ou le maintien de la personne en détention provisoire jusqu'à sa comparution devant le tribunal correctionnel, devant le juge des libertés et de la détention saisi en application de l'article 396 du code de procédure pénale ou devant le juge d'instruction. Cette comparution doit avoir lieu dans un délai de vingt-quatre heures, à défaut de quoi la personne est remise en liberté d'office. Toutefois, si les faits relèvent de la compétence d'un pôle de l'instruction et qu'il n'existe pas de pôle au sein du tribunal judiciaire, cette comparution doit intervenir devant le juge d'instruction du pôle territorialement compétent dans un délai de quarante-huit heures au plus, à défaut de quoi la personne est remise en liberté d'office.

COMMENTAIRE

La loi nº 2022-52 du 24 janvier 2022 relative à la responsabilité pénale et à la sécurité intérieure a créé une nouvelle sous-section pour traîter du renvoi du dossier au procureur de la République lorsque la personne est majeure. Il arrive en effet qu'en cours de procédure, celui dont on pensait qu'il était mineur se révèle finalement majeur. Dans ce cas, évidemment, il ne relève plus des juridictions et de la procédure pour mineurs mais de celles du droit commun. L'objet de l'article L. 423-14 nouveau est de préciser cette situation, spécialement dans le cas où des mesures de sûretés ont été requises (art. L. 423-9).

L'alinéa 1er précise que « s'il apparaît au juge des enfants ou au juge des libertés et de la détention saisi en application de l'article L. 423-9 que la personne présentée devant lui est majeure, il renvoie le dossier au procureur de la République ». Ce renvoi au procureur de la République est logique : c'est à lui, le cas échéant, de saisir la juridiction compétente pour les majeurs.

Mais la transition de la procédure spécifique à la procédure de droit commun peut s'avérer délicate lorsqu'une détention provisoire paraît nécessaire, et le législateur a considéré qu'il ne faudrait pas qu'à l'occasion de cette « rectification » l'intéressé puisse échapper à cette détention. C'est cette situation que l'alinéa second envisage. Il précise

ainsi que « le juge des enfants ou le juge des libertés et de la détention statue au préalable, après avoir entendu les réquisitions du procureur de la République et les observations de la personne et de son avocat, sur le placement ou le maintien de la personne en détention provisoire jusqu'à sa comparution devant le tribunal correctionnel, devant le juge des libertés et de la détention saisi en application de l'article 396 du code de procédure pénale ou devant le juge d'instruction. Cette comparution doit avoir lieu dans un délai de vingt-quatre heures, à défaut de quoi la personne est remise en liberté d'office. Toutefois, si les faits relèvent de la compétence d'un pôle de l'instruction et qu'il n'existe pas de pôle au sein du tribunal judiciaire, cette comparution doit intervenir devant le juge d'instruction du pôle territorialement compétent dans un délai de quarante-huit heures au plus, à défaut de quoi la personne est remise en liberté d'office ». ❑

TITRE TROISIÈME DE L'INFORMATION JUDICIAIRE

COMMENTAIRE

L'information judiciaire n'est plus, comme elle le fut sous l'ordonnance de 1945, le schéma normal de poursuites des mineurs. Le juge des enfants a perdu la fonction d'instruction, et, sauf de rares exceptions, les contraventions de 5e classe et les délits ne donnent plus lieu à l'ouverture d'une information judiciaire.

Mais l'instruction n'a pas totalement disparu. Elle reste possible, bien qu'à titre exceptionnel, en matière de contravention de 5e classe et de délit, et, surtout, elle est obligatoire en matière criminelle (sous la réserve importante de la correctionnalisation). Elle est confiée au juge d'instruction, et en appel à la chambre de l'instruction.

Le code consacre donc un titre à l'information judiciaire, plus complet et mieux organisé que ne l'étaient les dispositions de l'ordonnance de 1945. Le code envisage ainsi l'information et la convocation des représentants légaux, la mesure judiciaire d'investigation éducative et la mesure éducative judiciaire provisoire, les mesures de sûreté, le règlement de l'information judiciaire, et l'appel des ordonnances rendues au cours de l'instruction et à l'issue de celle-ci. ❑

CHAPITRE PREMIER DE L'INFORMATION ET DE LA CONVOCATION DES REPRÉSENTANTS LÉGAUX

Art. L. 431-1 **Le juge d'instruction avise les représentants légaux du mineur et la personne ou le service auquel le mineur est confié des poursuites dont celui-ci fait l'objet.**

L'avis mentionné à l'alinéa précédent est fait verbalement avec émargement au dossier ou par lettre recommandée. Il mentionne les faits reprochés au mineur et leur qualification juridique.

Il précise également qu'à défaut de choix d'un avocat par le mineur ou ses représentants légaux, le juge d'instruction fera désigner un avocat d'office par le bâtonnier. – *[Ord. n° 45-174 du 2 févr. 1945, art. 10, al. 1er et 3.]*

COMMENTAIRE

Dès l'ouverture de l'information judiciaire, le juge d'instruction doit aviser les représentants légaux du mineur et la personne ou le service auquel le mineur est confié des poursuites dont celui-ci fait l'objet. Cette obligation, qui figure à l'article L. 431-1 du code, constitue la mise en œuvre du droit affirmé de manière générique aux articles L. 12-5 et L. 311-1. Le texte précise que cet avis peut être fait verbalement avec émargement au dossier ou par lettre recommandée, et qu'il doit mentionner les faits reprochés au mineur et leur qualification juridique. On peut noter que le formalisme est ici plus précis que ne le recommande l'article L. 311-1, qui se contente de dire que cette information se fait par tout moyen, sauf lorsqu'il en est disposé autrement. Dans le cadre de l'instruction, il en est disposé autrement, et l'information doit se faire – comme cela est l'usage en cette matière – par déclaration et émargement au dossier si les représentants légaux sont présents, ou par lettre recommandée s'ils sont absents.

L'avis doit aussi préciser qu'à défaut de choix d'un avocat par le mineur ou ses représentants légaux, le juge d'instruction fera désigner un avocat d'office par le bâtonnier.

Cette précision est conforme aux exigences mentionnées à plusieurs reprises dans le code, et spécialement au principe de l'assistance obligatoire du mineur par un avocat (art. L. 12-4). ❑

Art. L. 431-2 Quel que soit l'objet de la convocation du mineur par le juge d'instruction, ses représentants légaux sont convoqués *(L. n° 2021-218 du 26 févr. 2021, art. 14)* **« par tout moyen » dans les conditions prévues à l'article L. 311-1, ainsi que la personne ou le service auquel il est confié, pour être entendus par le juge.** – *[Ord. n° 45-174 du 2 févr. 1945, art. 10, al. 2, phrase 1 ; art. 10, al. 5 à 10, 12 et 13]*

COMMENTAIRE

Dans le prolongement du principe d'implication des représentants légaux affirmé par les articles L. 12-5 et L. 311-1, l'article L. 431-2 dispose que « quel que soit l'objet de la convocation du mineur par le juge d'instruction, ses représentants légaux sont convoqués par tout moyen dans les conditions prévues à l'article L. 311-1, ainsi que la personne ou le service auquel il est confié, pour être entendus par le juge ». Cette formulation « quel que soit l'objet de la convocation du mineur » est assez curieuse. Elle attire l'attention sur cet objet, alors que précisément il est indifférent. Surtout, on peut se demander si, dans certains cas, la présence des représentants légaux ne pourrait pas constituer un frein à la manifestation de la vérité, et, plus grave encore, une atteinte aux intérêts de l'enfant. Mais peut-être est-ce justement pour éviter toute discussion à cet égard (sur ce qui pourrait être ou non une atteinte aux intérêts de l'enfant par exemple) que le code prévoit de manière superfétatoire la convocation des représentants légaux, « quel que soit l'objet de la convocation du mineur ». Peut-être est-ce aussi, plus simplement, pour indiquer que cela ne concerne pas que l'interrogatoire de première comparution, mais toutes les convocations.

Quoi qu'il en soit, la présence des représentants légaux est donc fortement requise. Leur absence n'est cependant pas une cause de nullité de l'audition du mineur, mais ils s'exposeraient à une amende de 3 750 € maximum et à un stage de responsabilité parentale, et, surtout, le code permet au juge, d'office ou sur réquisitions du ministère public, d'ordonner que les représentants légaux soit immédiatement amenés par la force publique pour être entendus (art. L. 311-5). ❑

Art. L. 431-3 Les représentants légaux et les personnes civilement responsables doivent déclarer au greffe du juge d'instruction leur adresse selon les modalités prévues par les deux derniers alinéas de l'article 116 du code de procédure pénale.

COMMENTAIRE

Afin de faciliter la convocation des représentants légaux et des personnes civilement responsables du mineur, l'article L. 431-3 précise que ces personnes « doivent déclarer au greffe du juge d'instruction leur adresse selon les modalités prévues par les deux derniers alinéas de l'article 116 du code de procédure pénale ». Concrètement, elles doivent donc déclarer leur adresse personnelle, ou celle d'un tiers s'il en est d'accord. En pratique, c'est souvent l'adresse de son avocat que l'on communiquera. ❑

Code de procédure pénale

Art. 116 *(L. n° 2000-516 du 15 juin 2000, art. 23, en vigueur le 1er janv. 2001)* Lorsqu'il envisage de mettre en examen une personne qui n'a pas déjà été entendue comme témoin assisté, le juge d'instruction procède à sa première comparution selon les modalités prévues par le présent article.

(L. n° 2014-535 du 27 mai 2014, art. 6, en vigueur le 2 juin 2014) « Après l'avoir informée, s'il y a lieu, de son droit d'être assistée par un interprète, le juge » d'instruction constate l'identité de la personne et lui fait connaître expressément, en précisant leur qualification juridique, chacun des faits dont il est saisi et pour lesquels la mise en examen est envisagée. Mention de ces faits et de leur qualification juridique est portée au procès-verbal.

« La personne est également informée, s'il y a lieu, de son droit à la traduction des pièces essentielles du dossier. »

Lorsqu'il a été fait application des dispositions de l'article 80-2 et que la personne est assistée d'un avocat, le juge d'instruction *(L. n° 2014-535 du 27 mai 2014, art. 6, en vigueur le*

2 juin 2014) « , après l'avoir informée de son droit de faire des déclarations, de répondre aux questions qui lui sont posées ou de se taire, » procède à son interrogatoire ; l'avocat de la personne peut présenter ses observations au juge d'instruction.

Dans les autres cas, le juge d'instruction avise la personne de son droit de choisir un avocat ou de demander qu'il lui en soit désigné un d'office. L'avocat choisi ou, dans le cas d'une demande de commission d'office, le bâtonnier de l'ordre des avocats en est informé par tout moyen et sans délai. Si l'avocat choisi ne peut être contacté ou ne peut se déplacer, la personne est avisée de son droit de demander qu'il lui en soit désigné un d'office pour l'assister au cours de la première comparution. L'avocat peut consulter sur-le-champ le dossier et communiquer librement avec la personne. *(L. n° 2014-535 du 27 mai 2014, art. 6, en vigueur le 2 juin 2014)* « Le juge d'instruction informe ensuite la personne qu'elle a le droit soit de faire des déclarations, soit de répondre aux questions qui lui sont posées, soit de se taire. » Mention de cet avertissement est faite au procès-verbal. L'accord pour être interrogé ne peut être donné qu'en présence d'un avocat. L'avocat de la personne peut également présenter ses observations au juge d'instruction.

Après avoir, le cas échéant, recueilli les déclarations de la personne ou procédé à son interrogatoire et entendu les observations de son avocat, le juge d'instruction lui notifie :

— soit qu'elle n'est pas mise en examen ; le juge d'instruction informe alors la personne qu'elle bénéficie des droits du témoin assisté ;

— soit qu'elle est mise en examen ; le juge d'instruction porte alors à la connaissance de la personne les faits ou la qualification juridique des faits qui lui sont reprochés, si ces faits ou ces qualifications diffèrent de ceux qui lui ont déjà été notifiés ; il l'informe de ses droits de formuler des demandes d'actes ou des requêtes en annulation sur le fondement des articles 81, 82-1, 82-2, 156 et 173 durant le déroulement de l'information et *(L. n° 2007-291 du 5 mars 2007, art. 19-II, en vigueur le 1er juill. 2007 ; L. n° 2019-222 du 23 mars 2019, art. 56-VII et 109-XIII, en vigueur le 1er juin 2019)* « , si elle en a fait la demande, dans un délai d'un mois ou de trois mois à compter de l'envoi de l'avis prévu au I de l'article 175 », sous réserve des dispositions de l'article 173-1.

S'il estime que le délai prévisible d'achèvement de l'information est inférieur à un an en matière correctionnelle ou à dix-huit mois en matière criminelle, le juge d'instruction donne connaissance de ce délai prévisible à la personne et l'avise qu'à l'expiration dudit délai, elle pourra demander la clôture de la procédure en application des dispositions de l'article 175-1. Dans le cas contraire, il indique à la personne qu'elle pourra demander, en application de ce même article, la clôture de la procédure à l'expiration d'un délai d'un an en matière correctionnelle ou de dix-huit mois en matière criminelle.

A l'issue de la première comparution, la personne doit déclarer au juge d'instruction son adresse *(L. n° 2000-1354 du 30 déc. 2000, art. 12 et 33, en vigueur le 1er janv. 2001)* « personnelle ». Elle peut toutefois lui substituer l'adresse d'un tiers chargé de recevoir les actes qui lui sont destinés si elle produit l'accord de ce dernier. L'adresse déclarée doit être située, si l'information se déroule en métropole, dans un département métropolitain ou, si l'information se déroule dans un département d'outre-mer, dans ce département. Cette déclaration est faite devant le juge des libertés et de la détention lorsque ce magistrat, saisi par le juge d'instruction, décide de ne pas placer la personne en détention.

La personne est avisée qu'elle doit signaler au juge d'instruction jusqu'au règlement de l'information, par nouvelle déclaration ou par lettre recommandée avec demande d'avis de réception, tout changement de l'adresse déclarée. Elle est également avisée que toute notification ou signification faite à la dernière adresse déclarée sera réputée faite à sa personne. Mention de cet avis, ainsi que de la déclaration d'adresse, est portée au procès-verbal. Ces avis sont donnés par le juge des libertés et de la détention lorsque celui-ci décide de ne pas placer la personne en détention.

CHAPITRE II DE LA MESURE JUDICIAIRE D'INVESTIGATION ÉDUCATIVE ET DE LA MESURE ÉDUCATIVE JUDICIAIRE PROVISOIRE

Art. L. 432-1 Lorsqu'une information judiciaire est ouverte à l'encontre d'un mineur, le juge d'instruction ordonne une mesure judiciaire d'investigation éducative.

Toutefois, cette mesure est facultative lorsqu'une copie du dossier unique de personnalité du mineur, contenant un rapport d'une mesure judiciaire d'investigation éducative de moins d'un an, est versée au dossier de l'information judiciaire. — *[Ord. n° 45-174 du 2 févr. 1945, art. 9, al. 1er ; art. 10, al. 4.]*

COMMENTAIRE

L'instruction a principalement pour objet la mise en état du dossier pénal, c'est-à-dire la recherche des infractions et de leurs auteurs, ainsi que l'établissement des preuves des infractions et de l'implication de leurs auteurs. Mais l'instruction est aussi l'occasion d'effectuer des investigations sur la personnalité du mineur. C'est du reste une des raisons qui expliquaient, sous l'ordonnance de 1945, la place de l'instruction en droit pénal des mineurs, alors même que les faits étaient souvent relativement simples et non discutés.

Le code reprend cette idée, et rend même obligatoire la réalisation de telles investigations durant l'instruction. En effet, selon l'article L. 432-1, alinéa 1er, « lorsqu'une information judiciaire est ouverte à l'encontre d'un mineur, le juge d'instruction ordonne une mesure judiciaire d'investigation éducative » (sur cette mesure, cf. art. L. 321-1 s.).

Mais le caractère obligatoire de ces investigations pourrait se révéler d'une lourdeur excessive, lorsque la personnalité du mineur est déjà connue. C'est la raison pour laquelle l'alinéa suivant précise que « toutefois, cette mesure est facultative lorsqu'une copie du dossier unique de personnalité du mineur, contenant un rapport d'une mesure judiciaire d'investigation éducative de moins d'un an, est versée au dossier de l'information judiciaire ».

Le code faisant généralement référence au juge des enfants en matière de mesure judiciaire d'investigation éducative et de mesure éducative judiciaire provisoire, le décret n° 2021-683 du 27 mai 2021 a précisé que « lorsqu'une mesure judiciaire d'investigation éducative ou une mesure éducative judiciaire provisoire est ordonnée dans le cadre d'une information judiciaire en application des articles L. 432-1 et L. 432-2, les références au juge des enfants relatives au suivi de ces mesures s'entendent comme des références au juge d'instruction » (art. D. 432-1). ❑

Il n'y a pas lieu de renvoyer au Cons. const. la QPC portant sur la conformité de l'art. L. 432-1 au principe d'égalité et au droit à un recours effectif ; en effet, l'absence de recours contre une mesure judiciaire d'investigation éducative ne méconnaît pas le principe d'égalité, car cette limitation s'applique de la même manière à tous les mineurs impliqués dans une procédure pénale, comme personne mise en examen ou comme témoin assisté ; de plus, l'impossibilité de relever appel de cette mesure ne méconnaît pas le droit au recours effectif, car elle ne constitue ni une sanction ni une mesure de sûreté, et ne limite pas les droits du mineur qu'elle concerne, mais tend seulement, dans son intérêt même, à informer les autorités judiciaires de sa situation et de sa personnalité, afin que les décisions le concernant puissent être prises en pleine connaissance de cause, ces décisions étant alors susceptibles de recours, dans les conditions prévues par la loi, si elles font grief. • Crim. 12 oct. 2022, n° 22-90.015 B.

Art. L. 432-2 **Au cours de l'information judiciaire, le juge d'instruction ou le juge des libertés et de la détention saisi en application du** *(L. n° 2021-218 du 26 févr. 2021, art. 14)* **« dernier » alinéa de l'article 137-1 ou du** *(L. n° 2021-218 du 26 févr. 2021, art. 14)* **« second » alinéa de l'article 137-4 du code de procédure pénale peut ordonner une mesure éducative judiciaire provisoire à l'égard du mineur mis en examen, dans les conditions prévues par les articles L. 323-1 à L. 323-3 du présent code. Le juge d'instruction peut la modifier ou en donner mainlevée à tout moment dans les mêmes conditions.**

La mesure est prononcée pour une durée d'un an renouvelable. – *[Ord. n° 45-174 du 2 févr. 1945, art. 9, al. 1er ; art. 10, al. 5 à 10, 12 et 13 ; art. 11, al. 16 ; art. 12-1, al. 3]*

COMMENTAIRE

De la même façon que le temps de l'instruction peut être utile à la réalisation d'investigations sur la personnalité du mineur, il peut aussi permettre d'apporter une réponse éducative immédiate, en attendant le renvoi devant la juridiction de jugement et le prononcé de mesures définitives ou/et de peines. Comme sous l'ordonnance de 1945 (c'était notamment l'objet de la liberté surveillée préjudicielle), le code permet le prononcer d'une réponse éducative provisoire, durant l'instruction.

On relèvera ici que la modification ou la mainlevée relèvent du juge d'instruction, et non du juge des libertés et de la détention, ce qui est logique. En effet, la saisine du juge des libertés et de la détention est nécessaire, lorsqu'il est envisagé de placer le mineur en

détention provisoire, et il est possible que le juge des libertés prononce une mesure éducative judiciaire provisoire, soit en même temps que le placement en détention, soit de façon autonome. Mais lorsqu'il s'agit de revenir sur une mesure judiciaire provisoire, il n'est pas nécessaire de saisir le juge des libertés, quand bien même ce serait lui qui aurait prononcé cette mesure.

Par ailleurs, concernant le contenu de la mesure éducative judiciaire provisoire, on rappellera qu'il s'agit de la même mesure éducative judiciaire que celle qui peut être prononcée au fond (à quelques réserves près), comportant les modules et interdictions prévus à l'article L. 112-2. Pour le reste, on renverra à l'étude qui est faite de la mesure éducative judiciaire provisoire, aux articles L. 323-1 et suivants. ❑

Code de procédure pénale

Art. 137-1 *(L. n° 2000-516 du 15 juin 2000, art. 48)* La détention provisoire est ordonnée ou prolongée par le juge des libertés et de la détention. Les demandes de mise en liberté lui sont également soumises.

(L. n° 2016-1547 du 18 nov. 2016, art. 17, en vigueur le 1er sept. 2017) « Lorsque le juge des libertés et de la détention statue à l'issue d'un débat contradictoire, il est assisté d'un greffier. Il peut alors faire application de l'article 93. »

Il ne peut, à peine de nullité, participer au jugement des affaires pénales dont il a connu.

(L. n° 2004-204 du 9 mars 2004, art. 121-II) « Hors le cas prévu par le deuxième alinéa de l'article 137-4, » il est saisi par une ordonnance motivée du juge d'instruction, qui lui transmet le dossier de la procédure accompagné des réquisitions du procureur de la République. *(L. n° 2007-291 du 5 mars 2007, art. 10-I, en vigueur le 1er juill. 2007)* « Lorsque le juge des libertés et de la détention doit statuer en application de l'article 145, le juge d'instruction peut indiquer dans son ordonnance si la publicité de ce débat lui paraît devoir être écartée au regard d'une ou plusieurs des raisons mentionnées au sixième alinéa de cet article. »

Art. 137-1-1 *(Ord. n° 2006-673 du 8 juin 2006, art. 8) (L. n° 2016-1547 du 18 nov. 2016, art. 17, en vigueur le 1er sept. 2017)* « Le juge des libertés et de la détention peut être suppléé en cas de vacance d'emploi, d'absence ou d'empêchement, par un magistrat du siège du premier grade ou hors hiérarchie désigné par le président du tribunal judiciaire. En cas d'empêchement de ces magistrats, le président du tribunal judiciaire peut désigner un magistrat du second grade. »

Pour l'organisation du service de fin de semaine ou du service allégé pendant la période au cours de laquelle les magistrats bénéficient de leurs congés annuels, *(L. n° 2016-1547 du 18 nov. 2016, art. 17, en vigueur le 1er sept. 2017)* « le juge des libertés et de la détention d'un » tribunal judiciaire peut être désigné afin d'exercer concurremment ces fonctions dans, au plus, deux autres tribunaux judiciaires du ressort de la cour d'appel ; cette désignation est décidée par ordonnance du premier président prise à la demande des présidents de ces juridictions et après avis du président du tribunal judiciaire concerné ; elle en précise le motif et la durée, ainsi que les tribunaux pour lesquels elle s'applique ; la durée totale d'exercice concurrent des fonctions de juge des libertés et de la détention dans plusieurs tribunaux judiciaires ne peut excéder quarante jours au cours de l'année judiciaire.

La désignation prévue à l'alinéa précédent peut également être ordonnée, selon les mêmes modalités et pour une durée totale, intermittente ou continue, qui ne peut excéder quarante jours, lorsque, pour cause de vacance d'emploi ou d'empêchement, aucun magistrat n'est susceptible, au sein d'une juridiction, d'exercer les fonctions de juge des libertés et de la détention.

Art. 137-2 *(L. n° 2000-516 du 15 juin 2000)* Le contrôle judiciaire est ordonné par le juge d'instruction, qui statue après avoir recueilli les réquisitions du procureur de la République.

Le contrôle judiciaire peut être également ordonné par le juge des libertés et de la détention, lorsqu'il est saisi.

Art. 137-3 *(L. n° 2000-516 du 15 juin 2000)* Le juge des libertés et de la détention statue par ordonnance motivée. Lorsqu'il ordonne ou prolonge une détention provisoire ou qu'il rejette une demande de mise en liberté, l'ordonnance doit comporter l'énoncé des considérations de droit et de fait sur le caractère insuffisant des obligations du contrôle judiciaire *(L. n° 2019-222 du 23 mars 2019, art. 54-IV et 109-XIII, en vigueur le 1er juin 2019)* « ou de l'assignation à résidence avec surveillance électronique » et le motif de la détention par référence aux seules dispositions des articles 143-1 et 144. *(L. n° 2021-1729 du 22 déc. 2021, art. 5)* « En

matière correctionnelle, les décisions prolongeant la détention provisoire au-delà de huit mois ou rejetant une demande de mise en liberté concernant une détention de plus de huit mois doivent également comporter l'énoncé des considérations de fait sur le caractère insuffisant des obligations de l'assignation à résidence avec surveillance électronique mobile, prévue au troisième alinéa de l'article 142-5 et à l'article 142-12-1, ou du dispositif électronique prévu à l'article 138-3, lorsque cette mesure peut être ordonnée au regard de la nature des faits reprochés. »

Dans tous les cas, l'ordonnance est notifiée à la personne mise en examen qui en reçoit copie intégrale contre émargement au dossier de la procédure.

Art. 137-4 *(L. n° 2002-1138 du 9 sept. 2002, art. 37)* Lorsque, saisi de réquisitions du procureur de la République tendant au placement en détention provisoire, le juge d'instruction estime que cette détention n'est pas justifiée et qu'il décide de ne pas transmettre le dossier de la procédure au juge des libertés et de la détention, il est tenu de statuer sans délai par ordonnance motivée, qui est immédiatement portée à la connaissance du procureur de la République.

(L. n° 2004-204 du 9 mars 2004, art. 121-I) « En matière criminelle ou pour les délits punis de dix ans d'emprisonnement, le procureur de la République peut alors, si les réquisitions sont motivées, en tout ou partie, par les motifs prévus aux *(L. n° 2007-291 du 5 mars 2007, art. 9-II, en vigueur le 1er juill. 2007)* « 4° à 7° *[ancienne rédaction : 2° et 3°]* » de l'article 144 et qu'elles précisent qu'il envisage de faire application des dispositions du présent alinéa, saisir directement le juge des libertés et de la détention en déférant sans délai devant lui la personne mise en examen ; l'ordonnance rendue par le juge des libertés et de la détention entraîne le cas échéant la caducité de l'ordonnance du juge d'instruction ayant placé la personne sous contrôle judiciaire. S'il renonce à saisir directement le juge des libertés et de la détention, le procureur de la République en avise le juge d'instruction et la personne peut être laissée en liberté. »

CHAPITRE III DES MESURES DE SÛRETÉ

Art. L. 433-1 Au cours de l'information judiciaire, les dispositions relatives au contrôle judiciaire, à l'assignation à résidence avec surveillance électronique et à la détention provisoire, prévues au titre III du livre III sont applicables, sous réserve des dispositions du présent chapitre.

COMMENTAIRE

Au cours de l'information judiciaire, des mesures de contrainte sont possibles, afin de s'assurer de la représentation de la personne poursuivie, ou de protéger les témoins, les victimes, ou encore d'empêcher des liens avec les coauteurs ou complices, ou de préserver les preuves.

Le code les appelle « mesures de sûreté », ce qu'elles sont sans doute, du moins au sens étymologique. Mais la conception adoptée par le code est plus réductrice que le sens qui est classiquement attribué aux « mesures de sûreté » depuis les positivistes italiens de la fin du XIXe siècle (Lombroso, Ferri et Garofalo). Concrètement, le code envisage en effet trois mesures de sûreté : le contrôle judiciaire, l'assignation à résidence sous surveillance électronique, et la détention provisoire.

Ces mesures de contrainte ont déjà été abordées précédemment, dans le livre III, relatif aux « dispositions communes aux différentes phases de la procédure pénale », et plus spécialement dans le titre III du livre III, intitulé justement « des mesures de sûreté ». Le plan adopté par le code conduit donc à un éclatement du droit applicable à ces mesures, entre les règles générales, traitées dans le livre III, et les règles spécifiques à l'instruction, envisagées dans le présent livre.

L'article L. 433-1 énonce cette répartition, et les modalités d'application des deux séries de dispositions : « au cours de l'information judiciaire, les dispositions relatives au contrôle judiciaire, à l'assignation à résidence avec surveillance électronique et à la détention provisoire, prévues au titre III du livre III sont applicables, sous réserve des dispositions du présent chapitre ».

Cette répartition peut se comprendre, d'autant que le contrôle judiciaire, l'assignation à résidence et la détention provisoire ne sont finalement pas réservés à l'information judi-

ciaire, le juge des enfants et le juge des libertés et de la détention ayant parfois le pouvoir de les prononcer en attendant la première audience de la juridiction de jugement (art. L. 423-9 s.). Il n'en reste pas moins que cet éclatement des dispositions relatives à ces mesures de contrainte rend leur lecture et leur compréhension difficiles, et qu'elle pourrait être une source d'erreurs lors de leurs modifications ultérieures.

Cela étant, le présent chapitre est en réalité davantage consacré à la détention provisoire qu'aux mesures de sûreté en général, et même, plus précisément, traite-t-il essentiellement de la durée de la détention provisoire (les conditions étant quant à elles prévues par les art. L. 334-1 s. du code). ❑

Art. L. 433-2 En matière correctionnelle, la détention provisoire ordonnée à l'égard d'un mineur de moins de seize ans, dans les conditions prévues par l'article L. 334-4, ne peut excéder :

1° Une durée de quinze jours, renouvelable une fois par ordonnance motivée, lorsque le mineur encourt une peine inférieure à dix ans d'emprisonnement ;

2° Une durée d'un mois, renouvelable une fois par ordonnance motivée, lorsque le mineur encourt une peine de dix ans d'emprisonnement. – *[Ord. n° 45-174 du 2 févr. 1945, art. 11-2, al. 1er et 2.]*

COMMENTAIRE

Les mineurs de moins de seize ans (c'est-à-dire de 13 à 16 ans) peuvent être placés en détention provisoire en matière correctionnelle de manière exceptionnelle, lorsqu'ils se sont soustraits à l'obligation de respecter un placement dans un centre éducatif fermé prononcé dans le cadre d'un contrôle judiciaire, et que cette violation est grave ou répétée, ou qu'elle s'accompagne d'une autre violation des obligations du contrôle judiciaire (art. L. 334-4). La détention provisoire ne peut alors excéder :

– une durée de quinze jours, renouvelable une fois par ordonnance motivée, lorsque le mineur encourt une peine inférieure à dix ans d'emprisonnement ;

– une durée d'un mois, renouvelable une fois par ordonnance motivée, lorsque le mineur encourt une peine de dix ans d'emprisonnement.

On peut noter que le code a repris purement et simplement les délais qui figuraient dans l'article 11-2 de l'ordonnance de 1945. ❑

Art. L. 433-3 En matière correctionnelle, la détention provisoire ordonnée à l'égard d'un mineur âgé d'au moins seize ans, dans les conditions prévues par l'article L. 334-5, ne peut excéder :

1° Un mois, lorsque la peine d'emprisonnement encourue est inférieure ou égale à sept ans. Toutefois, à l'expiration de ce délai, la détention peut être prolongée par le juge des libertés et de la détention, à titre exceptionnel, pour une durée n'excédant pas un mois, par une ordonnance motivée conformément aux dispositions de l'article 137-3 du code de procédure pénale et rendue après un débat contradictoire organisé conformément aux dispositions du sixième alinéa de l'article 145 du même code. La prolongation ne peut être ordonnée qu'une seule fois ;

2° Quatre mois, lorsque la peine d'emprisonnement encourue est supérieure à sept ans. Toutefois, à l'expiration de ce délai, la détention peut être prolongée par le juge des libertés et de la détention, à titre exceptionnel, pour une durée n'excédant pas quatre mois, par une ordonnance motivée conformément aux dispositions de l'article 137-3 *(L. n° 2021-218 du 26 févr. 2021, art. 14)* **« du code de procédure pénale » et rendue après un débat contradictoire organisé conformément aux dispositions du sixième alinéa de l'article 145** *(L. n° 2021-218 du 26 févr. 2021, art. 14)* **« du même code ». Cette décision peut être renouvelée selon la même procédure, la durée totale de la détention ne pouvant excéder un an.** – *[Ord. n° 45-174 du 2 févr. 1945, art. 11, al. 11 et 12.]*

V. C. pr. pén., art. 137-3, ss. CJPM, art. L. 432-2.

COMMENTAIRE

Les mineurs âgés de seize à dix-huit ans peuvent être placés en détention provisoire en matière correctionnelle, lorsqu'ils encourent une peine d'emprisonnement d'au moins trois ans, ou lorsqu'ils se sont soustraits aux obligations du contrôle judiciaire ou de

l'assignation à résidence avec surveillance électronique, et que cette violation est grave ou répétée, ou qu'elle s'accompagne d'une autre violation des obligations du contrôle judiciaire (art. L. 334-5).

La détention provisoire ne peut alors excéder :
– un mois, lorsque la peine d'emprisonnement encourue est inférieure ou égale à sept ans ; ce délai d'un mois peut être renouvelé une fois, à titre exceptionnel, par une ordonnance motivée rendue après un débat contradictoire prise par le juge des libertés et de la détention.
– quatre mois, lorsque la peine d'emprisonnement encourue est supérieure à sept ans ; ce délai de quatre mois peut être renouvelé deux fois, à titre exceptionnel, par une ordonnance motivée rendue après un débat contradictoire prise par le juge des libertés et de la détention.

Le code reprend ici aussi la distinction et les durées qui existaient sous l'ordonnance de 1945, par le renvoi de l'article 11 à l'article 145-1 du code de procédure pénale.

Il convient d'apporter ici une précision sur la computation de ces délais. La Cour de cassation avait précisé, dans un arrêt du 13 octobre 1992 (n° 92-82.414) rendu sous l'empire de l'ordonnance de 1945, que les délais de l'article 11 limitant à deux mois en matière correctionnelle la détention provisoire des mineurs âgés d'au moins 16 ans lorsque la peine encourue n'est pas supérieure à sept ans, n'étaient applicables que jusqu'à l'ordonnance de renvoi, et que, à compter de cette dernière, seules étaient applicables les dispositions de l'article 179 du code de procédure pénale (lequel prévoit un délai de deux mois, éventuellement renouvelable deux fois). Mais cette solution n'est plus d'actualité, car désormais le code de la justice pénale des mineurs vient déroger aux délais de l'article 179 du code de procédure pénale. En effet, l'article L. 434-6 prévoit que « par dérogation à l'article 179 du code de procédure pénale, lorsque le juge d'instruction ordonne le renvoi devant le tribunal pour enfants d'un mineur de moins de seize ans en matière correctionnelle, ce dernier peut être maintenu en détention provisoire jusqu'à sa comparution devant la juridiction de jugement pour une durée de deux mois, renouvelable une seule fois pour une durée d'un mois ». ❑

Art. L. 433-4 En matière criminelle, la détention provisoire ne peut excéder six mois pour le mineur de moins de seize ans. Toutefois, à l'expiration de ce délai, la détention peut être prolongée par le juge des libertés et de la détention, à titre exceptionnel, pour une durée n'excédant pas six mois, par une ordonnance motivée conformément aux dispositions de l'article 137-3 du code de procédure pénale, par référence aux 1° à 6° de l'article 144 du même code, et rendue après un débat contradictoire organisé conformément aux dispositions du sixième alinéa de l'article 145 du même code. La prolongation ne peut être ordonnée qu'une seule fois. – *[Ord. n° 45-174 du 2 févr. 1945, art. 11, al. 13.]*

V. C. pr. pén., art. 137-3, ss. CJPM, art. L. 432-2.

COMMENTAIRE

Les mineurs âgés de treize à seize ans peuvent être placés en détention provisoire en matière criminelle (art. L. 334-4).

La détention provisoire ne peut alors excéder six mois, ce délai étant renouvelable une seule fois, à titre exceptionnel, par une ordonnance motivée rendue après un débat contradictoire par le juge des libertés et de la détention.

On retrouve, là encore, la même durée que celle qui existait sous l'ordonnance de 1945 (art. 11, al. 8). ❑

Code de procédure pénale

Art. 144 *(L. n° 2007-291 du 5 mars 2007, art. 9-I, en vigueur le 1er juill. 2007)* La détention provisoire ne peut être ordonnée ou prolongée que s'il est démontré, au regard des éléments précis et circonstanciés résultant de la procédure, qu'elle constitue l'unique moyen de parvenir à l'un ou plusieurs des objectifs suivants et que ceux-ci ne sauraient être atteints en cas de placement sous contrôle judiciaire *(L. n° 2009-1436 du 24 nov. 2009, art. 93-IV)* « ou d'assignation à résidence avec surveillance électronique » :

1° Conserver les preuves ou les indices matériels qui sont nécessaires à la manifestation de la vérité ;

2° Empêcher une pression sur les témoins ou les victimes ainsi que sur leur famille ;

3° Empêcher une concertation frauduleuse entre la personne mise en examen et ses coauteurs ou complices ;

4° Protéger la personne mise en examen ;

5° Garantir le maintien de la personne mise en examen à la disposition de la justice ;

6° Mettre fin à l'infraction ou prévenir son renouvellement ;

7° Mettre fin au trouble exceptionnel et persistant à l'ordre public provoqué par la gravité de l'infraction, les circonstances de sa commission ou l'importance du préjudice qu'elle a causé. Ce trouble ne peut résulter du seul retentissement médiatique de l'affaire. Toutefois, le présent alinéa n'est pas applicable en matière correctionnelle.

....

Art. 145 *(L. n° 2000-516 du 15 juin 2000)* « Le juge des libertés et de la détention saisi par une ordonnance du juge d'instruction tendant au placement en détention de la personne mise en examen fait comparaître cette personne devant lui, assistée de son avocat si celui-ci a déjà été désigné, et procède conformément aux dispositions du présent article.

« Au vu des éléments du dossier et après avoir, s'il l'estime utile, recueilli les observations de l'intéressé, ce magistrat fait connaître à la personne mise en examen s'il envisage de la placer en détention provisoire.

« S'il n'envisage pas de la placer en détention provisoire, ce magistrat, après avoir le cas échéant ordonné le placement de la personne sous contrôle judiciaire, procède conformément aux deux derniers alinéas de l'article 116 relatifs à la déclaration d'adresse.

« S'il envisage d'ordonner la détention provisoire de la personne, il l'informe que sa décision ne pourra intervenir qu'à l'issue d'un débat contradictoire et qu'elle a le droit de demander un délai pour préparer sa défense. »

(L. n° 2007-291 du 5 mars 2007, art. 10-II) « Si cette personne n'est pas déjà assistée d'un avocat, le juge l'avise qu'elle sera défendue lors du débat par un avocat de son choix ou, si elle ne choisit pas d'avocat, par un avocat commis d'office. L'avocat choisi ou, dans le cas d'une commission d'office, le bâtonnier de l'ordre des avocats en est avisé par tout moyen et sans délai. Si l'avocat choisi ne peut se déplacer, il est remplacé par un avocat commis d'office. Mention de ces formalités est faite au procès-verbal. »

Le *(L. n° 2000-516 du 15 juin 2000, art. 52)* « juge des libertés et de la détention » statue *(Abrogé par L. n° 2007-291 du 5 mars 2007, art. 10-II) « en audience de cabinet, »* après un débat contradictoire au cours duquel *(L. n° 96-1235 du 30 déc. 1996)* « il entend le ministère public qui développe ses réquisitions prises conformément au troisième alinéa de l'article 82 », puis les observations de la personne mise en examen *(L. n° 2021-1729 du 22 déc. 2021, art. 14-6°, en vigueur le 31 déc. 2021)* « à laquelle a été notifié son droit de se taire sur les faits qui lui sont reprochés » et, le cas échéant, celles de son avocat. *(L. n° 2007-291 du 5 mars 2007, art. 10-II)* « Si la personne mise en examen est majeure, le débat contradictoire a lieu et le juge statue en audience publique. Toutefois, le ministère public, la personne mise en examen ou son avocat peuvent s'opposer à cette publicité si l'enquête porte sur des faits *(L. n° 2015-993 du 17 août 2015, art. 11)* « mentionnés aux articles 706-73 et 706-73-1 » ou si celle-ci est de nature à entraver les investigations spécifiques nécessitées par l'instruction, à porter atteinte à la présomption d'innocence ou à la sérénité des débats ou à nuire à la dignité de la personne ou aux intérêts d'un tiers. Le juge statue sur cette opposition en audience de cabinet par ordonnance motivée, après avoir recueilli les observations du ministère public, de la personne mise en examen et de son avocat. S'il fait droit à cette opposition ou si la personne mise en examen est mineure, le débat a lieu et le juge statue en audience de cabinet. »

Toutefois, le *(L. n° 2000-516 du 15 juin 2000, art. 52)* « juge des libertés et de la détention » ne peut ordonner immédiatement le placement en détention lorsque la personne mise en examen ou son avocat sollicite un délai pour préparer sa défense.

Dans ce cas, il peut, au moyen d'une ordonnance motivée par référence aux dispositions de l'alinéa précédent et non susceptible d'appel, prescrire l'incarcération de la personne pour une durée déterminée qui ne peut en aucun cas excéder quatre jours ouvrables. Dans ce délai, il fait comparaître à nouveau la personne et, que celle-ci soit ou non assistée d'un avocat, procède comme il est dit *(L. n° 2000-516 du 15 juin 2000, art. 52)* « au sixième alinéa ». S'il n'ordonne pas le placement de la personne en détention provisoire, celle-ci est mise en liberté d'office.

(L. n° 2007-291 du 5 mars 2007, art. 10-II) « Pour permettre au juge d'instruction de procéder à des vérifications relatives à la situation personnelle du mis en examen ou aux faits qui lui sont reprochés, lorsque ces vérifications sont susceptibles de permettre le placement de l'intéressé sous contrôle judiciaire *(L. n° 2011-1862 du 13 déc. 2011, art. 61-2°)* « ou sous assignation à résidence avec surveillance électronique », le juge des libertés et de la détention peut également décider d'office de prescrire par ordonnance motivée l'incarcération provisoire du mis en examen pendant une durée déterminée qui ne saurait excéder quatre jours ouvrables jusqu'à la tenue du débat contradictoire. A défaut de débat dans ce délai, la personne est mise en liberté d'office. L'ordonnance mentionnée au présent alinéa peut faire l'objet du recours prévu à l'article 187-1. »

L'incarcération provisoire est, le cas échéant, imputée sur la durée de la détention provisoire pour l'application des articles 145-1 et 145-2. Elle est assimilée à une détention provisoire, *(L. n° 92-1336 du 16 déc. 1992)* « au sens des articles 149 et 716-4 ».

Art. L. 433-5 En matière criminelle, la détention provisoire ne peut excéder un an pour le mineur âgé d'au moins seize ans. Toutefois, le juge des libertés et de la détention peut, à l'expiration de ce délai, prolonger la détention pour une durée qui ne peut être supérieure à six mois par une ordonnance motivée conformément aux dispositions de l'article 137-3 du code de procédure pénale et rendue après un débat contradictoire organisé conformément aux dispositions du sixième alinéa de l'article 145 du même code. Cette décision peut être renouvelée selon la même procédure, la durée totale de la détention provisoire ne pouvant excéder deux ans. – *[Ord. n° 45-174 du 2 févr. 1945, art. 11, al. 14.]*

V. C. pr. pén., art. 137-3, ss. art. L. 432-2 et C. pr. pén, art. 145, ss. art. L. 433-4.

COMMENTAIRE

Les mineurs âgés de seize à dix-huit ans peuvent être placés en détention provisoire en matière criminelle (art. L. 334-5). La détention provisoire ne peut alors excéder un an, ce délai pouvant être prolongé de deux fois six mois, par une ordonnance motivée rendue après un débat contradictoire du juge des libertés et de la détention.

Le code reprend, là aussi, le délai initial et les délais de prolongement qui figuraient dans l'ordonnance de 1945 (art. 11, renvoyant à l'art. 145-2 C. pr. pén.). ❑

Les dispositions de l'art. 11, al. 5, de l'Ord. du 2 févr. 1945, selon lesquelles la durée maximale de la détention provisoire en matière criminelle est fixée à 2 ans pour les mineurs de plus de 16 ans, ne s'appliquent que jusqu'à l'ordonnance de transmission de pièces au procureur général ; le mandat de dépôt initial décerné à l'encontre du prévenu peut donc, par application de l'art. 181 C. pr. pén., conserver sa force exécutoire au-delà du délai maximum, jusqu'à décision de la chambre d'accusation ; après le prononcé de l'ordonnance de prise de corps avec renvoi devant la cour d'assises, le mineur n'est plus détenu provisoirement en vertu du mandat de dépôt, mais en exécution de cette ordonnance, qui constitue un titre de détention demeurant valable jusqu'au jugement définitif des faits. • Fort-de-France, 16 févr. 2000 : *BICC 2000, n° 937.*

Art. L. 433-6 La durée totale de détention provisoire mentionnée au 2° de l'article L. 433-3 du présent code est portée à deux ans pour l'instruction du délit mentionné à l'article 421-2-1 du code pénal.

La durée totale de détention provisoire mentionnée à l'article L. 433-5 du présent code est portée à trois ans pour l'instruction des crimes prévus au 1° de l'article 421-1 et aux articles 421-5 et 421-6 du code pénal. – *[C. pr. pén., art. 706-24-4.]*

BIBL. ▶ GALLARDO, Le CJPM et le mineur auteur d'une infraction terroriste : quelles adaptations ? *Dr. fam. mars 2021. Dossier 11.*

COMMENTAIRE

L'article L. 433-6 prévoit des durées de détention provisoire dérogatoires aux règles générales, pour des infractions considérées comme particulièrement graves.

Pour les mineurs âgés d'au moins seize ans, et poursuivis en matière correctionnelle, la durée de la détention provisoire normalement encourue est de quatre mois lorsque la peine d'emprisonnement encourue est supérieure à sept ans, et deux prolongations de quatre mois supplémentaires sont possibles (art. L. 433-3, 2°). En d'autres termes, la

détention provisoire peut être portée à un an. Mais l'article L. 433-6 prévoit que la durée totale de détention provisoire est portée à deux ans pour l'instruction du délit de participation à un groupement terroriste (C. pén., art. 421-2-1).

Pour les mineurs âgés d'au moins seize ans, et poursuivis en matière criminelle, la durée de la détention provisoire normalement encourue est d'un an, ce délai pouvant être prolongé deux fois de six mois. En d'autres termes, la durée totale de la détention provisoire ne peut excéder deux ans dans ce cas. Mais l'article L. 433-6, alinéa 2, prévoit que la durée totale de détention provisoire mentionnée à l'article L. 433-5 du présent code est portée à trois ans pour l'instruction des crimes terroristes les plus graves : atteintes volontaires à la vie, atteintes volontaires à l'intégrité de la personne, enlèvement et séquestration, détournement de navire ou de tout autre moyen de transport (C. pén., art. 421-1, 1°), direction ou organisation d'un groupement terroriste (C. pén., art. 421-5) et participation à certains groupements terroristes les plus violents (C. pén., art. 421-6).

Cette disposition, qui permet une augmentation très nette des durées de la détention provisoire des mineurs, n'existait pas dans l'ordonnance de 1945, mais elle figurait dans l'article 706-24-1 du code de procédure pénale. Le changement d'emplacement n'est pas anodin, et atteste de la volonté de rassembler dans un code unique toutes les dispositions spécifiques à la justice pénale des mineurs (cf. E. Gallardo, Le CJPM et le mineur auteur d'une infraction terroriste : quelles adaptations ?, *Dr. fam. mars 2021. Dossier 11*). Cela étant, le code reprend le domaine de la dérogation (seuls les mineurs âgés d'au moins 16 ans au moment des faits sont concernés) et les durées de détention provisoire : 2 ans si l'infraction consiste en une association de malfaiteurs en vue de la préparation d'un acte terroriste (contre 3 ans pour les majeurs) et 3 ans s'il s'agit de crimes de nature terroriste (contre 4 ans pour les majeurs). ❑

Code pénal

Art. 421-1 Constituent des actes de terrorisme, lorsqu'elles sont *(L. n° 96-647 du 22 juill. 1996)* « intentionnellement » en relation avec une entreprise individuelle ou collective ayant pour but de troubler gravement l'ordre public par l'intimidation ou la terreur, les infractions suivantes :

1° Les atteintes volontaires à la vie, les atteintes volontaires à l'intégrité de la personne, l'enlèvement et la séquestration ainsi que le détournement d'aéronef, de navire ou de tout autre moyen de transport, définis par le livre II du présent code ;

2° Les vols, les extorsions, les destructions, dégradations et détériorations, ainsi que les infractions en matière informatique définis par le livre III du présent code ;

(L. n° 96-647 du 22 juill. 1996) « 3° Les infractions en matière de groupes de combat et de mouvements dissous définies par les articles 431-13 à 431-17 et les infractions définies par les articles 434-6 et 441-2 à 441-5 ; »

(Ord. n° 2012-351 du 12 mars 2012, art. 8, en vigueur le 1er mai 2012) « 4° Les infractions en matière d'armes, de produits explosifs ou de matières nucléaires définies par *(L. n° 2014-1353 du 13 nov. 2014, art. 4)* « les *(L. n° 2016-731 du 3 juin 2016, art. 26)* « articles 222-52 à 222-54, 322-6-1 et 322-11-1 » du présent code, » le I de l'article L. 1333-9, les articles L. 1333-11 et L. 1333-13-2, le II des articles L. 1333-13-3 et L. 1333-13-4, les articles L. 1333-13-6, L. 2339-2, L. 2339-14, L. 2339-16, L. 2341-1, L. 2341-4, L. 2341-5, L. 2342-57 à L. 2342-62, L. 2353-4, le 1° de l'article L. 2353-5 et l'article L. 2353-13 du code de la défense, ainsi que les articles *(Abrogé par L. n° 2016-731 du 3 juin 2016, art. 26)* *« L. 317-4, »* L. 317-7 et L. 317-8 à l'exception des *(L. n° 2012-304 du 6 mars 2012, art. 33 et 34-XVI, en vigueur le 6 sept. 2013)* « armes de la catégorie D définies par décret en Conseil d'État *[ancienne rédaction : armes de la 6e catégorie]* », du code de la sécurité intérieure » ;

(L. n° 96-647 du 22 juill. 1996) « 5° Le recel du produit de l'une des infractions prévues aux 1° à 4° ci-dessus » ;

(L. n° 2001-1062 du 15 nov. 2001, art. 33 ; L. n° 2003-239 du 18 mars 2003, art. 31) « 6° Les infractions de blanchiment prévues au chapitre IV du titre II du livre III du présent code ;

« 7° Les délits d'initié prévus *(L. n° 2016-819 du 21 juin 2016, art. 1er, en vigueur le 3 juill. 2016)* « aux articles L. 465-1 à L. 465-3 » du code monétaire et financier. »

....

Art. 421-2-1 *(L. n° 96-647 du 22 juill. 1996)* Constitue également un acte de terrorisme le fait de participer à un groupement formé ou à une entente établie en vue de la prépara-

tion, caractérisée par un ou plusieurs faits matériels, d'un des actes de terrorisme mentionnés aux articles précédents.

....

Art. 421-5 *(L. nº 96-647 du 22 juill. 1996 ; L. nº 2001-1062 du 15 nov. 2001, art. 33 ; L. nº 2003-239 du 18 mars 2003, art. 31)* « Les actes de terrorisme définis aux articles 421-2-1 et 421-2-2 sont punis » de dix ans d'emprisonnement et de 225 000 € d'amende.

(L. nº 2004-204 du 9 mars 2004, art. 6-XI) « Le fait de diriger ou d'organiser le groupement ou l'entente défini à l'article 421-2-1 est puni de *(L. nº 2016-987 du 21 juill. 2016, art. 13)* « trente *[ancienne rédaction : vingt]* » ans de réclusion criminelle et de 500 000 € d'amende. »

(L. nº 2001-1062 du 15 nov. 2001, art. 33 ; L. nº 2003-239 du 18 mars 2003, art. 31) « La tentative du délit défini à l'article 421-2-2 est punie des mêmes peines. »

(L. nº 2014-1353 du 13 nov. 2014, art. 6-II) « L'acte de terrorisme défini à l'article 421-2-6 est puni de dix ans d'emprisonnement et de 150 000 € d'amende. »

(Abrogé par L. nº 2016-731 du 3 juin 2016, art. 11) « Les deux premiers alinéas de l'article 132-23 relatif à la période de sûreté sont applicables (L. nº 2004-204 du 9 mars 2004, art. 6-XI) « aux infractions prévues » par le présent article. »

Art. 421-6 *(L. nº 2006-64 du 23 janv. 2006, art. 11)* Les peines sont portées à *(L. nº 2016-987 du 21 juill. 2016, art. 13)* « trente ans de réclusion criminelle et 450 000 *[ancienne rédaction : vingt ans de réclusion criminelle et 350 000]* » € d'amende lorsque le groupement ou l'entente définie à l'article 421-2-1 a pour objet la préparation :

1° Soit d'un ou plusieurs crimes d'atteintes aux personnes visés au 1° de l'article 421-1 ;

2° Soit d'une ou plusieurs destructions par substances explosives ou incendiaires visées au 2° de l'article 421-1 et devant être réalisées dans des circonstances de temps ou de lieu susceptibles d'entraîner la mort d'une ou plusieurs personnes ;

3° Soit de l'acte de terrorisme défini à l'article 421-2 lorsqu'il est susceptible d'entraîner la mort d'une ou plusieurs personnes.

Le fait de diriger ou d'organiser un tel groupement ou une telle entente est puni de *(L. nº 2016-987 du 21 juill. 2016, art. 13)* « la réclusion criminelle à perpétuité *[ancienne rédaction : trente ans de réclusion criminelle]* » et de 500 000 € d'amende.

(Abrogé par L. nº 2016-731 du 3 juin 2016, art. 11) « Les deux premiers alinéas de l'article 132-23 relatifs à la période de sûreté sont applicables aux crimes prévus par le présent article. »

Art. L. 433-7 Lorsque la détention provisoire est ordonnée à la suite d'une révocation du contrôle judiciaire ou de l'assignation à résidence avec surveillance électronique à l'encontre d'un mineur antérieurement placé en détention provisoire pour les mêmes faits, la durée cumulée des détentions ne peut excéder de plus d'un mois la durée maximale de la détention prévue au présent chapitre. – *[Ord. nº 45-174 du 2 févr. 1945, art. 11-1.]*

COMMENTAIRE

L'article L. 433-7 envisage la situation d'un mineur qui a fait l'objet d'une détention provisoire, puis d'une remise en liberté et d'un placement sous contrôle judiciaire ou d'une assignation à résidence avec placement sous surveillance électronique, puis d'une révocation du contrôle judiciaire ou de l'assignation à résidence, et donc d'une réincarcération pour les mêmes faits.

Dans cette hypothèse, il est prévu que « la durée cumulée des détentions ne peut excéder de plus d'un mois la durée maximale de la détention prévue au présent chapitre », cette disposition reprenant l'article 11-1 de l'ordonnance de 1945. Elle doit aussi se lire à la lumière de l'article suivant, qui prévoit une exception dans les hypothèses de très courtes détentions provisoires. ❑

Les dispositions de l'art. 11-1 fixant la durée maximale de détention provisoire des mineurs de plus de 16 ans impliqués dans une affaire criminelle et dont le contrôle judiciaire a été révoqué ne s'appliquent conformément à l'art. 11 Ord. 2 févr. 1945 que jusqu'à l'ordonnance de règlement. • Crim. 23 nov. 2005, nº 05-85.359 P : *AJ pénal 2006. 86, obs. Girault*.

Art. L. 433-8 Lorsqu'interviennent plusieurs révocations du contrôle judiciaire d'un mineur de moins de seize ans, la durée cumulée de la détention provisoire ne peut excéder une durée totale d'un mois dans le cas mentionné au 1° de l'article L. 433-2 et de deux mois dans le cas mentionné au 2° du même article. – *[Ord. n° 45-174 du 2 févr. 1945, art. 11-2, al. 3.]*

COMMENTAIRE

L'article L. 433-7 prévoit la possibilité de dépasser d'un mois la durée normale de la détention provisoire, en cas de révocation du contrôle judiciaire. Mais cette disposition ne saurait s'appliquer aux très courtes détentions provisoires, c'est-à-dire à celles applicables aux mineurs de moins de seize ans, en matière correctionnelle (art. L. 433-2).

C'est la raison pour laquelle l'article L. 433-8 prévoit que « lorsqu'interviennent plusieurs révocations du contrôle judiciaire d'un mineur de moins de seize ans, la durée cumulée de la détention provisoire ne peut excéder une durée totale d'un mois dans le cas mentionné au 1° de l'article L. 433-2 et de deux mois dans le cas mentionné au 2° du même article ».

Concrètement, les durées normales d'un mois (quinze jours renouvelable une fois ; art. L. 433-2, 1°) et de deux mois (un mois renouvelable une fois ; art. L. 433-2, 2°) ne peuvent donc pas être dépassées.

Cette disposition reprend l'article 11-2 de l'ordonnance de 1945. ❑

CHAPITRE IV DU RÈGLEMENT DE L'INFORMATION JUDICIAIRE

SECTION PREMIÈRE DES ORDONNANCES DE RÈGLEMENT

Art. L. 434-1 Lorsque l'information est terminée, après avoir procédé conformément à l'article 175 du code de procédure pénale, le juge d'instruction rend l'une des ordonnances de règlement suivantes :

1° Soit une ordonnance de non-lieu dans les cas et conditions prévus à l'article 177 du code de procédure pénale ;

2° Soit, s'il estime que le fait constitue une contravention des quatre premières classes, une ordonnance de renvoi devant le tribunal de police ;

3° Soit, s'il estime que le fait constitue un délit ou une contravention de la cinquième classe, une ordonnance de renvoi devant le tribunal pour enfants, ou devant le juge des enfants si le mineur est âgé de moins de treize ans ;

4° Soit, s'il estime que les faits constituent un crime, une ordonnance de mise en accusation devant la cour d'assises des mineurs s'il s'agit d'un mineur âgé d'au moins seize ans dans les cas et conditions prévus à l'article 181 du code de procédure pénale ou une ordonnance de renvoi devant le tribunal pour enfants s'il s'agit d'un mineur de moins de seize ans. – *[Ord. n° 45-174 du 2 févr. 1945, art. 9, al. 2 à 6 et 8.]*

COMMENTAIRE

Lorsque l'information lui paraît terminée, le juge d'instruction en informe toutes les parties, conformément aux dispositions de l'article 175 du code de procédure pénale. S'ouvrent alors plusieurs délais, permettant aux parties de formuler des observations et d'échanger de manière contradictoire, sous réserve que, s'agissant des parties privées (le ministère public n'est pas soumis à cette contrainte), elles aient manifesté par déclaration au greffe ou par courrier recommandé le souhait de le faire, dans un délai de quinze jours. Il convient de noter que, en l'absence de disposition contraire, cette « présomption de renonciation aux droits de la défense » introduite dans le code de procédure pénale par la loi du 23 mars 2019, est applicable aux mineurs.

Une fois les formalités de l'article 175 du code de procédure pénale accomplies, le juge d'instruction peut alors procéder au règlement, et clôturer l'information judiciaire.

Concrètement, s'offrent à lui plusieurs possibilités que l'article L. 434-1 présente :

– soit une ordonnance de non-lieu dans les cas et conditions prévus à l'article 177 du code de procédure pénale ;

– soit, s'il estime que le fait constitue une contravention des quatre premières classes, une ordonnance de renvoi devant le tribunal de police ;

– soit, s'il estime que le fait constitue un délit ou une contravention de la cinquième classe, une ordonnance de renvoi devant le tribunal pour enfants, ou devant le juge des enfants si le mineur est âgé de moins de treize ans ;
– soit, s'il estime que les faits constituent un crime, une ordonnance de mise en accusation devant la cour d'assises des mineurs s'il s'agit d'un mineur âgé d'au moins seize ans dans les cas et conditions prévus à l'article 181 du code de procédure pénale ou une ordonnance de renvoi devant le tribunal pour enfants s'il s'agit d'un mineur de moins de seize ans.

L'article L. 434-1 n'avait pas véritablement d'équivalent dans l'ordonnance de 1945, et les juges d'instruction (ou les juges des enfants, qui avaient des fonctions d'instruction) procédaient conformément au droit commun, prévu par le code de procédure pénale. Pour autant, les solutions offertes au magistrat instructeur et présentées dans l'article L. 434-1 ne sont pas nouvelles. ❑

Code de procédure pénale

Art. 175 *(L. nº 2019-222 du 23 mars 2019, art. 56-I et 109-XIII, en vigueur le 1er juin 2019)* I. — Aussitôt que l'information lui paraît terminée, le juge d'instruction communique le dossier au procureur de la République et en avise en même temps les avocats des parties ou, si elles ne sont pas assistées par un avocat, les parties. L'avis est notifié soit verbalement avec émargement au dossier, soit par lettre recommandée. Lorsque la personne est détenue, il peut également être notifié par les soins du chef de l'établissement pénitentiaire, qui adresse sans délai au juge d'instruction l'original ou la copie du récépissé signé par l'intéressé.

II. — Le procureur de la République dispose alors d'un délai d'un mois si une personne mise en examen est détenue ou de trois mois dans les autres cas pour adresser ses réquisitions motivées au juge d'instruction. Copie de ces réquisitions est adressée dans le même temps par lettre recommandée aux avocats des parties ou, si elles ne sont pas assistées par un avocat, aux parties.

III. — Dans un délai de quinze jours à compter soit de chaque interrogatoire ou audition réalisé au cours de l'information, soit de l'envoi de l'avis prévu au I du présent article, les parties peuvent faire connaître au juge d'instruction, selon les modalités prévues à l'avant-dernier alinéa de l'article 81, qu'elles souhaitent exercer l'un ou plusieurs des droits prévus aux IV et VI du présent article.

IV. — Si elles ont indiqué souhaiter exercer ces droits dans les conditions prévues au III, les parties disposent, selon les cas mentionnés au II, d'un même délai d'un mois ou de trois mois à compter de l'envoi de l'avis prévu au I pour :

1° Adresser des observations écrites au juge d'instruction, selon les mêmes modalités ; copie de ces observations est alors adressée en même temps au procureur de la République ;

2° Formuler des demandes ou présenter des requêtes, selon les mêmes modalités, sur le fondement du neuvième alinéa de l'article 81, des articles 82-1 et 82-3, du premier alinéa de l'article 156 et du troisième alinéa de l'article 173, sous réserve qu'elles ne soient pas irrecevables en application des articles 82-3 et 173-1.

A l'expiration du délai mentionné au II du présent article, les parties ne sont plus recevables à adresser de telles observations ou à formuler ou présenter de telles demandes ou requêtes.

V. — Si les parties ont adressé des observations en application du 1° du IV, le procureur de la République dispose d'un délai de dix jours si une personne mise en examen est détenue ou d'un mois dans les autres cas pour adresser au juge d'instruction des réquisitions complémentaires à compter de la date à laquelle ces observations lui ont été communiquées.

VI. — Si les parties ont indiqué qu'elles souhaitaient exercer ce droit conformément au III, elles disposent d'un délai de dix jours si une personne mise en examen est détenue ou d'un mois dans les autres cas pour adresser au juge d'instruction des observations complémentaires à compter de la date à laquelle les réquisitions leur ont été communiquées.

VII. — A l'issue, selon les cas, du délai d'un mois ou de trois mois prévu aux II et IV, ou du délai de dix jours ou d'un mois prévu aux V et VI, le juge d'instruction peut rendre son ordonnance de règlement, y compris s'il n'a pas reçu de réquisitions ou d'observations dans ces délais.

VIII. — Le III, le 1° du IV, le VI et, s'agissant des requêtes en nullité, le 2° du IV sont également applicables au témoin assisté

....

Art. 177 Si le juge d'instruction estime que les faits ne constituent ni crime, ni délit, ni contravention, ou si l'auteur est resté inconnu, ou s'il n'existe pas de charges suffisantes contre *(L. n° 93-2 du 4 janv. 1993)* « la personne mise en examen », il déclare, par une ordonnance, qu'il n'y a lieu à suivre.

(L. n° 2004-204 du 9 mars 2004, art. 122, en vigueur le 1er oct. 2004) « Lorsque l'ordonnance de non-lieu est motivée par l'existence de l'une des causes d'irresponsabilité pénale prévue par *(Abrogé par L. n° 2008-174 du 25 févr. 2008, art. 4-II) « le premier alinéa de l'article 122-1, »* les articles 122-2, 122-3, 122-4, 122-5 et 122-7 du code pénal ou par le décès de la personne mise en examen, elle précise s'il existe des charges suffisantes établissant que l'intéressé a commis les faits qui lui sont reprochés. »

(L. n° 93-1013 du 24 août 1993) « Les personnes mises en examen qui sont provisoirement détenues sont mises en liberté. » *(L. n° 93-2 du 4 janv. 1993)* « L'ordonnance met fin au contrôle judiciaire. »

(L. n° 85-1407 du 30 déc. 1985) « Le juge d'instruction statue par la même ordonnance sur la restitution des objets placés sous main de justice. Il peut refuser la restitution lorsque celle-ci présente un danger pour les personnes ou les biens. » *(L. n° 87-962 du 30 nov. 1987)* « La décision relative à la restitution peut être déférée, par toute personne qui y a intérêt, à la chambre de l'instruction dans les conditions et selon les modalités prévues par l'article 99. »

Dernier al. abrogé par L. n° 93-2 du 4 janv. 1993.

....

Art. 181 *(L. n° 2000-516 du 15 juin 2000, art. 82-I, en vigueur le 1er janv. 2001)* Si le juge d'instruction estime que les faits retenus à la charge des personnes mises en examen constituent une infraction qualifiée crime par la loi, il ordonne leur mise en accusation devant la cour d'assises *(L. n° 2021-1729 du 22 déc. 2021, art. 9, en vigueur le 1er janv. 2023)* « , sous réserve de l'article 181-1 ».

Il peut également saisir cette juridiction des infractions connexes.

L'ordonnance de mise en accusation contient, à peine de nullité, l'exposé et la qualification légale des fait*[s]*, objet*[s]* de l'accusation, et précise l'identité de l'accusé. *(L. n° 2004-204 du 9 mars 2004, art. 126-VIII)* « Elle précise également, s'il y a lieu, que l'accusé bénéficie des dispositions de l'article 132-78 du code pénal. »

(L. n° 2021-1729 du 22 déc. 2021, art. 6-I-1°, en vigueur le 31 déc. 2021) « Lorsqu'elle est devenue définitive, l'ordonnance de mise en accusation couvre, s'il en existe, les vices de la procédure, sous réserve de l'article 269-1. »

(L. n° 2009-1436 du 24 nov. 2009, art. 93-VII) « Le contrôle judiciaire ou l'assignation à résidence avec surveillance électronique dont fait l'objet l'accusé continuent à produire leurs effets. »

La détention provisoire *(L. n° 2009-1436 du 24 nov. 2009, art. 93-VII)* « , l'assignation à résidence avec surveillance électronique » ou le contrôle judiciaire des personnes renvoyées pour délit connexe prend fin, sauf s'il est fait application des dispositions du troisième alinéa de l'article 179. Le délai prévu par le quatrième alinéa de l'article 179 est alors porté à six mois.

(L. n° 2004-204 du 9 mars 2004, art. 99-I, en vigueur le 1er oct. 2004) « Si l'accusé est placé en détention provisoire, le mandat de dépôt décerné contre lui conserve sa force exécutoire et l'intéressé reste détenu jusqu'à son jugement par la cour d'assises, sous réserve des dispositions des deux alinéas suivants et de l'article 148-1. S'il a été décerné, le mandat d'arrêt conserve sa force exécutoire ; s'ils ont été décernés, les mandats d'amener ou de recherche cessent de pouvoir recevoir exécution, sans préjudice de la possibilité pour le juge d'instruction de délivrer mandat d'arrêt contre l'accusé.

« L'accusé détenu en raison des faits pour lesquels il est renvoyé devant la cour d'assises est immédiatement remis en liberté s'il n'a pas comparu devant celle-ci à l'expiration d'un délai d'un an à compter soit de la date à laquelle la décision de mise en accusation est devenue définitive s'il était alors détenu, soit de la date à laquelle il a été ultérieurement placé en détention provisoire.

« Toutefois, si l'audience sur le fond ne peut débuter avant l'expiration de ce délai, la chambre de l'instruction peut, à titre exceptionnel, par une décision rendue conformément à l'article 144 et mentionnant les raisons de fait ou de droit faisant obstacle au jugement de

l'affaire, ordonner la prolongation de la détention provisoire pour une nouvelle durée de six mois. La comparution de l'accusé est de droit si lui-même ou son avocat en font la demande. Cette prolongation peut être renouvelée une fois dans les mêmes formes. Si l'accusé n'a pas comparu devant la cour d'assises à l'issue de cette nouvelle prolongation, il est immédiatement remis en liberté. »

Le juge d'instruction transmet le dossier avec son ordonnance au procureur de la République. Celui-ci est tenu de l'envoyer sans retard au greffe de la cour d'assises.

Les pièces à conviction, dont il est dressé état, sont transmises au greffe de la cour d'assises si celle-ci siège dans un autre tribunal que celui du juge d'instruction.

Art. 181-1 *(L. nº 2021-1729 du 22 déc. 2021, art. 9, en vigueur le 1er janv. 2023)* S'il existe, à l'issue de l'information, des charges suffisantes contre la personne d'avoir commis, hors récidive, un crime puni de quinze ans ou de vingt ans de réclusion criminelle, elle est mise en accusation par le juge d'instruction, selon les modalités prévues à l'article 181, devant la cour criminelle départementale, sauf s'il existe un ou plusieurs coaccusés ne répondant pas aux conditions prévues au présent alinéa.

Le délai d'un an prévu au huitième alinéa de l'article 181 est alors porté à six mois et il ne peut être procédé qu'à une seule prolongation en application du neuvième alinéa du même article 181.

Art. 181-2 *(L. nº 2021-1729 du 22 déc. 2021, art. 9, en vigueur le 1er janv. 2023)* Lorsqu'une ordonnance de mise en accusation du juge d'instruction qui n'est plus susceptible d'appel a, au regard des qualifications criminelles retenues, renvoyé par erreur l'accusé devant la cour d'assises au lieu de la cour criminelle départementale ou inversement, le président de la chambre de l'instruction peut, sur requête du procureur de la République ou d'une partie, procéder par ordonnance motivée à la rectification de cette erreur en renvoyant l'accusé devant la juridiction criminelle compétente.

Si l'affaire est renvoyée devant la cour d'assises, les délais prévus à l'article 181 sont alors applicables.

Si l'affaire est renvoyée devant la cour criminelle départementale, les délais applicables sont ceux prévus au second alinéa de l'article 181-1 à compter de la décision prévue au premier alinéa du présent article, sans pouvoir dépasser les délais prévus à l'article 181.

Art. L. 434-2 Par dérogation aux dispositions du 4° de l'article L. 434-1, lorsque les faits forment un ensemble connexe et indivisible avec un crime commis par un mineur âgé d'au moins seize ans, le juge d'instruction peut, dans l'intérêt d'une bonne administration de la justice, par décision motivée prise après réquisitions du procureur de la République et observations des parties, mettre ce mineur en accusation devant la cour d'assises des mineurs :

1° Pour un crime commis avant qu'il n'ait atteint l'âge de seize ans ;

2° Pour un crime commis à compter de sa majorité. – *[Ord. nº 45-174 du 2 févr. 1945, art. 9, al. 7.]*

COMMENTAIRE

L'ordonnance de 1945 prévoyait déjà que la cour d'assises des mineurs, compétente pour juger les crimes commis par les mineurs âgés (au moment des faits) entre seize et dix-huit ans, pouvait également connaître des crimes et délits commis par le mineur avant d'avoir atteint l'âge de seize ans révolus, lorsqu'ils forment avec le crime principalement poursuivi un ensemble connexe ou indivisible (art. 20 de l'Ord. de 1945 ; à noter que cette disposition avait été jugée conforme à la Constitution : Cons. const. 29 nov. 2013, nº 2013-356 QPC).

Cette extension de compétence de la cour d'assises des mineurs est reprise par le code, et déclinée dans le cadre de l'ordonnance de règlement du juge d'instruction. Le code y ajoute les crimes commis par le « mineur » après sa majorité, qui, jusqu'alors, relevaient de la cour d'assises de droit commun (Crim. 25 oct. 2000, nº 99-85.208). ❑

L'art. 20 de l'Ord. de 1945 qui permet que la cour d'assises des mineurs puisse connaître des crimes et délits commis par le mineur avant d'avoir atteint l'âge de 16 ans révolus, lorsqu'ils forment avec le crime principalement poursuivi un ensemble connexe ou indivisible, est conforme à la Constitution • Cons. const. 29 nov. 2013, nº 2013-356 QPC.

Art. L. 434-3 Si le mineur a des coauteurs ou complices majeurs, la procédure, en matière correctionnelle et pour les contraventions de la cinquième classe, est disjointe et ces derniers sont renvoyés devant la juridiction compétente suivant le droit commun.

Si, en matière criminelle, le mineur a des coauteurs ou complices majeurs, le juge d'instruction peut :

1° Soit renvoyer tous les accusés âgés d'au moins seize ans devant la cour d'assises des mineurs ;

2° Soit disjoindre les poursuites et ordonner la mise en accusation des coauteurs ou complices majeurs devant la cour d'assises de droit commun. – *[Ord. n° 45-174 du 2 févr. 1945, art. 9, al. 7.]*

COMMENTAIRE

Le juge d'instruction peut instruire à la fois sur les mineurs et les majeurs (ce que ne pouvait faire le juge des enfants). Une fois l'instruction terminée, lorsque le mineur a des coauteurs ou complices majeurs, le juge d'instruction est tenu de disjoindre, c'est-à-dire de renvoyer les mineurs devant les juridictions pour mineurs, et les majeurs devant les juridictions pour majeurs. Cette règle s'impose en matière correctionnelle et pour les contraventions de 5e classe, car le tribunal pour enfants ou le juge des enfants ne peuvent connaître que des mineurs. En revanche, en matière criminelle, la cour d'assises des mineurs peut connaître à la fois des mineurs et des majeurs, de sorte que la disjonction n'est pas obligatoire. Ces règles, qui avaient été dégagées sous l'ordonnance de 1945 (art. 9), sont reprises par l'article L. 434-3. ❑

Art. L. 434-4 Lorsqu'il ordonne le renvoi d'un mineur devant le juge des enfants ou le tribunal pour enfants en application de l'article L. 434-1, le juge d'instruction peut, en prenant en considération les intérêts de la victime ou de la partie civile, saisir la juridiction compétente en raison de la résidence du mineur ou de celle de ses *(Abrogé par L. n° 2021-218 du 26 févr. 2021, art. 14)* ***« parents ou »*** **représentants légaux.** – *[Ord. n° 45-174 du 2 févr. 1945, art. 7, al. 3.]*

COMMENTAIRE

Lorsqu'il ordonne le renvoi d'un mineur devant le juge des enfants ou le tribunal pour enfants, concrètement, pour déterminer la juridiction compétente, le juge d'instruction pourra prendre en considération les intérêts de la partie civile ou de la victime (même non constituée partie civile). Par exemple, le juge pourra choisir le lieu de résidence des représentants légaux du mineur, si la victime réside elle aussi dans la même ville. Cette disposition est nouvelle et assez curieuse, dans la mesure où le procès pénal est davantage celui du prévenu que de la partie civile (et *a fortiori* de la victime non constituée partie civile), d'autant que les règles de compétence ne sont pas modifiées. Cela étant, en pratique, cette disposition ne devrait pas modifier fondamentalement les modalités du renvoi devant le tribunal pour enfants et le juge des enfants. ❑

SECTION II DU MAINTIEN DE LA MESURE ÉDUCATIVE ET DES MESURES DE SÛRETÉ

Art. L. 434-5 Lorsqu'une mesure éducative judiciaire provisoire a été ordonnée à l'égard du mineur au cours de l'information, le juge d'instruction statue expressément, lors du règlement de l'information, sur le maintien de la mesure jusqu'au jugement.

COMMENTAIRE

L'information judiciaire est un temps que le juge d'instruction (comme autrefois le juge des enfants) peut mettre à profit pour soumettre le mineur à une réponse éducative provisoire. Du reste, les articles L. 432-1 et suivants le prévoient expressément. Mais, au moment de la fin de l'information judiciaire, il peut apparaître gênant que cette réponse éducative provisoire prenne fin, et qu'aucun suivi ne soit assuré entre le règlement et l'audience de jugement. C'est la raison pour laquelle l'article L. 434-5 dispose que « lorsqu'une mesure éducative judiciaire provisoire a été ordonnée à l'égard du mineur au cours de l'information, le juge d'instruction statue expressément, lors du règlement de

l'information, sur le maintien de la mesure jusqu'au jugement ». On peut noter ici que cette disposition n'avait pas d'équivalent dans l'ordonnance de 1945. ❑

Art. L. 434-6 Par dérogation à l'article 179 du code de procédure pénale, lorsque le juge d'instruction ordonne le renvoi devant le tribunal pour enfants d'un mineur de moins de seize ans en matière correctionnelle, ce dernier peut être maintenu en détention provisoire jusqu'à sa comparution devant la juridiction de jugement pour une durée de deux mois, renouvelable une seule fois pour une durée d'un mois. – *[Ord. n° 45-174 du 2 févr. 1945, art. 11-2, al. 4.]*

COMMENTAIRE

L'article L. 434-6 est la reprise de l'article 11-2, alinéa 4, de l'ordonnance de 1945, issu de la loi n° 2019-222 du 23 mars 2019 (art. 94). Le maintien en détention provisoire peut donc ici durer deux mois, plus éventuellement un mois (deux mois plus un mois). Le code vient donc déroger au droit commun, prévu par l'article 179 du code de procédure pénale, et au délai de deux mois renouvelable deux fois (deux mois plus deux mois plus deux mois). ❑

Code de procédure pénale

Art. 179 *(L. n° 93-1013 du 24 août 1993)* « Si le juge estime que les faits constituent un délit, il prononce, par ordonnance, le renvoi de l'affaire devant le tribunal correctionnel. » *(L. n° 2004-204 du 9 mars 2004, art. 126-VIII)* « Cette ordonnance précise, s'il y a lieu, que le prévenu bénéficie des dispositions de l'article 132-78 du code pénal. »

(L. n° 70-643 du 17 juill. 1970) L'ordonnance de règlement met fin à la détention provisoire *(L. n° 2009-1436 du 24 nov. 2009, art. 93-VI)* « , à l'assignation à résidence avec surveillance électronique » ou au contrôle judiciaire. *(L. n° 2004-204 du 9 mars 2004, art. 100-II, en vigueur le 1er oct. 2004)* « S'il a été décerné, le mandat d'arrêt conserve sa force exécutoire ; s'ils ont été décernés, les mandats d'amener ou de recherche cessent de pouvoir recevoir exécution, sans préjudice de la possibilité pour le juge d'instruction de délivrer un mandat d'arrêt contre le prévenu. »

(L. n° 93-2 du 4 janv. 1993) « Toutefois, le juge d'instruction peut, par ordonnance distincte spécialement motivée, maintenir le prévenu en détention *(L. n° 2009-1436 du 24 nov. 2009, art. 93-VI)* « , sous assignation à résidence avec surveillance électronique » ou sous contrôle judiciaire jusqu'à sa comparution devant le tribunal. » *(L. n° 2007-291 du 5 mars 2007, art. 9-III, en vigueur le 1er juill. 2007)* « L'ordonnance de maintien en détention provisoire est motivée par référence aux 2°, 4°, 5° et 6° de l'article 144. »

(L. n° 2000-516 du 15 juin 2000, art. 76 ; L. n° 2000-1354 du 30 déc. 2000, art. 15 et 33, en vigueur le 1er janv. 2001) « Le prévenu en détention est immédiatement remis en liberté si le tribunal correctionnel n'a pas commencé à examiner au fond à l'expiration d'un délai de deux mois à compter de la date *(L. n° 2016-731 du 3 juin 2016, art. 59, en vigueur le 1er août 2016)* « soit de l'ordonnance de renvoi ou, en cas d'appel, de l'arrêt de renvoi non frappé de pourvoi, de l'arrêt déclarant l'appel irrecevable, de l'ordonnance de non-admission rendue en application du dernier alinéa de l'article 186 ou de l'arrêt de la chambre criminelle rejetant le pourvoi, soit de la date à laquelle il a été ultérieurement placé en détention provisoire ».

« Toutefois, si l'audience sur le fond ne peut se tenir avant l'expiration de ce délai, le tribunal peut, à titre exceptionnel, par une décision mentionnant les raisons de fait ou de droit faisant obstacle au jugement de l'affaire, ordonner la prolongation de la détention pour une nouvelle durée de deux mois. La comparution personnelle du prévenu est de droit si lui-même ou son avocat en font la demande. Cette décision peut être renouvelée une fois dans les mêmes formes. Si le prévenu n'a toujours pas été jugé à l'issue de cette nouvelle prolongation, il est remis immédiatement en liberté.

« Lorsqu'elle est devenue définitive, l'ordonnance mentionnée au premier alinéa couvre, s'il en existe, les vices de la procédure. »

Art. L. 434-7 Par dérogation à l'article 179 du code de procédure pénale, lorsque le juge d'instruction ordonne le renvoi devant le tribunal pour enfants d'un mineur âgé d'au moins seize ans en matière correctionnelle, ce dernier peut être maintenu en

détention provisoire jusqu'à sa comparution devant la juridiction de jugement pour une durée de deux mois renouvelable une fois.

V. C. pr. pén., art. 179, ss. art. L. 434-6.

COMMENTAIRE

L'article L. 434-7 n'avait pas d'équivalent dans l'ordonnance de 1945. Mais il s'inscrit dans le prolongement de l'article précédent, relatif au maintien en détention provisoire des mineurs de treize à seize ans, en matière correctionnelle. Le maintien en détention provisoire peut ici durer deux mois, renouvelable une fois (donc deux mois plus deux mois). On notera que si l'article énonce qu'il déroge à l'article 179 du code de procédure pénale, cette dérogation n'est guère visible, puisque l'article 179 prévoit précisément que le maintien en détention provisoire est d'une durée de deux mois renouvelable une fois. C'est peut-être pour cette raison que la loi du 23 mars 2019 n'avait pas inséré cette disposition dans l'ordonnance de 1945... ❑

Art. L. 434-8 **Lorsque le juge d'instruction a ordonné le renvoi devant le tribunal pour enfants d'un mineur de moins de seize ans en matière criminelle, ce dernier peut être maintenu en détention provisoire jusqu'à sa comparution devant la juridiction de jugement pour une durée de deux mois renouvelable deux fois dans les conditions prévues par le cinquième alinéa de l'article 179 du code de procédure pénale.**

V. C. pr. pén., art. 179, ss. art. L. 434-6.

COMMENTAIRE

L'article L. 434-8, qui n'avait pas d'équivalent dans l'ordonnance de 1945, complète le dispositif applicable en matière correctionnelle, prévu par les articles L. 434-6 et L. 434-7. Le maintien du mineur âgé de treize à seize ans en détention provisoire dans l'attente de sa comparution devant le tribunal pour enfants en matière criminelle est donc possible, pour une durée de deux mois renouvelable deux fois (deux mois, plus deux mois plus deux mois). On notera qu'on retrouve ici la durée prévue par l'article 179 du code de procédure pénale. ❑

Art. L. 434-9 **Lorsque le juge d'instruction a ordonné la mise en accusation d'un mineur âgé d'au moins seize ans devant la cour d'assises des mineurs, il est fait application des dispositions de l'article 181 du code de procédure pénale.** – *[Ord. n° 45-174 du 2 févr. 1945, art. 9, al. 7.]*

V. C. pr. pén., art. 181, ss. art. L. 434-1.

COMMENTAIRE

L'article 181 du code de procédure pénale prévoit les modalités du maintien en détention provisoire de l'accusé, dans l'attente de l'audience devant la cour d'assises. Plus précisément, il permet le maintien en détention provisoire d'un accusé pour une durée d'un an à compter de la date à laquelle la décision de mise en accusation est devenue définitive s'il était détenu, soit de la date à laquelle il a été ultérieurement placé en détention provisoire, ce délai pouvant être prorogé de six mois par deux fois.

Ce sont donc ces délais – particulièrement longs si l'on considère qu'il s'agit de mineurs – qui trouvent à s'appliquer pour les accusés renvoyés devant la cour d'assises des mineurs (donc entre 16 et 18 ans). Incidemment, on relève une influence croissante de la procédure pénale des majeurs, spécialement concernant les mineurs âgés de seize à dix-huit ans. ❑

SECTION III DE LA MESURE ÉDUCATIVE JUDICIAIRE PROVISOIRE ET DES MESURES DE SÛRETÉ APRÈS LE RÈGLEMENT DE L'INFORMATION JUDICIAIRE

Art. L. 434-10 **Lorsque le tribunal pour enfants a été saisi par ordonnance de renvoi du juge d'instruction et jusqu'à la comparution du mineur devant lui, le juge des enfants est compétent pour décider, d'office ou à la demande du procureur de la République ou des parties, le maintien ou la modification de la mesure éducative judiciaire provisoire ordonnée à l'égard du mineur ou pour en donner mainlevée.**

Lorsque la cour d'assises des mineurs a été saisie par ordonnance de mise en accusation, la demande de maintien, de modification ou de mainlevée de la mesure éducative judiciaire provisoire est portée :

1° Devant cette cour, lorsque la demande est formée durant la session au cours de laquelle elle doit juger l'accusé ;

2° Dans les autres cas devant la chambre de l'instruction de cette même cour.

COMMENTAIRE

Après le règlement de l'information judiciaire, mais avant l'audience devant la juridiction de jugement, le sort des mesures éducatives judiciaires provisoires est une question délicate. En effet, le juge d'instruction n'est plus saisi, mais la juridiction de jugement ne l'est pas encore…

L'article L. 434-10 du code vient clarifier cette question, en apportant des solutions inédites et cohérentes.

Lorsque le tribunal pour enfants a été saisi par le juge d'instruction, c'est le juge des enfants qui est compétent pour décider, d'office ou à la demande du procureur de la République ou des parties, le maintien ou la modification de la mesure éducative judiciaire provisoire ordonnée à l'égard du mineur ou pour en donner mainlevée. Notons qu'un appel est possible devant la chambre spéciale des mineurs de la cour d'appel en application de l'article L. 435-2.

Lorsque la cour d'assises des mineurs a été saisie par ordonnance de mise en accusation, la demande de maintien, de modification ou de mainlevée de la mesure éducative judiciaire provisoire est portée :

– soit devant cette cour, lorsque la demande est formée durant la session au cours de laquelle elle doit juger l'accusé ;

– soit devant la chambre de l'instruction de cette même cour dans les autres cas. ❑

Art. L. 434-11 **Lorsque le tribunal pour enfants a été saisi par ordonnance de renvoi du juge d'instruction et jusqu'à la comparution du mineur devant lui, le juge des enfants est compétent pour décider, d'office ou à la demande du procureur de la République ou des parties, de la modification ou de la suppression des obligations du contrôle judiciaire ou de l'assignation à résidence avec surveillance électronique auquel le mineur est astreint, d'imposer au mineur une ou plusieurs obligations nouvelles, d'accorder une dispense occasionnelle ou temporaire d'observer certaines d'entre elles ou d'en donner mainlevée.**

COMMENTAIRE

Comme pour les mesures éducatives judiciaires provisoires (art. L. 434-10), le sort des mesures de sûreté entre le règlement de l'information et l'audience de jugement se trouve dans une situation délicate, puisque le juge d'instruction n'est plus saisi et que la juridiction de jugement ne l'est pas encore.

L'article L. 434-11 clarifie cette situation et apporte là encore une solution inédite et cohérente.

C'est en effet le juge des enfants qui est compétent, lorsque le tribunal pour enfants a été saisi, pour décider de la modification ou de la suppression du contrôle judiciaire ou de ses modalités, ou de l'assignation à résidence. ❑

CHAPITRE V DE L'APPEL DES ORDONNANCES RENDUES AU COURS DE L'INSTRUCTION ET À L'ISSUE DE CELLE-CI

Art. L. 435-1 **Sans préjudice des dispositions de l'article 186 du code de procédure pénale relatives à l'appel des décisions rendues au cours de l'information, le mineur mis en examen** *(L. n° 2021-218 du 26 févr. 2021, art. 14)* **« ou l'un de ses représentants légaux » peut faire appel devant la chambre de l'instruction, selon les modalités prévues par cet article, des ordonnances du juge d'instruction ou du juge des libertés et de la détention relatives à la mesure éducative judiciaire provisoire.** – *[Ord. n° 45-174 du 2 févr. 1945, art. 24, al. 2.]*

COMMENTAIRE

Les décisions rendues par le juge d'instruction et le juge des libertés et de la détention durant l'instruction peuvent faire l'objet d'un appel devant la chambre de l'instruction, conformément aux dispositions de droit commun limitatives de l'article 186 du code de procédure pénale. Le droit pénal des mineurs n'est ici pas très différent du droit commun. Le mineur peut donc faire appel (et l'un de ses représentants légaux aussi), devant la chambre de l'instruction, des décisions visées à l'article 186 (demande d'actes, recevabilité d'une constitution de partie civile, décisions relatives au contrôle judiciaire, à l'assignation à résidence, à la détention provisoire...).

Mais le juge d'instruction et le juge des libertés et de la détention peuvent aussi prendre, durant l'instruction, des décisions concernant la mesure éducative judiciaire provisoire. Malgré sa dimension éducative, l'appel des décisions relatives à cette mesure relève, lui aussi, de la chambre de l'instruction. C'est ce qu'énonce l'article L. 435-1 du code. ❑

Code de procédure pénale

Art. 186 *(L. nº 93-2 du 4 janv. 1993 ; L. nº 93-1013 du 24 août 1993)* « Le droit d'appel appartient à la personne mise en examen contre les ordonnances et décisions prévues par les articles *(L. nº 2007-291 du 5 mars 2007, art. 17-III, en vigueur le 1er juill. 2007)* « 80-1-1, » 87, 139, 140, *(L. nº 2000-516 du 15 juin 2000, art. 132-XI, en vigueur le 1er janv. 2001)* « 137-3 » *(L. nº 2009-1436 du 24 nov. 2009, art. 93-VIII)* « , 142-6, 142-7 », 145-1, 145-2, 148, *(L. nº 2007-291 du 5 mars 2007, art. 18-VII, en vigueur le 1er juill. 2007)* « 167, *(L. nº 2022-52 du 24 janv. 2022, art. 9)* « avant-dernier » alinéa, » 179, troisième alinéa » *(L. nº 2000-516 du 15 juin 2000, art. 82-II, en vigueur le 1er janv. 2001 ; L. nº 2015-993 du 17 août 2015, art. 2, en vigueur le 1er oct. 2015)* « , 181 *(L. nº 2021-1729 du 22 déc. 2021, art. 9, en vigueur le 1er janv. 2023)* « , 181-1 » et 696-70 ».

(L. nº 70-643 du 17 juill. 1970) La partie civile peut interjeter appel des ordonnances de non-informer, de non-lieu et des ordonnances faisant grief à ses intérêts civils. Toutefois, son appel ne peut, en aucun cas, porter sur une ordonnance ou sur la disposition d'une ordonnance relative à la détention *(L. nº 93-2 du 4 janv. 1993)* « de la personne mise en examen » ou au contrôle judiciaire.

(L. nº 93-2 du 4 janv. 1993) « Les parties » peuvent aussi interjeter appel de l'ordonnance par laquelle le juge a, d'office ou sur déclinatoire, statué sur sa compétence.

(L. nº 85-1407 du 30 déc. 1985) « L'appel *(L. nº 93-2 du 4 janv. 1993)* « des parties » *(Abrogé par L. nº 2000-516 du 15 juin 2000, art. 32-II, à compter du 1er janv. 2001)* *« ou du témoin condamné en application des dispositions de l'article 109 »* ainsi que la requête prévue par le cinquième alinéa de l'article 99 doivent être formés dans les conditions et selon les modalités prévues par les articles 502 et 503, dans les dix jours qui suivent la notification ou la signification de la décision. »

Le dossier de l'information ou sa copie établie conformément à l'article 81 est transmis, avec l'avis motivé du procureur de la République, au procureur général, qui procède ainsi qu'il est dit aux articles 194 et suivants.

(L. nº 72-1226 du 29 déc. 1972) « Si le président de la *(L. nº 2000-516 du 15 juin 2000, art. 83, en vigueur le 1er janv. 2001)* « chambre de l'instruction » constate qu'il a été fait appel d'une ordonnance non visée aux alinéas 1 à 3 du présent article, il rend d'office une ordonnance de non-admission de l'appel qui n'est pas susceptible de voies de recours. » *(L. nº 2004-204 du 9 mars 2004, art. 107-I)* « Il en est de même lorsque l'appel a été formé après l'expiration du délai prévu au quatrième alinéa ou lorsque l'appel est devenu sans objet. Le président de la chambre de l'instruction est également compétent pour constater le désistement de l'appel formé par l'appelant. »

Art. L. 435-2 **Sans préjudice des dispositions de l'article 496 du code de procédure pénale relatives à l'appel des jugements en matière correctionnelle, le mineur** *(L. nº 2021-218 du 26 févr. 2021, art. 14)* **« ou l'un de ses représentants légaux » peut faire appel devant la chambre spéciale des mineurs de la cour d'appel des décisions du juge des enfants relatives à la mesure éducative judiciaire provisoire rendues en application de l'article L. 434-10 du présent code.**

COMMENTAIRE

Lorsque le tribunal pour enfants a été saisi par une ordonnance de renvoi du juge d'instruction, et dans l'attente de l'audience de jugement, c'est le juge des enfants qui est compétent pour décider du maintien ou de la modification de la mesure éducative judiciaire provisoire ordonnée à l'égard du mineur ou pour en donner mainlevée (art. L. 434-10).

Cette décision du juge des enfants est susceptible d'appel, et l'article L. 435-2 précise que l'appel du mineur ou de l'un de ses représentants légaux est alors porté devant la chambre spéciale des mineurs de la cour d'appel (et non devant la chambre de l'instruction). ❑

Code de procédure pénale

Art. 496 Les jugements rendus en matière correctionnelle peuvent être attaqués par la voie de l'appel.

L'appel est porté à la cour d'appel.

LIVRE CINQUIÈME DU JUGEMENT

COMMENTAIRE

Le livre V est consacré à la phase de jugement. Il comprend trois titres respectivement relatifs aux dispositions générales (débats, action civile et publicité des audiences), à la procédure de jugement (devant les différentes juridictions) et à l'exercice des voies de recours (appel et opposition).

Il convient de préciser que ce livre contient les dispositions spécifiques de la phase de jugement, qui viennent donc s'ajouter (voire se substituer) aux dispositions communes aux différentes phases de la procédure pénale, contenues dans le livre III. ❑

TITRE PREMIER DISPOSITIONS GÉNÉRALES

CHAPITRE PREMIER DES DÉBATS

Art. L. 511-1 Le juge des enfants ou le tribunal pour enfants entend :

1° Le mineur ;

2° Les témoins ;

3° Les représentants légaux et les personnes civilement responsables du mineur ;

4° La personne ou le service auquel le mineur est confié ou qui le suit ;

5° La victime ou la partie civile ;

6° Le procureur de la République. Toutefois, lorsque les débats ont lieu en chambre du conseil, sa présence n'est pas obligatoire. S'il n'est pas présent et entend requérir une des peines mentionnées à l'article L. 121-4, il adresse des réquisitions écrites au juge des enfants qui en donne lecture à l'audience.

7° L'avocat du mineur.

Le mineur ou son avocat a toujours la parole en dernier. – *[Ord. n° 45-174 du 2 févr. 1945, art. 13, al. 1er.]*

BIBL. ► GEBLER, Le juge des enfants dans le Code de la justice pénale des mineurs, *Dr. fam. mars 2021. Dossier 8.*

COMMENTAIRE

Dans la continuité de l'article 13, alinéa 1er, de l'ordonnance de 1945, l'article L. 511-1 donne la liste des personnes qui doivent être entendues devant le tribunal pour enfants et le juge des enfants, et l'ordre de parole. La jurisprudence avait fait une application stricte de l'article 13, alinéa 1er, de l'ordonnance de 1945. Ainsi, la Cour de cassation avait jugé que ce texte, qui imposait l'audition des parents, tuteur ou gardien du mineur, étant d'ordre public, devait être censuré : un arrêt qui avait confirmé une condamnation dont il ne ressortait pas que ces personnes avaient été entendues ou au moins appelées à s'expliquer (Crim. 23 janv. 1974, n° 73-90.788 ; Crim. 23 juin 2004, n° 02-87.161). De même, la Cour de cassation avait fait application de l'article 13, alinéa 1er, à la chambre spéciale de la cour d'appel, estimant que cette juridiction ne pouvait statuer qu'après avoir entendu les parents, le tuteur ou le gardien d'un prévenu mineur (Crim. 9 sept. 2015, n° 13-82.518). Compte tenu de la proximité entre l'article L. 511-1 du code et l'article 13, alinéa 1er, de l'ordonnance de 1945, on peut penser que ces solutions sauront être maintenues.

Pour autant, il convient de noter que la jurisprudence a légèrement tempéré cette rigueur, de deux manières. D'une part, la Cour de cassation a admis que les notes d'audience pouvaient suffire à établir que l'audition du parent mis en cause avait bien été effectuée, si la décision n'établissait pas l'audition des représentants légaux et civilement responsables du mineur et de la personne ou du service auquel le mineur était confié ou qui le suivait (Crim. 18 oct. 2017, n° 16-87.123). D'autre part, elle a précisé que « le civilement responsable ne saurait se prévaloir de l'inobservation de l'ordre de parole prévu à l'article 13 de l'ordonnance du 2 février 1945, dès lors que l'irrégularité alléguée n'a pas porté atteinte à ses intérêts » (Crim. 29 mai 2001, n° 00-85.981). ❑

1. Audition des parents, tuteur ou gardien. Aux termes de l'art. 13, al. 1er, de l'Ord. du 2 févr. 1945, dont les dispositions sont d'ordre public, le tribunal pour enfants statuera après avoir notam-

ment entendu les parents, le tuteur ou le gardien des mineurs ; encourt la cassation l'arrêt qui prononce une condamnation contre un mineur alors qu'il ne résulte, ni de l'arrêt attaqué, ni du jugement qu'il confirme, que ces personnes aient été entendues ou appelées à s'expliquer devant le tribunal pour enfants et devant la chambre spéciale de la cour d'appel. • Crim. 23 janv. 1974, n° 73-90.788 P : *Gaz. Pal. 1974. 1. 241* • 16 juin 1976, n° 75-91.773 P • 27 janv. 1988 : *ibid., n° 42* • 23 juin 2004 : *ibid., n° 171 ; JCP 2004. IV. 2782 ; AJ pénal 2004. 330*. ♦ Il résulte des dispositions combinées des art. 13, al. 1er, de l'Ord. du 2 févr. 1945 et R. 311-7 COJ que la chambre spéciale des mineurs ne peut statuer qu'après avoir entendu les parents, le tuteur ou le gardien d'un prévenu mineur. • Crim. 9 sept. 2015, n° 13-82.518 P : *D. actu. 21 oct. 2015, obs. Benelli-de Bénazé.*

2. Preuve de l'audition. A défaut de constatation par l'arrêt attaqué, les notes d'audience suffisent à établir que l'audition du parent du mineur mis en cause a bien été effectuée. • Crim. 18 oct. 2017, n° 16-87.123 P : *AJ pénal 2017. 559, obs. Ficara*.

3. Personne civilement responsable. La personne civilement responsable ne saurait se prévaloir de l'inobservation de l'ordre de parole prévu à l'art. 13 de l'Ord. du 2 févr. 1945, dès lors que l'irrégularité alléguée n'a pas porté atteinte à ses intérêts. • Crim. 29 mai 2001, n° 00-85.981.

Art. L. 511-2 Le juge des enfants, le président du tribunal pour enfants et le président du tribunal de police peuvent ordonner, à tout moment, que le mineur se retire pendant tout ou partie de la suite des débats.

(L. n° 2021-218 du 26 févr. 2021, art. 15) **« Ils peuvent également ordonner aux autres parties de se retirer au moment de l'examen de la situation personnelle du mineur, leurs avocats restant présents. »** — *[Ord. n° 45-174 du 2 févr. 1945, art. 14, al. 3, phrase 1.]*

COMMENTAIRE

Il est évident que le mineur poursuivi doit, en principe, pouvoir assister à l'audience qui le concerne. Pour autant, il peut parfois être dérogé à cette règle, spécialement en raison du comportement du prévenu. L'article L. 511-2 dispose que « le juge des enfants, le président du tribunal pour enfants et le président du tribunal de police peuvent ordonner, à tout moment, que le mineur se retire pendant tout ou partie de la suite des débats ». Cette disposition reprend une règle exprimée jusqu'alors par l'article 14, alinéa 3, de l'ordonnance de 1945.

Cette disposition a été complétée par un alinéa supplémentaire ajouté par la loi de ratification du 26 février 2021, en vertu duquel le juge des enfants, le président du tribunal pour enfants et le président du tribunal de police « peuvent également ordonner aux autres parties de se retirer au moment de l'examen de la situation personnelle du mineur, leurs avocats restant présents ». De prime abord, on pourrait être surpris, voire inquiet, de cette possibilité offerte au président de l'audience d'exclure une des parties pendant les débats, en ce qu'elle paraît menacer le contradictoire et l'égalité des armes. Mais, d'une part, cette possibilité ne concerne que la question de l'examen de la situation personnelle du mineur, et surtout, d'autre part, le texte précise que les avocats des parties exclues restent présents. Dans ces conditions, l'article L. 511-2 alinéa 2 semble finalement satisfaisant.

1. Retrait du mineur. Ce n'est qu'au cas où le président, usant du pouvoir que lui confère l'art. 14 de l'Ord. du 2 févr. 1945, aurait ordonné que le mineur se retire de l'audience au cours des débats, qu'il y a lieu, avant la lecture de l'arrêt, d'ordonner au mineur de rentrer à l'audience. • Crim. 17 janv. 1956 : *Bull. crim. n° 66* • 30 avr. 1958 : *Bull. crim. n° 364.*

2. S'il résulte de la combinaison des art. 14 et 24 de l'Ord. du 2 févr. 1945 que les jugements et arrêts, concernant les sursis relevant du tribunal pour enfants, doivent être rendus en présence du mineur, cette disposition a seulement pour but de mettre fin, au cas où elles auraient été ordonnées, aux mesures par lesquelles le mineur aurait été invité à se retirer de l'audience publique pendant le débat ; en revanche, lorsque le mineur n'a pas été invité à se retirer pendant le débat, et que l'affaire a été remise, en sa présence, à une date ultérieure pour le prononcé de l'arrêt, la cour n'a pas à constater sa présence lors de la lecture dudit arrêt. • Crim. 15 nov. 1978, n° 78-92.476 P.

Art. L. 511-3 Le juge des enfants ou le président du tribunal pour enfants peut, si l'intérêt du mineur l'exige, dispenser ce dernier de comparaître à l'audience. Dans ce cas, le mineur est représenté par un avocat ou son représentant légal. La décision est réputée contradictoire. — *[Ord. n° 45-174 du 2 févr. 1945, art. 13, al. 2.]*

COMMENTAIRE

Sous l'article 13, alinéa 2, de l'ordonnance de 1945, dont l'article L. 511-3 constitue la reprise, la jurisprudence avait précisé les contours de ce pouvoir du président. Elle avait ainsi affirmé que « la dispense de comparaître relève, dans le seul intérêt du mineur, du pouvoir du président » (Crim. 12 juill. 1972, n° 71-93.365 ; Crim. 18 juin 1980, n° 78-93.304) et que ce pouvoir était discrétionnaire, les motifs de la décision prise par le président n'ayant pas à être mentionnés dans la décision (Crim. 18 juin 1980, *préc.*). Ces solutions devraient, probablement, être maintenues avec le code. ❑

Comparution du mineur. Aux termes de l'art. 13 de l'Ord. du 2 févr. 1945, tel qu'il a été modifié par l'Ord. du 23 déc. 1958, la dispense de comparaître relève, dans le seul intérêt du mineur, du pourvoi du président. • Crim. 12 juill. 1972, n° 71-93.365 P : *D. 1973. 227.* ♦ Rejet du pourvoi contre : • Poitiers, 18 nov. 1971 : *D. 1972. 111*, et la note • Crim. 18 juin 1980, n° 78-93.304 P. ♦ ... Et aucun texte n'exige la mention dans l'arrêt des motifs de la décision prise par ce magistrat. • Crim. 18 juin 1980 : *préc.*

Art. L. 511-4 Le juge des enfants et le tribunal pour enfants peuvent entendre, à titre de simple renseignement, les coauteurs ou complices majeurs. — *[Ord. n° 45-174 du 2 févr. 1945, art. 13, al. 1er, phrase 2.]*

COMMENTAIRE

Si le mineur poursuivi devant le juge des enfants ou le tribunal pour enfants a eu des complices ou coauteurs majeurs, il n'est pas possible de les poursuivre en même temps que le mineur, devant ces mêmes juridictions pour mineurs (il en va néanmoins différemment devant la cour d'assises des mineurs). La disjonction est, dans ce cas, indispensable. Pour autant, il peut être utile d'entendre ces coauteurs ou complices pour juger le mineur. Ils seront alors entendus à titre de simple renseignement et non, par exemple, en qualité de témoins (car ils ne sont pas témoins passifs mais acteurs ; c'est la raison pour laquelle ils ne déposent pas sous serment, à la différence des témoins). C'est ce qu'affirme l'article L. 511-4, reprenant partiellement l'article 13, alinéa 1er, de l'ordonnance de 1945. ❑

Art. L. 511-5 Le déroulement des débats devant le tribunal pour enfants en matière criminelle obéit aux mêmes règles qu'en matière correctionnelle.

COMMENTAIRE

Comme l'ordonnance de 1945, le code prévoit la compétence du tribunal pour enfants en matière criminelle, à l'égard des mineurs âgés au moment des faits de moins de seize ans. L'article L. 511-5 précise alors que, dans ce cas, « le déroulement des débats devant le tribunal pour enfants en matière criminelle obéit aux mêmes règles qu'en matière correctionnelle ». Cette règle n'est pas véritablement nouvelle, même si elle n'était pas auparavant formalisée en tant que telle. Elle est cependant bienvenue, car la compétence du tribunal pour enfants en matière criminelle pourrait faire hésiter entre les règles correctionnelles et criminelles. Du reste, sur certaines questions, c'est la matière criminelle qui emportera la solution ; il en est ainsi, par exemple, de la question de la recevabilité de l'appel d'une ordonnance de renvoi devant le tribunal pour enfants en matière criminelle (Crim. 26 juin 2019, n° 19-82.785). Mais, s'agissant strictement du déroulement des débats devant le tribunal pour enfants en matière criminelle, ce sont les règles de la matière correctionnelle qui s'appliquent. ❑

CHAPITRE II DE L'ACTION CIVILE

COMMENTAIRE

L'action civile est définie par l'article 2 du code de procédure pénale comme l'action en réparation du dommage directement causé par une infraction pénale. Classiquement, l'action civile peut être portée, au choix de la victime, devant les juridictions civile ou pénale.

L'ordonnance de 1945 avait clairement admis, en son article 6, l'exercice de l'action civile devant les juridictions pour mineurs. Il en va de même dans le code, qui consacre à

l'action civile un chapitre entier (art. L. 512-1 s.), qui prend pour l'essentiel les solutions dégagées sous l'ordonnance de 1945, tout en apportant quelques précisions inédites, liées à l'instauration de la procédure de la mise à l'épreuve éducative.

De manière générale donc, l'action civile peut être exercée par la victime contre l'auteur de l'infraction, mineur au moment des faits, et elle peut être portée devant les juridictions pour mineurs. La victime dispose même, dans les conditions du droit commun, de la possibilité de déclencher le procès pénal contre le mineur, en portant plainte avec constitution de partie civile (Crim. 19 oct. 1999, n° 98-87.630 P). Mais, conformément aux règles de la procédure pénale, l'action civile n'est recevable que pour les dommages découlant des faits objets de la poursuite, et elle n'est pas recevable contre des personnes qui n'ont pas causé l'infraction et qui n'ont pas la qualité de prévenus, à moins qu'il ne s'agisse des personnes civilement responsables (CA Chambéry, 23 févr. 1978). Cela étant, la liste des personnes susceptibles d'être considérées comme civilement responsables s'est considérablement allongée sous l'effet de la jurisprudence, qui a découvert, dans l'article 1384, alinéa 1er, du code civil (aujourd'hui art. 1242, al. 1er), un principe général de responsabilité du fait des personnes dont on doit répondre (sur cette question, cf. Ph. Bonfils et A. Gouttenoire, Droit des mineurs, *Précis Dalloz, 3e éd., nos 596 s., p. 351 s.).*

L'accueil de l'action civile devant les juridictions pour mineurs a donné lieu à une autre question, délicate et très intéressante, relative à l'incidence de l'absence de discernement de l'auteur. D'un point de vue pénal, l'absence de discernement de l'auteur de l'infraction entraîne son irresponsabilité. C'était le cas sous l'ordonnance de 1945 (arrêt *Laboube* du 13 déc. 1956, *D. 1957, p. 349, note Patin*) et c'est toujours le cas depuis l'entrée en vigueur du présent code (art. L. 11-1 CJPM et 122-8 du code pénal). Mais, depuis les arrêts de l'assemblée plénière de la Cour de cassation du 9 mai 1984, on sait que le discernement n'est pas une condition de la responsabilité civile du fait personnel des mineurs (Cass. ass. plén., 9 mai 1984 : *D. 1984, p. 525, concl. Cabannes, note F. Chabas, JCP 1984. II. 20255, note N. Dejean de la Bâtie ; ibid., 20256, note P. Jourdain*). Le discernement étant une condition de la responsabilité pénale, mais pas de la responsabilité civile, est-il possible d'exercer l'action civile contre un *infans*, dénué de discernement, devant les juridictions pénales ? Cette question a donné lieu à une décision attendue de la Cour de cassation du 8 juin 2017 (Crim. 8 juin 2017, n° 16-83.345 : *D. actu. 26 juill. 2017, obs. Fonteix*), qui a jugé qu'« il se déduit des articles 122-8 du code pénal, 3 du code de procédure pénale et 6 de l'ordonnance du 2 février 1945 qu'en l'absence de disposition spécifique le prévoyant, la juridiction pénale qui déclare un mineur pénalement irresponsable au motif qu'il était privé de discernement au moment de la commission des faits n'a pas compétence pour statuer sur sa responsabilité civile ni sur celle de ses ayants droit, l'examen des conséquences civiles relevant alors de la seule compétence des juridictions civiles ».

Mais le décret n° 2021-683 du 27 mai 2021 a finalement inséré dans le code une solution inverse. L'article D. 512-1 dispose en effet que « la juridiction de jugement qui, après avoir déclaré que le mineur poursuivi a commis les faits qui lui sont reprochés, constate qu'il n'est pas pénalement responsable en raison de son absence de capacité de discernement, statue sur l'action civile conformément aux articles 1240 et 1242 du code civil » et que « la juridiction peut décider de faire application des dispositions de l'article L. 512-3 du présent code ». En définitive, l'action civile reste donc de la compétence des juridictions pénales pour mineurs même si le mineur est jugé non discernant. Cette solution est heureuse et bienvenue, car elle permet à la victime d'éviter une nouvelle procédure devant les juridictions civiles. Du reste, elle évoque un peu la faculté offerte par l'article 470-1 du code de procédure pénale de statuer sur l'action civile en application des règles du droit civil après une relaxe du chef d'une infraction non intentionnelle. Aussi, il conviendra pour les avocats des parties civiles d'être prudents, et de prévoir un subsidiaire, pour évoquer l'hypothèse d'une absence de discernement. ❑

1. Constitution de partie civile. Toute personne qui se prétend lésée par un crime ou un délit commis par un mineur peut se constituer partie civile devant le juge d'instruction compétent qui procédera conformément à l'art. 86 C. pr. pén. et aux dispositions de l'Ord. du 2 févr. 1945 relative à l'enfance délinquante. Encourt la cassation l'arrêt d'une chambre d'accusation qui énonce que l'art. 7, al. 1er, de ladite Ord. réserve au seul procureur de la République le pouvoir d'engager des poursuites pénales à l'encontre d'un mineur, alors que cet art., qui édicte une règle relative à la compétence territoriale du ministère public, ne déroge pas aux dispositions

générales de l'art. 85 C. pr. pén. • Crim. 19 oct. 1999, n° 98-87.630 P : *D. 2000. 824, note Castaignède*.

2. Mineur dénué de discernement. Il se déduit des art. 122-8 C. pén., 3 C. pr. pén. et 6 de l'Ord. n° 45-174 du 2 févr. 1945 relative à l'enfance délinquante que, en l'absence de disposition spécifique le prévoyant, la juridiction pénale qui déclare un mineur pénalement irresponsable au motif qu'il était privé de discernement au moment de la commission des faits n'a pas compétence pour statuer sur sa responsabilité civile ni sur celle de ses ayants droit, l'examen des conséquences civiles relevant alors de la seule compétence des juridictions civiles. • Crim. 8 juin 2017, n° 16-83.345 P : *D. actu. 26 juill. 2017, obs. Fonteix ; D. 2018. 1664, obs. P. Bonfils et A. Gouttenoire*.

Art. L. 512-1 **A l'audience, la déclaration de partie civile doit, à peine d'irrecevabilité, être faite avant les réquisitions du ministère public sur le fond ou, si le juge des enfants ou le tribunal pour enfants statue selon la procédure de mise à l'épreuve éducative, avant les réquisitions du ministère public sur la sanction.**

Les victimes sont avisées et les parties civiles sont citées selon les modalités prévues par les articles 391 et 420 du code de procédure pénale. Toutefois, lorsqu'il a été statué sur l'action civile lors de l'audience d'examen de la culpabilité, la partie civile est avisée par tout moyen de la date de l'audience de prononcé de la sanction. – *[Ord. n° 45-174 du 2 févr. 1945, art. 5, al. 8 ; art. 6, al. 1er et 2.]*

COMMENTAIRE

La victime peut exercer l'action civile devant les juridictions de jugement pour mineurs, qu'il s'agisse du juge des enfants, du tribunal pour enfants ou de la cour d'assises des mineurs. Il faut, pour cela, qu'elle se constitue partie civile, si elle ne l'a déjà fait durant l'instruction.

La constitution de partie civile, qui peut porter l'action civile, doit alors intervenir *in limine litis*, avant les réquisitions du ministère public.

La procédure de mise à l'épreuve éducative, caractérisée par deux audiences, l'une sur la culpabilité et l'autre sur la peine, complique un peu les choses de ce point de vue. Aussi l'article L. 512-1 précise que, dans ce cas, la constitution de partie civile doit intervenir au plus tard avant les réquisitions du ministère public sur la sanction. Ce faisant, dans le cadre de la procédure de mise à l'épreuve éducative, l'action civile peut être exercée soit lors de la première audience consacrée à la culpabilité, soit lors de la seconde audience consacrée aux mesures définitives et/ou aux peines.

Bien évidemment, pour que la victime soit en mesure d'exercer valablement l'action civile, il est indispensable qu'elle soit préalablement informée des audiences à venir. L'article L. 512-1, alinéa 2, précise ainsi que « les victimes sont avisées et les parties civiles sont citées selon les modalités prévues par les articles 391 et 420 du code de procédure pénale ».

Ce même article prévoit aussi, de manière un peu curieuse, que « lorsqu'il a été statué sur l'action civile lors de l'audience d'examen de la culpabilité, la partie civile est avisée par tout moyen de la date de l'audience de prononcé de la sanction ». Dans cette hypothèse, le code se montre beaucoup moins formel, ce qui se comprend si l'on considère que la décision sur l'action civile est ici déjà intervenue, et que la victime se trouve amenée à assister à une audience sur la seule sanction.

Cette disposition soulève une question assez inédite. Dans le cadre de la procédure de mise à l'épreuve éducative, la victime peut se trouver désintéressée dès la première audience, en même temps que le tribunal se prononce sur la culpabilité de l'auteur (c'est même le schéma normal, imaginé par les rédacteurs du code). Dans ce cas, elle n'est cependant pas exclue de la procédure, et peut être présente lors de la seconde audience, sur la sanction. Mais quel est exactement son statut à cette audience ? On pencherait pour celui de partie civile, mais cela n'est pas extrêmement clair. Son conseil peut-il, à ce stade, plaider ou formuler des observations ? Là encore, la réponse n'est pas évidente, même si l'on peut raisonner par comparaison avec la procédure applicable devant le tribunal de l'application des peines, où la victime est admise à faire des observations. C'est, en tous cas, une situation intéressante à laquelle il conviendra d'être vigilant, lorsque les premières applications en seront faites. ❑

Code de procédure pénale

Art. 391 Toute personne ayant porté plainte est avisée par le parquet de la date de l'audience.

(L. n° 2015-993 du 17 août 2015, art. 7, en vigueur le 15 nov. 2015) « Lorsque la victime ne comprend pas la langue française, elle a droit, à sa demande, à une traduction de l'avis d'audience. A titre exceptionnel, il peut en être effectué une traduction orale ou un résumé oral. »

(L. n° 2019-222 du 23 mars 2019, art. 42-VIII) « Lorsque l'avis d'audience a été adressé à la victime mais qu'il n'est pas établi qu'il a été reçu par celle-ci, le tribunal qui statue sur l'action publique parce qu'il estime que la présence de la victime n'est pas indispensable aux débats peut renvoyer le jugement de l'affaire sur l'action civile à une audience ultérieure, composée conformément au troisième alinéa de l'article 464 ; le tribunal doit alors fixer la date de cette audience et la victime doit en être avisée. »

....

Art. 420 Lorsqu'elle est faite avant l'audience, la déclaration de partie civile doit préciser l'infraction poursuivie et contenir élection de domicile dans le ressort du tribunal saisi, à moins que la partie civile n'y soit domiciliée.

Elle est immédiatement transmise par le greffier au ministère public qui cite la partie civile pour l'audience.

Art. L. 512-2 Lorsqu'un mineur est impliqué dans la même cause qu'un ou plusieurs majeurs, le tribunal correctionnel ou la cour d'assises compétente à l'égard des majeurs peut statuer sur l'action civile contre tous les responsables, sur saisine de la victime ou sur renvoi du juge des enfants ou du tribunal pour enfants, d'office ou à la demande de la partie civile.

Dans le cas prévu à l'alinéa qui précède, le mineur ne comparaît pas à l'audience, mais seulement ses représentants légaux. A défaut de choix d'un avocat par le mineur ou ses représentants légaux, il en est désigné un d'office. Les dispositions des articles L. 513-2 à L. 513-4 sont applicables. S'il n'a pas encore été statué sur la culpabilité du mineur, le tribunal correctionnel ou la cour d'assises peut surseoir à statuer sur l'action civile. – *[Ord. n° 45-174 du 2 févr. 1945, art. 6, al. 3 et 4.]*

COMMENTAIRE

Les juridictions pour mineurs ne peuvent connaître (sauf, à titre exceptionnel, la cour d'assises des mineurs) que des mineurs. Lorsqu'un mineur a été impliqué dans la même cause qu'un ou plusieurs majeurs, il peut être nécessaire de ne pas disjoindre l'action civile. C'est la raison pour laquelle le code prévoit que l'action civile contre tous les responsables peut être portée devant le tribunal correctionnel ou devant la cour d'assises, sur saisine de la victime ou sur renvoi du juge des enfants ou du tribunal pour enfants, d'office ou à la demande de la partie civile. Cette règle, qui figurait à l'article 6 de l'ordonnance de 1945, est désormais prévue par l'article L. 512-2 du code. La jurisprudence avait précisé, sous l'ordonnance de 1945, qu'il ne s'agissait que d'une simple faculté, et non d'une obligation, la victime ayant la possibilité de se constituer partie civile devant le tribunal pour enfants quand bien même un majeur serait impliqué dans la même poursuite (Crim. 6 mars 1956). Cette solution est logiquement appelée à se maintenir sous l'empire du code.

Ce même article précise aussi que, dans ce cas, le mineur ne comparaît pas à l'audience, mais seulement ses représentants légaux et que, à défaut de choix d'un avocat par le mineur ou ses représentants légaux, il en est désigné un d'office. La juridiction, bien qu'étant une juridiction de droit commun, se prononcera sous le régime de la publicité restreinte, prévue par les articles L. 513-2 à L. 513-4. Mais ce dispositif suppose généralement que les juridictions pour mineurs se soient préalablement prononcées sur la culpabilité du mineur. Ainsi, lorsqu'il n'a pas encore été statué sur la culpabilité du mineur, le tribunal correctionnel ou la cour d'assises peut surseoir à statuer sur l'action civile. ❑

1. Action civile. Aux termes de l'art. 6 modifié de l'Ord. du 2 févr. 1945, lorsqu'un ou plusieurs mineurs sont impliqués dans la même cause qu'un ou plusieurs majeurs, l'action civile contre les responsables peut être portée devant le tribunal correctionnel compétent à l'égard des majeurs. • Crim. 10 mai 1966, n° 65-92.590 P. ♦ Il s'agit là d'une simple faculté, la victime du délit commis par un mineur ayant la possibilité de se constituer partie civile devant le tribunal pour enfants quand bien même un majeur serait impliqué dans la même poursuite. • Crim. 6 mars 1956 : *Bull. crim. n° 223.*

2. Autorité de la chose jugée. Il n'y a pas autorité de la chose jugée au sens de l'art. 1351 C. civ. lorsque, à raison d'un accident, un majeur et un mineur, tous deux prévenus d'homicide et blessures involontaires, ont été traduits, le premier devant le tribunal correctionnel, le second devant le tribunal pour enfants, si, le tribunal correctionnel, par jugement devenu définitif, ayant partagé par moitié la responsabilité de l'accident, la chambre des appels des mineurs, statuant par arrêt ultérieur, met à la charge de l'une des parties les deux tiers de cette responsabilité, la demande portée devant cette dernière juridiction différant, par son objet et quant aux personnes qui sont mises en cause, de celle qui a fait l'objet du jugement. • Crim. 19 juin 1958 : *Bull. crim. n° 477.*

Art. L. 512-3 Après avoir déclaré le mineur coupable des faits qui lui sont reprochés et statué, le cas échéant, sur la sanction, le juge des enfants ou le tribunal pour enfants peut, d'office ou à la demande du procureur de la République ou des parties, renvoyer l'affaire à une date ultérieure pour statuer sur l'action civile, même s'il n'ordonne pas de mesure d'instruction, afin de permettre à la partie civile d'apporter les justificatifs de ses demandes. Ce renvoi est de droit lorsqu'il est demandé par la partie civile. La juridiction doit alors fixer la date de l'audience à laquelle il sera statué sur l'action civile. La présence du ministère public à cette audience n'est pas obligatoire.

L'audience mentionnée au premier alinéa a lieu soit devant le juge des enfants statuant en chambre du conseil, soit, au regard de la gravité du préjudice susceptible d'être invoqué par la partie civile et de la complexité de son évaluation et de sa liquidation, devant le tribunal correctionnel composé conformément aux dispositions du quatrième alinéa de l'article 464 du code de procédure pénale lorsqu'une ou plusieurs chambres de la juridiction, en application de l'article L. 121-3 du code de l'organisation judiciaire, connaissent spécifiquement des actions sur intérêts civils.

Lorsque l'affaire est renvoyée devant le tribunal correctionnel, le mineur ne comparaît pas à l'audience, mais seulement ses représentants légaux. A défaut de choix d'un avocat par le mineur ou ses représentants légaux, il en est désigné un d'office. Les dispositions des articles L. 513-2 à L. 513-4 *(L. n° 2021-218 du 26 févr. 2021, art. 15)* **« du présent code » sont applicables.**

COMMENTAIRE

Devant les juridictions pénales de droit commun, le renvoi sur intérêts civils est classique et fréquent. Prévu par l'article 464 du code de procédure pénale, il permet ainsi à la juridiction de statuer sur l'action publique, et de renvoyer à une date ultérieure la question de l'action civile, lorsqu'il est par exemple nécessaire de réaliser une expertise ou quand la victime ne dispose pas des justificatifs de ses demandes. En l'absence de disposition spéciale dans l'ordonnance de 1945, le renvoi sur intérêts civils était possible devant les juridictions pour mineurs, dans les conditions du droit commun.

Le code consacre à cette question une disposition particulière, l'article L. 512-3, qui permet d'en préciser et d'en adapter les modalités.

Selon l'alinéa 1er, « après avoir déclaré le mineur coupable des faits qui lui sont reprochés et statué, le cas échéant, sur la sanction, le juge des enfants ou le tribunal pour enfants peut, d'office ou à la demande du procureur de la République ou des parties, renvoyer l'affaire à une date ultérieure pour statuer sur l'action civile, même s'il n'ordonne pas de mesure d'instruction, afin de permettre à la partie civile d'apporter les justificatifs de ses demandes ». Le renvoi intervient donc sur intérêts civils seulement, soit pour réaliser une mesure d'instruction comme une expertise, soit pour permettre à la partie civile de produire les justificatifs de ses demandes. Le texte précise que « ce renvoi est de droit lorsqu'il est demandé par la partie civile » et que « la juridiction doit alors fixer la date de l'audience à laquelle il sera statué sur l'action civile ». Il indique encore que « la présence du ministère public à cette audience n'est pas obligatoire », ce qui est logique s'agissant

d'une audience portant sur la seule action civile (mais si la présence du ministère public n'est pas obligatoire, elle n'est pas non plus interdite). L'alinéa 1er est ainsi la reprise de l'article 464 du code de procédure pénale.

Mais le code apporte des modifications quant à la juridiction devant laquelle est portée l'action civile en cas de renvoi. Selon le droit commun (l'art. 464 C. pr. pén.), la juridiction de renvoi est le tribunal correctionnel composé du seul président siégeant à juge unique et, dans de nombreuses juridictions, une formation spéciale du tribunal correctionnel est consacrée aux intérêts civils. Pour les juridictions pour mineurs, le code prévoit une certaine adaptation des règles de droit commun. L'article L. 512-3, alinéa 2, du présent code prévoit en effet que l'audience de renvoi a lieu « soit devant le juge des enfants statuant en chambre du conseil, soit, au regard de la gravité du préjudice susceptible d'être invoqué par la partie civile et de la complexité de son évaluation et de sa liquidation, devant le tribunal correctionnel composé conformément aux dispositions du quatrième alinéa de l'article 464 du code de procédure pénale lorsqu'une ou plusieurs chambres de la juridiction, en application de l'article L. 121-3 du code de l'organisation judiciaire, connaissent spécifiquement des actions sur intérêts civils ». En d'autres termes, l'action civile est donc de la compétence du juge des enfants, ou, si la question est particulièrement complexe, de la chambre spéciale du tribunal correctionnel consacrée aux intérêts civils, lorsque la juridiction est d'une taille suffisante pour disposer d'une telle formation (cette chambre statuant à juge unique).

L'article L. 512-3, alinéa 3, précise enfin que « lorsque l'affaire est renvoyée devant le tribunal correctionnel, le mineur ne comparaît pas à l'audience, mais seulement ses représentants légaux », et que « à défaut de choix d'un avocat par le mineur ou ses représentants légaux, il en est désigné un d'office ». S'agissant d'une audience sur les seuls intérêts civils, le texte exclut la présence du mineur, mais exige la comparution des parents. Cela peut se comprendre, car l'audience aura nécessairement une dimension technique, et parce que la culpabilité du mineur ne sera finalement pas discutée, l'action publique ayant déjà été jugée. Cela peut aussi se comprendre du point de vue de l'incapacité civile du mineur, même si sa responsabilité civile personnelle peut être retenue. Cela étant, il est d'autant plus important que le mineur soit représenté par un avocat, désigné par le mineur lui-même, ses représentants légaux ou d'office.

Le même alinéa indique, *in fine*, que les dispositions des articles L. 513-2 à L. 513-4 sur la publicité restreinte sont applicables. Cela méritait d'être précisé, s'agissant d'une audience uniquement sur intérêts civils, spécialement lorsque cette audience peut se tenir devant une formation du tribunal correctionnel consacrée aux intérêts civils. La jurisprudence avait eu l'occasion de faire application de la publicité restreinte à la chambre spéciale des mineurs, lorsqu'elle était saisie en appel des seuls intérêts civils (Crim. 3 déc. 1991, n° 89-86.599). Il était donc logique de préciser que la publicité restreinte s'applique aussi à l'audience de renvoi sur intérêts civils. ❑

Code de procédure pénale

Art. 464 Si le tribunal estime que le fait constitue un délit, il prononce la peine.

Il statue, s'il y a lieu, sur l'action civile, et peut ordonner le versement provisoire, en tout ou en partie, des dommages-intérêts alloués.

Il a aussi la faculté, s'il ne peut se prononcer en l'état sur la demande en dommages-intérêts, d'accorder à la partie civile une provision, exécutoire nonobstant opposition ou appel.

(L. n° 2000-516 du 15 juin 2000, art. 112) « Après avoir statué sur l'action publique, le tribunal peut, d'office ou à la demande du procureur de la République ou des parties, renvoyer l'affaire à une date ultérieure pour statuer sur l'action civile, même s'il n'ordonne pas de mesure d'instruction, afin de permettre à la partie civile d'apporter les justificatifs de ses demandes. Ce renvoi est de droit lorsqu'il est demandé par les parties civiles. Le tribunal doit alors fixer la date de l'audience à laquelle il sera statué sur l'action civile. La présence du ministère public à cette audience n'est pas obligatoire. » *(L. n° 2004-204 du 9 mars 2004, art. 134)* « A cette audience, le tribunal est composé du seul président siégeant à juge unique. »

(L. n° 95-125 du 8 févr. 1995) « Les dispositions du présent article sont applicables lorsque le tribunal correctionnel, dans sa composition prévue par le premier alinéa de l'article 398,

estime, au résultat des débats, que le fait qui lui était déféré constitue un délit visé par l'article 398-1. »

Code de l'organisation judiciaire

Art. L. 121-3 Chaque année, le premier président de la Cour de cassation, le premier président de la cour d'appel *(L. n° 2019-222 du 23 mars 2019, art. 95-I-2°, en vigueur le 1er janv. 2020)* « et le président du tribunal judiciaire *[ancienne rédaction :, le président du tribunal de grande instance, et le magistrat chargé de la direction et de l'administration du tribunal d'instance]* » répartissent les juges dans les différents *(L. n° 2019-222 du 23 mars 2019, art. 95-I-2°-b, en vigueur le 1er janv. 2020)* « pôles, chambres et » services de la juridiction.

Un décret en Conseil d'État fixe les modalités d'application du présent article. Il précise notamment les conditions dans lesquelles la répartition des juges peut être modifiée en cours d'année. — *[Anc. art. L. 710-1.] — V. art. R. 121-1, R. 212-4, R. 212-5, R. 212-6, R. 212-20, R. 212-21, R. 212-59, R. 213-6, R. 213-7, R. 213-8, R. 213-10, R. 222-3, R. 312-2, R. 312-3, R. 312-5, R. 312-6, R. 312-69, R. 431-3, R. 431-7, R. 532-10, R. 562-28.*

Art. L. 512-4 Les personnes civilement responsables du mineur régulièrement citées à personne sont jugées par jugement contradictoire à signifier, en application de l'article 410 du code de procédure pénale, lorsqu'elles n'ont pas comparu. — *[Ord. n° 45-174 du 2 févr. 1945, art. 12-2.]*

COMMENTAIRE

L'action civile peut être dirigée contre les personnes civilement responsables, comme les parents du mineur, ou une association en charge du mineur. Leur présence, ou du moins leur citation, est donc essentielle. L'article L. 512-4, reprenant l'article 12-2 de l'ordonnance de 1945, dispose ainsi que « les personnes civilement responsables du mineur régulièrement citées à personne sont jugées par jugement contradictoire à signifier, en application de l'article 410 du code de procédure pénale, lorsqu'elles n'ont pas comparu ». Concrètement, les civilement responsables sont envisagés ici comme des prévenus : régulièrement cités à personne, ils sont tenus de comparaître, à moins qu'ils ne fournissent une excuse reconnue valable par la juridiction, et s'ils sont non comparants et non excusés, ils doivent être jugés par jugement contradictoire à signifier. ❑

Code de procédure pénale

Art. 410 Le prévenu régulièrement cité à personne doit comparaître, à moins qu'il ne fournisse une excuse reconnue valable par la juridiction devant laquelle il est appelé. Le prévenu a la même obligation lorsqu'il est établi que, bien que n'ayant pas été cité à personne, il a eu connaissance de la citation régulière le concernant dans les cas prévus par les *(Ord. n° 60-529 du 4 juin 1960)* « articles 557, 558 et 560 ».

Si ces conditions sont remplies, le prévenu non comparant et non excusé *(L. n° 2004-204 du 9 mars 2004, art. 133-I, en vigueur le 1er oct. 2004)* « est jugé par jugement contradictoire à signifier, sauf s'il est fait application des dispositions de l'article 411.

« Si un avocat se présente pour assurer la défense du prévenu, il doit être entendu s'il en fait la demande, même hors le cas prévu par l'article 411. »

Art. 410-1 *(L. n° 95-125 du 8 févr. 1995)* Lorsque le prévenu cité dans les conditions prévues par le premier alinéa de l'article 410 ne comparaît pas et que la peine qu'il encourt est égale ou supérieure à deux années d'emprisonnement, le tribunal peut ordonner le renvoi de l'affaire et, par décision spéciale et motivée, décerner mandat d'amener *(L. n° 2004-204 du 9 mars 2004, art. 133-II, en vigueur le 1er oct. 2004)* « ou mandat d'arrêt.

« Si le prévenu est arrêté à la suite du mandat d'amener ou d'arrêt, il est fait application des dispositions de l'article 135-2. Toutefois, dans le cas où la personne est placée en détention provisoire par le juge des libertés et de la détention, elle doit comparaître dans les meilleurs délais, et au plus tard dans le délai d'un mois, devant le tribunal correctionnel, faute de quoi elle est mise en liberté. »

Art. 411 *(L. n° 2004-204 du 9 mars 2004, art. 133-III, en vigueur le 1er oct. 2004)* Quelle que soit la peine encourue, le prévenu peut, par lettre adressée au président du tribunal et qui

sera jointe au dossier de la procédure, demander à être jugé en son absence en étant représenté au cours de l'audience par son avocat ou par un avocat commis d'office. Ces dispositions sont applicables quelles que soient les conditions dans lesquelles le prévenu a été cité.

L'avocat du prévenu, qui peut intervenir au cours des débats, est entendu dans sa plaidoirie et le prévenu est alors jugé contradictoirement.

Si le tribunal estime nécessaire la comparution personnelle du prévenu, il peut renvoyer l'affaire à une audience ultérieure en ordonnant cette comparution. Le procureur de la République procède alors à une nouvelle citation du prévenu.

Le prévenu qui ne répondrait pas à cette nouvelle citation peut être jugé contradictoirement si son avocat est présent et entendu. Le tribunal peut également, le cas échéant, après avoir entendu les observations de l'avocat, renvoyer à nouveau l'affaire en faisant application des dispositions de l'article 410-1.

Lorsque l'avocat du prévenu qui a demandé à ce qu'il soit fait application des dispositions du présent article n'est pas présent au cours de l'audience, le prévenu est, sauf renvoi de l'affaire, jugé par jugement contradictoire à signifier.

CHAPITRE III DE LA PUBLICITÉ DES AUDIENCES

Art. L. 513-1 Devant le juge des enfants, l'affaire est instruite et jugée en chambre du conseil. — *[Ord. nº 45-174 du 2 févr. 1945, art. 8, al. 10.]*

BIBL. ▶ Gebler, Le juge des enfants dans le Code de la justice pénale des mineurs, *Dr. fam. mars 2021. Dossier 8.*

COMMENTAIRE

L'article L. 513-1 reprend les dispositions de l'article 8, alinéa 10, de l'ordonnance de 1945.

L'audience en chambre du conseil (dite aussi « audience de cabinet ») est caractérisée par une absence de publicité et par un formalisme très limité. Il s'agit d'une véritable audience, en présence d'un greffier, du mineur et de ses parents, de la partie civile et des avocats. Le ministère public n'est quant à lui pas nécessairement présent, mais rien ne s'oppose à sa présence (Crim. 8 sept. 2015, nº 14-84.315). L'audience en chambre du conseil intervient ainsi sans publicité, à la différence de la publicité restreinte qui s'applique aux audiences devant les autres juridictions pour mineurs.

Durant l'audience en chambre du conseil, le juge énonce les faits reprochés au mineur et leur qualification ; il interroge le mineur, sur les faits et sur sa personnalité, donne ensuite la parole à ses représentants légaux, puis le cas échéant à la victime, qui peut se constituer partie civile ; si le ministère public est présent (ce qui était rarissime, mais devient obligatoire lorsque des peines sont envisagées, ce qui est désormais possible), il entend ses réquisitions, et donne à l'avocat du mineur la parole en dernier. Le juge des enfants rend généralement sa décision sur le siège, éventuellement après une courte suspension.

Sous l'ordonnance de 1945, la Cour de cassation se montrait très rigoureuse dans le respect de cette exigence de l'audience en chambre du conseil, considérant que le non-respect était une cause de nullité (Crim. 19 déc. 1995, nº 94-82.442). On peut penser que cette solution est appelée à se maintenir avec le présent code.

On rappellera que le juge des enfants est compétent pour prononcer, en chambre du conseil, les mesures éducatives et même, désormais, certaines peines peu coercitives. L'article L. 121-4 dispose en effet que « le juge des enfants, statuant en chambre du conseil, peut, sur réquisitions du procureur de la République, si les circonstances et la personnalité du mineur le justifient, condamner un mineur âgé d'au moins treize ans aux peines : 1º de confiscation de l'objet ayant servi à commettre l'infraction ; 2º de stage ; 3º de travail d'intérêt général, si le mineur est âgé d'au moins seize ans au moment du prononcé de la peine ». ❑

1. Obligation de statuer en chambre du conseil. Le juge des enfants, lorsqu'il statue lui-même sur les poursuites exercées contre un mineur de 18 ans, doit rendre sa décision en chambre du conseil, ainsi que le prescrit l'art. 8 modifié de l'Ord. du 2 févr. 1945 ; saisie de l'appel d'un jugement rendu par le juge des enfants sans que cette règle ait été observée, la cour d'appel doit, à

peine de nullité de son propre arrêt, annuler le jugement, évoquer et statuer à nouveau sur le fond. • Crim. 9 févr. 1960 : *Bull. crim. n° 76.* ♦ Suivant les art. 8 de l'Ord. du 2 févr. 1945 et L. 223-1 COJ, devant la cour d'appel, comme devant le juge des enfants statuant sur des poursuites exercées contre un mineur, les débats doivent avoir lieu en chambre du conseil. • Crim. 19 déc. 1995, n° 94-82.442 P.

2. Présence du ministère public. Si le procureur de la République peut, à tout moment, se faire communiquer la procédure et en suivre l'état d'avancement, pour assister, se faire représenter à l'audience de chambre du conseil du juge des enfants, ou encore prendre des réquisitions écrites, ces audiences n'impliquent pas obligatoirement sa présence. • Crim. 8 sept. 2015, n° 14-84.315 P : *D. actu. 2 oct. 2015, obs. Fonteix.*

Art. L. 513-2 Devant le tribunal de police, le tribunal pour enfants et la cour d'assises des mineurs, seuls sont admis à assister aux débats la victime, qu'elle soit ou non constituée partie civile, les témoins de l'affaire, les représentants légaux, les personnes civilement responsables, l'adulte approprié mentionné à l'article L. 311-1 et les proches parents du mineur, la personne ou le service auquel celui-ci est confié, les membres du barreau ainsi que les personnels des services désignés pour suivre le mineur.

Le président du tribunal de police ou du tribunal pour enfants peut, à tout moment, ordonner aux témoins de se retirer après leur audition.

Le jugement ou l'arrêt est rendu en audience publique, en présence du mineur. – *[Ord. n° 45-174 du 2 févr. 1945, art. 14, al. 1er, 2, 3 et 5 ; art. 20, al. 8 ; art. 21, al. 1er.]*

BIBL. ▶ Bonfils, Les juridictions répressives pour mineurs, *Dr. fam. 2006. Étude 35* ; Les juridictions répressives pour mineurs, *in* L'accès à la justice de la personne vulnérable en droit interne, *Actes du colloque de Besançon, 27 mars 2015, ss. la dir. de V. Donnier et B. Lapérou-Scheneider, Éd. L'épitoge.* - Lextenso, *2015, p. 103 s.* - Gouttenoire, Les principes du droit processuel relatif au mineur délinquant, *AJ pénal 2005. 49*. - Ottenhof, Le jugement des mineurs, *Mél. Lazerges, Dalloz, 2014, p. 763 s.*

COMMENTAIRE

Dans une perspective de protection des mineurs, la publicité des audiences devant les juridictions pour mineurs est considérablement limitée. On parle à cet égard de « publicité restreinte ». Cela n'est pas nouveau, et l'ordonnance de 1945 en énonçait déjà les modalités en son article 14. Le code reprend ce principe, qu'il consacre même comme principe directeur à l'article L. 12-3 qui dispose que « la publicité des audiences des juridictions statuant à l'égard des mineurs est restreinte dans les conditions déterminées par le présent code ». La publicité restreinte des audiences relatives aux mineurs est du reste consacrée par la Cour européenne des droits de l'Homme (CEDH 16 déc. 1999, *T et V c/ Royaume-Uni*, n° 24888/94), et par la Cour de cassation (Crim. 8 nov. 1967 ; 24 juin 1998, n° 97-84.657 ; 6 déc. 2000, n° 00-82.660).

L'article L. 513-2 énonce les modalités de la publicité restreinte. Cette disposition reprend la règle que posait l'article 14 de l'ordonnance de 1945, en y apportant quelques légères modifications rédactionnelles qui s'avéraient nécessaires (par exemple, le texte fait désormais référence à la personne ou au service auquel le mineur a été confié, et non plus aux « sociétés de patronage »).

Les alinéas 2 et 3 reprennent également des dispositions de l'ordonnance de 1945 (art. 14, al. 3 et 5). Précisons simplement ici que la publicité restreinte concerne les débats, et non le délibéré.

Si le principe de la publicité restreinte n'est pas nouveau, il a nourri un important contentieux, dont les solutions sont vraisemblablement toujours valables.

La liste de personnes de l'article L. 513-2 ne concerne que les personnes autorisées à assister à l'audience. Elle ne vise pas les magistrats et greffiers dont la présence est évidemment indispensable, ni le mineur et son avocat, la partie civile ou encore l'assureur des représentants légaux ou son avocat. Malgré l'évidence, la Cour de cassation a été amenée à le préciser, notamment à propos des assureurs (Crim. 11 avr. 2018, n° 17-83.681). L'assureur du civilement responsable, comme le civilement responsable, le mineur lui-même, la partie civile et leurs avocats, ou encore le greffier et les magistrats n'assistent pas à l'audience ; ils y participent. C'est la raison pour laquelle la limitation de la publicité des débats ne concerne pas les magistrats (Crim. 22 juin 1994, n° 93-84.889), ni les personnes qui ont la qualité de partie au procès pénal, comme une partie

civile déjà constituée (Crim. 22 nov. 1995) ou plus largement les personnes qui participent régulièrement aux débats (Crim. 8 nov. 2000, n° 00-81.706).

Par ailleurs, la règle de la publicité restreinte posée dans le présent article a vocation à s'appliquer en appel, devant la chambre spéciale des mineurs (Crim. 11 juill. 2017, n° 15-84.572 ; Crim. 20 févr. 2019, n° 18-85.465), même lorsque celle-ci n'est saisie que des intérêts civils (Crim. 3 déc. 1991, n° 89-86.599). En outre, elle s'applique autant aux débats sur l'action publique qu'à ceux portant sur l'action civile (Crim. 23 juin 1982, n° 82-90.091).

La question de la portée de la publicité restreinte a récemment été relancée par un arrêt de la Cour de cassation. Classiquement, on considérait que la publicité restreinte était une condition essentielle à la validité des débats, qui devait, par suite, être constatée (Crim. 13 févr. 1946, *Bull. crim. n° 53 ; S. 1946. 1. 52*). La jurisprudence affirmait même avec force qu'aucune dérogation ne pouvait être apportée à cette règle d'ordre public (Crim. 24 juin 1998, n° 97-84.657), et que lorsqu'il n'était pas constaté que les débats devant les juges du premier degré avaient eu lieu publiquement, la cour d'appel devait, à peine de nullité de son propre arrêt, annuler ce jugement qui lui était déféré, évoquer et statuer à nouveau sur le fond (Crim. 22 nov. 1955). La cause semblait donc entendue… jusqu'à un arrêt de la Cour de cassation du 21 janvier 2020 (n° 19-86.957, *AJ pénal 2020. 308, note Bonfils*). Dans cette affaire, la chambre criminelle a jugé en effet, à propos d'un débat qui s'était tenu devant un juge des libertés en audience publique, que l'intéressé, pourtant mineur au moment des faits, ne pouvait reprocher à la chambre de l'instruction d'avoir confirmé la validité de la décision du juge des libertés, « dès lors que, d'une part, il était majeur au moment du débat, d'autre part, ni lui ni son avocat n'ont soulevé devant le juge des libertés et de la détention de contestation sur la publicité de l'audience ». A lire cette décision, dont la portée reste à confirmer, il semblerait que la Cour de cassation ait abandonné le caractère d'ordre public de la publicité restreinte, pour en faire une règle d'ordre privé, et dans le silence du code sur la portée de la règle, cette solution pourrait donc être appelée à se maintenir. ❑

I. SIGNIFICATION DU PRINCIPE

1. Différence avec le huis clos. Les règles de la publicité restreinte sont différentes de celles relatives au huis clos édictées par l'art. 306 C. pr. pén. Les dispositions des art. 14 et 20 de l'Ord. du 2 févr. 1945, modifiée, sont donc exactement observées si, les portes de l'auditoire étant ouvertes afin de permettre le libre passage des personnes énumérées à l'art. 14 précité, les gardes chargés du service d'ordre empêchent toute autre personne de pénétrer dans la salle d'audience. • Crim. 31 mai 1978, n° 77-93.786 P.

2. L'art. 14 de l'Ord. du 2 févr. 1945 est relatif aux règles de publicité applicables au jugement d'un mineur par le tribunal pour enfants ; il ne peut recevoir application dans le cas où un mineur, fût-il coauteur ou complice des accusés majeurs et jugés séparément, est entendu en qualité de témoin lors du jugement de ces derniers par la cour d'assises. • Crim. 23 juin 1993, n° 92-86.512 P.

3. Les règles spéciales de publicité, prescrites pour la cour d'assises des mineurs par les art. 14 et 20 de l'Ord. du 2 févr. 1945, ne concernent que les débats et ne s'appliquent pas aux arrêts sur les incidents qui doivent être rendus en audience publique sauf si le huis clos a été ordonné en vertu de l'art. 306 C. pr. pén. • Crim. 12 févr. 1986, n° 85-93.897 P.

II. PORTÉE DU PRINCIPE

4. Portée traditionnelle. Si, aux termes de l'art. 14 de l'Ord. du 2 févr. 1945, seules les personnes désignées dans ce texte peuvent assister aux audiences des tribunaux pour enfants, la publicité ainsi limitée n'en constitue pas moins une condition essentielle à la validité des débats, et doit, par suite, être constatée. • Crim. 13 févr. 1946 : *Bull. crim. n° 53 ; S. 1946. 1. 52.* ♦ La publicité de l'audience consacrée à l'instruction d'une affaire doit, à peine de nullité, être constatée dans la décision ; lorsqu'il n'est pas constaté que les débats devant les juges du premier degré ont eu lieu publiquement, la cour d'appel doit, à peine de nullité de son propre arrêt, annuler ce jugement qui lui est déféré, évoquer et statuer à nouveau sur le fond. • Crim. 22 nov. 1955 : *Bull. crim. n° 504.*

5. La publicité restreinte imposée à la cour d'assises des mineurs par les art. 14 et 20, al. 8, de l'Ord. du 2 févr. 1945 est une condition essentielle de la validité des débats devant cette juridiction ; les débats commencent dès que le président, en application de l'art. 305 C. pr. pén., a déclaré le jury définitivement constitué ; à ce moment et jusqu'à la clôture des débats, l'audience doit être tenue à publicité restreinte, hormis pour le prononcé des arrêts incidents ayant un caractère contentieux. • Crim. 11 mai 1988, n° 87-84.337 P. ♦ La publicité restreinte imposée à la cour d'assises des mineurs par les art. 14 et 20, al. 8, de

l'Ord. du 2 févr. 1945 est une condition essentielle de la validité des débats devant cette juridiction. Aucune dérogation ne peut être apportée à cette règle d'ordre public. • Crim. 24 juin 1998, n° 97-84.657 P.

6. Limitation. Il résulte de l'article 145 C. pr. pén. que lorsque la personne mise en examen était mineure au moment des faits ou de l'un des faits, le débat devant le juge des libertés et de la détention en vue de son placement en détention provisoire se déroule et l'ordonnance est rendue en audience de cabinet. Pour écarter le moyen de nullité de l'ordonnance de placement en détention provisoire tiré de la violation du principe de publicité restreinte devant le juge des libertés et de la détention alors que le mis en examen était mineur pour une partie des faits, l'arrêt énonce que l'intéressé est également mis en examen pour des faits commis alors qu'il était majeur. En prononçant ainsi, la chambre de l'instruction a méconnu le texte susvisé et le principe ci-dessus énoncé. Le prévenu ne saurait cependant s'en faire un grief dès lors que, d'une part, il était majeur au moment du débat, et que, d'autre part, ni lui ni son avocat n'ont soulevé devant le juge des libertés et de la détention de contestation sur la publicité de l'audience. En conséquence, le moyen sera écarté. • Crim. 21 janv. 2020, n° 19-86.957 : *AJ pénal 2020. 308, obs. Bonfils*.

III. DOMAINE DU PRINCIPE

7. Accusés majeurs et mineurs. Le régime de publicité restreinte prévu par les art. 14 et 20 de l'Ord. du 2 févr. 1945 doit être observé à l'égard de tous les accusés, même majeurs. • Crim. 4 juill. 1989, n° 88-86.649 P : *RSC 1990. 59, obs. A. Vitu*.

8. Exclusion des participants aux débats. La limitation de la publicité des débats, telle qu'elle résulte des dispositions des art. 14 et 20 de l'Ord. du 2 févr. 1945 ne concerne pas les magistrats. Aucune nullité ne saurait dès lors résulter de leur présence aux débats. • Crim. 22 juin 1994, n° 93-84.889 P. ♦ Les règles de publicité restreinte, que l'art. 14 de l'Ord. du 2 févr. 1945, impose devant la cour d'assises des mineurs, ne s'appliquent pas aux personnes qui ont la qualité de partie au procès pénal ; tel est le cas d'une partie civile déjà constituée. • Crim. 22 nov. 1995, n° 95-81.501 P : *Gaz. Pal. 27-28 mars 1996.* ♦ Les règles de publicité restreinte, imposées devant la cour d'assises des mineurs par l'art. 14 de l'Ord. du 2 févr. 1945, ne s'appliquent pas aux personnes qui participent régulièrement aux débats. • Crim. 8 nov. 2000, n° 00-81.706 P.

9. La victime d'un crime ou d'un délit soumis à la juridiction des mineurs, qu'elle soit ou non constituée partie civile, est nécessairement témoin au sens des art. 14 et 20 de l'Ord. du 2 févr. 1945 ; son assistance aux débats ne saurait, dès lors, constituer une infraction aux règles de la publicité restreinte. • Crim. 15 déc. 1993, n° 93-82.899 P.

10. Les dispositions de l'art. 14, al. 2, de l'Ord. du 2 févr. 1945, relatives à la publicité restreinte, ne sont pas méconnues lorsque le tuteur ou le curateur de la partie civile, majeure protégée, assiste aux débats. • Crim. 8 mars 2000, n° 99-82.597 P : *RSC 2000. 852, obs. D. N. Commaret*.

11. Action civile. Les règles de la publicité restreinte, contenues dans l'art. 14 de l'Ord. du 2 févr. 1945, s'appliquent aux débats sur l'action civile aussi bien qu'à ceux sur l'action publique. • Crim. 23 juin 1982, n° 82-90.091 P.

12. Cause d'appel. Devant la chambre spéciale des mineurs de la cour d'appel, les débats doivent se dérouler dans les conditions de la publicité restreinte prévues par l'art. 14 de l'Ord. du 2 févr. 1945 relative à l'enfance délinquante, sous réserve, le cas échéant, de l'application du dernier al. de l'art. 400 C. pr. pén. • Crim. 11 juill. 2017, n° 15-84.572 P : *D. actu. 21 sept. 2017, obs. Goetz.* ♦ L'examen d'une demande de renvoi présentée par la défense après l'interrogatoire d'identité de l'accusé et l'appel des témoins et experts doit être réalisé sous le régime de la publicité restreinte. • Crim. 20 févr. 2019, n° 18-85.465 P : *D. actu. 8 mars 2019, obs. Goetz ; D. 2019. 434 ; ibid. 1732, obs. P. Bonfils et A. Gouttenoire ; AJ pénal 2019. 280, obs. F. Engel*. ♦ Selon les dispositions des art. 14 de l'Ord. n° 45-174 du 2 févr. 1945 relative à l'enfance délinquante, L. 223-1 et L. 223-2 COJ, l'appel des décisions du tribunal pour enfants est jugé par la cour d'appel dans une audience spéciale, dans les mêmes conditions qu'en première instance et par une formation comprenant le conseiller délégué à la protection de l'enfance. Il en est ainsi même lorsque l'appel ne porte que sur l'action civile. • Crim. 3 déc. 1991, n° 89-86.599 P : *RSC 1992. 610, obs. A. Braunschweig*.

IV. CONSÉQUENCES DU PRINCIPE

13. Pluralité de prévenus. Si l'al. 1er de l'art. 14 de l'Ord. du 2 févr. 1945 dispose que chaque affaire doit être jugée séparément en l'absence de tous autres prévenus, ce texte interdit seulement que l'affaire, dans laquelle un mineur est impliqué, soit jugée en présence des prévenus d'une autre affaire. • Crim. 28 févr. 1973 : *Bull. crim. n° 103* • 15 nov. 1978 : *ibid. n° 317.* ♦ La séparation par « affaire », et non par « prévenu », ne permet pas d'envisager la comparution et le jugement séparés de mineurs impliqués dans la même affaire. • Crim. 15 nov. 1978 : *préc.*

14. Publication d'informations. Le ministère public, en faisant état d'une condamnation antérieurement prononcée contre l'accusé par une cour d'assises des mineurs, ne méconnaît pas les prescriptions de l'Ord. du 2 févr. 1945, dès lors que les réquisitions prises à l'audience ne s'analysent pas en une « publication », au sens de l'art. 14,

al. 4, de ce texte. • Crim. 3 juin 1977 : *Bull. crim. n° 201.*

15. Si les dispositions de l'art. 14 de l'Ord. du 2 févr. 1945, dans sa rédaction issue de la loi du 24 mai 1951, interdisant, de façon générale et absolue, la publication de l'identité d'un mineur délinquant, ont pour objet la protection de l'enfant, elles sont aussi édictées dans l'intérêt de ses parents ; dès lors, ceux-ci sont recevables à exercer, à titre personnel, l'action civile devant les juridictions répressives, dans les conditions prévues aux art. 2 et 3 C. pr. pén. • Crim. 9 oct. 1995, n° 94-83.171 P. ♦ V. aussi • Crim. 6 juin 2001, n° 00-85.564.

16. L'art. 14 de l'Ord. du 2 févr. 1945 interdit la publication de toute information relative à l'identité et à la personnalité des mineurs délinquants. Cette interdiction est générale et absolue et, en conséquence, elle s'applique aussi dans le cas où le mineur délinquant est décédé. • Crim. 24 sept. 2002, n° 01-85.890 P : *RSC 2003. 119, obs. J. Francillon ; RTD civ. 2003. 59, obs. J. Hauser ; JCP 2002. IV. 2965 ; Dr. pénal 2003. Comm. 5, obs. Véron.*

17. Jugement. L'arrêt par lequel la cour donne acte à une partie civile de sa constitution, sans opposition ni conclusions contraires, n'a pas le caractère d'une décision sur un incident contentieux. Un tel donné acte n'entre pas dans les précisions de l'art. 14, al. 5, de l'Ord. du 2 févr. 1945 et la cour peut valablement le prononcer sans que la publicité complète de l'audience ait été rétablie. • Crim. 3 juill. 1974, n° 74-93.362 P. ♦ L'arrêt par lequel la cour donne acte d'un fait non contesté n'a pas le caractère d'une décision sur un incident contentieux. Il n'entre pas dans les prévisions des art. 14, al. 5 et 20, de l'Ord. du 2 févr. 1945 et il peut être valablement prononcé au cours de l'audience à publicité restreinte. • Crim. 4 mars 1970, n° 69-92.735 P. ♦ Dans le même sens : • Crim. 12 mars 1969, n° 68-93.113 P. ♦ L'arrêt par lequel la cour donne acte à une partie civile de sa constitution, sans opposition ni conclusions contraires, n'a pas le caractère d'une décision sur un incident contentieux. Ce donné acte n'entre pas dans les prévisions de l'art. 14, al. 5, de l'Ord. du 2 févr. 1945 et il n'est pas nécessaire que l'arrêt qui le constate soit rendu en audience publique. • Crim. 23 déc. 1968, n° 68-91.424 P.

Art. L. 513-3 **Par dérogation aux dispositions de l'article L. 513-2, le prévenu mineur au moment des faits, devenu majeur au jour de l'ouverture des débats devant le tribunal de police ou le tribunal pour enfants, peut demander à ce que l'audience soit publique, sauf s'il existe un autre prévenu qui est toujours mineur ou qui, mineur au moment des faits et devenu majeur au jour de l'audience, s'oppose à cette demande. S'il est fait droit à cette demande, les dispositions de l'article 400 du code de procédure pénale sont applicables devant le tribunal.**

Par dérogation aux dispositions de l'article L. 513-2, la cour d'assises des mineurs peut décider que les dispositions de l'article 306 du code de procédure pénale sont applicables devant elle si la personne poursuivie, mineure au moment des faits, est devenue majeure au jour de l'ouverture des débats et que cette dernière, le ministère public ou un autre accusé en fait la demande. Elle ne fait pas droit à cette demande lorsqu'il existe un autre accusé toujours mineur ou que la personnalité de l'accusé qui était mineur au moment des faits rend indispensable que, dans son intérêt, les débats ne soient pas publics. Dans les autres cas, la cour statue en prenant en considération les intérêts de la société, de l'accusé et de la partie civile, après avoir entendu le ministère public et les avocats des parties, par une décision spéciale et motivée qui n'est pas susceptible de recours. – *[C. pr. pén., art. 306, al. 6 ; art. 400, al. 5.]*

COMMENTAIRE

Malgré son importance, la publicité restreinte connaît une dérogation pour les mineurs (au moment des faits) devenus majeurs (au jour de l'audience). Le code admet en effet, comme les articles 306 et 400 du code de procédure pénale avant lui, que le mineur devenu majeur demande à ce que l'audience soit publique. C'est ce que prévoit l'article L. 513-3, qui distingue en fonction de la juridiction concernée.

Concernant le tribunal de police et le tribunal correctionnel, l'audience est alors publique, conformément aux dispositions de l'article 400 du code de procédure pénale.

Concernant la cour d'assises des mineurs, la dérogation est légèrement différente, la faculté d'opposition d'un coaccusé mineur devenu lui aussi majeur étant plus limitée. Ce particularisme, qui fait suite à une modification de l'article 306 du code de procédure pénale initiée à la suite de la médiatisation d'un drame terrible (l'affaire du « gang des barbares »), a été conservé par le code. Le second alinéa prévoit en effet que les audiences devant la cour d'assises des mineurs sont publiques « si la personne poursuivie, mineure au moment des faits, est devenue majeure au jour de l'ouverture des débats et

que cette dernière, le ministère public ou un autre accusé en fait la demande ». Mais il précise ensuite que la cour « ne fait pas droit à cette demande lorsqu'il existe un autre accusé toujours mineur ou que la personnalité de l'accusé qui était mineur au moment des faits rend indispensable que, dans son intérêt, les débats ne soient pas publics » et que « dans les autres cas, la cour statue en prenant en considération les intérêts de la société, de l'accusé et de la partie civile, après avoir entendu le ministère public et les avocats des parties, par une décision spéciale et motivée qui n'est pas susceptible de recours ». En d'autres termes, en matière criminelle, les audiences devant la cour d'assises des mineurs d'un mineur devenu majeur sont publiques si l'accusé, un autre accusé ou le ministère public en fait la demande. On note ici la différence très grande avec l'alinéa précédent relatif au tribunal de police et au tribunal correctionnel, devant lesquels seul le mineur devenu majeur peut faire la demande. En outre, la rédaction de l'article laisse clairement entendre que la publicité devient alors le principe, sauf si un autre accusé est encore mineur, ou si la personnalité de l'accusé qui était mineur au moment des faits impose l'absence de publicité des débats. ❑

Cour d'assises. L'accusé majeur au moment des faits n'a pas la possibilité de s'opposer à ce que l'audience se tienne à huis clos, l'art. 306, al. 6, C. pr. pén. réservant cette possibilité au seul accusé mineur au moment des faits devenu majeur au moment des débats. • Crim. 10 oct. 2007, n° 07-80.971 P : *D. 2007. 3008 ; ibid. 2008. 1854, obs. Gouttenoire et Bonfils ; AJ pénal 2008. 40, obs. Roussel.*

Code de procédure pénale

Art. 306 Les débats sont publics, à moins que la publicité ne soit dangereuse pour l'ordre ou les mœurs. Dans ce cas, la cour le déclare par un arrêt rendu en audience publique.

Toutefois, le président peut interdire l'accès de la salle d'audience aux mineurs ou à certains d'entre eux.

(L. n° 92-1336 du 16 déc. 1992) « Lorsque les poursuites sont exercées du chef de viol ou de tortures et actes de barbarie accompagnés d'agressions sexuelles, » *(L. n° 2016-444 du 13 avr. 2016, art. 14)* « de traite des êtres humains ou de proxénétisme aggravé, réprimé par les articles 225-7 à 225-9 du code pénal, » *(L. n° 80-1041 du 23 déc. 1980)* « le huis clos est de droit si la victime partie civile ou l'une des victimes parties civiles le demande ; dans les autres cas, le huis clos ne peut être ordonné que si la victime partie civile ou l'une des victimes parties civiles ne s'y oppose pas. »

Lorsque le huis clos a été ordonné, celui-ci s'applique au prononcé des arrêts qui peuvent intervenir sur les incidents contentieux visés à l'article 316.

L'arrêt sur le fond doit toujours être prononcé en audience publique.

(Abrogé par Ord. n° 2019-950 du 11 sept. 2019, art. 4 et 9, à compter du 30 sept. 2021) (L. n° 2011-939 du 10 août 2011, art. 13-X, en vigueur le 1er janv. 2012) « Par dérogation au huitième alinéa de l'article 20 de l'ordonnance n° 45-174 du 2 février 1945 relative à l'enfance délinquante, la cour d'assises des mineurs peut décider que le présent article est applicable devant elle si la personne poursuivie, mineure au moment des faits, est devenue majeure au jour de l'ouverture des débats et que cette dernière, le ministère public ou un autre accusé en fait la demande. Elle ne fait pas droit à cette demande lorsqu'il existe un autre accusé toujours mineur ou que la personnalité de l'accusé qui était mineur au moment des faits rend indispensable que, dans son intérêt, les débats ne soit pas publics. Dans les autres cas, la cour statue en prenant en considération les intérêts de la société, de l'accusé et de la partie civile, après avoir entendu le ministère public et les avocats des parties, par une décision spéciale et motivée qui n'est pas susceptible de recours.

« Lorsque les débats devant la cour d'assises des mineurs sont publics en application de l'alinéa précédent, les comptes rendus de ces débats faisant l'objet d'une diffusion écrite ou audiovisuelle ne doivent pas mentionner l'identité de l'accusé mineur au moment des faits, sous peine d'une amende de 15 000 €, sauf si l'intéressé donne son accord à cette publication. »

....

Art. 400 Les audiences sont publiques.

Néanmoins, le tribunal peut, en constatant dans son jugement que la publicité est dangereuse pour l'ordre *(L. n° 2004-204 du 9 mars 2004, art. 132)* « , la sérénité des débats, la

dignité de la personne ou les intérêts d'un tiers *[ancienne rédaction : ou les mœurs]* », ordonner, par jugement rendu en audience publique que les débats auront lieu à huis clos.

Lorsque le huis clos a été ordonné, celui-ci s'applique au prononcé des jugements séparés qui peuvent intervenir sur des incidents ou exceptions ainsi qu'il est dit à l'article 459, alinéa 4.

Le jugement sur le fond doit toujours être prononcé en audience publique. — *Pr. pén. C. 582 et C. 583.*

(Abrogé par Ord. nº 2019-950 du 11 sept. 2019, art. 4 et 9, à compter du 30 sept. 2021) (L. nº 2002-307 du 4 mars 2002) « Les dispositions du présent article sont applicables devant le tribunal pour enfants si la personne poursuivie, mineure au moment des faits, est devenue majeure au jour de l'ouverture des débats et qu'elle en fait la demande, sauf s'il existe un autre prévenu qui est toujours mineur ou qui, mineur au moment des faits et devenu majeur au jour de l'audience, s'oppose à cette demande. »

Art. L. 513-4 La publication, par tout moyen, du compte rendu des débats devant les juridictions de jugement compétentes à l'égard des mineurs est interdite.

Toutefois, lorsque l'audience est publique en application des dispositions de l'article L. 513-3, le *(L. nº 2021-218 du 26 févr. 2021, art. 15)* **« compte rendu » des débats peut faire l'objet d'une publication mais sans que les nom et prénom du mineur ne soient indiqués, même par une initiale, sauf si l'intéressé donne son accord à cette mention.**

La publication, par tout moyen, de tout texte ou de toute illustration concernant l'identité et la personnalité des mineurs délinquants est également interdite.

Le jugement ou l'arrêt rendu en audience publique à l'encontre du mineur peut être publié, mais sans que les nom et prénom du mineur *(Abrogé par L. nº 2021-218 du 26 févr. 2021, art. 15)* **« *ne* » soient indiqués, même par une initiale.**

Toute infraction aux dispositions des quatre alinéas précédents est punie d'une amende de 15 000 euros.

Lorsque les infractions prévues par les dispositions du présent article sont commises par la voie de la presse, les directeurs des publications ou éditeurs sont, du seul fait de la publication, passibles comme auteurs principaux de la peine mentionnée au *(L. nº 2021-218 du 26 févr. 2021, art. 15)* **« cinquième » alinéa. A leur défaut, l'auteur et, à défaut de l'auteur, les imprimeurs, distributeurs et afficheurs sont poursuivis comme auteurs principaux. Lorsque l'auteur n'est pas poursuivi comme auteur principal, il est poursuivi comme complice.**

Pourront être poursuivies comme complices, et dans tous les cas, toutes personnes auxquelles les articles 121-6 et 121-7 du code pénal pourraient s'appliquer. — *[C. pr. pén., art. 306, al. 7 ; Ord. nº 45-174 du 2 févr. 1945, art. 14, al. 4 et 5 et art. 14-1 ; art. 20, al. 8.]*

Ecqc la jurisprudence relative à la publication, v. notes ss. art. L. 513-2.

COMMENTAIRE

Dans le prolongement du principe de la publicité restreinte, la publication du compte rendu des débats et, à plus forte raison, la communication de l'identité des mineurs poursuivis est interdite. L'article L. 513-4 reprend et précise cette interdiction qui figurait dans l'article 14 de l'ordonnance de 1945.

Le principe, posé à l'alinéa 1er, est que « la publication, par tout moyen, du compte rendu des débats devant les juridictions de jugement compétentes à l'égard des mineurs est interdite ». Mais l'alinéa 2 prévoit un tempérament, en précisant que « lorsque l'audience est publique en application des dispositions de l'article L. 513-3, le compte-rendu des débats peut faire l'objet d'une publication mais sans que les nom et prénom du mineur soient indiqués, même par une initiale, sauf si l'intéressé donne son accord à cette mention ». Il est à noter ici que le code introduit une dérogation à l'indication du nom du mineur, « si l'intéressé donne son accord à cette mention » (de l'initiale) que ne contenait pas l'ordonnance de 1945. Bien qu'elle soit d'une portée limitée, cette dérogation n'est guère satisfaisante, car elle donne l'impression qu'une porte vers la communication de l'identité du mineur est désormais ouverte et parce qu'elle laisse entre les mains du mineur le choix de donner ou non son accord, alors qu'il n'a pas nécessairement le

discernement requis. L'alinéa 3 affirme quant à lui que « la publication, par tout moyen, de tout texte ou de toute illustration concernant l'identité et la personnalité des mineurs délinquants est également interdite » et l'alinéa 4 que « le jugement ou l'arrêt rendu en audience publique à l'encontre du mineur peut être publié, mais sans que les nom et prénom du mineur ne soient indiqués, même par une initiale ».

L'article L. 513-4 incrimine les violations des interdictions précédentes, de la même manière et avec la même peine que l'ordonnance de 1945 : « toute infraction aux dispositions des quatre alinéas précédents est punie d'une amende de 15 000 euros ».

Enfin, reprenant les dispositions de l'article 14-1 de l'ordonnance de 45, les alinéas 6 et 7 complètent ce dispositif en précisant les modalités de poursuite lorsque les infractions sont commises par voie de presse (responsabilités en cascade) et la possibilité de poursuivre les complices si les conditions de la complicité sont réunies. ❑

Code pénal

Art. 121-6 Sera puni comme auteur le complice de l'infraction, au sens de l'article 121-7.

Art. 121-7 Est complice d'un crime ou d'un délit la personne qui sciemment, par aide ou assistance, en a facilité la préparation ou la consommation.

Est également complice la personne qui par don, promesse, menace, ordre, abus d'autorité ou de pouvoir aura provoqué à une infraction ou donné des instructions pour la commettre.

TITRE DEUXIÈME DE LA PROCÉDURE DE JUGEMENT

CHAPITRE PREMIER DU JUGEMENT DEVANT LE JUGE DES ENFANTS ET LE TRIBUNAL POUR ENFANTS

SECTION PREMIÈRE DISPOSITIONS GÉNÉRALES

BIBL. ▶ ANCEL, La césure du procès pénal, *in* Problèmes contemporains de procédure pénale, *Mél. Hugueney, Sirey, 1964, p. 205 s.* – BEDDIAR, La césure du procès pénal des mineurs, *AJ pénal 2019. 483* ✎. – SAAS, La césure du procès pénal pour les mineurs : une chance à saisir, *Gaz. Pal. 2009, n° 13, p. 4.*

Art. L. 521-1 Sauf lorsqu'il est saisi en application du troisième alinéa de l'article L. 423-4 ou par ordonnance de renvoi du juge d'instruction, le juge des enfants ou le tribunal pour enfants statue selon la procédure de mise à l'épreuve éducative. Cette procédure comporte :

1° Une audience d'examen de la culpabilité ;
2° Une période de mise à l'épreuve éducative ;
3° Une audience de prononcé de la sanction.

COMMENTAIRE

La lecture de l'article L. 521-1 montre que la procédure de mise à l'épreuve éducative est donc très clairement le schéma procédural de principe, qui s'applique sauf exception, et qui joue pour le juge des enfants et le tribunal pour enfants.

Le domaine couvert par la procédure de mise à l'épreuve éducative est ainsi très large, puisqu'il couvre l'ensemble des délits et des contraventions de 5e classe, et n'exclut que les crimes, pour lesquels l'information judiciaire est obligatoire. S'agissant des délits et contraventions de 5e classe, il est possible de déroger à la procédure de mise à l'épreuve éducative dans trois situations.

Première dérogation : la poursuite d'un délit ou d'une contravention de 5e classe après une information judiciaire. Il est possible – mais exceptionnel – qu'un délit ou une contravention de 5e classe donne lieu à l'ouverture d'une information judiciaire. Dans ce cas, la procédure de mise à l'épreuve éducative n'aurait guère de sens, car l'instruction aura permis de connaître la situation du mineur et sa personnalité, et, le cas échéant, de mettre à l'épreuve le mineur, par exemple dans le cadre d'un contrôle judiciaire. Aussi, on peut déroger à la procédure de mise à l'épreuve éducative dans ce cas. On rappellera simplement que le code a supprimé la fonction d'instruction du juge des enfants, et que

l'instruction par un juge d'instruction en matière correctionnelle ou pour une contravention de 5e classe sera certainement rarissime.

Deuxième dérogation : après un déferement, aux fins de jugement en audience unique, conformément aux dispositions de l'article L. 423-4, alinéa 3. Selon ce texte, la procédure d'audience unique (art. L. 521-26 et L. 521-27) n'est possible à titre exceptionnel que si les conditions suivantes sont réunies :

– si la peine encourue est supérieure ou égale à cinq ans d'emprisonnement pour le mineur de moins de seize ans, ou si la peine encourue est supérieure ou égale à trois ans d'emprisonnement pour le mineur d'au moins seize ans.

– si le mineur :

• a déjà fait l'objet d'une mesure éducative, d'une mesure judiciaire d'investigation éducative, d'une mesure de sûreté, d'une déclaration de culpabilité ou d'une peine prononcée dans le cadre d'une autre procédure et ayant donné lieu à un rapport datant de moins d'un an ;

• ou est également poursuivi pour le délit prévu par le dernier alinéa de l'article 55-1 du code de procédure pénale (refus de se soumettre aux opérations de prélèvement).

On peut remarquer que les conditions posées pour contourner le schéma normal de la procédure de mise à l'épreuve éducative ne sont finalement guère exigeantes et le choix pour cette orientation relève du seul parquet, sans contrôle. De fait, il semble que la procédure d'audience unique pourrait être utilisée largement, spécialement pour les mineurs non accompagnés (des annonces ont été faites en ce sens). Or, si l'on considère que les mineurs non accompagnés représentent, surtout dans les grandes villes, entre 30 et 50 % des mineurs poursuivis pénalement, on peut craindre que l'audience unique ne soit pas aussi exceptionnelle que ne le prévoit le code. Le risque d'une justice pénale des mineurs à deux vitesses est ici clairement perceptible (sur cette question, cf. plus largement le comm. sous l'art. L. 423-4).

Troisième dérogation : lorsque la juridiction saisie décide finalement que le mineur peut être jugé à la fois sur la culpabilité et la sanction. Cette hypothèse, qualifiée parfois d'« audiences regroupées », est envisagée plus loin, à l'article L. 521-2.

Cela étant, le principe est celui de la procédure de mise à l'épreuve éducative. A cet égard, l'article L. 521-1 du code précise que la procédure de mise à l'épreuve éducative « comporte : 1° Une audience d'examen de la culpabilité ; 2° Une période de mise à l'épreuve éducative ; 3° Une audience de prononcé de la sanction ». La mise à l'épreuve éducative reprend, et généralise, le mécanisme de la césure du procès pénal mis en place dans l'ordonnance de 1945 par la loi du 10 août 2011 (art. 24-5 à 24-8 de l'Ord. de 1945), lui-même issu du mécanisme de l'ajournement de peine (art. 132-60 s. C. pén.). L'idée d'une telle césure n'est pas nouvelle, et du reste la Commission Varinard avait proposé son introduction dans l'ordonnance de 1945 (ce qu'avait réalisé la loi du 10 août 2011). Ce qui est nouveau, en revanche, est la portée conférée à ce mécanisme, qui devient le schéma de principe de quasiment toute la procédure pénale des mineurs.

Le mécanisme de la procédure de mise à l'épreuve éducative ambitionne de concilier une réponse pénale rapide avec une intervention éducative qui exige une certaine durée. C'est la raison pour laquelle une première audience, sur la culpabilité et l'action civile est fixée dans un délai assez court (de dix jours à trois mois maximum, voire de dix jours à un mois en cas de placement en détention provisoire), la seconde audience sur les mesures éducatives définitives et la peine intervenant dans un délai de six à neuf mois. Dans l'intervalle, le temps est consacré à la mise à l'épreuve éducative, pour permettre l'application de mesures éducatives judiciaires provisoires et le cas échéant des mesures d'investigations sur la personnalité, ces mesures ayant donc vocation à remplacer celles qui étaient prononcées par le juge des enfants dans le cadre d'une information judiciaire.

En l'état actuel des choses, on peut émettre plusieurs réserves sur le dispositif ainsi mis en place. La première est relative à sa rigidité, car le code ne prévoit pas la possibilité de prolonger la mise à l'épreuve éducative au-delà de neuf mois, alors même qu'une telle prolongation pourrait se révéler nécessaire et utile. On peut aussi regretter la généralisation de ce schéma procédural, car il conduit à une certaine standardisation de la procédure, malgré les exceptions que le code a finalement reconnues. Surtout, il est à craindre que, faute de moyens, la mise en œuvre de ce schéma procédural ne puisse s'effectuer convenablement. Que faire, par exemple, lorsque dans le délai de mise à

l'épreuve éducative aucune mesure éducative judiciaire provisoire n'aura pu être réalisée, faute d'éducateur pour en assurer le suivi ? On a également soulevé le problème de la situation incertaine du mineur après la fin de la mesure éducative judiciaire provisoire, dans l'attente de la seconde audience qui ne pourrait se tenir dans le délai de neuf mois en raison de la masse d'affaires à absorber par un personnel judiciaire restreint (N. Beddiar, La césure du procès pénal des mineurs, *AJ pénal 2019. 485*). On peut aussi s'interroger sur l'affaiblissement du principe du contradictoire en lien avec la suppression de l'instruction et le développement de l'enquête. Mais la véritable inquiétude vient du risque de contournement de ce schéma procédural par un recours très large à l'audience unique.

La pratique révèlera nécessairement de riches enseignements, en même temps qu'elle amènera sans doute à quelques réglages indispensables. ❑

Art. L. 521-2 Par dérogation aux dispositions de l'article L. 521-1, la juridiction peut, après avoir recueilli les observations des parties présentes à l'audience et par décision motivée, statuer lors d'une audience unique sur la culpabilité du mineur et la sanction si elle se considère suffisamment informée sur sa personnalité et n'estime pas nécessaire d'ouvrir une période de mise à l'épreuve éducative au vu des faits commis par le mineur et de sa personnalité.

La juridiction statuant selon les modalités prévues au premier alinéa ne peut prononcer une peine que si le mineur a déjà fait l'objet d'une mesure éducative, d'une mesure judiciaire d'investigation éducative, d'une mesure de sûreté, d'une déclaration de culpabilité ou d'une peine prononcée dans le cadre d'une autre procédure et ayant donné lieu à un rapport datant de moins d'un an versé au dossier de la procédure.

COMMENTAIRE

L'article L. 521-2 prévoit une dérogation à la procédure de mise à l'épreuve éducative, permettant à la juridiction de juger le mineur en une seule fois. Il s'agit ici de la situation d'une juridiction qui était initialement saisie sur la culpabilité et l'action civile et qui finalement décide de juger également le mineur sur la sanction, parce que cela est possible et qu'une mise à l'épreuve éducative n'est pas nécessaire. On parle parfois, en pratique, d'« audiences regroupées », pour désigner cette situation qui est très différente de l'audience unique devant le tribunal pour enfants décidée par le parquet (art. L. 423-4).

L'alinéa suivant apporte une limitation au pouvoir de la juridiction, concernant le prononcé des peines. Selon ce texte, la juridiction ne peut prononcer une peine que si elle dispose d'un rapport sur la situation et la personnalité du mineur datant de moins d'un an, ce rapport devant contenir des éléments circonstanciés relatifs au suivi éducatif, à la mise en œuvre de la mesure et à l'évolution du mineur, et une proposition éducative (art. D. 521-2). Cette condition était indispensable s'agissant d'une condamnation possible à une peine, intervenant sans information judiciaire préalable, afin de conserver la possibilité d'une réponse éducative.

Cette disposition introduit dans le dispositif de la mise à l'épreuve éducative une relative souplesse, qui était indispensable. Il reste à voir comment, en pratique, les juridictions se saisiront de ce mécanisme (les premiers retours semblent montrer que ce mécanisme est en pratique assez utilisé). Il reste aussi à vérifier que les droits de la défense pourront être pleinement respectés, dans un dispositif qui peut se révéler très rapide, voire expéditif si l'audience (unique donc) intervient dans un délai très bref (10 jours) ne permettant guère la mise en œuvre d'une analyse approfondie du dossier, ni la préparation d'une défense proactive, proposant une solution éducative.

Ce dispositif peut s'appliquer devant le juge des enfants, qui dispose désormais de la possibilité de prononcer certaines peines en audience de cabinet. Il convient ici de considérer que le juge des enfants ne peut prononcer dans ce cas que ces peines strictement énumérées par l'article L. 121-4, et dans les conditions prévues par cet article : confiscation, stage, travail d'intérêt général. ❑

Art. L. 521-3 Si elle estime que l'affaire n'est pas en état d'être jugée, la juridiction peut d'office, ou à la demande d'une partie, renvoyer l'examen de l'affaire à une prochaine audience dans un délai qui ne peut excéder trois mois, en décidant, le cas échéant, de commettre le juge des enfants pour procéder à un supplément d'information. Les dispositions de l'article 463 du code de procédure pénale sont applicables.

Lorsqu'elle ordonne le renvoi de l'affaire, la juridiction statue au préalable, par décision spécialement motivée, sur le prononcé, le maintien ou la modification d'une mesure éducative judiciaire provisoire et d'une mesure de sûreté.

Lorsque le mineur est en détention provisoire pour la cause, le jugement sur la culpabilité et, le cas échéant, sur la sanction, est rendu dans un délai d'un mois suivant le jour de sa première comparution devant la juridiction à défaut de quoi le mineur est remis en liberté d'office.

COMMENTAIRE

Il est possible que la juridiction devant laquelle le dossier arrive ne soit pas en mesure de le juger. C'est par exemple le cas si des investigations supplémentaires sur la capacité de discernement du mineur sont nécessaires (ce cas est prévu par l'art. D. 423-2). La juridiction peut alors ordonner un renvoi de l'affaire, dont les modalités sont fixées par l'article L. 521-3.

En premier lieu, l'affaire peut donc faire l'objet d'un renvoi, dès la première audience, dans un délai de trois mois (supplémentaires donc par rapport au premier délai dans lequel la juridiction doit normalement tenir cette première audience). Durant ce délai, un supplément d'information (ou une information tout court puisqu'il n'y aura pas eu d'instruction) est possible, par exemple pour réaliser une expertise. Dans ce cas, les dispositions de l'article 463 du code de procédure pénale qui régissent le supplément d'information sont applicables.

En deuxième lieu, l'article L. 521-3 précise que « lorsqu'elle ordonne le renvoi de l'affaire, la juridiction statue au préalable, par décision spécialement motivée, sur le prononcé, le maintien ou la modification d'une mesure éducative judiciaire provisoire et d'une mesure de sûreté ». Le délai de trois mois (maximum) prévu pour le renvoi peut être est mis à profit par la juridiction pour mettre en place ou modifier une mesure éducative judiciaire provisoire ou une mesure de sûreté. Ce délai peut ainsi servir, en quelque sorte, de mise à l'épreuve éducative, même si on ne se trouve pas exactement dans ce schéma procédural, puisqu'aucune décision sur la culpabilité n'a pu intervenir.

En troisième lieu, l'article L. 521-3 envisage de manière spécifique la question de la détention provisoire, dans le cas d'un renvoi pour l'encadrer et limitée à un mois maximum à compter de l'audience de renvoi. ❑

Code de procédure pénale

Art. 463 *(L. n° 2011-525 du 17 mai 2011, art. 186-3°)* « S'il y a lieu de procéder à un supplément d'information, le tribunal commet par jugement un de ses membres qui dispose des pouvoirs prévus aux articles 151 à 155. »

(L. n° 93-2 du 4 janv. 1993) « Ce supplément d'information obéit aux règles édictées par les articles 114, 119, 120 et 121. »

Le procureur de la République peut obtenir, au besoin par voie de réquisitions, la communication du dossier de la procédure à toute époque du supplément d'information, à charge de rendre les pièces dans les vingt-quatre heures.

Art. L. 521-4 **Si le fait déféré sous la qualification de délit est de nature à entraîner une peine criminelle, la juridiction renvoie le ministère public à se pourvoir ainsi qu'il avisera.**

Si le mineur est placé sous contrôle judiciaire, sous assignation à résidence avec surveillance électronique ou s'il bénéficie d'une mesure éducative judiciaire provisoire, la juridiction peut ordonner la prolongation de cette mesure pour une durée d'un mois. Elle demeure compétente pour assurer le suivi et le contrôle de la mesure éducative judiciaire provisoire et des mesures de sûreté jusqu'à l'ouverture de l'information judiciaire. A défaut de saisine du juge d'instruction dans un délai de sept jours, les mesures sont caduques.

Lorsqu'il est saisi en application du troisième alinéa de l'article L. 423-4, le tribunal pour enfants peut maintenir le mineur en détention ou décerner un mandat de dépôt ou un mandat d'arrêt dans les conditions prévues à l'article 469 du code de procédure pénale.

COMMENTAIRE

Il est possible que la juridiction saisie dans le cadre de la procédure de mise à l'épreuve éducative constate que le fait qui lui a été soumis est d'une nature criminelle, et non correctionnelle. Inspiré de l'article 469 du code de procédure pénale, l'article L. 521-4 a vocation à régir cette situation, au demeurant rare (on peut penser néanmoins à une correctionnalisation imparfaite, conduisant le tribunal pour enfants à constater la nature criminelle des faits). Dans cette hypothèse, concrètement, le ministère public est invité à ouvrir une information judiciaire.

L'alinéa 2 permet de concilier la nécessité d'une réponse immédiate, même formulée par une juridiction n'ayant pas vocation à intervenir, et les exigences d'une saisine régulière du juge d'instruction, s'agissant d'un crime.

Enfin, l'article L. 521-4 énonce que lorsque le tribunal pour enfants est saisi en application du troisième alinéa de l'article L. 423-4, c'est-à-dire dans le cadre de la poursuite en audience unique devant le tribunal pour enfants, cette juridiction « peut maintenir le mineur en détention ou décerner un mandat de dépôt ou un mandat d'arrêt dans les conditions prévues à l'article 469 du code de procédure pénale ». Là encore, cette disposition est inspirée de l'article 469 du code de procédure pénale, à laquelle elle fait du reste référence. ❑

Code de procédure pénale

Art. 469 Si le fait déféré au tribunal correctionnel sous la qualification de délit est de nature à entraîner une peine criminelle, le tribunal renvoie le ministère public à se pourvoir ainsi qu'il avisera.

Il peut, le ministère public entendu, décerner, par la même décision, mandat de dépôt ou d'arrêt contre le prévenu.

(L. nº 95-125 du 8 févr. 1995, en vigueur le 6 mars 1995) « Les dispositions des deux alinéas précédents sont également applicables si le tribunal correctionnel, dans sa composition prévue par le troisième alinéa de l'article 398, estime, au résultat des débats, que le fait qui lui était déféré sous la qualification de l'un des délits visés à l'article 398-1 est de nature à entraîner une peine prévue pour un délit non visé par cet article. »

(L. nº 2004-204 du 9 mars 2004, art. 124-II, en vigueur le 1er oct. 2004) « Lorsqu'il est saisi par le renvoi ordonné par le juge d'instruction ou la chambre de l'instruction, le tribunal correctionnel ne peut pas faire application, d'office ou à la demande des parties, des dispositions du premier alinéa, si la victime était constituée partie civile et était assistée d'un avocat lorsque ce renvoi a été ordonné. Toutefois, le tribunal correctionnel saisi de poursuites exercées pour un délit non intentionnel conserve la possibilité de renvoyer le ministère public à se pourvoir s'il résulte des débats que les faits sont de nature à entraîner une peine criminelle parce qu'ils ont été commis de façon intentionnelle. »

Art. L. 521-5 La juridiction peut, si elle estime que la complexité de l'affaire nécessite des investigations supplémentaires approfondies, renvoyer le dossier au procureur de la République.

Si le mineur est placé sous contrôle judiciaire, sous assignation à résidence avec surveillance électronique ou s'il bénéficie d'une mesure éducative judiciaire provisoire, la juridiction peut ordonner la prolongation de cette mesure pour une durée d'un mois. Elle demeure compétente pour assurer le suivi et le contrôle de la mesure éducative judiciaire provisoire et des mesures de sûreté jusqu'à l'ouverture de l'information judiciaire. A défaut de saisine du juge d'instruction dans un délai de sept jours, les mesures sont caduques.

Si le mineur est détenu, la juridiction statue au préalable sur son maintien en détention jusqu'à sa comparution devant le juge d'instruction suivant les conditions du troisième alinéa de l'article 397-2 du code de procédure pénale.

COMMENTAIRE

En règle générale, les affaires concernant les mineurs sont assez simples, ce qui permet la mise en place de la procédure de mise à l'épreuve éducative, avec une première audience sur la culpabilité dans un délai assez court. Néanmoins, il peut arriver que

l'affaire se révèle plus complexe que le parquet ne l'avait imaginé, et qu'il soit nécessaire de faire réaliser des investigations supplémentaires. A défaut de pouvoir renvoyer l'affaire à l'instruction, pour un complément d'information, la juridiction peut renvoyer l'affaire au procureur de la République, si elle estime que la complexité de l'affaire nécessite des investigations supplémentaires. C'est ce que prévoit l'article L. 521-5, déclinant les dispositions de l'article 397-2 du code de procédure pénale.

Le même article régit également la situation particulière du mineur, dans l'intervalle, en confiant à la juridiction, bien qu'elle décline sa compétence, le pouvoir de prendre, de modifier ou de prolonger les mesures éducatives judiciaires provisoires, les mesures de sûreté et le cas échéant la détention provisoire. Ainsi, l'alinéa 2 précise que « si le mineur est placé sous contrôle judiciaire, sous assignation à résidence avec surveillance électronique ou s'il bénéficie d'une mesure éducative judiciaire provisoire, la juridiction peut ordonner la prolongation de cette mesure pour une durée d'un mois » et qu'« elle demeure compétente pour assurer le suivi et le contrôle de la mesure éducative judiciaire provisoire et des mesures de sûreté jusqu'à l'ouverture de l'information judiciaire ». Mais cette compétence de la juridiction de jugement reste exceptionnelle et limitée. En effet, le code prévoit que « à défaut de saisine du juge d'instruction dans un délai de sept jours, les mesures sont caduques ».

Enfin, « si le mineur est détenu, la juridiction statue au préalable sur son maintien en détention jusqu'à sa comparution devant le juge d'instruction suivant les conditions du troisième alinéa de l'article 397-2 du code de procédure pénale ». En vertu du droit commun, auquel le présent article renvoie donc expressément, le prévenu doit être présenté au juge d'instruction le jour même, à moins que les faits relèvent d'un pôle de l'instruction et qu'il n'existe pas de tel pôle au sein du tribunal ; dans ce cas, le délai est de 5 jours. Le code s'inspire ici des dispositions relatives à la procédure de comparution à délai différé prévue par les articles 397-1-1 et suivants du code de procédure pénale. ❑

Code de procédure pénale

Art. 397-2 *(L. nº 83-466 du 10 juin 1983) (L. nº 2019-222 du 23 mars 2019, art. 60)* « Dans tous les cas prévus au présent paragraphe 3, le tribunal peut, à la demande des parties ou d'office, commettre » par jugement l'un de ses membres ou l'un des juges d'instruction de la juridiction désigné dans les conditions de l'article 83 *(L. nº 93-2 du 4 janv. 1993)* « , alinéa premier, » pour procéder à un supplément d'information ; les dispositions de l'article 463 sont applicables.

(L. nº 86-1019 du 9 sept. 1986) « Le tribunal peut, dans les mêmes conditions, s'il estime que la complexité de l'affaire nécessite des investigations supplémentaires approfondies, renvoyer le dossier au procureur de la République.

« Le tribunal statue au préalable sur le maintien du prévenu en détention provisoire jusqu'à sa comparution devant un juge d'instruction. Cette comparution doit avoir lieu le jour même, à défaut de quoi le prévenu est remis en liberté d'office. » *(L. nº 2007-291 du 5 mars 2007, art. 6-V)* « Toutefois, si *(L. nº 2021-1729 du 22 déc. 2021, art. 7)* « la gravité ou la complexité de l'affaire justifie que le tribunal commette un juge du pôle de l'instruction compétent » et qu'il n'existe pas de pôle au sein du tribunal judiciaire, cette comparution doit intervenir devant le juge d'instruction du pôle territorialement compétent dans un délai de *(L. nº 2019-222 du 23 mars 2019, art. 60)* « cinq » jours ouvrables, à défaut de quoi le prévenu est remis en liberté d'office. »

Art. 397-2-1 *(L. nº 2022-52 du 24 janv. 2022, art. 25)* S'il lui apparaît que la personne présentée devant lui est mineure, le tribunal renvoie le dossier au procureur de la République.

S'il s'agit d'un mineur âgé d'au moins treize ans, le tribunal statue au préalable, après avoir entendu les réquisitions du procureur de la République et les observations du mineur et de son avocat, sur son placement ou son maintien en détention provisoire jusqu'à sa comparution soit devant le juge d'instruction spécialisé, soit devant le juge des enfants ou le juge des libertés et de la détention spécialisé, selon les modalités prévues aux articles L. 423-6 ou L. 423-9 du code de la justice pénale des mineurs. La décision est spécialement motivée au regard de la nécessité de garantir le maintien du mineur à la disposition de la justice. La comparution devant le juge compétent doit avoir lieu dans un délai de vingt-quatre heures, à défaut de quoi le mineur est remis en liberté d'office.

Le présent article est également applicable devant le juge des libertés et de la détention statuant en application de l'article 396 du présent code.

Art. L. 521-6 Le jugement est prononcé au plus tard dans un délai d'un mois après l'audience, sauf dans les affaires présentant une particulière complexité. – *[Ord. nº 45-174 du 2 févr. 1945, art. 14, al. 6.]*

COMMENTAIRE

Reprenant la règle posée par le dernier alinéa de l'article 14 de l'ordonnance de 1945, l'article L. 521-6 prévoit que le jugement doit être prononcé au plus tard dans un délai d'un mois après l'audience, sauf dans les affaires présentant une particulière complexité. On notera néanmoins que ce délai n'est assorti d'aucune sanction. ❑

SECTION II DE LA PROCÉDURE DE MISE À L'ÉPREUVE ÉDUCATIVE

BIBL. ▶ ANCEL, La césure du procès pénal, *in* Problèmes contemporains de procédure pénale, *Mél. Hugueney, Sirey, 1964, p. 205 s.* – BEDDIAR, La césure du procès pénal des mineurs, *AJ pénal 2019. 483*. – MARIE, La procédure de mise à l'épreuve éducative : une nouvelle chance pour la justice pénale des mineurs ?, *in* JACOPIN (dir.), Un code de la justice pénale des mineurs, quelle(s) spécificité(s) ?, *Dalloz, Thèmes et commentaires, 2021, p. 123.* – SAAS, La césure du procès pénal pour les mineurs : une chance à saisir, *Gaz. Pal. 2009. 13, p. 4.* – VERGÈS, Le nouveau parcours pénal des mineurs, *RSC 2021. 129*.

SOUS-SECTION 1 DE L'AUDIENCE D'EXAMEN DE LA CULPABILITÉ

Art. L. 521-7 A l'audience d'examen de la culpabilité, la juridiction statue sur la culpabilité du mineur et, le cas échéant, sur l'action civile.

COMMENTAIRE

La procédure de mise à l'épreuve éducative suppose, comme l'énonce l'article L. 521-1, trois phases : 1° Une audience d'examen de la culpabilité ; 2° Une période de mise à l'épreuve éducative ; 3° Une audience de prononcé de la sanction.

La première étape est donc constituée par une audience d'examen de la culpabilité dont l'article L. 521-7 indique avec une certaine évidence, l'objet : l'examen de la culpabilité, et, le cas échéant, l'action civile. S'agissant de la culpabilité, on rappellera que le principe posé par l'article L. 11-1 du code est celui d'une présomption d'absence de discernement en dessous de l'âge de treize ans et qu'il n'est possible de descendre en dessous de cet âge (et seulement pour des mesures éducatives) que par une décision spécialement motivée au regard de la présomption d'absence de capacité de discernement de l'article L. 11-1. C'est ce qu'indique l'article R. 521-1 du code qui énonce que « le jugement déclarant un mineur âgé de moins de treize ans coupable d'une infraction pénale est motivé au regard de la présomption d'absence de capacité de discernement prévue à l'article L. 11-1 » et que « la motivation se fonde sur tout élément du dossier établissant qu'il était capable de discernement au moment des faits ».

Par ailleurs, la première audience porte « le cas échéant » sur l'action civile ; le jugement sur l'action civile est donc contingent, soit qu'il n'y ait pas eu de victime, soit qu'elle n'ait pas souhaité se constituer partie civile, soit que, au stade de l'examen de la culpabilité, l'action civile ne soit pas en état d'être jugée (il arrive fréquemment que l'action civile ne soit pas en état d'être jugée à la première audience, notamment parce que les assureurs ou les civilement responsables n'ont pas été mis en cause à temps).

On rappellera que l'audience d'examen de la culpabilité a vocation à intervenir rapidement, afin d'apporter une première réponse dans un délai bref, au mineur principalement, et, le cas échéant, à la victime. Concrètement, cette première audience doit se tenir dans un délai compris entre dix jours et trois mois à compter du déférement (art. L. 423-7). ❑

Art. L. 521-8 Le juge des enfants peut ordonner, d'office ou à la demande du procureur de la République ou du mineur, le renvoi de l'affaire à une audience d'examen de la culpabilité devant le tribunal pour enfants si la personnalité du mineur, ou la gravité, ou la complexité des faits le justifie.

Cette décision de renvoi constitue une mesure d'administration judiciaire qui n'est pas susceptible de recours.

Lorsqu'il ordonne le renvoi de l'affaire, le juge des enfants statue au préalable, par décision spécialement motivée, sur le prononcé, le maintien ou la modification d'une mesure éducative judiciaire provisoire ou d'un placement sous contrôle judiciaire ou sous assignation à résidence avec surveillance électronique.

Une convocation à une audience du tribunal pour enfants dans un délai compris entre dix jours et deux mois est notifiée par le greffier aux parties présentes et vaut citation à personne. Les parties absentes ou non représentées sont citées conformément aux dispositions des articles 550 à 566 du code de procédure pénale et les victimes en sont avisées.

COMMENTAIRE

Le juge des enfants, lors de l'audience d'examen de la culpabilité, peut décider d'un renvoi à une autre audience d'examen sur la culpabilité qui se tiendra devant le tribunal pour enfants. C'est ce que prévoit l'article L. 521-8 si la personnalité du mineur, la gravité ou la complexité des faits le justifie.

Le code précise dans l'alinéa suivant la nature de cette décision de renvoi : il s'agit d'une mesure d'administration judiciaire qui n'est pas susceptible de recours.

Le juge des enfants dispose alors de la possibilité, en même temps qu'il renvoie l'affaire à une autre audience, de prononcer par décision spécialement motivée une mesure éducative judiciaire provisoire, un placement sous contrôle judiciaire ou sous assignation à résidence avec surveillance électronique.

Le code indique enfin que l'audience de renvoi devant le tribunal pour enfants doit intervenir dans un délai de dix jours à deux mois (et non plus à trois mois comme le délai initial de saisine de la première audience d'examen de la culpabilité). Concrètement, une convocation à cette audience doit être notifiée par le greffier aux parties présentes et vaut citation à personne, les parties absentes ou non représentées étant citées conformément aux dispositions des articles 550 à 566 du code de procédure pénale (citation) et les victimes en sont avisées. ❑

Code de procédure pénale

LIVRE II. DES JURIDICTIONS DE JUGEMENT

TITRE IV. DES CITATIONS ET SIGNIFICATIONS

Art. 550 *(Ord. n° 60-529 du 4 juin 1960)* Les citations et significations, sauf disposition contraire des lois et règlements, sont faites par exploit de commissaire de justice.

Les notifications sont faites par voie administrative.

Le commissaire de justice ne peut instrumenter pour lui-même, pour son conjoint, pour ses parents et alliés et ceux de son conjoint, en ligne directe à l'infini, ni pour ses parents et alliés collatéraux, jusqu'au degré de cousin issu de germain inclusivement.

L'exploit de citation ou de signification contient la désignation du requérant, la date, les nom, prénoms et adresse du commissaire de justice, ainsi que les nom, prénoms et adresse du destinataire *(L. n° 92-1336 du 16 déc. 1992)* « ou, si le destinataire est une personne morale, sa dénomination et son siège ». — *Les dispositions de la loi n° 92-1336 du 16 déc. 1992 sont entrées en vigueur le 1er mars 1994.*

La personne qui reçoit copie de l'exploit signe l'original ; si elle ne veut ou ne peut signer, mention en est faite par le commissaire de justice.

Art. 551 La citation est délivrée à la requête du ministère public, de la partie civile, et de toute administration qui y est légalement habilitée. Le commissaire de justice doit déférer sans délai à leur réquisition.

La citation énonce le fait poursuivi et vise le texte de loi qui le réprime.

Elle indique le tribunal saisi, le lieu, l'heure et la date de l'audience, et précise la qualité de prévenu, de civilement responsable, ou de témoin de la personne citée.

(L. n° 2008-644 du 1er juill. 2008, art. 7) « Si elle est délivrée à la requête de la partie civile, elle mentionne, s'il s'agit d'une personne physique, ses nom, prénoms, profession et domi-

cile réel ou élu et, s'il s'agit d'une personne morale, sa forme, sa dénomination, son siège social et l'organe qui la représente légalement ».

La citation délivrée à un témoin doit en outre mentionner que la non-comparution, le refus de témoigner et le faux témoignage sont punis par la loi.

Art. 552 *(L. n° 75-701 du 6 août 1975 ; L. n° 75-1257 du 27 déc. 1975)* « Le délai entre le jour où la citation est délivrée et le jour fixé pour la comparution devant le tribunal correctionnel ou de police est d'au moins dix jours, si la partie citée réside dans un département de la France métropolitaine ou si, résidant dans un département d'outre-mer, elle est citée devant un tribunal de ce département. »

(L. n° 93-2 du 4 janv. 1993) « Ce délai est augmenté d'un mois si la partie citée devant le tribunal d'un département d'outre-mer réside dans un autre département d'outre-mer, dans un territoire d'outre-mer, à Saint-Pierre-et-Miquelon ou Mayotte ou en France métropolitaine, ou si, cité devant un tribunal d'un département de la France métropolitaine, elle réside dans un département ou territoire d'outre-mer, à Saint-Pierre-et-Miquelon ou Mayotte. »

(L. n° 2008-644 du 1er juill. 2008, art. 7) « Si la partie citée réside à l'étranger, ce délai est augmenté d'un mois si elle demeure dans un État membre de l'Union européenne et de deux mois dans les autres cas ».

Art. 553 Si les délais prescrits à l'article précédent n'ont pas été observés, les règles suivantes sont applicables :

1° Dans le cas où la partie citée ne se présente pas, la citation doit être déclarée nulle par le tribunal ;

2° Dans le cas où la partie citée se présente, la citation n'est pas nulle mais le tribunal doit, sur la demande de la partie citée, ordonner le renvoi à une audience ultérieure.

Cette demande doit être présentée avant toute défense au fond, ainsi qu'il est dit à l'article 385.

Art. 554 *(Ord. n° 60-529 du 4 juin 1960)* La signification des décisions, dans les cas où elle est nécessaire, est effectuée à la requête du ministère public ou de la partie civile.

Art. 555 *(L. n° 92-1336 du 16 déc. 1992)* Le commissaire de justice doit faire toutes diligences pour parvenir à la délivrance de son exploit à la personne même du destinataire ou, si le destinataire est une personne morale, à son représentant légal, à un fondé de pouvoir de ce dernier ou à toute personne habilitée à cet effet ; il lui en remet une copie.

Lorsque la signification est faite à une personne morale, le commissaire de justice doit, en outre et sans délai, informer celle-ci par lettre simple de la signification effectuée, du nom du requérant ainsi que de l'identité de la personne à laquelle la copie a été remise.

Art. 555-1 *(L. n° 2008-644 du 1er juill. 2008, art. 7)* Vaut signification à personne par exploit de commissaire de justice la notification d'une décision effectuée soit, si la personne est détenue, par le chef de l'établissement pénitentiaire, soit, si la personne se trouve dans les locaux d'une juridiction pénale, par un greffier ou par un magistrat.

Art. 556 *(Ord. n° 60-529 du 4 juin 1960)* Si la personne visée par l'exploit est absente de son domicile, la copie est remise à un parent, allié, serviteur ou à une personne résidant à ce domicile.

Le commissaire de justice indique dans l'exploit la qualité déclarée par la personne à laquelle est faite cette remise.

Art. 557 *(Ord. n° 60-529 du 4 juin 1960)* Si la copie a été remise à une personne résidant au domicile de celui que l'exploit concerne, le commissaire de justice informe sans délai l'intéressé de cette remise, par lettre recommandée avec avis de réception. Lorsqu'il résulte de l'avis de réception, signé par l'intéressé, que celui-ci a reçu la lettre recommandée du commissaire de justice, l'exploit remis à domicile produit les mêmes effets que s'il avait été délivré à personne.

(L. n° 95-125 du 8 févr. 1995) « Le commissaire de justice peut également *(L. n° 2009-526 du 12 mai 2009, art. 132-I)* « , à la place de la lettre recommandée avec demande d'avis de réception mentionnée à l'alinéa précédent, » envoyer à l'intéressé par lettre simple une copie de l'acte accompagnée d'un récépissé que le destinataire est invité à réexpédier par voie postale ou à déposer à l'étude du commissaire de justice, revêtu de sa signature. Lorsque ce récépissé signé a été renvoyé, l'exploit remis à domicile produit les mêmes effets que s'il avait été remis à personne. »

(L. n° 92-1336 du 16 déc. 1992) « Le domicile de la personne morale s'entend du lieu de son siège. »

Art. 558 *(Ord. n° 60-529 du 4 juin 1960)* Si le commissaire de justice ne trouve personne au domicile de celui que l'exploit concerne, il vérifie immédiatement l'exactitude de ce domicile.

(L. n° 2008-644 du 1er juill. 2008, art. 6) « Lorsque le domicile indiqué est bien celui de l'intéressé, le commissaire de justice mentionne dans l'exploit ses diligences et constatations, puis il informe sans délai l'intéressé, par lettre recommandée avec demande d'avis de réception, en lui faisant connaître qu'il doit retirer dans les plus brefs délais la copie de l'exploit signifié à l'étude du commissaire de justice, contre récépissé ou émargement, par l'intéressé ou par toute personne spécialement mandatée. Si l'exploit est une signification de jugement rendu par itératif défaut, la lettre recommandée mentionne la nature de l'acte signifié et le délai d'appel.

« Lorsqu'il résulte de l'avis de réception, signé par l'intéressé, que celui-ci a reçu la lettre recommandée du commissaire de justice, l'exploit déposé à l'étude du commissaire de justice produit les mêmes effets que s'il avait été délivré à personne.

« Le commissaire de justice peut également *(L. n° 2009-526 du 12 mai 2009, art. 132-II)* « , à la place de la lettre recommandée avec demande d'avis de réception mentionnée aux précédents alinéas, » envoyer à l'intéressé par lettre simple une copie de l'acte ou laisser à son domicile un avis de passage invitant l'intéressé à se présenter à son étude afin de retirer la copie de l'exploit contre récépissé ou émargement. La copie et l'avis de passage sont accompagnés d'un récépissé que le destinataire est invité à réexpédier par voie postale ou à déposer à l'étude du commissaire de justice, revêtu de sa signature. Lorsque le commissaire de justice laisse un avis de passage, il adresse également une lettre simple à la personne.

« Lorsque ce récépissé a été renvoyé, l'exploit déposé à l'étude du commissaire de justice produit les mêmes effets que s'il avait été remis à personne.

« Si l'exploit est une citation à comparaître, il ne pourra produire les effets visés aux troisième et cinquième alinéas que si le délai entre, d'une part, le jour où l'avis de réception est signé par l'intéressé, le jour où le récépissé a été renvoyé ou le jour où la personne s'est présentée à l'étude et, d'autre part, le jour indiqué pour la comparution devant le tribunal correctionnel ou de police est au moins égal à celui fixé, compte tenu de l'éloignement du domicile de l'intéressé, par l'article 552. »

Art. 559 *(Ord. n° 60-529 du 4 juin 1960)* Si la personne visée par l'exploit est sans domicile ou résidence connus, le commissaire de justice remet une copie de l'exploit au parquet du procureur de la République du tribunal saisi.

(L. n° 92-1336 du 16 déc. 1992) « Les dispositions qui précèdent sont applicables à la signification d'un acte concernant une personne morale dont le siège est inconnu. » — *Les dispositions de la loi n° 92-1336 du 16 déc. 1992 sont entrées en vigueur le 1er mars 1994.*

(L. n° 2019-222 du 23 mars 2019, art. 57) « Lorsque le procureur de la République constate par procès-verbal qu'une personne qu'il veut citer à comparaître est sans domicile ou résidence connus ou, s'il s'agit d'une personne morale, que son siège est inconnu, ce procès-verbal, qui comporte les mentions prévues aux deuxième et troisième alinéas de l'article 551, vaut citation à parquet. Il permet de juger la personne par défaut selon les modalités prévues à l'article 412. »

Art. 559-1 *(L. n° 2008-644 du 1er juill. 2008, art. 5)* Si l'exploit est une signification de décision, le commissaire de justice doit avoir accompli les diligences prévues par les articles 555 à 559 dans un délai maximal de quarante-cinq jours à compter de la requête du ministère public ou de la partie civile. A l'expiration de ce délai, le commissaire de justice doit informer le ministère public qu'il n'a pu accomplir la signification. Le ministère public peut alors faire procéder à la signification selon les modalités prévues par l'article 560.

Le procureur de la République peut dans sa requête porter jusqu'à trois mois le délai prévu par le premier alinéa.

Art. 560 Lorsqu'il n'est pas établi que l'intéressé a reçu la lettre *(Abrogé par L. n° 95-125 du 8 févr. 1995)* « *recommandée* » qui lui a été adressée par le commissaire de justice conformément aux dispositions des articles 557 et 558, ou lorsque l'exploit a été délivré au parquet, un officier *(L. n° 85-1407 du 30 déc. 1985)* « ou un agent » de police judiciaire peut être requis par le procureur de la République à l'effet de procéder à des recherches en vue de découvrir l'adresse de l'intéressé. En cas de découverte de ce dernier, l'officier *(L. n° 85-1407 du 30 déc. 1985)* « ou l'agent » de police judiciaire lui donne connaissance de l'exploit, qui produit alors les mêmes effets que s'il avait été délivré à personne.

Dans tous les cas, l'officier *(L. n° 85-1407 du 30 déc. 1985)* « ou l'agent » de police judiciaire dresse procès-verbal de ses recherches et le transmet sans délai au procureur de la République.

(L. n° 95-125 du 8 févr. 1995) « Lorsqu'il s'agit d'une citation à prévenu, le procureur de la République peut également donner l'ordre à la force publique de rechercher l'intéressé. En cas de découverte de ce dernier, il en est immédiatement avisé et peut adresser, par tout moyen, une copie de l'exploit pour notification par un officier ou un agent de police judiciaire. Cette notification vaut signification à personne. Lorsqu'un prévenu visé par un acte de citation n'a pu être découvert avant la date fixée pour l'audience, l'ordre de recherche peut être maintenu. En cas de découverte, le procureur de la République peut faire notifier à l'intéressé, en application de l'article 390-1, une convocation en justice.

« Le procureur de la République peut également requérir de toute administration, entreprise, établissement ou organisme de toute nature soumis au contrôle de l'autorité administrative, sans qu'il soit possible de lui opposer le secret professionnel, de lui communiquer tous renseignements en sa possession aux fins de déterminer l'adresse du domicile ou de la résidence du prévenu. »

Art. 561 Dans les cas prévus aux articles 557 et 558, la copie est délivrée sous enveloppe fermée ne portant d'autres indications, d'un côté que les nom, prénoms, adresse de l'intéressé *(L. n° 92-1336 du 16 déc. 1992)* « ou, si le destinataire est une personne morale, que ses dénomination et adresse », et de l'autre que le cachet de l'étude du commissaire de justice apposé sur la fermeture du pli. – *Les dispositions de la loi n° 92-1336 du 16 déc. 1992 sont entrées en vigueur le 1er mars 1994.*

Art. 562 *(L. n° 92-1336 du 16 déc. 1992)* Si la personne réside à l'étranger, elle est citée au parquet du procureur de la République près le tribunal saisi. Le procureur de la République vise l'original et en envoie la copie au ministre des affaires étrangères ou à toute autorité déterminée par les conventions internationales.

Les dispositions de l'alinéa précédent sont applicables aux personnes morales qui ont leur siège à l'étranger.

Art. 563 Dans tous les cas, le commissaire de justice doit mentionner sur l'original de l'exploit, et sous forme de procès-verbal, ses diligences ainsi que les réponses qui ont été faites à ses différentes interpellations.

Le procureur de la République peut prescrire au commissaire de justice de nouvelles recherches, s'il estime incomplètes celles qui ont été effectuées.

L'original de l'exploit doit être adressé à la personne à la requête de qui il a été délivré, dans les vingt-quatre heures.

En outre, si l'exploit a été délivré à la requête du procureur de la République, une copie de l'exploit doit être jointe à l'original.

Art. 564 Les commissaires de justice sont tenus de mettre, à la fin de l'original et de la copie de l'exploit, le coût de celui-ci, à peine d'une amende civile de 3 à 15 € ; cette amende est prononcée par le président de la juridiction saisie de l'affaire.

Art. 565 La nullité d'un exploit ne peut être prononcée que lorsqu'elle a eu pour effet de porter atteinte aux intérêts de la personne qu'il concerne, sous réserve, pour les délais de citation, des dispositions de l'article 553, 2°.

Art. 566 Si un exploit est déclaré nul par le fait du commissaire de justice, celui-ci peut être condamné aux frais de l'exploit et de la procédure annulée, et éventuellement à des dommages-intérêts envers la partie à laquelle il est porté préjudice.

La juridiction qui déclare la nullité a compétence pour prononcer ces condamnations.

Art. L. 521-9 Lorsqu'elle déclare un mineur coupable des faits qui lui sont reprochés, la juridiction ordonne l'ouverture d'une période de mise à l'épreuve éducative, statue sur les mesures mentionnées à l'article L. 521-14 auxquelles le mineur est soumis durant cette période et renvoie le prononcé de la sanction à une audience ultérieure. La période de mise à l'épreuve éducative court jusqu'à l'audience de prononcé de la sanction.

Sauf s'il est fait application des dispositions de l'article L. 521-12, la juridiction fixe, dans son jugement, la date de l'audience de prononcé de la sanction qui a lieu, dans un délai compris entre six et neuf mois après la déclaration de culpabilité, devant le

juge des enfants ou, si la personnalité du mineur, ou la gravité, ou la complexité des faits le justifie, devant le tribunal pour enfants de son ressort. Les parties absentes ou non représentées sont citées pour cette audience conformément aux dispositions des articles 550 à 566 du code de procédure pénale et les victimes en sont avisées.

(L. n° 2021-218 du 26 févr. 2021, art. 15) **« Une date de mise en place des mesures éducatives est communiquée à l'intéressé à l'issue de l'audience. »**

V. C. pr. pén., art. 550 à 566, ss. art. L. 521-8.

COMMENTAIRE

L'article L. 521-9 envisage le jugement sur la culpabilité, rendu lors de la première audience. Il précise que la période de mise à l'épreuve éducative court jusqu'à l'audience de prononcé de la sanction.

L'audience d'examen de la culpabilité est en réalité bien plus que son nom ne pourrait le laisser penser. Certes, il s'agit d'abord de se prononcer sur la culpabilité d'un prévenu. Mais il s'agit aussi – et surtout – d'ouvrir une phase de mise à l'épreuve éducative, qui a vocation à durer jusqu'à la seconde audience, relative aux sanctions. Cela est d'autant plus vrai que la mise à l'épreuve éducative est susceptible de comprendre des mesures d'ordre divers : expertise médicale ou psychologique ; mesure judiciaire d'investigation éducative ; mesure éducative judiciaire provisoire ; contrôle judiciaire ou assignation à résidence avec surveillance électronique. En d'autres termes, la mise à l'épreuve éducative peut avoir pour objet d'approfondir la connaissance de la situation et de la personnalité du mineur (expertises, mesure judiciaire d'investigation d'orientation éducative), de mettre en place un accompagnement (mesure judiciaire éducative provisoire, qui elle-même comprend de nombreux modules) et/ou de contenir le mineur (contrôle judiciaire ou assignation à résidence). On peut ici préciser que rien n'empêche que la mise à l'épreuve éducative comprenne plusieurs de ces possibilités (qui ne sont *a priori* pas alternatives). Ce faisant, la mise à l'épreuve éducative couvre un spectre immense de mesures.

Par ailleurs, la mise à l'épreuve éducative s'inscrit nécessairement dans la durée, du moins pour certaines de ses composantes. C'est la raison pour laquelle le code indique que la période court jusqu'à l'audience de prononcé de la sanction, même si, en pratique, cela pourra dépendre de la forme et du contenu de la mise à l'épreuve éducative.

En principe (sauf dessaisissement tel que prévu par l'article L. 521-12), la juridiction fixe dans son jugement la date de l'audience de prononcé de la sanction, qui doit intervenir dans un délai compris entre six et neuf mois après la déclaration de culpabilité. On a relevé à juste titre que ce délai n'est pas susceptible d'être prolongé (N. Beddiar, La césure du procès pénal des mineurs, *AJ pénal 2019. 485*), mais on peut noter que le non-respect de ce délai n'est assorti d'aucune sanction. La loi de ratification du 26 février 2021 a complété ce dispositif en insérant un alinéa qui précise que « une date de mise en place des mesures éducatives est communiquée à l'intéressé à l'issue de l'audience ».

L'audience de prononcé de la sanction se tient à titre principal devant le juge des enfants, étant rappelé que celui-ci peut prononcer les mesures éducatives et certaines peines (confiscation, stage et travail d'intérêt général). Lorsque des peines plus lourdes sont envisagées, ou si la personnalité du mineur, la gravité ou la complexité des faits le justifie, l'audience de prononcé de la sanction est fixée devant le tribunal pour enfants du ressort de la juridiction statuant sur la culpabilité. Le code précise que les parties absentes ou non représentées sont citées pour cette audience conformément aux dispositions des articles 550 à 566 du code de procédure pénale et les victimes en sont avisées.

On notera encore que l'article L. 521-9, comme plus largement toute la section II relative à la procédure de mise à l'épreuve éducative, n'envisage que la culpabilité du mineur, et jamais sa relaxe. Celle-ci est pourtant évidemment possible, même si le code n'a pas estimé utile d'évoquer cette hypothèse. Il est dommage – et inquiétant – que les rédacteurs du code n'aient pas pensé qu'un mineur poursuivi puisse finalement être relaxé. On pourrait ajouter que cet oubli est symptomatique d'une conception pour le moins répressive du droit pénal des mineurs. ❑

Art. L. 521-10 Lorsque la juridiction constate, lors de l'audience d'examen de la culpabilité, que le mineur n'a pas respecté les obligations du contrôle judiciaire *(L. n° 2021-218 du 26 févr. 2021, art. 15)* **« ou de l'assignation à résidence avec sur-**

veillance électronique prononcés » dans la cause, elle peut, si les conditions des articles L. 334-4 ou L. 334-5 sont réunies, ordonner le placement du mineur en détention provisoire pour une durée n'excédant pas un mois.

COMMENTAIRE

Conformément aux dispositions de l'article L. 423-9, l'audience d'examen de la culpabilité peut intervenir après une courte période préalable, durant laquelle le mineur a pu faire l'objet d'un contrôle judiciaire prononcé par le juge des enfants ou d'une assignation à résidence avec surveillance électronique (ou encore d'une mesure éducative judiciaire provisoire). L'audience d'examen de la culpabilité est alors l'occasion de faire le point sur le respect de ces obligations. Dans ce sens, l'article L. 521-10 dispose que « lorsque la juridiction constate, lors de l'audience d'examen de la culpabilité, que le mineur n'a pas respecté les obligations du contrôle judiciaire judiciaire ou de l'assignation à résidence avec surveillance électronique prononcés dans la cause, elle peut, si les conditions des articles L. 334-4 ou L. 334-5 sont réunies, ordonner le placement du mineur en détention provisoire pour une durée n'excédant pas un mois ».

On se trouve alors dans une situation relativement inédite, puisque le mineur, bien que condamné, est placé en détention provisoire, la décision sur la sanction n'étant pas encore intervenue. Cela étant, encore faut-il que les conditions posées par le code en termes d'âge et de nature d'infraction (art. L. 334-4 et L. 334-5) soient réunies, et la durée est limitée dans tous les cas à un mois. ❑

Art. L. 521-11 **Par dérogation aux dispositions de l'article L. 521-9, lorsque la juridiction constate, à la date à laquelle elle statue, qu'une période de mise à l'épreuve éducative est en cours pour des faits antérieurs, elle n'ouvre pas, sauf décision contraire motivée, une période de mise à l'épreuve éducative pour les nouveaux faits pour lesquels le mineur est déclaré coupable. La mise à l'épreuve en cours s'étend à ces faits.**

La juridiction peut modifier, d'office ou à la demande du procureur de la République ou du mineur, les mesures dont celui-ci fait l'objet afin de les adapter à son évolution.

La juridiction renvoie le mineur pour le prononcé de la sanction à l'audience déjà fixée pour le prononcé de la sanction des faits antérieurs, sous réserve que celle-ci intervienne dans un délai d'au moins dix jours.

COMMENTAIRE

Ainsi qu'il est dit à l'article L. 521-9, alinéa 1er, lorsqu'elle déclare un mineur coupable des faits qui lui sont reprochés, la juridiction doit ordonner l'ouverture d'une période de mise à l'épreuve éducative et statuer sur les mesures provisoires. Mais une dérogation est prévue par le code, lorsqu'il apparaît qu'une période de mise à l'épreuve éducative était déjà en cours pour des faits antérieurs.

Cette solution est bienvenue. Il serait en effet absurde d'empiler des périodes de mise à l'épreuve éducatives et des mesures éducatives judiciaires provisoires. Il est plus logique d'étendre le domaine de la mise à l'épreuve éducative initiale aux faits nouveaux, quitte à modifier les mesures judiciaires provisoires qui avaient été prononcées (alinéa 2). Concrètement, la juridiction pourra donc adapter si besoin ces mesures, en supprimer ou en ajouter.

L'alinéa 3 prévoit enfin que « la juridiction renvoie le mineur pour le prononcé de la sanction à l'audience déjà fixée pour le prononcé de la sanction des faits antérieurs, sous réserve que celle-ci intervienne dans un délai d'au moins dix jours ». Le délai fixé initialement est donc conservé, à la condition que le prononcé de la sanction intervienne dans un délai d'au moins dix jours, afin de permettre au mineur et à son conseil de s'expliquer sur ces faits supplémentaires. Lorsque plusieurs mineurs sont déclarés coupables dans la même affaire et qu'ils ne sont pas renvoyés à la même audience de prononcé de la sanction, le dossier est disjoint, et un dossier est constitué pour chaque mineur. C'est ce que précise logiquement l'article D. 521-7.

La partie réglementaire, issue du décret n° 2021-683 du 27 mai 2021, a encore apporté quelques précisions sur l'extension de la période de mise à l'épreuve éducative. L'article D. 521-3 dispose ainsi que « lorsqu'un mineur est déclaré coupable en appli-

cation des articles L. 521-7 à L. 521-12 et L. 521-27, le jugement se prononce sur la culpabilité, sur l'action civile le cas échéant, sur le renvoi du prononcé de la sanction, sur l'ouverture ou l'extension d'une période de mise à l'épreuve éducative et sur les mesures prises en application de l'article L. 521-14 ». L'article D. 521-4 envisage quant à lui les effets de cette extension de mise à l'épreuve éducative. Il indique ainsi que « lorsqu'une période de mise à l'épreuve éducative est étendue, en application de l'article L. 521-11, à une ou plusieurs autres procédures, la période de mise à l'épreuve éducative ainsi que les mesures prononcées deviennent communes à l'ensemble de ces procédures ». Enfin, l'article D. 521-5 dispose que « lorsqu'il est fait application du premier alinéa de l'article L. 521-11, l'extension de la période de mise à l'épreuve éducative est mentionnée au dossier initial ». ❑

Art. L. 521-12 La juridiction qui déclare un mineur coupable des faits qui lui sont reprochés et ordonne l'ouverture d'une période de mise à l'épreuve éducative, peut ordonner son dessaisissement au profit du juge des enfants compétent à raison de la résidence du mineur ou de celle de ses parents ou représentants légaux.

Dans une même affaire, lorsque la juridiction qui se dessaisit demeure compétente pour l'un des mineurs concernés ou lorsqu'elle se dessaisit au profit de plusieurs juges des enfants, le dossier est disjoint.

La décision de dessaisissement constitue une mesure d'administration judiciaire qui n'est pas susceptible de recours.

COMMENTAIRE

L'article L. 521-12 prévoit l'hypothèse où la juridiction qui condamne le mineur et ordonne l'ouverture d'une période de mise à l'épreuve éducative décide de son dessaisissement auprès d'un autre juge des enfants compétent à raison de la résidence du mineur ou de celle de ses parents ou représentants légaux. Le dessaisissement n'est pas obligatoirement complet et le dossier peut être disjoint. Comme toujours, cette décision est une mesure d'administration judiciaire qui n'est pas susceptible de recours. ❑

SOUS-SECTION 2 DE LA PÉRIODE DE MISE À L'ÉPREUVE ÉDUCATIVE

Art. L. 521-13 Le suivi du mineur au cours de la période de mise à l'épreuve éducative est placé sous le contrôle du juge des enfants.

COMMENTAIRE

Lors de l'audience d'examen de la culpabilité, si la juridiction prononce la condamnation du mineur, s'ouvre une période de mise à l'épreuve éducative, qui a vocation à durer jusqu'à la seconde audience, relative à la sanction. La période de mise à l'épreuve éducative est donc une période intermédiaire essentielle, dont l'issue a vocation à influer sur les sanctions.

En vertu de l'article L. 521-13, « le suivi du mineur au cours de la période de mise à l'épreuve éducative est placé sous le contrôle du juge des enfants ». Cette disposition est logique mais méritait d'être précisée. Même dans le cas où l'audience d'examen de la culpabilité se tient devant le tribunal pour enfants, c'est bien au juge des enfants qu'il incombe d'assurer le suivi de cette phase de mise à l'épreuve éducative. Durant cette période, le juge reste donc actif, susceptible le cas échéant d'intervenir, et de prescrire, modifier ou même supprimer la mesure éducative judiciaire provisoire ou les mesures de sûreté (art. L. 521-15).

Cela étant, le suivi du mineur est assuré par la Protection judiciaire de la jeunesse et les associations du secteur privé habilitées. De fait, le suivi du mineur durant la mise à l'épreuve est certainement un travail de collaboration entre le juge des enfants et les intervenants éducatifs, plus proches du mineur. ❑

Art. L. 521-14 Dans le cadre de la période de la mise à l'épreuve éducative, les mesures suivantes peuvent être ordonnées :

1° Une expertise médicale ou psychologique ;

2° Une mesure judiciaire d'investigation éducative ;

3° Une mesure éducative judiciaire provisoire dans les conditions et selon les modalités prévues au chapitre III du titre II du livre III ;

4° Un contrôle judiciaire ou une assignation à résidence avec surveillance électronique dans les conditions et selon les modalités prévues au titre III du livre III.

Sauf à ce qu'il en soit donné mainlevée avant, ces mesures provisoires expirent à la date fixée par la décision et en tout état de cause lors du prononcé du jugement sur la sanction.

Les décisions prises en application du présent article sont exécutoires par provision et susceptibles d'appel.

COMMENTAIRE

Durant la mise à l'épreuve éducative, plusieurs catégories de mesures peuvent être ordonnées : 1° une expertise médicale ou psychologique ; 2° une mesure judiciaire d'investigation éducative ; 3° une mesure éducative judiciaire provisoire ; 4° un contrôle judiciaire ou une assignation à résidence avec surveillance électronique.

Cette liste, donnée à l'article L. 521-14, contient des mesures d'ordre divers : des mesures destinées à connaître la personnalité du mineur et sa situation (expertise médicale ou psychologique, mesure judiciaire d'investigation éducative), des mesures éducatives judiciaires provisoires et des mesures de sûreté (contrôle judiciaire et assignation à résidence avec surveillance électronique).

En raison de leur diversité, ces mesures ne sont pas exclusives les unes des autres. On peut même penser qu'elles pourront fréquemment être cumulées. Quoi qu'il en soit, l'éventail des mesures possibles est immense, si l'on considère le fait notamment que presque toutes les mesures éducatives judiciaires peuvent être prononcées à titre provisoire et que leur organisation sous forme de modules permet d'innombrables combinaisons.

Par ailleurs, sauf en cas de mainlevée, les mesures ordonnées dans le cadre de la période de mise à l'épreuve éducative ont vocation à durer toute cette période, jusqu'à l'audience sur la sanction. C'est ce que prévoit l'alinéa 2. De ce point de vue, elles évoquent les mesures de contrôle prononcées dans le cadre d'un contrôle judiciaire durant une phase d'instruction, qui prennent fin lors de l'audience de jugement.

Enfin, le dernier alinéa prévoit que « les décisions prises en application du présent article sont exécutoires par provision et susceptibles d'appel ». Le caractère exécutoire des mesures ordonnées dans le cadre de la mise à l'épreuve éducative s'explique par le fait que la période est, finalement d'une durée relativement courte (entre six et neuf mois). Il ne servirait en effet à rien de prononcer de telles mesures si, par l'effet de l'appel, on pouvait y échapper aisément.

Cela étant précisé, rien n'interdit l'exercice de voies de recours contre les décisions ordonnant cette mise à l'épreuve éducative. Le dernier alinéa l'indique expressément. Mais cela soulève un certain nombre de questions. La plus évidente, d'ordre pratique, concerne la question de savoir si l'appel peut véritablement être examiné dans le délai de la période de mise à l'épreuve éducative, ou si, compte tenu des moyens de la justice et de l'encombrement des cours, on ne risque pas de voir cet appel jugé après la fin de la période…

Par ailleurs, la mise à l'épreuve éducative est ordonnée lors de l'audience d'examen de la culpabilité. On peut alors se demander si l'appel peut être modulé, c'est-à-dire si l'on peut distinguer dans sa déclaration d'appel si l'on souhaite qu'il porte sur le tout (culpabilité et mesures) ou seulement sur les mesures ordonnées (sans contester la culpabilité, par exemple reconnue par le mineur). La réponse n'est pas donnée par le texte, et les solutions jurisprudentielles en matière d'ajournement de peine ne sont pas très opérantes (sur l'appel des décisions d'ajournement, cf. M. Giacopelli et A. Ponseille, Droit de la peine, *LGDJ, 2019, n° 286, p. 158* ; E. Bonis-Garçon et V. Peltier, Droit de la peine, *LexisNexis, 3e éd., 2019, n° 509, p. 248*). On peut donc se risquer à formuler une proposition, et, dans ce sens, admettre que l'appel porte soit sur la culpabilité et les mesures ordonnées, soit sur les mesures seulement, sans contester la culpabilité (un appel sur la culpabilité seule n'aurait pas de sens). ❑

Art. L. 521-15 A tout moment au cours de la mise à l'épreuve éducative, y compris lorsqu'elle s'étend à des faits nouveaux, le juge des enfants peut prescrire, modifier ou lever la mesure éducative judiciaire provisoire ou les mesures de sûreté mentionnées à l'article L. 521-14, d'office, à la demande du mineur ou de son avocat ou sur réquisitions du procureur de la République.

COMMENTAIRE

Durant la mise à l'épreuve, le juge des enfants reste pleinement actif, puisqu'il assure le suivi du mineur (art. L. 521-13). L'article L. 521-15 précise le contenu de ce suivi. Selon ce texte, le juge des enfants peut prescrire, modifier ou lever la mesure éducative judiciaire provisoire ou les mesures de sûreté (de l'article L. 521-14). Il a donc une grande latitude, d'autant plus que le code n'exige pas un parallélisme des formes et que le juge des enfants peut donc remettre en cause une mesure qui aurait été prononcée par le tribunal pour enfants lors de l'audience d'examen de la culpabilité. Cette intervention du juge des enfants dans le cours de la mise à l'épreuve éducative peut se faire à la demande du mineur ou de son avocat, sur réquisitions du procureur de la République, ou même d'office.

S'agissant de la durée, le texte précise que le juge des enfants peut intervenir à tout moment au cours de la mise à l'épreuve éducative, et même lorsqu'elle s'étend à des faits nouveaux. ❑

Art. L. 521-16 **Le juge des enfants peut, en cas d'incident durant la période de mise à l'épreuve éducative, délivrer à l'encontre d'un mineur un mandat de comparution.**

Lorsque le mineur se soustrait aux obligations et interdictions d'un contrôle judiciaire *(L. n° 2021-218 du 26 févr. 2021, art. 15)* **« ou d'une assignation à résidence avec surveillance électronique » durant la période de mise à l'épreuve éducative, le juge des enfants peut également ordonner à l'encontre du mineur un mandat d'amener ou, si le mineur est en fuite ou réside à l'étranger, un mandat d'arrêt. Il est alors procédé conformément aux dispositions des articles 123 à 134 du code de procédure pénale.**

Le mineur retenu en exécution d'un mandat bénéficie des droits prévus à l'article L. 332-1.

COMMENTAIRE

Le juge des enfants assure le suivi du mineur durant la mise à l'épreuve (art. L. 521-13) et il peut, si nécessaire, prescrire, modifier ou supprimer une mesure éducative judiciaire provisoire ou une mesure de sûreté (art. L. 521-15). Cela suppose que le juge des enfants puisse constater d'éventuels incidents et soit en mesure de réagir.

L'article L. 521-16 prévoit que le juge des enfants peut, en cas d'incident durant la période de mise à l'épreuve éducative, délivrer à l'encontre d'un mineur un mandat de comparution. Dans le cas où le mineur se soustrait aux obligations et interdictions d'un contrôle judiciaire ou d'une assignation à résidence avec surveillance électronique durant la période de mise à l'épreuve éducative, le texte précise que « le juge des enfants peut également ordonner à l'encontre du mineur un mandat d'amener ou, si le mineur est en fuite ou réside à l'étranger, un mandat d'arrêt ».

Le mineur, retenu en application d'un de ces mandats, bénéficie des droits prévus par l'article L. 332-1, à savoir : information de la rétention des représentants légaux, de la personne ou du service auquel le mineur est confié ou, dans les cas prévus dans le présent code, d'un autre adulte approprié ; assistance par un avocat, examen médical et enregistrement audiovisuel des auditions (l'art. L. 332-1 renvoyant aux art. L. 413-1 à L. 413-15). Le mineur retenu en exécution d'un mandat se voit donc reconnaître les garanties procédurales qui entourent la retenue judiciaire et la garde à vue. ❑

Code de procédure pénale

LIVRE Ier. **DE LA CONDUITE DE LA POLITIQUE PÉNALE, DE L'EXERCICE DE L'ACTION PUBLIQUE ET DE L'INSTRUCTION** *(L. n° 2013-669 du 25 juill. 2013, art. 2-1°).*

TITRE III. DES JURIDICTIONS D'INSTRUCTION

CHAPITRE Ier. *DU JUGE D'INSTRUCTION : JURIDICTION D'INSTRUCTION DU PREMIER DEGRÉ*

SECTION VI. *Des mandats et de leur exécution*

Art. 122 *(L. n° 2004-204 du 9 mars 2004, art. 96-I, en vigueur le 1er oct. 2004)* Le juge d'instruction peut, selon les cas, décerner mandat de recherche, de comparution, d'amener ou d'arrêt. Le juge des libertés et de la détention peut décerner mandat de dépôt.

Le mandat de recherche peut être décerné à l'égard d'une personne à l'encontre de laquelle il existe une ou plusieurs raisons plausibles de soupçonner qu'elle a commis ou tenté de commettre une infraction. Il ne peut être décerné à l'égard d'une personne ayant fait l'objet d'un réquisitoire nominatif, d'un témoin assisté ou d'une personne mise en examen. Il est l'ordre donné à la force publique de rechercher la personne à l'encontre de laquelle il est décerné et de la placer en garde à vue.

Le mandat de comparution, d'amener ou d'arrêt peut être décerné à l'égard d'une personne à l'égard de laquelle il existe des indices graves ou concordants rendant vraisemblable qu'elle ait pu participer, comme auteur ou complice, à la commission d'une infraction, y compris si cette personne est témoin assisté ou mise en examen.

Le mandat de comparution a pour objet de mettre en demeure la personne à l'encontre de laquelle il est décerné de se présenter devant le juge à la date et à l'heure indiquées par ce mandat.

Le mandat d'amener est l'ordre donné à la force publique de conduire immédiatement devant lui la personne à l'encontre de laquelle il est décerné.

Le mandat d'arrêt est l'ordre donné à la force publique de rechercher la personne à l'encontre de laquelle il est décerné et de la conduire devant lui après l'avoir, le cas échéant, conduite à la maison d'arrêt indiquée sur le mandat, où elle sera reçue et détenue.

Le juge d'instruction est tenu d'entendre comme témoins assistés les personnes contre lesquelles il a été décerné un mandat de comparution, d'amener ou d'arrêt, sauf à les mettre en examen conformément aux dispositions de l'article 116. Ces personnes ne peuvent pas être mises en garde à vue pour les faits ayant donné lieu à la délivrance du mandat.

Le mandat de dépôt peut être décerné à l'encontre d'une personne mise en examen et ayant fait l'objet d'une ordonnance de placement en détention provisoire. Il est l'ordre donné au chef de l'établissement pénitentiaire de recevoir et de détenir la personne à l'encontre de laquelle il est décerné. Ce mandat permet également de rechercher ou de transférer la personne lorsqu'il lui a été précédemment notifié.

Art. 123 Tout mandat précise l'identité de *(L. n° 93-2 du 4 janv. 1993)* « la personne à l'encontre de laquelle il est décerné » ; il est daté et signé par le magistrat qui l'a décerné et est revêtu de son sceau.

Les mandats d'amener, de dépôt *(L. n° 2004-204 du 9 mars 2004, art. 96-II, en vigueur le 1er oct. 2004)* « , d'arrêt et de recherche *[ancienne rédaction : et d'arrêt]* » mentionnent en outre la nature *(L. n° 93-2 du 4 janv. 1993)* « des faits imputés à la personne, leur qualification juridique » et les articles de loi applicables.

(Ord. n° 60-529 du 4 juin 1960) « Le mandat de comparution est signifié par commissaire de justice à celui qui en est l'objet ou est notifié à celui-ci par un officier ou agent » de la police judiciaire, ou par un agent de la force publique, lequel lui en délivre copie.

Le mandat d'amener *(L. n° 2004-204 du 9 mars 2004, art. 96-II, en vigueur le 1er oct. 2004)* « , d'arrêt ou de recherche *[ancienne rédaction : ou d'arrêt]* » est notifié et exécuté par un officier ou agent de la police judiciaire ou par un agent de la force publique, lequel en fait l'exhibition à *(L. n° 93-2 du 4 janv. 1993)* « la personne » et lui en délivre copie.

(Ord. n° 60-529 du 4 juin 1960 ; L. n° 87-432 du 22 juin 1987) « Si *(L. n° 93-2 du 4 janv. 1993)* « la personne est déjà détenue » pour une autre cause, la notification lui est faite comme il est dit à l'alinéa précédent, ou, sur instructions du procureur de la République, par le chef de l'établissement pénitentiaire qui en délivre également une copie. »

Les mandats d'amener *(L. n° 2004-204 du 9 mars 2004, art. 96-II, en vigueur le 1er oct. 2004)* « , d'arrêt et de recherche *[ancienne rédaction : et d'arrêt]* » peuvent, en cas d'urgence, être diffusés par tous moyens.

Dans ce cas, les mentions essentielles de l'original et spécialement l'identité de *(L. n° 93-2 du 4 janv. 1993)* « la personne à l'encontre de laquelle il est décerné, la nature des faits qui lui sont imputés et leur qualification juridique », le nom et la qualité du magistrat mandant doivent être précisés. *(L. n° 84-576 du 9 juill. 1984)* « L'original ou la copie du mandat est transmis à l'agent chargé d'en assurer l'exécution dans les délais les plus brefs. »

Dernier al. abrogé par L. n° 89-461 du 6 juill. 1989, à compter du 1er déc. 1989.

Art. 124 Les mandats sont exécutoires dans toute l'étendue du territoire de la République.

Art. 125 Le juge d'instruction interroge immédiatement *(L. n° 93-2 du 4 janv. 1993)* « la personne » qui fait l'objet d'un mandat de comparution.

(L. n° 2004-204 du 9 mars 2004, art. 97-I, en vigueur le 1er oct. 2004) « Il est procédé dans les mêmes conditions à l'interrogatoire de la personne arrêtée en vertu d'un mandat d'amener.

Toutefois, si l'interrogatoire ne peut être immédiat, la personne peut être retenue par les services de police ou de gendarmerie pendant une durée maximum de vingt-quatre heures suivant son arrestation avant d'être présentée devant le juge d'instruction ou à défaut le président du tribunal ou un juge désigné par celui-ci, qui procède immédiatement à son interrogatoire ; à défaut, la personne est mise en liberté. »

(Abrogé par L. nº 2004-204 du 9 mars 2004, art. 97-I, à compter du 1er oct. 2004) « A l'expiration de ce délai, (L. nº 93-2 du 4 janv. 1993) « elle est conduite » d'office, par les soins du (L. nº 87-432 du 22 juin 1987) « chef d'établissement », devant le procureur de la République qui requiert le juge d'instruction, ou à son défaut le président du tribunal ou un juge désigné par celui-ci, de procéder immédiatement à l'interrogatoire, à défaut de quoi (L. nº 93-2 du 4 janv. 1993) « la personne est mise » en liberté. »

Art. 126 *(L. nº 93-2 du 4 janv. 1993)* « Toute personne arrêtée » en vertu d'un mandat d'amener, qui a été *(L. nº 2004-204 du 9 mars 2004, art. 97-II, en vigueur le 1er oct. 2004)* « retenue *[ancienne rédaction : maintenue]* » pendant plus de vingt-quatre heures *(Abrogé par L. nº 2004-204 du 9 mars 2004, art. 97-II, à compter du 1er oct. 2004) « dans la maison d'arrêt »* sans avoir été *(L. nº 93-2 du 4 janv. 1993)* « interrogée, est considérée comme arbitrairement détenue ».

(L. nº 92-1336 du 16 déc. 1992) « Les articles 432-4 à 432-6 du code pénal sont applicables aux magistrats ou fonctionnaires qui ont ordonné ou sciemment toléré cette *(L. nº 2004-204 du 9 mars 2004, art. 97-II, en vigueur le 1er oct. 2004)* « rétention *[ancienne rédaction : détention]* » arbitraire. » — *Les dispositions de la loi nº 92-1336 du 16 déc. 1992 sont entrées en vigueur le 1er mars 1994.*

Art. 127 *(L. nº 72-1226 du 29 déc. 1972)* Si *(L. nº 93-2 du 4 janv. 1993)* « la personne recherchée » en vertu d'un mandat d'amener est *(L. nº 93-2 du 4 janv. 1993)* « trouvée » à plus de deux cents kilomètres du siège du juge d'instruction qui a délivré le mandat *(L. nº 2004-204 du 9 mars 2004, art. 97-III, en vigueur le 1er oct. 2004)* « et qu'il n'est pas possible de la conduire dans le délai de vingt-quatre heures devant ce magistrat, elle est conduite devant le *(L. nº 2011-392 du 14 avr. 2011, en vigueur le 1er juin 2011)* « juge des libertés et de la détention *[ancienne rédaction : procureur de la République]* » du lieu d'arrestation ».

Art. 128 Ce magistrat l'interroge sur son identité, reçoit ses déclarations, après l'avoir *(L. nº 93-2 du 4 janv. 1993)* « avertie qu'elle » est libre de ne pas en faire, l'interpelle afin de savoir *(L. nº 93-2 du 4 janv. 1993)* « si elle consent à être transférée ou si elle » préfère prolonger les effets du mandat d'amener, en attendant, au lieu où elle se trouve, la décision du juge d'instruction saisi de l'affaire. Si *(L. nº 93-2 du 4 janv. 1993)* « la personne » déclare s'opposer au transfèrement, *(L. nº 93-2 du 4 janv. 1993)* « elle est conduite » dans la maison d'arrêt et avis immédiat est donné au juge d'instruction compétent. *(L. nº 84-576 du 9 juill. 1984)* « L'original ou la copie du procès-verbal » de la comparution contenant un signalement complet est transmis sans délai à ce magistrat, avec toutes les indications propres à faciliter la reconnaissance d'identité.

Ce procès-verbal doit mentionner que *(L. nº 93-2 du 4 janv. 1993)* « la personne » a reçu avis qu'*(L. nº 93-2 du 4 janv. 1993)* « elle » est libre de ne pas faire de déclaration.

Art. 129 Le juge d'instruction saisi de l'affaire décide, aussitôt après la réception de ces pièces, s'il y a lieu d'ordonner le transfèrement.

Art. 130 *(L. nº 84-576 du 9 juill. 1984)* Lorsqu'il y a lieu à transfèrement dans les conditions prévues par les articles 128 et 129, *(L. nº 93-2 du 4 janv. 1993)* « la personne doit être conduite » devant le juge d'instruction qui a délivré le mandat dans les quatre jours de la notification du mandat.

Toutefois, ce délai est porté à six jours en cas de transfèrement d'un département d'outre-mer vers un autre département ou de la France métropolitaine vers un département d'outre-mer.

Art. 130-1 *(L. nº 84-576 du 9 juill. 1984)* En cas de non-respect des délais fixés par les articles 127 et 130, *(L. nº 93-2 du 4 janv. 1993)* « la personne est libérée », sur ordre du juge d'instruction saisi de l'affaire, à moins que sa conduite ait été retardée par des circonstances insurmontables.

Art. 131 Si *(L. nº 93-2 du 4 janv. 1993)* « la personne » est en fuite ou *(L. nº 93-2 du 4 janv. 1993)* « si elle » réside hors du territoire de la République, le juge d'instruction, après avis du procureur de la République, peut décerner contre *(L. nº 93-2 du 4 janv. 1993)* « elle »

un mandat d'arrêt si le fait comporte une peine d'emprisonnement correctionnelle ou une peine plus grave.

Art. 132 *Abrogé par L. n° 2004-204 du 9 mars 2004, art. 97-IV, à compter du 1er oct. 2004.*

Art. 133 *(L. n° 2004-204 du 9 mars 2004, art. 97-V, en vigueur le 1er oct. 2004)* « La personne saisie en vertu d'un mandat d'arrêt est présentée dans les vingt-quatre heures suivant son arrestation devant le juge d'instruction ou à défaut le président du tribunal ou le juge désigné par celui-ci pour qu'il soit procédé à son interrogatoire et qu'il soit le cas échéant statué sur son placement en détention provisoire dans les conditions prévues par l'article 145. A défaut, la personne est remise en liberté. Les dispositions de l'article 126 sont applicables. »

Si *(L. n° 93-2 du 4 janv. 1993)* « la personne est arrêtée » *(L. n° 84-576 du 9 juill. 1984)* « à plus de deux cents kilomètres du siège » du juge d'instruction qui a délivré le mandat *(L. n° 2011-1862 du 13 déc. 2011, art. 60)* « et qu'il n'est pas possible de la conduire dans un délai de vingt-quatre heures devant ce magistrat », *(L. n° 93-2 du 4 janv. 1993)* « elle est conduite » *(L. n° 2004-204 du 9 mars 2004, art. 97-V, en vigueur le 1er oct. 2004)* « dans les vingt-quatre heures suivant son arrestation » devant le *(L. n° 2011-392 du 14 avril 2011, en vigueur le 1er juin 2011)* « juge des libertés et de la détention *[ancienne rédaction : procureur de la République]* » du lieu de l'arrestation, qui reçoit ses déclarations, après l'avoir *(L. n° 93-2 du 4 janv. 1993)* « avertie qu'elle » est libre de ne pas en faire. Mention est faite de cet avis au procès-verbal.

(L. n° 2011-392 du 14 avril 2011, en vigueur le 1er juin 2011) « Le juge des libertés et de la détention informe sans délai le magistrat qui a délivré le mandat et ordonne le transfèrement. Si celui-ci ne peut être effectué immédiatement, le juge des libertés et de la détention en avise le juge mandant. »

(L. n° 84-576 du 9 juill. 1984) « Lorsqu'il y a lieu à transfèrement, *(L. n° 93-2 du 4 janv. 1993)* « la personne doit être conduite » à la maison d'arrêt indiquée sur le mandat dans les délais prévus à l'article 130. Les dispositions de l'article 130-1 sont applicables. »

Art. 133-1 *(L. n° 2004-204 du 9 mars 2004, art. 97-VI, en vigueur le 1er oct. 2004)* Dans les cas prévus par les articles 125, 127 et 133, lorsque la personne est retenue par les services de police ou de gendarmerie avant sa présentation devant un magistrat, le procureur de la République du lieu de l'arrestation est informé dès le début de cette rétention et la personne a le droit de faire prévenir un proche dans les conditions prévues par l'article 63-2 *(L. n° 2016-731 du 3 juin 2016, art. 63, en vigueur le 15 nov. 2016)* « , d'être examinée par un médecin dans les conditions prévues à l'article 63-3 et d'être assistée d'un avocat dans les conditions prévues aux articles 63-3-1 à 63-4-4. »

Art. 134 *(L. n° 72-1226 du 29 déc. 1972)* L'agent chargé de l'exécution d'un mandat d'amener *(L. n° 2004-204 du 9 mars 2004, art. 96-III, en vigueur le 1er oct. 2004)* « , d'arrêt ou de recherche » ne peut s'introduire dans le domicile d'un citoyen avant 6 heures ni après 21 heures. *(L. n° 2011-267 du 14 mars 2011, art. 54)* « Il en est de même lorsque l'agent est chargé de l'arrestation d'une personne faisant l'objet d'une demande d'extradition ou d'un mandat d'arrêt européen. »

Il peut se faire accompagner d'une force suffisante pour que *(L. n° 93-2 du 4 janv. 1993)* « la personne » ne puisse se soustraire à la loi. La force est prise dans le lieu le plus proche de celui où le mandat doit s'exécuter et elle est tenue de déférer aux réquisitions contenues dans ce mandat.

Si *(L. n° 93-2 du 4 janv. 1993)* « la personne ne peut être saisie », un procès-verbal de perquisition et de recherches infructueuses est adressé au magistrat qui a délivré le mandat. *(L. n° 2000-516 du 15 juin 2000, art. 24, en vigueur le 1er janv. 2001)* « La personne est alors considérée comme mise en examen pour l'application de l'article 176. »

Art. L. 521-17 Le juge des enfants chargé du suivi du mineur dans le cadre de la mise à l'épreuve éducative peut se dessaisir au profit du juge des enfants compétent à raison de la résidence du mineur ou de celle de ses *(Abrogé par L. n° 2021-218 du 26 févr. 2021, art. 15)* ***« parents ou »*** **représentants légaux.**

Dans une même affaire, lorsque le juge des enfants qui se dessaisit demeure compétent pour l'un des mineurs concernés ou lorsqu'il se dessaisit au profit de plusieurs juges des enfants, le dossier est disjoint.

L'ordonnance de dessaisissement constitue une mesure d'administration judiciaire qui n'est pas susceptible de recours.

COMMENTAIRE

Il est possible que le juge des enfants chargé du suivi du mineur se dessaisisse au profit d'un autre juge des enfants, compétent à raison de la résidence du mineur ou de celle de ses parents ou représentants légaux. L'article L. 521-17 envisage cette question et apporte les mêmes réponses que l'article L. 521-12 relatif au dessaisissement de la juridiction appelée à statuer sur l'audience d'examen de la culpabilité. ❑

Art. L. 521-18 Le juge des enfants au profit duquel un dessaisissement a eu lieu en application des dispositions des articles L. 521-12 et L. 521-17 est compétent pour contrôler le suivi du mineur au cours de la période de mise à l'épreuve éducative.

Il convoque le mineur, après avis du procureur de la République, à une audience de prononcé de la sanction qui a lieu dans les conditions prévues au *(L. n° 2021-218 du 26 févr. 2021, art. 15)* **« deuxième » alinéa de l'article L. 521-9. Les parties sont citées pour cette audience conformément aux dispositions des articles 550 à 566 du code de procédure pénale et les victimes en sont avisées.**

V. C. pr. pén., art. 550 à 566, ss. art. L. 521-8.

COMMENTAIRE

En principe, c'est le juge des enfants qui a statué lors de l'audience d'examen sur la culpabilité qui assure le suivi du mineur durant la période de mise à l'épreuve éducative. Mais, lorsque le juge des enfants saisi initialement s'est dessaisi auprès d'un autre juge des enfants, l'article L. 521-18 prévoit que c'est logiquement ce dernier qui est compétent pour contrôler le suivi du mineur.

En raison du dessaisissement, c'est aussi ce même juge des enfants qui convoquera le mineur, après avis du procureur de la République, à une audience de prononcé de la sanction, qui aura lieu dans un délai entre six et neuf mois après la déclaration de culpabilité (par renvoi aux dispositions de l'art. L. 521-9). Si l'on comprend bien, la nouvelle audience doit se situer dans le délai compris entre six et neuf mois à compter de la déclaration de culpabilité (initiale), et le délai maximum ne peut dépasser neuf mois.

Le code précise enfin que « les parties sont citées pour cette audience conformément aux dispositions des articles 550 à 566 du code de procédure pénale et les victimes en sont avisées ». ❑

Art. L. 521-19 Si l'évolution de la situation du mineur pendant la période de mise à l'épreuve éducative le justifie, le juge des enfants peut, dans les conditions prévues au *(L. n° 2021-218 du 26 févr. 2021, art. 15)* **« deuxième » alinéa de l'article L. 521-9, modifier la date de l'audience de prononcé de la sanction ou la juridiction de renvoi précédemment fixée, sous réserve que la nouvelle audience intervienne dans un délai d'au moins dix jours. Toutefois, lorsque le tribunal pour enfants a, lors de l'audience d'examen de la culpabilité, renvoyé le prononcé de la sanction à l'une de ses audiences, le juge des enfants ne peut pas modifier la désignation de la juridiction de renvoi.**

Les parties en sont alors avisées, et elles sont citées à la nouvelle audience conformément aux dispositions des articles 550 à 566 du code de procédure pénale.

La décision de modification de la date de l'audience ou d'orientation de la procédure, constitue une mesure d'administration judiciaire qui n'est pas susceptible de recours.

V. C. pr. pén., art. 550 à 566, ss. art. L. 521-8.

COMMENTAIRE

Puisque le juge des enfants est en charge du suivi du mineur pendant la période de mise à l'épreuve, il est logique de lui permettre d'intervenir, et, à cette fin, l'article L. 521-19 prévoit qu'il peut, si l'évolution de la situation du mineur pendant la période de mise à l'épreuve éducative le justifie, modifier la date de l'audience de prononcé de la sanction ou la juridiction de renvoi précédemment fixée. Mais la liberté du juge des enfants est cependant encadrée, à deux niveaux.

D'abord, s'agissant des délais, le texte indique que la nouvelle audience doit intervenir dans un délai d'au moins dix jours, afin de permettre au mineur et à son conseil de

préparer sa défense. Il précise aussi que le juge des enfants doit fixer la nouvelle audience « dans les conditions prévues au deuxième alinéa de l'article L. 521-9 ». Si l'on comprend bien, cela signifie que la date de la nouvelle audience doit s'inscrire dans le délai fixé par le code, c'est-à-dire dans le délai (initial) de six à neuf mois.

Ensuite, le texte précise que « lorsque le tribunal pour enfants a, lors de l'audience d'examen de la culpabilité, renvoyé le prononcé de la sanction à l'une de ses audiences, le juge des enfants ne peut pas modifier la désignation de la juridiction de renvoi ». Le juge des enfants ne peut donc se substituer au tribunal pour enfants et court-circuiter la juridiction de renvoi. Une exception est néanmoins prévue par l'article suivant, lorsque le mineur ne respecte pas le contrôle judiciaire ou l'assignation à résidence avec surveillance électronique.

Lorsqu'une nouvelle audience est fixée, les parties doivent en être avisées, et « elles sont citées à la nouvelle audience conformément aux dispositions des articles 550 à 566 du code de procédure pénale ».

Le code indique enfin que « la décision de modification de la date de l'audience ou d'orientation de la procédure, constitue une mesure d'administration judiciaire qui n'est pas susceptible de recours ». ❑

Art. L. 521-20 Lorsque le mineur ne respecte pas le contrôle judiciaire ou l'assignation à résidence avec surveillance électronique auquel il est astreint, le juge des enfants peut décider, d'office ou sur réquisitions du procureur de la République, de le convoquer devant le tribunal pour enfants à une audience de prononcé de la sanction avant le terme de la période de mise à l'épreuve éducative dans un délai qui ne peut être inférieur à dix jours, pour l'ensemble des infractions comprises dans la procédure de mise à l'épreuve éducative en cours.

Les parties sont citées conformément aux dispositions des articles 550 à 566 du code de procédure pénale et les victimes en sont avisées.

Le cas échéant, la date d'audience initialement fixée en vue du prononcé de la sanction est annulée.

V. C. pr. pén., art. 550 à 566, ss. art. L. 521-8.

COMMENTAIRE

Dans le cadre du suivi du mineur qu'il assure pendant la mise à l'épreuve éducative, le juge des enfants peut constater que le mineur n'a pas respecté le contrôle judiciaire ou l'assignation à résidence avec surveillance électronique auquel il est astreint. Dans ce cas, l'article L. 521-20 lui permet de décider, d'office ou sur réquisitions du procureur de la République, de convoquer le mineur devant le tribunal pour enfants à une audience de prononcé de la sanction avant le terme de la période de mise à l'épreuve éducative dans un délai qui ne peut être inférieur à dix jours, pour l'ensemble des infractions comprises dans la procédure de mise à l'épreuve éducative en cours.

Cette audience peut – mais cela n'est pas obligatoire – se substituer à l'audience de prononcé de la sanction initialement prévue. En effet, le texte dispose *in fine* que « le cas échéant, la date d'audience initialement fixée en vue du prononcé de la sanction est annulée ». A cet égard, le texte ne précise pas si la décision d'annuler l'audience initiale sur la sanction relève du juge des enfants seul ou du tribunal pour enfants. Il nous paraît plus logique de considérer que ce pouvoir appartient au tribunal pour enfants, en formation collégiale, qui pourra se prononcer sur cette question au vu des débats de l'audience, et notamment au vu des explications données par le mineur sur les violations du contrôle judiciaire ou de l'assignation à résidence qui lui sont reprochées. La pratique lèvera certainement rapidement cette incertitude.

Enfin, lorsqu'une nouvelle date d'audience de prononcé de la sanction est fixée, le code prévoit de manière classique que « les parties sont citées conformément aux dispositions des articles 550 à 566 du code de procédure pénale et les victimes en sont avisées ». ❑

Art. L. 521-21 Lorsque le juge des enfants décide, d'office ou sur réquisitions du procureur de la République, de convoquer le mineur à un débat contradictoire en vue de la révocation du contrôle judiciaire *(L. n° 2021-218 du 26 févr. 2021, art. 15)* **« ou de l'assignation à résidence avec surveillance électronique » et du placement en déten-**

tion provisoire en application des dispositions des articles L. 334-4 et L. 334-5, il convoque également l'avocat du mineur, ses représentants légaux et le service auquel la mesure de contrôle judiciaire *(L. n° 2021-218 du 26 févr. 2021, art. 15)* **« ou d'assignation à résidence avec surveillance électronique » est confiée et en avise le procureur de la République.**

Le mineur est informé que la décision ne pourra intervenir qu'à l'issue d'un débat contradictoire et qu'il a le droit de demander un délai pour préparer sa défense.

Si le mineur ou son avocat sollicite un délai pour préparer sa défense, le juge des enfants, après avoir recueilli les observations du procureur de la République, du mineur, de son avocat et, le cas échéant, de ses représentants légaux, ordonne le renvoi à une prochaine audience qui doit avoir lieu dans un délai qui ne peut excéder quatre jours et à laquelle les représentants légaux sont convoqués s'ils n'étaient pas présents lors de l'audience à l'issue de laquelle le renvoi a été décidé. Dans l'attente, le juge des enfants peut, par ordonnance motivée et non susceptible d'appel, prescrire l'incarcération du mineur dans l'établissement pénitentiaire spécialisé pour mineurs ou l'établissement pénitentiaire doté d'un quartier des mineurs le plus proche, pour une durée déterminée, qui ne peut en aucun cas excéder quatre jours ouvrables. A défaut de débat contradictoire dans le délai de quatre jours suivant l'incarcération du mineur, celui-ci est remis en liberté s'il n'est pas détenu pour une autre cause.

Au cours du débat contradictoire et du débat différé, le juge des enfants statue sur le placement en détention provisoire du mineur après avoir recueilli l'avis du service de la protection judiciaire de la jeunesse et entendu les réquisitions du procureur de la République et les observations du mineur et de son avocat ainsi que celles de ses représentants légaux dûment convoqués. Sa décision est exécutoire par provision et susceptible d'appel.

La durée de l'incarcération provisoire prononcée dans l'attente du débat contradictoire s'impute sur la durée totale de la détention provisoire.

COMMENTAIRE

En cas de violation des obligations du contrôle judiciaire ou de l'assignation à résidence sous surveillance électronique, le mineur peut être convoqué à un débat contradictoire en vue de son placement en détention provisoire. Encore faut-il que les conditions de fond de la détention provisoire, tenant à la nécessité de la détention et à l'âge du mineur, soient réunies (cf. art. L. 334-4 et L. 334-5).

Dans ce cas, le juge des enfants doit convoquer, outre le mineur lui-même, l'avocat du mineur, ses représentants légaux et le service auquel la mesure de contrôle judiciaire est confiée, et en aviser le procureur de la République.

Le mineur doit être informé que la décision ne pourra intervenir qu'à l'issue d'un débat contradictoire et qu'il a le droit de demander un délai pour préparer sa défense. Le code précise les modalités de ce renvoi dans l'intérêt des droits de la défense. Le délai est très bref, ce qui peut se comprendre s'agissant d'une question aussi sensible que la détention provisoire d'un mineur. La brièveté du délai de renvoi tient aussi au fait que, dans l'intervalle, « le juge des enfants peut, par ordonnance motivée et non susceptible d'appel, prescrire l'incarcération du mineur dans l'établissement pénitentiaire spécialisé pour mineurs ou l'établissement pénitentiaire doté d'un quartier des mineurs le plus proche, pour une durée déterminée, qui ne peut en aucun cas excéder quatre jours ouvrables ». Ce délai est impératif, et le code précise ici que, « à défaut de débat contradictoire dans le délai de quatre jours suivant l'incarcération du mineur, celui-ci est remis en liberté s'il n'est pas détenu pour une autre cause ».

Le débat contradictoire est essentiel car il permet aux parties (et spécialement au mineur) de donner leurs explications sur les violations alléguées du contrôle judiciaire ou de l'assignation à résidence sous surveillance électronique. Il donne aussi l'occasion aux membres du service de la protection judiciaire de la jeunesse de faire des observations, le cas échéant en proposant une solution éducative, alternative à l'incarcération.

Au terme de ce débat contradictoire, la décision du juge des enfants est logiquement exécutoire par provision et susceptible d'appel.

Enfin, il est précisé que « la durée de l'incarcération provisoire prononcée dans l'attente du débat contradictoire s'impute sur la durée totale de la détention provisoire ». Cette

durée s'imputera même, bien évidemment, sur la durée de l'emprisonnement éventuellement prononcée par le tribunal pour enfants lors de l'audience de prononcé de la sanction (art. L. 521-22 *in fine*). ❑

Art. L. 521-22 Au cours de la mise à l'épreuve éducative, le juge des enfants qui prononce la révocation du contrôle judiciaire *(L. nº 2021-218 du 26 févr. 2021, art. 15)* **« ou de l'assignation à résidence avec surveillance électronique » dans les conditions prévues à l'article L. 521-21 ordonne le placement en détention provisoire du mineur pour une durée qui n'excède pas un mois.**

Le mineur ne peut faire l'objet de plus de deux révocations de contrôle judiciaire *(L. nº 2021-218 du 26 févr. 2021, art. 15)* **« ou d'assignation à résidence avec surveillance électronique » dans le cadre des procédures relatives à une même période de mise à l'épreuve éducative.**

En cas de second placement en détention provisoire au cours de la même période de mise à l'épreuve éducative, le mineur peut être convoqué devant le tribunal pour enfants en vue d'une audience de prononcé de la sanction pour l'ensemble des procédures relatives à la même période de mise à l'épreuve éducative, dans un délai qui ne peut être inférieur à dix jours à compter du débat contradictoire, quelle que soit la date d'audience de prononcé de la sanction initialement prévue, celle-ci étant alors annulée. Si l'audience de prononcé de la sanction devant le tribunal pour enfants n'a pas lieu dans un délai d'un mois suivant son incarcération, l'intéressé est remis en liberté d'office s'il n'est pas détenu pour autre cause.

Les parties sont citées pour l'audience mentionnée au troisième alinéa conformément aux dispositions des articles 550 à 566 du code de procédure pénale et les victimes en sont avisées.

La durée de la détention provisoire prononcée durant la période de mise à l'épreuve éducative s'impute sur la durée de la peine d'emprisonnement éventuellement prononcée par le tribunal pour enfants à l'audience de prononcé de la sanction.

V. C. pr. pén., art. 550 à 566, ss. art. L. 521-8.

COMMENTAIRE

Les conditions générales de la détention provisoire sont prévues dans le livre III, aux articles L. 334-1 et suivants. Mais ces dispositions ne mentionnent pas les durées de la détention provisoire, qui varient selon le cadre dans lequel la détention intervient. Dans le cas où la détention provisoire est ordonnée à la suite de la révocation d'un contrôle judiciaire ou d'une assignation à résidence électronique (art. L. 521-21), l'article L. 521-22 prévoit qu'elle est ordonnée pour une durée qui n'excède pas un mois.

Il est à noter que le texte initial ne mentionnait ici que la violation des obligations du contrôle judiciaire, et pas le non-respect de l'assignation à résidence, alors pourtant que l'article L. 334-5 prévoyait cette hypothèse, pour les mineurs âgés d'au moins seize ans, et que l'article L. 521-14 mentionnait bien l'assignation à résidence parmi les mesures pouvant être prononcées dans le cadre de la mise à l'épreuve éducative. La loi du 26 février 2021 a corrigé cette imperfection, et inséré une référence à l'assignation à résidence électronique. Quoi qu'il en soit, la détention provisoire prévue ici est d'un mois. S'agissant d'une durée relativement courte, il est possible que le mineur soit remis en liberté – toujours sous contrôle judiciaire – avant la date de l'audience de prononcé de la sanction (à moins que la juridiction ne décide d'une nouvelle date d'audience de prononcé de la sanction, plus proche, et d'annuler celle qui était initialement prévue). Il est donc possible qu'il commette une nouvelle violation des obligations du contrôle judiciaire, dans le cadre de la même période de mise à l'épreuve éducative, mais seules deux révocations peuvent être ordonnées en tout. Dans cette hypothèse de seconde révocation, le juge des enfants a la possibilité de fixer une nouvelle date d'audience de prononcé de la sanction, plus proche que la première, et d'annuler l'audience initialement prévue.

Le délai d'un mois pour la tenue de l'audience de prononcé de la sanction devant le tribunal pour enfants est impératif et, conformément au droit commun, la durée de la détention provisoire prononcée durant la période de mise à l'épreuve éducative s'impute sur la durée de la peine d'emprisonnement éventuellement prononcée par le tribunal pour enfants à l'audience de prononcé de la sanction. ❑

Art. L. 521-23 **Le mineur placé en détention provisoire au cours de la période de mise à l'épreuve éducative ou son avocat peut, à tout moment, demander sa mise en liberté. La demande est adressée au juge des enfants, qui communique immédiatement le dossier au procureur de la République aux fins de** *(L. nº 2021-218 du 26 févr. 2021, art. 15)* **« réquisitions ». Le juge des enfants statue, dans les cinq jours suivant la communication au procureur de la République, en exerçant les attributions confiées au juge des libertés et de la détention par les troisième et quatrième alinéas de l'article 148 du code de procédure pénale.**

Faute *(L. nº 2021-218 du 26 févr. 2021, art. 15)* **« pour » le juge des enfants d'avoir statué dans le délai fixé par le premier alinéa, le mineur peut saisir la chambre spéciale des mineurs de la cour d'appel qui, sur les réquisitions écrites et motivées du procureur général, se prononce dans les cinq jours de sa saisine faute de quoi le mineur est mis d'office en liberté sauf si des vérifications concernant sa demande ont été ordonnées. Le droit de saisir dans les mêmes conditions la chambre spéciale des mineurs de la cour d'appel appartient également au procureur de la République.**

V. C. pr. pén., art. 148, ss. art. L. 423-11.

COMMENTAIRE

L'article L. 521-23 envisage les demandes de remise en liberté du mineur placé en détention provisoire dans le cadre de la période de mise à l'épreuve éducative. Le texte indique que le mineur ou son avocat peut, à tout moment, demander sa mise en liberté. Mais c'est le juge des enfants – et non le juge des libertés et de la détention – qui est ici compétent. Cela s'explique dans la mesure où l'on ne se trouve pas dans le cadre d'une information judiciaire mais devant les juridictions du fond, au sein d'une césure, après une décision ayant retenu la culpabilité du mineur.

Cela étant, le code s'inspire ici des dispositions du droit commun des demandes de mise en liberté, prévues par l'article 148 du code de procédure pénale dans le cadre de l'instruction. Le texte prévoit ainsi que « la demande est adressée au juge des enfants, qui communique immédiatement le dossier au procureur de la République aux fins de réquisitions », et il précise que « le juge des enfants statue, dans les cinq jours suivant la communication au procureur de la République, en exerçant les attributions confiées au juge des libertés et de la détention par les troisième et quatrième alinéas de l'article 148 du code de procédure pénale ».

Dans la même perspective, le texte donne compétence, en appel, à la chambre spéciale des mineurs – et non à la chambre de l'instruction – qui, faute pour le juge des enfants d'avoir statué dans le délai fixé par le premier alinéa, peut être directement saisie par le mineur ou par le procureur de la République.

Pour la mise en œuvre de cette disposition, on pourra donc s'inspirer largement des solutions rendues en application de l'article 148 du code de procédure pénale. ❑

SOUS-SECTION 3 DE L'AUDIENCE DE PRONONCÉ DE LA SANCTION

Art. L. 521-24 **A l'audience de prononcé de la sanction, la juridiction statue sur la sanction et, le cas échéant, sur l'action civile.**

COMMENTAIRE

A la différence de l'audience d'examen de la culpabilité et de la période de mise à l'épreuve qui sont longuement envisagées, l'audience de prononcé de la sanction ne fait l'objet que de deux articles. Et encore, le premier, l'article L. 521-24, se contente-t-il d'affirmer une évidence : « à l'audience de prononcé de la sanction, la juridiction statue sur la sanction (...) ». Pour autant, cette disposition appelle quelques commentaires.

D'abord, il convient de rappeler que la sanction s'entend des mesures éducatives judiciaires et des peines, le code ayant supprimé la catégorie intermédiaire des sanctions éducatives qui existait sous l'ordonnance de 1945.

Ensuite, l'audience de prononcé de la sanction peut... ne pas comprendre de sanction du tout. La procédure de mise à l'épreuve éducative est une application du mécanisme classique et ancien de la césure du procès pénal, qui permet de dissocier le prononcé de

la culpabilité et celui de la sanction. Le code pénal permet, classiquement, qu'après un ajournement de peine lors de la première audience, la juridiction prononce à la seconde une dispense de peine, si les conditions posées par le code en sont réunies. Ce même mécanisme permet aux juridictions pour mineurs de ne pas prononcer de sanction. Le code de la justice pénale des mineurs envisage même deux modalités, prévues par l'article L. 111-6 :

– la juridiction peut accorder une dispense de mesure éducative lorsqu'il apparaît que le reclassement du mineur est acquis, que le dommage causé est réparé et que le trouble résultant de l'infraction a cessé. Ce sont ici les conditions classiques de la dispense de peine, appliquées aux mesures éducatives ;

– la juridiction peut prononcer une déclaration de réussite éducative à l'égard du mineur qui, dans le cadre d'une mise à l'épreuve éducative, a pleinement respecté les obligations qui lui étaient alors imposées. Cette déclaration de réussite éducative – qui est évidemment une nouveauté du code – se suffit à elle-même, et n'est accompagnée d'aucune mesure éducative ou peine.

Ces décisions (de dispense de peine et de déclaration de réussite éducative) ne peuvent constituer le premier terme d'une récidive, et la juridiction qui les prononce peut décider que sa décision ne sera pas mentionnée au casier judiciaire.

Enfin, l'article L. 521-24 précise néanmoins que la juridiction statue aussi, le cas échéant, sur l'action civile. On sait qu'en principe, la décision sur l'action civile intervient lors de l'audience d'examen de la culpabilité (art. L. 521-7). Mais on sait aussi que cela n'est pas obligatoire et qu'il est parfois nécessaire de renvoyer la décision sur l'action civile à la seconde audience – celle sur la sanction – pour permettre, par exemple, à la victime d'apporter la preuve de son préjudice, ou encore de mettre en cause l'assureur du mineur ou ses civilement responsables. C'est la raison pour laquelle l'audience de prononcé de la sanction peut aussi permettre de juger l'action civile. ❑

Art. L. 521-25 Lorsqu'elle est saisie de plusieurs procédures engagées à l'encontre d'un même mineur, la juridiction peut en ordonner la jonction à l'audience de prononcé de la sanction, d'office ou sur demande du procureur de la République ou des parties.

COMMENTAIRE

L'article L. 521-25 permet à la juridiction statuant sur la sanction et saisie de plusieurs procédures engagées à l'encontre d'un même mineur, d'en ordonner la jonction, d'office ou sur demande du procureur de la République ou des parties. Cette disposition permet ainsi une certaine rationalisation des audiences. La nature de la décision de jonction n'est pas précisée mais on peut penser qu'il s'agit d'une mesure d'administration judiciaire, insusceptible de recours. ❑

SECTION III DE LA PROCÉDURE DE JUGEMENT EN AUDIENCE UNIQUE

Art. L. 521-26 Lorsqu'elle est saisie en application du troisième alinéa de l'article L. 423-4 ou par ordonnance de renvoi du juge d'instruction, la juridiction statue lors d'une audience unique sur la culpabilité et la sanction.

COMMENTAIRE

La procédure de mise à l'épreuve éducative est très clairement le schéma procédural de principe. L'article L. 521-1 indique en effet que, « sauf lorsqu'il est saisi en application du troisième alinéa de l'article L. 423-4 ou par ordonnance de renvoi du juge d'instruction, le juge des enfants ou le tribunal pour enfants statue selon la procédure de mise à l'épreuve éducative ». Il existe cependant quelques exceptions à ce schéma, en vertu desquelles la juridiction de jugement se prononce lors d'une audience unique, statuant à la fois sur la culpabilité et la sanction.

Les articles L. 521-26 et L. 521-27 envisagent la procédure de jugement en audience unique.

L'article L. 521-26 rappelle les cas dans lesquels cette audience unique est possible (en matière de contraventions de 5e classe et de délits) : lorsqu'elle est saisie en application

du troisième alinéa de l'article L. 423-4 ou par ordonnance de renvoi du juge d'instruction.

Le texte mentionne donc d'abord la possibilité offerte au procureur de la République par l'article L. 423-4 de saisir le tribunal pour enfants d'une audience unique (sur les risques de dévoiement de la procédure de mise à l'épreuve éducative par le recours à l'audience unique, cf. le comm. sous l'art. L. 423-4), lorsque les conditions suivantes sont réunies :

– si la peine encourue est supérieure ou égale à cinq ans d'emprisonnement pour le mineur de moins de seize ans, ou si la peine encourue est supérieure ou égale à trois ans d'emprisonnement pour le mineur d'au moins seize ans.

– si le mineur :

• a déjà fait l'objet d'une mesure éducative, d'une mesure judiciaire d'investigation éducative, d'une mesure de sûreté, d'une déclaration de culpabilité ou d'une peine prononcée dans le cadre d'une autre procédure et ayant donné lieu à un rapport datant de moins d'un an ;

• ou est également poursuivi pour le délit prévu par le dernier alinéa de l'article 55-1 du code de procédure pénale (refus de se soumettre aux opérations de prélèvement).

Le texte mentionne aussi le renvoi d'une juridiction d'instruction. Il est possible en effet (mais exceptionnel) qu'un délit ou une contravention de 5e classe donne lieu à l'ouverture d'une information judiciaire. Dans ce cas, la procédure de mise à l'épreuve éducative n'aurait guère de sens car l'instruction aura permis de connaître la situation du mineur et sa personnalité, et, le cas échéant, de mettre à l'épreuve le mineur, par exemple dans le cadre d'un contrôle judiciaire. Aussi, il faut déroger à la procédure de mise à l'épreuve éducative. Cela étant, on peut rappeler que le code a supprimé la fonction d'instruction du juge des enfants, et que l'instruction par un juge d'instruction en matière correctionnelle ou pour une contravention de 5e classe sera certainement rarissime.

L'article L. 521-26 n'évoque pas ici une troisième dérogation au schéma procédural de la mise à l'épreuve éducative, prévue à l'article L. 521-2 (« audiences regroupées »). Pour rappel, ce texte permet en effet, sous certaines conditions, à la juridiction qui était initialement saisie de l'examen de la culpabilité et de l'action civile seulement, de ne pas ouvrir de période de mise à l'épreuve éducative et de statuer également sur la sanction si elle se considère suffisamment informée sur sa personnalité et n'estime pas nécessaire d'ouvrir une période de mise à l'épreuve éducative au vu des faits commis par le mineur et de sa personnalité. ❑

Art. L. 521-27 La juridiction saisie dans les conditions mentionnées à l'article L. 521-26 peut, après avoir recueilli les observations des parties présentes à l'audience et par décision motivée au regard de la personnalité et des perspectives d'évolution du mineur, statuer selon la procédure de mise à l'épreuve éducative. La décision mentionne les objectifs de la période de mise à l'épreuve éducative.

Si le mineur comparait détenu, il est remis en liberté.

COMMENTAIRE

L'article L. 521-27 permet à la juridiction qui était saisie d'une audience unique de changer d'avis et de basculer sur le schéma procédural de la mise à l'épreuve éducative. La décision doit alors mentionner les objectifs de la période de mise à l'épreuve éducative et le texte précise *in fine* que « si le mineur comparait détenu, il est remis en liberté ».

Cette disposition est en quelque sorte la réciproque de l'article L. 521-2. Ici, il s'agit de permettre à la juridiction qui devait se prononcer en audience unique de revenir à la procédure de droit commun, et donc d'ouvrir une période de mise à l'épreuve éducative, alors que l'article L. 521-2 permet, à l'inverse, d'abandonner le schéma de droit commun de mise à l'épreuve éducative, pour statuer en une audience unique, sur la culpabilité et la sanction.

Ces deux dispositions sont très utiles car elles introduisent une certaine souplesse dans une procédure qui, par certains aspects, paraît en manquer. ❑

CHAPITRE II DU JUGEMENT DEVANT LA COUR D'ASSISES DES MINEURS

Art. L. 522-1 Après l'interrogatoire des accusés, le président de la cour d'assises des mineurs peut, à tout moment, ordonner que l'accusé mineur se retire pendant tout ou partie de la suite des débats.

Concernant l'accusé mineur, le président pose, à peine de nullité, les deux questions suivantes :

1° Y a-t-il lieu d'appliquer à l'accusé une condamnation pénale ?

2° Y a-t-il lieu d'exclure l'accusé du bénéfice de l'atténuation de peine prévue aux articles L. 121-5 et L. 121-6 ? – *[Ord. n° 45-174 du 2 févr. 1945, art. 20, al. 9 à 13.]*

COMMENTAIRE

Le code ne consacre à la procédure de jugement devant la cour d'assises des mineurs qu'un seul article, du reste très largement inspiré de l'article 20 de l'ordonnance de 1945. La faiblesse de ce dispositif textuel pourrait laisser penser que la procédure criminelle à l'égard des mineurs est non seulement rare, mais encore peu souhaitable. Mais il convient de rappeler que la spécificité de la cour d'assises des mineurs est relativement réduite et que le code prévoit du reste que « les dispositions du code de procédure pénale relatives à la cour d'assises sont applicables à la cour d'assises des mineurs, sous réserve des dispositions du présent code » (art. L. 231-7). Il faut aussi indiquer que la cour d'assises des mineurs est également abordée dans le livre II, dont les articles L. 231-7 à L. 231-10 envisagent la composition et la compétence.

Quoi qu'il en soit, l'article L. 522-1 prévoit d'abord que, « après l'interrogatoire des accusés, le président de la cour d'assises des mineurs peut, à tout moment, ordonner que l'accusé mineur se retire pendant tout ou partie de la suite des débats ». Cette disposition est la reprise au mot près de l'article 20, alinéa 9, de l'ordonnance de 1945. Pour cette raison, la jurisprudence qui avait été rendue en application de ce texte doit logiquement être maintenue. Tel est le cas de la décision de la Cour de cassation du 13 mai 1998 (n° 97-82.431) qui avait jugé que « le président de la cour d'assises des mineurs ne peut ordonner que l'accusé mineur se retire pendant tout ou partie des débats qu'après avoir procédé à l'interrogatoire des accusés » et qu'avait méconnu l'article 20, alinéa 9, de l'ordonnance de 1945 le président qui, après la lecture de l'arrêt de renvoi et l'audition d'un témoin, avait fait retirer du prétoire l'accusé mineur pendant l'audition de la victime et de quatre autres témoins, et n'avait interrogé l'intéressé qu'à l'issue de ces dépositions.

Le texte prévoit aussi que « concernant l'accusé mineur, le président pose, à peine de nullité, les deux questions suivantes :

1° Y a-t-il lieu d'appliquer à l'accusé une condamnation pénale ?

2° Y a-t-il lieu d'exclure l'accusé du bénéfice de l'atténuation de peine prévue aux articles L. 121-5 et L. 121-6 ? Là encore, le code reprend l'article 20 de l'ordonnance de 1945, sous réserve d'une adaptation liée à la modification des articles cités, concernant la diminution de peine d'emprisonnement (art. L. 121-5) et d'amende (art. L. 121-6). ❑

Retrait de l'accusé mineur. Selon l'art. 20, al. 9, de l'Ord. du 2 févr. 1945, le président de la cour d'assises des mineurs ne peut ordonner que l'accusé mineur se retire pendant tout ou partie des débats qu'après avoir procédé à l'interrogatoire des accusés ; a méconnu le sens et la portée de ce texte le président qui, après la lecture de l'arrêt de renvoi et l'audition d'un témoin, a fait retirer du prétoire l'accusé mineur pendant l'audition de la victime et de quatre autres témoins, et n'a interrogé l'intéressé qu'à l'issue de ces dépositions. • Crim. 13 mai 1998, n° 97-82.431 P.

TITRE TROISIÈME DES VOIES DE RECOURS

CHAPITRE PREMIER DE L'APPEL

SECTION PREMIÈRE DISPOSITIONS GÉNÉRALES

Art. L. 531-1 L'appel des jugements du tribunal de police prononcés à l'égard d'un mineur, du juge des enfants et du tribunal pour enfants est porté devant la chambre spéciale des mineurs de la cour d'appel.

COMMENTAIRE

Le code reprend ici, de manière condensée et plus claire, les règles posées par les articles 21 (contraventions) et 24 (délits) de l'ordonnance de 1945. ❑

Art. L. 531-2 Il est fait application des dispositions du code de procédure pénale pour les appels portés contre les arrêts de la cour d'assises des mineurs statuant en premier ressort. – *[Ord. n° 45-174 du 2 févr. 1945, art. 24, al. 3.]*

COMMENTAIRE

L'article L. 531-2 s'inscrit dans la lignée de l'article 24 de l'ordonnance de 1945 qui disposait que « les règles sur l'appel résultant des dispositions du code de procédure pénale sont applicables aux jugements du juge des enfants et du tribunal pour enfants et aux arrêts de la cour d'assises des mineurs rendus en premier ressort ».

L'appel des décisions rendues par les cours d'assises est donc porté devant les cours d'assises d'appel, conformément au mécanisme de l'appel tournant du droit commun. ❑

L'appel de l'arrêt pénal de la cour d'assises des mineurs est porté devant la cour d'assises de droit commun, lorsque, par l'effet des appels, seuls restent à juger des accusés majeurs à la date des faits. • Crim. 16 févr. 2022, n° 21-82.643 P.

Code de procédure pénale

1re PARTIE : **LÉGISLATIVE**

LIVRE II. **DES JURIDICTIONS DE JUGEMENT**

TITRE Ier. DE LA COUR D'ASSISES ET DE LA COUR CRIMINELLE DÉPARTEMENTALE *(L. n° 2021-1729 du 22 déc. 2021, art. 9, en vigueur le 1er janv. 2023).*

SOUS-TITRE Ier. DE LA COUR D'ASSISES *(L. n° 2021-1729 du 22 déc. 2021, art. 9, en vigueur le 1er janv. 2023)*

CHAPITRE IX. *DE L'APPEL DES DÉCISIONS RENDUES PAR LA COUR D'ASSISES EN PREMIER RESSORT*

SECTION I. *Dispositions générales*

Art. 380-1 Les arrêts de condamnation rendus par la cour d'assises en premier ressort peuvent faire l'objet d'un appel dans les conditions prévues par le présent chapitre.

Cet appel est porté devant une autre cour d'assises *(Abrogé par L. n° 2016-731 du 3 juin 2016, art. 93)* « *désignée par la chambre criminelle de la Cour de cassation et* » qui procède au réexamen de l'affaire selon les modalités et dans les conditions prévues par les chapitres II à *(L. n° 2016-731 du 3 juin 2016, art. 91)* « VIII » du présent titre.

Art. 380-2 La faculté d'appeler appartient :

1° A l'accusé ;

2° Au ministère public ;

3° A la personne civilement responsable, quant à ses intérêts civils ;

4° A la partie civile, quant à ses intérêts civils ;

5° En cas d'appel du ministère public, aux administrations publiques, dans les cas où celles-ci exercent l'action publique. – *Entrée en vigueur le 1er janv. 2001.*

(L. n° 2002-307 du 4 mars 2002) « Le procureur général peut également faire appel des arrêts d'acquittement. »

Art. 380-2-1 A *(L. n° 2019-222 du 23 mars 2019, art. 63 et 109-XIII, en vigueur le 1er juin 2019)* L'appel formé par l'accusé ou le ministère public peut indiquer qu'il ne conteste pas les réponses données par la cour d'assises sur la culpabilité et qu'il est limité à la décision sur la peine.

Dans ce cas, seuls sont entendus devant la cour d'assises statuant en appel les témoins et experts dont la déposition est nécessaire afin d'éclairer les assesseurs et les jurés sur les faits commis et la personnalité de l'accusé, sans que soient entendues les personnes dont la déposition ne serait utile que pour établir sa culpabilité.

Lorsque la cour d'assises se retire pour délibérer, les dispositions relatives aux questions sur la culpabilité ne sont pas applicables.

Art. 380-2-1 *(L. nº 2011-939 du 10 août 2011, art. 4)* Même lorsqu'elle n'a pas interjeté appel, la partie civile est avisée par tout moyen de la date à laquelle l'affaire est appelée à l'audience.

Art. 380-3 La cour d'assises statuant en appel sur l'action publique ne peut, sur le seul appel de l'accusé, aggraver le sort de ce dernier.

Art. 380-3-1 *(L. nº 2019-222 du 23 mars 2019, art. 63 et 109-XIII, en vigueur le 1er juin 2019)* L'accusé doit comparaître devant la cour d'assises statuant en appel sur l'action publique dans un délai d'un an à compter soit de l'appel, si l'accusé est détenu, soit de la date à laquelle l'accusé a été ultérieurement placé en détention provisoire en application de la décision rendue en premier ressort.

Toutefois, si l'audience sur le fond ne peut se tenir avant l'expiration de ce délai, le président de la chambre de l'instruction peut, à titre exceptionnel, par une décision mentionnant les raisons de fait ou de droit faisant obstacle au jugement de l'affaire, ordonner la prolongation de la détention pour une nouvelle durée de six mois. La comparution de l'accusé est de droit si lui-même ou son avocat en font la demande. Cette prolongation peut être renouvelée une fois dans les mêmes formes. La durée de six mois prévue au présent alinéa est portée à un an en cas de poursuites pour crime contre l'humanité ou pour un crime constituant un acte de terrorisme.

Si l'accusé n'a pas comparu devant la cour d'assises avant l'expiration des délais prévus au présent article, il est remis immédiatement en liberté s'il n'est pas détenu pour une autre cause.

Art. 380-4 Pendant les délais d'appel et durant l'instance d'appel, il est sursis à l'exécution de l'arrêt sur l'action publique.

Toutefois, *(L. nº 2011-525 du 17 mai 2011, art. 156-3º)* « l'arrêt de la cour d'assises *[ancienne rédaction : le mandat de dépôt]* » continue de produire ses effets à l'encontre de la personne condamnée à une peine privative de liberté conformément aux dispositions du deuxième alinéa de l'article 367.

Art. 380-5 Lorsque la cour d'assises n'est pas saisie de l'appel formé contre le jugement rendu sur l'action publique, l'appel formé par une partie contre le seul jugement rendu sur l'action civile est porté devant la chambre des appels correctionnels. Les articles 380-14 et 380-15 ne sont pas applicables.

Art. 380-6 La cour d'assises statuant en appel sur l'action civile ne peut, sur le seul appel de l'accusé, du civilement responsable ou de la partie civile, aggraver le sort de l'appelant.

La partie civile ne peut, en cause d'appel, former aucune demande nouvelle ; toutefois, elle peut demander une augmentation des dommages et intérêts pour le préjudice souffert depuis la première décision. Même lorsqu'il n'a pas été fait appel de la décision sur l'action civile, la victime constituée partie civile en premier ressort peut exercer devant la cour d'assises statuant en appel les droits reconnus à la partie civile jusqu'à la clôture des débats ; elle peut également demander l'application des dispositions du présent alinéa, ainsi que de celle de l'article 375.

Art. 380-7 Pendant les délais d'appel et durant l'instance d'appel, il est sursis à l'exécution de l'arrêt sur l'action civile, sous réserve des dispositions de l'article 374.

Art. 380-8 Lorsque la cour d'assises statuant en premier ressort sur l'action civile a ordonné le versement provisoire, en tout ou en partie, des dommages-intérêts alloués, cette exécution provisoire peut être arrêtée, en cause d'appel, par le premier président, statuant en référé si elle risque d'entraîner des conséquences manifestement excessives. Le premier président peut subordonner la suspension de l'exécution provisoire à la constitution d'une garantie, réelle ou personnelle, suffisante pour répondre de toutes restitutions ou réparations.

Lorsque l'exécution provisoire a été refusée par la cour statuant sur l'action civile ou lorsque l'exécution provisoire n'a pas été demandée, ou si, l'ayant été, la Cour a omis de statuer, elle peut être accordée, en cas d'appel, par le premier président statuant en référé.

Pour l'application des dispositions du présent article, est compétent le premier président de la cour d'appel dans le ressort de laquelle siège la cour d'assises désignée pour connaître de l'affaire en appel.

SECTION II. *Délais et formes de l'appel*

Art. 380-9 L'appel est interjeté dans le délai de dix jours à compter du prononcé de l'arrêt.

Toutefois, le délai ne court qu'à compter de la signification de l'arrêt, quel qu'en soit le mode, pour la partie qui n'était pas présente ou représentée à l'audience où le jugement a été prononcé, mais seulement dans le cas où elle-même ou son représentant n'auraient pas été informés du jour où l'arrêt serait prononcé.

Art. 380-10 En cas d'appel d'une partie, pendant les délais ci-dessus, les autres parties ont un délai supplémentaire de cinq jours pour interjeter appel.

Art. 380-11 L'accusé peut se désister de son appel jusqu'à son interrogatoire par le président prévu par l'article 272.

Ce désistement rend caducs les appels incidents formés par le ministère public ou les autres parties.

(L. nº 2007-291 du 5 mars 2007, art. 23) « Dans tous les cas, le ministère public peut toujours se désister de son appel formé après celui de l'accusé en cas de désistement de celui-ci. »

(L. nº 2021-401 du 8 avr. 2021, art. 11) « Le désistement d'appel est constaté par ordonnance du premier président de la cour d'appel ou du président de la chambre criminelle de la Cour de cassation, lorsque celle-ci est saisie en application de l'article 380-14, ou par ordonnance du président de la cour d'assises. »

(Abrogé par Cons. const. nº 2014-403 QPC du 13 juin 2014, à compter du 15 juin 2014) « La caducité de l'appel de l'accusé résulte également de la constatation, par le président de la cour d'assises, que ce dernier a pris la fuite et n'a pas pu être retrouvé avant l'ouverture de l'audience ou au cours de son déroulement. »

Art. 380-12 La déclaration d'appel doit être faite au greffe de la cour d'assises qui a rendu la décision attaquée.

Elle doit être signée par le greffier et par l'appelant lui-même, par un avocat *(Abrogé par L. nº 2011-94 du 25 janv. 2011, art. 32, à compter du 1er janv. 2012) «, par un avoué près la cour d'appel »*, ou par un fondé de pouvoir spécial ; dans ce dernier cas, le pouvoir est annexé à l'acte dressé par le greffier. Si l'appelant ne peut signer, il en sera fait mention par le greffier.

Elle est inscrite sur un registre public à ce destiné et toute personne a le droit de s'en faire délivrer une copie.

(L. nº 2002-307 du 4 mars 2002) « Lorsque l'appel est formé par le procureur général et que le siège de la cour d'assises n'est pas celui de la cour d'appel, la déclaration d'appel, signée par le procureur général, est adressée sans délai, en original ou en copie, au greffe de la cour d'assises ; elle est transcrite sur le registre prévu à l'alinéa précédent et annexée à l'acte dressé par le greffier. »

Art. 380-13 Lorsque l'appelant est détenu, l'appel peut être fait au moyen d'une déclaration auprès du chef de l'établissement pénitentiaire.

Cette déclaration est constatée, datée et signée par le chef de l'établissement pénitentiaire. Elle est également signée par l'appelant ; si celui-ci ne peut signer, il en est fait mention par le chef de l'établissement.

Ce document est adressé sans délai, en original ou en copie, au greffe de la cour d'assises qui a rendu la décision attaquée ; il est transcrit sur le registre prévu par le troisième alinéa de l'article *(L. nº 2002-307 du 4 mars 2002)* « 380-12 » et annexé à l'acte dressé par le greffier.

SECTION II DE L'APPEL DE LA DÉCISION SUR LA CULPABILITÉ ET SUR LA SANCTION

Art. L. 531-3 Il peut être interjeté appel de la décision sur la culpabilité et de la décision sur la sanction dans les délais et selon les modalités prévus par le code de procédure pénale.

En cas d'appel portant sur une décision déclarant le mineur coupable, si la cour d'appel n'a pas statué sur l'appel de la décision sur la culpabilité avant la décision sur la sanction, l'appel est alors considéré comme portant à la fois sur la décision sur la culpabilité et sur la décision sur la sanction, sauf désistement de l'appelant.

En cas d'appel portant sur une décision de relaxe, si la cour d'appel déclare le mineur coupable des faits qui lui sont reprochés et ouvre une période de mise à l'épreuve éducative conformément aux dispositions de l'article L. 521-9 ou constate que la période de mise à l'épreuve éducative en cours s'étend à ces nouveaux faits conformément aux dispositions de l'article L. 521-11, elle statue s'il y a lieu sur les mesures provisoires et renvoie le dossier au juge des enfants compétent pour le suivi des mesures et pour la fixation de l'audience sur la sanction dans les conditions prévues aux articles L. 521-13 à L. 521-23. Toutefois, la cour d'appel statue en audience unique lorsqu' *(L. n° 2021-218 du 26 févr. 2021, art. 15)* **« elle » fait application des dispositions de l'article L. 521-2 ou lorsque le jugement attaqué a été rendu selon les modalités prévues à l'article L. 521-26** *(L. n° 2021-218 du 26 févr. 2021, art. 15)* **« , sauf si elle décide de faire application des dispositions de l'article L. 521-27 ».**

COMMENTAIRE

La procédure de mise à l'épreuve éducative, avec une césure entre deux audiences, complique singulièrement l'exercice des voies de recours. La question de l'appel est incidemment abordée par les dispositions relatives à ces audiences, pour indiquer que l'appel est possible contre la décision d'examen de la culpabilité et ordonnant la mise à l'épreuve (art. L. 521-14) ou la décision de révocation du contrôle judiciaire (art. L. 521-21), ou contre le silence ou le refus du juge des enfants saisi d'une demande de mise en liberté (art. L. 521-23). Mais ces dispositions sont assez parcellaires et ne répondent pas aux nombreuses questions posées par la mise en œuvre de l'appel dans le cadre de la procédure de mise à l'épreuve éducative.

Tel est, en revanche, l'objet de l'article L. 531-3.

Selon le texte, il est donc possible de faire appel de chacune des deux audiences composant la procédure de mise à l'épreuve éducative. Les délais comme plus largement les modalités relèvent du droit commun, sauf disposition contraire. Ainsi, par exemple, le délai pour interjeter appel est de dix jours à compter du prononcé de la décision ou le cas échéant de sa signification (Crim. 12 juill. 1972, n° 71-93.365), et la déclaration d'appel doit être faite au greffe de la juridiction qui a rendu la décision (Crim. 15 févr. 1989, n° 88-80.935).

Le texte affirme encore, en son alinéa 2, que, « en cas d'appel portant sur une décision déclarant le mineur coupable, si la cour d'appel n'a pas statué sur l'appel de la décision sur la culpabilité avant la décision sur la sanction, l'appel est alors considéré comme portant à la fois sur la décision sur la culpabilité et sur la décision sur la sanction, sauf désistement de l'appelant ». Cette précision est bienvenue, compte tenu de la durée moyenne des audiencements, même en appel, et du délai finalement assez court dans lequel doit intervenir la décision sur la sanction (entre six et neuf mois). Il est probable en effet que, faute de moyens et de magistrats suffisants, l'appel interjeté contre la décision sur la culpabilité portera finalement aussi sur la sanction.

Mais le texte est muet sur la question de l'étendue de l'appel contre la décision sur la culpabilité, qui ordonne également les mesures de la mise à l'épreuve éducative. Il est clair que si un mineur entend contester sa culpabilité, l'appel vaut nécessairement aussi concernant les mesures de la mise à l'épreuve (même si ces mesures sont exécutoires malgré l'appel). Mais on peut imaginer qu'un mineur reconnaisse sa culpabilité et ne souhaite interjeter appel que des mesures ordonnées dans le cadre de la mise à l'épreuve. Certes, ces mesures sont exécutoires par provision, conformément à l'article L. 521-14, de sorte que compte tenu des délais d'appel, il est probable que l'appel perdra de son intérêt. Quoi qu'il en soit, la question se pose et l'article L. 531-3 n'y répond pas. La solution se trouve à l'article L. 521-14 qui prévoit que ces mesures – celles ordonnées dans le cadre de la mise à l'épreuve éducative – sont susceptibles d'appel. On peut cependant regretter que le code n'évoque pas ici cette modalité de l'appel.

L'article L. 531-3 évoque enfin l'appel portant sur une décision de relaxe. Le texte indique que dans ce cas, « si la cour d'appel déclare le mineur coupable des faits qui lui sont reprochés et ouvre une période de mise à l'épreuve éducative conformément aux dispositions de l'article L. 521-9 ou constate que la période de mise à l'épreuve éducative en cours s'étend à ces nouveaux faits conformément aux dispositions de l'article L. 521-11, elle statue s'il y a lieu sur les mesures provisoires et renvoie le dossier au juge des

enfants compétent pour le suivi des mesures et pour la fixation de l'audience sur la sanction dans les conditions prévues aux articles L. 521-13 à L. 521-23 ». Dans cette hypothèse, c'est donc la cour d'appel qui pourrait être amenée à ouvrir la période de mise à l'épreuve éducative et à ordonner les mesures prises dans ce cadre ; en revanche, leur suivi relèvera logiquement du juge des enfants.

Cela étant, il existe des exceptions à la procédure de mise à l'épreuve, et, sous certaines conditions, la procédure peut n'être constituée que d'une seule audience, portant à la fois sur la culpabilité et la sanction (cf. art. L. 521-2, L. 521-26 et L. 521-27). L'article L. 531-3 précise alors que dans ce cas « la cour d'appel statue en audience unique lorsqu'elle fait application des dispositions de l'article L. 521-2 ou lorsque le jugement attaqué a été rendu selon les modalités prévues à l'article L. 521-26, sauf si elle décide de faire application des dispositions de l'article L. 521-27 ».

La partie réglementaire du code, issue du décret n° 2021-683 du 27 mai 2021, apporte quelques précisions sur l'appel. L'article D. 531-1 indique ainsi que « pour l'application de l'article L. 531-3, les juridictions de premier degré et d'appel se transmettent réciproquement et sans délai les actes de la procédure postérieurs à la date à laquelle l'appel a été interjet ». Surtout, dans le cas où la période de mise à l'épreuve éducative est étendue à plusieurs procédures, l'article D. 531-2 indique que cette période subsiste lorsqu'une relaxe est prononcée en appel dans une des affaires pour lesquelles elle est ouverte ; la cour d'appel qui prononce la relaxe statue, le cas échéant, sur le maintien des mesures de sûreté prononcées. ❑

1. Déclaration d'appel. Il résulte des dispositions combinées des art. 186, al. 4, et 502 C. pr. pén. et de l'art. 24 de l'Ord. du 2 févr. 1945 relative à l'enfance délinquante, que la déclaration d'appel d'une ordonnance d'un juge des enfants doit être faite au greffier de la juridiction qui a rendu la décision ; est, par suite, régulier l'appel formé dans le délai légal et qui a été reçu et transcrit sur le registre public à ce destiné par un greffier du tribunal auquel appartient le juge des enfants, et alors, d'ailleurs, que la prétendue irrégularité de l'acte ainsi établi ne peut être opposée à la partie appelante dès lors qu'elle ne lui est pas imputable. • Crim. 15 févr. 1989, n° 88-80.935 P.

2. Délai d'appel. Si la dispense de comparaître à l'audience du prévenu mineur, dans les termes de l'art. 13, al. 2, de l'Ord. du 2 févr. 1945, a pour conséquence que le jugement rendu par le tribunal est réputé contradictoire et qu'aucune opposition n'est possible, il n'en résulte pas pour autant que le délai d'appel parte, à l'égard du mineur, du jour où la décision est rendue ; il ne peut commencer à courir que lorsque celui-ci, ayant eu connaissance du contenu de la décision par une signification régulière, est en mesure d'exercer son droit d'appel. • Crim. 12 juill. 1972, n° 71-93.365 P : *D. 1973. 227.* ♦ Rejet du pourvoi contre : • Poitiers, 18 nov. 1971 : *D. 1972. 111, et la note.*

3. Présence obligatoire du greffier. La présence du greffier est obligatoire devant la chambre spéciale des mineurs de la cour d'appel statuant en matière criminelle. • Crim. 20 févr. 2019, n° 18-85.465 P : *D. actu. 8 mars 2019, obs. Goetz ; D. 2019. 1732, obs. Bonfils et Gouttenoire ; AJ pénal 2019. 280, obs. Engel.*

SECTION III DE L'APPEL DES MESURES DE SÛRETÉ

Art. L. 531-4 *(L. n° 2022-52 du 24 janv. 2022, art. 26)* **Le mineur ou l'un de ses représentants légaux et le ministère public peuvent faire appel des décisions rendues en matière de placement sous contrôle judiciaire, de placement sous assignation à résidence avec surveillance électronique et de placement en détention provisoire prononcées à l'audience d'examen de la culpabilité ou au cours de la période de mise à l'épreuve éducative. L'appel est examiné par la chambre spéciale des mineurs dans les délais et selon les modalités prévus devant la chambre de l'instruction aux articles 194 et 199 du code de procédure pénale.**

V. C. pr. pén., art. 194 et 199, ss. art. L. 423-13.

COMMENTAIRE

Le code envisage à l'article L. 531-4 l'appel des mesures de sûreté. Celui-ci, et notamment l'appel d'une décision de placement sous contrôle judiciaire, est porté devant la chambre spéciale des mineurs, et non comme cela se faisait classiquement devant la chambre de l'instruction car on se trouve ici, dans le livre V, lors de la phase de jugement. Les décisions de placement sous contrôle judiciaire et de placement sous surveillance électronique peuvent être prononcées par les juridictions de jugement, dans le

cadre de la procédure de mise à l'épreuve éducative ; il est donc logique que l'appel soit porté devant la chambre spéciale des mineurs, même si le code invite à raisonner par comparaison avec l'appel en matière d'information judiciaire (« dans les délais et selon les modalités prévus devant la chambre de l'instruction »). A cet égard, on procédera donc conformément aux dispositions des articles 194 et 199 du code de procédure pénale. Par exemple, la chambre spéciale des mineurs aura un délai de dix jours pour se prononcer en matière de détention provisoire et de quinze jours dans les autres cas, faute de quoi le mineur sera automatiquement remis en liberté.

Mais si les mesures de sûreté étaient ordonnées dans le cadre d'une instruction, en matière criminelle par exemple, l'appel relèverait de la chambre de l'instruction (art. L. 435-1). ❑

CHAPITRE II **DE L'OPPOSITION**

Art. L. 532-1 Les règles relatives à l'opposition mentionnées à l'article 545 du code de procédure pénale sont applicables aux jugements du tribunal de police prononcés à l'égard d'un mineur. Celles mentionnées aux articles 489 à 493 du même code sont applicables aux jugements du juge des enfants et du tribunal pour enfants.

Dans le cas d'une opposition formée à une décision prononcée par le juge des enfants ou le tribunal pour enfants à l'audience d'examen de la culpabilité, la juridiction de jugement statue de nouveau dans les deux mois de l'opposition. – *[Ord. n° 45-174 du 2 févr. 1945, art. 24, al. 1er.]*

COMMENTAIRE

L'opposition est une voie de recours permettant à celui qui a été jugé par défaut et qui a appris l'existence de la décision dont il est l'objet, de remettre en cause cette décision et d'être à nouveau jugé. Il s'agit plus précisément d'une voie de rétractation, qui est exercée devant la juridiction qui a rendu la décision par défaut. L'article 24 de l'ordonnance de 1945 prévoyait que « les règles sur le défaut et l'opposition résultant des articles 487 et suivants du code de procédure pénale seront applicables aux jugements du juge des enfants et du tribunal pour enfants ». Dans la continuité de cette disposition, l'article L. 532-1 du code dispose que « les règles relatives à l'opposition mentionnées à l'article 545 du code de procédure pénale sont applicables aux jugements du tribunal de police prononcés à l'égard d'un mineur » et que « celles mentionnées aux articles 489 à 493 du même code sont applicables aux jugements du juge des enfants et du tribunal pour enfants ». Le code reprend donc le droit à l'exercice de cette voie de recours particulière, pour celui qui entend remettre en cause la condamnation qu'il découvre.

Mais le code prévoit que, « dans le cas d'une opposition formée à une décision prononcée par le juge des enfants ou le tribunal pour enfants à l'audience d'examen de la culpabilité, la juridiction de jugement statue de nouveau dans les deux mois de l'opposition ». Cette disposition impose donc au juge des enfants et au tribunal pour enfants de statuer, dans ce cas, dans un délai très rapide : deux mois à compter de l'opposition. Le souci d'accélérer la procédure, spécialement en matière d'opposition, mérite d'être salué… mais on remarquera qu'aucune sanction n'est prévue dans le cas où le délai de deux mois ne serait pas respecté. ❑

Code de procédure pénale

Art. 489 Le jugement par défaut est non avenu dans toutes ses dispositions, si le prévenu forme opposition à son exécution.

Il peut toutefois limiter cette opposition aux dispositions civiles du jugement.

Art. 490 *(L. n° 85-1407 du 30 déc. 1985)* L'opposition est portée à la connaissance du ministère public, à charge par lui d'en aviser la partie civile par lettre recommandée avec demande d'avis de réception.

Art. 490-1 *(L. n° 85-1407 du 30 déc. 1985)* Lorsque l'opposant est détenu, l'opposition peut être faite au moyen d'une déclaration auprès du chef de l'établissement pénitentiaire.

Cette déclaration est constatée, datée et signée par le chef de l'établissement pénitentiaire. Elle est également signée par le demandeur. Si celui-ci ne peut signer, il en est fait mention par le chef d'établissement.

Ce document est adressé sans délai, en original ou en copie et par tout moyen, au ministère public près la juridiction qui a rendu la décision attaquée.

Art. 491 Si la signification du jugement a été faite à la personne du prévenu, l'opposition doit être formée dans les délais ci-après, qui courent à compter de cette signification : dix jours si le prévenu réside en France métropolitaine, un mois s'il réside hors de ce territoire.

Art. 492 Si la signification du jugement n'a pas été faite à la personne du prévenu, l'opposition doit être formée dans les délais ci-après, qui courent à compter de la signification du jugement faite à domicile, *(L. n° 2008-644 du 1er juill. 2008, art. 6)* « à étude de commissaire de justice *[ancienne rédaction : à mairie]* » ou à parquet : dix jours si le prévenu réside dans la France métropolitaine, un mois s'il réside hors de ce territoire.

Toutefois, s'il s'agit d'un jugement de condamnation et s'il ne résulte pas, soit de l'avis constatant remise de la lettre recommandée *(L. n° 2004-204 du 9 mars 2004, art. 133-IX, en vigueur le 1er oct. 2004)* « ou du récépissé prévus aux articles 557 et 558 *[ancienne rédaction : prévue aux articles 557 et 558, alinéa 3]* » soit d'un acte d'exécution quelconque, ou de l'avis donné conformément à l'article 560, que le prévenu a eu connaissance de la signification, l'opposition tant en ce qui concerne les intérêts civils que la condamnation pénale reste recevable *(Abrogé par Cons. const. n° 2018-712 QPC du 8 juin 2018)* « *jusqu'à l'expiration des délais de prescription de la peine* ».

Dans les cas visés à l'alinéa précédent, le délai d'opposition court à compter du jour où le prévenu a eu cette connaissance.

Art. 493 La personne civilement responsable et la partie civile peuvent former opposition à tout jugement par défaut à leur encontre, dans les délais fixés à l'article 491, lesquels courent à compter de la signification du jugement, quel qu'en soit le mode.

....

Art. 545 Sont également applicables les dispositions des articles 487 et 488 relatives aux jugements par défaut, et 489 à 495 relatives à l'opposition.

LIVRE SIXIÈME L'APPLICATION ET L'EXÉCUTION DES MESURES ÉDUCATIVES ET DES PEINES

COMMENTAIRE

Le livre VI est consacré à la phase d'application et d'exécution des mesures éducatives et des peines. C'est un livre important, d'autant plus que l'ordonnance de 1945 était quasiment silencieuse sur ces questions.

Plus précisément, le code comprend trois séries de dispositions, relatives à l'application des peines et des mesures éducatives, à l'aménagement des peines et aux fichiers susceptibles de concerner les mineurs (notamment le casier judiciaire).

On peut cependant déplorer qu'il n'aborde pas véritablement le droit de l'exécution des peines, et notamment le droit pénitentiaire, alors même que le titre du livre pouvait le laisser croire. Mais le régime de détention des mineurs a été précisé par les décrets n° 2021-682 (partie R) et 2021-683 (partie D) du 27 mai 2021, et il figure désormais aux articles R. 124-1 et suivants et D. 124-7 et suivants du code. On y renvoie donc, ainsi qu'à leur commentaire sous l'article L. 124-2.

Il convient aussi de signaler l'entrée en vigueur le 1er mai 2022 du code pénitentiaire, suite à l'adoption de la partie législative par l'ordonnance n° 2022-478 du 30 mars 2022 et de la partie réglementaire par le décret n° 2022-479 du 30 mars 2022. Le livre VI a logiquement intégré quelques renvois au code pénitentiaire. Mais, pour l'essentiel, le droit de l'application des peines des mineurs n'a pas été impacté par l'adoption du code pénitentiaire. Du reste, l'article L. 4 du code pénitentiaire énonce que « l'administration pénitentiaire garantit aux personnes mineures détenues le respect des droits fondamentaux reconnus à l'enfant » et que « les modalités spécifiques de la prise en charge des personnes mineures sont énoncées au code de la justice pénale des mineurs ». ❑

TITRE PREMIER DE L'APPLICATION DES MESURES ÉDUCATIVES ET DES PEINES

CHAPITRE PREMIER DES JURIDICTIONS DE L'APPLICATION DES MESURES ÉDUCATIVES ET DES PEINES

SECTION PREMIÈRE DE LA COMPÉTENCE DES JURIDICTIONS POUR MINEURS EN MATIÈRE D'APPLICATION DES MESURES ÉDUCATIVES ET DES PEINES

BIBL. ▶ Bonfils, Les dispositions relatives aux mineurs de la loi n° 2004-204 du 9 mars 2004 dite Perben II, *JCP 2004. I. 140* ; Les juridictions répressives pour mineurs, *Dr. fam. 2006. Étude n° 35* ; Les juridictions répressives pour mineurs, *in* L'accès à la justice de la personne vulnérable en droit interne, *Actes du colloque de Besançon, 27 mars 2015, Donnier et Lapérou-Scheneider (dir.), éd. L'épitoge - Lextenso, 2015, p. 103 s.* – Gallardo, L'aménagement de la peine du mineur : quelle réforme ? *in* Jacopin (dir.), Un code de la justice pénale des mineurs, quelle(s) spécificité(s) ? *Dalloz, coll. Thèmes et commentaires, 2021, p. 157 s.*

Art. L. 611-1 Lorsqu'une mesure éducative judiciaire est prononcée, son déroulement est placé sous le contrôle du juge des enfants. Il peut, à tout moment, modifier les modalités et le contenu de la mesure ou en ordonner la *(L. n° 2021-218 du 26 févr. 2021, art. 16)* **« mainlevée », après l'audition du mineur, assisté de son avocat, ainsi que celle de ses représentants légaux.**

Au besoin, il peut décerner un mandat de comparution contre le mineur.

Si le mineur ou ses représentants légaux régulièrement convoqués à la dernière adresse indiquée ne comparaissent pas, le juge des enfants peut néanmoins se prononcer sur les modalités ou le contenu de la mesure. – *[Ord. n° 45-174 du 2 févr. 1945, art. 16 bis, al. 3.]*

COMMENTAIRE

Reprenant une solution dégagée sous l'empire de l'ordonnance de 1945, le code de la justice pénale des mineurs prévoit que le suivi d'une mesure éducative judiciaire prononcée contre un mineur est de la compétence du juge des enfants. Le magistrat dispose

d'un pouvoir de contrôle et de suivi, et le code généralise et clarifie une solution qui était, certes, affirmée par l'ordonnance de 1945 mais de façon soit complexe et peu claire (art. 28), soit très circonstanciée, pour la mise sous protection judiciaire (art. 16 *bis*, al. 3).

Afin de rendre ces attributions effectives, le code donne compétence au juge des enfants pour modifier une mesure éducative judiciaire prononcée par une décision de condamnation. L'article L. 611-1 est ainsi le pendant de l'article L. 423-11 qui donne compétence au même juge pour statuer sur la mainlevée, la modification ou la révocation des mesures éducatives judiciaires provisoires.

Dans le prolongement de cette disposition, l'article D. 611-1 du code, issu du décret n° 2021-683 du 27 mai 2021, précise que « toutes les décisions du juge des enfants relatives à la mesure éducative judiciaire sont transmises au service de la protection judiciaire de la jeunesse désigné pour exercer la mesure en application de l'article D. 112-1 ».

Surtout, les articles D. 611-6 et suivants du code, toujours issus du décret n° 2021-683 du 27 mai 2021, envisagent la compétence de la Protection judiciaire de la jeunesse en matière d'application des mesures éducatives et des peines (il est à noter que ce dispositif ne figure que dans la partie réglementaire du code et n'est pas dans la partie législative). On peut ici en donner les grandes lignes. L'article D. 611-6 indique d'abord de manière générale que « la juridiction pour mineurs désigne, s'il y a lieu, le service de la protection judiciaire de la jeunesse chargé de préparer, mettre en œuvre et suivre les condamnations pénales et les mesures d'individualisation de la peine ». Il précise aussi que « la juridiction pour mineurs peut également, lorsque le condamné a atteint l'âge de dix-huit ans à la date de sa condamnation, saisir le service pénitentiaire d'insertion et de probation ». Plus précisément, l'article D. 611-7 prévoit que « les services de la protection judiciaire de la jeunesse, pour les situations relevant de leur compétence en application de l'article D. 621-2, concourent à la préparation des mesures d'individualisation de la peine », qu'ils « peuvent être chargés de l'exécution d'investigations et de vérification » et « fournissent à l'autorité judiciaire compétente, à la demande de celle-ci ou de leur propre initiative, tout élément d'information sur la situation personnelle, familiale et sociale de nature à favoriser l'individualisation de la peine de la personne condamnée ou susceptible de l'être ». Le même article énonce aussi que « lorsqu'il a été prononcé une peine privative de liberté, les services de la protection judiciaire de la jeunesse sont chargés de rechercher les moyens permettant l'élaboration d'un projet d'aménagement de peine » et qu' « ils produisent les avis ou rapports sur le condamné, détenu ou libre, dont la situation pénale est examinée par le juge des enfants ou le tribunal pour enfants ». Le service de la protection judiciaire de la jeunesse désigné assure alors l'accompagnement éducatif du condamné dans le cadre de la mesure qui lui a été confiée, lui apporte aide et soutien et veille au respect des obligations qui lui sont imposées dans le cadre d'une condamnation pénale ou d'une mesure d'aménagement de peine (art. D. 611-8). Il propose aussi, en fonction de l'évolution de l'intéressé, des aménagements ou modifications des mesures de contrôle, obligations ou conditions fixées par l'autorité judiciaire (art. D. 611-8). Le service de la protection judiciaire de la jeunesse (désigné en application de l'art. D. 611-6) adresse au juge, dans un délai de trois mois à compter de sa saisine, un rapport relatif au projet d'exécution de la peine, et un rapport d'évaluation selon les échéances fixées par la juridiction ainsi qu'à l'issue du suivi (art. D. 611-9). En outre, « tout incident relatif aux obligations, conditions et mesures de contrôle auxquelles est soumis le condamné fait l'objet d'un rapport circonstancié transmis au juge dans les meilleurs délais » (art. D. 611-9).

Pour l'exercice de ses missions d'application des peines, le service de la protection judiciaire de la jeunesse (désigné en application de l'art. D. 611-6) met en œuvre un accompagnement éducatif global en prenant appui sur l'ensemble des ressources des établissements et services de la protection judiciaire de la jeunesse et du secteur associatif habilité ; il inscrit son action dans le cadre des politiques publiques territoriales destinées aux jeunes en difficulté, vise notamment à favoriser l'accès aux droits et dans le cadre de la mise en œuvre et du suivi d'un aménagement de la peine, le service de la protection judiciaire de la jeunesse désigné veille à inscrire ses actions dans la continuité de l'action éducative déjà engagée auprès du condamné (art. D. 611-10). De manière générale, « les services de la protection judiciaire de la jeunesse exercent leurs missions en matière

d'application des peines en lieu et place des services pénitentiaires d'insertion et de probation » et « pour l'exercice des missions relatives à l'application des peines, les personnels de la protection judiciaire de la jeunesse bénéficient des mêmes prérogatives que les personnels du service pénitentiaire d'insertion et de probation telles que définies aux articles D. 462 et D. 463 du code de procédure pénale » (art. D. 611-11) ». ❑

Art. L. 611-2 Lorsqu'une condamnation a été prononcée à l'encontre d'un mineur, le juge des enfants exerce, à l'égard des mineurs condamnés, les fonctions dévolues au juge de l'application des peines dans les conditions prévues par les dispositions du présent titre et selon les règles du code pénal *(Ord. n° 2022-478 du 30 mars 2022, art. 4, en vigueur le 1er mai 2022)* **« , du code de procédure pénale et du code pénitentiaire » jusqu'à ce que la personne condamnée ait atteint l'âge de vingt et un ans.**

Le juge des enfants préside notamment la commission de l'application des peines lorsque celle-ci examine la situation d'un condamné relevant de la compétence de ce magistrat. – *[C. pr. pén., art. D. 49-45 ; Ord. n° 45-174 du 2 févr. 1945, art. 20-9, al. 1er.]*

COMMENTAIRE

La phase de l'application des peines est sans doute la phase qui a connu les transformations les plus importantes ces dernières années. Au gré des nombreuses interventions du législateur, elle s'est à la fois « juridicisée » et « juridictionnalisée ». Dans un premier temps, en effet, les aménagements de peine ont été confiés à un juge spécialisé, le juge de l'application des peines. Dans un second temps, avec les lois du 15 juin 2000 et du 9 mars 2004, les décisions du juge de l'application des peines sont devenues juridictionnelles, c'est-à-dire, notamment, susceptibles de recours.

Cette évolution considérable n'a pas oublié les mineurs, mais elle s'est, logiquement, adaptée à la matière. Ainsi, l'ordonnance de 1945 (art. 20-9) avait prévu que l'aménagement des peines relevait du juge des enfants, de manière exclusive jusqu'à dix-huit ans, et de façon partagée avec le juge de l'application des peines entre dix-huit et vingt et un ans.

Le code adopte une formulation un peu différente et plus protectrice, puisque le juge des enfants assurera désormais le suivi non seulement des mesures éducatives judiciaires auxquelles les mineurs sont condamnés, mais aussi des peines, sans distinction selon la nature, la gravité ou les modalités de la peine « jusqu'à ce que la personne condamnée ait atteint l'âge de vingt et un ans ». Mais, dans le même temps, le code de procédure pénale indique toujours que le juge de l'application des peines suit les condamnés à partir de 18 ans. Il y a donc concrètement une compétence concurrente (V. aussi ss. art. L. 611-5).

L'article L. 611-2 apporte aussi une précision que ne contenait pas l'ordonnance de 1945, en vertu de laquelle « le juge des enfants préside notamment la commission de l'application des peines lorsque celle-ci examine la situation d'un condamné relevant de la compétence de ce magistrat ». La commission d'application des peines est une instance présidée par le juge de l'application des peines – et donc le juge des enfants en droit des mineurs – et composée du procureur de la République, du chef d'établissement pénitentiaire et d'un représentant du service pénitentiaire d'insertion et de probation (C. pr. pén., art. 712-4-1, et C. pénit., art. L. 423-4). Elle est chargée de donner un avis, sauf en cas d'urgence, au juge de l'application des peines – ou au juge des enfants – avant que ce dernier ne se prononce par ordonnance concernant les mesures dites « quasi juridictionnelles », à savoir les réductions de peine, les autorisations de sorties sous escortes et les permissions de sortir (C. pr. pén., art. 712-5). Sous l'ordonnance de 1945, la question de savoir si la commission d'application des peines devait être consultée pour des mineurs ou des jeunes majeurs (moins de 21 ans) n'était pas clairement tranchée et le code de la justice pénale des mineurs apporte ici une précision bienvenue.

L'article D. 611-12, issu du décret n° 2021-683 du 27 mai 2021, précise, à propos de la commission de l'application des peines, que « lorsque la commission de l'application des peines examine la situation d'un condamné relevant de la compétence d'un service de la protection judiciaire de la jeunesse, ce service y est représenté par l'un de ses personnels éducatifs ». ❑

Code de procédure pénale

LIVRE V. DES PROCÉDURES D'EXÉCUTION

TITRE Ier. DE L'EXÉCUTION DES SENTENCES PÉNALES

CHAPITRE II. *DES JURIDICTIONS DE L'APPLICATION DES PEINES*

SECTION II. *Compétence et procédure devant les juridictions du premier degré*

Art. 712-4 Les mesures relevant de la compétence du juge de l'application des peines sont accordées, modifiées, ajournées, refusées, retirées ou révoquées par ordonnance ou jugement motivé de ce magistrat agissant d'office, sur la demande du condamné ou sur réquisitions du procureur de la République, selon les distinctions prévues aux articles suivants.

Art. 712-4-1 *(L. n° 2019-222 du 23 mars 2019, art. 85)* Lorsque la loi le prévoit, les décisions en matière d'application des peines sont prises après avis de la commission de l'application des peines présidée par le juge de l'application des peines et composée du procureur de la République, du chef d'établissement pénitentiaire *(L. n° 2021-1729 du 22 déc. 2021, art. 10)* « , d'un représentant du service pénitentiaire d'insertion et de probation et d'un représentant du corps de commandement ou du corps d'encadrement et d'application du personnel de surveillance. »

Lorsque la commission donne son avis sur la situation d'un condamné placé sous surveillance électronique ou sous placement extérieur sans surveillance de l'administration pénitentiaire, la présence du chef d'établissement pénitentiaire est facultative.

Un décret détermine les modalités de fonctionnement de cette commission, notamment ses règles de quorum ainsi que les cas et modalités selon lesquels elle peut délibérer par voie dématérialisée.

Art. 712-5 Sauf en cas d'urgence, les ordonnances concernant les réductions de peine, les autorisations de sorties sous escortes et les permissions de sortir sont prises après avis de la commission de l'application des peines.

Cette commission est réputée avoir rendu son avis si celui-ci n'est pas intervenu dans le délai d'un mois à compter du jour de sa saisine.

(Abrogé par L. n° 2019-222 du 23 mars 2019, art. 85) « La commission de l'application des peines est présidée par le juge de l'application des peines ; le procureur de la République et le chef d'établissement en sont membres de droit. (L. n° 2014-896 du 15 août 2014, art. 40, en vigueur le 1er oct. 2014) « Le service pénitentiaire d'insertion et de probation y est représenté ». »

Art. 712-6 Les jugements concernant les mesures de placement à l'extérieur, de semi-liberté, de fractionnement et suspension des peines, de détention à domicile sous surveillance électronique et de libération conditionnelle sont rendus, après avis du représentant de l'administration pénitentiaire, à l'issue d'un débat contradictoire tenu en chambre du conseil, au cours duquel le juge de l'application des peines entend les réquisitions du ministère public et les observations du condamné ainsi que, le cas échéant, celles de son avocat *(L. n° 2020-1672 du 24 déc. 2020, art. 27)* « , sans préjudice de l'application des dispositions de l'article 712-16-3 ». Si le condamné est détenu, ce débat peut se tenir dans l'établissement pénitentiaire. Il peut être fait application des dispositions de l'article 706-71.

Le juge de l'application des peines peut, avec l'accord du procureur de la République et celui du condamné ou de son avocat, octroyer l'une de ces mesures sans procéder à un débat contradictoire.

(L. n° 2009-1436 du 24 nov. 2009, art. 74) « Le juge de l'application des peines peut également, chaque fois qu'il l'estime nécessaire, décider, d'office ou à la demande du condamné ou du ministère public, de renvoyer le jugement de l'affaire devant le tribunal de l'application des peines. Le juge ayant ordonné ce renvoi est membre du tribunal qui statue conformément à l'article 712-7. La décision de renvoi constitue une mesure d'administration judiciaire qui n'est pas susceptible de recours. »

Les dispositions du présent article sont également applicables, sauf si la loi en dispose autrement, aux décisions du juge de l'application des peines concernant les peines de suivi socio-judiciaire, d'interdiction de séjour, de travail d'intérêt général, d'emprisonnement avec sursis *(L. n° 2020-1672 du 24 déc. 2020, art. 26)* « probatoire ou les mesures d'ajournement avec probation ».

Art. 712-7 Les mesures concernant le relèvement de la période de sûreté, la libération conditionnelle ou la suspension de peine qui ne relèvent pas de la compétence du juge de l'application des peines sont accordées, ajournées, refusées, retirées ou révoquées par jugement motivé du tribunal de l'application des peines saisi sur la demande du condamné, sur réquisitions du procureur de la République ou à l'initiative du juge de l'application des peines dont relève le condamné en application des dispositions de l'article 712-10.

Les jugements du tribunal de l'application des peines sont rendus, après avis du représentant de l'administration pénitentiaire, à l'issue d'un débat contradictoire tenu en chambre du conseil, au cours duquel la juridiction entend les réquisitions du ministère public et les observations du condamné ainsi que, le cas échéant, celles de son avocat. Si le condamné est détenu, ce débat peut se tenir dans l'établissement pénitentiaire. Il peut être fait application des dispositions de l'article 706-71.

(Abrogé par L. n° 2009-1436 du 24 nov. 2009, art. 83-II) (L. n° 2005-1549 du 12 déc. 2005, art. 29) « S'il en fait la demande, l'avocat de la partie civile peut assister au débat contradictoire devant le tribunal de l'application des peines pour y faire valoir ses observations, avant les réquisitions du ministère public. »

Art. 712-8 Les décisions modifiant ou refusant de modifier les mesures mentionnées aux premier et *(L. n° 2009-1436 du 24 nov. 2009, art. 75)* « quatrième » alinéas de l'article 712-6 ou les obligations résultant de ces mesures ou des mesures ordonnées par le tribunal de l'application des peines en application de l'article 712-7 sont prises par ordonnance motivée du juge de l'application des peines, sauf si le procureur de la République demande qu'elles fassent l'objet d'un jugement pris après débat contradictoire conformément aux dispositions de l'article 712-6.

(L. n° 2009-1436 du 24 nov. 2009, art. 75) « Toutefois, pour l'exécution d'une mesure de semi-liberté, de placement à l'extérieur ou de détention à domicile sous surveillance électronique ou pour l'exécution de permissions de sortir, le juge de l'application des peines peut, dans sa décision, autoriser le chef d'établissement ou le directeur du service pénitentiaire d'insertion et de probation ou, s'agissant des mineurs, le directeur régional de la protection judiciaire de la jeunesse, à modifier les horaires d'entrée ou de sortie du condamné de l'établissement pénitentiaire, ou de sa présence en un lieu déterminé, lorsqu'il s'agit de modifications favorables au condamné ne touchant pas à l'équilibre de la mesure. Il est informé sans délai des modifications opérées et peut les annuler par ordonnance non susceptible de recours. »

Art. 712-9 Si le condamné non détenu, dûment convoqué à l'adresse déclarée au juge de l'application des peines sous le contrôle duquel il est placé, ne se présente pas, sans motif légitime, au débat contradictoire prévu par les articles 712-6 ou 712-7, le juge de l'application des peines ou le tribunal de l'application des peines peuvent statuer en son absence. Le délai d'appel ne court alors à compter de la notification du jugement faite à cette adresse que sous réserve des dispositions de l'alinéa suivant.

S'il n'est pas établi que le condamné a eu connaissance de cette notification et que le jugement a ordonné la révocation ou le retrait de la mesure dont il bénéficiait, l'appel reste recevable jusqu'à l'expiration des délais de prescription de la peine et le délai d'appel court à compter de la date à laquelle le condamné a eu connaissance du jugement. En cas d'appel, l'audition du condamné par la chambre de l'application des peines est alors de droit, le cas échéant selon les modalités prévues par l'article 706-71.

Art. 712-10 Est territorialement compétent le juge de l'application des peines de la juridiction dans le ressort de laquelle est situé soit l'établissement pénitentiaire dans lequel le condamné est écroué, soit, si le condamné est libre, la résidence habituelle de celui-ci ou, s'il n'a pas en France de résidence habituelle, le juge de l'application des peines du tribunal dans le ressort duquel a son siège la juridiction qui a statué en première instance.

Lorsqu'une mesure de placement à l'extérieur ou de semi-liberté doit s'exécuter hors du ressort du juge de l'application des peines qui l'a ordonnée, le condamné est alors inscrit au registre d'écrou de l'établissement pénitentiaire situé à proximité du lieu d'exécution de la mesure ; le juge de l'application des peines compétent pour, le cas échéant, préciser ou modifier les modalités d'exécution de la mesure, prononcer ou proposer son retrait, est celui de la juridiction dans le ressort de laquelle est situé cet établissement pénitentiaire.

Lorsqu'a été accordée une mesure de détention à domicile sous surveillance électronique ou une libération conditionnelle, le juge de l'application des peines territorialement compé-

tent est celui de la juridiction dans le ressort de laquelle se trouve le lieu d'assignation du condamné ou sa résidence habituelle fixée par la décision ayant accordé la mesure.

La compétence territoriale définie dans le présent article s'apprécie au jour de la saisine du juge de l'application des peines ; après la saisine initiale, celui-ci peut se dessaisir d'office, sur la demande du condamné ou sur réquisitions du ministère public, au profit du juge de l'application des peines du nouveau lieu de détention ou de la nouvelle résidence habituelle du condamné lorsqu'il est situé dans un autre ressort. Est territorialement compétent le tribunal de l'application des peines de la cour d'appel dans le ressort de laquelle le condamné réside habituellement, est écroué ou exécute sa peine selon les distinctions du présent article.

Art. L. 611-3 **Le tribunal pour enfants exerce, à l'égard des mineurs condamnés, les attributions dévolues au tribunal de l'application des peines dans les conditions prévues par le code pénal** *(Ord. nº 2022-478 du 30 mars 2022, art. 4, en vigueur le 1er mai 2022)* **« , du** *[le]* **code de procédure pénale et du** *[le]* **code pénitentiaire ».** – *[Ord. nº 45-174 du 2 févr. 1945, art. 20-9, al. 1er.]*

V. C. pr. pén., art. 712-7 s., ss. art. L. 611-2.

COMMENTAIRE

En matière d'application des peines, la plupart des mesures d'aménagement sont de la compétence du juge de l'application des peines et relèvent donc, en droit pénal des mineurs, du juge des enfants. Mais certaines mesures d'aménagement des peines les plus lourdes relèvent non du juge de l'application des peines, mais du tribunal de l'application des peines, juridiction collégiale composée de juges de l'application des peines. C'est le cas de la libération conditionnelle des condamnés aux longues peines (supérieures à dix ans d'emprisonnement), de la suspension de peine pour raisons médicales ou encore du relèvement de la période de sûreté (cf. M. Giacopelli et A. Ponseille, Droit de la peine, *LGDJ, 2019, nos 515 s., p. 268 s.*).

Concernant les mineurs, il était déjà prévu sous l'ordonnance de 1945 que les compétences dévolues normalement au tribunal de l'application des peines étaient exercées par le tribunal pour enfants (art. 20-9). L'article L. 611-3 reprend cette solution. ❑

Art. L. 611-4 **L'appel des décisions rendues par le juge des enfants ou le tribunal pour enfants est porté devant la chambre spéciale des mineurs de la cour d'appel ou son président, qui exerce les compétences respectivement confiées à la chambre de l'application des peines de la cour d'appel et à son président.** – *[C. pr. pén., art. D. 49-46, al. 1er ; Ord. nº 45-174 du 2 févr. 1945, art. 20-9, al. 1er.]*

COMMENTAIRE

Sous l'effet des lois nº 2000-516 renforçant la présomption d'innocence et les droits des victimes du 15 juin 2000 et nº 2004-204 du 9 mars 2004 portant adaptation de la justice aux évolutions de la criminalité, dite « loi Perben II », la phase de l'application des peines a été profondément modifiée, avec l'admission de recours contre les décisions des juridictions de l'application des peines. C'est ce que l'on appelle la « juridictionnalisation » de l'application des peines (J.-P. Céré, La consécration de la juridictionnalisation du droit de l'application des peines par la loi du 9 mars 2004, *RPDP 2004. 433*). Ainsi, le législateur a créé des chambres de l'application des peines, au sein des cours d'appel. Il a aussi accordé des fonctions particulières aux présidents de ces chambres, de sorte que l'appel peut relever tantôt du président de la chambre de l'application des peines statuant à juge unique (réductions de peines, permissions de sortir, autorisations de sortie sous escortes), tantôt de la chambre elle-même, en formation collégiale (libération conditionnelle, placement à l'extérieur, semi-liberté, fractionnement de peine, suspension de peine, détention à domicile sous surveillance électronique, décisions relatives à la période de sûreté).

Concernant les mineurs, la loi du 9 mars 2004 a décidé que les fonctions dévolues en droit commun à la chambre de l'application des peines seraient exercées par la chambre spéciale des mineurs (art. 20-9, Ord. de 1945).

L'article L. 611-4 reprend cette solution, en affirmant que « l'appel des décisions rendues par le juge des enfants ou le tribunal pour enfants est porté devant la chambre spé-

ciale des mineurs de la cour d'appel ou son président, qui exerce les compétences respectivement confiées à la chambre de l'application des peines de la cour d'appel et à son président ». On notera que cette disposition donne clairement compétence au président de la chambre des mineurs et non au président de la chambre de l'application des peines, venant combler un silence de l'ordonnance de 1945.

On peut enfin mentionner l'article D. 611-14, issu du décret n° 2021-683 du 27 mai 2021, relatif à l'appel des décisions les plus lourdes en matière d'application des peines. Le code de procédure pénale prévoit, à l'article 712-13, que l'appel des jugements rendus en matière de période de sûreté, libération conditionnelle pour les longues peines et suspension de peine est de la compétence de la chambre d'application des peines composée, outre le président et les deux conseillers assesseurs, d'un responsable d'une association de réinsertion des condamnés et d'un responsable d'une association d'aide aux victimes. Cette composition particulière est appliquée à la chambre spéciale des mineurs. Ainsi l'article D. 611-14 dispose que « dans le cas prévu par le deuxième alinéa de l'article 712-13 du code de procédure pénale, le président et les conseillers de la chambre spéciale des mineurs de la cour d'appel sont assistés par le responsable d'une association de réinsertion des condamnés et le responsable d'une association d'aide aux victimes membres de la chambre de l'application des peines de la cour d'appel ». Il ajoute aussi qu' « est le cas échéant compétente la chambre des mineurs de la cour d'appel dont la compétence territoriale est étendue en application des dispositions du deuxième alinéa de l'article 712-13 du code de procédure pénale ». ❑

Code l'organisation judiciaire

Art. R. 311-7 La chambre spéciale des mineurs connaît de l'appel des décisions du juge des enfants *(Décr. n° 2019-912 du 30 août 2019, art. 32-II, en vigueur le 1er janv. 2020)* « et du tribunal pour enfants *[ancienne rédaction : du tribunal pour enfants et du tribunal correctionnel pour mineurs]*. ».

Elle statue dans les mêmes conditions qu'en première instance.

Art. L. 611-5 Le juge des enfants peut se dessaisir au profit du juge de l'application des peines lorsque le condamné a atteint l'âge de dix-huit ans, en raison de la personnalité du mineur ou de la durée de la peine prononcée.

L'ordonnance par laquelle le juge des enfants se dessaisit au profit du juge de l'application des peines constitue une mesure d'administration judiciaire non susceptible de recours. — *[C. pr. pén., art. D. 49-53, al. 2 ; Ord. n° 45-174 du 2 févr. 1945, art. 20-9, al. 3.]*

COMMENTAIRE

Comme l'ordonnance de 1945 (art. 20-9) avant lui, le code de la justice pénale des mineurs donne compétence au juge des enfants en matière d'application des peines au-delà de l'âge de dix-huit ans, jusqu'à vingt et un ans (CJPM, art. L. 611-2). Mais, dans le même temps, le code de procédure pénale envisage la compétence du juge de l'application des peines à partir de l'âge de dix-huit ans. Il y a donc, pour les condamnés âgés entre dix-huit et vingt et un ans, une compétence concurrente du juge des enfants et du juge de l'application des peines.

Les articles L. 611-5 et L. 611-6 précisent la manière selon laquelle se répartissent les compétences de ces deux juges.

L'article L. 611-5 envisage la situation du condamné mineur qui devient majeur. Dans ce cas, c'est le juge des enfants – déjà compétent jusqu'à dix-huit ans de manière exclusive – qui reste en principe compétent pour assurer le suivi du condamné jusqu'à l'âge de vingt et un ans. Néanmoins, cette disposition permet au juge des enfants de « se dessaisir au profit du juge de l'application des peines lorsque le condamné a atteint l'âge de dix-huit ans, en raison de la personnalité du mineur ou de la durée de la peine prononcée ». Il est donc possible au juge des enfants de se dessaisir, en considération de la personnalité du mineur ou de la peine (sa durée notamment) prononcée. Mais le principe est bien le maintien de la compétence du juge des enfants jusqu'à vingt et un ans, c'est-à-dire le plus souvent jusqu'à la fin de la peine. Cette solution est la plus simple, qui évite un changement de magistrats pour une période finalement assez courte.

Le texte précise que « l'ordonnance par laquelle le juge des enfants se dessaisit au profit du juge de l'application des peines constitue une mesure d'administration judiciaire non susceptible de recours ». C'était déjà le cas sous l'ordonnance de 1945, même si celle-ci ne l'indiquait pas.

Il convient enfin de mentionner l'article D. 611-2, issu du décret n° 2021-683 du 27 mai 2021, qui dispose que « l'ordonnance par laquelle le juge des enfants se dessaisit au profit du juge de l'application des peines conformément aux dispositions de l'article L. 611-5 est portée à la connaissance du condamné par lettre recommandée si celui-ci n'est pas détenu ou par le greffe de l'établissement pénitentiaire dans le cas contraire. Le parquet du lieu de condamnation en est également avisé ». ❑

Art. L. 611-6 Lorsque le condamné a atteint l'âge de dix-huit ans au jour de son jugement, le juge de l'application des peines est compétent pour le suivi de la condamnation, sauf si la juridiction spécialisée décide par décision spéciale que le juge des enfants reste compétent.

Cette décision constitue une mesure d'administration judiciaire non susceptible de recours. – *[Ord. n° 45-174 du 2 févr. 1945, art. 20-9, al. 2.]*

COMMENTAIRE

En ce qui concerne le condamné, mineur au moment des faits, mais devenu majeur au jour de la condamnation, l'article L. 611-6 prévoit que le juge normalement compétent pour assurer le suivi de la condamnation du mineur est le juge de l'application des peines, et non le juge des enfants. Il est néanmoins possible à la juridiction spécialisée de décider l'inverse, et donc de donner compétence au juge des enfants.

Le texte précise, logiquement, que « cette décision constitue une mesure d'administration judiciaire non susceptible de recours ».

En définitive, le code reprend et clarifie les solutions de l'ordonnance de 1945 sur la répartition des compétences entre le juge des enfants et le juge de l'application des peines. On peut les résumer ainsi :

– jusqu'à dix-huit ans : le juge des enfants est seul compétent ;

– à partir de vingt et un ans : le juge de l'application des peines est seul compétent ;

– entre dix-huit et vingt et un ans :

• si le juge des enfants avait commencé à assurer le suivi du mineur, il conserve ce suivi au-delà de la majorité, jusqu'à vingt et un ans, sauf décision contraire ;

• si la condamnation intervient après la majorité, c'est le juge de l'application des peines qui est compétent pour assurer le suivi, sauf décision contraire. ❑

SECTION II DE L'ARTICULATION DES COMPÉTENCES ENTRE PLUSIEURS JUGES DES ENFANTS CHARGÉS DU SUIVI DU MINEUR

Art. L. 611-7 Pour l'application des dispositions de la présente section, est considéré comme le juge des enfants qui connaît habituellement de la situation du mineur le juge du lieu de la résidence habituelle du mineur ou de ses parents qui est ou a été saisi d'une procédure *(L. n° 2021-218 du 26 févr. 2021, art. 16)* **« d'assistance » éducative ou d'une procédure pénale concernant le mineur.** – *[C. pr. pén., art. D. 49-49.]*

COMMENTAIRE

Il peut arriver que plusieurs juges des enfants soient chargés du suivi du mineur, et que se pose la question de l'articulation des compétences entre ces différents magistrats. L'ordonnance de 1945 était muette sur ce point, mais le code répond à ces difficultés, aux articles L. 611-7 et suivants.

L'article L. 611-7 pose tout d'abord comme principe que le juge des enfants qui connaît habituellement de la situation du mineur a vocation à assurer le suivi de l'application de ses peines. ❑

Art. L. 611-8 Lorsque le juge des enfants chargé de l'application des peines territorialement compétent n'est pas le juge des enfants qui connaît habituellement la situation du mineur, il transmet à ce dernier une demande d'avis préalablement à toute

décision prise en application des dispositions de l'article 712-6 du code de procédure pénale. Il en est de même pour les décisions prises par le tribunal pour enfants en application des dispositions de l'article 712-7 du même code.

Le juge des enfants territorialement compétent peut aussi consulter le juge des enfants qui connaît habituellement la situation du mineur pour toute autre décision. – *[C. pr. pén., art. D. 49-47.]*

V. C. pr. pén., art. 712-6 et 712-7, ss. art. L. 611-2.

COMMENTAIRE

L'article L. 611-8 envisage le cas où le juge des enfants chargé du suivi de la condamnation n'est pas le juge des enfants qui connaît habituellement du mineur. Le texte prévoit alors que le premier doit consulter le second.

Le juge des enfants chargé de l'application des peines territorialement compétent transmet au juge des enfants qui connaît habituellement la situation du mineur une demande d'avis préalablement à toute décision prise, en application des dispositions de l'article 712-6 du code de procédure pénale, et il en va de même pour les décisions prises par le tribunal pour enfants en application des dispositions de l'article 712-7 du même code. Concrètement, la demande d'avis est envisagée pour la plupart des mesures d'aménagement de peine (placements à l'extérieur, semi-liberté, fractionnement de peine, suspension de peine, détention à domicile sous surveillance électronique, libération conditionnelle), relevant normalement du juge de l'application des peines ou du tribunal de l'application des peines (et donc en droit des mineurs du juge des enfants ou du tribunal pour enfants).

Le texte précise aussi que « le juge des enfants territorialement compétent peut aussi consulter le juge des enfants qui connaît habituellement la situation du mineur pour toute autre décision ». ❑

Art. L. 611-9 Le juge des enfants chargé de l'application des peines initialement saisi peut se dessaisir au profit du juge des enfants qui connaît habituellement la situation du mineur, après avoir obtenu l'accord préalable de ce magistrat. La saisine de ce juge emporte également saisine du tribunal pour enfants correspondant.

Ce dessaisissement constitue une mesure d'administration judiciaire non susceptible de recours. – *[C. pr. pén., art. D. 49-48, al. 1er et 3.]*

COMMENTAIRE

En complément des règles de répartition des compétences entre le juge des enfants territorialement compétent et le juge des enfants qui connaît habituellement la situation du mineur, le code a prévu la possibilité pour le premier de se dessaisir au profit du second, ce dessaisissement constituant une mesure d'administration judiciaire.

L'article D. 611-3, issu du décret n° 2021-683 du 27 mai 2021, précise à cet égard que « l'ordonnance par laquelle le juge des enfants se dessaisit, en application du premier alinéa de l'article L. 611-9, au profit du juge des enfants qui connaît habituellement la situation du mineur, est portée à la connaissance du condamné par lettre recommandée si celui-ci n'est pas détenu ou par le greffe de l'établissement pénitentiaire dans le cas contraire ». Il ajoute que « cette ordonnance est notifiée par lettre recommandée aux représentants légaux du mineur », que « le service de la protection judiciaire de la jeunesse est informé » et que « le parquet du lieu de condamnation en est également avisé ». ❑

CHAPITRE II **DES AUDIENCES D'APPLICATION DES PEINES**

COMMENTAIRE

Dans l'ordonnance de 1945, les audiences d'application des peines n'étaient pas réglementées, ni même évoquées. Dans la pratique, il a donc été fait application du droit commun, tout en admettant parfois certaines spécificités qui semblaient inhérentes à la matière.

Le code de la justice pénale des mineurs comporte, quant à lui, des dispositions précises, qui répondent pour l'essentiel aux spécificités de la matière. ❑

Art. L. 612-1 **Le mineur condamné doit être assisté d'un avocat au cours des débats contradictoires prévus par les articles 712-6 et 712-7 du code de procédure pénale.**

Il en est de même lorsque, en acceptant un aménagement de l'exécution de sa peine, le mineur est susceptible de renoncer à la tenue de ce débat conformément aux dispositions du deuxième alinéa de l'article 712-6 du même code.

Le mineur ne peut renoncer à l'assistance d'un avocat.

A défaut de choix d'un avocat par le mineur ou ses représentants légaux, le juge des enfants ou le tribunal pour enfants fait désigner par le bâtonnier un avocat commis d'office. – *[C. pr. pén., art. D. 49-50, al. 1er à 4.]*

V. C. pr. pén., art. 712-6 et 712-7 ss. art. L. 611-2.

COMMENTAIRE

L'assistance obligatoire des mineurs par un avocat est un principe directeur de la justice pénale des mineurs, consacré par le code de la justice pénale des mineurs au sein de son titre préliminaire. L'article L. 12-4 énonce ainsi que « le mineur poursuivi ou condamné est assisté d'un avocat ». Notons que, alors que l'ordonnance de 1945 ne mentionnait que le « mineur poursuivi », le code vise également le « mineur condamné », de sorte qu'il est clair, et dès le titre préliminaire, que l'obligation d'assistance d'un avocat s'applique à la phase d'application des peines.

Cela étant, la mise en œuvre de cette assistance obligatoire par un avocat implique des précisions, que le code apporte aux articles L. 612-1 et suivants.

L'article L. 612-1 affirme d'abord que l'assistance par un avocat est obligatoire au cours des débats contradictoires prévus par les articles 712-6 et 712-7 du code de procédure pénale, c'est-à-dire pour la plupart des mesures d'aménagement de peine (placements à l'extérieur, semi-liberté, fractionnement de peine, suspension de peine, détention à domicile sous surveillance électronique, libération conditionnelle), relevant normalement du juge de l'application des peines ou du tribunal de l'application des peines (et donc en droit des mineurs du juge des enfants ou du tribunal pour enfants). Certaines de ces mesures prévues par l'article 712-6 du code de procédure pénale (placements à l'extérieur, semi-liberté, fractionnement de peine, suspension de peine, détention à domicile et libération conditionnelle pour les courtes peines) peuvent être examinées sans débat contradictoire, si le juge d'application des peines (et donc ici le juge des enfants) le décide, avec l'accord du ministère public et du condamné ; mais dans ce cas, le mineur devra néanmoins être assisté d'un avocat. C'est le sens des alinéas 2 et 3 : même si le mineur renonce au débat contradictoire, il ne peut renoncer à l'assistance d'un avocat.

De manière classique en matière d'assistance obligatoire, le texte indique *in fine* que « à défaut de choix d'un avocat par le mineur ou ses représentants légaux, le juge des enfants ou le tribunal pour enfants fait désigner par le bâtonnier un avocat commis d'office ».

Le code n'évoque pas les mesures de moindre importance (réduction de peine, autorisation de sortie, permission de sortir) qui ne donnent pas lieu à débat contradictoire, ni même à audience. A leur égard, on renverra donc au droit commun.

L'article D. 612-1, issu du décret n° 2021-683 du 27 mai 2021, précise que « lorsque le juge des enfants convoque un mineur condamné à un suivi socio-judiciaire en application de l'article R. 61 du code de procédure pénale, il convoque également ses représentants légaux ».

L'article D. 612-2 prévoit quant à lui que « pour la tenue du débat contradictoire prévu aux articles 712-6 et 712-7 du code de procédure pénale, le service de la protection judiciaire de la jeunesse compétent adresse au juge des enfants ou au tribunal pour enfants un rapport comprenant sa proposition éducative » et que « le juge des enfants ou le tribunal pour enfants peut demander au représentant de la protection judiciaire de la jeunesse de développer oralement sa proposition éducative lors du débat contradictoire ». ❑

Art. L. 612-2 **Les représentants légaux sont convoqués** *(L. n° 2021-218 du 26 févr. 2021, art. 16)* **« par tout moyen » pour être entendus par ces juridictions avant qu'elles ne statuent dans les conditions prévues par les articles 712-6 et 712-7 du code de procédure pénale.** – *[C. pr. pén., art. D. 49-50, al. 5.]*

V. C. pr. pén., art. 712-6 et 712-7 ss. art. L. 611-2.

COMMENTAIRE

La procédure de la plupart des mesures d'aménagement de peines donne lieu à un débat contradictoire, c'est-à-dire à une véritable audience. On retrouve alors les principes qui gouvernent normalement les audiences en droit pénal des mineurs, à savoir l'assistance obligatoire par un avocat (art. L. 612-1) et la convocation pour audition des représentants légaux des mineurs, prévue au présent article L. 612-2. Il est à noter que la convocation des parents est obligatoire pour la plupart des mesures d'aménagement de peine, donnant lieu à débat contradictoire, c'est-à-dire : placements à l'extérieur, semi-liberté, fractionnement de peine, suspension de peine, détention à domicile sous surveillance électronique, libération conditionnelle. ❑

Art. L. 612-3 Lorsque le condamné est mineur, les ordonnances et jugements du juge des enfants et du tribunal pour enfants sont notifiés aux représentants légaux. – *[C. pr. pén., art. D. 49-51.]*

Art. L. 612-4 Les dispositions du présent chapitre ne sont pas applicables au condamné devenu majeur au jour du débat contradictoire. – *[C. pr. pén., art. D. 49-50, al. 1er.]*

COMMENTAIRE

La phase d'exécution de la peine s'inscrit, nécessairement, dans une certaine durée, ce qui implique que le condamné peut devenir majeur au cours de cette exécution. La survenance de la majorité conduit alors à préciser si l'on doit tenir compte de l'âge au moment des faits, au moment de la condamnation, ou au moment de l'exécution de la peine.

S'agissant de la détermination de la juridiction de l'application des peines compétente, le code envisage des solutions aux articles L. 611-1 et suivants, et spécialement aux articles L. 611-5 et L. 611-6 (cf. not. le comm. sous l'art. L. 611-6).

S'agissant des audiences d'application des peines, la solution est donnée à l'article L. 612-4, qui énonce que « les dispositions du présent chapitre ne sont pas applicables au condamné devenu majeur au jour du débat contradictoire ». La procédure applicable à l'audience est donc régie par l'âge au jour de l'audience. Par conséquent, si le condamné est devenu majeur lors du débat contradictoire, il ne sera pas soumis aux dispositions protectrices des articles L. 612-1 et suivants : l'assistance par un avocat ne sera donc pas obligatoire (mais évidemment et heureusement elle restera possible), et la convocation des représentants légaux pour être entendus ne sera plus envisagée.

L'article L. 612-4 constitue donc une exception – qui n'avait pas d'équivalent dans l'ordonnance de 1945 – au principe selon lequel on prend en considération l'âge au moment des faits (art. L. 13-2 du présent code). ❑

CHAPITRE III DU RÉGIME DE LA RÉTENTION

Art. L. 613-1 Le mineur retenu en application des dispositions des articles 709-1-1 et 716-5 du code de procédure pénale bénéficie des droits prévus à l'article L. 332-1 du présent code.

COMMENTAIRE

En vertu des articles 709-1-1 et 716-5 du code de procédure pénale, les forces de police et de gendarmerie peuvent appréhender toute personne condamnée qui ne respecte pas les obligations qui lui incombent en vertu de sa condamnation ou qui n'exécute pas une peine d'emprisonnement ou de réclusion. Le condamné peut faire alors l'objet d'une rétention de vingt-quatre heures maximum, afin que son identité, sa situation pénale et sa situation personnelle puissent être vérifiées.

Ce dispositif est applicable aux mineurs. Mais l'article L. 613-1 prévoit que le mineur bénéficie alors des droits prévus à l'article L. 332-1 du présent code, texte relatif à l'exécution de mandats des juridictions pour mineurs. Concrètement, le mineur qui fait l'objet d'une rétention dans ce cadre doit obligatoirement bénéficier de l'assistance d'un avocat, faire l'objet d'un examen médical, les auditions qui se dérouleront doivent être

enregistrées, et ses représentants légaux informés (ces garanties procédurales sont prévues aux termes de plusieurs renvois au sein du code : de l'article L. 613-1 à l'article L. 332-1, qui lui-même renvoie aux articles L. 413-1 à L. 413-15).

Il convient néanmoins de préciser que ces garanties ne concernent que le mineur, au moment où la rétention est réalisée. Si le condamné est devenu majeur, on lui appliquera les dispositions du code de procédure pénale (par exemple, l'assistance par un avocat sera possible, et non obligatoire). ❑

Code de procédure pénale

Art. 709-1-1 *(L. n° 2014-896 du 15 août 2014, art. 34, en vigueur le 1er oct. 2014)* Les services de police et les unités de gendarmerie peuvent, d'office ou sur instruction du procureur de la République ou du juge de l'application des peines, appréhender toute personne condamnée pour laquelle il a été fait application du deuxième alinéa de l'article 131-9 ou du second alinéa de l'article 131-11 du code pénal ou placée sous le contrôle du juge de l'application des peines et à l'encontre de laquelle il existe une ou plusieurs raisons plausibles de soupçonner qu'elle n'a pas respecté les obligations qui lui incombent en application de sa condamnation. La personne peut alors, sur décision d'un officier de police judiciaire, être retenue vingt-quatre heures au plus dans un local de police ou de gendarmerie, afin que soit vérifiée sa situation et qu'elle soit entendue sur la violation de ses obligations.

Dès le début de la mesure de retenue, l'officier de police judiciaire informe le procureur de la République ou le juge de l'application des peines.

La personne retenue est immédiatement informée par l'officier de police judiciaire ou, sous le contrôle de celui-ci, par un agent de police judiciaire, dans une langue qu'elle comprend, de la durée maximale de la mesure, de la nature des obligations qu'elle est soupçonnée d'avoir violées et du fait qu'elle bénéficie :

1° Du droit de faire prévenir un proche et son employeur ainsi que, si elle est de nationalité étrangère, les autorités consulaires de l'État dont elle est ressortissante, conformément à l'article 63-2 ;

2° Du droit d'être examinée par un médecin, conformément à l'article 63-3 ;

3° Du droit d'être assistée par un avocat, conformément aux articles 63-3-1 à 63-4-3 ;

4° S'il y a lieu, du droit d'être assistée par un interprète ;

5° Du droit, lors des auditions, après avoir décliné son identité, de faire des déclarations, de répondre aux questions qui lui sont posées ou de se taire.

La retenue s'exécute dans des conditions assurant le respect de la dignité de la personne. Seules peuvent être imposées à la personne retenue les mesures de sécurité strictement nécessaires.

La personne retenue ne peut faire l'objet d'investigations corporelles internes au cours de sa retenue par le service de police ou par l'unité de gendarmerie.

Si la personne est placée sous le contrôle du juge de l'application des peines, les pouvoirs conférés au procureur de la République par les articles 63-2 et 63-3 sont exercés par ce juge ou, en cas d'empêchement de ce juge, par le procureur de la République.

L'article 64 est applicable à la présente mesure de retenue.

A l'issue de la mesure de retenue, le procureur de la République ou le juge de l'application des peines peut ordonner que la personne soit conduite devant le juge de l'application des peines dans les conditions prévues aux articles 803-2 et 803-3, le cas échéant pour ordonner son incarcération provisoire.

Le procureur de la République ou le juge de l'application des peines peut également, chacun pour les mesures dont il est chargé, demander à un officier ou un agent de police judiciaire d'aviser la personne qu'elle est convoquée devant lui à une date ultérieure, puis de mettre fin à la rétention de la personne.

....

Art. 716-5 *(L. n° 2009-1436 du 24 nov. 2009, art. 95-II)* « Afin d'assurer l'exécution d'une peine d'emprisonnement ou de réclusion, le procureur de la République et le procureur général peuvent autoriser les agents de la force publique à pénétrer au domicile de la personne condamnée afin de se saisir de celle-ci. Cependant, les agents ne peuvent s'introduire au domicile de la personne avant 6 heures et après 21 heures. »

(L. n° 2004-204 du 9 mars 2004, art. 189, en vigueur le 1er janv. 2005) Toute personne arrêtée en vertu d'un extrait de jugement ou d'arrêt portant condamnation à une peine d'emprison-

nement ou de réclusion peut être retenue vingt-quatre heures dans un local de police ou de gendarmerie, aux fins de vérifications de son identité, de sa situation pénale ou de sa situation personnelle.

Le procureur de la République *(L. n° 2009-1436 du 24 nov. 2009, art. 95-II)* « , ou le procureur général, » en est informé dès le début de la mesure.

La personne arrêtée est immédiatement avisée par l'officier de police judiciaire qu'elle peut exercer les droits prévus par les articles 63-2, 63-3 et 63-4 *(Abrogé par L. n° 2011-392 du 14 avr. 2011, à compter du 1er juin 2011)* « *(premier et deuxième alinéa)* ».

Lorsque, à l'issue de la mesure, le procureur de la République *(L. n° 2009-1436 du 24 nov. 2009, art. 95-II)* « , ou le procureur général, » envisage de ramener la peine à exécution, il peut ordonner que la personne soit conduite devant lui. Après avoir recueilli les observations éventuelles de la personne, le procureur de la République lui notifie s'il y a lieu le titre d'écrou.

Le procureur de la République *(L. n° 2009-1436 du 24 nov. 2009, art. 95-II)* « , ou le procureur général, » peut également demander à un officier ou un agent de police judiciaire d'aviser la personne qu'elle est convoquée devant le juge de l'application des peines, ou ordonner qu'elle soit conduite devant ce magistrat, lorsque celui-ci doit être saisi pour décider des modalités d'exécution de la peine.

TITRE DEUXIÈME **DE L'AMÉNAGEMENT DES PEINES**

BIBL. ▶ BONFILS, Les dispositions relatives aux mineurs de la loi n° 2004-204 du 9 mars 2004 dite Perben II, *JCP 2004. I. 140* ; Les juridictions répressives pour mineurs, *Dr. fam. 2006. Étude 35* ; Les juridictions répressives pour mineurs, *in* L'accès à la justice de la personne vulnérable en droit interne, *Actes du colloque de Besançon, 27 mars 2015, Donnier et Lapérou-Scheneider (dir.), éd. L'épitoge - Lextenso, 2015, p. 103 s.* - GALLARDO, L'aménagement de la peine du mineur : quelle réforme ? *in* JACOPIN (dir.), Un code de la justice pénale des mineurs, quelle(s) spécificité(s) ? *Dalloz, coll. Thèmes et commentaires, 2021, p. 157 s.*

COMMENTAIRE

La peine prononcée est susceptible aujourd'hui de nombreux aménagements pendant son exécution ou *ab initio*, dans une perspective d'insertion ou de réinsertion. Ces aménagements sont connus, et s'appliquent aux mineurs. Il s'agit du placement à l'extérieur, de la semi-liberté, du fractionnement de peine, de la suspension de peine, de la détention à domicile sous surveillance électronique, de la libération conditionnelle, ou encore des mesures quasi juridictionnelles que sont la réduction de peine, l'autorisation de sortie et la permission de sortir. Le titre II du livre VI est consacré aux aménagements de peine, et n'évoque pourtant aucune de ces mesures. Il faut donc considérer que, faute de disposition spécifique, elles sont applicables aux mineurs (et *a fortiori* aux condamnés devenus majeurs), dans les conditions du droit commun (sous réserve des dispositions de la partie réglementaire, à savoir les art. D. 621-1 et D. 621-2 issus du Décr. n° 2021-683 du 27 mai 2021, auxquelles on se contente ici de renvoyer).

Ce titre contient en revanche trois articles (dont deux n'avaient pas d'équivalents dans l'Ord. de 1945), relatifs à des difficultés particulières d'aménagement posées en droit des mineurs : la conversion d'une peine en travail d'intérêt général ou en sursis probatoire avec travail d'intérêt général, l'exécution des peines prononcées à l'étranger et la combinaison entre peine et mesure éducative au stade de l'aménagement de la peine. ❑

CHAPITRE UNIQUE

Art. L. 621-1 Les dispositions du code de procédure pénale permettant la conversion d'une peine en travail d'intérêt général ou en sursis probatoire comportant l'obligation d'effectuer un travail d'intérêt général sont applicables au mineur âgé *(L. n° 2021-218 du 26 févr. 2021, art. 16)* **« d'au moins seize » ans au moment de la décision, lorsqu'il était âgé d'au moins treize ans à la date de commission de l'infraction.** — *[Ord. n° 45-174 du 2 févr. 1945, art. 20-5, al. 1er, 2 et 3.]*

COMMENTAIRE

Comme l'ordonnance de 1945 (art. 20-5), le code de la justice pénale des mineurs permet le prononcé de la peine de travail d'intérêt général et de sursis probatoire comprenant l'obligation d'accomplir un travail d'intérêt général (l'ancien « sursis-TIG »), dès lors que le mineur est âgé d'au moins seize ans au moment de la décision, et à la condition qu'il ait été âgé d'au moins treize ans au jour des faits (art. L. 122-1).

Ces conditions se retrouvent dans l'hypothèse d'une conversion d'une peine en travail d'intérêt général ou en sursis probatoire comportant l'obligation d'effectuer un travail d'intérêt général lorsque cette conversion concerne un mineur. L'article L. 621-1 dispose en effet que « les dispositions du code de procédure pénale permettant la conversion d'une peine en travail d'intérêt général ou en sursis probatoire comportant l'obligation d'effectuer un travail d'intérêt général sont applicables au mineur âgé d'au moins seize ans au moment de la décision, lorsqu'il était âgé d'au moins treize ans à la date de commission de l'infraction ».

Cette disposition bienvenue permet d'éviter que les règles posées au stade du prononcé de la condamnation puissent être contournées lors de la phase d'application des peines.

Cela étant, au-delà de ces conditions liées à l'âge, on retrouve les modalités du droit commun en matière de conversion de peine. Celles-ci ont été modifiées et simplifiées par la loi du 23 mars 2019, et se trouvent désormais regroupées dans les articles 747-1 et 747-1-1 du code de procédure pénale (cf. M. Giacopelli et A. Ponseille, Droit de la peine, *LGDJ, 2019, n°s 396 s., p. 209* s.). Pour l'essentiel, le système mis en place par le législateur permet au juge de l'application des peines – et donc en droit des mineurs au juge des enfants – de convertir assez largement des courtes peines d'emprisonnement ferme (inférieures ou égales à six mois), notamment en travail d'intérêt général ou en sursis probatoire avec travail d'intérêt général. Il permet aussi de convertir d'autres peines que l'emprisonnement, comme le travail d'intérêt général, en détention à domicile sous surveillance électronique, ou l'inverse. ❑

Code de procédure pénale

Art. 747-1 *(L. n° 2019-222 du 23 mars 2019, art. 85-XIII et 109-XIX, en vigueur le 24 mars 2020)* En cas de condamnation définitive pour un délit à une peine d'emprisonnement ferme inférieure ou égale à six mois, ou dont la partie ferme est inférieure ou égale à six mois, y compris si cette peine résulte de la révocation d'un sursis, le juge de l'application des peines peut, avant la mise à exécution de l'emprisonnement ou en cours d'exécution de celui-ci, ordonner, d'office ou à la demande du condamné et selon les modalités prévues aux articles 712-6 ou 723-15, la conversion de cette peine en peine de détention à domicile sous surveillance électronique, en peine de travail d'intérêt général, en peine de jours-amende ou en un emprisonnement assorti d'un sursis probatoire renforcé, lorsque cette conversion lui paraît de nature à assurer la réinsertion du condamné et à prévenir sa récidive.

Lorsque la peine est convertie en détention à domicile sous surveillance électronique, la durée de celle-ci est égale à celle de la peine d'emprisonnement prononcée ou du reliquat de cette peine.

Lorsque la peine est convertie en travail d'intérêt général, la durée de la peine d'emprisonnement prononcée ou son reliquat peut être mis à exécution par le juge en l'absence d'accomplissement du travail par le condamné. La conversion en travail d'intérêt général n'est possible que si, après avoir été informé du droit de refuser l'accomplissement d'un travail d'intérêt général, le condamné a expressément déclaré renoncer à se prévaloir de ce droit.

Lorsque la peine est convertie en peine de jours-amende, le nombre de jours est égal à celui de la peine d'emprisonnement prononcée ou du reliquat de cette peine.

Dès sa saisine, le juge de l'application des peines peut ordonner la suspension de l'exécution de la peine jusqu'à sa décision sur le fond.

Art. 747-1-1 *(L. n° 2019-222 du 23 mars 2019, art. 85-XIII et 109-XIX, en vigueur le 24 mars 2020)* En cas de modification de la situation du condamné depuis la décision de condamnation qui ne permet pas la mise à exécution de la peine prononcée, le juge de l'application des peines peut d'office, à la demande de l'intéressé ou sur réquisitions du procureur de la

République ordonner par décision motivée, prise conformément aux dispositions de l'article 712-6 :

1° De convertir la peine de travail d'intérêt général ou la peine de sursis probatoire comportant l'obligation d'accomplir un travail d'intérêt général en une peine de jours-amende ou une peine de détention à domicile sous surveillance électronique ;

2° De convertir une peine de détention à domicile sous surveillance électronique en une peine de travail d'intérêt général ou une peine de jours-amende ;

3° De convertir une peine de jours-amende en une peine de travail d'intérêt général ou une peine de détention à domicile sous surveillance électronique.

La conversion en peine de travail d'intérêt général n'est possible que si, après avoir été informé du droit de refuser l'accomplissement d'un travail d'intérêt général, le condamné a expressément déclaré renoncer à se prévaloir de ce droit. Dans le cas prévu au 3°, la durée de la détention à domicile sous surveillance électronique ne peut excéder celle qui serait résultée de l'inexécution de la peine de jours-amende, fixée en application de la première phrase du second alinéa de l'article 131-25 du code pénal. Par dérogation au même second alinéa, la décision de conversion peut également intervenir en cas de défaut total ou partiel du paiement du montant exigible à l'expiration du délai correspondant au nombre de jours-amende prononcé.

Art. L. 621-2 **Pour l'exécution des peines prononcées à l'étranger et lorsque le condamné était mineur à la date des faits, le tribunal pour enfants exerce les attributions du tribunal correctionnel pour l'application des articles 728-4 à 728-7 du code de procédure pénale et le juge des enfants exerce les attributions du président du tribunal** *(L. nº 2021-218 du 26 févr. 2021, art. 16)* **« judiciaire » et du juge des libertés et de la détention pour l'application des articles 728-46, 728-47 et 728-67 à 728-69 du même code.**

Le juge des enfants exerce les attributions du juge de l'application des peines mentionnées aux articles 764-21 à 764-43 du code de procédure pénale en matière de reconnaissance et de mise à exécution des condamnations et des décisions de probation prononcées par une juridiction d'un autre État membre de l'Union européenne à l'égard des personnes mineures à la date des faits. – *[Ord. nº 45-174 du 2 févr. 1945, art. 20-11 et 20-12.]*

COMMENTAIRE

La loi n° 2004-204 du 9 mars 2004 a inséré dans le code de procédure pénale un ensemble de dispositions régissant le transfèrement des personnes condamnées à l'étranger, c'est-à-dire la remise d'une personne condamnée et détenue à l'étranger aux autorités françaises pour qu'elle accomplisse en France la partie de la peine restant à subir. Ce dispositif, qui figure aux articles 728-2 et suivants du code de procédure pénale, prévoit notamment que la peine prononcée à l'étranger est, par l'effet de la convention ou de l'accord internationaux, directement et immédiatement exécutoire sur le territoire national pour la partie qui restait à subir dans l'État étranger (C. pr. pén., art. 728-4). Mais il peut arriver que la peine prononcée à l'étranger soit plus rigoureuse, par sa nature ou sa durée, que celle qui est prévue par la loi française pour les mêmes faits, et le tribunal correctionnel du lieu de détention peut alors être saisi pour substituer à la peine étrangère une peine française plus adaptée, correspondant au maximum légal français (C. pr. pén., art. 728-4, al. 2).

Entre les pays membres de l'Union européenne, le principe de la reconnaissance mutuelle a été affirmé avec beaucoup plus de force, et le dispositif mis en place est allégé compte tenu de la proximité des législations des pays membres. Ces règles, issues de la décision-cadre 2008/909/JAI du Conseil du 27 novembre 2008, ont été introduites, dans le code de procédure pénale, aux articles 728-10 et suivants. Pour autant, malgré la reconnaissance mutuelle entre États membres, il est parfois nécessaire d'adapter la peine prononcée à l'étranger, et le code prévoit alors que le procureur de la République fasse une proposition d'adaptation au président du tribunal judiciaire ou à son délégué, chargés de l'homologation de cette proposition (C. pr. pén., art. 728-46).

Ces dispositifs sont légèrement adaptés par le code à la minorité du condamné : il substitue les compétences du tribunal pour enfants et du juge des enfants à celles du tribunal correctionnel et du président du tribunal judiciaire.

Dans le même ordre d'idées, entre pays membres de l'Union européenne, il est prévu que le juge de l'application des peines est compétent pour assurer le suivi des condamnations et des décisions de probation prononcées par des juridictions étrangères (C. pr. pén., art. 764-21 s.). Là encore, le code de la justice pénale des mineurs adapte ce dispositif en donnant compétence au juge des enfants, aux lieu et place du juge de l'application des peines. ❑

Code de procédure pénale

Art. 728-4 *(L. n° 84-1150 du 21 déc. 1984 ; L. n° 2004-204 du 9 mars 2004, art. 162-I, en vigueur le 1er janv. 2005)* La peine prononcée à l'étranger est, par l'effet de la convention ou de l'accord internationaux, directement et immédiatement exécutoire sur le territoire national pour la partie qui restait à subir dans l'État étranger.

Toutefois, lorsque la peine prononcée est, par sa nature ou sa durée, plus rigoureuse que la peine prévue par la loi française pour les mêmes faits, le tribunal correctionnel du lieu de détention, saisi par le procureur de la République ou le condamné, lui substitue la peine qui correspond le plus en droit français ou réduit cette peine au maximum légalement applicable. Il détermine en conséquence, suivant les cas, la nature et, dans la limite de la partie qui restait à subir dans l'État étranger, la durée de la peine à exécuter.

Art. 728-5 *(L. n° 84-1150 du 21 déc. 1984 ; L. n° 2004-204 du 9 mars 2004, art. 162-I, en vigueur le 1er janv. 2005)* Le tribunal statue en audience publique, après avoir entendu le ministère public, le condamné et, le cas échéant, *(L. n° 93-2 du 4 janv. 1993)* « l'avocat » choisi par lui ou commis d'office sur sa demande. Le jugement est immédiatement exécutoire nonobstant appel.

Art. 728-6 *(L. n° 84-1150 du 21 déc. 1984 ; L. n° 2004-204 du 9 mars 2004, art. 162-I, en vigueur le 1er janv. 2005)* Les délais de transfèrement s'imputent intégralement sur la durée de la peine qui est mise à exécution en France.

Art. 728-7 *(L. n° 84-1150 du 21 déc. 1984 ; L. n° 2004-204 du 9 mars 2004, art. 162-I, en vigueur le 1er janv. 2005)* Tous incidents contentieux relatifs à l'exécution de la peine privative de liberté restant à subir en France sont portés devant le tribunal correctionnel du lieu de détention.

Les dispositions de l'article 711 du présent code sont applicables.

.....

Art. 728-46 *(L. n° 2013-711 du 5 août 2013, art. 11)* Lorsque le procureur de la République propose d'adapter la peine en application de l'article 728-44, il saisit sans délai le président du tribunal judiciaire ou le juge délégué par lui aux fins d'homologation de la proposition d'adaptation.

Il communique au président du tribunal judiciaire ou au juge délégué par lui l'ensemble des pièces de la procédure.

Art. 728-47 *(L. n° 2013-711 du 5 août 2013, art. 11)* Dans les cinq jours de sa saisine, le président du tribunal judiciaire ou le juge délégué par lui décide, au vu des pièces qui lui ont été communiquées, s'il y a lieu d'homologuer la proposition d'adaptation formulée par le procureur de la République.

L'ordonnance par laquelle il refuse l'homologation est motivée.

.....

Art. 728-67 *(L. n° 2013-711 du 5 août 2013, art. 11)* La personne comparaît devant le juge des libertés et de la détention assistée, le cas échéant, de son avocat. L'audience est publique, sauf si la publicité est de nature à nuire au bon déroulement de la procédure en cours, aux intérêts d'un tiers ou à la dignité de la personne. Dans ce cas, le juge des libertés et de la détention, à la demande du ministère public, de l'avocat de la personne ou d'office, statue par une ordonnance rendue en chambre du conseil.

Le juge des libertés et de la détention statue après avoir entendu le ministère public, la personne condamnée et son avocat. Si, saisi de réquisitions aux fins d'incarcération ou d'assignation à résidence avec surveillance électronique, il décide de ne pas y faire droit, il peut soumettre la personne à une ou plusieurs des obligations prévues à l'article 138.

Art. 728-68 *(L. n° 2013-711 du 5 août 2013, art. 11)* A tout moment, la personne peut demander au juge des libertés et de la détention, selon les modalités prévues aux arti-

cles 148-6 et 148-7, sa mise en liberté ou la mainlevée du contrôle judiciaire ou de l'assignation à résidence avec surveillance électronique.

Après avoir communiqué la demande mentionnée au premier alinéa du présent article au procureur de la République aux fins de réquisitions, le juge statue dans un délai de huit jours ouvrables par une décision motivée en considérant les garanties de représentation de la personne. Il peut, s'il l'estime utile, ordonner la comparution de la personne, assistée, le cas échéant, de son avocat. Les deux derniers alinéas de l'article 148 sont applicables. Pour l'application du dernier alinéa de ce même article, la chambre des appels correctionnels est compétente.

Dans le cas prévu au second alinéa de l'article 728-64, la personne est mise d'office en liberté si, dans les huit jours suivant son incarcération, l'autorité compétente de l'État de condamnation n'a pas transmis la décision de condamnation et le certificat.

Art. 728-69 *(L. nº 2013-711 du 5 août 2013, art. 11)* Les ordonnances rendues par le juge des libertés et de la détention en application des articles 728-67 et 728-68 peuvent faire l'objet d'un appel devant la chambre des appels correctionnels. Le troisième alinéa de l'article 194 et les *(L. nº 2016-731 du 3 juin 2016, art. 59, en vigueur le 1er août 2016)* « sixième et septième *[ancienne rédaction : deux derniers]* » alinéas de l'article 199 sont applicables devant la chambre des appels correctionnels.

....

Art. 764-21 *(L. nº 2015-993 du 17 août 2015, art. 3, en vigueur le 1er oct. 2015)* Dans les sept jours à compter de la réception de la demande, le procureur de la République saisit le juge de l'application des peines territorialement compétent en application de l'article 712-10 de la demande, accompagnée de ses réquisitions.

Art. 764-22 *(L. nº 2015-993 du 17 août 2015, art. 3, en vigueur le 1er oct. 2015)* Le juge de l'application des peines est compétent pour statuer sur les demandes de reconnaissance et de suivi des condamnations et des décisions de probation.

S'il estime nécessaire d'entendre la personne condamnée, il peut être fait application de l'article 706-71, que l'intéressé demeure sur le territoire de la République ou à l'étranger.

Art. 764-23 *(L. nº 2015-993 du 17 août 2015, art. 3, en vigueur le 1er oct. 2015)* La reconnaissance et le suivi sur le territoire de la République d'une décision de condamnation ou d'une décision de probation prononcée par la juridiction d'un autre État membre ne peuvent être refusés que dans les cas prévus aux articles 764-24 et 764-25.

Lorsqu'il envisage de se fonder sur l'un des motifs de refus prévus aux 1° à 3°, 8° et 9° de l'article 764-24 et à l'article 764-25, le juge de l'application des peines en informe l'autorité compétente de l'État de condamnation si le procureur de la République ne l'a pas déjà fait et lui impartit un délai maximal de dix jours afin de lui permettre de fournir, le cas échéant, toutes informations supplémentaires.

En l'absence de l'un des motifs de refus prévus aux mêmes articles 764-24 et 764-25, le juge de l'application des peines reconnaît la décision de condamnation ou de probation comme étant exécutoire sur le territoire de la République.

Art. 764-24 *(L. nº 2015-993 du 17 août 2015, art. 3, en vigueur le 1er oct. 2015)* L'exécution de la condamnation ou de la décision de probation est refusée dans les cas suivants :

1° Le certificat n'est pas produit, est incomplet ou ne correspond manifestement pas à la condamnation ou à la décision et n'a pas été complété ou corrigé dans le délai fixé ;

2° Les conditions prévues aux articles 764-2 à 764-5 ne sont pas remplies, notamment lorsque, en application du 2° de l'article 764-5, la reconnaissance de la condamnation ou de la décision de probation est subordonnée au consentement de la France et que le consentement n'a pas été sollicité ou a été refusé ;

3° La décision de condamnation porte sur des infractions pour lesquelles la personne condamnée a déjà été jugée définitivement par les juridictions françaises ou par celles d'un État de l'Union européenne autre que l'État de condamnation, à condition que la peine ait été exécutée, soit en cours d'exécution ou ne puisse plus être mise à exécution selon la loi de l'État ayant prononcé la condamnation ;

4° La condamnation est fondée sur des faits qui ne constituent pas des infractions selon la loi française ;

5° Les faits pouvaient être jugés par les juridictions françaises et la prescription de la peine est acquise selon la loi française à la date de la réception du certificat ;

6° La personne condamnée bénéficie en France d'une immunité faisant obstacle à l'exécution de la condamnation ou de la décision ;

7° La condamnation ou la décision a été prononcée à l'encontre d'un mineur de treize ans à la date des faits ;

8° La personne condamnée n'a pas comparu en personne au procès qui a mené à la décision, sauf dans les cas mentionnés aux 1° à 3° de l'article 695-22-1 ;

9° La peine prononcée comporte une mesure de soins psychiatriques ou médicaux ou une autre mesure qui ne peut être exécutée en application des règles du système juridique ou de santé français.

Le motif de refus prévu au 4° n'est pas opposable lorsque la décision de condamnation concerne une infraction en matière de taxes et d'impôts, de douane et de change, en raison de ce que le droit français n'impose pas le même type de taxes ou d'impôts ou ne contient pas le même type de réglementation en matière de taxes, d'impôts, de douane et de change que le droit de l'État de condamnation.

Art. 764-25 *(L. n° 2015-993 du 17 août 2015, art. 3, en vigueur le 1er oct. 2015)* L'exécution de la décision de condamnation peut être refusée dans les cas suivants :

1° La durée de la peine de substitution ou de la mesure de probation est inférieure à six mois à la date de réception du certificat ;

2° La condamnation ou la décision est fondée sur des infractions commises en totalité, en majeure partie ou pour l'essentiel sur le territoire de la République ou en un lieu assimilé ;

3° La décision de condamnation porte sur des infractions pour lesquelles la personne condamnée a déjà été jugée définitivement par la juridiction d'un État non membre de l'Union européenne, à condition que la peine ait été exécutée, soit en cours d'exécution ou ne puisse plus être mise à exécution selon la législation de cet État.

Art. 764-26 *(L. n° 2015-993 du 17 août 2015, art. 3, en vigueur le 1er oct. 2015)* Le juge de l'application des peines apprécie s'il y a lieu de procéder à l'adaptation de la peine ou de la mesure de probation prononcée ou de sa durée.

Lorsque la nature de la mesure de probation ou de la peine de substitution ne correspond pas aux mesures prévues par la législation française, le juge de l'application des peines remplace la mesure de probation ou la peine de substitution par la mesure la plus proche de celle prononcée par l'État de condamnation qui aurait pu être légalement prononcée par une juridiction française pour les mêmes faits.

Lorsque la durée de la peine de substitution ou de la mesure de probation est supérieure à celle qui aurait pu être légalement prononcée par une juridiction française pour les mêmes faits, le juge de l'application des peines réduit cette durée à la durée maximale légalement encourue selon la loi française pour l'infraction correspondante. Lorsque la condamnation porte sur plusieurs infractions, il se réfère au maximum légal encouru pour l'infraction correspondante la plus sévèrement sanctionnée.

La mesure de probation ou la peine de substitution ainsi adaptée n'est pas plus sévère ni plus longue que celle initialement prononcée.

Art. 764-27 *(L. n° 2015-993 du 17 août 2015, art. 3, en vigueur le 1er oct. 2015)* Sous réserve de la suspension du délai résultant de l'avis donné à l'autorité compétente de l'État de condamnation en application de l'article 764-23, le juge de l'application des peines statue par ordonnance, selon la procédure prévue à l'article 712-8, sur la demande de reconnaissance de la condamnation ou de la décision de probation dans le délai maximal de dix jours à compter des réquisitions du procureur de la République.

La décision d'adaptation de la nature ou de la durée de la mesure de probation ou de la peine de substitution est motivée par référence à la législation française.

La décision de refus est motivée par référence aux articles 764-24 et 764-25.

Art. 764-28 *(L. n° 2015-993 du 17 août 2015, art. 3, en vigueur le 1er oct. 2015)* La décision du juge de l'application des peines est notifiée sans délai à la personne condamnée. Celle-ci est informée par une mention portée dans l'acte de notification que, si elle n'accepte pas cette décision, elle dispose d'un délai de vingt-quatre heures pour saisir la chambre de l'application des peines d'une requête précisant, à peine d'irrecevabilité, les motifs de droit ou de fait de sa contestation et qu'elle a la possibilité de se faire représenter devant cette juridiction par un avocat de son choix ou, à défaut, par un avocat commis d'office par le bâtonnier de l'ordre des avocats.

Lorsque le juge de l'application des peines a procédé à l'adaptation de la peine ou de la mesure de probation prononcée ou qu'il a réduit sa durée, sa décision est portée sans délai

à la connaissance des autorités compétentes de l'État membre de condamnation par tout moyen laissant une trace écrite.

Art. 764-29 *(L. n° 2015-993 du 17 août 2015, art. 3, en vigueur le 1er oct. 2015)* La décision du juge de l'application des peines relative à la reconnaissance de la condamnation ou de la décision de probation est susceptible de recours selon les modalités prévues au 1° de l'article 712-11.

Le recours ne permet pas de contester la condamnation ou la décision de probation prise par l'État de condamnation.

Art. 764-30 *(L. n° 2015-993 du 17 août 2015, art. 3, en vigueur le 1er oct. 2015)* Sauf si un complément d'information a été ordonné, le président de la chambre de l'application des peines statue dans les vingt jours de sa saisine par une ordonnance motivée rendue en chambre du conseil.

Si le président de la chambre de l'application des peines estime nécessaire d'entendre la personne condamnée, il peut être fait application de l'article 706-71, qu'elle demeure sur le territoire de la République ou à l'étranger.

Le président de la chambre de l'application des peines peut, par une mesure d'administration judiciaire, autoriser l'État de condamnation à intervenir à l'audience par l'intermédiaire d'une personne habilitée par ce même État à cet effet. Lorsque l'État de condamnation est autorisé à intervenir, il ne devient pas partie à la procédure.

Lorsque le président de la chambre de l'application des peines envisage d'opposer l'un des motifs de refus prévus aux 1° à 3°, 8° et 9° de l'article 764-24 et à l'article 764-25, il n'y a pas lieu d'informer l'autorité compétente de l'État de condamnation s'il a déjà été procédé à cette information par le juge de l'application des peines en application de l'article 764-23.

Art. 764-31 *(L. n° 2015-993 du 17 août 2015, art. 3, en vigueur le 1er oct. 2015)* La décision du président de la chambre de l'application des peines est notifiée sans délai à la personne condamnée. Celle-ci est informée par une mention portée dans l'acte de notification des voies et délais de recours.

Cette décision peut faire l'objet, dans un délai de trois jours, d'un pourvoi en cassation par le procureur général ou par la personne condamnée. Le second alinéa de l'article 568-1 et le premier alinéa de l'article 567-2 sont applicables.

Art. 764-32 *(L. n° 2015-993 du 17 août 2015, art. 3, en vigueur le 1er oct. 2015)* Lorsque la décision définitive relative à la reconnaissance et à l'exécution de la condamnation ou de la décision de probation ne peut être prise dans les soixante jours qui suivent la réception de la décision de condamnation et du certificat, le ministère public en informe sans délai l'autorité compétente de l'État de condamnation en lui indiquant les raisons du retard et le délai supplémentaire qu'il estime nécessaire pour que soit prise la décision.

Dans le cas où le ministère public, le juge de l'application des peines ou la chambre de l'application des peines a demandé à l'autorité compétente de l'État de condamnation de compléter ou de corriger le certificat, le cours du délai prévu au premier alinéa du présent article est suspendu à compter de la demande jusqu'à la transmission par l'État de condamnation des pièces demandées et au plus tard à l'expiration du délai imparti en application du dernier alinéa de l'article 764-18.

Art. 764-33 *(L. n° 2015-993 du 17 août 2015, art. 3, en vigueur le 1er oct. 2015)* Le ministère public informe sans délai l'autorité compétente de l'État de condamnation de la décision définitive prise sur la reconnaissance de la condamnation ou de la décision de probation.

Lorsque la décision définitive consiste en un refus de reconnaissance et d'exécution de la condamnation ou de la décision de probation, ou comporte une adaptation de la nature de la mesure de probation ou de la peine de substitution ou de sa durée, le procureur de la République informe également l'autorité compétente de l'État de condamnation des motifs de la décision.

Art. 764-34 *(L. n° 2015-993 du 17 août 2015, art. 3, en vigueur le 1er oct. 2015)* L'exécution de la condamnation ou de la décision de probation est régie par le code pénal et par le présent code, y compris l'exécution des décisions ultérieures prises lorsqu'une mesure de probation ou une peine de substitution n'est pas respectée ou lorsque la personne condamnée commet une nouvelle infraction pénale.

Dès que la décision de reconnaître la condamnation ou la décision de probation comme exécutoire en France est devenue définitive, les peines de substitution ou les mesures de

probation peuvent être mises à exécution dans les conditions prévues par la décision de reconnaissance.

Toutefois, lorsque la reconnaissance de la condamnation ou de la décision de probation comprend une adaptation de la nature ou de la durée de la mesure de probation ou de la peine de substitution, les peines alternatives ou les mesures et obligations ne peuvent être ramenées à exécution qu'à l'expiration d'un délai supplémentaire de dix jours à compter du caractère définitif de la décision de reconnaissance.

Art. 764-35 *(L. n° 2015-993 du 17 août 2015, art. 3, en vigueur le 1er oct. 2015)* Le retrait du certificat par l'État de condamnation, pour quelque cause que ce soit, fait obstacle à la mise à exécution de la condamnation ou de la décision de probation s'il intervient avant que la peine de substitution ou les obligations et mesures de probation aient été mises à exécution.

Art. 764-36 *(L. n° 2015-993 du 17 août 2015, art. 3, en vigueur le 1er oct. 2015)* Le juge de l'application des peines est compétent pour assurer, par lui-même ou par toute personne qualifiée désignée, le suivi des mesures de probation et des peines de substitution dont la reconnaissance est définitive.

Le juge de l'application des peines, ou, le cas échéant, lorsque la mesure ne relève pas de lui, le procureur de la République, met à exécution la peine de substitution ou prend sans délai les mesures adaptées au suivi de la mesure de probation.

Art. 764-37 *(L. n° 2015-993 du 17 août 2015, art. 3, en vigueur le 1er oct. 2015)* Si la personne condamnée ne peut être retrouvée sur le territoire de la République, le juge de l'application des peines informe l'autorité compétente de l'État de condamnation de l'impossibilité de mettre à exécution la condamnation ou la décision de probation.

Art. 764-38 *(L. n° 2015-993 du 17 août 2015, art. 3, en vigueur le 1er oct. 2015)* Le juge de l'application des peines est compétent pour prendre toute mesure ultérieure visant à modifier les obligations ou la durée de la période probatoire dans les conditions prévues au présent code.

Art. 764-39 *(L. n° 2015-993 du 17 août 2015, art. 3, en vigueur le 1er oct. 2015)* Le juge de l'application des peines est également compétent pour prononcer par jugement motivé, dans les conditions prévues à l'article 712-6, la révocation de la libération conditionnelle ou du sursis à l'exécution de la condamnation et pour prononcer la peine ou la mesure privative de liberté prévue par la condamnation ou la décision de probation rendue par les autorités de l'État membre de condamnation, en cas de peine de substitution.

Lorsqu'une personne a été condamnée à une peine de substitution et que la condamnation ne comporte pas de peine ou de mesure privative de liberté devant être exécutée en cas de non-respect de cette peine, le juge de l'application des peines avise le procureur de la République en cas de non-respect des obligations ou des injonctions mentionnées dans la peine de substitution pour que celui-ci apprécie la suite à donner au regard des articles 434-38 et suivants du code pénal.

Lorsque ce non-respect de la peine de substitution n'est pas constitutif d'une infraction pénale au regard de la législation française, le procureur de la République informe l'autorité compétente de l'État de condamnation de ces faits et de l'impossibilité pour les autorités judiciaires françaises de statuer sur ce cas.

Art. 764-40 *(L. n° 2015-993 du 17 août 2015, art. 3, en vigueur le 1er oct. 2015)* Le juge de l'application des peines informe sans délai les autorités compétentes de l'État de condamnation, par tout moyen laissant une trace écrite, de toute décision prise en application des articles 764-38 et 764-39.

Art. 764-41 *(L. n° 2015-993 du 17 août 2015, art. 3, en vigueur le 1er oct. 2015)* Le juge de l'application des peines informe immédiatement et par tout moyen laissant une trace écrite les autorités compétentes de l'État de condamnation dans les cas suivants :

1° Lorsqu'une mesure de grâce ou une amnistie concerne la décision objet du suivi en France ;

2° Lorsque l'intéressé est en fuite ou n'a plus de résidence habituelle, dans des conditions régulières, sur le territoire de la République. Dans ce cas, le juge de l'application des peines peut se dessaisir du suivi de la mesure de probation ou de la peine de substitution au bénéfice des autorités compétentes de l'État de condamnation, ce qui lui enlève toute compétence pour prendre toute décision ultérieure en relation avec cette mesure de probation ou cette peine de substitution.

Art. 764-42 *(L. nº 2015-993 du 17 août 2015, art. 3, en vigueur le 1er oct. 2015)* Lorsque la condamnation fait l'objet en France ou dans l'État de condamnation soit d'une amnistie, soit d'une grâce ou lorsque cette condamnation fait l'objet d'une annulation décidée à la suite d'une procédure de révision dans l'État de condamnation, ou de toute autre décision ou mesure ayant pour effet de lui retirer son caractère exécutoire, le juge de l'application des peines met fin à l'exécution de cette condamnation ou de cette décision de probation.

Art. 764-43 *(L. nº 2015-993 du 17 août 2015, art. 3, en vigueur le 1er oct. 2015)* Lorsque, par suite d'une nouvelle procédure pénale engagée contre la personne concernée dans l'État de condamnation, l'autorité compétente de cet État demande que la compétence relative au suivi des mesures de probation ou des peines de substitution et à toute décision ultérieure relative à ces mesures ou ces peines lui soit à nouveau transférée, le juge de l'application des peines met fin au suivi de celles-ci et se dessaisit au profit des autorités compétentes de l'État de condamnation.

Art. L. 621-3 *(L. nº 2021-218 du 26 févr. 2021, art. 16)* **Lorsqu'il s'agit d'un aménagement de peine pour lequel le juge d'application des peines peut imposer au condamné une ou plusieurs des obligations prévues en matière de sursis probatoire, le juge des enfants peut également imposer au condamné une des mesures mentionnées à l'article L. 122-2. L'obligation de respecter les conditions d'un placement en centre éducatif fermé ne peut toutefois être prononcée que dans le cadre du placement extérieur et de la libération conditionnelle.**

BIBL. ▶ Bonfils, Ratification de l'ordonnance portant création de la partie législative du code de la justice pénale des mineurs, *JCP 2021. 391.* – Gallardo, L'aménagement de la peine du mineur : quelle réforme ? *in* Jacopin (dir.), Un code de la justice pénale des mineurs, quelle(s) spécificité(s) ?, Dalloz, coll. Thèmes et commentaires, 2021, p. 157 s.

COMMENTAIRE

Si les combinaisons entre mesures éducatives et peines peuvent être réalisées par les juridictions de jugement, elles pouvaient paraître également souhaitables lors de la phase d'application des peines, dans le cadre d'un aménagement. Cela était du reste prévu par l'ordonnance de 1945 (art. 20-10), mais, initialement, le code n'avait pas repris cette disposition (Gallardo, L'aménagement de la peine du mineur : quelle réforme ? *in* Jacopin (dir.), Un code de la justice pénale des mineurs, quelle(s) spécificité(s) ?, Dalloz, coll. Thèmes et commentaires, 2021, p. 164). La loi de ratification du 26 février 2021 vient réparer cet oubli, en insérant cet article L. 621-3. Cette disposition permet donc au juge des enfants d'imposer au titre de l'aménagement de peine l'une des mesures de l'article L. 122-2, c'est-à-dire se soumettre à une mesure de protection, d'assistance, de surveillance et d'éducation de la PJJ, respecter les conditions d'un placement éducatif, suivre une formation professionnelle ou une scolarité, accomplir un contrat de service au sein d'un établissement de la Défense nationale, et même pour le placement à l'extérieur et la libération conditionnelle respecter les conditions d'un placement en centre éducatif fermé. ❑

TITRE TROISIÈME DU CASIER JUDICIAIRE ET DES AUTRES FICHIERS

BIBL. ▶ Daadouch et Bruggiamosca, Le fichage des mineurs, entre ordre public et libertés individuelles, *éd. Berger-Levrault, 2019.*

COMMENTAIRE

Contrairement à ce que l'on pourrait penser, le souci de préserver l'insertion ou la réinsertion des mineurs délinquants n'empêche pas de consigner précisément la trace de leurs condamnations. Les mineurs n'ont jamais été exemptés du casier judiciaire, et, même à leur égard, la logique d'effacement et d'oubli se trouve remplacée par une logique de mémoire et de traçabilité dont la portée se trouve considérablement renforcée par l'informatique et la biométrie (cf. C. Daadouch et C. Bruggiamosca, Le fichage des mineurs, entre ordre public et libertés individuelles, *éd. Berger-Levrault, 2019, nº 4, p. 20*).

Le code de la justice pénale des mineurs regroupe dans un titre III intitulé « Du casier judiciaire et des autres fichiers » quatre chapitres relatifs aux différents fichiers pouvant consigner les faits commis par des mineurs : le casier judiciaire, le fichier judiciaire national automatisé des auteurs d'infractions sexuelles ou violentes, le fichier judiciaire national automatisé des auteurs d'infractions terroristes, et le fichier d'antécédents.

Ces dispositions ne sont pas nouvelles, mais elles étaient jusqu'alors contenues dans diverses parties du code de procédure pénale, et les spécificités liées à la minorité des personnes concernées n'étaient sans doute pas suffisamment visibles. Il est donc bienvenu que le code affiche, beaucoup plus clairement que ce n'était le cas avant lui, les dispositions relatives aux mineurs dans les différents fichiers qui peuvent les mentionner.

Il convient cependant de relever que le code n'est pas exhaustif en la matière et que d'autres fichiers que les quatre dont il traite sont susceptibles de concerner les mineurs. Tel est par exemple le cas du fichier national automatisé des empreintes génétiques (FNAEG), même si le champ d'application des condamnations concernées pour les mineurs est plus réduit que pour les majeurs (les mesures éducatives, par exemple, sont exclues : Crim. 12 sept. 2007, n° 06-85.687 : *JCP 2008. II. 10018, obs. C. Byk* ; de manière générale sur l'application aux mineurs de ce fichier, cf. C. Daadouch et C. Bruggiamosca, *op. cit., p. 95* s.). ❑

CHAPITRE PREMIER **DU CASIER JUDICIAIRE**

BIBL. ▸ Autesserre, À quoi sert le casier judiciaire des mineurs ?, *RSC 2003, p. 309* s. ; Le casier judiciaire des mineurs modifié par les lois Perben du 9 septembre 2002 et du 9 mars 2004, *RAJS (revue d'action juridique et sociale), févr. 2005, p. 25 s.* – Bonfils, Les dispositions relatives aux mineurs de la loi 2004-204 du 9 mars 2004 dite Perben II, *JCP 2004. I. 140.* – Daadouch et Bruggiamosca, Le fichage des mineurs, entre ordre public et libertés individuelles, *éd. Berger-Levrault, 2019.*

Art. L. 631-1 Sans préjudice des dispositions du dernier alinéa de l'article L. 111-6, les condamnations, les déclarations de culpabilité assorties d'une dispense de peine, d'une dispense de mesure éducative ou d'une déclaration de réussite éducative, les décisions prononçant des mesures éducatives rendues à l'égard d'un mineur, lors du prononcé de la sanction, ainsi que les compositions pénales sont inscrites au casier judiciaire selon les modalités prévues par le code de procédure pénale rappelées par le présent code.

COMMENTAIRE

De manière générale, le casier judiciaire a pour objet de permettre de connaître le passé pénal de la personne poursuivie, notamment pour l'application de la circonstance aggravante de récidive. Le casier judiciaire recense ainsi toutes les condamnations pénales, qu'il s'agisse de majeurs ou de mineurs. Le droit applicable au casier judiciaire est, pour l'essentiel, déterminé par les articles 768 et suivants du code de procédure pénale. Ce dispositif, qui régit le fonctionnement du casier, les mentions y figurant, les modalités d'effacement ou encore sa gestion sont applicables aux mineurs, sous réserve des dispositions dérogatoires prévues par le code de la justice pénale des mineurs.

Il faut donc garder à l'esprit que le droit applicable au casier judiciaire des mineurs est, dans une très large proportion, le droit commun. C'est du reste ce qu'affirme l'article L. 631-1.

Le principe est donc clairement que toutes les condamnations prononcées contre des mineurs figurent au casier judiciaire, quelle que soit leur nature :
– les condamnations (à des peines ou des mesures éducatives) ;
– les déclarations de culpabilité assorties d'une dispense de peine, d'une dispense de mesure éducative ou d'une déclaration de réussite éducative ;
– les décisions prononçant des mesures éducatives rendues à l'égard d'un mineur lors du prononcé de la sanction ;
– et même les compositions pénales.

Le nouveau texte est plus clair que ne l'était l'article 768, 3°, du code de procédure pénale, qui visait « les décisions prononcées par application des articles 8, 15, 15-1, 16, 16 *bis* et 28 de l'ordonnance du 2 février 1945 ».

Le domaine des décisions mentionnées au casier est large, mais cela n'est pas véritablement nouveau. Le code a cependant pris acte de l'existence de la déclaration de réussite éducative, pour la mentionner aux côtés des autres décisions. On relèvera cependant que les décisions provisoires (comme les décisions prises dans le cadre de la mise à l'épreuve éducative lors de la première audience) ne figurent pas au casier judiciaire.

Par ailleurs, comme l'indique l'article L. 111-6 auquel l'article L. 631-1 renvoie, il est possible à la juridiction qui prononce une dispense de mesure éducative ou une déclaration de réussite éducative de décider que sa décision ne sera pas mentionnée au casier judiciaire.

Cela étant, il convient de rappeler que l'inscription au casier judiciaire n'est pas synonyme de premier terme de la récidive. Ainsi, les compositions pénales sont inscrites au casier judiciaire mais ne peuvent constituer le premier terme de la récidive (Cass. avis, 18 janv. 2010, n° 09-00.005 : *Dr. pén. 2011. Chron. 2, obs. V. Peltier, n° 6*), et il en va de même pour les mesures éducatives qui elles aussi sont inscrites au casier judiciaire (art. L. 111-5 : « les mesures éducatives prononcées à l'égard d'un mineur ne peuvent constituer le premier terme de récidive »). ❑

Art. L. 631-2 Les décisions mentionnées à l'article L. 631-1 figurent au bulletin n° 1 du casier judiciaire. Elles ne figurent pas aux bulletins n° 2 et n° 3 du casier judiciaire.

COMMENTAIRE

Le casier judiciaire comprend classiquement trois séries de bulletins : le bulletin n° 1, qui n'est délivré qu'aux autorités judiciaires, ainsi qu'aux greffes des établissements pénitentiaires et aux directeurs des services pénitentiaires et de probation (C. pr. pén., art. 774) ; le bulletin n° 2, qui est délivré aux administrations et organismes chargés par la loi du contrôle de l'accès à une profession ou à une fonction (C. pr. pén., art. 776) ; et le bulletin n° 3, qui peut être délivré à l'intéressé lui-même (C. pr. pén., art. 777).

Dans le souci de préserver l'insertion ou la réinsertion des mineurs, le droit pénal des mineurs ne prévoit la mention des décisions relatives aux mineurs qu'au bulletin n° 1 du casier judiciaire. Il s'agit ici d'une différence notable avec le droit commun, qui prévoit une gradation des inscriptions en fonction de la gravité des décisions prononcées.

L'article L. 631-2 reprend, en la clarifiant, la solution qui résultait de l'article 775 du code de procédure pénale, qui prévoyait sous l'empire de l'ordonnance de 1945, qu'étaient exclues du bulletin n° 2 (et du bulletin n° 3 par renvoi de l'art. 777) les décisions prononcées en vertu des articles 2, 8, 15, 15-1, 16, 16 *bis*, 18 et 28 de l'ordonnance de 1945. ❑

Art. L. 631-3 Les *(L. n° 2021-218 du 26 févr. 2021, art. 16)* **« décisions » relatives aux mesures éducatives, aux dispenses de mesure éducative et aux déclarations de réussite éducative prononcées à l'encontre d'un mineur sont retirées à l'expiration d'un délai de trois ans à compter du jour où la mesure** *(L. n° 2021-218 du 26 févr. 2021, art. 16)* **« est devenue définitive ».**

Les *(L. n° 2021-218 du 26 févr. 2021, art. 16)* **« décisions » relatives aux condamnations prononcées à l'encontre d'un mineur sont retirées dans les conditions prévues par le code de procédure pénale.**

COMMENTAIRE

La première spécificité du casier judiciaire des mineurs tient au fait que les condamnations ne figurent qu'au bulletin n° 1 (art. L. 631-2). L'autre spécificité concerne les modalités de l'effacement du casier judiciaire.

Avant la loi « Perben II » n° 2004-204 du 9 mars 2004, le code de procédure pénale prévoyait que toutes les condamnations prononcées contre des mineurs étaient automatiquement effacées à la majorité de ceux-ci, à l'exclusion de celles à des peines d'emprisonnement ferme supérieures à deux mois (cf. M. Autesserre, « À quoi sert le casier judiciaire des mineurs ? », *RSC 2003. 309* s.).

La loi du 9 mars 2004 a opéré un profond changement de philosophie, se traduisant par un net durcissement du système. Il a été institué un effacement automatique non plus à la majorité, mais au bout de trois ans, et le champ d'application des mesures

effacées a été sensiblement réduit (cf. M. Autesserre, « Le casier judiciaire des mineurs modifié par les lois Perben du 9 septembre 2002 et du 9 mars 2004 », *RAJS (revue d'action juridique et sociale), févr. 2005, p. 25 s.* ; Ph. Bonfils, « Les dispositions relatives aux mineurs de la loi 2004-204 du 9 mars 2004 dite Perben II », *JCP 2004. I. 140*).

Ces règles, qui figuraient à l'article 769, 7°, du code de procédure pénale, ont été reprises par l'article L. 631-3 du code de la justice pénale des mineurs : les « décisions » (le code évoquait initialement plus justement les « fiches ») relatives aux mesures éducatives, aux dispenses de mesure éducative et aux déclarations de réussite éducative sont retirées à l'expiration d'un délai de trois ans mais les décisions de condamnation ne le sont que dans les conditions prévues par le code de procédure pénale. ❑

Code de procédure pénale

Art. 769 *(L. n° 84-1150 du 21 déc. 1984)* « Il est fait mention sur les fiches du casier judiciaire des peines ou dispenses de peines prononcées après ajournement du prononcé de la peine, des grâces, commutations ou réductions de peines, des décisions qui suspendent ou qui ordonnent l'exécution d'une première condamnation, des décisions prises en application du deuxième alinéa de l'article *(L. n° 2004-204 du 9 mars 2004, art. 162-III, en vigueur le 1er janv. 2005)* « 728-4 » ou du premier alinéa de l'article *(L. n° 2004-204 du 9 mars 2004, art. 162-III, en vigueur le 1er janv. 2005)* « 728-7 », des décisions de libération conditionnelle et de révocation, *(L. n° 2010-242 du 10 mars 2010, art. 16-II)* « des décisions de surveillance judiciaire et de réincarcération prises en application de l'article 723-35, des décisions de surveillance de sûreté, des décisions de rétention de sûreté, » des décisions de suspension de peine, *(L. n° 2007-297 du 5 mars 2007, art. 43)* « des réhabilitations, » des décisions qui rapportent ou suspendent les arrêtés d'expulsion, ainsi que la date de l'expiration de la peine *(L. n° 2019-222 du 23 mars 2019, art. 58-V-9° et 109-XVI, en vigueur le 1er juill. 2021)* « , la date du paiement de l'amende et la date d'émission du titre exécutoire de l'amende forfaitaire majorée non susceptible de réclamation. »

(L. n° 2010-242 du 10 mars 2010, art. 16-II) « Il est fait mention, sur les fiches du casier judiciaire relatives à des décisions de rétention de sûreté ou de surveillance de sûreté, des décisions de renouvellement de ces mesures. »

(L. n° 75-624 du 11 juill. 1975) Sont retirées du casier judiciaire les fiches relatives à des condamnations effacées par une amnistie *(Abrogé par L. n° 2007-297 du 5 mars 2007, art. 43)* *« , par la réhabilitation de plein droit ou judiciaire »* ou réformées en conformité d'une décision de rectification du casier judiciaire. Il en est de même, sauf en ce qui concerne les condamnations prononcées pour des faits imprescriptibles *(L. n° 2012-409 du 27 mars 2012, art. 14-II)* « ou par une juridiction étrangère », des fiches relatives à des condamnations *(Abrogé par L. n° 2010-242 du 10 mars 2010, art. 16-II)* *(L. n° 2008-174 du 25 févr. 2008, art. 4-IX)* *« ou des décisions d'irresponsabilité pénale pour cause de trouble mental »* prononcées depuis plus de quarante ans et qui n'ont pas été suivies d'une nouvelle condamnation à une peine criminelle ou correctionnelle.

(L. n° 92-1336 du 16 déc. 1992) « Sont également retirés du casier judiciaire :

« 1° Les jugements prononçant la faillite personnelle ou l'interdiction prévue par l'article 192 de la loi n° 85-98 du 25 janvier 1985 précitée *[C. com., art. L. 653-8]* lorsque ces mesures sont effacées par un jugement de clôture pour extinction du passif, par la réhabilitation ou à l'expiration du délai de cinq ans à compter du jour où ces condamnations sont devenues définitives *(Abrogé par L. n° 2019-486 du 22 mai 2019, art. 59)* *« ainsi que le jugement prononçant la liquidation judiciaire à l'égard d'une personne physique, à l'expiration d'un délai de cinq ans à compter du jour où ce jugement est devenu définitif ou après le prononcé (L. n° 94-475 du 10 juin 1994) « d'un jugement emportant réhabilitation ».*

« Toutefois, si la durée de la faillite personnelle ou de l'interdiction est supérieure à cinq ans, la condamnation relative à ces mesures demeure mentionnée sur les fiches du casier judiciaire pendant la même durée » ;

« 2° Les décisions disciplinaires effacées par la réhabilitation ;

3° *Abrogé par L. n° 2007-297 du 5 mars 2007, art. 43.*

« 4° Les dispenses de peines, à l'expiration d'un délai de trois ans à compter du jour où la condamnation est devenue définitive ;

« 5° Les condamnations pour contravention, à l'expiration d'un délai de trois ans à compter du jour où ces condamnations sont devenues définitives » *(L. n° 2003-495 du 12 juin 2003,*

art. 4) « ; ce délai est porté à quatre ans lorsqu'il s'agit d'une contravention dont la récidive constitue un délit ; »

(L. n° 2002-1138 du 9 sept. 2002, art. 36) « 6° Les mentions relatives à la composition pénale, à l'expiration d'un délai de trois ans à compter du jour où l'exécution de la mesure a été constatée, si la personne n'a pas, pendant ce délai, soit subi de condamnation à une peine criminelle ou correctionnelle, soit exécuté une nouvelle composition pénale ; »

(Ord. n° 2019-950 du 11 sept. 2019, art. 4 et 9, en vigueur le 30 sept. 2021) « 7° Les fiches relatives aux mesures éducatives, aux dispenses de mesure éducative et aux déclarations de réussite éducative prononcées à l'encontre d'un mineur à l'expiration d'un délai de trois ans à compter du jour où la décision est devenue définitive ; »

(L. n° 2007-297 du 5 mars 2007, art. 43) « 8° Les condamnations ayant fait l'objet d'une réhabilitation judiciaire, lorsque la juridiction a expressément ordonné la suppression de la condamnation du casier judiciaire conformément au deuxième alinéa de l'article 798 ; »

(L. n° 2010-242 du 10 mars 2010, art. 16-II) « 9° Les fiches relatives aux jugements ou arrêts de déclaration d'irresponsabilité pénale pour cause de trouble mental, lorsque l'hospitalisation d'office ordonnée en application de l'article 706-135 a pris fin ou lorsque les mesures de sûreté prévues par l'article 706-136 ont cessé leurs effets ; »

(L. n° 2012-409 du 27 mars 2012, art. 14-II) « 10° Les condamnations prononcées par les juridictions étrangères, dès réception d'un avis d'effacement de l'État de condamnation ou d'une décision de retrait de mention ordonnée par une juridiction française. Toutefois, si la condamnation a été prononcée par une juridiction d'un État membre de l'Union européenne, le retrait ordonné par une juridiction française ne fait pas obstacle à sa retransmission aux autres États membres de l'Union européenne ; »

(L. n° 2019-222 du 23 mars 2019, art. 58-V-9° et 109-XVI, en vigueur le 1er juill. 2021) « 11° Les fiches relatives aux amendes forfaitaires mentionnées au 11° de l'article 768, à l'expiration d'un délai de trois ans à compter de leur paiement ou à l'expiration du délai mentionné au second alinéa de l'article 495-19, si la personne n'a pas, pendant ce délai, soit subi de condamnation à une peine criminelle ou correctionnelle, soit fait de nouveau l'objet d'une amende forfaitaire délictuelle. »

Art. L. 631-4 Lorsque, à la suite *(L. n° 2021-218 du 26 févr. 2021, art. 16)* **« de la condamnation prononcée à l'encontre d'un mineur à une peine criminelle ou correctionnelle devenue définitive, le relèvement éducatif » de ce mineur apparaît comme** *(L. n° 2021-218 du 26 févr. 2021, art. 16)* **« acquis », le tribunal pour enfants peut, après l'expiration d'un délai de trois ans à compter de ladite décision et même si le mineur a atteint sa majorité, décider, à sa requête, à celle du ministère public ou d'office, le retrait du casier judiciaire de la décision dont il s'agit.**

Le tribunal pour enfants statue en dernier ressort. Lorsque le retrait du casier judiciaire de la décision a été prononcé, la mention de cette décision ne doit plus figurer au bulletin n° 1 du casier judiciaire du mineur.

Le tribunal de la poursuite initiale, celui du lieu du domicile actuel du mineur et celui du lieu de sa naissance sont compétents pour connaître de la requête. – *[C. pr. pén., art. 770, al. 1er, 2 et 3.]*

COMMENTAIRE

A côté de l'effacement automatique au bout de trois ans, prévu par l'article L. 631-3 pour certaines décisions seulement, l'article L. 631-4 prévoit, pour toutes les décisions cette fois, y compris de condamnation, que « lorsque, à la suite de la condamnation prononcée à l'encontre d'un mineur à une peine criminelle ou correctionnelle devenue définitive, le relèvement éducatif de ce mineur apparaît comme acquis, le tribunal pour enfants peut, après l'expiration d'un délai de trois ans à compter de ladite décision et même si le mineur a atteint sa majorité, décider, à sa requête, à celle du ministère public ou d'office, le retrait du casier judiciaire de la décision dont il s'agit ». Sont alors compétents le tribunal pour enfants de la poursuite initiale, celui du domicile actuel de l'intéressé et celui du lieu de sa naissance. Le tribunal est saisi sur requête, et statue en dernier ressort. Lorsque le retrait du casier judiciaire de la décision a été prononcé, la mention de cette décision ne doit plus figurer au bulletin n° 1 du casier judiciaire du mineur.

L'article L. 631-4 est la reprise, presque au mot près, des alinéas 1 à 3 de l'ancien article 770 du code de procédure pénale. Mais le code de la justice pénale des mineurs

n'a pas repris le dispositif similaire qui existait au profit des jeunes majeurs, pour des délits commis entre dix-huit et vingt et un ans, lorsque leur reclassement paraît acquis. Cette disposition reste toujours valable, mais elle est restée dans le code de procédure pénale (C. pr. pén., art. 770). ❑

Code de procédure pénale

Art. 770 *(L. nº 70-643 du 17 juill. 1970) (Ord. nº 2019-950 du 11 sept. 2019, art. 4 et 9, en vigueur le 30 sept. 2021)* « Le retrait du casier judiciaire d'une décision concernant un mineur peut être décidé dans les conditions prévues à l'article L. 631-4 du code de la justice pénale des mineurs.

« Le retrait du casier judiciaire d'une condamnation prononcée pour des faits commis par une personne âgée de dix-huit à vingt et un ans peut également, si le reclassement du condamné paraît acquis, être prononcé » à l'expiration d'un délai de trois ans à compter de la condamnation. *(Ord. nº 2019-950 du 11 sept. 2019, art. 4 et 9, en vigueur le 30 sept. 2021)* « Ce retrait » ne peut cependant intervenir qu'après que les peines privatives de liberté ont été subies et que les amendes ont été payées et, si des peines complémentaires ont été prononcées pour une durée déterminée, après l'expiration de cette durée.

Dans le cas prévu à l'alinéa qui précède, *(Ord. nº 2019-950 du 11 sept. 2019, art. 4 et 9, en vigueur le 30 sept. 2021)* « le retrait du casier judiciaire de la fiche constatant la condamnation est demandé » par requête, selon les règles de compétence et de procédure fixées par les deuxième et troisième alinéas de l'article 778.

(Ord. nº 2019-950 du 11 sept. 2019, art. 4 et 9, en vigueur le 30 sept. 2021) « Lorsque le retrait du casier judiciaire de la décision a été prononcé, la mention de cette décision ne doit plus figurer au bulletin nº 1 du casier judiciaire. »

....

Art. 778 Lorsque au cours d'une procédure quelconque le procureur de la République ou le juge d'instruction constate qu'un individu a été condamné sous une fausse identité ou a usurpé un état civil, il est immédiatement procédé d'office, à la diligence du procureur de la République, aux rectifications nécessaires avant la clôture de la procédure.

La rectification est demandée par requête au président du tribunal ou de la cour qui a rendu la décision. Si la décision a été rendue par une cour d'assises, la requête est soumise *(L. nº 2019-222 du 23 mars 2019, art. 56)* « au président de la chambre de l'instruction ou » à la chambre de l'instruction.

Le président communique la requête au ministère public et commet un magistrat pour faire le rapport. Les débats ont lieu et le jugement est rendu en chambre du conseil. Le tribunal ou la cour peut ordonner d'assigner la personne objet de la condamnation.

Si la requête est admise, les frais sont supportés par celui qui a été la cause de l'inscription reconnue erronée s'il a été appelé dans l'instance. Dans le cas contraire ou dans celui de son insolvabilité, ils sont supportés par le Trésor.

Toute personne qui veut faire rectifier une mention portée à son casier judiciaire peut agir dans la même forme. Dans le cas où la requête est rejetée, le requérant est condamné aux frais.

Mention de la décision est faite en marge du jugement ou de l'arrêt visé par la demande en rectification.

La même procédure est applicable au cas de contestation sur la réhabilitation de droit, ou de difficultés soulevées par l'interprétation d'une loi d'amnistie, dans les termes *(L. nº 2010-242 du 10 mars 2010, art. 16-VI)* « du troisième alinéa de l'article 769 ».

CHAPITRE II DU FICHIER JUDICIAIRE NATIONAL AUTOMATISÉ DES AUTEURS D'INFRACTIONS SEXUELLES OU VIOLENTES

BIBL. ▶ Bonfils, Les dispositions relatives aux mineurs de la loi 2004-204 du 9 mars 2004 dite Perben II, *JCP 2004. I. 140.* – Daadouch et Bruggiamosca, Le fichage des mineurs, entre ordre public et libertés individuelles, *éd. Berger-Levrault, 2019.*

COMMENTAIRE

Le fichier judiciaire national automatisé des auteurs d'infractions sexuelles ou violentes (FIJAISV) a été créé par la loi Perben II du 9 mars 2004, après l'émoi suscité par des affaires dramatiques (notamment l'affaire Fourniret), afin de prévenir la récidive des

auteurs d'infractions sexuelles ou violentes, d'en faciliter l'identification des auteurs, et de les localiser facilement et rapidement.

Les mineurs sont susceptibles de figurer dans le FIJAISV, ce qui peut apparaître discutable si l'on considère la spécificité des infractions commises par les mineurs, et notamment le fait que nombre d'infractions sexuelles commises par des mineurs le sont au sein de fratries, dans le cadre d'un contexte bien différent de celui des majeurs (V. en ce sens, C. Daadouch et C. Bruggiamosca, Le fichage des mineurs, entre ordre public et libertés individuelles, *éd. Berger-Levrault, 2019, n° 79, p. 70*).

Pour autant, l'article 706-53-2 du code de procédure pénale inclut bien les mineurs dans ce fichier et les spécificités liées à la minorité sont relativement réduites. Ce sont ces spécificités qui figurent dans le présent chapitre.

Avant de les envisager plus précisément, il convient de préciser que le terme « mineur », utilisé dans les dispositions qui suivent, désigne les personnes qui étaient mineures au moment des infractions justifiant leur inscription dans le fichier ; mais l'inscription couvrant nécessairement une certaine durée, les intéressés seront souvent devenus majeurs, tout en relevant du régime des « mineurs ». ❑

SECTION PREMIÈRE **DE L'INSCRIPTION DES DÉCISIONS**

Art. L. 632-1 Les décisions concernant les mineurs de moins de treize ans ne sont pas inscrites dans le fichier judiciaire national automatisé des auteurs d'infractions sexuelles ou violentes.

COMMENTAIRE

C'est l'article 706-5-2 du code de procédure pénale qui donne la liste des décisions donnant lieu à inscription au sein du FIJAISV. Sont ainsi visées, lorsqu'elles concernent les infractions visées à l'article 706-47 du code de procédure pénale (crimes et délits sexuels) : les condamnations, même non définitives, y compris par défaut ou assorties d'une dispense de peine ou d'un ajournement de peine, les décisions d'irresponsabilité pour cause de trouble mental, les compositions pénales, les mises en examen sous contrôle judiciaire ou sous assignation à résidence lorsque le juge d'instruction a ordonné l'inscription dans le fichier.

Concernant les mineurs, il est prévu plusieurs aménagements relatifs à l'inscription des décisions.

Le premier d'entre eux concerne les décisions relatives aux mineurs de moins de treize ans, qui ne sont pas inscrites dans le fichier judiciaire national automatisé des auteurs d'infractions sexuelles ou violentes. Le code reprend ici une solution qui existait avant lui (C. pr. pén., art. 706-53-2, dernier al.). On précisera simplement que c'est l'âge au moment des faits qui est ici visé. En d'autres termes, aucun mineur de moins de treize ans au moment des faits ne peut figurer dans le FIJAISV, quelle que soit la gravité ou la nature de l'infraction commise. ❑

Code de procédure pénale

Art. 706-53-1 Le fichier judiciaire national automatisé des auteurs d'infractions sexuelles *(L. n° 2005-1549 du 12 déc. 2005, art. 28)* « ou violentes » constitue une application automatisée d'informations nominatives tenue par le service du casier judiciaire sous l'autorité du ministre de la justice et le contrôle d'un magistrat. Afin de prévenir le renouvellement des infractions mentionnées à l'article 706-47 et de faciliter l'identification de leurs auteurs, ce traitement reçoit, conserve et communique aux personnes habilitées les informations prévues à l'article 706-53-2 selon les modalités prévues par le présent chapitre.

Art. L. 632-2 Les décisions rendues lors du prononcé de la sanction concernant les mineurs âgés d'au moins treize ans relatives à un délit relevant de l'article 706-47 du code de procédure pénale ne sont pas inscrites dans le fichier judiciaire national automatisé des auteurs d'infractions sexuelles ou violentes, sauf si cette inscription est

ordonnée par décision expresse de la juridiction, ou dans les cas prévus aux 3° et 4° de l'article 706-53-2 du même code, par le procureur de la République.

COMMENTAIRE

Dès lors que le mineur est âgé d'au moins treize ans à la date des faits, sa condamnation peut figurer au FIJAISV. Mais son âge justifie certaines restrictions.

Avant l'entrée en vigueur du code de la justice pénale des mineurs, le code de procédure pénale prévoyait que les décisions concernant des mineurs de treize à dix-huit ans, lorsqu'elles étaient relatives à des délits prévus à son article 706-47 (pour les crimes, il faut se reporter à l'article suivant qui pose une solution inverse), n'étaient pas inscrites dans le fichier, sauf si cette inscription était ordonnée par décision expresse de la juridiction ou, pour les compositions ou les décisions d'irresponsabilité pour trouble mental, par le procureur de la République.

Cette disposition est reprise par l'article L. 632-2, qui s'adapte à la procédure de mise à l'épreuve éducative et à la césure qu'elle induit. En effet, le code vise désormais « les décisions rendues lors du prononcé de la sanction ».

Cela étant, cette disposition soulève une question concernant les autres délits, qui échapperaient à la procédure de mise à l'épreuve éducative, et ne donneraient pas lieu à une audience de prononcé de la sanction. C'est le cas lorsque l'infraction aura été jugée lors d'une audience unique (V. art. L. 521-26), ou encore lorsque, même s'agissant d'un délit, l'infraction aura donné lieu à une information judiciaire, suivie d'une audience unique sur la culpabilité et la sanction. Doit-on considérer que ces décisions ne peuvent bénéficier des dispositions protectrices de l'article L. 632-2 ? Il nous semble qu'une réponse négative doit être apportée : d'une part, une audience unique est aussi une audience sur la sanction et d'autre part, s'agissant d'une disposition protectrice, on peut admettre sans difficulté une application extensive. ❑

Code de procédure pénale

Art. 706-47 *(L. n° 2016-457 du 14 avr. 2016, art. 1er)* Le présent titre est applicable aux procédures concernant les infractions suivantes :

1° Crimes de meurtre ou d'assassinat prévus aux articles 221-1 à 221-4 du code pénal, lorsqu'ils sont commis sur un mineur *(Abrogé par L. n° 2018-703 du 3 août 2018, art. 1er)* « *, précédés ou accompagnés d'un viol, de tortures ou d'actes de barbarie,* » ou lorsqu'ils sont commis en état de récidive légale ;

2° Crimes de tortures ou d'actes de barbarie prévus aux articles 222-1 à 222-6 du même code *(L. n° 2018-703 du 3 août 2018, art. 1er)* « et crimes de violences sur un mineur de quinze ans ayant entraîné une mutilation ou une infirmité permanente prévus à l'article 222-10 dudit code » ;

3° Crimes de viol prévus aux articles 222-23 à 222-26 *(L. n° 2018-703 du 3 août 2018, art. 1er)* « du même » code *(L. n° 2020-1672 du 24 déc. 2020, art. 26)* « et délit prévu à l'article 222-26-1 du même code » ;

4° Délits d'agressions sexuelles prévus aux articles 222-27 à *(L. n° 2021-478 du 21 avr. 2021, art. 11)* « 222-33 » du même code ;

5° Délits et crimes de traite des êtres humains à l'égard d'un mineur prévus aux articles 225-4-1 à 225-4-4 du même code ;

6° Délit et crime de proxénétisme à l'égard d'un mineur prévus au 1° de l'article 225-7 et à l'article 225-7-1 du même code ;

7° Délits de recours à la prostitution *(Abrogé par L. n° 2021-478 du 21 avr. 2021, art. 11)* « *d'un mineur* » prévus aux articles 225-12-1 et 225-12-2 du même code ;

8° Délit de corruption de mineur prévu à l'article 227-22 du même code ;

9° Délit de proposition sexuelle faite par un majeur à un mineur de quinze ans ou à une personne se présentant comme telle en utilisant un moyen de communication électronique, prévu à l'article 227-22-1 du même code ;

10° Délits de captation, d'enregistrement, de transmission, d'offre, de mise à disposition, de diffusion, d'importation ou d'exportation, d'acquisition ou de détention d'image ou de représentation pornographique d'un mineur ainsi que le délit de consultation habituelle ou en contrepartie d'un paiement d'un service de communication au public en ligne mettant à disposition une telle image ou représentation, prévus à l'article 227-23 du même code ;

11° Délits de fabrication, de transport, de diffusion ou de commerce de message violent ou pornographique susceptible d'être vu ou perçu par un mineur, prévus à l'article 227-24 du même code ;

12° Délit d'incitation d'un mineur à se soumettre à une mutilation sexuelle ou à commettre cette mutilation, prévu à l'article 227-24-1 du même code ;

13° Délits d'atteintes sexuelles *(L. n° 2021-478 du 21 avr. 2021, art. 11)* « et de tentatives d'atteinte sexuelle » prévus aux articles 227-25 à *(L. n° 2021-478 du 21 avr. 2021, art. 11)* « 222-27-2 » du même code ;

(L. n° 2021-478 du 21 avr. 2021, art. 11) « 14° Délit d'incitation à commettre un crime ou un délit à l'encontre d'un mineur, prévu à l'article 227-28-3 du même code ; »

(L. n° 2021-1539 du 30 nov. 2021, art. 45) « 15° Délits prévus au premier alinéa de l'article 521-1-1 du même code. »

....

Art. 706-53-2 Lorsqu'elles concernent, sous réserve des dispositions du dernier alinéa du présent article, une ou plusieurs des infractions mentionnées à l'article 706-47, sont enregistrées dans le fichier les informations relatives à l'identité ainsi que l'adresse ou les adresses successives du domicile et, le cas échéant, des résidences, des personnes ayant fait l'objet :

1° D'une condamnation, même non encore définitive, y compris d'une condamnation par défaut ou d'une déclaration de culpabilité assortie d'une dispense ou d'un ajournement de la peine ;

(Ord. n° 2019-950 du 11 sept. 2019, art. 4 et 9, en vigueur le 30 sept. 2021) « 2° D'une décision même non encore définitive prononçant à l'égard d'un mineur une mesure éducative, une dispense de mesure éducative ou une déclaration de réussite éducative en application du titre Ier du livre Ier du code de la justice pénale des mineurs ; »

3° D'une composition pénale prévue par l'article 41-2 du présent code dont l'exécution a été constatée par le procureur de la République ;

4° *(L. n° 2008-174 du 25 févr. 2008, art. 4-VI)* « D'une décision d'irresponsabilité pénale pour cause de trouble mental ; »

(L. n° 2020-936 du 30 juill. 2020, art. 21) « 5° D'une mise en examen, lorsque le juge d'instruction a ordonné l'inscription de la décision dans le fichier ; en matière criminelle, l'inscription dans le fichier est de droit, sauf décision motivée du juge d'instruction ; »

6° D'une décision de même nature que celles visées ci-dessus prononcées par les juridictions ou autorités judiciaires étrangères qui, en application d'une convention ou d'un accord internationaux, ont fait l'objet d'un avis aux autorités françaises ou ont été exécutées en France à la suite du transfèrement des personnes condamnées.

Le fichier comprend aussi les informations relatives à la décision judiciaire ayant justifié l'inscription et la nature de l'infraction. Les décisions mentionnées aux 1° et 2° sont enregistrées dès leur prononcé.

(L. n° 2011-939 du 10 août 2011, art. 18-I et III, en vigueur le 11 févr. 2012) « Les décisions concernant les délits prévus à l'article 706-47 et punis d'une peine d'emprisonnement égale à cinq ans sont inscrites dans le fichier, sauf décision contraire spécialement motivée de la juridiction ou, dans les cas prévus aux 3° et 4° du présent article, du procureur de la République.

« Les décisions concernant les délits prévus au même article 706-47 et punis d'une peine d'emprisonnement inférieure à cinq ans ne sont pas inscrites dans le fichier, sauf si cette inscription est ordonnée par décision expresse de la juridiction ou, dans les cas prévus aux 3° et 4° du présent article, du procureur de la République. »

(L. n° 2021-478 du 21 avr. 2021, art. 13) « Par dérogation au dixième alinéa, les décisions sont inscrites dans le fichier, quelle que soit la durée de la peine, si la victime des délits prévus à l'article 706-47 est mineure. Toutefois, s'il s'agit d'un délit puni d'une peine d'emprisonnement inférieure à cinq ans, la juridiction ou, dans les cas prévus aux 3° et 4° du présent article, le procureur de la République peut, par décision spécialement motivée, dire que la décision ne sera pas inscrite au fichier. »

(L. n° 2011-939 du 10 août 2011, art. 18-I) « Les décisions concernant des mineurs de moins de treize ans ne sont pas inscrites dans le fichier. Les décisions concernant des mineurs de treize à dix-huit ans, lorsqu'elles sont relatives à des délits prévus au même article 706-47, ne sont pas inscrites dans le fichier, sauf si cette inscription est ordonnée par décision expresse de la juridiction ou, dans les cas prévus aux 3° et 4° du présent article, du procureur de la République. »

Art. L. 632-3 Les décisions concernant les mineurs âgés d'au moins treize ans relatives à un crime relevant de l'article 706-47 du code de procédure pénale sont inscrites de plein droit dans le fichier judiciaire national automatisé des auteurs d'infractions sexuelles ou violentes *(L. n° 2021-218 du 26 févr. 2021, art. 16)* **« , sauf décision contraire spécialement motivée de la juridiction de jugement ».**

V. C. pr. pén., art. 706-47, ss. art. L. 632-2.

COMMENTAIRE

Les décisions relatives aux délits relevant de l'article 706-47 du code de procédure pénale commis par les mineurs ne sont pas mentionnées au FIJAISV, sauf décision contraire (art. L. 632-2). Les décisions relatives au crime relevant du même article 706-47 sont, en revanche, mentionnées automatiquement dans le FIJAISV, sauf décision contraire spécialement motivée.

Même l'article L. 632-3 n'avait pas d'équivalent dans le code de procédure pénale, elle se déduisait de l'article 706-53-2.

L'adjonction au fichier est de plein droit, ce qui a été validé par la Cour de cassation à l'égard des majeurs (Crim. 16 janv. 2008, n° 07-82.115 ; 17 févr. 2010, n° 09-87.570), mais il est heureux que la loi de ratification ait ajouté « sauf décision contraire motivée ».

SECTION II DE L'EFFACEMENT DES DÉCISIONS

Art. L. 632-4 Les informations mentionnées à l'article 706-53-2 du code de procédure pénale sont retirées du fichier au décès de l'intéressé ou à l'expiration d'un délai de dix ans à compter du prononcé de la décision ou à compter de sa libération lorsque la personne exécute une peine privative de liberté sans sursis en application de la condamnation entraînant l'inscription.

Toutefois le mineur peut solliciter la rectification ou l'effacement des informations contenues dans le fichier dans les conditions prévues à l'article 706-53-10 du même code.

V. C. pr. pén., art. 706-53-2, ss. art. L. 632-2, et C. pr. pén., art. 706-53-10 ci-dessous.

COMMENTAIRE

Selon l'article 706-53-4 du code de procédure pénale, les informations mentionnées au FIJAISV sont retirées au décès de l'intéressé, ou à l'expiration d'un délai de trente ans pour les crimes et les délits punis de dix ans, et d'un délai de vingt ans dans les autres cas. Au terme de ces délais, l'effacement est automatique.

Mais, concernant les mineurs, la loi n° 2016-731 du 3 juin 2016 avait modifié l'article 706-53-4 du code de procédure pénale, pour ramener le délai d'effacement automatique à dix ans dans tous les cas. Cette disposition favorable (et appliquée immédiatement par la Cour de cassation : Crim. 2 nov. 2017, n° 16-83.689) est reprise par le code de la justice pénale des mineurs.

L'article L. 632-4 dispose ainsi que « les informations mentionnées à l'article 706-53-2 du code de procédure pénale sont retirées du fichier au décès de l'intéressé ou à l'expiration d'un délai de dix ans à compter du prononcé de la décision ou à compter de sa libération lorsque la personne exécute une peine privative de liberté sans sursis en application de la condamnation entraînant l'inscription ».

Mais, à côté de l'effacement automatique, « toute personne dont l'identité est inscrite dans le fichier peut demander au procureur de la République de rectifier ou d'ordonner l'effacement des informations la concernant si les informations ne sont pas exactes ou si leur conservation n'apparaît plus nécessaire compte tenu de la finalité du fichier, au regard de la nature de l'infraction, de l'âge de la personne lors de sa commission, du temps écoulé depuis lors et de la personnalité actuelle de l'intéressé » (C. pr. pén., art. 706-53-10). Cette possibilité est bien évidemment offerte au mineur, comme l'indique expressément l'article L. 632-4, alinéa 2 : « toutefois le mineur peut solliciter la rectification ou l'effacement des informations contenues dans le fichier dans les conditions prévues à l'article 706-53-10 du même code ».

L'entrée en vigueur, le 1er juin 2017, des dispositions de la L. n° 2016-731 du 3 juin 2016, modifiant l'art. 706-53-4 C. pr. pén., dont il résulte que les informations personnelles concernant une personne inscrite au FIJAIS pour un crime doivent, dans le cas d'un mineur condamné à une peine privative de liberté, être retirées du fichier à l'expiration d'un délai de dix ans à compter de sa libération, a privé de fondement légal le maintien de l'inscription de l'intéressé au FIJAIS au-delà du 14 mars 1993, et ainsi M. X. n'était plus soumis aux obligations découlant de cette inscription au cours de la période retenue dans la prévention. • Crim. 2 nov. 2017, n° 16-83.689.

Code de procédure pénale

Art. 706-53-10 Toute personne dont l'identité est inscrite dans le fichier peut demander au procureur de la République de rectifier ou d'ordonner l'effacement des informations la concernant si les informations ne sont pas exactes ou si leur conservation n'apparaît plus nécessaire compte tenu de la finalité du fichier, au regard de la nature de l'infraction, de l'âge de la personne lors de sa commission, du temps écoulé depuis lors et de la personnalité actuelle de l'intéressé.

(L. n° 2020-1672 du 24 déc. 2020, art. 26) « La même demande peut être faite au juge d'instruction lorsque l'inscription a été effectuée sur le fondement du 5° de l'article 706-53-2. »

La demande d'effacement est irrecevable tant que les mentions concernées *(Abrogé par L. n° 2007-297 du 5 mars 2007, art. 43, à compter du 7 mars 2008)* « *subsistent au bulletin n° 1 du casier judiciaire de l'intéressé ou* » sont relatives à une procédure judiciaire qui est toujours en cours *(L. n° 2020-1672 du 24 déc. 2020, art. 26)* « , sauf dans l'hypothèse d'une inscription sur le fondement du même 5° » *(L. n° 2007-297 du 5 mars 2007, art. 43, en vigueur le 7 mars 2008)* « , tant que la personne n'a pas été réhabilitée ou que la mesure à l'origine de l'inscription n'a pas été effacée du bulletin n° 1 ».

Si le procureur de la République *(L. n° 2020-1672 du 24 déc. 2020, art. 26)* « ou le juge d'instruction » n'ordonne pas la rectification ou l'effacement, la personne peut *(L. n° 2019-222 du 23 mars 2019, art. 85)* « exercer un recours » devant le président de la chambre de l'instruction.

Avant de statuer sur la demande de rectification ou d'effacement, le procureur de la République *(Abrogé par L. n° 2020-1672 du 24 déc. 2020, art. 26)* « *, le juge des libertés et de la détention* » et le président de la chambre de l'instruction peuvent faire procéder à toutes les vérifications qu'ils estiment nécessaires et notamment ordonner une expertise médicale de la personne. S'il s'agit d'une mention concernant soit un crime, soit un délit puni de dix ans d'emprisonnement et commis contre un mineur, la décision d'effacement du fichier ne peut intervenir en l'absence d'une telle expertise.

Dans le cas prévu *(L. n° 2010-242 du 10 mars 2010, art. 12-I)* « au cinquième » alinéa de l'article 706-53-5, le procureur de la République *(Abrogé par L. n° 2020-1672 du 24 déc. 2020, art. 26)* « *, le juge des libertés et de la détention* » et le président de la chambre de l'instruction, saisis en application des dispositions du présent article, peuvent également ordonner, à la demande de la personne, qu'elle ne sera tenue de se présenter auprès des services de police ou de gendarmerie pour justifier de son adresse qu'une fois par an *(L. n° 2007-297 du 5 mars 2007, art. 42)* « ou, lorsqu'elle devait se présenter une fois par mois, qu'une fois tous les six mois ».

SECTION III DU SUIVI DES MINEURS INSCRITS

Art. L. 632-5 Le régime de justification semestrielle prévu par le cinquième alinéa de l'article 706-53-5 du code de procédure pénale n'est applicable qu'aux mineurs âgés *(L. n° 2021-218 du 26 févr. 2021, art. 16)* **« d'au moins treize » ans condamnés pour un crime puni d'au moins vingt ans de réclusion.**

COMMENTAIRE

L'inscription sur le FIJAISV est lourde de conséquences. Comme on l'a dit (C. Daadouch et C. Bruggiamosca, Le fichage des mineurs, entre ordre public et libertés individuelles, *éd. Berger-Levrault, 2019, n° 89, p. 77*), « le FIJAISV est avant tout un fichier d'adresses ». En effet, la personne inscrite au fichier est tenue de justifier son adresse auprès du commissariat de police ou de la gendarmerie de son domicile par lettre recommandée avec accusé de réception ou en se présentant en personne auprès des forces de l'ordre. L'intéressé doit évidemment signaler tout changement de domicile dans un délai

de quinze jours, et dans tous les cas signaler son adresse une fois par an, voire une fois par semestre si la personne a été condamnée pour crime ou pour un délit puni de 10 ans d'emprisonnement (C. pr. pén., art. 706-53-5).

Dans le cas des mineurs, les obligations qui pèsent sur les personnes inscrites sont un peu allégées. Reprenant une des dispositions de l'ancien article 706-53-5 du code de procédure pénale, l'article L. 632-5 du code de la justice pénale des mineurs dispose que « le régime de justification semestrielle prévu par le cinquième alinéa de l'article 706-53-5 du code de procédure pénale n'est applicable qu'aux mineurs âgés de treize à dix-huit ans condamnés pour un crime puni d'au moins vingt ans de réclusion ».

Concrètement, les mineurs (ou plus exactement les personnes inscrites pour des faits commis lorsqu'elles étaient mineures) doivent déclarer leur domicile au moment de l'inscription, à chaque déménagement, et une fois par an. La justification semestrielle est réservée aux mineurs condamnés pour un crime puni d'au moins vingt ans d'emprisonnement. ❑

Code de procédure pénale

Art. 706-53-5 Toute personne dont l'identité est enregistrée dans le fichier est astreinte, à titre de mesure de sûreté, aux obligations prévues par le présent article.

La personne est tenue, soit *(L. n° 2010-242 du 10 mars 2010, art. 12-I)* « , si elle réside à l'étranger, » auprès du gestionnaire du fichier, par lettre recommandée avec demande d'avis de réception, soit auprès du commissariat de police ou de la gendarmerie de son domicile, par lettre recommandée avec demande d'avis de réception ou en se présentant au service :

1° *(L. n° 2010-242 du 10 mars 2010, art. 12-I)* « De justifier de son adresse, une première fois après avoir reçu l'information des mesures et des obligations mentionnées au deuxième alinéa de l'article 706-53-6, puis tous les ans ; »

2° De déclarer ses changements d'adresse, dans un délai de quinze jours au plus tard après ce changement.

Si la personne a été *(Abrogé par L. n° 2010-242 du 10 mars 2010, art. 12-I)* « *définitivement* » condamnée pour un crime ou pour un délit puni de dix ans d'emprisonnement, elle doit justifier de son adresse une fois tous les six mois en se présentant à cette fin *(L. n° 2005-1549 du 12 déc. 2005, art. 28)* « soit auprès du commissariat ou de l'unité de gendarmerie de son domicile, soit » auprès du groupement de gendarmerie départemental ou de la direction départementale de la sécurité publique de son domicile ou auprès de tout autre service désigné par la préfecture. *(L. n° 2007-297 du 5 mars 2007, art. 42)* « Si la dangerosité de la personne le justifie, la juridiction de jugement ou, selon les modalités prévues par l'article 712-6, le juge de l'application des peines peut ordonner que cette présentation interviendra tous les mois. » *(L. n° 2012-409 du 27 mars 2012, art. 15)* « Lorsque la personne est en état de récidive légale, le régime de présentation mensuelle s'applique de plein droit. » *(L. n° 2011-939 du 10 août 2011, art. 18-II)* « Le présent alinéa n'est applicable aux mineurs de treize à dix-huit ans qu'en cas de condamnation pour un crime puni d'au moins vingt ans de réclusion. »

(L. n° 2010-242 du 10 mars 2010, art. 12-I) « Les obligations de justification et de présentation prévues par le présent article cessent de s'appliquer pendant le temps où la personne est incarcérée. »

Le fait, pour les personnes tenues aux obligations prévues par le présent article, de ne pas respecter ces obligations est puni de deux ans d'emprisonnement et de 30 000 € d'amende.

CHAPITRE III DU FICHIER JUDICIAIRE NATIONAL AUTOMATISÉ DES AUTEURS D'INFRACTIONS TERRORISTES

BIBL. ▶ Daadouch et Bruggiamosca, Le fichage des mineurs, entre ordre public et libertés individuelles, *éd. Berger-Levrault, 2019*. – Thomas-Taillandier, Le nouveau fichier national des auteurs d'infractions terroristes, *AJ pénal 2016. 523*.

COMMENTAIRE

Dans le cadre de la lutte contre le terrorisme, les pouvoirs publics ont adapté ou mis en place de nombreux fichiers, mais tous ne sont pas envisagés par le code de la justice pénale des mineurs, même s'ils peuvent concerner les mineurs.

Le code est ainsi muet sur le fichier des personnes recherchées (FPR) et la catégorie des fiches « S », bien que ces fiches puissent concerner les mineurs. On signalera ici simplement que le FPR, créé en 1969, comprend désormais les fameuses fiches « S », qui concernent « les personnes faisant l'objet de recherches pour prévenir des menaces graves pour la sécurité publique ou la sûreté de l'État, dès lors que des informations ou des indices réels ont été recueillis à leur égard » (Décr. n° 2010-569 du 28 mai 2010 relatif au fichier des personnes recherchées, art. 2, 8°).

De même, le code de la justice pénale des mineurs n'évoque pas le fichier de traitement des signalements pour la prévention de la radicalisation à caractère terroriste (FSPRT), créé par un décret non publié du 5 mars 2015, qui a vocation à recenser et à centraliser les informations relatives aux personnes qui, engagées dans un processus de radicalisation, sont susceptibles de vouloir se rendre à l'étranger sur un théâtre d'opérations de groupements terroristes ou de vouloir prendre part à des activités à caractère terroriste.

En revanche, le code envisage le fichier judiciaire national automatisé des auteurs d'infractions terroristes (FIJAIT). Créé par la loi n° 2015-912 du 24 juillet 2015 et régi par les articles 706-25-3 et suivants du code de procédure pénale, ce fichier a pour objet de prévenir le renouvellement des infractions en matière terroriste et de faciliter l'identification de leurs auteurs, en recevant, conservant et communiquant aux personnes habilitées les informations relatives à des condamnations même non définitives, des mises en examen, ou encore des déclarations d'irresponsabilité pénale pour cause de trouble mental (C. pr. pén., art. 706-25-3 et 706-25-4). Le FIJAIT a un fonctionnement assez proche du fichier judiciaire des auteurs d'infractions sexuelles ou violentes (FIJAISV), et, à l'égard des mineurs, le code prévoit des spécificités globalement similaires. ❑

SECTION PREMIÈRE DE L'INSCRIPTION DES DÉCISIONS

Art. L. 633-1 Les décisions concernant les mineurs de moins de treize ans ne sont pas inscrites dans le fichier judiciaire national automatisé des auteurs d'infractions terroristes.

COMMENTAIRE

L'article 706-25-4 du code de procédure pénale prévoit que les informations relatives à des condamnations même non définitives, des mises en examen, ou encore des déclarations d'irresponsabilité pénale pour cause de trouble mental (C. pr. pén., art. 706-25-3 et 706-25-4) en matière de terrorisme sont inscrites au FIJAIT, et cela peut concerner aussi les mineurs. Mais seuls les mineurs âgés d'au moins treize ans (au moment de l'infraction justifiant le fichage) sont concernés. C'est une précision qui figurait dans l'article 706-25-4 du code de procédure pénale, et que le code de la justice pénale des mineurs a reprise, à l'article L. 633-1. ❑

Code de procédure pénale

Art. 706-25-3 *(L. n° 2015-912 du 24 juill. 2015, art. 19)* Le fichier judiciaire national automatisé des auteurs d'infractions terroristes constitue une application automatisée d'informations nominatives tenue par le service du casier judiciaire national sous l'autorité du ministre de la justice et le contrôle d'un magistrat. Afin de prévenir le renouvellement des infractions mentionnées à l'article 706-25-4 et de faciliter l'identification de leurs auteurs, ce traitement reçoit, conserve et communique aux personnes habilitées les informations prévues au même article 706-25-4, selon les modalités prévues à la présente section.

Art. 706-25-4 *(L. n° 2015-912 du 24 juill. 2015, art. 19)* Lorsqu'elles concernent une ou plusieurs des infractions mentionnées aux articles 421-1 à 421-6 du code pénal *(Abrogé par L. n° 2021-1109 du 24 août 2021, art. 8)* *« , à l'exclusion de celles mentionnées (L. n° 2016-731 du 3 juin 2016, art. 18) « aux articles 421-2-5 à 421-2-5-2 » du même code, »* ainsi que les infractions mentionnées *(L. n° 2017-258 du 28 févr. 2017, art. 15)* « aux articles L. 224-1 et L. 225-7 » du code de la sécurité intérieure, sont enregistrées dans le fichier les informations relatives à l'identité ainsi que l'adresse ou les adresses successives du domicile et, le cas échéant, des résidences des personnes ayant fait l'objet :

1° D'une condamnation, même non encore définitive, y compris d'une condamnation par défaut ou d'une déclaration de culpabilité assortie d'une dispense ou d'un ajournement de la peine ;

(Ord. n° 2019-950 du 11 sept. 2019, art. 4 et 9, en vigueur le 30 sept. 2021) « 2° D'une décision même non encore définitive prononçant à l'égard d'un mineur une mesure éducative, une dispense de mesure éducative ou une déclaration de réussite éducative en application du titre Ier du livre Ier du code de la justice pénale des mineurs ; »

3° D'une décision d'irresponsabilité pénale pour cause de trouble mental ;

4° D'une décision de même nature que celles mentionnées aux 1° à 3° prononcées par les juridictions ou les autorités judiciaires étrangères qui, en application d'une convention internationale ou d'un accord international, ont fait l'objet d'un avis aux autorités françaises ou ont été exécutées en France à la suite du transfèrement des personnes condamnées ;

5° D'une mise en examen *(Abrogé par L. n° 2021-1109 du 24 août 2021, art. 8) « lorsque le juge d'instruction a ordonné l'inscription de la décision dans le fichier ».*

Le fichier comprend aussi les informations relatives à la décision judiciaire ayant justifié l'inscription et la nature de l'infraction. Les décisions mentionnées aux 1° *(L. n° 2021-1109 du 24 août 2021, art. 8)* « à 3° » sont enregistrées dès leur prononcé.

(L. n° 2021-1109 du 24 août 2021, art. 8) « Les décisions mentionnées aux 1°, 3° et 5° sont enregistrées de plein droit dans le fichier, sauf décision contraire et spécialement motivée de la juridiction compétente. Les décisions mentionnées au 4° sont également inscrites de plein droit dans le fichier, sauf décision contraire et spécialement motivée du procureur de la République. »

Les décisions concernant des mineurs de moins de treize ans ne sont pas inscrites dans le fichier. Les décisions concernant des mineurs de treize à dix-huit ans ne sont pas inscrites dans le fichier, sauf si cette inscription est ordonnée par décision expresse de la juridiction ou, dans les cas prévus aux mêmes 3° et 4°, du procureur de la République.

L'entrée en vigueur de l'Ord. n° 2019-950 du 11 sept. 2019 a été repoussée au 30 sept. 2021 par la L. n° 2021-218 du 26 févr. 2021, art. 2.

Art. 706-25-5 *(L. n° 2015-912 du 24 juill. 2015, art. 19)* Le procureur de la République compétent fait procéder sans délai à l'enregistrement des informations devant figurer dans le fichier par l'intermédiaire d'un moyen de communications électroniques sécurisé. Ces informations ne sont toutefois accessibles, en cas de consultation du fichier, qu'après vérification, lorsqu'elle est possible, de l'identité de la personne concernée, faite par le service gestionnaire du fichier au vu du répertoire national d'identification.

Lorsqu'ils ont connaissance de la nouvelle adresse d'une personne dont l'identité est enregistrée dans le fichier, lorsqu'ils reçoivent la justification de l'adresse d'une telle personne, ainsi que lorsqu'ils sont informés d'un déplacement à l'étranger, les officiers de police judiciaire, les services du ministre des affaires étrangères ou le service gestionnaire, selon les hypothèses prévues à l'article 706-25-7, enregistrent sans délai cette information dans le fichier par l'intermédiaire d'un moyen de communications électroniques sécurisé.

Art. 706-25-6 *(L. n° 2015-912 du 24 juill. 2015, art. 19)* Sans préjudice de l'application des articles 706-25-11 et 706-25-12, les informations mentionnées à l'article 706-25-4 concernant une même personne sont retirées du fichier au décès de l'intéressé ou à l'expiration, à compter du prononcé de la décision prévue au même article 706-25-4, d'un délai de :

1° Vingt ans s'il s'agit d'un majeur ;

2° Dix ans s'il s'agit d'un mineur.

Lorsqu'elles concernent une infraction mentionnée *(L. n° 2017-258 du 28 févr. 2017, art. 15)* « aux articles *(L. n° 2021-1109 du 24 août 2021, art. 8)* « 421-2-5 et 421-2-5-1 du code pénal et aux articles » L. 224-1 ou L. 225-7 » du code de la sécurité intérieure, les informations mentionnées à l'article 706-25-4 du présent code concernant une même personne sont retirées du fichier au décès de l'intéressé ou à l'expiration, à compter du prononcé de la décision, d'un délai de :

a) Cinq ans s'il s'agit d'un majeur ;

b) Trois ans s'il s'agit d'un mineur.

Lorsque la personne *(L. n° 2016-731 du 3 juin 2016, art. 79, en vigueur le 1er juin 2017)* « exécute une peine privative de liberté sans sursis en application *[ancienne rédaction : fait l'objet d'un mandat de dépôt ou d'un maintien en détention dans le cadre]* » de la condamnation entraînant l'inscription, ces délais ne commencent à courir qu'à compter de sa libération.

L'amnistie ou la réhabilitation ainsi que les règles propres à l'effacement des condamnations figurant au casier judiciaire n'entraînent pas l'effacement de ces informations.

Ces informations ne peuvent, à elles seules, servir de preuve à la constatation de l'état de récidive.

Les mentions prévues aux 1°, 2° et 5° de l'article 706-25-4 sont retirées du fichier en cas de décision définitive de non-lieu, de relaxe ou d'acquittement.

Les mentions prévues au même 5° peuvent également être retirées sur décision *(L. n° 2021-1109 du 24 août 2021, art. 8)* « spécialement motivée de la juridiction ».

Art. 706-25-7 *(L. n° 2015-912 du 24 juill. 2015, art. 19)* Toute personne dont l'identité est enregistrée dans le fichier est astreinte, à titre de mesure de sûreté, aux obligations prévues au présent article.

La personne est tenue :

1° De justifier de son adresse, une première fois après avoir reçu l'information des mesures et des obligations mentionnée au deuxième alinéa de l'article 706-25-8, puis tous les trois mois ;

2° De déclarer ses changements d'adresse, dans un délai de quinze jours au plus tard après ce changement ;

3° De déclarer tout déplacement à l'étranger quinze jours au plus tard avant ledit déplacement ;

4° Si la personne réside à l'étranger, de déclarer tout déplacement en France quinze jours au plus tard avant ledit déplacement.

Si la personne réside en France, elle doit se présenter personnellement au commissariat de police ou à la brigade de gendarmerie dont dépend son domicile.

Si une personne de nationalité française réside à l'étranger, elle doit se présenter personnellement au consulat de France ou à la section consulaire de l'ambassade de France le plus proche de son domicile.

Si une personne de nationalité étrangère réside à l'étranger, elle doit adresser ses justificatifs par lettre recommandée avec demande d'avis de réception auprès du service gestionnaire.

Les obligations de justification et de présentation prévues au présent article cessent de s'appliquer pendant le temps où la personne est incarcérée sur le territoire national.

Toute personne inscrite au fichier judiciaire national automatisé des auteurs d'infractions terroristes est enregistrée au fichier des personnes recherchées pendant toute la durée de ses obligations.

La personne est astreinte aux obligations de justification et de présentation prévues au présent article, à compter du prononcé de la décision prévue à l'article 706-25-4, pendant un délai de :

a) Dix ans s'il s'agit d'un majeur ;

b) Cinq ans s'il s'agit d'un mineur.

(Abrogé par L. n° 2021-1109 du 24 août 2021, art. 8) « *La personne condamnée pour une infraction mentionnée (L. n° 2017-258 du 28 févr. 2017, art. 15) « aux articles L. 224-1 ou L. 225-7 » du code de la sécurité intérieure est astreinte aux obligations de justification et de présentation prévues au présent article, à compter du prononcé de la décision prévue à l'article 706-25-4 du présent code, pendant un délai de :*

« — cinq ans s'il s'agit d'un majeur ;

« — trois ans s'il s'agit d'un mineur. »

Lorsque la personne *(L. n° 2016-731 du 3 juin 2016, art. 79, en vigueur le 1er juin 2017)* « exécute une peine privative de liberté sans sursis en application *[ancienne rédaction : fait l'objet d'un mandat de dépôt ou d'un maintien en détention dans le cadre]* » de la condamnation entraînant l'inscription, ces délais ne commencent à courir qu'à compter de sa libération.

Le fait pour les personnes tenues aux obligations prévues au présent article de ne pas respecter ces obligations est puni de deux ans d'emprisonnement et de 30 000 € d'amende.

La tentative de déplacement à l'étranger sans avoir procédé à la déclaration prévue au 3° du présent article est punie des mêmes peines.

Le non-respect, par les personnes résidant à l'étranger, des obligations prévues au présent article est puni des mêmes peines.

(L. n° 2021-1109 du 24 août 2021, art. 8) « Le présent article n'est pas applicable aux personnes inscrites dans le fichier lorsque les décisions ayant conduit à cette inscription concernent des infractions mentionnées aux articles 421-2-5 et 421-2-5-1 du code pénal et aux articles L. 224-1 et L. 225-7 du code de la sécurité intérieure. »

Art. 706-25-8 *(L. n° 2015-912 du 24 juill. 2015, art. 19)* Toute personne dont l'identité est enregistrée dans le fichier en est informée par l'autorité judiciaire soit par notification à per-

sonne, soit par lettre recommandée avec demande d'avis de réception adressée à la dernière adresse déclarée, soit, à défaut, par le recours à la force publique par l'officier de police judiciaire, avec l'autorisation préalable du procureur de la République.

Elle est alors informée des mesures et des obligations auxquelles elle est astreinte en application de l'article 706-25-7 et des peines encourues en cas de non-respect de ces obligations.

Lorsque la personne est détenue au titre de la condamnation justifiant son inscription au fichier et qu'elle n'a pas encore reçu l'information mentionnée au premier alinéa du présent article, les informations prévues au même article lui sont données au moment de sa libération définitive ou préalablement à la première mesure d'aménagement de sa peine.

Art. 706-25-9 *(L. nº 2015-912 du 24 juill. 2015, art. 19)* Les informations contenues dans le fichier sont directement accessibles, par l'intermédiaire d'un système de communications électroniques sécurisé :

1° Aux autorités judiciaires ;

2° Aux officiers de police judiciaire, dans le cadre de procédures concernant une des infractions prévues aux articles 421-1 à 421-6 du code pénal ou *(L. nº 2017-258 du 28 févr. 2017, art. 15)* « aux articles L. 224-1 et L. 225-7 » du code de la sécurité intérieure, et pour l'exercice des diligences prévues aux articles 706-25-7, 706-25-8 et 706-25-10 du présent code. Les officiers de police judiciaire peuvent également, sur instruction du procureur de la République ou du juge d'instruction ou avec l'autorisation de l'un de ces magistrats, consulter le fichier dans le cadre d'une enquête de flagrance ou d'une enquête préliminaire ou en exécution d'une commission rogatoire ;

3° Aux représentants de l'État dans le département et aux administrations de l'État dont la liste est fixée par le décret prévu à l'article 706-25-14, pour les décisions administratives de recrutement, d'affectation, d'autorisation, d'agrément ou d'habilitation ;

4° Aux agents des greffes pénitentiaires habilités par les chefs d'établissement, pour vérifier que la personne a fait l'objet de l'information mentionnée à l'article 706-25-8 et pour enregistrer les dates de mise sous écrou et de libération ainsi que l'adresse du domicile déclaré par la personne libérée, ainsi qu'aux agents individuellement désignés et habilités du bureau du renseignement pénitentiaire de la direction de l'administration pénitentiaire ;

5° Aux agents individuellement désignés et habilités des services mentionnés à l'article L. 811-2 du code de la sécurité intérieure et des services désignés par le décret en Conseil d'État prévu à l'article L. 811-4 du même code pour la seule finalité de prévention du terrorisme ;

6° Aux agents du ministère des affaires étrangères habilités pour l'exercice des diligences de l'article 706-25-7 du présent code.

Les autorités et personnes mentionnées aux 1° et 2° et 4° à 6° du présent article peuvent interroger le fichier à partir d'un ou de plusieurs critères fixés par le décret prévu à l'article 706-25-14, et notamment à partir de l'identité d'une personne, de ses adresses successives ou de la nature des infractions.

Les personnes mentionnées au 3° du présent article ne peuvent consulter le fichier qu'à partir de l'identité de la personne concernée par la décision administrative.

Les maires et les présidents des collectivités territoriales et des groupements de collectivités territoriales sont également destinataires, par l'intermédiaire des représentants de l'État dans le département, des informations contenues dans le fichier pour les décisions administratives mentionnées au même 3°.

A l'issue des délais prévus à l'article 706-25-7, les informations contenues dans le fichier sont uniquement consultables par le service gestionnaire du fichier, les autorités judiciaires, les officiers de police judiciaire mentionnés au 2° du présent article et les agents individuellement désignés et habilités des services mentionnés au 5°.

Art. 706-25-10 *(L. nº 2015-912 du 24 juill. 2015, art. 19)* Selon des modalités précisées par le décret prévu à l'article 706-25-14, le gestionnaire du fichier avise directement le ministère de l'intérieur, qui transmet sans délai l'information aux services compétents, en cas de nouvelle inscription, de modification d'adresse concernant une inscription, d'information sur un départ à l'étranger, d'un déplacement en France ou lorsque la personne n'a pas apporté la justification de son adresse dans les délais requis. Il avise directement le service gestionnaire du fichier des personnes recherchées des effacements auxquels il a procédé en application des articles 706-25-6 et 706-25-12.

Le procureur de la République peut également procéder d'office.

S'il apparaît que la personne ne se trouve plus à l'adresse indiquée, l'officier de police judiciaire en informe le procureur de la République, qui l'inscrit sans délai au fichier des personnes recherchées.

Les services de police ou de gendarmerie peuvent procéder à toutes vérifications utiles et toutes réquisitions auprès des administrations publiques pour vérifier ou retrouver l'adresse de la personne.

Art. 706-25-11 *(L. n° 2015-912 du 24 juill. 2015, art. 19)* Toute personne justifiant de son identité obtient, sur demande adressée au procureur de la République près le tribunal judiciaire dans le ressort duquel elle réside, communication de l'intégralité des informations la concernant figurant dans le fichier.

Les troisième à avant-dernier alinéas de l'article 777-2 sont alors applicables.

Art. 706-25-12 *(L. n° 2015-912 du 24 juill. 2015, art. 19)* Toute personne dont l'identité est inscrite dans le fichier peut demander au procureur de la République de rectifier ou d'ordonner l'effacement des informations la concernant si les informations ne sont pas exactes ou si leur conservation n'apparaît plus nécessaire compte tenu de la finalité du fichier, au regard de la nature de l'infraction, de l'âge de la personne lors de sa commission, du temps écoulé depuis lors et de la personnalité actuelle de l'intéressé.

La même demande peut être faite au juge d'instruction lorsque l'inscription a été prise sur le fondement du 5° de l'article 706-25-4.

La demande d'effacement est irrecevable tant que les mentions sont relatives à une procédure judiciaire en cours, sauf dans l'hypothèse d'une inscription sur le fondement du même 5°.

Si le procureur de la République ou le juge d'instruction n'ordonne pas la rectification ou l'effacement, la personne peut *(L. n° 2020-1672 du 24 déc. 2020, art. 26)* « exercer un recours » devant le président de la chambre de l'instruction.

Avant de statuer sur la demande de rectification ou d'effacement, le procureur de la République *(Abrogé par L. n° 2020-1672 du 24 déc. 2020, art. 26)* «*, le juge des libertés et de la détention* », le juge d'instruction et le président de la chambre de l'instruction peuvent faire procéder à toutes les vérifications qu'ils estiment nécessaires.

Art. 706-25-13 *(L. n° 2015-912 du 24 juill. 2015, art. 19)* Aucun rapprochement ni aucune interconnexion, au sens de l'article *(Ord. n° 2018-1125 du 12 déc. 2018, art. 16 et 29, en vigueur le 1er juin 2019)* « 33 » de la loi n° 78-17 du 6 janvier 1978 relative à l'informatique, aux fichiers et aux libertés, ne peuvent être effectués entre le fichier prévu à la présente section et tout autre fichier ou recueil de données nominatives détenu par une personne quelconque ou par un service de l'État ne dépendant pas du ministère de la justice, à l'exception du fichier des personnes recherchées pour l'exercice des diligences prévues à la présente section.

Aucun fichier ou recueil de données nominatives détenu par une personne quelconque ou par un service de l'État ne dépendant pas du ministère de la justice ne peut mentionner, hors les cas et dans les conditions prévus par la loi, les informations figurant dans le fichier.

Toute infraction aux deux premiers alinéas du présent article est punie des peines encourues pour le délit prévu à l'article 226-21 du code pénal.

Art. 706-25-14 *(L. n° 2015-912 du 24 juill. 2015, art. 19)* Les modalités d'application de la présente section sont déterminées par décret en Conseil d'État, pris après avis de la Commission nationale de l'informatique et des libertés. Ce décret précise les conditions dans lesquelles le fichier conserve la trace des interrogations et des consultations dont il fait l'objet.

Art. L. 633-2 Les décisions rendues lors du prononcé de la sanction concernant les mineurs âgés d'au moins treize ans ne sont pas inscrites dans le fichier, sauf si cette inscription est ordonnée par décision expresse de la juridiction ou, dans les cas prévus aux 3° et 4° de l'article 706-25-4 du code de procédure pénale, par le procureur de la République.

V. C. pr. pén., art. 706-25-4, ss. art. L. 633-1.

COMMENTAIRE

Le champ d'application du FIJAIT est large. Pour les infractions terroristes commises ou suspectées d'avoir été commises par des majeurs, toutes les décisions de condamnation sont inscrites, même pour celle à des peines alternatives, et même les décisions non défi-

nitives, par défaut, ou assorties d'une dispense de peine ou d'un ajournement de peine, et la mise en examen peut encore être inscrite si le juge d'instruction l'a décidé.

Mais, pour les mineurs, l'inscription n'est pas automatique. Reprenant la règle posée par l'article 706-25-4 du code de procédure pénale, l'article L. 633-2 du code de la justice pénale des mineurs prévoit que l'inscription n'intervient que sur décision de la juridiction pour mineurs, ou, dans certains cas, du procureur de la République (pour une décision prononcée par une juridiction étrangère, ou pour une décision d'irresponsabilité pénale pour cause de trouble mental).

La rédaction de cette disposition, qui vise désormais « les décisions rendues lors du prononcé de la sanction » pose une difficulté d'interprétation similaire à celle de l'article L. 632-2 concernant le FIJAISV. Il est clair que sont concernées les décisions rendues dans le cadre de la procédure de mise à l'épreuve éducative lors de la seconde audience, celle de prononcé de la sanction. Mais qu'en est-il pour les infractions jugées en une audience unique (V. art. L. 521-26), ou après une information judiciaire ? Doit-on considérer que ces décisions ne peuvent bénéficier des dispositions protectrices de l'article L. 633-2 ? Il nous semble qu'une réponse négative doit être apportée : d'une part, une audience unique est aussi une audience sur la sanction et d'autre part, s'agissant d'une disposition protectrice, on peut admettre sans difficulté une application extensive. ❑

SECTION II DE L'EFFACEMENT DES DÉCISIONS

Art. L. 633-3 Les informations mentionnées à l'article 706-25-4 du code de procédure pénale sont retirées du fichier au décès de l'intéressé ou à l'expiration, à compter du prononcé de la décision ou à compter de sa libération lorsque la personne exécute une peine privative de liberté sans sursis en application de la condamnation entraînant l'inscription, d'un délai de dix ans ou, lorsqu'elles concernent une infraction mentionnée aux articles L. 224-1 ou L. 225-7 du code de la sécurité intérieure, d'un délai de trois ans.

Toutefois le mineur peut solliciter la rectification ou l'effacement des informations contenues dans le fichier dans les conditions prévues à l'article 706-25-12 du code de procédure pénale.

V. C. pr. pén., art. 706-25-4 et 706-25-12, ss. art. L. 633-1.

COMMENTAIRE

Les modalités et les délais pour l'effacement des inscriptions au FIJAIT varient en fonction des infractions ayant justifié l'inscription et de l'âge de la personne concernée (C. pr. pén., art. 706-25-6).

Pour les mineurs (au moment des faits), l'effacement est automatique dans trois cas :
– au décès de l'intéressé ;
– à l'expiration, à compter du prononcé de la décision ou à compter de sa libération lorsque la personne exécute une peine privative de liberté sans sursis en application de la condamnation entraînant l'inscription, d'un délai de dix ans ;
– à l'expiration d'un délai de trois ans lorsque est concernée une infraction mentionnée aux articles L. 224-1 ou L. 225-7 du code de la sécurité intérieure (violation d'une interdiction de sortie du territoire pour quelqu'un dont on pense qu'il projette un déplacement à l'étranger ayant pour objet la participation à des activités terroristes ; violation des règles encadrant le retour en France des personnes ayant séjourné à l'étranger dans un lieu ayant été le théâtre d'opérations de groupement terroriste).

Le code prévoit donc des délais d'effacement automatique spécifiques pour les mineurs : dix ans et trois ans, au lieu de vingt ans et cinq ans pour les majeurs.

Cela étant, rien n'interdit au mineur (comme au majeur) de demander la rectification ou l'effacement des informations inscrites au FIJAIT. L'article L. 633-3, alinéa 2, l'énonce très clairement.

Conformément au droit commun (C. pr. pén., art. 706-25-12), la rectification ou l'effacement des informations inscrites au FIJAIT est donc possible, si les informations ne sont pas exactes, ou si leur conservation n'apparaît plus nécessaire compte tenu de la finalité du fichier, au regard de la nature de l'infraction, de l'âge de la personne lors de sa commission, du temps écoulé depuis lors et de la personnalité actuelle de l'intéressé. ❑

SECTION III DU SUIVI DES MINEURS INSCRITS

Art. L. 633-4 Les mineurs sont astreints aux obligations de justification et de présentation prévues par le code de procédure pénale à compter du prononcé de la décision, pendant un délai de cinq ans, ou, s'il s'agit d'une infraction mentionnée à l'article L. 224-1 du code de la sécurité intérieure, pendant un délai de trois ans.

V. C. pr. pén., art. 706-25-4 et 706-25-12, ss. art. L. 633-1.

COMMENTAIRE

Comme le FIJAISV, le FIJAIT est avant tout un fichier d'adresses. L'article 706-25-7 du code de procédure pénale prévoit que les personnes, majeures comme mineures, dont l'identité est enregistrée dans ce fichier doivent justifier leur adresse, au moment de l'inscription puis, tous les trois mois, signaler leur changement d'adresse dans un délai de quinze jours, et déclarer tout déplacement à l'étranger (ou en France si l'intéressé réside à l'étranger). Ces justifications et présentation doivent être faites personnellement par l'intéressé, au commissariat de police ou à la gendarmerie dont il dépend, ou au consulat ou à l'ambassade les plus proches pour un Français résidant à l'étranger ou par courrier recommandé avec accusé de réception pour un étranger résidant à l'étranger.

Mais la durée de ces obligations de justification et de présentation est réduite pour les mineurs. Reprenant l'article 706-25-7 du code de procédure pénale, l'article L. 633-4 du code de la justice pénale des mineurs dispose que « les mineurs sont astreints aux obligations de justification et de présentation prévues par le code de procédure pénale à compter du prononcé de la décision, pendant un délai de cinq ans, ou, s'il s'agit d'une infraction mentionnée à l'article L. 224-1 du code de la sécurité intérieure, pendant un délai de trois ans ». Les délais sont donc de cinq ou trois ans selon l'infraction concernée, contre dix ou cinq ans pour les majeurs. ❑

Code de la sécurité intérieure

Art. L. 224-1 *(L. n° 2014-1353 du 13 nov. 2014, art. 1er-1°)* Tout Français peut faire l'objet d'une interdiction de sortie du territoire lorsqu'il existe des raisons sérieuses de penser qu'il projette :

1° Des déplacements à l'étranger ayant pour objet la participation à des activités terroristes ;

2° Ou des déplacements à l'étranger sur un théâtre d'opérations de groupements terroristes, dans des conditions susceptibles de le conduire à porter atteinte à la sécurité publique lors de son retour sur le territoire français.

L'interdiction de sortie du territoire est prononcée par le ministre de l'Intérieur pour une durée maximale de six mois à compter de sa notification. La décision est écrite et motivée. Le ministre de l'Intérieur ou son représentant met la personne concernée en mesure de lui présenter ses observations dans un délai maximal de huit jours après la notification de la décision. Cette personne peut se faire assister par un conseil ou représenter par un mandataire de son choix.

Lorsque les conditions en sont réunies, l'interdiction de sortie du territoire peut être renouvelée par décision expresse et motivée. Elle est levée aussitôt que ces conditions ne sont plus satisfaites. *(Abrogé par L. n° 2016-987 du 21 juill. 2016, art. 11) « Les renouvellements consécutifs d'une interdiction initiale ne peuvent porter la durée globale d'interdiction au-delà de deux années. »*

La personne qui fait l'objet d'une interdiction de sortie du territoire peut, dans le délai de deux mois suivant la notification de la décision et suivant la notification de chaque renouvellement, demander au tribunal administratif l'annulation de cette décision. Le tribunal administratif statue dans un délai de quatre mois à compter de sa saisine. Ces recours s'exercent sans préjudice des procédures ouvertes aux articles L. 521-1 et L. 521-2 du code de justice administrative.

L'interdiction de sortie du territoire emporte dès son prononcé et à titre conservatoire l'invalidation du passeport et de la carte nationale d'identité de la personne concernée ou, le cas échéant, fait obstacle à la délivrance d'un tel document. L'autorité administrative informe la personne concernée par tout moyen.

Dès notification de l'interdiction de sortie du territoire, et au plus tard dans les vingt-quatre heures à compter de celle-ci, la personne concernée est tenue de restituer son passeport et sa carte nationale d'identité.

Un récépissé valant justification de son identité est remis à la personne concernée en échange de la restitution de son passeport et de sa carte nationale d'identité ou, à sa demande, en lieu et place de la délivrance d'un tel document. Ce récépissé suffit à justifier de l'identité de la personne concernée sur le territoire national en application de l'article 1er de la loi n° 2012-410 du 27 mars 2012 relative à la protection de l'identité.

Le fait de quitter ou de tenter de quitter le territoire français en violation d'une interdiction de sortie du territoire prise en application du présent article est puni de trois ans d'emprisonnement et de 45 000 € d'amende.

Le fait, pour toute personne s'étant vu notifier une décision d'interdiction de sortie du territoire, de se soustraire à l'obligation de restitution de son passeport et de sa carte nationale d'identité est puni de deux ans d'emprisonnement et de 4 500 € d'amende.

Un décret en Conseil d'État précise les modalités de mise en œuvre du présent article, s'agissant notamment des modalités d'établissement du récépissé mentionné au neuvième alinéa.

CHAPITRE IV DES FICHIERS D'ANTÉCÉDENTS

BIBL. ▶ BONFILS, Loi d'orientation et de programmation pour la performance de la sécurité intérieure (loi « LOPPSI 2 » n° 2011-267 du 14 mars 2011), *RSC 2011. 440* *s., chron. Législ.* – DAADOUCH et BRUGGIAMOSCA, Le fichage des mineurs, entre ordre public et libertés individuelles, *éd. Berger-Levrault, 2019.*

COMMENTAIRE

La loi n° 2011-267 du 14 mars 2011 d'orientation et de programmation pour la performance de la sécurité intérieure, dite « LOPPSI 2 », a créé un fichier de traitement des antécédents judiciaires (TAJ), en fusionnant deux fichiers antérieurs, le fichier JUDEX de la gendarmerie nationale et le fichier STIC de la police nationale. Les règles relatives au TAJ ont été introduites dans le code de procédure pénale, aux articles 230-6 et suivants.

De manière générale, le TAJ a pour objet de faciliter la constatation des infractions, le rassemblement des preuves et la recherche de leurs auteurs. Le domaine de ce fichier est très étendu puisqu'il concerne les crimes, délits et même les contraventions de 5e classe sanctionnant un trouble à la sécurité ou à la tranquillité publiques, une atteinte aux personnes, aux biens ou à l'autorité de l'État, ainsi que les procédures de recherche des causes de la mort ou des personnes disparues (C. pr. pén., art. 230-6). À l'égard des personnes concernées, le champ d'application est tout aussi large, puisque le TAJ peut contenir des informations sur les personnes, sans limitation d'âge, à l'encontre desquelles il existe des indices rendant vraisemblables qu'elles aient pu participer, comme auteurs ou complices, à la commission des infractions mentionnées précédemment (C. pr. pén., art. 230-7).

Il s'agit donc d'un fichier de police, même s'il est placé sous l'autorité d'un magistrat, qui a vocation à accueillir quasiment toutes les infractions (sauf les contraventions des quatre premières classes), investiguées au cours des enquêtes préliminaire et de flagrance ou dans le cadre d'une instruction sur commission rogatoire.

Il n'est pas étonnant que les infractions commises ou reprochées à des mineurs soient inscrites dans ce fichier. Le code de la justice pénale des mineurs le confirme, en même temps qu'il prévoit quelques dispositions spécifiques. ❑

Art. L. 634-1 Conformément aux articles 230-6 à 230-11 du code de procédure pénale, les infractions commises par les mineurs font l'objet d'une inscription dans les fichiers d'antécédents judiciaires qui peuvent être consultés dans le cadre des procédures pénales ainsi que dans le cadre des enquêtes administratives prévues aux articles L. 114-1 et L. 234-1 à L. 234-3 du code de la sécurité intérieure et à l'article 17-1 de la loi n° 95-73 du 21 janvier 1995 d'orientation et de programmation relative à la sécurité.

Les mineurs peuvent demander, auprès du procureur de la République territorialement compétent ou du magistrat désigné à l'article 230-9 du code de procédure pénale, que les données personnelles concernant ces infractions soient effacées, complétées ou rectifiées, notamment en cas de requalification judiciaire, ou qu'elles fassent l'objet d'une mention interdisant qu'elles fassent l'objet d'une consultation dans le cadre des enquêtes administratives mentionnées au premier alinéa.

Conformément à l'article 230-8 du code de procédure pénale, ces demandes peuvent être formées à tout moment, sauf si, à la suite d'infractions commises pendant la majorité de l'intéressé, celui-ci a fait l'objet de condamnations qui sont toujours inscrites au bulletin n° 2 de son casier judiciaire. Il est statué sur ces demandes pour des raisons liées à la finalité du fichier au regard de la nature ou des circonstances de commission de l'infraction ou de la personnalité de l'intéressé.

COMMENTAIRE

Conformément aux dispositions de l'article 230-7 du code de procédure pénale, les infractions visées par l'article 230-6 du même code sont inscrites au TAJ, sans considération d'âge.

Une des particularités du fichier TAJ est que, contrairement à la plupart des autres fichiers, l'effacement automatique a un domaine réduit : il n'intervient qu'en cas de relaxe ou d'acquittement définitifs, ce qui signifie *a contrario* que pour les autres décisions (non-lieu, classement sans suite), le principe est le maintien de la mention au fichier, sauf décision contraire. A cet égard, l'intéressé peut demander au procureur de la République ou au magistrat chargé de suivre la mise à jour du fichier la rectification ou l'effacement des données personnelles après une relaxe, un acquittement, une condamnation avec dispense de peine ou dispense de mention au casier judiciaire, un non-lieu ou un classement sans suite ; dans les autres cas, la demande d'effacement n'est recevable que lorsque ne figure plus aucune mention dans le bulletin n° 2 du casier.

En droit des mineurs, le code de la justice pénale reprend et met en œuvre ces règles. L'article L. 634-1 dispose ainsi que « les mineurs peuvent demander, auprès du procureur de la République territorialement compétent ou du magistrat désigné à l'article 230-9 du code de procédure pénale, que les données personnelles concernant ces infractions soient effacées, complétées ou rectifiées, notamment en cas de requalification judiciaire, ou qu'elles fassent l'objet d'une mention interdisant qu'elles fassent l'objet d'une consultation dans le cadre des enquêtes administratives mentionnées au premier alinéa ».

Selon l'alinéa suivant « conformément à l'article 230-8 du code de procédure pénale, ces demandes peuvent être formées à tout moment, sauf si, à la suite d'infractions commises pendant la majorité de l'intéressé, celui-ci a fait l'objet de condamnations qui sont toujours inscrites au bulletin n° 2 de son casier judiciaire » et « il est statué sur ces demandes pour des raisons liées à la finalité du fichier au regard de la nature ou des circonstances de commission de l'infraction ou de la personnalité de l'intéressé ».

L'article R. 634-1 du code, issu du décret n° 2021-682 du 27 mai 2021, précise la durée de conservation des données contenues dans le fichier d'antécédents. Selon ce texte, « les données concernant la personne mineure mise en cause sont conservées cinq ans. Par dérogation, elles sont conservées :

1° Dix ans lorsque la personne est mise en cause pour l'une des infractions mentionnées ci-dessous :

a) Infractions contre les personnes : exploitation de la mendicité aggravée ou en bande organisée ; vol avec violences ; violence volontaire aggravée autres *[autre]* que celles *[celle]* prévues *[prévue]* au 2° ; transport, détention, offre, cession, acquisition ou emploi illicites de stupéfiants ; traite des êtres humains autre que celle prévue au 2° ; exhibition sexuelle ;

b) Infractions contre les biens : destruction, dégradation et détérioration d'un bien appartenant à autrui par l'effet d'une substance explosive, d'un incendie ou de tout autre moyen de nature à créer un danger pour les personnes ; extorsion ; atteinte aux systèmes de traitement automatisé de données ; blanchiment ; contrefaçon, falsification de monnaies ou *[de]* moyens de paiement ;

c) Atteinte à la paix publique : recel de malfaiteurs ;

2° Vingt ans lorsque la personne est mise en cause pour l'une des infractions mentionnées ci-dessous :

a) Infractions contre les personnes : administration de substances nuisibles ; détournement de moyen de transport ; empoisonnement ; enlèvement, séquestration, prise d'otage ; crime contre l'humanité, génocide ; meurtre, assassinat ; torture, acte de barbarie ; violence volontaire ayant entraîné la mort ; violence volontaire entraînant une mutilation ou une infirmité permanente ; vol avec violences aggravé*[es]* ; agression sexuelle ; proxénétisme ; viol ; trafic de stupéfiants autres que ceux visés au 1° ; traite des êtres humains en bande organisée ou avec tortures et actes de barbarie ;

b) Infractions contre les biens : vol en bande organisée ; vol avec arme ;

c) Atteinte à la paix publique : acte de terrorisme ; association de malfaiteurs ; atteinte aux intérêts fondamentaux de la Nation ». ❑

Code de procédure pénale

LIVRE Ier. DE LA CONDUITE DE LA POLITIQUE PÉNALE, DE L'EXERCICE DE L'ACTION PUBLIQUE ET DE L'INSTRUCTION *(L. n° 2013-669 du 25 juill. 2013, art. 2-1°).*

TITRE IV. DISPOSITIONS COMMUNES

CHAPITRE II. *DES FICHIERS DE POLICE JUDICIAIRE*

SECTION I. *Des fichiers d'antécédents*

Art. 230-6 *(L. n° 2011-267 du 14 mars 2011, art. 11-I)* Afin de faciliter la constatation des infractions à la loi pénale, le rassemblement des preuves de ces infractions et la recherche de leurs auteurs, les services de la police nationale et de la gendarmerie nationale peuvent mettre en œuvre des traitements automatisés de données à caractère personnel recueillies :

1° Au cours des enquêtes préliminaires ou de flagrance ou des investigations exécutées sur commission rogatoire et concernant tout crime ou délit ainsi que les contraventions de la cinquième classe sanctionnant :

a) Un trouble à la sécurité ou à la tranquillité publiques ;

b) Une atteinte aux personnes, aux biens ou à l'autorité de l'État ;

2° Au cours des procédures de recherche des causes de la mort mentionnées à l'article 74 ou de recherche des causes d'une disparition mentionnées à l'article 74-1.

Ces traitements ont également pour objet l'exploitation des informations recueillies à des fins de recherches statistiques.

Art. 230-7 *(L. n° 2011-267 du 14 mars 2011, art. 11-I)* Les traitements mentionnés à l'article 230-6 peuvent contenir des informations sur les personnes, sans limitation d'âge, à l'encontre desquelles il existe des indices graves ou concordants rendant vraisemblable qu'elles aient pu participer, comme auteurs ou complices, à la commission des infractions mentionnées au 1° du même article 230-6.

Ils peuvent également contenir des informations sur les victimes de ces infractions. Ces dernières peuvent toutefois s'opposer à ce que les données à caractère personnel les concernant soient conservées dans le fichier dès lors que l'auteur des faits a été définitivement condamné.

Ils peuvent en outre contenir des informations sur les personnes faisant l'objet d'une enquête ou d'une instruction pour recherche des causes de la mort mentionnée à l'article 74 ou d'une enquête ou d'une instruction pour recherche des causes d'une disparition mentionnée à l'article 74-1. Les données personnelles concernant ces dernières sont effacées dès lors que l'enquête a permis de retrouver la personne disparue ou d'écarter toute suspicion de crime ou délit.

Art. 230-8 *(L. n° 2018-493 du 20 juin 2018, art. 36)* Le traitement des données à caractère personnel est opéré sous le contrôle du procureur de la République territorialement compétent, qui, d'office ou à la demande de la personne concernée, ordonne qu'elles soient effacées, complétées ou rectifiées, notamment en cas de requalification judiciaire, ou qu'elles fassent l'objet d'une mention. La rectification pour requalification judiciaire est de droit. Le procureur de la République se prononce dans un délai de deux mois sur les suites qu'il convient de donner aux demandes qui lui sont adressées. La personne concernée peut for-

mer cette demande sans délai à la suite d'une décision devenue définitive de relaxe, d'acquittement, de condamnation avec dispense de peine ou dispense de mention au casier judiciaire, de non-lieu ou de classement sans suite. Dans les autres cas, la personne ne peut former sa demande, à peine d'irrecevabilité, que lorsque ne figure plus aucune mention de nature pénale dans le bulletin n° 2 de son casier judiciaire. En cas de décision de relaxe ou d'acquittement devenue définitive, les données *(Ord. n° 2018-1125 du 12 déc. 2018, art. 16)* « à caractère personnel » concernant les personnes mises en cause sont effacées, sauf si le procureur de la République en prescrit le maintien, auquel cas elles font l'objet d'une mention. Lorsque le procureur de la République prescrit le maintien des données *(Ord. n° 2018-1125 du 12 déc. 2018, art. 16)* « à caractère personnel » relatives à une personne ayant bénéficié d'une décision de relaxe ou d'acquittement devenue définitive, il en avise la personne concernée. En cas de décision de non-lieu ou de classement sans suite, les données *(Ord. n° 2018-1125 du 12 déc. 2018, art. 16)* « à caractère personnel » concernant les personnes mises en cause font l'objet d'une mention, sauf si le procureur de la République ordonne l'effacement des données *(Ord. n° 2018-1125 du 12 déc. 2018, art. 16)* « à caractère personnel ». Lorsque les données *(Ord. n° 2018-1125 du 12 déc. 2018, art. 16)* « à caractère personnel » relatives à la personne concernée font l'objet d'une mention, elles ne peuvent faire l'objet d'une consultation dans le cadre des enquêtes administratives prévues aux articles L. 114-1 et L. 234-1 à L. 234-3 du code de la sécurité intérieure et à l'article 17-1 de la loi n° 95-73 du 21 janvier 1995 d'orientation et de programmation relative à la sécurité. Les décisions du procureur de la République prévues au présent alinéa ordonnant le maintien ou l'effacement des données *(Ord. n° 2018-1125 du 12 déc. 2018, art. 16)* « à caractère personnel » ou ordonnant qu'elles fassent l'objet d'une mention sont prises pour des raisons liées à la finalité du fichier au regard de la nature ou des circonstances de commission de l'infraction ou de la personnalité de l'intéressé.

Les décisions d'effacement ou de rectification des informations nominatives prises par le procureur de la République sont portées à la connaissance des responsables de tous les traitements automatisés pour lesquels, sous réserve des règles d'effacement ou de rectification qui leur sont propres, ces mesures ont des conséquences sur la durée de conservation des données *(Ord. n° 2018-1125 du 12 déc. 2018, art. 16)* « à caractère personnel ».

Les décisions du procureur de la République sont susceptibles de recours devant le président de la chambre de l'instruction.

Le procureur de la République dispose pour l'exercice de ses fonctions d'un accès direct aux traitements automatisés de données à caractère personnel mentionnés à l'article 230-6.

Art. 230-9 *(L. n° 2011-267 du 14 mars 2011, art. 11-I)* Un magistrat, chargé de suivre la mise en œuvre et la mise à jour des traitements automatisés de données à caractère personnel mentionnés à l'article 230-6 et désigné à cet effet par le ministre de la justice, concourt à l'application de l'article 230-8.

Ce magistrat peut agir d'office ou sur requête des particuliers. Il dispose des mêmes pouvoirs d'effacement, de rectification ou de maintien des données personnelles dans les traitements mentionnés au premier alinéa du présent article que le procureur de la République. Lorsque la personne concernée le demande, la rectification pour requalification judiciaire est de droit. Il se prononce sur les suites qu'il convient de donner aux demandes d'effacement ou de rectification dans un délai *(L. n° 2018-493 du 20 juin 2018, art. 36)* « de deux » mois.

Il dispose, pour l'exercice de ses fonctions, d'un accès direct à ces traitements automatisés.

(L. n° 2016-731 du 3 juin 2016, art. 68) « Les décisions de ce magistrat en matière d'effacement ou de rectification des données *(Ord. n° 2018-1125 du 12 déc. 2018, art. 16)* « à caractère personnel » sont susceptibles de recours devant le président de la chambre de l'instruction de la cour d'appel de Paris. »

Art. 230-10 *(L. n° 2011-267 du 14 mars 2011, art. 11-I)* Les personnels spécialement habilités des services de la police et de la gendarmerie nationales désignés à cet effet ainsi que les personnels spécialement habilités de l'État investis par la loi d'attributions de police judiciaire, notamment les agents des douanes *(L. n° 2019-773 du 24 juill. 2019, art. 4-IX)* « , les agents des services fiscaux et les inspecteurs de l'environnement mentionnés à l'article L. 172-1 du code de l'environnement », peuvent accéder aux informations, y compris nominatives, figurant dans les traitements de données *(Ord. n° 2018-1125 du 12 déc. 2018, art. 16)* « à caractère personnel » prévus par la présente section et détenus par chacun de ces services. L'habilitation précise la nature des données auxquelles elle autorise l'accès. L'accès, par tous moyens techniques mobiles, aux informations figurant dans les traitements de données

(Ord. n° 2018-1125 du 12 déc. 2018, art. 16) « à caractère personnel » prévus par la présente section est ouvert aux seuls personnels de la police et de la gendarmerie nationales *(L. n° 2018-898 du 23 oct. 2018, art. 2)* « , des douanes et des services fiscaux » *(L. n° 2019-773 du 24 juill. 2019, art. 4-IX)* « et aux inspecteurs de l'environnement mentionnés au même article L. 172-1 ».

L'accès aux informations mentionnées au premier alinéa est également ouvert :

1° Aux magistrats du parquet ;

2° Aux magistrats instructeurs, pour les recherches relatives aux infractions dont ils sont saisis.

Art. 230-11 *(L. n° 2011-267 du 14 mars 2011, art. 11-I)* Un décret en Conseil d'État, pris après avis de la Commission nationale de l'informatique et des libertés, fixe les modalités d'application de la présente section. Il précise notamment la liste des contraventions mentionnées à l'article 230-6, la durée de conservation des informations enregistrées, les modalités d'habilitation des personnes mentionnées à l'article 230-10 ainsi que, le cas échéant, les conditions dans lesquelles les personnes intéressées peuvent exercer leur droit d'accès *(L. n° 2016-731 du 3 juin 2016, art. 68)* « et contester les décisions prises par le procureur de la République ou le magistrat mentionné à l'article 230-9 ».

Code de la sécurité intérieure

Art. L. 114-1 *(L. n° 2017-1510 du 30 oct. 2017, art. 11-I)* « I. — » Les décisions administratives de recrutement, d'affectation *(L. n° 2017-1510 du 30 oct. 2017, art. 11-I)* « , de titularisation », d'autorisation, d'agrément ou d'habilitation, prévues par des dispositions législatives ou réglementaires, concernant soit les emplois publics participant à l'exercice des missions de souveraineté de l'État, soit les emplois publics ou privés relevant du domaine de la sécurité ou de la défense, soit les emplois privés ou activités privées réglementées relevant des domaines des jeux, paris et courses, soit l'accès à des zones protégées en raison de l'activité qui s'y exerce, soit l'utilisation de matériels ou produits présentant un caractère dangereux, peuvent être précédées d'enquêtes administratives destinées à vérifier que le comportement des personnes physiques ou morales intéressées n'est pas incompatible avec l'exercice des fonctions ou des missions envisagées.

(L. n° 2017-1510 du 30 oct. 2017, art. 11-I) « Ces enquêtes peuvent donner lieu à la consultation de traitements automatisés de données à caractère personnel relevant de l'article *(Ord. n° 2018-1125 du 12 déc. 2018, art. 22 et 29, en vigueur le 1er juin 2019)* « 31 » de la loi n° 78-17 du 6 janvier 1978 relative à l'informatique, aux fichiers et aux libertés, à l'exception des fichiers d'identification. Les conditions dans lesquelles les personnes intéressées sont informées de cette consultation sont précisées par décret.

« II. — Il peut également être procédé à de telles enquêtes administratives en vue de s'assurer que le comportement des personnes physiques ou morales concernées n'est pas devenu incompatible avec les fonctions ou missions exercées, l'accès aux lieux ou l'utilisation des matériels ou produits au titre desquels les décisions administratives mentionnées au I ont été prises.

« III. — Lorsque le résultat de l'enquête fait apparaître que le comportement de la personne bénéficiant d'une décision d'autorisation, d'agrément ou d'habilitation est devenu incompatible avec le maintien de cette décision, il est procédé à son retrait ou à son abrogation, dans les conditions prévues par les dispositions législatives ou réglementaires qui lui sont applicables ou, à défaut, dans les conditions prévues au chapitre Ier du titre II du livre Ier du code des relations entre le public et l'administration. En cas d'urgence, l'autorisation, l'agrément ou l'habilitation peuvent être suspendus sans délai pendant le temps strictement nécessaire à la conduite de cette procédure.

« IV. — Lorsque le résultat de l'enquête fait apparaître que le comportement d'un fonctionnaire occupant un emploi participant à l'exercice de missions de souveraineté de l'État ou relevant du domaine de la sécurité ou de la défense est devenu incompatible avec l'exercice de ses fonctions, l'administration qui l'emploie procède à son affectation ou à sa mutation dans l'intérêt du service dans un emploi comportant l'exercice d'autres fonctions. En cas d'impossibilité de mettre en œuvre une telle mesure ou lorsque le comportement du fonctionnaire est incompatible avec l'exercice de toute autre fonction eu égard à la menace grave qu'il fait peser sur la sécurité publique, il est procédé à sa radiation des cadres.

« Ces décisions interviennent après mise en œuvre d'une procédure contradictoire. A l'exception du changement d'affectation, cette procédure inclut l'avis d'un organisme paritaire dont la composition et le fonctionnement sont fixés par décret en Conseil d'État.

« Lorsque le résultat de l'enquête fait apparaître que le comportement d'un agent contractuel de droit public occupant un emploi défini au premier alinéa du présent IV est devenu incompatible avec l'exercice de ses fonctions, son employeur lui propose un emploi comportant l'exercice d'autres fonctions et correspondant à ses qualifications. En cas d'impossibilité de mettre en œuvre une telle mesure, en cas de refus de l'agent ou lorsque son comportement est incompatible avec l'exercice de toute autre fonction eu égard à la menace grave qu'il fait peser sur la sécurité publique, il est procédé, après mise en œuvre d'une procédure contradictoire, à son licenciement.

« Les décisions prises en application du présent IV, auxquelles l'article L. 411-2 du code des relations entre le public et l'administration n'est pas applicable, peuvent être contestées devant le juge administratif dans un délai de quinze jours à compter de leur notification et faire l'objet d'un appel et d'un pourvoi en cassation dans le même délai. Les juridictions saisies au fond statuent dans un délai de deux mois. En cas de recours, la décision contestée ne peut prendre effet tant qu'il n'a pas été statué en dernier ressort sur ce litige.

« L'employeur peut décider, à titre conservatoire, et pendant la durée strictement nécessaire à la mise en œuvre des suites données au résultat de l'enquête, d'écarter sans délai du service le fonctionnaire ou l'agent contractuel de droit public, avec maintien de son traitement, de l'indemnité de résidence, du supplément familial de traitement et des prestations familiales obligatoires. »

(Décr. n° 2020-1733 du 16 déc. 2020, art. 13, en vigueur le 1er mai 2021) « V. — Il peut être procédé à des enquêtes administratives dans les conditions prévues au second alinéa du I du présent article pour la délivrance, le renouvellement ou le retrait d'un titre ou d'une autorisation de séjour sur le fondement de l'article L. 234-1, L. 235-1, L. 425-4, L. 425-10, L. 432-1 ou L. 432-4 du code de l'entrée et du séjour des étrangers et du droit d'asile ou des stipulations équivalentes des conventions internationales ainsi que pour l'application des articles L. 434-6, L. 511-7, L. 512-2 et L. 512-3 du même code. »

....

Art. L. 234-1 Un décret en Conseil d'État fixe la liste des enquêtes administratives mentionnées à l'article L. 114-1 qui donnent lieu à la consultation des traitements automatisés de *(Ord. n° 2018-1125 du 12 déc. 2018, art. 22 et 29, en vigueur le 1er juin 2019)* « données à caractère personnel » mentionnés à l'article 230-6 du code de procédure pénale, y compris pour les données portant sur des procédures judiciaires en cours, dans la stricte mesure exigée par la protection de la sécurité des personnes et la défense des intérêts fondamentaux de la Nation. Il détermine les conditions dans lesquelles les personnes intéressées sont informées de cette consultation. — *[L. n° 95-73 du 21 janv. 1995, art. 17-1, al. 2.]*

Art. L. 234-2 La consultation prévue à l'article L. 234-1 est faite par des agents *(L. n° 2013-1168 du 18 déc. 2013, art. 18)* « individuellement désignés et spécialement habilités :

« 1° De la police et de la gendarmerie nationales ;

« 2° Dans des conditions fixées par le décret en Conseil d'État mentionné à l'article L. 234-1, des services spécialisés de renseignement mentionnés *(L. n° 2015-912 du 24 juill. 2015, art. 21-II-2°, en vigueur le 3 oct. 2015)* « à l'article L. 811-2 ».

« Dans des conditions déterminées par décret en Conseil d'État, elle peut également être effectuée par des personnels investis de missions de police administrative désignés selon les mêmes procédures. » — *[L. n° 95-73 du 21 janv. 1995, art. 17-1, al. 4.]*

Art. L. 234-3 La consultation des traitements automatisés de *(Ord. n° 2018-1125 du 12 déc. 2018, art. 22 et 29, en vigueur le 1er juin 2019)* « données à caractère personnel » mentionnés à l'article 230-6 du code de procédure pénale peut également être effectuée, y compris pour des données portant sur des procédures judiciaires en cours, pour l'exercice de missions ou d'interventions lorsque la nature de celles-ci ou les circonstances particulières dans lesquelles elles doivent se dérouler comportent des risques d'atteinte à l'ordre public ou à la sécurité des personnes et des biens, ainsi qu'au titre des mesures de protection ou de défense prises dans les secteurs de sécurité des installations prioritaires de défense mentionnés à l'article L. 1321-2 du code de la défense. Cette consultation est effectuée par des agents *(L. n° 2013-1168 du 18 déc. 2013, art. 19)* « individuellement désignés et spécialement habilités » de la police et de la gendarmerie nationales *(L. n° 2023-22 du 24 janv. 2023, art. 22)* « , par des agents des douanes individuellement désignés et spécialement habilités, pour le seul exercice

des missions et des interventions qui le justifient, dans le cadre des pouvoirs qui leur sont conférés en application des sections 2, 7 et 7 *bis* du chapitre IV du titre II du code des douanes, » *(L. n° 2013-1168 du 18 déc. 2013, art. 19)* « ainsi que, dans la limite de leurs attributions et dans des conditions fixées par décret en Conseil d'État, des services de renseignement désignés par le ministre de la défense, aux fins de protection de la sécurité de leurs personnels ». — *[L. n° 95-73 du 21 janv. 1995, art. 17-1, al. 5.]*

LIVRE SEPTIÈME DISPOSITIONS RELATIVES À L'OUTRE-MER

TITRE PREMIER DISPOSITIONS PARTICULIÈRES À LA GUADELOUPE, À LA GUYANE, À LA MARTINIQUE, À MAYOTTE, À LA RÉUNION, À SAINT-BARTHÉLEMY, À SAINT-MARTIN ET À SAINT-PIERRE-ET-MIQUELON

CHAPITRE PREMIER DISPOSITIONS PARTICULIÈRES À MAYOTTE

Art. L. 711-1 Pour l'application des dispositions du présent code à Mayotte les mots : "cour d'appel" et les mots : "chambre spéciale des mineurs de la cour d'appel" sont remplacés par les mots : "chambre d'appel de Mamoudzou". – *[Ord. n° 45-174 du 2 févr. 1945, art. 49, al. 1er.]*

Art. L. 711-2 Pour son application à Mayotte, l'article L. 231-10 est ainsi rédigé :

Art. L. 231-10 Un des assesseurs de la cour d'assises des mineurs est remplacé, sauf impossibilité, par le magistrat du siège du tribunal judiciaire exerçant les fonctions de juge des enfants. – *[Ord. n° 45-174 du 2 févr. 1945, art. 48, al. 2.]*

Art. L. 711-3 A Mayotte, les articles L. 412-2, L. 413-5 et L. 413-9 s'appliquent dans les conditions suivantes :

1° Lorsque le déplacement d'un avocat ou d'une personne agréée en application de l'article 879 du code de procédure pénale paraît matériellement impossible, les attributions dévolues à l'avocat par les articles 61-1, 63-4 à 63-4-3 du code de procédure pénale peuvent être exercées par une personne majeure, choisie par les représentants légaux du mineur ou à défaut par le mineur lui-même, qui n'est pas mise en cause pour les mêmes faits ou pour des faits connexes et qui n'a fait l'objet d'aucune condamnation, incapacité ou déchéance mentionnée au bulletin n° 2 du casier judiciaire ;

2° Les dispositions de l'article 63-4-4 *(L. n° 2021-218 du 26 févr. 2021, art. 17)* « du même code » sont applicables à la personne choisie, qui en est informée par l'officier de police judiciaire.

Code de procédure pénale

Art. 61-1 *(L. n° 2019-222 du 23 mars 2019, art. 55, en vigueur le 1er juin 2019)* Sans préjudice des garanties spécifiques applicables aux mineurs, la personne à l'égard de laquelle il existe des raisons plausibles de soupçonner qu'elle a commis ou tenté de commettre une infraction ne peut être entendue librement sur ces faits qu'après avoir été informée :

1° De la qualification, de la date et du lieu présumés de l'infraction qu'elle est soupçonnée d'avoir commise ou tenté de commettre ;

2° Du droit de quitter à tout moment les locaux où elle est entendue ;

3° Le cas échéant, du droit d'être assistée par un interprète ;

4° Du droit de faire des déclarations, de répondre aux questions qui lui sont posées ou de se taire ;

5° Si l'infraction pour laquelle elle est entendue est un crime ou un délit puni d'une peine d'emprisonnement, du droit d'être assistée au cours de son audition ou de sa confrontation, selon les modalités prévues aux articles 63-4-3 et 63-4-4, par un avocat choisi par elle ou, à sa demande, désigné d'office par le bâtonnier de l'ordre des avocats ; elle est informée que les frais seront à sa charge sauf si elle remplit les conditions d'accès à l'aide juridictionnelle, qui lui sont rappelées par tout moyen ; elle peut accepter expressément de poursuivre l'audition hors la présence de son avocat ;

6° De la possibilité de bénéficier, le cas échéant gratuitement, de conseils juridiques dans une structure d'accès au droit.

La notification des informations données en application du présent article est mentionnée au procès-verbal.

Si le déroulement de l'enquête le permet, lorsqu'une convocation écrite est adressée à la personne en vue de son audition, cette convocation indique l'infraction dont elle est soupçonnée, son droit d'être assistée par un avocat ainsi que les conditions d'accès *(L. n° 2020-*

1721 du 29 déc. 2020, art. 234) « à l'aide à l'intervention de l'avocat dans les procédures non juridictionnelles et » à l'aide juridictionnelle, les modalités de désignation d'un avocat d'office et les lieux où elle peut obtenir des conseils juridiques avant cette audition.

Le présent article n'est pas applicable si la personne a été conduite, sous contrainte, par la force publique devant l'officier de police judiciaire.

....

Art. 63-4 *(L. n° 2011-392 du 14 avr. 2011, en vigueur le 1er juin 2011)* L'avocat désigné dans les conditions prévues à l'article 63-3-1 peut communiquer avec la personne gardée à vue dans des conditions qui garantissent la confidentialité de l'entretien.

La durée de l'entretien ne peut excéder trente minutes.

Lorsque la garde à vue fait l'objet d'une prolongation, la personne peut, à sa demande, s'entretenir à nouveau avec un avocat dès le début de la prolongation, dans les conditions et pour la durée prévues aux deux premiers alinéas.

Art. 63-4-1 *(L. n° 2011-392 du 14 avr. 2011, en vigueur le 1er juin 2011)* A sa demande, l'avocat peut consulter le procès-verbal établi en application *(L. n° 2014-535 du 27 mai 2014, art. 4, en vigueur le 2 juin 2014)* « de l'avant-dernier » alinéa de l'article 63-1 constatant la notification du placement en garde à vue et des droits y étant attachés, le certificat médical établi en application de l'article 63-3, ainsi que les procès-verbaux d'audition de la personne qu'il assiste. Il ne peut en demander ou en réaliser une copie. Il peut toutefois prendre des notes.

(L. n° 2014-535 du 27 mai 2014, art. 4, en vigueur le 2 juin 2014) « La personne gardée à vue peut également consulter les documents mentionnés au premier alinéa du présent article ou une copie de ceux-ci. »

Art. 63-4-2 *(L. n° 2011-392 du 14 avr. 2011, en vigueur le 1er juin 2011)* La personne gardée à vue peut demander que l'avocat assiste à ses auditions et confrontations. Dans ce cas, la première audition, sauf si elle porte uniquement sur les éléments d'identité, ne peut débuter sans la présence de l'avocat choisi ou commis d'office avant l'expiration d'un délai de deux heures suivant l'avis adressé dans les conditions prévues à l'article 63-3-1 de la demande formulée par la personne gardée à vue d'être assistée par un avocat. Au cours des auditions ou confrontations, l'avocat peut prendre des notes.

Si l'avocat se présente après l'expiration du délai prévu au premier alinéa alors qu'une audition ou une confrontation est en cours, celle-ci est interrompue à la demande de la personne gardée à vue afin de lui permettre de s'entretenir avec son avocat dans les conditions prévues à l'article 63-4 et que celui-ci prenne connaissance des documents prévus à l'article 63-4-1. Si la personne gardée à vue ne demande pas à s'entretenir avec son avocat, celui-ci peut assister à l'audition en cours dès son arrivée dans les locaux du service de police judiciaire ou à la confrontation.

Lorsque les nécessités de l'enquête exigent une audition immédiate de la personne, le procureur de la République peut autoriser, par décision écrite et motivée, sur demande de l'officier de police judiciaire, que l'audition débute sans attendre l'expiration du délai prévu au premier alinéa.

A titre exceptionnel, sur demande de l'officier de police judiciaire, le procureur de la République ou le juge des libertés et de la détention, selon les distinctions prévues par l'alinéa suivant, peut autoriser, par décision écrite et motivée, le report de présence de l'avocat lors des auditions ou confrontations, si cette mesure apparaît indispensable pour des raisons impérieuses tenant aux circonstances particulières de l'enquête, soit pour permettre le bon déroulement d'investigations urgentes tendant au recueil ou à la conservation des preuves, soit pour prévenir une atteinte *(L. n° 2016-731 du 3 juin 2016, art. 63, en vigueur le 15 nov. 2016)* « grave et imminente à la vie, à la liberté ou à l'intégrité physique d'une personne. »

Le procureur de la République ne peut différer la présence de l'avocat que pendant une durée maximale de douze heures. Lorsque la personne est gardée à vue pour un crime ou un délit puni d'une peine d'emprisonnement supérieure ou égale à cinq ans, le juge des libertés et de la détention peut, sur requête du procureur de la République, autoriser à différer la présence de l'avocat, au-delà de la douzième heure, jusqu'à la vingt-quatrième heure. Les autorisations du procureur de la République et du juge des libertés et de la détention sont écrites et motivées par référence aux conditions prévues à l'alinéa précédent au regard des éléments précis et circonstanciés résultant des faits de l'espèce.

Lorsque, conformément aux dispositions des deux alinéas qui précèdent, le procureur de la République ou le juge des libertés et de la détention a autorisé à différer la présence de

l'avocat lors des auditions ou confrontations, il peut également, dans les conditions et selon les modalités prévues par ces mêmes alinéas, décider que l'avocat ne peut, pour une durée identique, consulter les procès-verbaux d'audition de la personne gardée à vue.

Art. 63-4-3 *(L. n° 2011-392 du 14 avr. 2011, en vigueur le 1er juin 2011)* L'audition ou la confrontation est menée sous la direction de l'officier ou de l'agent de police judiciaire qui peut à tout moment, en cas de difficulté, y mettre un terme et en aviser immédiatement le procureur de la République qui informe, s'il y a lieu, le bâtonnier aux fins de désignation d'un autre avocat.

A l'issue de chaque audition ou confrontation à laquelle il assiste, l'avocat peut poser des questions. L'officier ou l'agent de police judiciaire ne peut s'opposer aux questions que si celles-ci sont de nature à nuire au bon déroulement de l'enquête. Mention de ce refus est portée au procès-verbal.

A l'issue de chaque entretien avec la personne gardée à vue et de chaque audition ou confrontation à laquelle il a assisté, l'avocat peut présenter des observations écrites dans lesquelles il peut consigner les questions refusées en application du deuxième alinéa. Celles-ci sont jointes à la procédure. L'avocat peut adresser ses observations, ou copie de celles-ci, au procureur de la République pendant la durée de la garde à vue.

Art. 63-4-3-1 *(L. n° 2016-731 du 3 juin 2016, art. 64)* Si la personne gardée à vue est transportée sur un autre lieu *(L. n° 2019-222 du 23 mars 2019, art. 48-III)* « où elle doit être entendue ou faire l'objet d'un des actes prévus à l'article 61-3 », son avocat en est informé sans délai.

Art. 63-4-4 *(L. n° 2011-392 du 14 avr. 2011, en vigueur le 1er juin 2011)* Sans préjudice de l'exercice des droits de la défense, l'avocat ne peut faire état auprès de quiconque pendant la durée de la garde à vue ni des entretiens avec la personne qu'il assiste, ni des informations qu'il a recueillies en consultant les procès-verbaux et en assistant aux auditions et aux confrontations.

....

Art. 879 Les attributions dévolues par le présent code aux avocats et aux conseils des parties peuvent être exercées par des personnes agréées par le président *(Ord. n° 2011-337 du 29 mars 2011, en vigueur le 1er avr. 2011)* « de la chambre d'appel de Mamoudzou ». Ces personnes sont dispensées de procuration.

CHAPITRE II **DISPOSITIONS PARTICULIÈRES À SAINT-PIERRE-ET-MIQUELON**

Art. L. 712-1 Pour l'application du présent code à Saint-Pierre-et-Miquelon, la commission des droits et de l'autonomie des personnes handicapées est remplacée par la commission localement compétente en matière de reconnaissance du handicap.

TITRE DEUXIÈME **DISPOSITIONS APPLICABLES EN NOUVELLE-CALÉDONIE, EN POLYNÉSIE FRANÇAISE ET À WALLIS-ET-FUTUNA** *(L. n° 2021-218 du 26 févr. 2021, art. 17).*

CHAPITRE PREMIER **DISPOSITIONS APPLICABLES EN NOUVELLE-CALÉDONIE**

Art. L. 721-1 *(Ord. n° 2022-478 du 30 mars 2022, art. 9, en vigueur le 1er mai 2022)* **Les dispositions du présent code, à l'exception des articles L. 113-2 et L. 113-6 sont applicables en Nouvelle-Calédonie dans leur rédaction résultant de l'ordonnance n° 2022-478 du 30 mars 2022 portant partie législative du code pénitentiaire, sous réserve des adaptations prévues au présent chapitre.**

Ancien art. L. 721-1 *(L. n° 2022-52 du 24 janv. 2022, art. 34)* ***Les dispositions du présent code, à l'exception des articles L. 113-2 et L. 113-6, sont applicables en Nouvelle-Calédonie dans leur rédaction résultant de la loi n° 2022-52 du 24 janvier 2022 relative à la responsabilité pénale et à la sécurité intérieure, sous réserve des adaptations prévues au présent chapitre.***

Art. L. 721-2 Pour l'application des dispositions du présent code en Nouvelle-Calédonie :

1° Les mots : "protection judiciaire de la jeunesse" sont remplacés par les mots : "protection judiciaire de l'enfance et de la jeunesse" ;

2° La mise en œuvre des procédures alternatives aux poursuites et de l'accueil de jour en Nouvelle-Calédonie est déterminée selon la règlementation applicable localement ;

3° Les références du code de l'action sociale et des familles sont remplacées par les références *(L. n° 2021-218 du 26 févr. 2021, art. 17)* « aux dispositions » équivalentes applicables localement ;

4° La commission des droits et de l'autonomie des personnes handicapées est remplacée par la commission localement compétente en matière de reconnaissance du handicap.

Art. L. 721-3 En Nouvelle-Calédonie, le juge des enfants, le président du tribunal pour enfants ou le président de la cour d'assises peut autoriser, d'office ou à la demande du ministère public ou d'une partie, et avec l'accord du mineur, de ses représentants légaux et, s'ils sont présents, de la victime ou de son représentant et du ministère public, toute personne représentant des institutions de droit coutumier dont la liste est fixée par voie réglementaire à assister aux débats et à prendre la parole aux audiences avec son autorisation, si sa présence apparaît utile pour la bonne compréhension de la situation du mineur ou pour sa prise en charge éducative et sociale.

Art. L. 721-4 En Nouvelle-Calédonie, avant d'ordonner une mesure de réparation ou un module *(L. n° 2021-218 du 26 févr. 2021, art. 17)* « de » réparation, le procureur de la République ou la juridiction pour mineurs peut consulter toute personne représentant des institutions de droit coutumier dont la liste est fixée par voie réglementaire.

Art. L. 721-5 En Nouvelle-Calédonie, les articles L. 412-2, L. 413-5 et L. 413-9 s'appliquent dans les conditions suivantes :

1° Lorsque l'audition libre, la retenue ou la garde à vue du mineur se déroule en dehors des communes de Nouméa, Mont-Dore, Dumbéa et Païta et que le déplacement d'un avocat paraît matériellement impossible, les attributions dévolues à l'avocat par les articles 61-1, 63-4 à 63-4-3 du code de procédure pénale peuvent être exercées par une personne majeure, choisie par les représentants légaux du mineur ou à défaut par le mineur lui-même, qui n'est pas mise en cause pour les mêmes faits ou pour des faits connexes et qui n'a fait l'objet d'aucune condamnation, incapacité ou déchéance mentionnée au bulletin n° 2 du casier judiciaire ;

2° Les dispositions de l'article 63-4-4 *(L. n° 2021-218 du 26 févr. 2021, art. 17)* « du même code » sont applicables à la personne choisie, qui en est informée par l'officier de police judiciaire. — *[Ord. n° 45-174 du 2 févr. 1945, art. 45, II.]*

V. C. pr. pén., art. 61-1 et 63-4 à 63-4-3, ss. art. L. 711-3.

CHAPITRE II DISPOSITIONS APPLICABLES EN POLYNÉSIE FRANÇAISE

Art. L. 722-1 *(Ord. n° 2022-478 du 30 mars 2022, art. 9, en vigueur le 1er mai 2022)* Les dispositions du présent code, à l'exception des articles L. 113-2 et L. 113-6 sont applicables en Polynésie française dans leur rédaction résultant de l'ordonnance n° 2022-478 du 30 mars 2022 portant partie législative du code pénitentiaire, sous réserve des adaptations prévues au présent chapitre.

Ancien art. L. 722-1 *(L. n° 2022-52 du 24 janv. 2022, art. 34)* ***Les dispositions du présent code, à l'exception des articles L. 113-2 et L. 113-6, sont applicables en Polynésie française dans leur rédaction résultant de la loi n° 2022-52 du 24 janvier 2022 relative à la responsabilité pénale et à la sécurité intérieure, sous réserve des adaptations prévues au présent chapitre.***

Art. L. 722-2 Pour l'application du présent code en Polynésie française :

1° Les références aux dispositions du code de l'action sociale et des familles sont remplacées par les références *(L. n° 2021-218 du 26 févr. 2021, art. 17)* « aux dispositions » équivalentes applicables localement ;

2° La commission des droits et de l'autonomie des personnes handicapées est remplacée par la commission localement compétente en matière de reconnaissance du handicap.

Art. L. 722-3 En Polynésie française, les articles L. 412-2, L. 413-5 et L. 413-9 s'appliquent dans les conditions suivantes :

1° En l'absence d'avocat dans l'île où se déroule l'audition libre, la retenue ou la garde à vue du mineur et lorsque le déplacement d'un avocat paraît matériellement impossible, les attributions dévolues à l'avocat par les articles **61-1**, **63-4** à **63-4-3** du code de procédure pénale peuvent être exercées par une personne majeure, choisie par les représentants légaux du mineur ou à défaut par le mineur lui-même, qui n'est pas mise en cause pour les mêmes faits ou pour des faits connexes et qui n'a fait l'objet d'aucune condamnation, incapacité ou déchéance mentionnée au bulletin n° 2 du casier judiciaire ;

2° Les dispositions de l'article **63-4-4** *(L. n° 2021-218 du 26 févr. 2021, art. 17)* « du même code » sont applicables à la personne choisie, qui en est informée par l'officier de police judiciaire. — *[Ord. n° 45-174 du 2 févr. 1945, art. 45, I.]*

V. C. pr. pén., art. 61-1 et 63-4 à 63-4-3, ss. art. L. 711-3.

CHAPITRE III DISPOSITIONS APPLICABLES À WALLIS-ET-FUTUNA

Art. L. 723-1 *(Ord. n° 2022-478 du 30 mars 2022, art. 9, en vigueur le 1er mai 2022)* Les dispositions du présent code, à l'exception des articles **L. 113-2** et **L. 113-6** sont applicables dans les îles Wallis-et-Futuna dans leur rédaction résultant de l'ordonnance n° 2022-478 du 30 mars 2022 portant partie législative du code pénitentiaire, sous réserve des adaptations prévues au présent chapitre.

Ancien art. L. 723-1 *(L. n° 2022-52 du 24 janv. 2022, art. 34) **Les dispositions du présent code, à l'exception des articles L. 113-2 et L. 113-6, sont applicables dans les îles Wallis-et-Futuna dans leur rédaction résultant de la loi n° 2022-52 du 24 janvier 2022 relative à la responsabilité pénale et à la sécurité intérieure, sous réserve des adaptations prévues au présent chapitre.***

Art. L. 723-2 Pour l'application du présent code à Wallis-et-Futuna :

1° Les références du code de l'action sociale et des familles sont remplacées par les références *(L. n° 2021-218 du 26 févr. 2021, art. 17)* « aux dispositions » équivalentes applicables localement ;

2° La commission des droits et de l'autonomie des personnes handicapées est remplacée par la commission localement compétente en matière de reconnaissance du handicap.

Art. L. 723-3 A Wallis-et-Futuna, les articles L. 412-2, L. 413-5 et L. 413-9 s'appliquent dans les conditions suivantes : les attributions dévolues à l'avocat par les articles **61-1**, **63-4** à **63-4-3** du code de procédure pénale peuvent être exercées par une personne agréée par le président du tribunal de première instance. — *[Ord. n° 45-174 du 2 févr. 1945, art. 45, III.]*

V. C. pr. pén., art. 61-1 et 63-4 à 63-4-3, ss. art. L. 711-3.

DEUXIÈME PARTIE : RÉGLEMENTAIRE

(Décr. n° 2021-682 du 27 mai 2021, art. 1er ; Décr. n° 2021-683 du 27 mai 2021, art. 1er)

Les dispositions des Décr. nos 2021-682 et 2021-683 du 27 mai 2021 portant partie réglementaire du CJPM sont entrées en vigueur le 30 sept. 2021 (Décr. n° 2021-682 du 27 mai 2021, art. 8 ; Décr. n° 2021-683 du 27 mai 2021, art. 7 ; Ord. n° 2019-950 du 11 sept. 2019, art. 9).

Les poursuites engagées avant cette date se poursuivent jusqu'à leur terme, conformément aux dispositions du C. pr. pén., de l'Ord. n° 45-174 du 2 févr. 1945 relative à l'enfance délinquante et aux décrets abrogés par les décrets préc., dans leur version applicable avant cette date.

Toutefois, s'appliquent immédiatement les dispositions du CJPM relatives aux mesures éducatives ainsi que, lorsqu'elles sont plus favorables aux mineurs à l'encontre desquels ces poursuites sont engagées, les mesures de sûreté (Décr. n° 2021-682 du 27 mai 2021, art. 9 ; Décr. n° 2021-683 du 27 mai 2021, art. 8).

TITRE PRÉLIMINAIRE DES PRINCIPES GÉNÉRAUX DE LA JUSTICE PÉNALE DES MINEURS

(Décr. n° 2021-682 du 27 mai 2021, art. 1er ; Décr. n° 2021-683 du 27 mai 2021, art. 1er)

CHAPITRE PREMIER DES PRINCIPES GÉNÉRAUX DU DROIT PÉNAL APPLICABLE AUX MINEURS

(Décr. n° 2021-682 du 27 mai 2021, art. 1er)

Art. R. 11-1 *(Décr. n° 2021-682 du 27 mai 2021, art. 10)* La capacité de discernement du mineur âgé de moins de treize ans et l'absence de capacité de discernement du mineur âgé d'au moins treize ans peuvent être établies notamment par leurs déclarations, celles de leur entourage familial et scolaire, les éléments de l'enquête, les circonstances dans lesquelles les faits ont été commis, une expertise ou un examen psychiatrique ou psychologique.

CHAPITRE II DES PRINCIPES GÉNÉRAUX DE LA PROCÉDURE PÉNALE APPLICABLE AUX MINEURS

(Décr. n° 2021-683 du 27 mai 2021, art. 1er)

Art. D. 12-1 Lorsqu'une décision prise à l'égard d'un mineur peut faire l'objet d'un des recours mentionnés à l'article L. 12-6, le mineur et ses représentants légaux sont informés de l'existence de ce recours et du délai dans lequel il peut être exercé.

Art. D. 12-2 La notification de ses droits à un mineur, en application des dispositions du présent code, est réalisée dans des termes simples et accessibles.

CHAPITRE III DISPOSITIONS COMMUNES

(Décr. n° 2021-682 du 27 mai 2021, art. 1er ; Décr. n° 2021-683 du 27 mai 2021, art. 1er)

Le présent chapitre ne comprend pas de dispositions réglementaires.

LIVRE PREMIER DES MESURES ÉDUCATIVES ET DES PEINES

(Décr. n° 2021-682 du 27 mai 2021, art. 1er ; Décr. n° 2021-683 du 27 mai 2021, art. 1er)

TITRE PREMIER DES MESURES ÉDUCATIVES

(Décr. n° 2021-682 du 27 mai 2021, art. 1er ; Décr. n° 2021-683 du 27 mai 2021, art. 1er)

CHAPITRE PREMIER DISPOSITIONS COMMUNES

(Décr. n° 2021-682 du 27 mai 2021, art. 1er ; Décr. n° 2021-683 du 27 mai 2021, art. 1er)

Le présent chapitre ne comprend pas de dispositions réglementaires.

CHAPITRE II DE LA MESURE ÉDUCATIVE JUDICIAIRE

(Décr. n° 2021-682 du 27 mai 2021, art. 1er ; Décr. n° 2021-683 du 27 mai 2021, art. 1er)

SECTION PREMIÈRE DISPOSITIONS GÉNÉRALES

(Décr. n° 2021-683 du 27 mai 2021, art. 1er)

SOUS-SECTION 1 DE LA MISE EN ŒUVRE DE LA MESURE ÉDUCATIVE JUDICIAIRE

Art. D. 112-1 La juridiction qui prononce une mesure éducative judiciaire désigne le service éducatif de milieu ouvert de la protection judiciaire de la jeunesse auquel l'exécution et la coordination de cette mesure sont confiées.

Ce service :

1° Adresse au juge des enfants, tous les six mois et au moins quinze jours avant l'échéance de la mesure, un rapport sur son exécution et sur l'évolution du mineur ;

2° Établit un rapport actualisé en vue de chaque audience concernant le mineur ;

3° Informe sans délai le juge des enfants de tout événement de nature à justifier une modification ou la cessation du ou des modules, interdictions ou obligations prononcés, ou la mainlevée de la mesure.

Art. D. 112-2 L'évaluation prévue à l'article L. 112-2 a pour objectifs la compréhension de la situation du mineur, la prise en compte de ses besoins fondamentaux et la construction d'un projet éducatif.

Elle est réalisée dans un cadre pluridisciplinaire.

Elle permet de recueillir les éléments relatifs au parcours éducatif et judiciaire du mineur, à sa situation familiale, à ses conditions d'hébergement, à son environnement et à ses réseaux de socialisation, à sa santé, à sa situation sociale, à son insertion scolaire et professionnelle.

Art. D. 112-3 L'accompagnement individualisé du mineur consiste à soutenir son insertion sociale, scolaire et professionnelle, à prendre en compte ses besoins en matière de santé, à s'assurer de sa compréhension des décisions judiciaires qui le concernent et à engager un travail sur la responsabilisation et sur la prise en compte de la victime. Cet accompagnement associe les représentants légaux, soutient l'exercice de l'autorité parentale et aide au renforcement des liens familiaux.

Art. D. 112-4 Le cas échéant, afin de répondre à des besoins identifiés en termes d'insertion, de réparation, de santé et de placement, l'accompagnement défini à l'article D. 112-3 est complété par un ou plusieurs modules prévus aux 1° à 4° de l'article L. 112-2.

Art. D. 112-5 Les objectifs et les modalités de la prise en charge sont inscrits dans le document individuel de prise en charge prévu à l'article L. 311-4 du code de l'action sociale et des familles et dans ses avenants.

SOUS-SECTION 2 DES INTERDICTIONS ET OBLIGATIONS DE LA MESURE ÉDUCATIVE JUDICIAIRE

Art. D. 112-6 Le service de la protection judiciaire de la jeunesse chargé de la mesure éducative judiciaire accompagne le mineur et ses représentants légaux dans la compréhension et le respect des interdictions et obligations prononcées en application des 5° à 9° de l'article L. 112-2.

Art. D. 112-7 Le procureur de la République est chargé de l'exécution de l'obligation prévue au 8° de l'article L. 112-2.

Art. D. 112-8 Le stage de formation civique prévu au 9° de l'article L. 112-2 a pour objet de faire prendre conscience au mineur de sa responsabilité pénale et civile, ainsi que des devoirs qu'implique la vie en société. Il vise également à favoriser son insertion sociale.

Art. D. 112-9 La durée du stage de formation civique est fixée par la juridiction en tenant compte des obligations scolaires du mineur et de sa situation familiale.

La durée journalière de formation effective ne peut excéder six heures. Elle est adaptée à l'âge et à la personnalité du mineur.

Art. D. 112-10 Le stage de formation civique est organisé en sessions collectives, continues ou discontinues, composées de différents modules de formation adaptés à l'âge et à la personnalité des stagiaires.

Art. D. 112-11 Le contenu du stage de formation civique fait l'objet d'un projet élaboré par un service de la protection judiciaire de la jeunesse ou du secteur associatif habilité à l'exercice de cette mission dans les conditions prévues par le décret n° 88-949 du 6 octobre 1988 relatif à l'habilitation des personnes physiques, établissements, services ou organismes publics ou privés auxquels l'autorité judiciaire confie habituellement des mineurs ou l'exécution de mesures les concernant.

Art. D. 112-12 Le service de la protection judiciaire de la jeunesse ou du secteur associatif habilité peut élaborer des modules du stage de formation civique avec le concours des collectivités et établissements publics et, le cas échéant, de personnes morales de droit privé ou de personnes physiques participant à des missions d'intérêt général ou d'accès au droit.

Lorsqu'un module est élaboré en concertation avec l'une des personnes publiques ou privées mentionnées à l'alinéa précédent, il fait l'objet d'une convention qui précise son contenu, sa durée, ses objectifs particuliers, les modalités de la prestation assurée par la personne privée ou publique et les modalités de financement des frais engagés.

Art. D. 112-13 Le directeur territorial de la protection judiciaire de la jeunesse informe le président du tribunal judiciaire et le procureur de la République de la liste des services de la protection judiciaire de la jeunesse et du secteur associatif habilité chargés de mettre en œuvre des stages de formation civique dans le ressort du tribunal, ainsi que du contenu de ces stages.

Art. D. 112-14 Préalablement à la mise en œuvre du stage de formation civique, le service qui en a la charge reçoit le mineur et ses représentants légaux, ainsi que le responsable de l'établissement ou la personne à qui le mineur est confié.

Il leur expose les objectifs éducatifs et le contenu du stage.

Art. D. 112-15 Le stage de formation civique se déroule sous le contrôle et en présence d'un personnel éducatif du service chargé de sa mise en œuvre.

Art. D. 112-16 En cas de difficulté d'exécution du stage de formation civique, liée notamment au comportement du mineur, le service chargé de sa mise en œuvre peut en suspendre l'exécution. Il en informe sans délai le juge des enfants et lui adresse un rapport.

Art. D. 112-17 Lorsque le stage de formation civique a été accompli, le service chargé de sa mise en œuvre reçoit le mineur et les représentants légaux, ainsi que le responsable de l'établissement ou la personne à qui le mineur est confié afin d'établir un bilan sur le déroulement du stage et de vérifier que les objectifs éducatifs ont été atteints.

Dans le mois suivant la fin du stage, ce service transmet un rapport de synthèse au juge des enfants.

SOUS-SECTION 3 DES FRAIS DE MISE EN ŒUVRE DE LA MESURE ÉDUCATIVE JUDICIAIRE

Art. D. 112-18 Sans préjudice des dispositions de l'article L. 113-2, les frais de toute nature qui résultent de la mise en œuvre de la mesure éducative judiciaire sont imputés sur le budget du ministère de la justice.

SECTION II DES MODULES DE LA MESURE ÉDUCATIVE JUDICIAIRE

(Décr. n° 2021-682 du 27 mai 2021, art. 1er ; Décr. n° 2021-683 du 27 mai 2021, art. 1er)

SOUS-SECTION 1 DU MODULE D'INSERTION

(Décr. n° 2021-682 du 27 mai 2021, art. 1er ; Décr. n° 2021-683 du 27 mai 2021, art. 1er)

Art. D. 112-19 *(Décr. n° 2021-683 du 27 mai 2021, art. 1er)* La décision ordonnant l'accueil de jour prévu à l'article L. 112-6 désigne le service ou établissement de la protection judiciaire de la jeunesse ou la structure habilitée chargé de le mettre en œuvre.

Art. D. 112-20 *(Décr. n° 2021-683 du 27 mai 2021, art. 1er)* Le service, l'établissement ou la structure chargé de l'accueil de jour vérifie que les responsables légaux du mineur ont souscrit une assurance garantissant leur responsabilité civile du fait des agissements de leur enfant mineur ou que le majeur a souscrit une assurance garantissant sa responsabilité civile.

A défaut, le service, l'établissement ou la structure souscrit une assurance au nom du mineur ou du majeur garantissant cette responsabilité.

Art. R. 112-21 *(Décr. n° 2021-682 du 27 mai 2021, art. 1er)* L'accueil de jour est organisé dans le respect des obligations légales d'instruction et de formation définies par le code de l'éducation.

Art. D. 112-22 *(Décr. n° 2021-683 du 27 mai 2021, art. 1er)* Le service, l'établissement ou la structure chargé de l'accueil de jour adresse au juge des enfants et au service chargé de la mesure éducative judiciaire un rapport intermédiaire sur son déroulement. Il les informe sans délai de tout événement de nature à en justifier la modification.

Art. D. 112-23 *(Décr. n° 2021-683 du 27 mai 2021, art. 1er)* Avant l'échéance de l'accueil de jour, le service, l'établissement ou la structure qui en est chargé dresse un bilan avec le mineur et ses représentants légaux.

Au moins quinze jours avant l'échéance, il ou elle adresse un rapport au juge des enfants et au service chargé de la mesure éducative judiciaire.

Art. D. 112-24 *(Décr. n° 2021-683 du 27 mai 2021, art. 1er)* La décision de placement en internat scolaire prévue au 2° de l'article L. 112-5 confie le mineur à l'établissement public local d'enseignement ou à l'établissement privé sous contrat auquel l'internat est rattaché, en accord avec l'autorité de l'État compétente en matière d'éducation dans le département.

Un mineur ne peut être confié à un établissement que durant les périodes d'ouverture de l'internat et sans excéder la durée de l'année scolaire en cours.

Art. D. 112-25 *(Décr. n° 2021-683 du 27 mai 2021, art. 1er)* Le chef de l'établissement public local d'enseignement ou de l'établissement privé sous contrat adresse au juge des enfants et au service chargé de la mesure éducative judiciaire un rapport après les quinze premiers jours de placement et un rapport intermédiaire sur le déroulement du placement. Il les informe sans délai de tout événement, notamment *[d']* une exclusion temporaire de l'établissement ou de l'un de ses services annexes, de nature à justifier une modification du placement.

Art. D. 112-26 *(Décr. n° 2021-683 du 27 mai 2021, art. 1er)* Si le conseil de discipline de l'établissement auquel est rattaché l'internat scolaire prononce l'exclusion définitive du mineur, cette décision est transmise au juge des enfants qui en tire sans délai les conséquences sur la décision de placement du mineur.

Art. D. 112-27 *(Décr. n° 2021-683 du 27 mai 2021, art. 1er)* Au moins quinze jours avant l'échéance du placement, le chef d'établissement auquel est rattaché l'internat scolaire adresse un rapport sur son déroulement au juge des enfants et au service chargé de la mesure éducative judiciaire.

SOUS-SECTION 2 DU MODULE DE RÉPARATION

(Décr. n° 2021-683 du 27 mai 2021, art. 1er)

Art. D. 112-28 L'activité d'aide ou de réparation au bénéfice de la victime ou dans l'intérêt de la collectivité prévue au 1° de l'article L. 112-8 a pour objectifs :

1° D'accompagner l'auteur dans la compréhension des causes et des conséquences de son acte ;

2° De favoriser son processus de responsabilisation ;

3° D'envisager et de mettre en œuvre les modalités de réparation des dommages commis ;

4° De prendre en considération la victime.

Art. D. 112-29 La médiation prévue au 2° de l'article L. 112-8 vise à l'apaisement des relations entre l'auteur et la victime, ainsi qu'à l'ouverture ou à la restauration d'un dialogue. Elle consiste à rechercher, avec l'aide d'un tiers, une résolution amiable par les parties d'un différend né de la commission d'une infraction.

Art. D. 112-30 Le service désigné construit le projet de médiation en tenant compte de la personnalité du mineur et de sa capacité à respecter les conditions de sa mise en œuvre.

A toutes les étapes de la médiation, le service chargé du module informe le juge des enfants des difficultés constatées et peut solliciter la modification du module ou sa suppression.

Art. D. 112-31 La décision prononçant le module de réparation prévu à l'article L. 112-8 désigne le service de la protection judiciaire de la jeunesse ou du secteur associatif habilité, chargé de le mettre en œuvre.

Au sein du secteur associatif habilité, seules les structures autorisées et habilitées pour exercer la médiation selon des modalités adaptées aux mineurs peuvent être désignées par l'autorité judiciaire.

Art. D. 112-32 Lorsqu'une structure du secteur associatif habilité est chargée de mettre en œuvre un module de réparation, le document de prise en charge conjointe fixe les modalités d'articulation, de coordination et d'échange d'informations entre cette structure et le service de la protection judiciaire de la jeunesse chargé de la mesure éducative judiciaire.

La structure du secteur associatif habilité informe ce service de la mise en œuvre du module et de tout événement de nature à justifier sa modification ou sa cessation.

Art. D. 112-33 Au moins quinze jours avant l'échéance de l'activité de réparation ou de la médiation, le service chargé de la mise en œuvre du module adresse au juge des enfants et au service de la protection judiciaire de la jeunesse chargé de la mesure éducative judiciaire un rapport rendant compte de son déroulement.

Lorsqu'il estime que la poursuite de l'accompagnement éducatif n'est plus nécessaire, le service de la protection judiciaire de la jeunesse peut adresser au juge des enfants un rapport aux fins de mainlevée de la mesure éducative judiciaire.

SOUS-SECTION 3 DU MODULE DE SANTÉ

(Décr. n° 2021-682 du 27 mai 2021, art. 1er)

Art. R. 112-34 L'orientation du mineur vers une prise en charge sanitaire prévue au 1° de l'article L. 112-11 répond à un besoin de santé identifié.

Le juge des enfants oriente le mineur vers les soins de santé adaptés à ses besoins et à sa situation.

Art. R. 112-35 Les établissements mentionnés aux 2° et 3° de l'article L. 112-11 adressent au juge des enfants, avant l'échéance du placement, dans le respect du secret médical, un rapport sur le déroulement du placement, et en transmettent copie au service de la protection judiciaire de la jeunesse chargé de la mesure éducative judiciaire.

SOUS-SECTION 4 DU MODULE DE PLACEMENT

(Décr. n° 2021-683 du 27 mai 2021, art. 1er)

Art. D. 112-36 Les placements prévus aux 2° et 3° de l'article L. 112-14 sont mis en œuvre dans des établissements de placement de la protection judiciaire de la jeunesse ou du secteur associatif habilité.

Le suivi éducatif est assuré par le service de la protection judiciaire de la jeunesse chargé de la mesure éducative judiciaire, en lien avec l'établissement de placement désigné.

Art. D. 112-37 L'établissement de placement informe sans délai le juge des enfants et le service de la protection judiciaire de la jeunesse chargé de la mesure éducative judiciaire de tout événement de nature à justifier une modification du placement ou sa mainlevée.

Il leur adresse un rapport intermédiaire sur le déroulement du placement.

Art. D. 112-38 Au moins quinze jours avant l'échéance du placement, l'établissement adresse au juge des enfants et au service de la protection judiciaire de la jeunesse chargé de la mesure éducative judiciaire, un rapport sur le déroulement du placement.

Art. D. 112-39 Le suivi du placement chez un membre de la famille ou une personne digne de confiance est assuré par le service de la protection judiciaire de la jeunesse chargé de la mesure éducative judiciaire.

CHAPITRE III DU RÉGIME DU PLACEMENT

(Décr. n° 2021-682 du 27 mai 2021, art. 1er ; Décr. n° 2021-683 du 27 mai 2021, art. 1er)

SECTION PREMIÈRE DISPOSITIONS GÉNÉRALES

(Décr. n° 2021-683 du 27 mai 2021, art. 1er)

Art. D. 113-1 En application du deuxième alinéa de l'article L. 113-2, la juridiction informe l'organisme débiteur que la part des allocations familiales, majorations et allocations d'assistance auxquelles le mineur ouvre droit est attribuée à la personne ou à l'établissement qui accueille le mineur.

Art. D. 113-2 Dès l'arrivée du mineur dans l'établissement auquel il a été confié, un dossier est ouvert à son nom, au sein duquel est mentionné tout renseignement concernant son évolution, son comportement, son insertion scolaire et professionnelle, y compris son salaire, et ses relations avec sa famille.

Art. D. 113-3 Chaque établissement de placement de la protection judiciaire de la jeunesse et du secteur associatif habilité recevant des mineurs au titre du présent code adresse tous les ans, avant la fin du premier trimestre, au magistrat coordonnateur du tribunal pour enfants de son ressort, un rapport sur le fonctionnement général, moral et financier de l'établissement.

Art. D. 113-4 Les représentants du ministère de la justice chargés de contrôler le fonctionnement des établissements de placement recevant des mineurs au titre du présent code peuvent entendre les mineurs hors la présence des représentants de l'établissement.

Tous les registres et dossiers, tous documents relatifs au fonctionnement administratif et financier des établissements leur sont communiqués.

Art. D. 113-5 Le procureur de la République et le président du tribunal judiciaire ou le magistrat qu'il délègue rendent compte annuellement aux chefs de cour des visites effectuées en application de l'article L. 113-3. Ils font part de leurs observations éventuelles aux autorités compétentes pour y donner suite.

SECTION II DES CENTRES ÉDUCATIFS FERMÉS

(Décr. nº 2021-682 du 27 mai 2021, art. 1er ; Décr. nº 2021-683 du 27 mai 2021, art. 1er)

Art. R. 113-6 *(Décr. nº 2021-682 du 27 mai 2021, art. 10)* Lors de la visite des centres éducatifs fermés prévue à l'article 719 du code de procédure pénale, le directeur du centre éducatif fermé ne peut s'opposer à l'entrée des journalistes accompagnant les parlementaires que pour des motifs impératifs liés à la sécurité, au bon ordre, à l'intérêt public ou à la protection des victimes, des mineurs placés et du personnel au sein de l'établissement. Il peut mettre fin, à tout moment, à leur présence pour ces motifs.

Les parlementaires ne peuvent être accompagnés, au sein d'un centre éducatif fermé, de plus de trois journalistes, titulaires de la carte d'identité professionnelle mentionnée à l'article L. 7111-6 du code du travail, dont un seul utilisant du matériel de prise de vue ou de son. Le nombre maximal de journalistes s'entend par visite, quel que soit le nombre de parlementaires y participant. Leur entrée est concomitante à celles *[celle]* des parlementaires qu'ils accompagnent dans leur parcours. Leur sortie ne peut être postérieure à celle des parlementaires.

Art. R. 113-7 *(Décr. nº 2021-682 du 27 mai 2021, art. 1er)* Les écrits, photographies, croquis, prises de vue et de son que les journalistes effectuent sont circonscrits au cadre de la visite du parlementaire dans le centre éducatif fermé. Le directeur du centre éducatif fermé peut interdire les enregistrements d'images et de son dans une zone de l'établissement pour des motifs tenant au bon ordre et à la sécurité. Leur diffusion ou leur utilisation ne peut permettre d'identifier les personnels présents au sein de l'établissement que si ces derniers y ont consenti par écrit.

Un mineur ne peut être filmé, enregistré ou photographié qu'avec son accord écrit préalable et l'autorisation conjointe des titulaires de l'exercice de l'autorité parentale. L'accord est donné selon les mêmes modalités *[,]* qu'il s'agisse de l'utilisation de l'image ou de celle de la voix ainsi captée.

Dans tous les cas, les journalistes veillent à ce qu'aucun élément concernant l'identité ou la personnalité permettant d'identifier le mineur placé ne soit, de quelque manière que ce soit, révélé. Les obligations relatives à la diffusion des productions des journalistes mentionnées aux trois alinéas précédents s'imposent aux directeurs de publication, éditeurs et distributeurs de ces productions.

Art. D. 113-8 *(Décr. nº 2021-683 du 27 mai 2021, art. 1er)* Le directeur du centre éducatif fermé est chargé de l'organisation régulière d'activités socio-culturelles au sein de l'établissement. Ces activités, animées par des personnels du centre ou par des personnes extérieures autorisées par le directeur, s'inscrivent dans la continuité des activités d'insertion scolaire et professionnelle.

Les mineurs placés au sein du centre peuvent être associés à l'organisation et à l'animation de ces activités, sous le contrôle du personnel de l'établissement.

La diffusion à l'extérieur du centre éducatif fermé de productions audio-visuelles *[audiovisuelles]* réalisées dans le cadre de ces activités est soumise, d'une part *[,]* à l'accord écrit préalable du mineur et des titulaires de l'autorité parentale, et *[,]* d'autre part, à l'autorisation du directeur interrégional territorialement compétent.

Art. R. 113-9 *(Décr. nº 2021-682 du 27 mai 2021, art. 1er)* En cas d'inspection d'une chambre d'un centre éducatif fermé où séjourne un mineur, sont consignés au registre mentionné à l'article L. 113-8 :

1º La date et l'heure de début et de fin de l'inspection ;
2º Les noms et qualités des personnels ayant procédé à l'inspection ;
3º Le motif de l'inspection ;
4º Le lieu inspecté ;
5º Si le mineur est présent, ses éventuelles observations ;

6° Si le mineur est absent, le motif de son absence et les raisons pour lesquelles l'inspection n'a pu être retardée ;

7° Les objets ou substances interdites *[interdits]* ou constituant une menace trouvés au cours de l'inspection et le sort qui leur a été réservé.

Le registre est signé par les personnels et le mineur présents lors de l'inspection.

TITRE DEUXIÈME DES PEINES

(Décr. n° 2021-682 du 27 mai 2021, art. 1er ; Décr. n° 2021-683 du 27 mai 2021, art. 1er)

CHAPITRE PREMIER DES PEINES ENCOURUES

(Décr. n° 2021-682 du 27 mai 2021, art. 1er ; Décr. n° 2021-683 du 27 mai 2021, art. 1er)

Le présent chapitre ne comprend pas de dispositions réglementaires.

CHAPITRE II DU CONTENU ET DES MODALITÉS D'APPLICATION DE CERTAINES PEINES

(Décr. n° 2021-682 du 27 mai 2021, art. 1er ; Décr. n° 2021-683 du 27 mai 2021, art. 1er)

SECTION PREMIÈRE DU TRAVAIL D'INTÉRÊT GÉNÉRAL

(Décr. n° 2021-682 du 27 mai 2021, art. 1er)

Art. R.* 122-1 *(Décr. n° 2021-1743 du 22 déc. 2021, art. 3)* Pour l'habilitation des personnes morales de droit privé chargées d'une mission de service public ou des associations demandant à mettre en œuvre des travaux d'intérêt général spécifiquement adaptés aux mineurs dans les conditions prévues par les articles R.* 131-11-2 à R. 131-16 du code pénal, la décision d'habilitation est confiée au directeur territorial de la protection judiciaire de la jeunesse, nonobstant les dispositions du décret n° 2004-374 du 29 avril 2004 relatif aux pouvoirs des préfets, à l'organisation et à l'action des services de l'État dans les régions et départements.

Le directeur territorial de la protection judiciaire de la jeunesse communique par voie dématérialisée sa décision au juge des enfants, au procureur de la République, au préfet et à l'organisme habilité.

Sur le traitement automatisé de données à caractère personnel dénommé « TIG 360° », qui centralise notamment les habilitations et postes de TIG proposés dans chaque département, V. Arr. du 22 nov. 2022 (JO 27 nov.).

Art. R. 122-2 *(Décr. n° 2021-1743 du 22 déc. 2021, art. 3)* Le directeur territorial de la protection judiciaire de la jeunesse statue sur l'inscription sur la liste prévue par l'article R. 131-36 du code pénal des travaux d'intérêt général applicables aux mineurs dans les conditions prévues par les articles R. 131-17 à R. 131-20 du code pénal, en tenant compte du caractère formateur du travail proposé ou de son apport à l'insertion sociale des jeunes condamnés.

Art. R. 122-3 Le condamné au travail d'intérêt général doit se soumettre aux mesures de contrôle suivantes :

1° Répondre aux convocations du juge des enfants et de l'éducateur ou du service désigné conformément à l'article R. 122-4 ;

2° Se soumettre à l'examen médical prévu par l'article R. 131-28 du code pénal ;

3° Informer le juge des enfants de tout changement d'emploi ou de résidence ou de tout déplacement qui ferait obstacle à l'exécution du travail d'intérêt général selon les modalités fixées.

Art. R. 122-4 *(Décr. n° 2021-1743 du 22 déc. 2021, art. 2)* Le directeur du service de la protection judiciaire de la jeunesse compétent, par délégation du directeur territorial, s'assure, sauf décision motivée par laquelle le juge des enfants conserve sa compétence, de l'exécution du travail d'intérêt général, par l'intermédiaire d'un service de la

protection judiciaire de la jeunesse qu'il désigne. Ce service lui rend compte du déroulement de la mesure, en vérifiant notamment si le travail effectué conserve un caractère formateur ou de nature à permettre l'insertion sociale du jeune condamné et s'il demeure adapté à la personnalité de celui-ci.

Le directeur du service de la protection judiciaire de la jeunesse compétent, par délégation du directeur territorial, informe le juge des enfants des modalités d'exécution de la peine de travail d'intérêt général.

SECTION II DU SURSIS PROBATOIRE AVEC SUIVI RENFORCÉ ET DU SURSIS PROBATOIRE

(Décr. n° 2021-683 du 27 mai 2021, art. 1er)

Art. D. 122-5 La convocation mentionnée à l'article D. 546-2 du code de procédure pénale est remise au mineur et à ses représentants légaux.

Art. D. 122-6 Le service de la protection judiciaire de la jeunesse mandaté qui veille à la bonne exécution de la peine de sursis probatoire adresse un rapport au procureur de la République ainsi qu'au juge des enfants en cas de non-respect par le mineur des obligations qui lui ont été imposées.

SECTION III DU STAGE

(Décr. n° 2021-682 du 27 mai 2021, art. 1er)

Art. R. 122-7 La durée de la peine de stage est fixée par la juridiction en tenant compte des obligations scolaires du mineur et de sa situation familiale.

La durée journalière de formation effective ne peut excéder six heures et est adaptée en fonction de l'âge et de la personnalité du mineur.

Art. R. 122-8 Le stage est organisé conformément aux dispositions du premier alinéa de l'article R. 131-37 du code pénal et tient compte de l'âge des mineurs.

Art. R. 122-9 Le stage est élaboré et mis en œuvre sous le contrôle du service de milieu ouvert de la protection judiciaire de la jeunesse. Le projet de stage est transmis par le responsable de ce service au directeur territorial de la protection judiciaire de la jeunesse. Pour en autoriser la mise en œuvre, le directeur recueille l'avis du juge des enfants et l'accord du procureur de la République du lieu où se déroulera habituellement le stage.

Art. R. 122-10 La convention prévue au dernier alinéa de l'article R. 131-38 du code pénal est passée entre les personnes mentionnées à cet article et le service de la protection judiciaire de la jeunesse.

Le directeur territorial de la protection judiciaire de la jeunesse informe le juge des enfants et le procureur de la République de l'identité des services mettant en œuvre des stages pour les mineurs dans le département et du contenu de ces stages.

Art. R. 122-11 Les formalités prévues à l'article R. 131-39 du code pénal sont accomplies en présence des représentants légaux et du responsable de l'établissement ou de la personne à qui le mineur est confié, ou ceux-ci dûment convoqués.

Le stage se déroule sous le contrôle et en présence d'un personnel éducatif du service chargé de sa mise en œuvre. En cas de difficulté d'exécution du stage liée notamment au comportement du mineur, le représentant du service peut en suspendre l'exécution. Il en informe alors sans délai le juge des enfants et le procureur de la République et leur adresse un rapport.

Art. R. 122-12 En fin de stage, le service en charge de la mesure reçoit le mineur et les représentants légaux afin d'établir un bilan du déroulement du stage et de vérifier que ses objectifs ont été atteints.

Dans le délai d'un mois suivant la fin du stage, un rapport de synthèse est adressé par le service au juge des enfants et au procureur de la République.

SECTION IV DE LA DÉTENTION À DOMICILE SOUS SURVEILLANCE ÉLECTRONIQUE

(Décr. n° 2021-682 du 27 mai 2021, art. 1er)

Art. R. 122-13 Le service de milieu ouvert de la protection judiciaire de la jeunesse recueille l'accord écrit du propriétaire ou du ou des titulaires du contrat de location des lieux où pourra être installé le récepteur, sauf s'il s'agit d'un lieu public.

Ce service assure le contrôle et le suivi des mesures ordonnées par le juge des enfants, à l'exception de la mise en œuvre du dispositif technique de surveillance électronique.

Le condamné et ses représentants légaux sont convoqués devant ce service qui prend attache avec le service pénitentiaire d'insertion et de probation aux fins d'organiser la pose du dispositif de surveillance électronique.

Lors du débat prévu par le premier alinéa de l'article D. 49-85 du code de procédure pénale, le mineur est assisté de son avocat et ses représentants légaux y sont convoqués.

Les informations et les avis prévus par le dernier alinéa de l'article D. 49-84 du code de procédure pénale et les deuxième et quatrième alinéas de l'article D. 49-85 du même code sont également transmis aux représentants légaux du mineur. Ceux-ci peuvent demander à tout moment qu'un médecin vérifie que la mise en œuvre du procédé décrit à *(Décr. n° 2022-479 du 30 mars 2022, art. 5, en vigueur le 1er mai 2022)* « l'article R. 622-1 du code pénitentiaire *[ancienne rédaction : l'article R. 57-11 du code de procédure pénale]* » ne présente pas d'inconvénient pour la santé du mineur.

Art. R. 122-14 En cas d'impossibilité de pose du dispositif dans les délais prévus par les articles D. 49-84 et D. 49-85 du code de procédure pénale, le service pénitentiaire d'insertion et de probation rend compte sans délai au juge des enfants ainsi qu'au service de milieu ouvert de la protection judiciaire de la jeunesse.

CHAPITRE III DU PRONONCÉ DES PEINES

(Décr. n° 2021-682 du 27 mai 2021, art. 1er)

Art. R. 123-1 Le mandat de dépôt à effet différé ne peut être prononcé à l'encontre d'un mineur.

Art. R. 123-2 Le procureur de la République ne peut ramener à exécution une peine d'emprisonnement ferme prononcée par le tribunal pour enfants, que celui-ci ait ou non décerné mandat de dépôt conformément au deuxième alinéa de l'article L. 123-2, qu'après s'être fait présenter le mineur, après application, s'il y a lieu, des dispositions de l'article 716-5 du code de procédure pénale.

Après avoir vérifié son identité et lui avoir notifié la condamnation dont il fait l'objet, ce magistrat remplit la notice prévue par l'article D. 55-1 du code de procédure pénale puis fait procéder à l'incarcération du mineur.

Les dispositions du présent article ne sont pas applicables lorsque la mise à exécution de la peine intervient immédiatement à l'issue de l'audience.

Elles ne sont également pas applicables lorsque, conformément aux dispositions des articles 723-15 et D. 49-35 du code de procédure pénale, l'extrait de la décision doit être adressé au juge des enfants pour que ce dernier détermine les modalités d'exécution de la peine et propose le cas échéant une mesure d'aménagement.

CHAPITRE IV DU RÉGIME D'INCARCÉRATION

(Décr. n° 2021-682 du 27 mai 2021, art. 1er ; Décr. n° 2021-683 du 27 mai 2021, art. 1er)

SECTION PREMIÈRE DES CONDITIONS GÉNÉRALES DE DÉTENTION

(Décr. n° 2021-682 du 27 mai 2021, art. 1er ; Décr. n° 2021-683 du 27 mai 2021, art. 1er)

Art. R. 124-1 *(Décr. n° 2021-682 du 27 mai 2021, art. 1er)* Le régime de détention tient compte de la personnalité du mineur détenu et des perspectives du travail éducatif, par la mise en œuvre de modalités différenciées de prise en charge.

Art. R. 124-2 *(Décr. n° 2021-682 du 27 mai 2021, art. 1er)* **Lorsqu'un mineur détenu ne peut bénéficier d'un encellulement individuel pour l'un des motifs prévus aux** *(Décr. n° 2022-479 du 30 mars 2022, art. 5, en vigueur le 1er mai 2022)* **« articles L. 213-5 et L. 213-6 du code pénitentiaire** *[ancienne rédaction : articles 716 et 717-2 du code de procédure pénale]* **», apprécié le cas échéant au regard de son état de santé, il ne peut être placé en cellule qu'avec un autre mineur de son âge.**

Art. R. 124-3 *(Décr. n° 2022-479 du 30 mars 2022, art. 5, en vigueur le 1er mai 2022)* **Pour les établissements pénitentiaires dans lesquels les mineurs sont incarcérés, les dispositions communes du règlement intérieur type prévu par l'article L. 112-4 du code pénitentiaire sont applicables sous réserve des dispositions spécifiques aux mineurs annexées à la présente section.**

Le règlement intérieur de l'établissement, de même que ses éventuelles modifications, sont adressés pour information au juge des enfants.

Le règlement intérieur de chaque établissement pénitentiaire est tenu à la disposition des mineurs détenus et de leurs représentants légaux, lorsque les intéressés en font la demande.

Ancien art. R. 124-3 *(Décr. n° 2021-682 du 27 mai 2021, art. 1er)* ***Pour les établissements pénitentiaires dans lesquels les mineurs sont incarcérés, le règlement intérieur type prévu par l'article R. 57-6-18 du code de procédure pénale comprend des dispositions spécifiques aux mineurs.***

ANNEXE À L'ARTICLE R. 124-3

Dispositions du règlement intérieur type des établissements pénitentiaires spécifiques aux mineurs détenus

(Décr. n° 2022-479 du 30 mars 2022, art. 5, en vigueur le 1er mai 2022)

Art. 1er Les dispositions de la présente annexe sont applicables aux mineurs détenus mentionnés à l'article L. 124-1.

Art. 2 Les détenues mineures de sexe féminin sont hébergées dans les unités prévues à cet effet sous la surveillance des personnels de leur sexe. Toutefois, l'encadrement peut comporter des personnels masculins.

Les activités organisées dans les établissements pénitentiaires accueillant des mineurs détenus peuvent admettre des détenus des deux sexes.

Art. 3 A son arrivée, le mineur détenu est mis en mesure d'informer sa famille de son incarcération dans les meilleurs délais. Si le mineur détenu n'a pas informé l'un de ses titulaires de l'autorité parentale ou représentants légaux, le chef d'établissement procède à cette diligence et informe également les services de la protection judiciaire de la jeunesse.

Art. 4 Le mineur détenu est reçu, dès que possible, par un agent de la protection judiciaire de la jeunesse. Au cours de cet entretien, le mineur est informé du rôle et des modalités d'organisation du service éducatif en détention.

Art. 5 Les mineurs détenus ont l'interdiction de fumer en tout lieu, y compris dans les espaces non couverts.

Art. 6 Les repas des mineurs détenus sont composés conformément aux principes de la diététique et servis dans des conditions permettant leur éducation à une alimentation équilibrée et régulière.

Art. 7 L'enseignement ou la formation constituent la part la plus importante de l'emploi du temps du mineur détenu.

Un bilan pédagogique est réalisé par le personnel enseignant de l'éducation nationale auprès de chaque mineur détenu entrant. A partir des éléments recueillis, un projet individuel visant une reprise ou une poursuite de l'enseignement ou de la formation est proposé au mineur détenu.

Toutes les activités contribuant à la poursuite ou à la reprise d'un cursus scolaire ou de formation doivent être proposées aux mineurs détenus âgés d'au moins 16 ans au regard de l'obligation de formation à laquelle ils sont soumis.

Art. 8 Le mineur détenu a également accès à des activités socio-éducatives et sportives ou de détente adaptées à son âge. Un temps est consacré aux activités de plein air.

L'emploi du temps du mineur détenu intègre l'ensemble des entretiens utiles avec les personnels et intervenants concourant à son éducation et son insertion sociale.

Art. 9 A titre exceptionnel, le chef d'établissement, seul ou à l'initiative de l'équipe pluridisciplinaire, peut proposer des activités de travail aux mineurs détenus âgés d'au moins seize ans. Ces activités ne doivent pas se substituer aux activités d'enseignement ou de formation.

A titre exceptionnel également, le chef d'établissement peut autoriser la participation d'un mineur détenu âgé d'au moins seize ans aux activités organisées dans l'établissement pénitentiaire avec des personnes détenues majeures, si l'intérêt du mineur le justifie.

Art. 10 Les services de la protection judiciaire de la jeunesse sont consultés par le chef d'établissement avant toute décision relative aux modalités de prise en charge d'un mineur détenu.

Les activités socio-éducatives mises en œuvre par les services de la protection judiciaire de la jeunesse auprès du mineur détenu sont obligatoires et contribuent à la préparation par la protection judiciaire de la jeunesse du projet de sortie individualisé du mineur détenu.

Art. 11 Les titulaires de l'autorité parentale ou les représentants légaux du mineur détenu sont informés de toute demande de permis de visite faite au chef de l'établissement, de toute modification du régime de détention, ainsi que de toute procédure disciplinaire. Ils reçoivent mensuellement un état du compte nominatif du mineur détenu. Ils sont tenus informés du déroulement de sa scolarité, de sa formation ou de ses activités professionnelles. Les emplois du temps scolaires et les livrets d'attestation des parcours leur sont communiqués.

Art. 12 Les mineurs détenus peuvent téléphoner aux membres de leur famille ou à toute personne participant effectivement à leur éducation ou à leur insertion sociale, sous réserve, en ce qui concerne les prévenus, d'y avoir été autorisées par le magistrat saisi du dossier de la procédure.

Art. 13 Tout mineur détenu mineure peut demander à bénéficier d'une mesure de protection individuelle. Le chef d'établissement peut faire droit à cette demande s'il estime que les circonstances de la détention ou la personnalité du mineur détenu nécessitent la mise en œuvre de mesures de protection particulières. Il s'attache à recueillir préalablement l'avis de l'équipe pluridisciplinaire.

Le mineur détenu bénéficiant d'une mesure de protection individuelle fait l'objet d'un suivi éducatif renforcé et peut être momentanément dispensée de tout ou partie de la vie collective.

Cette mesure ne suspend pas l'exercice de ses droits.

La mise sous protection individuelle est d'une durée maximale de six jours, renouvelable une fois. La durée de cette mesure ne peut excéder douze jours par période de détention de quatre mois. Le chef d'établissement peut y mettre fin à tout moment après avoir entendu l'intéressé et recueilli l'avis de l'équipe pluridisciplinaire. Il est tenu d'y mettre fin si l'intéressé le demande.

La décision de mise sous protection individuelle et sa levée sont portées à la connaissance des titulaires de l'autorité parentale ou des représentants légaux du mineur détenu et du magistrat saisi du dossier de la procédure ou en charge de l'application des peines.

Art. R. 124-4 *(Décr. nº 2021-682 du 27 mai 2021, art. 1er)* **Au sein de chaque établissement pénitentiaire recevant des mineurs, une équipe pluridisciplinaire réunit des représentants des différents services intervenant auprès des mineurs incarcérés. Elle est chargée d'assurer la collaboration de ces services et le suivi individuel de chaque mineur détenu.**

L'équipe pluridisciplinaire est présidée par le chef d'établissement ou son représentant. Elle comprend au moins, outre son président, un représentant du personnel de surveillance, un représentant de la protection judiciaire de la jeunesse et un représentant de l'éducation nationale. Elle peut associer, en tant que de besoin, un représentant des services de santé, un représentant du service pénitentiaire d'insertion et de probation ou tout autre intervenant dans la prise en charge des mineurs détenus.

L'équipe pluridisciplinaire se réunit au moins une fois par semaine.

Art. R. 124-4-1 *(Décr. nº 2022-1287 du 4 oct. 2022, art. 10)* **Sans préjudice des articles R. 113-66 et R. 234-1 du code pénitentiaire, le chef d'établissement peut, pour l'exercice des compétences définies par le présent code, déléguer sa signature à son adjoint, à un fonctionnaire appartenant à un corps de catégorie A ou à un membre du corps de commandement placé sous son autorité.**

Il peut également la déléguer à un major pénitentiaire ou à un premier surveillant, placé sous son autorité, pour les mesures de placement en cellule avec une personne détenue mineure du même âge prises en application de l'article R. 124-2.

Art. R. 124-5 *(Décr. nº 2021-682 du 27 mai 2021, art. 1er)* **Des permissions de sortir prévues aux articles D. 143, D. 143-1, D. 143-4 et D. 145 du code de procédure pénale peuvent être accordées, quel que soit leur établissement d'affectation, aux mineurs condamnés à une ou plusieurs peines privatives de liberté à condition, si leur durée totale excède un an, que le tiers ait été exécuté.**

Les condamnés mineurs peuvent également bénéficier de permissions de sortir dans les conditions fixées aux articles D. 143-2, D. 143-3 et D. 143-5 du code de procédure pénale.

Art. R. 124-6 *(Décr. nº 2021-682 du 27 mai 2021, art. 1er)* **Lorsque, en application des dispositions de l'article L. 1111-5 du code de la santé publique, le mineur détenu se fait accompagner d'une personne majeure de son choix, celle-ci doit au préalable**

obtenir des autorités judiciaires ou administratives compétentes, selon que le mineur est prévenu ou condamné, l'autorisation de s'entretenir avec lui, dans le respect de la confidentialité de leurs échanges.

Dans le cas où le mineur ne connaîtrait pas de personne majeure susceptible de l'accompagner, les services de la protection judiciaire de la jeunesse relaient sa demande auprès de personnes physiques ou morales extérieures intervenant habituellement auprès de mineurs.

Art. D. 124-7 *(Décr. n° 2021-683 du 27 mai 2021, art. 1er) (Décr. n° 2022-855 du 7 juin 2022, art. 1er)* **« Le billet de sortie prévu à l'article D. 511-3 du code pénitentiaire remis à un mineur sortant de détention précise les coordonnées du service compétent de la protection judiciaire de la jeunesse. »**

Le mineur qui, à l'issue de son placement en détention provisoire dans un établissement pénitentiaire où les mineurs sont incarcérés, fait l'objet d'une des mesures prévues par l'article L. 112-2, est signalé par le chef de l'établissement pénitentiaire qui en a la garde, au procureur de la République du siège du tribunal pour enfants et à la direction de la protection judiciaire de la jeunesse au ministère de la justice aux fins d'être pris en charge et conduit sans délai par les services de la protection judiciaire de la jeunesse auprès de la personne ou de l'institution chargée de la mesure.

Art. R. 124-8 *(Décr. n° 2021-682 du 27 mai 2021, art. 1er)* **Dans le cadre des visites des établissements pénitentiaires par les parlementaires accompagnés de journalistes, un mineur détenu ne peut être filmé, enregistré ou photographié qu'avec son accord écrit préalable et l'autorisation des titulaires de l'exercice de l'autorité parentale. L'accord est donné selon les mêmes modalités** *[,]* **qu'il s'agisse de l'utilisation de l'image ou de celle de la voix ainsi captée.**

Dans tous les cas et sans préjudice des dispositions de l'article R. 57-6-17 du code de procédure pénale, les journalistes veillent à ce qu'aucun élément concernant l'identité ou la personnalité qui permettrait d'identifier les mineurs détenus ne soit, de quelque manière que ce soit, révélé.

Les obligations relatives à la diffusion des productions des journalistes mentionnées aux deux alinéas précédents s'imposent aux directeurs de publication, éditeurs et distributeurs de ces productions.

Art. R. 124-9 *(Décr. n° 2021-682 du 27 mai 2021, art. 1er)* **La liste des établissements pénitentiaires dans lesquels les mineurs sont incarcérés est fixée par arrêté du garde** *[des]* **sceaux, ministre de la justice, aux articles 1 à 3 de l'annexe 1 du présent code. –** *V. Annexe 1 ci-dessous.*

ANNEXE 1

AU CODE DE LA JUSTICE PÉNALE DES MINEURS

L'annexe 1 au CJPM est issue de l'Arr. du 27 mai 2021 (NOR : JUSF2113088A) fixant la liste des établissements pénitentiaires spécialisés pour mineurs, des quartiers pour mineurs au sein des établissements pénitentiaires et des unités affectées à la prise en charge des mineures, applicable en Nouvelle-Calédonie, en Polynésie française et à Wallis-et-Futuna.

Art. 1er La liste des établissements pénitentiaires spécialisés pour mineurs prévue à l'article R. 124-9 est fixée comme suit :
— établissement spécialisé pour mineurs de Lavaur (Tarn) ;
— établissement spécialisé pour mineurs de Marseille (Bouches-du-Rhône) ;
— établissement spécialisé pour mineurs d'Orvault (Loire-Atlantique) ;
— établissement spécialisé pour mineurs de Porcheville (Yvelines) ;
— établissement spécialisé pour mineurs de Quiévrechain (Nord) ;
— établissement spécialisé pour mineurs du Rhône (Meyzieu-Rhône).

Art. 2 La liste des quartiers pour mineurs prévue à l'article R. 124-9 est fixée comme suit :
— quartier des mineurs du centre pénitentiaire d'Aix-Luynes (Bouches-du-Rhône) ;
— quartier des mineurs de la maison d'arrêt d'Angoulême (Charente) ;
— quartier des mineurs du centre pénitentiaire d'Avignon-Le Pontet (Vaucluse) ;
— quartier des mineurs du centre pénitentiaire de Baie-Mahault (Guadeloupe) ;
— quartier des mineurs de la maison d'arrêt de Besançon (Doubs) ;
— quartier des mineurs du centre de semi-liberté de Besançon (Doubs) ;

— quartier des mineurs de la maison d'arrêt de Bonneville (Haute-Savoie) ;
— quartier des mineurs *(Arr. du 20 juill. 2022)* « du centre pénitentiaire de Bordeaux-Gradignan » (Gironde) ;
— quartier des mineurs du centre pénitentiaire de Borgo (Haute-Corse) ;
— quartier des mineurs de la maison d'arrêt de Bourges (Cher) ;
— quartier des mineurs de la maison d'arrêt de Brest (Finistère) ;
— quartier des mineurs de la maison d'arrêt de Caen (Calvados) ;
— quartier des mineurs du *(Arr. du 20 juill. 2022)* « centre pénitentiaire de Nouméa (Nouvelle-Calédonie) » ;
— quartier des mineurs de la maison d'arrêt de Chaumont (Haute-Marne) ;
— quartier des mineurs de la maison d'arrêt de Dijon (Côte-d'Or) ;
— quartier des mineurs du centre pénitentiaire de Ducos (Martinique) ;
— quartier des mineurs de la maison d'arrêt d'Épinal (Vosges) ;
— quartier des mineurs du centre pénitentiaire de Faa'a-Nuutania (Papeete) ;
— quartier des mineurs de la maison d'arrêt de Fleury-Mérogis (Essonne) ;
— quartier des mineurs de la maison d'arrêt de Grasse (Alpes-Maritimes) ;
— quartier des mineurs de la maison d'arrêt de Grenoble-Varces (Isère) ;
— quartier des mineurs du centre pénitentiaire du Havre (Seine-Maritime) ;
— quartier des mineurs du centre pénitentiaire de Laon (Aisne) ;
— quartier des mineurs du centre pénitentiaire de Liancourt (Oise) ;
— quartier des mineurs de la maison d'arrêt de Limoges (Haute-Vienne) ;
— quartier des mineurs *(Arr. du 20 juill. 2022)* « du centre pénitentiaire de Longuenesse » (Pas-de-Calais) ;
— quartier des mineurs *(Arr. du 20 juill. 2022)* « du centre pénitentiaire de Majicavo » (Mayotte) ;
— quartier des mineurs du centre de semi-liberté de Maxéville (Meurthe-et-Moselle) ;
— quartier des mineurs du centre pénitentiaire de Metz (Moselle) ;
— quartier des mineurs du centre pénitentiaire de Moulins-Yzeure (Allier) ;
(Arr. du 4 nov. 2021, en vigueur le 10 nov. 2021) « — quartier des mineurs du centre pénitentiaire de Mulhouse-Lutterbach (Haut-Rhin) ; »
(Abrogé par Arr. du 4 nov. 2021, à compter du 10 nov. 2021) « *— quartier des mineurs du quartier de semi-liberte de la maison d'arrêt de Mulhouse (Haut-Rhin) ;* »
— quartier des mineurs *(Arr. du 20 juill. 2022)* « du centre pénitentiaire de Nanterre-Hauts-de-Seine » (Hauts-de-Seine) ;
— quartier des mineurs de la maison d'arrêt de Pau (Pyrénées-Atlantiques) ;
— quartier des mineurs du centre pénitentiaire de Perpignan (Pyrénées-Orientales) ;
— quartier des mineurs de la maison d'arrêt de Reims (Marne) ;
— quartier des mineurs du centre pénitentiaire de Remire-Montjoly (Guyane) ;
— quartier des mineurs de la maison d'arrêt de Rouen (Seine-Maritime) ;
— quartier des mineurs du centre pénitentiaire de Saint-Denis (Réunion) ;
— quartier des mineurs du centre pénitentiaire de Saint-Pierre (collectivité territoriale de Saint-Pierre-et-Miquelon) ;
— quartier des mineurs du centre de semi-liberté de Souffelweyersheim (Bas-Rhin) ;
— quartier des mineurs de la maison d'arrêt de Strasbourg (Bas-Rhin) ;
— quartier des mineurs de la maison d'arrêt de Tours (Indre-et-Loire) ;
— quartier des mineurs *(Arr. du 20 juill. 2022)* « du centre pénitentiaire de Varennes-le-Grand » (Saône-et-Loire) ;
— quartier des mineurs *(Arr. du 20 juill. 2022)* « du centre pénitentiaire de Villeneuve-lès-Maguelone » (Hérault) ;
— quartier des mineurs de la maison d'arrêt de Villepinte (Seine-Saint-Denis).

Art. 3 La liste des unités affectées à la prise en charge des mineures prévue à l'article R. 124-9 est fixée comme suit :
— unité de l'établissement spécialisé pour mineurs de Lavaur (Tarn) ;
— unité de l'établissement spécialisé pour mineurs de Quiévrechain (Nord) ;
— unité de l'établissement spécialisé pour mineurs du Rhône (Meyzieu, Rhône) ;
— unité *(Arr. du 20 juill. 2022)* « du centre pénitentiaire de Marseille » (Bouches-du-Rhône) ;
— unité de la maison d'arrêt *(Abrogé par Arr. du 20 juill. 2022)* « *des femmes* » d'Épinal (Vosges) ;
— unité de la maison d'arrêt *(Abrogé par Arr. du 20 juill. 2022)* « *des femmes* » de Fleury-Mérogis (Essonne) ;
— unité du centre pénitentiaire *(Abrogé par Arr. du 20 juill. 2022)* « *pour femmes* » de Rennes (Ille-et-Vilaine).

SECTION II DE L'INTERVENTION DE LA PROTECTION JUDICIAIRE DE LA JEUNESSE EN DÉTENTION

(Décr. n° 2021-682 du 27 mai 2021, art. 1er)

Art. R. 124-10 Les services de l'administration pénitentiaire et de la protection judiciaire de la jeunesse travaillent conjointement à l'accompagnement des mineurs détenus en organisant l'individualisation de leur période de détention.

Art. R. 124-11 Les services de la protection judiciaire de la jeunesse assurent une intervention éducative continue en détention auprès des mineurs.

Art. R. 124-12 Les services et établissements de la protection judiciaire de la jeunesse assurent la prise en charge éducative individualisée des mineurs détenus. Ils assurent la continuité de l'action éducative en collaboration avec le service chargé du suivi du mineur en dehors de l'établissement pénitentiaire.

Ils exercent, à leur égard, les missions dévolues au service pénitentiaire d'insertion et de probation par les dispositions des *(Décr. n° 2022-479 du 30 mars 2022, art. 5, en vigueur le 1er mai 2022)* « articles D. 113-24, D. 113-40, D. 113-60 et D. 214-9 du code pénitentiaire *[ancienne rédaction : articles D. 460 à D. 465 et D. 573 du code de procédure pénale]* ».

Art. R. 124-13 La continuité de l'accès du mineur à l'enseignement ou à la formation est assurée, quel que soit son âge, conformément aux dispositions des livres Ier et III du code de l'éducation.

Art. R. 124-14 Les activités d'enseignement et de formation sont mises en œuvre par les services de l'éducation nationale.

Les services de la protection judiciaire de la jeunesse assurent la mise en œuvre des activités socio-éducatives.

Les activités sportives sont organisées par les services de l'administration pénitentiaire.

Art. R. 124-15 Les personnels de la protection judiciaire de la jeunesse intervenant en détention ont accès, dans les conditions prévues à *(Décr. n° 2022-479 du 30 mars 2022, art. 5, en vigueur le 1er mai 2022)* « l'article R. 240-5 du code pénitentiaire *[ancienne rédaction : l'article R. 57-9-22 du code de procédure pénale]* », au traitement automatisé de données à caractère personnel dénommé gestion nationale des personnes détenues en établissement pénitentiaire (GENESIS).

SECTION III DU RÉGIME DISCIPLINAIRE

(Décr. n° 2021-682 du 27 mai 2021, art. 1er)

SOUS-SECTION 1 DE LA PROCÉDURE DISCIPLINAIRE

Art. R. 124-16 En cas de manquement à la discipline par un mineur détenu de nature à justifier une sanction disciplinaire, le compte rendu d'incident et le rapport prévus aux *(Décr. n° 2022-479 du 30 mars 2022, art. 5, en vigueur le 1er mars 2022)* « articles R. 234-12 et R. 234-13 du code pénitentiaire *[ancienne rédaction : articles R. 57-7-13 et R. 57-7-14 du code de procédure pénale]* » sont complétés par un rapport sur la situation personnelle, sociale et familiale du mineur, établi par le service de la protection judiciaire de la jeunesse, saisi par le chef d'établissement. Ce rapport fournit au chef d'établissement les éléments d'appréciation sur l'opportunité de poursuivre ou non la procédure et formule toute proposition éducative appropriée.

Code pénitentiaire

CHAPITRE II. *FAUTES DISCIPLINAIRES*

Art. R. 232-1 Tout manquement aux dispositions du règlement intérieur, défini aux articles L. 112-4 et R. 112-22, ainsi qu'au reste du présent code et au code de procédure pénale ou aux instructions de service peut entraîner des poursuites disciplinaires et pénales.

SECTION PREMIÈRE. *DISPOSITIONS GÉNÉRALES*

Art. R. 232-2 Les fautes disciplinaires sont classées selon leur gravité, selon les distinctions prévues par les dispositions des articles R. 232-4, R. 232-5 et R. 232-6, en trois degrés.

Art. R. 232-3 Les faits énumérés par les dispositions des articles R. 232-4, R. 232-5 et R. 232-6 constituent des fautes disciplinaires même lorsqu'ils sont commis à l'extérieur de l'établissement pénitentiaire. En ce cas, les violences, dégradations, menaces mentionnées par les dispositions des 1°, 9° et 12° de l'article R. 232-4 et 9° de l'article R. 232-5 peuvent être retenues comme fautes disciplinaires, quelle que soit la qualité de la personne concernée ou du propriétaire des biens en cause.

SECTION II. *FAUTES DISCIPLINAIRES DU PREMIER DEGRÉ*

Art. R. 232-4 Constitue une faute disciplinaire du premier degré le fait, pour une personne détenue :

1° D'exercer ou de tenter d'exercer des violences physiques à l'encontre d'un membre du personnel ou d'une personne en mission ou en visite dans l'établissement ;

2° D'exercer ou de tenter d'exercer des violences physiques à l'encontre d'une personne détenue ;

3° D'opposer une résistance violente aux injonctions des personnels ;

4° D'obtenir ou de tenter d'obtenir par violence, intimidation ou contrainte la remise d'un bien, la réalisation d'un acte, un engagement, une renonciation ou un avantage quelconque ;

5° De commettre intentionnellement des actes de nature à mettre en danger la sécurité d'autrui ;

6° De provoquer par des propos ou des actes à la commission d'actes de terrorisme ou d'en faire l'apologie ;

7° De participer ou de tenter de participer à toute action collective de nature à compromettre la sécurité des établissements ou à en perturber l'ordre ;

8° De participer à une évasion ou à une tentative d'évasion ;

9° De causer ou de tenter de causer délibérément aux locaux ou au matériel affecté à l'établissement un dommage de nature à compromettre la sécurité, l'ordre ou le fonctionnement normal de celui-ci ;

10° D'introduire ou tenter d'introduire au sein de l'établissement tous objets, données stockées sur un support quelconque ou substances de nature à compromettre la sécurité des personnes ou de l'établissement, de les détenir ou d'en faire l'échange contre tout bien, produit ou service ;

11° D'introduire ou tenter d'introduire au sein de l'établissement des produits stupéfiants, ou sans autorisation médicale, des produits de substitution aux stupéfiants ou des substances psychotropes, de les fabriquer, de les détenir ou d'en faire l'échange contre tout bien, produit ou service ;

12° De proférer des insultes, des menaces ou des propos outrageants à l'encontre d'un membre du personnel de l'établissement, d'une personne en mission ou en visite au sein de l'établissement pénitentiaire ou des autorités administratives ou judiciaires ;

13° De proférer des insultes ou des menaces à l'encontre d'une personne détenue ;

14° De franchir ou tenter de franchir les grillages, barrières, murs d'enceinte et tous autres dispositifs anti-franchissement de l'établissement, d'accéder ou tenter d'accéder aux façades et aux toits de l'établissement ainsi qu'aux chemins de ronde, aux zones neutres et aux zones interdites mentionnées par le règlement intérieur, défini aux articles L. 112-4 et R. 112-22, ou instruction particulière arrêtée par le chef d'établissement ;

15° De capter, fixer ou enregistrer ou tenter de capter, fixer ou enregistrer, par quelque moyen que ce soit, des images ou des sons dans un établissement ou de diffuser ou tenter de diffuser, par quelque moyen que ce soit, des images fixées ou des sons captés dans un établissement, ou de participer à ces captation, fixation, enregistrement ou diffusion ;

16° D'inciter une personne détenue à commettre l'un des manquements énumérés par le présent article ou de lui prêter assistance à cette fin.

La possession d'un téléphone portable par un détenu, compte tenu de l'usage qui peut en être fait, notamment pour s'affranchir des règles particulières applicables, en vertu de l'art. 727-1, aux communications téléphoniques des détenus et pour faire échec aux mesures de sécurité prises dans l'établissement pénitentiaire, doit être regardée comme la détention d'un objet dangereux et constitue ainsi une faute disciplinaire du premier degré. • CE 4 févr. 2013 : *D. actu. 16 févr. 2013, obs. de Montecler ; AJDA 2013. 321 ; D. 2013. 1307, obs. Herzog-Evans.*

SECTION III. *FAUTES DISCIPLINAIRES DU DEUXIÈME DEGRÉ*

Art. R. 232-5 Constitue une faute disciplinaire du deuxième degré le fait, pour une personne détenue :

1° De refuser de se soumettre à une mesure de sécurité définie par une disposition législative ou réglementaire, par le règlement intérieur de l'établissement pénitentiaire, défini aux articles L. 112-4 et R. 112-22, ou par toute autre instruction de service ou refuser d'obtempérer immédiatement aux injonctions du personnel de l'établissement ;

2° D'obtenir ou de tenter d'obtenir d'un membre du personnel de l'établissement ou d'une personne en mission au sein de l'établissement un avantage quelconque par des offres, des promesses, des dons ou des présents ;

3° De mettre en danger la sécurité d'autrui par une imprudence ou une négligence ;

4° D'imposer à la vue d'autrui des actes obscènes ou susceptibles d'offenser la pudeur ;

5° De formuler des propos outrageants ou des menaces dans les lettres adressées aux autorités administratives et judiciaires ;

6° De formuler dans les lettres adressées à des tiers des menaces, des injures ou des propos outrageants à l'encontre de toute personne ayant mission dans l'établissement ou à l'encontre des autorités administratives et judiciaires, ou de formuler dans ces lettres des menaces contre la sécurité des personnes ou de l'établissement ;

7° De se soustraire à une sanction disciplinaire prononcée à son encontre ;

8° D'enfreindre ou tenter d'enfreindre les dispositions législatives ou réglementaires, le règlement intérieur de l'établissement, défini aux articles L. 112-4 et R. 112-22, ou toute autre instruction de service applicables en matière d'introduction, de détention, de circulation, ou de sortie de sommes d'argent, correspondance, objets ou substances quelconques, hors les cas prévus par les dispositions des 10° et 11° de l'article R. 232-4 ;

9° De causer délibérément un dommage aux locaux ou au matériel affecté à l'établissement, hors le cas prévu par les dispositions du 9° de l'article R. 232-4 ;

10° De causer délibérément un dommage à la propriété d'autrui ;

11° De commettre ou tenter de commettre un vol ou toute autre atteinte frauduleuse à la propriété d'autrui ;

12° De consommer des produits stupéfiants ;

13° De consommer, sans autorisation médicale, des produits de substitution aux stupéfiants, des psychotropes ou des substances de nature à troubler le comportement ;

14° De se trouver en état d'ébriété ;

15° De provoquer un tapage de nature à troubler l'ordre de l'établissement ;

16° D'inciter une personne détenue à commettre l'un des manquements énumérés au présent article ou de lui prêter assistance à cette fin.

1. Action collective. Constitue une action collective de nature à perturber l'ordre de l'établissement la remise d'un imprimé type demandant l'application d'une disposition du code de procédure pénale, rédigé par une personne détenue et signée par sept autres détenus du même établissement. • TA Rennes, 10 sept. 2014 : *AJ pénal 2014. 547, obs. Péchillon.*

2. Insultes. Les propos insultant un surveillant tenus par un détenu lors d'une conversation téléphonique privée ne constituent pas la faute disciplinaire de l'art. R. 57-7-2, 1°, faute d'intention que ces propos lui soient rapportés. • CAA Paris, 7 avr. 2016 : *AJ pénal 2016. 283, obs. H.-Evans.*

3. Qualification de la faute disciplinaire. Le comportement général en détention de la personne détenue peut être pris en compte pour le choix du quantum de la sanction mais non pour déterminer si le manquement du détenu est un refus d'obtempérer constitutif d'une faute disciplinaire du deuxième degré ou un refus de se soumettre à une mesure de sécurité, constitutif d'une faute disciplinaire du troisième degré. • CE 15 déc. 2017, n° 403701 : *D. actu. 4 janv. 2018, obs. Pastor ; AJ pénal 2018. 105, obs. H.-Evans.*

SECTION IV. *FAUTES DISCIPLINAIRES DU TROISIÈME DEGRÉ*

Art. R. 232-6 Constitue une faute disciplinaire du troisième degré le fait, pour une personne détenue :

1° De ne pas respecter les dispositions du règlement intérieur de l'établissement pénitentiaire, défini aux articles L. 112-4 et R. 112-22, ou les instructions particulières arrêtées par le chef de l'établissement ;

2° D'entraver ou tenter d'entraver les activités de travail, de formation, culturelles, cultuelles ou de loisirs ;

3° De communiquer irrégulièrement avec une personne détenue ou avec toute autre personne extérieure à l'établissement ;

4° De négliger de préserver ou d'entretenir la propreté de sa cellule ou des locaux communs ou de prendre soin des objets mis à disposition par l'administration ;

5° De jeter tout objet ou substance par les fenêtres de l'établissement ;

6° De faire un usage abusif ou nuisible d'objets autorisés par le règlement intérieur ;

7° De pratiquer des jeux interdits par le règlement intérieur ;

8° D'inciter une personne détenue à commettre l'un des manquements énumérés au présent article ou lui prêter assistance à cette fin.

1. Refus d'obtempérer. Le détenu qui n'acquiesce pas à l'ordre de quitter un muret sur lequel il est assis pendant une visite familiale commet un refus d'obtempérer aux injonctions des membres du personnel de surveillance. • CE 20 mai 2011 : *D. actu. 1er juin 2011, obs. Grand ; AJ pénal 2012. 177, obs. Herzog-Evans ; AJDA 2011.1364. chron. Domino et Bretonneau ; RSC 2012. Poncela.* ♦ Le fait de vouloir rester au quartier disciplinaire à l'issue de la sanction constitue un refus d'obtempérer aux ordres du personnel. • CAA Lyon, 27 mars 2014 : *RPDP 2014. 391, obs. Céré.*

2. Conv. EDH, art. 8. Refus d'obéissance. Les refus de se soumettre à des fouilles imposées par l'administration pénitentiaire, considérés par les autorités pénitentiaires comme un acte de désobéissance donnant lieu au prononcé de sanctions disciplinaires, ne sont pas susceptibles de constituer une violation de l'art. 3 Conv. EDH en l'absence d'élément dégradant ou humiliant des mesures dénoncées. Mais même lorsque les mesures ne dépassent pas le seuil de gravité nécessaire à la reconnaissance d'une violation de l'art. 3, elles sont susceptibles de constituer une atteinte à la vie privée et familiale entendue au sens de l'art. 8 de la Conv. EDH. • CEDH 15 sept. 2015, *Milka c/ Pologne*, n° 14322/12 : *D. 2015. 2010, obs. Falxa.*

CHAPITRE III. *SANCTIONS DISCIPLINAIRES*

Art. R. 233-1 Peuvent être prononcées à l'encontre des personnes détenues majeures les sanctions disciplinaires suivantes :

1° L'avertissement ;

2° L'interdiction de recevoir des subsides de l'extérieur pendant une période maximum de deux mois ;

3° La privation pendant une période maximum de deux mois de la faculté d'effectuer en cantine tout achat autre que celui de produits d'hygiène, du nécessaire de correspondance et de tabac ;

4° La privation pendant une durée maximum d'un mois de tout appareil acheté ou loué par l'intermédiaire de l'administration ;

5° La privation d'une activité culturelle, sportive ou de loisirs pour une période maximum d'un mois ;

6° L'exécution d'un travail d'intérêt collectif de nettoyage, remise en état ou entretien des cellules ou des locaux communs ; cette sanction, dont la durée globale n'excède pas 40 heures, ne peut être prononcée qu'avec le consentement préalable de la personne détenue ;

7° Le confinement en cellule individuelle ordinaire assorti, le cas échéant, de la privation de tout appareil acheté ou loué par l'intermédiaire de l'administration pendant la durée de l'exécution de la sanction ;

8° La mise en cellule disciplinaire.

Art. R. 233-2 Les sanctions disciplinaires suivantes peuvent également être prononcées *(Décr. n° 2022-655 du 25 avr. 2022, art. 4, en vigueur le 1er mai 2022)* « à l'encontre des personnes détenues majeures » :

1° La suspension de la décision de classement *(Décr. n° 2022-655 du 25 avr. 2022, art. 4, en vigueur le 1er mai 2022)* « au travail » ou *(Décr. n° 2022-655 du 25 avr. 2022, art. 4, en vigueur le 1er mai 2022)* « de la participation à » une formation pour une durée maximum de huit jours ;

(Décr. n° 2022-655 du 25 avr. 2022, art. 4, en vigueur le 1er mai 2022) « 2° Le déclassement du travail, la fin de l'affectation sur un poste de travail ou l'exclusion d'une formation ; »

3° La suppression de l'accès au parloir sans dispositif de séparation pour une période maximum de quatre mois lorsque la faute a été commise au cours ou à l'occasion d'une visite.

CHAPITRE IV. *PROCÉDURE DISCIPLINAIRE*

Art. R. 234-1 Pour l'exercice de ses compétences en matière disciplinaire, le chef de l'établissement pénitentiaire peut déléguer sa signature à son adjoint, à un fonctionnaire

appartenant à un corps de catégorie A ou à un membre du corps de commandement du personnel de surveillance placé sous son autorité.

Pour les décisions de confinement en cellule individuelle ordinaire, de placement en cellule disciplinaire et de suspension de l'exercice de l'activité professionnelle de la personne détenue, lorsqu'elles sont prises à titre préventif, le chef d'établissement peut en outre déléguer sa signature à un major pénitentiaire ou à un premier surveillant.

SECTION PREMIÈRE. *COMMISSION DE DISCIPLINE*

SOUS-SECTION 1. *DISPOSITIONS GÉNÉRALES*

Art. R. 234-2 La commission de discipline comprend, outre le chef de l'établissement pénitentiaire ou son délégataire, président, deux membres assesseurs.

Art. R. 234-3 Les sanctions disciplinaires sont prononcées, en commission, par le président de la commission de discipline. Les membres assesseurs ont voix consultative.

Art. R. 234-4 Chaque membre de la commission de discipline doit exercer ses fonctions avec intégrité, dignité et impartialité et respecter le secret des délibérations.

Art. R. 234-5 Ne peuvent être désignés pour siéger à la commission de discipline :

1° Les personnes détenues ;

2° Les conjoints, concubins, parents d'une personne détenue dans l'établissement ou toute personne liée par un pacte civil de solidarité avec une personne détenue ;

3° Les personnes titulaires d'un permis de visite afin de rencontrer une personne détenue dans l'établissement.

SOUS-SECTION 2. *ASSESSEURS*

Art. R. 234-6 Le président de la commission de discipline désigne les membres assesseurs.

Le premier assesseur est choisi parmi les membres du premier ou du deuxième grade du corps d'encadrement et d'application du personnel de surveillance de l'établissement.

Le second assesseur est choisi parmi des personnes extérieures à l'administration pénitentiaire qui manifestent un intérêt pour les questions relatives au fonctionnement des établissements pénitentiaires, habilitées à cette fin par le président du tribunal judiciaire territorialement compétent. La liste de ces personnes est tenue au greffe du tribunal judiciaire.

1. Absence de l'assesseur. L'absence de l'assesseur a privé l'intéressé d'une garantie de procédure, de nature à entacher d'illégalité la décision du directeur interrégional des services pénitentiaires, sans que puisse y faire obstacle la circonstance, invoquée par le garde des Sceaux, ministre de la justice, que l'administration pénitentiaire n'aurait été informée que tardivement de la désignation des assesseurs et n'aurait pas été en mesure de procéder à leur installation avant la réunion. • CAA Nantes, 18 juill. 2013 : *AJDA 2013. 2162, obs. Degommier ; D. 2014. 1237, obs. Céré.* ♦ L'irrégularité de la composition de la commission de discipline a privé l'intéressé d'une garantie de procédure, alors même que cet assesseur n'aurait eu qu'une voix consultative ; elle est donc de nature à entacher d'illégalité les décisions attaquées du directeur interrégional des services pénitentiaires. • CAA Lyon, 27 mars 2014 : *RPDP 2014. 391, obs. Céré.*

2. L'administration pénitentiaire doit mettre tout en œuvre pour assurer la présence d'un assesseur extérieur à la commission de discipline et, si aucun n'est en mesure de siéger, la tenue de la commission doit être reportée à une date ultérieure, à moins qu'un tel report compromette manifestement le bon exercice du pouvoir disciplinaire. • CE 5 févr. 2021, n° 434659.

Art. R. 234-7 Ne peuvent être inscrits sur la liste prévue par les dispositions du au troisième alinéa de l'article R. 234-6 :

1° Les personnes mineures ;

2° Les personnes en situation irrégulière au regard des dispositions relatives à l'entrée et au séjour sur le territoire national ;

3° Les personnes ayant fait l'objet depuis moins de cinq ans d'une condamnation mentionnée au bulletin n° 2 du casier judiciaire ;

4° Les personnels de l'administration pénitentiaire, de la protection judiciaire de la jeunesse et les collaborateurs occasionnels du service public pénitentiaire ;

5° Les conjoints, concubins, parents ou alliés jusqu'au degré d'oncle ou de neveu inclusivement d'un personnel de l'administration pénitentiaire ou toute personne liée par un pacte civil de solidarité avec un personnel pénitentiaire ;

6° Les magistrats de l'ordre administratif ou judiciaire en exercice ;

7° Les fonctionnaires des services judiciaires en exercice ;
8° Les avocats et les avocats au Conseil d'État et à la Cour de cassation en exercice ;
9° Les fonctionnaires des services de police et de gendarmerie en exercice.

Art. R. 234-8 Il est dressé par le chef de l'établissement pénitentiaire un tableau de roulement désignant pour une période déterminée les assesseurs extérieurs appelés à siéger à la commission de discipline.

Art. D. 234-9 Les assesseurs extérieurs à l'administration pénitentiaire qui siègent, conformément aux dispositions de l'article R. 234-6, dans les commissions de discipline des personnes détenues perçoivent par séance une indemnité forfaitaire, exclusive de toute autre rémunération, dont le montant est fixé par arrêté conjoint du garde des sceaux, du ministre chargé du budget et du ministre chargé de la fonction publique, annexé au présent code.

Art. D. 234-10 Chaque assesseur extérieur ne peut participer à plus de 200 séances de commission de discipline par an.

Art. D. 234-11 L'habilitation des assesseurs extérieurs est délivrée ou retirée par le président du tribunal judiciaire dans les conditions prévues par les dispositions des articles D. 249 et D. 250 du code de procédure pénale.

SECTION II. *POURSUITE DISCIPLINAIRE*

Art. R. 234-12 En cas de manquement à la discipline de nature à justifier une sanction disciplinaire, un compte rendu est établi dans les plus brefs délais par l'agent présent lors de l'incident ou informé de ce dernier. L'auteur de ce compte rendu ne peut siéger en commission de discipline.

Doit être annulée pour non-respect du principe du contradictoire la sanction disciplinaire prononcée à l'encontre d'un détenu pour violences alors que le détenu conteste les faits et que le visionnage des caméras de vidéosurveillances lui a été refusé. • TA Dijon, 12 juin 2012 : *AJ pénal 2012. 557, obs. Herzog-Evans*. ♦ *Contra* : • CAA Lyon, 18 avr. 2013 : *AJ pénal 2013. 624, note Herzog-Evans*.

Art. R. 234-13 A la suite de ce compte rendu d'incident, un rapport est établi par un membre du personnel de commandement du personnel de surveillance, un major pénitentiaire ou un premier surveillant et adressé au chef de l'établissement pénitentiaire. Ce rapport comporte tout élément d'information utile sur les circonstances des faits reprochés à la personne détenue et sur la personnalité de celle-ci. L'auteur de ce rapport ne peut siéger en commission de discipline.

Art. R. 234-14 Le chef de l'établissement pénitentiaire ou son délégataire apprécie, au vu des rapports et après s'être fait communiquer, le cas échéant, tout élément d'information complémentaire, l'opportunité de poursuivre la procédure. Les poursuites disciplinaires ne peuvent être exercées plus de six mois après la découverte des faits reprochés à la personne détenue.

Art. R. 234-15 En cas d'engagement des poursuites disciplinaires, les faits reprochés ainsi que leur qualification juridique sont portés à la connaissance de la personne détenue.

La personne détenue est informée de la date et de l'heure de sa comparution devant la commission de discipline ainsi que du délai dont elle dispose pour préparer sa défense. Ce délai ne peut être inférieur à vingt-quatre heures.

1. Absence de l'avocat. L'absence de l'avocat lors de la séance de la commission de discipline est sans incidence sur la régularité de la procédure dès lors que l'administration pénitentiaire a rempli ses obligations en mettant à même l'intéressé d'être assisté d'un avocat dont elle avait obtenu la désignation et qu'elle avait convoqué en temps utile. • CE 23 févr. 2011 : *JCP G 2011. 702, note Biagini-Girard.*

2. Rémunération de l'avocat. Lorsqu'un détenu fait l'objet de plusieurs poursuites disciplinaires, la rémunération allouée à l'avocat doit être accordée pour chacune des procédures au cours de laquelle le détenu a été assisté. • CAA Marseille, 4 déc. 2012 : *RPDP 2012. 941, obs. Péchillon.*

3. Droits de la défense. Le détenu convoqué devant la commission de discipline qui est tenu de restituer immédiatement les documents de convocation n'a pas été mis à même de préparer utilement sa défense, faute pour lui de disposer du document rappelant les faits qui lui étaient reprochés, les qualifications juridiques retenues ainsi que les droits qui étaient les siens dans le cadre du

déroulement de la procédure, alors même qu'il a pu par la suite consulter le dossier de la procédure. • CAA Lyon, 29 janv. 2015, n° 13LY03112 P : *D. 2015. 1122, obs. H.-Evans*.

Art. R. 234-16 Chaque personne détenue dispose de la faculté de se faire assister par un avocat de son choix ou par un avocat désigné par le bâtonnier de l'ordre des avocats et peut bénéficier à cet effet de l'aide juridique.

Art. R. 234-17 La personne détenue, ou son avocat, peut consulter l'ensemble des pièces de la procédure disciplinaire, sous réserve que cette consultation ne porte pas atteinte à la sécurité publique ou à celle des personnes.

L'avocat, ou la personne détenue si elle n'est pas assistée d'un avocat, peut également demander à prendre connaissance de tout élément utile à l'exercice des droits de la défense existant, précisément désigné, dont l'administration pénitentiaire dispose dans l'exercice de sa mission et relatif aux faits visés par la procédure disciplinaire, sous réserve que sa consultation ne porte pas atteinte à la sécurité publique ou à celle des personnes. L'autorité compétente répond à la demande d'accès dans un délai maximal de sept jours ou, en tout état de cause, en temps utile pour permettre à la personne de préparer sa défense. Si l'administration pénitentiaire fait droit à la demande, l'élément est versé au dossier de la procédure.

La demande mentionnée à l'alinéa précédent peut porter sur les données de vidéoprotection, à condition que celles-ci n'aient pas été effacées, dans les conditions fixées par un arrêté du garde des sceaux, ministre de la justice, au moment de son enregistrement. L'administration pénitentiaire accomplit toute diligence raisonnable pour assurer la conservation des données avant leur effacement.

Par dérogation aux dispositions de l'alinéa précédent, l'administration répond à la demande d'accès dans un délai maximal de quarante-huit heures.

Les données de la vidéoprotection visionnées font l'objet d'une transcription dans un rapport versé au dossier de la procédure disciplinaire.

Art. R. 234-18 La personne détenue intéressée est convoquée par écrit devant la commission de discipline.

La convocation lui rappelle les droits qui sont les siens en application des articles R. 234-15 à R. 234-17.

Art. R. 234-19 En application de l'article L. 231-2, le chef de l'établissement pénitentiaire ou son délégataire peut, à titre préventif et sans attendre la réunion de la commission de discipline, décider le confinement en cellule individuelle ordinaire ou le placement en cellule disciplinaire d'une personne détenue, si les faits constituent une faute du premier ou du deuxième degré et si la mesure est l'unique moyen de mettre fin à la faute ou de préserver l'ordre à l'intérieur de l'établissement.

1. Recours pour excès de pouvoir. Sur la recevabilité du recours pour excès de pouvoir contre un placement préventif en quartier disciplinaire : • CE 17 déc. 2008 : *AJ pénal 2009. 87, obs. Céré ; Procédures 2009, n° 65, obs. D. Deygas.* ♦ *Contra* : la mesure de placement à titre préventif dans une cellule disciplinaire destinée à préserver l'ordre intérieur dans l'établissement de détention, qui n'est pas constitutive d'une sanction disciplinaire, présente, eu égard à sa durée ainsi qu'à son caractère provisoire et conservatoire, le caractère d'une mesure d'ordre intérieur qui n'est pas susceptible d'être déférée au juge administratif par la voie du recours pour excès de pouvoir • CE 12 mars 2003 : *D. 2003. 1585, note Péchillon ; RFDA 2003. 1012, note Céré*.

2. Recours de plein contentieux. Sur l'octroi d'une indemnité du fait d'un placement fautif en cellule disciplinaire à titre préventif : • CE 14 mars 2011 : *D. 2011. 1307, obs. Péchillon ; RPDP 2011. 413, obs. Céré.*

Art. R. 234-20 La durée du confinement en cellule individuelle ordinaire ou du placement en cellule disciplinaire, prononcés à titre préventif, est limitée au strict nécessaire et ne peut excéder deux jours ouvrables.

Le délai de computation du placement préventif commence à courir le lendemain du jour du placement en prévention. Il expire le deuxième jour suivant le placement en prévention, à vingt-quatre heures. Le délai qui expirerait un samedi, un dimanche ou un jour férié ou chômé est prorogé jusqu'au premier jour ouvrable suivant.

Art. R. 234-21 La durée effectuée en confinement ou en cellule disciplinaire à titre préventif s'impute sur celle d'une sanction à exécuter lorsqu'est prononcée à l'encontre de la

personne détenue la sanction de confinement en cellule individuelle ordinaire ou la sanction de placement en cellule disciplinaire.

Art. R. 234-22 Le placement préventif d'une personne détenue en confinement ou en cellule disciplinaire s'exécute dans les conditions prévues par les dispositions des articles R. 235-2 à R. 235-4, R. 235-6, R. 235-8, R. 235-10 et R. 235-11.

Art. R. 234-23 Lorsque la faute reprochée à la personne détenue a été commise au cours ou à l'occasion de l'emploi qu'elle occupe, le chef de l'établissement pénitentiaire ou son délégataire peut, à titre préventif et sans attendre la réunion de la commission de discipline, décider de suspendre l'exercice de l'activité professionnelle de cette personne jusqu'à sa comparution devant la commission de discipline, si cette mesure est l'unique moyen de mettre fin à la faute, de faire cesser le trouble occasionné au bon déroulement des activités de travail ou d'assurer la sécurité des personnes ou de l'établissement.

Art. R. 234-24 La durée de la suspension à titre décidée en application de l'article R. 234-23 préventif est limitée au strict nécessaire et ne peut excéder huit jours ouvrables pour les personnes majeures. Le délai de computation de la suspension à titre préventif commence à courir le lendemain du prononcé de la suspension. Il expire le huitième jour suivant le prononcé de la suspension à vingt-quatre heures. Le délai qui expirerait un samedi, un dimanche ou un jour férié ou chômé est prorogé jusqu'au premier jour ouvrable suivant.

Art. R. 234-25 La durée de la suspension effectuée à titre préventif s'impute sur celle de la sanction à exécuter lorsqu'est prononcée à l'encontre d'une personne détenue la sanction de suspension d'emploi.

Art. R. 234-26 Lors de sa comparution devant la commission de discipline, la personne détenue présente ses observations. Elle est, le cas échéant, assistée par un avocat.

Si la personne détenue ne comprend pas la langue française, n'est pas en mesure de s'exprimer dans cette langue ou si elle est dans l'incapacité physique de communiquer, ses explications sont présentées, dans la mesure du possible, par l'intermédiaire d'un interprète désigné par le chef de l'établissement pénitentiaire.

Art. R. 234-27 La décision sur la sanction disciplinaire est prononcée en présence de la personne détenue. Elle lui est notifiée par écrit sans délai et doit comporter, outre l'indication de ses motifs, le rappel des dispositions de l'article R. 234-43.

Art. R. 234-28 La sanction ne peut être mise à exécution plus de six mois après son prononcé sous réserve des règles applicables en matière de sursis et de suspension définies par les dispositions des articles R. 234-35 à R. 234-42.

Art. R. 234-29 Dans le délai de cinq jours à compter de la décision prononçant une sanction disciplinaire à l'encontre d'une personne détenue, le chef de l'établissement pénitentiaire transmet une copie de la décision, d'une part, au directeur interrégional des services pénitentiaires et, d'autre part, au juge de l'application des peines ou, le cas échéant, au magistrat chargé du dossier de la procédure sous le contrôle duquel la personne détenue est placée.

Art. R. 234-30 Les sanctions disciplinaires prononcées sont inscrites sur un registre tenu sous l'autorité du chef de l'établissement pénitentiaire. Ce registre est présenté aux autorités administratives et judiciaires lors de leurs visites de contrôle ou d'inspection.

Les sanctions de mise en cellule disciplinaire sont, en outre, inscrites sur le registre du quartier disciplinaire tenu sous l'autorité du chef d'établissement. Ce registre est présenté aux autorités administratives et judiciaires lors de leurs visites de contrôle ou d'inspection.

Art. R. 234-31 La liste des personnes détenues placées en confinement en cellule individuelle ordinaire et de celles présentes au quartier disciplinaire est communiquée quotidiennement à l'équipe médicale. Le médecin examine sur place chaque personne détenue au moins deux fois par semaine et aussi souvent qu'il l'estime nécessaire. La sanction est suspendue si le médecin constate que son exécution est de nature à compromettre la santé de la personne intéressée.

Art. R. 124-17 **Lorsque des poursuites disciplinaires sont engagées, le mineur détenu est obligatoirement assisté par un avocat. A défaut de choix d'un avocat par lui ou par ses représentants légaux, il est assisté par un avocat désigné par le bâtonnier.**

Art. R. 124-18 Lorsqu'un mineur détenu est convoqué devant la commission de discipline, une copie de la convocation est adressée à ses représentants légaux.

Art. R. 124-19 Lors de la comparution devant la commission de discipline d'un mineur détenu, un personnel du service de la protection judiciaire de la jeunesse, avisé par le chef d'établissement, peut assister à la commission de discipline et présenter oralement ses observations sur la situation personnelle, sociale et familiale du mineur.

Art. R. 124-20 Le placement préventif d'un mineur âgé d'au moins seize ans en cellule disciplinaire n'est possible que pour les fautes prévues aux 1° à 10° de *(Décr. n° 2022-479 du 30 mars 2022, art. 5, en vigueur le 1er mars 2022)* « l'article R. 232-4 du code pénitentiaire *[ancienne rédaction : l'article R. 57-7-1 du code de procédure pénale]* ».

Art. R. 124-21 La suspension à titre préventif de l'exercice de l'activité professionnelle du mineur âgé d'au moins seize ans est limitée au strict nécessaire et ne peut excéder trois jours ouvrables. Le délai de computation de la suspension à titre préventif commence à courir le lendemain du prononcé de la suspension. Il expire le troisième jour suivant le prononcé de la sanction à vingt-quatre heures. Le délai qui expirerait un samedi, un dimanche ou un jour férié ou chômé est prorogé jusqu'au premier jour ouvrable suivant.

Art. R. 124-22 Dans le délai de cinq jours à compter de la décision prononçant une sanction disciplinaire à l'encontre d'un mineur, le chef d'établissement transmet une copie de la décision, d'une part, au directeur interrégional des services pénitentiaires et au directeur interrégional de la protection judiciaire de la jeunesse et, d'autre part, au magistrat saisi de la procédure dans le cadre de laquelle le mineur est détenu. Il avise également les représentants légaux du mineur.

Il fait rapport à la commission d'application des peines et à l'équipe pluridisciplinaire chargée du suivi individuel du mineur de toute sanction de confinement en cellule individuelle ordinaire et de toute sanction de cellule disciplinaire prononcée à l'encontre du mineur.

SOUS-SECTION 2 DES SANCTIONS

Art. R. 124-23 Les sanctions suivantes peuvent être prononcées à l'encontre du mineur détenu quel que soit son âge :

1° L'avertissement ;

2° La privation, pendant une période maximale de quinze jours, de la faculté d'effectuer en cantine tout achat autre que celui de produits d'hygiène et du nécessaire de correspondance ;

3° La privation, pendant une durée maximale de quinze jours, de tout appareil audiovisuel dont le mineur a l'usage personnel ;

4° Une activité de réparation prévue à l'article R. 124-25 ;

5° La privation ou la restriction d'activités culturelles, sportives et de loisirs pour une période maximum de huit jours ;

6° Le confinement en cellule individuelle ordinaire dans les conditions de durée maximales *[maximale]* prévues à l'article R. 124-27.

Toutefois, le mineur âgé de moins de seize ans ne peut faire l'objet de confinement que lorsque les faits commis constituent une des fautes prévues aux 1° à 10° de *(Décr. n° 2022-479 du 30 mars 2022, art. 5, en vigueur le 1er mars 2022)* « l'article R. 232-4 du code pénitentiaire *[ancienne rédaction : l'article R. 57-7-1 du code de procédure pénale]* ».

Art. R. 124-24 Les sanctions suivantes ne peuvent être prononcées qu'à l'encontre du mineur détenu âgé d'au moins seize ans :

1° La mise en cellule disciplinaire dans les conditions de durée maximale prévues à l'article R. 124-29, lorsque les faits commis constituent :

a) Les fautes prévues aux 1° à 10° de *(Décr. n° 2022-479 du 30 mars 2022, art. 5, en vigueur le 1er mars 2022)* « l'article R. 232-4 du code pénitentiaire *[ancienne rédaction : l'article R. 57-7-1 du code de procédure pénale]* » ;

b) Les menaces prévues aux 12° et 13° de *(Décr. n° 2022-479 du 30 mars 2022, art. 5, en vigueur le 1er mars 2022)* « l'article R. 232-4 du même code *[ancienne rédaction : l'article R. 57-7-1 du même code]* » et la faute prévue au 7° de *(Décr. n° 2022-479 du*

30 mars 2022, art. 5, en vigueur le 1er mars 2022) « **l'article R. 232-5 du même code** *[ancienne rédaction : l'article R. 57-7-2 du même code]* » ;

2° La suspension de la décision de classement dans un emploi ou une activité de formation pour une durée maximale de trois jours lorsque la faute disciplinaire a été commise au cours ou à l'occasion du travail ou de cette activité.

Art. R. 124-25 **La sanction d'activité de réparation prévue au 4° de l'article R. 124-23 consiste en l'une des mesures suivantes :**

1° Présenter oralement ses excuses à la victime de la faute ;

2° Rédiger une lettre d'excuse ;

3° Rédiger un écrit portant sur la faute commise et sur le préjudice qu'elle a occasionné ;

4° Effectuer un travail de nettoyage ou de rangement des locaux de l'établissement pour une durée globale n'excédant pas dix heures lorsque la faute disciplinaire est en relation avec un manquement aux règles de l'hygiène.

Le président de la commission de discipline détermine la nature de l'activité de réparation. Il recueille le consentement du mineur et de ses représentants légaux préalablement au prononcé de la sanction de réparation.

Les services de la protection judiciaire de la jeunesse mettent en œuvre la sanction d'activité de réparation lorsque son contenu nécessite un accompagnement éducatif particulier.

Art. R. 124-26 **Le confinement en cellule individuelle ordinaire décidé par le président de la commission de discipline à l'encontre du mineur détenu n'interrompt ni sa scolarité, ni sa formation, ni les entretiens avec les personnels de la protection judiciaire de la jeunesse.**

Art. R. 124-27 **La durée du confinement en cellule individuelle ordinaire du mineur détenu âgé d'au moins seize ans ne peut excéder :**

1° Sept jours lorsqu'est sanctionnée une des fautes du premier degré prévues à *(Décr. nº 2022-479 du 30 mars 2022, art. 5, en vigueur le 1er mars 2022)* « **l'article R. 232-4 du code pénitentiaire** *[ancienne rédaction : l'article R. 57-7-1 du code de procédure pénale]* » ;

2° Cinq jours lorsqu'est sanctionnée une des fautes du deuxième degré prévues à *(Décr. nº 2022-479 du 30 mars 2022, art. 5, en vigueur le 1er mars 2022)* « **l'article R. 232-5 du même code** *[ancienne rédaction : l'article R. 57-7-2 du même code]* » ;

3° Trois jours lorsqu'est sanctionnée une des fautes du troisième degré prévues à *(Décr. nº 2022-479 du 30 mars 2022, art. 5, en vigueur le 1er mars 2022)* « **l'article R. 232-6 du même code** *[ancienne rédaction : l'article R. 57-7-3 du même code]* ».

Lorsqu'elle est prononcée à l'encontre d'un mineur détenu âgé de moins de seize ans, la durée du confinement est de trois jours maximum.

Art. R. 124-28 **Pour les mineurs détenus, la sanction de cellule disciplinaire n'emporte aucune restriction à leur faculté de recevoir les visites de leur famille ou de toute autre personne participant à leur éducation et à leur insertion sociale. Ils rencontrent les personnels de la protection judiciaire de la jeunesse et ont accès à l'enseignement ou à la formation.**

Art. R. 124-29 **La durée du placement en cellule disciplinaire des mineurs âgés d'au moins seize ans ne peut excéder :**

1° Sept jours lorsqu'est sanctionnée une des fautes du premier degré prévues à *(Décr. nº 2022-479 du 30 mars 2022, art. 5, en vigueur le 1er mars 2022)* « **l'article R. 232-4 du code pénitentiaire** *[ancienne rédaction : l'article R. 57-7-1 du code de procédure pénale]* » ;

2° Cinq jours lorsqu'est sanctionnée une des fautes du deuxième degré prévues à *(Décr. nº 2022-479 du 30 mars 2022, art. 5, en vigueur le 1er mars 2022)* « **l'article R. 232-5 du même code** *[ancienne rédaction : l'article R. 57-7-2 du même code]* ».

SOUS-SECTION 3 DU PRONONCÉ DES SANCTIONS

Art. R. 124-30 **Les sanctions prononcées par le président de la commission de discipline à l'encontre d'un mineur détenu tiennent compte de leur** *[son]* **âge et de leur** *[sa]* **personnalité.**

Art. R. 124-31 Le président de la commission de discipline ne peut prononcer à l'encontre d'un mineur détenu, pour une même faute, qu'une seule des sanctions prévues aux articles R. 124-23 ou R. 124-24.

Art. R. 124-32 Lorsque la commission de discipline est amenée à se prononcer le même jour sur plusieurs fautes commises par un mineur détenu, et sauf décision contraire de son président, les durées des sanctions prononcées se cumulent. Toutefois, lorsque les sanctions sont de même nature, leur durée cumulée ne peut excéder la limite du maximum prévu pour la faute la plus grave. Pour l'application de cette disposition, sont réputés de même nature :

1° Le confinement en cellule individuelle ordinaire et le placement en cellule disciplinaire ;

2° La privation de tout appareil audiovisuel dont le mineur a l'usage personnel et la privation d'activités culturelles, sportives et de loisirs.

Art. R. 124-33 Lorsqu'il octroie le bénéfice du sursis à un mineur détenu, le président de la commission de discipline fixe un délai de suspension de la sanction ne pouvant excéder trois mois. Il appelle l'attention du mineur détenu sur les conséquences du sursis telles qu'elles sont réglées par *(Décr. n° 2022-479 du 30 mars 2022, art. 5, en vigueur le 1er mars 2022)* « les articles R. 234-37 et R. 234-38 du code pénitentiaire *[ancienne rédaction : les articles R. 57-7-56 et R. 57-7-57 du code de procédure pénale]* ».

Art. R. 124-34 Pour l'application de *(Décr. n° 2022-479 du 30 mars 2022, art. 5, en vigueur le 1er mars 2022)* « l'article R. 234-37 du code pénitentiaire *[ancienne rédaction : l'article R. 57-7-56 du code de procédure pénale]* », sont considérées comme des sanctions de même nature la privation de tout appareil audiovisuel dont le mineur a l'usage personnel et la privation d'activités culturelles, sportives et de loisirs.

Art. R. 124-35 Lorsqu'il ordonne le sursis à exécution de l'une des sanctions de cellule prévues au 6° de l'article R. 124-23 et au 1° de l'article R. 124-24 prononcée à l'encontre d'un mineur âgé d'au moins seize ans, le président de la commission de discipline peut décider qu'il devra accomplir, pendant tout ou partie du délai de suspension de la sanction, des travaux de nettoyage pour une durée globale n'excédant pas vingt heures.

Le consentement du mineur détenu doit être préalablement recueilli.

Les dispositions des *(Décr. n° 2022-479 du 30 mars 2022, art. 5, en vigueur le 1er mars 2022)* « articles R. 234-35, R. 234-36, R. 234-37, R. 234-38 et R. 234-40 du code pénitentiaire *[ancienne rédaction : articles R. 57-7-54 à R. 57-7-57 et R. 57-7-59 du code de procédure pénale]* » et des articles R. 124-33, R. 124-34 et R. 124-36 du présent code sont, pour le surplus, applicables au sursis ordonné dans les conditions prévues au présent article.

Art. R. 124-36 Lorsque la révocation du sursis est envisagée à l'égard du mineur détenu, en cas d'inexécution totale ou partielle du travail ordonné, les observations du service de la protection judiciaire de la jeunesse sont recueillies.

Code pénitentiaire

SECTION III. *PRONONCÉ DES SANCTIONS*

Art. R. 234-32 Le président de la commission de discipline prononce celles des sanctions qui lui paraissent proportionnées à la gravité des faits et adaptées à la personnalité de leur auteur.

Les sanctions collectives sont prohibées.

Art. R. 234-33 Le président de la commission de discipline peut, pour une même faute, prononcer l'une des sanctions prévues par les dispositions des articles R. 233-1 et R. 233-2. Il peut également compléter une sanction prévue par les dispositions de l'article R. 233-1 par une sanction prévue par les dispositions de l'article R. 233-2.

Art. R. 234-34 Lorsque la commission de discipline est amenée à se prononcer le même jour sur plusieurs fautes commises par une personne détenue majeure, et sauf décision contraire de son président, les durées des sanctions prononcées se cumulent. Toutefois, lors-

que les sanctions sont de même nature, leur durée cumulée ne peut excéder la limite du maximum prévu pour la faute la plus grave. Pour l'application de cette disposition, sont réputés de même nature :

1° Le confinement en cellule individuelle ordinaire et le placement en cellule disciplinaire ;

2° La privation de la faculté d'effectuer des achats en cantine et l'interdiction de recevoir des subsides ;

3° La privation de tout appareil acheté ou loué par l'intermédiaire de l'administration et la privation d'activités culturelles, sportives ou de loisirs.

1. Condition de simultanéité. L'interdiction de cumul de sanctions et le plafonnement de la sanction prononcée au maximum encouru pour la faute la plus grave ont pour objet de limiter la durée pendant laquelle un détenu peut être soumis à des sanctions de même nature, même si les fautes sanctionnées sont dépourvues de liens entre elles ; ces deux règles ne peuvent être appliquées que si la commission de discipline examine les fautes d'un détenu et prononce les sanctions correspondantes au cours d'une même séance ; dès lors, la condition de simultanéité des poursuites pour plusieurs fautes doit être regardée comme impliquant que les fautes poursuivies soient examinées et sanctionnées au cours d'une même séance de la commission de discipline sans qu'elles aient nécessairement fait l'objet de poursuites par le directeur de l'établissement concurremment ou en raison de leur connexité. • CE 26 déc. 2013, n° 353138 P : *RPDP 2014. 395, obs. Céré.*

2. Durée maximale. Le détenu qui persiste à refuser de regagner sa cellule peut-être condamné à trois jours, puis quatre jours et ainsi de suite jusqu'à atteindre au total la durée maximale de mise en cellule disciplinaire. • CE 2 févr. 2000, n° 155607 : *D. 2001. Chron. 568, obs. Herzog-Evans.*

Art. R. 234-35 Le président de la commission de discipline peut accorder le bénéfice du sursis pour tout ou partie de l'exécution de la sanction disciplinaire soit lors du prononcé de celle-ci, soit au cours de son exécution.

Art. R. 234-36 Lorsqu'il octroie le bénéfice du sursis, le président de la commission de discipline fixe un délai de suspension de la sanction sans que celui-ci puisse excéder six mois. Il appelle l'attention de la personne détenue sur les conséquences du sursis telles qu'elles sont réglées par les dispositions des articles R. 234-37 et R. 234-38.

Art. R. 234-37 Si, au cours du délai de suspension de la sanction, une personne détenue commet une nouvelle faute donnant lieu à une sanction, quels que soient la nature ou le degré de cette faute, le sursis est, sauf décision contraire du président de la commission, révoqué de plein droit. La première sanction est alors exécutée cumulativement avec celle afférente à la seconde faute.

Toutefois, lorsque les deux sanctions sont de même nature, leur durée cumulée ne peut excéder la limite du maximum prévu, pour la faute la plus grave, par les dispositions des articles R. 233-1, R. 233-2, R. 235-5 et R. 235-12. Pour l'application de cette disposition, sont réputés de même nature :

1° Le confinement en cellule individuelle ordinaire et le placement en cellule disciplinaire ;

2° La privation de la faculté d'effectuer des achats en cantine et l'interdiction de recevoir des subsides ;

3° La privation de tout appareil acheté ou loué par l'intermédiaire de l'administration et la privation ou la restriction d'une activité culturelle, sportive ou de loisirs.

En tout état de cause, la sanction de mise en cellule disciplinaire s'exécute préalablement à toute autre sanction.

Art. R. 234-38 Si, au cours du délai de suspension de la sanction, la personne détenue n'a commis aucune faute disciplinaire donnant lieu à une sanction, la sanction assortie du sursis est réputée non avenue. Il en est fait mention sur le registre prévu par les dispositions du premier alinéa de l'article R. 234-30.

Le recours d'une personne détenue contre une sanction disciplinaire assortie du sursis demeure recevable alors même que la sanction n'est plus susceptible de recevoir exécution en raison de l'expiration du délai de sursis, eu égard aux effets néfastes susceptibles d'être engendrés par l'inscription du non avenu sur le registre d'écrou. • CE 22 janv. 2013 : *AJ pénal 2013. 173, obs. Herzog-Evans.*

Art. R. 234-39 Lorsqu'il ordonne le sursis à exécution de l'une des sanctions prévues par les dispositions des 7° et 8° de l'article R. 233-1, le président de la commission de discipline

peut décider que la personne détenue intéressée doit accomplir, pendant tout ou partie du délai de suspension de la sanction, des travaux d'intérêt collectif pour une durée globale n'excédant pas quarante heures.

Le consentement de la personne détenue doit être préalablement recueilli.

Les dispositions des articles R. 234-35 à R. 234-38 et R. 234-40 sont, pour le surplus, applicables au sursis ordonné dans les conditions prévues au présent article.

Art. R. 234-40 Le sursis peut être révoqué en tout ou en partie, en cas d'inexécution totale ou partielle du travail ordonné. L'inexécution doit être constatée par l'autorité disciplinaire sur rapport d'un membre du personnel, la personne détenue ayant été préalablement entendue.

Art. R. 234-41 Le chef de l'établissement pénitentiaire ou son délégataire peut, lors du prononcé ou au cours de l'exécution de la sanction, dispenser la personne détenue de tout ou partie de son exécution soit en raison de la bonne conduite de la personne intéressée, soit à l'occasion d'une fête légale ou d'un événement national, soit pour suivre une formation ou pour passer un examen, soit pour lui permettre de suivre un traitement médical.

Il peut, pour les mêmes motifs, lors du prononcé ou au cours de l'exécution de la sanction, décider d'en suspendre ou d'en fractionner l'exécution.

Art. R. 234-42 Lorsque la période de suspension excède six mois, la sanction ne peut plus être ramenée à exécution.

SECTION IV. *VOIES DE RECOURS*

Art. R. 234-43 Une personne détenue qui entend contester la sanction prononcée à son encontre par le président de la commission de discipline doit, dans le délai de quinze jours à compter du jour de la notification de la décision, la déférer au directeur interrégional des services pénitentiaires préalablement à tout recours contentieux. Le directeur interrégional dispose d'un délai d'un mois à compter de la réception du recours pour répondre par décision motivée. L'absence de réponse dans ce délai vaut décision de rejet.

SECTION IV **DES PROCÉDURES D'ORIENTATION ET D'AFFECTATION**

(Décr. nº 2021-682 du 27 mai 2021, art. 1er ; Décr. nº 2021-683 du 27 mai 2021, art. 1er)

Art. R. 124-37 *(Décr. nº 2021-682 du 27 mai 2021, art. 1er)* **La procédure d'orientation est obligatoirement mise en œuvre pour les condamnés mineurs dont le temps d'incarcération restant à subir est supérieur à trois mois.**

Art. R. 124-38 *(Décr. nº 2021-682 du 27 mai 2021, art. 1er)* **Le chef d'établissement constitue un dossier d'orientation pour chaque condamné mineur dont le temps d'incarcération restant à subir est d'une durée supérieure à trois mois.**

Outre les pièces mentionnées au premier alinéa de *(Décr. nº 2022-479 du 30 mars 2022, art. 5, en vigueur le 1er mars 2022)* **« l'article D. 211-11 du code pénitentiaire** *[ancienne rédaction : l'article D. 76 du code de procédure pénale]* **», le dossier d'orientation comprend l'avis du mineur, des représentants légaux ou des titulaires de l'autorité parentale, du service de la protection judiciaire de la jeunesse, et les éléments afférents aux conditions de prise en charge éducative ; il peut également comprendre l'avis de l'éducation nationale et du service de la santé et, le cas échéant, l'avis de tout service ayant à connaître de la situation du mineur.**

Les condamnés mineurs ayant à subir un temps d'incarcération d'une durée inférieure ou égale à trois mois peuvent faire l'objet d'un dossier d'orientation selon les mêmes modalités lorsque le chef d'établissement estime que leur situation nécessite une orientation particulière.

Le dossier d'orientation des condamnés mineurs dont le temps d'incarcération restant à subir est égal ou supérieur à deux ans contient également les pièces visées à *(Décr. nº 2022-479 du 30 mars 2022, art. 5, en vigueur le 1er mars 2022)* **« l'article D. 211-12 du code pénitentiaire** *[ancienne rédaction : l'article D. 77 du code de procédure pénale]* **».**

Art. D. 124-39 *(Décr. nº 2021-683 du 27 mai 2021, art. 1er)* **Le chef d'établissement informe le magistrat et le service de la protection judiciaire de la jeunesse de la déci-**

sion d'affectation ou de changement d'affectation du mineur détenu dans les plus brefs délais, ainsi que du transfert de l'intéressé à la date à laquelle ce transfert est réalisé.

SECTION V DE LA COMMISSION D'INCARCÉRATION

(Décr. n° 2021-683 du 27 mai 2021, art. 1er)

Art. D. 124-40 Sur le ressort de l'établissement pénitentiaire dans lequel les mineurs sont incarcérés, le directeur territorial de la protection judiciaire de la jeunesse réunit au moins deux fois par an la commission d'incarcération pour déterminer la politique locale en matière de prise en charge des mineurs détenus, et de continuité de la prise en charge éducative en cas d'incarcération et en cas de libération.

Le directeur territorial de la protection judiciaire de la jeunesse transmet le compte rendu de la commission d'incarcération au directeur interrégional de la protection judiciaire de la jeunesse.

Art. D. 124-41 La commission d'incarcération est composée d'un représentant de l'établissement pénitentiaire, de la protection judiciaire de la jeunesse, de l'éducation nationale et des autres membres permanents de l'équipe pluridisciplinaire qui interviennent dans l'établissement pénitentiaire. Elle comprend également un représentant du service pénitentiaire d'insertion et de probation, un représentant de l'ordre des avocats, le procureur de la République ainsi que les juges des enfants et les juges d'application des peines près le tribunal judiciaire dans le ressort duquel se trouve l'établissement pénitentiaire.

Le directeur territorial de la protection judiciaire de la jeunesse peut inviter à cette instance, en tant que de besoin, les partenaires institutionnels et du secteur associatif impliqués dans l'individualisation et la continuité des parcours des mineurs détenus ainsi que le coordonnateur de l'unité de soins.

SECTION VI DU RECOURS JUDICIAIRE VISANT À GARANTIR LE DROIT AU RESPECT DE LA DIGNITÉ EN DÉTENTION

(Décr. n° 2021-1194 du 15 sept. 2021, art. 3, en vigueur le 1er oct. 2021)

Art. R. 124-42 Si le placement en détention provisoire a été prononcé par un juge des libertés et de la détention spécialement chargé des affaires concernant les mineurs, la requête prévue à l'article 803-8 du code de procédure pénale est examinée par un juge des libertés et de la détention présentant la même spécialisation. Celui-ci sollicite, le cas échéant, les observations du juge des enfants chargé du suivi de la procédure.

Si le placement en détention provisoire a été prononcé par un juge des enfants ou un tribunal pour enfants, la requête est examinée par le juge des enfants chargé du suivi de la procédure qui est compétent pour statuer.

Si la personne a été condamnée par une juridiction pour mineurs, la requête est examinée par le juge des enfants lorsque celui-ci exerce les attributions du juge d'application des peines.

Code de procédure pénale

Art. 803-8 *(L. n° 2021-403 du 8 avr. 2021)* I. — Sans préjudice de sa possibilité de saisir le juge administratif en application des articles L. 521-1, L. 521-2 ou L. 521-3 du code de justice administrative, toute personne détenue dans un établissement pénitentiaire en application du présent code qui considère que ses conditions de détention sont contraires à la dignité de la personne humaine peut saisir le juge des libertés et de la détention, si elle est en détention provisoire, ou le juge de l'application des peines, si elle est condamnée et incarcérée en exécution d'une peine privative de liberté, afin qu'il soit mis fin à ces conditions de détention indignes.

Si les allégations figurant dans la requête sont circonstanciées, personnelles et actuelles, de sorte qu'elles constituent un commencement de preuve que les conditions de détention de la personne ne respectent pas la dignité de la personne, le juge déclare la requête recevable et, le cas échéant, informe par tout moyen le magistrat saisi du dossier de la procédure du dépôt de la requête. Cette décision doit intervenir dans un délai de dix jours à compter de la réception de la requête.

Toutefois, à peine d'irrecevabilité, aucune nouvelle requête ne peut être formée tant qu'il n'a pas été statué, dans les délais prévus au présent article, sur une précédente requête ou, si celle-ci a été jugée infondée, tant qu'un élément nouveau ne modifie pas les conditions de détention.

Si le juge estime la requête recevable, il procède ou fait procéder aux vérifications nécessaires et recueille les observations de l'administration pénitentiaire dans un délai compris entre trois jours ouvrables et *(L. n° 2021-1729 du 22 déc. 2021, art. 11)* « sept » jours à compter de la décision prévue au deuxième alinéa du présent I.

Si le juge estime la requête fondée, il fait connaître à l'administration pénitentiaire, dans un délai de dix jours à compter de la décision prévue au même deuxième alinéa, les conditions de détention qu'il estime contraires à la dignité de la personne humaine et il fixe un délai compris entre dix jours et un mois pour permettre de mettre fin, par tout moyen, à ces conditions de détention. Avant la fin de ce délai, l'administration pénitentiaire informe le juge des mesures qui ont été prises. Le juge ne peut enjoindre à l'administration pénitentiaire de prendre des mesures déterminées et celle-ci est seule compétente pour apprécier les moyens devant être mis en œuvre. Elle peut, à cette fin, transférer la personne dans un autre établissement pénitentiaire, sous réserve, s'il s'agit d'une personne prévenue, de l'accord du magistrat saisi du dossier de la procédure.

II. — Si, à l'issue du délai fixé en application du dernier alinéa du I, le juge constate, au vu des éléments transmis par l'administration pénitentiaire concernant les mesures prises et de toute vérification qu'il estime utile, qu'il n'a pas été mis fin aux conditions indignes de détention, il rend, dans un délai de dix jours, l'une des décisions suivantes :

1° Soit il ordonne le transfèrement de la personne dans un autre établissement pénitentiaire ;

2° Soit, si la personne est en détention provisoire, il ordonne sa mise en liberté immédiate, le cas échéant sous contrôle judiciaire ou sous assignation à résidence avec surveillance électronique ;

3° Soit, si la personne est définitivement condamnée et si elle est éligible à une telle mesure, il ordonne une des mesures prévues au III de l'article 707.

Le juge peut toutefois refuser de rendre l'une des décisions prévues aux 1° à 3° du présent II au motif que la personne s'est opposée à un transfèrement qui lui a été proposé par l'administration pénitentiaire en application du dernier alinéa du I, sauf s'il s'agit d'un condamné et si ce transfèrement aurait causé, eu égard au lieu de résidence de sa famille, une atteinte excessive au droit au respect de sa vie privée et de sa vie familiale.

III. — Les décisions prévues au présent article sont motivées. Les décisions du juge prévues au dernier alinéa du I et au II sont prises au vu de la requête et des observations de la personne détenue ou, s'il y a lieu, de son avocat, des observations écrites de l'administration pénitentiaire et de l'avis écrit du procureur de la République ainsi que, le cas échéant, si le juge l'estime nécessaire, de l'avis du juge d'instruction. Le requérant peut demander à être entendu par le juge, assisté s'il y a lieu de son avocat. Dans ce cas, le juge doit également entendre le ministère public et le représentant de l'administration pénitentiaire si ceux-ci en font la demande. Ces auditions peuvent être réalisées selon un moyen de télécommunication audiovisuelle en application de l'article 706-71.

Les décisions prévues aux deuxième et dernier alinéas du I et au II du présent article peuvent faire l'objet d'un appel devant le président de la chambre de l'instruction ou devant le président de la chambre de l'application des peines de la cour d'appel. Cet appel est interjeté dans un délai de dix jours à compter de la notification de la décision ; l'affaire doit être examinée dans un délai d'un mois. Lorsqu'il est formé dans le délai de vingt-quatre heures, l'appel du ministère public est suspensif ; l'affaire doit alors être examinée dans un délai de quinze jours, faute de quoi l'appel est non avenu.

A défaut de respect des délais prévus au présent article, la personne détenue peut saisir directement le président de la chambre de l'instruction ou le président de la chambre de l'application des peines.

IV. — Les modalités d'application du présent article sont précisées par décret en Conseil d'État.

Ce décret précise notamment :

1° Les modalités de saisine du juge des libertés et de la détention ou du juge de l'application des peines ;

2° La nature des vérifications que le juge peut ordonner en application de l'avant-dernier alinéa du I, sans préjudice de sa possibilité d'ordonner une expertise ou de se transporter sur les lieux de détention ;

3° Dans quelle mesure, à compter de la décision prévue au dernier alinéa du même I, le juge administratif, s'il a été saisi par la personne condamnée, n'est plus compétent pour ordonner son transfèrement dans un autre établissement pénitentiaire.

Art. R. 124-43 Les ordonnances prévues aux articles R. 249-21 à R. 249-35 du code de procédure pénale sont prises, selon les cas, par le juge des libertés et de la détention spécialement chargé des affaires concernant les mineurs ou par le juge des enfants saisis en application de l'article R. 124-42 du présent code. Elles sont notifiées au mineur, à son avocat et à ses représentants légaux.

Art. R. 124-44 Outre les personnes prévues au 4° de l'article R. 249-24 du code de procédure pénale, le juge peut également procéder à l'audition des personnels de la protection judiciaire de la jeunesse intervenant auprès du requérant.

Art. R. 124-45 Lorsqu'elles sont rendues hors procédure d'information judiciaire, les ordonnances mentionnées à l'article R. 124-43 peuvent faire l'objet d'un appel devant le président de la chambre spéciale des mineurs de la cour d'appel dans les conditions prévues par les articles R. 249-36 à R. 249-39 du code de procédure pénale.

LIVRE DEUXIÈME DE LA SPÉCIALISATION DES ACTEURS

(Décr. nº 2021-683 du 27 mai 2021, art. 1er)

TITRE PREMIER DU MINISTÈRE PUBLIC

(Décr. nº 2021-682 du 27 mai 2021, art. 1er ; Décr. nº 2021-683 du 27 mai 2021, art. 1er)

CHAPITRE UNIQUE DE LA DÉSIGNATION DU MAGISTRAT DU PARQUET SPÉCIALEMENT CHARGÉ DES MINEURS

Art. D. 211-1 Dans chaque tribunal judiciaire doté d'un pôle de l'instruction et dans le ressort duquel siège un tribunal pour enfants, un ou plusieurs magistrats du parquet spécialement chargés des affaires concernant les mineurs sont désignés par le procureur général de la cour d'appel compétente.

TITRE DEUXIÈME DU JUGE D'INSTRUCTION

(Décr. nº 2021-683 du 27 mai 2021, art. 1er)

CHAPITRE UNIQUE DE LA DÉSIGNATION DU JUGE D'INSTRUCTION SPÉCIALEMENT CHARGÉ DES MINEURS

Art. D. 221-1 Dans chaque tribunal judiciaire doté d'un pôle de l'instruction et dans le ressort duquel siège un tribunal pour enfants, un ou plusieurs juges d'instruction spécialement chargés des affaires concernant les mineurs sont désignés par le premier président de la cour d'appel compétente.

TITRE TROISIÈME DU JUGE DES LIBERTÉS ET DE LA DÉTENTION

(Décr. nº 2021-682 du 27 mai 2021, art. 1er ; Décr. nº 2021-683 du 27 mai 2021, art. 1er)

CHAPITRE UNIQUE DE LA DÉSIGNATION DU JUGE DES LIBERTÉS ET DE LA DÉTENTION SPÉCIALEMENT CHARGÉ DES MINEURS

(Décr. nº 2021-683 du 27 mai 2021, art. 1er)

Art. D. 231-1 Dans chaque tribunal judiciaire dans le ressort duquel siège un tribunal pour enfants, un ou plusieurs juges des libertés et de la détention spécialement chargés des affaires concernant les mineurs sont désignés par le premier président de la cour d'appel compétente.

TITRE QUATRIÈME DES JURIDICTIONS DE JUGEMENT

(Décr. nº 2021-682 du 27 mai 2021, art. 1er ; Décr. nº 2021-683 du 27 mai 2021, art. 1er)

CHAPITRE UNIQUE

(Décr. nº 2021-682 du 27 mai 2021, art. 1er ; Décr. nº 2021-683 du 27 mai 2021, art. 1er)

Le présent chapitre ne comprend pas de dispositions réglementaires.

TITRE CINQUIÈME DE LA PROTECTION JUDICIAIRE DE LA JEUNESSE

(Décr. n° 2021-682 du 27 mai 2021, art. 1er ; Décr. n° 2021-683 du 27 mai 2021, art. 1er)

CHAPITRE UNIQUE DES SERVICES ET ÉTABLISSEMENTS DE LA PROTECTION JUDICIAIRE DE LA JEUNESSE ET DU SECTEUR ASSOCIATIF HABILITÉ

(Décr. n° 2021-682 du 27 mai 2021, art. 1er ; Décr. n° 2021-683 du 27 mai 2021, art. 1er)

SECTION PREMIÈRE DES MODALITÉS DE PARTAGE D'INFORMATIONS

(Décr. n° 2021-682 du 27 mai 2021, art. 1er)

Art. R. 241-1 Le mineur et ses représentants légaux sont préalablement informés de l'échange d'informations prévu au premier alinéa de l'article L. 241-2.

Art. R. 241-2 Les services et établissements de la protection judiciaire de la jeunesse et du secteur associatif habilité, saisis concomitamment ou successivement de mesures concernant un même mineur, inscrivent dans un document de prise en charge conjointe leurs modalités d'articulation, de coordination et d'échanges d'informations. Les services intervenant au titre de la protection de l'enfance à l'égard de ce mineur peuvent également y contribuer.

SECTION II DES SERVICES DÉCONCENTRÉS DE LA PROTECTION JUDICIAIRE DE LA JEUNESSE

(Décr. n° 2021-682 du 27 mai 2021, art. 1er)

Art. R. 241-3 Les services déconcentrés de la protection judiciaire de la jeunesse sont constitués de directions interrégionales et de directions territoriales.

Art. R. 241-4 Le ressort territorial de chaque direction interrégionale de la protection judiciaire de la jeunesse regroupe sous l'autorité d'un directeur interrégional de la protection judiciaire de la jeunesse plusieurs circonscriptions régionales.

Les directions territoriales implantées dans les départements et les collectivités d'outre-mer sont rattachées à la même direction interrégionale.

Le ressort de chaque direction interrégionale de la protection judiciaire de la jeunesse est fixé par arrêté du garde des sceaux, ministre de la justice, aux articles 1er et 2 de l'annexe 2 du présent code. — *V. Annexe 2 ci-dessous.*

ANNEXE 2

AU CODE DE LA JUSTICE PÉNALE DES MINEURS

Cette annexe est issue de l'Arr. du 27 mai 2021 fixant le ressort territorial des directions interrégionales de la protection judiciaire de la jeunesse (NOR : JUSF2113092A), applicable en Nouvelle-Calédonie, en Polynésie française et à Wallis-et-Futuna.

Art. 1er Les circonscriptions régionales ainsi que les départements et collectivités d'outre-mer sont regroupés sous l'autorité de directeurs interrégionaux de la protection judiciaire de la jeunesse.

Art. 2 Le ressort territorial des directions interrégionales de la protection judiciaire de la jeunesse est déterminé conformément au tableau ci-dessous :

DÉNOMINATION	CIRCONSCRIPTIONS RÉGIONALES
CENTRE EST (siège à Lyon)	Auvergne Rhône-Alpes
GRAND CENTRE (siège à Dijon)	Centre Val-de-Loire Bourgogne Franche-Comté

DÉNOMINATION	CIRCONSCRIPTIONS RÉGIONALES
GRAND EST (siège à Nancy)	Grand Est
GRAND NORD (siège à Lille)	Hauts-de-France
GRAND OUEST (siège à Rennes)	Bretagne Pays de la Loire Normandie
ÎLE-DE-FRANCE-OUTRE-MER (siège à Paris)	Île-de-France Outre-mer
SUD (siège à Toulouse)	Occitanie
SUD EST (siège à Marseille)	Provence-Alpes-Côte d'Azur Corse
SUD OUEST (siège à Bordeaux)	Nouvelle-Aquitaine

Art. R. 241-5 Le ressort territorial de chaque direction territoriale de la protection judiciaire de la jeunesse peut regrouper sous l'autorité d'un directeur territorial de la protection judiciaire de la jeunesse plusieurs circonscriptions départementales.

Il peut correspondre au territoire d'une ou plusieurs collectivités d'outre-mer.

Le ressort de chaque direction territoriale de la protection judiciaire de la jeunesse est fixé par arrêté du garde des sceaux, ministre de la justice.

Art. R. 241-6 Sous l'autorité du garde des sceaux, ministre de la justice, les directeurs interrégionaux ont autorité sur les directeurs territoriaux de la protection judiciaire de la jeunesse de leur ressort *[.]*

Les directeurs territoriaux ont autorité sur les directeurs des établissements et services de la protection judiciaire de la jeunesse de leur ressort.

Les directeurs des établissements et services de la protection judiciaire de la jeunesse ont autorité sur les personnels en fonction dans les établissements et services de la protection judiciaire de la jeunesse.

Art. R. 241-7 Sous la responsabilité des directeurs interrégionaux, les directions interrégionales de la protection judiciaire de la jeunesse sont chargées de :

1° La déclinaison en objectifs stratégiques des orientations nationales de la protection judiciaire de la jeunesse sur leur territoire ;

2° La concertation entre les institutions intervenant au titre de la justice civile et pénale des mineurs ;

3° L'organisation des relations avec les autorités judiciaires et administratives ainsi qu'avec les collectivités territoriales afin d'assurer la représentation de la protection judiciaire de la jeunesse et sa contribution aux politiques publiques dans le cadre régional ;

4° L'organisation de la complémentarité des interventions des différents acteurs concourant aux missions de protection judiciaire de la jeunesse après l'évaluation des besoins de prise en charge des mineurs et des majeurs sous protection judiciaire jusqu'à l'âge de vingt et un ans en liaison avec les autorités compétentes ;

5° La préparation et l'exécution du budget dans le respect des attributions dévolues aux préfets de région et de département pour les investissements et la comptabilité publique ;

6° La gestion des ressources humaines, le recueil et l'analyse des besoins individuels et collectifs de formation ainsi que l'élaboration du plan interrégional de formation continue ;

7° Les relations avec les organisations représentatives des personnels *[,]* notamment par la mise en place, la programmation et la tenue des organismes consultatifs interrégionaux ;

8° L'instruction pour le compte du préfet de département des procédures d'autorisation de création, d'habilitation, de tarification et de fermeture des établissements, ser-

vices et lieux de vie et d'accueil prenant en charge directement des mineurs et majeurs sous protection judiciaire jusqu'à l'âge de vingt et un ans ;

9° La programmation et la conduite des missions de contrôle et d'audit des établissements et services, lieux de vie et d'accueil concourant à la mission de protection judiciaire de la jeunesse.

Art. R. 241-8 Le directeur interrégional peut déléguer à la direction territoriale dont le siège correspond à celui du chef-lieu de la région la mission de représentation et de contribution aux politiques publiques confiées aux directions interrégionales par le 3° de l'article R. 241-7.

Art. R. 241-9 Sous la responsabilité des directeurs territoriaux, les directions territoriales de la protection judiciaire de la jeunesse contribuent à la mise en œuvre des attributions confiées aux directions interrégionales par l'article R. 241-7, à l'exception de celles prévues aux 3° et 7°.

Sous la responsabilité des directeurs territoriaux, les directions territoriales de la protection judiciaire de la jeunesse sont chargées :

1° Du pilotage de la mise en œuvre des orientations de la protection judiciaire de la jeunesse déclinées au niveau interrégional, en liaison avec chaque politique départementale d'aide sociale à l'enfance ;

2° De la participation à la coordination des acteurs de la justice civile et pénale des mineurs ;

3° De l'organisation de la représentation et de la contribution de la protection judiciaire de la jeunesse aux politiques publiques de niveau infrarégional, notamment en matière de protection de l'enfance et de prévention de la délinquance ;

4° Du suivi et du contrôle de l'activité des établissements et services de la protection judiciaire de la jeunesse et du secteur associatif habilité, situés dans leur ressort, afin de garantir l'exécution des décisions judiciaires ;

5° Des relations avec les organisations représentatives des personnels, notamment par la mise en place, la programmation et la tenue des organismes consultatifs territoriaux.

SECTION III DES SERVICES ET ÉTABLISSEMENTS DE LA PROTECTION JUDICIAIRE DE LA JEUNESSE

(Décr. n° 2021-682 du 27 mai 2021, art. 1er ; Décr. n° 2021-683 du 27 mai 2021, art. 1er)

SOUS-SECTION 1 DÉFINITION ET MISSIONS

(Décr. n° 2021-682 du 27 mai 2021, art. 1er ; Décr. n° 2021-683 du 27 mai 2021, art. 1er)

Art. D. 241-10 *(Décr. n° 2021-683 du 27 mai 2021, art. 1er)* Les établissements et services de la protection judiciaire de la jeunesse du ministère de la justice exercent les missions suivantes :

1° L'aide à la préparation des décisions de l'autorité judiciaire prises en application des législations relatives à l'enfance délinquante ou à l'assistance éducative par l'apport d'éléments d'information et d'analyse relatifs à la situation de mineurs susceptibles de faire l'objet desdites décisions et par la formulation de propositions éducatives.

A ce titre, les établissements et services mettent en œuvre les mesures d'investigation ordonnées par l'autorité judiciaire en application du présent code et du code de procédure civile et concourent à la préparation des décisions de justice à caractère pénal conformément aux dispositions du code de procédure pénale ;

2° La mise en œuvre des décisions de l'autorité judiciaire prises en application du présent code, des législations et réglementations relatives à l'assistance éducative ou à la protection judiciaire des majeurs jusqu'à l'âge de vingt et un ans. A ce titre, les établissements et services assurent :

a) Selon les cas, la mise en œuvre et le suivi des décisions civiles et pénales de mesures d'investigation, mesures éducatives, mesures de sûreté, peines et aménagements de peines prononcées par les juridictions à l'égard des mineurs et des majeurs jusqu'à l'âge de vingt et un ans en application du présent code, des articles 375 à 375-8 du

code civil, du code pénal et du décret du 18 février 1975 fixant les modalités de mise en œuvre d'une action de protection judiciaire en faveur des jeunes majeurs ;

b) Une intervention éducative continue auprès de tous les mineurs détenus ;

c) La mise en œuvre d'actions de préformation, de formation et de préparation à la vie professionnelle et l'organisation permanente, sous la forme d'activités de jour, d'un ensemble structuré d'actions qui ont pour objectifs le développement personnel, la promotion de la santé, l'intégration sociale et l'insertion professionnelle du mineur ou du majeur jusqu'à l'âge de vingt et un ans ;

3° L'accueil et l'information des mineurs et des familles dont les demandes sont susceptibles de relever de la justice des mineurs ;

4° La participation aux politiques publiques visant :

a) La coordination des actions de la direction de la protection judiciaire de la jeunesse avec celles des collectivités publiques en vue d'assurer une meilleure prise en charge des mineurs délinquants ou en danger ;

b) L'organisation et la mise en œuvre d'actions de protection de l'enfance et de prévention de la délinquance.

Art. D. 241-11 *(Décr. nº 2021-683 du 27 mai 2021, art. 1er)* Les établissements et services de la protection judiciaire de la jeunesse garantissent l'égal accès de tous les mineurs et majeurs jusqu'à l'âge de vingt et un ans qui leur sont confiés par l'autorité judiciaire aux actions éducatives qu'ils conduisent.

Les établissements et services mettent en œuvre, sous l'autorité du directeur territorial, les décisions judiciaires exécutoires qui leur sont transmises à cet effet.

Afin que le mineur ou le majeur jusqu'à l'âge de vingt et un ans puisse disposer des conditions nécessaires à son développement et à son insertion, les établissements et services assurent la continuité de la prise en charge éducative avec le nouvel établissement ou le nouveau service éventuellement désigné par l'autorité judiciaire. Avant le terme de la mesure judiciaire, l'établissement ou le service prend toutes dispositions utiles pour mettre le mineur ou le majeur jusqu'à l'âge de vingt et un ans en relation avec les services susceptibles de contribuer à son insertion sociale.

Art. D. 241-12 *(Décr. nº 2021-683 du 27 mai 2021, art. 1er)* En application de l'article L. 312-1 du code de l'action sociale et des familles, les établissements et services de la protection judiciaire de la jeunesse constituent des établissements et services sociaux et médico-sociaux, à l'exception des services éducatifs en établissement pénitentiaire spécialisé pour mineurs.

Sous réserve des prérogatives de l'autorité judiciaire, les établissements et services mentionnés au présent article garantissent aux mineurs et aux majeurs jusqu'à l'âge de vingt et un ans qu'ils prennent en charge au titre de la mise en œuvre d'une décision judiciaire les droits et libertés individuelles énoncés aux articles L. 311-3 à L. 311-5 du même code.

Art. D. 241-13 *(Décr. nº 2021-683 du 27 mai 2021, art. 1er)* Les établissements de la protection judiciaire de la jeunesse exercent les missions définies au 1°, aux *a* et *c* du 2° et au 4° de l'article D. 241-10. A ce titre, ils :

a) Accueillent en hébergement les mineurs et, le cas échéant, les majeurs jusqu'à l'âge de vingt et un ans placés par les juridictions ;

b) Évaluent la situation, notamment familiale et sociale, de chaque personne accueillie, le cas échéant aux fins d'élaborer des propositions d'orientation à l'intention de l'autorité judiciaire ;

c) Organisent la vie quotidienne des personnes accueillies ;

d) Élaborent pour chaque personne accueillie un projet individuel ;

e) Accompagnent chaque personne accueillie dans toutes les démarches d'insertion ;

f) Assurent à l'égard de chaque personne accueillie une mission d'entretien ;

g) Assurent à l'égard des mineurs accueillis une mission de protection et de surveillance ;

h) Exercent, dans le cadre de l'exécution des peines et des mesures de sûreté, le contrôle des obligations imposées aux personnes qui leur sont confiées.

Art. D. 241-14 *(Décr. nº 2021-683 du 27 mai 2021, art. 1er)* Les établissements de la protection judiciaire de la jeunesse sont :

1° Les établissements de placement éducatif ;
2° Les établissements de placement éducatif et d'insertion ;
3° Les centres éducatifs fermés.

Art. D. 241-15 *(Décr. n° 2021-683 du 27 mai 2021, art. 1er)* Les établissements de placement éducatif et les établissements de placement éducatif et d'insertion accueillent des mineurs délinquants ou en danger et des majeurs jusqu'à l'âge de vingt et un ans.

Art. D. 241-16 *(Décr. n° 2021-683 du 27 mai 2021, art. 1er)* Les centres éducatifs fermés accueillent exclusivement des mineurs délinquants conformément à l'article L. 113-7.

Art. D. 241-17 *(Décr. n° 2021-683 du 27 mai 2021, art. 1er)* Les services de la protection judiciaire de la jeunesse sont :
1° Les services territoriaux éducatifs de milieu ouvert ;
2° Les services territoriaux éducatifs de milieu ouvert et d'insertion ;
3° Les services éducatifs auprès des tribunaux ;
4° Les services territoriaux éducatifs d'insertion ;
5° Les services éducatifs en établissements pénitentiaires pour mineurs.

Art. D. 241-18 *(Décr. n° 2021-683 du 27 mai 2021, art. 1er)* Les services territoriaux éducatifs de milieu ouvert et les services territoriaux éducatifs de milieu ouvert et d'insertion assurent :

1° Sans préjudice des attributions dévolues aux services éducatifs auprès des tribunaux, une permanence éducative dans les tribunaux judiciaires pourvus d'un tribunal pour enfants, qui consiste à accueillir et informer les mineurs et leurs familles et à mettre en œuvre les prescriptions de l'autorité judiciaire ordonnées en application des dispositions des articles L. 322-4, L. 322-5, L. 422-4 et L. 423-6 ;

2° L'apport d'éléments d'information et d'analyse susceptibles d'éclairer l'autorité judiciaire dans le cadre de sa prise de décision conformément aux dispositions du 1° de l'article D. 241-10 ;

3° La mise en œuvre *[,]* jusqu'à l'âge de vingt et un ans, des décisions civiles et pénales, autres que les mesures de placement, mentionnées à l'article D. 241-10, dans l'environnement familial et social des mineurs et des majeurs, en apportant, le cas échéant, aide et conseil à la famille du mineur ;

4° Des interventions éducatives dans les quartiers des établissements pénitentiaires spécialement réservés aux mineurs, mentionnés à l'article L. 124-1 ;

5° L'aide à l'insertion sociale et professionnelle par la mise en œuvre des actions prévues au *c* du 2° de l'article D. 241-10.

Art. D. 241-19 *(Décr. n° 2021-683 du 27 mai 2021, art. 1er)* Les services éducatifs auprès des tribunaux peuvent être institués dans les tribunaux judiciaires pourvus d'un tribunal pour enfants et comportant au moins sept emplois de juges des enfants.

Ils assurent la permanence éducative définie au 1° de l'article D. 241-18. En outre, à titre exceptionnel et dans le cadre des orientations fixées par le directeur territorial, ils peuvent mettre en œuvre les mesures mentionnées au 3° de l'article D. 241-18.

Art. D. 241-20 *(Décr. n° 2021-683 du 27 mai 2021, art. 1er)* Les services territoriaux éducatifs d'insertion exercent la mission définie au *c* du 2° de l'article D. 241-10 en organisant des activités scolaires, professionnelles, culturelles et sportives adaptées aux mineurs et aux majeurs jusqu'à l'âge de vingt et un ans qui font l'objet d'une décision judiciaire mise en œuvre par un établissement ou un service de la protection judiciaire de la jeunesse.

Dans l'exercice de cette mission, ils préparent les personnes qui leur sont confiées à l'accès aux dispositifs de socialisation et de formation de droit commun.

Dans les conditions fixées au deuxième alinéa de l'article D. 241-27, les services territoriaux éducatifs d'insertion peuvent également participer à la prise en charge de mineurs et de majeurs jusqu'à l'âge de vingt et un ans :

1° Confiés à un établissement ou suivis par un service relevant du service de l'aide sociale à l'enfance, en application de l'article L. 221-1 du code de l'action sociale et des familles, ou habilité en application de l'article L. 313-10 du code de l'action sociale et des familles ;

2° Ou pris en charge par un organisme concourant à l'insertion sociale et professionnelle des jeunes.

Art. R. 241-21 *(Décr. nº 2021-682 du 27 mai 2021, art. 1er)* Les services éducatifs en établissement pénitentiaire spécialisé pour mineurs exercent, auprès des personnes incarcérées mineures et, en cas de maintien dans l'établissement après leur majorité, jusqu'à l'expiration du sixième mois suivant leur dix-huitième anniversaire, les missions éducative, de formation et d'intégration sociale et professionnelle prévues aux *b* et *c* du 2° de l'article D. 241-10.

Ils assurent une prise en charge éducative continue de ces personnes, veillent au maintien de leurs liens familiaux et sociaux et préparent leur libération.

SOUS-SECTION 2 DE L'ORGANISATION

(Décr. nº 2021-683 du 27 mai 2021, art. 1er)

Art. D. 241-22 Les unités éducatives d'un même établissement ou d'un même service peuvent être implantées sur des départements distincts dès lors qu'ils relèvent du ressort de la même direction territoriale.

Art. D. 241-23 Pour l'accomplissement de leurs missions, les établissements de placement éducatif sont constitués d'au moins deux unités éducatives relevant d'une ou plusieurs des catégories suivantes :

1° Les unités éducatives d'hébergement collectif ;

2° Les unités éducatives d'hébergement diversifié, dans lesquelles les mineurs et les majeurs jusqu'à l'âge de vingt et un ans sont hébergés en famille d'accueil bénévole, en résidence éducative, en logement autonome ou en résidence sociale et bénéficient d'un accompagnement éducatif régulier de la part des professionnels de l'unité ;

3° Les unités éducatives dénommées "centre éducatif renforcé", dans lesquelles la prise en charge des personnes est organisée en hébergement collectif, sur la base d'activités intensives et au moyen d'un encadrement éducatif renforcé, aux fins d'établir une rupture temporaire du jeune tant avec son environnement qu'avec son mode de vie habituel.

Au sein de ces unités éducatives, la prise en charge des personnes est organisée en continu.

Art. D. 241-24 Les établissements de placement éducatif et d'insertion sont constitués d'au moins une unité éducative mentionnée à l'article D. 241-23 et d'au moins une unité éducative d'activités de jour mentionnée à l'article D. 241-27.

Art. D. 241-25 Pour l'accomplissement de leurs missions, les services territoriaux éducatifs de milieu ouvert comportent au moins deux unités éducatives, et parmi celles-ci, au moins une unité éducative de milieu ouvert.

Ils peuvent comporter une unité éducative auprès du tribunal. Cette unité peut être instituée dans les tribunaux judiciaires pourvus d'un tribunal pour enfants comportant au moins trois emplois de juge des enfants, pour assurer l'exercice de la permanence éducative définie au 1° de l'article D. 241-18.

Art. D. 241-26 Les services territoriaux éducatifs de milieu ouvert et d'insertion sont constitués d'au moins une unité éducative mentionnée à l'article D. 241-25 et d'au moins une unité éducative d'activités de jour mentionnée à l'article D. 241-27.

Art. D. 241-27 Pour l'accomplissement de leurs missions, les services territoriaux éducatifs d'insertion sont constitués d'au moins deux unités éducatives d'activités de jour.

Lorsqu'une unité éducative d'activités de jour accueille une personne relevant des catégories mentionnées aux troisième à cinquième alinéas de l'article D. 241-20, une convention conclue avec l'organisme chargé de la prise en charge de la personne détermine les modalités administratives, éducatives et financières de cet accueil.

Art. D. 241-28 Pour l'accomplissement de leurs missions, les centres éducatifs fermés, les services éducatifs auprès des tribunaux et les services éducatifs en établissements pénitentiaires pour mineurs sont constitués d'une seule unité éducative, respectivement dénommée :

1° Unité éducative "centre éducatif fermé" ;
2° Unité éducative "service éducatif auprès du tribunal" ;
3° Unité éducative "service éducatif en établissement pénitentiaire spécialisé pour mineur".

Art. D. 241-29 A titre expérimental ou aux fins de tenir compte de particularités ou contraintes locales ou de la spécificité des publics accueillis ou des méthodes éducatives mises en œuvre, le garde des sceaux, ministre de la justice, peut déroger aux dispositions des articles D. 241-22 à D. 241-28 en déterminant des modalités particulières d'organisation d'un établissement ou d'un service, après avis du comité technique de la protection judiciaire de la jeunesse.

SOUS-SECTION 3 DU FONCTIONNEMENT

(Décr. n° 2021-682 du 27 mai 2021, art. 1er ; Décr. n° 2021-683 du 27 mai 2021, art. 1er)

Art. D. 241-30 *(Décr. n° 2021-683 du 27 mai 2021, art. 1er)* Les établissements et services sont dirigés par des directeurs de service de la protection judiciaire de la jeunesse. Ils coordonnent l'action des unités éducatives placées sous leur autorité. A cet effet, ils ont autorité sur l'ensemble des personnels de la structure.

Lorsque l'établissement ou le service est constitué d'au moins deux unités éducatives, la direction pédagogique et administrative de chacune de ces unités est assurée, sous l'autorité du directeur de service de rattachement, par un responsable d'unité éducative. A cet effet, il a autorité sur l'ensemble des personnels de l'unité éducative.

Les directeurs des établissements ou services sont les interlocuteurs des autorités judiciaires dont ils reçoivent les décisions. Ils rendent compte à ces autorités de leur mise en œuvre.

Dans le respect des orientations territoriales, ils représentent les établissements ou les services qu'ils dirigent au sein des instances concourant à la mise en œuvre de la mission définie au 4° de l'article D. 241-10.

Art. D. 241-31 *(Décr. n° 2021-683 du 27 mai 2021, art. 1er)* Les personnes prises en charge dans les établissements et services de la protection judiciaire de la jeunesse sont associées, sous forme de consultations ou de groupe d'expression, au fonctionnement desdits établissements et services.

Sans préjudice des dispositions des articles L. 311-7 et L. 311-8 du code de l'action sociale et des familles, cette participation a pour objet de permettre aux personnes prises en charge d'exprimer leurs avis ou d'émettre des propositions sur toute question intéressant le fonctionnement de l'établissement ou du service.

A cette fin, un groupe d'expression est réuni au moins une fois par an. Le directeur de l'établissement ou du service le convoque, le préside et en fixe l'ordre du jour.

A défaut, il est procédé, selon la même périodicité, à une consultation des usagers à l'initiative du directeur.

Les conclusions des consultations ou les délibérations des groupes d'expression sont transmises, par le directeur du service ou de l'établissement, au directeur territorial de la protection judiciaire de la jeunesse.

Les dispositions du présent article ne sont pas applicables aux services éducatifs auprès des tribunaux et aux services éducatifs en établissement pénitentiaire spécialisé pour mineurs.

Art. R. 241-32 *(Décr. n° 2021-682 du 27 mai 2021, art. 1er)* Le règlement de fonctionnement et le projet d'établissement prévus aux articles L. 311-7 et L. 311-8 du code de l'action sociale et des familles sont élaborés pour chaque établissement ou service de la protection judiciaire de la jeunesse après organisation de la participation prévue à l'article D. 241-31 du présent code. L'ensemble des personnels du service ou de l'établissement participe, sous l'autorité du directeur, à l'élaboration de ces documents. Le règlement de fonctionnement et le projet d'établissement ou de service sont arrêtés par le directeur territorial, après avis du comité technique territorial compétent.

Le règlement de fonctionnement est actualisé afin de tenir compte des contraintes inhérentes aux missions de l'établissement ou du service.

Le projet de chaque établissement ou service est établi pour une durée de cinq ans. Il est actualisé chaque année pour tenir compte de l'évolution des missions de l'établissement ou du service, de son organisation, des modalités de mise en œuvre des mesures et des moyens qui lui sont alloués. Le comité technique compétent est informé de cette actualisation.

Art. R. 241-33 *(Décr. nº 2021-682 du 27 mai 2021, art. 1er)* Les modalités de fonctionnement des établissements et services de la protection judiciaire de la jeunesse ainsi que celles des unités éducatives qui les constituent sont précisées dans des cahiers des charges fixées par arrêté du garde des sceaux, ministre de la justice, après avis du comité de la protection judiciaire de la jeunesse.

SOUS-SECTION 4 DE LA CRÉATION, TRANSFORMATION ET SUPPRESSION

(Décr. nº 2021-683 du 27 mai 2021, art. 1er)

Art. D. 241-34 Les établissements et services de la protection judiciaire de la jeunesse ainsi que les unités éducatives qui les composent sont créés, transformés, étendus dans leur capacité et fermés, par arrêté du garde des sceaux, ministre de la justice. Le comité technique territorial ou le comité technique interrégional compétent est consulté au préalable.

A l'exception des services éducatifs en établissement pénitentiaire spécialisé pour mineurs, la création, l'extension ou la transformation des établissements et des services de la protection judiciaire de la jeunesse est préalablement soumise à autorisation du préfet conformément aux modalités prévues aux articles L. 313-1 et suivants du code de l'action sociale et des familles. La même autorité est compétente pour décider de leur fermeture conformément aux modalités prévues aux articles L. 313-16 et suivants du même code.

Le directeur interrégional de la protection judiciaire de la jeunesse propose la création, la transformation ou la suppression des établissements, des services et des unités éducatives ou donne son avis sur des projets ayant le même objet.

Le projet ou la proposition doit :

1° Contribuer à la mise en œuvre des orientations nationales et objectifs définis par le garde des sceaux, ministre de la justice ;

2° Répondre à une analyse des besoins à satisfaire ;

3° S'inscrire en cohérence avec les priorités et objectifs définis par les autorités administratives et judiciaires territorialement compétentes en matière de protection de l'enfance et de prévention de la délinquance.

Art. D. 241-35 L'arrêté de création précise pour chaque établissement ou service :

1° La catégorie d'établissement ou de service dont il relève ;

2° Sa localisation, ainsi que le nombre, la nature et la localisation de chacune de ses unités éducatives.

Pour tout établissement ou service constitué d'au moins une des unités éducatives mentionnées aux articles D. 241-23, D. 241-27 ou au 1° de l'article D. 241-28, l'arrêté de création précise en outre pour chacune d'entre elles :

a) La capacité d'accueil théorique ;

b) Les conditions d'âge applicables ;

c) Si, par exception au principe de mixité, ne sont prises en charge que les personnes de l'un des deux sexes.

Les arrêtés de création, d'extension, de transformation et de fermeture sont publiés au *Journal officiel* de la République française.

SOUS-SECTION 5 DU CONTRÔLE ET DE L'ÉVALUATION

(Décr. nº 2021-682 du 27 mai 2021, art. 1er ; Décr. nº 2021-683 du 27 mai 2021, art. 1er)

Art. R. 241-36 *(Décr. nº 2021-682 du 27 mai 2021, art. 1er)* Le directeur de l'établissement ou du service garantit aux autorités judiciaires et administratives, investies de prérogatives de contrôle, l'accès aux locaux ainsi qu'à toutes informations permettant d'apprécier les conditions matérielles et morales de fonctionnement de l'établissement ou du service.

Art. D. 241-37 *(Décr. n° 2021-683 du 27 mai 2021, art. 1er)* A l'exception des services éducatifs en établissement pénitentiaire spécialisé pour mineurs, les établissements et services de la protection judiciaire de la jeunesse sont soumis aux dispositions relatives à l'évaluation prévues à l'article L. 312-8 du code de l'action sociale et des familles.

SECTION IV DES ÉTABLISSEMENTS DE LA PROTECTION JUDICIAIRE DE LA JEUNESSE ET DU SECTEUR ASSOCIATIF HABILITÉ

(Décr. n° 2021-683 du 27 mai 2021, art. 1er)

Art. D. 241-38 Les centres éducatifs renforcés accueillent les mineurs au cours de sessions ou de façon permanente, en fonction de leur projet d'établissement.

SECTION V DES DÉLAIS DE MISE EN ŒUVRE DES DÉCISIONS EXÉCUTOIRES

(Décr. n° 2021-683 du 27 mai 2021, art. 1er)

Art. D. 241-39 En cas de prononcé d'une décision exécutoire ordonnant une mesure judiciaire d'investigation éducative, une mesure éducative judiciaire provisoire, un contrôle judiciaire, une assignation à résidence avec surveillance électronique, une mesure éducative judiciaire ou une peine autre qu'une peine ferme privative de liberté, et notamment pour l'application de l'article L. 521-9, il est remis au mineur et à ses représentants légaux présents, à l'issue de leur audition ou de l'audience, un avis de convocation à comparaître, dans un délai maximal de cinq jours ouvrables, devant le service de la protection judiciaire de la jeunesse désigné pour la mise en œuvre de la décision.

Ce service se trouve ainsi saisi de la mise en œuvre de la mesure.

Si le mineur ne se présente pas à la date fixée, le juge des enfants ou le juge d'instruction le convoque devant lui s'il le juge utile ou, dans un délai maximal de dix jours, devant le service de la protection judiciaire de la jeunesse.

LIVRE TROISIÈME DISPOSITIONS COMMUNES AUX DIFFÉRENTES PHASES DE LA PROCÉDURE PÉNALE

(Décr. n° 2021-682 du 27 mai 2021, art. 1er ; Décr. n° 2021-683 du 27 mai 2021, art. 1er)

TITRE PREMIER DU DROIT DU MINEUR À L'ACCOMPAGNEMENT ET À L'INFORMATION

(Décr. n° 2021-683 du 27 mai 2021, art. 1er)

CHAPITRE UNIQUE DU DROIT DU MINEUR À ÊTRE INFORMÉ ET ACCOMPAGNÉ D'UN ADULTE

Art. D. 311-1 Chaque fois qu'une information est donnée au mineur en application de l'article L. 311-1, elle est également donnée par tout moyen et dans les meilleurs délais aux représentants légaux ou à l'adulte approprié mentionnés à l'article L. 311-2.

Art. D. 311-2 Lorsque la désignation d'un adulte approprié apparaît nécessaire pour recevoir des informations ou accompagner le mineur en application de l'article L. 311-2, l'officier de police judiciaire, le procureur de la République, le juge des enfants ou le juge d'instruction sollicite du mineur qu'il désigne cet adulte.

Si le mineur ne désigne aucun adulte ou que l'adulte qu'il a désigné n'apparaît pas approprié, le procureur de la République, le juge des enfants ou le juge d'instruction, informé le cas échéant par l'officier de police judiciaire, procède à cette désignation.

L'adulte approprié est choisi en priorité parmi les proches du mineur. Si aucun adulte ne peut être désigné, le procureur de la République, le juge des enfants ou le juge d'instruction désigne un administrateur *ad hoc* sur la liste prévue par les articles R. 53 et R. 53-6 du code de procédure pénale. Les dispositions des 1° à 4° et 6° à 11° de l'article R. 216 du même code sont alors applicables.

TITRE DEUXIÈME DES INVESTIGATIONS ET DE LA MESURE ÉDUCATIVE JUDICIAIRE PROVISOIRE

(Décr. n° 2021-682 du 27 mai 2021, art. 1er ; Décr. n° 2021-683 du 27 mai 2021, art. 1er)

CHAPITRE PREMIER DISPOSITIONS GÉNÉRALES

(Décr. n° 2021-682 du 27 mai 2021, art. 1er ; Décr. n° 2021-683 du 27 mai 2021, art. 1er)

Le présent chapitre ne comprend pas de dispositions réglementaires.

CHAPITRE II DES INFORMATIONS RELATIVES À LA PERSONNALITÉ DU MINEUR

(Décr. n° 2021-682 du 27 mai 2021, art. 1er ; Décr. n° 2021-683 du 27 mai 2021, art. 1er)

SECTION PREMIÈRE DES INVESTIGATIONS SUR LA PERSONNALITÉ ET LA SITUATION DU MINEUR

(Décr. n° 2021-683 du 27 mai 2021, art. 1er)

Art. D. 322-1 Le recueil de renseignements socio-éducatifs est établi :

1° Lorsque l'intéressé est mineur, par le service de la protection judiciaire de la jeunesse ;

2° Lorsque l'intéressé est devenu majeur, par le service de la protection judiciaire de la jeunesse ou, en cas de circonstances matérielles insurmontables, par le service pénitentiaire d'insertion et de probation ou par toute personne habilitée conformément au sixième alinéa de l'article 81 du code de procédure pénale.

Art. D. 322-2 Le recueil de renseignements socio-éducatifs comporte les renseignements prévus au premier alinéa de l'article L. 322-3 et permet de préparer le mineur et sa famille à la tenue de l'audience.

La proposition éducative comporte les objectifs et les modalités du projet d'accompagnement éducatif.

Quand l'incarcération du mineur est envisagée, le recueil de renseignements socio-éducatifs propose une alternative et en étudie la faisabilité socio-éducative.

Art. D. 322-3 Le recueil de renseignements socio-éducatifs est adressé au magistrat mandant et à la juridiction de jugement dans des délais permettant le respect des droits de la défense et du principe du contradictoire. En cas de déferement, une copie de ce rapport est remise à l'avocat du mineur avant le débat contradictoire.

Art. D. 322-4 La mesure judiciaire d'investigation éducative est ordonnée pour une durée de six mois.

Art. D. 322-5 En cours de réalisation de la mesure judiciaire d'investigation éducative, le juge des enfants peut demander un rapport intermédiaire au service chargé de la mesure.

Art. D. 322-6 Les éléments recueillis par le service éducatif dans le cadre de la mesure judiciaire d'investigation éducative portent notamment sur :

1° La situation matérielle et sociale de la famille, les relations en son sein ;

2° Les conditions d'éducation du mineur et d'exercice de l'autorité parentale ;

3° La prise en compte des besoins fondamentaux du mineur ;

4° La personnalité du mineur, son parcours de vie, son histoire familiale, ses réseaux de socialisation ;

5° Ses antécédents judiciaires et éducatifs, son positionnement par rapport aux faits reprochés et à la victime ;

6° Ses compétences psychosociales, son insertion scolaire et professionnelle ;

7° Son bien-être, sa santé physique et psychologique.

Art. D. 322-7 Sur la base des éléments recueillis, le service chargé de la mesure judiciaire d'investigation éducative propose une analyse pluridisciplinaire et élabore les hypothèses de suivi.

Art. D. 322-8 Au moins quinze jours avant l'échéance de la mesure, un rapport est adressé au juge des enfants. Il rend compte des éléments d'analyse et des propositions du service prévues à l'article L. 322-7, ainsi que du positionnement du mineur et de la famille sur les orientations proposées.

Art. D. 322-9 En cas de dégradation de la situation, le service adresse au juge des enfants un rapport circonstancié, formulant des orientations éducatives et proposant le cas échéant la tenue d'une audience.

Art. D. 322-10 Chaque mesure judiciaire d'investigation éducative effectuée en application du présent code par un service du secteur associatif habilité ouvre droit au profit de ce dernier à un paiement versé par le ministère de la justice selon les modalités fixées à la section II du chapitre IV du titre Ier du livre III du code de l'action sociale et des familles.

SECTION II DU DOSSIER UNIQUE DE PERSONNALITÉ

(Décr. no 2021-682 du 27 mai 2021, art. 1er)

Art. R. 322-11 Le dossier unique de personnalité est conservé jusqu'aux dix-huit ans révolus du mineur au greffe de la juridiction qui suit habituellement le mineur.

Art. R. 322-12 Par dérogation aux dispositions de l'article R. 322-11, le dossier unique de personnalité est conservé après la majorité de l'intéressé :

1° Jusqu'à ce que la juridiction saisie ait statué définitivement par une décision rendue au fond ;

2° Jusqu'au terme du suivi d'une mesure éducative ordonnée en application de l'article L. 112-2 ;

3° Tant que le juge des enfants exerce les fonctions dévolues au juge de l'application des peines en application de l'article L. 611-2.

Art. R. 322-13 Le dossier unique de personnalité est détruit à l'issue des délais de conservation mentionnés aux articles R. 322-11 et R. 322-12.

CHAPITRE III DE LA MESURE ÉDUCATIVE JUDICIAIRE PROVISOIRE

(Décr. n° 2021-683 du 27 mai 2021, art. 1er)

Art. D. 323-1 Les modalités d'application de la mesure éducative judiciaire prévues aux articles D. 112-2 à D. 113-5 sont applicables à la mesure éducative judiciaire provisoire.

Art. D. 323-2 La juridiction qui prononce une mesure éducative judiciaire provisoire désigne le service éducatif de milieu ouvert de la protection judiciaire de la jeunesse auquel l'exécution et la coordination de cette mesure sont confiées.

Ce service :

1° Adresse au juge des enfants, au moins quinze jours avant l'échéance de celle-ci, un rapport sur l'exécution de la mesure et l'évolution du mineur ;

2° Établit un rapport actualisé en vue de chaque audience concernant le mineur ;

3° Informe sans délai le juge des enfants de tout événement de nature à justifier une modification ou la cessation du ou des modules, interdictions prononcées, ou la mainlevée de la mesure.

TITRE TROISIÈME DES MESURES DE SÛRETÉ

(Décr. n° 2021-682 du 27 mai 2021, art. 1er ; Décr. n° 2021-683 du 27 mai 2021, art. 1er)

CHAPITRE PREMIER DU CONTRÔLE JUDICIAIRE

(Décr. n° 2021-682 du 27 mai 2021, art. 1er ; Décr. n° 2021-683 du 27 mai 2021, art. 1er)

Art. D. 331-1 *(Décr. n° 2021-683 du 27 mai 2021, art. 1er)* Le rapport mentionné au 2° de l'article L. 331-1 contient des éléments circonstanciés relatifs au suivi éducatif, à la mise en œuvre de la mesure et à l'évolution du mineur. Il comprend une proposition éducative. En cas de carence du mineur, le rapport précise les diligences effectuées par le service pour rencontrer le mineur.

Art. R. 331-2 *(Décr. n° 2021-682 du 27 mai 2021, art. 1er)* Lorsqu'un mineur est retenu en raison de la violation des obligations d'un contrôle judiciaire, lui sont notifiés, outre les droits prévus par l'article 141-4 du code de procédure pénale, les droits suivants :

1° Le droit à ce que les représentants légaux ou l'adulte approprié mentionné à l'article L. 311-2 soient informés et le droit d'être accompagné par ceux-ci lors de ses auditions ou interrogatoires dans les conditions prévues par l'article L. 311-1, sauf circonstances particulières énoncées au deuxième alinéa de l'article L. 413-3 et au deuxième alinéa de l'article L. 413-7 ;

2° Le droit à la protection de sa vie privée garanti par l'interdiction de diffuser les enregistrements de ses auditions, par la tenue des audiences en publicité restreinte et par l'interdiction de publier le compte rendu des débats d'audience ou tout élément permettant son identification ;

3° Le droit d'être détenu séparément des personnes majeures détenues ;

4° Le droit à la préservation de sa santé, ainsi que le respect du droit à la liberté de religion ou de conviction.

CHAPITRE II DE L'EXÉCUTION DES MANDATS DES JURIDICTIONS POUR MINEURS

(Décr. n° 2021-682 du 27 mai 2021, art. 1er)

Art. R. 332-1 Lorsqu'un mineur est retenu dans le cadre d'un mandat d'amener ou d'arrêt, lui sont notifiés, outre les droits prévus par l'article 133-1 du code de procédure pénale, les droits suivants :

1° Le droit à ce que les représentants légaux ou l'adulte approprié mentionné à l'article L. 311-2 soient informés et le droit d'être accompagné par ceux-ci lors de ses auditions ou interrogatoires dans les conditions prévues par l'article L. 311-1, sauf circonstances particulières énoncées au deuxième alinéa de l'article L. 413-3 et au deuxième alinéa de l'article L. 413-7 ;

2° Le droit à la protection de sa vie privée garanti par l'interdiction de diffuser les enregistrements de ses auditions, par la tenue des audiences en publicité restreinte et par l'interdiction de publier le compte rendu des débats d'audience ou de tout élément permettant son indentification *[identification]* ;

3° Le droit d'être détenu séparément des personnes majeures détenues ;

4° Le droit à la préservation de sa santé, ainsi que le respect du droit à la liberté de religion ou de conviction.

Art. R. 332-2 Lorsqu'un mineur est appréhendé en exécution d'un mandat d'arrêt européen, lui sont notifiés, outre les droits prévus à l'article 695-27 du code de procédure pénale, les droits suivants :

1° Le droit à ce que les représentants légaux ou l'adulte approprié mentionné à l'article L. 311-2 soient informés et le droit d'être accompagné par ceux-ci lors de ses auditions ou interrogatoires dans les conditions prévues par l'article L. 311-1, sauf circonstances particulières énoncées au deuxième alinéa de l'article L. 413-3 et au deuxième alinéa de l'article L. 413-7 ;

2° Le droit à la protection de sa vie privée garanti par l'interdiction de diffuser les enregistrements de ses auditions, par la tenue des audiences en publicité restreinte et par l'interdiction de publier le compte rendu des débats d'audience ou de tout élément permettant son indentification *[identification]* ;

3° Le droit d'assister aux audiences ;

4° Le droit d'être accompagné par les représentants légaux ou par l'adulte approprié mentionné à l'article L. 311-2 au cours des audiences ;

5° Le droit à une évaluation éducative personnalisée ;

6° Le droit de bénéficier de l'aide juridictionnelle dans les conditions fixées par la loi n° 91-647 du 10 juillet 1991 relative à l'aide juridique.

CHAPITRE III DE L'ASSIGNATION À RÉSIDENCE AVEC SURVEILLANCE ÉLECTRONIQUE

(Décr. n° 2021-683 du 27 mai 2021, art. 1er)

Art. D. 333-1 Lorsque l'assignation à résidence avec surveillance électronique concerne un mineur, elle peut être exécutée dans un établissement de placement éducatif de la protection judiciaire de la jeunesse ou dans un établissement du secteur associatif habilité, à l'exception des centres éducatifs fermés.

La décision d'assignation à résidence avec surveillance électronique est alors accompagnée d'une décision de placement au sein de l'établissement.

Les vérifications prévues par les articles D. 32-4 et D. 32-5 du code de procédure pénale sont confiées à un service de la protection judiciaire de la jeunesse. Lorsque la personne mise en examen ou prévenue, mineure au moment des faits, a atteint l'âge de dix-huit ans, ces vérifications peuvent être confiées au service pénitentiaire d'insertion et de probation.

L'avis prévu à l'article L. 333-1 est donné par écrit dans un rapport qui contient une proposition éducative ainsi que tous éléments utiles sur la mise en œuvre du suivi éducatif dans le cadre de la mesure d'assignation à résidence avec surveillance électronique si celle-ci est prononcée.

Art. D. 333-2 Pour l'application des dispositions des articles 142-9, D. 32-17 et D. 32-18 du code de procédure pénale, le directeur interrégional de la protection judiciaire de la jeunesse peut exercer les attributions du directeur du service pénitentiaire d'insertion et de probation. Dans ce cadre, il peut déléguer sa signature et ses pouvoirs à l'un de ses directeurs territoriaux ou l'un de ses directeurs de service. En leur absence ou en cas d'empêchement, le directeur interrégional désigne un fonctionnaire des services déconcentrés pour exercer ces missions.

Les services de la protection judiciaire de la jeunesse assurent le contrôle et le suivi de la mesure conformément aux modalités prévues par les dispositions de *(Décr. n° 2022-855 du 7 juin 2022, art. 1er)* « l'article R. 622-8 du code pénitentiaire *[ancienne rédaction : l'article R. 57-22 du code de procédure pénale]* » ainsi que l'accompagnement éducatif auprès du mineur.

CHAPITRE IV DE LA DÉTENTION PROVISOIRE

(Décr. n° 2021-682 du 27 mai 2021, art. 1er)

Art. R. 334-1 Lorsque le mineur est placé en détention provisoire, le document qui lui est remis en application de l'article 803-6 du code de procédure pénale comprend également l'information des droits suivants :

1° Le droit à ce que les représentants légaux ou l'adulte approprié mentionné à l'article L. 311-2 soient informés et le droit d'être accompagné par ceux-ci lors de ses auditions ou interrogatoires dans les conditions prévues par l'article L. 311-1 ;

2° Le droit à la protection de sa vie privée garanti par l'interdiction de diffuser les enregistrements de ses auditions, par la tenue des audiences en publicité restreinte et par l'interdiction de publier le compte rendu des débats d'audience ou de tout élément permettant son identification ;

3° Le droit à la limitation de la privation de liberté et au recours à des mesures alternatives à la détention, y compris le droit au réexamen périodique de la détention ;

4° Le droit, durant la privation de liberté, à un traitement particulier lié à sa minorité, notamment le droit à l'éducation et l'exercice effectif et régulier du droit à la vie familiale, le droit à la préservation de son développement physique et mental ;

5° Le droit d'être détenu séparément des personnes majeures détenues ;

6° Le droit à la préservation de sa santé, ainsi que le respect du droit à la liberté de religion ou de conviction.

Art. R. 334-2 Sans préjudice des dispositions prévues aux premier et deuxième alinéas de *(Décr. n° 2022-479 du 30 mai 2022, art. 5, en vigueur le 1er mars 2022)* « l'article D. 211-4 du code pénitentiaire *[ancienne rédaction : l'article D. 53 du code de procédure pénale]* », les mineurs placés en détention provisoire peuvent également être incarcérés dans un établissement pénitentiaire spécialisé pour mineurs.

L'équipe pluridisciplinaire mentionnée à l'article R. 124-3 peut proposer au magistrat, dans l'intérêt du mineur, de l'incarcérer dans un établissement pénitentiaire dans lesquels les mineurs sont incarcérés autre que son lieu d'incarcération initial.

Art. R. 334-3 Les ordres nécessaires pour le jugement des mineurs, prévus par l'article D. 55 du code de procédure pénale, peuvent être donnés par le juge des enfants à l'égard des mineurs relevant de sa juridiction.

Toute difficulté dans l'exécution de ces ordres fait l'objet d'un compte rendu transmis en urgence au juge des enfants.

Art. R. 334-4 A l'occasion de ses visites dans les établissements pénitentiaires, le juge des enfants vérifie les conditions de la détention des mineurs et peut rencontrer les prévenus mineurs relevant de sa juridiction. Il fait part de ses observations éventuelles aux autorités compétentes pour y donner suite.

Art. R. 334-5 Dans l'hypothèse où le service pénitentiaire d'insertion et de probation est saisi de la situation d'un prévenu détenu suivi précédemment par le service de la protection judiciaire de la jeunesse, ce dernier transmet au service pénitentiaire d'insertion et de probation compétent auprès de l'établissement pénitentiaire où le prévenu est détenu les éléments ou documents recueillis à l'occasion de la mise en œuvre et du suivi des mesures provisoires.

LIVRE QUATRIÈME DE LA PROCÉDURE PRÉALABLE AU JUGEMENT

(Décr. n° 2021-682 du 27 mai 2021, art. 1er ; Décr. n° 2021-683 du 27 mai 2021, art. 1er)

TITRE PREMIER DE L'AUDITION DU MINEUR SUSPECT

(Décr. n° 2021-682 du 27 mai 2021, art. 1er ; Décr. n° 2021-683 du 27 mai 2021, art. 1er)

CHAPITRE PREMIER DISPOSITIONS GÉNÉRALES

(Décr. n° 2021-683 du 27 mai 2021, art. 1er)

Art. D. 411-1 La présomption d'absence de capacité de discernement des mineurs âgés de moins de treize ans prévue à l'article L. 11-1 n'interdit pas leur audition au cours de l'enquête ou sur commission rogatoire dans le cadre d'une audition libre ou d'une retenue.

CHAPITRE II DE L'AUDITION LIBRE

(Décr. n° 2021-682 du 27 mai 2021, art. 1er)

Art. R. 412-1 Lors de l'audition libre d'un mineur, lui sont notifiés dans des termes simples et accessibles, outre les droits prévus à l'article 61-1 du code de procédure pénale, les droits suivants :

1° Le droit à ce que les représentants légaux ou l'adulte approprié mentionné à l'article L. 311-2 soient informés et le droit d'être accompagné par ceux-ci lors de ses auditions dans les conditions prévues par l'article L. 311-1 ;

2° Le droit à la protection de sa vie privée garanti par l'interdiction de diffuser les enregistrements de ses auditions, par la tenue des audiences en publicité restreinte et par l'interdiction de publier le compte rendu des débats d'audience ou de tout élément permettant son identification.

CHAPITRE III DE LA RETENUE ET DE LA GARDE À VUE

(Décr. n° 2021-682 du 27 mai 2021, art. 1er ; Décr. n° 2021-683 du 27 mai 2021, art. 1er)

Art. R. 413-1 *(Décr. n° 2021-682 du 27 mai 2021, art. 1er)* Lors de la retenue ou de la garde à vue d'un mineur, lui sont notifiés dans des termes simples et accessibles, outre les droits prévus aux articles L. 413-8 et L. 413-9 du présent code ainsi qu'à l'article 63-1 du code de procédure pénale, les droits suivants :

1° Le droit à ce que les représentants légaux ou l'adulte approprié mentionné à l'article L. 311-2 soient informés et le droit d'être accompagné par ceux-ci lors de ses auditions ou interrogatoires dans les conditions prévues par l'article L. 311-1, sauf circonstances particulières énoncées au deuxième alinéa de l'article L. 413-3 et au deuxième alinéa de l'article L. 413-7 ;

2° Le droit à la protection de sa vie privée garanti par l'interdiction de diffuser les enregistrements de ses auditions, par la tenue des audiences en publicité restreinte et par l'interdiction de publier le compte rendu des débats d'audience ou de tout élément permettant son identification ;

3° Le droit d'être détenu séparément des personnes majeures détenues ;

4° Le droit à la préservation de sa santé, ainsi que le respect du droit à la liberté de religion ou de conviction.

Art. R. 413-2 *(Décr. n° 2021-682 du 27 mai 2021, art. 1er)* Lorsqu'en application du premier alinéa de l'article L. 413-3 et du premier alinéa de l'article L. 413-7, l'officier de police judiciaire informe du placement en retenue ou en garde à vue d'un mineur, ses représentants légaux et la personne ou le service auquel il est confié, il leur donne connaissance de la qualification, de la date et du lieu présumés de l'infraction que le mineur est soupçonné avoir commis*[e]* ou tenté de commettre ainsi que des motifs

mentionnés aux 1° à 6° de l'article 62-2 du code de procédure pénale justifiant son placement en retenue ou en garde à vue.

Lorsqu'il est fait application du deuxième alinéa de l'article L. 413-3 et du deuxième alinéa de l'article L. 413-7 du présent code, le procureur de la République ou le juge d'instruction en avise sans retard le juge des enfants territorialement compétent.

Lorsqu'elle n'est pas donnée aux représentants légaux, l'information prévue aux articles L. 413-3 et L. 413-7 est donnée à l'adulte approprié mentionné à l'article L. 311-2.

Art. R. 413-3 *(Décr. nº 2021-682 du 27 mai 2021, art. 1er)* Les mineurs placés en retenue et en garde à vue sont séparés des personnes majeures sauf :

1° S'il est de l'intérêt supérieur de l'enfant de ne pas en être séparé ;

2° A titre exceptionnel, si cette séparation n'apparaît pas possible, à la condition que la manière dont les mineurs sont mis en présence des personnes majeures soit compatible avec l'intérêt supérieur de l'enfant.

Art. D. 413-4 *(Décr. nº 2021-683 du 27 mai 2021, art. 1er)* Pour l'application des dispositions de l'article L. 413-12 relatif à l'enregistrement audiovisuel des interrogatoires des mineurs placés en garde à vue ou en retenue, l'enregistrement original est placé sous scellé fermé et une copie est versée au dossier. Cette copie peut être commune à l'ensemble des enregistrements effectués au cours de la procédure.

Sur instruction du procureur de la République ou du procureur général, l'enregistrement original et la copie versée au dossier sont détruits par le greffe de la juridiction dans le délai prévu par l'article L. 413-15.

Une copie de l'enregistrement peut être conservée par le service ou l'unité de police judiciaire chargé de la procédure, qui peut la consulter pour les nécessités des investigations. Cette copie est détruite au plus tard dans un délai de cinq ans après le dernier acte de procédure dressé par les enquêteurs.

Les modalités techniques de l'enregistrement audiovisuel sont déterminées par arrêté conjoint du garde des sceaux, ministre de la justice, et du ministre de l'intérieur.

TITRE DEUXIÈME DE L'ACTION PUBLIQUE

(Décr. nº 2021-682 du 27 mai 2021, art. 1er ; Décr. nº 2021-683 du 27 mai 2021, art. 1er)

CHAPITRE PREMIER DISPOSITIONS GÉNÉRALES

(Décr. nº 2021-682 du 27 mai 2021, art. 1er ; Décr. nº 2021-683 du 27 mai 2021, art. 1er)

Le présent chapitre ne comprend pas de dispositions réglementaires.

CHAPITRE II DES ALTERNATIVES AUX POURSUITES ET DE LA COMPOSITION PÉNALE

(Décr. nº 2021-682 du 27 mai 2021, art. 1er ; Décr. nº 2021-683 du 27 mai 2021, art. 1er)

SECTION PREMIÈRE DES ALTERNATIVES AUX POURSUITES

(Décr. nº 2021-683 du 27 mai 2021, art. 1er)

Art. D. 422-1 Si, à l'issue de l'enquête, le procureur de la République classe sans suite la procédure au motif que le mineur n'était pas capable de discernement au sens de l'article L. 11-1, il saisit s'il y a lieu les autorités compétentes en matière de protection administrative ou judiciaire de l'enfance.

Art. D. 422-2 Le procureur de la République ne peut faire application, à l'égard d'un mineur de moins de treize ans, des articles L. 422-1 à L. 422-2 relatifs aux alternatives aux poursuites, que lorsqu'il ressort des éléments de la procédure que le mineur est capable de discernement au sens de l'article L. 11-1.

Art. D. 422-3 Lorsque le procureur de la République propose au mineur la mesure de réparation prévue au 2° de l'article L. 422-1, il est fait application des dispositions de l'article D. 112-28.

Art. D. 422-4 Lorsque le procureur de la République fait procéder à une mission de médiation prévue au 5° de l'article 41-1 du code de procédure pénale, il est fait application des dispositions des articles D. 112-29 et D. 112-30.

Art. D. 422-5 Lorsque le procureur de la République propose au mineur une mesure de réparation prévue au 2° de l'article L. 422-1 ou fait procéder à une mission de médiation prévue au 5° de l'article 41-1 du code de procédure pénale, il désigne le service de la protection judiciaire de la jeunesse ou du secteur associatif habilité chargé de la mettre en œuvre.

A l'échéance de la mesure, ce service adresse au procureur de la République un rapport rendant compte de son déroulement.

SECTION II DE LA COMPOSITION PÉNALE

(Décr. n° 2021-682 du 27 mai 2021, art. 1er ; Décr. n° 2021-683 du 27 mai 2021, art. 1er)

Art. D. 422-6 *(Décr. n° 2021-683 du 27 mai 2021, art. 1er)* Lorsque le procureur de la République propose l'accomplissement d'un stage de formation civique prévu au 1° de l'article L. 422-3, il est fait application des articles D. 112-8 à D. 112-17.

En cas de difficulté d'exécution du stage, le service chargé de sa mise en œuvre en informe sans délai le procureur de la République et lui adresse un rapport.

Dans le délai d'un mois suivant la fin du stage, un rapport sur l'exécution de la mesure est transmis au procureur de la République.

Art. R. 422-7 *(Décr. n° 2021-682 du 27 mai 2021, art. 1er)* Le travail non rémunéré prévu au deuxième alinéa de l'article L. 422-3 présente un caractère formateur et est de nature à favoriser l'insertion sociale du mineur. Il est adapté aux mineurs et tient compte des contraintes liées à la poursuite ou à la recherche de scolarité et de formation.

Art. R. 422-8 *(Décr. n° 2021-682 du 27 mai 2021, art. 1er)* Le travail non rémunéré prévu au deuxième alinéa de l'article L. 422-3 consiste dans l'un des travaux inscrits sur la liste prévue au 1° de l'article 131-36 du code pénal et établie selon les modalités prévues à l'article R. 122-2 du présent code.

Art. R. 422-9 *(Décr. n° 2021-682 du 27 mai 2021, art. 1er)* Pour l'habilitation, prévue au 6° de l'article 41-2 du code de procédure pénale, des personnes morales de droit privé chargées d'une mission de service public ou des associations demandant à mettre en œuvre des travaux non rémunérés adaptés aux mineurs, il est fait application des dispositions de l'article R. 122-1 du présent code.

Art. R. 422-10 *(Décr. n° 2021-682 du 27 mai 2021, art. 1er)* Lorsque le procureur de la République propose au mineur l'accomplissement d'un travail non rémunéré en application du deuxième alinéa de l'article L. 422-3, il désigne le service de la protection judiciaire de la jeunesse ou du secteur associatif habilité chargé de le mettre en œuvre.

Art. R. 422-11 *(Décr. n° 2021-682 du 27 mai 2021, art. 1er)* Le service chargé de la mise en œuvre du travail non rémunéré recueille les pièces permettant au mineur d'exécuter cette mesure. Un certificat médical d'aptitude à l'affectation envisagée doit être produit par le mineur.

Art. R. 422-12 *(Décr. n° 2021-682 du 27 mai 2021, art. 1er)* Le service chargé de la mise en œuvre du travail non rémunéré propose une affectation adaptée à la personnalité et à la situation du mineur.

Art. R. 422-13 *(Décr. n° 2021-682 du 27 mai 2021, art. 1er)* Le procureur de la République fixe les modalités d'exécution du travail non rémunéré et notamment l'organisme au sein duquel le travail sera accompli.

L'ordonnance d'affectation est notifiée préalablement à l'exécution du travail non rémunéré par le procureur de la République au mineur, à ses représentants légaux, au service chargé de sa mise en œuvre, ainsi qu'à l'organisme au profit duquel le travail non rémunéré est accompli.

Art. R. 422-14 *(Décr. n° 2021-682 du 27 mai 2021, art. 1er)* Le travail non rémunéré est exécuté conformément aux dispositions du droit du travail encadrant le temps de travail des mineurs d'au moins seize ans.

Art. R. 422-15 *(Décr. n° 2021-682 du 27 mai 2021, art. 1er)* En cas de difficulté d'exécution du travail non rémunéré liée notamment au comportement du mineur, le service chargé de sa mise en œuvre en informe sans délai le procureur de la République et lui adresse un rapport.

Dans le délai d'un mois suivant la fin de l'exécution du travail non rémunéré, un rapport est adressé au procureur de la République.

CHAPITRE III DE LA MISE EN MOUVEMENT DE L'ACTION PUBLIQUE

(Décr. n° 2021-682 du 27 mai 2021, art. 1er ; Décr. n° 2021-683 du 27 mai 2021, art. 1er)

SECTION PREMIÈRE DES DÉCISIONS SUR LES POURSUITES

(Décr. n° 2021-682 du 27 mai 2021, art. 1er ; Décr. n° 2021-683 du 27 mai 2021, art. 1er)

Art. R. 423-1 *(Décr. n° 2021-682 du 27 mai 2021, art. 1er)* L'action publique ne peut être mise en mouvement contre un mineur de moins de treize ans que lorsque les éléments de la procédure font apparaître qu'il est capable de discernement au sens de l'article L. 11-1.

Art. D. 423-2 *(Décr. n° 2021-683 du 27 mai 2021, art. 1er)* Le juge des enfants ou le tribunal pour enfants peut ordonner des investigations supplémentaires sur la capacité de discernement du mineur, d'office, à la demande du ministère public ou des autres parties, en application de l'article L. 521-3.

Le juge d'instruction peut également ordonner des investigations à cette fin, en application de l'article 156 du code de procédure pénale.

Art. D. 423-3 *(Décr. n° 2021-683 du 27 mai 2021, art. 1er)* Le rapport mentionné au *a* du 2° de l'article L. 423-4 contient des éléments circonstanciés relatifs au suivi éducatif, à la mise en œuvre de la mesure et à l'évolution du mineur. Il comprend une proposition éducative. En cas de carence du mineur, le rapport précise les diligences effectuées par le service pour rencontrer le mineur.

Art. D. 423-4 *(Décr. n° 2021-683 du 27 mai 2021, art. 1er)* Lorsqu'elles sont remises à un mineur, les convocations en justice mentionnées à l'article L. 423-8 contiennent l'information des droits suivants :

1° Le droit à ce que les représentants légaux ou l'adulte approprié mentionné à l'article L. 311-2 soient informés et le droit d'être accompagné par ceux-ci lors de ses auditions ou interrogatoires dans les conditions prévues par l'article L. 311-1, sauf circonstances particulières énoncées au deuxième alinéa de l'article L. 413-3 et au deuxième alinéa de l'article L. 413-7 ;

2° Le droit à la protection de sa vie privée garanti par l'interdiction de diffuser les enregistrements de ses auditions, par la tenue des audiences en publicité restreinte et par l'interdiction de publier le compte rendu des débats d'audience ou de tout élément permettant son identification ;

3° Le droit d'assister aux audiences ;

4° Le droit d'être accompagné par les représentants légaux ou par l'adulte approprié mentionné à l'article L. 311-2 au cours des audiences ;

5° Le droit à une évaluation éducative personnalisée ;

6° Le droit de bénéficier de l'aide juridictionnelle dans les conditions fixées par la loi n° 91-647 du 10 juillet 1991 relative à l'aide juridique.

Art. D. 423-5 *(Décr. n° 2021-683 du 27 mai 2021, art. 1er)* Lorsque la juridiction est saisie par procès-verbal du procureur de la République établi lors d'un déférement en application du 2° de l'article L. 423-7, la victime est avisée par tout moyen de la date d'audience.

Art. D. 423-6 *(Décr. n° 2021-683 du 27 mai 2021, art. 1er)* Lorsque le juge des libertés et de la détention ne fait pas droit aux réquisitions du procureur de la République aux fins de placement en détention provisoire du mineur en application du 2° de l'article L. 423-9, le juge des enfants peut modifier, dans le respect des délais prévus à l'article L. 423-8, la date de convocation devant le tribunal pour enfants notifiée préalablement par le procureur de la République.

La nouvelle convocation est notifiée à l'intéressé par le juge des enfants ou par son greffier, et dans les meilleurs délais aux représentants légaux et à la personne ou au service auquel le mineur est confié. La victime est avisée par tout moyen de la nouvelle date d'audience.

SECTION II **DE LA TRANSMISSION D'INFORMATIONS DU JUGE DES ENFANTS AU JUGE DES LIBERTÉS ET DE LA DÉTENTION**

(Décr. n° 2021-683 du 27 mai 2021, art. 1er)

Art. D. 423-7 Dès qu'il est avisé par le procureur de la République de la mise en œuvre des dispositions du 2° de l'article L. 423-9, le juge des enfants communique au juge des libertés et de la détention tout élément utile relatif à la personnalité et à la situation du mineur.

Art. D. 423-8 Lorsque le juge des libertés et de la détention est saisi d'une demande de mise en liberté en application de l'article L. 423-11, le juge des enfants lui communique tout élément utile relatif à l'évolution de la situation du mineur et l'informe notamment des dispositifs de scolarisation, d'insertion ou de placement envisageables pour le mineur en cas de libération.

SECTION III **DE LA SAISINE DE LA JURIDICTION DE JUGEMENT**

(Décr. n° 2021-683 du 27 mai 2021, art. 1er)

Art. D. 423-9 Lorsqu'il est fait application de l'article L. 423-10, les avis et citations des parties à la nouvelle audience de prononcé de la sanction mentionnent l'annulation de la date d'audience initialement prévue. En cas de pluralité d'auteurs dans la procédure dans laquelle une période de mise à l'épreuve éducative est déjà en cours, le dossier est disjoint pour le mineur faisant l'objet de la nouvelle convocation.

TITRE TROISIÈME **DE L'INFORMATION JUDICIAIRE**

(Décr. n° 2021-682 du 27 mai 2021, art. 1er ; Décr. n° 2021-683 du 27 mai 2021, art. 1er)

CHAPITRE PREMIER **DE L'INFORMATION ET DE LA CONVOCATION DES REPRÉSENTANTS LÉGAUX**

(Décr. n° 2021-682 du 27 mai 2021, art. 10)

Art. R. 431-1 Lors de la première comparution du mineur, lui sont notifiés dans des termes simples et accessibles, outre les droits prévus par l'article 116 du code de procédure pénale, les droits suivants :

1° Le droit à ce que les représentants légaux ou l'adulte approprié mentionné à l'article L. 311-2 soient informés et le droit d'être accompagné par ceux-ci lors de ses auditions ou interrogatoires dans les conditions prévues par l'article L. 311-1, sauf circonstances particulières énoncées au deuxième alinéa de l'article L. 413-3 et au deuxième alinéa de l'article L. 413-7 ;

2° Le droit à la protection de sa vie privée garanti par l'interdiction de diffuser les enregistrements de ses auditions, par la tenue des audiences en cabinet et par l'interdiction de publier le compte rendu des débats d'audience ou de tout élément permettant son identification ;

3° Le droit d'assister aux audiences ;

4° Le droit d'être accompagné par les représentants légaux ou par l'adulte approprié mentionné à l'article L. 311-2 au cours des audiences ;

5° Le droit à une évaluation éducative personnalisée ;

6° Le droit de bénéficier de l'aide juridictionnelle dans les conditions fixées par la loi n° 91-647 du 10 juillet 1991 relative à l'aide juridique.

CHAPITRE II DE LA MESURE JUDICIAIRE D'INVESTIGATION ÉDUCATIVE ET DE LA MESURE ÉDUCATIVE JUDICIAIRE PROVISOIRE

(Décr. n° 2021-683 du 27 mai 2021, art. 1er)

Art. D. 432-1 Lorsqu'une mesure judiciaire d'investigation éducative ou une mesure éducative judiciaire provisoire est ordonnée dans le cadre d'une information judiciaire en application des articles L. 432-1 et L. 432-2, les références au juge des enfants relatives au suivi de ces mesures s'entendent comme des références au juge d'instruction.

CHAPITRE III DES MESURES DE SÛRETÉ

(Décr. n° 2021-682 du 27 mai 2021, art. 1er ; Décr. n° 2021-683 du 27 mai 2021, art. 1er)

Le présent chapitre ne comprend pas de dispositions réglementaires.

CHAPITRE IV DU RÈGLEMENT DE L'INFORMATION JUDICIAIRE

(Décr. n° 2021-682 du 27 mai 2021, art. 1er ; Décr. n° 2021-683 du 27 mai 2021, art. 1er)

Le présent chapitre ne comprend pas de dispositions réglementaires.

CHAPITRE V DE L'APPEL DES ORDONNANCES RENDUES AU COURS DE L'INSTRUCTION ET À L'ISSUE DE CELLE-CI

(Décr. n° 2021-682 du 27 mai 2021, art. 1er ; Décr. n° 2021-683 du 27 mai 2021, art. 1er)

Le présent chapitre ne comprend pas de dispositions réglementaires.

LIVRE CINQUIÈME **DU JUGEMENT**

(Décr. n° 2021-682 du 27 mai 2021, art. 1er ; Décr. n° 2021-683 du 27 mai 2021, art. 1er)

TITRE PREMIER **DISPOSITIONS GÉNÉRALES**

(Décr. n° 2021-682 du 27 mai 2021, art. 1er ; Décr. n° 2021-683 du 27 mai 2021, art. 1er)

CHAPITRE PREMIER **DES DÉBATS**

(Décr. n° 2021-682 du 27 mai 2021, art. 1er ; Décr. n° 2021-683 du 27 mai 2021, art. 1er)

Le présent chapitre ne comprend pas de dispositions réglementaires.

CHAPITRE II **DE L'ACTION CIVILE**

(Décr. n° 2021-683 du 27 mai 2021, art. 1er)

Art. D. 512-1 **La juridiction de jugement qui, après avoir déclaré que le mineur poursuivi a commis les faits qui lui sont reprochés, constate qu'il n'est pas pénalement responsable en raison de son absence de capacité de discernement, statue sur l'action civile conformément aux articles 1240 et 1242 du code civil. La juridiction peut décider de faire application des dispositions de l'article L. 512-3 du présent code.**

CHAPITRE III **DE LA PUBLICITÉ DES AUDIENCES**

(Décr. n° 2021-682 du 27 mai 2021, art. 1er ; Décr. n° 2021-683 du 27 mai 2021, art. 1er)

Le présent chapitre ne comprend pas de dispositions réglementaires.

TITRE DEUXIÈME **DE LA PROCÉDURE DE JUGEMENT**

(Décr. n° 2021-682 du 27 mai 2021, art. 1er ; Décr. n° 2021-683 du 27 mai 2021, art. 1er)

CHAPITRE PREMIER **DU JUGEMENT DEVANT LE JUGE DES ENFANTS ET LE TRIBUNAL POUR ENFANTS**

(Décr. n° 2021-682 du 27 mai 2021, art. 1er ; Décr. n° 2021-683 du 27 mai 2021, art. 1er)

Art. R. 521-1 *(Décr. n° 2021-682 du 27 mai 2021, art. 1er)* **Le jugement déclarant un mineur âgé de moins de treize ans coupable d'une infraction pénale est motivé au regard de la présomption d'absence de capacité de discernement prévue à l'article L. 11-1. La motivation se fonde sur tout élément du dossier établissant qu'il était capable de discernement au moment des faits.**

Art. D. 521-2 *(Décr. n° 2021-683 du 27 mai 2021, art. 1er)* **Le rapport mentionné au deuxième alinéa de l'article L. 521-2 contient des éléments circonstanciés relatifs au suivi éducatif, à la mise en œuvre de la mesure et à l'évolution du mineur. Il comprend une proposition éducative. En cas de carence du mineur, le rapport précise les diligences effectuées par le service pour rencontrer le mineur.**

Art. D. 521-3 *(Décr. n° 2021-683 du 27 mai 2021, art. 1er)* **Lorsqu'un mineur est déclaré coupable en application des articles L. 521-7 à L. 521-12 et L. 521-27, le jugement se prononce sur la culpabilité, sur l'action civile le cas échéant, sur le renvoi du prononcé de la sanction, sur l'ouverture ou l'extension d'une période de mise à l'épreuve éducative et sur les mesures prises en application de l'article L. 521-14.**

Art. D. 521-4 *(Décr. n° 2021-683 du 27 mai 2021, art. 1er)* **Lorsqu'une période de mise à l'épreuve éducative est étendue, en application de l'article L. 521-11, à une ou**

plusieurs autres procédures, la période de mise à l'épreuve éducative ainsi que les mesures prononcées deviennent communes à l'ensemble de ces procédures.

Art. D. 521-5 *(Décr. nº 2021-683 du 27 mai 2021, art. 1er)* Lorsqu'il est fait application du premier alinéa de l'article L. 521-11, l'extension de la période de mise à l'épreuve éducative est mentionnée au dossier initial.

Art. D. 521-6 *(Décr. nº 2021-683 du 27 mai 2021, art. 1er)* Lorsqu'une période de mise à l'épreuve éducative est commune à plusieurs procédures, les décisions ordonnant le prononcé, la modification ou la mainlevée des mesures prévues à l'article L. 521-14 sont versées au dossier initial.

Ces décisions mentionnent les références des procédures concernées par la période de mise à l'épreuve éducative.

Art. D. 521-7 *(Décr. nº 2021-683 du 27 mai 2021, art. 1er)* Lorsque plusieurs mineurs sont déclarés coupables dans la même affaire et qu'ils ne sont pas renvoyés à la même audience de prononcé de la sanction, le dossier est disjoint. Un dossier est constitué pour chaque mineur.

Art. D. 521-8 *(Décr. nº 2021-683 du 27 mai 2021, art. 1er)* En cas de dessaisissement décidé en application de l'article L. 521-12 ou L. 521-17, la procédure est transmise sans délai au juge des enfants nouvellement saisi.

Art. D. 521-9 *(Décr. nº 2021-683 du 27 mai 2021, art. 1er)* Lorsqu'il est fait application des articles L. 521-19 ou L. 521-20, les avis et citations des parties à la nouvelle audience de prononcé de la sanction mentionnent l'annulation de la date d'audience initialement prévue. En cas de pluralité d'auteurs, le dossier est disjoint.

Art. D. 521-10 *(Décr. nº 2021-683 du 27 mai 2021, art. 1er)* Lorsque le juge des enfants ordonne l'incarcération provisoire du mineur en vue d'un débat différé en application de l'article L. 521-21, il peut saisir le service compétent de la protection judiciaire de la jeunesse afin qu'il soit procédé aux vérifications prévues par l'article 81 du code de procédure pénale.

CHAPITRE II DU JUGEMENT DEVANT LA COUR D'ASSISES DES MINEURS

(Décr. nº 2021-682 du 27 mai 2021, art. 1er ; Décr. nº 2021-683 du 27 mai 2021, art. 1er)

Le présent chapitre ne comprend pas de dispositions réglementaires.

TITRE TROISIÈME DES VOIES DE RECOURS

(Décr. nº 2021-682 du 27 mai 2021, art. 1er ; Décr. nº 2021-683 du 27 mai 2021, art. 1er)

CHAPITRE PREMIER DE L'APPEL

(Décr. nº 2021-683 du 27 mai 2021, art. 1er)

Art. D. 531-1 Pour l'application de l'article L. 531-3, les juridictions de premier degré et d'appel se transmettent réciproquement et sans délai les actes de la procédure postérieurs à la date à laquelle l'appel a été interjeté.

Art. D. 531-2 La période de mise à l'épreuve éducative étendue à plusieurs procédures subsiste lorsqu'une relaxe est prononcée en appel dans une des affaires pour lesquelles elle est ouverte. La cour d'appel qui prononce la relaxe statue, le cas échéant, sur le maintien des mesures de sûreté prononcées.

CHAPITRE II DE L'OPPOSITION

(Décr. nº 2021-682 du 27 mai 2021, art. 1er ; Décr. nº 2021-683 du 27 mai 2021, art. 1er)

Le présent chapitre ne comprend pas de dispositions réglementaires.

LIVRE SIXIÈME L'APPLICATION ET L'EXÉCUTION DES MESURES ÉDUCATIVES ET DES PEINES

(Décr. nº 2021-682 du 27 mai 2021, art. 1er ; Décr. nº 2021-683 du 27 mai 2021, art. 1er)

TITRE PREMIER DE L'APPLICATION DES MESURES ÉDUCATIVES ET DES PEINES

(Décr. nº 2021-682 du 27 mai 2021, art. 1er ; Décr. nº 2021-683 du 27 mai 2021, art. 1er)

CHAPITRE PREMIER DES JURIDICTIONS DE L'APPLICATION DES MESURES ÉDUCATIVES ET DES PEINES

(Décr. nº 2021-683 du 27 mai 2021, art. 1er)

SECTION PREMIÈRE DE LA COMPÉTENCE DES JURIDICTIONS POUR MINEURS EN MATIÈRE D'APPLICATION DES MESURES ÉDUCATIVES ET DES PEINES

Art. D. 611-1 Toutes les décisions du juge des enfants relatives à la mesure éducative judiciaire sont transmises au service de la protection judiciaire de la jeunesse désigné pour exercer la mesure en application de l'article D. 112-1.

SECTION II DE L'ARTICULATION DES COMPÉTENCES ENTRE PLUSIEURS JUGES DES ENFANTS CHARGÉS DU SUIVI DU MINEUR

Art. D. 611-2 L'ordonnance par laquelle le juge des enfants se dessaisit au profit du juge de l'application des peines conformément aux dispositions de l'article L. 611-5 est portée à la connaissance du condamné par lettre recommandée si celui-ci n'est pas détenu ou par le greffe de l'établissement pénitentiaire dans le cas contraire. Le parquet du lieu de condamnation en est également avisé.

Art. D. 611-3 L'ordonnance par laquelle le juge des enfants se dessaisit, en application du premier alinéa de l'article L. 611-9, au profit du juge des enfants qui connaît habituellement la situation du mineur, est portée à la connaissance du condamné par lettre recommandée si celui-ci n'est pas détenu ou par le greffe de l'établissement pénitentiaire dans le cas contraire. Cette ordonnance est notifiée par lettre recommandée aux représentants légaux du mineur. Le service de la protection judiciaire de la jeunesse est informé. Le parquet du lieu de condamnation en est également avisé.

Art. D. 611-4 Pour l'application des dispositions de l'article D. 48-2-1 du code de procédure pénale, la convocation est délivrée en premier lieu devant le juge des enfants compétent en application des dispositions de l'article L. 611-7.

Art. D. 611-5 Lorsque le tribunal judiciaire ne comporte pas dans son ressort d'établissement pénitentiaire dans lequel sont incarcérés les mineurs, les juges des enfants et les responsables du service du tribunal pour enfants sont conviés aux réunions de la commission de l'exécution et de l'application des peines prévue par l'article D. 48-5-4 du code de procédure pénale de la juridiction limitrophe dans laquelle se situe un tel établissement.

SECTION III DE LA COMPÉTENCE DE LA PROTECTION JUDICIAIRE DE LA JEUNESSE EN MATIÈRE D'APPLICATION DES MESURES ÉDUCATIVES ET DES PEINES

Art. D. 611-6 La juridiction pour mineurs désigne, s'il y a lieu, le service de la protection judiciaire de la jeunesse chargé de préparer, mettre en œuvre et suivre les condamnations pénales et les mesures d'individualisation de la peine.

La juridiction pour mineurs peut également, lorsque le condamné a atteint l'âge de dix-huit ans à la date de sa condamnation, saisir le service pénitentiaire d'insertion et de probation.

Art. D. 611-7 Les services de la protection judiciaire de la jeunesse, pour les situations relevant de leur compétence en application de l'article D. 621-2, concourent à la préparation des mesures d'individualisation de la peine. Ils peuvent être chargés de l'exécution d'investigations et de vérifications. Ils fournissent à l'autorité judiciaire compétente, à la demande de celle-ci ou de leur propre initiative, tout élément d'information sur la situation personnelle, familiale et sociale de nature à favoriser l'individualisation de la peine de la personne condamnée ou susceptible de l'être.

Lorsqu'il a été prononcé une peine privative de liberté, les services de la protection judiciaire de la jeunesse sont chargés de rechercher les moyens permettant l'élaboration d'un projet d'aménagement de peine. Ils produisent les avis ou rapports sur le condamné, détenu ou libre, dont la situation pénale est examinée par le juge des enfants ou le tribunal pour enfants.

Art. D. 611-8 Le service de la protection judiciaire de la jeunesse désigné en application de l'article D. 611-6 assure l'accompagnement éducatif du condamné dans le cadre de la mesure qui lui a été confiée. Il lui apporte aide et soutien. Il veille au respect des obligations qui lui sont imposées dans le cadre d'une condamnation pénale ou d'une mesure d'aménagement de peine.

Il propose, en fonction de l'évolution de l'intéressé, des aménagements ou modifications des mesures de contrôle, obligations ou conditions fixées par l'autorité judiciaire.

Art. D. 611-9 Le service de la protection judiciaire de la jeunesse désigné en application de l'article D. 611-6 adresse au juge, dans un délai de trois mois à compter de sa saisine, un rapport relatif au projet d'exécution de la peine.

Il lui adresse ensuite un rapport d'évaluation selon les échéances fixées par la juridiction ainsi qu'à l'issue du suivi.

Tout incident relatif aux obligations, conditions et mesures de contrôle auxquelles est soumis le condamné fait l'objet d'un rapport circonstancié transmis au juge dans les meilleurs délais.

Art. D. 611-10 Pour l'exercice de ses missions d'application des peines, le service de la protection judiciaire de la jeunesse désigné en application de l'article D. 611-6 met en œuvre un accompagnement éducatif global en prenant appui sur l'ensemble des ressources des établissements et services de la protection judiciaire de la jeunesse et du secteur associatif habilité. Il inscrit son action dans le cadre des politiques publiques territoriales destinées aux jeunes en difficulté. Il vise notamment à favoriser l'accès aux droits.

Dans le cadre de la mise en œuvre et du suivi d'un aménagement de la peine, le service de la protection judiciaire de la jeunesse désigné veille à inscrire ses actions dans la continuité de l'action éducative déjà engagée auprès du condamné.

Art. D. 611-11 Les services de la protection judiciaire de la jeunesse exercent leurs missions en matière d'application des peines en lieu et place des services pénitentiaires d'insertion et de probation.

Pour l'exercice des missions relatives à l'application des peines, les personnels de la protection judiciaire de la jeunesse bénéficient des mêmes prérogatives que les personnels du service pénitentiaire d'insertion et de probation telles que définies aux *(Décr. nº 2022-855 du 7 juin 2022, art. 1er)* « articles D. 113-24 et D. 214-9 du code pénitentiaire *[ancienne rédaction : articles D. 462 et D. 463 du code de procédure pénale]* ».

Art. D. 611-12 Lorsque la commission de l'application des peines examine la situation d'un condamné relevant de la compétence d'un service de la protection judiciaire de la jeunesse, ce service y est représenté par l'un de ses personnels éducatifs.

Art. D. 611-13 Dans l'hypothèse où le service pénitentiaire d'insertion et de probation est saisi de la situation d'un condamné suivi précédemment par le service de la protection judiciaire de la jeunesse, ce dernier transmet au service pénitentiaire d'insertion et de probation compétent auprès de l'établissement pénitentiaire où le condamné est détenu ou, si le condamné n'est pas ou n'est plus détenu, au service pénitentiaire d'insertion et de probation du lieu de résidence de l'intéressé, copie des éléments ou documents recueillis à l'occasion de la mise en œuvre et du suivi des condamnations.

Art. D. 611-14 Dans le cas prévu par le deuxième alinéa de l'article 712-13 du code de procédure pénale, le président et les conseillers de la chambre spéciale des mineurs de la cour d'appel sont assistés par le responsable d'une association de réinsertion des condamnés et le responsable d'une association d'aide aux victimes membres de la chambre de l'application des peines de la cour d'appel. Est le cas échéant compétente la chambre des mineurs de la cour d'appel dont la compétence territoriale est étendue en application des dispositions du deuxième alinéa de l'article 712-13 du code de procédure pénale.

CHAPITRE II DES AUDIENCES D'APPLICATION DES PEINES

(Décr. n° 2021-683 du 27 mai 2021, art. 1er)

Art. D. 612-1 Lorsque le juge des enfants convoque un mineur condamné à un suivi socio-judiciaire en application de l'article R. 61 du code de procédure pénale, il convoque également ses représentants légaux.

Art. D. 612-2 Pour la tenue du débat contradictoire prévu aux articles 712-6 et 712-7 du code de procédure pénale, le service de la protection judiciaire de la jeunesse compétent adresse au juge des enfants ou au tribunal pour enfants un rapport comprenant sa proposition éducative.

Le juge des enfants ou le tribunal pour enfants peut demander au représentant de la protection judiciaire de la jeunesse de développer oralement sa proposition éducative lors du débat contradictoire.

CHAPITRE III DU RÉGIME DE LA RÉTENTION

(Décr. n° 2021-682 du 27 mai 2021, art. 1er ; Décr. n° 2021-683 du 27 mai 2021, art. 1er)

Le présent chapitre ne comprend pas de dispositions réglementaires.

TITRE DEUXIÈME DE L'AMÉNAGEMENT DES PEINES

(Décr. n° 2021-683 du 27 mai 2021, art. 1er)

CHAPITRE UNIQUE DE LA MISE EN ŒUVRE ET DU SUIVI DES CONDAMNATIONS

Art. D. 621-1 Lorsque le juge des enfants chargé de l'application des peines impose au condamné le respect d'une des obligations prévues aux 1° à 3° de l'article L. 122-2, il ordonne par décision séparée le prononcé ou la modification de cette obligation.

Art. D. 621-2 Les services de la protection judiciaire de la jeunesse préparent, mettent en œuvre et assurent le suivi des condamnations prononcées par les juridictions spécialisées pour mineurs et le suivi des condamnations des personnes mineures à la date des faits, et dont l'exécution est transférée par l'autorité compétente d'un État membre de l'Union européenne et reconnue en vertu des articles 728-43, 728-46, 728-67 ou 764-22 du code de procédure pénale et de l'article L. 621-2, hormis les hypothèses prévues aux articles L. 611-5 et L. 611-6.

TITRE TROISIÈME DU CASIER JUDICIAIRE ET DES AUTRES FICHIERS

(Décr. n° 2021-682 du 27 mai 2021, art. 1er)

CHAPITRE PREMIER DU CASIER JUDICIAIRE

Art. R. 631-1 Le retrait du casier judiciaire de la décision, ordonné par le tribunal pour enfants en application de l'article L. 631-4, se fait à la diligence du ministère public près le tribunal pour enfants qui a rendu cette décision.

CHAPITRE II DU FICHIER JUDICIAIRE NATIONAL AUTOMATISÉ DES AUTEURS D'INFRACTIONS SEXUELLES OU VIOLENTES

Art. R. 632-1 Lors de l'inscription du mineur au fichier judiciaire national automatisé des auteurs d'infractions sexuelles ou violentes, le procureur de la République en cas de condamnation ou le juge d'instruction en cas de mise en examen avise les représentants légaux *[,]* ou les personnes auxquelles la garde du mineur a été confiée par décision judiciaire, de la notification faite en application de l'article R. 53-8-9 du code de procédure pénale.

Art. R. 632-2 La justification d'adresse ou la déclaration de changement d'adresse d'un mineur prévue à l'article 706-53-5 du code de procédure pénale est effectuée par ses représentants légaux ou les personnes auxquelles sa garde a été confiée par décision judiciaire.

Les dispositions du septième alinéa de l'article 706-53-5 du code de procédure pénale sont applicables.

CHAPITRE III DU FICHIER JUDICIAIRE NATIONAL AUTOMATISÉ DES AUTEURS D'INFRACTIONS TERRORISTES

Art. R. 633-1 Lors de l'inscription du mineur au fichier judiciaire national automatisé des auteurs d'infractions terroristes, le procureur de la République en cas de condamnation ou le juge d'instruction en cas de mise en examen avise les représentants légaux *[,]* ou les personnes auxquelles la garde du mineur a été confiée par décision judiciaire, de la notification faite en application de l'article R. 50-38 du code de procédure pénale.

CHAPITRE IV DES FICHIERS D'ANTÉCÉDENTS

Art. R. 634-1 Les données concernant la personne mineure mise en cause sont conservées cinq ans.

Par dérogation, elles sont conservées :

1° Dix ans lorsque la personne est mise en cause pour l'une des infractions mentionnées ci-dessous :

a) Infractions contre les personnes : exploitation de la mendicité aggravée ou en bande organisée ; vol avec violences ; violence volontaire aggravée autres *[autre]* que celles prévues au 2° ; transport, détention, offre, cession, acquisition ou emploi illicites de stupéfiants ; traite des êtres humains autre que celle prévue au 2° ; exhibition sexuelle ;

b) Infractions contre les biens : destruction, dégradation et détérioration d'un bien appartenant à autrui par l'effet d'une substance explosive, d'un incendie ou de tout autre moyen de nature à créer un danger pour les personnes ; extorsion ; atteinte aux systèmes de traitement automatisé de données ; blanchiment ; contrefaçon, falsification de monnaies ou *[de]* moyens de paiement ;

c) Atteinte à la paix publique : recel de malfaiteurs ;

2° Vingt ans lorsque la personne est mise en cause pour l'une des infractions mentionnées ci-dessous :

a) Infractions contre les personnes : administration de substances nuisibles ; détournement de moyen de transport ; empoisonnement ; enlèvement, séquestration, prise d'otage ; crime contre l'humanité, génocide ; meurtre, assassinat ; torture, acte de barbarie ; violence volontaire ayant entraîné la mort ; violence volontaire entraînant une mutilation ou une infirmité permanente ; vol avec violences aggravé*[e]* ; agression sexuelle ; proxénétisme ; viol ; trafic de stupéfiants autres *[autre]* que ceux visés au 1° ; traite des êtres humains en bande organisée ou avec tortures et actes de barbarie ;

b) Infractions contre les biens : vol en bande organisée ; vol avec arme ;

c) Atteinte à la paix publique : acte de terrorisme ; association de malfaiteurs ; atteinte aux intérêts fondamentaux de la Nation.

LIVRE SEPTIÈME DISPOSITIONS RELATIVES À L'OUTRE-MER

(Décr. n° 2021-682 du 27 mai 2021, art. 1er ; Décr. n° 2021-683 du 27 mai 2021, art. 1er)

TITRE PREMIER DISPOSITIONS PARTICULIÈRES À LA GUADELOUPE, À LA GUYANE, À LA MARTINIQUE, À MAYOTTE, À LA RÉUNION, À SAINT-BARTHÉLEMY, À SAINT-MARTIN ET À SAINT-PIERRE-ET-MIQUELON

(Décr. n° 2021-682 du 27 mai 2021, art. 1er ; Décr. n° 2021-683 du 27 mai 2021, art. 1er)

CHAPITRE PREMIER DISPOSITIONS PARTICULIÈRES À MAYOTTE

(Décr. n° 2021-683 du 27 mai 2021, art. 1er)

Art. D. 711-1 Pour l'application de l'article R. 124-38, les titulaires de l'autorité parentale des mineurs détenus relevant du statut civil de droit local sont les personnes qui exercent de fait l'autorité parentale.

CHAPITRE II DISPOSITIONS PARTICULIÈRES À SAINT-PIERRE-ET-MIQUELON

(Décr. n° 2021-682 du 27 mai 2021, art. 1er ; Décr. n° 2021-683 du 27 mai 2021, art. 1er)

Le présent chapitre ne comprend pas de dispositions réglementaires.

TITRE DEUXIÈME DISPOSITIONS APPLICABLES EN NOUVELLE-CALÉDONIE, EN POLYNÉSIE FRANÇAISE ET DANS LES ÎLES DE WALLIS-ET-FUTUNA

(Décr. n° 2021-682 du 27 mai 2021, art. 1er ; Décr. n° 2021-683 du 27 mai 2021, art. 1er)

Art. R. 720 *(Décr. n° 2021-1743 du 22 déc. 2021, art. 2)* Pour l'application du présent code en Nouvelle-Calédonie, en Polynésie française et à Wallis-et-Futuna, le mot : "préfet" est remplacé par les mots : "représentant de l'État dans le territoire".

CHAPITRE PREMIER DISPOSITIONS APPLICABLES EN NOUVELLE-CALÉDONIE

(Décr. n° 2021-682 du 27 mai 2021, art. 1er ; Décr. n° 2021-683 du 27 mai 2021, art. 1er)

Art. D. 721-1 *(Décr. n° 2021-683 du 27 mai 2021, art. 1er)* Les dispositions du présent code, à l'exception des articles D. 112-18, D. 112-24 à D. 112-27, D. 113-1 et R. 241-3 à D. 241-37 sont applicables en Nouvelle-Calédonie, dans la rédaction résultant du *(Décr. n° 2022-1287 du 4 oct. 2022, art. 10)* « décret n° 2022-1287 du 4 octobre 2022 », sous réserve des adaptations prévues au présent chapitre.

Art. D. 721-2 *(Décr. n° 2021-683 du 27 mai 2021, art. 1er)* Les établissements et services de la protection judiciaire de l'enfance et de la jeunesse en Nouvelle-Calédonie et leurs missions sont définis selon la règlementation applicable localement.

Art. D. 721-3 *(Décr. n° 2021-683 du 27 mai 2021, art. 1er)* Pour l'application des dispositions du présent code en Nouvelle-Calédonie, les références au directeur interrégional de la protection judiciaire de la jeunesse et au directeur territorial de la protection judiciaire de la jeunesse sont remplacées par les références au directeur de la protection judiciaire de l'enfance et de la jeunesse de la Nouvelle-Calédonie.

Art. R. 721-4 *(Décr. n° 2021-682 du 27 mai 2021, art. 1er)* En Nouvelle-Calédonie, le premier alinéa de l'article R. 124-14 est ainsi rédigé :

"Les activités d'enseignement sont mises en œuvre par l'éducation nationale."

Art. D. 721-5 *(Décr. n° 2021-683 du 27 mai 2021, art. 1er)* En Nouvelle-Calédonie, peuvent être autorisées, conformément à l'article L. 721-3, à assister aux débats et à prendre la parole aux audiences, toute personne représentant une des institutions de droit coutumier suivantes :

1° Le Sénat coutumier ;

2° Un conseil coutumier ;

3° Une tribu.

Art. D. 721-6 *(Décr. n° 2021-683 du 27 mai 2021, art. 1er)* En Nouvelle-Calédonie, peuvent être consultées, conformément à l'article L. 721-4, avant le prononcé d'une mesure de réparation ou d'un module de réparation, toute personne représentant les institutions de droit coutumier suivantes :

1° Le Sénat coutumier ;

2° Un conseil coutumier ;

3° Une tribu.

CHAPITRE II DISPOSITIONS APPLICABLES EN POLYNÉSIE FRANÇAISE

(Décr. n° 2021-682 du 27 mai 2021, art. 1er ; Décr. n° 2021-683 du 27 mai 2021, art. 1er)

Art. D. 722-1 *(Décr. n° 2021-683 du 27 mai 2021, art. 1er)* Les dispositions du présent code, à l'exception des articles D. 112-24 à D. 112-27, D. 113-1 et D. 241-10 à D. 241-37 sont applicables en Polynésie française, dans la rédaction résultant du *(Décr. n° 2022-1287 du 4 oct. 2022, art. 10)* « décret n° 2022-1287 du 4 octobre 2022 », sous réserve des adaptations prévues au présent chapitre.

Art. R. 722-2 *(Décr. n° 2021-682 du 27 mai 2021, art. 1er)* Le service déconcentré de la protection judiciaire de la jeunesse relevant du ministère de la justice en Polynésie française est la direction de la protection judiciaire de la jeunesse en Polynésie française.

Art. R. 722-3 *(Décr. n° 2021-682 du 27 mai 2021, art. 1er)* Dans le respect des attributions dévolues au haut-commissaire de la République en Polynésie française, le directeur de la protection judiciaire de la jeunesse en Polynésie française est chargé, en Polynésie française :

1° De mettre en œuvre la politique nationale de prise en charge des mineurs délinquants en coordination avec les services du pays d'outre-mer chargé de la protection de l'enfance ;

2° De gérer les moyens en personnel et équipements de la direction de la protection judiciaire de la jeunesse ;

3° D'assurer la direction et le contrôle de l'activité des personnels de la direction de la protection judiciaire de la jeunesse en fonction dans les établissements et services en Polynésie française ;

4° D'assurer la prévision et l'exécution des dépenses relatives au fonctionnement des établissements et services de la direction de la protection judiciaire de la jeunesse ;

5° De définir et d'évaluer les besoins de prise en charge de la jeunesse délinquante et de contribuer, en liaison avec les autorités judiciaires et administratives, à l'élaboration et au suivi des actions conduites dans ce domaine ;

6° D'assurer le contrôle pédagogique, administratif et financier des personnes physiques ou morales de droit privé exerçant des mesures ordonnées par l'autorité judiciaire au titre de la législation relative aux mineurs délinquants ;

7° De participer à l'organisation et à la mise en œuvre d'actions de prévention de la délinquance des mineurs ;

8° D'assister le directeur interrégional chargé de l'outre-mer dans l'exercice de ses missions.

Art. R. 722-4 *(Décr. n° 2021-682 du 27 mai 2021, art. 1er)* Le directeur de la protection judiciaire de la jeunesse en Polynésie française est placé sous l'autorité du directeur interrégional de la protection judiciaire de la jeunesse chargé de l'outre-mer.

Art. R. 722-5 *(Décr. n° 2021-682 du 27 mai 2021, art. 1er)* **Les établissements et services chargés de la mise en œuvre des décisions judiciaires ordonnées en application de la législation relative aux mineurs délinquants et gérés par la direction de la protection judiciaire de la jeunesse en Polynésie française sont créés et dissous par arrêté du garde des sceaux, ministre de la justice.**

CHAPITRE III DISPOSITIONS APPLICABLES À WALLIS-ET-FUTUNA

(Décr. n° 2021-682 du 27 mai 2021, art. 1er ; Décr. n° 2021-683 du 27 mai 2021, art. 1er)

Art. D. 723-1 *(Décr. n° 2021-683 du 27 mai 2021, art. 1er)* **Les dispositions du présent code, à l'exception des articles D. 112-18, D. 113-1 et R. 241-3 à D. 241-37 sont applicables à Wallis-et-Futuna, dans la rédaction résultant du** *(Décr. n° 2022-1287 du 4 oct. 2022, art. 10)* **« décret n° 2022-1287 du 4 octobre 2022 », sous réserve des adaptations prévues au présent chapitre.**

Art. D. 723-2 *(Décr. n° 2021-683 du 27 mai 2021, art. 1er)* **Pour l'application des dispositions du présent code à Wallis-et-Futuna, les références à la protection judiciaire de la jeunesse, au directeur interrégional de la protection judiciaire de la jeunesse et au directeur territorial de la protection judiciaire de la jeunesse sont remplacées, selon le cas, par les références au service localement compétent ou au responsable de ce service.**

Art. R. 723-3 *(Décr. n° 2021-682 du 27 mai 2021, art. 1er)* **A Wallis-et-Futuna, l'article R. 124-14 est ainsi rédigé :**

Art. R. 124-14 Les activités d'enseignement sont mises en œuvre par l'éducation nationale.

Circulaire du 25 juin 2021,

Présentant les dispositions du code de la justice pénale des mineurs.

"Il est peu de problèmes aussi graves que ceux qui concernent la protection de l'enfance, et, parmi eux, ceux qui ont trait au sort de l'enfance traduite en justice". Ainsi s'ouvrait l'exposé des motifs de l'ordonnance du 2 février 1945. Cette préoccupation reste actuelle. La délinquance des mineurs évolue et la réponse judiciaire doit s'adapter à ces évolutions et s'exercer dans un cadre juridique clair et compréhensible. Les nombreuses modifications de l'ordonnance de 1945 lui ont fait perdre sa cohérence et l'adoption d'un code de la justice pénale des mineurs était devenue une nécessité.

L'ensemble des dispositions spécifiques aux mineurs, jusque-là disséminées dans l'ordonnance de 1945, dans le code de procédure pénale et dans plusieurs décrets autonomes, sont donc rassemblées dans un corpus unique et structuré. Les anciennes dispositions sont abrogées *[Seules les dispositions du COJ ont été reprises au sein du CJPM, tout en étant parallèlement maintenues au sein du COJ.]*, réécrites et, le cas échéant, complétées, puis codifiées au sein du nouveau code de la justice pénale des mineurs.

Les dispositions communes aux majeurs et aux mineurs sont maintenues au sein du code pénal et du code de procédure pénale. Ainsi, elles continuent à recevoir application à l'égard des mineurs, sauf lorsqu'une disposition spécifique est prévue par le code de la justice pénale des mineurs (art. L. 13-1).

Les dispositions législatives et réglementaires, qu'elles soient issues d'un décret en Conseil d'État ou d'un décret simple, sont organisées selon un même plan, afin de faciliter la recherche des dispositions d'application de la partie législative *[Lorsqu'il s'agit d'un art. issu de la codification d'une disposition préexistante, le niveau de norme initial a été respecté. Toutefois, l'ensemble des dispositions ayant trait à l'incarcération des mineurs a été élevé au rang de décret en Conseil d'État, en application de l'art. L. 124-1, de même que les dispositions relatives aux peines, ainsi qu'à la notification des droits en matière de mesure privative de liberté. En outre, la majorité des dispositions issues du Décr. en Conseil d'État n° 2007-1573 du 6 nov. 2007 a été codifiée en tant que Décr. simple]*

UNE PROCÉDURE PLUS RAPIDE FAVORISANT L'EFFICACITÉ ET LA COHÉRENCE DES PRISES EN CHARGE

La procédure d'instruction devant le juge des enfants en matière correctionnelle, source de délais incompatibles avec l'évolution rapide des mineurs, est supprimée, modifiant en profondeur l'architecture de la procédure pénale applicable à ceux-ci. Le code de la justice pénale des mineurs instaure une procédure en trois temps : audience sur la culpabilité dans un délai compris entre dix jours et trois mois après la saisine de la juridiction ; période de mise à l'épreuve éducative d'une durée comprise entre six et neuf mois, au cours de laquelle le mineur bénéficie d'un accompagnement éducatif adapté à sa personnalité et ses besoins ; enfin prononcé de la sanction.

Avec la suppression de l'information judiciaire devant le juge des enfants, la nouvelle procédure respecte l'exigence d'impartialité des juridictions rappelée par le Conseil constitutionnel, dans ses décisions n° 2011-147 QPC du 8 juillet 2011 et n° 2021-893 QPC du 26 mars 2021, et en vertu de laquelle le juge qui a été chargé d'accomplir les diligences utiles à la manifestation de la vérité ne peut pas présider la juridiction de jugement habilitée à prononcer des peines. La procédure pénale est simplifiée, plus accessible aux mineurs, à leurs familles et aux professionnels. Elle est encadrée dans des délais raisonnables qui permettent qu'il soit statué rapidement sur la culpabilité sans pour autant raccourcir le temps de l'accompagnement éducatif qui commence dès le jugement sur la culpabilité, voire dès le déferement, et peut se poursuivre après le prononcé de la sanction.

Le code de la justice pénale des mineurs procède également à une refonte complète des mesures éducatives applicables au mineur en créant une mesure éducative unique, modulable et adaptable dans le temps en fonction des besoins du mineur. Cette réforme permet d'apporter une réponse graduée, souple et cohérente, inscrite dans une temporalité encadrée et centrée sur le parcours du mineur et les éléments concernant sa situation et sa personnalité.

Le code permet enfin une meilleure prise en compte des victimes qui pourront se constituer partie civile et présenter leurs demandes dès l'audience sur la culpabilité, c'est-à-dire dans un délai maximal de trois mois à compter de la saisine de la juridiction. Les victimes sont également plus largement associées par la consécration de la justice restaurative et par le développement des mesures de médiation.

LES INCIDENCES DE LA RÉFORME SUR LA POLITIQUE PÉNALE

Les réponses pénales seront apportées dans le respect des principes d'individualisation, de cohérence avec le parcours du mineur et de proportionnalité à la gravité des faits.

A cet égard, la saisine du juge des enfants habituel du mineur pouvant permettre de contribuer à cette cohérence éducative, vous vous attacherez à privilégier, au moment de la décision sur l'action publique, les sectorisations définies localement au sein des juridictions pour mineurs. Vous privilégierez le recours aux mesures alternatives pédagogiques encouragées dans le cadre de la justice de proximité grâce aux nouvelles dispositions définissant le régime du travail non rémunéré applicable aux mineurs âgés d'au moins 16 ans *[V. la dépêche DP2021/0075/B28 du 15 juin 2021 relative au développement de l'offre des alternatives aux poursuites et des mesures de composition pénale applicables aux mineurs dans le cadre de la mise en œuvre de la justice de proximité — V. cette dépêche, ss. art. L. 422-1]*. Vous porterez une attention particulières *[particulière]* aux interdictions de contact et de paraître et au couvre-feu, susceptibles d'être prononcés dans le cadre de la mesure éducative judiciaire provisoire, sans condition relative à la peine encourue et qui sont des mesures éducatives contraignantes alternatives aux mesures de sûreté.

Vous attacherez en outre une vigilance particulière au respect du principe d'une saisine du juge des enfants, statuant en chambre du conseil et selon la procédure de mise à l'épreuve éducative, pour le jugement des délits et contraventions de la cinquième classe. En matière délictuelle, cette saisine peut être assurée par procès-verbal établi à l'occasion d'un déferement devant le procureur de la République, à la suite duquel des mesures provisoires, éducatives ou de sûreté, peuvent être ordonnées jusqu'à l'audience de jugement.

La saisine du tribunal pour enfants, aux fins de jugement selon la procédure de mise à l'épreuve est donc l'exception. A ce titre*[,]* vous veillerez à un audiencement équilibré en réservant la collégialité aux affaires les plus complexes et les plus graves, pour lesquelles un

examen collégial de la culpabilité est nécessaire. L'importance de la peine encourue n'est pas de nature, à elle seule, à exclure toute saisine du juge des enfants, ce d'autant que le procureur de la République a la faculté d'assister à l'audience sur la culpabilité tenue en chambre du conseil et de formuler des réquisitions en vue d'une orientation devant le tribunal pour enfants au stade du prononcé de la sanction. En effet, le choix de la juridiction saisie pour l'examen de la culpabilité ne conditionne pas la juridiction devant laquelle l'examen de la sanction sera renvoyé. A ce titre, dans les affaires impliquant plusieurs mineurs, la prise en compte de la personnalité de chacun, de leur degré de participation, et de l'existence éventuelle d'autres procédures en cours pourra justifier un traitement différencié et par conséquent la saisine de juridictions distinctes*[,]* en particulier pour le prononcé de la sanction.

La saisine du tribunal pour enfants aux fins de jugement en audience unique répond, elle, à des conditions strictes relatives à la peine encourue ainsi qu'à la personnalité du mineur. Cette orientation sera ainsi réservée aux affaires d'une particulière gravité commises par des mineurs ayant des antécédents judiciaires ou ayant refusé de se soumettre à une signalisation.

Enfin, vous veillerez, dès le stade de l'enquête pénale, à diligenter des investigations permettant, le cas échéant, d'apprécier la capacité de discernement du mineur suspecté, dans la mesure où elle est un élément déterminant pour apprécier sa responsabilité pénale et les suites à donner à la procédure.

DES CONCERTATIONS LOCALES AU SERVICE D'UNE MISE EN ŒUVRE RÉUSSIE DE LA RÉFORME

La mise en œuvre de cette réforme d'ampleur implique la mobilisation large et concertée des acteurs concourant non seulement à la justice pénale des mineurs, mais aussi à la protection de l'enfance. Les professionnels des juridictions, des services de la protection judiciaire de la jeunesse et du secteur associatif habilité devront prévoir des échanges réguliers au sein des différentes instances de concertation, particulièrement sur les modalités de communication des rapports éducatifs, la mise en œuvre des alternatives aux poursuites et des mesures, en s'appuyant sur les outils mis à disposition par le ministère de la justice ou développés au niveau des cours d'appel. L'organisation de l'audiencement devra donner lieu à une concertation au sein des juridictions (nécessité d'un audiencement partagé, mise en place de circuits et de méthodes bien identifiés).

Il conviendra également d'associer à ces échanges, pour les thématiques qui les concernent, les conseils départementaux, les établissements et services de santé, les établissements scolaires, mais aussi les barreaux, les services d'enquête de la police et de la gendarmerie nationales, afin de coordonner leurs actions en faveur des mineurs dans les cadres civil et pénal. Le code de la justice pénale des mineurs est construit, comme l'était l'ordonnance de 1945*[,]* sur ce constat qu'un mineur qui commet une infraction est aussi un enfant en danger qu'il convient de protéger dans le cadre de la réponse pénale et, le cas échéant, par des mesures relevant de la protection de l'enfance.

Des outils d'accompagnement à la mise en œuvre de la réforme, construits par les directions du ministère de la justice et les écoles de formation (ENM, ENPJJ, ENG, ENAP) ont été mis à votre disposition. D'autres, accompagnés de référentiels et guides, seront prochainement diffusés.

Cette réforme nous mobilise à l'échelon national mais nécessite avant tout l'implication des cours d'appel, des tribunaux judiciaires, des directions interrégionales et territoriales ainsi que des établissements et services déconcentrés de la protection judiciaire de la jeunesse.

Les professionnels des juridictions et de ces services disposent, en lien avec leurs nombreux partenaires, des ressources et du savoir-faire nécessaires pour s'adapter, innover, et relever les défis que ces changements impliquent pour améliorer la justice des mineurs, garantir la continuité de leur suivi et la cohérence des réponses qui leur sont apportées, ainsi que pour renforcer la dimension éducative de leur prise en charge.

L'ÉVALUATION DE LA MISE EN ŒUVRE D'UNE RÉFORME AMBITIEUSE

Afin d'évaluer la mise en œuvre de cette réforme ambitieuse, le ministère de la justice mesurera de manière régulière les durées moyennes de traitement des affaires, et de prise en charge éducative, ce qui permettra d'apprécier la durée effective de l'accompagnement d'un mineur. Enfin, la diminution du recours à l'incarcération des mineurs pourra être éva-

luée en identifiant la part des mineurs en détention provisoire et des mineurs incarcérés pour exécuter une peine.

Vous trouverez en annexes la présentation détaillée des dispositions nouvelles du code de la justice pénale des mineurs, déclinée selon diverses thématiques pour permettre leur appropriation par l'ensemble des professionnels en juridiction et dans les territoires, et accompagnée de préconisations et d'éléments de mise en œuvre.

Vous voudrez bien rendre compte de toute difficulté rencontrée à l'occasion de la mise en œuvre de la présente circulaire sous le double timbre du bureau de la politique pénale générale de la direction des affaires criminelles et des grâces et du bureau de la législation et des affaires juridiques de la direction de la protection judiciaire de la jeunesse.

Eric **DUPOND-MORETTI**

ANNEXE 1

Les principes généraux de la justice pénale des mineurs

Le code de la justice pénale des mineurs s'ouvre sur un article préliminaire qui rappelle les principes fondamentaux reconnus par les lois de la République en matière de justice des mineurs, tels qu'ils sont consacrés par le Conseil constitutionnel *[Décis. Cons. const. n° 2002-461 du 29 août 2002, consid. n° 26]*, à savoir l'atténuation de la responsabilité pénale des mineurs en fonction de l'âge, la nécessité de rechercher leur relèvement éducatif et moral par des mesures adaptées à leur âge et leur personnalité, ainsi que la spécialisation de la juridiction et de la procédure. Ces principes doivent être pris en compte dans l'intérêt supérieur des mineurs.

1. UN RENFORCEMENT DES GRANDS PRINCIPES APPLICABLES À LA JUSTICE PÉNALE DES MINEURS

Le code de la justice pénale des mineurs s'inscrit dans la continuité de l'ordonnance du 2 février 1945 et rappelle, en les renforçant, les grands principes applicables aux mineurs. Il précise que les décisions prises à l'égard des mineurs tendent à leur relèvement éducatif et moral, à prévenir la récidive, et à protéger l'intérêt des victimes (art. L. 11-2).

— *La primauté de l'éducatif*

Est rappelé le principe de la priorité de la réponse éducative, qui prévoit qu'un mineur déclaré coupable d'une infraction pénale peut faire l'objet de mesures éducatives, et, seulement si les circonstances et sa personnalité l'exigent, de peines (art. L. 11-3). Les sanctions éducatives sont supprimées et ne constituent donc plus une catégorie de réponse*[s]* qui peut *[peuvent]* être prononcée*[s]* à l'égard des mineurs par le tribunal pour enfants.

— *La spécialisation des acteurs et la spécialisation de la procédure*

L'article préliminaire et l'article L. 12-1 rappellent le principe fondamental suivant lequel les mineurs doivent être jugés par une juridiction spécialisée ou selon des procédures appropriées. Ce principe est renforcé par l'élévation au rang législatif de la spécialisation du parquet (art. L. 12-2, L. 211-1 et suivants), la spécialisation du juge des libertés et de la détention, qui intervient pour statuer sur la détention des mineurs avant l'audience de culpabilité (*[art.]* L. 423-11) ou dans le cadre des procédures à l'instruction. Après l'audience de culpabilité, et pendant toute la période de mise à l'épreuve éducative, c'est le juge des enfants qui est compétent pour assurer le suivi des mesures prononcées et statuer sur le placement en détention provisoire (art. L. 521-13 et suivants).

Complétant le principe de spécialisation des acteurs, la continuité de l'intervention du magistrat comme de l'avocat en faveur d'un mineur est recherchée (art. L. 12-4).

Concernant les juridictions, le code de la justice pénale des mineurs étend la compétence de la chambre spéciale des mineurs à l'appel des décisions rendues avant l'audience de culpabilité (art. L. 423-13) et durant la période de mise à l'épreuve éducative, mais également à l'appel des décisions rendues par le tribunal de police statuant à l'égard des mineurs (art. L. 231-6, L. 531-1 et L. 531-4).

La composition du tribunal pour enfants est maintenue (art. L. 231-4), les assesseurs restant désignés conformément aux dispositions de l'article L. 251-4 du code de l'organisation judiciaire. L'article L. 231-4 ouvre toutefois la possibilité de désigner des assesseurs supplémentaires si la durée ou l'importance d'un procès le rend nécessaire. Ces derniers siègeront aux audiences mais ne prendront part au délibéré qu'en cas d'empêchement d'un des assesseurs de la formation.

La cour d'assises des mineurs devient compétente pour connaître des crimes et délits commis par un majeur dès lors qu'ils sont connexes ou indivisibles avec des crimes commis lorsqu'il avait entre seize et dix-huit ans (art. L. 231-9).

S'agissant de la protection judiciaire de la jeunesse, l'article L. 241-1 précise que la mise en œuvre des décisions de justice prononcées en application du code de la justice pénale des mineurs est confiée aux services et établissements de la protection judiciaire de la jeunesse et, dans les cas expressément visés, aux services et établissements du secteur associatif habilité.

Enfin, le principe de spécialisation des procédures se traduit notamment par l'obligation de recourir à des termes simples et accessibles pour toute notification de ses droits à un mineur (art. D. 12-2).

— *L'atténuation de la responsabilité pénale*

Les principes de la responsabilité pénale du mineur capable de discernement (art. L. 11-1) et de l'atténuation de celle-ci en fonction de l'âge sont maintenus et étendus s'agissant des décisions prononcées par le tribunal de police (art. L. 11-3, L. 11-5 et L. 121-3). Pour rappel, si les règles d'atténuation des peines sont absolues pour les mineurs âgés de moins de 16 ans, elles peuvent être exceptionnellement écartées pour les mineurs âgés d'au moins 16 ans, au regard des circonstances de l'espèce, de la personnalité du mineur ainsi que de sa situation (art. L. 121-7).

— *La consécration de la justice restaurative*

L'article L. 13-4 du code de la justice pénale des mineurs consacre la possibilité de recourir à la justice restaurative, à l'occasion de toute procédure concernant un mineur et quel que soit le stade de celle-ci, sous réserve d'une reconnaissance des faits. Conformément à l'article 10-1 du code de procédure pénale et à la circulaire du 15 mars 2017, la mesure de justice restaurative qui est proposée à l'auteur ou la victime est autonome par rapport à la procédure pénale. La justice restaurative, mise en œuvre par les services de la protection judiciaire de la jeunesse s'agissant de mineurs auteurs, participe à l'objectif d'une meilleure prise en charge des victimes, d'une responsabilisation de l'auteur et d'une réconciliation sociale (*voir annexe sur la place de la victime*).

2. LA PRÉSOMPTION DE NON-DISCERNEMENT POUR LES MINEURS ÂGÉS DE MOINS DE 13 ANS

A l'atténuation de la responsabilité pénale du mineur en fonction de sonâge, est ajoutée par le code de la justice pénale des mineurs, une présomption de non-discernement des mineurs âgés de moins de 13 ans, et, corrélativement, une présomption de discernement des mineurs âgés d'au moins 13 ans.

Ces présomptions s'appliquent dès le stade des poursuites, ce qui signifie que les alternatives aux poursuites et les compositions pénales sont également soumises à cette condition de reconnaissance de la capacité de discernement (art. D. 422-2).

Il s'agit d'une présomption simple qui peut être renversée notamment par les déclarations du mineur, celles de son entourage familial et scolaire, les éléments de l'enquête, par les circonstances dans lesquelles les faits ont été commis, par une expertise ou un examen psychiatrique ou psychologique (art. R. 11-1). Ainsi, l'expertise, si elle est un des éléments pouvant amener à retenir la capacité de discernement pour un mineur âgé de moins de 13 ans, ne sera ni obligatoire, ni systématique.

La capacité de discernement du mineur relève de l'appréciation souveraine du magistrat, fondée sur des éléments issus de la procédure, notamment de l'enquête, et des éventuels antécédents du mineur.

Conformément à l'article L. 421-1, le procureur de la République apprécie s'il y a lieu de saisir les autorités compétentes en matière de protection de l'enfance, quelle que soit l'orientation retenue sur l'action publique, particulièrement à l'égard des mineurs dont la capacité de discernement n'est pas retenue (art. D. 422-1).

Reprenant les termes de l'arrêt *Laboube [Crim. 13 déc. 1956, n° 55-05.772]*, l'article L. 11-1 définit le discernement comme étant le fait que le mineur "ait compris et voulu son acte", et soit "apte à comprendre le sens de la procédure pénale dont il fait l'objet".

Les services de la protection judiciaire de la jeunesse ne sont pas chargés d'évaluer le discernement du mineur.

Si un mineur âgé de moins de 13 ans est reconnu comme capable de discernement, le juge des enfants a une compétence exclusive pour le juger (art. L. 231-2 et L. 231-3 *a contrario*). Le jugement le condamnant doit être motivé (art. R. 521-1) et aucune peine ne peut être prononcée (art. L. 11-4). Seule une mesure éducative peut alors être prononcée (avertissement ou mesure éducative judiciaire), outre une dispense de mesure ou une déclaration de réussite éducative (art. L. 111-1, L. 111-6).

ANNEXE 2

PRÉSENTATION DE LA PROCÉDURE

1. LA PHASE PRÉALABLE OU ALTERNATIVE AUX POURSUITES

1.1. L'opportunité des poursuites en considération de l'intérêt supérieur de l'enfant

L'article L. 421-1 précise que le procureur de la République, lors de la décision sur l'action publique, prend également en compte la personnalité du mineur et ses conditions de vie et d'éducation.

Quelle que soit la décision sur l'action publique, le procureur de la République apprécie s'il y a lieu de saisir les autorités compétentes en matière de protection administrative ou judiciaire de l'enfance, cette saisine pouvant être considérée comme une réponse suffisante (art. L. 421-1). L'article D. 422-1 invite le parquet à y procéder tout particulièrement à la suite d'une décision de classement pour absence de capacité de discernement.

Cette nouvelle disposition acte la double mission du parquet qui aborde à la fois la réponse pénale et la question de la protection de l'enfance. Elle rappelle qu'un mineur qui commet des infractions est aussi un mineur dont il convient d'envisager la protection. Elle s'inscrit ainsi dans le prolongement de l'article préliminaire qui rappelle les principes devant être pris en compte pour la mise en œuvre de la responsabilité pénale des mineurs et ce, dans leur intérêt supérieur.

1.2. La clarification du régime applicable aux alternatives aux poursuites et à la composition pénale

1.2.1. LES ALTERNATIVES AUX POURSUITES

En application de l'article D. 422-2, un mineur de moins de treize ans ne peut faire l'objet d'une mesure alternative aux poursuites que s'il ressort de la procédure qu'il est capable de discernement au sens de l'article L. 11-1.

Régime. Le régime des mesures ordonnées au titre d'alternatives aux poursuites est défini aux articles L. 422-1 et L. 422-2. Il est similaire à celui existant sous l'égide de l'ordonnance du 2 février 1945, à l'exception de :

- La création de la mesure tendant à demander au mineur de justifier de son assiduité à un enseignement ou une formation professionnelle,
- La mention explicite de la possibilité de confier l'exécution des mesures alternatives aux poursuites à un service de la protection judiciaire de la jeunesse ou à une personne habilitée.

Le régime des mesures de médiation et de réparation ordonnées en tant qu'alternative*[s]* aux poursuites est créé. Il reprend celui du module de réparation de la mesure éducative judiciaire (MEJ) (art. D. 422-3 à D. 422-5).

1.2.2. LA COMPOSITION PÉNALE

Application aux mineurs âgés d'au moins treize ans. Comme auparavant, la composition pénale peut être appliquée à un mineur âgé d'au moins treize ans lorsqu'elle apparaît adaptée à sa personnalité (art. L. 422-3).

Régime. Le régime de la composition pénale défini aux articles L. 422-3 et L. 422-4 reprend celui de l'article 7-2 de l'ordonnance du 2 février 1945. Néanmoins, l'article L. 422-4 prévoit que dorénavant la composition pénale est validée par le tribunal de police pour les contraventions des quatre premières classes. En outre, est expressément exclue l'application aux mineurs des dispositions de l'article 41-2 du code de procédure pénale (CPP) ne soumettant pas à la validation d'un magistrat du siège certaines propositions de composition pénale. L'article L. 422-4 prévoit que le procureur de la République doit recueillir l'accord du mineur et de ses représentants légaux en présence d'un avocat pour mettre en œuvre une composition pénale. Enfin, la durée d'exécution des mesures proposées est réduite de 1 an à 6 mois.

RRSE obligatoire. L'établissement d'un RRSE par les services de la protection judiciaire de la jeunesse (PJJ) qui assurent la mission éducative auprès du tribunal de la jeunesse ou par le service de milieu ouvert selon les organisations locales prévues par le projet territorial est obligatoire en cas de composition pénale (art. L. 422-4, al. 1er).

Stage de formation civique. Lorsqu'un stage de formation civique est prononcé au titre de la composition pénale, l'article D. 422-6 renvoie aux articles D. 112-8 à D. 112-17 qui définissent le régime et les modalités de l'obligation de suivre ce stage ordonné dans le cadre d'une MEJ.

Travail non rémunéré (TNR). Le régime du TNR ordonné au titre d'une composition pénale est explicité aux articles R. 422-7 à R. 422-15. Il ne peut être proposé qu'aux mineurs âgés d'au

moins 16 ans au jour des faits à l'origine de la composition pénale, conformément aux dispositions de l'article L. 13-2 et L. 422-3 du CJPM. Le délai d'exécution est fixé par le procureur de la République et ne peut excéder 6 mois. La durée maximale est limitée à 100 heures par l'article 41-2 du CPP. Conformément à l'article R. 422-7, la durée fixée par le procureur de la République doit être adaptée au mineur et tenir compte des contraintes liées à la poursuite ou la recherche de scolarité et de formation. La durée journalière ne peut excéder 8 heures. Il est exécuté conformément aux dispositions du droit du travail encadrant le temps de travail des mineurs d'au moins seize ans. Un certificat médical d'aptitude à l'affectation envisagée doit être fourni par le mineur, ainsi que les documents nécessaires à l'immatriculation du mineur à la sécurité sociale.

Le poste de travail non rémunéré doit être adapté à l'âge et à la personnalité du mineur. Il doit présenter un caractère formateur et être de nature à favoriser son insertion sociale.

A compter de l'entrée en vigueur du CJPM, les services de la PJJ du secteur public et du secteur associatif habilité peuvent assurer le suivi de l'exécution du TNR. Dans un premier temps, la mise en œuvre du TNR, mesure nouvelle du CJPM, sera confiée en priorité au secteur public de la PJJ pour en assurer la cohérence avec le TIG.

La procédure d'habilitation est identique à celle prévue pour le travail d'intérêt général, et décrite aux articles R. 122-1 et R. 122-2. En application de la loi n° 2021-401 du 8 avril 2021, la procédure évolue vers la déjudiciarisation de la procédure d'habilitation des structures d'accueil, d'inscription et d'affectation sur les postes de travail d'intérêt général. La décision d'habilitation est désormais confiée au directeur territorial de la protection judiciaire de la jeunesse, et communiquée au juge des enfants, au procureur de la République, au préfet et à la structure habilitée.

Le procureur de la République fixe, sur proposition du service chargé de sa mise en œuvre, les modalités d'exécution du TNR dans une ordonnance d'affectation qu'il notifie à ce service, au mineur, à ses représentants légaux, ainsi qu'à l'organisme au profit duquel le travail non rémunéré est accompli (art. R. 422-13). Par ailleurs, l'article R. 422-15 prévoit qu'en cas de difficulté d'exécution du TNR, liée notamment au comportement du mineur, le service chargé de sa mise en œuvre en informe sans délai le procureur de la République et lui adresse un rapport. Dans le délai d'un mois suivant la fin de l'exécution du travail non rémunéré, un rapport est transmis au procureur de la République.

1.3. La concertation entre le parquet et les directions territoriales de la PJJ

Comme l'indique la circulaire de présentation de la réforme, il convient d'inclure dans la définition des orientations de politique pénale les alternatives aux poursuites et la mesure de composition pénale. Ces mesures s'appuient sur un réseau de partenariats offrant la possibilité de prononcer des alternatives et des compositions pénales variées. L'offre territoriale, le partenariat et les modalités de mise en œuvre pratiques des mesures alternatives aux poursuites et de composition pénale pourront utilement être définies *[définis]* lors de rencontres régulières entre les magistrats du parquet en charge des mineurs et les directions territoriales de la PJJ. A cet égard, une note de la direction des affaires criminelles et des grâces et de la direction de la protection judiciaire de la jeunesse précise le contenu et les modalités de l'offre des alternatives aux poursuites applicables aux mineurs dans le cadre de la mise en œuvre de la justice de proximité *[V. la dépêche DP2021/0075/B28 du 15 juin 2021 préc.]*.

2. LA MISE EN MOUVEMENT DE L'ACTION PUBLIQUE

2.1. Les conditions de mise en mouvement de l'action publique

Si le CJPM n'introduit aucun changement pour les contraventions des quatre premières classes et les crimes, il supprime le principe de l'instruction préalable obligatoire pour les délits et les contraventions de 5e classe prévu par l'article 8 de l'ordonnance du 2 février 1945. L'action publique est désormais mise en mouvement soit par l'ouverture d'une information judiciaire en matière criminelle et pour les délits complexes, soit par la saisine d'une juridiction de jugement pour mineurs pour les délits et les contraventions de 5e classe (art. L. 423-2).

Cette juridiction est par principe le juge des enfants (JE).

A certaines conditions, cette juridiction peut être le tribunal pour enfants (TPE) : si le mineur est âgé d'au moins 13 ans et qu'il encourt une peine d'emprisonnement supérieure ou égale à 3 ans, et si sa personnalité ou la gravité ou la complexité des faits le justifie. Le CJPM ne prévoit plus la compétence exclusive du tribunal pour enfants pour les mineurs âgés de plus de 16 ans encourant au moins 7 ans d'emprisonnement, comme c'était le cas dans l'ordonnance de 1945. Il existe ainsi désormais une compétence concurrente du juge des enfants et du tribunal

pour enfants pour ces faits, l'orientation s'attachant plutôt, *in concreto*, à la réunion des conditions précisées ci-dessus pour la saisine du tribunal pour enfants.

La circulaire rappelle que la saisine du TPE aux fins de jugement sur la culpabilité est exceptionnelle. Elle précise que cette saisine doit être réservée aux procédures pour lesquelles un examen collégial de la culpabilité est nécessaire, en raison de leur gravité ou de leur complexité.

En outre, les juridictions sont par principe saisies aux fins de jugement selon la procédure de mise à l'épreuve éducative. Par exception, le tribunal pour enfants peut être saisi aux fins de jugement en audience unique (art. L. 423-4, al. 3, cf. *infra* 2.4).

Les modes de saisine de la juridiction pour mineurs sont simplifiés. Cette dernière est désormais saisie par une convocation ou un procès-verbal de défèrement (art. L. 423-7). La saisine par requête disparaît.

2.2. La saisine du JE ou du TPE par convocation

La convocation aux fins de jugement mentionne que le juge des enfants ou le tribunal pour enfants statue selon la procédure de mise à l'épreuve éducative mais qu'il peut, si les conditions de l'article L. 521-2 sont réunies, juger le mineur en audience unique. En aucun cas, le tribunal pour enfants, ou le juge des enfants, ne peut être saisi par convocation aux fins de jugement en audience unique, cette orientation n'étant possible que lorsque certaines conditions sont réunies et dans le cadre d'un défèrement (cf. *infra* 2.4).

La convocation devant le juge des enfants ou le tribunal pour enfants est délivrée sur instruction du procureur de la République par une liste limitative de personnes, dont le directeur de l'établissement auquel est confié le mineur (art. L. 423-7). Elle vaut citation à personne et doit intégrer plusieurs mentions, dont la liste est modifiée (art. L. 423-8). Doivent notamment figurer dans la convocation les dispositions de l'article L. 311-1 relatives à l'intervention de l'adulte approprié et à l'information des droits du mineur (art. D. 423-4). Elle doit être notifiée dans les meilleurs délais aux représentants légaux et à la personne ou au service auquel le mineur est confié (art. L. 423-8, al. 7). Les mentions sont formalisées par un procès-verbal signé par le mineur.

La date d'audience doit être comprise dans un délai de 10 jours à 3 mois après la délivrance de la convocation. Comme indiqué dans la circulaire, il conviendra de privilégier la convocation du mineur à une audience du juge des enfants qui connaît habituellement de sa situation. Dans le respect de ces délais, le mineur peut opportunément être convoqué à une date d'audience déjà fixée dans le cadre d'un regroupement des différentes procédures le concernant.

La convocation remise au mineur vaut citation à personne (art. L. 423-8, al. 8). En conséquence, si le mineur ne comparaît pas à l'audience d'examen de la culpabilité, le jugement rendu sera contradictoire à signifier. Une attention particulière sera portée à la signification rapide de ce jugement, afin qu'il soit définitif (sauf appel en cours) lors de l'audience de prononcé de la sanction.

Enfin, lorsque le procureur saisit le juge des enfants ou le tribunal pour enfants, il ordonne un recueil de renseignements socio-éducatifs, qui sera joint à la procédure (art. L. 322-4).

2.3. La saisine du JE ou du TPE par un procès-verbal de défèrement

Dans le cadre d'un défèrement, le procureur de la République peut saisir le juge des enfants ou le tribunal pour enfants aux fins de jugement selon la procédure de mise à l'épreuve éducative. Il peut également, à titre exceptionnel, saisir le tribunal pour enfants aux fins d'audience unique si les conditions cumulatives énumérées à l'article L. 423-4 sont remplies (cf. 2.4 ci-après).

Le défèrement se déroule en plusieurs étapes et peut nécessiter l'intervention de différents magistrats.

2.3.1. LA PRÉSENTATION DU MINEUR AU PROCUREUR DE LA RÉPUBLIQUE

En application de l'article L. 423-6, le mineur est présenté au procureur de la République, en présence de son avocat.

Avant la présentation, le procureur de la République requiert l'établissement d'un recueil de renseignement socio-éducatif*[s]*. Il lui permettra, le cas échéant, d'adapter ses réquisitions sur les mesures provisoires et d'assurer l'information du juge des enfants amené à statuer sur celles-ci. Le procureur de la République doit, en outre, aviser par tout moyen les représentants légaux du mineur, ainsi que la personne ou le service auquel il est confié.

Au cours du défèrement, le procureur de la République constate l'identité du mineur, lui notifie les faits reprochés et leur qualification juridique, l'avertit de son droit de faire des déclarations, de répondre aux questions qui lui sont posées ou de se taire, l'informe du lieu, de la date et de l'heure de l'audience (fixée dans un délai compris entre 10 jours et 3 mois) et

recueille ses observations ou procède à son interrogatoire. S'il y a lieu, les observations de son avocat sont également recueillies.

Un procès-verbal de présentation faisant mention de ces formalités doit être établi à peine de nullité. Ce procès-verbal constitue l'acte de saisine de la juridiction de jugement. En outre, l'article L. 423-8 énumère l'ensemble des mentions et informations qui doivent figurer sur le procès-verbal (le fait poursuivi et les textes de loi qui le prévoient et le répriment, les droits applicables au mineur poursuivi...).

En application de l'article D. 423-5, la victime doit être avisée par tout moyen de la date d'audience. La délivrance de cet avis en vue de l'audience d'examen de la culpabilité permet à la victime de se constituer partie civile dès cette audience, afin qu'il y soit statué sur ses prétentions, dans des délais bien plus brefs que ceux constatés sous l'empire de l'ordonnance du 2 février 1945.

Après avoir procédé à ces formalités, le procureur de la République fait comparaître le mineur devant le juge des enfants en cas de réquisitions aux fins de mesure éducative judiciaire provisoire (MEJP), de placement sous contrôle judiciaire (mineur d'au moins 13 ans) ou d'assignation à résidence avec surveillance électronique (mineur d'au moins 16 ans).

Ainsi, le déferement revêt une utilité particulière dans les situations où il apparaît nécessaire de mettre en œuvre des mesures provisoires (éducatives ou de sûreté) jusqu'à l'audience.

Il convient de préciser que, quel que soit le mode de saisine*[,]* la juridiction peut, lors de l'audience d'examen de la culpabilité, par dérogation aux dispositions de l'article L. 521-1 et après recueil des observations des parties, décider de statuer en audience unique (sur la culpabilité et la sanction), si elle se considère suffisamment informée sur la personnalité du mineur et n'estime pas nécessaire d'ouvrir une période de mise à l'épreuve éducative (art. L. 521-2). Le cas échéant, le procureur de la République peut formuler des réquisitions en ce sens.

2.3.2. LA COMPARUTION DU MINEUR DEVANT LE JUGE DES ENFANTS

Lorsqu'il est saisi de réquisitions aux fins de prononcé d'une MEJP, de placement sous contrôle judiciaire ou sous assignation à résidence avec surveillance électronique (ARSE), le juge des enfants statue en audience de cabinet à l'issue d'un débat contradictoire (art. L. 423-9, al. 8). La présence du procureur de la République à ce débat n'est obligatoire que pour le contrôle judiciaire d'un mineur âgé de moins de 16 ans et l'ARSE.

Au cours du débat contradictoire, le juge des enfants entend, s'il est présent, le procureur de la République en ses réquisitions, puis les observations du mineur et de son avocat. Le cas échéant, il entend les représentants légaux et le représentant du service en charge du mineur.

Par principe et sauf circonstances exceptionnelles, le service de la protection judiciaire de la jeunesse en charge de l'élaboration du RRSE est présent lors de l'audience pour faire état des propositions éducatives envisagées.

Le juge des enfants statue par ordonnance motivée.

En matière correctionnelle, le placement en détention provisoire *ab initio* n'est possible que dans l'hypothèse d'un mineur âgé d'au moins 16 ans, poursuivi devant le tribunal pour enfants saisi aux fins d'audience unique et relève de la compétence du juge des libertés et de la détention (cf. *infra* 2.4).

2.3.3. LE SUIVI DES MESURES ENTRE LE DÉFÈREMENT ET L'AUDIENCE D'EXAMEN DE LA CULPABILITÉ

Compétence du juge des enfants. Conformément à l'article L. 423-11, le juge des enfants est compétent, jusqu'à la comparution du mineur devant la juridiction de jugement, pour statuer sur la mainlevée ou la modification des mesures ordonnées. Il est également compétent pour saisir le juge des libertés et de la détention aux fins de révocation des mesures de sûreté ordonnées. Pour rappel, les décisions du Conseil constitutionnel ne visent que la procédure d'information judiciaire et ne font dès lors pas obstacle à ce que le juge qui a prononcé ou modifié une mesure de sûreté préside la juridiction de jugement.

Non-respect d'une mesure de sûreté. En application de ce même article, lorsque le juge des enfants constate que le mineur n'a pas respecté les obligations du contrôle judiciaire ou de l'assignation à résidence avec surveillance électronique, il peut communiquer le dossier au procureur de la République aux fins de réquisitions et saisir le juge des libertés et de la détention aux fins de révocation de la mesure et de placement en détention provisoire. En cas de révocation du contrôle judiciaire ou de l'ARSE entre le déferement et l'audience de jugement, celle-ci doit se tenir devant le tribunal pour enfants dans un délai d'un mois à compter du placement en détention provisoire, afin que le mineur y comparaisse détenu. A défaut, le mineur est remis en liberté d'office (art. L. 423-12). Il est donc préconisé d'en tenir compte dans l'audiencement des dossiers, et de réserver des plages d'audiences vacantes pour les urgences, tel qu'indiqué dans la note du 9 mars 2021.

Compétence du juge des libertés et de la détention. Le juge des libertés et de la détention est compétent, jusqu'à la comparution du mineur devant la juridiction de jugement pour statuer sur les demandes de mise en liberté, qui doivent lui être adressées. Il statue dans les cinq jours suivant la communication du dossier au procureur de la République aux fins de réquisitions, et demande au juge des enfants tout élément utile sur la personnalité et l'évolution de la situation du mineur (art. L. 423-11, al. 3). Le juge des enfants communique au juge des libertés et de la détention tout élément utile relatif à l'évolution de la situation du mineur et l'informe notamment des dispositifs de scolarisation, d'insertion ou de placement envisageables pour le mineur en cas de libération (art. D. 423-8). L'objectif est de permettre au juge des libertés et de la détention d'appréhender la situation du mineur avant de statuer sur la demande de mise en liberté. Si ces éléments ne sont pas versés en cote personnalité du dossier de la procédure au titre de laquelle le mineur est détenu, le juge des enfants peut transmettre, au-delà du dossier unique de personnalité numérisé, les rapports faisant état de l'évolution du mineur, les décisions les plus récentes (ordonnance de placement, décision d'accueil de jour...) et tout élément concernant les projets envisagés.

Appel des mesures provisoires. L'appel des décisions prises par le juge des enfants et le juge des libertés et de la détention concernant les mesures provisoires ordonnées entre le défèrement et l'audience de jugement relève de la compétence de la chambre spéciale des mineurs. Il doit être interjeté dans un délai de 10 jours (art. L. 423-13). La chambre de l'instruction est compétente uniquement pour l'appel des décisions rendues par le juge d'instruction et le juge des libertés et de la détention dans le cadre d'une information judiciaire.

Suivi des mesures provisoires. En prévision de l'audience d'examen de la culpabilité, le service de milieu ouvert désigné lors du défèrement pour exercer la MEJP, les mesures de sureté et/ou la MJIE, et le cas échéant les services du secteur associatif habilité en charge de la mise en œuvre des modules, sont chargés d'adresser un rapport à la juridiction. Celui-ci doit être communiqué en amont de l'audience de façon à ce que les droits de la défense puissent s'exercer. Dans le cas d'une audience fixée à trois mois par exemple, le rapport sera communiqué au plus tard 15 jours avant l'audience (art. D. 323-2). Il comprend des propositions éducatives adaptées à l'évolution de la situation du mineur. La copie des rapports rédigés par les services du secteur associatif habilité dans le cadre des modules est adressé*[e]* au service de milieu ouvert désigné pour exercer la MEJP.

2.4. La saisine du TPE aux fins d'audience unique par le procureur de la République

Par exception et en application de l'article L. 423-4, alinéa 3, le procureur de la République peut saisir le tribunal pour enfants aux fins d'audience unique dans le cadre d'un défèrement (qui se déroulera selon les modalités détaillées au paragraphe *supra* 2.3.1). Le tribunal pour enfants statue alors lors d'une même audience d'examen de la culpabilité et de la sanction (cf. *infra* 3.2). Il s'agit de la seule voie procédurale permettant le placement du mineur en détention provisoire *ab initio*, à l'issue du défèrement (art. L. 423-9).

Conditions. La saisine du TPE aux fins d'audience unique constitue une procédure dérogatoire qui obéit à un régime strict. En effet, doivent être réunies des conditions cumulatives tenant à l'âge du mineur et au quantum de la peine d'emprisonnement encourue (supérieure ou égale à 5 ans pour les mineurs âgés de moins de 16 ans ; supérieure ou égale à 3 ans pour les mineurs âgés d'au moins 16 ans) ainsi qu'à l'existence d'un antécédent éducatif ou au fait d'être également poursuivi pour le délit prévu à l'article 55-1 du code de procédure pénale *[C'est-à-dire le refus, par une personne à l'encontre de laquelle il existe une ou plusieurs raisons plausibles de soupçonner qu'elle a commis ou tenté de commettre une infraction, de se soumettre aux opérations de prélèvements (externes nécessaires à la réalisation d'examens techniques et scientifiques de comparaison avec les traces et indices prélevés pour les nécessités de l'enquête) ou aux opérations de relevés signalétiques nécessaires à l'alimentation et à la consultation des fichiers de police (prise d'empreintes digitales, palmaires ou de photographies)]*.

— L'antécédent éducatif au sens de l'article L. 423-4, 2°, *a)*, se définit par le fait, pour le mineur, d'avoir fait l'objet d'une mesure éducative, d'une mesure judiciaire d'investigation éducative, d'une mesure de sûreté, d'une déclaration de culpabilité ou d'une peine prononcée dans le cadre d'une autre procédure ayant donné lieu à un rapport datant de moins d'un an.

L'article D. 423-3 précise que ce rapport doit contenir des éléments circonstanciés relatifs au suivi éducatif, à la mise en œuvre de la mesure et à l'évolution du mineur, ainsi qu'une proposition éducative. Il convient de préciser que ce rapport ne peut pas être un recueil de renseignement socio-éducatif*[s]*, il s'agit nécessairement d'un rapport rendu dans le cadre d'un suivi ordonné à l'égard du mineur, au titre d'une mesure éducative, de sûreté ou d'une peine. En cas de carence du mineur, le rapport précise les diligences effectuées par le service pour rencontrer

le mineur. Le procureur de la République peut requérir le rapport lors du défèrement, si, par exemple, ce rapport aurait dû être au dossier mais qu'il n'a pas été déposé par la PJJ en temps voulu *[Pour rappel, en application des art. D. 112-1, D. 322-8, D. 323-2, un tel rapport éducatif doit être déposé 15 jours au moins avant l'échéance de la mesure concernée et tous les 6 mois en matière post-sentencielle]*. Le procureur de la République doit verser ce rapport au dossier de la procédure. Si aucun rapport de moins d'un an ne figure au dossier, un autre mode de saisine devra être recherché.

— Si le procureur de la République saisit le tribunal pour enfants aux fins d'audience unique lorsque le mineur est également poursuivi pour le délit prévu à l'article 55-1 du CPP, le recueil de renseignements socio-éducatifs établi à l'occasion du défèrement est suffisant et doit être versé au dossier.

Saisine du JLD en cas de réquisitions de placement en détention provisoire. Lorsque le tribunal pour enfants est saisi aux fins d'audience unique (art. L. 423-4, al. 3), l'article L. 423-9 2° prévoit qu'à l'issue de la présentation devant lui (cf. *supra* 2.3.1), le procureur de la République fait comparaître le mineur devant le juge des libertés et de la détention afin qu'il soit statué sur ses réquisitions tendant au placement en détention provisoire du mineur (âgé d'au moins 16 ans).

Le procureur de la République avise sans délai le juge des enfants afin qu'il communique au juge des libertés et de la détention tout élément utile sur la personnalité et la situation du mineur (art. L. 423-9, al. 7, et D. 423-7). A ce titre, pourront être transmis au juge des libertés et de la détention en complément du dossier unique de personnalité numérisé : les rapports transmis dans le cadre du suivi éducatif en cours, un rapport de mesure judiciaire d'investigation éducative, une expertise psychiatrique, les décisions récentes (ordonnance de placement, accueil de jour...).

Le juge des libertés et de la détention statue en audience de cabinet, après un débat contradictoire au cours duquel il entend les réquisitions du procureur de la République, puis les observations du mineur, son avocat et, le cas échéant, les représentants légaux du mineur, le représentant du service éducatif de la PJJ auquel il est confié ou mandaté dans le cadre d'une précédente mesure. Il statue par ordonnance motivée (art. L. 423-9, al. 8). Par principe, sauf circonstances exceptionnelles, le service de la protection judiciaire de la jeunesse en charge de l'élaboration du RRSE est présent lors de l'audience pour soutenir les propositions éducatives réalisées.

Si le juge des libertés et de la détention ordonne le placement en détention provisoire du mineur, il ordonne dans le même temps une mesure éducative judiciaire provisoire (art. L. 334-3). Dans l'hypothèse où le juge des libertés et de la détention omet d'ordonner cette mesure, il appartiendra au juge des enfants de le faire, dès que possible. L'audience doit avoir lieu dans un délai ne pouvant excéder un mois. A défaut, le mineur est remis en liberté (art. L. 423-9, 2°). Si la juridiction renvoie l'examen de l'affaire à une date ultérieure, le mineur peut être maintenu en détention provisoire un mois supplémentaire au maximum (art. L. 521-3).

Si le juge des libertés et de la détention ne fait pas droit aux réquisitions de placement en détention provisoire, il peut ordonner le placement du mineur sous contrôle judiciaire ou sous assignation à résidence avec surveillance électronique. Il peut également ordonner une mesure éducative judiciaire provisoire. En outre, l'article D. 423-6 prévoit que*[,]* lorsque le juge des libertés et de la détention ne fait pas droit aux réquisitions aux fins de placement en détention provisoire, le juge des enfants peut modifier, dans le respect du délai de dix jours à trois mois, la date de convocation initialement fixée et notifiée par le procureur de la République, et ainsi la reporter au-delà du délai contraignant d'un mois. La nouvelle convocation est notifiée au mineur par le juge des enfants ou son greffier et la victime doit être avisée par tout moyen de cette nouvelle date.

Regroupement de procédures. Le juge des enfants peut, d'office ou sur réquisitions du procureur de la République, organiser le regroupement de procédures en cours concernant le mineur poursuivi devant le TPE aux fins d'audience unique (art. L. 423-10). Ainsi, il peut avancer les audiences de prononcé de la sanction déjà fixées pour le mineur et les déplacer à l'audience du TPE saisi aux fins d'audience unique, afin que l'ensemble des procédures concernant le mineur soient jugées en même temps.

3. LA PROCÉDURE APPLICABLE DEVANT LE JUGE DES ENFANTS ET LE TRIBUNAL POUR ENFANTS

3.1. La généralisation d'une procédure en deux étapes

Dans ses décisions QPC du 8 juillet 2011 et du 26 mars 2021 *[Décis. n° 2011-147 QPC du 8 juill. 2011 et Décis. n° 2021-893 QPC du 26 mars 2021]*, le Conseil constitutionnel a censuré l'article L. 251-3 du code de l'organisation judiciaire qui portait atteinte au principe d'impartia-

lité des juridictions en permettant au juge des enfants ayant accompli les diligences utiles pour parvenir à la manifestation de la vérité et ayant renvoyé le mineur devant le tribunal pour enfants de présider cette juridiction habilitée à prononcer des peines. La nouvelle procédure, qui ne comprend plus de phase d'instruction préalable devant le juge des enfants, concilie l'exigence d'impartialité du juge des enfants et la continuité du suivi du mineur.

3.1.1. LE PRINCIPE : LA NOUVELLE PROCÉDURE DE MISE À L'ÉPREUVE ÉDUCATIVE

Cette procédure est le principe, y compris pour un mineur qui en a déjà fait l'objet auparavant. Ce principe répond à la nécessité de prendre en considération les spécificités de la construction de l'enfance et de l'adolescence, et notamment l'acquisition progressive de la maturité et du discernement.

• L'audience d'examen de la culpabilité

Délai pour l'audience d'examen de la culpabilité. L'audience d'examen de la culpabilité intervient dans un délai de 10 jours à 3 mois après l'acte de poursuite (convocation ou procès-verbal établi lors d'un déferement du mineur).

Si le mineur est présumé innocent tout au long de la mise en examen et du travail éducatif dans le cadre de l'ordonnance du 2 février 1945, le CJPM conduit à statuer dans un délai de 10 jours à 3 mois sur la culpabilité du mineur. La question de la commission des faits et de la culpabilité étant tranchée, un travail approfondi sur la responsabilisation du mineur peut ainsi s'engager, en se centrant sur son parcours et son évolution.

Jugement. La juridiction statue sur la culpabilité du mineur et ordonne l'ouverture d'une période de mise à l'épreuve éducative. L'alinéa 2 de l'article L. 521-9 précise que la juridiction fixe la date et la juridiction de renvoi pour l'audience de prononcé de la sanction, qui doit se tenir dans le délai de 6 à 9 mois. La juridiction statue également sur les mesures auxquelles le mineur est soumis pendant cette période (cf. *infra*) puis sur l'action civile.

Présence de la PJJ à l'audience. Si le mineur était déjà suivi par un service de milieu ouvert de la protection judiciaire de la jeunesse, si une mesure provisoire (MEJP, MJIE, mesure de sûreté) a été prononcée lors du déferement, ou encore si une proposition éducative a été réalisée dans le RRSE et/ou si la situation est complexe ou qu'une problématique particulière a été repérée, le service de milieu ouvert de la protection judiciaire de la jeunesse ou le service assurant la mission éducative auprès du tribunal est présent à l'audience, pour soutenir les propositions éducatives élaborées dans le rapport transmis en amont de l'audience à la juridiction.

Choix de la juridiction compétente pour l'audience de prononcé de la sanction. Le choix de la juridiction compétente pour l'audience de prononcé de la sanction s'effectue dès le stade de l'audience d'examen de la culpabilité. La compétence de principe est celle du juge des enfants. Celui-ci pourra prononcer des mesures éducatives et certaines peines. La compétence du tribunal pour enfants est réservée aux mineurs âgés de plus de 13 ans, pour lesquels la personnalité, ou la gravité, ou la complexité des faits justifient sa saisine (art. L. 521-9). Concernant l'orientation à l'audience de prononcé de la sanction*[,]* les critères s'apprécient individuellement pour chaque mineur en cas de pluralité d'auteurs. Comme indiqué dans la circulaire, le choix de la juridiction compétente pour l'audience d'examen de la culpabilité ne conditionne pas le choix de la juridiction qui statuera sur le prononcé de la sanction. Ainsi, un mineur peut être renvoyé devant le juge des enfants pour l'audience d'examen de la culpabilité et devant le tribunal pour enfants pour l'audience de prononcé de la sanction, et inversement.

Pluralité d'auteurs. En cas de pluralité d'auteurs à la même audience d'examen de la culpabilité, la juridiction statue sur la culpabilité de chacun et peut décider de les renvoyer, soit à une même audience de prononcé de la sanction, soit à des audiences différentes, afin notamment de tenir compte des autres procédures en cours à l'égard de ces mêmes mineurs et de la singularité de leurs parcours. Ainsi, les critères d'orientation (gravité et personnalité) doivent être examinés pour chaque mineur individuellement, afin de choisir la juridiction la plus adaptée. En outre, lorsque la juridiction se dessaisit pour un des mineurs, étend une période de mise à l'épreuve déjà en cours pour un autre, ou renvoie à une date d'audience de prononcé de la sanction déjà fixée pour l'un d'entre eux, les mineurs ne seront pas jugés à la même audience de sanction. Lorsque plusieurs mineurs sont déclarés coupables dans la même affaire et qu'ils ne sont pas renvoyés à la même audience de prononcé de la sanction, ou lorsqu'un dessaisissement est prononcé à l'égard d'un ou plusieurs mineurs, le dossier est disjoint et un dossier est constitué pour chaque mineur (art. D. 521-7).

Victime et intérêts civils. La victime étant avisée de la date d'audience d'examen de la culpabilité, elle pourra être présente dès ce stade. Elle pourra se constituer partie civile à cette audience, ou ultérieurement,jusqu'aux réquisitions du procureur de la République sur la sanction. Si elle se constitue à l'audience d'examen de la culpabilité et que le dossier est en état, la juri-

Notre innovation, c'est vous.
DALLOZ AVOCATS

Pourquoi activer mon Code en ligne :

Selon mon édition, l'activation de mon Code me permet d'accéder aux enrichissements suivants, sur ordinateur, tablette et smartphone :

	CODE ÉDITION LIMITÉE*	CODE ÉDITION CLASSIQUE
Lettre d'actualité du Code	✓*	✓*
Accès aux codes officiels secs	✓	✓
Mise à jour en continu		✓
Liens vers la jurisprudence		✓
Accès aux commentaires et textes complémentaires		✓
Accès aux articles des revues Dalloz		✓

www.activation-dalloz.fr

La clé d'activation se trouve sous l'étiquette de couverture

* Disponible pour les titres suivants :
Code civil, Code de procédure civile, Code pénal, Code de procédure pénale, Code de commerce et Code du travail.

diction statue sur les intérêts civils. A défaut, la juridiction pourra ordonner un renvoi sur intérêts civils (art. L. 512-3). Ce renvoi est de droit lorsqu'il est demandé par la partie civile.

• La période de mise à l'épreuve éducative

Objectifs. La période de mise à l'épreuve éducative a pour objectifs de réunir des éléments sur la personnalité du mineur, notamment en procédant à l'évaluation de sa situation et de ses besoins, de mettre en œuvre un accompagnement éducatif à son profit, réalisé par le service de milieu ouvert de la protection judiciaire de la jeunesse, de lui permettre de s'interroger sur sa responsabilité et de se saisir de l'accompagnement qui lui est proposé. La juridiction est ainsi en mesure de prononcer une sanction adaptée à sa personnalité, à son évolution et à l'infraction et, le cas échéant, de le dispenser de mesure éducative ou de peine. La durée de la période est déterminée en fonction de la date d'audience de prononcé de la sanction qui doit se tenir dans un délai compris entre 6 et 9 mois après l'audience d'examen de la culpabilité.

Sens pour le mineur. Le mineur aura dorénavant connaissance des étapes de la procédure, la durée de la période de mise à l'épreuve éducative et la date de l'audience de prononcé de la sanction étant connues dès l'audience d'examen de la culpabilité. Cette connaissance permet un accompagnement plus structuré ainsi qu'une meilleure visibilité, tant pour le mineur que pour l'équipe éducative qui assure son suivi. Acteur du suivi éducatif réalisé dans ce temps limité et repéré, cette période permet au mineur de pouvoir mieux répondre de ses actes et présenter son évolution lors de l'audience de prononcé de la sanction. Cela permettra au magistrat de prendre une décision sur la sanction avec une connaissance approfondie de la situation du mineur, le travail éducatif peut se poursuivre en post-sentenciel.

Mesures prononçables. L'article L. 521-14 liste les mesures prononçables pendant la période de mise à l'épreuve éducative. Le juge peut ainsi ordonner, cumulativement ou alternativement, une expertise médicale ou psychologique, une mesure judiciaire d'investigation éducative, une mesure éducative judiciaire provisoire, un contrôle judiciaire, une assignation à résidence avec surveillance électronique. La période de mise à l'épreuve éducative doit nécessairement s'accompagner de l'instauration d'une mesure éducative ou de sûreté, il ne peut s'agir d'un ajournement, sans accompagnement éducatif. L'article L. 521-9 prévoit en effet que*[,]* lorsque la juridiction déclare le mineur coupable, elle ordonne l'ouverture d'une période de mise à l'épreuve éducative et statue sur les mesures mentionnées à l'article L. 521-14 auxquelles le mineur est soumis durant cette période. Il convient de souligner qu'il est possible de cumuler une MEJ*[,]* précédemment ordonnée à titre de sanction, avec une MEJP, dans la mesure où le travail éducatif n'est pas le même et que le mineur doit être accompagné dans la phase provisoire, notamment pour qu'un travail soit accompli sur les faits pour lesquels il a été déclaré coupable, et pour préparer l'audience de prononcé de la sanction. L'accompagnement ordonné dans le cadre de la période de mise à l'épreuve éducative permettra en outre de mettre en œuvre les mesures et modules adaptés aux besoins du mineur, d'assurer un suivi jusqu'à l'audience de prononcé de la sanction, et de garantir la transmission d'un rapport à la juridiction. Le régime et la finalité de la MEJ et de la MEJP ne sont pas identiques, aussi le mineur peut*[-il]* être amené à faire l'objet des deux mesures concomitamment.

Suivi du mineur. Le suivi du mineur au cours de la période de mise à l'épreuve éducative est placé sous le contrôle du juge des enfants (art. L. 521-13). Il suit les mesures ordonnées lors de l'audience d'examen de la culpabilité et peut, à tout moment au cours de la période, les modifier, ordonner de nouvelles mesures ou leur mainlevée (art. L. 521-15), afin d'adapter les mesures à l'évolution du mineur et à ses besoins. Il peut en outre révoquer les mesures de sûreté (art. L. 521-21).

Modification de la date de l'audience de prononcé de la sanction. Au cours de la période, le juge des enfants peut également modifier la date de l'audience de prononcé de la sanction précédemment fixée (art. L. 521-19, L. 521-20, L. 521-22 et L. 423-10). Le juge peut ainsi, pendant la période de mise à l'épreuve, rapprocher l'audience, l'article L. 521-19 imposant simplement que cette nouvelle audience intervienne dans un délai d'au moins dix jours. Le juge peut au contraire la fixer à une date plus lointaine dans la limite des 9 mois. Il peut également, selon l'évolution du mineur, modifier la juridiction de renvoi pour le prononcé de la sanction, en décidant par exemple de renvoyer devant le tribunal pour enfants le mineur initialement convoqué devant le juge des enfants en chambre du conseil. Toutefois, si le TPE a renvoyé le prononcé de la sanction à l'une de ses audiences, la juridiction de renvoi ne pourra pas être modifiée. Si la modification de la date de l'audience de prononcé de la sanction peut être réalisée au moyen de convocation "annule et remplace", le changement de juridiction implique en outre la formalisation d'une ordonnance. Ces possibilités de changements doivent conduire à garder une souplesse dans la gestion de l'audiencement, avec des plages vacantes, afin de pouvoir modifier les audiences au fur et à mesure, en fonction de l'évolution de la situation *[Conformément aux préconisations de la note relative à l'audiencement en date du 9 mars 2021]*.

Modification du choix initial de la juridiction compétente pour l'audience de prononcé de la sanction. Le choix de la juridiction compétente pour l'audience d'examen de la culpabilité ne conditionnant pas le choix de la juridiction qui statuera sur le prononcé de la sanction (cf. *supra*), cette dernière peut être modifiée au cours de la période de mise à l'épreuve éducative, en fonction de l'évolution de la situation du mineur, notamment au regard de sa dégradation, ou de la réitération des faits. Cela implique d'organiser l'audiencement avec souplesse.

Dessaisissement au profit du juge des enfants compétent. Enfin, le juge des enfants peut se dessaisir de la procédure ouverte à l'égard du mineur au profit du juge des enfants compétent à raison de la résidence du mineur ou de ses représentants légaux (art. L. 521-12 lors de l'audience d'examen de la culpabilité et L. 521-17 en cours de période de mise à l'épreuve éducative). Le CJPM prévoit désormais expressément la possibilité d'un dessaisissement en matière pénale, ainsi que le régime qui en découle (disjonction en cas de pluralité d'auteurs, mesure d'administration judiciaire insusceptible de recours, compétence du juge des enfants nouvellement saisi pour le suivi de la période de mise à l'épreuve éducative et la convocation à l'audience de prononcé de la sanction).

• L'extension de la période de mise à l'épreuve éducative

Le CJPM prévoit un mécanisme d'extension de la période de mise à l'épreuve éducative en cours pour d'autres dossiers (art. L. 521-11). Cela permet d'éviter une superposition de périodes de mise à l'épreuve éducative et une multiplication des mesures pour les mineurs réitérants, et ainsi de s'assurer de la continuité et de la cohérence du suivi du mineur.

Extension à de nouveaux faits. Par principe, lorsque la juridiction déclare le mineur coupable et constate, à la date où elle statue, qu'une période de mise à l'épreuve éducative est déjà en cours pour des faits antérieurs, elle n'ouvre pas de nouvelle période de mise à l'épreuve éducative mais étend cette période aux nouveaux faits. La période de mise à l'épreuve éducative devient commune à l'ensemble des procédures concernées, sans pour autant entraîner la jonction de celles-ci. Aussi, l'audience de prononcé de la sanction sera*[-t-elle]* commune à l'ensemble des procédures.

La mesure éducative judiciaire provisoire et le cas échéant la mesure de sûreté prononcée au cours de la période sont communes à l'ensemble des procédures. Lorsque la juridiction prononce l'extension de la période, elle peut, d'office ou à la demande du procureur de la République ou du mineur, modifier les mesures déjà prononcées ou en prononcer de nouvelles afin de les adapter à l'évolution du mineur et aux nouveaux faits.

Suivi du dossier. En pratique, l'extension de la période au nouveau dossier est mentionnée au dossier initial (art. D. 521-5 et D. 521-6). Les ordonnances prononçant une nouvelle mesure, sa modification ou sa mainlevée sont versées au dossier initial (la procédure pour laquelle la période de mise à l'épreuve éducative a été initialement ouverte) et mentionnent les références des procédures concernées par la période de mise à l'épreuve éducative.

Ouverture d'une nouvelle période de mise à l'épreuve éducative. Par exception, la juridiction peut, en cas de nouveaux faits et par décision motivée, ouvrir une nouvelle période de mise à l'épreuve éducative au lieu d'étendre celle déjà en cours. Une telle hypothèse pourra notamment être envisagée si la période de mise à l'épreuve éducative arrive à son terme et qu'une audience de prononcé de la sanction est prévue à court délai, alors que pour ces nouveaux faits il apparaît nécessaire d'ouvrir une période de mise à l'épreuve éducative avec une ou des mesures présentencielles.

• L'audience de prononcé de la sanction

Rapport éducatif. En prévision de l'audience de prononcé de la sanction, les services de la protection judiciaire de la jeunesse et le cas échéant du secteur associatif habilité désignés pour exercer la MEJP, et le cas échéant le ou les modules, les mesures de sûreté et/ou la MJIE sont chargés d'adresser un rapport à la juridiction. Celui-ci droit être communiqué au plus tard 15 jours avant la tenue de l'audience. Il comprend des propositions éducatives adaptées à l'évolution de la situation du mineur et tout élément de nature à éclairer la juridiction en vue de la décision (art. D. 323-2). Ces services sont représentés lors de l'audience de prononcé de la sanction.

Jonction possible. Lors de l'audience de prononcé de la sanction, le juge des enfants ou le tribunal pour enfants peut procéder à une jonction entre les procédures si le mineur est convoqué pour plusieurs procédures, notamment dans le cas d'une extension de la période de mise à l'épreuve éducative (art. L. 521-25). Pour autant, l'extension de la période n'est pas synonyme de jonction. Afin de favoriser une réponse cohérente et prenant en compte la globalité du parcours du mineur, le CJPM favorise la jonction des procédures ayant fait l'objet d'une même période de mise à l'épreuve en n'exigeant plus de condition de connexité des faits. Cette jonction reste néanmoins soumise à l'appréciation de la juridiction, qui peut estimer opportun que des sanctions distinctes soient prononcées.

L'inscription au bulletin numéro un du casier judiciaire n'intervient qu'au stade du prononcé de la sanction.

Action civile. Enfin, si cela n'a pas été fait auparavant, la juridiction statue sur l'action civile. Si la partie civile a obtenu une décision sur l'indemnisation de son préjudice à l'audience d'examen de la culpabilité, elle sera tout de même avisée de la date de l'audience de prononcé de la sanction. Elle pourra ainsi choisir de s'y rendre afin d'entendre les éléments d'évolution du mineur et les mots qu'il aura à son attention le cas échéant, ainsi que pour connaître la sanction qui sera finalement prononcée. Dans l'hypothèse d'un changement de date d'audience ou d'un regroupement de procédure, les parties sont citées, les victimes sont avisées.

3.1.2. L'EXCEPTION : LA POSSIBILITÉ DE STATUER LORS D'UNE AUDIENCE UNIQUE

Le juge des enfants statue par principe selon la procédure de mise à l'épreuve éducative présentée précédemment. Toutefois, le CJPM permet au juge des enfants et au tribunal pour enfants de statuer au cours d'une même audience d'examen de la culpabilité et *[de]* la sanction. Il s'agit alors d'une audience unique.

Cette procédure d'exception a été pensée notamment pour les hypothèses suivantes :

— soit pour un mineur qui a commis des faits d'une faible gravité et pour lequel sa personnalité et sa situation ne nécessitent pas qu'un accompagnement soutenu soit mis en place,

— soit à l'inverse, pour un mineur connu, le cas échéant déjà condamné, ou pour lequel un suivi éducatif est déjà en cours.

Cette audience unique est décidée par le juge des enfants ou le tribunal pour enfants saisi pour jugement selon la procédure de mise à l'épreuve éducative (art. L. 423-4, al. 1er et 2) et se distingue donc de la procédure de saisine du TPE par le parquet aux fins d'audience unique (art. L. 423-4, al. 3) et de l'hypothèse d'une saisine de la juridiction par ordonnance de renvoi du juge d'instruction.

Conditions. L'article L. 521-2 alinéa 1er permet à la juridiction, qui se considère suffisamment informée sur la personnalité du mineur et n'estime pas nécessaire d'ouvrir une période de mise à l'épreuve éducative au vu des faits commis par le mineur et de sa personnalité, de se prononcer au cours de la même audience d'examen de *[sur]* la culpabilité du mineur et de prononcer la sanction. La juridiction doit préalablement recueillir les observations des parties présentes à l'audience et ne peut décider d'y recourir que par décision motivée.

Ce qui peut être prononcé. La juridiction peut alors prononcer une dispense de mesure éducative, un avertissement judiciaire, une mesure éducative judiciaire. Une peine ne pourra être prononcée qu'en cas de réquisitions du parquet en ce sens et à la condition de l'existence d'un antécédent : *"si le mineur a déjà fait l'objet d'une mesure éducative, d'une mesure judiciaire d'investigation éducative, d'une mesure de sûreté, d'une déclaration de culpabilité ou d'une peine prononcée dans le cadre d'une autre procédure et ayant donné lieu à un rapport datant de moins d'un an versé au dossier de la procédure"*. Cette condition vise à garantir le principe de primauté de l'éducatif sur le répressif, et de favoriser la gradation de la réponse pénale. Il convient de préciser que la déclaration de culpabilité constitue un antécédent si elle est accompagnée d'un rapport éducatif comportant une évaluation du mineur et des éléments relatifs à son évolution de moins d'un an, dans le cadre d'une mesure présentencielle (MEJP ou mesure de sûreté). Il s'agit de disposer d'une connaissance de la personnalité et de la situation du mineur et de son évolution dans le cadre d'une prise en charge éducative avant d'envisager le prononcé d'une peine. De même, la peine prononcée dans une autre procédure constitue un antécédent seulement si elle a donné lieu à un rapport de moins d'un an, ce qui signifie qu'elle est en cours d'exécution ou a été exécutée. Ce qu'il faut entendre par "rapport", qu'il s'agisse d'un rapport intermédiaire ou d'un rapport de fin de mesure, est précisé à plusieurs reprises dans la partie règlementaire du CJPM. Le rapport éducatif porte sur l'exécution de la mesure et l'évolution du mineur (art. D. 112-1 ou D. 323-2) ce qui suppose une observation du mineur sur une durée suffisante pour permettre une appréciation de son évolution. Par conséquent, une simple note d'incident ou de situation ne constitue pas un rapport permettant le prononcé d'une peine en audience unique.

3.2. La procédure de jugement en audience unique : saisine du tribunal pour enfants aux fins d'audience unique et saisine de la juridiction par ordonnance de renvoi du juge d'instruction

La saisine du tribunal pour enfants aux fins d'audience unique par le procureur de la République. L'article L. 423-4 permet, à titre exceptionnel, au procureur de la République de saisir le tribunal pour enfants aux fins d'audience unique selon les conditions présentée ci-dessus (cf. *supra* 2.4).

Lorsqu'il est saisi aux fins d'audience unique, le tribunal pour enfants peut prononcer l'ensemble des mesures et peines applicables aux mineurs.

Ce mode de saisine ne lie par le tribunal pour enfants qui peut décider de statuer selon la procédure de mise à l'épreuve éducative, *"au regard de la personnalité et des perspectives d'évolution du mineur"* et notamment s'il estime qu'un travail éducatif préalable au prononcé de la sanction est nécessaire. La décision doit être spécialement motivée et prise après avoir recueilli les observations des parties présentes (art. L. 521-27).

La saisine de la juridiction par ordonnance de renvoi du juge d'instruction. L'article L. 521-26 prévoit que*[,]* lorsque le juge des enfants ou le tribunal pour enfants (cf. *infra* 4.2.) est saisi par ordonnance de renvoi du juge d'instruction, il statue lors d'une audience unique sur la culpabilité et la sanction.

Dans cette hypothèse, le juge des enfants ou le tribunal pour enfants peut prononcer l'ensemble des mesures voire peines applicables aux mineurs en fonction de leur âge.

Si*[,]* au regard de la personnalité ou des perspectives d'évolution du mineur, cela apparaît nécessaire, la juridiction pourra, en application de l'article L. 521-27, statuer selon la procédure de mise à l'épreuve éducative.

3.3. Les modalités d'appel

Le CJPM renforce la spécialisation des juridictions puisque désormais l'appel des ordonnances prises en phase présentencielle (à l'exception des ordonnances du juge d'instruction) est porté devant la chambre spéciale des mineurs de la cour d'appel. Les deux degrés de juridiction sont maintenus à toutes les étapes de la procédure.

S'agissant de l'appel de la décision déclarant le mineur coupable, l'article L. 531-3 distingue les situations selon que la cour d'appel statue avant ou après la décision de la juridiction de première instance sur la sanction.

En effet, si la cour d'appel n'a pas statué sur l'appel de la décision sur la culpabilité avant la décision sur la sanction du JE ou du TPE, l'appel est alors considéré comme portant à la fois sur la décision relative à la culpabilité et sur la décision relative à la sanction, sauf désistement de l'appelant. Ainsi, le juge des enfants ou le tribunal pour enfants peut tenir son audience de prononcé de la sanction, même lorsque la cour d'appel n'a pas encore statué sur l'appel portant sur la décision de culpabilité.

Si*[,]* à l'inverse, la cour d'appel a statué sur la culpabilité du mineur avant l'audience de prononcé de la sanction de première instance et qu'elle a confirmé la culpabilité, le juge des enfants ou le tribunal pour enfants prononcera la sanction. Il pourra ensuite être interjeté appel de la décision sur la sanction, garantissant ainsi deux degrés de juridiction.

S'agissant des mesures provisoires, elles sont susceptibles d'appel et sont exécutoires par provision (art. L. 323-2, al. 3, pour la MEJP et L. 531-4 pour les mesures de sûreté).

En cas d'appel, le juge des enfants demeure compétent pendant toute la période pour suivre le mineur, modifier les mesures, en ordonner de nouvelles ou en ordonner la mainlevée.

Si la cour d'appel déclare coupable le mineur relaxé en première instance, elle ouvre une période de mise à l'épreuve éducative ou constate qu'une période de mise à l'épreuve éducative en cours s'étend à ces nouveaux faits, puis statue sur les mesures provisoires et renvoie le dossier au juge des enfants compétent pour le suivi des mesures et pour la fixation de l'audience de prononcé de la sanction. Si le jugement attaqué a été rendu par le tribunal pour enfants qui avait été saisi aux fins d'audience unique conformément à l'article L. 521-26, la cour d'appel peut faire application des dispositions de l'article L. 521-27 et ouvrir une période de mise à l'épreuve éducative. Elle peut également statuer en audience unique si les conditions de l'article L. 521-2 sont réunies. La cour d'appel dispose ainsi des mêmes possibilités que la juridiction de première instance.

Pour permettre à la cour d'appel d'avoir une connaissance actualisée de la personnalité du mineur et d'être informée de l'avancée de la procédure, et inversement pour la juridiction de premier degré d'avoir connaissance des décisions de la cour d'appel, l'article D. 531-1 prévoit les modalités d'échange d'informations. Ainsi, lorsqu'il est fait appel d'une décision de prononcé de la culpabilité, les juridictions de premier degré et d'appel se transmettent réciproquement et sans délai les actes de la procédure postérieurs à la date à laquelle l'appel a été interjeté.

4. LES NOUVELLES DISPOSITIONS APPLICABLES EN CAS D'INFORMATION JUDICIAIRE

Les dispositions relatives à l'information judiciaire évoluent peu. Les nouveautés tendent essentiellement à renforcer la spécialisation des procédures d'information applicables aux mineurs.

4.1. En cours d'information judiciaire

MJIE obligatoire. Le juge d'instruction saisi d'une information judiciaire à l'égard d'un mineur doit obligatoirement ordonner une mesure judiciaire d'investigation éducative (MJIE). Cette mesure constitue un outil d'investigation sur la personnalité, particulièrement complet et éclairant du fait de son caractère interdisciplinaire, étendu dans le temps (la mesure dure 6 mois) et adapté aux spécificités des mineurs, ainsi qu'une ressource pour construire un accompagnement éducatif adapté du mineur tout au long de la procédure. Toutefois, si le dossier unique de personnalité du mineur, versé au dossier de l'instruction, comprend déjà un rapport de MJIE datant de moins d'un an, le juge d'instruction peut se dispenser d'en ordonner (art. L. 432-1).

MEJP. Le juge d'instruction peut également ordonner une mesure éducative judiciaire provisoire (MEJP), afin d'engager un suivi éducatif à l'égard du mineur. Il dispose alors des mêmes facultés que le juge des enfants en termes de choix de modules et d'interdictions. Cette mesure est prononcée pour une durée n'excédant pas une année, renouvelable, l'objectif étant d'amener le juge d'instruction à revoir au moins annuellement la situation du mineur, le renouvellement de la mesure supposant l'audition du mineur assisté d'un avocat et de ses représentants légaux (art. L. 432-2 et L. 323-2).

4.2. Au stade de la clôture de l'information judiciaire

Au stade de la clôture de l'instruction, en matière correctionnelle, si le juge d'instruction entend renvoyer le mineur devant la juridiction de jugement, il doit obligatoirement renvoyer le mineur âgé d'au moins 13 ans devant le tribunal pour enfants et celui âgé de moins de 13 ans devant le juge des enfants, et ce*[,]* en application du principe fondamental d'atténuation de la responsabilité (art. L. 434-1).

Le juge d'instruction peut désormais renvoyer un mineur devant un tribunal pour enfants d'un ressort différent du sien, dès lors qu'il s'agit du tribunal du lieu de résidence du mineur ou de ses représentants légaux (art. L. 434-4). Le juge doit néanmoins tenir compte des intérêts des victimes et parties civiles avant de décider d'un tel renvoi.

4.3. Après l'ordonnance de renvoi

Limitation de la durée de la détention provisoire. La durée de la détention provisoire maintenue postérieurement à l'ordonnance de renvoi devant le tribunal pour enfants est limitée à l'égard des mineurs âgés de 16 à 18 ans en matière correctionnelle. Il s'agit d'une reprise de la limite instituée par la loi n° 2019-222 du 23 mars 2019 (LPJ) *[de programmation 2018-2022 et de réforme pour la justice]* à l'égard des mineurs âgés de moins de 16 ans. Désormais, les mineurs âgés de 16 à 18 ans peuvent être maintenus en détention provisoire pour une durée maximum de deux mois renouvelable une seule fois (art. L. 434-7). Cette disposition contribue à réduire la durée de détention provisoire des mineurs, alors même qu'à ce stade de la procédure les investigations de l'instruction sont terminées.

A l'égard des mineurs âgés de moins de 16 ans renvoyés devant le tribunal pour enfants statuant en matière criminelle, l'article L. 434-8 comble le vide juridique de l'ordonnance de 1945, en fixant la durée de la détention provisoire à deux mois renouvelable deux fois dans les conditions de l'article 179 du code de procédure pénale. Le code de la justice pénale des mineurs entérine ainsi la jurisprudence de la Cour de cassation *[Crim. 10 avr. 2019, n° 19-80.344]*.

Compétence du juge des enfants après l'ordonnance de renvoi devant le tribunal pour enfants. Le juge des enfants devient seul compétent pour statuer sur le maintien, la modification et la mainlevée de la MEJP, du contrôle judiciaire et de l'assignation à résidence avec surveillance électronique, postérieurement à l'ordonnance de renvoi devant le tribunal pour enfants (art. L. 434-10 et L. 434-11).

ANNEXE 3

Les mesures éducatives et les mesures d'investigation

L'un des objectifs du code de la justice pénale des mineurs (CJPM) est de mettre fin à l'empilement des mesures prononcées à l'égard d'un même mineur constaté sous l'égide de l'ordonnance de 1945 et de rendre la réponse éducative et le suivi éducatif plus lisibles. Il n'existe désormais plus que deux mesures éducatives pouvant être prononcées à l'égard d'un mineur : l'avertissement judiciaire et la mesure éducative judiciaire. Le cas échéant, pourra être prononcée une déclaration de réussite éducative ou une dispense de mesure éducative.

Le champ de l'investigation éducative, a, quant à lui, été renforcé par la généralisation du recueil de renseignements socio-éducatifs et le recours plus important à la mesure judiciaire d'investigation éducative dans le cadre pénal qui devient obligatoire dans les procédures d'information judiciaire.

Les innovations du CJPM résident ainsi dans la simplification des mesures éducatives d'une part **(1)**, dans la création d'une mesure éducative unique et modulable d'autre part **(2)** et dans le renforcement du champ de l'investigation éducative **(3)**.

1. LA SIMPLIFICATION DES MESURES ÉDUCATIVES

1.1. Fusion de l'admonestation, la remise à parents, l'avertissement solennel dans l'avertissement judiciaire

L'article L. 111-1 consacre l'avertissement judiciaire et la mesure éducative judiciaire, en tant que mesures éducatives encourues par un mineur à titre de sanction.

L'admonestation, la remise à parents et l'avertissement solennel, au contenu éducatif très similaire, sont fusionnés en une seule mesure : l'avertissement judiciaire. Il peut être prononcé par toute juridiction statuant à l'encontre d'un mineur : juge des enfants, tribunal pour enfants, cour d'assises des mineurs, tribunal de police.

En application de l'article L. 111-2, l'avertissement judiciaire ne peut être ordonné seul s'il a déjà été prononcé à l'égard du mineur pour une infraction identique ou assimilée commise moins d'un an avant la commission des nouveaux faits.

1.2. Création de la déclaration de réussite éducative (art. L. 111-6)

L'article L. 111-6 crée la déclaration de réussite éducative, qui peut être prononcée lorsque le mineur, durant la période de mise à l'épreuve éducative, a pleinement respecté les obligations qui lui ont été imposées. Elle ne peut être requise et prononcée qu'à l'issue d'une période de mise à l'épreuve éducative.

Son régime est identique à celui de la dispense de mesure éducative : elle ne peut constituer le premier terme d'une récidive et la juridiction qui l'ordonne peut décider qu'elle ne sera pas inscrite au bulletin numéro 1 du casier judiciaire.

A la différence de la dispense de mesure éducative, la déclaration de réussite éducative ne peut être prononcée par le juge des enfants ou le tribunal pour enfants qu'à l'issue d'une période de mise à l'épreuve éducative. Elle ne peut donc pas être ordonnée lorsque la juridiction décide de statuer lors d'une audience unique.

Le respect des obligations renvoie non seulement à celles auxquelles le mineur est judiciairement astreint dans le cadre d'une mesure éducative judiciaire provisoire ou d'une mesure de sûreté, mais plus largement aux progrès qu'il a accomplis pour améliorer sa situation et que la déclaration de réussite éducative permet de reconnaître.

Au terme de la mise à l'épreuve éducative, le service de milieu ouvert de la PJJ peut proposer le prononcé de la déclaration de réussite éducative, notamment quand le mineur n'a pas commis de nouvelle infraction, a répondu aux convocations du service, s'est impliqué dans le projet éducatif et dans les objectifs formalisés par le document individuel de prise en charge et a démontré une évolution positive de son positionnement à l'égard des faits et de la victime.

1.3. Fusion des mesures de suivi éducatif existantes dans la mesure éducative judiciaire (MEJ)

L'ensemble des mesures de suivi éducatif prévu par l'ordonnance du 2 février 1945 tant présentencielles (liberté surveillée préjudicielle, réparation pénale, mesure éducative d'accueil de jour, mesure d'activité de jour, placement) que post-sentencielles (liberté surveillée, mise sous protection judiciaire, réparation pénale, mesure éducative d'accueil de jour, mesure d'activité de jour, placement) disparaît au profit de la création d'une mesure unique de suivi éducatif modulable, la mesure éducative judiciaire. Cette mesure peut être prononcée à titre provisoire avant la sanction (il s'agit alors d'une mesure éducative judiciaire provisoire ou MEJP, art. L. 323-1) ou à titre de sanction (il s'agit alors d'une mesure éducative judiciaire ou MEJ, art. L. 111-1 et L. 112-1 s.).

1.4. Les règles de cumul

Règles de cumul de la MEJP. La MEJP peut être prononcée seule, sans module ni interdiction, ou avec un ou plusieurs modules et/ou une ou plusieurs des interdictions. Les modules et interdictions de la MEJP peuvent être prononcés alternativement ou cumulativement, sans limitation, le cas échéant sur proposition du service de milieu ouvert de la protection judiciaire de la jeunesse. Toutefois, les obligations de remettre un objet et de suivre un stage de formation civique ne peuvent pas être prononcées dans le cadre d'une MEJP.

Règles de cumul de l'avertissement judiciaire. Un mineur peut faire l'objet de plusieurs avertissements judiciaires successifs. Toutefois, si le mineur a déjà fait l'objet d'un avertissement judiciaire pour des faits identiques ou assimilés commis moins d'un an avant les nouveaux faits, l'avertissement judiciaire ne pourra pas être prononcé seul à titre de sanction des nouveaux faits (art. L. 111-2). Un avertissement judiciaire peut être prononcé cumulativement avec une peine (art. L. 111-3). Un avertissement judiciaire peut être prononcé cumulativement avec une MEJ mais celle-ci doit alors être prononcée seule, sans interdiction, obligation ou module, à l'exception du module de réparation (art. L. 111-2).

Règles de cumul de la MEJ. La MEJ peut être prononcée cumulativement avec une peine (art. L. 111-3) par le juge des enfants, le tribunal pour enfants et la cour d'assises des mineurs. Dans ce cas, la MEJ peut être assortie de modules, interdictions, obligations.

Lorsqu'une MEJ est ordonnée, tous les modules peuvent être prononcés alternativement ou cumulativement, ainsi que les obligations et les interdictions, le cas échéant sur proposition du service de milieu ouvert de la protection judiciaire de la jeunesse. Il n'y a pas de limitation concernant les cumuls entre les modules, obligations et interdictions. Toutefois, les interdictions et les obligations ne peuvent être prononcées qu'à l'encontre des mineurs de plus de 10 ans (art. L. 112-3).

2. LA MEJ : CRÉATION D'UNE MESURE DE SUIVI ÉDUCATIF UNIQUE ET MODULABLE

La mesure éducative judiciaire devient l'unique mesure de suivi éducatif. Elle peut être prononcée à tous les stades de la procédure (2.1), elle présente un contenu éducatif renforcé (2.2) et un caractère modulable (2.3).

2.1. Une seule mesure modulable tout au long de la procédure

2.1.1. STADES DU PRONONCÉ

La mesure éducative judiciaire provisoire (MEJP) peut être ordonnée avant l'audience d'examen de la culpabilité en cas de déferement (art. L. 423-9), à l'audience d'examen de culpabilité en cas d'ouverture d'une période de mise à l'épreuve éducative (art. L. 521-9), au cours de la période de mise à l'épreuve éducative (art. L. 521-14). Elle peut également être ordonnée par le juge d'instruction à l'égard d'un mineur mis en examen.

Afin d'assurer la continuité de la prise en charge éducative, en application de l'article L. 334-3, une mesure éducative judiciaire provisoire est obligatoirement prononcée lorsqu'un mineur est placé en détention provisoire, quand bien même le mineur a déjà une mesure de suivi éducatif en cours.

La mesure éducative judiciaire est quant à elle prononcée à titre de sanction, par le juge des enfants, le tribunal pour enfants, ou par la cour d'assises des mineurs (art. L. 111-1, L. 111-2).

Lorsque le service éducatif de milieu ouvert de la protection judiciaire de la jeunesse propose le prononcé d'une mesure éducative judiciaire ou d'une mesure éducative judiciaire provisoire, il prend en compte (notamment s'agissant des modules et interdictions) la personnalité et la situation du mineur.

2.1.2. MODULARITÉ DE LA MESURE

Qu'elle soit prononcée à titre provisoire ou non, la mesure éducative judiciaire peut à tout moment être modifiée dans son contenu ou ses modalités, ou être levée, notamment sur proposition du service de milieu ouvert de la protection judiciaire de la jeunesse, afin d'adapter le suivi éducatif aux besoins et à l'évolution du mineur (art. L. 323-2, L. 611-1). Pour la MEJP ordonnée avant l'audience de jugement ou dans le cadre de la période de mise à l'épreuve éducative*[,]* ces modifications peuvent également intervenir sur réquisition du procureur de la République ou à la demande du mineur (art. L. 423-11 et L. 521-15)

Le juge des enfants (ou le juge d'instruction le cas échéant) doit, en ces cas, statuer après audition du mineur, de son avocat et de ses représentants légaux. Si le mineur ou ses représentants légaux ne comparaissent pas à l'audience, le juge peut statuer en leur absence.

En dehors du module d'insertion, un module ne peut jamais être prononcé seul, c'est-à-dire sans composante particulière. Ainsi, un module de placement ne peut pas être prononcé sans ordonnance de placement, de même qu'un module de réparation ne peut pas être prononcé sans décision relative au choix de l'activité d'aide ou de réparation ou bien de la médiation.

2.1.3. DURÉE DE LA MESURE

Afin de garantir la continuité de l'action éducative après la majorité et prévenir l'arrêt brutal du suivi éducatif, la mesure éducative judiciaire, provisoire ou non, peut être prononcée même si l'individu est devenu majeur au jour de la décision et peut s'étendre jusqu'aux vingt et un ans de l'intéressé (art. L. 112-4 et L. 323-3).

La mesure éducative judiciaire permet ainsi au service de milieu ouvert de la protection judiciaire de la jeunesse de préparer le mineur et ses représentants légaux au passage à la majorité et à l'accès à l'autonomie, notamment par l'accompagnement à l'insertion scolaire et professionnelle, aux démarches administratives, de santé et de logement.

Le service de milieu ouvert de la PJJ veille à orienter le mineur et ses représentants légaux vers les dispositifs de droit commun et à organiser avec ces derniers les relais utiles à la poursuite de son parcours d'insertion.

2.1.4. SERVICE EN CHARGE DE LA MESURE

L'exercice de la mesure éducative judiciaire, provisoire ou non, est confié à un service éducatif de milieu ouvert de la PJJ (art. D. 112-1). Si le secteur associatif habilité est en charge d'un module ou d'une composante de celui-ci, les deux services doivent alors articuler leur intervention. Cette articulation est formalisée dans le cadre d'un projet conjoint de prise en charge (PCPC).

2.1.5. FRÉQUENCE DES RAPPORTS AU JUGE

Les articles D. 112-1 pour la MEJ et D. 323-2 pour la MEJP imposent désormais une fréquence dans le dépôt des rapports éducatifs au juge, en prévoyant que le service éducatif de milieu ouvert de la PJJ :

1° Adresse au juge des enfants, tous les six mois pour la MEJ et au moins quinze jours avant l'échéance de la mesure, un rapport sur son exécution et sur l'évolution du mineur ;

2° Établit un rapport actualisé en vue de chaque audience concernant le mineur ;

3° Informe sans délai le juge des enfants de tout événement de nature à justifier une modification ou la cessation du ou des modules, interdictions – ou obligations pour la MEJ – prononcés, ou la mainlevée de la mesure.

L'article D. 611-1 prévoit expressément que le juge des enfants doit transmettre au service de la PJJ désigné toutes les décisions prises dans le cadre d'une MEJ.

En application du principe de primauté de l'éducatif, la mesure éducative judiciaire constitue en principe la réponse judiciaire adaptée pour les mineurs ayant besoin d'un suivi éducatif, et ce*[,]* quel que soit le stade de la procédure. A l'ouverture d'une période de mise à l'épreuve éducative, un accompagnement éducatif soutenu est ainsi mis en place à l'égard du mineur. Cette mesure ne doit être écartée qu'à titre exceptionnel en raison des circonstances de l'infraction ou de la personnalité de l'auteur.

2.2. Un contenu éducatif renforcé

Définition et objectifs. Les articles L. 112-1 et L. 112-2 définissent la mesure éducative judiciaire. Elle consiste en un accompagnement individualisé construit à partir d'une évaluation de la situation personnelle, familiale, sanitaire et sociale du mineur. Elle vise sa protection, son assistance, son éducation, son insertion et son accès aux soins. Les objectifs de protection, d'assistance et d'éducation sont repris de l'ordonnance de 1945, celui de surveillance est abandonné, ceux d'insertion et d'accès aux soins sont désormais clairement affirmés.

Fonctionnement. La mesure éducative judiciaire est construite autour d'un socle commun de suivi et d'accompagnement du mineur auquel la juridiction pourra adjoindre différents modules, interdictions et obligations permettant de renforcer le contenu de la mesure et de mettre l'accent sur un aspect spécifique du suivi éducatif, sans remettre en cause la continuité de l'intervention du service de la PJJ.

Contenu du socle commun. Le socle commun de la MEJ est constitué (art. L. 112-2, al. 1er) :

— d'une évaluation de la situation du mineur réalisée dans un cadre pluridisciplinaire permettant de recueillir les éléments relatifs à son parcours éducatif et judiciaire, sa situation familiale, ses conditions d'hébergement, son environnement et ses réseaux de socialisation, sa santé, sa situation sociale, son insertion scolaire et professionnelle (art. D. 112-2). Cette évaluation s'exerce de manière continue, pour permettre l'adaptation à l'évolution de la situation du jeune et à ses besoins spécifiques, notamment par la proposition d'ajout, de suppression ou de modification de modules ;

— d'un accompagnement individualisé du mineur visant à soutenir son insertion sociale, scolaire et professionnelle *[Lorsque le maintien ou le retour du jeune dans un dispositif de droit commun n'est pas de suite envisageable, cet accompagnement peut notamment permettre une orientation vers une unité éducative d'activités de jour (UEAJ), laquelle peut être envisagée et se concrétiser en dehors de la prescription d'un module d'insertion]*, prendre en compte ses besoins en matière de santé, s'assurer de sa compréhension des décisions judiciaires qui le concernent, engager un travail sur la responsabilisation et la prise en compte de la victime. Cet accompagnement associe les représentants légaux, soutient l'exercice de l'autorité parentale et aide au renforcement des liens familiaux (art. D. 112-3).

Rôle de la PJJ. Le service de milieu ouvert de la PJJ, socle de la continuité des parcours éducatifs, adapte l'accompagnement éducatif aux besoins spécifiques de chaque mineur en s'appuyant sur la diversité des modes de prise en charge, y compris en matière d'assistance éducative, et coordonne l'action conjointe des différents acteurs et partenaires impliqués.

Ajout de modules, interdictions et obligations. Le juge peut décider, le cas échéant sur proposition du service éducatif de la PJJ, d'adjoindre à l'action éducative de la MEJ (ou MEJP) un ou plusieurs modules prévus aux 1° à 4° de l'article L. 112-2, afin de répondre à des besoins identifiés en termes d'insertion, de réparation, de santé et de placement (art. D. 112-4). Il peut aussi ajouter une ou plusieurs interdictions visées aux *[du]* 5° au 7° de l'article L. 112-2, et pour la MEJ une ou plusieurs obligations visées aux 8° et 9° du même article.

2.3. Une mesure adaptée à la situation du mineur

2.3.1. PAR DES MODULES ADDITIONNELS, CUMULATIFS OU ALTERNATIFS

• Le module d'insertion

En complément du travail éducatif mené autour de l'insertion dans le cadre de l'accompagnement global de la MEJ et en lien avec les éléments d'évaluation recueillis en la matière*[,]* le juge peut, sur proposition écrite des établissements et services ou de sa propre initiative, prononcer un module d'insertion prévu à l'article L. 112-5, pour permettre de mobiliser, par le biais d'une prescription judiciaire, des ressources spécifiques et répondre à des besoins identifiés en matière d'insertion.

Ce module peut être prononcé seul, ou avec un accueil de jour, un placement en internat scolaire, ou un placement dans une institution ou un établissement public ou privé d'enseignement ou de formation professionnelle, habilité. Ce dernier type de placement n'est pas développé ci-après car il est identique à ce qui était prévu dans l'ordonnance de 1945.

Prononcé seul, il vise à affiner, le cas échéant, la proposition ou le prononcé de l'une de ses trois composantes (accueil de jour, placement en internat scolaire...) et les conditions de la mise en œuvre effective de celle-ci.

• L'accueil de jour

L'introduction de l'accueil de jour à l'article L. 112-6 s'appuie sur l'expérimentation de la mesure éducative d'accueil de jour prévue par la loi de programmation 2018-2022 et de réforme pour la justice du 23 mars 2019, désormais généralisée.

Objectifs. L'accueil de jour consiste en une prise en charge continue en journée du jeune dont l'objectif est de pouvoir favoriser son insertion sociale, professionnelle ou scolaire. La prise en charge ainsi proposée est pluridisciplinaire, intensive et contenante et vise, par le développement de ses capacités, à favoriser l'insertion de chaque jeune dans l'ensemble des dispositifs existants. Il revêt une dimension globale incluant des temps collectifs et des temps individuels articulés en un emploi du temps. Il s'agit de remobiliser le jeune, en recherchant, dans un cadre contraint, son adhésion à cet accueil. Il importe ainsi de soutenir toute modalité pouvant favoriser l'assiduité des jeunes concernés tout comme leur mobilité.

Cet accueil tend à permettre au mineur d'acquérir des compétences psycho-sociales, essentielles à la construction puis *[à]* la mise en œuvre d'un projet d'insertion.

L'accueil de jour ne constitue pas une mesure de placement. La mesure n'emporte donc pas transfert de la responsabilité civile des actes du mineur au service auquel il est confié. Les représentants légaux (ou le lieu de placement le cas échéant) demeurent civilement responsables des agissements du mineur.

Proposition du service éducatif. La proposition d'un accueil de jour est formulée par les établissements et services. Elle intègre la désignation du service ou établissement de la PJJ ou du SAH *[secteur associatif habilité]* chargé de le mettre en œuvre à partir de l'offre disponible au niveau territorial.

Durée. Le juge ordonne l'accueil de jour pour une durée qui ne peut excéder un an et désigne un service ou un établissement de la PJJ ou du SAH chargé de le mettre en œuvre, qui peut être distinct du service en charge du module d'insertion (art. D. 112-19).

Mise en œuvre. En lien avec l'évaluation conduite par le service désigné pour la MEJ, une évaluation des besoins fondamentaux du jeune, de son insertion sociale, scolaire et professionnelle, de ses compétences et appétences est engagée dès l'accueil par le service ou établissement désigné et contribue à la construction d'un parcours en accueil de jour.

Ce parcours est construit en lien avec la famille et peut s'appuyer*[,]* en fonction des situations, sur leur implication et leurs ressources.

Poursuite au-delà de la majorité. L'accueil de jour ne peut être prononcé, poursuivi ou renouvelé après la majorité de l'intéressé qu'avec son accord (art. L. 112-6). Le service ou l'établissement chargé de sa mise en œuvre doit adresser un rapport intermédiaire et au moins quinze jours avant l'échéance de la mesure, au juge et au service chargé de la mesure éducative judiciaire. Il doit également les informer de tout événement de nature à justifier une modification de l'accueil de jour (art. D. 112-22, D. 112-23).

Un emploi du temps est élaboré de manière pluridisciplinaire et en lien avec les partenaires intervenant dans la prise en charge, adapté en fonction de l'évolution de la situation et remis au jeune et à ses représentants légaux de manière régulière.

• Le placement en internat scolaire (art. L. 112-5, 2°)

Objectif. Le placement en internat scolaire vise à favoriser la remobilisation scolaire du mineur à partir de conditions d'apprentissage structurantes, favorisées par le fonctionnement en internat. Le juge qui l'ordonne confie le mineur à l'établissement public local d'enseignement (EPLE) ou privé sous contrat auquel est rattaché l'internat, en accord avec le représentant de l'État en matière d'éducation dans le département (DASEN – directeur académique des services de l'éducation nationale).

Modalités. Ce placement ne peut être prononcé que durant les périodes d'ouverture de l'internat, sans pouvoir excéder la durée de l'année scolaire en cours (art. D. 112-24).

Mise en œuvre. Le mineur peut être scolarisé dans un établissement différent de celui d'implantation de l'internat. La décision de placement en internat scolaire devra ainsi résulter d'une réflexion conduite par les services de milieu ouvert dans le cadre de la MEJ afin de s'assurer, en lien avec le DASEN, de la faisabilité opérationnelle d'un tel placement et de son accord, formalisé par écrit.

Concertation. Le placement en internat scolaire a vocation à être abordé dans le cadre d'échanges territoriaux Juridictions/PJJ/EN, pouvant s'appuyer sur les instances existantes.

En effet il est nécessaire que les services de la PJJ et les juridictions établissent un dialogue soutenu avec l'autorité académique, via le DASEN qui travaille déjà avec les parquets et les services de la PJJ. L'objectif est de mieux connaître les attentes et les contraintes respectives (notamment au niveau local au sein de l'académie de l'Éducation nationale) et de favoriser la communication sur la situation de ces établissements.

Rapport de l'établissement d'enseignement. L'établissement public local d'enseignement ou privé sous contrat doit adresser un rapport intermédiaire et au moins quinze jours avant l'échéance de la mesure au juge et au service chargé de la mesure éducative judiciaire (art. D. 112-25 et D. 112-27). Ce rapport porte notamment sur le comportement du jeune (tant sur les temps de scolarité que sur les temps de vie collective), sur son assiduité ainsi que sur ses résultats et son évolution dans son parcours scolaire. Il peut également évoquer le positionnement de la famille dans le cadre de l'internat et de la scolarité.

L'établissement doit également informer le juge et le service habilité de tout événement de nature à justifier une modification du placement (art. D. 112-25), et peut solliciter une audience dans ce cadre.

Conseil de discipline. En application de l'article D. 112-26, la décision du conseil de discipline de l'établissement auquel est rattaché l'internat scolaire prononçant l'exclusion définitive du mineur est transmise au juge qui statue sans délai sur le placement en internat. Il convient dès lors d'envisager la levée du placement, eu égard à l'impossibilité pour l'internat scolaire de continuer à accueillir un mineur exclu définitivement par conseil de discipline.

Suivi par la PJJ en charge de la MEJ. Le suivi global de la situation du jeune placé en internat scolaire est assuré par le service de milieu ouvert désigné pour l'exercice de la MEJ. Les services de milieu ouvert qui exercent la MEJ auront en effet une attention particulière au déroulé et à la mise en œuvre de ce placement en établissement public local d'enseignement (EPLE) ou établissement privé sous contrat.

• Le module de réparation

En complément du travail éducatif mené sur la responsabilisation du mineur et la prise en compte de la victime dans le cadre de l'accompagnement global de la MEJ, le juge peut prononcer un module de réparation prévu à l'article L. 112-8, le cas échéant sur proposition du service éducatif de la PJJ, après avoir recueilli les observations du mineur et, dans la mesure du possible, des représentants légaux, pour une durée maximale d'une année (art. L. 112-9).

Contenu. Le module de réparation peut consister en une activité d'aide et de réparation au bénéfice de la victime ou dans l'intérêt de la collectivité ou en une médiation. Le magistrat peut prononcer l'une ou l'autre des modalités, ou les deux successivement.

Définition de l'activité de réparation. L'activité de réparation est dorénavant définie à l'article D. 112-28 comme visant à accompagner l'auteur dans la compréhension des causes et des conséquences de son acte, favoriser son processus de responsabilisation, envisager et mettre en œuvre les modalités de réparation des dommages commis ainsi qu'à prendre en considération la victime. Elle peut être confiée au service de milieu ouvert de la PJJ, mais également au secteur associatif habilité dès lors qu'il est autorisé et habilité pour exercer la réparation à l'égard des mineurs. La réparation directe ne peut être mise en œuvre qu'avec l'accord de la victime.

Définition de la médiation. La médiation est définie à l'article D. 112-29. Elle vise l'apaisement des relations entre l'auteur et la victime, ainsi que l'ouverture ou la restauration d'un dialogue. Elle consiste à rechercher, avec l'aide d'un tiers, une résolution amiable par les parties d'un différend né de la commission d'une infraction. A toutes les étapes de la médiation, le service chargé du module informe le juge des enfants des difficultés constatées et peut solliciter la modification du module ou sa suppression (art. D. 112-30). Elle peut être confiée à un service de la PJJ, mais également au secteur associatif habilité (SAH) dès lors qu'il est autorisé et habilité pour exercer la médiation à l'égard des mineurs (art. D. 112-31).

Pour être mise en œuvre, l'accord de la victime est nécessaire et doit être recueilli. De préférence, cet accord est recueilli lors de l'audience, mais il peut, notamment si la victime n'est pas présente à l'audience ou si elle est hésitante, être recueilli postérieurement par le service désigné pour exercer la mesure de médiation (cf. trame de recueil du consentement).

Mise en œuvre par la PJJ. Lorsque la médiation est confiée au service de milieu ouvert de la PJJ exerçant l'accompagnement global de la MEJ, sa mise en œuvre est attribuée à un éducateur autre que celui chargé de cet accompagnement global, afin de garantir sa neutralité dans la conduite de la médiation.

L'éducateur qui assure la mise en œuvre de la médiation doit avoir bénéficié d'une formation spécifique.

Dans la médiation comme dans la réparation directe, l'éducateur doit garantir à la victime et à l'auteur un cadre sécurisant de mise en œuvre.

Mise en œuvre par le SAH. Lorsque le module de réparation est confié à un service du secteur associatif habilité, un projet conjoint de prise en charge (PCPC) élaboré avec le service de milieu ouvert de la PJJ en charge de la MEJ précise leurs modalités de communication et d'articulation.

Élaboration d'un rapport. Le service de la PJJ ou du secteur associatif habilité chargé de mettre en œuvre le module de réparation adresse un rapport au moins quinze jours avant l'échéance de l'activité de réparation ou de médiation. Ce rapport expose le projet de réparation ou de médiation élaboré. Il rend compte de sa mise en œuvre, de l'appréciation portée sur celle-ci par la victime ou par l'organisme d'accueil, ainsi que de l'évaluation du service sur l'évolution du jeune. Il fait notamment état de la compréhension par le mineur de l'acte commis et de ses conséquences, de son rapport à la victime, des impacts sur son évolution personnelle et sur son parcours. Il fait part des observations du jeune et des représentants légaux recueillies dans le cadre de l'entretien de restitution. Il peut proposer d'adjoindre une médiation à la réparation réalisée ou inversement.

Si, à l'échéance de l'activité d'aide ou de réparation ou de la médiation, le service de la protection judiciaire de la jeunesse estime que la poursuite de l'accompagnement éducatif n'est plus nécessaire, il peut adresser au juge des enfants un rapport aux fins de mainlevée de la mesure éducative judiciaire (art. D. 112-33, al. 2).

• Le module de santé

En complément du travail éducatif mené sur la santé du mineur dans le cadre de l'accompagnement global de la MEJ, le juge peut prononcer un module de santé prévu par l'article L. 112-11, afin d'apporter une réponse à une problématique spécifique de santé présentée par le mineur.

Objet. Le module de santé est créé afin de faciliter la prise en charge sanitaire des mineurs suivis au pénal qui en ont besoin.

Contenu. Ce module peut consister en une orientation du mineur, pour lequel est identifié un besoin spécifique de santé ou une situation particulière (refus du jeune et/ou de ses représentants légaux de poursuivre ou d'engager des soins, rupture dans le parcours de soins), vers une prise en charge sanitaire adaptée à ses besoins. Le juge oriente alors le mineur vers un professionnel ou un établissement de santé adapté à sa prise en charge ou à la poursuite des soins nécessaires (art. R. 112-34). La juridiction n'est pas tenue de préciser le nom du professionnel dans sa décision, mais plutôt le type de spécialité attendue.

Le module de santé peut aussi consister en un placement dans un établissement de santé, à l'exclusion des services de psychiatrie, ordonné au vu d'un avis médical circonstancié d'un médecin extérieur à cet établissement. Lorsque le médecin de l'établissement d'accueil certifie que l'hospitalisation n'est plus nécessaire, le juge des enfants statue sans délai sur la mesure de placement et sa mainlevée (art. L. 112-12).

Le module de santé peut enfin consister en un placement dans un établissement médico-social – de type institut médico-éducatif (IME), institut thérapeutique, éducatif et pédagogique (ITEP), service d'éducation spécialisée et de soins à domicile (SESSAD) notamment – fondé sur une décision d'orientation de la commission des droits et de l'autonomie des personnes handicapées (CDAPH) et visée dans la décision de placement (art. L. 112-13). Il ne peut pas être envisagé de tel placement sans orientation écrite de la CDAPH.

Rapport relatif au placement. Les placements ordonnés dans le cadre du module de santé suivent le régime des placements prévu par l'article L. 112-15 (cf. développements ci-après). Les établissements au sein desquels les mineurs sont placés au titre du module de santé adressent au juge des enfants, dans le respect du secret médical, un rapport sur le déroulement du placement (art. R. 112-35). Ce rapport n'est pas censé contenir d'informations médicales, mais doit formuler un avis sur la nécessité ou non de poursuivre le placement et en relater le déroulement (notamment évolution générale du comportement du mineur, éventuel incident, visites de la famille).

Rôle de la PJJ. Dans le cadre du suivi de la mise en œuvre du module de santé, le service de la PJJ exerçant l'accompagnement global de la MEJ veille à accompagner et soutenir le mineur dans les démarches nécessaires à l'évolution de sa situation, à organiser des rencontres régulières avec les représentants légaux et à maintenir le lien avec les partenaires de santé impliqués. Les représentants légaux sont sollicités pour toutes les autorisations nécessaires et*[,]* dans l'hypothèse d'un placement, le juge des enfants peut se substituer à eux, dans la mesure où le refus des représentants légaux met le jeune en danger.

• Le module de placement

Objet. Lorsque le maintien du mineur dans son environnement habituel n'offre pas assez de garanties en matière de remobilisation, de réinsertion et de prévention de la récidive, le juge peut ordonner un module de placement dans le cadre de la MEJ après avoir procédé à l'audition du mineur et de ses représentants légaux. En cas d'urgence, les parties sont entendues dans un délai de quinze jours maximum à compter de la décision (art. L. 112-15).

Contenu. Conformément à l'article L. 112-14, le juge peut confier le mineur à un membre de sa famille, une personne digne de confiance, un établissement du secteur public de la PJJ ou une institution ou un établissement éducatif privé habilité, excepté en centre éducatif fermé (CEF). En effet, le placement en CEF ne peut être prononcé dans le cadre d'une MEJP mais seulement dans le cadre d'un contrôle judiciaire, d'un sursis probatoire, d'un placement extérieur ou d'une libération conditionnelle, comme sous l'empire de l'ordonnance de 1945 (art. L. 113-7 et L. 621-3). Lorsque le module est ordonné à la suite d'une proposition du service de la PJJ exerçant l'accompagnement global de la mesure, la recherche d'un lieu de placement s'appuie sur l'identification de la modalité d'accueil la plus adaptée aux besoins du jeune.

Modalités du placement. Le placement est prononcé par une ordonnance qui détermine le lieu de placement, en fixe la durée, qui ne peut excéder un an renouvelable, et indique les modalités du droit de visite et d'hébergement des parents. La décision de placement peut également prévoir des modalités de prise en charge particulières si le projet de service de l'établissement désigné le permet, telles qu'un placement à domicile ou un accueil séquentiel.

Au-delà de la majorité. Lorsqu'il a été prononcé à l'égard d'un mineur, le placement ne peut se poursuivre après la majorité de l'intéressé qu'avec son accord. Le contenu éducatif de la prise en charge devra cependant être adapté à la personnalité du jeune afin de l'accompagner dans son évolution et sa réinsertion, au travers notamment de son inscription dans un processus d'autonomisation.

Déroulement du placement et rapports. L'établissement de placement doit adresser un rapport intermédiaire et un rapport de fin de placement au moins quinze jours avant l'échéance de la mesure au juge. Il doit également l'informer de tout événement de nature à justifier une modification du placement ou sa mainlevée (art. D. 112-37 et D. 112-38). Le service de la PJJ en charge de la MEJ doit également être informé. Les copies des rapports adressés par l'établissement de placement doivent être transmis*[es]* au service de la PJJ exerçant l'accompagnement global de la MEJ.

Allocations familiales. Le régime du placement est précisé par la création d'une disposition, qui prévoit que la juridiction informe la Caisse d'Allocations Familiales (CAF) de l'attribution des allocations familiales au lieu de placement ou à la personne qui accueille le mineur (art. D. 113-1). La transmission d'une telle information ne doit pas conduire à la transmission de l'intégralité de la décision de placement à la CAF comprenant la motivation de la décision.

Visite des lieux de placement. Par ailleurs, l'article D. 113-5 prévoit que le procureur de la République et le président du tribunal judiciaire rendent compte annuellement aux chefs de cour des visites réalisées sur les lieux de placement, en application de l'article L. 113-3.

2.3.2. LES INTERDICTIONS OU OBLIGATIONS DE LA MEJP

Objectifs. Les interdictions et obligations reprennent le contenu des anciennes sanctions éducatives. Elles constituent un levier nouveau dans le cadre du suivi éducatif en enrichissant et en renforçant le cadre éducatif. Elles permettent de proposer, dans une perspective éducative, des mesures qui, auparavant, ne pouvaient être prononcées que dans le cadre de mesures de sûreté et de peines. Elles se distinguent des obligations d'un contrôle judiciaire ou d'un sursis probatoire dès lors qu'elles ne peuvent être sanctionnées *[ni]* par une révocation et *[ni]* par une incarcération du mineur. Leur non-respect pourra être pris en compte notamment pour modifier le contenu de la mesure (ex. : ajouter un module de placement), pour prononcer, le cas échéant, une mesure de sûreté, pour déterminer le choix de la sanction ou avancer la date de prononcé de celle-ci.

Les interdictions peuvent être prononcées quel que soit le stade du prononcé de la mesure. Les obligations peuvent être prononcées uniquement dans le cadre de la MEJ (prononcée à titre de sanction) en phase post-sentencielle. Elles ne peuvent pas être ordonnées dans le cadre d'une MEJP.

Rôle de la PJJ. Le service de la protection judiciaire de la jeunesse chargé de la mesure éducative judiciaire accompagne le mineur et ses représentants légaux dans la compréhension et le respect des interdictions et obligations prononcées en application des 5° au 9° de l'article L. 112-2 (art. D. 112-6).

Fichier des personnes recherchées. Les interdictions de la MEJ et de la MEJP sont inscrites au fichier des personnes recherchées (art. 230-19, 2° du CPP). En cas de constatation d'une violation, les enquêteurs peuvent en dresser un procès-verbal qu'ils transmettent au juge mandant ou au parquet territorialement compétent. Le non-respect des interdictions de la mesure éducative judiciaire, qu'elle soit ou non provisoire, ne peut en aucun cas entraîner le placement en rétention du mineur.

Remise d'un objet. En application de l'article D. 112-7, le procureur de la République est chargé de l'exécution de l'obligation de remettre un objet détenu ou appartenant au mineur et ayant servi à la commission de l'infraction ou qui en est le produit, visée au 8° de l'article L. 112-2.

Obligation de suivre un stage de formation civique. Les articles D. 112-8 à D. 112-17 définissent le régime et les modalités de l'obligation de suivre un stage de formation civique prévue par le 9° de l'article L. 112-2, prononcée pour une durée qui ne peut excéder un mois. Ils reprennent les dispositions du décret n° 2004-31 du 5 janvier 2004 pris pour l'application de l'article 15-1 de l'ordonnance n° 45-174 du 2 février 1945 relatif à l'enfance délinquante et relatif à la sanction éducative et au stage de formation civique.

3. LE RENFORCEMENT DES MESURES D'INVESTIGATION

3.1. La généralisation du recueil de renseignements socio-éducatifs (RRSE)

Le CJPM généralise le RRSE. En effet, ce dernier est, avec la mesure judiciaire d'investigation éducative et l'expertise, l'une des mesures pouvant être ordonnées par le procureur de la République, le juge d'instruction et les juridictions de jugement spécialisées en vue de recueillir des éléments sur la personnalité et la situation du mineur (art. L. 322-2 et L. 322-3).

Objet. L'article L. 322-3 indique que le RRSE donne lieu à un rapport contenant tous renseignements utiles sur la situation du mineur ainsi qu'une proposition éducative ou de mesures propres à favoriser l'insertion sociale du mineur. Son dépôt doit être fait au magistrat mandant ou à la juridiction de jugement dans des délais permettant le respect des droits de la défense et du principe du contradictoire (art. D. 322-3).

Régime. Le RRSE est obligatoire lorsque le procureur de la République décide d'une composition pénale (art. L. 422, al. 1er et lorsqu'il engage des poursuites, que ce soit par l'ouverture d'une instruction ou par saisine du juge des enfants ou du tribunal pour enfants aux fins de jugement, quel que soit le mode de saisine de la juridiction (art. L. 322-4). Ainsi, la pratique instaurée dans certains ressorts de la "double convocation" *[La "double convocation" permet que soient remises simultanément au mineur : une convocation devant la juridiction de jugement (ou en vue de la composition pénale) et une convocation devant le service de la PJJ aux fins de RRSE (à une date antérieure à celle de l'audience de jugement)]* apparaît particulièrement adaptée au fonctionnement du CJPM et de nature à prévenir des renvois lors de l'audience de jugement.

Le RRSE est par ailleurs obligatoire avant toute réquisition ou décision de placement en détention provisoire ou de prolongation de détention provisoire d'un mineur mis en examen ou convoqué devant une juridiction de jugement (art. L. 322-5). Ainsi, un RRSE doit être requis par le procureur de la République lors de la saisine du juge des libertés et de la détention [*Plus généralement, l'établissement d'un RRSE est requis à chaque déferement (art. L. 423-6)*]. A chaque fois, le RRSE doit proposer une alternative à l'incarcération du mineur et en étudier la faisabilité socio-éducative (art. D. 322-2).

L'article L. 322-6 prévoit que le RRSE est obligatoire y compris lorsque l'intéressé est devenu majeur le jour des poursuites, dès lors qu'il a moins de 21 ans.

Le RRSE est établi par le service de la PJJ qui assure la mission éducative auprès du tribunal ou par le service de milieu ouvert de la PJJ, selon les organisations locales prévues dans le projet territorial. Il peut être établi par le service pénitentiaire d'insertion et de probation, si le mineur est devenu majeur au moment des poursuites et que la PJJ rencontre des circonstances matérielles insurmontables pour l'établir.

Contenu. Pour éclairer la prise de décision, l'article D. 322-3 précise que la proposition éducative doit comporter *"les objectifs et les modalités du projet d'accompagnement éducatif"*. En outre, intervenant avant la comparution du mineur devant la juridiction de jugement pour l'audience d'examen de la culpabilité, il doit également permettre de préparer le mineur, ainsi que sa famille, à la tenue de cette audience (art. D. 322-3).

La trame de *[du]* RRSE est enrichie de différents items permettant de prendre en compte l'ensemble de ces éléments.

3.2. L'extension du champ d'application de la mesure judiciaire d'investigation éducative (MJIE)

Le CJPM fixe un cadre à la mesure judiciaire d'investigation éducative et en étend le champ d'application en la rendant systématique lors d'une instruction.

Définition. Aux termes de l'article L. 322-7, elle consiste en une *"évaluation approfondie et interdisciplinaire de la personnalité et de la situation du mineur, y compris, le cas échéant, sur le plan médical"*. Les éléments devant être plus particulièrement recueillis sont listés à l'article D. 322-6.

Contenu et rapport. La MJIE donne lieu à un rapport contenant tous renseignements utiles sur la situation du mineur ainsi qu'une proposition éducative ou de mesures propres à favoriser son insertion sociale. Ce rapport doit être déposé au moins quinze jours avant l'échéance de la mesure (art. D. 322-8). Toutefois, en cas de dégradation de la situation, un rapport circonstancié formulant des orientations éducatives doit être communiqué au juge des enfants (art. D. 322-9). La durée de la mesure est fixée à six mois (art. D. 322-4) et le juge des enfants peut solliciter un rapport intermédiaire au service chargé de celle-ci (art. D. 322-5).

Prononcé de la MJIE. Elle peut être ordonnée par le juge des enfants, le juge d'instruction et les juridictions de jugement pour mineurs à tous les stades de la procédure, c'est-à-dire du déferement à la phase post-sentencielle.

La période de mise à l'épreuve éducative constitue le cadre privilégié pour prononcer une MJIE. Au stade du déferement, le délai entre celui-ci et l'audience paraît peu compatible avec celui de la MJIE. Le prononcé d'une MJIE à ce stade n'apparaît pas adapté. Si toutefois une MJIE était prononcée, il conviendrait de solliciter une note intermédiaire en vue de l'audience d'examen de la culpabilité puisque la mesure peut se poursuivre au-delà de celle-ci jusqu'à son échéance.

ANNEXE 4

LE CHAMP D'APPLICATION DES MESURES DE SÛRETÉ

Conformément au principe de primauté de l'éducatif, le champ d'application des mesures de sûreté est réduit, afin de privilégier au stade présentenciel le prononcé d'une mesure éducative judiciaire provisoire (MEJP).

1. LE CONTRÔLE JUDICIAIRE

1.1. Conditions du placement sous contrôle judiciaire (art. L. 331-1)

Les conditions du placement sous contrôle judiciaire des mineurs sont inchangées. Toutefois, à l'égard du mineur âgé de 13 à 16 ans auquel est reproché un délit puni d'un emprisonnement supérieur ou égal 5 ans, la condition tenant à l'existence d'un antécédent éducatif prévoit désormais que le mineur doit avoir déjà fait l'objet : d'une mesure éducative, d'une mesure judiciaire d'investigation éducative, d'une mesure de sûreté, d'une déclaration de culpabilité ou d'une peine prononcée dans le cadre d'une autre procédure et ayant donné lieu à un rapport datant de moins d'un an (art. L. 331-1, 2°).

Le RRSE ne constitue pas un antécédent éducatif.

Cet antécédent éducatif est encadré dans le temps, puisque la mesure en question doit avoir donné lieu à un rapport éducatif datant de moins d'un an. Ce rapport est défini à l'article D. 331-1 comme devant contenir des éléments circonstanciés relatifs au suivi éducatif, à la mise en œuvre de la mesure et à l'évolution du mineur, ainsi qu'une proposition éducative et, en cas de carence du mineur, les diligences effectuées par le service pour le rencontrer.

Le rapport éducatif ne peut donc pas être une simple note d'information ou d'incident relatant un événement particulier ou présentant la situation du mineur à un instant donné. La rédaction d'un tel rapport, s'il n'a pas besoin nécessairement d'être celui qui clôture une mesure, ne peut toutefois pas s'envisager avant l'écoulement d'un certain temps de suivi éducatif effectif. Le rapport ne peut pas non plus concerner une mesure qui serait terminée depuis plus d'une année.

L'antécédent éducatif n'est cependant pas nécessaire dès lors que le mineur de 13 à 16 ans encourt soit une peine d'emprisonnement égale ou supérieure à 7 ans, soit une peine d'emprisonnement égale ou supérieure à 5 ans, si les faits constituent un délit de violences volontaires, d'agression sexuelle ou un délit commis avec la circonstance aggravante de violences.

1.2. Contenu du contrôle judiciaire

La liste des obligations susceptibles d'être prononcées à l'égard d'un mineur dans le cadre d'un contrôle judiciaire est réduite. Sous l'empire de l'ordonnance de 1945, un mineur pouvait être astreint à respecter l'ensemble des obligations prévues à l'égard des majeurs par l'article 138 du code de procédure pénale, outre celles spécifiques aux mineurs prévues par l'article 10-2, II, de l'ordonnance de 1945. Désormais, la liste du code de procédure pénale n'est plus applicable aux mineurs, qui ne peuvent se voir imposer que les seules obligations prévues par l'article L. 331-2.

Alors que vingt-cinq obligations pouvaient être prononcées antérieurement, la liste est désormais réduite à quinze. Ont été supprimées toutes les obligations qui ne concernaient pas les mineurs, telles que fournir un cautionnement ou ne pas émettre de chèque. En outre, les obligations poursuivant des objectifs davantage éducatifs que d'ordre public ont été intégrées dans la mesure éducative judiciaire provisoire et ne peuvent donc plus donner lieu à révocation et incarcération. Ainsi en va-t-il de l'obligation de se soumettre aux mesures de protection, d'assistance, de surveillance et d'éducation, ou bien encore de l'obligation de suivre de façon régulière une scolarité jusqu'à majorité.

1.3. Révocation du contrôle judiciaire

Dans la continuité de la limitation des conditions de révocation du contrôle judiciaire des mineurs de 13 à 16 ans opérée par la loi n° 2019-222 du 23 mars 2019 de programmation 2018-2022 et de réforme pour la justice, et reprise par le code de la justice pénale des mineurs, les conditions de révocation du contrôle judiciaire des mineurs de 16 à 18 ans en matière correctionnelle ont également été durcies.

Désormais, la révocation du contrôle judiciaire des mineurs de 16 à 18 ans en matière correctionnelle n'est possible qu'en cas de violation répétée **ou** d'une particulière gravité des obligations du contrôle judiciaire, **et** lorsque le rappel ou l'aggravation de ces obligations ne peut suffire pour atteindre les objectifs prévus à l'article 144 du code de procédure pénale (art. L. 334-5). La motivation de ces conditions cumulatives devra apparaître dans la décision de révocation.

Lorsqu'il existe une ou plusieurs raisons plausibles de soupçonner qu'il a manqué à certaines obligations limitativement énumérées par l'article L. 331-7, le mineur peut être placé en rétention, sur décision d'un officier de police judiciaire, pour une durée maximale de 24 heures dans un local de police ou de gendarmerie, afin que soit vérifiée sa situation et qu'il soit entendu sur la violation de ses obligations

Enfin, les droits notifiés au mineur placé en rétention pour violation des obligations du contrôle judiciaire ont été étendus : doivent être également désormais notifiés les droits d'être détenu séparément des personnes majeures, à la préservation de sa santé, et au respect du droit à la liberté de religion ou de conviction (art. D. 331-2).

Le service de la protection judiciaire de la jeunesse chargé de la mise en œuvre de la mesure signale sans délai au magistrat les manquements du mineur aux obligations qui lui ont été imposées et fait toute proposition utile pour adapter le contenu de la mesure à sa situation.

2. L'ASSIGNATION À RÉSIDENCE AVEC SURVEILLANCE ÉLECTRONIQUE

Dans le même objectif de limiter le recours aux mesures de sûreté et à la détention provisoire des mineurs, mais également pour différencier plus nettement la procédure pénale applicable aux mineurs par rapport aux règles en vigueur à l'égard des majeurs, le seuil d'emprisonnement encouru pour placer un mineur âgé d'au moins 16 ans sous assignation à résidence avec surveillance électronique (ARSE) est relevé de 2 à 3 ans (art. L. 333-1).

Pour rappel, l'ARSE ne peut être prononcée que lorsque les obligations du contrôle judiciaire ne semblent pas suffisantes. Son prononcé est précédé d'une enquête de faisabilité technique et socio-éducative confiée au service de la protection judiciaire de la jeunesse *[Ces vérifications peuvent être confiées au SPIP si le mis en examen ou le prévenu est devenu majeur au moment du prononcé de la mesure]*.

Les conditions de révocation de l'ARSE sont identiques à celles du contrôle judiciaire (art. L. 334-5, 3°).

3. LA DÉTENTION PROVISOIRE

En matière correctionnelle, le placement en détention provisoire *ab initio*, c'est-à-dire dès l'engagement des poursuites (hors hypothèse de révocation d'une mesure de sûreté), est possible à l'égard des seuls mineurs âgés d'au moins 16 ans à la date des faits, et est limité à l'ouverture d'une information judiciaire devant le juge d'instruction (cf. *Annexe 2, § 4*) et à la procédure dérogatoire de saisine du tribunal pour enfants aux fins de jugement en audience unique par le procureur de la République (*cf. Annexe 2, § 2.4.*). Ainsi, une saisine du juge des enfants ou du tribunal pour enfants aux fins de jugement sur déferement ne peut être accompagnée de réquisitions aux fins de placement en détention provisoire du mineur (art. L. 423-9), mais uniquement de réquisitions aux fins de prononcé d'une MEJP, d'un contrôle judiciaire ou d'une ARSE. Seules ces deux dernières mesures pourront, le cas échéant, être révoquées et entraîner le placement en détention provisoire du prévenu avant l'audience.

Dans tous les cas, la détention provisoire ne peut être ordonnée que si elle est indispensable et constitue l'unique moyen de parvenir à l'un des objectifs mentionnés à l'article 144 du code de procédure pénale qui ne sauraient *[saurait]* être atteints *[atteint]* avec un placement sous ARSE ou sous CJ (art. L. 334-2).

Dans le cadre de la procédure de saisine du tribunal pour enfants aux fins d'audience unique, la durée de la détention provisoire est limitée à 1 mois, non renouvelable (art. L. 423-9, 2°). De même, la durée de la détention provisoire ordonnée dans le cadre d'une période de mise à l'épreuve éducative, possible uniquement sur révocation du contrôle judiciaire ou de l'ARSE, est limitée à 1 mois, quel que soit l'âge du mineur déclaré coupable (art. L. 521-22), sans renouvellement possible.

Dans le cadre d'une instruction, en matière correctionnelle, les délais de détention provisoire sont inchangés.

En matière criminelle, la détention provisoire reste possible pour tout mineur âgé d'au moins 13 ans. Elle peut être prononcée pour 6 mois renouvelable*[s]* 6 mois pour les mineurs âgés de moins de 16 ans (art. L. 433-4) et pour une durée d'un an renouvelable deux fois pour 6 mois à chaque renouvellement pour les mineurs âgés d'au moins 16 ans (art. L. 433-5). Pour ces derniers, en cas de procédure en matière de terrorisme, la détention provisoire peut s'étendre jusqu'à 3 ans.

La durée cumulée des périodes de détention provisoire ordonnées à la suite de plusieurs révocations de CJ *[contrôle judiciaire]* ou d'ARSE dans une même procédure ne peut excéder de plus d'1 mois les durées maximales précitées, ou de 2 mois à l'égard du mineur âgé de 13 à 16 ans qui encourt 10 ans d'emprisonnement (art. L. 433-7 et L. 433-8).

Lorsqu'un placement en détention provisoire est ordonné, il doit nécessairement être accompagné du prononcé d'une mesure éducative judiciaire provisoire (art. L. 334-3), y compris si le mineur fait déjà l'objet d'une mesure éducative judiciaire dans le cadre d'une autre procédure, afin qu'un service éducatif de milieu ouvert soit saisi pour élaborer un projet en alternative à la détention provisoire et pour garantir la continuité du parcours éducatif si la remise en liberté est ordonnée.

Enfin, pour toutes les audiences et débats relatifs à la détention provisoire (placement ou prolongation), il ne peut être recouru à un moyen de télécommunication audiovisuelle. Ainsi, le mineur doit nécessairement être extrait, sauf si son transport paraît devoir être évité en raison de risques graves de trouble à l'ordre public ou d'évasion (art. L. 334-6).

CONDITIONS ET DURÉE DE LA DÉTENTION PROVISOIRE EN MATIÈRE CORRECTIONNELLE				
		Durée		
Âge	**Conditions**	**En cours d'instruction**	**Après règlement du dossier**	**Procédure de MAAE et saisine du TPE aux fins d'audience unique**
– 13 ans	**DP IMPOSSIBLE**			
13 – 16 ans	Si violation répétée ou d'une particulière gravité de l'obligation de respecter les conditions d'un placement en CEF prononcée dans le cadre d'un CJ **OU** si cette violation est accompagnée de la violation d'une autre obligation du CJ **ET** lorsque le rappel ou l'aggravation de ces obligations ne peut suffire pour atteindre les objectifs prévus à l'article 144 CPP	– Si peine encourue < 10 ans d'emprisonnement : **15 jours + 15 jours** – Si peine encourue = 10 ans d'emprisonnement : **1 mois + 1 mois** *La durée cumulée des DP ordonnées à la suite de plusieurs révocations de CJ ou d'ARSE dans une même procédure ne peut excéder de plus d'1 mois la durée maximale précitée (ou 2 mois en cas de peine encourue égale à 10 ans).*	**2 mois + 1 mois**	**1 mois**
16 – 18 ans	Si peine d'emprisonnement encourue ≥ à **3 ans** **OU** Si violation répétée ou d'une particulière gravité des obligations d'un CJ ou d'une ARSE **ET** lorsque le rappel ou l'aggravation de ces obligations ne peut suffire pour atteindre les objectifs prévus à l'article 144 CPP	– Si peine encourue ≤ 7 ans d'emprisonnement : **1 mois + 1 mois** – Si peine encourue > 7 ans d'emprisonnement : **4 mois + 4 mois + 4 mois** *La durée cumulée des DP ordonnées à la suite de plusieurs révocations de CJ ou d'ARSE dans une même procédure ne peut excéder de plus d'1 mois les durées maximales précitées* *Cas particulier du délit [prévu à l'] art. 421-2-1 CP (association de malfaiteurs en vue de la préparation d'actes terroristes délictuels) : 4 MOIS, renouvelable[s] pour des durées n'excédant pas 4 MOIS et pour une durée totale n'excédant pas 2 ANS*	**2 mois + 2 mois**	**1 mois**

CONDITIONS ET DURÉE DE LA DÉTENTION PROVISOIRE EN MATIÈRE CRIMINELLE			
Âge	**Conditions**	**Durée pendant l'instruction**	**Durée après le règlement du dossier**
-13 ans	**DP IMPOSSIBLE**		
13-16 ans	Si peine criminelle encourue	**6 mois + 6 mois**	**2 mois + 2 mois + 2 mois**
16-18 ans	Si peine criminelle encourue	**1 an + 6 mois + 6 mois** *La durée cumulée des DP ordonnées à la suite de plusieurs révocations de CJ ou d'ARSE dans une même procédure ne peut excéder de plus d'1 mois les durées maximales précitées* *Cas particulier des crimes [prévu à l'] art. 421-1, 1°, 421-5 et 421-6 [C. pén.] : placement en DP initial pour une durée d'un an, prolongations possibles, pour une durée n'excédant pas 6 mois chacune, et pour une durée totale n'excédant pas 3 ans*	**6 mois + 6 mois + 6 mois + 6 mois**

ANNEXE 5

Les nouveautés applicables aux peines et au régime d'incarcération des mineurs

1. LA CRÉATION DES PEINES EN CHAMBRE DU CONSEIL (ART. L. 121-4)

Le code de la justice pénale des mineurs introduit la possibilité pour le juge des enfants statuant en chambre du conseil de prononcer certaines peines (art. L. 121-4).

Conditions. Le prononcé d'une peine n'est possible qu'à l'encontre d'un mineur âgé d'au moins 13 ans (art. L. 11-4), sur réquisitions orales ou écrites du procureur de la République, si les circonstances et la personnalité du mineur le justifient. Seules trois peines peuvent être prononcées dans ce cadre : la confiscation de l'objet ayant servi à commettre l'infraction, un stage et un travail d'intérêt général.

Les conditions pour prononcer une peine en chambre du conseil sont encore renforcées lorsque le juge des enfants décide de statuer lors d'une audience unique. En effet, l'article L. 521-2 alinéa 2 prévoit que, dans cette hypothèse, la juridiction ne peut prononcer une peine qu'à la condition de l'existence d'un antécédent éducatif. Conformément à cet article, l'antécédent implique que le mineur ait déjà fait l'objet d'une mesure éducative, d'une mesure d'investigation éducative, d'une mesure de sûreté, d'une déclaration de culpabilité ou d'une peine prononcée dans le cadre d'une autre procédure et que ces mesures ou décisions aient donné lieu à un rapport datant de moins d'un an versé au dossier de la procédure.

Peines pouvant être prononcées. Les peines pouvant être prononcées sont limitées et leur régime aménagé. Ainsi, seules peuvent être prononcées les peines de confiscation de l'objet ayant servi à commettre l'infraction, de stage et, si le mineur est âgé d'au moins 16 ans au moment du prononcé, de travail d'intérêt général. Pour cette dernière peine, les dispositions relatives au consentement différé ne sont pas applicables (art. L. 122-1).

Régime de ces peines. Le régime des peines prononcées en chambre du conseil est plus protecteur en ce que le juge des enfants ne peut pas fixer la durée maximum de l'emprisonnement ou le montant maximum de l'amende encourus en cas d'inexécution (art. L. 122-1, L. 122-4 et L. 122-5). Les peines prononcées en chambre du conseil ne pourront ainsi aboutir, en cas d'inexécution, à de l'emprisonnement, qu'après que de nouvelles poursuites aient été diligentées *[Ces poursuites seront diligentées, selon l'hypothèse, du chef d'inexécution d'un travail d'intérêt général (natinf 7956), d'inexécution d'un stage prononcé à titre de peine (un natinf [pour nature de l'infraction] par type de stage), de refus de restituer un bien confisqué par décision judiciaire (natinf 12229), de détournement ou destruction d'un bien confisqué par décision judiciaire (natinf 10463 ou 10464)].*

La présence du procureur de la République est facultative aux audiences tenues en chambre du conseil (art. L. 511-1). Certaines juridictions ont réfléchi à la mise en place de circuits de transmission des réquisitions écrites du procureur de la République en vue de ces audiences*[,]* qu'elles portent sur l'examen de la culpabilité ou le prononcé de la sanction.

De tels circuits présentent l'avantage de permettre au procureur de la République de faire connaître son intention d'assister à l'audience en chambre du conseil, de formuler des réquisitions sur les mesures provisoires susceptibles d'être ordonnées dans le cadre de la période de mise à l'épreuve éducative ou révoquées lors de l'audience de culpabilité (le cas échéant), d'émettre un avis sur la possibilité pour le juge des enfants de décider de statuer au cours d'une même audience sur la culpabilité et sur la sanction, ainsi que sur la juridiction à laquelle le prononcé de la sanction paraît devoir être renvoyé.

Ces organisations, qui relèvent de bonnes pratiques, sont variées et adaptées aux ressorts dans lesquels elles ont vocation à être appliquées. De manière non exhaustive, des juridictions ont pu décider que la formalisation des réquisitions en vue de l'audience d'examen de la culpabilité s'effectuerait dès la prise de décision à la permanence, d'autres que les dossiers audiencés seraient transmis au procureur de la République en amont de l'audience en chambre du conseil. Enfin certaines ont choisi de définir des protocoles pour identifier les dossiers (par exemple par type d'infractions) qui doivent faire l'objet d'une communication.

2. LES AUTRES NOUVEAUTÉS PROCÉDURALES

Le CJPM modifie très à la marge les dispositions relatives aux peines. Ainsi le régime des peines est conservé, y compris les apports issus de la loi n° 2019-222 du 23 mars 2019 de programmation 2018-2022 et de réforme pour la justice *[En particulier la nouvelle échelle des peines, la peine de détention à domicile sous surveillance électronique, la peine de stage, l'extension du champ d'application des TIG, la peine de sursis probatoire avec possibilité de suivi renforcé, l'interdiction des peines d'emprisonnement inférieur à un mois, les seuils et conditions d'aménagement de peine, l'extension des possibilités de conversion de peine, la libération sous contrainte]*. Les spécificités relatives aux mineurs en la matière sont reprises *in extenso* par le CJPM, notamment l'interdiction de prononcer un mandat de dépôt à délai différé les concernant (art. R. 123-1 du CJPM, D. 45-2-8 du CPP).

Trois nouveautés sont toutefois à noter, relatives à la suppression de la procédure d'ajournement, à la possibilité pour le tribunal de police de prononcer des peines complémentaires et à l'exigence de motivation spéciale des peines d'emprisonnement prononcées par la cour d'assises des mineurs.

2.1. La suppression de la procédure d'ajournement

Désormais, eu égard à la généralisation de la procédure de mise à l'épreuve éducative, les juridictions pour mineurs ne peuvent plus recourir à la procédure d'ajournement prévue par le code pénal (art. L. 121-2), et ce *[,]* quel que soit le type d'ajournement (simple, avec mise à l'épreuve, avec injonction, aux fins d'investigations, aux fins de consignation). Cette interdiction vaut pour tous les modes de saisine : par convocation, par déferement, par ordonnance de renvoi du juge d'instruction, devant le juge des enfants ou devant le tribunal pour enfants, même lorsque ce dernier est saisi aux fins de jugement en audience unique. Seul le tribunal de police dispose encore de la possibilité de recourir à la procédure d'ajournement simple.

2.2. La possibilité pour le tribunal de police de prononcer des peines complémentaires

Le tribunal de police voit en outre sa palette de réponses étendue aux peines complémentaires de l'article 131-16 du code pénal. Ainsi, outre l'avertissement judiciaire, la dispense de peine et la peine d'amende, le tribunal de police peut prononcer à l'égard d'un mineur une peine complémentaire telle qu'une peine de stage, de confiscation de la chose ayant servi à commettre l'infraction, ou bien encore l'interdiction de conduire certains véhicules, y compris ceux pour la conduite desquels le permis n'est pas exigé.

2.3. Le renforcement de l'exigence d'une motivation spéciale pour le prononcé de peines d'emprisonnement

Par ailleurs, l'article L. 123-1 prévoit qu'une peine d'emprisonnement, avec ou sans sursis, ne peut être prononcée par le tribunal pour enfants ou la cour d'assises des mineurs qu'en étant spécialement motivée. Cette exigence de motivation, qui plus est spéciale, constitue une nouveauté pour la cour d'assises des mineurs. Elle découle du principe de primauté de l'éducatif, qui s'applique y compris en matière criminelle, et du caractère exceptionnel que revêt une telle condamnation.

3. LE RÔLE ACCRU DE LA PJJ DANS L'INDIVIDUALISATION DE LA PEINE

En vue de permettre à la juridiction d'individualiser la peine au plus près des besoins et de la situation du mineur, le service de milieu ouvert de la protection judiciaire de la jeunesse évalue sa situation personnelle, familiale, matérielle et sociale, sa capacité de compréhension des contraintes de la peine qui pourrait être prononcée et les ressources de son environnement permettant de le soutenir dans leur respect. Il évalue à cette fin la faisabilité socio-éducative et technique des peines qui pourraient être prononcées. Il fait à la juridiction toute proposition utile en vue du prononcé d'alternatives à la détention, de prévenir le risque de désocialisation et de rupture de parcours lié à l'incarcération.

4. LES AMÉLIORATIONS APPORTÉES AU RÉGIME D'INCARCÉRATION DES MINEURS

Le régime d'incarcération applicable aux mineurs n'est pas fondamentalement modifié. Plusieurs améliorations sont cependant apportées pour tenir davantage compte de la spécificité et de la vulnérabilité du public que représentent les mineurs, particulièrement ceux qui sont détenus, et améliorer leur prise en charge.

Consécration des unités spéciales pour filles mineures. L'article L. 124-1 consacre légalement l'existence des unités spéciales pour mineures en détention. Ainsi, les filles mineures sont nécessairement incarcérées en EPM ou en unités spéciales pour mineures au sein d'une maison d'arrêt, et ne peuvent pas être incarcérées en quartier de femmes majeures. Cette consécration découle naturellement du principe de séparation des détenus mineurs et majeurs (art. L. 124-2).

Consécration du principe de l'encellulement individuel. Si l'article 11 de l'ordonnance de 1945 prévoyait que les mineurs détenus étaient, autant qu'il est possible, soumis à l'isolement de nuit, cette disposition ne concernait que les mineurs en détention provisoire. Désormais, l'article R. 124-2 du CJPM prévoit également le principe de l'encellulement individuel de nuit à l'égard des mineurs condamnés. Les exceptions au principe d'encellulement individuel de nuit sont limitativement énumérées à l'article 54 du règlement intérieur type des établissements pénitentiaires, annexé à l'article R. 57-6-18 du code de procédure pénale auquel renvoie l'article R. 124-3 du CJPM. L'encellulement individuel de jour reste consacré par les articles 717-2 et 716 du code de procédure pénale. Il n'est par ailleurs plus recouru au terme d'isolement, afin d'éviter une confusion avec la mesure de sécurité d'isolement à laquelle sont soumis certains détenus, celle-ci étant prohibée à l'égard des mineurs (art. 726-1 du code de procédure pénale).

Consécration des commissions d'incarcération. Enfin, les commissions d'incarcération, déjà prévues par la circulaire du 24 mai 2013 relative au régime d'incarcération des mineurs, sont consacrées aux articles D. 124-40 et D. 124-41. Elles ont pour objet de déterminer la politique locale en matière de prise en charge des mineurs détenus, et de continuité de la prise en charge éducative en cas d'incarcération ou de libération. Elles se réunissent au moins deux fois par an à l'initiative du directeur territorial de la PJJ du ressort de chaque établissement pénitentiaire. Le procureur de la République, les juges des enfants et les juges d'application des peines du ressort sont membres de cette commission.

Consécration du rôle institutionnel de la protection judiciaire de la jeunesse dans la gestion de la détention. En ce qui concerne le régime disciplinaire, les articles R. 124-16 et R. 124-25 permettent respectivement à la PJJ de faire une proposition éducative à la commission de discipline et de mettre en œuvre une mesure de réparation décidée dans ce cadre. En ce qui concerne les procédures d'orientation et d'affectation, l'article R. 124-38 dispose que l'avis de la PJJ, désormais obligatoire, doit figurer au dossier d'orientation. L'article R. 124-39 dispose que la PJJ doit être informée dans les plus brefs délais de la décision de transfert d'un mineur vers un autre établissement.

ANNEXE 6

L'AMÉLIORATION DE LA PRISE EN COMPTE DE LA VICTIME

1. UNE MEILLEURE PRISE EN COMPTE DE SA PLACE DANS LA PROCÉDURE PÉNALE

En application de l'article L. 512-1, la victime d'une infraction a la possibilité de se constituer partie civile dès l'audience d'examen de la culpabilité ou lors de l'audience unique, mais elle le peut aussi, en cas de procédure de mise à l'épreuve, jusqu'aux réquisitions du ministère public sur la sanction, c'est-à-dire lors de l'audience de prononcé de la sanction.

Les victimes sont avisées et les parties civiles sont citées selon les modalités prévues par les articles 391 et 420 du code de procédure pénale (art. L. 512-1, al. 2). Ainsi, toute personne ayant porté plainte est avisée par le parquet de la date de l'audience (art. 391 du CPP) et par tout moyen lorsque la juridiction est saisie par procès-verbal du procureur de la République établi lors du déférement du mineur (art. D. 423-5).

Quand il a été statué sur l'action civile lors de l'audience sur la culpabilité, l'article L. 512-1 prévoit que la partie civile est tout de même avisée par tout moyen de la date de l'audience de prononcé de la sanction ce qui lui permettra, si elle le souhaite, d'y assister. En cas de pluralité d'auteurs, la victime ou partie civile est avisée de la date des audiences de sanctions*[,]* de chaque coauteur. Dès l'audience sur la culpabilité ou le cas échéant à l'audience sur la sanction, la victime de l'infraction peut ainsi être entendue, éventuellement assistée ou représentée par son avocat, sur sa demande d'indemnisation. Au moment de l'examen de la situation personnelle du mineur, le juge des enfants ou le président du tribunal pour enfants pourront toutefois ordonner aux parties, dont la victime ou la partie civile, de se retirer (art. L. 511-2, al. 2). Le service de la protection judiciaire de la jeunesse prépare au cours de l'entretien éducatif le mineur et ses représentants légaux à la présence de la victime à l'audience.

Afin de permettre aux victimes de soutenir leur demande d'indemnisation et d'apporter les justificatifs en ce sens, l'article L. 512-3 prévoit que le juge des enfants ou le tribunal pour enfants peut, d'office, à la demande du procureur de la République ou des parties, renvoyer l'affaire à une date ultérieure pour statuer sur l'action civile, même si aucune mesure d'instruction n'est ordonnée. Ce renvoi est de droit s'il est demandé par la partie civile.

Le code de la justice pénale des mineurs maintient la possibilité pour le juge des enfants ou le tribunal pour enfants de renvoyer l'affaire sur intérêts civils devant le juge des enfants statuant en chambre du conseil. Il introduit la nouveauté de pouvoir renvoyer l'affaire sur intérêts civils devant la chambre du tribunal correctionnel qui connaît spécifiquement des actions sur les intérêts civils, au regard de la gravité du préjudice susceptible d'être invoqué par la partie civile et de la complexité de son évaluation et de sa liquidation (art. L. 512-3).

L'article L. 512-2 prévoit également que*[,]* lorsqu'un mineur est impliqué dans la même cause qu'un ou plusieurs majeurs, le tribunal correctionnel ou la cour d'assises compétente à l'égard des majeurs peut statuer sur l'action civile contre tous les responsables, sur saisine de la victime ou sur renvoi du juge des enfants ou du tribunal pour enfants ordonné d'office ou à la demande de la partie civile. L'audience se tient alors en publicité restreinte.

Afin de permettre à la victime de formuler sa demande d'indemnisation sans saisir une nouvelle juridiction dans l'hypothèse où un mineur est jugé non pénalement responsable en raison de son absence de capacité de discernement, l'article D. 512-1 prévoit que la juridiction de jugement statue sur l'action civile conformément aux articles 1240 et 1242 du code civil. Elle peut également renvoyer l'affaire sur intérêts civils au juge des enfants ou au tribunal correctionnel qui connaît spécifiquement des actions sur les intérêts civils en faisant alors application de l'article L. 512-3.

2. LA PRISE EN COMPTE DE LA VICTIME DANS LES RÉPONSES ÉDUCATIVES

2.1. La consécration de la justice restaurative (art. L. 13-4)

L'article L. 13-4 du code de la justice pénale des mineurs énonce expressément la possibilité de proposer à la victime et à l'auteur de l'infraction de recourir à la justice restaurative, en parallèle de la procédure pénale impliquant un mineur, sous réserve que les faits aient été reconnus.

Mesure extrajudiciaire, qui se singularise par son autonomie vis-à-vis de la procédure pénale *[cf. Circ. du 15 mars 2017 relative à la mise en œuvre de la justice restaurative applicable immédiatement suite aux articles 10-1, 10-2 et 707 du C. pr. pén., issus des art. 18 et 24 de la L. n° 2014-896 du 15 août 2014]*, la justice restaurative ne constitue pas une réponse pénale pouvant être prononcée par le magistrat, qui joue néanmoins un rôle d'impulsion à l'origine de la proposition. En effet, la mesure peut être proposée aux parties notamment par l'autorité judiciaire, la PJJ ou les associations d'aide aux victimes.

Le magistrat ne contrôle pas le déroulement de la mesure, dont l'exécution est confidentielle. Toutefois, le service qui souhaite proposer une telle mesure en informe le magistrat compétent, afin de vérifier qu'une éventuelle rencontre entre l'auteur et la victime ne perturbe pas le déroulement de la procédure judiciaire ou ne soit pas contraire aux interdictions posées dans ce cadre.

La justice restaurative participe notamment à l'objectif d'une meilleure prise en compte des victimes au sein de la procédure pénale engagée à l'encontre d'un mineur. Elle représente également un intérêt éducatif certain pour le public de la PJJ. En organisant les conditions d'un échange possible entre auteurs et victimes d'infractions, cette mesure reposant sur l'engagement volontaire des participants vise l'apaisement des personnes, la prévention de la récidive par la responsabilisation de l'auteur et la réconciliation sociale. Sous l'autorité des directions interrégionales, les directions territoriales garantissent, notamment à travers la démarche de sensibilisation et de formation des professionnels, le développement de la justice restaurative sur leurs territoires, en articulation avec les acteurs des juridictions et ceux du secteur associatif.

2.2. Le renforcement des mesures de réparation et de médiation

Tant au stade des alternatives aux poursuites que dans le cadre de la procédure de jugement, des mesures permettent d'assurer une prise en compte des victimes. Ainsi, une mesure de médiation ou de réparation peut être prononcée et mise en œuvre en tant qu'alternatives aux poursuites ou dans le cadre du module réparation de la mesure éducative judiciaire, ordonnée à titre provisoire ou à titre de sanction (voir annexe n° 3 relative aux mesures éducatives).

La médiation, définie à l'article D. 112-29, vise l'apaisement des relations entre l'auteur et la victime, ainsi que l'ouverture ou la restauration d'un dialogue. Elle consiste à rechercher, avec l'aide d'un tiers, une résolution amiable par les parties d'un différend né de la commission d'une infraction. Pour être mise en œuvre, la médiation nécessite que soit recueilli l'accord de la victime et de ses représentants légaux si elle est mineure. Le service chargé de la médiation (service PJJ ou SAH) informe, à toutes les étapes de la médiation, le juge des enfants des difficultés constatées et peut solliciter la modification du module ou sa suppression (art. D. 112-30). Lorsque la médiation est ordonnée à titre d'alternative aux poursuites, il informe dans les mêmes conditions le procureur de la République (art. D. 422-4 et D. 422-5).

L'activité d'aide ou de réparation au bénéfice de la victime a, quant à elle, pour objectif, en vertu du 4° de l'article D. 112-28, de prendre en considération la victime dans sa mise en œuvre. Elle peut consister alternativement ou successivement en une activité au bénéfice de la victime ou dans l'intérêt de la collectivité.

Tant la réparation directe que la médiation peuvent organiser une mise en présence du mineur auteur et de la victime dans un cadre sécurisant.

Au stade des audiences, la présence de la victime permet à la juridiction de l'impliquer dans le choix d'une mesure de réparation ou de médiation pour laquelle l'accord de la victime pourra être recherché.

Dans l'hypothèse d'une victime absente ou hésitante, c'est le service chargé de la mesure dans le cadre d'une mesure éducative judiciaire (MEJ), y compris à titre provisoire (MEJP)*[,]* qui recueillera l'accord de la victime.

ANNEXE 7

LE PARTAGE D'INFORMATIONS

1. LA CONSÉCRATION DE L'ÉCHANGE D'INFORMATIONS ENTRE LES SERVICES EN CHARGE DU SUIVI D'UN MINEUR

Extension aux personnels du SAH dans l'exercice des missions prévues par le CJPM. L'astreinte des personnels de la PJJ au secret professionnel, en vigueur depuis 2013, est élevée au niveau législatif par l'article L. 241-1 et étendue aux personnels du secteur associatif habilité (SAH), dans l'exercice des missions prévues par le CJPM. Il ne s'agit donc pas d'astreindre l'ensemble des personnels du SAH au secret professionnel, mais seulement ceux qui interviennent sur décision judiciaire dans le cadre de la prise en charge et du suivi pénal des mineurs.

Condition de l'échange d'informations entre la PJJ et le SAH. Le code de la justice pénale des mineurs crée une nouvelle hypothèse d'échange d'informations en matière de suivi pénal des mineurs qui concerne les personnels de la PJJ entre eux, et les personnels de la PJJ avec les personnels du SAH, dès lors que tous ont été saisis, concomitamment ou successivement, de mesures ordonnées dans un cadre pénal à l'égard d'un même mineur. Cet échange d'informations peut également avoir lieu entre les personnels de la PJJ, du SAH et ceux des services intervenant au titre dela protection de l'enfance (art. L. 241-2).

Informations échangées. Peuvent être échangées toutes informations relatives au mineur suivi en commun par les services et établissements concernés, à condition que ces informations soient strictement nécessaires à sa prise en charge, à son suivi judiciaire ou à la continuité de son parcours. L'article R. 241-1 prévoit que le mineur et ses représentants légaux sont préalablement informés de l'échange d'informations.

Transmission d'informations en cas de placement ou scolarisation. L'article L. 241-2, alinéa 2, prévoit en outre que les personnels de la PJJ et du SAH saisis de la situation d'un mineur au titre du CJPM peuvent transmettre à toute personne auprès de laquelle le mineur est placé ou scolarisé des éléments dont la connaissance est indispensable pour assurer la sécurité du mineur ou des personnes avec lesquelles il est en contact.

Outils du partage d'informations. Les modalités de communication et d'articulation entre l'ensemble de ces acteurs sont formalisées dans le projet conjoint de prise en charge (PCPC). La fiche de liaison constitue l'un des outils de transmission des informations lors des passages de relais entre deux services ou établissements du secteur public et/ou du secteur associatif habilité de la protection judiciaire de la jeunesse. Le jeune et ses représentants légaux doivent en être informés. La fiche de liaison peut servir de support avec les services de l'ASE uniquement dans le but de partager des informations relatives aux mesures civiles en protection de l'enfance (art. R. 241-2).

Transmission d'informations en matière d'infractions de nature sexuelle. L'article L. 331-6 précise que les dispositions de l'article 138-2 du code de procédure pénale (CPP) sont applicables au contrôle judiciaire ordonné à l'égard d'un mineur par le juge d'instruction, le juge des libertés et de la détention, le juge des enfants ou le tribunal pour enfants, pour l'une des infractions mentionnées à l'article 706-47 du CPP. Cette information est notamment prévue lorsque le mineur a vocation à poursuivre sa scolarité dans un établissement scolaire.

2. LA CLARIFICATION DES RÈGLES APPLICABLES AU DOSSIER UNIQUE DE PERSONNALITÉ

Afin de favoriser la continuité du parcours des mineurs qui implique la cohérence des décisions judiciaires prises à leur égard, et parce que le code de la justice pénale des mineurs entend replacer le mineur au centre de la nouvelle procédure pénale, le dossier unique de personnalité (DUP) acquiert une utilité et une importance renouvelées. Les règles générales relatives au DUP sont prévues aux articles L. 322-8 à L. 322-10.

Contenu du DUP. Le dossier unique de personnalité permet de centraliser les informations relatives au mineur issues des procédures passées ou en cours, qu'elles soient civiles ou pénales. Au fur et à mesure, le dossier unique de personnalité a vocation à être complété par le greffe de la juridiction pour mineurs sur décision du juge des enfants (art. L. 322-9).

Numérisation du DUP. Il est clairement indiqué que le DUP doit être numérisé. Une généralisation de la constitution des DUP sous format exclusivement numérique permettra de faciliter leur alimentation et leur accessibilité, ainsi que de sécuriser leur conservation. Dans cet objectif, il apparaît opportun d'engager une démarche de dématérialisation des échanges entres *[entre]* les services de la PJJ et les juridictions.

Sous le contrôle du juge des enfants. Le DUP est désormais placé sous le seul contrôle du juge des enfants, et non plus du procureur de la République. Le juge d'instruction saisi d'une information judiciaire à l'égard d'un mineur alimente le DUP ouvert dans le cabinet du juge des enfants (art. L. 322-8, al. 3).

Accès au DUP. En raison de la nature très sensible des informations contenues dans le DUP, le législateur a défini un équilibre entre, d'une part, son accessibilité à l'ensemble des professionnels intervenant dans la procédure, et, d'autre part, le respect de la vie privée du mineur et de sa famille. S'agissant de la consultation du DUP (art. L. 322-10), elle est étendue aux personnes suivantes :

— le mineur devenu majeur au jour de l'audience en matière d'application des mesures éducatives et des peines qui n'est pas assisté d'un avocat,

— le service associatif habilité qui exerce une mesure judiciaire à l'égard du mineur, sans avoir à solliciter préalablement l'autorisation du juge des enfants,

— sur autorisation du juge des enfants, le psychologue ou le psychiatre désigné en qualité d'expert.

— les avocats de la partie civile, étant toutefois précisé que le juge des enfants peut s'opposer à la communication d'informations recueillies lors des procédures en assistance éducative, si celle-ci apparaît contraire à l'intérêt du mineur.

ANNEXE 8

L'application dans les Outre-mer

1. UN TITRE VII RELATIF AUX DISPOSITIONS SPÉCIALES POUR LES OUTRE-MER

Si le code de la justice pénale des mineurs est applicable sur l'ensemble du territoire de la République, certaines dispositions législatives et réglementaires sont spécifiques pour les Outremer (art. L. 711-1 à L. 723-3 et D. 711-1 à R. 723-3).

Pour la partie législative du CJPM, l'article L. 113-2 relatif aux frais de placement et au sort des allocations familiales en cas de placement, ainsi que l'article L. 113-6 qui renvoie aux dispositions réglementaires relatives à l'habilitation par le représentant de l'État dans le département des lieux d'accueil, ne sont pas applicables en Nouvelle-Calédonie (art. L. 721-1), Polynésie française (art. L. 722-1) et à Wallis-et-Futuna (art. L. 723-1). En effet, ces dispositions relèvent de la compétence propre de ces collectivités.

En matière réglementaire et pour les mêmes raisons, ne sont pas applicables à ces trois mêmes collectivités l'article D. 113-1 relatif au sort des allocations familiales en cas de placement, ainsi qu'à l'égard de la Nouvelle-Calédonie et de Wallis-et-Futuna, l'article D. 112-18 relatif aux frais de la mesure éducative judiciaire. En ce qui concerne la Nouvelle-Calédonie et la Polynésie française, les articles D. 112-24 à D. 112-27 relatifs au régime du placement en internat scolaire ne sont pas applicables.

Les articles codifiant le décret n° 2007-153 du 6 novembre 2007 relatif aux établissements et services de la PJJ (art. D. 241-10 à D. 241-37) ne sont pas non plus applicables aux trois collectivités du Pacifique (art. R. 721-1, R. 722-1 et R. 723-1), de même que les articles codifiant le décret n° 2010-214 du 2 mars 2010 relatif aux services déconcentrés de la PJJ (art. R. 241-3 à R. 241-9) ne sont pas applicables à la Nouvelle-Calédonie et à Wallis-et-Futuna. S'agissant de la Polynésie française, le décret n° 2005-1536 du 8 décembre 2005 portant création de la direction de la protection judiciaire de la jeunesse en Polynésie française est abrogé et codifié au sein du code de la justice pénale des mineurs (art. R. 722-2 à R. 722-5).

Plusieurs termes de remplacement ont été ajoutés au sein du code de la justice pénale des mineurs, afin d'en rendre la lecture et l'application plus aisée pour les collectivités du Pacifique.

2. LES DISPOSITIONS RELATIVES À L'INTERVENTION DES AUTORITÉS COUTUMIÈRES EN NOUVELLE-CALÉDONIE

Le code de la justice pénale des mineurs consacre l'intervention des autorités coutumières en Nouvelle-Calédonie. L'article L. 721-3 prévoit ainsi leur intervention aux audiences devant le juge des enfants, le tribunal pour enfants et la cour d'assises des mineurs, dès lors que leur présence apparaît utile pour la bonne compréhension de la situation du mineur ou pour sa prise en charge éducative et sociale, et dès lors qu'y ont consenti le mineur, ses représentants légaux et, s'ils sont présents, la victime et le ministère public. L'article L. 721-4 prévoit également que ces autorités peuvent être consultées par le procureur de la République ou la juridiction pour mineurs avant d'ordonner une mesure de réparation ou un module de réparation. Ces autorités sont le représentant du Sénat coutumier, des conseils coutumiers et des tribus (art. D. 721-5 et D. 721-6).

3. LES RÈGLES RELATIVES À LA SUBSTITUTION DE L'AVOCAT EN NOUVELLE-CALÉDONIE ET EN POLYNÉSIE FRANÇAISE

Les règles relatives à la substitution de l'avocat en Nouvelle-Calédonie et en Polynésie française sont développées (art. L. 721-5 et L. 722-3). Initialement prévues pour la garde à vue, elles s'étendent désormais à la retenue et à l'audition libre. Les critères relatifs à la personne choisie sont précisés : elle doit être majeure et choisie par les représentants légaux ou à défaut par le mineur lui-même. Il est expressément prévu que les dispositions de l'article 63-4-4 du code de procédure pénale relatives à la confidentialité des informations recueillies dans ce cadre s'appliquent à la personne ainsi choisie.

ANNEXE 9

L'APPLICATION DANS LE TEMPS DES NOUVELLES DISPOSITIONS

1. L'ENTRÉE EN VIGUEUR DES DISPOSITIONS DE PROCÉDURE

1.1. Le principe : l'application des règles procédurales nouvelles aux poursuites engagées à compter du 30 septembre 2021

L'article 112-2 du code pénal pose le principe de l'application immédiate des lois fixant les modalités des poursuites et les formes de la procédure, ainsi que les lois relatives au régime d'exécution et d'application des peines, hormis celles qui auraient pour effet de rendre plus sévères les peines prononcées par la juridiction de condamnation.

L'article 10 de l'ordonnance n° 2019-950 du 11 septembre 2019 *[Dans sa rédaction résultant de l'art. 18 de la L. n° 2021-218 du 26 févr. 2021 ratifiant l'Ord. du 11 sept. 2019]* déroge toutefois à ce principe, en prévoyant que les dispositions de procédure du CJPM sont applicables aux poursuites engagées à compter de son entrée en vigueur. Corrélativement, il mentionne que les poursuites engagées avant l'entrée en vigueur du CJPM se poursuivent jusqu'à leur terme selon les dispositions du code de procédure pénale et de l'ordonnance du 2 février 1945 dans leur version applicable avant cette date.

Cela signifie donc que :

— les poursuites engagées jusqu'au 29 septembre 2021 se poursuivront jusqu'à leur terme (y compris après le 30 septembre 2021) en suivant le régime procédural prévu par l'ordonnance du 2 février 1945, avec l'instruction préparatoire devant le juge des enfants, l'ordonnance de renvoi devant la juridiction de jugement et le jugement ;

— les poursuites engagées à compter du 30 septembre 2021, quelle que soit la date des faits, s'exerceront selon les règles prévues par le CJPM, avec notamment l'application de la procédure de mise à l'épreuve éducative.

En pratique, afin de distinguer plus facilement et rapidement les procédures relevant du CJPM et celles qui se poursuivront sous l'empire de l'ordonnance de 1945, qui coexisteront quelques *[quelque]* temps dans les cabinets des juges des enfants, il est conseillé d'adopter un code aisément repérable sur le dossier papier et informatiquement. Ce code permettra d'identifier rapidement le régime procédure applicable à la procédure.

1.2. L'exception : l'application immédiate des règles relatives aux mesures de sûreté plus favorables aux mineurs et aux mesures éducatives

L'alinéa 2 de l'article 10 de l'ordonnance n° 2019-950 du 11 septembre 2019 prévoit une exception à la règle de l'application des dispositions de procédure du CJPM aux poursuites engagées à compter de son entrée en vigueur. En effet, il est mentionné que les dispositions du CJPM relatives aux mesures de sûreté s'appliquent immédiatement lorsqu'elles sont plus favorables aux mineurs à l'encontre desquels ces poursuites sont engagées.

Pour les procédures qui se poursuivent sous le régime de l'ordonnance du 2 février 1945, il convient ainsi d'apprécier au cas par cas si la disposition relative à la mesure de sûreté envisagée a fait l'objet dans le CJPM d'une modification plus favorable aux mineurs.

Ainsi, sont concernées les règles relatives au contrôle judiciaire (CJ), à l'assignation à résidence avec surveillance électronique (ARSE) et la détention provisoire (DP).

Liste des dispositions du CJPM relatives aux mesures de sûreté plus favorables aux mineurs poursuivis et d'application immédiate aux procédures en cours	
Article L. 331-1, 2°	Définition de l'antécédent éducatif dans les conditions de placement sous contrôle judiciaire des mineurs âgés de 13 à 16 ans
Article L. 331-2	Obligations et interdictions auxquelles les mineurs peuvent être astreints dans le cadre d'un contrôle judiciaire
Article L. 333-1	Peine encourue minimale permettant un placement sous ARSE à l'égard des mineurs âgés de 16 à 18 ans
Article L. 334-5, 3°	Conditions de révocation des contrôles judiciaires et ARSE des mineurs âgés de 16 à 18 ans
Article L. 434-6	Durée de la détention provisoire entre la décision de renvoi devant le TPE et le jugement en TPE des mineurs âgés de 16 à 18 ans
Article L. 434-8	Durée de la détention provisoire entre la décision de renvoi devant le TPE et le jugement en TPE criminel des mineurs âgés de 13 à 16 ans

2. L'ENTRÉE EN VIGUEUR DES DISPOSITIONS PÉNALES DE FOND

2.1. Le principe de la rétroactivité *in mitius*

En application de l'article 112-1 du code pénal, les dispositions nouvelles relatives au droit pénal de fond ne s'appliquent pas aux faits commis avant leur entrée en vigueur, sauf quand ces lois apparaissent plus douces (rétroactivité *in mitius*).

Le code de la justice pénale des mineurs comporte très peu de dispositions nouvelles de droit pénal de fond. Le cas échéant, il convient d'appliquer celles qui sont plus douces, c'est-à-dire favorables à la personne poursuivie, aux faits commis avant l'entrée en vigueur du CJPM.

Tel sera notamment le cas pour la présomption d'absence de capacité de discernement des mineurs âgés de moins de 13 ans, qui sera donc applicable rétroactivement aux procédures en cours au jour de l'entrée en vigueur du CJPM, quelle que soit la date des faits.

2.2. L'application des nouvelles mesures éducatives

• En phase sentencielle et post-sentencielle

Dès lors que la mesure éducative judiciaire (MEJ) regroupe les mesures éducatives et sanctions éducatives existantes sous l'empire de l'ordonnance de 1945, la MEJ peut être prononcée dès l'entrée en vigueur du CJPM, y compris dans le cadre des procédures qui se déroulent sous l'empire de l'ordonnance du 2 février 1945.

En conséquence, seuls pourront être prononcés, à titre de sanction :

— l'avertissement judiciaire ; les mesures d'admonestation, de remise à parents et d'avertissement solennel disparaissent au 30 septembre 2021 ;

— la mesure éducative judiciaire, avec ses différents modules, interdictions et obligations.

En effet, dès le 30 septembre 2021, dans un souci d'harmonisation, de cohérence et de simplicité, il ne peut plus être prononcé de mesures de liberté surveillée, mise sous protection judiciaire, placement, réparation, mesure éducative d'accueil de jour, mesure d'activité de jour, ni de sanction éducative.

Quelle que soit *[Quels que soient]* la date des faits et le regime procédural sous lequel s'est déroulée la procédure (ordonnance du 2 février 1945 ou CJPM), les anciennes mesures et sanctions éducatives ne sont plus applicables *[En ce compris l'admonestation, l'avertissement solennel, la remise à parents, qui sont fusionnées dans l'avertissement judiciaire]*.

Toutefois les mesures éducatives prévues par l'ordonnance du 2 février 1945, prononcées avant l'entrée en vigueur du CJPM, et toujours en cours au 30 septembre 2021, continuent à produire leurs effets jusqu'à leur terme et peuvent être modifiées ou levées. Elles ne pourront pas être converties en MEJ.

Au cours de la phase post-sentencielle, il est recommandé d'utiliser le logiciel Wineurs, qui a été mis à jour.

• En phase présentencielle

Le même raisonnement doit être appliqué aux mesures éducatives provisoires. En effet, seule la mesure éducative judiciaire provisoire (MEJP) *[La MEJP a un contenu identique aux mesures de liberté surveillée préjudicielle, de réparation, de placement, à la mesures éducative d'accueil de jour, mesure d'activité de jour ordonnées dans un cadre présentenciel. La MEJP a vocation à remplacer ces mesures qui disparaissent.]* pourra être prononcée à compter de l'entrée en vigueur du CJPM, quelle que soit la date d'engagement des poursuites.

Les mesures éducatives provisoires issues de l'ordonnance du 2 février 1945, prononcées avant l'entrée en vigueur du CJPM, se poursuivent jusqu'à leur terme. Toutefois, il ne sera pas possible, via l'applicatif Cassiopée, de les modifier (ex. : renouvellement, changement de service). Si une modification s'avérait nécessaire, il conviendrait de prononcer la mainlevée de la mesure présentencielle et d'ordonner une nouvelle mesure éducative judiciaire provisoire (MEJP).

APPENDICE

RÉGIME ANTÉRIEUR

Ordonnance n° 45-174 du 2 février 1945 *[Abrogée]*,

Relative à l'enfance délinquante.

(Abrogée par Ord. n° 2019-950 du 11 sept. 2019, art. 7 et 9, mod. par L. n° 2020-734 du 17 juin 2020, art. 25, et L. n° 2021-218 du 26 févr. 2021, art. 2)

BIBL. ▶ *D. 1945. L. 169, commentaire Donnedieu de Vabres.*

L'Ord. n° 45-174 du 2 févr. 1945 relative à l'enfance délinquante est abrogée à compter du 30 sept. 2021 (Ord. n° 2019-950 du 11 sept. 2019, art. 7 et 9, mod. par L. n° 2020-734 du 17 juin 2020, art. 25, et L. n° 2021-218 du 26 févr. 2021, art. 2).

Dans toutes les dispositions de l'Ord. du 2 févr. 1945, les mots « mineurs » et « majeurs » sont respectivement substitués aux expressions « mineurs de dix-huit ans » et « majeurs de dix-huit ans » (L. n° 74-631 du 5 juill. 1974, art. 14).

V. Circ. CRIM. n° 2002-15 E8 du 7 nov. 2002 présentant les dispositions réformant le droit pénal des mineurs issues de la L. n° 2002-1138 du 9 sept. 2002 (BOMJ 2002, n° 88, p. 115 s.) et Circ. CRIM. n° 2002-17 relative à la politique pénale en matière de délinquance des mineurs (BOMJ 2002, n° 88, p. 247 s.).

V. Dir. n° 2016/800/UE du 11 mai 2016 relative à la mise en place de garanties procédurales en faveur des enfants qui sont des suspects ou des personnes poursuivies dans le cadre des procédures pénales, JOUE 21 mars 2016, L. 132/1 (T. Cassuto, Dernières directives relatives aux droits procéduraux, AJ pénal 2016. 314).

CHAPITRE PREMIER *[ABROGÉ]* **Dispositions générales**

Art. 1er ***Les mineurs auxquels est imputée une infraction qualifiée crime ou délit ne seront pas déférés aux juridictions pénales de droit commun et ne seront justiciables que des tribunaux pour enfants*** *(Abrogé par L. n° 2016-1547 du 18 nov. 2016, art. 29, à compter du 1er janv. 2017)* ***« , des tribunaux correctionnels pour mineurs »*** *(L. n° 51-687 du 24 mai 1951)* ***« ou des cours d'assises des mineurs ».***

(Ord. n° 58-1300 du 23 déc. 1958) ***« Ceux auxquels est imputée une contravention de police de 5e classe sont déférés aux juridictions pour enfants dans les conditions prévues à l'article 20-1. »*** — *Pour les autres contraventions de police, V. art. 21.*

Les dispositions relatives à la suppression des tribunaux correctionnels pour mineurs sont entrées en vigueur le 1er janv. 2017. Tous les mineurs renvoyés à cette date devant le tribunal correctionnel pour mineurs sont de plein droit renvoyés devant le tribunal pour enfants et tous les majeurs renvoyés à cette date devant le tribunal correctionnel pour mineurs sont de plein droit renvoyés devant le tribunal correctionnel, sans qu'il y ait lieu de renouveler les actes, formalités et jugements régulièrement intervenus avant cette date, à l'exception des convocations et citations données aux parties et aux témoins qui n'ont pas été suivies d'une comparution devant la juridiction supprimée. Lorsque le renvoi est décidé par une juridiction de jugement ou d'instruction au jour de la publication de la présente loi ou postérieurement, les mineurs relevant de la compétence du tribunal correctionnel pour mineurs en application de l'Ord. n° 45-174 du 2 févr. 1945 relative à l'enfance délinquante, dans sa rédaction antérieure à la présente loi, relèvent de la compétence du tribunal pour enfants et doivent être renvoyés devant ce dernier (L. n° 2016-1547 du 18 nov. 2016, art. 29).

BIBL. ▶ ANTONIU et DUVAC, *RID pén. 2002. 483.* – AUDÉOUX, *Rev. pénit. 2003. 29.* – AUTESSERRE, *RSC 2003. 309* . – BERNUZ-BENEITEZ, *Déviance et Société 2002. 343.* – BONFILS, *JCP 2004. I. 140 ; AJ pénal 2005. 45* *; Mél. Gassin, p. 97 ; Dr. pénal 2007. Étude 25 ; D. 2007. 1027* *; AJ pénal 2007. 363* *; ibid. 2009. 9* . – CARACINI, *Déviance et Société 2002. 329.* – BRIÈRE, *LPA 2002. n° 254. 4. 6.* – CARTUYVELS, *Déviance et Société 2002. 283.* – CASTAIGNE, *D. 2003. Chron.*

779 ✎. – Castella et Sanchez, *Dr. fam. 2002. Chron. 28.* – Chazal, *RSC 1973. 808 ; ibid. 1975. 891 ; ibid. 1979. 405.* – Chazal, Molines et Vérin, *RSC 1979. 47.* – Cimamonti, *Pb act. sc. crim. 2007. 90.* – Costa, *RSC 1979. 751.* – Crawfod, *Déviance et Société 2002. 387.* – Da Agra et Castro, *Déviance et Société 2002. 355.* – Dalloz, *Rev. pénit. 2006. 47.* – de La Cuesta, *RID comp. 2004-1. 159.* – Delanoé-Daoud, Vareilles-Sommières et Roth, *AJ pénal 2016. 16* ✎ s. (mineurs isolés étrangers devant le tribunal pour enfants de Paris). – Dunkel, *Déviance et Société 2002. 297.* – Gassin, *Rev. pénit. 2003. 805.* – Gautron, *AJ pénal 2007. 205* ✎. – Giacopelli, *JCP 2003. I. 139.* – Gouttenoire, *AJ pénal 2009. 13* ✎. – Grille, *AJ pénal 2005. 64* ✎. – Henri, *Rev. pénit. 1978. 115.* – Herzog-Evans, *AJ pénal 2007. 357* ✎. – Jacopin, *D. 2001. Chron. 2768* ✎. – Lazerges, *RSC 1995. 149* ✎ *; ibid. 1991. 414* ✎ *; Mél. Lombois, p. 527 ; RSC 2003. 172* ✎ *; ibid. 2008. 200* ✎ *; ibid. 2009. 226* ✎. – Legeais, *D. 1969. Chron. 87 ; Mél. Vincent, p. 203.* – Le Gunehec, *JCP 2002. Actu. 450.* – Leturmy, *Dr. pénal. 2007. Étude 10.* – Martaguet, *RI crim. et pol. techn. 1984. 480.* – Miranda Rodrigues, *RID pén. 2004. 461.* – Moreau, *RID pén. 2004. 151.* – Normandeau, *Rev. pénit. 2005. 371.* – Padfield, *RID comp. 2004. 175.* – Paravini, *AJ pénal 2005. 61* ✎. – Pédron, *Rev. pénit. 2009. 25.* – Perocheau, *RI crim. et pol. techn. 2000. 469.* – Pouyanne, *Dr. pénal 2003. Chron. 14.* – Renucci, *Justices 1998. 120 ; RSC 2000. 79* ✎. – Robert, *Dr. pénal 2007. Étude 20.* – Rosenczweig, *D. 2002. Point de vue 2339* ✎. – Sauvage, *AJ pénal 2005. 56* ✎. – Sultan, *AJ pénal 2007. 215* ✎. – Thomas, *RSC 1990. 417* ✎. – Vireda, *RI crim. et pol. techn. 2006. 57.* – Zappala, *Rev. pénit. 2006. 57.*

I. PRINCIPE DE LA COMPÉTENCE PERSONNELLE

A. UN PRÉALABLE : L'ÂGE DU DÉLINQUANT

1° PRISE EN COMPTE DE L'ÂGE

1. *Précision de l'âge.* C'est par l'âge du prévenu ou de l'accusé au jour, non des poursuites, mais de la perpétration des crimes ou délits que se détermine la compétence des tribunaux pour enfants. • Crim. 21 mars 1947 : *Bull. crim. n° 88* • 22 avr. 1948 : *ibid. n° 116 ; S. 1948.1.130.*

2. L'âge d'une personne est déterminé par le temps écoulé depuis sa naissance, calculé d'heure en heure. • Crim. 3 sept. 1985, ⚖ n° 85-93.591 P : *Gaz. Pal. 1986. 1. 20, note Doucet ; RSC 1986. 355, obs. Vitu ; RSC 1986. 647, obs. Braunschweig.*

3. *Preuve de l'âge.* Devant les juridictions répressives, la preuve de l'âge réel d'un inculpé, d'un prévenu ou d'un accusé de nationalité étrangère peut être rapportée par tout moyen, et aucune force probante irréfragable ne s'attache aux actes de l'état civil des pays étrangers. • Crim. 17 juill. 1991, ⚖ n° 91-82.771 P. ♦ ... Sur le contrôle de l'autorité desquels la France n'a aucune compétence. • Crim. 13 oct. 1986, ⚖ n° 86-94.023 P : *RSC 1987. 863, obs. Vitu.* ♦ Justifie, en conséquence, sa décision, la chambre d'accusation qui motive la compétence de la juridiction de renvoi par le résultat d'expertises et de contre-expertises judiciaires, alors que l'inculpé faisait état d'un acte de naissance délivré dans son pays d'origine. • Crim. 13 oct. 1986 : ⚖ *préc.* ♦ ... Ou encore se fonde sur divers documents, alors que l'inculpé faisait état des mentions portées sur le livret de famille de ses parents. • Crim. 17 juill. 1991 : ⚖ *préc.*

4. Devant les juridictions répressives, la preuve de l'âge réel d'un prévenu ou d'un accusé peut être rapportée par tout moyen ; ainsi, une cour d'assises apprécie souverainement, au vu des éléments de preuve contradictoirement débattus, si, contrairement à la date de naissance figurant dans un acte d'état civil dont la mention, sur ce point, reprise d'un acte d'état civil étranger, ne valait pas jusqu'à inscription de faux, l'accusé était âgé de plus de seize ans au moment des faits qui lui sont reprochés. • Crim. 1er déc. 1999, ⚖ n° 98-87.158 P : *RSC 2000. 602, obs. Bouloc* ✎. ♦ La preuve de l'âge réel d'un inculpé, d'un prévenu ou d'un accusé de nationalité étrangère peut être rapportée par tous moyens, notamment par expertises médicales. Justifie en conséquence sa décision la chambre d'accusation qui, après avoir estimé que, charges suffisantes de faits criminels imputés à un étranger avaient été recueillies, décerne contre lui ordonnance de prise de corps et le renvoie devant la cour d'assises des mineurs, en motivant la compétence de la juridiction de renvoi par le résultat d'expertises et de contre-expertises judiciaires fixant à 17 ans et demi environ l'âge de l'auteur apparent des actes criminels, au jour de leur perpétration, alors que l'inculpé faisait état d'un acte de naissance délivré dans son pays d'origine lui attribuant moins de 16 ans lors desdits crimes. En effet, aucun texte légal français ne donne force probante irréfragable aux actes de l'état civil des pays étrangers sur le contrôle de l'autorité desquels la France n'a aucune compétence, tandis qu'en droit pénal français la preuve peut se faire par tout moyen. • Crim. 13 oct. 1986, ⚖ n° 86-94.023 P : *RSC 1987. 863 obs. Vitu.* ♦ Devant les juridictions répressives, la preuve de l'âge réel d'un inculpé, d'un prévenu ou d'un accusé de nationalité étrangère peut être rapportée par tout moyen, et aucune force probante irréfragable ne s'attache aux actes de l'état civil des pays étrangers. Justifie, en conséquence, sa décision, la chambre d'accusation qui, pour renvoyer un ressortissant étranger devant la cour d'assises des mineurs à raison d'un crime de viol, au motif qu'il avait 16 ans au moment de la perpétration des faits, se fonde sur divers documents, alors que l'inculpé faisait état des mentions portées sur le livret de famille de ses parents, lesquelles lui attribuaient moins de 16 ans à la date du crime. • Crim. 17 mai 1991, n° 91-82.771 P.

5. En application de l'art. 1er de l'Ord. du 2 févr. 1945, les mineurs auxquels est imputé un délit ne peuvent être déférés aux juridictions pénales de droit commun et ne sont justiciables que des tribunaux pour enfants. Selon l'art. 388 C. civ., les examens radiologiques osseux aux fins de détermination de l'âge, en l'absence de documents d'identité valables et lorsque l'âge allégué n'est pas vraisemblable, ne peuvent être réalisés que sur décision de l'autorité judiciaire et après recueil de l'accord de l'intéressé. Les conclusions de ces examens, qui doivent préciser la marge d'erreur, ne peuvent à elles seules permettre de déterminer si l'intéressé est mineur. Le doute profite à l'intéressé. • Crim. 11 déc. 2019, n° 18-84.938 P : *D. actu. 16 janv. 2020, obs. Charlent.*

6. *Discernement.* Le juge de la répression doit, à l'égard d'un prévenu âgé de moins de 18 ans, examiner et résoudre, avant toute condamnation, et à peine de nullité, la question de discernement. • Crim. 5 févr. 1931 : *Bull. crim. n° 35* • 26 juin 1949 : *Bull. crim. n° 172.*

7. Si les art. 1er et 2 de l'ordonnance du 2 févr. 1945, modifiés par la loi du 24 mai 1951, posent le principe de l'irresponsabilité pénale du mineur, abstraction faite du discernement de l'intéressé, et déterminent les juridictions compétentes pour statuer lorsqu'un fait qualifié crime ou délit est imputé à des mineurs de 18 ans, et pour prendre à l'égard de ces mineurs des mesures de redressement appropriées, encore faut-il, conformément aux principes généraux du droit, que le mineur dont la participation à l'acte matériel à lui reproché est établie, ait compris et voulu cet acte ; toute infraction, même non intentionnelle, suppose en effet que son auteur ait agi avec intelligence et volonté. • Crim. 13 déc. 1956, *Laboube : Bull. crim. n° 840 ; D. 1957. 349, note Patin.* ♦ Cassation de : • Colmar, 1er déc. 1953 : *S. 1954. 2. 65.*

8. En énonçant qu'un enfant de 9 ans avait « volontairement allumé l'incendie » qui avait détruit un camion et divers biens immobiliers, une cour d'appel a, par ce seul motif, justifié sa décision de déclarer ce mineur coupable d'incendie volontaire. • Cass., ass. plén., 9 mai 1984, n° 82-82.834 P : *D. 1984. 525 (1re esp.), concl. Cabannes et note Chabas ; JCP 1984. II. 20291, rapp. Fédou.*

2° ERREUR SUR L'ÂGE

9. *Usurpation de l'identité d'un majeur.* Aux termes de l'art. 1er de l'Ord. n° 45-174 du 2 févr. 1945, le mineur de dix-huit ans auquel est imputée une infraction qualifiée, délit ne peut être déféré aux juridictions pénales de droit commun et n'est justiciable que du tribunal pour enfants ; si un prévenu, poursuivi pour des faits commis alors qu'il était mineur, usurpe l'identité d'un majeur et est condamné comme tel, méconnaît l'art. 1er de l'Ord. du 2 févr. 1945 la cour d'appel qui, sur l'appel de ce prévenu, limité aux dispositions pénales, et celui du ministère public, confirme le jugement sur la déclaration de culpabilité, et le réforme partiellement sur la peine ; en effet, en l'état de la véritable identité du prévenu révélée depuis lors, il apparaît que celui-ci étant mineur au moment des faits, les juridictions correctionnelles ne pouvaient statuer sur la poursuite sans méconnaître le texte susvisé ; la cassation est ainsi encourue dans l'intérêt de la loi et de la personne condamnée, sans toutefois pouvoir préjudicier aux droits acquis par les parties civiles. • Crim. 30 mars 1999, n° 98-86.238 P : *D. 1999. IR 130 ; Gaz. Pal. 20-22 juin 1999. chron. 4, note Doucet.* ♦ Mais dans le cas où les autorités chargées de l'enquête et de l'instruction n'avaient pu mettre en œuvre que le régime juridique applicable aux majeurs, le suspect, mineur, ayant affirmé être majeur, ayant été interpellé au volant d'un véhicule, fourni une fausse identité et justifié celle-ci par la production d'un permis de conduire falsifié, puis réitéré ses fausses déclarations devant le juge d'instruction et devant le juge des libertés et de la détention, encourt la cassation l'arrêt par lequel une chambre de l'instruction avait annulé l'intégralité d'une procédure pour violation des dispositions de l'Ord. du 2 févr. 1945. • Crim. 19 déc. 2017, n° 17-86.113 : *D. actu. 2 févr. 2018, obs. Fonteix ; D. 2018. Pan. 1664, note Bonfils et Gouttenoire .*

10. *Poursuite d'un mineur devant la juridiction des majeurs.* Lorsqu'en violation de l'art. 1er de l'ordonnance du 2 févr. 1945, un mineur de 18 ans a été poursuivi devant la juridiction correctionnelle de droit commun, après information préalable, il y a lieu, sur le pourvoi formé dans l'intérêt de la loi et du condamné, d'annuler, non seulement la décision de condamnation, mais encore l'ordonnance de mise en prévention, et de renvoyer la cause devant le juge d'instruction des mineurs pour être procédé conformément aux prescriptions de l'ordonnance susvisée. • Crim. 12 janv. 1955 : *Bull. crim. n° 28* • 3 déc. 1957 : *Bull. crim. n° 793* • 22 janv. 1974, n° 73-93.109 P. ♦ Encourt la cassation le jugement du tribunal correctionnel qui statue sur des poursuites exercées par voie de citation directe contre un mineur de 18 ans en violation de l'art. 1er de l'ordonnance du 2 févr. 1945 (alors même que la justice eût été trompée sur l'âge réel des prévenus) ; la Cour de cassation ordonne alors le renvoi des pièces de la procédure au procureur de la République compétent aux fins qu'il appartiendra. • Crim. 24 mai 1951 : *Bull. crim. n° 142* • 5 déc. 1956 : *Bull. crim. n° 810* • 11 juin 1969, n° 68-90.760 P : *Gaz. Pal. 1969. 2. 140* • 25 avr. 1978, n° 77-92.987 P.

11. *Poursuite d'un majeur devant la juridiction des mineurs.* Encourt la cassation le jugement du tribunal pour enfants qui statue sur des poursuites relatives à des faits commis par un prévenu alors qu'il était majeur pénal. • Crim. 12 juin 1976, n° 76-90.908 P. ♦ La procédure antérieure à cette décision, diligentée non par un juge d'instruction mais par le juge des enfants, est annulée, à l'exclusion de l'enquête préliminaire. • Crim. 12 juin 1976 : *préc.*

B. UNE CONSÉQUENCE : DES RÈGLES SPÉCIALES

12. Qualification. Conformément aux dispositions de l'art. 1er de l'Ord. du 2 févr. 1945, les actes délictueux commis par des mineurs de moins de 18 ans, quel que soit leur âge, ne perdent pas leur caractère de crime, de délit ou de contravention. • Aix-en-Provence, 11 juill. 1968 : *Gaz. Pal. 1968. 2. 316.*

13. Privilège de juridiction. Aux termes de l'art. 1er de l'Ord. du 2 févr. 1945, le mineur de 18 ans auquel est imputée une infraction qualifiée délit ne peut être déféré aux juridictions pénales de droit commun et n'est justiciable que du tribunal pour enfants ; cette disposition, édictée dans l'intérêt du mineur, est impérative et substantielle. • Crim. 24 juin 1953 : *Bull. crim. n° 223* • 12 janv. 1955 : *ibid. n° 28* • 3 déc. 1957 : *ibid. n° 793* • 11 juin 1969 : *ibid. n° 195 ; Gaz. Pal. 1969. 2. 140* • 3 nov. 1972 : *Bull. crim. n° 319* • 22 janv. 1974 : *ibid. n° 33* • 25 avr. 1978 : *ibid. n° 129.* ♦ V aussi : • Crim. 9 nov. 1988, n° 88-82.635.

14. L'appel des décisions du tribunal pour enfants est jugé par la cour d'appel lors d'une audience spéciale dans les mêmes conditions qu'en première instance et par une formation comprenant le conseiller délégué à la protection de l'enfance. • Crim. 4 oct. 2006 : *Rev. pénit. 2007. 214, obs. Gouttenoire.* ♦ Il se déduit de la combinaison de l'art. 1er de l'Ord. n° 45-174 du 2 févr. 1945 relative à l'enfance délinquante, de l'art. 380-5 et de l'art. L. 312-6 COJ que l'appel formé contre le seul arrêt rendu sur l'action civile, par la cour d'assises des mineurs, est porté devant la chambre spéciale des mineurs de la cour d'appel. • Crim. 28 mars 2012, n° 11-80.011 P : *D. actu. 10 avr. 2012, obs. Bombled ; D. 2012. Actu. 948 ; RSC 2012. 893, obs. Boccon-Gibod ; AJ pénal 2012. 485, obs. Lasserre Capdeville ; Rev. pénit. 2012. 687, obs. Guérin.*

II. EXCEPTIONS AU PRINCIPE DE LA COMPÉTENCE PERSONNELLE

15. Compétence des juridictions militaires. Aux termes de l'art. 3 de la loi du 15 sept. 1948, les mineurs de 18 ans sont justiciables du tribunal militaire, nonobstant les dispositions de l'art. 1er de l'Ord. du 2 févr. 1945. • Crim. 3 août 1950 : *Bull. crim. n° 227.*

16. Compétence du juge de proximité. Le jugement des contraventions des quatre premières classes commises par des mineurs relevait, depuis l'entrée en vigueur de l'Ord. du 2 févr. 1945, du tribunal de police. Pour les contraventions prévues par le décret mentionné au nouvel art. 706-72, le juge de proximité se substituera au tribunal de police en appliquant les mêmes règles de procédure et de fond, En particulier, conformément aux dispositions inchangées sur ce point de l'art. 21 de l'Ord. du 2 févr. 1945, les mineurs de treize ans ne seront passibles que d'une admonestation. De même, la publicité des débats sera soumise aux restrictions prévues par l'art. 14 de la même ordonnance. Par suite, les dispositions critiquées ne portent pas atteinte aux principes constitutionnels propres à la justice des mineurs. • Cons. const. 29 août 2002, n° 2002-461 DC, cons. 51 : *JO 10 sept. 2002, p. 14953.* ♦ V. aussi art. 21, Ord. du 2 févr. 1945.

Art. 2 *(L. n° 51-687 du 24 mai 1951)* ***Le tribunal pour enfants*** *(Abrogé par L. n° 2016-1547 du 18 nov. 2016, art. 29, à compter du 1er janv. 2017) (L. n° 2011-939 du 10 août 2011, art. 25-1°* ***« , le tribunal correctionnel pour mineurs » et la cour d'assises des mineurs prononceront, suivant les cas, les mesures de protection, d'assistance, de surveillance et d'éducation qui sembleront appropriées.***

(L. n° 2002-1138 du 9 sept. 2002, art. 12) ***« Ils pourront cependant, lorsque les circonstances et la personnalité des mineurs l'exigent, soit prononcer une sanction éducative à l'encontre des mineurs de dix à dix-huit ans, conformément aux dispositions de l'article 15-1, soit prononcer une peine à l'encontre des mineurs de treize à dix-huit ans en tenant compte de l'atténuation de leur responsabilité pénale, conformément aux dispositions des articles 20-2 à 20-9. »*** *(L. n° 2011-939 du 10 août 2011, art. 25-2°)* ***« Dans ce second cas, s'il est prononcé une peine d'amende, de travail d'intérêt général ou d'emprisonnement avec sursis, ils pourront également prononcer une sanction éducative. »***

(L. n° 92-1336 du 16 déc. 1992) ***« Le tribunal pour enfants*** *(L. n° 2016-1547 du 18 nov. 2016, art. 29, en vigueur le 1er janv. 2017)* ***« ne peut » prononcer une peine d'emprisonnement, avec ou sans sursis, qu'après avoir spécialement motivé le choix de cette peine. »***

(L. n° 2016-1547 du 18 nov. 2016, art. 30) ***« Lorsqu'il prononce une condamnation pénale, le tribunal pour enfants peut, en outre, si la personnalité du mineur le justifie, prononcer l'une des mesures éducatives mentionnées aux articles 12-1, 16, 16 bis et 16 ter et au chapitre IV en conformité avec les modalités d'application définies aux mêmes articles ; dans les mêmes conditions, la cour d'assises des mineurs peut prononcer une condamnation pénale et des mesures éducatives selon les modalités prévues au dernier alinéa de l'article 20.***

« Dans tous les cas, lorsqu'une juridiction spécialisée pour mineurs prononce l'une des mesures mentionnées aux articles 15, 16 et 28, elle peut, en outre, placer le mineur, jusqu'à un âge qui ne peut excéder celui de la majorité, sous le régime de la liberté surveillée. »

I. APPLICATION DE PRINCIPE DES MESURES ÉDUCATIVES

1. *Primauté des mesures éducatives.* La nécessité de rechercher le relèvement éducatif et moral des enfants délinquants par des mesures adaptées à leur âge et à leur personnalité, prononcées par une juridiction spécialisée ou selon des procédures appropriées a été constamment reconnue par les lois de la République depuis le début du vingtième siècle. • Cons. const., 29 août 2002, n° 2002-461 DC, cons. 26 : *JO 10 sept. 2002, p. 14953 ; Gaz. Pal. 4-5 sept. 2002, p. 3, note Schoettl.* ♦ V. aussi pour une autre prise en compte de la primauté des mesures éducatives : le législateur n'a pas entendu écarter les dispositions des art. 2 et 20 de l'Ord. du 2 févr. 1945 en vertu desquelles la juridiction compétente à l'égard d'un mineur prononce une mesure de protection, d'assistance, de surveillance et d'éducation et peut cependant appliquer une sanction pénale si elle l'estime nécessaire. • Cons. const., 9 août 2007, n° 2007-554 DC, cons. 25 : *JO 11 août 2007, p. 13478.*

2. Toutefois, un mineur âgé de moins de 10 ans auquel est imputée la commission d'une infraction ne peut faire l'objet que d'une mesure éducative, à l'exclusion de toute peine ou sanction éducative. Dès lors fait une exacte application du principe d'interprétation stricte de la loi pénale figurant à l'art. 111-4 C. pén. la cour d'appel qui, pour relaxer une institutrice citée par les parents d'un enfant âgé de 8 ans et demi, dont elle avait dénoncé au procureur de la République un acte supposé de violence à son égard, énonce que le dépôt de plainte de l'intéressée n'était pas susceptible d'exposer le mineur à l'une des sanctions prévues par l'art. 226-10 du même code. • Crim. 19 juin 2012, n° 11-85.324 P : *D. 2012. Actu. 1888 ; ibid. 2084, note Detraz ; Dr. pénal 2012, n° 126, obs. Véron ; Rev. pénit. 2012. 686, obs. Guérin.*

3. *Conséquences sur l'inscription dans un fichier.* Une mesure de protection judiciaire prononcée à l'égard d'un mineur par un tribunal pour enfants ne constitue pas une condamnation pénale permettant, en application des dispositions de l'art. 706-54, al. 1er, l'inscription au fichier national automatisé des empreintes génétiques. • Crim. 12 sept. 2007, n° 06-85.687 P.

II. APPLICATION EXCEPTIONNELLE DE SANCTIONS

A. SANCTIONS ÉDUCATIVES

4. *Nature des sanctions éducatives.* Les principes constitutionnels propres à la justice des mineurs ne s'opposent pas à ce que leur soient infligées des sanctions éducatives, lesquelles ont toutes, au demeurant, une finalité éducative. En particulier, en application du principe de proportionnalité des peines, ces sanctions prendront naturellement en compte les obligations familiales et scolaires des intéressés. • Cons. const., 29 août 2002, n° 2002-461 DC, cons. 32 : *préc. note 1.*

5. *Inapplicabilité aux majeurs.* Les sanctions éducatives ne sont pas applicables au prévenu mineur au moment des faits mais devenu majeur au jour du jugement. • Crim. 8 nov. 2016, n° 15-86.763 : *Gaz. Pal. 24 janv. 2017, p. 46, note Detraz.*

B. SANCTIONS PÉNALES

6. *Condamnation pénale.* En prononçant une condamnation pénale contre un mineur de 16 ans, prévenu de violences volontaires, au motif qu'« au vu des renseignements fournis » le tribunal estime devoir prononcer une telle condamnation, les juges ont suffisamment motivé leur décision sur ce point. • Crim. 26 juill. 1960 : *Bull. crim. n° 397.*

7. Le fait que la cour d'appel a prononcé une peine d'amende avec sursis contre un mineur implique que les circonstances et la personnalité dudit mineur exigeaient à son encontre l'application de l'art. 2, al. 2, de l'ordonnance du 2 févr. 1945. • Crim. 9 mai 1961 : *Bull. crim. n° 243.* ♦ Contrairement à ce qui est allégué, la cour d'appel pouvait, en application des art. 2, al. 2, et 20-3 Ord. du 2 févr. 1945, prononcer à l'encontre du prévenu, mineur âgé de plus de treize ans, une peine d'amende. • Crim. 9 janv. 2002, n° 01-84.693.

8. Pour une hypothèse où a été prononcé un emprisonnement avec sursis probatoire, afin de donner au mineur des chances de bénéficier d'une rééducation et d'échapper ainsi à l'application d'une sanction pénale énergique. • T. enfants Saint-Étienne, 6 févr. 1964 : *D. 1964. 192, note Prélot ; RSC 1964. 608, obs. Légal.*

9. *Responsabilité de la puissance publique.* BIBL. Gazagnes, *Gaz. Pal. 2000. 2. Doctr. 1147* (la responsabilité de l'État du fait des délits commis par des mineurs délinquants non emprisonnés). ♦ Il résulte de l'ensemble des prescriptions de l'ordonnance du 2 févr. 1945 relative à l'enfance délinquante que le législateur a entendu mettre en œuvre, en ce domaine, des méthodes nouvelles de rééducation caractérisées par la substitution au régime antérieur d'incarcération d'un système plus libéral d'internat surveillé. De telles méthodes créent un risque spécial pour les tiers résidant dans le voisinage lesquels ne bénéficient plus des règles de discipline anciennement en vigueur. Dès lors, la responsabilité du service public en raison de dommages causés aux tiers par des pensionnaires de tels établissements ne saurait être subordonnée à la preuve d'une faute commise par l'administration mais découle des conditions mêmes de fonctionnement du service. • CE 3 févr. 1956, *Min. Justice c/ Thouzellier : Lebon 49 ; AJDA 1956. 96, chron. Gazier ; D. 1956. 597, note Auby ; JCP 1956. II. 9608, note Lévy ; RD publ. 1956. 854,* *note Waline ; RPDA 1956. 51, note Bénoit.* ♦ Sur l'application de la responsabilité sans faute alors que le dommage a été causé loin de l'établissement de surveillance : • CE 9 mars 1966, *Min. Justice c/ Trouillet : Lebon 201 ; JCP 1966. II. 14811, concl. Braibant et note Moderne ; AJDA 1966. II. 520, obs. A. de L. ; RDSS 1967. 168, obs. Durry.* ♦ Sur la responsabilité sans faute de l'État sans qu'il y ait lieu de distinguer selon que le mineur délinquant a été confié à une institution publique ou privée spécialisée, dès lors que les mêmes méthodes de rééducation sont pratiquées dans les deux catégories d'institution. • CE 19 déc. 1969, *Ets Delannoy : Lebon 595 ; D. 1970. 268, note Garrigou-Lagrange ; RD publ. 1970. 787, concl. Grévisse et 1120, note Waline ; AJDA 1970. 99, chron. Denoix de Saint-Marc et Labetoulle ; RDSS 1970. 64, note Lavagne et 178, note Moderne ; JCP 1971. I. 2389, chron. Robert.* ♦ Sur l'extension de la responsabilité sans faute de l'État pour des dommages causés aux tiers par un mineur, confié à la garde d'une personne digne de confiance, pendant la phase d'instruction d'une infraction le mettant en cause. • CE 5 déc. 1997, *Min. Justice c/ Pelle : Lebon 481 ; D. 1999. Somm. 50, obs. Bon et de Béchillon ; RFDA 1998. 569, concl. Bonichot ; ibid. 574, obs. Dietsch ; ibid. 575, note Guettier.*

Art. 3 *(L. nº 51-687 du 24 mai 1951)* ***Sont compétents le tribunal pour enfants*** *(Abrogé par L. nº 2016-1547 du 18 nov. 2016, art. 29, à compter du 1er janv. 2017) (L. nº 2011-939 du 10 août 2011, art. 25-1º)* ***« , le tribunal correctionnel pour mineurs » ou la cour d'assises des mineurs du lieu de l'infraction, de la résidence du mineur ou de ses parents ou tuteur, du lieu où le mineur aura été trouvé ou du lieu où il a été placé soit à titre provisoire, soit à titre définitif.***

Art. 3-1 *(L. nº 2019-222 du 23 mars 2019, art. 94, en vigueur le 1er juin 2019)* ***Lorsqu'un mineur est entendu librement en application de l'article 61-1 du code de procédure pénale, l'officier ou l'agent de police judiciaire doit en informer par tout moyen les parents, le tuteur, la personne ou le service auquel le mineur est confié.***

Il en est de même lorsqu'il est procédé aux opérations prévues à l'article 61-3 du même code.

Lorsque l'enquête concerne un crime ou un délit puni d'une peine d'emprisonnement et que le mineur n'a pas sollicité l'assistance d'un avocat en application des mêmes articles 61-1 et 61-3, cette demande peut également être faite par ses représentants légaux, qui sont alors avisés de ce droit lorsqu'ils sont informés en application des deux premiers alinéas du présent article. Lorsque le mineur ou ses représentants légaux n'ont pas sollicité la désignation d'un avocat, le procureur de la République, le juge des enfants, le juge d'instruction ou l'officier ou l'agent de police judiciaire doit informer par tout moyen et sans délai le bâtonnier afin qu'il en commette un d'office, sauf si le magistrat compétent estime que l'assistance d'un avocat n'apparaît pas proportionnée au regard des circonstances de l'espèce, de la gravité de l'infraction, de la complexité de l'affaire et des mesures susceptibles d'être adoptées en rapport avec celle-ci, étant entendu que l'intérêt supérieur de l'enfant demeure toujours une considération primordiale.

V. C. pr. pén., art. 61-1 et D. 594-16 s.

Art. 4 *(L. nº 94-89 du 1er févr. 1994)* ***« I. — Le mineur de treize ans ne peut être placé en garde à vue. Toutefois, à titre exceptionnel, le mineur de dix à treize ans contre lequel il existe*** *(L. nº 2002-1138 du 9 sept. 2002, art. 16)* ***« des indices graves ou concordants » laissant présumer qu'il a commis ou tenté de commettre un crime ou*** *(L. nº 2002-1138 du 9 sept. 2002, art. 16)* ***« un délit puni d'au moins cinq ans d'emprisonnement » peut,*** *(L. nº 2011-392 du 14 avr. 2011)* ***« pour l'un des motifs prévus par l'article 62-2 du code de procédure pénale*** *[ancienne rédaction : pour les nécessités de l'enquête]* ***», être retenu à la disposition d'un officier de police judiciaire avec l'accord préalable et sous le contrôle d'un magistrat du ministère public ou d'un juge d'instruction spécialisés dans la protection de l'enfance ou d'un juge des enfants, pour une durée que ce magistrat détermine et*** *(L. nº 2002-1138 du 9 sept. 2002, art. 16)* ***« qui ne saurait excéder douze heures ». Cette retenue peut toutefois être prolongée à titre exceptionnel par décision motivée de ce magistrat*** *(L. nº 2002-1138 du 9 sept. 2002, art. 16)* ***« pour une durée qui ne saurait non plus excéder douze heures », après présentation devant lui du mineur, sauf si les circonstances rendent cette présentation impossible. Elle doit être strictement limitée au temps nécessaire à la déposition du mineur et à sa présentation devant le magistrat compétent ou à sa remise à l'une des personnes visées au II du présent article.***

« Les dispositions des II, III *(L. nº 2019-222 du 23 mars 2019, art. 94, en vigueur le 1er juin 2019)* ***« , IV et VI » du présent article*** *(L. nº 2014-535 du 27 mai 2014, art. 5, en vigueur le 2 juin 2014)* ***« et de l'article 803-6 du code de procédure pénale » sont applicables.*** *(Abrogé par L. nº 2016-1547 du 18 nov. 2016, art. 31, à compter du 1er janv. 2017)* ***« Lorsque le mineur ou ses représentants légaux n'ont pas désigné d'avocat, le procureur de la République, le juge chargé de l'instruction ou l'officier de police judiciaire doit, dès le début de la retenue, informer par tout moyen et sans délai le bâtonnier afin qu'il commette un avocat d'office ». »***

(L. nº 93-1013 du 24 août 1993) ***« II. — Lorsqu'un mineur est placé en garde à vue, l'officier de police judiciaire*** *(L. nº 2011-392 du 14 avr. 2011)* ***« doit, dès que le procureur de la Répu-***

blique ou le juge chargé de l'information a été avisé de cette mesure, en informer » les parents, le tuteur, la personne ou le service auquel est confié le mineur. — V. C. pr. pén., art. D. 15-6-1.

« Il ne peut être dérogé aux dispositions de l'alinéa précédent que (L. n° 2016-731 du 3 juin 2016, art. 63, en vigueur le 15 nov. 2016) ***« pour permettre le recueil ou la conservation des preuves ou pour prévenir une atteinte grave à la vie, à la liberté ou à l'intégrité physique d'une personne, sur décision du procureur de la République ou du juge chargé de l'information prise au regard des circonstances de l'espèce, » et pour la durée que le magistrat détermine et qui ne peut excéder vingt-quatre heures ou, lorsque la garde à vue ne peut faire l'objet d'une prolongation, douze heures.***

« III. — Dès le début de la garde à vue d'un mineur de seize ans, le procureur de la République ou le juge chargé de l'information doit désigner un médecin qui examine le mineur dans les conditions prévues par (L. n° 2011-392 du 14 avr. 2011) ***« l'article 63-3 » du code de procédure pénale.***

(L. n° 2011-392 du 14 avr. 2011) ***« Lorsqu'un mineur de plus de seize ans est placé en garde à vue, ses représentants légaux sont avisés de leur droit de demander un examen médical lorsqu'ils sont informés de la garde à vue en application du II du présent article. »*** (L. n° 2019-222 du 23 mars 2019, art. 94, en vigueur le 1er juin 2019) ***« L'avocat du mineur peut également demander que celui-ci fasse l'objet d'un examen médical. »***

« IV. — (L. n° 2011-392 du 14 avr. 2011) ***« Dès le début de la garde à vue, le mineur*** (L. n° 2016-1547 du 18 nov. 2016, art. 31, en vigueur le 1er janv. 2017) ***« doit » être assisté par un avocat,*** (L. n° 2016-1547 du 18 nov. 2016, art. 31, en vigueur le 1er janv. 2017) ***« dans les conditions prévues » aux articles 63-3-1 à 63-4-3 du code de procédure pénale. » Il doit être immédiatement informé de ce droit. Lorsque le mineur n'a pas sollicité l'assistance d'un avocat, cette demande peut également être faite par ses représentants légaux, qui sont alors avisés de ce droit lorsqu'ils sont informés de la garde à vue en application du II du présent article*** [Dispositions déclarées non conformes à la Constitution par décision du Conseil constitutionnel n° 93-326 DC du 11 août 1993]. (L. n° 2016-1547 du 18 nov. 2016, art. 31, en vigueur le 1er janv. 2017) ***« Lorsque le mineur ou ses représentants légaux n'ont pas désigné d'avocat, le procureur de la République, le juge chargé de l'instruction ou l'officier de police judiciaire doit, dès le début de la garde à vue, informer par tout moyen et sans délai le bâtonnier afin qu'il en commette un d'office. »***

« V. — (L. n° 94-89 du 1er févr. 1994) ***« En cas de délit puni d'une peine inférieure à cinq ans d'emprisonnement, la garde à vue » d'un mineur âgé de treize à seize ans ne peut être prolongée.***

« Aucune mesure de garde à vue ne peut être prolongée sans présentation préalable du mineur (Abrogé par L. n° 94-89 du 1er févr. 1994) ***« de plus de treize ans » au procureur de la République ou au juge »*** (L. n° 2004-204 du 9 mars 2004, art. 14-VI) ***« d'instruction du lieu d'exécution de la mesure ».*** (Abrogé par L. n° 2004-204 du 9 mars 2004, art. 14-VI) ***« En cas d'urgence, il peut être fait application des dispositions du deuxième alinéa de l'article 7. »***

(L. n° 2000-516 du 15 juin 2000, art. 14, en vigueur le 16 juin 2001 ; L. n° 2007-291 du 5 mars 2007, art. 29, en vigueur le 1er juill. 2007) ***« VI. — Les interrogatoires des mineurs placés en garde à vue visés à l'article 64 du code de procédure pénale font l'objet d'un enregistrement audiovisuel.***

« L'enregistrement ne peut être consulté, au cours de l'instruction ou devant la juridiction de jugement, qu'en cas de contestation du contenu du procès-verbal d'interrogatoire, sur décision du juge d'instruction, du juge des enfants ou de la juridiction de jugement, à la demande du ministère public ou d'une des parties. Les huit derniers alinéas de l'article 114 ne sont pas applicables. Lorsqu'une partie demande la consultation de l'enregistrement, cette demande est formée et le juge d'instruction statue conformément aux deux premiers alinéas de l'article 82-1 du code de procédure pénale.

« Le fait, pour toute personne, de diffuser un enregistrement original ou une copie réalisée en application du présent article est puni d'un an d'emprisonnement et de 15 000 € d'amende.

« Lorsque l'enregistrement ne peut être effectué en raison d'une impossibilité technique, il en est fait mention dans le procès-verbal d'interrogatoire qui précise la nature de cette impossibilité. Le procureur de la République ou le juge d'instruction en est immédiatement avisé. (L. n° 2019-222 du 23 mars 2019, art. 94, en vigueur le 1er juin 2019) ***« En l'absence d'enregistrement, que cette absence ait fait ou non l'objet d'une mention dans le procès-verbal et d'un avis au magistrat compétent, aucune condamnation ne peut être prononcée sur le seul fondement des déclarations du mineur si celles-ci sont contestées. »***

« A l'expiration d'un délai de cinq ans à compter de la date de l'extinction de l'action publique, l'enregistrement original et sa copie sont détruits dans le délai d'un mois.

« Un décret précise en tant que de besoin les modalités d'application du présent VI. »

(L. n° 2004-204 du 9 mars 2004, art. 14-VI) ***« VII. —*** (L. n° 2011-392 du 14 avr. 2011) ***« L'article 706-88 du code de procédure pénale, à l'exception de ses*** (L. n° 2014-535 du 27 mai 2014, art. 4, en vigueur le 2 juin 2014) ***« sixième à*** (L. n° 2014-790 du 10 juill. 2014, art. 13)

« huitième » alinéas, est applicable » au mineur de plus de seize ans lorsqu'il existe une ou plusieurs raisons plausibles de soupçonner qu'une ou plusieurs personnes majeures ont participé, comme auteurs ou complices, à la commission de l'infraction. »

V. C. pr. pén., art. 63-1 et D. 594-16 s. — **C. pr. pén.**

Les dispositions issues de la L. n° 2004-204 du 9 mars 2004 sont entrées en vigueur le 1er oct. 2004, celles de la L. n° 2011-392 du 14 avr. 2011 le 1er juin 2011, et celles de la L. n° 2014-535 du 27 mai 2014 le 2 juin 2014.

Les dispositions de la L. n° 2016-731 du 3 juin 2016 sont applicables dans les îles Wallis-et-Futuna, en Polynésie française et en Nouvelle-Calédonie (L. préc., art. 119-I).

V. Circ. CRIM. 01-5 E6 du 9 mai 2001 relative à l'enregistrement audiovisuel de l'interrogatoire des mineurs, BOMJ 2001, n° 82, p. 77.

BIBL. ▶ BENEC'H-LE ROUX, *Déviance et Société 2006, p. 155.* - BONFILS, *JCP 2004. I. 140.* - BRANDEAU, *Gaz. Pal. 1994. 2. Doctr. 968.* - CHAPLEAU, *D. 2014. 1506* (l'audition libre des mineurs à l'aune de la loi du 27 mai 2014). - DESPREZ, *D. 2007. Point de vue 2679*. - ÉTRILLARD, *RI crim. et pol. techn. 2004. 43.* - GLON, *Enfance et délinquance, p. 133.* - LAMBERT, *JCP 2013, n° 821* (audition hors garde à vue des mineurs mis en cause). - MATSOPOULOU, *Dr. pénal 2007. Étude 6.* - PICOT, *Dr. fam. 2006. Étude 37* (avocat de l'enfant). - SAMET, *Doc. fr., déc. 2000, p. 135.*

1. Règles protectrices. Les règles édictées par l'art. 4 de l'ordonnance n° 45-174 du 2 févr. 1945 visent à protéger le mineur, non pas en raison de son manque de discernement au jour des faits, mais en raison de sa vulnérabilité supposée au moment de son audition. • Crim. 25 oct. 2000, n° 00-8.253 P : *D. 2001. IR 177 ; RSC 2001. 407, obs. Commaret*.

I. DÉROULEMENT DE LA GARDE À VUE

A. GARANTIES TRADITIONNELLES

2. Audition du mineur. Le mineur, conduit par les policiers auprès d'un OPJ pour être entendu sur une infraction qu'il est soupçonné d'avoir commise, se trouve nécessairement dans une situation de contrainte et doit pouvoir bénéficier des droits attachés au placement en garde à vue, prévus par l'art. 4 de l'Ord. n° 45-174 du 2 févr. 1945. • Crim. 6 nov. 2013, n° 13-84.320 P : *D. actu. 21 nov. 2013, obs. Léna ; D. 2013. Actu. 2646 ; D. 2014. Pan. 1787, obs. Bonfils et Gouttenoire ; AJ pénal 2014. 89, obs. Belfanti ; RSC 2014. 138, obs. Danet ; Procédures 2014. 55, note Chavent-Leclère ; Gaz. Pal. 9 févr. 2014, note Fourment.* ♦ Comp. : Il résulte de la combinaison des art. 77 et 78, et 4 de l'Ord. n° 45-174 du 2 févr. 1945 que le mineur de seize ans, qui se présente sans contrainte au service de police où il est convoqué, peut, au cours d'une enquête préliminaire, être entendu sur les faits qui lui sont imputés, avant d'être placé en garde à vue. Aucune irrégularité n'affecte son audition, dès lors que la notification des droits prévus aux art. 63-2, 63-3 et 63-4, et 4 de l'Ord. du 2 févr. 1945 est faite dès le placement en garde à vue et que la durée de cette mesure est calculée à compter de l'heure de l'arrivée dans le service de police. Méconnaît le sens et la portée de ces dispositions et de ces principes la cour d'appel qui, pour déclarer irrégulières des mesures de garde à vue, relève que les intéressés ont été présentés aux policiers par leur mère de façon coercitive et qu'étaient réunis à leur arrivée au service de police des indices graves laissant présumer leur participation aux faits reprochés, et retient que la méconnaissance des règles en matière de garde à vue a nécessairement porté atteinte aux intérêts des deux mineurs, alors qu'aucune pièce de la procédure n'établit que les mineurs aient été l'objet d'une mesure de contrainte, exercée par les enquêteurs, avant leur placement en garde à vue, et qu'ils pouvaient dès lors être entendus par l'officier de police judiciaire avant ce placement. • Crim. 25 oct. 2000, n° 00-84.726 P : *D. 2001. IR 43 ; RSC 2001. 407, obs. Commaret*.

3. Droit d'information. Aux termes de l'art. 4-II de l'Ord. du 2 févr. 1945, lorsqu'un mineur est placé en garde à vue, l'officier de police judiciaire doit informer de cette mesure les parents, le tuteur, la personne ou le service auquel est confié le mineur. Il ne peut être dérogé à ces dispositions que sur décision du procureur de la République ou du juge chargé de l'information. Encourt la cassation l'arrêt de la chambre d'accusation qui, pour rejeter le moyen d'annulation tiré de l'inobservation de ces dispositions, retient que les formalités exigées ont été respectées, dès lors que la belle-mère du mineur a été présente au cours de la perquisition pendant laquelle a été notifié à celui-ci son placement en garde à vue. • Crim. 20 déc. 2000, n° 00-86.499 P. ♦ L'information de la garde à vue du mineur donnée à la personne désignée à la fois comme représentant légal du mineur et comme victime présumée de ses violences ne garantit pas la conduite d'une procédure respectueuse des intérêts contraires en présence et l'irrégularité de cette information fait nécessairement grief au mineur dès lors que la formalité prévue a pour finalité de permettre à la personne désignée d'assister le mineur dans ses choix de personne gardée à vue dans le seul intérêt de sa défense. • Crim. 17 juin 2020, n° 20-80.065 P : *D. actu. 10 juill. 2020, obs. Charlent ; Dr. pénal 2020, n° 9, obs. Maron et Haas.*

B. GARANTIES NOUVELLES

4. Entretien avec un avocat. Il résulte des art. 4-IV de l'Ord. du 2 févr. 1945, relative à l'enfance délinquante, et de l'art. 64, que doivent être mentionnées par procès-verbal les diligences accomplies par l'officier de police judiciaire, dès la demande à s'entretenir avec un avocat, formulée par un mineur de 16 ans, gardé à vue ; méconnaît le sens et la portée de ces textes la chambre d'accusation qui, pour rejeter le moyen de nullité des actes de la garde à vue, faisant valoir que l'entretien avec l'avocat ne s'était déroulé que près de sept heures après le début de la mesure, énonce que l'art. 4 de l'Ord. du 2 févr. 1945 impose seulement à l'OPJ de notifier au mineur de 16 ans, gardé à vue, son droit à s'entretenir avec un avocat dès le début de la mesure et d'aviser l'avocat, si le mineur entend exercer ce droit, que ce fonctionnaire ne saurait être rendu comptable de l'impossibilité de l'avocat à se déplacer ou de son retard éventuel, ajoute que ce dernier n'a formulé aucune observation écrite de sorte qu'il doit être présumé que son intervention a été effectuée dans le respect des dispositions légales, alors qu'aucun élément de la procédure n'établit les diligences accomplies par l'OPJ à la suite de la demande faite par le mineur pour s'entretenir avec un avocat commis d'office, dès le début de sa garde à vue. • Crim. 8 mars 2000, n° 99-87.319 P : *D. 2000. IR 165*. ♦ Justifie des diligences accomplies par l'OPJ en application de l'art. 4-IV de l'Ord. du 2 févr. 1945, en vue de satisfaire la demande du mineur de 16 ans d'entretien avec un avocat pendant sa garde à vue, le procès-verbal qui mentionne que le bâtonnier de l'ordre a été immédiatement informé par télécopie de la demande du mineur d'entretien avec un avocat commis d'office. • Crim. 17 mai 2000, n° 00-81.133 P.

5. N'encourt pas la censure l'arrêt qui, pour rejeter le moyen de nullité tiré du défaut d'entretien avec un avocat pendant sa garde à vue, retient que les pièces de la procédure établissent que l'OPJ, dès la demande formulée par le mineur, a appelé le numéro de téléphone de la messagerie des avocats de permanence puis, à défaut de réponse, a renouvelé vainement cet appel trois heures plus tard. En l'état de ces énonciations, qui établissent que l'OPJ a accompli les diligences imposées par l'art. 4-IV de l'Ord. du 2 févr. 1945, la chambre d'accusation a justifié sa décision. • Crim. 25 oct. 2000, n° 00-84.875.

6. L'information du mineur ou de ses représentants légaux prévue à l'art. 4-IV de l'Ord. du 2 févr. 1945 vise à garantir l'assistance effective du mineur gardé à vue par un avocat, ainsi que le libre choix de l'avocat qui prodiguera cette assistance. Cette information est prévue dans l'intérêt du mineur placé en garde à vue et son absence entraîne la nullité du placement en garde à vue. Doit donc être cassé l'arrêt qui retient la validité d'une audition réalisée après l'arrivée de l'avocat alors que l'information susvisée n'avait pas été faite dans les conditions légales. • Crim. 16 oct. 2019, n° 19-81.084 P : *D. actu. 8 nov. 2019, obs. Gallois ; AJ pénal 2020. 143, obs. Roussel ; RSC 2019. 852, note Valat ; Procédures 2019, n° 330, obs. Buisson.*

7. Enregistrement audiovisuel lors de la garde à vue. Le défaut d'enregistrement audiovisuel des interrogatoires d'un mineur placé en garde à vue, non justifié par un obstacle insurmontable, porte nécessairement atteinte aux intérêts de ce mineur. Justifie dès lors sa décision la chambre spéciale des mineurs de la cour d'appel qui, pour annuler l'interrogatoire d'un mineur placé en garde à vue, retient que l'impossibilité avancée par les fonctionnaires de police, de réaliser l'enregistrement audiovisuel de ce mineur en raison d'un « problème informatique », ne suffit pas, en l'absence de toute autre précision, à caractériser la cause insurmontable qui justifierait l'omission de procéder à un tel enregistrement, prescrit par l'art. 4-VI de l'Ord. du 2 févr. 1945. • Crim. 3 avr. 2007, n° 06-87.264 P : *D. 2007. AJ 1422 ; ibid. 2007. 2141, note Pradel ; ibid. 2008. Pan. 1859, obs. Bonfils ; AJ pénal 2007. 287, obs. Royer ; Dr. pénal 2007, n° 109, obs. Maron ; JCP 2007. II. 10131, note Maréchal* • 12 juin 2007, n° 07-80.194 P : *D. 2007. AJ 1960 ; ibid. 2008. Pan. 1859, obs. Bonfils ; AJ pénal 2007. 388 ; Dr. pénal 2008. Chron. 8, obs. Lesclous.* ♦ Comp., depuis l'entrée en vigueur de la loi n° 2007-297 du 5 mars 2007 : si l'enregistrement audiovisuel des interrogatoires des mineurs placés en garde à vue ne peut être effectué en raison d'une impossibilité technique, il doit en être fait mention dans le procès-verbal d'interrogatoire, qui précise la nature de cette impossibilité, et le procureur de la République ou le juge d'instruction doit en être immédiatement avisé. • Crim. 26 mars 2008, n° 07-88.554 P : *D. 2008. AJ 1416, note Léna ; ibid. 2008. Pan. 1859, obs. Bonfils ; AJ pénal 2008. 286, obs. Royer ; Dr. pénal 2008. Chron. 8, obs. Lesclous ; ibid. 2008. Comm. 119, obs. Maron et Haas ; ibid. 2009. Chron. 1, obs. Guérin.* ♦ Il n'y a pas lieu d'annuler la garde à vue d'un mineur malgré l'absence du CD Rom permettant le visionnage des interrogatoires de l'intéressé lorsque l'accomplissement des diligences prévues par la loi a été consigné par procès-verbal et que l'impossibilité de visionner l'enregistrement de l'audition du mineur gardé à vue, dont la contestation concerne le déroulement de la mesure sans se référer au contenu du procès-verbal d'interrogatoire, résulte d'un obstacle dont l'origine est inconnue. • Crim. 23 oct. 2002 : *JCP 2003. II. 10070, note Maréchal ; Dr. pénal 2003. Chron. 17, obs. Marsat et Maron.*

II. PROLONGEMENT DE LA GARDE À VUE

8. Prolongation de la garde à vue. Il résulte de l'art. 4, dernier al., de l'Ord. du 2 févr. 1945 modifiée que la garde à vue d'un mineur ne peut être prolongée sans qu'il ait été, au préalable, présenté au magistrat chargé du contrôle de la mesure. L'omission de cette formalité porte nécessairement atteinte aux intérêts du mineur concerné. Doit être cassé, pour méconnaissance du sens et de la portée de ce principe, l'arrêt qui, constatant que le procureur de la République a autorisé la prolongation d'une garde à vue sans se faire présenter le mineur, rejette la demande du juge d'instruction en annulation de la prolongation ainsi que des pièces de procédure subséquentes, en énonçant qu'il se déduit de la division de l'art. 4 de l'Ord. du 2 févr. 1945 en cinq paragraphes et des dispositions du dernier d'entre eux, prises dans leur ensemble, que la présentation préalable à la prolongation de la garde à vue n'est obligatoire que pour les mineurs de treize à seize ans, alors que le texte ne distingue pas selon l'âge des mineurs. • Crim. 13 oct. 1998, n° 98-83.152 P : *D. 1999. IR 14 ; Dr. pénal 1999. Chron. 13, obs. Marsat.* ♦ Sur l'arrêt cassé, V. : • Rouen, 26 févr. 1998 : *BICC 1998. 1088.*

9. Présentation au juge d'instruction. Ne viole pas l'art. 5, § 3, Conv. EDH l'écoulement d'un délai de 12 heures entre l'issue de la garde à vue et le déférement des intéressés au juge d'instruction, dès lors que, d'une part, la garde à vue n'a pas été prolongée au-delà de sa durée légale et que, d'autre part, à l'issue de cette mesure, la présentation au magistrat a été immédiate. • Crim. 25 oct. 2000, n° 00-83.253 P : *D. 2001. IR 177 ; RSC 2001. 407, obs. Commaret.*

10. Ni l'art. 4-V de l'Ord. du 2 févr. 1945, ni l'art. 154, qui prévoient la présentation de la personne gardée à vue au magistrat chargé du contrôle de la mesure avant la prolongation de la garde à vue, n'imposent qu'elle ait lieu à la dernière heure de la période initiale de garde à vue. Dès lors, n'est affectée d'aucune irrégularité la prolongation de la garde à vue, prescrite par écrit par le juge d'instruction à 22h40 après présentation du mineur à 22h00, et prenant effet le lendemain à 6h00. • Crim. 20 déc. 2000, n° 00-86.499 P.

11. Validation par le Conseil constitutionnel. Les deux derniers alinéas du VI de l'art. 14 de la loi déférée complétant l'art. 4 de l'Ord. du 2 févr. 1945 étendent la prolongation de la garde à vue, dans le cadre des enquêtes relatives à des faits entrant dans le champ d'application de l'art. 706-73 nouveau, aux mineurs de plus de seize ans « lorsqu'il existe une ou plusieurs raisons plausibles de soupçonner qu'une ou plusieurs personnes majeures ont participé, comme auteurs ou complices, à la commission de l'infraction ». Selon les requérants, les nouvelles dispositions portent atteinte au principe d'égalité devant la loi « dans la mesure où ne pourra être ainsi placée en garde à vue qu'une certaine catégorie de mineurs, celle ayant peut-être un lien avec un majeur délinquant ». Les requérants considèrent, en outre, que « le placement d'un mineur de plus de seize ans en garde à vue pendant quatre jours constitue une méconnaissance du principe fondamental reconnu par les lois de la République de droit pénal spécial et protecteur des mineurs ». L'atténuation de la responsabilité pénale des mineurs en fonction de l'âge, comme la nécessité de rechercher le relèvement éducatif et moral des enfants délinquants par des mesures adaptées à leur âge et à leur personnalité, prononcées par une juridiction spécialisée ou selon des procédures appropriées, ont été constamment reconnues par les lois de la République depuis le début du vingtième siècle. Ces principes trouvent notamment leur expression dans la L. du 12 avr. 1906 sur la majorité pénale des mineurs, la L. du 22 juill. 1912 sur les tribunaux pour enfants et l'Ord. du 2 févr. 1945 sur l'enfance délinquante. Toutefois, la législation républicaine antérieure à l'entrée en vigueur de la Constitution de 1946 ne consacre pas de règle selon laquelle les mesures contraignantes ou les sanctions devraient toujours être évitées au profit de mesures purement éducatives ; qu'en particulier, les dispositions originelles de l'ordonnance du 2 févr. 1945 n'écartaient pas la responsabilité pénale des mineurs et n'excluaient pas, en cas de nécessité, que fussent prononcées à leur égard des mesures telles que le placement, la surveillance, la retenue ou, pour les mineurs de plus de treize ans, la détention. Telle est la portée du principe fondamental reconnu par les lois de la République en matière de justice des mineurs. Les dispositions de l'art. 706-88 nouveau concernent des enquêtes portant sur des infractions nécessitant, en raison de leur gravité et de leur complexité, des investigations particulières. Le législateur a subordonné leur application aux mineurs à la double condition qu'ils aient plus de seize ans et qu'il existe une ou plusieurs raisons plausibles de soupçonner que des adultes sont impliqués dans la commission des faits. Il a ainsi entendu garantir le bon déroulement de ces enquêtes et protéger les mineurs de tout risque de représailles susceptibles d'émaner des adultes impliqués. La différence de traitement ainsi instituée ne procède donc pas d'une discrimination injustifiée. En second lieu ne sont pas remises en cause les dispositions protectrices de l'Ord. du 2 févr. 1945 susvisée. Son art. 4 exclut de la garde à vue les mineurs de moins de treize ans et subordonne celle des autres mineurs à des conditions particulières. Le mineur placé en garde à vue fait l'objet d'un examen médical a le droit de demander à s'entretenir avec un avocat à la première heure de sa garde à vue et ne peut voir celle-ci prolongée sans présentation préalable au procureur de la République ou au juge chargé de l'instruction. Par ailleurs ces interrogatoires font l'objet d'un enregistrement audiovisuel. Eu égard à l'ensemble de ces conditions, la mesure critiquée, qui ne concerne que les mineurs de plus de seize ans impliqués dans des faits graves, ne porte pas atteinte aux exigences constitutionnelles propres à la justice des mineurs. Il résulte de ce qui précède que les dispositions critiquées relatives aux mineurs ne sont contraires à aucune exigence constitutionnelle. • Cons. const., 2 mars 2004, n° 2004-492, cons. 35 à 40 : *JO 10 mars 2004, p. 4637.*

Art. 4-1 *(L. n° 93-2 du 4 janv. 1993)* ***Le mineur poursuivi doit être assisté d'un avocat.***

A défaut de choix d'un avocat par le mineur ou ses représentants légaux, le procureur de la République, le juge des enfants ou le juge d'instruction fait désigner par le bâtonnier un avocat d'office. *— Entrée en vigueur le 1er mars 1993.*

V. Circ. du 27 janv. 1993 (JO 31 janv.).

BIBL. ► V. ss. art. 4.

1. Aux termes de l'art. 4-1 de l'Ord. du 2 févr. 1945, le mineur poursuivi doit être assisté d'un avocat ; méconnaît le sens et la portée de ce texte la cour d'appel qui, alors qu'il lui appartenait de commettre d'office un avocat pour assister un prévenu mineur à l'audience, énonce, pour justifier du défaut d'assistance de ce mineur par un avocat, que, selon leurs déclarations, ni le prévenu, ni son père, n'ont pris contact avec l'avocat commis d'office. • Crim. 28 juin 2000, n° 00-80.253 P.

2. En privant l'un des avocats de l'accusé mineur de la possibilité de plaider au motif que les quatre avocats l'ayant précédé n'avaient pas respecté le temps de parole convenu avec la cour, la chambre spéciale des mineurs a méconnu le sens et la portée des art. 6, § 3, Conv. EDH, préliminaire du code de procédure pénale et 4-1 Ord. du 2 févr. 1945 relative à l'enfance délinquante. • Crim. 20 févr. 2019, n° 18-85.465 P : *D. actu. 8 mars 2019, obs. Goetz ; AJ pénal 2019. 280, obs. Engel ; Procédures 2019, n° 137, obs. Chavent-Leclère.*

3. Mineur devenu majeur. Le majeur, qui comparaît devant le tribunal pour enfants pour une infraction commise alors qu'il était mineur, doit être assisté d'un avocat, lequel sera rémunéré, soit par des honoraires, soit par l'aide juridictionnelle dans les conditions prévues pour les mineurs par les art. 2 à 6 de la loi du 10 juill. 1991. • Cass., avis, 29 févr. 2016, n° 16002 : *D. actu. 7 mars 2016, obs. Portmann.* ♦ ... Y compris lorsque la juridiction pénale statue sur les intérêts civils. • Cass., avis, 27 mai 2017, n° 17-009 : *AJ pénal 2017. 402, obs. Porteron.*

4. V. également ss. art. 4 et 10.

Art. 5 ***Aucune poursuite ne pourra être exercée en matière de crime contre les mineurs sans information préalable.***

(L. n° 67-555 du 12 juill. 1967) ***« En cas de délit*** *(L. n° 2016-1547 du 18 nov. 2016, art. 31)* ***« ou de contravention de la cinquième classe », le procureur de la République en saisira, soit le juge d'instruction, soit par voie de requête le juge des enfants et, à Paris, le président du tribunal pour enfants. »*** *(L. n° 2016-1547 du 18 nov. 2016, art. 31)* ***« En cas de délit, »*** *(L. n° 2002-1138 du 9 sept. 2002, art. 19)* ***« il pourra également saisir le tribunal pour enfants conformément à la procédure de*** *(L. n° 2007-297 du 5 mars 2007, art. 55)* ***« présentation immédiate devant la juridiction pour mineurs » prévue par l'article 14-2 »*** *(L. n° 2011-939 du 10 août 2011, art. 27-1°)* ***« ou par la procédure de convocation en justice prévue à l'article 8-3 ».***

(L. n° 96-585 du 1er juill. 1996) ***« Le procureur de la République pourra également donner instruction à un officier ou un agent de police judiciaire de notifier au mineur contre lequel il existe des charges suffisantes d'avoir commis un délit*** *(L. n° 2016-1547 du 18 nov. 2016, art. 31)* ***« ou une contravention de la cinquième classe » une convocation à comparaître devant le juge des enfants »*** *(L. n° 2016-1547 du 18 nov. 2016, art. 31)* ***« qui en sera immédiatement avisé aux fins d'application de l'article 8-1. Cette convocation »*** *(L. n° 2011-939 du 10 août 2011, art. 27-2°)* ***« vaut citation à personne et entraîne l'application des délais prévus à l'article 552 du code de procédure pénale ».***

(L. n° 95-125 du 8 févr. 1995) ***« La convocation énoncera les faits reprochés, visera le texte de loi qui les réprime et indiquera le nom du juge saisi ainsi que la date et le lieu de*** *(L. n° 96-585 du 1er juill. 1996)* ***« l'audience ». Elle mentionnera, en outre, les dispositions de l'article 4-1.***

« La convocation sera également notifiée dans les meilleurs délais aux parents, au tuteur, à la personne ou au service auquel le mineur est confié.

« Elle sera constatée par procès-verbal signé par le mineur et la personne visée à l'alinéa précédent, qui en recevront copie. »

En aucun cas, il ne pourra être suivi contre le mineur *(L. n° 93-2 du 4 janv. 1993)* ***« par les procédures prévues aux articles 393 à 396 du code de procédure pénale » ou par voie de citation directe.***

(L. n° 2016-1547 du 18 nov. 2016, art. 31) ***« La victime est avisée par tout moyen de la date de comparution du mineur devant le juge des enfants.***

« La convocation mentionnée aux troisième à sixième alinéas peut également être délivrée en vue de la mise en examen du mineur. »

Les deux derniers al. de l'art. 5 avaient été abrogés par la L. n° 2011-939 du 10 août 2011 ; ils ont été rétablis par la L. n° 2016-1547 du 18 nov. 2016.

1. Citation directe. En vertu de l'art. 5 de l'ordonnance du 2 févr. 1945, le mineur ne peut être poursuivi selon la procédure du flagrant délit (convocation par procès-verbal et comparution immédiate) ou par la voie de la citation directe ; dans ce cas, il y a lieu, après cassation, de renvoyer devant le procureur de la République et, lorsqu'il y a une ordonnance de renvoi rendue par le juge d'instruction de droit commun, de renvoyer devant le juge d'instruction pour enfants. • Crim. 24 juin 1953 : *Bull. crim. n° 223* • 14 déc. 1954 : *Bull. crim. n° 390* • 12 janv. 1955 : *Bull. crim. n° 28* • 5 déc. 1956 : *Bull. crim. n° 810.*

2. Placement en détention. Les règles énoncées par les art. 5, 12 et 23 de l'Ord. du 2 févr. 1945 ne sont pas applicables au placement en détention d'une personne à laquelle sont imputées des infractions qualifiées de crimes ou délits, dont certaines ont été commises alors qu'elle était âgée de plus de dix-huit ans. • Crim. 9 déc. 2003, n° 03-85.587 P. ♦ Si le juge des enfants, saisi de réquisitions aux fins de placement en détention provisoire ou sous contrôle judiciaire d'un mineur, ne le met pas en examen et ne rend pas d'ordonnance, le procureur de la République peut saisir directement la chambre de l'instruction. • Crim. 1er mars 2016, n° 15-87.143 P : *D. actu. 23 mars 2016, obs. Goetz.*

Art. 5-1 *(L. n° 2011-939 du 10 août 2011, art. 28)* ***Avant toute décision prononçant des mesures de surveillance et d'éducation ou, le cas échéant, une sanction éducative ou une peine à l'encontre d'un mineur pénalement responsable d'un crime ou d'un délit, doivent être réalisées les investigations nécessaires pour avoir une connaissance suffisante de sa personnalité et de sa situation sociale et familiale et assurer la cohérence des décisions pénales dont il fait l'objet.***

Art. 5-2 *(L. n° 2011-939 du 10 août 2011, art. 28)* ***L'ensemble des éléments relatifs à la personnalité d'un mineur recueillis au cours des enquêtes dont il fait l'objet, y compris dans le ressort de juridictions différentes, est versé au dossier unique de personnalité placé sous le contrôle du procureur de la République et du juge des enfants qui connaissent habituellement de la situation de ce mineur.***

Ce dossier comprend également, le cas échéant, les investigations relatives à sa personnalité et à son environnement social et familial accomplies lors des procédures d'assistance éducative dont il a pu faire l'objet.

Il est ouvert dès qu'une mesure d'investigation sur la personnalité est ordonnée ou si le mineur fait l'objet d'une liberté surveillée préjudicielle, d'un placement sous contrôle judiciaire, d'une assignation à résidence avec surveillance électronique ou d'un placement en détention provisoire.

Il est actualisé par les investigations menées dans la procédure pénale en cours et par les éléments de procédures d'assistance éducative et pénales postérieures.

Il est versé au dossier de chacune de ces procédures.

Il est accessible aux avocats du mineur, de ses père et mère, tuteur ou représentant légal, et de la partie civile, aux professionnels de la protection judiciaire de la jeunesse et aux magistrats saisis de la procédure. Toutefois, les avocats de la partie civile ne peuvent avoir accès aux informations issues d'investigations accomplies lors des procédures d'assistance éducative dont le mineur a fait l'objet.

Le juge des enfants peut également autoriser sa consultation par les personnels du service ou de l'établissement du secteur associatif habilité saisi d'une mesure judiciaire concernant le mineur. Tout personnel du secteur associatif habilité ayant pris connaissance du dossier unique de personnalité est tenu au secret professionnel sous les peines et dans les conditions prévues aux articles 226-13 et 226-14 du code pénal.

Les informations contenues dans le dossier unique de personnalité sont confidentielles. Il ne peut être délivré de copie de tout ou partie des pièces qu'il comprend qu'aux seuls avocats, pour leur usage exclusif. Les avocats peuvent transmettre une reproduction des copies ainsi obtenues exclusivement au mineur poursuivi s'il est capable de discernement, à ses père et mère, tuteur ou représentant légal, qui doit attester au préalable, par écrit, avoir pris connaissance des dispositions du neuvième alinéa du présent article. L'avocat doit, avant cette transmission, aviser le magistrat saisi de la procédure qui peut, par décision motivée, s'opposer à la remise de tout ou partie de ces reproductions lorsque cette remise ferait courir un danger physique ou moral grave au mineur, à une partie ou à un tiers.

Le fait, pour une partie à la procédure, de faire état auprès d'un tiers des informations contenues dans le dossier unique de personnalité est puni de 3 750 € d'amende.

Ce dossier ne peut être utilisé que dans les procédures suivies devant les juridictions pour mineurs.

Un décret en Conseil d'État pris après avis de la Commission nationale de l'informatique et des libertés fixe les conditions dans lesquelles il est conservé après la majorité du mineur.

Décret n° 2014-472 du 9 mai 2014 *[Abrogé]*,

Pris pour l'application de l'article 5-2 de l'ordonnance n° 45-174 du 2 février 1945 relative à l'enfance délinquante relatif au dossier unique de personnalité.
(Abrogé par Décr. n° 2021-682 du 27 mai 2021, art. 4, à compter du 30 sept. 2021)

Art. 1er *Le dossier unique de personnalité est conservé au greffe de la juridiction qui suit habituellement le mineur jusqu'à ses dix-huit ans révolus.*

Art. 2 *Par dérogation aux dispositions de l'article 1er, lorsqu'une procédure ouverte à l'encontre d'un mineur est encore en cours à sa majorité, le dossier unique de personnalité est conservé jusqu'à ce que la juridiction saisie ait statué définitivement par une décision rendue au fond.*

Il est également conservé après la majorité de l'intéressé :

1° Jusqu'au terme du suivi d'une mesure éducative ou d'une sanction éducative ordonnée en application de l'article 2 de l'ordonnance susvisée ;

2° Lorsque le juge des enfants exerce les fonctions dévolues au juge de l'application des peines en application de l'article 20-9 de la même ordonnance.

Art. 3 *Le dossier unique de personnalité est détruit à l'issue des délais de conservation mentionnés aux articles 1er et 2.*

Art. 6 *(L. n° 51-687 du 24 mai 1951)* ***L'action civile pourra être portée devant le juge des enfants, devant le juge d'instruction, devant le tribunal pour enfants*** *(Abrogé par L. n° 2016-1547 du 18 nov. 2016, art. 29, à compter du 1er janv. 2017) (L. n° 2011-939 du 10 août 2011, art. 26)* ***« , le tribunal correctionnel pour mineurs » et devant la cour d'assises des mineurs.***

(L. n° 2011-939 du 10 août 2011, art. 29) ***« La victime est avisée, par tout moyen, de la date de l'audience de jugement devant le juge des enfants*** *(L. n° 2016-1547 du 18 nov. 2016, art. 29, en vigueur le 1er janv. 2017)* ***« ou le tribunal pour enfants », afin de pouvoir se constituer partie civile selon les modalités prévues par le code de procédure pénale. »***

Lorsqu'un ou plusieurs mineurs sont impliqués dans la même cause qu'un ou plusieurs majeurs, l'action civile contre tous les responsables peut être portée devant le tribunal correctionnel ou devant la cour d'assises compétente à l'égard des majeurs. En ce cas, les mineurs ne comparaissent pas à l'audience, mais seulement leurs représentants légaux. A défaut de choix d'un défenseur par le mineur ou par son représentant légal, il en sera désigné un d'office.

(Ord. n° 58-1300 du 23 déc. 1958) ***« Dans le cas prévu à l'alinéa qui précède, s'il n'a pas encore été statué sur la culpabilité des mineurs, le tribunal correctionnel ou la cour d'assises peut surseoir à statuer sur l'action civile. »***

Les dispositions de procédure prévues par la L. n° 83-608 du 8 juill. 1983 renforçant la protection des victimes d'infractions sont applicables devant les juridictions pour mineurs (L. préc., art. 21). — V. ces dispositions au **C. pr. pén.**

1. Action civile. Aux termes de l'art. 6 modifié de l'Ord. du 2 févr. 1945, lorsqu'un ou plusieurs mineurs sont impliqués dans la même cause qu'un ou plusieurs majeurs, l'action civile contre les responsables peut être portée devant le tribunal correctionnel compétent à l'égard des majeurs. • Crim. 10 mai 1966, n° 65-92.590 P. ♦ Il s'agit là d'une simple faculté, la victime du délit commis par un mineur ayant la possibilité de se constituer partie civile devant le tribunal pour enfants quand bien même un majeur serait impliqué dans la même poursuite. • Crim. 6 mars 1956 : *Bull. crim. n° 223.*

2. L'action civile portée devant le tribunal pour enfants ou la chambre spéciale des mineurs de la cour d'appel n'est recevable que pour les dommages découlant des faits objet de la poursuite, et ne peuvent donc, en l'absence d'un des civilement responsables limitativement énumérés par l'art. 1384 C. civ., être dirigée contre des personnes qui n'ont pas directement causé l'infraction et n'ont pas la qualité de prévenus. • Chambéry, 23 févr. 1978 : *Gaz. Pal. 1978. 2. Somm. 399.* ♦ Les parties civiles ne sont donc pas recevables dans leur action contre l'œuvre privée de rééducation à laquelle était confié le mineur qui a commis les délits poursuivis, la responsabilité de cette œuvre, laquelle doit être prouvée conformément aux art. 1382 et 1383 C. civ., ne pouvant être appréciée que par la juridiction civile. • Chambéry, 23 févr. 1978 : *préc.*

3. Toute personne qui se prétend lésée par un crime ou un délit commis par un mineur peut se constituer partie civile devant le juge d'instruction compétent qui procédera conformément à l'art. 86 et aux dispositions de l'Ord. du 2 févr. 1945 relative à l'enfance délinquante. Encourt la cassation l'arrêt d'une chambre d'accusation qui énonce que l'art. 7, al. 1, de ladite ord. réserve au seul procureur de la République le pouvoir d'engager des poursuites pénales à l'encontre d'un mineur, alors que cet art., qui édicte une règle relative à la compétence territoriale du ministère public, ne déroge pas aux dispositions générales de l'art. 85. • Crim. 19 oct. 1999, n° 98-87.630 P : *D. 2000. 824, note Castaignède*.

4. Mineur dénué de discernement. Il se déduit des art. 122-8 C. pén., 3 et 6 de l'Ord. n° 45-174 du 2 févr. 1945 relative à l'enfance délinquante qu'en l'absence de disposition spécifique le prévoyant, la juridiction pénale qui déclare un mineur pénalement irresponsable au motif qu'il était privé de discernement au moment de la commission des faits n'a pas compétence pour statuer sur sa responsabilité civile ni sur celle de ses ayants droit, l'examen des conséquences civiles relevant alors de la seule compétence des juridictions civiles. • Crim. 8 juin 2017, n° 16-83.345 P : *D. actu. 26 juill. 2017, obs. Fonteix.*

5. Autorité de la chose jugée. Il n'y a pas autorité de la chose jugée au sens de l'art. 1351 C. civ. lorsque, à raison d'un accident, un majeur et un mineur, tous deux prévenus d'homicide et blessures involontaires, ont été traduits, le premier devant le tribunal correctionnel, le second devant le tribunal pour enfants, si, le tribunal correctionnel, par jugement devenu définitif, ayant partagé par moitié la responsabilité de l'accident, la chambre des appels des mineurs, statuant par arrêt ultérieur, met à la charge de l'une des parties les deux tiers de cette responsabilité, la demande portée devant cette dernière juridiction différant, par son objet et quant aux personnes qui sont mises en cause, de celle qui a fait l'objet du jugement. • Crim. 19 juin 1958 : *Bull. crim. n° 477.*

Art. 6-1 *(L. n° 2011-939 du 10 août 2011, art. 30)* ***Les parents et les représentants légaux du mineur poursuivi sont informés, par tout moyen, des décisions de l'autorité judiciaire prises en application de la présente ordonnance et condamnant le mineur ou le soumettant à des obligations ou à des interdictions.***

Art. 6-2 *(L. n° 2019-222 du 23 mars 2019, art. 94, en vigueur le 1er juin 2019)* ***I. — Le mineur suspecté ou poursuivi en application des dispositions de la présente ordonnance a le droit :***

1° Que les titulaires de l'autorité parentale reçoivent les mêmes informations que celles qui doivent être communiquées au mineur au cours de la procédure ;

2° D'être accompagné par les titulaires de l'autorité parentale :

a) A chaque audience au cours de la procédure ;

b) Lors de ses auditions ou interrogatoires si l'autorité qui procède à cet acte estime qu'il est dans l'intérêt supérieur de l'enfant d'être accompagné et que la présence de ces personnes ne porte pas préjudice à la procédure ; au cours de l'enquête, l'audition ou l'interrogatoire peut débuter en l'absence de ces personnes à l'issue d'un délai de deux heures à compter du moment où celles-ci ont été avisées.

II. — L'information n'est toutefois pas délivrée aux titulaires de l'autorité parentale et le mineur n'est pas accompagné par ceux-ci lorsque cette délivrance ou cet accompagnement :

1° Serait contraire à l'intérêt supérieur du mineur ;

2° N'est pas possible, parce que, après que des efforts raisonnables ont été déployés, aucun des titulaires de l'autorité parentale ne peut être joint ou que leur identité est inconnue ;

3° Pourrait, sur la base d'éléments objectifs et factuels, compromettre de manière significative la procédure pénale.

III. — Dans les cas prévus au II, le mineur peut désigner un adulte approprié, qui doit être accepté en tant que tel par l'autorité compétente, pour recevoir ces informations et pour l'accompagner au cours de la procédure. Lorsque le mineur n'a désigné aucun adulte ou que l'adulte désigné n'est pas acceptable pour l'autorité compétente, le procureur de la République, le juge des enfants ou le juge d'instruction désigne, en tenant compte de l'intérêt supérieur de l'enfant, une autre personne pour recevoir ces informations et accompagner le mineur.

Cette personne peut également être un représentant d'une autorité ou d'une institution compétente en matière de protection de l'enfance, notamment un représentant ad hoc figurant sur la liste dressée en application de l'article 706-51 du code de procédure pénale.

L'adulte désigné en application du présent III peut demander un examen médical du mineur gardé à vue. Si cet adulte n'a pas pu être joint dès le début de la garde à vue, l'examen médical du mineur est obligatoire.

IV. — Si les conditions mentionnées au II du présent article ne sont plus réunies, pour la suite de la procédure, les informations sont données aux titulaires de l'autorité parentale et ceux-ci accompagnent le mineur.

V. — Les modalités d'application du présent article sont fixées par décret. Celui-ci fixe notamment les modalités de désignation des personnes mentionnées au deuxième alinéa du III du présent article. Il précise également, sans préjudice de la notification des droits effectuée en application de la présente ordonnance et des articles 61-1, 63-1, 116 ou 803-6 du code de procédure pénale, les autres droits dont doivent être informés au cours de la procédure le mineur suspecté, poursuivi ou placé en détention, les titulaires de l'autorité parentale ou l'adulte désigné en application du III du présent article. — *V. C. pr. pén., art. D. 594-16 s.* — **C. pr. pén.**

CHAPITRE II *[ABROGÉ]* Procédure

BIBL. ▸ Autesserre, *RI crim. et pol. techn. 2000. 183 ; Rev. act. jur. soc. 2005. 25.* - Benec'h-Le Roux, *Déviance et Société 2006. 155.* - Bonfils, *Dr. fam. 2006. Étude 35 ; JCP 2004. I. 140 ; D. 2007. Chron. 1027 ; AJ pénal 2007. 209 et 363.* - Borricand, *Rev. pénit. 1997. 276.* - Casorla, *Enfance et délinquance, p. 89.* - Castaignède, *D. 2003. Chron. 779.* - Castella et Sanchez, *Dr. fam. 2002. Chron. 28.* - Cimamonti, *Pb act. sc. crim. 2007. 90.* - Coudert, *Dr. pénal 2003. Chron. 8, p. 4.* - Étrillard, *RI crim. et pol. techn. 2004. 43.* - Garde-Lebreton, *AJ fam. 2003. 380.* - Gassin, *Pb act. sc. crim. 2003. 43.* - Gautron, *AJ pénal 2007. 205.* - Giacopelli, *JCP 2003. I. 139.* - Giudicelli, *RSC 1997. 29.* - Glon, *Enfance et délinquance, p. 133.* - Gouttenoire, *AJ pénal 2005. 49.* - Herzog-Evans, *AJ pénal 2007. 357.* - Lazerges, *RSC 2003. 172 ; Mél. Lombois, p. 525.* - Lee, *Déviance et Société 1994. 43.* - Le Gunehec, *JCP 2002 Actu. 450.* - Leturmy, *Dr. pénal 2007. Étude 10.* - Matsopoulou, *Dr. pénal 2007. Étude 6.* - Ottenhof, *Mél. Vitu, p. 405.* - Paravasini, *AJ pénal 2005. 61.* - Pouyanne, *Dr. pénal 2003. Chron. 14.* - Pédron, *JCP 2007. Actu. 589.* - Renucci, *Justices 1998. 111 ; RSC 2000. 79.* - Robert, *Dr. pénal 2007. Étude 20.* - Rosenczweig, *D. 2002. Point de vue 2339.* - Sauvage, *AJ pénal 2005. 52.* - Sultan, *AJ pénal 2007. 215.* - Thomas, *RSC 1990. 417.* - Vitu, *Mél. Hugueney, p. 239.*

Art. 7 *(L. nº 51-687 du 24 mai 1951)* ***Le procureur de la République près le tribunal dans le ressort duquel le tribunal pour enfants a son siège est chargé de la poursuite des crimes et délits commis par des mineurs.***

(Ord. nº 58-1300 du 23 déc. 1958) ***« Toutefois, le procureur de la République, compétent en vertu*** *(L. nº 2004-204 du 9 mars 2004, art. 111-V)* ***« de l'article 43*** *[ancienne rédaction : des articles 43 et 696]* ***» du code de procédure pénale, et le juge d'instruction par lui requis ou agissant d'office conformément aux dispositions de l'article 72 du même code, procéderont à tous actes urgents de poursuite et d'information, à charge par eux d'en donner immédiatement avis au procureur de la République près le tribunal dans le ressort duquel le tribunal pour enfants a son siège et de se dessaisir de la poursuite dans le plus bref délai. »***

Lorsque le mineur est impliqué dans la même cause qu'un ou plusieurs majeurs, il sera procédé conformément aux dispositions de l'alinéa qui précède aux actes urgents de poursuite et d'information. Si le procureur de la République poursuit des majeurs *(L. nº 93-2 du 4 janv. 1993)* ***« selon les procédures prévues aux articles 393 à 396 du code de procédure pénale » ou par voie de citation directe, il constituera un dossier spécial concernant le mineur et le transmettra au procureur de la République près le tribunal dans le ressort duquel le tribunal pour enfants a son siège. Si une information a été ouverte, le juge d'instruction se dessaisira dans le plus bref délai à l'égard tant du mineur que des*** *(L. nº 93-2 du 4 janv. 1993)* ***« majeurs » au profit du juge d'instruction du siège du tribunal pour enfants.***

Dernier al. *abrogé par L. nº 93-1013 du 24 août 1993.*

BIBL. ▸ Gouttenoire, *AJ pénal 2005. 49.*

1. Juge d'instruction. Selon les dispositions de l'art. 7 de l'Ord. du 2 févr. 1945, le juge d'instruction du siège du tribunal pour enfants peut être saisi par un magistrat instructeur d'un tribunal du même département qui, après avoir procédé aux actes urgents, s'est dessaisi à son profit d'une procédure dans laquelle un mineur est impliqué avec des majeurs. • Crim. 26 juin 1991, nº 91-82.576 P.

2. Constitution de la partie civile. Toute personne qui se prétend lésée par un crime ou un délit commis par un mineur peut, en portant plainte, se constituer partie civile devant le juge d'instruction compétent, qui procédera conformément à l'art. 86, et aux dispositions de l'Ord. du 2 févr. 1945 relative à l'enfance délinquante ; méconnaît l'art. 85, et le principe susvisé, la cour d'appel qui, pour dire n'y avoir lieu à informer à l'encontre d'un mineur sur une plainte avec constitution de partie civile, après avoir constaté que le procureur de la République n'a pas estimé devoir prendre l'initiative de poursuites à l'encontre de ce mineur, énonce que, l'art. 7 de l'Ord. du 2 févr. 1945 réservant au seul procureur de la République le pouvoir d'engager des poursuites pénales à l'encontre d'un mineur, l'action publique ne peut être mise en mouvement par une plainte avec constitution de partie civile dans cette hypothèse, en l'absence de poursuites exercées par le ministère public, alors que l'art. 7, al. 1er, de l'Ord. de 1945 qui édicte une règle relative à la compétence territoriale du ministère public ne déroge pas aux dispositions générales de l'art. 85. • Crim. 19 oct. 1999, nº 98-87.630 P : *D. 2000. 824, note Castaignède ; JCP 2000. I. 241, nº 2-2, obs. Viney.*

3. Urgence. L'ancienneté et la gravité des faits reprochés à des mineurs ne sont pas exclusives de l'urgence des actes de poursuite et d'information diligentés sur le fondement de l'art. 7, al. 2 et 3, de l'Ord. du 2 févr. 1945. • Crim. 25 oct. 2000, nº 00-83.253 P : *D. 2001. IR 177 ; RSC 2001. 407, obs. Commaret.*

4. Le défaut d'avis immédiat, au procureur de la République près le tribunal dans le ressort duquel le tribunal pour enfants a son siège, des actes urgents effectués par des magistrats non spécialisés, ne porte pas atteinte aux droits des personnes poursuivies. • Crim. 25 oct. 2000 : *préc. note 3.*

5. Dispense de comparaître. Aux termes des art. 7 et 13 de l'Ord. du 2 févr. 1945, la dispense de comparaître relève, dans le seul intérêt du mineur, du pouvoir du président, dont la décision n'a pas à être motivée. • Crim. 18 juin 1980, n° 78-93.304 P.

Art. 7-1 *(L. n° 2007-297 du 5 mars 2007, art. 55)* ***Lorsque le procureur de la République fait application de l'article 41-1 du code de procédure pénale à l'égard d'un mineur, les représentants légaux de celui-ci doivent être convoqués.*** *(L. n° 2011-939 du 10 août 2011, art. 31)* ***« Les représentants légaux du mineur qui ne répondraient pas à cette convocation sont passibles des sanctions prévues au deuxième alinéa de l'article 10-1. »***

Les mesures prévues aux 2° à 5° de l'article 41-1 du code de procédure pénale requièrent l'accord des représentants légaux du mineur. La mesure prévue au 2° peut également consister en l'accomplissement d'un stage de formation civique ou en une consultation auprès d'un psychiatre ou d'un psychologue. Le procureur de la République fixe, le cas échéant, le montant des frais de stage pouvant être mis à la charge des représentants légaux du mineur.

Art. 7-2 *(L. n° 2007-297 du 5 mars 2007, art. 55)* ***La procédure de composition pénale prévue par les articles 41-2 et 41-3 du code de procédure pénale peut être appliquée aux mineurs âgés d'au moins treize ans lorsqu'elle apparaît adaptée à la personnalité de l'intéressé, dans les conditions prévues par le présent article.***

La proposition du procureur de la République doit être également faite aux représentants légaux du mineur et obtenir l'accord de ces derniers.

L'accord du mineur et de ses représentants légaux doit être recueilli en présence d'un avocat désigné conformément au second alinéa de l'article 4-1.

Avant de valider la composition pénale, le juge des enfants peut, soit d'office, soit à leur demande, procéder à l'audition du mineur ou de ses représentants légaux. Dans ce cas, l'audition est de droit. La décision du juge des enfants est notifiée à l'auteur des faits et à ses représentants légaux et, le cas échéant, à la victime.

Les mesures suivantes peuvent également être proposées au mineur, par le procureur de la République, au titre de la composition pénale :

1° Accomplissement d'un stage de formation civique ;

2° Suivi de façon régulière d'une scolarité ou d'une formation professionnelle ;

3° Respect d'une décision, antérieurement prononcée par le juge, de placement dans une institution ou un établissement public ou privé d'éducation ou de formation professionnelle habilité ;

4° Consultation d'un psychiatre ou d'un psychologue ;

5° Exécution d'une mesure d'activité de jour ;

(L. n° 2011-1940 du 26 déc. 2011, art. 1er, en vigueur le 1er janv. 2012) ***« 6° Accomplissement, lorsque le mineur est âgé de plus de seize ans, d'un contrat de service en établissement public d'insertion de la défense mentionné aux articles L. 130-1 à L. 130-5 du code du service national. »***

La durée d'exécution des mesures proposées aux mineurs ne peut excéder un an.

Art. 8 *(L. n° 51-687 du 24 mai 1951)* ***Le juge des enfants effectuera toutes diligences et investigations utiles pour parvenir à la manifestation de la vérité et à la connaissance de la personnalité du mineur ainsi que des moyens appropriés à sa rééducation.***

(Ord. n° 58-1300 du 23 déc. 1958) ***« A cet effet, il procédera à une enquête, soit par voie officieuse, soit dans les formes prévues par le chapitre Ier du titre III du livre Ier du code de procédure pénale. »*** *(L. n° 93-2 du 4 janv. 1993)* ***« Dans ce dernier cas, et si l'urgence l'exige, le juge des enfants pourra entendre le mineur sur sa situation familiale ou personnelle sans être tenu d'observer les dispositions du deuxième alinéa de l'article 114 du code de procédure pénale. »***

(L. n° 70-643 du 17 juill. 1970, art. 19) ***« Il pourra décerner tous mandats utiles ou prescrire le contrôle judiciaire en se conformant aux règles du droit commun, sous réserve des dispositions »*** *(L. n° 2002-1138 du 9 sept. 2002, art. 17)* ***« des articles 10-2*** *(L. n° 2019-222 du 23 mars 2019, art. 94, en vigueur le 1er juin 2019)* ***« , 11 et 11-3 ».***

Il recueillera, *(L. n° 2012-409 du 27 mars 2012, art. 4-III)* ***« par toute mesure d'investigation, des renseignements relatifs à la personnalité et à l'environnement social et familial du mineur. »*** — *Sur l'enquête sociale, V. Arr. du 25 août 1992 (JO 3 sept.). — Sur la mesure judiciaire d'investigation éducative, V. Arr. du 2 févr. 2011 (JO 25 févr.).*

Le juge des enfants ordonnera un examen médical et, s'il y a lieu, un examen médico-psychologique. Il décidera, le cas échéant, le placement du mineur dans un centre d'accueil ou dans un centre d'observation *(L. n° 2007-297 du 5 mars 2007, art. 56)* ***« ou prescrira une mesure d'activité de jour dans les conditions définies à l'article 16 ter ».***

Toutefois, il pourra, dans l'intérêt du mineur, n'ordonner aucune de ces mesures ou ne prescrire que l'une d'entre elles. Dans ce cas, il rendra une ordonnance motivée.

Ces diligences faites, le juge des enfants pourra soit d'office, soit à la requête du ministère public, communiquer le dossier à ce dernier.

(L. n° 95-125 du 8 févr. 1995) *« Il pourra, avant de se prononcer au fond, ordonner à l'égard du mineur mis en examen une mesure de liberté surveillée à titre provisoire en vue de statuer après une ou plusieurs périodes d'épreuve dont il fixera la durée.*

« Il pourra ensuite, par ordonnance, soit déclarer n'y avoir lieu à suivre et procéder comme il est dit à l'article 177 du code de procédure pénale, soit renvoyer le mineur devant le tribunal pour enfants (Abrogé par L. n° 2016-1547 du 18 nov. 2016, art. 29, à compter du 1er janv. 2017) (L. n° 2011-939 du 10 août 2011, art. 26) *« , le tribunal correctionnel pour mineurs » ou, s'il y a lieu, devant le juge d'instruction.*

« Il pourra également, par jugement rendu en chambre du conseil :

« 1° Soit relaxer le mineur s'il estime que l'infraction n'est pas établie ;

« 2° Soit, après avoir déclaré le mineur coupable, le dispenser de toute autre mesure s'il apparaît que son reclassement est acquis, que le dommage causé est réparé et que le trouble résultant de l'infraction a cessé, et en prescrivant, le cas échéant, que cette décision ne sera pas mentionnée au casier judiciaire ;

« 3° Soit l'admonester ;

« 4° Soit le remettre à ses parents, à son tuteur, à la personne, qui en avait la garde ou à une personne digne de confiance ;

« 5° Soit prononcer, à titre principal, sa mise sous protection judiciaire pour une durée n'excédant pas cinq années dans les conditions définies à l'article 16 bis ;

« 6° Soit le placer dans l'un des établissements visés aux articles 15 et 16, et selon la distinction établie par ces articles ;

(L. n° 2007-297 du 5 mars 2007, art. 56) *« 7° Soit prescrire une mesure d'activité de jour dans les conditions définies à l'article 16 ter.*

« Les mesures prévues aux 3° et 4° ne peuvent être seules ordonnées si elles ont déjà été prononcées à l'égard du mineur pour une infraction identique ou assimilée au regard des règles de la récidive commise moins d'un an avant la commission de la nouvelle infraction. »

« Dans tous les cas, il pourra, le cas échéant, prescrire que le mineur sera placé jusqu'à un âge qui n'excèdera pas celui de sa majorité sous le régime de la liberté surveillée. »

(L. n° 2002-1138 du 9 sept. 2002, art. 31) *« Lorsque la peine encourue est supérieure ou égale à sept ans et que le mineur est âgé de seize ans révolus, il ne pourra rendre de jugement en chambre du conseil. »*

(Abrogé par L. n° 2016-1547 du 18 nov. 2016, art. 29, à compter du 1er janv. 2017) (L. n° 2011-939 du 10 août 2011, art. 32) *« Lorsque le délit est puni d'une peine égale ou supérieure à trois ans d'emprisonnement et qu'il a été commis en état de récidive légale par un mineur âgé de plus de seize ans, il ne pourra rendre de jugement en chambre du conseil et sera tenu de renvoyer le mineur devant le tribunal correctionnel pour mineurs. »*

I. RÔLE DU JUGE DES ENFANTS

1. QPC. Les mots « soit dans les formes prévues par le chapitre 1er du titre III du livre 1er du code de procédure pénale » figurant à la première phrase du deuxième alinéa de l'art. 8 et les mots « procédera à l'égard du mineur dans les formes du chapitre 1er du titre III du livre 1er du code de procédure pénale et » figurant au premier alinéa de l'art. 9 Ord. n° 45-174 du 2 févr. 1945 relative à l'enfance délinquante, dans leur rédaction résultant de la L. n° 74-631 du 5 juill. 1974 fixant à dix-huit ans l'âge de la majorité, sont contraires à la Constitution, dans la mesure où ils permettaient que tout mineur soit placé en garde à vue pour une durée de vingt-quatre heures renouvelable avec comme seul droit celui d'obtenir un examen médical en cas de prolongation de la mesure. • Cons. const. 16 nov. 2018, n° 2018-744 QPC : *D. actu. 22 nov. 2018, obs. Goetz ; Gaz. Pal. 15 janv. 2019, p. 21, note Saenko ; AJ pénal 2019. 99, obs. Lasserre Capdeville ; JCP 2019, n° 17, obs. Matsopoulou.* ♦ Une disposition déclarée inconstitutionnelle sur le fondement de l'art. 61-1 de la Constitution étant abrogée à compter de la publication de la décision ou d'une date ultérieure fixée par cette décision, et le Conseil constitutionnel déterminant les conditions et limites dans lesquelles sont susceptibles d'être remis en cause les effets qu'a produits le texte déclaré inconstitutionnel, doit être annulé l'arrêt qui avait rejeté le moyen présenté par la prévenue tendant à l'annulation de son placement en garde à vue en 1984 et des auditions effectuées au cours de cette mesure, prise de l'absence de notification du droit de se taire, d'assistance d'un avocat, de notification du droit à un examen médical et d'avis à sa famille. • Crim. 19 févr. 2019, n° 18-83.360 P : *D. actu. 5 mars 2019, obs. Gallois ; AJ pénal 2019. 216, obs. Mathonnet ; Procédures 2019, n° 128, obs. Chavent-Leclère ; RSC 2019. Chron. 421, note Cordier.*

2. *Enquête officieuse.* L'enquête par voie officieuse prévue par l'art. 8, al. 2, de l'Ord. du 2 févr. 1945 modifiée par l'Ord. du 23 déc. 1958, à laquelle peut procéder le juge des enfants, n'impose pas le respect des formes prescrites par les art. 79 à 190 ; il en résulte que le médecin commis pour examiner la victime n'a pas à prêter le serment des experts prévu par l'art. 160. • Crim. 22 nov. 1994, n° 94-84.027 P : *D. 1995. Somm. 321, obs. Pradel*. ♦ Elle n'impose pas non plus le respect de l'art. 184. • Crim. 14 mai 2013 : *D. actu. 29 mai 2013, obs. Bombled ; D. 2013. Pan. 2073, obs. Bonfils ; ibid. 2152, note Chapleau ; ibid. 321, obs. Barbier ; AJ pénal 2013. 548, obs. Perrier ; Gaz. Pal. 21 juill. 2013, p. 45, note Fourment.*

3. Renvoi devant le tribunal pour enfants. Si la décision, par le juge des enfants, de saisir le tribunal pour enfants et non de prononcer lui-même une mesure éducative, implique qu'une sanction pénale puisse être envisagée à l'égard du mineur, le risque objectif de partialité qui pourrait en résulter est compensé par la présence de deux assesseurs délibérant collégialement en première instance et par la possibilité d'un appel, déféré à une juridiction supérieure composée de magistrats n'ayant pas connu de l'affaire et dont l'un des membres est délégué à la protection de l'enfance. • Crim. 7 avr. 1993, n° 92-84.725 P : *D. 1993. 553, note Pradel, ibid. 1994. Somm. 37, obs. Becquerelle ; JCP 1993. II. 22151, note Allaix ; Dr. pénal 1993. Chron. 27 ; RSC 1994. 67 s., obs. Huyette, ibid. 75 s., obs. Lazerges.*

4. Jugement rendu en chambre du conseil. Le juge des enfants, lorsqu'il statue lui-même sur les poursuites exercées contre un mineur de 18 ans, doit rendre sa décision en chambre du conseil, ainsi que le prescrit l'art. 8 modifié de l'Ord. du 2 févr. 1945 ; saisie de l'appel d'un jugement rendu par le juge des enfants sans que cette règle ait été observée, la cour d'appel doit, à peine de nullité de son propre arrêt, annuler le jugement, évoquer et statuer à nouveau sur le fond. • Crim. 9 févr. 1960 : *Bull. crim. n° 76.* ♦ Suivant les art. 8 de l'Ord. du 2 févr. 1945 et L. 223-1 COJ, devant la cour d'appel, comme devant le juge des enfants statuant sur des poursuites exercées contre un mineur, les débats doivent avoir lieu en chambre du conseil. • Crim. 19 déc. 1995, n° 94-82.442 P. ♦ Si le procureur de la République peut, à tout moment, se faire communiquer la procédure et en suivre l'état d'avancement, pour assister, se faire représenter à l'audience de chambre du conseil du juge des enfants, ou encore prendre des réquisitions écrites, ces audiences n'impliquent pas obligatoirement sa présence. • Crim. 8 sept. 2015, n° 14-84.315 P : *D. actu. 2 oct. 2015, obs. Fonteix.*

5. Ordonnance de non-lieu. Il ressort des énonciations de l'art. 8 de l'Ord. du 2 févr. 1945, que le juge des enfants n'est pas tenu, avant de rendre une ordonnance de non-lieu, de communiquer le dossier au ministère public ; en conséquence, l'absence de communication ne peut affecter la validité de l'ordonnance. • Caen, 2 févr. 1994 : *JCP 1994. IV. 1346.*

6. Mandats. Selon l'art. 8, al. 3, de l'Ord. du 2 févr. 1945 relative à l'enfance délinquante, le juge des enfants peut décerner tous mandats utiles en se conformant aux règles du droit commun, notamment celles prévues par les art. 144 s., et sous réserve de l'art. 11 de l'Ord. susvisée qui dispose que le mineur âgé de moins de 16 ans ne peut être détenu provisoirement, en matière correctionnelle, que pour une durée n'excédant pas 10 jours, aux fins de recherche d'un placement éducatif. • Crim. 17 juin 1987, n° 87-80.467 P.

7. Appel de la décision du juge des enfants. Il résulte des dispositions combinées des art. L. 223-1 COJ, 8 et 14 de l'Ord. du 2 févr. 1945, que, si l'arrêt rendu par la chambre chargée des affaires de mineurs sur appel d'une décision du juge des enfants doit être prononcé en chambre du conseil, l'arrêt rendu par la même juridiction sur appel d'un jugement du tribunal pour enfants doit être prononcé en audience publique. • Crim. 21 juin 1990, n° 89-82.965 P.

8. Aux termes de l'art. L. 223-1 COJ, l'appel des décisions du juge des enfants est jugé par la cour d'appel dans les mêmes conditions qu'en première instance. Il en est ainsi même lorsque l'appel ne porte que sur l'action civile. La violation de ces dispositions, qui conditionnent la validité même de la procédure, a nécessairement pour effet de porter atteinte aux intérêts du mineur poursuivi. Encourt, dès lors, la cassation l'arrêt qui, prononçant sur l'appel d'une décision rendue par le juge des enfants, conformément aux dispositions de l'art. 8 de l'Ord. du 2 févr. 1945, mentionne qu'il a été prononcé publiquement, après que les débats se furent déroulés suivant les règles de la publicité restreinte édictées par l'art. 14 de cette Ord., alors que les débats ainsi que le prononcé de la décision auraient dû avoir lieu en chambre du conseil. • Crim. 18 sept. 1996, n° 95-80.715 P. ♦ Suivant les art. 8 de l'Ord. du 2 févr. 1945 et 223-1 COJ, devant la cour d'appel, comme devant le juge des enfants statuant sur des poursuites exercées contre un mineur, les débats doivent avoir lieu en chambre du conseil. • Crim. 19 déc. 1995, n° 94-82.442 P.

II. IMPARTIALITÉ DU JUGE DES ENFANTS

9. Confusion des fonctions d'instruction et de jugement. L'Ord. du 2 févr. 1945, en permettant pour les mineurs délinquants, dans un souci éducatif, une dérogation à la règle de procédure interne selon laquelle un même magistrat ne peut exercer successivement, dans une même affaire, les fonctions d'instruction et de jugement, ne méconnaît aucune disposition de la Conv. EDH ; une telle dérogation entre dans les prévisions de l'art. 14 du Pacte international de New-York, relatif aux droits civils et politiques, comme aussi dans celles des règles de Beijing, approuvées par les Nations unies le 6 sept. 1985, qui reconnaissent la spécificité du droit pénal des mineurs. • Crim. 7 avr. 1993 : *préc. note 3.* ♦ Cassation de : • Reims, 30 juill. 1992 : *Gaz. Pal. 1993. 1. Somm.*

142. ♦ *Adde :* Salas, *RSC 1993. 238.* ♦ Si la décision du juge des enfants, de saisir le tribunal pour enfants et non de prononcer lui-même une mesure éducative, implique qu'une sanction pénale puisse être envisagée à l'égard du mineur, le risque objectif de partialité qui pourrait en résulter est compensé par la présence de deux assesseurs délibérant collégialement en première instance et par la possibilité d'un appel, déféré à une juridiction supérieure composée de magistrats n'ayant pas connu de l'affaire et dont l'un des membres est délégué à la protection de l'enfance. • Crim. 8 nov. 2000 : *Dr. pénal 2001. Chron. n° 15, obs. Marsat.* ♦ Pour une jurisprudence identique fondée sur la Conv. EDH (art. 6, § 1). • CEDH 24 août 1993 : *D. 1994. Somm. 37, obs. Becquerelle , D. 1995. Somm. 105, obs. Renucci .* – V. toutefois : • CEDH 2 mars 2010, *Adamkiewicz c/ Pologne : D. 2010. 1324, note Bonfils ; ibid. 1911, obs. Bonfils ; RSC 2010. Chron. 687, obs. Roets .* ♦ V. aussi sur le renforcement de l'exigence d'impartialité du juge des enfants, la note 56 ss. art. préliminiaire du C. pr. pén. ♦ Sur la jurisprudence européenne : V. C. pr. pén., V° App. *Droits de l'homme*, ss. art. 6 Conv. EDH. – ***C. pr. pén***

10. Il résulte des art. 8, 9 et 11 de l'Ord. du 2 févr. 1945 que le juge des enfants ou le juge d'instruction sur saisine du ministère public ont la faculté de décerner, sous certaines conditions, mandat de dépôt ou de prescrire le contrôle judiciaire d'un mineur ; le risque de partialité dont le juge des enfants s'est fait l'écho pour servir de fondement à son refus de se saisir, considérant que les art. 8 et 11 de l'Ord. du 2 févr. 1945 relative à l'enfance délinquante sont contraires à l'art. 6, § 1, Conv. EDH, se trouve compensé par la présence de deux assesseurs délibérant collégialement en première instance et par la possibilité d'un appel déféré à une juridiction supérieure composée de magistrats n'ayant pas connu de l'affaire et dont l'un des membres est délégué à la protection de l'enfance. • Bourges, 25 avr. 1996 : *D. 1997. Somm. 284, obs. Becquerelle .*

Loi n° 2019-222 du 23 mars 2019,

De programmation 2018-2021 et de réforme pour la justice.

Art. 94 *[...]*

(Abrogé par Ord. n° 2019-950 du 11 sept. 2019, art. 8-1, à compter du 30 sept. 2021) *« II. — A titre expérimental et pour une durée de trois ans à compter de la publication de la présente loi, le juge des enfants, le juge d'instruction, le juge des libertés et de la détention ou la juridiction de jugement peut prononcer une mesure éducative d'accueil de jour à l'égard d'un mineur dans les cas prévus aux cinquième et dixième alinéas de l'article 8, au 1° du II de l'article 10-2, aux articles 15 et 16, au premier alinéa de l'article 20-10 et à l'article 24-6 de l'ordonnance n° 45-174 du 2 février 1945 relative à l'enfance délinquante.*

La mesure éducative d'accueil de jour consiste en une prise en charge pluridisciplinaire, en journée, collective, et dont la continuité est garantie à partir d'un emploi du temps individualisé, adapté aux besoins spécifiques du mineur.

Elle est ordonnée pour une durée de six mois renouvelable deux fois. Cette mesure peut se poursuivre ou être renouvelée après la majorité de l'intéressé, avec son accord, dans les mêmes conditions.

L'exécution de cette mesure est confiée par le magistrat ou la juridiction de jugement à un service ou un établissement du secteur public ou du secteur associatif habilité de la protection judiciaire de la jeunesse.

Les ressorts dans lesquels cette mesure peut être prononcée et exercée à titre expérimental, dont le nombre ne peut excéder vingt, sont définis par arrêté du ministre de la justice. *– V. Arr. du 24 oct. 2019 modifiant l'arrêté du 11 septembre 2019 relatif aux ressorts dans lesquels la mesure éducative d'accueil de jour peut être prononcée et exercée à titre expérimental (JO 6 nov.)*

Au plus tard six mois avant le terme de l'expérimentation, le Gouvernement adresse au Parlement un rapport d'évaluation de l'expérimentation. »

Art. 8-1 *(L. n° 2016-1547 du 18 nov. 2016, art. 31)* ***I. — Lorsqu'il est saisi dans les conditions définies aux troisième à sixième alinéas de l'article 5, le juge des enfants constate l'identité du mineur et s'assure qu'il est assisté d'un avocat.***

II. — Si les faits ne nécessitent aucune investigation supplémentaire, le juge des enfants statue sur la prévention par jugement en chambre du conseil et, s'il y a lieu, sur l'action civile.

Lorsqu'il estime que l'infraction est établie, le juge des enfants peut :

1° S'il constate que des investigations suffisantes sur la personnalité du mineur ont déjà été effectuées, prononcer immédiatement l'une des mesures prévues aux 2° à 6° de l'article 8 ou, encore, ordonner une mesure ou une activité d'aide ou de réparation dans les conditions prévues à l'article 12-1, sans préjudice de la possibilité de faire application des articles 24-5 et 24-6 ;

2° S'il constate que les investigations sur la personnalité du mineur ne sont pas suffisantes, renvoyer l'affaire à une prochaine audience de la chambre du conseil et faire application du 2° de l'article 24-5 et de l'article 24-6.

III. — Si les faits nécessitent des investigations supplémentaires, le juge des enfants peut faire application des articles 8 et 10 dans le cadre d'un supplément d'information.

L'art. 8-1 avait été abrogé par la L. n° 2011-939 du 10 août 2011 ; il a été rétabli par la L. n° 2016-1547 du 18 nov. 2016.

Art. 8-2 *(L. n° 2002-1138 du 9 sept. 2002, art. 19)* ***En matière correctionnelle, le procureur de la République pourra, à tout moment de la procédure, s'il estime que des investigations suffisantes sur la personnalité du mineur ont été effectuées, le cas échéant à l'occasion d'une précédente procédure, et que des investigations sur les faits ne sont pas ou ne sont plus nécessaires, requérir du juge des enfants qu'il ordonne la comparution de mineurs soit devant le tribunal pour enfants,*** *(Abrogé par L. n° 2016-1547 du 18 nov. 2016, art. 29, à compter du 1er janv. 2017) (L. n° 2011-939 du 10 août 2011, art. 33-II)* ***« soit devant le tribunal correctionnel pour mineurs, » soit devant la chambre du conseil, dans un délai compris entre un et trois mois.*** *(Abrogé par L. n° 2016-1547 du 18 nov. 2016, art. 29, à compter du 1er janv. 2017) (L. n° 2011-1940 du 26 déc. 2011, art. 5, en vigueur le 1er janv. 2012)* ***« Dans le cas prévu à l'article 24-1 de la présente ordonnance, ce délai peut être compris entre dix jours et un mois. » Les dispositions des deux derniers alinéas de l'article 82 et des deux premiers alinéas de l'article 185 du code de procédure pénale sont alors applicables, l'appel ou le recours du parquet étant porté devant le président de la chambre spéciale des mineurs de la cour d'appel ou son remplaçant, qui statuera dans les quinze jours de sa saisine. L'appel ou le recours du procureur de la République sera porté à la connaissance du mineur, de ses représentants légaux et de son avocat, qui pourront présenter par écrit toutes observations utiles.*** — *L'art. 8-2 dans sa rédaction postérieure à la L. n° 2011-1940 du 26 déc. 2011 visant à instaurer un service citoyen pour les mineurs délinquants a été déclaré conforme à la Constitution par le Conseil constitutionnel saisi sur QPC (Cons. const. 21 sept. 2012, n° 2012-272 QPC).*

L'atténuation de la responsabilité pénale des mineurs en fonction de l'âge, comme la nécessité de rechercher le relèvement éducatif et moral des enfants délinquants par des mesures adaptées à leur âge et à leur personnalité, prononcées par une juridiction spécialisée ou selon des procédures appropriées, ont été constamment reconnues par les lois de la République depuis le début du XXe siècle. Ces principes trouvent notamment leur expression dans la loi du 12 avr. 1906 sur la majorité pénale des mineurs, la loi du 22 juill. 1912 sur les tribunaux pour enfants et l'Ord. du 2 févr. 1945 relative à l'enfance délinquante. Toutefois, la législation républicaine antérieure à l'entrée en vigueur de la Constitution de 1946 ne consacre pas de règle selon laquelle les mesures contraignantes ou les sanctions devraient toujours être évitées au profit de mesures purement éducatives. En particulier, les dispositions originelles de l'Ord. du 2 févr. 1945 n'écartaient pas la responsabilité pénale des mineurs et n'excluaient pas, en cas de nécessité, que fussent prononcées à leur égard des mesures telles que le placement, la surveillance, la retenue ou, pour les mineurs de plus de treize ans, la détention. Telle est la portée du principe fondamental reconnu par les lois de la République en matière de justice des mineurs. Les dispositions contestées permettent au procureur de la République, à tout moment de la procédure, de requérir du juge des enfants de renvoyer le mineur devant la juridiction de jugement compétente pour connaître des délits qui lui sont reprochés. La décision de saisir la juridiction de jugement appartient au juge des enfants qui ne fait droit à la requête du procureur de la République que s'il estime que « des investigations suffisantes sur la personnalité du mineur ont été effectuées, le cas échéant à l'occasion d'une précédente procédure, et que des investigations sur les faits ne sont pas ou ne sont plus nécessaires ». A défaut, il lui appartient de poursuivre l'instruction préparatoire après avoir rejeté la requête du procureur de la République par une ordonnance susceptible d'appel devant le président de la chambre spéciale des mineurs de la cour d'appel ou son remplaçant. Dans ces conditions, les dispositions contestées n'empêchent pas que les mineurs soient jugés selon une procédure appropriée à la recherche de leur relèvement éducatif. Par suite, elles ne méconnaissent pas le principe fondamental reconnu par les lois de la République en matière de justice pénale des mineurs. En second lieu, les dispositions contestées prévoient que, s'il fait droit à la requête du procureur de la République, le juge des enfants renvoie le mineur devant la juridiction de jugement compétente dans un délai « compris entre un et trois mois ». Elles précisent, en outre, que, lorsque le mineur est renvoyé devant le tribunal correctionnel des mineurs, « ce délai peut être compris entre dix jours et un mois ». En tout état de cause, ces dispositions ne sont pas inintelligibles. Les dispositions de l'art. 8-2 de l'Ord. du 2 févr. 1945 relative à l'enfance délinquante, qui ne méconnaissent aucun autre droit ou liberté que la Constitution garantit, doivent être déclarées conformes à la Constitution. • Cons. const. 21 sept. 2012 : *D. actu. 4 oct. 2012, obs. Léna ; D. 2013. Pan. 1589, obs. Mangiavillano ; AJ pénal 2013. 49, obs. Perrier ; RSC 2013. 441, note de Lamy ; Constitutions 2012. 609, obs. Darsonville.*

Art. 8-3 (L. n° 2011-939 du 10 août 2011, art. 33-III) *Le procureur de la République peut poursuivre devant le tribunal pour enfants dans les formes de l'article 390-1 du code de procédure pénale soit un mineur âgé d'au moins treize ans lorsqu'il lui est reproché d'avoir commis un délit puni d'au moins cinq ans d'emprisonnement, soit un mineur d'au moins seize ans lorsqu'il lui est reproché d'avoir commis un délit puni d'au moins trois ans d'emprisonnement.*

La procédure prévue au premier alinéa ne peut être mise en œuvre que si le mineur fait l'objet ou a déjà fait l'objet d'une ou plusieurs procédures en application de la présente ordonnance.

La convocation en justice ne peut être délivrée que si des investigations sur les faits ne sont pas nécessaires et si des investigations sur la personnalité du mineur ont été accomplies au cours des douze mois précédents sur le fondement de l'article 8 ; toutefois, lorsque, en raison de l'absence du mineur au cours des mesures d'investigation précédentes, des éléments plus approfondis n'ont pu être recueillis sur sa personnalité à l'occasion d'une procédure antérieure en application du même article 8, peuvent être prises en compte des investigations réalisées en application de l'article 12.

La convocation précise que le mineur doit être assisté d'un avocat et que, à défaut de choix d'un avocat par le mineur ou ses représentants légaux, le procureur de la République ou le juge des enfants font désigner par le bâtonnier un avocat d'office.

La convocation est également notifiée dans les meilleurs délais aux parents, au tuteur, à la personne ou au service auquel le mineur est confié.

Elle est constatée par procès-verbal signé par le mineur et la personne à laquelle elle a été notifiée, qui en reçoivent copie.

L'audience doit se tenir dans un délai qui ne peut être inférieur à dix jours et supérieur à deux mois. — Cet art. avait été abrogé par la L. n° 2002-1138 du 9 sept. 2002, art. 19.

En l'absence d'investigations de personnalité légalement prévues, le procureur de la République peut régulièrement saisir le tribunal pour enfants au moyen d'une convocation par OPJ ou APJ, à condition de requérir concomitamment la césure du procès pénal du mineur, conformément aux dispositions de l'art. 24-7 de l'Ord. du 2 févr. 1945. • Crim. 19 nov. 2013, n° 12-87.641 P.

Art. 9 (L. n° 51-687 du 24 mai 1951) *Le juge d'instruction procédera à l'égard du mineur* (Ord. n° 58-1300 du 23 déc. 1958) *« dans les formes du chapitre Ier du titre III du livre Ier du code de procédure pénale » et ordonnera les mesures prévues aux alinéas 4, 5 et 6 de l'article 8 de la présente ordonnance.*

(Ord. n° 58-1300 du 23 déc. 1958) *« Lorsque l'instruction sera achevée, le juge d'instruction, sur réquisitions du procureur de la République, rendra l'une des ordonnances de règlement suivantes :*

« 1° Soit une ordonnance de non-lieu ;

« 2° Soit, s'il estime que le fait constitue une contravention, une ordonnance de renvoi devant le tribunal de police, ou, s'il s'agit d'une contravention de 5e classe, devant le juge des enfants ou devant le tribunal pour enfants ;

« 3° Soit, s'il estime que les faits constituent un délit, une ordonnance de renvoi devant le juge des enfants ou devant le tribunal pour enfants (L. n° 2002-1138 du 9 sept. 2002, art. 31) *« ; toutefois, lorsque la peine encourue est supérieure ou égale à sept ans et que le mineur est âgé de seize ans révolus, le renvoi devant le tribunal pour enfants est obligatoire ».* (Abrogé par L. n° 2016-1547 du 18 nov. 2016, art. 29, à compter du 1er janv. 2017) (L. n° 2011-939 du 10 août 2011, art. 34-1°) *« Lorsque le délit est puni d'une peine d'emprisonnement égale ou supérieure à trois ans, qu'il a été commis en état de récidive légale et que le mineur est âgé de plus de seize ans, le renvoi devant le tribunal correctionnel pour mineurs est obligatoire ; »*

« 4° En cas de crime, soit une ordonnance de renvoi devant le tribunal pour enfants s'il s'agit d'un mineur de seize ans, soit, dans le cas visé à l'article 20, (L. n° 2000-516 du 15 juin 2000, art. 86, en vigueur le 1er janv. 2001) *« une ordonnance de mise en accusation devant la cour d'assises des mineurs ».*

« Si le mineur a des coauteurs ou complices (L. n° 74-631 du 5 juill. 1974) *« majeurs », ces derniers seront, en cas de poursuites correctionnelles, renvoyés devant la juridiction compétente suivant le droit commun ; la cause concernant le mineur sera disjointe pour être jugée conformément aux dispositions de la présente ordonnance. En cas de poursuites pour infraction qualifiée crime, il sera procédé à l'égard de* (L. n° 93-2 du 4 janv. 1993) *« toutes les personnes mises en examen » conformément aux dispositions de l'article 181 du code de procédure pénale ;* (L. n° 2000-516 du 15 juin 2000, art. 86, en vigueur le 1er janv. 2001) *« le juge d'instruction » pourra, soit renvoyer tous les accusés âgés de seize ans au moins devant la cour d'assises des mineurs, soit disjoindre les poursuites concernant les majeurs et renvoyer ceux-ci devant la cour d'assises de droit commun ; les mineurs âgés de moins de seize ans seront renvoyés devant le tribunal pour enfants* (L. n° 2011-939 du 10 août 2011, art. 34-2°) *« , sauf s'ils sont également accusés d'un crime commis après seize ans formant avec les faits commis avant seize ans un ensemble connexe ou indivisible et que le*

juge d'instruction décide, dans l'intérêt d'une bonne administration de la justice, de les renvoyer devant la cour d'assises des mineurs ».

(L. n° 2000-1354 du 30 déc. 2000, art. 30 et 37) ***« L'ordonnance sera rédigée » dans les formes du droit commun. »***

(Abrogé par L. n° 2004-204 du 9 mars 2004, art. 100-VIII, à compter du 1er oct. 2004) ***« Au cas de renvoi devant la cour d'assises des mineurs,*** *(L. n° 2000-516 du 15 juin 2000, art. 86, en vigueur le 1er janv. 2001)* ***« le juge d'instruction » pourra décerner une ordonnance de prise de corps contre les accusés mineurs. »*** *— Les ordonnances de prise de corps décernées avant le 1er oct. 2004 valent mandat de dépôt lorsque l'accusé est détenu en vertu de ce titre (L. n° 2004-204 du 9 mars 2004, art. 208).*

1. QPC. Les dispositions des art. 9 (dernière proposition de la deuxième phrase de l'avant-dernier al.) et 20 (deuxième phrase du premier al.) sont déclarées conformes à la constitution, dans la mesure où le législateur a poursuivi un objectif de bonne administration de la justice, et où la décision du juge d'instruction, prise sur le fondement de considérations objectives, est susceptible d'un appel et d'un pourvoi en cassation. • Cons. const. 29 nov. 2013, n° 2013-356 QPC : *D. 2013. Actu. 2776 ; Gaz. Pal. 9 févr. 2014, p. 46, note Fourment.*

2. Les mots « soit dans les formes prévues par le chapitre 1er du titre III du livre 1er du code de procédure pénale » figurant à la première phrase du deuxième alinéa de l'art. 8 et les mots « procédera à l'égard du mineur dans les formes du chapitre 1er du titre III du livre 1er du code de procédure pénale et » figurant au premier alinéa de l'art. 9 Ord. n° 45-174 du 2 février 1945 relative à l'enfance délinquante, dans leur rédaction résultant de la loi n° 74-631 du 5 juillet 1974 fixant à dix-huit ans l'âge de la majorité, sont contraires à la Constitution, dans la mesure où ils permettaient que tout mineur soit placé en garde à vue pour une durée de vingt-quatre heures renouvelable avec comme seul droit celui d'obtenir un examen médical en cas de prolongation de la mesure. • Cons. const. 16 nov. 2018, n° 2018-744 QPC : *AJ pénal 2019. 99, obs. Lasserre Capdeville ; JCP 2019, n° 17, obs. Matsopoulou.* ♦ Concernant l'annulation par la Cour de cassation de l'arrêt de la cour d'appel qui avait rejeté le moyen tendant à l'annulation de la garde à vue réalisée en application des textes déclarés inconstitutionnels, V. note 1 ss. art. 8.

3. Mineur de 16 ans. Aux termes des art. 9 et 20 de l'Ord. du 2 févr. 1945, le mineur de 16 ans auquel est imputée une infraction qualifiée crime ne peut être déféré devant la cour d'assises des mineurs et n'est justiciable que du tribunal pour enfants. • Crim. 23 janv. 1989, n° 88-86.469 P.

4. Doit être cassé et annulé dans l'intérêt de la loi et de l'accusé l'arrêt de la chambre des mises en accusation qui renvoie un mineur de 16 ans devant la cour d'assises des mineurs. • Crim. 9 juin 1955 : *Bull. crim. n° 294* • 21 mars 1957 : *ibid. n° 281.*

5. Il résulte des art. 9 et 20 de l'Ord. du 2 févr. 1945 que le mineur de seize ans auquel est imputée une infraction qualifiée crime est renvoyé devant le tribunal pour enfants ; cassation, pour violation de ces textes, qui déterminent dans l'intérêt des mineurs des règles impératives de compétence des juridictions, de l'arrêt qui renvoie un accusé né en 1972 devant la cour d'assises des mineurs sous l'accusation de viols aggravés commis de 1985 à 1990, alors que ces crimes auraient été perpétrés, pour partie, à une période où l'intéressé était âgé de moins de seize ans. • Crim. 17 sept. 1997, n° 97-83.617 P : *D. 1997. IR 233.*

6. Devant les juridictions répressives, la preuve de l'âge réel d'un inculpé, d'un prévenu ou d'un accusé de nationalité étrangère peut être rapportée par tout moyen, et aucune force probante irréfragable ne s'attache aux actes de l'état civil des pays étrangers. Justifie en conséquence sa décision la chambre d'accusation qui, pour renvoyer un ressortissant étranger devant la cour d'assises des mineurs à raison d'un crime de viol, au motif qu'il avait 16 ans au moment de la perpétration des faits, se fonde sur divers documents, alors que l'inculpé faisait état des mentions portées sur le livret de famille de ses parents, lesquelles lui attribuaient moins de 16 ans à la date du crime. • Crim. 17 juill. 1991, n° 91-82.771 P. ♦ L'âge d'une personne est déterminé par le temps écoulé depuis sa naissance, calculé d'heure à heure. • Crim. 3 sept. 1985, n° 85-93.591 P.

7. Coauteurs ou complices majeurs. Crime. Lorsqu'il existe, dans la même cause, des accusés majeurs et mineurs de plus de 16 ans, la chambre d'accusation a la faculté de renvoyer tous les accusés devant la cour d'assises des mineurs en application des dispositions de l'art. 9 de l'Ord. du 2 févr. 1945 ; aux termes de l'art. 594, en matière criminelle, l'arrêt de renvoi de la chambre d'accusation, devenu définitif, fixe la compétence de la cour d'assises ; il en résulte que la cour d'assises des mineurs demeure compétente à l'égard d'un accusé majeur en cas de disjonction des poursuites ordonnée en raison de l'absence des accusés mineurs. • Crim. 4 juill. 1989, n° 88-86.649 P.

8. Mais se déclare à bon droit incompétente la cour d'assises des mineurs devant laquelle a été renvoyé, en même temps que des majeurs de 18 ans, un mineur de 16 à 18 ans, alors que, lorsqu'elle a statué, la chambre d'accusation ignorait le décès de ce mineur. • Crim. 18 déc. 1973, n° 73-93.210 P.

9. Coauteurs ou complices majeurs. Délits. Si le mineur a des coauteurs ou complices majeurs, ces derniers seront, en cas de poursuites correctionnelles, renvoyés devant la juridiction compétente selon le droit commun, la cause concernant le mineur étant disjointe pour être jugée conformément aux dispositions de la présente ordonnance. Encourt la censure l'arrêt de la cour d'appel qui, après que le juge d'instruction de Dole s'est dessaisi, s'agissant des mineurs, au profit du juge d'instruction du tribunal de grande instance de Lons-le-Saunier, siège du tribunal pour enfants, énonce que ce magistrat doit renvoyer les majeurs devant le tribunal correctionnel de Lons-le-Saunier, alors que les faits ont été commis dans le ressort du tribunal de grande instance de Dole et que tous les majeurs y sont domiciliés. • Crim. 12 sept. 2007, n° 06-86.559 P : *D. 2008. Pan. 1860, obs. Bonfils ; AJ pénal 2007. 484, obs. Saas*.

10. Lorsque, dans une même poursuite correctionnelle, le juge d'instruction chargé des affaires de mineurs instruit à l'égard de mineurs et de majeurs, il doit, en application de l'art. 9 de l'Ord. du 2 févr. 1945, s'il constate au terme de l'information l'existence de charges suffisantes, renvoyer les inculpés majeurs devant celle des juridictions du ressort du tribunal pour enfants qui est compétente à leur égard selon le droit commun. • Crim. 17 oct. 1983, n° 82-93.185 P.

11. Ordonnance de prise de corps. L'art. 9, dernier al., de l'Ord. du 2 févr. 1945 dispose qu'au cas de renvoi devant la cour d'assises des mineurs, la chambre d'accusation pourra décerner une ordonnance de prise de corps contre les accusés mineurs, sans qu'il subordonne ce pouvoir au dépôt préalable de conclusions conformes du ministère public. • Crim. 26 mars 1968, n° 67-93.119 P.

12. Maintien en détention provisoire. En l'absence de dispositions dérogatoires spécifiques aux mineurs, celles de l'art. 179 relatives au maintien en détention sont applicables en cas de renvoi d'un mineur âgé de plus de treize ans et de moins de seize ans pour crime devant le tribunal pour enfants. • Crim. 10 avr. 2019, n° 19-80.344 P : *D. actu. 16 mai 2019, obs. Fonteix.*

Art. 10 *(L. n° 93-1013 du 24 août 1993)* ***« Le juge d'instruction ou le juge des enfants avise les parents du mineur, son tuteur, ou la personne ou le service auquel il est confié des poursuites dont le mineur fait l'objet. Cet avis est fait verbalement avec émargement au dossier ou par lettre recommandée. Il mentionne les faits reprochés au mineur et leur qualification juridique. Il précise également qu'à défaut de choix d'un défenseur par le mineur ou ses représentants légaux le juge d'instruction ou le juge des enfants fera désigner par le bâtonnier un avocat d'office. »***

(L. n° 96-585 du 1er juill. 1996) ***« Quelles que soient les procédures de comparution, le mineur et les parents, le tuteur, la personne qui en a la garde ou son représentant, sont simultanément convoqués pour être entendus par le juge. Ils sont tenus informés de l'évolution de la procédure. »***

(L. n° 93-2 du 4 janv. 1993) ***« Lors de la première comparution, lorsque le mineur ou ses représentants légaux n'ont pas fait le choix d'un avocat ni demandé qu'il en soit désigné un d'office, le juge des enfants ou le juge d'instruction saisi fait désigner sur-le-champ par le bâtonnier un avocat d'office.***

« Le juge des enfants et le juge d'instruction pourront charger » *(L. n° 2012-409 du 27 mars 2012, art. 4-III)* ***« les services du secteur public de la protection judiciaire de la jeunesse et du secteur associatif habilité des mesures d'investigation relatives à la personnalité et à l'environnement social et familial du mineur*** *[ancienne rédaction : de l'enquête sociale les services sociaux ou les personnes titulaires d'un diplôme de service social, habilités à cet effet.]* ***».***

(L. n° 93-2 du 4 janv. 1993) ***« Ils pourront confier provisoirement le mineur mis en examen » :***
— Les dispositions ci-dessus de la loi n° 93-2 du 4 janv. 1993 sont entrées en vigueur le 1er mars 1993.

(L. n° 51-687 du 24 mai 1951) ***« 1° A ses parents, à son tuteur ou à la personne qui en avait la garde, ainsi qu'à une personne digne de confiance ;***

« 2° A un centre d'accueil ;

« 3° A une section d'accueil d'une institution publique ou privée habilitée à cet effet ;

« 4° Au service de l'assistance à l'enfance ou à un établissement hospitalier ;

« 5° A un établissement ou à une institution d'éducation, de formation professionnelle ou de soins, de l'État ou d'une administration publique habilité.

« S'ils estiment que l'état physique ou psychique du mineur justifie une observation approfondie, ils pourront ordonner son placement provisoire dans un centre d'observation institué ou agréé par le ministre de la justice.

« La garde provisoire pourra, le cas échéant, être exercée sous le régime de la liberté surveillée. »

(L. n° 95-125 du 8 févr. 1995) ***« Le juge des enfants saisi de la procédure est compétent pour modifier ou révoquer la mesure de garde jusqu'à la comparution du mineur devant le tribunal pour enfants »*** *(Abrogé par L. n° 2016-1547 du 18 nov. 2016, art. 29, à compter du 1er janv. 2017) (L. n° 2011-939 du 10 août 2011, art. 35)* ***« ou devant le tribunal correctionnel pour mineurs ».***

Pour l'application des décisions judiciaires prises en vertu des art. 10-4°, 15-4°, et 17, 2e al., de l'Ord. n° 45-174 du 2 févr. 1945, le représentant légal du mineur donne son avis par écrit préa-

lablement au choix du mode et du lieu de placement et à toute modification apportée à cette décision (CASF, art. L. 223-3).

1. Assistance d'un avocat. L'art. 4-1 de l'Ord. du 2 févr. 1945 exige que le mineur poursuivi soit assisté d'un avocat, et l'art. 10 du même texte l'impose également lors de la première comparution ; cette exigence s'étend aux modalités du placement en détention provisoire envisagé à l'encontre du mineur lors de sa première comparution, et, spécialement, lorsque le débat contradictoire est différé, l'intéressé ayant sollicité un délai pour préparer sa défense avec l'avocat choisi par lui ; il appartient au juge d'instruction, qui a constaté, lors de la première comparution, la carence successive, pour fait de grève, de l'avocat choisi par le mineur, puis, pour la même raison, des avocats commis d'office, de constater ces mêmes carences au moment du débat contradictoire préalable au placement en détention provisoire ; en se bornant, lors de ce débat contradictoire, à constater l'absence de l'avocat choisi par le mineur, sans saisir le bâtonnier de l'ordre des avocats aux fins de la désignation d'un avocat commis d'office, le juge d'instruction a privé sa décision d'une condition essentielle à sa régularité. • Nancy, 14 déc. 2000 : *BICC 2001. 666.*

2. La disposition de l'art. 10 de l'Ord. du 2 févr. 1945 ne porte pas atteinte aux prescriptions autres que celles de l'art. 118 du chapitre Ier du titre III du livre Ier du C. pr. pén. applicables aux termes de l'art. 9 de l'Ord. susvisée, même lorsque l'inculpé est mineur de 18 ans. • Crim. 26 mars 1968, n° 67-93.119 P.

3. Si l'art. 10 de l'Ord. du 2 févr. 1945 qui oblige le juge des enfants et le juge d'instruction à désigner ou à faire désigner un défenseur d'office au mineur, à défaut de choix, déroge à l'art. 114, al. 3 qui laisse aux inculpés la faculté de renoncer à l'assistance d'un conseil pour le cours de l'information, il ne porte toutefois pas atteinte aux autres prescriptions du chapitre Ier du titre III du livre Ier du C. pr. pén. qui restent applicables aux termes de l'art. 9 de l'Ord. susvisée ; il s'ensuit que l'inculpé, même mineur de 18 ans, peut valablement renoncer lors d'un interrogatoire à la présence de son conseil. • Crim. 14 avr. 1970, n° 69-93.211 P. ♦ L'art. 10 de l'Ord. du 2 févr. 1945 n'apporte pas de dérogation à l'art. 114 (applicable dans les affaires de mineurs en vertu de l'art. 9, al. 1, de la même Ord.) aux termes duquel le juge d'instruction peut, lors de la première comparution de l'inculpé, recevoir les déclarations de celui-ci après l'avoir averti qu'il était libre de ne pas en faire et doit l'aviser ensuite de son droit de choisir un conseil. • Crim. 24 avr. 1975, n° 74-93.423 P. ♦ Dans le même sens : • Crim. 12 févr. 1970, n° 69-92.830 P.

Art. 10-1 *(L. n° 2011-939 du 10 août 2011, art. 36-1°)* ***« Lorsque les parents et représentants légaux du mineur poursuivi ne déferent pas à la convocation à comparaître devant un magistrat ou une juridiction pour mineurs, ce magistrat ou cette juridiction peut, d'office ou sur réquisition du ministère public, ordonner qu'ils soient immédiatement amenés par la force publique devant lui ou devant elle pour être entendus. »***

(L. n° 2002-1138 du 9 sept. 2002, art. 29) (L. n° 2011-939 du 10 août 2011, art. 36-2°) ***« Dans tous les cas, les parents et représentants légaux qui ne défèrent pas » peuvent, sur réquisitions du ministère public, être condamnés par le magistrat ou la juridiction saisie à une amende dont le montant ne peut excéder 3 750 €*** *(L. n° 2011-939 du 10 août 2011, art. 36-2°)* ***« ou à un stage de responsabilité parentale ».***

Cette amende peut être rapportée par le magistrat ou la juridiction qui l'a prononcée s'ils défèrent ultérieurement à cette convocation.

Les personnes condamnées *(Abrogé par L. n° 2011-939 du 10 août 2011, art. 36-3°)* ***« à l'amende » en application du premier alinéa peuvent former opposition de la condamnation devant le tribunal correctionnel dans les dix jours à compter de sa notification.***

Art. 10-2 *(L. n° 2002-1138 du 9 sept. 2002, art. 17)* ***I. — Les mineurs âgés de treize à dix-huit ans peuvent être placés sous contrôle judiciaire dans les conditions prévues par le code de procédure pénale, sous réserve des dispositions du présent article.***

II. — Le contrôle judiciaire est décidé par ordonnance motivée, prise, selon les cas, par le juge des enfants, le juge d'instruction ou le juge des libertés et de la détention. Ce magistrat doit notifier oralement au mineur les obligations qui lui sont imposées, en présence de son avocat et de ses représentants légaux ou ceux-ci dûment convoqués ; ce magistrat informe également le mineur qu'en cas de non-respect de ces obligations, il pourra être placé en détention provisoire ; ces formalités sont mentionnées par procès-verbal, qui est signé par le magistrat et le mineur. Lorsque cette décision accompagne une mise en liberté, l'avocat du mineur est convoqué par tout moyen et sans délai et les dispositions du deuxième alinéa de l'article 114 du code de procédure pénale ne sont pas applicables.

Le contrôle judiciaire dont fait l'objet un mineur peut également comprendre une ou plusieurs des obligations suivantes :

1° Se soumettre aux mesures de protection, d'assistance, de surveillance et d'éducation confiées à un service de la protection judiciaire de la jeunesse ou à un service habilité, mandaté à cette fin par le magistrat ;

2° Respecter les conditions d'un placement dans un centre éducatif de la protection judiciaire de la jeunesse ou relevant d'un service habilité auquel le mineur a été confié par le magistrat en application des dispositions de l'article 10 et notamment dans un centre éducatif fermé prévu à l'article 33 (L. n° 2007-297 du 5 mars 2007, art. 57) *« ou respecter les conditions d'un placement dans un établissement permettant la mise en œuvre de programmes à caractère éducatif et civique. »*

Toutefois, les obligations prévues au 2° ne peuvent être ordonnées que pour une durée de six mois et ne peuvent être renouvelées par ordonnance motivée qu'une seule fois pour une durée au plus égale à six mois.

(L. n° 2007-297 du 5 mars 2007, art. 57) *« 3° Accomplir un stage de formation civique ;*

« 4° Suivre de façon régulière une scolarité ou une formation professionnelle jusqu'à sa majorité. »

Le responsable du service ou centre désigné en application des 1° et 2° doit faire rapport au juge des enfants ou au juge d'instruction en cas de non-respect par le mineur des obligations qui lui ont été imposées ; copie de ce rapport est adressée au procureur de la République par ce magistrat.

III. — (L. n° 2007-297 du 5 mars 2007, art. 57) *« En matière correctionnelle, les mineurs âgés de moins de seize ans ne peuvent être placés sous contrôle judiciaire que dans l'un des cas suivants :*

« 1° Si la peine d'emprisonnement encourue est supérieure ou égale à cinq ans et si le mineur a déjà fait l'objet d'une ou plusieurs mesures éducatives prononcées en application des articles 8, 10, 15, 16 et 16 bis ou d'une condamnation à une sanction éducative ou à une peine ;

« 2° Si la peine d'emprisonnement encourue est supérieure ou égale à sept ans.

« Si le contrôle judiciaire comporte l'obligation de respecter les conditions d'un placement conformément au 2° du II, dans un centre éducatif fermé prévu à l'article 33, le non-respect de cette obligation pourra entraîner le placement du mineur en détention provisoire conformément (L. n° 2019-222 du 23 mars 2019, art. 94) *« aux articles 11 et » 11-2 ;*

« (L. n° 2011-939 du 10 août 2011, art. 37) *« 3° Si la peine d'emprisonnement encourue est supérieure ou égale à cinq ans pour un délit de violences volontaires, d'agression sexuelle ou un délit commis avec la circonstance aggravante de violences. »*

« Dans les autres cas, le mineur est informé qu'en cas de non-respect des obligations lui ayant été imposées, le contrôle judiciaire pourra être modifié pour prévoir son placement dans un centre éducatif fermé, placement dont le non-respect pourra entraîner sa mise en détention provisoire. »

Le juge des enfants, le juge d'instruction ou le juge des libertés et de la détention statue sur le placement sous contrôle judiciaire en audience de cabinet, après un débat contradictoire au cours duquel ce magistrat entend le ministère public qui développe ses réquisitions prises conformément aux dispositions de l'article 137-2 du code de procédure pénale, puis les observations du mineur ainsi que celles de son avocat. Le magistrat peut, le cas échéant, recueillir au cours de ce débat les déclarations du représentant du service qui suit le mineur.

Concernant la mesure éducative d'accueil de jour à titre expérimental, V. L. n° 2019-222 du 23 mars 2019, art. 94-II, ss. Ord. du 2 févr. 1945, art. 8.

BIBL. ▸ SAUVAGE, *AJ pénal 2005. 52* (protection judiciaire de la jeunesse).

Le placement d'un mineur de 16 ans dans un centre éducatif fermé ne constituant qu'une modalité du contrôle judiciaire, l'appel de l'ordonnance du juge des enfants du placement dans un tel établissement, même s'il ne vise pas l'ordonnance de placement sous contrôle judiciaire, relève de la compétence de la chambre de l'instruction et non de la chambre spéciale des mineurs de la cour d'appel. • Crim. 10 oct. 2007, n° 07-84.830 P.

Art. 10-3 (L. n° 2011-939 du 10 août 2011, art. 38-I) *Les mineurs âgés de seize à dix-huit ans peuvent être placés sous assignation à résidence avec surveillance électronique dans les conditions et selon les modalités prévues aux articles 142-5 à 142-13 du code de procédure pénale lorsqu'ils encourent une peine d'emprisonnement d'au moins deux ans* [Dispositions déclarées non conformes à la Constitution par Décis. Cons. const. n° 2011-635 DC du 4 août 2011]. *En cas d'assignation à résidence avec surveillance électronique au domicile des représentants légaux du mineur, leur accord écrit doit être préalablement recueilli par le magistrat compétent pour ordonner la mesure. Les dispositions relatives au placement sous surveillance électronique mobile ne sont toutefois pas applicables aux mineurs.*

En permettant l'assignation à résidence avec surveillance électronique des mineurs de treize à seize ans comme une alternative au contrôle judiciaire dans des cas où le mineur ne peut pas faire l'objet d'une mesure de détention provisoire, les dispositions contestées ont institué une rigueur qui méconnaît les exigences constitutionnelles. Partant, la deuxième phrase de l'art. 10-3 de l'Ord.

du 2 févr. 1945 doit être déclarée contraire à la Constitution. • Cons. const. 4 août 2011 : *D. 2011. Actu. 2742* ; *ibid. 2012. Pan. 1638, obs. Bernaud et Jacquinot* ; *Dr. pénal 2012. Chron. 2, obs. Garçon et Peltier.*

Art. 11 *(L. n° 2002-1138 du 9 sept. 2002, art. 18)* ***« Les mineurs de treize à dix-huit ans mis en examen par le juge d'instruction ou le juge des enfants ne peuvent être placés en détention provisoire par le juge des libertés et de la détention saisi soit par le juge d'instruction, soit par le juge des enfants, conformément aux dispositions des articles 137 à 137-4, 144 et 145 du code de procédure pénale, que dans les cas prévus par le présent article, à la condition que cette mesure soit indispensable ou qu'il soit impossible de prendre toute autre disposition et à la condition que les obligations du contrôle judiciaire prévues par l'article 10-2*** *(L. n° 2011-939 du 10 août 2011, art. 38-II)* ***« et les obligations de l'assignation à résidence avec surveillance électronique » soient insuffisantes.***

« Les mineurs âgés de seize ans révolus ne peuvent être placés en détention provisoire que dans l'un des cas suivants :

« 1° S'ils encourent une peine criminelle ;

« 2° S'ils encourent une peine correctionnelle d'une durée égale ou supérieure à trois ans ;

« 3° S'ils se sont volontairement soustraits aux obligations d'un contrôle judiciaire prononcé conformément aux dispositions de l'article 10-2 *(L. n° 2010-242 du 10 mars 2010, art. 21-II)* ***« ou à celles d'une assignation à résidence avec surveillance électronique ».***

« Les mineurs âgés de treize ans révolus et de moins de seize ans ne peuvent être placés en détention provisoire que dans l'un des cas suivants :

« 1° S'ils encourent une peine criminelle ;

« 2° S'ils se sont volontairement soustraits aux obligations d'un contrôle judiciaire prononcé conformément aux dispositions du III de l'article 10-2 *(L. n° 2010-242 du 10 mars 2010, art. 21-II)* ***« ou à celles d'une assignation à résidence avec surveillance électronique ».*** *(L. n° 2019-222 du 23 mars 2019, art. 94)* ***« La détention provisoire ne peut cependant être ordonnée qu'en cas de violations répétées ou de violation d'une particulière gravité des obligations imposées au mineur et lorsque le rappel ou l'aggravation de ces obligations ne peut suffire pour atteindre les objectifs prévus à l'article 144 du code de procédure pénale. »***

« La détention provisoire est effectuée soit dans un quartier spécial de la maison d'arrêt, soit dans un établissement pénitentiaire spécialisé pour mineurs ; les mineurs détenus sont, autant qu'il est possible, soumis à l'isolement de nuit. Les mineurs âgés de treize à seize ans ne peuvent être placés en détention que dans les seuls établissements garantissant un isolement complet d'avec les détenus majeurs ainsi que la présence en détention d'éducateurs dans des conditions définies par décret en Conseil d'État.

« Lorsque les mineurs ayant fait l'objet d'un placement en détention provisoire sont remis en liberté au cours de la procédure, ils font l'objet, dès leur libération, des mesures éducatives ou de liberté surveillée justifiées par leur situation et déterminées par le juge des enfants, le juge d'instruction ou le juge des libertés et de la détention. Lorsque le magistrat estime qu'aucune de ces mesures n'est nécessaire, il statue par décision motivée. »

(L. n° 89-461 du 6 juill. 1989) ***« En matière correctionnelle, lorsque la peine encourue n'est pas supérieure à sept ans d'emprisonnement, la détention provisoire des mineurs âgés d'au moins seize ans ne peut excéder un mois. Toutefois, à l'expiration de ce délai, la détention peut être prolongée, à titre exceptionnel,*** *(L. n° 2000-516 du 15 juin 2000, art. 137-III, en vigueur le 1er janv. 2001)* ***« par une ordonnance motivée conformément aux dispositions de l'article 137-3 du code de procédure pénale et rendue après un débat contradictoire organisé conformément aux dispositions du sixième alinéa de l'article 145 du même code », pour une durée n'excédant pas un mois ; la prolongation ne peut être ordonnée qu'une seule fois.***

« Dans les autres cas, les dispositions du premier alinéa de l'article 145-1 du code de procédure pénale sont applicables, en matière correctionnelle, aux mineurs âgés d'au moins seize ans ; *(L. n° 93-1013 du 24 août 1993)* ***« toutefois, la prolongation doit être ordonnée conformément »*** *(L. n° 2000-516 du 15 juin 2000, art. 137-IV, en vigueur le 1er janv. 2001)* ***« aux dispositions du sixième alinéa de l'article 145 du code de procédure pénale », et elle ne peut être prolongée au-delà d'un an.***

« En matière criminelle, la détention provisoire des mineurs âgés de plus de treize ans et de moins de seize ans ne peut excéder six mois. Toutefois, à l'expiration de ce délai, la détention peut être prolongée, à titre exceptionnel, pour une durée n'excédant pas six mois, *(L. n° 2000-516 du 15 juin 2000, art. 137-V, en vigueur le 1er janv. 2001)* ***« par une ordonnance rendue conformément aux dispositions du sixième alinéa de l'article 145 du code de procédure pénale » et comportant, par référence aux 1° et 2° de l'article 144 du même code, l'énoncé des considérations de droit et de fait qui constituent le fondement de la décision ; la prolongation ne peut être ordonnée qu'une seule fois.***

« Les dispositions de l'article 145-2 du code de procédure pénale sont applicables aux mineurs âgés d'au moins seize ans ; toutefois, la détention provisoire ne peut être prolongée au-delà de deux ans.

« Les dispositions (L. n° 2002-1138 du 9 sept. 2002, art. 18) *« des treizième et quatorzième alinéas » du présent article sont applicables jusqu'à l'ordonnance de règlement. »*

(L. n° 2000-1354 du 30 déc. 2000, art. 31, en vigueur le 1er janvier 2001) *« Lorsque le juge des libertés et de la détention est saisi par le juge d'instruction ou le juge des enfants en application du quatrième alinéa de l'article 137-1 du code de procédure pénale, il peut prononcer une mesure de liberté surveillée à titre provisoire, prévue par le huitième alinéa de l'article 8, ou une mesure de garde provisoire prévue par l'article 10. »*

*Concernant la détention provisoire des mineurs mis en cause en matière de terrorisme, V. C. pr. pén., art. 706-24-4. — **C. pr. pén.***

I. RÈGLES NATIONALES

A. SUBSIDIARITÉ DE LA DÉTENTION PROVISOIRE

1. Les règles énoncées par les art. 5, 12 et 23 de l'Ord. du 2 févr. 1945 ne sont pas applicables au placement en détention d'une personne à laquelle sont imputées des infractions qualifiées de crimes ou délits, dont certaines ont été commises alors qu'elle était âgée de plus de dix-huit ans. • Crim. 9 déc. 2003, n° 03-85.587 P.

B. APPLICATION DE LA DÉTENTION PROVISOIRE

2. Matière correctionnelle. Les dispositions de l'al. 2 de l'art. 11 de l'Ord. du 2 nov. 1945, limitant à 2 mois, en matière correctionnelle, la détention provisoire des mineurs âgés d'au moins 16 ans lorsque la peine encourue n'est pas supérieure à 7 ans, ne sont applicables que jusqu'à l'ordonnance de renvoi. A compter de cette dernière, seules sont applicables, conformément à l'art. 9 de l'Ord. précitée, les dispositions de l'art. 179. • Crim. 13 oct. 1992, n° 92-82.414 P.

3. L'art. 11 de l'Ord. du 2 févr. 1945 dispose que le mineur âgé de moins de seize ans ne pourra être détenu provisoirement en matière correctionnelle ; ce texte ne fait aucune référence aux violations volontaires du contrôle judiciaire, lesquelles sont donc régies par l'art. 141-2, qui ne fait aucune exclusion relativement aux mineurs ; dire que la violation d'un contrôle judiciaire ne peut être sanctionnée quand elle s'applique à un mineur de seize ans reviendrait à priver le contrôle judiciaire de toute utilité ; selon l'art. 144, la détention provisoire est interdite pour des infractions dont la peine est inférieure à deux ans d'emprisonnement ; elle est possible, dans ce cas, s'il y a violation du contrôle judiciaire. • Grenoble, 3 avr. 1998 : *D. 1999. 107, note Guéry*.

4. Matière criminelle. La L. du 6 juill. 1989 qui prévoit, en matière criminelle, la possibilité d'incarcération des mineurs âgés de 13 à 16 ans, n'est pas contraire à la Conv. EDH, laquelle n'interdit pas la détention régulière de mineurs de 16 ans. • Crim. 22 mai 1990, n° 90-81.469 P.

5. Lorsque la chambre d'accusation statue, conformément aux dispositions de l'art. 214, al. 3, dans les deux mois de l'ordonnance de transmission des pièces du juge d'instruction, fût-ce pour ordonner un supplément d'information, le mandat initial conserve sa force exécutoire jusqu'au prononcé de la mise en accusation, par application de l'art. 181, al. 2 ; la détention provisoire d'un mineur de 16 ans, mis en examen pour crime, peut alors s'étendre au-delà de la durée maximale prescrite par l'art. 11, al. 5, de l'Ord. du 2 févr. 1945 relative à l'enfance délinquante, lequel ne s'applique que jusqu'à l'ordonnance de transmission de pièces. • Crim. 18 juin 1997, n° 97-82.008 P : *Defrénois 1998. 321, obs. Massip ; Dr. famille 1998. Comm. 56, obs. Murat.*

6. Les dispositions de l'art. 11, al. 5, de l'Ord. du 2 févr. 1945, selon lesquelles la durée maximale de la détention provisoire en matière criminelle est fixée à 2 ans pour les mineurs de plus de 16 ans, ne s'appliquent que jusqu'à l'ordonnance de transmission de pièces au procureur général ; le mandat de dépôt initial décerné à l'encontre du prévenu peut donc, par application de l'art. 181, conserver sa force exécutoire au-delà du délai maximum, jusqu'à décision de la chambre d'accusation ; après le prononcé de l'ordonnance de prise de corps avec renvoi devant la cour d'assises, le mineur n'est plus détenu provisoirement en vertu du mandat de dépôt, mais en exécution de cette ordonnance, qui constitue un titre de détention demeurant valable jusqu'au jugement définitif des faits. • Fort-de-France, 16 févr. 2000 : *BICC 2000, n° 937.*

7. L'al. 2 de l'art. 137-4 C. pr. pén., qui prévoit la possibilité d'une saisine directe du JLD par le procureur de la République, est applicable aux mineurs car l'art. 11 de l'Ord. du 2 févr. 1945, qui renvoie à l'art. 137-4, n'a pas été modifié après la loi du 9 mars 2004 ; d'autre part, si cette loi, dont est issu l'al. 2 de l'art. 137-4, n'a pas expressément ciblé la procédure concernant les mineurs, elle n'a prévu aucune restriction à l'étendue de son application. • Crim. 13 juin 2018, n° 18-82.124 P : *D. actu. 2 juill. 2018, obs. Goetz ; AJ pénal 2018. 425, obs. Gallardo ; D. 2018. Pan. 1664, note Bonfils et Gouttenoire.*

8. Mis en accusation devant la cour d'assises pour meurtres, l'intéressé soutenait qu'étant mineur au moment des faits, il ne pouvait être détenu provisoirement plus de deux ans et que, en l'absence de disposition expresse de la loi, dans sa rédaction alors en vigueur, sur le caractère exécutoire jusqu'à la décision en appel de l'ordonnance de renvoi devant la cour d'assises, cet appel avait mis fin à la détention ; la chambre de l'instruction a fait l'exacte application de la loi en énonçant, pour rejeter cette argumentation, qu'il résulte des dispositions de l'art. 186-2 C. pr. pén., que l'ordonnance de prise de corps est exécutoire dans le délai de quatre mois imparti pour statuer sur l'appel de l'ordonnance de renvoi ; en effet, d'une part, l'ordonnance de prise de corps rendue par le juge d'instruction en vertu de l'art. 181 C. pr. pén. conserve sa force exécutoire jusqu'à ce qu'il ait été statué, dans le délai de quatre mois, par la chambre de l'instruction, sur l'appel de l'ordonnance de mise en accusation, d'autre part, aux termes du dernier al. de l'art. 11 de l'Ord. du 2 févr. 1945, les dispositions concernant la durée, en matière criminelle, de la détention provisoire des mineurs âgés d'au moins seize ans ne sont applicables que jusqu'à l'ordonnance de règlement. • Crim. 19 sept. 2001, n° 01-84.787 P : *D. 2001. IR 3330*.

II. RÈGLES INTERNATIONALES ET EUROPÉENNES

9. Convention internationale des droits de l'enfant. L'art. 37 de la convention relative aux droits de l'enfant, signée à New York le 26 janv. 1990, qui dispose, notamment, que la détention d'un enfant doit être d'une durée aussi brève que possible, ne crée d'obligations qu'à la charge des États signataires et ne saurait, dès lors, être invoqué directement par un justiciable devant les juridictions nationales. • Crim. 18 juin 1997, n° 97-82.008 P : *Defrénois 1998. 321, obs. Massip ; Dr. fam. 1998. Comm. 56, obs. Murat.*

10. V. cependant avec la prise en compte de l'intérêt supérieur de l'enfant, la reconnaissance d'une applicabilité directe de certaines des dispositions de la Convention de New York : en vertu de l'art. 3.1 de la Convention de New York relative aux droits de l'enfant, disposition qui est d'application directe devant la juridiction française, ces circonstances doivent être appréciées en considération primordiale de l'intérêt supérieur de l'enfant. • Civ. 1re, 14 juin 2005, n° 04-16.942 P.

11. Convention européenne des droits de l'homme. La loi du 6 juill. 1989 qui prévoit, en matière criminelle, la possibilité d'incarcération des mineurs âgés de 13 à 16 ans, n'est pas contraire à la Conv. EDH, laquelle n'interdit pas la détention régulière de mineurs de 16 ans. • Crim. 22 mai 1990, n° 90-81.469 P : *D. 1990. 456, note Renucci*.

Art. 11-1 *(L. n° 2000-516 du 15 juin 2000, art. 63, en vigueur le 1er janv. 2001)* ***Lorsque la détention provisoire est ordonnée à la suite d'une révocation du contrôle judiciaire à l'encontre d'un mineur antérieurement placé en détention provisoire pour les mêmes faits, la durée cumulée des détentions ne peut excéder de plus d'un mois la durée maximale de la détention prévue à l'article 11.***

Les dispositions de l'art. 11-1 fixant la durée maximale de détention provisoire des mineurs de plus de seize ans impliqués dans une affaire criminelle et dont le contrôle judiciaire a été révoqué ne s'appliquent conformément à l'art. 11 Ord. 2 févr. 1945 que jusqu'à l'ordonnance de règlement. • Crim. 23 nov. 2005, n° 05-85.359 P : *AJ pénal 2006. 86, obs. Girault*.

Art. 11-2 *(L. n° 2002-1138 du 9 sept. 2002, art. 18)* ***Lorsqu'à l'égard d'un mineur de treize à seize ans, la détention provisoire est ordonnée à la suite de la révocation d'un contrôle judiciaire prononcé conformément aux dispositions du*** *(L. n° 2011-939 du 10 août 2011, art. 39)* ***« cinquième » alinéa du III de l'article 10-2, la durée de la détention provisoire ne peut excéder quinze jours, renouvelable une fois.***

S'il s'agit d'un délit puni de dix ans d'emprisonnement, la durée de la détention provisoire ne peut excéder un mois, renouvelable une fois.

Lorsque interviennent plusieurs révocations du contrôle judiciaire, la durée cumulée de la détention ne peut excéder une durée totale d'un mois dans le cas visé au premier alinéa et de deux mois dans le cas visé au deuxième alinéa.

(L. n° 2019-222 du 23 mars 2019, art. 94) ***« Par dérogation à l'article 179 du code de procédure pénale, après l'ordonnance de renvoi devant le tribunal pour enfants en matière correctionnelle, le mineur de treize à seize ans peut être maintenu en détention jusqu'à sa comparution devant le tribunal, pour une durée de deux mois, renouvelable une seule fois pour une durée d'un mois. »***

Art. 11-3 *(L. n° 2019-222 du 23 mars 2019, art. 94, en vigueur le 1er juin 2019)* ***Lorsqu'un mineur est retenu dans le cadre d'un mandat de comparution, d'amener ou d'arrêt en application de l'article 133-1 du code de procédure pénale ou qu'il est appréhendé en exécution d'un mandat d'arrêt européen en application des articles 695-26 et suivants du même code, l'officier de police judiciaire doit, dès le début de cette rétention, en informer les parents, le tuteur, la personne ou le service auquel le mineur est confié. Les III et IV de l'article 4 de la présente ordonnance sont alors applicables.***

L'audience tenue devant la chambre de l'instruction en application de l'article 695-30 du code de procédure pénale n'est pas publique.

Art. 12 (L. nº 85-1407 du 30 déc. 1985) ***Le service de*** (L. nº 96-585 du 1er juill. 1996) ***« la protection judiciaire de la jeunesse » compétent établit, à la demande du procureur de la République, du juge des enfants ou de la juridiction d'instruction, un rapport écrit contenant tous renseignements utiles sur la situation du mineur ainsi qu'une proposition éducative.*** — *Ce premier al. de l'art. 12, dans sa rédaction résultant de la L. nº 2016-1547 du 18 nov. 2016 a été jugé contraire à la Constitution, l'abrogation prenant effet le 30 sept. 2021. Jusqu'à cette date, le service de la protection judiciaire de la jeunesse doit informer le mineur avec lequel il s'entretient de son droit de se taire (Cons. const. 9 avr. 2021, nº 2021-894 QPC).*

Lorsqu'il est fait application de l'article 5, ce service est obligatoirement consulté avant toute réquisition ou décision de placement en détention provisoire du mineur (L. nº 93-1013 du 24 août 1993) ***« ou de prolongation de la détention provisoire ».***

(L. nº 96-585 du 1er juill. 1996) ***« Ce service doit également être consulté avant toute décision*** (L. nº 2016-1547 du 18 nov. 2016, art. 31) ***« du juge des enfants au titre de l'article 8-1 ou » du*** (L. nº 2011-939 du 10 août 2011, art. 40) ***« tribunal pour enfants*** (Abrogé par L. nº 2016-1547 du 18 nov. 2016, art. 29, à compter du 1er janv. 2017) ***« ou du tribunal correctionnel pour mineurs » au titre de l'article 8-3 » et toute réquisition »*** (L. nº 2007-297 du 5 mars 2007, art. 57) ***« ou proposition du procureur de la République au titre des articles 7-2, 8-2 et 14-2 »*** (L. nº 2010-242 du 10 mars 2010, art. 21-II) ***« ainsi qu'avant toute décision du juge d'instruction, du juge des libertés et de la détention ou du juge des enfants et toute réquisition du procureur de la République au titre de l'article 142-5 du code de procédure pénale. »***

Le rapport prévu au premier alinéa est joint à la procédure.

1. Cons. const. Droit de se taire. Dès lors que l'agent compétent du service de la protection judiciaire de la jeunesse chargé de la réalisation de ce rapport a la faculté d'interroger le mineur sur les faits qui lui sont reprochés et que les déclarations du mineur recueillies dans ce cadre sont susceptibles d'être portées à la connaissance de la juridiction de jugement lorsqu'elles sont consignées dans le rapport joint à la procédure, en ne prévoyant pas que le mineur entendu par le service de la protection judiciaire de la jeunesse doit être informé de son droit de se taire, les dispositions contestées portent atteinte à ce droit. L'alinéa deux de l'art. 12 de l'Ord. du 2 févr. 1945 est donc abrogé à compter du 30 sept. 2021, et jusqu'à cette date, le service de la protection judiciaire de la jeunesse doit informer le mineur avec lequel il s'entretient de son droit de se taire. • Cons. const.9 avr. 2021, nº 2021-894 : *JO 9 avr.*

2. Intervention préalable de la PJJ. Aux termes de l'art. 12 de l'Ord. du 2 févr. 1945, le service de l'éducation surveillée compétent doit obligatoirement être consulté avant décision de placement en détention provisoire d'un mineur ; à défaut d'exécution de cette formalité essentielle, il y a lieu de constater l'inexistence du titre de détention et de prononcer la mise en liberté. • Crim. 11 juin 1996, nº 96-81.398 P : *D. 1997. Somm. 148, obs. Pradel.*

3. Il appartient au ministère public, dans les délais prévus par l'art. 185 C. pr. pén., de relever appel de l'ordonnance de placement en détention provisoire rendue en méconnaissance de l'art. 12 de l'Ord. du 2 févr. 1945 ; l'utilisation de la procédure prévue par l'art. 171 (art. 173 nouv.) C. pr. pén. pour contester, à titre principal, la validité de l'ordonnance de placement en détention provisoire revenant uniquement à mettre en cause une décision ayant acquis un caractère définitif, il s'ensuit que, la requête soumise à la chambre d'accusation étant irrecevable, il n'y a lieu à l'annulation de ladite ordonnance, ni d'aucun autre acte de la procédure lié à l'établissement de celle-ci. • Crim. 4 nov. 1986, nº 86-92.726 P : *D. 1987. Somm. 78, obs. Pradel.*

4. L'exigence de consultation se saurait être étendue aux cas où le juge est appelé à se prononcer, au cours de cette détention, sur la validité ou l'opportunité du maintien de la mesure. • Crim. 26 sept. 1989, nº 89-84.231 P. ♦ Il en est ainsi lorsque, saisie comme juridiction d'appel, la chambre d'accusation, infirmant l'ordonnance du juge d'instruction remettant en liberté le mineur détenu, rend son plein effet au titre de détention initial. • Crim. 26 sept. 1989 : *préc.* ♦ ... Lorsque le service de la PJJ a été consulté préalablement à la présentation du mineur au juge d'instruction et que la chambre d'accusation infirme l'ordonnance aux fins de liberté surveillée préjudicielle rendue par ce magistrat et ordonne le placement en détention provisoire d'un mineur, l'art. 12 de l'Ord. du 2 févr. 1945 n'impose pas une nouvelle consultation de ce service. • Crim. 13 avr. 1999, nº 99-80.698 P. ♦ ... Lorsque la juridiction rejette une demande de mise en liberté après avoir constaté le caractère insuffisant d'une mesure d'assignation à résidence avec surveillance électronique. • Crim. 2 févr. 2011, nº 10-87.868 P : *D. actu. 23 mars 2011, obs. Léna ; D. 2011. Actu. 752 ; ibid. Pan. 2002, obs. Bonfils ; AJ pénal 2011. 246, obs. Renaud-Duparc ; Dr. pénal 2012. Chron. 1, obs. Georget.*

5. Limite à l'obligation de consultation préalable de la PJJ. Les règles édictées par les art. 5, 12 et 23 de l'Ord. du 2 févr. 1945 ne sont pas applicables à la personne à laquelle sont imputées des infractions qualifiées de crime ou de délit, dont certaines ont été commises alors qu'elle était âgée de plus de dix-huit ans ; tel est le cas lorsque les faits reprochés ont été commis entre deux mois avant et six jours après l'anniversaire de l'intéressé. • Crim. 9 déc. 2003, n° 03-85.587 P : *JCP 2004. IV. 1375.* ♦ Le rapport prévu par l'art. 12 n'est plus exigé lorsque le mineur est devenu majeur au moment où il est statué sur la prolongation de sa détention. • Crim. 21 juin 2006, n° 06-82.516 P : *D. 2006. IR 1989 ; AJ pénal 2006. 412, obs. Saas.*

Art. 12-1 (*L. n° 93-2 du 4 janv. 1993*) ***Le procureur de la République, la juridiction chargée de l'instruction de l'affaire ou la juridiction de jugement ont la faculté de proposer au mineur une mesure ou une activité d'aide ou de réparation à l'égard de la victime ou dans l'intérêt de la collectivité. Toute mesure ou activité d'aide ou de réparation à l'égard de la victime ne peut être ordonnée qu'avec l'accord de celle-ci.***

Lorsque cette mesure ou cette activité est proposée avant l'engagement des poursuites, le procureur de la République recueille l'accord préalable du mineur et des titulaires de l'exercice de l'autorité parentale. Le procès-verbal constatant cet accord est joint à la procédure.

La juridiction chargée de l'instruction procède selon les mêmes modalités.

Lorsque la mesure ou l'activité d'aide ou de réparation est prononcée par jugement, la juridiction recueille les observations préalables du mineur et des titulaires de l'exercice de l'autorité parentale.

La mise en œuvre de la mesure ou de l'activité peut être confiée au secteur public de la protection judiciaire de la jeunesse ou à une personne physique, à un établissement ou service dépendant d'une personne morale habilités à cet effet dans des conditions fixées par décret. A l'issue du délai fixé par la décision, le service ou la personne chargé de cette mise en œuvre adresse un rapport au magistrat qui a ordonné la mesure ou l'activité d'aide ou de réparation.

Sur la rétribution de l'avocat assistant le mineur ou la victime qui bénéficie de l'aide juridictionnelle au cours des mesures prévues à l'art. 12-1 ci-dessus, V. L. n° 91-647 du 10 juill. 1991, art. 64-2.

Art. 12-2 (*L. n° 2011-939 du 10 août 2011, art. 41*) ***Les représentants légaux du mineur cités comme civilement responsables sont jugés par jugement contradictoire à signifier, en application de l'article 410 du code de procédure pénale, lorsque, étant non comparants et non excusés, ils ont été régulièrement cités à personne.***

Art. 12-3 (*L. n° 2012-409 du 27 mars 2012, art. 12-I, en vigueur le 1er janv. 2014*) ***En cas de prononcé d'une décision exécutoire ordonnant une mesure ou une sanction éducatives prévues aux articles 8, 10-2, 10-3, 12-1, 15, 15-1, 16 bis, 16 ter et 19, à l'exception des décisions de placement, ou prononçant une peine autre qu'une peine ferme privative de liberté, il est remis au mineur et à ses représentants légaux présents, à l'issue de leur audition ou de l'audience, un avis de convocation à comparaître, dans un délai maximal de cinq jours ouvrables, devant le service de la protection judiciaire de la jeunesse désigné pour la mise en œuvre de la décision. Ce service se trouve ainsi saisi de la mise en œuvre de la mesure.***

Si le mineur ne se présente pas à la date fixée, le juge des enfants ou le juge d'instruction le convoque devant lui s'il le juge utile ou, dans un délai maximal de dix jours, devant le service de la protection judiciaire de la jeunesse.

CHAPITRE III *[ABROGÉ]* *Le tribunal pour enfants et la cour d'assises des mineurs* (*L. n° 2011-939 du 10 août 2011, art. 42*).

Art. 13 (*L. n° 51-687 du 24 mai 1951*) ***Le tribunal pour enfants statuera après avoir entendu l'enfant, les témoins, les parents, le tuteur ou le gardien, le ministère public et le défenseur. Il pourra entendre, à titre de simple renseignement, les coauteurs ou complices majeurs.***

(*Ord. n° 58-1300 du 23 déc. 1958*) ***« Le président du tribunal pour enfants pourra », si l'intérêt du mineur l'exige, dispenser ce dernier de comparaître à l'audience. Dans ce cas, le mineur sera représenté par un avocat ou par son père, sa mère ou son tuteur. La décision sera réputée contradictoire.***

(*Abrogé par L. n° 2016-1547 du 18 nov. 2016, art. 29, à compter du 1er janv. 2017*) (*L. n° 2011-1940 du 26 déc. 2011, art. 5-III, en vigueur le 1er janv. 2012*) ***« S'il constate que les faits qui lui sont déférés relèvent de la compétence du tribunal correctionnel pour mineurs, le tribunal pour enfants devra ordonner le renvoi de l'affaire devant cette juridiction. Si le mineur est placé en détention provisoire, sous assignation à résidence avec surveillance électronique ou sous contrôle judiciaire, le tribunal pour enfants pourra, par décision motivée par référence aux articles 10-2,10-3 et 11, ordonner le maintien de la mesure jusqu'à l'audience devant le tribunal correctionnel pour mineurs. Cette audience devra se tenir au plus tard dans un délai d'un mois, à défaut de quoi il sera mis fin à la détention, l'assignation ou le contrôle judiciaire. »***

Le tribunal pour enfants restera saisi à l'égard du mineur âgé de moins de seize ans lorsqu'il décidera d'appliquer une qualification criminelle aux faits dont il avait été saisi sous une qualifi-

cation correctionnelle. Il ordonnera, en ce cas, un supplément d'information et déléguera le juge d'instruction à cette fin, si l'ordonnance de renvoi émane du juge des enfants.

1. Audition des parents, tuteur ou gardien. Aux termes de l'art. 13, al. 1er, de l'Ord. du 2 févr. 1945, dont les dispositions sont d'ordre public, le tribunal pour enfants statuera après avoir notamment entendu les parents, le tuteur ou le gardien des mineurs ; encourt la cassation l'arrêt qui prononce une condamnation contre un mineur alors qu'il ne résulte, ni de l'arrêt attaqué, ni du jugement qu'il confirme, que ces personnes aient été entendues ou appelées à s'expliquer devant le tribunal pour enfants et devant la chambre spéciale de la cour d'appel. • Crim. 23 janv. 1974, n° 73-90.788 P : *Gaz. Pal. 1974. 1. 241* • 16 juin 1976, n° 75-91.773 P • 27 janv. 1988 : *ibid. n° 42* • 23 juin 2004 : *ibid. n° 171 ; JCP 2004. IV. 2782 ; AJ pénal 2004. 330*. ♦ Il résulte des dispositions combinées des art. 13, al. 1er, de l'Ord. du 2 févr. 1945 et R. 311-7 COJ que la chambre spéciale des mineurs ne peut statuer qu'après avoir entendu les parents, le tuteur ou le gardien d'un prévenu mineur. • Crim. 9 sept. 2015, n° 13-82.518 P : *D. actu. 21 oct. 2015, obs. Benelli-de Bénazé*. ♦ A défaut de constatation par l'arrêt attaqué, les notes d'audience suffisent à établir que l'audition du parent du mineur mis en cause a bien été effectuée. • Crim. 18 oct. 2017, n° 16-87.123 P : *AJ pénal 2017. 559, obs. Ficara*.

2. Le civilement responsable ne saurait se prévaloir de l'inobservation de l'ordre de parole prévu à l'art. 13 de l'Ord. du 2 février 1945, dès lors que l'irrégularité alléguée n'a pas porté atteinte à ses intérêts. • Crim. 29 mai 2001, n° 00-85.981.

3. Comparution du mineur. Aux termes de l'art. 13 de l'Ord. du 2 févr. 1945, tel qu'il a été modifié par l'Ord. du 23 déc. 1958, la dispense de comparaître relève, dans le seul intérêt du mineur, du pourvoi du président. • Crim. 12 juill. 1972, n° 71-93.365 P : *D. 1973. 227*. ♦ Rejet du pourvoi contre : • Poitiers, 18 nov. 1971 : *D. 1972. 111, et la note* • Crim. 18 juin 1980, n° 78-93.304 P. ♦ ... Et aucun texte n'exige la mention dans l'arrêt des motifs de la décision prise par ce magistrat. • Crim. 18 juin 1980 : *préc.*

Art. 13-1 (L. n° 2007-297 du 5 mars 2007, art. 58) *L'article 399 du code de procédure pénale est applicable aux audiences du tribunal pour enfants.*

Art. 14 (L. n° 51-687 du 24 mai 1951) *Chaque affaire sera jugée séparément en l'absence de tous autres prévenus.*

Seuls seront admis à assister aux débats (L. n° 2002-1138 du 9 sept. 2002, art. 30) *« la victime, qu'elle soit ou non constituée partie civile, » les témoins de l'affaire, les proches parents, le tuteur ou le représentant légal du mineur, les membres du barreau, les représentants des sociétés de patronage et des services ou institutions s'occupant des enfants, les délégués à la liberté surveillée.*

Le président pourra, à tout moment, ordonner que le mineur se retire pendant tout ou partie de la suite des débats. (Ord. n° 58-1300 du 23 déc. 1958) *« Il pourra de même ordonner aux témoins de se retirer après leur audition. »*

La publication du compte rendu des débats des tribunaux pour enfants dans le livre, la presse, la radiophonie, le cinématographe ou de quelque manière que ce soit est interdite. La publication, par les mêmes procédés, de tout texte ou de toute illustration concernant l'identité et la personnalité des mineurs délinquants est également interdite. (L. n° 2011-939 du 10 août 2011, art. 43-1°) *« Les infractions à ces dispositions sont punies d'une amende de 15 000 €. »*

Le jugement sera rendu en audience publique, en la présence du mineur. Il pourra être publié, mais sans que le nom du mineur puisse être indiqué, même par une initiale, (L. n° 2011-939 du 10 août 2011, art. 43-2° et 3°) *« sous peine d'une amende de 15 000 €.*

« Sauf dans les affaires présentant une complexité particulière liée au nombre des mineurs poursuivis ou aux infractions reprochées, lorsque le mineur n'a pas encore fait l'objet d'une condamnation, le jugement est prononcé au plus tard dans un délai d'un mois après l'audience. »

I. GARANTIES MAJEURES

A. PUBLICITÉ RESTREINTE

1. Importance du principe. Si, aux termes de l'art. 14 de l'Ord. du 2 févr. 1945, seules les personnes désignées dans ce texte peuvent assister aux audiences des tribunaux pour enfants, la publicité ainsi limitée n'en constitue pas moins une condition essentielle à la validité des débats, et doit, par suite, être constatée. • Crim. 13 févr. 1946 : *Bull. crim. n° 53 ; S. 1946. 1. 52*. ♦ La publicité restreinte imposée à la cour d'assises des mineurs par les art. 14 et 20, al. 8, de l'Ord. du 2 févr. 1945 est une condition essentielle de la validité des débats devant cette juridiction. Aucune dérogation ne peut être apportée à cette règle d'ordre public. • Crim. 24 juin 1998, n° 97-84.657 P. ♦ La publicité de l'audience consacrée à l'instruction d'une affaire doit, à peine de nullité, être constatée dans la décision ; lorsqu'il n'est pas constaté que les débats devant les juges du premier degré ont eu lieu publiquement, la cour d'appel doit, à peine de nullité de son propre arrêt, annuler ce jugement qui lui est déféré, évoquer et statuer à nouveau sur le fond. • Crim. 22 nov. 1955 : *Bull. crim. n° 504*. ♦ La publicité restreinte imposée à la cour d'assises des mineurs par les art. 14 et 20, al. 8, de l'Ord. du 2 févr. 1945 est une condition essentielle de la validité des débats devant cette juridiction ; les débats commencent dès que le président, en application de l'art. 305, a déclaré le jury définitivement constitué ; à ce moment et jusqu'à la clôture des débats, l'audience doit être tenue à publicité restreinte, hormis pour le prononcé des arrêts incidents ayant un caractère contentieux. • Crim. 11 mai 1988, n° 87-84.337 P. ♦ Mais v. plus récemment : un mineur ne saurait se plaindre de la violation de la règle de la publicité restreinte dès lors que, d'une part, il était majeur au moment du débat, d'autre part, que ni lui ni son avocat n'ont soulevé devant le juge des libertés et de la détention de contestation sur la publicité de l'audience. • Crim. 21 janv. 2020, n° 19-86.957 P : *D. actu. 26 févr. 2020, obs. Goudjil.*

2. Le régime de publicité restreinte prévu par les art. 14 et 20 de l'Ord. du 2 févr. 1945 doit être observé à l'égard de tous les accusés, même majeurs. • Crim. 4 juill. 1989, n° 88-86.649 P. ♦ Les règles de la publicité restreinte contenues dans l'art. 14 de l'Ord. du 2 févr. 1945 s'appliquent aux débats sur l'action civile aussi bien qu'à ceux sur l'action publique. • Crim. 23 juin 1982, n° 82-90.091 P. ♦ La publicité restreinte, qui déroge au principe de la publicité des débats, est instaurée pour protéger l'identité et la personnalité du mineur et sa violation fait nécessairement grief aux intérêts de celui-ci. • Crim. 26 juin 2019, n° 19-82.779 P : *D. actu. 16 juill. 2019, obs. Goetz.*

3. Les règles de la publicité restreinte sont différentes de celles relatives au huis clos édictées par l'art. 306. Les dispositions des art. 14 et 20 de l'Ord. du 2 févr. 1945, modifiée, sont donc exactement observées si, les portes de l'auditoire étant ouvertes afin de permettre le libre passage des personnes énumérées à l'art. 14 précité, les gardes chargés du service d'ordre empêchent toute autre personne de pénétrer dans la salle d'audience. • Crim. 31 mai 1978, n° 77-93.786 P.

4. Application en cause d'appel. Devant la chambre spéciale des mineurs de la cour d'appel, les débats doivent se dérouler dans les conditions de la publicité restreinte prévues par l'art. 14 de l'Ord. du 2 févr. 1945 relative à l'enfance délinquante, sous réserve, le cas échéant, de l'application du dernier al. de l'art. 400. • Crim. 11 juill. 2017, n° 15-84.572 P : *D. actu. 21 sept. 2017, obs. Goetz.* ♦ L'examen d'une demande de renvoi présentée par la défense après l'interrogatoire d'identité de l'accusé et l'appel des témoins et experts doit être réalisé sous le régime de la publicité restreinte. • Crim. 20 févr. 2019, n° 18-85.465 P : *D. actu. 8 mars 2019, obs. Goetz ; AJ pénal 2019. 280, obs. Engel.*

5. Dès lors que l'accusé, mineur au moment des faits devenu majeur au moment du jugement, a déclaré, avant que la cour ne rende l'arrêt incident ordonnant la poursuite des débats en audience publique, s'en remettre à la décision de la cour, les demandeurs ne sauraient se faire un grief de ce que la publicité restreinte n'ait pas été respectée dès l'ouverture des débats. • Crim. 22 avr. 2020, n° 19-82.958 P : *D. actu. 5 juin 2020, obs. Roques ; Dr. pénal 2020, n° 121, obs. Maron et Haas.*

6. Limites du principe. Publicité restreinte. V. également ss. art. 20. ♦ La limitation de la publicité des débats telle qu'elle résulte des dispositions des art. 14 et 20 de l'Ord. du 2 févr. 1945 ne concerne pas les magistrats. Aucune nullité ne saurait dès lors résulter de leur présence aux débats. • Crim. 22 juin 1994, n° 93-84.889 P. ♦ Les règles de publicité restreinte, que l'art. 14 de l'Ord. du 2 févr. 1945 impose devant la cour d'assises des mineurs, ne s'appliquent pas aux personnes qui ont la qualité de partie au procès pénal ; tel est le cas d'une partie civile déjà constituée. • Crim. 22 nov. 1995 : *Gaz. Pal. 27-28 mars 1996.* ♦ Les règles de publicité restreinte, imposées devant la cour d'assises des mineurs par l'art. 14 de l'Ord. du 2 févr. 1945, ne s'appliquent pas aux personnes qui participent régulièrement aux débats. • Crim. 8 nov. 2000, n° 00-81.706 P.

7. L'art. 14 de l'Ord. du 2 févr. 1945 est relatif aux règles de publicité applicables au jugement d'un mineur par le tribunal pour enfants ; il ne peut recevoir application dans le cas où un mineur, fût-il coauteur ou complice des accusés majeurs et jugés séparément, est entendu en qualité de témoin lors du jugement de ces derniers par la cour d'assises. • Crim. 23 juin 1993, n° 92-86.512 P.

8. La victime d'un crime ou d'un délit soumis à la juridiction des mineurs, qu'elle soit ou non constituée partie civile, est nécessairement témoin au sens des art. 14 et 20 de l'Ord. du 2 févr. 1945 ; son assistance aux débats ne saurait, dès lors, constituer une infraction aux règles de la publicité restreinte. • Crim. 15 déc. 1993, n° 93-82.899 P.

9. Les dispositions de l'art. 14, al. 2, de l'Ord. du 2 févr. 1945, relatives à la publicité restreinte, ne sont pas méconnues lorsque le tuteur ou le curateur de la partie civile, majeure protégée, assiste aux débats. • Crim. 8 mars 2000, n° 99-82.597 P.

10. Les règles spéciales de publicité prescrites pour la cour d'assises des mineurs par les art. 14 et 20 de l'Ord. du 2 févr. 1945 ne concernent que les débats et ne s'appliquent pas aux arrêts sur les incidents qui doivent être rendus en audience publique sauf si le huis clos a été ordonné en vertu de l'art. 306. • Crim. 12 févr. 1986, n° 85-93.897 P.

B. RETRAIT DU MINEUR

11. Retrait du mineur. Ce n'est qu'au cas où le président, usant du pouvoir que lui confère l'art. 14 de l'Ord. du 2 févr. 1945, aurait ordonné que le mineur se retire de l'audience au cours des débats, qu'il y a lieu, avant la lecture de l'arrêt, d'ordonner au mineur de rentrer à l'audience. • Crim. 17 janv. 1956 : *Bull. crim. n° 66* • 30 avr. 1958 : *Bull. crim. n° 364.* ♦ S'il résulte de la combinaison des art. 14 et 24 de l'Ord. du 2 févr. 1945, que les jugements et arrêts, concernant les sursis relevant du tribunal pour enfants, doivent être rendus en présence du mineur, cette disposition a seulement pour but de mettre fin, au cas où elles auraient été ordonnées, aux mesures par lesquelles le mineur aurait été invité à se retirer de l'audience publique pendant le débat ; en revanche, lorsque le mineur n'a pas été invité à se retirer pendant le débat, et que l'affaire a été remise, en sa présence, à une date ultérieure pour le prononcé de l'arrêt, la cour n'a pas à constater sa présence lors de la lecture dudit arrêt. • Crim. 15 nov. 1978, n° 78-92.476 P.

II. GARANTIES SUBSÉQUENTES

12. Pluralité de prévenus. Si l'al. 1er de l'art. 14 de l'Ord. du 2 févr. 1945 dispose que chaque affaire doit être jugée séparément en l'absence de tous autres prévenus, ce texte interdit seulement que l'affaire, dans laquelle un mineur est impliqué, soit jugée en présence des prévenus d'une autre affaire. • Crim. 28 févr. 1973 : *Bull. crim. n° 103* • 15 nov. 1978 : *ibid. n° 317.* ♦ La séparation par « affaire », et non par « prévenu », ne permet pas d'envisager la comparution et le jugement séparés de mineurs impliqués dans la même affaire. • Crim. 15 nov. 1978 : *préc.*

13. Publication d'informations. Le ministère public, en faisant état d'une condamnation antérieurement prononcée contre l'accusé par une cour d'assises des mineurs, ne méconnaît pas les prescriptions de l'Ord. du 2 févr. 1945, dès lors que les réquisitions prises à l'audience ne s'analysent pas en une « publication », au sens de l'art. 14, al. 4, de ce texte. • Crim. 3 juin 1977 : *Bull. crim. n° 201.*

14. Si les dispositions de l'art. 14 de l'Ord. du 2 févr. 1945, dans sa rédaction issue de la L. du 24 mai 1951, interdisant, de façon générale et absolue, la publication de l'identité d'un mineur délinquant, ont pour objet la protection de l'enfant, elles sont aussi édictées dans l'intérêt de ses parents ; dès lors, ceux-ci sont recevables à exercer, à titre personnel, l'action civile devant les juridictions répressives, dans les conditions prévues aux art. 2 et 3. • Crim. 9 oct. 1995, n° 94-83.171 P. ♦ V. aussi • Crim. 6 juin 2001, n° 00-85.564.

15. L'art. 14 de l'Ord. du 2 févr. 1945 interdit la publication de toute information relative à l'identité et à la personnalité des mineurs délinquants. Cette interdiction est générale et absolue et, en conséquence, elle s'applique aussi dans le cas où le mineur délinquant est décédé. • Crim. 24 sept. 2002, n° 01-85.890 P : *JCP 2002. IV. 2965 ; Dr. pénal 2003. Comm. 5, obs. Véron.*

16. Jugement. L'arrêt par lequel la cour donne acte à une partie civile de sa constitution sans opposition ni conclusions contraires n'a pas le caractère d'une décision sur un incident contentieux. Un tel donné acte n'entre pas dans les précisions de l'art. 14 al. 5, de l'Ord. du 2 févr. 1945 et la cour peut valablement le prononcer sans que la publicité complète de l'audience ait été rétablie. • Crim. 3 juill. 1974, n° 74-93.362 P. ♦ L'arrêt par lequel la cour donne acte d'un fait non contesté n'a pas le caractère d'une décision sur un incident contentieux. Il n'entre pas dans les prévisions des art. 14, al. 5 et 20, de l'Ord. du 2 févr. 1945 et il peut être valablement prononcé au cours de l'audience à publicité restreinte. • Crim. 4 mars 1970, n° 69-92.735 P. ♦ Dans le même sens : • Crim. 12 mars 1969, n° 68-93.113 P. ♦ L'arrêt par lequel la cour donne acte à une partie civile de sa constitution sans opposition ni conclusions contraires n'a pas le caractère d'une décision sur un incident contentieux. Ce donné acte n'entre pas dans les prévisions de l'art. 14, al. 5, de l'Ord. du 2 févr. 1945 et il n'est pas nécessaire que l'arrêt qui le constate soit rendu en audience publique. • Crim. 23 déc. 1968, n° 68-91.424 P.

17. Selon les dispositions des art. 14 de l'Ord. n° 45-174 du 2 févr. 1945 relative à l'enfance délinquante, L. 223-1 et L. 223-2 COJ, l'appel des décisions du tribunal pour enfants est jugé par la cour d'appel dans une audience spéciale, dans les mêmes conditions qu'en première instance et par une formation comprenant le conseiller délégué à la protection de l'enfance. Il en est ainsi même lorsque l'appel ne porte que sur l'action civile. • Crim. 3 déc. 1991, n° 89-86.599 P.

Art. 14-1 (L. n° 65-511 du 1er juill. 1965) ***Quand les infractions aux dispositions des alinéas 4 et 5 de l'article précédent seront commises par la voie de la presse, les directeurs des publications ou éditeurs seront, pour le fait seul de la publication, passibles comme auteurs principaux des peines prévues à ces alinéas.***

A leur défaut, l'auteur et, à défaut de l'auteur, les imprimeurs, distributeurs et afficheurs seront poursuivis comme auteurs principaux.

Lorsque l'auteur n'est pas poursuivi comme auteur principal, il sera poursuivi comme complice.

Pourront être poursuivies comme complices, et dans tous les cas, toutes personnes auxquelles (L. n° 92-1336 du 16 déc. 1992) ***« les articles 121-6 et 121-7 » du code pénal pourraient s'appliquer.***

Art. 14-2 (L. n° 2002-1138 du 9 sept. 2002, art. 19) ***I. — Les mineurs de seize à dix-huit ans qui ont été déférés devant le procureur de la République peuvent être poursuivis devant le tribunal pour enfants selon la procédure de*** (L. n° 2007-297 du 5 mars 2007, art. 58) ***« présentation immédiate devant la juridiction pour mineurs » dans les cas et selon les modalités prévues par le présent article.***

II. — La procédure de (L. n° 2007-297 du 5 mars 2007, art. 58) *« présentation immédiate devant la juridiction pour mineurs » est applicable aux mineurs qui encourent une peine d'emprisonnement supérieure ou égale à* (L. n° 2007-297 du 5 mars 2007, art. 58) *« un an » en cas de flagrance, ou supérieure ou égale à* (L. n° 2007-297 du 5 mars 2007, art. 58) *« trois ans » dans les autres cas.* (L. n° 2011-939 du 10 août 2011, art. 44-1°) *« Elle ne peut être engagée que si le mineur fait l'objet ou a déjà fait l'objet d'une ou plusieurs procédures en application de la présente ordonnance, que si des investigations sur les faits ne sont pas nécessaires et que si des investigations sur la personnalité ont été accomplies au cours des douze mois précédents sur le fondement de l'article 8 ; toutefois, lorsqu'en raison de l'absence du mineur les investigations sur la personnalité n'ont pu être accomplies à l'occasion d'une procédure antérieure en application du même article 8, peuvent être prises en compte des investigations réalisées en application de l'article 12. »*

III. — Après avoir versé au dossier de la procédure les éléments de personnalité résultant des investigations mentionnées au II, le procureur de la République vérifie l'identité du mineur qui lui est déféré et lui notifie les faits qui lui sont reprochés en présence de l'avocat de son choix ou d'un avocat désigné par le bâtonnier à la demande du procureur de la République si le mineur ou ses représentants légaux n'ont pas fait le choix d'un avocat. Dès sa désignation, l'avocat peut consulter le dossier et communiquer librement avec le mineur.

Après avoir recueilli ses observations éventuelles et celles de son avocat, le procureur de la République informe le mineur qu'il est traduit devant le tribunal pour enfants pour y être jugé, à une audience dont il lui notifie la date et l'heure et qui doit avoir lieu dans un délai qui ne peut être inférieur à dix jours ni supérieur à un mois.

(L. n° 2007-297 du 5 mars 2007, art. 58) *« Toutefois, il est procédé au jugement du mineur à la première audience du tribunal pour enfants qui suit sa présentation, sans que le délai de dix jours soit applicable, lorsque le mineur et son avocat y consentent expressément, sauf si les représentants légaux du mineur, dûment convoqués, font connaître leur opposition. »*

A peine de nullité de la procédure, les formalités mentionnées aux (L. n° 2007-297 du 5 mars 2007, art. 58) *« trois » alinéas précédents font l'objet d'un procès-verbal dont copie est remise au mineur et qui saisit le tribunal pour enfants.*

IV. — Aussitôt après avoir procédé aux formalités prévues au III, le procureur de la République fait comparaître le mineur devant le juge des enfants afin qu'il soit statué sur ses réquisitions tendant soit au placement sous contrôle judiciaire, (L. n° 2011-939 du 10 août 2011, art. 44-2°-a) *« soit au placement sous assignation à résidence avec surveillance électronique, » soit au placement en détention provisoire du mineur jusqu'à l'audience de jugement.*

Le juge des enfants statue par ordonnance motivée qui doit comporter l'énoncé des considérations de droit et de fait qui constituent le fondement de la décision, par référence, selon les cas, aux dispositions des articles 137 ou 144 du code de procédure pénale. Il statue en audience de cabinet, après un débat contradictoire au cours duquel il entend le procureur de la République, qui développe ses réquisitions, puis les observations du mineur et celles de son avocat. Le juge des enfants peut, le cas échéant, entendre au cours de ce débat les déclarations du représentant du service auquel le mineur a été confié.

Les représentants légaux du mineur sont avisés de la décision du juge des enfants par tout moyen. L'ordonnance peut faire l'objet d'un appel devant la chambre de l'instruction ; les dispositions des articles 187-1 et 187-2 du code de procédure pénale sont alors applicables.

Dans tous les cas, lorsque le juge des enfants ne fait pas droit aux réquisitions du procureur de la République, il peut ordonner les mesures prévues aux articles 8 et 10, le cas échéant, jusqu'à la comparution du mineur.

(L. n° 2011-939 du 10 août 2011, art. 44-2°-b) *« Lorsque le mineur se soustrait aux obligations du contrôle judiciaire ou de l'assignation à résidence avec surveillance électronique, le second alinéa de l'article 141-2 et l'article 141-4 du code de procédure pénale sont applicables. Les attributions confiées au juge des libertés et de la détention sont alors exercées par le juge des enfants et celles confiées au juge d'instruction sont exercées par le procureur de la République.*

« Le mineur placé en détention provisoire ou son avocat peut, à tout moment, demander sa mise en liberté. La demande est adressée au juge des enfants qui communique immédiatement le dossier au procureur de la République aux fins de réquisition. Le juge des enfants statue, dans les cinq jours suivant la communication au procureur de la République, en exerçant les attributions confiées au juge des libertés et de la détention par les troisième et quatrième alinéas de l'article 148 du code de procédure pénale. »

V. — Le tribunal pour enfants saisi en application du présent article statue conformément aux dispositions de l'article 13, premier alinéa, et de l'article 14.

Il peut toutefois, d'office ou à la demande des parties, s'il estime que l'affaire n'est pas en état d'être jugée, renvoyer à une prochaine audience dans un délai qui ne peut être supérieur à un mois, en décidant, le cas échéant, de commettre le juge des enfants pour procéder à un supplément d'information ou d'ordonner une des mesures prévues aux articles 8 et 10. Si le mineur est en détention provisoire ou sous contrôle judiciaire, le tribunal statue alors par décision spécialement motivée sur le maintien de la mesure. Lorsque le mineur est en détention provisoire, le jugement au fond doit être rendu dans un délai d'un mois suivant le jour de sa première comparution devant le tribunal. Faute de décision au fond à l'expiration de ce délai, il est mis fin à la détention provisoire.

Le tribunal pour enfants peut également, s'il estime que des investigations supplémentaires sont nécessaires compte tenu de la gravité ou de la complexité de l'affaire, renvoyer le dossier au procureur de la République. Lorsque le mineur est en détention provisoire, le tribunal pour enfants statue au préalable sur le maintien du mineur en détention provisoire jusqu'à sa comparution devant le juge des enfants ou le juge d'instruction. Cette comparution doit avoir lieu le jour même, à défaut de quoi le prévenu est remis en liberté d'office.

VI. — Les dispositions du présent article sont également applicables aux mineurs de treize à seize ans, à condition que la peine encourue soit d'au moins cinq ans d'emprisonnement, sans qu'elle puisse excéder sept ans. Le procureur de la République ne peut alors requérir que le placement sous contrôle judiciaire du mineur jusqu'à sa comparution devant le tribunal pour enfants, conformément aux dispositions du III de l'article 10-2, à une audience qui doit se tenir dans un délai de dix jours à deux mois.

BIBL. ▶ COUDERT, *Dr. pénal 2003. Chron. 8* (la procédure de jugement à délai rapproché des mineurs délinquants).

Art. 15 (*L. n° 51-687 du 24 mai 1951*) ***Si la prévention est établie à l'égard du mineur de treize ans, le tribunal pour enfants prononcera, par décision motivée, l'une des mesures suivantes :***

1° Remise à ses parents, à son tuteur, à la personne qui en avait la garde ou à une personne digne de confiance ;

2° Placement dans une institution ou un établissement public ou privé, d'éducation ou de formation professionnelle, habilité ;

3° Placement dans un établissement médical ou médico-pédagogique habilité ;

4° Remise au service de l'assistance à l'enfance ;

5° Placement dans un internat approprié aux mineurs délinquants d'âge scolaire ; — *V. note ss. art. 10.*

(*L. n° 2007-297 du 5 mars 2007, art. 59*) ***« 6° Mesure d'activité de jour, dans les conditions définies à l'article 16 ter. »***

Concernant la mesure éducative d'accueil de jour à titre expérimental, V. L. n° 2019-222 du 23 mars 2019, art. 94-II, ss. Ord. n° 45-174 du 2 févr. 1945, art. 8.

Lorsque la prévention est établie à l'égard d'un mineur de 13 ans, le tribunal pour enfants peut seulement prononcer, par décision motivée, une des mesures de protection, d'assistance, de surveillance ou d'éducation prévues à l'art. 15 de l'Ord. du 2 févr. 1945, à l'exclusion de toute peine. • Crim. 20 nov. 1957 : *Bull. crim. n° 755.*

Art. 15-1 (*L. n° 2002-1138 du 9 sept. 2002, art. 13*) ***Si la prévention est établie à l'égard d'un mineur âgé d'au moins dix ans, le tribunal pour enfants pourra prononcer par décision motivée une ou plusieurs des sanctions éducatives suivantes :***

1° Confiscation d'un objet détenu ou appartenant au mineur et ayant servi à la commission de l'infraction ou qui en est le produit ;

2° Interdiction de paraître, pour une durée qui ne saurait excéder un an, dans le ou les lieux dans lesquels l'infraction a été commise et qui sont désignés par la juridiction, à l'exception des lieux dans lesquels le mineur réside habituellement ;

3° Interdiction, pour une durée qui ne saurait excéder un an, de rencontrer ou de recevoir la ou les victimes de l'infraction désignées par la juridiction ou d'entrer en relation avec elles ;

4° Interdiction, pour une durée qui ne saurait excéder un an, de rencontrer ou de recevoir le ou les coauteurs ou complices éventuels désignés par la juridiction ou d'entrer en relation avec eux ;

5° Mesure d'aide ou de réparation mentionnée à l'article 12-1 ;

6° Obligation de suivre un stage de formation civique, d'une durée qui ne peut excéder un mois, ayant pour objet de rappeler au mineur les obligations résultant de la loi et dont les modalités d'application sont fixées par décret en Conseil d'État ; — *V. Décr. n° 2004-31 du 5 janv. 2004.*

(*L. n° 2007-297 du 5 mars 2007, art. 59*) ***« 7° Mesure de placement pour une durée de trois mois maximum, renouvelable une fois, sans excéder un mois pour les mineurs de dix à treize ans, dans une institution ou un établissement public ou privé d'éducation habilité permettant la mise en œuvre d'un travail psychologique, éducatif et social portant sur les faits commis et situé en dehors du lieu de résidence habituel ;***

« 8° Exécution de travaux scolaires ;

« 9° Avertissement solennel ;

« 10° Placement dans un établissement scolaire doté d'un internat pour une durée correspondant à une année scolaire avec autorisation pour le mineur de rentrer dans sa famille lors des fins de semaine et des vacances scolaires » ;

(L. n° 2011-267 du 14 mars 2011, art. 43-II) ***« 11° Interdiction pour le mineur d'aller et venir sur la voie publique entre vingt-trois heures et six heures sans être accompagné de l'un de ses parents ou du titulaire de l'autorité parentale, pour une durée de trois mois maximum, renouvelable une fois. »***

Le tribunal pour enfants désignera le service de la protection judiciaire de la jeunesse ou le service habilité chargé de veiller à la bonne exécution de la sanction. Ce service fera rapport au juge des enfants de l'exécution de la sanction éducative.

(L. n° 2010-201 du 2 mars 2010, art. 8) ***« Les sanctions éducatives prononcées en application du présent article sont exécutées dans un délai ne pouvant excéder trois mois à compter du jugement. »***

En cas de non-respect par le mineur des sanctions éducatives prévues au présent article, le tribunal pour enfants pourra prononcer à son égard une mesure de placement dans l'un des établissements visés à l'article 15.

Les décisions mentionnées au 11° de l'art. 15-1 de l'Ord. n° 45-174 du 2 févr. 1945 relative à l'enfance délinquante prévoient les modalités de prise en charge du mineur et sa remise immédiate à ses parents ou à son représentant légal. Le procureur de la République est avisé sans délai de cette remise.

Sans préjudice des dispositions de l'art. L. 223-2 CASF, en cas d'urgence et lorsque le représentant légal du mineur n'a pu être contacté ou a refusé d'accueillir l'enfant à son domicile, celui-ci est remis au service de l'aide sociale à l'enfance qui le recueille provisoirement, par décision du représentant de l'État dans le département ou, à Paris, du préfet de police, qui en avise immédiatement le procureur de la République (L. n° 2011-267 du 14 mars 2011, art. 43-III).

Art. 16 *(L. n° 51-687 du 24 mai 1951)* ***Si la prévention est établie à l'égard d'un mineur âgé de plus de treize ans, le tribunal pour enfants prononcera par décision motivée l'une des mesures suivantes :***

1° Remise à ses parents, à son tuteur, à la personne qui en avait la garde ou à une personne digne de confiance ;

2° Placement dans une institution ou un établissement, public ou privé, d'éducation ou de formation professionnelle habilité ;

3° Placement dans un établissement médical ou médico-pédagogique habilité ;

4° Placement dans une institution publique d'éducation surveillée *[de la protection judiciaire de la jeunesse]* ***ou d'éducation corrective ;***

(L. n° 2007-297 du 5 mars 2007, art. 59) ***« 5° Avertissement solennel ;***

« 6° Mesure d'activité de jour, dans les conditions définies à l'article 16 ter. »

Concernant la mesure éducative d'accueil de jour à titre expérimental, V. L. n° 2019-222 du 23 mars 2019, art. 94-II, ss. Ord. n° 45-174 du 2 févr. 1945, art. 8.

1. Juridiction compétente. Le mineur de 16 ans est justiciable du seul tribunal pour enfants et ne peut donc être renvoyé devant la cour d'assises des mineurs. • Crim. 17 sept. 1997, n° 97-83.617 P. ♦ Dans le même sens : • Crim. 23 janv. 1989, n° 88-86.469 P.

2. Mesures applicables. Lorsque la prévention est établie à l'égard d'un mineur de 13 ans, le tribunal pour enfants peut seulement prononcer, par décision motivée, une des mesures de protection, d'assistance, de surveillance ou d'éducation prévues à l'art. 15 de l'Ord. du 2 févr. 1945, à l'exclusion de toute peine. • Crim. 20 nov. 1957 : *Bull. crim. n° 755.*

3. Les mesures de protection et de rééducation prévues par l'art. 16 de l'Ord. du 2 févr. 1945 ne sont pas des peines. Sur le seul appel du prévenu, la cour d'appel peut substituer une de ces mesures à la peine prononcée par les premiers juges. • Crim. 11 juin 1953 : *Bull. crim. n° 202.*

Art. 16 *bis* *(L. n° 75-624 du 11 juill. 1975)* ***Si la prévention est établie à l'égard d'un mineur*** *(Abrogé par L. n° 96-585 du 1er juill. 1996)* ***« âgé de seize ans », le tribunal pour enfants et la cour d'assises des mineurs pourront aussi prononcer, à titre principal et par décision motivée, la mise sous protection judiciaire pour une durée n'excédant pas cinq années.***

Les diverses mesures de protection, d'assistance, de surveillance et d'éducation auxquelles le mineur sera soumis seront déterminées par un décret en Conseil d'État. *— V. Décr. n° 76-1073 du 22 nov. 1976 relatif à la mise sous protection judiciaire.*

Le juge des enfants pourra, à tout moment jusqu'à l'expiration du délai de mise sous protection judiciaire, prescrire une ou plusieurs mesures mentionnées à l'alinéa précédent. Il pourra en outre,

dans les mêmes conditions, soit supprimer une ou plusieurs des mesures auxquelles le mineur aura été soumis, soit mettre fin à la mise sous protection judiciaire.

Lorsque, pour l'accomplissement de la mise sous protection judiciaire, le placement d'un mineur de plus de seize ans dans un des établissements désignés à l'article précédent aura été décidé, ce placement ne se poursuivra après la majorité de l'intéressé que si celui-ci en fait la demande.

Art. 16 ter (L. n° 2007-297 du 5 mars 2007, art. 59) *La mesure d'activité de jour consiste dans la participation du mineur à des activités d'insertion professionnelle ou scolaire soit auprès d'une personne morale de droit public, soit auprès d'une personne morale de droit privé exerçant une mission de service public ou d'une association habilitées à organiser de telles activités, soit au sein du service de la protection judiciaire de la jeunesse auquel il est confié.*

Cette mesure peut être ordonnée par le juge des enfants ou par le tribunal pour enfants à l'égard d'un mineur en matière correctionnelle.

Lorsqu'il prononce une mesure d'activité de jour, le juge des enfants ou le tribunal pour enfants en fixe la durée, qui ne peut excéder douze mois, et ses modalités d'exercice. Il désigne la personne morale de droit public ou de droit privé, l'association ou le service auquel le mineur est confié.

Un décret en Conseil d'État détermine les modalités d'application de la mesure d'activité de jour. – V. Décr. n° 2007-1853 du 26 déc. 2007.

Il détermine, notamment, les conditions dans lesquelles :

1° Le juge des enfants établit, après avis du ministère public et consultation de tout organisme public compétent en matière de prévention de la délinquance des mineurs, la liste des activités dont la découverte ou auxquelles l'initiation sont susceptibles d'être proposées dans son ressort ;

2° La mesure d'activité de jour doit se concilier avec les obligations scolaires ;

3° Sont habilitées les personnes morales et les associations mentionnées au premier alinéa.

Art. 17 *Dans tous les cas prévus par les articles 15 et 16 ci-dessus, les mesures seront prononcées pour le nombre d'années que la décision déterminera et qui ne pourra excéder l'époque où le mineur aura atteint* (L. n° 74-631 du 5 juill. 1974) *« sa majorité ».*

(L. n° 51-687 du 24 mai 1951) *La remise d'un mineur à l'Assistance ne sera possible, si l'enfant est âgé de plus de treize ans, qu'en vue d'un traitement médical ou encore dans le cas d'un orphelin ou d'un enfant dont les parents ont été déchus de l'autorité parentale.* – V. note ss. art. 10.

Art. 18 *Si la prévention est établie à l'égard d'un mineur âgé de plus de treize ans, celui-ci pourra faire l'objet d'une condamnation pénale conformément à l'article 2.*

Art. 19 (L. n° 51-687 du 24 mai 1951) (Abrogé par L. n° 2016-1547 du 18 nov. 2016, art. 30) *« Lorsqu'une des mesures prévues aux articles 15, 16 et 28 ou une condamnation pénale sera décidée, le mineur pourra, en outre, être placé jusqu'à un âge qui ne pourra excéder* (L. n° 74-631 du 5 juill. 1974) *« celui de la majorité », sous le régime de la liberté surveillée. »*

Le tribunal pour enfants pourra, avant de prononcer au fond, ordonner la mise en liberté surveillée à titre provisoire en vue de statuer après une ou plusieurs périodes d'épreuve dont il fixera la durée.

L'art. 19 de l'Ord. du 2 févr. 1945 autorise les juridictions de mineurs à placer les mineurs sous le régime de la liberté surveillée, même si une sanction pénale a été prononcée contre eux ; mais il ne leur permet pas, dans cette dernière hypothèse, d'ordonner une mesure de garde ou de placement concernant le mineur condamné. • Crim. 4 déc. 1952 : *Bull. crim. n° 295.*

Art. 20 (L. n° 51-687 du 24 mai 1951) *Le mineur âgé de seize ans au moins, accusé de crime, sera jugé par la cour d'assises des mineurs, composée d'un président, de deux assesseurs, et complétée par le jury criminel.* (L. n° 2011-939 du 10 août 2011, art. 45) *« La cour d'assises des mineurs peut également connaître des crimes et délits commis par le mineur avant d'avoir atteint l'âge de seize ans révolus lorsqu'ils forment avec le crime principalement poursuivi un ensemble connexe ou indivisible. »*

(Ord. n° 58-1300 du 23 déc. 1958) *« La cour d'assises des mineurs se réunira au siège de la cour d'assises et au cours de la session de celle-ci. Son président sera désigné et remplacé, s'il y a lieu, dans les conditions prévues pour le président de la cour d'assises par les articles 244 à 247 du code de procédure pénale. Les deux assesseurs seront pris, sauf impossibilité, parmi les juges des enfants du ressort de la cour d'appel et désignés dans les formes des articles 248 à 252 du code de procédure pénale. »*

Les fonctions du ministère public auprès de la cour d'assises des mineurs seront remplies par le procureur général ou un magistrat du ministère public spécialement chargé des affaires de mineurs.

Le greffier de la cour d'assises exercera les fonctions de greffier à la cour d'assises des mineurs.

Dans le cas où tous les accusés de la session auront été renvoyés devant la cour d'assises des mineurs, il sera procédé par cette juridiction, conformément aux dispositions des** (Ord. n° 58-1300 du 23 déc. 1958) **« articles 288 à 292 du code de procédure pénale ».

Dans le cas contraire, le jury de la cour d'assises des mineurs sera formé de jurés pris sur la liste arrêtée par la cour d'assises.

Sous réserve des dispositions de l'alinéa qui précède, le président de la cour d'assises des mineurs et la cour d'assises des mineurs exerceront respectivement les attributions dévolues par les dispositions du** (Ord. n° 58-1300 du 23 déc. 1958) **« code de procédure pénale » au président de la cour d'assises et à la cour.

Les dispositions des alinéas 1er, 2, 4 et 5 de l'article 14 s'appliqueront à la cour d'assises des mineurs.

Après l'interrogatoire des accusés, le président de la cour d'assises des mineurs pourra, à tout moment, ordonner que l'accusé mineur se retire pendant tout ou partie de la suite des débats.

Sous réserve des dispositions de la présente ordonnance, il sera procédé, en ce qui concerne les mineurs âgés de seize ans au moins, accusés de crime, conformément aux dispositions des** (Ord. n° 58-1300 du 23 déc. 1958) **« articles 191 à 218 et 231 à** (L. n° 2004-204 du 9 mars 2004, art. 156-II, en vigueur le 1er oct. 2004) **« 379-1 » du code de procédure pénale ».

*(Ord. n° 58-1300 du 23 déc. 1958) **« Si l'accusé a moins de dix-huit ans, le président posera, à peine de nullité, les deux questions suivantes :***

« 1° Y a-t-il lieu d'appliquer à l'accusé une condamnation pénale ?

« 2° Y a-t-il lieu d'exclure l'accusé du bénéfice »** (L. n° 92-1336 du 16 déc. 1992) **« de la diminution de peine prévue à l'article 20-2 ? »

*(Abrogé par L. n° 2014-896 du 15 août 2014, art. 7, à compter du 1er oct. 2014) (L. n° 2007-1198 du 10 août 2007) **« S'il est reproché à l'accusé une des infractions prévues aux 2° et 3° de l'article 20-2 commise une nouvelle fois en état de récidive légale, la deuxième question est ainsi rédigée :***

« "2° Y a-t-il lieu d'appliquer à l'accusé le bénéfice de la diminution de peine prévue à l'article 20-2 ?" »

*(L. n° 2016-1547 du 18 nov. 2016, art. 30) **« S'il est décidé que l'accusé mineur déclaré coupable ne doit pas faire l'objet d'une condamnation pénale, les mesures éducatives ou les sanctions éducatives sur lesquelles la cour et le jury sont appelés à statuer sont celles prévues à l'article 15-1, aux 1° à 4° de l'article 16, à l'article 16 bis et au chapitre IV.***

« Cependant, lorsqu'une condamnation pénale est décidée, la cour et le jury peuvent, en outre, statuer sur le prononcé de l'une des mesures éducatives mentionnées aux 1° à 4° de l'article 16, à l'article 16 bis et au chapitre IV. »

1. QPC. Les dispositions des art. 9 (dernière proposition de la deuxième phrase de l'avant-dernier al.) et 20 (deuxième phrase du premier al.) sont déclarées conformes à la Constitution, dans la mesure où le législateur a poursuivi un objectif de bonne administration de la justice, et où la décision du juge d'instruction, prise sur le fondement de considérations objectives, est susceptible d'un appel et d'un pourvoi en cassation. • Cons. const. 29 nov. 2013, n° 2013-356 QPC : *D 2013. Actu. 2776 ; Gaz. Pal. 9 févr. 2014, p. 46, note Fourment.*

I. ORGANISATION ET COMPÉTENCE DE LA COUR D'ASSISES DES MINEURS

2. Âge du mineur. V. ss. art. 1er. ♦ Devant les juridictions répressives, la preuve de l'âge réel d'un prévenu ou d'un accusé peut être rapportée par tout moyen. Ainsi, une cour d'assises apprécie souverainement, au vu des éléments de preuve contradictoirement débattus, si, contrairement à la date de naissance figurant dans un acte d'état civil dont la mention, sur ce point, reprise d'un acte d'état civil étranger, ne valait pas jusqu'à inscription de faux, l'accusé était âgé de plus de 16 ans au moment des faits qui lui sont reprochés. • Crim. 1er déc. 1974, n° 98-87.158 P. ♦ V. aussi • Crim. 17 juill. 1991, n° 91-82.771 P.

A. COMPOSITION DE LA COUR D'ASSISES DES MINEURS

3. Président. Le fait qu'une cour d'assises des mineurs ait statué, par arrêt incident, sur des mesures qui relevaient du pouvoir discrétionnaire du président, et alors qu'aucune conclusion n'avait été déposée, implique que le président avait estimé opportun de la saisir conformément aux dispositions de l'art. 310, al. 1er, *in fine.* • Crim. 18 déc. 1980, n° 80-92.190 P : *D. 1981. 312, note Chapar.*

4. Il résulte des dispositions de l'art. 310 que le président peut toujours, en vertu de son pouvoir discrétionnaire, verser aux débats toute pièce qui lui paraît utile à la manifestation de la vérité : rentre dans l'application de ce texte la lecture, sans observation des parties, du jugement du tribunal pour enfants condamnant, pour des infractions connexes à celles faisant l'objet de l'accusation, des coprévenus âgés de moins de 16 ans, sans que cette lecture puisse être considérée, de la part du président, comme une manifestation d'opinion sur la culpabilité des accusés. • Crim. 27 nov.

1985, n° 83-93.222 P. ♦ Selon les dispositions de l'art. 20, al. 9, de l'Ord. du 2 févr. 1945, le président de la cour d'assises des mineurs ne peut ordonner que l'accusé mineur se retire pendant tout ou partie des débats qu'après avoir procédé à l'interrogatoire des accusés. • Crim. 13 mai 1998, n° 97-82.431.

5. Constitue de la part du président de la cour d'assises une manifestation prohibée d'opinion et une atteinte aux droits de la défense le fait de donner lecture, à la fin des débats, d'une question comportant l'affirmation de la culpabilité d'un accusé. • Crim. 8 mars 2000, n° 99-82.597 P.

6. Assesseurs. La composition des juridictions est d'ordre public, et doit être annulé l'arrêt rendu par une cour d'assises des mineurs, lorsqu'il n'est pas constaté, comme le prescrit l'art. 20, al. 2 modifié, de l'Ord. du 2 févr. 1945, que les assesseurs avaient la qualité de juges des enfants ou qu'ils avaient été désignés en raison de l'impossibilité de les prendre parmi les magistrats du ressort de la cour d'appel ayant cette qualité. • Crim. 8 déc. 1971, n° 71-92.244 P • 3 nov. 2016, n° 15-82.430 P : *D. actu. 23 nov. 2016, obs. Priou-Alibert.* ♦ Rappr. : • Crim. 5 avr. 1954 : *Bull. crim. n° 142.*

7. Les juges des enfants du ressort de la cour d'appel désignés par le Premier président pour remplir les fonctions d'assesseurs à la cour d'assises des mineurs, conformément aux dispositions du deuxième alinéa de l'art. 20 de l'Ord. du 2 févr. 1945, n'ont pas à être préalablement délégués au tribunal de grande instance du lieu de la tenue des assises. • Crim. 27 nov. 1985, n° 83-93.222 P.

8. C'est au président des assises seul qu'il appartient de pourvoir au remplacement de l'assesseur à la cour d'assises des mineurs empêché, dont l'empêchement se produit, ou apparaît, après l'ouverture de la session. • Crim. 20 mars 1958 : *Bull. crim. n° 279.*

9. Ministère public. La disposition de l'art. 20 de l'Ord. du 2 févr. 1945, modifiée par la loi du 24 mai 1951, d'après laquelle les fonctions du ministère public auprès de la cour d'assises des mineurs sont remplies par le procureur général ou un magistrat du ministère public spécialement chargé des affaires de mineurs, n'est pas prescrite à peine de nullité. • Crim. 29 oct. 1957 : *Bull. crim. n° 680.*

10. Si le procès-verbal des débats et l'arrêt attaqué ne précisent pas que le magistrat qui occupait les fonctions de ministère public à la cour d'assises des mineurs était, comme le prescrit l'art. 20, al. 3, de l'Ord. du 2 févr. 1945, un magistrat spécialement chargé des affaires de mineurs, il doit cependant, en l'absence de toute réclamation formulée par l'accusé ou son défenseur au cours des débats, être présumé avoir été appelé à siéger conformément aux prescriptions légales. • Crim. 19 févr. 1969, n° 68-92.817 P : *JCP 1970. II. 16272* • 22 avr. 1977, n° 76-93.309 P • 22 nov. 1995 : *Gaz. Pal. 1996. 1. Chron. 33.* ♦ Devant la cour d'assises des mineurs, le ministère public est présumé, en l'absence de preuve contraire, avoir été appelé à siéger conformément aux prescriptions de l'art. 20, al. 3, de l'Ord. du 2 févr. 1945. • Crim. 8 nov. 2000, n° 00-80.434 P.

11. Dès lors qu'en application du troisième al. de l'art. 20 de l'Ord. du 2 févr. 1945, il lui appartient de désigner le magistrat du ministère public auprès de la cour d'assises des mineurs, un procureur général satisfait aux prescriptions de ce texte en chargeant son substitut de remplacer ledit magistrat empêché. • Crim. 4 août 1984, n° 83-94.962 P : *D. 1985. IR 61.*

12. Greffier. Il n'importe qu'une cour d'assises des mineurs ait été assistée concomitamment de deux greffiers, lesquels ont chacun signé le procès-verbal des débats ; il ne saurait en résulter une quelconque violation de la loi, tant en ce qui concerne la composition de la cour d'assises que les règles de la publicité restreinte. • Crim. 15 déc. 1993, n° 93-82.899 P. ♦ Lorsque plusieurs greffiers se remplacent au cours des débats, il incombe à chacun d'eux d'authentifier, par sa signature, la partie du procès-verbal concernant les actes auxquels il a personnellement assisté. • Crim. 25 oct. 2000, n° 99-85.208 P.

B. COMPÉTENCE DE LA COUR D'ASSISES DES MINEURS

13. Principe d'une compétence exceptionnelle de la cour d'assises des mineurs. Selon les art. 1er et 20 de l'Ord. du 2 févr. 1945, le mineur âgé de seize ans au moins auquel est imputé un crime n'est pas déféré à la cour d'assises de droit commun et n'est justiciable que de celle des mineurs. Encourt la cassation, dans l'intérêt de la loi et du condamné, l'arrêt de la cour d'assises de droit commun qui a statué sur l'accusation portée contre un mineur âgé de seize ans au moins, l'accusé ayant pris une fausse identité de personne majeure. En application de l'art. L. 131-5 COJ, la Cour de cassation annule l'arrêt de la cour d'assises de droit commun et désigne, pour juger l'accusé, la cour d'assises des mineurs compétente. • Crim. 11 sept. 2002, n° 02-80.906 P : *D. 2002. IR 318 ; JCP 2002. IV. 2886.* ♦ Le mineur de 16 ans est justiciable du seul tribunal pour enfants et ne peut donc être renvoyé devant la cour d'assises des mineurs. • Crim. 17 sept. 1997, n° 97-83.617 P.

14. Dès lors qu'il n'est pas frappé de pourvoi, l'arrêt de renvoi fixe définitivement la compétence de la cour d'assises. • Crim. 28 janv. 1981, n° 80-82.348 P. ♦ Aux termes de l'art. 594 C. pr. pén., l'arrêt de renvoi de la chambre d'accusation, devenu définitif, fixe la compétence de la cour d'assises ; il est toutefois fait exception à ce principe à l'égard des mineurs, pour lesquels l'art. 20 de l'Ord. modifiée du 2 févr. 1945, qui détermine dans l'intérêt de ceux-ci, des règles impératives ne comportant aucune dérogation, attribue compétence à la cour d'assises des mineurs. • Crim. 22 mai 1991 : *Gaz. Pal. 1991. 2. Somm. 478.* ♦ Lorsque des coaccusés, dont les uns sont majeurs et un autre mineur, ont été renvoyés, pour y répondre de crimes et délits connexes, devant la cour d'assises ordinaire, celle-ci, si elle se déclare à bon droit incompétente à l'égard du mineur, justiciable de la seule cour d'assises des mineurs, est tenue de retenir sa compétence pour juger les accusés majeurs. • Même arrêt. ♦ Un mineur ne peut être déféré que devant la cour d'assises des mineurs. • Crim. 11 sept. 2002 : *préc. note 13.*

15. En se déclarant incompétente pour juger un mineur de 16 à 18 ans, accusé d'un crime, une cour d'assises ne fait que se confirmer aux dispositions de l'art. 20, al. 1er, de l'Ord. du 2 févr. 1945, lesquelles réservent à la cour d'assises des mineurs la connaissance des crimes commis par les mineurs âgés de 16 ans au moins. • Crim. 29 juill. 1963, n° 63-91.936 P • 14 mars 1973, n° 73-90.514 P. ♦ La cour d'assises des mineurs demeure compétente à l'égard d'un accusé majeur en cas de disjonction des poursuites ordonnée en raison de l'absence des accusés mineurs. • Crim. 4 juill. 1989, n° 88-86.649 P.

16. Lorsque l'arrêt de mise en accusation a renvoyé devant la cour d'assises plusieurs accusés, dont un mineur de moins de 18 ans, la cour est tenue, après disjonction du cas du mineur, de retenir sa compétence à l'égard des autres accusés en état d'être jugés. • Crim. 22 mai 1991 : *préc. note 14.*

17. Limites de la compétence de la cour d'assises des mineurs. La cour d'assises des mineurs, saisie des seuls faits commis au temps de la minorité de l'accusé, par l'arrêt de renvoi de la chambre d'accusation, ne saurait, sans méconnaître l'art. 594, juger également l'intéressé pour les faits perpétrés après sa majorité, et relevant, selon l'arrêt précité, de la cour d'assises de droit commun. • Crim. 25 oct. 2000 : *préc. note 12.*

18. Aux termes de l'art. 20, al. 1er, de l'Ord. du 2 févr. 1945, modifié par la loi du 24 mai 1951, la cour d'assises des mineurs connaît seule des crimes commis par les mineurs âgés de plus de 16 ans. Cette compétence exceptionnelle, et édictée dans le seul intérêt des mineurs, ne saurait être étendue. Dès lors se déclare à bon droit incompétente la Cour d'assises des mineurs devant laquelle a été renvoyée, en même temps que des majeurs de 18 ans, un mineur de 16 à 18 ans, lorsque celui-ci est décédé depuis l'arrêt de renvoi de la chambre d'accusation. • Crim. 18 déc. 1973, n° 73-93.210 P : . *1974. IR 31.* ♦ Le mineur de 16 ans n'est justiciable que du tribunal pour enfants et ne peut donc être renvoyé devant la cour d'assises des mineurs. • Crim. 23 janv. 1989, n° 08-86.469 P.

II. PROCÉDURE DEVANT LA COUR D'ASSISES DES MINEURS

A. RÈGLES GÉNÉRALES

19. Liste de session. Lorsque tous les accusés d'une session d'assises ne sont pas des mineurs, l'art. 20 de l'Ord. du 2 févr. 1945 prévoit que le jury de la cour d'assises des mineurs sera formé de jurés pris sur la liste de la cour d'assises ordinaire. • Crim. 13 mars 1974 : *Bull. crim. n° 108.* ♦ Ce texte, qui renvoie à la procédure prévue par les art. 288 à 292, n'interdit pas à la cour d'assises, siégeant dans la formation prévue pour juger les mineurs, d'ouvrir la session et de réviser la liste des jurés qui seront appelés, au cours de cette même session, à juger tant les accusés majeurs que les mineurs. • Crim. 13 févr. 1980, n° 79-92.430 P • 23 mai 1986, n° 85-95.079 P.

20. Aucun texte n'interdit à la cour d'assises des mineurs siégeant au cours de la session de la cour d'assises ordinaire, de statuer sur les absences constatées à son audience, de se prononcer sur les excuses et d'accorder des dispenses pour le reste de la durée de la session. • Crim. 13 mars 1974 : *préc. note 19* • 19 juin 1974, n° 74-90.371 P. ♦ L'arrêt rendu en ces matières est un acte d'administration que l'accusé est inhabile à critiquer, dès lors que le tirage au sort du jury de jugement a eu lieu sur un nombre de jurés idoines, à l'égard desquels ledit accusé a pu exercer son droit de récusation. • Crim. 13 mars 1974 : *préc. note 19.*

21. Témoins. L'art. 20 de l'Ord. du 2 févr. 1945 prescrivant que, sous réserve des dispositions de la présente ordonnance, il sera procédé, en ce qui concerne les mineurs âgés de 16 ans au moins, accusés de crime, conformément aux dispositions des art. 191 à 218 et 231 à 380, c'est à bon droit que le président de la cour d'assises des mineurs a fait prêter serment à un mineur qui, coïnculpé de l'accusé, avait été renvoyé devant le tribunal pour enfants, dès lors que ce témoin, qui n'était pas soumis au même débat, ne se trouvait pas dans un des cas d'incapacité prévus par l'art. 335. • Crim. 18 janv. 1984, n° 83-92.063 P.

22. Questions. L'Ord. du 2 févr. 1945 ne déroge pas aux dispositions de l'art. 348 relatif à la lecture des questions. • Crim. 11 mai 1989, n° 88-86.276 P. ♦ Les seules questions dont la lecture est obligatoire, sous réserve des exceptions prévues par l'art. 348, sont celles qui portent sur les faits de l'accusation, ce qui n'est pas le cas des questions concernant l'application à un mineur d'une sanction pénale, son exclusion éventuelle de l'excuse atténuante de minorité (diminution de peine) ou les circonstances atténuantes (qui disparaissent depuis le nouveau code pénal). • Crim. 11 oct. 1989, n° 89-80.349 P. ♦ Rappr. : • Crim. 1er févr. 1951 : *Bull. crim. n° 40 ; S. 1951. 1. 190 ; JCP 1951. II. 6107, note Brouchot.* ♦ Mais les deux questions, portant, l'une, sur la nécessité de prononcer une condamnation pénale, et, l'autre, sur l'exclusion du bénéfice de l'excuse atténuante de minorité, ne doivent être posées que si tous les faits dont l'accusé est reconnu coupable ont été commis quand il était mineur. Si l'accusé est reconnu coupable de plusieurs crimes dont l'un au moins a été commis quand il était majeur, ces questions deviennent sans objet. • Crim. 8 avr. 1998, n° 97-82.905 • Crim. 27 nov. 2019, n° 18-83.553 P : *D. actu. 17 janv. 2020, obs.Goudjil.*

23. Aux termes de l'art. 359, toute décision défavorable à l'accusé se forme à la majorité de huit voix au moins ; cette prescription, qui est substantielle, est applicable à la cour d'assises des mineurs en vertu de l'art. 20 de l'Ord. modifiée du 2 févr. 1945. • Crim. 13 févr. 1991 : *Gaz. Pal. 1991. 2. Somm. 366.* ♦ Il en est notamment ainsi, en ce qui concerne un accusé mineur, des réponses affirmatives aux questions relatives à l'application d'une condamnation pénale et à l'exclusion de l'excuse atténuante de minorité (diminution de peine). • Crim. 22 oct. 1980, n° 80-91.230 P.

24. Décision. L'art. 364 exige que mention de la décision prise sur l'application de la peine soit faite sur la feuille de questions qui est signée séance tenante par le premier juré : ces prescriptions, qui sont substantielles, sont applicables à la cour d'assises des mineurs en vertu de l'art. 20 de l'Ord. modifiée du 2 févr. 1945. • Crim. 22 oct. 1980, n° 80-91.230 P.

25. Jugement par défaut. Il résulte de l'art. 20, al. 10, de l'Ord. n° 45-174 du 2 févr. 1945 qu'il est procédé pour les mineurs âgés de seize ans au moins, poursuivis pour crime, conformément aux dispositions de l'art. 270, lequel prévoit que, lorsque l'accusé est en fuite, il peut être jugé par défaut selon les dispositions des art. 379-2 à 379-6. Les mineurs âgés de seize ans au moins, poursuivis pour crime, peuvent en conséquence être jugés selon la procédure de défaut criminel. • Crim. 21 mars 2007, n° 06-87.767 P : *D. 2008. Pan. 1858, obs. Bonfils ; AJ pénal 2007. 322, note Molins ; Dr. pénal 2007. Chron. 5, obs. Angevin.*

26. Peines applicables. Lorsqu'un mineur est reconnu coupable d'un crime passible de la réclusion criminelle à perpétuité, commis postérieurement au 1er mars 1994, et que la cour d'assises décide qu'il n'y a pas lieu de l'exclure du bénéfice de la diminution de peine prévue à l'art. 20-2 de l'Ord. du 2 févr. 1945, l'accusé encourt une peine maximale de 20 ans de réclusion criminelle. Si la cour d'assises peut donc infliger à cet accusé une peine de réclusion criminelle comprise entre 10 et 20 ans, elle ne peut prononcer à son encontre, par application de l'art. 131-4 C. pén., une peine d'emprisonnement supérieure à 10 ans. • Crim. 6 oct. 1999, n° 98-87.691 P.

27. Il résulte de l'art. 20-4 de l'Ord. du 2 févr. 1945 que la peine complémentaire d'interdiction des droits civiques, civils et de famille, édictée par l'art. 131-26 C. pén., ne peut être prononcée contre un mineur, même devenu majeur lors de sa comparution devant la juridiction de jugement. • Crim. 13 déc. 1995, n° 94-86.146. ♦ Selon les dispositions de l'art. 20-2 de l'Ord. du 2 févr. 1945, issues de la loi du 16 déc. 1992, le tribunal pour enfants et la cour d'assises des mineurs ne peuvent prononcer, à l'égard des mineurs qui n'ont pas été exclus du bénéfice de la diminution de peine prévue par ce texte, une peine privative de liberté supérieure à la moitié de la peine encourue. Encourt dès lors l'annulation, en application de l'art. 112-1, al. 3, C. pén. l'arrêt de la cour d'assises des mineurs ayant condamné à 18 ans d'emprisonnement, après l'avoir fait bénéficier de l'excuse de minorité alors applicable, un mineur déclaré coupable de meurtre et de vols avec port d'arme, ces infractions étant punies respectivement de 30 et 20 ans de réclusion criminelle depuis le 1er mars 1994, et la peine prononcée, non encore définitive, dépassant le maximum de 15 ans désormais encouru. • Crim. 25 mai 1994, n° 93-85.242 P.

B. RÈGLES PARTICULIÈRES

1° PUBLICITÉ RESTREINTE

a. Principe

28. Règle d'ordre public. La publicité restreinte imposée à la cour d'assises des mineurs (comme aux autres juridictions pour enfants) par les art. 14 et 20, al. 8, de l'Ord. du 2 févr. 1945 est une condition essentielle de la validité des débats devant cette juridiction. • Crim. 20 mars 1958 : *Bull. crim. n° 279* • 7 janv. 1964 : *Bull. crim. n° 11 ; D. 1964. 282, note Chapar* • 12 mai 1965, n° 65-90.048 P : *JCP 1965. II. 14306* • 7 févr. 1967, n° 66-92.713 P : *D. 1967. 250* • 8 nov. 1967, n° 67-91.599 P : *D. 1968. 195, note Ph. Robert* • 19 mars 1969, n° 68-93.114 P : *D. 1969. 384 ; JCP 1970. II. 16327, note Ph. Robert* • 3 juill. 1974, n° 74-90.362 P • 11 mai 1988, n° 87-94.337 P • 1er févr. 1989, n° 88-83.730 P • 24 juin 1998, n° 97-84.657 P : *D. 1998. IR 228 ; Dr. pénal 1999. 15, obs. Maron.* ♦ Il s'agit là d'une règle d'ordre public à laquelle il ne saurait, en aucun cas, être dérogé. • Crim. 6 janv. 1993, n° 92-81.840 P • 24 juin 1998 : *préc.* ♦ Les débats commencent dès que le président, en application de l'art. 305, a déclaré le jury définitivement constitué ; à ce moment, et jusqu'à la clôture des débats, l'audience doit être tenue à publicité restreinte. • Crim. 1er févr. 1989 : *préc.*

29. Domaine d'application. La publicité restreinte prescrite par les art. 14 et 20 de l'Ord. du 2 févr. 1945 pour la cour d'assises des mineurs ne s'applique qu'aux débats de l'affaire concernant le mineur poursuivi. • Crim. 2 oct. 1974, n° 74-91.175 P.

30. Les règles de publicité restreinte s'appliquent aux débats sur l'action civile aussi bien qu'à ceux sur l'action publique. • Crim. 15 déc. 1965, n° 65-91.622 P : *D. 1966. 413, note Chapar* • 23 juin 1982, n° 82-90.091 P. ♦ ... Et elles doivent être observées à l'égard de tous les accusés, même majeurs. • Crim. 24 nov. 1954 : *Bull. crim. n° 347.* ♦ ... Y aurait-il disjonction des poursuites en raison de l'absence des accusés mineurs. • Crim. 4 juill. 1989, n° 88-86.649 P : *Gaz. Pal. 1990. 1. Somm. 139, note Doucet.*

31. En revanche, elles ne s'appliquent pas aux personnes qui participent régulièrement aux débats, tels la partie civile déjà constituée devant le juge d'instruction et les experts. • Crim. 22 juin 1976, n° 76-90.605 P. ♦ ... De même, elles ne concernent pas les magistrats ; aucune nullité ne peut donc résulter de la présence aux débats de la cour d'assises des mineurs d'un juge d'instruction et d'un juge d'instance, tous deux en service au tribunal de grande instance. • Crim. 22 juin 1994, n° 93-84.889 P.

32. L'interpellation adressée par le président à un accusé qui résulte de l'obligation prévue par l'art. 131-8 C. pén. (travail d'intérêt général) est étrangère aux règles de la publicité des débats. • Crim. 22 nov. 1995, n° 95-81.501 P.

33. Depuis la L. n° 2011-939 du 10 août 2011. Art. 306, al. 6 et 7. La publicité restreinte imposée à la cour d'assises des mineurs est une règle d'ordre public à laquelle il ne saurait être dérogé que dans les conditions prévues par l'art. 306. • Crim. 20 juin 2012, n° 11-85.683 P : *D. actu. 12 sept. 2012, obs. Léna ; D. 2012. Actu. 1965 ; Gaz. Pal. 26-27 oct. 2012, p. 44, obs. Fourment ; Rev. pénit. 2012. 689, obs. Guérin.*

b. Modalités

34. Ouverture et clôture des débats. Les débats commencent dès que le président, en application de l'art. 305, déclare le jury définitivement constitué. • Crim. 12 mai 1965, n° 65-90.048 P : *JCP 1965. II. 14306* • 7 févr. 1967, n° 66-92.713 P : *D. 1967. 250* • 8 nov. 1967, n° 67-91.599 P : *D. 1968. 195, note Ph. Robert* • 19 mars 1969, n° 68-93.114 P : *D. 1969. 384 ; JCP 1970. II. 16327, note Ph. Robert* • 22 nov. 1972, n° 72-91.550 P : *Gaz. Pal. 1973. 1. 207.* ♦ A ce moment, et jusqu'au prononcé de la clôture des débats, l'audience doit être tenue à publicité restreinte. • Crim. 7 févr. 1967 : *préc.* • 8 nov. 1967 : *préc.* • 19 mars 1969 : *préc.* • 1er févr. 1989, n° 88-83.730 P.

35. Les débats prennent fin lorsque le président les déclare terminés, par application de l'art. 347. • Crim. 7 févr. 1967, n° 66-92.713 P : *D. 1967. 250* • 8 nov. 1967 : *Bull. crim. n° 287 ; D. 1968. 195, note Ph. Robert.* ♦ A ce moment, et pour tout ce qui touche à l'accomplissement des formalités subséquentes, l'audience doit être tenue publiquement. • Crim. 7 févr. 1967 : *préc.* • 8 nov. 1967 : *préc.* • 22 avr. 1977, n° 76-93.309 P.

36. Ainsi, doivent avoir lieu en audience publique : ... les opérations de formation du jury de jugement. • Crim. 26 déc. 1962 : *Bull. crim. n° 390 ; JCP 1963. II. 13232* • 8 août 1981, n° 81-90.931 P. ♦ ... La lecture des questions. • Crim. 23 déc. 1968, n° 68-91.242 P : *D. 1969. 357, rapp. Chapar.* ♦ ... Et de leurs réponses. • Crim. 17 juin 1959 : *Bull. crim. n° 317.*

37. En revanche, la lecture de la liste des témoins doit être faite en audience à publicité restreinte. • Crim. 19 mars 1969, n° 68-93.114 P : *D. 1969. 384 ; JCP 1970. II. 16327, note Ph. Robert.*

38. Huis clos. Les débats ne sont pas encore ouverts lorsque, après le tirage au sort et le serment des jurés, mais avant la lecture de la liste des témoins et experts, est rendu un arrêt ordonnant que les débats auront lieu à huis clos. • Crim. 24 juin 1970 : *Gaz. Pal. 1970. 2. 184.* ♦ Lorsque, à la cour d'assises des mineurs, le huis clos a été requis après l'ouverture des débats, la discussion de cet incident doit avoir lieu en audience à publicité restreinte. • Crim. 28 févr. 1973, n° 72-93.242 P. ♦ ... Et les arrêts incidents rendus pendant les débats sont prononcés sans que la publicité de l'audience soit rétablie, conformément à l'art. 306. • Crim. 28 févr. 1973 : *préc.*

39. Les règles de la publicité restreinte étant différentes de celles relatives au huis-clos édictées par l'art. 306, les dispositions des art. 14 et 20 de l'Ord. modifiée du 2 févr. 1945 sont exactement observées, si les portes de l'auditoire étant ouvertes afin de permettre le libre passage des personnes énumérées à l'art. 14 précité, les gardes chargés du service d'ordre empêchent toute autre personne de pénétrer dans la salle d'audience. • Crim. 31 mai 1978, n° 77-93.786 P.

40. Incidents. La lecture des arrêts rendus au cours des débats sur des incidents contentieux et qui sont soumis aux mêmes règles de publicité que les décisions sur le fond, doit, par application du dernier al. de l'art. 14 de l'Ord. du 2 févr. 1945, avoir lieu en audience publique. • Crim. 13 juill. 1954 : *Bull. crim. n° 258* • 23 déc. 1955 : *ibid. n° 608* • 23 mars 1966, n° 65-93.616 P • 22 nov. 1972, n° 72-91.550 P : *Gaz. Pal. 1973. 1. 207* • 3 juill. 1974 : *préc. note 28.* ♦ ... Sauf lorsque le huis-clos a été ordonné en vertu de l'art. 306. • Crim. 23 mars 1966 : *préc.* • 22 nov. 1972 : *préc.* • 5 janv. 1984, n° 83-91.376 P • 12 févr. 1986, n° 85-93.897 P • 11 mai 1988, n° 87-84.337 P.

41. L'arrêt par lequel la cour donne acte d'un fait non contesté n'a pas le caractère d'une décision sur un incident contentieux. • Crim. 4 mars 1970 : *D. 1970. Somm. 122.* ♦ Ainsi en est-il de l'arrêt par lequel une cour d'assises des mineurs donne acte à une partie civile de sa constitution, sans opposition ni conclusions contraires ; un tel donné acte peut être valablement prononcé sans que la publicité complète de l'audience ait été rétablie. • Crim. 23 déc. 1968, n° 68-91.424 P : *D. 1969. 357, rapp. Chapar* • 12 mars 1969, n° 68-93.113 P • 3 juill. 1974 : *préc. note 28.*

42. La constatation par la cour d'assises des mineurs de l'absence d'un juré supplémentaire, lequel n'a pas à être remplacé, ne constitue pas un incident dont la discussion doive avoir lieu avec une publicité restreinte :cette constatation est étrangère aux débats de l'affaire et peut, dès lors, être faite en audience publique. • Crim. 2 oct. 1974, n° 74-91.175 P.

43. Les débats relatifs à un incident résultant d'un dépôt de conclusions et la discussion de ces conclusions doivent avoir lieu en audience en publicité restreinte. • Crim. 3 juill. 1974 : *préc. note 28.*

44. Méconnaît les art. 14 et 20, al. 8, de l'Ord. du 2 févr. 1945 et le principe de la publicité restreinte imposée à la cour d'assises des mineurs, la cour d'assises qui, après avoir rendu un arrêt incident consécutif à un dépôt de conclusions de la défense, donne acte à cette dernière qu'un journaliste était présent dans la salle au moment du dépôt des conclusions. • Crim. 24 juin 1998, n° 97-84.657 P : *Dr. pénal 1999. 15, obs. Maron.*

45. Retrait de l'accusé mineur. Selon l'art. 20, al. 9, de l'Ord. du 2 févr. 1945, le président de la cour d'assises des mineurs ne peut ordonner que l'accusé mineur se retire pendant tout ou partie des débats qu'après avoir procédé à l'interrogatoire des accusés ; a méconnu le sens et la portée de ce texte le président qui, après la lecture de l'arrêt de renvoi et l'audition d'un témoin, a fait retirer du prétoire l'accusé mineur pendant l'audition de la victime et de quatre autres témoins, et n'a interrogé l'intéressé qu'à l'issue de ces dépositions. • Crim. 13 mai 1998, n° 97-82.431 P.

2° IMPARTIALITÉ

46. Article 6, Conv. EDH. La garantie du droit à un juge impartial, au sens de l'art. 6, § 1, Conv. EDH, fait obstacle à ce qu'un juge des enfants, qui a connu des faits, objet de l'accusation, en recueillant la plainte d'une victime mineure et en procédant à diverses vérifications sur son objet, avant de la transmettre au procureur de la République, siège comme assesseur à la cour d'assises pour le jugement de l'auteur des faits. • Crim. 10 janv. 1996, n° 95-81.591 P.

Art. 20-1 *(L. n° 92-1336 du 16 déc. 1992)* ***« Les contraventions de la 5e classe »*** *(Ord. n° 58-1300 du 23 déc. 1958)* ***commises par des mineurs, sont instruites et jugées dans les conditions prévues aux articles 8 à 19 de la présente ordonnance.***

Art. 20-2 *(L. n° 92-1336 du 16 déc. 1992)* ***Le tribunal pour enfants et la cour d'assises des mineurs ne peuvent prononcer à l'encontre des mineurs âgés de plus de treize ans une peine privative de liberté supérieure à la moitié de la peine encourue.*** *(L. n° 2016-1547 du 18 nov. 2016, art. 30)* ***« Si la peine encourue est la réclusion ou la détention criminelle à perpétuité, ils ne peuvent prononcer une peine supérieure à vingt ans de réclusion ou de détention criminelle. »*** *(Abrogé par L. n° 2014-896 du 15 août 2014, art. 7, à compter du 1er oct. 2014) (L. n° 2007-1198 du 10 août 2007)* ***« La diminution de moitié de la peine encourue s'applique également aux peines minimales prévues par les articles 132-18, 132-18-1 et 132-19-1 du code pénal. »***

(L. n° 2014-896 du 15 août 2014, art. 7, en vigueur le 1er oct. 2014) ***« Toutefois, si le mineur est âgé de plus de seize ans, le tribunal pour enfants et la cour d'assises des mineurs peuvent, à titre exceptionnel et compte tenu des circonstances de l'espèce et de la personnalité du mineur ainsi que de sa situation, décider qu'il n'y a pas lieu de faire application du premier alinéa. Cette décision ne peut être prise par le tribunal pour enfants que par une disposition spécialement motivée. »*** *(L. n° 2016-1547 du 18 nov. 2016, art. 30)* ***« Lorsqu'il est décidé de ne pas faire application du premier alinéa et que la peine encourue est la réclusion ou la détention criminelle à perpétuité, la peine maximale pouvant être prononcée est la peine de trente ans de réclusion ou de détention criminelle. »***

(Abrogé par L. n° 2014-896 du 15 août 2014, art. 7, à compter du 1er oct. 2014) ***« Pour l'application des articles 132-8 à 132-11, 132-18-1 et 132-19-1 du code pénal et des deux alinéas précédents, »*** *(L. n° 2007-1198 du 10 août 2007)* ***« les mesures ou sanctions éducatives prononcées contre un mineur ne peuvent constituer le premier terme de l'état de récidive. »***

Les dispositions de l'article 132-23 du code pénal relatives à la période de sûreté ne sont pas applicables aux mineurs.

L'emprisonnement est subi par les mineurs *(L. n° 2002-1138 du 9 sept. 2002, art. 21)* ***« soit dans un quartier spécial d'un établissement pénitentiaire, soit dans un établissement pénitentiaire spécialisé pour mineurs » dans les conditions définies par décret en Conseil d'État.***

BIBL. ▶ LAPOYADE-DESCHAPS, *D. 1988. Chron. 299* (les petits responsables). – CASSAGNABÈRE, *Rev. pénit. 1996. 159* (le mineur et la prison : le service éducatif auprès du tribunal en première ligne). – SÉVELY-FOURNIÉ, *RSC 2009. 793* (répression et motivation. Réflexions sur la motivation des arrêts et jugements des juridictions répressives).

1. Âge du mineur. V. ss. art. 1er.

2. Récidive. Le premier terme de la récidive peut être constitué par une condamnation prononcée par une juridiction pour mineurs lorsque la seconde infraction est commise une fois la personne devenue majeure. Seules des mesures ou sanctions éducatives prononcées contre un mineur ne peuvent constituer le premier terme de la récidive. • Crim. 16 nov. 2010 : *D. 2011. 428, obs. Detraz ; ibid. Pan. 2827, obs. Potaszkin.*

A. MINEURS DE MOINS DE TREIZE ANS

3. Exclusion de toute peine. Lorsque la prévention est établie à l'égard d'un mineur de 13 ans, le tribunal pour enfants peut seulement prononcer, par décision motivée, une des mesures de protection d'assistance, de surveillance ou d'éducation prévues à l'art. 15 de l'Ord. du 2 févr. 1945, à l'exclusion de toute peine. • Crim. 20 nov. 1957 : *Bull. crim. n° 755.*

B. MINEURS DE PLUS DE TREIZE ANS

1° MINEURS DE TREIZE À SEIZE ANS

4. Néant.

2° MINEURS DE PLUS DE SEIZE ANS

5. Diminution de la peine. L'excuse de minorité ne doit être prise en compte que lors du prononcé de la peine par la juridiction de jugement. • Crim. 17 juin 1987, n° 87-80.467 P.

6. La durée de la peine d'emprisonnement est de dix ans au plus ; cassation, pour violation de l'art. 131-4 C. pén., de l'arrêt qui, après avoir reconnu une personne coupable de tentatives de meurtres aggravés, commises alors qu'elle était âgée de seize ans, décide qu'il y a lieu de lui appliquer une condamnation pénale mais qu'il n'y a pas lieu de l'exclure du bénéfice de la diminution de peine prévue à l'art. 20-2 de l'Ord. du 2 févr. 1945 et la condamne à douze ans d'emprisonnement, alors que, si la cour et le jury peuvent infliger à l'accusé, en application de ce texte, une peine de réclusion criminelle d'une durée comprise entre dix et vingt ans, ils ne peuvent prononcer à son encontre une peine d'emprisonnement d'une durée supérieure à dix ans. • Crim. 6 oct. 1999, n° 98-87.691 P : *RSC 2000. 387, obs. Bouloc.*

7. Conformément aux dispositions de l'art. 20-2 de l'Ord. du 2 févr. 1945 dont il a été fait application à l'accusé, celui-ci encourait une peine privative de liberté dont la durée ne pouvait, contrairement à ce qui est allégué, être supérieure à 7 ans et six mois d'emprisonnement ; dès lors, en prononçant, à la majorité absolue des votants, une peine inférieure au maximum précité, la cour d'assises a légalement appliqué celle-ci aux faits déclarés constants. • Crim. 1er déc. 1999, n° 98-87.158 P : *JCP 2000. IV. 1366.*

8. Application dans le temps. Si une cour d'assises des mineurs, qui n'a pas refusé l'excuse de minorité à l'accusé qu'elle a déclaré coupable de meurtre et vol avec port d'arme, et qu'elle a condamné à 18 ans d'emprisonnement, n'encourt aucune censure pour avoir prononcé cette peine, prévue par les art. 295, 304, al. 3, 384, al. 2, C. pén. alors applicables, depuis l'entrée en vigueur du nouveau code pénal, le meurtre et le vol avec arme sont désormais punis de 30 et 20 ans de réclusion criminelle ; il s'ensuit qu'en application de l'art. 20-2 de l'Ord. du 2 févr. 1945, la cour d'assises ne pouvant prononcer une peine supérieure à la moitié de la peine encourue, la peine prononcée, non encore définitive, et qui dépasse 15 ans, ne peut être maintenue. • Crim. 25 mai 1994, n° 93-85.242 P : *RSC 1995. 99, obs. Bouloc.*

9. Motivation spéciale. Il résulte de la combinaison des art. 66 et 67 C. pén. et de l'art. 2, al. 3, de l'Ord. du 2 févr. 1945 que les juridictions pour enfants, lorsqu'elles décident d'appliquer une condamnation pénale à un mineur de 16 à 18 ans, ne peuvent prononcer une peine supérieure à la moitié de celle à laquelle ce mineur aurait été condamné s'il avait eu 18 ans, qu'à la condition d'écarter l'excuse atténuante de minorité par une disposition spécialement motivée ; doit être cassé l'arrêt d'une cour d'appel qui, sans avoir écarté l'excuse de minorité, condamne le mineur du chef d'homicide involontaire avec concomitance du délit de fuite à une peine de plus de deux ans d'emprisonnement. • Crim. 2 juin 1976, n° 76-91.247 P : *RSC 1977. 803, obs. Larguier.* ♦ Rappr. : • Crim. 15 févr. 1961 : *Bull. crim. n° 94.*

Art. 20-2-1 *(L. n° 2019-222 du 23 mars 2019, art. 71-XII et 109-XIX, en vigueur le 24 mars 2020)* ***La peine de détention à domicile sous surveillance électronique prévue à l'article 131-4-1 du code pénal est applicable aux mineurs de plus de treize ans.***

Sous réserve de l'application du deuxième alinéa de l'article 20-2 de la présente ordonnance, le tribunal pour enfants et la cour d'assises des mineurs ne peuvent prononcer à leur encontre une peine de détention à domicile sous surveillance électronique supérieure à la moitié de la peine encourue.

Cette peine ne peut être prononcée sans l'accord des titulaires de l'autorité parentale, sauf carence de ces derniers ou impossibilité de donner leur consentement.

Cette peine doit être assortie d'une mesure éducative confiée à la protection judiciaire de la jeunesse.

Les articles 132-25 et 132-26 du code pénal et les articles 723-7 à 723-13 du code de procédure pénale relatifs à la détention à domicile sous surveillance électronique sont applicables aux mineurs.

Art. 20-3 *(L. n° 92-1336 du 16 déc. 1992)* ***Sous réserve de l'application des dispositions*** *(L. n° 2014-896 du 15 août 2014, art. 7, en vigueur le 1er oct. 2014)* ***« du deuxième alinéa*** *[ancienne rédaction : des deuxième à cinquième alinéas]* ***» de l'article 20-2, le tribunal pour enfants et la cour d'assises des mineurs ne peuvent prononcer à l'encontre d'un mineur âgé de plus de treize ans une peine d'amende d'un montant supérieur à la moitié de l'amende encourue ou excédant 7 500 €.***

Art. 20-4 *(L. n° 92-1336 du 16 déc. 1992) (Abrogé par L. n° 2019-222 du 23 mars 2019, art. 80 et 109-XIX, à compter du 24 mars 2020)* ***« La contrainte pénale, » La peine d'interdiction du territoire français*** *(L. n° 98-468 du 17 juin 1998)* ***« et les peines de jour-amende, d'interdiction des droits civiques, civils et de famille, d'interdiction d'exercer une fonction publique ou une activité professionnelle ou sociale, d'interdiction de séjour, de fermeture d'établissement, d'exclusion des marchés publics et d'affichage ou de diffusion de la condamnation » ne peuvent être prononcées à l'encontre d'un mineur.***

L'interdiction des droits civiques, civils et de famille, édictée par l'art. 131-26 C. pén., ne peut être prononcée à l'encontre d'un mineur, devenu majeur lors de sa comparution devant la cour d'assises des mineurs. • Crim. 13 déc. 1995, n° 94-86.146 P : *RSC 1996. 649, obs. Bouloc*.

Art. 20-4-1 *(L. n° 2004-204 du 9 mars 2004, art. 44-XVII, en vigueur le 1er oct. 2004)* ***Les dispositions de l'article 131-5-1 du code pénal relatives à la peine de stage*** *(Abrogé par L. n° 2019-222 du 23 mars 2019, art. 71 et 109-XIX, à compter du 24 mars 2020)* ***« de citoyenneté » sont applicables aux mineurs de treize à dix-huit ans. Le contenu du stage est alors adapté à l'âge du condamné. La juridiction ne peut ordonner que ce stage soit effectué aux frais du mineur.***

V. C. pén., art. 131-5-1 et R. 131-35 s. — ***C. pén.***

Art. 20-5 *(L. n° 2019-222 du 23 mars 2019, art. 71)* ***Sont applicables aux mineurs âgés de seize à dix-huit ans au moment de la décision, lorsqu'ils étaient âgés d'au moins treize ans à la date de commission de l'infraction :***

1° Les dispositions du code pénal relatives au travail d'intérêt général et au sursis *(L. n° 2019-222 du 23 mars 2019, art. 109-XXI, en vigueur le 24 mars 2020)* ***« probatoire » comportant l'obligation d'effectuer un travail d'intérêt général ;***

2° Les dispositions du code de procédure pénale permettant la conversion d'une peine d'emprisonnement en travail d'intérêt général.

Pour l'application de ces dispositions, les travaux d'intérêt général doivent être adaptés aux mineurs et présenter un caractère formateur ou être de nature à favoriser l'insertion sociale des jeunes condamnés.

Art. 20-6 *(L. n° 92-1336 du 16 déc. 1992)* ***Aucune interdiction, déchéance ou incapacité ne peut résulter de plein droit d'une condamnation pénale prononcée à l'encontre d'un mineur.***

Art. 20-7 *Abrogé par L. n° 2011-939 du 10 août 2011, art. 47.*

Art. 20-8 *(L. n° 97-1159 du 19 déc. 1997)* ***Les dispositions des articles 723-7 à 723-13 du code de procédure pénale relatives au placement sous surveillance électronique sont applicables aux mineurs.***

BIBL. ► EL HAGE, *Dr. pénal 1998. Chron. 13.*

Art. 20-9 *(L. n° 2004-204 du 9 mars 2004, art. 165, en vigueur le 1er janv. 2005)* ***En cas de condamnation prononcée par une juridiction spécialisée pour mineurs, le juge des enfants exerce les fonctions dévolues au juge de l'application des peines par le code pénal et le code de procédure pénale, jusqu'à ce que la personne condamnée ait atteint l'âge de vingt et un ans. Le tribunal pour enfants exerce les attributions dévolues au tribunal de l'application des peines et la chambre spéciale des mineurs les attributions dévolues à la chambre de l'application des peines.***

Toutefois, lorsque le condamné a atteint l'âge de dix-huit ans au jour du jugement, le juge des enfants n'est compétent que si la juridiction spécialisée le décide par décision spéciale.

En raison de la personnalité du mineur ou de la durée de la peine prononcée, le juge des enfants peut se dessaisir au profit du juge de l'application des peines lorsque le condamné a atteint l'âge de dix-huit ans.

Pour la préparation de l'exécution, la mise en œuvre et le suivi des condamnations mentionnées au premier alinéa, le juge des enfants désigne s'il y a lieu un service du secteur public de la protection judiciaire de la jeunesse. Ce service veille au respect des obligations imposées au condamné. Le juge des enfants peut également désigner à cette fin le service pénitentiaire d'insertion et de probation lorsque le condamné a atteint l'âge de dix-huit ans.

Un décret fixe, en tant que de besoin, les conditions d'application du présent article. *— V. C. pr. pén., art. D. 49-45 s. —* ***C. pr. pén.***

Pour les condamnations prononcées avant le 1er janv. 2005, le juge de l'application des peines peut se dessaisir au profit du juge des enfants, avec l'accord de ce dernier, lorsque l'intérêt du mineur l'exige (Décr. n° 2004-1364 du 13 déc. 2004, art. 36).

V. Circ. CRIM-05-9-E8 du 11 avr. 2005 relative au prononcé, à l'exécution et à l'application des peines, BOMJ n° 98.

Art. 20-10 *(Abrogé par L. n° 2016-1547 du 18 nov. 2016, art. 30) (L. n° 2004-204 du 9 mars 2004, art. 166, en vigueur le 1er janv. 2005)* ***« En cas de condamnation prononcée par une juridiction spécialisée pour mineurs à une peine d'emprisonnement assortie d'un sursis avec mise à l'épreuve ou d'un sursis assorti de l'obligation d'accomplir un travail d'intérêt général, la juridiction de jugement peut, si la personnalité du mineur le justifie, assortir cette peine de l'une des mesures définies aux articles 16 et 19, ces mesures pouvant être modifiées pendant toute la durée de l'exécution de la peine par le juge des enfants. Elle peut notamment décider de placer le mineur dans un centre éducatif fermé prévu par l'article 33. »***

La juridiction de jugement peut astreindre le condamné, dans les conditions prévues à l'article 132-43 du code pénal, à l'obligation de respecter les conditions d'exécution des mesures *(L. n° 2016-1547 du 18 nov. 2016, art. 30)* ***« définies à l'article 16, y compris le placement dans un centre éducatif fermé prévu à l'article 33, et au chapitre IV, ces mesures pouvant être modifiées pendant toute la durée de l'exécution de la peine par le juge des enfants » ; le non-respect de cette obligation peut entraîner la révocation du sursis avec mise à l'épreuve et la mise à exécution de la peine d'emprisonnement.***

(L. n° 2011-1940 du 26 déc. 2011, art. 3, en vigueur le 1er janv. 2012) ***« La juridiction de jugement peut également astreindre le condamné âgé de plus de seize ans, dans les conditions prévues au même article 132-43, à l'obligation d'accomplir un contrat de service en établissement public d'insertion de la défense mentionné aux articles L. 130-1 à L. 130-5 du code du service national ; le non-respect de cette obligation peut entraîner la révocation du sursis avec mise à l'épreuve et la mise à exécution de la peine d'emprisonnement. Cette obligation ne peut être prononcée contre le prévenu qui la refuse ou qui n'est pas présent à l'audience. Le président du tribunal, avant le prononcé du jugement, vérifie que le prévenu a reçu l'ensemble des informations utiles à la manifestation de son engagement, l'informe de son droit de refuser l'accomplissement d'un contrat de service en établissement public d'insertion de la défense et reçoit sa réponse. »***

Dans tous les cas prévus par l'article 20-9 de la présente ordonnance, lorsqu'il s'agit d'une peine ou d'un aménagement de peine pour lequel le juge de l'application des peines peut imposer au condamné une ou plusieurs des obligations prévues en matière de sursis avec mise à l'épreuve, le juge des enfants peut également imposer au condamné de respecter une des mesures mentionnées aux articles 16 et 19, ces mesures pouvant être modifiées pendant l'exécution de la peine. *(L. n° 2011-939 du 10 août 2011, art. 48)* ***« Il peut également décider de placer le mineur dans un centre éducatif fermé prévu à l'article 33 lorsque le non-respect des obligations prévues en matière de sursis avec mise à l'épreuve peut entraîner la révocation du sursis et la mise à exécution de la peine d'emprisonnement. »***

Le responsable du service qui veille à la bonne exécution de la peine doit faire rapport au procureur de la République ainsi qu'au juge des enfants en cas de non-respect par le mineur des obligations qui lui ont été imposées.

Concernant la mesure éducative d'accueil de jour à titre expérimental, V. L. n° 2019-222 du 23 mars 2019, art. 94-II, ss. Ord. n° 45-174 du 2 févr. 1945, art. 8.

Art. 20-11 *(L. n° 2013-711 du 5 août 2013, art. 25)* ***Lorsque la personne concernée était mineure à la date des faits, le tribunal pour enfants exerce les attributions du tribunal correctionnel pour l'application des articles 728-4 à 728-7 du code de procédure pénale et le juge des enfants exerce les attributions du président du tribunal judiciaire et du juge des libertés et de la détention pour l'application des articles 728-46 et 728-67 du même code.***

Art. 20-12 *(L. n° 2015-993 du 17 août 2015, art. 5, en vigueur le 1er oct. 2015)* ***Le juge pour enfants exerce les attributions du juge de l'application des peines mentionnées aux articles 764-21 à 764-43 du code de procédure pénale en matière de reconnaissance et de mise à exécution des condamnations et des décisions de probation prononcées par une juridiction d'un autre État membre de l'Union européenne à l'égard des personnes mineures à la date des faits.***

Art. 21 *(L. n° 72-5 du 3 janv. 1972)* ***« Sous réserve de l'application des articles 524 à 530-1 du code de procédure pénale,*** *(L. n° 92-1336 du 16 déc. 1992)* ***« les contraventions de police des quatre premières classes », commises par les mineurs, sont déférées au tribunal de police siégeant dans les conditions de publicité prescrites à l'article 14 pour le tribunal pour enfants. »***

(L. n° 48-1310 du 25 août 1948 ; Ord. n° 58-1300 du 23 déc. 1958) ***Si la contravention est établie, le tribunal pourra soit simplement admonester le mineur, soit prononcer la peine d'amende***

prévue par la loi. Toutefois, les mineurs de treize ans ne pourront faire l'objet que d'une admonestation.

En outre, si le tribunal de police estime utile, dans l'intérêt du mineur, l'adoption d'une mesure de surveillance, il pourra, après le prononcé du jugement, transmettre le dossier au juge des enfants, qui aura la faculté de placer le mineur sous le régime de la liberté surveillée.

L'appel des décisions des tribunaux de police est porté devant la cour d'appel dans les conditions prévues à l'article 7 de l'Ord. n° 58-1274 du 22 décembre 1958 relative à l'organisation des juridictions pour enfants [COJ, art. L. 223-1].

(Abrogé par L. n° 2011-1862 du 13 déc. 2011, art. 2-XVI et 70, mod. par L. n° 2016-1547 du 18 nov. 2016, art. 15-IV, à compter du 1er juill. 2017) (L. n° 2002-1138 du 9 sept. 2002, art. 20) *« Pour les contraventions de police des quatre premières classes relevant* (L. n° 2005-47 du 26 janv. 2005, art. 9-XXXV, en vigueur le 1er avr. 2005) *« du deuxième alinéa de l'article 521 » du code de procédure pénale, le juge de proximité exerce les attributions du tribunal de police dans les conditions prévues au présent article. »*

1. Publicité restreinte. D'après l'art. 21 de l'Ord. du 2 févr. 1945, le tribunal de simple police juge les contraventions commises par les mineurs de 18 ans dans les conditions de publicité prescrites par l'art. 14 de ladite ordonnance pour le tribunal pour enfants : il en résulte que le mineur doit être invité à se retirer après son interrogatoire et l'audition des témoins ; cette formalité est substantielle. • Crim. 28 juin 1951 : *Bull. crim. n° 189.*

2. Amende forfaitaire. Les dispositions de l'art. 21 de l'Ord. du 2 févr. 1945 relative à l'enfance délinquante excluent nécessairement en raison de leurs exigences particulières l'application de la procédure de l'amende forfaitaire prévue par les art. 529 et 530. • Crim. 4 févr. 1971, n° 70-91.878 P.

3. Peine non prévue par la loi. En application de l'art. 111-3 C. pén., nul ne peut être puni d'une peine qui n'est pas prévue par la loi, telle étant le cas d'une peine d'amende prononcée contre un mineur de 5 ans. • Crim. 14 nov. 2017, n° 17-80.893 P : *D. actu. 6 déc. 2017, obs. Fonteix ; D. 2018. 399, note Bouchet ; ibid. Pan. 1664, note Bonfils et Gouttenoire ; AJ pénal 2018. 38, obs. Gallardo ; Dr. pénal 2018, n° 9, obs. Robert.*

4. Juridiction de proximité. La juridiction de proximité est seule compétente pour connaître des contraventions des quatre premières classes commises par un mineur. • Crim. 26 sept. 2006, n° 06-00.010 P.

Art. 22 (L. n° 2017-258 du 28 févr. 2017, art. 33) *Le juge des enfants et le tribunal pour enfants peuvent ordonner l'exécution provisoire de leur décision prononçant une mesure éducative, une sanction éducative et, le cas échéant, une peine autre qu'une peine d'emprisonnement ferme ou assortie d'un sursis partiel et qui ne font pas l'objet d'une des mesures d'aménagement prévues aux articles 132-25 à 132-28 du code pénal.*

Lorsque le tribunal pour enfants prononce une peine d'emprisonnement ferme ou assortie d'un sursis partiel, il peut décerner mandat de dépôt ou d'arrêt contre le mineur prévenu dans les conditions prévues à l'article 465 du code de procédure pénale ou (L. n° 2019-222 du 23 mars 2019, art. 74 et 109-XIX, en vigueur le 24 mars 2020) *« à » l'article 465-1 du même code.* (Abrogé par L. n° 2019-222 du 23 mars 2019, art. 74 et 109-XIX, à compter du 24 mars 2020) *« Le second alinéa du même article 465-1 n'est pas applicable aux mineurs. »*

Le tribunal pour enfants peut également maintenir le mineur en détention dans les conditions prévues à l'article 464-1 dudit code.

Lorsque le tribunal pour enfants statue dans les conditions prévues à l'article 14-2 de la présente ordonnance et qu'il constate, à l'égard d'un mineur de moins de seize ans placé sous contrôle judiciaire avec obligation de respecter un placement dans un centre éducatif fermé ou à l'égard d'un mineur de seize ans révolus placé sous contrôle judiciaire ou sous assignation à résidence avec surveillance électronique, que ce mineur n'a pas respecté les obligations de son contrôle judiciaire ou de son assignation à résidence avec surveillance électronique, il peut, par décision spécialement motivée, après avoir constaté la violation de la mesure de sûreté, décerner mandat de dépôt ou d'arrêt contre le mineur, quelle que soit la durée de la peine prononcée.

Ancien art. 22 *Le juge des enfants et le tribunal pour enfants pourront, dans tous les cas, ordonner l'exécution provisoire de leur décision, nonobstant opposition ou appel.*

Les décisions prévues à l'article 15 ci-dessus et prononcées par défaut à l'égard d'un mineur de treize ans, lorsque l'exécution provisoire en aura été ordonnée, seront ramenées à exécution à la diligence du procureur de la République, conformément aux dispositions de (Ord. n° 58-1300 du 23 déc. 1958) *« l'article 707 du code de procédure pénale ».* (L. n° 51-687 du 24 mai 1951) *« Le mineur sera conduit et retenu dans un centre d'accueil ou dans une section d'accueil d'une institution visée à l'article 10 ou dans un dépôt de l'assistance ou dans un centre d'observation. »*

1. QPC. L'exécution provisoire d'une peine d'emprisonnement sans sursis prononcée à l'encontre d'un mineur, alors que celui-ci comparaît libre devant le tribunal pour enfants, entraîne son incarcération immédiate à l'issue de l'audience, y compris en cas d'appel. Elle le prive ainsi du caractère suspensif du recours et de la possibilité d'obtenir, avant le début d'exécution de sa condamnation, diverses mesures d'aménagement de sa peine, en application de l'art. 723-15 ; en conséquence, en permettant l'exécution provisoire de toute condamnation à une peine d'emprisonnement prononcée par un tribunal pour enfants, quel que soit son quantum et alors même que le mineur ne fait pas déjà l'objet au moment de sa condamnation d'une mesure de détention dans le cadre de l'affaire pour laquelle il est jugé ou pour une autre cause, les dispositions de l'art. 22 de l'Ord. n° 45-174 du 2 févr. 1945 méconnaissent les exigences constitutionnelles en matière de justice pénale des mineurs (report de l'abrogation au 1er janv. 2018). • Cons. const. 9 déc. 2016, n° 2016-601 QPC : *JO 14 déc.*

2. En ce sens que l'exécution provisoire n'est pas limitée aux seules mesures de protection, d'assistance, de surveillance et d'éducation appropriées, et pour une application à une condamnation à dix-huit mois d'emprisonnement dont six mois avec sursis avec mise à l'épreuve. • Crim. 9 janv. 1986, n° 85-92.938 P.

3. Selon les dispositions de l'art. 22, al. 1er, de l'Ord. n° 45-174 du 2 févr. 1945, le juge des enfants et le tribunal pour enfants peuvent, dans tous les cas, ordonner l'exécution provisoire de leur décision nonobstant appel ; fait l'exacte application de ce texte la cour d'appel qui, pour confirmer l'exécution provisoire de la peine de deux mois d'emprisonnement prononcée par le tribunal pour enfants contre un mineur, énonce que cette modalité d'exécution des décisions du juge des enfants en matière pénale est prévue par l'art. 22 de l'ordonnance de 1945, dont la portée est générale. • Crim. 7 mars 2000, n° 99-85.882 P.

4. Selon les dispositions de l'art. 22, al. 1er, de l'Ord. du 2 févr. 1945, le juge des enfants et le tribunal pour enfants peuvent, dans tous les cas, ordonner l'exécution provisoire de leur décision nonobstant appel ; ce texte qui ne prévoit aucune exception peut s'appliquer au prononcé d'une peine d'emprisonnement, le jugement ou l'arrêt constituant, en ce cas, le titre d'incarcération, sans qu'il soit nécessaire de décerner mandat de dépôt ou d'arrêt. • Crim. 31 mai 2000, n° 99-87.610.

5. Est régulièrement composée la chambre spéciale des mineurs de la cour d'appel dès lors qu'il est fait mention de ce que le magistrat, conseiller, qui a présidé cette chambre l'a fait en remplacement d'un autre magistrat, empêchée, qui est conseiller déléguée à la protection de l'enfance. • Crim. 5 sept. 2001, n° 01-80.349.

Art. 23 *(Ord. n° 58-1274 du 22 déc. 1958, art. 8 ; Ord. n° 58-1300 du 23 déc. 1958)* ***Le délégué à la protection de l'enfance exercera à la chambre spéciale de la cour d'appel les fonctions visées à l'article 6 de l'ordonnance susvisée n° 58-1274 du 22 décembre 1958*** *[COJ, art. L. 223-2].* ***Il siégera comme membre de la*** *(L. n° 2000-516 du 15 juin 2000, art. 83, en vigueur le 1er janv. 2001)* ***« chambre de l'instruction » lorsque celle-ci connaîtra d'une affaire dans laquelle un mineur sera impliqué, soit seul, soit avec des coauteurs ou complices majeurs. Il disposera en cause d'appel des pouvoirs attribués au juge des enfants par l'article 29 (alinéa 1er).***

1. Chambre spéciale. Le magistrat délégué à la protection de l'enfance préside la chambre spéciale de la cour d'appel ou y exerce les fonctions de rapporteur ; l'arrêt doit constater que les dispositions sur ce point de l'art. 23 de l'Ord. du 2 févr. 1945 ont été observées. • Crim. 9 mai 1961 : *Bull. crim. n° 244* • 15 nov. 1978, n° 78-92.476 P. ♦ Dans le même sens : • Crim. 12 juin 1981, n° 81-90.642 P. ♦ Le magistrat, délégué à la protection de l'enfance à la chambre spéciale de la cour d'appel, préside cette chambre ou y exerce les fonctions de rapporteur. L'arrêt qui méconnaît cette disposition d'ordre public encourt la cassation. • Crim. 18 mars 1990, n° 79-91.439 P.

2. Il ne suffit pas que le conseiller délégué à la protection de l'enfance soit au nombre des magistrats composant la chambre spéciale de la cour d'appel : s'il ne préside pas cette chambre, il doit y exercer les fonctions de rapporteur. • Crim. 17 juin 1975, n° 74-93.365 P.

3. Le magistrat, délégué à la protection de l'enfance à la chambre spéciale de la cour d'appel, préside cette chambre ou y exerce les fonctions de rapporteur. En cas d'empêchement momentané, il lui sera désigné un remplaçant par le premier président. L'arrêt doit constater que les dispositions de l'art. 23 de l'Ord. du 2 févr. 1945, modifié par les Ord. des 22 et 23 déc. 1958, ont été observées. • Crim. 8 déc. 1970, n° 69-93.004 P.

4. Chambre d'accusation/chambre de l'instruction. Aux termes de l'art. 23 de l'Ord. modifiée du 2 févr. 1945, le conseiller, délégué au sein de chaque cour d'appel à la protection de l'enfance, siège comme membre de la chambre des mises en accusation, lorsque celle-ci connaît d'une affaire dans laquelle un mineur est impliqué, soit seul, soit avec des coauteurs ou complices majeurs. • Crim. 16 févr. 1954 : *Bull. crim. n° 74.* ♦ Doit être annulé l'arrêt qui concerne une affaire dans laquelle se trouve impliqué un mineur, sans constater la présence parmi les membres de la chambre des mises en accusation du conseiller délégué à la protection de l'enfance. • Crim. 24 mars 1953 : *Bull. crim. n° 112.*

5. Si, conformément à l'art. 23 de l'Ord. du 2 févr. 1945, le magistrat délégué à la protection de l'enfance a été régulièrement appelé à composer la chambre d'accusation, aucune disposition n'impose que ce magistrat préside cette juridiction ou fasse rapport. • Crim. 29 janv. 1985, n° 84-95.218 P • 10 mai 2000, n° 00-81.201 P.

6. Remplacement. Selon l'art. L. 312-6 COJ, un magistrat délégué à la protection de l'enfance est désigné au sein de chaque cour d'appel et en cas d'empêchement momentané du titulaire de cette fonction, le premier président lui désigne un remplaçant. Ainsi, est légalement composée la chambre de l'instruction connaissant d'une affaire dans laquelle un mineur est impliqué, dès lors que l'ordonnance de roulement de la cour d'appel indique que les trois magistrats ayant siégé sont, pour l'année considérée, désignés comme remplaçants de la conseillère déléguée à la protection de l'enfance, en cas d'empêchement, lorsque sa présence est requise devant la chambre de l'instruction, en application de l'art. 23 de l'Ord. du 2 févr. 1945. • Crim. 16 oct. 2019, n° 19-81.084 P : *D. actu. 8 nov. 2019, obs. Gallois ; RSC 2019. 852, note Valat ; Procédures 2019, n° 330, obs. Buisson.*

Art. 24 *(L. n° 51-687 du 24 mai 1951 ; Ord. n° 58-1300 du 23 déc. 1958)* ***Les règles sur le défaut et l'opposition résultant des articles 487 et suivants du code de procédure pénale seront applicables aux jugements du juge des enfants et du tribunal pour enfants.***

Les dispositions des articles 185 à 187 du code de procédure pénale seront applicables aux ordonnances du juge des enfants et du juge d'instruction spécialement chargé des affaires de mineurs. Toutefois, par dérogation à l'article 186 dudit code les ordonnances du juge des enfants et du juge d'instruction concernant les mesures provisoires prévues à l'article 10 seront susceptibles d'appel. Cet appel sera formé dans les délais de l'article 498 du code de procédure pénale et porté devant la chambre spéciale de la cour d'appel.

(L. n° 2000-516 du 15 juin 2000, art. 86, en vigueur le 1er janv. 2001) ***« Les règles sur l'appel résultant des dispositions du code de procédure pénale sont applicables aux jugements du juge des enfants et du tribunal pour enfants et aux arrêts de la cour d'assises des mineurs rendus en premier ressort. »***

Al. abrogés par Ord. n° 58-1274 du 22 déc. 1958, art. 8.

Le droit d'opposition, d'appel ou de recours en cassation pourra être exercé soit par le mineur, soit par son représentant légal.

Le recours en cassation n'a pas d'effet suspensif, sauf si une condamnation pénale est intervenue.

Les jugements du juge des enfants seront exempts des formalités de timbre et d'enregistrement.

1. Qualité à agir. Le recours formé devant le juge des enfants par un lieu de vie, contre une décision de placement provisoire d'un mineur rendue sur le fondement de l'art. 10 de l'Ord. du 2 févr. 1945 sur l'enfance délinquante, est irrecevable, dès lors que la procédure de tierce opposition n'est ouverte qu'en matière civile, et que par ailleurs, la voie de l'appel contre cette décision est limitativement encadrée par les art. 24 de ladite ordonnance et 185 C. pr. pén. et 186 C. pr. pén. qui ne font aucune référence au lieu de placement du mineur. • TGI Caen j. enfants, 5 févr. 1999 : *BICC 1999. 1225.*

2. Déclaration d'appel. Il résulte des dispositions combinées des art. 186, al. 4, et 502 et de l'art. 24 de l'Ord. du 2 févr. 1945 relative à l'enfance délinquante, que la déclaration d'appel d'une ordonnance d'un juge des enfants doit être faite au greffier de la juridiction qui a rendu la décision ; est, par suite, régulier l'appel formé dans le délai légal et qui a été reçu et transcrit sur le registre public à ce destiné par un greffier du tribunal auquel appartient le juge des enfants, et alors, d'ailleurs, que la prétendue irrégularité de l'acte ainsi établi ne peut être opposée à la partie appelante dès lors qu'elle ne lui est pas imputable. • Crim. 15 févr. 1989, n° 88-80.935 P.

3. Compétence. Le placement d'un mineur de seize ans dans un centre éducatif fermé ne constituant qu'une modalité du contrôle judiciaire, l'appel de l'ordonnance du juge des enfants du placement dans un tel établissement, même s'il ne vise pas l'ordonnance de placement sous contrôle judiciaire, relève de la compétence de la chambre de l'instruction et non de la chambre spéciale des mineurs de la cour d'appel. • Crim. 10 oct. 2007, n° 07-84.830 P : *D. 2007. AJ 3007 ; ibid. 2008. Pan. 1858, obs. Bonfils ; AJ pénal 2007. 543 ; AJ fam. 2008. 39.*

4. Délai d'appel. Si la dispense de comparaître à l'audience du prévenu mineur, dans les termes de l'art. 13, al. 2, de l'Ord. du 2 févr. 1945, a pour conséquence que le jugement rendu par le tribunal est réputé contradictoire, et qu'aucune opposition n'est possible, il n'en résulte pas pour autant que le délai d'appel parte, à l'égard du mineur, du jour où la décision est rendue ; il ne peut commencer à courir que lorsque celui-ci, ayant eu connaissance du contenu de la décision par une signification régulière, est en mesure d'exercer son droit d'appel. • Crim. 12 juill. 1972, n° 71-93.365 P : *D. 1973. 227.* ♦ Rejet du pourvoi contre : • Poitiers, 18 nov. 1971 : *D. 1972. 111, et la note.*

5. Irrecevabilité de l'appel. L'art. 186 applicable en vertu de l'art. 24 de l'Ord. 2 févr. 1945 aux ordonnances du juge d'instruction des mineurs ne prévoit pas le droit d'appel contre les ordonnances de règlement rendues par ce magistrat, à l'exception de celles portant mise en accusation devant la cour d'assises des mineurs ; ainsi, l'appel interjeté par un mineur contre une ordonnance de renvoi devant le tribunal pour enfants pour crime est irrecevable. • Crim. 4 juin 2003, n° 03-81.495 P : *JCP 2003. IV. 2368.* ♦ Dans le même sens : • Crim. 7 juin 2017, n° 17-81.515 P : *D. actu. 24 juill. 2017, obs. Fonteix.* ♦ *Contra :* Il se déduit des art. 24 de l'Ord. du 2 févr. 1945 relative à l'enfance délinquante, 186 C. pr. pén. et 6 Conv. EDH que l'ordonnance renvoyant un mineur pour crime, soit devant la cour d'assises des mineurs, soit devant le tribunal pour enfants statuant en matière criminelle, peut être frappée d'appel dans les mêmes conditions qu'une ordonnance renvoyant un majeur devant une cour d'assises. • Crim. 26 juin 2019, n° 19-82.745 P : *AJ pénal 2019. 454, obs. Pitti.*

6. Recevabilité de l'appel. La personne mise en examen et la partie civile peuvent interjeter appel des ordonnances prévues par le 1er al. de l'art. 179 dans le cas où elles estiment que les faits renvoyés devant le tribunal correctionnel ou le tribunal pour enfants constituent un crime qui aurait dû faire l'objet d'une ordonnance de mise en accusation devant la cour d'assises. • Crim. 20 nov. 2013, n° 13-83.047 P : *D. actu. 12 déc. 2013, obs. Fucini ; AJ pénal 2014. 188, obs. Perrier ; Gaz. Pal. 9 févr. 2014, p. 46, note Fourment.*

7. Présence obligatoire du greffier. La présence du greffier est obligatoire devant la chambre spéciale des mineurs de la cour d'appel statuant en matière criminelle. • Crim. 20 févr. 2019, n° 18-85.465 P : *D. actu. 8 mars 2019, obs. Goetz.*

CHAPITRE III *BIS [ABROGÉ]* ***Du tribunal correctionnel pour mineurs***

(Abrogé par L. n° 2016-1547 du 18 nov. 2016, art. 29, à compter du 1er janv. 2017) (L. n° 2011-939 du 10 août 2011, art. 49 et 54-I, en vigueur le 1er janv. 2012)

Les dispositions relatives à la suppression des tribunaux correctionnels pour mineurs entrent en vigueur le 1er janv. 2017. Tous les mineurs renvoyés à cette date devant le tribunal correctionnel pour mineurs sont de plein droit renvoyés devant le tribunal pour enfants et tous les majeurs renvoyés à cette date devant le tribunal correctionnel pour mineurs sont de plein droit renvoyés devant le tribunal correctionnel, sans qu'il y ait lieu de renouveler les actes, formalités et jugements régulièrement intervenus avant cette date, à l'exception des convocations et citations données aux parties et aux témoins qui n'ont pas été suivies d'une comparution devant la juridiction supprimée. Lorsque le renvoi est décidé par une juridiction de jugement ou d'instruction au jour de la publication de la présente loi ou postérieurement, les mineurs relevant de la compétence du tribunal correctionnel pour mineurs en application de l'Ord. n° 45-174 du 2 févr. 1945 relative à l'enfance délinquante, dans sa rédaction antérieure à la présente loi, relèvent de la compétence du tribunal pour enfants et doivent être renvoyés devant ce dernier (L. n° 2016-1547 du 18 nov. 2016, art. 29).

Art. 24-1 ***Les mineurs âgés de plus de seize ans sont jugés par le tribunal correctionnel pour mineurs lorsqu'ils sont poursuivis pour un ou plusieurs délits punis d'une peine d'emprisonnement égale ou supérieure à trois ans et commis en état de récidive légale.***

(L. n° 2011-1940 du 26 déc. 2011, art. 5-IV, en vigueur le 1er janv. 2012) ***« Le tribunal correctionnel pour mineurs est composé selon les modalités prévues à l'article 398 du code de procédure pénale, à l'exception des troisième et cinquième alinéas. Il est présidé par un juge des enfants. »***

(L. n° 2011-1940 du 26 déc. 2011, art. 5-IV, en vigueur le 1er janv. 2013) ***« Le juge des enfants qui a renvoyé l'affaire devant le tribunal correctionnel pour mineurs ne peut présider cette juridiction.***

« Lorsque l'incompatibilité prévue au troisième alinéa et le nombre de juges des enfants dans le tribunal judiciaire le justifient, la présidence du tribunal correctionnel pour mineurs peut être assurée par un juge des enfants d'un tribunal pour enfants sis dans le ressort de la cour d'appel et désigné par ordonnance du premier président. »

Les dispositions du chapitre III de la présente ordonnance relatives au tribunal pour enfants s'appliquent au tribunal correctionnel pour mineurs. Toutefois, en ce qui concerne l'article 14, la personne poursuivie, mineure au moment des faits et devenue majeure au jour de l'ouverture des débats, peut demander la publicité des débats dans les conditions prévues au dernier alinéa de l'article 400 du code de procédure pénale.

Le tribunal correctionnel pour mineurs est également compétent pour le jugement des délits et contraventions connexes aux délits reprochés aux mineurs, notamment pour le jugement des coauteurs ou complices majeurs de ceux-ci.

Ancien art. 24-1 ***Les mineurs âgés de plus de seize ans sont jugés par le tribunal correctionnel pour mineurs lorsqu'ils sont poursuivis pour un ou plusieurs délits punis d'une peine d'emprisonnement égale ou supérieure à trois ans et commis en état de récidive légale.***

Le tribunal correctionnel pour mineurs est composé selon les modalités prévues à l'article 398 du code de procédure pénale, à l'exception des troisième à cinquième alinéas. Il est présidé par un

juge des enfants. *— Cet al. a été déclaré non conforme à la Constitution par Décis. du Cons. const. n° 2011-635 DC du 4 août 2011, il sera abrogé à compter du 1er janv. 2013.*

Les dispositions du chapitre III de la présente ordonnance relatives au tribunal pour enfants s'appliquent au tribunal correctionnel pour mineurs. Toutefois, en ce qui concerne l'article 14, la personne poursuivie, mineure au moment des faits et devenue majeure au jour de l'ouverture des débats, peut demander la publicité des débats dans les conditions prévues au dernier alinéa de l'article 400 du code de procédure pénale.

Le tribunal correctionnel pour mineurs est également compétent pour le jugement des délits et contraventions connexes aux délits reprochés aux mineurs, notamment pour le jugement des coauteurs ou complices majeurs de ceux-ci.

L'al. 2 de l'art. 24-1 de l'Ord. du 2 févr. 1945, en permettant au juge des enfants, qui a été chargé d'accomplir les diligences utiles pour parvenir à la manifestation de la vérité et qui a renvoyé le mineur devant le tribunal correctionnel des mineurs, de présider cette juridiction de jugement habilitée à prononcer des peines, porte au principe d'impartialité des juridictions une atteinte contraire à la Constitution. Toutefois, afin de permettre au législateur de mettre fin à cette inconstitutionnalité, il y a lieu de reporter au 1er janv. 2013 la date de cette déclaration d'inconstitutionnalité. • Cons. const. 4 août 2011 : *D. 2011. Actu. 2042 ; ibid. 2012. Pan. 1638, obs. Bernaud et Jacquinot ; Dr. pénal 2012. Chron. 2, obs. Garçon et Peltier.*

Art. 24-2 ***Le tribunal correctionnel pour mineurs peut être saisi :***

1° Par ordonnance de renvoi du juge des enfants ou du juge d'instruction en application des articles 8 et 9 ;

2° [Dispositions déclarées non conformes à la Constitution par Décis. du Cons. const. n° 2011-635 DC du 4 août 2011].

3° [Dispositions déclarées non conformes à la Constitution par Décis. du Cons. const. n° 2011-635 DC du 4 août 2011].

Les 2° et 3° de l'art. 24-2 de l'Ord. du 2 févr. 1945 prévoient que le tribunal correctionnel des mineurs peut être saisi selon les modalités prévues aux art. 8-3 et 14-2 de cette même ordonnance qui permettent de faire convoquer ou comparaître directement le mineur devant la juridiction de jugement sans instruction préparatoire. Ces dispositions conduisent, en méconnaissance des exigences du principe fondamental en matière de justice pénale des mineurs, à ce que les mineurs ne soient jugés ni par une juridiction spécialisée ni selon des procédures appropriées. Partant, les 2° et 3° de l'art. 24-2 doivent être déclarés contraires à la Constitution. • Cons. const. 4 août 2011 : *D. 2011. Actu. 2042 ; ibid. 2012. Pan. 1638, obs. Bernaud et Jacquinot ; Dr. pénal 2012. Chron. 2, obs. Garçon et Peltier.*

Art. 24-3 ***Si la prévention est établie à l'égard d'un mineur âgé de plus de seize ans, le tribunal correctionnel pour mineurs peut prononcer les mesures et sanctions éducatives prévues aux articles 15-1 à 17 et 19.***

Il peut également prononcer une peine dans les conditions prévues aux articles 20-2 à 20-8.

Art. 24-4 *(Abrogé par L. n° 2016-1547 du 18 nov. 2016, art. 29, à compter du 1er janv. 2017)* ***Pour les délits mentionnés à l'article 399-2 du code de procédure pénale, le tribunal correctionnel pour mineurs est composé selon les modalités prévues à l'article 399-1 du même code.***

L'art. 24-4 de l'Ord. n° 45-174 du 2 févr. 1945 devait s'appliquer à titre expérimental du 1er janv. 2012 au 1er janv. 2014 dans les ressorts des cours d'appel de Toulouse et Dijon (Arr. du 12 oct. 2011, JO 13 oct.) et du 1er janv. 2013 au 1er janv. 2014 dans les ressorts des cours d'appel d'Angers, Bordeaux, Colmar, Douai, Fort-de-France, Lyon, Montpellier et Orléans (Arr. du 16 févr. 2012, art. 1er, JO 25 févr.). Il a été mis fin à ces expérimentations pour les cours d'appel de Toulouse et Dijon à compter du 30 avr. 2013 (Arr. du 18 mars 2013, art. 3, JO 22 mars) et l'extension aux autres ressorts a été annulée à compter du 1er janv. 2013 (Arr. du 13 juin 2012, art. 1er, JO 23 juin). Toutefois, les affaires déjà audiencées, pour des dates postérieures au 30 avr. 2013, devant des juridictions devant comporter des citoyens assesseurs seront de plein droit examinées, aux dates des audiences prévues, devant ces mêmes juridictions composées sans citoyen assesseur, sous réserve de la possibilité pour les juridictions concernées de procéder à un nouvel audiencement de ces affaires conformément aux dispositions du code de procédure pénale.

CHAPITRE III *TER [ABROGÉ]* **De la césure du procès pénal des mineurs**

(L. n° 2011-939 du 10 août 2011, art. 50)

Art. 24-5 *Les articles 132-58 à 132-65 du code pénal relatifs à la dispense de peine et à l'ajournement sont applicables aux mineurs. La dispense et l'ajournement peuvent également être ordonnés pour le prononcé des mesures éducatives et des sanctions éducatives.*

Toutefois, l'ajournement du prononcé de la mesure éducative, de la sanction éducative ou de la peine peut être également ordonné lorsque le juge des enfants statuant en chambre du conseil (L. n° 2016-1547 du 18 nov. 2016, art. 29, en vigueur le 1er janv. 2017) « ou le tribunal pour enfants » considère :

1° Soit que les perspectives d'évolution de la personnalité du mineur le justifient ;

2° Soit que des investigations supplémentaires sur la personnalité du mineur sont nécessaires.

L'affaire est alors renvoyée à une audience qui doit avoir lieu au plus tard dans les six mois. (L. n° 2016-1547 du 18 nov. 2016, art. 32) « Des renvois ultérieurs sont possibles mais, dans tous les cas, la décision sur la mesure éducative, la sanction éducative ou la peine intervient au plus tard un an après la première décision d'ajournement. »

Art. 24-6 *Le juge des enfants statuant en chambre du conseil (L. n° 2016-1547 du 18 nov. 2016, art. 29, en vigueur le 1er janv. 2017) « ou le tribunal pour enfants » qui ajourne le prononcé de la mesure éducative, de la sanction éducative ou de la peine peut ordonner à l'égard du mineur, à titre provisoire, son placement dans un établissement public ou habilité à cet effet, une mesure de liberté surveillée préjudicielle, une mesure ou une activité d'aide ou de réparation dans les conditions prévues à l'article 12-1 ou une mesure d'activité de jour dans les conditions définies à l'article 16 ter (L. n° 2011-1940 du 26 déc. 2011, art. 2, en vigueur le 1er janv. 2012) « , le cas échéant, pour les mineurs âgés de plus de seize ans, par l'accomplissement d'un contrat de service en établissement public d'insertion de la défense mentionné aux articles L. 130-1 à L. 130-5 du code du service national ».*

Dans le cas mentionné au 2° de l'article 24-5, il ordonne une des mesures d'investigation prévues à l'article 8.

Lorsque l'ajournement est prononcé par le juge des enfants statuant en chambre du conseil, celui-ci peut renvoyer l'affaire devant le tribunal pour enfants.

Concernant la mesure éducative d'accueil de jour à titre expérimental, V. L. n° 2019-222 du 23 mars 2019, art. 94-II, ss. Ord. n° 45-174 du 2 févr. 1945, art. 8.

Art. 24-7 *Par dérogation au troisième alinéa de l'article 8-3 et au II de l'article 14-2, le procureur de la République peut faire application des procédures prévues aux mêmes articles à l'encontre d'un mineur pour lequel aucune investigation n'a été ordonnée en application de l'article 8 et alors qu'il n'existe pas dans le dossier d'éléments suffisants sur sa personnalité pour permettre au tribunal de se prononcer, dès lors qu'il requiert dans la saisine du tribunal qu'il soit fait application du présent chapitre.*

Le tribunal pour enfants (Abrogé par L. n° 2016-1547 du 18 nov. 2016, art. 29, à compter du 1er janv. 2017) « ou le tribunal correctionnel pour mineurs » est alors tenu, après s'être prononcé sur la culpabilité du mineur et, le cas échéant, sur l'action civile, d'ajourner le prononcé de la mesure éducative, de la sanction éducative ou de la peine conformément aux articles 24-5 et 24-6.

En l'absence d'investigations de personnalité légalement prévues, le procureur de la République peut régulièrement saisir le tribunal pour enfants au moyen d'une convocation par officier ou agent de police judiciaire à condition de requérir concomitamment la césure du procès pénal du mineur, conformément aux dispositions de l'art. 24-7 de l'Ord. du 2 févr. 1945. • Crim. 19 nov. 2013, n° 12-87.641 P.

Art. 24-8 *Les articles 132-66 à 132-70 du code pénal ne sont pas applicables aux mineurs.*

CHAPITRE IV *[ABROGÉ]* **La liberté surveillée**

Art. 25 *(Ord. n° 58-1300 du 23 déc. 1958) « La rééducation des mineurs en liberté surveillée est assurée, sous l'autorité du juge des enfants, par des délégués permanents et par des délégués bénévoles à la liberté surveillée.*

« Les délégués permanents, agents de l'État nommés par le ministre de la justice, ont pour mission de diriger et de coordonner l'action des délégués ; ils assument en outre la rééducation des mineurs que le juge leur a confiée personnellement.

« Les délégués bénévoles sont choisis parmi les personnes de l'un ou de l'autre sexe, majeures ; ils sont nommés par le juge des enfants. »

(L. n° 51-687 du 24 mai 1951) *Dans chaque affaire, le délégué est désigné soit immédiatement par le jugement, soit ultérieurement par ordonnance du juge des enfants, notamment dans le cas de délégation de compétence prévu à l'article 31.*

(Ord. n° 58-889 du 24 sept. 1958) *« Les frais de transports exposés par les délégués permanents et les délégués à la liberté surveillée pour la surveillance des mineurs ainsi que les frais de déplacements engagés par les délégués permanents dans le cadre de leur mission de direction et coordination de l'action des délégués sont remboursés dans les conditions prévues par la réglementation générale concernant le remboursement des frais engagés par les personnels civils de l'État à l'occasion de leurs déplacements.*

« Un arrêté du garde des sceaux, ministre de la justice, et du ministre des finances et des affaires économiques déterminera les modalités selon lesquelles il sera dérogé à cette réglementation pour tenir compte des conditions particulières dans lesquelles des délégués permanents et les délégués à la liberté surveillée sont appelés à réaliser certains de leurs déplacements. »

L'association qui reçoit la charge d'organiser et de contrôler à titre permanent la vie d'un mineur dans le cadre d'une mesure de liberté surveillée, doit répondre de celui-ci au sens de l'art. 1384, al. 1er, du C. civ., sans préjudice de la responsabilité de l'État du fait des dommages causés par un mineur délinquant placé en liberté surveillée. • Civ. 2e, 9 déc. 1999, n° 97-22.268 P : *D. 2000. 713, note Galliou-Scanvion.*

Art. 26 *Dans tous les cas où le régime de la liberté surveillée sera décidé, le mineur, ses parents, son tuteur, la personne qui en a la garde, seront avertis du caractère et de l'objet de cette mesure et des obligations qu'elle comporte.*

(Ord. n° 58-1300 du 23 déc. 1958) *« Le délégué à la liberté surveillée fera rapport au juge des enfants en cas de mauvaise conduite, de péril moral du mineur, d'entraves systématiques à l'exercice de la surveillance, ainsi que dans le cas où une modification de placement ou de garde lui paraîtra utile. »*

En cas de décès, de maladie grave, de changement de résidence ou d'absence non autorisée du mineur, les parents, tuteur, gardien ou patron devront sans retard en informer le délégué.

(L. n° 51-687 du 24 mai 1951) *« Si un incident à la liberté surveillée révèle un défaut de surveillance caractérisé de la part des parents ou du tuteur ou gardien, ou des entraves systématiques à l'exercice de la mission du délégué, le juge des enfants ou le tribunal pour enfants, quelle que soit la décision prise à l'égard du mineur, pourra condamner les parents ou le tuteur ou gardien à une amende civile de 1,5 € à 75 €. »*

La circonstance que le mineur, habitant avec son père, soit confié par la justice sous le régime de la liberté surveillée, loin de dispenser ce dernier de tout ou partie des obligations de surveillance qui lui incombent en vertu de l'art. 1384 C. civ., a pu être considérée par une cour d'appel comme donnant au père le devoir d'exercer sur son fils un contrôle plus étroit, ainsi qu'en dispose d'ailleurs l'art. 26 de l'ordonnance du 2 févr. 1945, modifié par la loi du 24 mai 1951. • Crim. 17 févr. 1959 : *Bull. crim. n° 111.*

Art. 27 *Les mesures de protection, d'assistance, de surveillance, d'éducation ou de réforme ordonnées à l'égard d'un mineur peuvent être révisées à tout moment, sous réserve des dispositions ci-après :*

Lorsqu'une année au moins se sera écoulée, depuis l'exécution d'une décision plaçant le mineur hors de sa famille, les parents ou le tuteur ou le mineur lui-même, pourront former une demande de remise ou de restitution de garde en justifiant de leur aptitude à élever l'enfant et d'un amendement suffisant de ce dernier. En cas de rejet, la même demande ne pourra être renouvelée qu'après l'expiration du délai d'un an.

Art. 28 (L. n° 51-687 du 24 mai 1951 ; Ord. n° 58-1300 du 23 déc. 1958) *« Le juge des enfants pourra, soit d'office, soit à la requête du ministère public, du mineur, de ses parents, de son tuteur ou de la personne qui en a la garde, soit sur le rapport du délégué à la liberté surveillée, statuer sur tous les incidents, instances en modification de placement ou de garde, demandes de remise de garde. Il pourra ordonner toutes mesures de protection ou de surveillance utiles, rapporter ou modifier les mesures prises. Le tribunal pour enfants est, le cas échéant, investi du même droit. »*

Toutefois, le tribunal pour enfants sera seul compétent lorsqu'il y aura lieu de prendre à l'égard d'un mineur qui avait été laissé à la garde de ses parents, de son tuteur ou laissé ou remis à une personne digne de confiance, une des autres mesures prévues aux articles 15 et 16.

Al. abrogé par L. n° 89-461 du 6 juill. 1989, art. 18.

Art. 29 et 30 Abrogés par L. n° 89-461 du 6 juill. 1989, art. 18.

Art. 31 *Sont compétents pour statuer sur tous incidents, instances modificatives de placement ou de garde, demandes de remise de garde :*

1° Le juge des enfants ou le tribunal pour enfants ayant primitivement statué. Dans le cas où il s'agit d'une juridiction n'ayant pas un caractère permanent ou lorsque la décision initiale émane d'une cour d'appel, la compétence appartiendra au juge des enfants ou au tribunal pour enfants du domicile des parents ou de la résidence actuelle du mineur ;

2° Sur délégation de compétence accordée par le juge des enfants ou par le tribunal pour enfants ayant primitivement statué, le juge des enfants ou le tribunal pour enfants du domicile des parents, de la personne, de l'œuvre, de l'établissement ou de l'institution à qui le mineur a été confié par décision de justice ainsi que le juge des enfants ou le tribunal pour enfants (L. n° 51-687 du 24 mai 1951) *« du lieu où le mineur se trouvera, en fait, placé ou arrêté ».*

Si l'affaire requiert célérité, toutes mesures provisoires pourront être ordonnées par le juge des enfants (L. n° 51-687 du 24 mai 1951) *« du lieu où le mineur se trouvera, en fait, placé ou arrêté ».*

Art. 32 *Les dispositions des articles 22, 23 et 24 sont applicables aux décisions rendues sur incident à la liberté surveillée, instances modificatives de placement ou de garde, demandes de remise de garde.*

CHAPITRE V *[ABROGÉ]* ***Dispositions diverses***

Art. 33 (L. n° 2002-1138 du 9 sept. 2002, art. 22) *Les centres éducatifs fermés sont des établissements publics ou des établissements privés habilités dans des conditions prévues par décret en Conseil d'État, dans lesquels les mineurs sont placés en application d'un contrôle judiciaire ou d'un sursis avec mise à l'épreuve* (L. n° 2007-297 du 5 mars 2007, art. 62) *« ou d'un placement à l'extérieur »* (L. n° 2004-204 du 9 mars 2004, art. 195) *« ou à la suite d'une libération conditionnelle ». Au sein de ces centres, les mineurs font l'objet des mesures de surveillance et de contrôle permettant d'assurer un suivi éducatif et pédagogique renforcé et adapté à leur personnalité.* (Abrogé par L. n° 2019-222 du 23 mars 2019, art. 94) *« La violation des obligations auxquelles le mineur est astreint en vertu des mesures qui ont entraîné son placement dans le centre peut entraîner, selon le cas, le placement en détention provisoire ou l'emprisonnement du mineur. »*

(L. n° 2019-222 du 23 mars 2019, art. 94) *« Dans le cadre du placement en centre éducatif fermé, le magistrat ou la juridiction peut, durant le temps et selon les modalités qu'il détermine, autoriser l'établissement à organiser un accueil temporaire du mineur dans d'autres lieux afin de préparer la fin du placement ou de prévenir un incident grave.*

« La violation des obligations auxquelles le mineur est astreint en vertu des mesures qui ont entraîné son placement dans le centre, y compris en cas d'accueil dans un autre lieu, peut entraîner, selon le cas, le placement en détention provisoire ou l'emprisonnement du mineur. »

L'habilitation prévue (L. n° 2019-222 du 23 mars 2019, art. 94) *« au premier alinéa » ne peut être délivrée qu'aux établissements offrant une éducation et une sécurité adaptées à la mission des centres ainsi que la continuité du service.*

A l'issue du placement en centre éducatif fermé ou, en cas de révocation du contrôle judiciaire ou du sursis avec mise à l'épreuve, à la fin de la mise en détention, le juge des enfants prend toute mesure permettant d'assurer la continuité de la prise en charge éducative du mineur en vue de sa réinsertion durable dans la société.

V. Circ. PJJ n° 2003-02 K du 28 mars 2003 relative à la mise en œuvre du programme des centres éducatifs fermés, cadre juridique, prise en charge éducative et politique pénale (BOMJ 2003, n° 89, p. 156 s.). — Arr. du 31 mars 2015 relatif aux règles d'organisation, de fonctionnement et de prise en charge des centres éducatifs fermés du secteur public de la protection judiciaire de la jeunesse (JO 30 avr.).

Le placement d'un mineur de 16 ans dans un centre éducatif fermé ne constituant qu'une modalité du contrôle judiciaire, l'appel de l'ordonnance du juge des enfants du placement dans un tel établissement, même s'il ne vise pas l'ordonnance de placement sous contrôle judiciaire, relève de la compétence de la chambre de l'instruction et non de la chambre spéciale des mineurs de la cour d'appel. • Crim. 10 oct. 2007, n° 07-84.830 P.

Art. 34 (L. n° 2002-1138 du 9 sept. 2002, art. 23) *Lorsque le mineur est placé dans l'un des centres prévus à l'article 33, les allocations familiales sont suspendues. Toutefois, le juge des enfants peut les maintenir lorsque la famille participe à la prise en charge morale ou matérielle de l'enfant ou en vue de faciliter le retour de l'enfant dans son foyer.*

Les allocations familiales suspendues concernent la seule part représentée par l'enfant délinquant dans le calcul des attributions d'allocations familiales.

Art. 35 *(L. n° 2002-1138 du 9 sept. 2002, art. 32)* ***Les députés et les sénateurs sont autorisés à visiter à tout moment les établissements publics ou privés accueillant des mineurs délinquants de leur département.***

Art. 36 *Abrogé par Ord. n° 58-1296 du 23 déc. 1958, art. 9.*

Art. 37 ***Dans le cas d'infractions dont la poursuite est réservée d'après les lois en vigueur aux administrations publiques, le procureur de la République aura seul qualité pour exercer la poursuite sur la plainte préalable de l'administration intéressée.***

Art. 38 ***Dans chaque tribunal, le greffier tiendra un registre spécial, non public, dont le modèle sera fixé par arrêté ministériel et sur lequel seront mentionnées toutes les décisions concernant les mineurs, y compris celles intervenues sur incident à la liberté surveillée, instances modificatives de placement ou de garde et remises de garde.***

Art. 39 ***Toute personne, toute œuvre ou toute institution, même reconnue d'utilité publique, s'offrant à recueillir d'une façon habituelle des mineurs en application de la présente ordonnance, devra obtenir du préfet une habilitation spéciale dans des conditions qui seront fixées par décret. Cette disposition est également applicable aux personnes, aux œuvres et aux institutions exerçant actuellement leur activité au titre de la loi du 22 juillet 1912.*** *— V. Décr. n° 46-734 du 16 avr. 1946.*

Il résulte des dispositions combinées de l'art. 39 de l'Ord. du 2 févr. 1945 relative à l'enfance délinquante et des art. 3, 4 et 5 du Décr. du 16 avr. 1946 (Décr. n° 88-949 du 6 oct. 1988) relatif aux personnes, institutions ou services recevant des mineurs délinquants, que c'est en qualité de représentant de l'État que le préfet retire ou délivre l'habilitation que doivent obtenir les œuvres ou institutions qui s'offrent à recueillir d'une façon habituelle ces mineurs ; il suit de là, qu'à la supposer établie, la faute résultant du refus d'habilitation du préfet opposé à une association ne saurait engager la responsabilité du département. • CE 28 janv. 1991 : *Gaz. Pal. 1991. 2. Pan. adm. 76.*

Art. 40 ***Dans tous les cas où le mineur est remis à titre provisoire ou à titre définitif à une personne autre que son père, mère, tuteur ou à une personne autre que celle qui en avait la garde, la décision devra*** *(L. n° 2019-222 du 23 mars 2019, art. 94)* ***« fixer les modalités du droit de visite et d'hébergement des parents et » déterminer la part des frais d'entretien et de placement qui est mise à la charge de la famille.***

Ces frais sont recouvrés comme frais de justice criminelle au profit du Trésor public.

Les allocations familiales, majorations et allocations d'assistance auxquelles le mineur ouvre droit seront, en tout état de cause, versées directement par l'organisme débiteur à la personne ou à l'institution qui a la charge du mineur pendant la durée du placement.

(L. n° 51-687 du 24 mai 1951) ***« Lorsque le mineur est remis à l'assistance à l'enfance, la part des frais d'entretien et de placement qui n'incombe pas à la famille est mise à la charge du Trésor. »***

(L. n° 2019-222 du 23 mars 2019, art. 94) ***« Les père et mère du mineur bénéficiant d'une mesure de placement au titre de la présente ordonnance continuent à exercer tous les attributs de l'autorité parentale qui ne sont pas inconciliables avec cette mesure. Toutefois, la personne, le service ou l'établissement auquel l'enfant est confié accomplit tous les actes usuels relatifs à sa surveillance et à son éducation.***

« Sans préjudice du cinquième alinéa du présent article, le juge compétent pour statuer sur le placement peut exceptionnellement, dans tous les cas où l'intérêt de l'enfant le justifie, autoriser la personne, le service ou l'établissement auquel est confié le mineur à exercer un acte relevant de l'autorité parentale en cas de refus abusif ou injustifié ou en cas de négligence des détenteurs de l'autorité parentale, à charge pour le demandeur de rapporter la preuve de la nécessité de cette mesure. »

Art. 41 *(L. n° 51-687 du 24 mai 1951)* ***Des décrets détermineront les mesures d'application de la présente ordonnance, et notamment les conditions de remboursement des frais d'entretien, de rééducation et de surveillance des mineurs confiés à des personnes, institutions ou services, par application de la présente ordonnance.*** *— V. Décr. n° 46-734 du 16 avr. 1946 et Décr. n° 88-949 du 6 oct. 1988.*

Art. 42 *(L. n° 51-687 du 24 mai 1951)* ***Sont abrogés la loi du 22 juillet 1912 et les textes qui l'ont complétée et modifiée ainsi que la loi du 5 août 1850 sur l'éducation et le patronage des jeunes détenus.***

La présente ordonnance sera applicable aux départements d'outre-mer. *— L'ordonnance modifiée du 2 févr. 1945 est étendue au département [à la collectivité territoriale] de Saint-Pierre-et-Miquelon à compter du 1er oct. 1978 (Ord. n° 77-1100 du 26 sept. 1977, art. 26 et 27 ; JO 30 sept.). — Pour son application* *à Mayotte, V. Ord. n° 91-245 du 25 févr. 1991, art. 23 (JO 6 mars), ratifiée par L. n° 91-1379 du 28 déc. 1991 (JO 1er janv. 1992).*

Art. 43 (L. n° 2016-1547 du 18 nov. 2016, art. 33) ***Les magistrats ou juridictions qui ordonnent ou assurent le suivi du placement d'un mineur en application de la présente ordonnance ou les magistrats qui sont chargés de l'exécution de cette décision peuvent requérir directement la force publique pour faire exécuter cette décision, durant la minorité de l'intéressé.***

CHAPITRE VI *[ABROGÉ]* Dispositions applicables dans les territoires d'outre-mer et dans le Département de Mayotte (Ord. n° 2011-337 du 29 mars 2011, en vigueur le 1er avr. 2011).

(Ord. n° 96-268 du 28 mars 1996, ratifiée par L. n° 96-1240 du 30 déc. 1996)

Art. 44 (L. n° 2019-222 du 23 mars 2019, art. 110) ***« Sous réserve des adaptations prévues aux articles 45 et 46, les dispositions de la présente ordonnance, à l'exception du deuxième alinéa de l'article 16 bis, des articles 25, 26 et 39 à 41, sont applicables, dans leur rédaction résultant de la loi n° 2019-222 du 23 mars 2019 de programmation 2018-2022 et de réforme pour la justice, en Nouvelle-Calédonie, en Polynésie française et dans les îles Wallis-et-Futuna. »***

Les dispositions du code de procédure pénale auxquelles il est fait référence dans la présente ordonnance sont applicables sous réserve des adaptations prévues au titre Ier du livre VI de ce même code.

Art. 45 ***Dans les territoires d'outre-mer et en Nouvelle-Calédonie le IV de l'article 4 s'applique dans les conditions suivantes :***

I. — En Polynésie française :

En l'absence d'avocat dans l'île où se déroule la garde à vue et lorsque le déplacement d'un avocat paraît matériellement impossible, l'entretien peut avoir lieu avec une personne qui n'a fait l'objet d'aucune condamnation, incapacité ou déchéance mentionnée au bulletin n° 2 du casier judiciaire et qui n'est pas mise en cause pour les mêmes faits ou pour des faits connexes.

II. — En Nouvelle-Calédonie :

Lorsque la garde à vue se déroule en dehors des communes de Nouméa, Mont-Dore, Dumbea et Païta et que le déplacement de l'avocat paraît matériellement impossible, l'entretien peut avoir lieu avec une personne qui n'a fait l'objet d'aucune condamnation, incapacité ou déchéance mentionnée au bulletin n° 2 du casier judiciaire et qui n'est pas mise en cause pour les mêmes faits ou pour des faits connexes.

III. — A Wallis-et-Futuna :

Il peut être fait appel à une personne agréée par le président du tribunal de première instance.

Art. 46 ***Les articles 10 et 16 bis sont modifiés comme suit :***

I. — (L. n° 96-1240 du 30 déc. 1996) ***« Pour son application dans les territoires de la Nouvelle-Calédonie, de la Polynésie française et des îles Wallis-et-Futuna, au onzième alinéa de l'article 10, les mots : "par le ministre de la justice" sont remplacés par les mots : "dans les conditions fixées par la réglementation applicable localement". »***

II. — Pour l'application du troisième alinéa de l'article 16 bis, le juge des enfants pourra prescrire une ou plusieurs mesures de protection, d'assistance, de surveillance et d'éducation, soit en milieu ouvert, soit sous forme de placement.

Art. 47 ***Sous réserve des adaptations prévues aux articles 48 et 49, les dispositions de la présente ordonnance sont applicables*** (Ord. n° 2011-337 du 29 mars 2011, en vigueur le 1er avr. 2011) ***« dans le Département de Mayotte ».***

Les dispositions du code de procédure pénale auxquelles il est fait référence dans la présente ordonnance sont applicables sous réserve des adaptations prévues au titre II du livre VI de ce même code.

Art. 48 ***Pour son application*** (Ord. n° 2011-337 du 29 mars 2011) ***« dans le Département de Mayotte », l'article 20 est rédigé comme suit :***

Art. 20 *Le mineur âgé de seize ans au moins, accusé de crime, sera jugé par la "cour d'assises des mineurs" composée de la même façon que la "cour d'assises". Toutefois, un des assesseurs sera remplacé, sauf impossibilité, par le magistrat du siège du "tribunal judiciaire" exerçant les fonctions de juge des enfants.*

La "cour d'assises des mineurs" se réunit au siège de la "cour d'assises" sur convocation du président "de la chambre d'appel de Mamoudzou". Son président sera désigné et remplacé, s'il y a lieu, dans les conditions prévues par les dispositions de la procédure pénale applicables (Ord. n° 2011-337 du 29 mars 2011) *« dans le Département de Mayotte » en matière criminelle.*

Le président de la "cour d'assises des mineurs" et la "cour d'assises des mineurs" exercent respectivement les attributions dévolues par les dispositions de procédure pénale applicables (Ord. n° 2011-337 du 29 mars 2011) *« dans le Département de Mayotte » au président de la "cour d'assises" et à cette cour.*

Les fonctions du ministère public auprès de la "cour d'assises des mineurs" sont remplies par le "procureur général près la cour d'appel de Saint-Denis de La Réunion", celles de greffier par un greffier "de la chambre d'appel de Mamoudzou".

Les dispositions des premier, deuxième, quatrième et cinquième alinéas de l'article 14 s'appliqueront à la "cour d'assises des mineurs".

Après l'interrogatoire des accusés, le président de la "cour d'assises des mineurs" pourra, à tout moment, ordonner que l'accusé mineur se retire pendant tout ou partie de la suite des débats.

Il sera procédé en ce qui concerne les mineurs âgés de seize ans au moins, accusés de crime, conformément aux dispositions de procédure pénale applicables (Ord. n° 2011-337 du 29 mars 2011) *« dans le Département de Mayotte ».*

Si l'accusé a moins de dix-huit ans, le président posera, à peine de nullité, les deux questions suivantes :

1° Y a-t-il lieu d'appliquer à l'accusé une condamnation pénale ?

2° Y a-t-il lieu d'exclure l'accusé du bénéfice de la diminution de peine prévue à l'article 20-2 ?

(Abrogé par L. n° 2014-896 du 15 août 2014, art. 7, à compter du 1er oct. 2014) (L. n° 2007-1198 du 10 août 2007) *« S'il est reproché à l'accusé une des infractions prévues aux 2° et 3° de l'article 20-2 commise une nouvelle fois en état de récidive légale, la deuxième question est ainsi rédigée :*

« "2° Y a-t-il lieu d'appliquer à l'accusé le bénéfice de la diminution de peine prévue à l'article 20-2 ?" »

(L. n° 2016-1547 du 18 nov. 2016, art. 30) *« S'il est décidé que l'accusé mineur déclaré coupable ne doit pas faire l'objet d'une condamnation pénale, les mesures éducatives ou les sanctions éducatives sur lesquelles la cour et le jury sont appelés à statuer sont celles prévues à l'article 15-1, aux 1° à 4° de l'article 16, à l'article 16 bis et au chapitre IV.*

« Cependant, lorsqu'une condamnation pénale est décidée, la cour et le jury peuvent, en outre, statuer sur le prononcé des mesures éducatives mentionnées aux 1° à 4° de l'article 16, à l'article 16 bis et au chapitre IV. »

En vertu des dispositions de l'Ord. n° 2011-337 du 29 mars 2011, en vigueur le 1er avr. 2011, les mots "tribunal de première instance", "tribunal supérieur d'appel", "cour criminelle", "cour criminelle des mineurs" et "procureur de la République" sont remplacés respectivement par les mots "tribunal de grande instance", "chambre d'appel de Mamoudzou", "cour d'assises", "cour d'assises des mineurs" et "procureur général près la cour d'appel de Saint-Denis de La Réunion".

Art. 49 (Ord. n° 2011-337 du 29 mars 2011, en vigueur le 1er avr. 2011) ***Pour l'application de la présente ordonnance dans le Département de Mayotte, les mots : "chambre spéciale de la cour d'appel" sont remplacés par les mots : "chambre d'appel de Mamoudzou".***

Les attributions dévolues par la présente ordonnance aux avocats peuvent être exercées par des personnes agréées par le président de la chambre d'appel de Mamoudzou.

Décret n° 46-734 du 16 avril 1946 *[Abrogé]*,

Relatif aux personnes, institutions ou services recevant des mineurs délinquants (Abrogé par Décr. n° 2021-683 du 27 mai 2021, art. 4, à compter du 30 sept. 2021).

Le Décr. n° 46-734 du 16 avr. 1946 a été abrogé par le Décr. n° 2021-683 du 27 mai 2021 portant partie réglementaire du code de la justice pénale des mineurs (articles en D), et en partie codifié dans le CJPM.

TITRE PREMIER *[ABROGÉ]* Des institutions privées

(Abrogé par Décr. n° 2021-683 du 27 mai 2021, art. 4, à compter du 30 sept. 2021)

SECTION I *[ABROGÉE]* *Dispositions générales*

Art. 1er à 5 *Abrogés par Décr. n° 88-949 du 6 oct. 1988, art. 15.*

Art. 6 *Les personnes ou institutions recevant des mineurs en internat doivent assurer leur relèvement par un régime comportant l'éducation morale, la formation du caractère, l'éducation physique, un complément d'instruction générale et l'apprentissage d'un métier. Elles doivent, en outre, se conformer aux prescriptions légales concernant l'obligation scolaire.*

Un règlement intérieur, établi par chaque institution, précise la manière dont il sera satisfait à ces obligations.

Ce document fixe également les règles relatives à la constitution et à la gestion du fonds de pécules, aux taux et aux modalités des versements, à la répartition du fonds entre les mineurs.

Le règlement intérieur est soumis à l'agrément du ministre de la justice.

Il appartient au garde des sceaux d'accorder à certaines institutions une dispense portant sur celles des obligations susvisées qui seraient incompatibles avec leur caractère particulier.

Art. 7 *Un extrait de la décision confiant un mineur à une personne ou à une institution privée est notifié au ministre de la justice ainsi qu'à la personne ou à l'institution par le juge des enfants, ou, à Paris, par le président du tribunal pour enfants qui prend toutes mesures nécessaires pour la remise du mineur.*

Une notice individuelle, dont la forme sera prévue par circulaire ministérielle, est également adressée au ministre de la justice.

Art. 8 *Dès l'arrivée du mineur chez la personne ou dans l'institution à laquelle il a été confié, un dossier est ouvert à son nom sur lequel mention est faite de tout renseignement concernant sa conduite, sa santé, son instruction et son éducation professionnelle, ses rapports avec sa famille, son salaire, les dépenses faites à son intention ainsi que la somme versée à son* (Décr. n° 2008-1266 du 4 déc. 2008, art. 2) *« livret A ».*

Art. 9 *Tous les six mois (1er mars, 1er septembre) et toutes les fois qu'elle y est invitée, la personne ou l'institution fait parvenir, en double exemplaire, à la juridiction pour enfants qui a été appelée à statuer, des renseignements sur chaque mineur qui lui a été confié. Ces renseignements portent notamment sur l'amendement du mineur, sur sa santé et sur les progrès accomplis dans les disciplines scolaires et professionnelles.*

Chaque année, avant le 1er mars, elle est tenue de fournir le relevé du compte du mineur au ministre de la justice ainsi qu'au préfet, qui le soumettra au conseil départemental de l'assistance publique et privée.

Art. 10 *Après examen des documents visés aux articles 9 et 13, le juge des enfants ou, à Paris, le président du tribunal pour enfants procède, s'il le juge utile, à un nouvel examen de la situation du mineur et peut faire application des articles 27 et 28 de l'ordonnance du 2 février 1945.*

Art. 11 *Les mineurs ayant donné entière satisfaction peuvent bénéficier de permissions et d'une mise en liberté d'épreuve ou être autorisés à souscrire un engagement militaire dans des conditions qui seront fixées par arrêté du garde des sceaux.*

Art. 12 *La personne ou l'institution à qui la garde du mineur a été confiée ne peut, sous réserve de toute mesure d'urgence dont il sera immédiatement rendu compte au juge des enfants et, à Paris, au président du tribunal pour enfants, se décharger de cette garde qu'après avoir obtenu une décision de la juridiction compétente pour statuer sur la modification du placement.*

Art. 13 *La personne ou l'institution ayant la garde du mineur doit faire connaître immédiatement au ministre de la justice, au préfet et au juge des enfants, ou, à Paris, au président du tribunal pour enfants, tous les événements modifiant la situation de l'enfant (placement, modification de placement, évasion, maladie, entrée à l'hôpital, sortie de l'hôpital, décès) et, un mois à l'avance, la date de sa libération, à l'expiration de la mesure de placement.*

Art. 14 *Les frais d'hospitalisation d'un mineur confié à une institution privée, par application de l'ordonnance du 2 février 1945, sont imputés au budget du ministère de la justice pendant six mois ; passé ce délai, si l'état du pupille exige son maintien à l'hôpital, les frais sont à la charge de la famille ou de la collectivité administrative du domicile de secours, conformément aux prescriptions des lois d'assistance.*

Lorsque la durée du séjour d'un mineur dans un hôpital dépasse six mois, l'œuvre en avise le juge des enfants ou, à Paris, le président du tribunal pour enfants, à l'effet d'examiner s'il n'y a pas lieu de modifier la mesure primitive.

Art. 15 *Les personnes ou institutions habilitées à recevoir des mineurs délinquants doivent tenir une comptabilité annuelle où sont décrites toutes les opérations effectuées tant en recettes qu'en dépenses. Les modalités de cette comptabilité seront déterminées par un arrêté interministériel.*

Art. 16 *Un relevé des sommes inscrites à son compte d'épargne et des sommes prélevées sur son salaire est remis annuellement au mineur.*

Le solde porté à l'actif de ce compte doit obligatoirement être versé tous les six mois au livret de caisse d'épargne ouvert au nom du mineur.

Ce livret est conservé jusqu'à sa libération, sa majorité ou son mariage, par la personne ou l'institution à laquelle la garde de l'enfant a été confiée, les fonds figurant audit livret ne pouvant être retirés sauf autorisation spéciale du juge des enfants ou, à Paris, du président du tribunal pour enfants.

Art. 17 *La personne ou le représentant de l'institution adresse chaque année au juge des enfants ou, à Paris, au président du tribunal pour enfants avant le 31 janvier, en double exemplaire, un rapport sur le fonctionnement général de l'institution, au point de vue moral et financier.*

Le juge des enfants transmet dans la quinzaine un exemplaire de ce document au ministre de la justice, assorti, s'il y a lieu, de ses observations.

SECTION II *[ABROGÉE]* *Dispositions spéciales aux mineurs placés*

Art. 18 *Les institutions pratiquant le placement sont soumises aux obligations suivantes :*

1° Tenue à jour, au siège social de l'œuvre, des listes de placement et des dossiers individuels ;

2° Organisation d'un contrôle médical ;

3° Exercice de la surveillance des placements et conduite des mineurs ;

4° Tenue pour chaque mineur placé d'un compte sur registre coté indiquant avec la date des opérations :

a) Le salaire gagné et les gratifications reçues par le pupille ;

b) Les dépenses de vêture et connexes faites au profit du pupille ;

c) Les sommes remises au pupille comme argent de poche ;

d) Les versements effectués au livret de caisse d'épargne ;

e) Le montant et la cause des retraits opérés sur le livret.

En aucun cas, le compte du mineur ne doit être débité des frais occasionnés par sa conduite du siège social de l'institution jusqu'à son lieu de placement et, en cas de libération, du lieu de placement à son domicile.

Art. 19 *Les contrats de placement sont rédigés en triple exemplaire sur papier libre et sans frais dont l'un reste à l'institution, l'autre est remis à l'employeur et le troisième adressé au juge des enfants ou, à Paris, au président du tribunal pour enfants.*

Le juge des enfants, après avoir visé cet exemplaire, le transmet au ministère de la justice, assorti de ses observations, s'il y a lieu. Ces contrats déterminent notamment le salaire et le décomposent ainsi qu'il suit :

1° Part affectée à la vêture et aux menus frais de son entretien ;

2° Sommes remises toutes les semaines comme argent de poche ;

3° Solde à verser par l'institution tous les six mois à la caisse d'épargne sur le produit du travail.

Art. 20 *L'institution doit remettre à l'employeur un carnet individuel pour chaque mineur. Les visites médicales, les visites du représentant de l'institution y sont inscrites avec leurs dates. Mention est également faite sur le carnet des versements des gages revenant au mineur, de sa conduite, de sa santé et de son travail.*

Art. 21 *Le préfet, avisé du placement conformément aux articles 9 et 13 du présent décret, fait procéder au contrôle sur place des mineurs par les inspecteurs sociaux de la population.*

Art. 22 *Ce contrôle est assuré au moins semestriellement. L'inspecteur social de la population consigne sur le carnet visé à l'article 20 le détail de ses visites ainsi que les remarques auxquelles elles auront donné lieu. Il adresse, en outre, un rapport d'inspection au ministre de la justice et au juge des enfants ou, à Paris, au président du tribunal pour enfants. Les frais résultant de ces déplacements sont compris dans les dépenses de contrôle sur place des lois d'assistance et remboursés aux fonctionnaires de l'inspection sociale de la population par le ministère de la justice dans les conditions prévues par les textes en vigueur.*

Art. 23 *Lorsqu'il s'agit d'un pupille de la nation, les renseignements fournis par application des articles 9 et 13 du présent décret sont également adressés par la personne ou l'institution chargée de la garde du mineur, au président de l'office départemental du lieu de la juridiction qui a statué. Un exemplaire supplémentaire du contrat de placement mentionné à l'article 19 du présent décret est, de même, adressé, lorsqu'il s'agit d'un pupille de la nation, au président de l'office départemental, du domicile légal du pupille.*

Art. 24 *Le contrôle prévu par les articles 21 et 22 du présent décret à l'égard des mineurs placés est exercé, en ce qui concerne les pupilles de la nation, par des délégués choisis par le président de l'office départemental du lieu de placement.*

Un exemplaire du rapport prévu à l'article 22 est adressé par le délégué au président de l'office départemental du domicile légal du pupille.

SECTION III *[ABROGÉE]* ***Taux et conditions d'allocation des indemnités***

Art. 25 *Les personnes et les institutions habilitées à recevoir des mineurs délinquants peuvent bénéficier des allocations journalières forfaitaires versées par l'État.*

Les taux de ces allocations sont calculés pour chaque personne ou œuvre dans les conditions suivantes :

1° Mineurs placés en internat : remboursement effectué sur la base d'un prix de journée fixé suivant la réglementation en matière de prix de journée des établissements hospitaliers ;

2° Mineurs placés dans les familles ; lorsqu'ils sont soumis à l'obligation scolaire, ou bénéficient d'un contrat d'apprentissage, remboursement effectué sur la base :

a) De la pension fixée pour les mineurs du même âge en application des lois sur l'assistance à l'enfance ;

b) D'une indemnité supplémentaire représentant une participation aux frais d'entretien et de surveillance, dont le taux sera fixé par le préfet du siège social de l'institution au vu des ressources de celle-ci ;

3° Mineurs placés à gages : indemnité représentant une participation aux frais de surveillance et, éventuellement, aux frais d'entretien des mineurs dont le taux sera fixé par le préfet du siège social de l'institution au vu des ressources de celle-ci.

Art. 25-1 (*Décr. n° 93-1309 du 13 déc. 1993*) *Les personnes physiques et les établissements ou services dépendant d'une personne morale habilités à mettre en œuvre la mesure ou l'activité d'aide ou de réparation visée à l'article 12-1 de l'ordonnance du 2 février 1945 susvisée peuvent bénéficier d'une rémunération versée par l'État dans les conditions suivantes :*

1° Mineurs suivis par un service : remboursement sur la base d'un prix du cas fixé, chaque année, pour chaque service, par le préfet du lieu d'implantation du service, sur rapport du directeur interrégional de la protection judiciaire de la jeunesse.

Le prix du cas est calculé en divisant le prix de revient prévisionnel du service par le nombre de mesures de réparation prévu au titre de l'année considérée.

Le prix de revient prévisionnel du service est égal à la totalité des dépenses d'exploitation reconnues justifiées et non excessives, déduction faite des recettes en atténuation. Il est majoré ou diminué, le cas échéant, du déficit ou de l'excédent d'exploitation de la pénultième année approuvé par l'administration après contrôle des sommes figurant aux comptes de charges et de produits.

Le prix du cas peut être révisé en cours d'année à l'initiative de l'administration ou à la demande de l'organisme gestionnaire du service habilité. La demande doit être justifiée par une variation sensible de l'activité ou des coûts de fonctionnement dont l'origine n'est pas imputable au service.

Le service est tenu de présenter à l'administration le bilan et le compte d'exploitation relatifs à chaque exercice clos avant le 1er juillet qui suit cet exercice et de mettre à la disposition de l'administration toutes les pièces justificatives permettant leur contrôle.

2° Mineurs confiés à un établissement : remboursement sur la base de l'indemnité prévue à l'article R. 121 du code de procédure pénale pour une mission de médiation ou une mission tendant à favoriser la réparation du dommage lorsque la durée de la mission est supérieure à un mois et inférieure ou égale à trois mois, majorée, le cas échéant, des frais de déplacement calculés dans les conditions fixées pour les déplacements des fonctionnaires.

3° Mineurs suivis par une personne physique : remboursement sur la base de l'indemnité prévue à l'article R. 121-3° du code de procédure pénale pour une mission de médiation ou une mission tendant à favoriser la réparation du dommage, majorée, le cas échéant, des frais de déplacement calculés dans les conditions fixées pour les déplacements des fonctionnaires.

La mesure ou l'activité d'aide ou de réparation mentionnée au premier alinéa ne peut faire l'objet que d'une seule rémunération quel que soit le nombre de décisions judiciaires ordonnées à l'égard du mineur au cours de la même phase procédurale.

Art. 26 *Lorsque les prix de journée et les indemnités variables excéderont les taux de référence fixés annuellement par décision conjointe du garde des sceaux et du ministre des finances, ils seront soumis au contrôle du ministre des finances qui pourra en provoquer la révision.*

Art. 27 *Les personnes ou les institutions établissent tous les trois mois des états détaillés, en double exemplaire, contenant les indications suivantes :*

a) Nom, prénom, date de naissance des mineurs ;

b) Tribunal qui a prononcé la décision et date du jugement ;

c) Date d'entrée effective et date de sortie fixée au jugement ;

d) Nom et adresse de l'employeur et lieu de séjour pendant le trimestre ;

e) Taux de l'indemnité allouée et total de l'allocation.

Ces deux états sont adressés au ministère de la justice avec le mémoire sur timbre, au plus tard le 10 du mois qui suit le trimestre écoulé.

Art. 28 *Les frais de conduite des mineurs jusqu'au siège social de l'institution et du siège social au lieu du premier placement sont remboursés par l'État dans les conditions et d'après un tarif fixés par un arrêté signé du ministre de la justice et du ministre des finances.*

Les frais de conduite entraînés par les modifications de placement entrent en ligne de compte dans le calcul de l'allocation prévue par l'article 25. Il en est de même en cas de remise de l'enfant à sa famille.

SECTION IV *[ABROGÉE]* Contrôle des institutions privées

Art. 29 *Les personnes et les institutions qui reçoivent des mineurs délinquants sont soumises aux contrôles sur place de l'autorité judiciaire et des représentants du ministère de la justice.*

Les contrôles ont principalement pour but :

1° De vérifier l'application des prescriptions du présent décret, et notamment de son article 6 ;

2° De constater que l'enfant est placé dans de bonnes conditions d'hygiène et de moralité, que l'organisation médicale est satisfaisante ;

3° D'apprécier la valeur morale et professionnelle du personnel éducatif ;

4° De vérifier si les statuts de l'institution sont appliqués, notamment si le conseil d'administration s'acquitte réellement de sa tâche et si l'assemblée générale, régulièrement composée, contrôle la gestion de l'œuvre ;

5° D'examiner la comptabilité de l'institution afin de s'assurer de l'emploi intégral de ses ressources dans l'intérêt des mineurs et de la stricte application du règlement du pécule.

Les représentants des institutions sont tenus de laisser procéder à toutes vérifications de caisse, de comptabilité et de magasin.

Les personnes chargées du contrôle entendront les mineurs hors la présence des représentants de l'institution.

Tous les registres et dossiers, et généralement tous documents relatifs au fonctionnement administratif et financier, doivent être communiqués.

Art. 30 *Le contrôle judiciaire est exercé par le juge des enfants ou, à Paris, le président du tribunal pour enfants et par le premier président de la cour d'appel, le procureur général, le procureur de la République et les magistrats délégués par ces autorités.*

Le juge des enfants ou, à Paris, le président du tribunal pour enfants, doit au moins une fois par an, dans les limites de son ressort, visiter tous les locaux ou établissements dans lesquels sont placés provisoirement ou définitivement des mineurs délinquants et en vérifier le fonctionnement. Il adresse au ministre de la justice un compte rendu de ses visites. Il lui appartient de signaler, le cas échéant, au garde des sceaux, l'opportunité de procéder à une inspection administrative.

Art. 31 *Le contrôle administratif est exercé par les représentants qualifiés du ministre de la justice, les inspecteurs de la protection judiciaire de la jeunesse et par les membres de l'inspection générale des services administratifs. Ces fonctionnaires rendent compte de leur mission au garde des sceaux.*

Art. 32 *Concurremment à ces contrôles, l'inspecteur social de la population exerce, dans les conditions prévues à l'article 22, une surveillance des mineurs en internat. Ses visites doivent avoir lieu au moins une fois par an et font l'objet d'un rapport adressé au ministre de la justice.*

TITRE II *[ABROGÉ]* Du placement des mineurs dans une institution ou service relevant exclusivement d'un autre département que le ministère de la justice

Art. 33 à 35 *Abrogés par Décr. n° 88-949 du 6 oct. 1988, art. 15.*

Art. 36 *Lorsqu'un mineur, confié pour la durée des soins à une institution relevant du ministère de la santé publique et de la population sera guéri, l'institution devra en informer aussitôt le juge des enfants compétent afin qu'il soit statué à nouveau.*

Art. 37 *Les institutions visées au présent titre sont soumises aux contrôles prévus par les articles 29, 30 et 31 du présent décret.*

Art. 38 *Lorsque l'état d'un mineur confié à l'une des institutions susvisées nécessite son admission dans un établissement hospitalier non habilité, les frais d'hospitalisation sont imputés comme il est dit à l'article 14.*

Dans le cas où le mineur est remis, par application des articles 10, 15 et 16 de l'ordonnance du 2 février 1945, à un établissement hospitalier, le remboursement des dépenses avancées par ces établissements est opéré par le ministre de la justice, selon le prix de journée arrêté par le préfet, conformément aux textes en vigueur.

Art. 39 *Dans le cas où le mineur est remis, par application des mêmes textes, à une institution ou à un service relevant exclusivement d'un autre département que le ministère de la justice, le remboursement des dépenses avancées est opéré par le ministre de la justice, selon un taux déterminé pour chaque institution par le garde des sceaux après accord avec le ministre intéressé.*

Circulaire du 25 mars 2019,

Présentant les dispositions relatives à la justice pénale des mineurs de la loi n° 2019-222 du 23 mars 2019 de programmation 2018-2022 et de réforme pour la justice.

....

1 *La mesure éducative d'accueil de jour (MEAJ)*

La mesure éducative d'accueil de jour vient compléter le dispositif en matière pénale afin d'assurer l'accueil des jeunes et leur prise en charge continue en journée dans un objectif d'insertion sociale, scolaire et professionnelle. Elle est conçue comme une mesure intermédiaire entre le placement et l'accompagnement en milieu ouvert. Elle peut constituer un accompagnement très soutenu en alternative à l'incarcération ou en sortie de détention comme en préalable ou préparation de certains placements.

La mesure éducative d'accueil de jour consiste en une prise en charge pluridisciplinaire, en journée, collective, et dont la continuité est garantie à partir d'un emploi du temps individualisé, adapté aux besoins spécifiques du mineur. La prise en charge ainsi proposée est globale, pluridisciplinaire, intensive et contenante. Elle vise, par le développement de ses capacités, à favoriser l'insertion de chaque jeune dans l'ensemble des dispositifs existants (formation, scolarité, accès à l'emploi, accès aux droits, accès aux soins notamment).

La MEAJ est instituée à titre expérimental pour une durée de 3 ans à compter de la publication de la loi. Les sites concernés par l'expérimentation (20 maximum) seront déterminés par arrêté de la garde des Sceaux le 30 août 2019 au plus tard. Les conditions de mise en œuvre de l'expérimentation sont prévues en annexe.

2 *L'accueil temporaire dans le cadre d'un placement en centre éducatif fermé : article 33 de l'ordonnance du 2 février 1945*

Les centres éducatifs fermés (CEP), dont le régime juridique est fixé dans l'ordonnance du 2 février 1945, n'offrent pas la même souplesse de fonctionnement que les autres hébergements. Afin de préparer au mieux la fin du placement et de prévenir les incidents, sources de rupture dans la prise en charge, il est désormais possible de prévoir un accueil temporaire dans un lieu distinct du centre éducatif fermé, comme cela est déjà possible dans les autres établissements d'accueil.

Dans la dernière phase du placement, l'accueil temporaire permet d'organiser, de manière préparée et progressive, la sortie du centre éducatif fermé. Ainsi, le moment de fragilité que constitue le passage d'un cadre très contenant et contraignant à un cadre plus souple sera mieux accompagné pour favoriser la réussite de cette dernière étape délicate de l'accueil en CEP.

Le recours à un accueil extérieur temporaire en cours de placement, sur des durées courtes, contribue également, par l'apaisement que procure la possibilité de prendre de la distance, à la prévention de certaines fugues ou situations de violence, qui pourraient conduire à l'incarcération du jeune.

3 *L'introduction de la notion de droit de visite et d'hébergement dans le cadre d'un placement pénal : article 40 de l'ordonnance du 2 février 1945*

Le maintien des relations familiales est indispensable pour les jeunes accueillis et pour leur famille. Il constitue également un levier de l'action éducative, qui contribue à l'apaisement des relations familiales et favorise ainsi la réussite des projets. Un cadre juridique est désormais fixé à l'exercice de ce droit, ce qui permet l'organisation d'interventions éducatives nouvelles, dans le cadre de placements assortis de droits de visites et d'hébergement particulièrement larges accordés à la famille. La diversification des prises en charge permet de mieux individualiser l'action éducative afin de favoriser l'insertion des jeunes et de prévenir la récidive.

4 *L'autorisation d'accomplir un acte relevant de l'exercice de l'autorité parentale en cas de placement pénal : article 40 de l'ordonnance du 2 février 1945*

Les mineurs confiés dans le cadre d'un placement éducatif pénal demeurent sous l'autorité de leurs parents mais ceux-ci ne sont pas toujours présents pour assumer leurs responsabilités. En attendant que l'intervention éducative auprès de la famille ait permis les évolutions nécessaires, l'établissement auquel un mineur est confié en matière pénale pourra être autorisé, dans les mêmes conditions que celles prévues en assistance éducative par l'article 375-7 alinéa 2 du code civil, à accomplir un acte de l'autorité parentale. La dimension protectrice du placement éducatif est ainsi réaffirmée.

5 *La limitation des conditions de la révocation du contrôle judiciaire des mineurs de 13 à 15 ans en matière délictuelle : article 11 dernier alinéa de l'ordonnance du 2 février 1945*

Pour tenir compte de l'immaturité des adolescents de 13 à 15 ans les conditions dans lesquelles un contrôle judiciaire peut être révoqué en matière délictuelle sont davantage encadrées par la loi.

En sus des conditions existantes de révocation du contrôle judiciaire, il est nécessaire :

– que la violation des obligations du contrôle judiciaire soit répétée, ou d'une particulière gravité ;

– et que le rappel ou l'aggravation des obligations ne suffise pas pour atteindre les objectifs prévus à l'article 144 du code de procédure pénale.

Ainsi, une simple fugue du centre éducatif fermé, dès lors qu'elle n'est pas soit répétée soit d'une particulière gravité, ne pourra conduire, seule, à la révocation d'un contrôle judiciaire à l'égard d'un mineur âgé de 13 à 15 ans en matière délictuelle.

6 *La réduction de la durée du maintien en détention provisoire des mineurs de 13 à 15 ans en matière délictuelle : article 11-2 de l'ordonnance du 2 février 1945*

Dans l'objectif de limiter la durée d'incarcération des plus jeunes, une fois les investigations nécessaires accomplies et l'affaire renvoyée devant le tribunal pour enfants, *[la durée de détention]* est désormais limitée de manière spécifique, selon un régime distinct de celui des majeurs : un mineur de 13 à 15 ans ne pourra être maintenu en détention provisoire en matière délictuelle que pour une durée de deux mois, renouvelable une seule fois pour une durée d'un mois, soit trois mois maximum, au lieu des six mois prévus par l'article 179 du code de procédure pénale.

Cette disposition de procédure étant d'application immédiate, toutes les décisions de renouvellement de maintien en détention qui seront décidées à compter de l'entrée en vigueur de la loi ne pourront excéder un mois. Il conviendra par conséquent de s'assurer de ce que les affaires en cours pour lesquelles un renouvellement de la détention provisoire est décidé, sont bien audiencées dans le délai d'un mois. Les décisions de renouvellement prises avant l'entrée en vigueur de la loi pour une durée de deux mois demeurent valables.

7 *L'âge minimal de condamnation à un travail d'intérêt général : article 20-5 de l'ordonnance du 2 février 1945*

Les possibilités de prononcer un travail d'intérêt général sont étendues dans l'objectif de renforcer sa dimension d'alternative à l'incarcération et de favoriser l'insertion des jeunes condamnés. Il ne saurait donc être ordonné lorsqu'une mesure éducative apparaît adaptée. La nouvelle rédaction de l'article 20-5 de l'ordonnance du 2 février 1945 permet de tenir compte de l'âge du mineur à la date du jugement et non plus à la date des faits pour le prononcé de cette peine, dès lors toutefois que l'intéressé était âgé de 13 ans révolus à la date des faits. Ainsi, un jeune ayant atteint l'âge de 16 ans à la date du jugement pourra être condamné à un travail d'intérêt général pour des faits anciens commis entre l'âge de 13 et 15 ans.

Néanmoins, le prononcé de cette peine en l'absence du condamné, prévue par le dernier alinéa de l'article 131-9 du code pénal, devra être réservé aux mineurs ou jeunes majeurs dont la maturité personnelle aura pu être appréciée à un autre moment de la procédure, au regard notamment des conséquences légales du défaut d'exécution du travail d'intérêt général qui peut être sanctionné *in fine* par une incarcération.

De même, le passage de 280 à 400 heures de la durée maximale du TIG, essentiellement pensé pour les majeurs, ne doit pas conduire à une aggravation des peines actuellement prononcées à l'égard des mineurs. Le nombre d'heures doit être déterminé en tenant compte des possibilités du mineur au regard de son âge et de sa situation scolaire, ainsi que de sa capacité à s'inscrire dans les contraintes d'un environnement professionnel.

La loi consacre un titre V au renforcement de l'efficacité et du sens de la peine, qui regroupe les dispositions relatives aux peines encourues et au prononcé de la peine, à la probation et à l'exécution et l'application des peines. Ces dispositions font l'objet d'une circulaire distincte. Elles concernent les majeurs mais sont pour la plupart applicables aux mineurs. Pour l'essentiel, elles entreront en vigueur un an après la publication de la loi.

Je vous prie de bien vouloir me rendre compte, sous le timbre de la direction de la protection judiciaire de la jeunesse, des difficultés qui pourraient survenir dans la mise en œuvre de la présente circulaire.

Fiche technique 1 La mesure éducative d'accueil de jour (MEAJ)

I Cadre juridique

La MEAJ est une mesure éducative ordonnée par le juge des enfants, le juge d'instruction, le juge des libertés et de la détention, le tribunal pour enfants ou la cour d'assises des mineurs.

Elle peut être ordonnée :

– à titre pré-sentenciel, comme mesure éducative (article 8 alinéa 5 de l'ordonnance n° 45-174 du 2 février 1945 relative à l'enfance délinquante) ;

– comme mesure accessoire à un contrôle judiciaire comportant l'obligation de se soumettre à une telle mesure (article 10-2 II 1°) ;

– à titre de mesure éducative par jugement, tant en chambre du conseil (article 8 alinéa 10) que devant le tribunal pour enfants (article 15 pour les mineurs de 13 ans et article 16 pour les mineurs d'au moins 13 ans) ;

– comme obligation d'une peine d'emprisonnement assortie d'un sursis avec mise à l'épreuve (article 20-10 alinéa 1) ;

– ou dans le cadre d'un ajournement du prononcé de la mesure éducative, de la sanction éducative ou de la peine (article 24-6).

La MEAJ ne peut pas être prononcée à titre d'alternative aux poursuites ni dans le cadre d'une composition pénale.

Lorsque la MEAJ est ordonnée à titre d'obligation d'un contrôle judiciaire ou d'un sursis avec mise à l'épreuve, elle doit faire l'objet d'une décision distincte à laquelle doit renvoyer l'ordonnance de contrôle judiciaire ou la condamnation à une peine avec sursis et mise à l'épreuve. Il s'agit là des mêmes modalités qu'en cas d'obligation de respecter les conditions d'un placement.

La MEAJ est ordonnée pour une durée de 6 mois, qui peut être renouvelée jusqu'à deux fois. Elle ne peut être initialement prononcée qu'à l'égard d'un mineur, mais peut se poursuivre et être renouvelée après la majorité de l'intéressé, avec son accord. Comme toute mesure éducative, la MEAJ peut être révisée à tout moment.

La décision judiciaire spécifiera dans son dispositif :

– "ordonne une mesure éducative d'accueil de jour à l'égard du mineur... pour une durée de six mois à compter de ce jour ;

– confie cette mesure au service...".

La décision est notifiée par le greffe de la juridiction au service éducatif ou à l'établissement du secteur public ou du secteur associatif habilité de la protection judiciaire de la jeunesse retenu au niveau territorial pour mettre en place la mesure à titre expérimental.

Ce service devra adresser au magistrat chargé du suivi de la mesure, un rapport de fin de mesure quinze jours au moins avant l'échéance de la MEAJ. En cas de besoin, il adressera également des notes d'information intermédiaires au magistrat en cours de mesure. Les dispositions de l'article 12-3 relatif à la convocation devant le service éducatif dans un délai de 5 jours ne sont pas applicables à la MEAJ instituée à titre expérimental, en l'absence de codification de la mesure dans l'ordonnance du 2 février 1945.

Dans un objectif de continuité des parcours et de cohérence des réponses apportées, il importe que le mineur fasse également l'objet d'une mesure de milieu ouvert en parallèle de la MEAJ. Il sera rendu compte du non-respect de la MEAJ au magistrat qui pourra décider d'organiser une audience. La sanction de ce non-respect n'est, comme pour toute mesure éducative, pas prévue en tant que telle, sauf à préciser qu'en matière pré-sentencielle, il sera tenu compte lors du jugement du mineur de la manière dont il en a respecté les conditions. Si la mesure est ordonnée comme obligation d'un contrôle judiciaire ou d'un sursis avec mise à l'épreuve, son non-respect sera considéré, à l'instar d'une obligation de placement par exemple, comme une violation du contrôle judiciaire ou des obligations de la mise à l'épreuve.

La MEAJ n'est pas une mesure de placement. Elle n'emporte donc pas transfert de la responsabilité civile des actes du mineur au service auquel elle est confiée. Les titulaires de l'autorité parentale (ou le lieu de placement le cas échéant) demeurent civilement responsables des agissements du mineur.

La MEAJ se distingue de la mesure d'activité de jour en *[ce]* qu'elle vise une prise en charge continue, globale et pluridisciplinaire du mineur, et non pas seulement en des activités d'insertion professionnelle ou scolaire.

II Mise en œuvre de la mesure éducative d'accueil de jour (MEAJ)

L'accueil en journée de jeunes dans le cadre d'une mesure éducative d'accueil de jour s'inscrit dans le cadre général des principes d'intervention d'une action éducative dans un cadre pénal.

Une attention particulière doit ainsi être portée à :

• l'évaluation des besoins fondamentaux du jeune, avec un accent sur son parcours éducatif et judiciaire, notamment l'existence d'autres mesures civiles ou pénales, et sur l'état de son insertion sociale, scolaire et professionnelle, incluant la santé et les compétences psychosociales ;

• la prise en charge pluridisciplinaire de la mesure ;

• la prise en compte globale de la situation du jeune ;

• la remise d'un document individuel de prise en charge (DIPC) prévu par l'article L. 311-4 du CASF qui rappelle les droits des usagers et les objectifs de la mesure ;

• l'articulation entre la dimension collective de la mesure et l'individualisation de la prise en charge qu'elle nécessite : identification des besoins et des ressources de chaque jeune, implication des parents, articulation avec les autres prises en charge, avec les autres intervenants, etc. ;

• le rôle donné à la famille dans la construction de ce projet d'accueil de jour.

Cette mesure entend remobiliser le mineur à partir d'un projet éducatif global pour lui permettre de s'insérer de manière plus efficace, tant dans les différents dispositifs de droit commun existants (en matière de formation professionnelle, de scolarité et d'accès à l'emploi, y compris les dispositifs spécialisés), que dans les dispositifs d'insertion sociale et citoyenne (accès aux soins, aux droits sociaux, à un logement, au sport, aux loisirs et à la culture notamment).

L'objectif de remobilisation nécessite de rechercher, dans un cadre contraint, l'adhésion du jeune à cette mesure. La notion d'accueil est ainsi essentielle tant pour le jeune que pour sa famille. Cette dimension, permettant au jeune de se savoir attendu, nécessite d'être prise en compte dans les projets de prise en charge en MEAJ. Il importe ainsi de soutenir toute modalité pouvant favoriser l'assiduité des jeunes concernés. Des appels téléphoniques, des rappels par textos, voire des visites à domicile sont des dispositions à prévoir pour la faciliter.

Enfin, cette mesure tend à permettre au mineur d'acquérir des compétences psychosociales. Les questions d'altérité (y compris de genre), de sociabilité (découverte, apprentissage, attention, plaisir, prise en compte des droits de l'autre, de ses émotions, de ses besoins), de citoyenneté, de laïcité et de respect des droits et libertés seront ainsi centrales dans cette prise en charge éducative.

III Conditions de l'expérimentation

La MEAJ est instituée à titre expérimental pour une durée de trois ans, qui court à compter de la publication de la loi de programmation 2018-2022 et de réforme pour la justice.

S'agissant d'expérimenter une nouvelle mesure, les projets présentés doivent être construits à partir de diagnostics locaux *[Cf. Note du 24 novembre 2017 relative aux modalités d'inscription de la protection judiciaire de la jeunesse au sein des politiques publiques. Les conclusions de ces diagnostics seront annexées aux projets présentés]* afin de prendre en compte la diversité des besoins comme des ressources mobilisables sur chaque territoire.

Chaque projet détaille en outre les objectifs visés et les organisations envisagées pour y parvenir. Les réflexions et les modalités de communication avec les juridictions et dans le cadre du dialogue social sont intégrées aux projets. Cette communication devra se poursuivre à l'issue de la phase de sélection et tout au long de l'expérimentation.

Aucun jeune n'est *a priori* exclu du champ d'application de cette mesure. **Aussi l'analyse des besoins du public** sur le territoire doit permettre la définition du projet le plus adapté aux problématiques repérées, par exemple :

▶ les problématiques relevant d'aspect institutionnel telles que :

• la prévention des ruptures constatées à l'issue de parcours de jeunes (fin de placement, sortie d'incarcération, etc.) ;

• l'accessibilité d'une offre d'accueil en fonction de contraintes spécifiques de mobilité géographique ;

▸ les problématiques plus axées sur l'évaluation de la situation du jeune et de son environnement, à savoir :

- les problématiques d'addiction, de santé ;
- la démobilisation ponctuelle ou ancrée, etc
- l'isolement social et/ou géographique ;
- l'étayage de la fonction parentale.

Le projet détaille ainsi les modalités prévues pour permettre d'accueillir des jeunes aux situations diverses et d'âges différents. L'expérimentation permettra de mieux repérer les publics prioritaires.

1 *Le ou les opérateurs de la MEAJ*

L'ensemble des établissements et services du secteur public comme du secteur associatif de la PJJ est susceptible d'expérimenter cette mesure dès lors que ses objectifs peuvent être atteints (accueil en journée, temps individuels et collectifs, etc.).

Un accueil partagé entre plusieurs unités peut également être expérimenté, par exemple par mutualisation de locaux, diversification des sites d'intervention ou association des professionnels de plusieurs unités autour d'un projet ou d'une activité. Il n'a pas été alloué de crédits spécifiques et fléchés ni de postes pour l'expérimentation dans le cadre de la campagne budgétaire pour 2019 ni plus globalement dans le cadre de la loi pluriannuelle des finances publiques. Toutefois, chaque direction interrégionale conserve la possibilité de soutenir les projets présentés dans le cadre de l'affectation des personnels de l'interrégion pour le secteur public et par une tarification étudiée pour le secteur associatif habilité dans le cadre des crédits alloués dans son budget opérationnel de programme (BOP). S'agissant d'une expérimentation, un prix de journée pourrait être proposé en fonction des moyens mobilisés dans le projet, sur la base des articles R. 314-125 et 126 du CASF. Ces possibilités permettront d'évaluer les moyens nécessaires à une mise en œuvre optimale de la mesure éducative d'accueil de jour, dans la perspective de sa généralisation.

Le ou les opérateurs de la MEAJ veilleront à inscrire les projets dans une dynamique partenariale en fonction des ressources mobilisables.

2 *Cadre et contenu d'intervention*

Dans le respect du principe d'adaptabilité *[Note du 10 février 2017 relative à l'adaptabilité des modalités de prise en charge]*, les projets présentés détaillent les modalités de la prise en charge. Ils précisent notamment :

– comment se construit la dimension collective de cette mesure : constitution des groupes, la taille critique permettant le développement d'une dynamique de groupe en fonction des activités prévues auprès d'un public potentiellement instable et/ou absentéiste ;

– les conditions d'une prise en charge "intensive et contenante" ;

– l'articulation des temps collectifs et individuels dans la prise en charge en lien avec les objectifs de la mesure ;

– les possibilités de temps de relais en dehors du groupe si besoin, etc.

Les contenus envisagés de l'accueil de jour doivent correspondre aux besoins identifiés et être précisés. La prise en charge articule ainsi les interventions de professionnels, internes et/ou issus de partenariats, afin de garantir la diversification des expérimentations et le caractère évolutif des activités en fonction des mineurs suivis.

Des précisions sont apportées **sur la structuration envisagée de l'accueil de jour** : horaires d'accueil envisagés, emplois du temps type, le "phasage/déroulé" de la mesure.

En fonction du choix des structures porteuses (unités éducatives d'activité de jour, de milieu ouvert, d'hébergement collectif ou diversifié, structure du secteur associatif habilité), il est nécessaire de préciser dans les projets **les modalités d'exercice de la pluridisciplinarité** : professionnels concernés, exercice de la pluridisciplinarité par une prise en charge directe, par des entretiens, par des réunions, etc. Les projets détaillent enfin **comment s'articulent les interventions des professionnels auprès des jeunes accueillis** : liens avec les éducateurs référents des UEMO, liens avec les référents en EPE, liens avec les UEAJ, utilisation du projet conjoint de prise en charge, etc.

IV *Sélection et suivi des projets expérimentaux*

1 *La phase de sélection des projets en DIR*

Les DIR relaient la démarche auprès des directions territoriales afin d'être en mesure de présenter à la DPJJ au maximum 4 projets, dans le secteur public ou le secteur associatif habilité. A cette fin, des contacts doivent être noués avec les associations et les représentants régionaux des quatre fédérations signataires de la Charte des engagements réciproques.

Les DIR classent ces projets par ordre de priorité. Le premier niveau de validation des projets est en effet le niveau interrégional à même d'identifier notamment l'impact de l'exercice de la MEAJ sur les autres missions des structures porteuses (équilibre du dispositif de placement, rôle des UEAJ, etc.) et l'implication des équipes dans des projets expérimentaux. Au regard des enjeux, il est indispensable que les projets s'appuient sur des équipes volontaires et des ressources solides, qu'elles soient internes ou externes à la PJJ.

2 *La phase de sélection des projets en administration centrale*

Dans la limite prévue par la loi de 20 projets, la DPJJ intègre les priorisations proposées par les DIR comme la diversité des modalités envisagées pour l'expérimentation nationale. Cette diversité permettra d'affiner les objectifs et modalités de cette mesure avant d'en concevoir la généralisation. L'étude des projets est pilotée par la sous-direction des missions de protection judiciaire et d'éducation, en association étroite avec les sous-directions des ressources humaines et du pilotage et de l'optimisation des moyens.

La liste des sites retenus sera diffusée par arrêté ministériel.

3 *La phase de suivi des expérimentations*

Cette phase est indispensable à tous les niveaux de l'institution pour évaluer la pertinence de cette mesure.

Le suivi de l'activité en MEAJ est réalisé dans chaque site expérimental par l'application GAME dans la perspective de l'évaluation décrite ci-dessous (V).

Au niveau des territoires, un référent fonctionnel est désigné en direction interrégionale et en direction territoriale. Au niveau national, le bureau des méthodes de l'action éducative (K2/SDMPJE) assure l'interface avec les référents régionaux.

Des comités de pilotage sont institués et organisés :

• Au niveau national. Il réunit la DPJJ ou son adjoint, un représentant de chaque sous-direction, des représentants des bureaux de la sous-direction des missions, les référents régionaux de l'expérimentation.

• Au niveau interrégional, en articulation avec le niveau national, il réunit des représentants de la DIR et des DT, des magistrats et des représentants de chaque service expérimentateur.

V *Évaluation des expérimentations de la mise en œuvre de la MEAJ*

1 *Objet de l'évaluation des expérimentations MEAJ*

L'évaluation des expérimentations vise à repérer les effets de la MEAJ sur les jeunes qui en bénéficient, à déterminer les modalités d'organisation optimales (structures porteuses, partenariats, nature des activités organisées, liens avec les autres unités et services impliqués dans la prise en charge de chaque jeune) et les moyens humains et matériels nécessaires pour sa mise en œuvre. C'est à partir des données objectivées de l'évaluation que la généralisation sur l'ensemble du territoire national sera envisagée. Elle devra notamment préciser les modalités de mise en œuvre :

• MEAJ exercée à partir de tout type d'unité ou recentrage sur un type particulier d'unité (UEMO, UEAJ, lieu de placement...) ;

• Mise en œuvre "standardisée" de la MEAJ ou projet modulable selon les ressources et configurations des territoires.

Un cadre d'évaluation élaboré par le service de l'évaluation, de la recherche et des contrôles (SERC) sera transmis aux unités porteuses de l'expérimentation.

2 *Périmètres de l'évaluation, les indicateurs*

2.1 *Organisation de l'expérimentation*

• La mise en place, la manière dont s'est construite l'expérimentation (réalisation d'un diagnostic, les réunions préparatoires et identification des participants, modalités de pilotage...).

• Type d'unité retenue pour l'expérimentation.

• Organisation retenue (spécialisation de professionnels ou pas, mutualisation des moyens, interdisciplinarité...).

• Contenu éducatif de la MEAJ dans chaque expérimentation : propositions faites aux jeunes (supports éducatifs, emploi du temps proposé type ou individualisé, horaires atypiques...).

• Association du partenariat et inscription de l'expérimentation à partir des ressources locales, dans le paysage de droit commun, dont celui de l'insertion.

• Les moyens mobilisés (RH, immobiliers, financiers...).
• Place des magistrats dans l'expérimentation.
• Nombre de mesures MEAJ prononcées par expérimentation (à quel moment de la procédure, mesure unique de prise en charge, taux de prescription/taux de réalisation et nombre de jours prescrits/réalisés). Comparatif avec la MAJ.
• Leviers.
• Freins.
• La comptabilisation de la mesure dans GAME et suivi d'activité.

2.2 *Le public concerné*

• Caractéristiques du public ayant bénéficié de la MEAJ (âge, genre, lieu de résidence proximité de la structure accueillante, zone prioritaire ou non par ex, parcours scolaire, parcours judiciaire (sorties de placement, de détention, alternatives à l'incarcération), permettant de cerner si c'est un public particulier (déscolarisé ou pas, résidant loin des lieux traditionnels d'insertion...).
• compréhension et appropriation de la mesure par les jeunes.
• Place de la mesure dans le parcours du jeune (mesure unique, en complément d'autres mesures, etc.).
• Évaluation de l'impact de la MEAJ sur les jeunes et sa plus-value éducative sur l'évolution de leur situation :
  – comparaison au regard de l'évaluation de leur situation au début de la prise en charge et à l'issue (évolution de la situation d'insertion, familiale, judiciaire, relationnelle et de santé) ; impact sur leur mobilisation ;
  – il pourra être demandé aux professionnels des services et établissements d'apporter un avis sur la plus-value de cette mesure au regard de leurs autres suivis.

2.3 *Évolution de la pratique professionnelle*

• L'interdisciplinarité
• Les modalités de travail avec les parents, du soutien à la parentalité
• Le travail en transversalité
• La mise en œuvre d'activités
• Le suivi de cette nouvelle mesure en lien avec les autres mesures, le cas échéant, et leur articulation et cohérence entre elles
• Le suivi de cette nouvelle mesure en lien avec les autres intervenants (PCPC)
• Le travail avec les partenaires
• Évolution de la pratique du renseignement de l'applicatif métier (GAME)
• Évolution sur la tenue des DIPC
• Le rendu compte de la mesure aux magistrats

2.4 *Efficacité de la mesure*

Au regard des moyens mobilisés, cette mesure apporte-t-elle une plus-value significative pour les jeunes en ayant bénéficié (impact sur la diminution des ruptures et la stabilisation du parcours du jeune, sur l'étayage de la fonction parentale permettant une évolution positive des relations parents/enfant, sur une réintégration éventuellement facilitée vers les dispositifs de droit commun) et s'adresse-t-elle à suffisamment de jeunes (grille à construire) ?

Par ailleurs, cette mesure a-t-elle un impact sur la récidive et la réitération d'infractions ?

2.5 *Plus-value de la MEAJ par rapport aux autres mesures*

• *Qu'apporte la MEAJ* dans le panel des mesures éducatives existantes ? Cette analyse pourra se faire sous plusieurs angles :
– évolution des prescriptions des magistrats ;
– plus-value quant au contenu des prises en charges ;
– évolution des pratiques professionnelles.
• *Focus sur la MAJ* : la mise en œuvre des mesures de MEAJ a-t-elle une incidence sur le prononcé des mesures de MAJ ?

3 *La méthode d'évaluation et son déroulement (en lien avec III)*

3.1 *Les acteurs*

• Au niveau national : sous-direction des missions de la DPJJ (SERC /K2).
• Au niveau interrégional : référent désigné au niveau de chaque DIR avec interlocuteur repéré en DT (ligne fonctionnelle).

3.2 *Les niveaux*

Un COPIL intermédiaire et un COPIL final seront organisés au niveau interrégional puis au niveau national afin de permettre à chaque référent interrégional d'apporter des éléments concernant le déroulement de l'expérimentation. De même, les entretiens collectifs (cf. ci-dessous point 4 : les supports de l'évaluation) devront se tenir avant les COPIL interrégionaux afin de nourrir ceux-ci.

3.3 *La temporalité*

Date d'entrée en vigueur de la loi : 25 mars 2019
Diffusion de la circulaire d'application : 25 mars 2019
Arrêté établissant la liste des projets d'expérimentation : au plus tard le 31 août 2019
Remise du rapport d'étape à la DPJJ : septembre 2020
Remise du rapport final d'évaluation à la DPJJ : mai 2021
Dépôt du rapport d'évaluation devant le Parlement : septembre 2021
Il sera procédé à l'évaluation de manière continue à partir du lancement de l'expérimentation et jusqu'à son terme.

3.4 *Les supports de l'évaluation*

Ceux-ci pourront consister en fonction du niveau concerné en : tableaux de bord, questionnaires SPHINX, entretiens collectifs (rencontres regroupant des sites expérimentateurs de 3 interrégions), grilles avec indicateurs communs (peuvent être inclus des indicateurs spécifiques par projet), questionnaires jeunes.

Fiche technique 2 **L'accueil temporaire dans le cadre d'un placement en CEF**

En application de l'article 33 de l'ordonnance n° 45-174 du 2 février 1945 relative à l'enfance délinquante, lors du placement en centre éducatif fermé (CEF), un accueil temporaire du mineur dans un autre lieu d'accueil peut être autorisé par le magistrat en fonction de la situation tant personnelle que judiciaire du mineur.

Cet accueil peut se faire dans deux cas : en prévention d'un incident (ou d'une crise) ou en préparation de la fin de placement au CEF.

Quelle que soit la finalité de l'accueil temporaire, le CEF reste garant et responsable de la situation du mineur même lorsque que celui-ci est physiquement présent sur le lieu d'accueil extérieur.

Après la présentation du cadre juridique applicable (I), plusieurs tableaux regroupant les principales questions concernant la mise en œuvre de l'accueil temporaire en CEF et la répartition des tâches entre le CEF, le lieu d'accueil temporaire et le milieu ouvert sont présentés (II).

I ***Cadre juridique***

L'accueil temporaire du mineur dans le cadre d'un placement en centre éducatif fermé n'est pas un nouveau placement, mais une autorisation donnée à l'établissement auquel le mineur est confié d'organiser des modalités d'accueil différentes. Il ne remet donc pas en cause le régime juridique spécifique du centre éducatif fermé ni les règles de responsabilité.

Cette mesure entre en vigueur immédiatement.

1 ***Sur l'autorisation d'organiser l'accueil temporaire***

L'autre lieu d'accueil s'entend de toute personne ou structure qui peut légalement se voir confier un mineur au titre de l'ordonnance n° 45-174 du 2 février 1945 ou de ses décrets d'application. Aucun lieu n'est exclu *a priori*.

L'autorisation d'accueil temporaire est prévue dans l'ordonnance initiale de placement ou dans une ordonnance modificative intervenant au cours du placement s'il apparaît nécessaire par la suite.

Ainsi le magistrat détermine dans sa décision la période visée par les modalités d'accueil temporaire et le lieu d'accueil. Il appartient ensuite au centre éducatif fermé de déterminer l'emploi du temps quotidien du mineur, les dates de séjour sur chaque lieu dans le cadre fixé par la décision du magistrat, ainsi que les modalités de mise en œuvre et d'accompagnement.

Exemple de dispositif :

– "confie le mineur X du 1er janvier au 1er juin au CEF 1 ;

– autorise le CEF 1 à organiser l'accueil temporaire du mineur X à l'UEHD 2 entre le 1er mai et le 1er juin".

Au regard des objectifs de l'accueil temporaire, il ne peut être envisagé d'accueil temporaire qui durerait tout le temps du placement en centre éducatif fermé, ni même une large partie du temps de ce placement. Il ne paraît pas opportun de prévoir de période d'accueil temporaire supérieure à un mois plein, soit trente jours.

Le centre éducatif fermé doit recevoir notification de la décision du magistrat l'autorisant à organiser l'accueil temporaire. Il conviendra également de l'adresser pour information à l'autre lieu d'accueil désigné dans la décision, ainsi qu'au service de milieu ouvert qui suit le mineur et dont la présence et l'investissement sont indispensables pour le bon déroulement de cette modalité de prise en charge.

Le centre éducatif fermé devra rendre compte régulièrement au magistrat mandant de l'exécution de la décision, de manière à ce qu'il soit informé du lieu où se trouve le mineur. Il lui adressera le calendrier prévisionnel des dates d'accueil du mineur dans l'autre lieu et l'informera de tout changement survenu dans la mise en œuvre de cet emploi du temps, ainsi que de tout incident.

2 *Sur les conséquences juridiques des incidents :*

Le centre éducatif fermé est tenu de conserver la place du mineur durant tout l'accueil temporaire, et notamment son lit. Il devra être en mesure de reprendre le mineur à tout moment, notamment en cas d'incident.

Si le mineur ne respecte pas les obligations qui lui ont été judiciairement fixées, y compris durant les temps d'accueil dans l'autre lieu, il encourt la révocation du contrôle judiciaire ou du sursis avec mise à l'épreuve dont le placement constitue une obligation, ou le retrait de l'aménagement de peine.

3 *Responsabilité*

Comme pour tout placement judiciaire, les parents demeurent titulaires de l'exercice de l'autorité parentale et en exercent tous les attributs qui ne sont pas incompatibles avec la mesure.

Toutefois, la décision de placement emporte transfert de responsabilité au lieu de placement. Le centre éducatif fermé devient donc civilement responsable du mineur qui lui est confié, y compris lorsque ce dernier se trouve accueilli sur le lieu extérieur. Aussi, lorsqu'un mineur commet un dommage pendant son temps d'accueil extérieur, la responsabilité du centre éducatif fermé demeure engagée.

Le lieu d'accueil extérieur n'en demeure pas moins chargé d'une mission de surveillance et de contrôle à l'égard du mineur, ce qui impose qu'il rende compte de son intervention auprès du mineur et qu'il s'articule avec le centre éducatif fermé et le service de milieu ouvert en charge du suivi du mineur dans la mise en œuvre de l'accueil temporaire (cf. tableau ci-après).

II *Gouvernance*

La mise en place de l'accueil temporaire suppose, en amont de la décision du magistrat et une fois celle-ci rendue, une articulation fine entre les différents intervenants. Il s'agit notamment de bien repérer le rôle de chacun dans l'organisation de la vie quotidienne du mineur. Le tableau en annexe répartit les démarches entre le centre éducatif fermé, le lieu d'accueil temporaire et le milieu ouvert.

S'agissant du calcul de l'activité, les indicateurs d'occupation des établissements devront prendre en compte la possibilité de "réserver" une place en CEF en vue de permettre le retour du mineur. L'enregistrement des journées réalisées et journées d'absence par mineur et par établissement permettra, en outre, de retracer le parcours du mineur dans le CEF et sur les autres lieux de placement temporaire.

Dans le cadre d'un placement CEF relevant du secteur associatif habilité, les coûts supplémentaires liés à l'accueil temporaire seront directement pris en charge par le CEF conformément au nombre de jours de présence effective du jeune. Quel que soit le type d'hébergement, une convention relative aux modalités de prise en charge et de financement devra être formalisée entre le CEF et le lieu d'accueil.

Les budgets prévisionnels présentés par les CEF détailleront les coûts supplémentaires induits par les placements extérieurs :

• Groupe 1 – charges de gestion courante :

– dépenses d'alimentation pour les jeunes accueillis dans les lieux d'accueil : cette dépense devrait être présentée à la marge ;

– charges liées aux déplacements supplémentaires entre le CEF et le lieu d'accueil. Il s'agit exclusivement :

– du carburant du véhicule de service ;
– des frais de déplacement des éducateurs ou autres intervenants accompagnant le jeune vers son lieu d'accueil ou lui rendant visite ;
– dépenses liées au financement de l'accueil temporaire (prestation de services).
• Groupe 3 – charges de structures :
– charge d'amortissement des véhicules supplémentaires (sous réserve de l'accord de l'investissement par le tarificateur).

III *Mise en œuvre*

1 *Préparation de l'accueil temporaire :*

L'accueil temporaire doit faire l'objet d'un travail préparatoire en amont tant du point de vue de l'évaluation des situations individuelles que de la mise en œuvre effective de cette modalité. Ce travail préparatoire concerne donc naturellement les services et établissements du territoire mais aussi les juridictions et les principaux partenaires.

Dans le cadre de la prévention de la crise, il convient que l'accueil puisse être réalisé dans un lieu proche du CEF d'origine, la période d'accueil devant être relativement courte (quelques jours) et viser un apaisement de la situation et un retour au CEF dans des conditions plus propices à l'instauration d'une relation éducative pérenne. En outre, la prévention de la crise suppose de pouvoir disposer d'une place dans un délai particulièrement court. En ce sens, il paraît nécessaire qu'une organisation soit rendue lisible au niveau territorial et/ou interrégional et permette par exemple de disposer de places de repli ou de relais dans des établissements du secteur public ou du secteur associatif habilité du ressort territorial et/ou interrégional.

Dans le cadre de la préparation à la sortie, les modalités d'accueil temporaire doivent être proposées en lien avec la situation du mineur et le projet de sortie envisagé. Il convient donc que le projet d'accueil temporaire soit co-construit avec le service de milieu ouvert et prenne en compte plusieurs aspects tels que : le lieu de résidence à l'issue du placement, le projet d'insertion scolaire et professionnel visé, la continuité du parcours de soins, le maintien des relations familiales....

Thématiques	CEF	LAT ***Lieu d'accueil temporaire***	MO	Observations
Demande au juge mandant pour l'accueil temporaire : OPP initiale ou demande postérieure.	X			En lien avec le service de milieu ouvert concerné (MO) En cas d'audience préalable, les 3 services sont présents.
Responsable de l'organisation de l'accueil temporaire.	X			
Accueil temporaire en préparation de fin de placement				
Contact avec le lieu d'accueil temporaire et premiers échanges.	X			En lien avec le MO
Mise en place d'un document d'articulation (type projet commun de pris en charge – PCPC)			X	Le PCPC est établi par le MO, conjointement avec le CEF et le LAT *[,]* et doit comporter les modalités d'articulation/coordination entre le CEF, le LAT et le MO (accompagnement, fréquence des contacts, projet d'insertion individuel ...)
Transmission des éléments de parcours du mineur au lieu d'accueil.	X		X	Le CEF transmet les informations relatives au déroulement du placement et le MO ceux relatifs au parcours antérieur.

Thématiques	CEF	LAT *Lieu d'accueil temporaire*	MO	Observations
Première rencontre entre le CEF, le lieu d'accueil temporaire et le jeune.	X	X	X	Il est important que ce premier rdv se déroule au sein du LAT en présence du MO pour garantir l'implication de tous les acteurs concernés. Les responsables légaux sont associés à cette démarche.
L'accompagnement du mineur sur le lieu d'accueil temporaire	X			Association du MO au moment de l'admission effective du mineur sur le LAT.
Accueil temporaire en prévention d'un incident				
Contact avec le lieu d'accueil temporaire et premiers échanges	X			Les schémas de placement inter-régionaux doivent garantir la disponibilité de places de repli et de relais pour ce type d'accueil. Rendre lisibles ces places pour les CEF du territoire.
Accompagnement du mineur sur le lieu d'accueil temporaire	X			
Information des responsables de l'autorité parentale et du MO	X			Information impérative des dispositions prises pour prévenir la crise.
Contacts entre le CEF et le lieu d'accueil	X	X		Le CEF informe le LAT de l'évolution de la situation du mineur (démarches engagées, suivis sanitaire, scolaire...) et inversement, et ce aux fins d'assurer la continuité de la prise en charge. Le MO est tenu informé par le CEF de l'évolution du mineur.
Organisation des déplacements CEF – Lieu d'accueil temporaire	X	X		Les modalités d'organisation des déplacements doivent être fixées conjointement entre le CEF et le lieu d'accueil temporaire. Le MO peut être sollicité en cas de besoin pour soutenir les déplacements. En fonction de son évolution, il peut être prévu que le mineur assure seul certains déplacements.
Liens avec le service MO	X			Les liens avec le MO sont assurés prioritairement par le CEF, notamment s'agissant de l'évolution de la situation et des décisions concernant le suivi individualisé. Le LAT peut se mettre en lien avec le MO pour des raisons de coordination en lien avec la mise en œuvre du projet éducatif.

Thématiques	CEF	LAT *Lieu d'accueil temporaire*	MO	Observations
Liens avec les responsables de l'autorité parentale	X	X	X	Les modalités de communication avec les parents sont précisées dans le PCPC. Le CEF et le LAT communiquent avec les parents en priorité pour les évènements liés au placement (évolution, fugue, incident, scolarité, santé...). Le MO communique avec les parents dans le cadre de la continuité du suivi.
Organisation des Droits de Visites et d'Hébergement (DVH)	X			Le CEF reste garant de l'organisation des DVH durant toute la durée du placement.
Liens avec les partenaires dans le cadre de la préparation du projet de sortie	X	X	X	Les modalités de mises en œuvre des relations avec les partenaires doivent être précisées dans le PCPC.
Liens avec la juridiction mandante	X			Le CEF informe le magistrat de l'évolution de la situation du mineur. Le CEF est destinataire de toutes les convocations concernant le mineur.
Convocations judiciaires (nouvelles procédures, procédures en cours ...)	X		X	Le CEF et le MO sont présents à toutes les convocations. Le LAT peut être présent si la situation le justifie.
Audience de fin de placement	X	(X)	X	Le CEF et le MO sont présents à l'audience. Ils adressent chacun un rapport de fin de mesure au magistrat mandant. Le LAT est présent dans la mesure du possible. Le rapport du CEF intègre, de toute façon, les éléments du LAT. Si l'audience concerne la fin de placement au CEF, les rapports précisent les perspectives post-CEF pour le mineur. Si une orientation dans le LAT est prévue pour la suite, sa présence est nécessaire.

Fiche technique 3 **Dispositions relatives au placement pénal**

La *[loi]* n° 2019-222 du 23 mars 2019 de programmation 2018-2022 et de réforme pour la justice prévoit deux dispositions relatives à tous les placements ordonnés en application de l'ordonnance n° 45-174 du 2 février 1945 relative à l'enfance délinquante : il est désormais prévu que le magistrat devra autoriser les droits de visite et d'hébergement (I) et qu'il pourra autoriser le service gardien à accomplir un acte non usuel de l'autorité parentale, en lieu et place des titulaires de l'autorité parentale (II). Ces dispositions entrent en vigueur immédiatement.

I L'introduction de la notion de droit de visite et d'hébergement au pénal

1 Cadre juridique

En application du nouvel article 40 de l'ordonnance n° 45-174 du 2 février 1945 relative à l'enfance délinquante, les visites et les hébergements des parents qui se déroulent pendant un placement au pénal devront dorénavant être autorisés par le magistrat ou la juridiction dans l'ordonnance de placement initiale ou dans une ordonnance postérieure.

La notion de parents s'entend ici au sens large et recouvre les père, mère, représentant légal et tout membre de la famille. Plus largement toutefois, il appartiendra au magistrat de fixer l'ensemble des droits de visite et d'hébergement de toute personne majeure qui en fait la demande.

Il s'agira pour le juge des enfants, le juge d'instruction, le juge des libertés et de la détention ainsi que la juridiction de jugement (tribunal pour enfants ou cour d'assises des mineurs) de prévoir, quel que soit le lieu de placement :

– la personne qui l'exercera (nom et adresse) ;
– les périodes durant lesquelles ce droit s'exerce ;
– la nature des droits de visite ou d'hébergement.

Une autorisation générale d'hébergement, sans dates précises, pourra également être accordée à une personne déterminée ; toutefois dans ce cas de figure il conviendra, dans la mesure du possible, de fixer une fréquence minimale d'exercice de ce droit (exemple : au moins un week-end par mois).

En articulation avec le service de milieu ouvert, l'établissement éducatif devra donc relayer auprès du magistrat toute demande de droit de visite et d'hébergement, et l'accompagner d'un rapport comportant une évaluation des conditions d'accueil matérielles, éducatives et morales, une analyse de l'intérêt pour le mineur de bénéficier d'une telle autorisation, des indications portant sur le projet dans lequel cette demande s'inscrit et sur la compatibilité de la demande avec les décisions judiciaires en cours, notamment en ce qui concerne d'éventuelles interdictions de se présenter sur certains lieux ou de fréquenter certaines personnes.

Le rapport devra en outre mentionner l'avis des titulaires de l'autorité parentale. Le magistrat devra prendre en compte cet avis, sans toutefois être tenu de le suivre.

La décision sera ensuite notifiée par écrit à la structure ou à la personne à laquelle le mineur est confié, au service de milieu ouvert, aux titulaires de l'autorité parentale, ainsi qu'à la personne au profit de laquelle un droit de visite et d'hébergement a été fixé. Cette dernière pourra interjeter appel de la décision.

La consécration de la notion de droits de visite et d'hébergement en cas de placement d'un mineur en matière pénale permet également de sécuriser juridiquement le placement avec présence à domicile.

Dans le cadre de cette prise en charge, le mineur demeure à domicile mais, en fonction du contexte et de sa situation, peut à tout moment rejoindre l'établissement de placement auquel il est confié.

Cette modalité de prise en charge répond à des besoins repérés dans le parcours d'un jeune : elle permet notamment de s'entourer de précautions lorsqu'un retour au domicile pérenne est envisagé, tout en renforçant les compétences parentales.

Le placement avec présence à domicile se traduit en pratique par une ordonnance de placement octroyant aux parents un large droit de visite et d'hébergement.

Une note spécifique relative au placement avec présence à domicile sera diffusée ultérieurement.

2 Responsabilité

L'introduction de la notion de droit de visite et d'hébergement dans l'ordonnance n° 45-174 du 2 février 1945 relative à l'enfance délinquante doit permettre d'harmoniser les pratiques des magistrats et de donner une base légale à ces autorisations durant lesquelles un régime spécifique s'applique.

En effet, par deux arrêts du 6 juin 2002, la cour de cassation a décidé que les parents étaient déchargés de leur responsabilité civile du fait des dommages causés par leur enfant, dès lors que l'enfant était placé par décision de justice, quand bien même le dommage était survenu alors que le mineur se trouvait au domicile parental. Cette position vaut pour les placements en assistance éducative comme pour les placements au pénal.

Le Conseil d'État a adopté la même position (CE 3 juin 2009, n° 300924).

La jurisprudence considère que ce régime s'applique également en cas de placement avec présence à domicile.

II *L'autorisation d'accomplir un acte relevant de l'exercice de l'autorité parentale en cas de placement pénal*

Le nouvel article 40 de l'ordonnance du 2 février 1945 rappelle que les parents d'un mineur faisant l'objet d'une mesure de placement en matière pénale conservent l'exercice de leur autorité parentale, qu'ils en exercent tous les attributs qui ne sont pas inconciliables avec la mesure, mais que les actes usuels *[Le guide "L'exercice des actes relevant de l'autorité parentales [parentale] pour les enfants confiés à l'aide sociale à l'enfance" comprend une liste des différents actes usuels et non usuels à laquelle il est possible de se référer]* relatifs à sa surveillance et à son éducation sont exercés par celui à qui le mineur est confié.

Cet article prévoit en outre la possibilité – à l'instar de ce qui existe en assistance éducative – pour le magistrat d'autoriser l'entité auprès de laquelle le mineur est placé à accomplir un acte non usuel de l'autorité parentale.

Cette possibilité doit toutefois demeurer exceptionnelle et se limiter aux situations dans lesquelles les conditions cumulatives suivantes sont réunies :

– en cas de refus abusif, injustifié ou de carence des détenteurs de l'autorité parentale ;

– lorsque l'intérêt de l'enfant le justifie ;

– dès lors que cette autorisation s'avère nécessaire.

Le demandeur devra rapporter la preuve de ces trois conditions dans la demande écrite qu'il présentera au magistrat (juge des enfants ou juge d'instruction), ce dernier statuant par voie d'ordonnance susceptible d'appel.

Fiche technique 4 **Dispositions relatives aux mesures de sureté**

La loi n° 2019-222 du 23 mars 2019 de programmation 2018-2022 et de réforme pour la justice introduit dans l'ordonnance n° 45-174 du 2 février 1945 relative à l'enfance délinquante deux nouveautés susceptibles de diminuer le nombre de jeunes mineurs placés en détention provisoire. Ces dispositions concernent exclusivement les mineurs de 13 à 15 ans poursuivis pour des faits de nature délictuelle. Les conditions de révocations du contrôle judiciaire de ces mineurs sont tout d'abord durcies (I) et la durée du maintien en détention provisoire entre l'ordonnance de renvoi devant le tribunal pour enfants et le jugement du mineur est réduite (II). Ces dispositions entrent en vigueur immédiatement.

I *La limitation des conditions de révocation du contrôle judiciaire*

L'article 11 de l'ordonnance du 2 février 1945 dispose désormais : "Les mineurs âgés de 13 ans révolus et de moins de seize ans ne peuvent être placés en détention provisoire que dans l'un des cas suivants :

1° S'ils encourent une peine criminelle ;

2° S'ils se sont volontairement soustraits aux obligations d'un contrôle judiciaire prononcé conformément aux dispositions du III de l'article 10-2 ou à celles d'une assignation à résidence sous surveillance électronique.

La détention provisoire ne peut cependant être ordonnée qu'en cas de violations répétées ou de violation d'une particulière gravité des obligations imposées au mineur et lorsque le rappel ou l'aggravation de ces obligations ne peut suffire pour atteindre les objectifs prévus à l'article 144 du code de procédure pénale."

L'ajout de ce dernier alinéa a pour conséquence de durcir les conditions de révocation du contrôle judiciaire des mineurs âgés de 13 à 15 ans en matière délictuelle. Jusqu'alors les conditions de la révocation étaient les suivantes :

– contrôle judiciaire comportant l'obligation de respecter les conditions d'un placement en centre éducatif fermé ;

– et violation des obligations de ce contrôle judiciaire.

Désormais, viennent s'ajouter les deux conditions cumulatives suivantes :

– la violation des obligations du contrôle judiciaire doit être répétée, ou d'une particulière gravité ;

– le rappel des obligations ou l'aggravation des obligations, soit par l'ajout d'obligations, soit par leur modification dans un sens plus coercitif, ne suffit pas pour atteindre les objectifs prévus à l'article 144 du code de procédure pénale (conserver les preuves ou les indices matériels qui sont nécessaires à la manifestation de la vérité / empêcher une pression sur les témoins ou les victimes ainsi que sur leur famille / empêcher une concertation frauduleuse entre la personne mise en examen et ses co-auteurs ou complices / protéger la personne mise en examen / garantir le maintien de la personne mise en examen à la disposition de la justice / mettre fin à l'infraction ou prévenir son renouvellement).

Une simple fugue du centre éducatif fermé, dès lors qu'elle n'est pas répétée ou qu'elle n'apparaît pas d'une particulière gravité au regard par exemple de sa durée, ne peut donc conduire, seule, à la révocation d'un contrôle judiciaire à l'égard d'un mineur âgé de 13 à 15 ans en matière délictuelle.

Compte-tenu du jeune âge des mineurs concernés, le principe d'un rappel des obligations ou l'aggravation du contrôle judiciaire doit être systématiquement envisagé en amont d'une révocation d'un contrôle judiciaire à l'égard d'un mineur âgé de 13 à 15 ans en matière délictuelle. Ainsi, la décision de révocation du *[au]* contrôle judiciaire intervenant sans rappel préalable des obligations ou aggravation des obligations su contrôle judiciaire devra comporter une motivation spéciale explicitant en quoi un tel rappel ou une telle aggravation sont jugés insuffisants à atteindre les objectifs visés à l'article 144 du code de procédure pénale.

II *La limitation de la durée du maintien en détention provisoire après l'ORTE*

L'article 11-2 de l'ordonnance du 2 février 1945 est complété par les dispositions suivantes :

"Par dérogation à l'article 179 du code de procédure pénale, après l'ordonnance de renvoi devant le tribunal pour enfants en matière correctionnelle, le mineur de treize à seize ans peut être maintenu en détention jusqu'à sa comparution devant le tribunal, pour une durée de deux mois, renouvelable une seule fois pour une durée d'un mois."

Un mineur de 13 à 15 ans ne peut désormais être maintenu en détention provisoire, en matière délictuelle, entre la décision de renvoi devant le tribunal pour enfants et son jugement devant cette juridiction que pour une durée de deux mois, renouvelable une seule fois pour une durée d'un mois, soit trois mois maximum.

Les dispositions de l'article 179 du code de procédure pénale selon lesquelles un mineur de 13 à 15 ans pouvait être maintenu, en matière délictuelle, en détention provisoire pour une durée de deux mois renouvelables *[renouvelable]*, deux fois (soit 6 mois), ne sont plus applicables.

Cette disposition pénale de procédure est d'application immédiate, ce qui signifie qu'elle s'applique aux situations en cours : aux faits déjà commis et aux poursuites déjà engagées avant l'entrée en vigueur de la loi. Elle est toutefois sans effet sur les décisions relatives à la détention provisoire régulièrement rendues sous l'empire de l'ancienne loi. Ainsi une décision de renouvellement de maintien en détention rendue après l'ordonnance de renvoi sous l'empire de l'ancienne loi continuera à produire ses effets pendant les deux mois initialement prévus. En revanche, toutes les décisions de renouvellement du maintien en détention qui seront décidées à compter de l'entrée en vigueur de la loi ne pourront excéder un mois.

CODIFICATION

Loi n° 2019-222 du 23 mars 2019,

De programmation 2018-2022 et de réforme pour la justice.

Art. 93 I. – Dans les conditions prévues à l'article 38 de la Constitution, le Gouvernement est autorisé à prendre par voie d'ordonnance les mesures relevant du domaine de la loi nécessaires pour :

1° Modifier et compléter les dispositions relatives à la justice pénale des mineurs, dans le respect des principes constitutionnels qui lui sont applicables et des conventions internationales, afin de :

a) Simplifier la procédure pénale applicable aux mineurs délinquants ;

b) Accélérer leur jugement pour qu'il soit statué rapidement sur leur culpabilité ;

c) Renforcer leur prise en charge par des mesures probatoires adaptées et efficaces avant le prononcé de leur peine, notamment pour les mineurs récidivistes ou en état de réitération ;

d) Améliorer la prise en compte de leurs victimes ;

2° Regrouper et organiser ces dispositions dans un code de la justice pénale des mineurs.

II. – L'ordonnance est prise dans un délai de six mois à compter de la publication de la présente loi.

III. – Un projet de loi de ratification est déposé devant le Parlement dans un délai de deux mois à compter de la publication de l'ordonnance.

Rapport au Président de la République relatif à l'ordonnance n° 2019-950 du 11 septembre 2019,

Portant partie législative du code de la justice pénale des mineurs.

Monsieur le Président de la République,

"Il est peu de problèmes aussi graves que ceux qui concernent la protection de l'enfance, et parmi eux, ceux qui ont trait au sort de l'enfance traduite en justice. La France n'est pas assez riche d'enfants pour qu'elle ait le droit de négliger tout ce qui peut en faire des êtres sains." Ainsi s'ouvrait le préambule de l'ordonnance n° 45-174 du 2 février 1945 relative à l'enfance délinquante.

Si ce préambule conserve toute sa force et sa valeur aujourd'hui, l'ordonnance a toutefois connu quarante réformes depuis sa promulgation au sortir de la Seconde Guerre mondiale.

Ces modifications successives ont conduit à multiplier les mesures, cadres procéduraux et modes de poursuites applicables aux mineurs. Elles ont progressivement rendu moins lisibles les principes affirmés en 1945 et consacrés depuis par le Conseil constitutionnel comme principes fondamentaux reconnus par les lois de la République. Elles ont participé à rendre poreuse la frontière entre la justice des mineurs et la justice des majeurs. L'ensemble de ces réformes suscite aujourd'hui un sentiment d'incohérence et d'illisibilité, tant pour les praticiens que pour les justiciables. Les délais de jugement sont de près de dix-huit mois en moyenne, durée excessive qui nuit à la bonne compréhension par le mineur de la portée de ses actes et ne permet pas d'apporter de réponse satisfaisante aux victimes.

Par ailleurs, le Conseil constitutionnel, dans sa décision n° 2011-147 QPC du 8 juillet 2011, a estimé contraire au principe d'impartialité le fait que le même juge des enfants puisse, d'abord, lors de la phase d'instruction, porter une appréciation sur les charges existantes contre un mineur, puis présider l'audience du tribunal pour enfants et prononcer une peine à l'encontre de ce mineur. Pour tirer les conséquences de cette décision du Conseil constitutionnel, une refonte en profondeur de la procédure pénale applicable aux mineurs est nécessaire, en tenant compte de la situation des petites juridictions, dans lesquelles ne siège qu'un juge des enfants, et afin de préserver la continuité de l'intervention du juge des enfants, qui est l'un des éléments de la spécialisation de la justice pénale des mineurs et un gage de son efficacité.

Enfin, une partie non négligeable des dispositions spécifiques à la justice pénale des mineurs se trouve dans le code de procédure pénale, qu'il s'agit, lorsque cela est utile, de réunir dans un code autonome, suivant un plan et des subdivisions davantage lisibles et pratiques d'accès. Dans un second temps, la partie réglementaire du code permettra de réunir les dispositions éparses de nombreux décrets.

Cet état de fait justifiait une réforme d'ensemble de la justice pénale des mineurs.

C'est pourquoi la loi n° 2019-222 du 23 mars 2019 de programmation 2018-2022 et de réforme pour la justice a autorisé le Gouvernement à réformer l'ordonnance du 2 février 1945 par voie d'ordonnance dans les conditions de l'article 38 de la Constitution. En effet, selon les termes de l'habilitation, le Gouvernement est autorisé à regrouper et organiser dans un code les dispositions relatives à la justice pénale des mineurs. Il a ainsi été fait le choix de regrouper toutes les dispositions spécifiques à la justice pénale des mineurs. Si les entreprises de codification se réalisent habituellement à droit constant, le Gouvernement a fait le choix de modifier en profondeur la procédure pénale applicable aux mineurs, tout en conservant à droit constant ce qui a fait ses preuves et fonctionne.

Le Gouvernement est en effet habilité à modifier et compléter les dispositions relatives à la justice pénale des mineurs, dans le respect des principes constitutionnels qui lui sont applicables et des conventions internationales, et ce dans quatre objectifs ci-après détaillés.

1° Il s'agit d'abord de simplifier la procédure pénale applicable aux mineurs délinquants. L'instruction devant le juge des enfants est supprimée ainsi que la procédure dite "officieuse" qui s'y appliquait majoritairement et dont les contours étaient définis de diverses manières selon les juridictions. La réforme simplifie la procédure en instituant un mode de poursuite unique : la saisine de la juridiction de jugement spécialisée aux fins de jugement. Le juge des enfants ou le tribunal pour enfants saisi statuera sur la culpabilité du mineur et ouvrira une période de mise à l'épreuve éducative avant le prononcé de la sanction. Il sera possible, notamment pour les faits de faible gravité ou lorsque le mineur est déjà connu de la juridiction, de statuer en une même audience sur la culpabilité et sur la sanction ;

2° L'habilitation fixe ensuite comme objectif d'accélérer le jugement des mineurs pour qu'il soit statué rapidement sur leur culpabilité. La procédure actuelle, qui prévoit une période d'instruction obligatoire de chaque affaire par le juge des enfants à l'issue de laquelle intervient le jugement, n'est pas encadrée dans le temps. Elle entraîne ainsi des délais de jugement longs, le délai moyen de jugement s'élevant actuellement à près de dix-huit mois. La phase d'instruction devant le juge des enfants étant désormais supprimée, dès l'issue de l'enquête le mineur sera convoqué dans un délai de dix jours à trois mois afin de voir tranchée la question de sa culpabilité. Le prononcé de la sanction devra intervenir dans un délai de six à neuf mois à compter du premier jugement ;

3° La réforme vise également à renforcer la prise en charge des mineurs par des mesures probatoires adaptées et efficaces avant le prononcé de la peine, notamment pour les mineurs récidivistes ou en état de réitération. Durant la période de mise à l'épreuve éducative, il pourra être prononcé, cumulativement ou alternativement, des mesures d'investigation afin de recueillir suffisamment d'éléments sur la personnalité du mineur, une mesure éducative judiciaire provisoire afin de l'accompagner pour qu'il puisse évoluer au mieux, ainsi que des mesures de sûreté. Les mesures éducatives provisoires actuelles sont regroupées en une seule mesure éducative judiciaire provisoire, dont le contenu est modulable durant toute la période de mise à l'épreuve éducative pour tenir compte de l'évolution du mineur. Outre le module de placement et le module de réparation, il est possible d'ordonner un module de santé, un module d'insertion, mais également des interdictions. Ces dernières ne pouvaient jusqu'à présent être prononcées que dans le cadre de mesures de sûreté ou de sanctions éducatives prononcées par le tribunal pour enfants. Elles sont rendues possibles dans un cadre éducatif et il sera tenu compte de leur respect pour apprécier la personnalité du mineur lors du prononcé de la sanction. Elles visent notamment à donner au juge des enfants un cadre juridique permettant d'imposer des obligations protectrices et structurantes aux mineurs qui en ont besoin, sans toutefois nécessiter de mesure de sûreté sanctionnée par une incarcération. Ainsi, le contenu de l'intervention éducative avant la sanction est-il renforcé et enrichi pour être mieux individualisé et plus efficace ;

4° Il s'agit enfin d'améliorer la prise en compte des victimes. Dès l'audience d'examen de la culpabilité, la victime sera entendue et il sera statué sur sa constitution de partie civile et son préjudice. La victime pourra donc voir sa demande d'indemnisation tranchée dans un délai de trois mois suivant la saisine de la juridiction, contre dix-huit mois en moyenne actuellement. Même indemnisée, la victime sera avisée de l'audience de prononcé de la sanction et pourra, si elle le souhaite, assister aux débats et y être entendue. En outre, l'action civile reste ouverte à l'encontre des personnes civilement responsables, quel que soit l'âge du mineur auteur de l'infraction. Enfin, le recours à la justice restaurative, qui permet un rapprochement entre victimes et auteurs de l'infraction dans l'objectif d'une responsabilisation de ces derniers et de relations sociales apaisées, devient un principe général de la justice pénale des mineurs.

Le code de la justice pénale des mineurs s'ouvre sur un article préliminaire qui rappelle les principes fondamentaux reconnus par les lois de la République en matière de justice pénale des mineurs, tels que consacrés par le Conseil Constitutionnel.

Suit un titre préliminaire qui énonce les principes généraux de la justice pénale des mineurs, dont le chapitre Ier est consacré aux principes généraux du droit pénal. L'article L. 11-1 rappelle que la responsabilité pénale d'un mineur ne peut être engagée que s'il est capable de discernement et pose une présomption de non discernement à l'égard des mineurs de moins de treize ans, dans un souci de protection des mineurs les plus jeunes, tout en maintenant la possibilité d'y apporter la preuve contraire soumise à l'appréciation des magistrats. Le chapitre se poursuit avec l'énoncé des objectifs de la réponse pénale à l'égard d'un mineur (assurer son relèvement éducatif et moral d'abord, prévenir la récidive et protéger l'intérêt des victimes), le rappel de la primauté de la réponse éducative, l'exclusion des peines à l'égard des mineurs de moins de treize ans et le principe de l'atténuation des peines. L'inscription dans le texte de principes constitutionnels favorisera leur appropriation par tous, magistrats, éducateurs, avocats et parents et contribuera à leur affirmation claire et intelligible.

Le chapitre II énonce les principes généraux de la procédure pénale applicable aux mineurs, qui forment le cœur de l'organisation de la justice des mineurs et contribuent à sa spécialisation : spécialisation des juridictions pour mineurs et désignation de magistrats du parquet spécialement chargés des affaires concernant les mineurs, publicité restreinte des juridictions, assistance obligatoire du mineur par un avocat, droit à l'information des représentants légaux et à l'accompagnement du mineur par ces derniers, exercice des voies de recours ouvert tant au mineur qu'à ses représentants légaux.

Le chapitre III traite des dispositions communes au droit pénal et à la procédure pénale. Il pose le principe de l'application subsidiaire des règles de droit commun en matière pénale et de procédure pénale aux mineurs, le code de la justice pénale des mineurs regroupant les dispositions spécifiques aux mineurs. Il précise ensuite que, sauf dispositions contraires, l'âge à prendre en compte est celui à la date des faits, ce qui permet d'éviter toute difficulté d'interprétation sur ce point. Il énonce le principe de la protection de l'identité des mineurs mis en cause dans une procédure pénale. Il consacre enfin le recours à la justice restaurative à l'égard des mineurs.

Le livre Ier du code est consacré au droit pénal et traite des mesures éducatives (au titre Ier) et des peines (au titre II).

Le titre Ier commence par un chapitre Ier consacré aux dispositions communes qui énumère les deux mesures éducatives que sont l'avertissement judiciaire et la mesure éducative judiciaire, qui peuvent être prononcées par le juge des enfants, le tribunal pour enfants, la cour d'assises des mineurs et, en ce qui concerne l'avertissement judiciaire, par le tribunal de police. Les possibilités de cumul des mesures éducatives entre elles ou avec les peines sont précisées afin de ne pas modifier le droit pénal antérieur, conformément à l'habilitation donnée par le Parlement. Il est rappelé qu'elles sont exécutoires par provision. Il est ensuite énoncé qu'une mesure éducative ne peut constituer le premier terme de récidive. Il est également prévu la possibilité pour la juridiction de prononcer une dispense de mesure éducative ou une déclaration de réussite éducative, ainsi que la possibilité de ne pas les inscrire au casier judiciaire du mineur.

Le chapitre II est consacré à la mesure éducative judiciaire, définie à la première section comme un accompagnement individualisé construit à partir d'une évaluation de la situation personnelle, familiale, sanitaire et sociale du mineur, qui vise sa protection, son assistance, son éducation, son insertion et son accès aux soins. Cette mesure comprend un socle commun ainsi que différents modules, interdictions et obligations qui peuvent être prononcés de façon adaptée à la situation et la personnalité du mineur.

La seconde section précise le contenu et les modalités de chacun des modules. Ainsi, le module d'insertion permet un accueil de jour, un placement en internat scolaire ou dans un établissement habilité d'enseignement ou de formation. Le module de réparation consiste en une activité d'aide ou de réparation à l'égard de la victime ou dans l'intérêt de la société ; il peut également consister en une activité de médiation entre le mineur et la victime. Le module de santé permet d'orienter le mineur vers une prise en charge sanitaire, un placement en établissement de santé ou un placement dans un établissement médico-social. Enfin, le module de placement permet de confier le mineur à un membre de sa famille ou à une personne digne de confiance, à un établissement de la protection judiciaire de la jeunesse ou à un établissement habilité.

Le chapitre III énonce les règles spécifiques au placement des mineurs. Il rappelle que les parents du mineur conservent l'exercice de leur autorité parentale et en exercent tous les attributs qui ne sont pas inconciliables avec cette mesure. Il permet au juge, en cas de refus abusif ou injustifié ou de négligence des détenteurs de l'autorité parentale, d'autoriser le lieu de placement à accomplir un acte relevant de l'autorité parentale, renforçant ainsi la dimension protectrice du placement dans l'objectif d'une meilleure insertion.

Il est prévu que les magistrats du parquet spécialement désignés et les juges des enfants visitent au moins une fois par an les lieux de placement de leur ressort. Les parlementaires pourront également visiter tous lieux de placement. Il est précisé qu'un placement peut être mis à exécution par la force publique.

Enfin, la deuxième section du chapitre III définit les lieux de placement particuliers que sont les centres éducatifs fermés ainsi que leur régime juridique spécifique.

Le titre II, relatif aux peines, a été rédigé à droit constant. Il précise les peines interdites à l'égard des mineurs et délimite les peines que peuvent prononcer le tribunal de police et le juge des enfants statuant en chambre du conseil à l'égard des mineurs. Il énonce le principe d'atténuation des peines privatives de liberté et des peines d'amende, ainsi que les dérogations possibles et détaille les contenus et modalités d'application des peines aux mineurs.

Le chapitre IV traite du régime d'incarcération et rappelle le principe de séparation des détenus mineurs et majeurs.

Le livre II décrit la mise en œuvre du principe fondamental reconnu par les lois de la République relatif à la spécialisation des acteurs. Le titre premier traite du ministère public, le deuxième du juge d'instruction, le troisième des juridictions de jugement que sont le juge des enfants, le tribunal pour enfants et la cour d'assises des mineurs. Le dernier chapitre, relatif à la protection judiciaire de la jeunesse et au secteur associatif habilité, donne une base légale au secret professionnel des agents publics et soumet ceux du secteur associatif habilité aux mêmes exigences. Il consacre la pratique, essentielle pour la qualité du suivi éducatif et la continuité du parcours du mineur, du partage d'informations en matière de suivi judiciaire du mineur.

Le livre III traite des dispositions communes aux différentes phases de la procédure pénale.

Le titre Ier prévoit les modalités, à droit constant, de l'information et de l'accompagnement par les représentants légaux ou leurs substituts en cas de défaillance.

Le titre II est consacré aux mesures d'investigation et à la mesure éducative judiciaire provisoire, qui sont cumulables (chapitre Ier). Le chapitre II traite des investigations sur la personnalité et la situation du mineur, qui demeurent obligatoires. En effet, la première caractéristique d'une justice pénale des mineurs spécialisée est de recueillir la connaissance suffisante de la personnalité et de l'environnement d'un mineur pour mieux déterminer les moyens de l'accompagner vers la sortie de délinquance. Ces éléments sont rassemblés dans un dossier unique de personnalité.

Le chapitre III définit la mesure éducative judiciaire provisoire ainsi que les conditions de son prononcé, en référence au livre Ier du code.

Le titre III est consacré aux mesures de sûreté. Le chapitre Ier relatif au contrôle judiciaire pose les conditions de son prononcé, à droit constant, et dresse la liste des obligations qui s'y attachent, en limitant les obligations de nature éducative, afin d'éviter de sanctionner leur violation par un placement en détention provisoire du mineur. Les modalités de notification, de modification et de rétention en cas de non-respect sont détaillées. Ce chapitre énonce également les conditions du partage d'informations, lorsque le contrôle judiciaire est prononcé en matière d'infraction sexuelle.

Le chapitre II traite à droit constant de l'exécution des mandats délivrés par les juridictions pour mineurs, qui permettent, le cas échéant par la force publique, de se faire présenter un mineur qui ne défère pas à une convocation.

Le chapitre III relatif à l'assignation à résidence avec surveillance électronique définit les conditions de son application aux mineurs âgés d'au moins seize ans et la nécessité de l'accord des représentants légaux lorsqu'elle s'effectue à leur domicile. Les conditions de son prononcé ont été rendues plus restrictives, passant de deux à trois ans d'emprisonnement encourus, afin de marquer la différence avec le régime applicable aux majeurs et de réserver cette mesure, qui nécessite une certaine maturité pour en respecter les conditions, aux faits les plus graves.

Le chapitre IV relatif à la détention provisoire l'exclut comme actuellement pour les mineurs de moins de treize ans, rappelle son caractère exceptionnel, les possibilités de cumul avec une mesure éducative judiciaire provisoire, et pose les conditions de son prononcé tant à l'égard des mineurs de treize à seize ans que de seize à dix-huit ans.

Le livre IV traite de la procédure préalable au jugement qui est également à droit constant, et prend notamment en compte des dispositions de procédure issues de la transposition, par la loi du 23 mars 2019 de programmation 2018-2022 et de réforme pour la justice, de la directive UE du Parlement européen et du Conseil du 11 mai 2016 relative à la mise en place de garanties procédurales en faveur des enfants qui sont des suspects ou des personnes poursuivies dans le cadre des procédures pénales.

Le titre Ier consacré à l'audition du mineur suspect est composé de trois chapitres. Le premier énonce que l'âge à prendre en considération pour les actes d'enquête est celui du jour de la mesure. Le deuxième chapitre, relatif à l'audition libre, prévoit l'information des représentants légaux et l'assistance du mineur par un avocat.

Le chapitre III est divisé en trois sections. La première traite de la retenue à l'égard des mineurs de dix à treize ans, de sa prolongation et des droits relatifs à l'information des représentants légaux, à l'examen médical et à l'assistance d'un avocat.

La section II consacrée à la garde à vue rappelle qu'elle s'applique aux mineurs d'au moins treize ans, précise les conditions d'information des représentants légaux, de l'examen médical, de l'assistance obligatoire d'un avocat, de sa prolongation ainsi que les règles dérogatoires applicables en matière de criminalité et de délinquance organisée.

La section III relative à l'enregistrement audiovisuel des auditions traite de son champ d'application, des modalités de sa consultation, des conséquences du défaut d'enregistrement, de l'interdiction de le diffuser, de sa conservation et de sa destruction.

Le titre II porte sur l'action publique. Le premier chapitre rappelle que le procureur de la République, attentif à la situation personnelle des mineurs dont il a à connaître et des conditions d'une meilleure prévention de la délinquance, statue sur les poursuites et apprécie s'il y a lieu de saisir les autorités compétentes en matière de protection de l'enfance.

Le chapitre II traite dans une première section des alternatives aux poursuites applicables aux mineurs et dans une seconde section de la composition pénale. La possibilité d'avoir recours à un recueil de renseignements socio-éducatifs dès ce stade est prévue. Elle vise à donner au procureur les informations utiles pour lui permettre de solliciter en temps utile une intervention éducative pour prévenir l'aggravation de la situation de mineurs qui se sont déjà fait connaître mais n'ont jamais bénéficié d'une prise en charge adaptée à leur situation.

Le chapitre III consacré à la mise en mouvement de l'action publique débute par une section relative aux décisions sur les poursuites, qui sont adaptées aux mineurs et simplifiées. Les modalités de présentation du mineur au procureur de la République sont précisées et visent à circonscrire les défèrements aux situations qui le justifient. Les modes de saisine de la juridiction pour mineurs (section II) sont unifiés. Des mesures éducatives provisoires et des mesures de sûreté, susceptibles de recours, peuvent être prononcées par le juge des enfants en cas d'urgence avant la comparution du mineur devant la juridiction de jugement.

Le titre III consacré à l'information judiciaire débute par un premier chapitre relatif à l'information et la convocation des représentants légaux. L'innovation essentielle figure au chapitre II : le prononcé d'une mesure judiciaire d'investigation éducative est obligatoire afin de garantir, pour les affaires les plus graves et les plus complexes, la présence au dossier d'éléments d'information approfondis sur la personnalité des mineurs. Les autres dispositions portant sur les mesures de sûreté, le règlement de l'information et les voies de recours sont à droit constant, hormis trois précisions. La première vise à combler un vide juridique s'agissant du maintien en détention après renvoi devant le tribunal pour enfants des mineurs de moins de seize ans détenus en matière criminelle. La deuxième diminue la durée de maintien en détention des mineurs d'au moins seize ans renvoyés devant le tribunal pour enfants en matière correctionnelle. La dernière clarifie les conditions de prolongation de la détention provisoire en matière criminelle des mineurs de moins de seize ans.

Le livre V consacré au jugement apporte les modifications les plus importantes puisqu'il change la structure de la procédure et permet de concilier l'exigence d'impartialité du juge des enfants avec l'intérêt de favoriser la continuité de son action. Il s'ouvre sur un premier titre dont le chapitre Ier traite des règles relatives aux débats.

Le chapitre II relatif à l'action civile prévoit les modalités d'information et de convocation de la victime, les règles applicables en cas de co-auteurs mineurs et majeurs, ainsi que celles applicables à la qualification du jugement à l'égard des civilement responsables. Il est créé la possibilité pour le juge des enfants et le tribunal pour enfants de renvoyer l'affaire pour statuer sur les intérêts civils, soit devant le juge des enfants statuant en chambre du conseil, soit, au regard de la gravité du préjudice et de la complexité de son évaluation et de sa liquidation, devant la chambre compétente du tribunal correctionnel. Ce renvoi simplifiera les démarches des victimes et favorisera la spécialisation des magistrats sur les contentieux complexes.

Le chapitre III porte sur les règles de publicité restreinte devant les différentes juridictions pour mineurs, y compris pour les audiences statuant sur les intérêts civils, les dérogations possibles, ainsi que sur la répression des publications du compte-rendu des débats.

Le titre II consacré à la procédure de jugement commence par un premier chapitre relatif au jugement devant le juge des enfants et le tribunal pour enfants.

La section I pose le principe du recours des juridictions spécialisées pour mineurs à la procédure de mise à l'épreuve éducative, qui comporte une audience d'examen de la culpabilité, une période de mise à l'épreuve éducative, puis une audience de prononcé de la sanction. Elle prévoit une exception à la procédure de mise à l'épreuve éducative. Lorsque la juridiction de jugement se considère suffisamment informée sur la personnalité du mineur, elle peut, après avoir recueilli l'avis des parties, par décision motivée, décider de statuer lors d'une seule audience sur la culpabilité et la sanction. Elle prononcera alors une mesure éducative et ne pourra prononcer une peine que si le mineur a déjà un antécédent éducatif. La section I traite enfin des modalités de renvoi de l'affaire et de sa mise en délibéré.

La section II est consacrée à la procédure de mise à l'épreuve éducative. La sous-section I porte sur l'audience d'examen de culpabilité lors de laquelle la juridiction statue sur la culpabilité du mineur et, le cas échéant, sur l'action civile. Elle prévoit également les conditions dans lesquelles le juge des enfants peut renvoyer l'examen de la culpabilité devant le tribunal pour enfants si la personnalité du mineur, ou la gravité, ou la complexité des faits le jusitifie. Elle précise que lors de l'audience d'examen de culpabilité, la juridiction statue sur les mesures éducatives ou de sûreté, et renvoie le prononcé de la sanction à une audience qui a lieu dans un délai compris entre 6 et 9 mois après la déclaration de culpabilité. Elle envisage par ailleurs la possibilité de révoquer un contrôle judiciaire à cette audience lorsque les obligations fixées lors du déferement n'ont pas été respectées. Il est prévu l'extension de la procédure de mise à l'épreuve éducative en cours aux nouvelles affaires, afin d'éviter la succession de mesures dont la cohérence entre elles ne serait pas toujours assurée. Cette sous-section détermine enfin les possibilités de dessaisissement au profit d'un autre juge des enfants compétent en raison de la résidence du mineur ou de celle de ses parents ou représentants légaux.

La sous-section II consacrée à la période de mise à l'épreuve éducative donne compétence au juge des enfants pour suivre le mineur durant cette période, énumère les mesures provisoires qui peuvent être prononcées dans ce cadre, la possibilité de les modifier ou d'en donner mainlevée, de délivrer des mandats en cas d'incident, de se dessaisir au profit du juge compétent à raison de la résidence du mineur, de modifier la date de prononcé de la sanction ou, dans certains cas, la juridiction de renvoi pour tenir compte de l'évolution du mineur, et la possibilité de mettre fin de façon anticipée à la mise à l'épreuve éducative. Il est également prévu les modalités de révocation du contrôle judiciaire, le régime de la détention provisoire et les modalités de mise en liberté. Le juge des enfants assure un véritable accompagnement du mineur dans une démarche de sortie de délinquance et dispose à cet effet de tous les outils éducatifs et mesures de sûreté nécessaires.

La sous-section III traite de l'audience de prononcé de la sanction, en prévoyant son déroulement et les possibilités de jonction en cas de pluralité de procédures.

La section III est consacrée à la procédure dérogatoire de saisine du tribunal pour enfants aux fins de jugement en audience unique. Le tribunal pour enfants statuera alors en une même audience sur la culpabilité et sur la sanction, sans préjudice de sa possibilité de statuer suivant la procédure de mise à l'épreuve éducative par décision motivée.

La chapitre II énonce les dispositions applicables devant la cour d'assises des mineurs, à droit constant.

Le titre III relatif aux voies de recours traite dans un premier chapitre de l'appel des décisions du tribunal de police, du juge des enfants, du tribunal pour enfants et de la cour d'assises des mineurs, portant sur la décision statuant sur la culpabilité, celle statuant sur la sanction, comme sur les mesures de sûreté. Ces appels seront portés devant la chambre spéciale des mineurs de la cour d'appel qui, si elle n'a pas statué sur l'appel de la décision sur la culpabilité avant la décision sur la sanction, statuera sur ces deux décisions. Le double degré de juridiction est ainsi respecté à chaque étape de la procédure. Le second chapitre est consacré à l'opposition.

Le livre VI est consacré à l'application et l'exécution des mesures éducatives et des peines, à droit constant. Le titre Ier débute par un chapitre relatif aux juridictions compétentes qui énonce, dans la section I, la compétence en la matière du juge des enfants, du tribunal pour enfants et de la chambre spéciale des mineurs de la cour d'appel. Il prévoit la compétence de principe du juge des enfants jusqu'aux vingt et un ans du condamné en cas de condamnation survenue pendant la minorité, et celle du juge d'application des peines pour le suivi des condamnés ayant atteint leur majorité au jour de la condamnation.

La section II définit la notion de juge habituel et son rôle lorsqu'il n'est pas le juge chargé de l'application des peines. Il est également envisagé le dessaisissement d'un juge à un autre.

Le chapitre II relatif aux audiences d'application des peines prévoit l'assistance d'un avocat, la convocation et la notification aux représentants légaux, ainsi que la non-application de ces dispositions au condamné devenu majeur.

Le chapitre III traite du régime de la rétention en cas de violation des obligations du sursis probatoire.

Le titre II consacré à l'aménagement des peines prévoit les modalités particulières de conversion d'une peine d'emprisonnement en travail d'intérêt général, ainsi que les modalités d'exécution des peines prononcées à l'étranger.

Le titre III est relatif aux fichiers. Le chapitre Ier, consacré au casier judiciaire, liste les décisions qui y sont inscrites, la non-inscription aux bulletins n° 2 et n° 3, les hypothèses de suppression automatique et celles de retrait.

Le chapitre II consacré au fichier national automatisé des auteurs d'infractions sexuelles ou violentes énonce les règles d'inscription, d'effacement, ainsi que le régime du suivi du mineur inscrit.

Le chapitre III relatif au fichier national automatisé des auteurs d'infractions terroristes prévoit les règles d'inscription, d'effacement, ainsi que le régime du suivi du mineur inscrit.

Le chapitre IV relatif aux fichiers d'antécédents judiciaires prévoit les règles d'effacement, de modification et d'interdiction de consultation des données personnelles à la demande d'un mineur inscrit.

Le livre VII concerne les dispositions relatives à l'outre-mer. Le titre Ier est consacré aux dispositions particulières à la Guadeloupe, à la Guyane, à la Martinique, à Mayotte, à La Réunion, à Saint-Barthélemy, à Saint-Martin et à Saint-Pierre-et-Miquelin *[Miquelon]*. Le second titre traite des dispositions applicables en Nouvelle-Calédonie, en Polynésie française et dans les îles de Wallis-et-Futuna. En Nouvelle-Calédonie, il est introduit la possibilité de consulter les institutions de droit coutumier lors des audiences ou avant d'ordonner une mesure de réparation.

Tel est l'objet de la présente ordonnance que nous avons l'honneur de soumettre à votre approbation.

Veuillez agréer, Monsieur le Président, l'assurance de notre profond respect.

Ordonnance n° 2019-950 du 11 septembre 2019,

Portant partie législative du code de la justice pénale des mineurs.

L'Ord. n° 2019-950 du 11 sept. 2019 a été ratifiée par la L. n° 2021-218 du 26 févr. 2021, qui a également reporté son entrée en vigueur au 30 sept. 2021.

La loi n° 2021-218 du 26 févr. 2021 a de plus ajouté à l'Ord. n° 2019-950 du 11 sept. 2019 un art. 8-2 aux termes duquel « Deux ans après l'entrée en vigueur de la présente ordonnance, le Gouvernement remet au Parlement un rapport sur l'application du code de la justice pénale des mineurs, précisant notamment les éventuelles avancées et difficultés rencontrées et préconisant, le cas échéant, des mesures complémentaires ou correctives ».

Art. 1er Les dispositions annexées à la présente ordonnance constituent la partie législative du code de la justice pénale des mineurs.

Art. 2 Les dispositions de la partie législative du code de la justice pénale des mineurs qui mentionnent, sans les reproduire, des dispositions soit d'autres codes, soit de textes législatifs sont de plein droit modifiées par l'effet des modifications ultérieures de ces dispositions.

....

Art. 6 Dans toutes les dispositions législatives en vigueur, autres que celles mentionnées aux articles 4 et 5, les références à l'ordonnance n° 45-174 du 2 février 1945 relative à l'enfance délinquante *(L. n° 2021-218 du 26 févr. 2021, art. 18, en vigueur le 30 sept. 2021)* « sont remplacées par des références » au code de la justice pénale des mineurs.

Art. 7 L'ordonnance n° 45-174 du 2 février 1945 relative à l'enfance délinquante est abrogée.

....

Art. 9 Les dispositions de la présente ordonnance entrent en vigueur le *(L. n° 2021-218 du 26 févr. 2021, art. 2)* « 30 septembre 2021 ».

Art. 10 Les dispositions du code de la justice pénale des mineurs annexé à la présente ordonnance, relatives à la procédure pénale, sont applicables aux poursuites engagées à compter de son entrée en vigueur. Les poursuites engagées avant cette date se poursuivent jusqu'à leur terme conformément aux dispositions du code de procédure pénale et de l'ordonnance n° 45-174 du 2 février 1945 relative à l'enfance délinquante dans leur version applicable avant cette date.

(L. n° 2021-218 du 26 février 2021, art. 18) « Toutefois, s'appliquent immédiatement les dispositions du code de la justice pénale des mineurs relatives aux mesures éducatives ainsi que, lorsqu'elles sont plus favorables aux mineurs à l'encontre desquels ces poursuites sont engagées, aux mesures de sûreté. »

PRISE EN CHARGE ÉDUCATIVE

1) Orientations générales

Note d'orientation du 30 septembre 2014

De la protection judiciaire de la jeunesse (NOR : JUSF1423190N).

La directrice de la protection judiciaire de la jeunesse,

à

Mesdames et messieurs les directeurs interrégionaux de la protection judiciaire de la jeunesse

Madame la directrice générale de l'École de protection judiciaire de la jeunesse

La direction de la protection judiciaire de la jeunesse intervient auprès des jeunes et des familles concernés par la justice des mineurs pour mettre en œuvre à travers ses pratiques la mission éducative que la loi lui confie.

L'ambition de la note d'orientation vise à faire de l'organisation réussie de la continuité des parcours des jeunes confiés le cœur de son action, à déployer à tous les niveaux de l'institution.

Elle fait suite à une large concertation et à des rencontres avec les professionnels, acteurs de la justice et partenaires dans les interrégions de la protection judiciaire de la jeunesse.

En proposant ce défi à l'institution, la direction insère politiquement son projet et ses services au cœur de l'action sociale.

Relever ce défi, c'est réussir à faire vivre, à la fois dans les relations partenariales et dans les pratiques éducatives, l'affirmation que la justice des mineurs fait partie de la protection de l'enfance et poursuit les mêmes finalités de protection, d'éducation et d'insertion.

C'est soutenir institutionnellement la place que la PJJ doit tenir dans l'élaboration des politiques publiques afin que les jeunes que lui confient les magistrats trouvent les réponses adaptées aux changements que la société attend d'eux.

C'est contribuer à la construction et l'animation d'une politique de concertation des acteurs favorisant un passage articulé d'un champ de compétence à un autre en fonction de l'évolution du mineur concerné, dans le souci constant de la cohérence des prises en charge, de la fluidité des parcours des mineurs et d'un retour au droit commun.

Comme le rappelle le rapport du sénateur Jean-Pierre Michel, au cours de la dernière décennie, la protection judiciaire de la jeunesse a connu de profonds bouleversements. La transformation du regard de la société sur l'enfance délinquante a conduit à un durcissement des réponses législatives à la délinquance des mineurs. Dans le même temps, les moyens alloués à sa mission ont fortement diminué, sa structuration, son organisation territoriale et celle de ses services ont été modifiées. La priorité de sa mission éducative a été fixée sur les mineurs délinquants dans le cadre pénal. Il lui revient de réaffirmer dans ce contexte les principes de l'action éducative conduite dans le cadre judiciaire.

A l'issue de cette période, en prenant appui sur les ressources de l'institution et la force de son organisation, il est nécessaire de formuler à nouveau les priorités pour l'action de la protection judiciaire de la jeunesse à travers des orientations nationales déclinées dans un programme de travail.

Celles-ci s'appuient sur la conviction de l'éducabilité de tous les mineurs, principe fondateur de la justice pénale des mineurs issu de l'ordonnance du 2 février 1945, sur l'engagement d'une société responsable, soucieuse du développement de l'enfance en difficulté, qui trouvera sa place au sein de la société de demain.

L'émergence d'une justice spécialisée s'enracine aussi dans la construction progressive de la complémentarité du traitement de l'enfance délinquante et de l'enfance en danger.

Avec ce modèle de justice éducative, une culture professionnelle s'élabore. Elle fonde sa spécificité et sa dynamique créative au travers du développement de l'action éducative dans le cadre ouvert par la décision de justice.

Les valeurs, les savoir-faire qui en sont issus ne sont pas à "réinventer", ils sont un atout et fixent le cap à tenir.

Les orientations nationales prolongent cette ambition à l'aune des enjeux contemporains et visent à réunir les conditions opérationnelles pour y parvenir.

Aujourd'hui comme hier, il n'est pas possible d'ignorer qu'un mineur "délinquant" est le plus souvent "en danger".

Nombre de mineurs confiés à la PJJ suite à une infraction isolée font l'objet d'une mesure ponctuelle dans le cadre d'une saisine unique ou d'une alternative aux poursuites. Cette réponse est pour eux suffisante et ils continueront leur parcours hors de l'institution, prenant appui sur leurs ressources propres et celles de leur environnement.

D'autres, moins nombreux mais dont la situation est plus préoccupante, ont connu une succession de ruptures dans leur vie personnelle mais aussi institutionnelle. Ces jeunes en grande difficulté relèvent fréquemment, successivement ou concomitamment, de plusieurs institutions : la santé, la protection de l'enfance, la protection judiciaire de la jeunesse. Si celles-ci ne parviennent pas à coordonner leur action, le risque est fort de provoquer des clivages, de fonctionner en filière, au détriment des besoins propres d'un adolescent et de la réussite d'un parcours singulier.

Les ressources personnelles, familiales et sociales constituent les leviers de leur propre cheminement.

C'est pour ces jeunes que la protection judiciaire de la jeunesse doit s'organiser, dans ses deux composantes publique et associative habilitée, autour d'une ambition structurante.

L'engagement reconnu des professionnels contribuera à la réussite de l'organisation de la continuité des parcours de chaque mineur confié.

La note expose en trois parties les principes généraux des orientations. Elle sera enrichie d'annexes qui actualisent les références, les précisent et les complètent. Les annexes comportent aussi le programme de travail de la direction.

I. Des pratiques garantissant la continuité des parcours des jeunes

Les principes pédagogiques et les pratiques professionnelles assurent une dimension éducative dans le cadre judiciaire

L'action éducative s'inscrit dans le cadre d'une décision prise par l'autorité judiciaire, qu'il s'agisse d'une mesure éducative, d'une mesure de probation ou d'une peine.

L'exercice professionnel dans le cadre judiciaire ne s'appuie pas sur la demande des justiciables ; il appelle des savoirs, savoir-faire et savoir-être professionnels exigeants.

Il revient à l'ensemble des professionnels de garantir à chaque mesure sa vocation pleinement éducative à la fois protectrice et contraignante. Les services et établissements, pluridisciplinaires, doivent en outre veiller à systématiquement mobiliser les compétences propres des jeunes et de leur famille, afin de leur permettre d'être acteurs de la prise en charge.

L'apprentissage de la vie collective par la prise en compte des droits, des obligations et des libertés de chacun, l'exercice de la citoyenneté, constituent des repères nécessaires à l'action éducative.

Le milieu ouvert garant de la cohérence de l'intervention éducative et de la continuité des parcours des jeunes

Un défi professionnel : le milieu ouvert, socle de l'intervention éducative

Le droit pénal des mineurs, au-delà de la prévention de la récidive, vise à favoriser l'intégration du jeune dans la société. La PJJ mobilise l'ensemble de ses moyens pour atteindre cet objectif.

Pour y parvenir, il est nécessaire de prendre le temps de l'évaluation et de l'accompagnement éducatif, tant dans le cadre d'une mesure éducative que d'une peine, au plus près des besoins souvent évolutifs de l'adolescent, quelles que soient les étapes de son parcours.

Il est donc nécessaire qu'un service de milieu ouvert assure la continuité du suivi pour garantir la cohérence entre les différentes réponses apportées dans le cadre pénal (placement, insertion, détention...) mais aussi entre les dispositifs de droit commun (scolarité, formation, santé) ou ceux de protection de l'enfance.

Le positionnement du milieu ouvert comme centre de gravité de chaque prise en charge permet de tendre vers la garantie de la continuité des parcours.

Pour atteindre cet objectif, il est nécessaire de sensibiliser le magistrat, juge d'instruction ou juge des enfants, à l'importance d'instaurer une mesure éducative confiée à un service territorial éducatif de milieu ouvert (STEMO) du secteur public. Le service, responsable de la continuité du suivi, sera chargé de structurer et d'organiser l'intervention éducative avec les autres intervenants. La mesure de milieu ouvert devient le socle pour décliner les autres modalités d'intervention lorsque les circonstances exigent qu'elles soient mises en œuvre *[Annexe 1 : garantir la continuité des parcours]*

Le milieu ouvert accompagne le placement en assurant les liens en amont et en aval

Les STEMO doivent anticiper autant que possible la nécessité de placer un jeune.

Ils accompagnent le temps du placement judiciaire en assurant le lien entre l'avant et l'après-placement et en prenant notamment une part active à la construction du projet de sortie.

Ainsi, la continuité du suivi éducatif en milieu ouvert permet à la fois d'accompagner la sortie de placement – et notamment des lieux spécifiques tels que les CEF et CER, étape particulièrement fragile du fait du changement ou de la rupture qui résulte de cette sortie – mais également de construire avec souplesse et réactivité une réponse adaptée aux besoins des jeunes pris en charge par la protection judiciaire de la jeunesse.

Le milieu ouvert poursuit son intervention pendant la détention

La détention des mineurs doit conserver son caractère exceptionnel. Pourtant, elle peut constituer une étape incontournable exigeant de mobiliser fortement l'ensemble des dispositifs éducatifs.

Afin de réaffirmer la place centrale du milieu ouvert et de limiter les ruptures dans le parcours de l'adolescent, il convient que le STEMO, en charge de la mise en œuvre de mesures judiciaires avant l'incarcération, garantisse la coordination de son action avec les professionnels de la PJJ intervenant en détention, notamment dans la construction et la mise en œuvre du projet de sortie. L'objectif est d'accompagner chaque sortie.

Le milieu ouvert pilote le parcours d'insertion scolaire, sociale et professionnelle

Les STEMO sont chargés du pilotage du parcours d'apprentissage scolaire et d'insertion socio-professionnelle du jeune, la priorité étant donnée à l'obligation scolaire s'agissant des jeunes de moins de 16 ans. Dans ce cadre, ils doivent accompagner les mineurs vers les dispositifs de droit commun dès lors que leur accès y est possible.

Les activités de jour (y compris lorsqu'elles sont mises en œuvre par les unités éducatives d'activités de jour – UEAJ) sont des modalités intégrées à la prise en charge globale du mineur.

La PJJ ne peut concourir seule avec ses ressources internes à l'insertion des jeunes confiés mais doit nécessairement s'appuyer sur les partenaires agissant dans le champ de l'intégration sociale et de l'insertion professionnelle.

La consultation des professionnels organisée en 2013 invite à la clarification dans le domaine dit de l'insertion tant il semble que le dispositif accueil accompagnement (DAA) initialement prévu pour les jeunes inactifs se confonde avec le "faire avec" pour tous les mineurs *[Annexe 2 : Activité et insertion scolaire et professionnelle à la PJJ]*.

Une prise en charge à la marge au titre du civil et de la protection du jeune majeur (PJM)

Le cœur de métier de la protection judiciaire de la jeunesse demeure l'enfance délinquante. Toutefois, il peut arriver, même si tous les passages de relais ont été anticipés à l'issue d'une intervention dans le cadre pénal, que la poursuite de l'intervention en assistance éducative ou dans le cadre d'une protection jeune majeur, par les services de la protection judiciaire de la jeunesse, soit le seul moyen d'assurer la continuité du parcours. La notion de continuité doit se comprendre avant tout comme la continuité du projet éducatif et non le seul maintien de l'intervenant antérieur.

Le suivi de mesures d'assistance éducative ou de protection jeune majeur doit être le résultat d'une concertation entre les magistrats et les services de la protection judiciaire de la jeunesse, afin de circonscrire les interventions aux situations pour lesquelles c'est le seul moyen d'assurer la continuité du projet éducatif.

La diversification des réponses en fonction du parcours du jeune

La direction de la PJJ vise l'individualisation des parcours éducatifs. A tout moment de la procédure, chaque magistrat doit pouvoir accéder dans l'intérêt du mineur à un panel de réponses éducatives différenciées et personnalisées.

Une mesure judiciaire d'investigation assouplie

Sa mise en œuvre nécessite des clarifications et des aménagements qui feront l'objet d'une note qui se substituera à la circulaire du 31 décembre 2010.

Un panel de réponses développé du milieu ouvert au placement

La simple alternative entre placement et milieu ouvert ne permet pas toujours de répondre aux exigences complexes dans les parcours des jeunes.

Il est ainsi nécessaire d'introduire la possibilité d'intervention plus soutenue en milieu ouvert à certains moments de la prise en charge, tels que la sortie de placement ou de détention, mais aussi lorsqu'il est constaté que le jeune ne dispose pas de relais éducatifs.

La situation de l'adolescent est évolutive : la modularité de l'intervention éducative peut également être instaurée à partir du placement.

La réponse dans ce cadre ne peut reposer sur une seule structure. Il est nécessaire d'accompagner les ruptures et les changements par un dispositif d'accueil suffisamment souple et diversifié pour permettre une prise en charge continue, adaptée aux besoins du jeune, jusqu'à ce qu'il soit en mesure de s'inscrire dans un projet. Dans ce type de fonctionnement, les spécificités des interventions du milieu ouvert d'une part et de placement de l'autre, voire d'activité de jour doivent être dépassées et intégrées, au regard des besoins, dans sa prise en charge globale.

La diversité des réponses repose sur la capacité de l'institution à structurer une offre territoriale de placement et de modalité de prises en charge la plus souple possible.

Cette approche individualisée permet également de conférer du sens au placement judiciaire, et réaffirme sa dimension protectrice et éducative. Chaque modalité de placement judiciaire concourt à assurer une contenance éducative plus ou moins renforcée, contenance recherchée par la décision même de placement.

Il n'existe pas de parcours type. L'idée de graduation qui peut encore sous-tendre un certain nombre de prises en charge au sein de notre institution doit être dépassée.

L'intervention éducative en placement judiciaire présente des particularités, en matière pédagogique comme en termes de gestion de ressources humaines, qui appellent une doctrine institutionnelle forte et clarifiée.

Une organisation en expérimentation : la plate-forme support à l'amélioration des parcours

La priorité donnée dans les orientations à la réussite de l'organisation de la continuité des parcours amène à développer une expérimentation avec le SAH et les partenaires territoriaux.

Transdisciplinaire et interinstitutionnelle, elle propose d'explorer de nouvelles formes de coordination et de soutien aux parcours et des possibilités différentes de coordination institutionnelle et de structuration des services.

II. Des politiques territoriales garantissant la continuité des parcours des jeunes

Le décret du 9 juillet 2008 relatif à l'organisation du ministère de la justice charge la direction de la protection judiciaire de la jeunesse des questions intéressant la justice des mineurs et notamment de la concertation entre les institutions intervenant à ce titre.

La justice des mineurs, en responsabilité de la protection judiciaire de l'enfance en danger et du traitement de la délinquance juvénile, est confrontée à la prise en compte d'impératifs complexes. Elle concilie l'intervention d'une pluralité d'acteurs dont notamment les magistrats de la jeunesse, du siège et du parquet, les avocats, la Protection Judiciaire de la Jeunesse, les associations, les services des conseils généraux.

La consultation réalisée en appui à l'élaboration de cette note confirme que l'action de la protection judiciaire de la jeunesse s'inscrit dans une dimension multipartenariale. La diversité et la qualité de réponses reposent sur sa capacité à travailler de manière coordonnée et concertée avec l'ensemble des acteurs concernés par la prise en charge des jeunes qui lui sont confiés. Les principes suivants guident ainsi l'action du niveau national jusqu'au niveau des services :

– être dans la concertation avec l'autorité judiciaire ;

– s'articuler et assurer les conditions de la complémentarité des secteurs public et associatif ;

– assurer la cohérence des parcours en lien notamment avec les conseils généraux ;

– être impliqué dans les politiques publiques au bénéfice de l'insertion et de la socialisation des jeunes.

Garantir la concertation entre les acteurs judiciaires et ceux de la PJJ

La protection judiciaire de la jeunesse, par sa culture éducative et administrative, est identifiée comme l'interlocutrice privilégiée des magistrats du siège et du ministère public dans l'organisation de l'offre d'investigation et de prise en charge des jeunes ayant commis des actes de délinquance. Elle doit jouer un rôle moteur dans la concertation avec l'autorité judiciaire. Elle contribue avec elle à la définition, à l'organisation et à la réalisation des politiques publiques de prévention de la délinquance et de protection de l'enfance. Cette dynamique d'articulation entre les acteurs judiciaires s'étend aussi aux barreaux, avec lesquels les relations s'établissent régulièrement pour soutenir la spécialisation des avocats pour mineurs.

Pour garantir l'efficience de son action, la concertation doit s'opérer à tous les échelons de l'institution.

Au niveau territorial, les modes d'articulation avec les juridictions (instances, procédures, outils) ont bien été repérés, voire installés. Cependant, ces espaces de coordination où s'élaborent stratégie et opérationnalité de prises en charge restent bien souvent à consolider.

La création du juge coordonnateur donne aux tribunaux pour enfants la possibilité d'avoir une place et un positionnement judiciaire plus lisibles dans les débats institutionnels comme techniques.

Chaque direction territoriale aura donc à charge de contribuer à institutionnaliser ces relations pour que la cohérence des parcours individualisés des jeunes soit conçue au cœur d'une stratégie territoriale concertée entre les acteurs de la justice des mineurs.

Au niveau interrégional et en lien avec les magistrats spécialisés des cours d'appel, les directions interrégionales concourent au renforcement et à la continuité des relations de travail entre les juridictions des mineurs des ressorts concernés. La mise en place pérenne de conférences semestrielles sur la justice des mineurs, organisées conjointement avec la direction des services judiciaires, devra renforcer cette dynamique.

Les tableaux de bord établis par les directions territoriales et étudiés avec les juridictions sur chaque territoire et interrégion sont des outils sur lesquels s'appuyer.

Au niveau national, l'administration centrale soutiendra, de sa place, cette logique d'articulation en participant à l'élaboration d'outils utiles à l'organisation et au fonctionnement des tribunaux pour enfants, et en assurant un travail plus régulier auprès des juges coordonnateurs. Elle réunira annuellement un comité de pilotage portant sur la justice des mineurs regroupant les directions interrégionales, l'École nationale de protection judiciaire de la jeunesse, les cours d'appel et les directions du ministère de la justice intéressées.

Consolider la politique de complémentarité SP et SAH, dynamiser les articulations entre les structures éducatives

Afin de permettre une prise en charge adaptée aux besoins du jeune et d'apporter une réponse dans les meilleurs délais, les territoires de la PJJ doivent proposer une palette d'offres éducatives différenciée, à partir des structures éducatives des secteurs public et associatif.

Au sein d'un même territoire, la recherche de cohérence des interventions, de souplesse des réponses ne peut s'opérer que dans une "articulation organisée" des structures éducatives.

Définir les modalités d'une "bonne" coordination inter-service (SP et SAH), les formaliser dans des protocoles, dans les projets territoriaux, les schémas territoriaux et les projets de service sont des processus engagés dans nombre de territoires ; il s'agit maintenant de généraliser, rendre lisibles, pérennes et opérationnelles ces modalités de gouvernance. Les directions territoriales doivent en être pilotes pour que la complémentarité des réponses du secteur public et du secteur associatif soit repérée par les acteurs concernés, au sein des services et établissements comme par l'autorité judiciaire.

En outre, l'articulation avec le SAH doit s'étendre au-delà de l'organisation des réponses sur le territoire et de la régulation de l'activité ; le SAH peut utilement être associé localement à la réflexion et à l'analyse des besoins en vue de la définition des orientations et des priorités.

Conforter l'inscription de la PJJ dans le champ de la protection de l'enfance : coordination et articulation avec le conseil général

Le positionnement de la justice pénale des mineurs dans le champ plus large de la protection de l'enfance est un enjeu essentiel pour ne pas opposer les jeunes en danger, d'une part, et les jeunes ayant commis des actes de délinquance, d'autre part. Les références professionnelles concernant le public adolescent, son développement, les fragilités propres à cet âge, et son accès au monde des adultes constituent un socle commun à l'ensemble de l'intervention en protection de l'enfance, enfance délinquante comprise.

La coordination avec le conseil général, en lien avec la juridiction, demeure un axe de travail incontournable sur les territoires pour que chacun, dans son champ d'action respectif, participe à la prise en charge judiciaire des jeunes tout au long de leur parcours.

Ces articulations entre l'ensemble des partenaires du champ de la protection de l'enfance se matérialisent dans le cadre des commissions, des cellules de recueil des informations préoccupantes, des observatoires départementaux et dans la participation aux travaux relatifs aux schémas visant l'enfance et la famille des départements.

Toutes ces instances, dans lesquelles peuvent être rassemblés les acteurs de la justice des mineurs, doivent pouvoir servir efficacement :

– l'examen des situations individuelles les plus complexes ;

– la construction de parcours cohérents en améliorant notamment l'articulation entre protection administrative et judiciaire ;

– la définition de la politique locale en matière de protection de l'enfance, à partir de l'analyse des besoins, des suivis d'activité. L'analyse fine et partagée des besoins sur un territoire est l'outil essentiel pour mieux organiser institutionnellement la mise en œuvre des décisions judiciaires. Elle permet aussi de s'ajuster aux besoins de la justice des mineurs tant civile que pénale et favorise le passage de l'une à l'autre en fonction de l'évolution du mineur concerné dans le souci constant d'un retour au droit commun.

Par la suite, et dans le cadre de l'accompagnement des politiques territoriales, une nouvelle étape de la décentralisation, notamment concernant les intercommunalités (dont les métropoles) et les régions, viendra sans doute déplacer les enjeux, modifier les acteurs et les relations avec les collectivités territoriales.

Institutionnaliser la participation des différents échelons dans les politiques publiques

Au regard des problématiques multiples des publics, l'implication de la PJJ dans les politiques publiques vise à développer de manière opérationnelle des relais concrets pendant et après la prise en charge et à renforcer les passerelles d'accès aux dispositifs de droit commun en faveur des jeunes suivis.

La PJJ poursuivra à chaque niveau une politique volontariste en direction des autres ministères, collectivités, associations et autres ressources du secteur privé ou de la société civile en faisant valoir les problématiques et besoins spécifiques de son public toujours dans l'objectif d'élargir l'offre de réponses au bénéfice des jeunes et de leur parcours.

L'implication dans les politiques publiques nécessite un positionnement institutionnel, un engagement affirmé notamment des directeurs territoriaux reposant sur des stratégies territoriales d'articulation avec les conseils généraux, les juridictions et tous les acteurs contribuant à la justice des mineurs. La coopération dans ce cadre avec les autres services de l'État doit être poursuivie, en lien avec les préfets.

L'objectif politique est de mettre en place une organisation de qualité, des moyens et des pratiques favorisant :

– une mise en œuvre rapide des décisions judiciaires ;

– un passage fluide et articulé d'un champ de compétence à un autre (protection administrative/protection judiciaire subsidiaire ; assistance éducative/pénal) ;

– la cohérence et la continuité des prises en charge des mineurs ;

– la participation à la définition et à la mise en œuvre de stratégies locales en matière de politiques publiques.

Ainsi, l'équipe de direction de la DT, dans sa fonction de pilotage, devra aussi s'attacher à :

– faire vivre, suivre et évaluer ces actions priorisées dans le projet territorial ;

– établir, dans des délégations formalisées, la répartition des rôles et des places de chacun (cadres de la DT, directeurs de services et responsables d'unités), les objectifs et résultats attendus.

Soutenir une organisation des territoires réunissant les conditions de la continuité des parcours des jeunes

L'organisation territoriale telle que configurée depuis 2009 a redessiné le contour et les missions des interrégions et des territoires départementaux en visant pour ces derniers la constitution de périmètres pertinents. Ils ont été configurés dans l'objectif de "construire un espace politique et institutionnel sur un territoire géographique en disposant de moyens adaptés à l'action éducative et à la fluidité du parcours des mineurs".

Conçus pour faciliter la construction de parcours adaptés à la diversité des situations des jeunes, ils doivent pouvoir être évalués dans ce sens au travers d'un bilan d'autant que les constats recueillis dans les consultations montrent que les disparités géographiques, économiques, sociales, démographiques des départements peuvent influer sur l'organisation de l'offre de réponses et les parcours.

III. Les ressources au service de l'ambition éducative

Centrés sur la qualité de l'intervention éducative auprès des jeunes, la gouvernance et le management des territoires, des services et établissements comme la politique et les projets des ressources humaines, doivent être mobilisés pour l'application de la note d'orientation.

La mise en œuvre de celle-ci requiert de solides compétences de gestion pour s'assurer de tirer le meilleur parti des ressources budgétaires allouées ainsi que des fonctions support efficaces qui permettent aux acteurs métier de se concentrer sur leur cœur de mission.

La formation et la recherche constituent des leviers essentiels pour permettre cette mise en œuvre.

Une gouvernance garante de la continuité des parcours

En matière de gouvernance, une clarification des rôles et des articulations permet à chaque échelon d'assurer pleinement son rôle. Ces dispositions gagnent à être portées par l'ensemble des cadres.

Parachever la clarification des rôles et places des cadres hiérarchiques et fonctionnels

Les consultations font apparaître que la répartition des compétences entre les différents niveaux hiérarchiques manque parfois de clarté ou fait l'objet de pratiques différentes. Les articulations entre les fonctions méritent donc d'être précisées tant au niveau hiérarchique que fonctionnel afin d'aboutir notamment à une actualisation des fiches métiers.

Un ambitieux programme de formation, une animation enrichie des réseaux métiers et une meilleure communication soutiendront le professionnalisme des cadres.

Conforter le fonctionnement des instances

L'amélioration de la gouvernance se traduit aussi par une plus grande appropriation et un réel investissement dans les instances.

Il est nécessaire de renforcer l'efficacité des instances de direction à tous les échelons en créant les conditions d'un travail collégial et d'élaboration facilitant l'appropriation des orientations nationales et leur déclinaison au regard des caractéristiques locales.

Poursuivre un management porteur de sens et centré sur la mise en œuvre de la continuité des parcours des jeunes

Au service d'une mission éducative commune et à partir d'identités professionnelles diverses, il s'agit de valoriser les acteurs de l'institution, encourager les prises d'initiative et leur laisser une marge de manœuvre pour que chacun puisse tirer le meilleur parti des ressources mobilisables.

Garant de la qualité de la prise en charge, le cadre sécurise et soutient les personnels dans leur mission, il encourage les apprentissages individuels dans l'action quotidienne, pour construire une maîtrise progressive des fonctions collectives.

Cette ambition nécessite souplesse et pragmatisme, ce qui n'est pas contradictoire avec le nécessaire respect des objectifs et des principes structurants de l'institution.

Développer l'emploi des outils du management pour impulser les politiques territoriales

La PJJ a acquis de la maturité s'agissant de l'élaboration et de la formalisation de projets. Manager par le projet (Programmes stratégiques interrégionaux, projets territoriaux, projets de service) permet de faire le choix de resituer le sens des missions, concentrer son action sur des besoins prioritaires, qui correspondent à une "contextualisation" des enjeux et facilite le pilotage de l'ensemble des activités jusque dans les services.

Un suivi régulier de la mise en œuvre des orientations pilotées au niveau national par le Comité de direction national, l'actualisation des projets rendus effectifs au niveau territorial dans le cadre des Comités de direction interrégionaux et des Comités de direction territoriaux participeront au maintien de la dynamique. Les chefs de projet, les Directeurs interrégionaux adjoints pour les projets interrégionaux et les Directeurs territoriaux adjoints pour les projets territoriaux, devront être largement associés à cette fonction de pilotage.

Une équipe projet sera mise en place dès la sortie de cette note pour lancer ces quatre chantiers.

Des fonctions support consolidées au service de la mission éducative

Pour accomplir pleinement leur mission auprès des jeunes, les établissements et services en charge de l'action éducative doivent pouvoir compter sur le professionnalisme des fonctions support de l'institution.

L'efficacité des fonctions d'administration générale, de gestion des personnels, des crédits ou des moyens matériels, la fiabilité des systèmes d'information et de l'appui au pilotage sont indispensables pour permettre aux acteurs métiers de se concentrer *[consacrer]* entièrement à la prise en charge des jeunes. Parmi ces moyens, une attention particulière doit être portée à l'immobilier qui constitue au plein sens du terme une ressource éducative et va bien au-delà de ce que l'on attend de locaux administratifs classiques.

En réalisant au quotidien les actes de gestion, en offrant une visibilité sur l'activité et les ressources, en fournissant les moyens et outils indispensables à l'action, en permettant la sécurisation des décisions, les équipes en charge du support apportent une contribution essentielle à la mise en œuvre de la mission.

Conduire une politique de ressources humaines au service de l'action

C'est une politique ambitieuse des ressources humaines qui soutient la mise en œuvre des nouvelles orientations de la PJJ.

Sa définition se concrétise sur un socle de valeurs essentielles, qui devront systématiquement être mobilisées dans les pratiques gestionnaires et qui sont le sens du service, l'écoute, l'équité de traitement et l'harmonisation des pratiques, la dimension avant tout humaine de la gestion.

La bien-traitance doit être au cœur des pratiques.

Il ne s'agit pas, par ailleurs, de se limiter à des activités d'administration du personnel au sens strict et à dominante essentiellement quantitative mais bien d'approfondir la dimension qualitative fondée sur la meilleure adéquation des compétences des agents aux postes occupés dans une logique de parcours professionnels.

A cet égard, la politique de ressources humaines s'articulera autour de six axes essentiels : le recrutement, les pratiques de gestion des ressources humaines, l'amélioration des conditions de travail, une gestion personnalisée des parcours professionnels et des compétences des agents, la formation comme outil prioritaire d'accompagnement et de soutien à la continuité des parcours professionnels, l'importance du dialogue social.

Ceux-ci sont développés dans les annexes.

Évaluer les orientations nationales : un enjeu majeur de l'amélioration continue de la qualité de la prise en charge

Il ne peut y avoir de politique publique qui ne prévoit pas son évaluation. L'État est comptable devant les citoyens des moyens qu'il met en œuvre pour répondre à une mission spécifique.

Il est en conséquence nécessaire de construire les outils et de mettre en œuvre les études et recherches qui permettront une meilleure connaissance des publics accueillis et de leur parcours dans le champ de la protection de l'enfance et une évaluation systématique des dispositifs mis en œuvre dans le cadre des orientations de la protection judiciaire de la jeunesse.

Il est joint à cette présente note le programme des travaux en lien avec les orientations.

La directrice de la protection judiciaire de la jeunesse,
Catherine SULTAN

ANNEXE 1

GARANTIR LA CONTINUITÉ DES PARCOURS ÉDUCATIFS

LA CONTINUITÉ DES PARCOURS ÉDUCATIFS À LA PJJ, ÉLÉMENTS DE CONTEXTE

La notion de continuité s'est d'abord développée dans le champ de la santé et du handicap avant d'être transposée à la protection de l'enfance, au départ essentiellement dans le cadre du placement. Cette notion a d'ailleurs été consacrée par la Convention internationale des droits de l'enfant (CIDE) en 1989, comme une garantie d'éducation pour des enfants temporairement ou définitivement séparés de leur famille *[Convention internationale du 20 novembre 1989 relative aux droits de l'enfant, art. 20. — V. ce texte, App., v° Textes internationaux]*.

Au sein de la PJJ, la continuité de l'action éducative est affirmée comme un objectif à atteindre dans la circulaire d'orientation du 24 février 1999. Ce texte préconisait d'une part de renouveler les méthodes d'action éducative en renforçant l'accompagnement éducatif et d'autre part d'organiser le parcours éducatif autour d'un milieu ouvert "fil rouge". Le parcours ne doit plus se résumer à une juxtaposition de prises en charge mais a vocation à être continu et cohérent.

La loi du 2 janvier 2002 rénovant l'action sociale et médico-sociale a affirmé la nécessité de rendre l'usager acteur de sa prise en charge et imposé aux services médico-sociaux la mise en place d'outils tels que le DIPC ou le livret d'accueil dont l'objectif est d'impliquer le mineur en lui rendant compte du travail réalisé pendant le temps de sa prise en charge.

Enfin, la loi du 5 mars 2007 relative à la protection de l'enfance pose le principe du projet pour l'enfant. Il s'agit d'en faire un outil qui aide les intervenants à penser et construire le parcours. Les établissements sociaux et médico-sociaux sont également invités à garantir la continuité par le biais de leur coordination et complémentarité *[CASF., art. L. 312-7]*. Dès lors, la notion de continuité se comprend avant tout comme la continuité du projet éducatif et non comme le seul maintien de l'intervenant antérieur.

Aujourd'hui, la continuité des parcours éducatifs des jeunes pris en charge par la Protection judiciaire de la jeunesse (PJJ), toujours en travail, reste un objectif à poursuivre. Il doit être réaffirmé et décliné de manière concrète dans le cadre de la note d'orientation de 2014, en vue de soutenir les pratiques professionnelles.

ENJEUX

Pour la plupart des mineurs, une réponse ponctuelle et courte de la PJJ s'avère suffisante. D'autres en revanche, moins nombreux, multiplient les ruptures, les échecs et rencontrent diverses difficultés dans leur parcours de vie. Dans les deux cas, leur rencontre avec les services de la PJJ constitue une étape de leur vie.

Afin d'assurer leur insertion durable, la continuité du parcours du jeune pris en charge renvoie à la nécessaire cohérence de l'ensemble des interventions auprès de lui et de sa famille, y compris lorsque son parcours éducatif et de vie est marqué par des ruptures.

Les points de rupture qui exigent une attention particulière des professionnels sont aujourd'hui identifiés :

— les ruptures dans la vie d'un jeune dont l'institution n'est pas à l'origine mais qu'elle se doit d'accompagner ;

— les ruptures que le jeune agit *[induit]* dans sa résistance au cadre ;

— les ruptures provoquées par l'institution et le cadre judiciaire.

Le diagnostic interne (2014) de la PJJ identifie plusieurs causes susceptibles d'être à l'origine de ruptures institutionnelles :

— le recentrage au pénal et le raccourcissement subséquent des suivis en milieu ouvert ;

— la répartition parfois difficilement lisible des compétences entre l'État et les départements en matière de protection de l'enfance ;

— la multiplicité des mesures et des intervenants voire des procédures judiciaires ;

— les difficultés d'articulation des interventions socio-éducatives et des passages de relais tout au long d'un parcours ;

— l'appropriation aléatoire de l'esprit et des outils de la loi du 2 janvier 2002 rénovant l'action sociale et médico-sociale.

Or, la discontinuité et les ruptures dans les parcours des mineurs sous main de justice sont unanimement considérées par la littérature spécialisée comme des facteurs aggravant la vulnérabilité du public et générant des risques de récidive.

Partant de ces constats, la PJJ a pour ambition de porter la continuité des parcours des mineurs sous main de justice au rang de priorité.

PERSPECTIVES

Objectif affiché, la continuité des parcours doit se traduire dans les organisations institutionnelles à tous les échelons hiérarchiques et innerver l'ensemble des pratiques professionnelles. Ce principe directeur se décline à travers trois axes principaux dont la mise en œuvre opérationnelle est fixée à compter d'octobre 2014.

AXE 1 : SOUTENIR LA CONTINUITÉ DU PROJET ÉDUCATIF DU JEUNE

Optimiser la gestion des dossiers des jeunes au service de la continuité de leurs parcours

Garantir une continuité éducative du parcours du mineur n'est pas qu'une affaire de pédagogie mais aussi d'organisation et de méthodes. Lieu de recueil et de conservations des informations utiles (administratives, sociales-éducatives, médicales et paramédicales), formalisées, organisées et actualisées, le dossier du jeune est la mémoire d'un service sur sa situation. C'est un outil qui doit permettre par l'écriture et la réflexion, l'analyse de toutes les données d'une situation et la distanciation nécessaire à la réflexion et prise de décision pour une action d'éducation la mieux adaptée à la situation du jeune. Comportant des éléments utiles pour établir des liaisons, des relais en interne ou en externe, il favorise la construction d'un parcours cohérent et continu. C'est pourquoi il est indispensable de faire de l'amélioration de la gestion du dossier jeune (ouverture, gestion, archivage) un axe du travail et du Document individuel de prise en charge (DIPC) et du Document conjoint de prise en charge (DCPC), qui en sont deux composantes essentielles, des outils de construction et de lisibilité du parcours éducatif.

Le document individuel de prise en charge (DIPC)

Les lois du 2 janvier 2002 et du 5 mars 2007 relative à la protection de l'enfance ont développé les notions de "projet éducatif" et "projet pour l'enfant". Ce dernier "précise les actions qui seront menées auprès de l'enfant, des parents et de son environnement, le rôle des parents, les objectifs visés et les délais de mise en œuvre. Il mentionne l'institution et la personne chargées d'assurer la cohérence et la continuité des interventions" (CASF., art. L. 223-1, al. 5). Par la note du 16 mars 2007, la PJJ a traduit le projet pour l'enfant notamment par le Document Individuel de Prise en Charge (DIPC). Il ne peut pas être transmis entre les services, hormis par le mineur lui-même.

Le Document Conjoint de Prise en Charge (DCPC)

Face à l'évolution des missions, les professionnels ont su adapter leurs pratiques pour rester au plus près des besoins des mineurs. On assiste actuellement à une diversification des modes de prise en charge au travers d'un suivi plus individualisé. Positionner le milieu ouvert comme socle installe ce suivi au cœur d'un réseau où gravitent divers partenaires.

Afin de favoriser les liens avec les autres services de la PJJ et les partenaires qui concourent à la prise en charge, un Document Conjoint de Prise en Charge (DCPC), est indispensable dès lors que deux services ou plus interviennent sur la même situation. Ayant vocation à rendre plus lisible les actions de chaque acteur, il est **présenté dans le projet de service** et identifie la répartition des tâches et actions, les points d'étapes et les modalités d'articulation entre les intervenants.

Décliner les modalités d'association du mineur et de sa famille à l'action d'éducation

Aujourd'hui, tant les travaux de recherche que le droit interne *[CASF., art. L. 311-1, 3° et 7]* et européen *[Charte des droits fondamentaux du 18 décembre 2000, article 24 § 1er]* reconnaissent comme fondamentale la participation du mineur et de sa famille au processus de prise de décision. Soucieuse de garantir la prise en compte du mineur dans son environnement notamment familial mais également convaincue que l'implication du jeune et de sa famille est un facteur de continuité, la PJJ détermine deux axes de travail destinés à se déployer du niveau interrégional au niveau des services :

— l'identification et le renforcement des modalités reconnaissant le jeune et sa famille comme co-acteurs de la prise en charge ;

— le développement des modalités de soutien à la parentalité.

Encourager le traitement des situations complexes

L'ambition d'assurer une continuité des parcours éducatifs vise tous les jeunes pris en charge par la PJJ et *a fortiori* les jeunes en grande difficulté, dont les parcours sont émaillés à la fois de ruptures et de répétitions. Favoriser la cohérence de leur parcours et éluder les ruptures institutionnelles ou judiciaires implique des actions transversales inscrites dans le projet territorial, notamment :

— l'organisation de réunions de "situation complexes", de "commissions cas difficiles" ou de "commissions de suivi" selon les appellations, coordonnées à des actions locales ;

— le développement du renforcement de certains suivis en milieu ouvert. Les modalités pratiques et les moyens de mise en œuvre sont intégrés dans la fiche technique relative à l'évolution du milieu ouvert dont la publication est prévue courant mars 2015.

Permettre aux services de prendre en charge, à la marge, des mesures civiles

Le cœur de métier de la PJJ reste la prise en charge des mineurs ayant commis des actes de délinquance. En effet, la répartition des compétences confie l'action sociale aux départements. Dès lors, le ministère de la justice n'a pas vocation à répondre aux besoins de subsistance matérielle, sanitaire et sociale des jeunes majeurs. Toutefois, soutenir la continuité des parcours éducatifs des mineurs impose d'être attentif à ne pas provoquer de rupture qui leur serait préjudiciable.

C'est pourquoi, dans la continuité d'une mesure, d'une sanction ou d'une peine ordonnées dans le cadre de l'ordonnance du 2 février 1945, le secteur public de la PJJ pourra, à la marge, poursuivre une intervention au civil ou dans le cadre de la protection des jeunes majeurs.

La poursuite par le service de la protection judiciaire de la jeunesse du suivi du jeune, dans un cadre d'intervention différent, est pertinente lorsque la situation éducative du jeune mérite encore d'être soutenue et que tous les passages de relais vers le droit commun ayant été anticipés, il n'existe aucun autre moyen d'assurer la continuité de son accompagnement éducatif y compris par un autre service.

Il en est ainsi par exemple de l'impossibilité de passer le relais à un autre service ou aux services des conseils généraux à quelques mois de la majorité.

Il en est également ainsi lorsque le jeune atteint la majorité en cours d'année et que l'arrêt de la prise en charge en raison du terme fixé par la décision pénale compromet de façon irréversible les projets, notamment d'insertion, en cours. Il convient néanmoins de rappeler que la priorité est de travailler en amont les passages de relais dès lors que le terme de l'intervention au pénal est en principe connu dans des délais permettant ce travail.

De façon plus générale, afin d'assurer la continuité des parcours, il est indispensable d'anticiper la fin des prises en charge et le passage à la majorité. L'accompagnement vers une socialisation plus aboutie voire l'autonomie prend du temps et est constitué de stades successifs qu'il est nécessaire de construire mais aussi d'accompagner en tenant compte des aléas du parcours des jeunes que nous prenons en charge.

AXE 2 : FAIRE DE LA CONTINUITÉ UN ENJEU DE GOUVERNANCE

Le renforcement de l'outillage des professionnels et des services en vue de soutenir la continuité des parcours est un enjeu institutionnel. Plusieurs instances et outils de travail coexistent déjà et sont opérationnels. Il s'agit dès lors de généraliser et de renforcer leur portage et leur accompagnement sur les terrains tout en veillant à leur actualisation. Il s'agit également d'en inventer d'autres.

Favoriser l'articulation au sein des services

La démarche d'évaluation-diagnostic par les services constitue un élément incontournable au départ de chaque prise en charge *[Circulaire d'orientation du 2 février 2010 relative à l'action d'éducation dans le cadre pénal]*. Cette méthodologie doit être transcrite dans les projets territoriaux, les projets de service et les projets pédagogiques.

Les outils internes existants qui concourent à favoriser la continuité de la prise en charge seront recensés au sein de chaque service, comme par exemple :

— La constitution d'un dossier de fin de prise en charge dans le cadre du passage à la majorité ;

— Les modalités d'organisation des études de situation pluridisciplinaires internes et externes.

Poursuivre la dématérialisation des outils

Afin de rassembler les différents outils de gestion des mesures sous un seul et même outil informatique, à l'appui de GAME, il est envisagé la possibilité de renseigner à partir de GAME le dossier du jeune, le DIPC et le rapport éducatif au magistrat. Plus globalement, la dématérialisation des outils papiers et des modes de communication est à la fois un tournant à prendre et un chantier à long terme.

La dématérialisation des supports d'informations dont le recueil de renseignements socio-éducatifs (RRSE) ou assimilés est actée et sera mise en œuvre dans ce calendrier.

Faire de la continuité un élément central du projet territorial

Afin de renforcer l'articulation avec le droit commun, les territoires procèderont dans un premier temps au recensement précis de leurs ressources disponibles ou souhaitables, support indispensable au développement et à l'institutionnalisation du partenariat dans un second temps.

AXE 3 : FAIRE DE LA CONTINUITÉ LE MOTEUR DE L'ARTICULATION INTERINSTITUTIONNELLE

Formaliser l'articulation avec d'autres institutions

Favoriser et renforcer les protocoles interinstitutionnels constitue un élément central de la continuité, notamment :

— entre le secteur public et le secteur associatif habilité notamment en vue de favoriser le passage de relais à l'issue d'une MJIE civile conduite par le secteur public de la PJJ ;

— avec les conseils généraux (en vue de favoriser le passage de relais au civil et de coordonner nos actions dans le cadre des doubles mesures) ;

— avec le secteur pédopsychiatrique et les acteurs de santé ;

— avec l' Éducation Nationale.

Favoriser la lisibilité du travail avec les juridictions :

Sensibiliser les magistrats aux moyens de garantir l'organisation de la continuité des parcours. La PJJ préconise en effet que pour chaque jeune placé ou détenu sans suivi antérieur, une mesure de milieu ouvert soit systématiquement confiée à un STEMO(I) par le magistrat et ce, dès le début de la prise en charge. Le STEMO est garant du suivi global dans la continuité.

Faire de la continuité un enjeu central de la professionnalisation des acteurs

L'appareil de formation est invité à diversifier son offre de façon à décliner de façon opérationnelle la notion de continuité des parcours éducatifs en proposant des formations transversales et interinstitutionnelles sur des thématiques communes aux divers acteurs de la protection de l'enfance.

En appui à l'organisation et à la régulation des offres territoriales, expérimenter la mise en œuvre de plateformes territoriales de soutien à la continuité des parcours :

Il sera expérimenté une plateforme dédiée à l'organisation de la continuité des parcours. Cette plateforme, expérimentale dans un premier temps, prendra naissance sur la base de l'état des lieux des besoins et des offres existantes réalisé par les DIR. Elle articule une palette de réponses diversifiées dans un objectif de prise en charge globale. Elle associe l'ensemble des établissements et services (SP/SAH) ainsi que les partenaires institutionnels d'un territoire donné.

ANNEXE 2

ACTIVITÉ ET INSERTION SCOLAIRE ET PROFESSIONNELLE À LA PJJ

ACTIVITÉS ET INSERTION À LA PJJ, ÉLÉMENTS DE CONTEXTE

La conduite de l'action éducative auprès des mineurs faisant l'objet d'une décision de justice s'est toujours appuyée sur la nécessité de confronter ceux-ci, d'une part, à une démarche concrète de socialisation et, d'autre part, à une perspective d'intégration sociale qui passe par l'ouverture d'un accès au monde de la formation et de l'emploi. L'insertion professionnelle de ces jeunes demeure, en effet, à terme, une finalité de l'action éducative.

Cette affirmation a conduit au **développement de modalités d'action spécifiques** de l'institution qui a pris des formes différentes au cours de son histoire en tenant compte des situations nouvelles, qu'il s'agisse des publics et de leurs besoins, ou des politiques publiques en la matière (cf. partie 3 de la note d'orientation participation aux politiques publiques).

Il s'agit d'un levier d'action que la direction de la protection judiciaire de la jeunesse considère comme essentiel pour entrer en relation éducative avec un adolescent, pour lui permettre l'apprentissage ou le réapprentissage de rythmes de vie et l'aider à comprendre le sens et d'intégrer des règles de vie sociale.

En 1999, une réflexion sur la place des activités dans l'action éducative a été initiée par une circulaire d'orientation préconisant le renouvellement des méthodes éducatives et prenant en compte la spécificité de l'intervention éducative dans le cadre pénal *[Circulaire d'orientation relative à la PJJ (NOR JUSF9950035C) du 24/02/1999]*.

Depuis, plusieurs circulaires sont venues préciser cette doctrine, pour tout mineur pris en charge par la protection judiciaire de la jeunesse *[Circulaire d'orientation sur l'action d'éducation dans le cadre pénal du 02/02/2010, circulaire d'orientation du 31 décembre 2010 relative à la mesure judiciaire d'investigation éducative]*, et plus spécifiquement, pour les jeunes inactifs *[Circulaires d'orientation du 25/02/2009 et du 03/04/2012 relatives à l'action d'éducation structurée par les activités de jour dans les établissements et services du secteur public de la PJJ]*.

Ces orientations se sont appuyées sur de nombreux et importants travaux sur le sujet *[Groupe D'appui National aux Activités de Jour et d'insertion, Commission nationale sur le Milieu Ouvert, rapport de la Cour des Comptes, mission d'évaluation par l'Inspection des services de la protection judiciaire de la jeunesse]*, leur mise en œuvre ayant lieu dans un contexte institutionnel de restructuration des établissements et services *[Décret n° 2007-1573 du 6 novembre 2007 modifié relatif aux établissements et services du secteur public de la protection judiciaire de la jeunesse]*.

Au terme de ces orientations, il est possible de distinguer :

— **Les activités** en tant que support pédagogique et éducatif partie prenante de toute intervention éducative pour l'ensemble des mineurs pris en charge et quel qu'en soit le lieu.

— Les **activités de jour**, modalités destinées à favoriser l'insertion sociale, scolaire et professionnelle de jeunes inactifs, organisées en "un ensemble structuré d'actions qui s'exercent simultanément ou successivement dans les domaines du développement personnel et de l'acquisition de compétences sociales, scolaires et professionnelles" *[Les circulaires d'orientation du 25/02/2009 et du 03/04/2012 citées supra]*. Elles s'exercent selon deux modalités organisationnelles : le Dispositif Accueil Accompagnement (DAA) et le Module des Acquisitions (MA).

Dans le cadre de la démarche de diagnostic partagé, l'état des lieux détaillé publié en mars 2014 sur le sujet "activités de jour, dispositif accueil accompagnement module des acquisitions" fait état de propositions d'amélioration en termes de pilotage national visant à apporter de la clarification sur le sujet entre les activités et les activités de jour (AJO), dispositif accueil accompagnement (DAA) et module des acquisitions (MA).

Si de nombreux points faibles sont évoqués en matière d'organisation et de moyens, des points forts sont soulignés attestant que "dans certains services, ces modes de prise en charge se sont installés et fonctionnent" *[Diagnostic partagé AJO DAA MA Mars 2014, p. 5]*. La pratique des activités comme un des leviers de l'action éducative s'est développée et a enrichi les méthodes professionnelles. Son impact sur le parcours du mineur est souligné.

Une clarification est donc nécessaire quant aux notions employées, la place des activités et des activités de jour à la PJJ, leurs objectifs, la socialisation, l'insertion scolaire et professionnelle des mineurs confiés à l'institution et les relations de cette dernière avec les institutions de formation de droit commun. Les impacts de la loi relative à la formation professionnelle, à l'emploi et à la démocratie sociale du 5 mars 2014 et son application à la PJJ seront également à évaluer. Il convient de rappeler à ce stade la position adoptée de ne pas décentraliser les actions de formation conduites au sein des UEAJ auprès des jeunes les plus en difficulté d'insertion pris en charge par la PJJ.

ENJEUX

DISTINGUER LES NOTIONS D'ACTIVITÉS ET D'ACTIVITÉS DE JOUR

La distinction entre les 2 notions permet de mieux sérier les objectifs, le public concerné comme les professionnels les exerçant.

Les activités permettent, aux côtés des entretiens individuels, des démarches entreprises avec les jeunes et leur famille, des visites à domicile et d'autres approches professionnelles, d'entrer en relation avec le jeune et de construire un lien éducatif par l'intermédiaire de différents médias. Ces activités sont mises en œuvre par les professionnels de la PJJ intervenant en milieu ouvert comme en hébergement. Pérennes ou ponctuelles, elles peuvent se rattacher à des évènements nationaux ou des partenariats. Elles constituent un temps au sein de l'emploi du temps des jeunes et non une modalité d'organisation de leur emploi du temps. Elles concernent l'ensemble des mineurs suivis par la PJJ.

Ces activités sont inhérentes à l'acte éducatif. Elles illustrent les notions du "faire avec" et du "vivre ensemble" professionnels. Elles constituent un fondement pédagogique permettant aux professionnels d'appréhender le jeune dans des situations concrètes partagées, autrement que par son discours, de seuls échanges verbaux (l'entretien) ou les actes délictueux qu'il peut poser mais dans la manière dont il s'inscrit dans un quotidien d'actions partagées. Conduites en collectif et/ou en individuel, qu'elles soient de nature culturelle, sportive ou ludique, elles permettent d'observer le mode relationnel du jeune, sa maitrise des codes sociaux, son repérage spatio-temporel, etc.

Dans tous les cas, il s'agit de veiller à maintenir un équilibre entre individualisation des prises en charge et apprentissage collectif des règles de socialisation.

Ces activités qui concourent à l'intégration sociale du jeune ne sauraient être assimilées aux activités de jour.

Les activités de jour constituent une modalité d'organisation de l'activité des jeunes sur leurs journées, déclinées dans un emploi du temps construit avec lui, sur des temps "sanctuarisés" à cet effet dans l'unité de travail. Elles se définissent comme "un ensemble structuré d'actions qui s'exercent simultanément ou successivement dans les domaines du développement personnel et de l'acquisition de compétences sociales, scolaires et professionnelles" *[Circulaire d'orientation du 03/04/2012 relative à l'action d'éducation structurée par les activités de jour dans les établissements et services du secteur public de la PJJ]*.

Ces activités de jour sont prioritairement à destination d'un public repéré comme inactif, non engagé dans un dispositif de droit commun. Elles ont vocation à éloigner le jeune "de l'inaction et des systèmes bâtis entre pairs", à favoriser "le réapprentissage des rythmes et l'acceptation de règles" *[Ibid]*.

Elles se mettent en œuvre selon deux types d'organisations, faisant intervenir des professionnels différents : le dispositif accueil accompagnement (DAA) et le module des acquisitions (MA).

L'activité de jour s'intègre à l'élaboration du projet individuel du mineur comme modalité globale d'accompagnement dans le domaine judiciaire, familial, social, sanitaire, scolaire et professionnel. L'âge du mineur concerné a une incidence tant en termes d'évaluation que de perspectives de réintégration dans le droit commun.

Les objectifs visés dans le cadre du DAA s'adressent aux jeunes qui ont besoin d'un sas protecteur pour sortir d'une inactivité ancrée depuis longtemps et qui notamment accrochent difficilement aux sollicitations du suivi en Milieu ouvert. C'est à eux que cette prise en charge spécifique soutenue et progressivement structurée (ce ne sont pas les activités décrites au paragraphe précédent) est proposée. Elles doivent permettre aux jeunes de rompre avec leurs stratégies d'évitement. Ils donnent les moyens aux professionnels de comprendre les freins à l'œuvre, d'observer et d'évaluer les acquis et capacités d'acquisition, remobiliser et accompagner les jeunes.

Pour les mineurs ne pouvant immédiatement intégrer le droit commun, les UEAJ mettent en œuvre des modules acquisitions. Les objectifs visés sont de différents ordres : acquisitions cognitives, acquisitions de compétences sociales et acquisitions de compétences professionnelles.

PROPOSITION : RÉSERVER L'APPELLATION "ACTIVITÉS DE JOUR" À LA PRISE EN CHARGE DES JEUNES "HORS DU DROIT COMMUN" EN FONCTION D'UN EMPLOI DU TEMPS

Conforter l'opérationnalité des partenariats avec les dispositifs de droit commun au service des besoins des jeunes

Il convient de souligner que les activités de jour, bien que construites prioritairement pour les jeunes confiés à la PJJ et considérés comme inactifs, peuvent dans certains cas également concerner des jeunes hors mandat judiciaire, dans la situation où le parcours d'insertion de ces derniers appellerait un soutien particulier et un accompagnement progressif vers le droit commun. En effet, la circulaire d'orientation du 3 avril 2012 relative à l'action d'éducation structurée par les activités de jour rappelle la nécessité d'inscrire les unités éducatives dans le réseau d'accueil, d'orientation et de formation des jeunes, sur le territoire correspondant à leur bassin de formation et d'emploi.

Dans ce cadre, l'accueil de jeunes hors mesure judiciaire s'adresse à des jeunes en grande difficulté dans leurs activités scolaires (jeunes décrocheurs par exemple) ou professionnelle (suivi renforcé en mission locale par exemple). Le dispositif PJJ participe au repérage des besoins et aux bilans des situations de ces jeunes afin de déterminer l'orientation la plus opportune.

Les modalités de réciprocité avec les dispositifs de droit commun (EN, missions locales) ainsi que le nombre d'adolescents s'envisagent localement selon les besoins et les possibilités des deux institutions.

Dans le cadre des orientations sur "le milieu ouvert-socle", réaffirmer la place de l'activité comme modalité d'accompagnement en milieu ouvert pour tout mineur et celle du DAA pour les jeunes inactifs et conforter le milieu ouvert comme pilote du parcours d'insertion du jeune.

Il s'agit de conforter la place de l'activité comme mode d'éducation au sein du milieu ouvert. En ce sens, les activités et les activités de jour sont un moyen privilégié d'entrer en relation, de "faire avec", dans tous les cas. Enfin, lorsque la situation du jeune amène à un renforcement du suivi éducatif, les activités de jour peuvent en constituer une modalité. En effet, les activités, mode d'éducation, contribuent aussi à la recherche d'une diversification et d'une modularité des prises en charge.

Clarifier le rôle assigné aux activités de jour comme phase préparatoire pour (ré)intégrer le droit commun de la formation professionnelle

La DPJJ garde sa compétence pour préparer les jeunes les plus éloignés des dispositifs de formation professionnelle à leur insertion. Il convient dans cette perspective d'accorder une vigilance accrue dans la construction de passerelles avec les missions locales et les dispositifs portés par les régions. Il s'agit de bien expliciter aux conseils régionaux le rôle préparatoire, de "sas" proposé par les UEAJ et des relais adaptés qu'il s'agit d'étroitement tisser avec les dispositifs de formation professionnelle du territoire. Une présence institutionnelle dans les instances de gouvernance régionales en matière de politiques d'emploi et de formation (CREFOP) est à ce titre indispensable, tout comme un conventionnement spécifique.

Ces enjeux trouveront leur concrétisation dans de nouveaux textes supports élaborés à partir d'un bilan et de la constitution d'un groupe de travail (programme de travail).

Note du 22 octobre 2015,

Relative à l'action éducative en milieu ouvert au sein des services de la protection judiciaire de la jeunesse (PJJ) (NOR : JUSF1526137N).

La directrice de la protection judiciaire de la jeunesse,

à

Pour attribution

Mesdames et messieurs les directeurs interrégionaux de la protection judiciaire de la jeunesse

et

Madame la directrice générale de l' École nationale de protection judiciaire de la jeunesse

La note d'orientation de la protection judiciaire de la jeunesse du 30 septembre 2014 porte pour ambition principale de garantir la continuité du parcours éducatif de chaque jeune pris en charge. Elle positionne le service de milieu ouvert du secteur public comme socle de l'intervention éducative dès lors que la durée de la prise en charge et les difficultés du jeune permettent d'inscrire les réponses apportées dans son parcours ; à ce titre, il coor-

donne les autres modalités d'intervention lorsque les circonstances exigent qu'elles soient mises en œuvre *[Cf. note d'orientation de la PJJ du 30 sept. 2014]*. L'étendue de ses missions, de son périmètre d'action géographique et la durée moyenne de ses interventions *[En 2014, 85% des mesures de milieu ouvert de service public et de service associatif habilité duraient moins de 6 mois et 15% d'entre elles duraient entre 6 mois et trois ans]* font en effet de lui le centre de gravité de l'action éducative, chargé d'assurer la cohérence et la continuité des parcours.

Cette ambition s'inscrit dans le prolongement des réflexions en cours, nationales ou internationales en matière de justice juvénile, et notamment celles qui confirment l'individualisation des prises en charge éducatives, l'approche pluridisciplinaire et le rôle de la communauté sociale comme leviers majeurs de désistance. L'objectif d'individualisation du projet éducatif du jeune est matérialisé par l'adaptation des réponses éducatives aux besoins, aux évolutions et aux perspectives des jeunes confiés, c'est-à-dire en particulier l'aménagement et la souplesse de l'intervention ; il s'inscrit également dans l'anticipation de l'accompagnement des situations individuelles et des projets de sortie de dispositifs.

La direction de la PJJ entend donc actualiser son approche du milieu ouvert, les principes qui le dirigent et ses modalités d'action, d'articulation avec les autres établissements et services et l'ensemble des partenaires. Ainsi le présent texte réaffirme que les services de milieu ouvert du secteur public et du secteur associatif habilité adoptent des positionnements cohérents et contenants, élaborés en lien avec les mineurs et leur famille ou les jeunes majeurs, dans le respect des décisions judiciaires. Lorsque la situation le nécessite, le service de milieu ouvert devient, en outre, la base à partir de laquelle se construit et s'exerce l'action éducative.

La présente note s'applique, dans ses principes directeurs en matière d'action éducative, aux structures du secteur public et du secteur associatif de la PJJ qui exercent des mesures, des peines et des investigations en milieu ouvert.

Les missions des services de milieu ouvert

• *La mise en œuvre des décisions judiciaires*

De nature pénale ou civile, la décision judiciaire fixe le cadre d'intervention et les objectifs en déclinaison desquels se déploie l'action éducative.

Les services de milieu ouvert du secteur public mettent en œuvre les décisions de justice à l'égard de mineurs et jeunes majeurs, en alternative aux poursuites, avant jugement et après jugement, ainsi que les mesures judiciaires d'investigation à l'égard de mineurs. Le secteur associatif habilité prend en charge des mesures en alternative aux poursuites, des mesures d'investigation et de réparation.

Concernant les mesures civiles, le cadre judiciaire se fonde sur l'existence du danger encouru par le mineur.

Les mesures judiciaires d'investigation éducatives (MJIE) *[Cf. note n° NOR JUSF1507871N du 23 mars 2015 relative à la mesure judiciaire d'investigation éducative]* sont exercées dans un cadre civil ou pénal. En matière civile, elles visent à vérifier si les conditions prévues à l'article 375 du code civil sont réunies et à proposer des réponses en termes de protection et d'éducation, adaptées à la situation des intéressés. En matière pénale, elles ont, en outre, pour objet d'évaluer le positionnement du mineur face aux faits qui lui sont reprochés. Le cas échéant, elles conduisent à la préconisation d'un accompagnement éducatif en vue de surmonter les difficultés identifiées et d'éviter la récidive.

Toutes les mesures prononcées dans le cadre pénal ne revêtent pas une même dimension contraignante. Ainsi, les mesures de sûreté et les peines présentent un degré de coercition et de contrôle supérieur aux mesures éducatives, modalité qui est intégrée dans la prise en charge.

Dans le cadre de l'accompagnement éducatif au pénal, les mesures prononcées visent à inciter le mineur ou le jeune majeur à respecter la loi, ce qui nécessite qu'il en comprenne le sens. Pour certaines d'entre elles, il s'agit également de soutenir le mineur dans le respect des obligations qui lui sont fixées.

Les situations des mineurs et jeunes majeurs pris en charge sont très hétérogènes. Toutefois, plusieurs facteurs de vulnérabilité y interagissent dans un contexte économique et social souvent précaire. Ils concernent principalement les caractéristiques personnelles, la relation avec l'école ou l'insertion professionnelle, les dynamiques familiales et les interactions avec les pairs *[Cf. document de préparation de la journée du 2 février 2015, élaboré sous la direction de S. Perdriolle : « justice, délinquance des enfants et adolescents - Un état des connaissances », ministère de la justice, janvier 2015, p. 25]*.

L'élaboration des modalités d'intervention éducative s'effectue sur la base d'hypothèses de travail qui tiennent compte de la singularité de chaque situation. Ces hypothèses sont définies à partir de l'analyse interdisciplinaire de la personnalité du mineur ou jeune majeur, de bilans effectués – notamment scolaires – et au regard de ses conditions d'éducation. Enfin, lorsqu'une infraction reprochée au jeune est à l'origine de la décision judiciaire, les modalités de travail sur l'acte et ses conséquences sont une composante essentielle de l'action éducative *[Cf. circulaire d'orientation du 2 févr. 2010 relative à l'action d'éducation dans un cadre pénal]*.

• *Les autres missions du service de milieu ouvert*

Parmi les missions exercées dans les services de milieu ouvert du secteur public, toutes ne s'inscrivent pas directement dans le cadre de l'exécution d'une mesure judiciaire. Ainsi en est-il des missions de permanence éducative auprès du tribunal *[Cf. note du 15 mai 2001 relative aux missions éducatives exercées au tribunal, contenu et organisation]*, de l'intervention éducative auprès des mineurs détenus *[Cf. circulaire DAP/DPJJ du 24 mai 2013 relative au régime de détention des mineurs]*, de la mise en place d'activités individuelles et collectives et d'actions de prévention et partenariales.

Quelle que soit la nature de la mesure, les activités, individuelles ou collectives, sont des outils de l'action éducative dans leur objectif de remobilisation et d'insertion sociale.

Elles favorisent l'instauration du lien éducatif et sont l'occasion de recueillir des informations, d'évaluer et d'infléchir des comportements problématiques. Dans le cadre de l'action éducative en milieu ouvert, elles interviennent au soutien de la construction d'un emploi du temps individualisé, mais aussi dans la mise en œuvre d'actions collectives.

Des actions de prévention, de socialisation et d'éducation à la santé sont conduites dans tous types de prise en charge. Elles concernent notamment l'accès aux droits, l'exercice de la citoyenneté, les risques en lien avec les conduites addictives et la vie affective et sexuelle, l'hygiène de vie, etc. Elles relèvent des missions de politiques publiques et s'appuient sur le tissu associatif local *[Cf. circulaire du 2 septembre 2010 relative à l'inscription de la Protection Judiciaire de la Jeunesse dans les politiques publiques, page 3]* et les acteurs du dispositif santé compétents dans ces champs.

La dimension contenante de l'intervention en milieu ouvert

Quel que soit le cadre d'intervention, l'adolescent est marqué à la fois par la confrontation aux normes, aux contraintes, au monde des adultes et à un besoin d'être réassuré dans cette période de grands bouleversements intimes. Son histoire, parfois marquée par une accumulation d'incohérences, de discontinuités voire de ruptures, peut venir renforcer ces difficultés particulières.

Les professionnels et le cadre de l'intervention en milieu ouvert doivent donc assurer une fonction contenante *[La notion de contenance, issue du soin psychanalytique, peut être transposée dans le cadre de l'action éducative. L'on part alors du postulat que le « contenu » est le jeune, le « contenant » la mesure judiciaire, la « contenance » étant constituée de l'interaction entre le jeune et les pratiques éducatives. La contenance repose sur un cadre d'intervention structuré, repérable par le jeune et sa famille, partagé et soutenu par l'ensemble des professionnels et une relation éducative qui s'inscrit dans une démarche de projet éducatif individualisé]* propre à soutenir un lien éducatif structurant pour le mineur ou jeune majeur. A cet égard, l'évaluation-diagnostic réalisée en début de toutes prises en charge permet, par la prise en compte de la personnalité du jeune, de ses ressources et difficultés, de son environnement, de déterminer les modalités de contenance nécessaire, les risques de rupture possibles ainsi que la stratégie éducative adéquate.

Par la suite, la fréquence des entretiens, la nature des activités mises en place, la place de la famille dans l'action éducative, l'adaptation continue de cette dernière et le maillage des partenaires autour de la situation du jeune seront autant d'éléments participant à sa contenance éducative et institutionnelle. Le cadre d'intervention construit pour et avec le mineur ou jeune majeur est alors constitué d'autant d'éléments successifs capables de le sécuriser et de maintenir le lien éducatif et social.

Le cadre et le contenu du travail avec les familles en milieu ouvert

Toutes les prises en charge se construisent en association avec le jeune majeur ou le mineur et sa famille ou ses représentants légaux dans le respect de l'autorité parentale et de la ou des décision(s) judiciaire(s).

Les principes diffèrent également selon que l'intervention se situe en matière civile ou pénale :

– *En matière civile*

Les services éducatifs doivent s'efforcer de recueillir l'adhésion des familles à la mise en œuvre d'une mesure civile, sans que cela ne constitue une condition préalable ni n'empêche l'intervention éducative.

Travailler avec une famille consiste, d'une part, à s'appuyer sur ses ressources ou compétences pour tenter de faire évoluer la situation et, d'autre part, à aborder avec elle ses défaillances. Cela suppose de considérer le mineur et sa famille comme des acteurs de la prise en charge éducative, notamment en leur permettant de participer à l'analyse qui est faite de leur situation et en les invitant à proposer les formes d'intervention les plus adaptées et répondant au plus près à leurs difficultés.

– En matière pénale

L'intervention répond à une transgression de la loi reprochée au mineur ou au jeune majeur, l'action se centre donc sur ce dernier. Les parents, bien que non responsables pénalement des faits commis par leur enfant, doivent, si la situation le permet, être associés tout au long du processus d'intervention, notamment sur l'appréhension par celui-ci de la Loi et des règles de vie en société. L'identification des ressources et capacités parentales est, en matière pénale également, un levier déterminant pour accompagner un changement de la part du mineur ou jeune majeur.

L'association des familles, le soutien à la parentalité sont, enfin, des axes incontournables de l'action éducative en cas de placement (au civil ou au pénal) ou d'incarcération du mineur. Dans ce contexte particulier, le service de milieu ouvert du secteur public ou du SAH, articule son intervention auprès de la famille avec celle de l'établissement de placement ou de l'unité éducative intervenant en détention et ayant à connaître de la situation du jeune.

L'affirmation du milieu ouvert comme socle de toute prise en charge éducative à la PJJ

Le milieu ouvert devient socle de l'action éducative lorsque la situation du mineur, la nature et l'éventuelle accumulation des mesures qui sont prononcées à son égard, la durée de la prise en charge institutionnelle rendent nécessaires l'articulation et la mise en cohérence de différentes interventions autour d'un projet éducatif commun. Ainsi, en plus de la ou des mesures pour la(les)quelle(s) ils sont saisis, les services de milieu ouvert du secteur public coordonnent et rendent compte de la totalité du parcours d'un mineur ou jeune majeur, dans le respect de l'action des autres services, établissements et institutions.

Grâce à un dialogue soutenu avec le magistrat, le milieu ouvert socle implique en outre que tout mineur ou jeune majeur confié à la PJJ puisse bénéficier d'une prise en charge en milieu ouvert au sein d'un service du secteur public, y compris lorsqu'il fait l'objet d'une mesure de placement ou d'une décision d'incarcération.

Le service territorial de milieu ouvert construit et coordonne son action au sein d'un territoire, au cœur du dispositif global de prise en charge et notamment avec les conseils départementaux, sur la base de diagnostics locaux, de la complémentarité et des relais proposés par les dispositifs de droit commun.

La diversité des interventions éducatives envisageables et leurs articulations sur un territoire et au-delà, pilotées par les directions interrégionales et territoriales, permettent l'adaptation des propositions éducatives et l'individualisation de la prise en charge au plus près des besoins du mineur ou du jeune majeur.

1. Une action éducative individualisée

Chaque mineur ou jeune majeur pris en charge doit pouvoir accéder à un panel de réponses éducatives différenciées et personnalisées les plus à même de l'aider à engager des changements. Sur ces fondements, chaque projet éducatif est donc individualisé.

I/1 – *L'individualisation du projet éducatif*

L'approche de chaque situation est centrée sur une démarche d'évaluation. Elle consiste à évaluer de manière méthodique les éléments relatifs à la personnalité du mineur ou du jeune majeur, à sa situation familiale, scolaire et environnementale et à repérer ses besoins en santé. L'identification et la compréhension d'une situation permettent la formulation des premières hypothèses qui sont travaillées avec le jeune et sa famille et adaptées à leur positionnement, leurs difficultés et potentialités. A cet égard et chaque fois que la situation le nécessite, une approche pluridisciplinaire est à privilégier afin d'être en mesure de considérer la dimension psychique, sociale et éducative de la prise en charge.

L'entrée en relation et le lien éducatif qui s'instaurera par la suite avec le mineur ou jeune majeur, sont des éléments capitaux de toute prise en charge. La relation éducative tissée avec le jeune vise, en effet, à la fois la transmission des principes éducatifs et l'accès à l'autonomie de ce dernier. Elle peut s'établir de différentes manières et à ce titre les professionnels diversifient leurs approches, multiplient les médias éducatifs utilisés en conjuguant entretiens individuels, visites à domicile, activités, actions menées avec des partenaires institutionnels ou associatifs, etc. Dès l'entrée en relation, les professionnels doivent veiller à construire un lien ayant pour objectif de restaurer la confiance du jeune dans le monde des adultes.

L'activité individuelle et collective comme média éducatif peut être un moyen privilégié de construire le lien éducatif par le "faire avec". Elle est également un vecteur d'insertion sociale ; sa place doit être confortée comme partie intégrante de toute prise en charge en milieu ouvert. A ce titre, il est rappelé que l'individualisation de la prise en charge peut être réalisée au travers d'actions collectives à visée socialisante.

L'insertion scolaire et professionnelle constitue l'un des objectifs de l'action éducative auprès des mineurs et des jeunes majeurs. Il s'agit fondamentalement de contribuer à favoriser le maintien des jeunes dans leur statut de formation (scolaire, professionnelle, etc.) ou à leur permettre de réintégrer ce statut. Elle mobilise, chaque fois que possible, les ressources du dispositif partenarial, ainsi que ceux des dispositifs de la PJJ relevant des champs scolaire, de socialisation et professionnel. L'implication active des STEMO pour l'accès effectif des jeunes sous main de justice aux dispositifs de formation de droit commun (en particulier ceux de l' Éducation nationale *[Cf. la circulaire conjointe relative au partenariat entre le ministère de l'éducation nationale et le ministère de la justice, signée le 3 juillet 2015 (publication au Bo du 23/07/15)]* et les missions locales *[Cf. Accord Ministère du Travail - Ministère de la Justice du 27 octobre 1994 - actualisation en cours]*) est essentielle pour favoriser leur parcours de réinsertion.

L'accompagnement à la prise en charge de la santé est également un levier de l'action éducative et de la construction du lien. Outre la mise en œuvre des obligations de soins dans le cadre d'une mesure, le milieu ouvert initie un bilan de santé pour chaque nouvelle prise en charge, notamment à travers le renseignement du "recueil information santé" (RIS).

Il répond ensuite aux besoins repérés. Cette démarche est réalisée en lien avec le jeune, ses représentants légaux, voire les professionnels de santé (école, médecin référent...) qui le suivent en amont de la prise en charge.

Lorsqu'elle est envisagée, une orientation vers le placement doit être le plus possible anticipée et préparée, en lien avec le mineur et sa famille. Elle est formalisée sous forme de proposition éducative au magistrat. Elle correspond, pour le mineur, à la nécessité d'être protégé de son environnement quotidien, de retravailler le lien avec sa famille, sa capacité d'insertion sociale et professionnelle ; elle vise également, par la mise à distance que le placement induit, la cessation des actes de délinquance du mineur/jeune majeur. Même dicté par l'immédiateté, le placement doit être soutenu par une indication d'abord éducative.

Les modalités de cette orientation doivent toutes être envisagées et être guidées par l'intérêt du mineur. Pour ce faire, les services de milieu ouvert travaillent conjointement avec les services de placement et en lien avec la famille. Ainsi, la préparation du placement repose sur une démarche d'évaluation prenant en compte l'âge du mineur, son évolution, son positionnement, sa capacité le cas échéant à vivre en collectif ou à s'adapter à un cercle familial différent du sien. La capacité de la famille à gérer l'éloignement de son enfant est également prise en compte. Le projet d'insertion professionnelle/scolaire du jeune et son degré d'autonomie sont inscrits dans la formalisation de l'orientation.

Sur la base de ces évaluations, les services de milieu ouvert envisagent donc des modalités de placement adaptées à la situation du jeune (par exemple un placement individuel ou collectif, intégrant ou non une formation). La transmission des informations nécessaires à la prise en charge du mineur dans les meilleures conditions est par ailleurs réalisée dans les plus brefs délais par le service de milieu ouvert et/ou la permanence éducative au sein du tribunal vers l'établissement de placement.

De même, une orientation vers un aménagement de peine doit pouvoir être envisagée et travaillée avec le mineur ou jeune majeur et sa famille chaque fois que le cadre légal et la situation du mineur le permettent *[Cf. Circ. du 5 juill. 2005 relative aux missions de la PJJ en matière d'application des peines]*. Lorsque le mineur est incarcéré, cette orientation est travaillée avec le service éducatif intervenant en détention selon des modalités identiques à celles décrites ci-dessus.

I/2 – *La temporalité de l'action éducative*

L'intervention éducative prend en compte les contraintes temporelles posées par la procédure puis par la décision judiciaire à laquelle elle se réfère. Au regard de la réduction des délais dans certaines procédures, mais aussi de l'écart dans l'appréhension du temps entre un adulte et un adolescent, il convient de considérer la manière dont la temporalité est conçue mais aussi vécue par le jeune. Ainsi, l'action éducative est balisée par le service éducatif de milieu ouvert tout au long de la mesure, au plus près des besoins, évolutions et perspectives du jeune accueilli.

L'ensemble de l'intervention est scandé par des actions et des rencontres régulières des professionnels du service avec le mineur ou jeune majeur, ainsi qu'avec sa famille et les autres acteurs du parcours éducatif.

Trois périodes charnières appellent une attention particulière des services : l'accueil, le déroulé de la prise en charge, la proposition d'orientation et la préparation de fin de mesure et/ou de fin de prise en charge.

L'accueil.

Accueillir dans les meilleures conditions le jeune et sa famille constitue la première étape d'une action éducative bienveillante *[Cf. note de cadrage de la PJJ promotrice de santé du 27 déc. 2013 qui rappelle que l'instauration du meilleur accueil possible pour le mineur concoure à créer un environnement favorable à la santé du mineur (Axe II)]*. Le service de milieu ouvert collecte en amont le maximum d'informations disponibles les concernant, notamment en procédant au relevé de dossier au tribunal ou bien encore, le cas échéant, en prenant attache avec les autres services/institutions ayant eu à connaître de la situation. L'objectif est de pouvoir les accueillir de la façon la plus individualisée possible dès le premier entretien *[notamment dans le cadre d'une mesure concernée par l'article 12-3 de l'Ord. du 2 févr. 1945, dans un délai maximum de 5 jours. Cf. note du 7 janv. 2014 relative à la mise en œuvre de l'article 12-3 de l'Ord. du 2 févr. 1945 relative à l'enfance délinquante]*.

Il s'agit de favoriser la rencontre et de situer l'intervention de la PJJ au regard de l'histoire personnelle du mineur ou jeune majeur, des éventuels partenaires institutionnels ayant (ou ayant eu) à le connaître. Il s'agit, enfin, de donner l'opportunité aux personnes reçues de s'approprier leur parcours et d'envisager ensemble des perspectives d'évolution et de résolution de leurs problématiques.

En s'appuyant sur la mesure prononcée par le magistrat, le service reprend, avec le mineur ou jeune majeur et sa famille, les objectifs et le cadre de l'intervention éducative et fixe son contenu et ses limites. Par la suite, dans les quinze jours suivant le début de la prise en charge, les objectifs et moyens de l'action éducative sont déterminés avec le jeune et sa famille et formalisés au sein du document individuel de prise en charge (DIPC) *[Cf. article L. 311-4 et D. 311 du code de l'action sociale et des familles]*.

La mise en œuvre de la prise en charge.

Quel que soit le cadre judiciaire d'intervention, les professionnels, sous la responsabilité de l'équipe de direction, conduisent et organisent leur action, la réajustent, affinant leur analyse de la situation autour d'entretiens, de visites à domicile, de démarches et d'activités. Ce faisant, ils recensent, centralisent et échangent une pluralité d'informations recueillies avec d'autres intervenants, dans la limite du respect du secret professionnel *[Cf. article 3-1 du décret n° 2007-1573 du 6 novembre 2007 relatif aux établissements et services du secteur public de la protection judiciaire de la jeunesse : les agents de la PJJ sont soumis au secret professionnel ; seule la loi peut les obliger ou les autoriser à partager l'information secrète détenue à l'occasion de l'exercice de leur profession. A ce titre, la loi prévoit expressément, limitativement et selon des modalités circonstanciées, le partage d'informations à caractère secret dans le cadre de missions de protection de l'Enfance : article L. 226-2-2 CASF ; article L. 121-6-2 CASF pour l'échange d'informations confidentielles auprès du Maire et du Président du conseil départemental et article L. 132-5 du code de la sécurité intérieure pour l'échange d'informations à vocation territoriale ou thématique au sein des conseils locaux de prévention de la délinquance. Cf. également les recommandations de l'ANESM : « le partage d'informations à caractère secret en protection de l'enfance »]*. La diversité des regards en œuvre dans l'interdisciplinarité favorise une approche distanciée et la mise en perspective de la situation, pour en faciliter la compréhension par le jeune et sa famille et proposer des axes de travail au magistrat.

Cette approche se réalise notamment à partir de la composition pluridisciplinaire du service : cadres de direction, éducateurs, psychologues, assistants de service social.

Les champs communs à l'intervention des professionnels dans le cadre judiciaire sont ceux de la famille, de la situation en matière d'insertion sociale, scolaire et professionnelle, de la santé *[Cf. programme « PJJ, promotrice de santé », http://intranet.justice.gouv.fr/site/dpjj/art_pix/n010213 pjjpromotricedesante.pdf]*, du contexte de vie *[Contexte socio-économique, contexte culturel, réseau de socialisation, développement des relations avec les pairs, etc.]* et de ce qui vient fonder la procédure, comme prévus par la circulaire d'orientation relative à l'action d'éducation dans le cadre pénal (AECP *[Cf. circulaire du 2 février 2010, d'orientation d'action d'éducation dans un cadre pénal]*) et par la note relative à la mesure judiciaire d'investigation éducative (MJIE *[Cf. note du 23 mars 2015 relative à la Mesure Judiciaire d'Investigation Educative]*). Si chacun d'eux peut constituer à lui seul un point d'entrée pour l'intervention des professionnels, ils sont tous à considérer tout au long de la prise en charge.

En outre, le service de milieu ouvert adapte et coordonne son intervention à la temporalité éducative des prises en charge antérieures ou concomitantes et notamment en cas de placement ou d'incarcération du jeune.

Enfin, l'audience de jugement constitue un moment marquant et déterminant de la prise en charge. Les professionnels préparent le mineur et sa famille ou le jeune majeur afin qu'ils en comprennent le sens et les enjeux, mais aussi qu'ils aient une représentation concrète du déroulé de l'audience et des différentes décisions susceptibles d'être ordonnées par le magistrat.

La proposition d'orientation, la fin de mesure, la fin de prise en charge.

La fin de la mesure exercée par le service de milieu ouvert est anticipée et fait l'objet de procédures de travail collectives identifiées, et notamment sur la base d'un échange interdisciplinaire spécifique associant le jeune, sa famille et les partenaires éventuels.

Il est nécessaire d'anticiper et d'accompagner la fin de la prise en charge et des relations éducatives créées. En effet, ce temps singulier peut être vécu difficilement par un adolescent qui a noué des relations privilégiées avec les professionnels et le service éducatif. Il convient de prendre en compte cet élément et à plus forte raison lorsque les mineurs ont eu un parcours de vie émaillé par de multiples séparations.

A l'occasion d'un entretien dédié, les professionnels rendent compte de l'intervention éducative au mineur ou jeune majeur et à sa famille, leur restituent les éléments de compréhension de leur situation et les préconisations destinées à être adressées aux magistrats. Les points de vue du mineur et de sa famille, ou du jeune majeur, sont intégrés au rapport de fin de mesure. Ce temps de restitution s'inscrit par ailleurs dans les dispositions relatives aux droits des usagers tels que définis aux articles L. 311-3 et L. 311-8 du code de l'action sociale et des familles.

La fin de mesure ne correspond pas à la fin de la prise en charge si le mineur ou jeune majeur fait l'objet d'une autre mesure. Le travail amorcé peut alors se poursuivre dans le cadre de cette autre mesure.

Cependant, la clôture de la mesure doit faire l'objet d'une évaluation interdisciplinaire et, le cas échéant, conjointement avec les autres services ou établissements qui ont également à connaître de la situation. L'objet de cette évaluation est d'effectuer un bilan du travail réalisé dans le cadre de cette mesure, travail qui se réfère à la prise en charge globale.

Cette évaluation est également et surtout l'occasion d'évaluer les effets de la mise en œuvre du projet éducatif individualisé et de faire un bilan du respect, par le mineur ou le jeune majeur, du cadre de la mesure et de son positionnement vis-à-vis de l'acte reproché. Elle peut conduire à la préconisation d'une poursuite de la prise en charge dans le cadre d'une autre mesure éducative ou d'une peine, en fonction de la situation judiciaire du mineur.

Dans le cadre civil, il convient de vérifier si les éléments de danger à l'origine de la décision judiciaire sont toujours caractérisés. La poursuite de l'action éducative, si elle est nécessaire, doit être anticipée, notamment pour préparer le relais avec les services des conseils départementaux qui sera proposé au magistrat.

La qualité et la densité du réseau partenarial sont particulièrement déterminantes pour envisager l'issue de la prise en charge du mineur ou jeune majeur. Leur insertion dans ce réseau peut permettre de prévenir les éventuelles ruptures, exclusions, mises en danger ou transgressions de la loi [*Cf. circulaire du 2 sept. 2010 relative à l'inscription de la protection judiciaire de la jeunesse dans les politiques publiques, page 3*].

La fin de la prise en charge prend un relief particulier lorsqu'elle est corrélée au passage à la majorité. Ce moment doit être anticipé pour mieux orienter le jeune majeur vers les dispositifs de droit commun adaptés et susceptibles de soutenir son accès à l'autonomie [*Cf. rapport d'étude de l'ONED, « l'accompagnement vers l'autonomie des jeunes majeurs ». janvier 2015*].

Dans tous les cas, le service rend compte au magistrat de la prise en charge réalisée par le service, mise en perspective avec la globalité du parcours du mineur ou jeune majeur. Dans le cas où une audience de fin de mesure/de jugement vient clôturer la prise en charge, l'envoi du rapport au magistrat est anticipé par rapport à la date de la rencontre.

II. – L'organisation du milieu ouvert au soutien de la continuité éducative

Les services de milieu ouvert sont dirigés par des directeurs de services eux-mêmes placés sous l'autorité du directeur territorial. Ils forment, avec les responsables des unités éducatives composant le service, une équipe de direction dont les fonctions sont complémentaires, chacune occupée à des niveaux différents.

L'organisation du service de milieu ouvert et de ses unités, leur coordination avec les autres établissements, services et institutions ayant à connaître de la situation du jeune doivent être pensées et structurées afin d'inscrire le projet individuel des mineurs et jeunes majeurs au cœur des préoccupations institutionnelles et ainsi faciliter la continuité des parcours.

La décision judiciaire est confiée à un service éducatif de milieu ouvert. Par la suite, conformément à la validation du projet par le magistrat, les cadres de direction garantissent l'individualisation de la prise en charge et, au-delà, l'adaptabilité des modalités de l'action éducative afin de répondre au plus près aux besoins du jeune.

Le service et, par déclinaison, les unités qui lui sont rattachées, assurent une communication constante et régulière avec la juridiction autour des situations prises en charge et de ses modalités d'intervention, que ce soit par la voie écrite et/ou orale. Ce dialogue est l'un des premiers outils en matière de mise en œuvre de la continuité éducative.

II/1 – L'adaptabilité continue des modalités de la prise en charge : une approche innovante de l'action éducative individualisée

Elle relève d'une stratégie éducative particulière qui place les besoins liés à la situation du jeune au cœur de l'action à mener ; elle peut conduire à dépasser les frontières entre milieu ouvert, placement et insertion, dans le respect du cadre législatif et judiciaire. A l'appui d'un dialogue soutenu avec le magistrat, elle doit pouvoir s'inscrire dans les mesures judiciaires en cours. En fonction de la situation du jeune, avec l'information et/ou l'accord de la famille, et à partir des interventions éducatives et institutionnelles préalables, elle consiste à développer et à imaginer d'autres possibilités de prises en charge plus souples, innovantes, adaptées.

Principes d'une prise en charge adaptée.

Chaque situation prise en charge par un service de milieu ouvert peut justifier à un moment ou un autre la mise en œuvre de pratiques éducatives spécifiques, dans leur temporalité comme dans les modalités d'intervention choisies. Des circonstances particulières, comme une sortie de détention, la fin d'un placement, peuvent appeler au renforcement de l'intervention éducative. A l'inverse, une absence prolongée hors du territoire, un mineur ou jeune majeur mobilisé dans un parcours d'insertion durable, ou encore un mineur qui réussit à évoluer dans un milieu éducatif contenant et rassurant, peuvent amener à une intervention plus distendue. Enfin, un mineur qui ne répond pas aux convocations du service, un jeune qui accumule les difficultés ou les problématiques, les actes délictueux ou hétéro/autoagressifs, ou bien encore lorsque la famille du mineur est peu présente sont autant de situations (non exhaustives) qui doivent alerter sur la nécessité d'aborder différemment la prise en charge en cours.

Si elle doit être pensée en collégialité et peut s'appuyer sur divers partenaires extérieurs à la PJJ, l'adaptabilité de la prise en charge est conduite à partir du milieu ouvert socle et doit donc ressortir d'un champ d'intervention compatible avec la conduite de ses missions.

La déclinaison opérationnelle retenue doit être clairement explicitée dans les projets de service et pédagogiques afin que le cadre d'adaptation des moyens de l'action éducative soit clair.

Plus largement, l'adaptabilité constante de la prise en charge est déclinée à partir de chaque échelon territorial. Cela implique un état des lieux des besoins spécifiques repérés sur un territoire donné afin de définir un contenu opérationnel des modalités d'intervention dans le cadre des schémas départementaux et régionaux.

Les applications concrètes de l'adaptabilité de la prise en charge.

La décision d'adapter le suivi éducatif, d'en diversifier davantage ses modalités, est prise dans le cadre d'une évaluation pluridisciplinaire après étude de la situation qui permettra de définir les moyens mis en œuvre. Le magistrat est tenu informé de la modalité particulière d'exercice de la mesure qu'il a ordonnée et des objectifs qui sont ainsi poursuivis. Sa mise en œuvre est coconstruite avec le mineur ou jeune majeur et sa famille et réévaluée à échéances régulières en adaptant les objectifs et modalités.

L'organisation institutionnelle et pédagogique du service et de l'unité de milieu ouvert doit permettre de mobiliser divers leviers de l'action éducative autour de la famille, du quartier, du réseau de socialisation, etc. Dans le cadre du projet individualisé du mineur ou jeune majeur, la stratégie éducative retenue est formalisée dans le DIPC initial ou l'un de ses avenants.

De fait, les modalités de l'action éducative peuvent être diversifiées de différentes manières, sur des périodes plus ou moins ponctuelles. Elles impliquent de favoriser une plus grande souplesse de fonctionnement au sein des services, elles restent ponctuelles et sont régulièrement évaluées selon une méthodologie et des principes qui figurent dans le projet de service.

L'action éducative peut notamment être adaptée selon les modalités suivantes :

– **La diversification des supports de la prise en charge éducative** : cette diversification a pour objectif de favoriser l'inscription dans une démarche de socialisation ou d'insertion. Elle consiste à développer des activités orientées sur des actions concrètes en direction des jeunes et/ou des familles, à accompagner des mineurs ou jeunes majeurs vers le réseau de proximité.

– **La mise en place d'une solution de logement ponctuel** : elle est mise en œuvre dans l'objectif de gérer une situation de crise familiale ou pour accompagner une démarche d'insertion située à distance du domicile familial. Elle est possible avec l'accord de la famille, et après information du magistrat, dans le respect du cadre législatif. Elle s'appuie sur un dispositif partenarial adapté à cette fin et formalisé dans le cadre de conventions.

– **L'utilisation des ressources locales dans la prise en charge** : sur la base des besoins du mineur, il s'agit pour les professionnels de travailler sa socialisation en lien avec les spécificités du territoire. Le travail éducatif peut porter sur la lutte contre le sentiment de relégation sociale qu'éprouvent parfois les mineurs accueillis par la PJJ et donc sur l'identification et l'appropriation des possibilités offertes par le tissu institutionnel, associatif, des réseaux positifs de socialisation.

– **La mobilisation d'une plus forte présence pluridisciplinaire autour d'un mineur ou jeune majeur, au-delà des seules limites du service éducatif** : cette approche est mise en œuvre lorsque les modalités de prise en charge en milieu ouvert s'avèrent insuffisantes au regard du profil du mineur ou du jeune majeur, dont la situation demeure très dégradée ou extrêmement fragile. Ce renforcement peut prendre la forme d'une coréférence au sein de l'unité ou du service, de l'association du psychologue et/ou de l'assistant de service social du service. Des ressources à l'extérieur du service peuvent également être recherchées, auprès d'un professionnel ou d'un bénévole extérieur, spécialisé et dont l'intervention correspond aux besoins du mineur (médecin psychiatre, association spécialisée, etc.). La décision d'action éducative soutenue est prise dans le cadre d'une évaluation interdisciplinaire après étude de la situation.

II/2 – *Le projet de service au soutien de la continuité éducative*

Les projets de service et d'unité, formalisation de l'organisation des modalités de prise en charge

Les directeurs de service sont responsables de l'organisation pédagogique et administrative de leur service, ils coordonnent, avec les responsables d'unité éducative, l'action des unités placées sous leur autorité. Cette équipe de direction ainsi constituée demeure garante du suivi de l'activité du service. Ainsi, sous réserve de respecter les objectifs d'activité assignés au service, les responsables d'unité éducative, dans le respect des procédures formalisées dans le projet de service, bénéficient d'une liberté d'appréciation, de gestion des prises en charge et d'attribution des mesures. Au sein de chaque unité, ils désignent le ou les professionnels chargés du suivi de chaque mineur ou jeune majeur et garantissent le caractère interdisciplinaire de la conduite des mesures judiciaires. Ils assurent le suivi pédagogique de l'action éducative ainsi mise en œuvre.

Le soutien à la continuité des parcours implique que toutes les ressources du service puissent être exploitées et, si nécessaire, mutualisées. Ainsi en est-il du transfert de mesures inter-unités pour des raisons pédagogiques (favoriser la proximité du domicile, prise en charge séparée d'une victime et d'un auteur, ou de coauteurs) ou de régulation des flux (réduire les délais de prise en charge). En outre, il peut être pertinent de mutualiser les activités collectives entre unités et services. Enfin, la nécessité de se rapprocher du mineur et de sa famille peut justifier, sur un ou plusieurs territoires ciblés, l'occupation régulière d'un bureau négocié dans le cadre d'une convention de mise à disposition avec un partenaire ou une mairie.

En tout état de cause, le responsable d'unité et le directeur de service veillent au renseignement régulier du logiciel GAME, outil privilégié pour assurer le suivi de la mise en œuvre de la mesure et plus largement de l'activité du service.

L'organisation du service (temps d'ouverture, permanence éducative, instances de concertation autour des situations, etc.) garantit ainsi la mise en œuvre de la continuité éducative en assurant l'échange et la circulation d'informations et en permettant l'adaptation des modalités de travail aux besoins des mineurs et jeunes majeurs ainsi que ceux de leur famille.

L'ensemble de ces dispositions fait l'objet d'évaluations régulières et rigoureuses afin de repérer les pratiques valorisées en investigation comme en action éducative et de les promouvoir dans les projets pédagogiques et de service. Ces derniers sont élaborés à partir de l'analyse des problématiques rencontrées par les jeunes et l'élaboration de diagnostics locaux par l'équipe de direction. Ils décrivent les modalités d'organisation du service et spécifient les références pédagogiques qui fondent l'intervention auprès des mineurs et jeunes majeurs au sein plus particulièrement des unités éducatives. Ils rendent lisibles les procédures de travail et modalités d'intervention, en cohérence avec les projets territoriaux.

Les directeurs et, par délégation, les responsables d'unité éducative en assurent la communication auprès des magistrats prescripteurs et des partenaires et organisent régulièrement avec eux des instances d'échanges relatives aux modalités de prise en charge.

Le projet de service base et déclinaison du projet territorial

Le service exerce ses missions sur un territoire (un ou plusieurs départements) au sein duquel ses attributions sont, par le biais d'une organisation en unités, sectorisées autour d'une ou plusieurs missions (milieu ouvert, permanence éducative auprès du tribunal, suivi éducatif en quartier mineurs).

L'adaptation de la mission éducative au territoire d'exercice fait l'objet d'un travail spécifique, tant au niveau de la direction territoriale que de la direction de service et des unités. Les caractéristiques physiques du territoire, les conditions de la mobilité et donc de l'accessibilité des jeunes et des familles au service, les conditions socio-économiques de vie de la population prise en charge, constituent autant d'éléments à considérer au soutien du projet de service adapté au territoire.

II/3 – *Le pilotage territorial au soutien de la continuité éducative*

La PJJ contribue à la définition, à l'organisation et à la réalisation des politiques publiques de prévention de la délinquance et de protection de l'enfance. La concertation à tous les échelons permet de garantir la cohérence de cette action. De leur place, les directions territoriales garantissent la mise en œuvre de réponses diversifiées et la recherche d'interlocuteurs différenciés afin de répondre au plus près aux besoins de prise en charge des mineurs et jeunes majeurs.

D'un point de vue stratégique et politique, cela implique que les directeurs territoriaux précisent, notamment dans le projet territorial, les places et rôles de chacun (cadres de la DT, cadres des services de milieu ouvert), ainsi que l'articulation, d'une part, entre services et établissements de la PJJ en tenant compte de leur complémentarité (secteur associatif habilité et secteur public), d'autre part, entre services et direction territoriale *[Cf. circulaire du 2 sept. 2010 relative à l'inscription de la protection judiciaire de la jeunesse dans les politiques publiques, page 5]*.

Enfin, les directeurs territoriaux déclinent les modalités d'actions avec la société civile et l'ensemble des acteurs contribuant à la justice des mineurs et des jeunes majeurs sur chaque territoire *[Cf. circulaire du 2 sept. 2010 relative à l'inscription de la protection judiciaire de la jeunesse dans les politiques publiques, page 3]*.

L'animation territoriale garantit ainsi la continuité de la prise en charge éducative par l'élaboration et la mise en œuvre de procédures de travail permettant l'articulation des services et établissements du secteur public et du secteur associatif habilité entre eux, et avec les institutions et partenaires extérieurs. Elle veille à la bonne adéquation entre les modalités de prise en charge proposées et les besoins du public accueilli, particulièrement en matière d'adaptabilité de l'action éducative.

Ces organisations sont formalisées au sein des projets territoriaux et à travers des conventions et protocoles déclinés au niveau du territoire et du service. L'évaluation régulière et rigoureuse de l'efficacité et l'opérationnalité des articulations et des échanges interservices permettra de consolider leur efficience.

La politique en direction territoriale doit en outre veiller à garantir l'institutionnalisation, la coordination et la régulation des relations entre les services de milieu ouvert et la juridiction, en transmettant notamment les projets territoriaux, en organisant des instances de concertation régulières, dans une logique de partage d'informations et d'expériences.

Afin de renforcer et promouvoir la collaboration active des professionnels des diverses institutions intervenant auprès des mineurs et jeunes majeurs en difficulté, les formations interinstitutionnelles doivent se développer, de même que la participation des professionnels aux formations externes à la PJJ doivent être encouragées.

Quant aux formations internes, elles évoluent continuellement de façon à être en adéquation avec l'évolution des besoins du public pris en charge et accompagner les professionnels pour exercer les missions du milieu ouvert.

La directrice de la protection judiciaire de la jeunesse,
Catherine SULTAN

ANNEXE

Les outils au service d'une action éducative individualisée

Soutenir la continuité de l'action éducative passe par l'optimisation de la gestion des outils des services de milieu ouvert. Pour aller plus avant et soutenir la formalisation des pratiques, un cahier des charges des unités éducatives de milieu ouvert est en cours d'élaboration et sera prochainement à disposition des professionnels du service public et du secteur associatif habilité. Plusieurs outils sont incontournables :

LE DOSSIER DU JEUNE

Un dossier individuel est constitué pour chaque mineur ou jeune majeur pris en charge. Il est constitué d'un dossier papier et informatisé (ouverture, gestion, archivage) au sein du logiciel GAME. Il est notamment composé des documents formalisant la prise en charge et régulièrement mis à jour : le document individuel de prise en charge et ses avenants, le recueil d'informations santé, le cas échéant le document/protocole conjoint de prise en charge.

LE DOCUMENT INDIVIDUEL DE PRISE EN CHARGE (DIPC)

Le service de milieu ouvert se mobilise autour d'un projet commun construit avec et pour le mineur, en association avec les titulaires de l'autorité parentale lorsque la situation le permet. Sont ainsi déterminés les objectifs et moyens de la prise en charge éducative individualisée. L'ensemble de ces éléments est recueilli au sein du document individuel de prise en charge. Réalisé dans les 15 jours qui suivent le début de la mesure, il fait l'objet d'un avenant à deux mois, puis tous les six mois. Il sert de support aux études de situation. L'original est remis au mineur ou jeune majeur et une copie est conservée au dossier. Toutes les mesures ne sont pas soumises à l'élaboration d'un DIPC *[Pour les mesures soumises à l'élaboration d'un DIPC, cf. note du 16 mars 2007 relative à la mise en œuvre des dispositions de la loi n° 2002-2 du 2 janv. 2002 rénovant l'action sociale et médico-sociale dans les établissements et services de la protection judiciaire de la jeunesse, p. 16 et 17]*.

LE RECUEIL D'INFORMATION SANTÉ (RIS)

Cet outil, à la disposition des professionnels éducatifs, permet de regrouper l'ensemble des éléments relatifs à la prise en charge de la santé d'un jeune et d'en assurer le suivi : données administratives relatives à la couverture sociale, coordonnées des représentants légaux et médecin référent, objectifs à développer et actions mises en place. Il est renseigné dès le début de la prise en charge éducative en lien avec le jeune et ses représentants légaux et sert de base au volet santé du DIPC. Ne comportant pas d'éléments relevant du secret médical, il fait partie des documents pouvant être transmis dans le cadre de la continuité de la prise en charge en santé du mineur avec l'accord de ce dernier et de ses représentants légaux.

LE PROJET D'ACCUEIL INDIVIDUALISÉ (PAI)

Dans le cadre d'une prise en charge spécifique en santé (maladie chronique, handicap, traitement spécifique, etc.), un PAI peut être établi entre le service d'accueil, le mineur et ses représentants légaux et le médecin qui suit le mineur. Ce document précise les modalités de prise en charge et les conduites à tenir pour prévenir tout risque qui en résulterait.

LE PROJET CONJOINT DE PRISE EN CHARGE

Le service éducatif de milieu ouvert, socle de l'action éducative, établit son intervention en cohérence et en articulation avec les différentes interventions, éducatives et institutionnelles des services et établissements connaissant la situation du mineur ou jeune majeur. Entre les établissements et services du secteur public, cette coordination est formalisée dès lors que deux services ou plus interviennent sur la même situation. Son usage avec les établissements et services du secteur associatif habilité est possible mais doit résulter d'échanges au niveau territorial afin de s'accorder sur une procédure de travail qui lui soit rattachée.

A l'appui d'une méthodologie de travail formalisée au sein du projet territorial et déclinée dans les projets de service et pédagogiques, le projet conjoint de prise en charge est utilisé dans les situations suivantes :

— lorsqu'est prise une décision de placement *[Cf. note d'instruction relative à l'action éducative dans le cadre du placement judiciaire, en date du 22 octobre 2015]* ou d'incarcération *[Cf. circulaire du 24 mai 2013, relative au régime de détention des mineurs]*, le service de milieu ouvert et l'établissement de placement/le service éducatif en détention formalisent conjointement, au sein du protocole, le partage des axes de réalisation du projet éducatif individualisé du mineur ou jeune majeur. Dans tous les cas, ils anticipent conjointement la fin du placement ou de la détention et particulièrement lorsqu'est envisagé le retour du mineur dans sa famille afin que soit travaillée une transition progressive et cohérente entre les deux lieux de vie du mineur.

— lorsqu'une articulation avec une unité éducative d'activités de jour est envisagée, les modalités de réalisation du projet formalisées font l'objet d'une concertation régulière entre le milieu ouvert et l'unité éducative d'activités de jour (UEAJ).

Dans tous les cas :

— le document prévoit le planning des rencontres entre le milieu ouvert et l'établissement/service prenant conjointement en charge le jeune ;

— le mineur ou jeune majeur et sa famille, ainsi que le magistrat, sont régulièrement informés des modalités d'articulation et d'intervention entre les différents acteurs de la mise en œuvre de la mesure ;

— le milieu ouvert, socle de l'action éducative, rend compte au magistrat de l'ensemble de la prise en charge.

Le recueil de documents théoriques et méthodologiques pour les pratiques professionnelles

[Recueil de documents théoriques et méthodologiques pour les pratiques d'investigation et d'action d'éducation]

Cet outil offre des repères faisant apparaître les postures professionnelles propres à chacune des missions et rappelle la nécessité d'une intervention conjointe des établissements et services au regard de la singularité de chaque mineur ou jeune majeur.

Circulaire du 13 décembre 2016,

De politique pénale et éducative relative à la justice des mineurs.

A l'occasion des modifications successives de l'ordonnance du 2 février 1945, les pratiques des professionnels de la justice des mineurs ont connu de profondes mutations. Certaines ont complexifié la procédure, d'autres, comme celles introduites ou rétablies par la loi du 18 novembre 2016 de modernisation de la justice du XXIe siècle, visent à en améliorer la lisibilité tout en offrant aux magistrats un choix de procédures variées leur permettant d'adapter la réponse pénale aux particularités de chaque situation.

Dans ce contexte, la réponse pénale s'est diversifiée, tandis que la spécialisation des acteurs, magistrats comme services et établissements éducatifs, permet leur plus grande implication dans le traitement de la délinquance des mineurs et l'indispensable travail de prévention.

Parallèlement, les politiques éducatives ont évolué vers un renforcement de la continuité de la prise en charge et de la cohérence des parcours des mineurs (conformément à la note d'orientation de la protection judiciaire de la jeunesse JUSF1423190N du 30 septembre 2014), permettant une meilleure adaptabilité des réponses à l'intérêt de l'adolescent concerné.

Ces évolutions se sont inscrites dans le respect des principes fondamentaux ayant valeur constitutionnelle qui gouvernent la justice des mineurs (décision n° 2002-461 DC du 289 août 2002 relative à la loi d'orientation et de programmation pour la justice), et qui conservent, quelles que soient les réformes opérées, leur place pleine et entière.

Sont ainsi rappelés les principes de spécialisation des acteurs, de primauté de l'éducatif sur le répressif et de nécessité d'une connaissance approfondie de la personnalité du mineur préalable à toute décision. A tous les stades de la procédure, ces principes doivent permettre d'assurer la continuité et la cohérence du parcours des mineurs, dans le respect de leurs droits et de ceux des victimes.

Mais au-delà de la pertinence renouvelée de ces principes, leur mise en œuvre quotidienne doit s'appuyer sur une articulation entre les acteurs de la justice des mineurs, notamment les magistrats et les services et établissements de la protection judiciaire de la jeunesse (PJJ).

En effet, l'efficacité de la justice des mineurs, de la prévention et de l'action éducative, impose un dialogue constant entre le judiciaire et l'éducatif.

L'objet de la présente circulaire est, ainsi, de replacer ces principes dans un processus décisionnel global, à partir de règles déjà connues, pour éclairer le dispositif de traitement de la délinquance des mineurs mais également mieux appréhender la situation individuelle de chaque adolescent.

La cohérence, la lisibilité et l'individualisation des réponses judiciaires à la délinquance des mineurs constituent des impératifs qui doivent guider les décisions des magistrats comme la prise en charge par la protection judiciaire de la jeunesse.

Cette cohérence repose d'abord sur la spécialisation et la coordination des acteurs qui leur confèrent des connaissances et une lecture commune des problématiques posées par la délinquance des mineurs. C'est pourquoi, il est essentiel de garantir cette spécialisation, notamment au sein des parquets, en désignant des magistrats spécialement chargés de ces affaires, tant dans le champ pénal qu'en protection de l'enfance.

Les échanges entre les magistrats du siège et du parquet et la protection judiciaire de la jeunesse doivent être renforcés, par des rencontres organisées au sein des juridictions, selon des modalités déclinées localement, dans le cadre d'instances de coordination tripartites, qui remplaceront les trinômes judiciaires.

Pour une action effective de prévention de la délinquance des mineurs, les parquets et les services de la protection judiciaire de la jeunesse doivent également maintenir leur présence dans les instances partenariales dédiées.

Toutefois, afin de veiller à la cohérence de la parole judiciaire à l'extérieur de l'institution, il est opportun que des échanges préalables à la réunion des instances partenariales aient lieu entre les procureurs de la République et les directeurs territoriaux de la protection judiciaire de la jeunesse et, le cas échéant, en lien avec les magistrats du siège dont la présence au sein de ces instances est souhaitable, même s'ils n'en sont pas membres titulaires.

Enfin, les procureurs généraux, en lien avec les premiers présidents et en concertation avec les directeurs interrégionaux de la PJJ, devront continuer à réunir chaque année les acteurs de la justice des mineurs de leur ressort *[objectif de la "conférence annuelle sur la justice des mineurs" instaurée par le nouvel article R. 312-13 du code de l'organisation judiciaire, décret 2016-514 du 26 avril 2016, article 23]*.

Cette cohérence repose ensuite sur la capacité de ces acteurs à adapter les réponses à la situation de chaque mineur. Tout passage à l'acte délinquant doit être considéré comme révélant une problématique spécifique, dépassant le seul champ pénal. Les réponses doivent pouvoir être graduées en fonction de la personnalité du mineur, de son parcours et de la gravité des faits.

A titre d'exemple, dans cette approche globale, la possibilité d'une réponse au seul titre de la protection de l'enfance doit être évaluée. De même, la poursuite de ces objectifs doit conduire à recourir largement aux alternatives aux poursuites qui, par leur diversité et leur contenu pédagogique, constituent une réponse adaptée aux infractions de faible gravité reprochées à des mineurs qui ne sont pas ancrés dans un processus délinquant. Lorsque la situation l'impose, la saisine du juge d'instruction, du juge des enfants ou du tribunal pour enfants devra néanmoins être réalisée.

Pour permettre cette adaptation des réponses, à tous les stades de la procédure, la connaissance approfondie de la personnalité du mineur est impérative. A ce titre, une attention particulière devra être apportée au recueil des éléments de personnalité et au partage de ces informations entre tous les professionnels de la justice saisis de la situation du mineur.

Ainsi, les services de la PJJ veilleront à proposer, et les magistrats du parquet à requérir, des mesures qui s'inscrivent de manière cohérente dans le parcours du mineur, en particulier si des mesures éducatives ou de sûreté sont déjà en cours.

En outre, afin d'élargir les réponses possibles, les directeurs interrégionaux de la PJJ veilleront à ce que puissent être mis en œuvre, localement, des contenus de prise en charge éducatifs innovants, permettant de favoriser l'insertion sociale, scolaire et professionnelle, et de promouvoir la santé et l'autonomie des jeunes en vue de réduire les risques de réitération.

Enfin, l'avocat a un rôle essentiel pour permettre au mineur de comprendre les enjeux de ses actes comme de la procédure qui lui est applicable. L'accès à une défense pénale personnalisée et spécialisée est un enjeu fondamental. Un renforcement des liens entre les juridictions et les barreaux, dans l'esprit de la convention établie entre le Conseil national des barreaux (CNV) et le ministère de la justice (DPJJ) (Convention entre le ministère de la justice et le conseil national des barreaux en date du 8 juillet 2011) y contribuera.

De même, la prise en compte des victimes d'infractions pénales doit demeurer une priorité d'action. Dès lors, leurs droits doivent être protégés. Cette prise en compte contribue à l'intégration par le mineur des conséquences dommageables de ses actes. Les procureurs de la République veilleront, en conséquence, à ce que les victimes soient avisées en temps réel des poursuites diligentées à l'encontre des mineurs mis en cause, afin qu'elles puissent exercer leurs droits, y compris au stade présentenciel. Dans le cadre des alternatives aux poursuites, les victimes doivent pouvoir, si cela est opportun, assister aux convocations devant les délégués du procureur et être associées à leur mise en œuvre lorsqu'elles impliquent une réparation directe.

***

[...] Vous voudrez bien me rendre compte, sous le timbre de la direction des affaires criminelles et des grâces (bureau de la politique pénale générale) et de la direction de la protection judiciaire de la jeunesse de toute difficulté rencontrée à l'occasion de la mise en œuvre de la présente circulaire.

Le garde des sceaux, ministre de la justice,
Jean-Jacques URVOAS

Note du 10 février 2017,

Relative à l'adaptabilité des modalités de prise en charge (NOR : JUSF1704924N).

La directrice de la protection judiciaire de la jeunesse,

à

Pour attribution

Mesdames et messieurs les directeurs interrégionaux de la protection judiciaire de la jeunesse

et

Madame la directrice générale de l'École nationale de protection judiciaire de la jeunesse

La note d'orientation de la protection judiciaire de la jeunesse (PJJ) du 30 septembre 2014 porte pour ambition principale la continuité des parcours éducatifs de chaque mineur et jeune majeur pris en charge.

Les notes du 22 octobre 2015 relatives à l'action éducative en milieu ouvert et en placement judiciaire à la PJJ et la note du 24 février 2016 relative à l'action de la PJJ dans les parcours d'insertion scolaire et professionnelle des jeunes confiés, introduisent l'objectif d'individualisation de leur prise en charge. La présente note s'inscrit dans leur continuité.

L'intervention éducative est individualisée en ce qu'elle repose sur la construction de perspectives éducatives élaborées en fonction des besoins du jeune et susceptibles de répondre aux difficultés qu'il rencontre. L'institution se doit ainsi de garantir un panel de réponses éducatives différenciées et personnalisées les plus à même de soutenir l'évolution de chaque jeune pris en charge. Ainsi, chaque mineur et jeune majeur, quel que soit le cadre et le lieu de sa prise en charge au sein de l'institution, bénéficie d'une intervention éducative individualisée.

En outre, certaines situations spécifiques nécessitent que les établissements de placement judiciaire et services de la PJJ élaborent et institutionnalisent des articulations et modalités de prises en charge "nouvelles" et "sur mesure". L'adaptabilité constitue ainsi l'un des moyens d'atteindre l'objectif d'individualisation.

Il s'agit d'élargir les modalités existantes, de mieux les articuler entre elles et de réduire les écarts entre les dispositifs, milieu ouvert et placement. Il s'agit également de consolider le sens des indications éducatives de chaque mode d'accompagnement, notamment celles du placement judiciaire, les risques de ruptures des parcours s'en trouvant par là même réduits.

La présente note s'applique dans ses principes et modalités de mises en œuvre à l'ensemble des établissements et services de la PJJ (secteur public et secteur associatif habilité) qui accueillent des mineurs et jeunes majeurs sous mandat judiciaire. Elle a pour but de définir et d'expliciter la notion d'adaptabilité (I) et d'en poser les principes de mise en œuvre (II). Les deux fiches annexées proposent des déclinaisons concrètes en matière de milieu ouvert (annexe 1) et de placement judiciaire (annexe 2).

Cette note concerne principalement les mineurs pris en charge dans le cadre pénal. Un lien étroit avec les magistrats de la jeunesse permet d'adapter les décisions et interventions judiciaires dans l'intérêt des mineurs et de leur prise en charge. En complémentarité, les dispositions de la loi du 5 mars 2007 réformant la protection de l'enfance apportent une souplesse dans les prises en charge au civil qui doivent pouvoir bénéficier en tant que telles aux mineurs dont le parcours le justifie. Les services éducatifs de milieu ouvert veilleront donc à solliciter le juge des enfants, si nécessaire, pour l'ouverture d'un dossier en assistance éducative permettant l'intervention des services compétents et notamment de ceux des départements et du secteur associatif habilité.

Cette note est élaborée à partir des besoins identifiés des jeunes confiés à l'institution et des pratiques professionnelles repérées et expérimentées depuis plusieurs années par les différents établissements de placement judiciaire et services sur l'ensemble du territoire national. Elle a pour ambition d'encourager la capacité de créativité et d'innovation des équipes pluridisciplinaires afin d'élargir le champ des possibles au bénéfice des jeunes. L'adaptabilité des modalités de prise en charge constitue un levier pour renforcer le travail d'équipe, les dynamiques d'échanges interinstitutionnels et les organisations de travail.

I. – La notion d'adaptabilité des modalités de prise en charge

Il s'agit d'adapter le déroulement de la prise en charge globale du mineur en fonction de sa situation, de ses besoins et de ses ressources, dans le respect du cadre judiciaire fixé et non d'adapter la conduite d'une ou des mesures dont il est bénéficiaire.

L'adaptabilité nécessite des pratiques professionnelles plurielles et des organisations associées qui, pour certaines, sont déjà mises en œuvre sur les territoires.

Cette note vise plus largement à reconnaître et institutionnaliser la notion d'adaptabilité en vue d'en faciliter sa mise en œuvre. La dynamique institutionnelle induite implique un changement d'approche : elle se construit à partir du parcours du jeune conçu dans sa globalité et dépasse donc la stricte dimension de l'exercice d'une ou plusieurs mesures judiciaires.

L'adaptabilité consiste à élaborer et mettre en œuvre les modalités de prise en charge les plus adaptées possibles à la problématique du mineur. Elle suppose une évaluation précise de la situation de l'adolescent tant sur le plan de sa situation scolaire et professionnelle, sociale et familiale que de sa situation sanitaire, physique et psychologique. Cette évaluation est menée en relation avec les titulaires de l'autorité parentale et en tenant compte des impératifs de la décision judiciaire.

L'évaluation permet de déterminer des hypothèses et la mise en place de nouvelles modalités de prise en charge, qui nécessitent d'être constamment affinées.

L'adaptabilité constitue ainsi une stratégie éducative spécifique, propre à chaque adolescent, fondée sur une organisation pédagogique souple des établissements et services et une mise en synergie des différentes unités qui les composent au service du projet du mineur.

Elle recouvre deux dimensions : une dimension institutionnelle qui implique le service ou l'établissement et une dimension individuelle prenant en compte chaque situation dans sa singularité.

L'adaptabilité peut concerner l'ensemble des jeunes confiés à l'institution, quel que soit notamment le cadre du suivi au pénal, l'âge, le(s) service(s) et/ou l'établissement mandaté(s). Cependant, tous les jeunes pris en charge ne nécessiteront pas sa mise en œuvre. D'autres, au contraire, pourront en bénéficier à plusieurs reprises voire simultanément (par exemple dans le cadre du milieu ouvert et du placement).

II. – Les principes de mise en œuvre

Pour être opérationnelle et cohérente, l'adaptabilité doit s'appuyer sur des modalités de mises en œuvre précises et repérées et se met en œuvre à deux niveaux, distincts mais indissociables :

– **Au niveau institutionnel**, l'adaptabilité se construit à partir d'une évaluation, au sein du service ou de l'établissement de placement judiciaire, des caractéristiques du public pris en charge et des potentialités et ressources du territoire. A cette fin, les partenaires, le secteur associatif habilité et plus précisément les magistrats doivent être informés des possibilités offertes par le service ou l'établissement pour adapter les réponses aux différentes problématiques rencontrées et être associés à la mise en œuvre des projets et de leurs déclinaisons concrètes. Les directeurs de service et les responsables d'unité sont fortement mobilisés sur cet aspect, conformément aux rôles et places qui leur sont assignés dans les guides d'emploi des fonctions respectives. Au-delà des compétences propres à chaque fonction, c'est bien l'équipe de direction (DS et RUE) qui permet l'élaboration et la mise en œuvre de l'adaptabilité au niveau institutionnel.

– **Au niveau individuel**, la mise en œuvre de l'adaptabilité prend en compte les besoins, ressources, potentialités et difficultés du jeune et de son environnement, au premier plan duquel sa famille. Elle tient compte de la personnalité du mineur, de sa situation judiciaire et administrative, familiale, sociale, médicale, scolaire ou socio-professionnelle.

L'adaptabilité des modalités de prise en charge conduit les professionnels à s'interroger sur le degré d'intensité à conférer à l'action éducative en fonction des besoins repérés et de la complexité de la situation. Elle se met en œuvre selon des procédures formalisées qui se situent en premier lieu au niveau du service ou de l'établissement de placement judiciaire puis au niveau de l'unité dans une dynamique de synergie, de diversification et de complémentarité des réponses. Par conséquent, ces dernières sont formalisées dans les projets d'unité, de service et d'établissement. Plus spécifiquement, la ou les modalités d'adaptabilité se précisent dans le DIPC et/ou le projet conjoint de prise en charge (PCPC).

Dans tous les cas, il s'agit de veiller au respect des principes suivants :

Le repérage

Le repérage des situations dont les modalités de prise en charge sont susceptibles d'être adaptées émane prioritairement des membres de l'équipe pluridisciplinaire (éducateur en charge des mesures principalement mais aussi psychologue, AS, RUE, DS).

Il s'effectue à partir de différentes instances relatives à la prise en charge des jeunes *[Ces instances recouvrent une terminologie différente selon les territoires et les services/établissements. Aussi, un vocabulaire générique a été choisi pour les développer]* : réunions de situation, réunions de synthèse (interne et externe), revue des mesures, sollicitation des parents... Les informations recueillies au sein des instances de politique de la ville peuvent également venir éclairer l'évaluation de la situation du jeune.

L'évaluation et la décision

L'adaptabilité repose sur une évaluation interdisciplinaire fine et globale de la situation, à l'issue de laquelle la décision de conduire une action éducative adaptée est validée par le RUE, sous l'autorité du DS. Le magistrat est tenu informé de cette nouvelle modalité d'intervention éducative. Dans le cadre du placement, la mise en œuvre de l'adaptabilité rend nécessaire un cadre judiciaire spécifique (une ordonnance de placement provisoire notamment), la proposition est faite au magistrat afin que ce dernier en fixe les contours.

L'organisation

La temporalité des modalités d'intervention spécifiques est fixée dès le début de sa mise en œuvre en fonction de l'évolution de la situation du jeune et de ses besoins. En lien avec le document individuel de prise en charge (DIPC) et le rythme de rendu compte au magistrat. Une temporalité de 3 mois peut être préconisée, à titre indicatif.

Les modalités d'organisation que l'adaptabilité implique ne se limitent pas à l'unité ou au service mais peuvent dépasser les ressources internes de la PJJ.

Elle exige une disponibilité, accessibilité, réactivité, créativité et une souplesse dans l'organisation retenue au sein des établissements et services voire au cœur d'un territoire. Elle s'appuie sur un travail par objectif ciblé et réévalué régulièrement par les professionnels et avec le jeune et ses parents.

Dans sa mise en œuvre, l'adaptabilité est par essence même réversible et modulable : une réévaluation pluridisciplinaire régulière est préconisée.

La communication

Les possibilités d'adaptabilité doivent pouvoir être lisibles et cohérentes en dehors de l'institution. Plus particulièrement auprès des magistrats, il s'agit de promouvoir une logique institutionnelle centrée sur les besoins du mineur et inscrite dans un projet personnalisé. *In fine*, les modalités d'adaptabilité (dans leur ensemble) font l'objet d'une évaluation annuelle par chacun des échelons hiérarchiques (unité, service/établissement, direction territoriale) et d'éventuels réajustements.

Ces principes communs permettent d'élaborer et d'institutionnaliser la mise en œuvre de l'adaptabilité. Pour autant, l'adaptabilité se décline nécessairement de façon différenciée selon qu'elle s'inscrit dans le cadre du milieu ouvert ou du placement (cf. annexes 1 et 2).

En outre, sa mise en œuvre concrète s'appuie sur des moyens matériels eux aussi adaptés aux situations que ce soit en matière de véhicules ou d'équipements informatiques. Dans le secteur public, un objectif de renforcement du parc automobile d'environ 200 véhicules est retenu. Le choix des véhicules devra également faire l'objet d'une définition précise du besoin afin que les professionnels soient dotés d'automobiles adaptées aux situations.

Concernant les matériels informatiques et de téléphonie, un état des lieux des matériels sera réalisé en 2017 afin qu'une norme d'équipement soit définie. Cette norme permettra d'assurer à chaque professionnel un niveau d'équipement équivalent sur l'ensemble du territoire, tout en offrant de la souplesse au regard des modalités de prise en charge.

La mise en œuvre de cette note fera l'objet d'un accompagnement institutionnel impliquant l'ensemble des échelons et d'une évaluation afin de mesurer l'évolution et l'impact de l'adaptabilité à la fois en matière d'organisation des services et établissements mais aussi en matière de qualité des prises en charge.

La directrice de la protection judiciaire de la jeunesse,
Catherine SULTAN

ANNEXE 1

Déclinaison de l'adaptabilité en matière de milieu ouvert

En complément de la présente note, des éléments concernant l'action éducative en milieu ouvert sont contenus dans la partie "Les applications concrètes de l'adaptabilité de la prise en charge" de la note du 22 octobre 2015 relative à "l'action éducative en milieu ouvert au sein des services de la protection judiciaire de la jeunesse". — V. ce texte supra.

Les formes de l'adaptabilité des modalités de prise en charge :

— les modalités de milieu ouvert renforcées concernent les situations qui nécessitent une mobilisation accrue et renouvelée des professionnels.

— une intervention éducative plus distanciée pourra être mise en place en ce qui concerne les situations qui nécessitent une mobilisation plus modérée.

A titre indicatif, au regard de ce qui a été repéré ou expérimenté par les professionnels, ces deux formes d'adaptabilité représentent 5 à 10% de l'ensemble des jeunes pris en charge par le service.

1 – LES CONDITIONS DE MISE EN ŒUVRE

a – Les signaux susceptibles de justifier la mise en œuvre des modalités de milieu ouvert renforcé

Les objectifs de travail du DIPC sont nombreux et complexes et/ou ils doivent être poursuivis dans un laps de temps court et les moyens déployés par le service ne produisent qu'insuffisamment leurs effets.

La nature, la spécificité ou le degré de sévérité d'une ou de plusieurs problématiques observées à un moment donné, leur enchevêtrement et/ou la complexité de la situation rendent nécessaire un renforcement des moyens mis en œuvre par le service.

— Les jeunes qui multiplient les passages à l'acte et/ou commettent des actes de plus en plus graves et/ou qui font l'objet d'un empilement de mesures.

— Les jeunes qui présentent des difficultés médicales et/ou psychiques importantes, envahissantes (situations de handicap, addictions, troubles du comportement, violences...) *[Ex : un jeune de 16 ans, avec de graves troubles psychiatriques depuis l'enfance, cumule les difficultés relationnelles au sein de sa famille et de son environnement social. Toutes les interventions des services du secteur associatif comme de la PJJ (AEMO, placements, mesures pénales) sont mises en échec par la famille qui cumule les difficultés de tous ordres et qui sera expulsée de son logement. Suite à un nouveau passage à l'acte, le mineur est incarcéré. Au cours de ce temps de détention, le jeune accepte le traitement médical et médicamenteux. Le service de milieu ouvert met en place un suivi renforcé par le biais d'un partenariat étroit avec la consultation psychiatrique de l'hôpital et une collaboration avec l'assistante sociale de secteur].*

— Les jeunes en situation d'errance ou les jeunes mineurs/majeurs isolés sans relais familial, logement, solution d'insertion durable, ou encore pris en charge très tardivement par le service.

— Les jeunes en risque de décrochage scolaire, déscolarisés, en marge de tout dispositif d'insertion ou mettant régulièrement en échec les reprises de parcours.

— Les jeunes gravement perturbés par leurs difficultés familiales : confusion des places et rôles, conflits familiaux, absence des parents, absence ou faible adhésion des parents aux propositions et actions éducatives mises en œuvre par le service.

Les moments susceptibles de favoriser la mise en place d'une intervention éducative renforcée :

L'accompagnement en entrée ou en sortie d'un autre dispositif :

— L'accompagnement à une reprise d'insertion.

— L'accompagnement à l'entrée et à la sortie de placement ou de détention. L'idée est celle d'une adaptation progressive au nouveau milieu. Il s'agit d'envisager le développement de sas vers le placement, l'insertion, la prise en charge médicale, le retour au domicile, etc.

— Dans le cadre d'une procédure particulière requérant une grande réactivité de l'intervention éducative : présentation immédiate ou comparution à délai rapproché, en alternative à la détention provisoire.

b – Les signaux susceptibles de justifier la mise en œuvre de modalités de travail distanciées en milieu ouvert

Les objectifs de travail du DIPC sont suffisamment identifiés, ciblés et/ou les besoins du jeune sont facilement pris en compte

— Un (plusieurs) axe(s) de travail du DIPC est (sont) entièrement rempli(s) par les parents et/ou les parents et/ou un/des partenaires ;

— Les besoins immédiats du jeune sont pris en compte et le milieu ouvert socle continue de garantir la continuité en jouant son rôle de coordinateur plus à distance.

Les moments susceptibles de favoriser la mise en place d'une intervention éducative distanciée : l'accès à l'autonomie du jeune, la forte remobilisation de la famille et/ou le passage de relais vers le droit commun.

— Les jeunes absents du service qui ne viennent pas, ne répondent pas aux convocations car ils ne sont pas présents à leur domicile.

Ex : un jeune de 17 ans est pris en charge dans le cadre d'une mesure de liberté surveillée. Au cours de la mesure, ses parents décident de l'envoyer vivre en Bretagne chez sa sœur ainée afin qu'il change d'environnement. Le juge pour enfants est prévenu par le service de cette décision parentale. L'éducateur reste en contact avec la famille et le jeune (appel téléphonique, courriers). De son côté, le magistrat ne souhaite cependant pas ordonner le transfert de la mesure.

2 – LES PRINCIPALES DÉCLINAISONS CONCRÈTES

S'appuyant sur les besoins du jeune, ces déclinaisons sont développées à titre indicatif. Elles ne constituent en aucun cas une liste exhaustive et peuvent recouvrir d'autres réalités.

a – Les principales modalités de MO renforcé

Ces interventions doivent pouvoir se combiner entre elles. Elles sont évolutives dans le temps.

Intensification de la présence auprès du jeune.

— par l'instauration d'un binôme éducatif ou interdisciplinaire au sein de l'unité ;
— en co-intervention avec un partenaire externe au service ;
— par la mise en place d'une organisation particulière

Ex : mise en place d'une permanence éducative pour soutenir le week-end d'un jeune pour la première fois chez sa sœur, organisation d'une astreinte téléphonique soir et/ou WE pour sécuriser un accompagnement tardif ou une sortie exceptionnelle, extension des horaires d'ouverture ou, horaires décalés pour faciliter des rencontres avec des familles...) ;

— par une meilleure mobilité sur un territoire (point d'accueil/lieux fixes *[Exemples : maison de justice et du droit, tribunal, mission locale, associations, mairie, etc.]*, RV extérieur, déplacements visant à chercher les jeunes sur leur lieu de vie – multiplication des rencontres sur les lieux de rassemblement des jeunes ou les lieux habituels du mineur – pour créer les conditions de la relation éducative) ;

Renforcement du parcours d'insertion : il s'agit de (re)mobiliser le jeune dans son parcours d'insertion, dans la perspective, quand celui-ci est spécialisé, de réintégrer à terme le droit commun.

Ce renforcement peut concerner tant l'élaboration que la mise en œuvre du parcours d'insertion : emploi du temps partagé et/ou progressif entre différentes institutions (unité éducative d'activités de jour, ressources spécialisées relevant du soin, du handicap, de l'enseignement spécialisé, etc.). Il se conçoit aussi comme la manière d'articuler l'intervention du milieu ouvert avec ce parcours d'insertion. Il peut ainsi prendre la forme d'un soutien à sa mobilité physique (rappel téléphonique au réveil, accompagnement physique en transport en commun ou en véhicule administratif, rencontre lors de la pause-déjeuner sur le lieu d'insertion, contact téléphonique en fin de journée avec le jeune et sa famille, etc.). Il envisage également la conduite des entretiens (horaire, lieu, durée, etc.) et les temps partagés d'activités au soutien de cette dynamique globale d'insertion.

Pérennisation des modes d'intervention diversifiés.

— Entretien familial, groupe de parole ;
— Activités socioculturelles, sportives ou démarches extérieures avec le jeune et sa famille ; accompagnement plus systématique du jeune sur les rendez-vous notamment quand les titulaires de l'autorité parentale sont en difficulté pour le faire (mission locale, scolarité, santé, démarches administratives...) ; activités collectives y compris séjours et camps ;
— Visites à domicile plus fréquentes ;

Soutien, développement et renforcement des compétences parentales.

— Soutien, accompagnement, guidance parentale,
— Groupes de parole jeunes, parents et/ou parents-jeunes,
— Intervention à domicile,
— Soutien et accompagnement des parents dans leurs démarches.

Soutien et développement de l'aide aux aidants.

— Repérage dans l'entourage du jeune et en lien avec ses parents des personnes mobilisables auprès du jeune (famille élargie, membre du voisinage, de la communauté...),
— Soutien et étayage concret aux personnes qui s'engagent auprès du jeune dans la réalisation de son projet.

Logement et hébergement (hors placement judiciaire) (considéré comme un moyen et non comme un objectif) – **lieux de ressources et de repli** : solutions familiales ou proches de confiance, logement ponctuel (hôtel, résidences sociales, foyer de jeunes travailleurs, via la mairie, les associations). Ces possibilités ne peuvent se mettre en place qu'avec l'accord de la famille et du jeune, dans le cadre d'un projet construit avec ces derniers. La responsabilité civile des détenteurs de l'autorité parentale demeure. Il ne s'agit en aucun cas d'une décision de placement judiciaire.

b – Les principales modalités de travail distanciées en MO

— Diminuer les temps d'intervention ou la présence physique du professionnel ;
— Diminuer l'implication auprès de la famille ;
— S'en tenir strictement au respect des obligations de la décision ;
— Co-prise en charge entre la PJJ et ses partenaires.

ANNEXE 2

Déclinaison de l'adaptabilité en matière de placement judiciaire

En complément de la présente note, des éléments concernant le placement judiciaire sont contenus dans la partie différenciation des modes de prise en charge de la note du 22 octobre 2015 rela-

tive à "l'action éducative dans le cadre du placement judiciaire". Les éléments développés ci-dessous tiennent compte des expérimentations menées (expérimentation nationale au soutien de la continuité des parcours et dispositif de placement intégré (DPI) notamment).

L'enjeu pour les établissements de placement (secteur public et secteur associatif habilité) est de réussir à assouplir les modalités existantes, le passage de l'une à l'autre et à en développer de nouvelles tout en respectant le cadre et les impératifs fixés par la décision judiciaire. Cette démarche doit permettre d'allonger la durée des placements dans l'intérêt des jeunes en évitant les fins de placements consécutives à des incidents.

L'intervention éducative repose sur une démarche d'évaluation qui s'engage le plus tôt possible c'est-à-dire dès la mise en œuvre de la décision du magistrat en cas d'accueil immédiat ou du projet du milieu ouvert en cas d'accueil préparé. Cette démarche est donc un préalable à partir duquel se construisent les stratégies éducatives qui permettent d'adapter la prise en charge.

La mise en œuvre du placement judiciaire vise à apporter des réponses spécifiques aux difficultés rencontrées par le mineur ou le jeune majeur. Ainsi, chaque adolescent doit pouvoir bénéficier de propositions éducatives, tant de la part de l'institution PJJ que des partenaires habilités et extérieurs, qui soient différenciées et personnalisables afin de l'amener à évoluer au mieux.

Davantage qu'en milieu ouvert, le rôle du magistrat est central. En effet, la décision judiciaire précise les raisons du placement, son cadre, sa durée, l'établissement gardien, et organise les droits de visite et d'hébergement.

1. – LA MISE EN ŒUVRE

Le cadre juridique et réglementaire existant permet déjà des formes d'adaptabilité en matière de placement judiciaire

L'adaptabilité en matière de placement se situe en premier lieu au **niveau de l'établissement de placement éducatif (EPE)**. En effet, les EPE permettent des prises en charge diversifiées, qu'elles soient collectives ou individuelles. Ainsi, la diversité des réponses est liée aux spécificités pédagogiques des projets des unités (unité éducative d'hébergement diversifié UEHD – dont UEHD-R, unité éducative d'hébergement collectif – UEHC –, unité éducative centre éducatif renforcé – UECER –...) et à leur articulation en complémentarité, formalisée dans le projet d'établissement. Pour illustration, un EPE peut être composé de deux UEHC qui auraient chacune des spécificités pédagogiques différentes (accueils immédiats/préparés, tranches d'âge spécifiques, étayage familial, possibilités de relais, travail autour de problématiques spécifiques, partenariats particuliers, mise en place d'activités spécifiques...). Parmi les modalités de prise en charge, on peut également conforter la mise en place de séjours et camps (au sein des unités ou plus largement au niveau de l'EPE) mais aussi développer les séjours de remobilisation.

Séjours et camps collectifs : Il s'agit d'un temps partagé afin d'appréhender le "vivre-ensemble", les règles de vie collectives, pour favoriser la socialisation du mineur. Ils permettent aux mineurs placés de prendre le temps, de se distancier de leur quotidien et d'investir différemment la prise en charge, quel que soit le contenu ou la thématique choisie (déplacement sur des lieux de mémoire, sport, culture, nature, activités à dimension citoyenne et humanitaire...). Parallèlement, les séjours sont l'occasion pour les professionnels d'avoir un regard différent sur le mineur et d'élaborer une évaluation plus fine afin d'adapter son suivi éducatif. De plus, ce vivre-ensemble renforce et assoit la relation éducative.

Séjour de remobilisation : Il s'agit d'un séjour de quelques jours spécifiquement organisé pour un ou deux mineurs. Il peut tout à la fois offrir un éloignement du milieu influant, une prise de conscience et l'apprentissage de règles de vie. L'objectif est bien de répondre à une problématique ou à un contexte particulier en adaptant le contenu et les modalités de la prise en charge.

Ce niveau de fonctionnement, cette organisation et les articulations associées doivent être clairs et formalisés au sein du projet d'établissement (préciser notamment l'organisation de la référence éducative). Cela permet ainsi d'envisager simplement un changement de modalité pérenne ou la mise en place d'un placement séquentiel au sein de l'EPE. Ce fonctionnement est également prévu avec les services de milieu ouvert par l'élaboration notamment du projet conjoint de prise en charge (PCPC).

Le placement séquentiel : il s'agit d'un placement comprenant au moins deux lieux de vie différenciés en alternance. La temporalité de l'alternance se pense selon la personnalité et la situation du mineur (semaine/week-end – semaine/semaine – semaine/vacances – un jour précis, par exemple le mercredi...). Le placement séquentiel permet une réponse au contexte de vie du mineur : faire face à une instabilité, éviter les ruptures...

Si un changement de modalité de placement au sein de l'EPE est opéré, il s'effectue, dans l'intérêt du jeune, selon une procédure lisible et souple dont l'articulation est prévue notamment avec le service de milieu ouvert et les magistrats mandants. Ces derniers doivent être associés et partie prenante de la mise en œuvre de ces pratiques. Ce fonctionnement s'appuie sur le respect du principe d'attribution des ordonnances de placement provisoire (OPP) directement à l'EPE ou l'EPEI et non à l'unité.

2. – LES MODALITÉS NOUVELLES

La richesse des ressources permettant de répondre le plus finement aux problématiques des jeunes, **intervient plus largement dans la diversité des modalités proposées au sein d'un territoire**. Il s'agit ainsi, au regard des possibilités du territoire, d'envisager la ou les modalités de placement les plus adéquates à la situation du jeune.

Le cadre législatif et réglementaire actuel ne permet pas la mise en œuvre du placement séquentiel entre EPE et entre établissements du secteur public et du secteur associatif habilité (SAH). Il ne peut alors se faire que par le biais d'OPP successives ou d'une OPP précisant les dates de changement de lieu d'accueil.

Le placement séquentiel avec présence à domicile : recouvre un placement avec droits de visite et hébergement particulièrement larges en direction de la famille. Le magistrat confie le mineur à un établissement alors que le mineur vit en quasi-permanence chez les titulaires de l'autorité parentale. Le jeune et sa famille bénéficient d'un accompagnement visant à soutenir et renforcer ses capacités d'évolution positive au domicile. Le cadre d'intervention demeure bien le placement judiciaire.

En fonction du contexte et de sa situation, le mineur peut rejoindre l'établissement de placement à tout moment. Comme pour tout placement, en cas d'infraction ou faute du mineur, la responsabilité civile repose sur l'État (en cas de placement auprès d'un établissement du SAH, la victime peut être indemnisée auprès de cet établissement sur le fondement de la responsabilité sans faute du gardien ou auprès de l'État sur le fondement de la responsabilité sans faute pour risque spécial).

L'intervention éducative dans le cadre d'un placement avec présence à domicile suppose des garanties et des conditions qu'il convient de préciser :

— Cette modalité de placement repose sur l'évaluation pluridisciplinaire de la situation du jeune et celle de la compétence des familles (en lien avec les conditions d'admission).

— Les objectifs de cette modalité sont principalement d'éviter une autre modalité de placement, de renforcer les compétences parentales (en leur proposant un étayage plus conséquent à partir du lieu de placement) ou de sécuriser un retour au domicile plus pérenne après un autre placement par exemple.

— Il convient de formaliser les modalités de l'intervention éducative dans le projet pédagogique et de les prendre en compte dans le projet d'établissement, notamment les conditions et procédures d'admission (faisabilité du projet, rencontres préalables avec jeune et famille...), l'intervention spécifique au domicile (matin, journée, soirée, week-end), l'importance d'une proximité entre EPE et lieux d'habitation pour une intervention rapide si besoin.

— La possibilité d'accueillir physiquement à tout moment le jeune au sein de l'établissement doit être garantie. Cette possibilité de repli pouvant s'opérer alors sans nouvelle décision judiciaire.

— Il convient d'organiser, de mettre en place et de formaliser la permanence éducative (avec fonction de réassurance éducative et parentale) pour assurer la continuité de l'intervention de l'établissement afin d'apporter une réponse aux familles dans des situations d'urgence (fugues, garde à vue, violence, danger, hospitalisation...).

— Le positionnement en matière d'absences non autorisées doit être clarifié et formalisé en toute transparence avec la famille et le mineur.

— Les articulations et les modalités de travail avec le service de milieu ouvert compétent seront définies dans un projet conjoint de prise en charge (PCPC) afin d'éviter toute confusion des places pour le jeune et sa famille.

— Des formations pour étayer les professionnels à ce type d'intervention (systémie familiale, contenance par exemple) seront mises en place en fonction des besoins repérés par les directions interrégionales.

L'ordonnance du 2 février 1945 ne prévoit pas expressément cette possibilité de placement avec présence à domicile. Elle ne l'interdit pas non plus et il appartient donc aux services/établissements de la PJJ qui le proposent aux magistrats d'être particulièrement clairs sur :

— le sens de ce projet dans le parcours du jeune ;

— les modalités pratiques d'organisation et d'accompagnement ;

— les garanties apportées en cas d'incident.

De même, un compte rendu précis de cette prise en charge devra être effectué. La prise en charge éducative comporte toujours un risque. Le placement avec présence à domicile, forme nouvelle et innovante de placement éducatif, justifie que la mise en place de cette modalité soit communiquée et réfléchie avec les juridictions de secteurs.

2) Placement judiciaire

Note du 22 octobre 2015,

Relative à l'action éducative dans le cadre du placement judiciaire.

La note d'orientation de la protection judiciaire de la jeunesse du 30 septembre 2014 fixe comme ambition principale de soutenir la continuité des parcours éducatifs des jeunes confiés à cette institution. Le positionnement du milieu ouvert comme garant de cette ambition impose d'ajuster et de clarifier les missions dévolues aux établissements de placement de la Protection judiciaire de la jeunesse (PJJ).

La présente note s'applique dans ses principes directeurs aux structures du secteur public (SP), du secteur associatif (SAH) et aux lieux de vie (LDV) de la PJJ qui accueillent des mineurs sous mandat judiciaire et au seul secteur public dans ses modalités d'organisation.

La décision de placement d'un mineur est prise lorsque son maintien dans son environnement habituel n'est plus envisageable, soit du fait du contexte familial, soit du fait de son réseau de socialisation, soit de son propre fait eu égard aux actes pour lesquels il est poursuivi ou condamné, soit enfin par l'accumulation d'une ou de plusieurs de ces circonstances. Le placement judiciaire dans le cadre pénal, vise à remobiliser les jeunes et à préparer les conditions de leur réinsertion afin notamment de prévenir le risque de récidive (le terme récidive n'est pas entendu au strict sens juridique. Il comprend la notion de réitération).

Les mineurs dont il est ici question présentent majoritairement des carences d'ordre éducatif, psycho-affectif, social ou encore sur le plan de la santé.

Tout l'enjeu pour les établissements de placement est donc à la fois de répondre aux objectifs fixés par le juge dans la décision judiciaire et aux exigences posées par les besoins en termes éducatifs du public accueilli. Pour les raisons ci-dessus évoquées, ce travail éducatif revêt un caractère éminemment protectionnel et se décline dans une triple dimension éducative, contenante et contraignante.

L'élaboration de modalités d'intervention éducative conduit à déterminer des hypothèses spécifiques de travail prenant en compte la singularité de chaque situation. Ces hypothèses sont définies à partir de l'analyse pluridisciplinaire de la personnalité du mineur, du contexte familial et de son environnement de vie au regard des actes qui lui sont reprochés et de leurs circonstances. Elles prennent également en compte la perception du mineur de sa situation pour favoriser son adhésion et son implication dans son projet.

D'un point de vue de la stratégie éducative, l'orientation vers un établissement de placement ne saurait être seulement motivée par la réponse à un acte ; elle répond tout d'abord à une situation individuelle.

La diversité des modes de prise en charge au sein du placement permet de s'adapter aux situations et aux besoins des mineurs confiés dans l'objectif d'individualiser l'intervention éducative, y compris les situations les plus marginales en nombre ou les plus singulières telles que celles des jeunes filles, des mineurs de moins de 13 ans, des mineurs sans représentants légaux sur le territoire et des jeunes majeurs.

Que les modalités de placement envisagées soient collectives ou individuelles, séquentielles, modulaires, qu'elles répondent à une situation de crise, ou qu'elles soient restrictives de liberté en alternative à l'incarcération, l'établissement de placement ou le lieu de vie articule son action avec le service de milieu ouvert à tous les stades de la prise en charge. L'établissement de placement rend compte de l'exécution d'une mesure de placement, du déroulement et des actions spécifiques menées et plus largement du contexte d'intervention, au magistrat quand le service de milieu ouvert doit restituer la globalité de la prise en charge dans un souci d'assurer la continuité du parcours éducatif du mineur ou du jeune majeur accueilli.

Afin que le placement serve au mieux ses intérêts, il est indispensable d'impliquer et d'associer le mineur, ses représentants légaux et sa famille pendant le déroulement de cette mesure dans le respect des prérogatives relevant de l'autorité parentale. Les compétences, les ressources, les opportunités offertes par la famille du mineur ainsi que par son environnement doivent être utilement exploitées tout au long de l'intervention éducative.

Enfin, le placement s'organise au sein d'un territoire, dans la globalité de l'ensemble des dispositifs existants, sur la base de diagnostics locaux partagés et notamment au regard de la complémentarité entre les différents acteurs. La diversité des modes de prise en charge et leurs articulations sur un territoire, permettent l'adaptation des propositions éducatives et l'individualisation de la prise en charge au plus près des besoins du mineur.

Après en avoir défini le cadre d'intervention (I), cette note explicite l'action éducative à mener en matière de placement judiciaire (II) et l'organisation du secteur public au service de la continuité du parcours éducatif des mineurs (III).

I. Le cadre de l'intervention auprès des mineurs et jeunes majeurs placés

L'intervention des établissements de la Protection Judiciaire de la Jeunesse s'inscrit dans le respect des principes internationaux et nationaux en vigueur. Les établissements de placement judiciaire doivent notamment garantir les droits et libertés fondamentales du public accueilli et l'individualisation des prises en charge.

En vertu de l'article L. 312-1 *[,]* I du code de l'action sociale et des familles (CASF), les établissements de placement judiciaire sont des établissements et services sociaux et médico-sociaux. A ce titre, la prise en charge est menée conformément aux prescriptions du CASF.

En ce sens, le règlement de fonctionnement est élaboré conformément à l'article L. 311-7 du CASF afin de déterminer et encadrer les modalités d'exercice des droits et libertés de la personne accueillie *(Note DPJJ JUSF1511218N du 4 mai 2015 lignes directrices relatives à l'élaboration du règlement de fonctionnement).*

Lorsque le placement judiciaire est ordonné en alternative à la détention provisoire, le magistrat considère qu'il apporte les garanties suffisantes au bon déroulement de la procédure judiciaire. Dans ce cadre, les établissements de placement ont également pour mission de garantir la représentation des mineurs généralement dans un contexte d'accueil immédiat à l'issue d'un défèrement. Néanmoins la mission première de l'établissement est bien d'assurer la prise en charge éducative de l'ensemble des mineurs.

1.1. Une approche protectionnelle du placement judiciaire

Selon la situation du mineur, les modes de prise en charge sont pensées et adaptées afin de prendre en compte la dimension éducative, contenante et contraignante permettant ainsi de redonner force à l'objectif de protection de tout placement.

Sa dimension éducative

Les établissements de placement judiciaire exercent temporairement, à l'égard de la personne accueillie, une prise en charge dont le cadre de direction de l'établissement est garant. Ces établissements ont pour mission première (art. 4 relatif aux missions des établissements du décret n° 2007-1573 du 6 novembre 2007 relatif aux établissements et services du secteur public de la protection judiciaire de la jeunesse) de conduire une action éducative auprès d'un mineur ou jeune majeur au regard de sa personnalité et de sa situation en matière d'éducation, de relations familiales, de santé, de scolarité ou formation professionnelle, d'éducation à la citoyenneté.

Le placement intervient, généralement, alors que les conditions d'éducation du mineur se sont dégradées ou se dégradent au sein de son environnement habituel. Cette décision impose temporairement un éloignement du milieu de vie, une distanciation par rapport aux attaches familiales, amicales et réseau de socialisation habituel. Cette décision s'impose à l'adolescent, à sa famille. L'objectif de continuité et de mise en cohérence des étapes d'un parcours est ici primordial. Il est nécessaire de penser les objectifs éducatifs du placement comme levier de résolution des difficultés du mineur. Cette réflexion est anticipée par les services de milieu ouvert lorsque le mineur bénéficie déjà d'un suivi et étaye utilement la prise en charge de l'établissement de placement. Par ailleurs, l'intervention éducative porte une attention particulière à l'acte reproché ou commis qui implique de le mettre en perspective avec les éléments relatifs au contexte et au vécu du mineur. Cet axe de travail est d'autant plus prégnant lorsque cet acte a motivé la décision de placement.

L'action éducative doit donc dans un premier temps anticiper les éventuelles réactions d'opposition, de rejet, voire de confrontation au nouveau cadre qui s'impose à l'adolescent. Cet élément est particulièrement sensible et fait, à ce titre, l'objet d'un travail approfondi de la part de l'équipe pluridisciplinaire en concertation avec le milieu ouvert et les parents du mineur afin d'éviter le risque de rupture.

Sa dimension contenante

L'adolescence est marquée à la fois par la confrontation aux normes, aux contraintes, au monde des adultes et à un besoin d'être "ré-assuré" dans cette période de grands bouleversements intimes. Les adolescents pris en charge par la PJJ adoptent pour beaucoup d'entre eux des attitudes d'opposition, de refus, de rejet, susceptibles de porter la marque d'un déficit de confiance dans les adultes et corollairement d'une incapacité à accepter d'être contenus par eux. Ces difficultés peuvent entraver leurs capacités à établir des relations apaisées avec leur environnement. Leur histoire, parfois marquée par une accumulation de ruptures, par de grandes discontinuités et incohérences, peut expliquer ces difficultés particulières. Le cadre juridique du placement, le fonctionnement des établissements et les pratiques des professionnels concourent à la fonction contenante (la notion de contenance, issue du soin psychanalytique, peut être transposée dans le cadre de l'action éducative. L'on part alors du postulat que le "contenu" est le jeune, le "contenant" la mesure judiciaire, la "contenance" étant constituée de l'interaction entre le jeune et les pratiques éducatives) propre à sécuriser un espace intime, à soutenir le lien éducatif structurant pour l'adolescent. La prise en compte de la personnalité du mineur et des ressources et difficultés de son environnement est essentielle afin d'évaluer les risques de rupture possible et d'introduire des stratégies éducatives alternatives dans les modes de prise en charge.

L'articulation entre les services et partenaires, l'adaptation des pratiques professionnelles aux difficultés de chaque jeune garantissent la cohérence de la prise en charge éducative.

En plus de cette cohérence, le placement judiciaire doit assurer un cadre de vie accueillant, bienveillant et des conditions matérielles propices à promouvoir le respect de soi-même et des autres.

La contenance repose sur un cadre d'intervention structuré, repérable pour le mineur, partagé et soutenu par les professionnels et sur une relation éducative qui s'inscrit dans une démarche de projet individualisé.

Sa dimension contraignante

Le placement est une mesure éducative dont le respect peut, par ailleurs constituer ou non l'obligation d'une mesure de sûreté pendant l'instruction, d'une peine au stade du jugement ou d'une mesure d'aménagement de peine au stade post-sentenciel. Le placement intervient dans le cadre d'une décision judiciaire qui fixe les objectifs de la prise en charge du mineur.

L'action éducative dans le cadre du placement prend en compte le contexte de vie du mineur, sa situation scolaire, sa réalité psychique, familiale, sociale pour créer les conditions de la relation éducative dans le cadre de la décision judiciaire.

L'exercice de la contrainte inhérente à toute action éducative fait appel à des pratiques professionnelles qui garantissent le respect des motivations de la décision judiciaire et qui sont susceptibles d'accompagner le mineur dans sa compréhension du cadre juridique notamment lorsque le placement est associé à une mesure restrictive de liberté.

Pour assurer la protection de l'adolescent, l'action éducative revêt intrinsèquement la mission de surveillance et de contrôle liée à la décision judiciaire. Les contraintes liées au placement lui-même et notamment dans un contexte de prise en charge collective nécessitent de promouvoir des relations éducatives singulières susceptibles de dépasser cette stricte dimension.

1.2. L'individualisation des prises en charge

Le placement est une décision lourde de sens pour un adolescent car elle induit une séparation temporaire de sa famille, de son réseau de socialisation et plus largement de son environnement et de ses repères habituels. Le placement a également pour fonction de garantir la continuité et l'individualisation des parcours des mineurs. Avant même l'arrivée d'un mineur dans un établissement de placement, le service de milieu ouvert évalue l'impact du placement. A ce titre, il convient d'intégrer le vécu, les enjeux et les conséquences de cette séparation pour le mineur. La prise en charge interdisciplinaire prend en compte le contexte de vie du mineur, son âge, sa réalité psychique, familiale, sociale et assure aux mineurs l'accès à l'enseignement, aux soins et à un programme d'activités favorisant sa socialisation et son ouverture au monde. L'objectif est bien d'accompagner les adolescents vers une insertion sociale et professionnelle en restaurant notamment les rythmes circadiens élémentaires (alimentation, sommeil, hygiène, apprentissages) et en les responsabilisant.

Cadre et contenu du travail avec les familles *(Guide "Parents, familles et professionnels dans le cadre judiciaire", DPJJ, mars 2011)*

Quels que soient ses fondements, la décision de placement entraîne un transfert de la garde du mineur. Toutefois, les titulaires de l'autorité parentale conservent leurs droits et devoirs sur leur enfant, même s'ils n'en exercent que les attributs conciliables avec le placement.

Pour tout acte usuel *(La cour d'appel d'Aix-en-Provence dans un arrêt du 28 octobre 2010 indique : "les actes usuels peuvent être définis comme des actes de la vie quotidienne, sans gravité, qui n'engagent pas l'avenir de l'enfant, qui ne donnent pas lieu à une appréciation de principe essentielle et ne présentent aucun risque grave apparent pour l'enfant, ou encore, même s'ils revêtent un caractère important, des actes s'inscrivant dans une pratique antérieure non contestée.")*, les représentants légaux doivent être informés des démarches entreprises et pour tout acte non usuel leur accord doit être recueilli. L'établissement auquel est confié un mineur par l'autorité judiciaire, exerce notamment pendant la durée du placement, l'ensemble des actes usuels relatifs à sa surveillance et son éducation.

Les équipes de placement et de milieu ouvert en charge de la prise en charge éducative travaillent conjointement et en lien avec la famille. Il s'agit, en fonction des situations, de solliciter l'implication des familles et de s'appuyer sur leurs ressources. Au-delà des parents, l'ensemble des membres de la famille et notamment la fratrie peuvent être associés au regard de la situation et des besoins du mineur.

La temporalité du placement

L'intervention éducative prend en compte les contraintes temporelles posées par la décision judiciaire. En effet, la durée prévisible du placement judiciaire impose aux établissements et aux services de la PJJ, une coordination immédiate afin de prévenir les risques de rupture dans le suivi éducatif du mineur. Tout au long du placement, les établissements et les services territoriaux éducatifs de milieu ouvert construisent conjointement le projet individualisé de l'adolescent pris en charge permettant ainsi d'inscrire l'action éducative dans la durée.

La réduction des délais dans certaines procédures (présentation immédiate notamment), l'introduction de nouvelles mesures et l'élargissement des missions modifient les pratiques professionnelles. Quelles que soient les raisons qui ont conduit au placement, la contrainte temporelle doit être prise en compte et intégrée dans le travail auprès du mineur. En effet, il convient de considérer notamment la manière dont le mineur ou le jeune majeur appréhende lui-même cette temporalité.

L'intégration de la dimension temporelle garantit, dans la mesure du possible, le temps éducatif et limite les risques de morcellement et donc d'incohérence des stratégies éducatives.

La prise en charge dans le cadre du placement judiciaire suppose donc des modalités d'intervention et une organisation de travail prenant en compte les besoins du mineur tant du point de vue individuel que collectif. Même dans un cadre dicté par l'immédiateté de la procédure, le placement ne doit pas se réduire à ces impératifs mais bien développer sa portée éducative. En ce sens, l'évaluation pluridisciplinaire de la situation du mineur est essentielle à la pérennité et à la réussite de la mesure de placement judiciaire. A ce titre, il peut être proposé à tout moment au magistrat une nouvelle orientation à l'appui des propositions éducatives.

II. L'action éducative structurée par le projet individualisé

La séparation provoquée par la décision de placement génère des questionnements, voire des difficultés de projection pour le mineur et sa famille qu'il convient d'anticiper et de prendre en compte dans l'élaboration des stratégies éducatives. Ces réalités sont d'autant plus prégnantes lorsque le placement intervient dans l'immédiateté et à plus forte raison dans le cadre d'un déferement et en réponse à un trouble à l'ordre public. Les premiers temps de la prise en charge sont consacrées à assurer l'appréhension par le mineur et sa famille des objectifs éducatifs du placement.

2.1. Méthodes d'élaboration et de conduite du projet

Évaluation des situations individuelles

L'intervention éducative repose sur une démarche d'évaluation qui s'engage dès la mise en œuvre de la décision du magistrat, c'est-à-dire souvent avant la période de placement (Circulaire JUSF1050001C du 2 février 2010 relative à l'orientation sur l'action éducative dans le cadre pénal). Cette démarche est donc un préalable sur lequel se construisent les stratégies éducatives qui permettent d'adapter le contenu de la prise en charge. Elle consiste à recueillir, analyser et mettre en lien les éléments relatifs à la personnalité du mineur, à sa situation familiale, à sa situation scolaire, à sa santé mais également à son environnement. L'objectif est d'identifier et de comprendre une situation donnée et de construire ainsi les premières hypothèses de travail. Ces hypothèses, ajustées et réévaluées tout au long de l'intervention, objectivent la construction du projet individualisé pour le mineur ou jeune majeur conduit de manière interdisciplinaire et le cas échéant, interinstitutionnelle. L'infraction à l'origine de la décision judiciaire constitue aussi une composante à intégrer dans l'évaluation de la personnalité du jeune. Le travail sur l'acte doit permettre au mineur de comprendre et de progresser dans le bien fondé des limites et interdits.

Cette démarche contribue à nourrir les remontées d'informations nécessaires à la décision judiciaire et permet de conduire et d'organiser toute intervention par une approche dynamique de parcours modulables et de lisibilité de l'intervention éducative pour le mineur et sa famille.

Dans le cadre d'un placement dans l'immédiateté, il est nécessaire que l'établissement de placement puisse recueillir rapidement les éléments d'informations et d'évaluation de la part des professionnels des services ayant ou ayant eu en charge le mineur et notamment ceux exerçant les missions de permanence éducative auprès du tribunal en cas de déferement.

Le projet scolaire et d'insertion professionnelle

En lien avec les démarches antérieures du service de milieu ouvert et si nécessaire, les professionnels de l'établissement de placement procèdent à l'évaluation pluridisciplinaire de la situation du mineur en matière de scolarité ou d'insertion professionnelle.

Cette évaluation a pour objectif de mettre en exergue les possibilités de réintégration du mineur dans les dispositifs de droit commun en tenant compte de ses acquis, ses capacités et appétences, propres à son inscription dans une dynamique de réussite. Ce retour vers le droit commun est parfois très éloigné des possibilités du jeune et nécessite un temps de remobilisation préalable.

L'enseignement ou la formation constituent les axes principaux de l'emploi du temps individualisé du mineur ou jeune majeur. En lien avec le service de milieu ouvert, l'intervention éducative de la structure de placement judiciaire doit se penser et se construire au soutien d'un parcours d'insertion sociale et professionnelle.

Au regard du projet du jeune et de l'évaluation effectuée sur ses possibilités de se maintenir ou de réintégrer les dispositifs de droit commun, un travail s'engage avec les services de l'Éducation nationale (Cf. circulaire MENE1517335C du 3 juillet 2015 relative au partenariat entre le ministère de l'éducation nationale (DGESCO) et le ministère de la justice (DPJJ) et avec les partenaires du champ de l'insertion socio-professionnelle [(Cf. accord Ministère du Travail – Ministère de la Justice du 27 octobre 1994 – actualisation en cours), et ce toujours en lien étroit avec l'action menée par le service de milieu ouvert référent du parcours.

Les activités au soutien de l'action éducative

Les directeurs d'établissement garantissent une organisation des activités qui privilégie l'animation ou la co-animation par tous les professionnels (éducateurs, professeurs techniques, psychologues, cuisiniers...). Les accords cadres nationaux, les conventions, le tissu associatif ouvrent des champs d'action à investir pour initier, voire pérenniser des partenariats pédagogiques territoriaux afin de diversifier l'offre d'activité. L'éducation à la citoyenneté, à la santé, à la culture et au sport sont autant de supports utiles à l'intervention éducative.

Les professionnels des établissements de placement assurent la mise en œuvre de ces activités qui font appel à des médiations concrètes et quotidiennes pour favoriser l'instauration du lien éducatif de façon collective ou individuelle. Afin d'y faciliter son intégration, il est opportun que le mineur puisse s'inscrire dans l'environnement de l'établissement en participant par exemple à des activités développées par des associations sportives ou culturelles du territoire.

Au même titre que les entretiens individuels ou familiaux, elles constituent un des fondements de l'intervention des éducateurs et contribuent à la construction de la relation avec le jeune et sa famille. En effet, les activités sont ainsi, par contournement, l'occasion tout à la fois de faire du lien, de recueillir des informations, d'appréhender et, le cas échéant, de faire évoluer le comportement du jeune ; elles permettent en outre l'appropriation par le mineur ou le jeune majeur des règles de vie collective et le mettent à l'épreuve de l'autorité, de l'altérité, comme de la mixité.

Les activités permettent également au mineur de s'installer dans une dynamique positive notamment durant la phase d'accueil où son projet individuel se met en place. Les professionnels de l'établissement mobilisent le mineur au quotidien. Les activités sont donc appréhendées comme des actions de médiation, de socialisation et contribuent à mesurer régulièrement les compétences acquises ou les capacités d'acquisition. Elles permettent de développer les potentialités physiques, psychiques et cognitives de l'adolescent et participent aux réponses apportées aux problématiques des mineurs. Les camps, les séjours thématiques sont autant d'actions qui contribuent à renforcer le lien éducatif.

Enfin, des activités récréatives et non obligatoires peuvent être proposées. Elles constituent des vecteurs privilégiés comme tous temps collectifs pour créer ou consolider des liens (dynamique de groupe par exemple) et valoriser les "savoir-faire" et "savoir-être" des jeunes.

2.2. Les trois phases du projet

Durant toute la mise en œuvre du projet du mineur, les établissements de placement associent et favorisent l'implication de la famille. Le travail des liens familiaux et la prise en compte de la place de l'adolescent au sein de sa famille constituent un vecteur essentiel pour favoriser le bien-être et le processus d'insertion sociale de l'adolescent. Le placement peut avoir des effets sur la vie quotidienne de la famille (bouleversement de l'emploi du temps occasionné par les visites et les démarches, sentiment de mise à l'écart...). Cette situation induit des changements dans les relations et peut engendrer une fragilisation de la vie familiale des mineurs, une perte de leurs repères qu'il convient de prendre en compte et d'accompagner. Pour cela quelles que soient les raisons et la temporalité de la période de placement, il s'organise en trois phases pensées et séquencées en fonction de l'évaluation de la situation du mineur.

La phase d'accueil

L'accueil du mineur représente un temps fort de la prise en charge éducative. Le sens donné à cet accueil et son organisation sont des sujets travaillés en équipe pluridisciplinaire et inscrits dans le projet d'établissement. Ce temps de premier contact avec l'établissement et les professionnels, constitue un des facteurs pouvant influer positivement sur la poursuite de la prise en charge.

A ce stade, il importe de prendre en compte ce que le mineur a pu vivre avant son arrivée (garde à vue, déférement) pour évaluer s'il est en mesure d'être réceptif à la transmission des premiers éléments d'information. Il importe que les professionnels s'emploient à créer et établir des conditions d'accueil, un espace transitionnel apaisé et convivial lors de l'arrivée du mineur dans l'établissement, afin de rassurer tant le mineur que sa famille. Dans les premiers jours, il est nécessaire d'apporter une vigilance toute particulière à l'adaptation du mineur à son nouveau contexte de vie.

Conformément à l'article L. 311-4 du CASF, le règlement de fonctionnement *(Note DPJJ JUSF1511218N du 4 mai 2015 lignes directrices relatives à l'élaboration du règlement de fonctionnement)* doit être remis aux mineurs et aux représentants légaux lors de son arrivée avec un livret d'accueil et la charte des droits et libertés qui sont des supports permanents de l'action éducative.

La compréhension de l'organisation du cadre est une condition non suffisante mais nécessaire au bon déroulement du placement. Ainsi, un temps conséquent doit être consacré à cette présentation et à répondre aux éventuelles interrogations du mineur et de sa famille. De la même manière, il convient de s'assurer qu'ils ont compris la situation judiciaire du jeune, notamment en termes de procédure et de durée prévisible du placement. La phase d'accueil s'attache à assurer le lien avec la famille, à connaître les besoins matériels du mineur, ses habitudes de vie et ses besoins en santé (Développer un accueil favorable au sein de chaque service et unité de la PJJ est un des deux objectifs prioritaires que la PJJ s'est donnée dans le cadre du projet PJJ promotrice de santé cf note de cadrage opérationnel et son document technique (27 décembre 2013) disponibles sur l'intranet PJJ à http://intranet.justice.gouv.fr/site/dpjj/index.php ?rubrique=611&ssrubrique=13400) et à accompagner les questionnements et changements générés par le placement. Il s'agit de "faire connaissance" avant de "faire lien" avec l'adolescent et de procéder à une évaluation globale de sa situation. Le recueil et le partage d'informations sur sa situation revêtent un caractère particulièrement important notamment pour assurer une prise en charge adaptée et continue. Les éléments d'information doivent faire l'objet d'une communication croisée entre la famille et les professionnels gravitant autour du mineur ou jeune majeur. La transmission des informations concernant les mineurs et les jeunes majeurs par la permanence éducative auprès du tribunal et les services de milieu ouvert, voire les services de la PJJ en détention doit être réalisée dans les premiers jours du placement. Dans un souci de respect de la procédure en cours, ces services transmettent un rapport spécifique à l'établissement de placement.

Toutes ces démarches conditionnent les premiers éléments d'évaluation et l'élaboration du projet individualisé qui doit être formalisé dans le document individuel de prise en charge (DIPC) et le Recueil d'Informations Santé (RIS) pour les éléments santé.

Mise en œuvre et consolidation du projet

La diversité des modalités de placement doit permettre un ajustement en fonction de la personnalité du mineur et de l'évolution de sa situation. La transgression est au cœur des problématiques des mineurs confiés à la PJJ. L'objectif de l'action éducative est d'accompagner le mineur pour rompre avec ses comportements transgressifs et lui permettre de renouer des relations apaisées avec son environnement. Ce changement ne peut s'opérer que dans la durée, par étapes sans exclure des phases de régressions. Il importe de proposer des réponses relevant de l'action éducative et d'une approche clinique qui prennent en compte ces comportements transgressifs et de réfléchir aux modalités garantissant une poursuite de qualité de la relation éducative. Le renoncement aux comportements transgressifs est un objectif, pas une condition d'accueil ou de maintien dans l'établissement.

En plus des temps consacrés à l'enseignement, à la formation et aux activités, l'emploi du temps du mineur prévoit des temps repérés pour les entretiens éducatifs, psychologiques et par tous les professionnels de l'établissement et ceux du milieu ouvert ou toutes personnes susceptibles de contribuer à la réalisation de son projet. L'établissement prévoit aussi les actions spécifiquement consacrées à la prise en charge sur le plan de la santé, à la préparation des audiences, aux rencontres avec son avocat, toujours en lien avec le service de milieu ouvert.

Il convient de porter une attention particulière aux temps collectifs, notamment les repas qui constituent des moments importants au soutien des échanges, des observations et de l'apprentissage des règles de vie en groupe. Ces moments permettent aussi d'impliquer le mineur dans la vie de l'unité et contribuent à conditionner le bon déroulement des couchers.

L'orientation et la fin de placement du mineur

Elle est une étape "clef" dans le parcours du mineur ou jeune majeur qu'il convient d'anticiper et de préparer avec le milieu ouvert. Les évaluations, l'évolution, le positionnement de l'adolescent et de sa famille, le projet d'insertion scolaire ou professionnelle, ainsi que sa situation de santé, sont autant d'éléments à prendre en compte dans la formalisation de l'orientation du jeune. Il convient aussi d'interroger les besoins en termes d'hébergement et de suivi sanitaire et de considérer le degré d'autonomie dans la proposition éducative au magistrat. Qu'un retour au sein du milieu habituel de vie ou qu'un accueil par une nouvelle structure soit envisagé, les relations entre le service de milieu ouvert et l'établissement de placement judiciaire sont déterminantes pour assurer la continuité de la prise en charge.

Le service de milieu ouvert qui poursuit son intervention à l'issue du placement est garant du projet d'orientation et des modalités de sa mise en œuvre tels qu'ils ont été co-élaborés avec l'établissement de placement. L'intérêt du mineur doit toujours gouverner, non seulement le partage des tâches dans la préparation du projet d'orientation, mais également les modalités pratiques de la fin de placement.

Il est nécessaire d'anticiper, d'accompagner la fin du placement et des relations éducatives et affectives créées par un quotidien partagé. En effet, ce temps singulier peut être vécu difficilement par un adolescent qui a noué des relations privilégiées au cours du placement. Il convient de prendre en compte cet élément et à plus forte raison lorsque les mineurs ont eu un parcours de vie émaillé par de multiples séparations.

Dans un souci de valorisation et de promotion des actions menées, le mineur et sa famille ou le jeune majeur doivent être détenteurs d'un "dossier de fin de prise en charge" le jour du départ. Ce dossier rend compte de son parcours lors du placement (scolarité, prise en charge médicale, suivi éducatif, formation, activités...).

Sous réserve de la périodicité fixée par le magistrat, chaque phase de l'intervention éducative fait l'objet d'un écrit adressé au magistrat prescripteur. Le magistrat est également informé de la survenue d'événements importants et de tous incidents. Par ailleurs, en vue de la mise en œuvre d'une orientation, un rapport de synthèse vise à éclairer la décision du magistrat. Il est élaboré de façon interdisciplinaire en lien avec le milieu ouvert et transmis par l'équipe de direction. Le jeune et sa famille, ainsi que l'avocat sont informés de son contenu et des perspectives.

III. L'organisation du placement judiciaire au service de la continuité du parcours des mineurs et jeunes majeurs

La décision de placement est confiée à un établissement. Dans le respect des prescriptions de la décision judiciaire, le directeur de l'établissement désigne l'unité éducative en charge de la mise en œuvre de la mesure et assure éventuellement les changements d'affectation.

3.1. La différenciation des modes de prise en charge au sein du placement

Les unités qui composent un établissement de placement constituent la spécificité des ressources à disposition pour assurer les prises en charge diversifiées (collectives et individuelles). Le fonctionnement de l'établissement, en articulant les projets pédagogiques de chaque unité assurent la possibilité de moduler la prise en charge au sein de chaque unité et les complémentarités entre elles afin de répondre aux besoins singuliers du mineur. La différenciation des modes de prise en charge prend en compte les ressources, les difficultés du mineur et de sa famille afin de moduler les actions et l'emploi du temps pour répondre aux capacités et aux besoins de chaque jeune.

La mise en œuvre du placement judiciaire repose sur des stratégies éducatives susceptibles de résoudre des difficultés rencontrées par le mineur ou le jeune majeur. Ainsi, chaque adolescent doit pouvoir accéder à un panel de réponses éducatives différenciées et personnalisées les plus à même de l'aider à engager des évolutions positives. Il s'agit, d'une part de soutenir les pratiques et les types de placement existants, d'autre part de développer des modalités innovantes permettant une adaptation plus fine aux besoins du public confié. Ces modalités de placement reposent sur l'évaluation de la personnalité, la situation administrative, familiale et au regard de l'insertion et de la santé. En lien avec le service de milieu ouvert, il convient de prendre en compte les antécédents judiciaires et les impératifs de la décision du magistrat pour proposer une adaptation de la prise en charge au plus près de l'évolution de ces différents éléments.

Au sein des établissements de placement collectif, cette individualisation allie les enjeux et les problématiques propres à la prise en charge d'un groupe et aux singularités des situations (mixité, situations administratives, cadres judiciaires du placement, infractions...). Ces axes de travail représentent à la fois des contraintes et des leviers constitutifs d'une dynamique de groupe (appropriation de la sociabilité et des règles de vie notamment).

Le placement collectif peut être l'occasion d'éprouver sa capacité à vivre avec ses pairs ainsi qu'avec des adultes au quotidien. Il permet un apprentissage des règles de vie en collectif propice à favoriser sa socialisation tout en le mobilisant sur les valeurs citoyennes et de partage. Il met l'adolescent en situation d'être porteur de propositions et d'initiatives positives pour le collectif.

L'équipe pluridisciplinaire évalue les besoins du mineur et propose les modalités d'exercice des temps collectifs et individuels, des activités et des entretiens avec les professionnels.

La différenciation des modes de prise en charge a pour ambition de limiter les risques de rupture dans le parcours éducatif et d'assurer la fonction contenante du placement. Dans la mesure du possible et notamment lorsque le placement est préparé en amont de la décision judiciaire, le service de milieu ouvert et l'établissement proposent au magistrat les modes de prise en charge envisagés en lien avec le mineur et sa famille. Par ailleurs, en cas de changement de projet du mineur en cours de placement, la nouvelle orientation est soumise à la décision du magistrat.

Dans tous les cas, dès le début de la prise en charge, une ou plusieurs modalités sont envisagées et organisées pour répondre aux besoins du mineur. Elles sont formalisées dans le DIPC et peuvent évoluer en cours de prise en charge eu égard à l'évaluation du projet et des avenants au DIPC.

Si un changement de modalité de prise en charge est opéré au cours du placement, il repose sur une procédure lisible et suffisamment souple. Il n'est pas une réponse à la commission d'un incident ponctuel mais il intervient à la suite de l'observation du comportement du mineur, de son évolution et des perspectives du travail éducatif. Le mineur, sa famille et le magistrat sont alors informés de tout changement de modalité de prise en charge qui est décidé par le cadre de direction après avis de l'équipe pluridisciplinaire.

3.2. Le projet d'établissement

Chaque établissement élabore un projet et le décline en objectifs stratégiques qui reposent sur l'articulation des spécificités des différentes unités et prévoit l'adaptabilité des modes de prise en charge. Ainsi, afin de garantir la continuité de l'action éducative, chaque mineur se voit désigner un éducateur référent qui assure le lien avec le milieu ouvert. Lorsque le changement de modalité de prise en charge induit un changement d'unité, il convient de prévoir l'articulation entre l'éducateur initialement en charge du suivi, l'éducateur nommé dans la nouvelle unité et celui du milieu ouvert.

Les protocoles de travail avec les partenaires et les modalités de fonctionnement de l'établissement doivent être pensés pour favoriser la continuité des parcours pour les mineurs ou jeunes majeurs. A ce titre, en s'appuyant sur une stratégie de complémentarité territorialisée, l'organisation des établissements garantit la continuité du parcours éducatif et la pérennité du projet individuel du mineur.

Sous l'autorité du directeur de l'établissement, l'élaboration du projet d'établissement impulse l'implication de l'ensemble des personnels afin de promouvoir l'intervention interdisciplinaire et interinstitutionnelle. Bien plus qu'un engagement de service, il s'agit d'identifier l'ensemble des ressources, des acteurs (professionnels et partenaires) et de prévoir les modalités d'intervention, d'échange d'informations et de relais possibles. La formalisation du fonctionnement interdisciplinaire est prévue à tous les stades de la prise en charge, de la phase d'accueil à l'orientation du mineur ou jeune majeur accueilli.

Il est utile d'y présenter l'historique de l'établissement, son architecture, ses ressources humaines et son organigramme. De plus, le projet s'attache à préciser la ligne pédagogique de l'établissement, le public accueilli ainsi que les procédures internes. Les instances de coordination, d'échanges et toutes les étapes du placement (accueil, mise en œuvre et consolidation du projet, orientation et fin de placement) sont déclinées en objectifs stratégiques et opérationnels en prenant en compte la spécificité des missions et les caractéristiques et les besoins du territoire.

Les modalités de gestion des transgressions, des passages à l'acte auto ou hétéro-agressifs, sont formalisées dans le projet d'établissement et le règlement de fonctionnement *(Note DPJJ JUSF1511218N du 4 mai 2015 lignes directrices relatives à l'élaboration du règlement de fonctionnement)*. Enfin, les absences non-autorisées *(Note d'instruction DPJJ JUSF1510943N du 4 mai 2015 en matière d'absences non autorisées d'un mineur placé dans un établissement du secteur public ou du secteur associatif habilité de la PJJ)* sont abordées comme un risque accru de rupture dans le parcours éducatif.

Chaque unité élabore un projet pédagogique précis en s'appuyant notamment sur le "savoir-faire" des professionnels, les méthodes d'évaluation, les médias de l'action éducative et les partenaires privilégiés. En lien avec le service de milieu ouvert et indépendamment des dispositions légales relatives au DIPC, il est utile de prévoir un Projet Conjoint de Prise en Charge (PCPC). Cet outil permet en toute cohérence de répartir les objectifs de travail entre chaque partenaire.

Le projet des unités et sa déclinaison en objectifs pédagogiques permettent de rendre acteur l'équipe pluridisciplinaire et lisible l'action auprès des juridictions et des partenaires.

Le projet d'établissement est établi pour une durée de cinq ans (art. L. 311-8 du CASF). Il est actualisé tous les ans, au regard, notamment des constats de l'évaluation interne.

3.3. La gouvernance du placement judiciaire

La gouvernance du placement judiciaire prend sa place dans celle plus générale de l'intervention de la PJJ et des parcours des jeunes à l'échelle d'un territoire. Elle n'a de sens qu'inscrite dans un schéma plus global, matérialisé notamment par le projet territorial.

Elle associe les différents acteurs du placement judiciaire mais aussi du milieu ouvert socle et de l'insertion, et place au cœur des préoccupations l'individualisation et la continuité des parcours éducatifs ainsi que l'implication des jeunes et de leurs familles. Elle trouve des déclinaisons concrètes à chaque échelon.

Au niveau de l'unité, le responsable d'unité éducative (RUE), pilote le projet pédagogique de l'unité. Le RUE garantit le caractère interdisciplinaire de la conduite des mesures judiciaires et met en place les outils et les modalités d'échanges entre les professionnels au quotidien.

Au niveau de l'établissement, le directeur de l'établissement, pilote du projet d'établissement, garantit l'articulation et la complémentarité des projets pédagogiques des unités en lien avec les RUE. Il met en œuvre des instances "techniques" regroupant des sessions de formation et d'accompagnement d'équipe qui permettent d'aborder dans une dimension plus opérationnelle la mise en œuvre des modalités de prise en charge. Il garantit la cohérence de la mise en œuvre du projet individualisé du mineur au sein de l'établissement.

Le directeur est garant des relations partenariales et assure l'élaboration et la mise en œuvre des protocoles de travail et leurs déclinaisons opérationnelles entre les services de la PJJ et les acteurs extérieurs (médecine générale, secteur pédopsychiatrique, éducation nationale, mission locale...).

Le DS et les RUE constituent l'équipe de direction qui mène une action complémentaire, dans le cadre de la politique territoriale sur le périmètre de l'établissement et/ou de l'unité.

Au niveau de la direction territoriale (DTPJJ), l'équipe de direction territoriale anime la mise en œuvre du projet territorial. A ce titre, elle garantit la complémentarité de l'offre entre le secteur public et le secteur associatif habilité afin d'assurer un parcours cohérent et sans rupture du mineur au sein du territoire.

Une instance territoriale, dédiée ou non, et partenariale détermine les orientations en matière de placement judiciaire, les politiques locales en matière de prise en charge des publics et aborde les questions institutionnelles (modalités, articulations entre les acteurs, accès aux activités, aux soins...) en fonction des spécificités territoriales. Elle ne traite pas des situations individuelles qui relèvent de la compétence des établissements et services. Elle évalue la qualité du fonctionnement de l'interdisciplinarité interinstitutionnelle, et des modalités de prise en charge et l'améliore en conséquence.

A l'initiative des directions interrégionales (DIRPJJ), le comité de pilotage interrégional relatif au placement judiciaire établit le bilan de l'année écoulée, arrête des perspectives et des objectifs de travail pour l'année suivante. La DIRPJJ veille à offrir des possibilités de placement les plus diversifiées possibles en fonction de son public, de ses spécificités géographiques et des articulations interrégionales à penser en la matière.

Au niveau national (DPJJ), l'administration centrale évalue l'existant et décide des perspectives concernant l'ensemble des réponses en matière de placement judiciaire sur la base des besoins repérés par les territoires.

Note du 4 mai 2015,

Relative aux lignes directrices relatives à l'élaboration du règlement de fonctionnement des établissements collectifs de placement judiciaire du secteur public et du secteur associatif habilité.

Le règlement de fonctionnement s'applique à l'ensemble des locaux (privés et collectifs) de l'établissement. Il s'applique à toute personne hébergée, aux visiteurs, et à l'ensemble du personnel intervenant au sein de l'établissement (à titre salarié, libéral ou bénévole).

1. Les règles essentielles à la vie collective

La Charte des droits et libertés de la personne accueillie énonce des principes fondamentaux qui sont absolument intégrés dans le règlement de fonctionnement.

L'établissement veille au respect de ces principes fondamentaux dans son fonctionnement quotidien auprès des mineurs confiés.

Article à intégrer dans le règlement de fonctionnement et à adapter à chaque établissement :

L'exercice des droits et libertés est garanti à tout mineur pris en charge au sein de l'établissement.

A ce titre, l'établissement garantit au mineur le respect de sa dignité, de son intégrité, de sa vie privée, de son intimité et de sa sécurité *[article L. 311-3 1° du CASF]*

Les membres du personnel de l'établissement et les mineurs accueillis s'obligent à un respect mutuel. Chaque mineur accueilli, comme chaque membre du personnel de l'établissement ou personne intervenant en son sein à quelque titre que ce soit, s'engage à adopter un comportement respectueux et civil à l'égard des autres.

En outre, aucun mineur "ne peut faire l'objet d'une discrimination en raison de son origine notamment ethnique ou sociale, de son apparence physique, de ses caractéristiques génétiques, de son orientation sexuelle, de son handicap, de son âge, de ses opinions et convictions, notamment politiques ou religieuses" *[article 1er de l'arrêté du 8 septembre 2003 relatif à la charte des droits et libertés de la personne accueillie, mentionnée à l'article L. 311-4 du CASF]*.

L'établissement s'engage à fournir des conditions d'accueil conformes aux normes du règlement sanitaire départemental et aux normes d'hygiène et de sécurité en vigueur.

2. Le droit du mineur à la santé et aux soins ainsi qu'à un suivi médical adapté

Article à intégrer dans le règlement de fonctionnement et à adapter à chaque établissement :

Conformément aux textes internationaux (notamment, Convention internationale des Droits de l'Enfant), comme nationaux (notamment, préambule de la Constitution du 27 octobre 1946, article 7 de l'arrêté du 8 septembre 2003 relatif à la charte des droits) et libertés de la personne accueillie, mentionnée à l'article L. 311-4 du CASF), il est garanti aux mineurs accueillis le droit à la santé et aux soins ainsi que le droit à un suivi médical adapté.

2.1. La santé

De l'accueil du mineur jusqu'à son départ de l'établissement, sa santé au sens large (santé-bien-être) est prise en compte par les professionnels tant dans l'organisation de la vie collective que dans celle des rythmes de vie, du lieu de vie, de l'alimentation, de la pratique d'activités favorables à la santé-bien-être et des besoins spécifiques du mineur (addictions notamment). Des actions d'éducation pour la santé sont organisées en lien étroit avec la vie collective de l'établissement.

Composante indispensable de la prise en charge, la participation active du mineur et de ses représentants légaux est mobilisée. Cette participation contribue, en lien avec les acteurs de santé concernés, à garantir, à l'issue de la prise en charge, la poursuite des soins engagés durant celle-ci. Le bilan de santé, les examens de santé et les compte rendus médicaux sont restitués au mineur et aux détenteurs de l'autorité parentale.

2.2. La prise en charge des soins au quotidien

Le mineur doit disposer d'une couverture sociale.

L'autorisation des représentants légaux est requise pour tous soins (la distribution de médicaments, les consultations, les décisions médicales, le choix d'un médecin traitant pour les mineurs de 16 ans et plus) relatifs aux mineurs.

Sauf avis contraire des représentants légaux, il est fait appel aux médecins habituellement connus de l'établissement.

L'admission dans un service hospitalier relève de l'autorité parentale.

Les documents soumis au secret médical (ordonnances, carnet de santé, résultats d'examen), sont conservés sous clef.

L'exécution de certains soins courants (traitement médicamenteux, actes infirmiers, séance de kinésithérapie...) est établie en vertu d'une prescription médicale.

En cas de prescription médicamenteuse (ordonnance), celle-ci est conservée tout au long du traitement avec les médicaments prescrits dans un sac au nom du mineur et dans un lieu dédié fermé à clef (ex : boite à pharmacie).

En effet, aucun médicament ne peut être introduit dans l'établissement, ni distribué sans ordonnance ou avis médical (il sera fait appel au SAMU (15 ou 115) ou au médecin traitant) même pour la dispensation d'un médicament disponible en accès libre.

Pour les mineurs ayant des besoins de santé spécifiques et des traitements particuliers, un aménagement adapté "le projet d'accueil individualisé" (PAI) est proposé au sein de l'établissement en collaboration avec les représentants légaux et les services de soins (Projet d'accueil individualisé (PAI) Guide technique santé).

2.3. La prise en charge de l'urgence

En cas d'accident ou de malaise nécessitant une intervention d'urgence, les professionnels sont les premiers intervenants. L'établissement sollicite l'avis du Service d'Aide Médical d'Urgence (SAMU 15 ou 112) qui décide de la prise en charge la plus adaptée.

Seul un médecin est habilité à recueillir l'autorisation d'hospitalisation, d'intervention chirurgicale et/ou de traitement auprès des représentants légaux et du mineur, après avoir dispensé l'information nécessaire. En cas d'urgence, la décision d'opérer est sous la seule responsabilité du médecin (article L. 1111-5 du code de la santé publique).

Dans tous les cas, pour les mineurs, les représentants légaux sont immédiatement informés par l'établissement gardien. Pour les majeurs, cette information est faite avec leur accord (note du 19 mai 2005 sur le droit des malades et qualité du système de santé).

Un mineur ne peut sortir de l'hôpital que s'il est accompagné des représentants légaux ou d'un représentant de l'établissement gardien (guide technique santé, "autorité parentale et santé").

2.4. Les situations de soin ou le mineur peut déroger à l'autorité parentale

Les situations où il peut être dérogé à l'autorité parentale pour les soins au bénéfice du mineur sont établies par l'article L. 1111-5 du code de santé publique. Elles recouvrent :

– Le refus du mineur à l'information des représentants légaux (article L. 1111-5 du code de la santé publique),

– La rupture familiale pour les mineurs affiliés d'une façon autonome à la CMU (loi n° 99-641 du 27 juillet 1999).

Le mineur peut également se passer de cette autorisation dans le cadre de l'accès à la contraception et à la contraception d'urgence (article L. 5134-1 du code de la santé publique), et à l'IVG (article L. 2212-7 du code de la Santé publique (loi du 4 juillet 2001 n° 2001-588).

Sur la nécessité d'une ordonnance, il est possible d'obtenir une prescription générale en début de placement, dans le cadre du bilan de santé.

En effet, la délivrance d'un médicament n'est jamais un acte anodin et les mineurs peuvent présenter certaines allergies à des médicaments d'usage courant.

Il ne s'agit pas de faire systématiquement appel à un médecin mais d'anticiper par une prescription, le fait que le mineur peut prendre tel ou tel médicament.

Par ailleurs, il convient de se référer au guide technique santé qui liste les médicaments pouvant être utilisés dans la pharmacie.

3. Le droit du mineur au respect de la confidentialité des informations le concernant détenues par l'établissement

Ce principe trouve son origine dans le 4° de l'article L. 311-3 du code de l'action sociale et des familles. Il est également rappelé dans l'article 7 de l'arrêté du 8 septembre 2003 relatif à la charte des droits et libertés de la personne accueillie. Au-delà de l'obligation de respect du secret professionnel qui concerne certaines professions ou certaines fonctions, ce principe implique que toutes les personnes concourant à la mise en œuvre de la mesure judiciaire confiée à l'établissement fassent preuve de discrétion professionnelle quant aux informations relatives à la situation des mineurs dont ils peuvent avoir connaissance au cours de la prise en charge. Cette discrétion professionnelle s'exerce notamment à l'extérieur de l'établissement mais aussi à l'égard des autres mineurs pris en charge. Ce principe ne fait bien évidemment pas obstacle à ce que l'établissement informe régulièrement le magistrat concerné du déroulement du placement de chaque mineur.

Par ailleurs, l'attention des mineurs est appelée sur la nécessaire discrétion qu'il convient d'observer sur leur propre situation judiciaire comme celle des autres usagers de l'établissement, dans leur propre intérêt comme celui de l'ensemble des mineurs.

Le respect de la confidentialité des informations est une obligation réglementaire. C'est donc un droit du mineur et de sa famille que doivent respecter les professionnels. Par ailleurs les agents publics de la PJJ sont tenus au secret professionnel (DSJS) en sus du devoir de réserve et de discrétion professionnelle.

Article à intégrer dans le règlement de fonctionnement et à adapter à chaque établissement :

L'établissement garantit au mineur comme à ses représentants légaux et à sa famille, par l'ensemble des personnels réalisant la prise en charge, le respect de la confidentialité des informations le concernant dans le cadre des lois existantes.

4. Le droit du mineur à l'accès aux informations détenues par l'établissement le concernant

L'accompagnement du mineur au sein de l'établissement nécessite le recueil de données et de renseignements.

Un dossier personnel par mineur est constitué à cette fin. En cas de collecte de données et de renseignements à caractère personnel, contenues dans des traitements non automatisés (fichiers manuels) ou dans des traitements automatisés (fichiers informatiques), les données collectées ainsi que le traitement doivent répondre aux exigences fixées par la loi n° 78-17 du 6 janvier 1978 relative à l'informatique, aux fichiers et aux libertés. Une déclaration auprès de la CNIL ou une demande d'autorisation auprès de cette dernière peut être nécessaire si le traitement permet l'identification des personnes et qu'il comporte des données à caractère personnel accessibles à plusieurs personnes.

Par ailleurs, le mineur et les représentants légaux doivent être informés de l'existence de fichiers susceptibles de contenir des informations le concernant, la finalité de ces fichiers ainsi que les destinataires de ces informations. Ils doivent également être informés de leurs droits à consultation, modification et éventuellement rectification des informations contenues dans ces fichiers, ainsi que des modalités pratiques de mise en œuvre de ces droits conformément aux articles 39 et 40 de la loi n° 78-17 du 6 janvier 1978.

Indépendamment des cas où sont constitués des fichiers comprenant des données à caractère personnel il est rappelé que conformément au 5° de l'article L 311-3 du code de l'action sociale et des familles le mineur et les représentants légaux ont un droit d'accès à toute information ou document relatif à sa prise en charge, sauf dispositions législatives contraires. L'article 3 de l'arrêté du 8 septembre 2003 relatif à la charte des droits et libertés de la personne accueillie précise même que "la communication de ces informations ou documents par les personnes habilitées à les communiquer en vertu de la loi s'effectue avec un accompagnement adapté de nature psychologique, médicale, thérapeutique ou socio-éducative" en fonction de la nature de l'information.

La protection des données médicales doit être garantie selon les modalités de la loi du 4 mars 2002 sur le droit des malades : constitution et communication du dossier médical.

Le règlement de fonctionnement détermine les modalités d'accès au dossier notamment la procédure, le lieu de consultation.

Article à intégrer dans le règlement de fonctionnement et à adapter à chaque établissement :

Le mineur ainsi que les représentants légaux ont un droit d'accès à toute information ou document relatif à sa prise en charge. Cette demande est formulée auprès du directeur de l'établissement.

4.1. Le contenu du dossier

A l'arrivée dans l'établissement, un dossier est ouvert pour chaque mineur. Il est composé :

– d'une partie judiciaire intégrant tous les documents judiciaires et rapports transmis, entre les autorités judiciaires et l'établissement, concernant la situation du mineur pris en charge ;

– d'une partie administrative intégrant divers renseignements : état civil, document individuel de prise en charge, scolarité, convention de stage notamment ;

– d'une partie "santé" (RIS)15 intégrant tous les documents administratifs transmis à l'établissement par le mineur et/ou ses représentants légaux et permettant d'assurer sa prise en charge en matière de santé (coordonnées des représentants légaux, couverture sociale, coordonnées du médecin référent et/ou traitant et autres praticiens, objectifs de soin et de suivi éducatif en santé).

4.2. La consultation du dossier

Au sein de l'établissement, le mineur et/ou ses représentants légaux peuvent consulter les documents figurant dans la partie administrative du dossier. Ce droit à communication concerne les documents achevés et exclut les documents préparatoires (notes d'entretien notamment).

Par ailleurs, les rapports à destination du juge peuvent être consultés au tribunal dans le respect des procédures en vigueur (article 1187 du Code de procédure civile).

La consultation de la partie judiciaire du dossier n'est pas possible au sein de l'établissement et dans le cadre du placement. Elle s'effectue dans le respect des règles de procédure pénale en vigueur et selon le cadre applicable à la procédure en cours.

5. Le droit du mineur au respect des liens familiaux et à la favorisation des relations avec l'extérieur de l'établissement

Conformément à l'article 6 de l'arrêté du 8 septembre 2003 relatif à la charte des droits et libertés de la personne accueillie, la prise en charge du mineur ne doit pas faire obstacle au maintien des liens familiaux dans le respect des décisions de justice. En vue de garantir l'effectivité de ce droit, les relations des mineurs avec leur famille sont organisées par l'établissement notamment les modalités pratiques relatives à la correspondance écrite ou électronique et aux communications téléphoniques. Ces droits à correspondance et à communication peuvent également être étendus au-delà des membres de la famille dans la mesure où l'article 8 de cette même charte indique que les relations avec la société sont favorisées dans le strict respect du cadre judiciaire.

Comme toute personne, le droit au respect de la vie privée et familiale et le secret des correspondances écrites (conformément à l'article 8 de la Convention européenne des droits de l'homme) ou électroniques et des communications téléphoniques sont donc garantis au mineur et l'établissement prend toute mesure utile à cette fin.

Néanmoins, il convient d'observer que les droits à correspondance et à communication du mineur s'exercent dans le strict respect du cadre judiciaire du placement. En outre des atteintes peuvent éventuellement être portées à ces principes dans un but de sécurité des personnes et des biens mais elles doivent dans ce cas être légitimes et proportionnées.

Le règlement de fonctionnement doit en détailler les modalités. Il doit en outre fixer la durée et la fréquence des conversations téléphoniques et des communications électroniques.

Remarques complémentaires : Les atteintes au secret des correspondances ne peuvent être qu'exceptionnelles. C'est la raison pour laquelle les dispositions relatives au règlement de fonctionnement prévoient seulement la possibilité de demander au mineur d'ouvrir en sa présence des paquets ou colis volumineux pour des raisons de sécurité.

Concernant les obligations du contrôle judiciaire assignées aux mineurs, et notamment celle de "s'abstenir de recevoir ou de rencontrer certaines personnes spécialement désignées par le collège de l'instruction ou le juge des libertés et de la détention, ainsi que d'entrer en relation avec elles, de quelque façon que ce soit" (article 138 du code de procédure pénale), le rôle de l'établissement est d'en vérifier le respect par ce dernier sans aller jusqu'à entraver sa liberté de correspondance ou le secret de cette dernière. Il s'agit d'une obligation de moyen pour l'établissement. Le contrôle du destinataire ou de l'expéditeur apparent sur l'enveloppe du courrier peut être effectué par l'établissement. En revanche, le contrôle systématique du contenu de la correspondance est une atteinte disproportionnée au secret des correspondances.

Le secret des correspondances couvre également les correspondances électroniques et téléphoniques ainsi que les conversations. Dès lors il n'est pas possible d'écouter les conversations téléphoniques des mineurs de façon systématique, en restant à côté de lui sauf si bien évidemment il demande une présence éducative.

Concernant le cas particulier des échanges avec son avocat, le principe est celui de la totale liberté de conversation et de correspondance du mineur avec son avocat.

Concernant les autres conversations téléphoniques avec les membres des familles ou les amis du mineur, au préalable une liste des numéros utiles peut être dressée avec les représentants légaux mais une interdiction totale et un non respect du secret de la conversation téléphonique n'est pas envisageable.

5.1. Le courrier

Article à intégrer dans le règlement de fonctionnement et à adapter à chaque établissement :

Afin de maintenir des liens avec sa famille et des personnes extérieures à l'établissement, le droit à la correspondance est garanti au mineur. A cette fin, l'établissement doit mettre à sa disposition les moyens matériels nécessaires et s'assure de la remise des courriers dont il est destinataire. L'exercice de ce droit s'effectue dans le respect des prescriptions judiciaires, ce qui signifie que seule la décision judiciaire peut venir restreindre ce droit.

Le secret des correspondances est impérativement assuré à tout mineur accueilli dans l'établissement.

Pour des raisons visant à assurer la sécurité des personnes et des biens, il peut être demandé au mineur d'ouvrir sa correspondance (notamment les colis ou envois volumineux) en présence d'un personnel d'un établissement.

5.2. Les communications téléphoniques

Les établissements choisissent entre les deux régimes proposés.

Article à intégrer dans le règlement de fonctionnement et à adapter à chaque établissement :

Afin de maintenir des liens avec sa famille, le droit à la communication téléphonique est garanti au mineur. À cette fin, l'établissement doit mettre à sa disposition les moyens matériels nécessaires. L'exercice de ce droit s'effectue dans le respect des prescriptions judiciaires, ce qui signifie que seule la décision judiciaire peut venir restreindre ce droit.

Ce droit est organisé dans les limites inhérentes au bon fonctionnement de l'établissement et des droits des autres mineurs pris en charge. Ainsi, l'établissement fixe le lieu et les horaires auxquels la communication est possible ainsi que la durée de celle-ci.

Le secret des communications est impérativement assuré à tout mineur accueilli dans l'établissement.

— L'usage des téléphones personnels

Interdiction de l'usage du téléphone portable :

Afin de favoriser le bon fonctionnement de l'établissement, le droit à la communication par téléphone étant par ailleurs garanti, la détention d'un téléphone portable au sein de l'établissement est interdite.

Ou

L'encadrement de l'usage du téléphone portable :

L'usage du téléphone portable est règlementé. Les établissements déterminent les modalités de cet accès. En dehors de ces temps, le portable est remis aux éducateurs et est conservé dans un lieu sécurisé.

5.3. Les accès aux supports multimédias

Le fait de mettre à disposition des mineurs des ordinateurs ou supports multimédias est une faculté, non une obligation.

Concernant la consultation des sites, il est prévu l'existence de filtres ce qui permet justement de limiter les consultations de sites présentant un danger ou inadaptés à la mission éducative. Les filtres consistent dans le blocage de la connexion à des sites déjà identifiés ou à ceux liés par un système de mot clef. Il appartient à l'établissement de lister les sites interdits. Le directeur de l'établissement peut se mettre en lien avec les correspondants informatiques pour procéder à l'installation des filtres.

Concernant la correspondance électronique, il est juridiquement impossible de la limiter pour les mêmes raisons que la correspondance papier.

La seule possibilité est de limiter la durée et la fréquence d'accès aux ordinateurs.

Article à intégrer dans le règlement de fonctionnement et à adapter à chaque établissement :

Des ordinateurs avec un accès à internet peuvent être mis à disposition des mineurs. Ces outils informatiques ont une vocation pédagogique et éducative. Ils permettent également aux mineurs d'exercer leur droit à correspondance.

L'accès aux postes informatiques est possible entre (indiquer les horaires). Cet accès peut être restreint au regard des nécessités de fonctionnement. Par ailleurs, les ordinateurs à disposition des mineurs sont équipés de filtres informatiques et de systèmes de verrouillage quant à l'accès à certains contenus (pornographiques, contraires à l'ordre public, aux lois et règlements...). Les ordinateurs et les systèmes de protection sont régulièrement contrôlés.

Les mineurs peuvent détenir une adresse courriel personnelle, la consulter et exercer leur droit à correspondance. Le secret des correspondances est impérativement assuré à tout mineur accueilli dans l'établissement. L'exercice de ce droit s'effectue dans le respect des prescriptions judiciaires, ce qui signifie que seule la décision judiciaire peut venir restreindre ce droit.

En outre l'établissement doit sensibiliser le mineur à l'usage des supports numériques et notamment des faits relevant de la commission d'infractions :

– qu'il est interdit aux mineurs de détenir, de consulter ou de diffuser tout contenu à caractère pornographique ;

– que la publication de tout texte ou de toute illustration (y compris des photographies ou des vidéos) concernant l'identité et la personnalité des mineurs délinquants est également interdite et est punie d'une amende de 15 000 € (article 14 de l'ordonnance n° 45-174 du 2 février 1945 relative à l'enfance délinquante). Cette interdiction concerne l'ensemble des mineurs pris en charge par l'établissement ;

– que le droit à l'image permet à toute personne de s'opposer (quelle que soit la nature du support utilisé) à la reproduction et à la diffusion, sans son autorisation expresse, de son image ;

– que le fait de porter atteinte à l'intimité de la vie privée d'autrui en fixant, enregistrant ou transmettant, sans le consentement de celle-ci, l'image d'une personne se trouvant dans un lieu privé est puni d'un an d'emprisonnement et 45 000 € d'amende (article 226-1 du code pénal).

Chaque mineur est également sensibilisé sur son droit au respect de la vie privée et à la protection des données personnelles le concernant et sur la nécessaire maîtrise des informations, photographies ou vidéos qu'il publie en ligne ou des "tags" qu'il effectue notamment sur les réseaux sociaux.

Lorsque l'établissement assure les accès multimédias des mineurs pris en charge, la détention et l'utilisation d'appareils personnels de photographie ou de vidéo sont interdites. L'utilisation de téléphones dotés de dispositifs permettant la captation d'images et de photographie (smartphone) doit être règlementée par le cadre général de l'utilisation du téléphone. Néanmoins, une attention toute particulière quant à leur utilisation est nécessaire au regard desdites fonctionnalités et de l'accès à internet.

6. Le droit du mineur au respect de son intimité

6.1. Les modalités d'utilisation des chambres

L'établissement garantit au mineur accueilli le respect de sa vie privée et de son intimité (article L. 311-3 *[,]* 1° du CASF). À cette fin, le mineur dispose le plus souvent d'une chambre individuelle. Toutefois, il peut être porté atteinte à ces droits de façon ponctuelle pour des raisons liées aux nécessités exclusives et objectives de la réalisation de la prise en charge ou de l'accompagnement du mineur, pour des raisons liées à la sécurité et à la préservation de l'intégrité physique des mineurs accueillis et des personnels. Des restrictions quant à l'utilisation des chambres peuvent également être apportées pour des raisons liées au bon fonctionnement de l'établissement.

L'établissement adapte par ailleurs ces règles en cas de chambre double ou de dortoirs.

Article à intégrer dans le règlement de fonctionnement et à adapter à chaque établissement :

Une chambre est mise à la disposition de chaque mineur pris en charge.

Il lui est possible de l'aménager selon ses goûts, dans les limites des règles de sécurité, de civilité et de moralité.

Les mineurs sont responsables de l'hygiène et du bon entretien de leur chambre ainsi que du mobilier mis à disposition.

L'établissement n'est pas responsable des biens personnels des mineurs confiés. En cas de vols d'objets de valeurs, l'établissement ne saurait être mis en cause. Un inventaire des biens du mineur est effectué lors de son arrivée au sein de l'établissement. Dans ce cadre, avec l'accord des représentants légaux, le mineur peut confier à l'établissement ses objets de valeur.

Afin de ne pas porter atteinte à la tranquillité des autres mineurs et permettre le bon fonctionnement de l'établissement et l'harmonie de la vie collective, il est recommandé notamment :

– de respecter la tranquillité des voisins ;

– d'user avec discrétion des appareils multimédias tels que MP3, baladeurs. Le non-respect de cette règle peut conduire à la confiscation de l'objet par les membres de l'équipe éducative ;

– de jeter ses déchets dans les poubelles prévues à cet effet ;

– de ne pas détenir d'appareils dangereux, bruyants ou incommodants, ni de produits explosifs, inflammables ou corrosifs ;

– de veiller au maintien en état bon de fonctionnement des dispositifs de sécurité ainsi qu'à leur libre accès (notamment sécurité incendie et installations électriques, ventilations, aération) ;

– de respecter l'installation électrique. De ce fait les branchements électriques présentant un danger ou de nature à endommager l'installation sont interdits.

6.2. Les relations sexuelles au sein de l'établissement

L'article L. 311-3 *[,]* 1° reconnait au mineur pris en charge le respect de sa vie privée et de son intimité. Par ailleurs, l'article 8 de la Convention européenne des droits de l'Homme reconnaît à toute personne le droit au respect de sa vie privée et familiale. De ce droit, découle le fait que chaque être humain, en fonction de son sexe, a le droit de choisir sa vie sexuelle et donc d'entretenir des relations sexuelles.

Néanmoins, l'article L. 311-3 *[,]* 1° reconnait également au mineur pris en charge un droit à la sécurité et l'article 12 de l'arrêté du 8 septembre 2003 relatif à la charte des droits et libertés de la personne accueillie permet d'apporter des restrictions au droit à l'intimité du mineur pour des raisons tirées des nécessités exclusives et objectives de la réalisation de la prise en charge de ce dernier.

Eu égard aux conditions spécifiques de prise en charge des mineurs et de leur jeune âge, les relations sexuelles ne sont pas autorisées au sein des établissements que ces dernières concernent exclusivement des mineurs pris en charge entre eux comme des mineurs pris en charge et des personnes extérieures à l'établissement. Le droit d'entretenir des relations sexuelles s'exerce à l'extérieur de l'établissement.

Article à intégrer dans le règlement de fonctionnement et à adapter à chaque établissement :

Eu égard à l'âge des mineurs pris en charge (préciser les tranches d'âge), au respect de la vie privée et l'intimité de l'ensemble de ces mineurs, à la promiscuité des lieux, aux risques d'atteintes à l'intégrité physique des mineurs pris en charge, les relations sexuelles ne sont pas admises au sein de l'établissement.

7. Le droit du mineur à la pratique religieuse et le respect de la liberté de conscience

L'article 1er de l'arrêté du 8 septembre 2003 relatif à la charte des droits et libertés de la personne accueillie pose le principe général de non-discrimination du mineur pris en charge notamment en raison de ses convictions politiques ou religieuses. Par ailleurs, l'article 11 de cette même charte reconnaît non seulement à l'usager le droit à la pratique religieuse mais oblige tant l'usager que les personnels de l'établissement à un respect mutuel des croyances, convictions et opinions.

Dans le cas particulier des mineurs pris en charge dans les établissements du secteur public de la PJJ ou secteur associatif habilité il convient de rappeler que le droit à la pratique religieuse du mineur s'exerce en lien avec les détenteurs de l'autorité parentale. En effet, l'éventuelle éducation religieuse souhaitée par les représentants légaux est l'un des aspects de l'éducation en général, et en tant que tel, elle relève de l'autorité parentale conformément à l'article 371-1 du code civil (article 371-1 du code civil "L'autorité parentale est un ensemble de droits et de devoirs ayant pour finalité l'intérêt de l'enfant. Elle appartient aux parents jusqu'à la majorité ou l'émancipation de l'enfant pour le protéger dans sa sécurité, sa santé et sa moralité, pour assurer son éducation et permettre son développement, dans le respect dû à sa personne. Les parents associent l'enfant aux décisions qui le concernent, selon son âge et son degré de maturité"). Par ailleurs, conformément aux termes de l'article 2 du protocole additionnel n° 1 à la Convention européenne de sauvegarde des droits de l'homme et des libertés fondamentales les titulaires de l'autorité parentale sont libres d'assurer l'éducation religieuse de leurs enfants et de leur fournir un enseignement conformément à leurs convictions religieuses et philosophiques. Néanmoins, ce droit conféré aux titulaires de l'autorité parentale ne fait pas obstacle à ce que le mineur soit associé aux décisions prises par ses parents relatives à son éducation religieuse lorsque son âge le permet.

En conséquence, le droit à la pratique religieuse du mineur, qui relève par nature de la sphère privée, s'exerce prioritairement et principalement lors des sorties autorisées ou les retours en famille du mineur. Toutefois, le cadre contraignant du placement rend parfois impossible la sortie du mineur de l'établissement ou aussi fréquemment qu'il peut lui paraître nécessaire afin de pouvoir le cas échéant pratiquer son culte. Si les représentants légaux du mineur en expriment le souhait, l'établissement doit trouver des aménagements afin de lui permettre d'être à même d'exercer ce droit.

Certaines possibilités sont ouvertes aux établissements sans qu'elles ne portent atteinte au principe de laïcité et de neutralité de ce dernier. Le souhait d'une éventuelle pratique religieuse et ses modalités de mise en œuvre doivent impérativement être évoqués avec les détenteurs de l'autorité parentale et le mineur lors du début de sa prise en charge et aussi fréquemment que nécessaire notamment lors de nouvelles demandes formulées par le mineur dans ces domaines.

Conformément à l'avis du Contrôleur général des lieux de privation de liberté (CGLPL) du 24 mars 2011 (avis du CGLPL du 24 mars 2011 relatif à l'exercice du culte dans les lieux de privation de liberté) il peut par exemple être admis que le mineur puisse pratiquer son culte au sein de sa chambre et détenir des objets cultuels à cette fin. En effet, dans sa chambre le mineur a le droit au respect de son intimité conformément à l'article 12 de l'arrêté du 8 septembre 2003 relatif à la charte des droits et libertés de la personne accueillie. La pratique du culte au sein de l'établissement est purement individuelle et limitée à l'espace de la chambre.

Cette pratique éventuelle du culte par un mineur n'est toutefois pas sans limites. Elle s'exerce dans le respect de la liberté des autres mineurs et du personnel de l'établissement. Ainsi la pratique collective du culte au sein de l'établissement et dans les autres parties de ce dernier est formellement interdite. De même, si la chambre n'est pas individuelle la pratique du culte n'est pas admise dans la mesure où elle risquerait de porter atteinte à la liberté de conscience de l'autre mineur partageant cette chambre.

Il est également possible pour le mineur de demander au chef d'établissement la possibilité de se rendre dans un lieu de culte notamment en cas de fête religieuse. Dans cette hypothèse, il peut être envisagé de faire droit à cette demande si la décision judiciaire ne fait pas obstacle à une telle sortie et si cette sortie ne perturbe pas le bon fonctionnement du service tant au niveau de l'emploi du temps du mineur et des personnels que du suivi des activités éducatives par ce mineur.

Conformément à l'article 11 de l'arrêté du 8 septembre 2003 relatif à la charte des droits et libertés de la personne accueillie et à l'avis du CGLPL du 24 mars 2011, le mineur peut souhaiter demander à s'entretenir avec un aumônier de sa confession. Toutefois la visite de l'aumônier doit s'effectuer à l'extérieur de l'établissement et la fréquence de ces visites ne doit pas perturber le fonctionnement de l'établissement. Des partenariats entre l'établissement et les services d'aumônerie des établissements scolaires de l'Éducation nationale peuvent être développés afin d'ouvrir cette possibilité au mineur pris en charge. En revanche, en aucun cas le personnel de l'établissement ne pourra dispenser un quelconque enseignement ou conseil en matière de culte et de sa pratique auprès d'un mineur pris en charge.

Il est rappelé que l'interdiction de port de signes religieux par lesquels les élèves manifestent ostensiblement une appartenance religieuse prévue à l'article L 141-5-1 du code de l'éducation n'est pas applicable au sein des établissements sociaux et médico sociaux. Dès lors, le port de tels signes par les mineurs pris en charge au sein des établissements du secteur public de la PJJ comme du secteur associatif habilité est accepté. La seule interdiction concerne le port de voile dissimulant le visage (conformément à la loi n° 2010-1192 du 11 octobre 2010 interdisant la dissimulation du visage dans l'espace public). Néanmoins, conformément à l'avis du Conseil d'État du 27 mars 1989 (Conseil d'État, Assemblée générale, 27 novembre 1989, Demande d'avis sur la question de savoir si le port d'un signe d'appartenance religieuse, dans un établissement scolaire, est ou non compatible avec le principe de laïcité, n° 346893), ces signes ou tenues doivent être retirés dès lors que leur port est incompatible avec l'activité proposée ou présente un risque pour la sécurité ou la santé de son détenteur. Ce peut être notamment le cas lors d'activités sportives ou manuelles comportant l'utilisation de machines par exemple.

Comme le souligne l'article 11 de l'arrêté du 8 septembre 2003 relatif à la charte des droits et libertés de la personne accueillie, l'éventuelle pratique du culte par le mineur s'exerce sous réserve que son exercice ne trouble pas le fonctionnement normal de l'établissement ou fasse obstacle à ses missions. Ainsi, s'il est envisageable qu'un mineur puisse, en accord avec les détenteurs de l'autorité parentale et sous réserve de son état de santé, pratiquer certains rituels tels que le jeûne par exemple, l'exercice doit demeurer strictement individuel et en aucun cas conduire à un surcroit d'activité pour l'établissement. En l'espèce, il n'est aucunement envisageable de modifier les horaires des repas de l'ensemble des mineurs pour correspondre aux pratiques rituelles de certains d'entre eux. De même, le mineur n'est aucunement fondé à demander à être réveillé à une heure distincte de celle prévue par le règlement de fonctionnement afin de pratiquer son culte. Enfin, il ne peut se prévaloir de l'observation d'un rite religieux pour ne pas suivre ou participer à l'ensemble des activités éducatives notamment sportives délivrées par l'établissement.

Par ailleurs, la pratique du culte s'exerce dans le respect de la liberté des autres mineurs et du personnel de l'établissement. Dès lors, aucun acte de prosélytisme, ni aucun manquement au respect de liberté de croyance et de pensée des autres usagers ou personnels ne seront tolérés. De tels manquements feront l'objet de réponses éducatives au sein de l'établissement et d'une information du magistrat prescripteur.

En outre, conformément à la jurisprudence applicable en la matière, en aucun cas, les convictions philosophiques ou religieuses du mineur ne peuvent faire obstacle aux activités (éducatives, scolaires ou sportives) proposées par l'établissement ou les examens de santé ou médicaux nécessaires à sa prise en charge. Le Conseil constitutionnel ayant même précisé que "le principe de laïcité fait obstacle à ce que l'on puisse se prévaloir de ses croyances religieuses pour s'affranchir des règles communes régissant les rapports entre collectivités publiques et particulier" (Conseil constitutionnel, 19 novembre 2004, n° 2004-505 DC). Ainsi le mineur pris en charge ne peut en aucun cas refuser de participer aux activités éducatives délivrées par l'établissement, contester leur contenu éducatif et pédagogique, refuser la mixité de l'établissement, ou choisir d'être suivi par un personnel éducatif masculin ou féminin.

Les dispositions contenues dans le règlement de fonctionnement relatives à la pratique religieuse visent à garantir aux mineurs pris en charge et à sa famille, s'ils en font la demande, sa mise en œuvre effective.

L'article à insérer dans le règlement de fonctionnement n'a donc aucunement vocation à entrer dans les détails des pratiques des différents cultes car cela serait contraire aux principes de laïcité et de neutralité. Il a une portée générale qui lui permet d'être adapté au cas par cas.

Article à intégrer dans le règlement de fonctionnement et à adapter à chaque établissement :

Les personnels s'obligent au respect des croyances, convictions et opinions des mineurs pris en charge. Ces derniers s'obligent au même respect entre eux.

La pratique du culte et l'accomplissement des rites par les mineurs s'exercent prioritairement lors des sorties autorisées ou des retours en famille. Toutefois, les mineurs peuvent également pratiquer leur culte au sein de leur chambre et détenir des objets cultuels à cette fin. Ce droit à la pratique religieuse s'exerce dans le respect de la liberté des autres mineurs et du personnel de l'établissement et sous réserve que son exercice ne trouble pas le fonctionnement normal de l'établissement ou fasse obstacle à ses missions.

Aucun mineur pris en charge ne peut faire acte de prosélytisme. De même aucun mineur ne peut faire l'objet d'une quelconque discrimination fondée sur une appartenance réelle ou supposée à une religion.

Dans toute la mesure compatible avec le fonctionnement de l'établissement, la visite de représentants des différentes confessions peut être organisée par l'établissement si cela est nécessaire.

Le port de signes ou tenues par lesquels les mineurs pris en charge manifestent une appartenance religieuse au sein de l'établissement est accepté, sauf lorsque ceux-ci dissimulent le visage. Toutefois, ces signes ou tenues doivent être retirés dès lors que leur port est incompatible avec l'activité proposée ou présente un risque pour la sécurité ou la santé de son détenteur.

En aucun cas, les convictions philosophiques ou religieuses du mineur ne peuvent faire obstacle aux activités (éducatives, scolaires ou sportives) proposées par l'établissement ou les examens de santé ou médicaux nécessaires à sa prise en charge.

8. L'exercice des droits civiques et l'accompagnement dans les démarches administratives

L'article 10 de l'arrêté du 8 septembre 2003 relatif à la charte des droits et libertés de la personne accueillie reconnaît le droit à l'exercice effectif des droits civiques de cette dernière. Dans le cadre d'un mineur pris en charge au sein d'un établissement, ce dernier doit conseiller et aider le mineur dans les démarches relatives à l'exercice futur de ses droits civiques mais également dans l'ensemble de ses démarches administratives.

Article à intégrer dans le règlement de fonctionnement et à adapter à chaque établissement :

En collaboration avec les représentants légaux, l'établissement facilite les démarches administratives du mineur pris en charge en vue de l'exercice de ses droits civiques.

L'établissement aide également le mineur dans ses démarches administratives auprès des organismes administratifs, sociaux et de santé.

9. Les modalités d'organisation des visites des personnes extérieures à l'établissement

L'article 9 de l'arrêté du 8 septembre 2003 relatif à la charte des droits et libertés de la personne accueillie consacre le droit au respect des liens familiaux pour le mineur pris en charge au sein de l'établissement. Ainsi, le rôle des familles, des représentants légaux ou des proches du mineur accueilli doit être facilité par l'établissement, dans le respect du projet d'accueil et d'accompagnement individualisé et des décisions de justice. En effet, les conséquences affectives et sociales pour le mineur qui peuvent résulter de sa prise en charge au sein de l'établissement doivent être prises en considération. L'établissement en tient compte dans les objectifs individuels de prise en charge et d'accompagnement du mineur.

L'article 8 de cette même charte indique que les relations avec la société et les visites au sein de l'établissement sont favorisées dans le strict respect du cadre judiciaire.

Le règlement de fonctionnement doit préciser les modalités d'organisation des visites au sein de l'établissement.

Article à intégrer dans le règlement de fonctionnement et à adapter à chaque établissement :

Dans le respect des nécessités de la vie en collectivité, le mineur dispose en outre du droit de recevoir des visites au sein de l'établissement de la part des membres de sa famille mais également de toute personne avec laquelle le mineur entretient des relations (article 8 de l'arrêté du 8 septembre 2003 relatif à la charte des droits et libertés de la personne accueillie, mentionnée à l'article L. 311-4 du CASF), après information aux représentants légaux dans le strict respect du cadre judiciaire. Dans cette seconde hypothèse, ce droit est soumis à l'appréciation du directeur de l'établissement notamment au regard de la fréquence des visites ou des conditions dans lesquelles elles se sont précédemment déroulées.

En aucun cas ce droit de visite ne peut porter atteinte au bon fonctionnement de l'établissement et doit dès lors s'effectuer dans les conditions suivantes :

– le visiteur doit prendre l'attache du directeur de l'établissement afin de lui notifier son intention de rendre visite au mineur au plus tard 48 heures avant la visite sollicitée ;

– le directeur doit l'informer dans un délai raisonnable de sa décision et conditions notamment d'horaires de cette visite.

Si cette visite ne peut être accordée pour des raisons liées aux conditions même du fonctionnement de l'établissement, le directeur de l'établissement propose dans les meilleurs délais au visiteur une nouvelle date utile.

Les visiteurs doivent respecter le présent règlement de fonctionnement et les consignes de sécurité.

Le règlement de fonctionnement détermine les heures de fin des visites.

Le visiteur est accueilli par un membre de l'équipe éducative et le mineur concerné à la porte d'entrée de l'établissement et raccompagné dans les mêmes conditions, notamment afin de lui présenter le règlement de fonctionnement.

Ce droit de visite s'effectue dans les lieux désignés à cette fin par le directeur d'établissement.

Le règlement de fonctionnement détermine les modalités.

Il est interdit aux visiteurs d'accéder aux autres parties communes, administratives ou privatives de l'établissement. Il peut être dérogé à cette interdiction en présence d'un membre de l'équipe éducative.

10. Les modalités d'organisation des sorties occasionnelles du mineur de l'établissement

L'article R. 311-37 du code de l'action sociale et des familles indique que le règlement de fonctionnement précise les temps de sorties autorisées, ainsi que les procédures de signalement déclenchées en cas de sortie non autorisée. Il précise aussi les modalités d'organisation des transports des mineurs et les conditions d'organisation des prestations délivrées par l'établissement à l'extérieur (article R. 311-37 du code de l'action sociale et des familles).

L'établissement adapte, selon sa spécificité, les règles relatives aux sorties.

10.1. Règlementation des sorties

Article à intégrer dans le règlement de fonctionnement et à adapter à chaque établissement :

En dehors des cas liés à la situation judiciaire du mineur pris en charge (audience, entretien avec son avocat...), il ne peut pas avoir de sortie de l'enceinte de l'établissement sans autorisation spécifique.

Sous réserve du respect des dispositions de la décision judiciaire, les modalités de sorties du mineur ainsi que leur durée sont réglementées par le directeur de l'établissement au regard de l'emploi du temps du mineur. Cet emploi du temps est communiqué aux responsables légaux.

Le respect des horaires des retours des mineurs au sein de l'établissement fait l'objet d'un contrôle strict de la part du personnel de l'établissement.

10.2. Les conséquences de l'absence non autorisée

Article à intégrer dans le règlement de fonctionnement et à adapter à chaque établissement :

L'absence non-autorisée d'un mineur peut résulter soit d'une sortie à l'extérieur de l'établissement du mineur sans y avoir été au préalable autorisé ou sans accompagnement, soit du fait de l'absence de retour du mineur à l'horaire auquel il était supposé revenir au sein de l'établissement.

En fonction de la situation judiciaire du mineur, cette absence non autorisée de l'établissement peut être considérée comme une simple fugue, un délit ou une évasion.

En cas d'absence non autorisée du mineur, l'établissement doit faire une déclaration auprès du service de police ou de gendarmerie, une information au magistrat prescripteur, au parquet, aux titulaires de l'autorité parentale, au service territorial éducatif de milieu ouvert, au chef d'établissement du lieu d'écrou ainsi qu'à l'avocat du mineur (il convient de se rapporter aux instructions de la direction de la protection judiciaire de la jeunesse en matière d'absences non autorisées).

11. Les modalités d'utilisation des parties collectives de l'établissement

L'article R. 311-35 du code de l'action sociale et des familles précise que le règlement de fonctionnement indique l'organisation et l'affection à usage collectif des locaux ainsi que les conditions générales de leur accès et de leur utilisation.

L'établissement précise les conditions d'accès et d'utilisation des espaces collectifs.

Article à intégrer dans le règlement de fonctionnement et à adapter à chaque établissement :

Le mineur peut circuler librement au sein des parties communes et des espaces collectifs de l'établissement.

Toutefois, pour des raisons liées au bon fonctionnement et à l'organisation de l'établissement, certaines parties ne sont pas accessibles en dehors de certaines plages horaires (locaux de restauration par exemple).

De même, l'utilisation de certains biens et équipements détenus par l'établissement est encadré : (à préciser par l'établissement).

— Définir et lister les espaces collectifs (espace TV, bibliothèque, salle de jeux, cour extérieure...) mis à disposition des mineurs et préciser les conditions particulières d'accès et d'utilisation (horaires, planning, clefs...).

12. Les modalités d'organisation des repas et leurs contenus

12.1. Modalités d'organisation des repas

L'article R. 311-37 du code de l'action sociale et des familles indique que le règlement de fonctionnement énumère les règles essentielles à la vie collective, ainsi que les obligations des mineurs pris en charge en matière de respect de rythmes de vie collective. Le règlement de fonctionnement doit donc préciser les modalités d'organisation des repas.

Article à intégrer dans le règlement de fonctionnement et à adapter à chaque établissement :

L'établissement doit préciser les horaires de repas.

En dehors de ces plages horaires, l'accès à l'espace de restauration est limité aux seuls personnels autorisés.

Ceux-ci peuvent en ouvrir l'accès à des mineurs dans une visée éducative.

Selon l'emploi du temps individuel du mineur et ses déplacements éventuels à l'extérieur de l'établissement, la durée et le contenu du repas peuvent être adaptés afin de permettre le bon déroulement de la journée. *A détailler par l'établissement.*

Sauf autorisation prévue du directeur de l'établissement, les personnes extérieures à l'établissement ne peuvent participer aux repas.

12.2. Fréquence et contenu des repas

Le cadre juridique concernant le contenu des repas est prévu par l'article L. 230-5 du code rural et de la pêche maritime qui renvoi à un décret le soin de déterminer les règles relatives à la qualité nutritionnelle des repas proposés. Concernant les établissements du secteur public de la PJJ et du secteur associatif habilité, il s'agit de l'article R. 230-29 de ce même code qui dispose que : "Afin d'atteindre l'objectif d'équilibre nutritionnel des repas servis par les services de restauration des établissements sociaux et médico-sociaux, sont requis, conformément à l'article L. 230-5 :

– quatre ou cinq plats proposés à chaque déjeuner ou dîner ;
– le respect d'exigences en matière de taille des portions et de fréquence des repas ;
– l'adaptation des plats proposés aux goûts et habitudes alimentaires des résidents ;
– le respect d'exigences adaptées à l'âge ou au handicap des résidents ;
– la définition de règles adaptées pour le service de l'eau, du pain, du sel et des sauces ;
– le respect d'exigences minimales de variété des plats servis."

Il résulte de ce texte que les plats proposés de façon ordinaire doivent en premier lieu tenir compte des besoins en lien avec l'état de santé du mineur et les prescriptions alimentaires qui en découlent. En outre, ils doivent être adaptés aux goûts et habitudes alimentaires des mineurs. Néanmoins, cette prise en considération ne doit en aucun cas conduire à une surcharge anormale d'activité ou à un surcoût financier pour l'établissement. Il n'est ni envisageable du point de vue de la santé, ni souhaitable du point de vue éducatif de faire droit à des demandes des mineurs qui seraient inappropriées ou inadaptées d'un point de vue nutritionnel. De la même manière, le repas étant un moment important au regard de la vie collective de l'établissement il apparaît important que les mineurs puissent partager ensemble un plat unique. Enfin, il est également fondamental que l'établissement dans son rôle éducatif puisse faire découvrir aux mineurs des saveurs, des goûts, des aliments, des plats y compris régionaux et traditionnels auxquels ils n'ont pas eu forcément accès avant leur prise en charge.

Ces remarques ne font toutefois pas obstacle à ce que soit pris en considération par l'établissement le souhait exprimé par les titulaires de l'autorité parentale que leur enfant respecte certaines convictions ou pratiques religieuses. Ainsi en plus du plat principal proposé par l'établissement, il peut être proposé au mineur un plat différencié, c'est-à-dire sans viande ou sans viande de porc. A cet égard, il convient de rappeler que le Cour européenne des droits de l'homme a considéré que l'observation de règles alimentaires peut être considérée comme l'expression directe de croyance relevant de l'article 9 de la Convention européenne des droits de l'Homme et que la délivrance d'un repas végétarien pour une personne privée de liberté n'est ni de nature à entrainer une perturbation excessive du fonctionnement du service, ni une baisse de qualité des repas servis aux autres usagers (CEDH, 7 décembre 2010, *Jakóbski c/ Pologne*, n° 18429/06).

Comme l'indique le CGLPL dans son avis du 24 mars 2011, la contrepartie de la délivrance de ce plat différencié au sein de l'établissement doit être que les mineurs qui n'ont aucune prescription de quelque nature qu'elle soit, ne doivent pas avoir à supporter des contraintes alimentaires qui ne sont pas les leurs. Il n'y a aucun motif, par exemple, que les personnes qui le souhaitent ne puissent dans le cadre du plat ordinaire se nourrir de viande de porc.

Les pratiques culturelles et cultuelles en matière d'alimentation doivent impérativement être évoquées avec les détenteurs de l'autorité parentale et le mineur au début de sa prise en charge, notamment lors de l'entretien d'accueil, et aussi fréquemment que nécessaire notamment lors de nouvelles demandes formulées par le mineur dans ce domaine.

Il peut arriver que les titulaires de l'autorité parentale et le mineur expriment le souhait que ce dernier puisse s'alimenter avec de la nourriture confessionnelle. Dans une telle hypothèse, il n'est pas possible d'émettre une interdiction générale et absolue. Il faut au contraire procéder à un examen attentif et circonstancié de la demande formulée par le mineur et les titulaires de l'autorité parentale.

En effet, contrairement aux cantines scolaires, la fourniture de repas au sein des établissements du secteur public de la PJJ et du secteur associatif habilité est un service public obligatoire du fait du caractère contraignant du placement qui ne permet pas au mineur de prendre ses repas à l'extérieur. Par ailleurs, pour des raisons liées aux règles relatives à l'hygiène et à la sécurité alimentaire, il ne lui est pas possible de faire entrer des aliments provenant de l'extérieur dans l'enceinte de l'établissement. En outre, contrairement aux établissements pénitentiaires, les établissements du service public de la PJJ et du secteur associatif habilité ne permettent pas aux mineurs, du fait de leur organisation et de leur mission éducative ainsi que des caractéristiques du public accueilli, d'acquérir par le système de la cantine, des produits alimentaires conformes à des prescriptions rituelles venant en complément des aliments qui leur sont distribués lors des repas quotidiens. Au surplus on relèvera que conformément à l'article 11 de l'arrêté du 8 septembre 2003 relatif à la charte des droits et libertés de la personne accueillie, dans toute la mesure compatible avec le bon fonctionnement du service les conditions de la pratique religieuse doivent être facilitées. Cet article n'évoque pas explicitement la délivrance de nourriture confessionnelle mais comme l'indique le CGLPL dans son avis du 24 mars 2011, "plusieurs confessions, représentées par des effectifs plus ou moins importants dans les lieux de privation de liberté, imposent des prescriptions alimentaires à ceux qui les reconnaissent. La question des aliments prescrits est d'autant moins négligeable que celle de l'alimentation (quantités et qualité) est centrale pour toute personne privée de liberté". Dès lors, afin de garantir la liberté de culte de certains mineurs ou à tout le moins faciliter les conditions de la pratique religieuse il peut être fait droit à la demande formulée conjointement par les titulaires de l'autorité parentale et par le mineur à la délivrance de plats contenant de la nourriture confessionnelle sans que cette diligence ne porte atteinte au respect du principe de laïcité que doit observer l'établissement.

Dans une telle hypothèse, il conviendra donc de s'assurer en premier lieu que cette demande est réellement en lien avec une pratique religieuse et non une habitude culturelle. En deuxième lieu, que la délivrance d'un plat différencié n'est pas de nature à satisfaire la pratique religieuse évoquée. En troisième lieu, que la délivrance de plats contenant de la nourriture confessionnelle ne conduit ni à une surcharge d'activité, ni à un surcoût financier, ni porter une atteinte excessive au bon fonctionnement de l'établissement et au respect du principe de neutralité que doivent observer les personnels.

Enfin, si une suite favorable est donnée à cette demande, il est rappelé que la délivrance de ce type de repas ne doit porter atteinte à la liberté de conscience des autres mineurs pris en charge, ni donner lieu à des actes de prosélytisme. Il est également rappelé qu'en aucun cas il ne peut être délivré des plats contenant de la nourriture confessionnelle de façon systématique à l'ensemble des mineurs pris en charge. Une telle pratique constituerait une atteinte grave à la liberté de conscience des mineurs et aux droits des titulaires de l'autorité parentale dans les choix relatifs à l'éducation de ces derniers.

Chaque demande doit être expressément formulée par le mineur et les titulaires de l'autorité parentale et examinée individuellement par l'établissement avec eux. En cas de doute sur le consentement du mineur il convient de lui délivrer soit le plat ordinaire, soit le plat différencié (sans viande ou sans viande de porc).

Remarques complémentaires : La délivrance de nourriture confessionnelle peut s'inscrire dans les conditions d'exercice des pratiques religieuses. Pour autant, les exigences de l'usager en la matière ne sauraient excéder un certain niveau conduisant à la perturbation du bon fonctionnement du service (exemple : utilisation d'ustensiles de cuisine spécifique ou mode de préparation spécifique des repas).

Par ailleurs, la délivrance de la nourriture confessionnelle à certaines fêtes ou évènements peut relever de la bonne pratique si le mineur et les titulaires de l'autorité parentale en font la demande. Pour autant, il n'est pas possible de limiter, de manière générale, la délivrance de la nourriture confessionnelle à ces seules occasions.

Article à intégrer dans le règlement de fonctionnement et à adapter à chaque établissement :

Les repas servis au sein de l'établissement, au nombre de quatre (petit déjeuner, déjeuner, collation, souper), doivent répondre à l'objectif d'équilibre nutritionnel. A cette fin, ils respectent les exigences en termes de composition des menus (quatre ou cinq éléments proposés à chaque repas), de variété des menus et de quantité (taille des portions en fonction de l'activité des mineurs) et de fréquence.

En outre, les plats proposés doivent prendre en compte les besoins en lien avec l'état de santé du mineur et les prescriptions alimentaires qui en découlent. Ainsi les régimes alimentaires médicaux ou antiallergiques sont respectés en conformité avec le certificat médical.

Par ailleurs, dans toute la mesure compatible avec le bon fonctionnement du service, les plats proposés peuvent être adaptés aux goûts, aux habitudes alimentaires et aux convictions philosophiques (ex : régime végétarien ou végétalien) des mineurs pris en charge, sans que cela ne conduise à une surcharge d'activité ou à un surcoût financier.

Afin de prendre en considération l'éventuel exercice de la liberté religieuse des mineurs accueillis, des plats contenant de la nourriture confessionnelle peuvent leur être délivrés au sein de l'établissement, si la proposition d'un plat différencié (notamment sans viande ou sans viande de porc) n'est pas de nature à satisfaire leur demande.

Dans cette dernière hypothèse, une demande doit être expressément formulée par le mineur et soumise à l'accord des représentants légaux lors de l'entretien d'accueil ou au cours de la prise en charge. Chaque demande fait l'objet d'un examen individuel prenant notamment en compte l'impossibilité pour le mineur de sortir de l'établissement conformément à la décision judiciaire le concernant et au régime de sortie de l'établissement. En aucun cas, la délivrance de ce type de repas ne doit porter atteinte à la liberté de conscience des autres mineurs pris en charge, ni donner lieu à des actes de prosélytisme. Cette faculté ne doit également pas porter une atteinte excessive au bon fonctionnement de l'établissement, ni porter atteinte à la neutralité que doivent observer les personnels.

13. Les modalités d'organisation de la gestion des gratifications

L'arrêté du 27 décembre 2010 permet le versement d'une gratification aux mineurs confiés aux services publics de la protection judiciaire de la jeunesse. Le règlement de fonctionnement doit prévoir les modalités de versement de cette gratification ainsi que celles relatives à la gestion de l'argent du mineur au sein de l'établissement.

Article à intégrer dans le règlement de fonctionnement et à adapter à chaque établissement :

La gratification

Une gratification mensuelle peut être attribuée aux mineurs qui font l'objet d'un placement par décision judiciaire au sein de l'établissement. Cette gratification est distincte des éventuelles rémunérations perçues par le mineur dans le cadre des activités de formation et d'insertion.

Cette gratification est attribuée au regard de l'attitude positive du mineur au cours de son placement. Elle est attribuée par le directeur de l'établissement après avis de l'équipe pédagogique.

Le montant mensuel maximum de cette gratification est déterminé conformément à l'arrêté du 27 décembre 2010 et peut être calculé au prorata des jours effectivement passés dans l'établissement.

La gestion de l'argent au sein de l'établissement

Pour des raisons de protection, de sécurité et de bon fonctionnement de l'établissement, les mineurs ne sont pas autorisés à recevoir, détenir des biens numéraires sans information et autorisation préalable de la direction de l'établissement.

Afin de faciliter cette gestion, les représentants légaux ou tout autre donateur sont invités à remettre aux membres de l'équipe éducative les sommes destinées au mineur.

Un registre retraçant l'attribution des gratifications et les mouvements d'argent concernant les mineurs est tenu à jour et co-signé par les mineurs.

14. La consommation de tabac, d'alcool et de stupéfiants

En raison tant des prescriptions législatives et réglementaires que du caractère éducatif de l'établissement prenant en charge le mineur, la consommation de tabac, d'alcool et de stupéfiant est interdite. Le personnel de l'établissement veillera au respect de ces interdictions.

L'interdiction de fumer est prévue par la loi et son décret d'application concernant les établissements destinés à l'accueil, à la formation ou à l'hébergement des mineurs. Aucune dérogation n'est donc possible conformément à l'article R. 3511-1 du code de *[la]* santé publique. Même si la mise en œuvre de l'interdiction de fumer est difficile, le règlement de fonctionnement ne peut pas prévoir de dérogation à ce principe.

La question du sevrage tabagique, quant à elle, relève des questions de santé et est détaillée dans le cadre du projet de l'établissement.

Article à intégrer dans le règlement de fonctionnement et à adapter à chaque établissement :

L'établissement étant destiné à l'accueil, la prise en charge et à l'hébergement des mineurs, il est interdit de fumer dans son enceinte (article R. 3511-1 du code de *[la]* santé publique).

La détention et la consommation d'alcool ou de boissons alcoolisées sont interdites dans l'enceinte de l'établissement.

L'établissement veille au respect des lois relatives à l'interdiction de consommer et de détenir des stupéfiants (Loi du 31 décembre 1970 relative à l'interdiction de consommation des stupéfiants et articles 222-34 et suivants du code pénal, plus spécifiquement 222-37 et 222-39, code de la santé publique L. 3421-1).

Concernant le vapotage, en l'état du droit actuel, il n'existe aucun texte législatif l'interdisant (CE, avis du 17 octobre 2013). Dès lors, cette pratique peut être tolérée dans des espaces dédiés non couverts au sein de l'établissement.

15. *Les modalités d'organisation des réponses aux manquements au règlement de fonctionnement*

L'article R. 311-37 du code de l'action sociale et des familles prévoit que le règlement de fonctionnement fixe les obligations faites aux mineurs pris en charge pour permettre la réalisation des prestations qui leur sont nécessaires. Ces obligations concernent, notamment, le respect des décisions de prise en charge, le respect des rythmes de vie collectifs, le comportement civil à l'égard des autres mineurs pris en charge, comme des membres du personnel, le respect des biens et équipements collectifs. Elles concernent également les prescriptions d'hygiène de vie nécessaires.

En cas de manquement à ces obligations, le mineur fait l'objet d'une réponse éducative interne à l'établissement. Le règlement de fonctionnement prévoit la procédure à suivre dans le respect des droits de la défense du mineur ainsi que la nature des réponses éducatives susceptibles d'être prises à l'encontre du mineur. Il est rappelé que l'établissement ne dispose pas d'un pouvoir disciplinaire mais peut néanmoins dans un but éducatif adopter des mesures d'ordre intérieur afin de veiller au respect du règlement de fonctionnement par le mineur. En outre, conformément à l'article R 311-37 du code de l'action sociale et des familles les faits de violence sur autrui sont susceptibles d'entraîner des procédures administratives et judiciaires.

Article à intégrer dans le règlement de fonctionnement et à adapter à chaque établissement :

La décision judiciaire de placement dont fait l'objet le mineur ainsi que les charges inhérentes à la vie en collectivité impliquent l'observation du règlement de fonctionnement.

Tout manquement au règlement de fonctionnement de la part du mineur fait l'objet d'une réponse éducative par l'établissement.

Cette réponse éducative n'exclut pas les éventuelles suites qui pourraient être données à l'acte par la justice s'il constitue une infraction pénale et que le mineur fait l'objet de poursuites.

La réponse éducative est adaptée et proportionnée à chaque situation. Elle fait partie d'une gamme de réponses établies par l'institution. Il est notamment tenu compte de la gravité du manquement, de son éventuelle répétition, de la personnalité du mineur et d'éventuels éléments de contexte.

Elle intervient dans un délai raisonnable *(ce délai est à fixer par l'établissement)* après que le mineur ait été en mesure de faire valoir ses observations orales auprès du directeur ou en cas d'empêchement d'un personnel de l'établissement.

La réponse éducative est déterminée par la direction de l'établissement sur proposition de l'équipe éducative. Le directeur de l'établissement ou son représentant la porte à la connaissance du mineur et lui explique le sens de celle-ci. Ces dispositions n'excluent pas la possibilité pour chaque adulte de recourir à ces réponses de façon immédiate lorsque la situation le justifie.

Les réponses éducatives peuvent consister en :

— une retenue de tout ou partie de la gratification mensuelle décidée par le directeur de l'établissement ;

— la réparation du bien dégradé ;

— des travaux au sein l'établissement ;

— le nettoyage des biens, espaces ou locaux ;

— une confiscation de l'objet dangereux ou dont la détention est interdite ;

— une lettre d'excuse ou autre support de réflexion sur les faits ;

— un rappel au règlement effectué par le directeur de l'établissement.

En aucun cas, un manquement au règlement de fonctionnement par le mineur ne peut conduire à la privation des relations avec sa famille et d'activité d'insertion.

Le manquement au règlement de fonctionnement et la réponse éducative apportée sont inscrits dans le dossier du mineur. Le directeur de l'établissement apprécie l'opportunité de les porter à la connaissance de ses représentants légaux et du magistrat référent.

Indépendamment de la réponse éducative interne à l'établissement, tout comportement susceptible de revêtir une qualification pénale, qu'il constitue ou non un manquement au règlement de fonctionnement, peut donner lieu à un dépôt de plainte. Ce dépôt de plainte est systématique pour les faits les plus graves et notamment les violences faites aux personnes. Le magistrat référent en est tenu informé.

Un livret, dont la forme est à déterminer par l'établissement, témoignant des réponses données à différents manquements au règlement de fonctionnement est mis à disposition des mineurs. Il peut être consulté par les mineurs confiés et aux représentants légaux.

16. Le droit à la participation à la vie de l'établissement

Ce droit est prévu au 7° de l'article L. 311-3 du code de l'action sociale et des familles.

Les instances de participation sont à développer et à décliner selon les choix et les spécificités des établissements.

Pour chaque instance, l'établissement précise son rôle et son fonctionnement. A ce titre, il peut s'appuyer sur les recommandations de bonnes pratiques de l'ANESM (Cf. Expression et participation des usagers dans les établissements relevant du secteur de l'inclusion sociale – Recommandations de bonnes pratiques professionnelles. En application de l'article L. 312-8 du code de l'action sociale et des familles. http://www.anesm.sante.gouv.fr/IMG/pdf/reco_expression_participation_usagers.pdf).

Article à intégrer dans le règlement de fonctionnement et à adapter à chaque établissement :

L'établissement garantit la participation directe du mineur ou avec l'aide de son représentant légal à la conception et à la mise en œuvre de son projet d'accueil et d'accompagnement qui le concerne.

L'établissement peut présenter plusieurs modalités de participation des usagers :

– le conseil de vie sociale ;
– les groupes d'expression ;
– les groupes d'initiatives ou les groupes projets ;
– les dispositifs de recueil d'opinion.

En outre, l'établissement délivre au mineur accueilli lors de l'arrivée et à son représentant légal une information sur les associations d'usagers œuvrant dans le même domaine (article 3 de l'arrêté du 8 septembre 2003 relatif à la charte des droits et libertés de la personne accueillie).

17. Publicité et notification individuelle du présent règlement de fonctionnement

L'article R. 311-34 du code de l'action sociale et des familles prévoit des obligations spécifiques de publicité et de notification du règlement de fonctionnement.

Le règlement de fonctionnement est un support permanent de l'action éducative. Sa compréhension par le mineur doit être recherchée tout au long de sa prise en charge.

Article à intégrer dans le règlement de fonctionnement et à adapter à chaque établissement :

Le présent règlement de fonctionnement est affiché dans les locaux de l'établissement.

Il est également remis à tout mineur accueilli au sein de l'établissement et son représentant légal en annexe du livret d'accueil.

Ces modalités de diffusion matérielle s'accompagnent nécessairement d'une explication claire du sens et du contenu du règlement de fonctionnement, lors de sa remise puis en tant que de besoin tout au long de la prise en charge du mineur.

Il est en outre remis à chaque personne qui exerce une activité au sein de l'établissement, soit à titre de salarié ou d'agent public, soit à titre libéral, ou qui y intervient à titre bénévole.

18. Le droit à l'information sur le fonctionnement de l'établissement

En plus des formalités relatives à l'affichage du règlement de fonctionnement au sein de l'établissement et de sa remise au mineur, l'article 3 de l'arrêté du 8 septembre 2003 relatif à la charte des droits et libertés de la personne accueillie prévoit un droit du mineur à obtenir une information claire, compréhensible et adaptée sur sa prise en charge.

L'information délivrée au mineur doit être explicite et adaptée à l'âge des adolescents, les termes devant être suffisamment accessibles pour être compris.

Article à intégrer dans le règlement de fonctionnement et à adapter à chaque établissement :

Le mineur accueilli au sein de l'établissement a droit à une information claire, compréhensible et adaptée sur sa prise en charge et l'accompagnement dont il bénéficie ainsi que sur ses droits et sur l'organisation et le fonctionnement de l'établissement.

Cette information est délivrée sans délai par l'établissement lors de l'arrivée du mineur et s'effectue sans préjudice de la remise du présent règlement de fonctionnement au mineur et à son représentant légal.

19. Les demandes formulées par les mineurs accueillis ou leur représentant légal

L'article L. 311-35 dispose que le règlement de fonctionnement indique les principales modalités concrètes d'exercice des droits énoncés dans la charte des droits et libertés de la personne accueillie.

Il s'agit d'apporter une réponse à ces demandes dans un délai raisonnable, qui sera adapté en fonction de l'urgence de la situation du mineur et de la complexité de la demande. Ce délai est donc estimé au cas par cas par l'établissement.

Pour les établissements du secteur public, ce délai ne devra pas excéder deux mois. À défaut, la demande sera réputée acceptée.

Article à intégrer dans le règlement de fonctionnement et à adapter à chaque établissement :

Le mineur ou son représentant légal peuvent formuler auprès du directeur de l'établissement toute demande tendant la mise en œuvre des droits et libertés énoncés dans le cadre du présent règlement de fonctionnement.

Le directeur de l'établissement apporte une réponse écrite ou orale aux demandes formulées dans les meilleurs délais compte tenu à la fois de la complexité de la demande et de la situation du mineur.

20. Les modalités d'exercice des recours

Conformément au 6° de l'article L. 311-3 du code de l'action sociale et des familles, il doit être porté à la connaissance du mineur et de son représentant légal les modalités d'exercice des voies de recours utiles afin de faire valoir le respect de leurs droits et libertés au sein de l'établissement. Ils doivent être également informés de la possibilité de saisir la personne qualifiée mentionnée à l'article L. 311-5 du code de l'action sociale et des familles.

Article à intégrer dans le règlement de fonctionnement et à adapter à chaque établissement :

Si le mineur ou son représentant légal estiment que les droits énoncés dans le présent règlement de fonctionnement ne sont pas respectés, ils peuvent s'adresser :

– au directeur d'établissement ;

– à une personne qualifiée choisie à partir d'une liste fixée conjointement par le préfet du département et le président du Conseil général et annexée au présent règlement de fonctionnement.

21. Les jeunes majeurs pris en charge au sein de l'établissement

Les établissements du secteur public de la PJJ et du secteur associatif habilité étant susceptibles d'accueillir également des jeunes majeurs, il est nécessaire de préciser dans le règlement de fonctionnement les modalités d'adaptation de la mise en œuvre de leurs droits et libertés au regard de leur état de majorité.

Le règlement de fonctionnement est le socle des droits de l'usager que celui-ci soit majeur ou mineur. Ainsi par exemple, le droit à la confidentialité, le droit à l'exercice de sa religion, le droit au respect des liens familiaux, le droit au respect de l'intimité sont identiques à ceux des mineurs.

Pour autant, des adaptations sont possibles du fait de la majorité. Par exemple, le droit de vote, ou l'éligibilité à certains dispositifs de droit commun sont relatifs à la capacité juridique de l'usager du fait de la majorité. L'accord des détenteurs de l'autorité parentale n'est plus requis, ce qui n'exclut pas nécessairement une information si le jeune majeur en est d'accord.

De même, les règles relatives aux sorties peuvent également être adaptées. En revanche, l'interdiction de fumer, qui a trait à l'établissement, s'applique aux mineurs comme aux majeurs.

Article à intégrer dans le règlement de fonctionnement et à adapter à chaque établissement :

Sous réserve des adaptations liées à leur capacité juridique, les jeunes majeurs pris en charge au sein de l'établissement bénéficient des mêmes droits et sont soumis aux mêmes obligations que ceux des mineurs énoncés dans le présent règlement de fonctionnement.

La directrice de la protection judiciaire de la jeunesse,

Catherine SULTAN

Note du 24 février 2016,

Relative à l'action de la protection judiciaire de la jeunesse dans les parcours d'insertion scolaire et professionnelle des jeunes confiés (NOR : JUSF1606655N).

La directrice de la protection judiciaire de la jeunesse,

à

Pour attribution

Mesdames et messieurs les directeurs interrégionaux de la protection judiciaire de la jeunesse

et

Madame la directrice générale de l'École nationale de protection judiciaire de la jeunesse

L'insertion sociale et l'accès à l'autonomie des jeunes reposent notamment sur leur insertion scolaire et professionnelle. Pour les services et établissements de la protection judiciaire de la jeunesse (PJJ), ces objectifs d'insertion sont d'autant plus centraux et exigeants qu'ils sont consubstantiels de l'action éducative et que les caractéristiques et conditions de vie des jeunes accueillis y font souvent obstacle.

Relativement courte et tardive dans les parcours de vie des jeunes qu'elle prend en charge, l'intervention de la PJJ reste nécessairement limitée et appelle une articulation constante avec les autres acteurs de l'insertion scolaire et professionnelle, au premier rang desquels l'école, les missions locales et les centres d'apprentissage.

Elle vient soutenir à tout moment leur parcours d'insertion scolaire et professionnelle, qui s'est élaboré tôt dans l'enfance et se poursuivra bien au-delà du temps socio-judiciaire. En matière d'insertion, comme en d'autres matières, et conformément aux dispositions de la note d'orientation de la PJJ du 30 septembre 2014, cette intervention est appelée à faire continuité entre ce qui la précède et ce qui la suit. *[App. V° Prise en charge éducative.]*

Elle incombe donc d'abord aux services de milieu ouvert dont la mission socle, par la nature et la durée des mandats confiés, les place en situation de sécuriser des parcours d'insertion. En cas de placement ou d'incarcération, ce suivi en matière d'insertion, piloté par les services de milieu ouvert, est partagé par les différents services et établissements concernés et les objectifs sont formalisés dans le projet conjoint de prise en charge (PCPC).

Les présentes dispositions s'inscrivent dans la suite des orientations politiques des quarante dernières années en matière d'insertion des jeunes les plus en difficulté et notamment des suites données au rapport de Bertrand SCHWARTZ sur l'insertion professionnelle et sociale des jeunes (1981). La proximité, y compris géographique, de l'offre d'insertion et des publics qu'elle vise, son adaptation aux besoins et capacités des jeunes pris individuellement, son caractère global innervent les orientations nationales de la PJJ, au-delà de cette seule note.

Elle s'inscrit aussi dans le cadre fixé par les plans gouvernementaux en vigueur, au premier rang desquels le plan jeunesse adopté le 21 février 2013 et qui se fixe entre autres priorités l'accès au droit commun et l'autonomie des jeunes dans tous les domaines de leur existence.

Elle confirme enfin une approche traditionnelle de l'éducation surveillée, puis de la protection judiciaire de la jeunesse, tournée vers l'inscription des jeunes dans des dynamiques d'apprentissage, d'activité et de socialisation*[,]* au soutien direct de la dynamique plus globale d'insertion et vers la recherche de solutions d'insertion dites de droit commun à défaut desquelles des réponses alternatives doivent pouvoir être mises en œuvre.

L'accès aux dispositifs scolaires et professionnels de droit commun est toujours un objectif prioritaire ; lorsque cet objectif est immédiatement inaccessible, l'accès aux dispositifs alternatifs extérieurs à la PJJ ou au dispositif structuré d'accueil de jour de la PJJ doit être proposé.

La protection judiciaire de la jeunesse intègre au cœur même de ses priorités l'insertion scolaire et professionnelle des jeunes qui lui sont confiés en tant qu'objectif inhérent à l'action éducative. Si elle ne saurait assurer seule cette mission, elle doit optimiser le temps de son intervention pour accompagner au mieux les jeunes qui lui sont confiés vers l'accès à leur autonomie.

Cet engagement implique de penser tout au long du parcours l'intervention en articulation étroite avec l'ensemble des acteurs et des politiques publiques afférentes, afin de rendre opérationnelle l'inscription dans les dispositifs de droit commun. Dans un contexte de décentralisation *[L. n° 2014-288 du 5 mars 2014 relative à la formation professionnelle, à l'emploi et à la démocratie sociale.]* de la formation professionnelle, la direction de la PJJ (DPJJ) entend poursuivre et redéfinir son implication dans les politiques partenariales dédiées à l'insertion scolaire et professionnelle et réaffirmer par là même, auprès de ses partenaires, son rôle en matière d'insertion scolaire et professionnelle des jeunes sous protection judiciaire.

La présente note vient ainsi :

– préciser le public et les principes directeurs qui sous-tendent l'intervention de la PJJ dans les parcours d'insertion scolaire et professionnelle (1)

– exposer les modalités d'individualisation de ces parcours (2)

– exposer les modalités de gouvernance et d'organisation pour la déployer (3).

1. La place de la PJJ dans les parcours d'insertion scolaire et professionnelle, public et cadre d'intervention

1.1 *Le cadre d'intervention*

Une intervention déterminée par le cadre judiciaire

L'intervention de la PJJ dans les parcours d'insertion scolaire et professionnelle des jeunes confiés s'initie comme toute intervention de la PJJ à partir d'un mandat judiciaire, principalement dans le cadre pénal.

S'il ne saurait être lu comme le seul ni le principal levier, le cadre judiciaire est de nature à soutenir la mobilisation du jeune sur sa scolarité ou sa formation.

Cette dimension se retrouve quel que soit le type de mesure exercée : mesures judiciaires d'investigation, mesures éducatives ou encore mesures probatoires, avant ou après jugement.

Elle est tout particulièrement renforcée en matière présentencielle ou quand l'accent est mis sur ce domaine dans le contenu même de la décision. L'obligation d'engagement dans un parcours d'insertion scolaire ou professionnelle peut en effet constituer un élément de probation ou une mesure dédiée. Les professionnels sont alors notamment vigilants à faire prendre conscience au jeune des potentielles conséquences judiciaires attachées à son implication active dans son projet scolaire ou professionnel.

Le contenu de ce projet s'évalue alors notamment à l'aune du contenu de la décision de justice : le premier doit bien sûr être compatible avec le second mais le second peut aussi s'adapter au premier dès lors que le projet viendrait constituer un gage d'insertion exigible par le magistrat.

Une intervention circonscrite

L'intervention de la PJJ vise à permettre au jeune accueilli de trouver ou retrouver une place au sein des dispositifs de scolarité et de formation de droit commun.

Elle doit donc soutenir, conforter ou installer, selon les besoins repérés, les prérequis de socialisation et les compétences clés au soutien de cet objectif.

En effet, en amont de l'insertion scolaire et professionnelle proprement dite, l'intériorisation des valeurs et règles communes ainsi que d'un certain nombre de codes sociaux nécessite souvent un travail conséquent et spécifique. Cette intériorisation prépare le terrain de l'insertion scolaire et professionnelle.

Le rôle de la PJJ est ici primordial : du fait de ses compétences éducatives et de son approche globale des situations individuelles, elle accompagne les jeunes à développer *[dans le développement de]* leurs capacités de décryptage et d'assimilation de ces valeurs, règles et codes.

Elle garantit un suivi individualisé qui favorise la mobilisation ou la remobilisation des jeunes sur leur propre projet, en recherchant leur compréhension et leur adhésion au dit *[audit]* projet, en les accompagnant au plus près, y compris physiquement, auprès des partenaires impliqués dans leur insertion (établissements scolaires, missions locales...), et en développant leur propre mobilité vers les lieux d'insertion. Elle s'attache aussi à travailler leur accès aux savoirs de base, autre préalable incontournable à l'insertion scolaire et professionnelle.

Ce faisant, l'intervention de la PJJ consiste à aider le jeune à gagner ou regagner confiance en lui, à devenir ou redevenir acteur de son propre parcours, à se sentir valorisé et à prendre confiance dans un environnement social qui ne lui a pas toujours été favorable.

Une intervention à conjuguer avec les titulaires de l'autorité parentale

L'intervention de la PJJ dans les parcours d'insertion scolaire et professionnelle s'articule nécessairement avec celle des titulaires de l'autorité parentale et vise à les associer sur le *[au]* projet d'insertion de leur enfant, quelque *[quel que]* soit le degré de leur mobilisation.

Détenteurs de l'autorité parentale, ils sont responsables des différents aspects de la vie de l'enfant, dont ceux ayant trait à son éducation.

En toutes hypothèses, l'intervention de la PJJ et l'existence d'une mesure judiciaire ne porte *[portent]* pas atteinte à ce principe. Les parents détenteurs de l'autorité parentale demeurent responsables de leur enfant et toute décision importante concernant le devenir scolaire ou professionnel de leur enfant est de leur ressort.

En lien avec les instructions énoncées dans la note relative à l'action éducative en milieu ouvert, les limites temporelles de l'intervention éducative sont intégrées à la réflexion afin que soient anticipées *[anticipés]* les fins de prise en charge et les relais à construire, que soit préparé le cas échéant le passage à la majorité et, en toute hypothèse, que ne soit pas générée de rupture du parcours d'insertion scolaire et professionnelle à l'issue de la prise en charge. L'association des titulaires de l'autorité parentale sur chacun de ces points et à chacune des étapes facilite la réussite du parcours pris dans sa globalité.

1.2 *Les parcours d'insertion scolaire et professionnelle : un axe de travail pour tous les jeunes*

L'insertion scolaire et professionnelle des jeunes constitue une préoccupation centrale de leurs parents comme, le cas échéant, des institutions appelées à les prendre en charge ; elle est un enjeu crucial de notre société qui porte l'ambition de l'insertion de chacun par l'activité économique.

C'est notamment ce qui explique que les dynamiques de désistance *[La désistance se définit comme le processus de sortie de délinquance. Les facteurs de désistance sont ceux qui augmentent la probabilité de s'engager avec succès dans un processus d'arrêt des actes délinquants. Cf. rapport du 20 févr. 2013 de la conférence de consensus sur la prévention de la récidive]* et donc les politiques de prévention de la délinquance s'appuient aussi fortement sur cette ambition, à la fois individuelle du point de vue du justiciable et collective du point de vue de la société qui entend l'intégrer.

Pour les services et établissements de la PJJ, l'enjeu réside donc dans la possibilité de conduire au travers d'un parcours d'insertion scolaire et professionnel un processus de sortie de délinquance et d'accès des jeunes confiés à leur insertion sociale et citoyenne.

La portée de l'enjeu justifie que cette préoccupation innerve l'ensemble des situations qu'aurait à connaître la PJJ *[Cf. Circ. interministérielle du 25 janv. 2016 relative à la mobilisation des services de l'État auprès des conseils départementaux concernant les mineurs privés temporairement ou définitivement de la protection de leur famille et les personnes se présentant comme tels (JUSF1602101C)]*.

Les modalités d'accompagnement sont conçues et réalisées de manière différenciée, en fonction des situations repérées, selon que les jeunes sont déjà positionnés dans un parcours d'insertion scolaire ou professionnelle, en risque d'exclusion ou en rupture de ce dernier.

Trois situations peuvent être ainsi identifiées ; elles figurent trois circonstances dans un continuum au sein duquel les jeunes peuvent bien sûr évoluer.

Pour les jeunes engagés dans un parcours d'insertion scolaire ou professionnelle, qui représentent la majorité du public suivi, l'intervention de l'institution consiste à soutenir ce parcours pour qu'il se poursuive au mieux dans le contexte d'une prise en charge socio-judiciaire.

Les professionnels du service de milieu ouvert initient donc, quel que soit le cadre de la mesure, un travail spécifique sur le parcours d'insertion scolaire et professionnelle. Cette démarche doit permettre de solliciter dans une approche dynamique les parents et le jeune en les faisant élaborer *[travailler]* sur la situation actuelle et sur ses évolutions possibles. En effet, à l'âge adolescent et dans des contextes où les orientations scolaires ou de formation peuvent parfois ne pas résulter de réels choix mais plus d'orientation par défaut, cette étape est indispensable afin d'être en capacité d'anticiper d'éventuelles difficultés.

Une vigilance importante doit être accordée aux **risques de décrochage et d'exclusion des parcours d'insertion scolaire et professionnelle**. La mobilisation ou la remobilisation du jeune dans son propre parcours constitue un facteur clef de réussite ; sa démobilisation doit donc alerter les intervenants comme un indicateur à traiter comme tel et au plus près de ce qu'il signifie.

Cette vigilance peut s'objectiver à partir de l'évaluation conduite tout au long de la prise en charge éducative mais aussi d'échanges réguliers avec le jeune et ses représentants légaux, d'attention portée à l'emploi du temps et notamment aux absences, que ces dernières soient perlées ou permanentes *[Concernant le partenariat avec l'Éducation nationale : se référer à la Circ. interministérielle relative à la prévention de l'absentéisme scolaire du 24 déc. 2014 et à l'Ann. 3 de la Circ. DGESCO-DPJJ du 3 juill. 2015]*, de rencontres avec les autres acteurs impliqués dans l'insertion scolaire ou professionnelle du jeune.

Une partie du public confié à la PJJ peut enfin se retrouver **en situation de rupture dans son parcours d'insertion scolaire et professionnelle.**

L'analyse des raisons de cette rupture est là aussi indispensable : elle doit permettre d'identifier les freins qui compromettent durablement et profondément le retour du jeune dans son propre parcours d'insertion.

Sur la base de cette analyse, des solutions adaptées et progressives sont recherchées et un retour vers les dispositifs de droit commun priorisé : avec l'Éducation nationale pour les jeunes sous obligation scolaire et avec le service public régional d'orientation (SPRO) pour les jeunes de plus de 16 ans.

Lorsque les freins à l'œuvre s'avèrent trop conséquents, l'institution ajuste son intervention au regard des besoins du jeune, la renforce en initiant le cas échéant en propre une prise en charge spécifique, et vise toujours à terme le raccrochage du jeune aux dispositifs de droit commun. Les modalités de mise en œuvre sont spécifiées ci-après.

Concernant ces jeunes en rupture dans leurs parcours d'insertion scolaire et professionnelle, il convient d'emblée de préciser dans quel cadre ils sont pris en charge. En fonction des situations, deux statuts sont mobilisables : le statut scolaire ou celui de stagiaire de la formation professionnelle qui permet d'inscrire le jeune dans une perspective qui dépasse la seule temporalité de l'intervention de la PJJ.

Dans tous les cas, la place de l'institution dans les parcours d'insertion scolaire et professionnelle se conjugue avec les acteurs concernés. Elle est étroitement corrélée au cadre judiciaire d'intervention (nature de la mesure, temporalité) qui est posé par la juridiction.

2. L'individualisation des parcours d'insertion scolaire et professionnelle

Conformément aux prescriptions de la note *[du 22 oct. 2015]* relative à l'action éducative en milieu ouvert au sein des services de la PJJ, le parcours d'insertion scolaire et professionnelle est individualisé. Cette individualisation se traduit en deux étapes que sont l'évaluation (2.1) puis la déclinaison de l'action adaptée à chaque situation (2.2). Ces démarches s'appuient sur un certain nombre d'outils spécifiques (2.3).

Afin de garantir la continuité de ces parcours, la note d'orientation de la PJJ du 30 septembre 2014 confère aux services de milieu ouvert la mission d'assurer la cohérence de l'intervention éducative et le pilotage du parcours d'insertion scolaire, sociale et professionnelle.

2.1 *L'évaluation, première étape de l'individualisation des parcours d'insertion scolaire et professionnelle*

Dans le cadre de l'évaluation globale que les services de milieu ouvert sont amenés à conduire en vue du suivi de la mesure judiciaire *[Note d'orientation DPJJ du 30 sept. 2014]*, une évaluation spécifique de la situation en insertion scolaire et professionnelle est réalisée.

Cette évaluation concerne l'ensemble des mineurs faisant l'objet d'une mesure judiciaire. Si le mineur fait l'objet d'une mesure judiciaire d'investigation éducative (MJIE), la démarche dont il est ici question intègre les items sur la base desquels elle est menée.

L'association du jeune et de ses représentants légaux acteurs à ce processus est essentielle. Les professionnels y veillent au travers des modalités opérationnelles décrites ci-après.

Par la prise en compte de la situation globale du jeune, cette évaluation a pour objectif d'identifier tout particulièrement les freins qui compromettent le parcours du jeune, qu'il s'agisse de freins endogènes (difficultés d'apprentissage d'ordres divers, addiction, handicap, organisation des relations familiales, organisation de la vie quotidienne...) ou exogènes (réseaux de socialisation, inaccessibilité des lieux d'insertion...).

Outre les freins et facteurs de risque éventuels, l'évaluation vise également à identifier les appétences, compétences et potentialités du jeune, sur la base desquelles il sera possible de le réinscrire dans une dynamique de réussite.

Elle permet enfin d'enclencher un travail autour des difficultés repérées et d'initier les premières étapes d'acquisition de compétences psycho-sociales.

Cette évaluation permet, *a minima*, de s'assurer de la réalité du parcours d'insertion scolaire et professionnelle actuel du jeune (scolarité ou formation en cours, résultats, durées, assiduité...), de recueillir des éléments de parcours antérieurs, de retracer de manière organisée des trajectoires parfois chaotiques et de considérer ainsi de manière rétrospective les points de rupture.

Elle est d'autant plus pertinente qu'elle prend place dans une démarche d'évaluation globale qui permet de faire du lien entre les différents éléments d'un parcours de vie.

Une telle mise en perspective soutient l'appropriation du parcours par le jeune et sa famille et une réflexion conjointe sur les moments et les facteurs de ruptures mais aussi les leviers mobilisables.

Cette évaluation est réalisée si besoin de manière interdisciplinaire en veillant à mobiliser les approches professionnelles nécessaires.

Cette phase d'évaluation repose en premier lieu sur l'intervention en propre des professionnels de la PJJ. Elle est complétée, et renforcée en cas de besoin, par des bilans réalisés auprès de partenaires locaux (centres d'information et d'orientation spécialisés ou de secteur, missions locales principalement) et qui appellent une technicité particulière tels que les bilans scolaires et les bilans d'orientation professionnelle.

A l'issue de cette démarche d'évaluation, pour chaque situation de jeune, en fonction du parcours d'insertion scolaire et professionnelle concerné, la PJJ décline un parcours individualisé adapté.

2.2 *L'adaptabilité du parcours d'insertion scolaire et professionnelle*

En vertu du principe d'individualisation de la prise en charge et en lien avec les dynamiques à l'œuvre dans les cadres du milieu ouvert et du placement, la PJJ promeut l'adaptabilité comme modalité d'organisation de ses réponses, c'est-à-dire l'ajustement de ces dernières au plus près des besoins, appétences et potentialités d'évolution du jeune. L'association de ce dernier aux décisions et offres éducatives qui le concernent compte d'autant plus que sa situation est fragile. Il en va de même pour ses représentants légaux, parties prenantes de son parcours d'insertion.

En matière d'insertion, cette modalité se décline différemment selon la situation dans laquelle se trouve le jeune et doit permettre des passerelles entre les dispositifs, qu'ils soient internes, conjoints ou externes à la PJJ. Outre qu'elle matérialise le principe d'individualisation des prises en charge, cette modalité a aussi vocation à anticiper autant que possible la sortie du dispositif et à travailler le relais avec les intervenants ultérieurs.

Pour les jeunes inscrits dans un parcours d'insertion scolaire et professionnelle, les professionnels veillent à la poursuite du parcours d'insertion et évaluent la fréquence et les modalités d'échange avec les partenaires concernés. Ces modalités peuvent se décliner dans des conventions formalisées au niveau territorial.

Pour les jeunes en risque de décrochage ou d'exclusion, plusieurs options peuvent être envisagées.

Il convient de privilégier les dispositifs transitoires proposés par les partenaires, à l'exemple des dispositifs relais de l'Éducation nationale, avec le soutien de la PJJ dans la mise en œuvre. Ces dispositifs sont pensés pour répondre aux démobilisations partielles ou passagères et offrent des perspectives de raccrochage tout à fait accessibles.

Afin d'accompagner la réinscription de jeunes déscolarisés ou en voie avérée de déscolarisation, des parcours de prise en charge aménagés peuvent être imaginés. Il s'agit par exemple de proposer des emplois du temps partagés entre différents types de structures (établissement scolaire, services de la PJJ dont en particulier les unités éducatives d'activités de jour (UEAJ), associations...). Dans ce cadre, une convention partenariale doit être signée entre la structure éducative et l'établissement scolaire de rattachement au niveau de chaque élève *[Selon la politique partenariale menée sur le territoire, la direction territoriale peut également contractualiser ce partenariat à son niveau, avec la direction des services départementaux de l'Éducation nationale (DSDEN)]*. Des parcours similaires, coconstruits avec les missions locales, peuvent également être réalisés.

Pour les jeunes en rupture dans leur parcours d'insertion scolaire et professionnelle et dont la reprise immédiate ne peut s'envisager, l'institution fait appel à l'ensemble des ressources disponibles pour favoriser une prise en charge spécifique, adaptée aux difficultés identifiées, focalisée sur l'apprentissage ou le réapprentissage de savoirs de base et de prérequis qui permettront au jeune, à terme, de réintégrer les cursus de droit commun.

Cette dernière s'envisage à partir des ressources spécialisées existantes relevant du secteur du soin, du handicap comme de l'enseignement spécialisé (hôpitaux de jour, instituts médicaux-éducatifs *[médico-éducatifs]* (IME), section d'enseignement général et professionnel adapté (SEGPA), unités d'inclusion scolaire (ULIS), etc.).

Elle s'élabore aussi à partir des ressources du droit commun favorisant la remobilisation scolaire et professionnelle (plateformes de mobilisation, espaces dynamiques d'insertion, écoles de la deuxième chance, établissements public d'insertion de la Défense (EPIDE), dispositifs spécifiques de l'Éducation nationale, etc.).

Elle est également assurée au sein des services de la PJJ, en UEAJ, quand une reprise de parcours en insertion dans un circuit de droit commun ou dans un circuit spécialisé ne peut se mettre en œuvre pour des raisons liées aux difficultés propres du jeune ou pour des raisons qui lui sont extérieures (orientation inopérante, délais d'attente, etc.). Il importe que cette intervention soit inscrite d'emblée avec les partenaires spécialisés ou de droit commun comme une étape transitoire visant à favoriser le retour en leur sein. Cette dimension est particulièrement prégnante pour les jeunes sous obligation scolaire.

L'intervention en UEAJ mêle de manière étroite action éducative et insertion scolaire et professionnelle. L'imbrication de ces notions permet de travailler de manière concomitante et intensive les compétences décrites ci-après sur la base de l'évaluation décrite *supra*, qui a vocation à être affinée tout au long de la prise en charge par l'ensemble des professionnels y concourant pour adapter les hypothèses de travail.

Les contenus travaillés s'attachent prioritairement à développer, à partir des freins repérés, une série de compétences et connaissances.

Les compétences psychosociales peuvent se définir comme le socle minimum indispensable auquel les compétences cognitives et préprofessionnelles peuvent s'adosser. Elles se réfèrent prioritairement aux comportements et attitudes développés dans la relation aux autres, pair*[s]* ou adulte*[s]*, y compris dans une relation d'autorité. Elles peuvent aussi se référer au langage employé, aux attitudes, aux comportements, à la manière d'entrer en relation, de se situer dans une journée par rapport aux rythmes de base.

L'intervention de l'ensemble des professionnels de la PJJ, quel que soit leur lieu d'exercice, peut viser l'acquisition de ces compétences. Cette dynamique est toutefois renforcée en UEAJ par le fait d'y consacrer, compte tenu de la spécialité de ces structures, l'ensemble du temps hebdomadaire aux apprentissages.

Les **acquisitions cognitives** se réfèrent à l'essentiel des acquisitions du socle commun de connaissances, de compétences et de culture développé par l'Éducation nationale. Ce champ vise les savoirs de base (lecture, écriture, mathématiques, raisonnement logique) comme l'utilisation des nouvelles technologies d' *[de l']* information et de *[la]* communication (NTIC), mais également les dynamiques d'apprentissage elles*[-]* mêmes puisqu'il s'agit de développer les capacités à raisonner, à penser, à pouvoir développer une pensée argumentée.

L'acquisition de compétences préprofessionnelles est d'abord fonction de la situation du jeune, de ses appétences, de son projet et de son âge. L'objectif visé est de travailler avec le jeune sur son projet professionnel en lui permettant notamment de découvrir différents secteurs professionnels, y compris grâce à des périodes de stage. Il s'agit également d'installer, grâce à des mises en situation concrète, les postures et gestes professionnels adéquats.

Ces compétences demeurent généralistes et se développent dans des secteurs susceptibles de favoriser la mobilisation du jeune : l'acquisition de qualifications professionnelles relève prioritairement du champ d'intervention du droit commun.

2.3 *Les outils de l'individualisation des parcours d'insertion scolaire et professionnelle*

Ces outils sont mobilisables en phase d'évaluation ou tout au long des parcours.

Les entretiens, tant avec le jeune qu'avec ses parents, constituent une des modalités essentielles afin d'apprécier la nature du parcours d'insertion du jeune et les démarches à entreprendre au regard de ce parcours. Ils favorisent le recueil des informations nécessaires selon des modalités diverses et adaptées à chaque situation et permettent d'enclencher une réflexion sur le projet, les freins qui s'y opposent comme les leviers potentiels. L'opportunité d'échanges directs avec les intervenants scolaires notamment *[Cf. Circ. conjointe DPJJ/DGESCO du 3 juill. 2015]* est à apprécier en lien avec les détenteurs de l'autorité parentale.

La conduite de ces entretiens veille à associer les différentes disciplines professionnelles mobilisables et utiles à la compréhension de la situation.

Les activités individuelles ou collectives (culturelles, sportives, etc.) menées au sein des services et établissements ou de manière mutualisée sur un territoire constituent également un support pertinent. Obligatoires ou facultatives selon les cas, elles permettent, en situation réelle, d'apprécier et de développer les capacités d'un jeune à parvenir à décrypter et assimiler les codes sociaux et à pouvoir s'intégrer en société.

Ces deux modalités d'intervention ne sont pas exclusives d'accompagnements physiques sur les lieux d'insertion ou dans les démarches de socialisation au soutien des parcours d'insertion. Cette dimension est indispensable au regard des besoins du public définis *supra* et des facteurs qui viennent complexifier leur implication effective dans un parcours d'insertion.

Ces outils, mis en œuvre à l'interne des services, peuvent également se conjuguer avec l'intervention d'autres acteurs partenariaux en fonction des situations individuelles. Ils favorisent ainsi une intervention cohérente auprès des jeunes.

Au soutien de cette dynamique peuvent être également mobilisées les acquisitions d'attestations citoyennes et/ou scolaires principalement initiées et acquises dans le cadre scolaire. Celles-ci peuvent faire l'objet d'une préparation comme d'une passation. Ces attestations sont susceptibles de relever de l'acquisition de compétences spécifiques : attestations scolaires de sécurité routière (ASSR), brevet informatique et internet pour adultes (B2Ia), et prévention et secours civique de niveau 1 (PSC1). La DPJJ est également compétente pour préparer et assurer, en lien avec les services de l'Éducation nationale, la passation du certificat de formation générale (CFG) qui garantit l'acquisition de connaissances de base dans trois domaines généraux de formation (français, mathématiques, vie sociale et professionnelle).

Les modalités plus précises sont développées dans les textes qui les régissent spécifiquement.

La passation puis l'obtention de ces attestations peut *[peuvent]* constituer un appui important en matière de valorisation des jeunes et favoriser une dynamique de remobilisation, y compris en solennisant leur remise officielle.

Se situer dans une logique de parcours implique enfin d'avoir une attention soutenue à la manière dont ces parcours d'insertion scolaire et professionnelle sont retracés. Cet enjeu, central pour l'institution et dans ses relations institutionnelles et partenariales, est également indissociable d'une démarche qui vise à rendre le jeune acteur de son parcours.

Ainsi, les modalités opérationnelles permettant au jeune de disposer d'un document récapitulant l'ensemble de son parcours d'insertion scolaire et professionnelle doivent faire l'objet d'une démarche coconstruite par l'ensemble des acteurs et pilotée par les professionnels du milieu ouvert. Cette dynamique indispensable s'adosse aux modalités de suivi des parcours en insertion déployées par l'application Game.

Dans la même optique, les compétences travaillées et les acquis validés au sein des services de la PJJ doivent pouvoir s'appuyer sur des référentiels officiels (notamment le socle commun de connaissances, de compétences et de culture *[Décr. n° 2015-372 du 31 mars 2015]*) et être reconnus par les dispositifs de droit commun en liens *[lien]* avec les partenaires institutionnels.

3. La PJJ et les parcours d'insertion scolaire et professionnelle, gouvernance et modalités d'organisation

3.1 *Gouvernance (les aspects politiques)*

Les politiques publiques relatives à l'insertion scolaire et professionnelle des jeunes connaissent actuellement d'importantes évolutions.

La loi du 5 mars 2014 relative à la formation professionnelle, à l'emploi et à la démocratie sociale est notamment venue conférer plusieurs prérogatives aux Conseils régionaux.

Ainsi, ces derniers assurent depuis le 1er janvier 2015 la coordination des plateformes de lutte contre le décrochage scolaire, la mise en œuvre des nouveaux SPRO, la coordination des actions de lutte contre l'illettrisme et désormais l'ensemble de la politique régionale d'accès à l'apprentissage et à la formation professionnelle.

Ces nouvelles missions attribuées aux Régions sont sources d'importants enjeux et constituent un moment charnière pour nombre de questions relatives à l'insertion des jeunes sous protection judiciaire. Elles appellent aussi une redéfinition des modalités d'implication de la PJJ au sein de ces politiques publiques.

L'implication dans les politiques publiques d'insertion doit être pensée comme une part entière de l'activité des services de la PJJ et non comme un de ses compléments possibles. De fait, des échanges réguliers avec les partenaires des dispositifs d'insertion de droit commun, coordonnés par les services territoriaux éducatifs de milieu ouvert (STEMO), doivent être réalisés tout au long de la prise en charge en vue de coconstruire le parcours d'insertion du jeune.

L'enjeu est de définir des priorités institutionnelles en termes d'implication dans le champ de l'insertion scolaire et professionnelle en ciblant des secteurs d'intervention précis et des interlocuteurs prioritaires.

Ces priorités institutionnelles sont d'une part définies à un niveau national. Ainsi, les coopérations avec les Conseils régionaux sont à entretenir ou développer, au vu notamment des enjeux exposés *supra*. De même le partenariat avec l'Éducation nationale, décliné à tous les niveaux territoriaux, est à pérenniser, en référence aux modalités de coopération exposées dans la circulaire de partenariat DPJJ DGESCO *[Direction générale de l'enseignement scolaire]* du 3 juillet 2015.

Enfin, les différents plans interministériels mis en œuvre depuis 2013 *[Plan pluriannuel contre la pauvreté et pour l'inclusion sociale adopté le 21 janv. 2013 ; Plan « priorité jeunesse », 21 févr. 2013]* ont renforcé par différentes *[différents]* mesures *[Exemples de la garantie jeunes, des emplois d'avenir]* et financements le rôle des missions locales en tant qu'instances clés de voûte dans l'accompagnement vers l'insertion sociale et professionnelle des jeunes de 16 à 25 ans. Un partenariat actif avec ces dispositifs, à chacun des niveaux territoriaux et en lien étroit avec les directions régionales des entreprises, de la concurrence, de la consommation, du travail et de l'emploi (DIRECCTE) et leurs antennes, permet de contribuer autant que possible à ce que les jeunes les plus fragilisés puissent effectivement bénéficier des supports proposés.

D'autre part, les priorités interrégionales puis territoriales doivent également être définies, en fonction d'une évaluation établissant :

— les spécificités et les besoins du public accueilli *[Exemples : milieu rural, difficultés de mobilité, mineurs isolés étrangers, etc.]* qui demandent que soient adaptées *[adaptés]* les modalités d'accueil propres à la PJJ et les partenariats à privilégier ;

— l'offre territoriale en termes de parcours d'insertion (repérage des interlocuteurs disponibles et mise en lien).

3.2 *Les modalités d'organisation*

Une annexe dédiée viendra préciser les attributions dévolues à chacun des échelons territoriaux, énoncées ci*[-]*après.

Au niveau des directions interrégionales

Les directions interrégionales veillent à l'inscription des besoins des jeunes suivis par la PJJ dans les politiques et les programmes d'action des acteurs régionaux participant à l'insertion sociale et professionnelle.

Cette prérogative est sensiblement renforcée au vu des orientations institutionnelles récentes et des compétences dévolues aux Conseils régionaux, avec lesquels des échanges réguliers sont menés notamment pour assurer une lisibilité de la déclinaison opérationnelle propre à la région (déclinaison décentralisée) des différents dispositifs relatifs à la remédiation du décrochage scolaire, au droit au retour en formation initiale en lien avec la mise en œuvre des SPRO ou encore à la lutte contre l'illettrisme.

Dans la perspective de donner une vision globale à l'ensemble des thématiques relatives à l'insertion socioprofessionnelle, la réalisation de conventions-cadres visant à fédérer l'ensemble des acteurs impliqués (État, Régions, partenaires) est préconisée. En effet, ce type de démarches participe pleinement au développement des réseaux d'acteurs et à la coconstruction des réponses à apporter. Ce principe va dans le sens d'une meilleure coordination des services concernés, publics, associatifs et privés, pour l'accompagnement des personnes jusqu'à leur insertion réussie, au-delà d'une stricte logique de dispositifs.

Ces conventions-cadres permettent une meilleure clarification des enjeux et implications attendues, tout en apportant une plus grande lisibilité des différents partenaires régionaux et locaux susceptibles d'apporter un soutien dans la réinscription des mineurs sous protection judiciaire dans les dispositifs de droit commun. Ce cadre, une fois établi, doit se décliner dans les axes opérationnels des projets territoriaux relatifs à l'insertion.

Au niveau des directions territoriales

Les directions territoriales ont pour mission de décliner et de déployer la politique institutionnelle régionale et garantissent la qualité du parcours d'insertion scolaire et professionnelle sur leur territoire. A partir d'un état des lieux territorial, elles procèdent à l'analyse des caractéristiques du public, de la géographie du territoire, des ressources proposées en matière d'insertion.

En fonction des problématiques repérées et de leur hiérarchisation, les directions territoriales construisent une offre d'insertion adaptée avec l'ensemble des ressources disponibles tant du secteur public (SP) de la PJJ que du secteur associatif habilité (SAH).

Elles complètent utilement l'offre des autres acteurs du champ de l'insertion socioprofessionnelle, qu'il s'agisse d'institutions publiques, d'entreprises d'insertion ou d'associations spécialisées hors secteur habilité.

Les fragilités que présentent les jeunes accueillis par la PJJ sont souvent communes avec celles d'autres publics en difficultés *[difficulté]* d'insertion ; aussi, une mutualisation des offres d'insertion sur la base des caractéristiques du public est à envisager chaque fois que c'est souhaitable et possible.

L'objectif poursuivi est de contribuer à optimiser les offres d'un territoire, à les rendre plus complémentaires, afin de fluidifier autant que possible les parcours d'insertion scolaire et professionnelle des mineurs suivis. Dans ce cadre, les services de la PJJ, en particulier les UEAJ, peuvent être à même d'accueillir ponctuellement un jeune décrocheur de l'Éducation nationale ou encore un jeune suivi par une mission locale pour lequel un suivi en UEAJ serait adapté.

Les modalités de réciprocité ainsi que le nombre d'adolescents concernés sont déterminés au niveau local en fonction des besoins et des possibilités des institutions concernées.

Au niveau des services et établissements

La mise en œuvre opérationnelle de l'accompagnement des jeunes dans leurs parcours d'insertion appartient aux services et établissements de la PJJ, et donc en particulier aux STEMO. Ces services assurent un rôle de pilotage et de coordination des actions dispensées, et le cas échéant en étroite complémentarité avec les établissements de placement, les missions intervenant en détention et les unités d'activités de jour.

Cette mise en œuvre s'inscrit en déclinaison du projet territorial. Afin de formaliser l'accompagnement qui est dispensé en matière scolaire et professionnelle, il est demandé à tout service ou établissement de la PJJ de spécifier les modalités opérationnelles dans une partie dédiée à ces questions au sein de son projet de service.

Lorsque l'intervention de la PJJ, déclinée au sein des UEAJ, s'avère nécessaire, elle est guidée par l'objectif de favoriser un retour vers le droit commun ou d'intégrer un circuit plus spécialisé. Deux modalités opérationnelles servent cet objectif :

L'intervention au sein des UEAJ peut se concevoir en appui ponctuel à un parcours en insertion scolaire et professionnelle en cours. Cette modalité s'envisage par exemple afin de prévoir des temps et espaces différenciés au soutien de la mobilisation du jeune, de développer particulièrement un aspect du parcours. Quel que soit l'objectif visé, cette modalité se décline au travers de conventions territoriales et personnalisées et se traduit par l'élaboration d'un emploi du temps partagé.

L'intervention en UEAJ peut également se concevoir comme un accueil sur un emploi du temps complet. Ainsi conçue, elle a pour finalité de permettre au jeune de dépasser ses difficultés et de pouvoir franchir les étapes nécessaires à sa réinscription dans un circuit de droit commun.

Cette modalité d'individualisation des parcours n'exclut pas pour autant de réfléchir à des temps d'accueil au sein de structures de droit commun.

L'institution organise son intervention à ces différentes fins et selon les modalités organisationnelles les plus adaptées aux besoins du public comme au territoire d'exercice. La question de l'accessibilité de l'offre d'insertion est au cœur de la problématique. Au-delà de la mobilisation du jeune dans son parcours d'insertion, se pose la question de sa mobilité.

Dans le cadre de la structuration juridique des services en vigueur, et dans l'objectif d'adapter l'offre territoriale aux besoins du public, le développement de la mobilité de la mission insertion portée par les UEAJ et *[,]* au-delà, toute forme d'organisation au soutien de l'accessibilité de l'offre des jeunes confiés à la PJJ, sont encouragées *[encouragés]*.

La directrice de la protection judiciaire de la jeunesse,
Catherine SULTAN

Note d'instruction du 4 mai 2015,

En matière d'absences non autorisées d'un mineur placé dans un établissement du secteur public ou du secteur associatif habilité de la PJJ (NOR : JUSF1510943N).

La garde des sceaux, ministre de la justice,

à

Pour attribution

Mesdames et messieurs les directeurs interrégionaux de la protection judiciaire de la jeunesse

Pour information

Madame la directrice de l'École nationale de protection judiciaire de la jeunesse

Mesdames et messieurs les premiers présidents des cours d'appel

Mesdames et messieurs les procureurs généraux près lesdites cours d'appel

Mesdames et messieurs les présidents des tribunaux de grande instance

Mesdames et messieurs les procureurs de la république

Prononcé à l'égard d'un mineur, le placement judiciaire constitue, en matière civile comme en matière pénale, une mesure de protection, d'éducation, d'assistance, et de surveillance.

Chargés de la mise en œuvre de cette mesure par le magistrat, les établissements de placement judiciaire (EPE, CER, CEF) du secteur public (SP) et du secteur associatif habilité (SAH) de la protection judiciaire de la jeunesse, exercent temporairement, à l'égard du mineur accueilli, une action éducative sous l'autorité du directeur de la structure.

Dans le cadre d'une décision de placement d'un mineur, ses représentants légaux restent titulaires de l'exercice de l'autorité parentale. C'est pourquoi l'accord des parents d'un mineur placé au titre de l'ordonnance du 2 février 1945 doit être systématiquement recueilli par l'établissement qui entend accomplir un acte non usuel. Défini comme toute décision inhabituelle engageant l'avenir du mineur, il convient de considérer comme telle la décision portant notamment sur un séjour à l'étranger, la pratique d'un sport dangereux, une intervention médicale, ainsi qu'une orientation scolaire ou professionnelle ou la pratique religieuse.

A l'inverse, le tiers à qui l'enfant a été confié peut entreprendre tout acte usuel relevant du quotidien du mineur et de l'organisation interne de l'établissement de placement. Il en résulte que l'établissement, auquel est confié le mineur par l'autorité judiciaire, exerce, pendant la durée du placement, l'ensemble des actes usuels relatifs à sa surveillance et à son éducation.

Ainsi, aux fins de protection des mineurs placés, les sorties de ceux-ci doivent être expressément autorisées et contrôlées par les professionnels de l'établissement qui se réfèrent au cadre judiciaire fixé par le magistrat et au cahier des charges de la structure. Si un tel cadre n'a pas été énoncé dans la décision de placement, il appartient à l'établissement de solliciter le juge des enfants ou le juge d'instruction aux fins de précisions. L'autorisation de sortie des mineurs et le contrôle des conditions de sa réalisation relèvent alors du devoir de surveillance inhérent à l'action éducative conduite par les professionnels de l'établissement auprès des mineurs placés, dans le respect des décisions du juge des enfants ou du juge d'instruction. Par conséquent, le mineur ne peut, sans permission des professionnels éducatifs, quitter son lieu de placement. Les modalités de sortie sont fixées dans le règlement de fonctionnement de l'établissement.

Dans ce cadre, l'absence non autorisée du lieu de placement judiciaire constitue de la part du mineur un manquement à ses obligations et au règlement de fonctionnement. En outre, cette absence non autorisée constitue un risque potentiel de mise en danger du mineur dans la mesure où les conditions de sa protection et de sa surveillance ne peuvent plus être assurées par l'établissement de placement auquel il est confié. Enfin, la responsabilité de l'État du fait du mineur demeure engagée à raison des dommages causés par ce dernier notamment à l'égard des tiers, même en cas d'absence non autorisée tant que la mainlevée du placement n'a pas été ordonnée *[Voir pour le secteur associatif habilité : Crim. 15 juin 2000, Association La Maison d'Enfants Le Sacre Cœur c/ Conseil Général de l'Ardèche, n° 04057 ; Civ. 2e, 6 juin 2002, Association De La Sauvegarde De L'Enfance Et De L'Adolescence c/ CPAM D'Indre & Loire, n° 00570.]*.

Même si l'absence non autorisée constitue un risque inhérent à la mesure de placement judiciaire notamment au regard de la spécificité du public accueilli, une réflexion et une action spécifique relatives à sa prévention et son traitement sont indispensables au sein des établissements.

La présente note a ainsi pour objet de rappeler la procédure à suivre en cas d'absence non autorisée du mineur, procédure différente selon le cadre juridique du placement.

Le projet d'établissement *[Pour le projet d'établissement voir l'article L. 311-8 du code de l'action sociale et des familles et pour le règlement de fonctionnement l'article L. 311-7 du même code]* et le règlement de fonctionnement de l'établissement de placement judiciaire du secteur public de la PJJ *[Voir les articles 19 et 20 du décret n° 2007-1573 du 6 novembre 2007 relatif aux établissements et services du secteur public de la protection judiciaire de la jeunesse.]* comme du secteur associatif habilité *[Voir l'article 13 du décret n° 46-734 du 16 avril 1946 relatif aux personnes, institutions ou services recevant des mineurs délinquants]* intègrent les dispositions de la présente note. Ils définissent les conditions des sorties autorisées des mineurs, les modalités d'action d'éducation propres à prévenir les sorties non autorisées, et prévoient les réponses éducatives appropriées et individualisées pour répondre à ces situations. Il appartient aux professionnels de considérer "ces absences non autorisées" comme des éléments d'observation et d'en faire un levier de l'action éducative conduite auprès du mineur.

Les directions interrégionales et territoriales de la PJJ veillent au respect des dispositions de la présente note qui sont immédiatement applicables. Une attention particulière est portée à l'intégration de ces dispositions dans le règlement de fonctionnement des UEHD avant de les porter à la connaissance des différents lieux d'accueil (familles d'accueil, résidences sociales, foyer de jeunes travailleurs...).

I. Le cadre judiciaire du placement

Soumis à l'obligation de placement imposée par la décision judiciaire, le mineur placé doit en respecter le cadre et les modalités.

Toute absence non autorisée d'un mineur doit être formellement déclarée auprès du service de police ou de gendarmerie dans le cadre du protocole préalablement établi *["Proposition de protocole de gestion des absences non autorisées" en annexe 2]*. Elle doit également faire l'objet d'une information auprès du juge prescripteur, du Parquet et du service territorial éducatif de milieu ouvert compétent ainsi que des titulaires de l'autorité parentale. Par ailleurs, l'avocat du mineur est également informé notamment si cette absence non autorisée peut entraîner une garde à vue.

Par ailleurs, il convient de rappeler que "le fait pour une personne ayant connaissance de la disparition d'un mineur de quinze ans de ne pas en informer les autorités judiciaires ou administratives, en vue d'empêcher ou de retarder la mise en œuvre des procédures de recherche prévues par l'article 74-1 du code de procédure pénale, est puni de deux ans d'emprisonnement et de 30 000 € d'amende" (article 434-4-1 du code pénal). Le seul fait de ne pas signaler la disparition inquiétante d'un mineur de quinze ans ne suffit pas à caractériser l'infraction, qui suppose en outre une absence de signalement "en vue d'empêcher ou de retarder" la mise en œuvre des recherches. Cette incrimination démontre que le législateur attache une importance particulière à ce que la disparition inquiétante soit signalée avec célérité pour permettre de découvrir rapidement le mineur.

Les conséquences de l'absence non autorisée ainsi que les procédures à suivre dépendent de la nature juridique de la mesure à l'origine de la décision de placement :

Quelque soit *[quelles que soient]* les mesures éducatives (LSP, 16 *bis*...) associées au placement judiciaire, l'absence non autorisée d'un mineur est une transgression du règlement de fonctionnement de l'établissement et n'est jamais un événement anodin dans le parcours du mineur. A ce titre, elle fait l'objet d'une déclaration de fugue auprès du service de police ou de gendarmerie, d'une information au magistrat prescripteur, au parquet, aux titulaires de l'autorité parentale, au service territorial éducatif de milieu ouvert. Elle appelle par ailleurs une réponse éducative en ce qu'elle constitue une transgression.

Dans le cadre d'un contrôle judiciaire (CJ), d'une assignation à résidence avec surveillance électronique (ARSE), d'un sursis avec mise à l'épreuve (SME) ou d'un aménagement de peine sans écrou (LC) avec une obligation de respecter les conditions de placement :

Dans ce cas, l'absence non autorisée du mineur peut entraîner la révocation de la mesure en cours et l'incarcération du mineur. Par conséquent, il est indispensable d'informer l'avocat du mineur de la procédure liée à la déclaration de fugue décrite ci-dessus.

Dans le cadre d'un aménagement de peine sous écrou (placement à l'extérieur, placement sous surveillance électronique, de la semi liberté ou de la permission de sortir) :

Dans le cadre d'un placement extérieur et d'une surveillance électronique, l'établissement de placement de la PJJ est le lieu d'assignation du mineur où il doit être présent en dehors des autorisations de sortie. Un établissement de placement peut être concerné par une mesure de semi-liberté ou une permission de sortir lorsque le magistrat prévoit son hébergement dans une structure de la PJJ un week-end par exemple.

Outre le fait que le mineur encourt le retrait de la mesure, l'absence non autorisée d'un mineur bénéficiant d'un aménagement de peine pour lequel il est encore sous écrou est constitutive du délit d'évasion *["Constitue une évasion punissable le fait, par un détenu, de se soustraire à la garde à laquelle il est soumis. L'évasion est punie de trois ans d'emprisonnement et de 45000 euros d'amende. Lorsque l'évasion est réalisée par violence, effraction ou corruption, lors même que celles-ci auraient été commises, de concert avec le détenu, par un tiers, les peines sont portées à cinq ans d'emprisonnement et à 75000 euros d'amende." (Article 434-27 du code pénal.). Les évasions "sont punies de sept ans d'emprisonnement et de 10000 euros d'amende lorsqu'elles ont été commises sous la menace d'une arme ou d'une substance explosive, incendiaire ou toxique. Les peines sont portées à dix ans d'emprisonnement et à 15000 euros d'amende lorsqu'il a été fait usage d'une arme ou d'une substance explosive, incendiaire ou toxique ou lorsque les faits sont commis en bande organisé, que les membres de cette bande soient ou non des détenus." (Article 434-30 du code pénal)]*\.

Selon l'article 434-27 du code pénal, "constitue une évasion punissable le fait, par un détenu, de se soustraire à la garde à laquelle il est soumis." Selon l'article 434-29 2° du code pénal, "constitue également une évasion [...] le fait : 2° par tout condamné, de se soustraire au contrôle auquel il est soumis alors qu'il a fait l'objet d'une décision soit de placement à l'extérieur d'un établissement pénitentiaire, soit de placement sous surveillance électronique ou qu'il bénéficie soit du régime de la semi-liberté, soit d'une permission de sortir".

Des poursuites de ce chef peuvent donc être diligentées par le procureur de la République. A noter également qu'en application de l'article R. 57-7-1 du code de procédure pénale, le fait de participer à une évasion constitue une faute disciplinaire du premier degré de nature à justifier le prononcé d'une sanction par la commission de discipline en détention.

L'évasion implique par conséquent l'application des règles administratives et judiciaires spécifiques de la détention, à laquelle s'ajoute l'exécution d'une procédure de signalement auprès du service de police ou de gendarmerie, d'une information au magistrat prescripteur, au parquet, au chef d'établissement du lieu d'écrou (article D. 283 du code de procédure pénale), au service territorial éducatif de milieu ouvert (STEMO) ou service territorial éducatif de milieu ouvert et d'insertion (STEMOI) et à la direction territoriale de la protection judiciaire de la jeunesse (DTPJJ) concernés ainsi qu'aux titulaires de l'autorité parentale et à l'avocat du mineur.

La conduite à tenir en cas d'absences non-autorisées fait l'objet d'un régime général (II) auquel les évasions constituent un cas particulier (III).

II. Le régime général : les absences non autorisées non constitutives d'une évasion

La conduite à tenir en cas d'absences non autorisées est formalisée dans le projet de l'établissement qui se conforme aux consignes suivantes.

1. *La constatation et le signalement de l'absence non autorisée du mineur*

L'absence du mineur est considérée comme étant non autorisée dès lors que ce dernier ne respecte pas le cadre horaire fixé par le règlement de fonctionnement de l'établissement et formalisé dans l'emploi du temps individuel du mineur.

Elle l'est également lorsque l'absence n'est pas prévue par la décision judiciaire de placement ou la décision d'assignation à résidence sous surveillance électronique précisant les horaires d'assignation.

Dès que le professionnel en service constate le non*[-]*respect par le mineur du cadre horaire fixé, il vérifie téléphoniquement les motifs de son absence auprès de ses interlocuteurs habituels (famille, lieu d'activité, etc.) et le cas échéant auprès du mineur lorsque le règlement de fonctionnement autorise l'utilisation du téléphone portable.

Si l'absence non autorisée est confirmée, il convient de signaler au service de police ou de gendarmerie, dans un délai raisonnable et proportionné à la situation du mineur qui ne saurait aller au-delà de l'heure du dîner, par un fax ou par un e-mail, une déclaration de fugue accompagnée d'une fiche signalétique sur laquelle sont déclinés l'identité du mineur, sa tenue vestimentaire, les lieux où il serait susceptible de se rendre. De plus, l'établissement en informe le STEMO ou STEMOI en charge du suivi du mineur dans un délai de 24 heures.

Une note d'incident *[Rapport circonstancié de l'incident incluant des éléments sur la situation du mineur, son évolution etc. afin d'aider le magistrat à prendre sa décision sur la suite du placement]* est adressée au magistrat prescripteur dans le même délai. L'avocat du mineur est informé de l'envoi de cette note.

Dans le cas où le mineur placé est soumis à une obligation de placement issue d'une mesure présentencielle (CJ, ARSE), d'un aménagement de peine sans écrou (LC) ou d'un SME, l'avis de la fugue est également communiqué par fax au parquet du lieu de placement et au parquet de la juridiction suivant habituellement le mineur.

Cas spécifique de l'ARSE *[Circulaire DSJ/DACG/DAP/DPJJ du 28 juin 2013 relative au guide méthodologique sur le placement sous surveillance électronique (p. 28 du guide)] :.*

Toutes les alarmes de violation concernant l'ARSE (non-respect des horaires d'assignation précisées dans la décision de placement sous ARSE ou dégradation du matériel ou entrave à son fonctionnement technique) doivent faire l'objet, par le pôle, d'une enquête téléphonique au vu des données contenues dans le dossier. Ainsi, le pôle centralisateur de l'administration pénitentiaire contacte dans les meilleurs délais la personne placée pour recueillir ses explications et lui rappeler ses obligations. L'agent centralisateur du pôle (ACP) peut en outre s'entretenir avec le directeur de l'établissement de placement d'assignation. Quelle que soit l'attitude de la personne placée ou les explications données, toute alarme de violation entraîne la rédaction d'un compte-rendu d'incident par l'ACP. Cet écrit professionnel, qui doit être à la fois concis et circonstancié, est adressé par fax dans les meilleurs délais au magistrat mandant, afin de l'informer de la violation commise. Le rapport est également adressé au STEMO ou au STEMOI chargé du suivi et du contrôle de la mesure. Ce service adresse une copie du compte rendu d'incident à l'établissement de placement.

Le guide précise que "ce rapport écrit doit être adressé par fax, dans les meilleurs délais, directement au juge d'instruction ou au juge des enfants en charge de la mesure afin de l'informer de la violation des obligations par la personne placée. Au vu de la spécificité de cette mesure, il est toutefois préférable de prendre, dès le début de celle-ci, l'attache du magistrat instructeur pour connaître sa position quant aux délais et modalités selon lesquels il souhaite être informé de la violation des horaires d'assignation décidés dans le cadre de l'ARSE. Un avis téléphonique peut notamment être souhaité par celui-ci.

Ainsi, si le juge d'instruction ou le juge des enfants souhaite un traitement en temps réel avec avis téléphonique au vu du profil particulier de la personne placée, il est important de lui faire préciser les modalités applicables si la violation intervient la nuit, le week-end et les jours fériés (avis au juge d'instruction de permanence ou, le cas échéant, au parquet, etc.).

Le pôle centralisateur de surveillance doit en tout état de cause systématiquement avertir l'astreinte de la direction interrégionale des services pénitentiaires (DISP) ou de la direction territoriale (DT) de la PJJ de la violation horaire d'une ARSE pour laquelle le juge d'instruction ou le juge des enfants a demandé une information en temps réel.

C'est ensuite à l'astreinte de prévenir l'autorité judiciaire compétente selon les modalités préalablement définies.

2. *La période d'absence et de recherche du mineur*

L'établissement de placement détermine et met en œuvre, en lien avec le STEMO ou STEMOI, des modalités de recherche du mineur. Il se met en lien avec les services de police ou de gendarmerie pour optimiser les recherches actives *[Contacts téléphoniques, déplacements au domicile habituel du mineur et en tout lieu où il est susceptible d'être]*.

Durant toute la période d'absence non autorisée du mineur, le directeur de l'établissement de placement veille à maintenir une information régulière auprès des titulaires de l'autorité parentale.

3. *La localisation du mineur*

Dès qu'il a connaissance de cette localisation, le directeur de l'établissement organise les modalités de retour du mineur à l'établissement. Dès le retour effectif du mineur, le directeur informe le magistrat mandant, les services de police ou de gendarmerie, les titulaires de l'autorité parentale, l'avocat du mineur et le STEMO ou STEMOI, par communication téléphonique et/ou par fax avec l'envoi d'une fiche de "levée de déclaration de fugue".

De la même manière, lorsque l'établissement de placement est informé par un service de police ou de gendarmerie de la découverte du mineur, en collaboration étroite avec le STEMO ou STEMOI le directeur de l'établissement doit mettre en œuvre les moyens les plus adaptés pour assurer sans délai le retour du mineur.

L'établissement de placement organise un entretien avec un cadre et adresse une note d'information au juge d'instruction ou au juge des enfants avec une demande d'audience, le cas échéant.

En cas d'ARSE, le pôle centralisateur de surveillance électronique de l'administration pénitentiaire doit également être informé du retour du mineur sur le lieu d'assignation.

4. *L'absence prolongée du mineur*

S'il est souhaitable de maintenir la place d'un mineur momentanément absent, ce maintien n'est possible que sur une très courte période et en concertation avec le magistrat dans le cadre de la décision initiale de placement.

Dans l'objectif de ne pas laisser occupée une place en réalité disponible au sein du dispositif de placement judiciaire, le directeur de l'établissement de placement adresse une demande argumentée de mainlevée du placement au magistrat prescripteur au plus tard dans un délai de 15 jours. Formalisée par un écrit, cette demande comporte tout élément d'information utile pour appeler l'attention du magistrat sur l'opportunité de libérer une place devenue vacante et susceptible de profiter à d'autres mineurs en attente de prise en charge. Cette demande comporte par ailleurs une proposition d'orientation du mineur absent élaborée conjointement, après une étude préalable, avec le STEMO ou STEMOI, sur laquelle l'avocat du mineur pourra faire ses observations. Cette demande est portée à la connaissance des titulaires de l'autorité parentale et la direction territoriale est informée des démarches entreprises.

Lorsque le magistrat a effectivement ordonné la mainlevée de la mesure de placement et que le mineur est retrouvé, ce dernier réintègre son lieu de placement initial si une place est disponible après une nouvelle décision du magistrat. Si le retour dans l'établissement n'est pas possible ou inopportun, une autre modalité de placement est proposée au magistrat en lien avec le STEMO ou STEMOI chargé du suivi du mineur et avec le soutien de la direction territoriale si nécessaire. En cas d'incarcération du mineur, il convient d'évaluer la pertinence de prévoir sa possible réintégration.

Cette démarche est formalisée dans le protocole de gestion des absences non autorisées établi entre le Président du TGI/TE, la direction territoriale de la protection judiciaire de la jeunesse, les services de police/ou de gendarmerie et la juridiction (cf. annexe 2).

Lorsque le juge des enfants n'a pas ordonné la mainlevée de la mesure de placement, le mineur retrouvé doit obligatoirement réintégrer son lieu de placement initial.

5. *Le cas particulier des absences non autorisées lors d'un séjour en dehors de la DTPJJ du ressort de l'établissement ou du territoire national*

Dans le cas de séjour sur le territoire national, la direction territoriale du lieu d'implantation de l'établissement informe son homologue, le Parquet et la gendarmerie locale/ou service de police compétents de la présence d'un groupe dans la localité.

Avant tout départ de mineurs en séjour à l'étranger, l'accord des magistrats prescripteurs et des titulaires de l'autorité parentale est indispensable. Il convient également d'en informer le STEMO ou STEMOI chargé du suivi du mineur.

Par ailleurs, conformément aux instructions de la DPJJ en matière de séjour et déplacement à l'étranger *[Note DPJJ d'instruction relative aux séjours et déplacements éducatifs à l'étranger et en outre-mer du 26 mars 2015]*, une information des autorités consulaires françaises du pays visité est réalisée : nombre et identité des mineurs, des accompagnateurs, ainsi que la durée du séjour.

En cas de fugue, une déclaration identique à celle adressée aux services nationaux de police et/ou de gendarmerie du lieu de placement est adressée aux antennes de police et de gendarmerie compétentes, accompagné*[e]* d'une fiche signalétique. Cette déclaration est transmise pour information à la DTPJJ et aux autorités consulaires françaises du pays visité. Les titulaires de l'autorité parentale, les magistrats et l'avocat du mineur sont informés par un cadre de l'établissement resté en France.

III. Le cas particulier : les absences non autorisées constitutives d'une évasion

1. *Rappels juridiques*

Le secteur public de la PJJ (STEMO/STEMOI) assure le contrôle et le suivi de la mesure de placement à l'extérieur (PE), de placement sous surveillance électronique d'un mineur, de semi-liberté et de permission de sortir (article D. 49-56 du code de procédure pénale issu du décret n° 2004-1364 du 13 décembre 2004 modifiant le code de procédure pénale et relatif à l'application des peines). Si le lieu d'assignation est un établissement de placement du secteur public ou du secteur associatif habilité de la PJJ, il assure le suivi en lien avec le STEMO/STEMOI qui est garant de la dimension probatoire de la mesure. Ce dernier est informé de tous les événements liés à la prise en charge.

1.1. *Le placement à l'extérieur*

Pour les mineurs, le placement à l'extérieur se déroule en général sans surveillance continue de l'administration pénitentiaire et il est très souvent associé à une obligation de respecter les conditions d'un placement judiciaire (Centre Éducatif Fermé, Centre Éducatif Renforcé, Établissement de Placement Éducatif...).

1.2. *Le placement sous surveillance électronique*

La surveillance électronique permet de contrôler à distance une personne assignée à demeurer à l'endroit et aux horaires strictement déterminés par décision du magistrat. Elle peut être associée à un placement judiciaire dans un établissement de placement du SP ou du SAH de la PJJ, à l'exception des centres éducatifs fermés.

1.3. *La semi-liberté*

Dans le cadre d'une semi-liberté, le magistrat peut prévoir un placement dans un établissement de la PJJ sur un week-end, pendant des vacances scolaires par exemple.

1.4. *La permission de sortir*

Cette mesure est généralement utilisée pour assurer le maintien des liens familiaux et préparer le projet de sortie d'un mineur. A cette fin, le magistrat peut ordonner une permission de sortir et prévoir un placement dans un établissement de la PJJ pour la durée de la permission de sortir.

2. *Les spécificités de procédure en matière d'évasion*

2.1. *Lors du constat de l'absence du mineur*

Dans le cadre du placement à l'extérieur (PE), du placement sous surveillance électronique (PSE), le mineur est sous écrou : la PJJ a pour mission d'assurer un contrôle strict et d'informer les autorités compétentes de tout incident à la mise en œuvre de la mesure.

Si le mineur n'a pas réintégré l'établissement de placement à l'heure fixée par la décision judiciaire, il est considéré en évasion. Il en est de même s'il s'agit d'une permission de sortir (article D. 125 du C. pr. pén.), éventuellement dans le cadre d'une semi-liberté.

Lorsque le mineur est placé sous surveillance électronique (PSE) *[Circulaire DSJ/DACG/DAP/DPJJ du 28 juin 2013 relative au guide méthodologique sur le placement sous surveillance électronique]*, le pôle centralisateur de surveillance électronique de l'administration pénitentiaire assure le suivi des mesures et la gestion des alarmes 24 heures sur 24 et 7 jours sur 7. Lors de la survenue d'une alarme de violation, il mène une enquête téléphonique au vu des données contenues dans le dossier Ainsi, il contacte dans les meilleurs délais la personne placée et peut s'entretenir le cas échéant avec le directeur de l'établissement de placement d'assignation.

Toute alarme de violation (en cas de non-respect des horaires d'assignation, de dégradation du matériel de surveillance électronique, ou d'entrave à son fonctionnement technique) entraîne la rédaction d'un compte-rendu d'incident par le pôle centralisateur de surveillance électronique de l'administration pénitentiaire qui est adressé par fax dans les meilleurs délais au magistrat mandant. Ce rapport est également adressé au STEMO/STEMOI chargé du suivi et du contrôle de la mesure. Ce service adresse une copie du compte rendu d'incident à l'établissement de placement où le mineur est le cas échéant assigné.

2.2. *En cas de retour du mineur dans l'heure suivant la constatation d'absence*

L'information à la famille et aux services de police/gendarmerie est complétée par celle au STEMO-STEMOI/ permanence DT hors des heures ouvrables.

Lorsque le mineur est placé sous surveillance électronique (PSE), le pôle centralisateur de surveillance électronique de l'administration pénitentiaire doit également être informé.

Dans tous les cas, une note d'information au juge des enfants faisant fonction de juge d'application des peines et au parquet doit être transmise par fax dans un délai de 24h.

Le mineur est reçu par le cadre de l'établissement afin notamment de lui rappeler les conséquences éventuelles de la violation des conditions de l'aménagement de sa peine.

2.3. *Absence au-delà d'une heure : la présomption d'évasion*

Le STEMO/STEMOI en charge du suivi de l'aménagement de peine (ou la permanence de la direction territoriale hors les heures et jours ouvrés) est immédiatement informé par l'établissement de placement.

Le STEMO/STEMOI et l'établissement de placement coordonnent leur action et informent immédiatement par téléphone le service de police/gendarmerie, le chef de l'établissement pénitentiaire du lieu d'écrou (article D. 283 du C. pr. pén. *[D. 283 C. pr. pén.]*) et les titulaires de l'autorité parentale.

Un rapport est ensuite adressé aux autorités judiciaires compétentes (Juge des enfants/parquet) par voie de fax. Les titulaires de l'autorité parentale et l'avocat du mineur en sont informés.

Outre le fait d'entraîner la révocation de la mesure d'aménagement de peine sous écrou du mineur et, par conséquent *[,]* la mise à exécution ferme de sa peine d'emprisonnement ou de son reliquat, l'évasion constitue un délit.

Lorsque le mineur est placé sous surveillance électronique (PSE), outre les rapports transmis au magistrat mandant et au STEMO ou au STEMOI, le guide méthodologique sur le placement sous surveillance électronique *[§ 4.5.3 "Le cas particulier de la présomption d'évasion"]* prévoit qu'en cas de retour du placé, le pôle centralisateur de surveillance électronique prévient immédiatement l'établissement d'écrou qui en informe aussitôt le parquet.

2.4. *En cas de retour spontané du mineur présumé en évasion*

Le directeur de l'établissement de placement informe immédiatement le STEMO/STEMOI, le service de police/gendarmerie, le chef d'établissement pénitentiaire, le magistrat mandant et le parquet, ainsi que les titulaires de l'autorité parentale et l'avocat du mineur.

En cas de placement sous surveillance électronique du mineur (PSE), il informe également immédiatement le pôle centralisateur de surveillance électronique.

Vous voudrez bien me tenir informée de toute difficulté rencontrée dans l'application de la présente note.

La directrice de la protection judiciaire de la jeunesse,
Catherine SULTAN

ANNEXE 1

Conduite à tenir en cas d'absences non autorisées dans les établissements de placement judiciaires (EPE, CER, CEF)

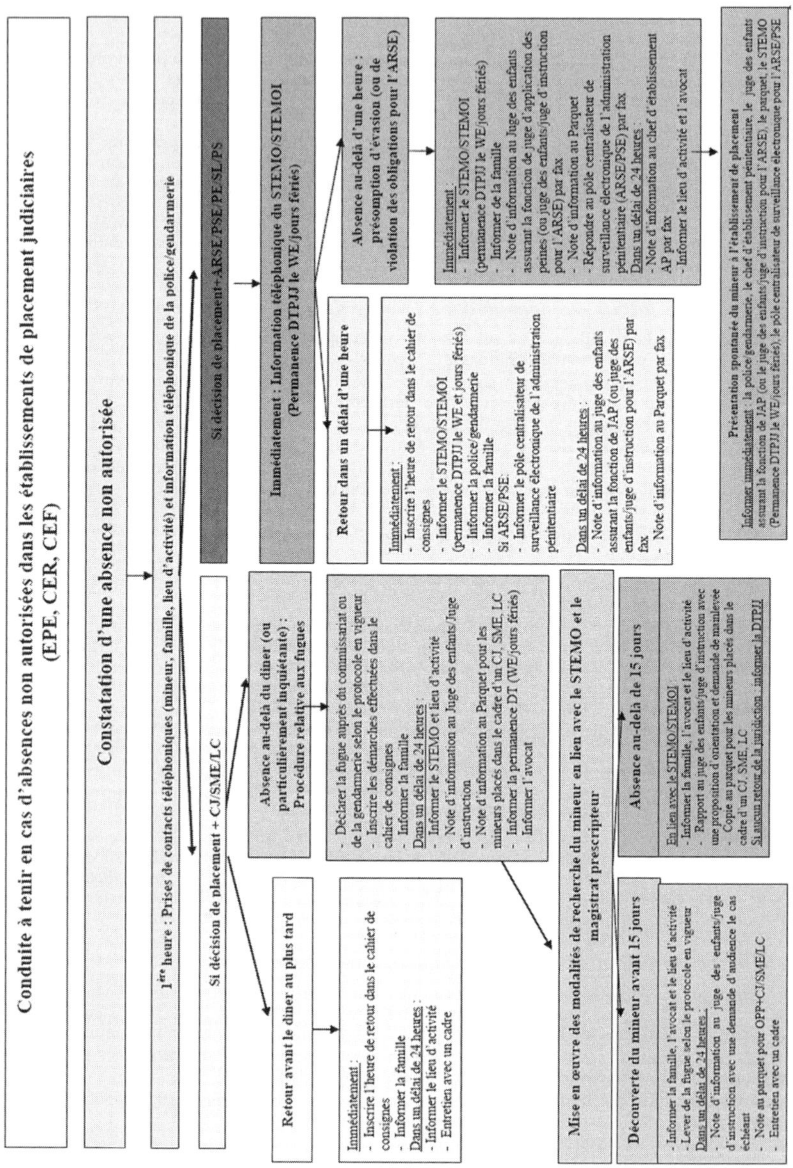

ANNEXE 2

PROPOSITION DE PROTOCOLE DE GESTION DES ABSENCES NON AUTORISÉES DANS UN ÉTABLISSEMENT DE PLACEMENT JUDICIAIRE

PROPOSITION DE PROTOCOLE DE GESTION DES ABSENCES NON AUTORISÉES DANS UN ÉTABLISSEMENT DE PLACEMENT JUDICIAIRE EPE/CER/CEF DE...

Établi entre :

M. le Procureur et M. le Président du TGI/TE de ......

M. le Directeur départemental de la Sécurité Publique

M. le Commandant du Groupement de Gendarmerie

M. le Directeur interrégional des services pénitentiaires

M. le Directeur Territorial de la PJJ XXX

M. le Directeur Général de XXX (pour le SAH)

Pour information : A Madame ou Monsieur le Préfet

1. ADMISSION DANS L'ÉTABLISSEMENT

Aucun mineur ne saurait légalement être admis sans que l'établissement ne soit en possession dans le même temps :

a) D'une décision de placement : sous (indiquer la mesure)

b) D'une décision de placement au .....

La direction de l'établissement dispose, à toutes fins, d'un télécopieur dont le numéro d'appel est diffusé dans les juridictions prioritairement concernées par l'accueil du mineur.

2. RESPECT DU RÈGLEMENT DE FONCTIONNEMENT

Il existe un règlement de fonctionnement explicitant les droits et les devoirs des mineurs qui est porté à sa connaissance dès son entrée et émargé par lui. La copie de cette notification est adressée au juge prescripteur.

La soustraction aux obligations du contrôle judiciaire est de nature à en permettre la révocation *[Modalités particulières pour les mineurs de 13 à 16 ans pour lesquels seul un CJ avec obligation de respecter un placement en CEF peut être révoqué. En cas de non-respect de tout autre type de placement, le CJ pourra être modifié pour prévoir un placement en CEF, placement dont le non-respect pourra entraîner sa mise en détention provisoire (article 10-2 de l'Ordonnance de 1945)]*. Le contrôle judiciaire doit comporter l'obligation de respecter les conditions du placement dans le .....

Les dispositions applicables en matière de violation d'obligations imposées dans le cadre d'une mesure d'ARSE sont identiques à celles prévues en matière de non-respect des obligations et interdictions prévues dans le cadre d'une mesure de contrôle judiciaire.

La révocation d'un sursis avec mise à l'épreuve prononcé par le tribunal pour enfants n'est possible que si le jugement ayant ordonné cette mesure a préalablement placé le mineur dans l'établissement de ... et a imparti à ce mineur l'obligation spécifique d'y résider, en application des dispositions de l'article 132-45 du Code Pénal.

La révocation d'un aménagement de peine sous écrou peut être prononcée par le magistrat assurant la fonction de juge d'application des peines. Si le magistrat ordonne le retrait de la mesure, le mineur condamné poursuit l'exécution de sa peine sous le numéro d'écrou initialement attribué.

3. ABSENCE NON AUTORISÉE

Dès le constat par le directeur d'une absence non autorisée avérée, celui-ci en informe la gendarmerie de .... et le commissariat de ....., en adressant à ceux-ci, par communication téléphonique confirmée par un fax ou par un e-mail, un signalement de fugue accompagné d'une fiche sur laquelle seront déclinés son identité, sa tenue vestimentaire, les lieux où il serait susceptible de se rendre.

Le STEMO/STEMOI est également informé.

La gendarmerie de ...., destinataire, effectue sans délai les diffusions nécessaires.

L'avis de la fugue est également donné par fax par l'établissement au parquet de .... et au magistrat prescripteur et au parquet de la juridiction suivant habituellement le mineur.

Dans le cadre des stages délocalisés, un signalement identique sera adressé aux antennes de police et de gendarmerie compétentes, accompagné d'une fiche signalétique.

4. LOCALISATION DU MINEUR SIGNALÉ EN FUGUE

Dès qu'il a connaissance de cette localisation, le directeur de l'établissement organise les modalités de retour du mineur à l'établissement. Il informe le magistrat mandant, les services de police ou de gendarmerie, les titulaires de l'autorité parentale et le STEMO ou STEMOI, par communication téléphonique et/ou par fax avec l'envoi d'une fiche de "levée de déclaration de fugue".

De la même manière, lorsque l'établissement de placement est informé par un service de police ou de gendarmerie de la découverte du mineur, en collaboration étroite avec le STEMO ou STEMOI le directeur de l'établissement doit mettre en œuvre les moyens les plus adaptés pour assurer sans délai le retour du mineur.

L'établissement de placement organise un entretien avec un cadre et adresse une note d'information au juge des enfants/juge d'instruction avec une demande d'audience.

Toutes les autorités sont informées du retour, volontaire ou non, du mineur, par communication téléphonique et/ou par fax avec l'envoi d'une fiche de "levée de déclaration de fugue".

5. ÉVASION

Dans le cadre du placement à l'extérieur (PE), du placement sous surveillance électronique (PSE), de la semi liberté (SL) et de la permission de sortir (PS), le mineur est sous écrou. Si le mineur n'a pas réintégré l'établissement de placement à l'heure fixée, il est considéré en évasion.

Dans le cadre d'un placement extérieur, d'une semi liberté ou d'une permission de sortir, le directeur de l'établissement de placement ou son représentant mène une enquête téléphonique afin d'obtenir des informations sur la situation du mineurs *[mineur]*. Si cette enquête ne permet pas de s'assurer du retour du mineur, il informe dans un délai d'une heure le chef d'établissement du lieu d'écrou. Le chef d'établissement du lieu d'écrou informe le parquet et le directeur de l'établissement de placement par téléphone et par fax.

Dans le cadre d'un placement sous surveillance électronique, le pôle centralisateur de surveillance (PCS) prend contact avec le directeur de l'établissement lors de l'enquête téléphonique. Le directeur de l'établissement de placement informe le PCS en temps réel de l'évolution de la situation du mineur.

Dans tous les deux cas *[sic]*, le directeur de l'établissement de placement ou son représentant adresse un rapport éducatif dans les 24 heures au magistrat en charge du dossier et au parquet et s'assure aussi d'informer le STEMO/STEMOI en charge de la mesure.

6. LA GESTION DES PLACES DISPONIBLES ET LA DEMANDE DE LEVÉE DU PLACEMENT

En fonction de l'évaluation de la situation du mineur, le directeur sollicite la mainlevée du placement auprès du magistrat qui communique sa décision dans un délai de 15 jours.

Lorsque le magistrat a effectivement ordonné la mainlevée de la mesure de placement et que le mineur est retrouvé, il est prioritairement proposé au magistrat que le mineur réintègre son lieu de placement initial si une place y est disponible. Si le retour dans l'établissement n'est pas possible ou inopportun, une autre modalité de placement est proposée au magistrat en lien avec le STEMO ou STEMOI chargé du suivi du mineur et avec le soutien de la direction territoriale si nécessaire. En cas d'incarcération du mineur, il convient d'évaluer la pertinence de prévoir sa possible réintégration.

7. ÉVALUATIONS

— La copie du présent protocole devra être adressée au magistrat prescripteur.

— Un bilan de l'application de ce présent protocole sera dressé après 6 mois de fonctionnement.

Fait à

Le ....

Le Président du TGI/TE

Le Procureur de la République

Le Commandant de Groupement de Gendarmerie

Le Directeur départemental de Sécurité Publique

Le Directeur interrégional des services pénitentiaires

Le Directeur territorial de la PJJ

Le Directeur Général de l'association gestionnaire

Note du 24 décembre 2015,

Relative à la prévention et la gestion des situations de violence au sein des établissements et services de la PJJ (NOR : JUSF1532612N).

Les professionnels du secteur social et médico-social sont confrontés régulièrement à des situations individuelles, familiales et sociales faites de souffrances et potentiellement génératrices de violences *["Il y a violence quand, dans une situation d'interaction, un ou plusieurs acteurs agissent de manière directe ou indirecte, en une fois ou progressivement, en portant atteinte à un ou plusieurs autres à des degrés variables soit dans leur intégrité physique, soit dans leur intégrité morale, soit dans leurs possessions, soit dans leurs participations symboliques et culturelles" (Y. Michaud, Violence et politique).*

L'appréhension d'une situation de violence, comme les réponses qu'elle peut appeler, s'apprécie au regard du contexte et de la forme que cette violence prend : physique, sexuelle, verbale, psychologique].

Dans le secteur judiciaire, le caractère contraignant de l'action éducative conjugué aux problématiques du public peut venir amplifier ces phénomènes.

De plus, au sein des services de la protection judiciaire de la jeunesse (PJJ), de multiples facteurs sont susceptibles de concourir à l'émergence de situations de violence.

Certains tiennent aux caractéristiques mêmes du public concerné, un public adolescent, majoritairement masculin, pour lequel une procédure pénale au moins est engagée et fréquemment en recherche d'affrontement avec les figures d'autorité. Les jeunes pris en charge ont une histoire familiale souvent marquée par des traumatismes importants dont des discontinuités et des fractures du lien, des actes de violence agis et/ou subis antérieurement à leur parcours judiciaire. Ils peuvent être d'autant plus vulnérables qu'ils sont parfois porteurs de fragilités psycho-comportementales. L'homogénéité du public accueilli et son incidence sur la recherche d'un équilibre de groupe peuvent en outre rendre la gestion d'un collectif difficile.

D'autres facteurs sont d'ordre plus institutionnel : difficultés d'articulation entre projet individualisé et prise en charge collective, discontinuité des parcours éducatifs, défaut d'organisation institutionnelle de l'établissement ou du service, fragilités des partenariats et de la continuité des prises en charge judiciaires et des parcours de vie.

De ce fait, la prévention, la prise en compte, la gestion des phénomènes de violence et l'évaluation des réponses sont intrinsèques à tous les niveaux, fonctionnels, opérationnels et stratégiques de l'action éducative en protection de l'enfance et en protection judiciaire de la jeunesse, et ce quel qu'en soit le lieu d'exercice.

Cette note traduit la volonté de la direction de la PJJ de considérer les situations de violence comme une réalité de l'intervention éducative, de l'accompagnement contraint individuel et collectif des mineurs confiés aux services et établissements. Cette note ne banalise pas pour autant ces situations de violence, qui appellent toutes une réponse éducative, administrative, voire judiciaire.

Elle s'applique dans ses principes directeurs aux structures du secteur public et du secteur associatif de la PJJ. Elle concerne l'ensemble des structures que ces dernières exercent dans le cadre d'une intervention en milieu ouvert, en insertion ou en placement.

Elle traduit aussi la volonté d'une action éducative devant limiter les occurrences de violences, en capacité de réagir au bénéfice de chacun dans les situations de violence et en capacité d'en tirer des enseignements, des axes d'amélioration et des pistes de travail.

Elle s'inscrit également dans le cadre des travaux en cours sur la remontée et le traitement des incidents tout comme les actions sur la gestion des émotions et l'accompagnement des équipes.

Cette politique ambitieuse au service de la connaissance d'outils et techniques pour gérer de telles confrontations au sein des établissements et services doit trouver une place importante au cœur même de la formation des agents, tant en formation statutaire que continue. Elle s'inscrit par ailleurs dans la continuité des travaux précédemment conduits sur le sujet en proposant une approche d'ensemble des problématiques de violence *[La présente note confirme les dispositions de la note du 23/03/2007 relative à la prévention et gestion des situations d'agression à l'égard des personnels de la PJJ]* .

De cette approche découle la nécessaire mise en œuvre d'actions structurées contribuant à l'instauration d'un cadre partagé, rassurant pour les mineurs comme pour les professionnels et indispensable au déploiement d'une action éducative contenante au soutien de la prévention des situations de violence (partie 1).

Cette démarche s'inscrit dans une dynamique d'amélioration croissante des pratiques éducatives, de sécurisation des jeunes et de prévention des risques psychosociaux *[Cf. démarche PJJ promotrice de santé]* des professionnels.

Elle implique également d'aborder les principes de gestion d'une situation de violence lorsqu'elle survient (partie 2).

1. La prévention des situations de violence, l'affaire de tous par une action sur le cadre de prise en charge

La prévention des situations de violence consiste en l'attention portée aux modalités générales d'organisation et de fonctionnement favorisant la mise en place d'un cadre institutionnel bientraitant, contenant, sécurisant *[Cf. recommandation Conduites violentes dans les établissements accueillant des adolescents : prévention et réponses. Juillet 2008. Agence nationale de l'évaluation et de la qualité des établissements et services sociaux et médico-sociaux (ANESM)]*. Par la mise en œuvre des projets de service ou d'établissement, ce cadre est collectivement partagé par les professionnels et avec les usagers.

1-1. *Un cadre institutionnel protecteur*

Le caractère protecteur du cadre institutionnel se décline au travers de différentes caractéristiques.

1-1-1. *Un cadre bientraitant et contenant*

La prévention et la gestion des phénomènes de violence s'appuient sur le caractère nécessairement bientraitant et contenant de l'institution. La bientraitance et la contenance ont pour objectif de consolider et de sécuriser le cadre d'intervention des agents et du service et de renforcer ainsi la qualité de l'action éducative conduite.

La bientraitance se définit comme la culture visant à promouvoir le bien-être de l'usager et la prévention du risque de maltraitance. Elle doit être mise en œuvre au sein des établissements et services tant au plan des interventions individuelles que des relations interpersonnelles/dynamiques collectives. Elle se caractérise par une recherche permanente d'individualisation, de singularisation et de personnalisation de l'action éducative et du parcours du mineur concerné *[Cf. recommandation La bientraitance : définition et repères pour la mise en œuvre. Juillet 2008. ANESM]*.

Ce principe, inclus dans les textes législatifs régissant le secteur social et médico-social *[Principalement loi n° 2002-2 du 02/01/2002 rénovant l'action sociale et médico-sociale et loi n° 2007-293 du 05/03/2007 rénovant la protection de l'enfance]*, a vocation à trouver une déclinaison opérationnelle dans notre institution, dans le cadre judiciaire qui est le sien. Pour se développer, il se traduit par le souci de maintenir un cadre institutionnel stable et sécurisant, avec des règles claires, cohérentes, connues de tous et partagées par les professionnels. Il nécessite d'affirmer le refus sans concession de toute forme de violence physique comme verbale. Il n'y a pas d'antagonisme en effet à évoluer dans un cadre judiciaire contraint et bientraitant. Le projet de service, le règlement de fonctionnement où est notamment rappelée l'interdiction de l'usage de la force physique, sont les contours réglementaires de cette orientation. Tout comme la démarche de l'action "PJJ promotrice de santé", les techniques de conciliation, les techniques restauratives en sont certains aspects incitatifs.

La contenance éducative *[Cf. document thématique DPJJ SDK La contenance éducative]* constitue un cadre éducatif dont la clarté et le sens doivent permettre de sécuriser le jeune accueilli. Elle s'exprime par la manière dont se pensent et se mettent en œuvre les savoir-faire et savoir-être, les gestes et les postures, les organisations et les processus de travail susceptibles de sécuriser le cadre éducatif et *in fine* le jeune lui-même.

Cette démarche vise à développer l'échange avec les mineurs et au sein des équipes, à tenir et soutenir une position éducative individualisée et collective de l'ensemble des professionnels concourant à la prise en charge. Ainsi définie par les différents niveaux dont l'interaction permet à un individu de se constituer progressivement comme sujet dans l'environnement qui est le sien, la contenance permet de maintenir le lien éducatif et social. L'objectif poursuivi est de contribuer à prévenir les débordements, la commission ou la réitération d'actes délictueux et de limiter un recours systématique à "une compulsion de répétition opposant agir et contre-agir" *[Ourghanlian Claudine, Liens & marges (enseignement spécialisé et culture), septembre 2009 ; http://dcalin.fr/publications/fonction_contenante.html ; Ciccone, Albert, « Enveloppe psychique et fonction contenante : modèles et pratiques », Cahiers de psychologie clinique, n° 17, 2001, pp. 81-102]*.

La contenance éducative se développe à différents niveaux, depuis la posture individuelle professionnelle jusqu'à la posture collective construite au niveau du travail pluridisciplinaire déclinée dans un projet de service, territorial et national.

1-1-2. *Un cadre sécurisant*

La sécurisation du cadre procède de différents ressorts complémentaires.

L'attention portée aux conditions d'accueil des jeunes et aux conditions de travail dans lesquelles évoluent les agents est primordiale et se traduit au quotidien. Les aspects les plus matériels de la vie en structure éducative sont ici visés, dont l'aménagement de l'espace, l'équipement et l'entretien des biens immobiliers et mobiliers. Le soin porté à ces aspects constitue un facteur de prévention des climats de violence au même titre que les réponses apportées lors de dégradations de ce cadre.

En matière de ressources humaines, la politique mise en œuvre pour la diminution des incidents et une meilleure gestion des risques est fortement corrélée au sentiment de bien être et de sécurité, ainsi que d'autonomie des professionnels.

La sécurisation du cadre peut également procéder d'une action éducative soucieuse de favoriser au maximum une alliance éducative avec la famille. Celle-ci permet à la relation éducative de se développer entre un jeune, une équipe éducative et une famille. Prendre en compte cette dimension permet d'éviter l'instauration d'une vision duelle des situations propice à une exacerbation des tensions et des conflits de loyauté.

Une vigilance particulière dans les modes de communication installés est indispensable, tant dans les échanges entre professionnels que dans les échanges avec le jeune. Dans cette dynamique se retrouvent certes le langage employé mais aussi les attitudes et postures. Il ne saurait s'agir, sous couvert de favoriser l'entrée en relation, de développer des modes de communication accentuant les effets miroirs.

L'action éducative doit pouvoir faire l'objet de temps d'échanges institutionnels autour des pratiques. Il s'agit de permettre de développer les postures professionnelles dans un cadre collectif, d'identifier les émotions à l'œuvre (peur, colère, sentiment d'impuissance...), de conjuguer ces postures dans un système plus large et de travailler à la cohérence des interventions, à l'interne comme lorsque plusieurs partenaires sont concernés. Des programmes de formation de l'ENPJJ sont développés pour favoriser cette dynamique. Il est fondamental de faire vivre le sentiment d'appartenance à l'équipe procurant un soutien social et de prévoir une procédure d'accompagnement et de prise en charge lors d'agressions sévères *[http://www.officiel-prevention.com/formation/fiches-metier/detail_dossier_CHSCT.php]*.

Si ces éléments n'ont pas pour finalité première la prévention de la violence, ils en constituent pour autant un socle indispensable, bientraitant, contenant et sécurisant. L'installation de ce socle permettra ensuite de mettre en œuvre des actions plus ciblées au niveau de l'établissement ou du service.

1-2. *Des outils pour constituer le cadre*

Les outils évoqués ci-après ont vocation à être intégrés dans le fonctionnement courant de l'établissement ou service.

Il est toutefois possible d'identifier des moments clés particulièrement propices à la concrétisation de ces points au sein du collectif éducatif de l'unité, du service, du territoire : le renouvellement de l'équipe d'encadrement, la modification de l'implantation ou de son agrément, un audit, une succession d'incidents, un *turn over* perlé ou instantané d'équipe supérieur à 30% de l'effectif, l'augmentation ou le renouvellement rapide du collectif de jeunes.

1-2-1. *Le projet de service ou d'établissement, le règlement de fonctionnement*

L'appropriation par l'ensemble de l'équipe des modalités de fonctionnement ainsi que des principes mis en œuvre est particulièrement régulatrice des violences au sein des institutions.

Pour le cas particulier des établissements de placement judiciaire, les phases de réflexion et d'élaboration des projets de service ou d'établissement et de règlement de fonctionnement doivent être envisagées *[http://www.anesm.sante.gouv.fr/IMG/pdf/Rapport_d_enquete_Participation_des_usagers_Septembre2014_.pdf]* en lien avec la mise en œuvre des comités de pilotage *[Cf. note DPJJ du 22.10.2015 relative à l'action éducative dans le cadre du placement judiciaire — V. cette note, App. v° Prise en charge éducative]* propres à chaque établissement.

Ces documents doivent s'adosser aux orientations nationales et en traduire, de manière opérationnelle, les principes. Ceux qui sous tendent les notes relatives à l'action éducative en milieu ouvert et en placement ont notamment vocation à participer à l'instauration d'un climat institutionnel serein, propice au développement d'une action éducative contenante.

Ils doivent également intégrer de manière indispensable les thématiques suivantes :

— les modalités favorisant la participation des usagers *[par usagers, il faut entendre deux niveaux de préoccupation distincts : le mineur ou jeune majeur accueilli et leurs familles]* au fonctionnement de l'unité ou de l'établissement. Elles favorisent l'expression des points de vue, leur prise en compte éventuelle et contribuent à l'intériorisation des règles de vie. De la même manière, il importe d'associer en continu, voire de façon collective, les familles à la vie de l'unité ou de l'établissement en dehors du seul accompagnement individuel et des situations de crise. La mise en place de groupes de parole de jeunes, de commissions de vie sociale tels que prévus par le code de l'action sociale et des familles (CASF), sont des initiatives à favoriser bien que nos structures ne rentrent pas dans les catégories *[art. D. 311-3 du CASF]* où ces instances sont impératives.

— l'inscription dans la société civile de l'unité ou établissement, en lien avec des ressources accessibles à tous. Elle permet de réinscrire l'intervention éducative dans un cadre plus large et soutient là aussi la cohérence de la réponse institutionnelle. Les partenariats et réseaux institutionnels participent de fait à cette dynamique. A cette fin, leur information sur la gestion des incidents, dans le strict respect du secret professionnel, peut être nécessaire.

— l'élaboration et la signature de protocoles interinstitutionnels locaux *[ex. : protocole de gestion des fugues et des incidents]*.

Au travers de la démarche projet de service, il s'agit de mettre au travail collectivement et en équipe le sujet de la violence, permettant de souder l'ensemble des professionnels autour d'une dynamique collective et conjointe. L'enjeu est de faciliter une appréhension partagée sur le sujet et la convergence vers un langage commun, fondées sur le partage de références théoriques et pratiques. La démarche d'évaluation interne peut être l'occasion de traiter cette thématique dans le cadre d'une évaluation dédiée.

Cette approche de la problématique de la violence se nourrit aussi de l'organisation quotidienne mise en œuvre dans l'unité ou établissement avant de s'adosser à des actions de formation dispensées à titre individuel ou sur site. Auprès de publics aux repères souvent incertains, l'appropriation de ces dimensions s'avère cruciale.

1-2-2. *L'identification des facteurs de risques et des ressources propres à chaque service*

Un repérage des facteurs de risque comme des ressources propres à chaque unité est également initié. Ainsi, il importe à chaque équipe de direction d'identifier, au sein de son établissement ou service, dans une démarche associant l'ensemble des professionnels, les points d'appui comme les difficultés possibles susceptibles d'intervenir dans la genèse d'une situation de violence. Cette démarche se fait au moins annuellement dans le cadre du document unique d'évaluation des risques professionnels (DUERP), sous la responsabilité du directeur de service. Elle doit aboutir à l'élaboration d'un plan d'actions visant à prévenir les situations à risques, notamment le risque violence.

L'attention portée en matière de ressources humaines peut s'avérer déterminante. Qu'il s'agisse de questions structurelles ou conjoncturelles, une analyse des ressources en place est nécessaire. Cette dernière est tout particulièrement renforcée dans les structures d'hébergement au cadre plus contraignant.

Les interventions sur l'organisation du travail doivent faire l'objet, par les directions territoriales et les directions de service, d'une gestion volontariste afin de prévenir l'émergence des risques psychosociaux, et la disparition même de cette préoccupation *[Cf. Laurent Duclos, « Les conditions de travail comme condition du travail », La revue des conditions de travail, ANACT, n° 1, oct. 2014 ; Ludovic Bugand, Anne-Marie Nicot, « Discuter du travail pour le transformer - Un enjeu pour l'intervention sur les RPS », La revue des conditions de travail, ANACT, n° 1, oct. 2014]*.

Dans cette démarche, il importe tout particulièrement d'apprécier au plus près les facteurs de vulnérabilité propres du collectif accueilli. Les publics pris en charge par notre institution présentent en effet des facteurs de vulnérabilité souvent multiples, imbriqués et intervenant dans différents domaines (social, familial, scolaire, santé, handicap, etc.). Il ne peut être donné de réponses uniformes à des problématiques aussi variées si elles ne s'adossent pas au préalable à une analyse qualitative. Il importe donc qu'un diagnostic interne vienne identifier des facteurs de risque potentiels et prioriser les actions les plus ciblées pour les minorer, que ces actions soient purement internes ou nécessitent des ressources partenariales. A titre d'exemple, les groupes adoptent parfois des comportements (consommation, hypersexualisation, harcèlement) qui nécessitent des actions de prévention ciblées.

De même, une surreprésentation d'un groupe (genre, culturel, territoire ...) doit rendre attentif au traitement des minorités et dans le même temps, favoriser les partenariats et actions selon les profils majoritaires.

Des moments particuliers peuvent en outre être identifiés comme appelant une vigilance importante de la part des professionnels. On peut ainsi citer, de manière non exhaustive et quel que soit le lieu d'exercice (services de milieu ouvert ou d'insertion comme établissements de placement) :

— dans les accompagnements singuliers : les différents temps de la procédure, les fins de prise en charge, l'approche de la majorité, les temps de réunification familiaux, les dates symboliques (anniversaire...), certains événements familiaux, l'accueil, l'entrée en relation, les visites à domicile, la prise en compte des logiques de territoires et/ou dynamiques de groupe dans la programmation des rendez-vous individuels et des activités, etc.

— dans un accompagnement collectif : le passage des consignes au sein d'une équipe, le relais entre professionnels de service, le relais entre services de la PJJ, les repas, les levers, les couchers, les activités, certains jours fériés, les approches de vacances, l'accueil du mineur au sein du collectif...

Cette appréhension intègre aussi les facteurs liés à la temporalité de l'action éducative conduite dans un cadre judiciaire : début et fin de prise en charge, décision d'orientation, audiences. Les modalités de préparation de ces moments sensibles permettent de jalonner un parcours où chacun peut progresser en se projetant dans le temps. Ces moments potentiellement facteurs d'insécurité demandent une attention particulière susceptible de prévenir la survenue d'incidents violents.

La gestion du collectif aussi bien en établissement qu'en service nécessite enfin une attention particulière. La mise en place d'actions collectives, inhérente à l'action éducative, est aussi une prise de risque pour les jeunes comme pour les professionnels (jeux d'acteurs par l'effet du groupe, mouvements d'excitation, victimisation, surnombre...). Le collectif vient souvent soutenir la réinscription du jeune dans son parcours de vie mais les modalités de mise en œuvre doivent être adaptées (encadrement éducatif en binôme voire en trinôme, des espaces d'activité différenciés, etc.)

1-2-3. *Le rôle incitatif et préventif des directions territoriales (DT) et des directions interrégionales (DIR)*

Les DT sont garantes, avec l'aide des conseillers de prévention, de l'existence sur leur territoire, dans le cadre des DUERP, de plans de prévention des situations de violence au sein des établissements et services. Ceux-ci sont élaborés sous la responsabilité des directeurs de service, avec les conseillers de prévention, les représentants syndicaux, les conseillers techniques santé et les services les plus exposés du territoire. Les DT favorisent les échanges en la matière en soutenant une dynamique d'analyse des pratiques y compris par le biais de formations sur sites.

Les DIR analysent les besoins à partir des éléments priorisés par les territoires, notamment dans leurs propres rapports d'activité. Elles favorisent, selon les besoins repérés et en articulation avec les pôles territoriaux de formation (ENPJJ), le développement de formations sur site. Elles assurent, par le biais des rapports annuels d'activité, la transmission de ces informations auprès de la DPJJ.

Ces dimensions ne sont pas exclusives des processus de contrôles (audit, inspection) pouvant être diligentés au sein des services et établissements.

2. La gestion des situations de violence

En cas de survenue d'un épisode de violence, il est essentiel d'en considérer l'ensemble des acteurs concernés afin de permettre la poursuite de l'intervention éducative dans un parcours cohérent. Ces objectifs sont à considérer tant dans l'immédiateté (2.1) que sur le long terme (2.2).

2.1. *Dans l'immédiateté : sécuriser la situation*

Une évaluation immédiate de la situation et de son niveau de gravité est conduite. Elle est réalisée par les professionnels directement en prise avec la situation mais également, dans la mesure du possible, par l'ensemble des professionnels et l'équipe de direction. Il importe que chacun se sente impliqué dans le traitement de l'incident violent, de la place qu'il occupe.

Les circonstances, lieux, situation interne ou externe au service, avec ou sans tiers externes à l'institution sont à évaluer immédiatement. Elles conditionnent l'information à transmettre dans la suite en interne à la PJJ *[note du 13 févr. 2015 relative à la mise en œuvre et à l'organisation d'une chaîne de permanence au sein des services de la direction de la protection judiciaire de la jeunesse]* et avec les personnes et institutions intéressées.

En fonction de l'événement considéré, cette évaluation se fait avec célérité, d'où l'importance d'avoir préalablement travaillé cette question et formalisé des réponses possibles pour minorer les effets de sidération propres à ce type de circonstances.

2-1-1. *Circonscrire la situation dans ses effets*

La première réponse doit permettre de faire cesser l'événement violent en veillant à ne pas aggraver la situation.

En fonction du contexte, une intervention verbale est incontournable et peut suffire pour dénouer les fils et réintroduire une dimension tierce apaisante dans le conflit.

Le recours à une posture contenante peut toutefois s'avérer nécessaire afin de protéger l'auteur contre lui-même ou afin de protéger autrui. Celui-ci procède d'un strict objectif d'apaisement et de protection, et bannit toute forme de violence (domination, brutalité ou humiliation...).

Cette posture peut prendre diverses formes. Nous pouvons citer : le renfort de la présence adulte tout en évitant les interpellations par plusieurs professionnels, l'accompagnement et l'isolement dans un endroit limitant les risques, l'adoption d'une attitude gestuelle, verbale et visuelle qui évite la confrontation, le recours à des gestes d'apaisement et d'enveloppement.

Il est par ailleurs impératif, dans des moments de grande tension, de proposer une porte de sortie honorable à l'adolescent de la situation dans laquelle il s'est enfermé.

Si la situation survient en collectif, il peut également être nécessaire de différencier le groupe. Il s'agit d'une part d'isoler les protagonistes, mais aussi d'encadrer le reste du collectif en le tenant à l'écart, l'informant des accompagnements mis en place et le sollicitant sur des activités. Les ressources du collectif sont mobilisées afin de permettre la prise en charge du collectif de mineurs en dépit de la survenue de l'événement violent. Ces dispositions sont bien sûr à apprécier en fonction des effectifs professionnels en présence et de la gravité de la situation.

Par ailleurs, ces interventions ne se substituent nullement à un recours possible aux forces de l'ordre ou aux services médicaux d'urgence quand cela s'avère nécessaire et notamment quand l'intégrité physique est en jeu et implique le recours à des mesures de contrainte ou à des dispositifs de contention *[Les mesures de contention sont une notion du droit de la santé ; les contours juridiques sont plus ou moins strictement définis en fonction de leurs caractéristiques (physique, mécanique ou chimique). Les mesures exercées par les forces de l'ordre sont définies par le code pénal et de procédure pénale sous l'appellation de « mesures de contrainte »]*.

2-1-2. *Établir un bilan des dommages subis*

Ce bilan s'intéresse en premier lieu aux dommages physiques subis tant par la ou les victimes que le ou les auteurs. Il comporte également une évaluation des dommages matériels causés (réalisés par les Unités médico-judiciaires (UMJ), les services hospitaliers ou le médecin traitant).

2-1-3. *Évaluer et mettre en œuvre les premières réponses à apporter*

Cette évaluation se fait dans les meilleurs délais, avec les professionnels mobilisables en présence.

Elle vise à assurer les premières réponses urgentes en fonction de la situation, à ne rien oublier dans un contexte ébranlé et dans lequel la continuité du service public doit être assurée. Elle s'adosse aux protocoles de traitement de la violence établis à tous les niveaux.

Dans les circonstances immédiates, il est parfois difficile de discriminer victime et auteur.

Concernant la ou les victimes, les étapes du traitement de l'incident sont les suivantes :

– La nécessité d'une intervention de soins d'urgence est évaluée.

– La famille du mineur est informée systématiquement de la situation dans les meilleurs délais et de ses suites (mesures de protection, soins, adaptations de l'action éducative).

S'il s'agit d'un majeur, l'information éventuelle de la famille s'effectue après accord, si possible, de l'intéressé.

– En cas de besoin, une consultation médicale est organisée et les certificats médicaux recueillis.

– La DT, ou le cadre d'astreinte en fonction du jour et de l'heure de l'incident, est immédiatement informée.

– Le dépôt de plainte pour agression ne peut être effectué que par la victime directe. Il importe que cette dernière soit accompagnée dans cette démarche ; la proposition et les modalités de l'accompagnement sont garanties par l'équipe de direction pour les professionnels. L'accompagnement par les parents ou un professionnel est systématique pour les mineurs.

– L'équipe de direction adresse systématiquement un courrier au procureur de la République à l'appui du dépôt de plainte.

Dispositions spécifiques complémentaires quand la victime est un professionnel :

Les modalités de retour au domicile de l'intéressé sont évaluées avec lui et il peut, entre autres, être fait appel à un collègue pour les mettre en œuvre.

L'information éventuelle de la famille s'effectue après accord, si possible, de l'intéressé.

La consultation médicale intervient dans le cadre de la procédure d'accident de service à partir d'une attestation de prise en charge des frais médicaux. Cette consultation peut se faire à l'hôpital, auprès d'un médecin de proximité, du médecin agréé le plus proche ou du médecin traitant de l'agent.

L'avance des frais ne doit en aucun cas être effectuée par l'agent.

Dans un second temps, le directeur territorial, en lien avec le directeur de service, propose à l'agent un soutien psychologique.

Même en l'absence d'arrêt de travail ou de lésion apparente, une ouverture d'une procédure d'accident de service est effectuée, au maximum dans les 48 heures suivant l'événement *[Cf. http://intranet.justice.gouv.fr/site/dpjj/ressources-humaines-3834/sante-et-securite-au-travail-/Accidents de service / maladies professionnelles]*.

Concernant l'auteur ou les auteurs :

Dans la mesure du possible, la mise à distance de l'événement accompagnée ou la tenue, par un professionnel tiers à l'incident, d'un entretien visant à réintroduire une réflexion possible sur l'événement et sa mise en mots doivent être favorisées après un temps suffisant de retour au calme.

En cas de besoin, une consultation médicale est organisée et les certificats médicaux recueillis. De même, une information à la famille est délivrée dans les meilleurs délais.

Dans la mesure du possible, elle est associée à la réflexion sur les suites à donner vis-à-vis de l'auteur.

En outre, lorsque l'auteur est un professionnel, l'équipe de direction, en lien avec la DT, envisage les suites, notamment disciplinaires, qui peuvent être mises en œuvre dans l'immédiateté et à plus long terme.

2-1-4. *Le traitement judiciaire*

En fonction de l'analyse conduite sur la situation, une note d'incident est adressée aux magistrats concernés. Cette information se double, en cas d'agression physique sur un professionnel ou un mineur ou lorsqu'un déferement est probable, d'une information auprès du Parquet, si besoin relayée par la DT. Le principe est la continuité de la prise en charge des mineurs. Si toutefois cette continuité ne paraît pas possible ou pas souhaitable dans l'intérêt des mineurs pris en charge, une proposition éducative est adressée aux magistrats concernés.

2-1-5. *Assurer la continuité du service*

Les premières mesures permettent d'évaluer les ressources humaines à mobiliser au besoin en la matière afin de maintenir le principe et la déclinaison de la prise en charge individuelle et/ou collective des mineurs (modification du planning des présences, appel à un renfort temporaire de l'équipe, mobilisation et accompagnement du directeur de service, de la DT).

Cette continuité du service implique également si nécessaire, en cas de dégâts, d'envisager rapidement les réparations matérielles nécessaires.

2-2 *Au-delà de l'événement : poursuivre le traitement de la situation*

2-2-1. *La restauration du climat au sein de l'établissement ou service*

Celle-ci s'adosse à une information commune aux professionnels et au groupe de mineurs sur les suites données à l'événement. Les modalités varient en fonction de la situation considérée et de son caractère collectif. Elles concernent tant le collectif professionnel que celui des mineurs et la capacité de revenir au fonctionnement programmé antérieurement à l'incident.

L'information donnée aux mineurs accueillis ainsi qu'aux parents des auteurs et victimes fait l'objet d'une attention particulière. Les informations données sont principalement descriptives, neutres et ne doivent en aucun cas énoncer de jugement sur les circonstances, les causes ou les responsabilités. Cette information est systématique et consignée.

2-2-2. *La communication au niveau institutionnel*

Un rapport circonstancié est rédigé par l'équipe de direction à destination de la DT précisant le contexte de l'incident, les suites, les mesures prises, les difficultés éventuelles. Ce rapport est centralisé en un registre unique au sein de l'établissement ou service afin de servir à l'analyse institutionnelle de la situation.

Quand la victime est un professionnel, l'assistant de prévention est informé et le registre hygiène et sécurité est renseigné.

Dans un souci de continuité de la prise en charge éducative, une vigilance importante est apportée dans l'information auprès des éducateurs référents de milieu ouvert concernés, des professionnels PJJ engagés dans une démarche d'insertion comme des partenaires ainsi que, au besoin, des professionnels intervenant dans le cadre de la permanence éducative auprès du tribunal.

Enfin, la transmission des informations concernant chaque jeune impliqué auprès de chacun des services de milieu ouvert socle de la prise en charge est systématique.

2-2-3. *L'analyse institutionnelle de la situation et des processus en œuvre*

Toute situation de violence doit faire l'objet d'une analyse institutionnelle *a posteriori* à deux niveaux :

1) Au plan organisationnel :

Selon le caractère de gravité, cette analyse est conduite sous la responsabilité du DT (violence ayant entraîné une interruption temporaire de travail, un changement d'affectation d'un mineur ou d'un professionnel, répétition d'incidents) ou du DS.

Elle a principalement pour but de :

– Garantir la continuité du parcours judiciaire des mineurs concernés ;

– Prendre les mesures de réparation, restauration et d'accompagnement individuel et collectif ;

– Envisager et suivre les aménagements de cadre nécessaires ;

– Définir les partenariats à mettre en œuvre dans la situation ;

– Garantir la transmission au milieu ouvert concerné des informations utiles communiquées à la famille.

2) Au niveau de l'unité concernée :

Il est nécessaire, au minimum au sein de l'unité, de revenir sur l'incident, dans un cadre professionnel pluridisciplinaire afin d'en favoriser la lecture dans toutes ses dimensions. Cette démarche *a posteriori* permet de considérer les éléments déclencheurs de l'événement violent comme l'enchaînement des faits et les réponses apportées. Cette analyse partagée de la situation et de son contexte peut aboutir à la formulation de points de vigilance particuliers. Il s'agit de venir analyser, dans toutes ses dimensions, le processus ayant conduit à l'incident.

Enfin, la direction du service ou établissement centralise ces incidents ainsi que les mesures prises. Ces données sont transmises tous les ans à la DT afin d'en assurer une analyse *a posteriori* susceptible de mettre à jour des processus de compréhension de la survenue de tels incidents. Ces remontées font l'objet d'une analyse au niveau inter-régional dans les rapports d'activité.

2-2-4. *La prise en compte de la victime*

En tout état de cause, si la victime est un jeune pris en charge, les conséquences des événements subis sont évalués tout au long de la prise en charge éducative (séquelle physique ou psychique du traumatisme, changement d'affectation d'un mineur victimisé dès lors que c'est dans son intérêt, répétition d'incidents). Cette évaluation permet l'adaptation de la prise en charge. Il en est ainsi notamment des éventuelles incidences médicales (rendez-vous de suivi, dispense de sport, etc.).

La nécessité d'un soutien psychologique est également envisagée ainsi que ses modalités opérationnelles. Les modalités du travail avec la famille sont définies.

En fonction de l'évaluation de la situation, il est également envisagé la nécessité pour la victime de bénéficier de la présence d'un avocat dans le cadre d'une procédure judiciaire.

En cas d'agression d'un professionnel, une information est transmise par la DT au médecin de prévention et une consultation est organisée dans les meilleurs délais. L'évaluation du besoin de soutien psychologique est conduite avec le professionnel concerné. En cas de besoin, les modalités de recours à la protection fonctionnelle sont mises en œuvre *[se référer aux instructions édictées par la DPJJ en matière de protection fonctionnelle]*.

2-2-5. *La poursuite de la prise en charge éducative de l'auteur*

Afin de favoriser la poursuite de la prise en charge éducative en dépit de la survenue d'un incident violent, il importe d'en intégrer les conséquences dans la prise en charge éducative et dans le même temps d'engager avec le mineur auteur une réflexion sur l'acte commis. Cette réflexion s'appuie ensuite sur des actions de réparation auprès des professionnels comme des autres jeunes. Elle permet à l'auteur de se restaurer dans sa capacité à ne pas répéter l'acte commis. Elle intègre des sanctions qui doivent être proportionnées et ayant du sens au regard de l'acte commis.

Dans la mesure du possible, elle associe la famille de l'auteur toujours détentrice de l'autorité parentale. Dans tous les cas, ces sanctions sont conçues dans le respect des droits fondamentaux.

En cas de survenue de l'incident violent dans un établissement de placement, ces instructions valent que le mineur soit maintenu dans le même établissement ou pris en charge dans un autre lieu (autre établissement, retour à domicile, incarcération).

2-2-6. *L'association des familles*

Systématiquement les familles sont informées des dommages, physiques comme psychiques, subis par leur enfant, qu'il soit auteur ou victime.

Dans la mesure du possible, les familles sont associées aux processus de traitement des incidents violents et sont notamment sollicitées sur leurs propres réponses. Il s'agit en l'occurrence de pouvoir venir intégrer leurs propres positionnements dans les réponses à apporter aux incidents, y compris dans les modalités de réparation envisagées.

2-2-7. *La restauration du collectif, la continuité du service public*

La prise en compte de l'incident violent peut nécessiter, pour l'équipe de direction, de repenser l'organisation du service ou établissement (emploi du temps, référence du jeune, etc.). Des modalités comme le doublement de service, la co-référence peuvent ainsi s'envisager.

Parallèlement, quand l'incident s'inscrit dans une dimension collective, des actions plus spécifiques en direction du groupe de jeunes sont à assurer. Elles visent à restaurer le climat collectif dans une approche protectrice et à désamorcer la situation en favorisant les expressions. Elles conduisent également à expliciter la situation et ses conséquences, à favoriser la réflexion de chacun.

La directrice de la protection judiciaire de la jeunesse,
Catherine SULTAN

Note du 30 novembre 2015,

Relative à l'atteinte aux droits fondamentaux par le recours à des pratiques de « fouille » dans les établissements et services du secteur public et du secteur associatif habilité.

La direction de la protection judiciaire de la jeunesse a été informée à différentes reprises par le contrôleur général des lieux de privation de liberté et les services de l'inspection de l'existence de pratiques en matière de "fouilles" portant atteinte aux droits fondamentaux des mineurs confiés.

Le rapport conjoint *[Mission d'évaluation du dispositif des centres éducatifs fermés, IGSJ-IGAS-IPJJ, juill. 2015]* de l'inspection générale des affaires sociales, de l'inspection générale des services judiciaires et de l'inspection de la protection judiciaire de la jeunesse, recommande de définir un cadre normatif adapté tant pour garantir le respect des droits fondamentaux des mineurs que pour encadrer et harmoniser les pratiques en la matière.

Cette recommandation rejoint les préoccupations de l'institution qui a travaillé sur cette thématique depuis les premières alertes à ce sujet. Dans l'attente des dispositions qui figurent dans le projet de réforme de l'ordonnance du 2 février 1945, je souhaite rappeler que les "fouilles" sont des actes attentatoires aux libertés publiques encadrés par la loi et dont la mise en œuvre est strictement réservée à certains corps de professionnels *[Mise en œuvre exclusive par les officiers de police judiciaire, agents de l'administration pénitentiaire, agents des services des douanes. Le contrôle visuel des sacs et effets personnels peut être exercé par des agents de sécurité dans des circonstances précises (manifestations sportives et culturelles, plan vigipirate...)]*.

En l'absence d'un cadre normatif précisant les modalités de mise en œuvre, le recours aux "fouilles" est souvent fondé sur l'appréhension individuelle d'une situation. Or, si l'objectif de protection et de sécurité des personnes et des biens peut justifier le recours à des inventaires *[Note du 4 mai 2015 relative aux lignes directrices relatives à l'élaboration du règlement de fonctionnement des établissements collectifs de placement judiciaire du secteur public et du secteur associatif habilité]*, je rappelle que la direction de la protection judiciaire de la jeunesse proscrit toute forme de pratique portant atteinte à la dignité, à l'intégrité et à l'intimité des adolescents. Ainsi, et à titre d'exemple, on ne saurait admettre les pratiques suivantes qui ont été relevées par les autorités de contrôle : procéder à une palpation, faire se déshabiller un mineur intégralement y compris sous un peignoir, inspecter les effets personnels d'un mineur sans son accord et en son absence.

Toute pratique de cette nature étant jusqu'à ce jour illégale et attentatoire aux libertés fondamentales des mineurs pris en charge, leur mise en œuvre par les professionnels du secteur public et du secteur associatif habilité est passible de poursuites pénales et de sanctions disciplinaires.

Je vous demande d'assurer une large diffusion de cette note dans l'ensemble des services et établissements de votre ressort.

Circulaire du 13 janvier 2000,

Relative aux centres éducatifs renforcés et centres de placement immédiat (NOR : JUSF0050051N).

Lors du conseil de sécurité intérieure du 8 juin 1998 au cours duquel ont été arrêtées les orientations du Gouvernement en matière de lutte contre la délinquance juvénile, le respect des principes juridiques inscrits dans l'ordonnance du 2 février 1945 a été réaffirmé, notamment la priorité donnée aux mesures éducatives et à la recherche de la dimension éducative dans toute sanction.

A cette fin, il a été décidé de renforcer le dispositif de prise en charge des mineurs délinquants pour assurer la continuité éducative et offrir aux magistrats une gamme de solutions diversifiées, afin de mieux répondre aux besoins des mineurs, aux situations d'urgence ou de crise ou à la nécessité d'un éloignement motivé par l'intérêt du mineur ou la gravité de l'infraction.

La création de 1 000 emplois à la protection judiciaire de la jeunesse décidée lors du conseil de sécurité intérieure du 27 janvier 1999 permettra progressivement, au cours des deux prochaines années, de renforcer les services existants et d'en créer de nouveaux selon une programmation qui vous sera communiquée ultérieurement.

Au titre des moyens nouveaux, les centres éducatifs renforcés feront l'objet d'une attention particulière puisque leur nombre sera porté à 100 d'ici fin 2000. Par ailleurs, 50 centres de placement immédiat seront créés d'ici 2001 pour prendre en charge les mineurs pour lesquels un accueil immédiat est prescrit par le juge.

La présente circulaire a pour objet de vous communiquer des éléments d'information sur ces deux dispositifs.

I Les centres éducatifs renforcés

Les centres éducatifs renforcés ont vocation à prendre en charge, sur le fondement de l'ordonnance du 2 février 1945, des mineurs délinquants multirécidivistes en grande difficulté ou en voie de marginalisation ayant souvent derrière eux un passé institutionnel déjà lourd. Ils se caractérisent par des programmes d'activités intensifs pendant des sessions de trois à six mois selon les projets et un encadrement éducatif permanent. Ils visent à créer une rupture dans les conditions de vie du mineur et à préparer les conditions de sa réinsertion.

Le fonctionnement par sessions, le fait que les groupes de mineurs sont constitués, selon les projets, avant le démarrage de la session ou au cours du premier mois font en général obstacle à l'admission de mineurs en urgence.

Vingt-quatre centres fonctionnent aujourd'hui et six projets validés par mes services ouvriront dans les prochains mois. La liste des centres et des projets figure en annexe. Vous trouverez la liste à jour sur le site Intranet de la DPJJ.

Vous trouverez également, ci-joint, le nouveau cahier des charges élaboré début 1999 pour tenir compte des conclusions du rapport sur les UEER remis en 1998 par les inspections générales des affaires sociales, des services judiciaires et de l'administration et qui sert de base à l'appel à projets auprès du secteur public et du secteur associatif habilité. Il insiste notamment sur l'importance de la préparation de la sortie du mineur, laquelle passe en particulier par l'amélioration de l'articulation avec les autres services éducatifs.

Des journées d'études se sont déroulées à Lyon du 4 au 6 janvier 2000 pour faire le point sur les pratiques éducatives qui se sont développées dans ces centres depuis leur création en 1996. Un document de synthèse vous sera adressé prochainement.

II Les centres de placement immédiat

Nombre d'entre vous ont fait part à plusieurs reprises des difficultés pour trouver un placement en urgence et souhaité que soit mieux organisé l'accueil immédiat des mineurs.

En juillet 1998, j'ai demandé aux directeurs départementaux de la protection judiciaire de la jeunesse de mettre en place une cellule de coordination de l'accueil d'urgence, en concertation avec les magistrats des tribunaux pour enfants et les conseils généraux et en ayant recours à l'ensemble des ressources du département, tant du secteur public que du secteur associatif habilité et de l'aide sociale à l'enfance.

Lors du conseil de sécurité intérieure du 27 janvier 1999, il a été décidé de créer 50 centres de placement immédiat pour accueillir des mineurs, en priorité sur le fondement de l'ordonnance du 2 février 1945.

Ils sont chargés de réaliser un travail d'évaluation et d'observation de la situation personnelle, familiale, scolaire ou professionnelle du mineur pendant un délai d'un à trois mois puis de proposer au magistrat une orientation.

Vous trouverez, ci-joint, le cahier des charges élaboré par mes services ainsi que la liste des quinze centres qui ouvrent cette année. La liste de ceux qui ouvriront en 2000 vous sera communiquée par les directeurs régionaux.

1 *La décision de placement*

Les centres de placement immédiat sont destinés à accueillir des mineurs délinquants sur le fondement de l'ordonnance du 2 février 1945, éventuellement des mineurs en danger en application des articles 375 et suivants du code civil. Ils n'ont pas vocation à prendre en charge l'intégralité des placements en urgence. Il est essentiel à cet égard que coexiste un dispositif d'accueil d'urgence départemental et que les juridictions soient parfaitement renseignées sur l'état des places vacantes.

De compétence départementale ou interdépartementale, ils pourront recevoir 12 mineurs maximum entre 13 et 18 ans. Il apparaît plus opportun, pour les moins de 13 ans, de rechercher un accueil individualisé. Il appartient à chaque centre, sous la responsabilité du directeur départemental, d'élaborer un projet de service qui précise les modalités de prise en charge des mineurs. Comme dans les autres structures d'hébergement, la qualité de la prise en charge individuelle et collective repose sur l'équilibre du groupe de mineurs, qui suppose de prendre en compte notamment l'écart des âges, le sexe et l'origine géographique.

L'audience au cours de laquelle le magistrat notifie sa décision au mineur et à ses parents, dans la mesure du possible en présence du directeur du centre ou de son représentant, est un moment déterminant pour la suite de la démarche éducative, de même que l'explication des obligations et des conséquences de leur inobservation en cas de contrôle judiciaire. Cette première phase conditionne en grande partie la réussite du placement. Elle permet d'apporter au mineur des repères clairs quant au sens du placement, à la nature de la prise en charge et au contrôle qui lui est attaché ; au service éducatif, elle permet de travailler en référence à la décision judiciaire et de garantir la cohérence de la prise en charge.

J'appelle votre attention à ce propos sur l'augmentation, ces dernières années, des placements en urgence en assistance éducative et la généralisation dans ces situations de la pratique du placement par les parquets, y compris hors des périodes de nuit ou de fins de semaine. Elle est d'autant plus préoccupante lorsqu'une audience n'est pas organisée dans les huit jours par le juge des enfants et que ce dernier ne rend pas une ordonnance de placement provisoire susceptible d'appel. En effet, dans un tel cas, ni le mineur ni ses parents n'ont été entendus par un magistrat alors qu'une décision portant atteinte à l'autorité parentale a été rendue et que la Cour européenne des droits de l'homme rappelle régulièrement l'importance du respect du principe du contradictoire.

2 *Le placement*

Le contrôle strict des mineurs sera assuré tant par le cadre judiciaire du placement que par la mise en œuvre d'une pédagogie de l'accompagnement éducatif intensif reposant sur une présence éducative permanente jour et nuit, des règles de vie et, pour l'organisation des activités des mineurs dans la journée, la mobilisation des ressources à l'intérieur comme à l'extérieur du centre.

Au civil comme au pénal, une information régulière par le service éducatif des magistrats mandants et le suivi régulier de la situation des mineurs par ces derniers ainsi qu'une réponse rapide en cas de violation des obligations liées au cadre judiciaire apparaissent, pour ce type de placement, particulièrement nécessaires. Il en est ainsi, spécialement en matière pénale, dans le cas de la combinaison entre un placement et un contrôle judiciaire.

3 *L'orientation*

Le cahier des charges prescrit une orientation au terme d'une évaluation d'une durée d'un à trois mois.

Cette période correspond au temps moyen pour mener à bien le travail d'évaluation. Elle induit une rotation des mineurs qui seule peut garantir le fonctionnement du centre. Tout placement qui serait prolongé bien au-delà de cette période aboutirait à un engorgement de la structure qui signifierait rapidement la fin du dispositif.

Je précise à cet égard que l'ordonnance de placement provisoire de six mois n'est pas un obstacle juridique à une orientation anticipée, l'article 1185 du nouveau code de procédure civile mentionnant ce délai comme délai maximum pour qu'intervienne une décision sur le fond mais n'empêchant pas qu'une nouvelle ordonnance de placement provisoire ou une mainlevée ne soit prise si l'intérêt du mineur l'exige.

Il appartient à nos services d'organiser, avec les conseils généraux et les établissements du secteur associatif habilité, les réponses possibles pour la prise en charge du mineur à plus long terme. Leur inscription dans les schémas départementaux et régionaux facilitera l'orientation du mineur par le recensement de l'ensemble des capacités d'accueil départementales et régionales.

La proposition d'orientation du mineur, préparée dans le cadre d'une réunion de synthèse au sein de la structure, sera transmise au magistrat par le directeur. La décision prise à l'audience sera mise en œuvre par le centre de placement immédiat.

Le fonctionnement des premiers centres de placement immédiat à partir du mois de septembre 1999 va permettre, après un temps d'expérimentation, d'y apporter les ajustements qui apparaîtront nécessaires.

Il est souhaitable, dans cette perspective, que le dialogue entre les juridictions et les services de la protection judiciaire de la jeunesse se renforce afin d'adapter au mieux les besoins et les contraintes de chacun pour une prise en charge plus efficace des mineurs les plus difficiles. C'est pourquoi les directeurs territoriaux sont invités à mettre en place des comités de pilotage associant les juridictions et les autres services éducatifs du département, ce mode de fonctionnement ayant montré son intérêt pour les centres éducatifs renforcés.

3) Dispositifs spécifiques

Note du 5 juin 2018,

Relative à la mesure judiciaire d'investigation éducative (MJIE) dans le cadre d'une procédure d'assistance éducative au bénéfice des mineurs de retour de zone (RDZ) d'opérations de groupements terroristes (NOR : JUSF1811267N).

La DPJJ copilote avec le ministère des solidarités et de la santé et le ministère de l'intérieur le comité de suivi du dispositif de prise en charge des mineurs de retour de zone d'opérations de groupements terroristes. Dans le cadre de ce comité, les professionnels de la PJJ ont exprimé le besoin de disposer d'outils les guidant dans la prise en charge de ces enfants, notamment dans le cadre des mesures judiciaires d'investigation éducative (MJIE).

L'instruction du Premier ministre du 23 février 2018 *[Instr. n° 5995/SG relative à la prise en charge des mineurs à leur retour de zone d'opérations de groupements terroristes (notamment la zone irako-syrienne) https://www.legifrance.gouv.fr/download/file/pdf/cir_43128/CIRC]* et la circulaire du garde des Sceaux du 24 mars 2017 *[Circ. JUSF1709228C relative aux dispositions en assistance éducative de la loi n° 2017-258 du 28 févr. 2017 et au suivi des mineurs de retour de zone irako-syrienne http://www.textes.justice.gouv.fr/art _pix/JUSF1709228C.pdf]* recommandent en effet aux parquets de requérir des MJIE au profit des mineurs de retour de zone d'opérations de groupements terroristes. Ces MJIE visent à évaluer, dans le cadre d'une procédure d'assistance éducative, la situation de ces enfants dès leur retour sur le territoire national, afin que nos services puissent proposer des modalités de prise en charge adaptées et déterminer si les parents et la famille élargie sont en mesure de répondre à leurs besoins.

Les objectifs et les modalités d'exercice de la MJIE ne sont pas modifiés. En revanche, les spécificités des situations des enfants de retour de zones de conflits doivent être prises en compte, tant lors de la mise en œuvre de cette mesure qu'en ce qui concerne ses suites, tout en préservant une approche individuelle.

Après avoir rappelé le cadre général de la MJIE, la présente note évoquera successivement ses contenus spécifiques, ses conditions particulières d'exercice, les dispositifs d'appui destinés aux professionnels et les suites envisagées à l'issue de la mesure lorsqu'elle s'exerce à l'égard des mineurs de retour de zones de conflits.

1. Rappel du cadre de la MJIE, la note du 23 mars 2015 *[la circulaire d'orientation du 31 décembre 2010 crée une mesure unique, la mesure judiciaire d'investigation éducative (MJIE), pour remplacer l'IOE et l'enquête sociale. Les travaux d'évaluation, menés en 2013 et 2014, aboutissent à la publication de la note JUSF1507871N du 23 mars 2015, qui abroge la précédente circulaire http ://www.legifrance.gouv.fr/download/file/pdf/cir_39559/CIRC]*

La MJIE constitue une démarche d'évaluation dynamique, interdisciplinaire et partenariale qui vise le recueil d'éléments de compréhension, d'observation et d'analyse partagée sur une situation donnée ainsi que l'élaboration de propositions destinées au magistrat. Sa mise en œuvre et son déroulement doivent être guidés par l'intérêt supérieur de l'enfant.

L'investigation permet le recueil des éléments de l'histoire familiale, du parcours antérieur du mineur et des éventuelles réponses (éducatives, sociales, de santé, administratives ou judiciaires) apportées par le passé. Il s'agit de recueillir des éléments factuels sur la situation de l'enfant au sein de sa famille et de son entourage (conditions de santé, sécurité, moralité, place dans la famille, sens des actes qu'il pose ou qu'il subit, prise en compte du rythme de l'enfant, niveau de socialisation...) mais aussi de faire état des capacités de la famille à devenir actrice de la résolution de ses propres difficultés grâce au réseau d'aide susceptible de lui être proposé.

Les informations, analyses et préconisations du rapport conclusif doivent permettre au magistrat de vérifier si les conditions d'une intervention judiciaire sont réunies, et de décider, si nécessaire, d'une mesure de protection et d'éducation.

La MJIE est réalisée dans un délai de 6 mois à compter de la décision qui l'ordonne. Le magistrat peut néanmoins solliciter un bilan d'étape à 15 jours pour obtenir un éclairage sur une situation d'urgence. Sans impact sur la réalisation du bilan global tel qu'il a été demandé par le magistrat, les services peuvent décider d'évaluer plus avant un élément de la problématique qu'ils estiment particulièrement dominant dans les difficultés familiales repérées. Ils doivent néanmoins en informer le magistrat. Afin de garantir la continuité des parcours des jeunes, les modalités de passage de relais avec le service ou l'établissement en charge d'une éventuelle mesure postérieure doivent être formalisées *[annexe 3 de la note d'orientation du 30 sept. 2014]*.

La démarche dynamique de l'évaluation implique d'associer autant que possible le mineur et ses représentants légaux. Elle doit les aider à comprendre leur place et leur rôle dans la procédure, à mobiliser leurs ressources propres dans la résolution des difficultés ou à prendre la mesure de leurs limites. Ainsi, il importe de recueillir leur avis sur les informations collectées au cours de l'évaluation. Par ailleurs, confmmément aux dispositions relatives aux droits des usagers *[art. L. 3 l l-3 du code de l'action sociale et des familles]*, les conclusions de l'investigation doivent être exposées aux intéressés et discutées avec eux avant d'être adressées au magistrat.

L'instruction du Premier ministre du 23 février 2018 prévoit que, dès qu'il est avisé du retour d'enfants ayant séjourné en zone de conflits, le parquet territorialement compétent saisit le juge des enfants et requiert "le prononcé d'une mesure judiciaire d'investigation éducative, le cas échéant au bénéfice de l'ensemble de la fratrie, afin qu'une évaluation pluridisciplinaire soit menée". La situation particulière des mineurs de retour de zone de conflits ne justifie pas d'exception aux principes posés dans la note du 23 mars 2015, mais des pistes peuvent être données pour s'adapter au contexte particulier de ces investigations.

2. Les contenus spécifiques

a) *Concernant les enfants*

Dans le cadre de leur évaluation, les professionnels doivent, autant que possible, prendre en compte les symptômes traumatiques potentiellement manifestés par ces mineurs, qui ont pour un certain nombre d'entre eux évolué dans un contexte de guerre et d'enfermement communautaire, et à qui ont pu être inculquées des idées radicales et violentes. Il apparait *[apparaît]* notamment nécessaire, dans la conduite de l'évaluation, d'être attentifs aux éléments suivants, dans la limite de ce qui est possible et du respect de l'état psychique de l'enfant :

– Les effets d'une séparation brutale avec les parents, parfois décédés, restés sur place ou incarcérés à leur retour en France ;

– Les évènements ou expositions auxquels se rattachent les éventuels traumatismes observés, notamment au regard du séjour sur zone de conflits ou des conditions de leur retour en France ;

– Les carences de soins, les troubles alimentaires, les troubles du sommeil ;

– Les comportements violents dans le lieu de placement ou à l'école ;

– L'adéquation entre le niveau de développement et l'âge réel de l'enfant, ainsi que ses capacités à entrer dans les apprentissages et ses capacités d'éveil, d'empathie, de jeu ;

– Les défauts de socialisation et de scolarisation, et les difficultés d'interactions avec l'environnement immédiat ;

– Les problèmes de comportement avec les autres jeunes ou adultes en collectif ou en relation duelle, l'intégration des interdits, la capacité à supporter la frustration ;

– La maîtrise du langage oral, de la compréhension de la langue française, mais aussi ce qui relève de la communication non verbale, de l'implicite ;

– Les comportements qui peuvent être de l'ordre du prosélytisme et de la provocation, du repli sur soi ou de la dissimulation ;

— Une possible situation d'emprise mentale dont les mineurs seraient victimes de la part des parents ou des éventuels frères et sœurs.

b) *Concernant les parents*

Il paraît essentiel, entre autres, d'investiguer les items suivants :

— L'histoire familiale et les circonstances du départ en zone de conflits ;

— Les raisonnements sur lesquels repose le cadre éducatif proposé et les références auxquelles les parents font appel (valeurs portées, interdits posés, etc.) ;

— La capacité des parents à protéger leur enfant et leurs possibles ressources pour le prendre en charge dans de meilleures conditions, en veillant aux éventuelles stratégies de dissimulation des parents compte tenu des enjeux judiciaires les concernant :

• capacité à expliciter les raisons pour lesquelles ils ont emmené leur enfant sur zone de conflits (quel degré de lucidité, discernement quant à la mise en danger de l'enfant ?) ;

• capacité d'empathie vis-à-vis des traumatismes éventuellement observés chez leur enfant et capacité à en échanger ;

• curiosité et intérêt à l'égard des informations qui peuvent leur être transmises au sujet de leur enfant, aptitude à proposer des solutions de soins, des conseils sur les habitudes et rituels de leur(s) enfant(s) (d'endormissement, de soins ou d'hygiène par exemple) ;

— Le rapport aux institutions, notamment avec l'institution scolaire ;

— La nature du lien entre les parents et l'enfant et la qualité de la communication entre eux.

c) *Concernant la famille élargie*

Dans un certain nombre de situations, la MJIE doit permettre d'apprécier la possibilité de confier l'enfant à des membres de la famille élargie. Peuvent dans ces cas-là être évalués :

— La capacité à faire face au bouleversement émotionnel que l'incarcération ou la disparition des parents ou de membres de la fratrie des mineurs provoque dans la famille élargie, en déterminant les moyens de l'aider et de la soutenir ;

— La capacité à mettre en place un mode de vie sécurisant et stable pour l'enfant ;

— L'histoire familiale : type de fonctionnement familial, relation de la famille élargie avec les mineurs et leurs parents, avant, pendant et après le séjour en zone irako-syrienne, réactions de la famille élargie à ce départ ;

— La capacité d'élaboration de l'événement et à ne pas dénigrer les images parentales ainsi qu'à ne pas faire de l'enfant un enjeu de rivalités familiales afin de le protéger au mieux des risques de conflit de loyauté ;

— La capacité à accepter l'intervention des différents professionnels ;

— Le respect du rôle du juge et de sa légitimité ;

— Le respect des préconisations de soins, de socialisation, etc.

3. Les conditions d'exercice

a) *Les entretiens en détention*

Si les parents sont incarcérés, la conduite de la MJIE suppose que soient conduits des entretiens en détention. Elle peut aussi, selon les situations, nécessiter l'accompagnement du/des mineur(s) en détention, pour observer la relation parents-enfants, la capacité de contenance et de réassurance de ces derniers à l'égard de leurs enfants, la communication qui existe entre eux.

S'il n'a pas spécifiquement mentionné d'interdiction dans son ordonnance, le magistrat est en droit d'attendre que la rencontre parent-enfant soit organisée. Dans cette hypothèse, la pertinence d'une telle rencontre sera systématiquement évaluée par le service, en prenant l'attache de l'Aide sociale à l'enfance (ASE) si un placement est en cours, ainsi que des psychologues et psychiatres intervenants. Si la rencontre semble préjudiciable à l'intérêt du jeune, le service, conjointement ou non avec l'ASE, en informe le magistrat dans un rapport intermédiaire, afin que celui-ci puisse faire connaître ses attentes.

b) *L'articulation interservices*

Dans la perspective d'un éventuel accueil de l'enfant au sein de sa famille, la réalisation de ces MJIE peut nécessiter un accès à la famille élargie, qui est parfois dispersée sur le territoire national, ce qui entraîne une certaine complexité dans la réalisation de l'évaluation. De telles contraintes ont pu conduire le juge des enfants à désigner plusieurs services pour la réalisation de la MJIE. Dans ce cas, il est essentiel que ces différents services se coordonnent et échangent les informations utiles à leurs évaluations respectives.

c) *La remise d'un rapport intermédiaire*

Les juges des enfants ordonnent le plus souvent la remise d'un rapport intermédiaire à l'issue des 3 premiers mois de la mesure, afin de pouvoir éventuellement réorienter l'évaluation sur la base des premières observations. Ce rapport transmet au juge les éléments relatifs au déroulement de la mesure (aux visites en détention par exemple), ce qui lui permettra, le cas échéant, de réajuster l'investigation sur le second temps, en s'attachant à des objectifs plus précis, et, dans tous les cas, informera le magistrat de l'évolution de la situation de l'enfant.

d) *L'articulation avec les partenaires extérieurs*

La complexité de ces situations et la multiplicité des intervenants (services de l'ASE, établissement de placement, éducation nationale, soignants...) nécessitent, en s'appuyant sur un protocole conjoint de prise en charge (PCPC), une importante articulation des différents acteurs concernés, au service de l'intérêt supérieur de l'enfant *[art. 3 de la Convention Internationale relative aux Droits de l'Enfant : "1. Dans toutes les décisions qui concernent les enfants, qu'elles soient le fait des institutions publiques ou privées de protection sociale, des tribunaux, des autorités administratives ou des organes législatifs, l'intérêt supérieur de l'enfant doit être une considération primordiale."]*. Des échanges réguliers entre la Protection judiciaire de la jeunesse (PJJ), l'ASE, le Service pénitentiaire d'insertion et de probation (SPIP), les professionnels de santé et de l'éducation nationale, en fonction des situations, sont indispensables à une prise en charge coordonnée et efficace. Une articulation particulière doit être mise en place entre l'ASE et la PJJ en cas d'intervention des deux services, qui peut se décliner par l'organisation d'une réunion en début de mesure afin de définir les champs d'intervention de chacun, l'établissement conjoint d'un rétro planning et l'organisation de réunions de synthèse communes, notamment avant la rédaction des rapports de mi-mesure et de fin de mesure.

La mise en relation avec le SPIP dans lequel est/sont écroué(s) le(s) parent(s) en cas de détention, ou référent sur le territoire duquel le(s) parent(s) est/sont suivi(s) en milieu ouvert, permet notamment d'organiser plus aisément les visites, en se référant aux protocoles locaux souscrits entre la PJJ et la Direction de l'Administration pénitentiaire (DAP), afin de privilégier la concertation entre les professionnels de ces deux directions. Elle permet également de mieux connaître les difficultés que présentent les parents et leurs connexions éventuelles avec d'autres personnes impliquées dans de mêmes affaires.

Concernant la santé des enfants, le bilan somatique et médico-psychologique est réalisé par les établissements référents identifiés par les agences régionales de santé. Les Agences régionales de santé (ARS) sont le point d'entrée des services pour une éventuelle mise en relation avec les établissements concernés. Conformément à l'instruction du Premier ministre du 23 février 2018, les premiers constats médico-psychologiques sont transmis directement au juge des enfants par le service de santé chargé du bilan au moyen d'une fiche de liaison. Les professionnels de la PJJ peuvent accéder à ces informations en consultant le dossier d'assistance éducative du mineur auprès de la juridiction. La fiche de liaison est également transmise au médecin référent "protection de l'enfance" lorsque l'enfant est confié à l'ASE. Seuls les professionnels ou établissements pré-identifiés par les ARS sont susceptibles de prodiguer à l'enfant les soins dont il a besoin. Comme dans toute mesure confiée à la PJJ, les psychologues de la PJJ restent les interlocuteurs privilégiés des professionnels de santé mentale intervenant auprès des enfants.

Dans un objectif de meilleure articulation des intervenants, l'instruction du Premier ministre actualisée prévoit qu'un référent sera chargé de se mettre en relation avec les professionnels en charge de l'enfant au sein des services de santé et de l'éducation nationale, afin d'être bien identifié en tant qu'interlocuteur pour toute question relative à l'enfant. Ce référent sera en priorité celui de l'ASE lorsque l'enfant lui sera confié. Toutefois, un service de la PJJ peut être désigné par le juge des enfants pour assumer ce rôle, auquel cas le référent de la mesure sera chargé de se faire connaître auprès des partenaires extérieurs.

Le partage d'informations avec les partenaires extérieurs intervient dans le champ de la protection de l'enfance, domaine permettant le partage d'informations à caractère secret, tel que prévu dans l'article L. 226-2-2 du code de l'action sociale et des familles *[article L. 226-2-2 du CASF : "Par exception à l'article 226-13 du code pénal, les personnes soumises au secret professionnel qui mettent en œuvre la politique de protection de l'enfance définie à l'article L. 112-3 ou qui lui apportent leur concours sont autorisées à partager entre elles des informations à caractère secret afin d'évaluer une situation individuelle, de déterminer et de mettre en œuvre les actions de protection et d'aide dont les mineurs et leur famille peuvent bénéficier. Le partage des informations relatives à une situation individuelle est strictement limité à ce qui est nécessaire à l'accomplissement de la mission de protection de l'enfance. Le père, la mère, toute autre personne exerçant l'autorité parentale, le tuteur, l'enfant en fonction de son âge et de sa maturité sont préalablement informés, selon des modalités adaptées, sauf si cette information est contraire à l'intérêt de l'enfant".]* et dans la limite des notes publiées sur le sujet *[note du 10 févr. 2017 relative à la prise en charge éducative des mineurs radicalisés ou en danger de radicalisation violente]*.

4. Les dispositifs en appui des pratiques

Comme à l'égard de toute situation particulièrement complexe, les besoins particuliers des enfants de retour de zone de conflits peuvent nécessiter une charge de travail conséquente pour les professionnels auxquels ces mesures sont confiées, et qui doit être prise en compte par les services dans le cadre de l'adaptabilité des modes de prises en charge telle que définie par la note du 10 février 2017 *[note JUSF1704924N du 10 févr. 2017 relative à l'adaptabilité des modalités de prise en charge]*.

En appui des pratiques professionnelles, l'École nationale de protection judiciaire de la jeunesse (ENPJJ), à travers ses pôles territoriaux de formation, propose des formations relatives à la prise en charge des mineurs de retour de zone d'opérations de groupements terroristes.

D'autre part, les professionnels peuvent avoir recours aux groupes d'appui pluridisciplinaires mis en place par certaines directions intenégionales. En outre, sur les territoires particulièrement affectés par les retours de zone, la création de groupes d'appui et de soutien aux professionnels au niveau des directions territoriales est encouragée.

Les dispositifs de soutien et d'échanges entre professionnels de type analyse de pratiques ou supervision permettent une prise en compte plus ajustée de ces situations, car plus distancée des émotions que peuvent légitimement susciter au sein des équipes ces prises en charges.

Enfin, les professionnels peuvent s'appuyer sur l'expertise des référents laïcité et citoyenneté, qui sont chargés d'identifier les partenariats utiles, de contribuer à la bonne coordination des acteurs de la prise en charge des mineurs de retour de zone de conflits et d'animer des groupes de travail dédiés ou de proposer des actions de sensibilisation sur cette thématique, complémentarité avec les actions de formation proposées par l'ENPJJ.

5. La suite de la MJIE : AEMO PJJ (Action éducative en milieu ouvert PJJ) et double mesure

a) *La perspective de double mesure*

La MJIE doit comporter des éléments permettant au juge des enfants de déterminer si le(s) parent(s) ou la famille élargie sont en mesure de répondre aux besoins de l'enfant. Toutefois, en cas de nécessité de maintien du placement, la MJIE doit également donner au juge des enfants des éléments sur l'opportunité d'un suivi éducatif renforcé par l'instauration d'une double mesure de placement à l'ASE et d'AEMO exercée par le secteur public de la PJJ, dans le cadre de l'expérimentation prévue par la loi *[art. 31 de la L. n° 2017-258 du 28 févr. 2017 relative à la sécurité publique]*.

b) *La continuité du suivi*

La note du 22 octobre 2015 relative à l'action éducative en milieu ouvert vient préciser l'organisation du milieu ouvert socle au soutien de la continuité éducative. Pour faciliter la continuité des parcours, elle place le projet individuel des mineurs (et jeunes majeurs) au cœur des préoccupations institutionnelles. La PJJ porte le principe de la "non spécialisation" des professionnels, établissements et services. Ces derniers se voient confier le suivi d'un mineur, dans la globalité de son parcours à la PJJ, non celui d'une mesure. L'adaptabilité des modalités de prise en charge garantit que celle-ci corresponde aux besoins spécifiques de chaque mineur et évolue avec eux.

Lorsqu'un service du secteur public de la PJJ chargé de la MJIE propose une mesure d'AEMO, il lui appartient d'attirer l'attention du juge sur l'intérêt de favoriser la continuité des interventions par la désignation du même service *[pour rappel, en cas de placement à l'ASE, la mesure d'AEMO ne peut être confiée qu'au service public de la PJJ, conformément à l'article 31 de la loi du 28 février 2017 relative à la sécurité publique. La MJIE peut toutefois être confiée indifféremment au SAH ou au SP]*. Ainsi, le lien tissé entre les professionnels, le mineur et sa famille, à l'occasion de la MJIE, n'est pas rompu et le travail éducatif engagé pourra se poursuivre. Cette organisation garantit la mise en place de l'accompagnement du mineur sans rupture de temps, de

lieu ni de personne, éléments essentiels à la stabilité d'enfants, dans la plupart des cas très jeunes et prématurément confrontés à des parcours de ruptures et à des situations de violence, ainsi qu'à une multiplicité d'intervenants.

En cas de désignation d'un service différent, une attention particulière devra être portée au passage de relais, afin d'une part de permettre au mineur et aux membres de sa famille concernés de se sentir sécurisés malgré le changement de service et de référent, et d'autre part de ne pas réitérer auprès d'eux les interrogations et le travail déjà réalisés dans le cadre de la MJIE.

c) *L'articulation MJIE/AEMO*

La situation des mineurs de retour de zone de conflits peut nécessiter qu'une mesure d'AEMO soit prononcée avant la fin de la MJIE, notamment s'il n'y a pas de placement à l'ASE ou si celui-ci a été levé pendant l'exercice de la MJIE (remise à l'un des parents ou aux deux, à la famille élargie ou à un tiers digne de confiance). Le juge des enfants décidera alors de poursuivre la mesure d'investigation jusqu'à son terme afin d'obtenir la remise du rapport d'évaluation pluridisciplinaire, ou, au contraire, de l'interrompre au profit de la mesure d'AEMO afin de ne pas multiplier les cadres d'intervention.

Vous voudrez bien me rendre compte de toute difficulté qui pourrait survenir dans la mise en œuvre de la présente note ainsi que de tout élément qui vous paraîtrait utile aux réflexions du comité de suivi du dispositif et de l'expérimentation de la double mesure, ce dernier étant chargé de rendre à l'été 2019 un rapport d'évaluation au Gouvernement.

Note du 1er août 2018,

Relative à la prise en charge éducative des mineurs radicalisés ou en danger de radicalisation violente (NOR : JUSF1821611N).

La répétition d'actes de terrorisme islamiste *[« Islam et islamisme diffèrent dans leur nature et par les objectifs de leurs partisans. L'islam est une religion et les islamismes, des idéologies politiques. Les musulmans forment la communauté des croyants qui suit les règles de l'islam et de ses textes sacrés. Les islamistes adhèrent à la mise en application des règles politiques contenues dans l'islam. Le suffixe - isme imputé à islam, indique la revendication politique des préceptes coraniques. Si l'islam est avant tout une religion de loi et donc du droit, elle est aussi empreinte de l'idée de gouvernance, dès les origines. Cependant, les principes islamistes poussent le projet de construction politique plus loin : l'État islamique doit englober toute la société, ses lois, ses principes économiques, ses individus. L'islamisme présente donc un aspect totalisant, à la fois politique et social ». Larroque Anne- Clémentinc, « Origines et fondements des doctrines islamistes », dans Géopolitique des islamismes. Paris, Presses Universitaires de France, « Que sais-je ? », 2016, p. 7-36. URL : https://www.cairn.info/geopolitique-des-islamismes--9782130729808.htm]* **en France, et dans de très nombreux autres pays, soulève la problématique de la radicalisation violente, menace endogène et exogène qui implique aussi, à la marge, des mineurs.**

Concept employé pour caractériser des mouvements politiques ou sociaux remettant en cause un ordre établi par des voies non pacifiques, la radicalisation violente ne saurait être réduite au seul terrorisme. Elle peut se définir comme un « processus par lequel un individu ou un groupe adopte une forme violente d'action, directement liée à une idéologie extrémiste à contenu politique, social ou religieux : qui conteste l'ordre établi sur le plan politique, social ou culturel » *[Khosrokhavar F., Radicalisation, 2014, éditions de la maison des sciences de l'homme]*. **La radicalisation violente recouvre donc trois caractéristiques cumulatives :**

– Un processus progressif et incrémentiel *[Incrémentiel : qui augmente par pallier]*,

– L'adhésion à une idéologie extrémiste,

– L'adoption de la violence comme mode d'action légitime *[Que ce soit dans les propos ou dans les actes]*.

Depuis 2015, les professionnels de la protection judiciaire de la jeunesse (PJJ) ont été conduits, dans un contexte particulièrement éprouvant tant par l'ampleur des actes de terrorisme que par les conséquences qu'ils ont eu sur la vie quotidienne de l'ensemble de la population, à prendre en charge des adolescents, filles et garçons, impliqués dans des réseaux responsables d'attentats ou qui en ont fait l'apologie. Par ailleurs, ils sont depuis toujours investis dans la prise en charge de mineurs confrontés à d'autres formes de violences radicales, telles que les engagements nationalistes et les extrémismes politiques.

Ces propos et ces actes de mineurs ou jeunes majeurs viennent non seulement attaquer les lois et les principes de la République, mais ils sont venus toucher les professionnels au cœur même de leurs valeurs éducatives en nourrissant des représentations et des craintes auxquelles ils n'étaient pas préparés.

La présente note vise à apporter aux professionnels des secteurs public et associatif habilité de la PJJ, confrontés à un phénomène d'une grande complexité, à un public varié et à des causes multifactorielles, des éléments de doctrine venant étayer la prise en charge et prendre en compte leurs préoccupations, dont celles liées à la violence *[note DPJJ du 30 mars 2017 relative à la sécurisation des pratiques professionnelles et des établissements et services]* **intrinsèque au sujet** *[note DPJJ du 24 décembre 2015 relative à la prévention et à la gestion des situations de violence au sein des établissements et services de la Protection judiciaire de la jeunesse — V. cette note, App. vº Prise en charge éducative]*.

Bien que le nombre des mineurs poursuivis dans le cadre de procédures pénales ouvertes au sein du pôle antiterroriste au tribunal de grande instance de Paris et suivis par la PJJ *[rapport annuel 2016 de la MNVI, ces situations représentent moins de 1% des prises en charge de la PJJ]* **pour des faits en lien avec le terrorisme** *[Art. 421-1 et suivants du code pénal, association de malfaiteurs en vue de la préparation d'un acte de terrorisme, provocation ou apologie du terrorisme...]*, **soit désormais en baisse** *[en appui des statistiques Astrée renseignées via les RLC, en avril 2018, 451 personnes sont suivies par la PJJ en lien avec une problématique de radicalisation : 118 au pénal, 80 au civil, 137 sont suivies par la PJJ pour d'autres faits et signalées en raison de leur radicalisation, enfin 137 sont suivies en raisons de la radicalisation de leurs parents. La fréquence des déferrements de mineurs pour association de malfaiteurs en vue d'une entreprise terroristes a fortement diminué depuis l'été 2017. Ces éléments seront à retrouver dans le bilan 2017 de la MNVL]*, **la PJJ a eu et a encore à s'engager en amont des actes posés, dans des actions de prévention qui doivent concerner tous les mineurs. D'autre part, les principes rappelés dans cette note, la réflexion qui l'a alimentée et les outils qui s'en dégagent, ont aussi vocation à nourrir l'ensemble des pratiques professionnelles au sein des établissements et services.**

De surcroit, la PJJ est impliquée dans la prise en charge des mineurs de retour de zone irako-syrienne. A ce titre, la circulaire du garde des Sceaux du 24 mars 2017 *[circ. relative aux dispositions en assistance éducative de la loi nº 2017-258 du 28 févr. 2017 et au suivi des mineurs de retour de zone irako-syrienne. http://www.justice.gouv.fr/art_pix/ciruclaire_du_24032017.pdf]* **prévoit la possibilité que le juge des enfants, sur réquisition du parquet, ordonne une mesure judiciaire d'investigation éducative (MJIE) et /ou d'action éducative en milieu ouvert (AEMO) confiée à la PJJ, et ce conjointement à la mesure de placement confiée aux services de l'Aide sociale à l'enfance.**

Dans ce contexte, la PJJ fait le choix de réaffirmer ses valeurs, le bien-fondé de son organisation institutionnelle, la technicité de ses établissements et services, tout en les adaptant à ces nouvelles problématiques.

1 Ancrer les prises en charge dans les savoir-faire, conforter les compétences et les organisations existantes

S'il emprunte des traits communs aux prises en charge les plus complexes, le public concerné est plus composite que celui habituellement pris en charge par les établissements et services de la PJJ *[le sujet complexe des caractéristiques du public de mineurs radicalisés est abordé en annexe de la présente note dans la fiche dédiée « Éléments de connaissance du public »]* **: hétérogénéité sociale, diversité des infractions relevées, forte proportion de jeunes filles, mineurs bien insérés notamment d'un point de vue scolaire.**

Cependant, en raison de leur particulière vulnérabilité (contexte social et familial, situation d'échec ou de rupture) les mineurs habituellement suivis par la PJJ peuvent manifester une sensibilité particulière aux discours et aux projets radicaux : recherche d'une place dans un groupe, goût de l'exaltation, quête de sens, justification de la violence (envers autrui et/ou contre soi-même), besoins de réparation et/ ou de repères forts face aux désordres internes ou familiaux...

L'importance des actions de prévention.

Il est primordial de promouvoir, au sein des établissements et services, des actions d'éducation aux principes de la République et à la citoyenneté mais aussi d'aiguiser l'esprit critique des adolescents et de les sensibiliser aux dangers véhiculés par les outils numériques. Ceci est d'autant plus important lorsque les jeunes sont repérés comme réceptifs aux discours extrêmes, qu'ils sont dans des manifestations apologistes des actes de terrorisme ou inscrits dans de la violence organisée.

Il s'agit, au travers de ces actions, de favoriser l'accès aux droits des jeunes et de leur donner les clés et les outils qui leur permettront de s'insérer de façon sereine dans la société.

Le rôle clé de la MJIE, civile et pénale *[note DPJJ du 23 mars 2015 relative à la mesure judiciaire d'investigation éducative]*, ***ainsi que de l'évaluation continue.***

La DPJJ a fait de la mesure judiciaire d'investigation éducative (MJIE) la mesure clé dans l'appréhension des problématiques liées à la radicalisation des enfants et/ou des parents.

Cette approche singulière, globale et pluridisciplinaire des situations permet d'aborder, pour chaque mineur, les ressorts et les impacts de la radicalisation, les risques liés, ainsi que de déterminer des axes d'intervention. C'est bien la fonction et la place de la radicalisation dans le parcours qui est à observer et à analyser. L'objectivation, qui implique une analyse pluridisciplinaire et collégiale, permet d'apporter des éléments de compréhension et d'élaborer, à destination du magistrat, des propositions de prise en charge.

Si la MJIE doit être la mesure privilégiée pour aborder les situations de radicalisation, il est également indispensable de pratiquer une évaluation pluridisciplinaire constante et dynamique à tous les stades de la prise en charge *[circ. d'orientation DPJJ du 2 févr. 2010 sur l'action d'éducation dans le cadre pénal]* du mineur quel que soit le cadre du suivi, afin notamment de repérer des facteurs de vulnérabilité face à un discours radical.

Dans la même logique, la DPJJ contribue au développement d'outils permettant de mieux évaluer les facteurs de basculement *[guide interministériel de prévention de la radicalisation publié par le SGCIPD-R, qui comprend en annexe le tableau de synthèse des indicateurs de basculement ainsi que le référentiel des indicateurs de basculement. https//www.interieur.gouv.fr/SG-CIPDR/Prevenir-la-radicalisation/Prevenir-la-radicalisation]*, les ressorts de l'engagement volontaire, les situations d'emprise mentale *[document thématique à l'appui des pratiques professionnelles traitant de "l'emprise mentale", publié sur intranet en septembre 2016. http://intranet.justice.gouv.fr/site/dpjj/art_pix/l_emprise_mentale.pdf]*, mais aussi d'apprécier la sortie de radicalisation. Les recherches auxquelles elle contribue sont autant de pistes de réflexion à l'appui des pratiques *[L. Bonelli et F. Carrié, Université Paris 10, rapport d'enquête paru en janvier 2018 : "Radicalité engagée, radicalités révoltées, Enquête sur les jeunes suivis par la protectionjudfoiaire de la jeunesse"]*.

L'affirmation du principe d'individualisation des prises en charge *[note d'orientation de la DPJJ du 30 sept. 2014.]*.

L'individualisation est un principe d'intervention des établissements et services de la PJJ *[note d'orientation de la PJJ du 30 sept. 2014 et ses déclinaisons du 22 oct. 2015 relatives à l'action éducative en milieu ouvert et au placement judiciaire]* qui se traduit par la prise en compte de la situation singulière et évolutive de chaque mineur.

Dans le cas de prises en charge de mineurs radicalisés ou en danger de radicalisation violente, cette approche permet, à partir d'une évaluation pluridisciplinaire précise de la situation et en tenant compte des impératifs de la décision judiciaire, de bâtir une stratégie éducative pour chaque adolescent. Dans la mesure du possible, la famille est impliquée dans le déroulement de la mesure, qu'elle soit civile ou pénale, que le mineur soit ou non placé en établissement ou bien incarcéré.

Renforcer les dispositifs sans organiser la spécialisation.

Comme pour toute situation complexe, le placement des mineurs mis en cause dans des faits en lien avec la radicalisation violente doit être anticipé et son suivi renforcé. Dans ce cadre, la DPJJ s'organise pour assurer une prise en charge adaptée tout en évitant le regroupement des mineurs concernés. Outre le fait qu'il favorise le déploiement du discours idéologique radical, le regroupement comporte le risque de réduire l'adolescent à des actes ou à une problématique judiciaire, ce qui obère ses possibilités d'évolution et de réinsertion.

Aussi, hors d'une quelconque spécialisation des intervenants ou des structures d'accueil, si des places sont identifiées *[note du 24 janv. 2017 relative aux conditions de mobilisation des places identifiées pour l'accueil de mineurs déférés devant le pôle antiterroriste. La liste des établissements, qui doit être actualisée régulièrement, n'est pas diffusée afin de préserver la sécurité des mineurs et des professionnels]* et les conditions d'accueil ajustées, la prise en charge des mineurs radicalisés demeure l'affaire de tous. De leur côté, les services de milieu ouvert doivent également être attentifs à éviter de réunir ces problématiques sur des activités de prise en charge collective.

Des protocoles qui garantissent le partage d'informations.

L'accent doit être mis sur l'analyse et la transmission des informations, entre les services de milieu ouvert, socles de l'intervention éducative, et les établissements et services qui ont à en connaître. En effet, les éléments d'évaluation et d'observation relevés à l'occasion du suivi de ces jeunes sont autant d'indicateurs que le service de milieu ouveti, en lien avec les lieux d'accueil, peut traduire en facteurs de vulnérabilité ou de protection.

Par ailleurs, la formalisation de protocoles *[la note du 5 août 2016, relative à la prise en charge par les SPIP en milieu ouvert, signée de la DAP et de la DPJJ, promeut le rapprochement des SPIP auprès des services de milieu ouvert de la PJJ dans la perspective de recueillir toute information utile. La note conjointe DAP/DPJJ du 13 janv. 2017 relative aux protocoles de coopération en vue de la prévention et la prise en charge des mineurs et jeunes majeurs en situation de radicalisation met en place et définit les modalités d'articulation entre les services]* entre les services de la PJJ et les services pénitentiaires d'insertion et de probation (SPIP) permet de prévenir le risque de rupture au passage à la majorité en optimisant les acquis de l'intervention éducative et en facilitant le passage de relais.

Des actions qui renforcent les possibilités d'évolution des jeunes.

Diverses actions, qu'elles soient individuelles ou collectives, permettent de renforcer les compétences et les connaissances des jeunes pour stimuler leur capacité à résister aux discours clivants et à s'ouvrir sur une autre représentation du monde qui les entoure. A cet égard, il est indispensable d'aborder les questions liées à la religiosité *[la religiosité est ici comprise comme le rapport qu'entretient l'individu à la religion et à la place de celle-ci dans sa vie quotidienne (sur le plan des rituels, de la pratique, du respect des règles...)]*, **mais aussi de s'intéresser de près à ce qui, dans la démarche d'engagement, a pu faire sens pour ces mineurs.**

Par ailleurs, comme pour bien des adolescents, le rapport au corps, à l'altérité et l'estime de soi, sont au cœur des dynamiques éducatives à mener à leurs côtés, notamment par le biais d'ateliers et d'activités adaptés.

Ainsi, en s'appuyant sur les ressources du groupe de pairs, mais aussi sur celles de leurs familles, en les resituant dans leur place d'adolescent, les professionnels accompagnent progressivement le processus de réconciliation et de re affiliation *[réaffiliation]* **sociale.**

2 Soutenir les professionnels dans l'exercice de leurs missions
La pluridisciplinarité en soutien des prises en charge les plus complexes.

L'intervention sociale et éducative, qu'elle soit judiciaire ou administrative, est historiquement et structurellement bâtie sur la pluridisciplinarité des interventions. Chaque corps de métier, par sa formation théorique, par sa compétence technique, par sa méthode d'analyse, contribue à construire la lecture institutionnelle des situations complexes.

Cette garantie méthodologique est un des principes essentiels de sécurisation des professionnels dans le cadre des actions menées auprès de publics difficiles, en particulier si le contexte est violent.

La formation des professionnels.

Le dispositif de formation a permis de former plus de 11 000 *[chiffres actualisés en avr. 2018 auprès de l'ENPJJ]* **professionnels de la PJJ et des institutions partenaires, qui peuvent désormais s'appuyer sur des clés de compréhension partagées pour faire face aux situations de radicalisation violente. Ces connaissances sont à approfondir, en particulier, autour du fait religieux et du rapport individuel à la religion, des techniques de conduite d'entretiens, de l'analyse systémique, du recours aux médias éducatifs, de l'accompagnement des mineurs à l'utilisation des outils numériques.**

Le renforcement de l'accompagnement d'équipe.

La question du positionnement professionnel, élément essentiel de toute prise en charge, prend un relief particulier lorsqu'il s'agit de mineurs et de familles radicalisés. La mise en place d'instances d'accompagnement d'équipe, sous forme de supervision, d'analyse ou d'échanges de pratiques, sont propres à aider les professionnels dans la prise en charge des mineurs, notamment en prévention du sentiment d'isolement ou de crainte qu'ils peuvent légitimement éprouver dans ce type de prise en charge.

Par ailleurs, les territoires sont encouragés à se doter de groupes d'appui territoriaux, interrégionaux, ou encore partenariaux, qui permettent d'optimiser les ressources et les connaissances, de mutualiser les bonnes pratiques, de coordonner les interventions. Ils visent à apporter aux professionnels un soutien qui réponde aux besoins repérés et exprimés, tout en prenant en compte les ressources locales.

La mobilisation des référents laïcité et citoyenneté (RLC) autour des ressources partenariales.

Créée en déclinaison du plan gouvernemental de lutte contre la radicalisation violente et les filières terroristes du 23 avril 2014, la mission nationale de veille et d'information (MNVI) *[note du 27 janv. 2015 relative à la lutte contre la radicalisation au sein des établissements et services de la PJJ ; note du 25 févr. 2015 relative à la mise en œuvre des actions de la PJJ en matière de respect du principe de laïcité et des pratiques religieuses des mineurs pris en charge dans les établissements et services du secteur public et du secteur associatif habilité et du principe de neutralité par les agents prenant en charge ces mineurs ; note du 7 sept. 2015 relative au cadre d'intervention des référents laïcité et citoyenneté de la mission nationale de veille et d'information]* **est composée d'un réseau de 70 référents laïcité et citoyenneté (RLC)** *[note du 7 sept. 2015 relative au cadre d'intervention des référents laïcité el citoyenneté de la mission nationale]* **chargés de développer la dynamique partenariale et d'apporter leur soutien et leurs connaissances aux professionnels des établissements et services.**

Les RLC veillent ainsi à renforcer la prise en charge des mineurs radicalisés en organisant des actions de formation et de sensibilisation des professionnels et en conduisant des projets éducatifs autour de la prévention de la radicalisation, la laïcité, la lutte contre le racisme et les discriminations.

Construire et faire vivre le maillage territorial, évaluer les dispositifs.

La dimension pluri institutionnelle est un atout essentiel pour objectiver ces situations. Les professionnels doivent pouvoir identifier le rôle des nombreux acteurs qui opèrent dans le champ de la prise en charge des mineurs radicalisés. Parce qu'il n'est pas possible d'appréhender seul des prises en charges aussi complexes, ils doivent pouvoir solliciter les différents dispositifs et participer chaque fois que nécessaire aux instances de travail qui visent à la bonne articulation de ces interventions.

Il revient à chaque niveau de mise en œuvre de définir des modalités adaptées d'évaluation des dispositifs et actions mises en place, dans l'objectif de vérifier leur pertinence et de permettre leur amélioration et leur évolution en les adaptant aux besoins des mineurs et des familles mais aussi des professionnels.

****

Cette note, adossée aux autres textes de références, rassemble et décline les compétences, savoir-faire et organisations existantes afin de favoriser l'émergence de réponses adaptées à la problématique de la radicalisation.

Elle aborde en détail, au sein de fiches dédiées, les thématiques suivantes : la connaissance du public concerné par la radicalisation, notamment – mais pas uniquement – djihadiste, le contenu et les leviers de la prise en charge, les outils et instances au soutien des pratiques professionnelles ainsi que le droit applicable.

Les travaux *[auditions d'experts et de praticiens de terrains organisées par la DPJJ en avril 2017 ; L. Bonelli et F, Carrié, Université Paris 10, rapport d'enquête paru en janvier 2018 ; « Radicalité engagée, radicalités révoltées, Enquête sur les jeunes suivis par la protection judiciaire de la jeunesse »]* **conduits en 2017, viennent enrichir la note du 10 février 2017 et l'actualiser de connaissances et d'outils construits et étayés par des apports d'experts mais également par l'expérience acquise par les établissements et services de la PJJ.**

La Directrice de la Protection Judiciaire de la Jeunesse.

Madeleine Mathieu

FICHE THÉMATIQUE 1

ÉLÉMENTS DE CONNAISSANCE DU PUBLIC

A partir d'auditions d'experts, de praticiens, ainsi que des travaux conduits en 2017 par la DPJJ, la présente fiche actualise et affine les caractéristiques du public pris en charge par la PJJ en raison de sa radicalisation violente et de son adhésion aux idéologies véhiculées par les organisations terroristes islamistes. Elle propose également des éléments de compréhension de ces processus et ressorts d'adhésion, qui peuvent s'appliquer à d'autres types d'engagements extrémistes violents, manifestés par d'autres jeunes que la PJJ prend également en charge.

Il est difficile d'évaluer et d'objectiver le processus de radicalisation et le risque de passage à l'acte. En effet, l'implication dans des faits emportant une qualification d'infraction à caractère terroriste, notamment l'apologie du terrorisme, n'implique pas forcément une radicalisation effective de l'adolescent. Aussi, l'enjeu pour la PJJ est de resituer, dans le contexte de l'adolescence et l'histoire singulière de chacun, les éléments qui ont conduit au signalement et aux poursuites judiciaires. L'engagement radical a une valeur de conduite à risque et peut être la manifestation d'une révolte adolescente, aussi ces attitudes ou ces propos nécessitent d'être systématiquement pris en compte dans le travail d'investigation et les mesures éducatives menées par les professionnels.

I PRINCIPALES CARACTÉRISTIQUES DU PUBLIC CONCERNÉ PAR LA RADICALISATION VIOLENTE À LA PJJ : LES APPORTS DE LA RECHERCHE ET DE L'EXPÉRIENCE DES PROFESSIONNELS

Les mesures exercées par la PJJ au titre d'une infraction à caractère terroriste restent peu nombreuses au regard du nombre global de prises en charge exercées *[selon le rapport 2016 de la MNVI, elles représentent 1% des prises en charge mais les incriminations pénales s'étaient aggravées sur cette période. En avril 2018, les chiffres recensés via le logiciel @strée et transmis par la MNVI font état de 31 jeunes poursuivis pour apologie du terrorisme, 60 pour association de malfaiteurs en vue d'une entreprise terroriste, 3 pour consultation habituelle de sites djihadistes, 15 pour lesquels le motif n'est pas précisé. Dans ce cadre pénal, un peu plus d'un tiers des mineurs poursuivis sont des filles. Concernant les suivis dans un cadre civil pour risque de radicalisation, les filles représentent presque les deux tiers des 80 mineurs suivis.]*. Si le nombre des mineurs mis en examen pour association de malfaiteur*[s]* en vue d'une entreprise terroriste (AMT) a progressivement augmenté jusqu'en avril 2017, la fréquence de ces déferements a fortement diminué à partir de l'été de la même année.

Les défaites militaires de l'État Islamique, ses pertes de territoires en zone irako-syrienne et les informations largement diffusées sur les atrocités commises par l'organisation terroriste — qu'il n'est plus possible aujourd'hui d'ignorer — expliquent la baisse de départs ou de tentatives de départ. En effet, jusque début 2017, ceux-ci avaient justifié le déferement de nombre de mineurs devant le pôle antiterroriste.

A) Au-delà des similitudes observées, une radicalisation symptomatique

Malgré une hétérogénéité des situations effectivement judiciarisées, laissant entrevoir une diversité d'origine, de classe sociale ou de confession, des caractéristiques communes peuvent apparaître. En effet, beaucoup de ces jeunes ont en commun la recherche d'une valorisation narcissique, d'une quête de sens et d'appartenance à un groupe. Pour autant, parce qu'il s'agit d'un public adolescent, en construction, et parce que le phénomène est mouvant et protéiforme, il est prudent de ne pas se laisser enfermer dans des typologies qui ne répondent pas toujours à la grande complexité des processus de radicalisation. Aussi, les différentes recherches conduites sur le processus de radicalisation proposent des éléments de connaissance et des pistes de réflexions qui sont toujours à resituer dans le contexte de leurs études. Elles n'ont vocation ni à établir des généralités ni à figer la pensée.

i « Radicalité engagée, radicalités révoltées », une enquête sur le phénomène de radicalisation chez les jeunes suivis par la protection judiciaire de la jeunesse

Dans l'enquête qu'ils ont menée, entre septembre 2016 et décembre 2017, à partir de la consultation de 133 dossiers de mineurs suivis par la PJJ pour des affaires en lien avec la radicalisation, Laurent Bonelli *[Laurent Bonelli et Fabien Carrié, sociologues et chercheurs de l'Université Paris 10-Nanterre, ont réalisé un travail de recherche qui s'appuie sur une analyse des dossiers de mineurs poursuivis pour apologie ou association de malfaiteurs en vue d'une entreprise terroriste (AMT) et des entretiens avec des professionnels de la PJJ. "Radicalité engagée, radicalités révoltées, Enquête sur les jeunes suivis par la protection judiciaire de la jeunesse", janv. 2018]* et Fabien Carrié différencient deux groupes qui se distinguent par des propriétés sociales, scolaires et familiales très contrastées : le groupe des « engagés »*[,]* à la radicalité dite ***utopique*** et le groupe des « révoltés »*[,]* aux radicalités dites ***agonistique*** *[agonistiques] [agonistique : qui concerne la lutte, les conflits.]* rebelle ou apaisante *[rebelles ou apaisantes]*.

Le premier groupe rassemble des mineurs peu connus des services de la PJJ qui sont principalement poursuivis pour association de malfaiteurs en vue d'une infraction à caractère terroriste. Ils ont grandi dans des familles majoritairement issues de l'immigration qui ne présentent pas, au premier abord, de problématique remarquable. Ces familles expriment des attentes fortes vis-à-vis de la réussite scolaire de leurs enfants — celle-ci conditionnant une ascension sociale espérée — tout en veillant à les protéger des influences de leur quartier de vie. De fait, pour ces mineurs, qui connaissent un contrôle parental fort, parfois teinté d'emprise, l'univers se concentre entre deux espaces : l'école et le foyer.

Soit qu'ils se sentent trahis par les ***fausses promesses de l'école*** *[par cette expression, les chercheurs évoquent la situation d'échec à laquelle certains jeunes se trouvent confrontés au moment du passage au lycée, espace où s'accentue la compétition et la pression scolaire, au sein duquel malgré leur appétence et leur investissement, ils ne réussissent plus aussi bien qu'auparavant, d'où un sentiment de dévalorisation et de trahison de l'institution mais aussi sans doute de déception de ne pouvoir répondre aux aspirations parentales.]* soit que la scène scolaire, seul espace de contestation et d'expression du ***mal être*** *[mal-être]*, leur permette d'exprimer leur révolte à l'égard d'un système familial particulièrement rigide, ces élèves se saisissent de la ***cause*** djihadiste comme d'une forme de réinvestissement de leurs dispositions, sur un registre subversif très intellectualisé, parfois mystique.

Le **deuxième groupe dit « révolté »** réunit des jeunes, plus souvent mais pas exclusivement, poursuivis pour apologie du terrorisme ou déjà connus des magistrats pour d'autres faits et dont la radicalisation a été signalée au cours de leur suivi judiciaire. Ces jeunes sont davantage issus de familles en situation de précarité sociale, ils emploient un mode de relation ouvertement conflictuel, sont en difficulté ou en échec scolaire, et ont des parcours de vie émaillés de ruptures et/ou de placements.

Les chercheurs identifient trois registres de radicalité différents pour ce groupe :

— celui d'une **radicalité apaisante**, intériorisée, concernant majoritairement des filles, qui sont à la recherche de règles strictes qui encadrent le quotidien. Les auteurs de l'enquête évoquent à ce sujet le processus de radicalisation comme une tentative de ***mise en ordre des désordres familiaux*** *[op. cit. p. 2 rapport Bonelli / Carrié (p. 56)]*. Des violences intrafamiliales, repérées dans les dossiers, peuvent expliquer une volonté chez ces jeunes de reprendre ainsi une place active et une forme de contrôle de soi.

celui d'une **radicalité rebelle**, qui s'exprime en opposition à des systèmes familiaux qui exercent un important contrôle, empêchant la fuite vers le monde des bandes ou la radicalité apaisante. C'est dans ce groupe là qu'on observe le plus grand nombre de conversions religieuses.

— celui d'une **radicalité agonistique**, pendant masculin de la radicalité apaisante, avec une infusion de la radicalité *via* les bandes, et des comportements d'apologie du terrorisme. La radicalité ne structure pas la bande mais innerve son vocable, avec une forte adhésion aux théories du complot et un discours de haine des institutions, voire des manifestations de sympathie vis-à-vis de ceux qui ont commis des meurtres de policiers et de journalistes. C'est une forme d'actualisation de la figure du *bandit*, qui « refuse de se courber devant le système » *[Laurent Bonelli, restitution de rapport d'enquête à la DPJJ le 30 janv. 2018]*.

ii Une radicalisation souvent symptomatique d'un malaise social et d'un mal être [mal-être] adolescent

Quel que soit le mode de radicalisation, l'évaluation vient le plus souvent mettre en lumière, chez les jeunes concernés, les symptômes d'un malaise identitaire, d'un traumatisme vécu, ou d'une problématique familiale non traitée, induisant une difficulté à trouver des supports identificatoires. La révolte adolescente, peu marquée à l'égard des parents, vient questionner la possibilité pour l'adolescent d'exprimer son propre point de vue.

Leur socialisation est fondée principalement sur les échanges virtuels *via* les réseaux sociaux, par une recherche de personnes qui leur ressemblent, auxquels *[auxquelles]* ils peuvent s'identifier. En passant de sites en forums, ils fabriquent une petite communauté émotionnelle convaincue de la même chose, avec des liens d'amitiés forts qui se développent et un vocabulaire spécifique *[ibid. rapport Bonelli/Carrié]*.

La prédominance de problèmes psychologiques ou psychiatriques n'est pas notée même si des éléments dépressifs sont fréquemment relevés. Pour beaucoup de jeunes, la radicalisation vient mettre en évidence un mal-être, tel un symptôme qu'il s'agira de tenter de décrypter, et qui renseigne sur le fait que quelque chose va mal.

Focus sur les jeunes filles radicalisées

Les filles représentent 35 % des jeunes déférés dans le cadre d'affaires en lien avec le terrorisme djihadiste. Si en 2014 et 2015, elles étaient essentiellement suivies au titre de la protection de l'enfance, elles ont commencé à relever plus massivement du champ pénal à partir de l'été 2016, pour avoir tenté de partir sur une zone de conflit en lien avec des réseaux djihadistes ou pour des échanges *via* les réseaux sociaux (***télégram*** notamment), projetant de commettre des attentats.

Les professionnels ayant eu à prendre en charge ces jeunes filles notent fréquemment un rapport problématique au corps, qui traduit la difficulté de vivre les transformations spécifiques de cette période, mais aussi qui fait écho aux traumatismes potentiellement vécus dans l'enfance. La radicalisation religieuse pourrait ainsi traduire la recherche d'une purification, une volonté de se dissimuler du regard des hommes mais aussi une façon de mettre de l'ordre dans un quotidien désorganisé *[ibidem]*. Les filles sont également décrites comme plus virulentes et prosélytes dans leurs propos et leurs comportements, y compris en détention.

B Les éléments significatifs, mais non spécifiques, de l'adhésion à l'idéologie radicale

i Des indicateurs à manier avec prudence

A la suite du référentiel des indicateurs de basculement dans la radicalisation, le CIPDR *[Comité interministériel de prévention de la délinquance et de la radicalisation.]* a conçu, en mars 2017, une grille actualisée diffusée aux préfets pour être utilisée dans le cadre des cellules préfectorales.

Le CPDSI *[Centre de prévention des dérives sectaires liées à l'Islam : Rapport d'activité 2016 http:///www.epdsi.fr/wp-content/upleads/2016/08/rapport_activite_2016.pdf]* a également construit deux échelles psychométriques pour guider ses propres professionnels dans leurs évaluations des situations.

Si les grilles peuvent constituer des outils de lecture et offrir des clés de compréhension, la grande complexité du processus et la faible part de la population concernée ne permettent pas d'en tirer des indicateurs suffisants.

De surcroît, des stratégies d'adaptation, des techniques de dissimulation, sont souvent mises en œuvre et des consignes peuvent être données par les recruteurs sur ce qui doit être dit et tu, face à un interlocuteur institutionnel dont ils connaissent les attentes.

De ce fait, l'approche pluridisciplinaire et la relation éducative restent indispensables, les outils utilisés habituellement dans toute évaluation venant en complément de ces savoir-faire. Les professionnels s'intéresseront, dans la durée, aux modalités d'investissement relationnel des adolescents pour comprendre comment elles se construisent et comment elles évoluent.

ii Des attitudes ou des discours peuvent constituer des signaux d'alertes

— **Ils peuvent être spécifiques à la vision du monde et de l'altérité, et s'observent** *[:]*

— au travers de propos qui dénient la légitimité de la loi républicaine, ou marquent l'adhésion aux théories complotistes ;

— par l'impossibilité de dialoguer, toute contradiction étant vécue comme malfaisante ou déloyale ;

— par le changement soudain et significatif de discours, voire la radicalisation des propos et des postures ;

— par la tendance à adhérer aux croyances qui rendent les choses plus simples et un faible niveau de mentalisation.

— **Ils peuvent être marqués par des manifestations psychiques ou physiques,**

— un rapport anxiogène au corps, que l'on cherche à cacher ou au contraire à magnifier, qui servira de support à l'expression de l'adhésion à la radicalisation (par le port du voile intégral ou en sur jouant *[surjouant]* une forme de virilité, telle qu'elle est véhiculée dans l'idéal et l'imagerie jihadiste, par exemple) ;

— un rapport anxieux à l'altérité, mais aussi à la sexualité (par exemple, dans une tentative de réprimer une homosexualité, ou de résoudre un vécu d'agression sexuelle refoulé) ;

— des manifestations de désorganisations psychiques, des effets de dissociation, des tendances suicidaires, ou une fascination pour les images violentes ;

— un fort besoin de reconnaissance, de protection, d'identification à un groupe en exclusion de tout autre.

Dans les situations les plus extrêmes, au-delà d'une recherche de signes, il est utile de chercher à comprendre quel idéal l'organisation djihadiste propose aux jeunes et en quoi il vient combler les failles et les « besoins » de sens de chacun.

Il importe également de cerner quel type d'engagement le recruteur attend de ce ou cette jeune, quel projet il a pour lui ou pour elle, quel service il en attend.

Focus sur la dimension religieuse de l'engagement djihadiste

[à l'appui des éléments transmis par le parquet de Paris et par la MIVILUDES à la suite des auditions réalisées par la PJJ le 25 avr. 2017]

Si la religion n'est pas nécessairement un moteur de l'engagement radical, il faut, dès lors qu'elle est présente dans le discours du jeune, prendre en compte cette dimension et savoir distinguer ses composantes.

On parlera de **religiosité** pour évoquer la fonction que remplit la religion pour un individu et la place qu'elle tient dans sa vie quotidienne (sur le plan des rituels, de la pratique, du respect des règles...). Il s'agit alors de déterminer avec le mineur pourquoi la religion a pris cette place et comment elle devient une solution de repli plutôt qu'une source d'épanouissement, d'ouverture, de questionnements et de spiritualité.

Les personnes radicalisées adhèrent à une idéologie dont la dimension religieuse est patente, sachant que celle-ci ne peut être dissociée de sa dimension politique (l'idéologie jihadiste ne distingue pas le spirituel du temporel et porte une vision révolutionnaire, totalitaire et théocratique), ni de sa dimension identitaire (l'idéologie jihadiste vise à réduire l'identité à la seule appartenance religieuse).

La dimension religieuse apparaît de manière inégale dans les trajectoires. On peut identifier trois types de profils :

— Certains, pour qui il existe un ancrage religieux (rejeté ou présent) qui se traduit par des connaissances plus ou moins significatives de l'islam, une pratique religieuse modérée ou au contraire plus rigoriste, ou encore une absence de transmission intrafamiliale de la religion. Celle-ci est susceptible de constituer un enjeu au sein même de la famille, lequel sera, de manière consciente ou non, intégré, puis transformé par le mineur.

— D'autres, pour qui le recours à l'islam radical est une "coquille identitaire" *[« Coquille identitaire ou identité coquille, logique identitaire où une personne adopte une identité qui se veut, à ses yeux, à la fois productrice de sens et protectrice contre un environnement social générateur d'une anxiété identitaire » in L'engagement des femmes dans la radicalisation violente — Centre québécois de prévention de la radicalisation menant à la violence. https://www.csf.gouv.qc.ca/wp-content/uploads/radicalisation_recherche_francais.pdf]*. L'islamisme radical revêt une fonction protectrice ou symbolise un cadre protecteur, contenant et sécurisant.

— Enfin, des mineurs, pour qui la pratique de la religion et le discours radical viennent réhabiliter des conduites délinquantes antérieures (avec un effet rédemptoire) ou s'inscrire dans la continuité de conduites à risque épuisées et n'ayant plus de sens aux yeux du mineur.

Selon le travail mené par Fabien Truong *[Fabien Truong, sociologue et professeur agrégé à Paris 8, auteur de "Loyauté radicale, l'islam et les mauvais garçons de la nation" ed. La Découverte. Propos portés lors de son intervention à l'ENPJJ le 16 janv. 2018, journée de formation des RLC]* auprès de jeunes inscrits dans des trajectoires délinquantes, la mobilisation de l'islam radical répond :

— à un problème intergénérationnel, la pratique religieuse intégriste est alors médium du conflit qui permet tout à la fois de rompre avec les pères tout en mettant en scène le respect de la filiation,

— à des questions métaphysiques et éthiques, pour des jeunes délinquants pour qui la mort est omniprésente (compte tenu des prises de risques récurrentes) et qui sont conscients de l'immoralité de leurs actes,

— elle permet de transcender sa propre existence, en s'abandonnant à une routine qui donne des gages de stabilité et est perçue comme altruiste,

— elle donne accès à un objet intellectuel *via* l'appropriation du Livre et une confrontation à une certaine esthétique (apprentissage d'une langue, rituels purificatoires, pureté des actes),

— elle répond à une dimension politique, en véhiculant le récit de l'injustice collective, notamment dans des quartiers socialement relégués.

II LES ÉLÉMENTS REPÉRÉS DU PROCESSUS DE RADICALISATION

En s'intéressant à la radicalisation comme symptôme d'un malaise social ou identitaire, les professionnels tirent les fils qui leur permettront, progressivement, de la contextualiser dans le parcours du mineur et dans une trajectoire familiale, pour tisser avec le jeune et sa famille les liens indispensables à la mise en place de leurs interventions.

A L'entrée dans la radicalisation : des ressorts individuels et protéiformes

La compréhension des ressorts vise à mieux appréhender les mécanismes du phénomène de radicalisation bien qu'ils ne soient pas fondamentalement différents de ceux qui sous-tendent les problématiques auxquelles sont habituellement confrontés les professionnels qui travaillent auprès d'adolescents.

i Des fragilités identitaires et narcissiques, et des carences

L'engagement dans la radicalisation violente s'arrime fréquemment à un fort besoin de réparation, à des carences psychoaffectives ou à des pertes psychiques non intégrées telles que le décès d'une figure tutélaire. Le discours radical, chez les individus vulnérables, permet ainsi d'étayer des problématiques internes qui paraissent, autrement, insurmontables.

ii Des traumas anciens

Ces ressorts peuvent également résulter de traumas anciens non pris en charge.

Ils peuvent s'inscrire sur des tendances suicidaires entraînant des épisodes de désorganisation psychique, voire psychiatrique, ou encore sur une dissociation psychique organisant une mise à distance de ce qui dérange, de ce qui fait mal.

iii Des blessures familiales

Les ressorts de l'engagement radical peuvent s'inscrire sur un vécu abandonnique, ou des problématiques familiales qui entraînent des difficultés à trouver un support identificatoire positif, telles que des problématiques de santé des parents aggravant la précarité sociale, des obstacles aux transmissions de l'histoire familiale et du parcours migratoire, l'absence de repères cultuels et culturels.

Les violences intrafamiliales, banalisées ou tues, sources de traumatismes, facilitent d'autant plus le recours de l'adolescent ou du jeune adulte à sa propre violence et l'adhésion à des processus hétéro agressifs.

iv L'affiliation au groupe

L'engagement radical peut répondre à la recherche d'un projet sublimant pour des jeunes qui, malgré leur fréquentation de groupes de pairs *via* l'école, le sport ou le quartier, finissent par s'en détacher. L'affiliation au groupe radical répond le plus souvent à des questionnements ou de nouvelles attentes du jeune qui renoncera alors à ses anciens investissements. Le besoin d'intégrer un groupe de substitution qui partage les mêmes valeurs, les mêmes quêtes, les mêmes projets, un groupe "intrahissable", est au cœur de cette dynamique et s'avère fondamental pour ces jeunes. Dans le processus de radicalisation, ces adolescents sont en relation avec un mentor avec qui s'est créé un lien supérieur à tous les autres liens, y compris familiaux.

Pour tous, Daesh offre une véritable "plateforme identificatoire" en substitution de la cellule familiale et de l'autorité paternelle, d'autant plus attractive pour celles et ceux qui sont en mal d'identification aux figures parentales.

B) L'adhésion, engagement volontaire ou processus d'emprise

S'agissant de mineurs, sujets en construction et vulnérables par essence, l'entrée dans la radicalisation a, dans un premier temps, été considérée sous l'angle de l'emprise mentale *[note sur la prise en charge des mineurs radicalisés ou en danger de radicalisation violente, 10 févr. 2017]*. Il apparaît que le phénomène de radicalisation doit également être examiné sous l'angle de l'engagement.

En effet, "faire de la radicalisation menant à la violence uniquement un phénomène de manipulation reviendrait à dépolitiser et à individualiser un phénomène qui, par définition, est politique et social *[Crone Manni, 2016. Recherche sur "l'engagement des femmes dans la radicalisation violente", centre de prévention de la radicalisation menant à la violence, Québec, 2016]*. De plus, si une certaine manipulation est effectivement à l'œuvre, c'est l'approche dynamique qui rend le mieux compte de la complexité du processus, notamment en appréhendant la radicalisation comme résultante de la rencontre entre l'offre djihadiste et une quête de l'adolescent.

i Un processus d'emprise

Le lien est fréquemment fait entre radicalisation et phénomène d'emprise, entre radicalisation et addiction, en raison des similitudes dans les processus à l'œuvre qui peuvent susciter de la dépendance : la rencontre, la mise en place rapide de rituels de vie, la rupture avec l'ancienne vie.

L'adolescence est une période de quête identitaire mais aussi d'autonomisation et constitue, en cela, une période de fragilité et de risques. Tous ces bouleversements conduisent l'adolescent à vivre des événements déstabilisants et à réaménager sa relation aux autres et au monde, et en premier lieu, la relation aux parents.

La diffusion du discours radical, véhiculée sur internet mais aussi relayée par des personnes physiques, touche facilement ces jeunes et vient se confondre avec leur besoin d'idéal, d'appartenance à un groupe, parfois à un mouvement de réparation ou d'héroïsme, combattant l'injustice.

Au cours du processus d'engagement radical, les recruteurs vont proposer à l'adolescent une grille manichéenne de lecture du monde qui favorise son adhésion à des discours et théories complotistes, ainsi qu'un environnement émotionnel cherchant à le choquer pour le mobiliser encore davantage pour "la cause". L'adolescent est approché par l'organisation terroriste avec la garantie d'un accès à la liberté personnelle, à une meilleure responsabilisation, et à l'effacement de ses méfaits grâce à la purification promise en cas d'action, mais également en lui faisant valoir qu'il va servir une juste cause, qui viendra donner un sens à son existence.

ii Un engagement politique volontaire

L'engagement, au sens de la psychologie sociale, caractérise "l'ensemble des mécanismes par lesquels un individu développe et maintient une ligne persistante de conduite envers une personne, un groupe, une activité ou un projet"*[MIVILUDES, Contribution écrite aux auditions]*.

Cet engagement est considéré comme un engagement politique, du fait que l'offre djihadiste propose de réinventer la société dans son ensemble, notamment autour d'un islam politique. L'adhésion à cette idéologie conduit inéluctablement au rejet massif et radical du milieu d'appartenance, par sa valeur de "contre affirmation identitaire et politique radicale" *[F. Burgat, Islamologue, politologue (CNRS), rejoint en cela les propositions de T. Nathan et L. Bonelli]*.

L'engagement volontaire prend racine dans un sentiment de préjudice social à l'égard des musulmans, un vécu discriminatoire entraînant une logique victimaire et un fort ressentiment à l'égard d'un pays considéré comme n'ayant pas tenu ses promesses et ayant déçu les attentes des générations précédentes. La radicalité viendrait alors en réponse à un sentiment d'injustice massif, alimenté par un discours de vengeance répondant, notamment, aux engagements militaires de la France à l'étranger et à la passivité complice de la communauté internationale face aux exactions menées contre certaines populations oppressées.

Au regard du conflit syrien, il s'est fait expression d'une solidarité idéologique ou confessionnelle transnationale, et l'occasion de migrer pour vivre sa religion sans entrave sur une terre musulmane (*hijra*).

C) Les éléments permettant de favoriser une sortie du processus

Bien que la PJJ ne dispose pas encore du recul nécessaire, des signes de sortie de l'enfermement dans la pensée radicale peuvent être identifiés.

i Réintroduire du doute, donc de la pensée, et accompagner les étapes du renoncement

La religion devient un objet de pensée et un sujet d'échange, l'approche dogmatique se fissure. Des questionnements font jour et autorisent la conflictualisation de la pensée, le fonctionnement psychique s'assouplit et permet l'adhésion à d'autres processus ou modèles identificatoires. De nombreuses actions de prévention menées à l'étranger s'appuient sur la démonstration du fait qu'on peut changer d'avis et d'opinion *[au Québec, le centre de prévention de la radicalisation menant à la violence (CPRMV) a développé un panel d'outils à l'intention des professionnels pour sensibiliser et prévenir la radicalisation violente (voir leur site https://info-radical.org/fr/). Le réseau VIRAGE (MDA de Strasbourg) s'est inspiré de ces expériences pour développer son projet "et si j'avais tort" dans lequel les participants sont invités à témoigner d'une situation sur laquelle ils reconnaissent avoir eu tort. Ce regard autocritique cible préférentiellement les convictions, croyances, en valorisant la souplesse de la pensée, notamment dans le contexte d'une rencontre avec une opinion divergente.].*

L'investissement progressif et positif de la relation éducative et psychologique devient possible : pour aider le jeune à comprendre ce qui, dans son parcours de vie, peut éclairer sa quête et ce qui peut lui être apporté en termes de contenance pour continuer à s'émanciper et à se construire comme un futur adulte socialisé et inséré (scolarisation, développement personnel, plaisir à vivre ensemble...).

Le renoncement à l'engagement radical, puissant en soi, ne peut s'envisager que si le sujet accède au sens qu'a eu pour lui cette radicalisation (comme sens du symptôme) et s'il peut investir son énergie dans de nouvelles choses. Ceci peut passer par une phase de dépression liée au fait de reprendre un processus adolescent, constitué aussi par la perte et le deuil nécessaires de l'enfance, affects dépressifs qu'il faudra accueillir. A ce stade, l'accompagnement éducatif et psychologique est incontournable.

ii Inscrire la relation dans une temporalité longue

L'instauration d'une relation éducative permettant l'amorce d'une réflexion s'inscrit dans la durée car l'évolution psychique d'un adolescent demande du temps. Qu'il s'agisse d'installer la relation, d'engager le travail, de déjouer les processus de repli ou d'endoctrinement, le travail avec ces jeunes nécessite un investissement et des délais de suivis importants. Or, très rapidement dans ces situations, la PJJ est confrontée aux limites de ses interventions par l'accès à la majorité des jeunes et leurs sorties de ses dispositifs.

Aussi les services, dans leur dimension pluridisciplinaire, sont vigilants à informer le magistrat des aspects relatifs à l'instauration de la relation éducative et aux leviers qu'elle représente, afin que celui-ci puisse déterminer la prise en charge la plus adaptée y compris au-delà de la majorité. Si, néanmoins, l'accompagnement par la PJJ prend fin, les professionnels sont attentifs à organiser, dans les meilleures conditions, la transmission d'informations concernant les éléments essentiels de la situation aux services compétents.

Fiche thématique 2
Contenu et leviers de la prise en charge

A partir d'auditions d'experts et de professionnels de la PJJ, et des travaux de recherche conduits en 2017, la présente fiche actualise et affine la doctrine de la DPJJ sur la prise en charge des mineurs radicalisés ou en danger de radicalisation violente, ainsi que les leviers et les outils destinés à la mettre en œuvre.

Cette approche a pour objectif la mise à disposition de leviers complémentaires permettant aux professionnels d'accompagner des jeunes aux prises avec différentes formes de radicalisation. En effet, divers outils se développent sur l'ensemble du territoire à l'initiative de multiples acteurs et la mutualisation des connaissances et des pratiques est ici pensée comme un levier pour la prise en charge d'une problématique relativement nouvelle.

Face à des discours et des postures qui, chez certains jeunes, prônent la rupture avec les codes et valeurs de la République, la DPJJ a dû, en se décentrant du seul discours sécuritaire, construire une position et des principes de prise en charge. Considérant un phénomène dont on ne peut mesurer ni la durée ni l'ampleur, la DPJJ fait le choix de ne pas spécialiser la prise en charge de ce public, celle-ci poursuivant les mêmes objectifs de prévention et d'éducation que toute autre prise en charge. Il s'agit davantage d'accompagner les professionnels à une meilleure approche et compréhension de ces situations, en faisant appel aux compétences et aux outils mobilisés habituellement pour tout suivi.

Le principe d'adaptabilité des modalités de prise en charge permet aux établissements et services de renforcer des actions éducatives en faveur des mineurs qui en ont le plus besoin pour garantir un accompagnement individualisé, efficient et de qualité.

I RENFORCER L'ACCOMPAGNEMENT INDIVIDUALISÉ ET LES DISPOSITIFS EXISTANTS

A) Dans le cadre du milieu ouvert socle, une vigilance accrue dès le début de la prise en charge, soutenue par l'approche pluridisciplinaire

i La MJIE au service de la prise en charge des mineurs poursuivis pénalement pour des faits en lien avec la radicalisation

Les situations de ces mineurs font majoritairement l'objet de MJIE qui doivent être étoffées par des indicateurs spécifiques liés aux enjeux de la radicalisation.

En effet, il peut être difficile de discriminer conversion religieuse, adhésion à des principes fondamentalistes ou à une idéologie extrémiste.

Aussi, l'enjeu de la MJIE est de contextualiser ce choix, notamment en s'appuyant sur le discours du jeune et de sa famille, et de le resituer dans le parcours du mineur, son histoire de vie et la dynamique familiale dans laquelle il évolue. La question n'est pas de porter un jugement sur un choix religieux ou politique mais bien d'évaluer précisément s'il existe des craintes de mise en danger. L'adolescent étant un être en construction, il est soumis à des bouleversements physiologiques et psychiques qui peuvent induire de fortes tensions internes. Le travail de MJIE, dynamique et étendu sur plusieurs mois, permettra d'éprouver certaines hypothèses, proposées à partir de faits ou de constats observables et d'apporter un regard pluridisciplinaire sur l'appréhension d'une éventuelle radicalisation du jeune.

A cet égard, il semble important de questionner :

• **Les systèmes de valeurs** : ceux de la société dans laquelle vit le mineur, ceux de sa famille, les siens propres, par exemple, comment le mineur se positionne-t-il vis-à-vis de l'école, de certaines institutions, du vivre ensemble, de la mixité entre les filles et les garçons ?

• **La place de la religion** : comment en parle-t-il ? Quels sont les principes qu'il respecte, remettent-ils en question les principes et valeurs de la République ? Qu'est-ce que cela lui apporte concrètement dans sa vie ou qu'est-ce qui l'a attiré dans ce choix religieux plus spécifiquement ? Comment conçoit-il sa pratique et fréquente-t-il des espaces de socialisation en lien avec la religion ? Ce choix religieux a-t-il modifié son environnement proche et ses habitudes de vie ?

• **Le rapport au risque** : comment comprendre les éventuelles intentions de mises en danger ? A quoi peut-on les relier ? Y a-t-il des signes permettant de repérer des mises en danger qui peuvent s'apparenter à des risques suicidaires ? Y a-t-il des signes pennettant de craindre des passages à l'acte violents envers autrui ?

• **La question de l'engagement** : le jeune est-il engagé pour certaines causes ? A-t-il un point de vue sur des sujets d'actualité, comment les argumente-t-il ? Est-il en capacité de faire des choix pour prendre des décisions qui l'engagent dans la vie de tous les jours (choix d'orientation, autonomie dans certaines démarches, opposition à certains groupes ou à certains choix de sa famille par exemple) ? Son discernement est-il perturbé ?

• **Rapport au groupe** : quelle est la sensibilité du mineur aux discours extrémistes, aux influences d'un groupe ? Est-il sensible à certaines théories complotistes ? Comment fonde-t-il son jugement sur certains groupes ou sur certains sujets ? Comment l'exprime-t-il ?

• **L'histoire familiale** : comment s'inscrit-il dans sa famille ? Est-il en capacité d'avoir un récit sur l'histoire de la famille élargie (exemple : si les parents ont connu un parcours migratoire, a-t-il connaissance de ce qui a présidé au choix de ses parents de venir en France, de leurs conditions d'arrivée, des allers et retours entre ici et le pays d'origine ?).

• **Rapport aux autres** : les professionnels constatent-ils ou suspectent-ils des attitudes de ruptures avec l'environnement habituel de l'adolescent (changement soudain de comportement, repli, conformisme, fuite, rejet, discours de haine...) ?

Focus sur la MJIE AMT exercée par les unités parisiennes

Les mineurs poursuivis pour AMT font majoritairement l'objet d'une mesure judiciaire d'investigation éducative à la demande du parquet antiterroriste. De par sa proximité avec le pôle antiterroriste et les lieux d'incarcération (ces mineurs étant incarcérés dans un premier temps en région parisienne et/ou placés en Île-de-France), des unités d'Île-de-France sont compétentes au niveau national pour exercer les MJIE ordonnées pour les mineurs détenus. Ce dispositif innovant articule l'intervention de deux UEMO, mutualisant ainsi les compétences des professionnels et permettant de différencier les espaces et les interlocuteurs : l'une des unités est chargée d'investiguer la personnalité du mineur, l'autre d'investiguer, sur des bases systémiques, la dynamique familiale. La fluidification des transmissions d'informations avec les juridictions antiterroristes, comme les procédures d'atiiculation avec les lieux de détention ou de placement en sont facilitées.

Focus sur la prise en charge PJJ des mineurs de retours de Syrie

Le 27 mars 2017, la DPJJ a publié la note relative aux dispositifs de prise en charge des mineurs de retour de zone irako-syrienne *[htpp ://intranet.justice.gouv.fr/site/dpjj.art_prix/notre_relative_retour_Syrie.pdf]*. Ces situations nécessitent une grande réactivité afin d'évaluer, le plus rapidement possible, les traumatismes de l'enfant qui a évolué dans un contexte de guerre, a été confronté à des discours radicaux violents, et qui, lorsqu'il est né sur zone, arrive en France sans inscription à l'état civil. En considérant d'abord l'intérêt supérieur de l'enfant, il s'agit également de discerner si les parents, qu'ils soient ou non poursuivis et/ou incarcérés, sont à même de soutenir le développement physique, affectif, intellectuel et social de leur enfant. A cet effet, la loi prévoit, à titre expérimental, pour une période de trois ans, la possibilité pour les juges des enfants et sur réquisitions préalables du ministère public, de prononcer cumulativement un placement à l'aide sociale à l'enfance et une mesure d'AEMO confiée à un service du secteur public de la PJJ.

Au préalable, une évaluation fine peut être réalisée par le biais de la mesure judiciaire *[afin d'accompagner les professionnels dans l'exercice de ces MJIE, une note relative à la mesure judiciaire d'investigation éducative dans le cadre d'une procédure d'assistance éducative au bénéfice des mineurs de retour de zone d'opérations de groupements terroristes, qui rappelle les modalités d'exercice de la MJIE, tout en précisant les spécificités qui doivent être prises en compte au vu de la particularité des situations de ces enfants et du cadre imposé par l'instruction du Premier ministre a été signée le 5 juin 2018 par la DPJJ et publiée le 14 juin 2018 sur l'intranet du ministère de la Justice. http://intranet.justice.gouv.fr/site/dpjj/art_pix/l_Note-DPJJ-5-juin-2019-relativeMJIE.pdf]*, de nature à permettre une approche adaptée de la situation. La mise en œuvre de la mesure d' AEMO, comme toute mesure éducative, repose sur une approche individualisée de la situation du mineur, inscrit dans un parcours de vie et un environnement qui lui sont propres. L'adhésion du mineur et de sa famille, dans ce cadre contraint, doit être recherchée afin de rendre ce projet cohérent et permettre à chacun des intéressés de se l'approprier.

Lorsque la famille élargie est dispersée sur le territoire national, les différents services sont amenés à s'articuler entre eux et à organiser des déplacements et différents contacts pour travailler en coordination et partager les informations nécessaires. Cette coordination est indispensable pour assurer la qualité de l'évaluation.

ii Une approche pluridisciplinaire

La pluridisciplinarité au sein des services et établissements de la PJJ et la mise en œuvre systématique d'instances d'analyse des situations est un levier incontournable de la prise en charge, notamment pour ces mineurs. Ainsi, chaque corps professionnel, par sa formation théorique et sa compétence spécifique, contribue à l'analyse et à la compréhension des situations les plus complexes. Le partage des expériences et des ressources favorise un accompagnement plus apaisé des situations individuelles et permet d'éviter l'isolement professionnel. Il est important de pouvoir solliciter l'appui des référents laïcité et citoyenneté (RLC) et du réseau partenarial sur les situations les plus complexes. Le travail en binôme permet une rencontre plus distanciée tout en garantissant l'écoute nécessaire à l'établissement de la relation éducative.

iii La relation éducative au fondement du travail

Il est important de ne pas se focaliser sur la seule question de la radicalisation lorsqu'on est face à un adolescent en devenir. En effet, ces situations peuvent susciter une sidération et/ou une fascination qu'il faut parvenir à dépasser pour approcher la problématique de façon posée et constructive.

La relation éducative nécessite une mobilisation continue des professionnels : c'est ce travail qui permet de créer la confiance et d'établir les conditions de l'échange, en dehors du groupe radicalisé. Le perfectionnement des techniques d'entretien, d'écoute, et de médiation peut être d'une grande utilité dans ces situations où les jeunes font parfois preuve d'hostilité ou de retrait dans la relation.

En cela, la méthodologie systémique apparaît comme une approche pertinente, permettant de mieux appréhender le système familial, comment le jeune y est inscrit, d'identifier à la fois les difficultés et les ressources qui s'en dégagent et, ainsi, de mieux faire circuler la parole entre les membres de la famille.

Sans s'inscrire dans le contre discours direct qui peut être vécu comme une attaque et s'avérer contreproductif, l'intervention éducative doit permettre d'éclairer le jeune sur les décalages entre ses idéaux et la réalité de l'action menée par les organisations terroristes. L'enjeu est d'instaurer un dialogue avec l'adolescent et de lui permettre de s'exprimer autour de ses idéaux. Il doit pouvoir mettre à jour sa singularité, son projet, ses désirs et parvenir, progressivement, à une pensée autonome et potentiellement libre. Réintroduire de la nuance et de la complexité dans le discours de l'adolescent, c'est lui permettre de se prémunir d'une logique binaire en soutenant le développement de son esprit critique.

Il convient également de tenter d'apporter des éléments de lecture relatifs aux actes suicidaires et criminels que représentent les actes terroristes.

B) Proscrire le regroupement, renforcer les dispositifs et garantir les articulations autour des prises en charges

i Dans le cadre du placement, la DPJJ fait le choix d'éviter tout regroupement et s'appuie sur les leviers qu'offre l'accueil collectif

Mesure de protection, le placement comporte une triple dimension : éducative, contenante et contraignante. Il représente ainsi un moyen pour les professionnels de la PJJ d'entrer en relation avec le mineur radicalisé, de faire émerger ses potentialités par un accompagnement quotidien soutenu, permettant de le préserver de l'influence des groupe de pairs et des réseaux sociaux de son environnement habituel.

Dès 2015, grâce à sa connaissance des adolescents complexes et/ou violents, la DPJJ a considéré que le regroupement de ces publics était délétère et devait être évité autant que possible, afin d'enrayer une possible contagion : il est fréquent, en effet, que ces jeunes, sans s'être jamais vus physiquement, se connaissent par le biais des réseaux sociaux utilisés massivement par les organisations terroristes pour recruter, pour communiquer ou pour maintenir un lien d'emprise et d'aliénation.

La confrontation de points de vue et d'opinions, au sein d'un collectif de jeunes, peut créer des échanges et apporte des contradictions plus audibles pour les mineurs endoctrinés que la parole institutionnelle, notamment au regard des thèses "complotistes" *[le terme "complotiste" fait son entrée dans l'édition 2017 du Petit Larousse qui en donne cette définition : "se dit de quelqu'un qui récuse la version communément admise d'un événement et cherche à démontrer que celui-ci résulte d'un complot fomenté par une minorité active". Depuis quelques décennies, théorie du complot et thèses conspirationnistcs se développent massivement, notamment avec l'avènement d'internet et des réseaux sociaux, nouvelles sources d'expression et d'information.]* ; c'est aussi un moyen d'optimiser le besoin de reconnaissance par le groupe en offrant une alternative et en misant sur la solidarité et la capacité d'accueil des adolescents entre eux.

En veillant simultanément à ce que ces mineurs ne soient ni isolés, ni regroupés, la PJJ s'inscrit contre les logiques de rupture, de risque accru de contagion et de prosélytisme et dans la prévention de la radicalisation d'autres jeunes.

Ainsi, la DPJJ a souhaité que les DIR identifient des places dans des établissements de placement *[note relative aux conditions de mobilisation des places identifiées pour l'accueil des mineurs déférés devant le pôle antiterroriste. http://intranet.justice.gouv.fr/site/dpjj/art_pix/Note_DPJJ_240117.pdf]* (CEP ou EPE) existants pour accueillir des mineurs en alternative à l'incarcération à l'issue du déferement devant le parquet antiterroriste de Paris.

Ces structures se situent dans un délai de route raisonnable de l'Île-de-France pour faciliter les liens entre les lieux d'accueil et le pôle antiterroriste du TGI de Paris.

Ce fléchage des places permet que les établissements mobilisés anticipent l'accueil de ces mineurs et que les référents laïcité citoyenneté facilitent, en amont, les échanges entre les territoires.

Par ailleurs, si l'offre d'accueil, pour les garçons, répond aux besoins, l'effort doit se poursuivre concernant l'accueil des filles *[publié le 2 mars 2017, le document thématique intitulé "La mixité garçons-filles dans les établissements et services de la protection judiciaire de la jeunesse" promeut la mise au travail de la question de la mixité au sein des établissements et services de la PJJ, sans méconnaître la complexité du sujet, notamment du fait de la sous-représentation des filles dans le public pris en charge par la justice. http://intranet.justice.gouv.fr/site/dpjj/art_pix/Doc-them-mixite.pdf]* afin de pallier l'écueil du regroupement ou à celui d'un éloignement excessif.

Deux dispositifs d'accueil expérimentaux ont également été créés à la demande du Ministère de la Justice.

Focus sur des expérimentations menées dans le cadre de l'accueil

En collaboration avec la DPJJ et la DÎR Ile-de France, deux structures associatives proposent un dispositif d'accueil atypique en alternative ou en sortie d'incarcération pour les mineurs poursuivis par le pôle antiterroriste du TGI de Paris :

Le **DASI** (dispositif d'accueil spécialisé individuel) est une structure issue de la collaboration de l'Association d'Éducation Populaire Concorde (AEPC) et de l'association Thelemythe. Elle propose un suivi individualisé, renforcé, tout à la fois éducatif et thérapeutique. L'accompagnement débute par une période de "rupture" en province puis se prolonge par un accueil en appartement, avec un travail axé sur l'ouverture vers l'extérieur (réinsettion) et avec les familles (réaffiliation).

Le **DRECS** (dispositif de remobilisation, d'engagement citoyen et solidaire) est une mini structure expérimentale portée par l'Association De Sauvegarde de l'Enfance et de l'Adolescence 77 (ADSEA). Elle prend en charge des jeunes en grande difficulté et réserve une place pour les mineurs radicalisés. Par le biais de séjours de remobilisation, de chantiers solidaires, l'accompagnement éducatif vise à un travail sur l'estime de soi pour amener les jeunes à trouver leur place de façon apaisée dans la société.

Focus sur la prise en charge des jeunes filles

Au regard de leur proportion importante pour ce type de faits et comparativement aux problématiques de délinquance habituellement traitées par la PJJ dans lesquelles elles sont très minoritaires, la prise en charge des jeunes filles mineures radicalisées doit être pensée en évitant un double écueil dans le cadre du placement judiciaire : celui de l'isolement dans un établissement de placement comprenant une majorité de garçons et celui de l'éloignement des lieux d'accueil qui peut faire rupture dans les relations familiales.

Le risque est que les rares établissements accueillant uniquement des jeunes filles dans un cadre pénal soient saturés et se spécialisent de facto dans ce type de problématique.

Il est donc nécessaire que les conditions de l'accueil des jeunes filles soient anticipées et sécurisées par une concertation des équipes pluridisciplinaires de milieu ouvert et du lieu de placement ou de la détention (EPM et unité dédiée en établissement pénitentiaire pour femmes).

Elle permettra ainsi d'établir des stratégies sur la gestion de la mixité, la prise en compte de la radicalisation, les conditions de la socialisation et de l'insertion de la mineure, au sein d'un collectif constitué majoritairement de jeunes garçons.

Si elle est travaillée en amont et dans le cadre du projet d'établissement, la mixité peut induire une dynamique de groupe positive permettant aux professionnels de travailler sur diverses thématiques au service de la lutte contre la radicalisation.

ii Dans le cadre de la détention, une prise en charge renforcée et une articulation continue

La prise en charge de ce public nécessite un partage d'informations et une articulation continue entre les services (PEAT, MO, hébergement et détention), ainsi qu'avec le SPIP lorsque le mineur accède à la majorité en détention *[la note conjointe DAP/DPJJ du 13 janvier 2017 relative aux protocoles de coopération en vue de la prévention et de la prise en charge des mineurs et jeunes majeurs en situation de radicalisation, définit les modalités d'organisation entre les services. http://intranet.justice.gouv.fr/site/dpjj/art_pix/note_conjointe_DAP_protocole_cooperation_pr_vention_et_prise_en_charge_de_mineurs_et_jeunes_majeurs_en_situation_de_radicalisation.pdf]*

La prise en compte des éventuels antécédents judiciaires et institutionnels permet d'élaborer des hypothèses de travail et de déterminer des modalités d'interventions auprès du mineur détenu, afin de ne pas le réduire à ses actes et de bien considérer les risques engendrés par l'incarcération (rupture des liens familiaux, du parcours scolaire, passage à l'acte auto ou hétéro-agressif, troubles psychiques, influences d'autres jeunes radicalisés en détention...). L'objectif reste d'inscrire l'adolescent dans une dynamique d'insertion, de socialisation, d'autonomisation et de responsabilisation.

L'adaptation du régime de détention au profil du mineur se fait dans le cadre commun d'intervention de l'administration pénitentiaire et de la PJJ au sein des établissements pénitentiaires pour mineurs (EPM), quartiers des mineurs (QM) et unités dédiées à l'accueil des mineurs. La modalité de prise en charge dite "renforcée" *[circ. DAP/DPJJ du 24 mai 2013 relative au régime de détention des mineurs. http://www.textes.justice.gouv.fr/art_pix.JUSK13400242C.pdf]* permet d'adapter les conditions dans lesquelles les activités au sein de la détention s'articulent avec les entretiens éducatifs et psychologiques. Il s'agit en effet d'adapter particulièrement l'intervention en fonction de la situation du jeune radicalisé, de ses besoins d'accompagnement très individualisés et de sa capacité à investir des temps collectifs.

De plus, les professionnels de la PJJ intervenant dans les lieux de détention et les services de milieu ouvert, coordonnent leurs actions en impliquant les référents laïcité et citoyenneté (RLC) placés au sein des directions territoriales de la PJJ, notamment concernant les situations les plus complexes.

Dans le cas où aucun service de milieu ouvert n'aurait été désigné au moment de l'incarcération, les services PJJ sollicitent auprès du magistrat compétent la désignation d'une unité pour assurer la continuité de l'accompagnement éducatif *[note relative à l'action éducative conduite par le milieu ouvert auprès des jeunes détenu.e.s du 4 août 2017, et note d'orientation de la PJJ en date du 30 septembre 2014 http://intranet.justice.gouv.fr/site/dpjj/art_pix/Note_AEJD_du_24_aout_2017.pdf]*.

Les magistrats prennent en compte, outre la situation des mineurs, les risques de trouble à l'ordre public et la protection des victimes. Les projets de sortie seront donc d'autant mieux pris en compte qu'ils confèreront des garanties de représentation et un niveau de contenance adapté à la problématique du mineur.

Le projet de sortie s'attache aux besoins du mineur en termes judiciaire, social, sanitaire et éducatif et s'établit sur les modalités d'un accompagnement de milieu ouvert "renforcé" *[note adaptabilité des modalités de prises en charge du 10 février 2017, http://www.textes.justice.gouv.fr/art_pix/JUSF1704924N.pdf]* que les mineurs soient placés ou non et paiticulièrement lors du passage à la majorité *[Circ. DAP/DPJJ du 24 mai 2013 relative au régime de détention des mineurs. http://www.textes.justice.gouv.fr/art_pix.JUSK13400242C.pdf]*.

iii L'insertion scolaire et professionnelle comme étape du processus de désistance

Pour favoriser la reprise d'un parcours scolaire ou professionnel, la PJJ s'appuie sur les ressources disponibles du droit commun ou sur les unités éducatives d'activité de jour (UEAJ) de la PJJ. Le partenariat avec l'éducation nationale *[Circ. conjointe MENESR - DGESCO du 3 juill. 2015 relative au partenariat entre le ministère de l'éducation nationale, de l'enseignement supérieur et de la recherche et le ministère de la justice, http://www.education.gouv.fr/pid275/bulletin_officiel.html ?cid_bo=91571]* et tout autre partenaire utile (CIO *[CIO centres d'information et d'orientation, implantés sur l'ensemble du territoire, ils dépendent du Ministère de l'éducation nationale]* missions locales, notamment) vise à un maintien ou un retour de ces jeunes dans les dispositifs de droit commun, quelle que soit leur situation judiciaire (milieu ouvert, placement, détention, accueil par un tiers...).

Il est à noter que nombre de mineurs radicalisés ou en voie de radicalisation ont effectué un parcours scolaire sans heurts et étaient scolarisés au moment de leur interpellation. Ces éléments sont à prendre en considération dans la stratégie d'accompagnement éducatif en termes de facteurs de protection et de remobilisation en tant qu'ils nous renseignent sur des aptitudes à la fois intellectuelles et cognitives et sur des compétences psycho-sociales présentes chez les adolescents.

II DES LEVIERS ET DES OUTILS PERTINENTS À ACTIVER

A) L'implication de la famille

i Repérer et évaluer les indicateurs de basculement et les leviers d'évolution

La restauration et le maintien du lien avec la famille sont des piliers essentiels de lutte contre la radicalisation violente des mineurs. Néanmoins, le rôle et la place de la famille dans le processus de radicalisation diffèrent largement d'une situation à une autre.

En cela, l'outil systémique, utilisé notamment dans le cadre de certaines MJIE exercées par les UEMO d'Île-de-France mandatées par les magistrats du pôle antiterroriste du TGI de Paris, permet d'éclairer la compréhension du symptôme et d'identifier les carences et les failles parentales et familiales, facteurs de basculement, mais aussi de réactiver les ressources familiales mobilisables, facteurs de désistance.

Au cours de leurs évaluations mais aussi tout au long du suivi, les professionnels s'attachent à repérer les évitements, les banalisations ou bien encore les projets migratoires antérieurs peu ou mal élaborés. En effet, les non-dits, les blessures transgénérationnelles cachées qui finissent par vider de leur sens toute projection vers l'avenir, ou l'opprobre, plus ou moins masquée, jetée sur un membre de la famille, majorent les fragilités identitaires des adolescents, ce gui peut les pousser dans une quête de "réaffiliation" que les recruteurs des organisations terroristes savent exploiter.

Par ailleurs, les violences intrafamiliales, les abus sexuels subis directement ou vécus dans l'entourage, la présence et le motif d'armes à domicile, les situations de rupture ou d'abandon peuvent être à l'origine de nombreux traumatismes qui n'auront pas tous été pris en charge.

Ces vécus traumatiques, outre le fait qu'ils soient à l'origine de très nombreux troubles du comportement et conduites à risque, peuvent également induire chez le mineur une banalisation de la violence, impliquant parfois une rupture du jeune avec ses propres émotions et affects.

Dans le cas de familles radicalisées, les professionnels évaluent leurs capacités à se positionner par rapport au dogme et au groupe radical auquel ils se réfèrent. Ils évaluent plus largement la rigidité qui peut-être corrélée à la radicalisation, notamment en termes d'ouvertures possibles, pour les enfants, vers des espaces sociaux qui s'éloigneraient des croyances parentales et les capacités d'intégration et de transmission des valeurs républicaines et démocratiques de la société dans laquelle ils vivent.

Ces dynamiques familiales peuvent amener les professionnels à solliciter l'ouverture d'un dossier en assistance éducative auprès du magistrat, notamment pour protéger les membres de la fratrie dans la mesure où la famille deviendrait un facteur de danger au regard des conditions requises pour un bon développement psychologique, moral et physique des enfants (C. civ., art. 375, relatif à l'assistance éducative).

ii Des familles qui se mobilisent pour leurs enfants

Pour la plupart, les familles se mobilisent pour solliciter de l'aide et accompagner leurs enfants vers une sortie du processus de radicalisation, notamment en tentant de maintenir le dialogue malgré la violence de la situation vécue. Cette place active dans l'accompagnement de leur enfant permet de les réinscrire dans une parentalité protectrice et positive. Le maintien du lien et l'expression d'une confiance envers les institutions sont des facteurs protecteurs à souligner dans l'entourage proche des jeunes.

Néanmoins, il convient d'approfondir la dynamique familiale dans laquelle le jeune évolue. En effet, il semble que la présence accrue et l'inquiétude des parents puissent aussi renforcer l'attitude d'opposition et de fermeture de l'adolescent dans la mesure où la radicalisation traduit le plus souvent des enjeux de séparation et d'autonomisation caractéristiques de cette période et qui ne trouvent pas d'issues.

De plus, même dans les situations où les parents sont mobilisés, la question de la qualité des relations parents-enfants doit être interrogée au regard de ce que la radicalisation vient révéler, voire autoriser en termes d'opposition à l'autorité parentale, de tentatives d'émancipation ou de prise de distance par rapport aux valeurs familiales. Enfin, il est important de repérer les modalités relationnelles intrafamiliales, notamment les relations d'emprise, qui peuvent s'exercer parfois à l'instar d'une présence parentale qui pourrait être perçue uniquement comme positive alors qu'elle empêche l'expression de l'adolescent et induit un contrôle trop important sur lui *[dans leur rapport d'enquête intitulé "radicalité engagée, radicalités révoltées", L. Bonelli et F. Carrié évoquent des configurations familiales différentes selon les types de radicalités, des familles qui se distinguent notamment par des niveaux singuliers de conflictualisation, de contrôle parental et de modalités d'encadrement et de contraintes empêchant, pour certains, une socialisation "de rue". Si un haut niveau de contrôle parental peut, dans le cas des "engagés", être perçu comme ce qui soutient le fort investissement scolaire des adolescents, il doit être questionné aussi dans le rôle qu'il joue dans l'abandon brutal de cette scolarité. Ainsi, au delà du constat d'une désillusion de ces jeunes à l'égard du système scolaire et de ses promesses, que décrivent les auteurs de l'enquête, cet abandon scolaire peut également être compris comme une forme d'opposition, peut-être la seule possible, à l'égard de l'emprise exercée par la famille. Pour tous, les enjeux de séparation et d'autonomisation, sous le coup des différents processus adolescents, viennent se rejouer au travers du symptôme radical adolescent, impliquant parfois l'abandon scolaire, mais aussi le renoncement à certains groupes de socialisation au profit d'un environnement plus aseptisé et rigide, sous contrôle des radicaux islamistes.]*.

Il s'agit également de repérer les capacités de résistance des parents aux discours radicalisés de leur enfant, qui peut tenter de les influencer pour les faire adhérer ou plier aux discours idéologiques.

Enfin, comme pour les autres adolescents, il faut, plus largement, évaluer la capacité des parents à déceler un risque de passage à l'acte, y compris suicidaire de l'adolescent.

iii Une attention portée sur la fratrie

Le lien fraternel, ou le sentiment de fraternité, joue un rôle important dans la structuration des groupes terroristes que ce lien soit naturel, filial, ou reconstruit par le processus d'embrigadement.

Aussi, dans le cadre de leur approche pluridisciplinaire de la dynamique familiale, les professionnels s'intéressent nécessairement au vécu des frères et sœurs, notamment les plus jeunes, qui peuvent avoir été témoins de discours ou vidéos propagandistes. Ici encore, la MJIE permet d'évaluer l'impact de la radicalisation d'un membre de la famille sur chacun des autres membres et sur le fonctionnement de la structure familiale.

B) Des actions de prévention de la radicalisation à destination de l'ensemble des jeunes suivis par la PJJ

Les RLC peuvent apporter leur soutien aux professionnels des unités et des lieux d'accueil à la mise en place d'actions éducatives de prévention relatives à la radicalisation, la citoyenneté et la laïcité. Grace *[Grâce]* à ces modules d'activités, les jeunes travaillent à la complexification de leur pensée, qui, au cours du processus de radicalisation, a pu souffrir d'une forme de polarisation due à l'endoctrinement *[la polarisation des attitudes ou polarisation des croyances est le phénomène psychologique par lequel un différend d'opinion devient plus extrême au fur et à mesure que les parties opposées soulèvent des preuves soutenant leur point de vue respectif. Les individus ont tendance à chercher et à interpréter sélectivement les preuves, pour renforcer leur propre croyance ou attitude. C'est d'ailleurs en partie de ce fait que le "contre discours" n'est pas un moyen efficace de sortie de la radicalisation violente.]*. En favorisant l'accès serein à l'état de doute, non comme facteur de danger mais comme moteur intellectuel et occasion d'ouverture, ces actions collectives participent également à renforcer l'estime de soi et donc de capacité à résister aux emprises.

i S'appuyer sur des actions collectives

De façon générale, les actions collectives menées auprès des jeunes visent à l'apprentissage des règles de vie, de socialisation et à la mobilisation de chacun autour des valeurs citoyennes, de respect, de partage et d'entraide. Dans le processus de radicalisation, l'adhésion à un groupe qui partage les mêmes valeurs et qui vient se substituer aux groupes initiaux (familiaux, amicaux) est un puissant facteur d'endoctrinement et d'affiliation.

Cette dimension collective doit, parallèlement aux actions individuelles, être investie comme levier de désistance, en ce qu'elle permet de sortir du face à face avec l'adulte membre de l'institution judiciaire, d'introduire du tiers et d'aborder des sujets délicats sans stigmatiser l'interlocuteur.

Les ressources et les compétences de l'ensemble du groupe de jeunes, sa capacité de dialogue, son intelligence et sa vivacité trouveront à s'exprimer au sein d'actions menées dans le cadre de stages civiques et citoyens, de groupes de paroles, de chantiers, de visites de lieux de mémoire, d'activités artistiques, sportives ou d'expositions thématiques.

ii Des actions d'éducation aux médias et à l'information

Dans un monde complexe, aux sources d'informations permanentes et variées, il est de plus en plus difficile de discriminer le vrai du faux. Aussi, le risque de se montrer excessivement crédule ou de prendre systématiquement le contrepied en adhérant aux théories complotistes est tangible et concerne autant les adultes que les enfants.

C'est pourquoi, il est aujourd'hui indispensable de sensibiliser les jeunes à la lecture de contenus médiatiques pour favoriser une réception avertie du flot d'informations auquel ils sont confrontés chaque jour. Il s'agit aussi de les aider à aiguiser leur esprit critique en leur transmettant des réflexes de citoyen éclairé et responsable des informations qu'ils recherchent et qu'ils partagent (origine de l'information, vérification des sources, lecture attentive des images, etc.).

L'éducation aux médias et à l'information est devenue une priorité interministérielle (ministères de la culture, de l'éducation nationale, de la cohésion des territoires, de la justice, de l'intérieur, etc.), qui recense désormais de nombreuses actions sur l'ensemble du territoire, en partenariat avec les organismes institutionnels et associatifs.

Cette démarche fédératrice a pour conséquence le fléchage de nombreux crédits d'intervention facilitant ainsi l'accès aux publics cibles à des projets innovants et pertinents : Ainsi, l'Éducation Nationale met en place, *via* les antennes du centre de liaison et d'enseignement et des médias d'information (CLEMI), des actions de formations des professionnels enseignants qui, dans le cadre du développement d'un partenariat local, peuvent être accessibles aux professionnels de la PJJ, voire co-construites avec eux.

Autre exemple de lieu ressource, l'association "La maison des journalistes", qui accueille des journalistes exilés et prêts à offrir leur témoignage aux mineurs pris en charge par la PJJ, met à disposition des professionnels des outils pédagogiques dans le cadre d'un partenariat national.

Focus sur le manuel d'autodéfense intellectuel publié par Sophie Mazet
[S. Mazet, professeure d'anglais dans un lycée de Seine-Saint-Denis, publié aux éditions Robert Laffont en août 2017]

Face au constat de l'absence d'esprit critique de ses élèves et au regard du rôle des médias dans les phénomènes génocidaires du 20e siècle, Sophie Mazet a décidé de créer un cours d'auto-défense intellectuel au sein de son établissement scolaire, dont ce manuel est inspiré. L'auteur propose une analyse des grands thèmes qui structure *[structurent]* notre vision du monde : l'information, la pensée complotistes *[complotiste]*, la laïcité, la politique, ...

Chaque chapitre comporte une "boite *[boîte]* à outils" et une "alerte paranoïa" pour déconstruire les idées reçues. Ce livre, facile à lire et très documenté, offre un bon support aux professionnels pour apporter des réponses simples à des questions souvent complexes, sans pour autant proposer des réponses toutes faites.

Très certainement utile dans le processus de lutte contre la radicalisation, il présente, d'une manière générale, une utilité pour prendre en charge tous les jeunes suivis par la PJJ.

iii Des actions d'éducation aux outils numériques

La plupart des jeunes radicalisés ou en voie de radicalisation sont sensibles aux discours et relations qui se tissent avec des recruteurs *via* les réseaux sociaux ou des sites internet.

Pour ceux qui sont sensibilisés, par le biais de personnes physiques rencontrées dans leur environnement proche (établissements scolaires, lieu de culte, salle de sport...), le rôle d'internet et des réseaux sociaux vont être majeurs dans la progression de l'engagement envers le groupe radical.

Les professionnels ont donc besoin, pour prévenir les risques liés au numérique, d'être guidés dans la conception d'ateliers éducatifs et pédagogiques.

Ces outils doivent leur permettre d'accompagner les adolescents dans le décryptage et l'appropriation maitrisée *[maîtrisée]* des images *[Jocelyn Lachance, socio anthropologue : "les images terroristes : la puissance des écrans, la faiblesse de notre parole". Erès, l'école des parents, 2017. Dans cet ouvrage, l'auteur nous invite à une indispensable éducation à l'image qui passe notamment par un travail de décodage, de production de documents visuels (photos, vidéos, dessins) et une réflexion éthique (droit de regarder ou de ne pas regarder, droit de diffuser, ou de ne pas diffuser une image - chapitre 9 « lire et produire des images avec les enfants et les adolescents »).]* pour dépasser le registre émotionnel produit par le visionnage de certaines vidéos ou photos.

L'enjeu est de pouvoir démontrer aux jeunes la manipulation possible de celle-ci, le tri des informations, la manière de protéger ces données sur internet, la réalité de ce que recouvrent certaines zones d'ombre (*darknet*), les risques liés à la cybercriminalité et les enjeux judiciaires, etc.... La prise en charge doit ainsi s'appuyer sur les outils dont disposent les jeunes, pour les éduquer à leur utilisation, et en faire des vecteurs de communication positifs.

Les RLC peuvent accompagner les professionnels dans la conception d'ateliers autour de ces outils ou les orienter vers des partenaires qui les proposent.

C) Des outils pour les prises en charge des mineurs radicalisés

i Animer les échanges entre pairs pour aborder la question religieuse, clé de compréhension et levier d'intervention

Dans leur majorité, les partenaires, professionnels et experts auditionnés s'accordent sur la nécessité d'aborder la question du fait religieux, par le biais duquel certains adolescents peuvent basculer dans la dérive radicale provoquant la saisine de l'autorité judiciaire.

Ce sujet vient interroger le principe de neutralité auquel sont soumis les professionnels du secteur public de la PJJ.

La note du 9 juin 2017 relative à l'obligation de neutralité des agents du secteur public de la PJJ pose des repères fiables et donne des clés permettant aux éducateurs de se positionner, de façon sécurisée, dans le dialogue avec les mineurs et pour aborder ces questions *[la note relative à l'obligation de neutralité des agents du secteur public de la PJJ indique que pour un professionnel, « [..] être neutre ce n'est pas refuser de parler de religion, de politique ou de philosophie, mais bien de ne pas mettre en avant sa propre conviction. La neutralité de l'espace éducatif dans lequel se trouve le mineur l'aide à faire ses propres choix. [...] en effet, les professionnels doivent être à même de répondre de manière neutre à des questions de toute nature, y compris notamment aux questions de nature religieuses, politiques, syndicales, culturelles, sociétales, posées par des mineurs pris en charge. » http://intranet.justice.gouv.fr/site/dpjj/art_pix/Note-neutralite2.pdf]*.

C'est le rapport des adolescents à la religion, c'est-à-dire leur religiosité, qui peut être un support à l'échange, plutôt que la religion en elle-même. Il ne s'agit pas pour le professionnel d'entrer dans une discussion sur l'interprétation des textes mais bien d'aborder avec l'adolescent la place que tient la religion dans sa vie. Celle-ci peut venir éclairer une histoire singulière. Comprendre à quoi elle répond, notamment au regard de l'histoire familiale de l'adolescent, peut constituer un levier pour entrer en relation avec le mineur et son entourage.

D'une manière générale, les questions relatives au sens de la vie, à la spiritualité et aux croyances religieuses, questionnement classique à la période adolescente, offrent des clés de compréhension des dynamiques à l'œuvre et permettent d'ajuster l'accompagnement éducatif du jeune.

Grâce aux formations proposées et à la documentation mise à disposition par l'ENPJJ ou dans les établissements et services, les professionnels évoluent dans leur appréhension de la question religieuse : en choisissant un angle d'approche historique ou philosophique du sujet, en questionnant les sources d'information (réseaux, familles, lecture) et en ntilisant des médias supports, les professionnels sont mieux armés et plus légitimes pour porter ces débats. Ils peuvent ainsi aiguiller les jeunes dans la recherche d'informations et de documentations relatives aux différentes religions. En effet, selon Bernard Rougier *[B. Rougier, philosophe, professeur des civilisations du monde arabe, Université Paris 3]*, sur la toile, 90 % environ des contenus répondant à une recherche en lien avec le mot Islam, sont des contenus salafistes. Sans préjuger ni juger du bienfondé de tel ou tel courant religieux, il convient de comprendre pourquoi un discours orthodoxe ou fondamentaliste vient faire sens chez un adolescent.

Sur les questions portant sur le fait religieux plus spécifiquement, si le jeune en exprime le désir, il faut pouvoir l'orienter vers un professionnel du culte. A titre d'exemple, des associations du culte musulman, souvent déjà identifiées par les cellules préfectorales car participant aux réunions mensuelles, représentent des interlocuteurs fiables. Les aumôniers intervenant en détention, hommes et/ou femmes issus des différentes obédiences religieuses et formés aux interventions auprès du public sous-main de justice, peuvent être des interlocuteurs pour les jeunes détenus.

Focus sur l'ouvrage de Rachid Benzine "Nour, Pourquoi n'ai-je rien vu venir" et la pièce de théâtre "Lettres à Nour"

A travers cet ouvrage, rédigé sous forme d'échanges épistolaires entre un père et sa fille, l'auteur interroge les raisons qui poussent des jeunes à partir dans un pays en guerre et à tuer au nom de Dieu.

La pièce de théâtre, tirée du livre, a été présentée avec succès à de nombreuses classes de collégiens et lycéens belges, chaque lecture étant suivie d'un débat avec le public.

Un dossier pédagogique *[le dossier imprimé peut être obtenu à partir du lien suivant : http://theatredeliege.be/wp-content/uploads/2014/11/Dossier_LettresaNour.pdf]* conçu pour être exploité avec des élèves du secondaire rassemble les contributions d'un petit groupe de chercheurs et de professeurs. Il propose un ensemble de ressources historiques, géopolitiques, philosophiques ou encore rhétoriques afin de mener une réflexion approfondie sur le phénomène.

L'ensemble en fait un support exploitable par les professionnels de la PJJ pour l'animation d'ateliers ou de débats avec des groupes adolescents.

Focus sur la mallette pédagogique "Je(ux) dis-nous" créée par la DIR PJJ Grand-Centre et l'organisme de formation CESAM

Ce kit est composé de 10 jeux de cartes aux règles différentes, d'un livret pédagogique à destination de l'animateur et de fiches linguistiques. Il a pour objectif d'accompagner les jeunes dans leur apprentissage de la langue française à l'oral en abordant des thématiques d'actualités autour des valeurs républicaines et de la citoyenneté.

Chaque territoire est doté d'une mallette dont les professionnels de la PJJ peuvent se saisir pour organiser des ateliers sur leur structure.

ii Un engagement éducatif et des actions collectives substitutives à l'engagement radical

La question de l'engagement, même si elle n'est pas la seule clé de compréhension, est le plus souvent au cœur du processus de radicalisation, qu'il s'agisse d'un engagement politique, idéologique, militaire, humanitaire, religieux ou relationnel. Elle est avant tout très corrélée à l'entrée dans l'adolescence, qui est une période de remise en question des acquis et préceptes des générations antérieures. L'engagement est une opportunité offerte à l'adolescent de prendre une place dans un débat et de s'investir pleinement au service d'idées ou d'actions le plus souvent collectives. Toutefois, celui-ci est aussi en lien avec les besoins de reconnaissance, les enjeux identitaires et de place, qui peuvent faire de cette quête un point d'ancrage des recruteurs qui exploiteraient ce besoin d'engagement au service de leur idéologie et de la violence qu'ils légitiment.

Le besoin d'engagement peut servir l'accompagnement éducatif car c'est un levier pour restaurer le narcissisme des jeunes et donner du sens à leur énergie. Celle-ci pourrait être investie au service de causes socialement reconnues, dynamiques d'accompagnement éducatif qu'il faut viser dans les actions mises en place.

Face à des questionnements d'ordre politique ou religieux d'ampleur internationale, les professionnels ne peuvent faire que des propositions moins "puissantes" *[entretien avec Tobie Nathan et Catherine Gransard (Centre Devereux) le 7 juin 2017]*.

C'est donc l'intensité de l'engagement éducatif, collectif, que les professionnels peuvent présenter de façon substitutive afin que l'adolescent puisse s'emparer d'un projet et se dégager de la cause radicale. En ce sens, les professionnels peuvent s'appuyer sur des chantiers, des actions humanitaires auprès d'associations caritatives locales ou sur des séjours de rupture à visée humanitaire pour faciliter l'accès des jeunes à leur capacité empathique.

iii Des outils de médiation autour du plaisir, du corps, et de l'estime de soi

La sensibilisation artistique peut être une réponse à la répression des émotions et permettre au jeune de s'ouvrir à des médias qu'il n'a, peut-être, jamais eu l'occasion de connaître.

D'une manière générale, l'expression artistique fait appel à la liberté, à la créativité, à la communication au-delà des cultures, qui sont autant de remparts face aux totalitarismes idéologiques et religieux. Arts plastiques, corporels, visuels ou musicaux peuvent ainsi constituer une source de plaisir et d'expression des émotions, permettant parfois aux adolescents de renouer avec un corps qui peut encore leur paraître comme étranger au regard des bouleversements physiologiques liés à la puberté. De plus, en offrant aux jeunes, par le biais d'une activité d'insertion ou de loisir, la possibilité de créer du lien avec d'autres personnes ressources que celles de l'institution, les professionnels permettent qu'ils se resituent dans des préoccupations et une place d'adolescents, accessibles au plaisir d'être ensemble, partageant un même projet.

Les questions d'image et d'estime de soi, notamment au travers du rapport au corps, sont également à approfondir chez les jeunes radicalisés. Tout au long du processus de radicalisation, le corps est un véritable vecteur d'expression. Un rappott anxieux au corps peut donner lieu à une tentative de le contrôler, de le dissimuler ou de l'uniformiser. Et c'est souvent par son intermédiaire, à travers sa mise en scène (styles vestimentaires, rituels et interdits alimentaires) que l'adolescent/e va manifester son adhésion à la radicalisation.

Des professionnels ont pu témoigner de ce que, dans le travail spécifiquement mené auprès des jeunes radicalisés, les outils de médiation centrés sur le corps sont tout à fait pertinents, notamment auprès d'un public féminin pour lequel l'image du corps a parfois été particulièrement attaquée. Arts corporels, visuels, manuels, activités sportives, ou favorisant le bien-être intérieur tel que le yoga ou la sophrologie, permettent à ces adolescents/es une réappropriation de l'estime d'eux-mêmes.

Dans certains cas extrêmes de mineurs prêts à un passage à l'acte violent, le clivage entre le corps et l'esprit conduit l'adolescent à nier certaines des transformations de son corps, et à se couper des ressentis corporels. L'état de mal-être peut conduire à un retournement de la violence contre soi, et donc au risque suicidaire. Ici, le sacrifice, ou le fait de mourir en martyr(e), vient sublimer le suicide, en lui donnant une portée plus collective dans un fantasme de fusion au groupe et d'abnégation de la vie sur terre.

Des professionnels, qui prennent en charge des mineurs radicalisés, relèvent également chez certains mineurs des pathologies médicales lourdes, diagnostiquées au moment de leur accueil à la PJJ.

La fréquence de problématiques somatiques, non traitées préalablement ou tues, pose la question de la morbidité qui pourrait être mise en corrélation avec la violence de la radicalisation.

De plus, la radicalisation peut révéler certains troubles psychologiques et un rapport au corps problématique qui nécessitent des prises en charge spécifiques. Un bilan global de santé est absolument préconisé au début de toute prise en charge.

FICHE THÉMATIQUE 3

OUTILS ET INSTANCES AU SOUTIEN DES PRATIQUES PROFESSIONNELLES

Construite à partir des auditions d'experts et des travaux conduits en 2017 par la DPJJ, la présente fiche actualise les dispositifs susceptibles d'apporter un soutien aux professionnels pour la prise en charge quotidienne des mineurs radicalisés ou en voie de radicalisation violente. Elle vise aussi à faciliter l'identification des divers acteurs institutionnels ainsi que les outils mobilisables afin d'optimiser les articulations entre les différents niveaux d'interventions.

La forte médiatisation du phénomène de radicalisation et la nature des enjeux liés au terrorisme ont généré un traumatisme collectif et un climat social tendu.

Aussi, la prise en charge de ces mineurs et jeunes majeurs doit-elle intégrer la charge émotionnelle importante qu'elle soulève chez les professionnels et ses répercussions dans leurs pratiques.

Cette spécificité exige un portage institutionnel soutenant, cohérent, et opérationnel, tant à l'interne des services que dans les partenariats mis en œuvre.

Afin de les soutenir dans ces prises en charge particulièrement lourdes et complexes, la Direction de la protection judiciaire de la jeunesse (DPJJ) s'appuie sur le développement de la formation continue, les dispositifs de soutien aux pratiques qu'elle impulse au sein de ses services et sur la bonne connaissance et la qualité de son réseau partenariat.

I SOUTENIR ET ACCOMPAGNER LES PRATIQUES

A) Les supports de la formation des professionnels

i L'École nationale de la protection judiciaire de la jeunesse (ENPJJ)

Depuis 2015, l'ENPJJ a développé une offre de formations qui portent sur la compréhension, la prévention des processus de radicalisation et l'ajustement de la posture professionnelle à ces prises en charges *[charge]* spécifiques. A ce jour, plus de 11 000 agents de la PJJ ont bénéficié de la formation "prévention de la radicalisation". La démarche a d'ores et déjà été étendue aux professionnels du secteur associatif habilité (SAH) et des collectivités territoriales.

Cette offre est à compléter par des formations diversifiées ayant pour objet l'éducation à l'image, l'intervention auprès des familles, l'évaluation, la laïcité, l'interculturalité, la gestion des situations de violence, l'appréhension des théories du complot, ou bien encore l'utilisation des médias comme support à l'accompagnement éducatif.

En effet, ces formations constituent des leviers et des outils au soutien des *savoir-être* et *savoir-faire* des professionnels. Ainsi, en s'appuyant sur le réseau des référents laïcité et citoyenneté (RLC) et le travail mené au sein du groupe d'experts *[l'ENPJJ a piloté entre mars 2017 et le début de l'année*

2018 un groupe d'experts interinstitutionnels. L'objectif était de réfléchir à des thèmes généraux en lien avec le sujet de la radicalisation afin d'alimenter le COPIL de la formation et d'adapter l'offre de formation de l'ENPJJ.] qu'elle a réunis en 2017, l'ENPJJ poursuit la construction de formations visant à développer une pratique professionnelle spécifique à l'appui des prises en charge des mineurs concernés par le phénomène de radicalisation.

ii Documents thématiques et recherches en cours

La DPJJ a engagé un travail d'adaptation de ses connaissances et de ses pratiques aux enjeux de société contemporains *via* l'élaboration de documents thématiques à l'appui des pratiques professionnelles.

Ainsi, le document thématique sur « l'emprise mentale » *[ce document présente des supports théoriques et méthodologiques liés à l'emprise mentale et élargis au processus de la radicalisation violente pour permettre de prendre en compte cette dimension nouvelle dans les prises en charge. htpp ://intranet.justice.gouv.fr/site/dpjj/art_pix.l_emprise_mentale.pdf]*, diffusé en septembre 2016, constitue un outil essentiel dans la compréhension des mécanismes à l'œuvre chez certains mineurs radicalisés.

De même, les documents thématiques "mixité filles garçons dans les établissements et services de la protection judiciaire de la jeunesse" *[ce document thématique vise à réaffirmer le principe de la mixité pour tous les services de la PJJ tout en donnant aux équipes des outils adaptés pour y faire face, décliner les leviers éducatifs pouvant être utilisés comme support de l'action des professionnels, aider au repérage des limites à la mixité.]* et "mineurs et réseaux de socialisation" *[Ce document thématique est consacré à la nécessité pour les équipes éducatives de comprendre la complexité des processus de socialisation à l'œuvre et de savoir identifier l'impact des instances de socialisation sur les conduites adoptées par le mineur. http://www.intranet.justice.gouv.fr/site/dpjj/art_pix/doc-them-mixite.pdf]* contribuent à enrichir la réflexion et à étayer les pratiques professionnelles. Ils peuvent être utilement exploités lors de groupes de travail thématiques, que ce soit dans le cadre des animations réalisées par la ligne fonctionnelle ou bien au niveau des unités.

Par ailleurs, en vue d'enrichir ses connaissances, la DPJJ pilote ou participe à des recherches *[La recherche menée par Laurent Bonclli et Fabien Carrié, chercheurs à l'institut des sciences sociales du politique, a donné lieu à la publication en janvier 2018 d'un rapport intitulé « radicalité engagée, radicalités révoltées ». La recherche menée par le Dr Guillaume Bronsard et pilotée par la DPJJ a démarré début 2018. Intitulée « Projet d'étude médico-psychologique (prévalence psychiatrique, empathie, suicidalité) chez les adolescents radicalisés confiés à la Protection Judiciaire de la Jeunesse en France », elle vise à une évaluation psycho pathologique des mineurs AMT : qu'ils soient incarcérés, placés en CEF ou en placement diversifiés.]* telles que les travaux menés par Laurent Bonelli à partir de dossiers de mineurs poursuivis pour AMT (association de malfaiteur en vue d'une entreprise terroriste) ou signalés en raison de leur radicalisation (affaires d'apologie du terrorisme).

B) L'accompagnement d'équipe

i Développer les dispositifs d'accompagnement des équipes

La distinction entre valeurs professionnelles et personnelles est parfois complexe à réaliser et les charges émotionnelles et relationnelles qu'engendrent certaines situations peuvent parfois conduire à des attitudes ou des postures inadaptées, voire contre-productives. Pour soutenir le travail des professionnels, il est nécessaire de prendre en compte leurs capacités à garder une juste distance, tant au niveau éducatif qu'au niveau institutionnel *[le document thématique sur la contenance éducative rappelle que "le fonctionnement du service/établissement détermine les conditions de travail du collectif de travail et de chaque professionnel qui le compose [...]. Ceci permet d'établir des règles communes de fonctionnement et donc d'insuffler une dynamique de groupe, support contenant. » http://intranet.justice.gouv.fr/site/dpjj/art_pix/l_contenance.pdf]*.

Ainsi, la PJJ soutient la mise en place de dispositifs d'accompagnement des professionnels, dont l'objet porte sur leur mode d'implication dans la mise en œuvre des mesures et dans la prise en compte des mineurs et de leur famille.

S'approprier les valeurs de l'institution, harmoniser les pratiques, mutualiser les connaissances, renforcer la cohésion, sont autant d'objectifs auxquels ces dispositifs peuvent répondre.

ii Investir les espaces de régulation et d'analyse, éviter les risques de l'isolement

Les prises en charge de mineurs radicalisés ou en danger de radicalisation violente peuvent avoir un impact pour le professionnel et/ou le fonctionnement de l'unité éducative. Aussi, investir différents espaces d'accompagnements est une façon de renforcer les positionnements professionnels et institutionnels dans les prises en charge.

Il appartient aux cadres de favoriser et soutenir l'implication des professionnels des unités dans les dispositifs de formation, de groupes d'analyse des pratiques et de supervisions.

Par ailleurs, eux-mêmes doivent pouvoir bénéficier d'espaces pour évacuer les tensions suscitées par ces situations, mais également pour préserver leur fonction d'étayage et de soutien.

Sur certains territoires, cet accompagnement prend la forme d'espaces individuels de parole, de réunions entre pairs, ou mobilise l'intervention des DT et des DJR.

iii La pluridisciplinarité, une ressource pour les professionnels dans l'accompagnement des mineurs et leurs familles

Le psychologue du service constitue une ressource sur toutes ces situations, pour une réflexion pluridisciplinaire, notamment attendue dans le cadre des MJIE et dans l'accompagnement du jeune et de sa famille à la compréhension du processus en jeu dans la relation parent-enfant.

Les référents laïcité et citoyenneté (RLC) demeurent des personnes ressources pour éclairer certains enjeux de cette radicalisation, ainsi que pour proposer des lieux repérés de prise en charge.

Les groupes d'appui, mis en place au niveau des territoires ou des inter-régions, sont des lieux d'élaboration pour enrichir le travail mené dans ces situations.

En ce sens, les DIR bénéficiant de psychiatres peuvent mobiliser ces professionnels pour mener à bien ces missions et proposer, si nécessaire, de faire le lien avec des dispositifs spécifiques d'accompagnement et de soutien, tel que le dispositif ESOR *[ESOR : équipe de soutien opérationnel régional sur les itinéraires de la radicalisation qui intervient auprès des services du SP ou du SAH de la PJJ, des jeunes à la demande des professionnels, des services de l'aide sociale à l'enfance pour les mineurs de retours de zone irako-syrienne.]* en Île-de-France.

iv Rôles et fonctions des groupes d'appuis

La DPJJ a souhaité que des groupes d'appuis puissent se mettre en place au sein des directions interrégionales sous la forme qui répond le mieux aux besoins repérés. Ils peuvent se composer, en fonction des ressources et des besoins des territoires, des RLC (DIR et/ou DT), du psychiatre de la DIR, d'éducateurs, de psychologues et associer ponctuellement des partenaires, tels que des représentants de la recherche, de la formation professionnelle, du secteur associatif, des juridictions, ...

Les missions du groupe d'appui sont diversifiées mais peuvent se décliner autour des champs suivants :

1 — Soutenir le **maillage partenarial** en identifiant les partenaires incontournables à la prise en charge. Il s'agit de mettre en synergie les savoir-faire et de mobiliser chacun dans une articulation partenariale optimale, notamment dans le cadre de l'expérimentation des doubles mesures ASE/PJJ pour les mineurs de retour de zones de conflit ;

2 — Organiser, diffuser et actualiser **un référentiel territorial** répondant aux besoins des professionnels dans la prise en charge de ces mineurs et valorisant les pratiques innovantes et pertinentes, développées tant par les services et établissements de la PJJ que par les partenaires associatifs et institutionnels ;

3 — Apporter son **soutien technique** aux professionnels, en proposant un espace, individuel ou collectif, de préparation des entretiens ou de débriefing des situations, de partage d'expériences, éventuellement ouvert aux partenaires et favorisant l'intervention d'experts, autour de thématiques en lien avec la radicalisation. Il peut ainsi participer, en lien avec l'ENPJJ et les Pôles Territoriaux de Formation (PTF), mais aussi avec les partenaires locaux, à la construction des dispositifs d'information, de formation et de sensibilisation qui s'intéressent à l'évolution des pratiques et des connaissances dans l'accompagnement de ce public ;

4 — Déployer une **équipe mobile**, opérationnelle pour intervenir en étayage dans les prises en charges *[charge]* éducatives ou en soutien dans le montage et la coordination des projets.

L'intervention coordonnée d'un réseau favorise l'élaboration d'un projet individualisé à destination du jeune.

Au-delà des partenariats traditionnellement développés avec les institutions présentes sur les territoires, le travail de maillage doit être affiné afin de soutenir l'individualisation des prises en charge des mineurs radicalisés, en couvrant les domaines de l'insertion, la citoyenneté, la santé, les loisirs, mais aussi ceux ayant trait à la laïcité, à la religiosité et à la promotion des valeurs de la République.

A) L'appui du réseau des référents laïcité et citoyenneté (RLC) dans la mobilisation des acteurs

La Mission Nationale de Veille et d'Information (MVNI) rattachée à la DPJJ *[créée en déclinaison du plan gouvernemental de lutte contre la radicalisation violente et les filières terroristes du 23 avr. 2014]* a pour mission de conduire une politique de prévention de la radicalisation, de promotion de la citoyenneté, et de réaffirmation des principes et valeurs de la République, notamment la laïcité et la lutte contre toute forme de racisme et de discrimination.

Le réseau des 70 référents laïcité et citoyenneté est animé à partir des différents échelons du territoire (DT, DIR) et participe avec l'ENPJJ à la définition des actions de formation et de sensibilisation. Personnes ressources pour les professionnels, les RLC accompagnent l'appropriation des enjeux portés par la MNVI, tant sur le plan des postures professionnelles que dans la déclinaison des pratiques éducatives.

Ils sont ainsi chargés d'apporter un appui technique aux professionnels dans la démarche d'évaluation et de prise en charge des mineurs radicalisés, de développer le partenariat et les compétences sur les territoires en matière de prévention et de prise en charge de la radicalisation.

Cette mission de développement du maillage partenarial vise à :

- Renforcer l'accompagnement des mineurs radicalisés ;
- Organiser des actions de formation et de sensibilisation des professionnels ;
- Conduire des projets éducatifs sur les thématiques portées par la MNVI.

Par ailleurs, les RLC participent au recensement des situations relevant d'une radicalisation avérée ou signalée, *via* l'inscription dans le logiciel @strée *[le logiciel @strée est un outil de recensement des situations de mineurs concernés par une problématique de radicalisation, mis à disposition des RLC, sous couvert hiérarchique et fonctionnel depuis début 2018.]* cela permet une meilleure connaissance du phénomène au niveau national, dans le respect de l'anonymat des mineurs et jeunes majeurs concernés.

B) Le portage institutionnel pour clarifier les dispositifs

i Clarifier le cadre contribue à dépasser les freins

L'absence d'un cadre déontologique harmonisé autour du partage d'information, des pratiques hétérogènes selon les territoires, ou la multiplicité des intervenants peuvent constituer un obstacle aux articulations partenariales. Aussi, les directions territoriales veillent à ce que soient mises en place des procédures de travail claires et formalisées, impulsent ou contribuent autant que de besoin au pilotage des actions, clarifient ou font clarifier le rôle et la place de chacun des acteurs, s'assurent que soient mises en œuvre des instances de réflexions communes facilitant les interventions réciproques.

Elles garantissent de cette façon que les professionnels soient en mesure :

- de connaître les attentes des magistrats et les différents dispositifs mis en place dans les TGI ;
- d'identifier les rôles et les fonctionnements de la préfecture ou des services de renseignement ;
- d'avoir une connaissance fine des dispositifs déployés par certains partenaires locaux, (tels que le CAPRI *[CAPRI : Centre d'action et de prévention contre la radicalisation des individus dont la mission est d'informer et de conseiller les familles et les acteurs du champ social ou de la jeunesse, et de prévenir la radicalisation par la déconstruction des argumentaires radicaux et des théories du complot, et par la compréhension du fait religieux.]* à Bordeaux ou certaines maisons des adolescents) et de ce qu'ils peuvent mettre en place dans le cadre de l'évaluation des situations de fragilité psychologique ou psychiatrique des mineurs, ou lors de leurs interventions auprès des familles.

ii Enrichir et sécuriser les prises en charges

Les approches pluri-partenariales offrent aux jeunes la possibilité d'accéder à des espaces et à des interlocuteurs diversifiés. Elles prémunissent les professionnels contre les risques inhérents à l'isolement, qui peut être facteur d'anxiété, et amoindrissent le risque de rupture lié à une approche "frontale" du jeune par l'institution qui assure son suivi.

Ainsi, les RLC et les groupes d'appuis doivent, en cohérence avec les DT, répertorier en amont et diffuser au plan local, des listes de partenaires sûrs et les bonnes pratiques de prise en charge identifiées.

C) Identifier les différents niveaux de coordination et d'intervention territoriale

La prévention de la radicalisation ou la prise en charge de mineurs évoluant dans ce contexte se situent au carrefour de politiques publiques diverses, aux modes d'intervention hétérogènes, parfois en tension, et mobilisent de nombreux acteurs institutionnels : sécurité, aide sociale à l'enfance, santé, insertion scolaire et professionnelle, intervention judiciaire....

C'est donc avec une pluralité d'acteurs et de champs d'actions que doivent s'articuler les interventions des professionnels de la PJJ.

Le niveau départemental, qui correspond à celui des cellules préfectorales, des juridictions, et des services des conseils départementaux, est le niveau d'animation et de coordination le plus adapté.

i Les cellules préfectorales et les conditions du partage des informations

[en déclinaison des circulaires ministérielles du 29 avril 2014 relative à la prévention de la radicalisation et à l'accompagnement des familles http://circulaire.legifrance.gouv.fr/pdf/2014/05/cir_38287.pdf et du 25 juin 2014 relative à la mise en œuvre du plan de lutte contre la radicalisation violente et les filières djihadistes et au renforcement des coopération entre les services de l'État. http://intranet.justice.gouv.fr/site/dpjj/art_pix/25/06/14_PLAT_(2).pdf]

Depuis 2014, chaque préfecture a mis en place une cellule de suivi dédiée au traitement des situations de radicalisation signalées *via* la plateforme téléphonique du Centre national d'assistance et de prévention de la radicalisation (CNAPR) et les remontées des services territoriaux de renseignement (STR). Elles ont aussi vocation à être le lieu privilégié d'échanges d'informations concernant les mineurs de retour de zone irako-syrienne *[le cadre de cet échange d'informations est détaillé dans la dépêche de la direction des affaires criminelles et des grâces du 2 oct. 2017]*.

Les cellules préfectorales associent à leurs travaux les services des communes et intercommunalités signataires des contrats de ville, certaines associations compétentes en la matière, et les services de l'état concernés (PJJ, Éducation Nationale, les Caisses d'Allocations Familiales, l'Agence Régionale de Santé, ...).

La PJJ participe de ces instances, dont la forme varie selon la préfecture, via le RLC ou le DT, pour apporter son expertise, des conseils sur l'orientation ou informer de l'existence d'un éventuel suivi par ses services. Les informations partagées ne doivent pas porter sur le contenu de la prise en charge du mineur mais sur des éléments circonscrits permettant à chacun d'exercer ses missions : identification, localisation et indication du service qui prend en charge le mineur.

L'annexe 2 de la fiche 4 État du droit applicable rappelle les règles actuelles en matière de partage d'information.

ii L'articulation entre la cellule préfectorale et la juridiction

La cellule judiciaire *[la Circ. DACG du 13 oct. 2016 relative à la prévention de la radicalisation violente – coordination de la réponse judiciaire et le rôle du magistrat référent "terrorisme" recommande cette initiative. http://intranet.justice.gouv.fr/site/dpjj/art_pix/circulaire_DACG_13102016.pdf]* mise en place par certaines juridictions réunit, en amont de la réunion préfectorale, des magistrats du tribunal pour enfants et du parquet des mineurs. Au regard de la liste de situations transmise par la préfecture, il s'agit de vérifier si certains des jeunes bénéficient déjà d'un suivi en assistance éducative ou au pénal.

Les informations dont dispose la cellule préfectorale sont transmises au magistrat qui connaît le mineur. Celui-ci jugera ensuite quelles informations peuvent être transmises en retour à la cellule préfectorale. Il sera informé de la décision prise à l'issue de la réunion en préfecture.

Au niveau des TGI, le magistrat référent « terrorisme » est chargé du suivi de tous les dossiers susceptibles d'entrer dans le champ de compétences de la section antiterroriste du parquet de Paris. Dans certaines juridictions, il travaille en binôme avec un assistant spécialisé prévention de la radicalisation du parquet qui veille au suivi des signalements et participe aux différentes instances locales de prévention de la délinquance.

iii Les cellules d'écoute et d'accompagnement

Avec l'aide du Fond *[Fonds]* interministériel de prévention de la délinquance (FIPD), les préfets peuvent financer des actions visant à l'accompagnement des jeunes signalés pour radicalisation et/ou de leurs familles. Les communes et les associations qui portent ces actions y sont éligibles, dès lors qu'elles se situent principalement dans le champ de la prévention secondaire. Ainsi, en parallèle du réseau institutionnel de protection de l'enfance décliné par le département et par les services de l'État tels que la PJJ, des structures généralistes, œuvrant à la fois sur mandat judiciaire et administratif, telles que les Maisons des Adolescents, ont progressivement intégré le danger de la radicalisation dans leurs pratiques professionnelles. Certaines d'entre elles *[la maison des adolescents de Strasbourg déploie avec son réseau VIRAGE (violence des idées, ressources et accompagnement en Grand Est) des actions de prévention de la radicalisation et propose un accompagnement des pratiques professionnelles, ainsi qu'un accompagnement des jeunes et de leurs familles. Voir à ce sujet l'article publié dans la revue Soins - n° 819 - oct. 2017.]* jouent désormais un rôle essentiel dans la prévention des radicalisations en permettant une évaluation du danger dans lequel se trouve l'adolescent, une orientation si nécessaire et un accompagnement qui prend en compte à la fois le symptôme et les vulnérabilités individuelles et familiales.

Afin d'orienter les cellules préfectorales dans l'identification et l'encadrement des structures menant des actions de prévention et de prise en charge, le Ministère de l'Intérieur a publié le 3 avril 2018 un arrêté fixant le cahier des charges relatif aux actions initiées, définies et mises en œuvre par les structures impliquées dans la prévention et la prise en charge de la radicalisation. Celui-ci définit les conditions d'organisation de ces structures (composition et qualification des équipes, travail en réseau, articulation avec la cellule de prévention de la radicalisation et d'accompagnement des familles, la CPRAF) et fixe les critères nécessaires à la mise en œuvre d'actions de prise en charge et d'accompagnement des familles, de formation, de projets de recherche et de campagnes du contre discours.

Dans les situations où des professionnels de la PJJ seraient amenés à exercer un suivi, pénal ou civil, en parallèle d'une mesure administrative décidée par le préfet, la communication entre les unités de la PJJ et les structures associatives garantit, dans l'intérêt du mineur, une articulation de travail cohérente.

FICHE THÉMATIQUE 4
LE DROIT APPLICABLE

Les actions violentes menées sur notre territoire depuis 2012 par des organisations terroristes ont donné lieu à de nombreuses modifications législatives.

Le durcissement de la politique pénale en matière d'infractions liées au terrorisme a eu des conséquences sur les réponses judiciaires et, nécessairement, sur l'exercice des mesures judiciaires et le déroulement des prises en charge éducatives des mineurs confiés qui en découlent.

L'objet de cette fiche est de :

- rappeler les règles en vigueur en matière de traitement des infractions à caractère terroriste ;
- dresser un état des lieux des principales évolutions législatives en matière de privation de liberté.

En préambule, il convient de rappeler quelques éléments de compréhension :

- Les infractions en matière terroriste sont définies par les articles 421-1 et suivants du code pénal ;
- Il existe une compétence exclusive du tribunal de grande instance de Paris concernant les infractions terroristes quelle que soit l'origine géographique des mineurs, à l'exception des infractions de provocation directe à des actes de terrorisme ou d'apologie publique de tels actes ;
- De ce fait, l'UEAT de Paris est compétent pour les RRSE de tous les mineurs mis en examen par le pôle spécialisé. Étant donné la nature particulièrement sensible des faits poursuivis, l'UEAT propose systématiquement au magistrat une MJIE ;
- A ce titre, le STEMO compétent sur le ressort du TGI de Paris peut être amené à exercer des MJIE pour des jeunes franciliens placés sous contrôle judiciaire ou pour des jeunes originaires de toute la France et incarcérés en IDF ;
- Afin de faciliter le travail des magistrats instructeurs, la prise en charge de ces mineurs est principalement effectuée en Île-de-France, en lien avec leur territoire d'origine.

NOUVELLES MESURES PRIVATIVES DE LIBERTÉ OU RESTRICTIVES DE DROIT EN MATIÈRE DE TERRORISME

Les tableaux suivants recensent les principales modifications découlant des lois du 3 juin 2016 et du 21 juillet 2016 en matière de suivis judiciaires de procédure, aiusi que de la loi du 30 octobre 2017 renforçant la sécurité intérieure et la lutte contre le terrorisme. Ces nouvelles dispositions peuvent, en effet, susciter des réactions et des questions chez les jeunes pris en charge.

Situation concernée	Nouvelles dispositions
Sursis avec Mise à l'Épreuve (SME) et Contrôle Judiciaire (CJ)	Création d'une **nouvelle obligation pouvant être incluse au SME et au CJ** : « *respecter les conditions d'une prise en charge sanitaire, sociale, éducative ou psychologique, destinée à permettre sa réinsertion et l'acquisition des valeurs de la citoyenneté ; cette prise en charge peut, le cas échéant, intervenir au sein d'un établissement d'accueil adapté dans lequel le condamné est tenu de résider* » (articles 138, 18° du code de procédure pénale (CJ) et 132-45, 22° du code pénal (SME)).
Suivi socio-judiciaire	Extension des dispositions relatives au <u>suivi socio-judiciaire</u> aux personnes coupables des infractions définies aux articles 421-1 à 421-6 du code pénal (« Des actes de terrorisme »).
Contrôle d'identité	Création d'un **nouveau motif de contrôle d'identité sur l'initiative de l'OPJ** : « *procéder à la vérification de la situation d'une personne suspectée de violer les obligations ou interdictions auxquelles elle est soumise dans le cadre d'un contrôle judiciaire, d'une mesure d'assignation à résidence avec surveillance électronique, d'une peine ou d'une mesure suivie par le JAP* ».

Situation concernée	Nouvelles dispositions
Autorisation de sortie du territoire français	Cf annexe jointe
Retenue	L'article L. 229-4 du CSI prévoit un **cas particulier de retenue,** après information du JLD, de la « *personne pour laquelle il existe des raisons sérieuses de penser que son comportement constitue une menace d'une particulière gravité pour la sécurité publique et l'ordre public* » lorsque cette personne « *est susceptible de fournir des renseignements sur les données présents [présentes] sur le lieu de la visite ayant un lien avec la finalité de prévention de la commission d'actes de terrorisme ayant justifié la visite* » (les visites concernent les lieux où l'on a « *des raisons sérieuses de penser* » qu'ils sont fréquentés par une personne dont le « *comportement constitue une menace d'une particulière gravité pour la sécurité publique et l'ordre public* »). Ces visites sont autorisées *a priori* et contrôlées par le juge judiciaire (le juge des libertés et de la détention du TGI de Paris). Cette retenue dure quatre heures maximum, la personne retenue est immédiatement informée de ses droits, le JLD peut y mettre fin à tout moment. **Lorsqu'il s'agit d'un mineur, la retenue fait l'objet d'un accord exprès du juge des libertés et de la détention.** Le mineur doit être assisté de son représentant légal, sauf impossibilité dûment justifiée.
Détention provisoire	**La durée de détention provisoire applicable aux mineurs de 16 ans et plus est portée** : 1. à deux ans pour l'instruction du délit d'association de malfaiteurs en lien avec une entreprise terroriste, 2. à trois ans pour l'instruction des crimes terroristes d'atteintes volontaires à la vie, à l'intégrité des personnes, enlèvement et séquestration, détournement de moyens de transports, de direction d'une association de malfaiteurs et d'association de malfaiteurs aggravée (Article 706-24-4 du CPP issu de la loi du 21 juillet 2016. Il s'agit d'une dérogation expresse aux règles prévues aux alinéas 12 et 14 de l'article 11 de l'Ord. de 1945).
Régime des peines	**Modification du régime des peines applicables aux personnes condamnées pour des faits de terrorisme** Ne sont désormais **plus applicables** aux personnes condamnées pour une ou plusieurs des infractions terroristes, à l'exclusion des faits de provocation et d'apologie d'un acte terroriste ainsi que d'entrave à une procédure de blocage ou de consultation habituelle de contenus provoquant au terrorisme : 1. **la suspension et le fractionnement des peines privatives de liberté** prévus par l'article 720-1 du CPP, 2. **le placement à l'extérieur et la semi-liberté** prévus par l'article 723-1 du CPP, 3. **les crédits de réduction de peine automatique** prévus à l'article 721 du CPP. Toutefois, en vertu de l'article 721-1-1 nouveau du CPP[,] ces personnes peuvent bénéficier de réductions supplémentaires de peine pour efforts sérieux de réadaptation sociale (article 721-1 CPP).

Situation concernée	Nouvelles dispositions
Libération conditionnelle	**Restriction des conditions d'octroi de la libération conditionnelle** pour les personnes condamnées à une peine privative de liberté pour une ou plusieurs infractions ayant trait à des actes de terrorisme *[tels que définis par les articles 421-1 à [421-6] 6 du code pénal]*. La libération conditionnelle ne peut être accordée que : 1° par le tribunal de l'application des peines, quelle que soit la durée de la peine de détention restant à exécuter ; 2° après avis d'une commission chargée de procéder à une évaluation pluridisciplinaire de la dangerosité de la personne condamnée. Le tribunal de l'application des peines peut s'opposer à la libération conditionnelle si cette libération est susceptible de causer un trouble grave à l'ordre public. Lorsque la libération conditionnelle n'est pas assortie d'un placement sous surveillance électronique mobile, elle ne peut être accordée qu'après l'exécution, à titre probatoire, d'une mesure de semi-liberté, de placement à l'extérieur ou de placement sous surveillance électronique pendant une période de un à trois ans. Cette mesure ne peut être exécutée avant la fin du temps d'épreuve prévu à l'article 729 du code de procédure pénale (mi-peine).
Retours sur le territoire français	**Création d'un contrôle administratif des retours sur le territoire national** : Il est possible pour le ministère de l'intérieur, après avoir informé le procureur de la République de Paris, de faire obligation à « *toute personne qui a quitté le territoire national et dont il existe des raisons sérieuses de penser que ce déplacement a pour but de rejoindre un théâtre d'opérations de groupements terroristes* », de résider dans un périmètre géographique déterminé ou de se présenter périodiquement aux services de police ou aux unités de gendarmerie. Cette décision ne peut être prise que pour une durée d'un mois et un mois maximum après la date certaine du retour. Le ministre de l'intérieur, après avoir informé le procureur de la République de Paris, peut faire obligation à cette même personne, dans un délai maximal d'un an à compter de sa date certaine de retour sur le territoire national – et pour une durée maximale de trois mois, renouvelable une fois par décision motivée – de déclarer son domicile et tout changement de domicile et/ou de ne pas entrer en contact avec certaines personnes dont il existe des raisons sérieuses de penser que leur comportement constitue une menace pour la sécurité publique et l'ordre public. Ces décisions doivent être écrites et motivées et la personne concernée doit être en mesure de présenter ses observations dans un délai maximal de 8 jours à compter de la notification de la décision, éventuellement avec l'aide d'un conseil ou d'un mandataire de son choix. **Ces mesures cessent dès lors que le mineur fait l'objet de poursuites judiciaires ou d'une mesure en assistance éducative.** Ces obligations peuvent être en tout ou partie suspendues lorsque la personne accepte de participer, dans un établissement habilité à cet effet, à une action destinée à permettre sa réinsertion et l'acquisition des valeurs de citoyenneté. Le fait de se soustraire aux obligations fixées par l'autorité administrative en application des articles L. 225-2 et L. 225-3 est puni de 3 ans d'emprisonnement et de 45 000 € d'amende.

NOUVEAU CRIME TERRORISTE CONCERNANT LES PERSONNES AYANT AUTORITÉ SUR LE MINEUR

L'article 10 de la loi du 30 octobre 2017 renforçant la sécurité intérieure et la lutte contre le terrorisme crée un nouveau crime terroriste inséré à l'article 421-2-4-1 du Code pénal : "est puni de 15 ans de réclusion criminelle et de 225 000 euros d'amende le fait pour une personne ayant autorité sur un mineur de faire participer ce dernier à une association de malfaiteurs terroriste".

Cette nouvelle infraction incrimine le comportement de toute personne ayant autorité sur le mineur consistant à lui faire prendre part, sur le territoire national comme à l'étranger, aux activités d'un groupement ou d'une entente terroriste, en connaissance du caractère criminel des agissements auxquels cette organisation se livre.

Le deuxième alinéa de l'article prévoit que, **lorsque les faits sont commis par une personne titulaire de l'autorité parentale, la juridiction de jugement doit se prononcer sur le retrait total ou partiel de l'autorité parentale en application des articles 378 et 379-1 du code civil**.

NOUVEAU DISPOSITIF DE PRISE EN CHARGE DES MINEURS DE RETOUR DE ZONE IRAKO-SYRIENNE

L'instruction du Premier ministre du 23 mars 2017 relative à la prise en charge des mineurs à leur retour de zone irako-syrienne et la circulaire du garde des Sceaux du 24 mars 2017 relative aux dispositions en assistance éducative de la loi n° 2017-258 du 28 février 2017 et au suivi des mineurs de retour de zone irako-syrienne créent un dispositif de prise en charge en assistance éducative des mineurs concernés. Une prise en charge judiciaire systématique de ces mineurs est ainsi préconisée.

La loi du 28 février 2017 relative à la sécurité publique prévoit une expérimentation de trois ans permettant le cumul d'une mesure d'assistance éducative en milieu ouvert (AEMO), exercée par le secteur public de la PJJ, avec un placement à l'aide sociale à l'enfance (ASE).

Elle permet ainsi aux familles concernées et aux services de l'ASE qui les accompagnent de bénéficier du soutien de l'État et de l'expérience acquise par la PJJ en matière d'évaluation et de prise en charge des mineurs radicalisés et en danger de radicalisation violente.

Le procureur de la République du lieu d'arrivée ou de résidence de l'enfant est le garant de sa protection. Il s'assure de la régularité de sa situation au regard de l'état civil et veille à ce qu'il fasse l'objet d'une prise en charge adaptée. Dans tous les cas, y compris si des poursuites pénales sont engagées à l'encontre du mineur, il examine l'opportunité de saisir le juge des enfants d'une requête en assistance éducative.

La mise en place de mesures judiciaires d'investigation éducative (MJIE) est préconisée afin notamment de comprendre le fonctionnement familial et de déterminer si les parents et/ou la famille élargie peuvent être en mesure de répondre aux besoins des enfants. Alors qu'un mineur de retour de Syrie n'est pas nécessairement radicalisé, un danger de radicalisation existe et la MJIE doit aussi s'attacher à évaluer ce danger. En outre, la MJIE mise en place dans ces situations revêt un caractère particulier puisqu'au-delà de l'évaluation, l'autorité judiciaire souhaite que soit mis en œuvre un accompagnement des enfants et de leur famille qui pourrait s'apparenter au soutien apporté dans le cadre d'une mesure d'AEMO.

L'opportunité du recours à la double mesure placement ASE/AEMO PJJ s'apprécie quant à elle à la fin de la MJIE en fonction de la nécessité d'employer les ressources éducatives disponibles pour la prise en charge des enfants.

UNE RÉFORME DE LA DURÉE ET DES MODALITÉS DE MISE EN ŒUVRE DES MESURES DE RETENUE ET DE GARDE À VUE

Les modalités de garde à vue ont été peu modifiées, en revanche, des modifications importantes ont été apportées en matière de retenue des mineurs.

LA GARDE À VUE	
GARDE À VUE Information des titulaires de l'autorité parentale	Depuis le 15 novembre 2016 *[cet art. 63 de la L. [du] 3 juin 2016 est entré en vigueur le 15 nov. 2016. Auparavant, il ne pouvait être dérogé à cette information immédiate que « sur décision du procureur de la République (PR) ou du juge chargé de l'information et pour une durée que le magistrat détermine et qui ne peut excéder 24 h ou, lorsque la garde a vue ne peut faire l'objet d'une prorogation, 12 h »]*, il peut être dérogé à **l'information immédiate des parents,** tuteurs et personne ou service auquel le mineur a été confié lorsqu'un mineur a été placé en GAV « *pour permettre le recueil ou la conservation des preuves ou pour prévenir une atteinte grave à la vie, à la liberté ou à l'intégrité physique d'une personne sur décision du procureur de la République ou du juge chargé de l'information prise au regard des circonstances de l'espèce* ».

LES DIFFÉRENTES FORMES DE RETENUE		
	Retenue judiciaire article 4 Ord. 45	**Retenue administrative art. 78-3-1 CPP**
Motifs	**Indices graves ou concordants** laissant présumer la commission ou la tentative de commission d'un **crime ou d'un délit puni d'au moins 5 ans d'emprisonnement** (art. 4 I Ord. 1945)	**Raisons sérieuses de penser que son comportement peut être lié à des activités à caractère terroriste**
Conditions de la mesure	Au moins un des 6 objectifs légaux (art. 62-2 CPP – inchangé) **Accord préalable** du magistrat (Procureur de la République Juge d'instruction, Juge des enfants) et **contrôle** de la mesure par ce magistrat **Enregistrement audiovisuel conseillé** (cf CRIM. n° 0 1.5.E6.09.05.2001)	**Toute personne faisant l'objet d'un contrôle ou d'une vérification d'identité prévu au chapitre III du Livre II du titre Ier du CPP** **Pour le mineur, accord exprès du procureur de la République**
Durée initiale	**12 heures maximum.** **Durée déterminée par le magistrat et limitée au temps nécessaire** à l'audition ou à la présentation du mineur ou à sa remise à ses parents ou tuteur ou au service auquel il est confié	**4 heures maximum** et en tout état de cause pendant le temps strictement nécessaire à la consultation des traitements automatisés de données à caractère personnel et, le cas échéant, l'interrogation des services à l'origine du signalement de l'intéressé ainsi que des organismes de coopération internationale en matière de police judiciaire ou de services de police étrangers => **la retenue ne peut donner lieu à audition**

LES DIFFÉRENTES FORMES DE RETENUE		
Motifs de prolongation	**Indices graves ou concordants** laissant présumer la commission ou la tentative de commission d'un **crime ou d'un délit puni d'au moins 5 ans d'emprisonnement** **A TITRE EXCEPTIONNEL**	**Prolongation impossible**
Durée de la prolongation	**12 heures maximum** **Durée déterminée par le magistrat et en tout état de cause limitée au temps nécessaire** à l'audition ou à la présentation du mineur ou à sa remise à ses parents ou tuteur ou au service auquel il est confié	
Modalités de la prolongation	Autorisation écrite et motivée du magistrat Présentation préalable au magistrat, sauf si les circonstances rendent impossible cette présentation	
Information sur la nature de la mesure et sa durée	Non exigée mais conseillée	Information donnée immédiatement et dans une langue qu'il comprend
Information sur les droits	Non exigée mais conseillée	Information donnée immédiatement et dans une langue qu'il comprend
Information des tiers et droit de communiquer	Avis obligatoire au représentant légal dès le début de la mesure (parent ou tuteur ou personne ou service auquel le mineur est confié + employeur + autorités consulaires) L'information est donnée sans délai et par téléphone. Le représentant légal est aussi avisé de son droit de demander un examen médical, un entretien avec un avocat, ainsi que des droits de l'article 77-2 du CPP qu'elle *[qu'il]* peut exercer au nom du mineur. **Limites : report possible par le magistrat pour une durée qu'il détermine et qui ne peut excéder :** **– 24 h si la prolongation est possible** **– 12 h si la prolongation est impossible**	Le mineur bénéficie du droit de faire prévenir par l'OPJ toute personne de son choix ainsi que son employeur **Limite : si l'OPJ estime, en raison des nécessités liées à la retenue, ne pas devoir faire droit à cette demande, il en réfère sans délai au PR qui décide, s'il y a lieu, d'y faire droit** Sauf en cas de circonstance insurmontable, qui doit être mentionnée au PV, l'OPJ doit faire ces diligences, au plus tard, dans un délai de 2 h à compter du moment où le mineur a formulé sa demande **Attention : le mineur doit en tout état de cause être assisté de son représentant légal, sauf impossibilité dûment justifiée**

LES DIFFÉRENTES FORMES DE RETENUE		
Examen médical	Désignation obligatoire d'un médecin par le Procureur de la République (PR) ou l'Officier de Police Judiciaire (OPJ) dès le début de la retenue	
Droit à l'assistance d'un avocat choisi ou commis d'office	Désignation par le mineur ou ses représentants légaux. A défaut d'office par l'OPJ, le PR ou le JI **(désignation obligatoire)** Obligatoire	Pas d'assistance prévue par un avocat

DE NOUVELLES MESURES DE POLICE ADMINISTRATIVE – LES MESURES ADMINISTRATIVES DE CONTRÔLE ET DE SURVEILLANCE – MACS

Issues de la loi n° 2017-1510 du 30 octobre 2017 renforçant la sécurité intérieure et la lutte contre le terrorisme, les MACS sont prévues aux articles L. 228-2 à L. 228-5 du code de la sécurité intérieure (CSI) et peuvent être prescrites cumulativement ou alternativement. Ces mesures sont écrites et motivées (art. L. 228-6 CSI).

L'article L. 228-1 CSI définit les personnes auxquelles ces MACS peuvent s'appliquer : personnes (mineures et majeures) dont il existe des raisons sérieuses de penser que leur comportement constitue une menace d'une particulière gravité pour la sécurité et l'ordre publics et qui :

• soit, entrent en relation de manière habituelle avec des personnes ou des organisations incitant, facilitant ou participant à des actes de terrorisme ;

• soit, soutiennent, diffusent — lorsque cette diffusion s'accompagne d'une manifestation d'adhésion à l'idéologie exprimée — ou adhèrent à des thèses incitant à la commission d'actes de terrorisme ou faisant l'apologie de tels actes.

L'article L. 228-2 du CSI prévoit que ces personnes peuvent être soumises à la série d'obligations suivantes :

• ne pas se déplacer à l'extérieur d'un périmètre géographique déterminé, qui ne peut être inférieur à celui de la commune, et qui doit permettre à l'intéressé de mener une vie familiale et professionnelle normale ;

• se présenter périodiquement aux services de police ou aux unités de gendarmerie, dans la limite d'une fois par jour ;

• déclarer son lieu d'habitation ainsi que tout changement de celui-ci.

L'article L. 228-3 du CSI prévoit une possibilité de placement sous surveillance électronique mobile qui remplace l'obligation de pointage. En contrepartie, le périmètre minimal de la mesure n'est plus réduit à la commune de résidence mais au département. L'accord de la personne est obligatoire. La mesure est interrompue si le dispositif électronique dysfonctionne.

S'il est fait application de l'article **L. 228-3 du CSI***[,]* la personne définie à l'article L. 228-1 peut être soumise **à la série d'obligations suivantes** :

• ne pas se déplacer à l'extérieur d'un périmètre géographique déterminé, qui ne peut être inférieur à celui du département, et qui doit permettre à l'intéressé de mener une vie familiale et professionnelle normale ;

• être astreinte, pendant toute la durée du placement, au port d'un dispositif technique permettant à tout moment à l'autorité administrative de s'assurer à distance qu'elle n'a pas quitté le périmètre défini en application du 1° ;

• déclarer son lieu d'habitation ainsi que tout changement de celui-ci,

Les MACS prévues aux articles L. 228-2 et L. 228-3 du CSI sont assorties de plusieurs garanties procédurales visant à limiter l'atteinte portée aux libertés fondamentales de l'intéressé :

• durée de la mesure = 3 mois *[le ministère de l'Intérieur peut décider de prononcer une MACS pour une durée maximale de trois mois. Il pourrait donc en théorie prononcer une décision pour un délai inférieur mais le cas est peu probable en pratique. Le texte ne traite pas d'une éventuelle interruption de la mesure avant l'expiration du délai initialement fixé.]* ;

• si les conditions de *[l'article]* L. 228-l sont toujours réunies, mesure renouvelable par tranche de 3 mois pour une durée totale maximale de 12 mois. La mesure et la décision de renouvellement sont notifiées à la personne qui peut exercer des recours suspensifs devant le tribunal administratif.

L'article L. 228-4 du CSI prévoit que s'il ne fait pas application des articles L. 228-2 et L. 228-3, le ministre de l'intérieur peut faire obligation à toute personne mentionnée à l'article L. 228-1 de :

— déclarer son domicile et tout changement de domicile ;

— signaler ses déplacements à l'extérieur d'un périmètre déterminé ne pouvant être plus restreint que le territoire de la commune de son domicile ;

— ne pas paraître dans un lieu déterminé, qui ne peut inclure le domicile de la personne intéressée. Cette obligation tient compte de la vie familiale et professionnelle de la personne intéressée *[la mesure se veut moins contraignante en ce que la personne n'est pas tenue de rester dans le périmètre de la commune mais de signaler quand elle en sort. Dès lors, la durée est de six mois, renouvelable pour six mois une seule fois en cas d'éléments nouveaux.]*.

L'article L. 228-5 du CSI dispose que le ministre de l'intérieur peut faire obligation à toute personne mentionnée à l'article L. 228-1, y compris lorsqu'il est fait application des articles L. 228-2 à L. 228-4, de ne pas se trouver en relation directe ou indirecte avec certaines personnes, nommément désignées, dont il existe des raisons sérieuses de penser que leur comportement constitue une menace pour la sécurité publique.

ANNEXE I AUTORISATION, INTERDICTION ET OPPOSITION À SORTIR DU TERRITOIRE CONCERNANT UN MINEUR

Rôle des titulaires de l'autorité parentale

La loi n° 2016-731 du 3 juin 2016 renforçant la lutte contre le crime organisé, le terrorisme et leur financement, et améliorant l'efficacité et les garanties de la procédure pénale a créé l'article 371-6 du code civil qui prévoit désormais que, **pour pouvoir quitter le territoire national sans être accompagné d'un titulaire de l'autorité parentale, l'enfant doit être muni d'une autorisation de sortie du territoire signée par un titulaire de l'autorité parentale**.

Le décret n° 2016-1483 du 2 novembre 2016 relatif à l'autorisation de sortie du territoire d'un mineur non accompagné par un titulaire de l'autorité parentale prévoit que l'autorisation précitée est rédigée au **moyen d'un formulaire** (téléchargeable sur internet) comportant des mentions et des justificatifs obligatoires, formulaire dont le modèle a été fixé par arrêté du 13 décembre 2016 fixant les modalités d'application du décret.

Les compétences administratives

L'interdiction administrative de sortie du territoire.

Le ministre de l'Intérieur peut interdire le départ de France d'un ressortissant français lorsqu'il existe des raisons sérieuses de croire qu'il projette des déplacements à l'étranger ayant pour objet la participation à des activités terroristes ou sur un théâtre d'opérations de groupements terroristes *[art. L. 224-1 code de la sécurité intérieure]*. D'une durée maximale de 6 mois, cette interdiction peut être renouvelée sans que ne soit fixée de durée consécutive maximale. Compte tenu de l'urgence et de la nécessité de garantir l'effectivité de la mesure, celle-ci n'a pas à être précédée de la mise en œuvre d'une procédure contradictoire préalable.

L'interdiction de sortie du territoire emporte retrait et invalidation du passeport et de la carte nationale d'identité de la personne concernée ou, le cas échéant, fait obstacle à la délivrance d'un tel document.

Le fait de quitter le territoire national ou de tenter de le quitter en violation d'une décision d'interdiction d'en sortir est passible d'une peine de trois ans d'emprisonnement et de 45.000 euros d'amende.

L'opposition à sortie du territoire (OST).

Elle répond aux situations d'urgence dans lesquelles un titulaire de l'autorité parentale craint un départ imminent – illicite ou le mettant en danger – de l'enfant à l'étranger.

• **Le premier dispositif d'OST** permet à l'un des titulaires de l'exercice de l'autorité parentale (y compris par délégation), lorsqu'il craint un enlèvement familial, de faire une demande d'opposition à la sortie du territoire français de l'enfant, et ce, sans délai et à titre conservatoire, dans l'attente d'obtenir en référé une décision judiciaire d'interdiction de sortie du territoire. La décision d'OST du préfet entraîne l'inscription du mineur au fichier des personnes recherchées (FPR) et son signalement au Système d'Information Schengen (SIS). Elle n'est valable que 15 jours et non prorogeable.

• **Le second dispositif d'OST** permet dorénavant à l'un des titulaires de l'exercice de l'autorité parentale (y compris par délégation) de faire, sans délai, une demande d'opposition à la sortie du territoire français de l'enfant dès lors qu'il craint, indépendamment de tout conflit familial, que celui-ci n'envisage de partir à l'étranger, notamment sous l'influence de mouvements radicaux armés. Les mineurs susceptibles de faire l'objet d'une OST dans ce nouveau cadre sont les mineurs français, résidant en France ou à l'étranger ainsi que les mineurs étrangers dont les parents résident régulièrement en France.

Si le préfet prend une décision d'OST sans titulaire de l'autorité parentale, il la notifie à chacun des deux parents dans les plus brefs délais et en sollicite l'inscription au FPR. Il en informe, en outre, le procureur de la République en vue, le cas échéant, de la saisine du juge des enfants.

L'OST sans titulaire de l'autorité parentale a une durée de validité de 6 mois mais peut être prorogée à la demande expresse d'un titulaire de l'autorité parentale.

Elle n'empêche pas le mineur de sortir du territoire s'il est accompagné par l'un des titulaires de l'autorité parentale qui devra alors justifier de sa qualité auprès des services de la police aux frontières.

Les compétences judiciaires

La compétence de droit commun du juge aux affaires familiales.

Le juge aux affaires familiales peut ordonner l'interdiction de sortie du territoire français (IST) du mineur sans l'autorisation de ses deux parents dans toutes les procédures relatives à l'exercice de l'autorité.

Le juge aux affaires familiales peut être saisi, par les ou l'un des parents ou par le ministère public qui peut, lui-même, être saisi par un tiers *[art. 373-2-8 du code civil. Un service de la PJJ peut saisir le ministère public pour que celui-ci saisisse le JAF, En revanche, il ne peut pas saisir directement le JAF.]*. Ainsi, le préfet qui a délivré une OST d'un mineur peut solliciter le ministère public aux fins d'apprécier l'opportunité de saisir le juge aux affaires familiales d'une demande d'IST judiciaire).

Si la décision du juge aux affaires familiales ne mentionne aucune durée pour l'IST, celle-ci est valable :

• si elle a été prononcée dans le cadre d'un jugement, jusqu'à l'intervention d'une nouvelle décision judiciaire et, au plus tard, jusqu'à la majorité de l'enfant,

• si elle résulte d'une ordonnance de protection, six mois maximum sauf prolongation si, durant ce délai, une requête en divorce ou en séparation de corps a été déposée ou si le juge aux affaires familiales a été saisi d'une requête relative à l'exercice de l'autorité parentale.

En outre, cette IST ne vaut pas si le mineur voyage en compagnie de ses deux parents. Elle peut aussi être aménagée par le juge aux affaires familiales qui fixe alors les modalités suivant lesquelles les parents donneront à leur enfant l'autorisation (recueil par un officier ou un agent de police judiciaire, en précisant la destination et la période) *[article 1180-4 du C. pr. civ.]*.

Cette IST sera inscrite au fichier des personnes recherchées par le procureur de la République.

La compétence exceptionnelle du juge des enfants voire du procureur de la République.

• Aux termes de l'article 375-7 du code civil, le juge des enfants n'est compétent pour rendre une décision d'IST à l'égard d'un mineur que si ce dernier fait l'objet d'une mesure d'assistance éducative en milieu ouvert, d'une mesure de placement en assistance éducative, ou d'une mesure d'investigation ou d'expertise.

Le juge des enfants n'a donc pas le pouvoir de prononcer une IST de façon autonome.

Cette interdiction a une durée limitée de deux ans et ne peut pas être aménagée par le juge des enfants.

Cette IST sera inscrite au fichier des personnes recherchées par le procureur de la République.

• La possibilité est donnée au procureur de la République, en cas d'urgence, dès lors qu'il existe des éléments sérieux laissant supposer que l'enfant s'apprête à quitter le territoire national dans des conditions qui le mettraient en danger et que l'un, au moins, des détenteurs de l'autorité parentale ne prend pas de mesure pour l'en protéger, d'interdire, par décision motivée, la sortie du territoire de l'enfant.

Il saisit ensuite le juge des enfants dans un délai de 8 jours de l'interdiction. La décision du procureur de la République fixe la durée de cette interdiction, qui ne peut excéder deux mois.

Cette interdiction de sortie du territoire est inscrite au fichier des personnes recherchées.

ANNEXE 2 RAPPEL DES RÈGLES RELATIVES AU PARTAGE D'INFORMATIONS

Les personnels du secteur public de la PJJ sont tenus au secret professionnel, secret protégé par la loi et non par l'autorité dont ils dépendent *[art. 3-1 du Décr. du 6 nov. 2007 relatif aux établissements et services du secteur public de la PJJ]*. Ainsi, seule une loi (et non leurs collègues ou supérieurs hiérarchiques) peuvent les autoriser ou les obliger à révéler une information à caractère secret recueillie dans l'exercice ou à l'occasion de l'exercice de leur profession.

Dans le champ des compétences des personnels de la PJJ, la loi prévoit expressément les hypothèses d'échanges d'informations qui, en l'espèce, sont autorisées et non obligatoires *[toutefois, la loi prévoit également des cas de transmission d'informations obligatoires (ex : en cas de sévices infligés à un mineur, en cas d'informations préoccupantes sur un mineur en danger ou en risque de l'être, en cas de risque de survenance d'un crime ou d'un délit contre l'intégrité corporelle).]* :

• L'autorisation d'échange d'informations à caractère secret dans le cadre d'une mission de protection de l'enfance *[art. L. 226-2-2 du CASF]* ou d'une mission d'action sociale *[art. L. 121-6-2 du CASF]* ;

• L'autorisation d'échange d'informations confidentielles au sein des groupes de travail et d'échange d'informations à vocation territoriale ou thématique des conseils locaux ou intercommunaux de sécurité et de prévention de la délinquance (CLSPD, CISPD) *[art. L. 132-5 du CSI]*. L'article D. 132-7 du CSI prévoit qu'en fonction de la situation locale, les compétences du CLSPD peuvent s'étendre aux actions de prévention de la radicalisation définies conjointement avec le représentant de l' État *[cf charte déontologique type pour l'échange d'informations : https://www.interieur.gouv.fr/SG-CIPDR/Outils-et-initiatives/Les-outils-du-Maire/L-echange-d-informations]*.

• L'autorisation d'échange d'informations confidentielles dans les états-majors de sécurité des conseils départementaux de prévention de la délinquance et des cellules de coordination opérationnelle des forces de sécurité intérieure des zones de sécurité prioritaires *[art. L. 132-10-1 du CSI]*.

Par ailleurs, depuis avril 2014, la PJJ est étroitement associée à la mise en œuvre des différents plans de lutte contre le terrorisme et la radicalisation violente adoptés par le Gouvernement. Les circulaires du 29 avril 2014 et du 25 juin 2014 citent la PJJ comme service de l'État et opérateur concerné. La PJJ est appelée à participer de façon active aux différentes actions en découlant *[note du 24 novembre 2017 relative aux modalités d'inscription de la protection judiciaire de la jeunesse au sein des politiques publiques.]*.

En l'état du droit actuel, aucun texte législatif n'autorise l'échange d'informations secrètes ou confidentielles au sein des cellules territoriales de suivi (CPRAF) créées par simple circulaire du Ministère de l'intérieur en date du 29 avril 2014. En effet, une circulaire n'a pas force de loi.

Ainsi, la note de la DPJJ du 7 septembre 2015 relative au cadre d'intervention des référents laïcité et citoyenneté (RLC) de la mission nationale de veille et d'information (MNVI) dispose que l'intervention des RLC dans les cellules préfectorales doit se limiter au recueil d'infmmation et à une expertise sur les orientations éducatives à donner à une situation évoquée, que le mineur concerné soit suivi par la PJJ ou non. Aucune pièce, rapport éducatif ou document nominatif ne doit être adressé à une autorité autre que judiciaire. Le signalement d'une situation de mineur en risque de radicalisation avérée, ou en danger du fait de la radicalisation de ses parents, se fait exclusivement auprès du procureur de la République et/ou du magistrat en charge de la situation du mineur. Le procureur évaluera ensuite la pertinence de transmettre des éléments au préfet.

Sur les possibilités de transmettre des informations aux services de renseignement : l'article L. 863-2 al. 2 du CSI prévoit que les autorités prévues à l'article 1 de l'ordonnance du 8 décembre 2005 peuvent transmettre aux services chargés du renseignement, de leur propre initiative ou sur requête de ces derniers, des informations utiles à l'accomplissement des missions de ces derniers. Parmi les autorités en question figure la PJJ.

Toutefois*[,]* ces dispositions ne visent pas spécifiquement les informations à caractère secret (contrairement à celles qui prévoient le partage d'information en matière de protection de l'enfance). Elles ouvrent une possibilité qui suppose de s'assurer du « besoin d'en connaître » du demandeur d'informations et ne sont pas créatrices d'une obligation.

Note du 5 septembre 2018,

Relative à la situation des mineurs non accompagnés faisant l'objet de poursuites pénales (NOR : JUSF1821612N).

L'augmentation du nombre de mineurs non accompagnés (MNA) impliqués dans des affaires pénales et détenus est observée par les DIRPJJ, les DISP et les procureurs de la République qui le rapportent régulièrement à la mission mineurs non accompagnés (MMNA) de la DPJJ. Cette information est également relevée lors des comités de pilotage interrégionaux des lieux de détention pour les mineurs.

Des similarités dans les profils de ces mineurs sont constatées. Il s'agit principalement de jeunes garçons en errance. La plupart de ces jeunes sont déjà en difficulté dans leur pays d'origine, en rupture avec leur famille. Ils sont exploités par des réseaux pour commettre des vols, impliqués dans le trafic de stupéfiants mais sont également consommateurs de ces produits. Ils sont souvent victimes de traite des êtres humains et parfois repérés à l'occasion de délits de subsistance.

Ces mineurs se trouvent pour l'essentiel dans les grandes métropoles notamment Paris, Marseille, Montpellier, Lille, Lyon, Nantes et Rennes. Ces jeunes, avec lesquels il est parfois plus complexe de tisser un lien, ne sont ni pris en charge par les services de la protection judiciaire de la jeunesse, ni par les conseils départementaux. Certains présentent une santé dégradée par leur vécu et leur parcours, tant sur le plan somatique que psychique.

Outre les difficultés liées à leur situation, ces jeunes sont le plus souvent incarcérés sans représentant légal désigné et sans suivi éducatif d'un conseil départemental ni de la PJJ. Il

peut en résulter une plus grande complexité d'exercice des missions de la PJJ, notamment la proposition d'alternatives à l'incarcération, ce d'autant plus que ces jeunes sont sans hébergement.

Cette note n'a pas vocation à traiter de la prise en charge éducative des MNA au sein des établissements et services de la PJJ, mais a pour objectif de garantir à ce public spécifique la mise en place d'une protection ou d'un statut, rendu indispensable par leur minorité et leur isolement.

1. L'évaluation de la minorité et de l'isolement des personnes se déclarant MNA

Dans le cadre de la procédure pénale, la question de la détermination de l'âge est un critère essentiel pour déterminer les règles applicables à la mesure de garde à vue, la compétence de la juridiction, les peines et les mesures applicables, ainsi que les garanties juridiques attachées à l'état de minorité.

Les MNA impliqués dans des affaires pénales peuvent être dépourvus d'un document d'identité et leur minorité et leur isolement n'ont pas toujours été évalués par un conseil départemental. Par ailleurs, certains de ces mineurs ont recours à des "alias".

Le décret n° 2016-840 du 24 juin 2016 relatif à l'évaluation de la situation des mineurs privés temporairement ou définitivement de la protection de leur famille, complété par l' arrêté du 17 novembre 2016, dispose qu'il revient au président du conseil départemental de procéder à l'évaluation de la situation des personnes se présentant comme MNA dans le cadre de la mission départementale d'accueil provisoire d'urgence. Toutefois, rien n'indique qu'il doive y procéder dans un cadre pénal.

Les services de la PJJ peuvent intervenir auprès des MNA lors d'une prise en charge au titre de l'ordonnance du 2 février 1945 relative à l'enfance délinquante mais aucun texte ne prévoit leur intervention en matière d'évaluation de la minorité. L'article 12 de l'ordonnance du 2 février 1945, sur le fondement duquel sont réalisés les recueils de renseignement socio-éducatifs (RRSE), prévoit en effet : "Le service de la protection judiciaire de la jeunesse compétent établit, à la demande du procureur de la République, du juge des enfants ou de la juridiction d'instruction, un rapport écrit contenant tous renseignements utiles sur la situation du mineur ainsi qu'une proposition éducative." L'article 8 alinéa 4, relatif à l'enquête sur la personnalité, prévoit : "Il recueillera, par toute mesure d'investigation, des renseignements relatifs à la personnalité et à l'environnement social et familial du mineur." L'entretien préparatoire au RRSE devra être réalisé dans une langue comprise par l'intéressé.

L'évaluation de la minorité de la personne se déclarant MNA n'entre donc pas dans le cadre du recueil de renseignements socio-éducatifs, ni dans celui de la mesure judiciaire d'investigation éducative (MJIE).

Dans un cadre pénal, il s'agit d' un élément de la vérification de l'identité du mis en cause, qui relève du travail d'enquête mené lors de la garde à vue par les services de police ou de gendarmerie. Elle doit se faire conformément aux dispositions de l'article 388 alinéas 2 à 4 du code civil : l'examen radiologique osseux ne peut intervenir qu'en dernier ressort, sur décision judiciaire, avec l'accord de l'intéressé et en complément d'autres investigations *[Cf. Annexe 1, focus DACG sur la détermination de la minorité en matière pénale]*.

2. Spécificités de la prise en charge des mineurs non accompagnés détenus

Les décisions de placement en détention provisoire sont rarement accompagnées d'une mesure de milieu ouvert et la demande *a posteriori* formulée par les services de la PJJ en détention est peu suivie d'effet.

Cette situation ne favorise pas la mise en œuvre d'une action éducative susceptible de s'inscrire dans une démarche de parcours. S'y ajoute une articulation complexe entre les juridictions saisies en assistance éducative et l'aide sociale à l'enfance (ASE). En effet, la situation pénale du mineur et l'incertitude sur la minorité réelle peuvent conduire les conseils départementaux à attendre l'intervention de la PJJ.

Certains MNA présentent d'importantes fragilités, des vulnérabilités à mettre en lien avec leurs parcours de vie d'errance. Ils peuvent manifester de profonds signes de souffrance psychique parfois accentués par un sevrage imposé aux produits stupéfiants.

A l'adolescence, les conduites addictives peuvent être associées à des facteurs de vulnérabilité notamment de type dépressif et de stress post-traumatique complexes, qui imposent une prise en charge sanitaire, des consultations pédopsychiatriques et, parfois, des traitements médicamenteux.

Plus largement, ces situations posent la question de la prise en compte du trauma lié à l'exil. En effet, la prise en charge de ces adolescents met en évidence le caractère intrinsèquement traumatique du parcours migratoire, du fait même de l'exil, mais aussi des dangers physiques graves auxquels ils peuvent être confrontés, certains s'étant trouvés en danger de mort à l'occasion de ce voyage. Plus que d'autres, ils peuvent se mettre en danger et être impliqués dans de nombreux incidents en détention (actes auto-agressifs, feux de cellule, violences entre détenus).

Il est certain que l'incarcération est susceptible d'accentuer les difficultés importantes (isolement, vulnérabilité, souffrance psychique, dépendance...) que rencontrent les MNA. Il est donc nécessaire que les personnels de la PJJ, qu'ils interviennent en détention ou dans le cadre du milieu ouvert, apportent une attention toute particulière à ces publics afin d'instaurer avec eux une relation éducative et de les aider à surmonter l'isolement supplémentaire induit par l'enfermement (séparation avec le peu de personnes qu'ils peuvent connaître en France, moyens de communication réduits, difficultés d'accès à l'interprétariat, perte de la liberté d'aller et venir, angoisses liées au passage à la majorité et à l'obtention d'un titre de séjour...).

Pour assurer ces prises en charge au quotidien, les équipes pluridisciplinaires en détention sont confrontées à des problématiques spécifiques, accentuées par la barrière de la langue. Les services de l'administration pénitentiaire et de la protection judiciaire de la jeunesse devront développer de nouveaux partenariats, notamment en matière d'interprétariat, afin de garantir la protection de ces mineurs en détention, mais aussi dans le cadre de la construction des projets de sortie.

3. Les points d'attention concernant les MNA au pénal

Plus que les autres mineurs, les MNA sont sujets à des ruptures de parcours éducatifs en raison de la vacance de l'autorité parentale. Ils dépendent particulièrement des institutions pour l'élaboration de leur projet mais aussi pour leurs besoins quotidiens. La désignation d'un représentant légal doit donc constituer une priorité, soit directement par l'ouverture d'une tutelle, soit en passant par le préalable d'une mesure d'assistance éducative afin de leur assurer une protection immédiate.

En cas de vacance constatée de l'autorité parentale, avant la fin de la garde à vue et au plus tard concomitamment à la requête pénale, le procureur de la République confie le mineur au conseil départemental du siège de la juridiction du lieu de commission de l'infraction par ordonnance de placement provisoire (OPP) et saisit simultanément le juge des enfants d'une requête en assistance éducative (AE) en application de l'article 375-5 du code civil.

Il apparaît nécessaire, quelles que soient les réquisitions envisagées par le procureur de la République (déferement sans mesure éducative, LSP, CJ, placement pénal ou détention provisoire), que l'OPP et la saisine du juge des enfants en assistance éducative se fassent au plus tôt et même avant la présentation du mineur au juge des enfants dans le cadre pénal. Un tel processus permettra de s'assurer que le MNA bénéficie des mêmes droits que tout mineur (hébergement, accompagnement, continuité de la prise en charge...) et facilitera l'élaboration d'une proposition éducative, notamment d'alternative à l'incarcération. Cela permettra au juge des enfants auquel le mineur sera présenté au pénal d'être saisi en assistance éducative dans le même temps et d'articuler au mieux les deux procédures. Le juge des enfants sera donc saisi concomitamment dans un cadre pénal et dans un cadre civil.

A défaut d'évaluation préalable de la minorité et de l'isolement réalisée par le conseil départemental dans un cadre pénal, le procureur de la République pourra vérifier si une mesure d'assistance éducative n'est pas déjà ordonnée concernant le mineur déféré. En l'absence de base nationale, le parquet devra saisir la cellule nationale d'orientation et d'appui à la décision judiciaire (au sein de la MMNA) de cette question :

- Si le mineur est inconnu de la base de données de la cellule nationale, une procédure en assistance éducative pourra être ouverte.
- Si le mineur a déjà fait l'objet d'une évaluation par un conseil départemental et qu'une OPP a été prise, le procureur de la République devra prendre attache avec son homologue ou le tribunal pour enfants concerné pour savoir si la mesure est toujours en cours. Dans le cas contraire, le procureur de la République se fera communiquer la décision de mainlevée ou de non-lieu à l'assistance éducative pour la joindre à l'enquête pénale et à la saisine en assistance éducative du juge des enfants du lieu de commission de l'infraction.

Si le juge des enfants confie le mineur au conseil départemental dans le cadre de l'assistance éducative et en l'absence d'évaluation antérieure de la minorité et de l'isolement *[En application du décret du 24 juin 2016 relatif à l'accueil et aux conditions d'évaluation de la situation des mineurs privés temporairement ou définitivement de la protection de leur famille]*, le conseil départemental devra prendre en charge le mineur. Néanmoins, s'il émet des doutes sur la minorité de l'intéressé, rien ne l'empêchera d'organiser une nouvelle évaluation. Si cette dernière conclut à la majorité de l'intéressé, le conseil départemental pourra solliciter la mainlevée du placement. Le juge des enfants *[Décis. du CE 27 déc. 2017 : Un département ne peut pas mettre fin à la prise en charge d'une personne déclarée MNA, en se prévalant d'un examen médical constatant que l'âge physiologique de ce dernier est supérieur à dix-huit ans, tant que le juge des enfants n'a pas ordonné la mainlevée de ce placement. Applicable également aux documents d'identité]* pourra ensuite tirer toutes conséquences des décisions qu'il aura prises en assistance éducative et se prononcer sur sa compétence matérielle en matière pénale au regard de l'âge.

▸ Sollicitation d'une mesure éducative en cas de réquisition d'un mandat de dépôt

En application de la circulaire de politique pénale et éducative relative à la justice des mineurs du 13 décembre 2016, lorsque le procureur de la République requiert la détention provisoire pour un mineur inconnu de la protection judiciaire de la jeunesse, la permanence éducative auprès du tribunal (PEAT) sollicite une mesure éducative pour s'assurer de l'intervention d'un service de milieu ouvert.

De plus, en application de la circulaire DPJJ relative à l'action éducative dans le cadre pénal (AECP) du 2 février 2010, et ce, quelle que soit la décision prise par le magistrat, il importe que la permanence éducative auprès des tribunaux transmette les informations permettant de veiller au respect des droits et intérêts du mineur en prenant en considération sa situation individuelle. Dans le cas d'une décision d'incarcération, il s'agit de porter à la connaissance du magistrat toute information lui permettant d'affecter le mineur sur un mode ou un lieu de détention qui favorise la prise en compte de sa situation (personnalité, maintien des liens familiaux, éducatifs ou affectifs, projet possible à partir du lieu de détention, démarches de formation...).

Enfin, en application de la note DPJJ du 24 août 2017 relative à l'action éducative conduite par les milieux ouverts auprès des jeunes détenus, le suivi pénal doit s'organiser à partir de la juridiction de présentation du mineur primo-délinquant, qui déterminera ainsi le conseil départemental et le service de milieu ouvert PJJ compétent, dès le déferement quand ces derniers sont désignés par l'autorité judiciaire pour assurer un suivi.

▸ Saisine du juge aux affaires familiales agissant en qualité de juge des tutelles

Si le service éducatif constate qu'un MNA incarcéré ou placé en établissement de la PJJ n'a pas de représentant légal sur le territoire, il doit saisir sans délai le procureur de la République de la juridiction de présentation du mineur aux fins d'ouverture d'une tutelle ou de prononcé d'une délégation d'autorité parentale. Cette mesure permettra de préparer le plus en amont possible un projet de sortie, notamment pour assurer sa prise en charge effective par le conseil départemental (hébergement et suivi éducatif). Parallèlement, le service éducatif de la PJJ compétent veille à tenir informé le juge des enfants ou le juge d'instruction des démarches engagées, pour qu'elles soient prises en compte dans le prononcé des mesures qui prendront le relais de l'incarcération ou du placement. La circulaire du 19 avril 2017 sur la protection judiciaire de l'enfant donne de nombreuses indications à ce sujet *[Voir Circ. relative à la protection judiciaire de l'enfant, en application de la loi du 14 mars 2016, signée par le garde des Sceaux le 19 avr. 2017 - Fiche : mineurs non accompagnés]*.

▸ Le transfert des MNA détenus

L'augmentation importante du nombre de mineurs incarcérés au cours de l'année 2017 engendre dans certains quartiers mineurs (QM) et établissements pour mineurs (EPM) un taux d'occupation très élevé, susceptible de compromettre le respect du principe de l'encellulement individuel et la qualité de la prise en charge. La DAP est amenée à procéder à des transferts sur sollicitation des DISP en difficulté. Ainsi, la DACG, la DAP et la DPJJ ont engagé une politique coordonnée des transferts en vue de réguler les effectifs, diffusée par dépêche du 9 janvier 2018.

Dans ce cadre, l'évaluation pluridisciplinaire de la situation du mineur dont le transfert est envisagé est essentielle. La dépêche du 9 janvier 2018 relative au transfert de mineurs aux fins de régulation des effectifs précise que "le rapport de la PJJ à l'attention de l'administration pénitentiaire ne peut se limiter à un avis "favorable ou défavorable". Il doit être circonstancié et comporter des éléments sur la personnalité, la situation familiale et pénale, les besoins en termes d'accompagnement éducatif, scolaire et médical et le projet de sortie. Une attention particulière doit être portée à la situation des mineurs dont le transfert renforcerait la vulnérabilité, notamment les mineurs non accompagnés. A cette fin, le service de la PJJ en détention prend attache avec le tuteur désigné et le service de milieu ouvert compétent pour recueillir les éléments d'appréciation précités. Ce rapport de la PJJ indique le positionnement du mineur à l'égard des professionnels intervenant en détention, les éventuels incidents et porte une attention particulière à l'évaluation du risque suicidaire.

▶ Sortie de détention

Si à l'approche de la sortie de détention d'un MNA, aucun service de l'aide sociale à l'enfance n'a encore été désigné par l'autorité judiciaire, le service éducatif du quartier des mineurs, de l'EPM ou de l'unité dédiée à l'accueil des filles doit solliciter le procureur de la République du lieu de détention, qui appréciera les suites à donner.

Le procureur de la République a la possibilité de saisir le juge aux affaires familiales aux fins de désignation d'un tuteur permettant d'assurer toutes les démarches au profit du mineur et/ou le juge des enfants de la juridiction du lieu de détention. Dans cette situation, c'est au tuteur de venir chercher le mineur à sa sortie de détention.

Le procureur de la République peut également saisir la cellule (MMNA) dans le cadre de la répartition nationale afin que cette dernière lui fasse une proposition d'orientation, notamment celle de la juridiction de présentation du mineur. En l'absence de tuteur désigné, l'accompagnement vers le département d'orientation reste problématique. Il appartiendra au service éducatif en détention d'assurer son acheminement vers le conseil départemental désigné.

Afin que l'accueil du MNA sur le département d'orientation se fasse dans les meilleures conditions et que la prise en charge soit effective, il est essentiel que le service éducatif en détention sollicite le plus en amont possible le procureur de la République, pour que ce dernier saisisse la cellule nationale au minimum une semaine avant la date de sortie prévisible.

Afin d'assurer la mise en œuvre de ces orientations nationales, les procureurs de la République organiseront une réunion avec le service de l'aide sociale à l'enfance, les juges des enfants, les juges des tutelles et la direction de la protection judiciaire de la jeunesse pour définir les conditions de mise en œuvre.

Nous vous remercions de bien vouloir nous rendre compte de la mise en œuvre de cette instruction au 31 décembre 2018 et de nous tenir informés de toute difficulté, sous timbre de la direction des affaires criminelles et des grâces (courriel : liste.information.dacg-bppg@justice.gouv.fr), de la direction des affaires civiles et du sceau (courriel : dacs-cl@justice.gouv.fr) et, de la direction de la protection judiciaire de la jeunesse (courriel : dpjj-sdmpje@justice.gouv.fr).

LA DÉTERMINATION DE LA MINORITÉ EN MATIÈRE PÉNALE

Juillet 2018

Dans le cadre d'une procédure pénale, l'âge d'une personne mise en cause est un critère essentiel pour déterminer les suites à donner à cette procédure (compétence de la juridiction saisie, peines applicables, mesures provisoires applicables). Les garanties juridiques attachées à l'état de minorité nécessitent qu'en cas de doute sérieux sur la minorité alléguée d'une personne, il soit procédé à des vérifications.

A cet égard, si la loi encadre dorénavant le recours à certains modes de preuve permettant d'évaluer la minorité d'une personne, elle ne fixe toutefois aucune règle impérative pour la détermination de l'âge d'une personne, laissant le magistrat libre d'apprécier, en cas de doute ou de contestation, s'il y a lieu de retenir la minorité de la personne.

A défaut de pouvoir démontrer la majorité, la pratique majoritaire des parquets consiste à considérer l'individu concerné comme mineur et à lui appliquer les règles procédurales – plus favorables – attachées à cette qualité.

1 L'ABSENCE DE MÉTHODE SCIENTIFIQUE FIABLE DE DÉTERMINATION DE LA MINORITÉ : LE RECOURS AU FAISCEAU D'INDICES

L'évaluation de la minorité s'appuie sur la combinaison d'un faisceau d'indices, parmi lesquels il est possible de mentionner :

— les auditions de la personne ;

— les vérifications de l'authenticité des documents d'identité dont elle dispose le cas échéant ;

— la comparaison des empreintes digitales avec celles contenues dans le FAED ;

— si le doute persiste, et dans la mesure du possible en présence d'un interprète dès lors que la personne ne comprend pas le français, la réalisation d'un examen médico-légal comprenant un examen clinique, un examen dentaire (analyse de la présence et du stade de développement de la 3e molaire selon la classification de Demirjian) et, sous certaines conditions, un examen radiologique aux fins de détermination de l'âge, sous réserve du respect des garanties énumérées ci-dessous.

2 LES EXAMENS RADIOLOGIQUES

A Régime juridique

L'article 43 de la loi n° 2016-297 du 14 mars 2016 relative à la protection de l'enfant a modifié l'article 388 du code civil en encadrant le recours aux examens radiologiques aux fins de détermination de l'âge d'une personne.

• **Conditions de réalisation :**

— Prérequis : absence de documents d'identité valables et âge allégué non vraisemblable ;

En pratique, il s'agit des hypothèses dans lesquelles l'autorité judiciaire nourrit un doute sérieux sur l'âge d'une personne qui n'est pas en mesure de justifier valablement de sa minorité :

— soit parce qu'elle ne dispose d'aucun document d'identité,

— soit parce qu'il existe un doute sur l'authenticité des documents d'identité dont elle dispose,

— soit encore parce qu'il existe un doute sur le fait que les documents d'identité dont elle dispose et d'apparence régulière se rattachent bien à cette personne (ex : la personne dispose d'un document sans photographie).

— Sur décision de l'autorité judiciaire ;

— Avec l'accord de l'intéressé.

L'article 388 alinéa 2 ne prévoit pas que cet accord soit recueilli par l'autorité judiciaire.

Il appartient au médecin de vérifier le consentement de la personne avant de procéder à l'examen radiologique.

• **Portée de ces examens :**

— Les conclusions de l'examen doivent préciser la marge d'erreur ;

— Elles ne peuvent à elles seules permettre de déterminer si l'intéressé est mineur ;

— Le doute profite à l'intéressé.

• **Conséquences du refus de la personne de se soumettre à un test osseux :**

Le refus de la personne de consentir à l'examen radiologique constitue en réalité un des éléments d'appréciation à la disposition du magistrat, et ne saurait naturellement conduire *ipso facto* à considérer l'intéressé comme étant mineur ou majeur *[Cf. la décision du Défenseur des droits n° 2017-329 du 20 nov. 2017 relative à l'incidence du refus d'examen osseux par la personne mineure]*.

La jurisprudence n'est pas unifiée sur cette question.

B Aspects pratiques

• **Radiographie de la main**

Ces examens consistent à **radiographier de face la main et le poignet gauche d'une personne** et à examiner les **points d'ossification des doigts** : plus il y a de cartilage de croissance, plus la personne est jeune ; lorsqu'il n'y a plus de cartilage, la maturité osseuse est atteinte.

La **comparaison** s'effectue ensuite selon l'atlas de référence de Greulich et Pyle, réalisé dans les années 40 à partir d'une cohorte d'enfants américains, répertoriés par classe d'âge et par sexe.

A l'issue de cette comparaison, il est possible d'indiquer si l'âge allégué par la personne est compatible avec l'âge osseux déterminé par la radiographie.

Toutefois, la **fiabilité de cette méthode est remise en question** par de nombreuses instances (Comité consultatif national d'éthique, Académie nationale de médecine, Comité des droits de l'enfant des Nations unies, Haut Conseil de la santé publique, Défenseur des droits ou encore Commission nationale consultative des droits de l'homme).

L'atlas de référence de Greulich et Pyle ne tient en effet pas compte de la variabilité interindividuelle, de l'origine géographique et des conditions socio-nutritionnelles. L'estimation de l'âge osseux comporte une marge d'erreur de plus ou moins 2 ans par rapport à l'âge estimé à l'issue de l'examen radiologique osseux selon une étude très récente.

Autrement dit, si l'image correspond à l'âge osseux d'une personne de 17 ans, le praticien indiquera que l'âge de cette personne est situé dans la fourchette 15-19 ans.

Le référentiel ayant été établi à partir de sujets âgés jusqu'à 19 ans et les dernières recherches indiquant une fourchette d'erreur de +/- 2 ans par rapport à l'âge estimé, il est impossible, via ce type d'examen radiologique, de considérer qu'un sujet est majeur.

• **Scanner de la clavicule**

L'existence d'une **autre technique**, auquel il peut être recouru et consistant à procéder à un **scanner de la clavicule**, doit être signalée.

La marge d'erreur n'est pas inférieure à celle de la radiographie de la main et du poignet, mais reposant sur la fusion du noyau d'ossification de la clavicule, plus tardive que celle du poignet, le recours à cet examen peut permettre, dans certains cas, de conclure à la majorité de la personne concernée.

Les restrictions prévues par le 2e alinéa de l'article 388 du code civil pour la réalisation des examens radiologiques paraissent devoir être appliquées au scanner de la clavicule.

• **Délais de réalisation**
L'interprétation des résultats radiologiques peut être fournie dans un temps compatible avec celui d'une garde à vue.

3 LA PROHIBITION DES EXAMENS DU DÉVELOPPEMENT PUBERTAIRE DES CARACTÈRES SEXUELS PRIMAIRES ET SECONDAIRES

Les examens du développement pubertaire des caractères sexuels primaires et secondaires, qui visent à **analyser le stade du développement pubertaire** en s'appuyant sur la classification établie par Tanner, sont purement et simplement proscrits par le dernier alinéa de l'article 388 du code civil.

Ils consistent de manière générale en une analyse des organes génitaux des personnes, soit, pour les jeunes filles, en une analyse de la poitrine et de la pilosité pubienne et, pour les garçons, en une analyse de la volumétrie des testicules et de la pilosité pubienne.

TEXTES INTERNATIONAUX

Convention européenne de sauvegarde des droits de l'homme et des libertés fondamentales

Le Décr. n° 74-360 du 3 mai 1974 (D. et BLD 1974. 181 ; JO 4 mai) a porté publication de cette convention, signée le 4 nov. 1950.

RÉP. PÉN. v° Convention européenne des droits de l'homme (Jurisprudence de la Cour européenne des droits de l'homme en matière pénale), par DOURNEAU-JOSETTE.

Les formalités prévues à l'art. 66 de la Convention et aux art. 6, 4, 7 et 5 respectivement des Prot. n°s 1, 2, 3, 4 et 5 en vue de leur entrée en vigueur ont été accomplies par la France le 3 mai 1974.

Les Gouvernements signataires, Membres du Conseil de l'Europe,

Considérant la Déclaration universelle des Droits de l'homme, proclamée par l'Assemblée générale des Nations unies le 10 décembre 1948 ;

Considérant que cette Déclaration tend à assurer la reconnaissance et l'application universelles et effectives des droits qui y sont énoncés ;

Considérant que le but du Conseil de l'Europe est de réaliser une union plus étroite entre ses Membres, et que l'un des moyens d'atteindre ce but est la sauvegarde et le développement des Droits de l'homme et des libertés fondamentales ;

Réaffirmant leur profond attachement à ces libertés fondamentales qui constituent les assises mêmes de la justice et de la paix dans le monde et dont le maintien repose essentiellement sur un régime politique véritablement démocratique, d'une part, et, d'autre part, sur une conception commune et un commun respect des Droits de l'homme dont ils se réclament ;

Résolus, en tant que gouvernements d'États européens animés d'un même esprit et possédant un patrimoine commun d'idéal et de traditions politiques, de respect de la liberté et de prééminence du droit, à prendre les premières mesures propres à assurer la garantie collective de certains des droits énoncés dans la Déclaration universelle ;

(Prot. n° 15 du 24 juin 2013, art. 1er et 7, en vigueur le 1er août 2021) « Affirmant qu'il incombe au premier chef aux Hautes Parties contractantes, conformément au principe de subsidiarité, de garantir le respect des droits et libertés définis dans la présente Convention et ses protocoles, et que, ce faisant, elles jouissent d'une marge d'appréciation, sous le contrôle de la Cour européenne des Droits de l'Homme instituée par la présente Convention, »

sont convenus de ce qui suit :

Art. 1er *Obligation de respecter les droits de l'homme.* Les Hautes Parties contractantes reconnaissent à toute personne relevant de leur juridiction les droits et libertés définis au titre I de la présente Convention.

TITRE PREMIER Droits et libertés

Art. 2 *Droit à la vie.* 1. Le droit de toute personne à la vie est protégé par la loi. La mort ne peut être infligée à quiconque intentionnellement, sauf en exécution d'une sentence capitale prononcée par un tribunal au cas où le délit est puni de cette peine par la loi.

2. La mort n'est pas considérée comme infligée en violation de cet article dans les cas où elle résulterait d'un recours à la force rendu absolument nécessaire :

a) pour assurer la défense de toute personne contre la violence illégale ;

b) pour effectuer une arrestation régulière ou pour empêcher l'évasion d'une personne régulièrement détenue ;

c) pour réprimer, conformément à la loi, une émeute ou une insurrection.

1. Décès à proximité d'un établissement scolaire. Dans une affaire concernant la mort d'un mineur poignardé par un autre mineur à proximité de l'établissement scolaire qu'ils fréquentaient, la CEDH a estimé que les établissements scolaires ont l'obligation d'assurer la protection des élèves inscrits contre toutes les formes de violences et que l'État est responsable, au sens de l'art. 2, de la protection du droit à la vie des mineurs à travers l'installation d'un système de surveillance efficace. • CEDH 10 juill. 2012, *Kayak c/ Turquie*, n° 60444/08 : *RFDA 2013. 576,* *chron. Labayle, Sudre, Dupré de Boulois et Milano*.

2. Décès en détention. Les autorités nationales sont responsables de la protection des personnes en détention contre le décès, les abus ou les mauvais traitements infligés par d'autres détenus ou par les autorités elles-mêmes. Les obligations des États à cet égard sont particulièrement strictes, étant donné que les détenus sont placés sous l'autorité et le contrôle de l'État. • CEDH 13 juin 2002, *Anguelova c/ Bulgarie*, n° 38361/97 • CEDH 6 oct. 2005, *H. Y. et Hü. Y. c/ Turquie*, n° 40262/98. ♦ Violent ainsi l'art. 2 l'avertissement des parents du mineur décédé en détention qui n'a pas lieu rapidement, l'absence de mesures prises pour éviter un suicide en détention et l'excessive durée de la procédure administrative ultérieure. • CEDH 9 oct. 2012, *Çoşelav c/ Turquie*, n° 1413/07.

3. Mineurs placés. La Cour constate une violation de l'art. 2 en ce que les autorités bulgares ont manqué à leurs obligations de protéger la vie des enfants vulnérables placés sous leur responsabilité face à un risque grave et imminent ayant conduit au décès de quinze enfants et jeunes adultes, entre déc. 1996 et mars 1997, dans un foyer pour enfants et jeunes adultes atteints de troubles physiques et mentaux, à la suite du froid et d'une pénurie de nourriture, de médicaments et de biens de première nécessité et alors que la directrice de ce foyer avait alerté en vain à plusieurs reprises toutes les institutions publiques qui avaient la responsabilité directe du versement des subventions et qui étaient susceptibles de réagir. • CEDH 18 juin 2013, *Nencheva et a. c/ Bulgarie*, n° 48609/06.

4. Exclusion d'une mesure de protection des témoins. Affaire concernant l'exclusion d'une famille (un ressortissant serbe résidant en Hongrie, sa concubine et leurs trois enfants mineurs) d'un programme officiel de protection des témoins au motif que le père, incarcéré, était demeuré en contact avec le milieu criminel. La Cour conclut à la violation de l'art. 2 à l'égard des enfants et de leur mère, le gouvernement hongrois n'ayant pas démontré que les risques avaient cessé d'exister ni que les mesures nécessaires pour protéger la vie des requérants avaient été prises lorsqu'ils avaient été exclus du programme ; les autorités hongroises avaient donc exposé les enfants et leur mère à un risque potentiel de représailles mortelles de la part du milieu criminel. • CEDH 4 déc. 2012, *R. R. et a. c/ Hongrie*, n° 19400/11.

Art. 3 *Interdiction de la torture.* **Nul ne peut être soumis à la torture ni à des peines ou traitements inhumains ou dégradants.**

1. Protection nécessaire de l'État. L'art. 3 peut s'appliquer aux relations interindividuelles. Les Hautes Parties contractantes doivent prendre des mesures propres à empêcher que des personnes relevant de leur juridiction soient soumises à des tortures ou à des peines ou traitements inhumains ou dégradants, même administrés par des particuliers. Les enfants et autres personnes vulnérables, en particulier, ont droit à la protection de l'État, sous la forme d'une prévention efficace, les mettant à l'abri de formes aussi graves d'atteinte à l'intégrité des personnes. • CEDH 23 sept. 1998, *A. c/ Royaume-Uni*, n° 25599/94 : *Rec. 1998-VI ; JCP 1999. I. 105, obs. Sudre.* ♦ Combinée avec l'art. 3, l'obligation que l'art. 1er Conv. EDH impose aux Hautes Parties contractantes de garantir à toute personne relevant de leur juridiction les droits et libertés consacrés par la Convention lui commande de prendre les mesures propres à empêcher que lesdites personnes ne soient soumises à des tortures ou à des traitements inhumains ou dégradants. Ces dispositions doivent permettre une protection efficace, notamment des enfants et autres personnes vulnérables, et inclure des mesures raisonnables pour empêcher des mauvais traitements dont les autorités avaient ou auraient dû avoir connaissance. • CEDH, gr. ch., 10 mai 2001, *Z. et a. c/ Royaume-Uni*, n° 29392/95 : *JCP 2001. I. 342, obs. Sudre ; JDI 2001. 286, obs. Delaplace.*

2. Les mesures prises par les autorités entre le moment du signalement et le décès de l'enfant n'avaient pas été suffisantes pour protéger l'enfant des graves abus de ses parents en l'espèce ; en effet, le signalement de la directrice de l'école avait déclenché l'obligation positive de l'État de procéder à des investigations. Sur requêtes de deux associations de protection de l'enfance, la Cour conclut dans cette affaire à la violation de l'art. 3. • CEDH 4 juin 2020, *Assoc. Innocence en Danger c/ France*, n° 15343/15 • CEDH 4 juin 2020, *Assoc. Enfance et Partage c/ France*, n° 16806/15 : *JA 2020, n° 622, p. 12, obs. Delpech ; AJ pénal 2020. 415 ; RSC 2020. 734, obs. Marguénaud*.

3. La maltraitance des enfants par leurs proches tombe sous le coup de l'art. 3. • CEDH 10 oct. 2002, *D. P. et J. C. c/ Royaume-Uni*, n° 38719/97 : *JCP 2003. I. 109, n° 3, obs. Sudre.* ♦ ...Il en est de même pour les maltraitances entre codétenus. • CEDH 3 juin 2003, *Pantea c/ Roumanie*, n° 33343/96 : *D. 2003. Somm. 2268, obs. Renucci ; D. 2004. 1095, obs. Céré*. ♦ V. déjà : • CEDH 3 avr. 2001, *Keenan c/ Royaume-Uni*, n° 27229/95 : *Rec. 2001-III ; D. 2002. 118, obs. Céré.* ♦ A noter que la protection des détenus est une obligation de moyens, non de résultat. • CEDH 20 oct. 2011, *Stasi c/ France*, n° 25001/07 : *AJDA 2012. 143, obs. Burgorgue-Larsen ; RSC 2012. 238, obs. Roets*. ♦ Sur la situation d'un détenu victime en prison de violences infligées par des codétenus en représailles à sa coopération avec la police, V. • CEDH 17 avr. 2012, *J. L. c/ Lettonie*, n° 23893/06.

4. Brutalités policières. La CEDH souligne qu'il est essentiel que, lorsque, dans le cadre de l'exercice de leurs fonctions, les agents des forces de l'ordre sont en contact avec des mineurs, ils prennent dûment compte de la vulnérabilité inhérente au jeune âge de ces derniers. Un comportement de leur part à l'égard de mineurs peut, du seul fait qu'il s'agit de mineurs, être incompatible avec les exigences de l'art. 3 alors même qu'il pourrait passer pour acceptable s'il visait des adultes. En conclusion, la gifle assénée aux requérants par des agents de police alors qu'ils se trouvaient sous leur contrôle dans le commissariat, laquelle ne correspondait pas à une utilisation de la force physique rendue strictement nécessaire par leur comportement, a porté atteinte à leur dignité. Les requérants ne faisant état que de lésions corporelles légères et ne démontrant pas avoir enduré de vives souffrances physiques ou mentales, ce traitement ne peut être qualifié ni d'inhumain ni de torture. La Cour retient en conséquence qu'il y a eu traitement dégradant en l'espèce. Partant, il y a eu violation du volet matériel de l'art. 3 dans le chef de chacun des requérants. • CEDH, gr. ch., 28 sept. 2015, *Bouyid c/ Belgique*, n° 23380/09 : *D. actu. 12 oct. 2015, obs. Sadoun-Jarin ; AJ pénal 2016. 222, obs. Lavric*.

5. Arrestation violente d'un parent. Les agents des forces de l'ordre, qui savaient que la requérante, mineure, était ou risquait d'être présente sur les lieux, n'avaient en aucune manière pris en compte ses intérêts lorsqu'ils avaient planifié et mené leur opération contre son père et l'avaient ainsi exposée à une scène de violence qui l'avait gravement affectée, puisqu'elle avait en particulier souffert d'un trouble neurologique et de troubles psychiques post-traumatiques pendant plusieurs années après l'arrestation ; selon la Cour, le fait pour la requérante d'avoir assisté à un épisode d'une telle violence s'analysait en un mauvais traitement que les autorités n'avaient pas prévenu, au mépris de leurs obligations découlant de l'art. 3. La Cour a également conclu à une violation de l'art. 3, sous son volet procédural, en raison de l'absence d'enquête effective menée sur l'incident. • CEDH 12 nov. 2019, *A. c/ Russie*, n° 37735/09.

6. Châtiments corporels. Constituent des violences institutionnalisées contraires à l'art. 3 les châtiments corporels judiciaires (en l'espèce, un adolescent de quinze ans se vit infliger un châtiment judiciaire corporel pour avoir agressé et blessé un élève plus ancien de son école. Il fut contraint de baisser son pantalon ainsi que son slip et de se courber au-dessus d'une table. Maintenu par deux agents de police, il se vit administrer trois coups de verge par un troisième). • CEDH 25 avr. 1978, *Tyrer c/ Royaume-Uni*, n° 5856/72. ♦ Les enfants et autres personnes vulnérables, en particulier, ont droit à une protection, sous la forme d'une prévention efficace, les mettant à l'abri d'atteinte à l'intégrité de la personne. La Cour conclut à la violation de l'art. 3 (au motif que la loi anglaise n'assurait pas une protection suffisante aux enfants) ; en l'espèce un enfant âgé de neuf ans réputé « difficile » se vit administrer à plusieurs reprises de très violents coups de bâton par son beau-père, qui provoquèrent de douloureuses contusions ; inculpé pour atteinte à l'intégrité physique, ce dernier avait fait valoir le moyen de défense tiré du « caractère raisonnable du châtiment » reconnu par le droit anglais applicable à l'époque pertinente et avait été acquitté. • CEDH 23 sept. 1998, *A. c/ Royaume-Uni*, n° 25599/94 : *préc. note 5.*

7. Violences scolaires. La Cour condamne la Russie pour violation de l'art. 3 en raison du comportement d'enseignantes de maternelles qui avaient infligé à un enfant de quatre ans des maltraitances suffisamment graves pour être qualifiées d'inhumaines et dégradantes (l'enfant avait notamment été enfermé aux toilettes dans l'obscurité en lui disant que des rats allaient le dévorer, contraint à se tenir longuement debout, en sous-vêtements, les bras levés, dans le couloir de l'école). Ces mauvais traitements avaient été infligés alors que le requérant se trouvait sous la garde exclusive d'une école maternelle publique laquelle, soumise à la réglementation et au contrôle de l'État, assurait un service public d'intérêt général : la garde et l'éducation de jeunes enfants. L'État portait donc la responsabilité directe des maltraitances commises par les enseignantes sur la personne du requérant. • CEDH 7 mars 2017, *V. K. c/ Russie*, n° 68059/13.

8. Violences sexuelles (volet procédural de l'art. 3). V. parmi les nombreuses condamnations pour violation du volet procédural de l'art. 3 s'agissant du manque de diligence ou de la durée des enquêtes menées dans des affaire de viol sur mineurs : • CEDH 24 janv. 2012, *P. M. c/ Bulgarie*, n° 49669/07 (enquête sur un viol subi par une victime de treize ans ayant duré plus de quinze ans). ♦ Condamnation de la Roumanie pour avoir mis cinq ans à déclencher une enquête pour des faits de viols sur un garçon de sept ans à l'époque des faits. • CEDH 20 mars 2012, *C. A. S. et C. S. c/ Roumanie*, n° 26692/05. ♦ Concernant les violences sexuelles et en particulier la question du consentement, V. aussi notes ss. art. 8.

9. Rétention des mineurs étrangers. Atteint le seuil de gravité requis pour constituer un traitement inhumain le fait de détenir durant près de deux mois, dans les mêmes conditions qu'un adulte, une fillette de cinq ans qui, en raison de son très jeune âge, du fait qu'elle était étrangère en situation d'illégalité dans un pays inconnu et qu'elle était séparée de sa famille et donc livrée à elle-même, se trouvait dans une situation d'extrême vulnérabilité, les autorités ne pouvant ignorer les conséquences psychologiques graves d'une telle détention. Il en va de même s'agissant du traitement réservé à la mère de la fillette du fait de la souffrance et de l'inquiétude profondes causées par la détention de sa fille. • CEDH 12 oct. 2006, *Mitunga c/ Belgique*, n° 13178/03 : *D. 2007. 771, note Muzny*. ♦ Doit être qualifié de traitement inhumain et dégradant le maintien en rétention de quatre enfants âgés de sept mois, trois, cinq et sept ans compte tenu du bas âge des enfants requérants, de la durée de leur détention et de leur état de santé, diagnostiqué par des certificats médicaux pendant leur enfermement. • CEDH 19 janv. 2010, *Muskhadzhiyeva et a. c/ Belgique*, n° 41442/07 : *D. 2010. 1904, obs. Gouttenoire et Bonfils ; ibid. Pan. 2874, obs. Parrot*. ♦ Viole l'art. 3 la rétention administrative de deux enfants âgés de cinq mois et trois ans durant quinze jours dans des conditions manifestement inadaptées à leur âge (milieu d'adultes, forte présence policière, absence d'occupations, détresse de leurs parents) qui, compte tenu de leur vulnérabilité et de leur enfermement, ne pouvait qu'engendrer stress et angoisse avec des conséquences nécessairement traumatisantes. Compte tenu de l'âge des enfants, de la durée de la détention et des conditions de leur enfermement, les autorités n'ont pas assuré auxdits enfants un traitement compatible avec les dispositions précitées dépassant le seuil de gravité exigé par l'art. 3. • CEDH 19 janv. 2012, *Popov c/ France*, n°s 39472/07 et 39474/07 : *D. 2012. Actu. 363, obs. Fleuriot ; ibid. Entretien 864, obs. Slama ; AJ pénal 2012. 281, obs. Slama ; Rev. pénit. 2012. 673, note Renucci ; AJDA 2012. 127 ; Dr. fam. 2012, n° 43, obs. Bruggeman ; JCP 2012. 221, obs. Sudre.*

10. Zones de transit. Il n'est pas établi qu'il y ait eu véritablement intention d'humilier ou de rabaisser les requérants. Toutefois, l'absence d'un tel but ne saurait exclure un constat de violation de l'art. 3. La Cour estime que les conditions de détention que les requérants ont dû supporter pendant plus de dix jours n'ont pas manqué de leur causer de grandes souffrances mentales, de porter atteinte à leur dignité et de leur inspirer des sentiments d'humiliation et d'avilissement. • CEDH 24 janv. 2008, *Riad et Idiab c/ Belgique*, n° 29787/03 : *JCP 2008. I. 167, n° 5, obs. Sudre*. ♦ Lorsque des enfants sont présents, une attention toute particulière s'impose. • CEDH 19 janv. 2012, *Popov c/ France*, n°s 39472/07 et 39474/07 : *préc. note 9*. ♦ S'agissant d'une violation de l'art. 3 en raison d'une détention en centre fermé d'enfants étrangers mineurs accompagnés de leur mère, V. égal. • CEDH 13 déc. 2011, *Kanagaratnam c/ Belgique*, n° 15297/09.

11. Mineurs isolés étrangers. La Cour a conclu à la violation de l'art. 3 car, en raison de la carence des autorités françaises, le requérant s'est trouvé dans une situation constitutive d'un traitement dégradant. Les autorités n'ont en effet pas fait tout ce que l'on pouvait raisonnablement attendre d'elles pour répondre à l'obligation de prise en charge et de protection s'agissant d'un mineur isolé étranger en situation irrégulière, c'est-à-dire d'un individu relevant de la catégorie des personnes les plus vulnérables de la société. Le requérant avait ainsi vécu durant plusieurs mois dans le bidonville de la lande de Calais, dans un environnement totalement inadapté à sa condition d'enfant et dans une précarité inacceptable au regard de son jeune âge. • CEDH 28 févr. 2019, *Kahn c/France*, n° 12267/16 : *AJDA 2019. 489 ; D. 2019. 1092, et les obs., note Caire ; ibid. 1096, entretien Parrot ; ibid. 1732, obs. Bonfils et Gouttenoire ; AJ fam. 2019. 111 et les obs. ; AJCT 2019. 292, obs. Aubin*.

12. Conditions de détention. Le manque de soins médicaux appropriés pour un mineur en détention peut soulever des questions au titre de l'art. 3. • CEDH 20 janv. 2009, *Güvec c/ Turquie*, n° 70337/01 • 14 nov. 2013, *Blokhin c/ Russie*, n° 47152/06. ♦ C'est également le cas en ce qui concerne la dimension des cellules, l'éclairage et les activités récréatives. • CEDH 3 mars 2011, *Kuptsov et Kuptsova c/ Russie*, n° 6110/03, § 70.

13. Détention avec des adultes. Le fait de détenir un mineur avec des adultes, avec une absence de traitement adéquat, est une violation de l'art. 3. • CEDH 20 janv. 2009, *Güvec c/ Turquie*, n° 70337/01, § 98.

14. Détention et troubles mentaux. Certains traitements enfreignent l'art. 3 du fait qu'ils sont infligés à des détenus souffrant de troubles mentaux : il faut tenir compte de leur vulnérabilité et de leur incapacité à se plaindre des effets d'un traitement donné. C'est ainsi le cas d'un détenu mineur souffrant d'un trouble du déficit de l'attention avec hyperactivité. • CEDH, gr. ch., 23 mars 2016, *Blokhin c/ Russie*, n° 47152/06.

Art. 4 *Interdiction de l'esclavage et du travail forcé.* 1. Nul ne peut être tenu en esclavage ni en servitude.

2. Nul ne peut être astreint à accomplir un travail forcé ou obligatoire.

3. N'est pas considéré comme "travail forcé ou obligatoire" au sens du présent article :

a) tout travail requis normalement d'une personne soumise à la détention dans les conditions prévues par l'article 5 de la présente Convention, ou durant sa mise en liberté conditionnelle ;

b) tout service de caractère militaire ou, dans le cas d'objecteurs de conscience dans les pays où l'objection de conscience est reconnue comme légitime, à un autre service à la place du service militaire obligatoire ;

c) tout service requis dans le cas de crises ou de calamités qui menacent la vie ou le bien-être de la communauté ;

d) tout travail ou service formant partie des obligations civiques normales.

Obligations positives. Dès lors que l'art. 4 consacre l'une des valeurs fondamentales, limiter son respect aux seuls agissements directs des autorités de l'État irait à l'encontre des instruments internationaux spécifiquement consacrés à ce problème et reviendrait à vider celui-ci de sa substance : il en découle donc des obligations positives pour les États, telles que l'obligation de mettre en place un cadre juridique et réglementaire approprié. Le niveau d'exigence croissant en matière de protection des droits de l'homme et des libertés fondamentales implique, parallèlement et inéluctablement, une plus grande fermeté dans l'appréciation des atteintes aux valeurs fondamentales des sociétés démocratiques. La Cour estime que la législation pénale en vigueur en France à l'époque n'a pas assuré à la requérante une protection concrète et effective contre les actes de travail forcé et la réduction en servitude dont elle a été victime mineure. • CEDH 26 juill. 2005, *Siliadin c/ France*, n° 73316/01 : *AJDA 2005. 1886, chron. Flauss ; D. 2006. 346, note Roets ; ibid. 1717, obs. Renucci ; RSC 2006. 139, obs. Massias ; ibid. 431, obs. Massias ; RTD civ. 2005. 740, obs. Marguénaud*. • CEDH 11 oct. 2012, *C. N. et V. c/ France*, n° 67724/09 : *AJDA 2013. 165, chron. Burgorgue-Larsen ; D. 2012. 2451, et les obs. ; ibid. 2013. 2123, obs. Mallet-Bricout et Reboul-Maupin ; AJ pénal 2013. 162, obs. Lavric ; RSC 2013. 149, obs. Roets*.

Art. 5 ***Droit à la liberté et à la sûreté.*** **1. Toute personne a droit à la liberté et à la sûreté. Nul ne peut être privé de sa liberté, sauf dans les cas suivants et selon les voies légales :**

a) s'il est détenu régulièrement après condamnation par un tribunal compétent ;

b) s'il a fait l'objet d'une arrestation ou d'une détention régulières pour insoumission à une ordonnance rendue, conformément à la loi, par un tribunal ou en vue de garantir l'exécution d'une obligation prescrite par la loi ;

c) s'il a été arrêté et détenu en vue d'être conduit devant l'autorité judiciaire compétente, lorsqu'il y a des raisons plausibles de soupçonner qu'il a commis une infraction ou qu'il y a des motifs raisonnables de croire à la nécessité de l'empêcher de commettre une infraction ou de s'enfuir après l'accomplissement de celle-ci ;

d) s'il s'agit de la détention régulière d'un mineur, décidée pour son éducation surveillée ou de sa détention régulière, afin de le traduire devant l'autorité compétente ;

e) s'il s'agit de la détention régulière d'une personne susceptible de propager une maladie contagieuse, d'un aliéné, d'un alcoolique, d'un toxicomane ou d'un vagabond ;

f) s'il s'agit de l'arrestation ou de la détention régulières d'une personne pour l'empêcher de pénétrer irrégulièrement dans le territoire, ou contre laquelle une procédure d'expulsion ou d'extradition est en cours.

2. Toute personne arrêtée doit être informée, dans le plus court délai et dans une langue qu'elle comprend, des raisons de son arrestation et de toute accusation portée contre elle.

3. Toute personne arrêtée ou détenue, dans les conditions prévues au paragraphe 1 c) du présent article, doit être aussitôt traduite devant un juge ou un autre magistrat habilité par la loi à exercer des fonctions judiciaires et a le droit d'être jugée dans un délai raisonnable, ou libérée pendant la procédure. La mise en liberté peut être subordonnée à une garantie assurant la comparution de l'intéressé à l'audience.

4. Toute personne privée de sa liberté par arrestation ou détention a le droit d'introduire un recours devant un tribunal, afin qu'il statue à bref délai sur la légalité de sa détention et ordonne sa libération si la détention est illégale.

5. Toute personne victime d'une arrestation ou d'une détention dans des conditions contraires aux dispositions de cet article a droit à réparation.

1. Domaine d'application de l'art. 5 (hospitalisation). L'hospitalisation d'un mineur à la demande de sa mère, à l'époque seule investie de l'autorité parentale, n'entre pas *a priori* dans le champ d'application de l'art. 5 qui concerne les privations de liberté opérées par les organes de l'État. Mais encore faut-il rechercher s'il s'applique, dans les circonstances de la cause, aux restrictions de la liberté du requérant qu'a entraînées l'exercice des droits de la mère. La Cour conclut que l'hospitalisation incriminée ne constituait pas une privation de liberté au sens de l'art. 5, mais relevait de l'exercice, par une mère consciente de ses responsabilités, de ses droits parentaux dans l'intérêt de l'enfant. Le texte précité n'entre donc pas en jeu. • CEDH 15 févr. 2000, *Nielsen c/ Danemark*, n° 33488/96, §§ 64 et 73.

2. Détention des mineurs (art. 5, § 1er, d). La garantie que l'art. 5 assure à « toute personne » s'étend à l'évidence aux mineurs, comme le confirme notamment l'al. d) du § 1er. • CEDH 28 nov. 1988, *Nielsen c/ Danemark*, n° 10929/84. ♦ Lorsque la détention vise un mineur, la Cour estime, à la lumière des normes internationales pertinentes, qu'un critère essentiel pour apprécier la proportionnalité est celui de savoir si la détention a été décidée en tant que mesure de dernier ressort, dans le meilleur intérêt de l'enfant, et si elle vise à prévenir des risques sérieux pour son développement. Lorsque ce critère n'est plus rempli, la privation de liberté perd sa justification. • CEDH 19 mai 2016, *D. L. c/ Bulgarie*, n° 7472/14, § 74. ♦ La Cour considère que le placement en détention d'un mineur âgé de treize ans ne peut passer pour régulier au sens de l'art. 5, § 1er, compte tenu notamment de ce que les mesures alternatives, bien que prévues par le droit interne, n'ont pas été envisagées en l'espèce. Il s'ensuit qu'il y a eu violation de l'art. 5, § 1er. • CEDH 27 févr. 2018, *Agit Demir c/ Turquie,* n° 36475/10, § 45.

3. Détention des mineurs (éducation surveillée). La Cour relève que l'internement d'un mineur en maison d'arrêt n'enfreint pas forcément l'al. d) de l'art. 5, § 1er, même quand il n'est pas de nature à pourvoir comme tel à « l'éducation surveillée » de l'intéressé. Ainsi qu'il ressort de la préposition « pour » (« *for the purpose of* »), la « détention » dont parle ce texte constitue un moyen d'assurer le placement de l'intéressé sous « éducation surveillée », mais il peut ne pas s'agir d'un placement immédiat. • CEDH 29 févr. 1988, *Bouamar c/ Belgique,* n° 9106/80, § 50. ♦ ... A condition naturellement que l'endroit de détention puisse être considéré comme un lieu d'« éducation surveillée ». • CEDH 21 déc. 2010, *Ichin et a. c/ Ukraine,* n° 28189/04. ♦ Quand un État choisit le système de l'éducation surveillée pour mener sa politique en matière de délinquance juvénile, il lui incombe de se doter d'une infrastructure appropriée, adaptée aux impératifs de sécurité et aux objectifs pédagogiques de la loi, de manière à pouvoir remplir les exigences de l'article 5, § 1er, d) de la Convention. • CEDH 10 juill. 1984, *Guincho c/ Portugal,* n° 8990/80 • 26 oct. 1984, *de Cubber c/ Belgique,* n° 9186/80 • 29 févr. 1988, *Bouamar c/ Belgique,* n° 9106/80, § 52. ♦ La Cour rappelle que, en ce qui concerne la détention des mineurs, l'expression « éducation surveillée » ne saurait être strictement assimilée à la notion d'enseignement scolaire : elle inclut à bien des égards l'exercice, par les autorités, des droits parentaux dans l'intérêt et aux fins de la protection de la personne concernée. Cependant, la Cour estime qu'en l'espèce le centre de détention pour mineurs n'est pas un lieu d'« éducation surveillée ». Au vu du droit interne, ces centres ont été conçus pour isoler provisoirement différentes catégories de mineurs, y compris les auteurs d'infractions pénales. Le règlement les régissant n'indique pas avec suffisamment de clarté quelles activités éducatives doivent être organisées en leur sein et les travaux préventifs et éducatifs prévus dans ce texte ne consistent qu'en des tâches de nature purement investigative consistant à recueillir des éléments d'information sur l'implication éventuelle de mineurs dans des faits délictueux. La Cour considère dès lors que la détention de ces deux requérants ne relevait pas non plus des exceptions permises à l'art. 5, § 1er, d). Enfin, il n'a pas été établi que l'une quelconque des autres exceptions énoncées à l'art. 5 s'applique en l'espèce. Les éléments ci-dessus suffisent à la Cour pour conclure que les requérants ont été détenus de manière arbitraire et qu'il y a donc eu violation de l'art. 5, § 1er. • CEDH 21 déc. 2010, *Ichin et a. c/ Ukraine,* n° 28189/04, §§ 39 et 40.

4. Rétention administrative. S'agissant de la rétention administrative des membres d'une famille du fait du caractère illégal de leur séjour en France, dans un lieu inadapté à la vulnérabilité des jeunes enfants de trois mois et cinq ans (bien qu'accompagnés de leurs parents et malgré l'existence d'une aile d'accueil pour les familles), le droit à la liberté desdits enfants n'a pas été suffisamment garanti dès lors que leur situation n'a pas été examinée et que les autorités n'ont pas recherché si le placement en rétention administrative était une mesure de dernier ressort à laquelle aucune alternative ne pouvait se substituer. • CEDH 19 janv. 2012, *Popov c/ France,* n° 39472/07 : *D. 2012. Actu. 363, obs. Fleuriot ; ibid. Entretien 864, obs. Slama ; AJ pénal 2012. 281, obs. Slama ; Rev. pénit. 2012. 673, note Renucci ; AJDA 2012. 127 ; Dr. fam. 2012, n° 43, obs. Bruggeman ; JCP 2012. 221, obs. Sudre.* ♦ La rétention du requérant dans un centre pour étrangers est devenue contraire à la Convention dès lors qu'il est apparu avec évidence qu'aucun pays tiers sûr ne l'accueillerait. • CEDH 25 juin 2019, *Al Husin c/ Bosnie-Herzégovine (n° 2),* n° 10112/16, §§ 96 s. ♦ Ecqc les traitements inhumains et dégradants, V. notes ss. art. 3.

5. Garde à vue. V. notes ss. art. 6.

6. Placement en garde à vue d'un avocat exerçant sa mission en garde à vue pour un client mineur. Tout en soulignant l'importance et la protection particulière que la Convention accorde à l'avocat intervenant dans l'exercice de ses fonctions, en l'espèce pour un mineur en garde à vue qui se plaignait de violences policières, la Cour estime que la décision d'une OPJ s'estimant victime du comportement de l'avocat et décidant elle-même de le placer en garde à vue, tout en le soumettant à des mesures excédant les impératifs de sécurité, établit une intention contraire à la finalité d'une garde à vue et viole l'article 5, § 1er, de la Convention. • CEDH 23 avr. 2015, *François c/ France,* n° 26690/11 : *D. 2016. 225, obs. Renucci ; AJ pénal 2015. 374, obs. Roussel ; RSC 2015. 731, obs. Roets.*

7. Détention provisoire. La détention provisoire commence le jour où l'accusé est incarcéré et se termine par un jugement quant au fond par un tribunal de première instance. • CEDH 22 mai 2012, *Idalov c/ Russie,* n° 5826/03, § 112. ♦ Toute personne inculpée d'une infraction doit être libérée jusqu'à son procès, à moins que l'État ne prouve qu'il existe des motifs « pertinents et suffisants » de justifier une détention prolongée. • CEDH 24 juill. 2003, *Smirnova c/ Russie,* nos 46133/99 et 48183/99, § 58. ♦ La CEDH a défini quatre raisons acceptables de refuser la libération sous caution à un détenu en cas de détention provisoire : le risque de fuite, le risque de préjudice à l'administration de la justice, le risque de nouvelle infraction ou le risque de trouble de l'ordre public. En outre, la prolongation d'une détention provisoire doit être limitée au strict nécessaire et l'État doit examiner tous les faits plaidant pour ou contre l'existence d'une véritable exigence d'intérêt public justifiant le maintien de la privation de liberté. • CEDH 18 mars 2008, *Ladent c/ Pologne*, n° 11036/03, § 55. ♦ Lorsque des enfants sont impliqués, la Cour exige des autorités nationales qu'elles accordent une attention particulière à leur âge au moment de pondérer les arguments en faveur ou en défaveur de la détention provisoire ; cette dernière ne doit être utilisée qu'en dernier ressort et sa durée doit être la plus brève possible. • CEDH 19 janv. 2012, *Korneykova c/ Ukraine*, n° 39884/05, §§ 43 et 44. ♦ Pour ce faire, les autorités doivent examiner les solutions autres que la détention provisoire. • CEDH 9 juill. 2013, *Dinç et Çakir c/ Turquie*, n° 66066/09, § 63 • CEDH 20 janv. 2009, *Güveç c/ Turquie*, n° 70337/01, § 108. ♦ Par ailleurs, les autorités nationales doivent faire preuve d'une diligence particulière afin que les procès concernant des enfants aient lieu dans des délais raisonnables. • CEDH 3 mars 2011, *Kuptsov et Kuptsova c/ Russie*, n° 6110/03, § 91. ♦ La détention provisoire des mineurs doit être utilisée en dernier recours et être aussi brève que possible. Lorsqu'elle est inévitable, les mineurs doivent être détenus séparément des adultes. D'autant plus, la détention d'éléments de preuve disponibles ne saurait justifier une détention provisoire de 48 jours pour un mineur. • CEDH 6 mai 2008, *Nart c/ Turquie*, n° 20817/04. ♦ Violent l'art. 5, § 4, les audiences relatives à la fixation de la détention d'un mineur qui se déroulent en l'absence de ses avocats, les décisions qui ne sont pas prises à bref délai et le manque d'une véritable décision au sujet de la légalité de la détention. • CEDH 29 févr. 1988, *Bouamar c/ Belgique*, n° 9106/80.

Art. 6 *Droit à un procès équitable.* **1. Toute personne a droit à ce que sa cause soit entendue équitablement, publiquement et dans un délai raisonnable, par un tribunal indépendant et impartial, établi par la loi, qui décidera, soit des contestations sur ses droits et obligations de caractère civil, soit du bien-fondé de toute accusation en matière pénale dirigée contre elle. Le jugement doit être rendu publiquement, mais l'accès de la salle d'audience peut être interdit à la presse et au public pendant la totalité ou une partie du procès dans l'intérêt de la moralité, de l'ordre public ou de la sécurité nationale dans une société démocratique, lorsque les intérêts des mineurs ou la protection de la vie privée des parties au procès l'exigent, ou dans la mesure jugée strictement nécessaire par le tribunal, lorsque dans des circonstances spéciales la publicité serait de nature à porter atteinte aux intérêts de la justice.**

2. Toute personne accusée d'une infraction est présumée innocente jusqu'à ce que sa culpabilité ait été légalement établie.

3. Tout accusé a droit notamment à :

a) être informé, dans le plus court délai, dans une langue qu'il comprend et d'une manière détaillée, de la nature et de la cause de l'accusation portée contre lui ;

b) disposer du temps et des facilités nécessaires à la préparation de sa défense ;

c) se défendre lui-même ou avoir l'assistance d'un défenseur de son choix et, s'il n'a pas les moyens de rémunérer un défenseur, pouvoir être assisté gratuitement par un avocat d'office, lorsque les intérêts de la justice l'exigent ;

d) interroger ou faire interroger les témoins à charge et obtenir la convocation et l'interrogation des témoins à décharge dans les mêmes conditions que les témoins à charge ;

e) se faire assister gratuitement d'un interprète, s'il ne comprend pas ou ne parle pas la langue employée à l'audience.

1. Renonciation d'un mineur aux droits garantis par l'art. 6. Compte tenu de la vulnérabilité d'un mineur accusé et de l'état d'infériorité où il se trouve de par la nature même des poursuites pénales dont il fait l'objet, la renonciation par lui ou en son nom à un droit important découlant de l'art. 6 n'est acceptable que si celle-ci est exprimée sans équivoque une fois que les autorités ont pris toutes les mesures raisonnables pour s'assurer qu'il a pleinement conscience de ses droits et peut mesurer au mieux les conséquences de ses actes. • CEDH 11 déc. 2008, *Panovits c/ Chypre*, n° 4268/04, § 68.

2. Impartialité des juridictions spécialisées pour les mineurs. La Cour admet que, du fait de la nature spécifique des questions que la justice des mineurs est amenée à traiter, celle-ci présente des particularités par rapport au système de la justice pénale applicable aux adultes. Cependant, la Cour n'examine pas la loi et la pratique internes *in abstracto*, elle procède à un examen *in concreto* des requêtes. • CEDH 2 mars 2010, *Adamkiewicz c/ Pologne*, n° 54729/00, § 106. ♦ Les critères sont identiques, que l'accusé soit majeur ou mineur, pour apprécier l'impartialité du tribunal. Ainsi, lorsqu'un juge spécialisé remplit des fonctions d'instruction puis siège au fond, ce qui compte est la portée et la nature des mesures en question • CEDH 16 déc. 1992, *Sainte-Marie c/ France*, n° 12981/87 : *D. 1993. 204, obs. Pradel ; ibid. 384, obs. Renucci ; RSC 1993. 367, obs. Pettiti.*

3. Le principe d'impartialité n'a pas été violé dans le cas d'un juge des enfants qui a successivement siégé dans une même affaire, comme juge d'instruction (en statuant sur la détention provisoire), comme chambre du conseil puis comme juridiction de jugement. La Cour relève que les questions à trancher par le juge aux fins desdites décisions ne coïncidaient pas avec celles qu'il dut traiter en se prononçant sur le fond. (...) Dès lors, on ne peut considérer comme objectivement justifiée la crainte du requérant que le juge ne manquât d'impartialité en l'espèce. • CEDH 24 août 1993, *Nortier c/ Pays-Bas,* n° 13924/88, § 37, Série A : *RTDH 1994. 437, obs. Compernolle ; JDI 1994. 812, obs. Decaux et Tavernier ; RSC 1994. 362, obs. Koering-Joulin ; D. 1995. Somm. 105, obs. Renucci.*

4. La Cour a constaté une violation de l'art. 6 dans le cas du JAF qui décide, après avoir instruit l'affaire, de déférer un mineur au tribunal pour enfants afin qu'il soit jugé. Elle admet que, dans ces conditions, il peut difficilement être affirmé que ledit magistrat n'avait pas d'idée préconçue sur la question sur laquelle il a été appelé à se prononcer ultérieurement en tant que président de la formation de jugement du tribunal pour enfant. • CEDH 2 mars 2010, *Adamkiewicz c/ Pologne,* n° 54719/00, § 102 : *Dr. pénal 2011. Chron. 3, obs. Dreyer.*

5. Les fonctions d'enquête et de jugement ne sont pas fondamentalement incompatibles entre elles, de sorte qu'il n'y a pas nécessairement violation de l'art. 6. En l'espèce, la crainte du défaut d'impartialité tenait au fait que le « *pretore* », avant la procédure de jugement, avait interrogé le requérant, avait pris des mesures restreignant sa liberté et l'avait cité à comparaître devant lui. Or, si pareille situation pouvait susciter des doutes chez l'intéressé, on ne saurait pour autant les considérer comme objectivement justifiés en l'espèce. • CEDH 26 févr. 1993, *Padovani c/ Italie,* n° 13396/87, §§ 22 s.

6. Participation effective d'un mineur à son procès. L'imputation d'une responsabilité pénale à un enfant de onze ans ou le procès d'un enfant de cet âge sous le coup d'une accusation en matière pénale n'emporte pas en soi violation de la Convention, dès lors qu'il est à même de participer réellement au procès. • CEDH, gr. ch., 16 déc. 1999, *T. c/ Royaume-Uni,* n° 24724/94, §§ 72 et 84 • 16 déc. 1999, *V. c/ Royaume-Uni,* n° 24888/94, § 71. ♦ Pour autant, il est alors essentiel de le traiter d'une manière qui tienne pleinement compte de son âge, de sa maturité et de ses capacités sur les plans intellectuel et émotionnel, et de prendre des mesures de nature à favoriser sa compréhension de la procédure et sa participation à celle-ci. • CEDH, gr. ch., 16 déc. 1999, *T. c/ Royaume-Uni,* n° 24724/94, § 84 • 16 déc. 1999, *V. c/ Royaume-Uni,* n° 24888/94, § 86. ♦ ... Notamment en conduisant le procès de façon à réduire autant que possible l'intimidation et l'inhibition de l'intéressé, en particulier s'agissant d'un jeune enfant accusé d'une infraction grave qui a un retentissement considérable auprès des médias et du public. • CEDH 16 déc. 1999, *T. c/ Royaume-Uni,* n° 24724/94, § 85 • CEDH 16 déc. 1999, *V. c/ Royaume-Uni,* n° 24888/94, § 87 • CEDH 15 juin 2004, *S. C. c/ Royaume-Uni,* n° 60958/00. ♦ Les autorités doivent donc veiller à ce qu'il comprenne globalement la nature et l'enjeu pour lui du procès, notamment la portée de toute peine susceptible de lui être infligée ainsi que ses droits, notamment celui de ne rien dire. • CEDH 15 juin 2004, *S. C. c/ Royaume-Uni,* n° 60958/00, § 29. ♦ Le mineur doit en effet être en mesure de comprendre dans les grandes lignes les propos de l'agent chargé de l'arrestation et ce qui est dit lors de son interrogatoire par la police – si nécessaire avec l'assistance, par exemple, d'un interprète, d'un avocat, d'un travailleur social ou encore d'un ami. • CEDH 11 déc. 2008, *Panovits c/ Chypre,* n° 4268/04, § 67.

7. Garde à vue d'un mineur. Eu égard au nombre important d'instruments juridiques internationaux traitant de l'assistance juridique devant être octroyée aux mineurs en garde à vue, la Cour insiste sur l'importance fondamentale de la possibilité pour tout mineur placé en garde à vue d'avoir accès à un avocat. • CEDH, gr. ch., 27 nov. 2008, *Salduz c/ Turquie [GC],* n° 36391/02, § 60 : *AJDA 2009. 872, chron. Flauss* • CEDH 2 mars 2010, *Adamkiewicz c/ Pologne,* n° 54729/00, § 89.

8. Lorsque la personne gardée à vue est mineure, il ne suffit pas que les autorités soient demeurées disposées à lui permettre une assistance par un avocat : compte tenu de l'âge, il est peu probable qu'elle soit consciente de son droit d'être représentée par un avocat avant de dire quoi que ce soit à la police. Les autorités ne doivent donc pas rester passives, mais au contraire veiller à ce que le mineur comprenne qu'il peut solliciter l'assistance d'un défenseur, le cas échéant commis d'office, d'autant plus lorsque l'intéressé n'a pas été assisté de son tuteur au cours de son interrogatoire. • CEDH 11 déc. 2008, *Panovits c/ Chypre,* n° 4268/04, §§ 71 et 73.

Art. 7 *Pas de peine sans loi.* 1. Nul ne peut être condamné pour une action ou une omission qui, au moment où elle a été commise, ne constituait pas une infraction d'après le droit national ou international. De même il n'est infligé aucune peine plus forte que celle qui était applicable au moment où l'infraction a été commise.

2. Le présent article ne portera pas atteinte au jugement et à la punition d'une personne coupable d'une action ou d'une omission qui, au moment où elle a été commise, était criminelle d'après les principes généraux de droit reconnus par les nations civilisées.

Art. 8 *Droit au respect de la vie privée et familiale.* 1. Toute personne a droit au respect de sa vie privée et familiale, de son domicile et de sa correspondance.

2. Il ne peut y avoir ingérence d'une autorité publique dans l'exercice de ce droit que pour autant que cette ingérence est prévue par la loi et qu'elle constitue une mesure qui, dans une société démocratique, est nécessaire à la sécurité nationale, à la sûreté publique, au bien-être économique du pays, à la défense de l'ordre et à la prévention des infractions pénales, à la protection de la santé ou de la morale, ou à la protection des droits et libertés d'autrui.

1. Expulsion. En ce qui concerne les mesures d'expulsion à l'égard d'un délinquant juvénile, l'obligation de prendre en considération l'intérêt de l'enfant exige de faciliter la réintégration de celui-ci. L'expulsion d'un immigré de longue durée en raison d'infractions pour la plupart non violentes commises alors qu'il était mineur ne peut être justifiée ; l'imposition de l'interdiction de séjour, même pour une période de temps limitée, était en l'espèce disproportionnée au but légitime poursuivi tenant à la défense de l'ordre et à la prévention des infractions pénales : cette mesure d'interdiction méconnaît l'art. 8 en portant atteinte à la fois à la vie privée du requérant et à sa vie familiale. • CEDH, gr. ch., 23 juin 2008, *Maslov c/ Autriche*, n° 1638/0323.

2. Conservation de données personnelles. La conservation de données telles que les empreintes digitales et des échantillons d'ADN prélevées dans le cadre d'une suspicion d'infraction peut être particulièrement préjudiciable dans le cas des mineurs, en raison de leur situation spéciale et de l'importance que revêtent leur développement et leur intégration dans la société. Cela constitue une atteinte disproportionnée au droit au respect de la vie privée. • CEDH 4 déc. 2008, *S. and Marper c/ Royaume-Uni*, n°s 30562/04 et 30566/04 : *AJDA 2009. 872, chron. Flauss ; D. 2010. 604, obs. Galloux et Gaumont-Prat ; AJ pénal 2009. 81, obs. Roussel ; RFDA 2009. 741, étude Peyrou-Pistouley ; RSC 2009. 182, obs. Marguénaud .*

3. Mariage. La Cour conclut à la non-violation de l'art. 8, jugeant que la Conv. EDH ne peut être interprétée comme imposant à un État de reconnaître un mariage contracté par un enfant de quatorze ans (les requérants se plaignaient de l'absence de reconnaissance par le droit suisse de leur mariage, prononcé alors qu'ils avaient quatorze et dix-huit ans). • CEDH 8 déc. 2015, *Z. H. et R. H. c/ Suisse*, n° 60119/12.

4. Harcèlement. Les autorités nationales n'ont pas réagi avec la diligence requise aux allégations de harcèlement scolaire avancées par le requérant, qui soutenait que son professeur l'avait insulté à plusieurs reprises ; la Cour conclut à une violation de l'art. 8. • CEDH 22 avr. 2021, *F. O. c/ Croatie*, n° 29555/13.

5. Violences sexuelles. En exigeant un dépôt de plainte personnel, y compris dans le cas d'une personne handicapée mineure, le C. pén. néerlandais n'a pas assuré à l'intéressée une protection concrète et effective ; compte tenu de la nature du méfait dont il s'agissait (viol à l'âge de seize ans), la Cour juge que l'intéressée a été victime d'une violation de l'art. 8. • CEDH 26 mars 1985, n° 8978/80.

6. La Cour a conclu à la violation des art. 3 et 8 de la Conv. EDH, relevant la tendance universelle consistant à considérer que le défaut de consentement est le critère essentiel pour déterminer qu'il y a eu viol ou abus sexuel. Bien souvent, les victimes d'abus sexuels, en particulier les jeunes filles, ne résistent pas, pour des raisons psychologiques (soit parce qu'elles se soumettent passivement soit parce qu'elles se dissocient du viol) ou par peur de subir d'autres violences. Soulignant que les États ont l'obligation de poursuivre les auteurs d'actes sexuels imposés même en l'absence de résistance physique de la victime, la Cour a jugé défectueux tant l'enquête sur l'affaire que le droit bulgare. • CEDH 4 déc. 2002, *M. C. c/ Bulgarie*, n° 39272/98. ♦ La Cour a conclu dans cette affaire à la violation des obligations positives qui incombaient à la Roumanie en vertu des art. 3 et 8, car la législation et la pratique roumaines ne garantissent pas aux enfants une protection effective contre le viol et les abus sexuels, en particulier car le crime de viol suppose l'absence de consentement de la victime qu'il est impossible de prouver en l'absence de trace de violence physique. • CEDH 15 mars 2016, *M. G. C. c/ Roumanie*, n° 61495/11. ♦ Dans le même sens : • CEDH 24 mai 2016, *I. C. c/ Roumanie*, n° 36934/08.

7. Pédophilie et internet. Les législations des États membres doivent prévoir un cadre permettant de concilier la confidentialité des services internet avec la défense de l'ordre, la prévention des infractions pénales et la protection des droits et libertés d'autrui, en particulier ceux des enfants et des autres personnes vulnérables, de sorte que les opérateurs ne devraient pas pouvoir refuser de communiquer l'identité d'auteurs d'infractions pénales mettant en danger des mineurs face à la pédophilie sur internet. • CEDH 2 déc. 2008, *K. U. c/ Finlande*, n° 2872/02.

8. La Cour juge que la saisie et l'examen des archives de l'ordinateur du requérant par la police, qui contenait des éléments pédopornographiques, sans autorisation judiciaire préalable, n'ont pas été proportionnés aux buts légitimes poursuivis et n'étaient nécessaires dans une société démocratique ; l'ordinateur étant détenu par la police, les enquêteurs avaient en effet le loisir de solliciter l'autorisation d'un juge sans risque de détérioration des éléments de preuve. La Cour conclut aussi à la violation de l'art. 8. • CEDH 30 mai 2017 *Trabajo Rueda c/ Espagne*, n° 32600/12.

Art. 9 *Liberté de pensée, de conscience et de religion.* 1. Toute personne a droit à la liberté de pensée, de conscience et de religion ; ce droit implique la liberté de changer de religion ou de conviction, ainsi que la liberté de manifester sa religion ou sa conviction individuellement ou collectivement, en public ou en privé, par le culte, l'enseignement, les pratiques et l'accomplissement des rites.

2. La liberté de manifester sa religion ou ses convictions ne peut faire l'objet d'autres restrictions que celles qui, prévues par la loi, constituent des mesures nécessaires, dans une société démocratique, à la sécurité publique, à la protection de l'ordre, de la santé ou de la morale publiques, ou à la protection des droits et libertés d'autrui.

Art. 10 *Liberté d'expression.* 1. Toute personne a droit à la liberté d'expression. Ce droit comprend la liberté d'opinion et la liberté de recevoir ou de communiquer des informations ou des idées sans qu'il puisse y avoir ingérence d'autorités publiques et sans considération de frontière. Le présent article n'empêche pas les États de soumettre les entreprises de radiodiffusion, de cinéma ou de télévision à un régime d'autorisations.

2. L'exercice de ces libertés comportant des devoirs et des responsabilités peut être soumis à certaines formalités, conditions, restrictions ou sanctions, prévues par la loi, qui constituent des mesures nécessaires, dans une société démocratique, à la sécurité nationale, à l'intégrité territoriale ou à la sûreté publique, à la défense de l'ordre et à la prévention du crime, à la protection de la santé ou de la morale, à la protection de la réputation ou des droits d'autrui, pour empêcher la divulgation d'informations confidentielles ou pour garantir l'autorité et l'impartialité du pouvoir judiciaire.

Art. 11 *Liberté de réunion et d'association.* 1. Toute personne a droit à la liberté de réunion pacifique et à la liberté d'association, y compris le droit de fonder avec d'autres des syndicats et de s'affilier à des syndicats pour la défense de ses intérêts.

2. L'exercice de ces droits ne peut faire l'objet d'autres restrictions que celles qui, prévues par la loi, constituent des mesures nécessaires, dans une société démocratique, à la sécurité nationale, à la sûreté publique, à la défense de l'ordre et à la prévention du crime, à la protection de la santé ou de la morale, ou à la protection des droits et libertés d'autrui. Le présent article n'interdit pas que des restrictions légitimes soient imposées à l'exercice de ces droits par les membres des forces armées, de la police ou de l'administration de l'État.

Art. 12 *Droit au mariage.* A partir de l'âge nubile, l'homme et la femme ont le droit de se marier et de fonder une famille selon les lois nationales régissant l'exercice de ce droit.

V. note 3 ss. art. 8.

Art. 13 *Droit à un recours effectif.* Toute personne dont les droits et libertés reconnus dans la présente Convention ont été violés, a droit à l'octroi d'un recours effectif devant une instance nationale, alors même que la violation aurait été commise par des personnes agissant dans l'exercice de leurs fonctions officielles.

Violences sexuelles. Les États doivent assurer aux mineurs victimes un recours effectif ou tout au moins un recours en indemnité du préjudice subi, ce qui n'a pas été le cas dans cette affaire où deux jeunes mineurs s'étaient plaints auprès des services sociaux d'abus sexuels de la part de leur beau-père, sans que ceux-ci fassent ce qu'il fallait pour les protéger. • CEDH 10 oct. 2002, *D. P. et J. C. c/ Royaume-Uni,* n° 38719/97.

Art. 14 *Interdiction de discrimination.* La jouissance des droits et libertés reconnus dans la présente Convention doit être assurée, sans distinction aucune, fondée notamment sur le sexe, la race, la couleur, la langue, la religion, les opinions politiques ou toutes autres opinions, l'origine nationale ou sociale, l'appartenance à une minorité nationale, la fortune, la naissance ou toute autre situation.

Discrimination positive fondée sur l'âge. Il existe une différence de traitement entre les adultes et les enfants dans les systèmes juridiques respectifs des pays en ce qui concerne la détention, une différence qui est pertinente pour l'application de la Conv. EDH. Cette différence découle de la finalité punitive de la détention pour les adultes et de sa finalité préventive pour les enfants. Dès lors, l'âge est accepté comme un motif de discrimination possible. • CEDH 28 févr. 1998, *Bouamar c/ Belgique,* n° 9106/80 • 16 mai 2002, *D. G. c/ Irlande,* n° 39474/98.

Art. 15 *Dérogation en cas d'état d'urgence.* 1. En cas de guerre ou en cas d'autre danger public menaçant la vie de la nation, toute Haute Partie contractante peut prendre des mesures dérogeant aux obligations prévues par la présente Convention, dans la stricte mesure où la situation l'exige et à la condition que ces mesures ne soient pas en contradiction avec les autres obligations découlant du droit international.

2. La disposition précédente n'autorise aucune dérogation à l'article 2, sauf pour le cas de décès résultant d'actes licites de guerre, et aux articles 3, 4 (paragraphe 1er) et 7.

3. Toute Haute Partie contractante qui exerce ce droit de dérogation tient le Secrétaire général du Conseil de l'Europe pleinement informé des mesures prises et des motifs qui les ont inspirées. Elle doit également informer le Secrétaire général du Conseil de l'Europe de la date à laquelle ces mesures ont cessé d'être en vigueur et les dispositions de la Convention reçoivent de nouveau pleine application.

Art. 16 *Restrictions à l'activité politique des étrangers.* Aucune des dispositions des articles 10, 11 et 14 ne peut être considérée comme interdisant aux hautes parties contractantes d'imposer des restrictions à l'activité politique des étrangers.

Art. 17 *Interdiction de l'abus de droit.* Aucune des dispositions de la présente Convention ne peut être interprétée comme impliquant pour un État, un groupement ou un individu, un droit quelconque de se livrer à une activité ou d'accomplir un acte visant à la destruction des droits ou libertés reconnus dans la présente Convention ou à des limitations plus amples de ces droits et libertés que celles prévues à ladite Convention.

Art. 18 *Limitation de l'usage des restrictions aux droits.* Les restrictions qui, aux termes de la présente Convention, sont apportées auxdits droits et libertés ne peuvent être appliquées que dans le but pour lequel elles ont été prévues.

TITRE II Cour européenne des droits de l'homme

Art. 19 *Institution de la Cour.* Afin d'assurer le respect des engagements résultant pour les Hautes Parties contractantes de la présente Convention et de ses protocoles, il est institué une Cour européenne des Droits de l'homme, ci-dessous nommée "la Cour". Elle fonctionne de façon permanente.

Art. 20 *Nombre de juges.* La Cour se compose d'un nombre de juges égal à celui des Hautes Parties contractantes.

Art. 21 *Conditions d'exercice des fonctions.* 1. Les juges doivent jouir de la plus haute considération morale et réunir les conditions requises pour l'exercice de hautes fonctions judiciaires ou être des jurisconsultes possédant une compétence notoire.

(Prot. n° 15 du 24 juin 2013, art. 2 et 7, en vigueur le 1er août 2021) « 2. Les candidats doivent être âgés de moins de 65 ans à la date à laquelle la liste de trois candidats est attendue par l'Assemblée parlementaire, en vertu de l'article 22.

« 3. » Les juges siègent à la Cour à titre individuel.

(Prot. n° 15 du 24 juin 2013, art. 2 et 7, en vigueur le 1er août 2021) « 4. » Pendant la durée de leur mandat, les juges ne peuvent exercer aucune activité incompatible avec les exigences d'indépendance, d'impartialité ou de disponibilité requise par une activité exercée à plein temps ; toute question soulevée en application de ce paragraphe est tranchée par la Cour.

Art. 22 *Élection des juges.* Les juges sont élus par l'Assemblée parlementaire au titre de chaque Haute Partie contractante, à la majorité des voix exprimées, sur une liste de trois candidats présentés par la Haute Partie contractante.

Art. 23 *Durée du mandat et révocation.* 1. Les juges sont élus pour une durée de neuf ans. Il ne sont pas rééligibles.

(Abrogé par Prot. n° 15 du 24 juin 2013, art. 2 et 7, à compter du 1er août 2021) « 2. Le mandat des juges s'achève dès qu'ils atteignent l'âge de 70 ans. »

(Prot. n° 15 du 24 juin 2013, art. 2 et 7, en vigueur le 1er août 2021) « 2. » Les juges restent en fonction jusqu'à leur remplacement. Ils continuent toutefois de connaître des affaires dont ils sont déjà saisis.

(Prot. n° 15 du 24 juin 2013, art. 2 et 7, en vigueur le 1er août 2021) « 3. » Un juge ne peut être relevé de ses fonctions que si les autres juges décident, à la majorité des deux tiers, que ce juge a cessé de répondre aux conditions requises.

Art. 24 *Greffe et rapporteurs.* 1. La Cour dispose d'un greffe dont les tâches et l'organisation sont fixées par le règlement de la Cour.

2. Lorsqu'elle siège en formation de juge unique, la Cour est assistée de rapporteurs qui exercent leurs fonctions sous l'autorité du président de la Cour. Ils font partie du greffe de la Cour.

Art. 25 *Assemblée plénière.* La Cour réunie en assemblée plénière :

a) Élit, pour une durée de trois ans, son président et un ou deux vice-présidents ; ils sont rééligibles ;

b) Constitue des chambres pour une période déterminée ;

c) Élit les présidents des chambres de la cour, qui sont rééligibles ;

d) Adopte le règlement de la cour ;

e) Élit le greffier et un ou plusieurs greffiers adjoints ;

f) Fait toute demande au titre de l'article 26, paragraphe 2.

Art. 26 *Formations de juge unique, comités, Chambres et Grande Chambre.* 1. Pour l'examen des affaires portées devant elle, la cour siège en formations de juge unique, en comités de trois juges, en Chambres de sept juges et en une Grande Chambre de dix-sept juges. Les Chambres de la cour constituent les comités pour une période déterminée.

2. A la demande de l'Assemblée plénière de la Cour, le Comité des ministres peut, par une décision unanime et pour une période déterminée, réduire à cinq le nombre de juges des Chambres.

3. Un juge siégeant en tant que juge unique n'examine aucune requête introduite contre la Haute Partie contractante au titre de laquelle ce juge a été élu.

4. Le juge élu au titre d'une Haute Partie contractante partie au litige est membre de droit de la Chambre et de la Grande Chambre ; en cas d'absence de ce juge, ou lorsqu'il n'est pas en mesure de siéger, une personne choisie par le président de la Cour sur une liste soumise au préalable par cette Partie siège en qualité de juge.

5. Font aussi partie de la Grande Chambre le président de la Cour, les vice-présidents, les présidents des Chambres et d'autres juges désignés conformément au règlement de la Cour. Quand l'affaire est déférée à la Grande Chambre en vertu de l'article 43, aucun juge de la Chambre qui a rendu l'arrêt ne peut y siéger, à l'exception du président de la Chambre et du juge ayant siégé au titre de la Haute Partie contractante intéressée.

Art. 27 *Compétence des juges uniques.* 1. Un juge unique peut déclarer une requête introduite en vertu de l'article 34 irrecevable ou la rayer du rôle lorsqu'une telle décision peut être prise sans examen complémentaire.

2. La décision est définitive.

3. Si le juge unique ne déclare pas une requête irrecevable ou ne la raye pas du rôle, ce juge la transmet à un comité ou à une Chambre pour examen complémentaire.

Art. 28 *Compétence des comités.* 1. Un comité saisi d'une requête individuelle introduite en vertu de l'article 34 peut, par vote unanime,

a) la déclarer irrecevable ou la rayer du rôle lorsqu'une telle décision peut être prise sans examen complémentaire ; ou

b) la déclarer recevable et rendre conjointement un arrêt sur le fond lorsque la question relative à l'interprétation ou à l'application de la Convention ou de ses Protocoles qui est à l'origine de l'affaire fait l'objet d'une jurisprudence bien établie de la Cour.

2. Les décisions et arrêts prévus au paragraphe 1er sont définitifs.

3. Si le juge élu au titre de la Haute Partie contractante partie au litige n'est pas membre du comité, ce dernier peut, à tout moment de la procédure, l'inviter à siéger en son sein en lieu et place de l'un de ses membres, en prenant en compte tous facteurs pertinents, y compris la question de savoir si cette Partie a contesté l'application de la procédure du paragraphe 1er b).

Art. 29 *Décisions des Chambres sur la recevabilité et le fond.* 1. Si aucune décision n'a été prise en vertu des articles 27 ou 28, ni aucun arrêt rendu en vertu de l'article 28, une Chambre se prononce sur la recevabilité et le fond des requêtes individuelles introduites en vertu de l'article 34. La décision sur la recevabilité peut être prise de façon séparée.

2. Une Chambre se prononce sur la recevabilité et le fond des requêtes étatiques introduites en vertu de l'article 33. Sauf décision contraire de la Cour dans des cas exceptionnels, la décision sur la recevabilité est prise séparément.

Art. 30 *Dessaisissement en faveur de la Grande Chambre.* Si l'affaire pendante devant une Chambre soulève une question grave relative à l'interprétation de la Convention ou de ses protocoles, ou si la solution d'une question peut conduire à une contradiction avec un arrêt rendu antérieurement par la cour, la Chambre peut, tant qu'elle n'a pas rendu son arrêt, se dessaisir au profit de la Grande Chambre *(Abrogé par Prot. n° 15 du 24 juin 2013, art. 3 et 7, à compter du 1er août 2021)* ***« , à moins que l'une des parties ne s'y oppose ».***

L'amendement introduit par l'art. 3 du Prot. n° 15 du 24 juin 2013 ne s'applique pas aux affaires pendantes dans lesquelles l'une des parties s'est opposée, avant l'entrée en vigueur dudit Prot., à une proposition d'une chambre de la Cour de se dessaisir au profit de la Grande Chambre.

Art. 31 *Attributions de la Grande Chambre.* **La Grande Chambre :**

a) Se prononce sur les requêtes introduites en vertu de l'article 33 ou de l'article 34 lorsque l'affaire lui a été déférée par la Chambre en vertu de l'article 30 ou lorsque l'affaire lui a été déférée en vertu de l'article 43 ;

b) Se prononce sur les questions dont la Cour est saisie par le Comité des ministres en vertu de l'article 46, paragraphe 4 ; et

c) Examine les demandes d'avis consultatifs introduites en vertu de l'article 47.

Art. 32 *Compétence de la Cour.* **1. La compétence de la Cour s'étend à toutes les questions concernant l'interprétation et l'application de la Convention et de ses protocoles qui lui seront soumises dans les conditions prévues par les articles 33, 34, 46 et 47.**

2. En cas de contestation sur le point de savoir si la Cour est compétente, la Cour décide.

Art. 33 *Affaires interétatiques.* **Toute Haute Partie contractante peut saisir la cour de tout manquement aux dispositions de la Convention et de ses protocoles qu'elle croira pouvoir être imputé à une autre Haute Partie contractante.**

Art. 34 *Requêtes individuelles.* **La Cour peut être saisie d'une requête par toute personne physique, toute organisation non gouvernementale ou tout groupe de particuliers qui se prétend victime d'une violation par l'une des Hautes Parties contractantes des droits reconnus dans la Convention ou ses protocoles. Les Hautes Parties contractantes s'engagent à n'entraver par aucune mesure l'exercice efficace de ce droit.**

Toute personne physique peut saisir la CEDH, y compris les mineurs. • Comm. EDH 19 déc. 1974, *X. et Y. c/ Pays-Bas*, n° 6753/74 : *DR 2/118.*

Art. 35 *Conditions de recevabilité.* **1. La Cour ne peut être saisie qu'après l'épuisement des voies de recours internes, tel qu'il est entendu selon les principes de droit international généralement reconnus, et** *(Prot. n° 15 du 24 juin 2013, art. 4 et 8, en vigueur le 1er févr. 2022)* **« dans un délai de quatre mois** *[ancienne rédaction : dans un délai de six mois]* **» à partir de la date de la décision interne définitive.**

2. La Cour ne retient aucune requête individuelle introduite en application de l'article 34, lorsque :

a) Elle est anonyme ; ou

b) Elle est essentiellement la même qu'une requête précédemment examinée par la cour ou déjà soumise à une autre instance internationale d'enquête ou de règlement, et si elle ne contient pas de faits nouveaux.

3. La Cour déclare irrecevable toute requête individuelle introduite en application de l'article 34, lorsqu'elle estime :

a) que la requête est incompatible avec les dispositions de la Convention ou de ses Protocoles, manifestement mal fondée ou abusive ; ou

b) que le requérant n'a subi aucun préjudice important, sauf si le respect des droits de l'homme garantis par la Convention et ses Protocoles exige un examen de la requête au fond *(Abrogé par Prot. n° 15 du 24 juin 2013, art. 5 et 7, à compter du 1er août 2021)* ***« et à condition de ne rejeter pour ce motif aucune affaire qui n'a pas été dûment examinée par un tribunal interne ».***

4. La Cour rejette toute requête qu'elle considère comme irrecevable en application du présent article. Elle peut procéder ainsi à tout stade de la procédure.

L'art. 4 du Prot. n° 15 du 24 juin 2013 entrera en vigueur à l'expiration d'une période de six mois après la date d'entrée en vigueur dudit Prot., soit le 1er août 2021. Il ne s'applique pas aux requêtes au regard desquelles la décision définitive au sens de l'art. 35, § 1er, de la Convention a été prise avant la date d'entrée en vigueur de l'art. 4 dudit Prot. (Prot. préc., art. 8).

Art. 36 *Tierce intervention.* **1. Dans toute affaire devant une Chambre ou la Grande Chambre, une Haute Partie contractante dont un ressortissant est requérant a le droit de présenter des observations écrites et de prendre part aux audiences.**

2. Dans l'intérêt d'une bonne administration de la justice, le président de la cour peut inviter toute Haute Partie contractante qui n'est pas Partie à l'instance ou toute personne intéressée autre que le requérant à présenter des observations écrites ou à prendre part aux audiences.

3. Dans toute affaire devant une Chambre ou la Grande Chambre, le Commissaire aux Droits de l'homme du Conseil de l'Europe peut présenter des observations écrites et prendre part aux audiences.

Art. 37 *Radiation.* 1. A tout moment de la procédure, la Cour peut décider de rayer une requête du rôle lorsque les circonstances permettent de conclure :

a) Que le requérant n'entend plus la maintenir ; ou

b) Que le litige a été résolu ; ou

c) Que, pour tout autre motif dont la Cour constate l'existence, il ne se justifie plus de poursuivre l'examen de la requête.

Toutefois, la Cour poursuit l'examen de la requête si le respect des droits de l'homme garantis par la Convention et ses protocoles l'exige.

2. La Cour peut décider la réinscription au rôle d'une requête lorsqu'elle estime que les circonstances le justifient.

Art. 38 *Examen contradictoire de l'affaire.* La Cour examine l'affaire de façon contradictoire avec les représentants des parties et, s'il y a lieu, procède à une enquête pour la conduite efficace de laquelle les Hautes Parties contractantes intéressées fourniront toutes facilités nécessaires.

Art. 39 *Règlements amiables.* 1. A tout moment de la procédure, la Cour peut se mettre à la disposition des intéressés en vue de parvenir à un règlement amiable de l'affaire s'inspirant du respect des droits de l'homme tels que les reconnaissent la Convention et ses Protocoles.

2. La procédure décrite au paragraphe 1er est confidentielle.

3. En cas de règlement amiable, la Cour raye l'affaire du rôle par une décision qui se limite à un bref exposé des faits et de la solution adoptée.

4. Cette décision est transmise au Comité des ministres qui surveille l'exécution des termes du règlement amiable tels qu'ils figurent dans la décision.

Art. 40 *Audience publique et accès aux documents.* 1. L'audience est publique à moins que la Cour n'en décide autrement en raison de circonstances exceptionnelles.

2. Les documents déposés au greffe sont accessibles au public à moins que le président de la cour n'en décide autrement.

Art. 41 *Satisfaction équitable.* Si la Cour déclare qu'il y a eu violation de la Convention ou de ses protocoles, et si le droit interne de la Haute Partie contractante ne permet d'effacer qu'imparfaitement les conséquences de cette violation, la Cour accorde à la partie lésée, s'il y a lieu, une satisfaction équitable.

Art. 42 *Arrêts des Chambres.* Les arrêts des Chambres deviennent définitifs conformément aux dispositions de l'article 44, paragraphe 2.

Art. 43 *Renvoi devant la Grande Chambre.* 1. Dans un délai de trois mois à compter de la date de l'arrêt d'une Chambre, toute Partie à l'affaire peut, dans des cas exceptionnels, demander le renvoi de l'affaire devant la Grande Chambre.

2. Un collège de cinq juges de la Grande Chambre accepte la demande si l'affaire soulève une question grave relative à l'interprétation ou à l'application de la Convention ou de ses protocoles, ou encore une question grave de caractère général.

3. Si le collège accepte la demande, la Grande Chambre se prononce sur l'affaire par un arrêt.

Art. 44 *Arrêts définitifs.* 1. L'arrêt de la Grande Chambre est définitif.

2. L'arrêt d'une Chambre devient définitif :

a) Lorsque les Parties déclarent qu'elles ne demanderont pas le renvoi de l'affaire devant la Grande Chambre ; ou

b) Trois mois après la date de l'arrêt, si le renvoi de l'affaire devant la Grande Chambre n'a pas été demandé ; ou

c) Lorsque le collège de la Grande Chambre rejette la demande de renvoi formulée en application de l'article 43.

3. L'arrêt définitif est publié.

Art. 45 *Motivation des arrêts et décisions.* 1. Les arrêts, ainsi que les décisions déclarant des requêtes recevables ou irrecevables, sont motivés.

2. Si l'arrêt n'exprime pas en tout ou en partie l'opinion unanime des juges, tout juge a le droit d'y joindre l'exposé de son opinion séparée.

Art. 46 *Force obligatoire et exécution des arrêts.* 1. Les Hautes Parties contractantes s'engagent à se conformer aux arrêts définitifs de la Cour dans les litiges auxquels elles sont parties.

2. L'arrêt définitif de la Cour est transmis au Comité des ministres qui en surveille l'exécution.

3. Lorsque le Comité des ministres estime que la surveillance de l'exécution d'un arrêt définitif est entravée par une difficulté d'interprétation de cet arrêt, il peut saisir la Cour afin qu'elle se prononce sur cette question d'interprétation. La décision de saisir la Cour est prise par un vote à la majorité des deux tiers des représentants ayant le droit de siéger au Comité.

4. Lorsque le Comité des ministres estime qu'une Haute Partie contractante refuse de se conformer à un arrêt définitif dans un litige auquel elle est partie, il peut, après avoir mis en demeure cette Partie et par décision prise par un vote à la majorité des deux tiers des représentants ayant le droit de siéger au Comité, saisir la Cour de la question du respect par cette Partie de son obligation au regard du paragraphe 1er.

5. Si la Cour constate une violation du paragraphe 1er, elle renvoie l'affaire au Comité des ministres afin qu'il examine les mesures à prendre. Si la Cour constate qu'il n'y a pas eu violation du paragraphe 1er, elle renvoie l'affaire au Comité des ministres, qui décide de clore son examen.

Art. 47 *Avis consultatifs.* 1. La Cour peut, à la demande du Comité des Ministres, donner des avis consultatifs sur des questions juridiques concernant l'interprétation de la Convention et de ses protocoles.

2. Ces avis ne peuvent porter ni sur les questions ayant trait au contenu ou à l'étendue des droits et libertés définis au titre Ier de la Convention et dans les protocoles ni sur les autres questions dont la Cour ou le Comité des Ministres pourraient avoir à connaître par suite de l'introduction d'un recours prévu par la Convention.

3. La décision du Comité des Ministres de demander un avis à la Cour est prise par un vote à la majorité des représentants ayant le droit de siéger au Comité.

Art. 48 *Compétence consultative de la cour.* La Cour décide si la demande d'avis consultatif présentée par le Comité des Ministres relève de sa compétence telle que définie par l'article 47.

Art. 49 *Motivation des avis consultatifs.* 1. L'avis de la Cour est motivé.

2. Si l'avis n'exprime pas en tout ou en partie l'opinion unanime des juges, tout juge a le droit d'y joindre l'exposé de son opinion séparée.

3. L'avis de la cour est transmis au Comité des Ministres.

Art. 50 *Frais de fonctionnement de la cour.* Les frais de fonctionnement de la Cour sont à la charge du Conseil de l'Europe.

Art. 51 *Privilèges et immunités des juges.* Les juges jouissent, pendant l'exercice de leurs fonctions, des privilèges et immunités prévus à l'article 40 du Statut du Conseil de l'Europe et dans les accords conclus au titre de cet article.

TITRE III Dispositions diverses

Art. 52 *Enquêtes du Secrétaire général.* Toute Haute Partie contractante fournira sur demande du Secrétaire général du Conseil de l'Europe les explications requises sur la manière dont son droit interne assure l'application effective de toutes les dispositions de cette Convention.

Art. 53 *Sauvegarde des droits de l'homme reconnus.* Aucune des dispositions de la présente Convention ne sera interprétée comme limitant ou portant atteinte aux Droits de l'homme et aux libertés fondamentales qui pourraient être reconnus conformément aux lois de toute Partie contractante ou à toute autre Convention à laquelle cette Partie contractante est partie.

Art. 54 *Pouvoirs du Comité des Ministres.* Aucune disposition de la présente Convention ne porte atteinte aux pouvoirs conférés au Comité des Ministres par le Statut du Conseil de l'Europe.

Art. 55 *Renonciation à d'autres modes de règlement des différends.* Les Hautes Parties contractantes renoncent réciproquement, sauf compromis spécial, à se prévaloir des traités, conventions ou déclarations existant entre elles, en vue de soumettre, par voie de requête, un différend né de l'interprétation ou de l'application de la présente Convention à un mode de règlement autre que ceux prévus par ladite Convention.

Art. 56 *Application territoriale.* 1. Tout État peut, au moment de la ratification ou à tout autre moment par la suite, déclarer, par notification adressée au Secrétaire général du Conseil de l'Europe, que la présente Convention s'appliquera, sous réserve du paragraphe 4 du présent article, à tous les territoires ou à l'un quelconque des territoires dont il assure les relations internationales.

2. La Convention s'appliquera au territoire ou aux territoires désignés dans la notification à partir du trentième jour qui suivra la date à laquelle le Secrétaire général du Conseil de l'Europe aura reçu cette notification.

3. Dans lesdits territoires les dispositions de la présente Convention seront appliquées en tenant compte des nécessités locales.

4. Tout État qui a fait une déclaration conformément au premier paragraphe de cet article, peut, à tout moment par la suite, déclarer relativement à un ou plusieurs des territoires visés dans cette déclaration qu'il accepte la compétence de la cour pour connaître des requêtes de personnes physiques, d'organisations non gouvernementales ou de groupes de particuliers, comme le prévoit l'article 34 de la Convention.

Art. 57 *Réserves.* 1. Tout État peut, au moment de la signature de la présente Convention ou du dépôt de son instrument de ratification, formuler une réserve au sujet d'une disposition particulière de la Convention, dans la mesure où une loi alors en vigueur sur son territoire n'est pas conforme à cette disposition. Les réserves de caractère général ne sont pas autorisées aux termes du présent article.

2. Toute réserve émise conformément au présent article comporte un bref exposé de la loi en cause.

Art. 58 *Dénonciation.* 1. Une Haute Partie contractante ne peut dénoncer la présente Convention qu'après l'expiration d'un délai de cinq ans à partir de la date d'entrée en vigueur de la Convention à son égard et moyennant un préavis de six mois, donné par une notification adressée au Secrétaire général du Conseil de l'Europe, qui en informe les autres Parties contractantes.

2. Cette dénonciation ne peut avoir pour effet de délier la Haute Partie contractante intéressée des obligations contenues dans la présente Convention en ce qui concerne tout fait qui, pouvant constituer une violation de ces obligations, aurait été accompli par elle antérieurement à la date à laquelle la dénonciation produit effet.

3. Sous la même réserve cesserait d'être Partie à la présente Convention toute Partie contractante qui cesserait d'être Membre du Conseil de l'Europe.

4. La Convention peut être dénoncée conformément aux dispositions des paragraphes précédents en ce qui concerne tout territoire auquel elle a été déclarée applicable aux termes de l'article 56.

Art. 59 *Signature et ratification.* 1. La présente Convention est ouverte à la signature des Membres du Conseil de l'Europe. Elle sera ratifiée. Les ratifications seront déposées près le Secrétaire général du Conseil de l'Europe.

2. L'Union européenne peut adhérer à la présente Convention.

3. La présente Convention entrera en vigueur après le dépôt de dix instruments de ratification.

4. Pour tout signataire qui la ratifiera ultérieurement, la Convention entrera en vigueur dès le dépôt de l'instrument de ratification.

5. Le Secrétaire général du Conseil de l'Europe notifiera à tous les Membres du Conseil de l'Europe l'entrée en vigueur de la Convention, les noms des Hautes Parties contractantes qui l'auront ratifiée, ainsi que le dépôt de tout instrument de ratification intervenu ultérieurement.

DÉCLARATIONS ET RÉSERVES

L'instrument de ratification de la France comporte les déclarations et réserves suivantes :

Articles 5 et 6

Le Gouvernement de la République, conformément à l'article 64 *[devenu art. 57]* de la Convention, émet une réserve concernant les articles 5 et 6 de cette Convention en ce sens que ces articles ne sauraient faire obstacle à l'application des dispositions de l'article 27 de la loi n° 72-662 du 13 juillet 1972 portant statut général des militaires, relatives au régime disciplinaire dans les armées, ainsi qu'à celles de l'article 375 du code de justice militaire.

Article 10

Le Gouvernement de la République déclare qu'il interprète les dispositions de l'article 10 comme étant compatibles avec le régime institué en France par la loi n° 72-553 du 10 juillet 1972 portant statut de la Radiodiffusion-télévision française.

Article 15 (paragraphe 1er)

Le Gouvernement de la République, conformément à l'article 64 *[devenu art. 57]* de la Convention, émet une réserve concernant le paragraphe 1er de l'article 15 en ce sens, d'une part, que les circonstances énumérées par l'article 16 de la Constitution pour sa mise en œuvre, par l'article 1er de la loi du 3 avril 1878 et par la loi du 9 août 1849 pour la déclaration de l'état de siège, par l'article 1er de la loi n° 55-385 du 3 avril 1955 pour la déclaration de l'état d'urgence, et qui permettent la mise en application des dispositions de ces textes, doivent être comprises comme correspondant à l'objet de l'article 15 de la Convention et, d'autre part, que pour l'interprétation et l'application de l'article 16 de la Constitution de la République, les termes « dans la stricte mesure où la situation l'exige » ne sauraient limiter le pouvoir du Président de la République de prendre « les mesures exigées par les circonstances ».

Le Gouvernement de la République déclare en outre que la présente Convention s'appliquera à l'ensemble du territoire de la République, compte tenu, en ce qui concerne les territoires d'outre-mer, des nécessités locales auxquelles l'article 63 *[devenu art. 56]* fait référence.

Le Gouvernement de la République souligne enfin qu'il n'est pas partie au Protocole n° 2 en date du 6 mai 1963 attribuant à la Cour européenne des Droits de l'homme la compétence de donner des avis consultatifs et qu'en conséquence, pour autant que les articles 1er à 4 de ce Protocole seraient considérés comme intégrés à la Convention, il n'en accepte pas les dispositions.

Pacte international relatif aux droits civils et politiques,

Ouvert à la signature à New York le 19 décembre 1966 ; entré en vigueur à l'égard de la France le 4 février 1981. — Publié par Décr. n° 81-76 du 29 janv. 1981 (D. et BLD 1981. 79 ; JO 1er févr.).

Art. 6 **1. Le droit à la vie est inhérent à la personne humaine. Ce droit doit être protégé par la loi. Nul ne peut être arbitrairement privé de la vie.**

2. Dans les pays où la peine de mort n'a pas été abolie, une sentence de mort ne peut être prononcée que pour les crimes les plus graves, conformément à la législation en vigueur au moment où le crime a été commis et qui ne doit pas être en contradiction avec les dispositions du présent Pacte ni avec la Convention pour la prévention et la répression du crime de génocide. Cette peine ne peut être appliquée qu'en vertu d'un jugement définitif rendu par un tribunal compétent.

3. Lorsque la privation de la vie constitue le crime de génocide, il est entendu qu'aucune disposition du présent article n'autorise un État partie au présent Pacte à déroger d'aucune manière à une obligation quelconque assumée en vertu des dispositions de la Convention pour la prévention et la répression du crime de génocide.

4. Tout condamné à mort a le droit de solliciter la grâce ou la commutation de la peine. L'amnistie, la grâce ou la commutation de la peine de mort peuvent dans tous les cas être accordées.

5. Une sentence de mort ne peut être imposée pour des crimes commis par des personnes âgées de moins de dix-huit ans et ne peut être exécutée contre des femmes enceintes.

6. Aucune disposition du présent article ne peut être invoquée pour retarder ou empêcher l'abolition de la peine capitale par un État partie au présent Pacte.

....

Art. 10 **1. Toute personne privée de sa liberté est traitée avec humanité et avec le respect de la dignité inhérente à la personne humaine.**

2. *a*) Les prévenus sont, sauf dans des circonstances exceptionnelles, séparés des condamnés et sont soumis à une *[un]* **régime distinct, approprié à leur condition de personnes non condamnées ;**

***b*) Les jeunes prévenus sont séparés des adultes et il est décidé de leur cas aussi rapidement que possible.**

3. Le régime pénitentiaire comporte un traitement des condamnés dont le but essentiel est leur amendement et leur reclassement social. Les jeunes délinquants sont séparés des adultes et soumis à un régime approprié à leur âge et à leur statut légal.

Ensemble de règles minima des Nations unies concernant l'administration de la justice pour mineurs (Règles de Beijing),

Adopté par l'Assemblée générale dans sa résolution 40/33 du 29 novembre 1985.

Première partie

Principes généraux

1. Perspectives fondamentales

1.1 Les États Membres s'emploient, conformément à leurs intérêts généraux, à défendre le bien-être du mineur et de sa famille.

1.2 Les États Membres s'efforcent de créer des conditions qui assurent au mineur une vie utile dans la communauté, propre à encourager chez lui pendant la période de sa vie où il est le plus exposé à un comportement déviant, un processus d'épanouissement personnel et d'éducation aussi éloigné que possible de tout contact avec la criminalité et la délinquance.

1.3 Il faut s'attacher à prendre des mesures positives assurant la mobilisation complète de toutes les ressources existantes, notamment la famille, les bénévoles et autres groupements communautaires ainsi que les écoles et autres institutions communautaires, afin de promouvoir le bien-être du mineur et donc de réduire le besoin d'intervention de la loi et de traiter efficacement, équitablement et humainement l'intéressé en conflit avec la loi.

1.4 La justice pour mineurs fait partie intégrante du processus de développement national de chaque pays, dans le cadre général de la justice sociale pour tous les jeunes, contribuant ainsi, en même temps, à la protection des jeunes et au maintien de la paix et de l'ordre dans la société.

1.5 Les modalités d'application du présent Ensemble de règles dépendent des conditions économiques, sociales et culturelles existant dans chaque État Membre.

1.6 Les services de justice pour mineurs doivent être systématiquement développés et coordonnés en vue d'améliorer et de perfectionner la compétence du personnel de ces services, en particulier ses méthodes, approches et attitudes.

Commentaire :

Ces perspectives fondamentales générales touchent à la politique sociale globale en général et visent à favoriser le plus possible la protection sociale des jeunes pour éviter l'intervention du système de la justice pour mineurs et le tort souvent causé par cette intervention. Ces mesures de protection sociale des jeunes, avant le passage à la délinquance, sont absolument indispensables si l'on veut éviter d'avoir à appliquer le présent Ensemble de règles.

Les articles 1.1 à 1.3 se rapportent au rôle important que peut jouer une politique sociale constructive au profit des jeunes, notamment pour la prévention du crime et la lutte contre la délinquance. L'article 1.4 définit la justice pour mineurs comme faisant partie intégrante de la justice sociale pour les jeunes, tandis que l'article 1.6 traite de la nécessité d'améliorer constamment la justice pour mineurs, sans se laisser distancer par le développement de la politique sociale progressiste élaborée au profit des jeunes en général et en gardant à l'esprit la nécessité d'améliorer constamment la qualité des services compétents.

L'article 1.5 s'efforce de tenir compte des conditions existant dans les États Membres qui pourraient avoir pour effet de rendre essentiellement différentes les modalités d'application de règles particulières par rapport aux modalités adoptées dans d'autres États.

2. Champ d'application de l'Ensemble de règles et définitions utilisées

2.1 L'Ensemble de règles minima ci-après s'applique impartialement aux délinquants juvéniles, sans distinction aucune, notamment de race, de couleur, de sexe, de langue, de religion, d'opinion politique ou autre, d'origine nationale ou sociale, de fortune, de naissance ou autre situation.

2.2 Aux fins du présent Ensemble de règles, chaque État Membre applique les définitions ci-après de manière compatible avec son système et ses concepts juridiques propres :

a) Un *mineur* est un enfant ou un jeune qui, au regard du système juridique considéré, peut avoir à répondre d'un délit selon des modalités différentes de celles qui sont appliquées dans le cas d'un adulte ;

b) Un *délit* désigne tout comportement (acte ou omission) punissable par la loi en vertu du système juridique considéré ;

c) Un *délinquant juvénile* est un enfant ou un jeune, accusé ou déclaré coupable d'avoir commis un délit.

2.3 On s'efforcera d'établir, dans chaque pays, une série de lois, règles et dispositions expressément applicables aux délinquants juvéniles et des institutions et organismes chargés de l'administration de la justice pour mineurs et destinés :

a) A répondre aux besoins propres des délinquants juvéniles, tout en protégeant leurs droits fondamentaux ;

b) A répondre aux besoins de la société ;

c) A appliquer effectivement et équitablement l'Ensemble de règles ci-après.

Commentaire :

L'Ensemble de règles minima est délibérément formulé de façon à être applicable dans des systèmes juridiques différents et, en même temps, à fixer des normes minima pour le traitement des délinquants juvéniles quelle que soit leur définition et quel que soit le système qui leur est appliqué. Ces règles doivent toujours être appliquées impartialement et sans distinction d'aucune sorte.

L'article 2.1 souligne qu'il importe que l'Ensemble de règles minima soit toujours appliqué impartialement et sans distinction d'aucune sorte. Il suit le texte du principe 2 de la Déclaration des droits de l'enfant *[Résolution 1386 (XIV). Voir également la Convention sur l'élimination de toutes les formes de discrimination à l'égard des femmes (résolution 34/180, annexe) ; la Déclaration de la Conférence mondiale de la lutte contre le racisme et la discrimination raciale (Rapport de la Conférence mondiale de la lutte contre le racisme et la discrimination raciale, Genève, 14-25 août 1978 (publication des Nations unies, numéro de vente : F.79.XIV.2), chap. II) ; la Déclaration sur l'élimination de toutes les formes d'intolérance et de discrimination fondées sur la religion ou la conviction (résolution 36/55) ; l'Ensemble de règles minima pour le traitement des détenus (voir Droits de l'homme : recueil d'instruments internationaux (publication des Nations unies, numéro de vente : F.83.XIV.1)) ; la Déclaration de Caracas (résolution 35/171, annexe) ; et l'article 9.].*

L'article 2.2 définit les termes "mineur" et "délit" en tant qu'éléments de la notion de "délinquant juvénile", qui fait l'objet principal du présent Ensemble de règles minima (voir aussi les articles 3 et 4). Il faut noter que les limites d'âge dépendent expressément de chaque système juridique et tiennent pleinement compte des systèmes économiques, sociaux, politiques et culturels des États Membres. Il s'ensuit que toute une gamme d'âges relève de la catégorie des jeunes qui va donc de 7 ans à 18 ans ou plus. Cette disparité est inévitable eu égard à la diversité des systèmes juridiques nationaux et ne diminue en rien l'impact du présent Ensemble de règles minima.

L'article 2.3 prévoit la nécessité d'adopter des lois nationales expressément destinées à assurer la meilleure application possible du présent Ensemble de règles minima à la fois sur le plan juridique et sur le plan pratique.

3. Extension des règles

3.1 Les dispositions pertinentes du présent Ensemble de règles seront appliquées non seulement aux délinquants juvéniles mais aussi aux mineurs contre qui des poursuites pourraient être engagées pour tout comportement qui ne serait pas punissable s'il était commis par un adulte.

3.2 On s'efforcera d'étendre les principes incorporés dans le présent Ensemble de règles à tous les mineurs auxquels s'appliquent des mesures de protection et d'aide sociale.

3.3 On s'efforcera également d'étendre aux jeunes adultes délinquants les principes incorporés dans le présent Ensemble de règles.

Commentaire :

L'article 3 étend la protection assurée par l'Ensemble de règles minima concernant l'administration de la justice pour mineurs :

a) Aux "délits d'état" prévus par les systèmes juridiques nationaux où des comportements plus nombreux que pour les adultes sont considérés comme délictueux chez les jeunes (par exemple l'absentéisme scolaire, l'indiscipline à l'école et en famille, l'ivresse publique, etc.) [art. 3.1] ;

b) Aux mesures de protection et d'aide sociale à l'intention des jeunes (art. 3.2) ;

c) Au traitement des jeunes délinquants adultes, selon la limite d'âge fixée dans chaque cas, bien entendu (art. 3.3).

L'extension de l'Ensemble de règles à ces trois domaines semble se justifier. L'article 3.1 prévoit des garanties minima dans ces domaines et l'article 3.2 est considéré comme une étape souhaitable sur la voie d'une justice pénale plus juste, plus équitable et plus humaine pour les mineurs entrés en conflit avec la loi.

4. Âge de la responsabilité pénale

4.1 Dans les systèmes juridiques qui reconnaissent la notion de seuil de responsabilité pénale, celui-ci ne doit pas être fixé trop bas eu égard aux problèmes de maturité affective, psychologique et intellectuelle.

Commentaire :

Le seuil de responsabilité pénale varie largement selon les époques et les cultures. L'attitude moderne serait de se demander si un enfant peut supporter les conséquences morales et psychologiques de la responsabilité pénale, c'est-à-dire si un enfant, compte tenu de sa capacité de discernement et de compréhension, peut être tenu responsable d'un comportement essentiellement antisocial. Si l'âge de la responsabilité pénale est fixé trop bas ou s'il n'y a pas d'âge limite du tout, la notion n'a plus de sens. En général, il existe une relation étroite entre la notion de responsabilité pour un comportement délictueux ou criminel et les autres droits et responsabilités sociales (par exemple la situation matrimoniale, la majorité civile, etc.).

Il faudrait donc chercher à convenir d'un seuil raisonnablement bas applicable dans tous les pays.

5. Objectifs de la justice pour mineurs

5.1 Le système de la justice pour mineurs recherche le bien-être du mineur et fait en sorte que les réactions vis-à-vis des délinquants juvéniles soient toujours proportionnées aux circonstances propres aux délinquants et aux délits.

Commentaire :

L'article 5 concerne deux des objectifs les plus importants de la justice pour mineurs. Le premier est la recherche du bien-être du mineur. C'est l'objectif principal des systèmes juridiques où les cas des délinquants juvéniles sont examinés par les tribunaux pour enfants ou par les autorités administratives, mais il faut insister aussi sur le bien-être du mineur dans les systèmes juridiques où ils relèvent des juridictions de droit commun, pour éviter que ne soient prises des sanctions uniquement punitives (Voir également l'article 14).

Le second objectif est le "principe de proportionnalité". Ce principe bien connu sert à modérer les sanctions punitives, généralement en les rapportant à la gravité du délit. Pour les délinquants juvéniles, il faut tenir compte non seulement de cette gravité mais aussi des circonstances personnelles. Celles-ci (position sociale, situation de famille, dommages causés par le délit ou autres facteurs influant sur les circonstances personnelles) doivent intervenir pour proportionner la décision (par exemple en tenant compte de l'effort du délinquant pour indemniser la victime ou de son désir de revenir à une vie saine et utile).

De la même façon, les décisions visant à la protection du délinquant juvénile peuvent aller plus loin qu'il n'est nécessaire et donc porter atteinte à ses droits fondamentaux, comme on a pu l'observer dans certains systèmes de justice pour mineurs. Là aussi il faut veiller à proportionner la réaction aux circonstances propres au délinquant et au délit, comme à celles de la victime.

Essentiellement, l'article 5 ne demande ni plus ni moins qu'une réaction juste et dans tous les cas de délinquance et de criminalité juvéniles. Les deux aspects exposés dans l'article peuvent permettre d'accomplir de nouveaux progrès à un double égard : il est aussi souhaitable d'appliquer des mesures d'un type nouveau et original que de veiller à éviter l'élargissement excessif du réseau de contrôle social en ce qui concerne les mineurs.

6. Portée du pouvoir discrétionnaire

6.1 Eu égard aux besoins particuliers et variés des mineurs et à la diversité des mesures possibles, un pouvoir discrétionnaire suffisant doit être prévu à tous les stades de la procédure et aux différents niveaux de l'administration de la justice pour mineurs, notamment aux stades de l'instruction, des poursuites, du jugement et de l'application des mesures prises.

6.2 On s'efforcera toutefois d'assurer, à toutes les étapes et à tous les niveaux, l'exercice responsable de ce pouvoir discrétionnaire.

6.3 Les personnes qui l'exercent devront être particulièrement qualifiées ou formées pour en user judicieusement et conformément à leurs fonctions et mandats respectifs.

Commentaire :

Les articles 6.1, 6.2 et 6.3 portent sur plusieurs éléments importants de l'administration d'une justice pour mineurs efficace, juste et humaine : la nécessité de permettre l'exercice du pouvoir discrétionnaire à tous les niveaux importants de la procédure pour que les personnes qui prennent des décisions puissent adopter les mesures estimées convenir le mieux dans chaque cas ; et la nécessité de prévoir des contrôles et des contrepoids pour limiter tout abus du pouvoir discrétionnaire et pour sauvegarder les droits du délinquant juvénile. Responsabilité et professionnalisme sont les qualités qui paraissent les plus propres à modérer une liberté d'appréciation trop large. Aussi, les qualifications professionnelles et la formation spécialisée sont-elles désignées ici comme des moyens d'assurer l'exercice judicieux du pouvoir discrétionnaire dans les questions concernant les délinquants juvéniles. (Voir aussi les articles 1.6 et 2.2.) La formulation de directives spécifiques sur l'exercice du pouvoir discrétionnaire et la création d'un système de révision, d'appel, etc., pour permettre de revoir les décisions et de s'assurer que ceux qui les prennent ont le sens de leur responsabilité sont soulignées dans ce contexte. Ces mécanismes ne sont pas précisés ici, car ils ne se prêtent pas facilement à l'inclusion dans un ensemble de règles internationales minima qui ne peut absolument pas tenir compte de toutes les différences entre les systèmes de justice.

7. Droits des mineurs

7.1 Les garanties fondamentales de la procédure telles que la présomption d'innocence, le droit à être informé des charges, le droit de garder le silence, le droit à l'assistance d'un conseil, le droit à la présence d'un parent ou tuteur, le droit d'interroger et de confronter les témoins et le droit à un double degré de juridiction sont assurées à tous les stades de la procédure.

Commentaire :

L'article 7.1 traite de quelques points importants qui représentent les éléments essentiels d'un jugement équitable et qui sont internationalement reconnus dans les instruments des droits de l'homme existants. (Voir aussi l'article 14.) La présomption d'innocence, par exemple, figure également à l'article 11 de la Déclaration universelle des droits de l'homme *[Résolution 217 A (III) de l'Assemblée générale.]* et au paragraphe 2 de l'article 14 du Pacte international relatif aux droits civils et politiques. *[Voir résolution 2200 A (XXI) de l'Assemblée générale, annexe].*

Les articles 14 et suivants du présent Ensemble de règles minima précisent les éléments importants de la procédure dans les poursuites contre mineurs, en particulier, alors que l'article 7.1 affirme d'une façon générale les garanties les plus essentielles de la procédure.

8. Protection de la vie privée

8.1 Le droit du mineur à la protection de sa vie privée doit être respecté à tous les stades afin d'éviter qu'il ne lui soit causé du tort par une publicité inutile et par la qualification pénale.

8.2 En principe, aucune information pouvant conduire à l'identification d'un délinquant juvénile ne doit être publiée.

Commentaire :

L'article 8 souligne l'importance de la protection du droit du mineur à la vie privée. Les jeunes sont particulièrement sensibles à la qualification pénale. Les recherches criminologiques dans ce domaine ont montré les effets pernicieux (de toutes sortes) résultant du fait que des jeunes soient une fois pour toutes qualifiés de "délinquants" ou de "criminels".

L'article 8 montre qu'il faut protéger les jeunes des effets nocifs de la publication dans la presse d'informations sur leur affaire (par exemple le nom des jeunes délinquants, prévenus ou condamnés). Il faut protéger et respecter l'intérêt de l'individu, du moins en principe. (Le contenu général de l'article 8 est précisé à l'article 21.)

9. Clause de sauvegarde

9.1 Aucune disposition du présent Ensemble de règles ne doit être interprétée comme excluant l'application de l'Ensemble de règles minima pour le traitement des détenus *[Voir Droits de l'homme : recueil d'instruments internationaux (publication des Nations unies, numéro de vente : F.83.XIV.1).]* adopté par l'Organisation des Nations unies et des autres instruments et règles touchant les droits de l'homme reconnus par la communauté internationale et relatifs au traitement et à la protection des jeunes.

Commentaire :

L'article 9 vise à éviter toute confusion dans l'interprétation et l'application du présent Ensemble de règles conformément aux autres normes et instruments internationaux des droits de l'homme existants ou dont l'élaboration est en cours – tels que la Déclaration universelle des droits de l'homme *[Résolution 217 A (III) de l'Assemblée générale]*, le Pacte international relatif aux droits économiques, sociaux et culturels *[Voir résolution 2200 A (XXI) de l'Assemblée générale, annexe.]* et le Pacte international relatif aux droits civils et politiques *[Voir résolution 2200 A (XXI) de l'Assemblée générale, annexe.]* ainsi que la Déclaration des droits de l'enfant *[Résolution 1386 (XIV). Voir également la Convention sur l'élimination de toutes les formes de discrimination à l'égard des femmes (résolution 34/180, annexe) ; la Déclaration de la Conférence mondiale de la lutte contre le racisme et la discrimination raciale (Rapport de la Conférence mondiale de la lutte contre le racisme et la discrimination raciale, Genève, 14-25 août 1978 (publication des Nations unies, numéro de vente : F.79.XIV.2), chap. II) ; la Déclaration sur l'élimination de toutes les formes d'intolérance et de discrimination fondées sur la religion ou la conviction (résolution 36/55) ; l'Ensemble de règles minima pour le traitement des détenus (voir Droits de l'homme : recueil d'instruments internationaux (publication des Nations unies, numéro de vente : F.83.XIV.1)) ; la Déclaration de Caracas (résolution 35/171, annexe) ; et l'article 9.]* et le projet de convention sur les droits de l'enfant *[Voir résolution 1985/42 du Conseil économique et social.]*. Il est entendu que l'application du présent Ensemble de règles est sans préjudice d'aucun autre instrument international contenant des dispositions d'application plus large. *[Voir Droits de l'homme : recueil d'instruments internationaux (publication des Nations unies, numéro de vente : F.83.XIV.1).]* (Voir également l'article 27.)

Deuxième partie

Instruction et poursuites

10. Premier contact

10.1 Dès qu'un mineur est appréhendé, ses parents ou son tuteur sont informés immédiatement ou, si ce n'est pas possible, dans les plus brefs délais.

10.2 Le juge ou tout autre fonctionnaire ou organisme compétent examine sans délai la question de la libération.

10.3 Les contacts entre les services de répression et le jeune délinquant sont établis de manière à respecter le statut juridique du mineur, à favoriser son bien-être et à éviter de lui nuire, compte dûment tenu des circonstances de l'affaire.

Commentaire :

L'article 10.1 est en principe déjà contenu dans l'article 92 de l'Ensemble de règles minima pour le traitement des détenus. *[L'Ensemble de règles minima pour le traitement des détenus et les recommandations qui s'y rapportent ont été adoptées en 1955 (voir Premier Congrès des Nations unies pour la prévention du crime et le traitement des délinquants, Genève, 22 août-3 septembre 1955 : rapport établi par le Secrétariat (publication des Nations unies, numéro de vente : 1956.IV.4). Dans sa résolution 663 C (XXIV) du 31 juillet 1957, le Conseil économique et social a approuvé l'Ensemble de règles minima et a fait siennes, entre autres, les recommandations relatives au recrutement et à la formation du personnel pénitentiaire, aux établissements pénitentiaires et correctionnels ouverts et aux principes généraux régissant le travail pénitentiaire. Le Conseil a recommandé que les gouvernements envisagent favorablement l'adoption et l'application de l'Ensemble de règles minima et tiennent compte aussi complètement que possible des deux autres groupes de recommandations dans l'administration de leurs établissements pénitentiaires et correctionnels. L'inclusion d'un nouvel article, l'article 95, a été autorisée par le Conseil économique et social dans sa résolution 2076 (LXII) du 13 mai 1977.]*

La question de la libération (art. 10.2) doit être examinée sans délai par le juge ou un autre fonctionnaire compétent. Ce dernier terme s'entend de toute personne ou institution, au sens le plus large du terme, y compris les conseils communautaires ou autorités de police habilités à libérer les personnes appréhendées. (Voir aussi le paragraphe 3 de l'article 9 du Pacte international aux droits civils et politiques *[Voir résolution 2200 A (XXI) de l'Assemblée générale, annexe.]*.)

L'article 10.3 traite d'aspects fondamentaux relatifs aux procédures et au comportement des policiers ou autres agents des services de répression dans les cas de délinquance juvénile. L'expression "éviter de [lui] nuire" est assurément vague et recouvre maints aspects de l'interaction possible (paroles, violence physique, risques dus au milieu). Avoir affaire à la justice pour mineurs peut en soi être "nocif" pour les jeunes, il faut donc interpréter l'expression "éviter de [lui] nuire" comme signifiant tout d'abord qu'il faut faire le moins de mal possible aux mineurs et éviter tout tort supplémentaire ou indu. Cela est particulièrement important dans le premier contact avec les services de répression, car ce contact peut influencer profondément l'attitude du mineur à l'égard de l'État et de la société. En outre, le succès de toute autre intervention dépend largement de ces premiers contacts. Bienveillance et fermeté sont essentielles en pareilles situations.

11. Recours à des moyens extra-judiciaires

11.1 On s'attachera, dans toute la mesure possible, à traiter le cas des délinquants juvéniles en évitant le recours à une procédure judiciaire devant l'autorité compétente visée à l'article 14.1 ci-après.

11.2 La police, le parquet ou les autres services chargés de la délinquance juvénile ont le pouvoir de régler ces cas à leur discrétion, sans appliquer la procédure pénale officielle, conformément aux critères fixés à cet effet dans leurs systèmes juridiques respectifs et aussi aux principes contenus dans le présent Ensemble de règles.

11.3 Tout recours à des moyens extra-judiciaires impliquant le renvoi aux services communautaires ou autres services compétents exige le consentement de l'intéressé ou de ses parents ou de son tuteur, étant entendu que cette décision de renvoyer l'affaire peut, s'il en est fait la demande, être subordonnée à un réexamen par une autorité compétente.

11.4 Afin de faciliter le règlement discrétionnaire des cas de délinquants juvéniles, on s'efforcera d'organiser des programmes communautaires, notamment de surveillance et d'orientation temporaires, et d'assurer la restitution des biens et l'indemnisation des victimes.

Commentaire :

Le recours à des moyens extra-judiciaires, qui permet d'éviter une procédure pénale et entraîne souvent le renvoi aux services communautaires, est communément appliqué de façon officielle ou officieuse dans de nombreux systèmes juridiques. Cette pratique permet d'éviter les conséquences négatives d'une procédure normale dans l'administration de la justice pour mineurs (par exemple le stigmate d'une condamnation et d'un jugement). Dans bien des cas, l'abstention serait la meilleure décision. Ainsi, le recours à des moyens extra-judiciaires dès le début et sans renvoi à d'autres services (sociaux) peut être la meilleure mesure. Il en est surtout ainsi lorsque le délit n'est pas de nature grave et lorsque la famille, l'école ou d'autres institutions propres à exercer un contrôle social officieux ont déjà réagi comme il le fallait et de façon constructive ou sont prêtes à le faire.

Comme il est indiqué à l'article 11.2, le recours à des moyens extra-judiciaires peut intervenir à n'importe quel stade de la prise de décisions – par la police, le parquet ou d'autres institutions telles que cours, tribunaux, commissions ou conseils. Il peut être exercé par une ou plusieurs de ces instances, ou par toutes, selon les règlements en vigueur dans différents systèmes et dans l'esprit du présent Ensemble de règles. Le recours à des moyens extra-judiciaires est un mode important et il ne doit pas nécessairement être réservé aux infractions mineures.

L'article 11.3 souligne que le délinquant juvénile (ou un parent ou son tuteur) doit donner son consentement à la formule recommandée. (Le renvoi aux services communautaires sans ce consentement serait contraire à la Convention sur l'abolition du travail forcé *[Convention n° 105, adoptée le 25 juin 1957 par la Conférence générale de l'Organisation internationale du travail à sa quarantième session. En ce qui concerne le texte de la Convention, voir la note de bas de page 4.]*.) Toutefois, ce consentement ne doit pas être irrévocable, car il peut parfois être donné par le mineur en désespoir de cause. L'article souligne qu'il faut s'efforcer de minimiser les possibilités de coercition et d'intimidation à tous les niveaux dans le processus de recours à des moyens extra-judiciaires. Les mineurs ne doivent pas sentir de pression (par exemple pour éviter de comparaître devant le tribunal) ou être contraints de donner leur consentement. Ainsi, il est conseillé de faire faire une évaluation objective du caractère judicieux des dispositions relatives aux délinquants juvéniles par une "autorité compétente, s'il en est fait la demande" (L'autorité compétente peut être différente de celle visée à l'article 14.)

L'article 11.4 recommande l'organisation de solutions de rechange viables pour remplacer la procédure normale de la justice pour mineurs grâce à des programmes de type communautaire ; en particulier ceux qui prévoient la restitution des biens aux victimes ou qui permettent d'éviter aux mineurs d'entrer en conflit avec la loi à l'avenir grâce à une surveillance et une orientation temporaires. Ce sont les circonstances particulières de chaque affaire qui justifient le recours à des moyens extra-judiciaires, même lorsque des délits plus graves ont été commis (premier délit, acte soumis sous la pression de la bande, etc.).

12. Spécialisation au sein des services de police

12.1 Pour s'acquitter au mieux de leurs fonctions, les officiers de police qui s'occupent fréquemment ou exclusivement de mineurs ou qui se consacrent essentiellement à la prévention de la délinquance juvénile doivent recevoir une instruction et une formation spéciales. Dans les grandes villes, des services de police spéciaux devraient être créés à cette fin.

Commentaire :

L'article 12 appelle l'attention sur la nécessité d'une formation spécialisée pour tous les responsables de l'application des lois qui participent à l'administration de la justice pour mineurs. Comme la police est toujours le premier intermédiaire avec l'appareil de la justice pour mineurs, ses fonctionnaires doivent agir de façon judicieuse et nuancée.

Même si le rapport entre l'urbanisation et la criminalité est très complexe, on associe souvent l'accroissement de la délinquance juvénile au développement des grandes villes, surtout s'il est rapide et anarchique. Des services de police spécialisés seraient donc indispensables, non seulement pour appliquer les principes énoncés dans le présent instrument (par exemple l'article 1.6) mais encore, d'une façon plus générale, pour améliorer l'efficacité de la prévention et de la répression de la délinquance juvénile et du traitement des jeunes délinquants.

13. Détention préventive

13.1 La détention préventive ne peut être qu'une mesure de dernier ressort et sa durée doit être aussi courte que possible.

13.2 Autant que faire se peut, la détention préventive doit être remplacée par d'autres mesures telles que la surveillance étroite, une aide très attentive ou le placement dans une famille ou dans un établissement ou un foyer éducatif.

13.3 Les mineurs en détention préventive doivent bénéficier de tous les droits et garanties prévus par l'Ensemble de règles minima pour le traitement des détenus adopté par l'Organisation des Nations unies.

13.4 Les mineurs en détention préventive doivent être séparés des adultes et détenus dans des établissements distincts ou dans une partie distincte d'un établissement qui abrite aussi des adultes.

13.5 Pendant leur détention préventive, les mineurs doivent recevoir les soins, la protection et toute l'assistance individuelle – sur les plans social, éducatif, professionnel psychologique, médical et physique – qui peuvent leur être nécessaires eu égard à leur âge, à leur sexe et à leur personnalité.

Commentaire :

Le danger de "contamination criminelle" pour les jeunes en détention préventive ne doit pas être sous-estimé. Il semble donc important d'insister sur la nécessité de prévoir des solutions de rechange. A cet égard, l'article 13.1 encourage la mise au point de mesures nouvelles et novatrices propres à éviter la détention préventive dans l'intérêt et pour le bien-être du mineur.

Les mineurs en détention préventive bénéficient de tous les droits et garanties prévus dans l'Ensemble de règles minima pour le traitement des détenus, ainsi que dans le Pacte international relatif aux droits civils et politiques *[Voir résolution 2200 A (XXI) de l'Assemblée générale, annexe.]*, en particulier l'article 9, l'alinéa b) du paragraphe 2 et le paragraphe 3 de l'article 10.

L'article 13.4 n'interdit pas aux États de prendre contre l'influence néfaste des délinquants adultes d'autres mesures de protection qui soient au moins aussi efficaces que celles qui y sont mentionnées.

On a énuméré différentes formes d'assistance qui peuvent devenir nécessaires pour attirer l'attention sur l'éventail des besoins particuliers des jeunes détenus (par exemple selon qu'il s'agit d'hommes ou de femmes, de drogués, d'alcooliques, de jeunes malades mentaux, de jeunes souffrant d'un traumatisme, notamment après leur arrestation, etc.).

Diverses caractéristiques physiques et psychologiques des jeunes détenus peuvent justifier des mesures permettant de les séparer des autres lorsqu'ils sont en détention préventive, pour qu'ils puissent éviter les brimades et bénéficier d'une assistance convenant mieux à leur cas.

Le sixième Congrès des Nations unies pour la prévention du crime et le traitement des délinquants, dans sa résolution 4 *[Voir Sixième Congrès des Nations unies pour la prévention du crime et le traitement des délinquants, Caracas, 25 août-5 septembre 1980 : rapport établi par le Secrétariat (publication des Nations unies, numéro de vente : F.81.IV.4), chap. I, sect. B.]*, sur l'Ensemble de règles minima concernant l'administration de la justice pour mineurs, a spécifié que l'Ensemble de règles devrait, entre autres, refléter le principe de base selon lequel la détention avant jugement ne devrait être utilisée qu'en dernier ressort et qu'aucun mineur ou jeune délinquant ne devrait être détenu dans un établissement où il est susceptible de subir l'influence négative de délinquants adultes, et qu'il faudrait en outre toujours tenir compte des besoins particuliers à son stade de développement.

Troisième partie

Jugement et règlement des affaires

14. Autorité compétente pour juger

14.1 Si le cas d'un jeune délinquant n'a pas fait l'objet d'une procédure extra-judiciaire (prévue à l'article 11), il est examiné par l'autorité compétente (cour, tribunal, commission, conseil, etc.), conformément aux principes d'un procès juste et équitable.

14.2 La procédure suivie doit tendre à protéger au mieux les intérêts du jeune délinquant et se déroulera dans un climat de compréhension, permettant ainsi à celui-ci d'y participer et de s'exprimer librement.

Commentaire :

Il est difficile de donner de l'organisme compétent ou de la personne compétente une définition qui décrirait de façon universellement acceptable l'autorité juridictionnelle. L'expression "autorité compétente" est censée comprendre les présidents de cours ou de tribunaux (composés d'un juge unique ou de plusieurs membres), à savoir les magistrats professionnels et non professionnels, ainsi que les commissions administratives (systèmes écossais et scandinave, par exemple) ou d'autres organismes communautaires moins officiels, spécialisés dans la solution des conflits et de caractère juridictionnel.

La procédure suivie pour juger les jeunes délinquants doit en tout état de cause se conformer aux normes minima, assurées presque universellement à tout accusé par le respect des formes légales. Dans ces formes, un procès "juste et équitable" comprend des garanties fondamentales telles que la présomption d'innocence, la comparution et la déposition de témoins, les moyens ordinaires de défense, le droit de garder le silence, le droit de répliquer en dernier à l'audience, le droit de faire appel, etc. (Voir également l'article 7.1.).

15 Assistance d'un conseil, parents et tuteurs

15.1 Tout au long de la procédure, le mineur a le droit d'être représenté par son conseil ou de demander la désignation d'un avocat d'office, lorsque des dispositions prévoyant cette assistance existent dans le pays.

15.2 Les parents ou le tuteur peuvent participer à la procédure et peuvent être priés de le faire, dans l'intérêt du mineur, par l'autorité compétente. Celle-ci peut toutefois leur refuser cette participation si elle a des raisons de supposer que cette exclusion est nécessaire dans l'intérêt du mineur.

Commentaire :

La terminologie de l'article 15.1 est parallèle à celle de l'article 93 de l'Ensemble de règles minima pour le traitement des détenus *[Voir Droits de l'homme : recueil d'instruments internationaux (publication des Nations unies, numéro de vente : F.83.XIV.1)]*. Les services du Conseil ou de l'avocat d'office sont nécessaires pour assurer une assistance juridique au mineur, mais le droit à la participation des parents ou du tuteur, tel qu'il est énoncé à l'article 15.2, doit être considéré comme une assistance générale, psychologique et affective au mineur – fonction qui persiste tout au long de la procédure.

La recherche d'une solution adéquate par l'autorité compétente peut notamment être facilitée par la coopération des représentants légaux du mineur (ou d'une autre personne en laquelle le mineur peut avoir ou a effectivement confiance). Mais il en va tout autrement si la présence des parents ou du tuteur joue un rôle négatif à l'audience, par exemple s'ils manifestent une attitude hostile à l'égard du mineur, d'où les dispositions concernant leur exclusion possible.

16. Rapports d'enquêtes sociales

16.1 Dans tous les cas, sauf pour les petites infractions, avant que l'autorité compétente ne prenne une décision définitive préalable à la condamnation, les antécédents du mineur, les conditions dans lesquelles il vit et les circonstances dans lesquelles le délit a été commis font l'objet d'une enquête approfondie de façon à faciliter le jugement de l'affaire par l'autorité compétente.

Commentaire :

Les rapports d'enquêtes sociales (rapports sociaux ou rapports préalables à la sentence) sont une aide indispensable dans la plupart des cas de poursuites judiciaires contre les jeunes délinquants. L'autorité compétente doit être informée des éléments importants concernant le mineur, tels que ses antécédents sociaux et familiaux, sa scolarité, ses expériences en matière d'éducation, etc. Certaines juridictions font appel à cet effet à des services sociaux spéciaux ou à des personnes affiliées au tribunal ou à la commission. D'autres personnes, notamment les agents des services de la probation, peuvent remplir le même rôle. L'article exige donc que des services sociaux adéquats soient chargés d'établir les rapports d'enquêtes sociales qui conviennent.

17. Principes directeurs régissant le jugement et la décision

17.1 La décision de l'autorité compétente doit s'inspirer des principes suivants :

a) La décision doit toujours être proportionnée non seulement aux circonstances et à la gravité du délit, mais aussi aux circonstances et aux besoins du délinquant ainsi qu'aux besoins de la société ;

b) Il n'est apporté de restrictions à la liberté personnelle du mineur – et ce en les limitant au minimum – qu'après un examen minutieux ;

c) La privation de liberté individuelle n'est infligée que si le mineur est jugé coupable d'un délit avec voies de fait à l'encontre d'une autre personne, ou pour récidive, et s'il n'y a pas d'autre solution qui convienne ;

d) Le bien-être du mineur doit être le critère déterminant dans l'examen de son cas.

17.2 La peine capitale n'est pas applicable aux délits commis par les mineurs.

17.3 Les mineurs ne sont pas soumis à des châtiments corporels.

17.4 L'autorité compétente a le pouvoir d'interrompre la procédure à tout moment.

Commentaire :

La principale difficulté que présente la formulation de principes directeurs régissant le jugement de mineurs tient au fait qu'il subsiste des conflits non résolus entre certaines options fondamentales, notamment les suivantes :

a) Réinsertion sociale ou sanction méritée ;

b) Assistance ou répression et punition ;

c) Réaction adaptée aux caractéristiques d'un cas particulier ou réaction inspirée par la nécessité de protéger la société dans son ensemble ;

d) Dissuasion générale ou défense individuelle.

Le conflit entre ces options est plus grave dans le cas des mineurs que dans celui des adultes. Devant la grande diversité des causes et des réactions qui caractérisent les affaires concernant les mineurs, on constate que toutes ces questions sont étroitement liées.

L'Ensemble de règles minima concernant l'administration de la justice pour mineurs ne vise pas à prescrire la procédure à suivre, mais à en définir une qui soit très étroitement conforme aux principes acceptés universellement. C'est pourquoi les principes énoncés à l'article 17.1, en particulier aux alinéas a) et c), doivent être considérés comme des directives pratiques destinées à offrir un point de départ commun ; si les autorités intéressées en tiennent compte (voir également l'article 5), ces principes pourraient contribuer très utilement à assurer la protection des droits fondamentaux des jeunes, notamment en matière d'épanouissement personnel et d'éducation.

L'alinéa b) de l'article 17.1 affirme que des solutions strictement punitives ne conviennent pas. Alors que s'agissant d'adultes et peut-être aussi dans les cas de délits graves commis par des jeunes les notions de peine méritée et de sanctions adaptées à la gravité du délit peuvent se justifier relativement, dans les affaires de mineurs, l'intérêt et l'avenir du mineur doivent toujours l'emporter sur des considérations de ce genre.

Conformément à la résolution 8 du sixième Congrès des Nations unies *[Voir Sixième Congrès des Nations unies pour la prévention du crime et le traitement des délinquants, Caracas, 25 août-5 septembre 1980 : rapport établi par le Secrétariat (publication des Nations unies, numéro de vente : F.81.IV.4), chap. I, sect. B.]*, l'alinéa b) de l'article 17.1 encourage le recours, dans toute la mesure possible, à des solutions autres que le placement en institution, en gardant à l'esprit le souci de répondre aux besoins spécifiques des jeunes. Ainsi, il faut faire pleinement appel à tout l'éventail existant des sanctions de rechange et mettre au point de nouveaux types de sanctions, tout en gardant à l'esprit la notion de sécurité publique. Il faut faire appliquer le régime de la probation dans toute la mesure possible, au moyen de sursis, de peines conditionnelles, de décisions de commissions ou toutes autres dispositions.

L'alinéa c) de l'article 17.1 correspond à l'un des principes directeurs figurant dans la résolution 4 du sixième Congrès *[Voir Sixième Congrès des Nations unies pour la prévention du crime et le traitement des délinquants, Caracas, 25 août-5 septembre 1980 : rapport établi par le Secrétariat (publication des Nations unies, numéro de vente : F.81.IV.4), chap. I, sect. B.]*, qui vise à éviter l'incarcération dans le cas des jeunes délinquants à moins qu'il n'existe pas d'autre moyen approprié d'assurer la sécurité publique.

La disposition proscrivant la peine capitale, qui fait l'objet de l'article 17.2, correspond au paragraphe 5 de l'article 6 du Pacte international relatif aux droits civils et politiques *[Voir résolution 2200 A (XXI) de l'Assemblée générale, annexe.]*.

La disposition proscrivant les châtiments corporels correspond à l'article 7 du Pacte international relatif aux droits civils et politiques *[Voir résolution 2200 A (XXI) de l'Assemblée générale, annexe.]* et à la Déclaration sur la protection de toutes les personnes contre la torture et autres peines ou traitements cruels, inhumains ou dégradants *[Résolution 3452 (XXX) de l'Assemblée générale, annexe.]*, ainsi qu'à la Convention contre la torture et autres peines ou traitements cruels, inhumains ou dégradants *[Résolution 39/46 de l'Assemblée générale, annexe.]* et au projet de convention sur les droits de l'enfant. *[Voir résolution 1985/42 du Conseil économique et social]*.

Le pouvoir d'interrompre à tout moment la procédure (art. 17.4) est une caractéristique inhérente au traitement des jeunes délinquants par opposition aux adultes. Des circonstances qui font que l'arrêt total des poursuites offre la meilleure solution peuvent à tout moment venir à la connaissance de l'autorité compétente.

18. Dispositions du jugement

18.1 L'autorité compétente peut assurer l'exécution du jugement sous des formes très diverses, en laissant une grande souplesse pour éviter autant que possible le placement dans une institution. De telles mesures, dont plusieurs peuvent être combinées, figurent ci-après :

a) Ordonner une aide, une orientation et une surveillance ;

b) Probation ;

c) Ordonner l'intervention des services communautaires ;

d) Amendes, indemnisation et restitution ;

e) Ordonner un régime intermédiaire ou autre ;

f) Ordonner la participation à des réunions de groupes d'orientation et à d'autres activités analogues ;

g) Ordonner le placement dans une famille ou dans un centre communautaire ou autre milieu éducatif ;

h) Autres décisions pertinentes.

18.2 Aucun mineur ne sera soustrait à la surveillance de ses parents, que ce soit partiellement ou totalement, à moins que les circonstances ne rendent cette séparation nécessaire.

Commentaire :

A l'article 18.1, on s'est efforcé d'énumérer des décisions et sanctions importantes qui ont jusqu'à présent été adoptées avec succès par différents systèmes judiciaires. Celles-ci offrent des options intéressantes qui méritent d'être suivies et améliorées. En raison de la pénurie de personnel compétent, possible dans certaines régions, l'article n'énumère pas les besoins d'effectifs ; dans ces régions, on pourra essayer ou rechercher des mesures exigeant moins de personnel.

Les exemples cités à l'article 18.1 ont surtout un élément commun, c'est que la communauté joue un rôle important dans la mise en œuvre des mesures prévues. Le redressement fondé sur l'action communautaire est une méthode classique qui revêt désormais de nombreux aspects. Les communautés devraient être encouragées à offrir des services de ce type.

L'article 18.2 souligne l'importance de la famille qui, selon le paragraphe 1 de l'article 10 du Pacte international relatif aux droits économiques, sociaux et culturels, est "l'élément naturel et fondamental de la société" *[Voir résolution 2200 A (XXI) de l'Assemblée générale, annexe.]*. A l'intérieur de la famille, les parents ont non seulement le droit mais aussi le devoir d'entretenir et de surveiller leurs enfants. L'article 18.2 dispose donc que séparer les enfants de leurs parents est une mesure grave à ne prendre qu'en dernier ressort, lorsque les faits (sévices infligés à l'enfant, par exemple) la justifient pleinement.

19. Recours minimal au placement en institution

19.1 Le placement d'un mineur dans une institution est toujours une mesure de dernier ressort et la durée doit en être aussi brève que possible.

Commentaire :

La criminologie progressiste recommande le traitement en milieu ouvert, de préférence au placement dans une institution. On n'a constaté pratiquement aucune différence entre le succès des deux méthodes. Les nombreuses influences négatives qui s'exercent sur l'individu et qui semblent inévitables en milieu institutionnel ne peuvent évidemment pas être contrebalancées par des efforts dans le domaine du traitement. Cela s'applique particulièrement aux jeunes délinquants, dont la vulnérabilité est plus grande. En outre, les conséquences négatives qu'entraînent non seulement la perte de liberté mais encore la séparation du milieu social habituel sont certainement plus graves chez les mineurs en raison de leur manque de maturité.

L'article 19 vise à restreindre le placement dans une institution à deux égards : fréquence ("mesure de dernier ressort") et durée ("aussi brève que possible"). Il reprend un des principes fondamentaux de la résolution 4 du sixième Congrès des Nations unies *[Voir Sixième Congrès des Nations unies pour la prévention du crime et le traitement des délinquants, Caracas, 25 août-5 septembre 1980 : rapport établi par le Secrétariat (publication des Nations unies, numéro de vente : F.81.IV.4), chap. I, sect. B.]*, à savoir qu'aucun jeune délinquant ne devrait être incarcéré dans un établissement pénitentiaire, à moins qu'il n'existe aucun autre moyen approprié. L'article demande donc que, si un jeune délinquant doit être placé dans une institution, la privation de liberté soit limitée le plus possible, que des arrangements spéciaux soient prévus dans l'institution pour sa détention et qu'il soit tenu compte des différentes sortes de délinquants, de délits et d'institutions. En fait, il faudrait donner la priorité aux institutions "ouvertes" sur les institutions "fermées". En outre, tous les établissements devraient être de type correctif ou éducatif plutôt que carcéral.

20. Éviter les délais inutiles

20.1 Toute affaire doit, dès le début, être traitée rapidement, sans retard évitable.

Commentaire :

La rapidité des procédures dans les affaires concernant les jeunes délinquants est d'importance majeure. Sinon, toute solution satisfaisante que procédure et jugement pourraient permettre sera compromise. Plus le temps passera plus le mineur trouvera difficile, voire impossible, de relier intellectuellement et psychologiquement la procédure et le jugement du délit.

21. Archives

21.1 Les archives concernant les jeunes délinquants doivent être considérées comme strictement confidentielles et incommunicables à des tiers. L'accès à ces archives est limité aux personnes directement concernées par le jugement de l'affaire en cause ou aux autres personnes dûment autorisées.

21.2 Il ne pourra être fait état des antécédents d'un jeune délinquant dans des poursuites ultérieures contre adultes impliquant le même délinquant.

Commentaire :

L'article vise à établir un équilibre entre des intérêts contradictoires concernant des archives ou des dossiers, à savoir, d'une part, ceux de la police, du parquet et des autres autorités soucieuses d'améliorer le contrôle et, d'autre part, les intérêts du délinquant. (Voir aussi l'article 8.) Par "autres personnes dûment autorisées" on entend, par exemple, les personnes chargées de recherches.

22. Compétences professionnelles et formation

22.1 La formation professionnelle, la formation en cours d'emploi, le recyclage et d'autres types d'enseignement appropriés serviront à donner et à entretenir la compétence professionnelle nécessaire pour toutes les personnes chargées des affaires concernant les mineurs.

22.2 Le personnel de la justice pour mineurs doit refléter la diversité des jeunes qui entrent en contact avec le système de la justice pour mineurs. On s'efforcera d'assurer une représentation équitable des femmes et des minorités dans les organes de la justice pour mineurs.

Commentaire :

Les autorités compétentes pour prendre une décision peuvent être de formation très différente (magistrats au Royaume-Uni de Grande-Bretagne et d'Irlande du Nord et dans les régions qui s'inspirent du système de la *common law*, juges ayant reçu une formation juridique dans les pays de droit romain et dans les régions qui s'en inspirent ; ailleurs, profanes ou juristes, élus ou désignés, membres de commissions communautaires, etc.). Pour toutes ces autorités, une connaissance minimale du droit, de la sociologie et de la psychologie, de la criminologie et des sciences du comportement est nécessaire, car elle est jugée aussi importante que la spécialisation ou l'indépendance de l'autorité compétente.

Pour les travailleurs sociaux et les agents des services de la probation, il peut n'être pas possible d'insister sur la spécialisation professionnelle en tant que condition préalable à la prise de fonctions auprès de jeunes délinquants. Au lieu de cela, une formation professionnelle en cours d'emploi semble être le minimum de qualification indispensable.

Les qualifications professionnelles sont un élément essentiel pour assurer une administration impartiale et efficace de la justice pour mineurs. Par conséquent, il faut améliorer le recrutement, les perspectives d'avancement et la formation professionnelle du personnel et lui donner les moyens de remplir ses fonctions comme il convient.

Pour assurer l'impartialité dans l'administration de la justice pour mineurs, il faut éviter toute discrimination d'ordre politique, social, sexuel, racial, religieux, culturel ou autres dans la sélection, la nomination et l'avancement professionnel du personnel de l'administration de la justice pour mineurs. Cela a été recommandé par le sixième Congrès. Celui-ci a en outre prié les États Membres d'assurer un traitement juste et équitable aux femmes dans le personnel de la justice pénale et recommandé de prendre des mesures spéciales pour recruter, former et faciliter l'avancement professionnel du personnel féminin dans l'administration de la justice pour mineurs *[Voir Sixième Congrès des Nations unies pour la prévention du crime et le traitement des délinquants, Caracas, 25 août-5 septembre 1980 : rapport établi par le Secrétariat (publication des Nations unies, numéro de vente : F.81.IV.4), chap. I, sect. B].*

Quatrième partie

Traitement en milieu ouvert

23. Moyens d'exécution du jugement

23.1 En vue d'assurer l'exécution des décisions de l'autorité compétente, visée à l'article 14.1 ci-dessus, l'autorité elle-même ou une autre autorité, selon le cas, prendra les mesures qui s'imposent.

23.2 A ce titre, l'autorité peut, si elle le juge nécessaire, modifier les décisions, à condition que cette modification soit conforme aux principes figurant dans le présent Ensemble de règles.

Commentaire :

S'agissant de mineurs délinquants, l'exécution du jugement peut, plus encore que pour des adultes, avoir longtemps une incidence sur la vie de l'intéressé. Il importe donc que l'autorité compétente ou un organe indépendant (commission compétente pour accorder la liberté conditionnelle ou surveillée, service de probation, institution chargée de la protection de la jeunesse, etc.), doté de qualifications égales à celles de l'autorité qui a initialement prononcé le jugement, veille à son exécution. Dans certains pays, le juge de l'exécution des peines a été désigné à cet effet.

La composition, les pouvoirs et les fonctions de l'autorité doivent être souples ; la description qui en est donnée à l'article 23 est délibérément générale, de manière à en assurer l'acceptation la plus large.

24. Assistance aux mineurs

24.1 On s'efforcera d'assurer aux mineurs, à toutes les étapes de la procédure, une assistance en matière de logement, d'éducation et de formation professionnelle, d'emploi ou autre forme d'aide utile et pratique en vue de faciliter la réinsertion.

Commentaire :

La promotion du bien-être du mineur est un élément extrêmement important. Ainsi, l'article 24 souligne qu'il faut prévoir les installations, les services et toutes les autres formes d'assistance nécessaires pour servir au mieux les intérêts du mineur pendant toute la réinsertion.

25. Mobilisation de volontaires et autres services communautaires

25.1 On demandera à des volontaires, organisations bénévoles, institutions locales et autres services communautaires de contribuer efficacement à la réinsertion du mineur dans un cadre communautaire et, autant que possible, à l'intérieur de la cellule familiale.

Commentaire :

Cet article montre qu'il faut orienter toutes les activités concernant les délinquants juvéniles vers la réinsertion. La coopération avec la communauté est indispensable si l'on veut appliquer de façon efficace les directives de l'autorité compétente. Les volontaires et les services bénévoles en particulier se sont révélés des ressources très intéressantes dont on n'a jusqu'ici guère tiré parti. Dans certains cas, la coopération d'anciens délinquants (notamment d'anciens toxicomanes) peut être extrêmement utile.

L'article 25 découle des principes exposés aux articles 1.1 à 1.6 et suit les dispositions pertinentes du Pacte international relatif aux droits civils et politiques *[Voir résolution 2200 A (XXI) de l'Assemblée générale, annexe]*.

Cinquième partie

Traitement en institution

26. Objectifs du traitement en institution

26.1 La formation et le traitement des mineurs placés en institution ont pour objet de leur assurer assistance, protection, éducation et compétences professionnelles, afin de les aider à jouer un rôle constructif et productif dans la société.

26.2 Les jeunes placés en institution recevront l'aide, la protection et toute l'assistance – sur le plan social, éducatif, professionnel, psychologique, médical et physique – qui peuvent leur être nécessaires eu égard à leur âge, à leur sexe et à leur personnalité et dans l'intérêt de leur développement harmonieux.

26.3 Les mineurs placés en institution doivent être séparés des adultes et détenus dans un établissement distinct ou dans une partie distincte d'un établissement qui abrite aussi des adultes.

26.4 Les jeunes délinquantes placées en institution doivent bénéficier d'une attention spéciale en ce qui concerne leurs besoins et leurs problèmes propres. En aucun cas, l'aide, la protection, l'assistance, le traitement et la formation dont elles bénéficient ne doivent être inférieurs à ceux dont bénéficient les jeunes délinquants. Un traitement équitable doit leur être assuré.

26.5 Les parents ou le tuteur du mineur placé en institution ont le droit de visite dans son intérêt et pour son bien-être.

26.6 On favorisera la coopération entre les ministères et les services en vue d'assurer une formation scolaire ou, s'il y a lieu, professionnelle adéquate aux mineurs placés en institution, pour qu'ils ne soient pas désavantagés dans leurs études en quittant cette institution.

Commentaire :

Les objectifs du traitement en institution énoncés aux articles 26.1 et 26.2 devraient être acceptables par tous les systèmes et par toutes les cultures. Cependant, ils n'ont pas été atteints partout et il reste beaucoup à faire dans ce domaine.

L'assistance médicale et psychologique, en particulier, est extrêmement importante pour les jeunes drogués, violents ou malades mentaux placés en institution.

Le souci d'éviter les influences négatives des délinquants adultes et de garantir le bien-être des mineurs placés en institution, énoncé à l'article 26.3, est conforme à l'un des principes de base de l'Ensemble de règles fixés par le sixième Congrès dans sa résolution 4 *[Voir Sixième Congrès des Nations unies pour la prévention du crime et le traitement des délinquants, Caracas,*

25 août-5 septembre 1980 : rapport établi par le Secrétariat (publication des Nations unies, numéro de vente : F.81.IV.4), chap. I, sect. B.]. Cet article n'interdit pas aux États de prendre d'autres mesures contre les influences négatives des délinquants adultes, qui soient au moins aussi efficaces que les mesures mentionnées dans ledit article. (Voir aussi l'article 13.4.)

L'article 26.4 concerne le fait que les délinquantes ne bénéficient généralement pas de la même attention que les délinquants, comme l'a fait observer le sixième Congrès. En particulier, la résolution 9 du sixième Congrès *[Voir Sixième Congrès des Nations unies pour la prévention du crime et le traitement des délinquants, Caracas, 25 août-5 septembre 1980 : rapport établi par le Secrétariat (publication des Nations unies, numéro de vente : F.81.IV.4), chap. I, sect. B.]* demande qu'on assure aux délinquantes un traitement équitable à tous les stades de procédure de la justice pénale et qu'on accorde une attention spéciale à leurs problèmes et à leurs besoins particuliers pendant leur incarcération. En outre, il faut considérer cet article à la lumière de la Déclaration de Caracas, par laquelle le sixième Congrès a instamment demandé, notamment, l'égalité de traitement dans l'administration de la justice pénale *[Voir résolution 35/171 de l'Assemblée générale, annexe, par. 1.6.]*, et dans le contexte de la Déclaration sur l'élimination de la discrimination à l'égard des femmes *[Résolution 2263 (XXII) de l'Assemblée générale.]* et de la Convention sur l'élimination de toutes les formes de discrimination à l'égard des femmes. *[Résolution 34/180 de l'Assemblée générale, annexe.]*

Le droit de visite (art. 26.5) découle des dispositions des articles 7.1, 10.1, 15.2 et 18.2. La coopération entre les ministères et les services (art. 26.6) revêt une importance particulière pour améliorer, d'une façon générale, la qualité du traitement et de la formation dans les institutions.

27. Application de l'Ensemble de règles minima pour le traitement des détenus adopté par l'Organisation des Nations unies

27.1 L'Ensemble de règles minima pour le traitement des détenus et les recommandations qui s'y rapportent sont applicables dans la mesure où ils concernent le traitement des jeunes délinquants placés en institution, y compris ceux qui sont en détention préventive.

27.2 On s'efforcera de mettre en œuvre, dans toute la mesure possible, les principes pertinents énoncés dans l'Ensemble de règles minima pour le traitement des détenus afin de répondre aux besoins divers des mineurs, propres à leur âge, leur sexe et leur personnalité.

Commentaire :

L'Ensemble de règles minima pour le traitement des détenus a été parmi les premiers instruments de cet ordre que l'Organisation des Nations unies a promulgués. On s'accorde à reconnaître que ces textes ont eu un effet à l'échelle mondiale. Même s'il existe aujourd'hui encore des pays où leur mise en œuvre n'en est qu'au stade des aspirations et ne s'est pas traduite dans la réalité, cet Ensemble de règles minima continue d'exercer une influence importante sur l'administration humaine des établissements pénitentiaires.

Quelques-uns des points principaux se rapportant aux jeunes délinquants placés en institution sont couverts par l'Ensemble de règles minima pour le traitement des détenus (locaux de détention, architecture, literie, vêtements, plaintes et demandes des détenus, contact avec le monde extérieur, alimentation, services médicaux, service religieux, séparation selon l'âge, personnel, travail, etc.) de même que des dispositions concernant les punitions, la discipline et les moyens de contrainte s'agissant de délinquants dangereux. Il ne serait pas opportun de modifier l'Ensemble de règles minima pour le traitement des détenus pour l'adapter aux caractéristiques propres des établissements où sont placés les délinquants juvéniles dans le cadre du présent Ensemble de règles minima concernant l'administration de la justice pour mineurs.

L'article 27 porte sur les conditions exigées pour les mineurs placés en institution (art. 27.1) ainsi que sur les besoins variés propres à leur âge, sexe et personnalité (art. 27.2). Ainsi, les objectifs et le contenu de cet article sont en rapport direct avec les dispositions pertinentes de l'Ensemble de règles minima pour le traitement des détenus.

28. Application fréquente et prompte du régime de la libération conditionnelle

28.1 L'autorité appropriée aura recours à la libération conditionnelle aussi souvent et aussi tôt que possible.

28.2 Les mineurs placés sous le régime de la libération conditionnelle seront assistés et suivis par une autorité appropriée et recevront le soutien total de la communauté.

Commentaire :

Le pouvoir d'ordonner la libération conditionnelle peut être conféré à l'autorité compétente, comme il est prévu à l'article 14.1, ou à une autre autorité. C'est pourquoi il convient d'employer le terme autorité "appropriée" et non autorité "compétente".

Dans la mesure où les circonstances le permettent, on donnera la préférence à la libération conditionnelle plutôt que de laisser le jeune délinquant purger la totalité de sa peine. S'il est prouvé qu'ils ont de bonnes perspectives de réinsertion, même les délinquants qui paraissaient dangereux au moment de leur placement en institution peuvent être libérés sous condition quand la possibilité s'en présente. Comme la probation, la libération conditionnelle peut être accordée sous réserve de l'accomplissement satisfaisant des conditions spécifiées par les autorités intéressées pendant une période d'épreuve prévue par la décision : par exemple le "bon comportement" du délinquant, sa participation aux programmes communautaires, sa résidence dans des centres d'accueil intermédiaires, etc.

Lorsque des délinquants placés en institution sont libérés sous condition, un agent de probation ou un autre fonctionnaire (notamment là où le régime de la probation n'a pas encore été adopté) devrait les aider et les surveiller, et la communauté devrait être encouragée à les soutenir.

29. Régimes de semi-détention

29.1 On s'efforcera de créer des régimes de semi-détention notamment dans des établissements tels que les centres d'accueil intermédiaires, les foyers socio-éducatifs, les externats de formation professionnelles et autres établissements appropriés propres à favoriser la réinsertion sociale des mineurs.

Commentaire :

L'importance de l'encadrement au sortir d'une institution est évidente. Le présent article fait ressortir la nécessité de créer, sous diverses modalités, des régimes de semi-détention.

Cet article souligne également la nécessité d'organiser toute une gamme de moyens et de services destinés à satisfaire les besoins divers des jeunes délinquants rentrant dans la communauté et de leur fournir une orientation et des institutions de soutien pour contribuer au succès de leur réinsertion sociale.

Sixième partie

Recherche, planification, élaboration de politiques et évaluation

30. La recherche, base de la planification, de l'élaboration de politiques et de l'évaluation

30.1 On s'efforcera d'organiser et de promouvoir la recherche nécessaire à l'élaboration efficace des plans et des politiques.

30.2 On s'efforcera de revoir et d'évaluer périodiquement les tendances, les problèmes, les causes de la délinquance et de la criminalité juvéniles, ainsi que les divers besoins propres aux mineurs incarcérés.

30.3 On s'efforcera d'intégrer un dispositif permanent de recherche et d'évaluation dans le système d'administration de la justice pour mineurs, ainsi que de rassembler et d'analyser les données et informations pertinentes dont on a besoin pour l'évaluation appropriée, l'amélioration future et la réforme de l'administration.

30.4 Dans l'administration de la justice pour mineurs, la prestation de services doit être systématiquement planifiée et mise en œuvre et faire partie intégrante de l'effort de développement national.

Commentaire :

L'utilisation de la recherche, qui est à la base d'une politique bien informée de justice pour mineurs, passe pour garantir qu'on suive dans la pratique les progrès réalisés dans le domaine des connaissances et pour favoriser l'amélioration constante du système de justice pour mineurs. La symbiose entre la recherche et les politiques revêt une importance particulière en matière de justice pour mineurs. Étant donné les modifications rapides et souvent radicales des styles de vie des jeunes et des formes et dimensions de la criminalité juvénile, les réactions de la société et de la justice à la criminalité et à la délinquance juvéniles sont souvent réprimées et inadaptées.

L'article 30 fixe donc les normes permettant d'intégrer la recherche dans le processus d'élaboration et d'application des politiques dans l'administration de la justice pour mineurs. Il appelle une attention particulière sur la nécessité de revoir et d'évaluer les programmes et les mesures existants et de planifier la justice pour mineurs dans le contexte plus large des objectifs du développement global.

Une évaluation sans relâche des besoins des jeunes, ainsi que des tendances et des problèmes de la délinquance, est la condition indispensable pour améliorer la formulation de politiques appropriées et concevoir des interventions satisfaisantes, de caractère formel et informel. Dans ce contexte, les organismes responsables devraient faciliter la recherche effectuée par des personnes et des organismes indépendants. Il peut être intéressant de demander leur opinion aux jeunes eux-mêmes et d'en tenir compte, sans se limiter à ceux qui entrent en contact avec ce système.

Au stade de la planification, il faut prévoir un système de prestation des services nécessaires à la fois efficace et équitable. A cette fin, il faudrait procéder à une évaluation régulière des besoins et des problèmes des jeunes, qui sont étendus et particuliers, et définir des priorités bien précises. A cet égard, il faudrait aussi coordonner l'utilisation des ressources existantes appropriées, et notamment prévoir des solutions de rechange et s'assurer le soutien de la communauté pour monter des mécanismes de mise en œuvre et de contrôle des programmes adoptés.

Principes directeurs des Nations unies pour la prévention de la délinquance juvénile (Principes directeurs de Riyad),

Adoptés et proclamés par l'Assemblée générale dans sa résolution 45/112 du 14 décembre 1990.

I. *Principes fondamentaux*

1. La prévention de la délinquance juvénile est un élément essentiel de la prévention du crime. En s'adonnant à des activités licites et utiles à la société et en se plaçant à l'égard de celle-ci et de la vie dans une perspective humaniste, les jeunes peuvent acquérir une mentalité non criminogène.

2. Pour que la prévention de la délinquance juvénile porte ses fruits, il faut que la société tout entière assure le développement harmonieux des adolescents en respectant leur personnalité et en favorisant l'épanouissement des jeunes dès la plus tendre enfance.

3. Aux fins de l'interprétation des présents Principes directeurs, il conviendrait d'adopter une orientation axée sur l'enfant. Les jeunes devraient avoir un rôle actif de partenaires dans la société et ne pas être considérés comme de simples objets de mesures de socialisation ou de contrôle.

4. Pour la mise en œuvre des présents Principes directeurs, tout programme de prévention devrait, conformément aux systèmes juridiques nationaux, être axé sur le bien-être des jeunes dès la petite enfance.

5. Il faudrait reconnaître la nécessité et l'importance d'adopter des politiques de prévention de la délinquance nouvelles ainsi que d'étudier systématiquement et d'élaborer des mesures qui évitent de criminaliser et de pénaliser un comportement qui ne cause pas de dommages graves à l'évolution de l'enfant et ne porte pas préjudice à autrui. Ces politiques et mesures devraient comporter les éléments suivants :

a) Dispositions, en particulier en matière d'éducation, permettant de faire face aux divers besoins des jeunes et de constituer un cadre de soutien assurant le développement personnel de tous les jeunes et particulièrement de ceux qui sont à l'évidence "en danger" ou en état de "risque social" et ont besoin d'une attention et d'une protection spéciales ;

b) Adoption de conceptions et de méthodes spécialement adaptées à la prévention de la délinquance et concrétisées par des textes législatifs, des processus, des institutions, des installations et un réseau de services visant à réduire la motivation, le besoin et les occasions de commettre des infractions et à éliminer les conditions donnant lieu à un tel comportement ;

c) Intervention officielle ayant pour principal objet l'intérêt général du mineur et s'inspirant de la justice et de l'équité ;

d) Protection du bien-être, du développement, des droits et des intérêts de tous les jeunes ;

e) Conscience que le comportement ou la conduite d'un jeune qui n'est pas conforme aux normes et valeurs sociales générales relève souvent du processus de maturation et de croissance et tend à disparaître spontanément chez la plupart des individus avec le passage à l'âge adulte ;

f) Conscience que, d'après l'opinion prédominante des experts, qualifier un jeune de "déviant", de "délinquant" ou de "prédélinquant" contribue souvent au développement chez ce dernier d'un comportement systématiquement répréhensible.

6. Il conviendrait de mettre en place des services et programmes communautaires de prévention de la délinquance juvénile, surtout dans les cas où aucun service de type classique n'a encore été établi, et de n'avoir recours qu'en dernier ressort aux services classiques de contrôle social.

II. *Portée des principes directeurs*

7. Les présents Principes directeurs seront interprétés et appliqués dans le cadre général de la Déclaration universelle des droits de l'homme *[Résolution 217 A (III).]*, du Pacte international relatif aux droits économiques, sociaux et culturels *[Résolution 2200 A (XXI), annexe.]*, du Pacte international relatif aux droits civils et politiques *[Résolution 2200 A (XXI), annexe.]*, de la Déclaration des droits de l'enfant *[Résolution 1386 (XIV).]* et de la Convention relative aux

droits de l'enfant *[Résolution 44/25, annexe.]*, et dans le cadre de l'Ensemble de règles minima des Nations unies concernant l'administration de la justice pour mineurs (Règles de Beijing *[Résolution 40/33, annexe.]*), ainsi que d'autres instruments et normes intéressant les droits, intérêts et bien-être de tous les enfants et de tous les jeunes.

8. Les présents Principes directeurs seront appliqués dans le contexte de la situation économique, sociale et culturelle propre à chaque État Membre.

III. *Prévention générale*

9. Il faut instituer à chaque échelon de l'administration publique des plans de prévention complets prévoyant notamment :

a) Des analyses approfondies du problème et un inventaire des programmes, services, équipements et ressources existants ;

b) L'attribution de responsabilités clairement définies aux organismes et institutions engagés dans les actions de prévention ainsi qu'à leur personnel ;

c) L'existence de mécanismes de coordination des actions de prévention entre organismes gouvernementaux et non gouvernementaux ;

d) La définition de politiques, de programmes et de stratégies fondés sur des analyses pronostiques, à suivre de façon soutenue et à évaluer soigneusement pendant leur application ;

e) L'adoption de méthodes permettant de réduire efficacement les possibilités de commettre des actes délictueux ;

f) La participation de la collectivité grâce à une vaste gamme de services et de programmes ;

g) Une étroite coopération interdisciplinaire entre pouvoir central, pouvoirs intermédiaires (province, État, département) et pouvoirs locaux, faisant appel au secteur privé, à des notabilités de la communauté visée et à des organismes responsables des questions de travail, des soins aux enfants, de l'éducation sanitaire, de la protection sociale et de l'application des lois ainsi qu'à des instances judiciaires, pour le déploiement d'actions concertées de prévention de la délinquance juvénile ;

h) La participation des jeunes aux politiques et processus de prévention de la délinquance mettant notamment en jeu les ressources communautaires, l'assistance entre jeunes et des programmes d'indemnisation et d'assistance en faveur des victimes ;

i) Le recrutement de personnel spécialisé à tous les niveaux.

IV. *Processus de socialisation*

10. Il faut mettre l'accent sur des politiques de prévention propres à faciliter une socialisation et une intégration réussies de tous les enfants et de tous les jeunes – spécialement par le biais de la famille, de la communauté, de groupes de "pairs", de l'école, de la formation professionnelle et du monde du travail et par le recours à des organisations bénévoles. Il faut apporter l'attention voulue à l'épanouissement personnel des jeunes et des enfants qui devraient être intégralement reconnus comme des partenaires égaux dans les processus de socialisation et d'intégration.

A. *La famille*

11. Chaque société doit accorder une grande importance aux besoins et au bien-être de la famille et de tous ses membres.

12. Comme la famille est l'unité centrale responsable de la socialisation primaire de l'enfant, des efforts devront être faits par les pouvoirs publics et les organismes sociaux pour maintenir l'intégrité de la famille, y compris de la famille élargie. La société a la responsabilité d'aider la famille à fournir soins et protection aux enfants et à leur assurer le bien-être physique et mental. Il faudrait prévoir des garderies en suffisance.

13. L'État doit prendre les mesures voulues pour que les enfants soient élevés dans un environnement familial stable et serein. Il doit en particulier fournir l'assistance sociale nécessaire aux parents qui en ont besoin pour maîtriser les situations d'instabilité ou de conflit.

14. Lorsque, d'une part, un environnement familial stable et serein fait défaut et que, d'autre part, les efforts de la collectivité pour fournir aux parents l'aide nécessaire ont échoué et qu'on ne peut pas compter à cet égard sur la famille élargie, le recours à des foyers de substitution (parents nourriciers ou adoptifs) doit être envisagé. Ceux-ci doivent recréer le plus complètement possible une ambiance familiale stable et sereine et procurer à l'enfant une impression de "continuité" qui lui évite de se sentir "ballotté" entre un foyer et un autre.

15. Une attention particulière doit être apportée aux enfants de familles affectées par l'évolution rapide et irrégulière de la situation économique, sociale et culturelle, en particulier aux enfants de familles de minorités autochtones et de familles migrantes et réfugiées. Comme cette évolution peut porter atteinte à la capacité sociale de la famille d'assurer l'éducation traditionnelle des enfants, souvent par suite de conflits de rôles et de cultures, il faut alors chercher des modalités novatrices et socialement constructives de socialisation des enfants.

16. Il faut, en entreprenant les activités et les programmes nécessaires, mettre les familles en mesure de se familiariser avec les rôles et devoirs des parents touchant le développement et les soins des enfants, promouvoir l'instauration de relations positives entre parents et enfants, sensibiliser les parents aux préoccupations des enfants et des jeunes et encourager la participation des jeunes aux activités familiales et communautaires.

17. L'État doit s'employer à promouvoir la cohésion et l'harmonie familiale et à décourager la séparation des enfants de leurs parents, sauf lorsqu'il y va du bien-être et de l'avenir de l'enfant.

18. Il est important d'insister sur la fonction de socialisation de la famille et de la famille élargie et il est non moins important de reconnaître le rôle et la responsabilité futurs des jeunes dans la société, ainsi que leur participation en tant que partenaires égaux.

19. Pour garantir le droit de l'enfant à une socialisation satisfaisante, l'État et les autres instances doivent non seulement recourir aux organismes sociaux et juridiques existants, mais aussi créer ou prévoir des mesures d'un type nouveau lorsque les institutions et coutumes traditionnelles sont devenues inopérantes.

B. *L'éducation*

20. L'État a le devoir d'assurer à tous les jeunes l'accès à l'éducation publique.

21. Outre leur mission d'enseignement et de formation professionnelle, les systèmes éducatifs doivent s'attacher particulièrement :

a) A enseigner à l'enfant les valeurs fondamentales et le respect de l'identité et des traditions culturelles qui sont les siennes, des valeurs du pays dans lequel il vit, des civilisations différentes de la sienne et des droits de l'homme et des libertés fondamentales ;

b) A promouvoir le plein épanouissement de la personnalité, des talents et des aptitudes mentales et physiques des jeunes ;

c) A amener les jeunes à participer de manière active et constructive au processus éducatif, au lieu de se borner à le subir ;

d) A soutenir les activités qui favorisent chez les jeunes un sentiment d'identification et d'appartenance à l'école et à la communauté ;

e) A favoriser chez les jeunes la compréhension et le respect des divers points de vue et opinions, ainsi que des différences culturelles et autres ;

f) A fournir aux jeunes des renseignements et des conseils en matière de formation professionnelle, de possibilités d'emploi et de perspectives de carrière ;

g) A apporter aux jeunes un soutien moral et à éviter de leur infliger des mauvais traitements d'ordre psychologique ;

h) A éviter les mesures disciplinaires dures, spécialement les châtiments corporels.

22. Il faut que les systèmes éducatifs cherchent à collaborer avec les parents, les organisations communautaires et les institutions qui s'intéressent aux activités des jeunes.

23. Il faut faire connaître la loi aux jeunes et à leurs familles ainsi que leurs droits et responsabilités au regard de la loi et le système universel de valeurs, notamment les instruments des Nations unies.

24. Il faut que les systèmes éducatifs se préoccupent particulièrement des jeunes en situation de "risque social". Il faut élaborer et pleinement utiliser à cet effet des programmes, approches et outils pédagogiques de prévention spécialement adaptés.

25. Il faut s'attacher, par des politiques et stratégies globales, à prévenir l'abus chez les jeunes de l'alcool, des drogues et d'autres substances. Les enseignants et les autres éducateurs devraient être équipés pour prévenir et traiter ces problèmes. Des informations sur la consommation et l'abus des drogues, y compris l'alcool, doivent être fournies à la population scolaire et universitaire.

26. L'école devrait servir de centre d'information et d'orientation pour la fourniture de soins médicaux, de conseils et d'autres services aux jeunes, spécialement à ceux qui ont des besoins particuliers et qui sont maltraités, négligés, brimés et exploités.

27. Il faudrait s'efforcer, par diverses actions éducatives, de sensibiliser les enseignants et autres adultes, ainsi que l'ensemble des étudiants, aux problèmes, aux besoins et aux représentations collectives des jeunes, en particulier ceux qui appartiennent à des groupes déshérités, défavorisés et à faibles revenus, ou à des groupes, ethniques ou autres, minoritaires.

28. Il faudrait que les systèmes scolaires visent le plus haut niveau professionnel et éducatif possible s'agissant des programmes, des méthodes et des approches didactiques et pédagogiques, et aussi du recrutement et de la formation d'enseignants qualifiés, et qu'une surveillance et une évaluation permanentes des résultats soient assurées par des organisations et instances professionnelles compétentes.

29. L'école devrait, en collaboration avec les groupes communautaires, prévoir, élaborer et mener des activités hors programmes propres à intéresser les jeunes.

30. Il faudrait aider spécialement les enfants et les jeunes qui ont des difficultés à observer les règles d'assiduité scolaire, ainsi que ceux qui abandonnent leurs études en cours de route.

31. L'école devrait promouvoir des politiques et des règles justes et équitables, et les élèves devraient être représentés dans les organes de décision chargés de la politique scolaire, notamment de la politique en matière de discipline et de prise de décisions.

C. *La communauté*

32. Il faudrait mettre en place, ou renforcer, s'il en existe déjà, des services et des programmes à assise communautaire qui répondent aux besoins et préoccupations des jeunes et leur offrent, ainsi qu'à leur famille, des indications et des conseils appropriés.

33. Il faudrait que la communauté mette en place, ou renforce, s'il en existe déjà, des moyens très variés d'assistance communautaire aux jeunes tels que des centres de développement communautaire, équipements récréatifs et services conçus en fonction des problèmes spéciaux des enfants en situation de "risque social". Il faudrait veiller, ce faisant, à respecter les droits de l'individu.

34. Des locaux spéciaux devraient être aménagés pour héberger correctement les jeunes qui ne peuvent plus vivre au foyer familial, ou qui n'ont pas de foyer.

35. Il faudrait mettre en place un ensemble de services et de mesures d'assistance pour faciliter aux jeunes le passage à l'âge adulte. Il faudrait notamment instituer, à l'intention des jeunes toxicomanes, des programmes spéciaux mettant l'accent sur la prise en charge, le conseil et les interventions à visée thérapeutique.

36. Les organisations bénévoles s'occupant de la jeunesse devraient recevoir des aides financières et autres de l'État et d'autres institutions.

37. Il faudrait créer, ou renforcer, s'il en existe déjà, des organisations locales de jeunes et leur accorder un statut de participant à part entière dans la gestion des affaires communautaires. Ces organisations devraient encourager les jeunes à lancer des actions collectives bénévoles, en particulier des projets en faveur de jeunes ayant besoin d'une assistance.

38. Il faudrait que les organismes publics se chargent plus particulièrement des enfants sans foyer ou vivant dans la rue, et leur assurent les services nécessaires ; les jeunes devraient pouvoir obtenir sans difficulté des informations sur les équipements, moyens d'hébergement, possibilités d'emploi et autres sources d'assistance au niveau local.

39. Il faudrait créer et rendre aisément accessibles aux jeunes un large éventail d'équipements et services récréatifs présentant un intérêt particulier.

D. *Les médias*

40. Il faudrait encourager les médias à assurer aux jeunes l'accès à des informations et à des documents provenant de sources nationales et internationales diverses.

41. Il faudrait encourager les médias à mettre en relief le rôle positif des jeunes dans la société.

42. Les médias devraient être encouragés à diffuser des renseignements sur les services et les possibilités qui s'offrent aux jeunes dans la société.

43. Il faudrait inciter les médias en général, et la télévision et le cinéma en particulier, à faire le moins de place possible à la pornographie, à la drogue et à la violence, à présenter la violence et l'exploitation sous un jour défavorable, à éviter de représenter des scènes humiliantes et dégradantes, notamment en ce qui concerne les enfants, les femmes et les relations interpersonnelles, et à promouvoir les principes d'égalité et les modèles égalitaires.

44. Les médias devraient être conscients de l'importance de leur rôle et de leurs responsabilités sur le plan social, ainsi que de l'influence qu'ils exercent par leurs messages relatifs à l'abus des drogues et de l'alcool chez les jeunes. Ils devraient mettre cette influence au service de la prévention de cet abus en diffusant des messages cohérents et impartiaux. Il faudrait encourager l'organisation, à tous les niveaux, de campagnes efficaces de sensibilisation au problème de la drogue.

V. *Politique sociale*

45. Les pouvoirs publics devraient accorder une importance primordiale aux plans et programmes destinés aux jeunes et allouer des crédits suffisants pour le financement des ser-

vices, équipements et personnels nécessaires en matière de soins médicaux, de santé mentale, de nutrition, de logement, et dans d'autres domaines, y compris la prévention de l'abus des drogues et de l'alcool et le traitement des toxicomanes, en veillant à ce que ces fonds profitent effectivement aux jeunes.

46. Le placement des jeunes en institutions devrait n'intervenir qu'en dernier ressort et ne durer que le temps absolument indispensable, l'intérêt de l'enfant étant la considération essentielle. Il faudrait définir strictement les critères de recours aux interventions officielles de ce type, qui devraient être limitées normalement aux situations suivantes : a) l'enfant ou l'adolescent a enduré des souffrances infligées par ses parents ou tuteurs ; b) l'enfant ou l'adolescent a subi des violences sexuelles, physiques ou affectives de la part des parents ou tuteurs ; c) l'enfant ou l'adolescent a été négligé, abandonné ou exploité par ses parents ou tuteurs ; d) l'enfant est menacé physiquement ou moralement par le comportement de ses parents ou tuteurs ; et e) l'enfant ou l'adolescent est exposé à un grave danger physique ou psychologique du fait de son propre comportement et ni lui, ni ses parents ou tuteurs, ni les services communautaires hors institution ne peuvent parer ce danger par des moyens autres que le placement en institution.

47. Les organismes publics devraient offrir aux jeunes la possibilité de poursuivre des études à plein temps (financées par l'État lorsque les parents ou tuteurs sont incapables d'en assumer la charge) et d'apprendre un métier.

48. Il faudrait mettre en place des programmes de prévention de la délinquance fondés sur les résultats de recherches scientifiques sérieuses, puis en surveiller et en évaluer périodiquement l'application ou les modifier, le cas échéant.

49. Il faudrait diffuser auprès des spécialistes et du public des informations scientifiques sur le type de comportement et de circonstance qui peuvent entraîner la victimisation physique ou morale et l'exploitation des jeunes ou qui sont symptomatiques d'une telle situation.

50. Dans l'ensemble, la participation aux plans et programmes devrait être volontaire, et il faudrait que les jeunes eux-mêmes prennent part à la conception, à l'élaboration et à l'exécution de ces plans et programmes.

51. Les gouvernements devraient commencer ou continuer à envisager, élaborer et appliquer des mesures et des stratégies à l'intérieur ou à l'extérieur du système de justice pénale pour éviter la violence dans la famille dont sont victimes les enfants et pour assurer à ces derniers un traitement équitable.

VI. *Législation et administration de la justice pour mineurs*

52. Les gouvernements devraient adopter et appliquer des lois et procédures visant à promouvoir et à protéger les droits et le bien-être de tous les jeunes.

53. Ils devraient en particulier adopter et appliquer une législation interdisant de maltraiter et d'exploiter les enfants et les jeunes ainsi que de les utiliser pour des activités criminelles.

54. Aucun enfant ou jeune ne doit subir de correction ou de punition dures, ou dégradantes, que ce soit à la maison, à l'école ou ailleurs.

55. Il faut promouvoir l'adoption et l'application de textes visant à restreindre et contrôler l'accès des enfants et des jeunes aux armes de toutes sortes.

56. Pour prévenir toute stigmatisation, victimisation et criminalisation ultérieures des jeunes, il faudrait adopter des textes disposant que les actes non considérés comme délictuels ou pénalisés s'ils sont commis par un adulte ne devraient pas être sanctionnés s'ils sont commis par un jeune.

57. On devrait envisager la création d'un poste de médiateur pour les jeunes ou d'un organe indépendant chargé de fonctions similaires, qui veillerait à ce que le statut, les droits et les intérêts des jeunes soient préservés et à ce que les intéressés soient correctement dirigés vers les services appropriés. Le médiateur ou l'autre organe désigné superviserait aussi l'application des Principes directeurs de Riyad, des Règles de Beijing et des Règles pour la protection des mineurs privés de liberté. Le médiateur publierait à intervalles réguliers un rapport sur les progrès accomplis et sur les difficultés rencontrées dans le processus d'application des instruments. Il faudrait aussi créer des services chargés de défendre la cause de l'enfance.

58. Il faudrait donner au personnel (hommes et femmes) des organes chargés de faire respecter la loi et autres organes compétents la formation nécessaire pour qu'ils sachent répondre aux besoins particuliers des jeunes et connaissent et utilisent autant que faire se peut les possibilités et les programmes de prise en charge qui permettent de soustraire les jeunes au système judiciaire.

59. Il faudrait adopter et appliquer strictement une législation visant à protéger les enfants et les jeunes contre l'abus et le trafic des drogues.

VII. *Recherche, élaboration de politiques et coordination*

60. Il faudrait s'employer à promouvoir, notamment par la création de mécanismes appropriés, l'interaction et la coordination pluridisciplinaires et intrasectorielles requises entre les organismes et services économiques, sociaux, éducatifs et sanitaires, le système judiciaire, les organismes pour la jeunesse, les organismes communautaires et les organismes de développement et autres institutions intéressées.

61. Il faudrait intensifier l'échange, aux niveaux national, régional et international, des renseignements, de l'expérience et de l'expertise acquis à la faveur de projets, de programmes, d'actions et d'initiatives en matière de criminalité juvénile, de prévention de la délinquance et de justice pour mineurs.

62. Il faudrait développer et renforcer encore la coopération régionale et internationale en matière de criminalité juvénile, de prévention de la délinquance et de justice pour mineurs, en y associant des praticiens, des experts et des décideurs.

63. Il faudrait que la coopération technique et scientifique en matière de prévention de la délinquance, qu'il s'agisse de ses aspects pratiques ou de ses grandes orientations, en particulier pour ce qui est de la conduite d'actions de formation et de projets pilotes ou de démonstration, ou qu'elle porte sur des thèmes précis, concernant la prévention de la criminalité juvénile et de la délinquance des jeunes, bénéficie d'un ferme appui de la part de tous les gouvernements, du système des Nations unies et des autres organisations intéressées.

64. Il faudrait encourager la réalisation de travaux de recherche scientifique concertée sur des modalités efficaces de prévention de la criminalité et de la délinquance juvéniles et en diffuser largement et en évaluer les résultats.

65. Les organes, instituts, institutions et bureaux compétents des Nations unies devraient maintenir entre eux une collaboration et une coordination étroites sur diverses questions concernant les enfants, la justice pour mineurs et la prévention de la délinquance.

66. Le Secrétariat de l'Organisation des Nations unies devrait, sur la base des présents Principes directeurs et en collaboration avec les institutions intéressées, jouer un rôle actif dans la recherche, la coopération scientifique et la formulation de grandes options comme dans l'examen et la surveillance continue de leur application et, ce faisant, constituer une source de renseignements fiables sur des modalités efficaces de prévention de la délinquance.

Règles des Nations unies pour la protection des mineurs privés de liberté,

Adoptées par l'Assemblée générale dans sa résolution 45/113 du 14 décembre 1990.

I. *Perspectives fondamentales*

1. La justice pour mineurs devrait protéger les droits et la sécurité et promouvoir le bien-être physique et moral des mineurs. L'incarcération devrait être une mesure de dernier recours.

2. Les mineurs ne peuvent être privés de leur liberté que conformément aux principes et procédures énoncés dans les présentes Règles et dans l'Ensemble de règles minima des Nations unies concernant l'administration de la justice pour mineurs (Règles de Beijing *[Résolution 40/33, annexe.]*). La privation de liberté d'un mineur doit être une mesure prise en dernier recours et pour le minimum de temps nécessaire et être limitée à des cas exceptionnels. La durée de détention doit être définie par les autorités judiciaires, sans que soit écartée la possibilité d'une libération anticipée.

3. Les présentes Règles ont pour objet d'établir, pour la protection des mineurs privés de liberté, sous quelque forme que ce soit, des règles minima acceptées par les Nations unies qui soient compatibles avec les droits de l'homme et les libertés fondamentales et de parer aux effets néfastes de tout type de détention ainsi que de favoriser l'insertion sociale.

4. Les présentes Règles doivent être appliquées impartialement à tous les mineurs, sans aucune distinction fondée sur la race, la couleur, le sexe, l'âge, la langue, la religion, la nationalité, les opinions politiques ou autres, les convictions ou pratiques culturelles, la fortune, la naissance ou la situation familiale, l'origine ethnique ou sociale, et l'incapacité. Les croyances religieuses, les pratiques culturelles et les préceptes moraux des mineurs doivent être respectés.

5. Les présentes Règles sont destinées à servir de référence facile à consulter et à constituer un encouragement et des directives pour ceux qui participent à l'administration de la justice pour mineurs.

6. Les présentes Règles seront mises à la disposition des personnels de la justice pour mineurs dans leur langue nationale. Tout mineur qui ne parle pas la langue du personnel de l'établissement où il est détenu aura droit, à titre gracieux, aux services d'un interprète lorsque cela sera nécessaire, en particulier au cours des examens médicaux et des procédures disciplinaires.

7. Les États doivent, le cas échéant, incorporer les présentes Règles dans leur législation nationale ou modifier celle-ci en conséquence, et prévoir des recours efficaces en cas de violation, y compris des indemnités lorsque des mauvais traitements sont infligés aux mineurs. Les États doivent aussi contrôler l'application desdites Règles.

8. Les pouvoirs publics doivent s'efforcer de susciter dans le public une prise de conscience accrue du fait que le traitement des mineurs privés de liberté et leur préparation au retour dans la société représentent un service social de grande importance ; à cet effet, des mesures actives devraient être prises en vue de favoriser les contacts directs entre les mineurs et la collectivité locale.

9. Aucune disposition des présentes Règles ne saurait être interprétée comme excluant l'application des normes et instruments pertinents des Nations unies relatifs aux droits de l'homme et reconnus par la communauté internationale, dans un sens plus favorable aux droits, au traitement et à la protection des mineurs, des enfants et de tous les jeunes.

10. Au cas où l'application pratique de certaines règles contenues dans les sections II à V incluses présenterait une incompatibilité quelconque avec celle des règles énoncées dans la présente section, c'est l'obligation d'appliquer ces dernières qui primera.

II. *Portée et application des règles*

11. Aux fins des présentes Règles, les définitions ci-après sont applicables :

a) Par mineur, on entend toute personne âgée de moins de 18 ans. L'âge au-dessous duquel il est interdit de priver un enfant de liberté est fixé par la loi ;

b) Par privation de liberté, on entend toute forme de détention, d'emprisonnement ou le placement d'une personne dans un établissement public ou privé dont elle n'est pas autorisée à sortir à son gré, ordonnés par une autorité judiciaire, administrative ou autre.

12. La privation de liberté doit avoir lieu dans des conditions et des circonstances garantissant le respect des droits de l'homme des mineurs. Les mineurs détenus doivent pouvoir exercer une activité intéressante et suivre des programmes qui maintiennent et renforcent leur santé et leur respect de soi, favorisent leur sens des responsabilités et les encouragent à adopter des attitudes et à acquérir des connaissances qui les aideront à s'épanouir comme membres de la société.

13. Les mineurs privés de liberté ne pourront être, en raison de leur statut de détenu, privés des droits civils, économiques, politiques, sociaux et culturels dont ils jouissent en vertu de la législation nationale ou du droit international et qui sont compatibles avec une privation de liberté.

14. La protection des droits individuels des mineurs, en particulier en ce qui concerne la légalité de l'exécution des mesures de détention, sera assurée par l'autorité compétente, tandis que des inspections régulières et autres formes de contrôle appliquées, conformément aux normes internationales et aux lois et règlements nationaux, par l'autorité régulièrement constituée habilitée à rendre visite aux mineurs et indépendante de l'administration de l'établissement permettront de garantir la réalisation des objectifs d'intégration sociale.

15. Les présentes Règles sont applicables à tous les établissements ou institutions dans lesquels des jeunes sont privés de liberté. Les sections I, II, IV et V des Règles s'appliquent à tous les établissements et institutions dans lesquels des mineurs sont détenus, tandis que la section III s'applique aux mineurs en état d'arrestation ou en attente de jugement.

16. Il sera tenu compte dans l'application des présentes Règles, de la situation économique, culturelle et sociale particulière à chaque pays.

III. *Mineurs en état d'arrestation ou en attente de jugement*

17. Les mineurs en état d'arrestation ou en attente de jugement sont présumés innocents et traités comme tels. La détention avant jugement doit être évitée dans la mesure du possible et limitée à des circonstances exceptionnelles. Par conséquent, tout doit être fait pour appliquer d'autres mesures. Si toutefois le mineur est détenu préventivement, les tribunaux pour mineurs et les parquets traiteront de tels cas avec la plus grande diligence pour que la

détention soit aussi brève que possible. Les mineurs détenus avant jugement devraient être séparés des mineurs condamnés.

18. Les conditions dans lesquelles un mineur non jugé est détenu doivent être compatibles avec les règles énoncées ci-dessous, sous réserve de dispositions spéciales jugées nécessaires et appropriées en raison de la présomption d'innocence, de la durée de cette détention, de la situation légale du mineur et des circonstances. Ces dispositions seraient les suivantes, sans que cette liste soit nécessairement limitative :

a) Les mineurs doivent avoir droit aux services d'un avocat et pouvoir demander une assistance judiciaire lorsque celle-ci est prévue et communiquer régulièrement avec leur conseil. Le caractère privé et confidentiel de ces communications devra être assuré ;

b) Dans la mesure du possible, les mineurs pourront travailler, contre rémunération, étudier ou recevoir une formation, sans y être tenus. Ce travail, ces études ou cette formation ne doivent pas entraîner la prolongation de la détention ;

c) Les mineurs pourront recevoir et conserver des matériels de loisir et de récréation compatibles avec les intérêts de l'administration de la justice.

IV. *L'administration des établissements pour mineurs*

A. *Règles applicables aux dossiers*

19. Tous les rapports, y compris les dossiers judiciaires, les dossiers médicaux, les dossiers disciplinaires et tous autres documents relatifs à la forme et au contenu du traitement, sont placés dans un dossier individuel confidentiel qui est tenu à jour, qui ne peut être consulté que par les personnes habilitées et qui est classé de manière à pouvoir être aisément consulté. Le mineur doit, dans la mesure du possible, pouvoir contester tout fait ou opinion figurant dans son dossier, de façon à permettre la rectification des mentions inexactes ou sans fondement, et, pour l'exercice de ce droit, seront prévues des procédures permettant à un tiers approprié de consulter le dossier sur demande. A la libération du mineur, son dossier sera scellé et, à une date appropriée, sera détruit.

20. Aucun mineur ne sera admis dans un établissement sans un ordre de détention valide émanant d'une autorité judiciaire, administrative ou autre autorité publique et dont les mentions seront immédiatement consignées dans le registre. Aucun mineur ne sera détenu dans un établissement où un tel registre n'existe pas.

B. *Admission, immatriculation, transfèrement et transfert*

21. Dans tout lieu où des mineurs sont détenus, il doit être tenu un registre où sont consignés de manière exhaustive et fidèle, pour chaque mineur admis :

a) Des renseignements sur l'identité du mineur ;

b) Les motifs de la détention et le texte qui l'autorise ;

c) Le jour et l'heure de l'admission, du transfert et de la libération ;

d) Des indications détaillées sur les notifications adressées aux parents ou au tuteur légal concernant chaque admission, transfert ou libération du mineur qui était sous leur garde au moment où il a été mis en détention ;

e) Des indications détaillées sur les problèmes de santé physique et mentale, y compris l'abus de drogues et d'alcool.

22. Les renseignements concernant l'admission, le lieu de détention, le transfert et la libération doivent être fournis sans délai aux parents, au tuteur légal ou au membre de la famille le plus proche du mineur concerné.

23. Aussitôt que possible après l'admission des rapports détaillés contenant tous les renseignements pertinents sur la situation personnelle et le cas de chaque mineur seront établis et soumis à l'administration.

24. Lors de son admission, chaque mineur doit recevoir un exemplaire du règlement de l'établissement et un exposé écrit de ses droits dans une langue qu'il comprend, avec l'indication de l'adresse des autorités compétentes pour recevoir les plaintes et de celle des organismes publics ou privés qui fournissent une assistance judiciaire. Si le mineur est illettré ou ne lit pas la langue dans laquelle les informations sont données, celles-ci lui seront fournies de manière qu'il puisse les comprendre pleinement.

25. On doit aider chaque mineur à comprendre le règlement régissant l'organisation interne de l'établissement, les objectifs et la méthode du traitement appliqué, les règles disciplinaires, les moyens autorisés pour obtenir des renseignements et formuler des plaintes, et toutes autres questions qu'il peut avoir besoin de connaître pour être en mesure de comprendre pleinement ses droits et ses obligations durant la détention.

26. Le transport des mineurs doit s'effectuer aux frais de l'administration par des moyens comportant une aération et un éclairage suffisants et dans des conditions qui ne leur imposent pas de souffrance et ne portent pas atteinte à leur dignité. Les mineurs ne doivent pas être transférés arbitrairement.

C. *Classement et placement*

27. Aussitôt que possible après son admission, chaque mineur doit être interrogé, et un rapport psychologique et social indiquant les facteurs pertinents quant au type de traitement et de programme d'éducation et de formation requis doit être établi. Ce rapport ainsi que le rapport établi par le médecin qui a examiné le mineur lors de son admission doivent être communiqués au directeur afin qu'il décide de l'affectation la plus appropriée pour l'intéressé dans l'établissement et du type de traitement et de programme de formation requis. Si un traitement rééducatif est nécessaire, et si la durée de séjour dans l'établissement le permet, un personnel qualifié de cet établissement devrait établir par écrit un plan de traitement individualisé qui spécifie les objectifs du traitement, leur échelonnement dans le temps et les moyens, étapes et phases par lesquels les atteindre.

28. Les mineurs doivent être détenus dans des conditions tenant dûment compte de leur statut et de leurs besoins particuliers en fonction de leur âge, de leur personnalité et de leur sexe, du type de délit ainsi que de leur état physique et mental, et qui les protègent des influences néfastes et des situations à risque. Le principal critère pour le classement des mineurs privés de liberté dans les différentes catégories doit être la nécessité de fournir aux intéressés le type de traitement le mieux adapté à leurs besoins et de protéger leur intégrité physique, morale et mentale ainsi que leur bien-être.

29. Dans tous les établissements, les mineurs doivent être séparés des adultes sauf s'il s'agit de membres de leur famille ou s'ils participent, avec des adultes soigneusement sélectionnés, à un programme spécial de traitement qui présente pour eux des avantages certains.

30. Des établissements ouverts pour mineurs doivent être créés. Les établissements ouverts sont des établissements dans lesquels les mesures matérielles de sécurité sont aussi réduites que possible. Dans de tels établissements, la population doit être assez restreinte pour permettre un traitement individualisé. Les établissements pour mineurs devraient être décentralisés et d'une taille propre à faciliter les contacts entre les mineurs et leurs familles. En particulier, on devrait créer de petits établissements de détention intégrés à l'environnement social, économique et culturel des mineurs et à leur communauté.

D. *Environnement physique et logement*

31. Les mineurs détenus doivent être logés dans des locaux répondant à toutes les exigences de l'hygiène et de la dignité humaine.

32. La conception des établissements pour mineurs et l'environnement physique doivent être conformes à l'objectif de réadaptation assigné au traitement des mineurs détenus, compte dûment tenu du besoin d'intimité des mineurs et de leur besoin de stimulants sensoriels, tout en leur offrant des possibilités d'association avec leurs semblables et en leur permettant de se livrer à des activités sportives, d'exercice physique et de loisirs. La conception et la structure des installations pour mineur doivent réduire au minimum le risque d'incendie et permettre d'assurer, dans la sécurité, l'évacuation des locaux. L'établissement doit être doté d'un système d'alarme efficace en cas d'incendie, avec instructions écrites et exercices d'alerte pour assurer la sécurité des mineurs. Les installations ne seront pas placées dans des secteurs qui présentent des risques connus pour la santé ou d'autres dangers.

33. Normalement, les mineurs doivent dormir dans de petits dortoirs ou des chambres individuelles, tout en tenant compte des normes locales. Les locaux où dorment les détenus — chambres individuelles ou dortoirs — doivent être soumis, la nuit, à une surveillance régulière et discrète, afin d'assurer la protection de chacun des mineurs. Chaque mineur doit disposer, en conformité avec les usages locaux ou nationaux, d'une literie individuelle suffisante qui doit être propre au moment où elle est délivrée, entretenue convenablement et renouvelée de façon à en assurer la propreté.

34. Les installations sanitaires doivent se trouver à des emplacements convenablement choisis et répondre à des normes suffisantes pour permettre à tout mineur de satisfaire les besoins naturels au moment voulu, d'une manière propre et décente.

35. La possession d'effets personnels est un élément fondamental du droit à la vie privée et est essentielle au bien-être psychologique du mineur. En conséquence, doivent être pleinement reconnus et respectés le droit du mineur de conserver en sa possession ses effets personnels et celui d'avoir la possibilité d'entreposer ces effets dans des conditions satisfaisantes. Les effets personnels que le mineur décide de ne pas conserver ou qui sont confisqués seront placés en lieu sûr. Un inventaire en sera dressé, qui sera signé par le mineur. Des

mesures doivent être prises pour conserver ces objets en bon état. Ces objets et l'argent doivent être rendus au mineur à sa libération, à l'exception de l'argent qu'il a été autorisé à dépenser ou de l'argent ou des objets qu'il a pu envoyer à l'extérieur. Si le mineur reçoit des médicaments ou si on en trouve en sa possession, le médecin décidera de l'usage à en faire.

36. Le mineur doit, dans la mesure du possible, avoir le droit de porter ses propres vêtements. Les établissements doivent veiller à ce que chaque mineur ait des vêtements personnels appropriés au climat et suffisants pour le maintenir en bonne santé ; ces vêtements ne doivent en aucune manière être dégradants ou humiliants. Les mineurs qui quittent l'établissement ou sont autorisés à en sortir pour quelque raison que ce soit doivent avoir la permission de porter leurs vêtements personnels.

37. Tout établissement doit veiller à ce que le mineur reçoive une alimentation convenablement préparée et présentée aux heures usuelles des repas, et satisfaisant, en qualité et en quantité, aux normes de la diététique et de l'hygiène, compte tenu de sa santé et de ses activités, et, dans la mesure du possible, des exigences de sa religion et de sa culture. Chaque mineur doit disposer en permanence d'eau potable.

E. *Éducation, formation professionnelle et travail*

38. Tout mineur d'âge scolaire a le droit de recevoir une éducation adaptée à ses besoins et aptitudes, et propre à préparer son retour dans la société. Cette éducation doit autant que possible être dispensée hors de l'établissement pénitentiaire dans des écoles communautaires et, en tout état de cause, par des enseignants qualifiés dans le cadre de programmes intégrés au système éducatif du pays afin que les mineurs puissent poursuivre sans difficulté leurs études après leur libération. L'administration de l'établissement doit accorder une attention particulière à l'éducation des mineurs d'origine étrangère ou présentant des besoins particuliers d'ordre culturel ou ethnique. Un enseignement spécial doit être dispensé aux mineurs illettrés ou ayant des difficultés d'apprentissage.

39. Les mineurs qui ont dépassé l'âge de la scolarité obligatoire et qui souhaitent continuer leurs études doivent être autorisés et encouragés à le faire ; tout doit être mis en œuvre pour leur ouvrir l'accès aux programmes appropriés d'enseignement.

40. Les diplômes ou certificats d'études décernés à un mineur en détention ne doivent en aucune manière indiquer que l'intéressé a été détenu.

41. Chaque établissement doit mettre à disposition une bibliothèque suffisamment pourvue de livres instructifs et récréatifs adaptés aux mineurs ; ceux-ci doivent être encouragés à l'utiliser le plus possible et mis à même de le faire.

42. Tout mineur doit avoir le droit de recevoir une formation professionnelle susceptible de le préparer à la vie active.

43. Dans les limites compatibles avec une sélection professionnelle appropriée et avec les nécessités de l'administration et de la discipline des établissements, les mineurs doivent être en mesure de choisir le type de travail qu'ils désirent accomplir.

44. Toutes les normes nationales et internationales de protection applicables au travail des enfants et aux jeunes travailleurs sont applicables aux mineurs privés de liberté.

45. Afin d'améliorer leurs chances de trouver un emploi lorsqu'ils retourneront dans leur communauté, les mineurs doivent, autant que possible, pouvoir exercer un emploi rémunéré qui complète la formation professionnelle qui leur est dispensée, si possible au sein de la communauté locale. Le type de travail prévu doit assurer une formation appropriée du mineur en vue de sa libération. L'organisation et les méthodes de travail offertes dans les établissements doivent ressembler autant que possible à celles d'un travail analogue dans la communauté, afin que les mineurs soient préparés aux conditions d'une vie professionnelle normale.

46. Tout mineur qui accomplit un travail a droit à une rémunération équitable. Les intérêts des mineurs et de leur formation professionnelle ne doivent pas être subordonnés à un objectif de profit pour l'établissement ou un tiers. Une partie de la rémunération doit normalement être réservée à la constitution d'un pécule qui sera remis au mineur au moment de sa libération. Le mineur doit être autorisé à utiliser le reste de sa rémunération pour acheter des objets destinés à son usage personnel ou pour indemniser la victime de l'infraction qu'il a commise, ou à l'envoyer à sa famille ou à d'autres personnes hors de l'établissement.

F. *Loisirs*

47. Tout mineur doit avoir droit à un nombre d'heures approprié d'exercice libre par jour, en plein air si le temps le permet, au cours desquelles il reçoit normalement une éducation physique et récréative. Le terrain, les installations et l'équipement nécessaires doivent être prévus pour ces activités. Tout mineur doit disposer chaque jour d'un nombre d'heures addi-

tionnel pour ses loisirs, dont une partie sera consacrée, si le mineur le souhaite, à la formation à une activité artistique ou artisanale. L'établissement doit veiller à ce que le mineur soit physiquement apte à participer aux programmes d'éducation physique qui lui sont offerts. Une éducation physique et une thérapie correctives doivent être dispensées sous surveillance médicale, aux mineurs qui en ont besoin.

G. *Religion*

48. Tout mineur doit être autorisé à satisfaire aux exigences de sa vie religieuse et spirituelle, notamment en participant aux services ou réunions organisés dans l'établissement ou en entrant en relation avec les représentants de sa confession et en ayant en sa possession les livres ou articles de pratique et d'instruction religieuses de sa confession. Si un établissement compte un nombre suffisant de mineurs appartenant à une certaine religion, un ou plusieurs représentants qualifiés de cette religion doivent être nommés ou agréés et autorisés à organiser régulièrement des services religieux et à rendre des visites pastorales en privé aux mineurs qui en font la demande. Chaque mineur doit avoir le droit de recevoir des visites d'un représentant qualifié d'une religion de son choix, ainsi que celui de ne pas prendre part à des services religieux et de refuser librement de recevoir une éducation, des conseils ou un endoctrinement dans ce domaine.

H. *Soins médicaux*

49. Tout mineur a le droit de recevoir des soins médicaux, tant préventifs que curatifs, y compris des soins dentaires, ophtalmologiques et psychiatriques, ainsi que celui d'obtenir les médicaments et de suivre le régime alimentaire que le médecin peut lui prescrire. Tous ces soins médicaux doivent, dans la mesure du possible, être dispensés aux mineurs en détention par les services de santé appropriés de la communauté où est situé l'établissement, afin d'empêcher toute stigmatisation du mineur et de favoriser le respect de soi et l'intégration dans la communauté.

50. Dès son admission dans un établissement pour mineurs, chaque mineur a le droit d'être examiné par un médecin afin que celui-ci constate toute trace éventuelle de mauvais traitement et décèle tout état physique ou mental justifiant des soins médicaux.

51. Les services médicaux offerts aux mineurs doivent viser à déceler et traiter toute affection ou maladie physique, mentale ou autre, ou abus de certaines substances qui pourrait entraver l'insertion du mineur dans la société. Tout établissement pour mineur doit pouvoir accéder immédiatement à des moyens et équipements médicaux adaptés au nombre et aux besoins de ses résidents et être doté d'un personnel formé aux soins de médecine préventive et au traitement des urgences médicales. Tout mineur qui est ou se dit malade, ou qui présente des symptômes de troubles physiques ou mentaux doit être examiné sans délai par un médecin.

52. Tout médecin qui a des motifs de croire que la santé physique ou mentale d'un mineur est ou sera affectée par une détention prolongée, une grève de la faim ou une modalité quelconque de la détention doit en informer immédiatement le directeur de l'établissement ainsi que l'autorité indépendante chargée de la protection du mineur.

53. Tout mineur atteint d'une maladie mentale doit être traité dans un établissement spécialisé doté d'une direction médicale indépendante. Des mesures doivent être prises, aux termes d'un arrangement avec les organismes appropriés, pour assurer, le cas échéant, la poursuite du traitement psychiatrique après la libération.

54. Les établissements pour mineurs doivent adopter des programmes de prévention de l'abus des drogues et de réadaptation gérés par un personnel qualifié et adaptés à l'âge, au sexe et aux besoins de leur population ; des services de désintoxication dotés d'un personnel qualifié doivent être à la disposition des mineurs toxicomanes ou alcooliques.

55. Il ne doit être administré de médicaments qu'en cas de traitement nécessaire pour des raisons médicales et, si possible, après obtention du consentement averti du mineur en cause. Les médicaments ne doivent pas être administrés en vue d'obtenir des renseignements ou des aveux, à titre de sanction ou comme moyen de coercition. Les mineurs ne doivent jamais être utilisés comme sujets de traitements expérimentaux ou pour essayer de nouveaux médicaments. L'administration de tout médicament doit toujours être autorisée et effectuée par un personnel médical qualifié.

I. *Notification de maladie, d'accident ou de décès*

56. La famille ou le tuteur du mineur et toute autre personne désignée par celui-ci ont le droit d'être informés de l'état de santé du mineur, sur leur demande, ainsi que dans le cas de modifications importantes de cet état de santé. Le directeur de l'établissement doit aviser

immédiatement la famille ou le tuteur du mineur en cause, ou toute autre personne désignée, en cas de décès du mineur ou en cas de maladie ou d'accident exigeant le transfert du mineur dans un établissement médical extérieur à l'établissement, ou si l'état de santé du mineur nécessite qu'il soit traité à l'infirmerie de l'établissement pendant plus de 48 heures. Les autorités consulaires du pays dont un mineur étranger est ressortissant doivent aussi être informées.

57. En cas de décès d'un mineur en détention, le parent le plus proche doit avoir le droit d'examiner le certificat de décès, de voir le corps et de décider s'il doit être inhumé ou incinéré. Lorsqu'un mineur décède en détention, une enquête indépendante doit être effectuée sur les causes du décès et le plus proche parent du mineur doit avoir accès au rapport de l'enquête. Une enquête doit également être effectuée si le décès du mineur se produit dans les six mois de sa libération et que l'on a des raisons de croire que le décès est lié à la période de détention.

58. Tout mineur doit être avisé dans les plus brefs délais en cas de décès, de maladie ou d'accident grave d'un parent proche. Il doit avoir la possibilité d'assister aux obsèques d'un parent décédé ou de se rendre au chevet d'un parent gravement malade.

J. *Contacts avec l'extérieur*

59. Tout doit être mis en œuvre pour que les mineurs aient suffisamment de contacts avec le monde extérieur car ceci fait partie intégrante du droit d'être traité humainement et est indispensable pour préparer les mineurs au retour dans la société. Les mineurs doivent être autorisés à communiquer avec leurs familles, ainsi qu'avec des membres ou représentants d'organisations extérieures de bonne réputation, à sortir de l'établissement pour se rendre dans leurs foyers et leurs familles et à obtenir des autorisations de sortie spéciales pour des motifs importants d'ordre éducatif, professionnel ou autre. Si le mineur accomplit une peine, le temps passé hors de l'établissement doit être imputé sur la durée de cette peine.

60. Tout mineur doit avoir le droit de recevoir des visites régulières et fréquentes de membres de sa famille, en principe une fois par semaine et pas moins d'une fois par mois, dans des conditions tenant compte du besoin du mineur de parler sans témoin, d'avoir des contacts et de communiquer sans restriction avec les membres de sa famille et ses défenseurs.

61. Tout mineur doit avoir le droit de communiquer par écrit ou par téléphone au moins deux fois par semaine avec la personne de son choix, sauf interdiction légale, et, le cas échéant, recevoir une assistance afin de pouvoir jouir effectivement de ce droit. Tout mineur doit avoir le droit de recevoir de la correspondance.

62. Les mineurs doivent avoir la possibilité de se tenir régulièrement au courant de l'actualité par la lecture de journaux quotidiens, de périodiques ou d'autres publications, par l'accès à des émissions radiodiffusées ou télévisées et à des projections de films, ainsi qu'en recevant des visites de représentants des clubs ou organisations licites auxquels ils s'intéressent.

K. *Mesures de contrainte physique et recours à la force*

63. L'emploi d'instruments de contrainte, quelle qu'en soit la raison, est interdit, sauf dans les cas visés à la règle 64 ci-dessous.

64. Les moyens et instruments de contrainte ne peuvent être utilisés que dans des cas exceptionnels et lorsque les autres moyens de contrôle ont été inopérants et s'ils sont expressément autorisés et définis par les lois et règlements ; ils ne doivent pas être humiliants et ne peuvent être utilisés que pour la durée la plus brève possible et sur ordre du directeur, si les autres moyens de maîtriser le mineur ont échoué, afin d'empêcher le mineur de causer des dommages corporels à lui-même ou à autrui, ou de graves dommages matériels. En pareil cas, le directeur doit consulter d'urgence le médecin et faire rapport à l'autorité administrative supérieure.

65. Le port et l'usage d'armes par le personnel doivent être interdits dans tout établissement accueillant des mineurs.

L. *Procédures disciplinaires*

66. Toute mesure ou procédure disciplinaire doit assurer le maintien de la sécurité et le bon ordre de la vie communautaire et être compatible avec le respect de la dignité inhérente du mineur et l'objectif fondamental du traitement en établissement, à savoir inculquer le sens de la justice, le respect de soi-même et le respect des droits fondamentaux de chacun.

67. Toutes les mesures disciplinaires qui constituent un traitement cruel, inhumain ou dégradant, telles que les châtiments corporels, la réclusion dans une cellule obscure, dans un cachot ou en isolement, et toute punition qui peut être préjudiciable à la santé physique ou

mentale d'un mineur doivent être interdites. La réduction de nourriture et les restrictions ou l'interdiction des contacts avec la famille doivent être exclues, quelle qu'en soit la raison. Le travail doit toujours être considéré comme un instrument d'éducation et un moyen d'inculquer au mineur le respect de soi-même pour le préparer au retour dans sa communauté, et ne doit pas être imposé comme une sanction disciplinaire. Aucun mineur ne peut être puni plus d'une fois pour la même infraction à la discipline. Les sanctions collectives doivent être interdites.

68. Les lois ou règlements adoptés par l'autorité administrative compétente doivent fixer des normes concernant les éléments ci-après, en tenant pleinement compte des caractéristiques, des besoins et des droits fondamentaux des mineurs :

a) Conduite constituant une infraction à la discipline ;

b) Nature et durée des sanctions disciplinaires qui peuvent être infligées ;

c) Autorité habilitée à prononcer ces sanctions ;

d) Autorité habilitée à examiner les recours.

69. Tout rapport pour mauvaise conduite doit être promptement présenté à l'autorité compétente qui doit trancher dans des délais raisonnables. L'autorité compétente doit examiner le cas de manière approfondie.

70. Un mineur ne peut faire l'objet d'une sanction disciplinaire que dans les strictes limites des dispositions légales ou réglementaires en vigueur. Aucun mineur ne peut être puni sans avoir été informé d'une manière qui lui soit totalement compréhensible de l'infraction qu'on lui reproche et sans avoir eu l'occasion de présenter sa défense et en particulier de faire appel devant une autorité impartiale compétente. Tout ce qui concerne des mesures disciplinaires doit être consigné par écrit.

71. Aucun mineur ne peut être chargé de fonctions disciplinaires sauf dans le cadre du contrôle de certaines activités sociales, éducatives, sportives ou de programmes de prise en charge des mineurs par eux-mêmes.

M. *Procédures de réclamation et inspections*

72. Des inspecteurs qualifiés ou une autorité équivalente dûment constituée et n'appartenant pas à l'administration doivent être habilités à procéder à des inspections régulières et à entreprendre de leur propre initiative des inspections non annoncées et doivent jouir de toutes les garanties d'indépendance dans l'exercice de cette fonction. Les inspecteurs doivent avoir accès sans restriction à toutes les personnes employées ou travaillant dans tout établissement où des mineurs sont ou peuvent être privés de leur liberté, à tous les mineurs et à tous les dossiers de ces établissements.

73. Des médecins qualifiés relevant de l'autorité chargée des inspections ou de l'administration de la santé publique doivent participer aux inspections, en évaluant le respect des règles concernant l'environnement physique, l'hygiène, les locaux de détention, l'alimentation, l'exercice physique et les services médicaux ainsi que tout autre aspect de la vie en établissement qui affecte la santé physique et mentale des mineurs. Les mineurs doivent avoir le droit de s'entretenir confidentiellement avec tout inspecteur.

74. Après chaque inspection, les inspecteurs doivent présenter un rapport sur leurs constatations. Le rapport comprend une évaluation de la mesure dans laquelle l'établissement se conforme aux présentes Règles et aux dispositions de la législation nationale et des recommandations relatives à toutes mesures jugées nécessaires pour assurer l'application de ces règles et dispositions. Tout fait découvert par un inspecteur qui semble indiquer qu'une violation des dispositions légales concernant les droits des mineurs ou le fonctionnement d'un établissement pour mineurs s'est produite, doit être signalé aux autorités compétentes pour enquête et poursuites.

75. Tout mineur doit avoir l'occasion de présenter des requêtes ou des plaintes au directeur de l'établissement ou à son représentant autorisé.

76. Tout mineur doit avoir le droit d'adresser par la voie prescrite, sans censure quant au fond, une requête ou une plainte à l'administration centrale des établissements pour mineurs, à l'autorité judiciaire ou à d'autres autorités compétentes, et d'être informé sans délai de leur réponse.

77. Il convient de s'efforcer de créer un service ou nommer un *ombudsman* qui puisse, en toute indépendance, recevoir les plaintes formulées par les mineurs privés de liberté, enquêter sur elles et aider à la mise au point de règlements équitables.

78. Tout mineur doit avoir le droit de demander assistance à des membres de sa famille, à des conseillers juridiques, à des groupes humanitaires ou autres là où cela est possible, en vue de formuler sa plainte. Les mineurs illettrés doivent pouvoir utiliser les services d'organismes publics ou privés qui fournissent une assistance judiciaire ou sont habilités à recevoir les plaintes.

N. *Retour dans la communauté*

79. Tout mineur doit bénéficier de dispositions visant à faciliter son retour dans la société, dans sa famille, dans le milieu scolaire ou dans la vie active après sa libération. Des procédures, notamment la libération anticipée, et des stages doivent être spécialement conçus à cette fin.

80. Les autorités compétentes doivent fournir ou assurer des services visant à aider les mineurs libérés à retrouver leur place dans la société, ainsi qu'à réduire les préjugés à l'égard de ces mineurs. Ces services doivent veiller, dans la mesure où cela est nécessaire, à ce que le mineur obtienne un logis, du travail et des vêtements convenables ainsi que des moyens suffisants pour vivre au cours de la période qui suit sa libération de façon à faciliter sa réinsertion dans de bonnes conditions. Les représentants des organismes qui dispensent de tels services doivent avoir accès à l'établissement et aux mineurs et doivent être consultés pendant la détention en ce qui concerne l'aide à apporter au mineur à son retour dans la collectivité.

V. *Personnel*

81. Le personnel doit comprendre un nombre suffisant de spécialistes tels que des éducateurs, des instructeurs, des conseillers, des travailleurs sociaux, des psychiatres et des psychologues qualifiés. Ces personnes et les autres spécialistes doivent normalement être employés à titre permanent, ce qui n'empêche pas d'employer des auxiliaires à temps partiel ou bénévoles si l'appui et la formation qu'ils peuvent donner sont adéquats et bénéfiques. L'établissement doit avoir recours à toutes les sources et formes d'assistance curative, scolaire, morale, spirituelle et autre qui sont indiquées et disponibles et doit s'efforcer de les employer selon les besoins et les problèmes individuels de traitement des mineurs.

82. L'administration doit choisir avec soin le personnel de tout grade et de toute catégorie, car c'est de son intégrité, de son humanité, de sa capacité de s'occuper de mineurs, de ses capacités professionnelles et de son aptitude générale au travail en question que dépend une bonne gestion des établissements pour mineurs.

83. Afin que les buts précités puissent être atteints, les membres du personnel doivent être recrutés comme fonctionnaires et convenablement rémunérés pour qu'on puisse retenir des hommes et des femmes capables. Le personnel des établissements pour mineurs doit être continuellement encouragé à exercer ses fonctions avec humanité, dévouement et efficacité, et à se conduire, à tout moment, de manière à mériter le respect des mineurs et à leur donner l'exemple d'un comportement et de perspectives positifs.

84. L'administration doit instaurer des formes d'organisation et de gestion propres à faciliter les communications entre les diverses catégories de personnel dans chaque établissement afin d'assurer la coopération entre les divers services qui s'occupent des mineurs, ainsi qu'entre le personnel et l'administration, de manière à ce que le personnel directement en contact avec les mineurs soit en mesure de travailler dans des conditions favorables à l'exercice efficace de ses fonctions.

85. Le personnel doit recevoir une formation qui lui permette de s'acquitter de manière efficace de ses tâches en matière de réadaptation, et qui comporte, en particulier, une formation dans les domaines de la psychologie de l'enfant, de la protection de l'enfance et des normes internationales relatives aux droits de l'homme et aux droits de l'enfant, notamment les présentes Règles. Tout au long de sa carrière, le personnel devra maintenir et perfectionner ses connaissances et sa capacité professionnelle en suivant des cours de perfectionnement qui seront organisés périodiquement.

86. Le directeur de l'établissement doit être suffisamment qualifié pour sa tâche : il doit avoir les capacités administratives, la formation et l'expérience voulues et doit consacrer tout son temps à sa fonction.

87. Dans l'exercice de ses fonctions, le personnel de l'établissement doit respecter et protéger la dignité humaine et les droits individuels fondamentaux de tous les mineurs. En particulier :

a) Sous aucun prétexte et en aucun cas, un membre du personnel de l'établissement ne peut infliger, provoquer ou tolérer une mesure disciplinaire ou punitive, un acte de torture, une peine ou des traitements cruels, inhumains ou dégradants ;

b) Le personnel de l'établissement doit s'opposer rigoureusement à tout acte de corruption, combattre tous actes de ce genre et les signaler sans délai aux autorités compétentes ;

c) Le personnel de l'établissement est tenu de respecter les présentes Règles. Tout agent qui a des raisons de penser qu'une violation des présentes Règles s'est produite ou est sur le point de se produire doit la signaler aux autorités supérieures et, le cas échéant, à d'autres autorités ou organes appropriés dotés du pouvoir d'examen ou de sanction ;

d) Le personnel de l'établissement doit assurer la protection intégrale de la santé physique et mentale des mineurs, notamment la protection contre les abus et l'exploitation sexuels, physiques et émotionnels, et prendre immédiatement des mesures pour qu'ils bénéficient de soins médicaux chaque fois que cela est nécessaire ;

e) Le personnel de l'établissement doit respecter le droit du mineur à la vie privée et doit en particulier préserver la confidentialité de tout ce qu'il a appris dans l'exercice de ses fonctions au sujet des mineurs et de leur famille ;

f) Le personnel de l'établissement doit s'efforcer de réduire au minimum les différences entre la vie à l'intérieur et à l'extérieur de l'établissement qui tendent à être préjudiciables au respect de la dignité des mineurs en tant qu'êtres humains.

Convention internationale des droits de l'enfant du 20 novembre 1989,

Cette convention est entrée en vigueur le 6 sept. 1990 et a été publiée par le Décr. n° 90-917 du 8 oct. 1990 (D. et ALD 1990. 424 ; JO 12 oct.).

PRÉAMBULE

Les États parties à la présente Convention,

Considérant que, conformément aux principes proclamés dans la Charte des Nations unies, la reconnaissance de la dignité inhérente à tous les membres de la famille humaine ainsi que l'égalité et le caractère inaliénable de leurs droits sont le fondement de la liberté, de la justice et de la paix dans le monde ;

Ayant présent à l'esprit le fait que les peuples des Nations unies ont, dans la Charte, proclamé à nouveau leur foi dans les droits fondamentaux de l'homme et dans la dignité et la valeur de la personne humaine, et qu'ils ont résolu de favoriser le progrès social et d'instaurer de meilleures conditions de vie dans une liberté plus grande ;

Reconnaissant que les Nations unies, dans la Déclaration universelle des droits de l'homme et dans les Pactes internationaux relatifs aux droits de l'homme, ont proclamé et sont convenues que chacun peut se prévaloir de tous les droits et de toutes les libertés qui y sont énoncés, sans distinction aucune, notamment de race, de couleur, de sexe, de langue, de religion, d'opinion politique ou de toute autre opinion, d'origine nationale ou sociale, de fortune, de naissance ou de toute autre situation ;

Rappelant que, dans la Déclaration universelle des droits de l'homme, les Nations unies ont proclamé que l'enfance a droit à une aide et à une assistance spéciales ;

Convaincus que la famille, unité fondamentale de la société et milieu naturel pour la croissance et le bien-être de tous ses membres, et en particulier des enfants, doit recevoir la protection et l'assistance dont elle a besoin pour pouvoir jouer pleinement son rôle dans la communauté,

Reconnaissant que l'enfant, pour l'épanouissement harmonieux de sa personnalité, doit grandir dans le milieu familial, dans un climat de bonheur, d'amour et de compréhension ;

Considérant qu'il importe de préparer pleinement l'enfant à avoir une vie individuelle dans la société et de l'élever dans l'esprit des idéaux proclamés dans la Charte des Nations unies, et en particulier dans un esprit de paix, de dignité, de tolérance, de liberté, d'égalité et de solidarité ;

Ayant présent à l'esprit que la nécessité d'accorder une protection spéciale à l'enfant a été énoncée dans la Déclaration de Genève de 1924 sur les droits de l'enfant et dans la Déclaration des droits de l'enfant adoptée par l'Assemblée générale le 20 novembre 1959, et qu'elle a été reconnue dans la Déclaration universelle des droits de l'homme, dans le Pacte international relatif aux droits civils et politiques (en particulier aux articles 23 et 24), dans le Pacte international relatif aux droits économiques, sociaux et culturels (en particulier à l'article 10) et dans les statuts et instruments pertinents des institutions spécialisées et des organisations internationales qui se préoccupent du bien-être de l'enfant ;

Ayant présent à l'esprit que, comme indiqué dans la Déclaration des droits de l'enfant, "l'enfant, en raison de son manque de maturité physique et intellectuelle, a besoin d'une protection spéciale et de soins spéciaux, notamment d'une protection juridique appropriée, avant comme après la naissance" ;

Rappelant les dispositions de la Déclaration sur les principes sociaux et juridiques applicables à la protection et au bien-être des enfants, envisagés surtout sous l'angle des pratiques en matière d'adoption et de placement familial sur les plans national et international, de l'ensemble des règles minima des Nations unies concernant l'administration de la justice pour mineurs (Règles de Beijing) et de la Déclaration sur la protection des femmes et des enfants en période d'urgence et de conflit armé ;

Reconnaissant qu'il y a dans tous les pays du monde des enfants qui vivent dans des conditions particulièrement difficiles, et qu'il est nécessaire d'accorder à ces enfants une attention particulière ;

Tenant dûment compte de l'importance des traditions et valeurs culturelles de chaque peuple dans la protection et le développement harmonieux de l'enfant ;

Reconnaissant l'importance de la coopération internationale pour l'amélioration des conditions de vie des enfants dans tous les pays, et en particulier dans les pays en développement,

sont convenus de ce qui suit :

PREMIÈRE PARTIE

Art. 1er Au sens de la présente Convention, un enfant s'entend de tout être humain âgé de moins de dix-huit ans, sauf si la majorité est atteinte plus tôt en vertu de la législation qui lui est applicable.

Art. 2 1. Les États parties s'engagent à respecter les droits qui sont énoncés dans la présente Convention et à les garantir à tout enfant relevant de leur juridiction, sans distinction aucune, indépendamment de toute considération de race, de couleur, de sexe, de langue, de religion, d'opinion politique ou autre de l'enfant ou de ses parents ou représentants légaux, de leur origine nationale, ethnique ou sociale, de leur situation de fortune, de leur incapacité, de leur naissance ou de toute autre situation.

2. Les États parties prennent toutes les mesures appropriées pour que l'enfant soit effectivement protégé contre toutes formes de discrimination ou de sanction motivées par la situation juridique, les activités, les opinions déclarées ou les convictions de ses parents, de ses représentants légaux ou des membres de sa famille.

Art. 3 1. Dans toutes les décisions qui concernent les enfants, qu'elles soient le fait des institutions publiques ou privées de protection sociale, des tribunaux, des autorités administratives ou des organes législatifs, l'intérêt supérieur de l'enfant doit être une considération primordiale.

2. Les États parties s'engagent à assurer à l'enfant la protection et les soins nécessaires à son bien-être, compte tenu des droits et des devoirs de ses parents, de ses tuteurs ou des autres personnes légalement responsables de lui, et ils prennent à cette fin toutes les mesures législatives et administratives appropriées.

3. Les États parties veillent à ce que le fonctionnement des institutions, services et établissements qui ont la charge des enfants et assurent leur protection soit conforme aux normes fixées par les autorités compétentes, particulièrement dans le domaine de la sécurité et de la santé et en ce qui concerne le nombre et la compétence de leur personnel ainsi que l'existence d'un contrôle approprié.

Art. 4 Les États parties s'engagent à prendre toutes les mesures législatives, administratives et autres qui sont nécessaires pour mettre en œuvre les droits reconnus dans la présente Convention. Dans le cas des droits économiques, sociaux et culturels, ils prennent ces mesures dans toutes les limites des ressources dont ils disposent et, s'il y a lieu, dans le cadre de la coopération internationale.

Art. 5 Les États parties respectent la responsabilité, le droit et le devoir qu'ont les parents ou, le cas échéant, les membres de la famille élargie ou de la communauté, comme prévu par la coutume locale, les tuteurs ou autres personnes légalement responsables de l'enfant, de donner à celui-ci, d'une manière qui corresponde au développement de ses capacités, l'orientation et les conseils appropriés à l'exercice des droits que lui reconnaît la présente Convention.

Art. 6 1. Les États parties reconnaissent que tout enfant a un droit inhérent à la vie.

2. Les États parties assurent dans toute la mesure possible la survie et le développement de l'enfant.

Art. 7 1. L'enfant est enregistré aussitôt sa naissance et a dès celle-ci le droit à un nom, le droit d'acquérir une nationalité et, dans la mesure du possible, le droit de connaître ses parents et d'être élevé par eux.

2. Les États parties veillent à mettre ces droits en œuvre conformément à leur législation nationale et aux obligations que leur imposent les instruments internationaux applicables en la matière, en particulier dans les cas où faute de cela l'enfant se trouverait apatride.

Art. 8 1. Les États parties s'engagent à respecter le droit de l'enfant de préserver son identité, y compris sa nationalité, son nom et ses relations familiales, tels qu'ils sont reconnus par la loi, sans ingérence illégale.

2. Si un enfant est illégalement privé des éléments constitutifs de son identité ou de certains d'entre eux, les États parties doivent lui accorder une assistance et une protection appropriées, pour que son identité soit rétablie aussi rapidement que possible.

Art. 9 1. Les États parties veillent à ce que l'enfant ne soit pas séparé de ses parents contre leur gré, à moins que les autorités compétentes ne décident, sous réserve de révision judiciaire et conformément aux lois et procédures applicables, que cette séparation est nécessaire dans l'intérêt supérieur de l'enfant. Une décision en ce sens peut être nécessaire dans certains cas particuliers, par exemple lorsque les parents maltraitent ou négligent l'enfant, ou lorsqu'ils vivent séparément et qu'une décision doit être prise au sujet du lieu de résidence de l'enfant.

2. Dans tous les cas prévus au paragraphe 1 du présent article, toutes les parties intéressées doivent avoir la possibilité de participer aux délibérations et de faire connaître leurs vues.

3. Les États parties respectent le droit de l'enfant séparé de ses deux parents ou de l'un d'eux d'entretenir régulièrement des relations personnelles et des contacts directs avec ses deux parents, sauf si cela est contraire à l'intérêt supérieur de l'enfant.

4. Lorsque la séparation résulte de mesures prises par un État partie, telles que la détention, l'emprisonnement, l'exil, l'expulsion ou la mort (y compris la mort, quelle qu'en soit la cause, survenue en cours de détention) des deux parents ou de l'un d'eux, ou de l'enfant, l'État partie donne sur demande aux parents, à l'enfant ou, s'il y a lieu, à un autre membre de la famille les renseignements essentiels sur le lieu où se trouvent le membre ou les membres de la famille, à moins que la divulgation de ces renseignements ne soit préjudiciable au bien-être de l'enfant. Les États parties veillent en outre à ce que la présentation d'une telle demande n'entraîne pas en elle-même de conséquences fâcheuses pour la personne ou les personnes intéressées.

Art. 10 1. Conformément à l'obligation incombant aux États parties en vertu du paragraphe 1 de l'article 9, toute demande faite par un enfant ou ses parents en vue d'entrer dans un État partie ou de le quitter aux fins de réunification familiale est considérée par les États parties dans un esprit positif, avec humanité et diligence. Les États parties veillent en outre à ce que la présentation d'une telle demande n'entraîne pas de conséquences fâcheuses pour les auteurs de la demande et les membres de leur famille.

2. Un enfant dont les parents résident dans des États différents a le droit d'entretenir, sauf circonstances exceptionnelles, des relations personnelles et des contacts directs réguliers avec ses deux parents. A cette fin, et conformément à l'obligation incombant aux États parties en vertu du paragraphe 2 de l'article 9, les États parties respectent le droit qu'ont l'enfant et ses parents de quitter tout pays, y compris le leur, et de revenir dans leur propre pays. Le droit de quitter tout pays ne peut faire l'objet que des restrictions prescrites par la loi qui sont nécessaires pour protéger la sécurité nationale, l'ordre public, la santé ou la moralité publiques, ou les droits et libertés d'autrui, et qui sont compatibles avec les autres droits reconnus dans la présente Convention.

Art. 11 1. Les États parties prennent des mesures pour lutter contre les déplacements et les non-retours illicites d'enfants à l'étranger.

2. A cette fin, les États parties favorisent la conclusion d'accords bilatéraux ou multilatéraux ou l'adhésion aux accords existants.

Art. 12 1. Les États parties garantissent à l'enfant qui est capable de discernement le droit d'exprimer librement son opinion sur toute question l'intéressant, les opinions de l'enfant étant dûment prises en considération eu égard à son âge et à son degré de maturité.

2. A cette fin, on donnera notamment à l'enfant la possibilité d'être entendu dans toute procédure judiciaire ou administrative l'intéressant, soit directement, soit par l'intermédiaire d'un représentant ou d'un organisme approprié, de façon compatible avec les règles de procédure de la législation nationale.

Art. 13 1. L'enfant a droit à la liberté d'expression. Ce droit comprend la liberté de rechercher, de recevoir et de répandre des informations et des idées de toute espèce, sans considération de frontières, sous une forme orale, écrite, imprimée ou artistique, ou par tout autre moyen du choix de l'enfant.

2. L'exercice de ce droit ne peut faire l'objet que des seules restrictions qui sont prescrites par la loi et qui sont nécessaires :

a) Au respect des droits ou de la réputation d'autrui, ou

b) A la sauvegarde de la sécurité nationale, de l'ordre public, de la santé ou de la moralité publiques.

Art. 14 1. Les États parties respectent le droit de l'enfant à la liberté de pensée, de conscience et de religion.

2. Les États parties respectent le droit et le devoir des parents ou, le cas échéant, des représentants légaux de l'enfant, de guider celui-ci dans l'exercice du droit susmentionné d'une manière qui corresponde au développement de ses capacités.

3. La liberté de manifester sa religion ou ses convictions ne peut être soumise qu'aux seules restrictions qui sont prescrites par la loi et qui sont nécessaires pour préserver la sûreté publique, l'ordre public, la santé et la moralité publiques, ou les libertés et droits fondamentaux d'autrui.

Art. 15 1. Les États parties reconnaissent les droits de l'enfant à la liberté d'association et à la liberté de réunion pacifique.

2. L'exercice de ces droits ne peut faire l'objet que des seules restrictions qui sont prescrites par la loi et qui sont nécessaires dans une société démocratique, dans l'intérêt de la sécurité nationale, de la sûreté publique ou de l'ordre public, ou pour protéger la santé ou la moralité publiques, ou les droits et libertés d'autrui.

Art. 16 1. Nul enfant ne fera l'objet d'immixtions arbitraires ou illégales dans sa vie privée, sa famille, son domicile ou sa correspondance, ni d'atteintes illégales à son honneur et à sa réputation.

2. L'enfant a droit à la protection de la loi contre de telles immixions ou de telles atteintes.

Art. 17 Les États parties reconnaissent l'importance de la fonction remplie par les médias et veillent à ce que l'enfant ait accès à une information et à des matériels provenant de sources nationales et internationales diverses, notamment ceux qui visent à promouvoir son bien-être social, spirituel et moral ainsi que sa santé physique et mentale. A cette fin, les États parties :

a) Encouragent les médias à diffuser une information et des matériels qui présentent une utilité sociale et culturelle pour l'enfant et répondent à l'esprit de l'article 29 ;

b) Encouragent la coopération internationale en vue de produire, d'échanger et de diffuser une information et des matériels de ce type provenant de différentes sources culturelles, nationales et internationales ;

c) Encouragent la production et la diffusion de livres pour enfants ;

d) Encouragent les médias à tenir particulièrement compte des besoins linguistiques des enfants autochtones ou appartenant à un groupe minoritaire ;

e) Favorisent l'élaboration de principes directeurs appropriés destinés à protéger l'enfant contre l'information et les matériels qui nuisent à son bien-être, compte tenu des dispositions des articles 13 et 18.

Art. 18 1. Les États parties s'emploient de leur mieux à assurer la reconnaissance du principe selon lequel les deux parents ont une responsabilité commune pour ce qui est d'élever l'enfant et d'assurer son développement. La responsabilité d'élever l'enfant et d'assurer son développement incombe au premier chef aux parents ou, le cas échéant, à ses représentans légaux. Ceux-ci doivent être guidés avant tout par l'intérêt supérieur de l'enfant.

2. Pour garantir et promouvoir les droits énoncés dans la présente Convention, les États parties accordent l'aide appropriée aux parents et aux représentants légaux de l'enfant dans l'exercice de la responsabilité qui leur incombe d'élever l'enfant et assurent la mise en place d'institutions, d'établissements et de services chargés de veiller au bien-être des enfants.

3. Les États parties prennent toutes les mesures appropriées pour assurer aux enfants dont les parents travaillent le droit de bénéficier des services et établissements de garde d'enfants pour lesquels ils remplissent les conditions requises.

Art. 19 1. Les États parties prennent toutes les mesures législatives, administratives, sociales et éducatives appropriées pour protéger l'enfant contre toute forme de violence, d'atteinte ou de brutalités physiques ou mentales, d'abandon ou de négligence, de mauvais traitements ou d'exploitation, y compris la violence sexuelle, pendant qu'il est sous la garde de ses parents ou de l'un d'eux, de son ou ses représentants légaux ou de toute autre personne à qui il est confié.

2. Ces mesures de protection comprendront, selon qu'il conviendra, des procédures efficaces pour l'établissement de programmes sociaux visant à fournir l'appui nécessaire à l'enfant et à ceux à qui il est confié, ainsi que pour d'autres formes de prévention, et aux fins d'identification, de rapport, de renvoi, d'enquête, de traitement et de suivi pour les cas de mauvais traitements de l'enfant décrits ci-dessus, et comprendre également, selon qu'il conviendra, des procédures d'intervention judiciaire.

Art. 20 1. Tout enfant qui est temporairement ou définitivement privé de son milieu familial, ou qui, dans son propre intérêt, ne peut être laissé dans ce milieu, a droit à une protection et une aide spéciales de l'État.

2. Les États parties prévoient pour cet enfant une protection de remplacement conforme à leur législation nationale.

3. Cette protection de remplacement peut notamment avoir la forme du placement dans une famille, de la kafalah de droit islamique, de l'adoption ou, en cas de nécessité, du placement dans un établissement pour enfants approprié. Dans le choix entre ces solutions, il est dûment tenu compte de la nécessité d'une certaine continuité dans l'éducation de l'enfant, ainsi que de son origine ethnique, religieuse, culturelle et linguistique.

Art. 21 Les États parties qui admettent et/ou autorisent l'adoption s'assurent que l'intérêt supérieur de l'enfant est la considération primordiale en la matière, et :

a) Veillent à ce que l'adoption d'un enfant ne soit autorisée que par les autorités compétentes, qui vérifient, conformément à la loi et aux procédures applicables et sur la base de tous les renseignements fiables relatifs au cas considéré, que l'adoption peut avoir lieu eu égard à la situation de l'enfant par rapport à ses père et mère, parents et représentants légaux et que, le cas échéant, les personnes intéressées ont donné leur consentement à l'adoption en connaissance de cause, après s'être entourées des avis nécessaires ;

b) Reconnaissent que l'adoption à l'étranger peut être envisagée comme un autre moyen d'assurer les soins nécessaires à l'enfant, si celui-ci ne peut, dans son pays d'origine, être placé dans une famille nourricière ou adoptive ou être convenablement élevé ;

c) Veillent, en cas d'adoption à l'étranger, à ce que l'enfant ait le bénéfice de garanties et de normes équivalant à celles existant en cas d'adoption nationale ;

d) Prennent toutes les mesures appropriées pour veiller à ce que, en cas d'adoption à l'étranger, le placement de l'enfant ne se traduise pas par un profit matériel indu pour les personnes qui en sont responsables ;

e) Poursuivent les objectifs du présent article en concluant des arrangements ou des accords bilatéraux ou multilatéraux, selon les cas, et s'efforcent dans ce cadre de veiller à ce que les placements d'enfants à l'étranger soient effectués par des autorités ou des organes compétents.

Art. 22 1. Les États parties prennent les mesures appropriées pour qu'un enfant qui cherche à obtenir le statut de réfugié ou qui est considéré comme réfugié en vertu des règles et procédures du droit international ou national applicable, qu'il soit seul ou accompagné de ses père et mère ou de toute personne, bénéficie de la protection et de l'assistance humanitaire voulues pour lui permettre de jouir des droits que lui reconnaissent la présente Convention et les autres instruments internationaux relatifs aux droits de l'homme ou de caractère humanitaire auxquels lesdits États sont parties.

2. A cette fin, les États parties collaborent, selon qu'ils le jugent nécessaire, à tous les efforts faits par l'Organisation des Nations unies et les autres organisations intergouvernementales ou non gouvernementales compétentes collaborant avec l'Organisation des Nations unies pour protéger et aider les enfants qui se trouvent en pareille situation et pour rechercher les père et mère ou autres membres de la famille de tout enfant réfugié en vue d'obtenir les renseignements nécessaires pour le réunir à sa famille. Lorsque ni le père, ni la mère, ni aucun autre membre de la famille ne peut être retrouvé, l'enfant se voit accorder, selon les principes énoncés dans la présente Convention, la même protection que tout autre enfant définitivement ou temporairement privé de son milieu familial pour quelque raison que ce soit.

Art. 23 1. Les États parties reconnaissent que les enfants mentalement ou physiquement handicapés doivent mener une vie pleine et décente, dans des conditions qui garantissent leur dignité, favorisent leur autonomie et facilitent leur participation active à la vie de la collectivité.

2. Les États parties reconnaissent le droit des enfants handicapés de bénéficier de soins spéciaux et encouragent et assurent, dans la mesure des ressources disponibles, l'octroi, sur

demande, aux enfants handicapés remplissant les conditions requises et à ceux qui en ont la charge, d'une aide adaptée à l'état de l'enfant et à la situation de ses parents ou de ceux à qui il est confié.

3. Eu égard aux besoins particuliers des enfants handicapés, l'aide fournie conformément au paragraphe 2 du présent article est gratuite chaque fois qu'il est possible, compte tenu des ressources financières de leurs parents ou de ceux à qui l'enfant est confié, et elle est conçue de telle sorte que les enfants handicapés aient effectivement accès à l'éducation, à la formation, aux soins de santé, à la rééducation, à la préparation à l'emploi et aux activités récréatives, et bénéficient de ces services de façon propre à assurer une intégration sociale aussi complète que possible et leur épanouissement personnel, y compris dans le domaine culturel et spirituel.

4. Dans un esprit de coopération internationale, les États parties favorisent l'échange d'informations pertinentes dans le domaine des soins de santé préventifs et du traitement médical, psychologique et fonctionnel des enfants handicapés, y compris par la diffusion d'informations concernant les méthodes de rééducation et les services de formation professionnelle, ainsi que l'accés à ces données, en vue de permettre aux États parties d'améliorer leurs capacités et leurs compétences et d'élargir leur expérience dans ces domaines. A cet égard, il est tenu particulièrement compte des besoins des pays en développement.

Art. 24 1. Les États parties reconnaissent le droit de l'enfant de jouir du meilleur état de santé possible et de bénéficier de services médicaux et de rééducation. Ils s'efforcent de garantir qu'aucun enfant ne soit privé du droit d'avoir accès à ces services.

2. Les États parties s'efforcent d'assurer la réalisation intégrale du droit susmentionné et, en particulier, prennent les mesures appropriées pour :

a) Réduire la mortalité parmi les nourrissons et les enfants ;

b) Assurer à tous les enfants l'assistance médicale et les soins de santé nécessaires, l'accent étant mis sur le développement des soins de santé primaires ;

c) Lutter contre la maladie et la malnutrition, y compris dans le cadre des soins de santé primaires, grâce notamment à l'utilisation de techniques aisément disponibles et à la fourniture d'aliments nutritifs et d'eau potable, compte tenu des dangers et des risques de pollution du milieu naturel ;

d) Assurer aux mères des soins prénatals et postnatals appropriés ;

e) Faire en sorte que tous les groupes de la société, en particulier les parents et les enfants, reçoivent une information sur la santé et la nutrition de l'enfant, les avantages de l'allaitement au sein, l'hygiène et la salubrité de l'environnement et la prévention des accidents, et bénéficient d'une aide leur permettant de mettre à profit cette information ;

f) Développer les soins de santé préventifs, les conseils aux parents et l'éducation et les services en matière de planification familiale.

3. Les États parties prennent toutes les mesures efficaces appropriées en vue d'abolir les pratiques traditionnelles préjudiciables à la santé des enfants.

4. Les États parties s'engagent à favoriser et à encourager la coopération internationale en vue d'assurer progressivement la pleine réalisation du droit reconnu dans le présent article. A cet égard, il est tenu particulièrement compte des besoins des pays en développement.

Art. 25 Les États parties reconnaissent à l'enfant qui a été placé par les autorités compétentes pour recevoir des soins, une protection ou un traitement physique ou mental, le droit à un examen périodique dudit traitement et de toute autre circonstance relative à son placement.

Art. 26 1. Les États parties reconnaissent à tout enfant le droit de bénéficier de la sécurité sociale, y compris les assurances sociales, et prennent les mesures nécessaires pour assurer la pleine réalisation de ce droit en conformité avec leur législation nationale.

2. Les prestations doivent, lorsqu'il y a lieu, être accordées compte tenu des ressources et de la situation de l'enfant et des personnes responsables de son entretien, ainsi que de toute autre considération applicable à la demande de prestation faite par l'enfant ou en son nom.

Art. 27 1. Les États parties reconnaissent le droit de tout enfant à un niveau de vie suffisant pour permettre son développement physique, mental, spirituel, moral et social.

2. C'est aux parents ou autres personnes ayant la charge de l'enfant qu'incombe au premier chef la responsabilité d'assurer, dans les limites de leurs possibilités et de leurs moyens financiers, les conditions de vie nécessaires au développement de l'enfant.

3. Les États parties adoptent les mesures appropriées, compte tenu des conditions nationales et dans la mesure de leurs moyens, pour aider ces parents et autres personnes ayant la charge de l'enfant à mettre en œuvre ce droit et offrent, en cas de besoin, une assistance

matérielle et des programmes d'appui, notamment en ce qui concerne l'alimentation, le vêtement et le logement.

4. Les États parties prennent toutes les mesures appropriées en vue d'assurer le recouvrement de la pension alimentaire de l'enfant auprès de ses parents ou des autres personnes ayant une responsabilité financière à son égard, que ce soit sur leur territoire ou à l'étranger. En particulier, pour tenir compte des cas où la personne qui a une responsabilité financière à l'égard de l'enfant vit dans un État autre que celui de l'enfant, les États parties favorisent l'adhésion à des accords internationaux ou la conclusion de tels accords ainsi que l'adoption de tous autres arrangements appropriés.

Art. 28 1. Les États parties reconnaissent le droit de l'enfant à l'éducation, et en particulier, en vue d'assurer l'exercice de ce droit progressivement et sur la base de l'égalité des chances :

a) Ils rendent l'enseignement primaire obligatoire et gratuit pour tous ;

b) Ils encouragent l'organisation de différentes formes d'enseignement secondaire, tant général que professionnel, les rendent ouvertes et accessibles à tout enfant, et prennent des mesures appropriées, telles que l'instauration de la gratuité de l'enseignement et l'offre d'une aide financière en cas de besoin ;

c) Ils assurent à tous l'accès à l'enseignement supérieur, en fonction des capacités de chacun, par tous les moyens appropriés ;

d) Ils rendent ouvertes et accessibles à tout enfant l'information et l'orientation scolaires et professionnelles ;

e) Ils prennent des mesures pour encourager la régularité de la fréquentation scolaire et la réduction des taux d'abandon scolaire.

2. Les États parties prennent toutes les mesures appropriées pour veiller à ce que la discipline scolaire soit appliquée d'une manière compatible avec la dignité de l'enfant en tant qu'être humain et conformément à la présente Convention.

3. Les États parties favorisent et encouragent la coopération internationale dans le domaine de l'éducation, en vue notamment de contribuer à éliminer l'ignorance et l'analphabétisme dans le monde et de faciliter l'accès aux connaissances scientifiques et techniques et aux méthodes d'enseignement modernes. A cet égard, il est tenu particulièrement compte des besoins des pays en développement.

Art. 29 1. Les États parties conviennent que l'éducation de l'enfant doit viser à :

a) Favoriser l'épanouissement de la personnalité de l'enfant et le développement de ses dons et de ses aptitudes mentales et physiques, dans toute la mesure de leurs potentialités ;

b) Inculquer à l'enfant le respect des droits de l'homme et des libertés fondamentales, et des principes consacrés dans la Charte des Nations unies ;

c) Inculquer à l'enfant le respect de ses parents, de son identité, de sa langue et de ses valeurs culturelles, ainsi que le respect des valeurs nationales du pays dans lequel il vit, du pays duquel il peut être originaire et des civilisations différentes de la sienne ;

d) Préparer l'enfant à assumer les responsabilités de la vie dans une société libre, dans un esprit de compréhension, de paix, de tolérance, d'égalité entre les sexes et d'amitié entre tous les peuples et groupes ethniques, nationaux et religieux, et avec les personnes d'origine autochtone ;

e) Inculquer à l'enfant le respect du milieu naturel.

2. Aucune disposition du présent article ou de l'article 28 ne sera interprétée d'une manière qui porte atteinte à la liberté des personnes physiques ou morales de créer et de diriger des établissements d'enseignement, à condition que les prinicpes énoncés au paragraphe 1 du présent article soient respectés et que l'éducation dispensée dans ces établissements soit conforme aux normes minimales que l'État aura prescrites.

Art. 30 Dans les États où il existe des minorités ethniques, religieuses ou linguistiques ou des personnes d'origine autochtone, un enfant autochtone ou appartenant à une de ces minorités ne peut être privé du droit d'avoir sa propre vie culturelle, de professer et de pratiquer sa propre religion ou d'employer sa propre langue en commun avec les autres membres de son groupe.

Art. 31 1. Les États parties reconnaissent à l'enfant le droit au repos et aux loisirs, de se livrer au jeu et à des activités récréatives propres à son âge, et de participer librement à la vie culturelle et artistique.

2. Les États parties respectent et favorisent le droit de l'enfant de participer pleinement à la vie culturelle et artistique, et encouragent l'organisation à son intention de moyens appropriés de loisirs et d'activités récréatives, artistiques et culturelles, dans des conditions d'égalité.

Art. 32 1. Les États parties reconnaissent le droit de l'enfant d'être protégé contre l'exploitation économique et de n'être astreint à aucun travail comportant des risques ou susceptible de compromettre son éducation ou de nuire à sa santé ou à son développement physique, mental, spirituel, moral ou social.

2. Les États parties prennent des mesures législatives, administratives, sociales et éducatives pour assurer l'application du présent article. A cette fin, et compte tenu des dispositions pertinentes des autres instruments internationaux, les États parties, en particulier :

a) Fixent un âge minimum ou des âges minimum d'admission à l'emploi ;

b) Prévoient une réglementation appropriée des horaires de travail et des conditions d'emploi ;

c) Prévoient des peines ou autres sanctions appropriées pour assurer l'application effective du présent article.

Art. 33 Les États parties prennent toutes les mesures appropriées, y compris des mesures législatives, administratives, sociales et éducatives, pour protéger les enfants contre l'usage illicite de stupéfiants et de substances psychotropes, tels que les définissent les conventions internationales pertinentes, et pour empêcher que des enfants ne soient utilisés pour la production et le trafic illicites de ces substances.

Art. 34 Les États parties s'engagent à protéger l'enfant contre toutes les formes d'exploitation sexuelle et de violence sexuelle. A cette fin, les États prennent en particulier toutes les mesures appropriées sur les plans national, bilatéral et multilatéral pour empêcher :

a) Que des enfants ne soient incités ou contraints à se livrer à une activité sexuelle illégale ;

b) Que des enfants ne soient exploités à des fins de prostitution ou autres pratiques sexuelles illégales ;

c) Que des enfants ne soient exploités aux fins de la production de spectacles ou de matériel de caractère pornographique.

Art. 35 Les États parties prennent toutes les mesures appropriées sur les plans national, bilatéral et multilatéral pour empêcher l'enlèvement, la vente ou la traite d'enfants à quelque fin que ce soit et sous quelque forme que ce soit.

Art. 36 Les États parties protègent l'enfant contre toutes autres formes d'exploitation préjudiciables à tout aspect de son bien-être.

Art. 37 Les États parties veillent à ce que :

a) Nul enfant ne soit soumis à la torture ni à des peines ou traitements cruels, inhumains ou dégradants. Ni la peine capitale ni l'emprisonnement à vie sans possibilité de libération ne doivent être prononcés pour les infractions commises par des personnes âgées de moins de dix-huit ans ;

b) Nul enfant ne soit privé de liberté de façon illégale ou arbitraire. L'arrestation, la détention ou l'emprisonnement d'un enfant doit être en conformité avec la loi, n'être qu'une mesure de dernier ressort, et être d'une durée aussi brève que possible ;

c) Tout enfant privé de liberté soit traité avec humanité et avec le respect dû à la dignité de la personne humaine, et d'une manière tenant compte des besoins des personnes de son âge. En particulier, tout enfant privé de liberté sera séparé des adultes, à moins que l'on n'estime préférable de ne pas le faire dans l'intérêt supérieur de l'enfant, et il a le droit de rester en contact avec sa famille par la correspondance et par des visites, sauf circonstances exceptionnelles ;

d) Les enfants privés de liberté aient le droit d'avoir rapidement accès à l'assistance juridique ou à toute autre assistance appropriée, ainsi que le droit de contester la légalité de leur privation de liberté devant un tribunal ou une autre autorité compétente, indépendante et impartiale, et à ce qu'une décision rapide soit prise en la matière.

Art. 38 1. Les États parties s'engagent à respecter et à faire respecter les règles du droit humanitaire international qui leur sont applicables en cas de conflit armé et dont la protection s'étend aux enfants.

2. Les États parties prennent toutes les mesures possibles dans la pratique pour veiller à ce que les personnes n'ayant pas atteint l'âge de quinze ans ne participent pas directement aux hostilités.

3. Les États parties s'abstiennent d'enrôler dans leurs forces armées toute personne n'ayant pas atteint l'âge de quinze ans. Lorsqu'ils incorporent des personnes de plus de quinze ans mais de moins de dix-huit ans, les États parties s'efforcent d'enrôler en priorité les plus âgées.

4. Conformément à l'obligation qui leur incombe en vertu du droit humanitaire international de protéger la population civile en cas de conflit armé, les États parties prennent toutes les mesures possibles dans la pratique pour que les enfants qui sont touchés par un conflit armé bénéficient d'une protection et de soins.

Art. 39 Les États parties prennent toutes les mesures appropriées pour faciliter la réadaptation physique et psychologique et la réinsertion sociale de tout enfant victime de toute forme de négligence, d'exploitation ou de sévices, de torture ou de toute autre forme de peines ou traitements cruels, inhumains ou dégradants, ou de conflit armé. Cette réadaptation et cette réinsertion se déroulent dans des conditions qui favorisent la santé, le respect de soi et la dignité de l'enfant.

Art. 40 1. Les États parties reconnaissent à tout enfant suspecté, accusé ou convaincu d'infraction à la loi pénale le droit à un traitement qui soit de nature à favoriser son sens de la dignité et de la valeur personnelle, qui renforce son respect pour les droits de l'homme et les libertés fondamentales d'autrui, et qui tienne compte de son âge ainsi que de la nécessité de faciliter sa réintégration dans la société et de lui faire assumer un rôle constructif au sein de celle-ci.

2. A cette fin, et compte tenu des dispositions pertinentes des instruments internationaux, les États parties veillent en particulier :

a) A ce qu'aucun enfant ne soit suspecté, accusé ou convaincu d'infraction à la loi pénale en raison d'actions ou d'omissions qui n'étaient pas interdites par le droit national ou international au moment où elles ont été commises ;

b) A ce que tout enfant suspecté ou accusé d'infraction à la loi pénale ait au moins le droit aux garanties suivantes :

i) Être présumé innocent jusqu'à ce que sa culpabilité ait été légalement établie ;

ii) Être informé dans le plus court délai et directement des accusations portées contre lui, ou, le cas échéant, par l'intermédiaire de ses parents ou représentants légaux, et bénéficier d'une assistance juridique ou de toute autre assistance appropriée pour la préparation et la présentation de sa défense ;

iii) Que sa cause soit entendue sans retard par une autorité ou une instance judiciaire compétentes, indépendantes et impartiales, selon une procédure équitable aux termes de la loi, en présence de son conseil juridique ou autre et, à moins que cela ne soit jugé contraire à l'intérêt supérieur de l'enfant en raison notamment de son âge ou de sa situation, en présence de ses parents ou représentants légaux ;

iv) Ne pas être contraint de témoigner ou de s'avouer coupable ; interroger ou faire interroger les témoins à charge, et obtenir la comparution et l'interrogatoire des témoins à décharge dans des conditions d'égalité ;

v) S'il est reconnu avoir enfreint la loi pénale, faire appel de cette décision et de toute mesure arrêtée en conséquence devant une autorité ou une instance judiciaire supérieure compétentes, indépendantes et impartiales, conformément à la loi ;

vi) Se faire assister gratuitement d'un interprète s'il ne comprend ou ne parle pas la langue utilisée ;

vii) Que sa vie privée soit pleinement respectée à tous les stades de la procédure.

3. Les États parties s'efforcent de promouvoir l'adoption de lois, de procédures, la mise en place d'autorités et d'institutions spécialement conçues pour les enfants suspectés, accusés ou convaincus d'infraction à la loi pénale, et en particulier :

a) D'établir un âge minimum au-dessous duquel les enfants seront présumés n'avoir pas la capacité d'enfreindre la loi pénale ;

b) De prendre des mesures, chaque fois que cela est possible et souhaitable, pour traiter ces enfants sans recourir à la procédure judiciaire, étant cependant entendu que les droits de l'homme et les garanties légales doivent être pleinement respectés.

4. Toute une gamme de dispositions, relatives notamment aux soins, à l'orientation et à la supervision, aux conseils, à la probation, au placement familial, aux programmes d'éducation générale et professionnelle et aux solutions autres qu'institutionnelles seront prévues en vue d'assurer aux enfants un traitement conforme à leur bien-être et proportionné à leur situation et à l'infraction.

Art. 41 Aucune des dispositions de la présente Convention ne porte atteinte aux dispositions plus propices à la réalisation des droits de l'enfant qui peuvent figurer :

a) Dans la législation d'un État partie ; ou

b) Dans le droit international en vigueur pour cet État.

DEUXIÈME PARTIE

Art. 42 Les États parties s'engagent à faire largement connaître les principes et les dispositions de la présente Convention, par des moyens actifs et appropriés, aux adultes comme aux enfants.

Art. 43 1. Aux fins d'examiner les progrès accomplis par les États parties dans l'exécution des obligations contractées par eux en vertu de la présente Convention, il est institué un Comité des droits de l'enfant qui s'acquitte des fonctions définies ci-après.

2. Le comité se compose de dix experts de haute moralité et possédant une compétence reconnue dans le domaine visé par la présente Convention. Ses membres sont élus par les États parties parmi leurs ressortissants et siègent à titre personnel, compte tenu de la nécessité d'assurer une répartition géographique équitable et eu égard aux principaux systèmes juridiques.

3. Les membres du comité sont élus au scrutin secret sur une liste de personnes désignées par les États parties. Chaque État partie peut désigner un candidat parmi ses ressortissants.

4. La première élection aura lieu dans les six mois suivant la date d'entrée en vigueur de la présente Convention. Les élections auront lieu ensuite tous les deux ans. Quatre mois au moins avant la date de chaque élection, le secrétaire général de l'Organisation des Nations unies invitera par écrit les États parties à proposer leurs candidats dans un délai de deux mois. Le secrétaire général dressera ensuite la liste alphabétique des candidats ainsi désignés, en indiquant les États parties qui les ont désignés, et la communiquera aux États parties à la présente Convention.

5. Les élections ont lieu lors des réunions des États parties, convoquées par le secrétaire général au siège de l'Organisation des Nations unies. A ces réunions, pour lesquelles le quorum est constitué par les deux tiers des États parties, les candidats élus au comité sont ceux qui obtiennent le plus grand nombre de voix et la majorité absolue des voix des représentants des États parties présents et votants.

6. Les membres du comité sont élus pour quatre ans. Ils sont rééligibles si leur candidature est présentée à nouveau. Le mandat de cinq des membres élus lors de la première élection prend fin au bout de deux ans. Les noms de ces cinq membres seront tirés au sort par le président de la réunion immédiatement après la première élection.

7. En cas de décès ou de démission d'un membre du comité, ou si, pour toute autre raison, un membre déclare ne plus pouvoir exercer ses fonctions au sein du comité, l'État partie qui avait présenté sa candidature nomme un autre expert parmi ses ressortissants pour pourvoir le poste ainsi vacant jusqu'à l'expiration du mandat correspondant, sous réserve de l'approbation du comité.

8. Le comité adopte son règlement intérieur.

9. Le comité élit son bureau pour une période de deux ans.

10. Les réunions du comité se tiennent normalement au Siège de l'Organisation des Nations unies, ou en tout autre lieu approprié déterminé par le comité. Le comité se réunit normalement chaque année. La durée de ses sessions est déterminée et modifiée, si nécessaire, par une réunion des États parties à la présente Convention, sous réserve de l'approbation de l'assemblée générale.

11. Le secrétaire général de l'Organisation des Nations unies met à la disposition du comité le personnel et les installations qui lui sont nécessaires pour s'acquitter efficacement des fonctions qui lui sont confiées en vertu de la présente Convention.

12. Les membres du comité institué en vertu de la présente Convention reçoivent, avec l'approbation de l'assemblée générale, des émoluments prélevés sur les ressources de l'Organisation des Nations unies dans les conditions et selon les modalités fixées par l'assemblée générale.

Art. 44 1. Les États parties s'engagent à soumettre au comité, par l'entremise du secrétaire général de l'Organisation des Nations unies, des rapports sur les mesures qu'ils auront adoptées pour donner effet aux droits reconnus dans la présente Convention et sur les progrès réalisés dans la jouissance de ces droits :

a) Dans les deux ans à compter de la date de l'entrée en vigueur de la présente Convention pour les États parties intéressés ;

b) Par la suite, tous les cinq ans.

2. Les rapports établis en application du présent article doivent, le cas échéant, indiquer les facteurs et les difficultés empêchant les États parties de s'acquitter pleinement des obligations prévues dans la présente Convention. Ils doivent également contenir des renseignements suffisants pour donner au Comité une idée précise de l'application de la Convention dans le pays considéré.

3. Les États parties ayant présenté au comité un rapport initial complet n'ont pas, dans les rapports qu'ils lui présentent ensuite conformément à l'alinéa *b* du paragraphe 1 du présent article, à répéter les renseignements de base antérieurement communiqués.

4. Le comité peut demander aux États parties tous renseignements complémentaires relatifs à l'application de la Convention.

5. Le comité soumet tous les deux ans à l'assemblée générale, par l'entremise du conseil économique et social, un rapport sur ses activités.

6. Les États parties assurent à leurs rapports une large diffusion dans leur propre pays.

– Concernant les rapports relatifs à la France, V. les observations du comité des droits de l'enfant infra.

Art. 45 Pour promouvoir l'application effective de la Convention et encourager la coopération internationale dans le domaine visé par la Convention :

a) Les institutions spécialisées, le Fonds des Nations unies pour l'enfance et d'autres organes des Nations unies ont le droit de se faire représenter lors de l'examen de l'application des dispositions de la présente Convention qui relèvent de leur mandat. Le Comité peut inviter les institutions spécialisées, le Fonds des Nations unies pour l'enfance et tous autres organismes compétents qu'il jugera appropriés à donner des avis spécialisés sur l'application de la Convention dans les domaines qui relèvent de leurs mandats respectifs. Il peut inviter les institutions spécialisées, le Fonds des Nations unies pour l'enfance et d'autres organes des Nations unies à lui présenter des rapports sur l'application de la Convention dans les secteurs qui relèvent de leur domaine d'activité ;

b) Le Comité transmet, s'il le juge nécessaire, aux institutions spécialisées, au Fonds des Nations unies pour l'enfance et aux autres organismes compétents tout rapport des États parties contenant une demande ou indiquant un besoin de conseils ou d'assistance techniques, accompagné, le cas échéant, des observations et suggestions du Comité touchant ladite demande ou indication ;

c) Le Comité peut recommander à l'Assemblée générale de prier le Secrétaire général de procéder pour le Comité à des études sur des questions spécifiques touchant les droits de l'enfant ;

d) Le Comité peut faire des suggestions et des recommandations d'ordre général fondées sur les renseignements reçus en application des articles 44 et 45 de la présente Convention. Ces suggestions et recommandations d'ordre général sont transmises à tout État partie intéressé et portées à l'attention de l'Assemblée générale, accompagnées, le cas échéant, des observations des États parties.

TROISIÈME PARTIE

Art. 46 La présente Convention est ouverte à la signature de tous les États.

Art. 47 La présente Convention est sujette à ratification. Les instruments de ratification seront déposés auprès du Secrétaire général de l'Organisation des Nations unies.

Art. 48 La présente Convention restera ouverte à l'adhésion de tout État. Les instruments d'adhésion seront déposés auprès du Secrétaire général de l'Organisation des Nations unies.

Art. 49 1. La présente Convention entrera en vigueur le trentième jour qui suivra la date du dépôt auprès du Secrétaire général de l'Organisation des Nations unies du vingtième instrument de ratification ou d'adhésion.

2. Pour chacun des États qui ratifieront la présente Convention ou y adhéreront après le dépôt du vingtième instrument de ratification ou d'adhésion, la Convention entrera en vigueur le trentième jour qui suivra le dépôt par cet État de son instrument de ratification ou d'adhésion.

Art. 50 1. Tout État partie peut opposer un amendement et en déposer le texte auprès du Secrétaire général de l'Organisation des Nations unies. Le Secrétaire général communique alors la proposition d'amendement aux États parties, en leur demandant de lui faire savoir s'ils sont favorables à la convocation d'une conférence des États parties en vue de l'examen de la proposition et de sa mise aux voix. Si, dans les quatre mois qui suivent la date de cette communication, un tiers au moins des États parties se prononcent en faveur de la convocation d'une telle conférence, le Secrétaire général convoque la conférence sous les auspices de l'Organisation des Nations unies. Tout amendement adopté par la majorité des États parties présents et votants à la conférence est soumis pour approbation à l'Assemblée générale.

2. Tout amendement adopté conformément aux dispositions du paragraphe 1 du présent article entre en vigueur lorsqu'il a été approuvé par l'Assemblée générale des Nations unies et accepté par une majorité des deux tiers des États parties.

3. Lorsqu'un amendement entre en vigueur, il a force obligatoire pour les États parties qui l'ont accepté, les autres États parties demeurant liés par les dispositions de la présente Convention et par tous amendements antérieurs acceptés par eux.

Art. 51 1. Le Secrétaire général de l'Organisation des Nations unies recevra et communiquera à tous les États le texte des réserves qui auront été faites par les États au moment de la ratification ou de l'adhésion.

2. Aucune réserve incompatible avec l'objet et le but de la présente Convention n'est autorisée.

3. Les réserves peuvent être retirées à tout moment par notification adressée au Secrétaire général de l'Organisation des Nations unies, lequel en informe tous les États parties à la Convention. La notification prend effet à la date à laquelle elle est reçue par le Secrétaire général.

Art. 52 Tout État partie peut dénoncer la présente Convention par notification écrite adressée au Secrétaire général de l'Organisation des Nations unies. La dénonciation prend effet un an après la date à laquelle la notification a été reçue par le Secrétaire général.

Art. 53 Le Secrétaire général de l'Organisation des Nations unies est désigné comme dépositaire de la présente Convention.

Art. 54 L'original de la présente Convention, dont les textes anglais, arabe, chinois, espagnol, français et russe font également foi, sera déposé auprès du Secrétaire général de l'Organisation des Nations unies.

En foi de quoi les plénipotentiaires soussignés, dûment habilités par leurs gouvernements respectifs, ont signé la présente Convention.

DÉCLARATIONS ET RÉSERVE DE LA RÉPUBLIQUE FRANÇAISE

1. Le Gouvernement de la République déclare que la présente Convention, notamment l'article 6, ne saurait être interprétée comme faisant obstacle à l'application des dispositions de la législation française relative à l'interruption volontaire de la grossesse.

2. Le Gouvernement de la République déclare, compte tenu de l'article 2 de la Constitution de la République française, que l'article 30 n'a pas lieu de s'appliquer en ce qui concerne la République.

3. Le Gouvernement de la République interprète l'article 40, paragraphe 2, *b*, v, comme posant un principe général auquel la loi peut apporter des exceptions limitées. Il en est ainsi, notamment, pour certaines infractions relevant en premier et dernier ressort du tribunal de police ainsi que pour les infractions de nature criminelle. Au demeurant les décisions rendues en dernier ressort peuvent faire l'objet d'un recours devant la Cour de cassation qui statue sur la légalité de la décision intervenue.

Observations finales du comité des droits de l'enfant, CRC/C/15/Add.20, du 25 avril 1994,

Examen des rapports présentés par les États parties en application de l'article 44 de la convention. Conclusions du Comité des droits de l'enfant : France.

1. Le Comité a examiné le rapport initial de la France (CRC/C/3/Add.15) à ses 139e, 140e et 141e séances (CRC/C/SR. 139 à 141), tenues les 11 et 12 avril 1994, et a adopté *[à la 156e séance, le 22 avril 1994]* les conclusions suivantes :

A. Introduction

2. Le Comité note avec satisfaction que l'État partie a ratifié sans délai la Convention et a établi un rapport initial très détaillé, qui suit de près ses Directives.

3. Le Comité se félicite de la présence d'une délégation de haut niveau composée de fonctionnaires de ministères directement responsables de l'application de la Convention. Il espère que l'échange de vues qui a eu lieu avec la délégation et la décision du gouvernement de diffuser largement son rapport initial contribueront à ouvrir un large débat dans le pays sur les droits de l'enfant.

B. Aspects positifs

4. Le Comité est particulièrement encouragé par l'attitude de l'État partie qui s'est engagé à passer en revue les mesures prises et la politique retenue pour mettre en œuvre les dispositions et les principes de la Convention et à y réfléchir, compte tenu de l'évolution de la situation concrète des enfants.

5. Le Comité reconnaît l'utilité de la réunion annuelle tenue entre les autorités publiques et l'ensemble des organisations non gouvernementales le jour anniversaire de l'adoption par l'Assemblée générale des Nations unies de la Convention relative aux droits de l'enfant. Il souligne l'importance d'une telle réunion pour engager un dialogue fructueux entre le gouvernement et la société civile et pour assurer une évaluation sérieuse des politiques gouvernementales adoptées en vue de promouvoir et de protéger les droits de l'enfant.

6. Le Comité se félicite aussi de la décision du Gouvernement français de soumettre à l'Assemblée nationale un rapport annuel sur la mise en œuvre de la Convention et sur ses politiques en ce qui concerne la situation des enfants dans le monde. Cette démarche contribuera à mettre en relief l'importance du principe de l'intérêt supérieur de l'enfant, considération primordiale à prendre en compte dans toute décision touchant les enfants, y compris les décisions des organes législatifs.

7. Le Comité accueille avec satisfaction les mesures prises par l'État partie en vue de reconnaître le droit de l'enfant à ce que son opinion soit entendue et prise en compte dans toute procédure le concernant. Il prend note des différentes initiatives lancées pour informer les enfants de leurs droits et les encourager à s'exprimer par l'intermédiaire de conseils spéciaux créés dans les écoles et les collectivités locales.

8. Le Comité est également encouragé par les mesures prises pour inculquer à certains groupes professionnels la connaissance des droits de l'enfant. Il salue aussi les initiatives de membres des professions juridiques tendant à mettre en place à l'intention des enfants un système d'information et d'assistance juridiques dans le domaine de la justice des mineurs.

9. Le Comité relève la participation active de la France aux activités de coopération internationale, notamment dans le domaine de l'aide au développement.

10. Le Comité note en outre la contribution importante de l'État partie à la campagne internationale autour de la question du danger des mines terrestres antipersonnel pour la population civile et plus particulièrement pour les enfants.

C. Principaux sujets de préoccupation

11. Le Comité note avec préoccupation la réserve émise par l'État partie à l'égard de l'article 30 de la Convention. Il insiste sur le fait que la Convention relative aux droits de l'enfant vise à protéger et à garantir les droits individuels des enfants, y compris de ceux qui appartiennent à des minorités.

12. Eu égard à l'article 55 de la Constitution de la France, cité dans le document de base soumis par l'État partie aux organes conventionnels, selon lequel les stipulations des accords internationaux sont directement applicables en France et peuvent être invoquées devant les juridictions nationales, le Comité souhaiterait que lui soit précisée la place exacte de la Convention relative aux droits de l'enfant dans le droit interne, en particulier compte tenu des décisions rendues récemment par la Cour de cassation à ce sujet.

13. Le Comité souligne la nécessité de mettre en place des garanties suffisantes contre les effets sociaux négatifs potentiels de la décentralisation, par exemple afin d'éviter le risque d'aggravation des inégalités dans le niveau de vie entre les régions, et la nécessité de limiter le plus possible les effets négatifs éventuels sur l'exercice des droits économiques et sociaux des enfants, notamment ceux qui appartiennent aux groupes les plus vulnérables.

14. S'agissant du droit de l'enfant de connaître ses origines, y compris dans le cas où la mère a demandé que l'anonymat soit respecté à l'accouchement et dans la déclaration de naissance ainsi que dans les cas d'adoption et de procréation médicalement assistée, le Comité s'inquiète de la compatibilité réelle des mesures législatives à l'étude avec les dispositions de la Convention, en particulier ses principes généraux.

15. Le Comité est préoccupé par la situation des enfants isolés "arrivés inopinément en France" pour obtenir le statut de réfugié (mentionnés au par. 389 du rapport). L'absence de système global de protection impliquant les autorités sociales ou judiciaires, ou associant les deux, pour protéger ces enfants tant qu'ils se trouvent sous la juridiction de l'État partie, ainsi que lors du retour dans leur pays d'origine lui semble aussi préoccupante.

16. Le Comité est également inquiet de la législation et la pratique en matière d'arrestation, de détention, de condamnation et d'incarcération dans le cas des mineurs, qui n'est peut-être pas pleinement conforme avec les dispositions et les principes de la Convention, en particulier les articles 37 et 40.

D. Suggestions et recommandations

17. Le Comité souhaite engager l'État partie à envisager de réexaminer sa réserve à l'égard de l'article 30 de la Convention, en vue de la retirer.

18. Le Comité souhaite également suggérer à l'État partie de réfléchir à la mise en place d'un mécanisme permanent de coordination, d'évaluation et de suivi pour les politiques de mise en œuvre de la Convention relative aux droits de l'enfant.

19. Le Comité souhaite insister sur l'importance d'une coopération étroite entre le gouvernement central et les autorités locales, en particulier dans le domaine budgétaire, de façon à réduire au minimum les inégalités éventuelles entre les régions pour ce qui est de la fourniture de services. Il souligne aussi l'utilité d'un mode d'approche global à la mise en œuvre des droits de l'enfant, à la fois efficace et conforme aux dispositions et aux principes généraux de la Convention, en particulier l'intérêt supérieur de l'enfant et la non-discrimination, considérations qui s'appliquent indépendamment des ressources budgétaires.

20. Tout en relevant avec satisfaction les mesures en vigueur pour garantir un revenu social minimum et améliorer l'accès au logement des groupes les plus défavorisés, le Comité recommande à l'État partie, en cette période de récession économique, de surveiller de très près l'exercice des droits individuels des enfants. A cet égard, il suggère d'adopter les mesures voulues pour garantir la réalisation sans réserve des droits économiques et sociaux des enfants des secteurs les plus pauvres et les plus vulnérables de la société, notamment de ceux qui vivent dans les banlieues, des enfants des travailleurs migrants et des enfants socialement marginalisés.

21. Le Comité appelle l'attention de l'État partie sur les recommandations des organes de l'ONU et des institutions spécialisées qui insistent sur la priorité à donner aux programmes sociaux dans le cadre de l'aide au développement. Il souhaiterait suggérer à l'État partie de tenir compte de ces aspects de la promotion du développement social dans son programme de coopération internationale.

22. Dans le cadre des réformes législatives et à la lumière des principes fondamentaux de la Convention, en particulier de son article 2, le Comité suggère à l'État partie d'envisager de revoir sa législation actuelle sur l'âge minimum requis pour contracter mariage.

23. Le Comité souhaiterait suggérer à l'État partie d'examiner plus avant les moyens d'encourager l'expression de l'opinion des enfants et de faire en sorte que leur avis soit dûment pris en considération dans toute décision qui concerne leur vie, en particulier à l'école et au sein de la communauté locale.

24. Le Comité voudrait également suggérer qu'un effort supplémentaire soit consenti pour sensibiliser et éduquer dans le domaine de la prévention des violences à l'égard des enfants et des châtiments corporels.

25. Étant donné qu'après la présentation du rapport initial, des textes législatifs importants ont été promulgués, en ce qui concerne la nationalité, l'entrée et le séjour sur le territoire des étrangers, des réfugiés et des demandeurs d'asile ainsi que le regroupement familial, le Comité souhaiterait recevoir, avant le 1er octobre 1994, des renseignements écrits supplémentaires sur ces questions et sur les conséquences éventuelles des nouvelles mesures législatives pour l'exercice des droits de l'enfant, tels qu'ils sont consacrés par la Convention, en particulier ses articles 7, 9, 10 et 22, et compte dûment tenu des principes généraux.

26. Le Comité engage l'État partie à examiner sa législation régissant l'administration de la justice des mineurs, notamment les dispositions relatives aux enfants privés de liberté, de façon à garantir que la privation de liberté ne soit utilisée qu'en dernier recours et soit d'une durée aussi brève que possible, conformément à la Convention, notamment à ses articles 37, 39 et 40, ainsi qu'aux normes internationales applicables, les "Règles de Beijing", les Principes directeurs de Riyad et les Règles des Nations unies pour la protection des mineurs privés de liberté.

27. Dans le respect de l'intérêt supérieur de l'enfant et conformément aux dispositions de la Convention relative aux droits de l'enfant ainsi que de la Convention n° 138 de l'OIT à laquelle la France est partie, le Comité estime que l'emploi des enfants qui n'ont pas encore achevé leur scolarité obligatoire, autorisé par la législation dans le cas du personnel domestique et des entreprises familiales, notamment dans l'agriculture, mérite d'être reconsidéré par l'État partie. Le Comité engage aussi l'État partie à réexaminer la possibilité d'employer des enfants dans le secteur de la mode, afin d'avoir l'assurance que les enfants ne peuvent être ainsi engagés qu'au cas par cas et compte tenu de leur intérêt supérieur.

28. Eu égard au prix qu'il attache à la surveillance de l'application de la Convention au plan national, le Comité serait reconnaissant à l'État partie de lui adresser un exemplaire des rapports annuels que le Gouvernement français compte soumettre à l'Assemblée nationale au sujet des politiques mises en œuvre pour assurer l'exercice des droits de l'enfant reconnus par la Convention.

Observation générale du comité des droits de l'enfant, n° 24 (2019) sur les droits de l'enfant dans le système de justice pour enfants, CRC/C/GC/24, du 18 septembre 2019

I Introduction

1. La présente observation générale remplace l'observation générale n° 10 (2007) sur les droits de l'enfant dans le système de justice pour mineurs. Elle tient compte des changements survenus depuis 2007 en raison de l'adoption de normes internationales et régionales, de la jurisprudence du Comité, des connaissances nouvelles sur le développement de l'enfant et de l'adolescent et d'éléments attestant de pratiques efficaces, y compris en matière de justice réparatrice. Elle tient aussi compte des préoccupations liées, notamment, aux tendances relatives à l'âge minimum de la responsabilité pénale et au recours persistant à la privation de liberté. La présente observation générale traite de questions spécifiques, telles que celles relatives aux enfants enrôlés et utilisés par des groupes armés non étatiques, y compris les groupes qualifiés de terroristes, et aux enfants qui ont affaire à des systèmes de justice coutumière ou autochtone ou à d'autres systèmes de justice non étatiques.

2. Les enfants diffèrent des adultes par leur degré de développement physique et psychologique. Ces différences constituent le fondement de la reconnaissance d'une responsabilité atténuée et d'un système distinct prévoyant une approche différenciée et personnalisée. Il a été démontré que l'exposition au système de justice pénale est préjudiciable aux enfants, en ce qu'elle limite leurs chances de devenir des adultes responsables.

3. Le Comité convient que la préservation de la sécurité publique est un but légitime du système de justice, y compris le système de justice pour enfants. Cependant, les États parties devraient servir ce but sous réserve de leur obligation de respecter et d'appliquer les principes de la justice pour enfants tels qu'ils sont consacrés par la Convention relative aux droits de l'enfant. Comme l'article 40 de la Convention le dispose clairement, tout enfant suspecté, accusé ou convaincu d'infraction à la loi pénale devrait toujours bénéficier d'un traitement qui soit de nature à favoriser son sens de la dignité et de la valeur personnelle. Les faits montrent que, d'une manière générale, la délinquance chez les enfants diminue après l'adoption de systèmes conformes aux principes susmentionnés.

4. Le Comité salue les nombreux efforts qui ont été faits pour mettre en place des systèmes de justice pour enfants conformes à la Convention. Il félicite les États qui ont adopté des dispositions qui sont plus favorables aux droits de l'enfant que celles qui figurent dans la Convention et la présente observation générale, et leur rappelle que, conformément à l'article 41 de la Convention, ils ne devraient prendre aucune mesure régressive. Il ressort des rapports des États parties que nombre d'États doivent encore engager d'importants investissements pour garantir le plein respect de la Convention, en particulier pour ce qui est de la prévention, de l'intervention précoce, de l'élaboration et de la mise en œuvre de mesures de déjudiciarisation, de l'approche multidisciplinaire, de l'âge minimum de la responsabilité pénale et du moindre recours à la privation de liberté. Le Comité appelle l'attention des États sur le rapport de l'Expert indépendant chargé de conduire l'Étude mondiale des Nations unies sur les enfants privés de liberté (A/74/136), impulsée par le Comité, qui été soumis en application de la résolution 69/157 de l'Assemblée générale.

5. Ces dix dernières années, plusieurs déclarations et lignes directrices visant à promouvoir l'accès à la justice et une justice adaptée aux enfants ont été adoptées par des organismes internationaux et régionaux. Elles traitent des enfants dans tous les aspects des systèmes de justice, y compris les enfants victimes et témoins d'infractions, les enfants parties à des procédures en matière de protection sociale et les enfants traduits devant des tribunaux administratifs. Ces nouveaux éléments, quoique très utiles, n'entrent pas dans le cadre de la présente observation générale, qui porte essentiellement sur les enfants soupçonnés, accusés ou convaincus d'infraction à la loi pénale.

II Objectifs et portée

6. Les objectifs et la portée de la présente observation générale sont les suivants :

a) Donner une interprétation contemporaine des articles et des principes pertinents de la Convention et orienter les États vers la mise en œuvre globale de systèmes de justice pour enfants qui promeuvent et protègent les droits de l'enfant ;

b) Rappeler l'importance de la prévention et de l'intervention précoce ainsi que de la protection des droits de l'enfant à toutes les étapes du système ;

c) Promouvoir des stratégies clefs visant à réduire les effets particulièrement nocifs du contact avec le système de justice pénale, compte tenu des connaissances accrues sur le développement de l'enfant, en particulier :

i) Établir un âge minimum de la responsabilité pénale approprié et faire en sorte que les enfants bénéficient d'un traitement adéquat, qu'ils n'aient pas encore atteint cet âge ou qu'ils l'aient dépassé ;

ii) Accroître le recours à la déjudiciarisation, pour soustraire les enfants aux procédures judiciaires formelles et les orienter vers des programmes efficaces ;

iii) Étendre l'application de mesures non privatives de liberté, afin que la détention d'un enfant soit une mesure de dernier ressort ;

iv) Mettre fin aux châtiments corporels, à la peine capitale et à la réclusion à vie ;

v) Dans les rares cas où la privation de liberté se justifie en tant que mesure de dernier ressort, veiller à ce que celle-ci s'applique uniquement à des enfants plus âgés, soit strictement limitée dans le temps et fasse l'objet d'un examen périodique ;

d) Promouvoir le renforcement des systèmes par des progrès en matière d'organisation, de développement des capacités, de collecte de données, d'évaluation et de recherche ;

e) Donner des informations sur les faits nouveaux survenus dans le domaine et traiter, en particulier, de l'enrôlement et de l'utilisation d'enfants par des groupes armés non étatiques, y compris les groupes qualifiés de terroristes, et des enfants qui ont affaire à des systèmes de justice coutumière ou autochtone et à des systèmes de justice non étatiques.

III Terminologie

7. Le Comité recommande d'utiliser un langage non stigmatisant à l'égard des enfants soupçonnés, accusés ou convaincus d'infraction à la loi pénale.

8. Des termes importants employés dans la présente observation générale sont énumérés ci-après :

• Adulte compétent : lorsque les parents ou les représentants légaux ne sont pas en mesure d'assister l'enfant, les États parties devraient permettre qu'un adulte compétent se charge de cette mission. Il peut s'agir d'une personne désignée par l'enfant ou par l'autorité compétente ;

• Système de justice pour enfants *[Dans la version anglaise de la présente observation générale, le terme "child justice system" remplace celui de "juvenile justice".]* : la législation, les normes et règles, les procédures, les mécanismes et les dispositions spécifiquement applicables aux enfants considérés comme des auteurs d'infractions, et les institutions et organes mis en place pour s'occuper de ces enfants ;

• Privation de liberté : toute forme de détention ou d'emprisonnement, ou le placement d'une personne dans un établissement public ou privé dont elle n'est pas autorisée à sortir à son gré, ordonnés par une autorité judiciaire, administrative ou autre *[Règles des Nations unies pour la protection des mineurs privés de liberté (Règles de La Havane), art. 11 b).]* ;

• Déjudiciarisation : mesures visant à soustraire les enfants au système judiciaire à tout moment, avant ou pendant la procédure applicable ;

• Âge minimum de la responsabilité pénale : âge minimum établi par la loi en dessous duquel les enfants n'ont pas la capacité de commettre une infraction pénale ;

• Détention provisoire : période de détention courant depuis le moment de l'arrestation jusqu'au prononcé de la décision ou de la peine et incluant la période de détention pendant le procès ;

• Justice réparatrice : tout processus dans lequel la victime, l'auteur de l'infraction ou toute autre personne ou tout membre de la communauté subissant les conséquences de l'infraction participent ensemble et activement à la résolution des problèmes découlant de cette infraction, souvent avec l'aide d'un tiers juste et impartial. Les processus de réparation peuvent englober la médiation, le forum de discussion, la conciliation et le conseil de détermination de la peine *[Principes fondamentaux concernant le recours à des programmes de justice réparatrice en matière pénale, par. 2.]*.

IV Éléments fondamentaux d'une politique globale de justice pour enfants

A *Prévention de la délinquance chez les enfants, y compris l'intervention précoce auprès des enfants n'ayant pas atteint l'âge minimum de la responsabilité pénale*

9. Afin d'éclairer l'élaboration d'une stratégie de prévention, les États parties devraient consulter les Stratégies et mesures concrètes types des Nations unies relatives à l'élimination de la violence à l'encontre des enfants dans le contexte de la prévention du crime et de la justice pénale, ainsi que les études comparatives nationales et internationales sur les causes profondes qui expliquent que des enfants aient affaire au système de justice pour enfants, et mener leurs propres travaux de recherche. Des études ont montré que des programmes de traitement familiaux et communautaires intensifs conçus pour apporter des changements positifs aux aspects des différents systèmes sociaux (foyer, école, communauté, relations entre pairs) qui favorisent l'émergence de graves problèmes comportementaux chez l'enfant réduisent le risque d'exposition des enfants au système de justice pour enfants. Les programmes de prévention et d'intervention précoce devraient faire une large place au soutien aux familles, notamment celles qui sont en situation de vulnérabilité ou qui connaissent des problèmes de violence. Un appui devrait être fourni aux enfants à risque, en particulier aux enfants qui abandonnent l'école, qui en sont exclus ou qui, de toute autre manière, n'achèvent pas leur scolarité. Le soutien d'un groupe de pairs et un engagement actif des parents sont recommandés. De plus, les États parties devraient mettre au point des services et des programmes locaux qui répondent aux besoins, problèmes, préoccupations et intérêts particuliers des enfants et qui fournissent des orientations et des conseils adaptés à leur famille.

10. Les articles 18 et 27 de la Convention confirment l'importance de la responsabilité qui incombe aux parents d'élever leurs enfants, tout en faisant obligation aux États parties d'accorder une aide appropriée aux parents (ou aux autres personnes ayant la charge de l'enfant) aux fins de l'exercice de cette responsabilité. Les investissements en faveur de l'éducation et de la protection de la petite enfance sont corrélés à des taux de violence et de criminalité ultérieures plus faibles. Les actions peuvent débuter lorsque l'enfant est très jeune, par exemple sous la forme de programmes de visite à domicile destinés à renforcer les capacités parentales. Les mesures d'assistance devraient s'appuyer sur la masse d'informations disponibles sur les programmes de prévention axés sur la famille et la communauté, tels que les programmes visant à améliorer l'interaction parent enfant, les partenariats avec les écoles, les relations positives avec des pairs et les activités culturelles et récréatives.

11. L'intervention précoce auprès des enfants qui n'ont pas atteint l'âge de la responsabilité pénale suppose la prise de mesures multidisciplinaires et adaptées à l'enfant dès les premiers signes d'un comportement qui serait constitutif d'une infraction si l'enfant avait atteint l'âge minimum de la responsabilité pénale. Les programmes d'intervention devraient être élaborés à partir de données factuelles et tenir compte non seulement des différentes causes psychosociales du comportement en question, mais aussi des facteurs de protection susceptibles de renforcer la résilience. Les interventions doivent être précédées d'une évaluation interdisciplinaire et exhaustive des besoins de l'enfant. Surtout, et cela constitue une priorité absolue, l'enfant devrait bénéficier d'un soutien dans sa famille et sa communauté. Dans les cas exceptionnels qui nécessitent un placement de l'enfant, la protection de remplacement devrait, de préférence, être assurée dans une structure familiale, même si le placement en institution peut être judicieux dans certains cas aux fins de la fourniture de l'ensemble des services professionnels nécessaires. Le placement en institution devrait être uniquement une mesure de dernier recours, appliquée pour la période la plus courte possible et soumise au contrôle des autorités judiciaires.

12. Une approche systémique de la prévention suppose également la limitation du recours au système de justice pour enfants par la dépénalisation d'infractions mineures telles que l'absentéisme scolaire, la fugue, la mendicité ou la violation de domicile, qui sont souvent le résultat de la pauvreté, du sans-abrisme ou de la violence familiale. Il arrive en outre que les enfants victimes d'exploitation sexuelle et les adolescents qui ont entre eux des relations sexuelles consenties fassent l'objet de poursuites pénales. Ces actes, également appelés "délits d'état", ne sont pas considérés comme des infractions lorsqu'ils sont le fait d'adultes. Le Comité prie instamment les États parties de supprimer les délits d'état de leur législation.

B *Interventions auprès des enfants ayant dépassé l'âge minimum de la responsabilité pénale* [*Voir aussi la section IV.E ci-dessous.*]

13. Selon le paragraphe 3 b) de l'article 40 de la Convention, les États parties sont tenus de promouvoir l'adoption de mesures permettant de traiter ces enfants sans recourir à la procédure judiciaire, chaque fois que cela est approprié. Dans la pratique, ces mesures se répartissent généralement en deux catégories :

a) Les mesures visant à soustraire les enfants au système judiciaire à tout moment, avant ou pendant la procédure applicable (déjudiciarisation) ;

b) Les mesures s'inscrivant dans le cadre de la procédure judiciaire.

14. Le Comité rappelle aux États parties que, lorsqu'ils appliquent les mesures relevant de l'une ou l'autre des catégories susmentionnées, ils devraient particulièrement veiller à faire respecter et protéger pleinement les droits de l'homme de l'enfant et les garanties légales qui lui sont offertes.

Interventions permettant d'éviter le recours à la procédure judiciaire

15. Des mesures concernant les enfants qui évitent le recours à une procédure judiciaire ont été intégrées dans de nombreux systèmes partout dans le monde ; elles sont généralement appelées "mesures de déjudiciarisation". La déjudiciarisation consiste à soustraire les affaires au système de justice pénale formel, généralement pour privilégier des programmes ou des activités. Outre qu'elle évite la stigmatisation et les mentions au casier judiciaire, cette approche produit de bons résultats pour les enfants, est compatible avec la sûreté publique et a fait la preuve d'un bon rapport coût-efficacité.

16. La déjudiciarisation devrait être la solution à privilégier dans la majorité des affaires concernant des enfants. Les États parties devraient sans cesse étendre l'éventail des infractions pour lesquelles la déjudiciarisation est possible, jusqu'à y inclure des infractions graves, au besoin. Des possibilités de déjudiciarisation devraient pouvoir être offertes aussitôt que possible après l'entrée en contact avec le système de justice et aux divers stades de la procédure. La déjudiciarisation devrait faire partie intégrante du système de justice pour enfants et, conformément au paragraphe 3 b) de l'article 40 de la Convention, les droits de l'homme de l'enfant et les garanties légales offertes à celui-ci doivent être pleinement respectés et protégés dans tous les processus et programmes de déjudiciarisation.

17. Il appartient aux États parties de décider de la nature et de la teneur exactes des mesures de déjudiciarisation et de prendre les dispositions législatives et autres nécessaires à leur mise en œuvre. Le Comité prend note de l'élaboration de divers programmes axés sur la communauté, tels que les travaux d'intérêt général, les activités de supervision et d'orientation assurées par des responsables désignés, les conférences familiales et d'autres formes de justice réparatrice, y compris les mesures de réparation offertes aux victimes.

18. Le Comité tient à souligner ce qui suit :

a) Il ne faudrait recourir à la déjudiciarisation que lorsqu'il existe une preuve irréfutable que l'enfant a commis l'infraction qui lui est imputée ou lorsque l'enfant reconnaît librement et volontairement sa responsabilité, sans avoir subi d'actes d'intimidation ou de pressions, étant entendu que son aveu ne sera pas exploité à son détriment dans d'éventuelles poursuites judiciaires ;

b) Pour donner son consentement libre et volontaire à la mesure de déjudiciarisation, l'enfant devrait disposer d'informations suffisantes et précises sur la nature, la teneur et la durée de cette mesure et comprendre quelles seraient les conséquences d'une absence de coopération ou de l'inexécution de la mesure ;

c) La loi devrait préciser dans quels cas la déjudiciarisation est possible, et les décisions en la matière relevant de la police, des procureurs ou d'autres organismes devraient être réglementées et pouvoir être réexaminées. Tous les agents de l'État et acteurs qui participent au processus de déjudiciarisation devraient recevoir la formation et l'appui nécessaires ;

d) L'enfant doit avoir la possibilité de bénéficier d'une aide juridique ou de toute autre assistance appropriée en ce qui concerne la mesure de déjudiciarisation offerte par les autorités compétentes et doit pouvoir demander le réexamen de ladite mesure ;

e) Les mesures de déjudiciarisation ne devraient pas englober la privation de liberté ;

f) Une fois la mesure de déjudiciarisation exécutée, l'affaire devrait être définitivement classée. Les archives confidentielles concernant cette mesure qui peuvent être conservées à des fins administratives ou à des fins de réexamen, d'enquête et de recherche ne sauraient être considérées comme des condamnations pénales ou donner lieu à une mention au casier judiciaire.

Interventions dans le cadre de la procédure judiciaire (jugement)

19. Quand les autorités compétentes ouvrent une procédure judiciaire, les principes d'un jugement équitable s'appliquent (voir la section D ci-après). Le système de justice pour

enfants devrait offrir des possibilités étendues d'appliquer des mesures sociales et éducatives et limiter strictement le recours à la privation de liberté, dès l'arrestation et pendant toute la procédure ainsi que dans le cadre de la détermination de la peine. Les États parties devraient se doter d'un service de probation ou d'un organisme analogue disposant d'un personnel qualifié pour garantir l'utilisation maximale et efficace de mesures telles que les ordonnances de supervision et d'orientation, la mise à l'épreuve, la surveillance par la communauté ou l'obligation de se présenter chaque jour dans un centre, et des possibilités de libération anticipée.

C *Âge et systèmes de justice pour enfants*

Âge minimum de la responsabilité pénale

20. Les enfants qui commettent une infraction alors qu'ils n'ont pas atteint l'âge minimum de la responsabilité pénale ne peuvent pas être tenus pénalement responsables. Les enfants qui ont atteint ou dépassé l'âge minimum de la responsabilité pénale au moment de la commission d'une infraction, mais qui ont moins de 18 ans, peuvent être inculpés et faire l'objet de procédures de justice pour enfants, dans le strict respect de la Convention. Le Comité rappelle aux États parties que l'âge à prendre en considération est l'âge au moment de la commission de l'infraction.

21. Le paragraphe 3 de l'article 40 de la Convention impose aux États parties d'établir un âge minimum de la responsabilité pénale, mais ne donne pas de précisions quant à l'âge. Plus d'une cinquantaine d'États parties ont relevé l'âge minimum après avoir ratifié la Convention ; l'âge le plus souvent fixé au niveau international est celui de 14 ans. Cependant, il ressort des rapports soumis par les États parties que certains États maintiennent un âge de la responsabilité pénale très bas, qui n'est pas acceptable.

22. Selon les connaissances actuelles dans les domaines du développement de l'enfant et des neurosciences, la maturité et la capacité d'abstraction des enfants âgés de 12 à 13 ans sont encore en pleine évolution, le cortex frontal n'ayant pas fini de se développer. Il est donc peu probable que ces enfants aient conscience de la portée de leurs actes ou comprennent une procédure pénale. Ils subissent en outre les effets de leur entrée dans l'adolescence. Comme le Comité le souligne dans son observation générale n° 20 (2016) sur la mise en œuvre des droits de l'enfant pendant l'adolescence, l'adolescence correspond à un stade du développement humain sans équivalent qui se caractérise par un développement rapide du cerveau, ce qui se reflète dans la prise de risques, certains types de processus décisionnels et la capacité de contrôler ses impulsions. Les États parties sont encouragés à prendre note des résultats des recherches scientifiques récentes et à relever l'âge minimum en conséquence, en l'établissant à 14 ans au moins. De plus, les données dans les domaines des neurosciences et du développement de l'enfant montrent que le cerveau poursuit sa maturation après l'adolescence, ce qui a une incidence sur certains types de processus décisionnels. En conséquence, le Comité félicite les États parties qui ont fixé un âge de la responsabilité pénale plus élevé, par exemple 15 ou 16 ans, et prie instamment tous les États parties de s'abstenir d'abaisser l'âge minimum de la responsabilité pénale dans quelques circonstances que ce soit, conformément à l'article 41 de la Convention.

23. Le Comité admet que, s'il importe que soit fixé pour la responsabilité pénale un âge minimum raisonnablement élevé, l'efficacité de l'approche dépend aussi du traitement que chaque État réserve aux enfants qui ont dépassé cet âge et à ceux qui ne l'ont pas encore atteint. Le Comité continuera d'accorder une grande attention à ce point dans le cadre de l'examen des rapports des États parties. Les enfants qui n'ont pas atteint l'âge minimum de la responsabilité pénale doivent recevoir l'aide et les services dont ils ont besoin de la part des autorités compétentes et ne devraient pas être considérés comme des enfants qui ont commis une infraction pénale.

24. Si, faute de preuve, il ne peut être établi que l'enfant n'a pas atteint l'âge de la responsabilité pénale ou qu'il a dépassé cet âge, l'enfant doit avoir le bénéfice du doute et ne pas être tenu pénalement responsable.

Systèmes prévoyant des exceptions concernant l'âge minimum

25. Le Comité est préoccupé par l'existence de pratiques qui permettent d'appliquer un âge minimum de la responsabilité pénale plus bas dans les cas où, par exemple, l'enfant est présumé coupable d'une infraction grave. Ces pratiques sont généralement adoptées sous la pression de l'opinion publique et ne sont pas fondées sur une compréhension rationnelle du développement de l'enfant. Le Comité recommande vivement aux États parties de mettre fin à ces pratiques et de fixer un âge de la responsabilité pénale normalisé en deçà duquel les enfants ne peuvent pas faire l'objet de poursuites pénales, sans exception.

Systèmes prévoyant deux âges minima

26. Plusieurs États parties appliquent deux âges minima de la responsabilité pénale (7 et 14 ans, par exemple), en présumant que l'enfant qui a atteint ou dépassé l'âge le plus bas mais n'a pas atteint l'âge le plus élevé n'est pas pénalement responsable à moins qu'il ne soit démontré qu'il possède une maturité suffisante. Ce système, initialement conçu pour protéger l'enfant, n'a pas fait ses preuves dans la pratique. L'idée d'une détermination de la responsabilité pénale au cas par cas recueille un certain appui mais, comme le Comité l'a fait observer, elle laisse beaucoup de latitude aux tribunaux et se traduit par des pratiques discriminatoires.

27. Les États sont instamment priés d'établir un âge minimum unique approprié et de veiller à ce qu'une telle réforme n'entraîne pas une régression concernant l'âge de la responsabilité pénale.

Irresponsabilité pénale des enfants présentant des retards de développement ou des troubles ou handicaps neurodéveloppementaux

28. Les enfants qui présentent des retards de développement ou des troubles ou handicaps neurodéveloppementaux (troubles du spectre de l'autisme, troubles causés par l'alcoolisation fœtale ou lésions cérébrales acquises, par exemple) ne devraient pas du tout avoir affaire au système de justice pour enfants, même s'ils ont atteint l'âge minimum de la responsabilité pénale. À défaut d'une exclusion automatique, ces enfants devraient faire l'objet d'une évaluation individuelle.

Application du système de justice pour enfants

29. Le système de justice pour enfants devrait s'appliquer à tous les enfants qui ont atteint l'âge minimum de la responsabilité pénale mais qui ont moins de 18 ans au moment de la commission de l'infraction.

30. Le Comité recommande aux États parties qui limitent l'applicabilité de leur système de justice pour enfants aux enfants de moins de 16 ans (voire aux enfants encore plus jeunes) ou qui autorisent, à titre exceptionnel, que certains enfants soient traités comme des adultes (en raison de la catégorie de l'infraction, par exemple) de modifier leur législation de sorte que leur système de justice pour enfants s'applique pleinement et sans discrimination à toutes les personnes qui ont moins de 18 ans au moment de la commission de l'infraction (voir aussi l'observation générale n° 20, par. 88).

31. Les systèmes de justice pour enfants devraient aussi accorder une protection aux personnes qui avaient moins de 18 ans lorsque l'infraction a été commise mais qui ont eu 18 ans pendant le procès ou le processus de détermination de la peine.

32. Le Comité félicite les États parties qui autorisent l'application du système de justice pour enfants aux personnes âgées de 18 ans et plus, en règle générale ou à titre exceptionnel. Cette position est en accord avec les données disponibles dans les domaines du développement de l'enfant et des neurosciences, qui montrent que le cerveau poursuit son développement un peu au-delà de 20 ans.

Actes de naissance et détermination de l'âge

33. Un enfant qui n'est pas en possession d'un acte de naissance devrait s'en voir délivrer un rapidement et gratuitement par les services de l'État chaque fois que la preuve de son âge doit être apportée. Si l'âge ne peut pas être établi au moyen d'un acte de naissance, les autorités devraient accepter tout document pouvant attester l'âge, tel qu'une déclaration de naissance, un extrait du registre des naissances, un acte de baptême ou document équivalent, ou des bulletins scolaires. En l'absence de preuve du contraire, ces documents devraient être considérés comme authentiques. Les autorités devraient permettre que des entretiens soient menés avec les parents ou que la déposition de ceux-ci soit recueillie concernant l'âge de l'enfant ou permettre que les enseignants ou les chefs religieux ou communautaires qui connaissent l'âge de l'enfant rédigent une déclaration à ce sujet.

34. Ce n'est que lorsque ces mesures se révèlent infructueuses qu'il pourra être procédé à une évaluation du développement physique et psychologique de l'enfant par des pédiatres ou d'autres professionnels capables d'évaluer différents aspects du développement. Cette évaluation devrait être faite sans délai, d'une manière respectueuse de l'enfant, qui tienne compte des questions de genre et soit adaptée à la culture de l'enfant, et comporter des entretiens avec l'enfant et avec ses parents ou les personnes qui s'occupent de lui, dans une langue que l'enfant comprend. Les États devraient s'abstenir de recourir uniquement à des méthodes médicales fondées, entre autres, sur les analyses osseuses et dentaires, qui sont souvent imprécises en raison de grandes marges d'erreur et peuvent aussi être traumatisantes. La méthode d'évaluation la moins invasive devrait être retenue. En l'absence d'éléments probants, l'enfant ou le jeune doit avoir le bénéfice du doute.

Continuité des mesures de justice pour enfants

35. Le Comité recommande que les enfants qui atteignent l'âge de 18 ans avant la fin d'un programme de déjudiciarisation, d'une mesure non privative de liberté ou d'une mesure de détention soient autorisés à exécuter le programme, la mesure ou la peine en question jusqu'à son terme et ne soient pas transférés dans un centre pour adultes.

Infractions commises avant et après l'âge de 18 ans et infractions commises avec des adultes

36. Lorsqu'un jeune est l'auteur de plusieurs infractions, certaines commises avant l'âge de 18 ans et d'autres commises après cet âge, les États parties devraient envisager de prévoir des règles procédurales permettant que le système de justice pour enfants s'applique pour toutes ces infractions, lorsqu'il existe des motifs raisonnables de le faire.

37. Lorsqu'un enfant commet une infraction avec un adulte ou avec plusieurs adultes, les règles du système de justice pour enfants lui sont appliquées, que les auteurs de l'infraction soient jugés ensemble ou séparément.

D *Garanties d'un procès équitable*

38. Le paragraphe 2 de l'article 40 de la Convention contient une liste importante de droits et de garanties visant à ce que chaque enfant ait droit à un traitement et à un procès équitables (voir aussi l'article 14 du Pacte international relatif aux droits civils et politiques). Il convient de noter qu'il s'agit de normes minimales. Les États parties peuvent et devraient s'efforcer de définir et d'appliquer des normes plus exigeantes.

39. Le Comité souligne que la formation continue et systématique des professionnels du système de justice pour enfants est essentielle pour faire respecter les garanties susmentionnées. Ces professionnels devraient être capables de travailler dans des équipes interdisciplinaires et être bien informés du développement physique, psychologique, mental et social de l'enfant et de l'adolescent, ainsi que des besoins particuliers des enfants les plus marginalisés.

40. Des garanties contre la discrimination sont nécessaires dès le premier contact avec le système de justice pénale et tout au long du procès, et toute discrimination à l'égard d'un groupe d'enfants, quel qu'il soit, appelle des mesures de réparation actives. Une attention particulière tenant compte des questions de genre devrait être accordée aux filles ainsi qu'aux enfants qui subissent une discrimination fondée sur l'orientation sexuelle ou l'identité de genre. Des aménagements devraient être apportés pour les enfants handicapés, notamment en ce qui concerne l'accès physique aux tribunaux et à d'autres bâtiments, l'aide aux enfants qui ont un handicap psychosocial, l'assistance en matière de communication et de lecture des documents et les aménagements procéduraux pour les témoignages.

41. Les États parties devraient adopter des lois et garantir des pratiques qui protègent les droits de l'enfant dès le moment où celui-ci entre en contact avec le système de justice, y compris au stade de l'interpellation, de la sommation ou de l'arrestation, pendant qu'il est gardé dans les locaux de la police ou d'autres services de répression, pendant les transferts vers et depuis les postes de police, les lieux de détention et les tribunaux, et pendant les interrogatoires, les fouilles et le prélèvement d'échantillons pouvant constituer des preuves. Le lieu où se trouve l'enfant pendant l'ensemble de ces phases et processus, ainsi que son état, devraient être consignés sur des registres.

Non-rétroactivité de l'application de la justice pour enfants (art. 40 (par. 2 a)))

42. Aucun enfant ne sera reconnu coupable d'infraction à la loi pénale pour un acte qui ne constituait pas une infraction pénale, au regard du droit national ou international, au moment où il a été commis. Les États parties qui développent leurs dispositions pénales dans le but de prévenir et de combattre le terrorisme devraient veiller à ce que ces changements n'entraînent pas l'application rétroactive ou involontaire de sanctions à des enfants. Aucun enfant ne devrait se voir imposer une peine plus lourde que celle qui était applicable au moment où il a commis l'infraction ; en revanche, l'enfant devrait profiter de toute modification apportée à la loi après la commission de l'infraction allant dans le sens d'un allégement de la peine prévue.

Présomption d'innocence (art. 40 (par. 2 b) i)))

43. La présomption d'innocence impose que la charge de la preuve incombe à l'accusation, quelle que soit la nature de l'infraction. L'enfant jouit du bénéfice du doute et n'est reconnu coupable que si les charges qui pesaient contre lui ont été prouvées au-delà d'un doute raisonnable. Un comportement suspect de l'enfant ne devrait pas être interprété comme un signe de culpabilité, car il peut être dû à une mauvaise compréhension de la procédure, à l'immaturité, à la peur ou à d'autres raisons.

Droit d'être entendu (art. 12)

44. Aux paragraphes 57 à 64 de l'observation générale n° 12 (2009) sur le droit de l'enfant d'être entendu, le Comité expose le droit fondamental de l'enfant d'être entendu dans le contexte de la justice pour enfants.

45. L'enfant a le droit d'être entendu directement, et pas seulement par l'intermédiaire d'un représentant, à tous les stades de la procédure, dès son entrée en contact avec le système de justice. Il a le droit de garder le silence et l'exercice de ce droit ne devrait pas entraîner de présomptions défavorables.

Participation effective à la procédure (art. 40 (par. 2 b) iv)))

46. Un enfant ayant dépassé l'âge minimum de la responsabilité pénale devrait être considéré comme compétent pour participer à tous les stades de la procédure judiciaire. Aux fins de sa participation effective, l'enfant a besoin de l'appui de tous les professionnels concernés pour comprendre les faits qui lui sont reprochés et les conséquences et options possibles, afin de fournir des instructions à son représentant légal, de soumettre les témoins à un contre-interrogatoire, de présenter sa version des faits et de prendre des décisions appropriées concernant les éléments de preuve, les témoignages et les mesures qui seront imposées. La procédure devrait se dérouler dans une langue que l'enfant comprend parfaitement, faute de quoi les services d'un interprète doivent être fournis gratuitement. La procédure devrait se dérouler dans un climat de compréhension afin que l'enfant puisse y participer pleinement. Le développement d'un système de justice adapté aux enfants suppose de favoriser l'emploi d'un langage adapté aux enfants à tous les stades de la procédure, d'agencer les salles d'audition et les salles d'audience d'une manière qui réponde aux besoins des enfants, d'assurer aux enfants le soutien d'adultes compétents, de débarrasser la justice de son apparat intimidant et d'adapter la procédure, y compris des aménagements en faveur des enfants handicapés.

Notification rapide et directe des accusations (art. 40 (par. 2 b) ii)))

47. Tout enfant a le droit d'être informé dans le plus court délai et directement (ou, s'il y a lieu, par l'intermédiaire de ses parents ou représentants légaux) des accusations portées contre lui. Par l'expression "dans le plus court délai", on entend "aussitôt que possible après le premier contact de l'enfant avec le système de justice". Il ne faudrait pas omettre d'informer les parents par commodité ou pour des motifs liés aux ressources. Les enfants dont les affaires font l'objet d'une déjudiciarisation au stade de l'accusation ont besoin de comprendre les possibilités juridiques qui leur sont offertes, et les garanties juridiques devraient être pleinement respectées.

48. Les autorités devraient faire en sorte que l'enfant comprenne les faits qui lui sont reprochés, les possibilités qui lui sont ouvertes et les procédures. Il ne suffit pas de présenter un document officiel à l'enfant, il faut aussi le lui expliquer oralement. L'enfant devrait recevoir l'aide d'un parent ou d'un adulte compétent pour comprendre tout document qui lui est présenté, mais les autorités ne devraient pas laisser à ces personnes le soin d'expliquer à l'enfant les faits qui lui sont reprochés.

Assistance juridique ou toute autre assistance appropriée (art. 40 (par. 2 b) ii)))

49. Les États devraient faire en sorte que l'enfant bénéficie d'une assistance juridique ou de toute autre assistance appropriée dès le début de la procédure, pendant la préparation et la présentation de sa défense et jusqu'à l'épuisement de toutes les possibilités de recours ou de réexamen. Le Comité prie les États parties de retirer toute réserve qu'ils auraient pu formuler au sujet du paragraphe 2 b) ii) de l'article 40 de la Convention.

50. Le Comité demeure préoccupé par le fait que de nombreux enfants répondent d'accusations pénales devant des autorités judiciaires, administratives ou d'autres autorités publiques et sont privés de liberté sans bénéficier d'une représentation juridique. Il fait observer que, conformément au paragraphe 3 d) de l'article 14 du Pacte international relatif aux droits civils et politiques, le droit d'être représenté en justice est une garantie minimale dont jouit toute personne ayant affaire au système de justice pénale, disposition qui devrait également s'appliquer aux enfants. Le même article dispose que la personne accusée est autorisée à se défendre elle-même et doit se voir attribuer un défenseur chaque fois que l'intérêt de la justice l'exige.

51. Au vu de ce qui précède, le Comité constate avec préoccupation que les enfants bénéficient d'une protection moindre que celle que le droit international garantit aux adultes. Il recommande aux États d'accorder une représentation juridique effective et gratuite à tout enfant qui a à répondre d'accusations pénales devant des autorités judiciaires, administratives ou d'autres autorités publiques. Les systèmes de justice pour enfants ne devraient pas permettre à l'enfant de renoncer à son droit d'être représenté en justice, à moins que cette décision ne soit prise librement et sous le contrôle d'un juge impartial.

52. Si l'enfant est réorienté vers un programme de déjudiciarisation ou s'il a affaire à un système qui n'aboutit pas à des condamnations, à l'inscription de mentions au casier judiciaire ou à des mesures privatives de liberté, une "autre assistance appropriée", fournie par des fonctionnaires qualifiés, peut constituer une forme d'assistance acceptable, même si les États qui sont en mesure de le faire devraient assurer aux enfants une représentation juridique pendant toute la procédure, conformément à l'article 41 de la Convention. Lorsqu'une autre assistance appropriée est autorisée, la personne qui fournit cette assistance est tenue d'avoir une connaissance suffisante des aspects juridiques du processus de justice pour enfants et doit recevoir la formation nécessaire.

53. Selon le paragraphe 3 b) de l'article 14 du Pacte international relatif aux droits civils et politiques, il faut pouvoir disposer du temps et des facilités nécessaires à la préparation de la défense. Conformément à la Convention relative aux droits de l'enfant, la confidentialité des communications entre l'enfant et son conseil juridique ou autre assistant doit être garantie (art. 40 (par. 2 b) vii))) et le droit de l'enfant à une protection contre toute immixtion dans sa vie privée ou sa correspondance doit être respecté (art. 16).

Décisions prises sans retard et en présence des parents ou représentants légaux (art. 40 (par. 2) b) iii)))

54. Le Comité rappelle que la période comprise entre la commission de l'infraction et la clôture de la procédure doit être aussi courte que possible. Plus cette période est longue, moins la procédure a de chances d'aboutir au résultat souhaité.

55. Le Comité recommande aux États parties de définir et de faire respecter des délais *maxima* concernant la période comprise entre la commission de l'infraction et l'achèvement de l'enquête policière, la décision du procureur (ou de tout autre organe compétent) d'inculper l'enfant et le prononcé du jugement définitif par le tribunal ou toute autre instance judiciaire. Ces délais doivent être beaucoup plus courts que ceux qui sont applicables aux adultes, sans pour autant compromettre le plein respect des garanties juridiques. Des délais tout aussi courts devraient être appliqués dans le cadre des mesures de déjudiciarisation.

56. Les parents ou les représentants légaux devraient être présents pendant toute la procédure. Néanmoins, le juge ou l'autorité compétente peut décider de limiter, de restreindre ou de refuser leur présence, à la demande de l'enfant ou de son conseil juridique ou autre assistant approprié, ou parce qu'elle n'est pas dans l'intérêt supérieur de l'enfant.

57. Le Comité recommande aux États parties de légiférer expressément pour que les parents ou les représentants légaux participent autant que possible à la procédure car ils peuvent apporter un soutien psychologique et émotionnel général à l'enfant et contribuer à l'obtention de résultats efficaces. De plus, le Comité est conscient que beaucoup d'enfants vivent de manière informelle avec des proches qui ne sont ni leurs parents ni leurs représentants légaux et que la législation devrait être adaptée de sorte que les personnes qui s'occupent véritablement de l'enfant puissent l'assister pendant la procédure, si les parents ne sont pas disponibles.

Droit de ne pas être contraint de s'incriminer soi-même (art. 40 (par. 2 b) iv)))

58. Les États parties doivent veiller à ce que l'enfant ne soit pas contraint de témoigner, de faire des aveux ou de reconnaître sa culpabilité. Le recours à la torture ou à d'autres traitements cruels, inhumains ou dégradants pour obtenir une reconnaissance des faits ou des aveux constitue une violation grave des droits de l'enfant (Convention relative aux droits de l'enfant, art. 37 a)). Les déclarations et aveux ainsi obtenus sont irrecevables à titre de preuve (Convention contre la torture et autres peines ou traitements cruels, inhumains ou dégradants, art. 15).

59. Il est inacceptable d'user de la contrainte pour amener un enfant à faire des aveux ou à témoigner contre lui-même. Le terme "contraint" devrait être interprété au sens large et ne pas renvoyer uniquement à la force physique. Le risque de faux aveux est accru selon l'âge et le degré de développement de l'enfant, par le manque de compréhension, la crainte de conséquences inconnues, y compris la possibilité d'un placement en détention, ainsi que par la durée et les circonstances de l'interrogatoire.

60. L'enfant doit avoir accès à une assistance juridique ou à toute autre assistance appropriée et devrait bénéficier du soutien d'un parent, d'un représentant légal ou d'un autre adulte compétent pendant l'interrogatoire. Lorsqu'il s'agit de déterminer le caractère volontaire et la fiabilité des déclarations ou aveux faits par l'enfant, le tribunal ou tout autre organe judiciaire devrait tenir compte de tous les facteurs, à savoir l'âge et le degré de maturité de l'enfant, la durée de l'interrogatoire ou de la garde à vue et la présence du conseil juridique ou d'un autre assistant indépendant, du (des) parent(s), du représentant légal ou d'un adulte compétent. Les agents de police et autres autorités chargées de l'enquête devraient être dûment formés afin de s'abstenir d'employer des techniques et des pratiques

d'interrogatoire qui débouchent sur des aveux ou des témoignages forcés ou peu fiables, et les techniques audiovisuelles devraient être utilisées chaque fois que cela est possible.

Comparution et interrogatoire des témoins (art. 40 (par. 2) b) iv)))

61. L'enfant a le droit d'interroger les témoins à charge et de faire citer des témoins à décharge ; les procédures de justice pour enfants devraient favoriser la participation de l'enfant, dans des conditions d'égalité, avec l'assistance d'un conseil.

Droit de réexamen ou de recours (art. 40 (par. 2 b) v)))

62. L'enfant a le droit de contester la déclaration de culpabilité ou les mesures qui lui ont été imposées devant une autorité ou instance judiciaire supérieure, compétente, indépendante et impartiale. Ce droit ne se limite pas aux infractions les plus graves. Les États parties devraient envisager d'adopter des mesures de recours automatiques, notamment dans les affaires qui aboutissent à l'inscription d'une mention au casier judiciaire ou à une privation de liberté. De plus, l'accès à la justice doit être interprété au sens large, de manière à permettre le réexamen ou la contestation de toute décision erronée, sur le fond ou sur la forme, et à garantir que des voies de recours utile soient disponibles *[Résolution 25/6 du Conseil des droits de l'homme.]*.

63. Le Comité recommande aux États parties de retirer toute réserve qu'ils auraient pu formuler au sujet du paragraphe 2 b) v) de l'article 40 de la Convention.

Assistance gratuite d'un interprète (art. 40 (par. 2 b) vi)))

64. S'il ne comprend pas la langue utilisée dans le système de justice pour enfants ou s'il ne peut pas s'exprimer dans cette langue, l'enfant a le droit de bénéficier gratuitement de l'assistance d'un interprète, à tous les stades de la procédure. Les interprètes concernés devraient avoir été formés à travailler avec des enfants.

65. Les États parties devraient fournir l'assistance appropriée et efficace de professionnels qualifiés aux enfants qui ont des difficultés à communiquer.

Plein respect de la vie privée (art. 16 et 40 (par. 2 b) vii)))

66. Le droit de l'enfant à ce que sa vie privée soient pleinement respectée à tous les stades de la procédure est énoncé au paragraphe 2 b) vii) de l'article 40 de la Convention, qui devrait être lu conjointement avec l'article 16 et le paragraphe 1 de l'article 40.

67. Les États parties devraient respecter la règle voulant que les audiences concernant des enfants soient tenues à huis clos. Les exceptions à cette règle devraient être très limitées et clairement précisées dans la loi. Si le verdict ou la peine sont prononcés en audience publique, l'identité de l'enfant ne devrait pas être divulguée. De plus, le droit à la protection de la vie privée signifie que les dossiers judiciaires et procès-verbaux d'audience concernant des enfants devraient rester strictement confidentiels et incommunicables à des tiers, hormis les personnes directement concernées par l'enquête et le jugement de l'affaire.

68. Les noms des enfants ne devraient pas figurer dans les recueils de jurisprudence, y compris ceux qui sont consultables en ligne.

69. Le Comité recommande aux États de s'abstenir de consigner les données personnelles d'un enfant ou d'une personne qui était enfant au moment de la commission d'une infraction dans un quelconque registre public des délinquants. La mention de ces données dans des registres qui ne sont pas publics devrait également être évitée, en ce qu'elle compromet les chances de réinsertion.

70. Selon le Comité, il devrait exister une protection à vie contre la publication d'informations ayant trait aux infractions commises par des enfants. Cette règle de non publication et son maintien après que l'auteur de l'infraction a atteint l'âge de 18 ans se justifient en ce que la divulgation de telles informations entraîne pour la personne concernée une stigmatisation permanente, ce qui risque d'avoir des effets négatifs sur son accès à l'éducation, au travail, au logement ou à la sécurité, toutes choses qui empêchent l'enfant de se réinsérer et de jouer un rôle constructif dans la société. Les États parties devraient donc faire en sorte que la règle générale soit une protection de la vie privée durant toute la vie, concernant tous les types de médias, y compris les médias sociaux.

71. De plus, le Comité recommande aux États parties d'adopter des règles permettant que les mentions qui figurent au casier judiciaire des enfants soient effacées lorsque ceux-ci atteignent l'âge de 18 ans, de manière automatique ou, dans des cas exceptionnels, à l'issue d'un examen indépendant.

E ***Mesures*** *[Voir aussi la section IV.B ci-dessus.]*

Mesures de déjudiciarisation à tous les stades de la procédure

72. La décision de traduire un enfant devant le système de justice n'implique pas que l'enfant devra faire l'objet d'une procédure judiciaire formelle. Dans l'esprit des observations qu'il a formulées plus haut, à la section IV.B, le Comité insiste sur le fait que les autorités

compétentes – le procureur dans la plupart des États – devraient réfléchir constamment à la manière d'épargner à l'enfant une procédure judiciaire ou une condamnation, par des mesures de déjudiciarisation et d'autres dispositions. Autrement dit, des possibilités de déjudiciarisation devraient être offertes aussitôt que possible après l'entrée en contact avec le système de justice, avant l'ouverture du procès, et être disponibles pendant toute la procédure. Il conviendra ce faisant de respecter pleinement les droits de l'homme de l'enfant et les garanties juridiques qui lui sont offertes, étant donné que les mesures de déjudiciarisation, de par leur nature et leur durée, peuvent être astreignantes et qu'une assistance juridique ou toute autre assistance appropriée sera donc nécessaire. Les mesures de déjudiciarisation devraient être présentées à l'enfant comme un moyen de suspendre la procédure judiciaire formelle, qui sera close si le programme de déjudiciarisation est exécuté de manière satisfaisante.

Jugement par le tribunal pour enfants

73. A l'issue d'un procès conforme aux dispositions de l'article 40 de la Convention (voir la section IV.D ci-dessus), une décision sur les mesures à prendre est rendue. La loi devrait prévoir un large éventail de mesures non privatives de liberté et donner expressément la priorité à leur application afin que la privation de liberté soit uniquement une mesure de dernier ressort et soit d'une durée aussi brève que possible.

74. Il existe de nombreux exemples d'utilisation et de mise en œuvre de mesures non privatives de liberté, y compris les mesures de justice réparatrice. Les États parties devraient mettre à profit cette expérience pour élaborer et appliquer des mesures non privatives de liberté qui soient adaptées à leurs propres cultures et traditions. Les mesures qui seraient assimilables à du travail forcé, à de la torture ou à des traitements inhumains et dégradants doivent être expressément proscrites et passibles de sanctions.

75. Le Comité réaffirme que le recours aux châtiments corporels à titre de sanction constitue une violation de l'article 37 a) de la Convention, qui interdit toutes les formes de peines ou de traitements cruels, inhumains ou dégradants (voir aussi l'observation générale n° 8 (2006) sur le droit de l'enfant à une protection contre les châtiments corporels et les autres formes cruelles ou dégradantes de châtiments).

76. Le Comité insiste sur le fait que la réaction à une infraction devrait toujours être proportionnée non seulement aux circonstances et à la gravité de l'acte commis, mais aussi à la situation personnelle de l'enfant (âge, responsabilité atténuée, circonstances et besoins, y compris, s'il y a lieu, les besoins en soins de santé mentale) et aux divers besoins de la société, en particulier les besoins à long terme. Une approche exclusivement répressive n'est pas conforme aux principes de la justice pour enfants énoncés au paragraphe 1 de l'article 40 de la Convention. Lorsque des infractions graves sont commises par des enfants, des mesures proportionnées à la situation de l'auteur de l'infraction et à la gravité de son acte peuvent être envisagées, sans que soit négligée la nécessité d'assurer la sûreté publique et de prendre des sanctions. L'intérêt supérieur de l'enfant devrait être une considération primordiale et toute l'importance voulue devrait être accordée à la nécessité de favoriser la réinsertion sociale de l'enfant.

77. Conscient que la privation de liberté est préjudiciable aux enfants et aux adolescents et compromet leurs chances de réinsertion réussie dans la société, le Comité recommande aux États parties d'établir une peine maximale pour les enfants reconnus coupables d'infractions pénales, en tenant compte du principe selon lequel cette peine doit être "d'une durée aussi brève que possible" (Convention relative aux droits de l'enfant, art. 37 b)).

78. Des peines minimales obligatoires sont incompatibles avec le principe de proportionnalité du système de justice pour enfants et avec la règle selon laquelle la détention doit être une mesure de dernier ressort et être d'une durée aussi brève que possible. Les tribunaux ne devraient pas tenir compte du passé judiciaire des enfants qu'ils sont chargés de juger ; même des régimes de peines minimales discrétionnaires empêchent la bonne application des normes internationales.

Interdiction de la peine de mort

79. L'article 37 a) de la Convention reprend la règle du droit international coutumier selon laquelle il est interdit d'imposer la peine de mort pour un crime commis par une personne de moins de 18 ans. Quelques États parties présument que l'interdiction concerne uniquement l'exécution de personnes de moins de 18 ans. D'autres diffèrent la date de l'exécution jusqu'à ce que le condamné ait atteint cet âge. Le Comité rappelle que le seul véritable critère est l'âge de l'intéressé au moment de la commission de l'infraction. En l'absence d'éléments fiables et probants établissant qu'il avait moins de 18 ans au moment des faits, l'auteur de l'infraction devrait avoir le bénéfice du doute et la peine de mort ne peut pas lui être appliquée.

80. Le Comité invite les rares États parties qui n'ont pas encore aboli la peine de la mort pour toutes les infractions commises par des personnes de moins de 18 ans à le faire sans

délai et sans prévoir d'exceptions. Toute condamnation à la peine de mort prononcée contre une personne qui avait moins de 18 ans au moment de la commission de l'infraction devrait être commuée en une peine pleinement conforme à la Convention.

Pas de réclusion à perpétuité sans possibilité de libération conditionnelle

81. Aucun enfant qui était âgé de moins de 18 ans au moment où il a commis une infraction ne devrait être condamné à la réclusion à perpétuité sans possibilité de libération, y compris la libération conditionnelle. La période de détention devant être effectuée avant qu'une libération conditionnelle puisse être envisagée devrait être beaucoup plus courte que dans le cas des adultes et devrait être réaliste ; la possibilité de libération conditionnelle devrait être reconsidérée périodiquement. Le Comité rappelle aux États parties qui condamnent des enfants à des peines de réclusion à perpétuité assorties d'une possibilité de libération, y compris la libération conditionnelle, qu'ils devraient s'efforcer, dans le cadre de l'application de cette peine, de réaliser les buts du paragraphe 1 de l'article 40 de la Convention. Cela signifie notamment que l'enfant condamné à la réclusion à perpétuité devrait recevoir une éducation, un traitement et des soins en vue de sa libération et de sa réinsertion et afin qu'il ait la capacité d'assumer un rôle constructif dans la société. Cela nécessite aussi d'évaluer périodiquement le développement et les progrès de l'enfant pour décider d'une éventuelle libération. La réclusion à perpétuité rend très difficile voire impossible la réalisation des objectifs de réinsertion. Le Comité note que, dans son rapport de 2015, le Rapporteur spécial sur la torture et autres peines ou traitements cruels, inhumains ou dégradants constate que la réclusion à perpétuité et les peines de longue durée, telles que les peines consécutives, sont exagérément disproportionnées et, partant, cruelles, inhumaines ou dégradantes lorsqu'elles s'appliquent à un enfant (A/HRC/28/68, par. 74). Le Comité recommande vivement aux États parties d'abolir toute forme de réclusion à perpétuité, y compris les peines de durée indéterminée, pour toutes les infractions commises par des personnes qui avaient moins de 18 ans au moment des faits.

F *Privation de liberté, y compris la détention provisoire et l'incarcération après le jugement*

82. L'article 37 de la Convention énonce des principes importants en matière de recours à la privation de liberté, les droits procéduraux de tout enfant privé de liberté et des dispositions relatives aux traitements et aux conditions applicables aux enfants privés de liberté. Le Comité appelle l'attention des États parties sur le rapport de 2018 du Rapporteur spécial sur le droit qu'a toute personne de jouir du meilleur état de santé physique et mentale possible, dans lequel le Rapporteur spécial fait observer que l'ampleur des souffrances qu'endurent les enfants détenus ou internés impose que le monde se mobilise en faveur de l'abolition des prisons et grandes institutions où sont placés les enfants, et que la société investisse davantage dans les services de proximité (A/HRC/38/36, par. 53).

83. Les États parties devraient engager sans délai un processus visant à réduire au minimum le recours à la détention.

84. Aucune disposition de la présente observation générale ne devrait être interprétée comme encourageant ou appuyant le recours à la privation de liberté ; l'objectif est plutôt de définir les procédures et les conditions qu'il convient d'appliquer dans les rares cas où la privation de liberté est jugée nécessaire.

Principes directeurs

85. Les principes directeurs du recours à la privation de liberté sont les suivants :

a) il ne doit être procédé à l'arrestation, à la détention ou à l'incarcération d'un enfant que conformément à la loi et en dernier ressort uniquement, et cette mesure doit être d'une durée aussi brève que possible ;

b) nul enfant ne doit être privé de liberté de façon illégale ou arbitraire. L'arrestation marque souvent le début de la détention provisoire et les États devraient veiller à ce que la loi fasse clairement obligation aux agents des forces de l'ordre d'appliquer l'article 37 dans le contexte de l'arrestation. Les États devraient aussi veiller à ce que les enfants ne soient pas retenus dans des véhicules de transport ou des cellules de garde à vue, sauf en dernier ressort et pour une durée aussi brève que possible, et à ce qu'ils ne soient pas détenus avec des adultes, à moins que cela serve leur intérêt supérieur. La priorité devrait être donnée aux dispositifs permettant que l'enfant soit rapidement libéré et rendu à ses parents ou confié à des adultes compétents.

86. Le Comité constate avec préoccupation que, dans de nombreux pays, les enfants sont maintenus en détention provisoire pendant des mois, voire des années, ce qui constitue une violation grave de l'article 37 b) de la Convention. La détention provisoire ne devrait être utilisée que dans les cas les plus graves et seulement après un examen attentif des possibi-

lités de placement dans la communauté. La déjudiciarisation au stade précédant le jugement réduit le recours à la détention mais, même lorsque l'enfant est appelé à être jugé dans le système de justice pour enfants, il faudrait cibler avec soin des mesures non privatives de liberté, afin de limiter le recours à la détention provisoire.

87. La loi devrait spécifier les critères de recours à la détention provisoire, qui devraient être principalement la nécessité de garantir la comparution de l'enfant au procès et les cas où l'enfant représente un danger immédiat pour autrui. Si l'enfant est considéré comme représentant un danger (pour lui même ou pour autrui), des mesures de protection devraient lui être appliquées. La détention provisoire devrait faire l'objet d'un examen périodique et sa durée devrait être limitée par la loi. Tous les acteurs du système de justice pour enfants devraient donner la priorité aux affaires des enfants qui sont en détention provisoire.

88. En application du principe selon lequel la privation de liberté devrait être imposée pour la période la plus brève possible, les États parties devraient prévoir des possibilités de libération anticipée, y compris pendant la garde à vue, pour que l'enfant soit placé sous la protection de ses parents ou d'autres adultes compétents. Il devrait être possible de décider d'une libération avec ou sans conditions, comme celle consistant pour l'enfant à se présenter dans une structure ou à une personne habilitée. Il ne devrait pas y avoir d'obligation de versement d'une caution, étant donné que la plupart des enfants n'ont pas les moyens de payer et que cela constitue une discrimination à l'égard des familles pauvres et marginalisées. De plus, en fixant une caution, le tribunal reconnaît en principe que l'enfant devrait être libéré et d'autres mécanismes peuvent être utilisés pour garantir la présence de l'enfant au procès.

Droits procéduraux (art. 37 d))

89. Tout enfant privé de liberté a le droit d'avoir rapidement accès à l'assistance juridique ou à toute autre assistance appropriée, ainsi que le droit de contester la légalité de sa privation de liberté devant un tribunal ou une autre autorité compétente, indépendante et impartiale, et a droit à ce qu'une décision rapide soit prise en la matière. Le Comité recommande qu'aucun enfant ne soit privé de liberté, sauf pour des raisons avérées de sûreté ou de santé publiques, et encourage les États parties à fixer un âge en dessous duquel les enfants ne peuvent pas être légalement privés de liberté, 16 ans par exemple.

90. Tout enfant arrêté et privé de liberté devrait être présenté à une autorité compétente dans un délai de vingt-quatre heures afin que la légalité de sa privation de liberté ou de son maintien en détention soit examinée. Le Comité recommande aussi aux États parties de veiller à ce que la détention provisoire soit réexaminée périodiquement en vue d'y mettre fin. Dans les cas où il ne peut se voir accorder une libération conditionnelle pendant ou avant sa première comparution (dans un délai de vingt-quatre heures), l'enfant devrait être inculpé des faits qui lui sont reprochés et traduit devant un tribunal ou une autre autorité ou instance judiciaire compétente, indépendante et impartiale, afin que sa cause soit entendue aussitôt que possible et au plus tard trente jours après son placement effectif en détention provisoire. Eu égard à la pratique de l'ajournement répété ou prolongé des audiences, le Comité prie instamment les États parties de fixer des limites maximales pour le nombre et la durée des ajournements et d'adopter des dispositions législatives ou administratives tendant à ce que le tribunal ou toute autre instance compétente rende une décision définitive sur les faits reprochés dans les six mois suivant la date de début de la détention, faute de quoi l'enfant devrait être libéré.

91. Le droit de contester la légalité de la privation de liberté recouvre non seulement le droit de faire appel de décisions de justice, mais aussi le droit de saisir un tribunal aux fins du réexamen d'une décision administrative (prise, par exemple, par la police, le procureur ou d'autres autorités compétentes). Les États parties devraient fixer des délais brefs pour le traitement des recours et demandes de réexamen afin que des décisions soient prises rapidement, comme l'exige la Convention.

Traitement et conditions de détention (art. 37 c))

92. Tout enfant privé de liberté doit être séparé des adultes, y compris dans les cellules de garde à vue. L'enfant ne doit pas être placé dans un centre ou une prison pour adultes, de très nombreux éléments indiquant que cela nuit à sa santé et à sa sécurité fondamentale et compromet son aptitude future à ne pas retomber dans la délinquance et à se réinsérer. L'exception admise au principe de la séparation des enfants et des adultes, qui est énoncée à l'article 37 c) de la Convention – "à moins que l'on estime préférable de ne pas le faire dans l'intérêt supérieur de l'enfant" – devrait être interprétée strictement et les États parties ne devraient pas faire passer l'intérêt supérieur de l'enfant au second plan pour des raisons de commodité. Les États parties devraient mettre en place des structures distinctes pour les enfants privés de liberté, qui soient dotées d'un personnel dûment qualifié et fonctionnent selon des politiques et des pratiques adaptées aux enfants.

93. Il ne découle pas de cette règle qu'un enfant placé dans un établissement pour enfants devrait être transféré dans un établissement pour adultes dès qu'il a atteint l'âge de 18 ans. Il devrait pouvoir rester dans le même établissement si cela relève de son intérêt supérieur et n'est pas contraire à celui des enfants placés dans cet établissement.

94. Tout enfant privé de liberté a le droit de rester en contact avec sa famille par des courriers et des visites. Pour faciliter ces visites, l'enfant devrait être placé dans un établissement aussi proche que possible du domicile familial. Les circonstances exceptionnelles susceptibles de limiter ces contacts devraient être clairement décrites par la loi et ne pas être laissées à l'appréciation discrétionnaire des autorités.

95. Le Comité souligne que, dans tous les cas de privation de liberté, il convient d'observer, entre autres, les règles et principes suivants :

a) La détention au secret de personnes de moins de 18 ans n'est pas autorisée ;

b) Les enfants devraient bénéficier d'un environnement physique et de conditions de logement propices à la réalisation des objectifs de réinsertion qui sous-tendent leur placement en établissement. Leurs besoins d'intimité et de stimuli sensoriels ainsi que leur besoin d'interagir avec d'autres enfants et de participer à des activités sportives, de faire de l'exercice physique et d'avoir des activités artistiques et récréatives devraient être dûment pris en considération ;

c) Tout enfant a droit à une éducation adaptée à ses besoins et à ses capacités, y compris le passage d'examens, et conçue pour le préparer au retour dans la société ; de plus, tout enfant devrait, s'il y a lieu, recevoir une formation professionnelle susceptible de le préparer à un emploi futur ;

d) Tout enfant a le droit d'être examiné par un médecin ou un professionnel de la santé dès son admission dans un centre de détention ou un établissement pénitentiaire et doit recevoir, tout au long de son séjour, les soins de santé physique et mentale dont il a besoin – lesquels devraient être dispensés, dans la mesure du possible, par les établissements et les services de santé locaux ;

e) Le personnel du lieu de détention devrait encourager et faciliter des contacts fréquents entre l'enfant et l'extérieur, notamment les communications avec sa famille, ses amis et d'autres personnes, y compris des représentants d'organismes extérieurs de bonne réputation, ainsi que les possibilités de visites dans sa famille. Aucune restriction ne doit être imposée à la possibilité pour l'enfant d'avoir à tout moment des entretiens confidentiels avec son avocat ou tout autre assistant ;

f) La contrainte ou la force ne peut être utilisée que lorsque l'enfant représente un danger imminent de blessure pour lui-même ou pour autrui et uniquement quand tous les autres moyens qui auraient pu permettre de le maîtriser ont été épuisés. La contrainte ne devrait pas être utilisée à des fins d'obéissance et ne devrait jamais impliquer d'actes visant à causer délibérément des souffrances. Elle ne doit jamais être utilisée à titre de sanction. L'usage de la contrainte ou de la force, y compris les moyens de contrainte physiques, mécaniques, médicaux ou pharmacologiques, devrait être placé sous la surveillance étroite, directe et constante d'un médecin ou d'un psychologue. Le personnel du centre de détention devrait recevoir une formation sur les normes applicables, et les membres du personnel qui utilisent la contrainte ou la force en violation des règles et des normes devraient être punis comme il convient. Les États devraient enregistrer, analyser et évaluer tous les cas d'utilisation de la contrainte ou de la force et faire en sorte de réduire au minimum le recours à ces pratiques ;

g) Toute mesure disciplinaire doit être compatible avec le respect de la dignité inhérente à l'enfant et les objectifs fondamentaux du placement en institution. Les mesures disciplinaires contraires aux dispositions de l'article 37 de la Convention doivent être strictement interdites, qu'il s'agisse des châtiments corporels, de la réclusion dans une cellule obscure, de la mise à l'isolement ou de toute autre punition qui peut nuire à la santé physique ou mentale ou au bien-être de l'enfant concerné ; les mesures disciplinaires ne devraient pas priver l'enfant de ses droits fondamentaux, notamment le droit de recevoir la visite de son représentant légal, le droit de rester en contact avec sa famille et les droits à l'alimentation, à l'eau, à l'habillement, à la literie, à l'éducation et à l'exercice physique ou à un contact réel et quotidien avec d'autres personnes ;

h) La mise à l'isolement ne devrait pas être utilisée à l'égard des enfants. Toute mesure consistant à séparer un enfant des autres devrait être prise uniquement en dernier ressort, être d'une durée aussi brève que possible et viser à protéger l'enfant ou autrui. Lorsqu'elle *[est]* jugée nécessaire, la mesure consistant à séparer un enfant des autres devrait être mise en œuvre en présence ou sous la surveillance étroite d'un membre du personnel dûment qualifié, et les motifs et la durée de cette mesure devraient être consignés ;

i) Tout enfant devrait avoir le droit d'adresser, sans censure quant au fond, une requête ou une plainte à l'administration centrale, à l'autorité judiciaire ou à toute autre autorité indépendante compétente, et avoir le droit d'être informé sans délai de la réponse. Les enfants doivent connaître leurs droits et avoir connaissance des mécanismes de traitement des requêtes ou des plaintes et pouvoir y accéder facilement ;

j) Des inspecteurs indépendants et qualifiés devraient être habilités à procéder à des inspections régulières et à entreprendre, de leur propre initiative, des inspections inopinées des lieux de détention ; ils devraient s'attacher tout particulièrement à s'entretenir, dans un cadre confidentiel, avec les enfants placés en établissement ;

k) Les États parties devraient faire en sorte que rien n'incite à priver un enfant de liberté et qu'il n'existe aucune possibilité de corruption en ce qui concerne le placement de l'enfant, les biens et les services qui lui sont fournis ou les contacts avec sa famille.

G *Questions spécifiques*

Tribunaux militaires et cours de sûreté de l'État

96. Selon une opinion qui commence à se faire jour, le jugement de civils par des tribunaux militaires et des cours de sûreté de l'État est contraire au droit, non susceptible de dérogation, de bénéficier d'un procès équitable devant une juridiction compétente, indépendante et impartiale. Il s'agit d'une violation des droits encore plus préoccupante lorsqu'elle concerne des enfants, car ceux-ci devraient toujours avoir affaire à des systèmes de justice pour enfants spécialisés. Le Comité a exprimé ses préoccupations à cet égard dans plusieurs observations finales.

Enfants enrôlés et utilisés par des groupes armés non étatiques, y compris des groupes qualifiés de terroristes, et enfants inculpés dans le contexte de la lutte contre le terrorisme

97. L'Organisation des Nations unies a constaté de nombreux cas d'enrôlement et d'exploitation d'enfants par des groupes armés non étatiques, y compris des groupes qualifiés de terroristes, non seulement dans des zones de conflit, mais aussi dans des zones exemptes de conflits, dont les pays d'origine, de transit ou de renvoi des enfants.

98. Lorsqu'ils sont sous le contrôle de ces groupes, les enfants peuvent être victimes de diverses formes de violations, notamment : être soumis à la conscription ; suivre une formation militaire ; être utilisés dans des hostilités ou des actes terroristes, y compris des attentats-suicides ; être contraints de procéder à des exécutions ; être utilisés comme boucliers humains ; être victimes d'enlèvement, de vente, de traite, d'exploitation sexuelle ou de mariage d'enfants ; être utilisés pour le transport ou la vente de drogues ; ou être exploités aux fins de l'exécution de tâches dangereuses telles que l'espionnage, les activités de surveillance, la garde de postes de contrôle, les patrouilles ou le transport de matériel militaire. Il a été signalé que des groupes armés non étatiques et des groupes qualifiés de terroristes contraignent aussi des enfants à infliger des violences aux membres de leur propre famille ou de leur propre communauté pour qu'ils fassent la preuve de leur loyauté et soient dissuadés de toute défection à l'avenir.

99. Les autorités des États parties font face à un certain nombre de difficultés lorsqu'elles prennent en charge ces enfants. Certains États parties ont adopté une approche répressive, qui ne prend pas en considération les droits de l'enfant ou les prend en considération de manière limitée, ce qui a des conséquences durables pour le développement de l'enfant et compromet ses chances de réinsertion sociale et, partant, peut avoir de graves conséquences pour l'ensemble de la société. Souvent, ces enfants sont arrêtés, détenus, poursuivis et jugés pour les actes qu'ils ont commis dans des zones de conflit et aussi, dans une moindre mesure, dans leurs pays d'origine ou de renvoi.

100. Le Comité appelle l'attention des États parties sur la résolution 2427 (2018) du Conseil de sécurité, dans laquelle le Conseil insiste sur la nécessité d'établir des instructions permanentes pour le transfert rapide des enfants qui sont ou seraient associés à des groupes armés non étatiques, y compris ceux qui ont commis des actes de terrorisme, aux acteurs civils de la protection de l'enfance compétents. Le Conseil souligne que les enfants qui ont été enrôlés, en violation du droit international applicable, par des forces armées ou des groupes armés et ont été accusés d'avoir commis des crimes en temps de conflit armé doivent être traités en premier lieu comme des victimes de violations du droit international. De plus, le Conseil prie instamment les États membres d'envisager, comme mesures de substitution aux poursuites et à la détention, des mesures non judiciaires qui mettent l'accent sur la réinsertion, et les engage à appliquer une procédure régulière pour tous les enfants détenus au motif de leur association avec des forces armées ou des groupes armés.

101. Les États parties devraient veiller à ce que tous les enfants accusés d'infractions pénales, indépendamment de la gravité des actes et du contexte, soient traités dans le respect des dispositions des articles 37 et 40 de la Convention, et devraient s'abstenir d'accuser et de poursuivre des enfants pour l'expression d'opinions ou pour le simple fait qu'ils ont été

associés à un groupe armé non étatique, y compris les groupes qualifiés de terroristes. Conformément au paragraphe 88 de son observation générale n° 20, le Comité recommande en outre aux États parties d'adopter des mesures préventives afin de venir à bout des facteurs sociaux et des causes profondes de ces faits, ainsi que des mesures de réinsertion sociale, y compris dans le cadre de l'application des résolutions du Conseil de sécurité relatives à la lutte contre le terrorisme, notamment les résolutions 1373 (2001), 2178 (2014), 2396 (2017) et 2427 (2018), et de la résolution 72/284 de l'Assemblée générale, en particulier les recommandations qui figurent au paragraphe 18.

Justice coutumière, justice autochtone et autres formes de justice non étatique

102. De nombreux enfants entrent en contact avec des systèmes de justice divers, qui fonctionnent parallèlement au système de justice formel ou en marge de ce système. Il peut s'agir de systèmes de justice coutumière, tribale, autochtone ou autre. Ces systèmes peuvent être plus accessibles que les mécanismes formels et présentent l'avantage de proposer rapidement et à relativement peu de frais des solutions adaptées aux particularités culturelles. Ils peuvent servir de substituts à la procédure officielle applicable aux enfants et sont de nature à faire évoluer favorablement les comportements culturels concernant les enfants et la justice.

103. Il est de plus en plus admis qu'il faudrait prêter attention à ces systèmes dans le cadre de la réforme des programmes du secteur de la justice. Compte tenu des tensions qui peuvent exister entre la justice étatique et la justice non étatique ainsi que des préoccupations au sujet des droits procéduraux et des risques de discrimination ou de marginalisation, toute réforme devrait se faire par étapes, selon une méthode reposant sur une parfaite compréhension des différents systèmes comparés et qui soit acceptable par toutes les parties prenantes. Les processus de justice coutumière et les décisions qui en découlent devraient être conformes au droit constitutionnel et respecter les garanties juridiques et procédurales. Il importe qu'il n'y ait pas de discrimination injuste si des enfants qui ont commis des infractions similaires sont traités différemment dans des systèmes ou instances parallèles.

104. Les principes de la Convention devraient être pris en compte dans tous les mécanismes de justice qui s'occupent des enfants et les États parties devraient veiller à ce que la Convention soit connue et appliquée. Les systèmes de justice coutumière, autochtone ou les autres systèmes de justice non étatique permettent souvent l'adoption de mesures de justice réparatrice, qui peuvent être riches d'enseignements pour le système formel de justice pour enfants. De plus, la reconnaissance de ces systèmes de justice peut contribuer à un meilleur respect des traditions des sociétés autochtones, ce qui pourrait être bénéfique aux enfants autochtones. Les interventions, les stratégies et les réformes devraient être conçues pour des contextes précis et leur mise en œuvre devrait être pilotée par des acteurs nationaux.

V Organisation du système de justice pour enfants

105. Aux fins de la pleine mise en œuvre des principes et des droits précisés dans les paragraphes précédents, il est nécessaire d'organiser efficacement l'administration de la justice pour enfants.

106. Un système complet de justice pour enfants nécessite la mise en place de sections spécialisées au sein de la police, du système judiciaire, des tribunaux et des bureaux du procureur, et la nomination de défenseurs ou d'autres représentants spécialisés chargés d'apporter une assistance juridique ou toute autre forme d'assistance appropriée à l'enfant.

107. Le Comité recommande aux États parties d'instituer des tribunaux pour enfants, en tant qu'entités distinctes ou en tant que subdivisions des tribunaux existants. Dans les cas où cela n'est pas réalisable pour des raisons pratiques, les États parties devraient veiller à la nomination de juges spécialisés dans le traitement des affaires relevant de la justice pour enfants.

108. Des services spécialisés, notamment en matière de probation, de conseil ou de supervision, et des établissements spécialisés, par exemple des centres de traitement de jour et, au besoin, de petits établissements de soins et de traitement, devraient être créés à l'intention des enfants adressés par le système de justice pour enfants. Une coordination interinstitutions efficace des activités de l'ensemble de ces sections, services et établissements spécialisés devrait être constamment favorisée.

109. De plus, une évaluation individuelle des enfants et une approche multidisciplinaire sont encouragées. Une attention particulière devrait être attachée aux services spécialisés de proximité pour les enfants qui n'ont pas encore atteint l'âge de la responsabilité pénale, mais qui sont considérés comme ayant besoin d'aide.

110. Les organisations non gouvernementales peuvent jouer et jouent effectivement un rôle important dans la justice pour enfants. C'est pourquoi le Comité recommande aux États

parties de favoriser la participation active de ces organisations à l'élaboration et à l'application de leur politique globale de justice pour enfants et, s'il y a lieu, de leur fournir les ressources nécessaires à cet effet.

VI Sensibilisation et formation

111. Les enfants qui commettent des infractions ont souvent mauvaise presse, ce qui alimente les stéréotypes négatifs et discriminatoires à leur endroit. La perception négative dont ils sont l'objet ou le fait qu'ils soient traités comme des délinquants s'expliquent souvent par une présentation trompeuse ou une mauvaise compréhension des causes de la délinquance et débouchent régulièrement sur des appels en faveur d'une approche plus dure (tolérance zéro, règle dite "des trois infractions", peines obligatoires, jugement devant un tribunal pour adultes et autres mesures essentiellement répressives). Les États parties devraient s'employer à obtenir des parlementaires, des organisations non gouvernementales et des médias qu'ils contribuent activement à promouvoir et à soutenir les campagnes éducatives et autres visant à faire en sorte que tous les aspects de la Convention soient respectés s'agissant des enfants qui ont affaire au système de justice pour enfants. Il est capital que les enfants, en particulier ceux qui ont une expérience du système de justice pour enfants, soient associés à ces efforts de sensibilisation.

112. Pour que l'administration de la justice pour enfants soit de qualité, il est essentiel que tous les professionnels concernés reçoivent une formation multidisciplinaire appropriée sur la teneur et la signification de la Convention. Cette formation devrait être systématique et continue et ne devrait pas se limiter à la présentation des dispositions nationales et internationales pertinentes. Elle devrait rendre compte de l'état des connaissances et des nouvelles données dans divers domaines, notamment en ce qui concerne : les causes sociales et autres de la délinquance ; le développement social et psychologique de l'enfant, y compris les découvertes actuelles dans le domaine des neurosciences ; les inégalités qui peuvent être constitutives de discrimination à l'égard de certains groupes marginalisés, tels que les enfants appartenant à des minorités ou à des peuples autochtones ; la culture et les tendances chez les jeunes ; la dynamique des activités de groupe et les mesures de déjudiciarisation et peines non privatives de liberté disponibles, en particulier les mesures qui permettent d'éviter le recours à une procédure judiciaires *[judiciaire]*. La possibilité d'utiliser certains procédés axés sur les nouvelles technologies, comme la "vidéocomparution", devrait être envisagée, mais les risques présentés par d'autres procédés, comme le profilage génétique, ne devraient pas être perdus de vue. L'efficacité des méthodes et des moyens employés devrait être constamment réévaluée.

VII Collecte de données, évaluation et travaux de recherche

113. Le Comité prie instamment les États parties de recueillir systématiquement des données ventilées, notamment sur le nombre et la nature des infractions commises par des enfants, l'usage de la détention provisoire et la durée moyenne de cette mesure, le nombre d'enfants dont les affaires ont été traitées dans un cadre autre qu'une procédure judiciaire (déjudiciarisation), le nombre d'enfants qui ont été déclarés coupables, la nature des peines auxquelles ces enfants ont été condamnés, et le nombre d'enfants privés de liberté.

114. Le Comité recommande aux États parties de faire en sorte que leurs systèmes de justice pour enfants soient évalués périodiquement, en particulier pour ce qui est de l'efficacité des mesures prises et au regard de questions comme celles de la discrimination, de la réinsertion et des types d'infraction, de préférence par des établissements universitaires indépendants.

115. Il est important que les jeunes, en particulier ceux qui sont en contact ou qui ont été en contact avec le système de justice pour enfants, soient associés à ces activités d'évaluation et de recherche, et que lesdites activités soient menées dans le respect des directives internationales existantes sur la participation des enfants à la recherche.

Convention européenne sur l'exercice des droits des enfants,

Adoptée le 25 janvier 1996 à Strasbourg.

[Le traité de Lisbonne modifiant le traité sur l'Union européenne et le traité instituant la Communauté européenne est entré en vigueur le 1er décembre 2009. Par conséquent, à partir de cette date, toute mention de la Communauté économique européenne doit être lue comme l'Union européenne.]

Préambule

Les États membres du Conseil de l'Europe et les autres États, signataires de la présente Convention,

Considérant que le but du Conseil de l'Europe est de réaliser une union plus étroite entre ses membres ;

Tenant compte de la Convention des Nations unies sur les droits de l'enfant et en particulier de l'article 4 qui exige que les États Parties prennent toutes les mesures législatives, administratives et autres qui sont nécessaires pour mettre en œuvre les droits reconnus dans ladite Convention ;

Prenant note du contenu de la Recommandation 1121 (1990) de l'Assemblée parlementaire, relative aux droits des enfants ;

Convaincus que les droits et les intérêts supérieurs des enfants devraient être promus et qu'à cet effet les enfants devraient avoir la possibilité d'exercer ces droits, en particulier dans les procédures familiales les intéressant ;

Reconnaissant que les enfants devraient recevoir des informations pertinentes afin que leurs droits et leurs intérêts supérieurs puissent être promus, et que l'opinion de ceux-là doit être dûment prise en considération ;

Reconnaissant l'importance du rôle des parents dans la protection et la promotion des droits et des intérêts supérieurs de leurs enfants et considérant que les États devraient, le cas échéant, également prendre part à celles-là ;

Considérant, toutefois, que, en cas de conflit, il est opportun que les familles essayent de trouver un accord avant de porter la question devant une autorité judiciaire,

Sont convenus de ce qui suit :

CHAPITRE PREMIER *Champ d'application et objet de la Convention, et définitions*

Art. 1er *Champ d'application et objet de la Convention.* La présente Convention s'applique aux enfants qui n'ont pas atteint l'âge de 18 ans.

L'objet de la présente Convention vise à promouvoir, dans l'intérêt supérieur des enfants, leurs droits, à leur accorder des droits procéduraux et à en faciliter l'exercice en veillant à ce qu'ils puissent, eux-mêmes, ou par l'intermédiaire d'autres personnes ou organes, être informés et autorisés à participer aux procédures les intéressant devant une autorité judiciaire.

Aux fins de la présente Convention, les procédures intéressant les enfants devant une autorité judiciaire sont des procédures familiales, en particulier celles relatives à l'exercice des responsabilités parentales, s'agissant notamment de la résidence et du droit de visite à l'égard des enfants.

Tout État doit, au moment de la signature ou au moment du dépôt de son instrument de ratification, d'acceptation, d'approbation ou d'adhésion, désigner, par déclaration adressée au Secrétaire Général du Conseil de l'Europe, au moins trois catégories de litiges familiaux devant une autorité judiciaire auxquelles la présente Convention a vocation à s'appliquer.

Toute Partie peut, par déclaration additionnelle, compléter la liste des catégories de litiges familiaux auxquelles la présente Convention a vocation à s'appliquer ou fournir toute information relative à l'application des articles 5, 9, paragraphe 2, 10, paragraphe 2, et 11.

La présente Convention n'empêche pas les Parties d'appliquer des règles plus favorables à la promotion et à l'exercice des droits des enfants.

Art. 2 *Définitions.* Aux fins de la présente Convention. L'on entend par :

a. "autorité judiciaire", un tribunal ou une autorité administrative ayant des compétences équivalentes ;

b. "détenteurs des responsabilités parentales", les parents et autres personnes ou organes habilités à exercer tout ou partie des responsabilités parentales ;

c. "représentant", une personne, telle qu'un avocat, ou un organe nommé pour agir auprès d'une autorité judiciaire au nom d'un enfant ;

d. "informations pertinentes", les informations appropriées, eu égard à l'âge et au discernement de l'enfant, qui lui seront fournies afin de lui permettre d'exercer pleinement ses droits, à moins que la communication de telles informations ne nuise à son bien-être.

CHAPITRE II *Mesures d'ordre procédural pour promouvoir l'exercice des droits des enfants*

A. *Droits procéduraux d'un enfant*

Art. 3 *Droit d'être informé et d'exprimer son opinion dans les procédures.* Un enfant qui est considéré par le droit interne comme ayant un discernement suffisant, dans les procédures l'intéressant devant une autorité judiciaire, se voit conférer les droits suivants, dont il peut lui-même demander à bénéficier :

a. recevoir toute information pertinente ;

b. être consulté et exprimer son opinion ;

c. être informé des conséquences éventuelles de la mise en pratique de son opinion et des conséquences éventuelles de toute décision.

Art. 4 *Droit de demander la désignation d'un représentant spécial.* Sous réserve de l'article 9, l'enfant a le droit de demander, personnellement ou par l'intermédiaire d'autres personnes ou organes, la désignation d'un représentant spécial dans les procédures l'intéressant devant une autorité judiciaire, lorsque le droit interne prive les détenteurs des responsabilités parentales de la faculté de représenter l'enfant en raison d'un conflit d'intérêts avec celui-là.

Les États sont libres de prévoir que le droit visé au paragraphe 1 ne s'applique qu'aux seuls enfants considérés par le droit interne comme ayant un discernement suffisant.

Art. 5 *Autres droits procéduraux.* Les Parties examinent l'opportunité de reconnaître aux enfants des droits procéduraux supplémentaires dans les procédures intéressant les enfants devant une autorité judiciaire, en particulier :

a. le droit de demander à être assistés par une personne appropriée de leur choix afin de les aider à exprimer leur opinion ;

b. le droit de demander eux-mêmes, ou par l'intermédiaire d'autres personnes ou organes, la désignation d'un représentant distinct, dans les cas appropriés, un avocat ;

c. le droit de désigner leur propre représentant ;

d. le droit d'exercer tout ou partie des prérogatives d'une partie à de telles procédures.

B. *Rôle des autorités judiciaires*

Art. 6 *Processus décisionnel.* Dans les procédures intéressant un enfant, l'autorité judiciaire, avant de prendre toute décision, doit :

a. examiner si elle dispose d'informations suffisantes afin de prendre une décision dans l'intérêt supérieur de celui-là et, le cas échéant, obtenir des informations supplémentaires, en particulier de la part des détenteurs de responsabilités parentales ;

b. lorsque l'enfant est considéré par le droit interne comme ayant un discernement suffisant :

– s'assurer que l'enfant a reçu toute information pertinente,

– consulter dans les cas appropriés l'enfant personnellement, si nécessaire en privé, elle-même ou par l'intermédiaire d'autres personnes ou organes, sous une forme appropriée à son discernement, à moins que ce ne soit manifestement contraire aux intérêts supérieurs de l'enfant,

– permettre à l'enfant d'exprimer son opinion ;

c. tenir dûment compte de l'opinion exprimée par celui-ci.

Art. 7 *Obligation d'agir promptement.* Dans les procédures intéressant un enfant, l'autorité judiciaire doit agir promptement pour éviter tout retard inutile. Des procédures assurant une exécution rapide de ses décisions doivent y concourir. En cas d'urgence, l'autorité judiciaire a, le cas échéant, le pouvoir de prendre des décisions qui sont immédiatement exécutoires.

Art. 8 *Possibilité d'autosaisine.* Dans les procédures intéressant un enfant, l'autorité judiciaire a le pouvoir, dans les cas déterminés par le droit interne où le bien-être de l'enfant est sérieusement menacé, de se saisir d'office.

Art. 9 *Désignation d'un représentant.* Dans les procédures intéressant un enfant, lorsqu'en vertu du droit interne les détenteurs des responsabilités parentales se voient privés de la faculté de représenter l'enfant à la suite d'un conflit d'intérêts avec lui, l'autorité judiciaire a le pouvoir de désigner un représentant spécial pour celui-là dans de telles procédures.

Les Parties examinent la possibilité de prévoir que, dans les procédures intéressant un enfant, l'autorité judiciaire ait le pouvoir de désigner un représentant distinct, dans les cas appropriés, un avocat, pour représenter l'enfant.

C. *Rôle des représentants*

Art. 10 Dans le cas des procédures intéressant un enfant devant une autorité judiciaire, le représentant doit, à moins que ce ne soit manifestement contraire aux intérêts supérieurs de l'enfant :

a. fournir toute information pertinente à l'enfant, si ce dernier est considéré par le droit interne comme ayant un discernement suffisant ;

b. fournir des explications à l'enfant, si ce dernier est considéré par le droit interne comme ayant un discernement suffisant, relatives aux conséquences éventuelles de la mise en pratique de son opinion et aux conséquences éventuelles de toute action du représentant ;

c. déterminer l'opinion de l'enfant et la porter à la connaissance de l'autorité judiciaire.

Les Parties examinent la possibilité d'étendre les dispositions du paragraphe 1 aux détenteurs des responsabilités parentales.

D. *Extension de certaines dispositions*

Art. 11 Les Parties examinent la possibilité d'étendre les dispositions des articles 3, 4 et 9 aux procédures intéressant les enfants devant d'autres organes ainsi qu'aux questions intéressant les enfants indépendamment de toute procédure.

E. *Organes nationaux*

Art. 12 Les Parties encouragent, par l'intermédiaire d'organes qui ont, entre autres, les fonctions visées au paragraphe 2, la promotion et l'exercice des droits des enfants.

Ces fonctions sont les suivantes :

a. faire des propositions pour renforcer le dispositif législatif relatif à l'exercice des droits des enfants ;

b. formuler des avis sur les projets de législation relatifs à l'exercice des droits des enfants ;

c. fournir des informations générales concernant l'exercice des droits des enfants aux médias, au public et aux personnes ou organes s'occupant des questions relatives aux enfants ;

d. rechercher l'opinion des enfants et leur fournir toute information appropriée.

F. *Autres mesures*

Art. 13 *Médiation et autres méthodes de résolution des conflits.* Afin de prévenir ou de résoudre les conflits, et d'éviter des procédures intéressant les enfants devant une autorité judiciaire, les Parties encouragent la mise en œuvre de la médiation ou de toute autre méthode de résolution des conflits et leur utilisation pour conclure un accord, dans les cas appropriés déterminés par les Parties.

Art. 14 *Aide judiciaire et conseil juridique.* Lorsque le droit interne prévoit l'aide judiciaire ou le conseil juridique pour la représentation des enfants dans les procédures les intéressant devant une autorité judiciaire, de telles dispositions s'appliquent aux questions visées aux articles 4 et 9.

Art. 15 *Relations avec d'autres instruments internationaux.* La présente Convention ne fait pas obstacle à l'application d'autres instruments internationaux qui traitent de questions spécifiques à la protection des enfants et des familles, auxquels une Partie à la présente Convention est, ou devient, Partie.

CHAPITRE III *Comité permanent*

Art. 16 *Mise en place et fonctions du Comité permanent.* Il est constitué, aux fins de la présente Convention, un Comité permanent.

Le Comité permanent suit les problèmes relatifs à la présente Convention. Il peut, en particulier :

a. examiner toute question pertinente relative à l'interprétation ou à la mise en œuvre de la Convention. Les conclusions du Comité permanent relatives à la mise en œuvre de la Convention peuvent revêtir la forme d'une recommandation ; les recommandations sont adoptées à la majorité des trois quarts des voix exprimées ;

b. proposer des amendements à la Convention et examiner ceux formulés conformément à l'article 20 ;

c. fournir conseil et assistance aux organes nationaux exerçant les fonctions visées au paragraphe 2 de l'article 12, ainsi que promouvoir la coopération internationale entre ceux-là.

Art. 17 *Composition.* Toute Partie peut se faire représenter au sein du Comité permanent par un ou plusieurs délégués. Chaque Partie dispose d'une voix.

Tout État visé à l'article 21, qui n'est pas Partie à la présente Convention, peut être représenté au Comité permanent par un observateur. Il en va de même pour tout autre État ou pour la Communauté européenne, après invitation à adhérer à la Convention, conformément aux dispositions de l'article 22.

A moins qu'une Partie, un mois au minimum avant la réunion, n'ait informé le Secrétaire Général de son objection, le Comité permanent peut inviter à participer en tant qu'observateur à toutes les réunions ou à tout ou partie d'une réunion :

– tout État non visé au paragraphe 2 ci-dessus ;
– le Comité des droits de l'enfant des Nations unies ;
– la Communauté européenne ;
– tout organisme international gouvernemental ;
– tout organisme international non gouvernemental poursuivant une ou plusieurs des fonctions visées au paragraphe 2 de l'article 12 ;
– tout organisme national, gouvernemental ou non gouvernemental, exerçant une ou plusieurs des fonctions visées au paragraphe 2 de l'article 12.

Le Comité permanent peut échanger des informations avec les organisations appropriées œuvrant pour l'exercice des droits des enfants.

Art. 18 *Réunions.* A l'issue de la troisième année qui suit la date d'entrée en vigueur de la présente Convention et, à son initiative, à tout autre moment après cette date, le Secrétaire Général du Conseil de l'Europe invitera le Comité permanent à se réunir.

Le Comité permanent ne peut prendre de décision qu'à la condition qu'au moins la moitié des Parties soit présente.

Sous réserve des articles 16 et 20, les décisions du Comité permanent sont prises à la majorité des membres présents.

Sous réserve des dispositions de la présente Convention, le Comité permanent établit son règlement intérieur et le règlement intérieur de tout groupe de travail qu'il constitue pour remplir toutes les tâches appropriées dans le cadre de la Convention.

Art. 19 *Rapports du Comité permanent.* Après chaque réunion, le Comité permanent transmet aux Parties et au Comité des Ministres du Conseil de l'Europe un rapport relatif à ses discussions et aux décisions prises.

CHAPITRE IV *Amendements à la Convention*

Art. 20 Tout amendement aux articles de la présente Convention, proposé par une Partie ou par le Comité permanent, est communiqué au Secrétaire Général du Conseil de l'Europe et transmis par ses soins, deux mois au moins avant la réunion suivante du Comité permanent, aux États membres du Conseil de l'Europe, à tout signataire, à toute Partie, à tout État invité à signer la présente Convention, conformément aux dispositions de l'article 21, et à tout État, ou à la Communauté européenne, qui a été invité à y adhérer conformément aux dispositions de l'article 22.

Tout amendement proposé conformément aux dispositions du paragraphe précédent est examiné par le Comité permanent, qui soumet le texte adopté à la majorité des trois quarts des voix exprimées à l'approbation du Comité des Ministres. Après son approbation, ce texte est communiqué aux Parties en vue de son acceptation.

Tout amendement entrera en vigueur le premier jour du mois qui suit l'expiration d'une période d'un mois après la date à laquelle toutes les Parties auront informé le Secrétaire Général qu'elles l'ont accepté.

CHAPITRE V *Clauses finales*

Art. 21 *Signature, ratification et entrée en vigueur.* La présente Convention est ouverte à la signature des États membres du Conseil de l'Europe et des États non membres qui ont participé à son élaboration.

La présente Convention sera soumise à ratification, acceptation ou approbation. Les instruments de ratification, d'acceptation ou d'approbation seront déposés près le Secrétaire Général du Conseil de l'Europe.

La présente Convention entrera en vigueur le premier jour du mois qui suit l'expiration d'une période de trois mois après la date à laquelle trois États, incluant au moins deux États membres du Conseil de l'Europe, auront exprimé leur consentement à être liés par la Convention, conformément aux dispositions du paragraphe précédent.

Pour tout État qui exprimera ultérieurement son consentement à être lié par la Convention, celle-ci entrera en vigueur le premier jour du mois qui suit l'expiration d'une période de trois mois après la date du dépôt de son instrument de ratification, d'acceptation ou d'approbation.

Art. 22 *États non membres et Communauté européenne.* Après l'entrée en vigueur de la présente Convention, le Comité des Ministres du Conseil de l'Europe pourra, de sa propre initiative ou sur proposition du Comité permanent, et après consultation des Parties, inviter tout État non membre du Conseil de l'Europe qui n'a pas participé à l'élaboration de la Convention, ainsi que la Communauté européenne, à adhérer à la présente Convention par une décision prise à la majorité prévue à l'article 20, alinéa d, du Statut du Conseil de l'Europe, et à l'unanimité des voix des représentants des États contractants ayant le droit de siéger au Comité des Ministres.

Pour tout État adhérent ou la Communauté européenne, la Convention entrera en vigueur le premier jour du mois qui suit l'expiration d'une période de trois mois après la date du dépôt de l'instrument d'adhésion près le Secrétaire Général du Conseil de l'Europe.

Art. 23 *Application territoriale.* Tout État peut, au moment de la signature ou au moment du dépôt de son instrument de ratification, d'acceptation, d'approbation ou d'adhésion, désigner le territoire ou les territoires au(x)quel(s) s'appliquera la présente Convention.

Toute Partie peut, à tout moment par la suite, par une déclaration adressée au Secrétaire Général du Conseil de l'Europe, étendre l'application de la présente Convention à tout autre territoire désigné dans la déclaration, dont elle assure les relations internationales ou pour lequel elle est habilitée à stipuler. La Convention entrera en vigueur à l'égard de ce territoire le premier jour du mois qui suit l'expiration d'une période de trois mois après la date de réception de la déclaration par le Secrétaire Général.

Toute déclaration faite en vertu des deux paragraphes précédents pourra être retirée, en ce qui concerne le ou les territoire(s) désigné(s) dans cette déclaration, par notification adressée au Secrétaire Général. Le retrait prendra effet le premier jour du mois qui suit l'expiration d'une période de trois mois après la date de réception de la notification par le Secrétaire Général.

Art. 24 *Réserves.* Aucune réserve à la présente Convention ne peut être formulée.

Art. 25 *Dénonciation.* Toute Partie peut, à tout moment, dénoncer la présente Convention en adressant une notification au Secrétaire Général du Conseil de l'Europe.

La dénonciation prendra effet le premier jour du mois qui suit l'expiration d'une période de trois mois après la date de réception de la notification par le Secrétaire Général.

Art. 26 *Notifications.* Le Secrétaire Général du Conseil de l'Europe notifiera aux États membres du Conseil, à tout signataire, à toute Partie et à tout autre État, ou à la Communauté européenne, qui a été invité à adhérer à la présente Convention :

a) toute signature ;

b) le dépôt de tout instrument de ratification, d'acceptation, d'approbation ou d'adhésion ;

c) toute date d'entrée en vigueur de la présente Convention, conformément à ses articles 21 ou 22 ;

d) tout amendement adopté conformément à l'article 20 et la date à laquelle cet amendement entre en vigueur ;

e) toute déclaration formulée en vertu des dispositions des articles 1 et 23 ;

f) toute dénonciation faite en vertu des dispositions de l'article 25 ;

g) tout autre acte, notification ou communication ayant trait à la présente Convention.

En foi de quoi, les soussignés, dûment autorisés à cet effet, ont signé la présente Convention.

Fait à Strasbourg, le 25 janvier 1996, en français et en anglais, les deux textes faisant également foi, en un seul exemplaire qui sera déposé dans les archives du Conseil de l'Europe. Le Secrétaire Général du Conseil de l'Europe en communiquera copie certifiée conforme à chacun des États membres du Conseil de l'Europe, aux États non membres qui ont participé à l'élaboration de la présente Convention, à la Communauté européenne et à tout État invité à adhérer à la présente Convention.

Décret n° 2008-36 du 10 janvier 2008,

Portant publication de la convention européenne sur l'exercice des droits des enfants, adoptée à Strasbourg le 25 janvier 1996.

Art. 1er La convention européenne sur l'exercice des droits des enfants, adoptée à Strasbourg le 25 janvier 1996, sera publiée au *Journal officiel* de la République française.

Art. 2 Le Premier ministre et le ministre des affaires étrangères et européennes sont chargés, chacun en ce qui le concerne, de l'exécution du présent décret, qui sera publié au *Journal officiel* de la République française.

Directive européenne 2016/800/UE du 11 mai 2016,

Relative à la mise en place de garanties procédurales en faveur des enfants qui sont des suspects ou des personnes poursuivies dans le cadre des procédures pénales.

Art. 1er *Objet.* La présente directive établit des règles minimales communes concernant certains droits accordés aux enfants qui :

a) sont des suspects ou des personnes poursuivies dans le cadre des procédures pénales ; ou

b) font l'objet d'une procédure relative au mandat d'arrêt européen en vertu de la décision-cadre 2002/584/JAI (ci-après dénommées "personnes dont la remise est demandée").

Art. 2 *Champ d'application.* 1. La présente directive s'applique aux enfants qui sont des suspects ou des personnes poursuivies dans le cadre des procédures pénales. Elle s'applique jusqu'à la décision définitive visant à déterminer si le suspect ou la personne poursuivie a commis une infraction pénale, y compris, le cas échéant, la condamnation et la décision rendue sur tout recours.

2. La présente directive s'applique aux enfants qui sont des personnes dont la remise est demandée, dès le moment de leur arrestation dans l'État membre d'exécution conformément à l'article 17.

3. A l'exception de l'article 5, de l'article 8, paragraphe 3, point b), et de l'article 15, dans la mesure où ces dispositions se réfèrent à un titulaire de la responsabilité parentale, la présente directive, ou certaines de ses dispositions, s'appliquent aux personnes visées aux paragraphes 1 et 2 du présent article, lorsque ces personnes possédaient la qualité d'enfant au moment où elles ont fait l'objet d'une procédure mais, par la suite, ont atteint l'âge de 18 ans, et que l'application de la présente directive, ou de certaines de ses dispositions, est appropriée au regard de toutes les circonstances de l'espèce, y compris de la maturité et de la vulnérabilité de la personne concernée. Les États membres peuvent décider de ne pas appliquer la présente directive lorsque la personne concernée a atteint l'âge de 21 ans.

4. La présente directive s'applique aux enfants qui n'étaient pas initialement des suspects ou des personnes poursuivies mais qui deviennent des suspects ou des personnes poursuivies au cours de l'interrogatoire mené par la police ou par une autre autorité répressive.

5. La présente directive n'a aucune incidence sur les règles nationales fixant l'âge de la responsabilité pénale.

6. Sans préjudice du droit à un procès équitable en ce qui concerne les infractions mineures :

a) lorsque le droit d'un État membre prévoit l'imposition d'une sanction par une autorité autre qu'une juridiction compétente en matière pénale, et que l'imposition de cette sanction peut faire l'objet d'un recours ou d'un renvoi devant une telle juridiction ; ou

b) lorsque la privation de liberté ne peut pas être imposée comme une sanction, la présente directive ne s'applique qu'aux procédures devant une juridiction compétente en matière pénale.

En tout état de cause, la présente directive s'applique pleinement lorsque l'enfant est privé de liberté à quelque stade que ce soit de la procédure pénale.

Art. 3 *Définitions.* Aux fins de la présente directive, on entend par :

1) "enfant", toute personne âgée de moins de 18 ans ;

2) "titulaire de la responsabilité parentale", toute personne exerçant la responsabilité parentale à l'égard d'un enfant ;

3) "responsabilité parentale", l'ensemble des droits et obligations conférés à une personne physique ou à une personne morale sur la base d'une décision judiciaire, d'une attribution de plein droit ou d'un accord en vigueur, à l'égard de la personne ou des biens d'un enfant, y compris le droit de garde et le droit de visite.

En ce qui concerne le point 1) du premier alinéa, lorsqu'il n'est pas certain qu'une personne ait atteint l'âge de 18 ans, ladite personne est présumée être un enfant.

Art. 4 *Droit à l'information.* 1. Les États membres veillent à ce que, lorsque les enfants sont informés qu'ils sont des suspects ou des personnes poursuivies dans le cadre des procédures pénales, ils reçoivent rapidement des informations sur leurs droits, conformément à la directive 2012/13/UE, ainsi que sur les aspects généraux du déroulement de la procédure.

Les États membres veillent aussi à ce que les enfants soient informés des droits établis par la présente directive. Ces informations sont fournies comme suit :

a) rapidement lorsque les enfants sont informés qu'ils sont des suspects ou des personnes poursuivies, en ce qui concerne :

i) le droit à ce que le titulaire de la responsabilité parentale soit informé, comme le prévoit l'article 5 ;
ii) le droit d'être assisté d'un avocat, comme le prévoit l'article 6 ;
iii) le droit à la protection de la vie privée, comme le prévoit l'article 14 ;
iv) le droit d'être accompagné par le titulaire de la responsabilité parentale au cours des étapes de la procédure autres que les audiences, comme le prévoit l'article 15, paragraphe 4 ;
v) le droit à l'aide juridictionnelle, comme le prévoit l'article 18 ;

b) au stade le plus précoce et le plus opportun de la procédure, en ce qui concerne :
i) le droit à une évaluation personnalisée, comme le prévoit l'article 7 ;
ii) le droit d'être examiné par un médecin, y compris le droit à l'assistance médicale, comme le prévoit l'article 8 ;
iii) le droit à la limitation de la privation de liberté et au recours à des mesures alternatives, y compris le droit au réexamen périodique de la détention, comme le prévoient les articles 10 et 11 ;
iv) le droit d'être accompagné par le titulaire de la responsabilité parentale au cours des audiences, comme le prévoit l'article 15, paragraphe 1 ;
v) le droit d'assister à son procès, comme le prévoit l'article 16 ;
vi) le droit de disposer de voies de recours effectives, comme le prévoit l'article 19 ;

c) dès la privation de liberté, en ce qui concerne le droit à un traitement particulier durant la privation de liberté, comme le prévoit l'article 12.

2. Les États membres veillent à ce que les informations visées au paragraphe 1 soient fournies par écrit, oralement, ou les deux, dans un langage simple et accessible, et que les informations transmises soient consignées selon la procédure d'enregistrement prévue en droit national.

3. Lorsque des enfants reçoivent une déclaration de droits en application de la directive 2012/13/UE, les États membres veillent à ce que ladite déclaration contienne une référence aux droits que leur confère la présente directive.

Art. 5 *Droit de l'enfant à ce que le titulaire de la responsabilité parentale soit informé.* 1. Les États membres veillent à ce que le titulaire de la responsabilité parentale reçoive, dans les meilleurs délais, les informations que l'enfant a le droit de recevoir conformément à l'article 4.

2. Les informations visées au paragraphe 1 sont communiquées à un autre adulte approprié, désigné par l'enfant et accepté en tant que tel par l'autorité compétente, lorsque la communication desdites informations au titulaire de la responsabilité parentale :

a) serait contraire à l'intérêt supérieur de l'enfant ;

b) n'est pas possible, parce que, après que des efforts raisonnables ont été déployés, aucun titulaire de la responsabilité parentale ne peut être joint ou que son identité est inconnue ;

c) pourrait, sur la base d'éléments objectifs et factuels, compromettre de manière significative la procédure pénale.

Lorsque l'enfant n'a pas désigné un autre adulte approprié, ou lorsque l'adulte désigné par l'enfant n'est pas acceptable pour l'autorité compétente, cette dernière, en tenant compte de l'intérêt supérieur de l'enfant, désigne une autre personne et lui fournit les informations concernées. Cette personne peut également être le représentant d'une autorité ou d'une autre institution compétente en matière de protection de l'enfance.

3. Si les éléments à l'origine de l'application du paragraphe 2, point a), b) ou c), cessent d'exister, toute information que l'enfant reçoit conformément à l'article 4 et qui continue de présenter un intérêt pour la procédure en cours est communiquée au titulaire de la responsabilité parentale.

Art. 6 *Assistance d'un avocat.* 1. Les enfants qui sont des suspects ou des personnes poursuivies dans le cadre des procédures pénales bénéficient du droit d'accès à un avocat conformément à la directive 2013/48/UE. Aucune disposition de la présente directive, et en particulier du présent article, ne porte atteinte à ce droit.

2. Les États membres veillent à ce que les enfants soient assistés d'un avocat conformément au présent article afin de leur permettre d'exercer effectivement les droits de la défense.

3. Les États membres veillent à ce que les enfants soient assistés d'un avocat sans retard indu, dès qu'ils sont informés du fait qu'ils sont des suspects ou des personnes poursuivies. En tout état de cause, les enfants sont assistés d'un avocat à partir de la survenance du premier en date des événements suivants :

a) avant qu'ils ne soient interrogés par la police ou par une autre autorité répressive ou judiciaire ;

b) lorsque des autorités chargées des enquêtes ou d'autres autorités compétentes procèdent à une mesure d'enquête ou à une autre mesure de collecte de preuves, conformément au paragraphe 4, point c) ;

c) sans retard indu après la privation de liberté ;

d) lorsqu'ils ont été cités à comparaître devant une juridiction compétente en matière pénale, en temps utile avant leur comparution devant ladite juridiction.

4. L'assistance d'un avocat comprend ce qui suit :

a) les États membres veillent à ce que les enfants aient le droit de rencontrer en privé l'avocat qui les représente et de communiquer avec lui, y compris avant qu'ils ne soient interrogés par la police ou par une autre autorité répressive ou judiciaire ;

b) les États membres veillent à ce que les enfants soient assistés d'un avocat lors de leur interrogatoire et que l'avocat puisse participer effectivement audit interrogatoire. Cette participation a lieu conformément aux procédures prévues par le droit national, à condition que celles-ci ne portent pas atteinte à l'exercice effectif ou à l'essence même du droit concerné. Dans le cas où l'avocat participe à un interrogatoire, le fait que cette participation ait eu lieu est consigné selon la procédure d'enregistrement prévue par le droit national ;

c) les États membres veillent à ce que les enfants soient, au minimum, assistés d'un avocat lors des mesures d'enquête ou de collecte de preuves suivantes, lorsque lesdites mesures sont prévues par le droit national et si le suspect ou la personne poursuivie est tenu d'y assister ou autorisé à y assister :

i) séances d'identification des suspects ;

ii) confrontations ;

iii) reconstitutions de la scène d'un crime.

5. Les États membres respectent la confidentialité des communications entre les enfants et leur avocat dans l'exercice du droit à l'assistance d'un avocat prévu par la présente directive. Ces communications comprennent les rencontres, la correspondance, les conversations téléphoniques et toute autre forme de communication autorisée par le droit national.

6. Pour autant que le droit à un procès équitable soit respecté, les États membres peuvent déroger au paragraphe 3 lorsque l'assistance d'un avocat n'est pas proportionnée au regard des circonstances de l'espèce, compte tenu de la gravité de l'infraction pénale alléguée, de la complexité de l'affaire et des mesures susceptibles d'être adoptées en rapport avec ladite infraction, étant entendu que l'intérêt supérieur de l'enfant demeure toujours une considération primordiale.

En tout état de cause, les États membres veillent à ce que les enfants soient assistés d'un avocat :

a) lorsqu'ils doivent comparaître devant une juridiction ou un juge compétent qui doit statuer sur la détention à tout stade de la procédure dans le cadre du champ d'application de la présente directive ; et

b) au cours de la détention.

Les États membres veillent également à ce que la privation de liberté ne soit pas imposée au titre d'une condamnation pénale, sauf si l'enfant a bénéficié de l'assistance d'un avocat d'une manière qui lui a permis d'exercer effectivement les droits de la défense et, en tout état de cause, au cours des audiences de jugement devant une juridiction.

7. Lorsque l'enfant doit être assisté d'un avocat conformément au présent article, mais qu'aucun avocat n'est présent, les autorités compétentes reportent l'interrogatoire de l'enfant ou toute autre mesure d'enquête ou de collecte de preuves prévue au paragraphe 4, point c), pendant un délai raisonnable, de manière à permettre l'arrivée de l'avocat ou, si l'enfant n'a pas désigné d'avocat, à organiser la désignation d'un avocat pour l'enfant.

8. Dans des circonstances exceptionnelles, et uniquement au cours de la phase préalable au procès, les États membres peuvent déroger temporairement à l'application des droits prévus au paragraphe 3 dans la mesure où cela est justifié au regard des circonstances particulières de l'espèce, sur la base d'un des motifs impérieux suivants :

a) lorsqu'il existe une nécessité urgente de prévenir une atteinte grave à la vie, à la liberté ou à l'intégrité physique d'une personne ;

b) lorsqu'il est impératif que les autorités qui procèdent à l'enquête agissent immédiatement pour éviter de compromettre de manière significative une procédure pénale se rapportant à une infraction pénale grave.

Les États membres veillent à ce que les autorités compétentes, lorsqu'elles appliquent le présent paragraphe, prennent en compte l'intérêt supérieur de l'enfant.

Toute décision de procéder à un interrogatoire en l'absence de l'avocat au titre du présent paragraphe ne peut être prise qu'au cas par cas, soit par une autorité judiciaire, soit par une autre autorité compétente, à condition que la décision puisse faire l'objet d'un recours judiciaire.

Art. 7 *Droit de faire l'objet d'une évaluation personnalisée.* 1. Les États membres veillent à la prise en compte des besoins spécifiques des enfants en matière de protection, d'éducation, de formation et d'insertion sociale.

2. A cette fin, les enfants qui sont des suspects ou des personnes poursuivies dans le cadre des procédures pénales font l'objet d'une évaluation personnalisée. Cette évaluation personnalisée tient compte, en particulier, de la personnalité et de la maturité de l'enfant, de ses origines socio-économiques et familiales, ainsi que de toute vulnérabilité particulière propre à l'enfant.

3. L'étendue et le degré de précision de l'évaluation personnalisée peuvent varier selon les circonstances de l'espèce, les mesures susceptibles d'être adoptées si l'enfant est reconnu coupable de l'infraction pénale alléguée et selon que, dans un passé récent, l'enfant a fait l'objet ou non d'une évaluation personnalisée.

4. L'évaluation personnalisée sert à apporter et à documenter, conformément à la procédure d'enregistrement applicable dans l'État membre concerné, toutes les informations relatives à la personnalité et à la situation de l'enfant qui peuvent se révéler utiles aux autorités compétentes pour :

a) déterminer s'il convient de prendre toute mesure particulière dans l'intérêt de l'enfant ;

b) évaluer le caractère approprié et l'efficacité d'éventuelles mesures préventives à l'égard de l'enfant ;

c) adopter toute décision ou action dans le cadre de la procédure pénale, y compris lors de la condamnation.

5. L'évaluation personnalisée est effectuée au stade le plus précoce et le plus opportun de la procédure et, sous réserve du paragraphe 6, avant l'acte d'accusation.

6. En l'absence d'une évaluation personnalisée, un acte d'accusation peut néanmoins être délivré pour autant que cela soit dans l'intérêt supérieur de l'enfant et que l'évaluation personnalisée soit, en tout état de cause, disponible au début des audiences de jugement devant une juridiction.

7. L'enfant est étroitement associé à la réalisation de son évaluation personnalisée. Celle-ci est effectuée par des personnes qualifiées, si possible selon une approche multidisciplinaire, et avec la participation, le cas échéant, du titulaire de la responsabilité parentale ou d'un autre adulte approprié conformément aux articles 5 et 15, et/ou d'un professionnel spécialisé.

8. Si les éléments qui constituent la base de l'évaluation personnalisée changent de manière importante, les États membres veillent à ce que celle-ci soit actualisée tout au long de la procédure pénale.

9. Les États membres peuvent déroger à l'obligation de procéder à une évaluation personnalisée lorsque cette dérogation se justifie par les circonstances de l'espèce, à condition que cela soit compatible avec l'intérêt supérieur de l'enfant.

Art. 8 *Droit d'être examiné par un médecin.* 1. Les États membres veillent à ce que l'enfant qui est privé de liberté ait le droit d'être examiné par un médecin sans retard indu aux fins, notamment, d'évaluer son état physique et psychique général. L'examen médical est le moins invasif possible et est réalisé par un médecin ou un autre professionnel qualifié.

2. Les résultats dudit examen médical sont pris en compte lorsqu'il s'agit de déterminer si un enfant peut être soumis à un interrogatoire ou à d'autres mesures d'enquête ou de collecte de preuves, ou à toutes mesures qui sont prises ou qu'il est envisagé de prendre à son égard.

3. L'examen médical est effectué soit sur l'initiative des autorités compétentes, notamment lorsque des indications médicales particulières justifient un tel examen, soit à la suite d'une demande de l'une des personnes suivantes :

a) l'enfant ;

b) le titulaire de la responsabilité parentale, ou un autre adulte approprié visé aux articles 5 et 15 ;

c) l'avocat de l'enfant.

4. Les conclusions de l'examen médical sont consignées par écrit. Si nécessaire, une assistance médicale est assurée.

5. Les États membres veillent à ce qu'il soit procédé à un autre examen médical lorsque les circonstances l'exigent.

Art. 9 *Enregistrement audiovisuel de l'interrogatoire.* 1. Les États membres veillent à ce que l'interrogatoire d'un enfant mené par la police ou d'autres autorités répressives au cours des procédures pénales fasse l'objet d'un enregistrement audiovisuel, dès lors qu'un tel enregistrement est proportionné dans les circonstances de l'espèce, compte tenu, notamment, du fait qu'un avocat est présent ou non et que l'enfant est ou non privé de liberté, à condition que l'intérêt supérieur de l'enfant demeure toujours une considération primordiale.

2. En l'absence d'enregistrement audiovisuel, l'interrogatoire est consigné sous une autre forme appropriée, telle que des comptes rendus écrits dûment vérifiés.

3. Le présent article s'applique sans préjudice de la possibilité de poser des questions à un enfant dans le seul but de l'identifier, sans procéder à un enregistrement audiovisuel.

Art. 10 *Limitation de la privation de liberté.* 1. Les États membres veillent à ce que la privation de liberté d'un enfant, à tout stade de la procédure, soit limitée à une durée appropriée aussi brève que possible. L'âge et la situation personnelle de l'enfant, ainsi que les circonstances particulières de l'espèce, sont dûment pris en compte.

2. Les États membres veillent à ce que la privation de liberté, en particulier la détention, ne soit imposée à l'égard des enfants qu'à titre de mesure de dernier ressort. Les États membres veillent à ce que toute détention se fonde sur une décision motivée, qui puisse faire l'objet d'un recours judiciaire devant une juridiction. Une telle décision est également soumise, à intervalle raisonnable, à un réexamen périodique par une juridiction, lequel est mené soit d'office, soit à la demande de l'enfant, de l'avocat de l'enfant ou d'une autorité judiciaire autre qu'une juridiction. Sans préjudice de l'indépendance de la justice, les États membres veillent à ce que les décisions à prendre en vertu du présent paragraphe soient adoptées sans retard indu.

Art. 11 *Mesures alternatives.* Les États membres veillent à ce que les autorités compétentes aient, si possible, recours à des mesures alternatives à la détention ("mesures alternatives").

Art. 12 *Traitement particulier dans le cas d'une privation de liberté.* 1. Les États membres veillent à ce que les enfants qui sont détenus le soient séparément des adultes, à moins qu'il ne soit considéré dans l'intérêt supérieur de l'enfant de ne pas procéder de la sorte.

2. Les États membres font également en sorte que les enfants privés de liberté par la police soient séparés des adultes, à moins que :

a) il ne soit considéré qu'il est dans l'intérêt supérieur de l'enfant de ne pas procéder de la sorte ; ou

b) dans des cas exceptionnels, il ne soit pas possible en pratique d'agir de la sorte, pour autant que la manière dont les enfants sont placés avec les adultes soit compatible avec l'intérêt supérieur de l'enfant.

3. Sans préjudice du paragraphe 1, lorsqu'un enfant placé en détention atteint l'âge de 18 ans, les États membres prévoient la possibilité pour cette personne de poursuivre sa détention séparément des adultes si cela est justifié, compte tenu de sa situation personnelle, pour autant que cela soit compatible avec l'intérêt supérieur des enfants qui sont détenus avec cette personne.

4. Sans préjudice du paragraphe 1, et compte tenu du paragraphe 3, les enfants peuvent être détenus avec de jeunes adultes, à moins que cela ne soit contraire à l'intérêt supérieur de l'enfant.

5. Lorsque des enfants sont détenus, les États membres prennent les mesures appropriées pour :

a) garantir et préserver leur santé et leur développement physique et mental ;

b) garantir leur droit à l'éducation et à la formation, y compris pour les enfants présentant un handicap physique ou sensoriel ou des difficultés d'apprentissage ;

c) garantir l'exercice effectif et régulier de leur droit à la vie familiale ;

d) veiller à l'accès à des programmes qui favorisent leur développement et leur réinsertion sociale ; et

e) garantir le respect de leur liberté de religion ou de conviction.

Les mesures prises en vertu du présent paragraphe sont proportionnées et adaptées à la durée de la détention.

Les points a) et e) du premier alinéa s'appliquent également aux situations de privation de liberté autres que la détention. Les mesures prises sont proportionnées et adaptées à de telles situations de privation de liberté.

Les points b), c) et d) du premier alinéa ne s'appliquent aux situations de privation de liberté autres que la détention que dans la mesure où cela est approprié et proportionné au regard de la nature et de la durée de telles situations.

6. Les États membres s'efforcent de faire en sorte que l'enfant qui est privé de liberté ait la possibilité de rencontrer le titulaire de la responsabilité parentale le plus rapidement possible, pour autant que cette rencontre soit compatible avec les nécessités de l'enquête et les besoins opérationnels. Le présent paragraphe est sans préjudice de la nomination ou de la désignation d'un autre adulte approprié en vertu de l'article 5 ou 15.

Art. 13 *Traitement en temps utile et diligent des affaires.* 1. Les États membres prennent toutes les mesures appropriées pour veiller à ce que les procédures pénales concernant des enfants soient traitées d'urgence et avec toute la diligence requise.

2. Les États membres prennent les mesures appropriées pour veiller à ce que les enfants soient toujours traités dans le respect de leur dignité et d'une manière adaptée à leur âge, à leur maturité et à leur degré de compréhension, et qui tienne compte de leurs besoins particuliers éventuels, y compris de toutes les difficultés de communication, qu'ils peuvent avoir.

Art. 14 *Droit à la protection de la vie privée.* 1. Les États membres veillent à ce que la vie privée des enfants soit protégée durant les procédures pénales.

2. A cette fin, les États membres soit prévoient que les audiences concernant des enfants se tiennent habituellement à huis clos, soit autorisent les juridictions ou les juges à décider d'organiser de telles audiences à huis clos.

3. Les États membres prennent les mesures appropriées pour veiller à ce que les enregistrements visés à l'article 9 ne soient pas rendus publics.

4. Les États membres, tout en respectant la liberté d'expression et d'information ainsi que la liberté et le pluralisme des médias, encouragent les médias à prendre des mesures d'autorégulation afin de réaliser les objectifs énoncés dans le présent article.

Art. 15 *Droit de l'enfant d'être accompagné par le titulaire de la responsabilité parentale pendant les procédures.* 1. Les États membres veillent à ce que les enfants aient le droit d'être accompagnés par le titulaire de la responsabilité parentale pendant les audiences qui les concernent.

2. L'enfant a le droit d'être accompagné par un autre adulte approprié, qui est désigné par l'enfant et accepté en tant que tel par l'autorité compétente, lorsque la présence du titulaire de la responsabilité parentale accompagnant l'enfant pendant les audiences :

a) serait contraire à l'intérêt supérieur de l'enfant ;

b) n'est pas possible parce que, après que des efforts raisonnables ont été déployés, aucun titulaire de la responsabilité parentale ne peut être joint ou que son identité est inconnue ; ou

c) compromettrait de manière significative la procédure pénale, sur la base d'éléments objectifs et factuels.

Lorsque l'enfant n'a pas désigné un autre adulte approprié ou lorsque l'adulte désigné par l'enfant n'est pas acceptable pour l'autorité compétente, cette dernière, compte tenu de l'intérêt supérieur de l'enfant, désigne une autre personne pour accompagner l'enfant. Cette personne peut également être un représentant d'une autorité ou d'une autre institution compétente en matière de protection de l'enfance.

3. Lorsque les circonstances à l'origine de l'application du paragraphe 2, point a), b) ou c), cessent d'exister, l'enfant a le droit d'être accompagné par le titulaire de la responsabilité parentale pendant les éventuelles audiences restantes.

4. Outre le droit prévu au paragraphe 1, les États membres veillent à ce que les enfants aient le droit d'être accompagnés par le titulaire de la responsabilité parentale, ou par un autre adulte approprié visé au paragraphe 2, au cours des étapes de la procédure autres que les audiences auxquelles assiste l'enfant, lorsque l'autorité compétente estime :

a) qu'il est dans l'intérêt supérieur de l'enfant d'être accompagné par cette personne ; et

b) que la présence de cette personne ne portera pas préjudice à la procédure pénale.

Art. 16 *Droit des enfants d'assister et de participer à leur procès.* 1. Les États membres veillent à ce que les enfants aient le droit d'assister à leur procès et prennent toutes les mesures nécessaires pour leur permettre de participer effectivement au procès, y compris en leur donnant la possibilité d'être entendus et d'exprimer leur point de vue.

2. Les États membres veillent à ce que les enfants qui ont été jugés par défaut aient droit à un nouveau procès ou à une autre voie de droit, conformément à la directive (UE) 2016/343, et aux conditions qui y sont énoncées.

Art. 17 *Procédures relatives au mandat d'arrêt européen.* Les États membres veillent à ce que les droits prévus aux articles 4, 5, 6, 8, 10 à 15 et 18 s'appliquent *mutatis mutandis* à l'égard d'enfants qui sont des personnes dont la remise est demandée, dès leur arrestation en vertu des procédures relatives au mandat d'arrêt européen dans l'État membre d'exécution.

Art. 18 *Droit à l'aide juridictionnelle.* Les États membres veillent à ce que leur droit national en matière d'aide juridictionnelle garantisse l'exercice effectif du droit à l'assistance d'un avocat en vertu de l'article 6.

Art. 19 *Voies de recours.* Les États membres veillent à ce que les enfants qui sont des suspects ou des personnes poursuivies dans des procédures pénales et les enfants qui sont des personnes dont la remise est demandée disposent d'une voie de recours effective conformément au droit national en cas de violation de leurs droits au titre de la présente directive.

Art. 20 *Formation.* 1. Les États membres veillent à ce que les membres du personnel des autorités répressives et des centres de détention qui traitent d'affaires concernant des enfants reçoivent une formation spécifique, d'un niveau adapté aux contacts qu'ils ont avec les enfants, en ce qui concerne les droits de l'enfant, les techniques d'interrogatoire appropriées, la psychologie de l'enfant et la communication dans un langage adapté à l'enfant.

2. Sans préjudice de l'indépendance de la justice et de la diversité dans l'organisation de l'ordre judiciaire entre les États membres, et dans le strict respect du rôle des personnes responsables de la formation des juges et des procureurs, les États membres prennent les mesures appropriées pour veiller à ce que les juges et les procureurs qui interviennent dans des procédures pénales concernant des enfants disposent d'aptitudes particulières dans ce domaine, aient un accès effectif à une formation spécifique, ou les deux.

3. Dans le strict respect de l'indépendance de la profession juridique et du rôle des personnes responsables de la formation des avocats, les États membres prennent les mesures appropriées pour encourager la fourniture de la formation spécifique visée au paragraphe 2 aux avocats qui interviennent dans des procédures pénales concernant des enfants.

4. Par l'intermédiaire de leurs services publics ou par le financement d'organisations d'aide à l'enfance, les États membres encouragent les initiatives permettant aux personnes qui fournissent aux enfants des services d'aide et de justice réparatrice de recevoir une formation adéquate, d'un niveau adapté aux contacts qu'elles ont avec les enfants, et d'observer les normes professionnelles en vigueur pour garantir que ces services sont fournis avec impartialité, respect et professionnalisme.

Art. 21 *Collecte de données.* Au plus tard le 11 juin 2021, et tous les trois ans par la suite, les États membres transmettent à la Commission les données disponibles illustrant les modalités de mise en œuvre des droits prévus par la présente directive.

Art. 22 *Coûts.* Les États membres prennent en charge les coûts résultant de l'application des articles 7, 8 et 9 quelle que soit l'issue de la procédure, à moins que, pour ce qui est des coûts découlant de l'application de l'article 8, ces frais ne soient couverts par une assurance médicale.

Art. 23 *Non-régression.* Aucune disposition de la présente directive ne saurait être interprétée comme limitant les droits et les garanties procédurales qui sont accordés en vertu de la charte, de la CEDH ou d'autres dispositions pertinentes du droit international, notamment la convention des Nations unies relative aux droits de l'enfant, ou du droit de tout État membre qui prévoient un niveau de protection plus élevé.

Art. 24 *Transposition.* 1. Les États membres mettent en vigueur les dispositions législatives, réglementaires et administratives nécessaires pour se conformer à la présente directive au plus tard le 11 juin 2019. Ils en informent immédiatement la Commission.

Lorsque les États membres adoptent ces dispositions, celles-ci contiennent une référence à la présente directive ou sont accompagnées d'une telle référence lors de leur publication officielle. Les modalités de cette référence sont arrêtées par les États membres.

2. Les États membres communiquent à la Commission le texte des dispositions de droit interne qu'ils adoptent dans le domaine régi par la présente directive.

Art. 25 *Rapport.* La Commission présente au Parlement européen et au Conseil, au plus tard le 11 juin 2022, un rapport évaluant la mesure dans laquelle les États membres ont pris les dispositions nécessaires pour se conformer à la présente directive, y compris une évaluation de l'application de l'article 6, accompagné, le cas échéant, de propositions législatives.

Art. 26 *Entrée en vigueur.* La présente directive entre en vigueur le vingtième jour suivant celui de sa publication au *Journal officiel de l'Union européenne.*

Art. 27 *Destinataires.* Les États membres sont destinataires de la présente directive conformément aux traités.

Recommandation du Comité des ministres aux États membres du 5 novembre 2008,

Sur les Règles européennes pour les délinquants mineurs faisant l'objet de sanctions ou de mesures.

Le Comité des Ministres, en vertu de l'article 15.b. du Statut du Conseil de l'Europe,

Considérant que le but du Conseil de l'Europe est de réaliser une union plus étroite entre ses membres, en particulier par l'harmonisation des législations sur des questions d'intérêt commun ;

Tenant compte, en particulier :

– De la Convention de sauvegarde des Droits de l'Homme et des Libertés fondamentales (STE n° 5) ainsi que de la jurisprudence de la Cour européenne des Droits de l'Homme ;

– De la Convention européenne pour la prévention de la torture et des peines ou traitements inhumains ou dégradants (STE n° 126) et des travaux du comité chargé de sa mise en œuvre ;

– De la Convention des Nations unies relative aux droits de l'enfant ;

Prenant en compte :

– la Recommandation Rec(2006)2 sur les Règles pénitentiaires européennes ;

– la Recommandation Rec(2005)5 relative aux droits des enfants vivant en institution ;

– la Recommandation Rec(2004)10 relative à la protection des droits de l'homme et de la dignité des personnes atteintes de troubles mentaux ;

– la Recommandation Rec(2003)20 concernant les nouveaux modes de traitement de la délinquance juvénile et le rôle de la justice des mineurs ;

– la Recommandation n°R (97) 12 sur le personnel chargé de l'application des sanctions et mesures ;

– la Recommandation n°R (92) 16 relative aux Règles européennes sur les sanctions et mesures appliquées dans la communauté ;

– la Recommandation n°R (87) 20 sur les réactions sociales à la délinquance juvénile ;

Prenant, de plus, en compte :

– les Principes directeurs des Nations unies pour la prévention de la délinquance juvénile (Principes directeurs de Riyad) ;

– l'Ensemble des règles minima des Nations unies concernant l'administration de la justice pour mineurs (Règles de Beijing) ;

– les Règles minima des Nations unies pour l'élaboration de mesures non privatives de liberté (Règles de Tokyo) ;

– les Règles des Nations unies pour la protection des mineurs privés de liberté (Règles de la Havane) ;

Gardant à l'esprit la Déclaration finale et le Plan d'action adoptés lors du Troisième Sommet des Chefs d'État et de Gouvernement du Conseil de l'Europe (Varsovie, Pologne, 16-17 mai 2005) et notamment la partie III.2 du Plan d'action intitulée "Édifier une Europe pour les enfants", ainsi que la Résolution n° 2 adoptée lors de la 28e Conférence des ministres européens de la Justice (Lanzarote, Espagne, 25-26 octobre 2007) ;

Considérant en conséquence qu'il est nécessaire de mener une action commune au niveau européen afin de mieux protéger les droits et le bien-être des mineurs qui entrent en conflit avec la loi, et de développer un système judiciaire adapté aux enfants dans ses États membres ;

Considérant qu'il est important, à cet égard, que les États membres du Conseil de l'Europe continuent d'améliorer, de mettre à jour et d'observer des principes communs dans le cadre de leurs politiques et pratiques nationales en matière de justice des mineurs, et améliorent la coopération internationale dans ce domaine,

Recommande aux gouvernements des États membres :

– de suivre dans l'élaboration de leurs législations ainsi que de leurs politiques et pratiques les règles contenues dans l'annexe à la présente recommandation ;

– de s'assurer que la présente recommandation et son commentaire sont traduits et diffusés de la façon la plus large possible et plus spécifiquement parmi les autorités judiciaires, la police, les services chargés de l'exécution des sanctions et des mesures visant des délinquants mineurs, les institutions pénitentiaires, les institutions de protection sociale et de santé mentale accueillant des délinquants mineurs, et leur personnel, ainsi que les médias et le public en général.

Annexe à la Recommandation CM/Rec(2008)11

Règles européennes pour les délinquants mineurs faisant l'objet de sanctions ou de mesures

Les présentes règles ont pour objectif de garantir les droits et la sécurité des mineurs délinquants faisant l'objet de sanctions ou de mesures, et de promouvoir leur santé physique et mentale ainsi que leur bien-être social lorsqu'ils font l'objet de sanctions ou mesures appliquées dans la communauté, ou de toute forme de privation de liberté.

Ces règles ne sauraient en aucune manière être interprétées comme faisant obstacle à l'application d'autres normes et instruments internationaux relatifs aux droits de l'homme plus à même de garantir les droits, la prise en charge et la protection des mineurs. En outre, les dispositions de la Recommandation Rec(2006)2 sur les Règles pénitentiaires européennes et de la Recommandation n° R (92) 16 relative aux Règles européennes sur les sanctions et mesures appliquées dans la communauté doivent être appliquées au bénéfice des délinquants mineurs si elles ne sont pas en contradiction avec les présentes règles.

Partie I *Principes fondamentaux, champ d'application et définitions*

A *Principes fondamentaux*

1. Les mineurs délinquants faisant l'objet de sanctions ou de mesures doivent être traités dans le respect des droits de l'homme.

2. Toute sanction ou mesure pouvant être imposée à un mineur, ainsi que la manière dont elle est exécutée, doit être prévue par la loi et fondée sur les principes de l'intégration sociale, de l'éducation et de la prévention de la récidive.

3. Les sanctions et les mesures doivent être imposées par un tribunal ; si elles le sont par une autre instance légalement reconnue, elles doivent être soumises à un prompt réexamen judiciaire. Elles doivent être déterminées et ordonnées pour la période minimale nécessaire, uniquement dans un but légitime.

4. L'âge minimal pour le prononcé de sanctions ou de mesures en réponse à une infraction ne doit pas être trop bas et doit être fixé par la loi.

5. Le prononcé et l'exécution de sanctions ou de mesures doivent se fonder sur l'intérêt supérieur du mineur, doivent être limités par la gravité de l'infraction commise (principe de proportionnalité) et doivent tenir compte de l'âge, de la santé physique et mentale, du développement, des facultés et de la situation personnelle (principe d'individualisation), tels qu'établis, le cas échéant, par des rapports psychologiques, psychiatriques ou d'enquête sociale.

6. Afin d'adapter l'exécution des sanctions et mesures aux circonstances particulières de chaque cas, les autorités responsables de l'exécution doivent disposer d'un pouvoir d'appréciation discrétionnaire suffisant sans que s'ensuivent de graves inégalités de traitement.

7. Les sanctions ou mesures ne doivent pas être humiliantes ni dégradantes pour les mineurs qui en font l'objet.

8. Aucune sanction ou mesure ne doit être appliquée d'une manière qui en aggrave le caractère afflictif ou qui représente un risque excessif de nuire physiquement ou mentalement.

9. Toute sanction ou mesure doit être exécutée dans un délai raisonnable, dans les limites de sa stricte nécessité, et seulement pendant la durée strictement nécessaire (principe de l'intervention minimale).

10. La privation de liberté d'un mineur ne doit être prononcée et exécutée qu'en dernier recours et pour la période la plus courte possible. Des efforts particuliers doivent être faits pour éviter la détention provisoire.

11. Les sanctions ou mesures doivent être prononcées et exécutées sans discrimination aucune fondée notamment sur le sexe, la race, la couleur, la langue, la religion, l'orientation sexuelle, les opinions politiques ou autres, l'origine nationale ou sociale, l'appartenance à une minorité nationale, la fortune, la naissance ou toute autre situation (principe de non-discrimination).

12. La médiation et les autres mesures réparatrices doivent être encouragées à toutes les étapes des procédures impliquant des mineurs.

13. Tout système judiciaire traitant d'affaires impliquant des mineurs doit assurer leur participation effective aux procédures relatives au prononcé et à l'exécution de sanctions ou de mesures. Les mineurs ne doivent pas bénéficier de droits et de garanties juridiques inférieurs à ceux que la procédure pénale reconnaît aux délinquants adultes.

14. Tout système judiciaire traitant d'affaires impliquant des mineurs doit prendre dûment en compte les droits et responsabilités des parents ou tuteurs légaux et doit, dans la mesure

du possible, impliquer ceux-ci dans les procédures et dans l'exécution des sanctions ou mesures, hormis dans les cas où ce n'est pas dans l'intérêt supérieur du mineur. Lorsque le délinquant est majeur, la participation des parents ou des tuteurs légaux n'est pas obligatoire. La famille élargie du mineur et la collectivité peuvent également être associées aux procédures lorsque c'est approprié.

15. Tout système judiciaire traitant d'affaires impliquant des mineurs doit adopter une approche pluridisciplinaire et multi-institutionnelle, et s'inscrire dans le cadre d'initiatives sociales de plus grande échelle destinées aux mineurs, afin de leur assurer une prise en charge globale et durable (principes de participation de la collectivité et de continuité de la prise en charge).

16. Le droit à la vie privée du mineur doit être respecté à tous les stades de la procédure. L'identité des mineurs et les informations confidentielles les concernant et concernant leur famille ne doivent pas être communiquées à quiconque qui ne serait pas habilité par la loi à les recevoir.

17. Les jeunes adultes délinquants peuvent, le cas échéant, être considérés comme mineurs et traités en conséquence.

18. Le personnel travaillant avec des mineurs accomplit une importante mission de service public. Son recrutement, sa formation spécialisée et ses conditions de travail doivent lui permettre de fournir un niveau de prise en charge approprié, répondant aux besoins spécifiques des mineurs et constituant pour eux un exemple positif.

19. Les ressources allouées et les effectifs de personnel doivent être suffisants afin que les interventions dans la vie des mineurs aient du sens. Le manque de ressources ne saurait en aucun cas justifier des atteintes aux droits fondamentaux des mineurs.

20. L'exécution de toute sanction ou mesure doit être soumise à une inspection gouvernementale régulière et au contrôle d'une autorité indépendante.

B *Champ d'application et définitions*

21. Au sens des présentes règles, on entend par :

21.1. "délinquant mineur" toute personne de moins de 18 ans, suspectée d'avoir commis ou ayant commis une infraction. Dans les présentes règles, "mineur" renvoie à l'expression "délinquant mineur" telle que définie plus haut ;

21.2. "jeune adulte délinquant" toute personne âgée de 18 à 21 ans, suspectée d'avoir commis ou ayant commis une infraction et qui entre dans le champ d'application des présentes règles au titre de la règle 17. Dans les présentes règles, "jeune adulte" renvoie à l'expression "jeune adulte délinquant" telle que définie plus haut ;

21.3. "infraction" tout acte ou omission qui viole le droit pénal. Au sens des présentes règles, ce mot désigne toute violation traitée par une juridiction pénale ou toute autre instance judiciaire ou administrative ;

21.4. "sanctions ou mesures appliquées dans la communauté" toute sanction ou mesure, autre qu'une mesure de détention, qui maintient le mineur dans la communauté et qui implique une certaine restriction de sa liberté par l'imposition de conditions et/ou d'obligations, et qui est mise à exécution par des organismes prévus par la loi dans ce but. Le terme désigne toute sanction décidée par une autorité judiciaire ou administrative, toute mesure prise avant la décision imposant la sanction ou à la place d'une telle décision, et les modalités d'exécution d'une peine d'emprisonnement hors d'un établissement pénitentiaire ;

21.5. "privation de liberté" toute forme de placement, sur ordre d'une autorité judiciaire ou administrative, dans une institution que le mineur n'est pas autorisé à quitter à sa guise ;

21.6. "institution" toute entité physique relevant du contrôle des pouvoirs publics, où les mineurs vivent sous la supervision d'un personnel et dans le respect de règles formelles.

22. Les présentes règles peuvent également être appliquées au bénéfice d'autres personnes placées dans les mêmes institutions ou cadres que les délinquants mineurs.

Partie II *Sanctions et mesures appliquées dans la communauté*

C *Cadre juridique*

23.1. Une vaste gamme de sanctions et de mesures appliquées dans la communauté, adaptées aux différents stades de développement des mineurs, doit être prévue à toutes les étapes de la procédure.

23.2. La priorité doit être donnée aux sanctions et mesures susceptibles d'avoir un effet éducatif et de constituer une réparation des infractions commises par les mineurs.

24. Le droit interne doit préciser les caractéristiques ci-après des différentes sanctions et mesures appliquées dans la communauté :

a. la définition et les modalités d'application de toutes les sanctions et mesures applicables aux mineurs ;

b. les conditions ou obligations prescrites par une telle sanction ou mesure ;

c. les cas dans lesquels il faudra obtenir le consentement du mineur avant que la sanction ou la mesure soit prononcée ;

d. les autorités responsables du prononcé, de la modification et de l'exécution de la sanction ou mesure, et leurs devoirs et obligations respectifs ;

e. les moyens et les procédures applicables pour modifier la sanction ou mesure ordonnée ; et

f. les procédures à suivre pour assurer un contrôle externe régulier du travail des autorités responsables de la mise en œuvre.

25. Pour répondre aux besoins spécifiques des mineurs, le droit interne doit définir :

a. l'obligation de l'autorité compétente d'expliquer aux délinquants mineurs et, si nécessaire, à leurs parents ou tuteurs légaux le contenu et les objectifs des dispositions légales régissant les sanctions ou mesures appliquées dans la communauté ;

b. l'obligation faite à toute autorité compétente de rechercher la meilleure coopération possible avec les délinquants mineurs et leurs parents ou tuteurs légaux ; et

c. les droits des parents et tuteurs légaux de délinquants mineurs qui peuvent faire l'objet de sanctions ou mesures appliquées dans la communauté, les restrictions éventuelles de leurs droits et obligations à l'égard de l'imposition et de l'exécution des sanctions et mesures.

26. La décision d'infliger ou de révoquer une sanction ou mesure appliquée dans la communauté doit être prise par une instance judiciaire ou, si elle a été prise par une autorité administrative autorisée par la loi, elle doit faire l'objet d'un contrôle judiciaire.

27. En fonction des progrès réalisés par le mineur, les autorités compétentes doivent être habilitées, lorsque le droit interne le prévoit, à réduire la durée d'une sanction ou mesure, à assouplir toute condition ou obligation imposée par ladite sanction ou mesure, ou à la lever.

28. Le droit des mineurs à bénéficier d'une éducation, d'une formation professionnelle, d'une protection en matière de santé physique et mentale, d'un système de sécurité et de protection sociale, ne doit pas être affecté par le prononcé ou l'exécution d'une sanction ou mesure appliquée dans la communauté.

29. Lorsque le consentement des mineurs, ou de leurs parents ou tuteurs légaux, est requis pour l'imposition ou l'exécution de sanctions ou mesures appliquées dans la communauté, tel consentement doit être éclairé et explicite.

30.1. Si les mineurs ne respectent pas les conditions et les obligations dont sont assorties les sanctions ou les mesures appliquées dans la communauté, celles-ci ne doivent pas automatiquement mener à une privation de liberté. Dans la mesure du possible, elles doivent pouvoir être modifiées ou remplacées par d'autres sanctions ou mesures appliquées dans la communauté.

30.2. Le non-respect ne doit pas automatiquement constituer une infraction.

D *Conditions de mise à exécution et conséquences du non-respect*

D. 1 *Conditions de mise à exécution*

31.1. Les modalités d'exécution des sanctions et mesures appliquées dans la communauté doivent être aussi significatives que possible pour les mineurs, et doivent contribuer à leur développement éducatif ainsi qu'à l'amélioration de leurs compétences sociales.

31.2. Les mineurs doivent être encouragés à discuter des questions concernant l'exécution des sanctions et mesures dans la communauté et à échanger individuellement ou collectivement avec les autorités à ce sujet.

32. L'exécution des sanctions ou mesures appliquées dans la communauté doit respecter, dans la mesure du possible, les réseaux sociaux constructifs des mineurs et leurs relations avec leur famille.

33.1. Les mineurs doivent être informés, sous une forme et dans une langue qu'ils comprennent, des modalités d'exécution de la sanction ou mesure qui leur est infligée et de leurs droits et obligations au regard de ladite exécution.

33.2. Les mineurs doivent avoir le droit de formuler des observations orales ou écrites avant toute décision formelle concernant l'exécution d'une sanction ou mesure appliquée dans la communauté, et de demander une modification des conditions d'exécution.

34.1. Des dossiers individuels doivent être établis et tenus à jour par les autorités chargées de l'exécution.

34.2. Les dossiers doivent satisfaire aux conditions suivantes :

a. les informations contenues dans le dossier individuel ne doivent comporter que les aspects intéressant la sanction ou mesure prononcée et sa mise à exécution ;

b. les mineurs et leurs parents ou tuteurs légaux doivent avoir accès aux dossiers individuels, dès lors que cela ne porte pas atteinte au respect de la vie privée d'autrui ; ils doivent avoir le droit de contester le contenu du dossier ;

c. les informations figurant dans le dossier individuel ne doivent être divulguées qu'aux personnes ayant le droit d'y accéder ; les informations divulguées doivent se limiter à ce qui est nécessaire à l'autorité requérante pour s'acquitter de sa tâche ;

d. une fois que l'exécution de la sanction ou mesure a pris fin, les dossiers doivent être détruits ou archivés et l'accès à leur contenu doit être limité par une réglementation prévoyant des garanties en ce qui concerne la divulgation de leur contenu à des tiers.

35. Les informations sur les mineurs communiquées aux organismes qui assurent leur placement professionnel ou éducatif, ou qui leur fournissent une aide sur les plans tant personnel que social, doivent être limitées à l'objet de la mesure envisagée.

36.1. Les conditions dans lesquelles des mineurs effectuent des travaux d'intérêt général ou des tâches comparables doivent être conformes à la législation nationale générale en matière de santé et de sécurité.

36.2. Les mineurs doivent être assurés ou indemnisés pour les accidents, les dommages et les cas de responsabilité civile résultant de l'exécution des sanctions ou mesures appliquées dans la communauté.

37. Les frais d'exécution ne doivent pas en principe être supportés par les mineurs ou leur famille.

38. Les relations entre le personnel concerné et les mineurs doivent se fonder sur des principes d'éducation et de développement.

39.1. L'exécution des sanctions et mesures appliquées dans la communauté doit se fonder sur des évaluations individualisées et sur des méthodes de travail conformes à des normes professionnelles validées.

39.2. Ces méthodes doivent être élaborées en tenant compte des résultats de la recherche et des bonnes pratiques en matière de travail social et de protection de la jeunesse, ainsi que dans les domaines d'activité connexes.

40. Dans le cadre d'une sanction ou mesure appliquée dans la communauté, diverses approches doivent pouvoir être adoptées afin de répondre aux besoins des mineurs : travail individuel, thérapie de groupe, parrainage, placement de jour et traitement spécialisé de diverses catégories de délinquants.

41.1. Les restrictions à la liberté des mineurs doivent être proportionnées à la sanction ou mesure appliquée dans la communauté, limitées aux buts qui y sont associés et ne doivent être imposées au mineur que dans la mesure où elles sont nécessaires à leur bonne exécution.

41.2. Des instructions pratiques et précises doivent être données au personnel directement chargé de l'exécution des sanctions ou mesures appliquées dans la communauté.

42. Dans la mesure du possible, une relation continue et durable doit être établie entre le personnel chargé de l'exécution de la sanction ou mesure appliquée dans la communauté et le mineur, même si le lieu de résidence, le statut juridique ou le programme suivi par l'intéressé est amené à changer.

43.1. Il convient de porter une attention particulière à des interventions appropriées au profit des membres de minorités linguistiques ou ethniques et des mineurs qui sont des ressortissants étrangers.

43.2. S'il est prévu de transférer dans le pays d'origine d'un mineur ressortissant étranger l'exécution de sa sanction ou mesure appliquée dans la communauté, il doit être informé de ses droits. Une étroite coopération avec les services de protection de l'enfance et les autorités judiciaires doit être établie, afin de faciliter l'assistance nécessaire à un tel mineur, dès son arrivée dans son pays d'origine.

43.3. Dans le cas exceptionnel où un mineur de nationalité étrangère doit être expulsé dans son pays d'origine après l'exécution des sanctions ou mesures appliquées dans la communauté, des efforts doivent être consentis pour prendre contact avec les services de protection sociale du pays d'origine, à condition que cela soit conforme à l'intérêt supérieur des mineurs concernés.

44. Les mineurs doivent être encouragés à réparer, dans la mesure de leurs capacités, le préjudice ou les effets négatifs causés par l'infraction, pour autant que cette réparation se situe dans le cadre des sanctions ou mesures appliquées dans la communauté dont ils font l'objet.

45. Le travail d'intérêt général ne doit pas être exécuté dans un but exclusivement lucratif.

D. 2 *Conséquences du non-respect*

46. Les mineurs et leurs parents ou tuteurs légaux doivent être informés des conséquences du non-respect des conditions et obligations dont sont assorties les sanctions ou mesures appliquées dans la communauté et des règles suivant lesquelles les allégations de non-respect seront examinées.

47.1. Les procédures devant être suivies par les autorités qui signalent ou qui se prononcent à l'égard du non-respect des conditions des sanctions ou mesures appliquées dans la communauté doivent être clairement définies.

47.2. Les manquements mineurs doivent être consignés dans le dossier individuel, mais ne sont pas nécessairement signalés à l'autorité habilitée à se prononcer sur la question du non-respect, sauf si le droit interne en dispose autrement. Ces manquements mineurs peuvent être traités rapidement dans le cadre du pouvoir d'appréciation discrétionnaire.

47.3. Tout manquement significatif au respect des conditions doit sans délai être signalé par écrit à l'autorité habilitée à se prononcer sur le sujet.

47.4. De tels rapports doivent contenir des informations détaillées sur la manière dont a eu lieu le manquement, sur les circonstances dans lesquelles il s'est produit et sur la situation personnelle du mineur.

48.1. L'autorité chargée de se prononcer quant à un manquement ne peut statuer sur la modification ou la révocation partielle ou totale d'une sanction ou mesure appliquée dans la communauté qu'après un examen détaillé des faits qui lui sont rapportés.

48.2. Si nécessaire, des expertises ou observations psychologiques ou psychiatriques ainsi que des rapports d'enquête sociale doivent être demandés.

48.3. L'autorité compétente doit veiller à ce que les mineurs et, le cas échéant, leurs parents ou tuteurs légaux, puissent examiner les éléments de preuve du manquement sur lesquels se fonde la demande de modification ou de révocation, et présenter leurs commentaires.

48.4. Lorsque la révocation ou la modification d'une sanction ou mesure appliquée dans la communauté est envisagée, il faut tenir compte de la mesure dans laquelle le mineur a déjà satisfait aux conditions et obligations initialement fixées, afin de s'assurer que celle-ci, nouvelle ou modifiée, est toujours proportionnée à l'infraction commise.

48.5. Si, à la suite d'un manquement, une autorité autre qu'un tribunal révoque ou modifie une sanction ou mesure appliquée dans la communauté, sa décision doit être soumise à un contrôle judiciaire.

Partie III *Privation de liberté*

E *Partie générale*

E.1 *Approche générale*

49.1. La privation de liberté doit être appliquée uniquement aux fins pour lesquelles elle est prononcée et d'une manière qui n'aggrave pas les souffrances qui en résultent.

49.2. Une libération anticipée devrait pouvoir être envisagée en cas de privation de liberté des mineurs.

50.1. Les mineurs privés de liberté doivent avoir accès à un éventail d'activités et d'interventions significatives suivant un plan individuel global, qui favorise leur progression vers des régimes moins contraignants, ainsi que leur préparation à la sortie et leur réinsertion dans la société. De telles activités et interventions doivent leur permettre de promouvoir leur santé physique et mentale, de développer le respect de soi et le sens des responsabilités, ainsi que des attitudes et des compétences qui les aideront à éviter de récidiver.

50.2. Les mineurs doivent être encouragés à participer à de telles interventions et activités.

50.3. Les mineurs privés de liberté doivent être encouragés à discuter les questions concernant les conditions générales et les activités faisant partie du régime dans l'institution et à échanger individuellement ou, le cas échéant, collectivement avec les autorités à ce sujet.

51. Afin d'assurer une continuité dans la prise en charge, les mineurs doivent être accompagnés dès le début et pendant toute la durée de la privation de liberté par les organismes qui en seront responsables après leur libération.

52.1. Les mineurs privés de liberté étant extrêmement vulnérables, les autorités doivent protéger leur intégrité physique et mentale et veiller à leur bien-être.

52.2. Une attention particulière doit être accordée aux besoins des mineurs qui ont subi des violences physiques, psychologiques ou sexuelles.

E.2 *Structure institutionnelle*

53.1. Les institutions ou leurs unités doivent disposer d'un éventail d'équipements adaptés aux besoins particuliers des mineurs qui y sont hébergés et répondant à l'objectif spécifique de leur placement.

53.2. Ces institutions doivent disposer des équipements de sécurité et de contrôle les moins restrictifs possible, nécessaires pour empêcher les mineurs de se nuire à eux-mêmes ou de faire du tort au personnel, aux autres ou à la société en général.

53.3. La vie en institution doit être alignée aussi étroitement que possible sur les aspects positifs de la vie dans la collectivité.

53.4. Le nombre de mineurs par institution doit être suffisamment réduit pour permettre une prise en charge personnalisée. Les institutions doivent être organisées en unités de vie de petite taille.

53.5. Les institutions pour mineurs doivent être situées dans des lieux facilement accessibles et faciliter les contacts entre les mineurs et leur famille. Elles doivent être établies et intégrées dans l'environnement social, économique et culturel de la collectivité.

E.3 *Placement*

54. Le placement des différentes catégories de mineurs entre différentes institutions doit être déterminé en particulier par le type de prise en charge le mieux adapté aux besoins spécifiques des intéressés ainsi que par la protection de leur intégrité physique et mentale et de leur bien-être.

55. Les mineurs doivent être répartis, dans la mesure du possible, dans des institutions facilement accessibles de leur domicile ou de leur lieu de réinsertion sociale.

56. Les mineurs privés de liberté doivent être placés dans des institutions offrant un niveau de surveillance le moins restrictif possible nécessaire pour les héberger en toute sécurité.

57. Les mineurs souffrant d'une maladie mentale mais devant être privés de liberté doivent être placés dans des institutions de santé mentale.

58. Dans la mesure du possible, les mineurs et le cas échéant leurs parents ou tuteurs légaux doivent être consultés en ce qui concerne leur placement initial et chaque transfert ultérieur d'une institution à une autre.

59.1. Les mineurs ne doivent pas être placés dans des institutions pour adultes mais dans des institutions spécialement conçues pour eux. Si des mineurs sont néanmoins exceptionnellement placés dans une institution pour adultes, ils doivent être hébergés séparément, à moins que dans des cas individuels cela s'avère contraire à leur intérêt supérieur. Dans tous les cas, les présentes règles doivent être appliquées.

59.2. Il peut être fait exception aux impératifs de placement séparé visés au sous-paragraphe 1 afin de permettre aux mineurs de prendre part à des activités organisées avec des personnes placées en institution pour adultes.

59.3. Les mineurs qui atteignent la majorité et les jeunes adultes jugés comme s'ils étaient des mineurs doivent en principe être placés dans des institutions pour délinquants mineurs ou dans des institutions spécialisées pour jeunes adultes, à moins que leur réinsertion sociale puisse être facilitée dans une institution pour adultes.

60. Les mineurs de sexe masculin et les mineurs de sexe féminin doivent être en principe hébergés dans des institutions distinctes ou dans des unités séparées au sein d'une même institution. Une séparation entre les mineurs de sexe masculin et les mineurs de sexe féminin ne doit pas être appliquée dans les institutions d'aide sociale ou de santé mentale. Même lorsque les mineurs de sexe masculin et les mineurs de sexe féminin sont hébergés séparément, ils doivent être autorisés à participer à des activités communes organisées.

61. Les institutions doivent disposer d'un système d'évaluation approprié permettant de répartir les mineurs selon leurs besoins en matière d'éducation, de développement et de sécurité.

E.4 *Admission*

62.1 Aucun mineur ne doit être admis ou hébergé dans une institution sans une ordonnance de placement valable.

62.2 Au moment de l'admission, les informations suivantes concernant chaque mineur doivent être immédiatement consignées :

a. informations concernant son identité et celle de ses parents ou tuteurs légaux ;
b. motif de leur détention et nom de l'autorité compétente l'ayant décidée ;
c. date et heure d'admission ;
d. liste de ses effets personnels, qui seront placés en lieu sûr ;

e. toute blessure visible et allégation de mauvais traitements antérieurs ;

f. toute information ou rapport concernant son passé et ses besoins en matière d'éducation et d'assistance sociale ; et

g. sous réserve des impératifs du secret médical, toute information sur les risques d'automutilation et l'état de santé, dont il y a lieu de tenir compte pour son bien-être physique et mental, et celui d'autrui.

62.3. Lors de son admission, le mineur doit être informé, sous une forme et dans une langue qu'il comprend, du règlement de l'institution et de ses droits et obligations.

62.4. Les parents ou tuteurs légaux doivent être informés immédiatement du placement du mineur, du règlement de l'institution et de tout autre aspect pertinent.

62.5. Dès que possible après son admission, le mineur doit être soumis à un examen médical, un dossier médical doit être ouvert et le traitement de toute maladie ou blessure doit être engagé.

62.6. Dès que possible après l'admission :

a. le mineur doit être interrogé en vue d'établir un premier rapport psychologique, éducatif et social permettant de définir précisément le type et le niveau de prise en charge et d'intervention dont il a besoin ;

b. le niveau de sécurité adéquat doit être déterminé et, le cas échéant, le placement initial doit être modifié ;

c. hormis dans les cas où la période de privation de liberté est très brève, un plan global des programmes d'éducation et de formation correspondant aux caractéristiques personnelles de chaque mineur doit être établi et sa mise en œuvre entamée ; et

d. l'avis du mineur doit être pris en compte, dans la mesure du possible, quand de tels programmes sont conçus.

E.5 *Hébergement*

63.1. Les locaux d'hébergement des mineurs, et en particulier les chambres, doivent respecter la dignité humaine et, dans la mesure du possible, l'intimité des intéressés. Ils doivent également répondre aux conditions requises en matière de santé et d'hygiène, s'agissant des conditions climatiques et en particulier de l'espace au sol, du volume d'air, de l'éclairage, du chauffage et de l'aération. Le droit interne doit définir les conditions minimales requises concernant ces aspects.

63.2. Les mineurs doivent en principe être logés pendant la nuit dans des chambres individuelles, sauf lorsqu'il apparaît préférable pour eux qu'ils partagent des pièces communes. Les logements ne doivent être partagés que s'ils sont adaptés à un usage collectif et doivent être occupés par des mineurs reconnus aptes à cohabiter ensemble. Les mineurs doivent être consultés avant d'être contraints de partager des locaux pendant la nuit et doivent pouvoir indiquer avec quelle personne ils souhaitent cohabiter.

64. Le personnel doit surveiller tous les locaux d'hébergement régulièrement et discrètement, surtout pendant la nuit, afin d'assurer la protection de chaque mineur. Il doit également exister un système d'alarme efficace pouvant être utilisé en cas d'urgence.

E.6 *Hygiène*

65.1. Tous les locaux d'une institution doivent être maintenus en état et propres en tout temps.

65.2. Les mineurs doivent accéder facilement à des installations sanitaires hygiéniques et respectant leur intimité.

65.3. Les installations de bain et de douche doivent être en nombre suffisant et à une température adaptée au climat afin que les mineurs puissent les utiliser, si possible, quotidiennement.

65.4. Les mineurs doivent veiller à la propreté et à l'entretien de leur personne, de leurs vêtements et de leur logement, et les autorités doivent le leur apprendre et leur en fournir les moyens.

E.7 *Vêtements et literie*

66.1. Les mineurs doivent être autorisés à porter leurs propres vêtements, à condition qu'ils soient appropriés.

66.2. L'institution doit fournir des vêtements aux mineurs qui n'en possèdent pas en quantité suffisante.

66.3. Un vêtement approprié est un vêtement qui n'est ni dégradant ni humiliant, qui est adapté au climat et qui ne présente aucun risque pour la sécurité ou la sûreté.

66.4. Les mineurs qui obtiennent la permission de sortir de l'institution ne doivent pas être contraints de porter des vêtements qui font état de leur condition de personnes privées de liberté.

67. Chaque mineur doit disposer d'un lit séparé et d'une literie individuelle convenable, correctement entretenue et renouvelée suffisamment souvent pour en assurer la propreté.

E.8 *Alimentation*

68.1. Les mineurs doivent bénéficier d'un régime alimentaire tenant compte de leur âge, de leur état de santé, de leur condition physique, de leur religion, de leur culture et de leurs activités au sein de l'institution.

68.2. La nourriture doit être préparée et servie dans des conditions hygiéniques et en trois repas par jour, à des intervalles raisonnables.

68.3. Les mineurs doivent avoir accès à tout moment à de l'eau potable.

68.4. Le cas échéant, les mineurs doivent avoir la possibilité de préparer eux-mêmes leur repas.

E.9 *Santé*

69.1. Les dispositions contenues dans les instruments internationaux concernant les soins médicaux visant à préserver la santé physique et mentale des détenus adultes s'appliquent aussi aux mineurs privés de liberté.

69.2. La santé des mineurs privés de liberté doit être protégée conformément aux normes médicales reconnues applicables à l'ensemble des mineurs dans la collectivité.

70.1. Une attention particulière doit être accordée aux risques pour la santé découlant de la privation de liberté.

70.2. Des politiques spéciales doivent être élaborées et mises en œuvre pour prévenir le suicide et l'automutilation des mineurs, notamment durant les premiers temps de leur détention, en cas de mise à l'isolement et pendant d'autres périodes reconnues comme à haut risque.

71. Les mineurs doivent bénéficier de soins préventifs et d'une éducation sanitaire.

72.1. Les interventions médicales, notamment l'administration de médicaments, ne doivent être effectuées que pour des raisons médicales ; elles ne doivent jamais l'être dans le but de préserver le bon ordre ou pour constituer une punition. Il faut appliquer les mêmes principes déontologiques et les règles concernant le consentement qui régissent les interventions médicales dans la collectivité. Toute information concernant le traitement médical suivi ou les médicaments administrés doit être consignée dans le dossier médical.

72.2. Les mineurs privés de liberté ne doivent jamais, à titre expérimental, se voir administrer des médicaments ou faire l'objet d'un traitement.

73. Une attention particulière doit être accordée aux besoins :

a. des jeunes mineurs ;
b. des jeunes filles enceintes et des mères accompagnées de nouveau-nés ;
c. des toxicomanes et des alcooliques ;
d. des mineurs souffrant de problèmes de santé physique et mentale ;
e. des mineurs qui à titre exceptionnel sont privés de liberté pour une longue durée ;
f. des mineurs ayant subi des sévices physiques, psychologiques ou sexuels ;
g. des mineurs socialement isolés ; et
h. des autres groupes de délinquants vulnérables.

74.1. Les soins de santé offerts aux mineurs doivent faire partie intégrante d'un programme de prise en charge multidisciplinaire.

74.2. Afin de former un réseau de soutien et de soins continu et sans préjudice du secret professionnel et du rôle imparti à chacun, le travail des médecins et des infirmières doit être effectué en coordination étroite avec les travailleurs sociaux, les psychologues, les enseignants et les autres professionnels et membres du personnel qui sont régulièrement en contact avec les délinquants mineurs.

75. Les services de santé dans les institutions pour mineurs ne doivent pas limiter leurs prestations au traitement des malades, mais aussi prendre en charge la médecine sociale et préventive et contrôler l'alimentation des mineurs.

E.10 *Activités faisant partie du régime*

76.1. Toute intervention doit être conçue de manière à promouvoir le développement des mineurs, qui doivent être activement encouragés à y participer.

76.2. Ces interventions doivent s'efforcer de répondre aux besoins individuels des mineurs en fonction de leur âge, de leur sexe, de leur origine sociale et culturelle, de leur stade de développement et du type d'infraction commise. Elles doivent être conformes aux normes professionnelles validées et fondées sur les résultats des recherches et sur les bonnes pratiques en la matière.

77. Les activités faisant partie du régime doivent viser à remplir des fonctions d'éducation, de développement personnel et social, de formation professionnelle, de réinsertion et de préparation à la remise en liberté. Elles peuvent inclure notamment :

a. l'enseignement scolaire ;
b. la formation professionnelle ;
c. le travail et l'ergothérapie ;
d. la formation à la citoyenneté ;
e. l'apprentissage et le développement de compétences sociales ;
f. la prévention des agressions ;
g. le traitement des dépendances ;
h. les thérapies individuelles et de groupe ;
i. l'éducation physique et le sport ;
j. l'enseignement supérieur et la formation continue ;
k. le traitement de l'endettement ;
l. les programmes de justice réparatrice et de dédommagement pour les infractions ;
m. les activités créatrices et de loisir ;
n. des activités hors institution, au sein de la collectivité, des permissions journalières et d'autres formes de permission de sortie ; et
o. la préparation à la remise en liberté et à la réinsertion.

78.1. L'enseignement scolaire, la formation professionnelle et, le cas échéant, les programmes de traitement doivent avoir priorité sur le travail.

78.2. Dans la mesure du possible, des dispositions doivent être prises afin que les mineurs fréquentent les écoles et les centres de formation locaux, ainsi que d'autres activités organisées par la collectivité.

78.3. Si les mineurs ne peuvent pas fréquenter une école locale ou un centre de formation en dehors de l'institution, leur enseignement et leur formation professionnelle doivent être organisés à l'intérieur de l'institution, sous les auspices d'organismes éducatifs et de formation externes.

78.4. Les mineurs doivent pouvoir poursuivre leur scolarité ou leur formation professionnelle pendant leur détention, et ceux qui n'ont pas achevé leur scolarité obligatoire peuvent être contraints de le faire.

78.5. Les mineurs détenus doivent être intégrés dans le système national d'éducation et de formation professionnelle afin qu'ils puissent poursuivre leur scolarité ou leur formation professionnelle sans difficulté après leur sortie.

79.1. Un plan individualisé doit être établi à partir des activités visées à la règle 77, recensant celles auxquelles le mineur doit participer.

79.2. Ce plan doit être destiné à permettre aux mineurs d'exploiter leur temps au mieux, dès le début de leur séjour, et d'acquérir et de développer les comportements et les compétences nécessaires à leur réinsertion dans la société.

79.3. Le plan doit viser à préparer les mineurs à être libérés le plus tôt possible et à les orienter vers des mesures appropriées après leur libération.

79.4. Le plan doit être mis en œuvre et régulièrement mis à jour avec la participation de mineurs, d'organismes externes concernés et, dans la mesure du possible, de leurs parents ou tuteurs légaux.

80.1. Le régime doit permettre aux mineurs de passer autant d'heures que possible hors de leur chambre pour disposer d'un degré d'interaction sociale approprié. Ils devraient pouvoir bénéficier d'au moins huit heures par jour à cette fin.

80.2. L'institution doit proposer des activités constructives, y compris les samedis, les dimanches et les jours fériés.

81. Tous les mineurs privés de liberté doivent être autorisés à faire régulièrement de l'exercice au moins deux heures par jour, dont au moins une heure en plein air, si les conditions météorologiques le permettent.

82.1. L'institution doit proposer aux mineurs suffisamment de travail, un travail qui soit stimulant et qui présente un intérêt éducatif.

82.2. Le travail doit être rémunéré de façon équitable.

82.3. Quand des mineurs participent à des activités faisant partie du régime pendant leur temps de travail, ils doivent être récompensés comme s'ils travaillaient.

82.4. Les mineurs doivent bénéficier d'une couverture sociale adéquate équivalant à celle prévue dans la collectivité.

E.11 *Contact avec le monde extérieur*

83. Les mineurs doivent être autorisés à communiquer par courrier, sans limitation quant au nombre de correspondances, et, aussi fréquemment que possible, par téléphone ou par d'autres moyens de communication, avec leur famille, des tiers et des représentants d'organismes extérieurs, ainsi qu'à recevoir des visites régulières de ces personnes.

84. Les modalités de visite doivent permettre aux mineurs de maintenir et de développer des relations familiales de façon aussi normale que possible et de saisir les opportunités d'intégration sociale.

85.1. Les autorités de l'institution doivent aider les mineurs à maintenir un contact adéquat avec le monde extérieur et leur fournir l'assistance sociale appropriée.

85.2. Les communications et visites peuvent être soumises aux restrictions et à la supervision qui s'imposent pour les besoins d'une enquête pénale en cours, le maintien du bon ordre, de la sûreté et de la sécurité, la prévention d'infractions pénales et la protection des victimes d'infractions. Néanmoins, ces restrictions – y compris à la suite d'une ordonnance spécifique délivrée par une autorité judiciaire – doivent autoriser un niveau minimal acceptable de contacts.

85.3. Toute information concernant le décès ou la maladie grave d'un proche parent doit être communiquée immédiatement au mineur concerné.

86.1. Dans le cadre du régime normal les mineurs doivent se voir octroyer des permissions de sortie régulières, soit sous escorte, soit librement. En outre, les mineurs doivent être autorisés à quitter l'institution pour des raisons humanitaires.

86.2. S'il est impossible d'accorder des permissions de sortie régulières à un mineur, des dispositions doivent être prises pour permettre à des membres de sa famille ou à d'autres personnes pouvant contribuer de manière positive à son développement de lui rendre des visites supplémentaires ou de longue durée.

E.12 *Liberté de pensée, de conscience et de religion*

87.1. Le droit des mineurs à la liberté de pensée, de conscience et de religion doit être respecté.

87.2 Dans la mesure du possible, le régime institutionnel doit être organisé de manière à permettre aux mineurs de pratiquer leur religion et de suivre leurs croyances, de participer à des services ou réunions menés par des représentants agréés des dites religions ou croyances, de recevoir en privé des visites de tels représentants de leur religion ou croyances et d'avoir en leur possession des livres ou publications ayant trait à leur religion ou croyances.

87.3. Les mineurs ne peuvent être contraints de pratiquer une religion ou d'adopter une croyance, de participer à des services religieux ou à des réunions, de participer à des pratiques religieuses ou d'accepter la visite d'un représentant d'une religion ou d'une croyance quelconque.

E.13 *Bon ordre*

E.13.1 Approche générale

88.1. Le bon ordre doit être maintenu par la création d'un environnement sûr et protégé, dans les institutions, favorisant le respect de la dignité et de l'intégrité physique des mineurs et permettant de réaliser leurs principaux objectifs de développement.

88.2. Une attention particulière doit être accordée à la protection des mineurs vulnérables et à la prévention de la victimisation.

88.3. Le personnel doit adopter une approche dynamique de la sécurité et de la sûreté, fondée sur une relation positive avec les mineurs de l'institution.

88.4. Les mineurs doivent être encouragés à s'engager individuellement et collectivement au maintien du bon ordre dans l'institution.

E.13.2 Fouilles

89.1. Des procédures détaillées doivent être élaborées concernant la fouille de mineurs, du personnel, des visiteurs et des locaux. Les situations dans lesquelles de telles fouilles s'imposent, ainsi que leur nature, doivent être définies par le droit interne.

89.2. La fouille doit respecter la dignité des mineurs concernés et, dans la mesure du possible, leur intimité. Les mineurs ne peuvent être fouillés que par du personnel du même sexe. Des examens intimes doivent être justifiés par des soupçons raisonnables au cas par cas et ne doivent être effectués que par du personnel médical.

89.3. Les visiteurs ne doivent être fouillés qu'en cas de présomptions raisonnables selon lesquelles ils pourraient être en possession d'objets pouvant nuire à la sécurité ou à la sûreté de l'institution.

89.4. Le personnel doit être formé à effectuer des fouilles de façon efficace, tout en respectant la dignité des personnes concernées et l'intégrité de leurs objets personnels.

E.13.3 Usage de la force, de la contrainte physique et des armes

90.1. Le personnel ne doit pas utiliser la force contre les mineurs, sauf, en dernier recours, en cas de légitime défense, de tentative d'évasion ou de résistance physique à un ordre licite, en cas de risque immédiat d'automutilation, de préjudice à autrui ou de sérieux dégâts matériels.

90.2. L'intensité de la force doit correspondre au minimum nécessaire et la contrainte doit être utilisée pendant une période aussi courte que nécessaire.

90.3. Le personnel qui se trouve en contact direct avec les mineurs doit être formé aux techniques d'intervention qui permettent un emploi minimal de la force pour maîtriser les comportements agressifs.

90.4. Des procédures détaillées doivent régir le recours à la force contre les mineurs et préciser notamment :

a. les différents types de recours à la force envisageables ;
b. les circonstances dans lesquelles chaque type de recours à la force est autorisé ;
c. les membres du personnel habilités à utiliser tel ou tel type de recours à la force ;
d. le niveau d'autorité requis pour décider d'un recours à la force ;
e. les rapports à rédiger après chaque recours à la force ; et
f. la procédure de révision des rapports cités plus haut.

91.1. Les menottes ou les camisoles de force ne doivent pas être utilisées sauf si toute forme d'usage moins intensif de la force a échoué. Les menottes peuvent aussi être utilisées, si c'est indispensable, comme mesure de précaution contre un comportement violent ou une évasion pendant un transfèrement. Elles devraient être enlevées lorsqu'un mineur comparaît devant les autorités judiciaires ou administratives, à moins que ces dernières n'en décident autrement.

91.2. Des entraves ne doivent pas être utilisées plus longtemps que ce qui est strictement nécessaire. L'usage de chaînes et de fers doit être prohibé.

91.3. Les modalités d'utilisation des moyens de contrainte doivent être précisées dans le droit interne.

91.4. Le placement en cellule d'isolement aux fins d'apaisement en tant que mesure de contrainte temporaire ne peut être infligé que dans des cas exceptionnels et seulement pour quelques heures ; dans tous le*[s]* cas, il ne doit pas excéder vingt-quatre heures. Le service médical doit être informé de chaque mise à l'isolement et avoir un accès immédiat au mineur isolé.

92. Le personnel des institutions accueillant des mineurs privés de liberté ne doit pas être autorisé à porter des armes, sauf en cas d'urgence opérationnelle. Le port et l'usage d'armes létales sont interdits dans les institutions de protection sociale et de santé mentale.

E.13.4 Séparation pour des raisons de sécurité et de sûreté

93.1. Si, dans des cas exceptionnels, un mineur particulier a besoin d'être séparé des autres pour des raisons de sécurité ou de sûreté, cela doit être décidé par les autorités compétentes, sur la base de procédures claires prévues par le droit interne, spécifiant la nature de la séparation, sa durée maximale et les raisons pour lesquelles elle peut être infligée.

93.2. Une telle séparation doit être soumise à un contrôle régulier. De plus, le mineur peut déposer plainte, conformément à la règle 121 concernant tout aspect de cette séparation. Le service médical doit être informé de chaque séparation et avoir accès immédiat aux mineurs concernés.

E.13.5 Discipline et sanctions

94.1. Des procédures disciplinaires ne peuvent être utilisées qu'en dernier recours. Les modes de résolution de conflit éducative ou réparatrice, ayant pour but de promouvoir la norme, doivent être préférées aux audiences disciplinaires formelles et aux punitions.

94.2. Seul un comportement susceptible de faire peser une menace au bon ordre, à la sûreté et la sécurité peut être défini comme une infraction disciplinaire.

94.3. Le droit interne doit déterminer les actes et les omissions constitutifs d'une infraction disciplinaire, les procédures à suivre en matière disciplinaire, le type et la durée des sanctions disciplinaires pouvant être infligées, l'autorité compétente pour infliger ces sanctions et la procédure d'appel.

94.4. Les mineurs accusés d'une infraction disciplinaire doivent être informés rapidement, sous une forme et dans une langue qu'ils comprennent, de la nature de l'accusation portée contre eux ; ils doivent disposer d'un délai et de moyens suffisants pour préparer leur défense, être autorisés à se défendre seuls ou avec l'assistance de leurs parents ou tuteurs légaux, ou, lorsque les intérêts de la justice l'exigent, bénéficier d'une assistance juridique.

95.1. Les sanctions disciplinaires doivent être choisies, dans la mesure du possible, en fonction de leur impact pédagogique. Elles ne doivent pas être plus lourdes que ne le justifie la gravité de l'infraction.

95.2. Les sanctions collectives, les peines corporelles, le placement dans une cellule obscure, et toute autre forme de sanction inhumaine ou dégradante doivent être interdits.

95.3. La mise à l'isolement dans une cellule de punition ne peut pas être infligée aux mineurs.

95.4. La mise à l'isolement à titre disciplinaire ne peut être infligée que dans des cas exceptionnels, où d'autres sanctions seraient sans effet. Une telle mesure doit être ordonnée pour une durée déterminée, qui doit être aussi courte que possible. Le régime pendant l'isolement doit assurer des contacts humains appropriés, garantir l'accès à la lecture et offrir au moins une heure d'exercice en plein air par jour, si les conditions météorologiques le permettent.

95.5. Le service médical doit être informé de chaque mise à l'isolement et avoir libre accès aux mineurs isolés.

95.6. Les sanctions disciplinaires ne doivent pas inclure de restriction des visites ou contacts familiaux, hormis dans les cas où l'infraction disciplinaire concerne ces visites ou contacts.

95.7. Les exercices visés à la règle 81 ne doivent pas être restreints dans le cadre d'une sanction disciplinaire.

E.14 *Transfèrement entre institutions*

96. Les mineurs doivent être transférés si les critères initiaux retenus pour leur placement ou le progrès de leur réinsertion dans la société peuvent être atteints plus efficacement dans une autre institution, ou si de graves risques en matière de sécurité ou de sûreté rendent impérieux ce transfèrement.

97. Les mineurs ne doivent pas être transférés à titre de sanction disciplinaire.

98. Un mineur ne peut être transféré d'une d'institution à une autre que si c'est prévu par la loi et si c'est ordonné par une autorité judiciaire ou administrative au terme d'une enquête appropriée.

99.1. Toutes informations et données pertinentes concernant le mineur doivent être transférées afin d'assurer la continuité de la prise en charge.

99.2. Les conditions de transport des mineurs doivent répondre aux conditions d'une détention humaine.

99.3. L'anonymat et l'intimité des mineurs transférés doivent être respectés.

E.15 *Préparation à la libération*

100.1. Les mineurs privés de liberté doivent tous recevoir une assistance lors de leur retour dans la collectivité.

100.2. Les mineurs dont la culpabilité a été établie doivent être préparés à leur libération par le biais d'interventions spécifiques.

100.3. Ces interventions doivent être intégrées au plan individualisé visé à la règle 79.1 et mises en œuvre suffisamment tôt avant la libération.

101.1. Des mesures doivent être prises pour assurer le retour progressif du mineur à la vie en milieu libre.

101.2. Ces mesures doivent comprendre une permission supplémentaire de sortie et une semi-liberté ou une libération conditionnelle, accompagnées d'un soutien social effectif.

102.1. Depuis le début de la privation de liberté, les autorités de l'institution doivent travailler en étroite coopération avec les services et organismes qui accompagnent et aident les mineurs libérés à retrouver une place dans la société, en les assistant par exemple dans les domaines suivants :

a. retour dans leur famille ou recherche d'une famille d'accueil et aide à développer d'autres relations sociales ;
b. recherche d'un logement ;
c. poursuite des études et de la formation ;
d. recherche d'un emploi ;
e. orientation vers les organismes compétents en matière d'assistance sociale et de soins médicaux ; et
f. aide pécuniaire.

102.2. Les représentants de ces services et organismes doivent avoir accès aux mineurs au sein des institutions pour les aider à préparer leur remise en liberté.

102.3. Les services et organismes concernés doivent octroyer une assistance efficace et en temps opportun avant la date de remise en liberté envisagée.

103. Lorsque des mineurs font l'objet d'une libération conditionnelle, son exécution doit être soumise aux mêmes principes que ceux qui régissent, aux termes des présentes règles, l'exécution des sanctions ou mesures appliquées dans la communauté.

E.16 *Ressortissants étrangers*

104.1. Des mineurs ressortissants étrangers amenés à demeurer dans le pays où ils sont détenus doivent être pris en charge de la même manière que les autres mineurs.

104.2 Tant qu'aucune décision définitive sur le transfert éventuel des mineurs ressortissants étrangers dans leur pays d'origine n'est prise, ils doivent être pris en charge de la même manière que les autres mineurs.

104.3. S'il a été décidé de transférer des mineurs ressortissants étrangers, ces derniers doivent être préparés à la réinsertion dans leur pays d'origine. Dans la mesure du possible, les services de protection de l'enfance et les autorités judiciaires doivent coopérer étroitement pour garantir l'assistance nécessaire à ces mineurs immédiatement après leur arrivée dans le pays d'origine.

104.4. Les mineurs ressortissants étrangers doivent être informés des possibilités de demander que l'exécution de leur peine soit transférée dans leur pays d'origine.

104.5. Les mineurs ressortissants étrangers doivent être autorisés à recevoir des visites prolongées ou à entretenir d'autres formes de contacts avec le monde extérieur, lorsque c'est nécessaire pour compenser leur isolement social.

105.1. Les mineurs ressortissants étrangers détenus dans des institutions doivent être informés sans délai de leur droit de prendre contact avec les représentants diplomatiques ou consulaires de leur pays et de bénéficier de moyens raisonnables pour établir cette communication.

105.2. Les mineurs qui sont ressortissants d'États n'ayant pas de représentation diplomatique ou consulaire dans le pays, ainsi que les réfugiés ou apatrides, doivent bénéficier des mêmes facilités de communication avec le représentant diplomatique de l'État qui prend en charge leurs intérêts qu'avec l'autorité nationale ou internationale qui a pour vocation de servir les intérêts de ces personnes.

105.3. Les autorités des institutions et des structures de protection sociale doivent coopérer pleinement avec les agents diplomatiques ou consulaires représentant de tels mineurs afin de répondre à leurs besoins spécifiques.

105.4. Les mineurs ressortissants étrangers qui encourent le risque d'une expulsion doivent aussi recevoir un conseil et une assistance juridiques à ce sujet.

E.17 *Minorités ethniques et linguistiques dans les institutions*

106.1. Des dispositions spéciales doivent être prises pour répondre aux besoins des mineurs appartenant à des minorités ethniques ou linguistiques dans les institutions.

106.2. Dans la mesure du possible, les pratiques culturelles des différents groupes doivent pouvoir être maintenues au sein de l'institution.

106.3. Les besoins linguistiques doivent être satisfaits par le recours à des interprètes compétents et par la distribution de documents rédigés dans l'éventail de langues employées au sein de l'institution concernée.

106.4. Des mesures spéciales doivent être prises pour offrir des cours de langue aux mineurs qui ne maîtrisent pas la langue officielle.

E.18 *Mineurs souffrant d'un handicap*

107.1. Les mineurs souffrant d'un handicap doivent être détenus dans des institutions ordinaires, où les conditions d'hébergement ont été adaptées pour répondre à leurs besoins.

107.2. Les mineurs souffrant d'un handicap dont les besoins ne peuvent être satisfaits dans des institutions ordinaires doivent être transférés dans des institutions spécialisées en mesure de répondre à leurs besoins.

F *Partie spéciale*

F.1 *Garde à vue, détention provisoire et autres formes de privation de liberté avant jugement*

108. Tous les délinquants mineurs placés en détention alors que leur culpabilité n'a pas été établie par un tribunal doivent être présumés innocents et le régime qui leur est imposé ne doit pas être influencé par l'éventualité qu'ils soient condamnés pour une infraction par la suite.

109. La vulnérabilité particulière des mineurs lors de la période initiale de privation de liberté doit être prise en considération ; leur traitement doit, à tout moment, respecter pleinement leur dignité et leur intégrité personnelle.

110. Afin de garantir une prise en charge complète de ces mineurs, ils doivent être immédiatement assistés par les organismes qui en seront responsables après leur libération ou lorsqu'ils seront soumis à des peines ou mesures privatives ou non privatives de liberté par la suite.

111. La liberté de ces mineurs ne peut être restreinte que dans la mesure justifiée par l'objet de leur détention.

112. Ces mineurs ne devront pas être contraints de travailler ou de participer à une quelconque intervention ou activité à laquelle ils ne sont pas obligés d'assister au sein de la collectivité.

113.1. Un éventail d'interventions et d'activités doit être proposé aux détenus mineurs dont la culpabilité n'a pas été établie.

113.2. Si ces mineurs demandent à participer aux interventions destinées à ceux dont la culpabilité a été établie, ils doivent, si possible, être autorisés à le faire.

F.2 *Institutions de protection sociale*

114. Les institutions de protection sociale sont avant tout des établissements ouverts et doivent offrir un hébergement fermé uniquement dans des cas exceptionnels et pour la durée la plus brève possible.

115. Toutes les institutions de protection sociale doivent être agréées et enregistrées auprès des autorités publiques compétentes, et doivent fournir une prise en charge correspondant aux standards nationaux exigés.

116. Les délinquants mineurs placés avec d'autres mineurs dans des institutions de protection sociale doivent être traités de la même manière qu'eux.

F.3 *Institutions de santé mentale*

117. Les délinquants mineurs placés dans des institutions de santé mentale doivent bénéficier du même traitement général que les autres mineurs placés dans de telles institutions et du même programme d'activités que les autres mineurs privés de liberté.

118. Le traitement de problèmes de santé mentale dans des telles institutions ne doit être établi que sur la base des motifs médicaux et doit être conforme aux normes nationales prescrites et agréées pour les institutions de santé mentale, ainsi que répondre aux principes définis par les instruments internationaux pertinents.

119. Dans les institutions de santé mentale, les normes de sécurité et de sûreté, prévues pour les délinquants mineurs, doivent être essentiellement déterminées sur la base de motifs médicaux.

Partie IV *Conseil et assistance juridiques*

120.1. Les mineurs et leurs parents ou tuteurs légaux ont droit à des conseils et à une assistance juridiques pour les questions concernant le prononcé et l'exécution de sanctions ou de mesures.

120.2. Les autorités compétentes doivent raisonnablement aider le mineur à avoir un accès effectif et confidentiel à de tels conseils et assistance, y compris à des visites illimitées et non surveillées avec son avocat.

120.3. L'État doit assurer une assistance judiciaire gratuite aux mineurs, à leurs parents ou à leurs représentants légaux quand les intérêts de la justice l'exigent.

Partie V *Procédures de plainte. Inspection et contrôle*

G *Procédures de plainte*

121. Les mineurs et leurs parents ou tuteurs légaux doivent avoir toute possibilité de présenter des requêtes ou des plaintes à l'autorité responsable de l'institution où ils sont détenus ou pour la sanction ou mesure appliquée dans la communauté dont ils font l'objet.

122.1. Les procédures concernant le dépôt des requêtes ou plaintes doivent être simples et efficaces. Les décisions concernant ces requêtes ou plaintes doivent être prises rapidement.

122.2. La priorité doit être donnée à la médiation et aux solutions réparatrices en tant que moyens de résolution des plaintes ou des réponses aux requêtes.

122.3. En cas de rejet de sa requête ou de sa plainte, les motifs doivent être communiqués au mineur et, le cas échéant, aux parents ou tuteurs légaux concernés. Le mineur ou, le cas échéant, ses parents ou tuteurs légaux doivent pouvoir introduire un recours devant une autorité indépendante et impartiale.

122.4. Un tel recours doit être examiné par cette autorité :

a. d'une manière adaptée aux mineurs, tenant compte de leurs besoins et préoccupations ;

b. par des personnes qui ont une connaissance des questions touchant aux mineurs ; et

c. le plus près possible de l'institution où le mineur est détenu ou là où les sanctions ou mesures appliquées dans la communauté dont le mineur fait l'objet sont exécutées.

122.5. Même lorsque la plainte ou la requête initiale ou le recours ultérieur ont été déposés par écrit, le mineur devrait avoir la possibilité d'être entendu en personne.

123. Les mineurs ne doivent pas être punis pour avoir déposé une requête ou une plainte.

124. Les mineurs et leurs parents ou tuteurs légaux ont le droit de solliciter un avis juridique sur les procédures de plainte et de recours, ainsi qu'une assistance juridique lorsque l'intérêt de la justice l'exige.

H *Inspection et contrôle*

125. Les institutions dans lesquelles des mineurs sont privés de liberté et les autorités exécutant des sanctions ou mesures appliquées dans la communauté doivent être régulièrement inspectées par un organisme gouvernemental afin de vérifier que leur gestion est conforme aux prescriptions du droit interne et international, et aux dispositions des présentes règles.

126.1. Les conditions dans ces institutions et la manière dont sont pris en charge les mineurs privés de liberté ou faisant l'objet de sanctions ou mesures appliquées dans la communauté doivent être contrôlées par un ou plusieurs organes indépendants, auxquels les mineurs doivent avoir un accès confidentiel, et dont les conclusions doivent être rendues publiques.

126.2. Lors de contrôles indépendants, l'attention doit être portée sur l'usage de la force et des contraintes, les sanctions disciplinaires et les autres formes particulières de traitement restrictif.

126.3. Tous les cas de décès ou de dommages graves infligés à des mineurs doivent faire l'objet d'une enquête immédiate, approfondie et indépendante.

126.4. Ces organes de contrôle indépendants doivent être encouragés à coopérer avec les organismes internationaux légalement habilités à visiter les institutions dans lesquelles des mineurs sont privés de liberté.

Partie VI *Personnel*

127.1. Une politique globale concernant le personnel chargé d'exécuter les sanctions ou mesures appliquées dans la communauté et les peines de privation de liberté imposées à des mineurs doit être définie dans un document officiel couvrant le recrutement, la sélection, la formation, le statut, les responsabilités en matière de gestion et les conditions de travail.

127.2. Cette politique doit également préciser les règles de déontologie fondamentales que doit respecter le personnel en charge de ces mineurs et porter essentiellement sur le groupe cible des mineurs en question. Elle doit aussi prévoir un mécanisme efficace pour traiter des violations des normes déontologiques et professionnelles.

128.1. Des procédures spécifiques de recrutement et de sélection du personnel en charge de mineurs doivent être établies, prenant en considération les qualités personnelles et les qualifications professionnelles requises pour travailler avec des mineurs et leur famille.

128.2. Les procédures de recrutement et de sélection doivent être explicites, claires, équitables et non discriminatoires.

128.3. Le recrutement et la sélection doivent tenir compte de la nécessité d'employer des hommes et des femmes ayant les compétences nécessaires pour prendre en considération les diversités linguistiques et culturelles des mineurs placés sous leur responsabilité.

129.1. Le personnel chargé de l'exécution des sanctions et mesures appliquées dans la communauté et des peines de privation de liberté des mineurs doit recevoir une formation adéquate, portant sur les aspects théoriques et pratiques de son travail, et disposer d'une information lui permettant d'avoir une perception réaliste de son champ d'activité particulier, de ses obligations concrètes et des exigences déontologiques liées à son activité.

129.2. Les compétences professionnelles du personnel doivent être régulièrement améliorées et développées par la formation continue, la supervision, le suivi et l'évaluation du travail.

129.3. La formation doit porter :

a. sur la déontologie et les valeurs fondamentales de la profession en question ;

b. sur les garanties nationales et les instruments internationaux concernant les droits de l'enfant et la protection des mineurs contre les traitements inacceptables ;

c. sur le droit des mineurs et de la famille, la psychologie du développement, le travail social et éducatif avec les mineurs ;

d. sur les instructions au personnel quant aux moyens de guider et motiver les mineurs, de gagner leur respect et de leur offrir des perspectives et un modèle positifs ;

e. sur l'établissement et le maintien de relations professionnelles avec les mineurs et leur famille ;

f. sur des méthodes d'intervention éprouvées et de bonnes pratiques ;

g. sur des méthodes de prise en charge tenant compte de la diversité des mineurs concernés ; et

h. sur les manières de coopérer au sein d'équipes pluridisciplinaires et avec d'autres institutions concernées par la prise en charge individuelle des mineurs.

130. Le personnel chargé de l'exécution des sanctions et des mesures appliquées dans la communauté et de privation de liberté des mineurs doit avoir un effectif suffisant pour s'acquitter efficacement de ses différentes tâches et comprendre un nombre suffisant de spécialistes afin de répondre aux besoins des jeunes pendant leur prise en charge.

131.1. Le personnel doit en principe être employé à titre permanent.

131.2. Des bénévoles compétents doivent être encouragés à contribuer aux activités avec les mineurs.

131.3. L'autorité chargée de l'exécution d'une sanction ou mesure reste responsable du respect des présentes règles, même lorsque d'autres organisations ou personnes participent au processus d'exécution, qu'elles soient rémunérées ou non pour leurs services.

132. Le personnel doit être engagé de manière à assurer la continuité de la prise en charge des mineurs.

133. Le personnel travaillant avec des mineurs doit bénéficier de conditions de travail et d'une rémunération appropriées, en rapport avec la nature de son travail et comparables à celles dont bénéficient les autres personnes exerçant des activités professionnelles similaires.

134.1. Afin de promouvoir une coopération efficace entre le personnel travaillant avec des mineurs dans la communauté et celui travaillant à l'intérieur d'une institution, la possibilité pour ces deux groupes d'être détachés ou de suivre une formation pour travailler dans l'autre groupe devrait être encouragée.

134.2. Les contraintes budgétaires ne doivent jamais entraîner une mise à disposition de personnel non qualifié.

Partie VII *Évaluation, recherche, relations avec les médias et le public*

I *Évaluation et recherche*

135. Les sanctions et les mesures destinées aux mineurs doivent être élaborées sur la base d'études et d'une évaluation scientifique.

136.1. A cette fin, des données comparatives doivent être recueillies afin d'évaluer le succès ou l'échec des sanctions et des mesures appliquées en institution ou dans la communauté. Une telle évaluation doit prendre en considération les taux de récidive et leurs causes.

136.2. Des données doivent également être recueillies sur la situation personnelle et sociale des mineurs et sur les conditions dans des établissements où les mineurs sont hébergés.

136.3. Les autorités doivent prendre en charge la collecte des données et l'établissement des statistiques, de façon à permettre, notamment, des comparaisons régionales et autres.

137. La réalisation, par des organismes indépendants, d'études criminologiques portant sur tous les aspects de la prise en charge des mineurs doit être encouragée par un soutien financier et un accès facilité aux données et aux institutions. Les conclusions des études doivent être rendues publiques, y compris lorsqu'elles sont commanditées par les autorités nationales.

138. Les études doivent respecter la vie privée des mineurs et satisfaire aux normes fixées par le droit interne et international en matière de protection des données.

II *Relations avec les médias et le public*

139.1. Les médias et le public doivent régulièrement recevoir des informations factuelles sur les conditions de détention dans les institutions où des mineurs sont privés de liberté et sur les dispositions prises pour exécuter les sanctions et les mesures appliquées dans la communauté à des mineurs.

139.2. Les médias et le public doivent être informés de l'objet des sanctions et mesures appliquées dans la communauté, et des peines de privation de liberté infligées aux mineurs, ainsi que du travail du personnel chargé de les exécuter, afin de favoriser une meilleure compréhension de l'impact de telles sanctions ou mesures dans la société.

140. Les autorités compétentes doivent être encouragées à publier des rapports réguliers sur l'évolution des conditions de détention dans les institutions pour mineurs ainsi que de l'exécution des sanctions et mesures appliquées dans la communauté.

141. Les médias et les personnes qui ont un intérêt professionnel concernant des questions touchant aux mineurs doivent avoir accès aux institutions où des mineurs sont détenus, à condition que les droits, et notamment la vie privée de ces derniers, soient protégés.

Partie VIII *Mise à jour des règles*

142. Les présentes règles doivent être mises à jour régulièrement.

TABLE DE CONCORDANCE

ENTRE LES ANCIENS TEXTES ET LES ARTICLES
DU CODE DE LA JUSTICE PÉNALE DES MINEURS

Textes d'origine	Articles du code	Textes d'origine	Articles du code
Nouvel article :	Art. préliminaire *(Conditions d'engagement de la responsabilité des mineurs, principe d'atténuation)* Art. L. 11-1 *(Capacité de discernement)* Art. L. 11-2 *(Objectifs de la peine)* Art. L. 13-1 *(Specialia generalibus derogant [CJPM prévaut])* Art. L. 13-2 *(Détermination de la peine selon l'âge du mineur à la date des faits)* Art. L. 13-3 *(Prohibition de la publicité de l'identité ou de l'âge du mineur)* Art. L. 13-4 *(Justice restaurative)* Art. L. 112-3 *(Cumul ou alternative entre module d'insertion et de placement ; mesure éducative judiciaire pour les mineurs de plus de 10 ans)* Art. L. 112-7 *(Placement. Renvoi aux dispositions de*		*l'art. L. 112-15 applicables à l'art. L. 112-5)* Art. L. 112-12 *(Placement dans un établissement de santé après avis médical extérieur)* Art. L. 112-13 *(Placement dans un établissement médico-social)* Art. L. 121-4 *(Peines prononcées contre un mineur d'au moins 13 ans par le juges des enfants : confiscation, stage, TIG [au moins 16 ans])* Art. L. 122-4 *(Peine de confiscation : inapplicabilité de l'amende ou de l'emprisonnement en cas d'inexécution)* Art. L. 211-1 (En cas d'urgence, substitution des magistrats du ministère public spécialisés) Art. L. 221-2 *(Compétences du procureur de la République)* Art. L. 231-4 *(Composition du tribunal pour enfants)*

Textes d'origine	Articles du code	Textes d'origine	Articles du code
	Art. L. 241-1 *(Mise en œuvre des décisions prises en application du CJPM confiée aux services et établissements de la protection judiciaire de la jeunesse)* Art. L. 241-2 *(Échanges d'informations entre les personnels des services et établissements de la protection judiciaire de la jeunesse et du secteur associatif habilité)* Art. L. 321-1 *(Cumul mesure judiciaire d'investigation éducative et mesure éducative judiciaire provisoire)* Art. L. 322-6 *(Renvoi art. L. 322-4 et L. 322-5 s'appliquent même au mineur devenu majeur)* Art. L. 322-7 *(Mesure judiciaire d'investigation éducative [cadre, définition])* Art. L. 323-2 *(Mesure éducative judiciaire provisoire prononcée après audition du mineur assisté de son avocat)* Art. L. 323-3 *(Mesure éducative judiciaire provisoire possible si le mineur est devenu majeur)*		Art. L. 331-5 *(Modification ou levée du contrôle judiciaire par le juge des enfants ou le juge d'instruction)* Art. L. 331-6 *(Procédure de partage d'information 138-2 C. pr. pén. applicable au contrôle judiciaire d'un mineur)* Art. L. 331-7 *(Placement en rétention du mineur)* Art. L. 411-1 *(Prise en compte de l'âge au jour de la mesure)* Art. L. 421-1 *(Appréciation du procureur de la République des suites de la procédure)* Art. L. 423-6 *(Présentation d'un mineur devant le procureur de la République)* Art. L. 423-9 *(Comparution devant le juge des enfants)* Art. L. 423-10 *(Convocation à comparaître devant le tribunal pour enfants en cas de mise à l'épreuve éducative en cours)* Art. L. 423-11 *(Compétence du juge des enfants jusqu'à la comparution du mineur devant la juridiction de jugement pour les mesures de sûreté)*

Textes d'origine	Articles du code	Textes d'origine	Articles du code
	Art. L. 423-12 *(Délai d'un mois pour une audience devant le tribunal pour enfants [sinon, remise en liberté d'office])* Art. L. 423-13 *(Délai d'appel de la mesure éducative judiciaire provisoire et des mesures de sûreté)* Art. L. 431-3 *(Déclaration au greffe du juge d'instruction des responsables du mineur)* Art. L. 433-1 *(Au cours de l'information judiciaire, application des dispositions du Titre III, Livre III)* Art. L. 434-5 *(Maintien de la mesure éducative judiciaire provisoire jusqu'au jugement)* Art. L. 434-7 *(Maintien en détention du mineur renvoyé devant la juridiction de jugement correctionnelle)* Art. L. 434-8 *(Maintien en détention du mineur renvoyé devant la juridiction de jugement criminelle)* Art. L. 434-10 *(Compétence du juge des enfants pour décider du maintien ou de la modification*		*de la mesure éducative judiciaire provisoire)* Art. L. 434-11 *(Compétence du juge des enfants pour décider de la modification ou de la suppression des obligations du contrôle judiciaire ou de l'assignation à résidence)* Art. L. 435-2 *(Appel du mineur devant la chambre spéciale des mineurs de la cour d'appel des décisions sur la mesure éducative judiciaire provisoire)* Art. L. 511-5 *(Débats devant le tribunal pour enfants)* Art. L. 512-3 *(Renvoi de l'affaire après déclaration de culpabilité du mineur pour statuer sur l'action civile par le juge des enfants ou le tribunal pour enfants)* Art. L. 521-1 *(Le juge des enfants ou le tribunal pour enfants statue selon la procédure de mise à l'épreuve éducative)* Art. L. 521-2 *(Sans ouverture d'une période de mise à l'épreuve éducative, la juridiction peut statuer lors d'une audience unique)*

Textes d'origine	Articles du code	Textes d'origine	Articles du code
	Art. L. 521-3 *(Renvoi de l'examen de l'affaire si la juridiction estime qu'elle n'est pas en état d'être jugée)* Art. L. 521-4 *(Renvoi du dossier au procureur de la République si le fait délictuel peut entraîner une peine criminelle)* Art. L. 521-5 *(Renvoi au procureur de la République s'il y a nécessité d'investigations supplémentaires approfondies)* Art. L. 521-7 *(La juridiction statue sur la culpabilité du mineur et sur l'action civile lors de l'audience d'examen de la culpabilité)* Art. L. 521-8 *(Renvoi devant le tribunal pour enfants si la personnalité du mineur, la gravité ou la complexité des faits le justifient)* Art. L. 521-9 *(En cas de déclaration de culpabilité du mineur, ouverture d'une mise à l'épreuve éducative)* Art. L. 521-10 *(Non-respect des obligations du contrôle judiciaire)* Art. L. 521-11 *(Extension de la mise à l'épreuve en cours aux nouveaux faits)*		Art. L. 521-12 *(Dessaisissement de la juridiction au profit du juge des enfants compétent en cas de déclaration de culpabilité)* Art. L. 521-13 *(Suivi du mineur au cours de la mise à l'épreuve éducative placé sous le contrôle du juge des enfants)* Art. L. 521-14 *(Mesures pouvant être ordonnées dans le cadre d'une mise à l'épreuve éducative)* Art. L. 521-15 *(Le juge des enfants peut prescrire/modifier/lever à tout moment la mesure éducative judiciaire provisoire)* Art. L. 521-16 *(Mandat de comparution et mandat d'arrêt pendant la mise à l'épreuve éducative)* Art. L. 521-17 *(Dessaisissement au profit du juge des enfants compétent à raison de la résidence du mineur ou de ses représentants légaux)* Art. L. 521-18 *(Suivi du mineur par le juge des enfants qui a bénéficié du dessaisissement)* Art. L. 521-19 *(Possibilité de modifier la date de l'audience sur la sanction si la situation du mineur le justifie)*

Textes d'origine	Articles du code	Textes d'origine	Articles du code
	Art. L. 521-20 *(Convocation du mineur qui ne respecte pas le contrôle judiciaire ou l'assignation à résidence avant le terme de la période de mise à l'épreuve éducative)* Art. L. 521-21 *(Convocation du mineur et de son avocat lorsque le juge des enfants décide d'une révocation du contrôle judiciaire ou d'un placement en détention provisoire)* Art. L. 521-22 *(Révocation du contrôle judiciaire et placement en détention provisoire du mineur)* Art. L. 521-23 *(Demande de mise en liberté du mineur placé en détention provisoire au cours de la période de mise à l'épreuve éducative)* Art. L. 521-24 *(Audience de prononcé de la sanction, la juridiction statue sur la sanction et l'action civile)* Art. L. 521-25 *(Jonction de procédures à l'audience de prononcé de la sanction)* Art. L. 521-26 *(Procédure en*		*audience unique sur la culpabilité et la sanction)* Art. L. 521-27 *(Possibilité lorsque la juridiction devait statuer en audience unique de basculer en procédure avec mise à l'épreuve éducative)* Art. L. 531-1 *(Appel des décisions du juge des enfants, du tribunal des enfants, du tribunal de police devant la chambre spéciale des mineurs de la cour d'appel)* Art. L. 531-3 *(Appel des décisions sur la culpabilité et sur la sanction selon les modalités du code de procédure pénale)* Art. L. 531-4 *(La chambre spéciale des mineurs examine l'appel des décisions de placement sous contrôle judiciaire, sous assignation à résidence avec surveillance électronique et de placement en détention provisoire)* Art. L. 613-1 *(Renvoi : le mineur retenu selon les art. 709-1-1 et 716-5 C. pr. pén. bénéficie des droits de l'art. L. 332-1)* Art. L. 631-1 *(Casier judiciaire)* Art. L. 631-2 *(Casier judiciaire)*

Textes d'origine	Articles du code	Textes d'origine	Articles du code
	Art. L. 631-3 *(Délai d'effacement du casier judiciaire)* Art. L. 632-1 *(Fichier judiciaire national automatisé des auteurs d'infractions sexuelles ou violentes)* Art. L. 632-2 *(Fichier judiciaire national automatisé des auteurs d'infractions sexuelles ou violentes)* Art. L. 632-3 *(Fichier judiciaire national automatisé des auteurs d'infractions sexuelles ou violentes)* Art. L. 632-4 *(Fichier judiciaire national automatisé des auteurs d'infractions sexuelles ou violentes)* Art. L. 632-5 *(Fichier judiciaire national automatisé des auteurs d'infractions sexuelles ou violentes)* Art. L. 633-1 *(Fichier judiciaire national automatisé des auteurs d'infractions terroristes)* Art. L. 633-2 *(Fichier judiciaire national automatisé des auteurs d'infractions terroristes)*		Art. L. 633-3 *(Fichier judiciaire national automatisé des auteurs d'infractions terroristes)* Art. L. 633-4 *(Fichier judiciaire national automatisé des auteurs d'infractions terroristes)* Art. L. 634-1 *(Fichier d'antécédents judiciaires)* Art. L. 711-3 *(Mayotte, substitution de l'avocat en cas d'impossibilité de déplacement pour une audition libre, une retenue ou une garde à vue)* Art. L. 712-1 *(Application du CJPM à Saint-Pierre-et-Miquelon)* Art. L. 721-2 *(Application du CJPM en Nouvelle-Calédonie)* Art. L. 721-3 *(Application du CJPM en Nouvelle-Calédonie)* Art. L. 721-4 *(Application du CJPM en Nouvelle-Calédonie)* Art. L. 722-2 *(Application du CJPM en Polynésie française)* Art. L. 723-2 *(Application du CJPM dans les îles Wallis-et-Futuna)*

Textes d'origine	Articles du code
Code de procédure pénale :	
Art. D. 49-45	L. 611-2 *(Le juge des enfants exerce les fonctions du juge d'application des peines en cas de condamnation d'un mineur, jusqu'à ce que la personne condamnée ait atteint l'âge de 21 ans)*
Art. D. 49-46, al. 1er......	L. 611-4 *(La chambre spéciale des mineurs de la cour d'appel exerce les compétences confiées à la chambre d'application des peines en cas d'appel des décisions du juge des enfants)*
Art. D. 49-47	L. 611-8 *(Si le juge des enfants chargé d'appliquer des peines ne connaît pas habituellement le mineur, il transmet une demande d'avis préalable auprès du juge des enfants habituellement compétent)*
Art. D. 49-48, al. 1er et 3 .	L. 611-9 *(Dessaisissement du juge des enfants saisi au profit du juge des enfants qui connaît habituellement la situation du mineur)*
Art. D. 49-49	L. 611-7 *(Articulation des compétences en cas de saisine de plusieurs juges des enfants)*
Art. D. 49-50, al. 1er......	L. 612-4 *(Les dispositions du chapitre II [audiences d'application des peines] ne sont plus applicables au mineur devenu majeur)*
Art. D. 49-50, al. 1er à 4..	L. 612-1 *(Assistance d'un avocat devant les juridictions de l'application des peines)*
Art. D. 49-50, al. 5	L. 612-2 *(Convocation des représentants légaux devant le juge ou le tribunal pour enfants)*
Art. D. 49-51	L. 612-3 *(Notification des jugements de condamnation du juge des enfants et des tribunaux pour enfants aux représentants du mineur)*
Art. D. 49-53, al. 2	L. 611-5 *(Dessaisissement du juge des enfants au profit du JAP à la majorité)*
Art. R. 57-9-11	L. 124-2 *(Séparation des mineurs et majeurs dans les établissements pénitentiaires)*
Art. 306, al. 6	L. 513-3 *(Publicité de l'audience de cour d'assises pour le mineur devenu majeur)*
Art. 306, al. 7	L. 513-4 *(Publication du compte rendu des débats interdite sauf exceptions [anonymisées])*
Art. 400, al. 5	L. 513-3 *(Demande d'audience publique sauf exceptions [prévenu mineur])*

Textes d'origine	Articles du code
Art. 706-24-4	L. 433-6 *(Détention provisoire en matière terroriste)*
Art. 770, al. 1er, 2 et 3	L. 631-4 *(Retrait de la décision du casier judiciaire)*
Décret n° 46-734 du 16 avril 1946 relatif aux personnes, institutions ou services recevant des mineurs délinquants :	
Art. 30, al. 2	L. 113-3 *(Visite des établissements accueillant les délinquants mineurs par le magistrat du parquet ou le juge des enfants)*
Ordonnance n° 45-174 du 2 février 1945 :	
Art. 1er	L. 12-1 *(Principe de spécialisation des juridictions pénales pour mineurs)*
Art. 1er	L. 231-2 *(Compétence du juge des enfants pour les contraventions de cinquième classe, les délits et contraventions de quatrième classe connexes.)*
Art. 2, al. 1er et 2, ecqc les sanctions éducatives et peines	L. 11-3 *(Les mineurs condamnés font l'objet d'une mesure éducative et, selon les circonstances, d'une peine)*
Art. 2, al. 2, dern. phrase	L. 111-3 *(Cumul mesure éducative et peine)*
Art. 2, al. 2, ecqc le mineur de treize ans	L. 11-4 *(Aucune peine ne peut être prononcée à l'encontre d'un mineur de moins de 13 ans)*
Art. 2, al. 2, ecqc l'atténuation de responsabilité	L. 11-5 *(Diminution des peines encourues par les mineurs)*
Art. 2, al. 3	L. 123-1 *(Motivation spéciale en cas de peine d'emprisonnement avec ou sans sursis)*
Art. 2, al. 4	L. 111-3 *(Cumul mesure éducative et peine)*
Art. 3	L. 231-1 *(Compétences des juridictions pour mineurs)*
Art. 3-1, al. 1er et 2	L. 412-1 *(Information par l'OPJ des représentants légaux du mineur, de la personne ou des services à qui le mineur est confié [audition libre])*
Art. 3-1, al. 3	L. 412-2 *(Désignation d'un avocat [audition libre])*
Art. 4, I, al. 1er, phrase 1	L. 413-6 *(Placement en garde à vue d'un mineur d'au moins 13 ans)*
Art. 4, I, al. 1er, phrase 3	L. 413-2 *(Durée de la retenue)*
Art. 4, I, al. 1er, phrases 2 et 4 et al. 2	L. 413-1 *(Conditions de la retenue)*
Art. 4, I, al. 2, ecqc II	L. 413-3 *(Information des représentants légaux de la retenue du mineur)*
Art. 4, I, al. 2, ecqc III	L. 413-4 *(Désignation d'un*

Textes d'origine	Articles du code
	médecin dès le début de la retenue du mineur)
Art. 4, I, al. 2, ecqc IV	L. 413-5 *(Assistance d'un avocat lors de la retenue du mineur)*
Art. 4, I, al. 2, ecqc VI, al. 1er et 4	L. 413-12 *(Enregistrement audiovisuel des interrogatoires des mineurs)*
Art. 4, II	L. 413-7 *(Placement en garde à vue)*
Art. 4, III	L. 413-8 *(Examen médical [garde à vue])*
Art. 4, IV	L. 413-9 *(Assistance d'un avocat dès le début de la garde à vue du mineur)*
Art. 4, V	L. 413-10 *(Prolongation de la garde à vue)*
Art. 4, VI, al. 2	L. 413-13 *(Consultation des enregistrements audiovisuels)*
Art. 4, VI, al. 3	L. 413-14 *(Interdictions de diffusion des enregistrements audiovisuels)*
Art. 4, VI, al. 5	L. 413-15 *(Destruction des enregistrements audiovisuels)*
Art. 4, VII	L. 413-11 *(Prolongation exceptionnelle de garde à vue [criminalité organisée])*
Art. 4-1....................	L. 12-4 *(Assistance obligatoire d'un avocat)*
Art. 5, al. 1er	L. 423-3 *(Aucune poursuite sans information préalable)*
Art. 5, al. 2	L. 423-2 *(Poursuite des contraventions de 5e classe)*
Art. 5, al. 3	L. 423-7 *(Saisine du juge des enfants ou du tribunal pour enfants)*
Art. 5, al. 7	L. 423-5 *(Contraventions de cinquième classe)*
Art. 5, al. 8	L. 512-1 *(Moment de la constitution de partie civile)*
Art. 5, al. 9	Non repris
Art. 5, al. 2 et 3	L. 423-4 *(Poursuite des délits ou contraventions de 5ème classe)*
Art. 5, al. 3 à 6...........	L. 423-8 *(Mentions du procès-verbal et de la convocation devant le juge des enfants)*
Art. 5-1..................	L. 322-1 *(Investigations réalisées avant une décision prononçant une mesure éducative ou une peine)*
Art. 5-2, al. 1er, 2 et 4	L. 322-9 *(Pièces versées au dossier unique de personnalité)*
Art. 5-2, al. 1er, 3, 5 et 11........................	L. 322-8 *(Cas d'ouverture du dossier unique de personnalité)*
Art. 5-2, al. 6 à 10	L. 322-10 *(Accès au dossier unique de personnalité)*
Art. 6, al. 1er et 2.........	L. 512-1 *(Moment de la constitution de partie civile)*
Art. 6, al. 3 et 4	L. 512-2 *(Décision sur l'action civile, infractions commises par des mineurs et des majeurs)*

Textes d'origine	Articles du code
Art. 6-1 et 6-2, I, 2° et III, al. 1er	L. 311-1 *(Accompagnement par les représentants légaux)*
Art. 6-2, I, al. 1er à 3	L. 12-5 *(Informations des représentants légaux)*
Art. 6-2, II et III, al. 1er et 2	L. 311-2 *(Désignation d'un adulte approprié lorsque la représentation n'est pas possible par les responsables légaux)*
Art. 6-2, III, al. 3	L. 311-3 *(Rôle de l'adulte approprié)*
Art. 6-2, IV	L. 311-4 *(Renvoi. Informations données aux titulaires de l'autorité parentale si les conditions visées à l'art. L. 311-2 ne sont pas remplies)*
Art. 6-2, V	Non repris
Art. 7, al. 3	L. 434-4 *(Renvoi du mineur devant le juge des enfants compétent par le juge d'instruction)*
Art. 7, al. 3, dern. phrase	L. 221-1 *(Actes urgents accomplis par un juge d'instruction dans un tribunal judiciaire qui n'est pas le siège du tribunal pour enfants avant de se dessaisir)*
Art. 7, sauf al. 3, dern. phrase	L. 211-2 *(Compétence du procureur de la République près le tribunal judiciaire dans le ressort duquel un tribunal pour enfants a son siège)*
Art. 7-1	L. 422-2 *(Renvoi. Convocation des représentants légaux du mineur lorsque le procureur de la République fait application de l'art. 41-1 C. pr. pén.)*
Art. 7-1, al. 2	L. 422-1 *(Renvoi. Lorsque le procureur de la République fait application de l'art. 41-1 il peut aussi prononcer un stage de formation civique, ou une consultation auprès d'un psychologue ou psychiatre)*
Art. 7-2, al. 1er et 5 à 11	L. 422-3 *(Composition pénale)*
Art. 7-2, al. 2, 3, 4 et 12	L. 422-4 *(Composition pénale)*
Art. 8, al. 10	L. 12-3 *(Publicité restreinte des audiences)*
Art. 8, al. 10	L. 513-1 *(Chambre du conseil : devant le juge des enfants, l'affaire est jugée et instruite en chambre du conseil)*
Art. 8, al. 12	L. 111-6 *(Dispense de mesure éducative en matière contraventionnelle ou correctionnelle et déclaration de réussite éducative)*
Art. 8, al. 16	L. 112-14 *(Module de placement, suites)*
Art. 8, al. 17	L. 112-5 *(Module d'insertion)*

Textes d'origine	Articles du code	Textes d'origine	Articles du code
Art. 8, al. 20	L. 231-3 *(Compétence du tribunal pour enfants)*	Art. 9, al. 1er	L. 432-1 *(Mesure judiciaire d'investigation éducative au cours de l'information judiciaire)*
Art. 8, al. 5, ecqc 2e phrase, al. 8	L. 323-1 *(Prononciation de la mesure éducative judiciaire à titre provisoire à tout moment de la procédure)*	Art. 9, al. 1er	L. 432-2 *(Renvoi. Mesure éducative judiciaire provisoire ordonnée par le JLD ou le juge d'instruction à l'égard du mineur mis en examen dans les conditions des art. L. 323-1 à 323-3)*
Art. 8, al. 1er à 3, 5 à 9, 11 et 19	Non repris	Art. 9, al. 7	L. 231-9 *(Compétence de la cour d'assises des mineurs)*
Art. 8, al. 13, 14, 15	L. 111-1 *(Mesures éducatives à titre de sanction : avertissement judiciaire, mesure éducative judiciaire)*	Art. 9, al. 7	L. 434-2 *(Compétence de la cour d'assises des mineurs)*
Art. 8, al. 18	L. 111-2 *(Cumul avertissement judiciaire et mesure éducative judiciaire)*	Art. 9, al. 7	L. 434-3 *(Disjonctions de procédures [majeurs et mineurs impliqués])*
Art. 8, al. 4 et 5, phrase 1	L. 322-2 *(Recueil de renseignements socio-éducatifs et mesure judiciaire d'investigation éducative)*	Art. 9, al. 7	L. 434-9 *(Renvoi. Application de l'art. 181 C. pr. pén. en cas de mise en accusation du mineur âgé d'au moins 16 ans)*
Art. 8-1, al. 1er, I	L. 423-4 *(Saisine du juge des enfants selon la procédure de mise à l'épreuve éducative)*	Art. 9, al. 2 à 6 et 8	L. 434-1 *(Ordonnances de règlement du juge d'instruction)*
Art. 8-1, II et III	Non repris	Art. 10, al. 1er et 3	L. 431-1 *(Information des poursuites par le juge d'instruction aux représentants du mineur)*
Art. 8-2	Non repris	Art. 10, al. 2, phrase 1	L. 431-2 *(Convocation des représentants légaux*
Art. 8-3, al. 1er	L. 423-7 *(Modes de saisine du juge des enfants ou du tribunal pour enfants : convocation délivrée sur instructions du procureur, ou par procès verbal du procureur de la République)*		
Art. 8-3, al. 2 à 7	Non repris		

Textes d'origine	Articles du code
	ainsi que de la personne ou du service à qui il est confié quel que soit l'objet de la convocation du mineur)
Art. 10, al. 4	L. 432-1 *(Mesure judiciaire d'investigation éducative au cours de l'information judiciaire)*
Art. 10, al. 5 à 10, 12 et 13	L. 432-2 *(Renvoi. Mesure éducative judiciaire provisoire ordonnée au cours de l'information judiciaire par le JLD ou le juge d'instruction)*
Art. 10, al. 11	Non repris
Art. 10-1	L. 311-5 *(Convocation à comparaître des représentants légaux)*
Art. 10-2, I et III, al. 1er à 4	L. 331-1 *(Contrôle judiciaire)*
Art. 10-2, II, al. 1er	L. 331-3 *(Obligations du contrôle judiciaire du mineur)*
Art. 10-2, II, al. 1er, III, al. 1er, 5, 6 et 7	L. 331-4 *(Contrôle judiciaire)*
Art. 10-2, II, al. 1er, phrase 1	L. 331-1 *(Contrôle judiciaire)*
Art. 10-2, II, al. 2 à 8	L. 331-2 *(Obligations du contrôle judiciaire du mineur)*
Art. 10-3, phrase 2	L. 333-2 *(Accord écrit des représentants légaux en cas d'assignation à résidence avec surveillance électronique à leur domicile du mineur)*
Art. 10-3, phrases 1 et 3	L. 333-1 *(Conditions de placement sous assignation à résidence avec surveillance électronique)*
Art. 11, al. 1er	L. 334-2 *(Détention provisoire du mineur prolongée ou ordonnée uniquement si elle est indispensable ou qu'elle constitue l'unique moyen de parvenir aux objectifs de l'art. 144 C. pr. pén)*
Art. 11, al. 1er, en partie	L. 334-1 *(Pas de détention provisoire du mineur de 13 ans)*
Art. 11, al. 2 à 5	L. 334-5 *(Placement en détention provisoire du mineur âgé d'au moins seize ans)*
Art. 11, al. 6, 7 et 8	L. 334-4 *(Placement en détention provisoire du mineur âgé de moins de seize ans)*
Art. 11, al. 9, sauf encellulement de nuit	L. 124-1 *(Lieux de détention des mineurs)*
Art. 11, al. 9, sauf encellulement de nuit	L. 124-2 *(Garantie d'une stricte séparation des détenus mineurs et majeurs)*
Art. 11, al. 10	L. 334-3 *(Mesure éducative judiciaire provisoire et placement en détention provisoire du mineur)*

Textes d'origine	Articles du code	Textes d'origine	Articles du code
Art. 11, al. 13	L. 433-4 *(Durée de la détention provisoire en matière criminelle)*	Art. 12, al. 1er	L. 322-3 *(Recueil de renseignements socio-éducatifs)*
Art. 11, al. 14	L. 433-5 *(Durée de la détention provisoire en matière criminelle)*	Art. 12, al. 2	L. 322-5 *(Recueil de renseignements socio-éducatifs)*
Art. 11, al. 16	L. 323-1 *(Contenu de la mesure éducative judiciaire prononcée à titre provisoire)*	Art. 12, al. 3	L. 333-1 *(Contrôle judiciaire)*
Art. 11, al. 16	L. 432-2 *(Renvoi. Mesure éducative judiciaire provisoire ordonnée au cours de l'information judiciaire par le JLD ou le juge d'instruction)*	Art. 12, al. 3	L. 422-4 *(Validation de la proposition de composition pénale)*
Art. 11, al. 11 et 12	L. 433-3 *(Durée de la détention provisoire en matière correctionnelle)*	Art. 12, al. 3 et 4	L. 322-4 *(Recueil de renseignements socio-éducatifs)*
Art. 11-1	L. 433-7 *(Durée cumulée des détentions)*	Art. 12-1	L. 112-8 *(Module de réparation [activité ou aide de réparation à l'égard de la victime, médiation entre le mineur et la victime])*
Art. 11-2, al. 1er et 2	L. 433-2 *(Durée de la détention provisoire en matière correctionnelle)*	Art. 12-1	L. 112-9 *(Module de réparation)*
Art. 11-2, al. 3	L. 433-8 *(Durée cumulée des détentions)*	Art. 12-1	L. 112-10 *(Mise en œuvre du module de réparation)*
Art. 11-2, al. 4	L. 434-6 *(Maintien en détention provisoire jusqu'à sa comparution du mineur de moins de 16 ans en matière correctionnelle)*	Art. 12-1, al. 1er et 2	L. 422-1 *(Alternatives aux poursuites, mesures spécifiques aux mineurs)*
Art. 11-3, al. 1er	L. 332-1 *(Rétention du mineur dans le cadre d'un mandat de comparution, d'amener ou d'arrêt)*	Art. 12-1, al. 3	L. 432-2 *(Mesure éducative judiciaire provisoire prononcée par le JLD ou le juge d'instruction au cours de l'information judiciaire)*
Art. 11-3, al. 2	L. 332-2 *(Mandat d'arrêt européen)*	Art. 12-2	L. 512-4 *(Jugement contradictoire à signifier des personnes civilement responsables du mineur qui n'ont pas comparu)*
		Art. 13, al. 1er	L. 511-1 *(Débats devant le juge et le tribunal pour enfants)*

Textes d'origine	Articles du code	Textes d'origine	Articles du code
Art. 13, al. 1er, phrase 2 ..	L. 511-4 *(Co-auteurs ou complices majeurs entendus par le juge des enfants ou le tribunal pour enfants à titre de simple renseignement)*	Art. 14-2	L. 423-4 *(Saisine du juge des enfants selon la procédure de mise à l'épreuve éducative)*
Art. 13, al. 2..............	L. 511-3 *(Dispense de comparution à l'audience du mineur représenté par son avocat)*	Art. 15, al. 4..............	L. 112-11 *(Module santé)*
Art. 13, al. 3..............	Non repris	Art. 15, al. 1er, 2, 3 et 5 ..	L. 112-14 *(Module de placement)*
Art. 13-1	L. 231-5 *(Organisation judiciaire. Fixation des audiences du juge des enfants)*	Art. 15, al. 6 et 7.........	L. 112-5 *(Module d'insertion)*
Art. 14, al. 1er et 2	L. 12-3 *(Publicité restreinte des audiences des juridictions statuant à l'égard des mineurs)*	Art. 15-1	L. 112-2 *(Mesure éducative judiciaire)*
Art. 14, al. 1er, 2, 3 et 5 ..	L. 513-2 *(Personnes admises à assister aux débats devant le tribunal de police, le tribunal pour enfants et la cour d'assises des mineurs)*	Art. 15-1, al. 11..........	L. 112-5 *(Module d'insertion)*
Art. 14, al. 3, phrase 1....	L. 511-2 *(Possibilité pour le mineur de se retirer des débats)*	Art. 16....................	L. 111-1 *(Mesures éducatives à titre de sanctions [avertissement judiciaire, mesure éducative judiciaire]*
Art. 14, al. 4 et 5 et art. 14-1	L. 513-4 *(Prohibition de la publication du compte rendu des débats sauf exceptions)*	Art. 16, al. 3..............	L. 112-5 *(Module d'insertion)*
Art. 14, al. 6..............	L. 521-6 *(Prononciation du jugement dans le délai d'un mois après l'audience)*	Art. 16, al. 4..............	L. 112-11 *(Module santé [définition])*
		Art. 16, al. 7..............	L. 112-5 *(Module d'insertion [définition])*
		Art. 16 *bis*, al. 1er	L. 111-1 *(Mesures éducatives à titre de sanctions [avertissement judiciaire, mesure éducative judiciaire])*
		Art. 16 *bis*, al. 1er	L. 112-4 *(Durée de la mesure éducative judiciaire)*
		Art. 16 *bis*, al. 2	L. 112-1 *(Visées de la mesure éducative judiciaire [protection, assistance, éducation, insertion, accès aux soins])*
		Art. 16 *bis*, al. 3	L. 611-1 *(Contrôle de la mesure éducative judiciaire par le juge des enfants qui peut à tout moment*

Textes d'origine	Articles du code
	modifier le contenu de la mesure ou en ordonner la mainlevée)
Art. 16 *bis*, al. 4	L. 112-15 *(Modalités de la décision de placement)*
Art. 16 *ter*	L. 112-6 *(Accueil de jour)*
Art. 17	Non repris
Art. 18	L. 11-4 *(Pas de peine pour un mineur de moins de 13 ans)*
Art. 19	L. 323-1 *(Mesure éducative provisoire à tous stades de la procédure, cumul des modules possibles, placement du mineur dans un service de l'aide sociale à l'enfance)*
Art. 20, al. 1er	L. 231-9 *(Compétence de la cour d'assises des mineurs)*
Art. 20, al. 2 et 10	L. 231-7 *(Cour d'assises des mineurs : procédure)*
Art. 20, al. 2, phrase 1	L. 231-8 *(Cour d'assises des mineurs : procédure)*
Art. 20, al. 3	L. 12-2 *(Spécialisation des magistrats)*
Art. 20, al. 3	L. 231-8 *(Cour d'assises des mineurs : procédure)*
Art. 20, al. 8	L. 12-3 *(Publicité restreinte des audiences en droit pénal des mineurs)*
Art. 20, al. 8	L. 513-2 *(Personnes admises à assister aux débats)*
Art. 20, al. 8	L. 513-4 *(Prohibition de la publication du compte rendu des débats)*
Art. 20, al. 1er et 2	L. 231-10 *(Désignation des assesseurs de la cour d'assises des mineurs)*
Art. 20, al. 5 à 7	L. 231-8 *(Cour d'assises des mineurs : procédure)*
Art. 20, al. 9 à 13	L. 522-1 *(Président de la cour d'assises des mineurs)*
Art. 20-1	L. 231-3 *(Compétence du tribunal pour enfants)*
Art. 20-2, al. 2	L. 121-7 *(Non-application exceptionnelle du principe d'atténuation des peines)*
Art. 20-2, al. 3	L. 111-5 *(Les mesures éducatives ne peuvent constituer le premier terme de récidive)*
Art. 20-2, al. 5	L. 124-1 *(Lieux de détention des mineurs)*
Art. 20-2, al. 1er et 4	L. 121-5 *(Atténuation des peines applicables aux mineurs)*
Art. 20-2-1	L. 122-6 *(Prononcé de la peine de détention à domicile sous surveillance électronique)*
Art. 20-3	L. 121-6 *(Peine d'amende)*
Art. 20-3	L. 121-7 *(Non-application exceptionnelle du principe d'atténuation des peines)*

Textes d'origine	Articles du code
Art. 20-4	L. 121-1 *(Peines inapplicables aux mineurs)*
Art. 20-4-1	L. 122-5 *(Prononcé de la peine de stage)*
Art. 20-5, al. 1er, 2 et 3	L. 122-1 *(Travail d'intérêt général)*
Art. 20-5, al. 1er, 2 et 3	L. 621-1 *(Conversion d'une peine en TIG ou en sursis probatoire TIG)*
Art. 20-6	L. 121-1 *(Peines inapplicables aux mineurs)*
Art. 20-9, al. 1er	L. 611-2 *(Juge des enfants exerçant les fonctions du juge d'application des peines jusqu'à ce que la personne condamnée ait atteint l'âge de 21 ans)*
Art. 20-9, al. 1er	L. 611-3 *(Tribunal pour enfants exerçant les attributions dévolues au tribunal de l'application des peines)*
Art. 20-9, al. 1er	L. 611-4 *(Appel des décisions du juge des enfants ou du tribunal pour enfants porté devant la chambre spéciale des mineurs de la cour d'appel ou son président)*
Art. 20-9, al. 2	L. 611-6 *(Compétence du juge d'application des peines pour le condamné ayant atteint l'âge de 18 ans au jour du jugement sauf exception [décision spéciale, compétence du juge des enfants])*
Art. 20-9, al. 3	L. 611-5 *(Dessaisissement du juge des enfants au profit du juge de l'application des peines lorsque la condamné est majeur)*
Art. 20-9, al. 5	Non repris
Art. 20-10, al. 3	L. 122-3 *(Suivi socio-judiciaire)*
Art. 20-10, al. 1er et 2	L. 122-2 *(Obligations du sursis probatoire)*
Art. 20-11 et 20-12	L. 621-2 *(Exécution des peines prononcées à l'étranger)*
Art. 21, al. 1er	L. 12-3 *(Publicité restreinte des audiences relatives aux mineurs)*
Art. 21, al. 1er	L. 423-1 *(Compétences du tribunal de police pour les contraventions de police des quatre premières classes commises par les mineurs)*
Art. 21, al. 1er	L. 513-2 *(Personnes admises à assister aux débats)*
Art. 21, al. 2	L. 121-3 *(Peines prononcées par le tribunal de police [dispense de peine, peine d'amende])*
Art. 21, al. 2 et 3	L. 111-2 *(Cumul de l'avertissement judiciaire et de la mesure éducative judiciaire)*
Art. 21, al. 4	L. 231-6 *(Appels devant la chambre spéciale des mineurs de la cour d'appel)*

Textes d'origine	Articles du code	Textes d'origine	Articles du code
Art. 22	L. 123-2 *(Prononcé des peines : exécution provisoire et mandat de dépôt)*	Art. 34, al. 1er	L. 113-2 *(Frais d'entretien et de placement du mineur)*
Art. 22, al. 1er	L. 111-4 *(Décision portant mesure éducative exécutoires par provision)*	Art. 35	L. 113-4 *(Visite des établissements publics ou privés d'accueil des mineurs par des députés et sénateurs à tout moment)*
Art. 23	L. 221-3 *(Conseiller délégué à la protection de l'enfance)*	Art. 37	L. 211-3 *(Compétence exclusive du procureur de la République en cas de poursuite contre le mineur sur plainte préalable de l'administration intéressée)*
Art. 24, al. 1er	L. 532-1 *(Opposition)*	Art. 38	Non repris
Art. 24, al. 2	L. 435-1 *(Appel des ordonnances du juge d'instruction et du JLD relatives à la mesure éducative judiciaire provisoire)*	Art. 39	L. 113-6 *(Habilitation spéciale pour l'accueil habituel des mineurs)*
Art. 24, al. 3	L. 531-2 *(Appels contre les décisions de la cour d'assises des mineurs en premier ressort en application du code de procédure pénale)*	Art. 40, al. 1er à 4	L. 113-2 *(Frais d'entretien et de placement du mineur)*
Art. 24, al. 4	L. 12-6 *(Exercice du droit d'opposition, d'appel, de recours en cassation [mineur, ou représentant légal])*	Art. 40, al. 5 et 6	L. 113-1 *(Exercice des attributions de l'autorité parentale dans le cadre d'une mesure de placement)*
Art. 24, al. 5 et 6	Non repris	Art. 41	Non repris
Art. 24-5	Non repris	Art. 42	Non repris
Art. 24-6	Non repris	Art. 43	L. 113-5 *(Recours à la force publique pour l'exécution d'une décision des magistrats ou juridictions ayant ordonné le placement du mineur)*
Art. 24-7	Non repris	Art. 44	L. 721-1 *(Application du CJPM en Nouvelle-Calédonie)*
Art. 24-8	L. 121-2 *(Ajournement de la peine non applicable aux mineurs)*		
Art. 25	Non repris		
Art. 26, al. 1er et 3	Non repris		
Art. 27	Non repris		
Art. 28	Non repris		
Art. 31	Non repris		
Art. 32	Non repris		
Art. 33	L. 113-7 *(Centres éducatifs fermés [habilitation])*		

Textes d'origine	Articles du code	Textes d'origine	Articles du code
Art. 44	L. 722-1 *(Application du CJPM en Polynésie française)*	Art. 45, III	L. 723-3 *(Wallis-et-Futuna)*
		Art. 46, al. 1er et 2	Non repris
		Art. 47	Non repris
Art. 44	L. 723-1 *(Application du CJPM dans les îles Wallis-et-Futuna)*	Art. 48, al. 2	L. 711-2 *(Application du CJPM à Mayotte)*
Art. 45, I	L. 722-3 *(Polynésie française)*	Art. 49, al. 1er	L. 711-1 *(Application du CJPM à Mayotte)*
Art. 45, II	L. 721-5 *(Nouvelle-Calédonie)*	Art. 49, al. 2	Non repris
		Art. 50	Non repris

TABLE CHRONOLOGIQUE

NOTA. Avant la table chronologique proprement dite, on trouvera ci-dessous la liste des différents codes, autres que le code de la justice pénale des mineurs, reproduits en extraits dans le présent ouvrage.
Les textes postérieurs à la codification, qui ont modifié, ajouté ou abrogé des articles du code, sont suivis d'un renvoi à l'article concerné. Il en va de même des textes et codes complémentaires reproduits dans l'ouvrage. Les textes reproduits dans la partie appendice sont suivis d'un renvoi à la rubrique de l'appendice correspondante. Le picto signale que le texte est accessible intégralement ou partiellement en hyperlien sur les portails et sur le Code en ligne.

– Art. 62 à 66, ss. CJPM, art. L. 413-6 *(garde à vue)*.
– Art. 62-2, 803-6, ss. CJPM, art. L. 413-1 *(garde à vue)*.
– Art. 63-3, ss. CJPM, art. L. 413-6 *(examen par un médecin)*.
– Art. 63-3-1 à 63-4-4, ss. CJPM, art. L. 413-5 *(assistance par un avocat)*.
– Art. 63-9, 154, 706-71, ss. CJPM, art. L. 413-10 *(prolongation de garde à vue)*.
– Art. 116, ss. CJPM, art. L. 431-3 *(interrogatoire de première comparution)*.
– Art. 122 à 134, ss. CJPM, art. L. 521-16 *(mandats)*.
– Art. 133-1, 695-26 à 695-28-1, ss. CJPM, art. L. 332-1 *(mandats, rétention)*.
– Art. 137, 142-5 à 142-13, ss. CJPM, art. L. 333-1 *(obligations du contrôle judiciaire et assignation à résidence avec surveillance électronique)*.
– Art. 137-1 à 137-4, ss. CJPM, art. L. 432-2 *(détention provisoire)*.
– Art. 138-1, ss. CJPM, art. L. 331-2 *(interdiction de rencontrer la victime)*.
– Art. 138-2, ss. CJPM, art. L. 331-6 *(ordonnance de placement sous contrôle judiciaire)*.
– Art. 141-4, ss. CJPM, art. L. 331-7 *(appréhension par les services de police)*.
– Art. 144, ss. CJPM, art. L. 334-2 *(détention provisoire)*.
– Art. 144, 145, ss. CJPM, art. L. 433-4 *(détention provisoire)*.
– Art. 148, ss. CJPM, art. L. 423-11 *(demande de mise en liberté)*.
– Art. 175, 177, 181, ss. CJPM, art. L. 434-1 *(fin d'information)*.
– Art. 179, ss. CJPM, art. L. 434-6 *(ordonnance de renvoi)*.
– Art. 186, ss. CJPM, art. L. 435-1 *(instruction, appel)*.
– Art. 194, 199, ss. CJPM, art. L. 423-13 *(chambre de l'instruction)*.
– Art. 230-6 à 230-11, ss. CJPM, art. L. 634-1 *(fichiers d'antécédents)*.
– Art. 288 à 292, ss. CJPM, art. L. 231-8 *(cour d'assises)*.
– Art. 306, 400, ss. CJPM, art. L. 513-3 *(publicité des débats sauf exceptions)*.
– Art. 380-1 à 380-8, ss. CJPM, art. L. 531-2 *(appel criminel)*.
– Art. 380-9 à 380-13, ss. CJPM, art. L. 531-3 *(délais et formes de l'appel criminel)*.
– Art. 391, 420, ss. CJPM, art. L. 512-1 *(avis partie civile)*.
– Art. 397-2, ss. CJPM, art. L. 521-5 *(supplément d'information)*.
– Art. 399, ss. CJPM, art. L. 231-5 *(audiences correctionnelles)*.
– Art. 410 à 411, ss. CJPM, art. L. 512-4 *(comparution du prévenu)*.
– Art. 463, ss. CJPM, art. L. 521-3 *(supplément d'information)*.
– Art. 464, ss. CJPM, art. L. 512-3 *(jugement correctionnel)*.
– Art. 464-1 à 465-1, ss. CJPM, art. L. 123-2 *(maintien en détention)*.
– Art. 469, ss. CJPM, art. L. 521-4 *(requalification)*.
– Art. 489 à 493, 545, ss. CJPM, art. L. 532-1 *(opposition)*.
– Art. 496, ss. CJPM, art. L. 435-2 *(appel correctionnel)*.
– Art. 524 à 530-1, ss. CJPM, art. L. 423-1 *(jugement des contraventions)*.
– Art. 550 à 566, ss. CJPM, art. L. 521-8 *(citations et significations)*.
– Art. 552, ss. CJPM, art. L. 423-8 *(comparution devant le tribunal correctionnel)*.
– Art. 628, 628-1, 706-16, 706-17, 706-26, 706-27, 706-72, 706-72-1, 706-167, 706-168, ss. CJPM, art. L. 231-1 *(crimes contre l'humanité, crimes et délits de guerre)*.
– Art. 695-30, ss. CJPM, art. L. 332-2 *(mandat d'arrêt européen)*.
– Art. 706-25-3 à 706-25-14, ss. CJPM, art. L. 633-1 *(fichier judiciaire national automatisé des auteurs d'infractions terroristes)*.
– Art. 706-47, 706-53-2, ss. CJPM, art. L. 632-2 *(infractions sexuelles et protection des mineurs victimes)*.
– Art. 706-51, ss. CJPM, art. L. 311-2 *(administrateur* ad hoc*)*.
– Art. 706-53-1, ss. CJPM, art. L. 632-1 *(fichier judiciaire national automatisé des auteurs d'infractions sexuelles)*.

– Art. 706-53-5, ss. CJPM, art. L. 632-5 (*fichier judiciaire national automatisé des auteurs d'infractions sexuelles*).

– Art. 706-53-10, ss. CJPM, art. L. 632-4 (*fichier judiciaire national automatisé des auteurs d'infractions sexuelles*).

– Art. 706-88, ss. CJPM, art. L. 413-11 (*garde à vue, criminalité organisée*).

– Art. 707-1, ss. CJPM, art. L. 122-4 (*execution de la peine*).

– Art. 709-1-1, 716-5, ss. CJPM, art. L. 613-1 (*retenue pour exécution d'une peine*).

– Art. 712-4-1 à 712-10, ss. CJPM, art. L. 611-2 (*juridictions de l'application des peines du premier degré*).

– Art. 713-42 à 713-44, ss. CJPM, art. L. 122-6 (*détention à domicile sous surveillance électronique*).

– Art. 716-1 à 719-1, ss. CJPM, art. L. 123-1.

– Art. 728-4 à 728-7, 728-46, 728-47, 728-67 à 728-69, 764-21 à 764-43, ss. CJPM, art. L. 621-2 (*peine prononcée à l'étranger*).

– Art. 733-1, 733-2, 747-1, 747-2, ss. CJPM, art. L. 122-1 (*travail d'intérêt général et sursis probatoire avec l'obligation d'accomplir un TIG*).

– Art. 747-1, 747-1-1, ss. CJPM, art. L. 621-1 (*conversion de peine*).

– Art. 769, ss. CJPM, art. L. 631-3 (*casier judiciaire*).

– Art. 770, 778, ss. CJPM, art. L. 631-4 (*casier judiciaire*).

– Art. 803-8, ss. CJPM, art. R. 124-42 (*dignité en detention*).

Code de la santé publique

– Art. L. 1112-4, L. 2321-3, ss. CJPM, art. L. 112-11 (*établissements de santé*).

Code de la sécurité intérieure

– Art. L. 114-1, L. 234-1 à L. 234-3, ss. CJPM, art. L. 634-1 (*enquêtes administratives avant recrutement, titularisation*).

– Art. L. 224-1, ss. CJPM, art. L. 633-4 (*interdiction de sortie du territoire*).

Code du service national

– Art. L. 130-1 à L. 130-5, ss. CJPM, art. L. 122-2 (*contrat de volontariat pour l'insertion*).

1945	2 févr.	Ordonnance n° 45-174. Enfance délinquante. – V. App., v° *Régime antérieur*, **p. 511.**
1950	4 nov.	Convention européenne de sauvegarde des droits de l'homme et des libertés fondamentales. – App., v° *Textes internationaux*, **p. 729.**
1966	19 déc.	Pacte international. Droits civils et politiques. – Art. 6, 10. – V. App., v° *Textes internationaux*, **p. 745.**
1985	29 nov.	Résolution 40/33. Règles de Beijing des Nations unies. Administrations de la justice pour mineurs. – V. App., v° *Textes internationaux*, **p. 746.**
1988	9 oct.	Décret n° 88-949. Habilitation des personnes physiques, établissements, services ou organismes publics ou privés auxquels l'autorité judiciaire confie habituellement des mineurs ou l'exécution des mesures les concernant. – V. ss. CJPM, art. L. 113-6.
1989	20 nov.	Convention internationale. Droits de l'Enfant. – V. App., v° *Textes internationaux*, **p. 774.**
1990	14 déc.	Résolution 45/112. Principes directeurs de Riyad des Nations unies, prévention de la délinquance juvénile. – V. App., v° *Textes internationaux*, **p. 760.**
1990	14 déc.	Résolution 45/113. Protection des mineurs privés de liberté. – V. App., v° *Textes internationaux*, **p. 765.**
1996	25 janv.	Convention européenne. Exercice des droits des enfants. – V. App., v° *Textes internationaux*, **p. 804.**
2000	13 janv.	Circulaire NOR : JUSF0050051N. Centres éducatifs renforcés et centres de placement immédiat. – V. App., v° *Prise en charge éducative*, **p. 680.**
2003	28 mars	Circulaire. Mise en œuvre du programme des centres éducatifs fermés, de la direction de la protection judiciaire de la jeunesse. – V. ss. CJPM, art. L. 113-7.
2006	11 janv.	Recommandation Rec(2006)2-rév. Règles pénitentiaires européennes. – Art. 10.1 à 13, 35.1 à 36.3, 81.1 à 81.4. – V. ss. CJPM, art. L. 124-1.
2008	10 janv.	Décret n° 2008-36. Publication de la convention européenne sur l'exercice des droits des enfants. – V. App., v° *Textes internationaux*, **p. 809.**
2008	5 nov.	Recommandations Rec(2006)2-rév du Comité des ministres aux États membres. Délinquants faisant l'objet de sanctions ou de mesures. – V. App., v° *Textes internationaux*, **p. 817.**
2009	24 nov.	Loi n° 2009-1436. Loi pénitentiaire. – Art. 59 à 61. – V. ss. CJPM, art. L. 124-1.
2011	17 oct.	Décret n° 2011-1312. Création d'une indemnité allouée aux assesseurs extérieurs à l'administration pénitentiaire siégeant dans les commissions de discipline des personnes détenues. – V. ss. CJPM, art. R. 124-16.

2014	30 sept.	Note NOR : JUSF1423190N. Orientation de la protection judiciaire de la jeunesse et annexes. – V. App., v° *Prise en charge éducative*, **p. 595.**
2015	23 mars	Note. NOR : JUSF1507871N. Mesure judiciaire d'investigation éducative. – V. ss. CJPM, art. L. 322-7.
2015	31 mars	Arrêté. Règles d'organisation, de fonctionnement et de prise en charge des centres éducatifs fermés du secteur public de la protection judiciaire de la jeunesse. – V. ss. CJPM, art. L. 113-7.
2015	4 mai	Note NOR : JUSF1510943N. Absences non autorisées d'un mineur placé dans un établissement du secteur public ou du secteur associatif habilité de la PJJ. – V. App., v° *Prise en charge éducative*, **p. 661.**
2015	22 oct.	Note NOR : JUSF1526137N. Action éducative en milieu ouvert au sein des services de la protection judiciaire de la jeunesse et annexe. – V. App., v° *Prise en charge éducative*, **p. 608.**
2015	22 oct.	Note NOR : JUSF1526167N. Action éducative dans le cadre du placement judiciaire. – V. App., v° *Prise en charge éducative*, **p. 628.**
2015	30 nov.	Note. Atteinte aux droits fondamentaux par le recours à des pratiques de « fouille » dans les établissements et services du secteur public et du secteur associatif habilité. – V. App., v° *Prise en charge éducative*, **p. 679.**
2015	24 déc.	Note NOR : JUSF1532612N. Prévention et gestion des situations de violence au sein des établissements et services de la PJJ. – V. App., v° *Prise en charge éducative*, **p. 670.**
2016	24 févr.	Note NOR : JUSF1606655N. Action de la protection judiciaire de la jeunesse dans les parcours d'insertion scolaire et professionnelle des jeunes confiés. – V. App., v° *Prise en charge éducative*, **p. 652.**
2016	10 mars	Circulaire. Application de l'arrêté n° JUSF1509326A du 31 mars 2015 relatif aux règles d'organisation, de fonctionnement et de prise en charge des centres éducatifs fermés du secteur public de la protection judiciaire de la jeunesse. – V. ss. CJPM, art. L. 113-7.
2016	11 mai	Directive 2016/800/UE. Garanties procédurales en faveur des enfants suspects ou poursuivis dans le cadre des procédures pénales. – V. App., v° *Textes internationaux*, **p. 810.**
2016	13 déc.	Circulaire NOR : JUSD1636978C. Politique pénale et éducative relative à la justice pénale des mineurs. – V. App., v° *Prise en charge éducative*, **p. 619.**
2017	10 févr.	Note NOR : JUSF1704924N. Adaptabilité des modalités de prise en charge et annexes. – V. App., v° *Prise en charge éducative*, **p. 621.**
2018	5 juin	Note NOR : JUSF1811267N. Mesure judiciaire d'investigation éducative (MJIE) dans le cadre d'une procédure d'assistance éducative au bénéfice des mineurs de retour de zone (RDZ) d'opérations de groupements terroristes. – V. App., v° *Prise en charge éducative*, **p. 682.**
2018	1er août	Note NOR : JUSF1821611N. Prise en charge éducative des mineurs radicalisés ou en danger de radicalisation violente et fiches thématiques. – V. App., v° *Prise en charge éducative*, **p. 687.**

2018	5 sept.	Note NOR : JUSF1821612N. Situation des mineurs non accompagnés faisant l'objet de poursuites pénales et note d'accompagnement sur la détermination de la minorité en matière pénale. – V. App., v° *Prise en charge éducative*, **p. 721.**
2019	23 mars	Loi n° 2019-222. De programmation et de réforme pour la justice. – Art. 93. – V. App., v° *Codification*, **p. 587.**
2019	25 mars	Circulaire. Présentation des dispositions relatives à la justice pénale des mineurs de la loi n° 2019-222 du 23 mars 2019 de programmation 2018-2022 et de réforme pour la justice. – V. App., v° *Régime antérieur*, **p. 572.**
2019	11 sept.	Ordonnance n° 2019-950. Partie législative du code de la justice pénale des mineurs : – Art. 1er, 2, 6, 7, 9, 10. – V. App., v° *Adoption*, **p. 593.** – Dispositions législatives du code de la justice pénale des mineurs.
2019	11 sept.	Rapport au président de la République relatif à l'ordonnance n° 2019-950 du 11 septembre 2019. – V. App., v° *Codification*, **p. 587.**
2020	11 mars	Ordonnance n° 2020-232. Régime des décisions prises en matière de santé, de prise en charge ou d'accompagnement social ou médico-social à l'égard des personnes majeures faisant l'objet d'une mesure de protection juridique. – V. CASF, art. L. 241-6, ss. CJPM, art. L. 112-13.
2021	26 févr.	Loi n° 2021-218. Ratification de l'ordonnance n° 2019-950 du 11 septembre 2019 portant partie législative du code de la justice pénale des mineurs. – V. CJPM, art. préliminaire, L. 11-1, L. 12-1, L. 12-4, L. 13-1, L. 111-1, L. 111-3, L. 112-2, L. 112-3, L. 112-10, L. 112-14, L. 112-15, L. 113-2, L. 113-7, L. 113-8, L. 121-1 à L. 121-3, L. 122-1 à L. 122-3, L. 122-6, L. 123-2, L. 124-1, L. 221-1, L. 231-1, L. 231-6, L. 231-8, L. 231-9, L. 311-5, L. 322-8 à L. 323-2, L. 331-4, L. 331-5, L. 331-7, L. 333-1, L. 334-3, L. 334-6, L. 412-2, L. 422-1, L. 422-2, L. 422-4, L. 423-3, L. 423-6, L. 423-8 à L. 423-13, L. 431-2, L. 432-2, L. 433-3, L. 434-4, L. 435-1, L. 435-2, L. 511-2, L. 512-3, L. 513-4, L. 521-9, L. 521-10, L. 521-16 à L. 521-19, L. 521-21 à L. 521-23, L. 531-3, L. 611-1, L. 611-7, L. 612-2, L. 621-1 à L. 631-4, L. 632-3, L. 632-5, L. 711-3, L. 721-2, L. 721-4, L. 721-5, L. 722-2 à L. 723-2.
2021	21 avr.	Loi n° 2021-478. Protection des mineurs des crimes et délits sexuels et de l'inceste. – V. C. pr. pén., art. 706-47, ss. CJPM, art. L. 632-2.
2021	27 mai	Décret n° 2021-682. Partie réglementaire du code de la justice pénale des mineurs (articles en R). – Dispositions réglementaires du code de la justice pénale des mineurs.
2021	27 mai	Décret n° 2021-683. Partie réglementaire du code de la justice pénale des mineurs (articles en D). – Dispositions réglementaires du code de la justice pénale des mineurs.
2021	27 mai	Arrêté NOR : JUSF2113088A. Liste des établissements pénitentiaires spécialisés pour mineurs, des quartiers pour mineurs au sein des établissements pénitentiaires et des unités affectées à la prise en charge des mineures. – V. ss. CJPM, art. R. 124-9.

2021	27 mai	Arrêté NOR : JUSF2113092A. Ressort territorial des directions interrégionales de la protection judiciaire de la jeunesse. – V. ss. CJPM, art. R. 241-4.
2021	15 juin	Dépêche DP2021/00758/B28. Développement de l'offre des alternatives aux poursuites et des mesures de composition pénale applicables aux mineurs dans le cadre de la mise en œuvre de la justice de proximité. – V. ss. CJPM, art. L. 422-1.
2021	25 juin	Circulaire NOR : JUSF2118988C. Présentation des dispositions du code de la justice pénale des mineurs. – V. ss. CJPM, art. R. 723-3.
2021	24 août	Loi n° 2021-1109. Respect des principes de la République. – V. C. pr. pén., art. 706-25-4, 706-25-6, 706-25-7, ss. CJPM, art. L. 633-1.
2021	15 sept.	Décret n° 2021-1194. Recours prévu à l'article 803-8 du code de procédure pénale et visant à garantir le droit au respect de la dignité en détention. – V. CJPM, art. D. 124-41, D. 721-1, D. 722-1, D. 723-1.
2021	9 nov.	Arrêté. Modification de l'annexe n° 1 du code de justice pénale des mineurs (liste des quartiers pour mineurs au sein des établissements pénitentiaires). – V. annexe 1, ss. CJPM, art. R. 124-9.
2021	30 nov.	Loi n° 2021-1539. Lutte contre la maltraitance animale et confortation du lien entre les animaux et les hommes : – V. C. pén., art. 131-5-1, ss. CJPM, art. L. 122-5. – V. C. pr. pén., art. 706-47, ss. CJPM, art. L. 632-2.
2021	22 déc.	Loi n° 2021-1729. Confiance dans l'institution judiciaire : – Art. 5. – V. C. pr. pén., art. 137-3, ss. CJPM, art. L. 432-2 ; C. pr. pén., art. 142-6, ss. CJPM, art. L. 333-1. – Art. 6. – V. C. pr. pén., art. 181, ss. CJPM, art. L. 434-1. – Art. 7. – V. C. pr. pén., art. 397-2, ss. CJPM, art. L. 521-5. – Art. 9. – V. C. pr. pén., art. 181-1, 181-2, ss. CJPM, art. L. 434-1 ; C. pr. pén., art. 186, ss. CJPM, art. L. 435-1. – Art. 11. – V. C. pr. pén., art. 712-4-1, ss. CJPM, art. L. 611-2 ; C. pr. pén., art. 717-1, ss. CJPM, art. L. 123-1 ; C. pr. pén., art. 803-8, CJPM, art. R. 124-42. – Art. 14. – V. CJPM, art. L. 332-1 ; C. pr. pén., art. 41-1, 1°, ss. CJPM, art. L. 422-1 ; C. pr. pén., art. 41-2, ss. CJPM, art. L. 422-3 ; C. pr. pén., art. 145, ss. CJPM, art. L. 433-4 ; C. pr. pén., art. 199, ss. CJPM, art. L. 423-13 ; C. pr. pén., art. 394, ss. CJPM, art. L. 211-2 ; C. pr. pén., art. 396, ss. CJPM, art. L. 211-2 ; C. pr. pén., art. 704, ss. CJPM, art. L. 211-2 ; CJPM, art. L. 332-1, L. 322-3, L. 423-11, L. 423-9, L. 423-11, L. 423-11. – Art. 18. – V. C. pr. pén., art. 719, ss. CJPM, art. L. 123-1. – Art. 19. – V. C. pr. pén., art. 717-3, ss. CJPM, art. L. 123-1. – Art. 20. – V. C. pr. pén., art. 718, ss. CJPM, art. L. 123-1.
2021	22 déc.	Décret n° 2021-1743. Procédures d'habilitation des structures d'accueil, d'inscription et d'affectation sur les postes de travail d'intérêt général et d'exécution des mesures de travail non rémunéré, et à l'agrément des structures de placement extérieur. – V. CJPM, art. R.* 122-1, R. 122-2, R. 122-4.

2022	24 janv.	Loi n° 2022-52. Responsabilité pénale et sécurité intérieure : – V. C. pr. pén., art. 55-1, ss. CJPM, art. L. 423-4 ; C. pr. pén., art. 194, ss. CJPM, art. L. 423-13 ; C. pr. pén., art. 186, ss. CJPM, art. L. 435-1 ; C. pr. pén., art. 397-2-1, ss. CJPM, art. L. 521-5. – V. COJ, art. L. 251-3, ss. CJPM, art. 12-1. – V. CJPM, art. L. 413-16, L. 413-17, L. 423-13, L. 423-14, L. 531-4, L. 721-1, L. 722-1 anc., L. 723-1 anc.
2022	2 mars	Loi n° 2022-299. Harcèlement scolaire. – V. CJPM, art. L. 112-2, L. 122-5, L. 422-1, L. 422-3.
2022	30 mars	Ordonnance n° 2022-478. Partie législative du code pénitentiaire : – Art. 4, 9. – V. CJPM, art. L. 13-1, L. 611-2, L. 611-3, L. 721-1, L. 722-1, L. 723-1. – Art. 6. – V. C. pr. pén., art. 741-2, ss. CJPM, art. L. 122-1 ; art. 717 à 717-3, 719-1, L. 727-1, ss. CJPM, art. L. 123-1.
2022	30 mars	Décret n° 2022-479. Partie réglementaire du code pénitentiaire. – Art. 5, 18-III. – V. CJPM, art. R. 122-13, R. 124-2, R. 124-3, R. 124-12, R. 124-15, R. 124-16, R. 124-20, R. 124-23, R. 124-24, R. 124-27, R. 124-29, R. 124-33 à R. 124-35, R. 124-38, R. 334-2, D. 721-1, D. 722-1, D. 723-1 ; Annexe, ss. CJPM, art. R. 124-3 anc.
2022	7 juin	Décret n° 2022-855. Modification du code de procédure pénale, du code de la justice pénale des mineurs et de diverses dispositions rendue nécessaire par l'entrée en vigueur du code pénitentiaire. – V. CJPM, art. D. 124-7, D. 333-2, D. 611-11, D. 721-1, D. 722-1, D. 723-1.
2022	20 juill.	Arrêté. Modification des listes des quartiers pour mineurs et des unités affectées à la prise en charge des mineures prévues à l'article R. 124-9 du code de la justice pénale des mineurs. – V. Annexe 1, ss. CJPM, art. R. 124-9.
2022	4 oct.	Décret n° 2022-1287. Prise en charge des personnes détenues à Wallis-et-Futuna et diverses modifications du code pénitentiaire. - Art. 10. – V. CJPM, art. R. 124-4-1, D. 721-1, D. 722-1, D. 723-1.
2023	24 janv.	Loi. Orientation et programmation du ministère de l'Intérieur : – V. CJPM, art. L. 423-4. – V. C. pr. pén, art. 55-1, ss. CJPM, art. L. 423-4 ; art. 63-3-1, ss. CJPM, art. L. 413-5 ; art. 63-2, 63-3, ss. CJPM, art. L. 413-6 ; art. 706-71, ss. CJPM, art. L. 413-10. – V. CSI, art. L. 234-3, ss. CJPM, art. L. 634-1.
2023	10 févr.	Cons. const. n° 2022-1034 QPC. – V. C. pr. pén., art. 55-1, ss. CJPM, art. L. 423-4.
2023	28 févr.	Loi n° 2023-140. Création d'une aide universelle d'urgence pour les victimes de violences conjugales. – V. C. pr. pén., art. 41-1, 41-2, ss. CJPM, art. L. 422-1, L. 422-3.

TABLE ALPHABÉTIQUE

NOTA. Les nombres renvoient aux articles du Code de la justice pénale des mineurs, non aux pages. Ceux qui sont précédés de la lettre L. renvoient à la partie législative du code. Ceux qui sont précédés de la lettre R. (Décrets en Conseil d'Etat) et D. (Décrets) renvoient à la 2e partie du code. Les nombres précédés du mot « art. » renvoient aux articles d'un texte autre que le code de la justice pénale des mineurs proprement dit. La lettre J. placée entre parenthèses après un nombre indique que l'on renvoie aux annotations de jurisprudence figurant sous l'article mentionné. Les caractères italiques indiquent que la notion ou l'article est abrogé. Les mots qui sont en caractères gras et précédés d'une flèche renvoient à un autre mot en caractères gras de la table. Il est rappelé qu'un tableau explicatif des abréviations utilisées figure au début de l'ouvrage (pages VIIV à XI).

A

C

D

E

F

G

H

I

J

M

R

S

Photocomposé, traité sur ordinateur par :
LUMINESS SAS, 561 rue Saint Léonard - 53100 MAYENNE

Certifié PEFC
Ce produit est issu de forêts gérées durablement, de sources recyclées et contrôlées
PEFC
PEFC/18-31-280
www.pefc-france.org

Achevé d'imprimer en août 2023 sur les presses de
LEGO S.p.A.
Italie
Dépôt légal : août 2023
722278 – OSB – 60 – JOU – (JB)
Imprimé en Italie

Codes Dalloz

Parution

PÉNAL

Code pénal	juin
Code de la justice pénale des mineurs, *commenté*	août
Code de procédure pénale	juin
Code de la route, *commenté*	février

IMMOBILIER

Code des baux, *commenté*	janvier
Code de la construction et de l'habitation, *commenté*	avril
Code de la copropriété, *commenté*	janvier
Code de l'urbanisme, *commenté*	avril

PUBLIC

Code de la commande publique, *commenté*	janvier
Code constitutionnel et des droits fondamentaux, *commenté en ligne*	août
Code de l'éducation, *commenté*	août
Code électoral, *commenté*	novembre
Code de l'entrée et du séjour des étrangers et du droit d'asile, *commenté*	octobre
Code de l'environnement, *commenté*	mars
Code général de la fonction publique, *commenté*	mars
Code général des collectivités territoriales, *commenté en ligne*	novembre
Code général de la propriété des personnes publiques, *commenté*	mai
Code de justice administrative, *commenté*	septembre
Code des relations entre le public et l'administration, *commenté*	septembre
Code rural et de la pêche maritime, *commenté*	avril